ESPASA
CW00787740

DICCIONARIO ESCOLAR

de la

Real Academia Española

DICCIONARIO ESCOLAR DE LA REAL ACADEMIA ESPAÑOLA

MADRID
1997

SEGUNDA EDICIÓN

—

Depósito legal: M. 16.293-1997

ISBN 84-239-9420-1

—

Impresión: Mateu Cromo Artes Gráficas, S. A.

Impreso en España   Acabado de imprimir en junio de 1997   Printed in Spain

Editorial Espasa Calpe, S. A. Carretera de Irún, km 12,200. 28049 Madrid

ÍNDICE GENERAL

REAL ACADEMIA ESPAÑOLA

Excmo. Sr. D. Rafael Lapesa Melgar.
Excmo. Sr. D. Pedro Laín Entralgo.
Excmo. Sr. D. Camilo José Cela Trulock.
Excmo. Sr. D. Martín de Riquer Morera.
Excmo. Sr. D. Julián Marías.
Excmo. Sr. D. Alonso Zamora Vicente.
Excmo. Sr. D. Antonio Colino López.
Excmo. Sr. D. Antonio Buero Vallejo.
Excmo. Sr. D. Fernando Lázaro Carreter.
Excmo. Sr. D. Torcuato Luca de Tena Brunet.
Excmo. Sr. D. Emilio Alarcos Llorach.
Excmo. Sr. D. Miguel Delibes Setién.
Excmo. Sr. D. Manuel Alvar López.
Excmo. Sr. D. Gonzalo Torrente Ballester.
Excmo. Sr. D. Carlos Bousoño Prieto.
Excmo. Sr. D. Manuel Seco Reymundo.
Excmo. Sr. D. Emilio Lorenzo Criado.
Excmo. Sr. D. Rafael Alvarado Ballester.
Excmo. Sr. D. José García Nieto.
Excmo. Sr. D. Ángel Martín Municio.
Excmo. Sr. D. Francisco Ayala y García Duarte.
Excmo. Sr. D. Valentín García Yebra.
Excmo. Sr. D. Pere Gimferrer Torrens.
Excmo. Sr. D. Jesús Aguirre y Ortiz de Zárate.
Excmo. Sr. D. Gregorio Salvador Caja.
Excmo. Sr. D. Francisco Rico Manrique.
Excmo. Sr. D. José María de Areilza y Martínez Rodas.
Excmo. Sr. D. Antonio Mingote Barrachina.
Excmo. Sr. D. José Luis Pinillos Díaz.
Excmo. Sr. D. Francisco Morales Nieva.
Excmo. Sr. D. Francisco Rodríguez Adrados.
Excmo. Sr. D. José Luis Sampedro Sáez.
Excmo. Sr. D. Claudio Rodríguez García.
Excmo. Sr. D. Víctor García de la Concha.
Excmo. Sr. D. Eduardo García de Enterría y Martínez-Carande.
Excmo. Sr. D. Emilio Lledó Íñigo.
Excmo. Sr. D. Luis Goytisolo Gay.
Excmo. Sr. D. Mario Vargas Llosa.
Excmo. Sr. D. Eliseo Álvarez-Arenas Pacheco.
Excmo. Sr. D. Antonio Muñoz Molina.
Excmo. Sr. D. Ignacio Bosque Muñoz.
Excmo. Sr. D. Ángel González Muñiz.
Excmo. Sr. D. Domingo Ynduráin Muñoz.
Excma. Sra. D.ª Ana María Matute (electa).
Excmo. Sr. D. Luis María Anson (electo).
Excmo. Sr. D. Juan Luis Cebrián.

PREÁMBULO

Cumpliendo un mandato estatutario, la Real Academia Española ha decidido adaptar su *Diccionario* al uso escolar. Trata así de familiarizar con su repertorio léxico a los hispanohablantes más jóvenes, que tendrán que encargarse de forjar el español del siglo XXI.

Dado que la versión original del *Diccionario* académico sobrepasa en gran medida las necesidades y los intereses de quienes pudieran utilizarlo en las aulas, se ha reducido aquí sustancialmente su contenido, de tal manera que, partiendo de los más de 83.000 artículos que aquella presenta, la versión escolar mantiene alrededor de 33.000.

El criterio de selección fundamental ha consistido en mantener todas aquellas voces y acepciones que puedan resultar útiles a los alumnos de Educación Secundaria. Se han suprimido, con obligadas excepciones, las anticuadas, las desusadas y las poco frecuentes, los localismos cuyo uso no se extiende a la totalidad de España o de Hispanoamérica, las voces filipinas o de Guinea Ecuatorial, los derivados de fácil deducción y los adverbios acabados en *-mente;* de igual modo, se han simplificado los envíos y remisiones, así como ciertos ejemplos.

Tras el acuerdo de la Asociación de Academias de la Lengua Española en su Congreso de Madrid (1994), es esta la primera obra de la Real Academia en que se prescinde de la tradicional alfabetización independiente de *ch* y *ll,* ahora situadas, siguiendo el alfabeto latino universal, en sus lugares correspondientes, dentro de *c* y de *l* respectivamente.

Se han revisado de manera especial para el caso aquellas parcelas del diccionario en que los avances del conocimiento puedan haber dejado envejecidas las definiciones de las que parte esta obra, en especial las del vocabulario científico y técnico.

Respetando estos criterios de selección, se han incluido algunas de las nuevas voces y acepciones aprobadas por el Pleno académico desde la última edición del *Diccionario de la Lengua Española*, en 1992, hasta el momento de aparecer esta versión.

Por su particular importancia en el ámbito escolar, se han destacado acotaciones de uso o gramaticales, precedidas por el signo ❑. En ellas se da noticia de las irregularidades de los verbos y de su adscripción a los distintos modelos —todos debidamente desarrollados—, de los plurales anómalos o dotados de alguna peculiaridad, de las impropiedades léxicas más frecuentes surgidas por confusión entre parónimos o de las irregularidades que afectan a ciertos participios y superlativos.

A todo ello se añaden dos Apéndices, gramatical y ortográfico, que resumen la normativa de la Academia en esos campos.

Esta versión escolar del *Diccionario* es resultado del trabajo colectivo de las Comisiones de la Real Academia, en especial de las de Vocabulario Científico y Técnico, de Diccionarios y de la Delegada del Pleno, las cuales han contado con la colaboración del Instituto de Lexicografía.

Todo diccionario es una obra viva, y este más aún, si cabe. La Real Academia Española agradecerá por ello cuantas observaciones y sugerencias puedan formular sus usuarios y, sobre todo, los profesores que lo empleen en sus clases.

NOTA A LA SEGUNDA EDICIÓN

Tras la aparición del *Diccionario Escolar* en 1996, sale a la luz esta segunda edición renovada, que continúa la labor emprendida por la Real Academia Española en su deseo de proporcionar un instrumento útil para su empleo en las aulas, ajustado siempre a las necesidades de los jóvenes hispanohablantes.

Si en la primera edición se redujo el volumen de artículos contenidos en el *Diccionario* académico según un criterio selectivo de orden didáctico, en esta edición ampliamente renovada se ha puesto especial interés en adaptar el lenguaje utilizado en las definiciones al nivel propio de aquellos a quienes va destinada la obra. No se ha descuidado por eso la labor de incluir progresivamente vocabulario de un nivel superior, que les permita enriquecer su bagaje lingüístico y ampliar su horizonte cultural.

Por otra parte, se han incluido, respetando los criterios de selección aplicados al resto de los artículos, algunas de las nuevas voces o acepciones aprobadas por las Comisiones académicas. De nuevo se ha puesto especial atención en la revisión de las voces técnicas y científicas, por ejemplo en el área de las matemáticas. Así mismo se han aprobado numerosas observaciones de uso y gramaticales que se unen a las ya contenidas en la anterior edición.

La Real Academia expresa su agradecimiento a todos aquellos que le han hecho llegar sus observaciones y sugerencias para la mejora de este *Diccionario,* y especialmente a los profesores que lo han utilizado en sus clases.

ADVERTENCIAS PARA EL USO DE ESTE DICCIONARIO

I. Letras mayúsculas y minúsculas

Siguiendo la norma adoptada por los mejores diccionarios modernos, se ha impreso en minúscula la letra inicial de las voces que encabezan los artículos, salvo cuando se trata de nombres propios exclusivamente.

Según esto, en los casos en que un vocablo tenga alguna acepción que sea nombre propio y otras que no lo sean, se ha especificado n. p. (nombre propio), m. (sustantivo masculino), f. (sustantivo femenino), adj. (adjetivo), etc.

venus. n. p. m. Segundo planeta del sistema solar ... **2.** f. Representación artística... **3.** ... **4.** fig. Mujer muy hermosa.

II. Variantes formales de una misma palabra

En el encabezamiento de algunos artículos aparecen dos variantes, rara vez tres, de la palabra definida, todas ellas aceptadas en el uso culto general o con diversa repartición geográfica. En tales casos la variante que figura en primer lugar es la preferida por la Academia, sin que esta preferencia signifique rechazo de las que se consignan a continuación: así en el artículo **hemiplejía** o **hemiplejia** la variante recomendada es **hemiplejía,** aunque también se considera correcta **hemiplejia.** Cuando las variantes admitidas no pueden figurar en un mismo artículo por exigencias del orden alfabético, la preferida por la Academia es la que lleva definición directa; las aceptadas, pero no preferidas, se definen mediante referencia a aquella: así **expolio, extravertido,** definidas directamente, son las variantes recomendadas; **espolio, extrovertido,** definidas por referencia a sus correspondientes antedichas, constan como admitidas, pero no se recomiendan.

III. Orden de acepciones en cada artículo

Dentro de cada artículo van colocadas por este orden las diversas acepciones de los vocablos: primero las de uso corriente; después las anticuadas (en los pocos casos en que aparecen), las familiares, las figuradas, las provinciales e hispanoamericanas, y, por último, las técnicas y de germanía.

En los vocablos que tienen acepciones de adjetivo, sustantivo y adverbio, se hallan agrupadas las de cada categoría gramatical según el orden aquí indicado. Las connotaciones m., f., adj. o adv. se refieren a todas las acepciones que vienen detrás, mientras no aparezca una indicación distinta.

En los sustantivos se posponen las acepciones usadas exclusivamente en plural a las que pueden emplearse en ambos números.

Cuando el artículo es de sustantivo, se registran después de las acepciones propias del vocablo aislado las que resultan de la combinación del sustantivo con un adjetivo, con otro sustantivo regido de preposición o con cualquier expresión calificativa.

Al fin del artículo se incluyen las frases o expresiones a él correspondientes, dispuestas en riguroso orden alfabético. Entre ellas figuran las elípticas de un solo vocablo.

IV. Remisión de unos artículos a otros

Se ha procurado eliminar la pérdida de tiempo a que obligan algunas remisiones cuando entre el vocablo remitido y su equivalencia existen una o varias etapas intermedias, enviando al lector, en la mayoría de los casos, directamente al vocablo necesario que figura en **seminegrita,** seguido a veces de una breve precisión semántica.

V. Cómo encontrar la definición de expresiones formadas por varios vocablos

Las expresiones formadas por varios vocablos, como las frases hechas, las locuciones, modos adverbiales, etc., van colocadas en el artículo correspondiente a uno de los vocablos de que constan, por este orden de preferencia: sustantivo o cualquier palabra usada como tal, verbo, adjetivo, pronombre y adverbio. Así, por ejemplo, la frase «**ver** *alguien* **el cielo abierto**» se hallará en el artículo correspondiente al sustantivo **cielo,** preferido al verbo **ver** y al adjetivo **abierto.** La locución **«no dar** *uno* **pie con bola»** figura en el artículo **pie,** preferido al verbo **dar** y al adverbio **no.** En **brazo** se incluye **«ser el brazo derecho** *de alguien*»; **«a,** *o* **en, cambio de»** consta en **cambio;** la expresión **«ni con mucho»,** en el adjetivo **mucho; «tratar de tú»,** en **tú,** que hace de sustantivo; **«porque sí»,** en el adverbio **sí,** etc.

Exceptúanse los sustantivos *persona* y *cosa* cuando no son parte necesaria e invariable de la expresión, y los verbos usados como auxiliares. Así, por ejemplo, la frase **«dar alcance** *a una persona o cosa*» se registra en el sustantivo **alcance,** mientras que las expresiones **«en persona»** y **«como si tal cosa»** se encuentran respectivamente en los artículos **persona** y **cosa.**

La frase en que concurren dos o más voces de la misma categoría gramatical se incluye en el artículo correspondiente a la primera de estas voces.

VI. Diminutivos, aumentativos y superlativos que, aun estando admitidos en el buen uso, no figuran en el Diccionario

Los diminutivos en *-ico, -illo, -ito;* los aumentativos en *-ón, -azo,* y los superlativos en *-ísimo,* cuya formación sea regular y conforme a las observaciones que se dan en la página XII de este DICCIONARIO, no se incluyen en este, salvo el caso en que tengan acepción especial que merezca ser notada. Así, por ejemplo, el DICCIONARIO incluye los superlativos *bonísimo, pulquérrimo* y *paupérrimo* por ser irregulares, pero no *buenísimo, pulcrísimo* y *pobrísimo,* que son los regulares y también correctos.

Tampoco se incluye la mayoría de los adverbios en *-mente,* ni de los diminutivos y despectivos en *-ote, -uco, -uca, -ucho, -ucha*, por ser de formación fácil y a menudo ocasional. Pero su ausencia en el DICCIONARIO no significa por sí sola que no existan en el uso o que sean incorrectos.

VII. Acotaciones de uso o gramaticales

Las indicaciones de régimen verbal no implican la obligatoria presencia del complemento prepositivo.

OBSERVACIONES SOBRE LA FORMACIÓN
DE LOS DIMINUTIVOS EN **-ico, -illo, -ito;** DE LOS AUMENTATIVOS EN **-ón** Y **-azo,** Y DE LOS SUPERLATIVOS EN **-ísimo**

DIMINUTIVOS

I. Los sustantivos y adjetivos y algunos gerundios, participios y adverbios forman sus diminutivos mediante la adición de un sufijo. Si el vocablo termina en vocal, la pierde; pero si en consonante, la conserva. Por ello, de *casa* decimos *cas-ita;* de *coche, coch-ecito;* de *zurrón, zurron-cito;* de *pequeño, pequeñ-ito;* de *dócil, docil-ito;* de *callando, calland-ito;* de *muerta, muert-ecita.* Los diminutivos de *lejos* conservan la *s* final: *lejitos, lejillos.*

II. Los sufijos diminutivos **-ececito, -ececillo, -ececico** se añaden a monosílabos acabados en vocal, como de *pie, piececito.*

III. Admiten también **-ecito, -ecillo, -ecico:**

1. Los monosílabos acabados en consonante, inclusa la *y; red-ecilla, troj-ecica, sol-ecito, pan-ecillo, son-ecico, flor-ecita, dios-ecillo, rey-ecito, pez-ecito, voz-ecita.* Exceptúanse *ruin-cillo* y los nombres propios de personas, como *Juan-ito, Luis-ico.*

2. Los bisílabos cuya primera sílaba es diptongo de *ei, ie, ue: rein-ecita, hierb-ecilla o yerb-ecilla, huev-ecico.*

3. Los bisílabos cuya segunda sílaba es diptongo de *ia, io, ua: besti-ecita, geni-ecillo, legü-ecita.* Exceptúanse *rub-ita, agü-ita, pascu-ita.*

4. Todos los vocablos de dos sílabas terminados en *e: bail-ecito, cofr-ecillo, nav-ecilla, parch-ecito, pobr-ecito, trot-ecico.*

5. *Prado, llano* y *mano* hacen *prad-ecito* y *prad-illo, llan-ecillo* y *llan-ito, man-ecilla* y *man-ita* (o *man-ito,* según uso admitido en extensas zonas de América).

IV. Terminados en **-cito, -cillo, -cico.** Toman este otro incremento:

1. Las voces agudas de dos o más sílabas, terminadas en *n* o *r: gaban-cillo, corazon-cito, mujer-cita, amor-cillo, resplandor-cico.* Exceptúanse *vasar-illo, alfiler-ito* y algunos nombres propios de personas, como *Agustín-ito, Joaquin-illo, Gaspar-ico.* Úsanse indistintamente *altar-cillo* y *altar-illo, pilar-cillo* y *pilar-illo, jardin-cillo* y *jardin-illo, jazmin-cillo* y *jazmin-illo, sarten-cilla* y *sarten-illa.*

2. Las dicciones graves acabadas en *n: Carmen-cita, dictamen-cillo, imagen-cica.*

V. Terminados en **-ito, -illo, -ico.** Admiten este menor incremento las palabras que, sin las condiciones específicas hasta aquí expuestas, pueden tomar forma diminutiva: *vain-ica, jaul-illa, estatu-ita, vinagr-illo, candil-illo, pajar-ito, camar-illa, titul-illo.*

VI. Las indicaciones precedentes no han de entenderse como reglas exclusivas. El uso culto de unos u otros países del mundo hispánico admite *hierb-ita, huev-ito, flor-cita, cafe-cito, mam-ita, mama-íta* y *mama-cita, ind-ito* e *indi-ecito,* etc.

VII. Los sufijos **-ecico, -cico, -ico,** no regionales en los siglos XVI y XVII, son propios hoy de Aragón, Murcia, Andalucía oriental, y, en ciertas condiciones, de determinados países americanos, como Costa Rica y Colombia.

AUMENTATIVOS

No todas las palabras reciben los sufijos aumentativos en **-ón** y **-azo.** Aquellas que los admiten, si acaban en vocal, la pierden; pero si terminan en consonante, la conservan: de *hombre, hombr-ón;* de *papel, papel-ón;* de *gigante, gigant-azo;* de *bribón, bribon-azo.*

SUPERLATIVOS

Se forman añadiendo a los positivos la terminación **-ísimo,** cuando acaban en consonante, o si acaban en vocal, ocupando su lugar: como de *formal, formal-ísimo;* de *prudente, prudent-ísimo.*

ABREVIATURAS EMPLEADAS EN ESTE DICCIONARIO

abl.	ablativo.
Abrev., abrev.	Abreviación.
acep.	acepción.
acus.	acusativo.
Acúst.	*Acústica.*
adj.	adjetivo.
adv.	adverbio *o* adverbial.
adv. afirm.	adverbio de afirmación.
adv. c.	adverbio de cantidad.
adv. correlat. cant.	adverbio correlativo de cantidad.
adv. interrog.	adverbio interrogativo.
adv. interrog. l.	adverbio interrogativo de lugar.
adv. l.	adverbio de lugar.
adv. m.	adverbio de modo.
adv. neg.	adverbio de negación.
adv. ord.	adverbio de orden.
adv. prnl. excl.	adverbio pronominal exclamativo.
adv. relat.	adverbio relativo.
adv. relat. cant.	adverbio relativo de cantidad.
adv. relat. l.	adverbio relativo de lugar.
adv. t.	adverbio de tiempo.
Aer.	*Aeronáutica.*
Agr.	*Agricultura.*
Ál.	*Álava.*
Albañ.	*Albañilería.*
Álg.	*Álgebra.*
Alq.	*Alquimia.*
amb.	ambiguo.
Amér.	*América.*
Amér. Merid.	*América Meridional.*
Anat.	*Anatomía.*
And.	*Andalucía.*
ant.	anticuado, anticuada, antiguo, antigua.
Apl.	Aplicado.
Apl. a pers., ú. t. c. s.	Aplicado a persona, úsase también como sustantivo.
apóc.	apócope.
aprox.	aproximadamente.
Ar.	*Aragón.*
Argent.	*República Argentina.*
Arit.	*Aritmética.*
Arq.	*Arquitectura.*
Arqueol.	*Arqueología.*
art.	artículo.
Art.	*Artillería.*
Ast.	*Asturias.*
Astrol.	*Astrología.*
Astron.	*Astronomía.*
aum.	aumentativo.
Automov.	*Automovilismo.*
Aviac.	*Aviación.*
B. Art.	*Bellas Artes.*
Bibliogr.	*Bibliografía.*
Biol.	*Biología.*
Bioquím.	*Bioquímica.*
Blas.	*Blasón.*
b. lat.	bajo latín.
Bol.	*Bolivia.*
Bot.	*Botánica.*
c.	como.
Can.	*Canarias.*
Carp.	*Carpintería.*
Cetr.	*Cetrería.*
Cf., cf.	confer (Voz lat.: *compárese.*)
Cinem.	*Cinematografía.*
Cir.	*Cirugía.*
Col.	*Colombia.*
colect.	colectivo.
coloq.	coloquial.
com.	sustantivo común de dos.
Com.	*Comercio.*
comp.	comparativo *o* comparativa.
compl.	complemento.
Comunic.	*Comunicación.*
conc.	concesivo *o* concesiva.
cond.	condicional.
conj.	conjunción, conjuga.
Contracc.	Contracción.
copul.	copulativo *o* copulativa.
Cosmogr.	*Cosmografía.*
C. Rica.	*Costa Rica.*

Cronol.	*Cronología.*
d.	diminutivo.
defect.	verbo defectivo.
Dep.	*Deportes.*
Der.	*Derecho.*
despect.	despectivo *o* despectiva.
desus.	desusado *o* desusada.
deter.	determinado.
Dial.	*Dialéctica.*
Dióptr.	*Dióptrica.*
distrib.	distributivo *o* distributiva.
disyunt.	disyuntivo *o* disyuntiva.
Ecol.	*Ecología.*
Econ.	*Economía.*
Electr.	*Electricidad.*
Electrón.	*Electrónica.*
elem. compos.	elemento compositivo.
El Salv.	*El Salvador.*
Embriol.	*Embriología.*
Encuad.	*Encuadernación.*
Equit.	*Equitación.*
Esc.	*Escultura.*
Esgr.	*Esgrima.*
Esp.	*España.*
Estad.	*Estadística.*
etc.	etcétera.
Etnogr.	*Etnografía.*
Etnol.	*Etnología.*
excl.	exclamativo *o* exclamativa.
exclam.	exclamación.
expr.	expresión.
expr. elípt.	expresión elíptica.
f.	sustantivo femenino.
fam.	familiar.
Farm.	*Farmacia.*
Ferr.	*Ferrocarriles.*
fest.	festivo *o* fiesta.
fig.	figurado *o* figurada.
Fil.	*Filosofía.*
Filat.	*Filatelia.*
Filol.	*Filología.*
Fís.	*Física.*
Fisiol.	*Fisiología.*

Fon.	*Fonética, Fonología.*
Fort.	*Fortificación.*
Fotogr.	*Fotografía.*
fr.	frase.
fr. proverb.	frase proverbial.
fr. v.	frase verbal.
Gal.	*Galicia.*
gén.	género.
Gen.	*Genética.*
Geod.	*Geodesia.*
Geofís.	*Geofísica.*
Geogr.	*Geografía.*
Geol.	*Geología.*
Geom.	*Geometría.*
Geomorf.	*Geomorfología.*
ger.	gerundio.
Gram.	*Gramática.*
Guat.	*Guatemala.*
Hist.	*Historia.*
Hist. Nat.	*Historia Natural.*
Histol.	*Histología.*
Hond.	*Honduras.*
ilat.	ilativo *o* ilativa.
impers.	verbo impersonal.
Impr.	*Imprenta.*
indef.	indefinido.
indet.	indeterminado.
Indum.	*Indumentaria.*
infinit.	infinitivo.
infl.	influido, influencia.
Inform.	*Informática.*
Ingen.	*Ingeniería.*
interj.	interjección *o* interjectiva.
interrog.	interrogativo *o* interrogativa.
intr.	verbo intransitivo.
invar.	invariable.
irón.	irónico *o* irónica.
Irreg., irreg.	Irregular.
lat.	latín *o* latina.
Ling.	*Lingüística.*
Lit.	*Literatura.*
Litur.	*Liturgia.*
loc.	locución.
loc. adj.	locución adjetiva.

loc. adv.	locución adverbial.
loc. adv. interrog.	locución adverbial interrogativa.
loc. conjunt.	locución conjuntiva.
loc. conjunt. advers.	locución conjuntiva adversativa.
loc. conjunt. condic.	locución conjuntiva condicional.
loc. interj.	locución interjectiva.
loc. prepos.	locución prepositiva.
Lóg.	*Lógica.*
m.	sustantivo masculino.
m. y f.	sustantivo masculino y femenino.
Mar.	*Marina.*
Mat.	*Matemáticas.*
Mec.	*Mecánica.*
Med.	*Medicina.*
Méj.	*Méjico.*
Metal.	*Metalurgia.*
Metapl.	Metaplasmo.
Meteor.	*Meteorología.*
Métr.	*Métrica.*
Microbiol.	*Microbiología.*
Mil.	*Milicia.*
Min.	*Minería.*
Mineral.	*Mineralogía.*
Mit.	*Mitología.*
Mont.	*Montería.*
Murc.	*Murcia.*
Mús.	*Música.*
n.	neutro.
Nav.	*Navarra.*
neg.	negación.
negat.	negativo *o* negativa.
Nicar.	*Nicaragua.*
n. p.	nombre propio.
núm.	número.
Numism.	*Numismática.*
Oceanogr.	*Oceanografía.*
onomat.	onomatopeya.
Ópt.	*Óptica.*

or.	origen.
Ortogr.	*Ortografía.*
p.	participio.
p. a.	participio activo.
Paleont.	*Paleontología.*
Pan.	*Panamá.*
Par.	*Paraguay.*
Pat.	*Patología.*
pers.	persona.
Persp.	*Perspectiva.*
Pint.	*Pintura.*
pl.	plural.
poét.	poético *o* poética.
Polít.	*Política.*
pop.	popular.
Por antonom.	Por antonomasia.
Por ej.	Por ejemplo.
Por excel.	Por excelencia.
Por ext.	Por extensión.
p. p.	participio pasivo.
pref.	prefijo.
prep.	preposición.
prep. insep.	preposición inseparable.
P. Rico.	*Puerto Rico.*
prnl.	pronominal.
pron.	pronombre.
pron. correlat. cant.	pronombre correlativo de cantidad.
pron. dem.	pronombre demostrativo.
pron. excl.	pronombre exclamativo.
pron. interrog.	pronombre interrogativo.
pron. pers.	pronombre personal.
pron. poses.	pronombre posesivo.
pron. relat.	pronombre relativo.
pron. relat. cant.	pronombre relativo de cantidad.
Pros.	*Prosodia.*
Psicol.	*Psicología.*
Psiquiat.	*Psiquiatría.*
p. us.	poco usado *o* usada.
Quím.	*Química.*
Radio.	*Radiodifusión.*
R. de la Plata.	*Río de la Plata.*
Rel.	*Religión.*
Reloj.	*Relojería.*
Ret.	*Retórica.*
s.	sustantivo.
S.	siglo.
sent.	sentido.
Sev.	*Sevilla.*
Símb.	Símbolo.
sing.	singular.
Sociol.	*Sociología.*
Sto. Dom.	*Santo Domingo.*
suf.	sufijo.
sup., superl.	superlativo.
t.	temporal, tiempo.
Taurom.	*Tauromaquia.*
Tecnol.	*Tecnología.*
Teol.	*Teología.*
Terap.	*Terapéutica.*
Topogr.	*Topografía.*
tr.	verbo transitivo.
Trig. o *Trigon.*	*Trigonometría.*
TV.	*Televisión.*
Urb.	*Urbanismo.*
Ú. *o* ú.	Úsase.
Ú. c. s. m.	Úsase como sustantivo masculino.
Ú. m.	Úsase más.
Ú. m. con neg.	Úsase más con negación.
Ú. m. c. prnl.	Úsase más como pronominal.
Ú. m. c. s.	Úsase más como sustantivo.
Ú. m. en pl.	Úsase más en plural.
Urug.	*Uruguay.*
Usáb. *o* usáb.	Usábase.
Ú. t. c. adj.	Úsase también como adjetivo.
Ú. t. c. intr.	Úsase también como intransitivo.
Ú. t. c. prnl.	Úsase también como pronominal.
Ú. t. c. s.	Úsase también como sustantivo.
Ú. t. c. s. com.	Úsase también como sustantivo común.
Ú. t. c. s. f.	Úsase también como sustantivo femenino.
Ú. t. c. s. m.	Úsase también como sustantivo masculino.
Ú. t. c. tr.	Úsase también como transitivo.
Ú. t. en pl.	Úsase también en plural.
Ú. t. en sing.	Úsase también en singular.
V., v.	Véase.
Val.	*Valencia.*
Venez.	*Venezuela.*
Veter.	*Veterinaria.*
v. gr.	verbi gratia.
vulg.	vulgar.
Zool.	*Zoología.*

CÓMO CONSULTAR

entrada

abogar. intr. Defender en juicio, por escrito o de palabra. ‖ **2.** fig. Interceder, hablar en favor de alguno.

definición

abolengo. m. Ascendencia de abuelos o antepasados. ‖ **2.** Ascendencia ilustre.

acotación gramatical

abolir. tr. defect. Derogar, dejar sin vigencia una ley, precepto, costumbre, etc. ❑ Solo se usan las formas en las que la desinencia empieza por *-i*. Ver conjugación modelo.

modelo de conjugación de verbos irregulares

abolir

INDICATIVO

Presente: abolimos, abolís. *Solo se usa en estas personas.*

Pretérito imperfecto: abolía, abolías, abolía, abolíamos, abolíais, abolían.

Pretérito indefinido: abolí, aboliste, abolió, abolimos, abolisteis, abolieron.

Futuro imperfecto: aboliré, abolirás, abolirá, aboliremos, aboliréis, abolirán.

Condicional: aboliría, abolirías, aboliría, aboliríamos, aboliríais, abolirían.

SUBJUNTIVO

Presente: *No se usa.*

Pretérito imperfecto: aboliera o aboliese, abolieras o abolieses, aboliera o aboliese, aboliéramos o aboliésemos, abolierais o abolieseis, abolieran o aboliesen.

Futuro imperfecto: aboliere, abolieres, aboliere, aboliéremos, aboliereis, abolieren.

IMPERATIVO

abolid (vosotros). *Solo se usa en esta persona.*

FORMAS NO PERSONALES

Infinitivo: abolir.

Participio: abolido.

Gerundio: aboliendo.

ESTE DICCIONARIO

acepciones numeradas

abono. m. Acción y efecto de abonar o abonarse. ‖ **2.** Lote de entradas o billetes que se compran conjuntamente y que permiten a una persona el uso periódico o limitado de algún servicio, de alguna instalación deportiva, sanitaria o recreativa, o la asistencia a una serie predeterminada de espectáculos. ‖ **3.** Cada uno de los pagos parciales de un préstamo o una compra a plazos. ‖ **4.** Sustancia con que se abona la tierra.

abra. f. Bahía no muy extensa. ‖ **2.** Abertura ancha y despejada entre dos montañas. ‖ **3.** *Amér.* Espacio desmontado, claro en un bosque.

americanismo

abrasar. tr. Reducir a brasa, quemar. Ú. t. c. prnl. ‖ **2.** Calentar demasiado. ‖ **3.** fig. Agitar o consumir a alguien una pasión, especialmente el amor. Ú. t. c. prnl. ‖ **4.** intr. Quemar, estar demasiado caliente una cosa. ‖ **5.** prnl. Sentir demasiado calor o ardor.

categorías gramaticales

abrigar. tr. Defender, resguardar del frío. Ú. t. c. prnl. ‖ **2.** fig. Auxiliar, patrocinar, amparar. ‖ **3.** fig. Tratándose de ideas, voliciones o afectos, tenerlos. ABRIGAR *proyectos, esperanzas, sospechas, amor.*

ejemplos de uso

absoluto, ta. adj. Que excluye toda relación. ‖ **2.** Independiente, ilimitado, sin restricción alguna. ‖ **3.** Hablando de juicios, opiniones, etc., y de la voluntad y sus manifestaciones, terminante, decisivo, categórico. ‖ **en absoluto.** loc. adv. De una manera general, resuelta y terminante. ‖ **2.** No, de ningún modo.

combinación estable de palabras

ILUSTRACIONES

abeja
árbol
automóvil
avión
bicicleta
botiquín
casa unifamiliar
catedral
deportes
energía
esclusa
esqueleto (cara anterior)
esqueleto (cara posterior)
estación de ferrocarril
estadio de atletismo
estudio de cine
flor
guitarra
hoja
hongo
hortalizas
insecto
juegos
lengua
motocicleta
músculos (cara anterior)
músculos (cara posterior)
museo
ojo
ordenador
órdenes arquitectónicos
orquesta sinfónica
ostra
paracaídas
parque
pez
teatro
transatlántico
velero
volcán

Las ilustraciones del Diccionario Escolar de la Real Academia Española han sido realizadas por Muñoz & Krämer: Paco Guindel, Gustavo Hermoso y Javier Muñoz.

DICCIONARIO ESCOLAR DE LA REAL ACADEMIA ESPAÑOLA

a[1]**.** f. Primera letra del abecedario español. Corresponde a la vocal más perceptible del sistema vocálico español. Pronúnciase con los labios más abiertos que en las demás vocales y con la lengua extendida en el hueco de la mandíbula inferior y un poco elevada por la mitad del dorso hacia el centro del paladar. Su sonido tiene de ordinario un timbre medio, ni palatal ni velar. ❑ pl. *aes.*

a[2]**.** prep. Precede a determinados complementos verbales como el complemento indirecto y el complemento directo cuando este es de persona determinada o está de algún modo personificado. *Legó su fortuna* A *los pobres; el gato persigue* A *un ratón.* ‖ **2.** Precede al infinitivo regido por un verbo que indica el comienzo, aprendizaje, intento, logro, mantenimiento o finalidad de la acción. *Empezar* A *correr; enseñar* A *leer.* ‖ **3.** Precede al complemento de nombres y verbos de percepción y sensación, para precisar la sensación correspondiente. *Sabor* A *miel; huele* A *chamusquina.* ‖ **4.** Precede al complemento del nombre o verbal que es régimen de ciertos verbos. *Condenar* A *muerte; jugar* A *las cartas.* ‖ **5.** Precede al complemento de algunos adjetivos. *Suave* AL *tacto; propenso* A *las enfermedades.* ‖ **6.** Indica la dirección que lleva o el término a que se encamina alguna persona o cosa. *Voy* A *Roma; estos libros van dirigidos* A *tu padre;* se usa en frases elípticas imperativas, como ¡A *comer!* ‖ **7.** Precisa el lugar o tiempo en que sucede alguna cosa. *Le cogieron* A *la puerta; firmaré* A *la noche.* ‖ **8.** Indica, así mismo, la situación de personas o cosas. A *la derecha del director;* A *oriente,* A *occidente.* ‖ **9.** Designa el intervalo de lugar o de tiempo que media entre una cosa y otra. *De calle* A *calle; de once* A *doce del día.* ‖ **10.** Denota el modo de la acción. A *caballo,* A *mano.* ‖ **11.** Precede a la designación del precio de las cosas. A *veinte reales la vara.* ‖ **12.** Indica distribución o cuenta proporcional. *Dos* A *dos.* ‖ **13.** Precediendo a tiempos de infinitivo en expresiones de sentido condicional, equivale a la conj. *si* con indicativo o subjuntivo. A *decir verdad.* ‖ **14. ante.** A *la vista.* ‖ **15. con.** *Quien* A *hierro mata,* A *hierro muere.* ‖ **16. hacia.** *Se fue* A *ellos como un león.* ‖ **17. hasta.** *Pasó el río con el agua* A *la cintura.* ‖ **18. junto a.** A *la orilla del mar.* ‖ **19. para.** A *beneficio del público.* ‖ **20. por.** A *instancias mías.* ‖ **21. según.** A *la moda.* ‖ **22.** Da principio a muchas locuciones adverbiales. A *oscuras,* A *tientas,* A *regañadientes,* A *todo correr.* ‖ **23.** Precede a la conj. *que* en fórmulas interrogativas con una idea implícita de apuesta o desafío. ¡A QUE *no te atreves!;* ¿A QUE *no lo sabes?*

a-[1]**.** Prefijo sin significación precisa: A*sustar.*

a-[2]**.** Prefijo que denota privación o negación. A*cromático,* A*teísmo.* ❑ Ante vocal toma la forma **an-:** AN*estesia,* AN*orexia.*

abacería. f. Puesto o tienda donde se venden al por menor aceite, vinagre, legumbres secas, bacalao, etc.

abacial. adj. Perteneciente o relativo al abad, a la abadesa o a la abadía.

ábaco. m. Cuadro de madera con diez cuerdas o alambres paralelos y en cada uno de ellos otras tantas bolas móviles, usado en las escuelas para enseñar a los niños los rudimentos de la aritmética, y en algunos países para ciertas operaciones elementales en el comercio. ‖ **2.** Por ext., todo instrumento que sirve para efectuar manualmente cálculos aritméticos mediante marcadores deslizables. ‖ **3.** *Arq.* Parte superior en forma de tablero que corona el capitel.

abad. m. Superior de algunos monasterios de hombres. ‖ **2.** Dignidad superior de algunas colegiatas. ❑ No confundir con *abate.*

abadejo. m. **bacalao.** ‖ **2.** Nombre común a varios peces del mismo género que el bacalao. ‖

3. reyezuelo, pájaro. || **4. carraleja,** insecto coleóptero. || **5. cantárida,** insecto coleóptero.

abadengo, ga. adj. Perteneciente o relativo a la dignidad o jurisdicción del abad. *Bienes* ABADENGOS.

abadesa. f. Superiora en ciertas comunidades de religiosas.

abadía. f. Iglesia y monasterio con territorio propio regidos por un abad o una abadesa.

ab aeterno. loc. adv. lat. Desde la eternidad. || **2.** Desde muy antiguo o de mucho tiempo atrás.

abajeño, ña. adj. *Amér.* Natural o procedente de costas y tierras bajas. Ú. t. c. s.

abajo. adv. l. Hacia lugar o parte inferior. *Echaron la casa* ABAJO. || **2.** En lugar o parte inferior. *Vive* ABAJO, *en el sótano.* || **3.** En lugar posterior, o que está después de otro; pero denotando situación inferior, ya efectiva, ya imaginada. *Del rey* ABAJO *ninguno.* Ú. especialmente en libros o escritos con referencia a lo que en ellos consta más adelante. *El* ABAJO *firmante.* || **4.** En dirección a lo que está más bajo respecto de lo que está más alto. *Cuesta* ABAJO. || **5.** En frases exclamativas, sin verbo, se usa para reclamar la destitución o abolición de una autoridad, una institución, una ley, etc. ¡ABAJO *los impuestos!* || **abajo de.** loc. prepos. desus. Debajo de, al pie de. ❑ Ú. hoy en el habla coloquial de muchos países de América.

abalanzar. tr. Impulsar, inclinar hacia delante, incitar. || **2.** prnl. Lanzarse, arrojarse en dirección a alguien o algo. || **3.** fig. Arrojarse a resolver o a hacer algo sin detenimiento ni consideración, a veces con temeridad.

abalaustrado, da. adj. **balaustrado.**

abalear. tr. *Amér.* **balear²,** disparar con bala sobre alguien o algo; herir o matar a balazos.

abalizar. tr. *Mar.* Señalar con balizas algún paraje en aguas navegables. || **2.** Señalar con balizas las pistas de los aeropuertos y aeródromos, o las desviaciones en las carreteras.

abalorio. m. Conjunto de cuentecillas de vidrio agujereadas, con las cuales, ensartándolas, se hacen adornos y labores. || **2.** Cada una de estas cuentecillas.

abancalar. tr. Desmontar un terreno y formar bancales en él.

abanderado, da. m. y f. Persona que lleva bandera en las procesiones u otros actos públicos. || **2.** fig. Portavoz o representante de una causa, movimiento u organización. || **3.** m. Oficial designado para llevar la bandera de un cuerpo de tropas que tenga concedido tal honor.

abanderar. tr. Matricular o registrar bajo la bandera de un Estado un buque de nacionalidad extranjera. Ú. t. c. prnl. || **2.** Ponerse al frente de una causa, movimiento u organización.

abanderizar. tr. Dividir en banderías. Ú. t. c. prnl.

abandonado, da. adj. Descuidado, desidioso. || **2.** Sucio, desaseado.

abandonar. tr. Dejar, desamparar a una persona o cosa. || **2.** Dejar alguna cosa emprendida ya; como una ocupación, un intento, un derecho, etc. En juegos y deportes, ú. m. c. intr. *Al tercer asalto,* ABANDONÓ. || **3.** Dejar un lugar, apartarse de él; cesar de frecuentarlo o habitarlo. || **4.** Apoyar, reclinar con dejadez. Ú. m. c. prnl. || **5.** prnl. fig. Dejarse dominar por afectos, pasiones o vicios. || **6.** fig. Descuidar uno sus intereses u obligaciones. || **7.** Descuidar uno su aseo y compostura. || **8.** fig. Caer de ánimo, rendirse en las adversidades y contratiempos.

abandono. m. Acción y efecto de abandonar o abandonarse.

abanicar. tr. Hacer aire con el abanico. Ú. m. c. prnl.

abanico. m. Instrumento para hacer o hacerse aire. El más común tiene pie de varillas y país de tela, papel o piel, y se abre formando semicírculo. || **2.** fig. Serie, conjunto de diversas propuestas, opciones, etc., generalmente para elegir entre ellas.

abanto. m. Ave rapaz semejante al buitre, pero más pequeña, con la cabeza y cuello cubiertos de pluma, y el color blanquecino. Es muy tímida y perezosa, se alimenta de sustancias animales descompuestas, vive ordinariamente en el África septentrional y pasa en verano a Europa. || **2.** Persona aturdida y torpe.

abaratar. tr. Disminuir o bajar el precio de una cosa, hacerla barata o más barata. Ú. t. c. prnl.

abarca. f. Calzado de cuero crudo que cubre solo la planta de los pies, con reborde en torno, y se asegura con cuerdas o correas sobre el empeine y el tobillo. Hoy se hacen también de caucho.

abarcar. tr. Ceñir con los brazos o con la mano alguna cosa. || **2.** Por ext., ceñir, rodear, comprender. || **3.** Contener; implicar o encerrar en sí. || **4.** Percibir o dominar la vista, de una vez, algo en su totalidad. || **5.** Tomar alguien a su cargo muchas cosas o negocios a un tiempo. || **6.** *Amér.* **acaparar.**

abaritonado, da. adj. Dícese de la voz parecida a la del barítono y de los instrumentos cuyo sonido tiene timbre semejante.

abarloar. tr. *Mar.* Situar un buque de tal suerte que su costado esté casi en contacto con el de otro buque, o con una batería, muelle, etc. Ú. t. c. prnl.

abarquillado, da. adj. De figura de barquillo.

abarquillar. tr. Dar a una cosa delgada, como

lámina, plancha, papel, etc., forma de barquillo, alabeada o enrollada. Ú. t. c. prnl.

abarrancar. tr. Formar barrancos en un terreno la erosión o la acción de los elementos. ‖ **2.** intr. **varar,** encallar la embarcación. Ú. t. c. prnl.

abarrotar. tr. Apretar o fortalecer con barrotes alguna cosa. ‖ **2.** Llenar un espacio de personas o cosas. ‖ **3.** *Amér.* Saturar de productos el mercado, de manera que se deprecian por su excesiva abundancia. ‖ **4.** *Mar.* Asegurar la estiba con abarrotes.

abarrote. m. *Mar.* Fardo pequeño o cuña que sirve para apretar la estiba, llenando sus huecos. ‖ **2.** pl. *Amér.* Artículos de comercio, como comestibles, caldos, cacaos, conservas, papel, etc.

abastecer. tr. Proveer de bastimentos, víveres u otras cosas necesarias. Ú. t. c. prnl. ❑ Irreg. Se conj. como *agradecer.*

abastecimiento. m. Acción y efecto de abastecer o abastecerse.

abasto. m. Provisión de bastimentos, y especialmente de víveres. Ú. t. en pl. ‖ **dar abasto.** fr. Dar o ser bastante, bastar, proveer suficientemente. ❑ Hoy se usa más con neg.

abate. m. Presbítero extranjero, especialmente francés o italiano, y también eclesiástico español que ha residido mucho tiempo en Francia o Italia. ❑ No confundir con *abad.*

abatible. adj. Dícese de los objetos que pueden pasar de la posición vertical a la horizontal, o viceversa, haciéndolos girar en torno a un eje o bisagra. *Mesa, cama* ABATIBLE.

abatimiento. m. Postración física o moral de una persona. ‖ **2.** *Mar.* Ángulo que forma la línea de la quilla con la dirección que realmente sigue la nave.

abatir. tr. Derribar, derrocar, echar por tierra. Ú. t. c. prnl. ‖ **2.** Hacer que una cosa caiga o descienda. ABATIR *las velas de una embarcación.* Ú. t. en sent. fig. *Roma* ABATIÓ *el poder de Cartago.* ‖ **3.** Inclinar, tumbar, poner tendido lo que estaba vertical. ABATIR *los palos de un buque* o *la chimenea de un vapor.* ‖ **4.** fig. Hacer perder el ánimo, las fuerzas, el vigor. Ú. m. c. prnl. ‖ **5.** prnl. Descender, precipitarse un ave, un avión, etc., a tierra o sobre una presa. *El cuervo* SE ABATIÓ *sobre una peña.* Ú. t. en sent. fig. *La desgracia* SE ABATIÓ *sobre mí.*

abazón. m. *Zool.* Cada uno de los dos sacos o bolsas que, dentro de la boca, tienen muchos monos y algunos roedores, para depositar los alimentos antes de masticarlos.

abdicación. f. Acción y efecto de abdicar. ‖ **2.** Documento en que consta la **abdicación.**

abdicar. tr. Ceder o renunciar un rey o un príncipe a su soberanía. Ú. t. en sent. fig.

abdomen. m. *Anat.* **vientre,** cavidad del cuerpo de los animales vertebrados y conjunto de los órganos contenidos en ella. En los mamíferos queda limitada por el diafragma. ‖ **2.** *Zool.* Por ext., se llama **abdomen,** o región abdominal, en muchos animales invertebrados, la que sigue al tórax, v. gr., en los insectos.

abdominal. adj. Perteneciente o relativo al abdomen. *Extremidades* ABDOMINALES.

abducción. f. Movimiento por el cual un miembro u otro órgano se aleja del plano medio que divide imaginariamente el cuerpo en dos partes simétricas. ABDUCCIÓN *del brazo, del ojo.* ❑ No confundir con *aducción.*

abductor. adj. Dícese del músculo capaz de ejecutar una abducción. Ú. t. c. s. ❑ No confundir con *aductor.*

abecé. m. **abecedario,** serie de las letras. ‖ **2.** fig. Rudimentos o principios de una ciencia o facultad, o de cualquier otro orden de conocimientos.

abecedario. m. Serie de las letras de un idioma, según el orden en que cada uno de ellos las considera colocadas.

abedul. m. Árbol de la familia de las betuláceas, de unos diez metros de altura, con hojas pequeñas, puntiagudas y doblemente aserradas o dentadas, y dispuestas en ramillas colgantes que forman una copa de figura irregular que da escasa sombra. Abunda en los montes de Europa, y su corteza, que contiene un aceite esencial, se usa para curtir y aromatizar determinadas pieles. ‖ **2.** Madera de este árbol.

abeja. f. Insecto himenóptero, de unos 15 milímetros de largo, de color pardo negruzco y con vello rojizo. Vive en colonias, cada una de las cuales consta de una sola hembra fecunda, muchos machos y numerosísimas hembras estériles; habita en los huecos de los árboles o de las peñas, o en las colmenas que el hombre le prepara, y produce la cera y la miel. ‖ **2.** fig. Persona laboriosa y previsora. ‖ **maesa** o **maestra. abeja reina.** ‖ **neutra** u **obrera.** Cada una de las que carecen de la facultad de procrear y producen la cera y la miel. ‖ **reina.** Hembra fecunda de las abejas, única en cada colmena.

abejaruco. m. Pájaro de unos 15 centímetros de longitud, con alas puntiagudas, pico algo curvo, más largo que la cabeza y vistoso plumaje de colores amarillo, verde y rojo oscuro. Abunda en España y es perjudicial para los colmenares, porque se come las abejas.

abejorro. m. Insecto himenóptero, de dos a tres centímetros de largo, velludo y con la trompa casi de la misma longitud que el cuerpo. Vive en enjambres poco numerosos, hace el nido debajo del musgo o de piedras y zumba mucho al volar. ‖ **2.** fig. Persona de conversación pesada y molesta.

abencerraje. com. Individuo de una familia del reino musulmán granadino del siglo XV, rival de la de los Cegríes.

aberración. f. Grave error del entendimiento. ‖ **2.** Acto o conducta depravados, perversos, o que se apartan de lo aceptado como lícito. ‖ **3.** *Astron.* Desvío aparente de los astros, resultante de la combinación de la velocidad de la luz con la de los movimientos de la Tierra. ‖ **4.** *Ópt.* Imperfección de un sistema óptico que le impide establecer una exacta correspondencia entre un objeto y su imagen.

aberrante. adj. Dícese de aquello que se desvía o aparta de lo normal o usual.

aberrar. intr. Desviarse, extraviarse, apartarse de lo normal o usual.

abertura. f. Boca, hendidura, agujero o grieta. ‖ **2.** *Fon.* Amplitud que los órganos articulatorios dejan al paso del aire, cuando se emite un sonido. ‖ **3.** *Fon.* Cualidad que el sonido recibe según sea la amplitud que los órganos articulatorios dejan al paso del aire, cuando es emitido. ❑ No confundir con *apertura* ni con *obertura.*

aberzale. adj. Dícese del movimiento político y social vasco, más o menos radical, partidario del nacionalismo, y también de sus seguidores. Ú. t. c. s. ‖ **2.** Perteneciente o relativo a este movimiento o a sus seguidores.

abetal. m. Sitio poblado de abetos.

abeto. m. Árbol de la familia de las abietáceas, que llega hasta 50 metros de altura, con tronco alto y derecho, de corteza blanquecina, copa cónica de ramas horizontales, hojas aciculares y persistentes, flores poco visibles y fruto en piñas casi cilíndricas. Crece en parajes frescos y elevados, forma bosques en los Pirineos españoles, y su madera, no muy resistente, se aprecia, por su tamaño y blancura, para determinadas construcciones. ‖ **2.** Madera de cualquiera de las especies de este árbol.

abierto, ta. p. p. irreg. de **abrir.** ‖ **2.** adj. Desembarazado, llano, raso, dilatado. Dícese comúnmente del campo o campaña. ‖ **3.** No cercado. ‖ **4.** fig. Ingenuo, sincero, franco, dadivoso. ‖ **5.** Claro, patente, indudable. ‖ **6.** fig. Comprensivo, tolerante.

abietáceo, a. adj. *Bot.* Dícese de árboles gimnospermos bastante ramificados, con hojas persistentes de limbo muy estrecho y aun acicular, flores unisexuales monoicas y semillas cubiertas por escamas muy apretadas; como el pino, el abeto, el alerce y el cedro. Ú. t. c. s. f. ‖ **2.** f. pl. *Bot.* Familia de estas plantas.

abigarrado, da. adj. De varios colores, mal combinados. ‖ **2.** Dícese también de lo heterogéneo reunido sin concierto. Se usa muchas veces aplicado a nombres colectivos de persona. *Una multitud* ABIGARRADA.

abigarrar. tr. Dar o poner a una cosa varios colores mal combinados. ‖ **2.** prnl. Amontonarse, apretujarse cosas varias y heterogéneas. ❑ No utilizar por *abarrotar.*

ab initio. loc. adv. lat. Desde el principio. ‖ **2.** Desde tiempo inmemorial o muy remoto.

abiogénesis. f. Producción hipotética de seres vivos partiendo de la materia inerte; generación espontánea.

abiótico, ca. adj. *Biol.* Dícese del medio en que no es posible la vida.

abisal. adj. **abismal,** perteneciente al abismo. ‖ **2.** Dícese de las zonas del mar profundo que se extienden más allá del talud continental, y corresponden a profundidades mayores de 2.000 metros.

abisinio, nia. adj. **etíope,** natural de Abisinia o Etiopía, país de África. Ú. t. c. s. ‖ **2. etíope,** perteneciente a este país africano. ‖ **3.** m. Lengua **abisinia.**

abismado, da. adj. Ensimismado, reconcentrado. Dícese de las personas, de su gesto, expresión, etc.

abismal. adj. Perteneciente al abismo. ‖ **2.** fig. Muy profundo, insondable, incomprensible.

abismar. tr. Hundir en un abismo. Ú. t. c. prnl. ‖ **2.** fig. Confundir, abatir. Ú. t. c. prnl. ‖ **3.** *Amér.* Quedarse sorprendido, asombrado, admirado.

abismo. m. Cualquier profundidad grande, imponente y peligrosa, como la de los mares, la de un tajo, la de una sima, etc. Ú. t. en sent. fig. *Se sumió en el* ABISMO *de la desesperación.* ‖ **2. infierno,** lugar de castigo eterno. ‖ **3.** fig. Cosa inmensa, insondable o incomprensible. ‖ **4.** fig. Diferencia grande entre cosas, personas, ideas, sentimientos, etc.

abjurar. tr. Retractarse, renegar, a veces públicamente, de una creencia o compromiso que antes se ha profesado o asumido. ❑ Ú. t. c. intr. con la prep. *de.* ABJURAR DE *su religión.*

ablación. f. *Cir.* Separación o extirpación de cualquier parte del cuerpo.

ablandabrevas. com. fig. y fam. Persona inútil o para poco.

ablandamiento. m. Acción y efecto de ablandar o ablandarse.

ablandar. tr. Poner blanda una cosa. Ú. t. c. prnl. ‖ **2.** fig. Suavizar o hacer que alguien ceda en una postura intransigente o severa, mitigar su ira o enojo. Ú. t. c. prnl.

ablativo. m. *Gram.* Uno de los casos de la declinación latina y equivalente de él en la gramática de otras lenguas. Hace en la oración oficio de complemento, expresando en ella relaciones de procedencia, situación, modo, tiempo, instrumento, materia, etc., y en español lleva casi siempre antepuesta preposición, siendo las más frecuentes, *a, con, de, desde, en, por, sin, sobre, tras.* ‖ **absoluto.** *Gram.* Expresión elíptica sin conexión o vínculo gramatical con el resto de la frase a que pertenece, pero de la cual depende por el sentido. Puede componerse de dos nombres con preposición, o de nombre o pronombre acompañado de adjetivo, participio o gerundio, y constar además de otras partes de la oración. MUERTO EL PERRO, *se acabó la rabia;* DICHO ESTO, *calló.*

-able. V. **-ble.**

ablegado. m. Enviado apostólico encargado de entregar el birrete a los nuevos cardenales.

ablución. f. **lavatorio,** acción de lavar o lavarse. ‖ **2.** Acción de purificarse por medio del agua, según ritos de algunas religiones, como la judaica, la mahometana, etc.

ablusado, da. adj. Dícese del corpiño holgado a manera de blusa.

abnegación. f. Sacrificio que alguien hace de su voluntad, de sus afectos o de sus intereses, generalmente por motivos religiosos o por altruismo.

abnegado, da. adj. Que tiene abnegación.

abnegar. tr. p. us. Renunciar alguien voluntariamente a sus deseos, pasiones o intereses. Ú. m. c. prnl. ❑ Irreg. Se conj. como *acertar.*

abobado, da. adj. Que parece bobo o propio de bobo.

abocado, da. adj. Dícese del vino que contiene mezcla de vino seco y dulce. Hoy se aplica especialmente a una clase de jerez. Ú. t. c. s. m.

abocar. tr. Verter el contenido de un cántaro, costal, etc., en otro. Se usa propiamente cuando para ello se aproximan las bocas de ambos. ‖ **2.** prnl. Tratándose de proximidad en el tiempo, hallarse en disposición, peligro o esperanza de algo. ❑ Ú. especialmente el p. p. con los verbos *estar, hallarse, quedar, verse* y otros análogos y seguido de la preposición *a.* Ú. t. c. intr. ‖ **3.** intr. fig. Desembocar, ir a parar. ❑ No confundir con *avocar.*

abocetado, da. adj. Dícese de la pintura que, por estar poco concluida, más parece boceto que obra terminada.

abocetar. tr. Ejecutar bocetos o dar el carácter de tales a las obras artísticas. ‖ **2.** Por ext., insinuar, apuntar vagamente algo.

abochornar. tr. Causar bochorno el excesivo calor. Ú. t. c. prnl. ‖ **2.** fig. **sonrojar.** Ú. t. c. prnl.

abocinar. tr. Ensanchar un tubo o cañón hacia su boca, a modo de bocina.

abofetear. tr. Dar de bofetadas.

abogacía. f. Profesión y ejercicio del abogado. ‖ **2.** Cuerpo de abogados.

abogado, da. m. y f. Persona legalmente autorizada para defender en juicio, por escrito o de palabra, los derechos o intereses de los litigantes, y también para dar dictamen sobre las cuestiones o puntos legales que se le consultan. ‖ **2.** fig. Intercesor o mediador. ‖ **del diablo.** fig. y fam. **promotor de la fe.** ‖ **2.** Por ext., contradictor de buenas causas.

abogar. intr. Defender en juicio, por escrito o de palabra. ‖ **2.** fig. Interceder, hablar en favor de alguno.

abolengo. m. Ascendencia de abuelos o antepasados. ‖ **2.** Ascendencia ilustre.

abolición. f. Acción y efecto de abolir.

abolicionismo. m. Doctrina de los abolicionistas.

abolicionista. adj. Dícese del que procura dejar sin efecto o suprimir una ley, costumbre, etc. Se aplicó principalmente a los partidarios de la abolición de la esclavitud. Ú. t. c. s.

abolir. tr. defect. Derogar, dejar sin vigencia una ley, precepto, costumbre, etc. ❑ Solo se usan las formas en las que la desinencia empieza por *-i.* Ver conjugación modelo.

abolir

INDICATIVO

Presente: abolimos, abolís. *Solo se usa en estas personas.*

Pretérito imperfecto: abolía, abolías, abolía, abolíamos, abolíais, abolían.

Pretérito indefinido: abolí, aboliste, abolió, abolimos, abolisteis, abolieron.

Futuro imperfecto: aboliré, abolirás, abolirá, aboliremos, aboliréis, abolirán.

Condicional: aboliría, abolirías, aboliría, aboliríamos, aboliríais, abolirían.

SUBJUNTIVO

Presente: *No se usa.*

Pretérito imperfecto: aboliera o aboliese, abolieras o abolieses, aboliera o aboliese, aboliéramos o aboliésemos, abolierais o abolieseis, abolieran o aboliesen.

Futuro imperfecto: aboliere, abolieres, aboliere, aboliéremos, aboliereis, abolieren.

→

abolir (continuación)
IMPERATIVO abolid (vosotros). *Solo se usa en esta persona.* FORMAS NO PERSONALES Infinitivo: abolir. Participio: abolido. Gerundio: aboliendo.

abolladura. f. Acción y efecto de abollar o abollarse.

abollar. tr. Producir una depresión en una superficie con un golpe o apretándola. Ú. t. c. prnl.

abolsarse. prnl. Tomar figura de bolsa. ‖ **2.** *Albañ.* Ahuecarse las paredes.

abombado[1], da. adj. *Amér.* Aturdido, atontado. ‖ **2.** *Amér.* Tonto, falto o escaso de entendimiento o razón. Ú. t. c. s.

abombado[2], da. adj. Curvado, convexo, que tiene forma esférica.

abombar[1]. tr. Aturdir, atolondrar, ensordecer. Ú. t. c. prnl.

abombar[2]. tr. Dar figura convexa. ‖ **2.** prnl. Tomar una cosa la forma convexa.

abominable. adj. Digno de ser abominado.

abominación. f. Acción y efecto de abominar. ‖ **2.** Cosa abominable.

abominar. tr. Condenar y maldecir a personas o cosas por considerarlas malas o perjudiciales. ❑ Ú. t. c. intr. y con la prep. *de.* ‖ **2.** Tener odio a alguien o a algo, aborrecer.

abonado, da. m. y f. Persona inscrita para recibir algún servicio periódicamente o determinado número de veces. ‖ **2.** Persona que ha suscrito o adquirido un abono para un servicio o espectáculo. ‖ **3.** m. Acción y efecto de abonar tierras laborables.

abonar. tr. Echar en la tierra laborable materias que aumenten su fertilidad. ‖ **2. pagar.** ‖ **3.** Inscribir a una persona, mediante pago, para que pueda concurrir a alguna diversión, disfrutar de alguna comodidad o recibir algún servicio periódicamente o determinado número de veces. Ú. m. c. prnl.

abono. m. Acción y efecto de abonar o abonarse. ‖ **2.** Lote de entradas o billetes que se compran conjuntamente y que permiten a una persona el uso periódico o limitado de algún servicio, de alguna instalación deportiva, sanitaria o recreativa, o la asistencia a una serie predeterminada de espectáculos. ‖ **3.** Cada uno de los pagos parciales de un préstamo o una compra a plazos. ‖ **4.** Sustancia con que se abona la tierra.

aboquillar. tr. Poner boquilla a alguna cosa. **2.** *Arq.* **achaflanar.**

aboral. adj. *Zool.* Dícese del polo o extremo del animal biológicamente opuesto a la boca.

abordaje. m. *Mar.* Acción de abordar, o chocar un barco con otro, especialmente con la intención de combatirlo. ‖ **al abordaje.** loc. adv. *Mar.* Pasando la gente, del buque abordador al abordado, con armas a propósito para embestir al enemigo. ❑ Ú. con los verbos *entrar, saltar, tomar,* etc.

abordar. tr. *Mar.* Llegar una embarcación a otra, chocar o tocar con ella, ya sea para embestirla, ya para cualquier otro fin, ya por descuido, ya fortuitamente. Ú. t. c. intr. ‖ **2.** fig. Acercarse a alguno para proponerle o tratar con él un asunto. ‖ **3.** fig. Emprender o plantear un negocio o asunto. ‖ **4.** fig. Plantear un asunto en el curso de una exposición oral o escrita.

aborigen. adj. Originario del suelo en que vive. *Tribu, animal, planta* ABORIGEN. ‖ **2.** Dícese del primitivo morador de un país, por contraposición a los establecidos posteriormente en él. Ú. m. c. s. y en pl.

aborrecer. tr. Tener aversión a una persona o cosa. ‖ **2.** Dejar o abandonar algunos animales, y especialmente las aves, el nido, los huevos o las crías. ❑ Irreg. Se conj. como *agradecer.*

aborrecible. adj. Digno de ser aborrecido.

aborregarse. prnl. Cubrirse el cielo de nubes blanquecinas y revueltas a modo de vellones de lana. ‖ **2.** fig. Adquirir las personas rasgos atribuidos al borrego, especialmente mansedumbre, gregarismo, etc.

abortar. intr. Interrumpir la hembra, de forma natural o provocada, el desarrollo del feto durante el embarazo. Ú. menos c. tr. ‖ **2.** fig. Fracasar, malograrse alguna empresa o proyecto. Ú. t. c. tr. *La policía* ABORTÓ *el intento de fuga.* ‖ **3.** *Biol.* Desarrollarse parcialmente un órgano sin que llegue a ser funcional. ‖ **4.** tr. fig. Producir o echar de sí alguna cosa sumamente imperfecta, extraordinaria, monstruosa o abominable.

abortista. adj. Favorable a la práctica libre o reglada del aborto de la mujer. Apl. a pers., ú. t. c. s.

abortivo, va. adj. Que tiene virtud para hacer abortar. Ú. t. c. s. m.

aborto. m. Acción de abortar. ‖ **2.** Ser o cosa abortada. ‖ **3.** fig. Engendro, monstruo.

abotagarse. prnl. Hincharse, inflarse el cuerpo o parte del cuerpo de un animal, o el de una persona, generalmente por enfermedad.

abotargarse. prnl. fam. **abotagarse.**

abotinado, da. adj. Hecho en figura de botín. Se aplica especialmente al zapato que ciñe y cierra la garganta del pie.

abotonar. tr. Cerrar, unir, ajustar una prenda de vestir, metiendo el botón o los botones por el ojal o los ojales. Ú. t. c. prnl.

abovedado, da. adj. Corvo, combado.

abovedar. tr. Cubrir con bóveda. ‖ **2.** Dar figura de bóveda.

abra. f. Bahía no muy extensa. ‖ **2.** Abertura ancha y despejada entre dos montañas. ‖ **3.** *Amér.* Espacio desmontado, claro en un bosque.

abracadabra. m. Palabra cabalística que se escribía en once renglones, con una letra menos en cada uno de ellos, de modo que formasen un triángulo, y a la cual se atribuía la propiedad de curar ciertas enfermedades.

abrasador, ra. adj. Que abrasa.

abrasar. tr. Reducir a brasa, quemar. Ú. t. c. prnl. ‖ **2.** Calentar demasiado. ‖ **3.** fig. Agitar o consumir a alguien una pasión, especialmente el amor. Ú. t. c. prnl. ‖ **4.** intr. Quemar, estar demasiado caliente una cosa. ‖ **5.** prnl. Sentir demasiado calor o ardor.

abrasión. f. Acción y efecto de raer o desgastar por fricción. ‖ **2.** *Med.* Acción irritante de los purgantes enérgicos.

abrasivo, va. adj. Perteneciente o relativo a la abrasión. Ú. t. c. s. m. aplicado a los productos que sirven para desgastar o pulir, por fricción, sustancias duras como metales, vidrios, etc.

abrazadera. f. Pieza de metal u otra materia que sirve para asegurar alguna cosa, ciñéndola.

abrazar. tr. Ceñir con los brazos. Ú. t. c. prnl. ‖ **2.** fig. Rodear, ceñir. ‖ **3.** fig. Comprender, contener, incluir. ‖ **4.** fig. Admitir, escoger, seguir una doctrina, opinión o conducta. ABRAZÓ *el catolicismo.* ❑ Ú. t. c. prnl. con la prep. *a.*

abrazo. m. Acción y efecto de abrazar o abrazarse, ceñir o estrechar entre los brazos.

abrebotellas. m. Utensilio para quitar las chapas de las botellas.

abrecartas. m. Especie de plegadera estrecha y apuntada, que sirve para abrir los sobres de las cartas.

abrecoches. m. Persona que abre la puerta de los automóviles a sus usuarios para recibir una propina.

ábrego. m. Viento sur.

abrelatas. m. Instrumento de metal que sirve para abrir las latas de conservas.

abrevadero. m. Estanque, pilón o paraje del río, arroyo o manantial a propósito para dar de beber al ganado.

abrevar. tr. Dar de beber principalmente al ganado.

abreviar. tr. Hacer breve, acortar, reducir a menos tiempo o espacio. ‖ **2.** Acelerar, apresurar. Ú. t. c. intr.

abreviatura. f. Representación de las palabras en la escritura con solo varias o una de sus letras, empleando a veces únicamente mayúsculas, y poniendo punto después de la parte escrita de cada vocablo; v. gr.: *íd.*, por *ídem; U., V., Vd.* o *Ud.*, por *usted; Sr.*, por *Señor.* ❑ Distinguir de *acrónimo* y de *sigla.*

abridor, ra. adj. Que abre. ‖ **2.** m. **abrelatas.** ‖ **3. abrebotellas.**

abrigadero. m. **abrigo,** lugar defendido de los vientos.

abrigar. tr. Defender, resguardar del frío. Ú. t. c. prnl. ‖ **2.** fig. Auxiliar, patrocinar, amparar. ‖ **3.** fig. Tratándose de ideas, voliciones o afectos, tenerlos. ABRIGAR *proyectos, esperanzas, sospechas, amor.*

abrigo. m. Defensa contra el frío. ‖ **2.** Prenda de vestir, larga, provista de mangas, que se pone sobre las demás y sirve para abrigar. ‖ **3.** Lugar defendido de los vientos. ‖ **4.** fig. Auxilio, patrocinio, amparo. ‖ **5.** *Arqueol.* Covacha natural poco profunda.

abril. m. Cuarto mes del año, según nuestro cómputo; consta de treinta días. ‖ **2.** fig. Hablando de personas jóvenes, **año,** período de doce meses. Ú. en pl. *Floridos, lozanos* ABRILES.

abrillantador, ra. adj. Que abrillanta. Ú. t. c. s. ‖ **2.** m. Instrumento o sustancia con que se abrillanta.

abrillantar. tr. Iluminar o dar brillantez.

abrir. tr. Descubrir o hacer patente lo que está cerrado u oculto. ABRIR *una caja.* Ú. t. c. prnl. ‖ **2.** Separar del marco la hoja o las hojas de la puerta, haciéndolas girar sobre sus goznes, o quitar o separar cualquier otra cosa con que esté cerrada una abertura, para que deje de estarlo. Ú. t. c. intr. y c. prnl. *Esta puerta* ABRE *bien* o ABRE *mal;* ABRIRSE *una puerta.* ‖ **3.** Extender lo que estaba encogido, doblado o plegado. ABRIR *la mano;* ABRIR *la cola ciertas aves;* ABRIR *un paraguas.* ‖ **4.** Hender, rasgar, dividir. Ú. t. c. prnl. ABRIRSE *la tierra, el techo, la madera, una granada, un tumor.* ‖ **5.** Tratándose de cuerpos o establecimientos políticos, administrativos, científicos, literarios, artísticos, comerciales o industriales, dar principio a las tareas, ejercicios o negocios propios de cada uno de ellos. ABRIR *las Cortes, la Universidad, un teatro, un café.* ‖ **6.** fig. Comenzar ciertas cosas o darles principio, inaugurar. ABRIR *la campaña, el curso, la sesión.* ‖ **7.** Tratándose de gente que camina formando hilera o columna, ir a la cabeza o delante. ABRIR *la procesión, la marcha.* ‖ **8.** intr. Tratándose del tiempo, empezar a clarear o serenarse. ‖ **9.** prnl. fig. Declarar, descubrir, confiar una persona a otra su secreto. SE ABRIÓ *conmigo.* ‖ **10.** coloq. Irse de un lugar, huir, salir precipitadamente. ❑ p. p. irreg.: *abierto.*

abrochar. tr. Cerrar, unir o ajustar con broches, corchetes, botones, etc. Ú. t. c. prnl.

abrogar. tr. *Der.* Abolir, revocar. ABROGAR *una ley, un código.* ❑ No confundir con *arrogarse.*

abrojo. m. Planta de la familia de las cigofiláceas, de tallos largos y rastreros, hojas compuestas y fruto casi esférico y armado de muchas y fuertes púas. Es perjudicial a los sembrados. ‖ **2.** Fruto de esta planta.

abroncar. tr. Reprender ásperamente. ‖ **2. abuchear.**

abrótano. m. Planta herbácea de la familia de las compuestas, de cerca de un metro de altura, hojas muy finas y blanquecinas, y flores de olor suave, en cabezuelas amarillas, cuya infusión se emplea para hacer crecer el cabello.

abrumador, ra. adj. Que abruma.

abrumar. tr. Agobiar con algún grave peso. ‖ **2.** fig. Causar gran molestia.

abrumarse. prnl. Llenarse de bruma la atmósfera.

abrupto, ta. adj. Escarpado, que tiene gran pendiente; dícese también del terreno quebrado, de difícil acceso. ‖ **2.** Áspero, violento, rudo, destemplado. *Declaración* ABRUPTA. *Carácter* ABRUPTO.

abruzo, za. adj. Natural de los Abruzos. Ú. t. c. s. ‖ **2.** Perteneciente o relativo a este país de Italia.

absceso. m. *Pat.* Acumulación de pus en los tejidos orgánicos internos o externos. ❑ No confundir con *acceso.*

abscisa. f. *Geom.* Coordenada horizontal en un plano cartesiano rectangular, expresada como la distancia entre un punto y el eje vertical. ‖ **2.** *Geom.* V. **eje de abscisas.**

abscisión. f. Separación de una parte de un cuerpo cualquiera, hecha con instrumento cortante.

absenta. f. **ajenjo,** bebida alcohólica.

absentismo. m. Costumbre de residir el propietario fuera de la localidad en que radican sus bienes. ‖ **2.** Abstención deliberada de acudir al trabajo.

ábside. amb. *Arq.* Parte del templo, abovedada y comúnmente semicircular, que sobresale en la fachada posterior, y donde en lo antiguo estaban precisamente el altar y el presbiterio. ❑ No confundir con *ápside.*

absolución. f. Acción de absolver.

absolutismo. m. Sistema del gobierno absoluto.

absolutista. adj. Partidario del absolutismo. Apl. a pers., ú. t. c. s.

absoluto, ta. adj. Que excluye toda relación. ‖ **2.** Independiente, ilimitado, sin restricción alguna. ‖ **3.** Hablando de juicios, opiniones, etc., y de la voluntad y sus manifestaciones, terminante, decisivo, categórico. ‖ **lo absoluto.** Lo que existe por sí mismo, lo incondicionado. Ú. t. c. s. m. ‖ **en absoluto.** loc. adv. De una manera general, resuelta y terminante. ‖ **2.** No, de ningún modo.

absolutorio, ria. adj. Dícese del fallo, sentencia, declaración, actitud, etc., que absuelve.

absolver. tr. Dar por libre de algún cargo u obligación. ‖ **2.** Remitir a un penitente sus pecados en el tribunal de la confesión, o levantarle las censuras en que hubiere incurrido. ‖ **3.** *Der.* Declarar libre de culpa al acusado de un delito. ❑ Irreg. Se conj. como *mover.* p. p. irreg.: *absuelto.*

absorbente. adj. Que absorbe. ‖ **2.** Dominante, que trata de imponer su voluntad a los demás. ‖ **3.** m. Sustancia que tiene un elevado poder de absorción.

absorber. tr. Ejercer atracción una sustancia sólida sobre un fluido con el que está en contacto, de modo que las moléculas de este penetren en ella. ‖ **2.** fig. Consumir enteramente. ABSORBER *el capital.* ‖ **3.** Asumir, incorporar. Se usa principalmente refiriéndose a entidades políticas, comerciales, etc. ‖ **4.** Atraer a sí, cautivar. ABSORBER *la atención.*

absorción. f. Acción de absorber.

absorto, ta. adj. Admirado, pasmado. ‖ **2.** Entregado totalmente a una meditación, lectura, contemplación, etc.

abstemio, mia. adj. Que no bebe vino ni otros licores alcohólicos. Ú. t. c. s.

abstención. f. Acción y efecto de abstenerse.

abstencionismo. m. Doctrina o práctica de los abstencionistas.

abstencionista. adj. Partidario de la abstención, especialmente en política. Ú. t. c. s.

abstenerse. prnl. Privarse de alguna cosa. ‖ **2.** No participar en algo a que se tiene derecho, p. ej. en una votación. ❑ Irreg. Se conj. como *tener.* Ú. con la prep. *de.*

absterger. tr. *Med.* Limpiar y purificar de materias viscosas, sórdidas o pútridas las superficies orgánicas.

abstinencia. f. Acción de abstenerse. ‖ **2.** Por excelencia, privación de determinados alimentos o bebidas, en cumplimiento de precepto religioso o de voto especial.

abstracción. f. Acción y efecto de abstraer o abstraerse.

abstracto, ta. adj. Que significa alguna cualidad con exclusión del sujeto. ‖ **2.** Dícese del arte y de los artistas que no pretenden representar seres o cosas concretos y atienden solo a elementos de forma, color, estructura, proporción, etc.

abstraer. tr. Separar por medio de una operación intelectual las cualidades de un objeto para considerarlas aisladamente o para considerar el mismo objeto en su pura esencia o noción. ‖ **2.** prnl. Enajenarse de los objetos sensibles, no atender a ellos por entregarse a la consideración de lo que se tiene en el pensamiento. ❑ Irreg. Se conj. como *traer*.

abstraído, da. adj. Distraído, ensimismado, absorto en una meditación, contemplación, etc. *Lo encontré* ABSTRAÍDO *en sus pensamientos.*

abstruso, sa. adj. Recóndito, de difícil comprensión o inteligencia.

absuelto, ta. p. p. irreg. de **absolver.**

absurdo, da. adj. Contrario y opuesto a la razón; que no tiene sentido. Ú. t. c. s. ‖ **2.** m. Dicho o hecho irracional, arbitrario o disparatado.

abubilla. f. Pájaro insectívoro, del tamaño de la tórtola, con el pico largo y algo arqueado, un penacho de plumas eréctiles en la cabeza, el cuerpo rojizo y las alas y la cola negras con listas blancas, como el penacho. Es muy agradable a la vista, pero de olor fétido y canto monótono.

abuchear. tr. Sisear, reprobar con murmullos, ruidos o gritos. Se usa especialmente refiriéndose a un auditorio o muchedumbre.

abucheo. m. Acción de abuchear.

abuela. f. Respecto de una persona, madre de su padre o de su madre. ‖ **2.** fig. Mujer anciana.

abuelo. m. Respecto de una persona, padre de su padre o de su madre. ‖ **2.** fig. Hombre anciano. ‖ **3.** pl. El **abuelo** y la abuela.

abuhardillado, da. adj. Con buhardilla, o en forma de buhardilla.

abulense. adj. **avilés.** Apl. a pers., ú. t. c. s.

abulia. f. Falta de voluntad, o disminución notable de su energía.

abúlico, ca. adj. Que padece abulia. ‖ **2.** Propio de la abulia.

abultado, da. adj. Grueso, grande, de mucho bulto.

abultar. tr. Aumentar el bulto de alguna cosa. ‖ **2.** Hacer de bulto o relieve. ‖ **3.** Aumentar la cantidad, intensidad, grado, etc. ‖ **4.** intr. Tener o hacer bulto.

abundancia. f. Copia, gran cantidad.

abundante. adj. Que abunda. **2.** Copioso, en gran cantidad.

abundar. intr. Haber o existir en gran número o en gran cantidad. ‖ **2.** Con la prep. *en,* tener en gran cantidad o en gran número. ‖ **3.** Con la misma prep., y tratándose de una idea u opinión, compartirla.

aburguesarse. prnl. Adquirir cualidades de burgués.

aburrido, da. adj. Que causa aburrimiento.

aburrimiento. m. Cansancio, fastidio, tedio, originados generalmente por disgustos o molestias, o por no contar con algo que distraiga y divierta.

aburrir. tr. Molestar, cansar, fastidiar. ‖ **2.** prnl. Fastidiarse, cansarse de alguna cosa, tomarle tedio. ‖ **3.** Sufrir un estado de ánimo producido por falta de estímulos, diversiones o distracciones.

abusar. intr. Usar mal, excesiva, injusta, impropia o indebidamente de algo o de alguien. ‖ **2.** Hacer objeto de trato deshonesto a una persona de menor experiencia, fuerza o poder. Ú. con la prep. *de.*

abusivo, va. adj. Que se introduce o practica por abuso.

abuso. m. Acción y efecto de abusar.

abusón, na. adj. Dícese de la persona que es propensa al abuso. Ú. t. c. s.

abyección. f. Bajeza, envilecimiento. ‖ **2.** Humillación.

abyecto, ta. adj. Despreciable, vil en extremo.

acá. adv. l. En este lugar o cerca de él; a este lugar o cerca de él. No es tan explícito como *aquí,* por eso admite ciertos grados de comparación. *Tan* ACÁ, *más* ACÁ, *muy* ACÁ. ‖ **2.** adv. t. Precedido de ciertas preposiciones y de otros adverbios significativos de tiempo anterior, denota el presente. *De ayer* ACÁ; *desde entonces* ACÁ.

acabado, da. adj. Perfecto, completo, consumado. ‖ **2.** Malparado, destruido, viejo o en mala disposición. Dícese de la salud, la ropa, la hacienda, etc. ‖ **3.** m. Perfeccionamiento o retoque de una obra o labor.

acabar. tr. Poner o dar fin a una cosa, terminarla, concluirla. Ú. t. c. prnl. ‖ **2.** Apurar, consumir. ‖ **3.** intr. Rematar, terminar, finalizar. *La espada* ACABA *en punta.* ‖ **4.** Extinguirse, aniquilarse. Ú. t. c. prnl. ‖ **5.** intr. Seguido de la prep. *con* y un nombre de persona o cosa o un pronombre, poner fin, destruir, exterminar, aniquilar. *Los disgustos* ACABARON CON *Pedro; tú* ACABARÁS *con mi vida.* ‖ **6.** En presente, pretérito imperfecto y otros tiempos, seguido de la prep. *de* y un verbo en infinitivo, haber ocurrido poco antes lo que este último verbo significa. ACABA DE *perder su caudal.*

acabose. m. Solo se usa en la fr. **ser** una cosa **el acabose,** con que se denota haber llegado una cosa a su último extremo. Suele tener sentido peyorativo y expresa ruina, desolación o desastre.

acacia. f. Árbol o arbusto de la familia de las

mimosáceas, de madera bastante dura, con espinas, hojas compuestas o divididas en hojuelas, flores olorosas en racimos laxos y colgantes, y fruto en legumbre. De varias de sus especies fluye espontáneamente la goma arábiga.

academia. f. Sociedad científica, literaria o artística establecida con autoridad pública. ‖ **2.** Establecimiento docente, público o privado, de carácter profesional, artístico, técnico, o simplemente práctico.

academicismo. m. Calidad de **académico,** que observa con rigor las normas clásicas.

académico, ca. adj. Perteneciente o relativo a las academias, o propio y característico de ellas. *Diploma, discurso, estilo* ACADÉMICO. ‖ **2.** Dícese de algunas cosas relativas a centros oficiales de enseñanza. *Curso, traje, expediente, título* ACADÉMICO. ‖ **3.** Dícese de las obras de arte en que se observan con rigor las normas clásicas, y también del autor de estas obras. ‖ **4.** m. y f. Individuo perteneciente a una corporación académica.

acaecer. intr. **suceder,** efectuarse un hecho. ❑ Ú. en el modo infinitivo y en las terceras pers. de sing. y pl. ❑ Irreg. Se conj. como *agradecer.*

acaecimiento. m. Cosa que sucede.

acalambrarse. prnl. *Amér.* Contraerse los músculos a causa del calambre. Ú. t. c. tr.

acalefo. adj. *Zool.* Dícese del animal marítimo de vida pelágica, perteneciente al grupo de los celentéreos, que en su estado adulto presenta forma de medusa y tiene un ciclo de desarrollo con fases muy diversas. Ú. t. c. s. ‖ **2.** m. pl. *Zool.* Clase de estos animales.

acallar. tr. Hacer callar. ‖ **2.** fig. Aplacar, aquietar, sosegar.

acaloramiento. m. Ardor, encendimiento, arrebato de calor. ‖ **2.** fig. Arrebatamiento o acceso de una pasión violenta.

acalorar. tr. Dar o causar calor. ‖ **2.** Encender, fatigar con el demasiado trabajo o ejercicio. Ú. m. c. prnl. ‖ **3.** prnl. fig. Enardecerse en la conversación o disputa.

acampada. f. Acción y efecto de acampar. ‖ **2.** Campamento, lugar al aire libre, dispuesto para alojar turistas, viajeros, etc. ‖ **de acampada.** Con verbos como *ir* o *estar,* permanecer en un campamento con fines recreativos y deportivos.

acampanado, da. adj. De figura de campana.

acampanar. tr. Dar a una cosa figura de campana. Ú. t. c. prnl.

acampar. intr. Detenerse y permanecer en despoblado, alojándose o no en tiendas o barracas. Ú. t. c. tr. y c. prnl.

acanalado, da. adj. Dícese de lo que pasa por canal o paraje estrecho. ‖ **2.** De figura larga y abarquillada como la de las canales. *Uñas* ACANALADAS. ‖ **3.** De figura de estría, o con estrías.

acanaladura. f. *Arq.* Canal o estría.

acantáceo, a. adj. *Bot.* Dícese de plantas angiospermas dicotiledóneas, arbustos y hierbas, que tienen tallo y ramos nudosos, hojas opuestas, flores de cinco pétalos, axilares o terminales y rara vez solitarias, y por fruto una caja membranosa, coriácea o cartilaginosa que contiene varias semillas sin albumen; como el acanto. Ú. t. c. s. ‖ **2.** f. pl. *Bot.* Familia de estas plantas.

acantilado, da. adj. Se dice del fondo del mar cuando forma escalones o cantiles. ‖ **2.** Se dice de la costa rocosa y cortada verticalmente. Ú. t. c. s. m. ‖ **3.** m. Escarpa casi vertical en un terreno.

acanto. m. Planta de la familia de las acantáceas, perenne, herbácea, con hojas anuales, largas, rizadas y espinosas. ‖ **2.** *Arq.* Ornato hecho a imitación de las hojas de esta planta, característico del capitel del orden corintio.

acantocéfalo, la. adj. *Zool.* Dícese de los nematelmintos que carecen de aparato digestivo y tienen en el extremo anterior de su cuerpo una trompa armada de ganchos, con los que el animal, que es parásito, se fija a las paredes del intestino de su huésped. Ú. m. c. s. ‖ **2.** m. pl. *Zool.* Orden de estos nematelmintos.

acantonamiento. m. Acción y efecto de acantonar fuerzas militares. ‖ **2.** Sitio en que hay tropas acantonadas.

acantonar. tr. Distribuir y alojar las tropas en diversos poblados o poblaciones. Ú. t. c. prnl.

acantopterigio, gia. adj. *Zool.* Dícese de peces teleósteos casi todos marinos, cuyas aletas, por lo menos las impares, tienen radios espinosos inarticulados; como el atún, el pez espada y el besugo. Ú. t. c. s. ‖ **2.** m. pl. *Zool.* Suborden de estos animales.

acaparar. tr. Adquirir y retener cosas propias del comercio en cantidad superior a la normal, previniendo su escasez o encarecimiento. ‖ **2.** fig. Apropiarse u obtener en todo o en gran parte un género de cosas.

acaramelar. tr. Bañar de azúcar en punto de caramelo. ‖ **2.** prnl. fig. y fam. Mostrarse alguien extraordinariamente galante, obsequioso, dulce, melifluo.

acariciar. tr. Hacer caricias. ‖ **2.** fig. Tocar, rozar suavemente una cosa a otra. *La brisa* ACARICIABA *su rostro.* ‖ **3.** fig. Complacerse en pensar alguna cosa con deseo o esperanza de conseguirla o llevarla a cabo.

ácaro. m. *Zool.* Arácnido de respiración traqueal o cutánea, con cefalotórax tan íntimamente unido al abdomen que no se percibe separación entre ambos. Esta denominación comprende animales de tamaño mediano o pequeño, muchos de los cuales son parásitos de otros animales o plantas. ‖ **2.** pl. *Zool.* Orden de estos animales.

acarrear. tr. Transportar en carro. ‖ **2.** Por ext., transportar de cualquier manera. ‖ **3.** fig. Dicho de daños o desgracias, ocasionar, producir, traer consigo.

acarreo. m. Acción de acarrear.

acartonarse. prnl. Ponerse como cartón. Se usa especialmente hablando de las personas que al llegar a cierta edad se quedan enjutas.

acaso. adv. m. Por casualidad, accidentalmente. ‖ **2.** adv. de duda. Quizá, tal vez. ‖ **por si acaso.** loc. adv. o conj. Por si surge o ha surgido una contingencia expresa o sobrentendida. *Fíjate bien en lo que dicen,* POR SI ACASO *hay que replicarles. Hay que salir con tiempo,* POR SI ACASO.

acatamiento. m. Acción y efecto de acatar.

acatar. tr. Tributar homenaje de sumisión y respeto. ‖ **2.** Aceptar con sumisión una autoridad o unas normas legales, una orden, etc.

acatarrarse. prnl. Contraer catarro de las vías respiratorias.

acaudalado, da. adj. Que tiene mucho caudal.

acaudalar. tr. Hacer o reunir caudal.

acaudillar. tr. Mandar, como cabeza o jefe, gente de guerra. ‖ **2.** Guiar, conducir, dirigir.

acceder. intr. Consentir en lo que otro solicita o quiere. ‖ **2.** Ceder alguien en su parecer, conviniendo con un dictamen o una idea de otro, o asociándose a un acuerdo. ‖ **3.** Entrar en un lugar o pasar a él. ‖ **4.** Tener acceso a una situación, condición o grado superiores, llegar a alcanzarlos. ACCEDER *el colono a la propiedad de la finca.* ❑ Ú. con la prep. *a.*

accesible. adj. Que tiene acceso. ‖ **2.** fig. De fácil acceso o trato. ‖ **3.** fig. De fácil comprensión, inteligible. ❑ No confundir con *asequible.*

accésit. m. Recompensa inferior inmediata al premio en certámenes científicos, literarios o artísticos. ❑ pl. invar.

acceso. m. Entrada o paso. ‖ **2.** fig. Entrada al trato o comunicación con alguno. ‖ **3.** fig. Arrebato o exaltación. ‖ **4.** *Med.* Acometimiento o repetición de un estado morboso, periódico o no, como la epilepsia, histerismo, disnea, neuralgia, etc. ❑ No confundir con *absceso.*

accesorio, ria. adj. Que depende de lo principal o se le une por accidente. Ú. t. c. s. ‖ **2.** m. Utensilio auxiliar para determinado trabajo o para el funcionamiento de una máquina. Ú. m. en pl.

accidentado, da. adj. Turbado, agitado, borrascoso. ‖ **2.** Dicho de terreno, escabroso, abrupto. ‖ **3.** Dícese de quien ha sido víctima de un accidente. Ú. m. c. s.

accidental. adj. No esencial. ‖ **2.** Casual, contingente.

accidentar. tr. Producir accidente. ‖ **2.** prnl. Ser acometido de algún accidente que priva de sentido o de movimiento.

accidente. m. Calidad o estado que aparece en alguna cosa, sin que sea parte de su esencia o naturaleza. ‖ **2.** Suceso eventual o acción de que involuntariamente resulta daño para las personas o las cosas. *Seguro contra* ACCIDENTES. ‖ **3.** Irregularidad del terreno con elevación o depresión bruscas, quiebras, fragosidad, etc. ‖ **gramatical.** En la gramática tradicional, modificaciones que sufren en su forma las palabras variables para expresar diversas categorías gramaticales. ❑ En español, los **accidentes** gramaticales son: género y número en la flexión nominal; modo, tiempo, número y persona, en la flexión verbal. Los pronombres personales sufren modificaciones que son restos de la declinación latina. ‖ **por accidente.** loc. adv. Por casualidad. ❑ No confundir con *incidente.*

acción. f. Ejercicio de una potencia. ‖ **2.** Efecto de hacer. ‖ **3.** Operación o impresión de cualquier agente en el paciente. ‖ **4.** En las obras narrativas, dramáticas y cinematográficas, sucesión de acaecimientos y peripecias que constituyen su argumento. ‖ **5.** En la filmación de películas, voz con que se advierte a actores y técnicos que en aquel momento comienza una toma. ‖ **6.** *Econ.* Cada una de las partes en que se considera dividido el capital de una compañía anónima. ‖ **7.** *Econ.* Título que acredita y representa el valor de cada una de aquellas partes.

accionar. tr. Poner en funcionamiento un mecanismo o parte de él; dar movimiento. ‖ **2.** intr. Hacer movimientos y gestos para dar a entender alguna cosa, o acompañar con ellos la palabra hablada o el canto, para hacer más viva la expresión de los pensamientos, deseos o afectos.

accionista. com. Dueño de una o varias acciones en una compañía comercial, industrial o de otra índole.

acebo. m. Árbol de la familia de las aquifoliáceas, de cuatro a seis metros de altura, poblado todo el año de hojas de color verde oscuro, lustrosas, retorcidas y con espinas en su margen; flores blancas y fruto en drupa rojiza. Su madera, que es blanca, flexible, muy dura y compacta, se emplea en ebanistería y tornería; y de su corteza se extrae liga para cazar pájaros. ‖ **2.** Madera de este árbol.

acebuche. m. **olivo silvestre.**

acebuchina. f. Fruto del acebuche. Es una especie de aceituna, más pequeña y menos carnosa que la del olivo cultivado.

acechanza. f. Acecho, espionaje, persecución cautelosa. ❑ No confundir con *asechanza.*

acechar. tr. Observar, aguardar cautelosamente con algún propósito.

acecho. m. Acción de acechar. ‖ **al, de,** o **en, acecho.** loc. adv. Observando y mirando a escondidas y con cuidado.

acecinar. tr. Salar las carnes y ponerlas al humo y al aire para que, enjutas, se conserven. Ú. t. c. prnl. ‖ **2.** prnl. fig. Quedarse, por vejez u otra causa, muy enjuto de carnes.

acedar. tr. Poner aceda o agria alguna cosa. Ú. m. c. prnl.

acedera. f. Planta perenne de la familia de las poligonáceas, con hojas alternas y flores pequeñas y verdosas dispuestas en verticilos. Se emplea como condimento por su sabor ácido.

acedía. f. Acidez del estómago.

acedo, da. adj. **ácido.**

acéfalo, la. adj. Falto de cabeza.

aceitar. tr. Dar, untar, bañar con aceite.

aceite. m. Líquido graso de color verde amarillento, que se obtiene prensando las aceitunas. ‖ **2.** Por ext., líquido graso que se obtiene de otros frutos o semillas, como cacahuetes, algodón, soja, nueces, almendras, linaza, coco, etc.; y de algunos animales, como la ballena, foca, bacalao, etc. ‖ **3.** Líquido oleaginoso que se encuentra formado en la naturaleza, como el petróleo, o que se obtiene por destilación de ciertos minerales bituminosos o de la hulla, el lignito y la turba. ‖ **esencial. esencia,** sustancia líquida existente en algunas plantas. ‖ **secante.** El que en contacto con el aire se transforma en resina lentamente, como el de linaza, el de cáñamo, etc. Estos **aceites** se emplean frecuentemente en la preparación de barnices y pinturas. ‖ **2.** *Pint.* El de linaza cocido con ajos, vidrio molido y litargirio. Se emplea para que se sequen pronto los colores.

aceitero, ra. adj. Perteneciente o relativo al aceite. ‖ **2.** m. y f. Persona que vende o fabrica aceite. ‖ **3.** f. **alcuza.**

aceitoso, sa. adj. Que tiene aceite. ‖ **2.** Que tiene mucho aceite.

aceituna. f. Fruto del olivo.

aceitunado, da. adj. De color de aceituna verde.

aceleración. f. Acción y efecto de acelerar o acelerarse. ‖ **2.** *Mec.* Incremento de la velocidad en la unidad de tiempo.

acelerador, ra. adj. Que acelera. ‖ **2.** m. Mecanismo del automóvil que regula la entrada de la mezcla explosiva en la cámara de combustión y permite acelerar más o menos el régimen de revoluciones del motor.

acelerar. tr. Dar celeridad. Ú. t. c. prnl. ‖ **2.** Dar mayor velocidad, aumentar la velocidad. ‖ **3.** Accionar el mecanismo acelerador de un vehículo automóvil, para que este o su motor se muevan con mayor rapidez.

acelga. f. Planta hortense de la familia de las quenopodiáceas, de hojas grandes, anchas, lisas y jugosas, y cuyo pecíolo es grueso y acanalado por el interior. Es comestible.

acémila. f. Mula o macho de carga. ‖ **2.** fig. **asno,** persona ruda.

acendrado, da. adj. Dícese de los metales preciosos puros, sin mezcla. ‖ **2.** fig. Puro y sin mancha ni defecto. Dícese de las cualidades, conducta, etc.

acendrar. tr. Depurar, purificar los metales preciosos por la acción del fuego. ‖ **2.** fig. Depurar, purificar, limpiar, dejar sin mancha ni defecto.

acento. m. Relieve que en la pronunciación se da a una sílaba de la palabra, distinguiéndola de las demás por una mayor intensidad o por un tono más alto. ‖ **2.** Tilde, rayita oblicua que en la ortografía española vigente baja de derecha a izquierda del que escribe o lee. Se usa para indicar en determinados casos la mayor fuerza espiratoria de la sílaba cuya vocal la lleva *(cámara, símbolo, útil, allá, salió)* y también para distinguir una palabra o forma de otra escrita con iguales letras (*sólo,* adverbio, frente a *solo,* adjetivo), o con ambos fines a la vez *(tomó* frente a *tomo; él,* pronombre personal, frente a *el,* artículo). ‖ **3.** Modulación de la voz, entonación. ‖ **4.** Conjunto de las particularidades fonéticas, rítmicas y melódicas que caracterizan el habla de un país, región, ciudad, etc. ‖ **agudo.** Tilde o rayita oblicua que baja de derecha a izquierda. En otras lenguas tiene distinto empleo que los indicados para la española. ‖ **circunflejo.** El que se compone de uno agudo y otro grave unidos por arriba (^). En nuestra lengua no tiene ya uso alguno. ‖ **de intensidad.** El que distingue a una sílaba al pronunciarla con mayor fuerza espiratoria. ‖ **gráfico** o **gramatical. acento,** tilde o rayita oblicua que baja de derecha a izquierda. ‖ **grave.** Rayita oblicua que baja de izquierda a derecha del que escribe o lee (`). En nuestra lengua no tiene ya uso alguno. ‖ **ortográfico. acento,** tilde, rayita oblicua que baja de derecha a izquierda. ‖ **prosódico. acento,** relieve en la pronunciación.

acentuación. f. Acción y efecto de acentuar.

acentuar. tr. Dar acento prosódico a las palabras. ‖ **2.** Ponerles acento ortográfico. ‖ **3.** fig. **recalcar,** pronunciar las palabras con excesiva lentitud. ‖ **4.** fig. Realzar, resaltar, abultar.

aceña. f. Molino harinero de agua situado dentro del cauce de un río.

-áceo, a. suf. de adjetivos que significa «perteneciente» o «semejante a»: *ali*ÁCEO, *acant*ÁCEO, *gri*sÁCEO.

acepción. f. Cada uno de los significados de una palabra según los contextos en que aparece.

aceptable. adj. Capaz o digno de ser aceptado.

aceptación. f. Acción y efecto de aceptar. ‖ **2.** Aprobación, aplauso.

aceptar. tr. Recibir alguien voluntariamente lo que se le da, ofrece o encarga. ‖ **2.** Aprobar, dar por bueno. ‖ **3.** Tratándose de un desafío, admitir sus condiciones y comprometerse a cumplirlas. ‖ **4.** Tratándose de letras o libranzas, obligarse por escrito en ellas mismas a su pago.

acequia. f. Zanja o canal por donde se conducen las aguas para regar y para otros fines.

acera. f. Orilla de la calle o de otra vía pública, generalmente enlosada, sita junto al paramento de las casas, y particularmente destinada para el tránsito de la gente que va a pie. ‖ **ser** alguien **de la acera de enfrente** o **de la otra acera.** fr. fig. y fam. Dicho de hombres, ser homosexual.

aceráceo, a. adj. *Bot.* Dícese de árboles angiospermos dicotiledóneos, con hojas opuestas, flores actinomorfas, hermafroditas o unisexuales por aborto, fruto constituido por dos sámaras y semillas sin albumen; como el arce. De la savia de muchos de ellos se puede extraer azúcar. Ú. t. c. s. ‖ **2.** f. pl. *Bot.* Familia de estas plantas.

acerado, da. adj. De acero. ‖ **2.** Parecido a él. ‖ **3.** fig. Incisivo, mordaz, penetrante.

acerar. tr. Dar al hierro las propiedades del acero. ‖ **2.** Dar los grabadores un tenue baño de acero a las planchas de cobre para que duren más. ‖ **3.** fig. Fortalecer, vigorizar. Ú. t. c. prnl.

acerbo, ba. adj. Áspero al gusto. ‖ **2.** fig. Cruel, riguroso, desapacible. ❑ No confundir con *acervo.*

acerca de. loc. prepos. Sobre la cosa de que se trata, o en orden a ella.

acercamiento. m. Acción y efecto de acercar o acercarse.

acercar. tr. Poner cerca o a menor distancia de lugar o tiempo. ACERCÓ *la radio para escuchar las noticias.* Ú. t. c. prnl. SE ACERCAN *las vacaciones de Navidad.* ‖ **2.** fig. Tratándose de cosas inmateriales, aproximar. Ú. m. c. prnl. *Su último libro* SE ACERCA *a la perfección. Los dos países* SE HAN ACERCADO *políticamente.*

acerería. f. Fábrica de acero.

acería. f. **acerería.**

acerico. m. Almohadilla que sirve para clavar en ella alfileres o agujas.

acero. m. Aleación de hierro y carbono, en diferentes proporciones, que, según su tratamiento, adquiere especial elasticidad, dureza o resistencia. ‖ **2.** fig. Arma blanca, y en especial la espada. ‖ **inoxidable.** Aleación de **acero** y cromo, níquel, etc., especialmente resistente a la corrosión. ‖ **de acero.** loc. adj. fig. Duro, fuerte, inflexible. *Músculos, sentimientos* DE ACERO.

acérrimo, ma. adj. fig. sup. de **acre[2],** muy fuerte, vigoroso o tenaz. ‖ **2.** Intransigente, fanático, extremado.

acertado, da. adj. Que tiene o incluye acierto.

acertar. tr. Dar en el punto a que se dirige alguna cosa. ACERTAR *el blanco.* ‖ **2.** Encontrar, hallar. ACERTÓ *la casa.* Ú. t. c. intr. ACERTÓ *con la casa.* ‖ **3.** Dar con lo cierto en lo dudoso, ignorado u oculto. ACERTÓ *la adivinanza.* ‖ **4.** Hacer con acierto alguna cosa. Ú. t. c. intr. ‖ **5.** intr. Con la prep. *a* y otro verbo en infinitivo, suceder impensadamente o por casualidad lo que este último significa. ACERTÓ A SER *viernes aquel día.* ❑ Irreg. Ver conjugación modelo.

acertar

INDICATIVO

Presente: acierto, aciertas, acierta, acertamos, acertáis, aciertan.

Pretérito imperfecto: acertaba, acertabas, acertaba, acertábamos, acertabais, acertaban.

Pretérito indefinido: acerté, acertaste, acertó, acertamos, acertasteis, acertaron.

Futuro imperfecto: acertaré, acertarás, acertará, acertaremos, acertaréis, acertarán.

Condicional: acertaría, acertarías, acertaría, acertaríamos, acertaríais, acertarían.

SUBJUNTIVO

Presente: acierte, aciertes, acierte, acertemos, acertéis, acierten.

Pretérito imperfecto: acertara o acertase, acertaras o acertases, acertara o acertase, acertáramos o acertásemos, acertarais o acertaseis, acertaran o acertasen.

→

acertar (continuación)
Futuro imperfecto: acertare, acertares, acertare, acertáremos, acertareis, acertaren.
IMPERATIVO acierta (tú); acertad (vosotros).
FORMAS NO PERSONALES Infinitivo: acertar. Participio: acertado. Gerundio: acertando.

acertijo. m. Enigma o adivinanza que se propone como pasatiempo.

acervo. m. Montón de cosas menudas, como trigo, cebada, legumbres, etc. ‖ **2.** fig. Conjunto de bienes morales o culturales acumulados por tradición o herencia. ❑ No confundir con *acerbo*.

acetato. m. *Quím.* Sal formada por la combinación del ácido acético con una base. ‖ **2.** Material transparente utilizado en la fabricación de películas fotográficas, y en forma de láminas, para las artes gráficas.

acético, ca. adj. *Quím.* Perteneciente o relativo al vinagre o sus derivados. ‖ **2.** *Quím.* V. **ácido acético.**

acetileno. m. Hidrocarburo gaseoso que se obtiene por la acción del agua sobre el carburo de calcio, y se emplea para diversos usos, como en la soldadura y en la industria química.

acetilo. m. Radical correspondiente al ácido acético.

acetona. f. Líquido volátil, incoloro, de olor peculiar y sabor ardiente y dulce, que se emplea como disolvente y aparece en la orina de los diabéticos y otros enfermos.

achacable. adj. Atribuible, imputable.

achacar. tr. Atribuir, imputar a alguien o algo un delito, culpa, defecto o desgracia, generalmente con malicia o sin fundamento.

achacoso, sa. adj. Que padece achaque, enfermedad o defecto, especialmente a causa de edad avanzada.

achaflanar. tr. Dar a una esquina forma de chaflán.

achampanado, da. adj. **achampañado.**

achampañado, da. adj. Dícese de la bebida que imita al vino de Champaña.

achantar. tr. Acoquinar, apabullar, achicar a otro. ‖ **2.** prnl. Abstenerse de intervenir en algún asunto por cautela o maliciosamente. ‖ **3.** Callarse resignadamente o por cobardía.

achaparrado, da. adj. fig. Dícese de las cosas bajas y extendidas. ‖ **2.** Dícese de la persona gruesa y de poca estatura.

achaparrarse. prnl. Adquirir las personas, animales o plantas una configuración baja y gruesa en su desarrollo.

achaque. m. Indisposición o enfermedad habitual, especialmente las que acompañan a la vejez. ‖ **2.** Indisposición o enfermedad generalmente ligera.

achatar. tr. Poner chata alguna cosa. Ú. t. c. prnl.

achicar. tr. Amenguar el tamaño, dimensión o duración de alguna cosa. Ú. t. c. prnl. ‖ **2.** Extraer el agua de un dique, mina, embarcación, etc. ‖ **3.** fig. Humillar, acobardar. Ú. t. c. prnl.

achicharrar. tr. Freír, cocer, asar o tostar un alimento, hasta que tome sabor a quemado. Ú. t. c. prnl. ‖ **2.** prnl. fig. Experimentar un calor excesivo, quemarse, por la acción de un agente exterior (como aire, sol, etc.).

achicoria. f. Planta de la familia de las compuestas, de hojas recortadas, ásperas y comestibles, así crudas como cocidas. La infusión de la amarga o silvestre se usa como remedio tónico aperitivo. ‖ **2.** Bebida que se hace por la infusión de la raíz tostada de esta planta y se utiliza como sucedáneo del café.

achinado, da. adj. Dícese de la persona que por los rasgos de su rostro se parece a los naturales de China. Ú. t. c. s. ‖ **2.** Por ext., se aplica a todo aquello que tiene semejanza con los usos y caracteres o rasgos chinos.

¡achís! Voz onomatopéyica que se emplea para imitar el estornudo y, a veces, para designarlo.

achispar. tr. Poner casi ebria a una persona. Ú. t. c. prnl.

achuchar. tr. **azuzar.** ‖ **2.** fam. Aplastar, estrujar con la fuerza de algún golpe o peso.

achuchón. m. fam. Acción y efecto de achuchar o aplastar.

aciago, ga. adj. Infausto, infeliz, desgraciado, de mal agüero.

acíbar. m. **áloe,** planta. ‖ **2. áloe,** jugo de esta planta. ‖ **3.** fig. Amargura, sinsabor, disgusto.

acicalado, da. adj. fig. Extremadamente pulcro.

acicalar. tr. fig. Pulir, adornar, aderezar a una persona, poniéndole afeites, peinándola, etc. Ú. m. c. prnl.

acicate. m. Punta aguda de que iban provistas las espuelas para montar a la jineta, con un tope para que no penetrase demasiado. ‖ **2.** Espuela provista de **acicate.** ‖ **3. incentivo.**

acicular. adj. De figura de aguja.

acidez. f. Calidad de ácido. ‖ **2.** Sabor agraz de boca, producido por exceso de ácido en el estómago.

acidificar. tr. Hacer ácida una cosa.

ácido, da. adj. Que tiene sabor agraz o de vinagre, o parecido a él. ‖ **2.** Que tiene las características o propiedades de un **ácido**. ‖ **3.** fig. Áspero, desabrido. ‖ **4.** m. *Quím.* Sustancia que en disolución aumenta la concentración de iones de hidrógeno y se combina con las bases para formar las sales. ‖ **acético.** *Quím.* Líquido incoloro, de olor picante, que se produce por oxidación del alcohol etílico. Se usa en la síntesis de productos químicos. ‖ **acrílico.** *Quím.* Líquido incoloro, soluble en agua y de olor picante. Tanto él como sus derivados se polimerizan fácilmente y se emplean en la fabricación de materiales plásticos y pinturas. ‖ **benzoico.** *Quím.* Sólido blanco, muy soluble en alcohol y poco en agua, que se encuentra en la orina de las caballerías y en ciertos productos balsámicos. ‖ **bórico.** Sólido blanco, en forma de escamas nacaradas solubles en el agua. Se deposita en aguas de origen volcánico. Se usa en la industria y como antiséptico. ‖ **carbónico.** *Quím.* Disolución de anhídrido carbónico en agua. ‖ **2.** *Quím.* **anhídrido carbónico.** ‖ **cítrico.** *Quím.* Sólido de sabor agrio, muy soluble en agua. Está contenido en varios frutos y principalmente en el limón, del cual se obtiene. ‖ **clorhídrico.** *Quím.* Gas incoloro, algo más pesado que el aire, muy corrosivo y compuesto de cloro e hidrógeno. Se emplea comúnmente disuelto en el agua; ataca a la mayor parte de los metales y se obtiene de la sal común. ‖ **clórico.** *Quím.* Líquido muy inestable, compuesto de cloro, oxígeno e hidrógeno; actúa como oxidante poderoso de las sustancias orgánicas. ‖ **desoxirribonucleico.** *Bioquím.* Biopolímero cuyas unidades son desoxirribonucleótidos. Constituye el material genético de las células y contiene en su secuencia la información para la síntesis de proteínas. ‖ **esteárico**. *Quím.* **ácido** graso que, combinado con la glicerina, se encuentra en muchas grasas vegetales y animales. Es una sustacia blanca, insoluble en agua, que cristaliza en laminillas nacaradas. ‖ **fluorhídrico.** *Quím.* Líquido muy higroscópico y corrosivo, que hierve a la temperatura ordinaria; es un compuesto de flúor e hidrógeno. En estado gaseoso es incoloro, más ligero que el aire y deletéreo. Se emplea en el grabado de vidrio. ‖ **graso.** *Quím.* Cualquiera de los **ácidos** orgánicos monocarboxílicos, generalmente con un número elevado de átomos de carbono. Se combinan con la glicerina para formar las grasas. ‖ **láctico.** Líquido incoloro, viscoso, que se obtiene por fermentación de azúcares, especialmente de los de la leche, por acción de los bacilos lácticos. ‖ **nítrico.** *Quím.* Líquido fumante, muy corrosivo, incoloro, poco más pesado que el agua, compuesto por nitrógeno, oxígeno e hidrógeno. ‖ **nucleico.** *Bioquím.* Nombre genérico de los **ácidos** ribonucleico y desoxirribonucleico. ‖ **ribonucleico.** *Bioquím.* Biopolímero cuyas unidades son ribonucleótidos. Según su función, se dividen en mensajeros, ribosómicos y transferentes. ‖ **sulfúrico.** *Quím.* Líquido cáustico de consistencia oleosa, incoloro e inodoro y compuesto de azufre, hidrógeno y oxígeno. Tiene muchos usos en la industria. ‖ **sulfuroso.** *Quím.* Líquido incoloro, resultante de la combinación del anhídrido sulfuroso con el agua. Se emplea como agente blanqueador. ‖ **úrico.** *Quím.* Sólido en forma de escamas blanquecinas, ligeramente soluble en agua, compuesto de carbono, nitrógeno, hidrógeno y oxígeno. Su acumulación patológica produce cálculos y otros trastornos, como la gota.

acídulo, la. adj. Ligeramente ácido.

acierto. m. Acción y efecto de acertar. ‖ **2.** fig. Habilidad o destreza en lo que se ejecuta. ‖ **3.** fig. Cordura, prudencia, tino.

ácimo. adj. **ázimo.**

ación. f. Correa de que pende el estribo en la silla de montar.

aclamación. f. Acción y efecto de aclamar.

aclamar. tr. Dar voces la multitud en honor y aplauso de alguna persona. ‖ **2.** Conferir, por voz común, algún cargo u honor.

aclaración. f. Acción y efecto de aclarar o aclararse.

aclarado. m. Acción y efecto de aclarar la ropa.

aclarar. tr. Disipar, quitar lo que ofusca la claridad o transparencia de alguna cosa. Ú. t. c. prnl. ‖ **2.** Hacer menos espeso o denso. ACLARAR *el chocolate con un poco de leche.* Ú. t. c. prnl. ‖ **3.** Tratándose de ropa, volver a lavarla con agua sola después de jabonada. ‖ **4.** Hablando de la voz, hacerla más perceptible. ‖ **5.** Hacer clara, perceptible, manifiesta o inteligible alguna cosa, ponerla en claro, explicarla. ‖ **6.** intr. Disiparse las nubes o la niebla.

aclaratorio, ria. adj. Dícese de lo que aclara o explica.

aclimatación. f. Acción y efecto de aclimatar o aclimatarse.

aclimatar. tr. Hacer que se acostumbre un ser vivo a climas y condiciones diferentes de los que eran habituales. Ú. t. c. prnl.

acmé. amb. *Med.* Período de mayor intensidad de una enfermedad. ❑ No confundir con *acné.*

acné o **acne.** m. *Pat.* Enfermedad de la piel caracterizada por una inflamación crónica de las glándulas sebáceas, especialmente en la cara y en la espalda. Ú. a veces c. f. ❑ No confundir con *acmé*.

acobardar. tr. Amedrentar, causar o poner miedo. Ú. t. c. prnl. y c. intr.

acodar. tr. Apoyar el codo sobre alguna parte, por lo común para sostener con la mano la cabeza. Ú. t. c. prnl. ‖ **2.** Doblar una cosa en forma de codo. ‖ **3.** *Agr.* Meter debajo de tierra el vástago o tallo doblado de una planta sin separarlo del tronco o tallo principal, dejando fuera la extremidad o cogollo de aquel para que eche raíces la parte enterrada y forme otra nueva planta.

acodillar. tr. Doblar formando codo. Se usa ordinariamente hablando de objetos de metal, como barras, varillas, clavos, etc.

acogedor, ra. adj. Dícese del sitio agradable por su ambientación, comodidad, tranquilidad, etc.

acoger. tr. Admitir en su casa o compañía a otra u otras personas. ‖ **2.** Servir de refugio o albergue a alguien. ‖ **3.** Recibir con un sentimiento o manifestación especial la aparición de personas o de hechos. ‖ **4.** prnl. Refugiarse, retirarse, tomar amparo. ‖ **5.** Invocar para sí los beneficios y derechos que conceden una disposición legal, un reglamento, una costumbre, etc.

acogida. f. Recibimiento u hospitalidad que ofrece una persona o un lugar. ‖ **2** fig. Aceptación o aprobación.

acogotar. tr. Matar con herida o golpe dado en el cogote. ‖ **2.** fig. Acoquinar, dominar, vencer.

acojonar. tr. vulg. **acobardar.** Ú. t. c. prnl. ‖ **2.** Impresionar profundamente, dejar estupefacto.

acolchado. m. Acción y efecto de acolchar.

acolchar. tr. Poner algodón, lana, u otras materias de este tipo, entre dos telas que se cosen con puntadas. ‖ **2.** Por ext., proteger una superficie con un material blando o aislante.

acólito. m. Monaguillo que sirve con sobrepelliz en la iglesia, aunque no tenga orden alguna ni esté tonsurado. ‖ **2.** fig. **satélite,** persona que depende de otra.

acometer. tr. Embestir con ímpetu y ardimiento. *El batallón* ACOMETIÓ *al enemigo.* ‖ **2.** Dicho de enfermedad, sueño, deseo, etc., venir, entrar, dar repentinamente. *Le* ACOMETIÓ *un violento ataque de locura.* ‖ **3.** Emprender, intentar.

acometida. f. **acometimiento.** ‖ **2.** Instalación por la que se deriva hacia un edificio u otro lugar parte del fluido que circula por una conducción principal. ACOMETIDA *eléctrica.*

acometimiento. m. Acción y efecto de acometer.

acometividad. f. Propensión a acometer, atacar, embestir. *La* ACOMETIVIDAD *es una característica de los toros bravos.* ‖ **2.** fig. Brío, pujanza, decisión para emprender una cosa y arrostrar sus dificultades. *Su* ACOMETIVIDAD *en el mundo de los negocios le proporciona grandes éxitos.*

acomodación. f. Acción y efecto de acomodar. ‖ **2.** *Fisiol.* Acción y efecto de acomodarse el ojo para que la visión no se perturbe cuando varía la distancia o la luz del objeto que se mira.

acomodadizo, za. adj. Que a todo se aviene fácilmente.

acomodado, da. adj. Rico, abundante de medios o que tiene los suficientes.

acomodador, ra. m. y f. En los teatros y otros lugares, persona encargada de indicar a los concurrentes los asientos que deben ocupar.

acomodar. tr. Colocar una cosa de modo que se ajuste o adapte a otra. ‖ **2.** Disponer, preparar o arreglar de modo conveniente. ‖ **3.** Colocar o poner en un lugar conveniente o cómodo. ‖ **4.** fig. Amoldar, armonizar o ajustar a una norma. Ú. t. c. intr. y c. prnl. ‖ **5.** prnl. Avenirse, conformarse.

acomodaticio, cia. adj. **acomodadizo.**

acomodo. m. Colocación, ocupación o conveniencia. ‖ **2.** Alojamiento, sitio donde se vive.

acompañamiento. m. Gente que va acompañando a alguien. ‖ **2.** Conjunto de personas que en las representaciones teatrales o en los filmes, figuran y no hablan, o carecen de papel principal. ‖ **3.** *Mús.* Sostén o auxilio armónico de una melodía principal por medio de uno o más instrumentos o voces.

acompañar. tr. Estar o ir en compañía de otro u otros. Ú. t. c. prnl. ‖ **2.** fig. Juntar o agregar una cosa a otra. ‖ **3.** Existir una cosa junta a otra o simultáneamente con ella. Ú. t. c. prnl.

acompasado, da. adj. Hecho o puesto a compás. ‖ **2.** fig. Que tiene por hábito hablar pausadamente en un mismo tono, o andar y moverse con mucho reposo y compás.

acompasar. tr. **compasar.**

acomplejado, da. adj. Dícese de la persona que padece complejos psíquicos. Ú. t. c. s.

acomplejar. tr. Causar a una persona un complejo psíquico o inhibición, turbarla. ‖ **2.** prnl. Padecer o experimentar un complejo psíquico, turbación o inhibición.

acondicionado, da. adj. Dícese de las cosas de buena calidad o que están en las condiciones debidas, o al contrario. ‖ **2.** V. **aire acondicionado.**

acondicionador, ra. adj. Que acondiciona. ‖ **2.** m. Aparato para acondicionar o climatizar un espacio limitado. Dícese también **acondicionador** de aire.

acondicionar. tr. Dar cierta condición o calidad. ‖ **2. climatizar.**

aconfesional. adj. Que no pertenece o está adscrito a ninguna confesión religiosa. *Estado, partido* ACONFESIONAL.

acongojar. tr. Entristecer, afligir. Ú. t. c. prnl. ‖ **2.** Causar inquietud, preocupación o temor. Ú. t. c. prnl.

acónito. m. Planta ranunculácea de hojas palmeadas y flores azules o amarillas, cuyas variedades son todas venenosas cuando la semilla ha llegado a la madurez.

aconsejable. adj. Que se puede aconsejar.

aconsejar. tr. Dar consejo. ‖ **2.** Inspirar una cosa algo a alguien.

aconsonantar. intr. Ser una palabra consonante de otra. ‖ **2.** tr. Utilizar la rima consonante.

acontecer. intr. **suceder,** efectuarse un hecho. ❑ Ú. en el modo infinit. y en las 3.as pers. de sing. y pl. ❑ Irreg. Se conj. como *agradecer.*

acontecimiento. m. Hecho o suceso, especialmente cuando reviste cierta importancia.

acopiar. tr. Juntar, reunir en cantidad alguna cosa. Se usa más comúnmente hablando de los granos, provisiones, etc.

acopio. m. Acción y efecto de acopiar.

acoplador, ra. adj. Que acopla o sirve para acoplar. Ú. t. c. s. m.

acoplamiento. m. Acción y efecto de acoplar o acoplarse. ‖ **2.** Acción y efecto de ajustar una pieza.

acoplar. tr. En carpintería y otros oficios, unir entre sí dos piezas o cuerpos de modo que ajusten exactamente. ‖ **2.** Ajustar una pieza al sitio donde deba colocarse. ‖ **3.** fig. Ajustar o unir entre sí a las personas que estaban discordes, o las cosas en que había alguna discrepancia. Ú. t. c. prnl.

acoquinar. tr. fam. Amilanar, acobardar, hacer perder el ánimo. Ú. t. c. prnl. ❑ No confundir con *apoquinar.*

acorazado. m. Buque de guerra blindado y de grandes dimensiones.

acorazar. tr. Revestir con planchas de hierro o acero buques de guerra, fortificaciones u otras cosas. ‖ **2.** fig. Proteger, defender. Ú. t. c. prnl.

acorazonado, da. adj. De figura de corazón.

acorcharse. prnl. Ponerse una cosa fofa como el corcho, perdiendo la mayor parte de su jugo y sabor, o disminuyéndose su consistencia. *Fruta, madera* ACORCHADA.

acordar. tr. Determinar o resolver de común acuerdo, o por mayoría de votos. ‖ **2.** Traer a la propia memoria; recordar. ❑ Ú. m. c. prnl. y seguido de la prep. *de.* ❑ Irreg. Se conj. como *contar.*

acorde. adj. Conforme, concorde y de un dictamen. ‖ **2.** m. *Mús.* Conjunto de tres o más sonidos diferentes combinados armónicamente.

acordeón. m. Instrumento músico de viento, formado por un fuelle cuyos dos extremos se cierran por sendas cajas, especie de estuches, en los que juegan cierto número de llaves o teclas, proporcionado al de los sonidos que emite.

acordeonista. com. Músico que toca el acordeón.

acordonar. tr. Ceñir o sujetar con un cordón. ‖ **2.** fig. Incomunicar por medio de un cordón de tropas, puestos de vigilancia, etc.

acornear. tr. Dar cornadas.

acorralar. tr. Encerrar o meter el ganado en el corral. Ú. t. c. prnl. ‖ **2.** fig. Encerrar a alguien dentro de estrechos límites, impidiéndole que pueda escapar. ‖ **3.** fig. Dejar a alguien confundido y sin tener qué responder.

acortar. tr. Disminuir la longitud, duración o cantidad de alguna cosa. Ú. t. c. intr. y c. prnl. ‖ **2.** Hacer más corto el camino. *Un atajo que* ACORTABA *el camino. Por aquí* ACORTAREMOS.

acosar. tr. Perseguir, sin darle tregua ni reposo, a un animal o a una persona. ‖ **2.** fig. Perseguir, apremiar, importunar a una persona con molestias o requerimientos.

acoso. m. Acción y efecto de acosar.

acostar. tr. Echar o tender a alguien para que duerma o descanse, y con especialidad en la cama. Ú. t. c. prnl. ‖ **2.** intr. Llegar a la costa. ‖ **3.** prnl. Mantener relación sexual una persona con otra. ❑ Ú. con la prep. *con.* ❑ Irreg. Se conj. como *contar.*

acostumbrar. tr. Hacer adquirir costumbre de alguna cosa. *Lo* ACOSTUMBRARON *al vicio, al juego.* ‖ **2.** intr. Tener costumbre de alguna cosa. ACOSTUMBRA *a ir al cine.* Ú. a veces como tr. *No* ACOSTUMBRA *lujos.* ‖ **3.** prnl. Adquirir costumbre de alguna cosa. *No* SE ACOSTUMBRA *a vivir en este país.* ❑ Como prnl., ú. con la prep. *a.*

acotación¹. f. **acotamiento.** ‖ **2.** Señal o apuntamiento que se pone en la margen de algún escrito o impreso. ‖ **3.** Cada una de las notas que se ponen en la obra teatral, advirtiendo y explicando todo lo relativo a la acción o movimiento de los personajes y al servicio de la escena.

acotación². f. *Topogr.* **cota²** de un plano topográfico.

acotamiento. m. Acción y efecto de acotar¹.

acotar¹. tr. Reservar el uso y aprovechamiento de un terreno marcándolo generalmente por medio de mojones puestos en sus lindes. ‖ **2.** Reservar, prohibir o limitar de otro modo. ‖ **3.** Citar textos o autoridades. ‖ **4.** Poner notas o acotaciones a un texto.

acotar². tr. Poner cotas², en los planos topográficos, de arquitectura, croquis, etc.

acotiledóneo, a. adj. *Bot.* Dícese de la planta cuyo embrión carece de cotiledones. Ú. t. c. s. f.

acracia. f. Doctrina de los ácratas.

ácrata. adj. Partidario de la supresión de toda autoridad. Ú. t. c. s.

acre¹. m. Medida inglesa de superficie equivalente a 40 áreas y 47 centiáreas.

acre². adj. Áspero y picante al gusto y al olfato, como el sabor y el olor del ajo, del fósforo, etc. ‖ **2.** fig. Tratándose del genio o de las palabras, áspero y desabrido. ❑ superlat. irreg. *acérrimo.*

acrecentamiento. m. Acción y efecto de acrecentar.

acrecentar. tr. **aumentar.** Ú. t. c. prnl. ‖ **2.** Mejorar, enriquecer, enaltecer. ❑ Irreg. Se conj. como *acertar.*

acrecer. tr. Hacer mayor, aumentar. Ú. t. c. intr. y c. prnl. ❑ Irreg. Se conj. como *agradecer.*

acreditación. f. Acción y efecto de acreditar. ‖ **2.** Documento que acredita la condición de una persona y su facultad para desempeñar determinada actividad o cargo.

acreditado, da. adj. Que tiene crédito o reputación. ‖ **2.** Dícese de la persona autorizada oficialmente para representar a su país, a su empresa o a un grupo de personas, o para ejercer determinada profesión. *Periodistas* ACREDITADOS.

acreditar. tr. Hacer digna de crédito alguna cosa, probar su certeza o realidad. Ú. t. c. prnl. ‖ **2.** Afamar, dar crédito o reputación. Ú. t. c. prnl. ‖ **3.** Dar seguridad de que alguna persona o cosa es lo que representa o parece. ‖ **4.** Dar testimonio en documento fehaciente de que una persona lleva facultades para desempeñar comisión o encargo diplomático, comercial, etc.

acreedor, ra. adj. Que tiene acción o derecho a pedir el cumplimiento de alguna obligación. Ú. m. c. s. ‖ **2.** Que tiene derecho a que se le satisfaga una deuda. Ú. m. c. s. ‖ **3.** Que tiene mérito para obtener una cosa.

acribillar. tr. Abrir muchos agujeros en alguna cosa como se hace con el cuero de las cribas. ‖ **2.** Hacer muchas heridas o picaduras a una persona o a un animal. *Le* ACRIBILLARON *a puñaladas; le* ACRIBILLAN *las pulgas, los mosquitos.*

acrílico, ca. adj. V. **ácido acrílico.** ‖ **2.** *Quím.* Aplícase a las fibras y a los materiales plásticos que se obtienen por polimerización del ácido **acrílico** o de sus derivados.

acrimonia. f. Aspereza o desabrimiento en el carácter o en el trato.

acriollarse. prnl. *Amér.* Adoptar un extranjero los usos y costumbres de la gente del país hispanohablante donde vive.

acrisolado, da. adj. Dícese de ciertas cualidades positivas humanas, como virtud, honradez, etc. que, puestas a prueba, salen mejoradas o depuradas.

acristalar. tr. **encristalar.**

acritud. f. **acrimonia.**

acrobacia. f. Cada uno de los ejercicios que realiza un acróbata. Ú. t. en sent. fig. ‖ **2.** Cualquiera de las evoluciones espectaculares que efectúa un aviador en el aire.

acróbata. com. Persona que da saltos, hace habilidades sobre el trapecio, la cuerda floja, o ejecuta cualesquiera otros ejercicios gimnásticos en los espectáculos públicos.

acrofobia. f. Horror a las alturas; vértigo que producen las alturas.

acromático, ca. adj. *Ópt.* Dícese del cristal o del sistema óptico que puede transmitir la luz blanca sin descomponerla en sus colores constituyentes.

acromatopsia. f. *Med.* Incapacidad para percibir los colores.

acromegalia. f. *Pat.* Enfermedad crónica debida a un exceso de secreción de hormona de crecimiento por la hipófisis, y que se caracteriza principalmente por un desarrollo extraordinario de las extremidades.

acromegálico, ca. adj. Que padece acromegalia. Ú. t. c. s. ‖ **2.** Perteneciente o relativo a la acromegalia. ‖ **3.** Grande y de proporciones no frecuentes. Ú. t. en sent. fig.

acromion. m. *Anat.* Apófisis del omóplato, con la que se articula la extremidad externa de la clavícula.

acrónimo. m. Palabra formada por las iniciales, y a veces, por más letras, de otras palabras: RE*(d)* N*(acional) (de)* F*(errocarriles)* E*(spañoles).* ❑ Distinguir de *abreviatura* y de *sigla.*

acrópolis. f. El sitio más alto y fortificado de las ciudades griegas.

acróstico, ca. adj. Aplícase a la composición poética en que las letras iniciales, medias o finales de los versos forman un vocablo o una frase. Ú. t. c. s. m. ‖ **2.** m. Palabra o frase formada con la composición **acróstica.**

acrotera. f. *Arq.* Cualquiera de los pedestales que sirven de remate en los frontones, y sobre los cuales suelen colocarse estatuas, macetones u otros adornos.

acta. f. Relación escrita de lo sucedido, tratado

o acordado en una junta. || **2.** Certificación, testimonio, asiento o constancia oficial de un hecho. ❑ Con frecuencia lleva un complemento con *de.* ACTA DE *nacimiento,* DE *recepción.* || **3.** pl. Autos o conjunto de actuaciones o piezas de un procedimiento judicial.

actinia. f. **anémona de mar.**

actínido. adj. Dícese de los elementos químicos cuyo número atómico está comprendido entre el 89 y el 103. Ú. t. c. s. || **2.** m. pl. Grupo formado por estos elementos.

actinio. m. Elemento químico radiactivo de núm. atóm. 89. Metal de las tierras raras muy escaso en la corteza terrestre; se encuentra en la pecblenda, y todos sus isótopos son radiactivos. Símb. *Ac.*

actinómetro. m. *Astron.* Nombre de diversos aparatos empleados para medir diferentes propiedades de las radiaciones solares.

actinomicosis. f. *Pat.* Enfermedad infecciosa común a varias especies animales que ataca especialmente a los bóvidos. Es rara en el hombre.

actinomorfo, fa. adj. *Bot.* Dícese del tipo de verticilo de las flores cuyas partes, singularmente sépalos, pétalos o tépalos, se disponen regularmente, con simetría radiada en torno al eje del pedúnculo floral, como ocurre v. gr., en la rosa.

actitud. f. Postura del cuerpo humano, especialmente cuando es determinada por los movimientos del ánimo, o expresa algo con eficacia. ACTITUD *graciosa, imponente; las* ACTITUDES *de un orador, de un actor.* || **2.** fig. Disposición de ánimo de algún modo manifestada. ACTITUD *benévola, pacífica, amenazadora, de una persona, de un partido, de un gobierno.* ❑ No confundir con *aptitud.*

activar. tr. Avivar, excitar, mover, acelerar. || **2.** *Fís.* Hacer radiactiva una sustancia, generalmente bombardeándola con partículas materiales o con fotones.

actividad. f. Facultad de obrar. || **2.** Diligencia, eficacia. || **3.** Conjunto de operaciones o tareas propias de una persona o entidad. Ú. m. en pl. || **en actividad.** loc. adv. En acción. *Volcán* EN ACTIVIDAD.

activismo. m. Estimación primordial de la acción. || **2.** Dedicación intensa a una determinada línea de acción en la vida pública.

activista. com. Agitador político, miembro que en un grupo o partido interviene activamente en la propaganda o practica la acción directa.

activo; va. adj. Que obra o tiene virtud de obrar. || **2.** Diligente y eficaz. || **3.** Dícese del funcionario mientras presta servicio. || **4.** *Fís.* Dícese del material de radiactividad media o baja, así como del laboratorio y del dispositivo experimental donde dicho material se manipula o guarda. Opónese a caliente. || **5.** *Gram.* Que denota acción en sentido gramatical. || **6.** m. *Com.* Importe total del haber de una persona natural o jurídica.

acto. m. Hecho o acción. || **2.** Hecho público o solemne. || **3.** Cada una de las partes principales en que se dividen las obras escénicas. *Pieza, comedia, drama en dos* ACTOS. || **de conciliación.** Comparecencia de las partes desavenidas ante el juez de paz o municipal, para ver si pueden avenirse y excusar el litigio. || **de presencia.** Asistencia breve y puramente formularia a una reunión o ceremonia. || **sexual. coito.** || **acto continuo,** o **seguido.** locs. advs. Inmediatamente después. || **en el acto.** loc. adv. **en seguida.**

actor. m. El que interpreta un papel en el teatro, en el cine o en la televisión. || **2.** *Der.* Demandante o acusador.

actriz. f. Mujer que interpreta un papel en el teatro, en el cine o en la televisión.

actuación. f. Acción y efecto de actuar. || **2.** pl. *Der.* Autos o diligencia de un procedimiento judicial.

actual. adj. **presente,** en el mismo momento. || **2.** Que existe, sucede o se usa en el tiempo de que se habla.

actualidad. f. Tiempo presente. || **2.** Cosa o suceso que atrae y ocupa la atención del común de las gentes en un momento dado.

actualizar. tr. Hacer actual una cosa, darle actualidad. Ú. t. c. prnl.

actuar. tr. Poner en acción. Ú. t. c. prnl. || **2.** intr. Ejercer una persona o cosa actos propios de su naturaleza. **3.** Ejercer funciones propias de su cargo u oficio. || **4.** Producir una cosa efecto sobre algo o alguien. *Esa medicina* ACTÚA *como somnífero.* || **5.** Obrar, realizar actos libres y conscientes. || **6.** Interpretar un papel en una obra teatral, cinematográfica, etc.

actuario. m. *Der.* Auxiliar judicial que da fe en los autos procesales. || **de seguros.** Persona versada en los cálculos matemáticos y en los conocimientos estadísticos, jurídicos y financieros concernientes a los seguros y a su régimen, la cual asesora a las entidades aseguradoras y sirve como perito en las operaciones de estas.

acuarela. f. Pintura sobre papel o cartón con colores diluidos en agua. || **2.** pl. Colores con los que se realiza esta pintura.

acuarelista. com. Pintor de acuarelas.

acuario[1]. n. p. m. *Astron.* Undécimo signo o parte del Zodiaco, de 30 grados de amplitud, que el Sol recorre aparentemente a mediados del invierno. || **2.** *Astron.* Constelación zodiacal que coincidió antiguamente con el signo de igual nombre, y que ahora se halla delante de él y un poco hacia el Oriente, por efecto del movimiento anual de anticipación de los equinoccios. ‖ **3.** adj. Referido a persona, nacida bajo este signo del Zodiaco. *Yo soy* ACUARIO, *ella es piscis.* Ú. t. c. s.

acuario². m. Depósito de agua donde se tienen vivos animales o vegetales acuáticos. ‖ **2.** Edificio destinado a la exhibición de animales acuáticos vivos.

acuartelar. tr. Poner la tropa en cuarteles. Ú. t. c. prnl. ‖ **2.** Obligar a la tropa a permanecer en el cuartel en previsión de alguna alteración del orden público.

acuático, ca. adj. Que vive en el agua. ‖ **2.** Perteneciente o relativo al agua.

acuatizar. intr. Posarse un hidroavión en el agua.

acuchillar. tr. Herir, cortar o matar con el cuchillo, y por extensión, con otras armas blancas. ‖ **2.** Alisar con cuchilla u otra herramienta la superficie del entarimado o de los muebles de madera.

acuciar. tr. Estimular, dar prisa. ‖ **2.** Impulsar a una persona a ejecutar una acción; incitar, instigar.

acuclillarse. prnl. Ponerse en cuclillas.

acudir. intr. Ir uno al sitio adonde le conviene o es llamado. ‖ **2.** Venir, presentarse o sobrevenir algo. ‖ **3.** Recurrir a alguno o valerse de él. ‖ **4.** Valerse de una cosa para algún fin.

acueducto. m. Conducto artificial por donde va el agua a lugar determinado. Llámase especialmente así el que tiene por objeto abastecer de aguas a una población.

acuerdo. m. Resolución que se toma en los tribunales, comunidades o juntas. ‖ **2.** Resolución premeditada de una sola persona o de varias. ‖ **3.** Convenio entre dos o más partes. ‖ **de acuerdo.** loc. adv. Refiriéndose a dos o más personas o cosas, mostrar conformidad o alcanzarla (principalmente con los verbos *estar* o *ponerse);* y acordarlas o conciliarlas (principalmente con el verbo *poner).* ‖ **2.** Locución con que se manifiesta asentimiento o conformidad.

acuicultura. f. Técnica del cultivo de especies acuáticas vegetales y animales.

acuífero, ra. adj. *Biol.* Dícese de los conductos, vasos, etc., que en ciertos organismos llevan sustancias líquidas, singularmente agua. ‖ **2.** *Geol.* Dícese de la capa o vena subterránea que contiene agua. Ú. t. c. s. m.

acullá. adv. l. A la parte opuesta del que habla. ❑ Suele contraponerse a adverbios demostrativos de cercanía *(aquí, acá)* y menos frecuentemente a los de lejanía *(allí, allá),* de los que puede ser un intensivo.

aculturación. f. Recepción y asimilación de elementos culturales de un grupo humano por parte de otro.

acumulable. adj. Que puede acumularse.

acumulación. f. Acción y efecto de acumular.

acumulador, ra. adj. Que acumula. Ú. t. c. s. ‖ **2.** m. *Fís.* Pila reversible que acumula energía durante la carga y la restituye en la descarga. Cf. **batería eléctrica.**

acumular. tr. Juntar y amontonar. Ú. t. c. prnl.

acumulativo, va. adj. Perteneciente o relativo a la acumulación; que procede por acumulación o resulta de ella. *Interés* ACUMULATIVO. *Método* ACUMULATIVO.

acunar. tr. Mecer al niño en la cuna o en los brazos para que se duerma.

acuñar. tr. Imprimir y sellar una pieza de metal por medio de cuño o troquel. Se usa especialmente hablando de las monedas y medallas. ‖ **2.** Tratándose de moneda, hacerla, fabricarla. ‖ **3.** fig. Dar forma a expresiones o conceptos, especialmente cuando logran difusión o permanencia. ACUÑAR *una palabra, un lema, una máxima.*

acuoso, sa. adj. Abundante en agua. ‖ **2.** Parecido a ella. ‖ **3.** De agua o relativo a ella.

acupuntor, ra. adj. Perteneciente o relativo a la acupuntura. ‖ **2.** m. y f. Especialista en acupuntura.

acupuntura. f. *Med.* Operación que consiste en clavar una o más agujas en el cuerpo humano, con el fin de curar ciertas enfermedades. La emplean desde muy antiguo los chinos y los japoneses.

acurrucarse. prnl. Encogerse para resguardarse del frío o con otro objeto.

acusación. f. Acción de acusar o acusarse. ‖ **2.** *Der.* Escrito o discurso en que se acusa. ‖ **3.** *Der.* Persona o personas encargadas de demostrar en un pleito la culpabilidad del procesado mediante pruebas acusatorias.

acusado, da. adj. Dícese de aquello cuya condición destaca de lo normal y se hace manifiestamente perceptible. *Respondió con* ACUSADA *acritud. Calculaba con* ACUSADO *optimismo.* ‖ **2.** m. y f. Persona a quien se acusa.

acusar. tr. Imputar a alguien algún delito, culpa, vicio o cualquier cosa vituperable. ‖ **2.** Denunciar, delatar. Ú. t. c. prnl. ‖ **3.** Manifestar, revelar, descubrir. ‖ **4.** Tratándose del recibo de cartas, oficios, etc., avisarlo, noticiarlo. ‖ **5.** Reflejar la contundencia y efectos de un golpe recibido. ‖ **6.** prnl. Confesar, declarar uno sus culpas.

acusativo. m. *Gram.* Caso de la declinación latina y de otras lenguas que equivale generalmente en español al objeto directo del verbo.

acuse. m. Acción y efecto de **acusar,** avisar el recibo de una carta.

acusica. adj. **acusón.** Ú. t. c. s.

acusón, na. adj. fam. Que tiene el vicio de acusar. Ú. t. c. s.

acústica. f. Parte de la física, que trata de la producción, control, transmisión, recepción y audición de los sonidos, y también, por extensión, de los ultrasonidos.

acústico, ca. adj. Perteneciente o relativo al órgano del oído. ‖ **2.** Perteneciente o relativo a la acústica. ‖ **3.** Favorable para la producción o propagación del sonido.

acutángulo. adj. *Geom.* V. **triángulo acutángulo.**

adagio[1]. m. Sentencia breve, comúnmente recibida, y, la mayoría de las veces, moral.

adagio[2]. adv. m. *Mús.* Con movimiento lento. ‖ **2.** m. *Mús.* Composición o parte de ella que se ha de ejecutar con este movimiento.

adalid. m. Caudillo militar. ‖ **2.** fig. Guía y cabeza, o muy señalado individuo de algún partido, corporación o escuela.

adamismo. m. Doctrina y secta de los adamitas.

adamita. adj. Dícese de ciertos herejes que celebraban sus congregaciones desnudos a semejanza de Adán en el Paraíso, y, entre otras creencias, tenían por lícita la poligamia. Ú. m. c. s. y en pl. ‖ **2.** Perteneciente o relativo al adamismo o a los **adamitas.**

adán. m. fig. y fam. Hombre desaliñado, sucio o haraposo.

adaptable. adj. Capaz de ser adaptado.

adaptación. f. Acción y efecto de adaptar o adaptarse.

adaptador, ra. adj. Que adapta. ‖ **2.** m. Cualquier dispositivo o aparato que sirve para acomodar elementos de distinto uso, diseño, tamaño, finalidad, etc.

adaptar. tr. Acomodar, ajustar una cosa a otra. Ú. t. c. prnl. ‖ **2.** Hacer que un objeto o mecanismo desempeñe funciones distintas de aquellas para las que fue construido. ‖ **3.** Modificar una obra científica, literaria, musical, etc., para que pueda difundirse entre público distinto de aquel al cual iba destinada o darle una forma diferente de la original. ‖ **4.** prnl. Dicho de personas, acomodarse, avenirse a circunstancias, condiciones, etc. ‖ **5.** *Biol.* Dicho de seres vivos, acomodarse a las condiciones de su entorno. ❑ No confundir con *adoptar.* Como prnl., ú. con la prep. *a.*

adarga. f. Escudo de cuero, ovalado o de figura de corazón.

adarme. m. Peso que tiene tres tomines y equivale a 179 centigramos aprox. ‖ **2.** fig. Cantidad o porción mínima de una cosa.

adarve. m. Camino situado en lo alto de una muralla, detrás de las almenas; en fortificación moderna, en el terraplén que queda después de construido el parapeto. ‖ **2.** fig. Protección, defensa.

ad calendas graecas. loc. adv. lat. usada para designar un plazo que nunca ha de cumplirse.

adecentar. tr. Poner decente, limpio, en orden. Ú. t. c. prnl.

adecuación. f. Acción y efecto de adecuar o adecuarse.

adecuado, da. adj. Apropiado o acomodado a las condiciones, circunstancias u objeto de alguna cosa.

adecuar. tr. Proporcionar, acomodar, apropiar una cosa a otra. Ú. t. c. prnl. ❑ Ú. con la prep. *a.*

adefesio. m. fam. Persona o cosa ridícula, extravagante o muy fea.

adelantado, da. adj. **precoz,** que despunta por su talento u otra cualidad. ‖ **2.** Aventajado, excelente, superior. ‖ **por adelantado.** loc. adv. Anticipadamente.

adelantamiento. m. Acción y efecto de adelantar o adelantarse.

adelantar. tr. Mover o llevar hacia adelante. Ú. t. c. prnl. ‖ **2.** Acelerar, apresurar. ‖ **3. anticipar.** ADELANTAR *la paga.* ‖ **4.** Ganar la delantera a alguien o a algo. Ú. t. c. prnl. ‖ **5.** Correr hacia adelante las saetas del reloj. ‖ **6.** intr. Andar el reloj con más velocidad que la debida y señalar, por lo tanto, tiempo que no ha llegado todavía. Ú. t. c. prnl. ‖ **7.** Progresar o mejorar en estudios, robustez, salud, posición social, etc. *Este niño* ADELANTA *mucho; el enfermo no* ADELANTA *nada.*

adelante. adv. l. Más allá. *El enemigo nos cierra el paso; no podemos ir* ADELANTE. ‖ **2.** Hacia delante, hacia enfrente. *Dio un paso* ADELANTE. *Venía un hombre por el camino* ADELANTE. ‖ **3.** adv. t. Con preposición antepuesta o siguiendo inmediatamente a algunos adverbios de esta clase, denota tiempo futuro. *En* ADELANTE; *para más* ADELANTE; *de hoy en* ADELANTE; *de aquí en* ADELANTE. ‖ **4.** Voz que se usa para ordenar o permitir que alguien entre en alguna parte o siga andando, hablando, etc. ❑ No confundir con *delante.*

adelanto. m. **anticipo.** ‖ **2.** fig. Mejora, progreso.

adelfa. f. Arbusto de la familia de las apocináceas, muy ramoso, de hojas persistentes semejantes a las del laurel, y grupos de flores blancas, rojizas, róseas o amarillas. Es venenoso y florece en verano. ‖ **2.** Flor de esta planta.

adelgazar. tr. Reducir el grosor de un cuerpo, bien eliminando parte de su materia, bien sin pérdida de ella. Ú. t. c. prnl. ‖ **2.** intr. Disminuir en grosor y generalmente en peso, ponerse delgado, enflaquecer. Ú. t. c. prnl.

ademán. m. Movimiento o actitud del cuerpo o de alguna parte suya, con que se manifiesta un afecto del ánimo. *Con triste, con furioso* ADEMÁN; *hizo* ADEMÁN *de huir, de acometer.* ‖ **2.** pl. **modales.**

además. adv. c. A más de esto o aquello.

adenda. f. Apéndice, sobre todo de un libro. Ú. t. c. m.

adenitis. f. *Pat.* Inflamación de los ganglios linfáticos.

adenoma. m. *Pat.* Tumor de estructura semejante a la de las glándulas.

adentrarse. prnl. Penetrar en lo interior de una cosa.

adentro. adv. l. A o en lo interior. ❑ Suele ir pospuesto a nombres sustantivos en construcciones como las siguientes: *mar* ADENTRO; *tierra* ADENTRO; *se metió por las puertas* ADENTRO. ‖ **2.** Voz que se usa para ordenar o invitar a una o varias personas a que entren en alguna parte. ‖ **3.** m. pl. Lo interior del ánimo. *Juan habla bien de Pedro, aunque en sus* ADENTROS *siente de otro modo.*

adepto, ta. adj. Iniciado en los arcanos de la alquimia. Ú. t. c. s. ‖ **2.** Por ext., afiliado en alguna secta o asociación, especialmente si es clandestina. Ú. t. c. s. ‖ **3.** Partidario de alguna persona o idea. Ú. t. c. s. ❑ No confundir con *adicto.*

aderezar. tr. Componer, adornar, hermosear. Ú. t. c. prnl. ‖ **2.** Guisar, condimentar o sazonar los alimentos. ‖ **3.** Disponer o preparar una casa, un cuarto, una estancia, etc. Ú. t. c. prnl. ‖ **4.** fig. Acompañar una acción con algo que le añade gracia o adorno.

aderezo. m. Acción y efecto de aderezar o aderezarse. ‖ **2.** Aquello con que se adereza alguna persona o cosa. ‖ **3.** Condimento, conjunto de ingredientes que se usan para sazonar las comidas.

adeudar. tr. Deber, contraer una deuda. ‖ **2.** *Com.* **cargar,** anotar una partida en el debe. ‖ **3.** prnl. **endeudarse,** entramparse.

adeudo. m. **deuda.** ‖ **2.** Cantidad que se ha de pagar en las aduanas por una mercancía. ‖ **3.** *Com.* Acción y efecto de **adeudar,** cargar en cuenta.

adherencia. f. Unión física, pegadura de las cosas. ‖ **2.** Calidad de adherente.

adherente. adj. Que adhiere o se adhiere. Ú. t. c. s. ‖ **2.** m. Adhesivo, sustancia que sirve para unir otras.

adherir. tr. Pegar una cosa a otra. ADHIERO *el sello al sobre;* ADHIRIÓ *el cartel a la pared.* ‖ **2.** intr. Pegarse una cosa con otra. Ú. m. c. prnl. ‖ **3.** fig. Convenir en un dictamen o partido y abrazarlo. Ú. m. c. prnl. ❑ Irreg. Se conj. como *sentir.*

adhesión. f. fig. Acción y efecto de adherir o adherirse, conviniendo en un dictamen o partido, o utilizando el recurso entablado por la parte contraria.

adhesivo, va. adj. Capaz de adherirse o pegarse. Ú. t. c. s. ‖ **2.** m. Sustancia que, interpuesta entre dos cuerpos o fragmentos, sirve para pegarlos. ‖ **3.** Objeto que, dotado de una materia pegajosa, se destina a ser adherido en una superficie.

ad hoc. expr. adv. lat. que se aplica a lo que se dice o hace solo para un fin determinado. ‖ **2.** loc. adj. Adecuado, apropiado, dispuesto especialmente para un fin.

adicción. f. Hábito de quien se deja dominar por el uso de alguna o algunas drogas tóxicas, o por la afición desmedida a ciertos juegos. ADICCIÓN *a la heroína.* ❑ No confundir con *adición.*

adición. f. Acción y efecto de añadir o agregar. ‖ **2.** Añadidura que se hace, o parte que se aumenta en alguna obra o escrito. ‖ **3.** *Mat.* Operación de sumar. ❑ No confundir con *adicción.*

adicional. adj. Dícese de lo que se suma o añade a alguna cosa. *Nota, carga, ventaja* ADICIONAL.

adicionar. tr. Hacer o poner adiciones.

adictivo, va. adj. Dícese de aquello cuyo empleo repetido crea necesidad y hábito; se aplica especialmente a las drogas.

adicto, ta. adj. Dedicado, muy inclinado, apegado. Ú. t. c. s. ‖ **2.** Dícese de la persona dominada por el uso de alguna droga o por la afición desmedida a ciertos juegos. Ú. t. c. s. ❑ No confundir con *adepto.*

adiestrador, ra. adj. Que adiestra. Ú. t. c. s.

adiestramiento. m. Acción y efecto de adiestrar o adiestrarse.

adiestrar. tr. Hacer diestro, enseñar, instruir. Ú. t. c. prnl. ‖ **2.** Amaestrar, domar a un animal.

adinamia. f. *Med.* Extremada debilidad muscular que impide los movimientos del enfermo.

adinerado, da. adj. Que tiene mucho dinero.

¡adiós! interj. que se emplea para despedirse. ‖ **2.** Denota no ser ya posible evitar un daño. ¡ADIÓS, *lo que se nos viene encima!* ‖ **3.** Ú. t. para expresar decepción. ¡ADIÓS, *ya he perdido las llaves!* ‖ **4.** m. Despedida al término de una conversación, misiva, etc.

adiposidad. f. Calidad de adiposo.

adiposo, sa. adj. Grasiento, cargado o lleno de grasa o gordura; de la naturaleza de la grasa.

aditamento. m. **añadidura,** lo que se añade a alguna cosa.

aditivo, va. adj. Que puede o que debe añadirse. ‖ **2.** m. Sustancia que se agrega a otras para darles cualidades de que carecen o para mejorar las que poseen.

adivinación. f. Acción y efecto de adivinar.

adivinanza. f. **acertijo.**

adivinar. tr. Predecir lo futuro o descubrir las cosas ocultas, por medio de agüeros o sortilegios. ‖ **2.** Tratándose de un enigma, acertar lo que quiere decir. ‖ **3.** Vislumbrar, distinguir. *A lo lejos* ADIVINÓ *la silueta del castillo.* Ú. t. c. prnl.

adivinatorio, ria. adj. Que incluye adivinación o se refiere a ella.

adivino, na. m. y f. Persona que adivina; que predice el futuro por agüeros o conjeturas.

adjetivación. f. Acción de adjetivar o adjetivarse.

adjetivar. tr. Aplicar adjetivos. ‖ **2.** *Gram.* Dar valor de adjetivo a una palabra que no lo es. Ú. t. c. prnl.

adjetivo, va. adj. *Gram.* Que califica o determina al sustantivo. *Nombre* ADJETIVO, *oración* ADJETIVA. Ú. m. c. s. m. *El* ADJETIVO *es una parte de la oración.* ‖ **2.** *Gram.* Perteneciente o relativo al adjetivo. *Función* ADJETIVA, *sufijos* ADJETIVOS. ‖ **calificativo.** *Gram.* Palabra que acompaña al nombre para expresar alguna cualidad de la persona o cosa nombrada. ‖ **comparativo.** *Gram.* El que denota comparación; como *mayor, menor.* ‖ **gentilicio.** *Gram.* El que denota la gente, nación o patria de las personas; como *español, castellano, madrileño.* ‖ **numeral.** *Gram.* El que significa número; como *dos, segundo, medio, doble.* ‖ **ordinal.** *Gram.* El numeral que expresa la idea de orden o sucesión; *primero, segundo, quinto, sexto.* ‖ **posesivo.** *Gram.* El que indica la posesión, propiedad o pertenencia a una y varias personas o cosas de lo significado por el sustantivo a que se refiere. ‖ **positivo.** *Gram.* El de significación absoluta o simple, a diferencia del comparativo y superlativo; como *grande,* respecto de *mayor, máximo, grandísimo.* ‖ **superlativo absoluto.** *Gram.* El que denota el sumo grado de cualidad que con él se expresa: *justísimo, celebérrimo, muy alto.* ‖ **superlativo relativo.** *Gram.* El que asigna el grado máximo o mínimo de la cualidad a una o varias personas o cosas en relación con las demás de un conjunto determinado: *el mejor de los hermanos, los más tristes versos, la menor de las dificultades, las casas más viejas de la ciudad, los menos favorecidos del grupo.*

adjudicación. f. Acción y efecto de adjudicar o adjudicarse.

adjudicar. tr. Declarar que una cosa corresponde a una persona, o conferírsela en satisfacción de algún derecho. ‖ **2.** prnl. Apropiarse alguien alguna cosa. ‖ **3.** fig. En ciertas competiciones, obtener, ganar, conquistar. *El equipo visitante* SE ADJUDICÓ *la victoria.*

adjuntar. tr. Enviar, juntamente con una carta u otro escrito, notas, facturas, muestras, etc.

adjuntía. f. Plaza de profesor o profesora adjuntos.

adjunto, ta. adj. Que va o está unido con otra cosa. ‖ **2.** Dícese de la persona que acompaña a otra para entender con ella en algún negocio, cargo o trabajo. Ú. t. c. s. ‖ **3.** m. y f. **profesor adjunto.**

adjutor, ra. adj. Que ayuda a otro. Ú. t. c. s.

adlátere. com. despect. Persona subordinada a otra, de la que parece inseparable.

adminículo. m. Lo que sirve de ayuda o auxilio para una cosa o intento.

administración. f. Acción y efecto de administrar. ‖ **2.** Empleo de administrador. ‖ **3.** Casa u oficina donde el administrador y sus dependientes ejercen su empleo. ‖ **pública.** Acción del gobierno al dictar y aplicar las disposiciones necesarias para el cumplimiento de las leyes y para la conservación y fomento de los intereses públicos, y al resolver las reclamaciones a que dé lugar lo mandado. ‖ **2.** Conjunto de organismos encargados de cumplir esta función.

administrador, ra. adj. Que administra. Ú. t. c. s. ‖ **2.** m. y f. Persona que administra bienes ajenos.

administrar. tr. Gobernar, ejercer la autoridad o el mando sobre un territorio y sobre las personas que lo habitan. ‖ **2.** Ordenar, disponer, organizar en especial la hacienda o los bienes. ‖ **3.** Desempeñar o ejercer un cargo, oficio o dignidad. ‖ **4.** Suministrar, proporcionar o distribuir alguna cosa. ‖ **5.** Graduar o dosificar el uso de alguna cosa, para obtener mayor rendimiento de ella o para que produzca mejor efecto. Ú. t. c. prnl.

administrativo, va. adj. Perteneciente o relativo a la administración.

admirabilísimo, ma. adj. sup. irreg. de **admirable.**

admirable. adj. Digno de admiración. ❑ sup. irreg. *admirabilísimo.*

admiración. f. Acción de admirar o admirarse. ‖ **2.** Signo ortográfico (¡!) que se pone antes y después de cláusulas o palabras para expresar **admiración,** queja o lástima, para llamar la atención hacia alguna cosa o ponderarla, o para denotar énfasis.

admirador, ra. adj. Que admira. Ú. t. c. s.

admirar. tr. Causar sorpresa la vista o consideración de alguna cosa extraordinaria o inesperada. ‖ **2.** Ver, contemplar o considerar con estima o agrado especiales a una persona o cosa que llaman la atención por cualidades juzgadas como extraordinarias. Ú. t. c. prnl.

admirativo, va. adj. Que implica o denota admiración. *Sentido* ADMIRATIVO.

admisible. adj. Que puede admitirse.

admisión. f. Acción y efecto de admitir. ‖ **2.** *Mec.* En los motores de combustión interna, primera fase del proceso en la que la mezcla explosiva es aspirada por el pistón.

admitir. tr. Recibir o dar entrada. ‖ **2. aceptar.** ‖ **3.** Permitir o sufrir. *Esta causa no* ADMITE *dilación.*

admonición. f. **amonestación.** ‖ **2. reconvención.**

adobado. m. Acción de adobar algunas cosas, como cueros, etc. ‖ **2.** Carne, y especialmente la de puerco, puesta en adobo.

adobar. tr. Poner o echar en adobo las carnes, especialmente la de puerco, u otras cosas para sazonarlas y conservarlas. ‖ **2.** Curtir las pieles y componerlas para varios usos.

adobe. m. Masa de barro mezclado a veces con paja, moldeada en forma de ladrillo y secada al aire, que se emplea en la construcción de paredes o muros.

adobo. m. Caldo o salsa con que se sazona un manjar. ‖ **2.** Cualquier caldo, y especialmente el compuesto de vinagre, sal, orégano, ajos y pimentón, que sirve para sazonar y conservar las carnes y otras cosas. ‖ **3.** Mezcla de varios ingredientes que se hace para curtir las pieles o para dar cuerpo y lustre a las telas.

adocenado, da. adj. Vulgar y de muy escaso mérito.

adocenar. tr. Ordenar por docenas, o dividir en docenas. ‖ **2.** Comprender o confundir a alguien entre gentes de calidad inferior. Ú. t. c. prnl.

adoctrinar. tr. Instruir a alguien en el conocimiento o enseñanzas de una doctrina, inculcarle determinadas ideas o creencias.

adolecer. intr. Caer enfermo o padecer alguna enfermedad habitual. ‖ **2.** Con la prep. *de,* tener o padecer algún defecto. ❑ Irreg. Se conj. como *agradecer.* No utilizar por *carecer.*

adolescencia. f. Edad que sucede a la niñez y que transcurre desde la pubertad hasta el completo desarrollo del organismo.

adolescente. adj. Que está en la adolescencia. Ú. t. c. s.

adonde. adv. relat. l. Como los pronombres relativos, se construye a veces con antecedente. *El lugar* ADONDE *vamos.* ‖ **2.** adv. interrog. Equivale a *a qué lugar.* ❑ Se emplea en este caso con acento fonético y ortográfico. ¿ADÓNDE *vas?* ‖ **3. donde.**

adondequiera. adv. l. A cualquier parte. ‖ **2. dondequiera.** ❑ Ú. con el pron. relat. *que.*

adonis. m. fig. Joven hermoso.

adopción. f. Acción de adoptar.

adopcionismo. m. Herejía de los adopcionistas.

adopcionista. adj. Dícese de ciertos herejes españoles del siglo VIII, que suponían que Cristo, en cuanto hombre, era hijo de Dios, no por naturaleza, sino por adopción del Padre. Ú. m. c. s. y en pl. ‖ **2.** Perteneciente o relativo a estos herejes.

adoptar. tr. Recibir como hijo, con los requisitos y solemnidades que establecen las leyes, al que no lo es naturalmente. ‖ **2.** Recibir, haciéndolos propios, pareceres, métodos, doctrinas, ideologías, modas, etc., que han sido creados por otras personas o comunidades. ‖ **3.** Tratándose de resoluciones o acuerdos, tomarlos con previo examen o deliberación. ‖ **4.** Adquirir, recibir una configuración determinada. ❑ No confundir con *adaptar.*

adoptivo, va. adj. Dícese de la persona adoptada. *Hijo* ADOPTIVO. ‖ **2.** Dícese de la persona que adopta. *Padre* ADOPTIVO. ‖ **3.** Dícese de la persona o cosa que uno elige, para tenerla por lo que realmente no es con respecto a él. *Hermano* ADOPTIVO; *patria* ADOPTIVA.

adoquín. m. Piedra labrada en forma de prisma rectangular para empedrados y otros usos. ‖ **2.** fig. y fam. Persona torpe e ignorante.

adoquinado. m. Suelo empedrado con adoquines. ‖ **2.** Conjunto de adoquines que forman el suelo de un lugar.

adoquinar. tr. Empedrar con adoquines.

adorable. adj. Digno de adoración.

adoración. f. Acción de adorar. ‖ **de los Reyes.** La que hicieron los Reyes Magos al Niño Jesús en el portal de Belén. ‖ **2.** n. p. **Epifanía.**

adorar. tr. Reverenciar con sumo honor o respeto a un ser, considerándolo como cosa divina. ‖ **2.** Reverenciar y honrar a Dios con el culto religioso que le es debido. ‖ **3.** fig. Amar con extremo. ‖ **4.** fig. Gustar de algo extremadamente.

adormecer. tr. Dar o causar sueño. Ú. t. c. prnl. ‖ **2.** fig. Calmar, sosegar. ‖ **3.** prnl. Empezar a dormirse, o ir poco a poco rindiéndose al sueño. ‖ **4.** fig. Entorpecerse, entumecerse, envararse. ❑ Irreg. Se conj. como *agradecer.*

adormidera. f. Planta de la familia de las papaveráceas, con hojas abrazadoras, de color garzo, flores grandes y terminales, y fruto capsular indehis-

adquirir
INDICATIVO Presente: adquiero, adquieres, adquiere, adquirimos, adquirís, adquieren. Pretérito imperfecto: adquiría, adquirías, adquiría, adquiríamos, adquiríais, adquirían. Pretérito indefinido: adquirí, adquiriste, adquirió, adquirimos, adquiristeis, adquirieron. Futuro imperfecto: adquiriré, adquirirás, adquirirá, adquiriremos, adquiriréis, adquirirán. Condicional: adquiriría, adquirirías, adquiriría, adquiriríamos, adquiriríais, adquirirían.
SUBJUNTIVO Presente: adquiera, adquieras, adquiera, adquiramos, adquiráis, adquieran. Pretérito imperfecto: adquiriera o adquiriese, adquirieras o adquirieses, adquiriera o adquiriese, adquiriéramos o adquiriésemos, adquirierais o adquirieseis, adquirieran o adquiriesen. Futuro imperfecto: adquiriere, adquirieres, adquiriere, adquiriéremos, adquiriereis, adquirieren.
IMPERATIVO adquiere (tú); adquirid (vosotros).
FORMAS NO PERSONALES Infinitivo: adquirir. Participio: adquirido. Gerundio: adquiriendo.

cente. Es originaria de Oriente; se cultiva en los jardines, y por incisiones en las cápsulas verdes de su fruto se extrae el opio. ‖ **2.** Fruto de esta planta.

adormilarse. prnl. **adormitarse.**

adormitarse. prnl. Dormirse a medias.

adornar. tr. Engalanar con adornos. Ú. t. c. prnl. ‖ **2.** Servir de adorno una cosa a otra; embellecerla, engalanarla. ‖ **3.** Enaltecer a una persona ciertas prendas o circunstancias favorables. Ú. t. c. prnl.

adorno. m. Lo que se pone para la hermosura o mejor parecer de personas o cosas.

adosado, da. adj. Contiguo. Dícese de algunos tipos de viviendas. *Chalé* ADOSADO. Ú. t. c. s. m.

adosar. tr. Poner una cosa, por su espalda o por los lados, contigua a otra o apoyada en ella.

adquirir. tr. **comprar.** ‖ **2.** Coger, lograr o conseguir. ❑ Irreg. Ver conjugación modelo.

adquisición. f. Acción de adquirir. ‖ **2.** La cosa adquirida. Ú. a veces con matiz ponderativo. ‖ **3.** Persona cuyos servicios o ayuda se consideran valiosos.

adquisitivo, va. adj. *Der.* Que sirve para adquirir. *Título* ADQUISITIVO; *poder* ADQUISITIVO.

adrede. adv. m. De propósito, con deliberada intención. Se usa muy a menudo con matiz peyorativo.

adrenal. adj. *Fisiol.* Situado cerca del riñón. ‖ **2.** f. **glándula suprarrenal.**

adrenalina. f. *Fisiol.* Hormona segregada principalmente por la masa medular de las glándulas suprarrenales, poco soluble en agua, levógira y cristalizable. Es un poderoso constrictor de los vasos sanguíneos, por lo que se usa como medicamento hemostático.

adriático, ca. adj. Aplícase al mar o golfo de Venecia. ‖ **2.** Perteneciente a este mar. *Playas* ADRIÁTICAS.

adscribir. tr. Inscribir, contar entre lo que corresponde a una persona o cosa, atribuir. ‖ **2.** Agregar a una persona al servicio de un cuerpo o destino. Ú. t. c. prnl. ❑ p. p. irreg.: *adscrito.*

adscripción. f. Acción y efecto de adscribir o adscribirse.

adscrito, ta. p. p. irreg. de **adscribir.**

adsorbente. adj. Que adsorbe. ‖ **2.** m. *Fís.* Sustancia, generalmente sólida, con una gran capacidad de adsorción. Suele tener estructura porosa.

adsorber. tr. *Fís.* Atraer y retener en la superficie de un cuerpo moléculas o iones de otro cuerpo.

adsorción. f. *Fís.* Acción y efecto de adsorber.

adstrato. m. *Ling.* Acción ejercida por una lengua sobre otra territorialmente contigua, sobre la que comparte el mismo territorio, o sobre otra a la que, sin ser vecina, comunica algunos rasgos en un momento determinado.

aduana. f. Oficina pública, establecida generalmente en las costas y fronteras, para registrar, en el tráfico internacional, los géneros y mercaderías que se importan o exportan, y cobrar los derechos que adeudan. ‖ **2.** Derechos percibidos por esta oficina. *Estas mercancías ya han pagado* ADUANA.

aduanero, ra. adj. Perteneciente o relativo a la aduana. ‖ **2.** m. y f. Persona empleada en la aduana.

aducción. f. Acción de **aducir,** presentar o alegar pruebas. ‖ **2.** *Anat.* Movimiento por el cual se acerca un miembro u otro órgano al plano medio que divide imaginariamente el cuerpo en dos partes simétricas. ADUCCIÓN *del brazo, del ojo.* ❑ No confundir con *abducción.*

aducir. tr. Tratándose de pruebas, razones, etc., presentarlas o alegarlas. ❑ Irreg. Se conj. como *conducir.* No confundir con *aludir.*

aductor. adj. *Anat.* Dícese del músculo capaz

de ejecutar una aducción. Ú. t. c. s. ❑ No confundir con *abductor.*

adueñarse. prnl. Hacerse uno dueño de una cosa o apoderarse de ella. Ú. alguna vez c. tr. ‖ **2.** Hacerse dominante algo en una persona o en un conjunto de personas. *El terror* SE ADUEÑÓ *de ellos.* ❑ Ú. con la prep. *de.*

adulación. f. Acción y efecto de adular.

adulador, ra. adj. Que adula. Ú. t. c. s.

adular. tr. Hacer o decir con intención, a veces inmoderadamente, lo que se cree que puede agradar a otro.

adulteración. f. Acción y efecto de adulterar o adulterarse.

adulterar. tr. fig. Viciar, falsificar alguna cosa. Ú. t. c. prnl.

adulterio. m. Ayuntamiento carnal voluntario entre persona casada y otra de distinto sexo que no sea su cónyuge.

adúltero, ra. adj. Que comete adulterio. Ú. t. c. s.

adulto, ta. adj. Llegado a su mayor crecimiento o desarrollo. *Persona* ADULTA, *animal* ADULTO. Ú. t. c. s. ‖ **2.** fig. Llegado a cierto grado de perfección, cultivado, experimentado. *Una nación* ADULTA.

adusto, ta. adj. Quemado, tostado, ardiente. ‖ **2.** fig. Dícese de la persona poco tratable, huraña, malhumorada. ‖ **3.** fig. Seco, severo, desabrido. *Paisaje* ADUSTO, *prosa* ADUSTA.

advenedizo, za. adj. Extranjero o forastero, que no es natural u originario del lugar. Ú. t. c. s. ‖ **2.** despect. Dícese de la persona que, sin empleo u oficio, va a establecerse en un país o en un pueblo. Ú. t. c. s. ‖ **3.** Dícese de la persona de origen humilde que, habiendo reunido cierta fortuna, pretende figurar entre gentes de más alta condición social. Ú.t. c. s.

advenimiento. m. Venida o llegada, especialmente si es esperada y solemne. ‖ **2.** Ascenso de un sumo pontífice o de un soberano al trono.

advenir. intr. Venir o llegar. ❑ Irreg. Se conj. como *venir.* No confundir con *avenir.*

adventicio, cia. adj. Extraño o que sobreviene, a diferencia de lo natural y propio. ‖ **2.** *Biol.* Aplícase al órgano o parte de los animales o vegetales que se desarrolla en lugar distinto del habitual.

adventismo. m. Doctrina de los adventistas.

adventista. adj. Dícese de una confesión protestante, de origen norteamericano, que espera un segundo y próximo advenimiento de Cristo. ‖ **2.** com. Miembro de esta confesión.

adverbial. adj. *Gram.* Perteneciente al adverbio, o que participa de su índole o naturaleza. *Expresión, frase* ADVERBIAL.

adverbializar. tr. Emplear adverbialmente una palabra o locución. Ú. t. c. prnl.

adverbio. m. *Gram.* Parte invariable de la oración cuya función consiste en complementar la significación del verbo, de un adjetivo o de otro **adverbio.** Hay **adverbios** de **lugar,** como *aquí, delante, lejos;* de **tiempo,** como *hoy, mientras, nunca;* de **modo,** como *bien, despacio, fácilmente;* de **cantidad,** como *bastante, mucho, muy;* de **orden,** como *primeramente;* de **afirmación,** como *sí;* de **negación,** como *no;* de **duda** o **dubitativos,** como *acaso;* **comparativos,** como *peor;* **superlativos,** como *facilísimamente, lejísimos,* y **diminutivos,** como *cerquita.* ‖ **2.** Los **adverbios** *como, cuando, cuanto* y *donde* pueden funcionar como **relativos** correspondientes a los **adverbios** demostrativos *así, según, tal, entonces, ahora, tan, tanto, aquí, allí,* etc.; pueden tener antecedente expreso o implícito: *La ciudad* DONDE *nací. Iré* DONDE *tú vayas.* Y pueden también funcionar como **interrogativos** o **exclamativos,** y en tal caso se escriben con tilde: *¿*CÓMO *estás?* ¡CUÁNTO *lo siento!*

adversario, ria. m. y f. Persona contraria o enemiga. ‖ **2.** m. Conjunto de personas contrarias o enemigas.

adversativo, va. adj. *Gram.* Que implica o denota oposición o contrariedad de concepto o sentido.

adversidad. f. Calidad de adverso. ‖ **2.** Suerte adversa, infortunio.

adverso, sa. adj. Contrario, enemigo, desfavorable.

advertencia. f. Acción y efecto de advertir. ‖ **2.** Escrito breve en que se advierte algo al público.

advertido, da. adj. Capaz, experto, avisado.

advertir. tr. Fijar en algo la atención, reparar, observar. Ú. t. c. intr. ‖ **2.** Llamar la atención de uno sobre algo, hacer notar u observar. ‖ **3.** Aconsejar, amonestar, enseñar, prevenir. ‖ **4.** Avisar con amenazas. ❑ Irreg. Se conj. como *sentir.*

adviento. m. Tiempo santo que celebran la Iglesia católica y otras iglesias cristianas desde el domingo primero de los cuatro que preceden a la Natividad de Nuestro Señor Jesucristo hasta la vigilia de esta fiesta.

advocación. f. Tutela, protección o patrocinio de la Divinidad o de los santos a la comunidad o institución que toma su nombre. ‖ **2.** Denominación complementaria que se aplica al nombre de una Persona divina o santa y que se refiere a determinado misterio, virtud o atributo suyos, a momentos especiales de su vida, a lugares vinculados a su presencia o al hallazgo de una imagen suya, etc. *Cristo* DE LA

AGONÍA, *Virgen* DE LA ESPERANZA O DEL PILAR. ‖ **3.** Denominación de las correspondientes imágenes, de los santuarios y días en que se veneran, de las entidades acogidas a su patrocinio, etc.

adyacente. adj. Situado en la inmediación o proximidad de otra cosa.

aedo. m. Bardo, poeta o cantor épico de la antigua Grecia.

aeración. f. Paso de aire a través de un cuerpo. ‖ **2.** *Med.* Acción del aire en el tratamiento de enfermedades.

aéreo, a. adj. De aire. ‖ **2.** Perteneciente o relativo al aire. ‖ **3.** fig. Sutil, vaporoso, ligero. ‖ **4.** fig. Inmaterial, fantástico, sin fundamento.

aero-. Elemento compositivo que significa «aire»; forma muchos neologismos relacionados con la aviación: AERÓ*dromo*, AERO*nave*, AERO*modelismo*.

aeróbic o **aerobic.** m. Técnica gimnástica acompañada de música y basada en el control del ritmo respiratorio. ❑ pl. invar.

aeróbico, ca. adj. *Biol.* Perteneciente o relativo a la aerobiosis o a los organismos aerobios.

aerobio. adj. *Biol.* Aplícase al ser vivo que necesita oxígeno para subsistir. Ú. t. c. s.

aerobiosis. f. *Biol.* Vida en un ambiente que contiene oxígeno.

aerobús. m. Avión comercial europeo que admite un gran número de pasajeros y realiza trayectos de corta y media distancia.

aeroclub. m. Sociedad recreativa interesada por el deporte aéreo. ❑ pl. *aeroclubes*.

aerodeslizador. m. Vehículo que puede circular por tierra, agua o aire deslizándose sobre el colchón de aire alimentado por los chorros que el mismo vehículo genera.

aerodeslizante. adj. Dícese de un vehículo que se desliza sobre una superficie, sustentado por una capa de aire a presión que él mismo produce.

aerodinámica. f. Parte de la mecánica, que estudia el movimiento de los gases y los movimientos relativos de gases y sólidos.

aerodinámico, ca. adj. Perteneciente o relativo a la aerodinámica. ‖ **2.** Dícese de los cuerpos móviles que tienen forma adecuada para disminuir la resistencia del aire.

aeródromo. m. Terreno llano provisto de pistas y demás instalaciones necesarias para el despegue y aterrizaje de aviones.

aeroespacial. adj. Aplícase al ámbito formado por la atmósfera terrestre y el espacio exterior próximo.

aerofagia. m. *Pat.* Deglución espasmódica de aire, que se observa en algunas neurosis.

aerofobia. f. Temor al aire, síntoma de algunas enfermedades nerviosas.

aerógrafo. m. Pistola de aire comprimido, cargada con pintura, que se usa en trabajos de fotografía, dibujo y artes decorativas.

aerolínea. f. Organización o compañía de transporte aéreo.

aerolito. m. Fragmento de un bólido, que cae sobre la Tierra.

aerómetro. m. Instrumento para medir la densidad del aire o de otros gases. ❑ No confundir con *areómetro*.

aeromodelismo. m. Deporte que consiste en la construcción y prueba de pequeños modelos de aviones.

aeromoza. f. En algunos países americanos, azafata de aviación.

aeronauta. com. Piloto o tripulante de una aeronave.

aeronáutica. f. Ciencia o arte de la navegación aérea. ‖ **2.** Conjunto de medios (aeronaves, instalaciones, servicios, personal, etc.) destinados al transporte aéreo. AERONÁUTICA *civil*. AERONÁUTICA *militar*.

aeronáutico, ca. adj. Perteneciente o relativo a la aeronáutica.

aeronaval. adj. Que se refiere conjuntamente a la aviación y a la marina. Aplícase especialmente a operaciones o efectivos militares en que participan fuerzas aéreas y navales.

aeronave. f. Vehículo capaz de navegar por el aire.

aeronavegación. f. Navegación aérea.

aeroplano. m. **avión²**.

aeropuerto. m. Terreno llano provisto de un conjunto de pistas, instalaciones y servicios destinados al tráfico regular de aviones.

aerosol. m. Suspensión de partículas ultramicroscópicas de sólidos o líquidos en el aire u otro gas. ‖ **2.** Sistema coloidal obtenido por dispersión de sustancias sólidas o líquidas en el seno de un gas. ‖ **3.** Por ext., líquido que, almacenado bajo presión, puede ser lanzado al exterior en forma de **aerosol.** Se emplea mucho en perfumería, farmacia, pintura, etc. ‖ **4.** Recipiente que contiene este líquido.

aerostación. f. Navegación aérea por medio de aeróstatos.

aerostática. f. Parte de la mecánica, que estudia el equilibrio de los gases y de los sólidos sumergidos en ellos.

aerostático, ca. adj. Perteneciente o relativo a la aerostática.

aeróstato o **aerostato.** m. Aeronave provista de uno o más recipientes llenos de un gas más ligero que el aire atmosférico, lo que la hace flotar o elevarse en el seno de este.

aerotaxi. m. Avión o avioneta de alquiler, destinado al tráfico no regular.

aerotransportar. tr. Transportar por vía aérea.

aerotrén. m. Aerodeslizador que se desplaza a gran velocidad sostenido sobre una vía especial o suspendido de ella.

aerovía. f. Ruta establecida para el vuelo de los aviones comerciales.

afabilidad. f. Calidad de afable.

afabilísimo, ma. adj. sup. de **afable.**

afable. adj. Agradable, dulce, suave en la conversación y el trato. ❑ sup. irreg.: *afabilísimo.*

afamado, da. adj. **famoso.**

afamar. tr. Hacer famoso, dar fama. Se usa generalmente en sentido favorable. Ú. t. c. prnl.

afán. m. Solicitud, empeño, pretensión, deseo, anhelo vehemente.

afanar. intr. Entregarse al trabajo con solicitud congojosa. Ú. m. c. prnl. ‖ **2.** Hacer diligencias con vehemente anhelo para conseguir alguna cosa. Ú. m. c. prnl. ‖ **3.** tr. vulg. Hurtar, estafar, robar.

afaníptero. adj. *Zool.* Dícese de insectos del orden de los dípteros, que carecen de alas y tienen metamorfosis complicadas; como la pulga y la nigua. Ú. t. c. s. ‖ **2.** m. pl. *Zool.* Suborden de estos animales.

afanoso, sa. adj. Muy penoso o trabajoso. ‖ **2.** Que se afana.

afasia. f. *Psiquiat.* Trastorno del lenguaje, de origen cerebral.

afear. tr. Hacer o poner fea a una persona o cosa. Ú. t. c. prnl. ‖ **2.** fig. Tachar, vituperar.

afebril. adj. *Med.* Sin fiebre.

afección. f. Afición, inclinación, apego. ‖ **2.** *Pat.* Enfermedad. AFECCIÓN *pulmonar, catarral, reumática.*

afectación. f. Falta de sencillez y naturalidad; extravagancia presuntuosa en la manera de ser, de hablar, de actuar, de escribir, etc.

afectado, da. adj. Que adolece de afectación. *Orador, estilo* AFECTADO. ‖ **2.** Aparente, fingido. *Celo* AFECTADO; *ignorancia* AFECTADA. ‖ **3.** Aquejado, molestado.

afectar. tr. Poner demasiado estudio o cuidado en las palabras, movimientos, adornos, etc., de modo que pierdan la sencillez y naturalidad. ‖ **2. fingir.** AFECTAR *celo, ignorancia.* ‖ **3.** Hacer impresión una cosa en una persona, causando en ella alguna sensación. Ú. t. c. prnl. ‖ **4. atañer,** tocar. ‖ **5.** Menoscabar, perjudicar; influir desfavorablemente. ‖ **6.** Producir alteración o mudanza en alguna cosa. ‖ **7.** Tratándose de enfermedades o plagas, producir daño en algún órgano o a algún grupo de seres vivientes o poderlo producir.

afectividad. f. Calidad de afectivo. ‖ **2.** *Psicol.* Conjunto de los fenómenos afectivos.

afectivo, va. adj. Perteneciente o relativo al afecto. ‖ **2.** Perteneciente o relativo a la sensibilidad. *Fenómeno* AFECTIVO.

afecto[1], ta. adj. Inclinado a alguna persona o cosa.

afecto[2]. m. Cualquiera de las pasiones del ánimo, como ira, amor, odio, etc. Tómase más particularmente por amor o cariño.

afectuoso, sa. adj. Amoroso, cariñoso.

afeitado. m. Acción y efecto de **afeitar,** raer la barba.

afeitar. tr. Raer con navaja, cuchilla o máquina la barba o el bigote, y por ext., el pelo de cualquier parte del cuerpo. Ú. t. c. prnl. ‖ **2.** Cortar la punta de los cuernos al toro para que su lidia resulte menos peligrosa.

afeite. m. **cosmético.**

afelio. m. *Astron.* Punto de la órbita de un planeta que dista más del Sol.

afelpar. tr. Dar a la tela que se trabaja el aspecto de felpa o terciopelo. ‖ **2.** Recubrir o forrar con felpa.

afeminado, da. adj. Dícese del que en su persona, modo de hablar, acciones o adornos se parece a las mujeres. Ú. t. c. s. ‖ **2.** Que parece de mujer. *Cara, voz* AFEMINADA.

afeminar. tr. Hacer que un hombre pierda la energía atribuida a su condición varonil; inclinarle a que en sus modales y acciones o en el adorno de su persona se parezca a las mujeres. Ú. m. c. prnl.

afer. m. Negocio, asunto o caso ilícito o escandaloso.

aferente. adj. *Anat.* y *Fisiol.* Dícese de la formación anatómica que transmite sangre, linfa, otras sustancias o un impulso energético desde una parte del organismo a otra que respecto de ella es considerada central. ‖ **2.** Dícese de los estímulos y las sustancias así transmitidos. ❑ No confundir con *eferente.*

aféresis. f. *Gram.* Supresión de algún sonido al principio de un vocablo, como en NORABUENA por *enhorabuena.* La **aféresis** era figura de dicción según la preceptiva tradicional.

aferrar. tr. Agarrar o asir fuertemente. Ú. t. c. intr. ‖ **2.** prnl. fig. Insistir con tenacidad en algún dictamen u opinión, empeñarse en algo. AFERRARSE *a una idea.* Ú. t. c. intr.

affidávit. m. Documento legal que sirve como testimonio o declaración jurada ante un tribunal, o como garantía o aval en otros casos. ❑ pl. invar.

afgano, na. adj. Natural del Afganistán. Ú. t. c. s. || **2.** Perteneciente o relativo a este país de Asia.

afianzamiento. m. Acción y efecto de afianzar o afianzarse.

afianzar. tr. Afirmar o asegurar con puntales, cordeles, clavos, etc.; apoyar, sostener. Ú. t. c. prnl. || **2.** fig. Hacer firme, consolidar algo. *El éxito de la novela* AFIANZÓ *su carrera.* Ú. t. c. prnl. *El ejército* SE AFIANZÓ *en sus posiciones.*

afiche. m. **cartel[1].** Ú. m. en América.

afición. f. Inclinación, amor a alguna persona o cosa. || **2.** fam. Con el art. *la,* conjunto de personas que asisten asiduamente a determinados espectáculos o sienten vivo interés por ellos.

aficionado, da. adj. Que siente afición por alguna actividad. AFICIONADO *a la lectura.* || **2.** Que cultiva o practica, sin ser profesional, un arte, oficio, ciencia, deporte, etc. Ú. t. c. s. A veces se usa despectivamente. || **3.** Que siente afición por un espectáculo y asiste frecuentemente a él. Ú. t. c. s.

aficionar. tr. Inclinar, inducir a otro a que guste de alguna persona o cosa. || **2.** prnl. Prendarse de alguna persona, gustar de alguna cosa. ❑ Ú. con la prep. *a.*

afijo, ja. adj. *Gram.* Dícese del pronombre personal cuando va pospuesto y unido al verbo, y también de las preposiciones y partículas que se emplean en la formación de palabras derivadas y compuestas. Ú. m. c. s. m.

afilado. m. Acción y efecto de afilar.

afilador, ra. adj. Que afila. || **2.** m. y f. Persona que tiene por oficio afilar instrumentos cortantes. || **3.** m. Correa o instrumento para afinar el filo.

afilalápices. m. **sacapuntas.**

afilar. tr. Sacar filo o hacer más delgado o agudo el de un arma o instrumento. || **2. aguzar,** sacar punta.

afiliación. f. Acción y efecto de afiliar o afiliarse.

afiliar. tr. Inscribir a una persona en una corporación o sociedad. Ú. m. c. prnl. AFILIARSE *a un partido político.* ❑ Ú. con la prep. *a.*

afiligranar. tr. Hacer filigrana. || **2.** fig. Pulir, hermosear primorosamente.

áfilo, la o **afilo, la.** adj. *Bot.* Que no tiene hojas.

afín. adj. Próximo, contiguo. *Campos* AFINES. || **2.** Que tiene afinidad con otra cosa. || **3.** com. Pariente por afinidad.

afinador, ra. adj. Que afina. || **2.** m. y f. Persona que tiene por oficio afinar pianos u otros instrumentos músicos.

afinar. tr. Perfeccionar, precisar, dar el último punto a una cosa. Ú. t. c. prnl. || **2.** Poner en tono justo los instrumentos músicos con arreglo a un diapasón o acordarlos bien unos con otros. || **3.** intr. Cantar o tocar entonando con perfección los sonidos.

afincar. tr. Arraigar, fijar, establecer, asegurar, apoyar. Ú. t. c. prnl.

afinidad. f. Proximidad, analogía o semejanza de una cosa con otra. || **2.** Atracción o adecuación de caracteres, opiniones, gustos, etc., que existe entre dos o más personas. || **3.** Parentesco que mediante el matrimonio se establece entre cada cónyuge y los deudos por consanguinidad del otro.

afirmación. f. Acción y efecto de afirmar o afirmarse.

afirmar. tr. Poner firme, dar firmeza. Ú. t. c. prnl. || **2.** Asegurar o dar por cierta alguna cosa. || **3.** prnl. Estribar o asegurarse en algo para estar firme. AFIRMARSE *en los estribos.* || **4.** Ratificarse alguno en su dicho o declaración. ❑ Como prnl., ú. con la prep. *en.*

afirmativo, va. adj. Que denota o implica la acción de afirmar; dar por cierta una cosa.

aflautado, da. adj. De sonido semejante al de la flauta.

aflautar. tr. Atiplar la voz o el sonido. Ú. t. c. prnl.

aflicción. f. Efecto de afligir o afligirse.

aflictivo, va. adj. Dícese de lo que causa aflicción.

afligir. tr. Causar tristeza o angustia moral. || **2.** prnl. Sentir sufrimiento físico o pesadumbre moral.

aflojar. tr. Disminuir la presión o la tirantez de algo. Ú. t. c. prnl. || **2.** fig. y fam. Entregar uno dinero u otra cosa, frecuentemente contra su voluntad. || **3.** intr. fig. Perder fuerza una cosa. AFLOJÓ *la calentura.*

aflorar. intr. Asomar a la superficie del terreno un filón, una capa o una masa mineral cualquiera. || **2.** fig. Surgir, aparecer lo que estaba oculto u olvidado, o todavía en gestación.

afluencia. f. Acción y efecto de afluir. || **2.** Abundancia o copia.

afluente. m. Arroyo o río secundario que desemboca o desagua en otro principal.

afluir. intr. Acudir en abundancia, o concurrir en gran número, a un lugar o sitio determinado. || **2.** Verter un río o arroyo sus aguas en las de otro o en las de un lago o mar. ❑ Irreg. Se conj. como *huir.*

aflujo. m. **afluencia.** || **2.** *Fisiol.* Afluencia excesiva de líquidos a un tejido orgánico.

afonía. f. Falta de voz.

afónico, ca. adj. Falto de voz o de sonido.

aforado, da. adj. Aplícase a la persona que goza de fuero. Ú. t. c. s.

aforar. tr. Dar o tomar a foro alguna heredad. ||

2. Dar, otorgar fueros. ❑ En esta acepción, es un v. irreg. y se conj. como *contar.* ‖ **3.** Determinar la cantidad y valor de los géneros o mercancías que haya en algún lugar, generalmente a fin de establecer el pago de derechos. ‖ **4.** Calcular la capacidad de un receptáculo.

aforismo. m. Sentencia breve y doctrinal que se propone como regla en alguna ciencia o arte.

aforo. m. Capacidad total de las localidades de un teatro u otro recinto de espectáculos públicos.

afortunado, da. adj. Que tiene fortuna o buena suerte. ‖ **2.** Feliz, que produce felicidad o resulta de ella. *Hogar* AFORTUNADO; *unión* AFORTUNADA. ‖ **3.** Oportuno, acertado, inspirado. *Palabras* AFORTUNADAS; *decisión* AFORTUNADA.

afótico, ca. adj. Sin luz. En oceanografía, término empleado para designar las profundidades submarinas de más de 200 metros, en las que no penetra la luz del Sol.

afrancesado, da. adj. Que gusta de imitar a los franceses. Ú. t. c. s. ‖ **2.** Partidario de los franceses. Dícese especialmente de los españoles que en la guerra de la Independencia siguieron el partido de Napoleón. Ú. t. c. s.

afrancesamiento. m. Acción y efecto de afrancesar o afrancesarse.

afrancesar. tr. Hacer tomar carácter francés, o inclinación a las cosas francesas. ‖ **2.** prnl. Hacerse uno afrancesado.

afrenta. f. Vergüenza y deshonor que resulta de algún dicho o hecho, como la que se sigue de la imposición de penas por ciertos delitos. ‖ **2.** Dicho o hecho afrentoso.

afrentar. tr. Causar afrenta, ofender, humillar, denostar. ‖ **2.** prnl. Avergonzarse, sonrojarse.

africado, da. adj. *Fon.* Dícese del sonido consonántico cuya articulación consiste en una oclusión y una fricación formadas rápida y sucesivamente entre los mismos órganos; como la *ch* en *ocho.* Ú. t. c. s. f.

africanismo. m. Influencia de las razas africanas y de sus costumbres, arte, etc., en otros pueblos. ‖ **2.** Voz, locución, giro, etc., de origen africano introducido en una lengua no africana.

africanista. com. Persona que se dedica al estudio y fomento de los asuntos concernientes a África.

africanizar. tr. Dar carácter africano. Ú. t. c. prnl.

africano, na. adj. Natural de África. Ú. t. c. s. ‖ **2.** Perteneciente a esta parte del mundo.

afrikaans. m. Variedad del neerlandés que es, junto con el inglés, lengua oficial de Sudáfrica. ❑ No confundir con *afrikáner.*

afrikáner. adj. Dícese del descendiente de los colonos holandeses de Sudáfrica o de la persona integrada con ellos. Ú. t. c. s. ❑ No confundir con *afrikaans.*

afro. adj. invar. Referente a usos y costumbres africanas. *Peinado, música* AFRO.

afro-. Elemento compositivo que significa «africano»: AFRO*asiático.*

afrodisíaco, ca o **afrodisiaco, ca.** adj. Que excita o estimula el apetito sexual. ‖ **2.** Dícese de la sustancia o medicamento que tiene esta propiedad. Ú. t. c. s. m.

afrodita. adj. *Bot.* Aplícase a las plantas que se reproducen de modo asexual (por bulbos, estacas, etc.).

afrontar. tr. Hacer frente al enemigo. ‖ **2.** Poner cara a cara. ‖ **3.** Hacer cara a un peligro, problema o situación comprometida.

afta. f. *Pat.* Úlcera pequeña, blanquecina, que se forma durante el curso de ciertas enfermedades, en la mucosa de la boca o de otras partes del tubo digestivo, o en la mucosa genital.

afuera. adv. l. Fuera del sitio en que uno está. *Vengo de* AFUERA; *salgamos* AFUERA. ‖ **2.** En lugar público o en la parte exterior. ‖ **3.** f. pl. Alrededores de una población.

agachadiza. f. Ave limícola, semejante a la chocha, pero de alas más agudas y tarsos menos gruesos. Vuela inmediata a la tierra, y por lo común está en arroyos o lugares pantanosos, donde se agacha y esconde.

agachar. tr. Tratándose de alguna parte del cuerpo, y especialmente de la cabeza, inclinarla o bajarla. Ú. t. c. intr. ‖ **2.** prnl. Encogerse, doblando mucho el cuerpo hacia la tierra.

agalla. f. Excrecencia redonda que se forma en el roble, alcornoque y otros árboles y arbustos por la picadura de ciertos insectos e infecciones por microorganismos. ‖ **2. amígdala.** Ú. m. en pl. ‖ **3. branquia.** Ú. m. en pl. ‖ **4.** pl. fig. y fam. Arrestos, valentía, audacia. ❑ Ú. m. con el verbo *tener.*

agamí. m. Ave ciconiforme, originaria de América Meridional, del tamaño de la gallina; se domestica fácilmente y sirve como de guardián de las demás aves.

ágape. m. Comida fraternal de carácter religioso entre los primeros cristianos, destinada a estrechar los lazos que los unían. ‖ **2.** Por ext., **banquete,** comida para celebrar algún acontecimiento.

agar-agar. m. Sustancia mucilaginosa que se extrae de algunas algas. Se utiliza como medio de cultivo, en farmacia, en bacteriología y en ciertas industrias.

agareno, na. adj. Descendiente de Agar. Ú. t. c. s. ‖ **2. mahometano.** Ú. t. c. s.

agaricáceo, a. adj. *Bot.* Dícese de una variedad de hongo del tipo de seta, del que se conocen numerosas especies, que viven como saprofitas en el suelo y rara vez en los troncos de los árboles; algunas son comestibles, como el champiñón, y otras venenosas, como la falsa oronja, de sombrerillo rojo con pintas blancas. ‖ **2.** f. pl. *Bot.* Familia de estos hongos.

agarrada. f. fam. Altercado, pendencia o riña.

agarradera. f. Agarradero, asa. ‖ **2.** pl. fig. y fam. Favor o influencia con que uno cuenta para conseguir sus fines.

agarradero. m. Asa o mango de cualquier cosa. ‖ **2.** fig. Asidero, cualquier cosa o parte de una cosa que sirva para asirla o asirse de ella. ‖ **3.** fig. y fam. Amparo, protección o recurso con que se cuenta para conseguir alguna cosa.

agarrado, da. adj. fig. y fam. **tacaño,** mezquino. ‖ **2.** fam. Dícese del baile en que la pareja va estrechamente abrazada. Ú. t. c. s, m.

agarrar. tr. Asir fuertemente con la mano. ‖ **2.** Coger, tomar. ‖ **3.** Coger o contraer una enfermedad, empezar a padecer una sensación física o un estado de ánimo, conciliar el sueño, etc. AGARRÓ *una pulmonía, un cansancio, un disgusto, una rabieta. Acababa de* AGARRAR *el sueño.* ‖ **4.** fig. Sorprender, coger desprevenida a una persona. *Le* AGARRARON *con las manos en la masa.* Ú. m. en América. ‖ **5.** intr. Arraigar un plantón, prender. ‖ **6.** fam. *Amér.* Salir, ponerse en camino, dirigirse. AGARRÓ *para el monte, para el río, para abajo.* ‖ **7.** prnl. Asirse fuertemente de alguna cosa. ‖ **8. pegarse,** referido a guisos, quemarse. ‖ **9.** fig. y fam. Asirse; reñir.

agarrón. m. *Amér.* **agarrada.**

agarrotado, da. adj. Tieso, rígido. Ú. t. en sent. fig.

agarrotamiento. m. Acción y efecto de agarrotar.

agarrotar. tr. Ejecutar en el patíbulo mediante garrote. ‖ **2.** prnl. **engarrotarse.** ‖ **3.** Quedar inmovilizado un mecanismo por producirse una unión rígida entre dos de sus piezas.

agasajar. tr. Halagar o favorecer a uno con regalos o con otras muestras de afecto o consideración.

agasajo. m. Acción de agasajar. ‖ **2.** Regalo o muestra de afecto o consideración con que se agasaja.

ágata. f. *Mineral.* Variedad de cuarzo, dura, translúcida y con franjas o capas de varios colores.

agavillar. tr. Hacer o formar gavillas.

agazaparse. prnl. fam. Agacharse, encogiendo el cuerpo contra la tierra, como lo hace el gazapo cuando quiere ocultarse de los que le persiguen. ‖ **2.** fig. Esconderse, ocultarse, estar al acecho.

agencia. f. Empresa destinada a gestionar asuntos ajenos o a prestar determinados servicios. AGENCIA *de publicidad,* AGENCIA *de seguros.* ‖ **2.** Sucursal o delegación subordinada de una empresa.

agenciar. tr. Hacer las diligencias conducentes al logro de una cosa. Ú. t. c. intr. ‖ **2.** Procurar o conseguir alguna cosa con diligencia o maña. Ú. t. c. prnl.

agenda. f. Libro o cuaderno en que se apuntan, para no olvidarlas, aquellas cosas que se han de hacer. ‖ **2.** Relación de los temas que han de tratarse en una junta o de las actividades sucesivas que han de ejecutarse.

agente. adj. Que obra o tiene virtud de obrar. ‖ **2.** *Gram.* Tradicionalmente se llama así a la persona, animal o cosa que realiza la acción del verbo. Cuando el nombre o el sintagma nominal que los designa no es el sujeto gramatical de la oración, sino que, precedido de preposición, funciona como complemento del verbo, se denomina también **complemento agente.** *El árbol fue derribado* POR EL VENDAVAL. *El director iba seguido* DE SUS SECRETARIOS. ‖ **3.** m. Persona o cosa que produce un efecto. ‖ **4.** Persona que obra con poder de otro. ‖ **5.** com. Persona que tiene a su cargo una agencia para gestionar asuntos ajenos o prestar determinados servicios. ‖ **6.** Empleado gubernativo, municipal, etc., encargado de velar por la seguridad pública o por el cumplimiento de las leyes u ordenanzas. AGENTE *de policía, de policía urbana, de tráfico.*

agigantar. tr. fig. Dar a alguna cosa proporciones gigantescas. Ú. t. c. prnl.

ágil. adj. Ligero, pronto, expedito. ‖ **2.** Dícese de la persona y del animal que se mueve o utiliza sus miembros con facilidad y soltura. ‖ **3.** Por ext., aplícase a cosas. *Luces* ÁGILES; *prosa* ÁGIL.

agilidad. f. Calidad de ágil.

agilizar. tr. Hacer ágil, dar rapidez y facilidad al desarrollo de un proceso o a la realización de una cosa.

agio. m. Beneficio que se obtiene del cambio de la moneda, o de descontar letras, pagarés, etc. ‖ **2.** Especulación sobre el alza y la baja de los fondos públicos. ‖ **3. agiotaje,** especulación abusiva.

agiotaje. m. Especulación abusiva hecha sobre seguro, con perjuicio de tercero.

agitación. f. Acción y efecto de agitar o agitarse.

agitador, ra. adj. Que agita. Ú. t. c. s. ‖ **2.** m. y f. Persona que agita los ánimos para propugnar violentamente determinados cambios políticos o sociales.

agitanado, da. adj. Que se parece a los gitanos o parece propio de gitano. *Lenguaje* AGITANADO.

agitanar. tr. Dar aspecto o carácter gitano a una persona o cosa. Ú. t. c. prnl.

agitar. tr. Mover con frecuencia y violentamente. Ú. t. c. prnl. ‖ **2.** Revolver un líquido o sacudir una masa o el contenido de un recipiente para disolver o mezclar sus componentes. ‖ **3.** fig. Inquietar, turbar, mover violentamente el ánimo. Ú. t. c. prnl. ‖ **4.** fig. Provocar la inquietud política o social.

aglomeración. f. Acción y efecto de aglomerar o aglomerarse.

aglomerado. m. Prisma hecho en molde con carbón de piedra menudo y alquitrán, que se usa como combustible. ‖ **2.** Cualquier producto obtenido por aglomeración. ‖ **3.** *Geol.* Roca formada por fragmentos de otras rocas, unidos por un cemento, por lo general poco consistente.

aglomerante. adj. Que aglomera. Ú. t. c. s. m. ‖ **2.** Aplícase al material capaz de unir fragmentos de una o varias sustancias y dar cohesión al conjunto por efectos de tipo exclusivamente físico. Son **aglomerantes** el betún, el barro, la cola, etc. Ú. t. c. s. m.

aglomerar. tr. Amontonar, juntar cosas o personas. Ú. t. c. prnl. ‖ **2.** Unir fragmentos de una o varias sustancias con un aglomerante.

aglutinación. f. Acción y efecto de aglutinar o aglutinarse. ‖ **2.** Procedimiento en virtud del cual se unen dos o más palabras para formar una sola. ‖ **3.** *Med.* Reunión masiva de células portadoras de un antígeno, suspendidas en un líquido, en presencia de su correspondiente aglutinina.

aglutinante. adj. Que aglutina. Ú. t. c. s. m. ‖ **2.** *Cir.* Dícese del emplasto que se adhiere tenazmente a la piel, y sirve para aglutinar. Ú. t. c. s.

aglutinar. tr. Unir, pegar una cosa con otra. Ú. t. c. prnl. ‖ **2.** *Cir.* Mantener en contacto, por medio de un emplasto a propósito, las partes cuya adherencia se quiere lograr. Ú. t. c. prnl. ❑ No utilizar por *concitar, congregar, reunir.*

aglutinina. f. *Med.* Anticuerpo del suero sanguíneo que provoca aglutinación.

agnosia. f. *Pat.* Pérdida de la facultad de transformar las sensaciones simples en percepciones propiamente dichas, por lo que el individuo no reconoce las personas u objetos.

agnósico, ca. adj. *Pat.* Perteneciente o relativo a la agnosia. ‖ **2.** *Pat.* Dícese del que padece agnosia. Ú. t. c. s.

agnosticismo. m. Actitud filosófica que declara inaccesible al entendimiento humano todo conocimiento de lo divino.

agnóstico, ca. adj. Perteneciente o relativo al agnosticismo. ‖ **2.** Que profesa esta doctrina. Apl. a pers., ú. t. c. s. ❑ No utilizar por *ateo.*

agnusdéi. m. En la liturgia católica de la misa, jaculatoria dirigida a Cristo como Cordero de Dios y que los fieles repiten, después de darse la paz, antes de la comunión.

agobiar. tr. fig. Rendir, deprimir o abatir. ‖ **2.** fig. Imponer a alguien actividad o esfuerzo excesivos, preocupar gravemente, causar gran sufrimiento. *Le* AGOBIAN *los quehaceres, los años, las penas.*

agobio. m. Acción y efecto de agobiar o agobiarse. ‖ **2.** Sofocación, angustia.

agolpar. tr. Juntar de golpe en un lugar. ‖ **2.** prnl. Juntarse de golpe muchas personas o animales en un lugar. ‖ **3.** fig. Venir juntas y de golpe ciertas cosas; como penas, lágrimas, etc.

agonía. f. Angustia y congoja del moribundo; estado que precede a la muerte. ‖ **2.** fig. Pena o aflicción extremada. ‖ **3.** pl. usado c. sing. com. Persona apocada y pesimista.

agónico, ca. adj. Que se halla en la agonía de la muerte. ‖ **2.** Propio de la agonía del moribundo.

agonizante. adj. Que agoniza.

agonizar. intr. Estar el enfermo en la agonía. ‖ **2.** Extinguirse o terminarse una cosa.

ágora. f. Plaza pública en las ciudades griegas. ‖ **2.** Asamblea en la plaza pública de las ciudades griegas.

agora. adv. t. ant. y hoy vulg. **ahora,** a esta hora; dentro de poco tiempo, o hace poco tiempo.

agorafobia. f. *Psiquiat.* Sensación morbosa de angustia ante los espacios despejados y extensos, como las plazas, calles anchas, etc.

agorero, ra. adj. Que adivina por agüeros. Ú. t. c. s. ‖ **2.** Que cree en agüeros, supersticioso. Ú. t. c. s. ‖ **3.** Que predice males o desdichas. Dícese especialmente de la persona pesimista. Ú. t. c. s.

agostar. tr. Secar o abrasar el excesivo calor las plantas. Ú. t. c. prnl. ‖ **2.** fig. Consumir, debilitar, o destruir las cualidades físicas o morales de una persona. ‖ **3.** Arar o cavar la tierra en el mes de agosto para limpiarla de malas hierbas.

agosto. m. Octavo mes del año, según nuestro cómputo; consta de treinta y un días. ‖ **hacer** uno su **agosto.** fr. fig. y fam. Hacer su negocio, lucrarse, aprovechando ocasión oportuna para ello.

agotador, ra. adj. Que agota.

agotamiento. m. Acción y efecto de agotar o agotarse.

agotar. tr. Extraer todo el líquido que hay en una capacidad cualquiera. Ú. t. c. prnl. ‖ **2.** fig. Gastar del todo, consumir. AGOTAR *el caudal, las provisiones, el ingenio, la paciencia.* Ú. t. c. prnl. AGOTARSE *una edición.* ‖ **3.** fig. Cansar extremadamente. Ú. t. c. prnl.

agradecer

INDICATIVO

Presente: agradezco, agradeces, agradece, agradecemos, agradecéis, agradecen.

Pretérito imperfecto: agradecía, agradecías, agradecía, agradecíamos, agradecíais, agradecían.

Pretérito indefinido: agradecí, agradeciste, agradeció, agradecimos, agradecisteis, agradecieron.

Futuro imperfecto: agradeceré, agradecerás, agradecerá, agradeceremos, agradeceréis, agradecerán.

Condicional: agradecería, agradecerías, agradecería, agradeceríamos, agradeceríais, agradecerían.

SUBJUNTIVO

Presente: agradezca, agradezcas, agradezca, agradezcamos, agradezcáis, agradezcan.

Pretérito imperfecto: agradeciera o agradeciese, agradecieras o agradecieses, agradeciera o agradeciese, agradeciéramos o agradeciésemos, agradecierais o agradecieseis, agradecieran o agradeciesen.

Futuro imperfecto: agradeciere, agradecieres, agradeciere, agradeciéremos, agradeciereis, agradecieren.

IMPERATIVO

agradece (tú); agradeced (vosotros).

FORMAS NO PERSONALES

Infinitivo: agradecer.
Participio: agradecido.
Gerundio: agradeciendo.

agracejo. m. Uva que no llega a madurar. ‖ **2.** Arbusto de la familia de las berberidáceas, como de un metro de altura, con hojas trasovadas y aserradas, espinas tripartidas, flores amarillas en racimos colgantes y bayas rojas y agrias. Es común en los montes de España; se cultiva en los jardines; la madera, de color amarillo, se usa en ebanistería, y el fruto es comestible.

agraciado, da. adj. Que tiene gracia o es gracioso. ‖ **2.** Bien parecido. ‖ **3. afortunado,** que tiene fortuna o buena suerte.

agraciar. tr. Dar o aumentar a una persona o cosa gracia y buen parecer. ‖ **2.** Hacer o conceder alguna gracia o merced.

agradabilísimo, ma. adj. sup. de **agradable.**

agradable. adj. Que produce complacencia o agrado. ‖ **2.** Dícese de la persona afable en el trato. ❑ sup. irreg. *agradabilísimo.*

agradar. intr. Complacer, contentar, gustar.

agradecer. tr. Sentir gratitud. ‖ **2.** Mostrar gratitud o dar gracias. ‖ **3.** fig. Corresponder una cosa al trabajo empleado en conservarla o mejorarla. ❑ Irreg. Ver conjugación modelo.

agradecido, da. adj. Que agradece. Ú. t. c. s. ‖ **2.** Dícese de la cosa que ofrece compensación o responde favorablemente al trabajo o esfuerzo que se le dedica.

agradecimiento. m. Acción y efecto de agradecer.

agrado. m. Afabilidad, modo agradable de tratar a las personas. ‖ **2.** Complacencia, voluntad o gusto. *El rey resolverá lo que sea de su* AGRADO.

agrafia o **agrafía.** f. Condición de ágrafo. ‖ **2.** *Psiquiat.* Incapacidad total o parcial para expresar las ideas por escrito a causa de lesión o desorden cerebral.

ágrafo, fa. adj. Que es incapaz de escribir o no sabe hacerlo. ‖ **2.** Aplícase a la persona poco dada a escribir. Ú. t. c. s.

agramatical. adj. Que no se ajusta a las reglas de la gramática.

agramaticalidad. f. *Ling.* Cualidad de una secuencia oracional que infringe alguna o algunas reglas de la gramática.

agrandamiento. m. Acción y efecto de agrandar.

agrandar. tr. Hacer más grande alguna cosa. Ú. t. c. prnl.

agrario, ria. adj. Perteneciente o relativo al campo. *Ley* AGRARIA.

agravamiento. m. Acción y efecto de agravar o agravarse.

agravante. adj. Que agrava. Ú. t. c. s.

agravar. tr. Hacer alguna cosa más grave o molesta de lo que era. Ú. t. c. prnl. AGRAVARSE *la enfermedad.*

agraviar. tr. Hacer agravio. ‖ **2.** prnl. Ofenderse o mostrarse resentido por algún agravio.

agravio. m. Ofensa que se hace a uno en su honra o fama con algún dicho o hecho. ‖ **2.** Hecho o dicho con que se hace esta ofensa. ‖ **3.** Ofensa o perjuicio que se hace a uno en sus derechos e intereses.

agraz. adj. Dícese de la uva sin madurar y por ext., de otros frutos. ‖ **2.** fig. Desagradable, molesto. ‖ **3.** m. Zumo que se saca de la uva no madura. ‖ **4.** fig. y fam. Amargura, sinsabor, disgusto.

agredir. tr. defect. Cometer agresión. ❑ Solo se usan las formas en las que la desinencia empieza por *-i.*

agregado, da. m. y f. Funcionario, adscrito a

una misión diplomática, encargado de asuntos de su especialidad. AGREGADO *comercial, cultural, militar, naval,* etc. ‖ **2.** Empleado adscrito a un servicio del cual no es titular. ‖ **3.** m. Conjunto de cosas homogéneas que se consideran formando un cuerpo. ‖ **4.** Agregación, añadidura o anejo.

agregar. tr. Unir o juntar unas personas o cosas a otras. Ú. t. c. prnl. ‖ **2.** Añadir algo a lo ya dicho o escrito. ‖ **3.** Destinar a alguna persona a un cuerpo u oficina o asociarla a otro empleado, pero sin darle plaza efectiva.

agresión. f. Acto de acometer a alguno para matarlo, herirlo o hacerle daño, especialmente sin justificación. ‖ **2.** Acto contrario al derecho de otro. ‖ **3.** Ataque armado de una nación contra otra, con violación del derecho.

agresividad. f. **acometividad.**

agresivo, va. adj. Dícese de la persona o animal que obra o tiende a obrar con agresividad. ‖ **2.** Propenso a faltar al respeto, a ofender o a provocar a los demás. ‖ **3.** Que implica provocación o ataque. *Discurso* AGRESIVO; *palabras* AGRESIVAS.

agresor, ra. adj. Que comete agresión. Ú. t. c. s.

agreste. adj. Campesino o perteneciente al campo. ‖ **2.** Áspero, inculto o lleno de maleza. ‖ **3.** fig. Rudo, tosco, grosero, falto de urbanidad.

agriar. tr. Poner agria alguna cosa. Ú. m. c. prnl. ‖ **2.** fig. Exasperar los ánimos o las voluntades. Ú. t. c. prnl.

agrícola. adj. Concerniente a la agricultura y al que la ejerce.

agricultor, ra. m. y f. Persona que labra o cultiva la tierra.

agricultura. f. Labranza o cultivo de la tierra.

agridulce. adj. Que tiene mezcla de agrio y de dulce. Ú. t. c. s.

agrietar. tr. Abrir grietas o hendiduras. Ú. m. c. prnl.

agrimensor, ra. m. y f. Persona perita en agrimensura.

agrimensura. f. Arte de medir tierras.

agringarse. prnl. *Amér.* Tomar aspecto o costumbre de gringo.

agrio, gria. adj. Que actuando sobre el gusto o el olfato produce sensación de acidez. Ú. t. c. s. ‖ **2.** Que se ha agriado. ‖ **3.** fig. Acre, áspero, desabrido. *Genio* AGRIO; *respuesta* AGRIA. ‖ **4.** m. pl. Frutas **agrias** o agridulces, como el limón, la naranja y otras semejantes.

agro-. Elemento compositivo que significa «campo».

agronomía. f. Conjunto de conocimientos aplicables al cultivo de la tierra, derivados de las ciencias exactas, físicas y económicas.

agrónomo, ma. m. y f. Persona que profesa la agronomía. Ú. t. c. adj. *Perito* AGRÓNOMO.

agropecuario, ria. adj. Que tiene relación con la agricultura y la ganadería.

agrupación. f. Acción y efecto de agrupar o agruparse. ‖ **2.** Conjunto de personas u organismos que se asocian con algún fin. ‖ **3.** *Mil.* Unidad homogénea, de importancia semejante a la del regimiento.

agrupar. tr. Reunir en grupo, apiñar. Ú. t. c. prnl. ‖ **2.** Constituir una agrupación. Ú. t. c. prnl.

agua. f. Sustancia cuyas moléculas están formadas por la combinación de un átomo de oxígeno y dos de hidrógeno, líquida, inodora, insípida, en pequeña cantidad incolora y verdosa o azulada en grandes masas. Es el componente más abundante de la superficie terrestre y más o menos puro, forma la lluvia, las fuentes, los ríos y los mares; es parte constituyente de todos los organismos vivos y aparece en compuestos naturales. ‖ **2.** Cualquiera de los licores que se obtienen por infusión, disolución o emulsión de flores, plantas o frutos, y se usan en medicina y perfumería. AGUA *de azahar, de Colonia, de heliotropo, de la reina de Hungría, de rosas.* ‖ **3.** *Arq.* Vertiente de un tejado. ‖ **4.** pl. Visos u ondulaciones que tienen algunas telas, plumas, piedras, maderas, etc. ‖ **5.** Visos o destellos de las piedras preciosas. ‖ **6.** *Mar.* Las del mar, más o menos inmediatas a determinada costa. *En* AGUAS *de Cartagena.* ‖ **bendita.** La que bendice el sacerdote y sirve para el uso de la Iglesia y de los fieles. ‖ **de azahar.** La que se prepara con la flor del naranjo y se emplea en medicina como sedante. ‖ **de borrajas. agua de cerrajas,** cosa sin importancia. ‖ **de cerrajas.** fig. Cosa de poca o ninguna importancia. ‖ **de Colonia.** Perfume compuesto de **agua,** alcohol y esencias aromáticas. ‖ **de Seltz. agua** carbónica natural o artificial. ‖ **dulce.** La potable de poco o ningún sabor, por contraposición a la del mar o a las minerales. ‖ **dura.** La que contiene en abundancia carbonatos y bicarbonatos de calcio y magnesio, por lo que corta el jabón e impide la formación de espuma. ‖ **fuerte.** Disolución concentrada de ácido nítrico en **agua.** Se llama así por la actividad con que disuelve la plata y otros metales. ‖ **gorda.** La que contiene gran cantidad de sales. ‖ **lluvia.** La que cae de las nubes. ‖ **mineral. agua** de manantial que lleva en disolución sustancias minerales. Algunas tienen valor medicinal. ‖ **nieve.** La que cae de las nubes mezclada con nieve. ‖ **oxigenada.** Peróxido de hidrógeno. ‖ **pluvial. agua lluvia.** ‖ **termal.** La que en todo tiempo brota del manantial a temperatura superior a la media ambiental. Ú. m. en pl. || **tónica.** Bebida gaseosa, de sabor ligeramente amargo, aromatizada con quinina. || **aguas jurisdiccionales.** Las que bañan las costas de un Estado y están sujetas a su jurisdicción hasta cierto límite determinado por el derecho internacional. || **mayores.** Excremento humano. || **menores.** Orina humana. || **ahogarse en poca agua** o **en un vaso de agua.** fr. fig. y fam. Apurarse y afligirse por liviana causa. || **bailarle** alguien **el agua** a otro, o **bailar** alguien **el agua delante** a otro. frs. fams. Adelantarse, por cariño o adulación, a hacer lo que supone que ha de serle grato. || **como el agua de mayo.** loc. fam. con que se pondera lo bien recibida o lo muy deseada que es alguna persona o cosa. || **entre dos aguas.** loc. adv. fig. y fam. Con duda y perplejidad, o equívocamente, por reserva o cautela. ❑ Ú. m. con el verbo *estar.* || **estar con el agua a,** o **hasta la boca, el cuello** o **la garganta.** fr. fig. y fam. Estar en un gran aprieto o peligro. || **hacer agua** un buque. fr. *Mar.* Recibirla por alguna grieta o agujero de sus fondos. || **hacer aguas.** fr. **orinar.** || **hacerse** una cosa **agua,** o **un agua en la boca.** fr. fam. con que se denota que una cosa es muy blanda y suave y que se deshace fácilmente en la boca al comerla. || **hacérsele** a alguien **agua,** o **un agua, la boca.** fr. fam. **hacérsele** a alguien **la boca agua,** recordar con deleite el buen sabor de algún manjar, o gozarse con su vista. || **llevar** alguien **el agua a su molino.** fr. fig. Dirigir en su interés o provecho exclusivo aquello de que puede disponer. || **romper aguas.** fr. Romperse la bolsa que envuelve al feto. || **ser** algo **agua pasada.** fr. fig. Haber ocurrido ya, haber perdido su oportunidad o importancia. || **tan claro como el agua.** fr. que se dice de las cosas muy manifiestas y patentes.

aguacate. m. Árbol de América, de la familia de las lauráceas, de ocho a diez metros de altura, con hojas alternas, coriáceas, siempre verdes, flores dioicas y fruto comestible. || **2.** Fruto de este árbol.

aguacero. m. Lluvia repentina, abundante, impetuosa y de poca duración.

aguachirle. f. Cualquier bebida o alimento líquido, como vino, caldo, miel, etc., sin fuerza ni sustancia.

aguada. f. *Pint.* Color diluido en agua sola, o en agua con ciertos ingredientes, como goma, miel, hiel de vaca clarificada, etc. || **2.** *Pint.* Diseño o pintura que se ejecuta con colores preparados de esta manera.

aguadera. f. *Zool.* Cada una de las cuatro plumas anchas, una más corta que otra, que están después de las remeras del ala de las aves. || **2.** pl. Armazón de madera, esparto, mimbre u otra materia semejante, con divisiones, que se coloca sobre las caballerías para llevar en cántaros o barriles agua u otras cosas.

aguador, ra. m. y f. Persona que tiene por oficio llevar o vender agua.

aguafiestas. com. Persona que turba cualquier diversión o regocijo.

aguafuerte. amb. Lámina obtenida por el grabado al agua fuerte. || **2.** Estampa hecha con esta lámina.

aguamanil. m. Jarro con pico para echar agua en la palangana o pila donde se lavan las manos. || **2.** Palangana o pila destinada para lavarse las manos.

aguamarina. f. Variedad de berilo, transparente, de color parecido al del agua del mar y muy apreciado en joyería.

aguamiel. f. Agua mezclada con alguna porción de miel.

aguanieve. f. **agua nieve.**

aguanieves. f. **lavandera,** ave.

aguantar. tr. Sostener, sustentar, no dejar caer. || **2.** Reprimir o contener. || **3.** Resistir pesos, impulsos o trabajos. || **4.** Soportar, tolerar a una persona o cosa molesta o desagradable. || **5.** intr. Reprimirse, contenerse; callar. Ú. t. c. prnl.

aguante. m. Sufrimiento, tolerancia, paciencia. || **2.** Fortaleza o vigor para resistir pesos, impulsos, trabajos, etc.

aguar. tr. Mezclar agua con otro líquido, generalmente vino, casi siempre para rebajarlo, o con otra sustancia. Ú. t. c. prnl. || **2.** fig. Turbar, interrumpir, frustrar, tratándose de cosas halagüeñas o alegres. Ú. t. c. prnl. AGUARSE *la fiesta.*

aguardar. tr. Esperar a que llegue una persona o cosa, o a que suceda algo. Ú. t. c. prnl. || **2.** Haber de ocurrir a una persona, o estarle reservado algo para lo futuro.

aguardentoso, sa. adj. Que tiene aguardiente o está mezclado con él. *Bebida* AGUARDENTOSA. || **2.** Que es o parece de aguardiente. *Sabor, olor* AGUARDENTOSO. || **3.** Dicho de la voz, áspera, bronca.

aguardiente. m. Bebida espiritosa que, por destilación, se saca del vino y de otras sustancias; es alcohol diluido en agua. ❑ Seguido de la prep. *de* y de un sustantivo, designa la sustancia de que se extrae o con la que se combina, o el lugar donde se fabrica. AGUARDIENTE *de caña, de guindas, de Cazalla.*

aguarrás. m. Aceite volátil de trementina. Se emplea principalmente como disolvente de pinturas y barnices.

aguatinta. f. Dibujo o pintura que se realiza con tinta de un solo color. || **2.** Variedad del grabado al agua fuerte.

aguazal. m. Sitio bajo donde se detiene el agua de lluvia.

agudeza. f. Calidad de afilado o punzante. ‖ **2.** fig. Perspicacia de la vista, oído u olfato. ‖ **3.** fig. Perspicacia o viveza de ingenio. ‖ **4.** fig. Dicho agudo.

agudizar. tr. Hacer aguda una cosa. ‖ **2.** prnl. Agravarse una enfermedad.

agudo, da. adj. Puntiagudo, punzante, afilado. ‖ **2.** fig. Sutil, perspicaz. *Escritor* AGUDO; *ingenio* AGUDO. ‖ **3.** fig. Vivo, gracioso y oportuno. *Persona* AGUDA; *dicho* AGUDO. ‖ **4.** fig. Aplícase al dolor vivo y penetrante. ‖ **5.** fig. Se dice de la enfermedad grave y de no larga duración. ‖ **6.** fig. Dicho del oído, vista y olfato, perspicaz y pronto en sus sensaciones. ‖ **7.** Dícese del olor subido y del sabor penetrante. ‖ **8.** *Acúst.* Dícese del sonido alto, esto es, de aquel cuya frecuencia de vibraciones es grande, por oposición al sonido grave. Ú. t. c. s. ‖ **9.** *Pros.* Dícese de la palabra cuyo acento prosódico carga en la última sílaba; v. gr.: *maná, café, abril, corazón*.

agüero. m. Presagio o señal de cosa futura.

aguerrido, da. adj. Ejercitado en la guerra.

aguijar. tr. fig. **estimular,** incitar.

aguijón. m. Órgano punzante, generalmente con veneno, que tienen en el abdomen los escorpiones y algunos insectos himenópteros. ‖ **2.** fig. **estímulo,** incitación. ‖ **3.** *Bot.* Púa que nace del tejido epidérmico de algunas plantas.

aguijonear. tr. Picar con el aguijón. ‖ **2.** fig. Incitar, estimular, inquietar, atormentar.

águila. f. Ave rapaz diurna, de ocho a nueve decímetros de altura, con pico recto en la base y corvo en la punta, cabeza y tarsos vestidos de plumas, cola redondeada casi cubierta por las alas, de vista muy perspicaz, fuerte musculatura y vuelo rapidísimo. ‖ **2.** Enseña principal de la legión romana; lo es también de algunos ejércitos modernos. ‖ **3.** fig. Persona de mucha viveza y perspicacia. ‖ **imperial.** La de color casi negro, cola cuadrada y tamaño algo menor que la real. La raza española tiene los hombros y la parte superior de la cabeza de color blanco puro. ‖ **real.** La que tiene cola cuadrada, es de color leonado y alcanza mayor tamaño que las comunes.

aguileña. f. Planta perenne de la familia de las ranunculáceas, con tallos derechos y ramosos que llegan a un metro de altura, hojas de color verde oscuro por la parte superior y amarillentas por el envés, y flores de cinco pétalos, colorados, azules, morados o blancos, según las variedades de esta planta, que se cultiva por adorno en los jardines.

aguileño, ña. adj. Dícese del rostro largo y delgado, y de la persona que lo tiene así. AGUILEÑO *de rostro.*

aguilucho. m. Pollo del águila. ‖ **2.** Nombre común de varias aves falconiformes de tamaño relativamente pequeño, con la cola y las alas alargadas. Generalmente el macho es de color gris y la hembra parda.

aguinaldo. m. Regalo que se da en Navidad o en la fiesta de la Epifanía.

aguja. f. Barrita puntiaguda de metal, hueso o madera con un ojo por donde se pasa el hilo, cuerda, correa, bejuco, etc., con que se cose, borda o teje. ‖ **2.** Tubito metálico de pequeño diámetro, con el extremo libre cortado a bisel y provisto, en el otro, de un casquillo que se enchufa en la jeringuilla para inyectar sustancias en el organismo. ‖ **3.** Barrita de metal, hueso, marfil, etc., que sirve para hacer medias y otras labores de punto. ‖ **4. manecilla** del reloj y de otros aparatos de precisión. ‖ **5.** Especie de estilete que, recorriendo los surcos de los discos de los gramófonos, reproduce las vibraciones inscritas en ellos. ‖ **6.** Instrumento de acero con que se dibuja sobre una lámina de metal barnizada para grabar al agua fuerte. ‖ **7.** Cada uno de los dos rieles movibles que en los ferrocarriles y tranvías sirven para que los carruajes vayan por una de dos o más vías que concurren en un punto. ‖ **8.** Chapitel estrecho y alto de una torre o del techo de una iglesia. ‖ **9.** Pastel largo y estrecho relleno de carne picada o de dulce. ‖ **10.** Hoja de los pinos y de otras coníferas. ‖ **11.** pl. Costillas que corresponden al cuarto delantero del animal. *Carne de* AGUJAS; *animal alto, o bajo, de* AGUJAS. ‖ **de gancho.** Instrumento de metal, hueso o madera, uno de cuyos extremos tiene forma de gancho, y que sirve para hacer labores de punto. ‖ **de marear.** *Mar.* **brújula,** instrumento para indicar el rumbo de una nave. ‖ **buscar una aguja en un pajar.** fr. fig. y fam. Empeñarse en conseguir una cosa imposible o muy difícil.

agujerar o **agujerear.** tr. Hacer uno o más agujeros a una cosa. Ú. t. c. prnl.

agujero. m. Abertura más o menos redondeada en alguna cosa. ‖ **2.** Deuda, falta o pérdida injustificada de dinero en la administración de una entidad. ‖ **negro.** *Astron.* Lugar hipotético e invisible del espacio cósmico que, según la teoría de la relatividad, absorbe por completo cualquier materia o energía situada en su campo gravitatorio.

agujeta. f. Correa o cinta con un cabo de metal en cada punta para sujetar algunas prendas de vestir. ‖ **2.** pl. Molestias dolorosas que pueden sentirse en los músculos algún tiempo después de realizar un esfuerzo no habitual y reiterado.

¡agur! interj. que se usa para despedirse.

agusanarse. prnl. Criar gusanos alguna cosa.

agustino, na. adj. Aplícase al religioso o religiosa de la orden de San Agustín. Ú. t. c. s.

agutí. m. Mamífero roedor de una familia afín a la del cobayo. Especies propias de América Central y Meridional, desde Méjico y las Antillas hasta el norte de la Argentina, viven en regiones de bosque. ❏ pl. *agutíes* o *agutís.*

aguzado, da. adj. Que tiene forma aguda. ‖ **2.** Agudo, perspicaz, penetrante, despierto, listo.

aguzar. tr. Hacer o sacar punta a un arma u otra cosa, o adelgazar la que ya tienen. ‖ **2.** fig. **aguijar,** estimular, incitar. ‖ **3.** fig. Referido al entendimiento o a un sentido, despabilar, afinar, forzar para que preste más atención o se haga más perspicaz.

¡ah! interj. con que se denotan muchos y diversos movimientos del ánimo, y más ordinariamente pena, admiración o sorpresa.

aherrojar. tr. Poner a alguno prisiones de hierro. ‖ **2.** fig. Oprimir, subyugar.

aherrumbrar. tr. Dar a una cosa color o sabor de hierro. ‖ **2.** prnl. Tomar una cosa color o sabor de hierro. Se usa especialmente referido al agua. ‖ **3.** Cubrirse de herrumbre u orín.

ahí. adv. l. En ese lugar, o a ese lugar. ‖ **2.** En esto, o en eso. AHÍ *está la dificultad.* ‖ **3.** Precedido de las preps. *de* o *por,* **esto** o **eso.** DE AHÍ *se deduce;* POR AHÍ *puede conocerse la verdad.* ‖ **por ahí.** Por lugares indeterminados. *Andan* POR AHÍ *diciendo insensateces.* ‖ **por ahí, por ahí.** loc. adv. **poco más o menos.**

ahijado, da. m. y f. Cualquier persona, respecto de sus padrinos.

ahijar. tr. Prohijar o adoptar el hijo ajeno. ‖ **2.** Acoger la oveja u otro animal al hijo ajeno para criarlo.

ahínco. m. Eficacia, empeño o diligencia grande con que se hace o solicita alguna cosa.

ahíto, ta. adj. Aplícase al que padece alguna indigestión o empacho. ‖ **2.** Saciado, harto. Ú. t. en sent. fig. ‖ **3.** fig. Cansado o fastidiado de alguna persona o cosa.

ahogadilla. f. Zambullida que se da a otro, en broma, manteniendo sumergida su cabeza durante unos instantes.

ahogado, da. adj. Dícese de la respiración y de la voz o sonido emitidos con dificultad o contenidos. ‖ **2.** Se dice del sitio estrecho que no tiene ventilación. ‖ **3.** m. y f. Persona que muere por falta de respiración, especialmente en el agua.

ahogar. tr. Quitar la vida a una persona o a un animal, impidiéndole la respiración, ya sea apretándole la garganta, ya sumergiéndolo en el agua, ya de otro modo. Ú. t. c. prnl. ‖ **2.** Tratándose del fuego, apagarlo, sofocarlo con materias que se le sobreponen y dificultan la combustión. ‖ **3.** fig. Extinguir, apagar. Ú. t. c. prnl. ‖ **4.** fig. Oprimir, acongojar, fatigar. Ú. t. c. intr. y c. prnl. ‖ **5.** Inundar el carburador con exceso de combustible. Ú. t. c. prnl. ‖ **6.** prnl. Sentir sofocación o ahogo.

ahogo. m. fig. Aprieto, congoja o aflicción grande. ‖ **2.** fig. Apremio, prisa. ‖ **3.** *Amér.* Asma.

ahondar. tr. Hacer más honda una cavidad o agujero. ‖ **2.** Introducir una cosa muy dentro de otra. Ú. t. c. intr. y c. prnl. ‖ **3.** fig. Escudriñar lo más profundo o recóndito de un asunto. Ú. t. c. intr.

ahora. adv. t. A esta hora, en este momento, en el tiempo actual o presente. ‖ **2.** fig. Poco tiempo ha. AHORA *me lo han dicho.* ‖ **3.** fig. Dentro de poco tiempo. AHORA *te lo diré.* ‖ **4.** conj. advers. Pero, sin embargo. ‖ **ahora bien.** loc. conjunt. advers. Esto supuesto o sentado. AHORA BIEN, *¿qué se pretende lograr con esa diligencia?* ‖ **ahora mismo.** loc. adv. En este mismo instante. ‖ **ahora que.** loc. conjunt. que equivale a **pero.** *La casa es cómoda,* AHORA QUE *no tiene ascensor.* ‖ **hasta ahora.** expr. que se usa para despedirse. ‖ **por ahora.** loc. adv. En el tiempo actual. POR AHORA, *su salud se resiente.*

ahorcado, da. m. y f. Persona ajusticiada en la horca.

ahorcamiento. m. Acción y efecto de ahorcar.

ahorcar. tr. Quitar a alguien la vida echándole un lazo al cuello y colgándolo de él en la horca u otra parte. Ú. t. c. prnl.

ahormar. tr. Ajustar una cosa a su horma o molde. Ú. t. c. prnl.

ahorquillar. tr. Afianzar con horquillas las ramas de los árboles, para que no se desgajen con el peso de la fruta. ‖ **2.** Dar a una cosa la figura de horquilla. Ú. m. c. prnl.

ahorrador, ra. adj. Que ahorra. Ú. t. c. s.

ahorrar. tr. Cercenar y reservar alguna parte del gasto ordinario. Ú. t. c. prnl. ‖ **2.** Guardar dinero como previsión para necesidades futuras. ‖ **3.** Evitar un gasto o consumo mayor. ‖ **4.** Evitar o excusar algún trabajo, riesgo, dificultad u otra cosa. Ú. t. c. prnl.

ahorrativo, va. adj. Perteneciente o relativo al ahorro. ‖ **2.** Dícese del que ahorra o excusa una parte de su gasto.

ahorro. m. Acción de **ahorrar,** economizar. ‖ **2.** Acción de **ahorrar,** evitar un trabajo. ‖ **3.** Lo que se ahorra.

ahuecar. tr. Poner hueca o cóncava alguna cosa. ‖ **2.** Mullir, ensanchar o hacer menos compacta alguna cosa que estaba apretada o aplastada. AHUECAR *la tierra, la lana.* Ú. t. c. prnl. ‖ **3.** fig. Dicho de los sonidos, y especialmente de la voz, hablar en un tono más grave o resonante que el natural. ‖ **4.** intr. fam. **ahuecar el ala.**

ahuehué o **ahuehuete.** m. Árbol de la familia de las cupresáceas, originario de América del Norte, de madera semejante a la del ciprés; por su elegancia, se cultiva como planta de jardín.

ahuesarse. prnl. *Amér.* Quedarse inútil o sin prestigio una persona o cosa. ‖ **2.** *Amér.* Quedarse una mercancía sin vender.

ahuevar. tr. Dar forma de huevo a algo.

ahumado, da. adj. Aplícase a los cuerpos transparentes que, sin haber estado expuestos al humo, tienen color sombrío. *Cristal* AHUMADO. ‖ **2.** Dícese del alimento, especialmente del pescado, que ha sido sometido a la acción del humo para curarlo. ‖ **3.** m. Acción y efecto de ahumar.

ahumar. tr. Poner al humo alguna cosa, hacer que lo reciba. ‖ **2.** Llenar de humo. Ú. m. c. prnl. ‖ **3.** Someter al humo algún alimento para su conservación o para comunicarle cierto sabor. ‖ **4.** intr. Echar o despedir humo lo que se quema. ‖ **5.** prnl. Tomar los guisos sabor a humo.

ahuyentar. tr. Hacer huir a personas o animales. ‖ **2.** fig. Desechar cualquiera pasión o afecto, u otra cosa que moleste o aflija.

ailanto. m. Árbol originario de las Molucas, que puede alcanzar más de 20 metros de altura, con hojas compuestas de folíolos numerosos, oblongos y agudos, y flores en panojas, verduscas y de olor desagradable. Es de madera dura y compacta, crece pronto y produce muchos hijuelos.

aimara. adj. Dícese de la raza de indios que habitan la región del lago Titicaca, entre el Perú y Bolivia. Aplicado a los individuos de esta raza, ú. t. c. s. ‖ **2.** Propio o perteneciente a esta raza. ‖ **3.** m. Lengua **aimara.**

airado, da. adj. V. **vida airada.**

airar. tr. Mover a ira. Ú. m. c. prnl. ‖ **2.** Agitar, alterar violentamente.

aire. m. Fluido que forma la atmósfera de la Tierra. Es una mezcla gaseosa, que, descontado el vapor de agua que contiene en diversas proporciones, se compone aproximadamente de 21 partes de oxígeno, 78 de nitrógeno y una de argón y otros gases semejantes a este, a que se añaden algunas centésimas de dióxido de carbono. ‖ **2. viento.** ‖ **3.** fig. Parecido, semejanza. Se usa especialmente referido a las personas. AIRE *de familia.* ‖ **4.** fam. Ataque de parálisis. ❑ Ú. m. con el verbo *dar* y el artículo *un. Le* DIO UN AIRE. ‖ **5.** fig. Ínfulas, pretensiones, alardes. ❑ Ú. m. en pl., frecuentemente en las frases *darse aires* o *darse aires de* alguna cosa, con el sentido de presumir, jactarse. ‖ **6.** *Mús.* **canción,** tonada de una composición. ‖ **7.** pl. fig. Lo que viene de fuera alterando los usos establecidos e impulsando modas, corrientes o tendencias nuevas. ‖ **acondicionado.** Atmósfera de un lugar o espacio cerrado, sometida artificialmente a determinadas condiciones de temperatura, humedad y presión. ‖ **comprimido. aire** cuyo volumen ha sido reducido para aumentar su presión y aprovecharla como energía al expansionarse. ‖ **a mi, tu, su,** etc., **aire.** loc. Con arreglo a mi, tu, su, etc., propio estilo, maneras, costumbres. *Tendrás que vivir* A TU AIRE. ‖ **al aire libre.** loc. adv. Fuera de toda habitación y resguardo. ‖ **cambiar de aires.** fr. Marcharse, cambiar de residencia. Ú. t. en sent. fig. ‖ **llevar** o **llevarse el aire** una cosa. fr. fig. que se aplica a la desaparición u olvido de algo. ‖ **sustentarse del aire.** fr. fig. y fam. Comer muy poco. ‖ **tomar el aire.** fr. Pasearse, esparcirse en el campo, salir a algún sitio descubierto donde corra el **aire.** ‖ **vivir del aire.** fr. fig. Vivir sin recursos conocidos y seguros.

airear. tr. Poner al aire o ventilar alguna cosa. AIREAR *los granos.* ‖ **2.** fig. Dar publicidad o actualidad a una cosa. ‖ **3.** prnl. Ponerse o estar al aire para ventilarse, refrescarse o respirar con más desahogo.

airón. m. **garza real.** ‖ **2.** Penacho de plumas que tienen en la cabeza algunas aves. ‖ **3.** Adorno de plumas, o de cosa que las imite, en cascos, sombreros, gorras, etc., o en el tocado de las mujeres.

airoso, sa. adj. fig. Garboso o gallardo. ‖ **2.** fig. Dícese del que lleva a cabo una empresa con honor, felicidad o lucimiento. ❑ Ú. por lo común con los verbos *quedar* y *salir.*

aislacionismo. m. Política de apartamiento o no intervención en asuntos internacionales.

aislacionista. adj. Perteneciente o relativo al aislacionismo. ‖ **2.** Partidario de él. Ú. t. c. s.

aislado, da. adj. Solo, suelto, individual.

aislador, ra. adj. Que aísla. Ú. t. c. s. ‖ **2.** *Fís.* Aplícase a los cuerpos que impiden el paso de la electricidad y del calor. Ú. t. c. s. m.

aislamiento. m. Acción y efecto de aislar o aislarse. ‖ **2.** fig. Incomunicación, desamparo.

aislante. adj. Que aísla. Ú. t. c. s. ‖ **2.** adj. *Fís.* **aislador.** Ú. t. c. s.

aislar. tr. Dejar una cosa sola y separada de otras. Ú. t. c. prnl. ‖ **2.** fig. Retirar a una persona del trato y comunicación de la gente o de un grupo. Ú. m. c. prnl.

aizcolari. m. Deportista que toma parte en las competiciones consistentes en cortar con hacha troncos de árbol.

¡ajá! interj. fam. que se emplea para denotar satisfacción, aprobación o sorpresa.

ajar. tr. Maltratar, manosear, arrugar, marchitar. || **2.** Hacer que pierdan su lozanía una persona, su piel, alguna parte de su cuerpo, una flor, etc. Ú. t. c. prnl. || **3.** Desgastar, deteriorar o deslucir el tiempo o el uso una cosa. Ú. t. c. prnl.

ajardinar. tr. Convertir en jardín un terreno. || **2.** Dotar o llenar de jardines.

ajedrecista. com. Persona diestra en el ajedrez o aficionada a este juego.

ajedrez. m. Juego entre dos personas, cada una de las cuales dispone de 16 piezas movibles que se colocan sobre un tablero dividido en 64 escaques. Estas piezas son: un rey, una reina, dos alfiles, dos caballos, dos roques o torres y ocho peones; las de un jugador se distinguen por su color de las del otro, y no marchan de igual modo las de diferente clase. Gana el que da jaque mate al adversario. || **2.** Conjunto de piezas que sirven para este juego.

ajedrezado, da. adj. Que forma cuadros de dos colores alternados, como las casillas o escaques del tablero de ajedrez.

ajenjo. m. Planta perenne de la familia de las compuestas, como de un metro de altura, bien vestida de ramas y hojas un poco velludas y blanquecinas; es medicinal, muy amarga y algo aromática. || **2.** Bebida alcohólica confeccionada con **ajenjo** y otras hierbas aromáticas.

ajeno, na. adj. Perteneciente a otro. || **2.** fig. Impropio, extraño, no correspondiente. AJENO *a su voluntad.* || **3.** fig. Que no tiene conocimiento de algo, o no está prevenido de lo que ha de suceder.

ajete. m. Ajo tierno que aún no ha echado cepa o cabeza.

ajetrear. tr. Molestar, mover mucho, cansar con órdenes diversas o imponiendo trabajo excesivo. || **2.** prnl. Fatigarse corporalmente con algún trabajo u ocupación, o yendo y viniendo de una parte a otra.

ajetreo. m. Acción y efecto de ajetrear o ajetrearse.

ají. m. Planta herbácea de la familia de las solanáceas, de diferentes formas y colores. Se usa para condimentar y, según sus variedades, puede ser dulce o picante.

ajiaceite. m. Composición hecha de ajos machacados y aceite.

ajilimoje o **ajilimójili.** m. fam. Especie de salsa o pebre para los guisados. || **2.** pl. fig. y fam. Agregados, adherentes de una cosa.

ajillo. m. Especie de salsa hecha de ajo y otros ingredientes.

ajimez. m. Ventana arqueada, dividida en el centro por una columna.

ajo. m. Planta de la familia de las liliáceas, de 30 a 40 centímetros de altura, con hojas ensiformes muy estrechas y bohordo con flores pequeñas y blancas. El bulbo es también blanco, redondo y de olor fuerte y se usa mucho como condimento. || **2.** Cada una de las partes o dientes en que está dividido el bulbo o cabeza de **ajos.** || **estar en el ajo.** fr. fig. y fam. Estar al corriente, estar al tanto de un asunto tratado reservadamente.

ajoarriero. m. Guiso de bacalao, condimentado con ajos y otros ingredientes.

ajonje. m. Sustancia crasa y viscosa que se saca de la raíz de la ajonjera y sirve, como la liga, para coger pájaros. || **2. ajonjera.**

ajonjera. f. Planta perenne de la familia de las compuestas, de tres a cuatro decímetros de altura, con raíz fusiforme, hojas puntiagudas y espinosas y flores amarillentas.

ajonjolí. m. Planta herbácea, anual, de un metro de altura, tallo recto, hojas pecioladas, serradas y casi triangulares; flores de corola acampanada, blanca o rósea, y fruto elipsoidal con cuatro cápsulas y muchas semillas amarillentas, muy menudas, oleaginosas y comestibles. Llámase también alegría y sésamo. ❑ pl. *ajonjolíes* o *ajonjolís.*

ajorca. f. Especie de argolla de oro, plata u otro metal, usada por las mujeres para adornar las muñecas, brazos o gargantas de los pies.

ajuar. m. Conjunto de muebles, enseres y ropas de uso común en la casa. || **2.** Conjunto de muebles, alhajas y ropas que aporta la mujer al matrimonio.

ajuntarse. prnl. pop. **amancebarse.**

ajustado, da. adj. Justo, recto.

ajustar. tr. Hacer y poner alguna cosa de modo que case y venga justo con otra. Ú. t. c. prnl. || **2.** Conformar, acomodar una cosa a otra, de suerte que no haya discrepancia entre ellas. Ú. t. en sent. fig. || **3.** Apretar una cosa de suerte que sus varias partes casen o vengan justo con otra cosa o entre sí. Ú. t. c. prnl. || **4.** Tratándose de cuentas, reconocer y liquidar su importe. || **5.** Concertar el precio de alguna cosa. || **6.** *Impr.* Concertar las galeradas para formar planas. || **7.** intr. Venir justo, casar justamente.

ajuste. m. Acción y efecto de ajustar o ajustarse. || **de cuentas.** loc. **arreglo de cuentas.**

ajusticiado, da. m. y f. Reo en quien se ha ejecutado la pena de muerte.

ajusticiar. tr. Ejecutar en un reo la pena de muerte.

al. Contracc. de la prep. **a** y el art. **el.** ❑ No se produce la contracc. cuando precede a un nombre propio que incluye el artículo: *Fuimos a El Escorial.*

ala. f. Cada uno de los órganos o apéndices pares que utilizan algunos animales para volar. || **2.**

Hilera o fila. || **3.** Parte inferior del sombrero, que rodea la copa, sobresaliendo de ella. || **4. alero** del tejado. || **5.** Cada una de las partes que a ambos lados del avión presentan al aire una superficie plana y sirven para sustentar el aparato en vuelo. || **6.** Cada una de las partes que se extienden a los lados del cuerpo principal de un edificio o en que se considera dividido un espacio o construcción cualesquiera. *El* ALA *derecha de la plaza, del escenario.* || **7.** fig. Cada una de las diversas tendencias de un partido, organización o asamblea, referida, sobre todo, a posiciones extremas. || **ahuecar el ala.** fr. fig. Marcharse. || **cortar, quebrantar** o **quebrar las alas** a alguien. fig. Privarle del consentimiento y libertad que tiene para hacer su gusto. || **dar alas.** Tolerar que uno obre según su gusto. || **del ala.** loc. adj. fam. Seguida a la mención de una cantidad de dinero, se usa generalmente como elipsis de *pesetas. Las cuatrocientas* DEL ALA.

alabanza. f. Acción de alabar o alabarse. || **2.** Expresión o conjunto de expresiones con que se alaba. Ú. m. en pl.

alabar. tr. Elogiar, celebrar con palabras. Ú. t. c. prnl.

alabarda. f. Arma ofensiva, que consta de un asta de madera como de dos metros de largo, y de una punta cruzada con una cuchilla, aguda por un lado y de figura de media luna por el otro.

alabardero. m. Soldado armado de alabarda. || **2.** Soldado del cuerpo especial de infantería que daba guardia de honor a los reyes de España, y cuya arma distintiva era la alabarda.

alabastro. m. Variedad de piedra blanca, no muy dura, compacta, a veces translúcida, de apariencia marmórea; se usa para hacer esculturas o elementos de decoración arquitectónica. || **2.** Blancura propia del **alabastro.** Ú. generalmente con referencia a la piel o al cuerpo humano.

álabe. m. Rama de árbol combada hacia la tierra. || **2.** *Mec.* Cada una de las paletas curvas de la turbina que reciben el impulso del fluido.

alabear. tr. Combar, curvar. Se usa referido especialmente a la madera. Ú. t. c. intr.

alabeo. m. Comba de cualquier cuerpo o superficie; en especial, el vicio que toma la madera al alabearse.

alacena. f. Armario, generalmente empotrado en la pared, con puertas y anaqueles, donde se guardan diversos objetos.

alacrán. m. **escorpión.** || **cebollero.** Insecto ortóptero semejante al grillo pero de mayor tamaño, color dorado y con las patas delanteras parecidas a las manos del topo. Vive en los jardines y huertas, y es muy dañino para las plantas, por las raíces que corta al hacer las galerías subterráneas en que habita. Tambien se le llama **grillo real** y **cortón.**

aladar. m. Mechón de pelo que cae sobre cada una de las sienes. Ú. m. en pl.

alado, da. adj. Que tiene alas. || **2.** fig. Ligero, veloz.

alajú. m. Pasta de almendras, nueces y, a veces, piñones, pan rallado y tostado, especia fina y miel bien cocida. || **2.** Dulce hecho con esta pasta.

alamar. m. Presilla y botón, u ojal sobrepuesto, que se cose, por lo común, a la orilla del vestido o capa, y sirve para abotonarse o meramente para gala y adorno o para ambos fines. || **2. cairel,** guarnición a modo de fleco.

alambicar. tr. **destilar** en alambique. || **2.** fig. Tratándose de lenguaje, estilo, conceptos, etc., sutilizar o complicar excesivamente. || **3.** fig. y fam. Reducir todo lo posible el precio de una mercancía aviniéndose a ganar poco por unidad.

alambique. m. Aparato que sirve para destilar o separar de otras sustancias más fijas, por medio del calor, una sustancia volátil. Se compone fundamentalmente de un recipiente para el líquido y de un conducto que arranca del recipiente y se continúa en un serpentín por donde sale el producto de la destilación. Ú. t. en sent. fig.

alambrada. f. Red o cerco de alambres afianzado en postes para impedir o dificultar el paso.

alambrar. tr. Cercar un sitio con alambre.

alambre. m. Hilo de cualquier metal, obtenido por trefilado.

alambrera. f. Red de alambre que se pone en las ventanas y otras partes.

alambrista. adj. Dícese del acróbata que efectúa ejercicios de equilibrio sobre un alambre. Ú. m. c. s.

alameda. f. Sitio poblado de álamos. || **2.** Paseo con álamos. || **3.** Por ext., paseo con árboles de cualquier clase.

álamo. m. Árbol de la familia de las salicáceas, indígena de España, que se eleva a considerable altura, de hojas anchas con largos pecíolos, y flores laterales y colgantes. Crece en poco tiempo, y su madera, blanca y ligera, resiste mucho al agua.

alano, na. adj. Dícese del individuo de un pueblo germánico que, en unión con otros, invadió España en los principios del siglo V. Ú. t. c. s. || **2.** Perteneciente o relativo a este pueblo.

alantoides. adj. *Zool.* Dícese de un órgano en forma de saco o de salchicha, que como membrana extraembrionaria, originada del intestino en los embriones de reptiles, aves y mamíferos, funciona en ellos como vejiga urinaria. Ú. m. c. s.

alar. m. **alero** del tejado.

alarde. m. Ostentación y gala que se hace de alguna cosa.

alardear. intr. Hacer alarde. ‖ **2.** Seguido generalmente de la prep. *de,* hacer ostentación, presumir de una cosa.

alargadera. f. Cualquier pieza que, acoplada a una cosa, sirve para alargarla.

alargar. tr. Dar más longitud a una cosa. Ú. t. c. prnl. ‖ **2.** Estirar, desencoger. ‖ **3.** Prolongar una cosa, hacer que dure más tiempo. Ú. t. c. prnl.

alarido. m. Grito lastimero en que se prorrumpe por algún dolor, pena o conflicto. ‖ **2.** Cualquier grito fuerte o estridente. Ú. t. en sent. fig.

alarife. m. Arquitecto o maestro de obras. ‖ **2.** *Min.* **albañil.**

alarma. f. Aviso o señal que se da en un ejército o plaza para que se prepare inmediatamente a la defensa o al combate. ‖ **2.** fig. Inquietud, susto o sobresalto causado por algún riesgo o mal que repentinamente amenace.

alarmar. tr. Dar alarma o incitar a tomar las armas. ‖ **2.** fig. Asustar, sobresaltar, inquietar. Ú. t.c. prnl.

alarmismo. m. Tendencia a propagar rumores sobre peligros imaginarios o a exagerar los peligros reales.

alarmista. adj. Dícese de la persona que hace cundir noticias alarmantes. Ú. t. c. s. ‖ **2.** Que causa alarma. *Noticia* ALARMISTA.

alavense. adj. **alavés.** Apl. a pers., ú. t. c. s.

alavés, sa. adj. Natural de Álava. Ú. t. c. s. ‖ **2.** Perteneciente a esta provincia.

alazán, na o **alazano, na.** adj. Dícese del color más o menos rojo, o muy parecido al de la canela. Hay variedades de este color, como **alazán** pálido o lavado, claro, dorado o anaranjado, vinoso, tostado, etc. Ú. t. c. s. ‖ **2.** Dícese especialmente del caballo o yegua que tiene el pelo **alazán.** Ú. t. c. s.

alazor. m. Planta anual de la familia de las compuestas, de medio metro de altura, con ramas espesas, hojas lanceoladas y espinosas, flores de color azafrán que se usan para teñir, cuya semilla ovalada, blanca y lustrosa, produce aceite comestible y sirve también para cebar aves.

alba. f. **amanecer**[2]. ‖ **2.** Primera luz del día antes de salir el Sol. ‖ **3.** Vestidura o túnica de lienzo blanco que los sacerdotes, diáconos y subdiáconos se ponen sobre el hábito y el amito para celebrar los oficios divinos.

albacea. com. Persona encargada por el testador o por el juez de cumplir la última voluntad y custodiar los bienes del finado.

albacetense. adj. **albaceteño.** Apl. a pers., ú. t. c. s.

albaceteño, ña. adj. Natural de Albacete. Ú. t. c. s. ‖ **2.** Perteneciente a esta ciudad o a su provincia.

albacora. f. Pez acantopterigio, comestible, caracterizado por tener su carne más blanca que el bonito y por la mayor longitud de sus aletas pectorales.

albahaca. f. Planta anual de la familia de las labiadas, con tallos ramosos y velludos de unos tres decímetros de altura, hojas oblongas, lampiñas y muy verdes, y flores blancas, algo purpúreas. Tiene fuerte olor aromático y se cultiva en los jardines.

albanés, sa. adj. Natural de Albania. Ú. t. c. s. ‖ **2.** Perteneciente a este país de la península de los Balcanes. ‖ **3.** m. Lengua **albanesa.**

albañal. m. Canal o conducto que da salida a las aguas inmundas. ‖ **2.** Depósito de inmundicias. Ú. t. en sent. fig.

albañar. m. **albañal.**

albañil. m. Maestro u oficial de albañilería.

albañilería. f. Arte de construir edificios u obras en que se empleen, según los casos, ladrillos, piedra, cal, arena, yeso, cemento u otros materiales semejantes.

albar. adj. **blanco.** Dícese solo de algunas cosas; como *tomillo* ALBAR. ‖ **2.** m. Terreno de secano, y especialmente tierra blanquecina en altos y lomas.

albarán. m. Nota de entrega que firma la persona que recibe una mercancía.

albarda. f. Pieza principal del aparejo de las caballerías de carga, que se compone de dos a manera de almohadas rellenas, generalmente de paja y unidas por la parte que cae sobre el lomo del animal. ‖ **albarda sobre albarda.** loc. fig. y fam. con que se hace burla de lo sobrepuesto o repetido innecesaria y torpemente.

albardilla. f. Silla para domar potros. ‖ **2.** Caballete o tejadillo que se pone en los muros para que el agua de la lluvia no los penetre ni resbale por los paramentos.

albardín. m. Mata de la familia de las gramíneas, propia de las estepas españolas, muy parecida al esparto y con las mismas aplicaciones que este.

albardón. m. Aparejo más hueco y alto que la albarda, el cual se pone a las caballerías para montar en ellas.

albaricoque. m. Fruto del albaricoquero. Es una drupa casi redonda y con un surco, por lo común amarillenta y en parte encarnada, aterciopelada, de sabor agradable, y con hueso liso de almendra amarga. ‖ **2. albaricoquero.**

albaricoquero. m. Árbol de la familia de las rosáceas, originario de Armenia, de ramas sin espinas, hojas acorazonadas, flores blancas, y cuyo fruto es el albaricoque. Su madera se emplea en ebanistería.

albarillo. m. Albaricoquero, variedad del común, cuyo fruto es de piel y carne casi blancas. ‖ **2.** Fruto de este árbol.

albatros. m. Ave marina de gran tamaño, plumaje blanco y alas muy largas y estrechas. Es muy buena voladora y vive principalmente en los océanos Índico y Pacífico.

albayalde. m. Carbonato básico del plomo. Es sólido, de color blanco y se emplea en la pintura.

albedrío. m. Potestad de obrar por reflexión y elección. Dícese más ordinariamente **libre albedrío.**

alberca. f. Depósito artificial de agua, con muros de fábrica, para el riego.

albérchigo. m. Fruto del alberchiguero: es de tamaño vario, aunque por lo general de unos seis centímetros de diámetro. Su carne es recia, jugosa y de color amarillo muy subido, y su piel, amarillenta también, tiene una mancha sonrosada muy encendida por la parte que más le da el sol. ‖ **2. alberchiguero.** ‖ **3.** En algunas partes, **albaricoque.**

alberchiguero. m. Árbol, variedad del melocotonero, cuyo fruto es el albérchigo. ‖ **2.** En algunas partes, **albaricoquero.**

albergar. tr. Dar albergue u hospedaje. Ú. t. en sent. fig. ‖ **2.** fig. Guardar en el corazón o en la mente un sentimiento o una idea. ALBERGAR *esperanzas o propósitos.* ‖ **3.** intr. Tomar albergue. Ú. t. c. prnl.

albergue. m. Lugar que sirve de resguardo, cobijo o alojamiento a personas o animales. ‖ **2.** Establecimiento hotelero que atiende al turismo durante estancias cortas. ‖ **3.** Establecimiento benéfico donde se aloja provisionalmente a personas necesitadas.

albigense. adj. Aplícase al hereje de una secta que tuvo su principal asiento en la ciudad de Albi durante los siglos XII y XIII. Ú. m. c. s. m. y en pl. ‖ **2.** Perteneciente o relativo a estos herejes.

albillo, lla. adj. V. **uva albilla.** Ú. t. c. s. m. y f.

albino, na. adj. Dícese de los seres vivos que presentan ausencia congénita de pigmentación, por lo que su piel, pelo, iris, plumas, flores, etc., son más o menos blancos a diferencia de los colores propios de su especie, variedad o raza. Ú. t. c. s.

albo, ba. adj. **blanco.** Ú. especialmente en lenguaje literario, sobre todo, poético.

albóndiga. f. Cada una de las bolas que se hacen de carne o pescado picado menudamente y trabado con ralladuras de pan, huevos batidos y especias, y que se comen guisadas o fritas.

albor. m. **albura,** blancura perfecta. ‖ **2.** Luz del alba. Ú. m. en pl. ‖ **3.** fig. Comienzo o principio de una cosa.

alborada. f. Tiempo durante el cual amanece. ‖ **2.** Composición poética o musical destinada a cantar la mañana.

alborear. intr. Amanecer o empezar a aparecer la luz del día. ❑ Impers. Solo se usa en infinitivo, gerundio y participio y en las 3.as pers. de sing. de todos los tiempos.

albornoz. m. Especie de capa o capote con capucha. ‖ **2.** Prenda de tela esponjosa, que se utiliza para secarse después del baño.

alborotado, da. adj. Dícese del pelo revuelto o enmarañado. ‖ **2.** Que por demasiada viveza obra precipitadamente y sin reflexión. ‖ **3.** Inquieto, díscolo, revoltoso.

alborotador, ra. adj. Que alborota. Ú. t. c. s.

alborotar. tr. Inquietar, alterar, conmover, perturbar. Ú. t. c. prnl. ‖ **2.** Amotinar, sublevar. Ú. t. c. prnl.

alboroto. m. Vocerío o estrépito causado por una o varias personas. ‖ **2.** Desorden, tumulto.

alborozar. tr. Causar extraordinario regocijo, placer o alegría. Ú. t. c. prnl.

alborozo. m. Extraordinario regocijo, placer o alegría.

albricias. f. pl. Regalo que se da por alguna buena nueva a la persona que trae la primera noticia de aquella. ‖ **¡albricias!** expr. de júbilo.

albufera. f. Laguna litoral, en costa baja, de agua salina o ligeramente salobre, separada del mar por una lengua o cordón de arenas, como la de Valencia o la de Alcudia (Mallorca).

álbum. m. Libro en blanco, comúnmente apaisado, y encuadernado con más o menos lujo, cuyas hojas se llenan con breves composiciones literarias, sentencias, máximas, piezas de música, firmas, retratos, etc. ‖ **2.** Libro en blanco de hojas dobles, con una o más aberturas de forma regular, a manera de marcos, para colocar en ellas fotografías, acuarelas, grabados, etc. ‖ **3.** Estuche o carpeta con uno o más discos sonoros. ❑ pl. *álbumes.*

albumen. m. *Bot.* Tejido que rodea el embrión de algunas plantas, como el trigo y el ricino, y le sirve de alimento cuando la semilla germina. Su aspecto varía según la naturaleza de las sustancias nutritivas que contiene, pudiendo ser carnoso, amiláceo, oleaginoso, córneo y mucilaginoso.

albúmina. f. *Quím.* Cualquiera de las numerosas sustancias albuminoideas que forman principalmente la clara de huevo. Se hallan también en los plasmas sanguíneo y linfático, en los músculos, en la leche y en las semillas de muchas plantas.

albuminoide. m. *Biol.* y *Quím.* Clase de proteínas que presentan en disolución el aspecto y las propiedades de la clara de huevo, de las gelatinas o de la cola de pescado.

albura. f. Blancura perfecta. ‖ **2.** *Bot.* Capa blanda, de color blanquecino, que se halla inmediatamente debajo de la corteza en los tallos leñosos o troncos de los vegetales gimnospermos y angiospermos dicotiledóneos, formada por los anillos anuales más jóvenes.

alca. f. Ave caradriforme de aspecto semejante al pájaro bobo, de plumaje negro en la cabeza y en el dorso y blanco en el vientre. Se alimenta de peces que captura buceando en el mar, y no va a tierra más que para criar.

alcabala. f. Tributo del tanto por ciento del precio que pagaba al fisco el vendedor en el contrato de compraventa y ambos contratantes en el de permuta.

alcachofa. f. Planta hortense, de la familia de las compuestas, de raíz fusiforme, tallo estriado, ramoso y de más de medio metro de altura y hojas algo espinosas, con cabezuelas comestibles. ‖ **2.** Cabezuela de esta planta. ‖ **3.** Cabezuela del cardo y otras plantas análogas. ‖ **4.** Pieza agujereada por donde sale el agua de la regadera o de la ducha.

alcahuete, ta. m. y f. Persona que concierta, encubre o facilita una relación amorosa, generalmente ilícita. ‖ **2.** fig. y fam. **correveidile,** persona chismosa.

alcaide. m. El que tenía a su cargo la guarda y defensa de algún castillo o la conservación y administración de algún sitio real. ‖ **2.** El que en las cárceles tenía y en algunos lugares tiene a su cargo la custodia de los presos.

alcalaíno, na. adj. Natural de Alcalá de Henares, y también de Alcalá de los Gazules o Alcalá la Real. Ú. t. c. s. ‖ **2.** Perteneciente a alguna de estas localidades.

alcaldada. f. Acción imprudente o inconsiderada que ejecuta un alcalde abusando de la autoridad que ejerce. ❑ Ú. frecuentemente con los verbos *dar, hacer* y *meter.*

alcalde. m. Presidente del ayuntamiento de cada pueblo o término municipal, encargado de ejecutar sus acuerdos, dictar bandos para el buen orden, salubridad y limpieza de la población y cuidar de todo lo relativo a la policía urbana. Es además en su grado jerárquico, delegado del gobierno en el orden administrativo.

alcaldesa. f. Mujer que ejerce el cargo de alcalde.

alcaldía. f. Oficio o cargo de alcalde. ‖ **2.** Territorio o distrito de su jurisdicción. ‖ **3.** Local, edificio donde el alcalde ejerce sus funciones, sede del ayuntamiento.

álcali. m. *Quím.* Hidróxido metálico muy soluble en agua, que se comporta como una base fuerte.

alcalino, na. adj. *Quím.* De álcali o que tiene álcali.

alcaloide. m. *Quím.* Cualquiera de los compuestos orgánicos nitrogenados, de carácter básico producidos por vegetales. En su mayoría producen acciones fisiológicas características, en general de carácter tóxico, como la nicotina del tabaco. Muchos se han podido obtener por síntesis química.

alcalometría. f. *Quím.* Determinación del contenido de alcaloides en una solución.

alcance. m. Capacidad de alcanzar o cubrir una distancia. ALCANCE *de la vista, de un proyectil, de una emisora de radio.* ‖ **2.** fig. Talento, luces. Ú. m. en pl. ‖ **3.** fig. Capacidad física, intelectual o de otra índole que permite realizar o abordar ciertas cosas o acceder a ellas. *Las cuestiones metafísicas están fuera de mi* ALCANCE. ‖ **4.** fig. Significación, efecto o trascendencia de alguna cosa. *Aquel desastre tuvo* ALCANCE *nacional.* ‖ **al, a mi, a tu,** etc., **alcance.** loc. que se aplica a lo que uno puede conseguir. ❑ Ú. m. con el verbo *estar.* ‖ **dar alcance** a una persona o cosa. fr. Alcanzarla, apoderarse de ella, conseguirla.

alcancía. f. Vasija, comúnmente de barro, cerrada, con solo una hendedura estrecha hacia la parte superior, por donde se echan monedas que no se pueden sacar sino rompiendo la vasija. ‖ **2.** Olla llena de alquitrán y otras materias inflamables que, encendida, se arrojaba a los enemigos. ‖ **3.** *Amér.* Cepillo para limosnas o donativos.

alcanfor. m. Producto sólido, cristalino, blanco, urente y de olor penetrante característico. Se obtiene del alcanforero tratando las ramas con una corriente de vapor de agua. Se utiliza principalmente en la fabricación del celuloide y de la pólvora sin humo y, en medicina, como estimulante cardíaco.

alcanforar. tr. Componer o mezclar con alcanfor alguna cosa.

alcanforero. m. Árbol de la familia de las lauráceas, de 15 a 20 metros de altura, de madera muy compacta, hojas persistentes, alternas, enteras y coriáceas, flores pequeñas y blancas, y por frutos bayas negras del tamaño del guisante. Se cría en el Japón, la China y otros países de Oriente, y de sus ramas y raíces se extrae alcanfor por destilación.

alcantarilla. f. Acueducto subterráneo, o sumidero, fabricado para recoger las aguas de lluvia y residuales, y darles paso. ‖ **2.** Boca de **alcantarilla.**

alcantarillado m. Conjunto de alcantarillas. ‖ **2.** Acción y efecto de alcantarillar.

alcantarillar. tr. Hacer o poner alcantarillas.

alcanzar. tr. Llegar a juntarse con una persona o cosa que va delante. ‖ **2.** Llegar a tocar, coger, golpear o herir a alguna persona o cosa; apoderarse de ella. *El disparo le* ALCANZÓ *en el pecho; el fugitivo fue* ALCANZADO *por sus perseguidores.* Ú. t. en sent. fig. *La epidemia* ALCANZÓ *a todo el país.* ‖ **3.** Tratándose de la vista, oído u olfato, llegar a percibir con ellos. ‖ **4.** fig. Saber, entender, comprender. ‖ **5.** fig. Llegar a igualarse con otro en alguna cosa. *El niño menor* ALCANZARÁ *pronto al mediano en sus estudios.* ‖ **6.** intr. Llegar hasta cierto punto o término. ‖ **7.** En las armas arrojadizas y en las de fuego, llegar el tiro a cierto término o distancia. ‖ **8.** fig. Ser suficiente o bastante una cosa para algún fin. *La provisión* ALCANZA *para el camino.* ‖ **alcanzársele** a alguien algo. fr. fig. Entenderlo. ❑ Ú. m. en frs. negativas. ‖ **si alcanza, no llega.** expr. fam. con que se da a entender que una cosa es tan tasada y escasa, que apenas basta para el uso a que se destina.

alcaparra. f. Mata de la familia de las caparidáceas, ramosa, de tallos tendidos y espinosos, hojas alternas, redondeadas y gruesas, flores axilares, blancas y grandes, y cuyo fruto es el alcaparrón. ‖ **2.** Botón de la flor de esta planta. Se usa como condimento y como entremés.

alcaparrón. m. Fruto de la alcaparra, el cual es una baya carnosa parecida en la forma a un higo pequeño. Se come encurtido.

alcaraván. m. Ave caradriforme de cabeza redondeada, patas largas y amarillas, pico relativamente corto y grandes ojos amarillos. De costumbres crepusculares o nocturnas, habita en terrenos descubiertos, pedregosos o arenosos.

alcaravea. f. Planta anual de la familia de las umbelíferas, de seis a ocho decímetros de altura, con tallos cuadrados y ramosos, raíz fusiforme, hojas estrechas y lanceoladas, flores blancas y semillas pequeñas, convexas, oblongas, estriadas por una parte y planas por otra, que, por ser aromáticas, sirven para condimento. ‖ **2.** Semilla de esta planta.

alcarreño, ña. adj. Natural de la Alcarria. Ú. t. c. s. ‖ **2.** Perteneciente a esta comarca.

alcarria. f. Terreno alto y, por lo común, raso y de poca hierba.

alcatraz. m. Ave marina del mismo orden que los pelícanos, de color predominantemente blanco en los adultos, pico largo y alas puntiagudas y de extremos negros. Es propia de mares templados.

alcaudón. m. Pájaro carnívoro, dentirrostro, de unos 15 centímetros de altura, con plumaje ceniciento, pico robusto y ganchudo, alas y cola negras, manchadas de blanco, y esta larga y de figura de cuña. Fue empleado en cetrería.

alcayata. f. **escarpia,** clavo acodillado.

alcazaba. f. Recinto fortificado, dentro de una población amurallada, para refugio de la guarnición.

alcázar. m. **fortaleza,** recinto fortificado. ‖ **2.** Casa real o habitación del príncipe, esté o no fortificada.

alce. m. Mamífero rumiante, parecido al ciervo y tan corpulento como el caballo, de cuello corto, cabeza grande, pelo oscuro, y astas en forma de pala con entrantes profundos en los bordes.

alción. m. **martín pescador,** ave.

alcista. adj. Perteneciente o relativo al alza de los valores en la bolsa o de los precios, impuestos, salarios, etc. ‖ **2.** com. Persona que juega al alza de valores.

alcoba. f. Aposento destinado para dormir. ‖ **2.** Mobiliario de este aposento.

alcohol. m. Por antonom., el **alcohol etílico.** ‖ **2.** Bebida que contiene **alcohol,** en oposición implícita a las que no lo contienen. *El abuso del* ALCOHOL *perjudica la salud.* ‖ **3.** *Quím.* Cada uno de los compuestos orgánicos que contienen el grupo hidroxilo unido a un radical alifático o a alguno de sus derivados. ‖ **etílico.** *Quím.* **alcohol** cuya molécula tiene dos átomos de carbono. Es un líquido incoloro, de sabor urente y olor fuerte, que arde fácilmente dando llama azulada y poco luminosa. Obtiénese por destilación de productos de fermentación de sustancias azucaradas o feculentas, como uva, melaza, remolacha, patata. Forma parte de muchas bebidas, como vino, aguardiente, cerveza, etc., y tiene muchas aplicaciones industriales. ‖ **metílico.** *Quím.* **alcohol** cuya molécula tiene un átomo de carbono. Es un líquido incoloro, semejante en su olor y otras propiedades al **alcohol** etílico. Es tóxico.

alcoholemia. f. Presencia de alcohol en la sangre, especialmente cuando excede de lo normal.

alcoholero, ra. adj. Dícese de lo relativo a la producción y comercio del alcohol. ‖ **2.** f. Fábrica en que se produce el alcohol.

alcohólico, ca. adj. Que contiene alcohol. ‖ **2.** Referente al alcohol o producido por él. ‖ **3.** **alcoholizado,** que padece saturación alcohólica. Ú. t. c. s.

alcoholimetría. f. *Quím.* Determinación de la riqueza alcohólica de un líquido o un vapor.

alcoholímetro. m. Aparato que sirve para apreciar la graduación alcohólica de un líquido o un gas. ‖ **2.** Dispositivo para medir la cantidad de alcohol presente en el aire espirado por una persona.

alcoholismo. m. Abuso de bebidas alcohólicas. ‖ **2.** Enfermedad ocasionada por tal abuso, que puede ser aguda, como la embriaguez, o crónica; esta última produce trastornos graves y suele transmitir por herencia otras enfermedades, especialmente del sistema nervioso.

alcoholizado, da. adj. Dícese del que por abuso de las bebidas alcohólicas padece los efectos de la saturación del organismo por alcohol. Ú. t. c. s.

alcoholizar. tr. Echar alcohol en otro líquido. ‖ **2.** prnl. Adquirir la enfermedad del alcoholismo por excesivo y frecuente uso de bebidas alcohólicas.

alcor. m. Colina o collado.

Alcorán. n. p. m. **Corán.**

alcornoque. m. Árbol siempre verde, de la familia de las fagáceas, de ocho a diez metros de altura, copa muy extensa, madera durísima, corteza formada por una gruesa capa de corcho, hojas aovadas, enteras o dentadas, flores poco visibles y bellotas por frutos. ‖ **2.** Madera de este árbol. ‖ **3.** fig. Persona ignorante y zafia. Ú. t. c. adj.

alcorque. m. Hoyo que se hace al pie de las plantas para detener el agua en los riegos.

alcotán. m. Ave migratoria, falconiforme, semejante al halcón, del cual se distingue por tener las plumas de las patas y la cola de color rojo y las partes inferiores con listas longitudinales.

alcurnia. f. Ascendencia, linaje, especialmente el noble.

alcuza. f. Vasija de barro, hojalata o de otros materiales, generalmente de forma cónica en que se guarda el aceite para diversos usos.

alcuzcuz. m. Pasta de harina y miel, reducida a granitos redondos, que, cocida después con el vapor del agua caliente, se guisa de varias maneras. Es comida muy usada entre los moros.

aldaba. f. Pieza de hierro o bronce que se pone a las puertas para llamar golpeando con ella. ‖ **2.** Pieza ordinariamente de hierro y de varias hechuras, fija en la pared para atar de ella una caballería. ‖ **3.** Barra pequeña de metal o travesaño de madera con que se aseguran, después de cerrados, los postigos o puertas. ‖ **tener buenas aldabas.** fr. fam. Disponer de influencias o amistades poderosas.

aldea. f. Pueblo de corto vecindario y, por lo común, sin jurisdicción propia.

aldeano, na. adj. Natural de una aldea. Ú. t. c. s. ‖ **2.** Perteneciente o relativo a la aldea. ‖ **3.** fig. Inculto, rústico.

aldehído. m. *Quím.* Cada uno de los compuestos orgánicos ternarios que se forman como primeros productos de la oxidación de ciertos alcoholes. Utilízanse en la industria y en los laboratorios químicos por sus propiedades reductoras. ‖ **fórmico.** *Quím.* El resultante de la oxidación del alcohol metílico. Es un gas incoloro de olor irritante, que se licua a temperatura inferior a 21 grados centígrados bajo cero.

aldohexosa. f. *Bioquím.* Monosacárido de seis átomos de carbono con un grupo funcional aldehído, v. gr. la glucosa, la galactosa.

aldopentosa. f. *Quím.* Monosacárido de cinco átomos de carbono con un grupo funcional aldehído, v. gr. la ribosa, la desoxirribosa.

aleación. f. Acción y efecto de alear. ‖ **2.** Producto homogéneo, de propiedades metálicas, compuesto de dos o más elementos, uno de los cuales, al menos, debe ser un metal.

alear. tr. Producir una aleación, fundiendo sus componentes.

aleatorio, ria. adj. Perteneciente o relativo al juego de azar. ‖ **2.** Dependiente de algún suceso fortuito. ❑ No utilizar por *relativo.*

aleccionar. tr. Instruir, amaestrar, enseñar. Ú. t. c. prnl.

aledaño, ña. adj. Confinante, lindante. ‖ **2.** m. Confín, término, límite. Ú. m. en pl.

alegación. f. Acción de alegar. ‖ **2. alegato.**

alegar. tr. Citar, traer uno a favor de su propósito, como prueba, disculpa o defensa, algún hecho, dicho, ejemplo, etc. ‖ **2.** intr. *Der.* Traer el abogado leyes, autoridades y razones en defensa de su causa.

alegato. m. Escrito en el cual expone el abogado las razones que sirven de fundamento al derecho de su cliente e impugna las del adversario. ‖ **2.** Por ext., argumento, discurso, etc., a favor o en contra de alguien o algo.

alegoría. f. Ficción en virtud de la cual una cosa representa o significa otra diferente. *La venda y las alas de Cupido son una* ALEGORÍA. ‖ **2.** *Esc.* y *Pint.* Representación simbólica de ideas abstractas por medio de figuras, grupos de estas o atributos. ‖ **3.** *Ret.* Figura que consiste en hacer patentes en el discurso, por medio de varias metáforas consecutivas, un sentido recto y otro figurado, ambos completos, a fin de dar a entender una cosa expresando otra diferente.

alegórico, ca. adj. Perteneciente o relativo a la alegoría.

alegrar. tr. Causar alegría. ‖ **2.** fig. Avivar, hermosear, dar nuevo esplendor y más apacible vista a las cosas inanimadas. ‖ **3.** prnl. Recibir o sentir alegría. ‖ **4.** fig. y fam. Ponerse uno alegre por haber bebido vino u otros licores con algún exceso.

alegre. adj. Poseído o lleno de alegría. *Juan está* ALEGRE. ‖ **2.** Que siente o manifiesta de ordinario alegría. *Ser hombre* ALEGRE. || **3.** Que denota alegría. *Cara* ALEGRE. || **4.** Que ocasiona alegría. *Noticia* ALEGRE. || **5.** fig. Aplicado a colores, vivo, como el encarnado, verde, amarillo, etc. || **6.** fig. y fam. Excitado vivamente por haber bebido vino u otros licores con algún exceso. || **7.** fig. y fam. Algo libre o licencioso. *Cuento* ALEGRE, *mujer de vida* ALEGRE. || **8.** fig. y fam. Ligero, irreflexivo. *Antonio es muy* ALEGRE *en los negocios; comentarios* ALEGRES.

alegremente. adv. m. Con alegría. || **2.** De modo irreflexivo o frívolo, sin meditar el alcance ni las consecuencias de lo que se hace.

alegreto. adv. m. *Mús.* Con movimiento menos vivo que el alegro. || **2.** m. *Mús.* Composición o parte de ella que se ha de ejecutar con este movimiento.

alegría. f. Sentimiento grato y vivo, producido por algún motivo de gozo, o a veces sin causa determinada, y que se manifiesta por lo común con signos exteriores. || **2.** Irresponsabilidad, ligereza. || **3. ajonjolí,** planta, y su simiente. || **4.** pl. Modalidad del cante andaluz, cuya tonada es por extremo viva y graciosa. || **5.** Baile de la misma tonada.

alegro. adv. m. *Mús.* Con movimiento moderadamente vivo. || **2.** m. *Mús.* Composición o parte de ella, que se ha de ejecutar con este movimiento. *Tocar* o *cantar un* ALEGRO.

alejamiento. m. Acción y efecto de alejar o alejarse.

alejandrino, na. adj. Natural de Alejandría. Ú. t. c. s. || **2.** Perteneciente o relativo a esta ciudad de Egipto. || **3.** Perteneciente o relativo a Alejandro Magno. || **4.** Dícese del verso de catorce sílabas, dividido en dos hemistiquios. Ú. t. c. s. m. || **5.** Dícese también de la estrofa o composición que lo emplea.

alejar. tr. Distanciar, llevar una cosa o a una persona lejos o más lejos. Ú. t. c. prnl. || **2.** Ahuyentar, hacer huir. *El primer cañonazo bastó para* ALEJAR*los.* || **3.** prnl. Apartar, rehuir, evitar. *La ciencia* SE ALEJA *en cuanto puede de tales cuestiones.*

alelado, da. adj. Dícese de la persona lela o tonta.

alelar. tr. Poner lelo. Ú. m. c. prnl.

alelo. m. *Biol.* Cada uno de los genes del par que ocupa el mismo lugar en los cromosomas homólogos. Su expresión determina el mismo carácter o rasgo de organización, v. gr.: el color de los ojos.

alelomorfo, fa. adj. *Biol.* Que se presenta bajo diversas formas. || **2.** m. *Biol.* **alelo.**

aleluya. Voz que usa la Iglesia en demostración de júbilo, especialmente en tiempo de Pascua. Ú. t. c. s. amb. *Cantar la* ALELUYA o *el* ALELUYA. || **2.** interj. que se emplea para demostrar júbilo. || **3.** f. Pareado de versos octosílabos, generalmente de carácter popular o vulgar. || **4.** Planta perenne de la familia de las oxalidáceas, con la raíz dentada y encarnada, escapo con una sola flor y hojas de tres en rama, en figura de corazón al revés, que florece en verano. Es comestible, tiene gusto ácido y se saca de ella la sal de acederas.

alemán, na. adj. Natural de Alemania. Ú. t. c. s. || **2.** Perteneciente a este país de Europa. || **3.** m. Idioma **alemán.**

alentador, ra. adj. Que infunde aliento.

alentar. intr. **respirar,** aspirar el aire. || **2.** tr. Animar, infundir aliento o esfuerzo, dar vigor. Ú. t. c. prnl. ❑ Irreg. Se conj. como *acertar.*

alerce. m. Árbol de la familia de las abietáceas, que adquiere considerable altura, de tronco derecho y delgado, ramas abiertas y hojas blandas, de color verde claro, y cuyo fruto es una piña menor que la del pino. || **2.** Madera de este árbol, que es aromática.

alergeno o **alérgeno.** m. Sustancia que al introducirse en el organismo, lo sensibiliza para la aparición de los fenómenos de la alergia.

alergia. f. *Fisiol.* Conjunto de fenómenos de carácter respiratorio, nervioso o eruptivo, producidos por la absorción de ciertas sustancias que dan al organismo una sensibilidad especial ante una nueva acción de tales sustancias aun en cantidades mínimas. || **2.** Por ext., sensibilidad extremada y contraria respecto a ciertos temas, personas o cosas.

alérgico, ca. adj. Perteneciente o relativo a la alergia.

alergista. com. Médico especializado en afecciones alérgicas.

alergólogo, ga. m. y f. **alergista.**

alero. m. Parte inferior del tejado, que sale fuera de la pared y sirve para desviar de ella las aguas llovedizas.

alerón. m. *Mar.* Cada una de las extremidades laterales del puente de un buque. || **2.** *Aviac.* Aleta giratoria que se monta en la parte posterior de las alas de un avión y que tiene por objeto hacer variar la inclinación del aparato y facilitar otras maniobras.

alerta. adv. m. Con vigilancia y atención. ❑ Ú. con los verbos *estar, andar, vivir, poner,* etc. || **2.** Voz que se emplea para excitar a la vigilancia. Ú. t. c. s. m. || **3.** f. Situación de vigilancia o atención.

alertado, da. adj. Vigilante, atento, puesto sobre aviso.

alertar. tr. Poner alerta.

aleta. f. Cada uno de los apéndices locomotores de los vertebrados acuáticos; pueden ser impares, en número variable, o pares, generalmente cuatro. || **2.** Cada uno de los rebordes laterales de las ventanas de la nariz. ‖ **3. guardabarros** de un automóvil. ‖ **4.** *Dep.* Calzado en forma de **aleta** de pez que usan las personas para impulsarse en el agua, al nadar o bucear.

aletargamiento. m. Acción y efecto de aletargar o aletargarse.

aletargar. tr. Causar letargo. ‖ **2.** prnl. Padecerlo.

aletear. intr. Mover las aves frecuentemente las alas sin echar a volar. ‖ **2.** Mover los peces frecuentemente las aletas cuando se los saca del agua. ‖ **3.** fig. Mover los brazos a modo de alas.

aleteo. m. Acción de aletear. ‖ **2.** fig. Acción de palpitar acelerada y violentamente el corazón.

alevín. m. Cría de ciertos peces de agua dulce que se utiliza para repoblar ríos, lagos y estanques. ‖ **2.** fig. Joven principiante que se inicia en una disciplina o profesión.

alevosía. f. Cautela para asegurar la comisión de un delito contra las personas, sin riesgo del delincuente. Es circunstancia que agrava la pena. ‖ **2.** Traición, perfidia. ‖ **con alevosía.** loc. adv. A traición y sobre seguro.

alevoso, sa. adj. Dícese del que comete alevosía. Ú. t. c. s. ‖ **2.** Que implica alevosía o se hace con ella.

alexia. f. Imposibilidad de leer causada por una lesión del cerebro. Llámase también **ceguera verbal.**

alfa. f. Primera letra del alfabeto griego, que corresponde a la que en el nuestro se llama *a.* ‖ **alfa y omega.** expr. fig. Principio y fin.

alfabético, ca. adj. Perteneciente o relativo al alfabeto.

alfabetización. f. Acción y efecto de alfabetizar.

alfabetizado, da. adj. Dícese de la persona que sabe leer y escribir. Ú. t. c. s.

alfabetizar. tr. Ordenar alfabéticamente. ‖ **2.** Enseñar a leer y a escribir.

alfabeto. m. **abecedario.** ‖ **2.** Conjunto de los símbolos empleados en un sistema de comunicación. ‖ **3.** *Inform.* Sistema de signos convencionales, como perforación en tarjetas u otros, que sirve para sustituir al conjunto de las letras y los números.

alfaguara. f. Manantial copioso que surge con violencia.

alfajor. m. **alajú.** ‖ **2.** Rosquilla de alajú.

alfalfa. f. Mielga común que se cultiva para forraje.

alfanje. m. Especie de sable, corto y corvo, con filo solamente por un lado, y por los dos en la punta.

alfanumérico, ca. adj. Perteneciente o relativo a cifras y letras. Dícese en particular de las combinaciones de cifras y letras —y también, a veces, de signos diversos— que se utilizan en informática como claves para las instrucciones del cálculo con ordenadores. ‖ **2.** Aplícase a los teclados de máquinas que contienen signos alfabéticos y cifras.

alfaque. m. Banco de arena, generalmente en la desembocadura de los ríos. Ú. m. en pl. LOS ALFAQUES *de Tortosa.*

alfar. m. Obrador de alfarero. ‖ **2. arcilla.**

alfarería. f. Arte de fabricar vasijas de barro cocido. ‖ **2.** Obrador donde se fabrican. ‖ **3.** Tienda o puesto donde se venden.

alfarero. m. Fabricante de vasijas de barro cocido.

alfarje. m. La piedra baja del molino de aceite. ‖ **2.** Pieza o sitio donde está el **alfarje.** ‖ **3.** Techo con maderas labradas y entrelazadas artísticamente, dispuesto o no para pisar encima.

alféizar. m. *Arq.* Vuelta o derrame que hace la pared en el corte de una puerta o ventana, tanto por la parte de adentro como por la de afuera, dejando al descubierto el grueso del muro.

alfeñique. m. Pasta de azúcar cocida y estirada en barras muy delgadas y retorcidas. ‖ **2.** fig. y fam. Persona delicada de cuerpo y complexión.

alférez. m. Oficial que llevaba la bandera en la infantería, y el estandarte en la caballería. ‖ **2.** Oficial del ejército español que sigue en categoría al teniente y que desempeña, en general, las mismas misiones que este.

alfil. m. Pieza grande del juego del ajedrez, que camina diagonalmente de una en otra casilla o recorriendo de una vez todas las que halla libres.

alfiler. m. Clavillo metálico muy fino, que sirve generalmente para prender o sujetar alguna parte de los vestidos, los tocados y otros adornos de la persona. ‖ **2.** Joya más o menos preciosa, semejante al **alfiler** común, o de figura de broche, que se usa para sujetar exteriormente alguna prenda del traje, o por adorno. Toma los nombres del lugar donde se coloca o de lo que contiene. ALFILER *de corbata, de pecho, de retrato.* ‖ **no caber un alfiler** en alguna parte. loc. fam. Estar un local repleto de gente. ‖ **pegado, prendido** o **preso con alfileres.** expr. fig. y fam. Dícese de todo lo que material y moralmente ofrece poca subsistencia o firmeza.

alfiletero. m. Especie de cañuto pequeño de metal, madera u otra materia, que sirve para tener en él alfileres y agujas. ‖ **2. acerico,** almohadilla.

alfiz. m. Recuadro del arco árabe, que arranca de las impostas o del suelo.

alfombra. f. Tejido de lana o de otras materias,

y de varios dibujos y colores, con que se cubre el piso de las habitaciones y escaleras para abrigo y adorno. ‖ **2.** fig. Conjunto de cosas que cubren el suelo. ALFOMBRA *de flores, de hierba.*

alfombrar. tr. Cubrir el suelo con alfombra. ‖ **2.** fig. Cubrir el suelo con algo a manera de alfombra.

alfóncigo. m. Árbol de la familia de las anacardiáceas, de unos tres metros de altura, hojas compuestas y de color verde oscuro; flores en maceta, y fruto drupáceo con una almendra pequeña de color verdoso, oleaginosa, dulce y comestible, llamada pistacho. Del tronco y de las ramas se extrae la almáciga. ‖ **2.** Fruto de este árbol.

alfonsí. adj. **alfonsino.**

alfonsino, na. adj. Perteneciente o relativo a alguno de los reyes españoles llamados Alfonso, o partidario suyo. Ú. t. c. s. ‖ **2.** m. Moneda acuñada en tiempo de Alfonso el Sabio.

alforfón. m. Planta anual de la familia de las poligonáceas, como de un metro de altura, con tallos nudosos, hojas grandes y acorazonadas, flores blancas sonrosadas, en racimo, y fruto negruzco y triangular, del que se hace pan en algunas comarcas de España. ‖ **2.** Semilla de esta planta.

alforja. f. Especie de talega abierta por el centro y cerrada por sus extremos, los cuales forman dos bolsas grandes y ordinariamente cuadradas, donde, repartiendo el peso para mayor comodidad, se guardan algunas cosas que han de llevarse de una parte a otra. Ú. m. en pl.

alfoz. amb. Arrabal, término o pago de algún distrito, o que depende de él. ‖ **2.** Distrito con diferentes pueblos, que forman una jurisdicción sola.

alga. f. Cualquiera de las plantas talofitas, unicelulares o pluricelulares, que viven de preferencia en el agua, tanto dulce como marina, y que, en general, están provistas de clorofila, acompañada a veces de otros pigmentos de colores variados que la enmascaran; el talo de las pluricelulares tiene forma de filamento, de cinta o de lámina y puede ser ramificado. ‖ **2.** pl. *Bot.* Clase de estas plantas.

algalia. f. Sustancia untuosa, de consistencia de miel, blanca, que luego pardea, de olor fuerte y sabor acre. Se saca de la bolsa que cerca del ano tiene un mamífero africano parecido a la gineta, y se emplea en perfumería.

algarabía[1]. f. Lengua árabe. ‖ **2.** fig. y fam. Lengua o escritura ininteligible. ‖ **3.** fig. y fam. Gritería confusa de varias personas que hablan a un tiempo.

algarabía[2]. f. Planta anual silvestre, de la familia de las escrofulariáceas, de seis a ocho decímetros de altura, de tallo nudoso que produce dos vástagos opuestos, los cuales echan también sus ramos de dos en dos, con hojas lanceoladas y vellosas y flores amarillas. De esta planta se hacen escobas.

algarada. f. Tumulto causado por algún tropel de gente.

algarroba. f. Planta herbácea anual de la familia de las leguminosas y del mismo género que el haba, que se utiliza como forraje; existen varias especies que comparten diversos nombres: algarrobilla, arveja, veza, yero. ‖ **2.** Semilla de esta planta, que se utiliza como pienso. ‖ **3.** Fruto del algarrobo, que es una vaina azucarada y comestible, de color castaño por fuera y amarillenta por dentro, con semillas muy duras, y la cual se da como alimento al ganado de labor.

algarrobo. m. Árbol siempre verde, de la familia de las papilionáceas, de ocho a diez metros de altura, con copa de ramas irregulares y tortuosas, hojas lustrosas y coriáceas, flores purpúreas, y cuyo fruto es la algarroba. Originario de Oriente, se cría en las regiones marítimas templadas y florece en otoño y en invierno.

algazara. f. Ruido de muchas voces juntas, que por lo común nace de alegría. ‖ **2.** Ruido, gritería, aunque sea de una sola persona.

álgebra. f. Parte de las matemáticas en la cual las operaciones aritméticas son generalizadas empleando números, letras y signos; cada letra o signo representa simbólicamente un número u otra entidad matemática. Cuando alguno de los signos representa un valor desconocido se llama incógnita.

algebraico, ca. adj. Perteneciente o relativo al álgebra.

-algia. Elemento compositivo que significa «dolor»: *gastr*ALGIA, *neur*ALGIA.

álgido, da. adj. Muy frío. ‖ **2.** fig. Dícese del momento o período crítico o culminante de algunos procesos orgánicos, físicos, políticos, sociales, etc.

algo. pron. indef. n. con que se designa una cosa que no se quiere o no se puede nombrar. *Leeré* ALGO *mientras vuelves; aquí hay* ALGO *que no comprendo.* ‖ **2.** También denota cantidad indeterminada, grande o pequeña, pero más especialmente lo segundo, considerada a veces en absoluto y a veces en relación a otra cantidad mayor o totalidad de la cual forma parte. *Apostemos* ALGO; *falta* ALGO *para llegar a la ciudad.* ‖ **3.** adv. c. Un poco, no completamente o del todo, hasta cierto punto. *Anda* ALGO *escaso de dinero; entiende* ALGO *el latín.* ‖ **algo es algo.** fr. con que se advierte que no se deben despreciar las cosas por muy pequeñas o de poca calidad. ‖ **darle algo a** alguien. fr. fam. Sobrevenirle un desvanecimiento, síncope u otro accidente. ‖ **por algo.** loc. fam. Por algún motivo, no sin razón.

algodón. m. Planta vivaz de la familia de las malváceas, con tallos verdes al principio y rojos al tiempo de florecer; hojas alternas casi acorazonadas y de cinco lóbulos; flores amarillas con manchas encarnadas, y cuyo fruto es una cápsula que contiene de 15 a 20 semillas, envueltas en una borra muy larga y blanca, que se desenrolla y sale al abrirse la cápsula. ‖ **2.** Esta borra. ‖ **3.** Dicha borra, limpia y esterilizada, presentada en el comercio de formas distintas, como franjas, bolas, etc., para diversos usos. ‖ **4.** Trozo de dicha borra que se emplea para limpiar una herida, taponarla, obturar los oídos, empapar medicamentos o afeites que han de aplicarse a la piel, etc. ‖ **5.** Hilado o tejido hecho de borra de **algodón.** ‖ **entre algodones.** loc. adv. Con cuidado y delicadeza.

algodonal. m. Terreno poblado de plantas de algodón. ‖ **2. algodón,** planta.

algol. m. *Inform.* Lenguaje artificial, orientado a la resolución de problemas científicos que se pueden traducir directamente a los lenguajes utilizados por todas las computadoras electrónicas.

algonquino, na. adj. Dícese de los individuos de numerosas tribus de indios que se extendían por el Canadá y los Estados Unidos. Ú. t. c. s. ‖ **2.** m. Cada una de las lenguas habladas por los indios **algonquinos.**

algorítmico, ca. adj. Perteneciente o relativo al algoritmo.

algoritmo. m. Conjunto ordenado y finito de operaciones que permite hallar la solución de un problema. ‖ **2.** Método y notación en las distintas formas del cálculo.

alguacil. m. Oficial inferior de justicia, que ejecuta las órdenes del tribunal a quien sirve. ‖ **2.** Agente ejecutivo que está a las órdenes del presidente en las corridas de toros. ‖ **de ayuntamiento.** Oficial inferior ejecutor de los mandatos de los alcaldes y tenientes de alcalde.

alguacilillo. m. Cada uno de los dos alguaciles que en las plazas de toros preceden a la cuadrilla durante el paseo, y uno de los cuales recibe la llave del toril de manos del presidente, y queda luego a sus órdenes durante la corrida.

alguien. pron. indef. que designa persona o personas existentes, sin indicación de género ni de número; antónimo de **nadie** y con menor frecuencia, de **ninguno.** ‖ **2.** Significa vagamente persona que no se nombra ni determina. ‖ **3.** m. fam. Persona de alguna importancia. ❑ Ú. principalmente con los verbos *ser* o *creerse.*

algún. adj. Apóc. de **alguno.** ❑ No se emplea sino antepuesto a nombres masculinos. ALGÚN *hombre;* ALGÚN *tiempo.*

alguno, na. adj. que se aplica indeterminadamente a una o varias personas o cosas respecto a otras. ❑ Antónimo de **ninguno.** Ú. t. c. pron. indef. *¿Ha venido* ALGUNO? ALGUNOS *hay que no se sorprenden por nada.* ‖ **2.** En frases negativas, pospuesto generalmente al sustantivo, equivale a **ningún** o **ninguna,** antepuestos: *No hay razón* ALGUNA *para que hables así. No conozco hombre* ALGUNO *que pueda hacer tal cosa.* ‖ **3.** Indica número, magnitud o grado ni pequeños ni grandes: ALGUNOS *amigos se le ofrecieron. De* ALGUNA *duración. Con* ALGÚN *conocimiento de idiomas.*

alhaja. f. **joya.** ‖ **2.** Adorno o mueble precioso. ‖ **3.** fig. Cualquier otra cosa de mucho valor y estima. ‖ **4.** fig. y fam. Persona o animal de excelentes cualidades. Ú. frecuentemente en sent. irón.

alharaca. f. Extraordinaria demostración o expresión con que por ligero motivo se manifiesta la vehemencia de algún afecto, como de ira, queja, admiración, alegría, etc. Ú. m. en pl.

alhelí. m. Planta vivaz, europea, de la familia de las crucíferas, que se cultiva para adorno, y cuyas flores, según sus variedades, son sencillas o dobles, blancas, rojas, amarillas o de otros colores, y de grato olor. ‖ **2.** Flor de esta planta. ❑ pl. *alhelíes* o *alhelís.*

alheña. f. Arbusto de la familia de las oleáceas, de unos dos metros de altura, ramoso, con hojas casi persistentes, opuestas, aovadas, lisas y lustrosas; flores pequeñas, blancas y olorosas, en racimos terminales, y por frutos bayas negras, redondas y del tamaño de un guisante. ‖ **2.** Flor de este arbusto. ‖ **3.** Polvo a que se reducen las hojas de la **alheña** cogidas en la primavera y secadas después al aire libre. Sirve para teñir.

alhóndiga. f. Casa pública destinada para la compra y venta del trigo. En algunos pueblos sirve también para el depósito y para la compra y venta de otros granos, comestibles o mercaderías que no devengan impuestos o arbitrios de ninguna clase mientras no se vendan.

aliáceo, a. adj. Perteneciente al ajo o que tiene su olor o sabor.

aliado, da. adj. Dícese de la persona con quien alguien se ha unido y coligado. Ú. t. c. s. ‖ **2.** Dícese del estado, país, ejército, etc., que se une a otro para un determinado fin.

alianza. f. Acción de aliarse dos o más naciones, gobiernos o personas. ‖ **2.** Pacto o convención. ‖ **3.** Conexión o parentesco contraído por casamiento. ‖ **4.** Anillo matrimonial o de esponsales.

aliar. tr. Unir o coligar a una persona, colectividad o cosa con otra, para un mismo fin. ‖ **2.** prnl. Unirse o coligarse, en virtud de tratado, los príncipes o Estados unos con otros para defenderse de los enemigos o para atacarlos. || **3.** Unirse o coligarse con otro.

alias. adv. Por otro nombre. *Alfonso Tostado,* ALIAS *el Abulense.* || **2.** m. Apodo o sobrenombre.

alicaído, da. adj. Caído de alas. || **2.** fig. y fam. Débil, falto de fuerzas por edad o indisposición. || **3.** fig. y fam. Triste y desanimado.

alicante. m. Especie de víbora, de siete a ocho decímetros de largo y de hocico remangado. Es muy venenosa y se cría en todo el mediodía de Europa.

alicantino, na. adj. Natural de Alicante. Ú. t. c. s. || **2.** Perteneciente a esta ciudad o a su provincia. || **3.** f. fam. Treta, astucia o malicia con que se procura engañar.

alicatado. m. Obra de azulejos.

alicatar. tr. **azulejar.**

alicate. m. Tenaza pequeña de acero con brazos encorvados y puntas cuadrangulares o de figura de cono truncado, y que sirve para coger y sujetar objetos menudos o para torcer alambres, chapitas delgadas o cosas parecidas. Ú. m. en pl.

aliciente. m. Atractivo o incentivo.

alicuanta. adj. V. **parte alicuanta.**

alícuota. adj. V. **parte alícuota.** || **2. proporcional.**

alienación. f. Proceso mediante el cual el individuo o una colectividad transforman su conciencia hasta hacerla contradictoria con lo que debía esperarse de su condición. || **2.** Estado de ánimo, individual o colectivo, en que el individuo se siente ajeno a su trabajo o a su vida auténtica. || **3.** *Psiquiat.* Término genérico que comprende todos los trastornos intelectuales, tanto los temporales o accidentales como los permanentes.

alienado, da. adj. Loco, demente. Ú. t. c. s.

alienante. adj. Dícese de lo que produce alienación psíquica o transformación de la conciencia.

alienar. tr. **enajenar.** Ú. t. c. prnl. || **2.** Producir alienación, transformación de la conciencia.

alienígena. adj. **extranjero.** Ú. t. c. s. || **2. extraterrestre,** individuo de otro planeta. Ú. t. c. s.

alienista. adj. Dícese del médico especialmente dedicado al estudio y curación de las enfermedades mentales. Ú. t. c. s.

aliento. m. Aire que se expulsa al respirar, frecuentemente con la especificación de su buen o mal olor. || **2. respiración,** acción y efecto de respirar. || **3.** fig. Vigor del ánimo, esfuerzo, valor. Ú. t. en pl. || **4.** fig. Alivio, consuelo.

alifático, ca. adj. *Quím.* Dícese del compuesto orgánico cuya estructura molecular es una cadena abierta.

alifato. m. Serie de las consonantes árabes, conforme a un orden tradicional.

aligátor. m. Caimán, especie de cocodrilo.

aligerar. tr. Hacer ligero o menos pesado. Ú. t. c. prnl. || **2.** fig. Aliviar, moderar, templar. || **3.** intr. Abreviar, acelerar. Ú. t. c. prnl.

aligustre. m. **alheña,** arbusto.

alijar. tr. Aligerar, aliviar la carga de una embarcación o desembarcar toda la carga. || **2.** Transbordar o echar en tierra géneros de contrabando.

alijo. m. Acción de alijar. || **2.** Conjunto de géneros o efectos de contrabando.

alimaña. f. **animal**[1] irracional. || **2.** Animal perjudicial a la caza menor, como la zorra, el gato montés, el milano, etc.

alimentación. f. Acción y efecto de alimentar o alimentarse. || **2.** Conjunto de lo que se toma o se proporciona como alimento.

alimentador, ra. adj. Que alimenta. Ú. t. c. s. || **2.** m. Parte o pieza de una máquina que le proporciona la materia o la energía necesaria para su funcionamiento.

alimentar. tr. Dar alimento al cuerpo de los animales o de los vegetales. Ú. t. c. prnl. || **2.** Suministrar a una máquina, sistema o proceso, la materia, la energía o los datos que necesitan para su funcionamiento. || **3.** fig. Fomentar el desarrollo, actividad o mantenimiento de cosas inmateriales, como facultades anímicas, sentimientos, creencias, costumbres, prácticas, etc. Ú. t. c. prnl.

alimentario, ria. adj. Propio de la alimentación o referente a ella. ❑ No confundir con *alimenticio.*

alimenticio, cia. adj. Que alimenta o tiene la propiedad de alimentar. || **2.** Referente a los alimentos o a la alimentación. ❑ No confundir con *alimentario.*

alimento. m. Cualquiera de las sustancias que los seres vivos toman o reciben para su nutrición. || **2.** fig. Tratándose de cosas incorpóreas, como virtudes, vicios, pasiones, sentimientos y afectos del alma, sostén, fomento, pábulo.

alimoche. m. **abanto,** ave rapaz.

alimón (al). m. loc. adv. que se dice de la suerte del toreo en que dos lidiadores, asiendo cada cual de uno de los extremos de un solo capote, citan al toro y lo burlan, pasándole aquel por encima de la cabeza. || **2.** Conjuntamente.

alineación. f. Acción y efecto de alinear o alinearse. || **2.** Disposición de los jugadores de un equipo deportivo según el puesto y función asignados a cada uno para determinado partido.

alineado, da. adj. Que ha tomado partido en un conflicto o disidencia. ❑ Ú. generalmente con negación y en referencia a colectividades que proclaman así su neutralidad. *Países no* ALINEADOS.

alinear. tr. Poner en línea recta. Ú. t. c. prnl. ‖ **2.** Incluir a un jugador en las líneas de un equipo deportivo para un determinado partido. ‖ **3.** Vincular o vincularse a una tendencia ideológica, política, etc. Ú. t. c. prnl.

aliñar. tr. **aderezar,** componer, adornar. Ú. t. c. prnl. ‖ **2. aderezar,** condimentar. ‖ **3. aderezar,** preparar. Ú. t. c. prnl.

aliño. m. Acción y efecto de aliñar o aliñarse. ‖ **2.** Aquello con que se aliña alguna persona o cosa. ‖ **3.** Condimento, aderezo con que se sazona la comida.

alioli. m. Ajiaceite.

alisal o **alisar.** m. Sitio poblado de alisos.

alisar. tr. Poner lisa alguna cosa. U. t. c. prnl. ‖ **2.** Arreglar el cabello pasando ligeramente el peine sobre él.

alisios. adj. pl. V. **vientos alisios.** Ú. t. c. s.

aliso. m. Árbol de la familia de las betuláceas, de unos 10 m de altura, copa redonda, hojas alternas, trasovadas y algo viscosas, flores blancas en corimbos y frutos comprimidos, pequeños y rojizos. ‖ **2.** Madera de este árbol que se emplea en la construcción de instrumentos musicales y otros objetos.

alistamiento. m. Acción y efecto de alistar, o alistarse, inscribir a alguien en lista. ‖ **2.** Conjunto de mozos a quienes cada año obliga el servicio militar.

alistar. tr. Inscribir a alguien en una lista. Ú. t. c. prnl. ‖ **2.** prnl. Entrar a servir en la milicia.

aliteración. f. *Ret.* Repetición notoria del mismo o de los mismos fonemas, sobre todo consonánticos, en una frase. ‖ **2.** *Ret.* Figura que, mediante la repetición de fonemas, sobre todo consonánticos, contribuye a la estructura o expresividad del verso.

aliviadero. m. Vertedero de aguas sobrantes embalsadas o canalizadas.

aliviar. tr. Aligerar, hacer menos pesado. ‖ **2.** Quitar a una persona o cosa parte del peso que sobre ella carga. Ú. t. c. prnl. ‖ **3.** Dejar que un líquido salga por el aliviadero de un recipiente, para evitar que sobrepase un determinado nivel de este. ‖ **4.** fig. Disminuir o mitigar las enfermedades, las fatigas del cuerpo o las aflicciones del ánimo.

alivio. m. Acción y efecto de aliviar o aliviarse.

aljaba. f. Caja portátil para flechas, ancha y abierta por arriba, estrecha por abajo y pendiente de una cuerda o correa con que se colgaba del hombro izquierdo a la cadera derecha.

aljama[1]. f. Junta de moros o judíos. ‖ **2. sinagoga,** templo judío.

aljama[2]. f. **mezquita.**

aljamía. f. Nombre que daban los moros a las lenguas de los cristianos peninsulares. ‖ **2.** Textos moriscos en romance, pero transcritos con caracteres árabes. ‖ **3.** Por ext., texto judeo-español transcrito con caracteres hebreos.

aljamiado, da. adj. Que hablaba la aljamía. ‖ **2.** Escrito en aljamía.

aljibe. m. **cisterna,** depósito subterráneo de agua. ‖ **2.** *Mar.* Embarcación o buque acondicionados para el transporte de agua dulce.

aljófar. m. Perla de figura irregular y, comúnmente, pequeña. ‖ **2.** Conjunto de perlas de esta clase.

allá. adv. l. **allí.** Indica lugar menos circunscrito o determinado que el que se denota con esta última voz. Por eso **allá** admite ciertos grados de comparación que rechaza **allí;** v. gr.: *tan* ALLÁ, *más* ALLÁ, *muy* ALLÁ. Empléase a veces precediendo a nombres significativos de lugar para denotar lejanía. ALLÁ *en Rusia;* ALLÁ *en América.* ‖ **2.** En fórmulas como ALLÁ *te las compongas,* ALLÁ *se las haya,* ALLÁ *tú,* ALLÁ *él,* ALLÁ *cada cual,* etc., manifiesta desdén o despreocupación respecto a los problemas ajenos. ‖ **3.** Con verbos de movimiento y precedido a veces de las preposiciones *hacia* o *para,* indica alejamiento del punto en que se halla el hablante. *Vete* ALLÁ, HACIA ALLÁ O PARA ALLÁ. ‖ **4.** adv. t. que precediendo a nombres significativos de tiempo, denota el remoto pasado. ALLÁ *en tiempo de los godos;* ALLÁ *en mis mocedades.* ‖ **el más allá.** loc. sustantiva. El mundo de ultratumba. ‖ **muy allá.** loc. adv. En frs. negat. y con los verbos *estar, andar* y otros semejantes, no disfrutar de buena salud, no ser sobresaliente o no funcionar bien algo.

allanamiento. m. Acción y efecto de allanar o de allanarse. ‖ **2.** *Amér.* Registro policial de un domicilio.

allanar. tr. Poner llano o plano. Ú. t. c. intr. y c. prnl. ‖ **2.** Dejar o poner expedito y transitable un camino u otro lugar de paso. Ú. t. en sent. fig. ‖ **3.** fig. Vencer o superar alguna dificultad o inconveniente. ‖ **4.** Entrar en casa ajena contra la voluntad de su dueño. ‖ **5.** *Amér.* Registrar un domicilio con mandamiento judicial.

allegado, da. adj. Dicho de una o más personas respecto de otra u otras, cercano o próximo en parentesco, amistad, trato o confianza. Ú. t. c. s.

allegar. tr. Recoger, juntar. ‖ **2.** Arrimar o acercar una cosa a otra. Ú. t. c. prnl. ‖ **3.** intr. **llegar** a un lugar. Ú. t. c. prnl. ‖ **4.** prnl. Adherirse a un dictamen o idea, convenir con ellos.

allende. adv. l. De la parte de allá. ‖ **2.** prep. Más allá de, de la parte de allá de.

allí. adv. l. En aquel lugar. ‖ **2.** A aquel lugar. ‖ **3.**

adv. t. Entonces, en tal ocasión. || **4.** En correlación con *aquí*, suele designar sitio indeterminado. *Por dondequiera se veían hermosas flores;* AQUÍ, *rosas y dalias;* ALLÍ, *jacintos y claveles.*

alma. f. Sustancia espiritual e inmortal, capaz de entender, querer y sentir, que informa al cuerpo humano y con él constituye la esencia del hombre. || **2.** Por ext., principio sensitivo que da vida e instinto a los animales, y vegetativo que nutre y acrecienta las plantas. || **3. vida** humana. Ú. m. en frs. figuradas. *Arrancarle a uno el* ALMA. || **4.** fig. Persona, individuo, habitante. Ú. m. en pl. *Una población de veinte mil* ALMAS. Ú. t. en sing. en frs. negativas. *No se ve un* ALMA *en la calle.* || **5.** fig. Sustancia o parte principal de cualquier cosa. || **6.** fig. Viveza, espíritu, energía. *Hablar, representar con* ALMA. || **7.** fig. Lo que da espíritu, aliento y fuerza a alguna cosa, o la persona que la impulsa o inspira. *El amor a la patria es el* ALMA *de los Estados; fulano fue el* ALMA *del movimiento.* || **8.** fig. En los instrumentos de cuerda que tienen puente, como violín, contrabajo, etc., palo que se pone entre sus dos tapas para que se mantengan a igual distancia. || **de Dios.** fig. Persona muy bondadosa y sencilla. || **en pena.** La que padece en el purgatorio. || **2.** Por ext., **alma** errante, sin reposo definitivo. || **3.** fig. Persona que anda sola, triste y melancólica. || **agradecer con,** o **en, el alma** alguna cosa. fr. fig. y fam. Agradecerla vivamente. || **arrancarle** a alguien **el alma.** fr. Quitarle la vida. || **caérsele** a alguien **el alma a los pies.** fr. fig. y fam. Abatirse, desanimarse por no corresponder la realidad a lo que esperaba o creía. || **como alma que lleva el diablo.** expr. fam. Con extraordinaria ligereza o velocidad y grande agitación o perturbación del ánimo. ❑ Empléase con los verbos *ir, salir,* etc. || **en el alma.** loc. fig. Entrañablemente. ❑ Ú. m. con los verbos *sentir, doler, alegrarse,* etc. || **llegarle** a uno **al alma** alguna cosa. fr. fig. Sentirla vivamente. || **no tener alma.** fr. fig. No tener compasión ni caridad. || **partir** una cosa **el alma.** fr. fig. Causar gran aflicción o lástima. || **pesarle** a alguien **en el alma** alguna cosa. fr. Arrepentirse o dolerse vivamente de ella.

almacén. m. Edificio o local donde se depositan géneros de cualquier especie, generalmente mercancías. || **2.** Local donde los géneros en él existentes se venden, por lo común, al por mayor. || **3.** *Amér.* Tienda donde se venden artículos domésticos de primera necesidad. || **4.** pl. Establecimiento comercial donde se venden géneros al por menor. || **grandes almacenes.** Gran establecimiento dividido en departamentos, donde se venden productos de todo género.

almacenar. tr. Poner o guardar en almacén. || **2.** Reunir o guardar muchas cosas. || **3.** Introducir información en la memoria de un ordenador.

almacenista. com. Dueño de un almacén. || **2.** Persona que despacha los géneros que en él se venden.

almáciga. f. Resina clara, translúcida, amarillenta y algo aromática que se extrae de una variedad de lentisco.

almádena. f. Mazo de hierro con mango largo, para romper piedras.

almadía. f. **canoa,** embarcación de remo. || **2. armadía,** conjunto de maderos unidos para poder conducirlos flotando.

almadraba. f. Pesca de atunes. || **2.** Lugar donde se hace esta pesca y donde posteriormente se prepara el pescado. || **3.** Red o cerco de redes con que se pescan atunes. || **4.** Tiempo en que se pesca el atún. Usáb. t. en pl.

almadreña. f. **zueco** de madera.

alma máter. f. expr. lat. con que se designa la Universidad.

almanaque. m. Registro o catálogo que comprende todos los días del año, distribuidos por meses, con datos astronómicos, y noticias relativas a celebraciones y festividades religiosas y civiles. || **2.** Publicación anual que recoge datos, noticias o escritos de diverso carácter. ALMANAQUE *de teatros, político, gastronómico.*

almazara. f. Molino de aceite.

almeja. f. Molusco lamelibranquio marino, con valvas casi ovales, mates o poco lustrosas por fuera, con surcos concéntricos y estrías radiadas muy finas; en su interior son blanquecinas y algo nacaradas. Su carne es comestible y muy apreciada.

almena. f. Cada uno de los prismas que coronan los muros de las antiguas fortalezas para resguardarse en ellas los defensores.

almenara. f. Fuego que se hacía en las atalayas o torres, no solo en la costa del mar, sino tierra adentro, para dar aviso de alguna cosa, como de acercarse embarcaciones o tropas enemigas. || **2.** Candelero sobre el cual se ponían candiles de muchas mechas para alumbrar todo el aposento.

almendra. f. Fruto del almendro: es una drupa oblonga, con pericarpio formado por un epicarpio membranoso, un mesocarpio coriáceo y un endocarpio leñoso, o hueso, que contiene la semilla, envuelta en una película de color canela. || **2.** Este fruto, separado de las capas externa y media del pericarpio. || **3.** Semilla de este fruto. || **4.** Semilla de cualquier fruto drupáceo. || **5.** fig. Pieza de cristal, metal o piedra preciosa en forma de **almendra,** y especialmente la de cristal tallado que se cuelga como adorno de lámparas, candelabros, etc. || **6.** *Arq.* Adorno de moldura en figura de **almendra.**

almendrado, da. adj. De figura de almendra. || **2.** m. Pasta hecha con almendras, harina y miel o azúcar.

almendro. m. Árbol de la familia de las rosáceas, de raíz profunda, tronco de hasta siete metros de altura, madera dura, hojas oblongas y aserradas, flores blancas o rosadas, y cuyo fruto es la almendra. Florece muy temprano.

almendruco. m. Fruto del almendro, con el mesocarpio todavía verde; el endocarpio, blando, y la semilla a medio cuajarse.

almeriense. adj. Natural de Almería. Ú. t. c. s. || **2.** Perteneciente o relativo a esta ciudad o a su provincia.

almete. m. Pieza de la armadura antigua, que cubría la cabeza. || **2.** Soldado que usaba **almete.**

almez. m. Árbol de la familia de las ulmáceas, de unos 12 a 14 metros de altura, tronco derecho de corteza lisa y parda, copa ancha, hojas lanceoladas y dentadas de color verde oscuro, flores solitarias, y cuyo fruto es la almeza. || **2.** Madera de este árbol.

almeza. f. Fruto del almez. Es una drupa comestible redonda, como de un centímetro de diámetro, negra por fuera, amarilla por dentro y con el hueso también redondo.

almiar. m. Pajar al descubierto, con un palo largo en el centro, alrededor del cual se va apretando la mies, la paja o el heno. || **2.** Montón de paja o heno formado así para conservarlo todo el año.

almíbar. m. Azúcar disuelto en agua y cocido al fuego hasta que toma consistencia de jarabe. Se ha usado también c. f.

almibarado, da. adj. fig. Excesivamente dulce o halagador, empalagoso.

almibarar. tr. Bañar o cubrir con almíbar. || **2.** fig. Suavizar con arte y dulzura las palabras, normalmente para ganarse la voluntad de otro y conseguir de él lo que se desea.

almidón. m. Hidrato de carbono que constituye la principal reserva energética de casi todos los vegetales. Tiene usos alimenticios e industriales.

almidonado, da. adj. Planchado con almidón. || **2.** fig. y fam. Dícese de la persona compuesta o ataviada con excesiva pulcritud. || **3.** m. Acción y efecto de almidonar.

almidonar. tr. Mojar la ropa blanca en almidón desleído en agua, o cocido, para ponerla blanca y tiesa.

almimbar. m. Púlpito de las mezquitas.

alminar. m. Torre de las mezquitas, por lo común elevada y poco gruesa, desde cuya altura convoca el almuédano a los mahometanos en las horas de oración.

almiranta. f. Nave que montaba el segundo jefe de una armada, escuadra o flota.

almirantazgo. m. Alto tribunal o consejo de la armada. || **2.** Empleo o grado de almirante en todas sus categorías. || **3.** Conjunto de los almirantes de una marina. || **4.** Dignidad del almirante.

almirante. m. El que desempeña en la armada el cargo que equivale al de teniente general en los ejércitos de tierra.

almirez. m. Mortero de metal, pequeño y portátil, que sirve para machacar o moler en él alguna cosa.

almizclado, da. adj. **almizcleño.**

almizclar. tr. Aderezar o aromatizar con almizcle.

almizcle. m. Sustancia grasa, untuosa, de olor intenso que algunos mamíferos segregan en glándulas situadas en el prepucio, en el periné o cerca del ano; por ext., se llama **almizcle** a la sustancia grasa que segregan ciertas aves en la glándula debajo de la cola. Por su untuosidad y aroma el **almizcle** es materia base de ciertos preparados cosméticos y de perfumería.

almizcleño, ña. adj. Que huele a almizcle.

almizclero, ra. adj. **almizcleño.** || **2.** m. Mamífero artiodáctilo de la familia de los cérvidos, del tamaño de una cabra, desprovisto de cuernos y con una bolsa glandular en el vientre, que contiene almizcle. Vive en las montañas de Asia Central.

almocadén. m. En la milicia antigua, caudillo o capitán de tropa de a pie.

almogávar. m. En la milicia antigua, soldado de una tropa escogida y muy diestra en la guerra, que se empleaba en hacer entradas y correrías en las tierras de los enemigos.

almohada. f. Colchoncillo que sirve para reclinar sobre él la cabeza en la cama. || **aconsejarse,** o **consultar, con la almohada.** fr. fig. y fam. Meditar con el tiempo necesario algún negocio, a fin de proceder en él con acierto.

almohade. adj. Cada uno de los seguidores de Aben Tumart, jefe musulmán que en el s. XII acaudilló a las tribus occidentales de África y dio ocasión a que se fundase un nuevo imperio con ruina del de los almorávides. Ú. t. c. s. y m. en pl. || **2.** Perteneciente o relativo a los **almohades.**

almohadilla. f. Cojín pequeño sobre el cual cosían las mujeres, y que solía estar unido a la tapa de una cajita en que se guardan los avíos de coser. || **2.** Cojincillo que hay en las guarniciones de las caballerías de tiro, y que se les pone sobre la cruz del lomo para no maltratarlas con ellas. || **3.** Cojín pequeño que se coloca sobre los asientos duros, como los de las plazas de toros, campos de fútbol, etc., donde suele alquilarse. || **4. acerico, almohadilla** para alfileres. || **5.** *Anat.* Masa de tejido con fibras y grasa que se encuentra en las puntas de las falanges o en la planta del pie de algunos animales, como el perro, el gato y el elefante, y los protege de golpes y roces. || **6.** *Arq.* Parte del sillar que sobresale de la obra, con las aristas achaflanadas o redondeadas. || **7.** *Arq.* Parte lateral de la voluta del capitel jónico.

almohadillado, da. adj. *Arq.* Que tiene almohadillas. Ú. t. c. s. m. || **2.** m. *Mar.* Macizo de madera que se pone entre el casco de hierro y la coraza de los buques, con objeto de disminuir las vibraciones producidas por el choque de los proyectiles.

almohadillar. tr. *Arq.* Labrar los sillares de modo que tengan almohadilla. || **2. acolchar.**

almohadón. m. Colchoncillo a manera de almohada que sirve para sentarse, recostarse o apoyar los pies en él.

almojarife. m. Oficial o ministro real que antiguamente cuidaba de recaudar las rentas y derechos del rey, y tenía en su poder el producto de ellos como tesorero.

almoneda. f. Venta pública de bienes muebles con licitación y puja; por ext., se usa también tratándose de la venta de géneros que se anuncian a bajo precio. || **2.** Local donde se realiza esta venta.

almorávide. adj. Se dice del individuo de una tribu guerrera del Atlas, que fundó un vasto imperio en el occidente de África y llegó a dominar toda la España árabe desde 1093 a 1148. Ú. t. c. s. y m. en pl. || **2.** Perteneciente a los **almorávides.**

almorrana. f. **hemorroide.** Ú. m. en pl.

almorta. f. Planta anual de la familia de las papilionáceas, con tallo herbáceo y ramoso; hojas lanceoladas con pedúnculo y zarcillo; flores de color morado y blancas, y fruto en legumbre con cuatro simientes de forma de muela, por lo que también se denomina así la planta en algunas localidades, y en otras se llama **guija** o **tito.** Su ingestión produce, a veces, una parálisis grave de las piernas denominada **latirismo.** Florece por junio y es indígena de España. || **2.** Semilla de esta planta.

almorzar. intr. Tomar el almuerzo. || **2.** tr. Comer en el almuerzo una u otra cosa. ALMORZAR *chuletas.* ❑ Irreg. Se conj. como *contar.*

almotacén. m. Persona que se encargaba oficialmente de contrastar las pesas y medidas. || **2.** Oficina donde se efectuaba esta operación.

almuecín. m. **almuédano.**

almuédano. m. Musulmán que desde el alminar convoca en voz alta al pueblo para que acuda a la oración.

almuerzo. m. Comida que se toma por la mañana. || **2.** Comida del mediodía o primeras horas de la tarde. || **3.** Acción de almorzar. *El* ALMUERZO *duró dos horas.*

alocado, da. adj. Que tiene cosas de loco o parece loco. || **2.** Dícese de acciones que revelan poca cordura.

alocar. tr. Causar locura. Ú. t. c. prnl. || **2.** Causar perturbación en los sentidos, aturdir. Ú. t. c. prnl.

alocución. f. Discurso o razonamiento breve por lo común y dirigido por un superior a sus inferiores, secuaces o súbditos. ❑ No confundir con *elocución.*

áloe o **aloe.** m. Planta perenne de la familia de las liliáceas, con hojas largas y carnosas, que arrancan de la parte baja del tallo, el cual termina en una espiga de flores rojas y a veces blancas. De sus hojas se extrae un jugo resinoso y muy amargo que se emplea en medicina. || **2.** Jugo de esta planta.

alófono, na. adj. Que habla una lengua diferente. || **2.** m. *Fon.* Cada una de las variantes que se dan en la pronunciación de un mismo fonema, según la posición de este en la palabra o sílaba, según el carácter de los fonemas vecinos, etc.: por ej., la *b* oclusiva de *tumbo* y la fricativa de *tubo* son ALÓFONOS del fonema /*b*/.

aloja. f. Bebida compuesta de agua, miel y especias.

alojamiento. m. Acción y efecto de alojar o alojarse. || **2.** Lugar donde una persona o grupo de personas se aloja, aposenta o acampa, o donde está una cosa.

alojar. tr. Hospedar o aposentar. Ú. t. c. intr. y c. prnl. || **2.** Colocar una cosa dentro de otra, y especialmente en cavidad adecuada. Ú. t. c. prnl.

alojero, ra. m. y f. Persona que hace o vende aloja. || **2.** m. En los teatros, cada uno de los dos sitios aislados y situados en lo que hoy se llama galería baja, donde se vendía aloja al público.

alomorfo. m. *Ling.* Cada una de las variantes de un morfema en función de un contexto y significado idénticos; *-s* y *-es* son **alomorfos** del plural en español.

alón. m. Ala entera de cualquier ave, quitadas las plumas. ALÓN *de pavo, de gallina.*

alondra. f. Pájaro de 15 a 20 centímetros de largo, de cola ahorquillada, con cabeza y dorso de color pardo terroso y vientre blanco sucio. Es abundante en toda España, anida en los campos de cereales y come insectos y granos.

alópata. adj. Que profesa la alopatía. *Médico* ALÓPATA. Ú. t. c. s.

alopatía. f. Terapéutica cuyos medicamentos producen en el estado sano fenómenos diferentes de los que caracterizan las enfermedades en que se emplean.

alopecia. f. Caída o pérdida patológica del pelo.

alotropía. f. *Quím.* Propiedad de algunos elementos químicos de presentarse bajo estructuras moleculares diferentes, como el oxígeno (oxígeno atmosférico O^2 y ozono O^3), o con características físicas distintas, como el fósforo (fósforo rojo y fósforo blanco), o el carbono (grafito y diamante).

alotrópico, ca. adj. Perteneciente o relativo a la alotropía.

alpaca[1]. Mamífero rumiante, de la misma familia que la llama, propio de América Meridional y muy apreciado por su pelo, que se emplea en la industria textil. ‖ **2.** fig. Pelo de este animal, que es más largo, más brillante y flexible que el de las bestias lanares. ‖ **3.** fig. Paño hecho con este pelo. ‖ **4.** fig. Tela de algodón abrillantado, a propósito para trajes de verano.

alpaca[2]. f. **metal blanco.**

alpargata. f. Calzado de lona con suela de esparto o cáñamo, que se asegura por simple ajuste o con cintas.

alpechín. m. Líquido oscuro y fétido que sale de las aceitunas cuando están apiladas antes de la molienda, y cuando, al extraer el aceite, se las exprime con auxilio del agua hirviendo.

alpinismo. m. Deporte que consiste en la ascensión a las altas montañas.

alpinista. adj. Relativo al alpinismo. *Sociedad* ALPINISTA. ‖ **2.** com. Persona que practica el alpinismo o es aficionada a este deporte.

alpino, na. adj. Perteneciente a los Alpes o a otras montañas altas. ‖ **2.** Perteneciente o relativo al alpinismo. *Deportes* ALPINOS. ‖ **3.** *Geogr.* Dícese de la región geográfica caracterizada por su fauna y flora más o menos semejantes a las de los Alpes.

alpiste. m. Planta anual de la familia de las gramíneas, que crece hasta 40 ó 50 centímetros y echa una panoja oval, con espiguillas de tres flores y semillas menudas. Toda la planta sirve para forraje, y las semillas para alimento de pájaros y para otros usos. ‖ **2.** Semilla de esta planta. ‖ **3.** fig. y fam. Cualquier bebida alcohólica. *A Fulano le gusta el* ALPISTE.

alquería. f. Casa de labranza o granja lejos de poblado. También se da este nombre a un conjunto de dichas casas.

alquibla. f. Punto del horizonte o lugar de la mezquita, hacia donde los musulmanes dirigen la vista cuando rezan.

alquilar. tr. Dar a otro alguna cosa para que use de ella por el tiempo que se determine y mediante el pago de la cantidad convenida. Empléase más comúnmente tratándose de fincas urbanas, de animales o de muebles. ‖ **2.** Tomar de otro alguna cosa para este fin y con tal condición. ‖ **3.** prnl. Ponerse uno a servir a otro por cierto estipendio.

alquiler. m. Acción y efecto de alquilar. ‖ **2.** Precio en que se alquila alguna cosa. ‖ **de alquiler.** loc. adj. Que se alquila y a tal fin se destina. Dícese especialmente de inmuebles y medios de transporte.

alquimia. f. Conjunto de especulaciones y experiencias generalmente de carácter esotérico, relativas a las transmutaciones de la materia, que influyó en el origen de la ciencia química. Tuvo como fines principales la búsqueda de la piedra filosofal y de la panacea universal. ‖ **2.** fig. Transmutación maravillosa e increíble.

alquimista. m. El que profesaba el arte de la alquimia. Ú. t. c. adj.

alquitrán. m. Producto obtenido de la destilación de maderas resinosas, carbones, petróleo, pizarras y otros materiales vegetales y minerales. Es líquido, viscoso, de color oscuro y fuerte olor, y tiene distintas aplicaciones industriales. ‖ **2.** Composición de pez, sebo, grasa, resina y aceite; es muy inflamable y se usó como arma incendiaria.

alquitranar. tr. Untar o cubrir de alquitrán alguna cosa, como un pavimento, un tejado, una cuerda, etc., para impermeabilizarla, protegerla de la humedad, etc.

alrededor. adv. l. con que se denota la situación de personas o cosas que circundan a otras, o la dirección en que se mueven para circundarlas. ‖ **2.** m. **contorno** de un lugar. Ú. m. en pl. ‖ **alrededor de.** loc. adv. Precediendo a una expresión numérica, aproximadamente, poco más o menos. ALREDEDOR DE *doscientas pesetas.* ALREDEDOR DE *ocho mil espectadores.* ‖ **2.** loc. prepos. Rodeando, en círculo, en torno a algo. ALREDEDOR *del mundo.* ‖ **3.** Precediendo a una fecha, poco antes o después de. *Llegaremos* ALREDEDOR *del día veinte.*

alsaciano, na. adj. Natural de Alsacia. Ú. t. c. s. ‖ **2.** Perteneciente a esta región de Europa. ‖ **3.** m. Dialecto germano hablado en ella.

álsine. f. Planta anual de la familia de las cariofiláceas, de 12 a 14 centímetros de altura, con hojas pequeñas y aovadas y flores blancas. Abunda en los parajes húmedos, y se usa en medicina y para alimentar pajarillos.

alta. f. Autorización que da el médico para la reincorporación de un paciente a la vida ordinaria. ‖ **2.** Documento que acredita el **alta** de enfermedad. ‖ **3.** Documento que acredita la entrada en servicio activo del militar destinado a un cuerpo o que vuelve a él después de haber sido baja durante algún tiempo. ‖ **4.** Acto en que el contribuyente declara a Hacienda el ejercicio de industrias o profesiones sujetas a impuesto. ‖ **5.** Formulario fiscal para hacer tal declaración. ‖ **6.** Inscripción de una persona en un cuerpo, organismo, profesión, sociedad, etc. ‖ **7.** Documento que acredita dicha inscripción. ‖ **dar de alta.** fr. Tomar nota del ingreso de los militares en sus respectivos cuerpos o de su vuelta a ellos. ‖ **2.** Aludiendo a objetos, herramientas, etc., incluirlos en un inventario. ‖ **dar el alta.** fr. Declarar curado y apto para el servicio al militar que ha estado enfermo. ‖ **2.** Declarar curada a la persona que ha estado enferma. ‖ **darse de alta.** fr. Inscribirse en un cuerpo, profesión, organismo o sociedad. ‖ **ser alta.** fr. Ingresar en un cuerpo, organismo o sociedad o volver a ellos después de haber sido dado de baja.

altamente. adv. m. Perfecta o excelentemente, en extremo, en gran manera.

altanería. f. Vuelo de algunas aves. ‖ **2.** Caza que se hace con halcones y otras aves de rapiña de alto vuelo. ‖ **3.** fig. Altivez, soberbia.

altanero, ra. adj. Aplícase al halcón y otras aves de rapiña de alto vuelo. ‖ **2.** fig. Altivo, soberbio.

altar. m. Montículo, piedra o construcción elevada donde se celebran ritos religiosos como sacrificios, ofrendas, etc. ‖ **2. ara,** piedra consagrada. ‖ **3.** En el culto cristiano, especie de mesa consagrada donde el sacerdote celebra el sacrificio de la misa. ‖ **4.** Por ext., conjunto constituido por la mesa consagrada, la base, las gradas, el retablo, el sagrario, etc. ‖ **mayor.** El principal, donde por lo común se coloca la imagen del santo titular. ‖ **conducir,** o **llevar, al altar** a una persona. fr. fig. y fam. Casarse con ella.

altavoz. m. Aparato electroacústico que sirve para amplificar el sonido.

alterable. adj. Que puede alterarse.

alteración. f. Acción de alterar o alterarse. ‖ **2.** Sobresalto, inquietud, movimiento de la ira u otra pasión. ‖ **3.** Alboroto, tumulto, motín. ‖ **4.** *Mús.* Signo que se emplea para modificar el sonido de una nota.

alterar. tr. Cambiar la esencia o forma de una cosa. Ú. t. c. prnl. ‖ **2.** Perturbar, trastornar, inquietar. Ú. t. c. prnl. ‖ **3.** Enojar, excitar. Ú. t. c. prnl. ‖ **4.** Estropear, dañar, descomponer. Ú. t. c. prnl.

altercación. f. Acción de altercar.

altercado. m. **altercación.**

altercar. intr. Disputar, porfiar.

álter ego. m. Persona en quien otra tiene absoluta confianza, o que puede hacer sus veces sin restricción alguna. ‖ **2.** Persona real o ficticia en quien se reconoce, identifica o ve un trasunto de otra. *El protagonista de la obra es un* ÁLTER EGO *del autor.*

alteridad. f. Condición de ser otro.

alternación. f. Acción y efecto de alternar.

alternador. m. Máquina eléctrica generadora de corriente alterna.

alternancia. f. Acción y efecto de alternar. ‖ **2.** *Biol.* Fenómeno que se observa en la reproducción de algunos animales y plantas, en la que alternan la generación sexual y la asexual.

alternar. tr. Variar las acciones diciendo o haciendo ya unas cosas, ya otras, y repitiéndolas sucesivamente. ALTERNAR *el ocio y el trabajo, la vida en el campo con la vida urbana.* ‖ **2.** intr. Hacer o decir una cosa o desempeñar un cargo varias personas por turno. ‖ **3.** Sucederse unas cosas a otras recíproca y repetidamente. ALTERNAR *los días claros con los lluviosos; las alegrías con las penas.* ‖ **4.** Hacer vida social, tener trato. ALTERNAR *con personas de cuenta.* ‖ **5.** En ciertas salas de fiesta o lugares similares, tratar las mujeres contratadas para ello con los clientes, para estimularles a hacer gasto en su compañía, del cual obtienen porcentaje.

alternativa. f. Opción entre dos o más cosas. ‖ **2.** Cada una de las cosas entre las cuales se opta. ‖ **3.** *Taurom.* Ceremonia por la cual un espada de cartel autoriza a un matador principiante para que pueda matar alternando con los demás espadas. El acto se reduce a entregar el primero al segundo, durante la lidia, la muleta y el estoque para que ejecute la suerte en vez de él. ❑ Ú. m. con los verbos *dar* y *tomar.*

alternativo, va. adj. Que se dice, hace o sucede con alternación. ‖ **2.** Capaz de alternar con función igual o semejante. *Energías* ALTERNATIVAS.

alterne. m. Acción de alternar en las salas de fiesta. ‖ **de alterne.** loc. adj. Dícese de la mujer que practica el **alterne.**

alterno, na. adj. **alternativo.** ‖ **2.** Dicho de días, meses, años, etc., uno sí y otro no. *Viene a la oficina en días* ALTERNOS. *Las sesiones se celebran en días* ALTERNOS. ‖ **3.** *Bot.* Dícese de las hojas de las plantas que, por su situación en el tallo o en la rama, corresponden al espacio que media entre una y otra del lado opuesto. Dícese también de otros órganos de las plantas que se hallan en la situación indicada.

alteza. f. fig. Elevación, altura, excelencia. ‖ **2.** Tratamiento que en España se dio antiguamente a los reyes y hoy reciben los hijos de los reyes y otras personas a quienes el Rey concede esta dignidad. ‖ **de miras.** Elevación moral de intenciones o propósitos.

altibajos. m. pl. fam. Desigualdades o altos y bajos de un terreno cualquiera. ‖ **2.** fig. y fam. Alternancia de sucesos prósperos y adversos, o cambios de estado sucesivos en un orden de cosas. ALTIBAJOS *de la suerte, de los precios, del ánimo.*

altillo. m. Cerrillo o sitio algo elevado. ‖ **2.** Habitación situada en la parte más alta de la casa, y por lo general aislada. ‖ **3.** Entreplanta, piso elevado en el interior de otro y que se usa como dormitorio, despacho, almacén, etc. ‖ **4.** Armario que se construye rebajando el techo, o que está empotrado en lo alto del muro o pared.

altimetría. f. Parte de la topografía, que trata de la medida de las alturas.

altímetro, tra. adj. Perteneciente o relativo a la altimetría. ‖ **2.** m. Instrumento que indica la diferencia de altitud entre el punto en que está situado y un punto de referencia. Se emplea principalmente en la navegación aérea.

altiplanicie. f. Meseta de mucha extensión y a gran altitud.

altiplano. m. **altiplanicie.**

altisonante. adj. **altísono.** Dícese, por lo común, del lenguaje o estilo en que se emplean con frecuencia o afectadamente voces de las más llenas y sonoras.

altísono, na. adj. Altamente sonoro, de alto sonido. Dícese del lenguaje o estilo muy sonoro y elevado y del escritor que se distingue empleando lenguaje o estilo de esta clase.

altitud. f. **altura,** distancia respecto a la tierra. ‖ **2. altura,** dimensión de un cuerpo perpendicular a su base. ‖ **3. altura,** región del aire a cierta elevación sobre la tierra. ‖ **4.** *Geogr.* Altura de un punto de la tierra con relación al nivel del mar.

altivez o **altiveza.** f. Orgullo, soberbia.

altivo, va. adj. Orgulloso, soberbio. ‖ **2.** Erguido, elevado, dicho de cosas. *Torre* ALTIVA.

alto[1], ta. adj. Levantado, elevado sobre la tierra. ‖ **2.** De gran estatura. *Un hombre* ALTO. ‖ **3.** Más elevado en relación a otro término inferior. ‖ **4.** Formando parte de algunas denominaciones geográficas designa la porción del país que se halla a mayor altitud. *El* ALTO *Aragón, la* ALTA *Alemania.* ‖ **5.** Tratándose de ríos, dícese de la parte que está más próxima a su nacimiento. *El* ALTO *Ebro.* ‖ **6.** Con referencia a tiempos históricos, remoto o antiguo. *La* ALTA *Edad Media, el* ALTO *Imperio.* ‖ **7.** Aplicado a las cosas, noble, elevado, santo, excelente. ALTO *tribunal,* ALTA *costura.* ‖ **8.** Dícese también de la clase, empleo o dignidad de superior categoría o condición de personas o cosas. ‖ **9.** Dicho de delito u ofensa, gravísimo, enorme. *Reo de* ALTA *traición.* ‖ **10.** Dicho del precio de las cosas, caro o subido. ‖ **11.** Dicho del sonido, fuerte, que se oye a gran distancia. ‖ **12.** fig. Avanzado. *A las* ALTAS *horas de la noche; bien* ALTA *la noche.* ‖ **13.** *Acúst.* Dícese del sonido que, comparado con otro, tiene mayor frecuencia de vibraciones. ‖ **14.** m. **altura,** dimensión de un cuerpo perpendicular a su base. *Esta mesa tiene un metro de* ALTO. ‖ **15.** Sitio elevado en el campo, como collado o cerro. ‖ **16.** adv. l. En lugar o parte superior. ‖ **17.** adv. m. En voz fuerte o que suene bastante. ‖ **en alto.** loc. adv. A distancia del suelo. ‖ **lo alto.** La parte superior o más elevada. ‖ **2.** El cielo en sentido material o espiritual. ‖ **por todo lo alto.** loc. fig. y fam. De manera excelente, con rumbo y esplendidez.

alto[2]. m. Detención o parada en la marcha o cualquier otra actividad. *Un* ALTO *en el camino* o *en el trabajo.* ‖ **2.** interj. Voz con la cual se ordena a alguien que se detenga. ‖ **¡alto el fuego!** loc. con que se ordena que cese el tiroteo. ‖ **2.** m. Suspensión momentánea o definitiva de las acciones militares en una contienda. ‖ **dar el alto.** expr. para dar la orden de detención en la marcha. ‖ **hacer alto.** fr. Pararse la tropa o quienquiera que sea durante una marcha, viaje, etc. ‖ **2.** fig. Parar la consideración sobre alguna cosa.

altozano. m. Cerro o monte de poca altura en terreno llano. ‖ **2.** *Amér.* Atrio de una iglesia.

altramuz. m. Planta anual de la familia de las papilionáceas, que crece hasta poco más de medio metro, con hojas compuestas de hojuelas trasovadas, flores blancas y fruto de grano menudo y achatado, en legumbre o vaina. Es buen alimento para el ganado. También las personas comen la simiente o grano después de habérsele quitado el amargor en agua y sal. ‖ **2.** Fruto de esta planta.

altruismo. m. Diligencia en procurar el bien ajeno aun a costa del propio.

altruista. adj. Que profesa el altruismo. Ú. t. c. s.

altura. f. Distancia de un cuerpo respecto a la Tierra o a cualquier otra superficie horizontal tomada como referencia. ‖ **2.** Dimensión de los cuerpos perpendicular a su base, y considerada por encima de esta. ‖ **3.** Región del aire, considerada a cierta elevación sobre la tierra. ‖ **4.** Cumbre de los montes, collados o lugares altos del campo, o cualquier otro lugar elevado. Ú. t. en sent. fig. ‖ **5.** fig. **alteza,** excelencia. ‖ **6.** fig. Mérito, valor. ‖ **7. altitud,** con relación al nivel del mar. ‖ **8.** *Acúst.* **tono.** ‖ **9.** *Astron.* Arco vertical que mide la distancia entre un astro y el horizonte. ‖ **10.** *Geom.* En una figura plana o en un sólido, distancia entre un lado o cara y el vértice o el punto más alejado en la dirección perpendicular. ‖ **11.** *Geom.* Recta o segmento sobre el cual se mide esa distancia. ‖ **12.** pl. **cielo,** mansión de los bienaventurados. *Dios de las* ALTURAS. ‖ **a estas alturas.** fr.

fig. En este tiempo, en esta ocasión, cuando han llegado las cosas a este punto. ‖ **a la altura de.** loc. prepos. En las inmediaciones, al mismo nivel. *El barco naufragó* A LA ALTURA DE*l puerto.* ‖ **2.** loc. adv. fig. A tono con algo, al mismo grado. ❑ Ú. m. con los verbos *estar, poner, quedar* y *dejar. No estuvo* A LA ALTURA DE *las circunstancias.*

alubia. f. **judía,** planta papilionácea. ‖ **2. judía,** fruto de esta planta. ‖ **3. judía,** semilla de esta planta.

alucinación. f. Acción de alucinar o alucinarse. ‖ **2.** Sensación subjetiva que no va precedida de impresión en los sentidos.

alucinado, da. adj. Trastornado, ido, sin razón. ‖ **2.** Visionario. Ú. t. c. s.

alucinante. adj. Que alucina. ‖ **2.** Fantástico, asombroso.

alucinar. tr. Ofuscar, seducir o engañar haciendo que se tome una cosa por otra. ‖ **2.** Sorprender, asombrar, deslumbrar. Ú. t. c. prnl. ‖ **3.** intr. Padecer alucinaciones. ‖ **4.** prnl. Confundirse, desvariar.

alucinógeno, na. adj. Que produce alucinación. Dícese en especial de ciertas drogas. Ú. t. c. s. m.

alud. m. Gran masa de nieve que se derrumba de los montes con violencia y estrépito. ‖ **2.** Masa grande de una materia que se desprende por una vertiente, precipitándose por ella. Ú. t. en sent. fig.

aludido, da. p. p. de **aludir.** Ú. t. c. s. ‖ **darse por aludido.** fr. Recoger alguien una alusión, efectiva o aparente, que le atañe de algún modo, para reaccionar en función de su contenido.

aludir. intr. Referirse a una persona o cosa, sin nombrarla o sin expresar que se habla de ella. ‖ **2.** Referirse a alguien o a algo, mencionarlo. Ú. t. c. tr. ❑ No confundir con *aducir.*

alumbrado, da. adj. Dícese de los adeptos a doctrinas según las cuales se llegaba mediante la oración a estado tan perfecto, que entregados a Dios, no necesitaban practicar los sacramentos ni las buenas obras, y se sentían libres de pecado cualesquiera que fueran sus actos. Esta secta nació en España en el siglo XVI. Ú. m. c. s. y en pl. ‖ **2.** m. Conjunto de luces que alumbran algún pueblo o sitio.

alumbramiento. m. Acción y efecto de alumbrar. ‖ **2.** fig. **parto** de la mujer. ‖ **3.** *Med.* Expulsión de la placenta y membranas después del parto.

alumbrar. tr. Llenar de luz y claridad. *El Sol* ALUMBRA *a la Tierra; esta lámpara* ALUMBRA *el salón.* Ú. t. c. intr. *El Sol* ALUMBRA; *esta lámpara* ALUMBRA *bien.* ‖ **2.** Poner luz o luces en algún lugar. ‖ **3.** Disipar la oscuridad y el error; convertirlos en conocimiento y acierto. ‖ **4.** Tratándose del entendimiento o de cualquier otra facultad, iluminar, inspirar. Ú. t. c. prnl. ‖ **5.** Parir, dar a luz. Ú. t. c. intr.

alumbre. m. Sulfato doble de alúmina y potasa: sal blanca y astringente que se halla en varias rocas y tierras, de las cuales se extrae por disolución y cristalización. Se emplea para aclarar las aguas turbias; sirve de mordiente en tintorería y de cáustico en medicina después de calcinado.

alúmina. f. *Quím.* Óxido de aluminio que se halla en la naturaleza algunas veces puro y cristalizado, y por lo común formando, en combinación con la sílice y otros cuerpos, los feldespatos y las arcillas.

aluminio. m. Elemento químico de núm. atóm. 13. Metal muy abundante en la corteza terrestre; se encuentra en el caolín, la arcilla, la alúmina y la bauxita. Es ligero, tenaz, dúctil y maleable, y posee color y brillo similares a los de la plata. Se usa en las industrias eléctrica, aeronáutica, de los transportes, de la construcción y del utillaje doméstico. Símb. *Al.* ‖ **2.** V. **papel de aluminio.**

alumnado. m. Conjunto de alumnos de un centro docente.

alumno, na. m. y f. Cualquier discípulo, respecto de su maestro, de la materia que está aprendiendo o de la escuela, colegio o universidad donde estudia. *Fulano tiene muchos* ALUMNOS; ALUMNO *de medicina;* ALUMNO *del Instituto.*

alunizaje. m. Acción y efecto de alunizar.

alunizar. intr. Posarse una nave espacial o un tripulante de ella, en la superficie de la Luna.

alusión. f. Acción de aludir.

alusivo, va. adj. Que alude o implica alusión.

aluvión. m. Avenida fuerte de agua, inundación. ‖ **2.** fig. Sedimento arrastrado por las lluvias o las corrientes. ‖ **3.** fig. Afluencia grande de personas o cosas. *Un* ALUVIÓN *de insultos.* ‖ **de aluvión.** loc. adj. Dícese de los terrenos que quedan al descubierto después de las avenidas y de los que se forman lentamente por los desvíos o las variaciones en el curso de los ríos.

álveo. m. Madre del río o arroyo.

alveolar. adj. *Zool.* Perteneciente, relativo o semejante a los alveolos. *Nervios, receptáculos* ALVEOLARES. ‖ **2.** *Gram.* Dícese del sonido que se pronuncia acercando o aplicando la lengua a los alveolos de los incisivos superiores. ‖ **3.** Dícese del fonema a que este sonido corresponde y de la letra que lo representa. Ú. t. c. s.

alveolo o **alvéolo.** m. **celdilla** del panal. ‖ **2.** fig. Cavidad, hueco. ‖ **3.** *Zool.* Cada una de las cavidades en que están engastados los dientes en las mandíbulas de los vertebrados. ‖ **4.** *Zool.* Cada una de las fositas hemisféricas en que terminan las últimas ramificaciones de los bronquiolos.

alza. f. Acción y efecto de alzar, subir o elevarse. ‖ **2.** Aumento de valor que toma alguna cosa, como la moneda, los fondos públicos, los precios, etc. ‖ **3.** Aumento de la estimación en que se tiene a personas o cosas. ‖ **4.** Pedazo de suela o vaqueta que los zapateros ponen sobre la horma cuando el zapato ha de ser algo más ancho o alto de lo que corresponde al tamaño de ella. ‖ **en alza.** loc. Aumentando la estimación de una cosa o persona. ❑ Ú. m. con los verbos *ir* y *estar.* ‖ **jugar al alza.** fr. *Com.* Especular con las mudanzas de la cotización de los valores públicos o mercantiles, previendo **alza** en la misma.

alzacuello. m. Tira de tela endurecida o de material rígido que se ciñe al cuello, propia del traje eclesiástico.

alzada. f. Acción y efecto de alzar. ‖ **2.** Altura, elevación o estatura. ‖ **3.** Altura del caballo, y a veces de otros cuadrúpedos, medida desde el rodete del talón hasta la parte más elevada de la cruz. ‖ **4.** Recurso de apelación en lo gubernativo.

alzado, da. adj. Rebelde, sublevado. ‖ **2.** fig. *Amér.* Dícese de la persona engreída, soberbia e insolente. ‖ **3.** *Arq.* Diseño que representa la fachada de un edificio. ‖ **4.** *Geom.* Diseño de un edificio, máquina, aparato, etc., en su proyección geométrica y vertical sin considerar la perspectiva.

alzamiento. m. Acción y efecto de alzar o alzarse. ‖ **2.** Levantamiento o rebelión. ‖ **de bienes.** Desaparición u ocultación que de su fortuna hace el deudor para eludir el pago a sus acreedores. Tratándose de comerciantes, quiebra fraudulenta.

alzapaño. m. Cada una de las piezas de hierro, bronce u otra materia que, clavadas en la pared, sirven para tener recogida la cortina hacia los lados del balcón o la puerta. ‖ **2.** Cada una de las tiras de tela, o de los cordones, que, sujetos a los **alzapaños,** abrazan y tienen recogida la cortina.

alzar. tr. **levantar,** mover hacia arriba. ‖ **2. levantar,** construir, edificar. ‖ **3.** fig. Ensalzar, engrandecer. ‖ **4.** Erigir, instituir. ‖ **5.** Elevar un precio. ‖ **6.** Esforzar, elevar la voz. ‖ **7.** Hacer que cesen penas o vejámenes. ‖ **8.** Rebelar, sublevar. Ú. m. c. prnl. ‖ **9.** Recoger, guardar, ocultar. ‖ **10.** prnl. Levantarse, sobresalir en una superficie. ALZARSE *una ampolla.* ‖ **11.** *Der.* **apelar.** ‖ **12.** Con un complemento introducido por *con,* apoderarse de algo con usurpación o injusticia.

ama. f. Cabeza o señora de la casa o familia. ‖ **2.** Dueña o poseedora de alguna cosa. ‖ **3.** La que tiene uno o más criados, respecto de ellos. ‖ **4.** Se usa como tratamiento dirigido a la señora o a alguien a quien se desea manifestar respeto o sumisión. ‖ **5.** Criada principal de una casa. ‖ **6.** Mujer que cría a sus pechos alguna criatura ajena. ‖ **7.** Dueña de un burdel. ‖ **de cría. ama,** mujer que cría una criatura ajena. ‖ **de llaves.** Criada encargada de las llaves y economía de la casa.

amabilidad. f. Calidad de amable.

amabilísimo, ma. adj. sup. de **amable.**

amable. adj. Digno de ser amado. ‖ **2.** Afable, complaciente, afectuoso. ❑ sup. irreg. *amabilísimo.*

amado, da. m. y f. Persona **amada.**

amadrinar. tr. Acompañar o asistir como madrina a una persona. ‖ **2.** Proteger o patrocinar una mujer a alguna persona, entidad o iniciativa.

amaestrar. tr. Enseñar o adiestrar. Ú. t. c. prnl. ‖ **2.** Domar a un animal, a veces enseñándole a hacer habilidades.

amagar. tr. Hacer ademán de herir o golpear. ‖ **2.** Amenazar a alguien con algún mal o mostrar intención de hacérselo. ‖ **3.** Manifestar en alguien sus primeros síntomas una enfermedad. ‖ **4.** Mostrar intención o disposición de hacer algo próxima o inmediatamente. ‖ **5.** intr. Estar próximo o sobrevenir.

amago. m. Acción y efecto de amagar.

amainar. tr. *Mar.* Recoger en todo o en parte las velas de una embarcación. ‖ **2.** intr. Tratándose del viento, aflojar, perder su fuerza. ‖ **3.** fig. Aflojar o ceder en algún deseo, empeño o pasión. Ú. t. c. tr.

amalgama. f. *Quím.* Aleación de mercurio, generalmente sólida o semilíquida. ‖ **2.** fig. Unión o mezcla de cosas de naturaleza contraria o distinta.

amalgamar. tr. *Quím.* Alear el mercurio con otro u otros metales para formar amalgamas. Ú. t. c. prnl. ‖ **2.** fig. Unir o mezclar cosas de naturaleza contraria o distinta. Ú. t. c. prnl.

amamantar. tr. Dar de mamar.

amancebamiento. m. Trato sexual habitual entre hombre y mujer no casados entre sí.

amancebarse. prnl. Unirse en amancebamiento.

amanecer[1]**.** intr. impers. Empezar a aparecer la luz del día. AMANECE *a las ocho.* AMANECE *nublado.* ❑ En este sentido, solo se conjuga en 3.ª pers. sing. y en infinitivo, gerundio y participio. ‖ **2.** intr. Llegar o estar en un lugar, situación o condición determinados al aparecer la luz del día. AMANECÍ *en Madrid.* AMANECÍ *cansado.* ‖ **3.** Nacer. Ú. t. en sent. fig. ❑ Irreg. Se conj. como *agradecer.*

amanecer[2]**.** m. Tiempo durante el cual amanece. *El* AMANECER *de un día de mayo.* ‖ **al amanecer.** loc. adv. Al tiempo de estar amaneciendo.

amanerado, da. adj. Que adolece de amaneramiento.

amaneramiento. m. Acción y efecto de amanerarse. ‖ **2.** Falta de variedad en el estilo.

amanerarse. prnl. Dicho de artistas o escritores, reiterar insistentemente en la concepción o ejecución de sus obras, rasgos peculiares que las apartan de la naturalidad. Ú. t. c. tr. ‖ **2.** Hacerse una persona afectada, rebuscada y falta de naturalidad en el modo de actuar, hablar, etc.

amansar. tr. Hacer manso a un animal, domesticarlo. Ú. t. c. prnl. ‖ **2.** fig. Sosegar, apaciguar, mitigar. Ú. t. c. prnl. ‖ **3.** fig. Domar el carácter violento de una persona. Ú. t. c. prnl.

amante. adj. Que ama. Ú. t. c. s. ‖ **2.** com. **querido** o **querida,** que tienen relaciones amorosas ilícitas. ‖ **3.** m. pl. Hombre y mujer que se aman.

amanuense. com. Persona que tiene por oficio escribir a mano, copiando o poniendo en limpio escritos ajenos, o escribiendo lo que se le dicta. ‖ **2.** m. Escribiente de un despacho, oficina o tribunal.

amañar. tr. Preparar o disponer algo con engaño o artificio. ‖ **2.** prnl. Darse maña. ‖ **3.** Adaptarse o acomodarse.

amaño. m. Disposición para hacer con maña alguna cosa. ‖ **2.** fig. Traza o artificio para ejecutar o conseguir algo, especialmente cuando no es justo o merecido. Ú. m. en pl.

amapola. f. Planta anual de la familia de las papaveráceas, con flores rojas por lo común y semilla negruzca. Frecuentemente nace en los sembrados y los infesta. Es sudorífica y algo calmante. ‖ **2.** Flor de esta planta.

amar. tr. Tener amor a alguien o algo.

amaraje. m. Acción de amarar una nave aérea o espacial.

amarantáceo, a. adj. *Bot.* Dícese de matas y arbolitos angiospermos dicotiledóneos que tienen hojas opuestas o alternas, flores diminutas, sentadas, aglomeradas, solitarias o en espiga, y por frutos, cápsulas o cariópsides con semillas de albumen amiláceo, como el amaranto. Ú. t. c. s. f. ‖ **2.** f. pl. *Bot.* Familia de estas plantas.

amaranto. m. Planta anual de la familia de las amarantáceas, de ocho a nueve decímetros de altura, con tallo grueso y ramoso, hojas oblongas y ondeadas, flores terminales en espiga densa, aterciopelada y comprimida a manera de cresta, y comúnmente, según las distintas variedades de la planta, carmesíes, amarillas, blancas o jaspeadas, y fruto con muchas semillas negras y relucientes. Es originaria de la India y se cultiva en los jardines como planta de adorno. ‖ **2.** Color carmesí. Ú. t. c. adj. invariable.

amarar. intr. Posarse en el agua un hidroavión o un vehículo espacial.

amargado, da. adj. Dícese de la persona que guarda algún resentimiento por frustraciones, disgustos, etc.

amargar. intr. Tener alguna cosa sabor o gusto amargo. Ú. t. c. prnl. ‖ **2.** tr. Comunicar sabor o gusto desagradable a una cosa. Ú. t. en sent. fig. ‖ **3.** fig. Causar aflicción o disgusto. Ú. t. c. prnl. ‖ **4.** Experimentar una persona resentimiento por frustraciones, fracasos, disgustos, etc. Ú. m. c. prnl.

amargo, ga. adj. Dícese de lo que tiene el sabor característico de la hiel, de la quinina y otros alcaloides; cuando es especialmente intenso produce una sensación desagradable y duradera. ‖ **2.** fig. Que causa aflicción o disgusto. ‖ **3.** fig. Áspero y de genio desabrido. ‖ **4.** m. Sustancia de sabor **amargo.**

amargor. m. Sabor o gusto amargo. ‖ **2.** fig. **amargura,** aflicción o disgusto. ‖ **quitarse el amargor de la boca.** fr. fig. y fam. Satisfacer un deseo.

amarguera. f. Planta perenne de la familia de las umbelíferas, de tallo ramoso, que crece hasta unos ocho decímetros de altura, con hojas lineales, tiesas y nerviosas, flores amarillas en umbela, y frutos ovales y comprimidos, que encierran dos semillas cada uno. Toda la planta tiene sabor amargo, y a esta circunstancia debe su nombre.

amargura. f. Gusto amargo. ‖ **2.** fig. Aflicción o disgusto.

amariconado, da. adj. Afeminado.

amarilidáceo, a. adj. *Bot.* Dícese de plantas angiospermas monocotiledóneas, vivaces, generalmente bulbosas, de hojas lineales, flores hermafroditas, ordinariamente en cimas, umbelas o racimos, alguna vez solitarias; fruto comúnmente en cápsula, con semillas de albumen carnoso; como el narciso, el nardo y la pita. Ú. t. c. s. f. ‖ **2.** f. pl. *Bot.* Familia de estas plantas.

amarilis. f. Nombre de varias plantas de la familia de las amarilidáceas.

amarillear. intr. Ir tomando una cosa color amarillo. ‖ **2. palidecer.**

amarillento, ta. adj. Que tira a amarillo.

amarillo, lla. adj. De color semejante al del oro, el limón, la flor de retama, etc. Es el tercer color del espectro solar. Ú. t. c. s. ‖ **2.** Dícese de la persona pálida a causa de enfermedad o susto. ‖ **3.** m. Sustancia colorante o pigmento de color **amarillo.** AMARILLO *de cadmio.*

amariposado, da. adj. De figura semejante a la de la mariposa. Aplícase comúnmente a las corolas de las flores de las papilionáceas.

amarra. f. *Mar.* Cuerda o cable, y especialmente cabo con que se asegura una embarcación en el puerto o lugar donde da fondo, ya sea con el ancla, o ya amarrada a tierra. ‖ **2.** pl. fig. y fam. Protección, apoyo. *Pedro tiene buenas* AMARRAS.

amarraco. m. Tanteo de cinco puntos en el juego del mus.

amarradero. m. Poste, pilar o argolla donde se amarra alguna cosa. ‖ **2.** *Mar.* Sitio donde se amarran los barcos.

amarraje. m. Impuesto que se paga por el amarre de las naves en un puerto.

amarrar. tr. Atar y asegurar por medio de cuerdas, maromas, cadenas, etc. ‖ **2.** Por ext., atar, sujetar. ‖ **3.** Sujetar el buque en el puerto o en cualquier fondeadero, por medio de anclas y cadenas o cables. ‖ **4.** En sentido moral, atar o encadenar. ‖ **5.** prnl. *Amér.* Casarse, contraer matrimonio.

amarre. m. Acción y efecto de amarrar o amarrarse.

amartelado, da. adj. Que implica o demuestra amartelamiento.

amartelamiento. m. Exceso de galantería o rendimiento amoroso.

amartelar. tr. Enamorar. Ú. m. c. prnl. ‖ **2.** prnl. Acaramelarse o ponerse muy cariñoso el enamorado. Ú. m. en p. p.

amartillar. tr. Poner en el disparador un arma de fuego, como escopeta o pistola. ‖ **2.** fig. Afianzar, asegurar un trato o negocio.

amasadera. f. Artesa en que se amasa.

amasar. tr. Formar o hacer masa, mezclando harina, yeso, tierra o cosa semejante con agua u otro líquido. ‖ **2.** fig. Reunir, acumular fortuna o bienes.

amasijo. m. Porción de harina amasada para hacer pan. ‖ **2.** Porción de masa hecha con yeso, tierra o cosa semejante y agua u otro líquido. ‖ **3.** fig. y fam. Mezcla desordenada de cosas heterogéneas.

amatista. f. Cuarzo transparente, teñido por el óxido de manganeso, de color violeta más o menos subido. Se usa como piedra fina. ‖ **2.** Color violeta. Ú. t. c. adj.

amatorio, ria. adj. Relativo al amor. ‖ **2.** Que induce a amar.

amaurosis. f. *Pat.* Privación total de la vista, ocasionada por lesión en la retina, en el nervio óptico o en el encéfalo, sin más señal exterior en los ojos que una inmovilidad constante del iris.

amazacotado, da. adj. Pesado, groseramente compuesto a manera de mazacote.

amazona. f. Mujer de alguna de las razas guerreras que suponían los antiguos haber existido en los tiempos heroicos. ‖ **2.** fig. Mujer que monta a caballo.

amazónico, ca. adj. Perteneciente o relativo al río Amazonas o a los territorios situados a sus orillas.

ambages. m. pl. fig. Rodeos de palabras o circunloquios. ❑ Ú. m. en la loc. **sin ambages.**

ámbar. m. Resina fósil, de color amarillo más o menos oscuro, opaca o semitransparente, muy ligera, dura y quebradiza, que arde fácilmente, con buen olor, y se emplea en cuentas de collares, boquillas para fumar, etc.

ambarino, na. adj. Perteneciente al ámbar.

ambición. f. Deseo ardiente de conseguir poder, riquezas, dignidades o fama.

ambicionar. tr. Desear ardientemente alguna cosa.

ambicioso, sa. adj. Que tiene ambición. Ú. t. c. s.

ambidextro, tra o **ambidiestro, tra.** adj. Que usa igualmente la mano izquierda que la derecha.

ambientación. f. Acción y efecto de ambientar.

ambientador, ra. m. y f. Persona que tiene a su cargo la ambientación en una obra de radio, cine o televisión. ‖ **2.** m. Sustancia para perfumar el ambiente o para eliminar malos olores. ‖ **3.** Envase que lo contiene.

ambiental. adj. Perteneciente o relativo al ambiente, esto es, a las circunstancias que rodean a las personas, animales o cosas.

ambientar. tr. Sugerir, mediante pormenores verosímiles, los rasgos históricos, locales o sociales del medio en que ocurre la acción de una obra literaria, de cine, radio o televisión. ‖ **2.** Proporcionar a un lugar un ambiente adecuado, mediante decoración, luces, objetos, etc. ‖ **3.** Adaptar o acostumbrar a una persona a un medio desconocido o guiarla u orientarla en él. Ú. m. c. prnl.

ambiente. adj. Aplícase a cualquier fluido que rodea un cuerpo. ‖ **2.** m. Aire o atmósfera. ‖ **3.** Condiciones o circunstancias físicas, sociales, económicas, etc., de un lugar, una colectividad o una época. ‖ **4.** Sin adjetivo, **ambiente** propicio, agradable, etc. *Me fui del baile porque no había* AMBIENTE. ‖ **5.** Grupo, estrato o sector social. AMBIENTES *aristocráticos, populares, intelectuales*, etc.

ambigú. m. **bufé.** ❑ pl. *ambigús* o *ambigúes.*

ambigüedad. f. Calidad de ambiguo.

ambiguo, gua. adj. Que puede entenderse de varios modos o admitir distintas interpretaciones y dar, por consiguiente, motivo a dudas, incertidumbre o confusión. Dícese especialmente del lenguaje. ‖ **2.** Incierto, dudoso.

ámbito. m. Contorno o perímetro de un espacio o lugar. ‖ **2.** Espacio comprendido dentro de límites determinados. ‖ **3.** fig. Espacio ideal configurado por las cuestiones y los problemas de una o varias actividades o disciplinas relacionadas entre sí. *Esto pertenece al* ÁMBITO *de la psicología, no al de la sociología.*

ambivalencia. f. *Psicol.* Estado de ánimo, transitorio o permanente, en el que coexisten dos emociones o sentimientos opuestos; como el amor y el odio. ‖ **2.** Condición de lo que se presta a dos interpretaciones opuestas.

ambivalente. adj. Perteneciente o relativo a la ambivalencia.

ambliope. adj. Dícese del que tiene debilidad o disminución de la vista, sin lesión orgánica del ojo. Ú. t. c. s.

ambliopía. f. *Fisiol.* Defecto o imperfección del ambliope.

ambos, bas. adj. pl. El uno y el otro; los dos. ‖ **ambos** o **ambas a dos.** loc. pleonástica. **ambos, bas.**

ambrosía o **ambrosia.** f. *Mit.* Manjar o alimento de los dioses. ‖ **2.** fig. Cualquier vianda, manjar o bebida de gusto suave o delicado.

ambulacro. m. *Zool.* En los equinodermos, cada una de las series radiales constituidas por apéndices eréctiles en forma de tubo.

ambulancia. f. Vehículo destinado al transporte de heridos y enfermos y al de auxilios y elementos de cura.

ambulante. adj. Que va de un lugar a otro sin tener asiento fijo. Ú. t. c. s. *Vendedor* AMBULANTE.

ambulatorio, ria. adj. Dícese de las diferentes formas de enfermedad o tratamiento que no obligan a estar en cama. ‖ **2.** Perteneciente o relativo a la práctica de andar. ‖ **3.** m. **dispensario.**

ameba. f. *Biol.* Protozoo rizópodo, sin cutícula y con seudópodos incapaces de unirse entre sí. Conócense numerosas especies, de las que unas son parásitas de animales, otras viven en las aguas dulces o marinas y algunas en la tierra húmeda. ‖ **2.** f. pl. *Zool.* Orden de estos protozoos.

amedrentar. tr. Infundir miedo, atemorizar. Ú. t. c. prnl.

amén[1]. Voz que se dice al final de una oración. Ú. t. c. s. m. ‖ **2.** Úsase para manifestar aquiescencia o vivo deseo de que tenga efecto lo que se dice. Ú. t. c. s. m.

amén[2]. loc. prepos. Además de. ❑ Ú. m. seguido de la prep. *de.*

amenaza. f. Acción de amenazar. ‖ **2.** Dicho o hecho con que se amenaza.

amenazador, ra. adj. Que amenaza.

amenazar. tr. Dar a entender con actos o palabras que se quiere hacer algún mal a otro. ‖ **2.** fig. Dar indicios de estar inminente alguna cosa mala o desagradable: anunciarla, presagiarla. Ú. t. c. intr.

amenguar. tr. Disminuir, menoscabar. Ú. t. c. intr.

amenidad. f. Calidad de ameno.

amenizar. tr. Hacer ameno algo.

ameno, na. adj. fig. Grato, placentero, deleitable. *Escritor* AMENO; *conversación* AMENA.

amenorrea. f. *Fisiol.* Enfermedad que consiste en la supresión del flujo menstrual.

amentáceo, a. adj. *Bot.* Aplícase a las plantas que tienen inflorescencias en amento. Ú. t. c. s. f.

amento. m. *Bot.* Espiga articulada por su base y compuesta de flores de un mismo sexo, como la del avellano.

americana. f. **chaqueta.**

americanada. f. despect. Película típicamente estadounidense. ‖ **2.** despect. Dicho o hecho propio de los angloamericanos.

americanismo. m. Calidad o condición de americano. ‖ **2.** Amor o apego a las cosas características o típicas de América. ‖ **3.** Dedicación al estudio de las cosas de América. ‖ **4.** Vocablo, giro, rasgo fonético, gramatical o semántico que pertenece a alguna lengua indígena de América o proviene de ella. ‖ **5.** Vocablo, giro, rasgo fonético, gramatical o semántico peculiar o procedente del español hablado en algún país de América.

americanista. adj. Relativo a las cosas de América. ‖ **2.** com. Persona que estudia las lenguas y culturas de América.

americanizar. tr. Dar carácter americano. ‖ **2.** prnl. Tomar este carácter.

americano, na. adj. Natural de América. Ú. t. c. s. ‖ **2.** Perteneciente a esta parte del mundo. ❑ Distinguir de *estadounidense* o de *yanqui.*

americio. m. *Quím.* Elemento químico de núm. atóm. 95. Metal de color y brillo semejantes a los de la plata y muy tóxico por radiación; se obtiene artificialmente por bombardeo de plutonio con neutrones, y se encuentra en los residuos industriales de la fisión nuclear. Símb. *Am.*

amerindio, dia. adj. Dícese de los indios americanos y de lo perteneciente o relativo a ellos.

amerizaje. m. Acción y efecto de amerizar.

amerizar. intr. Posarse en el mar un hidroavión o aparato astronáutico.

ametrallador, ra. adj. Que ametralla. ‖ **2.** f. Arma automática, de tiro rápido y repetido, que se utiliza apoyada en el terreno.

ametrallar. tr. Disparar metralla contra el enemigo. ‖ **2.** Disparar con armas ametralladoras.

ametría. f. Falta de medida, o irregularidad en la norma métrica. ‖ **2.** Falta de medida en los versos por no observarse en ellos el cómputo de sílabas. Se aplicaba en el primitivo mester de juglaría.

ametropía. f. Defecto de refracción en el ojo que impide que las imágenes se formen debidamente en la retina.

amianto. m. Mineral que se presenta en fibras blancas y flexibles, de aspecto sedoso. Es un silicato de cal, alúmina y hierro, y por sus condiciones tiene aplicación para hacer con él tejidos incombustibles.

amicísimo, ma. adj. sup. de **amigo.**

amida. f. *Quím.* Cada uno de los compuestos orgánicos que formalmente resultan al sustituir por un radical derivado de un ácido orgánico un átomo de hidrógeno unido al nitrógeno, en el amoníaco o en las aminas.

amigable. adj. Dícese de la persona afable, inclinada a la amistad.

amígdala. f. *Anat.* Órgano formado por la reunión de numerosos nódulos linfáticos. ‖ **2. amígdala palatina.** ‖ **faríngea.** La situada en la porción nasal de la faringe. ‖ **lingual.** La situada en la base de la lengua. ‖ **palatina.** Cada una de las dos que se encuentran entre los pilares del velo del paladar. ❑ No utilizar por *angina.*

amigdaláceo, a. adj. *Bot.* Dícese de árboles o arbustos de la familia de las rosáceas, lisos o espinosos, que tienen hojas sencillas y alternas, flores precoces, solitarias o en corimbo y fruto drupáceo con hueso que encierra una almendra por semilla; como el cerezo, el ciruelo, el endrino, etc. Ú. t. c. s. f. ‖ **2.** f. pl. *Bot.* Familia de estas plantas.

amigdalitis. f. *Pat.* Inflamación de las amígdalas.

amigo, ga. adj. Que tiene amistad. Ú.t. c. s. ‖ **2. amistoso.** ‖ **3.** fig. Que gusta mucho de alguna cosa. ‖ **4.** poét. Refiriéndose a objetos materiales, benéfico, benigno, grato. ❑ sup. irreg. *amicísimo.*

amigote. m. despect. Compañero habitual de francachelas y diversiones.

amiguismo. m. Tendencia y práctica de favorecer a los amigos en perjuicio del mejor derecho de terceras personas.

amiláceo, a. adj. Que contiene almidón o que se parece a esta sustancia.

amilanar. tr. fig. Intimidar, o amedrentar. ‖ **2.** fig. Desanimar. ‖ **3.** prnl. Abatirse o desalentarse.

amina. f. *Quím.* Sustancia derivada del amoníaco por sustitución de uno o dos átomos de hidrógeno por radicales alifáticos o aromáticos.

aminar. tr. *Quím.* Introducir en una molécula orgánica un radical amínico.

amínico, ca. adj. Perteneciente o relativo a las aminas.

amino. m. *Quím.* Radical monovalente formado por un átomo de nitrógeno y dos de hidrógeno, que constituye el grupo funcional de las aminas y otros compuestos orgánicos.

aminoácido. m. *Quím.* Sustancia química orgánica en cuya composición molecular entran un grupo amino y otro carboxilo. Veinte de tales sustancias son los componentes fundamentales de las proteínas.

aminorar. intr. Disminuir o menguar. ‖ **2.** tr. Reducir en cantidad, calidad o intensidad.

amistad. f. Afecto personal, puro y desinteresado, ordinariamente recíproco, que nace y se fortalece con el trato. ‖ **2.** pl. Personas con las que se tiene **amistad.**

amistar. tr. Unir en amistad. Ú. t. c. prnl. ‖ **2.** Reconciliar a los enemistados. Ú. t. c. prnl.

amistoso, sa. adj. Perteneciente o relativo a la amistad. *Trato* AMISTOSO; *correspondencia* AMISTOSA. ‖ **2.** Dícese del encuentro deportivo que no es de competición.

amito. m. Lienzo fino, cuadrado y con una cruz en medio, que el oficiante se pone sobre la espalda y los hombros en algunas ceremonias litúrgicas.

amitosis. f. *Biol.* División del núcleo de una célula sin que se hagan patentes sus cromosomas.

amnesia. f. Pérdida o debilidad notable de la memoria.

amnésico, ca. adj. Perteneciente o relativo a la amnesia. ‖ **2.** Que padece amnesia. Ú. t. c. s.

amnios. m. *Zool.* Saco cerrado y lleno de un líquido acuoso, que envuelve y protege el embrión de reptiles, aves y mamíferos.

amniótico, ca. adj. *Zool.* Perteneciente o relativo al amnios.

amnistía. f. Olvido de los delitos políticos, otorgado por la ley ordinariamente a cuantos reos tengan responsabilidades análogas entre sí.

amnistiar. tr. Conceder amnistía.

amo. m. Cabeza o señor de la casa o familia. ‖ **2.** Dueño o poseedor de alguna cosa. ‖ **3.** El que tiene uno o más criados, respecto de ellos. ‖ **4.** Persona que tiene predominio o ascendiente decisivo sobre otra u otras. ‖ **5.** Se usa a veces como tratamiento dirigido al señor o a alguien a quien se desea manifestar respeto o sumisión. ‖ **ser el amo del cotarro.** fr. fig. y fam. Ser el principal en algún negocio.

amodorrado, da. adj. Soñoliento, adormecido o que tiene modorra.

amodorrarse. prnl. Caer en modorra.

amohinar. tr. Causar mohína. Ú. t. c. prnl.

amojamar. tr. Hacer mojama. ‖ **2.** prnl. **acecinarse.**

amojonar. tr. Señalar con mojones los linderos de una propiedad o de un término jurisdiccional.

amoldar. tr. Ajustar una cosa al molde. Ú. t. c. prnl. ‖ **2.** fig. Por ext., acomodar, reducir a la forma propia o conveniente. Ú. t. c. prnl. ‖ **3.** fig. Arreglar o ajustar la conducta de alguno a una pauta determinada. Ú. m. c. prnl.

amonarse. prnl. fam. **embriagarse.**

amonestación. f. Acción y efecto de amonestar. ‖ **2.** Notificación pública que se hace en la iglesia de los nombres de los que se van a casar u ordenar, a fin de que, si alguien supiere algún impedimento, lo denuncie. ❑ Ú. frecuentemente en pl. y, a veces, con los verbos *correr, leer* o *publicar.*

amonestar. tr. Hacer presente alguna cosa para que se considere, procure o evite. ‖ **2.** Advertir, prevenir, reprender. ‖ **3.** Publicar en la iglesia las amonestaciones.

amoniacal. adj. Perteneciente o relativo al amoníaco.

amoníaco o **amoniaco.** m. *Quím.* Gas incoloro, de olor irritante, soluble en agua, compuesto de nitrógeno e hidrógeno. Es un producto básico en la industria química.

amónico, ca. adj. *Quím.* Perteneciente o relativo al amonio.

amonio. m. *Quím.* Radical monovalente formado por un átomo de nitrógeno y cuatro de hidrógeno y que en sus combinaciones tiene grandes semejanzas con los metales alcalinos.

amonita. f. Mezcla explosiva cuyo principal componente es el nitrato amónico.

amonites. m. Molusco fósil de la clase de los cefalópodos, con concha externa en espiral, muy abundante en la Era Secundaria.

amontillado. adj. Dícese del vino blanco de alta graduación semejante al vino de Montilla. Ú. t. c. s. m.

amontonar. tr. Poner unas cosas sobre otras sin orden ni concierto. Ú. t. c. prnl. ‖ **2.** Apiñar personas o animales o cosas. Ú. t. c. prnl. ‖ **3.** Juntar, reunir, allegar cosas en abundancia. ‖ **4.** fig. Juntar y mezclar de manera confusa y desordenada. AMONTONAR *textos, sentencias, palabras.* Ú. t. c. prnl. ‖ **5.** prnl. Tratándose de sucesos, sobrevenir muchos en corto tiempo.

amor. m. Sentimiento que mueve a desear que la realidad amada, otra persona, un grupo humano o alguna cosa, alcance lo que se juzga su bien, a procurar que ese deseo se cumpla y a gozar como bien propio el hecho de saberlo cumplido. Uniendo a esta palabra la preposición *de,* indicamos el objeto a que se refiere: como AMOR *de Dios, de los hijos;* o la persona que lo siente: como AMOR *de padre.* ‖ **2.** Atracción sexual. ‖ **3.** Persona amada, invocada o llamada por quien la ama. AMOR *mío.* ‖ **4.** Esmero con que se trabaja una obra deleitándose en ella. ‖ **5.** pl. Relaciones amorosas. ‖ **6.** Objeto de cariño especial para alguno. ‖ **7.** Expresiones de **amor,** caricias, requiebros. ‖ **lesbiano, lésbico** o **lesbio. amor** homosexual entre mujeres. ‖ **propio.** El que una persona profesa a sí misma, y especialmente a su prestigio. ‖ **al amor de la lumbre,** o **del fuego.** exprs. Cerca de ella, o de él, de modo que calienten y no quemen. ‖ **con mil amores.** expr. fam. Con mucho gusto, de muy buena voluntad. ‖ **en amor y compaña.** expr. fam. En amistad y buena compañía. ‖ **hacer el amor.** fr. Enamorar, galantear. ‖ **2.** Copular. ‖ **por amor al arte.** loc. adv. fam. Gratuitamente, sin obtener recompensa por el trabajo. ‖ **por amor de Dios.** expr. que se usa para pedir con encarecimiento o excusarse con humildad. *Perdone usted* POR AMOR DE DIOS.

amoral. adj. Dícese de la persona desprovista de sentido moral. ‖ **2.** Aplícase también a las obras humanas, especialmente a las artísticas, en las que de propósito se prescinde del fin moral. ❑ No confundir con *inmoral.*

amoratado, da. adj. Que tira a morado.

amoratarse. prnl. Ponerse morado.

amorcillo. m. En las artes plásticas, niño desnudo y alado, generalmente portador de un emblema del amor: flechas, carcaj, venda, paloma, rosas, etc.

amordazar. tr. Poner mordaza. ‖ **2.** fig. Impedir hablar o expresarse libremente, mediante coacción.

amorfo, fa. adj. Sin forma regular o bien determinada. ‖ **2.** fig. Que carece de personalidad y carácter propio.

amorío. m. fam. **enamoramiento.** ‖ **2.** Relación amorosa que se considera superficial y pasajera. Ú. m. en pl.

amormío. m. Planta perenne de la familia de las amarilidáceas, de cebolla pequeña, hojas largas, lacias, muy estrechas en la base, después lanceoladas, y bohordo central de unos 40 centímetros de altura, con flores blancas poco olorosas.

amoroso, sa. adj. Que siente amor. *Padre* AMOROSO. ‖ **2.** Perteneciente o relativo al amor. ‖ **3.** Que denota o manifiesta amor. *Carta* AMOROSA.

amortajar. tr. Poner la mortaja al difunto.

amortiguación. f. **amortiguamiento.**

amortiguador, ra. adj. Que amortigua. ‖ **2.** m. Dispositivo que sirve para compensar y disminuir el efecto de choques, sacudidas o movimientos bruscos en aparatos mecánicos.

amortiguamiento. m. Acción y efecto de amortiguar o amortiguarse. ‖ **2.** *Fís.* Disminución progresiva, en el tiempo, de la intensidad de un fenómeno periódico.

amortiguar. tr. fig. Hacer menos viva, eficaz, intensa o violenta alguna cosa. AMORTIGUAR *el fuego, la luz, una pasión.* Ú. t. c. prnl. ‖ **2.** fig. Hablando de los colores, templarlos, amenguar su viveza.

amortizable. adj. Que puede amortizarse.

amortización. f. Acción y efecto de amortizar.

amortizar. tr. Redimir o extinguir el capital de un censo, préstamo u otra deuda. Ú. t. c. prnl. ‖ **2.** Recuperar o compensar los fondos invertidos en alguna empresa. Ú. t. c. prnl. ‖ **3.** Suprimir, por considerarlos innecesarios, empleos o plazas vacantes en una institución pública o empresa privada.

amoscarse. prnl. fam. **enfadarse.**

amotinado, da. adj. Dícese de la persona que toma parte en un motín. Ú. t. c. s.

amotinamiento. m. Acción y efecto de amotinar o amotinarse.

amotinar. tr. Alzar en motín a cualquier multitud. Ú. t. c. prnl. ‖ **2.** fig. Turbar e inquietar las potencias del alma o los sentidos. Ú. t. c. prnl.

amparar. tr. Favorecer, proteger. ‖ **2.** prnl. Valerse del apoyo o protección de alguien o de algo. ‖ **3.** Defenderse, guarecerse.

amparo. m. Acción y efecto de amparar o ampararse. ‖ **2.** Persona o cosa que ampara.

ampelografía. f. Descripción de las variedades de la vid y conocimiento de los modos de cultivarlas.

amperaje. m. Cantidad de amperios que actúan en un aparato o sistema eléctrico.

amperímetro. m. Aparato que sirve para medir el número de amperios de una corriente eléctrica.

amperio. m. *Fís.* Unidad de corriente eléctrica. Es la intensidad de la corriente que, al circular por dos conductores paralelos, rectilíneos, de longitud infinita, de sección circular despreciable y colocados a la distancia de un metro uno de otro en el vacío, origina entre dichos conductores una fuerza de dos diezmillonésimas de neutonio por cada metro de conductor. El **amperio** se ha adoptado convencionalmente como unidad básica del sistema de Giorgi MKSA (metro, kilogramo, segundo y **amperio).**

ampliación. f. Acción y efecto de ampliar. ‖ **2.** Fotografía, texto, plano, etc., ampliados.

ampliador, ra. adj. Que amplía. Ú. t. c. s. ‖ **2.** m. y f. Aparato o máquina que amplía, especialmente imágenes.

ampliar. tr. Extender, dilatar. ‖ **2.** Reproducir fotografías, planos, textos, etc., en tamaño mayor del original.

amplificador, ra. adj. Que amplifica. Ú. t. c. s. ‖ **2.** m. Aparato o conjunto de ellos, mediante el cual, utilizando energía externa, se aumenta la amplitud o intensidad de un fenómeno físico.

amplificar. tr. **ampliar,** extender, dilatar. ‖ **2.** Aumentar la amplitud o intensidad de un fenómeno físico mediante un dispositivo o aparato.

amplio, plia. adj. Extenso, dilatado, espacioso. Ú. t. en sent. fig. AMPLIOS *poderes,* AMPLIAS *ventajas.*

amplitud. f. Extensión, dilatación. ‖ **2.** fig. Capacidad de comprensión intelectual o moral. AMPLITUD *de miras.* AMPLITUD *de criterio.* ‖ **3.** *Astron.* Ángulo comprendido entre el plano vertical que pasa por la visual dirigida al centro de un astro y el vertical primario. Se mide sobre el horizonte y es complemento del azimut. ‖ **4.** *Fís.* Valor máximo que adquiere una variable en un fenómeno oscilatorio.

ampo. m. Blancura resplandeciente. ‖ **2.** Copo de nieve. Ú. m. en pl.

ampolla. f. Vejiga formada por la elevación de la epidermis. ‖ **2.** Vasija de vidrio o de cristal, de cuello largo y angosto, y de cuerpo ancho y redondo en la parte inferior. ‖ **3.** Pequeño recipiente de vidrio cerrado herméticamente, que contiene por lo común una dosis de líquido inyectable. ‖ **4.** En una lámpara eléctrica, parte de cristal que contiene el filamento o los electrodos. ‖ **levantar ampolla** o **ampollas.** loc. fig. Causar notable disgusto o desasosiego.

ampolleta. f. d. de **ampolla.** ‖ **2. reloj de arena.** ‖ **3.** Tiempo que gasta la arena en pasar de una a otra de las dos **ampolletas** de que se compone este reloj.

ampuloso, sa. adj. Hinchado y redundante. Dícese del lenguaje o del estilo y del escritor o del orador.

ampurdanés, sa. adj. Natural del Ampurdán. Ú. t. c. s. ‖ **2.** Perteneciente a esta comarca de Cataluña.

amputación. f. Acción y efecto de amputar.

amputar. tr. Cortar y separar enteramente del cuerpo un miembro o porción de él. Ú. t. en sent. fig.

amueblar. tr. Dotar de muebles un edificio o alguna parte de él.

amuermar. tr. fam. Causar aburrimiento o tedio. Ú. m. c. prnl.

amuleto. m. Objeto pequeño que se lleva encima, al que se atribuye la virtud de alejar el mal o propiciar el bien.

amura. f. *Mar.* Parte de los costados del buque

donde este empieza a estrecharse para formar la proa.

amurallado, da. adj. Protegido o cercado por murallas. *Ciudad* AMURALLADA.

amurallar. tr. Rodear de murallas. Ú. t. en sent. fig. ‖ **2.** Circundar una cosa a modo de muralla.

an-¹. V. **a-².**

an-². V. **ana-.**

ana. f. Antigua medida de longitud que equivalía aproximadamente a un metro.

ana-. pref. que significa «sobre»: ANA*tema;* «de nuevo»: ANA*baptista;* «hacia atrás»: ANA*pesto;* «contra»: ANA*crónico;* «según»: ANA*logía.* Se apocopa ante vocal: AN*ión.*

anabaptismo. m. Doctrina de los anabaptistas.

anabaptista. adj. Seguidor de una confesión protestante que no admite el bautismo de los niños antes del uso de razón. Ú. m. c. s. pl.

anabolismo. m. *Biol.* Conjunto de procesos metabólicos de síntesis de moléculas complejas a partir de otras más sencillas.

anabolizante. m. *Biol.* Producto químico utilizado para aumentar la intensidad de los procesos metabólicos de síntesis de moléculas complejas en el organismo; v. gr. las vitaminas, entre los naturales, y algunos esteroides de síntesis, entre los artificiales.

anacanto. adj. Dícese de peces teleósteos con aletas de radios blandos y flexibles y de las cuales las abdominales están situadas debajo de las pectorales o delante de ellas. Ú. t. c. s.

anacardiáceo, a. adj. *Bot.* Dícese de plantas angiospermas dicotiledóneas, árboles, arbustos o matas, de corteza resinosa, hojas alternas y sin estípulas, flores por lo común en racimos; fruto en drupa o seco, con una sola semilla, casi siempre sin albumen; como el terebinto, el lentisco y el zumaque. Ú. t. c. s. f. ‖ **2.** f. pl. *Bot.* Familia de estas plantas.

anacardo. m. Se da este nombre a varias especies de árboles tropicales de flores pequeñas cuyo fruto es comestible y se usa en medicina. ‖ **2.** Fruto de este árbol.

anacoluto. m. *Gram.* Inconsecuencia en el régimen, o en la construcción de una cláusula.

anaconda. f. Serpiente semiacuática americana de gran tamaño.

anacoreta. com. Persona que vive en lugar solitario, entregada enteramente a la contemplación y a la penitencia.

anacreóntico, ca. adj. Propio y característico del poeta griego Anacreonte. ‖ **2.** Semejante a cualquiera de las dotes o calidades por que se distinguen sus obras. ‖ **3.** Se aplica especialmente a la composición poética en que, a imitación de las de Anacreonte, se cantan asuntos ligeros. Ú. m. c. s. f.

anacrónico, ca. adj. Que adolece de anacronismo.

anacronismo. m. Error que consiste en suponer acaecido un hecho antes o después del tiempo en que sucedió, y por ext., incongruencia que resulta de presentar algo como propio de una época a la que no corresponde. ‖ **2.** Persona o cosa anacrónicas.

ánade. amb. **pato¹,** ave. ‖ **2.** Por ext., cualquier otra de las aves que tienen los mismos caracteres genéricos que el pato.

anádromo, ma. adj. *Zool.* Dícese de especies de peces que viven en el mar, pero remontan los ríos para reproducirse, como el salmón. Ú. t. c. s.

anaerobio, bia. adj. Aplícase al organismo que puede vivir sin oxígeno. Ú. m. c. s. m.

anafe. m. Hornillo, generalmente portátil.

anafiláctico, ca. adj. Perteneciente o relativo a la anafilaxia.

anafilaxia. f. *Fisiol.* Sensibilidad exagerada del organismo debida a la acción de ciertas sustancias orgánicas, cuando después de algún tiempo de haber estado en contacto con él, vuelven a hacerlo aun en pequeñísima cantidad, lo que produce desórdenes varios y a veces graves. ‖ **2.** Sensibilidad excesiva de algunas personas a la acción de ciertas sustancias alimenticias o medicinales.

anáfora. f. *Ret.* **repetición,** figura retórica. ‖ **2.** *Ling.* Tipo de deixis que desempeñan ciertas palabras para asumir el significado de una parte del discurso ya emitida; v. gr.: *lo* en: *Dijo que había estado, pero no me* LO *creí.*

anafrodisia. f. Disminución o falta del apetito sexual.

anaglifo. m. Vaso u otra obra tallada, de relieve abultado. ‖ **2.** Superposición de dos imágenes, una en color rojo y otra en verde, que producen, al ser miradas con lentes especiales, una impresión de relieve.

anagrama. m. Transposición de las letras de una palabra o sentencia, de que resulta otra palabra o sentencia distinta. ‖ **2.** Palabra o sentencia, que resulta de esta transposición de letras; como de *amor, Roma;* o viceversa. ‖ **3.** Por ext., símbolo o emblema, especialmente el constituido por letras.

anal. adj. Perteneciente o relativo al ano. *Músculo* ANAL.

analéptico, ca. adj. *Med.* Dícese del régimen alimenticio que tiene por objeto restablecer las fuerzas.

anales. m. pl. Relaciones de sucesos por años.

Antiguamente se usaba en sing. ‖ **2.** Publicación periódica en la que se recogen noticias y artículos sobre un campo concreto de la cultura, la ciencia o la técnica.

analfabetismo. m. Falta de instrucción elemental en un país, referida especialmente al número de sus ciudadanos que no saben leer. ‖ **2.** Calidad de analfabeto.

analfabeto, ta. adj. Que no sabe leer ni escribir. Ú. t. c. s. ‖ **2.** Por ext. y ponderación, ignorante, sin cultura, o profano en alguna disciplina.

analgesia. f. *Med.* Falta o supresión de toda sensación dolorosa, sin pérdida de los restantes modos de la sensibilidad.

analgésico, ca. adj. Perteneciente o relativo a la analgesia. ‖ **2.** m. Medicamento o droga que produce analgesia.

análisis. m. Distinción y separación de las partes de un todo hasta llegar a conocer sus principios o elementos. ‖ **2.** fig. Examen que se hace de una obra, de un escrito o de cualquier realidad susceptible de estudio intelectual. ‖ **3.** *Inform.* Estudio, mediante técnicas informáticas, de los límites, características y posibles soluciones de un problema al que se aplica un tratamiento por ordenador. ‖ **4.** *Mat.* Parte de las matemáticas basada en los conceptos de límite, convergencia y continuidad, que dan origen a diversas ramas: cálculo diferencial e integral, teoría de funciones, etc. ‖ **clínico.** *Med.* Examen cualitativo y cuantitativo de ciertos componentes o sustancias del organismo según métodos especializados, con el fin de emitir un diagnóstico. ‖ **factorial.** Método estadístico usado para cuantificar la importancia de cada uno de los factores actuantes en un fenómeno.

analista. com. El que hace análisis químicos o médicos. ‖ **2.** Persona que se dedica al estudio del análisis matemático. ‖ **3.** Observador habitual de un campo de la vida social o cultural. ANALISTA *político, financiero, militar.* ‖ **4.** Persona que lleva a cabo análisis informáticos.

analítico, ca. adj. Perteneciente o relativo al análisis. ‖ **2.** Que procede descomponiendo, o que pasa del todo a las partes.

analizar. tr. Hacer análisis de alguna cosa.

analogía. f. Relación de semejanza entre cosas distintas. ‖ **2.** *Biol.* Relación de correspondencia que ofrecen entre sí partes que en diversos organismos tienen una misma función. ‖ **3.** *Der.* Método por el que una regla de ley o de derecho se extiende, por semejanza, a casos no comprendidos en ella. ‖ **4.** Razonamiento basado en la existencia de atributos semejantes en seres o cosas diferentes. ‖ **5.** *Gram.* Semejanza formal entre los elementos lingüísticos que desempeñan igual función o tienen entre sí alguna coincidencia significativa. ‖ **6.** *Gram.* Creación de nuevas formas lingüísticas, o modificación de las existentes, a semejanza de otras; p. ej.: los pretéritos *tuve, estuve, anduve* se formaron por **analogía** con *hube.*

analógico, ca. adj. **análogo.** ‖ **2.** *Ling.* Perteneciente o relativo a la analogía.

análogo, ga. adj. Que tiene analogía con otra cosa. ‖ **2.** *Bot.* y *Zool.* Dícese de órganos que pueden adoptar aspecto semejante por cumplir determinada función, pero que no son homólogos, v. gr. las alas en aves e insectos.

anamnesia o **anamnesis.** f. *Med.* Conjunto de los datos clínicos relevantes y otros del historial de un paciente. ‖ **2. reminiscencia,** representación o traída a la memoria de algo pasado.

ananá o **ananás.** m. Planta exótica, vivaz, de la familia de las bromeliáceas, que crece hasta unos siete decímetros de altura, con hojas glaucas, ensiformes, rígidas, de bordes espinosos y rematados en punta muy aguda; flores de color morado y fruto grande en forma de piña, carnoso, amarillento, muy fragante, suculento y terminado por una corona de hojas. ‖ **2.** Fruto de esta planta. ❑ pl. *ananás.*

anapesto. m. Pie de las métricas griega y latina compuesto de tres sílabas: las dos primeras, breves, y la otra, larga.

anaquel. m. Cada una de las tablas puestas horizontalmente en los muros, o en armarios, alacenas, etc., para colocar sobre ellas libros, piezas de vajilla o cualesquiera otras cosas de uso doméstico o destinadas a la venta.

anaranjado, da. adj. De color semejante al de la naranja. Ú. t. c. s.

anarcosindicalismo. m. Movimiento sindical de carácter revolucionario y orientación anarquista.

anarcosindicalista. adj. Perteneciente o relativo al anarcosindicalismo. ‖ **2.** Partidario del anarcosindicalismo. Apl. a pers., ú. t. c. s.

anarquía. f. Falta de todo gobierno en un Estado. ‖ **2.** fig. Desorden, confusión, por ausencia o flaqueza de la autoridad pública. ‖ **3.** Por ext., desconcierto, incoherencia, barullo. ‖ **4. anarquismo,** doctrina política.

anárquico, ca. adj. Perteneciente o relativo a la anarquía. ‖ **2.** Que implica anarquía o está caracterizado por ella. ‖ **3. anarquista.** Apl. a pers., ú. t. c. s.

anarquismo. m. Doctrina basada en la abolición de toda forma de Estado o de gobierno y en la exaltación de la libertad del individuo. ‖ **2.** Movimiento político inspirado por esta doctrina.

anarquista. adj. Propio del anarquismo o de la anarquía. ‖ **2.** com. Persona que profesa el anarquismo, o desea o promueve la anarquía.

anarquizar. tr. Causar o introducir la anarquía. ‖ **2.** prnl. Caer en la anarquía.

anastomosis. f. *Bot.* y *Zool.* Unión de unos elementos anatómicos con otros de la misma planta o del mismo animal.

anástrofe. f. *Gram.* Inversión violenta en el orden de las palabras de una oración.

anatema. amb. **excomunión.** ‖ **2.** Maldición, imprecación. ‖ **3.** m. Persona o cosa anatematizada.

anatematizar. tr. Imponer el anatema. ‖ **2.** Maldecir a alguno o hacer imprecaciones contra él. ‖ **3.** fig. Reprobar o condenar por mala a una persona o cosa.

anatomía. f. Estudio de la estructura, situación y relaciones de las diferentes partes del cuerpo de los animales o de las plantas. ‖ **2.** *Biol.* Disección o separación artificiosa de las partes del cuerpo de un animal o de una planta. ‖ **patológica.** Estudio de las alteraciones producidas por las enfermedades en las células y tejidos de los seres vivos.

anatómico, ca. adj. Perteneciente o relativo a la anatomía. ‖ **2.** Dícese de cualquier objeto construido para que se adapte o ajuste perfectamente al cuerpo humano o a alguna de sus partes. *Asientos* ANATÓMICOS; *prendas* ANATÓMICAS.

anca. f. Cada una de las dos mitades laterales de la parte posterior de las caballerías y otros animales. ‖ **2.** Grupa de las caballerías. ‖ **3.** Cadera de una persona. ‖ **4.** fam. Nalga de una persona.

ancestral. adj. Perteneciente o relativo a los antepasados. ‖ **2.** Tradicional y de origen remoto.

ancestro. m. **antepasado.** ‖ **2. herencia,** rasgos característicos que se transmiten.

ancho, cha. adj. Que tiene más o menos anchura. ‖ **2.** Que tiene anchura excesiva. ‖ **3.** Holgado, amplio en demasía. *Vestido* ANCHO. ‖ **4.** fig. Desembarazado, laxo, libre. ‖ **5.** fig. Orgulloso, envanecido, ufano. ❑ Ú. m. con los verbos *estar, ponerse* y *quedarse. Soltó un disparate y se quedó tan* ANCHO. ‖ **6.** m. **anchura.** *El* ANCHO *del paño.* ‖ **a mis, a tus, a sus, anchas,** o **anchos.** locs. advs. fams. Cómodamente, sin sujeción, con entera libertad. ‖ **estar ancho.** Disponer de espacio holgado para estar o acomodarse. ‖ **venir** algo **ancho** a alguien. fr. fig. Estar por encima de sus méritos o posibilidades.

anchoa. f. Boquerón curado en salmuera con parte de su sangre. ‖ **2.** En algunas partes, **boquerón,** pez teleósteo fisóstomo.

anchura. f. La menor de las dos dimensiones principales que tienen las cosas o figuras planas, en contraposición a la mayor o longitud. ‖ **2.** En una superficie, su dimensión considerada de derecha a izquierda o de izquierda a derecha, en contraposición a la considerada de arriba abajo o de abajo arriba. ‖ **3.** En objetos de tres dimensiones, la segunda en magnitud. ‖ **4.** Amplitud, extensión o capacidad grandes. ‖ **5.** Holgura, espacio suficiente para que pase, quepa o se mueva dentro alguna cosa.

ancianidad. f. Calidad de anciano. ‖ **2.** Último período de la vida ordinaria del hombre.

anciano, na. adj. Dícese de la persona de mucha edad. Ú. t. c. s.

ancla. f. Instrumento fuerte de hierro forjado, en forma de arpón o anzuelo doble, compuesto de una barra, llamada caña, que lleva unos brazos terminados en uña, dispuestos para aferrarse al fondo del mar y sujetar la nave. Ú. t. en sent. fig. ‖ **echar anclas.** fr. *Mar.* Sujetarlas en el fondo. ‖ **levar anclas.** fr. *Mar.* Levantarlas para salir del fondeadero.

anclaje. m. *Mar.* Acción de anclar la nave. ‖ **2.** *Mar.* **fondeadero.** ‖ **3.** *Mar.* Tributo que se paga por fondear en un puerto. ‖ **4.** fig. Conjunto de elementos destinados a fijar algo firmemente al suelo.

anclar. intr. *Mar.* **echar anclas.** ‖ **2.** *Mar.* Quedar sujeta la nave por medio del ancla. ‖ **3.** fig. Quedarse, arraigar en un lugar, o aferrarse tenazmente a una idea o actitud. Ú. t. c. prnl. *Estaba* ANCLADO *en la tradición.* ‖ **4.** tr. fig. Sujetar algo firmemente al suelo o a otro lugar.

ancón. m. Ensenada pequeña en que se puede fondear. ‖ **2.** *Arq.* Cada una de las dos ménsulas colocadas a uno y otro lado de un vano para sostener la cornisa.

áncora. f. **ancla,** de la nave. ‖ **2.** fig. Lo que sirve o puede servir de amparo en un peligro o infortunio.

andada. f. Acción y efecto de andar[1]. ‖ **volver a las andadas.** fr. fig. y fam. Reincidir en un vicio o mala costumbre.

andador, ra. adj. Que anda mucho o con velocidad. Ú. t. c. s. ‖ **2.** m. Utensilio de diversas formas y materiales, para enseñar a andar a los niños. Ú. m. en pl.

andadura. f. Acción o modo de andar. Ú. t. en sent. fig. *Un libro de clásica* ANDADURA.

andalucismo. m. Locución, giro o modo de hablar peculiar y propio de los andaluces. ‖ **2.** Nacionalismo andaluz.

andalucita. f. *Min.* Silicato de alúmina natural.

andalusí. adj. Perteneciente o relativo al Ándalus o España musulmana. Apl. a pers., ú. t. c. s. ❑ pl. *andalusíes* o *andalusís.*

andaluz, za. adj. Natural de Andalucía. Ú. t. c. s. || **2.** Perteneciente a esta región de España. || **3.** Dícese de la variedad de la lengua española hablada en Andalucía. Se caracteriza por diversos rasgos fonológicos, así como por entonación y léxico peculiares. Ú. t. c. s. m.

andamiada. f. Conjunto de andamios.

andamiaje. m. **andamiada.**

andamio. m. Armazón de tablones o vigas puestos horizontalmente y sostenidos en pies derechos y puentes, o de otra manera, que sirve para colocarse encima de ella y trabajar en la construcción o reparación de edificios, pintar paredes o techos, subir o bajar estatuas u otras cosas, etc. Ú. t. en sent. fig. || **2.** Tablado que se pone en plazas o sitios públicos para ver desde él alguna fiesta, o con otro objeto.

andana[1]. f. Orden de algunas cosas puestas en línea. *Casa de dos o tres* ANDANAS *de balcones. Navío con dos* ANDANAS *de piezas de artillería.*

andana[2] (llamarse alguien **andana** o **a).** fr. fam. Desentenderse de lo que es o podría ser un compromiso.

andanada. f. **andana[1],** orden de cosas puestas en línea. || **2.** Descarga cerrada de toda una andana o batería de cualquiera de los dos costados de un buque. Ú. t. en sent. fig. *Una* ANDANADA *de improperios.* || **3.** fig. y fam. Reprensión, reconvención agria y severa. ❑ Ú. m. en la fr. **le soltó la,** o **una, andanada.**

andante[1]. adj. Que anda. || **2.** adj. V. **caballero andante.**

andante[2]. adv. m. *Mús.* Con movimiento moderadamente lento. || **2.** m. *Mús.* Composición o parte de ella que se ha de ejecutar con este movimiento. *Tocar* o *cantar un* ANDANTE.

andantino. adv. m. *Mús.* Con movimiento más vivo que el andante, pero menos que el alegro. || **2.** m. *Mús.* Composición o parte de ella que se ha de ejecutar con este movimiento.

andanza. f. Acción de recorrer diversos lugares considerada como azarosa. || **2.** Suerte, buena o mala. || **3.** pl. Vicisitudes, peripecias, trances.

andar[1]. intr. Ir de un lugar a otro dando pasos. Ú. t. c. prnl. || **2.** Ir de un lugar a otro lo inanimado. ANDAR *los planetas, la nave.* Ú. raramente c. prnl. || **3.** Moverse un artefacto o máquina para ejecutar sus funciones. ANDAR *el reloj, un molino.* || **4.** fig. **estar.** ANDAR *uno bueno o malo, alegre o triste.* || **5. haber.** ANDAN *muchos locos sueltos por la calle.* || **6.** fig. Tomar parte, ocuparse o entretenerse en algo. ANDAR *en pleitos, en pretensiones.* Ú. t. c. prnl. ANDARSE *con contemplaciones, con paños calientes.* || **7.** Hablando del tiempo, pasar, correr. || **8.** Obrar, proceder. *Quien mal* ANDA *mal acaba.* Ú. t. c. prnl. ÁNDATE *con cuidado.* || **9.** Seguido de la prep. *a* y de nombres en plural, como *cachetes, cuchilladas, tiros, palos,* etc., darlos, o reñir de este modo. || **10.** fam. Seguido de la prep. *en,* poner o meter las manos o los dedos en alguna cosa. *Encontré al uno* ANDANDO EN *el cajón y al otro en los papeles.* Ú. t. c. prnl. *No es bueno* ANDARSE EN *los ojos.* || **11.** Generalmente con las preps. *en* y *por,* seguidas de un número que indique años, encontrarse en un punto exacto o aproximado. ANDA POR *los treinta años.* || **12.** fam. Seguido de la prep. *con,* traer entre manos. *Es peligroso* ANDAR CON *pólvora.* || **13.** Con gerundios, denota la acción que expresan estos. ANDAR *ronceando, cazando.* || **¡anda!** interj. que sirve para expresar admiración o sorpresa, y también para excitar o animar a hacer alguna cosa y para denotar alegría, como revancha, cuando a otro le ocurre algo desagradable. || **¡andando!** interj. que se usa para exhortar a alguien

andar

INDICATIVO

Presente: ando, andas, anda, andamos, andáis, andan.

Pretérito imperfecto: andaba, andabas, andaba, andábamos, andabais, andaban.

Pretérito indefinido: anduve, anduviste, anduvo, anduvimos, anduvisteis, anduvieron.

Futuro imperfecto: andaré, andarás, andará, andaremos, andaréis, andarán.

Condicional: andaría, andarías, andaría, andaríamos, andaríais, andarían.

SUBJUNTIVO

Presente: ande, andes, ande, andemos, andéis, anden.

Pretérito imperfecto: anduviera o anduviese, anduvieras o anduvieses, anduviera o anduviese, anduviéramos o anduviésemos, anduvierais o anduvieseis, anduvieran o anduviesen.

Futuro imperfecto: anduviere, anduvieres, anduviere, anduviéremos, anduviereis, anduvieren.

IMPERATIVO

anda (tú); andad (vosotros).

FORMAS NO PERSONALES

Infinitivo: andar.

Participio: andado.

Gerundio: andando.

a darse prisa o a empezar una acción. ‖ **andar a derechas,** o **derecho.** fr. fig. y fam. Obrar con rectitud. ‖ **andar a la que salta.** fr. fig. y fam. Aprovecharse, para sus fines, de cualquier ocasión que se presenta. ‖ **andar tras** alguna cosa. fr. fig. Pretenderla insistentemente. ‖ **andar tras** alguno. fr. **andar** en su seguimiento o alcance. ‖ **todo se andará.** loc. fam. con que se da a entender al que echó de menos alguna cosa, creyéndola olvidada, que a su tiempo se ejecutará o se tratará de ella. ❑ Irreg. Ver conjugación modelo.

andar². m. Acción o modo de andar. *Caballería de buen* ANDAR. ‖ **2.** pl. Modo de andar las personas, especialmente cuando es airoso o gallardo.

andariego, ga. adj. **andador,** que anda mucho. Ú. t. c. s.

andarivel. m. Maroma tendida entre las dos orillas de un río o canal, o entre dos puntos no muy distantes de un puerto, arsenal, etc., y mediante la cual pueden desplazarse a brazo las embarcaciones menores. ‖ **2.** *Mar.* Cuerda colocada en diferentes sitios del buque, a manera de pasamano, para dar seguridad a las personas o para otros usos. ‖ **3.** Mecanismo usado para pasar ríos y hondonadas que no tienen puente; y consiste en una especie de cesta o cajón, comúnmente de cuero, que, pendiente de dos argollas, corre por una maroma fija por sus dos extremos.

andas. f. pl. Tablero que, sostenido por dos varas paralelas y horizontales, sirve para conducir efigies, personas o cosas. ‖ **2.** Féretro o caja con varas, en que se llevan a enterrar los muertos. ‖ **en andas.** loc. adv. A hombros o en vilo.

andén. m. En las norias, tahonas y otros ingenios movidos por caballerías, sitio por donde estas andan, dando vueltas alrededor. ‖ **2.** Corredor o sitio destinado para andar. ‖ **3.** En las estaciones de los ferrocarriles, especie de acera a lo largo de la vía, más o menos ancha, y con la altura conveniente para que los viajeros entren en los vagones y se apeen de ellos, así como también para cargar y descargar equipajes y efectos. ‖ **4.** En los puertos de mar, espacio de terreno sobre el muelle, en que andan las personas que cuidan del embarque y desembarque de los géneros, o que vienen a este paraje para esparcirse o con otro objeto. ‖ **5.** Acera de un puente. ‖ **6.** *Amér.* **bancal,** terreno de labranza. Ú. generalmente en pl.

andino, na. adj. Perteneciente o relativo a la cordillera de los Andes.

andorga. f. fam. **vientre,** cavidad inferior del cuerpo.

andorrano, na. adj. Natural de Andorra. Ú. t. c. s. ‖ **2.** Perteneciente a este Estado o principado de los Pirineos, o a la villa de Andorra, en Aragón.

andrajo. m. Prenda de vestir vieja, rota o sucia. ‖ **2.** Pedazo o jirón de tela roto, viejo o sucio. ‖ **3.** fig. y despect. Persona o cosa muy despreciable.

andrajoso, sa. adj. Cubierto de andrajos. Ú. t. c. s. ‖ **2.** Hecho andrajos. Dícese de la prenda de vestir.

androceo. m. *Bot.* Verticilo floral masculino de las plantas fanerógamas, constituido por uno o más estambres.

androfobia. f. Aversión morbosa hacia el sexo masculino.

andrógeno. m. Hormona masculina. ❑ No confundir con *andrógino.*

andrógino, na. adj. Hermafrodita. Ú. t. c. s. ‖ **2.** Dícese de la persona cuyos rasgos externos no se corresponden definidamente con los propios de su sexo. Ú. t. c. s. ‖ **3.** *Bot.* **monoico.** ❑ No confundir con *andrógeno.*

androide. m. Autómata de figura de hombre.

andurrial. m. Paraje apartado o fuera de camino. Ú. m. en pl.

anea. f. Planta de la familia de las tifáceas, que crece en sitios pantanosos, hasta dos metros de altura, con tallos cilíndricos y sin nudos, hojas envainadoras por la base, ensiformes, y flores en forma de espiga maciza y vellosa, de la cual la mitad inferior es femenina y masculina la superior. Sus hojas se emplean para hacer asientos de sillas, ruedos, etc.

anécdota. f. Relato breve de un hecho curioso que se hace como ilustración, ejemplo o entretenimiento. ‖ **2.** Suceso curioso y poco conocido, que se cuenta en dicho relato. ‖ **3.** Suceso circunstancial o irrelevante.

anecdotario. m. Colección de anécdotas.

anecdótico, ca. adj. Perteneciente o relativo a la anécdota.

anegadizo, za. adj. Que frecuentemente se anega o inunda. Ú. t. c. s. m.

anegamiento. m. Acción y efecto de anegar o anegarse.

anegar. tr. Ahogar a uno sumergiéndolo en el agua. Ú. m. c. prnl. y t. en sent. fig. ANEGARSE *en llanto.* ‖ **2. inundar** de agua. Ú. t. c. prnl. y en sent. fig. ‖ **3.** prnl. **naufragar** la nave.

anejar. tr. **anexar.**

anejo, ja. adj. Unido o agregado a otra persona o cosa, con dependencia, proximidad y estrecha relación respecto a ella. Ú. t. c. s. ‖ **2.** Propio, inherente, concerniente. ‖ **3.** m. Cada uno de los libros que se editan como complemento de una revista científica.

anélido. adj. *Zool.* Dícese de animales pertenecientes al tipo de los gusanos, que tienen el cuerpo casi cilíndrico, con anillos o pliegues transversales externos que corresponden a segmentos internos. En su mayoría viven en el mar, pero muchos residen en el agua dulce, como la sanguijuela, o en la tierra húmeda, como la lombriz. ‖ **2.** m. pl. *Zool.* Clase de estos animales.

anemia. f. *Pat.* Empobrecimiento de la sangre por disminución de su cantidad total, como ocurre después de las hemorragias, o por enfermedades, ya hereditarias, ya adquiridas, que amenguan la cantidad de hemoglobina o el número de glóbulos rojos.

anémico, ca. adj. Perteneciente o relativo a la anemia. ‖ **2.** Que padece anemia. Ú. t. c. s.

anemófilo, la. adj. *Bot.* Dícese de las plantas en las que la polinización se verifica por medio del viento.

anemografía. f. Parte de la meteorología, que trata de la descripción de los vientos.

anemógrafo, fa. m. y f. Persona que profesa la anemografía o en ella tiene especiales conocimientos. ‖ **2.** m. Anemómetro, registrador gráfico.

anemometría. f. Parte de la meteorología, que trata de la medida de la velocidad o la fuerza del viento.

anemómetro. m. Instrumento que sirve para medir la velocidad o la fuerza del viento.

anémona o **anemona.** f. Planta herbácea, vivaz, de la familia de las ranunculáceas, que tiene un rizoma tuberoso, pocas hojas en los tallos, y las flores de seis pétalos, grandes y vistosas. Se cultivan diferentes especies, con flores de colores distintos. ‖ **2.** Flor de esta planta. ‖ **de mar.** Pólipo solitario antozoo, de colores brillantes, que vive fijo sobre las rocas marinas; su cuerpo, blando y contráctil, tiene en su extremo superior la boca, rodeada de tentáculos, que, extendidos, hacen que el animal se parezca a una flor.

anemoscopio. m. Instrumento que sirve para indicar los cambios de dirección del viento.

-áneo, a. suf. de adjetivos que significa pertenencia, condición, relación: *sufrag*ÁNEO, *instant*ÁNEO.

anestesia. f. Falta o privación general o parcial de la sensibilidad, ya por efecto de un padecimiento, ya artificialmente producida. ‖ **2.** Acción y efecto de anestesiar. ‖ **3.** Sustancia anestésica. Ú.t. en sent. fig.

anestesiar. tr. Privar total o parcialmente de la sensibilidad por medio de la anestesia.

anestésico, ca. adj. Perteneciente o relativo a la anestesia. ‖ **2.** Que produce o causa anestesia. Ú. t. c. s. m.

anestesista. com. Especialista en anestesia. Ú. t. c. adj.

aneurisma. amb. *Med.* Dilatación anormal de un sector del sistema vascular.

anexar. tr. Unir o agregar una cosa a otra con dependencia de ella.

anexión. f. Acción y efecto de anexar.

anexionar. tr. **anexar.** Ú. principalmente hablando de la incorporación de un territorio a otro.

anexionismo. m. Doctrina que favorece y defiende la anexión de territorios.

anexionista. adj. Partidario o defensor del anexionismo. Apl. a pers., ú. t. c. s.

anexo, xa. adj. **anejo,** unido o agregado a otra persona o cosa. Ú. t. c. s. ‖ **2. anejo,** propio, inherente, concerniente.

anfeta. f. abrev. fam. de **anfetamina.**

anfetamina. f. *Med.* Droga estimulante del sistema nervioso central.

anfi-. elem. compos. que significa «alrededor»: ANFI*teatro;* «a uno y otro lado»: ANFI*próstilo;* «doble»: ANFI*bio.*

anfibio, bia. adj. Aplícase en sentido estricto al animal que puede vivir indistintamente en tierra o sumergido en el agua; y por ext., dícese también de los que, como la rana y los sapos, han vivido en el agua cuando jóvenes por tener branquias, y en tierra cuando adultos, al perder dichos órganos adquiriendo pulmones. Ú. t. c. s. y en sent. fig. ‖ **2.** fig. Dícese del vehículo, aparato o tropa militar que puede actuar tanto en el agua como en la tierra o en el aire. ‖ **3.** Dícese también de la operación o maniobra que ejecutan conjuntamente los ejércitos de tierra, mar y aire, o dos de ellos. ‖ **4.** Se dice de las plantas que pueden crecer en el agua o fuera de ella. ‖ **5.** *Zool.* **batracio.** Ú. t. c. s. ‖ **6.** m. pl. *Zool.* Clase de estos animales.

anfíbol. m. Mineral compuesto de sílice, magnesia, cal y óxido ferroso, de color por lo común verde o negro, y brillo nacarado.

anfibolita. f. Roca compuesta de anfíbol y algo de feldespato, cuarzo o mica. Es de color verde más o menos oscuro, dura y tenaz. Se emplea en la fabricación de objetos de lujo.

anfibología. f. Doble sentido, vicio de la palabra, cláusula, o manera de hablar, a que puede darse más de una interpretación.

anfineuro. adj. *Zool.* Dícese de moluscos marinos que carecen de cabeza y pie diferenciados, con simetría bilateral y sistema nervioso formado por una doble cadena ganglionar, semejante a la de los gusanos. Unos son desnudos y otros tienen concha formada por ocho piezas dispuestas en fila y articuladas entre sí, lo que permite al animal arrollarse a la manera que lo hacen las cochinillas de humedad; como el quitón. Ú. t. c. s. m. || **2.** m. pl. *Zool.* Clase de estos animales.

anfípodo. adj. *Zool.* Dícese de crustáceos acuáticos de pequeño tamaño, casi todos marinos, con el cuerpo comprimido lateralmente y el abdomen encorvado hacia abajo; tienen antenas largas, siete pares de patas torácicas, locomotoras, y seis pares de extremidades abdominales, algunas de ellas aptas para saltar; como la pulga de mar. Ú. t. c. s. || **2.** m. pl. *Zool.* Orden de estos animales.

anfipróstilo. m. *Arq.* Edificio con pórtico y columnas en dos de sus fachadas.

anfiteatro. m. Edificio de figura redonda u oval con gradas alrededor, y en el cual se celebraban varios espectáculos, como los combates de gladiadores o de fieras. || **2.** Local con gradas, generalmente en forma semicircular y destinado a actividades docentes. || **3.** En cines, teatros y otros locales, piso alto con asientos en gradería.

anfitrión, na. m. y f. fig. y fam. Persona que tiene invitados a su mesa o a su casa. || **2.** Por ext., persona o entidad que recibe en su país o en su sede habitual a invitados o visitantes. *Ganó el equipo* ANFITRIÓN.

ánfora. f. Cántaro alto y estrecho, de cuello largo, con dos asas, terminado en punta, y muy usado por los antiguos griegos y romanos.

anfótero, ra. adj. *Quím.* Dícese del tipo de molécula que puede reaccionar como ácido o como base.

anfractuosidad. f. Calidad de anfractuoso. || **2.** Cavidad sinuosa o irregular en una superficie o terreno. Ú. m. en pl. || **3.** *Anat.* Surco o depresión sinuosa que separa las circunvoluciones cerebrales. Ú. m. en pl.

anfractuoso, sa. adj. Quebrado, sinuoso, tortuoso, desigual.

angarillas. f. pl. Armazón compuesta de dos varas con un tabladillo en medio, en que se llevan a mano materiales para edificios y otras cosas. || **2.** Armazón de cuatro palos clavados en cuadro, de los cuales penden unas como bolsas grandes de redes de esparto, cáñamo u otra materia flexible, que sirve para transportar en cabalgaduras cosas delicadas, como vidrios, loza, etc. Tómase alguna vez en singular por cada una de estas bolsas. || **3.** Vinagreras para el servicio de la mesa.

ángel. m. En algunas religiones, espíritu celeste creado por Dios para que le sirva y medie entre Él y los hombres. || **2.** Con el art. *el,* por antonomasia, el Arcángel San Gabriel. || **3.** fig. Gracia, simpatía. ❑ Ú. casi siempre con el verbo *tener.* || **4.** fig. Persona en quien se suponen las cualidades propias de los espíritus angélicos: bondad, belleza, inocencia. || **caído, de tinieblas,** o **malo. diablo** del infierno. || **custodio,** o **de la guarda.** El que Dios tiene señalado a cada persona para su guarda o custodia. || **pasar un ángel.** fr. fig. que se emplea cuando en una conversación se produce un silencio completo.

angélica. f. Planta herbácea, vivaz, de la familia de las umbelíferas, con tallo ramoso, derecho, empinado y garzo, que crece hasta unos cinco decímetros de altura; hojas con tres segmentos aserrados y ovales, flores de color blanco rojizo, y semilla negra, orbicular y comprimida, que tiene aplicación en farmacia. || **2.** *Farm.* Bebida purgante, compuesta de maná y otros ingredientes.

angelical. adj. Perteneciente o relativo a los ángeles. || **2.** fig. Parecido a los ángeles por su hermosura, candor o inocencia. *Persona* ANGELICAL. || **3.** fig. Que parece de ángel. *Genio, rostro, voz* ANGELICAL.

angelote. m. fam. Figura grande de ángel, que se pone en los retablos o en otras partes. || **2.** Pez selacio del suborden de los escuálidos, que llega a tener dos metros de largo: es aplastado, de color azul oscuro por encima y blanco por debajo, de cabeza redonda y con aletas pectorales y abdominales muy grandes, a manera de alas blancas.

ángelus. m. Oración en honor del misterio de la Encarnación, que comienza con las palabras ÁNGELUS *Dómini.*

angevino, na. adj. Perteneciente o relativo a la ciudad de Angers o a la región de Anjou. || **2.** Natural de una u otra. || **3.** Perteneciente o relativo a la casa de Anjou. || **4.** m. Dialecto del francés hablado en el oeste de Francia.

angina. f. Inflamación de las amígdalas o de estas y de la faringe. Ú. m. en pl. || **de pecho.** *Pat.* Síndrome caracterizado por accesos súbitos de corta duración con angustia de muerte y dolor violento que desde el esternón se extiende ordinariamente por el hombro, brazo, antebrazo y mano izquierdos. ❑ No utilizar por *amígdala.*

angio-. Elemento compositivo que entra en la formación de voces científicas españolas con el significado de «de los vasos sanguíneos» o «linfáticos».

angiogénesis. f. *Biol.* Formación de los vasos sanguíneos.

angiografía. f. *Anat.* **angiología.** || **2.** Imagen de los vasos sanguíneos obtenida por cualquier procedimiento.

angiología. f. Rama de la medicina que se ocupa del sistema vascular y de sus enfermedades.

angioma. m. *Pat.* Tumor de tamaño variable, generalmente congénito, formado por acumulación de vasos eréctiles y a veces pulsátiles.

angiospermo, ma. adj. *Bot.* Dícese de plantas fanerógamas cuyos carpelos forman una cavidad cerrada u ovario, dentro de la cual están los óvulos. Ú. t. c. s. f. ‖ **2.** f. pl. *Bot.* Subtipo de estas plantas.

anglesita. f. Sulfato de plomo natural.

anglicanismo. m. Conjunto de las doctrinas de la religión reformada predominante en Inglaterra. ❑ No confundir con *anglicismo.*

anglicano, na. adj. Que profesa el anglicanismo. Ú. t. c. s. ‖ **2.** Perteneciente a él. ‖ **3. inglés.**

anglicismo. m. Giro o modo de hablar propio de la lengua inglesa. ‖ **2.** Vocablo o giro de esta lengua empleado en otra. ‖ **3.** Empleo de vocablos o giros ingleses en distintos idiomas. ❑ No confundir con *anglicanismo.*

anglicista. adj. Que emplea anglicismos. Ú. t. c. s.

anglo, gla. adj. Dícese del individuo de una tribu germánica que en los siglos V y VI se estableció en Inglaterra. Ú. t. c. s. ‖ **2. inglés,** natural de Inglaterra. Ú. t. c. s. ‖ **3. inglés,** perteneciente a esta nación. Ú. t. c. s.

angloamericano, na. adj. Perteneciente a ingleses y americanos, o compuesto de elementos propios de los países de ambos. ‖ **2.** Dícese del individuo de origen inglés, nacido en América. ‖ **3.** Natural de los Estados Unidos de la América Septentrional. Ú. t. c. s. ‖ **4.** Perteneciente a ellos.

anglofilia. f. Afición o simpatía por lo inglés o los ingleses.

anglófilo, la. adj. Que simpatiza con Inglaterra, con los ingleses o con lo inglés. Ú. t. c. s.

anglofobia. f. Aversión a lo inglés o a los ingleses.

anglófobo, ba. adj. Desafecto a Inglaterra, a los ingleses o a lo inglés.

anglófono, na. adj. Dícese de las personas o países que tienen el inglés como lengua nativa.

anglohablante. adj. Dícese de la persona, comunidad o país que tiene como lengua materna el inglés. Ú. t. c. s.

angloindio, dia. adj. Dícese de la persona de origen inglés y establecida en la India. ‖ **2.** Perteneciente o relativo a la India bajo dominio inglés.

anglonormando, da. adj. Dícese de los normandos que se establecieron en Inglaterra después de la batalla de Hastings (1066). Ú. t. c. s. ‖ **2.** Perteneciente o relativo a los **anglonormandos.** ‖ **3.** Dícese del caballo que procede del cruce entre el caballo inglés de pura raza y el normando. ‖ **4.** m. Dialecto francés normando hablado en Inglaterra.

angloparlante. adj. **anglohablante.**

anglosajón, na. adj. Dícese del individuo procedente de los pueblos germanos que en el siglo V invadieron Inglaterra. Ú. t. c. s. ‖ **2.** Dícese de los individuos y pueblos de procedencia y lengua inglesa. ‖ **3.** Perteneciente a los **anglosajones.** ‖ **4.** m. Lengua hablada por los antiguos **anglosajones** desde las invasiones hasta 1100 aproximadamente, conocida como inglés antiguo.

angoleño, ña. adj. Natural de Angola. Ú. t. c. s. ‖ **2.** Perteneciente o relativo a este país africano.

angora. f. Lana obtenida a partir del pelo del conejo de Angora.

angosto, ta. adj. Estrecho o reducido.

angostura[1]. f. Calidad de angosto. ‖ **2.** Estrechura o paso estrecho. ‖ **3.** fig. Estrechez intelectual o moral.

angostura[2]. f. Planta rutácea cuya corteza tiene propiedades medicinales. ‖ **2.** Bebida amarga elaborada a base de corteza de **angostura** y utilizada en algunos cócteles.

ángstrom. m. *Fís.* Unidad de longitud equivalente a una diezmillonésima de milímetro. Símb. Å.

anguila. f. Pez teleósteo, fisóstomo, sin aletas abdominales, de cuerpo largo, cilíndrico, y que llega a medir un metro; tiene una aleta dorsal que se une primero con la caudal, y dando después vuelta, con la anal, mientras son muy pequeñas las pectorales. Su carne es comestible. Vive en los ríos, pero cuando sus órganos sexuales llegan a la plenitud de su desarrollo, desciende por los ríos y entra en el mar para efectuar su reproducción en determinado lugar del Océano Atlántico.

angula. f. Cría de la anguila, de seis a ocho centímetros de largo, muy apreciada en gastronomía.

angular. adj. Perteneciente o relativo al ángulo. ‖ **2.** De figura de ángulo. ‖ **3.** m. Pieza de construcción, generalmente de hierro, cuya sección transversal tiene forma de ángulo. ‖ **gran angular.** *Fotogr.* Dícese del objetivo de corta distancia focal y con capacidad de cubrir un ángulo visual de 70° a 180°. Ú. t. c. s.

ángulo. m. *Geom.* Figura geométrica formada en el plano por dos semirrectas o segmentos que parten de un mismo punto; o también la formada en el espacio por dos semiplanos o superficies planas que parten de una misma línea recta o segmento. ‖ **2.** Esquina o arista. ‖ **3.** fig. Punto de vista; cada uno de los aspectos desde el cual se puede considerar una cosa. ‖ **agudo.** *Geom.* El menor o más cerrado que el recto. ‖ **complementario.** *Geom.* **complemento,** lo que le falta a un **ángulo** para valer un recto. ‖ **de mira.** *Art.* El que forma la línea de mira con el eje de la pieza. ‖ **de reflexión.** *Fís.* El formado por la normal a una superficie y el rayo en ella reflejado. ‖ **de refracción.** *Ópt.* El formado por una trayectoria que pasa de un medio a otro, y la normal a la superficie de separación entre ambos medios, al alejarse de ella. ‖ **de tiro.** *Art.* El que forma la línea horizontal con el eje de la pieza. ‖ **diedro.** *Geom.* El que está formado por dos superficies planas. ‖ **llano.** *Geom.* El que vale dos rectos. ‖ **muerto.** *Automov.* Zona lateral detrás del vehículo, que el conductor no puede ver en los espejos retrovisores. ‖ **oblicuo.** *Geom.* El que no es recto. ‖ **obtuso.** *Geom.* El mayor o más abierto que el recto. ‖ **plano.** *Geom.* El formado por dos semirrectas o segmentos. ‖ **recto.** *Geom.* El que forman dos líneas, o dos planos, que se cortan perpendicularmente y equivale a 90 grados. ‖ **sólido.** *Geom.* Cada una de las dos porciones del espacio limitadas por una superficie cónica. ‖ **suplementario.** *Geom.* **suplemento,** lo que le falta a un **ángulo** para valer dos rectos. ‖ **ángulos adyacentes.** *Geom.* Los dos que a un mismo lado de una línea recta forma con ella otra que la corta. ‖ **alternos.** *Geom.* Los dos que a distinto lado forma una secante con dos rectas. Son **alternos internos** los que están entre las rectas; **alternos externos,** los que están fuera. ‖ **consecutivos.** *Geom.* Los que tienen el vértice y un lado común y no está uno comprendido en el otro. ‖ **opuestos por el vértice.** *Geom.* Los que tienen el vértice común y los lados de cada uno en prolongación de los del otro.

anguloso, sa. adj. Que tiene ángulos o esquinas. ‖ **2.** De formas huesudas y señaladas a causa de su delgadez. Aplícase especialmente al rostro humano.

angustia. f. Aflicción, congoja, ansiedad. ‖ **2.** Temor opresivo sin causa precisa. ‖ **3.** Dolor o sufrimiento. ‖ **4.** Náuseas. Ú. solo en sing.

angustiado, da. adj. Que implica o expresa angustia.

angustiar. tr. Causar angustia, afligir, acongojar. Ú. t. c. prnl.

angustioso, sa. adj. Lleno de angustia. ‖ **2.** Que la causa.

anhelar. tr. Tener ansia o deseo vehemente de conseguir alguna cosa. ANHELAR *empleos, honras, dignidades.*

anhelo. m. Deseo vehemente.

anhídrido, da. adj. *Quím.* Dícese del cuerpo formado por una combinación del oxígeno con un elemento no metal y que, al reaccionar con el agua, da un ácido. Ú. t. c. s. m. ‖ **arsénico.** Cuerpo blanco de aspecto vítreo, compuesto de arsénico pentavalente y oxígeno, muy soluble en agua y en alcohol. Es venenoso. ‖ **carbónico.** *Quím.* **dióxido de carbono**. ‖ **sulfuroso.** *Quím.* Gas incoloro, de olor fuerte e irritante, que resulta de la combinación del azufre con el oxígeno al quemarse el primero de estos dos componentes. Se conoce también como ácido sulfuroso.

anhidro, dra. adj. *Quím.* Aplícase a los cuerpos en cuya formación no entra el agua, o que la han perdido si la tenían.

anidar. intr. Hacer nido las aves o vivir en él. Ú. t. c. prnl. ‖ **2.** fig. Morar, habitar. Ú. t. c. prnl. ‖ **3.** En embriología, fijarse o insertarse el huevo, normalmente en el útero.

anilina. f. *Quím.* Amina aromática derivada del benceno. Es un líquido oleoso; tóxico por ingestión, inhalación o absorción a través de la piel. Se utiliza en gran escala en la industria. ‖ **2.** Designación popular de diversos productos utilizados como tinte.

anilla. f. Cada uno de los anillos que sirven para colocar colgaduras o cortinas, de modo que puedan correrse y descorrerse fácilmente. ‖ **2.** Anillo al cual se ata un cordón o correa para sujetar un objeto. ‖ **3.** Faja de papel litografiado que se coloca a cada cigarro puro para indicar su vitola y la marca de fábrica. ‖ **4.** Pieza comúnmente metálica que se coloca en la pata de un ave para estudiar sus desplazamientos migratorios. ‖ **5.** pl. En gimnasia, aros, generalmente de metal, de unos 25 centímetros de diámetro, pendientes de cuerdas o cadenas, en los que se hacen diferentes ejercicios.

anillar. tr. Dar forma de anillo. ‖ **2.** Sujetar con anillos. ‖ **3.** Marcar con anillas, especialmente a las aves. ‖ **4.** fig. Ceñir o rodear una cosa. ANILLAR *el cabello.*

anillo. m. Aro pequeño. ‖ **2.** Aro de metal u otra materia, liso o con labores y con perlas o piedras preciosas o sin ellas, que se lleva, principalmente por adorno, en los dedos de la mano. ‖ **3.** Redondel de la plaza de toros. ‖ **4. anilla** para las aves. ‖ **5.** *Astron.* Formación celeste que circunda determinados planetas. ‖ **6.** *Bot.* Cada uno de los círculos leñosos concéntricos que forman el tronco de un árbol. ‖ **7.** *Mat.* Conjunto de elementos entre los que se definen dos reglas de composición, una asimilable a la adición y otra al producto. ‖ **8.** *Quím.* Estructura molecular formada por una cadena cerrada de átomos. ‖ **9.** *Zool.* Cada uno de los segmentos en que está dividido el cuerpo de los gusanos y artrópodos. ‖ **caérsele** a alguien **los anillos.** fr. fig. y fam. Sentirse rebajado o humillado respecto de la propia situación social o jerárquica. ❑ Ú. m. en frases negativas. ‖ **como anillo al dedo.** Oportuna, adecuadamente. ❑ Ú. con los verbos *venir, caer, llegar,* etc.

ánima. f. **alma** del hombre. ‖ **2.** Alma que pena en el purgatorio antes de ir a la gloria. ‖ **3.** fig. En las piezas de artillería y en toda arma de fuego, en general, el hueco del cañón. ‖ **4.** pl. Toque de campanas en las iglesias a cierta hora de la noche, con que se avisa a los fieles para que rueguen a Dios por las **ánimas** del purgatorio.

animación. f. Acción y efecto de animar o animarse. ‖ **2.** Viveza, expresión en las acciones, palabras o movimientos. ‖ **3.** Concurso de gente en una fiesta, regocijo o esparcimiento. ‖ **4.** Conjunto de acciones destinadas a impulsar la participación de los individuos en una determinada actividad y especialmente en el desarrollo sociocultural del grupo de que forman parte. ‖ **5.** *Cinem.* En las películas de dibujos animados, procedimiento de diseñar los movimientos de los personajes o de los objetos y elementos.

animado, da. adj. Dotado de alma. ‖ **2.** Alegre, divertido. ‖ **3.** Concurrido. ‖ **4.** Dotado de movimiento. ‖ **5.** V. **dibujos animados.**

animador, ra. adj. Que anima. Ú. t. c. s. ‖ **2.** m. y f. Cantante que actúa acompañado por una orquesta de baile y marca el ritmo con ademanes o movimientos. ‖ **3.** Persona que presenta y ameniza un espectáculo de variedades. ‖ **4.** Especialista en animación sociocultural. ‖ **5.** *Cinem.* Especialista en animación.

animadversión. f. Enemistad, ojeriza.

animal[1]. m. Ser orgánico que vive, siente y se mueve por propio impulso. ‖ **2. animal** irracional. ‖ **3.** Persona de comportamiento instintivo, ignorante y grosera. Ú. t. c. adj. ‖ **4.** Persona que destaca extraordinariamente por su saber, inteligencia, fuerza o corpulencia. Ú. t. c. adj.

animal[2]. adj. Perteneciente o relativo a los animales. ‖ **2.** Perteneciente o relativo a la parte sensitiva de un ser viviente, a diferencia de la parte racional o espiritual. *Apetitos* ANIMALES.

animalada. f. fam. Burrada, barbaridad, salvajada. ‖ **2.** fig. y fam. Cantidad grande o excesiva.

animar. tr. Vivificar el alma al cuerpo. ‖ **2.** Infundir vigor a un ser viviente. ‖ **3.** Infundir energía moral a uno. ‖ **4.** Excitar a una acción. ‖ **5.** En obras de arte, hacer que parezcan dotadas de vida. ‖ **6.** Tratándose de cosas inanimadas, comunicarles mayor vigor, intensidad y movimiento. ‖ **7.** Dar movimiento, calor y vida a un concurso de gente o a un paraje. Ú. t. c. prnl. ‖ **8.** prnl. Cobrar ánimo y esfuerzo.

anímico, ca. adj. **psíquico.**

animismo. m. Doctrina médica de Stahl, que considera al alma como principio de acción de todos los fenómenos vitales, tanto en los estados normales como en los estados patológicos. ‖ **2.** Creencia que atribuye vida anímica y poderes a los objetos de la naturaleza. ‖ **3.** Creencia en la existencia de espíritus que animan a todas las cosas.

animista. adj. Adepto al animismo. Ú. t. c. s. ‖ **2.** Perteneciente o relativo al animismo.

ánimo. m. Alma o espíritu en cuanto es principio de la actividad humana. ‖ **2.** Valor, esfuerzo, energía. ‖ **3.** Intención, voluntad. ‖ **4.** fig. Atención o pensamiento. ‖ **¡ánimo!** interj. para alentar o esforzar a alguno.

animosidad. f. **ánimo,** valor, esfuerzo. ‖ **2.** Aversión, ojeriza, hostilidad.

animoso, sa. adj. Que tiene ánimo o valor.

aniñado, da. adj. Semejante a los niños por sus acciones, comportamiento o aspecto. Aplícase a personas y cosas y especialmente a los rasgos físicos. *Rostro* ANIÑADO.

aniñarse. prnl. Adquirir o adoptar rasgos o comportamiento de niño.

anión. m. *Fís.* Ión con carga negativa.

aniquilación. f. Acción y efecto de aniquilar o aniquilarse.

aniquilar. tr. Reducir a la nada. Ú. t. c. prnl. ‖ **2.** fig. Hacer perder el ánimo. ‖ **3.** fig. Extenuar, agotar. ‖ **4.** prnl. fig. Deteriorarse mucho alguna cosa, como la salud o la hacienda.

anís. m. Planta anual de la familia de las umbelíferas, que crece hasta unos 30 centímetros de altura, con tallo ramoso, hojas primeramente casi redondas y después hendidas en lacinias, flores pequeñas y blancas. Tiene por frutos semillas aovadas, verdosas, menudas y aromáticas. ‖ **2.** Semilla de esta planta. ‖ **3.** Grano de **anís** con baño de azúcar. ‖ **4.** Por ext., toda confitura menuda. ‖ **5.** fig. Aguardiente anisado.

anisado, da. adj. Que contiene anís o aroma de anís. ‖ **2.** m. **anís,** aguardiente. ‖ **3.** Acción y efecto de anisar.

anisar. tr. Echar anís o espíritu de anís a una cosa.

anisete. m. Licor compuesto de aguardiente, azúcar y anís.

anisótropo, pa. adj. *Fís.* Dícese de la materia que no es isótropa.

aniversario. m. Oficio y misa que se celebran en sufragio de un difunto el día en que se cumple el año de su fallecimiento. ‖ **2.** Día en que se cumplen años de algún suceso.

ano. m. Orificio en que remata el conducto digestivo y por el cual se expele el excremento.

-ano. suf. usado en química orgánica para designar hidrocarburos saturados: *et*ANO, *met*ANO.

anoche. adv. t. En la noche entre ayer y hoy.

anochecer[1]. intr. Empezar a faltar la luz del día, venir la noche. ❑ En este sentido, es un verbo impers.; solo se conjuga en la 3.ª pers. sing. y en infinitivo, gerundio y participio. ‖ **2.** Llegar o estar en un paraje, situación o condición determinados al empezar la noche. ‖ **3.** prnl. poét. Privarse o quedar privada alguna cosa de luz o claridad. ❑ Irreg. Se conj. como *agradecer.*

anochecer². m. Acción y efecto de anochecer¹. ‖ **2.** Tiempo durante el cual anochece. ‖ **al anochecer.** loc. adv. Al acercarse la noche.

anodino, na. adj. Insignificante, ineficaz, insustancial.

ánodo. m. *Electr.* Electrodo positivo.

anofeles. adj. *Zool.* Dícese de los mosquitos cuyas hembras son transmisoras del parásito productor de las fiebres palúdicas. Son dípteros, con larga probóscide y palpos tan largos como ella. Sus larvas viven en las aguas estancadas o de escasa corriente. Ú. m. c. s. m.

anomalía. f. **irregularidad,** discrepancia de una regla. ‖ **2.** *Astron.* Distancia angular del lugar verdadero o medio de un planeta a su afelio, vista desde el centro del Sol. ‖ **3.** *Biol.* Malformación, alteración biológica, congénita o adquirida.

anómalo, la. adj. Irregular, extraño.

anomia. f. Ausencia de ley. ‖ **2.** *Psicol.* y *Sociol.* Estado de desorientación social debido a la carencia de normas o a su carácter contradictorio o incongruente.

anona. f. Árbol angiospermo de unos cuatro metros de altura, hojas lanceoladas, flores de color blanco amarillento y fruto como una chirimoya. Es planta propia de países tropicales, pero se cultiva en las costas del mediodía de España. ‖ **2.** Fruto de este árbol.

anonadar. tr. fig. Causar gran sorpresa o dejar muy desconcertada a una persona. ‖ **2.** fig. Humillar, abatir. Ú. t. c. prnl.

anonimato. m. Carácter o condición de anónimo.

anonimia. f. Carácter o condición de **anónimo,** dicho de la obra que no lleva el nombre del autor y de este cuando no es conocido.

anónimo, ma. adj. Dícese de la obra o escrito que no lleva el nombre de su autor. Ú. t. c. s. ‖ **2.** Dícese igualmente del autor cuyo nombre no es conocido. Ú. t. c. s. m. ‖ **3.** *Com.* Dícese de la compañía o sociedad que se forma por acciones, con responsabilidad circunscrita al capital que estas representan. ‖ **4.** m. Carta o papel sin firma en que, por lo común, se dice algo ofensivo o desagradable.

anopluro. adj. *Zool.* Dícese de insectos hemípteros, sin alas, que viven como ectoparásitos en el cuerpo de algunos mamíferos; como el piojo y la ladilla. Ú. t. c. s. ‖ **2.** m. pl. *Zool.* Suborden de estos animales.

anorak. m. Chaqueta impermeable, con capucha, usada especialmente por los esquiadores. ❑ pl. invar.

anorexia. f. *Pat.* Estado patológico caracterizado por la falta de ganas de comer.

anoréxico, ca. adj. Que padece anorexia. Apl. a pers., ú. t. c. s.

anormal. adj. Dícese de lo que accidentalmente se halla fuera de su natural estado o de las condiciones que le son inherentes. ‖ **2.** Infrecuente. ‖ **3.** com. Persona cuyo desarrollo físico o intelectual es inferior al que corresponde a su edad.

anormalidad. f. Calidad de anormal.

anosmia. f. Pérdida completa del olfato.

anotación. f. Acción y efecto de anotar.

anotar. tr. Poner notas en un escrito, cuenta o libro. ‖ **2. apuntar.** ‖ **3.** Hacer anotación en un registro público. ‖ **4.** En deportes, marcar tantos.

anquilosar. tr. Producir anquilosis. ‖ **2.** prnl. fig. Detenerse una cosa en su progreso.

anquilosis. f. *Med.* Disminución o imposibilidad de movimiento en una articulación normalmente móvil.

ánsar. m. Ave palmípeda, que llega a tener 90 centímetros de largo desde la cabeza hasta la extremidad de la cola, con plumaje general blanco agrisado, completamente blanco en el abdomen y sonrosado en el cuello; alas agudas que pasan de la extremidad de la cola; pico anaranjado, cónico, dentellado y muy fuerte en la base; tarsos robustos y pies rojizos. Tiene plumón abundante, y las penas de las alas se han usado para escribir. Se le denomina también ganso bravo o salvaje. Es una especie propia de países septentrionales. ‖ **2. ganso,** ave.

anseriforme. adj. *Zool.* Dícese de aves nadadoras, de pies palmeados, cuello largo y pico apto para filtrar. Ú. t. c. s. ‖ **2.** f. pl. *Zool.* Orden de estas aves. Comprende gran parte de las antes clasificadas como palmípedas.

ansí. adv. m. ant. **así.** Ú. todavía por hablantes rústicos.

ansia. f. Congoja o fatiga que causa en el cuerpo inquietud o agitación violenta. ‖ **2.** Angustia o aflicción del ánimo. ‖ **3. náusea.** ‖ **4. anhelo.**

ansiar. tr. Desear con ansia. ‖ **2.** prnl. Llenarse de ansia.

ansiedad. f. Estado de agitación, inquietud o zozobra del ánimo. ‖ **2.** *Pat.* Angustia que suele acompañar a muchas enfermedades, en particular a ciertas neurosis y que no permite sosiego a los enfermos.

ansiolítico, ca. adj. *Farm.* Que disuelve o calma la ansiedad. Ú. t. c. s. m.

ansioso, sa. adj. Acompañado de ansias o congojas grandes. ‖ **2.** Que tiene ansia o deseo vehemente de alguna cosa.

antagónico, ca. adj. Que denota o implica antagonismo. *Doctrinas* ANTAGÓNICAS.

antagonismo. m. Contrariedad, rivalidad, oposición sustancial o habitual, especialmente en doctrinas y opiniones.

antagonista. com. Persona o cosa opuesta o contraria a otra. ‖ **2.** Personaje que se opone al protagonista en el conflicto esencial de una obra de ficción. ‖ **3.** adj. Que pugna contra la acción de algo o se opone a ella. Ú. t. c. s.

antaño. adv. t. desus. En el año pasado, o sea en el que precedió al corriente. ‖ **2.** Por ext., en tiempo pasado. Ú. t. c. s.

antártico, ca. adj. Perteneciente, cercano o relativo al polo **antártico.** *Tierras* ANTÁRTICAS. ‖ **2.** Por ext., **meridional.**

ante[1]**.** m. **búfalo.** ‖ **2.** Piel de **ante** adobada y curtida. ‖ **3.** Piel de algunos otros animales, adobada y curtida a semejanza de la del **ante.**

ante[2]**.** prep. En presencia de. ‖ **2.** En comparación, respecto de.

ante-. elem. compos. que denota anterioridad en el tiempo y en el espacio. ANTE*ayer*, ANTE*capilla*.

antealtar. m. Espacio contiguo a la grada o demarcación del altar.

anteanoche. adv. t. En la noche siguiente a anteayer.

anteayer. adv. t. En el día que precedió inmediatamente al de ayer.

antebrazo. m. Parte del brazo desde el codo hasta la muñeca. ‖ **2.** *Zool.* **brazuelo,** de los cuadrúpedos.

antecámara. f. Pieza delante de la sala o salas principales de un palacio o casa grande.

antecedente. adj. Que antecede. ‖ **2.** m. Acción, dicho o circunstancia anterior que sirve para comprender o valorar hechos posteriores. ‖ **3.** *Gram.* El primero de los términos de la relación gramatical. ‖ **4.** *Gram.* Nombre, pronombre u oración a que hacen referencia los pronombres relativos.

anteceder. tr. **preceder.**

antecesor, ra. adj. Anterior en tiempo. ‖ **2.** m. y f. Persona que precedió a otra en una dignidad, empleo, ministerio, obra o encargo. ‖ **3.** m. **antepasado,** ascendiente.

anteco, ca. adj. *Geogr.* Aplícase a los moradores del globo terrestre que ocupan puntos de la misma longitud y a igual distancia del Ecuador; pero unos por la parte septentrional y otros por la meridional. Ú. m. c. s. m. y en pl.

antecocina. f. Pieza o habitación que precede a la cocina.

antedata. f. Fecha falsa de un documento, anterior a la verdadera.

antedicho, cha. adj. Dicho antes o con anterioridad. Ú. t. c. s.

antediluviano, na. adj. Anterior al diluvio universal. ‖ **2.** fig. **antiquísimo.** ❑ No utilizar **antidiluviano*.

antefirma. f. Fórmula del tratamiento que corresponde a una persona o corporación y que se pone antes de la firma en el oficio, memorial o carta que se le dirige. ‖ **2.** Denominación del empleo, dignidad o representación del firmante de un documento, puesta antes de la firma.

anteiglesia. f. Atrio, pórtico o lonja delante de la iglesia.

antelación. f. Anticipación con que, en orden al tiempo, sucede una cosa respecto a otra.

antelina. f. Tejido que imita la piel de ante.

antemano (de). loc. adv. t. Con anticipación, anteriormente. Usáb. t. sin la prep.

antemeridiano, na. adj. Dícese de la hora comprendida entre medianoche y mediodía. ‖ **2.** adv. Antes de mediodía.

ante merídiem. expr. lat. Antes del mediodía. ❑ abreviatura: *a. m.*

antena. f. Vara o palo al que se asegura la vela. ‖ **2.** Dispositivo de formas muy diversas que, en los emisores o receptores de ondas electromagnéticas, sirve para emitirlas o recibirlas. ‖ **3.** Cada uno de los apéndices articulados que tienen en la cabeza muchos animales artrópodos, en número de dos, como los insectos y los miriópodos, o de cuatro, como los crustáceos. Ú. m. en pl. ‖ **en antena.** loc. adv. *Radio* y *TV*. En emisión. ❑ Ú. generalmente con los verbos *estar* y *poner*.

antenista. com. Persona que instala, repara y conserva antenas receptoras.

anteojera. f. Caja en que se tienen o guardan anteojos. ‖ **2.** pl. En las guarniciones de las caballerías de tiro, piezas de vaqueta que caen junto a los ojos del animal, para que no vean por los lados, sino de frente. Ú. t. en sent. fig. referido a pers.

anteojo. m. Cilindro con un sistema de lentes en su interior que aumentan las imágenes de los objetos. ‖ **2.** pl. Instrumento óptico binocular para ver objetos lejanos. ‖ **3.** Gafas o lentes.

antepasado, da. adj. Dicho de tiempo, anterior a otro tiempo pasado ya. ‖ **2.** m. Ascendiente más o menos remoto de una persona o grupo de personas. Ú. m. en pl.

antepecho. m. Pretil o baranda que se coloca en lugar alto para poder asomarse sin peligro de caer. || **2.** En los coches de estribos, pedazo de vaqueta clavado en los extremos a unos listones de madera con que se cubría el estribo, y en que se aseguraba y apoyaba el que iba sentado en él.

antepenúltimo, ma. adj. Inmediatamente anterior al penúltimo. Ú. t. c. s.

anteponer. tr. Poner delante; poner inmediatamente antes. Ú. t. c. prnl. || **2. preferir,** estimar más. Ú. t. c. prnl. ❑ Irreg. Se conj. como *poner.* p. p. irreg.: *antepuesto.*

anteportada. f. Hoja que precede a la portada de un libro, y en la cual ordinariamente no se pone más que el título de la obra.

anteposición. f. Acción de anteponer.

anteproyecto. m. Conjunto de trabajos preliminares para redactar el proyecto de una obra de arquitectura o de ingeniería. || **2.** Por ext., primera redacción sucinta de una ley, programa, etc.

antepuesto, ta. p. p. irreg. de **anteponer.**

antera. f. *Bot.* Parte del estambre de las flores, que forma a modo de un saquito, sencillo o doble, en donde se produce y se guarda el polen.

anterior. adj. Que precede en lugar o tiempo.

anterioridad. f. Precedencia temporal de una cosa con respecto a otra.

antes. adv. t. y l. que denota prioridad de tiempo o lugar. ❑ Antepónese con frecuencia a las partículas *de* y *que.* ANTES DE *amanecer;* ANTES QUE *llegue.* || **2.** adv. ord. que denota prioridad o preferencia. ANTES *morir que ofender a Dios.* || **3.** conj. advers. que denota idea de contrariedad y preferencia en el sentido de una oración respecto del de otra. *El que está limpio de pecado no teme la muerte,* ANTES *la desea.* || **4.** adj. Precedido de un sustantivo que designa unidad de tiempo, equivale a **antecedente** o **anterior.** *El día* ANTES; *la noche* ANTES. || **antes bien.** loc. conjunt. **antes,** que denota idea de contrariedad.

antesala. f. Pieza delante de la sala o salas principales de una casa. Ú. t. en sent. fig. || **hacer antesala.** fr. Aguardar en ella o en otra habitación a ser recibido por la persona a quien va a ver.

antevíspera. f. Día inmediatamente anterior al de la víspera.

anti-. pref. que significa «opuesto» o «con propiedades contrarias» ANTI*cristo,* ANTI*pútrido.*

antiácido, da. adj. Dícese de la sustancia que se opone o que resiste a la acción de los ácidos. Ú. t. c. s. m. || **2.** m. Sustancia que neutraliza el exceso de acidez gástrica, por ej., el bicarbonato sódico.

antiaéreo, a. adj. Perteneciente o relativo a la defensa contra aviones militares. Aplicado a los cañones, ú. t. c. m.

antiálgico, ca. adj. *Med.* **analgésico.**

antiasmático, ca. adj. *Med.* Que sirve para combatir el asma. Ú. t. c. s. m.

antibiótico, ca. adj. *Microbiol.* Dícese de la sustancia química producida por un ser vivo o fabricada por síntesis, capaz de paralizar el desarrollo de ciertos microorganismos patógenos o de matarlos. Ú. t. c. s. m. || **2.** Dícese de la acción de dichas sustancias.

anticiclón. m. *Meteor.* Perturbación atmosférica que consiste en un área de altas presiones y circulación de viento en sentido de las agujas del reloj en el hemisferio norte, e inversamente en el sur. Suele originar tiempo despejado.

anticipación. f. Acción y efecto de anticipar o anticiparse.

anticipar. tr. Hacer que ocurra o tenga efecto alguna cosa antes del tiempo regular o señalado. ANTICIPAR *los exámenes.* || **2.** Fijar tiempo anterior al regular o señalado para hacer alguna cosa. ANTICIPAR *el día de la marcha.* || **3.** Tratándose de dinero, darlo o entregarlo antes del tiempo regular o señalado. ANTICIPAR *una paga.* || **4.** prnl. Adelantarse una persona a otra en la ejecución de alguna cosa. || **5.** Ocurrir alguna cosa antes del tiempo regular o señalado. ANTICIPARSE *las lluvias, la llegada del tren.*

anticipo. m. **anticipación.** || **2.** Dinero anticipado.

anticlerical. adj. Contrario al clericalismo. Apl. a pers., ú. t. c. s. || **2.** Contrario al clero.

anticlericalismo. m. Doctrina o procedimiento contra el clericalismo. || **2.** Animosidad contra todo lo que se relaciona con el clero.

anticlímax. m. Gradación retórica descendente. || **2.** Término más bajo de esta gradación. || **3.** Momento en que desciende o se relaja la tensión después del clímax. ❑ pl. invar.

anticlinal. adj. *Geol.* Dícese del plegamiento de las capas del terreno en forma de A o de V invertida. Ú. m. c. s m.

anticoncepción. f. Acción y efecto de impedir la concepción.

anticonceptivo, va. adj. Dícese del medio, práctica o agente que impide a la mujer quedar embarazada. Ú. t. c. s. m.

anticongelante. adj. Que impide la congelación. || **2.** m. Sustancia que impide la congelación del agua que refrigera los motores.

anticonstitucional. adj. Contrario a la Constitución o ley fundamental de un Estado.

anticristo. m. Ser maligno que, según San Juan, aparecerá antes de la segunda venida de Cristo, para seducir a los cristianos y apartarlos de su fe. Ú. t. en sent. fig.

anticuado, da. adj. Que está en desuso desde hace tiempo; pasado de moda; propio de otra época. Apl. a pers., ú. t. c. s.

anticuario. m. El que hace profesión o estudio particular del conocimiento de las cosas antiguas. ‖ **2.** El que las colecciona o negocia con ellas.

anticuerpo. m. *Biol.* y *Med.* Sustancia producida en el organismo animal por la introducción de un antígeno, contra cuya acción reacciona específicamente.

antideportivo, va. adj. Que carece de deportividad.

antídoto. m. Medicamento contra un veneno. ‖ **2.** Por ext., cualquier otra medicina que preserve de algún mal. ‖ **3.** fig. Medio preventivo para no incurrir en un vicio o falta.

antiemético, ca. adj. *Farm.* Que sirve para contener el vómito. Ú. t. c. s. m.

antiespasmódico, ca. adj. *Farm.* Que cura o calma los espasmos. Ú. t. c. s. m.

antiestético, ca. adj. Contrario a la estética. ‖ **2.** Feo, mal compuesto, de mal gusto.

antifaz. m. Velo, máscara o cosa semejante con que se cubre la cara, especialmente la parte que rodea los ojos. ‖ **2.** Pieza en forma de **antifaz** con que se cubren los ojos para no recibir la luz.

antiflogístico, ca. adj. *Med.* Que sirve para calmar la inflamación. Ú. t. c. s. m.

antífona. f. Breve pasaje, tomado por lo común de la Sagrada Escritura, que se canta o reza antes y después de los salmos y de los cánticos en las horas canónicas, y guarda relación con el oficio propio del día.

antífrasis. f. *Ret.* Figura que consiste en designar personas o cosas con voces que signifiquen lo contrario de lo que se debiera decir.

antifricción. f. En aposición a ciertos sustantivos, como *metal,* significa que tal sustancia disminuye los efectos del rozamiento de las piezas, como los cojinetes, sometidas a movimientos rápidos o con grandes esfuerzos. Ú. t. c. s. m.

antigás. adj. Dícese de la máscara o careta destinada a evitar la acción de los gases tóxicos.

antígeno. m. *Biol.* y *Med.* Sustancia que, introducida en un organismo animal, da lugar a reacciones de defensa, tales como la formación de anticuerpos.

antigripal. adj. Que sirve para combatir la gripe. Ú. t. c. s. m.

antigualla. f. Obra u objeto de arte de antigüedad remota. ‖ **2.** despect. Mueble, traje, adorno o cosa semejante que ya no está de moda.

antigüedad. f. Calidad de antiguo. ANTIGÜEDAD *de una ciudad, de un edificio, de una familia.* ‖ **2.** Tiempo antiguo. ‖ **3.** Los hombres que vivieron en lo antiguo. *Esto creía la* ANTIGÜEDAD. ‖ **4.** Tiempo transcurrido desde el día en que se obtiene un empleo. ‖ **5.** pl. Monumentos u objetos artísticos de tiempo antiguo.

antiguo, gua. adj. Que existe desde hace mucho tiempo. ‖ **2.** Que existió o sucedió en tiempo remoto. ‖ **3.** Anticuado, pasado de moda. Apl. a pers., ú. t. c. s. ‖ **4.** m. pl. Los que vivieron en siglos remotos. ‖ **a la antigua,** o **a lo antiguo.** loc. adv. Según costumbre o uso **antiguo.** ‖ **de antiguo.** loc. adv. Desde tiempo remoto, o desde mucho tiempo antes. ❑ sup. irreg. *antiquísimo.*

antihelmíntico, ca. adj. *Farm.* Que sirve contra los gusanos parásitos. Ú. t. c. s. m.

antihéroe. m. En una obra de ficción, personaje que, aunque desempeña las funciones narrativas propias del héroe tradicional, difiere en su apariencia y valores.

antihigiénico, ca. adj. Contrario a los preceptos de la higiene.

antillano, na. adj. Natural de cualquiera de las Antillas. Ú. t. c. s. ‖ **2.** Perteneciente o relativo a cualquiera de ellas.

antílope. m. Cualquiera de los mamíferos rumiantes de cornamenta persistente en la que el núcleo óseo es independiente de su envoltura, que forman un grupo intermedio entre las cabras y los ciervos; como la gacela y la gamuza.

antimateria. f. *Fís.* Materia compuesta de antipartículas, es decir, materia en la cual cada partícula ha sido reemplazada por la antipartícula correspondiente.

antimilitarismo. m. Tendencia contraria al militarismo.

antimilitarista. adj. Que profesa o siente el antimilitarismo. Apl. a pers., ú. t. c. s.

antimonio. m. *Quím.* Elemento químico de núm. atóm. 51. Semimetal escaso en la corteza terrestre; se encuentra nativo o en forma de sulfuro. Es duro, quebradizo y de color blanco azulado, aunque algunas variedades alotrópicas son oscuras o casi negras. Fue utilizado como cosmético, y aleado con diversos metales en pequeñas cantidades les da dureza, v. gr. al plomo de los caracteres de imprenta. Símb. *Sb,* del lat. *stibĭum.*

antinomia. f. Contradicción entre dos preceptos legales. ‖ **2.** Contradicción entre dos principios racionales.

antioqueno, na. adj. Natural de Antioquía. Ú. t. c. s. ‖ **2.** Perteneciente o relativo a esta ciudad de Siria.

antioqueño, ña. adj. Natural de Antioquia. Ú. t. c. s. ‖ **2.** Perteneciente o relativo a este departamento de Colombia.

antioxidante. adj. Que evita la oxidación. Ú. t. c. s.

antipalúdico, ca. adj. Que sirve para combatir el paludismo.

antipapa. m. El que no está canónicamente elegido Papa y pretende ser reconocido como tal.

antipapista. adj. Que no reconoce la soberanía del Papa. Ú. t. c. s.

antipara. f. Cancel o biombo que se pone delante de una cosa para encubrirla. ‖ **2.** Polaina o prenda de vestir que cubre la pierna solo por delante. Ú. m. en pl.

antiparasitario, ria. adj. Que elimina, o previene los parásitos. Ú. t. c. s. m.

antiparras. f. pl. fam. **anteojos,** gafas.

antipartícula. f. *Fís.* Partícula elemental producida artificialmente, que tiene la misma masa, igual carga pero opuesta y momento magnético de sentido contrario que las de la partícula correspondiente. La unión de una partícula con su **antipartícula** produce la aniquilación de ambas, dando lugar a otras nuevas partículas.

antipatía. f. Sentimiento de aversión que, en mayor o menor grado, se experimenta hacia alguna persona, animal o cosa. ‖ **2.** fig. Oposición recíproca entre seres inanimados.

antipático, ca. adj. Que causa antipatía. Apl. a pers., ú. t. c. s.

antipirético, ca. adj. *Med.* **antitérmico.** Ú. t. c. s. m.

antipirina. f. *Quím.* Sustancia orgánica que se presenta ordinariamente en forma de polvo cristalino de color blanco. Se emplea en medicina como antipirético, analgésico y antirreumático.

antípoda. adj. *Geogr.* Dícese de cualquier habitante del globo terrestre con respecto a otro que more en lugar diametralmente opuesto. Ú. m. c. s., especialmente en m. y en pl. ‖ **2.** fig. y fam. Que se contrapone totalmente a otra cosa o persona. Ú. m. c. s., especialmente en m. y en pl. ‖ **en los,** o **las antípodas.** loc. adv. En lugar o posición radicalmente opuesta o contraria.

antiquísimo, ma. adj. sup. de **antiguo.**

antirrábico, ca. adj. *Farm.* Dícese del medicamento que se emplea contra la rabia. Ú. t. c. s. f.

antirreglamentario, ria. adj. Que se hace o se dice contra lo que dispone el reglamento.

antirrobo. adj. Dícese del sistema o artilugio destinado a prevenir el robo. *Alarma* ANTIRROBO. Ú. t. c. s. amb.

antisemita. adj. Enemigo de la raza hebrea, de su cultura o de su influencia. Ú. t. c. s.

antisemitismo. m. Doctrina o tendencia de los antisemitas.

antisepsia. f. *Med.* Método que consiste en combatir o prevenir los padecimientos infecciosos, destruyendo los microbios que los causan.

antiséptico, ca. adj. *Med.* Que sirve para la antisepsia. Ú. t. c. s. m.

antisudoral. adj. Dícese de la sustancia que evita o reduce el sudor excesivo. Ú. t. c. s. m.

antitanque. adj. *Mil.* Dícese de las armas y proyectiles destinados a destruir tanques de guerra y otros vehículos semejantes.

antitérmico, ca. adj. Que aísla del calor. ‖ **2.** *Med.* Eficaz contra la fiebre. Ú. t. c. s. m.

antítesis. f. *Fil.* Oposición o contrariedad de dos juicios o afirmaciones. ‖ **2.** fig. Persona o cosa enteramente opuesta en sus condiciones a otra. ‖ **3.** *Ret.* Figura que consiste en contraponer una frase o una palabra a otra de contraria significación.

antitetánico, ca. adj. *Med.* Dícese de los medicamentos empleados contra el tétanos. Ú. t. c. s.

antitético, ca. adj. Que denota o implica antítesis.

antitoxina. f. *Fisiol.* Anticuerpo que se forma en el organismo a consecuencia de la introducción de una toxina determinada y sirve para neutralizar ulteriormente nuevos ataques de la misma toxina.

antitusígeno, na. adj. *Med.* Eficaz contra la tos. Ú. t. c. s. m.

antocianina. f. *Bot.* Cualquiera de los pigmentos que se encuentran disueltos en el protoplasma de las células de diversos órganos vegetales, y a los cuales deben su color las corolas de todas las flores azules y violadas y de la mayoría de las rojas, así como también el epicarpio de muchos frutos.

antojadizo, za. adj. Que tiene antojos con frecuencia.

antojarse. prnl. Hacerse objeto de vehemente deseo alguna cosa. Se usa más generalmente tratándose de lo que se apetece o quiere por puro capricho. ❑ Solo se usa en las terceras personas con alguno de los pronombres personales *me, te, le, nos,* etc. SE ME ANTOJÓ *una flor; no hace más que lo que* SE LE ANTOJA. ‖ **2.** Ofrecerse a la consideración como probable alguna cosa. SE ME ANTOJA *que va a llover.*

antojo. m. Deseo vivo y pasajero de alguna cosa. ‖ **2.** Juicio o aprehensión que se hace de alguna cosa sin bastante examen. ‖ **3.** Lunar, mancha o tumor eréctil que suelen presentar en la piel algunas personas, y que el vulgo atribuye a caprichos no satisfechos de sus madres durante el embarazo.

antología. f. Colección de piezas escogidas de literatura, música, etc. ‖ **de antología.** loc. adj. fig. Digno de ser destacado, extraordinario.

antológico, ca. adj. Propio de una antología o perteneciente a ella. ‖ **2.** fig. Digno de ser destacado, extraordinario.

antonimia. f. *Gram.* Calidad de antónimo.

antónimo, ma. adj. *Gram.* Dícese de las palabras que expresan ideas opuestas o contrarias: *claro* y *oscuro; antes* y *después.* Ú. t. c. s. m.

antonomasia. f. *Ret.* Sinécdoque que consiste en poner el nombre apelativo por el propio, o el propio por el apelativo; v. gr.: *El Apóstol,* por *San Pablo; un Nerón,* por *un hombre cruel.* ‖ **por antonomasia.** loc. adv. que además de su significación propia, se usa para denotar que a una persona o cosa le conviene el nombre apelativo con que se la designa, por ser, entre todas las de su clase, la más importante, conocida o característica.

antorcha. f. **hacha**[1]. ‖ **2.** fig. Lo que sirve de norte y guía para el entendimiento.

antozoo. adj. *Zool.* Dícese de ciertos celentéreos que en el estado adulto viven fijos sobre el fondo del mar, no presentan nunca la forma de medusa y están constituidos, ya por un solo pólipo, ya por una colonia de muchos pólipos que frecuentemente están unidos entre sí por un polipero; los pólipos tienen alrededor de la boca tentáculos en número de ocho, seis o un múltiplo de seis; como la actinia y el coral. Ú. m. c. s. ‖ **2.** m. pl. *Zool.* Clase de estos animales.

antracita. f. Carbón fósil seco o poco bituminoso que arde con dificultad y sin conglutinarse.

ántrax. m. *Pat.* Inflamación confluente de varios folículos pilosos, de origen bacteriano, con abundante producción de pus. ❑ pl. invar.

antro. m. Caverna, cueva, gruta. Ú. m. en poesía. ‖ **2.** fig. Local, establecimiento, vivienda, etc., de mal aspecto o reputación.

antropo-. Elemento compositivo que significa «hombre»: ANTROPO*logía,* ANTROPO*morfo.*

antropocéntrico, ca. adj. Perteneciente o relativo al antropocentrismo.

antropocentrismo. m. *Fil.* Doctrina o teoría que supone que el hombre es el centro de todas las cosas, y el fin absoluto de la naturaleza.

antropofagia. f. Costumbre de comer el hombre carne humana. ‖ **2.** Acto de comerla.

antropófago, ga. adj. Dícese del que come carne humana. Ú. t. c. s.

antropoide. adj. *Zool.* Dícese de los animales que por sus caracteres morfológicos externos se asemejan al hombre; se aplica especialmente a los monos antropomorfos. Ú. t. c. s.

antropología. f. Ciencia que trata de los aspectos biológicos del hombre y de su comportamiento como miembro de una sociedad.

antropológico, ca. adj. Perteneciente o relativo a la antropología.

antropólogo, ga. m. y f. Persona que profesa la antropología o en ella tiene especiales conocimientos.

antropomorfismo. m. Conjunto de creencias o de doctrinas que atribuyen a la divinidad la figura o las cualidades del hombre. ‖ **2.** Tendencia a atribuir rasgos y cualidades humanos a las cosas.

antropomorfo, fa. adj. Que tiene forma o apariencia humana. ‖ **2.** *Zool.* Dícese de los monos catirrinos, sin cola, como el chimpancé, el gorila, el orangután, etc. Ú. t. c. s. ‖ **3.** m. pl. *Zool.* Grupo de estos animales.

antropónimo. m. Nombre propio de persona.

antropopiteco. m. *Paleont.* Animal, cuyos restos fósiles fueron descubiertos en Java, que vivió en el período pleistoceno y al que los partidarios de la doctrina transformista consideran uno de los antepasados del hombre.

antruejo. m. Los tres días de carnestolendas.

anual. adj. Que sucede o se repite cada año. ‖ **2.** Que dura un año.

anualidad. f. Calidad de anual. ‖ **2.** Importe anual de una renta o carga periódica. ‖ **3.** Renta de un año, que pagaba al erario el que obtenía alguna prebenda eclesiástica.

anuario. m. Libro que se publica cada año como guía para determinadas profesiones, con información, direcciones y otros datos de utilidad. ‖ **2.** Revista de prensa de periodicidad anual.

anublar. tr. Ocultar las nubes el azul del cielo o la luz de un astro, especialmente la del Sol o la Luna. Ú. t. c. prnl. ‖. **2.** fig. Oscurecer, empañar, amortiguar. ANUBLAR *la fama, la alegría.* Ú. t. c. prnl.

anudar. tr. Hacer uno o más nudos. Ú. t. c. prnl. ‖ **2.** Juntar o unir, mediante un nudo, dos hilos, dos cuerdas, o cosas semejantes. Ú. t. c. prnl. ‖ **3.** fig. Juntar, unir.

anuencia. f. **consentimiento,** permiso.

anulación. f. Acción y efecto de anular o anularse.

anular[1]. adj. Perteneciente o relativo al anillo. ‖ **2.** De figura de anillo. ‖ **3.** m. **dedo anular.**

anular[2]. tr. Dar por nulo o dejar sin fuerza una disposición, contrato, etc. Ú. t. c. prnl. ‖ **2.** Suspender algo previamente anunciado o proyectado. Ú. t. c. prnl. ‖ **3.** fig. Incapacitar, desautorizar a uno. Ú. t. c. prnl.

anunciación. f. Acción y efecto de anunciar. ‖ **2.** Por antonom., el anuncio que el Arcángel San Gabriel hizo a la Virgen del misterio de la Encarnación.

anunciar. tr. Dar noticia o aviso de alguna cosa; publicar, proclamar, hacer saber. ‖ **2. pronosticar.** ‖ **3.** Hacer saber el nombre de un visitante a la persona por quien desea ser recibido. ‖ **4.** Dar publicidad a alguna cosa con fines de propaganda comercial.

anuncio. m. Acción y efecto de anunciar. ‖ **2.** Conjunto de palabras o signos con que se anuncia algo. ‖ **3. pronóstico,** señal que sirve para pronosticar.

anuo, nua. adj. **anual.**

anuria. f. *Med.* Cesación total de la secreción urinaria.

anuro, ra. adj. *Zool.* Que carece de cola. ‖ **2.** *Zool.* Dícese de los batracios que tienen cuatro extremidades y carecen de cola; como la rana y el sapo. Ú. t. c. s. ‖ **3.** m. pl. *Zool.* Orden de estos batracios.

anverso. m. En las monedas y medallas, haz que se considera principal por llevar el busto de una persona o por otro motivo. ‖ **2.** *Impr.* Cara en que va impresa la primera página de un pliego.

anzuelo. m. Arponcillo o garfio, pequeño por lo común, de hierro u otro metal, que, pendiente de un sedal o alambre y, puesto en él algún cebo, sirve para pescar. ‖ **2.** fig. y fam. Atractivo o aliciente. ‖ **echar el anzuelo.** fr. fig. y fam. Emplear artificios para atraer, generalmente con engaño.

añada. f. Transcurso o tiempo de un año. ‖ **2.** Tiempo bueno o malo que hace durante un año. ‖ **3.** Cosecha de cada año, y especialmente la del vino.

añadido. m. Añadidura, adición.

añadidura. f. Lo que se añade a alguna cosa. ‖ **2.** Especialmente lo que el vendedor da más del justo peso, o el pedazo pequeño que añade para completarlo. ‖ **por añadidura.** loc. adv. **además.**

añadir. tr. Agregar, incorporar una cosa a otra. ‖ **2.** Aumentar, acrecentar, ampliar.

añagaza. f. Señuelo para coger aves. Comúnmente es un pájaro de la especie de los que se trata de cazar. ‖ **2.** fig. Artificio para atraer con engaño.

añalejo. m. Especie de calendario para los eclesiásticos, que señala el orden y rito del rezo y oficio divino de todo el año.

añejar. tr. Hacer añeja alguna cosa. Ú. t. c. prnl. ‖ **2.** prnl. Alterarse algunas cosas con el transcurso del tiempo, ya mejorándose, ya deteriorándose. Comúnmente se dice del vino y de algunos comestibles.

añejo, ja. adj. Dícese de ciertas cosas que tienen uno o más años. *Tocino, vino* AÑEJO. ‖ **2.** fig. y fam. Que tiene mucho tiempo. *Noticia* AÑEJA.

añicos. m. pl. Pedazos o piezas pequeñas en que se divide alguna cosa al romperse. ‖ **hacerse** alguien **añicos.** fr. fig. y fam. Quedarse fatigado, física o moralmente, por un esfuerzo o preocupación.

añil. m. Arbusto perenne de la familia de las papilionáceas, de tallo derecho, hojas compuestas, flores rojizas en espiga o racimo, y fruto en vaina arqueada, con granillos lustrosos, muy duros, parduscos o verdosos y a veces grises. ‖ **2.** Pasta de color azul oscuro, con visos cobrizos, que de los tallos y hojas de esta planta se saca por maceración en agua. ‖ **3.** Color de esta pasta.

año. m. *Astron.* Tiempo que transcurre durante una revolución real del eje de la Tierra en su órbita alrededor del Sol, o aparente del Sol en la eclíptica alrededor de la Tierra. ‖ **2.** Período de doce meses, a contar desde el día 1 de enero hasta el 31 de diciembre, ambos inclusive. ‖ **3.** Período de doce meses, a contar desde un día cualquiera. ‖ **4.** fig. y fam. Seguido de expresiones como *de la nana, de la nanita, de la pera, de la polca,* y otras, indica época remota. ‖ **5.** Edad, tiempo vivido. *Está muy joven para sus* AÑOS. ‖ **académico.** Período de un **año** que comienza con la apertura del curso, después de las vacaciones del anterior. ‖ **bisiesto.** El que tiene un día más que el **año** común, añadido al mes de febrero. Se repite cada cuatro **años,** a excepción del último de cada siglo cuyo número de centenas no sea múltiplo de cuatro. ‖ **de gracia. año** de la era cristiana. ‖ **eclesiástico.** El que gobierna las solemnidades de la Iglesia y empieza el primer domingo de adviento. ‖ **económico.** Espacio de doce meses durante el cual rigen los presupuestos de gastos e ingresos públicos. ‖ **lunar.** Período de 12 revoluciones de la Luna, o sea de 354 días. ‖ **luz.** Medida astronómica de longitud, equivalente a la distancia recorrida por la luz en el vacío durante un **año.** ‖ **santo.** El del jubileo universal que se celebra en Roma en ciertas épocas, y después por bula se suele conceder en las iglesias señaladas, para todos los pueblos de la cristiandad. ‖ **sideral.** *Astron.* Tiempo que transcurre entre dos pasos consecutivos de la Tierra por el mismo punto de su órbita. Es el **año** propiamente dicho, y consta de 365 días, 6 horas, 9 minutos y 24 segundos. ‖ **de buen año.** loc. adv. Gordo, saludable. ❑ Úsase generalmente con el verbo *estar.* ‖ **entrado en años.** expr. De edad provecta. ‖ **estar a años luz.** fr. fig. e hiperbólica con que se indica que una persona o una cosa dista extraordinariamente de otra, bien en un sentido espacial, bien en cualquier otro sentido. ‖ **mal**

año para alguna persona o cosa. expr. fam. que se usa como imprecación. ‖ **por los años de.** loc. Por el tiempo que se indica, sobre poco más o menos. *Esto debió de ocurrir* POR LOS AÑOS DE 1585. ‖ **quitarse** alguien **años.** fr. fig. y fam. Declarar menos **años** de los que tiene.

añojo, ja. m. y f. Becerro o cordero de un año cumplido. ‖ **2.** m. Carne de becerro **añojo** para uso comestible.

añoranza. f. Acción de añorar, nostalgia.

añorar. tr. Recordar con pena la ausencia, privación o pérdida de persona o cosa muy querida. Ú. t. c. intr.

aojar. tr. Hacer mal de ojo. ‖ **2.** fig. Desgraciar o malograr una cosa. ‖ **3.** ant. **mirar,** dirigir la vista.

aónides. f. pl. Las musas.

aorta. f. *Anat.* Arteria que nace del ventrículo izquierdo del corazón de las aves y de los mamíferos y es la mayor del cuerpo. ‖ **2.** *Zool.* Cada una de las dos grandes arterias que nacen del ventrículo o ventrículos del corazón de los lamelibranquios, cefalópodos y reptiles y que en estos últimos animales se juntan luego para formar un solo vaso. ‖ **3.** *Zool.* Arteria que nace del ventrículo del corazón de los gasterópodos, peces y batracios.

aovado, da. adj. De figura de huevo. ‖ **2.** *Bot.* V. **hoja aovada.**

aovar. intr. Poner huevos las aves y otros animales.

apabullante. adj. Que apabulla. ‖ **2.** adj. Abrumador, arrollador.

apabullar. tr. fam. Confundir, intimidar a una persona, haciendo exhibición de fuerza o superioridad.

apacentar. tr. Dar pasto a los ganados. ‖ **2.** fig. Dar pasto espiritual, instruir, enseñar. ‖ **3.** prnl. Pacer el ganado. ❑ Irreg. Se conj. como *acertar.*

apacibilísimo, ma. adj. sup. irreg. de **apacible.**

apacible. adj. Manso, dulce y agradable en la condición y el trato. ‖ **2.** De buen temple, tranquilo, agradable. *Día, viento* APACIBLE. ❑ sup. irreg. *apacibilísimo.*

apaciguar. tr. Poner en paz, sosegar, aquietar. Ú. t. c. prnl.

apache. adj. Dícese del indio nómada de las llanuras de Nuevo Méjico; se caracterizaba por su gran belicosidad. Ú. t. c. s.

apadrinar. tr. Acompañar o asistir como padrino a una persona. ‖ **2.** fig. Patrocinar, proteger.

apagado, da. adj. De genio muy sosegado y apocado. ‖ **2**. Tratándose del color, el brillo, etc., amortiguado, poco vivo.

apagar. tr. Extinguir el fuego o la luz. Ú. t. c. prnl. ‖ **2.** Aplacar, disipar, extinguir. APAGAR *los rencores, un afecto.* Ú. t. c. prnl. ‖ **3.** Hablando de la cal viva, echarle agua para que pueda emplearse en obras de fábrica. ‖ **4.** Interrumpir el funcionamiento de un aparato desconectándolo de su fuente de energía. APAGAR *la lámpara, el gas, un motor.* Ú. t. c. prnl. ‖ **5.** *Pint.* Rebajar en los cuadros el color demasiado vivo o templar el tono de la luz. ‖ **apaga y vámonos.** expr. fig. y fam. que se emplea al conocer que una cosa toca a su término, o al oír o ver algo muy absurdo, disparatado o escandaloso.

apagón. m. Interrupción pasajera del suministro de energía eléctrica.

apaisado, da. adj. Dícese de la figura u objeto de forma rectangular cuya base es mayor que su altura, a semejanza de los cuadros donde suelen pintarse países. *Cuadro, libro* APAISADO.

apalabrar. tr. Concertar de palabra dos o más personas alguna cosa.

apalancar. tr. Levantar, mover alguna cosa con palanca. ‖ **2.** prnl. fam. Acomodarse en un sitio, permanecer inactivo en él.

apalear[1]. tr. Dar golpes con palo u otra cosa semejante. ‖ **2.** Sacudir ropas, alfombras, etc., con palo o con vara. ‖ **3. varear** el fruto del árbol.

apalear[2]. tr. Aventar con pala el grano para limpiarlo. ‖ **2.** fig. y fam. Tratándose de oro, plata, dinero o riquezas, tenerlas o ganarlas en abundancia.

apañado, da. adj. fig. Hábil, mañoso para hacer alguna cosa. ‖ **2.** fig. y fam. Adecuado, a propósito para el uso a que se destina. ‖ **estar,** o **ir, apañado.** fr. irón. fig. y fam. Estar equivocado o ilusoriamente confiado respecto de una cosa. ¡APAÑADO ESTÁS *si te crees que te vas a librar!*

apañar. tr. Coger con la mano; coger en general. ‖ **2.** Tomar alguna cosa o apoderarse de ella capciosa e ilícitamente. ‖ **3.** Acicalar, asear, ataviar. ‖ **4.** fig. y fam. Poner solución o remedio a un asunto precariamente, con disimulo o por conveniencia. ‖ **5.** prnl. fam. Darse maña para hacer alguna cosa. ‖ **apañárselas.** fr. fam. Arreglárselas, componérselas, desenvolverse bien.

apaño. m. Acción y efecto de apañar. ‖ **2.** fam. Compostura, reparo o remiendo hecho en alguna cosa. ‖ **3.** fam. Respecto de una persona amancebada, la que lo está con ella. ‖ **4.** fam. Relación ilícita con esa persona. ‖ **5.** fam. Acomodo, avío, conveniencia.

aparador. m. Mueble donde se guarda o contiene lo necesario para el servicio de la mesa.

aparato. m. Conjunto de piezas construido para funcionar unitariamente con finalidad práctica determinada. En algunas circunstancias se emplea para designar, según los casos, un avión, un receptor telefónico, un soporte de luz, etc. || **2.** Conjunto de cosas necesarias para algún fin. || **3.** Pompa, ostentación. || **4.** Conjunto de circunstancias que acompañan a alguna cosa o son señal de ella. *Una tormenta con gran* APARATO *de truenos.* || **5.** Conjunto de los que deciden la política de un partido o gobierno. || **6.** *Biol.* Conjunto de órganos que en los animales o en las plantas concurren al desempeño de una misma función. APARATO *reproductor, circulatorio.*

aparatoso, sa. adj. Que tiene mucho aparato u ostentación. || **2.** Desmedido, exagerado.

aparcacoches. com. Persona que en hoteles, restaurantes y otros establecimientos públicos se encarga de aparcar los vehículos de los clientes y de devolvérselos a la salida.

aparcamiento. m. Acción y efecto de aparcar un vehículo. || **2. estacionamiento** de vehículos.

aparcar. tr. Colocar transitoriamente en un lugar público señalado al efecto por la autoridad, coches u otros vehículos. || **2.** En expresión no técnica, detener el conductor su vehículo automóvil y colocarlo transitoriamente en un lugar público o privado. || **3.** fig. Aplazar, postergar un asunto o decisión.

aparcería. f. Trato o convenio de los que van a la parte en una granjería. || **2.** *Der.* Contrato mixto, que participa del de sociedad aplicado al arrendamiento de fincas rústicas, y que se celebra con gran variedad de pactos y costumbres supletorias entre el propietario y el cultivador de la tierra.

aparcero, ra. m. y f. Persona que tiene aparcería con otra u otras. || **2.** Comunero en una heredad o hacienda.

apareamiento. m. Acción y efecto de aparear o aparearse.

aparear. tr. Arreglar o ajustar una cosa con otra, de forma que queden iguales. || **2.** Unir o juntar una cosa con otra, formando par. Ú. t. c. prnl. || **3.** Juntar las hembras de los animales con los machos para que críen. Ú. t. c. prnl.

aparecer. intr. Manifestarse, dejarse ver, por lo común, causando sorpresa, admiración u otro movimiento del ánimo. Ú. t. c. prnl. || **2.** Encontrarse, hallarse lo que estaba perdido u oculto. Ú. menos c. prnl. ❑ Irreg. Se conj. como *agradecer.*

aparecido. m. Espectro de un difunto.

aparejador, ra. adj. Que apareja. Ú. t. c. s. || **2.** m. y f. Técnico titulado que interviene con funciones propias en la construcción de edificaciones.

aparejar. tr. Preparar, prevenir, disponer. Ú. t. c. prnl. || **2.** Vestir con esmero, adornar. Ú. t. c. prnl. || **3.** Poner el aparejo a las caballerías. || **4.** *Mar.* Poner a un buque su aparejo para que esté en disposición de poder navegar. || **5.** prnl. *Amér.* **aparearse,** juntarse machos y hembras.

aparejo. m. Preparación, disposición para alguna cosa. || **2.** Arreo necesario para montar o cargar las caballerías. || **3.** Conjunto de objetos necesarios para hacer ciertas cosas. || **4.** Sistema de poleas, compuesto de dos grupos, fijo el uno y móvil el otro. Una cuerda, afianzada por uno de sus extremos en la armazón de la primera polea fija, corre por las demás, y a su otro extremo actúa la potencia. || **5.** *Mar.* Conjunto de palos, vergas, jarcias y velas de un buque, y que se llama de cruz, de cuchillo, de abanico, etc., según la clase de la vela. || **6.** pl. Instrumentos y cosas necesarias para cualquier oficio o maniobra.

aparentar. tr. Manifestar o dar a entender lo que no es o no hay. Ú. t. c. intr. || **2.** Hablando de la edad de una persona, tener esta el aspecto correspondiente a dicha edad.

aparente. adj. Que parece y no es. || **2.** Conveniente, oportuno, adecuado. *Esto es* APARENTE *para el caso.* || **3.** fam. Vistoso, de buena apariencia.

aparición. f. Acción y efecto de aparecer o aparecerse. || **2.** Visión de un ser sobrenatural o fantástico; espectro, fantasma.

apariencia. f. Aspecto o parecer exterior de una persona o cosa. || **2.** Verosimilitud, probabilidad. || **3.** Cosa que parece y no es. || **en apariencia.** loc. adv. Aparentemente, al parecer.

apartadero. m. Lugar que sirve en los caminos y canales para que, apartándose las personas, las caballerías, los carruajes o los barcos, quede libre el paso. || **2.** Pedazo de terreno contiguo a los caminos que se deja baldío para que descansen y pasten los ganados y caballerías que van de paso. || **3.** Sitio donde se aparta a unos toros de otros para encajonarlos. || **4.** Vía corta derivada de la principal, que sirve para apartar en ella vagones, tranvías y locomotoras.

apartado, da. adj. Retirado, distante, remoto. || **2.** Diferente, distinto, diverso. || **3.** m. Párrafo o serie de párrafos dentro de un escrito en los que se considera algún asunto por separado. || **de correos.** Servicio de la oficina de correos por el que se alquila al usuario una caja o sección con un número, en donde se deposita su correspondencia. || **2.** Caja, sección o departamento donde se guarda esta correspondencia. || **3.** Número asignado a esa caja o sección.

apartamento. m. Vivienda compuesta de uno o más aposentos, generalmente con cocina y servicios higiénicos, situada en un edificio donde existen otras viviendas análogas. ❑ No utilizar por *departamento.*

apartamiento. m. Acción y efecto de apartar o apartarse.

apartar. tr. Separar, desunir, dividir. Ú. t. c. prnl. ‖ **2.** Quitar a una persona o cosa del lugar donde estaba, para dejarlo desocupado. Ú. t. c. prnl. ‖ **3.** Alejar, retirar. Ú. t. c. prnl. ‖ **4.** fig. Disuadir a uno de alguna cosa; hacerle que desista de ella.

aparte. adv. l. En otro lugar. *Poner un libro* APARTE. ‖ **2.** A distancia, desde lejos. ‖ **3.** adv. m. Separadamente, con distinción. ‖ **4.** m. Lo que en la representación escénica dice cualquiera de los personajes de la obra representada, como hablando para sí o con aquel o aquellos a quienes se dirige y suponiendo que no lo oyen los demás. Ú. t. en sent. fig. ‖ **5.** Lo que en la obra dramática debe recitarse de este modo. *Esa comedia tiene muchos* APARTES. ‖ **6.** Ejemplar de una tirada **aparte.** ‖ **7.** adj. Diferente, distinto, singular. *Góngora es un autor* APARTE *en la poesía española.* ‖ **aparte de.** loc. prepos. Con omisión de, sin contar con. ❑ Ú. t. sin la prep. y pospuesto al nombre. APARTE *impuestos, impuestos* APARTE.

apasionado, da. adj. Poseído de alguna pasión o afecto. Ú. t. c. s. ‖ **2.** Partidario de alguno, o afecto a él. Ú. t. c. s.

apasionamiento. m. Acción y efecto de apasionar o apasionarse.

apasionante. adj. Que apasiona. ‖ **2.** Muy interesante, que capta mucho la atención.

apasionar. tr. Causar, excitar alguna pasión. Ú. m. c. prnl. ‖ **2.** Atormentar, afligir. ‖ **3.** prnl. Aficionarse con exceso a una persona o cosa.

apatía. f. Impasibilidad del ánimo. ‖ **2.** Dejadez, indolencia, falta de vigor o energía.

apático, ca. adj. Que adolece de apatía.

apátrida. adj. Dícese de la persona que carece de nacionalidad. Ú. t. c. s.

apeadero. m. Sitio o punto del camino en que los viajeros pueden apearse y es cómodo para descansar. ‖ **2.** En los ferrocarriles, sitio de la vía preparado para el servicio público, pero sin apartadero ni los demás accesorios de una estación.

apear. tr. Desmontar o bajar a alguien de una caballería, carruaje o automóvil. Ú. m. c. prnl. ‖ **2.** Tratándose de caballerías, maniatarlas para que no se escapen. ‖ **3.** fig. y fam. Disuadir a alguien de sus opiniones, ideas, creencias, suposiciones, etc. *No pude* APEARLE *de su propósito.* Ú. t. c. prnl. ‖ **4.** fig. Quitar, destituir a alguien de su ocupación o cargo. Ú. t. c. prnl.

apechugar. intr. Empujar o apretar con el pecho, acometer. Ú. t. c. prnl. y alguna vez c. tr. ‖ **2.** fig. y fam. Cargar con alguna obligación o circunstancia ingrata o no deseada. ❑ Ú. generalmente con la prep. *con.* Ú. t. c. prnl.

apedrear. tr. Tirar o arrojar piedras a una persona o cosa. ‖ **2.** intr. impers. Caer pedrisco. ‖ **3.** prnl. Padecer daño con el pedrisco las viñas, los árboles frutales o las mieses.

apegarse. prnl. fig. Cobrar apego.

apego. m. fig. Afición o inclinación hacia una persona o cosa.

apelable. adj. Que admite apelación.

apelación. f. *Der.* Acción de apelar.

apelar. intr. *Der.* Recurrir al juez o tribunal superior para que revoque, enmiende o anule la sentencia que se supone injustamente dada por el inferior. ‖ **2.** fig. Recurrir a una persona o cosa en cuya autoridad, criterio o predisposición se confía para dirimir, resolver o favorecer una cuestión. Ú. menos c. prnl.

apelativo, va. adj. Dícese de aquello que apellida o califica. Ú. t. c. s. ‖ **2.** *Ling.* Dícese del lenguaje en cuanto pretende influir y producir un efecto en el oyente o receptor. ‖ **3.** m. **apellido,** nombre de familia.

apellidar. tr. Nombrar, llamar. Ú. t. c. prnl. ‖ **2.** prnl. Tener tal o tales apellidos.

apellido. m. Nombre de familia con que se distinguen las personas; como *Fernández, Guzmán.* ‖ **2.** Nombre particular que se da a varias cosas. ‖ **3.** **sobrenombre,** o mote.

apelmazar. tr. Hacer que una cosa esté menos esponjada o hueca de lo que requiere para su uso. Ú. t. c. prnl.

apelotonar. tr. Formar pelotones o grumos. Ú. t. c. prnl.

apenar. tr. Causar pena, afligir. Ú. t. c. prnl. ‖ **2.** prnl. *Amér.* Sentir vergüenza.

apenas. adv. neg. Difícilmente, casi no. *Por la ventana* APENAS *entraba el sol.* ‖ **2.** adv. c. Escasamente, solo. *Hemos llegado* APENAS *hace una semana.* ‖ **3.** conj. t. En cuanto, al punto que. APENAS *bajé a la calle, se puso a llover.*

apencar. intr. fam. **apechugar,** cargar con alguna obligación ingrata. ❑ Ú. generalmente con la prep. *con.*

apéndice. m. Cosa adjunta o añadida a otra, de la cual es como parte accesoria o dependiente. ‖ **2.** *Bot.* Conjunto de escamas, a manera de pedazos de hojas, que tienen en su base algunos pecíolos. ‖ **3.** *Zool.* Parte del cuerpo animal unida o contigua a otra principal. ‖ **cecal, vermicular,** o **vermiforme.** *Anat.* Prolongación delgada y hueca, de longitud variable, que se halla en la parte interna y terminal del intestino ciego del hombre, monos y muchos roedores.

apendicitis. f. *Pat.* Inflamación del apéndice vermicular.

apepsia. f. *Med.* Falta de digestión.

apercibir[1]**.** tr. Prevenir, disponer, preparar lo necesario para alguna cosa. Ú. t. c. prnl. ‖ **2.** Amonestar, advertir. ‖ **3.** *Der.* Hacer saber a la persona citada, emplazada o requerida, las consecuencias que se seguirán de determinados actos u omisiones suyas.

apercibir[2]**.** tr. Percibir, observar, caer en la cuenta. ❑ Ú. t. c. prnl. con la prep. *de.*

apergaminado, da. adj. Semejante al pergamino.

apergaminarse. prnl. fig. y fam. **acartonarse** uno.

aperitivo, va. adj. Que sirve para abrir el apetito. Ú. t. c. s. m. ‖ **2.** m. Bebida que se toma antes de una comida principal. ‖ **3.** Comida que suele acompañar a esta bebida.

apero. m. Conjunto de instrumentos y demás cosas necesarias para la labranza. Ú. m. en pl. ‖ **2.** Cualquier instrumento que se emplea en la labranza. ‖ **3.** Conjunto de animales destinados en una hacienda a las faenas agrícolas. Ú. m. en pl. ‖ **4.** Por ext., conjunto de instrumentos y herramientas de otro cualquier oficio. Ú. m. en pl. ‖ **5.** *Amér.* Arreos de montar más lujosos que los comunes.

apertura. f. Acción de abrir. ‖ **2.** Tratándose de asambleas, corporaciones, teatros, etc., acto de dar principio, o de volver a dárselo, a sus tareas, estudios, espectáculos, etc. ‖ **3.** Tratándose de testamentos cerrados, acto solemne de sacarlos de sus pliegos y darles publicidad y autenticidad. ‖ **4.** Combinación de ciertas jugadas con que se inicia una partida de ajedrez. ‖ **5.** fig. Tendencia o posición favorable, en lo político, ideológico, etc., a actuar conforme a criterios menos cerrados o intransigentes y a colaborar con quienes los propugnan. ‖ **6.** *Ópt.* Diámetro de la lente en un instrumento óptico que limita la cantidad de luz que recibe. ‖ **angular.** *Ópt.* Ángulo máximo de los rayos luminosos que pueden entrar en un instrumento para formar una imagen. ❑ No confundir con *abertura* ni con *obertura.*

aperturismo. m. **apertura,** tendencia o posición.

aperturista. adj. Perteneciente o relativo a la apertura ideológica, política, etc. ‖ **2.** Partidario de esta tendencia o posición. Ú. t. c. s.

apesadumbrar. tr. Causar pesadumbre, afligir. Ú. m. c. prnl.

apestar. tr. Causar, comunicar la peste. Ú. t. c. prnl. ‖ **2.** fig. Corromper, viciar. ‖ **3.** intr. Arrojar o comunicar mal olor. Ú. t. en sent. fig. ‖ **estar apestado de** alguna cosa. fr. fig. y fam. Haber allí gran abundancia de ella. *La plaza* ESTÁ APESTADA DE *verduras.*

apestoso, sa. adj. Que apesta, o tiene mal olor. ‖ **2.** Que causa hastío.

apétalo, la. adj. *Bot.* Dícese de la flor que carece de pétalos.

apetecer. tr. Tener gana de alguna cosa, o desearla. En algunas partes, ú. t. c. prnl. ‖ **2.** intr. Gustar, agradar una cosa. ❑ Irreg. Se conj. como *agradecer.*

apetecible. adj. Digno de apetecerse.

apetencia. f. **apetito,** gana de comer. ‖ **2.** Movimiento natural que inclina al hombre a desear alguna cosa.

apetito. m. Impulso instintivo que nos lleva a satisfacer deseos o necesidades. ‖ **2.** Gana de comer.

apetitoso, sa. adj. Que excita el apetito o deseo. ‖ **2.** Gustoso, sabroso.

ápex. m. *Astron.* Punto en la esfera celeste hacia el cual se dirige el sistema solar. ❑ pl. invar.

apiadar. tr. Causar piedad. ‖ **2.** prnl. Tener piedad. ❑ Ú. comúnmente con la preposición *de.*

apical. adj. Perteneciente o relativo a un ápice o punta, o localizado en ellos. ‖ **2.** *Fon.* Dícese de la consonante en cuya articulación interviene principalmente el ápice de la lengua, como la *l* o la *t.* Ú. t. c. s. f.

ápice. m. Extremo superior o punta de alguna cosa. Ú. t. en sent. fig. ‖ **2.** fig. Parte pequeñísima, punto muy reducido, nonada. ‖ **3.** fig. Hablando de alguna cuestión o dificultad, lo más arduo o delicado de ella.

apico-. *Fon.* y *Med.* elem. compos. que indica situación o carácter apical. APICO*dental,* APICO*alveolar.*

apicultor, ra. m. y f. Persona que se dedica a la apicultura.

apicultura. f. Arte de criar abejas para aprovechar sus productos.

apilar. tr. Amontonar, poner una cosa sobre otra, haciendo pila o montón.

apiñado, da. adj. De figura de piña.

apiñar. tr. Juntar o agrupar estrechamente personas o cosas. Ú. t. c. prnl.

apio. m. Planta de la familia de las umbelíferas, con tallo jugoso, grueso, lampiño, hueco, con surcos y ramoso; hojas largas y hendidas, y flores muy pequeñas y blancas. Aporcado es comestible.

apirexia. f. *Med.* Falta de fiebre. ‖ **2.** *Med.* Intervalo que media entre una y otra accesión de la fiebre intermitente.

apisonadora. f. Máquina automóvil, montada sobre rodillos muy pesados, que se emplea para apisonar caminos y pavimentos.

apisonar. tr. Apretar o allanar tierra, grava, etc., por medio de un pisón o una apisonadora.

aplacar. tr. Amansar, suavizar, mitigar. Ú. t. c. prnl.

aplanar. tr. **allanar,** poner llano algo. ‖ **2.** fig. y fam. Dejar a alguien pasmado o estupefacto con alguna razón o novedad inopinada. ‖ **3.** prnl. fig. Perder la animación o el vigor por enfermedad u otra causa.

aplastante. adj. Que aplasta. ‖ **2.** fig. Abrumador, terminante, definitivo.

aplastar. tr. Deformar una cosa por presión o golpe, aplanándola o disminuyendo su grueso o espesor. Ú. t. c. prnl. ‖ **2.** fig. Derrotar, vencer, humillar. ‖ **3.** fig. y fam. **apabullar,** dejar a uno confuso.

aplatanar. tr. Causar indolencia o restar actividad a alguien. ‖ **2.** prnl. Entregarse a la indolencia o inactividad, en especial por influjo del ambiente o clima tropicales.

aplaudir. tr. Palmotear en señal de aprobación o entusiasmo. ‖ **2.** fig. Celebrar con palabras u otras demostraciones a personas o cosas.

aplauso. m. Acción y efecto de aplaudir. ‖ **cerrado.** El unánime y muy nutrido.

aplazamiento. m. Acción y efecto de aplazar.

aplazar. tr. **emplazar**, citar a una persona. ‖ **2. diferir** un acto. ‖ **3.** *Amér.* Suspender a un examinando.

aplicación. f. Acción y efecto de aplicar o aplicarse. ‖ **2.** fig. Afición y asiduidad con que se hace alguna cosa, especialmente el estudio. ‖ **3.** Ornamentación ejecutada en materia distinta de otra à la cual se sobrepone. ‖ **4.** *Inform.* Programa preparado para una utilización específica, como el pago de nóminas, formación de un banco de términos léxicos, etc. ‖ **5.** *Mat.* Relación entre dos conjuntos que hace corresponder a cada elemento del primero un solo elemento del segundo. ‖ **inversa.** *Mat.* **aplicación** recíproca asociada a una **aplicación** invertible. ‖ **invertible.** *Mat.* Aquella cuya relación recíproca es también una **aplicación.**

aplicado, da. adj. fig. Que muestra aplicación o asiduidad. ‖ **2.** Dícese de la parte de la ciencia enfocada en razón de su utilidad, y también de las artes manuales o artesanales como la cerámica, la ebanistería, etc. Genéricamente, ú. t. en pl.

aplicar. tr. Poner una cosa sobre otra o en contacto de otra. ‖ **2.** fig. Emplear, administrar o poner en práctica un conocimiento, medida o principio, a fin de obtener un determinado efecto o rendimiento en una cosa o persona. ‖ **3.** fig. Referir a un caso particular lo que se ha dicho en general, o a un individuo lo que se ha dicho de otro. ‖ **4.** prnl. fig. Poner esmero, diligencia y cuidado en ejecutar alguna cosa, especialmente en estudiar.

aplique. m. Cualquier pieza del decorado teatral que no sea el telón, los bastidores y las bambalinas. ‖ **2.** Candelero de uno o varios brazos, u otra clase cualquiera de lámpara, que se fija en la pared.

aplomo. m. Gravedad, serenidad, circunspección.

apnea. f. *Fisiol.* Falta o suspensión de la respiración.

apoastro. m. *Astron.* Punto en que un astro secundario se halla a mayor distancia de su principal.

apocado, da. adj. fig. De poco ánimo o espíritu.

Apocalipsis. n. p. m. Último libro canónico del Nuevo Testamento. Contiene las revelaciones escritas por el apóstol San Juan, referentes en su mayor parte al fin del mundo.

apocalíptico, ca. adj. Perteneciente o relativo al Apocalipsis. ‖ **2.** fig. Misterioso, oscuro, enigmático. *Estilo* APOCALÍPTICO. ‖ **3.** fig. Terrorífico, espantoso. Dícese de lo que amenaza o implica exterminio o devastación.

apocamiento. m. fig. Cortedad o encogimiento de ánimo. ‖ **2.** fig. **abatimiento,** postración.

apocar. tr. Aminorar, reducir a poco alguna cantidad. Ú. t. en sent. fig. ‖ **2.** fig. Humillar, abatir, tener en poco. Ú. t. c. prnl.

apocináceo, a. adj. *Bot.* Dícese de plantas angiospermas dicotiledóneas, de hojas persistentes, opuestas o verticiladas, sencillas, enteras y coriáceas; flores hermafroditas y regulares; fruto capsular o folicular, y semillas con albumen carnoso o córneo; como la adelfa y la hierba doncella. Ú. t. c. s. f. ‖ **2.** f. pl. *Bot.* Familia de estas plantas.

apocopar. tr. *Gram.* Cometer apócope.

apócope. f. *Gram.* Supresión de algún sonido al fin de un vocablo, como en *primer* por *primero.* Era figura de dicción según la preceptiva tradicional.

apócrifo, fa. adj. Fabuloso, supuesto o fingido. ‖ **2.** Dícese de todo libro que, atribuyéndose a autor sagrado, no está, sin embargo, incluido en el canon de la Biblia.

apodar. tr. Poner o decir apodos. ‖ **2.** prnl. Ser llamado por el apodo.

apoderado, da. adj. Dícese del que tiene poderes de otro para representarlo y proceder en su nombre. Ú. t. c. s.

apoderamiento. m. Acción y efecto de apoderar o apoderarse.

apoderar. tr. Dar poder una persona a otra para que la represente en juicio o fuera de él. ‖ **2.** prnl. Hacerse alguien o algo dueño de alguna cosa, ocuparla, ponerla bajo su poder. Ú. t. en sent. fig. *El pánico* SE APODERÓ *de los espectadores.* ❑ Como prnl., ú. con la prep. *de.*

apodíctico, ca. adj. *Lóg.* Incondicionalmente cierto, necesariamente válido.

apodo. m. Nombre que suele darse a una persona, tomado de sus defectos corporales o de alguna otra circunstancia. ❑ No confundir con *ápodo.*

ápodo, da. adj. *Zool.* Falto de pies. ‖ **2.** *Zool.* Dícese de los batracios de cuerpo vermiforme, sin extremidades y sin cola, o con cola rudimentaria. ‖ **3.** m. pl. *Zool.* Orden de estos animales.

apódosis. f. *Ret.* Segunda parte del período, en que se completa o cierra el sentido que queda pendiente en la primera, llamada prótasis. ‖ **2.** *Gram.* En los períodos condicionales, la oración principal, que enuncia el resultado o consecuencia de que se cumpla la condición expresada en la subordinada (hipótesis o prótasis), que puede anteceder o seguir a la principal.

apófisis. f. *Anat.* Parte saliente de un hueso, que sirve para su articulación o para las inserciones musculares.

apogeo. m. *Astron.* Punto de una órbita en torno a la Tierra más separado del centro de esta. ‖ **2.** *Fís.* Punto de una órbita, en el cual es máxima la distancia entre el objeto que la describe y su centro de atracción. ‖ **3.** fig. Punto culminante de un proceso.

apolillado, da. adj. fig. Rancio, viejo, trasnochado.

apolillar. tr. Roer, penetrar o destruir la polilla las ropas u otras cosas. Ú. m. c. prnl.

apolíneo, a. adj. poét. Perteneciente o relativo a Apolo. ‖ **2.** Que posee los caracteres de serenidad y elegante equilibrio atribuidos a Apolo. Suele contraponerse a dionisíaco. ‖ **3.** Dicho de un varón, que posee gran perfección corporal.

apolítico, ca. adj. Ajeno a la política.

apologética. f. Ciencia que expone las pruebas y fundamentos de la verdad de la religión católica.

apología. f. Discurso de palabra o por escrito, en defensa o alabanza de personas o cosas.

apólogo. m. **fábula,** composición literaria.

apoltronarse. prnl. Adoptar una vida perezosa o sedentaria. ‖ **2.** Arrellanarse, repantigarse.

aponer. tr. *Gram.* Adjuntar un nombre o una construcción nominal a un sustantivo o a un pronombre de modo que formen aposición. ❑ p. p. irreg.: *apuesto.*

aponeurosis. f. *Anat.* Membrana formada por tejido conjuntivo fibroso cuyos hacecillos están entrecruzados y que sirve de envoltura a los músculos.

apoplejía. f. *Pat.* Suspensión súbita y más o menos completa de la acción cerebral, debida a hemorragia, embolia o trombosis de una arteria del cerebro.

apopléjico, ca o **apoplético, ca.** adj. Perteneciente o relativo a la apoplejía. ‖ **2.** Que padece apoplejía. Ú. t. c. s. ‖ **3.** Predispuesto a la apoplejía. *Temperamento* APOPLÉTICO; *complexión* APOPLÉTICA.

apoquinar. tr. vulg. fam. Pagar o cargar, generalmente de mala gana, con los gastos que a uno le corresponden. ❑ No confundir con *acoquinar.*

aporcar. tr. Cubrir con tierra ciertas plantas, como el apio, el cardo, la escarola y otras hortalizas, para que se pongan más tiernas y blancas.

aporía. f. *Fil.* Dificultad lógica que presenta un problema especulativo.

aporrear. tr. Dar golpes insistentemente, con porra o cualquier otra cosa. Ú. t. c. prnl. y en sent. fig. APORREAR *el piano.* ‖ **2.** fig. Machacar, importunar, molestar. APORREAR *los oídos.*

aportación. f. Acción y efecto de aportar. ‖ **2.** Conjunto de bienes aportados.

aportar. tr. Contribuir, añadir, dar.

aporte. m. fig. Contribución, participación, ayuda. ‖ **2.** *Geogr.* Acción y efecto de depositar materiales un río, un glaciar, el viento, etc. APORTE *fluvial, glaciar, eólico*[2], etc.

aposentar. tr. Dar habitación y hospedaje. ‖ **2.** prnl. Tomar casa, alojarse.

aposento. m. Cuarto o pieza de una casa. ‖ **2.** Posada, hospedaje. ‖ **3.** Cada una de las piezas pequeñas de los antiguos teatros, equivalentes a las que ahora se llaman palcos. ‖ **de corte.** Viviendas que se destinaban para criados de la real casa y para ciertos funcionarios que acompañaban a la corte en sus viajes.

aposición. f. *Gram.* Complementación de un nombre, un pronombre o una construcción nominal, a los que por lo común sigue inmediatamente para explicar algo relativo a ellos (MADRID, CAPITAL DE ESPAÑA, *está en el centro de la Península),* o para especificar la parte de su significación que debe considerarse (CERVANTES NOVELISTA *es más estimado que* CERVANTES DRAMATURGO). ‖ **2.** *Gram.* Construcción de dos sustantivos unidos, el segundo de los cuales desempeña una función adjetiva respecto del primero, el cual es normalmente el que recibe la terminación de plural. *Hombres rana, pisos piloto.*

apósito. m. *Med.* Remedio que se aplica exteriormente, sujetándolo con paños, vendas, etc.

aposta. adv. m. **adrede.**

apostante. adj. Que apuesta. Ú. t. c. s.

apostar[1]**.** tr. Pactar entre sí los que disputan que aquel que estuviere equivocado o no tuviere razón, perderá la cantidad de dinero que se determine o cualquier otra cosa. Ú. t. c. prnl. ‖ **2.** Arriesgar cierta cantidad de dinero en la creencia de que alguna cosa, como juego, contienda deportiva, etc., tendrá tal o cual resultado; cantidad que en caso de acierto se recupera aumentada a expensas de las que han perdido quienes no acertaron. Ú. t. c. prnl. ‖ **3.** intr. fig. Depositar alguien su confianza o su elección en una persona o en una idea o iniciativa que entraña cierto riesgo. ❑ Irreg. Se conj. como *contar.*

apostar[2]**.** tr. Poner una o más personas o caballerías en determinado puesto o paraje para algún fin. Ú. t. c. prnl.

apostasía. f. Acción y efecto de apostatar.

apóstata. com. Persona que comete apostasía.

apostatar. intr. Negar la fe de Jesucristo recibida en el bautismo. ‖ **2.** Por ext., abandonar un religioso la orden o instituto a que pertenece. ‖ **3.** Por ext., abandonar un partido para entrar en otro, o cambiar de opinión o doctrina. ❑ Ú. con la prep. *de.*

apostema. f. **postema,** absceso.

a posteriori. loc. adv. lat. que indica la demostración que consiste en ascender del efecto a la causa, o de las propiedades de una cosa a su esencia. ‖ **2.** Después de examinar el asunto de que se trata.

apostilla. f. Acotación que comenta, interpreta o completa un texto.

apostillar. tr. Poner apostillas.

apóstol. m. Cada uno de los doce principales discípulos de Jesucristo, a quienes envió a predicar el Evangelio por todo el mundo. ‖ **2.** También se da este nombre a San Pablo y a San Bernabé. ‖ **3.** Predicador, evangelizador. *San Francisco Javier es el* APÓSTOL *de las Indias.* ‖ **4.** Por ext., propagador de cualquier género de doctrina importante.

apostolado. m. Oficio de apóstol. ‖ **2.** fig. Campaña de propaganda en pro de alguna causa o doctrina.

apostólico, ca. adj. Perteneciente o relativo a los apóstoles. ‖ **2.** Perteneciente al Papa, o que dimana de su autoridad. *Juez, indulto* APOSTÓLICO. ‖ **3.** Dícese de la Iglesia católica romana en cuanto su origen y doctrina proceden de los apóstoles.

apostrofar. tr. Dirigir apóstrofes.

apóstrofe. amb. *Ret.* Figura que consiste en dirigir la palabra con vehemencia en segunda persona a una o varias, presentes o ausentes, vivas o muertas, a seres abstractos o a cosas inanimadas, o en dirigírsela a sí mismo en iguales términos. ❑ No confundir con *apóstrofo.*

apóstrofo. m. Signo ortográfico (') que indica la elisión de una letra o cifra. ❑ No confundir con *apóstrofe.*

apostura. f. Gentileza, buena disposición en la persona. ‖ **2.** Actitud, ademán, aspecto.

apotegma. m. Dicho breve y sentencioso; dicho feliz. Llámase así generalmente al que tiene celebridad por haberlo proferido o escrito algún hombre ilustre o por cualquier otro concepto. ❑ No confundir con *apotema.*

apotema. f. *Geom.* Distancia entre el centro de un polígono regular y uno cualquiera de sus lados. ❑ No confundir con *apotegma.*

apoteósico, ca. adj. Perteneciente a la apoteosis. ‖ **2.** fig. Deslumbrante. *Tuvo una despedida* APOTEÓSICA.

apoteosis. f. fig. Ensalzamiento de una persona con grandes honores o alabanzas.

apoyar. tr. Hacer que una cosa descanse sobre otra. APOYAR *el codo en la mesa.* ‖ **2.** Basar, fundar. ‖ **3.** fig. Favorecer, patrocinar, ayudar. ‖ **4.** intr. Cargar, estribar. *La columna* APOYA *sobre el pedestal.* Ú. t. c. prnl. APOYARSE *en el bastón.*

apoyatura. f. **apoyo,** lo que sirve para sostener una cosa. ‖ **2. apoyo,** auxilio, favor.

apoyo. m. Lo que sirve para sostener, como el puntal respecto de una pared, y el bastón respecto de una persona. ‖ **2.** fig. Protección, auxilio o favor.

apreciable. adj. Capaz de ser apreciado. ‖ **2.** fig. Digno de aprecio o estima.

apreciación. f. Acción y efecto de apreciar o apreciarse una moneda. ‖ **2.** Acción y efecto de apreciar, reducir a cálculo o medida la magnitud o intensidad de las cosas.

apreciar. tr. Aumentar el valor o cotización de una moneda en el mercado de divisas. Ú. t. c. prnl. ‖ **2.** fig. Reconocer y estimar el mérito de las personas o de las cosas. ‖ **3.** fig. Sentir afecto o estima hacia una persona.

apreciativo, va. adj. Perteneciente al aprecio o estimación que se hace de alguna persona o cosa.

aprecio. m. **apreciación.** ‖ **2.** Acción y efecto de apreciar, reconocer, estimar. ‖ **3.** Estimación afectuosa de una persona.

aprehender. tr. Coger, asir, prender a una persona, o bien alguna cosa, especialmente si es de contrabando. ‖ **2. aprender,** llegar a conocer.

aprehensión. f. Acción y efecto de aprehender.

apremiar. tr. Dar prisa, compeler a uno a que haga prontamente alguna cosa.

apremio. m. Acción y efecto de apremiar.

aprender. tr. Adquirir el conocimiento de alguna cosa por medio del estudio o de la experiencia. ‖

2. Tomar algo en la memoria. ❑ No confundir con *aprehender.*

aprendiz, za. m. y f. Persona que aprende algún arte u oficio. ‖ **2.** Persona que, a efectos laborales, se halla en el primer grado de una profesión manual, antes de pasar a oficial.

aprendizaje. m. Acción y efecto de aprender algún arte, oficio u otra cosa. ‖ **2.** Tiempo que en ello se emplea.

aprensión. f. Escrúpulo, recelo de ponerse una persona en contacto con otra o con cosa de que le pueda venir contagio, o bien de hacer o decir algo que teme que sea perjudicial o inoportuno. ‖ **2.** Opinión, figuración, idea infundada o extraña. Ú. m. en pl. *Eso son* APRENSIONES *tuyas.*

aprensivo, va. adj. Dícese de la persona sumamente pusilánime que en todo ve peligros para su salud, o imagina que son graves sus más leves dolencias. Ú. t. c. s.

apresar. tr. Asir, hacer presa con las garras o colmillos. ‖ **2. aprisionar.**

aprestar. tr. Aparejar, preparar, disponer lo necesario para alguna cosa.

apresto. m. Almidón, cola, añil u otros ingredientes que sirven para dar consistencia a las telas. ‖ **2.** Resultado de haber recibido **apresto.**

apresuramiento. m. Acción y efecto de apresurar o apresurarse.

apresurar. tr. Dar prisa, acelerar. Ú. t. c. prnl.

apretado, da. adj. fig. y fam. Estrecho, mezquino, miserable.

apretar. tr. Oprimir, ejercer presión sobre una cosa. ‖ **2.** Venir los vestidos y otras cosas semejantes muy ajustadas. ‖ **3.** Estrechar algo o reducirlo a menor volumen. ‖ **4.** Apiñar, juntar estrechamente cosas o personas, dar cabida. APRETAR *la colada en la lavadora.* Ú. t. c. prnl. APRETARSE *la gente en el tren.* ‖ **5.** Acosar, estrechar a uno persiguiéndole o atacándole. ‖ **6.** intr. Obrar una persona o cosa con mayor esfuerzo o intensidad que de ordinario. ❑ Irreg. Se conj. como *acertar.*

apretón. m. Presión muy fuerte y rápida. ‖ **2.** Acción de obrar con mayor esfuerzo que de ordinario. ‖ **3.** fam. Movimiento violento e incontenible del vientre, que obliga a evacuar. ‖ **de manos.** Acción de estrecharse las manos con energía y efusión.

apretujar. tr. fam. Apretar mucho o reiteradamente. ‖ **2.** prnl. Oprimirse varias personas en un recinto demasiado estrecho para contenerlas.

apretujón. m. fam. Acción y efecto de apretujar.

apretura. f. Acción y efecto de apretar o apretarse. ‖ **2.** Opresión causada por la excesiva concurrencia de gente. ‖ **3.** fig. **aprieto,** apuro.

aprieto. m. fig. Estrecho, conflicto, apuro.

a priori. loc. adv. lat. que indica la demostración que consiste en descender de la causa al efecto o de la esencia de una cosa a sus propiedades. De esta especie son todas las demostraciones directas en las matemáticas. ‖ **2.** Antes de examinar el asunto de que se trata.

apriorismo. m. Método en que se emplea sistemáticamente el razonamiento a priori.

aprisa. adv. m. Con celeridad, presteza o prontitud.

aprisco. m. Paraje donde los pastores recogen el ganado para resguardarlo de la intemperie.

aprisionar. tr. Poner en prisión, encerrar. Ú. t. en sent. fig. ‖ **2.** fig. Atar o sujetar con fuerza a alguien privándole de libertad de movimiento.

aprobación. f. Acción y efecto de aprobar.

aprobado. m. En exámenes, calificación mínima de aptitud o idoneidad en la materia objeto de aquellos.

aprobar. tr. Calificar o dar por bueno o suficiente algo o a alguien. APROBAR *a una persona para un cargo.* ‖ **2.** Tratándose de doctrinas u opiniones, asentir a ellas. ‖ **3.** Obtener la calificación de aprobado en una asignatura o examen. ❑ Irreg. Se conj. como *contar.*

apropiación. f. Acción y efecto de apropiar o apropiarse.

apropiado, da. adj. Acomodado o proporcionado para el fin a que se destina.

apropiarse. prnl. Tomar para sí alguna cosa, haciéndose dueño de ella, por lo común de propia autoridad. ❑ Ú. t. seguido de la prep. *de.*

apropincuarse. prnl. **acercarse.** Hoy no se emplea sino en estilo festivo.

apropósito. m. Breve pieza teatral de circunstancias. ❑ No confundir con *a propósito.*

aprovechado, da. adj. Dícese del que saca provecho de todo, y más aún del que utiliza lo que otros suelen desperdiciar o despreciar. ‖ **2.** Aplicado, diligente. ‖ **3.** Dícese del que saca beneficio de las circunstancias que se le presentan favorables, normalmente sin escrúpulos. Ú. t. c. s.

aprovechamiento. m. Acción y efecto de aprovechar o aprovecharse.

aprovechar. intr. Servir de provecho alguna cosa. ‖ **2.** tr. Emplear útilmente alguna cosa, hacerla provechosa o sacarle el máximo rendimiento. APROVECHAR *la tela, el tiempo, la ocasión.* ‖ **3.** prnl. Sacar provecho de algo o de alguien, generalmente con astucia o abuso. ❑ Ú. con la prep. *de.*

aprovisionamiento. m. Acción y efecto de aprovisionar.

aprovisionar. tr. **abastecer.**

aproximación. f. Acción y efecto de aproximar o aproximarse. ‖ **2.** En la lotería nacional española, cada uno de los premios que se conceden a los números anterior y posterior de los primeros premios del sorteo.

aproximado, da. adj. Aproximativo, que se acerca más o menos a lo exacto.

aproximar. tr. Arrimar, acercar. Ú. t. c. prnl. ‖ **2.** Obtener un resultado tan cercano al exacto como sea necesario para un propósito determinado. Ú. t. c. prnl.

aproximativo, va. adj. Que se aproxima o acerca.

ápside. m. *Astron.* Cada uno de los dos extremos del eje mayor de la órbita trazada por un astro. Ú. m. en pl. ❑ No confundir con *ábside*.

áptero, ra. adj. Que carece de alas. *Insecto* ÁPTERO.

aptitud. f. Capacidad y disposición para el buen desempeño o ejercicio de un negocio, industria, arte, etc. Ú. t. en pl. ❑ No confundir con *actitud*.

apto, ta. adj. Idóneo, hábil, a propósito para hacer alguna cosa.

apud. prep. lat. usada en las citas con la significación de *en la obra,* o *en el libro de.* APUD *Gallardo:* en la obra de Gallardo.

apuesta. f. Acción y efecto de apostar[1]. ‖ **2.** Cosa que se apuesta.

apuesto, ta. p. p. irreg. de **aponer.** ‖ **2.** adj. Dícese de cualquier elemento gramatical que está en aposición a otro. ‖ **3.** Ataviado, adornado, de gentil disposición en la persona.

apuntado, da. adj. Que hace puntas por las extremidades.

apuntador, ra. adj. Que apunta. Ú. t. c. s. ‖ **2.** com. Persona que en los ensayos teatrales apunta a los actores la letra de sus papeles hasta que la aprenden; y que en las representaciones, oculto por la concha o en otro lugar del escenario, vigila para dar la letra al intérprete que sufra un olvido.

apuntalar. tr. Poner puntales. ‖ **2.** fig. Sostener, afirmar.

apuntamiento. m. Acción y efecto de apuntar. ‖ **2.** *Der.* Resumen o extracto que de los autos forma el secretario de sala o el relator de un tribunal colegiado.

apuntar. tr. Asestar un arma arrojadiza o de fuego. ‖ **2.** Señalar con el dedo o de cualquier otra manera hacia sitio u objeto determinado. ‖ **3.** Tomar nota por escrito de alguna cosa. ‖ **4.** Inscribir a alguien en una lista o registro, o hacerle miembro de una sociedad. Ú. t. c. prnl. ‖ **5.** En los teatros, ejercer el apuntador su tarea. ‖ **6.** fig. Insinuar o tocar ligeramente algún tema. ‖ **7.** fig. Sugerir al que habla alguna cosa para que recuerde lo olvidado o para que se corrija. ‖ **8.** intr. Empezar a manifestarse alguna cosa. APUNTAR *el día.* ‖ **9.** prnl. Atribuirse un éxito o un tanto.

apunte. m. Acción y efecto de apuntar. ‖ **2.** Asiento o nota que se hace por escrito de alguna cosa. ‖ **3.** Pequeño dibujo tomado del natural rápidamente. ‖ **4.** Manuscrito o impreso que tiene a la vista el apuntador del teatro para desempeñar sus funciones. ‖ **5.** pl. Extracto de las explicaciones de un profesor que toman los alumnos para sí, y que a veces se reproduce para uso de los demás.

apuñalar. tr. Dar de puñaladas.

apurado, da. adj. Pobre, falto de caudal y de lo que se necesita. ‖ **2.** Dificultoso, peligroso, angustioso. ‖ **3.** Esmerado, exacto. ‖ **4.** Apresurado, con prisa.

apurar. tr. Extremar, llevar hasta el cabo. ‖ **2.** Acabar o agotar. ‖ **3.** fig. Apremiar, dar prisa. En América, ú. m. c. prnl. ‖ **4.** prnl. Afligirse, acongojarse, preocuparse.

apuro. m. Aprieto, conflicto, dificultad. ‖ **2.** Estrechez, escasez, penuria. ‖ **3.** Apremio, prisa, urgencia. ‖ **4.** Vergüenza, reparo.

aquejar. tr. fig. Acongojar, afligir, fatigar. ‖ **2.** fig. Hablando de enfermedades, vicios, defectos, etc., afectar a una persona o cosa, causarles daño.

aquel, lla, llo, llos, llas. Formas de pron. dem. en los tres géneros m., f. y n., y en ambos núms. sing. y pl. Designan lo que física o mentalmente está lejos de la persona que habla y de la persona con quien se habla. Las formas m. y f. se usan como adj. y como s., y en este último caso se escriben con acento cuando existe riesgo de anfibología: AQUEL *hombre; lo hizo* AQUÉL. ‖ **2.** m. fam. Voz que se emplea para expresar una cualidad que no se quiere o no se acierta a decir; lleva siempre antepuesto el artículo *el* o *un* o algún adjetivo. Tómase frecuentemente por gracia, donaire y atractivo. *Juana tiene mucho* AQUEL.

aquelarre. m. Junta o reunión nocturna de brujos y brujas, con la supuesta intervención del demonio ordinariamente en figura de macho cabrío, para la práctica de las artes de esta superstición.

aquenio. m. *Bot.* Fruto seco, indehiscente, con una sola semilla y con pericarpio no soldado a ella; como el de la lechuga y el girasol.

aqueo, a. adj. Natural de Acaya. Ú. t. c. s. ‖ **2.** Perteneciente a esta región de Grecia. ‖ **3.** Por ext., natural de Grecia antigua. Ú. t. c. s. ‖ **4.** Por ext., perteneciente a Grecia antigua.

aquí. adv. l. En este lugar. ‖ **2.** A este lugar. ‖ **3.** Equivale a veces a **en esto** o **en eso,** o simplemente a **esto** o **eso,** cuando va precedido de las preposiciones *de* o *por.* AQUÍ *(en* ESTO*) está la dificultad; de* AQUÍ *(de* ESTO*) tuvo origen su desgracia; por* AQUÍ *(por* ESTO*) puede conocerse de quién fue la culpa.* ‖ **4.** En correlación con **allí,** suele designar sitio o paraje indeterminado. *Por dondequiera se veían hermosas flores;* AQUÍ, *rosas y dalias;* ALLÍ, *jacintos y claveles.* ‖ **5.** adv. t. Ahora, en el tiempo presente. En este sentido, empléase únicamente con preposición antepuesta. *Lo cual queda probado con lo que se ha dicho* HASTA AQUÍ *(hasta* AHORA*);* DE AQUÍ *(desde* ESTE MOMENTO*) a tres días.* ‖ **de aquí para allí** o **de aquí para allá.** locs. advs. De una parte a otra, sin permanecer en ninguna.

aquiescencia. f. Asenso, consentimiento.

aquiescente. adj. Que consiente, permite o autoriza.

aquietar. tr. Sosegar, apaciguar. Ú. t. c. prnl.

aquifoliáceo, a. adj. *Bot.* Dícese de árboles y arbustos angiospermos dicotiledóneos, siempre verdes, de hojas esparcidas, generalmente coriáceas y con pequeñas estípulas; flores actinomorfas, unisexuales por aborto y casi siempre dispuestas en cimas; fruto en drupa poco carnosa; como el acebo. Ú. t. c. s. f. ‖ **2.** f. pl. *Bot.* Familia de estas plantas.

aquilatar. tr. Examinar y graduar los quilates del oro y de las perlas y piedras preciosas. ‖ **2.** fig. Examinar y apreciar debidamente el mérito de una persona o el mérito o verdad de una cosa.

Aquiles. n. p. m. fig. V. **talón, tendón, de Aquiles.** ‖ **2.** *Anat.* V. **tendón de Aquiles.**

aquilino, na. adj. poét. **aguileño,** dicho del rostro o nariz.

aquilón. m. **Norte,** polo ártico. ‖ **2. norte,** viento que sopla de esta parte.

aquitano, na. adj. Natural de Aquitania. Ú. t. c. s.

ara. f. **altar,** montículo, piedra o construcción. ‖ **2.** En el culto católico, losa o piedra consagrada sobre la cual extiende el sacerdote los corporales para celebrar la misa. ‖ **en aras de.** loc. prep. En honor o en interés de.

árabe. adj. Natural de Arabia. Ú. t. c. s. ‖ **2.** Perteneciente a esta región de Asia. ‖ **3.** Por ext., perteneciente o relativo a los pueblos de lengua **árabe.** ‖ **4.** m. Idioma **árabe.** ❑ Distinguir de *islámico, mahometano, moro* o *musulmán.*

arabesco, ca. adj. **arábigo.** ‖ **2.** m. *Arq.* Adorno que se pinta o se labra, compuesto de líneas, figuras geométricas y elementos de índole vegetal entrelazados de forma complicada, que se emplea más comúnmente en frisos, zócalos y cenefas.

arábigo, ga. adj. **árabe,** perteneciente a Arabia. ‖ **2.** m. Idioma árabe.

arabismo. m. Giro o modo de hablar propio de la lengua árabe. ‖ **2.** Vocablo o giro de esta lengua empleado en otra.

arabista. com. Especialista en lengua y cultura árabes.

aráceo, a. adj. *Bot.* Dícese de plantas angiospermas monocotiledóneas, herbáceas, algunas leñosas, con rizomas o tubérculos; hojas alternas, flores en espiga, y fruto en baya, con semillas de albumen carnoso o amiláceo; como el aro, el arísaro y la cala. Ú. t. c. s. f. ‖ **2.** f. pl. *Bot.* Familia de estas plantas.

arácnido, da. adj. *Zool.* Dícese de los artrópodos sin antenas, de respiración aérea, con cuatro pares de patas y con cefalotórax. Carecen de ojos compuestos y tienen dos pares de apéndices bucales variables por su forma y su función. Ú. t. c. s. m. ‖ **2.** m. pl. *Zool.* Clase de estos animales.

aracnoides. adj. *Zool.* Aplícase a una de las tres meninges que tienen los batracios, reptiles, aves y mamíferos, que está colocada entre la duramáter y la piamáter, y formada por un tejido claro y seroso que remeda las telas de araña. Ú. m. c. s. f.

arado. m. Instrumento de agricultura que, movido por fuerza animal o mecánica, sirve para labrar la tierra abriendo surcos en ella.

arador, ra. adj. Que ara. Ú. t. c. s. ‖ **2.** m. **arador de la sarna.** ‖ **de la sarna.** Ácaro diminuto, parásito del hombre, el cual produce la enfermedad llamada sarna; vive debajo de la capa córnea de la epidermis en galerías que excava la hembra y en las que deposita sus huevos.

aragonés, sa. adj. Natural de Aragón. Ú. t. c. s. ‖ **2.** Perteneciente a la región o antiguo reino de este nombre. ‖ **3.** Dícese del dialecto romance llamado también **navarroaragonés.** Ú. t. c. s.

aragonesismo. m. Palabra, locución o giro propio y peculiar de los aragoneses.

aragonito. m. Una de las formas naturales del carbonato cálcico, en la cual los cristales rómbicos se agrupan para formar prismas de apariencia hexagonal. Posee brillo nacarado y cuando es puro es incoloro.

arahuaco, ca. adj. Dícese de numerosos pueblos y lenguas que forman una gran familia y se extendieron desde las Grandes Antillas, por muchos territorios de América del Sur. Ú. t. c. s. y en pl. ‖ **2.** m. Lengua hablada por estos pueblos.

aralia. f. Arbusto de la familia de las araliáceas, de unos dos metros de altura, con tallo leñoso lleno de espinas, hojas grandes, gruesas y recortadas por el margen, flores en corimbo, pequeñas y blancas, y frutos negruzcos. Es originario del Canadá y se cultiva en Europa como planta de adorno.

araliáceo, a. adj. *Bot.* Dícese de plantas angiospermas dicotiledóneas, derechas o trepadoras, sin espinas, vellosas o con aguijones, de hojas alternas, enteras, recortadas o compuestas, flores en umbela y fruto drupáceo; como la aralia y la hiedra arbórea. Ú. t. c. s. f. ‖ **2.** f. pl. *Bot.* Familia de estas plantas, que no se distinguen de las umbelíferas más que por estar cubiertas sus semillas por un pericarpio carnoso.

arameo, a. adj. Descendiente de Aram, hijo de Sem. Apl. a pers., ú. t. c. s. ‖ **2.** Natural de la antigua ciudad y del país de Aram, en el norte de Siria. Ú. t. c. s. ‖ **3.** Perteneciente o relativo a este pueblo bíblico. ‖ **4.** m. Grupo de lenguas semíticas, próximo pariente del fenicio y del hebreo, que se habló en un extenso territorio. Una de esas lenguas dominó en Judea y Samaria.

arana. f. Embuste, trampa, estafa.

arancel. m. Tarifa oficial que determina los derechos que se han de pagar en varios ramos, como el de costas judiciales, aduanas, ferrocarriles, etc.

arancelario, ria. adj. Perteneciente o relativo al arancel. Dícese más comúnmente del de aduanas. *Derechos* ARANCELARIOS.

arándano. m. Planta de la familia de las ericáceas, de dos a cinco decímetros de altura, con ramas angulosas, hojas alternas, aovadas y aserradas, flores solitarias, axilares, de color blanco verdoso o rosado, y por frutos bayas negruzcas o azuladas, dulces y comestibles. ‖ **2.** Fruto de esta planta.

arandela. f. Pieza generalmente circular, fina y perforada que se usa para mantener apretados una tuerca o tornillo, asegurar el cierre hermético de una junta o evitar el roce entre dos piezas. ‖ **2.** En general, cualquier pieza en forma de disco perforado. ‖ **3.** *Amér.* Volante, cenefa, adorno circular femenino.

arandillo. m. Pájaro de unos diez centímetros de largo, ceniciento por el lomo y las alas, blanco por el vientre y la frente, y con las piernas rojas. Gusta de mecerse sobre las cañas y juncos, y se alimenta de semillas e insectos.

araña. f. Arácnido con tráqueas en forma de bolsas comunicantes con el exterior, con cefalotórax, cuatro pares de patas, y en la boca un par de uñas venenosas y otro de apéndices o palpos que en los machos sirven para la cópula. En el extremo del abdomen tienen el ano y las hileras u órganos productores de la seda con la que tapizan sus viviendas, cazan sus presas y se trasladan de un lugar a otro. ‖ **2.** Especie de candelabro sin pie y con varios brazos, que se cuelga del techo o de un pescante.

arañar. tr. Raspar, rasgar, herir ligeramente el cutis con las uñas, un alfiler u otra cosa. Ú. t. c. prnl. ‖ **2.** En algunas cosas lisas, como la pared, el vidrio o el metal, hacer rayas superficiales. ‖ **3.** fig. y fam. Recoger con mucho afán, de varias partes y en pequeñas porciones, lo necesario para algún fin.

arañazo. m. Rasgadura ligera hecha en el cutis con las uñas, un alfiler u otra cosa.

arar. tr. Remover la tierra haciendo en ella surcos con el arado.

araucano, na. adj. Natural de la antigua región de Arauco. Ú. t. c. s. ‖ **2.** Dícese del indio perteneciente a alguno de los grupos étnicos que, en la época de la conquista española, habitaban en la zona central de Chile y que después se extendieron por la pampa argentina. Ú. t. c. s. ‖ **3.** Perteneciente a este país de América, hoy una de las provincias de Chile. ‖ **4.** m. **mapuche,** idioma de los **araucanos.**

araucaria. f. Árbol de la familia de las abietáceas, que crece hasta 50 metros de altura, con ramas horizontales cubiertas de hojas en verticilo, rígidas, siempre verdes, que forman una copa cónica y espesa; flores dioicas poco visibles y fruto drupáceo, con una almendra dulce muy alimenticia. Es originario de América, donde forma extensos bosques.

arbitraje. m. Acción o facultad de arbitrar. ‖ **2.** Juicio arbitral.

arbitrar. tr. Dar o proponer arbitrios. ‖ **2.** intr. Proceder uno libremente, usando de su facultad y arbitrio. ‖ **3.** *Dep.* Ejercer de árbitro en los deportes. Ú. t. c. tr.

arbitrariedad. f. Acto o proceder contrario a la justicia, la razón o las leyes, dictado solo por la voluntad o el capricho.

arbitrario, ria. adj. Que depende del arbitrio. ‖ **2.** Que procede con arbitrariedad. ‖ **3.** Que incluye arbitrariedad.

arbitrio. m. Facultad que tiene el hombre de adoptar una resolución con preferencia a otra. ‖ **2.** Voluntad no gobernada por la razón, sino por el apetito o capricho.

árbitro, tra. m. y f. Persona que en algunas competiciones deportivas de agilidad y destreza cuida de la aplicación del reglamento. ‖ **2.** Persona que arbitra en un conflicto entre partes. ‖ **3.** Persona cuyo criterio se considera autoridad. ÁRBITRO *de la moda.*

árbol. m. Planta perenne, de tronco leñoso y elevado, que se ramifica a cierta altura del suelo. ‖ **2.** *Mar.* **palo,** de un buque. ‖ **de la ciencia del bien y del mal. árbol de la vida.** ‖ **de la vida.** El que, según la Biblia, puso Dios en medio del Paraíso con virtud natural o sobrenatural de prolongar la existencia. || **de Navidad. árbol,** natural o artificial, que se decora con luces, adornos y regalos para celebrar la Navidad. || **genealógico.** Cuadro descriptivo, la mayoría de las veces en figura de **árbol,** de los parentescos en una familia.

arboladura. f. *Mar.* Conjunto de árboles y vergas de un buque.

arboleda. f. Sitio poblado de árboles, principalmente el sombrío y ameno.

arbóreo, a. adj. Perteneciente o relativo al árbol. || **2.** Semejante al árbol.

arborescencia. f. Crecimiento o calidad de las plantas arborescentes. || **2.** Lo que presenta formas más o menos semejantes a las de un árbol.

arborescente. adj. Dícese de lo que tiene forma o aspecto que recuerda a un árbol.

arborícola. adj. Que vive en los árboles.

arboricultura. f. Cultivo de los árboles. || **2.** Enseñanza relativa al modo de cultivarlos.

arbotante. m. *Arq.* Arco que se apoya por su extremo inferior en un contrafuerte y sirve para contrarrestar el empuje de algún otro arco o bóveda.

arbusto. m. Planta perenne, de tallos leñosos y ramas desde la base, como la lila, la jara, etc.

arca. f. Caja, comúnmente de madera sin forrar y con tapa llana que aseguran varios goznes o bisagras por uno de los lados, y uno o más candados o cerraduras por el opuesto. || **2. caja,** para guardar dinero. || **3.** pl. Pieza donde se guarda el dinero en las tesorerías. || **de la alianza.** Aquella en que se guardaban las tablas de la ley, el maná y la vara de Aarón. || **de Noé.** Especie de embarcación en que, según la Biblia, se salvaron del diluvio Noé y su familia y los animales encerrados en ella.

arcabucero. m. Soldado armado de arcabuz. || **2.** Fabricante de arcabuces y de otras armas de fuego.

arcabuz. m. Arma antigua de fuego, con cañón de hierro y caja de madera, semejante al fusil, y que se disparaba prendiendo la pólvora del tiro mediante una mecha móvil colocada en la misma arma. || **2. arcabucero,** soldado.

arcada[1]. f. En una construcción, especialmente en un puente, conjunto o serie de arcos.

arcada[2]. f. Movimiento violento del estómago, anterior o simultáneo al vómito.

árcade. adj. Natural de la Arcadia. Ú. t. c. s. || **2.** Perteneciente a este país de Grecia.

arcádico, ca. adj. Perteneciente o relativo a la Arcadia o a los árcades. || **2.** Idílico, bucólico.

arcadio, dia. adj. **árcade,** natural de Arcadia. || **2. árcade,** perteneciente a este país de Grecia.

arcaduz. m. Caño por donde se conduce el agua. || **2. cangilón,** de noria.

arcaico, ca. adj. Muy antiguo o anticuado. || **2.** *Geol.* Dícese del más antiguo de los períodos en que se divide la era precámbrica. Ú. t. c. s. m.

arcaísmo. m. Calidad de arcaico. || **2.** Elemento lingüístico cuya forma o significado, o ambos a la vez, resultan anticuados en relación con un momento determinado. || **3.** Imitación de las cosas de la antigüedad.

arcaizante. adj. Que arcaíza. || **2.** Que tira a arcaico.

arcaizar. intr. Usar arcaísmos. || **2.** tr. Dar carácter de antigua a una lengua, empleando arcaísmos.

arcángel. m. En algunas religiones, espíritu celeste superior a los ángeles.

arcano, na. adj. Secreto, recóndito, reservado. Dícese más comúnmente de las cosas. || **2.** m. Misterio, cosa oculta y muy difícil de conocer.

arce. m. Árbol de la familia de las aceráceas, de madera muy dura y generalmente salpicada de manchas a manera de ojos, con ramas opuestas, hojas sencillas, lobuladas o angulosas; flores en corimbo o en racimo, ordinariamente pequeñas, y fruto de dos sámaras unidas.

arcediano. m. En lo antiguo, el primero o principal de los diáconos. Hoy es dignidad en las iglesias catedrales.

arcedo. m. Sitio poblado de arces.

arcén. m. En una carretera, los márgenes reservados a un lado y otro de la calzada para uso de peatones, tránsito de vehículos no automóviles, etc.

archi-. elem. compos. que, con sustantivos, significa preeminencia o superioridad: ARCHI*duque*, ARCHI*diácono*. Con adjetivos se emplea en lenguaje familiar y significa «muy»: ARCHI*notable*. Toma las formas **arce-:** ARCE*diano;* **arci-:** ARCI*preste;* **arqui-:** ARQUI*sinagogo;* **arz-:** ARZ*obispo*.

archicofrade. com. Persona que pertenece a una cofradía.

archicofradía. f. Cofradía más antigua o que tiene mayores privilegios que otras.

archidiácono. m. **arcediano.**

archidiócesis. f. Diócesis arzobispal.

archiducado. m. Dignidad de archiduque. || **2.** Territorio perteneciente al archiduque.

archiduque. m. En lo antiguo, duque revestido de autoridad superior a la de otros duques. Modernamente es dignidad de los príncipes de la casa de Austria.

archiduquesa. f. Princesa de la casa de Austria, o mujer o hija del archiduque.

archimandrita. m. En la iglesia griega, dignidad eclesiástica del estado regular, inferior al obispo.

archipiélago. m. Conjunto, generalmente numeroso, de islas agrupadas en una superficie más o menos extensa, de mar.

archisabido, da. adj. Muy sabido.

archivador, ra. adj. Que archiva. Ú. t. c. s. ‖ **2.** m. Mueble de oficina convenientemente dispuesto para archivar documentos, fichas u otros papeles. ‖ **3.** Carpeta convenientemente dispuesta para tales fines.

archivar. tr. Guardar documentos o información en un archivo. ‖ **2.** fig. Dar por terminado un asunto.

archivero, ra. m. y f. Persona que tiene a su cargo un archivo, o sirve como técnico en él.

archivístico, ca. adj. Perteneciente o relativo a los archivos.

archivo. m. Conjunto orgánico de documentos que una persona, sociedad, institución, etc., produce en el ejercicio de sus funciones o actividades. ‖ **2.** Lugar donde se custodia un **archivo** o varios. ‖ **3.** *Inform.* Espacio que se reserva en el dispositivo de memoria de un computador para almacenar porciones de información que tienen la misma estructura y que pueden manejarse mediante una instrucción única. ‖ **4.** *Inform.* Conjunto de la información almacenada de esa manera.

archivolta. f. *Arq.* **arquivolta.**

arcilla. f. Tierra finamente dividida, constituida por agregados de silicatos de aluminio hidratados, que procede de la descomposición de minerales de aluminio, blanca cuando es pura y con coloraciones diversas según las impurezas que contiene.

arcilloso, sa. adj. Que tiene arcilla. ‖ **2.** Semejante a ella.

arciprestazgo. m. Dignidad o cargo de arcipreste. ‖ **2.** Territorio de su jurisdicción.

arcipreste. m. En lo antiguo, el primero o principal de los presbíteros. Hoy es dignidad en las iglesias catedrales. ‖ **2.** Presbítero que, por nombramiento del obispo, ejerce ciertas atribuciones sobre los curas e iglesias de un territorio determinado.

arco. m. *Geom.* Porción continua de una curva. ARCO *de círculo, de elipse.* ‖ **2.** Arma hecha de una varilla de acero, madera u otra materia elástica, sujeta por los extremos con una cuerda muy tensa, de modo que forme una curva, la cual sirve para disparar flechas. ‖ **3.** Vara delgada, corva o doblada en sus extremos, en los cuales se fijan algunas cerdas que sirven para herir las cuerdas de varios instrumentos de música. ‖ **4. meta,** portería en algunos deportes. ‖ **5.** *Arq.* Construcción en forma de **arco,** que cubre un vano entre dos pilares o puntos fijos. ‖ **6.** *Trigon.* Valor de la función trigonométrica inversa correspondiente, por ej., ARCO *seno,* ARCO *coseno.* ‖ **abocinado.** *Arq.* El que tiene más luz en un paramento que en el opuesto. ‖ **adintelado.** *Arq.* El que viene a degenerar en línea recta. ‖ **apuntado.** *Arq.* El que consta de dos porciones de curva que forman un ángulo en la clave. ‖ **carpanel.** *Arq.* El que consta de varias porciones de circunferencia tangentes entre sí y trazadas desde distintos centros. ‖ **cegado.** *Arq.* El que tiene tapiada su luz. ‖ **ciego.** *Arq.* **arco cegado.** ‖ **conopial.** *Arq.* El muy rebajado y con un entrante en el centro de la clave que lo hace semejante a un pabellón o cortinaje. ‖ **crucero.** *Arq.* El que une en diagonal dos ángulos en la bóveda por arista. ‖ **de herradura.** *Arq.* El que tiene más de media circunferencia y cuyos arranques vuelan tanto como la imposta. ‖ **de medio punto.** *Arq.* El que consta de una semicircunferencia. ‖ **de triunfo.** Monumento compuesto de uno o varios **arcos,** adornado con obras de escultura y erigido en honor de un ejército o de su caudillo, para conmemorar una victoria o algún suceso notable. ‖ **eléctrico.** *Fís.* Descarga eléctrica entre dos electrodos separados y sumergidos en un medio gaseoso, luminosa a causa de las partículas incandescentes que se producen por la vaporización parcial de aquellos. Por ej., **arco** de mercurio, entre electrodos sumergidos en vapor de mercurio. ‖ **iris. iris, arco** de colores. ‖ **perpiaño.** *Arq.* El resaltado a manera de cincho en la parte interior del cañón de una nave. ‖ **voltaico.** *Fís.* **arco eléctrico.**

arcontado. m. Forma de gobierno que en Atenas sustituyó a la monarquía, y en la cual, tras varias vicisitudes, el poder supremo residía en nueve jefes, llamados arcontes, que cambiaban todos los años.

arconte. m. Magistrado a quien se confió el gobierno de Atenas después de la muerte del rey Codro. ‖ **2.** Cada uno de los nueve que posteriormente se crearon con el mismo fin.

ardentísimo, ma. adj. sup. de **ardiente.**

arder. intr. Estar en combustión. ‖ **2.** Experimentar ardor alguna parte del cuerpo. ‖ **3.** fig. **resplandecer,** despedir rayos de luz. Ú. solo en poesía. ‖ **4.** fig. Con las preps. *de* o *en,* y tratándose de pasiones o movimientos del ánimo, estar muy agitado por ellos. ARDER DE, O EN, *amor, odio, ira.*

ardid. m. Artificio, medio empleado hábil y mañosamente para el logro de algún intento.

ardiente. adj. Que arde. ‖ **2.** Que causa ardor o parece que abrasa. *Sed, fiebre* ARDIENTE. ‖ **3.** fig. Fervoroso, activo, eficaz. ‖ **4.** Apasionado, fogoso, vehemente. ‖ **5.** fig. y poét. De color rojo o de fuego. *Clavel* ARDIENTE. ❑ sup. irreg. *ardentísimo.*

ardilla. f. Mamífero roedor, de unos 20 centímetros de largo, de color negro rojizo por el lomo, blanco por el vientre y con cola muy poblada, que dobla hasta sobresalir de la cabeza. Críase en los bosques; es muy inquieto, vivo y ligero. ‖ **ser** alguien **una ardilla.** fr. fig. y fam. Ser vivo, inteligente y astuto.

ardite. m. Moneda de poco valor que hubo antiguamente en Castilla. ‖ **2.** fig. Cosa insignificante, de poco o ningún valor. Ú. en frases como *dársele* o *no dársele a uno un* ARDITE; *no estimarse en un* ARDITE; *no importar* o *no valer* una cosa *un* ARDITE.

ardor. m. Calor grande. ‖ **2.** Sensación de calor o rubor en alguna parte del cuerpo. ‖ **3.** fig. Arrebato de los afectos y pasiones. ‖ **4.** fig. Viveza, ansia, anhelo.

ardoroso, sa. adj. Que tiene ardor. ‖ **2.** fig. Ardiente, vigoroso, eficaz.

arduo, dua. adj. Muy difícil. ‖ **2.** Dícese del terreno áspero y fragoso.

área. f. Espacio de tierra comprendido entre ciertos límites. ‖ **2.** Unidad de superficie que equivale a cien metros cuadrados. ‖ **3. era²,** cuadro pequeño de tierra. ‖ **4.** Espacio en que se produce determinado fenómeno o que se distingue por ciertos caracteres geográficos, botánicos, zoológicos, económicos, etc. ‖ **5. terreno,** campo o esfera de acción. ‖ **6. terreno,** orden de materia o de ideas de que se trata. ‖ **7.** En determinados juegos, zona marcada delante de la meta, dentro de la cual son castigadas con sanciones especiales las faltas cometidas por el equipo que defiende aquella meta. ‖ **8.** *Geom.* Superficie comprendida dentro de un perímetro. ‖ **9.** *Geom.* Medida de dicha superficie expresada en una determinada unidad.

arena. f. Conjunto de partículas disgregadas de las rocas, sobre todo si son silíceas, y acumuladas, ya en las orillas del mar o de los ríos, ya en capas de los terrenos de acarreo. ‖ **2.** Metal o mineral reducido por la naturaleza o la acción del hombre a partes muy pequeñas. ‖ **3.** fig. Sitio o lugar del combate o la lucha. ‖ **4.** fig. Ruedo de la plaza de toros. ‖ **5.** pl. Piedrecitas o concreciones pequeñas que se encuentran en la vejiga. ‖ **arenas movedizas.** Las sueltas y mezcladas con gran proporción de agua, por lo que no soportan pesos.

arenal. m. Suelo de arena movediza. ‖ **2.** Extensión grande de terreno arenoso.

arenga. f. Discurso solemne pronunciado para enardecer los ánimos. Ú. t. en sent. fig. y despect.

arengar. intr. Decir en público una arenga. Ú. t. c. tr.

arenilla. f. Arena menuda, generalmente de hierro magnético, que se echaba en los escritos recientes para secarlos y que no se borrasen. ‖ **2.** pl. Salitre beneficiado y reducido a granos menudos, al modo de arena, que se emplea en la fabricación de la pólvora. ‖ **3. cálculo** de la vejiga.

arenisco, ca. adj. Aplícase a lo que tiene mezcla de arena. *Vaso, ladrillo, terreno* ARENISCO. ‖ **2.** f. Roca sedimentaria formada por arena de cuarzo cuyos granos están unidos por un cemento silíceo, arcilloso, calizo o ferruginoso que le comunica mayor o menor dureza.

arenoso, sa. adj. Que tiene arena, o abunda en ella. ‖ **2.** Que participa de la naturaleza y propiedades de la arena.

arenque. m. Pez teleósteo, fisóstomo, de unos 25 centímetros de longitud, cuerpo comprimido, boca pequeña, dientes visibles en las dos mandíbulas, aletas ventrales estrechas, y color azulado por encima, plateado por el vientre, y con una raya dorada a lo largo del cuerpo en la época de la freza.

areola o **aréola.** f. *Med.* Círculo rojizo que limita ciertas pústulas, como en las viruelas y la vacuna. ‖ **2.** *Anat.* Círculo rojizo algo moreno que rodea el pezón del pecho.

areómetro. m. *Fís.* Instrumento que sirve para determinar las densidades relativas o los pesos específicos de los líquidos, o de los sólidos por medio de los líquidos. ❑ No confundir con *aerómetro.*

areopagita. m. Cada uno de los jueces del Areópago.

areópago. m. Tribunal superior de la antigua Atenas.

arepa. f. *Amér.* Especie de pan de forma circular, hecho con maíz ablandado a fuego lento y luego molido, o con harina de maíz precocida, que se cocina sobre una vasija de barro o una plancha.

arete. m. Arillo de metal, casi siempre precioso, que como adorno llevan algunas mujeres atravesado en el lóbulo de cada una de las orejas.

arévaco, ca. adj. Dícese de un pueblo hispánico prerromano que habitaba territorios correspondientes a parte de las actuales provincias de Soria y Segovia. ‖ **2.** Dícese también de los individuos pertenecientes a este pueblo. Ú. t. c. s. ‖ **3.** Perteneciente o relativo a los **arévacos.**

argamasa. f. Mortero hecho de cal, arena y agua, que se emplea en las obras de albañilería.

argelino, na. adj. Natural de Argel o de Argelia. Ú. t. c. s. ‖ **2.** Perteneciente o relativo a esta ciudad y país de África.

argénteo, a. adj. De plata. ‖ **2.** Dado o bañado de plata. ‖ **3.** fig. De brillo como la plata o semejante a ella en alguna de sus cualidades.

argéntico, ca. adj. *Quím.* Aplícase a los óxidos y sales de plata.

argentífero, ra. adj. Que contiene plata. *Mineral* ARGENTÍFERO.

argentino¹, na. adj. Natural de la República Argentina. Ú. t. c. s. ‖ **2.** Perteneciente o relativo a esta república de América.

argentino², **na.** adj. **argénteo.** ‖ **2.** fig. Que suena como la plata o de manera semejante. *Timbre* ARGENTINO; *risa* ARGENTINA.

argentita. f. *Quím.* Sulfuro de plata natural, de color gris de plomo, que constituye una mena importante de la plata.

argolla. f. Aro grueso, generalmente de hierro, que afirmado debidamente sirve para amarre o de asidero.

argón. m. *Quím.* Elemento químico de núm. atóm. 18. Gas abundante en la atmósfera y en las emanaciones volcánicas; como todos los gases nobles, químicamente inactivo. Se usa en el llenado de bombillas, la industria metalúrgica y la tecnología nuclear. Símb. *Ar.*

argonauta. m. Cada uno de los héroes griegos que, según la mitología, fueron a Colcos en la nave Argos a la conquista del vellocino de oro. ‖ **2.** Molusco marino, cefalópodo, dibranquial, octópodo; la hembra, que es mucho mayor que el macho, deposita sus huevos en un receptáculo calcáreo segregado por ella, muy semejante a una concha por su aspecto, de paredes delgadas y blancas, y que el animal mantiene unido a su propio cuerpo con ayuda de los tentáculos dorsales, que están ensanchados en su extremo.

argot. m. Jerga, jerigonza. ‖ **2.** Lenguaje especial entre personas de un mismo oficio o actividad.

argucia. f. Sutileza, sofisma, argumento falso presentado con agudeza.

argüir. tr. Sacar en claro, deducir como consecuencia natural. ‖ **2.** Descubrir, probar, dejar ver con claridad. Ú. referido a las cosas que son indicio y como prueba de otras. ‖ **3.** Echar en cara, acusar. ‖ **4.** Aducir, alegar, dar argumentos a favor o en contra de alguien o algo. Ú. t. c. intr. ‖ **5.** intr. Disputar impugnando la sentencia u opinión ajena. ❑ Irreg. Se conj. como *huir.*

argumentación. f. Acción de argumentar. ‖ **2. argumento** para convencer.

argumental. adj. Perteneciente o relativo al argumento.

argumentar. intr. Aducir, alegar, poner argumentos. Ú. t. c. tr. y menos c. prnl. ‖ **2.** Disputar, discutir, impugnar una opinión ajena. Ú. menos c. prnl.

argumentativo, va. adj. Propio de la argumentación o del argumento.

argumento. m. Razonamiento que se emplea para probar o demostrar una proposición, o bien para convencer a otro de aquello que se afirma o se niega. ‖ **2.** Asunto o materia de que se trata en una obra. ‖ **3.** Sumario que, para dar breve noticia del asunto de la obra literaria o de cada una de las partes en que está dividida, suele ponerse al principio de ellas.

aria. f. Composición musical sobre cierto número de versos para que la cante una sola voz.

aridez. f. Calidad de árido.

árido, da. adj. Seco, estéril; de poco jugo y humedad. ‖ **2.** fig. Falto de amenidad. *Asunto, estilo* ÁRIDO; *poesía, plática* ÁRIDA. ‖ **3.** m. pl. Granos, legumbres y otros frutos secos a que se aplican medidas de capacidad. ‖ **4.** Materiales rocosos naturales, como arenas o gravas, empleados en las argamasas.

aries. n. p. m. *Astron.* Primer signo o parte del Zodiaco, de 30 grados de amplitud, que el Sol recorre aparentemente al comenzar la primavera. ‖ **2.** *Astron.* Constelación zodiacal que en otro tiempo debió de coincidir con el signo de este nombre, pero que actualmente, por resultado del movimiento retrógrado de los puntos equinocciales, se halla delante del mismo signo y un poco hacia el Oriente. ‖ **3.** adj. Referido a persona, nacida bajo este signo del Zodiaco. *Yo soy* ARIES, *ella es piscis.* Ú. t. c. s.

ariete. m. Máquina militar que se empleaba antiguamente para batir murallas. Era una viga larga y muy pesada, uno de cuyos extremos estaba reforzado con una pieza de hierro o bronce, labrada, por lo común, en figura de cabeza de carnero. ‖ **2.** En el fútbol, delantero centro.

arilo. m. *Bot.* Envoltura, casi siempre carnosa y de colores vivos, que tienen algunas semillas; como las del tejo.

ario, ria. adj. Dícese del individuo o estirpe noble, en las lenguas antiguas de India e Irán. Ú. t. c. s. ‖ **2.** Dícese del individuo perteneciente a un pueblo de estirpe nórdica, formado por los descendientes de los antiguos indoeuropeos, que los nazis tenían por superior y oponían a los judíos. ‖ **3.** Perteneciente a los **arios.**

arísaro. m. Planta perenne de la familia de las aráceas, herbácea, con hojas radicales, grandes, gruesas, acorazonadas y de color verde claro, entre las que nace un bohordo de unos 20 centímetros con espata blanquecina, cerrada en la base y en forma de capucha por arriba, para envolver flores masculinas y femeninas, separadas y desprovistas de cáliz y corola. Toda la planta es viscosa, de mal olor y muy acre; pero, después de cocida, se come, sobre todo la raíz, de la que se extrae abundante fécula.

arisco, ca. adj. Áspero, intratable. Dícese de las personas y de los animales.

arista. f. Filamento áspero del cascabillo que envuelve el grano de trigo y el de otras plantas gramíneas. ‖ **2.** Borde de un sillar, madero o cualquier otro sólido, convenientemente labrado. ‖ **3.** *Geom.* Línea que resulta de la intersección de dos superficies, considerada por la parte exterior del ángulo que forman.

aristarco. m. fig. Crítico entendido, pero excesivamente severo.

aristocracia. f. Gobierno en que solamente ejercen el poder las personas más notables del Estado. ‖ **2.** Ejercicio del poder político por una clase privilegiada, generalmente hereditaria. ‖ **3.** Clase noble de una nación, provincia, etc. ‖ **4.** Por ext., clase que sobresale entre las demás por alguna circunstancia. ARISTOCRACIA *del saber, del dinero.*

aristócrata. com. Miembro de la aristocracia. Ú. t. en sent. fig. ‖ **2.** Partidario de la aristocracia.

aristocrático, ca. adj. Perteneciente o relativo a la aristocracia. ‖ **2.** Fino, distinguido.

aristotélico, ca. adj. Perteneciente o relativo a Aristóteles. *Sistema* ARISTOTÉLICO; *doctrina* ARISTOTÉLICA. ‖ **2.** Conforme a la doctrina de Aristóteles. ‖ **3.** Partidario de esta doctrina. Ú. t. c. s.

aristotelismo. m. *Fil.* Conjunto de las doctrinas de Aristóteles (384-322 a. de C.). ‖ **2.** Tendencia de diversas escuelas posteriores cuyo punto de partida es el pensamiento aristotélico.

aritmética. f. Parte de las matemáticas que estudia los números y las operaciones hechas con ellos.

aritmético, ca. adj. Perteneciente o relativo a la aritmética. ‖ **2.** m. y f. Persona que profesa la aritmética o en ella tiene especiales conocimientos.

arlequín. m. Personaje cómico de la antigua comedia italiana, que llevaba mascarilla negra y traje de cuadros o losanges de distintos colores. ‖ **2.** Persona vestida con este traje. ‖ **3.** Gracioso o bufón de algunas compañías de volatines. ‖ **4.** En los teatros, cada uno de los dos bastidores laterales, de material diverso, que, con el bambalinón, forman y regulan la embocadura del escenario, delimitando así el espacio escénico.

arma. f. Instrumento, medio o máquina destinados a atacar o a defenderse. ‖ **2.** pl. Conjunto de las que lleva un guerrero. ‖ **3.** Tropas o ejércitos de un Estado. *Las* ARMAS *de España, de los países aliados.* ‖ **4.** Milicia o profesión militar. Ú. generalmente contrapuesto a letras. ‖ **5.** fig. Medios que sirven para conseguir alguna cosa. *Yo no tengo más* ARMAS *que la verdad y la justicia.* ‖ **6.** *Blas.* Blasones del escudo de las familias nobles o de los soberanos, naciones, provincias o pueblos. ‖ **acorazada.** Conjunto de las unidades acorazadas de un ejército de tierra. ‖ **aérea.** La que se maneja desde un avión de guerra. ‖ **antiaérea.** La destinada a derribar aviones. ‖ **arrojadiza.** La que se arroja con la mano o con un instrumento elemental (honda, arco, etc.). ‖ **atómica. arma nuclear.** ‖ **automática.** Término general para designar la de fuego en la cual el ciclo completo de cargar, amartillar, disparar, extraer y recargar, es completamente mecánico. Si todas estas operaciones lo son, con excepción del disparo que ha de accionarse por el agente, el **arma** es semiautomática. ‖ **blanca.** La ofensiva de hoja de acero, como la espada. ‖ **de doble filo** o **de dos filos.** fig. Dícese de las cosas y acciones que pueden obrar en favor o en contra de lo que se pretende. ‖ **de fuego.** Aquella en que el disparo se verifica con auxilio de la pólvora. ‖ **de precisión.** La de fuego construida de modo que su tiro es más certero que el de las ordinarias. ‖ **ligera.** La blanca corta, la de fuego manejable con una sola mano y todas las transportables sin auxilio de tracción animal o de motor. ‖ **nuclear.** La que produce sus efectos mediante una explosión nuclear. ‖ **ofensiva.** La que sirve para herir o atacar. ‖ **pesada.** La de fuego, que exige ganado o empleo de motores para su transporte. ‖ **¡a las armas!** exclam. con que se previene a los soldados que tomen prontamente las **armas.** ‖ **alzarse en armas.** fr. Alzarse en sedición, sublevarse. ‖ **de armas tomar.** loc. adj. Dícese de la persona que muestra bríos y resolución para acometer empresas arriesgadas. ‖ **presentar las armas.** fr. *Mil.* Rendir la tropa los honores militares a los reyes y demás personas a quienes por la ordenanza corresponden, poniendo el fusil frente al pecho, con el disparador hacia fuera. ‖ **rendir las armas.** fr. *Mil.* Entregar la tropa sus **armas** al enemigo, reconociéndose vencida. ‖ **tomar las armas.** fr. Armarse para la defensa o el ataque. ‖ **velar** alguien **las armas.** fr. Guardarlas el que había de ser armado caballero, haciendo centinela por la noche cerca de ellas, sin perderlas de vista.

armada. f. Conjunto de fuerzas navales de un Estado. ‖ **2. escuadra,** conjunto de buques de guerra.

armadía. f. Conjunto de vigas o maderos unidos con otros en forma plana, para poderlos conducir fácilmente a flote.

armadillo. m. Mamífero del orden de los desdentados, con algunos dientes laterales; el cuerpo, que mide de tres a cinco decímetros de longitud, está protegido por un caparazón formado de placas óseas cubiertas por escamas córneas, las cuales son movibles, de modo que el animal puede arrollarse sobre sí mismo. Todas las especies son propias de América Meridional.

armador. m. El que por su cuenta arma o avía una embarcación.

armadura. f. Conjunto de armas de hierro con que se vestían para su defensa los que habían de combatir. ‖ **2.** Pieza o conjunto de piezas unidas unas con otras, en que o sobre que se arma alguna cosa. ‖ **3. esqueleto** óseo.

armamentista. adj. Referente a la industria de armas de guerra. ‖ **2.** Partidario de la política de armamentos. Ú. t. c. s.

armamento. m. Conjunto de todo lo necesario para la guerra. ‖ **2.** Conjunto de armas de todo género para el servicio de un cuerpo militar. ‖ **3.** Armas y fornitura de un soldado. ‖ **4.** Equipo y provisión de un buque para el servicio a que se le destina.

armar. tr. Vestir o poner a alguien armas ofensivas o defensivas. Ú. t. c. prnl. ‖ **2.** Proveer de armas. Ú. t. c. prnl. ‖ **3.** Apercibir y preparar para la guerra. Ú. m. c. prnl. ‖ **4.** Tratándose de ciertas armas, como la ballesta o el arco, aprestarlas para disparar. ‖ **5.** Concertar y juntar entre sí las varias piezas de que se compone un mueble, artefacto, etc. ARMAR *una cama, una máquina.* ‖ **6.** Sentar, fundar una cosa sobre otra. ‖ **7.** Dejar a los árboles una o más guías según la figura, altura o disposición que se les quiere dar. ‖ **8.** fig. y fam. Disponer, fraguar, formar alguna cosa. ARMAR *un baile, un lío.* Ú. t. c. prnl. ARMARSE *una tempestad.* ‖ **9.** fig. y fam. Tratándose de pleitos, riñas, escándalos, etc., mover, causar. Ú. t. c. prnl. ‖ **10.** fig. y fam. **aviar,** proveer a alguien de lo que le hace falta. Ú. t. c. prnl. ‖ **11.** *Mar.* Aprestar una embarcación o proveerla de todo lo necesario. ‖ **12.** intr. Cuadrar o convenir una cosa a alguien, sentarle bien, acomodarse a su genio o dictamen. ‖ **13.** prnl. fig. Ponerse voluntaria y deliberadamente en disposición de ánimo eficaz para lograr algún fin o resistir alguna contrariedad. ARMARSE *de valor, de paciencia.*

armario. m. Mueble con puertas y anaqueles o perchas para guardar ropa y otros objetos. ‖ **empotrado.** El construido en el espesor de un muro o hueco de una pared.

armatoste. m. Objeto grande y de poca utilidad. ‖ **2.** fig. y fam. Persona corpulenta que para nada sirve.

armazón. amb. **armadura,** pieza o conjunto de piezas sobre que se arma alguna cosa. ‖ **2.** Acción y efecto de armar, concertar, juntar. ‖ **3. armadura,** esqueleto.

armella. f. Anillo de hierro u otro metal que suele tener una espiga o tornillo para fijarlo.

armenio, nia. adj. Natural de Armenia, antigua región del Cáucaso. Ú. t. c. s. ‖ **2.** Perteneciente a este país de Asia. ‖ **3.** Dícese de ciertos cristianos de Oriente, originarios de Armenia, que conservan su antiquísimo rito y forman en lo religioso cuatro patriarcados. Ú. t. c. s. ‖ **4.** m. Lengua **armenia.**

armería. f. Edificio o sitio en que se guardan diferentes géneros de armas para curiosidad o estudio. ‖ **2.** Arte de fabricar armas. ‖ **3.** Tienda en que se venden armas.

armero. m. Persona que fabrica, vende o repara armas. ‖ **2.** El encargado de custodiar y tener limpias las armas. ‖ **3.** Aparato de madera para tener las armas en los puestos militares y otros puntos.

armiño. m. Mamífero del orden de los carnívoros, de unos 25 centímetros de largo (sin contar la cola, que tiene ocho, poco más o menos), de piel muy suave y delicada, parda en verano y blanquísima en invierno, exceptuada la punta de la cola, que es siempre negra. ‖ **2.** Piel de este animal. ‖ **3.** fig. Lo puro o limpio.

armisticio. m. Suspensión de hostilidades pactada entre pueblos o ejércitos beligerantes.

armonía. f. Unión y combinación de sonidos simultáneos y diferentes, pero acordes. ‖ **2.** Bien concertada y grata variedad de sonidos, medidas y pausas que resulta en la prosa o en el verso por la feliz combinación de las sílabas, voces y cláusulas empleadas en él. ‖ **3.** fig. Conveniente proporción y correspondencia de unas cosas con otras. ‖ **4.** fig. Amistad y buena correspondencia. ‖ **5.** *Mús.* Arte de formar y enlazar los acordes.

armónico, ca. adj. Perteneciente o relativo a la armonía. *Instrumento* ARMÓNICO; *composición* ARMÓNICA. ‖ **2.** m. *Mús.* Sonido agudo, que acompaña a otro fundamental, producido naturalmente por la resonancia de este. ‖ **3.** *Mús.* Sonido muy agudo y dulce que se produce en los instrumentos de cuerda apoyando con mucha suavidad el dedo sobre los nodos de la cuerda. ‖ **4.** f. *Mús.* Instrumento provisto de una serie de orificios con lengüeta. Se toca soplando o aspirando por estos orificios.

armonio. m. Órgano pequeño, con la figura exterior del piano, y al cual se da el aire por medio de un fuelle que se mueve con los pies.

armonioso, sa. adj. Sonoro y agradable al oído. ‖ **2.** fig. Que tiene armonía o correspondencia entre sus partes.

armonizar. tr. Poner en armonía, o hacer que no discuerden o se rechacen, dos o más partes de un todo, o dos o más cosas que deben concurrir al mismo fin. ‖ **2.** *Mús.* Escoger y escribir los acordes correspondientes a una melodía o a un bajete. ‖ **3.** intr. Estar en armonía.

arnés. m. Conjunto de armas de acero defensivas que se vestían y acomodaban al cuerpo, asegurándolas con correas y hebillas. ‖ **2.** pl. Guarniciones de las caballerías. ‖ **3.** fig. y fam. Cosas necesarias para algún fin. *Manuel llevaba todos los* ARNESES *para cazar.*

árnica. f. Planta de la familia de las compuestas, de raíz perenne, tallo de unos tres decímetros de altura, hueco, velloso y áspero; ramas colocadas de dos en dos, simples, derechas, desnudas y con una flor terminal amarilla; hojas aovadas y semejantes a las del llantén, ásperas por encima y lampiñas por el envés, y semillas de color pardo, con un vilano que las rodea. Las flores y la raíz tienen sabor acre, aromático y olor fuerte, que hace estornudar. Se emplea en medicina.

aro[1]. m. Pieza de hierro o de otra materia rígida, en figura de circunferencia. ‖ **2.** Armadura de madera, circular o no, que sostiene el tablero de la mesa, y con la cual suelen estar ensamblados los pies. ‖ **3.** Juguete en forma de **aro,** que los niños hacen rodar valiéndose de un palo. ‖ **entrar,** o **pasar** alguien **por el aro.** fr. fig. y fam. Ejecutar, vencido por fuerza o maña de otro, lo que no quería.

aro[2]. m. Planta perenne de la familia de las aráceas, con raíz tuberculosa y feculenta, de la cual salen las hojas, que tienen forma de flecha y son lisas, grandes y de color verde oscuro manchado a veces de negro; bohordo central, de tres a cuatro decímetros de altura, con espata larga y amarillenta que envuelve flores purpúreas en espiga sin cáliz ni corola, y frutos del color y tamaño de la grosella.

aroma. m. Perfume, olor muy agradable.

aromaticidad. *Quím.* Propiedad de las estructuras cíclicas, no saturadas, cuya estabilidad es superior a la de las estructuras de cadena abierta con igual número de enlaces múltiples.

aromático, ca. adj. Que tiene aroma, u olor agradable. ‖ **2.** *Quím.* Dícese de las moléculas cíclicas, no saturadas, cuya estabilidad es superior a la de las estructuras de cadena abierta con igual número de enlaces múltiples.

aromatizar. tr. Dar o comunicar aroma a alguna cosa.

arpa. f. Instrumento músico, de figura triangular, con cuerdas colocadas verticalmente y que se tocan con ambas manos.

arpegio. m. *Mús.* Sucesión más o menos acelerada de los sonidos de un acorde.

arpella. f. Ave rapaz diurna, de color pardo con manchas rojizas en el pecho y el vientre, y collar y moño amarillentos. Anida en tierra, cerca de los sitios pantanosos.

arpía. f. Ave fabulosa, con rostro de mujer y cuerpo de ave de rapiña. ‖ **2.** fig. y fam. Persona codiciosa que con arte o maña saca cuanto puede. ‖ **3.** fig. y fam. Mujer aviesa. ‖ **4.** fig. y fam. Mujer muy fea y flaca.

arpillera. f. Tejido por lo común de estopa muy basta, con que se cubren determinadas cosas para defenderlas del polvo y del agua.

arpista. com. Persona que ejerce o profesa el arte de tocar el arpa.

arpón. m. Instrumento que se compone de un astil de madera armado por uno de sus extremos con una punta de hierro que sirve para herir o penetrar, y de otras dos que miran hacia el astil y hacen presa.

arponear. tr. Cazar o pescar con arpón. ‖ **2.** intr. Manejar el arpón con destreza.

arponero. m. El que pesca o caza con arpón.

arquear. tr. Dar figura de arco. Ú. t. c. prnl.

arqueolítico, ca. adj. Perteneciente o relativo a la edad de piedra.

arqueología. f. Ciencia que estudia todo lo que se refiere a las artes y a los monumentos de la antigüedad.

arqueológico, ca. adj. Perteneciente o relativo a la arqueología.

arqueólogo, ga. m. y f. Persona que profesa la arqueología o tiene en ella especiales conocimientos.

arquería. f. Serie de arcos.

arquero. m. Soldado que peleaba con arco y flechas. ‖ **2. portero,** jugador que, en algunos deportes, defiende la meta de su equipo.

arqueta. f. d. de **arca.**

arquetípico, ca. adj. Perteneciente o relativo al arquetipo.

arquetipo. m. Modelo original y primario en un arte u otra cosa.

arqui-. V. **archi-.**

arquíptero. adj. *Zool.* Dícese de insectos masticadores con metamorfosis sencillas, o complicadas, parásitos o de vida libre, con cuatro alas membranosas y reticuladas; sus larvas son acuáticas y zoófagas en muchas especies; como el caballito del diablo. Ú. t. c. s. ‖ **2.** m. pl. *Zool.* Orden de estos animales.

arquitecto, ta. m. y f. Persona que profesa o ejerce la arquitectura.

arquitectónico, ca. adj. Perteneciente o relativo a la arquitectura.

arquitectura. f. Arte de proyectar y construir edificios. ‖ **2.** *Inform.* Estructura lógica y física de los componentes de un computador. ‖ **civil.** Arte de construir edificios y monumentos públicos y particulares no religiosos. ‖ **religiosa.** Arte de construir templos, monasterios, sepulcros y otras obras de carácter religioso.

arquitrabe. m. *Arq.* Parte inferior del entablamento, la cual descansa inmediatamente sobre el capitel de la columna.

arquivolta. f. *Arq.* Conjunto de molduras que decoran un arco en su paramento exterior vertical, acompañando a la curva en toda su extensión y terminando en las impostas.

arrabal. m. Barrio fuera del recinto de la población a que pertenece. ‖ **2.** Población anexa a otra mayor.

arrabalero, ra. adj. Habitante de un arrabal. Ú. t. c. s. ‖ **2.** fig. y fam. Dícese de la persona, que en su traje, modales o manera de hablar da muestra de mala educación. Ú. t. c. s.

arrabio. m. *Metal.* Fundición de hierro que se obtiene en el alto horno y que constituye la materia prima de la industria del hierro y del acero.

arracada. f. Arete con adorno colgante.

arracimarse. prnl. Unirse o juntarse algunas cosas en figura de racimo.

arraclán. m. Árbol de la familia de las ramnáceas, sin espinas y de hojas ovales, enteras y con nervios laterales, flores hermafroditas y madera flexible, que da un carbón muy ligero.

arraigar. intr. Echar o criar raíces. Ú. t. c. prnl. ‖ **2.** fig. Hacerse muy firme un afecto, virtud, vicio, uso o costumbre. Ú. m. c. prnl. ‖ **3.** fig. Establecerse de manera permanente en un lugar, vinculándose a personas y cosas. Ú. t. c. prnl. ‖ **4.** tr. fig. Establecer, fijar firmemente una cosa. ‖ **5.** *Amér.* Notificar judicialmente a la persona que no salga de la población, bajo cierta pena.

arraigo. m. Acción y efecto de arraigar o arraigarse. ‖ **2. bienes raíces.** Ú. m. en expresiones como estas: *hombre* o *persona de* ARRAIGO; *tener* ARRAIGO.

arramblar. tr. Dejar los ríos, arroyos o torrentes cubierto de arena el suelo por donde pasan, en tiempo de avenidas. ‖ **2.** fig. Arrastrarlo todo, llevándoselo con violencia. ‖ **3.** fig. Recoger y llevarse codiciosamente todo lo que hay en algún lugar. ❑ Ú. t. c. intr. y con la prep. *con.* ‖ **4.** prnl. Quedarse el suelo cubierto de arena a causa de una avenida.

arramplar. tr. fam. **arramblar,** llevarse codiciosamente todo lo que hay en algún lugar. ❑ Ú. t. c. intr. y con la prep. *con.*

arrancada. f. Partida o salida violenta de una persona o animal. ‖ **2.** Comienzo del movimiento de una máquina o vehículo que se pone en marcha.

arrancar. tr. Sacar de raíz. ARRANCAR *un árbol, una planta.* ‖ **2.** Sacar con violencia una cosa del lugar a que está adherida o sujeta, o de que forma parte. ARRANCAR *una muela, un clavo.* ‖ **3.** Quitar con violencia. ‖ **4.** fig. Obtener o conseguir algo de una persona con trabajo, violencia o astucia. ‖ **5.** intr. Partir de carrera para seguir corriendo. ‖ **6.** Iniciarse el funcionamiento de una máquina o el movimiento de traslación de un vehículo. Ú. t. c. tr. ‖ **7.** fam. Partir o salir de alguna parte. ‖ **8.** fig. y fam. Empezar a hacer algo de modo inesperado. ARRANCÓ *a cantar.* Ú. t. c. prnl. SE ARRANCÓ *por peteneras.* ‖ **9.** fig. Provenir, traer origen.

arranque. m. Acción y efecto de arrancar. ‖ **2.** fig. Ímpetu de cólera, piedad, amor u otro afecto. ‖ **3.** fig. Ocurrencia viva o pronta que no se esperaba. ‖ **4.** fig. Pujanza, brío. Ú. m. en pl. ‖ **5.** Dispositivo que pone en marcha el motor de una máquina, especialmente de un vehículo automóvil. ‖ **6.** *Arq.* Principio de un arco o bóveda.

arrapiezo. m. fig. y despect. Persona pequeña, de corta edad o humilde condición.

arras. f. pl. Las trece monedas que, al celebrarse el matrimonio, sirven para la formalidad de aquel acto, pasando de las manos del desposado a las de la desposada.

arrasar. tr. Allanar la superficie de alguna cosa. ‖ **2.** Echar por tierra, destruir. ‖ **3.** Igualar con el rasero. ‖ **4.** Llenar o cubrir los ojos de lágrimas. Ú. t. c. prnl.

arrastrado, da. adj. fig. y fam. Pobre, desastrado y azaroso; afligido de privaciones, molestias y trabajos. *Luciano trae una vida* ARRASTRADA. ‖ **2.** fig. y fam. Pícaro, tunante, bribón. Ú. t. c. s.

arrastrar. tr. Llevar a una persona o cosa por el suelo, tirando de ella. ‖ **2.** Llevar o mover rasando el suelo, o una superficie cualquiera. ‖ **3.** fig. Impulsar un poder o fuerza irresistible. ‖ **4.** fig. Llevar uno tras sí, o traer a otro a su dictamen o voluntad. ‖ **5.** fig. Llevar adelante o soportar algo penosamente. ‖ **6.** intr. Ir una cosa rasando el suelo y como barriéndolo, o pender hasta tocar el suelo. ‖ **7.** Ir de un punto a otro rozando con el cuerpo en el suelo. Ú. m. c. prnl. ‖ **8.** En varios juegos de naipes, jugar carta a que han de servir los demás jugadores. ‖ **9.** prnl. fig. Humillarse vilmente.

arrastre. m. Acción de arrastrar cosas que se llevan así de una a otra parte. Se usa especialmente tratándose de la conducción de madera desde el monte en que se cortó, hasta la orilla del agua o del camino. ‖ **2.** Acción de arrastrar en los juegos de naipes. ‖ **3.** Acto de retirar del ruedo el toro muerto en lidia. ‖ **estar para el arrastre.** fr. fig. y fam. Hallarse en extremo decaimiento físico o moral.

arrayán. m. Arbusto de la familia de las mirtáceas, de dos a tres metros de altura, oloroso, con ramas flexibles, hojas opuestas, de color verde vivo, lustrosas, pequeñas, duras y persistentes, flores axilares, solitarias, pequeñas y blancas, y bayas de color negro azulado.

arre. Voz que se emplea para estimular a las bestias.

arrear[1]. tr. Estimular a las bestias para que echen a andar, o para que sigan caminando, o para que aviven el paso. ‖ **2.** Dar prisa, estimular. Ú. t. c. intr. ‖ **3.** intr. Ir, caminar de prisa. ‖ **4.** Con un complemento introducido por la prep. *con,* llevarse de manera violenta alguna cosa; a veces hurtarla o robarla. ‖ **¡arrea!** interj. Denota vivamente pasmo o asombro.

arrear[2]. tr. Poner arreos, adornar, hermosear, engalanar.

arrear[3]. tr. Dar seguidos tiros, golpes, etc. ‖ **2.** Por ext., pegar o dar un golpe o un tiro.

arrebañaderas. f. pl. Ganchos de hierro destinados a sacar los objetos que se caen a los pozos.

arrebañar. tr. **rebañar.**

arrebatado, da. adj. Precipitado e impetuoso. ‖ **2.** fig. Inconsiderado y violento. ‖ **3.** Dicho del color del rostro, muy encendido.

arrebatador, ra. adj. Que arrebata. Ú. t. c. s.

arrebatamiento. m. Acción de arrebatar o arrebatarse. ‖ **2.** fig. Furor, enajenamiento causado por la vehemencia de alguna pasión, y especialmente por la ira. ‖ **3. éxtasis.**

arrebatar. tr. Quitar o llevar tras sí con violencia y fuerza. ‖ **2.** fig. Atraer alguna cosa, como la vista, la atención, etc. ‖ **3.** fig. Sacar de sí, conmover poderosamente excitando alguna pasión o afecto. Ú. t. c. prnl. ‖ **4.** prnl. Enfurecerse, dejarse llevar de alguna pasión, y especialmente de la ira. Por semejanza, ú. t. referido a los animales. ‖ **5.** Asarse o cocerse mal y precipitadamente un alimento por exceso de fuego.

arrebato. m. **arrebatamiento,** furor. ‖ **2. arrebatamiento,** éxtasis. ❑ No confundir con *(tocar) a rebato.*

arrebol. m. Color rojo de las nubes iluminadas por los rayos del Sol. ‖ **2.** Por ext., el mismo color en otros objetos y especialmente en el rostro de la mujer. ‖ **3.** Colorete.

arrebujar. tr. Coger mal y sin orden alguna cosa flexible, como ropa, lienzo, etc. ‖ **2.** Cubrir bien y envolver con la ropa de la cama, arrimándola al cuerpo, o con alguna prenda de vestir de bastante amplitud, como una capa, un mantón, etc. Ú. m. c. prnl.

arrechucho. m. fam. **arranque,** ímpetu de cólera y prontitud excesiva. ‖ **2.** fam. Quebranto leve de salud.

arreciar. intr. Cobrar fuerza, vigor o gordura. ‖ **2.** Irse haciendo cada vez más recia, fuerte o violenta alguna cosa. ARRECIAR *la cólera, la tempestad, el viento.* Ú. t. c. prnl.

arrecife. m. Banco o bajo formado en el mar por piedras, puntas de roca o poliperos, principalmente madréporas, y situado casi a flor de agua.

arredrar. tr. Apartar, separar. Ú. t. c. prnl. ‖ **2.** fig. Retraer, hacer volver atrás, por el peligro que ofrece o el temor que infunde la ejecución de alguna cosa. Ú. t. c. prnl. ‖ **3.** fig. Amedrentar, atemorizar. Ú. t. c. prnl.

arreglar. tr. Componer, ordenar, concertar. ‖ **2.** Acicalar, engalanar. Ú. t. c. prnl. ‖ **3.** fam. En frases en futuro se usa como amenaza. *Ya te* ARREGLARÉ *yo.* ‖ **arreglárselas.** fr. fam. **componérselas.**

arreglo. m. Acción y efecto de arreglar o arreglarse. ‖ **2.** Avenencia, conciliación. ‖ **3.** Transformación de una obra musical para poder interpretarla con instrumentos o voces distintos a los originales. ‖ **de cuentas.** Acto de tomarse la justicia por su mano o vengarse. ‖ **con arreglo a.** loc. prepos. Conformemente, según.

arrellanarse. prnl. Ensancharse y extenderse en el asiento con toda comodidad. ‖ **2.** fig. Encontrarse a gusto en un lugar o empleo.

arremangar. tr. **remangar.** Ú. t. c. prnl.

arremeter. intr. Acometer con ímpetu y furia. ‖ **2.** Precipitarse a realizar una acción. ‖ **3.** fig. y fam. Chocar, disonar u ofender a la vista alguna cosa.

arremetida. f. Acción de arremeter.

arremolinarse. prnl. fig. Amontonarse o apiñarse desordenadamente. Se usa referido a la gente, las aguas, el polvo, etc.

arrendador, ra. m. y f. Persona que da o toma en arrendamiento alguna cosa.

arrendajo. m. Ave del orden de las paseriformes, parecida al cuervo, pero más pequeña, de color gris morado, con moño ceniciento, de manchas oscuras y rayas transversales de azul, cuya intensidad varía desde el celeste al de Prusia, en las plumas de las alas. Abunda en Europa, habita en los bosques espesos y se alimenta principalmente de los frutos de diversos árboles. Destruye los nidos de algunas aves canoras, cuya voz imita para sorprenderlas con mayor seguridad, y aprende también a repetir tal cual palabra.

arrendamiento. m. Acción de arrendar. ‖ **2.** Contrato por el cual se arrienda. ‖ **3.** Precio en que se arrienda.

arrendar. tr. Ceder o adquirir por precio el goce o aprovechamiento temporal de cosas, obras o servicios. ❑ Irreg. Se conj. como *acertar.*

arrendatario, ria. adj. Que toma en arrendamiento alguna cosa. *Compañía* ARRENDATARIA. Apl. a pers., ú. t. c. s.

arrendaticio, cia. adj. *Der.* Perteneciente o relativo al arrendamiento.

arreo. m. Atavío, adorno. ‖ **2.** pl. Guarniciones o jaeces de las caballerías de montar o de tiro. ‖ **3.** Cosas menudas o accesorias que pertenecen a otra principal o se usan con ella.

arrepanchigarse. prnl. fam. **repantigarse.**

arrepentimiento. m. Pesar de haber hecho alguna cosa.

arrepentirse. prnl. Pesarle a alguien haber hecho o haber dejado de hacer alguna cosa. ‖ **2.** Cambiar de opinión o no ser consecuente con un compromiso. ❑ Irreg. Se conj. como *sentir.*

arrestar. tr. Detener, poner preso. Hoy se usa más comúnmente en la milicia.

arresto. m. Acción de arrestar. ‖ **2.** Detención provisional del presunto reo. ‖ **3.** Reclusión por un tiempo breve, como corrección o pena. ‖ **4.** Arrojo o determinación para emprender una cosa ardua. Ú. en pl. en determinadas frases como: *tener* ARRESTOS *para algo.* ‖ **mayor.** Pena de privación de libertad desde un mes y un día hasta seis meses. ‖ **menor.** Pena de igual índole que la anterior y de duración de uno a treinta días que en ciertos casos se puede cumplir en el mismo domicilio del reo.

arriacense. adj. Natural de Guadalajara, ciudad española. Ú. t. c. s. ‖ **2.** Perteneciente o relativo a esta ciudad.

arriada. f. *Mar.* Acción y efecto de arriar.

arrianismo. m. Doctrina de los arrianos.

arriano, na. adj. Partidario de la doctrina de Arrio, que negaba la naturaleza consubstancial de la segunda persona de la Santísima Trinidad. Ú. m. c. s. ‖ **2.** Perteneciente o relativo al arrianismo.

arriar. tr. *Mar.* Bajar las velas, las banderas, etc., que estén en lo alto. ‖ **2.** *Mar.* Aflojar o soltar un cabo, cadena, etc.

arriate. m. Franja estrecha de tierra, dispuesta para tener plantas de adorno junto a las paredes de los jardines y patios. ‖ **2.** Calzada, camino o paso.

arriba. adv. l. A lo alto, hacia lo alto. ‖ **2.** En lo alto, en la parte alta. ‖ **3.** En lugar anterior o que está antes de otro; pero denotando superioridad, ya real, ya imaginaria. ‖ **4.** En dirección hacia lo que está más alto, respecto de lo que está más bajo. *Cuesta* ARRIBA. ‖ **5.** En los escritos, antes o antecedentemente. ‖ **6.** Con voces expresivas de cantidades o medidas de cualquier especie, denota exceso indeterminado. *De mil pesetas* ARRIBA; *No tiene* ARRIBA *de treinta años.* ‖ **¡arriba!** Voz que se emplea para excitar a alguno a que apure una bebida, a que se levante, a que suba, etc. ‖ **2.** En frases exclamativas sin verbo, equivale a **¡viva!** ARRIBA *el Mallorca.* ‖ **de arriba abajo.** loc. adv. Del principio al fin, de un extremo a otro. *Rodar una escalera* DE ARRIBA ABAJO. ❑ No utilizar **de arriba a abajo.* ‖ **2.** Con desdén, con aire de superioridad. *Mirar a alguien* DE ARRIBA ABAJO.

arribada. f. Acción de arribar, llegar la nave al puerto de destino. ‖ **2.** Acción de fondear la nave en otro puerto por un peligro, necesidad, etc.

arribar. intr. Llegar la nave a un puerto. ‖ **2.** Llegar por tierra a cualquier parte. Ú. t. c. prnl. ‖ **3.** fig. y fam. Llegar a conseguir lo que se desea. ‖ **4.** *Mar.* Dejarse ir con el viento. ‖ **5.** *Mar.* Girar el buque abriendo el ángulo que forma la dirección de la quilla con la del viento.

arribista. com. Persona que progresa en la vida por medios rápidos y sin escrúpulos.

arriendo. m. **arrendamiento.**

arriero. m. El que trajina con bestias de carga.

arriesgado, da. adj. Aventurado, peligroso. ‖ **2.** Osado, imprudente, temerario.

arriesgar. tr. Poner a riesgo. Ú. t. c. prnl.

arrimado, da. m. y f. *Amér.* Persona que vive en casa ajena, a costa o al amparo de su dueño.

arrimar. tr. Acercar o poner una cosa junto a otra. Ú. t. c. prnl. ‖ **2.** prnl. Apoyarse o estribar sobre alguna cosa, como para descansar o sostenerse. ‖ **3.** fig. Acogerse a la protección de alguien o de algo, valerse de ella. ‖ **4.** *Taurom.* Torear o intentar torear en terreno próximo al toro.

arrimo. m. Apego, afición, inclinación.

arrinconado, da. adj. Apartado, retirado, distante del centro. ‖ **2.** fig. Desatendido, olvidado.

arrinconamiento. m. Recogimiento o retiro.

arrinconar. tr. Poner alguna cosa en un rincón o lugar retirado. ‖ **2.** Estrechar a una persona hasta que halle obstáculo para seguir retrocediendo. Ú. t. en sent. fig. ‖ **3.** fig. Privar a alguien del cargo, confianza o favor que gozaba; desatenderlo, no hacer caso de él. ‖ **4.** prnl. fig. y fam. Retirarse del trato de las gentes.

arritmia. f. Falta de ritmo regular. ‖ **2.** *Fisiol.* Irregularidad y desigualdad en las contracciones del corazón.

arrítmico, ca. adj. Perteneciente o relativo a la arritmia.

arroaz. m. **delfín¹,** cetáceo.

arroba. f. Peso equivalente a 11 kilogramos y 502 gramos. ‖ **2.** Medida de líquidos que varía de peso según las provincias y los mismos líquidos. ‖ **por arrobas.** loc. adv. fig. **a montones.**

arrobamiento. m. Acción de arrobar o arrobarse, enajenarse, quedar fuera de sí. ‖ **2. éxtasis.**

arrobar. tr. **embelesar.** ‖ **2.** prnl. Enajenarse, quedar fuera de sí.

arrocero, ra. adj. Perteneciente o relativo al arroz. || **2.** m. y f. Persona que cultiva arroz.

arrodillar. tr. Hacer que alguien hinque la rodilla o ambas rodillas. || **2.** intr. Ponerse de rodillas. Ú. m. c. prnl.

arrogación. f. Acción y efecto de arrogar o arrogarse.

arrogancia. f. Calidad de arrogante, altanero, valiente y gallardo.

arrogante. adj. Altanero, soberbio. || **2.** Valiente, animoso. || **3.** Gallardo, airoso.

arrogarse. prnl. Atribuirse, apropiarse. Se usa referido a cosas inmateriales, como jurisdicción, facultad, etc. ❑ No confundir con *abrogar*.

arrojadizo, za. adj. Que se puede fácilmente arrojar o tirar. || **2.** V. **arma arrojadiza.**

arrojado, da. adj. fig. Valiente o atrevido.

arrojar. tr. Impeler con violencia una cosa, de modo que recorra una distancia, movida del impulso que ha recibido. || **2. echar,** hacer que alguna cosa vaya a parar a alguna parte. || **3. echar,** despedir de sí. || **4. echar,** hacer que una cosa caiga de un sitio determinado. || **5. echar,** hacer salir a uno de algún lugar. || **6.** fig. Tratándose de cuentas, documentos, etc., presentar, dar de sí como consecuencia o resultado. || **7.** prnl. Precipitarse, dejarse ir con violencia de alto a bajo. ARROJARSE *al mar, por una ventana.* || **8.** Ir violentamente hacia una persona o cosa hasta llegar a ella. SE ARROJÓ *a las llamas para salvar a Miguel.* || **9.** fig. Resolverse a emprender o hacer alguna cosa sin reparar en sus dificultades o riesgos.

arrojo. m. fig. Osadía, intrepidez.

arrollar. tr. Envolver una cosa de tal suerte que resulte en forma de rollo lo que antes la tenía plana y extendida. || **2.** Dar vueltas en un mismo sentido a un hilo, alambre, papel, etc., para fijarlo sobre un eje o carrete. || **3.** Atropellar un vehículo a una persona, animal o cosa. || **4.** fig. Desbaratar o derrotar al enemigo. || **5.** fig. Atropellar, no hacer caso de leyes, respetos ni otros miramientos ni inconvenientes. || **6.** fig. Vencer, dominar, superar. ❑ No confundir con *arroyar*.

arropar. tr. Cubrir o abrigar con ropa. Ú. t. c. prnl. || **2.** Por ext., cubrir, abrigar.

arrope. m. Mosto cocido hasta que toma consistencia de jarabe, y en el cual suelen echarse trozos de calabaza u otra fruta. || **2.** *Farm.* Jarabe concentrado hecho con miel blanca y que contiene alguna sustancia vegetal y medicinal. ARROPE *de moras, de granada, de saúco.*

arrostrar. tr. Hacer cara, resistir, sin dar muestras de cobardía, a las calamidades o peligros. || **2.** Sufrir o tolerar a una persona o cosa desagradable. Ú. t. c. intr. || **3.** prnl. Atreverse, arrojarse a batallar rostro a rostro con el contrario.

arroyar. tr. Formar la lluvia surcos, o hendeduras en la tierra. Ú. m. c. prnl. || **2.** Formar arroyos. ❑ No confundir con *arrollar*.

arroyo. m. Caudal corto de agua, casi continuo. || **2.** Cauce por donde corre. || **3.** Parte de la calle por donde suelen correr las aguas. || **4.** Por ext., **calle,** vía en poblado. || **5.** fig. Afluente o corriente de cualquier cosa líquida. ARROYOS *de lágrimas, de sangre.*

arroz. m. Planta anual propia de terrenos muy húmedos. Tiene por fruto un grano oval rico en almidón. || **2.** Fruto de esta planta.

arrozal. m. Tierra sembrada de arroz.

arruga. f. Pliegue que se hace en la piel, ordinariamente por efecto de la edad. || **2.** Pliegue deforme o irregular que se hace en la ropa o en cualquier tela o cosa flexible.

arrugar. tr. Hacer arrugas. Ú. t. c. prnl. || **2.** Con el complemento directo *frente, ceño, entrecejo,* y siendo el sujeto nombre de persona, mostrar en el semblante ira o enojo. || **3.** prnl. **encogerse.**

arruinar. tr. Causar ruina. Ú. t. c. prnl. || **2.** fig. Destruir, ocasionar grave daño. Ú. t. c. prnl.

arrullar. tr. Atraer con arrullos el palomo o el tórtolo a la hembra, o al contrario. || **2.** fig. Adormecer al niño con arrullos. || **3.** Por ext., adormecer un sonido o ruido. || **4.** fig. y fam. Decir palabras dulces y halagüeñas los enamorados. Ú. t. c. prnl.

arrullo. m. Canto grave y monótono con que se enamoran las palomas y las tórtolas. || **2.** fig. Habla dulce y halagüeña con que se enamora a una persona. || **3.** fig. Cantarcillo grave y monótono para adormecer a los niños. || **4.** fig. Susurro y también todo ruido que sirve para arrullar.

arrumaco. m. fam. Demostración de cariño hecha con gestos o ademanes. Ú. m. en pl.

arrumar. tr. *Mar.* Distribuir y colocar la carga en un buque. || **2.** prnl. *Mar.* Cargarse de nubes el horizonte.

arrumbar[1]**.** tr. Poner una cosa como inútil en un lugar retirado o apartado. || **2.** Desechar, abandonar o dejar fuera de uso. || **3.** fig. Arrollar a alguien en la conversación, obligándole a callar. || **4.** fig. **arrinconar** a alguien, no hacerle caso.

arrumbar[2]**.** tr. *Mar.* Determinar la dirección que sigue una costa para fijar en la carta su posición náutica. || **2.** *Mar.* Hacer coincidir dos o más objetos en el mismo rumbo. || **3.** intr. *Mar.* Fijar el rumbo a que se navega o a que se debe navegar.

arsenal. m. Establecimiento militar o particular en que se construyen, reparan y conservan las embarcaciones, y se guardan los pertrechos y géneros necesarios para equiparlas. ‖ **2.** Depósito o almacén general de armas y otros efectos de guerra.

arseniato. m. *Quím.* Sal formada por la combinación del ácido arsénico con una base.

arsénico. adj. *Quím.* V. **anhídrido arsénico.** ‖ **2.** m. *Quím.* Elemento químico de núm. atóm. 33. Escaso en la corteza terrestre; se encuentra nativo o combinado con azufre en el oropimente y el rejalgar, y presenta varias formas alotrópicas. Su color, brillo y densidad son muy semejantes a los del hierro colado, y muchos de sus derivados sirven como plaguicidas o germicidas por su toxicidad. Se utiliza en medicina y en las industrias electrónica y del vidrio. Símb. *As.*

arte. amb. Virtud, disposición y habilidad para hacer alguna cosa. ‖ **2.** Acto o facultad mediante los cuales, valiéndose de la materia, de la imagen o del sonido, imita o expresa el hombre lo material o lo inmaterial, y crea copiando o fantaseando. ‖ **3.** Conjunto de preceptos y reglas necesarios para hacer bien alguna cosa. ‖ **4.** Cautela, maña, astucia. ‖ **5.** Aparato que sirve para pescar. ‖ **abstracto.** Modalidad artística peculiar de nuestro tiempo, caracterizada por la transmisión de la idea o sentimiento de artista, desligado, en mayor o menor medida, de asociaciones tangibles. ‖ **bella.** Cualquiera de las que tienen por objeto expresar la belleza. Se da más ordinariamente esta denominación a la pintura, la escultura, la arquitectura y la música. Ú. m. en pl. con el calificativo antepuesto. *Academia de* BELLAS ARTES. ‖ **conceptual.** Movimiento artístico surgido hacia el final de la década de 1960 que, restando importancia a la obra de **arte** en cuanto objeto material o resultado meritorio de una ejecución, hace hincapié, en cambio, en el concepto o idea del proceso artístico. ‖ **decorativa.** La pintura o escultura en cuanto no crean obras independientes, sino subordinadas al embellecimiento de edificios. ‖ **figurativo.** El que consiste en la representación artística de objetos existentes en la realidad. ‖ **artes marciales.** Conjunto de antiguas técnicas de lucha de Extremo Oriente, que hoy se practican como deporte. Ú. t. en sing. ‖ **malas artes.** Medios o procedimientos reprobables de los que se vale alguien para conseguir algún fin. ‖ **no ser,** o **no tener, arte ni parte en** alguna cosa. fr. No intervenir en ella de ningún modo. ‖ **por arte de birlibirloque,** o **de encantamiento.** loc. fam. con que se denota haberse hecho una cosa por medios ocultos y extraordinarios.

artefacto. m. Máquina, aparato. ‖ **2.** Cualquier carga explosiva, como mina, petardo, granada, etc.

artejo. m. **nudillo** de los dedos. ‖ **2.** *Zool.* Cada una de las piezas, articuladas entre sí, que forman los apéndices de los artrópodos.

artemisa. f. Planta olorosa de la familia de las compuestas, de tallo herbáceo, empinado, que crece hasta un metro de altura; hojas hendidas en gajos agudos, lampiños y verdes por encima, blanquecinos y vellosos por el envés, y flores de color blanco amarillento, en panojas. Es medicinal.

arteria. f. Cada uno de los vasos que llevan la sangre desde el corazón a las demás partes del cuerpo. ‖ **2.** fig. Calle de una población, a la cual afluyen muchas otras. ‖ **coronaria.** *Anat.* Cada una de las dos que nacen de la aorta y dan ramas que se distribuyen por el corazón.

arterial. adj. Perteneciente o relativo a las arterias.

arteriola. f. Arteria pequeña.

arteriosclerosis. f. *Pat.* Endurecimiento de las arterias.

arteriosclerótico, ca. adj. Perteneciente o relativo a la arteriosclerosis. ‖ **2.** Que padece arteriosclerosis. Ú. t. c. s.

artero, ra. adj. Mañoso, astuto. Hoy se toma siempre en mal sentido.

artesa. f. Cajón cuadrilongo, por lo común de madera, que se va estrechando por sus cuatro lados hacia el fondo y, entre otros usos, sirve para amasar el pan.

artesanado. m. **artesanía,** clase social de artesanos. ‖ **2.** Actividad, ocupación u oficio del artesano.

artesanal. adj. **artesano,** perteneciente o relativo a la artesanía.

artesanía. f. Clase social constituida por los artesanos. ‖ **2.** Arte u obra de los artesanos.

artesano, na. adj. Perteneciente o relativo a la artesanía. ‖ **2.** m. y f. Persona que ejercita un arte u oficio meramente mecánico. Modernamente se distingue con este nombre al que hace por su cuenta objetos de uso doméstico imprimiéndoles un sello personal, a diferencia del obrero fabril.

artesón. m. *Arq.* Cada uno de los elementos constructivos poligonales, cóncavos, con molduras y adornos, que constituyen el artesonado. ‖ **2.** *Arq.* **artesonado,** techo adornado con artesones.

artesonado, da. adj. *Arq.* Adornado con artesones. ‖ **2.** m. *Arq.* Techo, armadura o bóveda formado con artesones de madera, piedra u otros materiales.

ártico, ca. adj. *Astron.* y *Geogr.* V. **polo ártico.** ‖ **2.** *Astron.* y *Geogr.* Perteneciente, cercano o relativo al polo **ártico.** *Tierras* ÁRTICAS.

articulación. f. Acción y efecto de articular o

articularse. ‖ **2.** Unión entre dos piezas rígidas que permite el movimiento relativo entre ellas. ‖ **3.** Pronunciación clara y distinta de las palabras. ‖ **4.** *Gram.* Posición y movimiento de los órganos de la voz para la pronunciación de una vocal o consonante. ‖ **5.** *Anat.* Unión de un hueso u órgano esquelético con otro.

articulado, da. adj. Que tiene articulaciones. ‖ **2.** m. Conjunto o serie de los artículos de un tratado, ley, reglamento, etc.

articular[1]**.** adj. Perteneciente o relativo a la articulación o a las articulaciones.

articular[2]**.** tr. Unir dos piezas de modo que mantengan entre sí alguna libertad de movimiento rotatorio o deslizante. Ú. t. c. prnl. ‖ **2.** Pronunciar las palabras clara y distintamente. ‖ **3.** Colocar los órganos de la voz en la forma que requiere la pronunciación de cada sonido.

articulatorio, ria. adj. *Gram.* Perteneciente o relativo a la articulación de los sonidos del lenguaje. *Canal* ARTICULATORIO, *movimiento* ARTICULATORIO.

articulista. com. Persona que escribe artículos para periódicos o publicaciones análogas.

artículo. m. Cada una de las divisiones de un diccionario encabezada con distinta palabra. ‖ **2.** Cada una de las disposiciones numeradas de un tratado, ley, reglamento, etc. ‖ **3.** Cualquiera de los escritos de mayor extensión que se insertan en los periódicos u otras publicaciones análogas. ‖ **4.** Mercancía, cosa con que se comercia. ‖ **5.** *Gram.* Parte de la oración, que sirve principalmente para denotar la extensión en que ha de tomarse el nombre al cual se antepone. ‖ **de fe.** Verdad que se debe creer como revelada por Dios, y propuesta, como tal, por la Iglesia. ‖ **de fondo.** El que en los periódicos políticos se inserta en lugar preferente, por lo común sin firma, y trata temas de actualidad con arreglo al criterio de la redacción. ‖ **definido** o **determinado.** *Gram.* El que principalmente sirve para limitar la extensión del nombre a un objeto ya consabido del que habla y de aquel a quien se dirige la palabra. Tiene en singular las formas *el, la, lo,* según el género, y en plural, *los, las.* ‖ **genérico, indefinido** o **indeterminado.** *Gram.* El que se antepone al nombre para indicar que este se refiere a un objeto no consabido del que habla ni del que escucha. Es en singular *un, una,* y en plural, *unos, unas.*

artífice. com. **artista,** que cultiva alguna arte bella. ‖ **2.** Persona que ejecuta científicamente una obra mecánica o aplica a ella alguna de las bellas artes. ‖ **3.** fig. **autor,** el que es causa de algo.

artificial. adj. Hecho por mano o arte del hombre. ‖ **2.** No natural, falso. ❑ No confundir con *artificioso.*

artificiero. m. *Art.* Artillero especializado en el cuidado de proyectiles, cartuchos y otros artificios de fuego. ‖ **2.** Técnico en el manejo de explosivos.

artificio. m. Arte, primor, ingenio o habilidad con que está hecha alguna cosa. ‖ **2.** Predominio de la elaboración artística sobre la naturalidad. ‖ **3. artefacto,** máquina. ‖ **4.** fig. Disimulo, cautela, doblez.

artificioso, sa. adj. Hecho o elaborado con artificio, arte y habilidad. ‖ **2.** fig. Disimulado, cauteloso, doble. ❑ No confundir con *artificial.*

artillería. f. Arte de construir, conservar y usar todas las armas, máquinas y municiones de guerra. ‖ **2.** Tren de cañones, morteros, obuses y otras máquinas de guerra que tiene una plaza, un ejército o un buque. ‖ **3.** Cuerpo militar destinado a este servicio.

artillero, ra. adj. Perteneciente o relativo a la artillería. ‖ **2.** m. Individuo que sirve en la artillería del ejército o de la armada. ‖ **3.** Individuo que se encarga de cargar y dar fuego a los explosivos.

artilugio. m. Mecanismo, artefacto, sobre todo si es de cierta complicación; suele usarse con sentido despectivo. ‖ **2.** Ardid o maña, especialmente cuando forma parte de algún plan para alcanzar un fin.

artimaña. f. **trampa** para cazar animales. ‖ **2.** fam. Artificio o astucia para engañar a alguien, o para otro fin.

artiodáctilo. adj. *Zool.* Dícese del mamífero ungulado cuyas extremidades terminan en un número par de dedos, de los cuales apoyan en el suelo por lo menos dos, que son simétricos. Ú. t. c. s. ‖ **2.** m. pl. *Zool.* Orden de estos animales, que comprende los paquidermos y los rumiantes.

artista. com. Persona que ejercita alguna arte bella. ‖ **2.** Persona que actúa profesionalmente en un espectáculo teatral, cinematográfico, circense, etc., interpretando ante el público. ‖ **3.** fig. Persona que hace alguna cosa con suma perfección.

artístico, ca. adj. Perteneciente o relativo a las artes, especialmente a las que se denominan bellas.

artrítico, ca. adj. *Med.* Perteneciente o relativo a la artritis. ‖ **2.** Perteneciente o relativo al artritismo. ‖ **3.** Que padece artritis o artritismo. Ú. t. c. s.

artritis. f. *Pat.* Inflamación de las articulaciones.

artritismo. m. *Pat.* Supuesta predisposición constitucional a padecer enfermedades como las afecciones articulares, el eczema, la obesidad, la jaqueca, hemorroides y diversas litiasis.

artrópodo. adj. *Zool.* Dícese de los animales invertebrados, de cuerpo con simetría bilateral, cubierto por cutícula, formado por una serie lineal de segmentos más o menos ostensibles y provisto de apéndices compuestos de piezas articuladas o artejos; como los insectos, los crustáceos y las arañas. Ú. t. c. s. ‖ **2.** m. pl. *Zool.* Tipo de estos animales.

artrosis. f. *Med.* Alteración patológica de las articulaciones, de carácter degenerativo y no inflamatorio. Suele producir deformaciones muy visibles de la articulación a que afecta, y entonces recibe el nombre de **artrosis** deformante.

artúrico, ca. adj. Perteneciente o relativo al legendario rey Artús o Arturo.

arúspice. m. Sacerdote que en la antigua Roma examinaba las entrañas de las víctimas para hacer presagios.

arveja. f. **algarroba,** planta. ‖ **2. algarroba,** semilla.

arzobispado. m. Dignidad de arzobispo. ‖ **2.** Territorio en que el arzobispo ejerce jurisdicción. ‖ **3.** Edificio u oficina donde funciona la curia arzobispal.

arzobispal. adj. Perteneciente o relativo al arzobispo.

arzobispo. m. Obispo de iglesia metropolitana o que tiene honores de tal.

arzón. m. Parte delantera o trasera que une los dos brazos longitudinales del fuste de una silla de montar.

as. m. Primitiva moneda romana, fundida en bronce, de peso variable y valor de 12 onzas. ‖ **2.** Carta que en la numeración de cada palo de la baraja de naipes lleva el número uno. ‖ **3.** Punto único señalado en una de las seis caras del dado. ‖ **4.** fig. Persona que sobresale de manera notable en un ejercicio o profesión. *Los* ASES *de la aviación.*

asa. f. Parte que sobresale del cuerpo de una vasija, cesta, bandeja, etc., generalmente de figura curva o de anillo, y sirve para asir el objeto a que pertenece.

asadero. m. Lugar donde hace mucho calor.

asado. m. Carne asada.

asador, ra. m. y f. Persona que se dedica a asar. ‖ **2.** m. Varilla puntiaguda en que se clava y se pone al fuego lo que se quiere asar. ‖ **3.** Aparato o mecanismo para igual fin.

asadura. f. Conjunto de las entrañas del animal. Ú. t. en pl. ‖ **2.** Hígado y bofes.

asaetear. tr. Disparar saetas contra alguien. ‖ **2.** Herir o matar con saetas. ‖ **3.** fig. Causar a alguien repetidamente disgustos o molestias.

asalariado, da. adj. Que percibe un salario por su trabajo. Ú. t. c. s.

asalariar. tr. Señalar salario a una persona.

asalmonado, da. adj. Que se parece en la carne al salmón. Dícese de los pescados, y especialmente de la trucha. ‖ **2.** De color parecido al salmón.

asaltante. adj. Que asalta. Ú. t. c. s.

asaltar. tr. Acometer impetuosamente una plaza o fortaleza para entrar en ella escalando las defensas. ‖ **2.** Acometer repentinamente y por sorpresa. *La* ASALTARON *los periodistas.* ASALTARON *dos veces el banco.* ‖ **3.** fig. Acometer, sobrevenir, ocurrir de pronto alguna cosa; como una enfermedad, la muerte, un pensamiento, etc.

asalto. m. Acción y efecto de asaltar. ‖ **2.** En boxeo, cada una de las partes o tiempos de que consta un combate.

asamblea. f. Reunión numerosa de personas convocadas para algún fin. ‖ **2.** Cuerpo político y deliberante, como el Congreso o el Senado. Tómase especialmente por el que es único y no se halla partido en dos cámaras.

asar. tr. Hacer comestible un alimento por la acción directa del fuego, o la del aire caldeado, y a veces rociándolo con grasa o con algún líquido. ‖ **2.** fig. Tostar, abrasar. ‖ **3.** prnl. fig. Sentir extremado ardor o calor.

asaz. adv. c. Bastante, harto, muy. Ú. generalmente en poesía. ‖ **2.** adj. Bastante, mucho. Ú. solo en poesía.

asbesto. m. Mineral de composición y caracteres semejantes a los del amianto, pero de fibras duras y rígidas que pueden compararse con el cristal hilado.

ascendencia. f. Serie de ascendientes o antecesores de una persona. ‖ **2.** Por ext., origen, procedencia de alguna cosa.

ascendente. adj. Que asciende. ‖ **2.** m. *Astrol.* Punto de la eclíptica en que se inicia la primera casa celeste, al observar el cielo para realizar una predicción. ❑ No confundir con *ascendiente.*

ascender. intr. Subir de un sitio a otro más alto. ‖ **2.** fig. Adelantar en empleo o dignidad. *Juan* ASCENDIÓ *a director.* ‖ **3.** tr. Dar o conceder un ascenso. *Miguel* ASCENDIÓ *a sus empleados.* ‖ **4.** Importar una cuenta. ❑ Irreg. Se conj. como *entender.*

ascendiente. com. Padre, madre, o cualquiera de los abuelos, de quien desciende una persona. ‖ **2.** m. Predominio moral o influencia.

ascensión. f. Acción y efecto de ascender a un lugar alto. ‖ **2.** Por excelencia, la de Cristo a los cielos.

ascensional. adj. Aplícase al movimiento de un cuerpo hacia arriba.

ascenso. m. fig. Promoción a mayor dignidad o empleo. ‖ **2.** fig. Cada uno de los grados señalados para el adelanto en una carrera o jerarquía.

ascensor. m. Aparato para trasladar personas de unos a otros pisos. ‖ **2. montacargas.**

ascensorista. com. Persona que tiene a su

cargo el manejo del ascensor. ‖ **2.** Persona que tiene por oficio arreglar y construir ascensores.

ascesis. f. Reglas y prácticas encaminadas a la liberación del espíritu y el logro de la virtud.

asceta. com. Persona que hace vida ascética.

ascética. f. **ascetismo,** doctrina de la vida ascética.

ascético, ca. adj. Dícese de la persona que se dedica particularmente a la práctica y ejercicio de la perfección espiritual. ‖ **2.** Perteneciente o relativo a este ejercicio y práctica. *Vida* ASCÉTICA. ‖ **3.** Que trata de la vida **ascética,** ensalzándola o recomendándola. *Escritor, libro* ASCÉTICO.

ascetismo. m. Profesión de la vida ascética. ‖ **2.** Doctrina de la vida ascética.

asclepiadáceo, a. adj. *Bot.* Dícese de hierbas, arbustos y árboles angiospermos dicotiledóneos, con hojas alternas, sencillas y enteras; flores en racimo, corimbo o umbela, y fruto en folículo con muchas semillas provistas de albumen; como la mata de la seda y la cornicabra. Ú. t. c. s. f. ‖ **2.** f. pl. *Bot.* Familia de estas plantas.

asco. m. Alteración del estómago causada por la repugnancia que se tiene a alguna cosa que incita a vómito. ‖ **2.** fig. Impresión desagradable causada por alguna cosa que repugna. ‖ **3.** fig. Esta misma cosa. ‖ **estar hecho un asco.** fr. fig. y fam. Estar muy sucio. ‖ **hacer ascos.** fr. fig. y fam. Hacer afectadamente desprecio poco justificado de una cosa. ‖ **no hacer ascos a algo.** fr. fam. e irón. Aceptarlo de buena gana. ‖ **ser un asco** una cosa. fr. fig. y fam. Ser muy mala o imperfecta, no valer nada.

ascomiceto, ta. adj. *Bot.* Dícese de los hongos que tienen la segunda generación de esporas encerrada en saquitos. Ú. t. c. s. m. ‖ **2.** m. pl. *Bot.* Orden de estos hongos.

ascua. f. Pedazo de cualquier materia sólida y combustible que por la acción del fuego se pone incandescente y sin llama. ‖ **arrimar** alguien **el ascua a su sardina.** fr. fig. y fam. Aprovechar, para lo que le interesa o importa, la ocasión o coyuntura que se le ofrece. ‖ **estar en,** o **sobre, ascuas.** fr. fig. y fam. Estar inquieto, sobresaltado. ❑ Ú. t. con los verbos, *tener, poner,* y análogos.

aseado, da. adj. Limpio, curioso.

asear. tr. Adornar, componer con curiosidad y limpieza. Ú. t. c. prnl.

asechanza. f. Engaño o artificio para hacer daño a otro. Ú. m. en pl. ❑ No confundir con *acechanza.*

asechar. tr. Poner o armar asechanzas. ❑ No confundir con *acechar.*

asediar. tr. Cercar un punto fortificado, para impedir que salgan los que están en él o que reciban socorro de fuera. ‖ **2.** fig. Importunar a alguien sin descanso con pretensiones.

asedio. m. Acción y efecto de asediar.

asegurado, da. adj. Dícese de la persona que ha contratado un seguro. Ú. t. c. s.

asegurador, ra. adj. Que asegura. Ú. t. c. s. ‖ **2.** Dícese de la persona o empresa que asegura riesgos ajenos. Ú. t. c. s.

asegurar. tr. Dejar firme y seguro; establecer, fijar sólidamente. ASEGURAR *el edificio.* ASEGURAR *el clavo en la pared.* ‖ **2.** Librar de cuidado o temor; tranquilizar, infundir confianza. Ú. t. c. prnl. ‖ **3.** Dejar seguro de la realidad o certeza de alguna cosa. ‖ **4.** Afirmar la certeza de lo que se refiere. Ú. t. c. prnl. ‖ **5.** Poner a cubierto una cosa de la pérdida que por naufragio, incendio o cualquier otro accidente o motivo pueda tener en ella su dueño, obligándose a indemnizar a este del importe total o parcial de dicha pérdida, con sujeción a las condiciones pactadas. ASEGURAR *una finca, muebles.*

aseidad. f. Atributo de Dios, por el cual existe por sí mismo o por necesidad de su propia naturaleza.

asemejar. tr. Hacer una cosa con semejanza a otra. ‖ **2.** Representar una cosa semejante a otra. Ú. t. c. prnl. ‖ **3.** intr. Tener semejanza. ‖ **4.** prnl. Mostrarse semejante.

asenso. m. Acción y efecto de asentir.

asentaderas. f. pl. fam. Nalgas.

asentado, da. adj. **sentado,** juicioso. ‖ **2.** fig. Estable, permanente.

asentamiento. m. Acción y efecto de asentar o asentarse. ‖ **2. establecimiento,** lugar donde se ejerce una profesión. ‖ **3.** fig. Juicio, cordura.

asentar. tr. Colocar a alguien en determinado lugar o asiento, en señal de posesión de algún empleo o cargo. Ú. t. c. prnl. ‖ **2.** Poner o colocar alguna cosa de modo que permanezca firme. ‖ **3.** Tratándose de pueblos o edificios, situar, fundar. ‖ **4.** Presuponer o hacer supuesto de alguna cosa. ‖ **5.** Afirmar, dar por cierto un hecho. ‖ **6.** Anotar o poner por escrito algo, para que conste. ‖ **7.** prnl. Establecerse en un pueblo o lugar. ‖ **8.** Tratándose de líquidos, **posarse.** ❑ Irreg. Se conj. como *acertar.*

asentimiento. m. **asenso.** ‖ **2. consentimiento.**

asentir. intr. Admitir como cierto o conveniente lo que otro ha afirmado o propuesto antes. ❑ Irreg. Se conj. como *sentir.*

aseo. m. Limpieza, curiosidad. ‖ **2.** Adorno, compostura. ‖ **3. cuarto de aseo.**

asépalo, la. adj. *Bot.* Dícese de la flor que carece de sépalos.

asepsia. f. *Med.* Conjunto de procedimientos científicos destinados a preservar de gérmenes infecciosos el organismo. Se aplican principalmente a la esterilización del material quirúrgico.

aséptico, ca. adj. *Med.* Perteneciente o relativo a la asepsia. ‖ **2.** fig. Neutral; frío, sin pasión.

asequible. adj. Que puede conseguirse o alcanzarse. ❑ No confundir con *accesible.*

aserción. f. Acción y efecto de afirmar o dar por cierta alguna cosa. ‖ **2.** Proposición en que se afirma o da por cierta alguna cosa.

aserradero. m. Lugar donde se asierra la madera u otra cosa.

aserrado, da. adj. *Bot.* V. **hoja aserrada.**

aserrador, ra. adj. Que sierra. ‖ **2.** m. El que tiene por oficio aserrar.

aserradura. f. Corte que hace la sierra. ‖ **2.** Parte donde se ha hecho el corte.

aserrar. tr. **serrar.** ❑ Irreg. Se conj. como *acertar.*

asertivo, va. adj. **afirmativo.**

aserto. m. Afirmación de la certeza de una cosa.

asesinar. tr. Matar a una persona con premeditación, alevosía, etc.

asesinato. m. Acción y efecto de asesinar.

asesino, na. adj. Que asesina, homicida; *gente, mano* ASESINA; *puñal* ASESINO. Ú. t. c. s.

asesor, ra. adj. Que asesora. Ú. t. c. s. ‖ **2.** Dícese del letrado a quien por razón de oficio incumbe aconsejar o ilustrar con su dictamen a un juez municipal no letrado. Ú. m. c. s.

asesoramiento. m. Acción y efecto de asesorar o asesorarse.

asesorar. tr. Dar consejo o dictamen. ‖ **2.** prnl. Tomar consejo del letrado asesor, o consultar su dictamen. ‖ **3.** Por ext., tomar consejo una persona de otra, o ilustrarse con su parecer.

asesoría. f. Oficio de asesor. ‖ **2.** Estipendio o derechos del asesor. ‖ **3.** Oficina del asesor.

asestar. tr. Descargar contra algo o alguien un proyectil, un golpe de un arma o de un objeto semejante. ASESTAR *un tiro, una puñalada, una pedrada, un puñetazo.*

aseveración. f. Acción y efecto de aseverar.

aseverar. tr. Afirmar o asegurar lo que se dice.

aseverativo, va. adj. Que asevera o afirma. ‖ **2.** *Ling.* **enunciativo.**

asexuado, da. adj. Que carece de sexo.

asexual. adj. Sin sexo; ambiguo, indeterminado. ‖ **2.** *Biol.* Dícese de la reproducción que, como la gemación, se verifica a partir de células que no son gametos.

asfaltado. m. Acción de asfaltar. ‖ **2.** Solado de asfalto.

asfaltar. tr. Revestir de asfalto.

asfalto. m. Sustancia de color negro que constituye la fracción más pesada del petróleo crudo. Se encuentra a veces en grandes depósitos naturales, como en el Lago Asfaltites o Mar Muerto; por eso se llamó betún de Judea. Se utiliza mezclado con arena o gravilla para pavimentar caminos y como revestimiento impermeable de muros y tejados.

asfixia. f. Suspensión o dificultad en la respiración. ASFIXIA *por sumersión.* ‖ **2.** fig. Sensación de agobio producida por el excesivo calor o por la falta de aire.

asfixiante. adj. Que asfixia. ‖ **2.** Dícese de lo que hace difícil la respiración. *Olor, atmósfera* ASFIXIANTE.

asfixiar. tr. Producir asfixia. Ú. t. c. prnl.

así. adv. m. De esta, o de esa manera. Puede llevar un complemento con *de. Unas gafas* ASÍ DE *gruesas.* ‖ **2.** Denota extrañeza o admiración. ¿ASÍ *me abandonas?* ‖ **3.** adv. c. Tan; seguido de la prep. *de* y de un adjetivo. ¿ASÍ DE *delgado es?* ‖ **4.** conj. consecutiva. En consecuencia, por lo cual, de suerte que; generalmente precedido de la conj. copulativa *y. Nadie quiso ayudarle,* Y ASÍ *tuvo que desistir de su noble empeño.* ‖ **5** conj. comparativa. Tanto, de igual manera. Se corresponde con las partículas *como* o *cual. La virtud infunde respeto* ASÍ *a los buenos* COMO *a los malos.* ‖ **6.** conj. concesiva. Aunque, por más que. *No paso por su casa,* ASÍ *me aspen.* ‖ **7.** interj. Ojalá. ASÍ *Dios te ayude.* ‖ **8.** En función de adj. invar., equivale a **tal, semejante.** *Con sueldos* ASÍ *no se puede vivir.* ‖ **así así.** loc. adv. Mediocre, medianamente. ‖ **así como.** loc. adv. Tan pronto como. ‖ **así como así.** loc. adv. De cualquier manera, de todos modos. ‖ **2.** Sin reflexionar. ‖ **así pues.** loc. conjunt. consecutiva. En consecuencia, por lo cual. ‖ **así que.** loc. conjunt. consecutiva. En consecuencia, de suerte que, por lo cual. *El enemigo había cortado el puente;* ASÍ QUE *no fue posible seguir adelante.*

asiático, ca. adj. Natural de Asia. Ú. t. c. s. ‖ **2.** Perteneciente a esta parte del mundo.

asidero. m. Parte por donde se ase alguna cosa. ‖ **2.** fig. Ocasión o pretexto.

asiduidad. f. Frecuencia, puntualidad o aplicación constante a una cosa.

asiduo, dua. adj. Frecuente, puntual, perseverante.

asiento. m. Mueble para sentarse. ‖ **2.** Plaza en un vehículo, en un espectáculo público, etc. ‖ **3.** Sitio en que está o estuvo fundado un pueblo o edificio. ‖ **4.** Pieza fija en la que descansa otra. ‖ **5.**

poso, sedimento de un líquido. ‖ **6.** Anotación o apuntamiento de una cosa para que no se olvide. ‖ **7.** fig. Estabilidad, permanencia. ‖ **8.** *Com.* Anotación que se hace en los libros de cuentas para registrar una operación contable. ‖ **tomar asiento.** fr. Sentarse.

asignación. f. Acción y efecto de asignar. ‖ **2.** Cantidad señalada por sueldo o por otro concepto.

asignar. tr. Señalar lo que corresponde a una persona o cosa. ‖ **2.** Señalar, fijar.

asignatura. f. Cada uno de los tratados o materias que se enseñan en un instituto docente, o forman un plan académico de estudios. ❑ No confundir con *signatura.*

asilado, da. m. y f. **acogido** a un establecimiento de beneficencia. ‖ **2.** Persona que por motivos políticos, encuentra asilo con protección oficial, en otro país o en embajadas o centros que gozan de inmunidad diplomática.

asilar. tr. Dar asilo. ‖ **2.** Albergar en un asilo. Ú. t. c. prnl. ‖ **3.** prnl. Tomar asilo en algún lugar.

asilo. m. Lugar privilegiado de refugio para los perseguidos. ‖ **2.** Establecimiento benéfico en que se recogen menesterosos, o se les dispensa alguna asistencia. ‖ **3.** fig. Amparo, protección, favor. ‖ **4. asilo político.** ‖ **político.** Protección que un Estado concede a los perseguidos por motivos políticos.

asilvestrado, da. adj. Dícese de la planta silvestre que procede de semilla de planta cultivada. ‖ **2.** Dícese del animal doméstico o domesticado que vive en las condiciones de un animal salvaje.

asimetría. f. Falta de simetría.

asimétrico, ca. adj. Que no guarda simetría. ‖ **2.** *Geom.* Que carece de simetría.

asimilación. f. Acción y efecto de asimilar o asimilarse.

asimilar. tr. Asemejar, comparar. Ú. t. c. prnl. ‖ **2.** Conceder a los individuos de una carrera o profesión, derechos u honores iguales a los que tienen los individuos de otra. ‖ **3.** fig. Comprender lo que se aprende; incorporarlo a los conocimientos previos. ‖ **4.** *Biol.* Incorporarse sustancias al metabolismo celular. ‖ **5.** *Fon.* Alterar la articulación de un sonido del habla asemejándolo a otro inmediato o cercano mediante la sustitución de uno o varios caracteres propios de aquel por otros de este. Ú. m. c. prnl.

asimismo. adv. m. **así mismo.**

asincronismo. m. Falta de coincidencia en los hechos. ‖ **2.** Falta de coincidencia en el tiempo.

asíndeton. m. *Ret.* Figura que consiste en omitir las conjunciones para dar viveza o energía al concepto. ❑ pl. *asíndetos.*

asir

INDICATIVO
Presente: asgo, ases, ase, asimos, asís, asen.
Pretérito imperfecto: asía, asías, asía, asíamos, asíais, asían.
Pretérito indefinido: así, asiste, asió, asimos, asisteis, asieron.
Futuro imperfecto: asiré, asirás, asirá, asiremos, asiréis, asirán.
Condicional: asiría, asirías, asiría, asiríamos, asiríais, asirían.

SUBJUNTIVO
Presente: asga, asgas, asga, asgamos, asgáis, asgan.
Pretérito imperfecto: asiera o asiese, asieras o asieses, asiera o asiese, asiéramos o asiésemos, asierais o asieseis, asieran o asiesen.
Futuro imperfecto: asiere, asieres, asiere, asiéremos, asiereis, asieren.

IMPERATIVO
ase (tú); asid (vosotros).

FORMAS NO PERSONALES
Infinitivo: asir.
Participio: asido.
Gerundio: asiendo.

asíntota. f. *Geom.* Recta que, prolongada indefinidamente, se aproxima constantemente a una curva, sin llegar a tocarla. ‖ **2.** *Mat.* Valor al que se aproxima una función cuando la variable crece indefinidamente.

asintótico, ca. adj. *Mat.* Perteneciente o relativo a la asíntota.

asir. tr. Tomar o coger con la mano, y en general, tomar, coger, prender. ‖ **2.** prnl. Agarrarse de alguna cosa. ASIRSE *de una cuerda.* Ú. t. en sent. fig. ASIRSE *a una idea.* ❑ Irreg. Ver conjugación modelo.

asirio, ria. adj. Natural de Asiria. Ú. t. c. s. ‖ **2.** Perteneciente a este país de Asia antigua. ‖ **3.** m. Lengua **asiria.**

asistencia. f. Acción de prestar socorro, favor o ayuda. ‖ **2.** Acción de estar o hallarse presente. ‖ **3.** Conjunto de personas que están presentes en un acto.

asistencial. adj. Perteneciente o relativo a la asistencia, especialmente a la médica o social.

asistenta. f. Mujer que sirve como criada en una casa sin residir en ella y que cobra generalmente por horas.

asistente. adj. Que asiste. Ú. t. c. s. ‖ **2.** m. Soldado destinado al servicio personal de un general, jefe u oficial. ‖ **social.** com. Persona titulada, cuya profesión es allanar o prevenir dificultades de orden social o personal en casos particulares o a grupos de individuos, por medio de consejo, gestiones, informes, ayuda financiera, sanitaria, moral, etc.

asistido, da. adj. Que se hace con ayuda de medios mecánicos. *Fecundación, respiración, traducción* ASISTIDA.

asistir. tr. Servir o atender a una persona, especialmente de un modo eventual o desempeñando tareas específicas. ‖ **2.** Socorrer, favorecer, ayudar. ‖ **3.** Tratándose de enfermos, cuidarlos y procurar su curación. *Le* ASISTE *un médico famoso; estoy* ASISTIENDO *a Rafael.* ‖ **4.** Referido a la razón, el derecho, etc., estar de parte de una persona. ‖ **5.** intr. Concurrir a una casa o reunión, tertulia, curso, acto público, etc. ‖ **6.** Estar o hallarse presente.

asma. f. Enfermedad de los bronquios, caracterizada por accesos ordinariamente nocturnos y sin fiebre, con respiración fatigosa, tos, expectoración escasa y espumosa, y estertores sibilantes.

asmático, ca. adj. Perteneciente o relativo al asma. ‖ **2.** Que la padece. Ú. t. c. s.

asna. f. Hembra del asno.

asnillo. m. Insecto coleóptero, de unos tres centímetros de largo, con antenas rectas, cabeza grande y semicircular, élitros cortos que apenas cubren la mitad del cuerpo y abdomen eréctil terminado en dos tubillos, por donde lanza un líquido volátil. Es insectívoro y muy voraz.

asno. m. Animal solípedo, como de metro y medio de altura, de color, por lo común, ceniciento, con las orejas largas y la extremidad de la cola poblada de cerdas. Es muy sufrido y se le emplea como caballería y como bestia de carga y a veces también de tiro. ‖ **2.** fig. Persona ruda y de muy poco entendimiento. Ú. t. c. adj.

asociación. f. Acción y efecto de asociar o asociarse. ‖ **2.** Conjunto de los asociados para un mismo fin y, en su caso, persona jurídica por ellos formada. ‖ **de ideas.** Conexión mental entre ideas, imágenes o representaciones, por su semejanza, contigüidad o contraste.

asociacionismo. m. Doctrina psicológica, sostenida principalmente por algunos pensadores ingleses, que explica todos los fenómenos psíquicos por las leyes de la asociación de las ideas. ‖ **2.** Movimiento social partidario de crear asociaciones cívicas, políticas, culturales, etc.

asociacionista. adj. Dícese del estudioso, partidario, etc., del asociacionismo psicológico. Ú. t. c. s. ‖ **2.** Dícese de la persona o movimiento social partidario del asociacionismo. Apl. a pers., ú. t. c. s.

asociado, da. m. y f. Persona que forma parte de una asociación o compañía. ‖ **2. profesor asociado.**

asocial. adj. Que no se integra o vincula al cuerpo social.

asociar. tr. Dar a alguien por compañero persona que le ayude en el desempeño de algún cargo, comisión o trabajo. ‖ **2.** prnl. Juntarse, reunirse para algún fin.

asociativo, va. adj. Que asocia o que resulta de una asociación o tiende a ella. ‖ **2.** *Mat.* Dícese de las operaciones en las que las agrupaciones parciales de datos no alteran el resultado.

asolanar. tr. Dañar o echar a perder el viento solano alguna cosa, como frutas, legumbres, mieses, vino, etc. Ú. m. c. prnl.

asolar[1]. tr. Destruir, arruinar, arrasar. ❑ Irreg. Se conj. como *contar.* No confundir su conjugación con la de *asolar*[2].

asolar[2]. tr. Secar los campos, o echar a perder sus frutos, el calor, una sequía, etc. Ú. m. c. prnl. ❑ No confundir su conjugación con la de *asolar*[1].

asomar. intr. Empezar a mostrarse. ‖ **2.** tr. Sacar o mostrar alguna cosa por una abertura o por detrás de alguna parte. ASOMAR *la cabeza a la ventana.* Ú. t. c. prnl.

asombrar. tr. fig. Causar gran admiración. Ú. t. c. prnl. ME ASOMBRÉ *de sus proezas.*

asombro. m. Gran admiración.

asombroso, sa. adj. Que causa asombro.

asomo. m. Acción de asomar o asomarse. ‖ **2.** Indicio o señal de alguna cosa. ‖ **3.** Sospecha, presunción. ‖ **ni por asomo.** loc. adv. De ningún modo.

asonancia. f. Correspondencia de un sonido con otro. ‖ **2.** *Métr.* Identidad de vocales en las terminaciones de dos palabras a contar desde la última acentuada, cualesquiera que sean las consonantes intermedias o las vocales no acentuadas de los diptongos. En los esdrújulos no se cuenta tampoco la sílaba penúltima.

asonantar. intr. Ser una palabra asonante de otra. ‖ **2.** tr. Emplear en la rima una palabra como asonante de otra.

asonante. adj. Dícese de cualquier voz con respecto a otra de la misma asonancia. Ú. t. c. s.

aspa. f. Conjunto de dos maderos o palos atravesados el uno sobre el otro de modo que formen la figura de una X. ‖ **2.** Aparato exterior del molino de viento, que figura una cruz o **aspa,** en cuyos brazos se ponen unos lienzos a manera de velas, y el cual, girando a impulso del viento, mueve el molino. ‖ **3.** Cada uno de los brazos de este aparato. || **4.** Cualquier agrupación, figura, representación o signo en forma de X.

aspaviento. m. Demostración excesiva o afectada de espanto, admiración o sentimiento.

aspecto. m. Apariencia de las personas y los objetos a la vista. *El* ASPECTO *venerable de un anciano; el* ASPECTO *del campo, del mar.* || **2.** Categoría gramatical que, en ciertas lenguas, distingue formalmente en el verbo diferentes clases de acción, según se la conciba como durativa, perfecta o terminada, reiterativa, puntual, etc.

aspereza. f. Calidad de áspero. || **2.** Desigualdad del terreno, que lo hace escabroso y difícil para caminar por él. || **limar asperezas.** fr. Conciliar y vencer dificultades, opiniones, etc., contrapuestas en cualquier asunto.

asperger. tr. **asperjar.**

asperjar. tr. **rociar,** esparcir en menudas gotas un líquido.

áspero, ra. adj. Desagradable al tacto, por tener la superficie desigual, como la piedra o madera no pulimentada, la tela basta, etc. || **2. escabroso;** dicho del terreno desigual. || **3.** fig. Desapacible al gusto o al oído. *Fruta, voz* ÁSPERA; *estilo* ÁSPERO. || **4.** fig. Desabrido, riguroso, rígido, falto de afabilidad o suavidad. *Genio* ÁSPERO. ❑ sup. irreg. *aspérrimo.*

aspérrimo, ma. adj. sup. irreg. de **áspero.**

aspersión. f. Acción de asperjar.

aspersor. m. Mecanismo destinado a esparcir un líquido a presión, como el agua para el riego o los herbicidas químicos.

áspid. m. Víbora que apenas se diferencia de la culebra común más que en tener las escamas de la cabeza iguales a las del resto del cuerpo. Es muy venenosa y se encuentra en los Pirineos y en casi todo el centro y el norte de Europa. || **2.** Culebra venenosa propia de Egipto y que puede alcanzar hasta dos metros de longitud; es de color verde amarillento con manchas pardas y cuello extensible.

aspillera. f. *Fort.* Abertura larga y estrecha en un muro para disparar por ella.

aspiración. f. Acción y efecto de aspirar o atraer el aire a los pulmones. || **2.** Acción y efecto de pretender o desear algún empleo, dignidad u otra cosa. || **3.** *Fon.* Sonido del lenguaje que resulta del roce del aliento, cuando se emite con relativa fuerza, hallándose abierto el canal articulatorio.

aspirado, da. adj. *Fon.* Dícese del sonido que se pronuncia emitiendo con cierta fuerza el aire de la garganta; como la *h* alemana y la *j* castellana.

aspirador, ra. adj. Que aspira el aire. || **2.** m. y f. Electrodoméstico que sirve para limpiar el polvo, absorbiéndolo.

aspirante. m. Persona que ha obtenido derecho a ocupar un cargo público, según las disposiciones legales. || **2.** com. Persona que pretende un empleo, distinción, título, etc.

aspirar. tr. Atraer el aire exterior a los pulmones. || **2.** Pretender o desear algún empleo, dignidad u otra cosa. ASPIRA *a una vida mejor.* || **3.** *Gram.* Pronunciar con aspiración. ❑ No confundir con *espirar.*

aspirina. f. *Farm.* Sólido blanco, cristalino, constituido por ácido acetilsalicílico, que se usa como analgésico y antipirético. || **2.** Comprimido fabricado con esta sustancia.

asquear. intr. Causar asco alguna cosa. *Este trabajo me* ASQUEA. Ú. t. c. tr.

asquenazí. adj. Dícese del judío oriundo de Europa central y oriental. Ú. t.c. s.

asquerosidad. f. Suciedad que mueve a asco.

asqueroso, sa. adj. Que causa asco. || **2.** Que tiene asco. || **3.** Propenso a tenerlo.

asta. f. Palo de la lanza, pica, venablo, etc. || **2.** Lanza o pica. || **3.** Palo a cuyo extremo o en medio del cual se pone una bandera. || **4. cuerno.** || **astas de la médula.** *Med.* Porciones anterior y posterior de la sustancia gris de la médula espinal, que a lo largo de toda ella penetran en el seno de la sustancia blanca de modo tal, que su sección transversal las presenta en forma semejante a dos pares de cuernos romos. || **a media asta.** loc. adv. Dicho de banderas, a medio izar, en señal de luto. ❑ No confundir con *hasta.*

astado, da. adj. Provisto de asta.

ástato. m. *Quím.* Elemento químico radiactivo obtenido artificialmente, de núm. atóm. 85. De propiedades químicas similares a las del yodo, todos sus isótopos son inestables. Símb.: *At.*

astenia. f. *Pat.* Falta o decaimiento considerable de fuerzas. Cf. **adinamia.**

asterisco. m. Signo ortográfico (*) empleado para llamada a notas, u otros usos convencionales. || **2.** En lingüística, se usa para indicar que una forma, palabra o frase es hipotética, incorrecta o agramatical.

asteroide. adj. De figura de estrella. || **2.** m. Cada uno de los planetas telescópicos, cuyas órbitas se hallan comprendidas, en su mayoría, entre las de Marte y Júpiter.

astigmático, ca. adj. Que padece o tiene astigmatismo. || **2.** Perteneciente o relativo al astigmatismo.

astigmatismo. m. *Med.* Defecto de visión debido a curvatura irregular de superficies de refracción del ojo.

astil. m. Mango, ordinariamente de madera, que

tienen las hachas, azadas, picos y otros instrumentos semejantes. || **2.** Palillo o varilla de la saeta. || **3.** Barra horizontal, de cuyos extremos penden los platillos de la balanza. || **4.** Vara de hierro por donde corre la pesa de la romana. || **5.** En las aves, eje córneo que continúa el cañón y del cual salen las barbas de la pluma.

astilla. f. Fragmento irregular que salta o queda de una pieza u objeto de madera que se parte o rompe violentamente. Ú. t. en sent. fig. || **2.** Fragmento que salta o queda del pedernal y otros minerales.

astillar. tr. Hacer astillas. Ú. t. c. prnl.

astillero. m. Establecimiento donde se construyen y reparan buques. || **2.** Depósito de maderos.

astorgano, na. adj. Natural de Astorga. Ú. t. c. s. || **2.** Perteneciente o relativo a esta ciudad de la provincia de León.

astracán. m. Piel de cordero nonato o recién nacido, muy fina y con el pelo rizado. || **2.** Tejido de lana o de pelo de cabra, de mucho cuerpo y que forma rizos en la superficie exterior.

astracanada. f. fam. Farsa teatral disparatada y chabacana.

astrágalo. m. *Arq.* Cordón en forma de anillo, que rodea el fuste de la columna debajo del tambor del capitel. || **2.** *Anat.* Uno de los huesos del tarso, que está articulado con la tibia y el peroné. Vulgarmente se denomina **taba.**

astral. adj. Perteneciente o relativo a los astros.

astringencia. f. Calidad de astringente.

astringente. adj. Que astringe. Dícese principalmente de los alimentos o remedios. Ú. t. c. s. m. || **2.** Dícese de lo que en contacto con la lengua produce en esta una sensación mixta entre la sequedad intensa y el amargor, como, especialmente, ciertas sales metálicas.

astringir. tr. Apretar, estrechar, contraer alguna sustancia los tejidos orgánicos. || **2. estreñir.** || **3.** fig. Sujetar, obligar, constreñir.

astro. m. Cualquiera de los innumerables cuerpos celestes que pueblan el firmamento. || **2.** fig. Referido a un hombre, **estrella,** que sobresale. *Un* ASTRO *de la pantalla.*

astrofísica. f. Parte de la astronomía que estudia las propiedades físicas de los cuerpos celestes, tales como luminosidad, tamaño, masa, temperatura y composición, así como su origen y evolución.

astrofísico, ca. adj. Perteneciente o relativo a la astrofísica. || **2.** m. y f. Persona que profesa la astrofísica.

astrolabio. m. *Astron.* Antiguo instrumento en el que estaba representada la esfera celeste y se usaba para observar y determinar la posición y el movimiento de los astros.

astrología. f. Estudio de la posición y del movimiento de los astros, a través de cuya interpretación y observación se pretende conocer y predecir el destino de los hombres y pronosticar los sucesos terrestres.

astrológico, ca. adj. Perteneciente o relativo a la astrología.

astrólogo, ga. m. y f. Persona que profesa la astrología.

astronauta. com. Persona que tripula una astronave o que está entrenada para este trabajo.

astronáutica. f. Ciencia o técnica de navegar más allá de la atmósfera terrestre.

astronave. f. Vehículo capaz de navegar más allá de la atmósfera terrestre.

astronomía. f. Ciencia que trata de cuanto se refiere a los astros, y principalmente a las leyes de sus movimientos.

astronómico, ca. adj. Perteneciente o relativo a la astronomía. || **2.** fig. y fam. Dícese de lo que se considera desmesuradamente grande. *Sumas, distancias* ASTRONÓMICAS.

astrónomo, ma. m. y f. Persona que profesa la astronomía o tiene en ella especiales conocimientos.

astroso, sa. adj. fig. Desaseado o roto. || **2.** fig. Vil, abyecto, despreciable.

astucia. f. Calidad de astuto. || **2. ardid** para lograr un intento.

astur. adj. Natural de una antigua región de España, cuya capital era Astúrica, hoy Astorga, y cuyo río principal era el Ástura, hoy Esla. || **2.** Natural de Asturias. Ú. t. c. s.

asturcón, na. adj. Dícese de un caballo de cierta raza, de pequeña alzada, originario de la sierra del Sueve en Asturias. Ú. t. c. s.

asturianismo. m. Locución, giro o modo de hablar peculiar y propio de los asturianos.

asturiano, na. adj. Natural de Asturias. Ú. t. c. s. || **2.** Perteneciente a este principado. || **3.** Dícese de la variedad **asturiana** del dialecto romance asturleonés. Ú. t. c. s. m.

asturleonés, sa. adj. Perteneciente o relativo a Asturias y León. *La monarquía* ASTURLEONESA. || **2.** Dícese del dialecto romance nacido en Asturias y en el antiguo reino de León como resultado de la peculiar evolución experimentada allí por el latín. Ú. t. c. s. m.

astuto, ta. adj. Agudo, hábil para engañar o evitar el engaño o para lograr artificiosamente cualquier fin. || **2.** Que implica astucia.

asueto. m. Vacación por un día o una tarde, y especialmente la que se da a los estudiantes. *Día, tarde de* ASUETO.

asumir. tr. Atraer a sí, tomar para sí. ‖ **2.** Hacerse cargo, responsabilizarse de algo, aceptarlo. ‖ **3.** Adquirir, tomar una forma mayor.

asunción. f. Acción y efecto de asumir. ‖ **2.** Por excelencia, en el catolicismo, la subida al cielo de la Virgen María.

asunto. m. Materia de que se trata. ‖ **2.** Tema o argumento de una obra. ‖ **3.** Negocio, ocupación, quehacer. ‖ **4.** Relación amorosa, más o menos secreta, de carácter sexual.

asustadizo, za. adj. Que se asusta con facilidad.

asustar. tr. Dar o causar susto. Ú. t. c. prnl. ‖ **2.** Producir desagrado o escándalo. Ú. t. c. prnl.

atabal. m. Timbal semiesférico de un parche. ‖ **2.** Tamborcillo o tamboril que suele tocarse en fiestas públicas.

atacamita. f. Mineral cobrizo, de color verde, que se funde con facilidad, dando cobre.

atacar. tr. Acometer, embestir. ‖ **2.** fig. Impugnar, refutar, contradecir. ‖ **3.** fig. Apretar o estrechar a una persona en algún argumento o sobre alguna pretensión. ‖ **4.** fig. Tratándose del sueño, enfermedades, plagas, etc., **acometer,** venir repentinamente. ‖ **5.** Perjudicar, irritar. ‖ **6.** Tratándose de composiciones musicales, empezar a ejecutarlas. ‖ **7.** *Mús.* Producir un sonido por medio de un golpe seco y fuerte para que se destaque. ‖ **8.** *Quím.* Ejercer acción una sustancia sobre otra, combinándose con ella o simplemente variando su estado.

atacir. m. *Astrol.* División de la bóveda celeste en doce partes iguales o casas por medio de meridianos. ‖ **2.** *Astrol.* Instrumento en que se halla representada esta división.

atadura. f. Acción y efecto de atar. ‖ **2.** Cosa con que se ata. ‖ **3.** fig. Unión o enlace.

atajar. intr. Ir o tomar por el atajo. ‖ **2.** tr. Tratándose de personas o animales que huyen o caminan, salirles al encuentro por algún atajo. ‖ **3.** Cortar o interrumpir alguna acción o proceso. ATAJAR *el fuego, un pleito.* ‖ **4.** fig. Interrumpir a alguien en lo que va diciendo.

atajo. m. Senda o lugar por donde se abrevia el camino. ‖ **2.** fig. Procedimiento o medio rápido. ‖ **3.** **hatajo,** pequeño grupo de ganado. ‖ **4.** despect. **hatajo,** grupo de personas o cosas.

atalaya. f. Torre hecha comúnmente en lugar alto, para registrar desde ella el campo o el mar y dar aviso de lo que se descubre. ‖ **2.** Cualquier elevación o altura del terreno desde donde se descubre mucho espacio de tierra o mar. ‖ **3.** fig. Estado o posición desde la que se aprecia bien una verdad.

atanor. m. Cañería para conducir el agua. ‖ **2.** Cada uno de los tubos de barro cocido de que suele formarse dicha cañería.

atañer. intr. Afectar, incumbir, corresponder. ❑ Ú. solo en tercera persona. ❑ Irreg. Se conj. como *tañer.*

ataque. m. Acción de atacar, o acometer. ‖ **2.** fig. Acceso repentino ocasionado por un trastorno o una enfermedad, o bien por un sentimiento extremo. ATAQUE *de nervios, de ira.* ATAQUE *al corazón.* ‖ **3.** fig. Impugnación, crítica, palabra o acción ofensiva.

atar. tr. Unir, juntar o sujetar con ligaduras o nudos. ‖ **2.** fig. Impedir o quitar el movimiento. ‖ **3.** fig. Juntar, relacionar, conciliar. ‖ **4.** prnl. fig. No saber cómo salir de un negocio o apuro. ‖ **5.** fig. Ceñirse o reducirse a una cosa o materia determinada. ‖ **atar corto** a alguien. fr. fig. y fam. Reprimirle, sujetarle.

atarazana. f. **arsenal** de embarcaciones.

atardecer[1]**.** intr. Empezar a caer la tarde. ❑ Impers. e irreg. Solo se conjuga en 3.ª pers. sing. y en infinitivo, gerundio y participio. Se conj. como *agradecer.*

atardecer[2]**.** m. Último período de la tarde.

atarear. tr. Poner o señalar tarea. ‖ **2.** prnl. Entregarse mucho al trabajo o a las ocupaciones.

atarjea. f. Caja de ladrillo con que se visten las cañerías para su defensa. ‖ **2.** Conducto o encañado por donde las aguas de la casa van al sumidero.

atarugar. tr. Tapar con tarugos o tapones los agujeros de los pilones, pilas o vasijas, para impedir que se escape el líquido que contengan. ‖ **2.** prnl. fig. Atontarse, aturdirse.

atascadero. m. fig. Estorbo u obstáculo que impide la continuación de un proyecto, empresa, pretensión, etc.

atascar. tr. Obstruir o cegar un conducto con alguna cosa. Ú. m. c. prnl. ATASCARSE *una cañería.* ‖ **2.** fig. Poner obstáculos a cualquier negocio para que no prosiga. ‖ **3.** prnl. Quedarse detenido en un pantano o barrizal de donde no se puede salir sino con gran dificultad. ‖ **4.** fam. Quedarse detenido por algún obstáculo, no pasar adelante. ‖ **5.** fig. Quedarse en algún razonamiento o discurso sin poder proseguir.

atasco. m. Impedimento que no permite el paso. ‖ **2.** Obstrucción de un conducto, con materias sólidas que impiden el paso de las líquidas. ‖ **3. embotellamiento,** congestión de vehículos. ‖ **4.** Dificultad que retrasa la marcha de un asunto.

ataúd. m. Caja, ordinariamente de madera, donde se pone un cadáver para llevarlo a enterrar.

ataurique. m. *Arq.* Ornamentación árabe de tipo vegetal.

ataviar. tr. Componer, asear, adornar. Ú. t. c. prnl.

atávico, ca. adj. Perteneciente o relativo al atavismo.

atavío. m. Compostura y adorno. ‖ **2.** fig. **vestido,** conjunto de las piezas que lo componen. ‖ **3.** pl. Objetos que sirven para adorno.

atavismo. m. Semejanza con los abuelos o antepasados lejanos. ‖ **2.** fig. Tendencia a imitar o a mantener formas de vida, costumbres, etc., arcaicas. ‖ **3.** *Biol.* Reaparición en los seres vivos de caracteres propios de sus ascendientes más o menos remotos.

ataxia. f. *Pat.* Desorden, irregularidad, perturbación de las funciones del sistema nervioso.

atáxico, ca. adj. *Pat.* Perteneciente o relativo a la ataxia. ‖ **2.** *Pat.* Que padece ataxia. Ú. t. c. s.

ateísmo. m. Opinión o doctrina del ateo.

atemorizar. tr. Causar temor. Ú. t. c. prnl.

atemperar. tr. Moderar, templar. Ú. t. c. prnl. ‖ **2.** Acomodar una cosa a otra. Ú. t. c. prnl.

atenazar. tr. Sujetar fuertemente con tenazas o como con tenazas. ‖ **2.** fig. Torturar, afligir a alguien un pensamiento o sentimiento.

atención. f. Acción de atender. ‖ **2.** Cortesía, urbanidad, demostración de respeto u obsequio. ‖ **atención.** *Mil.* Voz preventiva con que se advierte a los soldados formados que va a empezar un ejercicio o maniobra. ‖ **2.** Se usa también para que se aplique especial cuidado a lo que se va a decir o hacer. ‖ **en atención a.** loc. adv. Atendiendo, teniendo presente. ‖ **llamar la atención.** fr. Provocarla o atraerla, una persona o cosa que despierte interés o curiosidad. ‖ **2.** Sorprender, causar sorpresa. ‖ **3.** Reconvenir.

atender. tr. Acoger favorablemente, o satisfacer un deseo, ruego o mandato. Ú. t. c. intr. ‖ **2.** intr. Aplicar voluntariamente el entendimiento a un objeto espiritual o sensible. Ú. t. c. tr. ‖ **3.** Tener en cuenta o en consideración alguna cosa. ‖ **4.** Mirar por alguna persona o cosa, o cuidar de ella. Ú. t. c. tr. ‖ **5.** Con la prep. *por,* y referido a animales, llamarse. *El perro perdido* ATIENDE *por Rayo.* ❑ Irreg. Se conj. como *entender.*

ateneo. m. Nombre de algunas asociaciones, la mayor parte de las veces científicas o literarias. ‖ **2.** Local en donde se reúnen.

atenerse. prnl. Arrimarse, adherirse a una persona o cosa, teniéndola por más segura. ‖ **2.** Ajustarse, sujetarse alguien en sus acciones a alguna cosa. ATENERSE *a una orden, a lo dicho.* ❑ Irreg. Se conj. como *tener.*

ateniense. adj. Natural de Atenas. Ú. t. c. s. ‖ **2.** Perteneciente a esta ciudad de Grecia o a la antigua república del mismo nombre.

atentado. m. Agresión o desacato grave a la autoridad u ofensa a un principio u orden que se considera recto. ‖ **2.** Agresión contra la vida o la integridad física o moral de una persona.

atentar. intr. Cometer atentado. ❑ Ú. con la prep. *contra.*

atento, ta. adj. Que tiene fija la atención en alguna cosa. ‖ **2.** Cortés, urbano, comedido.

atenuación. f. *Ret.* Figura que consiste en no expresar todo lo que se quiere dar a entender, sin que por esto deje de ser bien comprendida la intención del que habla. Cométese generalmente negando lo contrario de aquello que se quiere afirmar, v. gr.: *no soy tan insensato; en esto no os alabo.*

atenuante. adj. Que atenúa. ‖ **2.** V. **circunstancia atenuante.** Ú. t. c. s. f.

atenuar. tr. Poner tenue, sutil o delgada alguna cosa. ‖ **2.** fig. Aminorar o disminuir alguna cosa. Ú. t. c. prnl.

ateo, a. adj. Que niega la existencia de Dios. Apl. a pers., ú. t. c. s. ❑ No utilizar por *agnóstico.*

aterciopelado, da. adj. Semejante al terciopelo. ‖ **2.** De finura y suavidad comparables a las del terciopelo.

aterir. tr. defect. Causar el frío rigidez y entumecimiento en el cuerpo. Ú. m. c. prnl. y como hipérbole. ❑ Solo se emplean las formas en las que la desinencia empieza por *-i.*

aterosclerosis. f. *Pat.* Estado patológico caracterizado por un endurecimiento de los vasos sanguíneos, principalmente las arterias.

aterrador, ra. adj. Que aterra o aterroriza.

aterrar. tr. **aterrorizar.** Ú. t. c. prnl.

aterrizaje. m. Acción de aterrizar.

aterrizar. intr. Posarse un avión o un artefacto volador cualquiera, tras una maniobra de descenso, sobre tierra firme o sobre cualquier pista o superficie que sirva a tal fin. ‖ **2.** Llegar a tierra el piloto, el pasajero, el paracaidista, etc. ‖ **3.** fig. y fam. Caer al suelo. ‖ **4.** fig. y fam. Aparecer, presentarse una persona inopinadamente en alguna parte.

aterrorizar. tr. Causar terror. Ú. t. c. prnl.

atesorar. tr. Reunir y guardar dinero o cosas de valor. ‖ **2.** fig. Tener muchas buenas cualidades, gracias o perfecciones. ❑ No debe utilizarse referido a cosas o cualidades negativas.

atestar[1]. tr. Henchir alguna cosa hueca, apretando lo que se mete en ella. ATESTAR *de lana un costal.* ‖ **2.** Meter o colocar excesivo número de personas o cosas en un lugar.

atestar[2]. tr. *Der.* **testificar,** atestiguar.

atestiguar. tr. Deponer, declarar, afirmar como testigo alguna cosa. ‖ **2.** Ofrecer indicios ciertos de alguna cosa cuya existencia no estaba establecida u ofrecía duda.

atezado, da. adj. Que tiene la piel tostada y oscurecida por el sol. ‖ **2.** De color negro.

atezar. tr. Poner liso, terso o lustroso. ‖ **2. ennegrecer.** Ú. t. c. prnl.

atiborrar. tr. fig. Henchir con exceso alguna cosa, llenarla forzando su capacidad. ‖ **2.** fig. y fam. Atracar[1] de comida. Ú. m. c. prnl. ‖ **3.** fig. Atestar de algo un lugar, especialmente de cosas inútiles. ‖ **4.** fig. Llenar la cabeza de lecturas, ideas, etc. Ú. t. c. prnl.

ático, ca. adj. Natural del Ática o de Atenas. Ú. t. c. s. ‖ **2.** Perteneciente a este país o a esta ciudad de Grecia. ‖ **3.** m. Uno de los dialectos de la lengua griega. ‖ **4.** Último piso de un edificio, generalmente retranqueado y del que forma parte, a veces, una azotea. ‖ **5.** *Arq.* Último piso de un edificio, más bajo de techo que los inferiores, que se construye para encubrir el arranque de las techumbres y a veces por ornato. ‖ **6.** *Arq.* Cuerpo que se coloca por ornato sobre la cornisa de un edificio.

atigrado, da. adj. Manchado como la piel del tigre. *Tela* ATIGRADA; *piel* ATIGRADA. ‖ **2.** De piel **atigrada.** Dicho de varios animales. *Caballo* ATIGRADO.

-átil. suf. que tiene, entre otros significados, los de disposición, posibilidad, semejanza. Aparece en adjetivos que en su mayoría existían ya en latín: *err*ÁTIL, *vers*ÁTIL, *vol*ÁTIL. Otros se han formado en español: *burs*ÁTIL, *mod*ÁTIL, *port*ÁTIL.

atildado, da. adj. Pulcro, elegante.

atildar. tr. fig. Componer, asear. Ú. t. c. prnl.

atinar. intr. Encontrar lo que se busca a tiento, sin ver el objeto. ‖ **2.** Dar con lo que se busca por casualidad o datos escasos. Ú. t. c. tr. ‖ **3.** Acertar a dar en el blanco. ‖ **4.** Acertar una cosa por conjeturas.

atípico, ca. adj. Que por sus caracteres se aparta de los modelos representativos o de los tipos conocidos, insólito.

atiplado, da. adj. Agudo, en tono elevado. Dícese de la voz o del sonido.

atiplar. tr. Elevar la voz o el sonido de un instrumento hasta el tono de tiple.

atirantar. tr. Poner tirante.

atisbar. tr. Mirar, observar con cuidado, recatadamente. ‖ **2. vislumbrar,** ver tenue o confusamente. ‖ **3. vislumbrar,** conocer por indicios, conjeturar.

atisbo. m. **vislumbre,** conjetura.

atizador, ra. adj. Que atiza. Ú. t. c. s. ‖ **2.** m. Instrumento que sirve para atizar.

atizar. tr. Remover el fuego o añadirle combustible para que arda más. ‖ **2.** fig. Avivar pasiones o discordias. ‖ **3.** fig. y fam. Con palabras como puntapié, puñetazo o golpe, darlo. ATIZAR *un puntapié, un palo.* Ú. t. c. prnl. ‖ **4.** Sin complemento directo expreso, golpear, zurrar, dar. Ú. t. c. prnl. ‖ **¡atiza!** interj. fam. que se emplea para reprobar por incoherente o desatinada alguna cosa, y también para indicar sorpresa.

atlante. m. *Arq.* Estatua de hombre que desempeña la función de columna. ‖ **2.** fig. Persona que es firme sostén y ayuda de algo pesado o difícil.

atlántico, ca. adj. Perteneciente al monte Atlas o Atlante. ‖ **2.** Perteneciente o relativo al océano **Atlántico,** o a los territorios que baña.

atlas. m. Colección de mapas geográficos, históricos, etc., en un volumen. ‖ **2.** *Anat.* Primera vértebra de las cervicales, así llamada porque sostiene inmediatamente la cabeza, por estar articulada con el cráneo mediante los cóndilos del hueso occipital. No está bien diferenciada más que en los reptiles, aves y mamíferos.

atleta. m. El que tomaba parte en los antiguos juegos públicos de Grecia y Roma. ‖ **2.** com. Persona que practica el atletismo.

atlético, ca. adj. Perteneciente o relativo al atleta o a los juegos públicos o los ejercicios propios de aquel.

atletismo. m. Conjunto de actividades y normas deportivas que comprenden las pruebas de velocidad, saltos y lanzamiento.

atmósfera o **atmosfera.** f. Capa de aire que rodea la Tierra. ‖ **2.** Capa gaseosa que rodea un cuerpo celeste u otro cuerpo cualquiera. ‖ **3.** fig. Espacio a que se extienden las influencias de una persona o cosa, o ambiente que rodea a estas. ‖ **4.** fig. Prevención o inclinación de los ánimos, favorable o adversa, a una persona o cosa. ‖ **5.** *Fís.* Unidad de presión o tensión equivalente a la ejercida por la atmósfera al nivel del mar, y que es igual a la presión de una columna de mercurio de 760 mm de alto.

atmosférico, ca. adj. Perteneciente o relativo a la atmósfera.

-ato. *Quím.* suf. con el que se designa una sal o un éster derivados del ácido correspondiente: *bor*ATO, *clor*ATO, *acet*ATO, *nitr*ATO; una sal de un ácido aromático: *benzo*ATO.

atolladero. m. **atascadero.**

atolón. m. Isla de coral de forma de anillo, con una laguna interior que comunica con el mar por pasos estrechos. Esta clase de islas abunda en los archipiélagos de Malasia y de Polinesia.

atolondrado, da. adj. fig. Que procede sin reflexión.

atolondrar. tr. **aturdir,** causar aturdimiento. Ú. t. c. prnl.

atómico, ca. adj. Perteneciente o relativo al átomo. ‖ **2.** Relacionado con los usos de la energía **atómica** o sus efectos. *Bomba* ATÓMICA, *refugio* ATÓMICO.

atomismo. m. Doctrina que explica la formación del mundo por el concurso fortuito de los átomos.

atomista. com. Partidario del atomismo.

atomizador. m. Pulverizador de líquidos.

atomizar. tr. Dividir en partes sumamente pequeñas, pulverizar.

átomo. m. Cantidad menor de un elemento químico que tiene existencia propia y se consideró indivisible. Se compone de un núcleo, con protones y neutrones, y de electrones en órbita, en número característico para cada elemento químico. ‖ **2.** Partícula material de pequeñez extremada. ‖ **3.** fig. Cualquier cosa muy pequeña. ‖ **gramo.** Gramos de un elemento, en número igual a su peso atómico.

atonal. adj. *Mús.* Dícese de la composición en que no existe una tonalidad bien definida.

atonalidad. f. *Mús.* Calidad de atonal. ‖ **2.** *Mús.* Dodecafonía.

atonía. f. *Fisiol.* Falta de tono y de vigor, o debilidad de los tejidos orgánicos, particularmente de los contráctiles.

atónito, ta. adj. Pasmado o espantado de un objeto o suceso raro.

átono, na. adj. *Gram.* Aplícase a la vocal, sílaba o palabra que se pronuncia sin acento prosódico y que con más propiedad se llama vocal, sílaba o palabra inacentuada.

atontado, da. adj. Dícese de la persona tonta o que no sabe cómo conducirse.

atontamiento. m. Acción y efecto de atontar o atontarse.

atontar. tr. Aturdir o atolondrar. Ú. t. c. prnl. ‖ **2.** Entontecer. Ú. t. c. prnl.

atópico, ca. adj. Que no está ligado a un lugar preciso. *Dermatitis* ATÓPICA.

atorar. tr. Atascar, obstruir. Ú. t. c. intr. y c. prnl. ‖ **2.** prnl. **atragantarse,** turbarse en la conversación.

atormentar. tr. Causar dolor o molestia corporal. Ú. t. c. prnl. ‖ **2.** Dar tormento al reo o a un testigo para obtener una confesión. ‖ **3.** fig. Causar aflicción, disgusto o enfado. Ú. t. c. prnl.

atornillador. m. **destornillador.**

atornillar. tr. Introducir un tornillo haciéndolo girar alrededor de su eje. ‖ **2.** Sujetar con tornillos.

atosigar. tr. fig. Fatigar u oprimir a alguno, dándole mucha prisa para que haga una cosa. Ú. t. c. prnl.

atrabiliario, ria. adj. De genio destemplado y violento. Ú. t. c. s.

atracadero. m. Lugar donde pueden sin peligro arrimarse a tierra las embarcaciones menores.

atracador, ra. m. y f. Persona que atraca con propósito de robo.

atracar¹. tr. fam. Hacer comer y beber con exceso, hartar. Ú. t. c. prnl.

atracar². tr. *Mar.* Arrimar unas embarcaciones a otras, o a tierra. Ú. t. c. intr. ‖ **2.** Asaltar con propósito de robo, generalmente en poblado.

atracción. f. Acción de atraer. ‖ **2.** Fuerza para atraer. ‖ **3.** Cada una de las instalaciones recreativas, como los carruseles, casetas de tiro al blanco, toboganes, etc., que se montan en la feria de una población y que, reunidas en un lugar estable, constituyen un *parque de* **atracciones.** Ú. m. en pl.

atraco. m. Acción de atracar² o saltear.

atracón. m. fam. Acción y efecto de atracar¹ de comida. ‖ **2.** Por ext., exceso en una actividad cualquiera. ATRACÓN *de trabajar.*

atractivo, va. adj. Que atrae o tiene fuerza para atraer. ‖ **2.** Que gana o inclina la voluntad. ‖ **3.** Dícese de la persona que por su físico despierta interés y agrado en las demás. ‖ **4.** m. Gracia en el semblante o en las palabras, acciones o costumbres, que atrae la voluntad.

atraer. tr. Acercar y retener un cuerpo en virtud de sus propiedades físicas a otro externo a sí mismo, o absorberlo dentro de sí. *El imán* ATRAE *el hierro.* ‖ **2.** fig. Hacer algo o alguien que acudan a sí otras cosas, animales o personas. *La miel* ATRAE *las moscas.* ‖ **3.** fig. Ganar una persona o cosa la voluntad, afecto, gusto o atención de otra. Ú. t. c. prnl. *El rey* SE ATRAJO *a las masas.* ‖ **4.** prnl. Mantener las partículas de los cuerpos su cohesión recíproca en virtud de sus propiedades físicas. *Los átomos y las moléculas* SE ATRAEN. ❑ Irreg. Se conj. como *traer.*

atragantar. tr. Ahogar o producir ahogos a alguien por detenerse algo en la garganta. Ú. m. c. prnl. ‖ **2.** fig. Causar fastidio o enfado. Ú. m. c. prnl. ‖ **3.** prnl. fig. y fam. Cortarse o turbarse en la conversación. Ú. alguna vez c. tr.

atrancar. tr. Asegurar la puerta por dentro con una tranca. ‖ **2.** **atascar,** obstruir. Ú. m. c. prnl. ‖ **3.** prnl. Encerrarse asegurando la puerta con una tranca.

atrapar. tr. fam. Coger al que huye o va de prisa. ‖ **2.** fam. Coger alguna cosa.

atraque. m. Acción y efecto de atracar una embarcación. ‖ **2.** Maniobra correspondiente. ‖ **3.** Muelle donde se atraca.

atrás. adv. l. Hacia la parte que está o queda a las espaldas de uno. ‖ **2.** En la parte hacia donde se tiene vuelta la espalda; a las espaldas. || **3.** En la zona posterior a aquella en que está situado lo que se toma como punto de referencia. *La farmacia no está en ese edificio, sino en el de* ATRÁS. || **4.** En las últimas filas de un grupo de personas congregadas. *No oyen bien los que están* ATRÁS. || **5.** En el fondo de un lugar. *Pongan* ATRÁS *las sillas que sobran.* || **6.** En la parte opuesta a la fachada o entrada principal de un edificio o local. *La escalera de servicio está* ATRÁS. || **7.** Úsase también para expresar tiempo pasado.

atrasado, da. adj. Que está empeñado o tiene deudas.

atrasar. tr. **retardar.** Ú. t. c. prnl. || **2.** Fijar un hecho en época posterior a aquella en que ha ocurrido. || **3.** intr. Señalar el reloj tiempo que ya ha pasado, o no marchar con la debida velocidad. Ú. t. c. prnl. || **4.** prnl. **quedarse atrás.** Ú. t. en sent. fig. || **5. retrasarse,** llegar tarde.

atraso. m. Efecto de atrasar o atrasarse. || **2.** Falta o insuficiencia de desarrollo en la civilización o en las costumbres. || **3.** pl. Pagas o rentas vencidas y no cobradas.

atravesado, da. adj. Que no mira derecho. || **2.** fig. Que tiene mala intención o mal carácter.

atravesar. tr. Poner una cosa de modo que pase de una parte a otra. ATRAVESAR *un madero en una calle.* || **2.** Pasar un objeto por sobre otro o hallarse puesto sobre él oblicuamente. || **3.** Pasar un cuerpo penetrándolo de parte a parte. || **4.** Poner delante algo que impida el paso o haga caer. || **5.** Pasar cruzando de una parte a otra. ATRAVESAR *la plaza.* || **6.** fig. Pasar circunstancialmente por una situación favorable o desfavorable. Son complementos habituales *un buen, un mal momento, un bache, una crisis,* etc. || **7.** prnl. Ponerse alguna cosa entremedias de otras, o en mitad de un conducto o camino, obstaculizando el paso. || **8.** fig. **atragantarse,** sentir repulsión o antipatía. ❑ Irreg. Se conj. como *acertar.*

atreverse. prnl. Determinarse a algún hecho o dicho arriesgado. *No* SE ATREVE *a dar el salto.* Se usa a veces con la prep. *con. No* SE ATREVIÓ *conmigo.* || **2.** Insolentarse, faltar al respeto debido.

atrevido, da. adj. Que se atreve. Ú. t. c. s. || **2.** Hecho o dicho con atrevimiento.

atrevimiento. m. Acción y efecto de atreverse, determinarse a algo arriesgado. || **2.** Acción y efecto de atreverse, insolentarse.

atrezo. m. Conjunto de útiles, como bastidores, decorados, etc., que se usan en la escena del teatro o en un plató.

atribución. f. Acción de atribuir. || **2.** Cada una de las facultades o poderes que corresponden a cada parte de una organización pública o privada según las normas que las ordenen.

atribuir. tr. Aplicar, a veces sin conocimiento seguro, hechos o cualidades a alguna persona o cosa. Ú. t. c. prnl. ❑ Irreg. Se conj. como *huir.*

atribular. tr. Causar tribulación. || **2.** prnl. Padecerla.

atributivo, va. adj. *Gram.* Dícese de la función desempeñada por el atributo. || **2.** En algunas gramáticas, dícese de los verbos copulativos *(ser, estar)* y de otros verbos con que se construye el atributo *(parecer, juzgar, considerar, nombrar,* etc.).

atributo. m. Cada una de las cualidades o propiedades de un ser. || **2.** En obras artísticas, símbolo que denota el carácter y representación de las figuras; como la *palma,* ATRIBUTO *de la victoria; el caduceo, de Mercurio,* etc. || **3.** *Gram.* Función que desempeña el adjetivo cuando se coloca en posición inmediata al sustantivo de que depende. *Ojos* AZULES. BUENA *persona.* || **4.** Para algunos gramáticos, término que identifica o cualifica a otro mediante *ser, estar,* u otro verbo. *Su padre fue* MÉDICO. *La oferta parece* ACEPTABLE. *Lo considero* AMIGO MÍO.

atril. m. Mueble en forma de plano inclinado, con pie o sin él, que sirve para sostener libros, partituras, etc., y leer con más comodidad.

atrincheramiento. m. Acción y efecto de atrincherar o atrincherarse. || **2.** Conjunto de trincheras, y, en general, toda obra de defensa o fortificación pasajera o de campaña.

atrincherar. tr. Fortificar una posición militar con atrincheramientos. || **2.** prnl. Ponerse en trincheras a cubierto del enemigo. || **3.** fig. Guardarse, protegerse, mantenerse en una posición o en una actitud con tenacidad exagerada.

atrio. m. Espacio descubierto y por lo común cercado de pórticos, que hay en algunos edificios. || **2.** Andén que hay delante de algunos templos y palacios, por lo regular enlosado y más alto que el piso de la calle.

atrocidad. f. Crueldad grande. || **2.** fam. Exceso, demasía. || **3.** fam. Error o disparate grave. || **4.** fam. Dicho muy ofensivo o escandaloso.

atrofia. f. Falta de desarrollo de cualquier parte del cuerpo. ❑ No confundir con *distrofia.*

atrofiar. tr. Producir atrofia. || **2.** prnl. Padecer atrofia.

atronador, ra. adj. Que atruena.

atronar. tr. Ensordecer o perturbar con ruido como de trueno. || **2. aturdir,** causar aturdimiento. ❑ Irreg. Se conj. como *contar.*

atropellado, da. adj. Que habla u obra con precipitación.

atropellar. tr. Pasar precipitadamente por encima de alguna persona. ‖ **2.** Derribar o empujar violentamente a alguien para abrirse paso. ‖ **3.** Alcanzar violentamente un vehículo a personas o animales, chocando con ellos y ocasionándoles, por lo general, daños. ‖ **4.** fig. Hacer una cosa precipitadamente y sin el cuidado necesario. ‖ **5.** prnl. fig. Apresurarse demasiado en las obras o palabras.

atropello. m. Acción y efecto de atropellar o atropellarse.

atropina. f. *Quím.* Alcaloide venenoso que se extrae de la belladona y se emplea en medicina para dilatar las pupilas de los ojos y para otros usos terapéuticos.

atroz. adj. Fiero, cruel, inhumano. ‖ **2.** Enorme, grave. ‖ **3.** fam. Muy grande o desmesurado. *Estatura* ATROZ.

atuendo. m. Atavío, vestido.

atufado, da. adj. Envenenado por el **tufo**[1], emanación gaseosa.

atufar. tr. Trastornar con el **tufo**[1], emanación gaseosa. Ú. m. c. prnl.

atún. m. Pez teleósteo, acantopterigio, común en los mares de España, frecuentemente de dos a tres metros de largo, negro azulado por encima y gris plateado por debajo, y con los ojos muy pequeños. Su carne, tanto fresca como salada, es de gusto agradable.

atunera. f. Anzuelo grande para pescar atunes.

atunero, ra. m. y f. Persona que trata en atún o lo vende. ‖ **2.** m. Pescador de atún. ‖ **3.** adj. Dícese del barco destinado a la pesca del atún. Ú. t. c. s.m.

aturdido, da. adj. **atolondrado.**

aturdimiento. m. Perturbación de los sentidos por efecto de un golpe, de un ruido extraordinario, etc. ‖ **2.** fig. Perturbación moral ocasionada por una desgracia, una mala noticia, etc. ‖ **3.** fig. Torpeza, falta de serenidad y desenvoltura para algo.

aturdir. tr. Causar aturdimiento. Ú. t. c. prnl. ‖ **2.** fig. Confundir, desconcertar, pasmar. Ú. t. c. prnl.

aturrullar. tr. fam. Confundir a alguien, turbarle de modo que no sepa qué decir o cómo hacer una cosa. Ú. t. c. prnl.

aturullar. tr. **aturrullar.** Ú. t. c.prnl.

atusar. tr. Recortar e igualar el pelo con tijeras. ‖ **2.** Alisar el pelo, pasando por él la mano o el peine y, algunos animales, la pata o la lengua. ‖ **3.** prnl. fig. Componerse o arreglarse con exceso de afectación y cuidado.

audacia. f. Osadía, atrevimiento.

audaz. adj. Osado, atrevido.

audible. adj. Que se puede oír.

audición. f. Acción de oír. ‖ **2.** Concierto, recital o lectura en público. ‖ **3.** Prueba que se hace a un actor, cantante, músico, etc., ante el empresario o director de un espectáculo.

audiencia. f. Acto de oír las personas de alta jerarquía u otras autoridades a quienes exponen, reclaman o solicitan alguna cosa. ‖ **2.** Ocasión para aducir razones o pruebas que se ofrece a un interesado en juicio o en expediente. ‖ **3.** Lugar destinado para dar **audiencia.** ‖ **4.** Tribunal de justicia colegiado y que se ocupa de resolver los pleitos o las causas de determinado territorio. ‖ **5.** Edificio en que se reúne. ‖ **6.** Conjunto de personas que, en sus domicilios respectivos o en lugares diversos, atienden en un momento dado un programa de radio o de televisión.

audífono. m. Aparato para percibir mejor los sonidos, especialmente usado por los sordos.

audímetro. m. *Acúst.* Instrumento para medir la sensibilidad del aparato auditivo. ‖ **2.** Aparato que, acoplado al receptor de radio o de televisión, sirve para medir las horas concretas en que están encendidos y el tiempo total de funcionamiento.

audio-. elem. compos. que significa «sonido» o «audición»: AUDIÓ*metro*, AUDIO*visual*.

audiofrecuencia. f. *Acúst.* Cualquiera de las frecuencias de onda empleadas en la transmisión de los sonidos.

audiograma. m. Curva que representa el grado de agudeza con que percibe un individuo los sonidos.

audiometría. f. *Acúst.* Medición de la agudeza auditiva en relación con las diferentes frecuencias del sonido.

audiovisual. adj. Que se refiere conjuntamente al oído y a la vista, o los emplea a la vez. Dícese especialmente de métodos didácticos que se valen de grabaciones acústicas acompañadas de imágenes ópticas.

auditar. tr. Examinar la gestión económica de una entidad a fin de comprobar si se ajusta a lo establecido por ley o costumbre.

auditivo, va. adj. Que tiene virtud para oír. ‖ **2.** Perteneciente al órgano del oído.

auditor, ra. adj. Que realiza auditorías. Ú. t. c. s. ‖ **2.** m. Persona nombrada por el juez entre las elegidas por el obispo o entre los jueces del tribunal colegial, cuya misión consiste en recoger las pruebas y entregárselas al juez, si surge alguna duda en el ejercicio de su ministerio.

auditoría. f. Empleo de auditor. ‖ **2.** Tribunal o despacho del auditor. ‖ **3. auditoría contable.** ‖ **contable.** Revisión de la contabilidad de una empresa, sociedad, etc., realizada por un auditor.

auditorio. m. Concurso de oyentes. ‖ **2.** Sala destinada a conciertos, recitales, conferencias, coloquios, lecturas públicas, etc.

auge. m. Período o momento de mayor elevación o intensidad de un proceso o estado de cosas. AUGE *de las letras, de una civilización.*

augur. m. En la antigua Roma, sacerdote que practicaba la adivinación por el canto, el vuelo y la manera de comer de las aves y por otros signos. ‖ **2.** Por ext., persona que vaticina.

augurar. tr. Adivinar, pronosticar por el vuelo o canto de las aves u otras observaciones. ‖ **2.** Presagiar, presentir, predecir.

augurio. m. Presagio, anuncio, indicio de algo futuro.

augusto, ta. adj. Dícese de lo que infunde o merece gran respeto y veneración por su majestad y excelencia. ‖ **2.** m. Payaso de circo.

aula. f. Sala donde se celebran las clases en los centros docentes.

aulaga. f. Planta de la familia de las papilionáceas, como de un metro de altura, espinosa, con hojas lisas terminadas en púas y flores amarillas. Las puntas tiernas gustan al ganado; el resto de la planta se machaca, aplastando las espinas, para darlo en pienso.

áulico, ca. adj. Perteneciente a la corte o al palacio. ‖ **2.** Cortesano o palaciego. Ú. t. c. s.

aullar. intr. Dar aullidos.

aullido. m. Voz triste y prolongada del lobo, el perro y otros animales. Ú. t. en sent. fig.

aumentar. tr. Acrecentar, dar mayor extensión, número o materia a alguna cosa. Ú. t. c. intr. y c. prnl.

aumentativo, va. adj. Que aumenta. ‖ **2.** *Gram.* Dícese del sufijo que aumenta la magnitud del significado del vocablo al que se une, así, *-ón* en *picarón* o *-azo* en *golpazo.* Pueden sumarse dos seguidos *(picaronazo),* y cambiar el género femenino del positivo correspondiente *(cucharón,* de *cuchara).* Ú. t. c. s. ‖ **3.** m. *Gram.* Palabra formada con uno o más sufijos **aumentativos.**

aumento. m. Acrecentamiento o extensión de una cosa. ‖ **2.** Potencia o facultad amplificadora de una lente, anteojo o telescopio.

aun. adv. t. **todavía,** hasta un momento determinado. ‖ **2.** adv. m. **todavía,** no obstante, sin embargo. ‖ **3. todavía,** en sentido concesivo. ‖ **4. todavía,** en sentido de encarecimiento o ponderación. ‖ **5.** Denota a veces idea de encarecimiento en sentido afirmativo o negativo. ❑ Se escribe con acento cuando pueda sustituirse por **todavía** sin alterar el sentido de la frase: AÚN *está enfermo; está enfermo* TODAVÍA. En los demás casos, es decir, con el significado de *hasta, también, inclusive* (o *siquiera,* con negación), se escribirá sin tilde. *Te daré cien duros, y* AUN (hasta) *doscientos, si los necesitas; no tengo yo tanto, ni* AUN (ni siquiera) *la mitad.*

aunar. tr. Unir, confederar para algún fin. Ú. m. c. prnl. ‖ **2. unificar.** Ú. t. c. prnl.

aunque. conj. conc. que expresa las relaciones propias de esta clase de conjunciones. AUNQUE *estoy malo, no faltaré a la cita;* AUNQUE *severo, es justo.* ‖ **2.** conj. advers. que expresa las relaciones propias de esta clase de conjunciones. *Tengo ya tres mil libros,* AUNQUE *querría tener más; creo que ha llegado,* AUNQUE *no lo sé con certeza.*

aúpa. interj. que se usa para animar a alguien a levantarse o a levantar algo. La usan especialmente los niños cuando quieren que los cojan en brazos. Ú. t. en sent. fig. ‖ **ser** algo o alguien **de aúpa.** fr. fam. Ser de mala condición, violento, desagradable.

aupar. tr. Levantar o subir a una persona. Ú. t. c. prnl. ‖ **2.** fig. Ensalzar, enaltecer. Ú. t. c. prnl.

aura. f. Viento suave y apacible. Ú. m. en poesía. ‖ **2.** Irradiación luminosa de carácter paranormal que algunos individuos dicen percibir alrededor de los cuerpos humanos, animales o vegetales.

áureo, a. adj. De oro. Ú. m. en poesía. ‖ **2.** Parecido al oro o dorado. Ú. m. en poesía.

aureola o **auréola.** f. Resplandor, disco o círculo luminoso que suele ponerse tras la cabeza de las imágenes sagradas. ‖ **2. aréola.** ‖ **3.** *Astron.* Corona sencilla o doble que en los eclipses de Sol se ve alrededor del disco de la Luna.

aureolar. tr. fig. Adornar como con aureola.

aurgitano, na. adj. Natural de Aurgi, hoy Jaén. Ú. t. c. s. ‖ **2.** Perteneciente o relativo a esta ciudad de la Hispania Tarraconense.

áurico, ca. adj. De oro.

aurícula. f. *Anat.* Cavidad del corazón que recibe sangre de los vasos sanguíneos; su número varía en los distintos grupos animales. ‖ **2.** *Bot.* Prolongación de la parte inferior del limbo de las hojas.

auricular[1]**.** adj. Perteneciente o relativo al oído. ‖ **2.** m. En los aparatos telefónicos y, en general, en todos los empleados para percibir sonidos, parte de los mismos o pieza aislada que se aplica a los oídos.

auricular[2]**.** adj. Perteneciente o relativo a las aurículas del corazón.

auriense. adj. Natural de Auria o Aregia, hoy Orense. Ú. t. c. s. ‖ **2.** Perteneciente o relativo a esta ciudad de la Hispania Tarraconense.

aurífero, ra. adj. Que lleva o contiene oro.

auriga. m. El que en las antiguas Grecia y Roma gobernaba los caballos de los carros en las carreras de circo.

aurora. f. Luz sonrosada que precede inmediatamente a la salida del Sol. ‖ **polar.** *Meteor.* Meteoro luminoso que se observa cerca de los polos magnéticos, producido por partículas cargadas eléctricamente que proceden de las erupciones solares. ‖ **despuntar,** o **romper la aurora.** fr. Empezar a amanecer.

auscultar. tr. *Med.* Aplicar el oído a la pared torácica o abdominal, con instrumentos adecuados o sin ellos, a fin de explorar los sonidos o ruidos normales o patológicos producidos en los órganos que las cavidades del pecho o vientre contienen.

ausencia. f. Acción y efecto de ausentarse o de estar ausente. ‖ **2.** Tiempo en que alguno está ausente. ‖ **3.** Falta o privación de alguna cosa.

ausentarse. prnl. Separarse de una persona o lugar, y especialmente de la población en que se reside. ❑ Ú. con la prep. *de.*

ausente. adj. Dícese del que está separado de alguna persona o lugar, y especialmente de la población en que reside. Ú. t. c. s. ‖ **2.** Distraído, ensimismado.

ausetano, na. adj. Natural de Ausa, hoy Vich. Ú. t. c. s. ‖ **2.** Perteneciente o relativo a esta ciudad de la Hispania Tarraconense.

ausonense. adj. **ausetano.**

auspiciar. tr. Patrocinar, favorecer.

auspicio. m. **agüero.** ‖ **2.** Protección, favor. ‖ **3.** pl. Señales prósperas o adversas que en el comienzo de una actividad parecen presagiar su resultado.

austeridad. f. Calidad de austero.

austero, ra. adj. Severo, rigurosamente ajustado a las normas de la moral. ‖ **2.** Sobrio, sencillo, sin ninguna clase de alardes.

austral. adj. Perteneciente al austro, y en general al polo y al hemisferio del mismo nombre. ‖ **2.** m. Unidad monetaria de la República Argentina desde 1985.

australiano, na. adj. Natural de Australia. Ú. t. c. s. ‖ **2.** Perteneciente o relativo a este continente o gran isla de Oceanía.

australopiteco. m. *Zool.* Antropomorfo fósil de África del Sur, que vivió hace más de un millón de años y era capaz de tallar guijarros.

austriaco, ca o **austríaco, ca.** adj. Natural de Austria. Ú. t. c. s. ‖ **2.** Perteneciente o relativo a esta nación de Europa.

austro. m. Viento que sopla de la parte del Sur. ‖ **2. Sur,** punto cardinal.

autarquía¹. f. Dominio de sí mismo.

autarquía². f. **autosuficiencia.** ‖ **2.** Política de un estado que pretende bastarse con sus propios recursos, evitando, en lo posible, las importaciones de otros países.

autárquico¹, ca. adj. Perteneciente o relativo a la autarquía, poder para gobernarse a sí mismo.

autárquico², ca. adj. Perteneciente o relativo a la autarquía económica, autosuficiente.

autenticar. tr. Autorizar o legalizar alguna cosa. ‖ **2. acreditar,** dar fe de la verdad de un hecho o documento con autoridad legal.

autenticidad. f. Calidad de auténtico.

auténtico, ca. adj. Acreditado de cierto y positivo por los caracteres, requisitos o circunstancias que en ello concurren. ‖ **2.** Autorizado o legalizado; que hace fe pública.

autentificar. tr. **autenticar,** autorizar o legalizar una cosa.

autillo. m. Ave rapaz nocturna, parecida a la lechuza, pero algo mayor, de color pardo rojizo con manchas blancas, y las remeras y timoneras rayadas de gris y rojo.

autismo. m. Concentración habitual de la atención de una persona en su propia intimidad, con el consiguiente desinterés respecto del mundo exterior. Su intensidad excesiva es patológica, y se presenta con especial frecuencia en la esquizofrenia.

autista. adj. Dícese del individuo afecto de autismo. Ú. t. c. s.

auto-. elem. compos. que significa «propio» o «por uno mismo». AUTO*sugestión,* AUTO*biografía,* AUTO*móvil.*

auto¹. m. *Der.* Forma de resolución judicial, fundada, que decide cuestiones secundarias, previas, incidentales o de ejecución, para las que no se requiere sentencia. ‖ **2.** Composición dramática de breves dimensiones y en que, por lo común, intervienen personajes bíblicos o alegóricos. ‖ **3.** pl. *Der.* Conjunto de actuaciones o piezas de un procedimiento judicial. ‖ **de fe.** Castigo público que se daba a los condenados por el tribunal de la Inquisición. ‖ **sacramental. auto** dramático escrito en loor de la Eucaristía.

auto². m. abrev. de **automóvil,** coche destinado al transporte de personas. A veces se usa como primer elemento de compuestos: AUTO*camión.*

autobiografía. f. Vida de una persona escrita por ella misma.

autobombo. m. fest. Elogio desmesura[illegible] público que hace uno de sí mismo.

autobús. m. Vehículo automóvil de tr[illegible] público y trayecto fijo que se emplea ha[illegible] en el servicio urbano. ‖ **2. autocar.**

autocamión. m. **camión** au[illegible]

autocar. m. Vehículo automo[illegible]

dad concebido para el transporte de personas, que generalmente realiza largos recorridos por carretera.

autocine. m. Recinto al aire libre donde se proyecta una película que se puede seguir desde el interior de un automóvil.

autoclave. f. Aparato que sirve para esterilizar objetos y sustancias situados en su interior, por medio de vapor y altas temperaturas.

autocracia. f. Sistema de gobierno en el cual la voluntad de una sola persona es la suprema ley.

autócrata. com. Persona que ejerce por sí sola la autoridad suprema en un Estado. Se daba especialmente este título al emperador de Rusia.

autocrítica. f. Juicio crítico que se realiza sobre obras o comportamientos propios.

autóctono, na. adj. Aplícase a los pueblos o gentes originarios del mismo país en que viven. Apl. a pers., ú. t. c. s.

autodeterminación. f. Decisión de los pobladores de una unidad territorial acerca de su futuro estatuto político.

autodidacto, ta. adj. Que se instruye por sí mismo, sin auxilio de maestro. Ú. t. c. s.

autodominio. m. Dominio de sí mismo.

autoedición. f. Acción y efecto de autoeditar.

autoeditar. tr. *Inform.* Reproducir un original mediante técnicas informáticas.

autoescuela. f. Centro para enseñar a conducir automóviles.

autógeno, na. adj. Dícese de la soldadura de metales que se hace, sin intermedio de materia extraña, fundiendo con el soplete de oxígeno y acetileno las partes por donde ha de hacerse la unión.

autogestión. f. *Econ.* Sistema de organización de una empresa según el cual los trabajadores participan en todas las decisiones.

autogiro. m. Avión provisto de alas en forma de hélice, articuladas en un eje vertical, que giran por efecto de la resistencia del aire durante el avance del aparato y le sirven para sustentarse.

autogol. m. En el fútbol, gol que marca un jugador en su propia puerta.

autografía. f. Procedimiento por el cual se traslada un escrito hecho con tinta y en papel de condiciones especiales a una piedra preparada al efecto, para tirar con ella muchos ejemplares del mismo escrito.

autógrafo, fa. adj. Que está escrito de mano de su mismo autor. Ú. t. c. s. m. || **2.** m. Firma de una ...rsona famosa o notable.

...utoinducción. f. *Fís.* Producción de una fuer... ...tromotriz en un circuito por la variación de la ...ue pasa por él.

autómata. m. Instrumento o aparato que encierra dentro de sí el mecanismo que le imprime determinados movimientos. || **2.** Máquina que imita la figura y los movimientos de un ser animado. || **3.** fig. y fam. Persona estúpida o excesivamente débil, que se deja dirigir por otra.

automático, ca. adj. Perteneciente o relativo al autómata. || **2.** Dícese de los mecanismos que funcionan en todo o en parte por sí solos. Ú. t. c. s. || **3.** fig. Que se ejecuta sin libertad o de manera involuntaria. || **4.** m. Especie de corchete que se cierra sujetando el macho con los dientes de la hembra, que actúan como un resorte. || **5.** f. Ciencia que trata de sustituir en un proceso el operador humano por dispositivos mecánicos o electrónicos.

automatismo. m. *Fisiol.* y *Psicol.* Ejecución de actos diversos sin participación de la voluntad y a veces también de la conciencia.

automatización. f. Acción y efecto de automatizar.

automatizar. tr. Convertir o convertirse ciertos movimientos corporales en automáticos o involuntarios.

automoción. f. Estudio o descripción de las máquinas que se desplazan por la acción de un motor y particularmente de los automóviles. || **2.** Sector de la industria relativo al automóvil.

automotor, ra. adj. Dícese de la máquina, instrumento o aparato que ejecuta determinados movimientos sin la intervención directa de una acción exterior. Apl. a vehículos de tracción mecánica, ú. t. c. s. m.

automotriz. adj. f. **automotora.**

automóvil. adj. Que se mueve por sí mismo. Aplícase principalmente a los vehículos que pueden ser guiados para marchar por una vía ordinaria sin necesidad de carriles y llevan un motor, generalmente de explosión, que los pone en movimiento. Ú. m. c. s. m. || **2.** m. Por antonom., **coche** destinado al transporte de personas. || **deportivo.** Automóvil generalmente de pequeño tamaño y de dos plazas, diseñado para que alcance grandes velocidades y sea fácil de maniobrar. || **de turismo.** El destinado al transporte de personas, con capacidad hasta de nueve plazas, incluido el conductor.

automovilismo. m. Deporte que se practica con el automóvil, en el que los participantes compiten en velocidad, habilidad y resistencia.

automovilista. com. Persona que conduce un automóvil.

automovilístico, ca. adj. Perteneciente o relativo al automovilismo.

autonomía. f. Condición de autónomo. || **2.** Condición del individuo que de nadie depende en ciertos conceptos. ‖ **3.** Potestad de la que, dentro del Estado, pueden gozar municipios, provincias, regiones u otras entidades, para regir sus intereses, mediante normas y órganos de gobierno propios. ‖ **4. comunidad autónoma.**

autonómico, ca. adj. Perteneciente o relativo a la autonomía.

autónomo, ma. adj. Dícese de la persona, entidad o región que no depende de otra u otras.

autopista. f. Carretera con calzadas separadas para los dos sentidos de la circulación, cada una de ellas con dos o más carriles, sin cruces a nivel.

autopropulsado, da. adj. Movido por autopropulsión.

autopropulsión. f. Acción de trasladarse una máquina por su propia fuerza motriz.

autopsia. f. *Anat.* Examen anatómico del cadáver.

autor, ra. m. y f. El que es causa de alguna cosa. ‖ **2.** El que la inventa. ‖ **3.** Persona que ha hecho alguna obra científica, literaria o artística. ‖ **4.** Hasta principios del siglo XIX, empresario de una compañía teatral.

autoría. f. Calidad de autor.

autoridad. f. Carácter o representación de una persona por su empleo, mérito o nacimiento. ‖ **2.** Poder que tiene una persona sobre otra que le está subordinada. ‖ **3.** Persona revestida de algún poder, mando o magistratura. ‖ **4.** Crédito y fe que, por su mérito y fama, se da a una persona o cosa en determinada materia. ‖ **5.** Texto, expresión o conjunto de expresiones de un libro o escrito, que se citan o alegan en apoyo de lo que se dice.

autoritario, ria. adj. Que se funda exclusivamente en la autoridad. ‖ **2.** Partidario extremado del principio de autoridad. Ú. t. c. s.

autoritarismo. m. Sistema fundado en la sumisión incondicional a la autoridad.

autorización. f. Acción y efecto de autorizar.

autorizar. tr. Dar a alguien autoridad o facultad para hacer alguna cosa. ‖ **2.** Aprobar o abonar. ‖ **3.** Permitir.

autorretrato. m. Retrato de una persona hecho por ella misma.

autoservicio. m. Sistema de venta empleado en algunos almacenes, en el que se disponen los artículos al alcance del comprador, el cual va tomando los que le interesan y los paga al salir del establecimiento. ‖ **2.** Sistema análogo que se emplea en algunos restaurantes, bares y cafeterías.

autostop. m. Manera de viajar por carretera solicitando transporte gratuito a los automóviles que transitan.

autostopista. adj. Dícese del que practica el autostop. Ú. t. c. s.

autosuficiencia. f. Estado o condición del que se basta a sí mismo. ‖ **2. suficiencia,** presunción.

autosuficiente. adj. Que se basta a sí mismo. ‖ **2. suficiente,** que habla o actúa con suficiencia.

autosugestión. f. *Psiquiat.* Sugestión que nace espontáneamente en una persona, independientemente de toda influencia extraña.

autótrofo, fa. adj. *Biol.* Dícese del organismo que es capaz de elaborar su propia materia orgánica a partir de sustancias inorgánicas; por ejemplo, las plantas clorofílicas.

autovía. f. Carretera con calzadas separadas para los dos sentidos de la circulación, cuyas entradas y salidas no se someten a las exigencias de seguridad de las autopistas.

auxiliar[1]. adj. Que auxilia. Ú. t. c. s. ‖ **2.** *Gram.* V. **verbo auxiliar.** Ú. t. c. s.

auxiliar[2]. tr. Dar auxilio.

auxilio. m. Ayuda, socorro, amparo.

aval. m. *Com.* Firma que se pone al pie de una letra u otro documento de crédito, para responder de su pago en caso de no efectuarlo la persona principalmente obligada a él.

avalancha. f. **alud.**

avalar. tr. Garantizar por medio de aval.

avalista. com. Persona que avala.

avance. m. Acción de **avanzar,** mover o prolongar hacia adelante. ‖ **2.** Acción de **avanzar,** ir hacia adelante. ‖ **informativo.** Parte de una información que se adelanta y que tendrá ulterior desarrollo.

avanzada. f. Partida de soldados destacada del cuerpo principal, para observar de cerca al enemigo y precaver sorpresas.

avanzadilla. f. **avanzada.**

avanzado, da. adj. Aplícase a todo lo que se distingue por su audacia o novedad en las artes, la literatura, el pensamiento, la política, etc. Ú. t. c. s.

avanzar. tr. Adelantar, mover o prolongar hacia adelante. ‖ **2.** intr. Ir hacia adelante, especialmente las tropas. Ú. t. c. prnl. ‖ **3.** Tratándose de tiempo, acercarse a su fin. Ú. t. c. prnl. ‖ **4.** fig. Adelantar, progresar o mejorar en la acción, condición o estado.

avaricia. f. Afán desordenado de poseer y adquirir riquezas para atesorarlas.

avaricioso, sa. adj. Que tiene avaricia. Ú. t. c. s.

avariento, ta. adj. **avaricioso.** Ú. t. c. s.

avaro, ra. adj. **avaricioso.** Ú. t. c. s.

avasallar. tr. Sujetar, rendir o someter a obediencia.

avatar. m. fig. Fase, cambio, vicisitud. Ú. m. en pl.

ave. f. *Zool.* Animal vertebrado, ovíparo, de respiración pulmonar y sangre de temperatura constante, pico córneo, cuerpo cubierto de plumas, con dos patas y dos alas aptas por lo común para el vuelo. En el estado embrionario tiene amnios y alantoides. || **2.** pl. *Zool.* Clase de estos animales. || **de rapiña.** Cualquiera de las carnívoras que tienen pico y uñas muy robustos, encorvados y puntiagudos; como el águila y el buitre. || **rapaz. ave de rapiña.**

avecindarse. prnl. Establecerse en algún pueblo en calidad de vecino. ❑ Ú. con la prep. *en.*

avefría. f. Ave limícola migratoria de unos 20 centímetros de largo, de color verde oscuro en el dorso y blanco en el vientre, con alas y pico negros, timoneras externas blancas, tarsos largos y delgados, y en la cabeza un moño de cinco o seis plumas que se encorvan en la punta.

avejentar. tr. Poner a alguien sus males, o cualquier otra causa, en estado de parecer viejo antes de serlo por la edad. Ú. m. c. prnl.

avellana. f. Fruto del avellano; es casi esférico, de unos dos centímetros de diámetro, con corteza dura, delgada y de color de canela, dentro de la cual, y cubierta con una película rojiza, hay una carne blanca, aceitosa y de gusto agradable.

avellanar. m. Sitio poblado de avellanos.

avellano. m. Árbol de la familia de las betuláceas, de tres a cuatro metros de altura, bien poblado de tallos, hojas anchas, en forma de corazón, pecioladas y aserradas por el margen; flores masculinas y femeninas en la misma o en distintas ramas, y cuyo fruto es la avellana. || **2.** Madera de este árbol, dura y correosa, muy usada para aros de pipas y barriles.

avemaría. f. Oración compuesta de las palabras con que el Arcángel San Gabriel saludó a la Virgen María, de las que dijo Santa Isabel y de otras que añadió la Iglesia católica.

avena. f. Planta anual de la familia de las gramíneas, con cañas delgadas, guarnecidas de algunas hojas estrechas, y flores en panoja radiada, con una arista torcida, más larga que la flor, inserta en el dorso del cascabillo. Se cultiva para alimento. || **2.** Conjunto de granos de esta planta.

avenar. tr. Dar salida y corriente a las aguas muertas o a la excesiva humedad de los terrenos, por medio de zanjas o cañerías.

avenencia. f. Conformidad y unión.

avenida. f. Creciente impetuosa de un río o arroyo. || **2.** Vía ancha, a veces con árboles a los lados.

avenido, da. adj. Con los advs. *bien* o *mal,* acorde o conforme con personas o cosas, o al contrario, respectivamente.

avenir. tr. Poner de acuerdo, ajustar las partes discordes. Ú. m. c. prnl. || **2.** intr. **suceder,** ocurrir. ❑ Ú. en el infinit. y en las terceras personas de sing. y pl. || **3.** prnl. Componerse o entenderse bien con alguna persona o cosa. || **4.** Ajustarse, ponerse de acuerdo en materia de opiniones o pretensiones. ❑ Irreg. Se conj. como *venir.* No confundir con *advenir.*

aventajado, da. adj. Que aventaja a lo ordinario o común en su línea; notable, digno de llamar la atención.

aventajar. tr. Adelantar, poner en mejor estado, conceder alguna ventaja o preeminencia. Ú. t. c. prnl. || **2.** Anteponer, preferir. || **3.** intr. Llevar o sacar ventaja, superar o exceder a otro en alguna cosa. Ú. t. c. tr.

aventar. tr. Hacer o echar aire a alguna cosa. || **2.** Echar al viento alguna cosa. Ú. ordinariamente refiriéndose a los granos que se limpian en la era. ❑ Irreg. Se conj. como *acertar.*

aventura. f. Acaecimiento, suceso o lance extraño. || **2.** Empresa de resultado incierto o que presenta riesgos. *Embarcarse en* AVENTURAS. || **3.** Relación amorosa ocasional.

aventurado, da. adj. Arriesgado, atrevido, inseguro.

aventurar. tr. Arriesgar, poner en peligro. Ú. t. c. prnl. || **2.** Decir alguna cosa atrevida o de la que se tiene duda o recelo.

aventurero, ra. adj. Que busca aventuras. Ú. t. c. s.

avergonzar. tr. Causar vergüenza. || **2.** prnl. Tener vergüenza o sentirla. ❑ Irreg. Se conj. como *contar.*

avería. f. Daño que impide el funcionamiento de un aparato, instalación, vehículo, etc.

averiar. tr. Producir avería. Ú. t. c. prnl. || **2.** prnl. Maltratarse, echarse a perder o estropearse una cosa.

averiguación. f. Acción y efecto de averiguar.

averiguar. tr. Inquirir la verdad hasta descubrirla.

averno. m. poét. **infierno,** lugar de los condenados por la justicia divina.

averroísmo. m. Sistema o doctrina del filósofo árabe Averroes, natural de Córdoba, y especialmente su opinión sobre la unidad del entendimiento agente en todos los hombres.

averroísta. adj. Que profesa el averroísmo. Apl. a pers., ú. t. c. s.

aversión. f. Oposición y repugnancia que se tiene a alguna persona o cosa.

avestruz. m. Ave del orden de las estrucioniformes; es la única especie actual del mismo. En anteriores clasificaciones zoológicas se incluía en las llamadas corredoras. Llega a los dos metros de altura y es la mayor de las aves actuales. Tiene dos dedos en cada pie, piernas largas y robustas, cabeza y cuello casi desnudos, el plumaje suelto y flexible, negro en el macho y gris en la hembra, y blancas en ambos las remeras y timoneras. Habita en África y en Arabia.

avetoro. m. Ave zancuda parecida a la garza, de color leonado con pintas pardas, cabeza negra y alas con manchas transversales negruzcas.

avezar. tr. **acostumbrar.** Ú. t. c. prnl.

aviación. f. Locomoción aérea por medio de aparatos más pesados que el aire. ‖ **2.** Cuerpo militar que utiliza este medio de locomoción para la guerra.

aviador, ra. adj. Dícese de la persona que gobierna un aparato de aviación y especialmente la que está provista de licencia para ello. Ú. t. c. s. ‖ **2.** m. Individuo que presta servicio en la aviación militar.

aviar. tr. Prevenir o disponer alguna cosa para el camino. ‖ **2.** fam. Alistar, aprestar, arreglar, componer. AVIAR *una habitación.* Ú. t. c. prnl. ‖ **3.** fam. Proporcionar a alguien lo que hace falta para algún fin, y especialmente dinero. Ú. t. c. prnl. ‖ **4.** *Amér.* Prestar dinero o efectos a labrador, ganadero o minero. ‖ **estar aviado** alguien. fr. fig. y fam. Estar rodeado de dificultades o contratiempos.

avícola. adj. Perteneciente o relativo a la avicultura.

avicultor, ra. m. y f. Persona que se dedica a la avicultura.

avicultura. f. Arte de criar y fomentar la reproducción de las aves y de aprovechar sus productos.

avidez. f. Ansia, codicia.

ávido, da. adj. Ansioso, codicioso.

aviejar. tr. **avejentar.** Ú. m. c. prnl.

avieso, sa. adj. Torcido, fuera de regla. ‖ **2.** fig. Malo o mal inclinado.

avifauna. f. Conjunto de las aves de un país o región.

avilés, sa. adj. Natural de Ávila. Ú. t. c. s. ‖ **2.** Perteneciente o relativo a esta ciudad o a su provincia. ❑ No confundir con *avilesino.*

avilesino, na. adj. Natural de Avilés. Ú. t. c. s. ‖ **2.** Perteneciente o relativo a esta población asturiana. ❑ No confundir con *avilés.*

avinagrado, da. adj. fig. y fam. De condición acre y áspera.

avinagrar. tr. Poner aceda o agria una cosa. Ú. m. c. prnl.

avío. m. Prevención, apresto. ‖ **2.** Conveniencia, interés o provecho personal. Ú. m. con posesivo antepuesto. *Ir a su* AVÍO, *hacer su* AVÍO. ‖ **3.** *Amér.* Préstamo en dinero o efectos, que se hace al labrador, ganadero o minero. ‖ **4.** pl. fam. Utensilios necesarios para alguna cosa. AVÍOS *de escribir.*

avión[1]. m. Pájaro, especie de vencejo.

avión[2]. m. Aeronave más pesada que el aire, provista de alas, que se sustenta y avanza como consecuencia de la acción de uno o varios motores. ‖ **de caza.** El de tamaño reducido y gran velocidad destinado principalmente a reconocimientos y combates.

avioneta. f. Avión pequeño y de poca potencia.

aviónica. f. Electrónica aplicada a la aviación.

avisado, da. adj. Prudente, discreto, sagaz.

avisar. tr. Dar noticia de algún hecho. ‖ **2.** Advertir o aconsejar. ‖ **3.** Llamar a alguien para que preste un servicio. AVISAR *al médico.* ‖ **4.** Prevenir a alguien de alguna cosa.

aviso. m. Noticia o advertencia que se comunica a alguien. ‖ **2.** Advertencia, consejo. ‖ **3.** Precaución, atención, cuidado. ‖ **4.** *Amér.* Anuncio. ‖ **5.** *Taurom.* Advertencia que hace la presidencia de la corrida de toros al espada cuando este prolonga la faena de matar más tiempo del prescrito por el reglamento. ‖ **andar,** o **estar, sobre aviso,** o **sobre el aviso.** fr. Estar prevenido y con cuidado.

avispa. f. Insecto himenóptero, de un centímetro a centímetro y medio de largo, de color amarillo con fajas negras, y el cual tiene en la extremidad posterior del cuerpo un aguijón con que pica, introduciendo un humor acre que causa escozor e inflamación. Vive en sociedad y fabrica panales con sus compañeras.

avispado, da. adj. fig. y fam. Vivo, despierto, agudo.

avispar. tr. fig. fam. Hacer despierto y avisado a alguno. *Hay que* AVISPAR *a este muchacho.* Ú. t. c. prnl.

avispero. m. Panal que fabrican las avispas. ‖ **2.** Lugar en donde las avispas fabrican sus panales y el cual suele ser el tronco de un árbol, el hueco de una peña u otro cualquier paraje oculto. ‖ **3.** Conjunto o multitud de avispas. ‖ **4.** fig. y fam. Negocio enredado y que ocasiona disgustos. *No quiero meterme en tal* AVISPERO.

avispón. m. aum. de **avispa.** ‖ **2.** Especie de avispa, mucho mayor que la común, y la cual se distingue por una mancha encarnada en la parte anterior de su cuerpo. Se oculta en los troncos de los árboles, de donde sale a cazar abejas, que son su principal mantenimiento.

avistar. tr. Alcanzar con la vista alguna cosa.

avitaminosis. f. *Med.* Carencia o escasez de

vitaminas. ‖ **2.** Enfermedad producida por la escasez o falta de ciertas vitaminas.

avituallamiento. m. Acción y efecto de avituallar.

avituallar. tr. Proveer de vituallas.

avivar. tr. Dar viveza, excitar, animar. ‖ **2.** fig. Encender, acalorar. ‖ **3.** fig. Tratándose del fuego, hacer que arda más. ‖ **4.** fig. Tratándose de los colores, ponerlos más vivos, encendidos, brillantes o subidos. ‖ **5.** intr. Cobrar vida, vigor. Ú. t. c. prnl.

avizor. adj. V. **ojo avizor.**

-avo, va. suf. aplicado a numerales cardinales para significar las partes iguales en que se divide la unidad: *tres dieciseis*AVOS, *la dieciоch*AVA *parte.*

avocar. tr. Atraer o llamar a sí cualquier superior un negocio que está sometido a examen y decisión de un inferior. ❑ No confundir con *abocar.*

avoceta. f. Ave zancuda, de cuerpo blanco con manchas negras, pico largo, delgado y encorvado hacia arriba, cola corta y dedos palmeados.

avutarda. f. Ave zancuda, muy común en España, de unos ocho decímetros de longitud desde la cabeza hasta la cola, y de color rojo manchado de negro, con las remeras exteriores blancas y las otras negras, el cuello delgado y largo, y las alas pequeñas, por lo cual su vuelo es corto y pesado. Hay otra especie algo más pequeña.

axial. adj. **axil.**

axil. adj. Perteneciente o relativo al eje.

axila. f. **sobaco** del brazo. ‖ **2.** *Bot.* Ángulo formado por la articulación de cualquiera de las partes de la planta con el tronco o la rama.

axilar. adj. *Bot.* y *Anat.* Perteneciente o relativo a la axila.

axiología. f. *Fil.* Teoría de los valores.

axioma. m. Proposición tan clara y evidente que se admite sin necesidad de demostración.

axiomático, ca. adj. Que no admite duda, evidente.

axis. m. *Anat.* Segunda vértebra del cuello, sobre la cual se verifica el movimiento de rotación de la cabeza. No está bien diferenciada más que en los reptiles, aves y mamíferos.

axoideo, a. adj. Perteneciente o relativo al axis. *Músculo* AXOIDEO.

axón. m. *Biol.* Prolongación filiforme de una neurona, por la que esta transmite impulsos nerviosos hasta una o varias células musculares, glandulares, nerviosas, etc.

¡ay! interj. con que se expresan muchos y muy diversos movimientos del ánimo, y más ordinariamente aflicción o dolor. Seguida de la partícula *de* y un nombre o pronombre, denota pena, temor, conmiseración o amenaza. ¡AY *de mí!*, ¡AY *del que me ofenda!* ‖ **2.** m. Suspiro, quejido. *Estar en un* AY. ❑ pl. *ayes.*

aya. f. Mujer que en las casas acomodadas está encargada de custodiar niños y cuidar de su crianza.

ayatolá. m. Entre los chiitas islámicos, título de una de las más altas autoridades religiosas. ‖ **2.** Religioso que ostenta este título. ❑ pl. *ayatolás.*

ayer. adv. t. En el día que precedió inmediatamente al de hoy. ‖ **2.** fig. Poco tiempo ha. ‖ **3.** fig. En tiempo pasado. ‖ **4.** m. Tiempo pasado.

ayo. m. Hombre encargado en las casas principales de custodiar niños o jóvenes y de cuidar de su crianza y educación.

ayuda. f. Acción y efecto de ayudar. ‖ **2.** Persona o cosa que ayuda.

ayudante. adj. Que ayuda. ‖ **2.** com. En algunos cuerpos y oficinas, oficial subalterno.

ayudar. tr. Prestar cooperación. ‖ **2.** Por ext., auxiliar, socorrer. ‖ **3.** prnl. Hacer un esfuerzo, poner los medios para el logro de alguna cosa. ‖ **4.** Valerse de la cooperación o ayuda de otro.

ayunar. intr. Abstenerse total o parcialmente de comer o beber; especialmente guardar el ayuno eclesiástico. ‖ **2.** fig. Privarse o estar privado de algún gusto o deleite.

ayuno. m. Acción y efecto de ayunar. ‖ **2.** Manera de mortificación por precepto eclesiástico o por devoción, y la cual consiste sustancialmente en no hacer más que una comida al día, absteniéndose por lo regular de ciertos alimentos.

ayuntamiento. m. **junta,** reunión de personas para tratar algún asunto. ‖ **2.** Corporación compuesta de un alcalde y varios concejales para la administración de los intereses de un municipio. ‖ **3. casa consistorial.** ‖ **4.** Coito.

azabache. m. Variedad de lignito, dura, compacta, de color negro y susceptible de pulimento. Se emplea como adorno en collares, pendientes, etc., y para hacer esculturas.

azacán, na. adj. Que se ocupa en trabajos humildes y penosos. Ú. t. c. s. ‖ **2.** m. **aguador,** que transporta o vende agua.

azada. f. Instrumento que consiste en una lámina o pala cuadrangular de hierro, ordinariamente de 20 a 25 centímetros de lado, cortante uno de estos y provisto el opuesto de un anillo donde encaja y se sujeta el astil o mango, formando con la pala un ángulo un tanto agudo. Sirve para cavar tierras roturadas o blandas, remover el estiércol, amasar la cal para mortero, etc. ‖ **2. azadón.**

azadón. m. Instrumento que se distingue de la azada en que la pala, cuadrangular, es algo curva y más larga que ancha. Sirve para rozar y romper tierras duras, cortar raíces delgadas y otros usos análogos. ‖ **2. azada.**

azafata. f. Criada de la reina, a quien servía los vestidos y alhajas que se había de poner y los recogía cuando se los quitaba. ‖ **2.** Mujer encargada de atender a los pasajeros a bordo de un avión, tren, autocar, etc. ‖ **3.** Muchacha que, contratada al efecto, proporciona informaciones y ayuda a quienes participan en reuniones, congresos, etc.

azafrán. m. Planta de la familia de las iridáceas, con rizoma en forma de tubérculo, hojas lineales, perigonio de tres divisiones externas y tres internas algo menores: tres estambres, ovario triangular, estilo filiforme, estigma de color rojo anaranjado, dividido en tres partes colgantes, y caja membranosa con muchas semillas. Procede de Oriente y se cultiva en varias provincias de España. ‖ **2.** Estigma de las flores de esta planta. Se usa como condimento y en medicina.

azagaya. f. Lanza o dardo pequeño arrojadizo.

azahar. m. Flor blanca, y por antonomasia la del naranjo, limonero y cidro.

azalea. f. Arbolito de la familia de las ericáceas, originario del Cáucaso, de unos dos metros de altura, con hojas oblongas y hermosas flores reunidas en corimbo, con corolas divididas en cinco lóbulos desiguales, que contienen una sustancia venenosa.

azar. m. Casualidad, caso fortuito. ‖ **2.** Desgracia imprevista. ‖ **3.** V. **juego de azar.** ‖ **al azar.** loc. Sin rumbo ni orden.

azaramiento. m. **azoramiento.**

azarar. tr. Conturbar, sobresaltar, avergonzar. Ú. t. c. prnl. ‖ **2.** prnl. Ruborizarse, sonrojarse. ❑ No confundir con *azorar.*

azaroso, sa. adj. Que tiene en sí azar o desgracia. ‖ **2.** Turbado, temeroso.

azerbaiyano, na. adj. Natural de Azerbaiyán. Ú. t. c. s. ‖ **2.** Perteneciente o relativo a este país.

azerí. adj. Azerbaiyano. Aplícase principalmente a la lengua y la naturaleza de esta nación. ❑ pl. *azeríes* o *azerís.*

ázimo. adj. V. **pan ázimo.**

azimut. m. *Astron.* Ángulo que con el meridiano forma el círculo vertical que pasa por un punto de la esfera celeste o del globo terráqueo.

azoar. tr. *Quím.* Impregnar de ázoe o nitrógeno. Ú. t. c. prnl.

ázoe. m. *Quím.* **nitrógeno.**

azoemia. f. *Pat.* Existencia de sustancias nitrogenadas en la sangre. Se ha aplicado este nombre impropiamente al nitrógeno de la urea contenida en la sangre.

azogar. tr. Cubrir con azogue alguna cosa, como se hace con los cristales para que sirvan de espejos. ‖ **2.** prnl. fig. y fam. Turbarse y agitarse mucho.

azogue. m. *Quím.* **mercurio,** metal.

azoico. adj. *Geol.* Término utilizado para designar los terrenos anteriores al período precámbrico, en los que no se encuentra resto alguno de vida. Ú. t. c. s.

azor. m. Ave rapaz diurna, como de medio metro de largo, por encima de color negro y por el vientre blanca con manchas negras; de alas y pico negros, cola cenicienta, manchada de blanco, y piernas amarillas.

azoramiento. m. Acción y efecto de azorar o azorarse.

azorar. tr. fig. Conturbar, sobresaltar. Ú. t. c. prnl. ❑ No confundir con *azarar.*

azotaina. f. fam. Zurra de azotes.

azotar. tr. Dar azotes a alguien. Ú. t. c. prnl. ‖ **2.** Cortar el aire violentamente. ‖ **3.** fig. Golpear una cosa o dar repetida y violentamente contra ella. *El mar* AZOTA *los peñascos.*

azote. m. Instrumento de suplicio formado con cuerdas anudadas y a veces erizadas de puntas, con que se castigaba a los delincuentes. ‖ **2.** Golpe dado en las nalgas con la mano. ‖ **3.** fig. Embate o golpe repetido del agua o del aire. ‖ **4.** fig. Aflicción, calamidad, castigo grande.

azotea. f. Cubierta llana de un edificio, dispuesta para poder andar por ella.

azteca. adj. Dícese del individuo de un antiguo pueblo invasor y dominador del territorio conocido después con el nombre de Méjico. Ú. t. c. s. ‖ **2.** Perteneciente o relativo a este pueblo. ‖ **3.** m. Idioma **azteca.**

azúcar. amb. Cuerpo sólido cristalizado, perteneciente al grupo químico de los hidratos de carbono, de color blanco en estado puro, soluble en el agua y en el alcohol y de sabor muy dulce. Se obtiene de la caña dulce, de la remolacha y de otros vegetales. Según su estado de pureza o refinado se distinguen diversas clases. ‖ **2.** *Quím.* Nombre genérico de un grupo de hidratos de carbono que tienen un sabor más o menos dulce. ‖ **blanco,** o **blanca. azúcar de flor.** ‖ **blanquilla.** El semirrefinado, a veces presentado en forma de terrón. ‖ **cande,** o **candi.** El obtenido por evaporación lenta, en cristales grandes, cuyo color varía desde el blanco transparente y amarillo al pardo oscuro, por agregación de melaza o sustancias colorantes. ‖ **de flor.** El refinado, obtenido en polvo muy tamizado. ‖ **moreno,** o **morena. azúcar** de segunda producción, cuyo color varía desde el amarillo claro al pardo oscuro, según la cantidad de mezcla que queda adherida a los cristales. ‖ **refinado. azúcar** de la mayor pureza que se fabrica en las refinerías.

azucarado, da. adj. Semejante al azúcar en el gusto.

azucarar. tr. Bañar con azúcar. ‖ **2.** Endulzar con azúcar. ‖ **3.** fig. y fam. Suavizar y endulzar alguna cosa. ‖ **4.** prnl. Bañar con almíbar. ‖ **5.** *Amér.* Cristalizarse el almíbar de las conservas.

azucarera. f. Recipiente para servir el azúcar en la mesa. ‖ **2.** Fábrica en que se extrae y elabora el azúcar.

azucarero, ra. adj. Perteneciente o relativo al azúcar. ‖ **2.** m. Persona técnica en la fabricación de azúcar. Antes se llamaba así el maestro de labores en un ingenio de azúcar. ‖ **3. azucarera,** recipiente para azúcar.

azucarillo. m. Porción de masa esponjosa que se hace con almíbar muy en punto, clara de huevo y zumo de limón. Empapado en agua o deshecho en ella, sirve para endulzarla ligeramente. ‖ **2.** Terrón de azúcar.

azucena. f. Planta perenne de la familia de las liliáceas, con un bulbo de que nacen varias hojas largas, estrechas y lustrosas, tallo alto y flores terminales grandes, blancas y muy olorosas. Sus especies y variedades se diferencian en el color de las flores y se cultivan para adorno en los jardines. ‖ **2.** Flor de esta planta.

azuela. f. Herramienta de carpintero, compuesta de una plancha de hierro acerada y cortante, de 10 a 12 centímetros de anchura, y un mango corto de madera que forma recodo. Sirve para desbastar.

azufaifa. f. Fruto del azufaifo: es una drupa elipsoidal, de poco más de un centímetro de largo, encarnada por fuera y amarilla por dentro, dulce y comestible. Se usaba como medicamento pectoral.

azufaifo. m. Árbol de la familia de las ramnáceas, de cinco a seis metros de altura, con tronco tortuoso, ramas ondeadas, inclinadas al suelo y llenas de aguijones rectos, que nacen de dos en dos; hojas alternas, festoneadas y lustrosas, de unos tres centímetros de largo, y flores pequeñas y amarillas. Su fruto es la azufaifa.

azufrado, da. adj. Parecido en el color al azufre. ‖ **2.** m. Acción y efecto de azufrar, especialmente las vides.

azufrar. tr. Echar azufre en alguna cosa. ‖ **2.** Dar o impregnar de azufre. ‖ **3.** Sahumar con él.

azufre. m. *Quím.* Elemento químico de núm. atóm. 16. Muy abundante en la corteza terrestre; se encuentra nativo o en forma de sulfuros, como la pirita o la galena, o de sulfatos, como el yeso. Es frágil, craso, se electriza fácilmente por frotamiento y tiene olor característico. Se usa para vulcanizar el caucho, como fungicida e insecticida y para la fabricación de pólvora, plásticos, productos farmacéuticos y ácido sulfúrico. También se llama piedra azufre y, anteriormente, alcrebite o alcribite; en forma sublimada se conoce como flor de azufre. Símb. *S*, del lat. *sulphur.*

azul. adj. Del color del cielo sin nubes. Ú. t. c. s. Es el quinto color del espectro solar. ‖ **celeste.** El más claro. ‖ **de Prusia.** Sustancia de color **azul** subido, compuesta de cianógeno y hierro. Úsase en la pintura, y ordinariamente se expende en forma de panes pequeños fáciles de pulverizar. ‖ **marino. azul** oscuro. ‖ **turquí.** El más oscuro. Es el sexto color del espectro solar.

azulado, da. adj. De color azul o que tira a él.

azular. tr. Dar o teñir de azul.

azulejar. tr. Revestir de azulejos.

azulejo. m. Ladrillo vidriado, de varios colores, usado para revestir paredes, suelos, etc., o para decorar.

azulete. m. Viso de color azul que se daba a las medias de seda blanca y a otras prendas de vestir.

azulón. m. Especie de pato, de gran tamaño, muy frecuente en lagos y albuferas.

azumbre. amb. Medida de capacidad para líquidos, que equivale a unos 2 litros. Ú. m. c. f.

azur. adj. Dícese del color heráldico que en pintura se representa con el azul oscuro, y en el grabado, por medio de líneas horizontales muy espesas. Ú. t. c. s. m.

azurita. f. Mineral de color azul de Prusia, de textura cristalina o fibrosa, algo más duro y más raro que la verdadera malaquita. Es un bicarbonato de cobre.

azuzar. tr. Incitar a los perros para que embistan. ‖ **2.** fig. Irritar, estimular.

b. f. Segunda letra del abecedario español, y primera de sus consonantes. Representa un sonido de articulación bilabial sonora, y oclusiva cuando va en posición inicial absoluta o después de nasal, como en *bien, ambos;* en cualquier otra posición es, por lo general, fricativa, como en *lobo, árbol, sobre,* etc. Su nombre es **be.**

baba. f. Saliva espesa y abundante que a veces fluye de la boca del hombre y de algunos mamíferos. ‖ **2.** *Zool.* Líquido viscoso segregado por ciertas glándulas del tegumento de la babosa, el caracol y otros invertebrados. ‖ **caérsele** a alguien **la baba.** fr. fig. y fam. con que se da a entender, o que es bobo, o que experimenta gran complacencia viendo u oyendo cosa que le sea grata.

babear. intr. Expeler o echar de sí la baba. ‖ **2.** fig. y fam. Hacer demostraciones de excesivo rendimiento ante una persona o cosa.

babel. amb. fig. y fam. Lugar en que hay gran desorden y confusión o donde hablan muchos y sin entenderse; por alusión a la torre de Babel. ‖ **2.** fig. y fam. Desorden y confusión.

babera. f. Pieza de la armadura antigua que cubría la boca, barba y quijadas.

babero. m. Especie de servilleta que, para limpieza en las comidas, se sujeta al cuello de los niños. ‖ **2. babi.**

babi. m. fam. Bata que usan los niños encima de la ropa para protegerla.

Babia. n. p. **estar** alguien **en Babia.** fr. fig. y fam. Estar distraído y como ajeno a aquello de que se trata.

babieca. com. fam. Persona floja y boba. Ú. t. c. adj.

babilla. f. En los cuadrúpedos, región de las extremidades posteriores formada por los músculos y tendones que articulan el fémur con la tibia y la rótula; en ella el humor sinovial es muy abundante y parecido a la baba. Equivale a la rodilla del hombre.

babilónico, ca. adj. Perteneciente o relativo a Babilonia. ‖ **2.** fig. Fastuoso, ostentoso. ❑ No confundir con *babilonio.*

babilonio, nia. adj. Natural de Babilonia. Ú. t. c. s. ❑ No confundir con *babilónico.*

babirusa. m. Cerdo salvaje que vive en Asia, de mayor tamaño que el jabalí, cuyos colmillos salen de la boca dirigiéndose hacia arriba y luego se encorvan hacia atrás. Su carne es comestible.

bable. m. Dialecto de los asturianos.

babor. m. *Mar.* Lado o costado izquierdo de la embarcación mirando de popa a proa.

babosa. f. Molusco gasterópodo pulmonado, terrestre, sin concha, que cuando se arrastra deja como huella de su paso una abundante baba; por su voracidad es muy dañoso en las huertas.

babosear. tr. Llenar o rociar de babas.

baboso, sa. adj. Que echa muchas babas. Ú. t. c. s. ‖ **2.** fig. y fam. Enamoradizo y rendidamente obsequioso con las mujeres. Aplícase sólo a los hombres. Ú. t. c. s. m.

babucha. f. Zapato ligero y sin tacón, usado principalmente por los moros.

baca. f. Artefacto en forma de parrilla que se coloca en el techo de los automóviles para llevar bultos; portaequipaje. ❑ No confundir con *vaca.*

bacalada. f. Bacalao curado.

bacaladero, ra. adj. Perteneciente o relativo al bacalao, a la pesca y comercio de este pez. ‖ **2.** m. Barco destinado a la pesca del bacalao.

bacaladilla. f. Pez marino de fondo, de la familia de los gádidos.

bacalao. m. Pez teleósteo, anacanto, de cuerpo simétrico con tres aletas dorsales y dos anales, y un apéndice carnoso en la mandíbula inferior. ‖ **2.** Carne de **bacalao,** curado y salado para su conserva. ‖ **cortar el bacalao.** fr. fig. y fam. Ser el que de hecho manda o dispone en una colectividad o en un asunto.

bacanal. adj. Perteneciente al dios Baco. Aplícase a las fiestas que celebraban los gentiles en honor de este dios. Ú. m. c. s. f. y en pl. ‖ **2.** f. fig. Orgía con mucho desorden y tumulto.

bacante. f. Mujer que celebraba las fiestas bacanales. ❑ No confundir con *vacante.*

bacará. m. Juego de naipes, de los llamados de azar, en que juega el banquero contra los puntos.

bacarrá. m. **bacará.**

bache. m. Hoyo que se hace en el pavimento de calles o caminos, por el uso, u otras causas. ‖ **2.** Desigualdad de la densidad atmosférica que determina un momentáneo descenso del avión. ‖ **3.** fig. Abatimiento, postración súbita y que se supone pasajera, en la salud, en la situación anímica o en el curso de un negocio.

bachiller. com. Persona que ha recibido el primer grado académico que se otorgaba antes a los estudiantes de facultad, y que ahora se concede en las de teología y derecho canónico en los seminarios. ‖ **2.** Persona que ha obtenido el grado que se concede al terminar la segunda enseñanza. ❑ No confundir con *bachillerato.*

bachillerato. m. Grado de bachiller. ‖ **2.** Estudios necesarios para obtener dicho grado.

bacía. f. **vasija,** pieza cóncava para contener líquidos o cosas destinadas a la alimentación. ‖ **2.** La que usaban los barberos para remojar la barba, y tenía, por lo común, un entrante semicircular en el borde para ajustarla al cuello. ❑ No confundir con *vacía.*

báciga. f. Juego de naipes entre dos o más personas, cada una con tres cartas.

bacilar. adj. *Microbiol.* Perteneciente o relativo a los bacilos.

bacilo. m. *Microbiol.* Bacteria en forma de bastoncillo o filamento más o menos largo, recto o encorvado según las especies.

bacín. m. Recipiente de barro vidriado, alto y cilíndrico, que servía para recibir los excrementos mayores del cuerpo humano.

bacineta. f. Bacía pequeña que sirve para recoger limosna y para otros usos.

bacinete. m. Pieza de la armadura antigua, que cubría la cabeza a modo de yelmo.

baconiano, na. adj. Perteneciente al método y doctrina del filósofo inglés Bacon.

bacteria. f. *Bot.* Microorganismo unicelular procarionte, cuyas diversas especies causan las fermentaciones, enfermedades o putrefacción en los seres vivos o en las materias orgánicas.

bacteriano, na. adj. Perteneciente o relativo a las bacterias.

bactericida. adj. Que destruye las bacterias. *Suero* BACTERICIDA.

bacteriemia. f. *Med.* Presencia de bacterias patógenas en la sangre.

bacteriófago. m. Virus que infecta las bacterias.

bacteriología. f. Parte de la microbiología, que tiene por objeto el estudio de las bacterias.

bacteriólogo, ga. m. y f. Persona que profesa la bacteriología o tiene en ella especiales conocimientos.

báculo. m. Palo o cayado que sirve para sostenerse mejor. ‖ **2.** Especie de cayado que utilizan los obispos como símbolo de su dignidad. ‖ **3.** fig. Alivio, apoyo, consuelo.

badajo. m. Pieza metálica, generalmente en forma de pera, que pende en lo interior de las campanas, y con la cual se golpean estas para hacerlas sonar. En los cencerros y esquilas suele ser de madera o hueso.

badajocense. adj. Natural de Badajoz. Ú. t. c. s. ‖ **2.** Perteneciente o relativo a esta ciudad o a su provincia.

badajoceño, ña. adj. **badajocense.**

badalonés, sa. adj. Natural de Badalona. Ú. t. c. s. ‖ **2.** Perteneciente o relativo a esta ciudad de la provincia de Barcelona.

badán. m. Tronco del cuerpo en el animal.

badana. f. Piel curtida de carnero u oveja. ‖ **zurrarle** a alguien **la badana.** fr. fig. y fam. Darle de golpes.

badea. f. Sandía o melón de mala calidad.

badén. m. Zanja o depresión que forma en el terreno el paso de las aguas llovedizas. ‖ **2.** Cauce enlosado o empedrado, que se hace en una carretera para dar paso a un corto caudal de agua.

badián. m. Árbol de Oriente, siempre verde, de la familia de las magnoliáceas, de hasta seis metros de altura, con hojas alternas, enteras y lanceoladas; flores blancas, solitarias y axilares, y fruto capsular, estrellado, con carpelos leñosos igualmente desarrollados y terminados en punta arqueada; sus semillas son pequeñas, lustrosas y aromáticas, y se emplean en medicina y como condimento con el nombre de anís estrellado.

badil. m. Paleta de hierro o de otro metal, para mover y recoger la lumbre en las chimeneas y braseros.

bádminton o **badminton.** m. **volante,** juego.

badulaque. com. fig. y fam. Hombre necio, inconsistente. Ú. t. c. adj.

bafle. m. Dispositivo que facilita la mejor difusión y calidad del sonido de un altavoz.

baga. f. Cápsula que contiene la linaza o semillas del lino.

bagacera. f. Lugar de los ingenios de azúcar, en que se tiende el bagazo de la caña, para que, secándose al sol, sirva de combustible.

bagaje. m. **equipaje,** conjunto de cosas que se llevan en los viajes. ‖ **2.** fig. Con adjetivos como *intelectual, artístico,* etc., conjunto de conocimientos o noticias de que dispone una persona.

bagar. intr. Echar el lino baga y semilla. *El lino* HA BAGADO *bien; está bien* BAGADO. ❑ No confundir con *vagar.*

bagatela. f. Cosa de poca sustancia y valor.

bagazo. m. Cáscara que queda después de deshecha la baga y separada de ella la linaza.

baguio. m. Huracán en el archipiélago filipino.

¡bah! interj. con que se denota incredulidad o desdén. Ú. también repetida.

bahía. f. Entrada de mar en la costa, de extensión considerable, que puede servir de abrigo a las embarcaciones.

baída. adj. *Arq.* Dícese de la bóveda formada de un hemisferio cortado por cuatro planos verticales, y cada dos de ellos paralelos entre sí. Ú. t. c. s. f.

bailable. adj. Dícese de la música compuesta para bailar. ‖ **2.** m. Cada una de las danzas, más o menos largas y complicadas, que se ejecutan en el espectáculo compuesto de mímica y baile, y especialmente en algunas óperas u obras dramáticas.

bailado. p. p. de **bailar.** ‖ **¡que me quiten lo bailado!** fr. fam. con que una persona indica que, sean cualesquiera las contrariedades que hayan surgido o puedan surgirle, no pueden invalidar el placer o satisfacciones ya obtenidas.

bailador, ra. adj. Que baila. Ú. m. c. s. ‖ **2.** m. y f. Bailarín o bailarina profesional que ejecuta bailes populares de España, especialmente andaluces.

bailar. intr. Ejecutar movimientos acompasados con el cuerpo, brazos y pies. Ú. t. c. tr. BAILAR *una polca.* ‖ **2.** Moverse una cosa sin salir de un espacio determinado. *Le* BAILA *un diente; el vaso* BAILA *en la vitrina.* ‖ **3.** Girar rápidamente una cosa en torno de su eje manteniéndose en equilibrio sobre un extremo de él, como la peonza, la perinola, etc.

bailarín, na. adj. Que baila. Ú. t. c. s. ‖ **2.** m. y f. Persona que ejercita o profesa el arte de bailar.

baile. m. Acción de bailar. ‖ **2.** Cada una de las maneras de bailar. ‖ **3.** Festejo en que se juntan varias personas y se baila. ‖ **4.** Local o recinto público destinado a bailar. ‖ **5.** fig. Alteración por error del orden de algo. BAILE *de cifras, de letras.* ‖ **de San Vito.** Nombre vulgar de varias enfermedades convulsivas, como el corea.

bailongo, ga. adj. coloq. Que incita al baile. ‖ **2.** m. y f. coloq. Persona a la que le gusta bailar.

bailotear. intr. Bailar mucho, y en especial cuando se hace sin gracia ni formalidad.

baivel. m. Escuadra falsa con uno de sus brazos recto y curvo el otro, usada generalmente por los canteros al labrar dovelas.

baja. f. Disminución del precio, valor y estimación de una cosa. BAJA *del trigo, de los tributos.* ‖ **2.** *Mil.* Pérdida o falta de un individuo. *El ejército enemigo tuvo mil* BAJAS *en el combate.* ‖ **3.** Acto en que se declara la cesación en industrias o profesiones sometidas a impuesto. ‖ **4.** Documento que acredita la **baja** laboral. ‖ **5.** Cese de una persona en un cuerpo, profesión, carrera, etc. ‖ **dar de baja.** fr. Cumplir las formalidades necesarias para poner a alguien o algo en situación de **baja.** Apl. a pers., ú. t. c. prnl.

bajá. m. En el imperio otomano, antiguamente, el que obtenía algún mando superior, como el de la mar, o el de alguna provincia en calidad de virrey o gobernador. Hoy es título honorífico en algunos países musulmanes. ❑ pl. *bajás* o *bajaes.*

bajada. f. Acción de bajar. ‖ **2.** Camino o senda por donde se baja desde alguna parte. ‖ **de bandera.** Tarifa inicial fija que se paga en los taxis independiente del importe del recorrido y de los suplementos.

bajalato. m. Dignidad de bajá. ‖ **2.** Territorio de su mando.

bajamar. f. Fin o término del reflujo del mar. ‖ **2.** Tiempo que este dura.

bajante. adj. Que baja. Ú. t. c. s. f. ‖ **2.** amb. En una construcción, tubería de desagüe.

bajar. intr. Ir desde un lugar a otro que esté más bajo. Ú. t. c. prnl. ‖ **2.** Disminuirse alguna cosa. BAJAR *la calentura, el precio, el valor.* Ú. t. c. tr. y en sent. fig. *Le* BAJARÉ *los humos.* ‖ **3.** tr. Poner alguna cosa en lugar inferior a aquel en que estaba. ‖ **4. apear.** Ú. t. c. intr. y c. prnl. ‖ **5.** Inclinar hacia abajo. BAJAR *la cabeza, el cuerpo.* ‖ **6.** Disminuir la estimación, precio o valor de alguna cosa. ‖ **7.** prnl. Inclinarse uno hacia el suelo.

bajel. m. **buque,** barco.

bajete. m. *Mús.* Voz de barítono. ‖ **2.** *Mús.* Tema escrito en clave de bajo, que se da al discípulo de armonía para que se ejercite escribiendo sus acordes y modulaciones.

bajeza. f. Hecho vil, indigno. ‖ **2.** Cualidad de vil o despreciable. ‖ **3.** Condición de humilde o inferior.

bajío. m. **bajo,** elevación del fondo en los mares, ríos y lagos y más comúnmente el de arena. ‖ **2.** *Amér.* Terreno bajo.

bajista. adj. Perteneciente o relativo a la baja de los valores en la bolsa. ‖ **2.** com. Persona que toca el **bajo,** instrumento musical.

bajo, ja. adj. De poca altura. ‖ **2.** Dícese de lo que está en lugar inferior respecto de otras cosas de la misma clase o naturaleza. *Piso* BAJO; *sala* BAJA. ‖ **3.** Inclinado hacia abajo y que mira al suelo. *Cabeza* BAJA; *ojos* BAJOS. ‖ **4.** Dícese del oro y de la plata, y de su ley, que tienen mucha mezcla de otros metales. ‖ **5.** Dícese de las últimas etapas de un determinado período histórico. *El* BAJO *imperio.* ‖ **6.** Dícese de las clases sociales más humildes. ‖ **7.** fig. Dicho del precio de las cosas, corto, poco considerable. ‖ **8.** *Fís.* Dícese de ciertas magnitudes físicas (temperatura, presión, frecuencia, etc.) para indicar que en determinada ocasión tienen un valor inferior al ordinario. ‖ **9.** m. Sitio o lugar hondo. ‖ **10.** En los mares, ríos y lagos navegables, elevación del fondo, que impide flotar a las embarcaciones. ‖ **11.** Dobladillo de la parte inferior de la ropa. ‖ **12.** Piso **bajo** de las casas que tienen dos o más. ‖ **13.** *Mús.* La más grave de las voces humanas. ‖ **14.** *Mús.* Instrumento que produce los sonidos más graves de la escala general. ‖ **15.** *Mús.* Persona que tiene aquella voz, o que toca este instrumento. ‖ **16.** adv. l. p. us. **abajo.** ‖ **17.** adv. m. En voz **baja** o que apenas se oiga. ‖ **18.** prep. En lugar inferior a, **debajo de.** BAJO *techado.* ‖ **19.** fig. Expresa sometimiento a personas o cosas designadas por el término de esta preposición: BAJO *tutela,* BAJO *pena de muerte.* ‖ **por lo bajo.** loc. adv. fig. Recatada o disimuladamente.

bajón. m. fig. Descenso brusco en los valores de lo que puede someterse a la interpretación de una escala. BAJÓN *de la temperatura, de la Bolsa, en una enfermedad.* ❑ Úsase más con el verbo *dar. Francisco* HA DADO *un gran* BAJÓN.

bajorrelieve. m. Bajo relieve.

bajura. f. Falta de elevación. ‖ **2.** V. **pesca de bajura.**

bala. f. Proyectil de diversos tamaños y de forma esférica o cilíndrico-ojival, generalmente de plomo o hierro, para cargar las armas de fuego. ‖ **2.** En el comercio, cualquier fardo apretado de mercaderías, y en especial de los que se transportan embarcados. ‖ **perdida.** fig. y fam. **tarambana.** persona sin juicio. Ú. m. c. m. ‖ **como una bala.** expr. fig. y fam. con que se pondera la presteza y velocidad con que camina o va de una a otra parte una persona o cosa.

balacera. f. *Amér.* Tiroteo.

balada. f. Composición poética de carácter lírico dividida generalmente en estrofas iguales, y en la cual, por lo común, se refieren sencilla y melancólicamente sucesos legendarios o tradicionales. ‖ **2.** Composición poética provenzal dividida en estrofas de varia rima que terminan en un mismo verso a manera de estribillo. ‖ **3.** Canción de ritmo lento y de carácter popular, cuyo asunto es generalmente amoroso.

baladí. adj. De poca importancia. ❑ pl. *baladíes* o *baladís.*

baladrón, na. adj. Fanfarrón y hablador que, siendo cobarde, blasona de valiente.

baladronada. f. Hecho o dicho propio de baladrones.

baladronear. intr. Hacer o decir baladronadas.

bálago. m. Paja larga de los cereales después de quitarle el grano. ‖ **2.** Espuma crasa del jabón, de la cual se hacen bolas.

balaguero. m. Montón grande de bálago, que se hace en la era cuando se limpia el grano.

balalaica. f. Instrumento músico parecido a la guitarra, pero con caja de forma triangular. Es de uso popular en Rusia.

balance. m. Movimiento que hace un cuerpo, inclinándose ya a un lado, ya a otro. ‖ **2.** Estudio comparativo de las circunstancias de una situación, o de los factores que intervienen en un proceso, para tratar de prever su evolución. ‖ **3.** *Com.* Confrontación del activo y el pasivo para averiguar el estado de los negocios o del caudal. ‖ **4.** *Com.* Estado demostrativo del resultado de dicha operación. ‖ **5.** *Mar.* Movimiento que hace la nave de babor a estribor, o al contrario.

balancear. intr. Dar o hacer balances. Se usa más tratándose de naves. Ú. t. c. tr. y c. prnl. ‖ **2.** tr. Igualar o poner en equilibrio, contrapesar.

balanceo. m. Acción y efecto de balancear o balancearse.

balancín. m. En ciertas máquinas o mecanismos, barra o varilla que se mueve alrededor de un eje y sirve para regular el movimiento. ‖ **2.** En ciertas máquinas o mecanismos, pieza que sirve para imprimir movimiento mediante el vaivén que recibe de otra. ‖ **3.** En los jardines, playas, terrazas, etc., asiento colgante cubierto de toldo. ‖ **4**. Barra o tablón cuyo centro se apoya en un soporte a cierta altura del suelo, para balancearse los niños que se sientan en sus extremos. ‖ **5**. *Zool.* Cada uno de los dos órganos del equilibrio que tienen los dípteros detrás de las alas.

balandra. f. Embarcación pequeña con cubierta y solo un palo.

balandrán. m. Vestidura talar ancha y con esclavina que suelen usar los eclesiásticos.

balandro. m. Balandra pequeña.

balanitis. f. Inflamación de la membrana mucosa que reviste el bálano o glande.

bálano o **balano.** m. Parte extrema o cabeza del miembro viril. ‖ **2.** Crustáceo cirrípedo, sin pedúnculo, que vive fijo sobre las rocas. Algunas de sus especies son tan abundantes que cubren la superficie de las peñas hasta el límite de las mareas.

balanza. f. Instrumento que sirve para pesar o, más propiamente, para medir masas. En su forma más sencilla consiste en una barra de cuyos extremos penden sendos platillos; en uno se pone lo que se pretende pesar y en el otro las pesas necesarias para lograr el equilibrio.

balanzón. m. Vasija, por lo común de cobre, circular u oval, con mango de hierro, que usan los plateros para blanquecer o limpiar la plata o el oro.

balar. intr. Dar balidos.

balarrasa. m. fig. y fam. Aguardiente fuerte. ‖ **2.** fig. y fam. **tarambana,** persona de poco juicio.

balastar. tr. Tender el balasto.

balasto. m. Capa de grava o de piedra machacada, que se tiende sobre la explanación de los ferrocarriles para asentar y sujetar sobre ella las traviesas.

balaustrada. f. Serie u orden de balaustres colocados entre los barandales.

balaustrado, da. adj. De figura de balaustre.

balaustre o **balaústre.** m. Cada una de las columnitas que con los barandales forman las barandillas o antepechos de balcones, azoteas, corredores y escaleras.

balazo. m. Golpe de bala disparada con arma de fuego. ‖ **2.** Herida o daño causado por una bala.

balboa. m. Unidad monetaria de Panamá.

balbucear. intr. **balbucir.** Ú. t. c. tr.

balbuceo. m. Acción de balbucear.

balbucir. intr. defect. Hablar o leer con pronunciación dificultosa, tarda y vacilante, trastocando a veces las letras o las sílabas. Ú. t. c. tr. ❑ No se usa la 1.ª pers. sing. del pres. de indicat. ni el pres. de subj., que se suplen con las formas correspondientes del verbo *balbucear.*

balcánico, ca. adj. Perteneciente o relativo a la región europea de los Balcanes.

balcón. m. Hueco abierto al exterior desde el suelo de la habitación, con barandilla por lo común saliente. ‖ **2.** Esta barandilla.

balconada. f. *Gal.* Balcón o miradero que domina un vasto horizonte.

balconcillo. m. Galería que en los teatros estaba más baja y delante de la primera fila de palcos. ‖ **2.** Localidad de la plaza de toros, con barandilla o antepecho, situada sobre la puerta o sobre la salida del toril.

balda. f. Anaquel de armario o alacena.

baldado, da. adj. Cansado, fatigado.

baldaquín. m. Especie de dosel o palio hecho de tela de seda. ‖ **2.** Pabellón que cubre el altar.

baldaquino. m. **baldaquín.**

baldar. tr. Impedir o privar una enfermedad o accidente el uso de los miembros o de alguno de ellos. Ú. t. c. prnl.

balde[1]. m. Cubo que se emplea para sacar y transportar agua, sobre todo en las embarcaciones. ‖ **2.** Por ext., cualquier recipiente de forma y tamaño parecidos a los del cubo, destinado a diversos usos.

balde[2]. de balde. loc. adv. Gratuitamente, sin costo alguno. ‖ **en balde.** loc. adv. **en vano.** ‖ **estar de balde.** fr. Estar de más, estar ocioso.

baldear. tr. Regar con baldes cualquier suelo, en especial las cubiertas de los buques con el fin de refrescarlas.

baldío, a. adj. Aplícase a la tierra que ni se labra ni está acotada para pastos. Dícese en algunas partes, en especial de los terrenos comunales. Ú. t. c. s. ‖ **2.** Dícese del terreno de particulares que no se cultiva o no produce fruto. ‖ **3.** Vano, sin motivo ni fundamento.

baldón. m. Oprobio, injuria o palabra afrentosa.

baldonar. tr. Injuriar a alguno de palabra en su cara.

baldosa. f. Ladrillo, fino por lo común, que sirve para solar.

baldosín. m. Baldosa pequeña y fina.

balear[1]. adj. Natural de las islas Baleares. Ú. t. c. s. ‖ **2.** m. Variedad de la lengua catalana que se habla en las islas Baleares.

balear[2]. tr. *Amér.* Tirotear, disparar balas sobre alguien o algo.

balénido. adj. *Zool.* Dícese de los mamíferos cetáceos que en el estado adulto carecen de dientes y cuya boca está provista de grandes láminas córneas, insertas en la mandíbula superior, con las cuales retienen en la boca los pequeños animales, crustáceos por lo común, que les sirven de alimento; como la ballena azul. Ú. t. c. s. ‖ **2.** m. pl. *Zool.* Familia de estos animales.

baleo. m. *Amér.* Acción y efecto de **balear[2],** disparar balas; tiroteo.

balido. m. Voz del carnero, el cordero, la oveja, la cabra, el gamo y el ciervo. ❑ No confundir con *valido.*

balín. m. Bala de menor calibre que la ordinaria de fusil.

balista. f. Máquina usada antiguamente en los sitios de las ciudades y fortalezas para arrojar piedras de mucho peso.

balística. f. Ciencia que estudia las trayectorias de los proyectiles.

baliza. f. *Mar.* Señal fija o móvil que se pone de marca para indicar lugares peligrosos o para orientación del navegante. ǁ **2.** Por ext., otras señales utilizadas para fines semejantes en el tráfico aéreo y terrestre.

ballena. f. Cetáceo, el mayor de todos los animales conocidos, que llega a crecer hasta más de 30 metros de longitud. Su color es, en general, oscuro por encima y blanquecino por debajo. Vive en todos los mares, y generalmente en los polares. Su pesca es una industria importantísima. ǁ **2.** Cada una de las láminas córneas y elásticas que tiene la **ballena** en la mandíbula superior y que, cortadas en tiras más o menos anchas, sirven para diferentes usos. ǁ **3.** Cada una de estas tiras.

ballenato. m. Hijo de la ballena.

ballenero, ra. adj. Perteneciente o relativo a la pesca de la ballena. *Barco, arpón* BALLENERO. ǁ **2.** m. Barco especialmente destinado a la captura de ballenas. ǁ **3.** Pescador de ballenas. ǁ **4.** f. Bote o lancha auxiliar que suelen llevar los barcos **balleneros.**

ballesta. f. Máquina antigua de guerra para arrojar piedras o saetas gruesas. ǁ **2.** Arma portátil medieval, consistente en un arco fijado a un soporte de madera provisto de un mecanismo con el que se tensa la cuerda, y que sirve para lanzar flechas u otros proyectiles. Modernamente tiene un uso deportivo. ǁ **3.** Muelle, en forma de arco, construido con varias láminas elásticas de acero superpuestas, utilizado en la suspensión de los carruajes.

ballestería. f. Arte de la caza mayor.

ballestero. m. El que usaba la ballesta o servía con ella en la guerra.

ballet. m. Danza clásica de conjunto, representada sobre un escenario. ǁ **2.** Música de esta danza. ǁ **3.** Compañía que interpreta este tipo de danza.

ballico. m. Planta vivaz de la familia de las gramíneas, muy parecida a la cizaña, de la cual difiere en ser más baja y tener las espigas sin aristas. Es buena para pasto y para formar céspedes.

ballueca. f. Especie de avena, cuya caña se levanta hasta un metro o más de altura, con hojas estriadas y estrechas, y flores en panoja desparramada, vellosas en su base. Crece entre los trigos, a los cuales perjudica mucho.

balneario. adj. Perteneciente o relativo a baños públicos, especialmente a los medicinales. ǁ **2.** m. Edificio con baños medicinales y en el cual suele darse hospedaje.

balneoterapia. f. *Med.* Tratamiento de las enfermedades por medio de baños generales o locales.

balompié. m. **fútbol.**

balón. m. Pelota grande, de diverso peso, usada en juegos o con fines terapéuticos. ǁ **2.** Recipiente flexible, dispuesto para contener cuerpos gaseosos.

baloncesto. m. Juego entre dos equipos de cinco jugadores cada uno, que consiste en introducir el balón en el cesto o canasta del contrario, situada a una altura determinada.

balonmano. m. Juego entre dos equipos de siete jugadores cada uno, que consiste en introducir el balón en la portería contraria siguiendo unas determinadas reglas, de las que la más característica es servirse de las manos.

balonvolea. m. **voleibol.**

balsa[1]**.** f. Hueco del terreno que se llena de agua, natural o artificialmente. ǁ **de aceite.** fig. y fam. Lugar o concurso de gente muy tranquilo.

balsa[2]**.** f. Plataforma flotante, originariamente formada por maderos unidos.

balsadera. f. Paraje en la orilla de un río, donde hay balsa en que pasarlo.

balsámico, ca. adj. Que tiene bálsamo o cualidades de tal.

balsamina. f. Planta perenne originaria del Perú, de la familia de las balsamináceas, con tallo ramoso como de medio metro de altura, hojas gruesas, alternas y lanceoladas, flores amarillas y fruto redondo que, estando maduro, arroja con fuerza la semilla en cuanto se le toca. Se emplea en medicina como cicatrizante.

balsamináceo, a. adj. *Bot.* Dícese de plantas herbáceas angiospermas, dicotiledóneas, con tallos generalmente carnosos, hojas sin estípulas, alguna vez con glándulas en los pecíolos; flores zigomorfas con cálices frecuentemente coloreados que tienen uno de sus sépalos con una prolongación en forma de tubo; fruto en forma de cápsula carnosa; como la balsamina del Perú. Ú. t. c. s. f. ǁ **2.** f. pl. *Bot.* Familia de estas plantas.

bálsamo. m. Sustancia aromática, líquida y casi transparente en el momento en que por incisión se obtiene de ciertos árboles, pero que va espesándose y tomando color a medida que, por la acción atmosférica, se alteran los aceites esenciales que contiene. ǁ **2.** *Farm.* Medicamento compuesto de sustancias comúnmente aromáticas, que se aplica como remedio en las heridas, llagas y otras enfermedades. ‖ **3.** fig. Consuelo, alivio.

báltico, ca. adj. Perteneciente o relativo al mar Báltico, o a los territorios que baña. Apl. a pers., ú. t. c. s.

baluarte. m. Obra de fortificación de figura pentagonal, que sobresale en el encuentro de dos porciones de muralla. ‖ **2.** fig. Amparo y defensa. BALUARTE *de los pobres.*

balumba. f. Conjunto desordenado y excesivo de cosas.

balumbo. m. Lo que abulta mucho y es más embarazoso por su volumen que por su peso.

bamba. f. Bollo redondo, generalmente relleno de crema, nata, etc. ‖ **2.** Ritmo bailable iberoamericano.

bambalina. f. Cada una de las tiras de lienzo pintado que cuelgan del telar del teatro de uno a otro lado del escenario, y figuran la parte superior de lo que la decoración representa.

bambalinón. m. En los teatros, la gran bambalina que, con los dos arlequines laterales, forma y regula la embocadura del escenario.

bambolear. intr. Moverse una persona o cosa a un lado y otro sin perder el sitio en que está. Ú. m. c. prnl.

bambolla. f. fam. Boato, fausto u ostentación excesiva y de más apariencia que realidad.

bambú. m. Planta de la familia de las gramíneas, originaria de la India, con tallo leñoso que llega a más de 20 metros de altura, y de cuyos nudos superiores nacen ramitos muy cargados de hojas grandes de color verde claro, y con flores en panojas derechas, ramosas y extendidas. Las cañas, aunque ligeras, son muy resistentes, y se emplean en la construcción de casas y en la fabricación de muebles, armas, instrumentos, vasijas y otros objetos; las hojas, para envolver las cajas de té que venían de China; la corteza, en las fábricas de papel; los nudos proporcionan una especie de azúcar, y los brotes tiernos son comestibles. ❑ pl. *bambúes* o *bambús.*

banal. adj. Trivial, común, insustancial.

banalidad. f. Calidad de banal. ‖ **2.** Dicho banal.

banana. f. *Argent., Bol., Par.* y *Urug.* **plátano,** fruto.

bananero, ra. adj. Perteneciente o relativo al banano. ‖ **2.** Dícese del terreno poblado de bananos o plátanos. ‖ **3. tercermundista.** En relación, principalmente, con ciertos países de Iberoamérica. ‖ **4.** m. **banano,** planta musácea.

banano. m. **plátano,** planta musácea. ‖ **2.** Fruto de esta planta.

banasta. f. Cesto grande formado de mimbres o listas de madera delgadas y entretejidas. Los hay de distintos tamaños y figuras.

banasto. m. Banasta redonda.

banca. f. Asiento de madera, sin respaldo y a modo de mesilla baja. ‖ **2.** *Amér.* **banco,** asiento. ‖ **3.** Conjunto de entidades que tienen por objeto básico facilitar la financiación de las distintas actividades económicas. ‖ **4.** fig. Conjunto de bancos y banqueros.

bancada. f. *Mar.* Tabla o banco donde se sientan los remeros. ‖ **2.** *Mec.* Basamento firme para una máquina o conjunto de ellas.

bancal. m. En las sierras y terrenos pendientes, rellano de tierra que natural o artificialmente se forma, y que se aprovecha para algún cultivo. ‖ **2.** Arena amontonada a la orilla del mar, al modo de la que se amontona dentro de él dejando poco fondo.

bancario, ria. adj. Perteneciente o relativo a la banca mercantil.

bancarrota. f. **quiebra** comercial, y más comúnmente la completa o casi total que procede de falta grave, o la fraudulenta.

banco. m. Asiento con respaldo o sin él, en que pueden sentarse varias personas. ‖ **2.** Madero grueso escuadrado que se coloca horizontalmente sobre cuatro pies y sirve como de mesa para muchas labores de los carpinteros, cerrajeros, herradores y otros artesanos. ‖ **3.** En los mares, ríos y lagos navegables, bajo que se prolonga en una gran extensión. ‖ **4.** Conjunto de peces que van juntos en gran número. ‖ **5.** *Geol.* Estrato de gran espesor. ‖ **6.** Establecimiento público de crédito, constituido en sociedad por acciones. ‖ **7.** Establecimiento médico donde se conservan y almacenan órganos, tejidos o líquidos fisiológicos humanos para cubrir necesidades quirúrgicas, de investigación, etc. BANCO *de ojos, de sangre.* ‖ **azul.** Por antonom., aquel donde tienen su asiento los ministros del Gobierno en las Cortes españolas. ‖ **de datos.** Colección de datos organizados sistemáticamente en diferentes campos y que permite su recuperación ordenados según diferentes clasificaciones. ‖ **de hielo.** Extensa planicie formada de agua del mar congelada, que, en las regiones polares o procedente de ellas, flota en el mar. ‖ **de pruebas.** *Ingen.* Instalación provista de aparatos y dispositivos, que permite medir las características de una máquina simulando las condiciones de su funcionamiento real.

banda[1]. f. Cinta ancha o tafetán de colores determinados que se lleva atravesada desde un hombro al costado opuesto. Antiguamente fue distintivo de los oficiales militares, y hoy lo es de grandes cruces, así españolas como extranjeras. ‖ **2.** Zona limitada por cada uno de los dos lados más largos de un campo deportivo, y otra línea exterior, que suele ser la del comienzo de las localidades donde se sitúa el público. ‖ **3.** *Fís.* Cualquier intervalo finito en el campo de variación de una magnitud física. ‖ **de frecuencia.** En radiodifusión y televisión, todas las frecuencias comprendidas entre dos límites definidos de frecuencia. ‖ **de sonido. banda sonora,** franja de una película. ‖ **sonora.** Franja de la película cinematográfica, donde está registrado el sonido. ‖ **2.** Música de una obra cinematográfica.

banda². f. Grupo de gente armada. ‖ **2.** Bandada, manada. ‖ **3. lado** de algunas cosas. *De la* BANDA *de acá del río.* ‖ **4.** Conjunto musical en el que predominan los instrumentos de viento y de percusión. ‖ **5.** En conciertos juveniles, grupo musical que acompaña a un cantante. ‖ **cerrarse en banda.** fr. fig. y fam. Mantenerse firme en un propósito, negarse rotundamente a todo acuerdo o a conceder lo que se pretende o desea.

bandada. f. Número crecido de aves que vuelan juntas. ‖ **2.** Por ext., conjunto de peces.

bandazo. m. *Mar.* Tumbo o balance violento que da una embarcación hacia cualquiera de los dos lados. ‖ **2.** fig. Cambio brusco de rumbo que experimenta una acción. *Dar un* BANDAZO *en la política.*

bandear. tr. ant. Guiar, conducir.

bandearse. prnl. Saberse gobernar o ingeniar para satisfacer las necesidades de la vida o para salvar otras dificultades.

bandeja. f. Pieza de metal o de otra materia, plana o algo cóncava para servir, presentar o depositar cosas. ‖ **2.** Pieza movible, en forma de caja descubierta y de poca altura, que divide horizontalmente el interior de un baúl, maleta, etc. ‖ **pasar la bandeja.** fr. Hacerlo para recoger donativos o limosnas. ‖ **servir en bandeja** o **en bandeja de plata.** fr. fig. y fam. Dar a alguien grandes facilidades para que consiga alguna cosa.

bandera. f. Trozo de tela de figura comúnmente cuadrada o cuadrilonga, que se asegura por uno de sus lados a un mástil, y se emplea como insignia o señal. Sus colores o el escudo que lleva, indican la potencia o nación a que pertenece el castillo, la fortaleza, la embarcación, etc., en que está izada. ‖ **2.** Nacionalidad a que pertenecen los buques mercantes que la ostentan. ‖ **blanca. bandera de paz,** como señal de paz o amistad. ‖ **de combate.** La nacional de gran tamaño que largan a popa los buques en las acciones de guerra y en otras grandes solemnidades. ‖ **de paz.** La que se enarbola como señal de querer tratar de convenio o paz, y en los buques en señal de que son amigos. Regularmente es blanca. ‖ **negra.** La de este color, que izaban los piratas para anunciar que no daban ni esperaban cuartel. ‖ **arriar bandera,** o **la bandera.** fr. *Mar.* Rendirse uno o más buques al enemigo. ‖ **de bandera.** loc. adj. Excelente en su línea. ‖ **jurar la bandera** o **jurar bandera.** fr. Otorgar la jura militar o civil de la **bandera.**

bandería. f. Bando o parcialidad.

banderilla. f. Palo delgado de siete a ocho decímetros de largo, armado de una lengüeta de hierro en uno de sus extremos, y que, revestido de papel picado y adornado a veces con una banderita, usan los toreros para clavarlo en el cerviguillo de los toros. ‖ **2.** fig. Tapa de aperitivo pinchada en un palillo.

banderillear. tr. Poner banderillas a los toros.

banderillero. m. Torero que pone banderillas.

banderín. m. d. de **bandera.** ‖ **2.** Cabo o soldado que sirve de guía a la infantería en sus ejercicios, y lleva al efecto una banderita en la bayoneta del fusil.

banderola. f. Bandera pequeña, como de 30 centímetros en cuadro y con asta, que tiene varios usos en la milicia, en la topografía y en la marina.

bandido. m. **bandolero,** salteador de caminos.

bandín. m. *Mar.* En las galeras y otras embarcaciones, cada uno de los asientos que se ponen alrededor de los costados que forman la popa.

bando¹. m. Edicto o mandato solemnemente publicado de orden superior.

bando². m. Facción, partido, parcialidad.

bandolera. f. Correa que cruza por el pecho y la espalda desde el hombro izquierdo hasta la cadera derecha, y que en el remate lleva un gancho de acero para colgar un arma de fuego. Es distintivo de los guardas jurados. ‖ **en bandolera.** loc. adv. En forma de **bandolera,** cruzando desde un hombro a la cadera contraria.

bandolero. m. Ladrón, salteador de caminos.

bandolina. f. Instrumento músico pequeño de cuatro cuerdas y de cuerpo curvado como el del laúd.

bandolón. m. Instrumento músico semejante en la figura a la bandurria, pero del tamaño de la guitarra. Sus cuerdas, de acero unas, de latón otras, y de entorchado las demás, son 18, repartidas en seis órdenes de a tres, y se hieren con una púa.

bandoneón. m. Variedad de acordeón, de forma hexagonal y escala cromática, muy popular en la Argentina.

bandurria. f. Instrumento músico de cuerda, semejante a la guitarra, pero de menor tamaño; suele tener 12 cuerdas pareadas y el mástil con 14 trastes fijos de metal; se toca con una púa y sirve de tiple en el concierto de instrumentos de su clase, principalmente de música popular.

banjo. m. Instrumento músico de cuerda. Se compone de una caja de resonancia circular, construida con una piel tensada sobre un aro metálico, y un mástil largo con clavijas. Puede tener de cinco a nueve cuerdas que se pulsan con los dedos o con un plectro. Es de origen africano.

banqueo. m. Desmonte de un terreno en planos escalonados.

banquero. m. Jefe de una casa de banca. ‖ **2.** El que se dedica a operaciones mercantiles de giro, descuento, cuentas corrientes y otras análogas sobre dinero o valores.

banqueta. f. Asiento de tres o cuatro pies y sin respaldo. ‖ **2. escabel,** banquillo muy bajo para poner los pies.

banquete. m. Comida a que concurren muchas personas para celebrar algún acontecimiento. ‖ **2.** Comida espléndida.

banquillo. m. d. de **banco.** ‖ **2.** Asiento en que se coloca el procesado ante el tribunal. ‖ **3.** *Dep.* Lugar de espera de los jugadores reservas y entrenadores, fuera del juego.

bantú. adj. Dícese de un grupo de lenguas afines habladas en África ecuatorial y meridional por pueblos de caracteres étnicos diversos. Ú. t. c. s. ‖ **2.** Dícese del individuo de uno de los pueblos que hablan lenguas **bantúes.** Ú. t. c. s. ❑ pl. *bantúes* o *bantús.*

banyo. m. **banjo.**

banzo. m. Cada uno de los dos largueros paralelos o apareados que sirven para afianzar una armazón; como una escalera de mano, el respaldo de una silla, etc.

bañador. m. Cualquier prenda o conjunto de prendas para bañarse.

bañar. tr. Meter el cuerpo o parte de él en el agua o en otro líquido, por limpieza, para refrescarse o con un fin medicinal. Ú. t. c. prnl. ‖ **2.** Sumergir alguna cosa en un líquido. ‖ **3.** Humedecer, regar o tocar el agua alguna cosa. ‖ **4.** Tocar algún paraje el agua del mar, de un río, etc. *El río* BAÑA *las murallas de la ciudad.* ‖ **5.** Cubrir una cosa con una capa de otra sustancia, mediante su inmersión en esta o untándola con ella. ‖ **6.** Tratándose del sol, de la luz o del aire, dar de lleno en alguna cosa.

bañera. f. **baño,** pila.

bañista. com. Persona que concurre a tomar baños.

baño. m. Acción y efecto de bañar o bañarse. ‖ **2.** Acción y efecto de someter el cuerpo o parte de él al influjo intenso o prolongado de un agente físico (calor, frío, vapor, sol, lodo, etc.). ‖ **3.** Agua o líquido para bañarse. ‖ **4.** Pila que sirve para bañar, o lavar todo el cuerpo o parte de él. ‖ **5. cuarto de baño.** ‖ **6. servicio,** retrete. ‖ **7.** Capa de materia extraña con que queda cubierta la cosa bañada; como la de azúcar en los dulces, la de cera en varios objetos, y la de plata u oro en cubiertos y alhajas. ‖ **8.** pl. **balneario,** edificio con aguas medicinales. ‖ **de María** o **baño María.** Recipiente con agua puesto a la lumbre y en el cual se mete otra vasija para que su contenido reciba un calor suave y constante en ciertas operaciones químicas, farmacéuticas o culinarias. ‖ **de sangre.** fig. y fam. Matanza de un elevado número de personas.

baobab. m. Árbol del África tropical, de la familia de las bombacáceas, con tronco derecho de 9 a 10 metros de altura y hasta 10 de circunferencia, ramas horizontales de hasta 20 metros de largo, flores grandes y blancas, y frutos capsulares, carnosos y de sabor acídulo agradable.

baptismo. m. Doctrina religiosa protestante cuya idea esencial es que el bautismo solo debe ser administrado a los adultos.

baptista. adj. Perteneciente o relativo al baptismo. ‖ **2.** Adepto a dicha doctrina. Ú. t. c. s.

baptisterio. m. Sitio donde está la pila bautismal. ‖ **2. pila bautismal.** ‖ **3.** *Arq.* Edificio por lo común de planta circular o poligonal, próximo a un templo y generalmente pequeño, donde se administraba el bautismo.

baquelita. f. Resina sintética que se obtiene calentando formaldehído y fenol en presencia de un catalizador. Tiene mucho uso en la industria, especialmente en la preparación de barnices y lacas y en la fabricación de objetos moldeados.

baqueta. f. Varilla seca de membrillo u otro árbol, que usan los picadores para el manejo de los caballos. ‖ **2.** pl. Palillos con que se toca el tambor. ❑ No confundir con *vaqueta.*

baquetazo. m. Golpe dado con la baqueta. ‖ **tratar a baquetazos** a alguien. fr. fig. y fam. Tratarle con desprecio o severidad.

báquico, ca. adj. Perteneciente o relativo a Baco. *Furor* BÁQUICO. ‖ **2.** fig. Perteneciente a la embriaguez.

bar¹. m. Local en que se despachan bebidas que suelen tomarse de pie, ante el mostrador. Por ext., se da también este nombre a ciertas cervecerías.

bar². m. **baro** en la terminología internacional.

barahúnda. f. Ruido y confusión grandes.

baraja. f. Conjunto de naipes que sirven para varios juegos. La **baraja** española consta de 48 naipes, y la francesa de 52. ‖ **jugar** alguien **con dos barajas.** fr. fig. y fam. Proceder con doblez.

barajar. tr. En el juego de naipes, mezclarlos

unos con otros antes de repartirlos. ‖ **2.** En las reflexiones o hipótesis que preceden a una resolución, considerar las varias posibilidades o probabilidades que pueden darse. ❑ No utilizar con singulares no colectivos.

baranda. f. **barandilla.** ‖ **2.** Borde o cerco que tienen las mesas de billar.

barandal. m. Listón de hierro u otra materia, sobre el que se sientan los balaustres. ‖ **2.** El que los sujeta por arriba.

barandilla. f. Antepecho compuesto de balaustres de madera, hierro, bronce u otra materia, y de los barandales que los sujetan: sirve comúnmente para los balcones, pasamanos de escaleras y división de piezas.

baratija. f. Cosa menuda y de poco valor. Ú. m. en pl.

baratillo. m. Tienda o puesto en que se venden cosas a bajo precio. ‖ **2.** Sitio fijo en que se hacen estas ventas.

barato, ta. adj. Dícese de cualquier cosa vendida, comprada u ofrecida a bajo precio.

barba. f. Parte de la cara, que está debajo de la boca. ‖ **2.** Pelo que nace en esta parte de la cara y en los carrillos. Ú. t. en pl. ‖ **3.** Este mismo pelo crecido y, por lo general, cuidado y cortado de diversas formas. ‖ **4.** pl. *Zool.* Filamentos sutiles que guarnecen el astil de la pluma; generalmente están unidos entre sí por medio de otros más tenues que hay en los bordes. ‖ **hacer la barba.** fr. Afeitar la **barba** o el bigote. ‖ **por barba.** loc. adv. Por cabeza o por persona. *A perdiz* POR BARBA. ‖ **subirse** uno **a las barbas** de otro. fr. fig. y fam. Atreverse o perder el respeto al superior, o quererse igualar con quien le excede.

barbacana. f. *Fort.* Obra aislada para defender puertas de plazas, cabezas de puente, etc. ‖ **2.** Muro bajo con que se suelen rodear las plazuelas que algunas iglesias tienen alrededor de ellas o delante de alguna de sus puertas. ‖ **3.** Saetera o tronera.

barbacoa. f. Parrilla usada para asar al aire libre carne o pescado.

barbada. f. Quijada inferior de las caballerías. ‖ **2.** Pez teleósteo anacanto, parecido al abadejo, pero de cabeza más gruesa, dos aletas dorsales en vez de tres, y una barbilla en la mandíbula inferior, a lo cual debe el nombre. Vive en el Mediterráneo, crece hasta unos siete decímetros de largo, es negruzco por el lomo y azul plateado por el abdomen.

barbado, da. adj. Que tiene barbas. Apl. a pers., ú. t. c. s. ‖ **2.** m. Árbol que se planta con raíces, o sarmiento con ellas que sirve para plantar viñas.

barbaja. f. Planta perenne de la familia de las compuestas, parecida a la escorzonera, de unos tres decímetros de altura, con tallo recto y ramoso, hojas lanceoladas, lineales y aserradas, y flores rojizas. Abunda en España. ‖ **2.** pl. *Agr.* Primeras raíces que echan los vegetales recién plantados.

barbaridad. f. Calidad de bárbaro. ‖ **2.** Dicho o hecho necio o temerario. ‖ **3. atrocidad,** exceso, demasía. ‖ **4.** Cantidad grande o excesiva. ‖ **5.** Acción o acto exagerados o excesivos.

barbarie. f. fig. Rusticidad, falta de cultura. ‖ **2.** Fiereza, crueldad.

barbarismo. m. Vicio del lenguaje, que consiste en pronunciar o escribir mal las palabras, o en emplear vocablos impropios. ‖ **2.** *Ling.* Extranjerismo no incorporado totalmente al idioma.

bárbaro, ra. adj. Dícese del individuo de cualquiera de los pueblos que en el siglo V abatieron el imperio romano y se difundieron por la mayor parte de Europa. Ú. t. c. s. ‖ **2.** fig. Fiero, cruel. ‖ **3.** Grande, excesivo, extraordinario. ‖ **4.** Excelente, llamativo, magnífico.

barbechar. tr. Arar o labrar la tierra disponiéndola para la siembra. ‖ **2.** Arar la tierra, sin sembrarla después, para que permanezca en descanso.

barbecho. m. Tierra labrantía que no se siembra durante uno o más años. ‖ **2.** Acción de barbechar.

barbería. f. Local donde trabaja el barbero.

barbero. m. El que tiene por oficio afeitar o hacer la barba.

barberol. m. *Zool.* Pieza que, con otras, forma el labio inferior de los insectos masticadores.

barbián, na. adj. fam. Desenvuelto, gallardo, resuelto. Ú. t. c. s.

barbilampiño. adj. Dícese del varón adulto que no tiene barba, o tiene poca. ❑ No confundir con *imberbe.*

barbilla. f. Punta o remate de la barba o parte de la cara que está debajo de la boca. ‖ **2.** Apéndice carnoso que algunos peces tienen en la parte inferior de la cabeza, a manera de mamellas. ‖ **3.** pl. *Zool.* Filamentos diminutos de las barbas de las plumas de las aves.

barbitúrico. adj. *Quím.* Dícese de cierto ácido orgánico cristalino cuyos derivados tienen propiedades hipnóticas y sedantes. En dosis excesivas poseen acción tóxica. ‖ **2.** m. Cualquiera de estos derivados.

barbo. m. Pez de río, fisóstomo, de color oscuro por el lomo y blanquecino por el vientre. Crece hasta unos 60 centímetros de longitud y tiene cuatro barbillas en la mandíbula superior, dos hacia el centro y otras dos, más largas, a uno y otro lado de la boca. Es comestible.

barboquejo. m. Cinta con que se sujeta por debajo de la barbilla el sombrero.

barbotear. intr. Mascullar, hablar de manera atropellada o con sonidos entrecortados.

barbudo, da. adj. Que tiene muchas barbas.

barbusano. m. Árbol de las islas Canarias, de la familia de las lauráceas, que crece hasta 16 metros de altura. Su madera es durísima, pero frágil, algo parecida a la caoba y de mucha duración. ‖ **2.** Madera de este árbol.

barca. f. Embarcación pequeña para pescar o traficar en las costas del mar, o para atravesar los ríos.

barcaje. m. Transporte de efectos en una barca. ‖ **2.** Precio o flete que por él se paga.

barcal. m. Artesa de una pieza, en la cual, al medir vino, se colocan las vasijas para recoger el que se derrame.

barcarola. f. Canción popular de Italia, y especialmente de los gondoleros de Venecia.

barcaza. f. Lanchón para transportar carga de los buques a tierra, o viceversa.

barcelonés, sa. adj. Natural de Barcelona. Ú. t. c. s. ‖ **2.** Perteneciente o relativo a esta ciudad o a su provincia.

barco. m. Construcción cóncava de madera, hierro u otra materia, capaz de flotar en el agua y que sirve de medio de transporte. ‖ **cisterna.** El dedicado a transportar líquidos.

bardaguera. f. Arbusto de la familia de las salicáceas, muy ramoso, de dos a cuatro metros de altura, con hojas lanceoladas, verdes y lampiñas por la cara superior, blanquecinas y algo vellosas por el envés, y flores verdes en amentos muy precoces. Los ramos más delgados sirven para hacer canastillas y cestas.

bardo. m. Poeta de los antiguos celtas. ‖ **2.** Por ext., poeta heroico o lírico de cualquier época o país.

baremo. m. Cuaderno o tabla de cuentas ajustadas. ‖ **2.** Lista o repertorio de tarifas. ‖ **3.** Conjunto de normas establecidas convencionalmente para evaluar los méritos personales, la solvencia de empresas, etc.

baria. f. *Fís.* En el sistema cegesimal, unidad de presión equivalente a una dina por centímetro cuadrado.

bario. m. Elemento químico de núm. atóm. 56. Metal abundante en la corteza terrestre; se encuentra en minerales como la barita y la baritina; es de color blanco amarillento, blando, pesado, especialmente reactivo, y se oxida con rapidez. Se usa para desgasificar tubos de vacío, y alguno de sus derivados, en el blindaje de muros contra radiaciones y como medio de contraste en radiología. Símb. *Ba.* ❑ No confundir con *vario.*

barisfera. f. Núcleo central del globo terrestre.

barita. f. Óxido de bario, que en forma de polvo blanco se obtiene en los laboratorios. Combinado con el ácido sulfúrico, se encuentra generalmente en la naturaleza, formando la baritina.

baritina. f. Sulfato de barita, de formación natural, que se usa para falsificar el albayalde.

barítono. m. *Mús.* Voz media entre la de tenor y la de bajo. ‖ **2.** *Mús.* El que tiene esta voz.

barlovento. m. *Mar.* Parte de donde viene el viento, con respecto a un punto o lugar determinado.

barniz. m. Disolución de una o más sustancias resinosas en un líquido que al aire se volatiliza o se deseca. Con ella se da a las pinturas, maderas y otras cosas, con objeto de preservarlas de la acción de la atmósfera, del polvo, etc., y para que adquieran lustre. ‖ **2.** fig. **tintura,** noción superficial de una ciencia.

barnizar. tr. Dar un baño de barniz.

baro. m. *Fís.* Unidad de medida de la presión atmosférica, equivalente a cien millones de pascales.

baro-, -baro, ra. Elemento compositivo que significa «pesantez», y por ext., «presión atmosférica», v. gr. BARO*rreceptores, isó*BARAS.

barógrafo. m. Barómetro registrador.

barómetro. m. Instrumento que sirve para determinar la presión atmosférica. ‖ **2.** fig. Cualquier cosa que se considera índice o medida de un determinado proceso o estado. *La prensa es un* BARÓMETRO *que señala el grado de cultura de un pueblo.*

barón. m. Título de dignidad, de más o menos preeminencia según los diferentes países. ❑ No confundir con *varón.*

baronesa. f. Mujer del barón. ‖ **2.** Mujer que goza una baronía.

baronía. f. Dignidad de barón.

barquero, ra. m. y f. Persona que gobierna la barca.

barquilla. f. Molde prolongado, a manera de barca, que sirve para hacer pasteles. ‖ **2.** Cesto o artefacto en que van los tripulantes de un globo o de una aeronave.

barquillero, ra. m. y f. Persona que hace o vende barquillos. ‖ **2.** m. Molde de hierro para hacer barquillos. ‖ **3.** f. Recipiente metálico en que el **barquillero** lleva su mercancía. Suele tener en la tapa un mecanismo giratorio que sirve para determinar por la suerte el número de barquillos que corresponden a cada tirada.

barquillo. m. Hoja delgada de pasta hecha con harina sin levadura y azúcar o miel y por lo común canela, la cual, en moldes calientes, recibía en otro tiempo figura convexa o de barco, y hoy suele tomar la de canuto, más ancho por uno de sus extremos que por el otro.

barquinazo. m. fam. Tumbo o vaivén recio de un carruaje, y también vuelco del mismo.

barra. f. Pieza de metal u otra materia, de forma generalmente prismática o cilíndrica y mucho más larga que gruesa. ‖ **2.** Pieza de pan de forma alargada. ‖ **3.** La que suelen tener los bares y otros establecimientos semejantes a lo largo del mostrador; y de aquí el mismo mostrador: *servicio de* BARRA; *tomar un café en la* BARRA. ‖ **de labios. pintalabios.** ‖ **fija.** La sujeta horizontalmente a la altura conveniente para hacer ciertos ejercicios gimnásticos o el aprendizaje de la danza. ‖ **2.** *Dep.* Aparato de gimnasia deportiva que consiste en una **barra** cilíndrica horizontal, sostenida a 2,5 m de altura por dos postes verticales. ‖ **sin mirar, pararse, reparar,** o **tropezar, en barras.** locs. advs. figs. Sin consideración de los inconvenientes, sin reparo.

barrabasada. f. fam. Travesura grave, acción atropellada.

barraca. f. Caseta o albergue construido toscamente y con materiales ligeros. ‖ **2.** Vivienda rústica, propia de las huertas de Valencia y Murcia, hecha con adobes y cubierta con cañas a dos aguas muy vertientes. ‖ **de feria.** Construcción provisional desmontable, que se destina a espectáculos, diversiones, etc., en las fiestas populares.

barracón. m. aum. de **barraca,** caseta tosca.

barracuda. f. Pez acantopterigio de los mares tropicales y templados, con el cuerpo alargado y provisto de poderosos dientes; puede alcanzar los dos metros de longitud y es muy voraz. Su carne es comestible, pero al llegar a cierta edad se vuelve venenosa.

barragán[1]. adj. ant. Esforzado, valiente. ‖ **2.** m. ant. **compañero,** persona que se acompaña con otra.

barragán[2]. m. Tela de lana, impenetrable al agua. ‖ **2.** Abrigo de esta tela, para uso de los hombres.

barragana. f. Concubina en general. ‖ **2.** Concubina que vivía en la casa del que estaba amancebado con ella.

barrancal. m. Sitio donde hay muchos barrancos.

barranco. m. Despeñadero, precipicio. ‖ **2.** Quiebra profunda producida en la tierra por las corrientes de las aguas o por otras causas.

barrena. f. Instrumento de acero, de varios gruesos y tamaños, con una rosca en espiral en su punta y una manija en el extremo opuesto; sirve para taladrar o hacer agujeros en madera, metal, piedra u otro cuerpo duro. Otras hay sin manija, que se usan con berbiquí. ‖ **entrar en barrena.** fr. Empezar a descender un avión verticalmente y en giro, por faltarle, deliberadamente o por accidente, la velocidad mínima indispensable para sostenerse en el aire.

barrenado, da. adj. fam. Que tiene perturbadas las facultades mentales.

barrenar. tr. Abrir agujeros con barrena o barreno en algún cuerpo, como hierro, madera, piedra, etc.

barrendero, ra. m. y f. Persona que tiene por oficio barrer.

barrenillo. m. Insecto coleóptero que ataca a los árboles, horadando la corteza y comiendo la albura. ‖ **2.** Enfermedad que produce este insecto en los olmos y otros árboles.

barreno. m. **barrena.** ‖ **2.** Agujero que se hace con la barrena. ‖ **3.** Agujero relleno de pólvora u otra materia explosiva, en una roca o en una obra de fábrica, para volarla.

barreño, ña. m. y f. Vasija de barro, metal, plástico, etc., de bastante capacidad y generalmente más ancha por la boca que por el asiento; sirve para fregar la loza y para otros usos.

barrer. tr. Quitar del suelo con la escoba el polvo, la basura, etc. ‖ **2.** fig. No dejar nada de lo que había en alguna parte, llevárselo todo. ‖ **3.** fig. Recorrer un espacio mediante instrumento adecuado para observar o registrar aquello que se pretende. BARRER *con el escáner, con la cámara de cine.* ‖ **4.** fig. Arrollar, vencer de una manera clara. ‖ **barrer hacia,** o **para dentro.** fr. fig. Comportarse interesadamente.

barrera. f. Valla, compuerta, madero, cadena u otro obstáculo semejante con que se cierra un paso o se cerca un lugar. ‖ **2.** Antepecho de madera con que se cierra alrededor el redondel en las principales plazas de toros. ‖ **3.** En ciertos juegos deportivos, fila de jugadores que, uno al costado del otro, se coloca delante de su meta para protegerla de un lanzamiento contrario. ‖ **4.** fig. Obstáculo, embarazo entre una cosa y otra.

barretina. f. **gorro catalán.**

barriada. f. **barrio.** ‖ **2.** Parte de un barrio.

barrica. f. Especie de tonel mediano que sirve para diferentes usos.

barricada. f. Especie de parapeto que se hace, ya con barricas, ya con carruajes volcados, tablas, palos, piedras del pavimento, etc. Sirve para estorbar el paso al enemigo, y es de más uso en las revueltas populares que en el arte militar.

barrido. m. Acción de barrer. ‖ **2.** *Fís.* Proceso por el que un dispositivo explora sistemática y repetidamente un área o un espacio reconociéndolos punto por punto para transformar la imagen de cada uno de ellos en señales eléctricas transmisibles a distancia, que, a su recepción, por otro proceso inverso y similar, se convierten en imágenes. Es el fundamento de la televisión, el radar, el microscopio de **barrido,** etc.

barriga. f. **vientre,** cavidad abdominal de los vertebrados que contiene diversos órganos. ‖ **2.** fig. Parte media abultada de una vasija, columna, etc.

barrigudo, da. adj. Que tiene gran barriga.

barril. m. Vasija de madera, de varios tamaños y hechuras, que sirve para conservar y transportar diferentes licores y géneros.

barrilete. m. Instrumento grueso de hierro y de la figura de un siete, que usan los carpinteros y otros artesanos para asegurar sobre el banco los materiales que labran.

barrilla. f. Planta de la familia de las quenopodiáceas, ramosa, empinada, con tallos lampiños, hojas blanquecinas, crasas, semicilíndricas, puntiagudas, pero no espinosas, y flores verduscas, axilares y aisladas. Crece en terrenos salados, y sus cenizas, que contienen muchas sales alcalinas, sirven para obtener la sosa. ‖ **2.** Estas mismas sales.

barrillo. m. Grano pequeño que sale en el rostro.

barrio. m. Cada una de las partes en que se dividen los pueblos grandes o sus distritos. ‖ **2. arrabal,** afueras de una población. *El* BARRIO *de Triana en Sevilla.* ‖ **bajo.** En Madrid y otras ciudades, aquel en que vive la gente modesta, visto a veces como lugar pintoresco. Ú. m. en pl. ‖ **chino.** En algunas poblaciones, aquel en que se concentran los locales destinados a la prostitución y otras actividades de malvivir. ‖ **el otro barrio.** fr. fig. y fam. El otro mundo, la eternidad.

barriobajero, ra. adj. Propio de los barrios bajos. ‖ **2.** Que obra o habla de manera desgarrada y vulgar.

barritar. intr. Dar barritos o berrear el elefante.

barrito. m. Berrido del elefante.

barrizal. m. Sitio o terreno lleno de barro o lodo.

barro[1]. m. Masa que resulta de la mezcla de tierra y agua. ‖ **2.** Lodo que se forma en las calles cuando llueve.

barro[2]. m. Cada uno de los granillos de color rojizo que salen al rostro, particularmente a los que empiezan a tener barbas.

barroco, ca. adj. Dícese del estilo de ornamentación caracterizado por la profusión de volutas, y otros adornos en que predomina la línea curva, que se desarrolló, principalmente, en los siglos XVII y XVIII. ‖ **2.** fig. Por ext., aplícase a lo excesivamente recargado de adornos. ‖ **3.** m. Período de la cultura europea, y su influencia y desarrollo en América, en que prevaleció dicho estilo artístico y que va desde finales del siglo XVI a los primeros decenios del XVIII.

barrón. m. Planta perenne de la familia de las gramíneas, con tallos de cerca de un metro de altura y derechos; hojas arrolladas, punzantes y glaucas, y flores en panoja amarillenta y cilíndrica, con pelos cortos. Crece en los arenales marítimos y sirve para consolidarlos.

barroquismo. m. Tendencia a lo barroco.

barrote. m. Barra gruesa. ‖ **2.** Barra de hierro que sirve para afianzar o asegurar alguna cosa; como cofre, ventana, etc.

barrujo. m. Acumulación de hojas secas de pino que suele cubrir, más o menos completamente, el suelo de los pinares.

barruntar. tr. Prever, conjeturar o presentir por alguna señal o indicio.

bartola (a la). loc. adv. fam. Con los verbos *echarse, tenderse* y *tumbarse,* descuidar o abandonar el trabajo u otra actividad. ‖ **2.** Con esos mismos verbos, despreocuparse, quedar libre de toda inquietud o preocupación.

bartolillo. m. Pastel pequeño en forma casi triangular, relleno de crema o carne.

bártulos. m. pl. fig. Enseres que se manejan.

barullo. m. fam. Confusión, desorden, mezcla de gentes o cosas de varias clases. ‖ **a barullo.** loc. adv. fam. En gran cantidad.

basa. f. **base,** fundamento o apoyo en que estriba una cosa. ‖ **2.** *Arq.* Asiento sobre el que se pone la columna o estatua. ‖ **3.** Pieza inferior de la columna en todos los órdenes arquitectónicos excepto en el dórico.

basal. adj. Situado en la base de una formación orgánica o de una construcción.

basalto. m. Roca volcánica, por lo común de color negro o verdoso, de grano fino, muy dura, compuesta principalmente de feldespato y piroxena y a veces de estructura prismática.

basamento. m. *Arq.* Cualquier cuerpo que se pone debajo de la caña de la columna, y que comprende la basa y el pedestal.

basar. tr. Asentar algo sobre una base. ‖ **2.** fig. Fundar, apoyar. Ú. t. c. prnl. ❑ No confundir con *vasar.*

basáride. f. Mamífero carnívoro, parecido a la comadreja, pero de mayor tamaño, que tiene la piel de color leonado y en la cola ocho anillos negros.

Habita en Méjico, en California y en otros lugares de América, y vive en las oquedades de las tapias y paredes. Los indios la ponen disecada como trofeo en los techos y soportales de sus cabañas.

basca. f. Ansia, desazón e inquietud que se experimenta en el estómago cuando se quiere vomitar. Ú. m. en pl. ‖ **2.** fam. Pandilla, grupo de amigos o de personas afines. ❑ No confundir con *vasca.*

báscula. f. Aparato para pesar que tiene una plataforma sobre la que se colocan los objetos cuyo peso se quiere obtener.

bascular. intr. Moverse un cuerpo de un lado a otro girando sobre un eje vertical. ‖ **2.** Oscilar un cuerpo sobre un eje horizontal. ❑ No confundir con *vascular.*

base. f. Fundamento o apoyo principal en que estriba o descansa alguna cosa. ‖ **2.** Lugar donde se concentra personal y equipo, para, partiendo de él, organizar expediciones o campañas de diverso tipo. ‖ **3.** *Arit.* Número cuyas potencias se utilizan para representar otros números. ‖ **4.** *Arq.* **basa,** de una columna o estatua. ‖ **5.** *Dep.* En el juego del béisbol, cada una de las cuatro esquinas del campo que defienden los jugadores. ‖ **6.** *Geom.* Lado o cara a partir del cual se mide la altura de una figura plana o de un sólido. ‖ **7.** *Mil.* Lugar donde se concentran, de modo estable, instalaciones, tropas y armamentos, para actuar en caso preciso. ‖ **8.** *Quím.* Cada uno de los cuerpos, de procedencia orgánica o inorgánica, que tienen la propiedad de combinarse con los ácidos para formar sales. ‖ **del cráneo.** Porción inferior del cráneo, formada principalmente por los huesos occipital y temporales, cuya lesión o rotura es especialmente grave, por su proximidad a las partes vitales del sistema nervioso. ‖ **imponible.** Suma de todos los rendimientos netos, positivos y negativos, más el exceso de los incrementos de patrimonio sobre las disminuciones de patrimonio. ‖ **a base de.** loc. prepos. Tomando como **base,** fundamento o componente principal.

básico, ca. adj. Perteneciente a la base o bases sobre que se sustenta una cosa; fundamental. ‖ **2.** *Quím.* Dícese de la sal en que predomina la base.

basílica. f. Edificio público que servía a los romanos de tribunal y de lugar de reunión y de contratación. ‖ **2.** Cada una de las trece iglesias de Roma, siete mayores y seis menores, que se consideran como las primeras de la cristiandad en categoría y gozan de varios privilegios. ‖ **3.** Iglesia notable por su antigüedad, extensión o magnificencia, o que goza de ciertos privilegios, por imitación de las **basílicas** romanas.

basilisco. m. Animal fabuloso, al cual se atribuía la propiedad de matar con la vista. ‖ **2.** fig. Persona furiosa o dañina. ‖ **estar hecho un basilisco.** fr. fig. y fam. Estar muy airado.

basta. f. **hilván.** ‖ **2.** Cada una de las puntadas o ataduras que suele tener a trechos el colchón de lana para mantener esta en su lugar.

bastante. adv. c. Ni mucho ni poco, ni más ni menos de lo regular, ordinario o preciso; sin sobra ni falta. ‖ **2.** No poco. *Es* BASTANTE *rico;* BASTANTE *bella.*

bastar. intr. Ser suficiente y proporcionado para alguna cosa. Ú. t. c. prnl. ‖ **basta.** Voz que sirve para poner término a una acción o discurso.

bastarda. f. Lima de grano más fino que usan los cerrajeros para dar lustre a las piezas. ‖ **2.** Culebrina cuya longitud no alcanzaba a treinta veces el calibre o diámetro de la boca.

bastardear. intr. Degenerar de su naturaleza. Se usa referido a animales y plantas. ‖ **2.** tr. Apartar una cosa de la pureza primitiva de ella.

bastardilla. adj. V. **letra bastardilla.**

bastardo, da. adj. Que degenera de su origen o naturaleza. ‖ **2.** V. **hijo bastardo.** Ú. t. c. s.

bastedad. f. Calidad de basto. ❑ No confundir con *vastedad.*

bastetano, na. adj. Dícese de un pueblo hispánico prerromano que habitaba territorios correspondientes a parte de las actuales provincias de Granada, Jaén y Almería, con capital en Basti (hoy Baza). Ú. t. c. s. ‖ **2.** Dícese también de los individuos que componían este pueblo. Ú. t. c. s. ‖ **3.** Perteneciente o relativo a los **bastetanos.**

basteza. f. Grosería, tosquedad.

bastidor. m. Armazón de palos o listones de madera o de barras delgadas de metal, en la cual se fijan lienzos para pintar y bordar; sirve también para armar vidrieras y para otros usos análogos. ‖ **2.** Armazón de listones o maderos, sobre la cual se extiende y fija un lienzo o papel pintados; y especialmente cada uno de los que, dando frente al público, se ponen a un lado y otro del escenario y forman parte de la decoración teatral. ‖ **3.** Armazón metálica que soporta la caja de un vagón, de un automóvil, etc. A veces se da este nombre al conjunto de dicha armazón con el motor y las ruedas.

bastilla. f. Doblez que se hace y asegura con puntadas, a manera de hilván menudo, a los extremos de la tela para que esta no se deshilache.

bastimentar. tr. Proveer de bastimentos, víveres.

bastimento. m. Provisión para sustento de una ciudad, ejército, etc.

bastión. m. *Fort.* **baluarte,** obra de figura pentagonal que sobresale en el encuentro de dos porciones de muralla.

bastitano, na. adj. Natural de Baza. Ú. t. c. s. ‖ **2.** Perteneciente a esta ciudad de la provincia de Granada.

basto[1]**.** m. As en el palo de naipes llamado **bastos.** ❑ Ú. m. con art. ‖ **2.** Cualquiera de los naipes del palo de **bastos.** ‖ **3.** pl. Uno de los cuatro palos de la baraja española, en cuyos naipes está representado por una o varias figuras de leños gruesos por uno de sus extremos y estrechos por el otro.

basto[2]**, ta.** adj. Grosero, tosco, sin pulimento. ‖ **2.** fig. Dícese de la persona rústica, tosca o grosera. ❑ No confundir con *vasto.*

bastón. m. Vara de una u otra materia, por lo común con puño y contera y más o menos pulimento, que sirve para apoyarse al andar. ‖ **2.** Insignia de mando o de autoridad.

bastonazo. m. Golpe dado con el bastón.

bastoncillo. m. Bastón pequeño. ‖ **2.** *Histol.* Prolongación cilíndrica fotosensible de ciertas células de la retina de los vertebrados, que recibe las impresiones luminosas incoloras.

bastonera. f. Mueble en que se colocan paraguas y bastones.

basura. f. Inmundicia, suciedad, y especialmente la que se recoge barriendo. ‖ **2.** Desecho, residuos de comida, papeles y trapos viejos, trozos de cosas rotas y otros desperdicios. ‖ **3.** fig. Lo repugnante o despreciable.

basurero, ra. m. y f. Persona que tiene por oficio recoger basura. ‖ **2.** m. Sitio en donde se arroja y amontona la basura.

bata. f. Prenda de vestir holgada, con mangas y abierta por delante, que se usa al levantarse y para estar por casa. ‖ **2.** Prenda de uso exterior a manera de blusa larga, de tela lavable, generalmente blanca, que se ponen sobre el vestido los que trabajan en laboratorios, clínicas, oficinas, peluquerías, etc. ‖ **de cola.** Vestido femenino con volantes y cola, usado en Andalucía.

batacazo. m. Golpe fuerte y con estruendo que da alguna persona cuando cae. ‖ **2.** Caída inesperada de un estado o condición.

batahola. f. fam. Bulla, ruido grande.

batalla. f. Combate de un ejército con otro, o de una armada naval con otra. ‖ **2.** Acción bélica en que toman parte todos o los principales elementos de combate. ‖ **3.** Justa o torneo. ‖ **4.** fig. Agitación e inquietud interior del ánimo. ‖ **campal.** *Mil.* La general y decisiva entre dos ejércitos completos. ‖ **de batalla.** loc. que se aplica a las prendas, utensilios u objetos de uso ordinario a distinción de los que han de tratarse con más miramiento.

batallar. intr. Pelear, reñir con armas. ‖ **2.** fig. **disputar,** debatir, porfiar.

batallón. m. Unidad compuesta de varias compañías, y mandada normalmente por un teniente coronel o un comandante. ‖ **2.** fig. Grupo numeroso de gente. *Vino con un* BATALLÓN *de amigos.* ‖ **3.** Antiguamente, escuadrón de caballería.

batán. m. Máquina generalmente hidráulica, compuesta de gruesos mazos de madera, movidos por un eje, para golpear, desengrasar los paños y darles cuerpo. ‖ **2.** Edificio en que funciona esta máquina.

batanear. tr. fig. y fam. Sacudir o dar golpes a alguien.

batata. f. Planta vivaz de la familia de las convolvuláceas, de tallo rastrero y ramoso, hojas alternas, acorazonadas y profundamente lobuladas, flores grandes, acampanadas, rojas por dentro, blancas por fuera, y raíces como las de la patata. ‖ **2.** Cada uno de los tubérculos de las raíces de esta planta, que son de color pardo por fuera y amarillento o blanco por dentro, del tamaño de unos doce centímetros de largo, cinco de diámetro y figura fusiforme. Es comestible.

bate. m. Palo más grueso por el extremo libre que por la empuñadura, con el que se golpea la pelota en el béisbol y en otros juegos. ❑ No confundir con *vate.*

bateador. m. El que maneja el bate en el juego de béisbol.

bateaguas. m. Canal o ingenio que se coloca para impedir que el agua de lluvia penetre en el edificio o se deslice perjudicialmente.

batear. tr. En el béisbol y otros juegos, dar a la pelota con el bate. Ú. t. c. intr. ‖ **2.** intr. Usar el bate.

batería. f. Conjunto de piezas de artillería dispuestas para hacer fuego al enemigo. ‖ **2. batería eléctrica.** ‖ **3.** Conjunto de instrumentos de percusión en una banda u orquesta. ‖ **4.** Conjunto de instrumentos de esta clase montados en un dispositivo único, que toca un solo ejecutante. ‖ **5.** com. Individuo que toca la **batería** en un conjunto musical. ‖ **de cocina.** Conjunto de utensilios necesarios para la cocina, que son comúnmente de cobre, hierro, aluminio o acero. ‖ **eléctrica.** *Fís.* Acumulador de electricidad, o conjunto de ellos. ‖ **en batería.** loc. adj. o adv. Modo de aparcar o estacionar vehículos colocándolos paralelamente unos a otros.

batial. adj. *Geol.* Perteneciente o relativo a las partes profundas del mar. ‖ **2.** *Oceanogr.* Dícese de las profundidades oceánicas comprendidas entre 200 y 2.000 metros, con referencia especial a sus fondos.

batiburrillo. m. **baturrillo.**

baticabeza. m. Coleóptero de cuerpo prolongado, estrecho y atenuado hacia atrás, que, por la disposición de las piezas de su esternón, puede dar saltos cuando cae de espaldas, golpeando el suelo con el cuerpo hasta que logra colocarse en la posición normal.

batida. f. En la montería, acción de batir el monte para que las reses que haya salgan a los puestos donde están esperando los cazadores. ‖ **2.** Acción de explorar varias personas una zona buscando a alguien o algo. ‖ **3.** Allanamiento, que por sorpresa realiza la policía, de locales donde se supone que se reúnen maleantes u otras personas para efectuar actos ilegales: juego, consumo de drogas, prostitución, etc.

batidera. f. Instrumento parecido al azadón, de astil muy largo, y que se emplea para batir o mezclar la cal con la arena y el agua al hacer argamasa.

batido, da. adj. Aplícase a los tejidos de seda que, por tener la urdimbre de un color y la trama de otro, resultan con visos distintos. ‖ **2.** Aplícase al camino muy andado y trillado. ‖ **3.** m. Bebida que se hace batiendo helado, leche u otros ingredientes.

batidor, ra. adj. Que bate. ‖ **2.** m. Instrumento para batir. ‖ **3.** Explorador que descubre y reconoce el campo o el camino para ver si está libre de enemigos. ‖ **4.** *Mont.* El que levanta la caza en las batidas. ‖ **5.** m. y f. Instrumento que mediante movimiento giratorio bate los ingredientes de manjares, condimentos o bebidas.

batiente. adj. Que bate. ‖ **2.** m. Parte del cerco de las hojas de puertas, ventanas y otras cosas semejantes, en que se detienen y baten cuando se cierran. ‖ **3.** Lugar donde la mar bate el pie de una costa o de un dique.

batihoja. m. Artífice que a golpes de mazo labra metales, reduciéndolos a láminas.

batimetría. f. *Geofís.* Estudio de las profundidades oceánicas mediante el trazado de mapas de isóbatas, así como de la distribución de animales y vegetales marinos según la profundidad. Por ext., ese mismo estudio aplicado a los lagos grandes.

batín. m. Bata con haldillas que llega solo un poco más abajo de la cintura. ‖ **2.** Por ext., bata más o menos larga que usan los hombres para estar en casa.

batintín. m. Campana que llevan los chinos a bordo; es una especie de caldero compuesto de dos metales y sumamente sonoro, que tocan con una bola cubierta de lana y forrada, fija en el extremo de un palito. ‖ **2.** Instrumento de percusión que consiste en un disco rebordeado de una aleación metálica muy sonora y que, suspendido, se toca como el instrumento anterior.

batipelágico, ca. adj. Perteneciente o relativo a las grandes profundidades marinas.

batir. tr. Dar golpes, golpear. ‖ **2.** Mover con ímpetu y fuerza alguna cosa. BATIR *las alas, los remos.* ‖ **3.** Mover y revolver alguna cosa para que se condense o espese, o para que se liquide o disuelva. ‖ **4.** Derrotar al enemigo. ‖ **5.** Acuñar moneda. ‖ **6.** Con voces significativas de terreno en despoblado, como *campo, estrada, monte, selva, soto,* etc., reconocer, registrar, recorrer, ya para operaciones militares, ya para cazar, buscar delincuentes, sospechosos o con otro motivo. Úsase especialmente en esta acepción como voz técnica de la milicia y la montería. ‖ **7.** intr. Referido al corazón, latir este con violencia. ‖ **8.** prnl. Combatir, pelear. ‖ **9.** Combatir en duelo.

batiscafo. m. Especie de embarcación sumergible preparada para resistir grandes presiones y destinada a explorar las profundidades del mar.

batista. f. Lienzo fino muy delgado.

batracio. adj. *Zool.* Dícese de los vertebrados de temperatura variable que son acuáticos y respiran por branquias durante su primera edad; se hacen aéreos y respiran por pulmones en su estado adulto; en el estado embrionario carecen de amnios y alantoides; como la salamandra y el sapo. Ú. m. c. s.

batuda. f. Serie de saltos que dan los gimnastas por el trampolín unos tras otros.

Batuecas. n. p. **estar en las Batuecas.** fr. fig. y fam. **estar en Babia.**

baturrillo. m. fig. y fam. En la conversación y en los escritos, mezcla de cosas inconexas y que no vienen a propósito.

baturro, rra. adj. Rústico aragonés. Ú. t. c. s. ‖ **2.** Perteneciente o relativo al **baturro.** *Cuento* BATURRO.

batuta. f. Bastón corto con que el director de una orquesta, banda, coro, etc., marca el compás en la ejecución de una pieza de música. ‖ **2.** fig. Director de orquesta. ‖ **llevar** alguien **la batuta.** fr. fig. y fam. Dirigir una corporación o conjunto de personas, determinando lo que se ha de hacer o la conducta que se debe seguir.

baudio. m. *Inform.* Unidad de la velocidad de transmisión de señales, equivalente a un bit por segundo.

baúl. m. Mueble parecido al arca, frecuentemente de tapa convexa, cubierto por lo común de piel, tela u otra materia, que sirve generalmente para guardar ropas.

bauprés. m. *Mar.* Palo grueso, horizontal o algo inclinado, que en la proa de los barcos sirve para asegurar los estayes del trinquete, orientar los foques y algunos otros usos.

bautismal. adj. Perteneciente o relativo al bautismo. || **2.** V. **pila bautismal.**

bautismo. m. Primero de los sacramentos de la Iglesia, con el cual se da el ser de gracia y el carácter cristiano. || **2. bautizo.**

bautista. m. El que bautiza.

bautizar. tr. Administrar el sacramento del bautismo. || **2.** fig. Poner nombre a una cosa. || **3.** fig. y fam. Dar a una persona o cosa otro nombre que el que le corresponde.

bautizo. m. Acción de bautizar y fiesta con que esta se solemniza.

bauxita. f. Óxido hidratado de aluminio que contiene generalmente cierta cantidad de óxido de hierro y suele ser de color blanquecino, gris o rojizo.

bávaro, ra. adj. Natural de Baviera. Ú. t. c. s. || **2.** Perteneciente o relativo a este territorio alemán.

baya. f. Tipo de fruto carnoso con semillas, como el tomate y la uva. || **2.** Planta de la familia de las liliáceas, de raíz bulbosa y hojas radicales, que son estrechas y cilíndricas; el bohordo, de 10 a 12 centímetros de altura, produce en su extremidad multitud de florecitas de color azul oscuro. ❑ No confundir con *valla.*

bayeta. f. Tela de lana, floja y poco tupida. || **2.** Paño que sirve para fregar el suelo y otras superficies.

bayo, ya. adj. De color blanco amarillento. Se aplica más comúnmente a los caballos y a su pelo. Ú. t. c. s.

bayonesa. f. Especie de pastel, hecho con dos capas delgadas de masa al horno, que llevan entremedias cabello de ángel. ❑ No utilizar por *mayonesa.*

bayoneta. f. Arma blanca que usan los soldados de infantería, complementaria del fusil, a cuyo cañón se adapta exteriormente junto a la boca. Modernamente ha sido reemplazada por el cuchillo **bayoneta.**

baza. f. Número de cartas que en ciertos juegos de naipes recoge el que gana la mano. || **meter baza.** fr. fig. y fam. Intervenir en la conversación de otros, especialmente sin tener autoridad para ello.

bazar. m. En Oriente, mercado público o lugar destinado al comercio. || **2.** Tienda en que se venden productos de varias industrias, comúnmente a precio fijo.

bazo. m. *Anat.* Víscera propia de los vertebrados, de color rojo oscuro y forma variada, situada casi siempre a la izquierda del estómago, que destruye los hematíes caducos y participa en la formación de los linfocitos.

bazofia. f. Comida poco apetitosa.

bazuca. f. *Mil.* Lanzagranadas portátil consistente en un tubo que se apoya en el hombro. Se usa principalmente contra los tanques.

be[1]**.** f. Nombre de la letra *b.* ❑ pl. *bes.*

be[2]**.** Onomatopeya de la voz del carnero, de la oveja y de la cabra.

beata. f. fam. Mujer que frecuenta mucho los templos y se dedica a toda clase de devociones.

beatería. f. Acción de afectada virtud.

beatificación. f. Acción de beatificar.

beatificar. tr. Declarar el Sumo Pontífice que algún fiel difunto, cuyas virtudes han sido previamente calificadas, goza de la eterna bienaventuranza y se le puede dar culto.

beatífico, ca. adj. *Teol.* Que hace bienaventurado a alguien.

beatitud. f. Bienaventuranza eterna.

beato, ta. adj. Feliz o bienaventurado. || **2.** Dícese de la persona beatificada por el Sumo Pontífice. Ú. m. c. s. || **3.** m. fam. Hombre que frecuenta mucho los templos y se dedica a toda clase de devociones.

bebé. m. Niño de pecho.

bebedero. m. Vaso en que se echa la bebida a los pájaros de jaula y a otras aves domésticas, como gallinas, palomas, etc. || **2.** Paraje donde acuden a beber las aves. || **3. abrevadero.**

bebedizo. m. Bebida que se da por medicina. || **2.** Bebida que supersticiosamente se decía tener virtud para conciliar el amor de otras personas. || **3.** Bebida confeccionada con veneno.

bebedor, ra. adj. Que bebe. || **2.** fig. Que abusa de las bebidas alcohólicas. Ú. t. c. s.

beber. intr. Ingerir un líquido. Ú. t. c. tr. || **2. brindar, beber** por la felicidad de otros. || **3.** fig. Hacer por vicio uso frecuente de bebidas alcohólicas.

bebible. adj. fam. Aplícase a los líquidos que no son del todo desagradables al paladar.

bebida. f. Acción y efecto de beber. || **2.** Cualquier líquido simple o compuesto que se bebe.

bebido, da. adj. Que ha bebido en demasía y está casi embriagado.

beca. f. Banda que como distintivo llevaban los estudiantes doblada sobre el pecho y los extremos colgando en la espalda. Hoy solo se usa en ciertos actos. || **2.** fig. Estipendio o pensión temporal que se concede a alguien para que continúe o complete sus estudios.

becada. f. Ave limícola del tamaño de una perdiz, de pico largo, recto y delgado, cabeza comprimida y plumaje pardo rojizo con manchas negras en las partes superiores y de color claro finamente listado en las inferiores. Vive con preferencia en terrenos sombríos, se alimenta de orugas y lombrices y su carne es comestible.

becar. tr. Sufragar o conceder a alguien una beca o estipendio para estudios.

becario, ria. m. y f. Persona que disfruta de una beca para estudios.

becerra. f. Hija de la vaca hasta que cumple uno o dos años o poco más.

becerrada. f. Lidia o corrida de becerros.

becerro. m. Hijo de la vaca hasta que cumple uno o dos años o poco más. En lenguaje taurino se llama a veces así a los novillos. ‖ **2.** Piel de ternero o ternera curtida y dispuesta para varios usos, y principalmente para hacer zapatos y otras clases de calzado.

bechamel. f. **besamel.**

becqueriano, na. adj. Perteneciente o relativo al poeta Gustavo Adolfo Bécquer (1836-1870).

becuadro. m. *Mús.* Signo con el cual se expresa que la nota o notas a que se refiere deben sonar con su entonación natural.

bedel, la. m. y f. En los centros de enseñanza, persona cuyo oficio es cuidar del orden fuera de las aulas, además de otras funciones auxiliares. ‖ **2.** Por ext., ordenanza. ❑ No utilizar por *ujier*.

bedelio. m. Gomorresina de color amarillo, gris o pardo, olor suave y sabor amargo, procedente de árboles burseráceos que crecen en la India, en Arabia y en el nordeste de África. Entra en la composición de varias preparaciones farmacéuticas para uso externo.

beduino, na. adj. Dícese de los árabes nómadas que habitan su país originario o viven esparcidos por Siria y el África septentrional. Ú. m. c. s.

befa. f. Grosera e insultante expresión de desprecio.

befar. intr. Mover los caballos el befo, alargándolo para alcanzar la cadenilla del freno. ‖ **2.** tr. Burlar, mofar, escarnecer.

befo, fa. adj. **belfo,** que tiene más grueso el labio inferior que el superior. Ú. t. c. s. ‖ **2.** De labios abultados y gruesos. Ú. t. c. s. ‖ **3.** m. **belfo,** labio de un animal.

begonia. f. Planta perenne, originaria de América, de la familia de las begoniáceas, de unos cuatro decímetros de altura, con tallos carnosos, hojas grandes, acorazonadas, dentadas, de color verde bronceado por encima, rojizas y con nervios muy salientes por el envés, y flores monoicas, con pedúnculos largos y divididos en dos, sin corola y con el cáliz de color de rosa.

begoniáceo, a. adj. *Bot.* Dícese de un género de plantas angiospermas dicotiledóneas, que pertenecen exclusivamente al género de la begonia. Ú. t. c. s. f. ‖ **2.** f. pl. *Bot.* Familia de estas plantas.

behaviorismo. m. *Psicol.* **conductismo.**

beicon. m. Panceta ahumada.

beige. adj. Dícese del color castaño claro.

beis. adj. **beige.** Ú. t. c. s. m., invar. en pl.

béisbol. m. Juego entre dos equipos, en el que los jugadores han de recorrer ciertos puestos o bases de un circuito, en combinación con el lanzamiento de una pelota desde el centro de dicho circuito.

bejuco. m. Nombre de diversas plantas tropicales, sarmentosas, y cuyos tallos, largos y delgados, se extienden por el suelo o se arrollan a otros vegetales. Se emplean, por su flexibilidad y resistencia, para toda clase de ligaduras y para jarcias, tejidos, muebles, bastones, etc.

bel. m. *Fís.* **belio** en la nomenclatura internacional.

belcebú. m. Demonio, diablo.

beldad. f. Belleza o hermosura y más particularmente la de la mujer.

beldar. tr. Aventar con el bieldo las mieses, legumbres, etc., trilladas, para separar del grano la paja. ❑ Irreg. Se conj. como *acertar*.

belemnites. f. *Paleont.* Fósil de figura cónica o de maza. Es la extremidad de la concha interna que, a semejanza de las jibias, tenían ciertos cefalópodos que vivieron en los períodos jurásico y cretáceo.

belén. m. fig. **nacimiento,** representación del de Jesucristo. ‖ **2.** fig. y fam. Sitio en que hay mucha confusión. ‖ **3.** fig. y fam. Negocio o lance que puede ocasionar contratiempos o disturbios. Ú. m. en pl. *Meterse en* BELENES.

beleño. m. Planta de la familia de las solanáceas, como de un metro de altura, con hojas anchas, largas, hendidas y vellosas; flores a lo largo de los tallos, amarillas por encima y rojas por debajo, y fruto capsular con muchas semillas pequeñas, redondas y amarillentas. Toda la planta, especialmente la raíz, es narcótica.

belfo, fa. adj. Dícese del que tiene más grueso el labio inferior, como suelen tenerlo los caballos. Apl. a pers., ú. t. c. s. ‖ **2.** m. Cualquiera de los dos labios del caballo y otros animales.

belga. adj. Natural de Bélgica. Ú. t. c. s. ‖ **2.** Perteneciente o relativo a este país de Europa.

belicismo. m. Tendencia a tomar parte en conflictos armados.

belicista. adj. Partidario del belicismo. Ú. t. c. s.

bélico, ca. adj. **guerrero,** perteneciente a la guerra.

belicoso, sa. adj. Guerrero, marcial. ‖ **2.** fig. Agresivo, pendenciero.

beligerancia. f. Calidad de beligerante.

beligerante. adj. Aplícase a la potencia, nación, etc., que está en guerra. Ú. t. c. s. y más en pl.

belio. m. *Fís.* Unidad con la que se miden diversas magnitudes relacionadas con la sensación fisiológica originada por los sonidos, por ejemplo, la sonoridad, la intensidad acústica, el poder amplificador o atenuador, etc. Suele emplearse el decibelio.

bellaco, ca. adj. Malo, pícaro, ruin. Ú. t. c. s. ‖ **2.** Astuto, sagaz. Ú. t. c. s.

belladona. f. Planta de la familia de las solanáceas, que es muy venenosa y se utiliza con fines terapéuticos, principalmente por contener el alcaloide llamado atropina.

bellaquería. f. Calidad de bellaco. ‖ **2.** Acción o dicho propio de bellaco.

belleza. f. Propiedad de las cosas que nos hace amarlas, infundiendo en nosotros deleite espiritual. Esta propiedad existe en la naturaleza y en las obras literarias y artísticas. ‖ **2.** Mujer notable por su hermosura.

bello, lla. adj. Que tiene belleza. ‖ **2.** Bueno, excelente. ❑ No confundir con *vello.*

bellota. f. Fruto de la encina, del roble y otros árboles del mismo género. Es un aquenio muy voluminoso, ovalado, algo puntiagudo, de dos o más centímetros de largo, y se compone de una cáscara medianamente dura, de color castaño claro, dentro de la cual está la única semilla, desprovista de albumen y con sus cotiledones carnosos y muy ricos en fécula. Se emplea como alimento para cerdos.

bemol. adj. *Mús.* Dícese de la nota cuya entonación es un semitono más baja que la de su sonido natural. *Re* BEMOL. Ú. t. c. s. ‖ **2.** m. *Mús.* Signo (♭) que representa esta alteración del sonido natural de la nota o notas a que se refiere. ‖ **tener bemoles,** o **tres bemoles.** fr. fig. y fam. con que se pondera lo que se tiene por muy grave y dificultoso.

benceno. m. *Quím.* Hidrocarburo cíclico, aromático, de seis átomos de carbono. Es un líquido incoloro e inflamable, de amplia utilización como disolvente y como reactivo en operaciones de laboratorio y usos industriales.

bencina. f. *Quím.* Líquido incoloro, volátil e inflamable, obtenido del petróleo, y que se emplea como disolvente. ❑ En España, se distingue de *gasolina.*

bendecir. tr. Alabar, engrandecer, ensalzar. ‖ **2.** Consagrar al culto divino alguna cosa, mediante determinada ceremonia. ‖ **3.** Hacer el obispo o el presbítero la señal de la cruz sobre personas o cosas. ❑ Irreg. Se conj. como *decir* salvo en el futuro imperfecto de indicativo y el condicional, que son reg., y la 2.ª pers. sing. del imperativo: *bendice.* Doble p. p.: *bendecido* (reg.) y *bendito* (irreg.).

bendición. f. Acción y efecto de bendecir.

bendito, ta. p. p. irreg. de **bendecir.** ‖ **2.** adj. Santo o bienaventurado. Ú. t. c. s. ‖ **3.** m. y f. Persona sencilla y de pocos alcances.

benedícite. m. Licencia que los religiosos piden a sus prelados para ir a alguna parte. ‖ **2.** Oración que empieza con esta palabra, para bendecir la comida al sentarse a la mesa.

benedictino, na. adj. Perteneciente a la regla u orden de San Benito. Apl. a pers., ú. t. c. s. ‖ **2.** m. Licor que fabrican los frailes de esta orden.

benefactor, ra. adj. **bienhechor.** Ú. t. c. s.

beneficencia. f. Virtud de hacer bien. ‖ **2.** Conjunto de instituciones y servicios benéficos.

beneficiado, da. m. y f. Persona en beneficio de la cual se ejecuta una función de teatro u otro espectáculo público.

beneficiar. tr. Hacer bien. Ú. t. c. prnl. ‖ **2.** Hacer que una cosa produzca fruto, rendimiento o se convierta en algo aprovechable. BENEFICIAR *la tierra, un árbol, un argumento.* ‖ **3.** Extraer de una mina las sustancias útiles. ‖ **4.** prnl. Sacar provecho de algo o de alguien, aprovecharse. ‖ **beneficiarse** una persona a otra. fr. fig. vulg. Tener trato carnal con ella.

beneficiario, ria. adj. Dícese de la persona a quien beneficia un contrato o una prestación pública. Ú. t. c. s.

beneficio. m. Bien que se hace o se recibe. ‖ **2.** Utilidad, provecho. ‖ **3.** *Der.* Derecho que compete a alguien por ley o privilegio.

beneficioso, sa. adj. Provechoso, útil.

benéfico, ca. adj. Que hace bien. ‖ **2.** Perteneciente o relativo a la ayuda gratuita que se presta a los necesitados.

benemérito, ta. adj. Digno de galardón. ‖ **la benemérita.** La guardia civil.

beneplácito. m. Aprobación, permiso.

benevolencia. f. Simpatía y buena voluntad hacia las personas.

benevolente. adj. Que tiene benevolencia, favorable.

benévolo, la. adj. Que tiene buena voluntad o afecto.

bengala. f. Insignia antigua de mando militar a modo de cetro o bastón. ‖ **2. luz de Bengala.**

bengalí. adj. Natural de Bengala. Ú. t. c. s. ‖ **2.** Perteneciente a esta provincia del Indostán. ‖ **3.** m. Lengua derivada del sánscrito y que se habla en Bengala. ❑ pl. *bengalíes* o *bengalís.*

benignidad. f. Calidad de benigno.

benigno, na. adj. Afable, benévolo, piadoso. ‖ **2.** fig. Templado, suave, apacible. *Estación* BENIGNA. ‖ **3.** Dícese de las enfermedades cuando no revisten gravedad, y también de los tumores que no son malignos.

benimerín. adj. Dícese del individuo de una tribu belicosa de Marruecos que durante los siglos XIII y XIV d. de J. C. fundó una dinastía en el norte de África y sustituyó a los almohades en el imperio de la España musulmana. Ú. t. c. s. y m. en pl.

benjamín. m. fig. Hijo menor y por lo común el más querido de sus padres.

benjuí. m. Bálsamo aromático que se obtiene por incisión en la corteza de un árbol que crece en Malaca y en varias islas de la Sonda. ❑ pl. *benjuís.*

bentónico, ca. adj. *Biol.* Perteneciente o relativo al bentos.

bentonita. f. Arcilla de gran poder de absorción con múltiples usos industriales.

bentos. m. *Biol.* Conjunto de organismos acuáticos que viven en los fondos.

benzoato. m. *Quím.* Sal resultante de la combinación del ácido benzoico con una base.

benzoico, ca. adj. *Quím.* Perteneciente o relativo al benjuí.

benzol. m. *Quím.* **benceno.**

beocio, cia. adj. Natural de Beocia. Ú. t. c. s. ‖ **2.** Perteneciente a esta región de la Grecia antigua.

beodo, da. adj. Embriagado o borracho. Ú. t. c. s.

berberecho. m. Molusco bivalvo, de unos cuatro centímetros de largo y conchas estriadas casi circulares. Se cría en las costas del norte de España y se come crudo o guisado.

berberí. adj. **beréber.** Apl. a pers., ú. t. c. s. ❑ pl. *berberíes* o *berberís.*

berberisco, ca. adj. **beréber.** Apl. a pers., ú. t.c. s.

berbiquí. m. Manubrio semicircular o en forma de doble codo, que puede girar alrededor de un puño ajustado en una de sus extremidades, y tener sujeta en la otra la espiga de cualquier herramienta propia para taladrar. ❑ pl. *berbiquíes* o *berbiquís.*

berciano, na. adj. Natural del Bierzo. Ú. t. c.s. ‖ **2.** Perteneciente o relativo a este territorio.

beréber o **bereber.** adj. Natural de Berbería. Ú. t. c. s. ‖ **2.** Perteneciente o relativo a esta región de África. ‖ **3.** Dícese del individuo de la raza más antigua y numerosa de las que habitan el África Septentrional desde los desiertos de Egipto hasta el océano Atlántico y desde las costas del Mediterráneo hasta lo interior del desierto del Sahara. Ú. t. c. s. ‖ **4.** m. Lengua hablada por los **beréberes.** ❑ pl. *beréberes* y *bereberes,* respectivamente.

berenjena. f. Planta anual de la familia de las solanáceas, de cuatro a seis decímetros de altura; ramosa, con hojas grandes, aovadas, de color verde, casi cubiertas de un polvillo blanco y llenas de aguijones; flores grandes y de color morado, y fruto aovado, de 10 a 12 centímetros de largo, cubierto por una película morada y lleno de una pulpa blanca dentro de la cual están las semillas. ‖ **2.** Fruto de esta planta.

berenjenal. m. Sitio plantado de berenjenas. ‖ **2.** fig. y fam. Embrollo, jaleo, lío. Ú. especialmente en la frase *Meterse en un* BERENJENAL.

bergadán, na. adj. Natural de Berga. Ú. t. c. s. ‖ **2.** Perteneciente o relativo a esta ciudad catalana y a su comarca.

bergamasco, ca. adj. Natural de Bérgamo. Ú. t. c. s. ‖ **2.** Perteneciente o relativo a esta ciudad de Italia.

bergamota. f. Variedad de pera muy jugosa y aromática. ‖ **2.** Variedad de lima muy aromática, de la cual se extrae una esencia usada en perfumería.

bergamoto. m. Limero que produce la bergamota. ‖ **2.** Peral que produce la bergamota.

bergante. m. Pícaro, sinvergüenza.

bergantín. m. Buque de dos palos y vela cuadrangular.

beriberi. m. *Pat.* Enfermedad caracterizada por inflamación simultánea de varios nervios periféricos, debilidad general y rigidez dolorosa de los miembros. Es una forma de avitaminosis producida por el consumo casi exclusivo de arroz descascarillado.

berilio. m. Elemento químico de núm. atóm. 4. Metal escaso en la corteza terrestre; se encuentra en el berilo y la esmeralda. Es ligero, duro, de color gris negruzco, muy tóxico y no puede ser corroído. Se utiliza en las industrias nuclear y aeroespacial. Se conoció también como glucinio, por su sabor dulce. Símb. *Be.* ❑ No confundir con *berilo.*

berilo. m. Mineral de color verdemar y a veces amarillo, blanco o azul. Es un silicato de aluminio y berilio, y la principal mena de este último. Cuéntase entre las piedras preciosas cuando es hialino y de color uniforme. ❑ No confundir con *berilio.*

berkelio. m. Elemento químico radiactivo de núm. atóm. 97. Metal de la serie de los actínidos, se obtiene artificialmente por bombardeo de americio con partículas alfa, y todos sus isótopos son radiactivos. Símb. *Bk.*

berlanga. f. Juego de naipes en que se gana reuniendo tres cartas iguales, como tres reyes, tres ases, etc.

berlina. f. Coche de caballos cerrado de dos asientos comúnmente. ‖ **2.** En las diligencias y otros carruajes de dos o más departamentos, el que era cerrado, estaba delante y solo tenía una fila de asientos. ‖ **3.** Coche de cuatro puertas.

berlinés, sa. adj. Natural de Berlín. Ú. t. c. s. ‖ **2.** Perteneciente o relativo a esta ciudad de Alemania.

berlinga. f. Pértiga de madera verde con que se remueve la masa fundida en los hornos metalúrgicos.

bermejo, ja. adj. Rubio, rojizo.

bermejuela. f. Pez teleósteo, fisóstomo, común en algunos ríos de España, de unos cinco centímetros de largo, y cuyo color varía, pues los hay enteramente verdosos con una mancha negra junto a la cola, y otros tienen bandas y manchas doradas y encarnadas.

bermellón. m. Cinabrio reducido a polvo, que toma color rojo vivo.

bernardo, da. adj. Dícese del monje o monja de la orden del Cister. Ú. t. c. s.

bernés, sa. adj. Natural de Berna. Ú. t. c. s. ‖ **2.** Perteneciente o relativo a esta ciudad y cantón de Suiza.

berquelio. m. *Quím.* **berkelio.**

berrea. f. Acción y efecto de berrear. ‖ **2.** Brama del ciervo y algunos otros animales.

berrear. intr. Dar berridos los becerros u otros animales. ‖ **2.** Llorar o gritar desaforadamente un niño. ‖ **3.** fig. Gritar o cantar desentonadamente las personas.

berreo. m. Acción y efecto de berrear.

berrido. m. Voz del becerro y otros animales que berrean. ‖ **2.** fig. Grito desaforado de persona, o nota alta y desafinada al cantar.

berrinche. m. fam. Coraje, enojo grande, y más comúnmente el de los niños.

berro. m. Planta de la familia de las crucíferas, que crece en lugares húmedos, con varios tallos de unos tres decímetros de largo, hojas compuestas de hojuelas lanceoladas, y flores pequeñas y blancas. Toda la planta tiene un gusto picante y las hojas se comen en ensalada.

berrocal. m. Sitio lleno de berruecos graníticos.

berrueco. m. Tolmo granítico. ‖ **2.** Lesión con aspecto de verruga que aparece en el iris de los ojos.

berza. f. **col.**

berzal. m. Campo plantado de berzas.

berzotas. com. fig. Persona ignorante o necia.

besalamano. m. Esquela con la abreviatura B. L. M., que se redacta en tercera persona y que no lleva firma. ❑ No confundir con *besamanos.*

besamanos. m. Acto público de saludo a las autoridades. ‖ **2.** Modo de saludar a algunas personas, tocando o acercando la mano derecha a la boca y apartándola de ella una o más veces. ❑ No confundir con *besalamano.*

besamel o **besamela.** f. Salsa blanca que se hace con harina, crema de leche y manteca.

besana. f. Labor de surcos paralelos que se hace con el arado. ‖ **2.** Primer surco que se abre en la tierra cuando se empieza a arar.

besar. tr. Tocar u oprimir con un movimiento de labios, a impulso del amor o del deseo o en señal de amistad o reverencia. ‖ **2.** fig. y fam. Tratándose de cosas inanimadas, tocar unas a otras.

beso. m. Acción y efecto de besar.

bestia. f. Animal cuadrúpedo. Más comúnmente se entiende por los domésticos de carga, como caballo, mula, etc. ‖ **2.** Monstruo, ser fantástico y espantoso. ‖ **3.** com. fig. Persona ruda e ignorante. Ú. t. c. adj. ‖ **de carga.** Animal destinado para llevar la carga, como el macho, la mula, el jumento. ‖ **de tiro.** Animal destinado a arrastrar vehículos o aperos.

bestial. adj. Brutal o irracional. *Deseo, apetito* BESTIAL. ‖ **2.** fig. y fam. De grandeza desmesurada, extraordinario.

bestialidad. f. Brutalidad o irracionalidad. ‖ **2.** fig. y fam. **barbaridad,** cantidad grande o excesiva. ‖ **3.** fig. y fam. **barbaridad,** acción o acto exagerados. *Es una* BESTIALIDAD *pagar tanto por una falda.*

bestialismo. m. Anormalidad consistente en buscar gozo sexual con animales.

bestiario. m. Hombre que luchaba con las fieras en los circos romanos. ‖ **2.** En la literatura medieval, colección de fábulas referentes a animales reales o quiméricos.

best-séller. m. Obra literaria de gran éxito y de mucha venta. ❑ pl. *best-séllers.*

besugo. m. Pez teleósteo, acantopterigio, provisto de dos tipos de dientes, y con una mancha negra sobre las aletas torácicas. Es muy común en el Cantábrico y muy apreciado por su carne. ‖ **2.** fig. Persona torpe o necia.

besuquear. tr. fam. Besar repetidamente.

besuqueo. m. Acción de besuquear.

beta. f. Nombre de la segunda letra del alfabeto griego, que corresponde a la que en el nuestro se llama *be.* ❑ No confundir con *veta.*

bético, ca. adj. Natural de la antigua Bética, hoy Andalucía. Ú. t. c. s. ‖ **2.** Perteneciente a ella.

betijo. m. Palito de torvisco que se les pone a los chivos atravesado en la boca por encima de la lengua, de modo que les impida mamar, pero no pacer. Con un cordel que lleva atado a ambos extremos se sujeta en los cuernos del animal.

betlemita. adj. Natural de Belén. Ú. t. c. s. ‖ **2.** Perteneciente o relativo a esta ciudad de Tierra Santa.

betónica. f. Planta de la familia de las labiadas,

como de medio metro de altura, con tallo cuadrado y lleno de nudos, de cada uno de los cuales nacen dos hojas, y de flores moradas y alguna vez blancas. Sus hojas y raíces son medicinales.

betuláceo, a. adj. *Bot.* Dícese de árboles o arbustos angiospermos dicotiledóneos, de hojas alternas, simples, aserradas o dentadas, flores monoicas en amento que pueden carecer de cáliz, y fruto en forma de sámara o aquenio, a veces protegido por una cúpula; como el abedul, el aliso y el avellano. Ú. t. c. s. f. ‖ **2.** f. pl. *Bot.* Familia de estas plantas.

betún. m. Nombre genérico de varias sustancias, compuestas principalmente de carbono e hidrógeno, que se encuentran en la naturaleza y arden con llama, humo espeso y olor peculiar. ‖ **2.** Mezcla de varios ingredientes, líquida o en pasta, que se usa para poner lustroso el calzado, especialmente el de color negro.

bey. m. Gobernador de una ciudad, distrito o región del imperio turco. Hoy se emplea también como título honorífico.

bezo. m. Labio grueso.

bi-. elem. compos. que significa «dos»: BI*corne*, o «dos veces»: BI*mensual.* A veces toma las formas **bis-** o **biz-:** BIS*nieto*, BIZ*cocho.*

bianual. adj. Que ocurre dos veces al año. Ú. t. c. s. ❑ No confundir con *bienal.*

biarrota. adj. Natural de Biarritz. Ú. t. c. s. ‖ **2.** Perteneciente a esta población del sur de Francia.

biaxial. adj. Que tiene dos ejes.

biberón. m. Utensilio para la lactancia artificial: es una botella pequeña de cristal, porcelana u otra materia, con un pezón, generalmente de goma elástica, para la succión de la leche. ‖ **2.** Leche que contiene este frasco y que toma el niño cada vez.

Biblia. f. La Sagrada Escritura, o sea, los libros canónicos del Antiguo y Nuevo Testamento. ‖ **2.** fig. Obra que reúne los conocimientos o ideas relativos a una materia y que es considerada por sus seguidores modelo ideal.

bíblico, ca. adj. Perteneciente o relativo a la Biblia.

biblio-. elem. compos. que significa «libro».

bibliobús. m. Biblioteca pública móvil instalada en un autobús.

bibliofilia. f. Pasión por los libros, y especialmente por los raros y curiosos.

bibliófilo, la. m. y f. Persona aficionada a las ediciones originales, más correctas o más raras de los libros. ‖ **2.** En general, persona amante de los libros.

bibliografía. f. Descripción, conocimiento de libros, de sus ediciones, etc. ‖ **2.** Relación o catálogo de libros o escritos referentes a materia determinada.

bibliográfico, ca. adj. Perteneciente o relativo a la bibliografía.

bibliógrafo, fa. m. y f. Persona versada en libros, en especial antiguos, dedicada a localizarlos, historiar sus vicisitudes y describirlos, con el fin de facilitar su estudio a los interesados. ‖ **2.** Persona especialmente versada en libros, monografías, artículos, etc., que tratan sobre una cuestión determinada.

bibliología. f. Estudio general del libro en su aspecto histórico y técnico.

bibliomanía. f. Pasión de tener muchos libros raros o los pertenecientes a tal o cual ramo, más por manía que para instruirse.

bibliómano, na. m. y f. Persona que tiene bibliomanía.

biblioteca. f. Local donde se tiene considerable número de libros ordenados para la lectura. ‖ **2.** Mueble, estantería, etc., donde se colocan libros. ‖ **3.** Conjunto de estos libros. ‖ **4.** Colección de libros o tratados análogos o semejantes entre sí, ya por las materias de que tratan, ya por la época y nación o autores a que pertenecen. BIBLIOTECA *de Jurisprudencia y Legislación;* BIBLIOTECA *de Escritores Clásicos Españoles.*

bibliotecario, ria. m. y f. Persona que tiene a su cargo el cuidado, ordenación y servicio de una biblioteca.

bibliotecología. f. Ciencia que estudia las bibliotecas en todos sus aspectos.

biblioteconomía. f. Arte de conservar, ordenar y administrar una biblioteca.

bicameral. adj. Dícese del poder legislativo, cuando está compuesto de dos cámaras.

bicarbonato. m. *Quím.* Sal ácida del ácido carbónico.

bicéfalo, la. adj. Que tiene dos cabezas.

bicentenario. m. Día o año en que se cumplen dos siglos del nacimiento o muerte de una persona ilustre o de un suceso famoso. ‖ **2.** Fiestas que alguna vez se celebran por dichos motivos.

bíceps. adj. *Anat.* Dícese de los músculos pares que tienen por arriba dos porciones o cabezas. Ú. t. c. s.

bicha. f. fam. Entre personas supersticiosas, **culebra,** porque creen de mal agüero el pronunciar este nombre.

bichero. m. *Mar.* Asta larga que en uno de los extremos tiene un hierro de punta y gancho, y que sirve en las embarcaciones menores para atracar y desatracar y para otros diversos usos.

bicho. m. Término impreciso que se aplica generalmente con valor despectivo a cualquier animal pequeño o grande. ‖ **2.** fig. Persona aviesa, de malas intenciones.

bicicleta. f. Velocípedo de dos ruedas de igual tamaño cuyos pedales transmiten el movimiento a la rueda trasera por medio de dos piñones y una cadena.

bicoca. f. fig. y fam. Ganga, cosa apreciable que se adquiere a poca costa o con poco trabajo.

bicolor. adj. De dos colores.

bicóncavo, va. adj. *Geom.* Dícese del cuerpo que tiene dos superficies cóncavas opuestas.

biconvexo, xa. adj. *Geom.* Dícese del cuerpo que tiene dos superficies convexas opuestas.

bicromía. f. *Impr.* Impresión en dos colores.

bicúspide. adj. Que tiene dos cúspides; ú. especialmente en odontología hablando de los premolares, en cuyo caso ú. t. c. s. m. ‖ **2.** Dícese de la válvula mitral del corazón. Ú. t. c. s. f.

bidé. m. Pila para el aseo de las partes pudendas.

bidente. adj. poét. De dos dientes. ❑ No confundir con *vidente.*

bidón. m. Recipiente de forma, tamaño y material diversos, con cierre hermético, que se destina al transporte de líquidos o de sustancias que requieren aislamiento.

biela. f. Barra que en las máquinas sirve para transformar el movimiento de vaivén en otro de rotación, o viceversa.

bieldo. m. Instrumento para beldar, compuesto de un palo largo, de otro de unos 30 centímetros de longitud, atravesado en uno de los extremos de aquel, y de cuatro o más fijos en el transversal, en figura de dientes.

bielorruso, sa. adj. Natural de Bielorrusia o Rusia blanca. Ú. t. c. s. ‖ **2.** Perteneciente o relativo a este país de Europa. ‖ **3.** m. Lengua oficial de Bielorrusia.

bien. adv. m. Según es debido, con razón, perfecta o acertadamente, de buena manera. *Juan se conduce siempre* BIEN; *Pedro lo hace todo* BIEN. ‖ **2.** Con buena salud, sano. *Juan no se encuentra* BIEN. *¿Cómo está Vd.?* BIEN. ‖ **3.** Según se apetece o requiere, felizmente, de manera propia o adecuada para algún fin. ‖ **4.** Sin inconveniente o dificultad. BIEN *puedes creerlo.* BIEN *se puede hacer esta labor.* ‖ **5.** Úsase con algunos participios pasivos, casi a manera de prefijo, llegando a veces a formar con ellos una sola palabra; BIEN *criado;* BIEN *hablado.* ‖ **6.** Denota a veces condescendencia o asentimiento. *¿Iremos al teatro esta noche?* BIEN. ‖ **7.** Úsase repetido, haciendo veces de conjunción distributiva. *Se te enviará el diploma,* BIEN *por el correo de hoy,* BIEN *por el de mañana.* ‖ **8.** adv. c. Mucho, bastante. *Hoy ha llovido* BIEN; BIEN *te has equivocado.* Antepuesto a un adjetivo o adverbio, muy. Ú. con valor ponderativo. BIEN *tarde;* BIEN *rico;* BIEN *malo.* ‖ **9.** m. Aquello que en sí mismo tiene el complemento de la perfección en su propio género, o lo que es objeto de la voluntad, la cual ni se mueve ni puede moverse sino por el **bien,** sea verdadero o aprehendido falsamente como tal. ‖ **10.** Utilidad, beneficio. *El* BIEN *de la patria.* ‖ **11.** Hacienda, riqueza, caudal. Ú. m. en pl. ‖ **bienes comunes.** Utilidades, beneficios de todos los ciudadanos. ‖ **gananciales.** Los adquiridos por el marido o la mujer, o por ambos, durante la sociedad conyugal, en virtud de título que no los haga privativos del adquirente, sino partibles por mitad. ‖ **inmuebles.** Las tierras, edificios, caminos, construcciones y minas y los adornos, artefactos o derechos a los cuales atribuye la ley consideración de inmuebles. ‖ **muebles.** Los que pueden trasladarse de una parte a otra sin menoscabo de la cosa inmueble que los contiene. ‖ **raíces. bienes inmuebles.** ‖ **a base de bien.** loc. adv. fam. Mucho, en abundancia. *Se rieron* A BASE DE BIEN. ‖ **si bien.** loc. conjunt. **aunque.** Se emplea para contraponer un concepto a otro o denotar alguna excepción. ‖ **y bien.** expr. que sirve para introducirse a preguntar alguna cosa. Y BIEN, *¿cómo marcha ese asunto?*

bienal. adj. Que sucede o se repite cada bienio. Ú. t. c. s. ‖ **2.** Que dura un bienio. ‖ **3.** f. Exposición o manifestación artística o cultural que se repite cada dos años. ❑ No confundir con *bianual.*

bienandanza. f. Felicidad, dicha, fortuna en los sucesos.

bienaventurado, da. adj. Que goza de Dios en el cielo. Ú. t. c. s. ‖ **2.** Afortunado, feliz.

bienaventuranza. f. Vista y posesión de Dios en el cielo. ‖ **2.** pl. Las ocho felicidades que manifestó Cristo a sus discípulos para que aspirasen a ellas.

bienestar. m. Conjunto de las cosas necesarias para vivir bien. ‖ **2.** Vida holgada o abastecida de cuanto conduce a pasarlo bien y con tranquilidad.

biengranada. f. Planta aromática, de la familia de las quenopodiáceas, como de medio metro de altura, con hojas ovaladas, medio hendidas, de color verde amarillento, y flores de color bermejo que nacen en racimos pequeños junto a las hojas. Se ha aplicado como específico contra la hemoptisis.

bienhablado, da. adj. Que habla cortésmente y sin murmurar.

bienhechor, ra. adj. Que hace bien a otro. Ú. t. c. s.

bienintencionado, da. adj. Que tiene buena intención.

bienio. m. Tiempo de dos años. ‖ **2.** Incremento económico de un sueldo o salario correspondiente a cada dos años de servicio activo.

bienmesabe. m. Dulce de claras de huevo y azúcar clarificado, con el cual se forman los merengues.

bienquistar. tr. Conciliar a una o más personas entre sí. Ú. t. c. prnl.

bienquisto, ta. adj. De buena fama y generalmente estimado.

bienvenida. f. Recibimiento cortés que se hace a una persona.

bienvenido, da. adj. Dícese de la persona o cosa cuya venida se acoge con agrado o júbilo.

bies. m. Trozo de tela cortado en sesgo respecto al hilo, que se aplica a los bordes de prendas de vestir. ‖ **al bies.** loc. adv. En sesgo, en diagonal.

bifásico, ca. adj. *Fís.* Se dice de un sistema de dos corrientes eléctricas alternas iguales, procedentes del mismo generador y desplazadas en el tiempo, la una respecto de la otra, la mitad de un período.

bífero, ra. adj. *Bot.* Dícese de la planta que fructifica dos veces al año.

bífido, da. adj. *Biol.* Que está hendido en dos partes o se bifurca.

bifocal. adj. *Ópt.* Que tiene dos focos. Dícese principalmente de las lentes que tienen una parte adecuada para corregir la visión a corta distancia y otra para lo lejos.

bifronte. adj. De dos frentes o dos caras.

bifurcación. f. Acción y efecto de bifurcarse. ‖ **2.** Lugar donde un camino, río, etc., se divide en dos ramales o brazos.

bifurcarse. prnl. Dividirse en dos ramales, brazos o puntas una cosa. BIFURCARSE *un río, la rama de un árbol.*

bigamia. f. *Der.* Estado de un hombre casado con dos mujeres a un mismo tiempo, o de la mujer casada con dos hombres.

bígamo, ma. adj. Que se casa por segunda vez, viviendo el primer cónyuge. Ú. t. c. s.

bigardo, da. adj. fig. Vago, holgazán. Ú. t. c. s.

bígaro. m. Molusco gasterópodo marino, de hasta tres centímetros de largo, concha estriada longitudinalmente y color negro verdoso; abunda en el Cantábrico y su carne es comestible.

bignonia. f. Planta exótica y trepadora, de la familia de las bignoniáceas, con grandes flores encarnadas: se cultiva en los jardines.

bignoniáceo, a. adj. *Bot.* Aplícase a plantas arbóreas angiospermas, dicotiledóneas, sarmentosas y trepadoras, con hojas generalmente compuestas, cáliz de una pieza con cinco divisiones, corola gamopétala con cinco lóbulos, cuatro estambres fértiles y uno estéril, y fruto en cápsula; como la bignonia. Ú. t. c. s. f. ‖ **2.** f. pl. *Bot.* Familia de estas plantas.

bigote. m. Pelo que nace sobre el labio superior. Ú. t. en pl.

bigotera. f. Bocera de vino u otro licor, que cuando se bebe queda en el labio de arriba. Ú. m. en pl. ‖ **2.** Compás provisto de una varilla graduable para fijar su abertura.

bigotudo, da. adj. Que tiene mucho bigote.

bigudí. m. Laminita de plomo, larga y estrecha, forrada de piel, de tela u otro material, que usan las mujeres para ensortijar el cabello. ❑ pl. *bigudíes* o *bigudís.*

bija. f. Árbol de la familia de las bixáceas, de poca altura, con hojas alternas, aovadas y de largos pecíolos, flores rojas y olorosas, y fruto oval y carnoso que encierra muchas semillas. Críase en regiones cálidas de América; del fruto, cocido, se hace una bebida medicinal y refrigerante, y de la semilla se saca por maceración una sustancia de color rojo que los indios empleaban antiguamente para teñirse el cuerpo y hoy se usa en pintura y en tintorería. En Venezuela se utiliza también para colorear los alimentos. ‖ **2.** Fruto de este árbol. ‖ **3.** Semilla de este fruto. ‖ **4.** Colorante que se prepara con esta semilla.

bikini. m. **biquini.**

bilabiado, da. adj. *Bot.* Dícese del cáliz o corola cuyo tubo se halla dividido por el extremo superior en dos partes.

bilabial. adj. *Fon.* Dícese del sonido en cuya pronunciación intervienen los dos labios; como la *b* y la *p.*

bilateral. adj. Perteneciente o relativo a los dos lados, partes o aspectos que se consideran.

bilbaíno, na. adj. Natural de Bilbao. Ú. t. c. s. ‖ **2.** Perteneciente o relativo a esta villa.

bilbilitano, na. adj. Natural de Bílbilis. Ú. t. c. s. ‖ **2.** Perteneciente o relativo a esta antigua ciudad. ‖ **3.** Natural de Calatayud. Ú. t. c. s. ‖ **4.** Perteneciente o relativo a esta ciudad de la provincia de Zaragoza.

biliar. adj. Perteneciente o relativo a la bilis. *Conductos* BILIARES.

bilingüe. adj. Que habla dos lenguas. ‖ **2.** Escrito en dos idiomas.

bilingüismo. m. Uso habitual de dos lenguas en una misma región o por una misma persona.

bilis. f. Jugo amarillento que segrega el hígado de los vertebrados, importante en el proceso de la digestión. ‖ **2.** Cólera, enojo, irritabilidad.

billar. m. Juego de destreza que se ejecuta impulsando con tacos bolas de marfil, o de otro material elástico semejante, en una mesa rectangular forrada de paño, rodeada de barandas elásticas y con troneras o sin ellas. ‖ **2.** Casa pública o aposento privado donde están la mesa o mesas para este juego.

billarista. com. Jugador de billar.

billetaje. m. Conjunto o totalidad de los billetes de un teatro, tranvía, etc.

billete. m. Carta breve por lo común. ‖ **2.** Tarjeta o cédula que da derecho para entrar u ocupar asiento en alguna parte o para viajar en un tren o vehículo cualquiera. ‖ **3.** Cédula impresa o manuscrita que acredita participación en una rifa o lotería. ‖ **4.** Cédula impresa o grabada que representa cantidades de numerario. ‖ **5. billete** de banco. ‖ **de banco.** Documento al portador que ordinariamente emite el banco nacional de un país y circula como medio legal de pago.

billetero, ra. m. y f. Cartera pequeña de bolsillo para llevar billetes de banco.

billón. m. *Arit.* Un millón de millones, que se expresa por la unidad seguida de doce ceros. ‖ **2.** En Norteamérica, un millar de millones.

billonésimo, ma. adj. *Arit.* Aplícase a cada una de las partes, iguales entre sí, de un todo dividido, o que se considera dividido, en un billón de ellas. Ú. t. c. s.

bilobulado, da. adj. Que tiene dos lóbulos.

bimano, na o **bímano, na.** adj. *Zool.* De dos manos. Dícese solo del hombre. Ú. t. c. s.

bimembre. adj. De dos miembros o partes.

bimensual. adj. Que se hace u ocurre dos veces al mes. ❑ No confundir con *bimestral.*

bimestral. adj. Que sucede o se repite cada bimestre. ‖ **2.** Que dura un bimestre. ❑ No confundir con *bimensual.*

bimestre. m. Tiempo de dos meses. ‖ **2.** Renta, sueldo, pensión, etc., que se cobra o paga por cada bimestre.

bimetal. m. Dispositivo usado para control de temperatura, formado por dos láminas metálicas soldadas, con diferentes coeficientes de dilatación térmica.

bimetalismo. m. Sistema monetario que admite como patrones el oro y la plata, conforme a la relación que la ley establece entre ellos.

bimotor. m. Avión provisto de dos motores.

bina. f. Acción y efecto de binar las tierras o viñas.

binar. tr. Dar segunda reja a las tierras de labor. ‖ **2.** Hacer la segunda cava en las viñas.

binario, ria. adj. Compuesto de dos elementos, unidades o guarismos.

bingo. m. Juego de azar variedad de lotería. ‖ **2.** Local o casa donde se juega al **bingo.**

binocular. adj. Dícese de la visión en que intervienen simultáneamente los dos ojos. ‖ **2.** Se aplica al instrumento óptico que se emplea simultáneamente con los dos ojos. Ú. t. c. s.

binomio. m. *Álg.* Expresión compuesta de dos términos algebraicos unidos por los signos más o menos.

bio- o **-bio.** elem. compos. que significa «vida»: BIO*grafía,* BIO*lógico, micro*BIO.

biocenosis. f. *Biol.* Conjunto de organismos de especies diversas, vegetales o animales, que viven y se reproducen en un determinado biótopo.

biodegradable. adj. *Quím.* Dícese del compuesto químico que puede ser degradado por acción biológica.

biodinámica. f. Ciencia de las fuerzas vitales.

bioelectricidad. f. *Biol.* Conjunto de fenómenos eléctricos que tienen lugar en los seres vivos.

bioelemento. m. *Bot.* y *Zool.* Cada uno de los elementos químicos necesarios para el desarrollo normal de una especie.

bioestadística. f. Ciencia que aplica el análisis estadístico a los problemas y objetos de estudio de la biología.

bioestratigrafía. f. *Geol.* Estudio de los estratos basado en los fósiles que contienen. ‖ **2.** Disposición que presentan tales estratos.

bioética. f. Aplicación de la ética a las ciencias de la vida.

biofísica. f. Estudio de los fenómenos vitales mediante los principios y los métodos de la física.

biogeografía. f. Parte de la biología que se ocupa de la distribución geográfica de animales y plantas.

biografía. f. Historia de la vida de una persona.

biografiado, da. m. y f. Persona cuya vida es el objeto de una biografía.

biografiar. tr. Escribir la biografía de alguien.

biográfico, ca. adj. Perteneciente o relativo a la biografía.

biógrafo, fa. m. y f. Autor de una biografía.

biología. f. Ciencia que trata de los seres vivos. ‖ **molecular.** Parte de la **biología** que estudia los seres vivientes y los fenómenos vitales con arreglo a las propiedades de su estructura molecular.

biológico, ca. adj. Perteneciente o relativo a la biología.

biólogo, ga. m. y f. Persona que profesa la biología o tiene en ella especiales conocimientos.

bioluminiscencia. f. Propiedad que tienen algunos seres vivos de emitir luz.

biomasa. f. *Biol.* Materia total de los seres que viven en un lugar determinado, expresada en peso por unidad de área o de volumen.

biombo. m. Mampara compuesta de varios bastidores unidos por medio de goznes, que se cierra, abre y despliega.

biomecánica. f. Ciencia que estudia la aplicación de las leyes de la mecánica a las estructuras y los órganos de los seres vivos.

biomedicina. f. Medicina clínica basada en los principios de las ciencias naturales (biología, biofísica, bioquímica, etc.).

biometría. f. Estudio estadístico o de medida de fenómenos o procesos biológicos.

biométrico, ca. adj. Perteneciente o relativo a la biometría.

biónica. f. Aplicación del estudio de los fenómenos biológicos a la técnica de los sistemas electrónicos.

biopolímero. m. *Biol.* Polímero que participa en los procesos biológicos. Las proteínas y los ácidos nucleicos son los **biopolímeros** más importantes.

bioprótesis. f. *Cir.* Pieza de tejido animal destinada a reparar o sustituir una parte del cuerpo humano; como válvulas cardíacas, etc.

biopsia. f. *Med.* Examen de una muestra de tejido tomada de un ser vivo, con fines diagnósticos. ‖ **2.** *Med.* Resultado de este examen. ‖ **3.** *Med.* Muestra tomada para este examen.

bioquímica. f. Parte de la química que estudia la composición y las transformaciones químicas de los seres vivos.

bioquímico, ca. adj. Perteneciente o relativo a la bioquímica o a la realidad que esta estudia. ‖ **2.** m. y f. Persona versada en bioquímica, especialmente la que cuenta con los estudios precisos para ejercitarla o enseñarla.

biorritmo. m. Ciclo periódico de fenómenos fisiológicos que en las personas puede traducirse en sentimientos, actitudes o estados de ánimo repetidos cada cierto tiempo. ‖ **2.** Por ext., estudio de la posible influencia que estos ciclos tienen sobre el comportamiento humano.

biosfera. f. *Biol.* Conjunto de los medios donde se desarrollan los seres vivos. ‖ **2.** *Biol.* Conjunto de los seres vivos del planeta Tierra.

biot. m. *Fís.* Unidad de corriente eléctrica en el sistema magnético C G S. Equivale a 10 amperios.

biota. f. *Biol.* Conjunto de la fauna y la flora de una región.

biótico, ca. adj. *Biol.* Característico de los seres vivos o que se refiere a ellos. ‖ **2.** *Biol.* Perteneciente o relativo a la biota.

biotipo. m. *Biol.* Forma típica de animal o planta que puede considerarse característica de su especie, variedad o raza.

biótopo. m. *Biol.* Territorio o espacio vital cuyas condiciones ambientales son las adecuadas para que en él se desarrolle una determinada comunidad de seres vivos.

bióxido. m. *Quím.* Combinación de un radical simple o compuesto con dos átomos de oxígeno.

bipartidismo. m. Sistema político con predominio de dos partidos que compiten por el poder o se turnan en él.

bípedo, da. adj. De dos pies. Ú. t. c. s. m.

biplano. m. Avión con cuatro alas que, dos a dos, forman planos paralelos.

biplaza. m. Vehículo de dos plazas.

bipolar. adj. Que tiene dos polos.

biquini. m. Conjunto de dos prendas femeninas de baño, constituido por un sujetador y una braguita ceñida.

birimbao. m. Instrumento músico pequeño, que consiste en una barrita de hierro en forma de herradura, que lleva en medio una lengüeta de acero que se hace vibrar con el índice de la mano derecha, teniendo con la izquierda el instrumento entre los dientes.

birlar. tr. fig. y fam. Quitar con malas artes.

birlibirloque. m. V. **por arte de birlibirloque.**

birlocha. f. **cometa,** juguete que se eleva en el aire.

birlocho. m. Carruaje ligero, sin cubierta y sin puertas, de tracción animal.

birreactor. m. Avión dotado de dos reactores.

birreta. f. Bonete cuadrangular que usan los clérigos. Suele tener en la parte superior una borla del mismo color de la tela; esta es roja para los cardenales, morada para los obispos y negra para los demás.

birrete. m. Gorro armado en forma prismática y coronado por una borla que llevan en los actos solemnes los profesores, magistrados, jueces y abogados. ‖ **2. bonete,** especie de gorra con picos usada por algunos eclesiásticos.

birria. f. Mamarracho, facha, adefesio. ‖ **2.** fig. Persona o cosa de poco valor o importancia.

biruje o **biruji.** m. fam. Viento muy frío.

bis. adv. c. Se emplea en los papeles de música y en impresos o manuscritos castellanos para dar a entender que una cosa debe repetirse o está repetida. ‖ **2.** adv. numeral lat. que significa dos veces, y que añadido a cualquier número entero indica que tal número se ha repetido por segunda vez. || **3.** Se usa como interjección para pedir la repetición de un número musical. || **4.** m. Ejecución o declamación repetida, para corresponder a los aplausos del público, de una obra musical o recitada o de un fragmento de ella. ❑ Para este último sentido, pl. *bises.*

bis-. V. **bi-.**

bisabuelo, la. m. y f. Respecto de una persona, el padre o la madre de su abuelo o de su abuela. || **2.** m. pl. El **bisabuelo** y la **bisabuela.**

bisagra. f. Herraje de dos piezas unidas o combinadas que, con un eje común y sujetas una a un sostén fijo y otra a la puerta o tapa, permiten el giro de estas.

bisar. tr. Repetir, a petición de los oyentes, la ejecución de un número musical.

bisbisar. tr. fam. **musitar.**

bisbiseo. m. Acción de bisbisar.

biscote. m. Rebanada de pan especial, tostado en el horno, que se puede conservar durante mucho tiempo.

bisecar. tr. *Geom.* Dividir en dos partes iguales.

bisección. f. *Geom.* Acción y efecto de bisecar. Aplícase generalmente a la división de los ángulos.

bisector, triz. adj. *Geom.* Que divide en dos partes iguales. || **2.** f. *Geom.* Recta que divide un ángulo en dos partes iguales.

bisel. m. Corte oblicuo en el borde o en la extremidad de una lámina o plancha; como en el filo de una herramienta, en el contorno de un cristal labrado, etc.

biselar. tr. Hacer biseles.

bisemanal. adj. Que se hace u ocurre dos veces por semana. || **2.** Que se hace u ocurre cada dos semanas.

bisemanario. m. Revista que se publica quincenalmente.

bisexual. adj. **hermafrodita.** || **2.** Dícese de la persona que alterna las prácticas homosexuales con las heterosexuales. Ú. t. c. s.

bisiesto. adj. V. **año bisiesto.** Ú. t. c. s.

bisílabo, ba. adj. De dos sílabas. Ú. t. c. s.

bismutina. f. *Min.* Mineral de color gris plomo y brillo metálico, a menudo con manchas amarillas; cristaliza en el sistema rómbico, formando agujas y masas foliáceas. Se encuentra en el continente americano y se utiliza como mena de bismuto.

bismutita. f. *Min.* Carbonato natural hidratado de bismuto; es un polvo blanco, inodoro, insípido e insoluble en agua y alcohol, que se utiliza en medicina y en la industria cerámica.

bismuto. m. Elemento químico de núm. atóm. 83. Metal escaso en la corteza terrestre; se encuentra nativo o combinado con oxígeno o azufre. Es de aspecto plateado o grisáceo, más pesado que el hierro, muy frágil y fácilmente fusible. Se usa en odontología y como metal de imprenta, y algunas de sus sales se emplean en medicina. Símb. *Bi.*

bisnieto, ta. m. y f. Respecto de una persona, hijo o hija de su nieto o de su nieta.

biso. m. *Zool.* Producto de secreción de una glándula situada en el pie de muchos moluscos lamelibranquios, que se endurece en contacto del agua y toma la forma de filamentos mediante los cuales se fija el animal a las rocas u otros cuerpos sumergidos; como en el mejillón. ❑ No confundir con *viso.*

bisojo, ja. adj. Dícese de la persona que padece estrabismo. Ú. t. c. s.

bisonte. m. Bóvido salvaje, parecido al toro, con la parte anterior del cuerpo hasta la cruz, muy abultada, cubierto de pelo áspero y con cuernos poco desarrollados. Se conocen dos especies: una europea y otra americana.

bisoñé. m. Peluca que cubre solo la parte anterior de la cabeza.

bisoño, ña. adj. Aplícase al soldado o tropa nuevos. Ú. t. c. s. || **2.** fig. y fam. Nuevo e inexperto en cualquier arte u oficio. Ú. t. c. s.

bisté. m. **bistec.** ❑ pl. *bistés.*

bistec. m. Lonja de carne de vaca soasada en parrillas o frita. || **2.** Por ext., cualquier loncha de carne preparada de esta manera.

bisturí. m. *Cir.* Instrumento en forma de cuchillo pequeño, de hoja fija en un mango metálico y que sirve para hacer incisiones en tejidos blandos. ❑ pl. *bisturíes* o *bisturís.*

bisulfito. m. *Quím.* Cualquiera de las sales ácidas del ácido sulfuroso, y en especial la de sodio.

bisulfuro. m. *Quím.* Combinación de un radical simple o compuesto con dos átomos de azufre.

bisutería. f. Industria que produce objetos de adorno, hechos de materiales no preciosos. || **2.** Local o tienda donde se venden dichos objetos. || **3.** Estos mismos objetos de adorno.

bit. m. *Inform.* Unidad de medida de información equivalente a la elección entre dos posibilidades igualmente probables. || **2.** *Inform.* Unidad de medida de la capacidad de memoria, equivalente a la posibilidad de almacenar la selección entre dos posibilidades, especialmente usada en los computadores.

bita. f. *Mar.* Cada uno de los postes de madera o de hierro que, fuertemente asegurados a la cubierta en las proximidades de la proa, sirven para dar vuelta a los cables del ancla cuando se fondea la nave.

bitácora. f. *Mar.* Especie de armario, fijo a la

cubierta e inmediato al timón, en que se pone la aguja de marear.

bitadura. f. *Mar.* Porción del cable del ancla, que se tiene preparada sobre cubierta, desde las bitas hacia proa, cuando la nave está próxima a fondear.

bíter. m. Bebida generalmente amarga, que se obtiene macerando diversas sustancias en ginebra y que se toma como aperitivo.

bitonalidad. f. Presencia simultánea de dos tonalidades en una composición musical.

bituminoso, sa. adj. Que tiene betún o semejanza con él.

bivalente. adj. *Quím.* Que tiene dos valencias.

bivalvo, va. adj. Que tiene dos valvas.

bixáceo, a. adj. *Bot.* Dícese de árboles y arbustos angiospermos dicotiledóneos, que tienen hojas alternas, sencillas y enteras, con estípulas caducas, flores axilares hermafroditas, apétalas o con cinco pétalos, y fruto en cápsula; como la bija. ‖ **2.** f. pl. *Bot.* Familia de estas plantas.

biz-. V. **bi-.**

bizantino, na. adj. Perteneciente o relativo a Bizancio o a su imperio. ‖ **2.** Natural de esta antigua ciudad o imperio. ‖ **3.** fig. Dícese de las discusiones baldías, intempestivas o demasiado sutiles.

bizarría. f. Gallardía, valor. ‖ **2.** Generosidad, lucimiento, esplendor.

bizarro, rra. adj. **valiente,** esforzado. ‖ **2.** Generoso, lucido, espléndido.

bizco, ca. adj. **bisojo.** Ú. t. c. s. ‖ **2.** Dícese de la mirada torcida o del ojo que tiene esta mirada.

bizcocho. m. Masa compuesta de la flor de la harina, huevos y azúcar, que se cuece en hornos pequeños, y se hace de diferentes especies y figuras. ‖ **2.** Pan sin levadura, que se cuece por segunda vez para que dure mucho tiempo. ‖ **borracho.** El empapado en almíbar y vino generoso.

bizna. f. Película que separa los cuatro gajos de la nuez.

biznaga. f. Planta de la familia de las umbelíferas, como de un metro de altura, con tallos lisos, hojas hendidas muy menudamente, flores pequeñas y blancas, y fruto oval y lampiño. ‖ **2.** Cada uno de los piececillos de las flores de esta planta, que se emplean en algunas partes para mondadientes.

bizquear. intr. fam. Padecer estrabismo o simularlo.

bizquera. f. **estrabismo.**

blanca. f. Moneda antigua de vellón, que según los tiempos tuvo diferentes valores. ‖ **2.** *Mús.* Nota que tiene la mitad de duración que la redonda. ‖ **estar sin blanca.** fr. fig. **no tener blanca.** ‖ **no tener blanca.** fr. fig. No tener dinero.

blanco, ca. adj. De color de nieve o leche. Es el color de la luz solar, no descompuesta en los varios colores del espectro. Ú. t. c. s. ‖ **2.** Dícese de las cosas que sin ser **blancas** tienen color más claro que otras de la misma especie. *Pan, vino* BLANCO. ‖ **3.** Tratándose de la especie humana, dícese del color de la raza europea o caucásica, en contraposición con el de las demás. Apl. a pers., ú. t. c. s. ‖ **4.** m. Objeto situado lejos para ejercitarse en el tiro y puntería, o bien para adiestrar la vista en medir distancias, y a veces para graduar el alcance de las armas. ‖ **5.** Hueco o intermedio entre dos cosas. ‖ **6.** Espacio que en los escritos se deja sin llenar. ‖ **7.** fig. Fin u objeto a que se dirigen deseos o acciones. ‖ **en blanco.** loc. adj. Dícese del libro, cuaderno u hoja que no están escritos o impresos. ‖ **2.** Sin comprender lo que se oye o lee. Ú. con el verbo *quedarse.*

blancura. f. Calidad de blanco.

blancuzco, ca. adj. Que tira a blanco, o es de color blanco sucio.

blandengue. adj. despect. Blando, con blandura poco grata. ‖ **2.** Referido a personas, de excesiva debilidad de fuerzas o de ánimo.

blandir. tr. defect. Mover un arma u otra cosa con movimiento trémulo o vibratorio.

blando, da. adj. Tierno, suave; que cede fácilmente al tacto. ‖ **2.** fig. Suave, dulce, benigno. ‖ **3.** fig. **flojo,** perezoso. ‖ **4.** adv. m. Blandamente, con suavidad, con blandura.

blandura. f. Calidad de blando.

blanquear. tr. Poner blanca una cosa. ‖ **2.** Dar una o varias manos de cal o de yeso blanco, diluidos en agua, a las paredes, techos o fachadas de los edificios. ‖ **3. blanquecer,** sacar el color al oro, plata, etc. ‖ **4.** Ajustar a la legalidad fiscal el dinero procedente de negocios delictivos o injustificables. ‖ **5.** intr. Tirar a blanco. ‖ **6.** Ir tomando una cosa color blanco.

blanquecer. tr. En las casas de moneda y entre plateros, limpiar y sacar su color al oro, plata y otros metales. ❑ Irreg. Se conjuga como *agradecer.*

blanquecino, na. adj. Que tira a blanco.

blanqueo. m. Acción y efecto de blanquear.

blanquizal. m. Terreno gredoso.

Blas. n. p. **díjolo Blas, punto redondo.** expr. con que se replica al que presume de llevar siempre la razón.

blasfemar. intr. Decir blasfemias. ‖ **2.** fig. Maldecir, vituperar.

blasfemia. f. Palabra injuriosa contra Dios, la Virgen o los santos. ‖ **2.** fig. Palabra gravemente injuriosa contra una persona.

blasfemo, ma. adj. Que contiene blasfemia. ‖ **2.** Que dice blasfemia. Ú. t. c. s.

blasón. m. Arte de explicar y describir los escudos de armas de cada linaje, ciudad o persona. ‖ **2.** Cada figura, señal o pieza de las que se ponen en un escudo. ‖ **3. escudo de armas.**

blasonado, da. adj. Ilustre por sus blasones.

blasonar. tr. Disponer el escudo de armas de una ciudad o familia según la regla del arte. ‖ **2.** intr. fig. Hacer ostentación de alguna cosa con alabanza propia.

blastema. m. *Biol.* Conjunto de células embrionarias que, mediante su proliferación, llegan a formar un órgano determinado.

blastodermo. m. *Biol.* Conjunto de las células procedentes de la segmentación del huevo de los animales, que suele tener la forma de disco o de membrana.

-ble. suf. de adjetivos casi siempre verbales, que significa posibilidad pasiva, es decir, capacidad o aptitud para recibir la acción del verbo. Si el verbo es de la primera conjugación, el sufijo toma la forma **-able:** *prorrog*ABLE; si es de la segunda o tercera, toma la forma **-ible:** *reconoc*IBLE, *distingu*IBLE. Los derivados de verbos intransitivos o de sustantivos suelen tener valor activo: *agrad*ABLE, *serv*IBLE.

bledo. m. Planta anual de la familia de las quenopodiáceas, de tallos rastreros, de unos tres decímetros de largo, hojas triangulares de color verde oscuro y flores rojas, muy pequeñas y en racimos axilares. ‖ **2.** fig. Cosa insignificante, de poco o ningún valor. ❑ Ú. en frases como *importarle,* o *no importarle a alguien un* BLEDO; *no valer un* BLEDO.

blefaritis. f. *Pat.* Inflamación aguda o crónica de los párpados.

blefaroplastia. f. *Cir.* Restauración del párpado o de una parte de él por medio de la aproximación de la piel inmediata.

blenda. f. Sulfuro de cinc, que se halla en la naturaleza en cristales muy brillantes, de color que varía desde el amarillo rojizo al pardo oscuro, y se utiliza para extraer el cinc.

blenorragia. f. *Pat.* Flujo mucoso ocasionado por la inflamación de una membrana, principalmente de la uretra. ‖ **2.** *Pat.* Enfermedad venérea producida por el gonococo de Neisser.

blenorrea. f. *Pat.* Blenorragia crónica.

blindado, da. adj. Recubierto por un blindaje.

blindaje. m. Acción y efecto de blindar. ‖ **2.** Conjunto de materiales que se utilizan para blindar.

blindar. tr. Proteger exteriormente con diversos materiales las cosas o los lugares, contra los efectos de las balas, el fuego, etc. Actualmente se aplican con preferencia a este fin planchas metálicas.

blíster. m. *Tecnol.* Envase para manufacturados pequeños que consiste en un soporte de cartón o cartulina sobre el que va pegada una lámina de plástico transparente con cavidades en las que se alojan los distintos artículos.

bloc. m. **bloque,** conjunto de hojas de papel.

blonda. f. Encaje de seda que se utiliza fundamentalmente en prendas de mujer.

blondo, da. adj. **rubio,** de color rojo claro.

bloque. m. Trozo grande de piedra sin labrar. ‖ **2.** Sillar artificial hecho de hormigón. ‖ **3.** Paralelepípedo recto rectangular de materia dura. ‖ **4.** Conjunto de hojas de papel superpuestas y con frecuencia sujetas convenientemente de modo que se puedan desprender con facilidad. ‖ **5.** Agrupación ocasional de partidos políticos. ‖ **6.** Edificio que comprende varias casas de la misma altura y de características semejantes. ‖ **en bloque.** loc. fig. En conjunto, sin distinción.

bloquear. tr. Realizar una operación militar o naval consistente en cortar las comunicaciones de una plaza, de un puerto, de un territorio o de un ejército. ‖ **2.** Impedir el funcionamiento de un mecanismo o el desarrollo de un proceso con un obstáculo que lo paraliza. Ú. t. en sent. fig. y c. pml. ‖ **3.** Interrumpir la prestación de un servicio, por la interposición de un obstáculo o por sometérsele a un exceso de demanda. ‖ **4.** *Com.* Inmovilizar la autoridad una cantidad o crédito, privando a su dueño de disponer de ellos total o parcialmente por cierto tiempo.

bloqueo. m. Acción y efecto de bloquear.

blues. m. Forma musical del folclore de los negros de Estados Unidos de América. ❑ Se pronuncia aprox. */blus/.* pl. invar.

blusa. f. Vestidura exterior a manera de túnica holgada y con mangas. ‖ **2.** Prenda exterior de tela fina, que usan las mujeres y los niños, y que cubre la parte superior del cuerpo.

blusón. m. Prenda de vestir, exterior y por lo común suelta, más larga que la blusa.

boa. f. Serpiente americana de hasta 10 metros de largo, con la piel pintada de vistosos dibujos; no es venenosa, sino que mata a sus presas comprimiéndolas con los anillos de su cuerpo. Hay varias especies, unas arborícolas y otras de costumbres acuáticas; todas son vivíparas. ‖ **2.** m. Prenda femenina de piel o pluma y en forma de serpiente, para abrigo o adorno del cuello.

boato. m. Ostentación en el porte exterior.

bobada. f. **bobería.**

bobalicón, na. adj. fam. aum. de **bobo.** Ú. t. c. s.

bobear. intr. Hacer o decir boberías. ‖ **2.** fig. Emplear y gastar el tiempo en cosas vanas e inútiles.

bobería. f. Dicho o hecho necio.

bóbilis, bóbilis (de). loc. adv. fam. **de balde**[2]. ‖ **2.** fam. Sin trabajo.

bobina. f. Cilindro de hilo, cordel, etc., arrollado en torno a un canuto de cartón u otras materias. ‖ **2.** Rollo de hilo, cable, papel, etc., con una ordenación determinada, montado o no sobre un soporte. ‖ **3.** *Fís.* Componente de un circuito eléctrico formado por un alambre, revestido de una capa de aislante, que se arrolla en forma de hélice sobre un núcleo. ❑ No confundir con *bovina.*

bobinado. m. Acción y efecto de bobinar. ‖ **2.** Conjunto de bobinas que forman parte de un circuito eléctrico. ‖ **3.** *Fís.* Alambre que forma la bobina.

bobinadora. f. Máquina destinada a hilar y a bobinar.

bobinar. tr. Arrollar o devanar hilos, alambre, etc., en forma de bobina, generalmente sobre un carrete. ‖ **2.** Arrollar papel, película, cinta magnética, etc., generalmente alrededor de un carrete.

bobo, ba. adj. De muy corto entendimiento y capacidad. Ú. t. c. s. ‖ **2.** Extremada y neciamente candoroso. Ú. t. c. s. ‖ **3.** m. En el teatro español primitivo, personaje cuya simpleza provocaba efectos cómicos. ‖ **de Coria.** Personaje proverbial, símbolo de tontería y necedad. ‖ **entre bobos anda el juego.** fr. desus. con la que se expresaba que las personas que tratan algún asunto tienen la misma capacidad o disimulan por igual para tratar de engañarse las unas a las otras. Usáb. generalmente en sent. irón. y modernamente puede utilizarse en sent. literal.

boca. f. Abertura anterior del tubo digestivo de los animales, situada en el extremo anterior del cuerpo, o sea en la cabeza. Sirve de entrada a la cavidad bucal. También se aplica a toda la expresada cavidad en la cual está colocada la lengua y los dientes cuando existen. ‖ **2.** *Zool.* Pinza con que termina cada una de las patas delanteras de los crustáceos. ‖ **3.** fig. Entrada o salida. BOCA *de horno, de cañón, de calle, de metro.* ❑ Con esta última aplicación se usa frecuentemente en plural. *Las* BOCAS *del Danubio, del Ródano.* ‖ **4.** fig. Abertura, agujero. BOCA *de tierra.* ‖ **5.** fig. Hablando de vinos, gusto o sabor. *Este vino tiene buena* BOCA. ‖ **6.** fig. Órgano de la palabra. *No abrir,* o *no despegar, la* BOCA. ‖ **7.** Persona o animal a quien se mantiene y da de comer. ‖ **de fraile.** loc. que se emplea con algunos verbos para indicar demasía en el pedir. También se dice *haberle hecho* a alguien *la* BOCA *un fraile.* ‖ **del estómago.** Parte central de la región epigástrica. ‖ **de lobo.** expr. fig. Muy oscuro. Más comúnmente se dice: **estar como boca de lobo,** u **obscuro como boca de lobo.** ‖ **de riego.** Abertura en un conducto de agua en la cual se enchufa una manga para regar calles, jardines, etc. ‖ **a boca.** loc. adv. Verbalmente o de palabra. ‖ **a boca de jarro.** loc. adv. fig. **a bocajarro.** ‖ **abrir boca.** fr. fig. Despertar el apetito con algún alimento o bebida. ‖ **andar de boca en boca** una cosa. fr. fig. Saberse de público, estar divulgada una noticia o asunto. ‖ **andar en boca de** alguno o algunos. fr. fig. Ser objeto de lo que este o estos hablen o digan. ‖ **a pedir de boca.** loc. adv. fig. **a medida del deseo.** ‖ **boca abajo.** loc. adv. Tendido con la cara hacia el suelo. ‖ **boca a boca.** En determinados accidentes respiratorios, forma de respiración artificial que consiste en aplicar la **boca** a la de la persona accidentada para insuflarle aire con un ritmo determinado. ‖ **boca arriba.** loc. adv. Tendido de espaldas. ‖ **callar la boca.** fr. fam. **callar,** no hablar; cesar de hablar; cesar de gritar, de llorar, de hacer ruido, etc. ‖ **cerrar la boca** a alguien. fr. fig. y fam. Hacerle callar. ‖ **con la boca abierta,** o **con tanta boca abierta.** loc. adv. fig. y fam. Suspenso o admirado de alguna cosa que se ve o se oye. ❑ Ú. con los verbos *estar, quedarse,* etc. ‖ **de boca.** loc. adv. con que se califican acciones o cualidades de las que alguien se jacta sin motivo. ‖ **de boca en boca.** loc. adv. con que se denota la manera de propagarse de unas personas a otras noticias, rumores, alabanzas, etc. ‖ **decir** alguna cosa **con la boca chica,** o **chiquita.** fr. fig. y fam. Ofrecer algo por mero cumplimiento. ‖ **decir** alguien **lo que se le viene a la boca.** fr. fig. y fam. No tener reparo ni miramiento en lo que dice. ‖ **hablar** una persona **por boca de** otra. fr. fig. Conformarse, en lo que dice, con la opinión y voluntad ajena. ‖ **hablar** alguien **por boca de ganso.** fr. fig. y fam. Decir lo que otro le ha sugerido. ‖ **hacer boca.** fr. fig. y fam. Tomar algún alimento ligero y aperitivo, o beber en pequeña cantidad algún licor estimulante, a fin de preparar el estómago para la comida. ‖ **hacérsele** a alguien **la boca agua.** fr. fam. Pensar con deleite en el buen sabor de algún alimento. ‖ **2.** fig. y fam. Deleitarse con la esperanza de conseguir alguna cosa agradable, o con su memoria. ‖ **írsele la boca** a alguien. fr. fig. Hablar mucho y sin consideración, o con imprudencia. ‖ **meterse en la boca del lobo.** loc. fam. Exponerse sin necesidad a un peligro cierto. ‖ **no abrir** alguien **la boca.** fr. fig. Callar cuando se debería hablar. ‖ **no caérsele** a alguien **de la boca** alguna cosa. fr. fig. Decirla con frecuencia y repetición. ‖ **no decir esta boca es mía.** fr. fig. y fam. No hablar palabra. ‖ **poner en boca de** alguien algún dicho. fr. fig. Atribuírselo. ‖ **quitar** a alguien **de la boca** alguna cosa. fr. fig. y fam. Anticiparse alguien a decir lo que iba a decir otro. ‖ **quitárselo** alguien **de la**

boca. fr. fig. y fam. Privarse de las cosas precisas para dárselas a otro. ‖ **saber** algo **de boca,** o **de la boca, de** otro. fr. Saberlo o tener de ello noticia por habérselo oído referir. ‖ **tapar la boca** a alguien. fr. fig. y fam. Cohecharle con dinero u otra cosa para que calle. ‖ **2**. fig. y fam. Citarle un hecho o darle una razón tan concluyente que no tenga qué responder. ‖ **torcer la boca.** fr. Volver el labio inferior hacia alguno de los carrillos, en ademán o en demostración de disgusto. ‖ **venírsele** a alguien **a la boca** alguna cosa. fr. Sentir el sabor de alguna cosa que hay en el estómago. ‖ **2**. fig. Ofrecerse algunas ideas y palabras para proferirlas.

bocacalle. f. Entrada o embocadura de una calle. ‖ **2.** Calle secundaria que afluye a otra.

bocadillo. m. Cierto lienzo delgado y poco fino. ‖ **2.** Panecillo partido longitudinalmente en dos mitades entre las cuales se colocan alimentos variados. ‖ **3.** En grabados, dibujos, caricaturas, tebeos, etc., letrero, generalmente circundado por una línea curva que sale de la boca o cabeza de una figura, y en el cual se representan palabras o pensamientos atribuidos a ella.

bocado. m. Porción de comida que naturalmente cabe de una vez en la boca. ‖ **2.** Un poco de comida. *Tomar un* BOCADO. ‖ **3.** Mordedura o herida que se hace con los dientes. ‖ **4.** Pedazo de cualquier cosa que se saca o arranca con la boca. ‖ **5.** Parte del freno que entra en la boca de la caballería. ‖ **6.** Estaquilla de retama que se pone en la boca a las reses lanares para que babeen. ‖ **de Adán.** Nuez de la garganta. ‖ **con el bocado en la boca.** loc. que complementa a algunos verbos de acción, indicando que esta se realiza inmediatamente después de haber terminado de comer. *Tuve que salir* CON EL BOCADO EN LA BOCA. ‖ **dar** a alguien **un bocado.** fr. fig. Darle de comer por caridad o conmiseración.

bocajarro (a). loc. adv. Tratándose del disparo de un arma de fuego, a quemarropa, desde muy cerca. ‖ **2.** fig. De improviso, inopinadamente, sin preparación ninguna.

bocal. m. Jarro de boca ancha y cuello corto para sacar el vino de las tinajas. ❑ No confundir con *vocal*.

bocallave. f. Parte de la cerradura, por la cual se mete la llave.

bocamanga. f. Parte de la manga que está más cerca de la muñeca, y especialmente por lo interior o el forro.

bocamina. f. Boca de la galería o pozo que sirve de entrada a una mina.

bocana. f. Paso estrecho de mar que sirve de entrada a una bahía o fondeadero.

bocanada. f. Cantidad de líquido que de una vez se toma en la boca o se arroja de ella. ‖ **2.** Porción de humo que se echa cuando se fuma.

bocarte. m. **boquerón,** pez semejante a la sardina, pero mucho más pequeño.

bocata. m. fam. **bocadillo,** panecillo.

bocaza. com. fig. y fam. Persona que habla más de lo que aconseja la discreción.

bocazas. com. fam. **bocaza,** que habla más de lo discreto.

bocel. m. *Arq.* Moldura convexa lisa, de sección semicircular y a veces elíptica. ‖ **cuarto bocel.** *Arq.* Moldura convexa, cuya sección es un cuarto de círculo.

bocelar. tr. Formar bocel a una pieza de plata u otra materia.

bocera. f. Lo que queda pegado a la parte exterior de los labios después de haber comido o bebido. ‖ **2. boquera,** excoriación en la comisura de los labios.

boceras. com. Bocaza, hablador, jactancioso. ‖ **2.** Persona despreciable.

boceto. m. Proyecto, especialmente de índole artística, previo a su realización.

bocha. f. Bola de madera, de mediano tamaño, que sirve para tirar en el juego de **bochas.** ‖ **2.** pl. Juego entre dos o más personas, que consiste en tirar a cierta distancia unas bolas medianas y otra más pequeña, y gana el que se arrima más a esta con las otras.

bochinche. m. Tumulto, barullo, alboroto.

bochorno. m. Aire caliente y molesto que se levanta en el estío. ‖ **2.** Calor sofocante, por lo común en horas de calma o por fuego excesivo. ‖ **3.** Desazón o sofocamiento producido por algo que ofende, molesta o avergüenza.

bochornoso, sa. adj. Que causa o da bochorno.

bocina. f. **cuerno,** instrumento músico. ‖ **2.** Instrumento de metal, en figura de trompeta, con ancha embocadura para meter los labios, y que se usa principalmente en los buques para hablar de lejos. ‖ **3.** Instrumento semejante al anterior, que se hace sonar mecánicamente en los automóviles y otros artefactos. ‖ **4. caracola** para tocar a modo de trompa.

bocinar. intr. Tocar la bocina o usarla para hablar.

bocinazo. m. Ruido fuerte producido con una bocina. ‖ **2.** fig. Grito para reprender o amonestar a alguien. ❑ Se usa especialmente con los verbos *dar* y *pegar*.

bocio. m. Aumento, difuso o nodular, de la glándula tiroidea.

bock. m. Jarro de cerveza de un cuarto de litro de capacidad. ‖ **2.** El contenido de este jarro.

bocón, na. adj. fig. y fam. Que habla mucho y echa bravatas. Ú. t. c. s. ‖ **2.** m. Especie de sardina del mar de las Antillas, mayor que la común y de ojos y boca muy grandes.

bocoy. m. Barril grande para envase. ❑ pl. *bocoyes*.

boda. f. Casamiento y fiesta con que se solemniza. Ú. m. en pl. ‖ **bodas de diamante.** Aniversario sexagésimo de la **boda** o de otro acontecimiento solemne o muy señalado en la vida de quien lo celebra. ‖ **de oro.** Aniversario quincuagésimo de los mismos hechos. ‖ **de plata.** Aniversario vigésimo quinto.

bodega. f. Lugar donde se guarda y cría el vino. ‖ **2.** Tienda de vinos. ‖ **3.** Cosecha o mucha abundancia de vino en algún lugar. *La* BODEGA *de Arganda, de Valdepeñas.* ‖ **4. despensa.** ‖ **5.** *Mar.* Espacio interior de los buques desde la cubierta inferior hasta la quilla.

bodegón. m. Sitio o tienda donde se guisan y dan de comer viandas ordinarias. ‖ **2.** Composición pictórica que representa por lo general cosas comestibles o seres inanimados.

bodeguero, ra. m. y f. Dueño de una bodega de vinos. ‖ **2.** Persona que tiene a su cargo la bodega.

bodoque. m. Pelota o bola de barro endurecida al aire, que se disparaba con la ballesta. ‖ **2. burujo** de lana o de masa. ‖ **3.** Relieve de forma redonda que sirve de adorno en algunos bordados.

bodrio. m. Caldo con algunas sobras de sopa, mendrugos, verduras y legumbres que de ordinario se daba a los pobres en las porterías de algunos conventos. ‖ **2.** Sangre de cerdo mezclada con cebolla para embutir morcillas. ‖ **3.** Cosa mal hecha, desordenada o de mal gusto. *Ese cuadro es un* BODRIO; *en ese teatro no representan más que* BODRIOS.

bóer. adj. Dícese de los habitantes del África Austral, al norte de El Cabo, y que son de origen holandés. Ú. t. c. s. ‖ **2.** Perteneciente a esta región del sur de África.

bofe. m. Pulmón de las reses que se destina a consumo. Ú. m. en pl. ‖ **echar el bofe,** o **los bofes.** fr. fig. y fam. Afanarse, trabajar excesivamente.

bofetada. f. Golpe que se da en el carrillo con la mano abierta. ‖ **2.** fig. Sensación fuerte de calor, frío, olor, etc., recibida repentinamente. ‖ **3.** fig. Desaire, desprecio u ofensa. ‖ **darse de bofetadas** una cosa **con** otra. fr. fig. y fam. No tener armonía entre sí. *Esta falda* SE DA DE BOFETADAS CON *esta blusa.*

bofetón. m. Bofetada dada con fuerza.

boga[1]. f. Pez teleósteo, fisóstomo, que puede alcanzar 40 centímetros de largo, aunque comúnmente es menor, de color plateado y con aletas casi blancas. Abunda en los ríos españoles y es comestible. ‖ **2.** Pez teleósteo, acantopterigio, de cuerpo comprimido, color blanco azulado, con seis u ocho rayas por toda su longitud: las superiores, negruzcas, y las inferiores, doradas y plateadas. Abunda en los mares de España y es comestible.

boga[2]. f. Acción de bogar o remar.

boga[3]. f. fig. Buena aceptación, fortuna o felicidad creciente. Ú. principalmente en la frase **en boga.**

bogada. f. Espacio que la embarcación navega por el impulso de un solo golpe de los remos.

bogar. intr. *Mar.* **remar** en una embarcación.

bogavante. m. Crustáceo marino, decápodo, de color vivo, muy semejante por su forma y tamaño a la langosta, de la cual se distingue principalmente porque las patas del primer par terminan en pinzas muy grandes y robustas.

bogotano, na. adj. Natural de Bogotá. Ú. t. c.s. ‖ **2.** Perteneciente o relativo a esta ciudad de Colombia.

bohemio, mia. adj. Natural de Bohemia. Apl. a pers., ú. t. c. s. ‖ **2. gitano.** Apl. a pers., ú. t. c. s. ‖ **3.** Dícese de la vida que se aparta de las normas y convenciones sociales, principalmente la de artistas y literatos. ‖ **4.** Dícese de la persona que lleva este tipo de vida. Ú. t. c. s. ‖ **5.** m. Lengua checa.

bohío. m. Cabaña de América, hecha de madera y ramas, cañas o pajas y sin más respiradero que la puerta.

bohordo. m. Junco de la espadaña. ‖ **2.** Lanza corta arrojadiza, que se usaba en los juegos y fiestas de caballería, y que comúnmente servía para arrojarla contra una armazón de tablas. ‖ **3.** *Bot.* Tallo herbáceo y sin hojas que sostiene las flores y el fruto de algunas amarilidáceas, como la pita, liliáceas, como el lirio, etc.

boicot. m. **boicoteo.**

boicotear. tr. Privar a una persona o a una entidad de toda relación social o comercial para perjudicarla y obligarla a ceder en lo que de ella se exige.

boicoteo. m. Acción de boicotear.

boina. f. Gorra sin visera, redonda y chata, de lana y generalmente de una sola pieza.

boj. m. Arbusto de unos cuatro metros de altura, con tallos derechos, muy ramosos, hojas persistentes, opuestas, elípticas, duras y lustrosas; flores pequeñas, blanquecinas, de mal olor, en hacecillos axilares, y madera amarilla, sumamente dura y compacta, muy apreciada para el grabado, obras hechas en el torno y otros usos. La planta se emplea como adorno en los jardines. || **2.** Madera de este arbusto.

bojar. tr. *Mar.* Medir el perímetro de una isla, cabo o porción saliente de la costa. || **2.** intr. Tener una isla, cabo o porción saliente de la costa determinado perímetro. || **3.** Rodear, recorrer dicho circuito navegando.

boje. m. Conjunto de dos pares de ruedas montadas sobre sendos ejes próximos, paralelos y solidarios entre sí, que se utilizan en ambos extremos de los vehículos de gran longitud destinados a circular sobre carriles. El vehículo se apoya en cada **boje** por medio de un eje vertical, gracias a lo cual puede describir curvas muy cerradas.

bojedal. m. Sitio poblado de bojes.

bol. m. **tazón,** recipiente sin asa.

bola. f. Cuerpo esférico de cualquier materia. || **2.** fig. y fam. Embuste, mentira. || **3.** *Amér.* La **bola** empleada como arma ofensiva y para cazar o sujetar animales. Ú. m. en pl.

bolandista. m. Individuo de una sociedad formada por miembros de la Compañía de Jesús, para publicar y depurar críticamente los textos originales de las vidas de los santos.

bolardo. m. Poste metálico o de otra materia, de poca altura, fijado en el suelo y destinado a impedir el paso o estacionamiento de vehículos.

bolchevique. adj. Partidario del bolchevismo. Ú. t. c. s. || **2.** Dícese del miembro de la facción mayoritaria y más radical del partido socialdemócrata ruso, a partir de 1903. Ú. t. c. s. || **3.** Desde la revolución de 1917, dícese del comunista ruso. Ú. t. c. s.

bolchevismo. m. Sistema de gobierno establecido en Rusia por la revolución social de 1917, que practicaba el colectivismo mediante la dictadura que ejerce en nombre del proletariado. || **2.** Doctrina defensora de tal sistema.

boldo. m. Arbusto de la familia de las monimiáceas, originario de Chile, de hojas siempre verdes, flores blancas en racimos cortos, y fruto comestible. La infusión de sus hojas es muy aromática y de uso medicinal.

boleadoras. f. pl. Instrumento compuesto de dos o tres tiras de cuero trenzado, unidas entre sí por un extremo que llevan en el otro bolas pesadas recubiertas de cuero, que se lanza al pescuezo o a las patas de los animales para derribarlos y sujetarlos; se usa en países del sur de América.

bolear. intr. En los juegos de trucos y billar, jugar por puro entretenimiento, sin interés y sin hacer partido. || **2.** Arrojar la bola en cualquier juego en que se la utilice. || **3.** prnl. En el béisbol, arrojarse la bola o pelota un jugador a otro.

boleo. m. Acción de bolear.

bolera. f. Lugar destinado al juego de bolos.

bolero. m. Aire musical español, cantable y bailable, de compás ternario y acompañamiento de guitarras. || **2.** Baile melancólico de origen antillano, que se acompaña de canciones sentimentales. || **3.** Chaquetilla corta femenina.

boletín. m. Publicación destinada a tratar de asuntos científicos, artísticos, históricos o literarios, generalmente publicada por alguna corporación. BOLETÍN *de la Real Academia Española.* || **2.** Periódico que contiene disposiciones oficiales. || **informativo** o **de noticias.** Conjunto de noticias que, a horas determinadas, transmiten la radio o la televisión.

boleto. m. **billete** de teatro, tren, etc.

boliche. m. Bola pequeña que se usa en el juego de las bochas. || **2.** Juego de bolos. || **3. bolera.** || **4.** Juguete de madera o hueso, que se compone de un palo terminado en punta por un extremo y con una cazoleta en el otro, y de una bola taladrada sujeta por un cordón al medio del palo y que, lanzada al aire, se procura recoger, ya en la cazoleta, ya acertando a meterle en el taladro la punta del palo. || **5.** Adorno de forma torneada por lo común, en que rematan ciertas partes de algunos muebles.

bólido. m. *Meteor.* Masa de materia cósmica de dimensiones apreciables a simple vista que, a manera de globo inflamado, atraviesa rápidamente la atmósfera y suele estallar y dividirse en pedazos. || **2.** fig. Vehículo automóvil que alcanza extraordinaria velocidad, especialmente el que participa en carreras.

bolígrafo. m. Instrumento para escribir que tiene en su interior un tubo de tinta especial y, en la punta, en lugar de pluma, una bolita metálica que gira libremente.

bolillo. m. Palito torneado que sirve para hacer encajes y pasamanería: el hilo se arrolla o devana en la mitad superior, que es más delgada, y queda tirante por el peso de la otra mitad, que es más gruesa. || **2.** Horma para aderezar vuelos de gasa o de encaje. || **3.** Cada uno de estos vuelos.

bolina. f. *Mar.* Cabo con que se hala hacia proa la relinga de barlovento de una vela para que reciba mejor el viento. || **2.** *Mar.* **sonda,** cuerda con un peso al extremo.

bolinche. m. Bolita para jugar; canica. || **2.** Remate o adorno de algunos muebles en figura de bola.

bolívar. m. Unidad monetaria de Venezuela.

boliviano, na. adj. Natural de Bolivia. Ú. t. c.

s. || **2.** Perteneciente o relativo a esta república de América. || **3.** m. Unidad monetaria de Bolivia.

bollar[1]. tr. Poner un sello de plomo en los tejidos para que se conozca la fábrica de donde salen. ❑ No confundir con *boyar.*

bollar[2]. tr. Repujar formando bollones. ❑ No confundir con *boyar.*

bollería. f. Establecimiento donde se hacen bollos o panecillos. || **2.** Tienda donde se venden. || **3.** Conjunto de bollos de diversas clases que se ofrecen para la venta o el consumo.

bollero, ra. m. y f. Persona que hace o vende bollos. ❑ No confundir con *boyero.*

bollo[1]. m. Pieza esponjosa de varias formas y tamaños, hecha con masa de harina y agua y cocida al horno; como ingredientes de dicha masa entran frecuentemente leche, manteca, huevos, etc. || **2.** fig. **chichón.** || **3.** fig. y fam. Lío, alboroto, confusión. *Se armó un gran* BOLLO.

bollo[2]. m. fam. **abolladura.**

bollón. m. Clavo de cabeza grande, comúnmente dorada, que sirve para adorno.

bolo. m. Trozo de palo labrado, de forma alargada, con base plana para que se tenga derecho. || **2.** **bola,** en los juegos de naipes. || **3.** fig. y fam. Hombre ignorante o de escasa habilidad. Ú. t. c. adj. || **4.** pl. Juego que consiste en poner derechos sobre el suelo cierto número de **bolos** y derribar cada jugador los que pueda, arrojándoles sucesivamente las bolas que correspondan por jugada. || **alimenticio.** Alimento masticado e insalivado que de una vez se deglute.

boloñés, sa. adj. Natural de Bolonia. Ú. t. c. s. || **2.** Perteneciente o relativo a esta ciudad de Italia.

bolsa[1]. f. Especie de talega o saco de tela u otra materia flexible, que sirve para llevar o guardar alguna cosa. || **2.** Saquillo de cuero o de otra cosa en que se echa dinero, y que se ata o cierra para que este no se salga. || **3.** Recipiente de material resistente para guardar en viajes o traslados, ropa u otras cosas y que se puede llevar a mano o colgado del hombro. BOLSA *de deporte.* || **4.** Arruga que hace un vestido cuando viene ancho o no ajusta bien al cuerpo, o la que forman dos telas cosidas cuando una es más larga o ha dado de sí más que la otra. || **5.** Abultamiento de la piel debajo de los ojos. || **6.** fig. Caudal o dinero de una persona. *A Juan se le acabó la* BOLSA. || **7.** *Cir.* Cavidad llena de pus, linfa, etc. || **8.** *Min.* Parte de un criadero donde el mineral está reunido con mayor abundancia y en forma redondeada. || **9.** pl. Las dos cavidades del escroto en las cuales se alojan los testículos. || **de trabajo.** Organismo encargado de recibir ofertas y peticiones de trabajo y de ponerlas en conocimiento de los interesados. || **aflojar la bolsa.** fr. fig. Pagar obligado.

bolsa[2]. f. Reunión oficial de los que operan con efectos públicos. || **2.** Lugar donde se celebran estas reuniones. || **3.** Conjunto de operaciones con efectos públicos. || **4.** Cotización de los valores negociados en **bolsa.** || **jugar a la bolsa.** fr. fig. Comprar o vender al descubierto y a plazo, valores cotizables previendo ganancias en las diferencias que resulten.

bolsillo. m. **bolsa** en que se guarda el dinero. || **2.** Saquillo más o menos grande cosido en una u otra parte de los vestidos, y que sirve para meter en él algunas cosas usuales. || **3.** fig. **bolsa,** caudal de una persona. *Mateo tiene un buen* BOLSILLO. || **de parche.** El sobrepuesto a la prenda, de la misma tela que esta, sin forro y con cartera y botón. || **aflojar el bolsillo.** fr. fig. Pagar obligado. || **de bolsillo.** loc. adj. Dícese de la cosa que por su hechura y tamaño es adecuada para llevarla en el **bolsillo.** || **rascarse el bolsillo.** fr. fig. y fam. Soltar dinero, gastar, comúnmente de mala gana. || **tener** alguien **en el bolsillo** a otro. fr. fig. y fam. Contar con él con entera seguridad.

bolsista. com. Persona que se dedica a especulaciones bursátiles.

bolso. m. Bolsa de mano generalmente pequeña, de cuero, tela u otras materias, provista de cierre y frecuentemente de asa, usada por las mujeres para llevar dinero, documentos, objetos de uso personal, etcétera.

bomba. f. Máquina para elevar el agua u otro líquido y darle impulso en dirección determinada. || **2.** Proyectil esférico, ordinariamente de hierro, hueco y lleno de pólvora, de gran tamaño, que se disparaba con mortero. En el agujero por donde se cargaba llevaba una espoleta llena de una mezcla inflamable que servía para hacer estallar la **bomba.** || **3.** Cualquier pieza hueca, llena de materia explosiva y provista del artificio necesario para que estalle en el momento conveniente. || **4.** U. en aposición para denotar que el objeto al que se pospone va cargado con un explosivo. *Carta, coche* BOMBA. || **5.** fig. Noticia inesperada que se suelta de improviso y causa estupor. Ú. t. c. adj. || **6.** adv. fam. Muy bien, estupendamente. *Nos lo pasamos* BOMBA. || **atómica.** Artefacto bélico cuyo gran poder explosivo se debe a la liberación súbita de energía como consecuencia de la fisión de determinados materiales, como uranio o plutonio. || **de cobalto.** Aparato empleado en radioterapia que utiliza la radiación gamma emitida por el cobalto-60, lo que permite un tratamiento delimitado y en zonas profundas. || **de hidrógeno.** La termonuclear cuya energía se libera por la fusión de los núcleos de isótopos del hidrógeno. ‖ **de mano.** *Mil.* La explosiva de tamaño reducido que se puede lanzar con la mano. ‖ **de neutrones.** La termonuclear de baja potencia cuyo poder destructivo reside fundamentalmente en los neutrones emitidos. Normalmente carece de fulminante de fisión y es letal, aunque su capacidad de destrucción sea limitada. ‖ **de relojería. bomba** explosiva provista de un dispositivo que la hace estallar en un momento determinado. ‖ **caer como una bomba.** fr. fig. y fam. que se dice de la persona que se presenta inopinadamente en una reunión o de la noticia inesperada que se comunica, y cuya respectiva aparición o referencia deja atónitos a los circunstantes.

bombacáceo, a. adj. *Bot.* Dícese de árboles y arbustos intertropicales dicotiledóneos, con hojas alternas, por lo común palmeadas, flores axilares, en racimo o en panoja, fruto vario y semilla frecuentemente cubierta de lana o pulpa; como el baobab. Ú. t. c. s. f. ‖ **2.** f. pl. *Bot.* Familia de estas plantas.

bombacho. adj. V. **pantalón bombacho.** Ú. t. c. s.

bombarda. f. Máquina militar de metal, con un cañón de gran calibre, que se usaba antiguamente. ‖ **2.** Nombre genérico que se daba a las antiguas piezas de artillería. ‖ **3.** Antiguo instrumento músico de viento, del género de la chirimía, construido de una pieza de madera con lengüeta de caña.

bombardear. tr. **bombear.** ‖ **2.** Arrojar bombas desde una aeronave. ‖ **3.** Hacer fuego violento y sostenido de artillería, dirigiendo los proyectiles contra lo interior de una población u otro recinto más que contra sus muros y defensas. ‖ **4.** *Fís.* Someter un cuerpo a la acción de ciertas radiaciones o al impacto de neutrones y otros elementos del átomo. ‖ **5.** fig. Acosar, abrumar con algo. BOMBARDEAR *con preguntas.* Cf. **asaetear.**

bombardeo. m. Acción de bombardear.

bombardero. m. Avión especialmente diseñado para transportar y arrojar bombas. ‖ **2.** Oficial o soldado de artillería destinado al servicio de las bombardas. ‖ **3.** Artillero que estaba destinado al servicio especial del mortero.

bombardino. m. Instrumento músico de viento, de metal, perteneciente a la clase de bajos, que se caracteriza por emitir sonidos graves y potentes.

bombardón. m. Instrumento músico de viento, de grandes dimensiones, de metal y con cilindros, que sirve de contrabajo en las bandas militares.

bombazo. m. Golpe que da la bomba al caer. ‖ **2.** Explosión y estallido de este proyectil.

bombear. tr. Arrojar o disparar bombas de artillería. ‖ **2.** Lanzar por alto una pelota o balón haciendo que siga una trayectoria parabólica. ‖ **3.** Elevar agua u otro líquido por medio de una bomba.

bombeo. m. Comba, convexidad. ‖ **2.** Acción y efecto de bombear líquidos.

bombero. m. Cada uno de los operarios encargados de extinguir los incendios. ‖ **2.** En un buque tanque, el que tiene a su cargo las tuberías, bombas y faenas de carga, descarga y conservación de ellas.

bombilla. f. Globo de cristal en el que se ha hecho el vacío y dentro del cual va colocado un hilo de platino, carbón, tungsteno, etc., que al paso de una corriente eléctrica se pone incandescente y sirve para alumbrar. ‖ **2.** Caña delgada que se usa para sorber el mate en América; tiene unos 20 centímetros de largo y medio de diámetro, y por la parte que se introduce en el líquido termina en figura de una almendra llena de agujeritos, para que pase la infusión y no la hierba del mate. También las hay de metal.

bombillo. m. Aparato con sifón para evitar la subida del mal olor en las bajadas de aguas inmundas, como las de los retretes o letrinas. ‖ **2.** Tubo de hojalata o de plata con un ensanche en la parte inferior, para sacar líquidos.

bombín. m. fam. Sombrero hongo.

bombo. m. Tambor muy grande que se toca con una maza y se emplea en las orquestas y en las bandas militares. ‖ **2.** El que toca este instrumento. ‖ **3.** Caja cilíndrica o esférica y giratoria que sirve para contener bolas numeradas, cédulas escritas o cualesquiera otros objetos que han de sacarse a la suerte. ‖ **4.** fig. Elogio exagerado y ruidoso con que se ensalza a una persona o se anuncia o publica alguna cosa. *Con mucho* BOMBO *se viene anunciando esa obra.* ‖ **a bombo y platillo** o **a bombo y platillos.** loc. adv. con que se da a entender la extremada publicidad de una noticia o suceso. ‖ **dar bombo.** fr. fig. y fam. Elogiar con exageración, especialmente por medio de la prensa periódica. Ú. t. c. prnl.

bombón. m. Pieza pequeña de chocolate o azúcar, que en lo interior puede contener licor o crema.

bombona. f. Vasija de vidrio, loza, plástico, etc., de boca estrecha, muy barriguda y de bastante capacidad, que se usa para el transporte de ciertos líquidos. ‖ **2.** Vasija metálica muy resistente, de forma cilíndrica o acampanada y cierre hermético. Sirve para contener gases a presión y líquidos que, por ser muy volátiles, originan grandes presiones si se impide la salida del vapor.

bombonaje. m. Planta monocotiledónea de tallo sarmentoso y hojas alternas y palmeadas que, cortadas en tiras, sirven para fabricar objetos de jipijapa. Es originaria de las regiones tropicales de América.

bombonera. f. Cajita para bombones.

bonachón, na. adj. fam. De genio dócil, crédulo y amable. Ú. t. c. s.

bonaerense. adj. Natural de la ciudad o provincia de Buenos Aires. Ú. t. c. s. ‖ **2.** Perteneciente o relativo a esta ciudad o provincia de la Argentina.

bonancible. adj. Tranquilo, sereno, suave. Dícese del mar, del tiempo y del viento.

bonanza. f. Tiempo tranquilo o sereno en el mar. ‖ **2.** fig. **prosperidad.** ‖ **3.** *Min.* Zona de mineral muy rico.

bondad. f. Calidad de bueno. ‖ **2.** Natural inclinación a hacer el bien. ‖ **3.** Blandura y apacibilidad de genio.

bondadoso, sa. adj. Lleno de bondad, de genio apacible.

bonete. m. Especie de gorra de varias hechuras y comúnmente de cuatro picos, usada por los eclesiásticos y seminaristas, y antiguamente por los colegiales y graduados. ‖ **2. gorro.** ‖ **3.** *Zool.* Redecilla de los rumiantes.

bonetero. m. Arbusto de la familia de las celastráceas, de tres a cuatro metros de altura, derecho, ramoso, con hojas opuestas, aovadas, dentadas y de pecíolo muy corto, flores pequeñas y blanquecinas, y por frutos cápsulas rojizas con tres o cuatro lóbulos obtusos. Florece en verano, se cultiva en los jardines de Europa, sirve para setos, y su carbón se emplea en la fabricación de la pólvora.

bongo. m. Especie de canoa usada por los indios de la América Central.

bongó. m. Instrumento músico de percusión, usado en algunos países del Caribe, y que consiste en un tubo de madera cubierto en su extremo superior por un cuero de chivo bien tenso y descubierto en la parte inferior. ❑ pl. *bongós.*

boniato. m. Planta de la familia de las convolvuláceas, de tallos rastreros y ramosos, hojas alternas lobuladas, flores en campanilla y raíces tuberculosas de fécula azucarada. ‖ **2.** Cada uno de los tubérculos de la raíz de esta planta. Son comestibles.

bonificación. f. Acción y efecto de bonificar. ‖ **2.** Descuento; particularmente en algunas pruebas deportivas, descuento en el tiempo empleado, etc.

bonificar. tr. Tomar en cuenta y asentar una partida en el haber. ‖ **2.** Conceder, por algún concepto, un aumento, generalmente proporcional y reducido, en una cantidad que alguien ha de cobrar, o un descuento en la que ha de pagar.

bonísimo, ma. adj. sup. de **bueno.**

bonista. com. Persona que posee bonos, títulos de deuda pública.

bonitero, ra. adj. Perteneciente o relativo al bonito. ‖ **2.** Dícese de la lancha destinada a la pesca del bonito. Ú. t. c. f. ‖ **3.** f. Pesca del bonito. ‖ **4.** Temporada en que se efectúa esta pesca.

bonito[1]. m. Pez teleósteo comestible, parecido al atún, pero más pequeño.

bonito[2], ta. adj. d. de **bueno.** *Tiene un* BONITO *mayorazgo.* ‖ **2.** Lindo, agraciado de cierta proporción y belleza.

bono. m. Tarjeta o medalla que puede canjearse por comestibles u otros artículos de primera necesidad, y a veces por dinero. ‖ **2.** Tarjeta de abono que da derecho a la utilización de un servicio durante cierto tiempo o un determinado número de veces. ‖ **3.** *Com.* Título de deuda emitido comúnmente por una tesorería pública, empresa industrial o comercial.

bonobús. m. *Esp.* Tarjeta que autoriza al portador para un cierto número de viajes en autobús.

bonoloto. f. *Esp.* Variedad de lotería estatal con sorteo diario.

bonsái. m. Planta ornamental sometida a una técnica de cultivo que impide su crecimiento mediante corte de raíces y poda de ramas. ❑ pl. *bonsáis.*

bonzo. m. Sacerdote del culto de Buda en Asia Oriental.

boñiga. f. Excremento del ganado vacuno y el semejante de otros animales.

boñigo. m. Cada una de las porciones o piezas del excremento del ganado vacuno.

boqueada. f. Acción de abrir la boca. Solo se dice hablando de los que están para morir. Ú. m. en pl. ‖ **dar las boqueadas,** o **estar dando las boqueadas.** fr. fig. y fam. **boquear,** estar acabándose una cosa.

boquear. intr. Abrir la boca. ‖ **2.** Estar expirando. ‖ **3.** fig. y fam. Estar una cosa acabándose en los últimos términos.

boquera. f. Boca o puerta de piedra que se hace en el caz o cauce para regar las tierras. ‖ **2.** Ventana por donde se echa la paja o el heno en el pajar. ‖ **3.** Excoriación que se forma en las comisuras de los labios de las personas y les impide abrir la boca con facilidad. ‖ **4.** *Veter.* Llaga en la boca de los animales.

boquerón. m. Pez teleósteo, fisóstomo, semejante a la sardina, pero mucho más pequeño. Abunda en el Mediterráneo y parte del Océano y con él se preparan las anchoas.

boquete. m. **brecha,** abertura hecha en una pared.

boquiabierto, ta. adj. Que tiene la boca abierta. ‖ **2.** fig. Que está embobado o pasmado mirando alguna cosa.

boquidulce. m. Escualo que puede alcanzar

más de tres metros, con siete aberturas branquiales a cada lado.

boquilla. f. Abertura inferior del calzón, por donde sale la pierna. ‖ **2.** Pieza pequeña y hueca, y en general cónica, de metal, marfil o madera, que se adapta al tubo de varios instrumentos de viento y sirve para producir el sonido, apoyando los labios en los bordes de ella. ‖ **3.** Tubo pequeño, de varias materias y diversas formas, en cuya parte más ancha se pone el cigarro para fumarlo aspirando el humo por el extremo opuesto. También se llama así la parte de la pipa que se introduce en la boca. ‖ **4.** Orificio cilíndrico por donde se introduce la pólvora en las bombas y granadas, y en donde se asegura la espoleta. ‖ **5.** Rollito o tubo de cartulina que se coloca en uno de los extremos de ciertos cigarrillos, y por el cual se aspira el humo al fumar. ‖ **de boquilla.** loc. adv. En el juego, haciendo la apuesta sin poner el dinero. ‖ **2.** Con hipocresía, fingiendo autenticidad.

borato. m. *Quím.* Combinación del ácido bórico con una base.

bórax. m. Sal blanca compuesta de ácido bórico, sosa y agua, que se encuentra formada en las playas y en las aguas de varios lagos de China, Tíbet, Ceilán y Potosí, y también se prepara artificialmente. Se emplea en medicina y en la industria.

borbolla. f. Burbuja o glóbulo de aire que se forma en el interior del agua producido por la lluvia u otras causas. ‖ **2.** Borbollón o borbotón.

borbollar. intr. Hacer borbollones el agua.

borbollón. m. Erupción que hace el agua de abajo para arriba, elevándose sobre la superficie.

borbónico, ca. adj. Perteneciente o relativo a los Borbones.

borborigmo. m. Ruido de tripas producido por el movimiento de los gases en la cavidad intestinal. Ú. m. en pl.

borbotar. intr. Nacer o hervir el agua impetuosamente o haciendo ruido.

borbotón. m. **borbollón.** ‖ **hablar a borbotones.** fr. fig. y fam. Hablar acelerada y apresuradamente, queriendo decirlo todo de una vez.

borceguí. m. Calzado que llegaba hasta más arriba del tobillo, abierto por delante y que se ajustaba por medio de correas o cordones.

borda. f. *Mar.* Vela mayor en las galeras. ‖ **2.** *Mar.* Canto superior del costado de un buque. ‖ **echar, o tirar, por la borda.** fr. fig. y fam. Deshacerse inconsideradamente de una persona o cosa.

bordado. m. Acción de bordar. ‖ **2. bordadura,** labor de aguja en relieve.

bordador, ra. m. y f. Persona que tiene por oficio bordar.

bordadura. f. Labor de relieve ejecutada en tela o piel con aguja y diversas clases de hilo.

bordar. tr. Adornar una tela o piel con bordadura, labrándola en relieve. ‖ **2.** fig. Ejecutar alguna cosa con arte y primor.

borde[1]. m. Extremo u orilla de alguna cosa. ‖ **2.** En las vasijas, orilla o labio que tienen alrededor de la boca. ‖ **3. bordo** de la nave. ‖ **a borde.** loc. adv. A pique o cerca de suceder alguna cosa.

borde[2]. adj. Dícese del hijo o hija nacidos fuera de matrimonio. Ú. t. c. s. ‖ **2.** fam. Tosco, torpe.

bordear. tr. Ir por el borde, o cerca del borde u orilla de una cosa: BORDEAR *una montaña.* ‖ **2.** Hablando de una serie o fila de cosas, hallarse en el borde u orilla de otra. *Los mojones* BORDEAN *la finca; las flores* BORDEAN *el lago.* ‖ **3. frisar[1],** acercarse mucho a una cosa. ‖ **4.** Tratándose de condiciones o cualidades morales o intelectuales, aproximarse a un grado o estado de ellas. Ú. m. en sentido peyorativo: *Una exaltación que* BORDEA *la locura; chistes chocarreros que* BORDEAN *la indecencia.*

bordelés, sa. adj. Natural de Burdeos. Ú. t. c. s. ‖ **2.** Perteneciente o relativo a esta ciudad de Francia.

bordillo. m. **encintado** de la acera, de un andén, etc.

bordo. m. Lado o costado exterior de la nave. ‖ **a bordo.** loc. adv. En la embarcación y, por ext., en otros vehículos. *Comer* A BORDO.

bordón. m. Bastón o palo más alto que la estatura de un hombre, con una punta de hierro y en el medio de la cabeza unos botones que lo adornan. ‖ **2.** Verso quebrado que se repite al fin de cada copla. ‖ **3.** Conjunto de tres versos, normalmente un pentasílabo y dos heptasílabos, que se añade a una seguidilla. ‖ **4.** En los instrumentos músicos de cuerda, cualquiera de las más gruesas que hacen el bajo.

bordonear. intr. Ir tentando o tocando la tierra con el bordón o bastón. ‖ **2.** Pulsar el bordón de la guitarra. ‖ **3.** fig. Andar vagando y pidiendo por no trabajar.

bordoneo. m. Sonido ronco del bordón de la guitarra.

boreal. adj. Perteneciente al bóreas. ‖ **2.** *Astron.* y *Geogr.* **septentrional.**

bóreas. m. Viento norte. ❑ pl. invar.

borgoña. m. fig. Vino de Borgoña.

borgoñón, na. adj. Natural de Borgoña. Ú. t. c. s. ‖ **2.** Perteneciente o relativo a esta antigua provincia de Francia.

bórico. adj. *Quím.* V. **ácido bórico.**

borinqueño, ña. adj. **puertorriqueño.** Apl. a pers., ú. t. c. s.

borla. f. Conjunto de hebras, hilos o cordoncillos que, sujetos y reunidos por su mitad o por uno de sus cabos en una especie de botón y sueltos por el otro o por ambos, penden en forma de cilindro o se esparcen en figura de media bola. También se hacen de filamentos de pluma para aplicar los polvos que se usan como cosmético. ‖ **2.** Insignia de los graduados de doctores y maestros en las universidades, que consiste en una **borla** cuyo botón está fijo en el centro del bonete, y cuyos hilos se esparcen alrededor cayendo por los bordes.

borne. m. Cada uno de los botones de metal en que suelen terminar ciertas máquinas y aparatos eléctricos, y a los cuales se unen los hilos conductores. ‖ **2.** Tornillo en el cual puede sujetarse el extremo de un conductor para poner en comunicación el aparato en que va montado con un circuito independiente de él.

bornear. tr. Dar vuelta, revolver, torcer o ladear. ‖ **2.** Labrar en contorno las columnas. ‖ **3.** Disponer y mover oportunamente los sillares y otras piezas de arquitectura, hasta sentarlos y dejarlos colocados en su debido lugar.

borní. m. Ave rapaz diurna, que tiene el cuerpo de color ceniciento y la cabeza, el pecho, las remeras y los pies de color amarillo oscuro; habita en lugares pantanosos y anida en la orilla del agua. ❑ pl. *borníes* o *bornís*.

boro. m. Elemento químico de núm. atóm. 5. Semimetal escaso en la corteza terrestre, aunque muy extendido; se encuentra como polvo amorfo o cristalizado en formas que recuerdan al diamante, en el ácido bórico y en el bórax. Se usa en la fabricación de esmaltes y vidrios, como catalizador industrial, en la industria nuclear y en medicina. Símb. *B*.

borra. f. Cordera de un año. ‖ **2.** Parte más grosera o corta de la lana. ‖ **3.** Pelo de cabra de que se rellenan las pelotas, cojines y otras cosas. ‖ **4.** Pelusa que sale de la cápsula del algodón. ‖ **5.** Pelusa polvorienta que se forma y reúne en los bolsillos, entre los muebles y sobre las alfombras cuando se retarda la limpieza de ellos. ‖ **6.** Hez o sedimento espeso que forman la tinta, el aceite, etc.

borrachera. f. Efecto de emborracharse. ‖ **2.** fig. y fam. Exaltación extremada en la manera de hacer o decir alguna cosa.

borrachín, na. adj. Dícese de la persona que tiene el hábito de embriagarse. Ú. frecuentemente con valores afectivos, ya atenuadores, ya despectivos. Ú. m. c. s.

borracho, cha. adj. **ebrio,** embriagado por la bebida. Ú. t. c. s. ‖ **2.** Que se embriaga habitualmente. Ú. t. c. s. ‖ **3.** Aplícase a algunos frutos y flores de color morado. *Pero* BORRACHO; *zanahoria* BORRACHA. ‖ **4.** fig. y fam. Vivamente poseído o dominado de alguna pasión, y especialmente de la ira.

borrador, ra. adj. Que borra. Ú. t. c. s. ‖ **2.** m. Escrito de primera intención, en que se hacen o pueden hacerse adiciones, supresiones o enmiendas. ‖ **3.** Utensilio que sirve para borrar lo escrito con tiza en una pizarra o sitio semejante. ‖ **4. goma de borrar.**

borragináceo, a. adj. *Bot.* Dícese de plantas angiospermas dicotiledóneas, la mayor parte herbáceas, cubiertas de pelos ásperos, con hojas sencillas y alternas, flores gamopétalas y pentámeras, dispuestas en espigas, racimo o panoja, y fruto en cariópside, cápsula o baya con una sola semilla sin albumen; como la borraja y el heliotropo. Ú. t. c. s. f. ‖ **2.** f. pl. *Bot.* Familia de estas plantas.

borraja. f. Planta anual de la familia de las borragináceas, de 20 a 60 centímetros de altura, con tallo grueso y ramoso, hojas grandes y aovadas, flores azules dispuestas en racimo y semillas muy menudas. Está cubierta de pelos ásperos y punzantes, es comestible y la infusión de sus flores se emplea como sudorífico.

borrajo. m. **rescoldo,** brasa bajo la ceniza. ‖ **2.** Hojarasca de los pinos.

borrar. tr. Hacer desaparecer por cualquier medio lo representado con tinta, lápiz, etc. Ú. t. c. prnl. ‖ **2.** fig. Desvanecer, quitar, hacer que desaparezca una cosa. Ú. t. c. prnl. *Es difícil* BORRAR *esa vileza; aquel lance no* SE BORRARÁ *nunca de mi memoria.*

borrasca. f. Tempestad, tormenta del mar. ‖ **2.** fig. Temporal fuerte o tempestad que se levanta en tierra. ‖ **3.** Perturbación atmosférica caracterizada por fuertes vientos, abundantes precipitaciones y, a veces, fenómenos eléctricos. ‖ **4.** fig. Riesgo, peligro o contradicción que se padece en algún negocio.

borrascoso, sa. adj. Que causa borrascas. *Viento* BORRASCOSO. ‖ **2.** Propenso a ellas. *El cabo de Hornos es* BORRASCOSO. ‖ **3.** fig. y fam. Dícese de la vida, diversiones, etc., en que predominan el desorden y el libertinaje. ‖ **4.** fig. Agitado, violento, dicho de reuniones, movimientos históricos o políticos, épocas, etc.

borrego, ga. m. y f. Cordero o cordera de uno a dos años. ‖ **2.** fig. y fam. Persona sencilla o ignorante. Ú. t. c. adj. ‖ **3.** Persona que se somete gregaria o dócilmente a la voluntad ajena. ‖ **4.** m. fig. Nubecilla blanca, redondeada.

borreguero, ra. adj. Dícese del coto, dehesa o terreno cuyos pastos son de mejores condiciones para borregos que para otra clase de ganados. ‖ **2.** m. y f. Persona que cuida de los borregos.

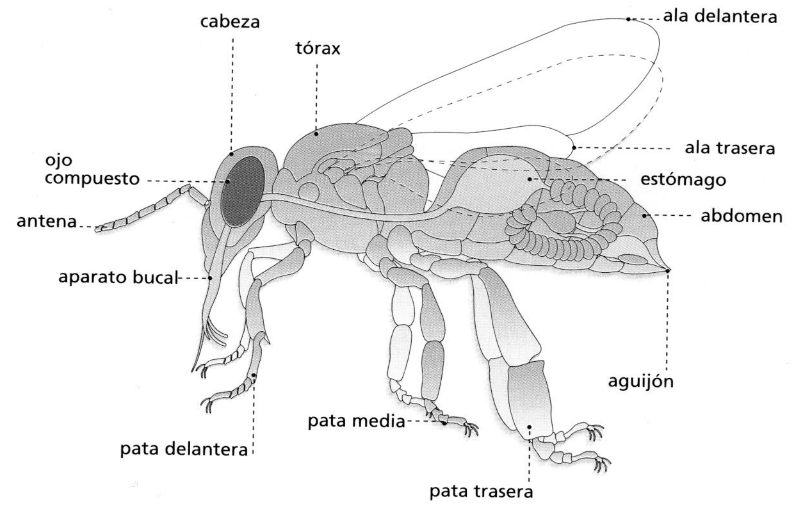

anatomía de la abeja obrera

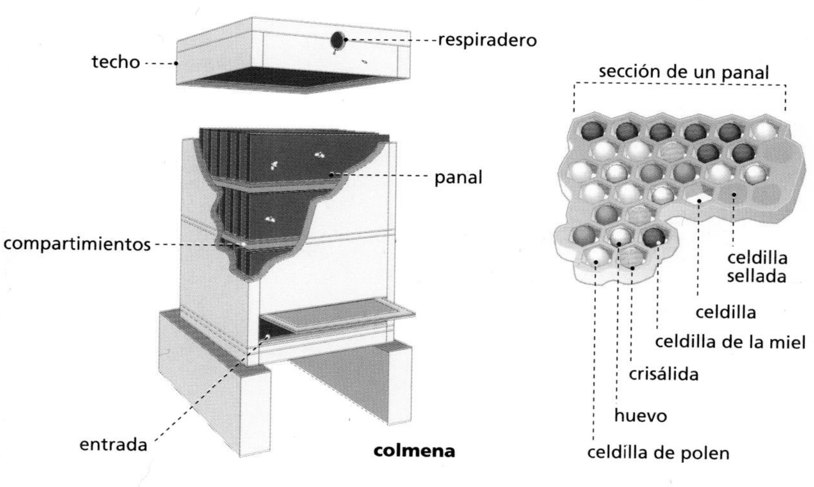

colmena

abeja

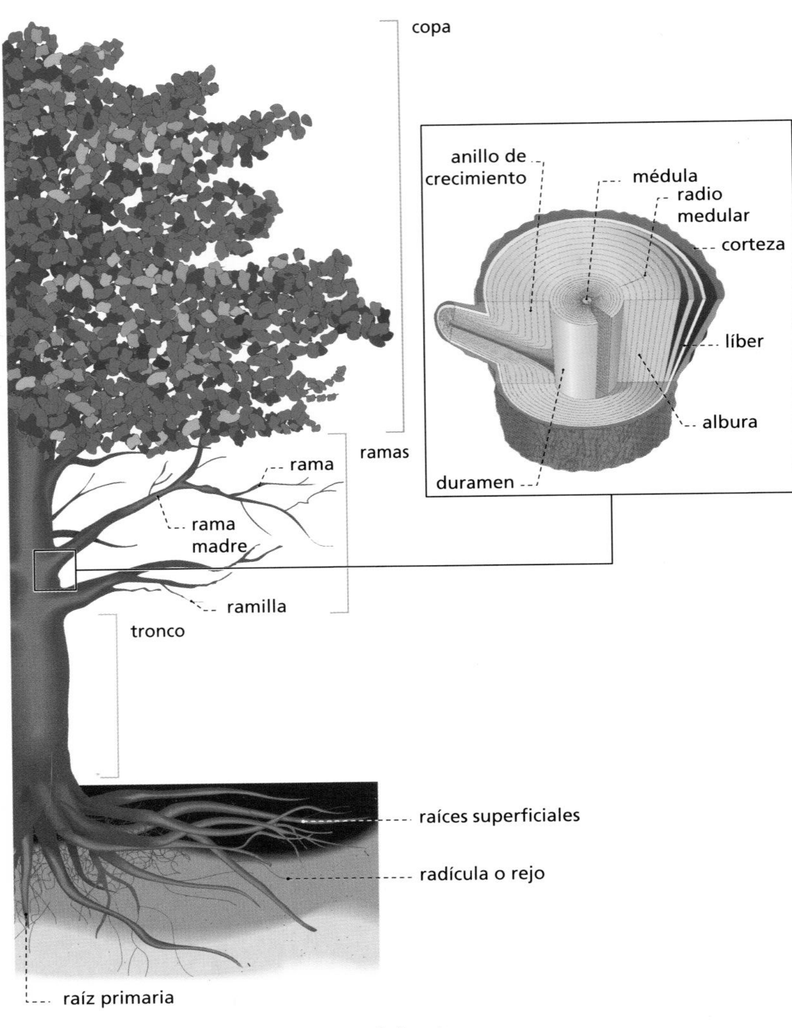
copa
anillo de crecimiento
médula
radio medular
corteza
líber
albura
duramen
ramas
rama
rama madre
ramilla
tronco
raíces superficiales
radícula o rejo
raíz primaria

árbol

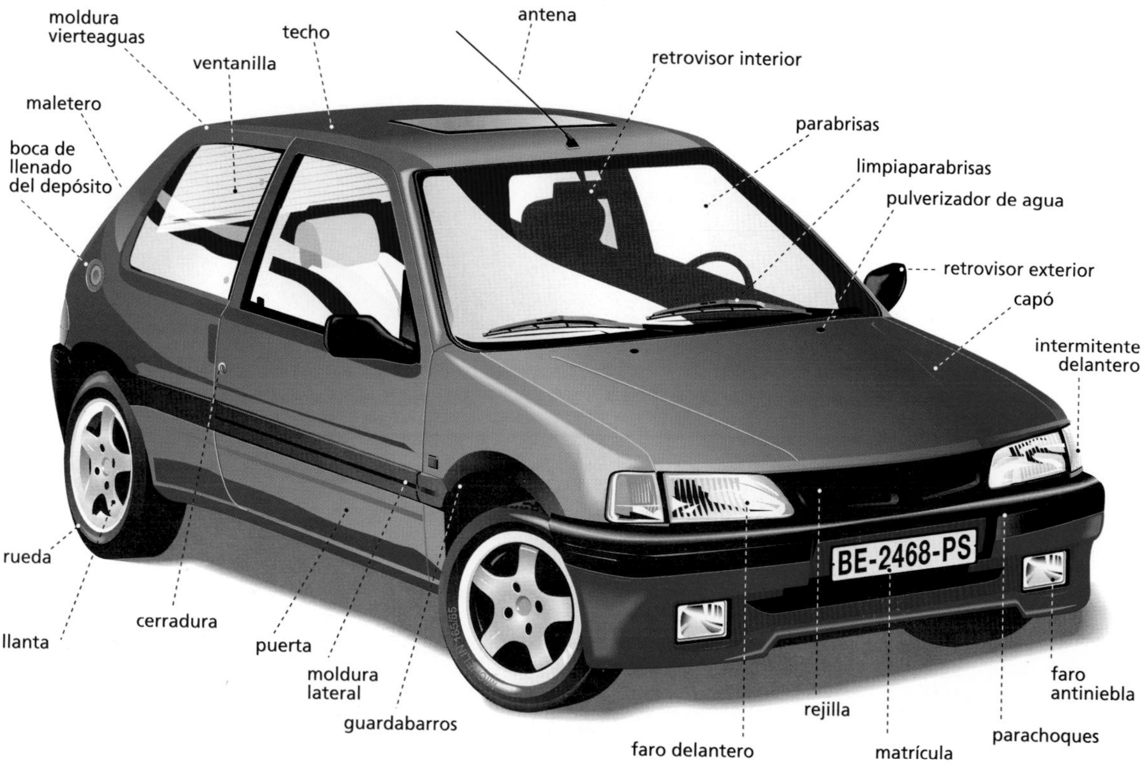

moldura
vierteaguas
techo
antena
ventanilla
retrovisor interior
maletero
parabrisas
boca de
llenado
del depósito
limpiaparabrisas
pulverizador de agua
retrovisor exterior
capó
intermitente
delantero
BE-2468-PS
rueda
llanta
cerradura
puerta
moldura
lateral
guardabarros
faro delantero
rejilla
matrícula
parachoques
faro
antiniebla

automóvil

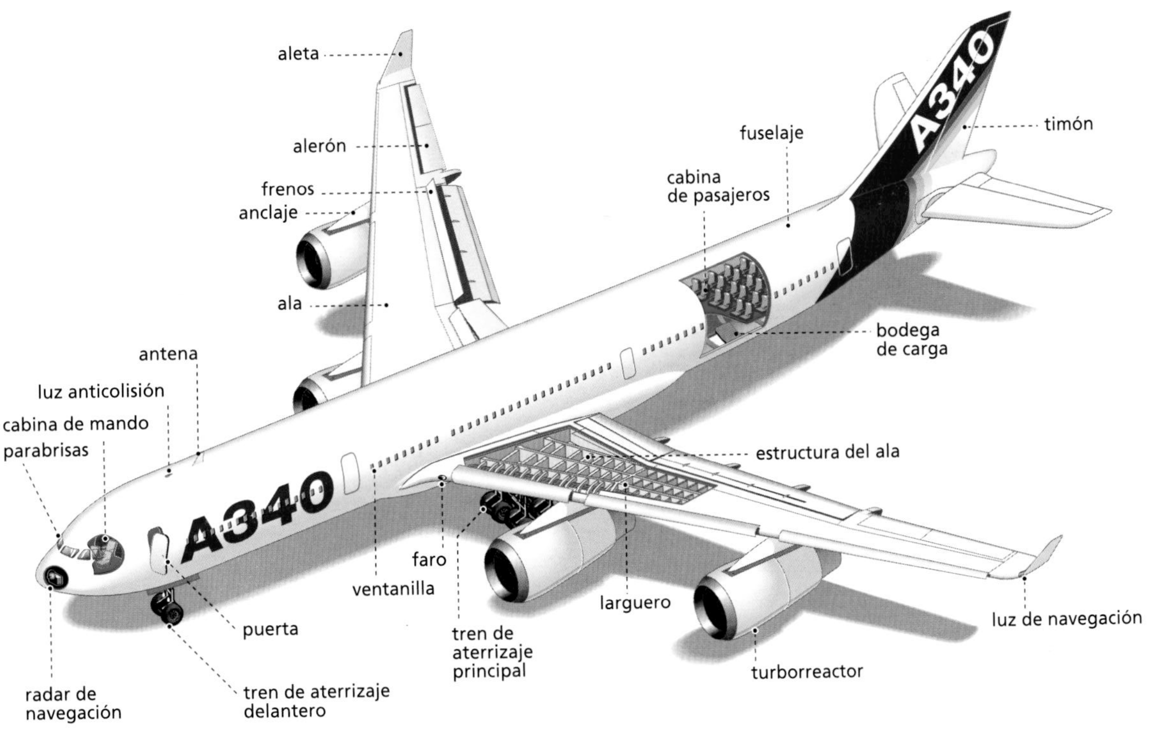
aleta
alerón
frenos
anclaje
ala
antena
luz anticolisión
cabina de mando
parabrisas
radar de navegación
tren de aterrizaje delantero
puerta
ventanilla
faro
tren de aterrizaje principal
larguero
estructura del ala
turborreactor
luz de navegación
fuselaje
cabina de pasajeros
bodega de carga
timón
A340
A340

avión

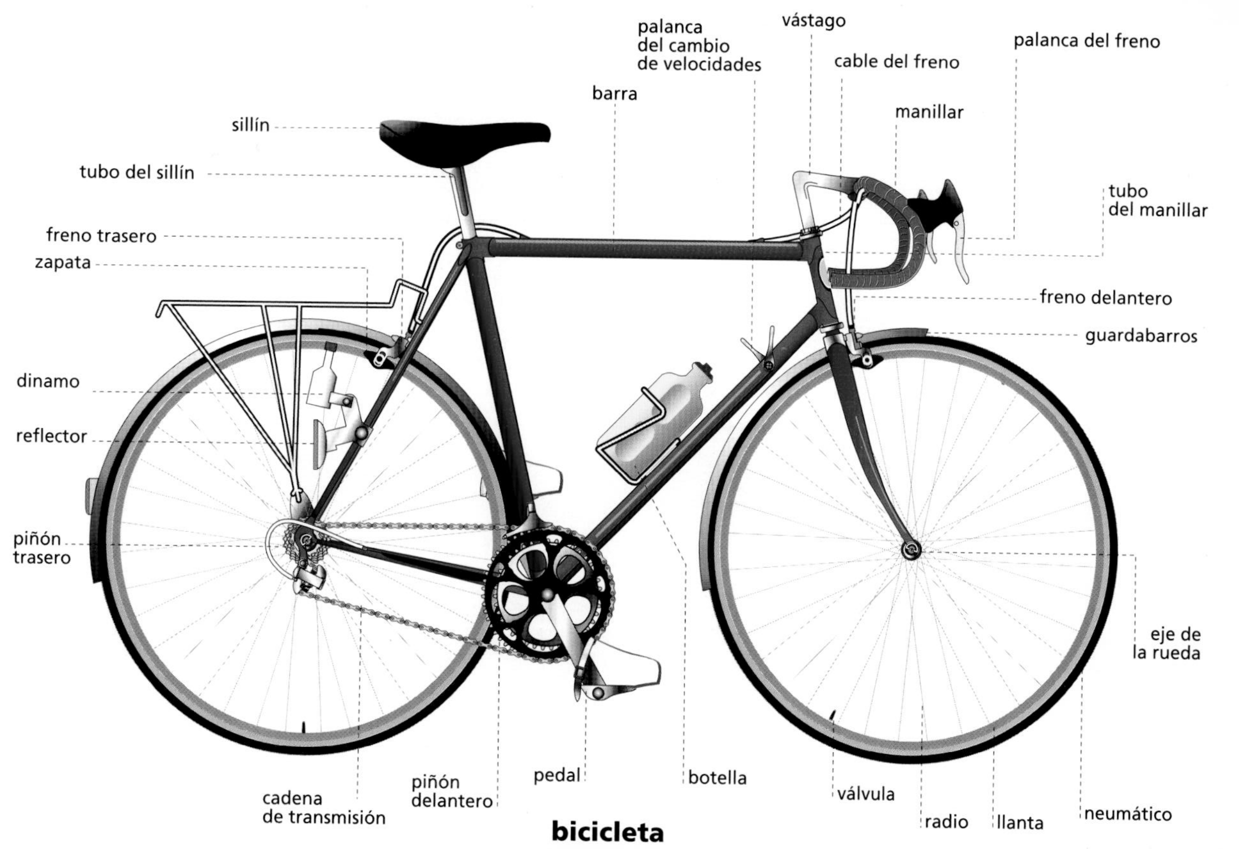
palanca
del cambio
de velocidades
vástago
palanca del freno
cable del freno
barra
manillar
sillín
tubo del sillín
tubo
del manillar
freno trasero
zapata
freno delantero
guardabarros
dinamo
reflector
piñón
trasero
eje de
la rueda
pedal
botella
cadena
de transmisión
piñón
delantero
válvula
radio
llanta
neumático

bicicleta

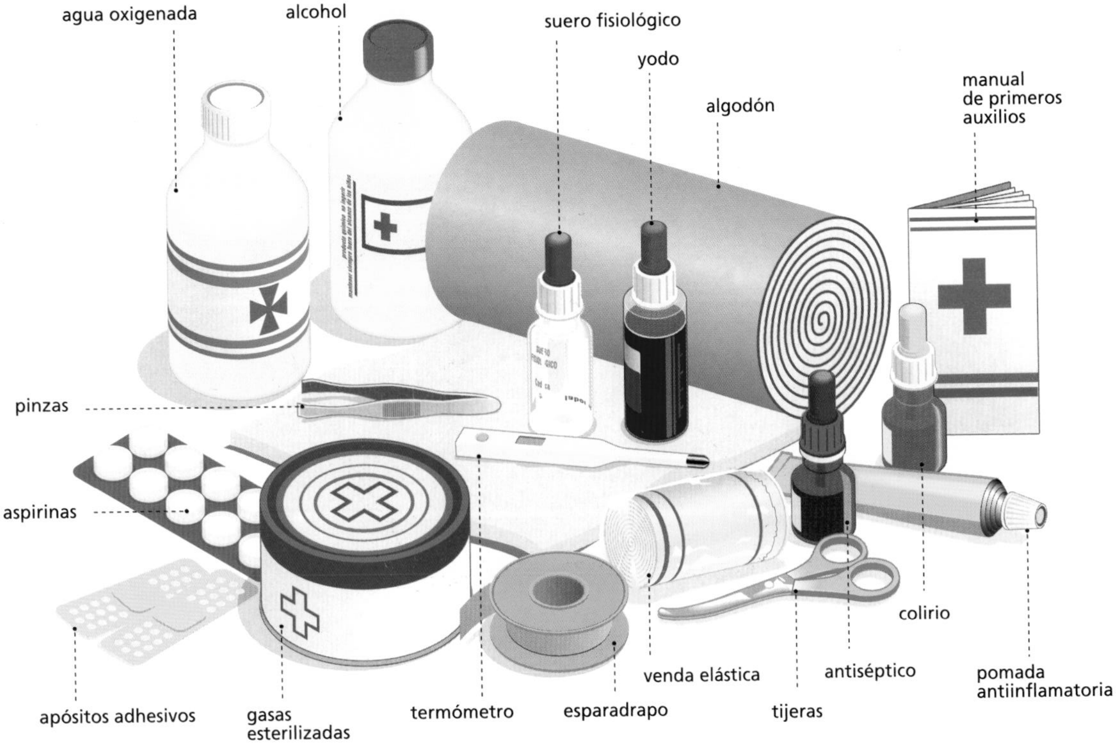

agua oxigenada

alcohol

suero fisiológico

yodo

algodón

manual de primeros auxilios

pinzas

aspirinas

apósitos adhesivos

gasas esterilizadas

termómetro

esparadrapo

venda elástica

tijeras

antiséptico

colirio

pomada antiinflamatoria

botiquín

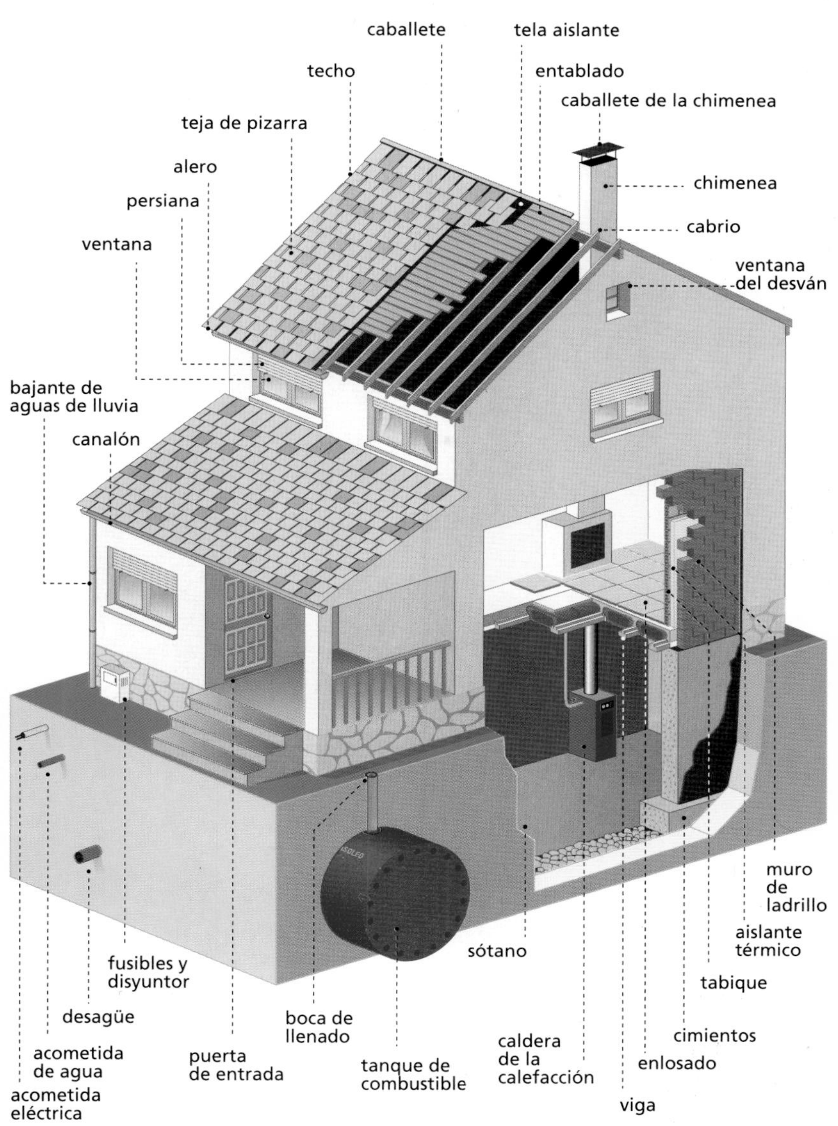

casa unifamiliar

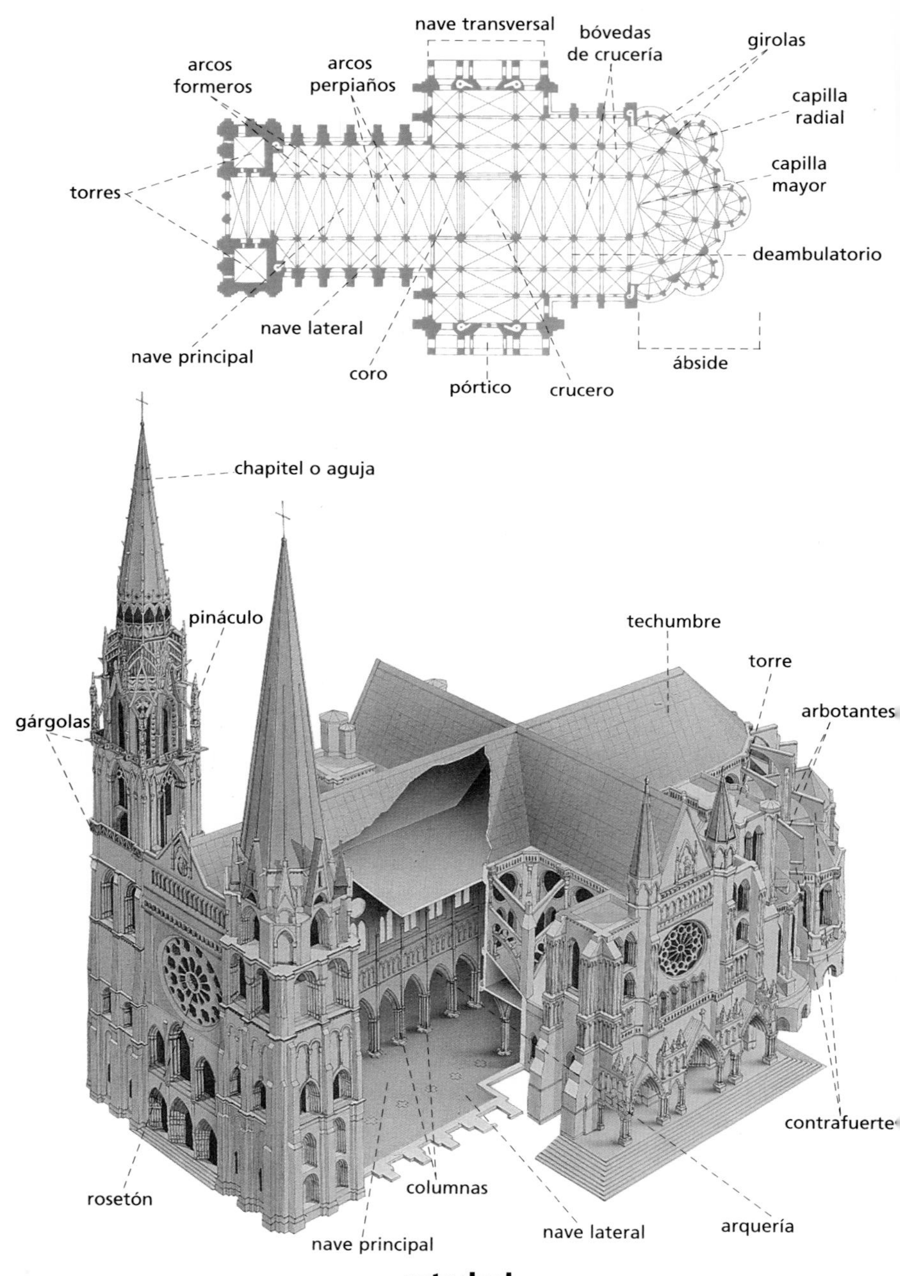
nave transversal
bóvedas
de crucería
girolas
arcos
formeros
arcos
perpiaños
capilla
radial
capilla
mayor
torres
deambulatorio
nave lateral
nave principal
coro
pórtico
crucero
ábside
chapitel o aguja
pináculo
techumbre
torre
arbotantes
gárgolas
contrafuerte
rosetón
columnas
nave lateral
arquería
nave principal

catedral

borrén. m. Cada una de las almohadillas forradas de cuero que corresponden a los arzones de la montura. Dícese **borrén** delantero y **borrén** trasero.

borrica. f. Hembra del borrico. ‖ **2.** fig. y fam. Mujer necia. Ú. t. c. adj.

borrico. m. **asno,** animal solípedo. ‖ **2.** Armazón compuesta de tres maderos que, unidos y cruzándose en ángulos agudos hacia su parte superior, forman una especie de trípode que sirve a los carpinteros para apoyar en ella la madera que labran. ‖ **3.** fig. y fam. **asno,** hombre muy necio. Ú. t. c. adj. ‖ **ser un borrico.** fr. fig. y fam. Ser de mucho aguante o sufrimiento en el trabajo.

borriquete. m. **borrico** de carpintero. ‖ **2.** Vela que se pone sobre el trinquete para servirse de ella en caso de romperse este.

borro. m. Cordero que pasa de un año y no llega a dos.

borrón. m. Gota de tinta que cae, o mancha de tinta que se hace en el papel. ‖ **2.** fig. Imperfección que desluce o afea. ‖ **borrón y cuenta nueva.** loc. fig. y fam. con que se expresa la decisión de olvidar deudas, errores, enfados, etc., y continuar como si nunca hubiesen existido.

borroso, sa. adj. Lleno de borra o heces, como sucede al aceite, la tinta y otras cosas líquidas que no están claras. ‖ **2.** Dícese del escrito, dibujo o pintura cuyos trazos aparecen desvanecidos y confusos. ‖ **3.** Que no se distingue con claridad.

borujo. m. **burujo.** ‖ **2.** Masa que resulta del hueso de la aceituna después de molida y exprimida.

boruro. m. *Quím.* Combinación del boro con un metal.

boscaje. m. Bosque de corta extensión.

boscoso, sa. adj. Que tiene bosques.

bosnio, nia. adj. Natural de Bosnia. Ú. t. c. s. ‖ **2.** Perteneciente o relativo a este país de Europa.

bosque. m. Sitio poblado de árboles y matas. ‖ **2.** fig. Abundancia desordenada de alguna cosa; confusión, cuestión intrincada.

bosquejar. tr. Pintar o modelar, sin definir los contornos ni dar la última mano a la obra. ‖ **2.** Disponer o trabajar cualquier obra, pero sin concluirla. ‖ **3.** fig. Indicar con alguna vaguedad un concepto o plan.

bosquejo. m. Traza primera y no definitiva de una obra pictórica, y en general de cualquier producción del ingenio. ‖ **2.** fig. Idea vaga de alguna cosa.

bosquimán. m. Individuo de una tribu de África Meridional al norte de El Cabo.

bosquimano. m. **bosquimán.**

bosta. f. Excremento del ganado vacuno o del caballar.

bostezar. intr. Hacer involuntariamente, abriendo mucho la boca, inspiración lenta y profunda y luego espiración, también prolongada y generalmente ruidosa. Es indicio de tedio, debilidad, etc., y más ordinariamente de sueño.

bostezo. m. Acción de bostezar.

bota[1]**.** f. Recipiente para contener vino y beberlo directamente de él, hecho de cuero, cosido por sus bordes, con un tapón que contiene un pequeño orificio. ‖ **2.** Cuba para guardar vino y otros líquidos.

bota[2]**.** f. Calzado, generalmente de cuero, que resguarda el pie y parte de la pierna. ‖ **ponerse las botas.** fr. fig. y fam. Enriquecerse o lograr un provecho extraordinario. ‖ **2.** Aprovecharse extremadamente, y muchas veces desconsideradamente, de algo.

botadura. f. Acto de echar al agua un buque.

botafumeiro. m. **incensario.**

botalón. m. Palo largo que se saca hacia la parte exterior de la embarcación cuando conviene, para varios usos. ‖ **2.** Bauprés de una embarcación pequeña. ‖ **3.** Mastelero del bauprés en un velero grande.

botánica. f. Ciencia que trata de los vegetales.

botánico, ca. adj. Perteneciente a la botánica. ‖ **2.** m. y f. Persona que profesa la botánica o tiene en ella especiales conocimientos.

botar. tr. Arrojar, tirar, echar fuera a una persona o cosa. ‖ **2.** Echar al agua un buque haciéndolo resbalar por una pendiente después de construido o carenado. ‖ **3.** En el juego de pelota, hacerla saltar el jugador, lanzándola contra el suelo. ‖ **4.** *Mar.* Echar o enderezar el timón a la parte que conviene, para encaminar la proa al rumbo que se quiere seguir. BOTAR *a babor, a estribor.* ‖ **5.** intr. Saltar la pelota o balón al chocar contra una superficie dura. ‖ **6.** Saltar o levantarse otra cosa cualquiera como hace la pelota. ‖ **7.** fig. Estar alguien sumamente indignado o dolorido, como si la indignación o el dolor le obligaran a dar botes. ‖ **8.** fig. y fam. Manifestar alguien su ira o su alegría de alguna manera. *Está que* BOTA. ❏ No confundir con *votar.*

botarate. m. fam. Hombre alborotado y de poco juicio. Ú. t. c. adj.

botavara. f. *Mar.* Palo horizontal que, apoyado en el coronamiento de popa y asegurado en el mástil más próximo a ella, sirve para manejar la vela cangreja.

bote[1]**.** m. Cada salto que da el caballo cuando desahoga su alegría o su impaciencia, o cuando quiere tirar a su jinete. ‖ **2.** Salto que da la pelota al chocar con el suelo. ‖ **3.** Salto que da una persona, o una cosa cualquiera, botando como la pelota.

bote[2]**.** m. Recipiente pequeño, comúnmente

cilíndrico, que sirve para guardar medicinas, aceites, pomadas, tabaco, conservas, etc. || **2.** Recipiente en el que se depositan las propinas que en determinados establecimientos se destinan a su reparto entre el personal. || **3.** Propina que se da con destino al personal de un establecimiento. || **chupar del bote.** fr. fig. y fam. Sacar indebidamente provecho material de un cargo, una situación, etc.

bote[3]. m. Barco pequeño y sin cubierta, cruzado de tablones que sirven de asiento a los que reman. Se usa para los transportes de gente y equipajes a los buques grandes, y para todo tráfico en los puertos. || **salvavidas.** El acondicionado para abandono de un buque en caso de necesidad o salvamento de náufragos.

bote[4] (de bote en). loc. fig. y fam. que se dice de cualquier sitio o local completamente lleno de gente.

botella. f. Vasija de cristal, vidrio o barro cocido, con el cuello angosto, que sirve para contener líquidos. || **2.** Todo el líquido que cabe en una **botella.** BOTELLA *de vino.* || **3.** Medida de capacidad para ciertos líquidos, equivalente a cuartillo y medio, o sea a 756,3 mililitros.

botellazo. m. Golpe dado con una botella.

botellín. m. Botella pequeña.

botica. f. Farmacia, laboratorio y despacho de medicamentos. || **haber de todo** en alguna parte **como en botica.** fr. fig. y fam. Haber allí provisión, colección o surtido completo o muy variado de cosas diversas.

boticario, ria. m. y f. Persona que profesa la farmacia y que prepara y expende las medicinas.

botija. f. Vasija de barro mediana, redonda y de cuello corto y angosto.

botijo. m. Vasija de barro poroso, que se usa para refrescar el agua. Es de vientre abultado, con asa en la parte superior, a uno de los lados boca proporcionada para echar el agua, y al opuesto un pitón para beber.

botín[1]. m. Calzado de cuero, paño o lienzo, que cubre la parte superior del pie y parte de la pierna, a la cual se ajusta con botones, hebillas o correas.

botín[2]. m. Despojo que se concedía a los soldados, como premio de conquista, en el campo o plazas enemigas. || **2.** Conjunto de las armas, provisiones y demás efectos de una plaza o de un ejército vencido y de los cuales se apodera el vencedor.

botiquín. m. Mueble, caja o maleta para guardar medicinas o transportarlas a donde convenga. || **2.** Conjunto de estas medicinas. || **3.** Habitación donde se encuentra el **botiquín** y se aplican los primeros auxilios.

boto. m. Bota alta de una sola pieza preferentemente para montar a caballo.

botón. m. **yema** de un vegetal. || **2.** Flor cerrada y cubierta de las hojas que unidas la defienden, hasta que se abre y extiende. || **3.** Pieza pequeña y de forma varia, de metal, hueso, nácar u otra materia, forrada de tela o sin forrar, que se pone en los vestidos para que, entrando en el ojal, los abroche y asegure. También se ponen por adorno. || **4.** En el timbre eléctrico, pieza en forma de **botón** que, al oprimirla, cierra el circuito de la corriente y hace que suene aquel. || **5.** *Bot.* Parte central, ordinariamente esférica, de las flores de la familia de las compuestas. || **6.** *Mús.* En los instrumentos músicos, pieza circular y metálica que recibe la presión del dedo para funcionar. || **de muestra.** fig. Ejemplo o indicio de algo.

botonadura. f. Juego de botones para un traje o prenda de vestir.

botonería. f. Fábrica de botones. || **2.** Tienda en que se venden.

botones. m. Muchacho que sirve en hoteles y otros establecimientos para llevar los recados u otras comisiones que se le encargan.

botulismo. m. Enfermedad producida por la toxina de un bacilo específico contenido en los alimentos envasados en malas condiciones.

bou. m. Pesca en que dos barcas, apartadas la una de la otra, tiran de la red, arrastrándola por el fondo. || **2.** Barca o vaporcito destinado a este arte de pesca.

boutique. f. Tienda de ropa de moda y de temporada. || **2.** Por ext., tienda de productos selectos. ❑ Se pronuncia aprox. */butík/.*

bóveda. f. *Arq.* Obra de fábrica curvada, que sirve para cubrir el espacio comprendido entre dos muros o varios pilares. || **2. cripta,** lugar subterráneo. || **celeste. firmamento,** esfera aparente que rodea la Tierra. || **craneal.** *Anat.* Parte superior e interna del cráneo. || **de** o **en cañón.** *Arq.* La de superficie generalmente semicilíndrica que cubre el espacio comprendido entre dos muros paralelos.

bovedilla. f. Bóveda pequeña que se forja entre viga y viga del techo de una habitación, para cubrir el espacio comprendido entre ellas. Antiguamente se hacían de yeso; hoy se hacen de ladrillo u hormigón.

bóvido, da. adj. Dícese de todo mamífero rumiante, como la cabra y el toro, con cuernos óseos no caedizos, carentes de incisivos en la mandíbula superior y con ocho en la inferior. Ú. t. c. s. m. || **2.** m. pl. *Zool.* Familia de estos animales.

bovino, na. adj. Perteneciente al toro o a la vaca. || **2.** Dícese de todo mamífero rumiante, de gran talla y generalmente doméstico, con la envoltura de los cuernos lisa, el hocico ancho y desnudo y la cola larga con un mechón en el extremo. ‖ **3.** m. Animal **bovino.** ‖ **4.** pl. *Zool.* Tribu de estos animales. ❑ No confundir la forma f. con *bobina.*

boxeador. m. El que se dedica al boxeo; púgil.

boxear. intr. Practicar el boxeo.

boxeo. m. Deporte que consiste en la lucha de dos púgiles, con las manos enfundadas en guantes especiales y de conformidad con ciertas reglas.

bóxer. m. Miembro de una sociedad secreta china de carácter religioso y político, que en 1900 dirigió una sublevación contra la intromisión extranjera en China.

boya. f. Cuerpo flotante sujeto al fondo del mar, de un lago, de un río, etc., que se coloca como señal, y especialmente para indicar un sitio peligroso o un objeto sumergido. ‖ **2.** Corcho que se pone en la red para que las plomadas o piedras que la cargan no la lleven al fondo, y sepan los pescadores dónde está cuando vuelven por ella.

boyada. f. Manada de bueyes y vacas.

boyante. adj. Que boya. ‖ **2.** fig. Que tiene fortuna o felicidad creciente.

boyar. intr. *Mar.* Volver a flotar la embarcación que ha estado en seco. ❑ No confundir con *bollar.*

boyera. f. Corral o establo donde se recogen los bueyes. ❑ No confundir con *bollera.*

boyero. m. El que guarda bueyes o los conduce. ❑ No confundir con *bollero.*

bozal. m. Aparato, comúnmente de correas o alambres, que se pone en la boca a los perros para que no muerdan.

bozo. m. Vello que apunta a los jóvenes sobre el labio superior antes de nacer la barba.

bracarense. adj. Natural de Braga. Ú. t. c. s. ‖ **2.** Perteneciente o relativo a esta ciudad de Portugal.

bracear. intr. Mover repetidamente los brazos, por lo común con esfuerzo o gallardía. ‖ **2.** Nadar sacando los brazos fuera del agua y volteándolos hacia adelante.

bracero, ra. adj. Aplícase al arma que se arrojaba con el brazo. *Chuzo* BRACERO; *lanza* BRACERA. ‖ **2.** m. **peón¹,** jornalero no especializado.

bracista. com. *Dep.* Nadador especializado en el estilo braza.

braco, ca. adj. fig. y fam. Aplícase a la persona que tiene la nariz roma y algo levantada. Ú. t. c. s.

bráctea. f. *Bot.* Hoja que nace del pedúnculo de las flores de ciertas plantas, y suele diferir de la hoja verdadera por la forma, la consistencia y el color.

bradicardia. f. *Fisiol.* Ritmo cardíaco más lento que el normal.

bradilalia. f. *Pat.* Emisión lenta de la palabra; se observa en algunas enfermedades nerviosas.

bradipepsia. f. *Pat.* Digestión lenta.

brafonera. f. Pieza de la armadura antigua, que cubría la parte superior del brazo. Poníase también a los caballos armados.

braga. f. Prenda interior de mujeres y niños de corta edad, que cubre desde la cintura hasta el comienzo de las piernas, con aberturas para el paso de estas. Ú. m. en pl. ‖ **2. calzón,** prenda de vestir masculina.

bragado, da. adj. Aplícase al buey y a otros animales que tienen la bragadura de diferente color que el resto del cuerpo. ‖ **2.** fig. y fam. Aplícase a la persona de resolución enérgica y firme.

bragadura. f. Entrepiernas del hombre o del animal. ‖ **2.** Parte de las bragas, calzones o pantalones, que da ensanche al juego de los muslos.

bragazas. m. fig. y fam. Hombre que se deja dominar o persuadir con facilidad, especialmente por su mujer. Ú. t. c. adj.

braguero. m. Aparato o vendaje destinado a contener las hernias.

bragueta. f. Abertura de los calzones o pantalones por delante.

braguetazo. m. aum. de **bragueta.** ‖ **dar braguetazo.** fr. fig. y fam. Casarse por interés un hombre con una mujer rica.

brahmán. m. Miembro de la primera de las cuatro castas tradicionales de la India.

brahmanismo. m. Religión de la India, que reconoce y adora a Brahma como a dios supremo.

braille. m. Sistema de escritura para ciegos que consiste en signos dibujados en relieve para poder leer con los dedos.

brama. f. Acción y efecto de bramar. Ú. especialmente para designar el celo de los ciervos y algunos otros animales salvajes, y también la temporada en que se hallan poseídos de él.

bramante. m. Hilo gordo o cordel muy delgado hecho de cáñamo. Ú. t. c. adj.

bramar. intr. Dar bramidos.

bramido. m. Voz del toro y de otros animales salvajes. ‖ **2.** fig. Grito o voz fuerte y confusa del hombre cuando está colérico y furioso. ‖ **3.** fig. Ruido grande producido por la fuerte agitación del aire, del mar, etc.

brancada. f. Red barredera con que se suelen atajar los ríos o un brazo de mar para encerrar la pesca y poderla coger a mano.

brandy. m. Nombre que, por razones legales, se da hoy comercialmente a los tipos de coñac elaborado fuera de Francia y otros aguardientes.

branquia. f. *Zool.* Órgano respiratorio de muchos animales acuáticos, como peces, moluscos, crustáceos y gusanos, constituido por láminas o filamentos; pueden ser internas o externas. Ú. m. en pl.

branquial. adj. Perteneciente o relativo a las branquias. *Respiración* BRANQUIAL. ❑ No confundir con *braquial.*

branquiuro. adj. *Zool.* Dícese de los crustáceos copépodos caracterizados por tener la boca en forma de probóscide, parásitos de los peces. Ú. t. c. s. ‖ **2.** m. pl. *Zool.* Orden de estos animales. ❑ No confundir con *braquiuro.*

braquial. adj. *Anat.* Perteneciente o relativo al brazo. *Arteria* BRAQUIAL. ❑ No confundir con *branquial.*

braquiar. intr. *Zool.* Desplazarse con ayuda de los brazos, mediante impulsos pendulares, como lo hacen los gibones y otros monos.

braquicéfalo, la. adj. Dícese de la persona cuyo cráneo es casi redondo, porque su diámetro mayor excede en menos de un cuarto al menor. Ú. t. c. s.

braquícero. adj. *Zool.* Dícese de los insectos dípteros que tienen cuerpo grueso, alas anchas y antenas cortas. Ú. t. c. s. ‖ **2.** m. pl. *Zool.* Suborden de estos animales, que se conocen con el nombre de moscas.

braquigrafía. f. Estudio de las abreviaturas.

braquiocefálico, ca. adj. *Anat.* Dícese de los vasos que se distribuyen por la cabeza y por los brazos.

braquiópodo. adj. *Zool.* Dícese de invertebrados marinos que por su concha bivalva se parecen a los moluscos lamelibranquios, pero cuya organización es muy diferente. Por lo general tienen valvas desiguales, una ventral y otra dorsal. Se conocen de ellos numerosas formas fósiles y algunas vivientes menos numerosas. Son todos sedentarios o fijos cuando adultos. Ú. t. c. s. ‖ **2.** m. pl. *Zool.* Filo de estos animales.

braquiuro. adj. *Zool.* Dícese de crustáceos decápodos cuyo abdomen es corto y está recogido debajo del cefalotórax, no sirviéndole al animal para nadar; como la centolla. Ú. t. c. s. ‖ **2.** m. pl. *Zool.* Suborden de estos animales. ❑ No confundir con *branquiuro.*

brasa. f. Leña o carbón encendidos, rojos, por total incandescencia.

brasear. tr. Asar ciertos alimentos directamente sobre la brasa.

brasero. m. Pieza de metal, honda, ordinariamente circular, con borde, y en la cual se echa o se hace lumbre para calentarse. Suele ponerse sobre una tarima, caja o pie de madera o metal.

brasil. m. Árbol de la familia de las papilionáceas, que crece en los países tropicales, y cuya madera es el palo **brasil.** ‖ **2. palo brasil.** ‖ **3.** Color encarnado que servía para afeite de las mujeres.

brasileño, ña. adj. Natural del Brasil. Ú. t. c. s. ‖ **2.** Perteneciente o relativo a este país de América.

bravata. f. Amenaza proferida con arrogancia para intimidar a alguien. ‖ **2. baladronada.**

bravío, a. adj. Feroz, indómito, salvaje. Regularmente se dice de los animales cerriles o que andan por los montes y están por domesticar o domar. ‖ **2.** fig. Se aplica al que tiene costumbres rústicas por falta de buena educación o del trato de gentes. ‖ **3.** m. Referido a toros y otras fieras, **bravura.**

bravo, va. adj. Valiente, esforzado. ‖ **2.** Dicho de animales, fiero o feroz. ‖ **3.** Aplícase al mar cuando está alborotado y embravecido. ‖ **4.** Enojado, enfadado, violento. ‖ **¡bravo!** interj. de aplauso. Ú. también repetida.

bravucón, na. adj. fam. Esforzado solo en la apariencia. Ú. t. c. s.

bravuconear. intr. Echar bravatas.

bravura. f. Fiereza de los brutos. ‖ **2.** Esfuerzo o valentía de las personas.

braza. f. Medida de longitud, generalmente usada en la marina y equivalente a 2 varas ó 1,6718 metros. ‖ **2.** Estilo de natación en el que el cuerpo avanza boca abajo sobre el agua dando brazadas y moviendo a la vez las piernas.

brazada. f. Movimiento que se hace con los brazos, extendiéndolos y recogiéndolos como cuando se saca de un pozo un cubo de agua o cuando se rema o se nada. ‖ **2. brazado.**

brazado. m. Cantidad de leña, palos, bálago, hierba, etc., que se puede abarcar y llevar de una vez con los brazos.

brazal. m. Pieza de la armadura antigua, que cubría el brazo. ‖ **2.** Vía de agua que se saca de un río o acequia grande para regar. ‖ **3.** Tira de tela que ciñe el brazo izquierdo por encima del codo y que sirve de distintivo. Indica luto, si la tela es negra.

brazalete. m. Aro de metal o de otra materia, con piedras preciosas o sin ellas, que rodea el brazo por más arriba de la muñeca y se usa como adorno. ‖ **2. brazal** de la armadura.

brazo. m. Miembro del cuerpo, que comprende desde el hombro a la extremidad de la mano. ‖ **2.** Parte de este miembro desde el hombro hasta el codo. ‖ **3.** Cada una de las patas delanteras de los cuadrúpedos. ‖ **4.** En las arañas y demás aparatos de iluminación, candelero que sale del cuerpo central y sirve para sostener las luces. ‖ **5.** Cada uno de los dos palos que salen desde la mitad del respaldo del sillón hacia adelante y sirven para que descanse o afirme los **brazos** el que está sentado en él. ‖ **6.** En la balanza, cada una de las dos mitades de la barra horizontal, de cuyos extremos cuelgan o en los cuales se apoyan los platillos. ‖ **7.** Pértiga articulada de una grúa. ‖ **de gitano.** Capa delgada de bizcocho, con crema o dulce de fruta por encima que se arrolla en forma de cilindro. ‖ **de mar.** Canal ancho y largo del mar, que entra tierra adentro. ‖ **de río.** Parte del río que, separándose de él, corre independientemente hasta reunirse de nuevo con el cauce principal o desembocar en el mar. ‖ **a brazo.** loc. adv. Con el **brazo.** ‖ **a brazo partido.** loc. adv. fig. A viva fuerza, de poder a poder. ‖ **con los brazos abiertos.** loc. adv. fig. Con agrado y amor. ❑ Ú. con los verbos *recibir, admitir,* etc. ‖ **cruzarse de brazos.** fr. fig. Abstenerse de obrar o de intervenir en un asunto. ‖ **dar** alguien **su brazo a torcer.** fr. fig. Rendirse, desistir de su dictamen o propósito. ❑ Ú. m. con neg. ‖ **hecho un brazo de mar.** loc. fig. y fam. Dícese de la persona ataviada con mucho lujo y lucimiento. ❑ Ú. más con los verbos *ir, venir* y *estar.* ‖ **ser el brazo derecho** de alguien. fr. fig. Ser la persona de su mayor confianza, de quien se sirve principalmente para que le ayude en el manejo de sus negocios.

brazuelo. m. *Zool.* Parte de las patas delanteras de los mamíferos comprendida entre el codo y la rodilla.

brea. f. Sustancia viscosa de color rojo oscuro que se obtiene haciendo destilar al fuego la madera de varios árboles de la familia de las coníferas. Se emplea en medicina como pectoral y antiséptico. ‖ **2.** Especie de lienzo muy basto y embreado con que se suelen cubrir y forrar los fardos de ropa y cajones, para su resguardo en los transportes. ‖ **3.** *Mar.* Mezcla de **brea,** pez, sebo y aceite de pescado, que se usa en caliente para calafatear y pintar las maderas y las jarcias.

brear. tr. Maltratar, molestar, dar que sentir a alguien.

brebaje. m. Bebida, y en especial la compuesta de ingredientes desagradables al paladar.

breca. f. Variedad de pagel con las aletas azuladas.

brecha. f. Cualquier abertura hecha en una pared o edificio. ‖ **2.** Rotura de un frente de combate. ‖ **3.** fig. Herida, especialmente en la cabeza. ‖ **estar siempre en la brecha.** fr. fig. Estar siempre preparado y dispuesto para defender un negocio o interés.

brécol. m. Variedad de la col común, cuyas hojas, de color más oscuro, son más recortadas que las de esta y no se apiñan. Ú. m. en pl.

brega. f. Acción y efecto de bregar. ‖ **andar a la brega.** fr. Trabajar afanosamente.

bregar. intr. Luchar, reñir, forcejear unos con otros. ‖ **2.** Ajetrearse, agitarse, trabajar afanosamente. ‖ **3.** fig. Luchar con los riesgos y trabajos o dificultades para superarlos.

breña. f. Tierra quebrada entre peñas y poblada de maleza.

breñal. m. Sitio de breñas.

bresca. f. Panal de miel.

brete. m. Cepo o prisión estrecha de hierro que se ponía a los reos en los pies para que no pudieran huir. ‖ **2.** fig. Aprieto, dificultad grande. ❑ Ú. por lo común en las frases **estar,** y **poner, en un brete.**

bretón[1]. m. Variedad de la col, cuyo troncho, que crece a la altura de un metro poco más o menos, echa muchos tallos, y arrancados estos, brotan otros. ‖ **2.** Renuevo o tallo de esta planta.

bretón[2], na. adj. Natural de Bretaña. Ú. t. c. s. ‖ **2.** Perteneciente o relativo a esta antigua provincia de Francia. ‖ **3.** m. Lengua, derivada del celta, que hablan los **bretones.**

breva. f. Primer fruto que anualmente da la higuera breval, y que es mayor que el higo. ‖ **2.** Bellota temprana. ‖ **3.** Cigarro puro algo aplastado y menos apretado que los de forma cilíndrica. ‖ **4.** fig. Provecho logrado sin sacrificio; empleo o negocio lucrativos y poco trabajosos; ventaja inesperada. ‖ **no caerá esa breva.** fr. fig. que expresa la falta de esperanza de alcanzar algo que se desea vivamente.

breve. adj. De corta extensión o duración. ‖ **2.** m. Documento pontificio redactado en forma menos solemne que las bulas, expedido para llevar la correspondencia papal y dictar resoluciones concernientes al gobierno de la Iglesia. ‖ **3.** Noticia de corta extensión publicada en columna o en bloque con otras semejantes. ‖ **en breve.** loc. adv. Dentro de poco tiempo, muy pronto.

brevedad. f. Corta extensión o duración de una cosa, acción o suceso.

breviario. m. Libro que contiene el rezo eclesiástico de todo el año. ‖ **2.** Epítome o compendio.

brezal. m. Sitio poblado de brezos.

brezo. m. Arbusto de la familia de las ericáceas, de uno a dos metros de altura, muy ramoso, con hojas verticales, lineales y lampiñas, flores pequeñas en grupos axilares, de color blanco verdoso o rojizas, madera dura y raíces gruesas, que sirven para hacer carbón de fragua y pipas de fumador.

brial. m. Vestido de seda o tela rica que usaban las mujeres.

briba. f. Holgazanería picaresca.

bribón, na. adj. Haragán, dado a la briba. Ú. t. c. s. ‖ **2.** Pícaro, bellaco. Ú. t. c. s.

bricolaje. m. Actividad manual que se manifiesta en obras de carpintería, fontanería, electricidad, etc., realizadas en la propia vivienda sin acudir a profesionales.

brida. f. Freno del caballo con las riendas y todo el correaje, que sirve para sujetarlo a la cabeza del animal. ‖ **2.** Reborde circular en el extremo de los tubos metálicos para acoplar unos a otros con tornillos o roblones. ‖ **3.** pl. *Cir.* Filamentos membranosos que se forman en los labios de las heridas o en los abscesos.

brigada. f. *Mil.* Gran unidad homogénea, integrada por dos o más regimientos de un arma determinada. BRIGADA *acorazada.* ‖ **2.** *Mil.* Grado de la clase de suboficial. ‖ **3.** Conjunto de personas reunidas para dedicarlas a ciertos trabajos. BRIGADA *de trabajadores.* ‖ **4.** com. Persona que ostenta el grado de **brigada.**

brigadier. m. Oficial general cuya categoría era inmediatamente superior a la de coronel en el ejército y a la de contraalmirante en la marina. Hoy ha sido reemplazada esta categoría por la de general de brigada en el ejército y la de contraalmirante en la marina.

brigantino, na. adj. Propio de La Coruña o relativo a ella.

brillante. adj. Que brilla. ‖ **2.** fig. Admirable o sobresaliente en su línea. ‖ **3.** m. **diamante brillante.**

brillantez. f. **brillo.**

brillantina. f. Preparación cosmética que se usa para dar brillo al cabello.

brillar. intr. Emitir, reflejar luz un cuerpo. ‖ **2.** fig. Sobresalir en talento, hermosura, etc.

brillo. m. Luz que refleja o emite un cuerpo. ‖ **2.** fig. Lucimiento, gloria.

brincar. intr. Dar brincos o saltos.

brinco. m. Movimiento que se hace levantando los pies del suelo con ligereza. ‖ **2.** fig. Sobresalto, alteración. ❑ Ú. con el verbo *dar.*

brindar. intr. Manifestar, al ir a beber vino u otro licor, el bien que se desea a personas o cosas. ‖ **2.** Ofrecer voluntariamente a alguien alguna cosa, convidarle con ella. Ú. t. c. tr. ‖ **3.** fig. Ofrecer una cosa una oportunidad o provecho. *Viajar* BRINDA *la ocasión de conocer gente.* ‖ **4.** prnl. Ofrecerse voluntariamente a ejecutar o hacer alguna cosa.

brindis. m. Acción de brindar con vino o licor. ‖ **2.** Lo que se dice al brindar.

brío. m. Energía y decisión grandes con que se realiza algo. ‖ **2.** fig. Garbo, gallardía. ‖ **3.** Energía y fuerza grandes con las que crece o se desarrolla algo.

briocense. adj. Natural de Brihuega. Ú. t. c. s. ‖ **2.** Perteneciente o relativo a este pueblo de la provincia de Guadalajara.

briofito, ta. adj. *Bot.* Dícese de las plantas criptógamas que tienen tallos y hojas, pero no vasos ni raíces, haciendo las veces de estas últimas unos filamentos que absorben del suelo el agua con las sales minerales que el vegetal necesita para su nutrición; en su mayoría son terrestres y viven en lugares húmedos, pero algunas son acuáticas; como los musgos. Ú. t. c. s. ‖ **2.** f. pl. *Bot.* Tipo de estas plantas.

brioso, sa. adj. Que tiene brío.

brisa. f. Airecillo que en las costas suele tomar dos direcciones opuestas: por el día viene de la mar, y por la noche de la parte de la tierra, a causa de la alternativa de rarefacción y condensación del aire sobre el terreno. ‖ **2.** Viento suave.

brisca. f. Juego de naipes, en el cual se dan al principio tres cartas a cada jugador, y se descubre otra que indica el palo de triunfo: después se van tomando una a una de la baraja hasta que se concluye. Gana el que al fin tiene más puntos. ‖ **2.** El as o el tres de los palos que no son triunfo en el juego de la **brisca** y en el del tute.

brístol. m. Especie de cartulina satinada. ‖ **2.** Papel para dibujar.

británico, ca. adj. Perteneciente a la antigua Britania (Sur de la Gran Bretaña). ‖ **2.** Natural del Reino Unido de Gran Bretaña e Irlanda del Norte. Ú. t. c. s. ‖ **3.** Perteneciente o relativo a este reino.

britano, na. adj. Natural de la antigua Britania. Ú. t. c. s. ‖ **2. inglés,** natural de Inglaterra. Ú. t. c. s. ‖ **3. británico.**

brizna. f. Filamento o hebra, especialmente de plantas o frutos. ‖ **2.** Parte delgada de alguna cosa.

broca. f. Barrena de boca cónica que se usa con las máquinas de taladrar.

brocado. m. Tela de seda entretejida con oro o plata, de modo que el metal forme en la cara superior flores o dibujos briscados. ‖ **2.** Tejido fuerte, todo de seda, con dibujos de distinto color que el del fondo.

brocal. m. Antepecho alrededor de la boca de un pozo, para evitar el peligro de caer en él. ‖ **2.** Pieza de madera o de cuerno que cierra la boca de la bota, por la que entra o sale el líquido y se bebe por ella. ‖ **3.** Ribete de acero que protege el escudo.

brocha. f. Escobilla de cerda atada al extremo de una varita o mango, que sirve para pintar y también para otros usos. ‖ **de brocha gorda.** expr. fig. Dícese del pintor y de la pintura de puertas, ventanas, etc. ‖ **2.** fig. y fam. Dícese del mal pintor.

brochada. f. Cada una de las idas y venidas de la brocha sobre la superficie que se pinta.

brochado, da. adj. Aplícase a los rasos, brocados y otros tejidos de seda que tienen alguna labor de oro, plata o seda, con el torzal o hilo retorcido o levantado.

brochazo. m. **brochada.**

broche. m. Conjunto de dos piezas, por lo común de metal, una de las cuales engancha o encaja en la otra. ‖ **2. alfiler** de figura de **broche** para sujetar prendas o adornarlas. ‖ **de oro.** loc. fig. Final feliz y brillante de un acto público, reunión, discurso, gestión, etc., o de una serie de ellos.

brocheta. f. **broqueta.**

broma. f. Molusco lamelibranquio marino de aspecto de gusano, con la concha muy pequeña, que deja descubierta la mayor parte del cuerpo. Las valvas de la concha, funcionando a manera de mandíbulas, perforan las maderas sumergidas y causan así graves daños en muelles y embarcaciones de madera. ‖ **2.** Bulla, algazara, diversión. ‖ **3.** Chanza, burla.

bromatología. f. Ciencia que trata de los alimentos.

bromear. intr. Utilizar bromas o chanzas. Ú. t. c. prnl.

bromeliáceo, a. adj. *Bot.* Dícese de hierbas y matas angiospermas, monocotiledóneas, por lo común anuales y de raíz fibrosa, casi siempre parásitas, con las hojas reunidas en la base, envainadoras, rígidas, acanaladas, dentadas y espinosas por el margen; flores en espiga, racimo o panoja y con una bráctea, y por frutos bayas o cápsulas con semillas de albumen amiláceo; como el ananás. Ú. t. c. s. f. ‖ **2.** f. pl. *Bot.* Familia de estas plantas.

bromista. adj. Aficionado a dar bromas. Ú. t. c. s.

bromo. m. Elemento químico de núm. atóm. 35. Escaso en la corteza terrestre; se encuentra en el mar y en depósitos salinos en forma de bromuros. Líquido de color rojo pardusco y olor fuerte, despide vapores tóxicos. Entra en la composición de la púrpura, y actualmente se usa en la fabricación de sustancias que impiden la detonación de explosivos, fluidos contra incendios, productos farmacéuticos y gases de combate. Símb. *Br.*

bromuro. m. *Quím.* Combinación del bromo con un radical simple o compuesto. Varios **bromuros** se usan como medicamentos.

bronca. f. Riña o disputa ruidosa. ‖ **2.** Reprensión áspera.

bronce. m. Cuerpo metálico que resulta de la aleación del cobre con el estaño y a veces con adición de zinc o algún otro cuerpo. Es de color amarillento rojizo, muy tenaz y sonoro. ‖ **2. medalla de bronce.** ‖ **3.** fig. Estatua o escultura de **bronce.**

bronceado, da. adj. De color de bronce. ‖ **2.** m. Acción y efecto de broncear o broncearse.

bronceador, ra. adj. Que broncea. ‖ **2.** m. Sustancia cosmética que produce o favorece el bronceado de la piel.

broncear. tr. Dar color de bronce. ‖ **2.** fig. Dar color moreno a la piel la acción del sol o de un agente artificial. Ú. t. c. prnl. ‖ **3.** prnl. Tomar color de bronce.

broncíneo, a. adj. De bronce.

broncista. m. El que trabaja en bronce.

bronco, ca. adj. Tosco, áspero, sin desbastar. ‖ **2.** fig. De genio y trato ásperos.

bronconeumonía. f. *Pat.* Inflamación de la mucosa bronquial y del parénquima pulmonar.

bronquial. adj. Perteneciente o relativo a los bronquios.

bronquiectasia. f. *Pat.* Enfermedad crónica, caracterizada principalmente por tos insistente con copiosa expectoración, producida por la dilatación de uno o varios bronquios.

bronquio. m. *Anat.* Cada uno de los dos conductos fibrocartilaginosos en que se bifurca la tráquea y que entran en los pulmones. Ú. m. en pl.

bronquiolo o **bronquíolo.** m. *Anat.* Cada uno de los pequeños conductos en que se dividen y subdividen los bronquios dentro de los pulmones. Ú. m. en pl.

bronquitis. f. *Pat.* Inflamación aguda o crónica de la membrana mucosa de los bronquios.

broquel. m. Escudo pequeño de madera o corcho. ‖ **2.** fig. Defensa o amparo.

broqueta. f. Aguja o estaquilla con que se sujetan las patas de las aves para asarlas, o en que se ensartan o espetan pajarillos, pedazos de carne u otro alimento.

brotar. intr. Nacer o salir la planta de la tierra. BROTAR *el trigo.* ‖ **2.** Echar la planta hojas o renuevos. *Este árbol empieza a* BROTAR. ‖ **3.** Manar, salir el agua de los manantiales. ‖ **4.** fig. Tratándose de viruelas, sarampión, granos, etc., salir al cutis.

brote. m. Pimpollo o renuevo que empieza a desarrollarse. ‖ **2.** Acción de brotar o aparecer por primera vez algo no previsto y considerado nocivo. BROTE *de viruela, de racismo.*

broza. f. Conjunto de hojas, ramas, cortezas y otros despojos de las plantas. ‖ **2.** Desecho o desperdicio de alguna cosa. ‖ **3.** fig. Cosas inútiles que se dicen de palabra o por escrito.

bruces (a, o de). loc. adv. **boca abajo.** Se

junta con varios verbos. *Echarse* DE BRUCES. ‖ **caer,** o **dar, de bruces.** fr. fam. Dar con la cara, o caer dando con ella, en una parte.

brucita. f. Mineral formado de magnesia hidratada, de color blanco o gris y brillo nacarado, que no se funde al soplete, y se halla en cristales o masas compactas. Se emplea en medicina.

brugo. m. Larva de un lepidóptero pequeño y nocturno que devora las hojas de los encinares y robledales.

bruja. f. Mujer que, según la opinión vulgar, tiene pacto con el diablo y, por ello, poderes extraordinarios. ‖ **2.** fig. y fam. Mujer fea y vieja.

brujería. f. Conjunto de prácticas mágicas o supersticiosas que ejercen los brujos y las brujas.

brujo[1]. m. Hombre al que se le atribuyen poderes mágicos obtenidos del diablo. ‖ **2.** Hechicero supuestamente dotado de poderes mágicos en determinadas culturas.

brujo[2], ja. adj. Embrujador, que hechiza.

brújula. f. Instrumento para determinar las direcciones de la superficie terrestre. ‖ **2.** *Mar.* Instrumento que se usa a bordo, compuesto de una caja redonda de bronce en la que se hallan dos círculos concéntricos: el interior es de cartón o talco; está puesto en equilibrio sobre una púa, y tiene la rosa náutica; lleva adherida a su línea Norte-Sur una barrita o flechilla imantada, la cual, arrastrando en su movimiento la rosa de los vientos, indica el rumbo de la nave, por comparación con el otro círculo exterior, que está fijo y lleva señalada la dirección de la quilla del buque.

brujulear. tr. fig. y fam. Descubrir por indicios y conjeturas algún suceso o negocio que se está tratando.

bruma. f. Niebla, y especialmente la que se forma sobre el mar.

brumoso, sa. adj. Con bruma.

bruno[1]. m. Ciruela negra que se coge en el norte de España. ‖ **2.** Árbol que la da.

bruno[2], na. adj. De color negro u oscuro.

bruñir. tr. Sacar lustre o brillo a una cosa; como metal, piedra, etc. ❑ Irreg. Se conjuga como *mullir.*

brusco, ca. adj. Áspero, desapacible. ‖ **2.** Rápido, repentino, pronto.

bruselense. adj. Natural de Bruselas. Ú. t. c. s. ‖ **2.** Perteneciente o relativo a esta ciudad de Bélgica.

brusquedad. f. Calidad de brusco. ‖ **2.** Acción o procedimiento bruscos.

brutal. adj. Propio de los animales por su violencia o irracionalidad. ‖ **2.** Extremadamente violento y habitualmente grosero.

brutalidad. f. Calidad de bruto. ‖ **2.** fig. Acción torpe, grosera o cruel. ‖ **3.** fig. y fam. **barbaridad,** cantidad grande o excesiva.

bruto, ta. adj. Necio, incapaz. Ú. t. c. s. ‖ **2.** Violento, rudo, sin miramiento ni delicadeza. ‖ **3.** Dícese de las cosas toscas y sin pulimento. ‖ **4.** Dicho de cantidades, que no se les ha aplicado descuento alguno. Ú. t. c. s. m. ‖ **5.** m. Animal irracional. Comúnmente se entiende de los cuadrúpedos. ‖ **en bruto.** loc. adj. Sin pulir o labrar.

buba. f. Postilla o tumorcillo de pus.

bubón. m. Tumor purulento y voluminoso.

bubónico, ca. adj. Perteneciente o relativo al bubón. ‖ **2.** Que padece bubas.

bucal. adj. Perteneciente o relativo a la boca.

bucanero. m. Pirata que en los siglos XVII y XVIII se entregaba al saqueo de las posesiones españolas de ultramar. ❑ No confundir con *pirata.*

bucare. m. Árbol americano de la familia de las papilionáceas, de unos 10 metros de altura, con espesa copa, hojas compuestas de hojuelas puntiagudas y truncadas en la base, y flores blancas. Sirve en Venezuela para dar sombra a plantaciones de café y de cacao.

búcaro. m. Tierra roja arcillosa, que se traía primitivamente de Portugal, y se usaba para hacer vasijas que se estimaban por su olor característico, especialmente como jarras para servir agua. ‖ **2.** Vasija hecha con esta arcilla, principalmente para usarla como jarra para servir agua. ‖ **3. florero,** recipiente para poner flores.

bucear. intr. Nadar con todo el cuerpo sumergido. ‖ **2.** fig. Explorar acerca de algún tema o asunto material o moral.

buceo. m. Acción de bucear.

buchaca. f. Bolsa, bolsillo.

buche. m. Bolsa membranosa que comunica con el esófago de las aves, en la cual se reblandece el alimento. ‖ **2.** Porción de líquido que cabe en la boca. ‖ **3.** fam. Estómago de las personas. *Cristóbal ha llenado bien el* BUCHE.

buchón, na. adj. Dícese del palomo o paloma domésticos que se distinguen por la propiedad de inflar el buche desmesuradamente.

bucle. m. Rizo de cabello de forma helicoidal.

bucólico, ca. adj. Aplícase al género de poesía o a cualquier composición poética en que se trata de cosas concernientes a los pastores o a la vida campestre. Las composiciones **bucólicas** son por lo común dialogadas.

budión. m. Pez teleósteo, del suborden de los acantopterigios, caracterizado por los dobles labios carnosos que cubren sus mandíbulas; es de forma oblonga y está revestido de escamas. Se hallan varias especies en las costas de España y su carne es bastante apreciada.

budismo. m. Doctrina filosófica y religiosa, derivada del brahmanismo, fundada en la India en el siglo VI a. J. C. por el buda Gotama.

budista. adj. Perteneciente o relativo al budismo. ‖ **2.** com. Persona que profesa el budismo.

buen. adj. apóc. de **bueno.** ❑ Ú. precediendo a un sustantivo, como BUEN *año,* o a un verbo en infinitivo, como BUEN *andar.*

buenamente. adv. m. Fácilmente, cómodamente, sin mucha fatiga, sin dificultad.

buenaventura. f. Buena suerte, dicha de alguno. ‖ **2.** Adivinación supersticiosa de la suerte de las personas, que hacen las gitanas por el examen de las rayas de las manos y por su fisonomía.

buenazo, za. adj. fam. Dícese de la persona pacífica o de buen natural. Ú. t. c. s.

bueno, na. adj. Que tiene bondad en su género. ‖ **2.** Útil y a propósito para alguna cosa. ‖ **3.** Gustoso, apetecible, agradable, divertido. ‖ **4. grande,** que excede a lo común. BUENA *calentura,* BUENA *cuchillada.* ‖ **5. sano.** ‖ **6.** Dícese, por lo común irónicamente, de la persona simple, bonachona o chocante. Ú. m. c. s. *El* BUENO *de Fulano.* ‖ **7.** Bastante, suficiente. ‖ **8.** Usado irónicamente, antepuesto a los verbos *ser* y *estar,* extraño, particular, notable. *Lo* BUENO ES *que quiera enseñar a su maestro;* BUENO ESTARÍA *que ahora negase lo que ha dicho tantas veces.* ‖ **de buenas.** loc. fam. De buen humor, alegre y complaciente. ❑ Ú. m. con los verbos *hallarse, estar* y otros análogos. ‖ **de buenas a primeras.** loc. adv. A la primera vista, en el principio, al primer encuentro. ❑ sup. irreg. *óptimo.*

buey. m. Macho vacuno castrado. ❑ pl. *bueyes.*

bufa. f. Burla, bufonada. ‖ **2.** En la armadura antigua, pieza de refuerzo que se colocaba en la parte anterior del guardabrazo izquierdo, asegurándola con uno o más tornillos.

búfalo, la. m. y f. Bisonte que vive en América del Norte. ‖ **2.** Bóvido corpulento, con largos cuernos deprimidos, de cuyas dos especies principales una es de origen asiático y otra de origen africano.

bufanda. f. Prenda, por lo común de lana o seda, con que se envuelve y abriga el cuello y la boca.

bufar. intr. Resoplar con ira y furor el toro, el caballo y otros animales. ‖ **2.** fig. y fam. Manifestar alguien su ira o enojo extremo de algún modo.

bufé. m. Comida, por lo general nocturna, compuesta de platos calientes y fríos, con que se cubre de una vez la mesa. ‖ **2.** Mesa o conjunto de mesas donde, en reuniones o espectáculos públicos, se ofrecen estos platos. ❑ pl. *bufés.* No confundir con *bufete.*

bufete. m. Mesa de escribir con cajones. ‖ **2.** fig. Estudio o despacho de un abogado. ‖ **3.** fig. Clientela del abogado. ❑ No confundir con *bufé.*

bufido. m. Voz del animal que bufa. ‖ **2.** fig. y fam. Expresión o demostración de enojo o enfado.

bufo, fa. adj. Aplícase a lo cómico que raya en grotesco y burdo. ‖ **2.** m. y f. Persona que hace papel de gracioso en la ópera italiana.

bufón, na. m. y f. En ciertas cortes, persona que tenía por oficio divertirlas. ‖ **2.** Persona que actúa o se comporta de modo grotesco. Ú. c. despect.

bufonada. f. Dicho o hecho propio de bufón. ‖ **2.** Chanza satírica. Se usa generalmente en sentido peyorativo. *Con buena* BUFONADA *te vienes.*

buganvilla. f. Arbusto trepador originario de Sudamérica, con hojas ovales o elípticas, brácteas florales muy vistosas y flores pequeñas de color blanco. Se utiliza en jardinería.

bugle. m. Instrumento músico de viento, formado por un largo tubo cónico de metal, arrollado de distintas maneras y provisto de pistones en número variable.

buhardilla. f. Ventana que se levanta por encima del tejado de una casa, con su caballete cubierto de tejas o pizarras, y sirve para dar luz a los desvanes o para salir por ella a los tejados. ‖ **2. desván.**

búho. m. Ave rapaz nocturna, indígena de España, de unos 40 centímetros de altura, de color mezclado de rojo y negro, calzada de plumas, con el pico corvo, los ojos grandes y colocados en la parte anterior de la cabeza, sobre la cual tiene unas plumas alzadas que parecen orejas.

buhonería. f. Chucherías y baratijas de poca monta, como botones, agujas, cintas, peines, etc. ‖ **2.** pl. Objetos de **buhonería.**

buhonero. m. El que lleva o vende cosas de buhonería.

buitre. m. Ave rapaz de cerca de dos metros de envergadura, con el cuello desnudo, rodeado de un collar de plumas largas, estrechas y flexibles, cuerpo leonado, remeras oscuras y una faja blanca a través de cada ala. Se alimenta de carne muerta y vive en bandadas. ‖ **2.** fig. Persona que se ceba en la desgracia de otro.

buitrera. f. Lugar en que los cazadores ponen el cebo al buitre. ‖ **2.** Lugar donde anidan y se posan los buitres.

buitrón. m. Arte de pesca en forma de cono prolongado, en cuya boca hay otro más corto, dirigido hacia adentro y abierto por el vértice para que entren los peces y no puedan salir. ‖ **2.** Cierta red para cazar perdices. ‖ **3.** Cenicero del hogar en los hornos metalúrgicos. ‖ **4.** Uno de los pájaros más pequeños europeos que canta bamboleándose en el aire. Es de color pardo manchado de oscuro con garganta y partes inferiores blancuzcas y cola corta y redondeada; su tamaño es de 10 centímetros.

bujía. f. Vela de cera blanca, de esperma de ballena o estearina. ‖ **2.** Pieza que en los motores de combustión interna sirve para que salte la chispa eléctrica que ha de inflamar la mezcla gaseosa.

bula. f. Sello de plomo que va pendiente de ciertos documentos pontificios y que por un lado representa las cabezas de San Pedro y San Pablo y por el otro lleva el nombre del Papa. ‖ **2.** Documento pontificio relativo a materia de fe o de interés general, concesión de gracias o privilegios o asuntos judiciales o administrativos, expedido por la cancillería apostólica y autorizado por el sello de su nombre u otro parecido estampado con tinta roja. ‖ **tener bula** para algo. fr. fig. y fam. Contar con facilidades negadas a los demás para conseguir cosas u obtener dispensas difíciles o imposibles.

bulbar. adj. *Med.* Perteneciente o relativo al bulbo raquídeo.

bulbo. m. *Bot.* Yema gruesa, por lo común subterránea, cuyas hojas están cargadas con sustancias de reserva. ‖ **raquídeo.** *Anat.* Parte posterior del encéfalo, que forma la unión con la médula espinal y controla ciertas funciones, como la frecuencia cardíaca y el ritmo respiratorio.

bulerías. f. pl. Cante popular andaluz de ritmo vivo que se acompaña con palmoteo. ‖ **2.** Baile que se ejecuta al son de este cante.

bulevar. m. Nombre que se da a ciertas calles, generalmente anchas y con árboles.

búlgaro, ra. adj. Natural de Bulgaria. Ú. t. c. s. ‖ **2.** Perteneciente o relativo a este Estado europeo. ‖ **3.** m. Lengua **búlgara.**

bulimia. f. *Med.* Estado patológico caracterizado por ganas de comer, que difícilmente se satisfacen.

bulla. f. Gritería o ruido que hacen una o más personas. ‖ **2.** Concurrencia de mucha gente.

bullabesa. f. Sopa de pescados y crustáceos, sazonada con especias fuertes, vino y aceite, que suele servirse con rebanadas de pan.

bullanga. f. Tumulto, bullicio.

bullanguero, ra. adj. Alborotador, amigo de bullangas. Ú. t. c. s.

bullicio. m. Ruido y rumor que causa la mucha gente. ‖ **2.** Alboroto, sedición o tumulto.

bullicioso, sa. adj. Dícese de lo que causa bullicio o ruido y de aquello en que lo hay. *Fiesta, calle* BULLICIOSA. ‖ **2.** Inquieto, desasosegado, que no para, que se mueve mucho o con gran viveza.

bullir. intr. Hervir el agua u otro líquido. ‖ **2.** fig. Agitarse a semejanza del agua hirviendo una masa de personas, animales u objetos. ❑ Irreg. Se conjuga como *mullir.*

bulo. m. Noticia falsa propalada con algún fin.

bulto. m. Volumen o tamaño de cualquier cosa. ‖ **2.** Cuerpo indistinguible por la distancia, por falta de luz o por estar cubierto. ‖ **3.** Elevación de una superficie causada por cualquier tumor o hinchazón. ‖ **4.** Fardo, caja, baúl, maleta, etc., comúnmente tratándose de transportes o viajes. ‖ **a bulto.** loc. adv. fig. Aproximadamente, sin cálculo previo.

bumerán. m. Arma arrojadiza formada por una lámina de madera encorvada de tal manera que, lanzada con movimiento giratorio, puede volver al punto de partida. Es propia de los indígenas de Australia.

bungaló. m. Casa pequeña de una sola planta que se suele construir en parajes destinados al descanso. ❑ pl. *bungalós.*

buniatal. m. Campo plantado de boniatos.

búnker. m. Fortín, fuerte pequeño. ‖ **2.** Por ext., refugio, por lo general subterráneo, para protegerse de bombardeos.

buñuelo. m. Fruta de sartén que se hace de masa de harina bien batida y frita en aceite. Cuando se fríe se esponja y sale de varias figuras y tamaños. ‖ **de viento.** El que se rellena de crema, cabello de ángel u otro dulce.

buque. m. *Mar.* Barco con cubierta que, por su tamaño, solidez y fuerza, es adecuado para navegaciones o empresas marítimas de importancia. ‖ **de cabotaje.** *Mar.* El que se dedica a esta especie de navegación. ‖ **de guerra.** *Mar.* El del Estado, construido y armado para usos militares. ‖ **de vapor.** *Mar.* El que navega a impulso de una o más máquinas de esta especie. ‖ **de vela.** *Mar.* El que aprovecha con cualquier aparejo la fuerza del viento. ‖ **escuela.** Barco de la marina de guerra en que completan su instrucción los guardias marinas. ‖ **mercante.** El de persona o empresa particular y que se emplea en la conducción de pasajeros y mercancías. ‖ **submarino.** *Mar.* El de guerra que puede cerrarse herméticamente, sumergirse a voluntad con su tripulación y, por medio de una máquina eléctrica, navegar dentro del agua para hacer reconocimientos en los buques enemigos y lanzarles torpedos, o para exploraciones submarinas.

buqué. m. Aroma del vino.

burbuja. f. Glóbulo de aire u otro gas que se forma en el interior de algún líquido y sale a la superficie del mismo.

burbujear. intr. Hacer burbujas.

burdel. m. **mancebía,** casa de mujeres públicas.

burdeos. m. fig. Vino que se cría en la región de la ciudad francesa de Burdeos. ‖ **2.** Color semejante al vino. Ú. t. c. adj. invar.

burdo, da. adj. Tosco, basto, grosero. *Paño* BURDO; *justificación* BURDA.

bureta. f. Tubo de vidrio graduado, con una llave en su extremo inferior, utilizado para análisis químicos volumétricos.

burga. f. Manantial de agua caliente. *Las* BURGAS *de Orense.*

burgado. m. Caracol terrestre, de color moreno y del tamaño de una nuez pequeña.

burgalés, sa. adj. Natural de Burgos. Ú. t. c. s. ‖ **2.** Perteneciente o relativo a esta ciudad o a su provincia.

burgo. m. ant. Aldea o población muy pequeña, dependiente de otra principal.

burgomaestre. m. Primer magistrado municipal de algunas ciudades de Alemania, los Países Bajos, Suiza, etc.

burgués, sa. adj. ant. Natural o habitante de un burgo. ‖ **2.** Perteneciente o relativo al **burgués,** ciudadano de la clase media. ‖ **3.** m. y f. Ciudadano de la clase media, acomodada u opulenta. Ú. hoy comúnmente en contraposición a proletario. ❑ No utilizar por *burgalés.*

burguesía. f. Cuerpo o conjunto de burgueses o ciudadanos de las clases acomodadas o ricas.

buriel. adj. De color rojo, entre negro y leonado.

buril. m. Instrumento de acero, prismático y puntiagudo, que sirve a los grabadores para abrir y hacer líneas en los metales.

burilar. tr. Grabar con el buril.

burla. f. Acción, ademán o palabras con que se procura poner en ridículo a personas o cosas. ‖ **2. chanza.** ‖ **3. engaño.**

burladero. m. Valla que se pone delante de las barreras de las plazas y corrales de toros, separada de ellas lo suficiente para que pueda refugiarse el torero.

burlador, ra. adj. Que burla. Ú. t. c. s. ‖ **2.** m. Libertino habitual que hace gala de deshonrar a las mujeres, seduciéndolas y engañándolas.

burlar. tr. **engañar,** hacer creer lo que no es verdad. ‖ **2.** Esquivar a quien va a impedir el paso o a detenerlo. ‖ **3.** Seducir con engaño a una mujer. ‖ **4.** *Taurom.* Esquivar la acometida del toro.

burlesco, ca. adj. fam. Festivo, jocoso, sin formalidad, que implica burla o chanza.

burlete. m. Tira que se adhiere al canto de las hojas de puertas, balcones o ventanas para que se ajusten bien a sus marcos al cerrar.

burlón, na. adj. Inclinado a decir burlas o a hacerlas. Ú. t. c. s. ‖ **2.** Que implica o denota burla.

buró. m. Mueble para escribir, a manera de cómoda, que tiene una parte más alta que el tablero, provista frecuentemente de cajones o casillas; se cierra levantando el tablero o, si este es fijo, mediante una cubierta de tablillas paralelas articuladas.

burocracia. f. Conjunto de funciones y trámites destinados a la ejecución de una decisión administrativa, principalmente de carácter político. ‖ **2.** Clase social que forman los empleados públicos.

burócrata. com. Persona que pertenece a la burocracia, clase social de los empleados públicos.

burocrático, ca. adj. Perteneciente o relativo a la burocracia.

burra. f. Hembra del burro. ‖ **2.** fig. Mujer ruda y de poco entendimiento. ‖ **de carga.** fig. y fam. Mujer laboriosa y de mucho aguante.

burrada. f. fig. y fam. Dicho o hecho necio o brutal. ‖ **2.** fig. y fam. **barbaridad,** cantidad grande o excesiva. *Una* BURRADA *de coches.*

burrajo. m. Estiércol seco de las caballerizas, usado en algunas partes como combustible.

burro. m. **asno,** animal solípedo. ‖ **2.** Armazón compuesta de dos brazos que forman ángulo y un travesaño que se puede colocar a diferentes alturas por medio de clavijas. Sirve para sujetar y tener en alto una de las cabezas del madero que se ha de aserrar, haciendo descansar la otra en el suelo. ‖ **3.** Nombre que se da a distintos juegos de naipes. ‖ **4.** fig. y fam. **asno,** hombre rudo y de poco entendimiento. Ú. t. c. adj. ‖ **5.** fig. y fam. **burro de carga.** ‖ **de carga.** fig. y fam. Hombre laborioso y de mucho aguante.

bursátil. adj. *Com.* Concerniente a la bolsa, a las operaciones que en ella se hacen y a los valores cotizables.

burseráceo, a. adj. *Bot.* Dícese de plantas angiospermas dicotiledóneas que se caracterizan por tener en su corteza conductos que destilan resinas y bálsamos; como el arbolito que produce el incienso. Ú. t. c. s. ‖ **2.** f. pl. *Bot.* Familia de estas plantas.

burujo. m. Bulto pequeño o pella que se forma uniéndose y apretándose unas con otras las partes que estaban o debían estar sueltas, como en la lana, en la masa, en el engrudo, etc.

bus. m. fam. **autobús.**

busca[1]. f. Acción de buscar.

busca[2]. m. abrev. de **buscapersonas.**

buscapersonas. m. **mensáfono.**

buscapiés. m. Cohete sin varilla que, encendido, corre por la tierra entre los pies de la gente.

buscar. tr. Hacer algo para hallar a alguna persona o cosa. *Ven a* BUSCAR*me a casa. Estoy* BUSCANDO *un libro.*

buscarla. f. Pájaro insectívoro de pequeño tamaño y muy activo. De color pardo, vive entre carrizos, juncos y aneas, donde se mueve con gran agilidad, pero se muestra reacio al vuelo.

buscavidas. com. fig. y fam. Persona demasiado curiosa en averiguar las vidas ajenas. ‖ **2.** fig. y fam. Persona diligente en buscarse por cualquier medio lícito el modo de vivir.

buscón, na. adj. Que busca. Ú. t. c. s. ‖ **2.** Dícese de la persona que hurta con ratería o estafa con artimañas. Ú. t. c. s. ‖ **3.** f. **ramera.**

búsqueda. f. **busca,** acción de buscar. Ú. con frecuencia en los archivos y escribanías.

busto. m. Escultura o pintura de la cabeza y parte superior del tórax. ‖ **2.** Parte superior del cuerpo humano. ‖ **3.** Pecho de la mujer.

butaca. f. Silla de brazos con el respaldo inclinado hacia atrás. ‖ **2. luneta, butaca** de teatro. ‖ **3.** Entrada, tique, etc., para ocupar una luneta o **butaca** en el teatro.

butano. m. Hidrocarburo gaseoso derivado del petróleo que, envasado a presión, tiene usos domésticos.

buten (de). loc. vulg. Excelente, lo mejor en su clase.

butifarra. f. Cierto embuchado que se hace principalmente en Cataluña, las Baleares y Valencia.

butrón. m. **buitrón,** arte de pesca. ‖ **2.** Entre delincuentes, agujero hecho en suelos, techos o paredes para robar.

butronero. m. Ladrón que roba abriendo butrones en techos o paredes.

buzo. m. El que tiene por oficio trabajar enteramente sumergido en el agua, bien conteniendo largo rato la respiración, bien efectuándola con auxilio de aparatos adecuados.

buzón. m. Abertura por la que se echan las cartas y papeles para el correo o para otro destino. ‖ **2.** Por ext., caja o receptáculo donde caen los papeles echados por el **buzón.**

buzonear. intr. Repartir publicidad o propaganda en los buzones de las casas particulares.

c. f. Tercera letra del abecedario español, y segunda de sus consonantes. Su nombre es **ce.** Ante las vocales *e, i (cena, cifra)* representa un sonido interdental como el de *z*, con las mismas variedades de articulación e igual extensión geográfica y social del seseo. En cualquier otra posición puede tener articulación velar, oclusiva y sorda *(coma, cola, cuba, clero, clima, crema, criba, cromo, acto, efecto, ictericia, octavo, tic).* Con frecuencia, en posición final de sílaba, el sonido velar oclusivo de esta letra se debilita y suaviza haciéndose sonoro y fricativo *(anécdota, técnica, acción, facsímil).* ‖ **2.** Letra que representa el cien en el sistema numeral romano. Con una línea encima, vale cien mil.

cabal. adj. Con su peso o medida justos. ‖ **2.** fig. Honrado, digno de confianza y de crédito. ‖ **3.** Completo, exacto, perfecto. ‖ **estar** alguien **en sus cabales.** fr. fig. Estar en su juicio.

cábala. f. En la tradición judía, sistema de interpretación mística y alegórica del Antiguo Testamento. ‖ **2.** fig. Cálculo supersticioso para adivinar una cosa. ‖ **3.** fig. y fam. Intriga, maquinación. ‖ **4.** fig. Conjetura, suposición. Ú. m. en pl.

cabalgadura. f. Bestia en que se cabalga o se puede cabalgar.

cabalgar. intr. Subir o montar a caballo. Ú. t. c. tr. ‖ **2.** Andar o pasear a caballo. ‖ **3.** Ir una cosa sobre otra. ‖ **4.** tr. fig. Poner una cosa sobre otra.

cabalgata. f. Desfile de jinetes, carrozas, bandas de música, danzantes, etc., que se organiza como festejo popular.

cabalístico, ca. adj. Perteneciente o relativo a la cábala. *Libro, concepto* CABALÍSTICO. ‖ **2.** fig. De sentido enigmático.

caballa. f. Pez teleósteo, de tres a cuatro decímetros de largo, de color azul y verde con rayas negras por el lomo. Vive en cardúmenes en el Atlántico Norte y se pesca activamente para su consumo.

caballar. adj. Perteneciente o relativo al caballo.

caballeresco, ca. adj. Propio de caballero. ‖ **2.** Perteneciente o relativo a la caballería medieval. *Costumbres* CABALLERESCAS. ‖ **3.** Dícese de las obras en que se cuentan las empresas o fabulosas hazañas de antiguos paladines o caballeros andantes.

caballería. f. Cualquier animal solípedo, que, como el caballo, sirve para cabalgar en él. Llámase mayor si es mula o caballo, y menor si es borrico. ‖ **2.** Cuerpo de soldados montados y del personal y material de guerra complementarios que forman parte de un ejército. ‖ **3.** Cualquiera de las órdenes militares que ha habido y hay en España, como las de la Banda, Santiago, Calatrava, etc. ‖ **4.** Reglas o preceptos propios de los caballeros que hacían profesión de las armas. ‖ **5.** Servicio militar que se hacía a caballo. ‖ **andante.** Profesión, regla u orden de los caballeros aventureros.

caballeriza. f. Sitio o lugar cubierto destinado para estancia de los caballos y bestias de carga. ‖ **2.** Conjunto de caballos o mulas de una **caballeriza.** ‖ **3.** Conjunto de los criados y dependientes que la sirven.

caballerizo. m. El que tiene a su cargo el gobierno y cuidado de la caballeriza y de los que sirven en ella.

caballero, ra. adj. Que cabalga o va a caballo. CABALLERO *en un rocín, en una mula, en un asno.* ‖ **2.** m. Hidalgo de calificada nobleza. ‖ **3.** El que pertenece a una orden de caballería. ‖ **4.** El que se porta con nobleza y generosidad. ‖ **5.** Persona de apariencia distinguida. ‖ **6. señor,** término de cortesía. ‖ **andante.** El que en los libros de caballerías se finge que anda por el mundo buscando aventuras.

caballerosidad. f. Calidad de caballeroso.

caballeroso, sa. adj. Propio de un caballero, por su gentileza, desprendimiento, cortesía, nobleza de ánimo u otras cualidades semejantes.

caballete. m. Línea horizontal y más elevada de un tejado, de la cual arrancan dos vertientes. ‖ **2.** Extremo o parte más alta de la chimenea, que suele formarse de una teja vuelta hacia abajo o de dos tejas o ladrillos empinados que forman un ángulo, para que no entre el agua cuando llueve y no impida la salida del humo. ‖ **3.** Prominencia que la nariz suele tener en medio y la hace corva. ‖ **4.** *Pint.* Armazón de madera compuesta de tres pies, con una tablita transversal donde se coloca el cuadro. Los hay también verticales, en los cuales la tablita o soporte se sube y baja por medio de una manivela.

caballito. m. d. de **caballo.** ‖ **2.** pl. **tiovivo.** ‖ **del diablo.** Insecto del orden de los odonatos, con cuatro alas estrechas e iguales y de abdomen muy largo y filiforme. De menor tamaño que las libélulas, se distingue de estas por el menor número de venas de las alas y porque pliega estas cuando se posa. ‖ **de mar. hipocampo,** pez teleósteo.

caballo. m. Mamífero del orden de los perisodáctilos, solípedo, de cuello y cola poblados de cerdas largas y abundantes, que se domestica fácilmente y es de los más útiles al hombre. ‖ **2.** Pieza grande del juego de ajedrez, única que salta sobre las demás y que pasa oblicuamente de escaque negro a blanco, dejando en medio uno negro, o de blanco a negro, dejando en medio uno blanco. ‖ **3.** Naipe que representa un **caballo** con su jinete. ‖ **4.** Aparato gimnástico formado por cuatro patas y un cuerpo superior, muy alargado y terminado en punta por uno de sus extremos; se salta apoyando las manos, tendiendo el cuerpo y evitando rozar en el salto el extremo puntiagudo. ‖ **5.** coloq. Por influjo del inglés, **heroína.** ‖ **de batalla.** fig. Punto principal de una controversia. ‖ **de vapor.** Unidad de medida que expresa la potencia de una máquina y representa el esfuerzo necesario para levantar, a un metro de altura, en un segundo, 75 kilogramos de peso, lo cual equivale a 75 kilográmetros. ‖ **a caballo.** loc. adv. fig. Apoyándose en dos cosas contiguas o participando de ambas. ‖ **a mata caballo.** loc. adv. Atropelladamente, muy de prisa. ‖ **montar a caballo.** fr. Montar en una caballería.

caballón. m. Elevación de tierra entre surco y surco de la tierra arada. ‖ **2.** El que se dispone para contener las aguas o darles dirección en los riegos.

caballuno, na. adj. Perteneciente o semejante al caballo.

cabaña. f. Casa pequeña y tosca hecha en el campo, generalmente de palos entretejidos con cañas y cubierta de ramas, para refugio o habitación de pastores, pescadores y gente humilde. ‖ **2.** Conjunto de los ganados de una provincia, región, país, etc.

cabaré. m. Lugar de esparcimiento donde se bebe y se baila y en el que se ofrecen espectáculos de variedades, habitualmente de noche.

cabaretero, ra. adj. Perteneciente o relativo al cabaré. ‖ **2.** m. y f. Artista o empleado de cabaré.

cabás. m. Maletín pequeño.

cabe. prep. ant. Cerca de, junto a. Ú. aún en poesía.

cabecear. intr. Mover o inclinar la cabeza, ya a un lado, ya a otro, o moverla reiteradamente hacia adelante. ‖ **2.** Volver la cabeza de un lado a otro en demostración de que no se asiente a lo que se oye o se pide. ‖ **3.** Dar cabezadas o inclinar la cabeza hacia el pecho cuando uno, de pie o sentado, se va durmiendo. ‖ **4.** Hacer la embarcación un movimiento de proa a popa, bajando y subiendo alternativamente una y otra.

cabecera. f. Principio o parte principal de algunas cosas. ‖ **2.** Parte superior o principal de un sitio en que se juntan varias personas, y en la cual se sientan las más dignas y autorizadas. *La* CABECERA *del tribunal, del estrado.* ‖ **3.** Parte de la cama, donde se ponen las almohadas. ‖ **4.** Tabla o barandilla que se suele poner en la cama para que no se caigan las almohadas. ‖ **5.** Capital o población principal de un territorio o distrito. ‖ **6.** Adorno que se pone a la cabeza de una página, capítulo o parte de un impreso. ‖ **7.** Nombre de un periódico registrado como propiedad de una persona o entidad mercantil que suele ir en la primera página.

cabecero. m. **cabecera** de la cama.

cabecilla. com. Jefe de rebeldes. ‖ **2.** Por ext., persona que está a la cabeza de un movimiento o grupo cultural, político, etc.

cabellera. f. El pelo de la cabeza, especialmente el largo y tendido sobre la espalda.

cabello. m. Cada uno de los pelos que nacen en la cabeza. ‖ **2.** Conjunto de todos ellos. ‖ **cabello,** o **cabellos, de ángel.** Dulce hecho a base de calabaza y almíbar, cuya textura fibrosa semeja la de una cabellera.

cabelludo. adj. V. **cuero cabelludo.**

caber. intr. Poder contenerse una cosa dentro de otra. ‖ **2.** Tener lugar o entrada. ‖ **3.** Ser posible o natural. ‖ **no caber en** sí. fr. fig. Tener mucha vanidad o alegría. ❑ Ú. t. con la prep. *de* seguida de términos como *contento, gozo,* etc. ❑ Irreg. Ver conjugación modelo.

caber

INDICATIVO

Presente: quepo, cabes, cabe, cabemos, cabéis, caben.

Pretérito imperfecto: cabía, cabías, cabía, cabíamos, cabíais, cabían.

Pretérito indefinido: cupe, cupiste, cupo, cupimos, cupisteis, cupieron.

Futuro imperfecto: cabré, cabrás, cabrá, cabremos, cabréis, cabrán.

Condicional: cabría, cabrías, cabría, cabríamos, cabríais, cabrían.

SUBJUNTIVO

Presente: quepa, quepas, quepa, quepamos, quepáis, quepan.

Pretérito imperfecto: cupiera o cupiese, cupieras o cupieses, cupiera o cupiese, cupiéramos o cupiésemos, cupierais o cupieseis, cupieran o cupiesen.

Futuro imperfecto: cupiere, cupieres, cupiere, cupiéremos, cupiereis, cupieren.

IMPERATIVO

cabe (tú); cabed (vosotros).

FORMAS NO PERSONALES

Infinitivo: caber.
Participio: cabido.
Gerundio: cabiendo.

cabestrillo. m. Banda o aparato pendiente del hombro para sostener la mano o el brazo lastimados.

cabestro. m. Ronzal que se ata a la cabeza o al cuello de la caballería para llevarla o asegurarla. ‖ **2.** Buey manso que suele llevar cencerro y sirve de guía en las toradas.

cabeza. f. Parte superior del cuerpo del hombre y superior o anterior de muchos animales, en la que están situados algunos órganos de los sentidos. Contiene importantes centros nerviosos, como el encéfalo en los vertebrados. ‖ **2.** En el hombre y algunos mamíferos, parte superior y posterior de ella, que comprende desde la frente hasta el cuello, excluida la cara. ‖ **3.** Principio o parte extrema de una cosa. *Las* CABEZAS *de una viga, las de un puente.* ‖ **4.** Extremidad roma y abultada, opuesta a la punta de un clavo, alfiler, etc. ‖ **5.** fig. Juicio, talento y capacidad. *Pedro es hombre de buena* CABEZA. ‖ **6.** fig. **persona,** individuo de la especie humana. ‖ **7.** fig. **res.** ‖ **8.** fig. **capital,** población principal. ‖ **9.** m. Superior, jefe que gobierna, preside o acaudilla una comunidad, corporación o muchedumbre. ‖ **10.** Jefe de una familia que vive reunida. ‖ **de ajo,** o **de ajos.** Conjunto de las partes o dientes que forman el bulbo de la planta llamada ajo cuando están todavía reunidos formando un solo cuerpo. ‖ **de chorlito.** fig. y fam. Persona ligera y de poco juicio. ‖ **de partido.** Ciudad o villa principal de un territorio, que comprende distintos pueblos dependientes de ella en lo judicial, y antiguamente también en lo gubernativo. ‖ **de turco.** Persona a quien se suele hacer blanco de inculpaciones por cualquier motivo o pretexto. ‖ **magnética.** *Electr.* Dispositivo electromagnético que sirve para registrar, borrar o leer señales en un disco, cinta o hilo magnético. ‖ **a la cabeza.** loc. adv. **delante,** en primer lugar. ‖ **alzar cabeza** alguien. fr. fig. y fam. Salir de la pobreza o desgracia en que se hallaba. ‖ **bajar la cabeza.** fr. fig. y fam. Obedecer y ejecutar sin réplica lo que se manda. ‖ **2.** fig. y fam. Conformarse, tener paciencia cuando no hay otro remedio. ‖ **de cabeza.** loc. adv. Con muchos quehaceres urgentes. ❑ Ú. m. con los verbos *andar, estar.* ‖ **levantar cabeza.** fr. fig. y fam. **alzar cabeza.** ‖ **meter la cabeza** en alguna parte. fr. fig. y fam. Conseguir introducirse o ser admitido en ella. ‖ **metérsele** a alguien **en la cabeza** alguna cosa. fr. fig. y fam. Perseverar en un propósito o capricho. ‖ **perder la cabeza.** fr. fig. Faltarle u ofuscársele la razón o el juicio por algún accidente. ‖ **quitar** a alguien **de la cabeza** alguna cosa. fr. fig. y fam. Disuadirle del concepto que había formado o del ánimo que tenía. ‖ **sentar la cabeza.** fr. fig. y fam. Hacerse juicioso y moderar su conducta el que era turbulento y desordenado. ‖ **tener mala cabeza.** fr. fig. y fam. Proceder sin juicio ni consideración. ‖ **traer** algo o alguien a una persona **de cabeza.** fr. fig. Provocarle molestias. *Este asunto* ME TRAE DE CABEZA. ❑ Ú. t. con el verbo *llevar.* ‖ **traer** algo o alguien a una persona **de cabeza.** fr. fig. Estar muy enamorado.

cabezada. f. Cada movimiento o inclinación que hace con la cabeza el que, sin estar acostado, se va durmiendo. ‖ **echar una cabezada.** fr. fam. Dormir una siesta breve.

cabezal. m. Almohada pequeña, comúnmente cuadrada o cuadrilonga, en que se reclina la cabeza. ‖ **2.** Almohada larga que ocupa toda la cabecera de la cama.

cabezazo. m. Golpe dado con la cabeza.

cabezo. m. Cerro alto o cumbre de una montaña. ‖ **2.** Montecillo aislado.

cabezón, na. adj. fam. **cabezudo,** que tiene grande la cabeza. Ú. t. c. s. ‖ **2.** Terco, obstinado. Ú. t. c. s.

cabezonada. f. fam. Acción propia de persona terca u obstinada.

cabezota. com. fam. Persona que tiene la cabeza muy grande. ‖ **2.** fig. y fam. Persona terca y testaruda. Ú. t. c. adj.

cabezudo, da. adj. Que tiene grande la cabeza. ‖ **2.** m. Figura grotesca de algunas fiestas populares que resulta de ponerse una persona una gran cabeza de cartón, lo que le da la apariencia de enano. Suelen acompañar a los gigantes.

cabezuela. f. Harina más gruesa que sale del trigo después de sacada la flor. ‖ **2.** Planta perenne de la familia de las compuestas, de 10 a 12 decímetros de altura, con tallo anguloso, ramas velludas semejantes al mimbre, hojas aserradas, ásperas y erizadas, y flores blancas o purpúreas con los cálices cubiertos de espinas muy pequeñas. Es indígena de España y se emplea para hacer escobas. ‖ **3.** *Bot.* Inflorescencia cuyas flores, que son sentadas o tienen un pedúnculo muy corto, están insertas en un receptáculo, comúnmente rodeado de brácteas.

cabida. f. Espacio o capacidad que tiene una cosa para contener otra. ‖ **2.** Extensión superficial de un terreno o heredad. ‖ **tener cabida, o gran cabida, con** alguna persona o **en** alguna parte. fr. fig. Tener valimiento.

cabildo. m. Cuerpo o comunidad de eclesiásticos capitulares de una iglesia catedral o colegial. ‖ **2. ayuntamiento,** corporación que rige un municipio. ‖ **3.** Junta celebrada por un **cabildo.** ‖ **4.** Sala donde se celebra. ‖ **5.** Corporación que en Canarias representa a los pueblos de cada isla y administra los intereses comunes de ellos y los peculiares de esta.

cabina. f. Cuarto pequeño, generalmente aislado, para usos muy diversos. ‖ **2.** Cada uno de los compartimientos que hay en un locutorio para uso individual del teléfono. ‖ **3.** Por ext., caseta, generalmente acristalada, instalada en la calle para uso del teléfono público. ‖ **4.** En los cines, aulas, salas de conferencias, etc., recinto aislado donde están los aparatos de proyección y los registros de sonido. ‖ **5.** En aeronaves, camiones y otros vehículos automóviles, espacio reservado para el piloto, conductor y demás personal técnico. En los aviones, es también el espacio en que se acomodan los pasajeros. ‖ **6.** En playas e instalaciones deportivas, recinto para cambiarse de ropa.

cabizbajo, ja. adj. Dícese de la persona que tiene la cabeza inclinada hacia abajo por abatimiento, tristeza o cuidados graves.

cable. m. Maroma gruesa. ‖ **2. cablegrama.** ‖ **3.** fig. Ayuda que se presta al que está en una situación comprometida. Ú. m. en las frases *echar, lanzar* o *tender un* CABLE. ‖ **eléctrico.** Cordón formado con varios conductores aislados unos de otros y protegido generalmente por una envoltura que reúna la flexibilidad y resistencia necesarias al uso a que el **cable** se destine. ‖ **submarino.** El eléctrico algo reforzado y aislado con esmero, que se forra con una envoltura que lo defiende de la humedad, y se rodea después de una armadura formada por vueltas de alambre, para evitar los peligros del roce con las rocas, la acción destructora de los peces, etc. Se emplea como conductor en las líneas telegráficas submarinas.

cableado. m. *Electr.* Conjunto de los cables que forman parte de un sistema o aparato eléctrico.

cablear. tr. *Electr.* Unir mediante cables las diferentes partes de un dispositivo eléctrico.

cablegrafiar. tr. Transmitir noticias por cable submarino.

cablegrama. m. Telegrama transmitido por cable submarino.

cabo. m. Cualquiera de los extremos de las cosas. ‖ **2.** Extremo o parte pequeña que queda de alguna cosa. CABO *de hilo, de vela.* ‖ **3.** En algunos oficios, hilo o hebra. ‖ **4.** Lengua de tierra que penetra en el mar. *El* CABO *de Buena Esperanza.* ‖ **5.** fig. **fin,** término de una cosa. ‖ **6.** *Mar.* **cuerda** de atar o suspender pesos. ‖ **7.** *Mil.* Individuo de grado inmediatamente superior al soldado. ‖ **suelto.** fig. y fam. Circunstancia imprevista o que ha quedado pendiente en algún negocio. ‖ **atar cabos.** fr. fig. Reunir o tener en cuenta datos, premisas o antecedentes para sacar una consecuencia. ‖ **de cabo a cabo.** loc. adv. Del principio al fin. ‖ **de cabo a rabo.** loc. adv. fam. **de cabo a cabo.** ‖ **estar al cabo de** una cosa, o **al cabo de la calle.** fr. fig. y fam. Haber entendido bien alguna cosa y comprendido todas sus circunstancias. ‖ **llevar a cabo** o **al cabo,** una cosa. fr. Ejecutarla, concluirla.

cabotaje. m. *Mar.* Navegación o tráfico que hacen los buques entre los puertos de su nación sin perder de vista la costa, o sea siguiendo derrota de cabo a cabo. La legislación marítima y la aduanera de cada país suelen alterar sus límites en el concepto administrativo, pero sin modificar su concepto técnico.

caboverdiano, na. adj. Natural de Cabo Verde. Ú. t. c. s. ‖ **2.** Perteneciente o relativo a esta República.

cabra. f. Mamífero rumiante doméstico, como de un metro de altura, ligero, esbelto, con pelo corto, áspero y a menudo rojizo, cuernos huecos, grandes, esquinados, nudosos y vueltos hacia atrás, un mechón de pelos largos colgante de la mandíbula inferior y cola muy corta. ‖ **montés.** Especie silvestre, de color ceniciento o rojizo, con las patas, la barbilla y la punta de la cola negras, una línea del mismo color a lo largo del espinazo y los cuernos muy grandes, rugosos, echados hacia atrás y con la punta retorcida. Vive en las regiones más escabrosas de España. ‖ **estar como una cabra.** fr. fig. Estar loco, chiflado.

cabrear. tr. fig. y fam. Enfadar, irritar, poner a alguien malhumorado o receloso. Ú. m. c. prnl.

cabreo. m. Acción y efecto de cabrear o cabrearse.

cabrería. f. Lugar en que se vende leche de cabras. ‖ **2.** Casa en donde se recogen las cabras por la noche.

cabrerizo, za. adj. Perteneciente o relativo a las cabras. ‖ **2.** m. **cabrero,** pastor de cabras.

cabrero. m. Pastor de cabras.

cabrestante. m. Torno de eje vertical que se emplea para mover grandes pesos por medio de una maroma o cable que se va arrollando en él a medida que gira movido por la potencia aplicada en unas barras o palancas que se introducen en las cajas abiertas en el canto exterior del cilindro o en la parte alta de la máquina.

cabria. f. Máquina para levantar pesos, cuya armazón consiste en dos vigas ensambladas en ángulo agudo, mantenidas por otra que forma trípode con ellas, o bien por una o varias amarras. Un torno colocado entre las dos vigas y una polea suspendida del vértice reciben la cuerda con que se maniobra el peso.

cabrilla. f. Pez teleósteo, acantopterigio, de unos dos decímetros de largo, boca grande con muchos dientes, color azulado oscuro, con cuatro fajas encarnadas a lo largo del cuerpo y la cola mellada. Salta mucho en el agua y su carne es blanda e insípida. ‖ **2.** Trípode de madera en que los carpinteros y aserradores sujetan los maderos grandes para labrarlos o aserrarlos. ‖ **3.** pl. Manchas o vejigas que se hacen en las piernas por permanecer mucho tiempo cerca del fuego. ‖ **4.** Pequeñas olas blancas y espumosas que se levantan en el mar cuando este empieza a agitarse.

cabrio. m. *Arq.* Madero colocado paralelamente a los pares de una armadura de tejado para recibir la tablazón.

cabrío, a. adj. Perteneciente a las cabras. ‖ **2.** V. **macho cabrío.** ‖ **3.** m. Ganado **cabrío;** rebaño de cabras.

cabriola. f. Brinco que dan los que danzan, cruzando varias veces los pies en el aire. ‖ **2.** fig. **voltereta** en el aire. ‖ **3.** fig. Salto que da el caballo, soltando un par de coces mientras se mantiene en el aire.

cabriolé. m. Especie de carruaje ligero y descubierto, de dos o cuatro ruedas, tirado por caballos.

cabritilla. f. Piel curtida de cualquier animal pequeño, como cabrito, cordero, etc.

cabrito. m. Cría de la cabra desde que nace hasta que deja de mamar. ‖ **2.** fig. **cabrón,** el que consiente el adulterio de su mujer.

cabrón. m. Macho de la cabra. ‖ **2.** fig. y vulg. El que consiente el adulterio de su mujer. U. t. c. adj. ‖ **3.** El casado con mujer adúltera. ‖ **4.** El que hace cabronadas o malas pasadas a otro.

cabronada. f. fig. y vulg. Mala pasada, acción malintencionada o indigna contra otro.

cabruno, na. adj. Perteneciente o relativo a la cabra.

cabujón. m. Piedra preciosa pulimentada y no tallada, de forma convexa.

cabuya. f. **pita**[1]. ‖ **2.** Fibra de la pita, con que se fabrican cuerdas y tejidos.

caca. f. fam. Excremento humano, y especialmente el de los niños pequeños. ‖ **2.** fig. y fam. Suciedad, inmundicia.

cacahuete. m. Planta papilionácea anual procedente de América, con tallo rastrero y velloso, hojas alternas lobuladas y flores amarillas. El fruto tiene cáscara coriácea y, según la variedad, dos a cuatro semillas blancas y oleaginosas, comestibles después de tostadas. Se cultiva también para la obtención del aceite. ‖ **2.** Fruto de esta planta.

cacao. m. Árbol de América, de la familia de las esterculiáceas, de tronco liso de 5 a 8 metros de altura, hojas alternas, lustrosas, lisas, duras y aovadas; flores pequeñas, amarillas y encarnadas. Su fruto brota directamente del tronco y ramos principales, contiene de 20 a 40 semillas y se emplea como principal ingrediente del chocolate. ‖ **2.** Semilla de este árbol.

cacaotal. m. Terreno poblado de cacaos.

cacarear. intr. Dar voces repetidas el gallo o la gallina. ‖ **2.** tr. fig. y fam. Ponderar, exagerar con exceso las cosas propias.

cacatúa. f. Ave trepadora de Oceanía, del orden de las psitaciformes, con pico grueso, corto, ancho y dentado en los bordes; mandíbula superior sumamente arqueada, un moño de grandes plumas movibles a voluntad, cola corta y plumaje blanco brillante. Aprende a hablar con facilidad y, domesticada, vive en los climas templados de Europa.

cacera. f. Zanja o canal por donde se conduce el agua para regar.

cacereño, ña. adj. Natural de Cáceres. Ú. t. c. s. ‖ **2.** Perteneciente a esta ciudad o a su provincia.

cacería. f. Partida de caza. ‖ **2.** Conjunto de animales muertos en la caza.

cacerina. f. Bolsa grande de cuero con divisiones, que se usa para llevar cartuchos y balas.

cacerola. f. Vasija de metal, de figura cilíndrica, con asas o mango, la cual sirve para cocer y guisar en ella.

cacerolada. f. Protesta mediante una cencerrada de cacerolas.

cacha. f. Cada una de las dos chapas que cubren o de las dos piezas que forman el mango de las navajas, de algunos cuchillos y de algunas armas de fuego. Ú. m. en pl. ‖ **2. nalga.** ‖ **3.** pl. usado c. sing. m. Hombre musculoso y fornido.

cachalote. m. Cetáceo que vive en los mares templados y tropicales, de 15 a 20 metros de largo, de cabeza muy gruesa y larga, con más de 20 dientes cónicos en la mandíbula inferior y otros tantos agujeros en la superior, para alojarlos cuando cierra la boca.

cacharrería. f. Tienda de cacharros o loza ordinaria.

cacharrero, ra. m. y f. Persona que vende cacharros o loza ordinaria.

cacharro. m. Vasija tosca. ‖ **2.** fam. Aparato viejo, deteriorado o que funciona mal. ‖ **3.** Vasija o recipiente para usos culinarios.

cachava. f. **cayado,** palo o bastón curvado en la parte superior.

cachaza. f. fam. Lentitud y sosiego en el modo de hablar o de obrar; flema, frialdad de ánimo.

cachazudo, da. adj. Que tiene cachaza. Apl. a pers., ú. t. c. s.

cachear. tr. Registrar a alguien para saber si oculta objetos prohibidos como armas, drogas, etc.

cachelos. m. pl. *Gal.* Trozos de patata cocida que se sirven acompañando a carne o pescado.

cachemir. m. Tejido de pelo de cabra mezclado, a veces, con lana.

cachemira. f. **cachemir.**

cacheo. m. Acción y efecto de cachear.

cachetada. f. **bofetada.**

cachete. m. Golpe que con la palma de la mano se da en la cabeza o en la cara. ‖ **2. cachetero,** puñal.

cachetero. m. Especie de puñal corto y agudo que antiguamente usaban los malhechores. ‖ **2.** Puñal de forma semejante con que se remata a las reses. ‖ **3.** Torero que remata al toro con este instrumento.

cachicán. m. **capataz** de una hacienda de labranza.

cachifollar. tr. fam. Estropear.

cachimba. f. **cachimbo,** pipa[1] para fumar.

cachimbo. m. *Amér.* **pipa[1]** para fumar.

cachiporra. f. Palo enterizo que termina en una bola o cabeza abultada.

cachiporrazo. m. Golpe dado con una cachiporra u otro instrumento parecido.

cachirulo. m. Vasija de vidrio, barro u hojalata en que se suele guardar el aguardiente u otros licores. ‖ **2.** *Ar.* Pañuelo que, en el atuendo típico aragonés, llevan los hombres atado a la cabeza.

cachivache. m. despect. Cualquier objeto o utensilio, generalmente roto o arrinconado por inútil. Ú. m. en pl.

cacho[1]. m. Pedazo pequeño de alguna cosa, y más especialmente el del pan.

cacho[2]. m. *Amér.* **cuerno** de animal.

cachondearse. prnl. vulg. Burlarse, guasearse.

cachondeo. m. vulg. Acción y efecto de cachondearse. ‖ **2.** vulg. Por ext., desbarajuste, desorden, guirigay.

cachondo, da. adj. Excitado sexualmente. ‖ **2.** fig. y fam. Burlón, jocundo, divertido.

cachorro, rra. m. y f. Perro de poco tiempo. ‖ **2.** Hijo pequeño de otros mamíferos, como león, tigre, lobo, oso, etc.

cachuela. f. Guisado que hacen en Extremadura de la asadura del puerco. ‖ **2.** Guisado que hacen los cazadores, compuesto de hígados, corazones y riñones de conejo. ‖ **3. molleja** de las aves.

cachupín, na. m. y f. despect. fam. *Amér.* Español establecido en América.

cachupinada. f. fig. y fam. Reunión de gente, en que se baila y se hacen juegos.

cacica. f. Mujer del cacique. ‖ **2.** Señora de vasallos en alguna provincia o pueblo de indios.

cacillo. m. Cazo pequeño.

cacique. m. Señor de vasallos o superior en alguna provincia o pueblo de indios. ‖ **2.** fig. y fam. Persona que en un pueblo o comarca ejerce excesiva influencia en asuntos políticos o administrativos. ‖ **3.** Por ext., persona que en una colectividad o grupo ejerce un poder abusivo.

caciquismo. m. Dominación o influencia del cacique de un pueblo o comarca. ‖ **2.** Por ext., intromisión abusiva de una persona o una autoridad en determinados asuntos, valiéndose de su poder o influencia.

caco. m. fig. Ladrón que roba con destreza.

cacofonía. f. Efecto acústico desagradable que resulta de la repetición de sonidos en una combinación de palabras.

cacoquimia. f. *Pat.* **caquexia,** estado de extrema desnutrición.

cacosmia. f. *Med.* Olor fétido. ‖ **2.** Perversión del sentido del olfato, que hace agradables los olores repugnantes o fétidos.

cactáceo, a. adj. *Bot.* Dícese de plantas angiospermas dicotiledóneas, originarias de América, sin hojas, con tallos carnosos casi esféricos, prismáticos o divididos en paletas que semejan grandes hojas, y con flores grandes y olorosas; como la chumbera y el cacto. ‖ **2.** f. pl. *Bot.* Familia de estas plantas.

cacto. m. Planta de la familia de las cactáceas, procedente de Méjico, con tallo globoso provisto de pliegues salientes y grandes surcos meridianos y con grandes flores amarillas.

cactus. m. **cacto.**

cacumen. m. fig. y fam. Agudeza, perspicacia.

cada. Pronombre en función adjetiva que establece una correspondencia distributiva entre los miembros numerables de una serie, cuyo nombre singular precede, y los miembros de otra. *Dos libros a* CADA *alumno; el pan nuestro de* CADA *día.* Puede construirse con nombres en plural precedidos de un numeral cardinal. *Paga mil pesetas* CADA *tres meses.* ‖ **2.** Pronombre en función adjetiva que, con un cierto énfasis, precede a un nombre numerable singular individualizándolo dentro de la serie a que pertenece. *Viene indefectiblemente* CADA *lunes.* ‖ **3.** Úsase como adjetivo ponderativo en ciertas frases generalmente elípticas: *dice* CADA *verdad..., tiene* CADA *ocurrencia...* ‖ **cada cual.** pron. para designar separadamente a una persona en relación a las otras. ‖ **cada quien.** pron. *Amér.* **cada cual.** ‖ **cada quisque.** loc. fam. **cada cual.** ‖ **cada uno.** pron. **cada cual.**

cadalso. m. Tablado que se levanta en cualquier sitio para un acto solemne. ‖ **2.** El que se levanta para la ejecución de la pena de muerte.

cadáver. m. Cuerpo muerto.

cadavérico, ca. adj. Perteneciente o relativo al cadáver. ‖ **2.** fig. Pálido y desfigurado como un cadáver.

cadena. f. Serie de muchos eslabones enlazados entre sí. Hácense de hierro, plata y otros metales o materias. ‖ **2.** fig. Conjunto de establecimientos, instalaciones o construcciones de la misma especie o función, organizadas en sistema y pertenecientes a una sola empresa o sometidas a una sola dirección. ‖ **3.** fig. Conjunto de instalaciones destinadas a la fabricación o montaje de un producto industrial y organizadas para reducir al mínimo el gasto de tiempo y esfuerzo. ‖ **4.** Grupo de transmisores de radio o de televisión que, conectados entre sí, emiten el mismo programa. ‖ **5.** Sucesión de hechos, acaecimientos, obras, etc., relacionados entre sí. ‖ **6.** *Quím.* Conjunto de átomos, iguales o distintos, unidos por enlaces covalentes. La longitud de la **cadena** es muy variable. ‖ **de montañas. cordillera,** serie de montañas enlazadas. ‖ **de música, musical,** o **de sonido.** Equipo estereofónico compuesto por diversos aparatos de reproducción de sonido, independientes uno de otro. ‖ **hablada.** Sucesión de elementos lingüísticos en el habla. ‖ **perpetua.** *Der.* Pena aflictiva que duraba como la vida del condenado. ‖ **2.** *Der.* Por ext., la pena aflictiva cuya gravedad solo es menor que la de la pena de muerte. ‖ **en cadena.** loc. adj. y adv. Ú. con referencia a acciones o acaecimientos que se efectúan o producen por transmisión o sucesión continuadas, y a veces provocando cada uno el siguiente. *Trabajo* EN CADENA, *bombardeo* EN CADENA, *reacción* EN CADENA.

cadencia. f. Serie de sonidos o movimientos que se suceden de un modo regular o medido. ‖ **2.** Proporcionada y grata distribución o combinación de los acentos y de los cortes o pausas, así en la prosa como en el verso. ‖ **3.** Efecto de tener un verso la acentuación adecuada a su clase, o para no ser duro o defectuoso. ‖ **4.** *Mús.* Ritmo, sucesión o repetición de sonidos diversos que caracterizan una pieza musical.

cadencioso, sa. adj. Que tiene cadencia, serie de sonidos que se suceden de un modo regular.

cadeneta. f. Labor o randa que se hace con hilo o seda, en figura de cadena muy delgada. ‖ **2.** Labor que se forma con tiras de papel de varios colores y se suele usar como adorno en verbenas y otras funciones populares.

cadera. f. Cada una de las dos partes salientes formadas a los lados del cuerpo por los huesos superiores de la pelvis.

caderamen. m. fam. Caderas de mujer, generalmente voluminosas.

cadete. m. Joven noble que se educaba en los colegios de infantería o caballería o servía en algún regimiento y ascendía a oficial sin pasar por los grados inferiores. ‖ **2.** *Amér.* Aprendiz o meritorio de un establecimiento comercial. ‖ **3.** com. Alumno de una academia militar.

cadi. m. Muchacho que lleva los palos de los jugadores de golf.

cadí. m. Entre turcos y moros, juez que entiende en las causas civiles. ❑ pl. *cadíes* o *cadís.*

cadmio. m. Elemento químico de núm. atóm. 48. Metal escaso en la corteza terrestre; se encuentra en forma de sulfuro frente a minerales de zinc. De color blanco azulado, brillante, dúctil y maleable. Se usa para recubrir metales por electrólisis, en baterías

caer

INDICATIVO
Presente: caigo, caes, cae, caemos, caéis, caen.
Pretérito imperfecto: caía, caías, caía, caíamos, caíais, caían.
Pretérito indefinido: caí, caíste, cayó, caímos, caísteis, cayeron.
Futuro imperfecto: caeré, caerás, caerá, caeremos, caeréis, caerán.
Condicional: caería, caerías, caería, caeríamos, caeríais, caerían.

SUBJUNTIVO
Presente: caiga, caigas, caiga, caigamos, caigáis, caigan.
Pretérito imperfecto: cayera o cayese, cayeras o cayeses, cayera o cayese, cayéramos o cayésemos, cayerais o cayeseis, cayeran o cayesen.
Futuro imperfecto: cayere, cayeres, cayere, cayéremos, cayereis, cayeren.

IMPERATIVO
cae (tú); caed (vosotros).

FORMAS NO PERSONALES
Infinitivo: caer.
Participio: caído.
Gerundio: cayendo.

y acumuladores, fotografía e industria nuclear. Símb. *Cd.*

caducar. intr. Perder su fuerza una ley, testamento, contrato, etc. ‖ **2.** fig. Arruinarse o acabarse alguna cosa por antigua y gastada.

caduceo. m. Vara delgada, lisa y cilíndrica, rodeada de dos culebras, atributo de Mercurio. Los gentiles la consideraron como símbolo de la paz, y hoy suele emplearse como símbolo del comercio.

caducidad. f. Acción y efecto de caducar, perder su fuerza un derecho o un procedimiento. ‖ **2.** Calidad de caduco. ‖ **3.** Fecha límite para uso o consumo de un producto.

caducifolio, lia. adj. Dícese de los árboles y plantas de hoja caduca, que se les cae al empezar la estación desfavorable.

caduco, ca. adj. Decrépito, muy anciano. ‖ **2.** Perecedero, poco durable.

caer. intr. Moverse un cuerpo de arriba abajo por la acción de su propio peso. Ú. t. c. prnl. ‖ **2.** Perder un cuerpo el equilibrio hasta dar en tierra o cosa firme que lo detenga. Ú. t. c. prnl. ‖ **3.** fig. Dejar de ser, desaparecer. CAER *un imperio, un ministerio.* ‖ **4.** fig. Perder la prosperidad, fortuna, empleo o valimiento. ‖ **5.** fig. Con la prep. *en,* incurrir en algún error o ignorancia o en algún daño o peligro. ‖ **6.** fig. Con la prep. *en,* alcanzar el significado de algo, llegar a comprenderlo. *Ahora* CAIGO EN *lo que querías decir.* ‖ **7.** fig. Estar situado en alguna parte o cerca de ella. *La puerta* CAE *a la derecha, a oriente.* ‖ **8.** fig. Venir o sentar bien o mal. ‖ **9.** fig. Dicho del Sol, del día, de la tarde, etc., acercarse a su ocaso o a su fin. ‖ **estar al caer.** fr. fig. Tratándose de personas o cosas, estar a punto de llegar, sobrevenir o suceder. ❑ Irreg. Ver conjugación modelo.

café. m. **cafeto.** ‖ **2.** Semilla del cafeto, como de un centímetro de largo, de color amarillento verdoso, convexa por una parte y plana, con un surco longitudinal, por la otra. ‖ **3.** Bebida que se hace por infusión con esta semilla tostada y molida. ‖ **4.** Casa o sitio público donde se vende y toma esta bebida y otras consumiciones. ‖ **descafeinado.** Aquel al que se ha reducido el contenido de cafeína.

cafeína. f. *Quím.* Alcaloide que se obtiene de las semillas y de las hojas del café, del té y de otros vegetales; se emplea como tónico del corazón.

cafetal. m. Sitio poblado de cafetos.

cafetería. f. Despacho de café y otras bebidas, donde a veces se sirven aperitivos y comidas. En algunos países se reserva este nombre para el local en que el cliente se sirve sin intervención de otra persona.

cafetero, ra. adj. Perteneciente o relativo al café. ‖ **2.** Dícese de la persona muy aficionada a tomar café. Ú. t. c. s. ‖ **3.** m. y f. Persona que en los cafetales tiene por oficio coger la simiente en el tiempo de la cosecha. ‖ **4.** Persona que vende café en un sitio público. ‖ **5.** f. Recipiente para preparar o servir el café. ‖ **6.** fig. y fam. Vehículo viejo que hace mucho ruido al andar.

cafeto. m. Árbol de la familia de las rubiáceas, originario de Etiopía, de cuatro a seis metros de altura, con hojas opuestas, lanceoladas, persistentes y de un hermoso color verde; flores blancas y olorosas, parecidas a las del jazmín, y fruto en baya roja, cuya semilla es el café.

caficultor, ra. m. y f. Persona que cultiva el café.

cafre. adj. Habitante de la antigua colonia inglesa de Cafrería, en Sudáfrica. Ú. t. c. s. ‖ **2.** fig. Bárbaro y cruel. Ú. m. c. s. ‖ **3.** fig. Zafio y rústico. Ú. m. c. s.

caftán. m. Vestimenta que cubre el cuerpo desde el pescuezo hasta la mitad de la pierna, sin cuello, abierta por delante, con mangas cortas y usada por hombres y mujeres entre turcos y moros.

cagachín. m. Mosquito que se diferencia del común en ser mucho más pequeño y de color rojizo. ‖ **2.** Pájaro más pequeño que el jilguero, con plumaje de tonos azules en la parte superior, verdoso en la espalda, pardo con manchas blancas en la garganta, blanco en el abdomen y alas negruzcas con listas rojizas. Es común en España.

cagada. f. Excremento que sale cada vez que se evacua el vientre. ‖ **2.** fig. y fam. Acción que resulta de una torpeza.

cagado, da. adj. fig. y fam. Cobarde, miedoso. Ú. t. c. s.

cagafierro. m. Escoria de hierro.

cagajón. m. Porción del excremento de las caballerías.

cagalera. f. fam. Diarrea.

caganido o **caganidos.** m. El último pájaro nacido de una misma nidada. ‖ **2.** fig. El hijo último de una familia.

cagar. intr. Evacuar el vientre. Ú. t. c. tr. y c. prnl. ‖ **2.** tr. fig. y fam. Manchar, deslucir, echar a perder alguna cosa. ‖ **3.** prnl. Acobardarse. Ú. m. con la prep. *de.*

cagarruta. f. Porción de excremento de ganado menor y, por ext., de otros animales.

cagón, na. adj. Que exonera el vientre muchas veces. Apl. a pers., ú. t. c. s. ‖ **2.** fig. y fam. Dícese de la persona muy medrosa y cobarde. Ú. t. c. s.

caguama. f. Tortuga marina, algo mayor que el carey, y cuyos huevos son más estimados que los de este. ‖ **2.** Materia córnea de esta tortuga, no tan estimada como la del carey.

cagueta. adj. Dícese de la persona pusilánime, cobarde. Ú. t. c. s.

caíd. m. Especie de juez o gobernador en el antiguo reino de Argel y otros países musulmanes.

caída. f. Acción y efecto de caer. ‖ **2.** Declinación o declive de alguna cosa, como la de una cuesta a un llano. ‖ **3.** Manera de plegarse o de caer los paños y ropajes.

caído, da. adj. fig. Desfallecido, amilanado. ‖ **2.** Seguido de la prep. *de* y el nombre de una parte del cuerpo, se dice de la persona o animal que tiene demasiado declive en dicha parte. CAÍDO DE *hombros,* CAÍDO DE *ancas.* ‖ **3.** Dícese del muerto en defensa de una causa. Ú. t. c. s.

caimán. m. Reptil del orden de los emidosaurios, propio de los ríos de América, muy parecido al cocodrilo, pero algo más pequeño, con el hocico obtuso y las membranas de los pies muy poco extensas.

Caín (pasar las de). fr. fig. y fam. Sufrir grandes apuros y contratiempos.

cairel. m. Cerco de cabellera postiza que imita al pelo natural y suple por él. ‖ **2.** Adorno que cuelga en los extremos de algunas ropas, a modo de fleco. ‖ **3.** Pieza de cristal de distintas formas, que adorna candelabros, arañas, etc.

cairota. adj. Natural de El Cairo. Ú. t. c. s. ‖ **2.** Perteneciente o relativo a esta ciudad, capital de Egipto.

caja. f. Recipiente de materia y forma variables, que cubierto con una tapa suelta o unida a la parte principal, sirve para guardar o transportar en él alguna cosa. ‖ **2. caja** por lo común de hierro o acero, para guardar con seguridad dinero, alhajas y otros objetos de valor. ‖ **3. ataúd** de un cadáver. ‖ **4.** Parte exterior de madera que cubre y resguarda algunos instrumentos, como el órgano, piano, etc., o que forma parte principal del instrumento, como en el violín, la guitarra, etc. ‖ **5.** Pieza, sitio o dependencia destinada en las tesorerías, bancos y casas de comercio a recibir o guardar dinero o valores equivalentes y para hacer pagos. ‖ **6.** *Impr.* Cajón con varias separaciones o compartimientos, en cada uno de los cuales se ponen los caracteres que representan una misma letra o signo tipográfico. ‖ **7.** *Impr.* Espacio de la página lleno por la composición impresa. ‖ **de ahorros.** Establecimiento destinado a guardar los ahorros de los particulares, proporcionándoles un interés. ‖ **de cambios.** Mecanismo que permite el cambio de velocidad en un automóvil. ‖ **de caudales. caja** de hierro para guardar dinero y cosas de valor. ‖ **de música. caja** que al ser abierta emite una determinada melodía. ‖ **de resonancia.** La de madera que forma parte de algunos instrumentos musicales para amplificar y modular su sonido. ‖ **fuerte. caja de caudales.** ‖ **registradora.** La que se usa en el comercio, y que, por medio de un mecanismo, señala y suma automáticamente el importe de las ventas. ‖ **despedir,** o **echar** a alguien **con cajas destempladas.** fr. fig. y fam. Despedirlo o echarlo de alguna parte con gran aspereza o enojo.

cajera. f. Mujer que está encargada de la caja en los comercios, bancos, etc.

cajero. m. El que hace cajas. ‖ **2.** El que en las tesorerías, bancos, casas de comercio y en algunas particulares está encargado de la entrada y salida de caudales. ‖ **3. cajero automático.** ‖ **automático.** Máquina que, accionada por el cliente mediante una clave, realiza algunas funciones del **cajero.**

cajetilla. f. Paquete de tabaco picado o de cigarrillos con envoltura de papel o cartulina.

cajetín. m. Sello de mano con que en determinados papeles de las oficinas y en títulos y valores negociables se estampan diversas anotaciones. ‖ **2.** Cada una de estas anotaciones. ‖ **3.** *Electr.* Listón de madera que se cubre con una moldura y tiene dos ranuras en las que se alojan por separado los conductores eléctricos.

cajista. com. Oficial de imprenta que, juntando y ordenando las letras, compone lo que se ha de imprimir.

cajón. m. **caja,** comúnmente de madera y de forma prismática, cuadrilonga o cúbica, destinada a guardar o preservar las cosas que se ponen dentro de ella. ‖ **2.** Cualquiera de los receptáculos que se pueden sacar y meter en ciertos huecos, a los cuales se ajustan, de armarios, mesas, cómodas y otros muebles. ‖ **de sastre.** fig. y fam. Conjunto de cosas diversas y desordenadas. ‖ **ser de cajón** una cosa. fr. fig. y fam. Ser evidente, obvia, estar fuera de toda duda o discusión.

cajonera. f. Conjunto de cajones que hay en las sacristías para guardar las vestiduras sagradas y ropas de altar. ‖ **2.** Especie de cajón que tienen las mesas o pupitres escolares para guardar libros y otras cosas.

cal. f. Óxido de calcio. Sustancia alcalina de color blanco o blanco grisáceo, que al contacto del agua se hidrata o se apaga, con desprendimiento de calor, y mezclada con arena, forma la argamasa o mortero. ‖ **2.** Nombre con que se designan diversas formas del óxido de calcio y algunas de las sustancias en que este interviene o que se obtienen a partir de él. ‖ **apagada.** Polvo blanco, compuesto principalmente por hidróxido de calcio, que se obtiene tratando la **cal** con agua. ‖ **viva.** Óxido cálcico. ‖ **a cal y canto.** loc. adv. con la cual se expresa que la acción de cerrar, encerrar o encerrarse en un local se realiza con intención de que nadie pueda entrar (o salir, si hay alguien dentro). ‖ **una de cal y otra de arena.** loc. fig. y fam. Alternar cosas diversas o contrarias para contemporizar.

cala[1]. f. Acción y efecto de calar un melón u otras frutas semejantes. ‖ **2.** Pedazo cortado de una fruta para probarla. ‖ **3.** Rompimiento hecho para reconocer el grueso de una pared o su fábrica o para descubrir bajo el pavimento cañerías, conducciones de agua, electricidad, etc. ‖ **4.** Lugar distante de la costa, propio para pescar con anzuelo.

cala[2]. f. Ensenada pequeña.

cala[3]. f. Planta arácea acuática, con hojas radicales de pecíolos largos, espádice amarillo y espata grande y blanca.

calabacera. f. Mujer que vende calabazas. ‖ **2.** Planta anual de la familia de las cucurbitáceas, con tallos rastreros muy largos y cubiertos de pelo áspero, hojas anchas y lobuladas y flores amarillas. Su fruto es la calabaza.

calabacín. m. Pequeña calabaza cilíndrica de corteza verde y carne blanca. ‖ **2.** fig. y fam. **calabaza,** persona inepta.

calabaza. f. **calabacera,** planta. ‖ **2.** Fruto de la **calabaza,** muy vario en su forma, tamaño y color; por lo común grande, redondo y con multitud de pipas o semillas. ‖ **3.** fig. y fam. Persona inepta y muy ignorante.

calabazate. m. Dulce seco de calabaza. ‖ **2.** Cascos de calabaza en miel o arrope.

calabobos. m. fam. Llovizna pertinaz.

calabozo. m. Lugar seguro, generalmente lóbrego e incluso subterráneo, donde se encierra a determinados presos. ‖ **2.** Aposento de cárcel para incomunicar a un preso.

calabrés, sa. adj. Natural de Calabria. Ú. t. c. s. ‖ **2.** Perteneciente o relativo a esta región de Italia.

calada. f. Acción y efecto de **calar,** penetrar un líquido en un cuerpo. ‖ **2.** Acción y efecto de **calar,** sumergir en el agua redes u otros objetos. ‖ **3.** Chupada que se da a un cigarro, puro, etc.

caladero. m. Sitio a propósito para calar las redes de pesca.

calado. m. Labor que se hace con aguja en alguna tela o tejido, sacando o juntando hilos, con que se imita la randa o encaje. ‖ **2.** En las labores de punto, adorno que se hace aumentando o disminuyendo puntos para que queden huecos con arreglo a un dibujo. ‖ **3.** Labor que consiste en taladrar el papel, tela, madera, metal u otra materia, con sujeción a un dibujo. ‖ **4.** *Mar.* Profundidad que alcanza en el agua la parte sumergida de un barco. ‖ **5.** *Mar.* Altura que alcanza la superficie del agua sobre el fondo.

calafate. m. El que calafatea las embarcaciones.

calafatear. tr. Cerrar las junturas de las maderas de las naves con estopa y brea para que no entre el agua. ‖ **2.** Por ext., cerrar o tapar otras junturas.

calagurritano, na. adj. Natural de la antigua Calagurris o de la moderna Calahorra, ciudad de la Rioja. Ú. t. c. s. ‖ **2.** Perteneciente a esta ciudad.

calahorrano, na. adj. **calagurritano.**

calahorreño, ña. adj. **calagurritano.**

calamar. m. Molusco cefalópodo de cuerpo alargado, con una concha interna en forma de pluma de ave y diez tentáculos provistos de ventosas, dos de ellos más largos que el resto. Vive formando bancos que son objeto de una activa pesca.

calambre. m. Contracción espasmódica, involuntaria, dolorosa y poco durable de ciertos músculos, particularmente de los de la pantorrilla. ‖ **2.** Estremecimiento producido por una descarga eléctrica de baja intensidad.

calambur. m. *Ret.* Agrupación de las sílabas de una o más palabras de tal manera que se altera totalmente el significado de estas. Por ejemplo: *plátano es/plata no es.*

calamento. m. Planta vivaz, de la familia de las labiadas, de unos seis decímetros de altura, ramosa, velluda, con hojas aovadas y flores purpúreas en racimos. Despide olor agradable, y se usa en medicina.

calamidad. f. Desgracia o infortunio que alcanza a muchas personas. ‖ **2.** fig. Persona incapaz, inútil o molesta.

calamina. f. Carbonato de cinc, anhidro, pétreo, blanco o amarillento, o rojizo cuando lo tiñe el hierro. Es la mena de que generalmente se extrae el cinc. ‖ **2.** Cinc fundido.

calamita. f. **calamite.**

calamite. f. Sapo pequeño, verde, con una línea amarilla a lo largo del dorso.

calamitoso, sa. adj. Que causa calamidades o es propio de ellas. ‖ **2.** Infeliz, desdichado.

cálamo. m. Parte inferior hueca del eje de las plumas de las aves, que no lleva barbas y se inserta en la piel. ‖ **2.** poét. Pluma de ave o de metal para escribir.

cálamo currente. loc. adv. fig. Sin reflexión previa, con presteza y de improviso. Por lo común se usa referido a escritos.

calamocha. f. Ocre amarillo de color muy bajo.

calamón. m. Ave limícola semejante a la focha pero de tamaño mayor, color azul intenso y pico, frente y patas rojos. ‖ **2.** Clavo de cabeza en forma de botón, que se usa para tapizar o adornar. ‖ **3.** Cada uno de los dos palos con que se sujeta la viga en el lagar y en el molino de aceite.

calandrar. tr. Pasar el papel o la tela por la calandria, a fin de satinarlo.

calandria[1]. f. Pájaro de la misma familia que la alondra, de dorso pardusco, vientre blanquecino, alas anchas, de unos 40 centímetros de envergadura, y pico grande y grueso.

calandria[2]. f. Máquina compuesta de varios cilindros giratorios, calentados generalmente a vapor, que sirven para prensar y satinar ciertas telas o el papel. También se usa para planchar la ropa blanca. ‖ **2.** Cilindro hueco de madera, giratorio alrededor de un eje horizontal, movido por el peso del hombre o los hombres que entran en él. Se emplea para levantar cosas pesadas, por medio de un torno.

calaña. f. Muestra, modelo, patrón, forma. ‖ **2.** fig. Índole, calidad, naturaleza de una persona o cosa. *Ser de buena,* o *mala,* CALAÑA. Ú. m. en sent. despect.

cálao. m. Ave grande, trepadora, que tiene sobre el pico, que es grueso, un voluminoso apéndice córneo, de figura variada. Conócense diversas especies, que viven en Filipinas y en otras islas del océano Pacífico.

calar. tr. Penetrar un líquido en un cuerpo permeable. ‖ **2.** Atravesar un instrumento, como espada, barrena, etc., otro cuerpo de una parte a otra. ‖ **3.** Agujerear tela, papel, metal o cualquier otra materia en hojas, de forma que resulte un dibujo parecido al de la randa o encaje. ‖ **4.** Cortar de un melón o de otras frutas un pedazo con el fin de probarlas. ‖ **5.** Dicho de la gorra, el sombrero, etc., ponérselos, haciéndolos entrar mucho en la cabeza. Ú. t. c. prnl. ‖ **6.** Dicho de las picas y otras armas, inclinarlas hacia adelante en disposición de herir. ‖ **7.** fig. y fam. Tratándose de personas, conocer sus cualidades o intenciones. ‖ **8.** fig. y fam. Penetrar, comprender el motivo, razón o secreto de una cosa. ‖ **9.** *Mar.* Disponer en el agua debidamente un arte para pescar. ‖ **10.** prnl. Mojarse una persona hasta que el agua, penetrando la ropa, llegue al cuerpo.

calarse. prnl. Pararse bruscamente un motor de explosión por producir una potencia inferior a la que el vehículo necesita para moverse.

calasancio, cia. adj. **escolapio.**

calatraveño, ña. adj. Natural de Calatrava. Ú. t. c. s. ‖ **2.** Perteneciente o relativo a esta antigua fortaleza y villa de La Mancha o a su campo.

calavera. f. Conjunto de los huesos de la cabeza mientras permanecen unidos, pero despojados de la carne y de la piel. ‖ **2.** Mariposa de la familia de los esfíngidos, de cuerpo grueso y peludo, con un dibujo en el tórax que recuerda a una **calavera.** ‖ **3.** m. fig. Hombre irresponsable y de poco juicio. ‖ **4.** fig. Hombre dado al libertinaje.

calaverada. f. fam. Acción propia de hombre de poco juicio o libertino.

calcado. m. Acción de calcar.

calcáneo. m. *Anat.* Uno de los huesos del tarso, que en el hombre está situado en el talón o parte posterior del pie. ❑ No confundir con *calcáreo.*

calcañar. m. Parte posterior de la planta del pie.

calcar. tr. Sacar copia de un dibujo, inscripción o relieve por contacto del original con el papel o la tela a que han de ser trasladados. ‖ **2.** fig. Imitar, copiar o reproducir con exactitud y a veces servilmente.

calcáreo, a. adj. Que tiene cal. ❑ No confundir con *calcáneo.*

calce. m. **llanta²** de rueda. ‖ **2.** Porción de hierro o acero que se añade a la punta de algunas herramientas o a la reja del arado cuando están gastadas. ‖ **3.** Cuña o alza que se introduce para ensanchar o rellenar el espacio entre dos cuerpos. ‖ **4. calza,** cuña.

calcedonia. f. Ágata muy translúcida, de color azulado o lechoso.

calcedonio, nia. adj. Natural de Calcedonia. Ú. t. c. s. ‖ **2.** Perteneciente o relativo a esta antigua ciudad de Bitinia. ❑ No confundir con *caledonio.*

calceolaria. f. Planta anual, de la familia de las escrofulariáceas, cuyas flores, en corimbo y de color de oro, semejan un zapato. Es originaria de América Meridional, y se cultiva en los jardines.

calceta. f. **media** del pie y pierna. ‖ **2.** Tejido de punto. ‖ **3.** fig. Grillete que se ponía al forzado. ‖ **hacer calceta.** Hacer labor de punto.

calcetín. m. d. de **calceta,** media. ‖ **2.** Calceta o media que cubre el tobillo y parte de la pierna sin llegar a la rodilla.

cálcico, ca. adj. *Quím.* Perteneciente o relativo al calcio.

calcicosis. f. *Pat.* Enfermedad crónica del aparato respiratorio causada por el polvo de la cal.

calcificación. f. *Biol.* Acción o efecto de calcificar o calcificarse. ‖ **2.** *Med.* Depósito de sales de calcio sobre tejidos, tumores y paredes de los vasos.

calcificar. tr. Producir por medios artificiales carbonato cálcico. ‖ **2.** *Biol.* Depositar en un tejido orgánico sales de calcio. Ú. t. c. prnl.

calcímetro. m. Aparato que sirve para determinar la cal contenida en las tierras de labor.

calcinar. tr. Reducir a cal viva los minerales calcáreos, privándolos del ácido carbónico por el fuego. ‖ **2.** *Quím.* Someter al calor los minerales de cualquier clase, para que de ellos se desprendan las sustancias volátiles.

calcio. m. Elemento químico de núm. atóm. 20. Metal muy abundante en la corteza terrestre; se encuentra principalmente en forma de carbonato, como la calcita, o de sulfato, como el yeso, y es un componente esencial de huesos, dientes, caparazones, arrecifes coralinos y estructuras vegetales. De color blanco o gris, blando y muy ligero; combinado con el oxígeno forma la cal y tiene gran importancia en el metabolismo celular. Símb. *Ca.*

calciotermia. f. Técnica para obtener un metal por reducción de un compuesto del mismo, con empleo de calcio y la consiguiente elevación de temperatura.

calcita. f. *Mineral.* Carbonato de calcio, muy abundante, que cristaliza en formas del sistema hexagonal, generalmente blanco puro, a veces transparente.

calco. m. Acción y efecto de calcar, copiar o imitar. ‖ **2.** Copia que se obtiene calcando. ‖ **3.** Plagio, imitación o reproducción idéntica o muy próxima al original. ‖ **4.** *Ling.* Adopción del contenido semántico de una palabra o expresión extranjera, traduciendo su significado completo o el de cada uno de sus elementos. Así *baloncesto* es un **calco** del ing. *basketball.*

calcografía. f. Arte de estampar con láminas metálicas grabadas.

calcografiar. tr. Estampar por medio de la calcografía.

calcolítico, ca. adj. Dícese de culturas del período eneolítico. ‖ **2.** *Arqueol.* **eneolítico.** Ú. t. c. s.

calcomanía. f. Entretenimiento que consiste en pasar de un papel a objetos diversos de madera, porcelana, seda, estearina, etc., imágenes coloridas preparadas con trementina. ‖ **2.** Imagen obtenida por este medio. ‖ **3.** El papel o cartulina que tiene la figura, antes de transportarla.

calcopirita. f. *Mineral.* Sulfuro natural de cobre y hierro, de color amarillo claro y brillante y no muy duro.

calculador, ra. adj. Que calcula. Ú. t. c. s. ‖ **2.** Dícese a veces de la persona que realiza o impulsa determinados actos para obtener un provecho. Ú. t. c. s. ‖ **3.** m. y f. Aparato o máquina que por un procedimiento mecánico o electrónico obtiene el resultado de cálculos matemáticos.

calcular. tr. Hacer cálculos.

cálculo. m. Cómputo, cuenta o investigación que se hace de alguna cosa por medio de operaciones matemáticas. ‖ **2. conjetura.** ‖ **3.** Concreción anormal que se forma en la vejiga de la orina y también en la de la bilis, en los riñones y en las glándulas salivales. Su expulsión ocasiona accesos de cólicos que se llaman nefríticos o hepáticos, según los casos.

caldaico, ca. adj. Perteneciente a Caldea, antigua región asiática.

caldario. m. Sala donde en las casas de baños de los antiguos romanos se tomaban los de vapor.

caldear. tr. Hacer que algo que antes estaba frío aumente perceptiblemente de temperatura. Ú. t. c. prnl. ‖ **2.** fig. Animar, estimular el ánimo de un auditorio, de un ambiente, de una reunión, etc. Ú. t. c. prnl.

caldeo¹. m. Acción y efecto de caldear.

caldeo², a. adj. Dícese de un pueblo semítico que se estableció en la baja Mesopotamia y dominó este país, con su capital en Babilonia, en los siglos VII y VI antes de Cristo. Ú. t. c. s. ‖ **2. caldaico.** ‖ **3.** m. Lengua de los **caldeos,** una de las semíticas.

caldera. f. Recipiente de metal, grande y semiesférico, que sirve comúnmente para poner a calentar o cocer algo dentro de él. ‖ **2.** Recipiente metálico dotado de una fuente de calor, donde se calienta el agua que circula por los tubos y radiadores de la calefacción de un edificio.

calderería. f. Oficio de calderero. ‖ **2.** Tienda y barrio en que se hacen o venden obras de calderero.

calderero. m. El que hace o vende obras de calderería. ‖ **2.** Operario que cuida de una caldera.

caldereta. f. Guisado que hacen los pastores con carne de cordero o cabrito.

calderilla. f. fig. Monedas de escaso valor.

caldero. m. Caldera pequeña de suelo casi semiesférico, y con asa sujeta a dos argollas en la boca. ‖ **2.** Lo que cabe en esta vasija.

calderón. m. Cetáceo de hasta cinco metros de longitud, de cabeza voluminosa, casi globosa, y de aletas pectorales estrechas y largas; es de color blanquecino por debajo y negro por encima. Suele ir en bandadas y se alimenta principalmente de calamares. ‖ **2.** *Gram.* Signo ortográfico (¶) usado antiguamente como el párrafo (§). ‖ **3.** *Mús.* Signo (𝄐) que representa la prolongación de una nota en el movimiento del compás. ‖ **4.** *Mús.* Esta prolongación.

calderoniano, na. adj. Propio y característico de Pedro Calderón de la Barca como escritor, o que se asemeja a su estilo.

caldo. m. Líquido que resulta de cocer en agua algunos alimentos. ‖ **2.** *Agr.* y *Com.* Cualquiera de los jugos vegetales destinados a la alimentación, y directamente extraídos de los frutos: como el vino, aceite, sidra, etc. Ú. m. en pl. ‖ **de cultivo.** *Biol.* Disolución adecuada para la proliferación de determinados microorganismos. ‖ **2.** Por ext., disposición o ambiente propicios para el arraigo de algo. Ú. t. en sent. fig. ‖ **poner a caldo.** fr. fig. y fam. Reprender con dureza a alguien.

caldoso, sa. adj. Que tiene mucho caldo.

calé. m. **gitano** de raza. ❑ No confundir con *caló.*

caledonio, nia. adj. Natural de Caledonia, antigua región de la Gran Bretaña, parte septentrional de Escocia. Ú. t. c. s. ‖ **2.** Perteneciente o relativo a esta región. ❑ No confundir con *calcedonio* o con *calidonio.*

calefacción. f. Acción y efecto de calentar o calentarse. ‖ **2.** Conjunto de aparatos destinados a calentar un edificio o parte de él. ‖ **central.** La procedente de un solo foco que eleva la temperatura en todo un edificio.

calefactor, ra. adj. Que calienta. Ú. t. c. s. ‖ **2.** m. y f. Persona que construye, instala o repara aparatos de calefacción.

caleidoscopio. m. **calidoscopio.**

calendario. m. **almanaque.**

calendas. f. pl. En el antiguo cómputo romano y en el eclesiástico, el primer día de cada mes. ‖ **2.** fam. Época o tiempo pasado. ‖ **las calendas griegas.** expr. irón. que denota un tiempo que no ha de llegar, porque los griegos no tenían **calendas.**

caléndula. f. **maravilla,** planta de las compuestas.

calentador, ra. adj. Que calienta. ‖ **2.** m. Recipiente con lumbre, agua, vapor o corriente eléctrica, que sirve para calentar la cama, el baño, etc.

calentamiento. m. Acción de calentar. ‖ **2.** *Dep.* Ejercicios que hacen los deportistas antes de una competición o entrenamiento para desentumecer los músculos y entrar en calor.

calentar. tr. Comunicar calor a un cuerpo haciendo que se eleve su temperatura. Ú. t. c. prnl. ‖ **2.** fig. Avivar o dar calor a una cosa, para que se haga con más celeridad. ‖ **3.** fig. y fam. Azotar, dar golpes. ‖ **4.** Excitar sexualmente. Ú. t. c. prnl. ‖ **5.** prnl. fig. Enfervorizarse en la disputa o porfía. ❑ Irreg. Se conj. como *acertar.*

calentón. m. fam. Acto de calentar o calentarse de prisa o fugazmente. Ú. m. en la fr. **darse un calentón.**

calentura. f. **fiebre.** ‖ **2. pupa,** erupción en los labios.

calenturiento, ta. adj. Dícese del que tiene indicios de calentura. Ú. t. c. s. y en sent. fig. *Imaginación* CALENTURIENTA.

calera. f. Cantera que da la piedra para hacer cal. ‖ **2.** Horno donde se calcina la piedra caliza.

calesa. f. Carruaje de cuatro y, más comúnmente, de dos ruedas, abierto por delante, con dos o cuatro asientos y capota de vaqueta.

calesera. f. Cante popular andaluz que solían entonar los caleseros para alivio de los viajes. La copla es una seguidilla sin estribillo.

calesín. m. Carruaje ligero, de cuatro ruedas y dos asientos, del cual tiraba una sola caballería.

caleta. f. d. de **cala**[2]. ‖ **2.** *Amér.* Barco que va tocando, fuera de los puertos mayores, en las calas o **caletas.**

caletre. m. fam. Tino, discernimiento, capacidad.

calibrar. tr. Medir o reconocer el calibre de las armas de fuego o el de otros tubos. ‖ **2.** Dar al alambre, al proyectil o al ánima del arma el calibre que se desea. ‖ **3.** fig. Apreciar la valía, las cualidades o la importancia de alguien o de algo.

calibre. m. *Art.* Diámetro interior de las armas de fuego. ‖ **2.** Diámetro interior de muchos objetos huecos; como tubos, conductos, cañerías. ‖ **3.** fig. Tamaño, importancia, clase.

calicanto. m. Obra de mampostería.

calicata. f. *Min.* Exploración que se hace con labores mineras en un terreno, o perforación que se practica para determinar la existencia de minerales o la naturaleza del subsuelo.

caliciforme. adj. *Bot.* Que tiene forma de cáliz.

calículo. m. *Bot.* Conjunto de brácteas que simulan un cáliz alrededor del verdadero cáliz o del involucro, como en la malva, el clavel y la fresa.

calidad. f. Propiedad o conjunto de propiedades inherentes a una cosa, que permiten apreciarla como igual, mejor o peor que las restantes de su especie. *Esta tela es de* CALIDAD *inferior.* ‖ **2.** En sentido absoluto, buena **calidad,** superioridad o excelencia. *La* CALIDAD *del vino de Jerez ha conquistado los mercados.* ‖ **3.** fig. Importancia o gravedad de alguna cosa. ‖ **en calidad de.** loc. Con el carácter o la investidura de.

cálido, da. adj. Que da calor, o porque está caliente, o porque excita ardor en el organismo animal. ‖ **2.** *Pint.* Se dice del colorido en que predominan los matices dorados o rojizos.

calidonio, nia. adj. Natural de Calidonia. Ú. t. c. s. ‖ **2.** Perteneciente o relativo a esta ciudad de Grecia antigua. ❑ No confundir con *caledonio.*

calidoscopio. m. Tubo ennegrecido interiormente, que encierra dos o tres espejos inclinados y en un extremo dos láminas de vidrio, entre las cuales hay varios objetos de figura irregular, cuyas imágenes se ven multiplicadas simétricamente al ir volteando el tubo, a la vez que se mira por el extremo opuesto.

calientapiés. m. Calorífero destinado especialmente a calentar los pies.

calientaplatos. m. Utensilio que se emplea para mantener los platos calientes.

caliente. adj. Que tiene o produce calor. ‖ **2.** fig. Acalorado, vivo, si se trata de disputas, riñas, peleas, etc. ‖ **3.** *Pint.* **cálido,** dicho del colorido en que predominan los matices dorados o rojizos. ‖ **en caliente.** loc. adv. fig. Inmediatamente, sin ningún retraso que haga perder el interés o vehemencia de la acción. ‖ **2.** Bajo la impresión inmediata de las circunstancias del caso. ❑ sup. irreg. *calentísimo.*

califa. m. Título de los príncipes sarracenos que, como sucesores de Mahoma, ejercieron la suprema potestad religiosa y civil en Asia, África y España.

califato. m. Dignidad de califa. ‖ **2.** Tiempo que duraba el gobierno de un califa. ‖ **3.** Territorio gobernado por el califa.

calificación. f. Acción y efecto de calificar.

calificar. tr. Apreciar o determinar las cualidades o circunstancias de una persona o cosa. ‖ **2.** Juzgar el grado de suficiencia o la insuficiencia de los conocimientos demostrados por un alumno u opositor en un examen o ejercicio.

calificativo, va. adj. Que califica. ‖ **2.** *Gram.* V. **adjetivo calificativo.** Ú. t. c. s.

californio. m. Elemento químico radiactivo obtenido artificialmente, de núm. atóm. 98. Metal del grupo de los actínidos; algunos de sus derivados se usan en la industria nuclear. Símb. *Cf.*

cáliga. f. Especie de sandalia guarnecida de clavos que usaban los soldados de Roma antigua. ‖ **2.** Cada una de las polainas que usaron los monjes en la Edad Media y posteriormente los obispos. Ú. m. en pl.

calígine. f. Niebla, oscuridad, tenebrosidad.

caliginoso, sa. adj. Denso, oscuro, nebuloso.

caligrafía. f. Arte de escribir con letra bella y correctamente formada, según diferentes estilos. ‖ **2.** Conjunto de rasgos que caracterizan la escritura de una persona, un documento, etc.

caligráfico, ca. adj. Relativo a la caligrafía.

calígrafo, fa. m. y f. Persona que escribe a mano con letra excelente.

caligrama. m. Escrito, por lo general poético, en que la disposición tipográfica procura representar el contenido del poema.

calima. f. **calina.**

calina. f. Accidente atmosférico que enturbia el aire y suele producirse por vapores de agua.

calitipia. f. Procedimiento para sacar pruebas fotográficas, empleando un papel sensible que da imágenes de color de sepia o violado.

cáliz. m. Vaso sagrado de oro o plata que sirve en la misa para echar el vino que se ha de consagrar. ‖ **2.** poét. Copa o vaso. ‖ **3.** *Bot.* Verticilo externo de las flores completas, casi siempre formado por hojas verdosas y más a menudo recias.

caliza. f. Roca formada de carbonato de cal.

calizo, za. adj. Aplícase al terreno o a la piedra que tiene cal.

callado, da. adj. Silencioso, reservado. ‖ **2.** Se dice de lo hecho con silencio o reserva. ❑ No confundir con *cayado.*

callao. m. Guijarro.

callar. intr. No hablar, guardar silencio una persona. CALLA *como un muerto.* Ú. t. c. prnl. ‖ **2.** Cesar de hablar. *Cuando esto hubo dicho,* CALLÓ. Ú. t. c. prnl. ‖ **3.** Cesar de llorar, de gritar, de cantar, de tocar un instrumento músico, de meter bulla o ruido. Ú. t. c. prnl. || **4.** Abstenerse de manifestar lo que se siente o se sabe. Ú. t. c. prnl. || **5.** tr. Omitir, no decir una cosa. Ú. t. c. prnl.

calle. f. Vía entre edificios o solares en una población. || **2.** Como complemento de ciertos verbos, libertad, por contraste de cárcel, detención, etc. *Estar en la* CALLE, *poner en la* CALLE. || **3.** fig. La gente, el público en general, como conjunto no minoritario que opina, desea, reclama, etc. || **4.** *Dep.* En ciertas competiciones de atletismo y natación, franja por la que ha de desplazarse cada deportista. || **de la amargura.** loc. Situación angustiosa prolongada. || **dejar** a alguien **en la calle.** fr. fig. y fam. Quitarle la hacienda o empleo con que se mantenía. || **llevar,** o **llevarse,** a alguien **de calle.** fr. fig. y fam. Conquistarlo, atraerlo, cautivarlo.

Calleja. n. p. V. **tener más cuento que Calleja.**

callejear. intr. Andar frecuentemente y sin necesidad de calle en calle.

callejero, ra. adj. Perteneciente o relativo a la calle. Dícese más especialmente de lo que actúa, se mueve o existe en la calle. *Murga* CALLEJERA. || **2.** Que gusta de callejear. || **3.** m. Lista de las calles de una ciudad populosa que traen las guías descriptivas de ella.

callejón. m. Paso estrecho y largo entre paredes, casas o elevaciones del terreno. || **2.** *Taurom.* Espacio existente entre la valla o barrera que circunda el redondel y el muro en que comienza el tendido.

callicida. amb. Sustancia preparada para extirpar los callos. Ú. m. c. m.

callista. com. Persona que se dedica a cortar o extirpar y curar callos, uñeros y otras dolencias de los pies.

callo. m. Dureza que por roce o presión se llega a formar en los pies, manos, rodillas, etc. || **2.** pl. Pedazos del estómago de la vaca, ternera o carnero, que se comen guisados. ❑ No confundir con *cayo.*

callosidad. f. Dureza de la especie del callo, menos profunda.

calma. f. Estado de la atmósfera cuando no hay viento. || **2.** fig. Cesación o suspensión de algunas cosas. CALMA *en los dolores.* || **3.** fig. Paz, tranquilidad. || **4.** fig. y fam. Cachaza, pachorra. || **chicha.** Se dice, especialmente en la mar, cuando el aire está en completa quietud.

calmante. adj. *Farm.* Dícese de los medicamentos narcóticos o de los que disminuyen o hacen desaparecer un dolor u otro síntoma molesto. Ú. t. c. s. m.

calmar. tr. Sosegar, adormecer, templar. Ú. t. c. prnl. || **2.** intr. Estar en calma o tender a ella.

calmo, ma. adj. Calmado, tranquilo, en descanso.

calmoso, sa. adj. Que está en calma.

caló. m. Lenguaje de los gitanos españoles. ❑ No confundir con *calé.*

calor. m. Sensación que se experimenta al recibir directa o indirectamente la radiación solar, aproximarse al fuego, etc. Ú. a veces c. f. || **2.** fig. Ardimiento, actividad, ligereza. || **3.** fig. Favor, buena acogida. || **4.** *Fís.* Energía que pasa de un cuerpo a otro cuando están en contacto y es causa de que se equilibren sus temperaturas. Esta energía se manifiesta elevando la temperatura y dilatando los cuerpos y llega a fundir los sólidos y a evaporar los líquidos.

caloría. f. *Fís.* Unidad de energía térmica equivalente a la cantidad de calor necesaria para elevar la temperatura de un gramo de agua en un grado centígrado de 14,5° a 15,5° C a la presión normal; equivale a 4,185 julios y se indica con el símbolo *cal.* También se la denomina **caloría** gramo o **caloría** pequeña.

caloriamperímetro. m. *Electr.* Aparato para medir la intensidad de una corriente eléctrica mediante calorimetría.

caloricidad. f. *Fisiol.* Propiedad por la que los animales conservan una temperatura superior a la del medio en que viven.

calorífero, ra. adj. Que conduce o propaga el calor. || **2.** m. Aparato con que se calientan las habitaciones.

calorificación. f. *Fisiol.* Función del organismo vivo, de la cual procede el calor de cada individuo.

calorífico, ca. adj. Que produce o distribuye calor. || **2.** Perteneciente o relativo al calor.

calorífugo. adj. Que se opone a la transmisión del calor. || **2. incombustible.**

calorimetría. f. *Fís.* Medición del calor que se desprende o absorbe en los procesos biológicos, físicos o químicos.

calorímetro. m. *Fís.* Aparato para medir cantidades de calor.

calorina. f. En algunas regiones, calor fuerte y sofocante, bochorno.

calostro. m. Primera leche que da la hembra recién parida. Ú. t. en pl.

calta. f. Planta anual de la familia de las ranunculáceas, de unos cuatro metros de altura, con tallos lisos, hojas gruesas en forma de corazón y flores terminales, grandes y amarillas.

calumnia. f. Acusación falsa, hecha maliciosamente para causar daño.

calumniar. tr. Atribuir falsa y maliciosamente a alguno palabras, actos o intenciones deshonrosas.

caluroso, sa. adj. Que siente o causa calor. ‖ **2.** fig. Vivo, ardiente.

calva. f. Parte de la cabeza de la que se ha caído el pelo. ‖ **2.** Parte de una piel, felpa u otro tejido semejante que ha perdido el pelo por el uso.

calvario. m. **vía crucis.** ‖ **2.** fig. y fam. Serie o sucesión de adversidades y pesadumbres.

calvero. m. Paraje sin árboles en lo interior de un bosque.

calvicie. f. Falta de pelo en la cabeza.

calvinismo. m. Doctrina reformista de Calvino. ‖ **2.** Comunidad de los seguidores de Calvino.

calvinista. adj. Perteneciente a la doctrina de Calvino. Apl. a pers., ú. t. c. s.

calvo, va. adj. Que ha perdido el pelo de la cabeza. Ú. t. c. s. ‖ **2.** Dícese del paño y otros tejidos que han perdido el pelo.

calza. f. Prenda de vestir que, según los tiempos, cubría, ciñéndolos, el muslo y la pierna, o bien, en forma holgada, solo el muslo o la mayor parte de él. Ú. m. en pl. ‖ **2.** Cuña con que se calza. ‖ **3.** fam. **media.**

calzada. f. Camino pavimentado y ancho. ‖ **2.** Parte de la calle comprendida entre dos aceras. ‖ **3.** En las carreteras, parte central dispuesta para la circulación de vehículos. ‖ **romana.** Cualquiera de las grandes vías construidas por los romanos en su imperio.

calzado, da. adj. Dícese de algunos religiosos porque usan zapatos, en contraposición a los descalzos. ‖ **2.** Aplícase al cuadrúpedo cuyas patas tienen en su parte inferior color distinto del resto de la extremidad. ‖ **3.** m. Todo género de zapato, borceguí, abarca, alpargata, almadreña, etc., que sirve para cubrir y resguardar el pie.

calzador. m. Utensilio de diversas materias que ayuda a meter el pie en el zapato.

calzar. tr. Cubrir el pie y algunas veces la pierna con el calzado. Ú. t. c. prnl. ‖ **2.** Poner calces. ‖ **3.** Poner una cuña entre el piso y alguna rueda de un carruaje o máquina, que los inmovilice, o que debajo de cualquier mueble o trasto lo afirme de modo que no cojee.

calzo. m. **calce,** cuña que se introduce entre dos cuerpos. ‖ **2.** pl. Las extremidades de un caballo o yegua. Se designan especialmente cuando son de color distinto del pelo general del cuerpo. *Un caballo pío con* CALZOS *negros.*

calzón. m. Prenda de vestir con dos perneras que cubre el cuerpo desde la cintura hasta una altura variable de los muslos.

calzonazos. m. fig. y fam. Hombre de carácter débil y condescendiente.

calzoncillo. m. Prenda de la ropa interior masculina, que cubre desde la cintura hasta parte de los muslos, cuyas perneras pueden ser de longitud variable. Ú. m. en pl.

cama. f. Armazón de madera, bronce o hierro en que generalmente se pone jergón o colchón de muelles, colchones de lana, sábanas, mantas, colcha y almohadas, y que sirve para dormir y descansar en ella las personas. ‖ **2.** Plaza para un enfermo en el hospital o sanatorio o para un alumno interno en un colegio. ‖ **3.** fig. Sitio donde se echan los animales para su descanso. CAMA *de liebres, de lobos.* ‖ **4.** fig. Suelo o plano del carro o carreta. ‖ **camera.** La de tamaño intermedio entre la de una sola persona y la de matrimonio. ‖ **de matrimonio.** La que tiene capacidad para dos personas. ‖ **nido.** Conjunto de dos **camas** que forman un solo mueble, en el que una se guarda debajo de la otra.

camada. f. Conjunto de las crías de ciertos animales nacidas en el mismo parto. ‖ **2.** fig. y fam. Cuadrilla de ladrones o de pícaros.

camafeo. m. Figura tallada de relieve en ónice u otra piedra dura y preciosa. ‖ **2.** La misma piedra labrada.

camaleón. m. Reptil saurio de cuerpo estrechado lateralmente, cola prensil y ojos de movimiento independiente. Se alimenta de insectos que caza con su lengua, larga y pegajosa, y posee la facultad de cambiar de color según las condiciones ambientales. Existen unas 80 especies. ‖ **2.** fig. y fam. Persona que tiene habilidad para cambiar de actitud y conducta, adoptando en cada caso la más ventajosa.

camaleónico, ca. adj. fig. Perteneciente o relativo al camaleón, persona voluble.

cámara. f. Sala o pieza principal de una casa. ‖ **2. ayuntamiento,** junta. CÁMARA *de comercio;* CÁMARA *agrícola.* ‖ **3.** Cada uno de los cuerpos que legislan en los gobiernos representativos. Comúnmente se distinguen con los nombres de **Cámara alta** y **baja.** ‖ **4.** En el palacio real, aposento de uso privado o reservado solamente a determinadas personas y cargos. ‖ **5.** En las armas de fuego, espacio que ocupa la carga. ‖ **6.** Anillo tubular de goma, que forma parte de los neumáticos, y está provisto de una válvula para inyectar aire a presión. ‖ **7.** Especie de globo o bolsa de goma con una boquilla por la que se infla con aire a presión y que va alojada en el cuero de algunos balones de deportes. ‖ **8. cámara fotográfica.** ‖ **9.** Aparato destinado a registrar imágenes animadas para el cine o la televisión. ‖ **10.** com.

Cinem. y *TV.* Persona cualificada técnicamente para la toma de imágenes. ‖ **alta.** Llámase así al senado u otros cuerpos legisladores análogos. ‖ **baja.** Llámase así al congreso de los diputados o sus equivalentes, a diferencia de la llamada **cámara alta.** ‖ **de gas.** Recinto hermético destinado a producir, por medio de gases tóxicos, la muerte de los condenados a esta pena. ‖ **2.** Recinto cerrado en el que se inyectaban gases tóxicos para dar muerte colectiva a prisioneros o detenidos en los campos de concentración. ‖ **fotográfica.** Aparato que sirve para hacer fotografías, y que consta de un medio óptico (objetivo) y de un medio mecánico (obturador). ‖ **frigorífica.** Recinto dotado de instalaciones de frío artificial, que se destina a conservar alimentos u otros productos que podrían descomponerse a la temperatura ambiente. ‖ **lenta.** *Cinem.* expr. con que se designa el rodaje acelerado de una película para producir un efecto de lentitud al proyectar la imagen a la velocidad normal. ‖ **oscura.** Aparato óptico consistente en una caja cerrada y opaca con un orificio en su parte anterior por donde entra la luz, la cual reproduce dentro de la caja una imagen invertida de la escena situada ante ella.

camarada. com. El que anda en compañía con otros, tratándose con amistad y confianza. ‖ **2.** En ciertos partidos políticos y sindicatos, correligionario o compañero.

camaradería. f. Amistad o relación cordial que mantienen entre sí los buenos camaradas.

camaranchón. m. despect. Desván de la casa, o lo más alto de ella, donde se suelen guardar trastos viejos.

camarera. f. Mujer de más respeto entre las que sirven en las casas ilustres. ‖ **2.** Empleada que sirve en los hoteles, bares, cafeterías u otros establecimientos análogos, y también en los barcos de pasajeros. ‖ **mayor.** Señora de más autoridad entre las que servían a la reina. Había de ser Grande de España.

camarero. m. En la etiqueta de la casa real de Castilla, jefe de la cámara del rey. ‖ **2.** Criado distinguido en las casas de los grandes, encargado de cuanto pertenecía a su cámara. ‖ **3.** Empleado que sirve en los hoteles y barcos de pasajeros y cuida de los aposentos y camarotes. ‖ **4.** Mozo de café, bar u otro establecimiento semejante. ‖ **mayor. camarero,** jefe de la cámara del rey.

camarilla. f. Conjunto de personas que influyen subrepticiamente en los asuntos de Estado o en las decisiones de alguna autoridad superior.

camarín. m. Capilla pequeña colocada algo detrás de un altar y en la cual se venera alguna imagen. ‖ **2.** Pieza en que se guardan las alhajas y vestidos de una imagen. ‖ **3. camerino.**

camarlengo. m. Título de dignidad entre los cardenales de la Santa Iglesia Romana, presidente de la Cámara Apostólica y gobernador temporal en sede vacante.

camarógrafo, fa. m. y f. *Cinem.* y *TV.* **operador.**

camarón. m. Crustáceo decápodo, macruro, de tres a cuatro centímetros de largo, parecido a una gamba diminuta, de color pardusco. Es comestible y se conoce también con los nombres de quisquilla y esquila.

camarote. m. Cada uno de los compartimientos de dimensiones reducidas que hay en los barcos para poner las camas o las literas.

camastro. m. despect. Lecho pobre y desaliñado.

cambalache. m. fam. Trueque, con frecuencia malicioso, de objetos de poco valor. ‖ **2.** Por ext., cualquier trueque hecho con afán de ganancia. ‖ **3.** Trueque de diversos objetos, valiosos o no. Ú. t. c. despect.

cámbaro. m. Crustáceo marino, decápodo, braquiuro, más ancho que largo, con el caparazón verde, y fuertes pinzas en el primer par de patas. Algunas de sus especies son comestibles.

cambiante. adj. Que cambia. ‖ **2.** m. Variedad de colores o visos que hace la luz en algunos cuerpos. Ú. m. en pl. y hablando de algunas telas.

cambiar. tr. Tomar o hacer tomar, en vez de lo que se tiene, algo que lo sustituya. Ú. t. c. prnl., y con la prep. *de,* como intr. CAMBIAR DE *nombre, vestido, opinión.* ‖ **2.** Convertir en otro, especialmente en lo opuesto o en lo contrario. CAMBIAR *el agua en vino, el odio en amor, la risa en llanto.* Ú. t. c. prnl. ‖ **3.** Dar o tomar valores o monedas por sus equivalentes. ‖ **4.** Dar o tomar, en sistema de comercio o particularmente, géneros u otras cosas. ‖ **5.** Intercambiar cosas materiales, especialmente por razones de amistad. ‖ **6.** Intercambiar algunas acciones, como ideas, palabras, miradas, risas. ‖ **7.** intr. Mudar o alterar una persona o cosa su condición o apariencia física o moral. Ú. t. c. prnl. ‖ **8.** En los vehículos de motor, pasar de una marcha o velocidad a otra de distinto grado.

cambiazo (dar el). fr. Cambiar fraudulentamente una cosa por otra.

cambija. f. Depósito de agua elevado sobre las cañerías que la conducen.

cambio. m. Acción y efecto de cambiar. ‖ **2.** Dinero menudo. ‖ **3.** *Com.* Precio de cotización de los valores mercantiles. ‖ **4.** *Com.* Valor relativo de las monedas de países diferentes o de las de distinta especie de un mismo país. ‖ **5.** *Ferr.* Mecanismo formado por las agujas y otras piezas de las vías férreas, que sirve para que las locomotoras, los vagones o los tranvías vayan por una u otra de las vías que concurren en un punto. ‖ **6. cambio de velocidades.** ‖ **de velocidades.** *Mec.* Sistema de engranajes u otros dispositivos que permite cambiar, valiéndose de un mando o automáticamente, la relación entre la velocidad de un motor y la del órgano útil arrastrado por él. ‖ **a,** o **en, cambio de.** loc. prepos. En lugar de, cambiando una cosa por otra. A CAMBIO DE *su renuncia, le prometieron una vivienda moderna.* ‖ **en cambio.** loc. adv. Por el contrario; se emplea para expresar una oposición o contraste. *Tú siempre llegas puntual,* EN CAMBIO *yo siempre llego tarde.*

cambista. com. Que cambia moneda.

camboyano, na. adj. Natural de Camboya. Ú. t. c. s. ‖ **2.** Perteneciente o relativo a este Estado de Asia.

cámbrico, ca. adj. *Geol.* Dícese del más antiguo de los seis períodos geológicos en que se divide la era paleozoica. Ú. t. c. s. ‖ **2.** *Geol.* Perteneciente o relativo a los terrenos de este período en el que predominan los trilobites, algas marinas y representantes de muchos invertebrados. ‖ **3.** Dícese de los antiguos habitantes del país de Gales. Ú. t. c. s. ‖ **4.** Perteneciente a este país o a sus habitantes.

cambrón. m. Arbusto de la familia de las ramnáceas, de unos dos metros de altura, con ramas divergentes, torcidas, enmarañadas y espinosas, hojas pequeñas y glaucas, flores solitarias blanquecinas y bayas casi redondas. ‖ **2. zarza.**

cambronera. f. Arbusto de la familia de las solanáceas, de unos dos metros de altura, con multitud de ramas en forma de mimbre, curvas y espinosas, hojas cuneiformes, flores axilares, sonrosadas o purpúreas y bayas rojas elipsoidales. Suele plantarse en los vallados de las heredades.

cambur. m. Planta de la familia de las musáceas, parecida al plátano, pero con la hoja más ovalada y el fruto más redondeado, e igualmente comestible.

camedrio. m. Planta de la familia de las labiadas, pequeña, de tallos duros, vellosos, hojas pequeñas parecidas a las del roble y flores purpúreas en verticilos colgantes, usadas como febrífugo.

camelar. tr. fam. Seducir, engañar adulando. ‖ **2.** fam. Amar, querer, desear.

camelia. f. Arbusto de la familia de las teáceas, originario del Japón y de la China, de hojas perennes, lustrosas y de un verde muy vivo y flores muy bellas, inodoras, blancas, rojas o rosadas. ‖ **2.** Flor de este arbusto.

camélido. adj. *Zool.* Dícese de rumiantes artiodáctilos que carecen de cuernos y tienen en la cara inferior del pie una excrecencia callosa que comprende los dos dedos; como el camello, el dromedario y la llama. Ú. t. c. s. ‖ **2.** m. pl. *Zool.* Familia de estos animales.

camelista. com. fest. Persona que practica el camelo, y especialmente la que aparenta conocimientos, virtudes o cualidades que no posee.

camella. f. Hembra del camello.

camellero. m. El que cuida o conduce camellos.

camello. m. Artiodáctilo rumiante, oriundo del Asia Central, corpulento y más alto que el caballo. Tiene el cuello largo, la cabeza proporcionalmente pequeña y dos gibas en el dorso, formadas por acumulación de tejido adiposo. ‖ **2.** fig. Persona que vende drogas tóxicas al por menor.

camelo. m. fam. **galanteo.** ‖ **2.** fam. Chasco, burla. ‖ **3.** Noticia falsa. ‖ **4.** Dicho o discurso intencionadamente desprovisto de sentido. ‖ **5.** Simulación, fingimiento, apariencia engañosa.

camerino. m. Aposento individual o colectivo, donde los artistas se visten, maquillan o preparan para actuar.

camerunés, sa. adj. Natural de Camerún. Ú. t. c. s. ‖ **2.** Perteneciente o relativo a Camerún.

camicace. m. Avión suicida empleado por los japoneses contra barcos norteamericanos en la II Guerra Mundial. ‖ **2.** Por ext., el piloto de este avión. ‖ **3.** Por ext., persona o acción temeraria. *Conductor, acto* CAMICACE.

camilla. f. Mesa, generalmente redonda, bajo la cual suele haber una tarima para colocar el brasero. ‖ **2.** Cama estrecha y portátil, que se lleva sobre varas a mano o sobre ruedas. Sirve para transportar enfermos, heridos o cadáveres.

camillero. m. El que transporta la camilla.

caminante. adj. Que camina. Ú. m. c. s.

caminar. intr. Ir andando de un lugar a otro el hombre o el animal. ‖ **2.** fig. Seguir su curso las cosas inanimadas. CAMINAR *los ríos, los planetas.* ‖ **3.** tr. Andar determinada distancia. *Hoy* HE CAMINADO *diez kilómetros.*

caminata. f. fam. Paseo o recorrido largo y fatigoso.

caminero, ra. adj. Relativo al camino.

camino. m. Tierra hollada por donde se transita habitualmente. ‖ **2.** Vía que se construye para transitar. ‖ **3.** Jornada de un lugar a otro. ‖ **4.** fig. Dirección que ha de seguirse para llegar a algún lugar. ‖ **5.** fig. Medio o arbitrio para hacer o conseguir alguna cosa. ‖ **cruzarse en el camino** de alguien. fr. fig. Entorpecer el cumplimiento de sus propósitos. ‖ **de camino.** loc. adv. **de paso,** al ir a otra parte o al tratar de otro asunto. ‖ **ponerse en camino.** fr. Emprender viaje.

camión. m. Carro de cuatro o más ruedas, grande y fuerte, que se usa principalmente para transportar cargas o fardos muy pesados. ‖ **2. camión** automóvil.

camionero, ra. m. y f. Persona que conduce un camión.

camioneta. f. Vehículo automóvil menor que el camión y que sirve para transporte de toda clase de mercancías. ‖ **2.** En algunos lugares, **autobús.**

camisa. f. Prenda de vestir, por lo común de hombre, con cuello, mangas y abotonada por delante, que cubre el torso. ‖ **2.** Prenda de vestido interior hecha de lienzo, algodón u otro tela, de media largura, que cubre el torso. ‖ **3.** Telilla con que están inmediatamente cubiertos algunos frutos, legumbres y granos, como la almendra, el guisante, el trigo, etc. ‖ **4.** Epidermis de los ofidios, de que el animal se desprende periódicamente después de haberse formado debajo de ella un nuevo tejido que la sustituye. ‖ **5.** Revestimiento interior de un artefacto o una pieza mecánica. ‖ **6.** Cubierta suelta de papel fuerte con que se protege un libro y lleva impreso el título de la obra. ‖ **de fuerza.** Especie de **camisa** fuerte abierta por detrás, con mangas cerradas en su extremidad, propia para sujetar los brazos de quien padece demencia o delirio violento. ‖ **meterse** alguien **en camisa de once varas.** fr. fig. y fam. Inmiscuirse en lo que no le incumbe o no le importa. ‖ **no llegarle** a alguien **la camisa al cuerpo.** fr. fig. y fam. Estar lleno de zozobra y temor por algún riesgo que amenaza.

camisería. f. Tienda en que se venden camisas. ‖ **2.** Taller donde se hacen.

camisero, ra. adj. Referente o relativo a la camisa. Ú. t. c. s. ‖ **2.** m. y f. Persona que hace o vende camisas.

camiseta. f. Camisa corta, ajustada y sin cuello, de franela, algodón, seda, o de cualquier otra tela, ordinariamente de punto, y que por lo común se pone sobre la carne.

camisola. f. Camisa fina de hombre, de la cual se planchan especialmente el cuello, puños y pechera. ‖ **2.** Camisón de mujer que tiene la forma de una camisa amplia.

camisón. m. Camisa larga, que cubre total o parcialmente las piernas, y se emplea para permanecer en la cama.

camita. adj. Descendiente de Cam, hijo de Noé. Ú. t. c. s.

camítico, ca. adj. Perteneciente o relativo a los camitas. ‖ **2.** Individuo de la raza que habita ciertas zonas del nordeste de África. ‖ **3.** Dícese de las lenguas habladas por algunos habitantes de Egipto y Etiopía.

camomila. f. **manzanilla,** hierba compuesta. ‖ **2. manzanilla,** flor.

camón[1]. m. Trono real portátil que se colocaba junto al presbiterio cuando asistían los reyes en público a la real capilla. ‖ **2. mirador,** balcón encristalado.

camón[2]. m. Cada una de las piezas curvas que componen los dos anillos o cercos de las ruedas hidráulicas.

camorra. f. fam. Riña o pendencia.

camorrista. adj. fam. Que fácilmente y por causas leves arma camorras y pendencias. Ú. t. c. s.

campal. adj. *Mil.* V. **batalla campal.**

campamento. m. Acción de acampar o acamparse. ‖ **2.** *Mil.* Lugar en despoblado donde se establecen temporalmente fuerzas del ejército, resguardadas de la intemperie bajo tiendas de campaña o barracas, distribuidas de modo que dejen entre sí fácil tránsito para la vigilancia y rápida formación en caso de alarma. ‖ **3.** *Mil.* Tropa acampada. ‖ **4.** Por ext., instalación eventual, en terreno abierto, de personas que van de camino o que se reúnen para un fin especial, como en las monterías, en la observación de los eclipses, etc. ‖ **5.** Lugar al aire libre, especialmente dispuesto para albergar viajeros, turistas, personas en vacaciones, etc., mediante retribución adecuada.

campana. f. Instrumento metálico, generalmente en forma de copa invertida, que suena al ser golpeado por un badajo o por un martillo exterior. ‖ **2.** fig. Cualquier cosa que tiene forma semejante a la **campana,** abierta y más ancha en la parte inferior. CAMPANA *de la chimenea.* ‖ **echar las campanas al vuelo** fr. fig. y fam. Dar publicidad con júbilo a alguna cosa.

campanada. f. Golpe que da el badajo de la campana. ‖ **2.** Sonido que hace. ‖ **3.** fig. Escándalo o novedad ruidosa.

campanario. m. Torre, espadaña o armazón de madera donde se colocan las campanas.

campaniforme. adj. De forma de campana.

campanilla. f. Campana manual y de usos más variados que la grande. Sirve en las iglesias para muchas ceremonias religiosas; en las casas, para llamar desde la puerta; en las reuniones numerosas, para que el presidente reclame la atención de los circunstantes, etc. ‖ **2. úvula.** ‖ **3.** Flor cuya corola es de una pieza, y de figura de campana, que producen la enredadera y otras plantas. ‖ **de campanillas,** o

de muchas campanillas. loc. adj. fig. y fam. Dícese de la persona de gran autoridad o de circunstancias muy relevantes.

campanilleo. m. Sonido frecuente o continuado de la campanilla.

campante. adj. fam. Ufano, satisfecho.

campanuláceo, a. adj. *Bot.* Dícese de plantas angiospermas dicotiledóneas, con hojas sin estípulas, flores de corola gamopétala y fruto capsular con muchas semillas y de albumen carnoso; como el ruiponchigo. Ú. t. c. s. ‖ **2.** f. pl. Familia de estas plantas.

campaña. f. Campo llano sin montes ni aspereza. ‖ **2.** fig. Conjunto de actos o esfuerzos de índole diversa que se aplican a conseguir un fin determinado. CAMPAÑA *contra los toros,* etc. ‖ **3.** fig. Período de tiempo en el que se realizan diversas actividades encaminadas a un fin determinado. CAMPAÑA *política, de propaganda,* etc. ‖ **4.** *Amér.* **campo,** terreno fuera de poblado.

campar. intr. **sobresalir,** aventajarse.

campeador. adj. Decíase del que sobresalía en el campo con acciones señaladas. Este calificativo se dio por excelencia al Cid Ruy Díaz de Vivar. Usáb. t. c. s.

campear. intr. Salir a pacer los animales domésticos, o salir de sus guaridas y andar por el campo los que son salvajes. ‖ **2. campar,** sobresalir, aventajarse.

campechano, na. adj. fam. Franco, dispuesto para cualquier broma o diversión. ‖ **2.** Que se comporta con llaneza y cordialidad, sin imponer distancia en el trato. ‖ **3.** fam. Afable, sencillo; que no muestra interés alguno por las ceremonias y formulismos.

campeón, na. m. y f. Persona que obtiene la primacía en el campeonato. ‖ **2.** fig. Persona que defiende esforzadamente una causa o doctrina.

campeonato. m. Certamen o contienda en que se disputa el premio en ciertos juegos o deportes. ‖ **2.** Preeminencia o primacía obtenida en las luchas deportivas. *Fulano se alzó con el* CAMPEONATO *de ciclismo.* ‖ **de campeonato.** loc. adj. Que excede lo normal, en lo positivo o en lo negativo. *Un actor, un frío* DE CAMPEONATO.

campero, ra. adj. Perteneciente o relativo al campo, es decir, al terreno fuera de poblado. ‖ **2.** Dícese de lo que en el campo está descubierto y expuesto a todos los vientos. ‖ **3.** Se aplica al ganado y a otros animales cuando duermen en el campo y no se recogen a cubierto. ‖ **4.** *Amér.* Dícese del animal muy adiestrado en el paso de los ríos, montes zanjas, etc.

campesinado. m. Conjunto o clase social de los campesinos.

campesino, na. adj. Dícese de lo que es propio del campo o perteneciente a él. ‖ **2.** Dícese de la persona que vive y trabaja de ordinario en el campo. Ú. t. c. s. ‖ **3.** Natural de Tierra de Campos, en Castilla la Vieja. Ú. t. c. s. ‖ **4.** Perteneciente a ella.

campestre. adj. **campesino,** del campo. ‖ **2.** Dícese de las fiestas, reuniones, comidas, etc., que se celebran en el campo.

campilán. m. Sable recto y ensanchado hacia la punta, usado por los indígenas de Joló (Filipinas).

campiña. f. Espacio grande de tierra llana labrantía.

campizal. m. Terreno corto cubierto a trechos de césped.

campo. m. Terreno extenso fuera de poblado. ‖ **2.** Tierra laborable. ‖ **3.** Sembrados, árboles y demás cultivos. *Están perdidos los* CAMPOS. ‖ **4.** Terreno de juego, en el fútbol y otros deportes. ‖ **5.** *Dep.* Terreno de juego, localidades e instalaciones anejas, donde se practican o contemplan ciertos deportes, como el fútbol. ‖ **6. término,** terreno contiguo a una población. ‖ **7.** Terreno reservado para ciertos ejercicios. CAMPO *de instrucción;* CAMPO *de juego.* ‖ **8.** fig. Ámbito real o imaginario propio de una actividad. *El* CAMPO *de sus aventuras. El* CAMPO *de la erudición.* ‖ **9.** fig. Orden determinado de materias, ideas o conocimientos. *El* CAMPO *de la teología* o *de las matemáticas.* ‖ **10.** *Blas.* Superficie total o interior del escudo, donde se dibujan las particiones y figuras. ‖ **11.** *Fís.* Magnitud distribuida en el espacio, mediante la cual se ejercen las acciones a distancia entre partículas, tal como el **campo** eléctrico o el **campo** gravitatorio. ‖ **12.** *Inform.* En un registro, el espacio específico usado para una categoría de datos. ‖ **de batalla.** *Mil.* Sitio donde combaten dos ejércitos. ‖ **de concentración.** Recinto cercado para reclusos, especialmente presos políticos y prisioneros de guerra. ‖ **de deportes.** Espacio de terreno acotado para la práctica de deportes. ‖ **de tiro.** *Mil.* Terreno designado para prácticas de tiro de armas de fuego. ‖ **santo.** Cementerio de los católicos. ‖ **semántico.** *Ling.* Sector del vocabulario que comprende términos ligados entre sí por referirse a un mismo orden de realidades o ideas: por ej., los nombres de las partes del cuerpo, los de parentesco, los de vicios y virtudes, la terminología de la vida intelectual o afectiva, etc. ‖ **visual.** El espacio que abarca la vista estando el ojo inmóvil. ‖ **Campos Elíseos,** o **Elisios.** *Mit.* Lugar delicioso donde, según los gentiles, iban a parar las almas de los que merecían este premio. ‖ **a campo traviesa,** o **travieso.** loc. adv. Dejando el camino y cruzando el **campo.**

camposanto. m. **campo santo.**

campurriano, na. adj. Natural de Campoo. Ú. t. c. s. ‖ **2.** Perteneciente a esta comarca de Cantabria, confinante con Palencia y Burgos.

campus. m. invar. Conjunto de terrenos y edificios pertenecientes a una universidad.

camuesa. f. Fruto del camueso, especie de manzana fragante y sabrosa.

camueso. m. Árbol, variedad de manzano.

camuflaje. m. Acción y efecto de camuflar.

camuflar. tr. *Mil.* Disimular la presencia de armas, tropas, material de guerra, barcos, etc., dándoles apariencia que pueda engañar al enemigo. ‖ **2.** Por ext., disimular dando a una cosa el aspecto de otra.

camuña. f. En algunas partes, toda especie de semillas, menos trigo, centeno o cebada.

can[1]. m. **perro,** animal. ‖ **2.** *Arq.* Cabeza de una viga del techo interior, que carga en el muro y sobresale al exterior, sosteniendo parte de la cornisa.

can[2]. m. **kan.**

cana. f. Cabello que se ha vuelto blanco. Ú. m. en pl. ‖ **echar una cana al aire.** fr. fig. y fam. Esparcirse, divertirse. ‖ **peinar canas.** fr. fig. y fam. Ser viejo.

canaco, ca. m. y f. Nombre que se da a los indígenas de varias islas de Oceanía, Taití y otras.

canadiense. adj. Natural del Canadá. Ú. t. c. s. ‖ **2.** Perteneciente o relativo a este país de América.

canal. amb. Cauce artificial por donde se conduce el agua para darle salida o para diversos usos. ‖ **2.** Parte más profunda y limpia de la entrada de un puerto. ‖ **3.** Cualquiera de las vías por donde las aguas o los gases circulan en el seno de la tierra. ‖ **4.** Llanura larga y estrecha entre dos montañas. ‖ **5.** Teja delgada y mucho más combada que las comunes, la cual sirve para formar en los tejados los conductos por donde corre el agua. ‖ **6.** Cada uno de estos conductos. ‖ **7.** Cualquier conducto del cuerpo. ‖ **8.** Res muerta y abierta, sin las tripas y demás despojos. ‖ **9.** *Arq.* **estría,** mediacaña de la columna. ‖ **10.** m. Estrecho marítimo, que a veces es obra de la industria humana, como el de Suez y el de Panamá. ‖ **11.** Cada una de las bandas de frecuencia en que puede emitir una emisora de televisión y radio. ‖ **12.** Emisora de televisión y radio. ‖ **abrir en canal.** loc. adv. Abrir de arriba abajo.

canaladura. f. *Arq.* Moldura hueca que se hace en algún miembro arquitectónico, en línea vertical.

canaleja. f. Pieza de madera unida a la tolva, por donde pasa el grano a la muela.

canalización. f. Acción y efecto de canalizar.

canalizar. tr. Abrir canales. ‖ **2.** Regularizar el cauce o la corriente de un río o arroyo. ‖ **3.** Aprovechar para el riego o la navegación las aguas corrientes o estancadas, dándoles conveniente dirección por medio de canales o acequias. ‖ **4.** fig. Recoger corrientes de opinión, iniciativas, aspiraciones, actividades, etc., y orientarlas eficazmente, encauzarlas.

canalla. f. fig. y fam. Gente baja, ruin. ‖ **2.** com. fig. y fam. Persona despreciable y de malos procederes.

canallada. f. Acción o dicho propios de un canalla.

canallesco, ca. adj. Propio de la canalla o de un canalla.

canalón. m. Conducto que recibe y vierte el agua de los tejados. ❑ No confundir con *canelón[2]*.

canana. f. Cinto dispuesto para llevar cartuchos.

cananeo, a. adj. Natural de la tierra de Canaán. Ú. t. c. s. ‖ **2.** Perteneciente a este antiguo país asiático.

canapé. m. Escaño que comúnmente tiene acolchado el asiento y el respaldo para mayor comodidad, y sirve para sentarse o acostarse. ‖ **2.** Aperitivo consistente en una rebanadita de pan sobre la que se extienden o colocan otras viandas.

canaricultura. f. Arte de criar canarios.

canario, ria. adj. Natural de las islas Canarias. Ú. t. c. s. ‖ **2.** Perteneciente o relativo a ellas. ‖ **3.** m. Pájaro originario de las islas Canarias, que alcanza unos 13 centímetros de longitud; tiene las alas puntiagudas, cola larga y ahorquillada, pico cónico y delgado y plumaje amarillo, verdoso o blanquecino, a veces con manchas pardas. Es una de las aves de mejor canto. ‖ **4.** Baile antiguo típico de las islas Canarias, que se ejecutaba en compás ternario. ‖ **5.** f. Hembra del **canario.**

canasta. f. Cesto de mimbres, ancho de boca, que suele tener dos asas. ‖ **2.** Juego de naipes con dos o más barajas francesas entre dos bandos de jugadores. ‖ **3.** En el juego del baloncesto, aro metálico sujeto horizontalmente a un tablero vertical, y del que pende una red tubular sin fondo en la que es necesario introducir el balón para el enceste. ‖ **4.** Cada una de las introducciones del balón en la **canasta,** y que según las jugadas, vale por uno, dos o tres tantos.

canastero, ra. m. y f. Persona que hace o vende canastas. ‖ **2.** f. Pájaro insectívoro, que vuela en bandadas buscando alimento. Alas largas y puntiagudas y cola ahorquillada que recuerda, volando, a una gran golondrina parda, pero en el pico y la cabeza rememora a la perdiz; su tamaño es de unos 23 centímetros.

canastilla. f. Cestilla de mimbres en que se tienen objetos menudos de uso doméstico. *La* CANASTILLA *de la costura.* ‖ **2.** Ropa que se previene para la novia o el niño que ha de nacer. *Hacer, preparar la* CANASTILLA.

canasto. m. Canasta de boca estrecha. ‖ **¡canastos!** interj. con que se indica sorpresa.

cáncamo. m. *Mar.* Pieza de hierro en forma de armella, clavada en la cubierta o costado del buque, y que sirve para enganchar poleas, amarrar cabos, etc.

cancán. m. Danza frívola y muy movida, que se importó de Francia en la segunda mitad del siglo XIX, y que hoy se ejecuta solo por mujeres como parte de un espectáculo.

cancel. m. Contrapuerta, generalmente de tres hojas, una de frente y dos laterales, ajustadas estas a las jambas de una puerta de entrada y cerrado todo por un techo. Evita las corrientes de aire y amortigua los ruidos exteriores. ‖ **2.** Armazón vertical de madera u otra materia, que divide espacios en una sala o habitación.

cancela. f. Verja pequeña que se pone en el umbral de algunas casas para reservar el portal o zaguán del libre acceso del público. ‖ **2.** Verja, comúnmente de hierro y muy labrada, que en muchas casas de Andalucía sustituye a la puerta divisoria del portal y el recibimiento o pieza que antecede al patio, de modo que las macetas y otros adornos de este se vean desde la calle.

cancelar. tr. Anular, hacer ineficaz un instrumento público, una inscripción en registro, una nota o una obligación que tenía autoridad o fuerza. ‖ **2.** fig. Borrar de la memoria, abolir, derogar.

cáncer. m. *Pat.* Enfermedad neoplásica con transformación de las células, que proliferan de manera anormal e incontrolada. ‖ **2.** Tumor maligno. ‖ **3.** n. p. m. *Astron.* Cuarto signo del Zodiaco, de 30° de amplitud, que el Sol recorre aparentemente al comenzar el verano. ‖ **4.** *Astron.* Constelación zodiacal que en otro tiempo debió de coincidir con el signo de este nombre, pero que actualmente, por resultado del movimiento retrógrado de los puntos equinocciales, se halla delante del mismo signo y un poco hacia el Oriente. ‖ **5.** adj. Referido a personas, las nacidas bajo este signo del Zodiaco. *Yo soy* CÁNCER, *ella es piscis.* Ú. t. c. s.

cancerar. intr. Padecer de cáncer o degenerar en cancerosa alguna úlcera. Ú. t. c. prnl.

cancerbero. m. *Mit.* Perro de tres cabezas que, según la fábula, guardaba la puerta de los infiernos. ‖ **2.** fig. Portero o guarda severo e incorruptible o de bruscos modales.

canceriforme. adj. Que tiene forma o aspecto de cáncer.

cancerígeno, na. adj. Que produce o puede producir cáncer. Ú. t. c. s. m. ❑ No confundir con *canceroso.*

canceroso, sa. adj. Perteneciente o relativo al cáncer. ❑ No confundir con *cancerígeno.*

cancha. f. Local destinado a la práctica de diversos deportes. ‖ **2.** Local destinado a juego de pelota, riñas de gallos u otros usos análogos. ‖ **3.** *Amér.* En general, terreno, espacio, local o sitio llano y desembarazado. ‖ **4.** *Amér.* Corral o cercado espacioso para depositar ciertos objetos. CANCHA *de maderas.*

canchal. m. Peñascal o sitio de grandes piedras descubiertas.

cancho. m. Peñasco grande.

cancilla. f. Puerta hecha a manera de verja, que cierra los huertos, corrales o jardines.

canciller. m. Empleado auxiliar en las embajadas, legaciones, consulados y agencias diplomáticas y consulares. ‖ **2.** Magistrado supremo en algunos países. ‖ **3.** En muchos países, ministro de Asuntos Exteriores. ‖ **4.** En lo antiguo, secretario encargado del sello real, con el que autorizaba los privilegios y cartas reales. Empezó este oficio en tiempo de Alfonso VII. ‖ **5.** Título que lleva, en algunos Estados de Europa, un alto funcionario, que es a veces jefe o presidente del gobierno.

cancilleresco, ca. adj. Perteneciente o relativo a la cancillería. ‖ **2.** Ajustado al estilo, reglas o fórmulas de cancillería.

cancillería. f. Oficio de canciller. ‖ **2.** Oficina especial en las embajadas, legaciones, consulados y agencias diplomáticas y consulares. ‖ **3.** Alto centro diplomático en el cual se dirige la política exterior. Ú. m. en pl.

canción. f. Composición en verso, que se canta, o hecha a propósito para que se pueda poner en música. ‖ **2.** Música con que se canta esta composición. ‖ **3.** Composición lírica a la manera italiana, dividida casi siempre en estancias largas, todas de igual número de versos endecasílabos y heptasílabos, menos la última, que es más breve. ‖ **4.** fig. Cosa dicha con repetición insistente o pesada. *Venir o volver con la misma* CANCIÓN. ‖ **5.** fig. Noticia, pretexto, etc., sin fundamento. Ú. m. en pl. *No me vengas con* CANCIONES.

cancioneril. adj. Dícese del estilo propio de las antiguas canciones poéticas. ‖ **2.** Relativo a los cancioneros, especialmente los de los siglos XV y XVI.

cancionero. m. Colección de canciones y poesías. ‖ **2.** Recopilación de composiciones poéticas de uno o varios autores, propia de los siglos XV y XVI.

cancro. m. **cáncer,** tumor maligno. ‖ **2.** *Bot.* Úlcera que se manifiesta por manchas blancas o rosadas en la corteza de los árboles, la cual se resquebraja por el sitio dañado y segrega un líquido acre y rojizo.

cancroideo, a. adj. Que tiene aspecto de cáncer o cancro.

candado. m. Cerradura suelta contenida en una caja de metal, que por medio de armellas asegura puertas, ventanas, tapas de cofres, maletas, etc.

candar. tr. Cerrar con llave. ‖ **2.** Por ext., cerrar de cualquier modo.

candeal. adj. V. **pan, trigo candeal.** Ú. t. c. s.

candela. f. **vela[1]** de encender. ‖ **2. candelero** para sostener velas. ‖ **3.** fam. **lumbre.** ‖ **4.** *Fís.* Unidad internacional de intensidad luminosa, basada en la radiación de un cuerpo negro a la temperatura de fusión del platino. Dicha radiación, por centímetro cuadrado, equivale a 60 **candelas.**

candelabro. m. Candelero de dos o más brazos, que se sustenta sobre su pie o sujeto en la pared.

candelaria. n. p. f. Fiesta que celebra la iglesia católica el 2 de febrero con motivo de la Purificación. Se hace una procesión con candelas encendidas y se asiste a la misa con ellas.

candelero. m. Utensilio que sirve para mantener derecha la vela o candela, formado por un cilindro hueco unido a un pie. ‖ **2.** El que hace o vende candelas. ‖ **en candelero** o **en el candelero.** loc. fig. En circunstancia de poder o autoridad, fama o éxito. Ú. principalmente con los verbos *estar* y *poner.* ‖ **2.** loc. adv. con que se da a entender la extremada publicidad de un suceso o noticia.

candente. adj. Dícese del cuerpo, generalmente metal, cuando se enrojece o blanquea por la acción del calor.

candidación. f. Acción de cristalizarse el azúcar.

candidato, ta. m. y f. Persona que pretende alguna dignidad, honor o cargo. ‖ **2.** Persona propuesta o indicada para una dignidad o un cargo, aunque no lo solicite.

candidatura. f. Reunión de candidatos a un empleo. ‖ **2.** Aspiración a cualquier honor o cargo o a la propuesta para él. ‖ **3.** Papeleta en que va escrito o impreso el nombre de uno o varios candidatos. ‖ **4.** Propuesta de persona para una dignidad o un cargo.

candidez. f. Calidad de cándido.

cándido, da. adj. **blanco,** de color de nieve o leche. ‖ **2.** Sencillo, sin malicia ni doblez.

candiel. m. Dulce preparado con vino blanco, yemas de huevo, azúcar y algún otro ingrediente.

candil. m. Utensilio para alumbrar, dotado de un recipiente de aceite y torcida y una varilla con gancho para colgarlo. ‖ **2.** Lamparilla manual de aceite, usada antiguamente, en forma de taza cubierta, que tenía en su borde superior, por un lado, el mechero, y por el otro, el asa.

candileja. f. Vaso interior del candil. ‖ **2.** Cualquier vaso pequeño en que se pone aceite u otra materia combustible para que ardan una o más mechas. ‖ **3.** pl. Línea de luces en el proscenio del teatro.

candombe. m. Baile de ritmo muy vivo de procedencia africana, muy popular todavía en ciertos carnavales de América del Sur. ‖ **2.** Casa o sitio donde se ejecuta. ‖ **3.** Tambor prolongado, de un solo parche, que se usa para acompañar este baile.

candongo, ga. adj. fam. Zalamero y astuto. Ú. t. c. s. ‖ **2.** fam. Que tiene maña para huir del trabajo. Ú. t. c. s.

candor. m. Sinceridad, sencillez, ingenuidad y pureza del ánimo.

candoroso, sa. adj. Que tiene candor, sencillo, sincero.

candray. m. Embarcación pequeña de dos proas, que se usa en el tráfico de algunos puertos.

caneca. f. Frasco cilíndrico de barro vidriado, que sirve para contener ginebra u otros licores. ‖ **2.** Botella de barro llena de agua caliente, que sirve de calentador.

canéfora. f. Doncella que en algunas fiestas de la antigüedad pagana llevaba en la cabeza un canastillo con flores, ofrendas y cosas necesarias para los sacrificios.

caneforias. f. pl. *Mit.* Fiestas griegas en honra de Diana.

canela. f. Corteza de las ramas, quitada la epidermis, del canelo, de color rojo amarillento y de olor muy aromático y sabor agradable. ‖ **2.** fig. y fam. Cosa muy fina y exquisita.

canelo, la. adj. De color de canela, aplicado especialmente a los perros y caballos. ‖ **2.** m. Árbol originario de Ceilán, de la familia de las lauráceas, que alcanza de siete a ocho metros de altura, con tronco liso, flores terminales blancas y de olor agradable y por fruto drupas ovales de color pardo azulado. La segunda corteza de sus ramas es la canela.

canelón[1]. m. **canalón** de tejados. ‖ **2.** Carámbano largo y puntiagudo que cuelga de las canales cuando se hiela el agua de lluvia o se derrite la nieve.

canelón[2]. m. Pasta de harina de trigo, cortada de forma rectangular, de aproximadamente cuatro centímetros por ocho, con la que se envuelve un relleno de carne, pescado, verduras, etc. Ú. m. en pl.

canesú. m. Cuerpo de vestido de mujer corto y sin mangas. || **2.** Pieza superior de la camisa o blusa a que se pegan el cuello, las mangas y el resto de la prenda.

canga. f. En China, instrumento de suplicio, en que se aprisionan el cuello y las muñecas del reo. || **2.** En China, suplicio que se aplica con este instrumento.

cangilón. m. Recipiente grande de barro o metal, principalmente en forma de cántaro, que sirve para transportar, contener o medir líquidos. || **2.** Vasija de barro o metal que sirve para sacar agua de los pozos y ríos, atada con otras a una maroma doble que descansa sobre la rueda de la noria. || **3.** Cada uno de los recipientes de hierro que forman parte de ciertas dragas y extraen del fondo de los puertos, ríos, etc., el fango, piedras y arena que los obstruyen.

cangreja. adj. *Mar.* V. **vela cangreja.** Ú. t. c. s.

cangrejo. m. Cualquiera de los artrópodos crustáceos del orden de los decápodos. || **2.** *Mar.* Verga que tiene en uno de sus extremos una boca semicircular por donde ajusta con el palo del buque, y la cual puede correr de arriba abajo o viceversa, y girar a su alrededor mediante los cabos que se emplean para manejarla. || **3.** n. p. *Astron.* **Cáncer,** constelación zodiacal. || **de mar. cámbaro.** || **de río.** Crustáceo decápodo, macruro, de unos diez centímetros de largo, con caparazón de color verdoso, y gruesas pinzas en los extremos de las patas del primer par. Abunda en muchos ríos españoles, es comestible y su carne es muy apreciada. || **ermitaño.** Crustáceo decápodo de abdomen muy blando, que se protege alojándose en conchas vacías de caracoles marinos.

canguelo. m. fam. Miedo, temor.

canguro. m. Mamífero marsupial, herbívoro, propio de Australia e islas adyacentes con las extremidades posteriores muy desarrolladas, mediante las cuales se traslada a saltos. La cola es también muy robusta, y se apoya en ella cuando está parado. || **2.** com. fig. y fam. Persona, generalmente joven, que se encarga de atender a niños pequeños en ausencia corta de los padres y, por lo regular, a cambio de una compensación económica.

caníbal. adj. Dícese del salvaje de las Antillas, que era tenido por antropófago. Ú. t. c. s. || **2. antropófago.** Ú. t. c. s. || **3.** fig. Dícese del hombre cruel y feroz. Ú. t. c. s.

canibalismo. m. Antropofagia atribuida a los caníbales.

canica. f. Juego de niños que se hace con bolitas de barro, vidrio u otra materia dura. Ú. m. en pl. || **2.** Cada una de estas bolitas.

canícula. f. Período del año en que es más fuerte el calor.

cánido. adj. *Zool.* Dícese de mamíferos carnívoros digitígrados, de uñas no retráctiles, con cinco dedos en las patas anteriores y cuatro en las posteriores; como el perro y el lobo. Ú. t. c. s. || **2.** m. pl. *Zool.* Familia de estos animales.

canijo, ja. adj. fam. Débil y enfermizo. Ú. t. c. s. || **2.** Por ext., bajo, pequeño. Ú. t. c. s.

canilla. f. Cualquiera de los huesos largos de la pierna o del brazo y especialmente la tibia. || **2. espita,** canuto de la cuba. || **3.** Carrete metálico en que se devana la seda o el hilo y que va dentro de la lanzadera en las máquinas de tejer y coser. || **4. pierna,** especialmente si es muy delgada.

canino, na. adj. Relativo al can. *Raza* CANINA. || **2.** Aplícase a las propiedades que tienen semejanza con las del perro. || **3.** m. **diente canino.**

canje. m. Cambio, trueque o sustitución. Ú. en la diplomacia, la milicia y el comercio. CANJE *de notas diplomáticas, de prisioneros de guerra,* etc.

canjeable. adj. Que se puede canjear.

canjear. tr. Hacer canje. Ú. en la diplomacia, la milicia y el comercio.

cannabáceo, a. adj. *Bot.* Dícese de plantas angiospermas dicotiledóneas, herbáceas, sin látex, con tallo de fibras tenaces, hojas opuestas, flores unisexuales dispuestas en cimas, fruto en cariópside o aquenio y semillas sin albumen; como el cáñamo y el lúpulo. Ú. t. c. s. f. || **2.** f. pl. *Bot.* Familia de estas plantas.

cannáceo, a. adj. *Bot.* Dícese de plantas angiospermas monocotiledóneas, perennes, con raíz fibrosa, hojas alternas, sencillas, anchas, envainadoras en la base del tallo; flores irregulares en racimo o en panoja y fruto en cápsula; como el cañacoro. Ú. t. c. s. f. || **2.** f. pl. *Bot.* Familia de estas plantas.

cano, na. adj. Que tiene blanco todo o gran parte del pelo o de la barba. || **2.** fig. Anciano o antiguo.

canoa. f. Embarcación de remo muy estrecha, ordinariamente de una pieza, sin quilla y sin diferencia de forma entre proa y popa.

canódromo. m. Terreno convenientemente preparado para las carreras de galgos.

canon. m. Regla o precepto. || **2.** Decisión o regla establecida en algún concilio de la iglesia católica sobre el dogma o la disciplina. || **3.** Catálogo de los libros tenidos por la Iglesia católica como auténticamente sagrados. || **4.** Catálogo o lista. || **5.** Regla de las proporciones de la figura humana, conforme al tipo ideal aceptado por los escultores egipcios y griegos. || **6.** Modelo de características perfectas. || **7.** *Mús.* Composición de contrapunto en que sucesivamente van entrando las voces, repitiendo o imitando cada una el canto de la que le antecede.

canónico, ca. adj. Con arreglo a los sagrados cánones y demás disposiciones eclesiásticas. || **2.** Se aplica a los libros y epístolas que se contienen en el canon de los libros auténticos de la Sagrada Escritura. || **3.** Que se ajusta exactamente a las características de un canon de normalidad o perfección. ❑ No confundir con *canónigo.*

canónigo. m. El que tiene una canonjía. ❑ No confundir con *canónico.*

canonización. f. Acción y efecto de canonizar.

canonizar. tr. Declarar solemnemente santo y poner el Papa en el catálogo de ellos a un siervo de Dios, ya beatificado.

canonjía. f. Prebenda por la que se pertenece al cabildo de iglesia catedral o colegial. || **2.** fig. y fam. Empleo de poco trabajo y bastante provecho.

canope. m. *Arqueol.* Vaso que se encuentra en las antiguas tumbas de Egipto y estaba destinado a contener las vísceras de los cadáveres momificados.

canoro, ra. adj. Dícese del ave de canto grato y melodioso. *El* CANORO *ruiseñor.* || **2.** Grato y melodioso, referido a la voz de las aves y de las personas, y en sentido figurado, de la poesía, instrumentos músicos, etc.

canoso, sa. adj. Que tiene muchas canas.

cansado, da. adj. Aplícase a la persona o cosa que produce cansancio. ❑ Ú. m. con el verbo *ser.* || **estar cansada** una persona **de** una cosa. fr. fig. y fam. Haber realizado mucho la actividad introducida por la prep. *de. Estoy* CANSADO DE *viajar en avión. Llevo veinte años haciéndolo.*

cansancio. m. Falta de fuerzas que resulta de haberse fatigado. || **2.** fig. Hastío, tedio, fastidio.

cansar. tr. Causar cansancio. Ú. t. c. prnl. || **2.** fig. Enfadar, molestar. Ú. t. c. prnl.

cansino, na. adj. Aplícase al hombre o al animal cuya capacidad de trabajo está disminuida por el cansancio. || **2.** Que por la lentitud y pesadez de los movimientos revela cansancio.

cantable. adj. Que se puede cantar.

cantábrico, ca. adj. Perteneciente o relativo a Cantabria.

cántabro, bra. adj. Natural de Cantabria. Ú. t. c. s.

cantamañanas. com. fam. Persona informal, fantasiosa, irresponsable, que no merece crédito.

cantante. adj. Que canta. || **2.** com. Persona que canta por profesión.

cantar¹. m. Copla o breve composición poética puesta en música para cantarse, o adaptable a alguno de los aires populares, como el fandango, la jota, etc. || **de gesta.** Poesía popular en que se referían hechos de personajes históricos, legendarios o tradicionales. || **ser otro cantar.** loc. fig. y fam. Ser cosa distinta.

cantar². intr. Formar con la voz sonidos melodiosos y variados. Se usa referido a personas y, por ext., a los animales, principalmente a las aves. Ú. t. c. tr. || **2.** fig. y fam. Descubrir o confesar lo secreto. || **3.** fig. y fam. Dicho de ciertas partes del cuerpo, oler mal. CANTARLE *a alguien los sobacos.* || **4.** fig. y fam. Poner en evidencia. ❑ Ú. con la prep. *a. Esta ropa* CANTA A *vieja.* || **5.** *Mús.* Ejecutar con un instrumento el canto de una pieza compuesta por varias voces.

cántara. f. **cántaro.**

cantárida. f. Insecto coleóptero, que alcanza de 15 a 20 milímetros de largo y de color verde oscuro brillante, que vive en las ramas de los tilos y, sobre todo, de los fresnos. Empleábase en medicina.

cantarilla. f. Vasija de barro, sin baño, del tamaño y forma de una jarra ordinaria y boca redonda.

cantarín, na. adj. fam. Aficionado con exceso a cantar. || **2.** Dícese de sonidos suaves y agradables al oído. *Risa* CANTARINA, *arroyo* CANTARÍN.

cántaro. m. Vasija grande de barro o metal, angosta de boca, ancha por la barriga y estrecha por el pie y por lo común con una o dos asas. || **a cántaros.** loc. adv. En abundancia, con mucha fuerza. Ú. con los verbos *llover, caer, echar,* etc.

cantata. f. Composición poética de alguna extensión, escrita para que se le ponga música y se cante.

cantautor, ra. m. y f. Cantante, por lo común solista, que suele ser autor de sus propias composiciones, en las que prevalece sobre la música un mensaje de intención crítica o poética.

cante. m. Acción y efecto de cantar cualquier canto popular andaluz o próximo. || **2.** Cualquier género de canto de estas características. || **flamenco.** El andaluz agitanado. || **hondo. cante jondo.** ❑ La h se aspira. || **jondo.** El más genuino andaluz, de profundo sentimiento. ❑ No confundir con *canto.*

cantear. tr. Labrar los cantos de una tabla, piedra u otro material. || **2.** Poner de canto los ladrillos.

cantera. f. Sitio de donde se saca piedra, greda u otra sustancia análoga para obras varias. || **2.** fig. Lugar, institución, etc., de procedencia de individuos especialmente dotados para una determinada actividad. *El equipo solo ficha jugadores de la* CANTERA *regional.*

cantería. f. Arte de labrar las piedras para las construcciones.

cantero. m. El que labra las piedras para las construcciones.

cántico. m. Cada una de las composiciones poéticas de los libros sagrados y los litúrgicos en que sublime o arrebatadamente se dan gracias o tributan alabanzas a Dios; como los CÁNTICOS *de Moisés,* el *Tedéum,* el *Magníficat,* etc. ‖ **2.** En estilo poético, suele también darse este nombre a ciertas poesías profanas. CÁNTICO *de amor, guerrero, nupcial.*

cantidad. f. Propiedad de lo que es capaz de número y medida y puede ser mayor o menor que algo con que se lo compara. ‖ **2.** Cierto número de unidades. ‖ **3.** Porción grande o abundancia de algo. ‖ **4.** Porción indeterminada de dinero. ‖ **5.** *Mat.* Número que resulta de una medida u operación. ‖ **6.** *Pros.* Tiempo que se invierte en la pronunciación de una sílaba. Hay lenguas, como el griego y, con más o menos perfección, otras, en las que el ritmo del verso está basado en la distribución de las **cantidades** de las sílabas. ‖ **7.** adv. coloq. **mucho.** *Me gusta* CANTIDAD. ‖ **continua.** *Mat.* La que consta de unidades o partes que no están separadas unas de otras, como la longitud de una curva, el área de una superficie, el volumen de un sólido, la cabida de un vaso, etc. ‖ **discreta.** *Mat.* La que consta de unidades o partes separadas unas de otras, como los árboles de un monte, los soldados de un ejército, los granos de una espiga, etc. ‖ **imaginaria.** *Mat.* La que se produce al extraer la raíz cuadrada de una **cantidad** negativa. ‖ **negativa.** *Mat.* La que por su naturaleza disminuye el valor de las **cantidades** positivas a que se contrapone. En los cálculos, a la expresión de esta **cantidad** se antepone siempre el signo menos (–). ‖ **positiva.** *Mat.* La que agregada a otra la aumenta. En las expresiones algebraicas y numéricas va precedida del signo más (+), y siendo única, o encabezando una expresión, no lleva signo alguno. ‖ **racional.** *Mat.* Aquella en cuya expresión no entra radical alguno. ‖ **real.** *Mat.* La expresada por un número real. ‖ **cantidad de.** loc. adj. **mucho, cha.** *Tengo* CANTIDAD DE *cosas que hacer.*

cantiga o **cántiga.** f. Antigua composición poética destinada al canto.

cantil. m. Sitio o lugar que forma escalón en la costa o en el fondo del mar. ‖ **2.** *Amér.* Borde de un despeñadero.

cantilena. f. Cantar, copla, composición poética breve, hecha generalmente para que se cante. ‖ **2.** fig. y fam. Repetición molesta e importuna de alguna cosa. *Siempre vienen con esa* CANTILENA.

cantimplora. f. Frasco aplanado y revestido de cuero, paja o bejuco, para llevar la bebida.

cantina. f. Puesto público en que se venden bebidas y algunos comestibles.

cantinela. f. **cantilena.**

cantizal. m. Terreno donde hay muchos cantos y guijarros.

canto[1]. m. Acción y efecto de cantar. ‖ **2.** Arte de cantar. ‖ **3.** Acción y efecto de emitir sonidos armoniosos o rítmicos ciertos animales, especialmente algunas aves, anfibios e insectos. ‖ **4.** Poema corto del género heroico, llamado así por su semejanza con cada una de las divisiones del poema épico, a que se da este mismo nombre. ‖ **5.** También se llama así a otras composiciones de distinto género. CANTO *fúnebre, guerrero, nupcial.* ‖ **6.** Cada una de las partes en que se divide el poema épico. Hay algunos poemas, considerados como tales, que por excepción constan de un solo **canto.** ‖ **gregoriano,** o **llano.** El propio de la liturgia cristiana, cuyos puntos o notas son de igual tono y duración. ❑ No confundir con *cante.*

canto[2]. m. Extremidad, punta, esquina o remate de alguna cosa. CANTO *de mesa, de vestido.* ‖ **2.** En el cuchillo o en el sable, lado opuesto al filo. ‖ **3.** Corte del libro, opuesto al lomo. ‖ **4.** Trozo de piedra. ‖ **pelado,** o **rodado.** Piedra alisada y redondeada a fuerza de rodar impulsada por las aguas. ‖ **de canto.** loc. adv. De lado, no de plano.

cantón. m. **esquina** de un edificio. ‖ **2.** Cada una de las divisiones administrativas del territorio de ciertos estados, como Suiza, Francia y algunos americanos. ‖ **3. acantonamiento,** sitio de tropas acantonadas. ‖ **4.** *Blas.* Cada uno de los cuatro ángulos que pueden considerarse en el escudo, y sirven para designar el lugar de algunas piezas. CANTÓN *diestro,* o *siniestro, del jefe.* ‖ **5.** *Blas.* Cada una de estas piezas. ‖ **6.** *Blas.* Cada uno de los ángulos que hay entre dos brazos en las cruces.

cantonal. adj. Partidario o defensor del cantonalismo. Ú. t. c. s. ‖ **2.** Perteneciente o relativo al cantón o al cantonalismo.

cantonalismo. m. Sistema político que aspira a dividir el Estado en cantones casi independientes.

cantonera. f. Pieza que se pone en la esquina de libros, muebles u otros objetos para proteger, adornar o fijar a una base.

cantor, ra. adj. Que canta, principalmente si lo tiene por oficio. Ú. t. c. s. ‖ **2.** *Zool.* Dícese de las aves que, por tener la siringe muy desarrollada, son capaces de emitir sonidos melodiosos y variados; como el mirlo y el ruiseñor.

cantoral. m. **libro de coro.**

cantueso. m. Planta perenne, de la familia de las labiadas, semejante al espliego, de cinco a seis decímetros de altura, con tallos derechos y ramosos, hojas oblongas, estrechas y vellosas, y flores olorosas y moradas, en espiga que remata en un penacho.

canturrear. intr. fam. Cantar a media voz.

canturreo. m. Acción de canturrear.

cánula. f. Tubo corto que se emplea en diferentes operaciones de cirugía o que forma parte de aparatos físicos o quirúrgicos. ‖ **2.** Tubo terminal o extremo de las jeringas.

canutas (pasarlas). fr. fam. Verse en situación muy apurada.

canuto. m. Tubo de longitud y grosor no muy grandes. ‖ **2.** Pastel de hojaldre en forma de rollo relleno de crema, nata, etc. ‖ **3.** fam. Porro, cigarrillo de hachís o marihuana.

caña. f. Tallo de las plantas gramíneas, por lo común hueco y nudoso. ‖ **2.** Planta gramínea, indígena de Europa Meridional: tiene tallo leñoso, hueco, flexible y de tres a cuatro metros de altura; hojas anchas, un tanto ásperas, y flores en panojas muy ramosas; se cría en parajes húmedos. ‖ **3.** Canilla del brazo o de la pierna. ‖ **4.** Parte de la bota o de la media que cubre entre la rodilla y el pie. ‖ **5.** Vaso de forma cilíndrica o ligeramente cónica, alto y estrecho, que se usa para beber vino o cerveza. Por ext., vaso de otra forma para cerveza. ‖ **6.** Líquido contenido en uno de estos vasos. ‖ **7. caña de azúcar.** ‖ **8. caña de pescar.** ‖ **de azúcar.** Planta gramínea, originaria de la India, con el tallo leñoso, de unos dos metros de altura, hojas largas, lampiñas, y flores purpúreas en panoja piramidal; el tallo está lleno de un tejido esponjoso y dulce, del que se extrae azúcar. ‖ **de pescar.** La que sirve para pescar y lleva en el extremo más delgado una cuerda de la que pende el sedal con el anzuelo.

cañabota. f. Tiburón de hasta 5 metros de largo, con seis aberturas branquiales a cada lado de la cabeza.

cañacoro. m. Planta herbácea de la familia de las cannáceas, de metro y medio de altura, con grandes hojas aovadas y espigas de flores encarnadas. El fruto es una cápsula llena de muchas semillas globosas de que se hacen cuentas de rosario, y servían a los indios en lugar de balas.

cañada. f. Espacio de la tierra entre dos alturas poco distantes entre sí. ‖ **2.** Vía para los ganados trashumantes, que debía tener noventa varas de ancho.

cañadilla. f. Molusco gasterópodo marino comestible, con la concha provista de numerosas espinas y prolongada en un tubo largo y estrecho. De él extraían los antiguos el tinte púrpura.

cañamazo. m. Tela tosca de cáñamo. ‖ **2.** Tela de tejido ralo, dispuesta para bordar en ella con seda o lana de colores.

cáñamo. m. Planta anual, de la familia de las cannabáceas, de unos dos metros de altura, con tallo erguido, ramoso, áspero, hueco y velloso, hojas lanceoladas y opuestas, y flores verdosas. ‖ **2.** Filamento textil de esta planta. ‖ **3.** *Amér.* Nombre que se da a varias plantas textiles. ‖ **índico.** Variedad de cultivo del **cáñamo** común, de menor talla y peor calidad textil, pero con mucho mayor concentración del alcaloide que segregan los pelos de sus hojas. Tiene propiedades estupefacientes e hipnóticas. V. **grifa, hachís** y **mariguana** o **marihuana.**

cañamón. m. Simiente del cáñamo, con núcleo blanco, redondo, más pequeño que la pimienta y cubierto de una corteza lisa de color gris verdoso. Se emplea principalmente para alimentar pájaros.

cañaveral. m. Sitio poblado de cañas o carrizos.

cañear. intr. Beber cañas de manzanilla o de cerveza.

cañeo. m. Acción de cañear.

cañería. f. Conducto formado de caños por donde se distribuyen las aguas o el gas.

cañí. adj. De raza gitana. Ú. t. c. s. ❑ pl. *cañís.*

cañizo. m. Tejido de cañas y bramante o cuerdas de esparto, que sirve para camas en la cría de gusanos de seda, armazón en los toldos de los carros, sostén del yeso en los cielos rasos, etc.

caño. m. Tubo corto de metal u otro material, particularmente el que forma, junto con otros, las tuberías. ‖ **2. albañal,** conducto de desagüe. ‖ **3.** Tubo por donde sale un chorro de agua u otro líquido, principalmente el de una fuente. ‖ **4.** El mismo chorro.

cañón. m. Pieza hueca y larga, a modo de caña. CAÑÓN *de escopeta, de órgano.* ‖ **2. cálamo,** parte hueca de la pluma. ‖ **3.** Pieza de artillería, de gran longitud respecto a su calibre, destinada a lanzar balas, metralla o cierta clase de proyectiles huecos. Tiene diferentes denominaciones, según el uso a que se le destina o el lugar que ocupa, como **cañón** de batir, de campaña, de montaña, de crujía, etc. ‖ **4.** Paso estrecho o garganta profunda entre dos altas montañas, por donde suelen correr los ríos. ‖ **5.** *Arq.* V. **bóveda de,** o **en cañón.**

cañonazo. m. Disparo hecho con cañón. ‖ **2.** Ruido originado por el mismo. ‖ **3.** Herida o daño producido por el disparo del cañón. ‖ **4.** En el fútbol, disparo potente a portería.

cañonear. tr. Batir a cañonazos. Ú. t. c. prnl.

cañonera. f. Espacio en las baterías para colocar la artillería. ‖ **2.** Tienda de campaña para soldados.

cañonería. f. Conjunto de los cañones de un órgano. ‖ **2.** Conjunto de cañones de artillería.

cañonero, ra. adj. Aplícase a los barcos o lanchas que montan algún cañón. Ú. t. c. s.

cañuto. m. En las cañas, en los sarmientos y demás tallos semejantes, parte intermedia entre nudo y nudo. ‖ **2. canuto,** tubo de longitud y grosor no muy grandes.

caoba. f. Árbol de América, de la familia de las meliáceas, que alcanza unos 20 metros de altura, con tronco recto y grueso, hojas compuestas, flores pequeñas y blancas en panoja colgante y fruto capsular, leñoso, semejante a un huevo de pava. Su madera es muy estimada para muebles. ‖ **2.** Madera de este árbol.

caobilla. f. *Bot.* Árbol silvestre de las Antillas, de la familia de las euforbiáceas, cuya madera es parecida a la caoba, y también imita algo al cedro por su color amarillento.

caolín. m. Arcilla blanca muy pura que se emplea en la fabricación de porcelanas, aprestos y medicamentos.

caolinización. f. *Geol.* Transformación de los feldespatos y de otros silicatos en caolín, por la acción meteorológica.

caos. m. Estado amorfo e indefinido que se supone anterior a la constitución del cosmos. ‖ **2.** fig. Confusión, desorden.

caótico, ca. adj. Perteneciente o relativo al caos.

capa. f. Prenda de vestir larga y suelta, sin mangas, abierta por delante, que se lleva sobre los hombros encima del vestido. ‖ **2.** Lo que cubre o baña alguna cosa. *Una* CAPA *de nieve, de pintura, de azúcar.* ‖ **3.** Zona superpuesta a otra u otras, con las que forma un todo. CAPAS *de la atmósfera, de la sociedad.* ‖ **4.** fig. Pretexto o apariencia con que se encubre una cualidad, una falta o una razón. *A veces los vicios se disimulan con* CAPA *de virtud.* ‖ **5.** *Geol.* **estrato** de los terrenos. ‖ **torera.** La que usan los toreros para su oficio. ‖ **andar de capa caída.** fr. fig. y fam. Padecer gran decadencia en bienes, fortuna o salud. ‖ **defender a capa y espada** a una persona o cosa. fr. fig. Patrocinarla a todo trance. ‖ **hacer** alguien **de** su **capa un sayo.** fr. fig. y fam. Obrar alguien según su propio albedrío y con libertad en cosas o asuntos que a él solo pertenecen o atañen.

capacho. m. Espuerta de juncos o mimbres que suele servir para llevar fruta. ‖ **2. capazo,** espuerta acondicionada como cuna. ‖ **3.** Especie de espuerta de cuero o de estopa muy recia, en que los albañiles llevan la mezcla de cal y arena desde el montón para la obra.

capacidad. f. Propiedad de una cosa de contener otras dentro de ciertos límites. CAPACIDAD *de una vasija, de un local.* ‖ **2.** Aptitud, talento, cualidad que dispone a alguien para el buen ejercicio de algo.

capacitación. f. Acción y efecto de capacitar o capacitarse.

capacitar. tr. Hacer a alguien apto, habilitarlo para alguna cosa. Ú. t. c. prnl.

capadocio, cia. adj. Natural de Capadocia. Ú. t. c. s. ‖ **2.** Perteneciente o relativo a esta región de Asia Menor.

capadura. f. Acción y efecto de capar.

capar. tr. Extirpar o inutilizar los órganos genitales.

caparazón. m. Cubierta que se pone encima de algunas cosas para su defensa. ‖ **2.** Esqueleto torácico del ave. ‖ **3.** Cubierta dura, de distinta naturaleza según los casos, que protege el cuerpo de ciertos animales, como protozoos, crustáceos y quelonios.

caparidáceo, a. adj. *Bot.* Dícese de plantas angiospermas dicotiledóneas, herbáceas o arbóreas, sin látex, con hojas simples o compuestas, flores actinomorfas o zigomorfas y fruto en baya o simple, seco y bivalvo, como la alcaparra. Ú. t. c. s. ‖ **2.** f. pl. *Bot.* Familia de estas plantas.

caparrosa. f. Nombre común a varios sulfatos nativos de cobre, hierro o cinc.

capataz. m. El que gobierna y vigila a cierto número de trabajadores. ‖ **2.** Persona a cuyo cargo está la labranza y administración de las haciendas de campo.

capataza. f. Mujer que desempeña las funciones del capataz. ‖ **2.** Mujer del capataz.

capaz. adj. Que tiene ámbito o espacio suficiente para recibir o contener en sí otra cosa. ‖ **2.** Grande o espacioso. ‖ **3.** fig. Apto, con talento o cualidades para una cosa determinada.

capazo. m. Espuerta grande de esparto o de palma. ‖ **2.** Espuerta acondicionada como cuna, frecuentemente encajada en una armazón con ruedas que facilitan su desplazamiento.

capcioso, sa. adj. Dícese de las palabras, doctrinas, proposiciones, etc., falaces o engañosas. ‖ **2.** Dícese de las preguntas, argumentaciones, sugerencias, etc., que se hacen para arrancar al contrincante o interlocutor una respuesta que pueda comprometerlo, o que favorezca propósitos de quien las formula.

capea. f. Acción de capear al toro. ‖ **2.** Lidia de becerros o novillos por aficionados.

capear. tr. Hacer suertes con la capa al toro o novillo. ‖ **2.** fig. y fam. Eludir mañosamente un compromiso o un trabajo desagradable. ‖ **3.** *Mar.* Mantenerse sin retroceder más de lo inevitable cuando el viento es duro y contrario. ‖ **4.** *Mar.* Sortear el mal tiempo con adecuadas maniobras.

capellán. m. El que obtiene alguna capellanía. ‖ **2.** Cualquier eclesiástico, aunque no tenga capellanía. ‖ **3.** Sacerdote que dice misa en un oratorio privado y frecuentemente mora en la casa.

capellanía. f. Fundación en la cual ciertos bienes quedan sujetos al cumplimiento de misas y otras cargas pías.

capellina. f. Pieza de la armadura que cubría la parte superior de la cabeza. ‖ **2.** Capucho usado por la gente del campo para resguardarse del agua y del aire frío.

capelo. m. Sombrero rojo, insignia de los cardenales. ‖ **2.** fig. Dignidad de cardenal. *El Papa dio el* CAPELO; *vacó el* CAPELO.

caperuza. f. Bonete que remata en punta inclinada hacia atrás. ‖ **2.** Cubierta de la punta o extremo de una cosa. CAPERUZA *de un bolígrafo.*

capicúa. m. En el uso común, un número que, como 1331, es igual leído de izquierda a derecha que de derecha a izquierda. Ú. t. c. adj. invar.

capiguara. m. *Amér.* **carpincho.**

capilar. adj. Perteneciente o relativo al cabello. ‖ **2.** fig. Se aplica a los tubos muy angostos, comparables al cabello. ‖ **3.** m. *Anat.* Cada uno de los vasos muy finos que, en forma de red, enlazan en el organismo la terminación de las arterias con el comienzo de las venas.

capilaridad. f. Calidad de capilar. ‖ **2.** *Fís.* Fenómeno físico por el cual la superficie de un líquido en contacto con un sólido se eleva o deprime según aquel moje o no a este.

capilarímetro. m. *Fís.* Aparato para graduar la pureza de los alcoholes.

capilla. f. Capucha sujeta al cuello de las capas, gabanes o hábitos. ‖ **2.** Edificio contiguo a una iglesia o parte integrante de ella, con altar y advocación particular. ‖ **3.** Oratorio portátil de los regimientos y otros cuerpos militares. ‖ **4.** Oratorio privado. ‖ **ardiente.** fig. Cámara donde se vela un cadáver o se le tributan honras. ‖ **estar en capilla,** o **en la capilla.** fr. Estar el reo desde que se le notifica la sentencia de muerte hasta la ejecución, en cualquiera pieza de la cárcel dispuesta como **capilla.** ‖ **2.** fig. y fam. Hallarse alguien en el trance de pasar una prueba o de conocer el resultado de algo que le preocupa.

capirotazo. m. Golpe que se da, generalmente en la cabeza, haciendo resbalar con violencia, sobre la yema del pulgar, el envés de la última falange de otro dedo de la misma mano.

capirote. m. Cucurucho de cartón, recubierto de tela, que llevan en la cabeza los penitentes y cofrades en ciertas procesiones de cuaresma y Semana Santa. ‖ **2.** Caperuza de cuero que se pone a las aves de cetrería para que se estén quietas, hasta que han de volar.

capisayo. m. Vestidura corta a manera de capotillo abierto, que sirve de capa y sayo.

cápita. V. **per cápita.**

capital. adj. Tocante o perteneciente a la cabeza. ‖ **2.** En la doctrina cristiana, aplícase a los siete pecados o vicios que son cabeza u origen de otros; como la soberbia, etc. ‖ **3.** Dícese de la población principal y cabeza de un estado, provincia o distrito. Ú. t. c. s. f. ‖ **4.** fig. Principal o muy grande. Dícese solo de algunas cosas. *Enemigo, error* CAPITAL. ‖ **5.** m. Hacienda, caudal, patrimonio. ‖ **6.** Valor de lo que, de manera periódica o accidental, rinde u ocasiona rentas, intereses o frutos.

capitalidad. f. Calidad de ser una población cabeza o capital de partido, de provincia, región o estado.

capitalino, na. adj. Perteneciente o relativo a la capital del Estado.

capitalismo. m. Régimen económico fundado en el predominio del capital como elemento de producción y creador de riqueza.

capitalista. adj. Propio del capital o del capitalismo. ‖ **2.** com. Persona acaudalada, principalmente en dinero o valores, a diferencia del hacendado, poseedor de fincas valiosas. ‖ **3.** *Com.* Persona que coopera con su capital a uno o más negocios, en oposición a la que contribuye con sus servicios o su pericia.

capitalización. f. Acción y efecto de capitalizar.

capitalizar. tr. Fijar el capital que corresponde a determinado rendimiento o interés, según el tipo que se adopta para el cálculo. ‖ **2.** Agregar al capital el importe de los intereses devengados, para computar sobre la suma los réditos ulteriores, que se denominan interés compuesto. ‖ **3.** fig. Utilizar en propio beneficio una acción o situación, aunque sean ajenas. *El ayuntamiento* CAPITALIZÓ *el triunfo del artista local.*

capitán. m. Oficial del ejército al que corresponde en general el mando de compañía, escuadrón o batería, o unidad similar. ‖ **2.** El que manda un buque mercante o un barco de pasajeros. ‖ **3.** Genéricamente, caudillo militar. ‖ **4.** El que es cabeza de alguna gente forajida. CAPITÁN *de salteadores.* ‖ **5.** El que capitanea un grupo de personas, en especial un equipo deportivo. ‖ **general.** *Esp.* Grado supremo del ejército. ‖ **2.** Cargo correspondiente al mando militar supremo en las regiones terrestres y en los departamentos marítimos.

capitana. f. Nave en que va embarcado y enarbola su insignia el jefe de una escuadra. ‖ **2.** fam. Mujer que es cabeza de una tropa.

capitanear. tr. Mandar tropa haciendo oficio de capitán. ‖ **2.** fig. Guiar o conducir cualquier gente, aunque no sea militar ni armada.

capitanía. f. Empleo de capitán. ‖ **2.** Compañía de soldados con sus oficiales subalternos, mandada por un capitán. ‖ **general.** Cargo que ejerce un capitán general de región o territorio. ‖ **2.** Territorio de la misma.

capitel. m. *Arq.* Parte superior de la columna y de la pilastra que las corona con figura y ornamentación distintas, según el estilo de arquitectura a que corresponde. ‖ **2.** *Arq.* **chapitel,** remate piramidal de las torres. ‖ **compuesto.** El que tiene ábaco chaflanado, volutas como el jónico y hojas de acanto como el corintio. ‖ **corintio.** El formado fundamentalmente por hojas de acanto superpuestas. ‖ **dórico.** En Grecia, el formado por ábaco liso y equino. En Roma, el de ábaco con molduras, cuarto bocel, collarino con florones y astrágalo. ‖ **jónico.** El que tiene voluta doble ancha, de tal modo que su circunferencia rebasa el ábaco. ‖ **toscano.** El que tiene cuarto bocel, collarino, ábaco y astrágalo.

capitolino, na. adj. Perteneciente o relativo al Capitolio. *Monte* CAPITOLINO. ‖ **2.** m. Cada una de las cabezas o puntas de piedras preciosas que se usan para adorno de ciertos objetos.

capitolio. m. fig. Edificio majestuoso y elevado. ‖ **2.** *Arqueol.* **acrópolis.**

capitoste. m. Persona con influencia, mando, etc. Ú. con sent. despect.

capitulación. f. Concierto o pacto hecho entre dos o más personas sobre algún asunto, comúnmente grave. ‖ **2.** Convenio en que se estipula la rendición de un ejército, plaza o punto fortificado. ‖ **3.** pl. Conciertos que se hacen entre los futuros esposos y se autorizan por escritura pública, al tenor de los cuales se ajusta el régimen económico de la sociedad conyugal.

capitular[1]. adj. Perteneciente o relativo a un cabildo secular o eclesiástico o al capítulo de una orden. *Casas* CAPITULARES, *Sala* CAPITULAR. ‖ **2.** *Impr.* Dícese de la letra mayúscula, impresa o manuscrita. Ú. t. c. s. f. ‖ **3.** *Impr.* Dícese de la letra con que empieza el capítulo de un libro cuando es resaltada en tamaño o por algún adorno. Ú. t. c. s. f.

capitular[2]. intr. Pactar, hacer algún ajuste o concierto. ‖ **2.** Entregarse una plaza de guerra o un cuerpo de tropas bajo determinadas condiciones. ‖ **3.** Abandonar una pugna o discusión por cansancio o por la fuerza de los argumentos contrarios.

capítulo. m. Junta que hacen los religiosos y clérigos regulares a determinados tiempos, conforme a los estatutos de sus órdenes, para las elecciones de prelados y para otros asuntos. ‖ **2.** División que se hace en los libros y en cualquier otro escrito para el mejor orden y más fácil inteligencia de la materia. ‖ **llamar,** o **traer,** a alguien **a capítulo.** fr. fig. Pedirle cuentas de sus actos, reprenderle. ‖ **ser capítulo aparte.** loc. Ser cuestión distinta o que merece una consideración más detenida.

capnomancia o **capnomancía.** f. Adivinación supersticiosa hecha por medio del humo, que practicaban los antiguos.

capo. m. Jefe de una mafia, especialmente de narcotraficantes.

capó. m. Cubierta del motor del automóvil.

capón[1]. adj. Dícese del hombre y del animal castrado. Ú. t. c. s. ‖ **2.** m. Pollo que se castra cuando es pequeño, y se ceba para comerlo.

capón[2]. m. fam. Golpe dado en la cabeza con el nudillo del dedo corazón.

caporal. m. El que hace de cabeza de alguna gente y la manda. ‖ **2.** El que tiene a su cargo el ganado que se emplea en la labranza. ‖ **3.** *Amér.* Capataz de una estancia de ganado.

capota. f. Tocado femenino ceñido a la cabeza y sujeto con cintas por debajo de la barbilla. ‖ **2.** Cubierta plegable que llevan algunos vehículos.

capotazo. m. Suerte del toreo hecha con el capote para ofuscar o detener al toro.

capote. m. Capa de abrigo hecha con mangas y con menor vuelo que la capa común. ‖ **2.** Especie de gabán ceñido al cuerpo y con largos faldones, usado por los soldados. ‖ **3.** fig. y fam. **cargazón,** aglomeración de nubes. ‖ **echar un capote.** fr. fig. y fam. Terciar en una conversación o disputa para desviar su curso o evitar un conflicto entre dos o más personas.

capotillo. m. Prenda a manera de capote o capa, que llegaba hasta la cintura.

capricho. m. Determinación que se toma arbitrariamente, inspirada por un antojo, por humor o por deleite en lo extravagante y original. ‖ **2.** La persona, animal o cosa que es objeto de tal determinación. ‖ **3.** Obra de arte en que el ingenio o la fantasía rompen la observancia de las reglas.

caprichoso, sa. adj. Que obra por capricho y lo sigue con tenacidad. *Es un niño malcriado y* CAPRICHOSO. ‖ **2.** Que se hace por capricho. Ú. t. en sent. fig. *En los acantilados las rocas presentan formas* CAPRICHOSAS.

capricornio. n. p. m. *Astron.* Décimo signo o parte del Zodiaco, de 30° de amplitud, que el Sol recorre aparentemente al comenzar el invierno. ‖ **2.** *Astron.* Constelación zodiacal que en otro tiempo debió de coincidir con el signo de este nombre, pero que actualmente, por resultado del movimiento retrógrado de los puntos equinocciales, se halla delante del mismo signo y un poco hacia el Oriente. ‖ **3.** adj. Referido a personas, las nacidas bajo este signo del Zodiaco. *Yo soy* CAPRICORNIO, *ella es Piscis.* Ú. t. c. s.

caprifoliáceo, a. adj. *Bot.* Dícese de matas y arbustos angiospermos de hojas opuestas, cáliz adherente al ovario y semillas con albumen carnoso, de cubierta coriácea; como el saúco y la madreselva. Ú. t. c. s. ‖ **2.** f. pl. *Bot.* Familia de estas plantas.

caprino, na. adj. **cabruno.**

cápsula. f. Envoltura insípida y soluble de ciertos medicamentos desagradables al paladar. ‖ **2.** Por ext., el conjunto de la **cápsula** y el medicamento en ella incluido. ‖ **3.** Parte de la nave espacial donde se instalan los tripulantes, si los hay. ‖ **4.** *Bot.* Fruto seco, con una o más cavidades que contienen varias semillas y cuya dehiscencia se efectúa según el plano que no es perpendicular al eje del fruto; como el de la amapola.

capsular. adj. Perteneciente o semejante a la cápsula.

captación. f. Acción y efecto de captar.

captar. tr. Referido a aguas, recoger convenientemente las de uno o más manantiales. ‖ **2.** Percibir por medio de los sentidos o de la inteligencia, percatarse, comprender. CAPTAR *un ruido, un propósito oculto.* ‖ **3.** Recibir, recoger sonidos, imágenes, ondas, emisiones radiodifundidas. ‖ **4.** Con complemento directo de persona, atraer, ganar la voluntad o el afecto. ‖ **5.** Con voces como *benevolencia, estimación, atención, antipatía,* etc., atraer, conseguir, lograr lo que estas voces significan. Ú. t. c. prnl.

captor, ra. adj. Que capta. ‖ **2.** Que captura. Ú. t. c. s.

captura. f. Acción y efecto de capturar.

capturar. tr. Aprehender a persona que es o se reputa delincuente, y no se entrega voluntariamente. ‖ **2.** Por ext., aprehender, apoderarse de cualquier persona, animal o cosa que ofrezca resistencia.

capucha. f. **capucho,** prenda puntiaguda de la cabeza. ‖ **2.** *Zool.* Conjunto de plumas que cubre la parte superior de la cabeza de las aves.

capuchina. f. Planta trepadora, de tallos sarmentosos, que alcanza de tres a cuatro metros de largo, con hojas alternas y flores en forma de capucha, de color rojo anaranjado, olor aromático suave y sabor algo picante. Es originaria del Perú, se cultiva por adorno en los jardines, y es comestible. ‖ **2.** Dulce de yema cocido al baño de María, y comúnmente en figura de capucha.

capuchino, na. adj. Dícese del religioso o religiosa descalzos que pertenecen a la orden reformada de San Francisco, Ú. t. c. s. ‖ **2.** Perteneciente o relativo a la orden de los **capuchinos.** ‖ **3.** m. Café con leche espumoso.

capucho. m. Pieza del vestido, que sirve para cubrir la cabeza; remata en punta, y se puede echar a la espalda.

capuchón. m. **capucha,** capucho. ‖ **2.** Cubierta de la pluma estilográfica, bolígrafo, etc.

capuleto. m. Individuo de una familia veronesa enemiga tradicional de otra llamada de los Montescos. Ú.t. en sent. fig.

capulí. m. Árbol de América, de la familia de las rosáceas, que alcanza unos 15 metros de altura, especie de cerezo, que da un fruto de gusto y olor agradables. ‖ **2.** Fruto de este árbol. ❑ pl. *capulíes* o *capulís.*

capúlido. adj. *Zool.* Dícese de moluscos gasterópodos, existentes en todos los mares, cuya concha se distingue por su figura de bonete cónico y por su ancha abertura. Ú. t. c. s. m. ‖ **2.** m. pl. *Zool.* Familia de estos animales.

capullo. m. Envoltura de forma oval dentro de la cual se encierra, hilando su baba, el gusano de seda para transformarse en crisálida. ‖ **2.** Obra análoga de las larvas de otros insectos. ‖ **3.** Botón de las flores, especialmente de la rosa. ‖ **4. prepucio.** ‖ **5.** fig. y fam. Inocentón, torpe; novato.

caquéctico, ca. adj. Relativo a la caquexia. ‖ **2.** Que padece caquexia. Apl. a pers., ú. t. c. s.

caquexia. f. *Bot.* Decoloración de las partes verdes de las plantas por falta de luz. ‖ **2.** *Pat.* Estado de extrema desnutrición producido por enfermedades consuntivas; como la tuberculosis, las supuraciones, el cáncer, etc.

caqui[1]. m. Árbol de la familia de las ebenáceas, originario del Japón y de la China, del que se cultivan numerosas variedades en Europa y América del Sur; su fruto, dulce y carnoso, del tamaño de una manzana aproximadamente, es comestible. ‖ **2.** Fruto de este árbol.

caqui[2]. m. Tela de algodón o de lana, cuyo color varía desde el amarillo de ocre al verde gris. Se empezó a usar para uniformes militares en la India, y de allí se extendió su empleo a otros ejércitos. ‖ **2.** Color de esta tela.

cara[1]. f. Parte anterior de la cabeza humana desde el principio de la frente hasta la punta de la barbilla. Se usa, por ext., para designar la de algunos animales. || **2. semblante,** expresión del rostro. *José me recibió con buena* CARA. || **3.** Fachada o frente de alguna cosa. || **4.** Superficie de alguna cosa. *Las* CARAS *de una moneda, de una lámina.* || **5. anverso** de las monedas. || **6.** fig. Aspecto o apariencia de una cosa o asunto. *El pastel, el negocio tienen buena* CARA. || **7.** fig. y fam. En ciertas expresiones, desfachatez, descaro. *Fulano tiene mucha* CARA. *Se necesita* CARA *para hacer eso.* || **8.** *Geom.* Cada una de las superficies que forman o limitan un poliedro. || **cara a.** loc. prepos. Mirando en dirección a. CARA *al mar.* || **2.** fig. **ante, con vistas a.** CARA *al futuro.* || **cara a cara.** loc. adv. En presencia de otro y descubiertamente. Dícese también figuradamente de algunas cosas inanimadas. || **dar en cara** a alguien. fr. fig. Reconvenirle afeándole alguna cosa. || **dar la cara.** fr. fig. Responder de los propios actos y afrontar las consecuencias. || **dar** uno **la cara por** otro. fr. fig. y fam. Salir a su defensa. || **echar a la cara,** o **en cara,** o **en la cara,** a alguien alguna cosa. fr. fig. Recordarle algún beneficio que se le ha hecho. || **plantar cara** a alguien. fr. fig. y fam. Desafiarlo, oponerse, resistir a su autoridad. || **poner buena,** o **mala, cara.** fr. fam. Acoger bien, o mal, a una persona, o una idea o propuesta.

cara². m. abrev. de **caradura.** *Ese tipo es un* CARA.

caraba (ser la). fr. Ser algo o alguien fuera de serie, extraordinario, tanto para bien como para mal.

carabao. m. Rumiante parecido al búfalo, pero de color gris azulado y cuernos largos, aplanados y dirigidos hacia atrás. Es la principal bestia de tiro en Filipinas.

carabela. f. Antigua embarcación muy ligera, larga y angosta, con una sola cubierta, espolón a proa, popa llana, con tres palos y cofa solo en el mayor, antenas en los tres para velas latinas, y algunas vergas de cruz en el mayor y en el de proa.

carábido. adj. *Zool.* Dícese de insectos coleópteros, pentámeros, carnívoros, que son muy voraces, y beneficiosos para la agricultura, porque destruyen muchas orugas y otros animales perjudiciales. || **2.** m. pl. *Zool.* Familia de estos insectos, que comprende muchos millares de especies.

carabina. f. Arma de fuego, portátil, compuesta de las mismas piezas que el fusil, pero de menor longitud. || **2.** fig. y fam. Mujer de edad que acompañaba a ciertas señoritas cuando salían a la calle de paseo o a sus quehaceres.

carabinero¹. m. Soldado que usaba carabina. || **2.** Soldado destinado a la persecución del contrabando.

carabinero². m. Crustáceo de carne comestible semejante a la quisquilla, pero mayor.

cárabo¹. m. Insecto coleóptero, tipo de la familia de los carábidos, que es el de mayor tamaño de ellos y llega a alcanzar cuatro centímetros de largo. Durante el día vive debajo de las piedras.

cárabo². m. **autillo.**

caracal. m. Animal carnicero, especie de lince, que habita en los climas cálidos y es temible por su ferocidad.

caracalla. f. Prenda de vestir de origen galo, a manera de sobretodo, adoptada por los romanos.

caracol. m. Cualquiera de los moluscos testáceos de la clase de los gasterópodos. De sus muchas especies, algunas de las cuales son comestibles, unas viven en el mar, otras en las aguas dulces y otras son terrestres. || **2.** Concha de **caracol.** || **3.** V. **escalera de caracol.** || **4.** Rizo de pelo. || **5.** Cada una de las vueltas y giros que el jinete hace dar al caballo o las que hace un camino. || **6.** *Anat.* Una de las cavidades que constituyen el laberinto del oído de los vertebrados, que en los mamíferos es un conducto arrollado en espiral.

caracola. f. Concha de un caracol marino de gran tamaño, de forma cónica, que, abierta por el ápice y soplando por ella, produce un sonido como de trompa.

caracolear. intr. Hacer caracoles el caballo.

caracolillo. m. Planta de jardín, originaria de América Meridional, leguminosa, con tallos volubles, hojas romboidales puntiagudas, flores grandes, blancas y azules, aromáticas y enroscadas en figura de espiral. || **2.** Flor de esta planta. Ú. t. en pl. || **3.** Cierta clase de café muy estimado, cuyo grano es más pequeño y redondo que el común. || **4.** Cierta clase de caoba que tiene muchas vetas.

carácter. m. Signo de escritura o de imprenta. Ú. m. en pl. || **2.** Conjunto de cualidades o circunstancias propias de una cosa, de una persona o de una colectividad, que las distingue, por su modo de ser u obrar, de las demás. *El* CARÁCTER *español. El* CARÁCTER *insufrible de Fulano.* || **3.** Condición dada a una persona o a una cosa por la dignidad que sustenta o la función que desempeña. *El* CARÁCTER *de juez. Medidas de* CARÁCTER *transitorio.* || **4.** Señal espiritual que queda en una persona como efecto de un conocimiento o experiencia importantes, como, en la religión católica, la dejada por los sacramentos del bautismo, confirmación y orden. Ú. generalmente con los verbos *imprimir* e *imponer.* || **5.** Fuerza y elevación de ánimo natural de alguien, firmeza, energía. *Un hombre de* CARÁCTER. ❑ Como forma culta tiene el pl. **caracteres.**

característico, ca. adj. Perteneciente o relativo al carácter. ‖ **2.** Aplícase a la cualidad que da carácter o sirve para distinguir una persona o cosa de sus semejantes. Ú. t. c. s. f. ‖ **3.** m. y f. Actor y más comúnmente actriz que representa papeles de personas de edad.

caracterización. f. Acción y efecto de caracterizar o caracterizarse.

caracterizador, ra. adj. Que caracteriza.

caracterizar. tr. Determinar los atributos peculiares de una persona o cosa, de modo que claramente se distinga de las demás. Ú. t. c. prnl. ‖ **2.** Representar un actor su papel con la verdad y fuerza de expresión necesarias para reconocer al personaje representado. ‖ **3.** prnl. Pintarse la cara o vestirse el actor conforme al tipo o figura que ha de representar.

caracterología. f. Parte de la psicología, que estudia el carácter y personalidad del hombre. ‖ **2.** Conjunto de peculiaridades que forman el carácter de una persona.

caracul. adj. Variedad de ganado ovino procedente del Asia central que se distingue por la cola ancha y el pelo rizado. ‖ **2.** m. Piel de los corderos de esta raza, muy apreciada en peletería.

caradriforme. adj. *Zool.* Dícese de un grupo de aves de tamaño pequeño o mediano, zancudas y de pico generalmente largo, la mayoría de las cuales viven en la costa o son marinas. Ú. t. c. s. ‖ **2.** f. pl. *Zool.* Orden de estas aves, que comprende limícolas, gaviotas y alcas.

caradura. com. Persona que no tiene vergüenza.

carajillo. m. Bebida que se prepara generalmente añadiendo una bebida alcohólica fuerte al café caliente.

carajo. m. **pene,** miembro viril. Es voz malsonante. ‖ **2.** Úsase como interjección.

¡caramba! interj. con que se denota extrañeza o enfado.

carámbano. m. Pedazo de hielo más o menos largo y puntiagudo.

carambola. f. Lance del juego de trucos o billar en el que la bola arrojada toca a otras dos una tras otra **(carambola** limpia) o bien solo a una y esta, a su vez, a otra **(carambola** sucia o rusa). ‖ **2.** fig. y fam. Doble resultado que se alcanza mediante una sola acción. ‖ **3. chiripa,** casualidad favorable.

carambolo. m. Árbol de la familia de las oxalidáceas, indígena de la India y de otros países intertropicales del antiguo continente, que alcanza unos tres metros de altura, con hojas compuestas de folíolos aovados, flores rojas y bayas amarillas y comestibles.

caramel. m. Variedad de sardina, propia del Mediterráneo.

caramelizar. tr. **acaramelar,** bañar de azúcar en punto de caramelo. Ú. t. c. prnl.

caramelo. m. Azúcar fundido y endurecido. ‖ **2.** Golosina hecha con **caramelo** y aromatizada con esencias de frutas, hierbas, etc.

caramillo. m. Flautilla de caña, madera o hueso, con sonido muy agudo.

caramujo. m. Rosal silvestre. ‖ **2.** Especie de caracol pequeño que se pega a los fondos de los buques.

carantoña. f. fam. Halago y caricia que se hacen a alguien para conseguir de él alguna cosa. Ú. m. en pl.

caraña. f. Resina medicinal de ciertos árboles gutíferos americanos, sólida, quebradiza, gris amarillenta, algo lustrosa y de mal olor.

carapacho. m. Caparazón que cubre las tortugas, los cangrejos y otros animales.

carapopela. m. Especie de lagarto muy venenoso del Brasil.

caraqueño, ña. adj. Natural de Caracas. Ú. t. c. s. ‖ **2.** Perteneciente o relativo a esta ciudad de Venezuela.

carátula. f. Máscara para ocultar la cara. ‖ **2.** Cubierta o portada de un libro o de los estuches de discos, casetes, cintas de vídeo, etc.

carau. m. Ave zancuda, que alcanza unos 35 centímetros de alto, de pico largo y encorvado y color castaño oscuro. Vive solitaria en la República Argentina, en el Paraguay y en el Uruguay.

caravana. f. Grupo de gentes que en Asia y África se juntaban para hacer un viaje con seguridad, generalmente en camello u otras cabalgaduras, por razones religiosas o comerciales. ‖ **2.** Tráfico denso en carretera que obliga a los automóviles a marchar lentamente y a poca distancia entre ellos. ‖ **3.** Vehículo acondicionado para cocinar y dormir en él, que, remolcado por un automóvil, se usa en viajes largos; y, también el automóvil mismo dispuesto para aquellos fines.

¡caray! interj. **¡caramba!**

carbodinamita. f. *Quím.* Materia explosiva derivada de la nitroglicerina.

carbógeno. m. Polvo que sirve para preparar el agua de Seltz.

carbolíneo. m. Sustancia líquida, grasa y de color verdoso, obtenida por destilación del alquitrán de hulla, y que sirve para hacer impermeable la madera.

carbón. m. Materia sólida, ligera, negra y muy combustible, que resulta de la destilación o de la combustión incompleta de la leña o de otros cuerpos orgánicos. ‖ **2.** Brasa o ascua después de apagada. ‖ **3. carboncillo** de dibujar.

carbonado. m. Diamante negro.

carbonario, ria. adj. Se dijo de cada una de ciertas sociedades secretas fundadas en Italia en el siglo XIX con fines políticos o revolucionarios. *Las logias* CARBONARIAS. ‖ **2.** m. Individuo afiliado a alguna de estas sociedades.

carbonarismo. m. Movimiento de los carbonarios.

carbonatado, da. adj. *Quím.* Se aplica a toda base combinada con el ácido carbónico, formando carbonato. *Cal* CARBONATADA.

carbonatar. tr. *Quím.* Convertir en carbonato. Ú. t. c. prnl.

carbonato. m. *Quím.* Sal resultante de la combinación del ácido carbónico con un radical simple o compuesto.

carboncillo. m. Palillo de brezo, sauce u otra madera ligera, que, carbonizado, sirve para dibujar. ‖ **2.** Dibujo hecho con este palillo.

carbonera. f. Pila de leña, cubierta de arcilla para hacer carbón. ‖ **2.** Lugar donde se guarda carbón.

carbonería. f. Puesto o almacén donde se vende carbón.

carbonero. m. El que hace o vende carbón.

carbónico, ca. adj. *Quím.* Se aplica a muchas combinaciones o mezclas en que entra el carbono.

carbonífero, ra. adj. Dícese del terreno que contiene carbón mineral. ‖ **2.** *Geol.* Dícese del quinto de los seis períodos geológicos en que se divide la era paleozoica. Ú. t. c. s. ‖ **3.** Perteneciente al período durante el cual se han formado los yacimientos de carbón a partir de grandes bosques pantanosos y donde aparecen los primeros reptiles.

carbonilla. f. Carbón mineral menudo que, como residuo, suele quedar al mover y trasladar el grueso. ‖ **2.** Conjunto de trozos menudos de carbón a medio quemar que pasan a través de la parrilla de los hogares.

carbonilo. m. *Quím.* Radical formado por un átomo de carbono y otro de oxígeno. Símb.: *CO.*

carbonita. f. Sustancia explosiva, compuesta de nitroglicerina, sulfuro de benzol y un polvo hecho con serrín, nitrato de potasio o sodio y carbonato de sodio. Se emplea con los mismos fines que la dinamita.

carbonizar. tr. Reducir a carbón un cuerpo orgánico. Ú. t. c. prnl.

carbono. m. Elemento químico de núm. atóm. 6. Es extraordinariamente abundante en la naturaleza, tanto en los seres vivos como en el mundo mineral y en la atmósfera; se presenta con varias formas alotrópicas, como el diamante, el grafito y el carbón. Constituye la base de la química orgánica, y además de su importancia biológica, tiene gran variedad de usos y aplicaciones en sus distintas formas. Uno de sus isótopos, el **carbono** 14, es radiactivo y se utiliza para datar objetos y restos antiguos, y como trazador en la investigación biológica. Símb. *C.*

carbonoso, sa. adj. Que tiene carbón. ‖ **2.** Parecido al carbón.

carborundo. m. *Quím.* Carburo de silicio que se prepara sometiendo a elevadísima temperatura una mezcla de coque, arena silícea y cloruro de sodio, y resulta una masa cristalina que por su gran dureza, próxima a la del diamante, se usa para sustituir ventajosamente a la piedra molar y al esmeril.

carboxílico, ca. adj. Perteneciente o relativo al carboxilo.

carboxilo. m. *Quím.* Radical que caracteriza a los ácidos orgánicos. Símb.: *COOH.*

carbunclo. m. **carbúnculo.** ‖ **2. carbunco,** enfermedad.

carbunco. m. *Pat.* Enfermedad virulenta y contagiosa, frecuente y mortífera en el ganado lanar, vacuno, cabrío y a veces en el caballar; es transmisible al hombre, en el que se denomina ántrax maligno, y está causada por una bacteria específica. ❑ No confundir con *carbúnculo.*

carbúnculo. m. **rubí.** ❑ No confundir con *carbunco.*

carburación. f. Acto por el que se combinan el carbono y el hierro para producir el acero. ‖ **2.** *Quím.* Acción y efecto de carburar.

carburador. m. Aparato que sirve para carburar. ‖ **2.** Pieza de los automóviles, donde se efectúa la carburación.

carburante. m. Mezcla de hidrocarburos que se emplea en los motores de explosión y de combustión interna.

carburar. tr. *Quím.* Mezclar los gases o el aire atmosférico con los carburantes gaseosos o con los vapores de los carburantes líquidos, para hacerlos combustibles o detonantes. ‖ **2.** fig. y fam. Funcionar bien, dar una persona o una cosa su correcto rendimiento. Ú. m. con neg. *Esta máquina* NO CARBURA. *La cabeza* NO *le* CARBURA.

carburina. f. Sulfuro de carbono usado en tintorería y en economía doméstica para quitar las manchas de grasa en los tejidos.

carburo. m. *Quím.* Combinación del carbono con un radical simple.

carcaj. m. **aljaba.** ‖ **2.** *Amér.* Funda de cuero para el rifle. ❑ pl. *carcajes.*

carcajada. f. Risa impetuosa y ruidosa.

carcajear. intr. Reír a carcajadas. Ú. t. c. prnl.

carcamal. m. fam. Persona decrépita y achacosa. Suele tener valor despectivo. Ú. t. c. adj.

carcasa. f. **armazón,** esqueleto.

cárcava. f. Hoya o zanja grande que suelen hacer las avenidas de agua. ‖ **2.** Zanja o foso.

cárcavo. m. Hueco donde gira el rodezno de los molinos.

cárcel. f. Local destinado a reclusión de presos.

carcelario, ria. adj. Perteneciente o relativo a la cárcel. *Fiebre* CARCELARIA.

carcelera. f. Canto popular andaluz, cuyo tema son los trabajos y penalidades de los presidiarios.

carcelero, ra. adj. **carcelario.** ‖ **2.** m. y f. Persona que tiene cuidado de la cárcel.

carcinógeno, na. adj. Sustancia o agente que produce cáncer.

carcinología. f. Parte de la zoología, que trata de los crustáceos.

carcinoma. m. *Med.* Tumor maligno derivado de estructuras epiteliales.

carcoma. f. Nombre que se aplica a diversas especies de insectos coleópteros, muy pequeños y de color oscuro, cuyas larvas roen y taladran la madera produciendo a veces un ruido perceptible. ‖ **2.** Polvo que produce este insecto después de digerir la madera que ha roído. ‖ **3.** fig. Cuidado grave y continuo que mortifica y consume al que lo tiene.

carcomer. tr. Roer la carcoma la madera. ‖ **2.** fig. Consumir poco a poco alguna cosa; como la salud, la virtud, etc. Ú. t. c. prnl. ‖ **3.** prnl. Llenarse de carcoma alguna cosa.

cardador, ra. m. y f. Persona cuyo oficio es cardar. ‖ **2.** m. Miriópodo de cuerpo cilíndrico y liso, con poros laterales por donde sale un licor fétido. Se alimenta de sustancias en descomposición, y, cuando se ve sorprendido, se arrolla en espiral.

cardamomo. m. Planta medicinal, especie de amomo, con el fruto más pequeño, triangular y correoso, y las semillas esquinadas, aromáticas y de sabor algo picante.

cardar. tr. Limpiar o cepillar una materia textil con el fin de prepararla para el hilado. ‖ **2.** Peinar, cepillar el pelo desde la punta hasta la raíz a fin de que, al alisar ligeramente su superficie, quede hueco.

cardenal[1]. m. Cada uno de los prelados que componen el Sacro Colegio; son los consejeros del Papa en los asuntos graves de la Iglesia, y forman el cónclave para la elección del Sumo Pontífice. Su distintivo es capelo, birreta y vestido encarnados. ‖ **2.** Pájaro americano que alcanza 12 centímetros de largo, ceniciento, con una faja negra alrededor del pico, que se extiende hasta el cuello, y con un alto penacho rojo, al cual debe su nombre. Es muy erguido, inquieto y arisco, pero se halla bien en la jaula. Su canto es sonoro, variado y agradable. Vive unos veinticinco años. El de Venezuela es más pequeño; tiene el pico y los pies negros, el pecho rojizo, el lomo azul oscuro y el penacho rojo, en forma de mitra.

cardenal[2]. m. Mancha amoratada, negruzca o amarillenta de la piel a consecuencia de un golpe u otra causa.

cardenalato. m. Dignidad de cardenal.

cardenalicio, cia. adj. Perteneciente al cardenal[1] del Sacro Colegio.

cardenilla. f. Variedad de uva menuda, tardía y de color amoratado.

cardenillo. m. *Quím.* Mezcla venenosa de acetatos básicos de cobre; es una materia verdosa o azulada, que se forma en los objetos de cobre o sus aleaciones. ‖ **2.** Acetato de cobre que se emplea en la pintura. ‖ **3.** Color verde claro semejante al del acetato de cobre.

cárdeno, na. adj. De color amoratado. ‖ **2.** Dícese del toro cuyo pelo tiene mezcla de negro y blanco.

cardiáceo, a. adj. Que tiene forma de corazón.

cardíaco, ca o **cardiaco, ca.** adj. Perteneciente o relativo al corazón. ‖ **2.** Que padece del corazón. Ú. t. c. s.

cardialgia. f. *Pat.* Dolor agudo que se siente en el cardias y oprime el corazón.

cardias. m. *Anat.* Orificio que sirve de comunicación entre el estómago y el esófago de los vertebrados terrestres.

cárdigan. m. Chaqueta deportiva de punto, con escote en pico, generalmente sin cuello. ❑ pl. invar.

cardillo. m. Planta bienal, compuesta, que se cría en sembrados y barbechos, con flores amarillentas y hojas rizadas y espinosas por la margen, de las cuales la penquita se come cocida cuando está tierna.

cardinal. adj. Principal, fundamental. ‖ **2.** *Astron.* Se aplica a los signos Aries, Cáncer, Libra y Capricornio. Llámanse así porque tienen su principio en los cuatro puntos **cardinales** del Zodiaco, y entrando el Sol en ellos, empiezan respectivamente las cuatro estaciones del año. ‖ **3.** *Gram.* Dícese del adjetivo numeral que expresa exclusivamente cuántas son las personas, animales o cosas de que se trata; como *uno, diez, ciento.*

cardiografía. f. *Med.* Estudio y descripción del corazón.

cardiología. f. Tratado del corazón y de sus funciones y enfermedades.

cardiólogo, ga. m. y f. Médico especializado en las enfermedades del corazón.

cardiópata. adj. Dícese de la persona que padece alguna afección cardíaca. Ú. t. c. s.

cardiopatía. f. *Pat.* Enfermedad del corazón.

carditis. f. *Pat.* Inflamación del tejido muscular del corazón.

cardo. m. Planta anual, compuesta, que alcanza un metro de altura, hojas grandes y espinosas como las de la alcachofa, flores azules en cabezuela, y pencas que se comen crudas o cocidas, después de aporcada la planta para que resulten más blancas, tiernas y sabrosas. ‖ **2.** fig. Persona arisca.

cardumen. m. **banco** de peces.

carear. tr. Poner a una o varias personas en presencia de otra u otras, con objeto de apurar la verdad de dichos o hechos. ‖ **2.** prnl. Ponerse resueltamente cara a cara dos o más personas a fin de resolver algún asunto desagradable para cualquiera de ellas. ❑ No confundir con *cariar.*

carecer. intr. Tener falta de alguna cosa. ❑ Irreg. Se conj. como *agradecer.*

carena. f. Reparación del casco de la nave para hacerlo estanco.

carenado. m. Revestimiento de fibra de vidrio, plástico u otro material que se adapta a ciertos vehículos con fines ornamentales y aerodinámicos.

carenar. tr. *Mar.* Reparar o componer el casco de la nave. ‖ **2.** Añadir accesorios ornamentales o aerodinámicos a un vehículo.

carencia. f. Falta o privación de alguna cosa. ‖ **2.** *Med.* Falta de determinadas sustancias en la ración alimenticia, especialmente vitaminas. *Enfermedades por* CARENCIA. ‖ **3.** En seguros, período en el que el cliente nuevo no puede disfrutar de determinados servicios ofrecidos.

carenóstilo. m. Insecto de la familia de los carábidos, común en España y en otros países meridionales.

carente. adj. Que carece.

careo. m. Acción y efecto de carear o carearse.

carero, ra. adj. fam. Que acostumbra vender caro.

carestía. f. Falta o escasez de alguna cosa; por antonom., de los víveres. ‖ **2.** Subido precio de las cosas de uso común.

careta. f. Máscara o mascarilla de cartón u otra materia, para cubrir la cara. ‖ **2.** Mascarilla de alambres con que los colmeneros se preservan la cara de las picaduras de las abejas. ‖ **3.** Máscara de red metálica con la cual se guardan la cara de los golpes del contrario quienes se ensayan en la esgrima. ‖ **4.** Máscara, fingimiento, disimulo.

careto, ta. adj. Dícese del animal de raza caballar o vacuna que tiene la cara blanca, y la frente y el resto de la cabeza de color oscuro.

carey. m. Tortuga de mar, de hasta un metro de longitud, con las extremidades anteriores más largas que las posteriores, los pies palmeados, las mandíbulas festoneadas y el dorso del caparazón de color pardo o leonado y formado por escamas imbricadas. Sus huevos se aprecian como manjar excelente; abunda en las costas de las Indias Orientales y del golfo de Méjico. ‖ **2.** Materia córnea que se saca en chapas delgadas calentando por debajo las escamas del **carey.**

carga. f. Acción y efecto de cargar. ‖ **2.** Cosa que hace peso sobre otra. ‖ **3.** Cosa transportada a hombros, a lomo, o en cualquier vehículo. ‖ **4.** Repuesto del depósito o chasis de un utensilio o aparato cuyo contenido se agota periódicamente. CARGA *de un bolígrafo, de una batería.* ‖ **5.** Cantidad de sustancia explosiva que se pone en un arma de fuego, en una mina, en un barreno, etc. ‖ **6.** Boquilla del frasco u otra medida de la pólvora que corresponde a cada disparo. ‖ **7.** Acción de cargar en algunos deportes. ‖ **8.** fig. Impuesto, tributo, cualquier gravamen ligado a una propiedad o a un estado y al uso que de estos se hace. CARGAS *fiscales.* ‖ **9.** *Electr.* **carga eléctrica.** ‖ **10.** *Mil.* Embestida o ataque resuelto al enemigo o, en situaciones que afectan al orden público, la efectuada por los cuerpos de policía contra aquellos que lo alteran. ‖ **de profundidad.** Explosivo arrojadizo para atacar o destruir objetivos submarinos. ‖ **eléctrica.** *Fís.* Cantidad de electricidad acumulada en un cuerpo.

cargadera. f. *Mar.* Cabo con que se facilita la operación de arriar o cerrar las velas volantes y de cuchillo.

cargado, da. adj. Dícese del tiempo o de la atmósfera bochornosos. ‖ **2.** Fuerte, espeso, saturado; como el café.

cargador, ra. adj. Que carga. Ú. t. c. s. ‖ **2.** m. El que embarca las mercancías para que sean transportadas. ‖ **3.** El que tiene por oficio conducir cargas. ‖ **4.** Estuche metálico con un muelle impulsor en el que se disponen los proyectiles para las armas automáticas ligeras.

cargamento. m. Conjunto de mercaderías que carga una embarcación.

cargante. adj. Que carga, molesta, incomoda o cansa por su insistencia o modo de ser.

cargar. tr. Poner o echar peso sobre una persona o una bestia. ‖ **2.** Embarcar o poner en un vehículo mercancías para transportarlas. ‖ **3.** Introducir la carga o el cartucho en el cañón, recámara, etc., de un arma de fuego. ‖ **4.** Proveer a algún utensilio o aparato de aquello que necesita para funcionar. CARGAR *un cartucho, una máquina fotográfica*, etc. ‖ **5.** Acumular energía eléctrica en un cuerpo. ‖ **6.** En el fútbol y otros juegos similares, desplazar de su sitio un jugador a otro mediante un choque violento con el cuerpo. ‖ **7.** fig. Imponer a las personas o cosas un gravamen, carga u obligación. ‖ **8.** fig. Imputar, achacar a alguien alguna cosa. ‖ **9.** fig. y fam. Incomodar, molestar, cansar. ‖ **10.** *Com.* Anotar en las cuentas corrientes las partidas que corresponden al debe. ‖ **11.** *Com.* Añadir un costo al precio de algo. *Le* HEMOS CARGADO *dos mil pesetas por gastos de envío.* ‖ **12.** intr. Efectuar una carga contra el enemigo o contra una multitud. ‖ **13.** prnl. fig. Tratándose del tiempo, el cielo, el horizonte, etc., irse aglomerando y condensando las nubes. ‖ **14.** fig. Con la prep. *de*, llenarse o llegar a tener copia o abundancia de ciertas cosas. CARGARSE *uno* DE *hijos.* ‖ **cargarse** a alguien. fr. fig. y fam. Matarle, privarle de la vida.

cargazón. f. Pesadez sentida en alguna parte del cuerpo, como la cabeza, el estómago, etc. ‖ **2.** Aglomeración de nubes espesas.

cargo. m. Acción de cargar. ‖ **2.** Carga o peso. ‖ **3.** Pago que se hace o debe hacerse con dinero de una cuenta, y apuntamiento que de él se hace. ‖ **4.** fig. Dignidad, empleo, oficio. ‖ **5.** fig. Persona que lo desempeña. ‖ **6.** fig. Falta que se imputa a alguien en su comportamiento. ‖ **a cargo de.** loc. prepos. con que se indica que algo está confiado al cuidado de una persona. ‖ **2.** A expensas, a costa, a cuenta de.

carguero, ra. adj. Que lleva carga. Ú. t. c. s. ‖ **2.** m. Buque, tren, etc., de carga. ‖ **3.** m. y f. Persona que se dedica a llevar cargas.

cariacontecido, da. adj. fam. Que muestra en el semblante pena, turbación o sobresalto.

cariacos. m. pl. Indios caribes de las Antillas en la época del descubrimiento.

cariado, da. adj. Dícese de los huesos dañados o podridos.

cariar. tr. Corroer, producir caries. Ú. m. c. prnl. ❑ No confundir con *carear.*

cariátide. f. *Arq.* Estatua de mujer con traje talar, y que hace oficio de columna o pilastra. ‖ **2.** *Arq.* Por ext., cualquier figura humana que en un cuerpo arquitectónico sirve de columna o pilastra.

caribe. adj. Dícese del individuo de un pueblo que en otro tiempo dominó una parte de las Antillas y se extendió por el norte de América del Sur. Ú. t. c. s. ‖ **2.** Perteneciente a este pueblo. ‖ **3.** m. Lengua de los **caribes,** dividida en numerosos dialectos.

caribeño, ña. adj. Dícese del habitante de la región del Caribe. Ú. t. c. s. ‖ **2.** Perteneciente o relativo al mar Caribe, o a los territorios que baña.

caribú. m. Reno salvaje del Canadá. ❑ pl. *caribúes* o *caribús.*

caricáceo, a. adj. *Bot.* Dícese de árboles angiospermos dicotiledóneos con tallo poco ramificado y jugoso, flores generalmente unisexuales, de cáliz muy pequeño y corola gamopétala y pentámera; fruto en baya, de carne apretada al exterior y pulposa en lo interior, con semillas semejantes a las de las cucurbitáceas; como el papayo. Ú. t. c. s. f. ‖ **2.** f. pl. *Bot.* Familia de estas plantas.

caricato. m. Bajo cantante que en la ópera hace los papeles de bufo. ‖ **2.** Actor cómico especializado en la imitación de personajes conocidos.

caricatura. f. Dibujo satírico en que se deforman las facciones y el aspecto de alguna persona. ‖ **2.** Obra de arte que ridiculiza o toma en broma el modelo que tiene por objeto. Ú. t. en sent. despect. para referirse a las obras que no alcanzan a ser aquello que pretenden.

caricaturesco, ca. adj. Relativo a la caricatura o hecho al modo de ésta.

caricaturista. com. Dibujante de caricaturas.

caricaturizar. tr. Representar por medio de caricatura a una persona o cosa.

caricia. f. Demostración cariñosa que consiste en rozar suavemente con la mano el cuerpo de una persona, de un animal, etc. ‖ **2.** Halago, agasajo, demostración amorosa.

caridad. f. En la religión cristiana, una de las tres virtudes teologales, que consiste en amar a Dios sobre todas las cosas, y al prójimo como a nosotros mismos. ‖ **2.** Virtud cristiana opuesta a la envidia y a la animadversión. ‖ **3.** Limosna que se da, o auxilio que se presta a los necesitados. ‖ **4.** Actitud solidaria con el sufrimiento ajeno. ‖ **5.** Tratamiento usado en ciertas órdenes religiosas de mujeres, y en alguna cofradía devota de varones. Suele ir precedido por el posesivo *su* o *vuestra.*

caries. f. *Pat.* Destrucción localizada de tejidos duros. ‖ **2. caries dentaria.** ‖ **dentaria.** Erosión del esmalte de los dientes producida por bacterias.

carillón. m. Grupo de campanas en una torre, que producen un sonido armónico por estar acordadas. ‖ **2.** Juego de tubos o planchas de acero que producen un sonido musical. ‖ **3.** Reloj con **carillón.** ❑ No utilizar *carrillón.*

cariñena. m. Vino tinto, que se elabora en la ciudad de este nombre de la provincia de Zaragoza.

cariño. m. Inclinación de amor o buen afecto que se siente hacia una persona o cosa. ‖ **2.** Por ext., manifestación de dicho sentimiento. Ú. m. en pl. ‖ **3.** Esmero, afición con que se hace una labor o se trata una cosa.

cariñoso, sa. adj. Afectuoso, amoroso.

carioca. adj. Natural de Río de Janeiro. Ú. t. c. s. ‖ **2.** Perteneciente o relativo a esta ciudad o a su provincia. ❑ No utilizar por *brasileño.*

cariocariáceo, a. adj. *Bot.* Dícese de las plantas angiospermas dicotiledóneas, casi siempre leñosas, con frutos en drupa provistos de una o cuatro semillas que pueden contener proteínas y lípidos, pero nunca hidratos de carbono, y hojas divididas en tres lóbulos. Ú. t. c. s. f. ‖ **2.** f. pl. *Bot.* Familia de estas plantas.

cariocinesis. f. *Biol.* División del núcleo de la célula.

cariofiláceo, a. adj. *Bot.* Dícese de hierbas o matas angiospermas dicotiledóneas, con tallos erguidos, nudosos y articulados, o tendidos, frecuentemente provistos de estípulas membranosas; flores regulares, hermafroditas, y fruto en cápsula; como el clavel y la minutisa. Ú. t. c. s. f. ‖ **2.** f. pl. *Bot.* Familia de estas plantas.

cariofilina. f. *Quím.* Sustancia contenida en gran cantidad en el clavo de las Molucas.

cariópside. f. *Bot.* Fruto seco e indehiscente a cuya única semilla está íntimamente adherido el pericarpio; como el grano de trigo.

cariotipo. m. *Biol.* Juego completo de los pares de cromosomas de una célula, de forma, tamaño y número característicos de cada especie. ‖ **2.** *Biol.* Composición fotográfica de estos cromosomas, ordenados según un patrón estándar.

carisma. m. *Teol.* Don gratuito que Dios concede a algunas personas en beneficio de la comunidad. ‖ **2.** Por ext., don que tienen algunas personas de atraer o seducir por su presencia o su palabra.

carismático, ca. adj. Perteneciente o relativo al carisma.

caritativo, va. adj. Que ejercita la caridad. ‖ **2.** Perteneciente o relativo a la caridad.

cariz. m. fig. Aspecto que presenta un asunto o negocio.

carlanco. m. Ave zancuda del tamaño de un pollo pequeño, y de color azulado, que vive en España en estado salvaje.

carlinga. f. Espacio destinado en el interior de los aviones para la tripulación y los pasajeros.

carlismo. m. Orden de ideas profesadas por los carlistas. ‖ **2.** Rama dinástica iniciada con D. Carlos María Isidro de Borbón contra la entronización de Isabel II de España, que defiende el absolutismo y propugna reformas dentro de una continuidad tradicionalista.

carlista. adj. Perteneciente o relativo al carlismo. ‖ **2.** Partidario del carlismo. Ú. t. c. s.

carmañola. f. Especie de chaqueta parecida al marsellés y de cuello estrecho. ‖ **2.** Canción y danza de la Revolución francesa popular durante la época del Terror (1793-94).

carmelita. adj. Dícese del religioso de la orden del Carmen. Ú. t. c. s. ‖ **2. carmelitano.** ‖ **3.** f. Flor de la planta llamada capuchina, que se suele echar en las ensaladas.

carmelitano, na. adj. Perteneciente a la orden del Carmen.

carmen[1]**.** m. Orden regular de religiosos y religiosas mendicantes, fundada en el siglo XIII.

carmen[2]**.** m. Verso o composición poética.

carmenar. tr. Desenredar, desenmarañar y limpiar el cabello, la lana o la seda. Ú. t. c. prnl. ‖ **2.** fig. y fam. Quitar a alguien dinero o cosas de valor.

carmesí. adj. Aplícase al color de grana dado por el insecto quermes. Ú. t. c. s. ‖ **2.** Aplícase también a lo que es de este color. ‖ **3.** m. Polvo de color de la grana quermes. ‖ **4.** Tela de seda roja. ❑ pl. *carmesíes* o *carmesís.*

carmesita. f. *Mineral.* Silicato hidratado de hierro y alúmina.

carmín. m. Materia de color rojo encendido. ‖ **2.** Este mismo color. ‖ **3.** Pintalabios. ‖ **4.** Rosal silvestre cuyas flores son de color **carmín.** ‖ **5.** Flor de esta planta.

carminativo, va. adj. *Med.* Dícese del medicamento que favorece la expulsión de los gases desarrollados en el tubo digestivo. Ú. t. c. s. m.

carnada. f. Cebo animal para pescar o cazar. ‖ **2.** fig. y fam. **añagaza,** engaño.

carnal. adj. Perteneciente a la carne. ‖ **2.** Lascivo o lujurioso. ‖ **3.** Perteneciente a la lujuria. ‖ **4.** fig. Terrenal y que mira solamente las cosas del mundo.

carnaval. m. Los tres días que preceden al comienzo de la cuaresma. ‖ **2.** Fiesta popular que se celebra en tales días, y consiste en mascaradas, comparsas, bailes y otras diversiones.

carnavalesco, ca. adj. Perteneciente o relativo al carnaval.

carnaza. f. Cara de las pieles que ha estado en contacto con la carne y opuesta a la flor de las mismas. ‖ **2. carnada,** cebo para pescar. ‖ **3.** fig. despect. Víctima inocente, que carga sobre sí el riesgo o el daño que incumbe a otro. *Servir alguien de* CARNAZA, *echar a alguien de* CARNAZA.

carne. f. Parte muscular del cuerpo de los animales. ‖ **2.** Alimento consistente en todo o parte del cuerpo de un animal de la tierra o del aire, en contraposición a la comida de pescados y mariscos. ‖ **3.** Parte mollar de la fruta, que está bajo la cáscara o el pellejo. ‖ **4.** Parte material o corporal del hombre, considerada en oposición al espíritu. ‖ **de cañón.** fig. Tropa inconsideradamente expuesta a peligro de muerte. ‖ **de gallina.** fig. Aspecto que toma la epidermis del cuerpo humano, semejante a la piel de las gallinas y debido al frío, horror o miedo. ‖ **metido en carnes.** loc. adj. Dícese de la persona algo gruesa, sin llegar a la obesidad. ‖ **poner toda la carne en el asador.** fr. fig. y fam. Arriesgarlo todo de una vez, o extremar el conato. ‖ **ser de carne y hueso.** fr. fig. y fam. Ser sensible como los demás a las experiencias y vicisitudes de la vida humana.

carné. m. Documento que se expide a favor de una persona, provisto de su fotografía y que la faculta para ejercer ciertas actividades o la acredita como miembro de determinada agrupación. ‖ **de identidad. tarjeta de identidad.** ❑ pl. *carnés.*

carnero. m. Mamífero rumiante, que alcanza de siete a ocho decímetros de altura hasta la cruz, frente convexa, cuernos huecos, angulosos, arrugados transversalmente y arrollados en espiral, y lana espesa, blanca, negra o rojiza.

carnestolendas. f. pl. **carnaval.**

carnicería. f. Tienda o lugar donde se vende al por menor la carne para el abasto público. ‖ **2.** Destrozo y mortandad de gente causados por la guerra u otra gran catástrofe. ‖ **3.** Por ext., herida, lesión, etc., con efusión de sangre.

carnicero, ra. adj. Dícese del animal que da muerte a otros para comérselos. Ú. t. c. s. ‖ **2.** fam. Dícese de la persona que come mucha carne. ‖ **3.** fig. Cruel, sanguinario, inhumano. ‖ **4.** m. y f. Persona que vende carne.

cárnico, ca. adj. Perteneciente o relativo a las carnes destinadas al consumo. *Industrias* CÁRNICAS.

carnina. f. *Quím.* Principio amargo contenido en el extracto de carne.

carnívoro, ra. adj. Dícese del animal que se alimenta de carne, por oposición al herbívoro o frugívoro. ‖ **2.** Dícese de ciertas plantas herbáceas angiospermas dicotiledóneas, que se nutren de ciertos insectos que cogen por medio de órganos dispuestos para ello. ‖ **3.** *Zool.* Dícese de los mamíferos terrestres, con los dedos provistos de uñas, cuya dentición se caracteriza por tener caninos robustos y molares con tubérculos cortantes; como el oso, la hiena y el tigre. Ú. t. c. s. ‖ **4.** m. pl. *Zool.* Orden de estos animales.

carnosidad. f. Carne superflua que crece en una llaga. ‖ **2.** Carne irregular que sobresale en alguna parte del cuerpo.

carnoso, sa. adj. De carne de animal. ‖ **2.** Que tiene muchas carnes. ‖ **3.** Rico, sustancioso. ‖ **4.** *Bot.* Dícese de los órganos vegetales formados por parénquima blando.

caro, ra. adj. De precio elevado. ‖ **2.** Dícese de cualquier cosa vendida, comprada u ofrecida a un precio más alto que el de otra tomada como punto de referencia, la cual es más barata con relación a aquella. ‖ **3.** Amado, querido. ‖ **4.** adv. m. A un precio alto o subido.

caroba. f. Nombre de varios árboles de la familia de las bignoniáceas, a cuyas hojas y corteza se atribuyen propiedades medicinales.

carolingio, gia. adj. Perteneciente o relativo a Carlomagno y a su familia y dinastía o a su tiempo. Ú. t. c. s.

carolino, na. adj. Natural de las Carolinas. Ú. t. c. s. ‖ **2.** Perteneciente o relativo a estas islas. ‖ **3.** Dícese también de lo referente a la persona o reinado de algún Carlos, especialmente Carlos V.

carosis. f. *Pat.* Sopor profundo acompañado de insensibilidad completa.

caroteno. m. *Quím.* Cualquiera de los hidrocarburos no saturados, de origen vegetal y color rojo, anaranjado o amarillo; se encuentran en el tomate, la zanahoria, la yema de huevo, etc., y en los animales se transforman en las vitaminas A.

carótida. adj. *Anat.* Dícese de cada una de las dos arterias, propias de los vertebrados, que por uno y otro lado del cuello llevan la sangre a la cabeza. Ú. m. c. s.

carozo. m. Corazón de la mazorca. ‖ **2.** Hueso del melocotón y otras frutas. ‖ **3.** En dialectos del occidente de la Península y en América, diferentes partes más o menos duras de frutas.

carpa[1]. f. Pez teleósteo fisóstomo, verdoso por encima y amarillo por abajo, boca pequeña sin dientes, escamas grandes y una sola aleta dorsal; vive muchos años en las aguas dulces. Hay una especie procedente de la China, de color rojo y dorado.

carpa[2]. f. Gran toldo que cubre un circo o cualquier otro recinto amplio. ‖ **2.** *Amér.* **tienda de campaña.**

carpanta. f. fam. Hambre violenta.

carpelar. adj. *Bot.* Perteneciente o relativo a los carpelos.

carpelo. m. *Bot.* Hoja transformada para formar un pistilo o parte de un pistilo.

carpeta. f. Cartera grande para escribir sobre ella y guardar papeles. ‖ **2.** Cubierta con que se resguardan y ordenan los legajos.

carpetano, na. adj. Dícese de un pueblo prerromano, en cuya onomástica hay importantes elementos indoeuropeos, que ocupaba la actual provincia de Madrid y parte de las de Guadalajara, Toledo y Ciudad Real. Ú. t. c. s. ‖ **2.** Dícese también de los individuos que componían dicha tribu. Ú. t. c. s. ‖ **3.** Perteneciente o relativo a los **carpetanos.** ‖ **4.** Natural del reino de Toledo. Ú. t. c. s. ‖ **5.** Perteneciente o relativo al reino de Toledo.

carpetazo (dar). fr. fig. Dar por terminado un asunto o desistir de proseguirlo.

carpetovetónico, ca. adj. Perteneciente o relativo a los carpetanos y vetones. ‖ **2.** fig. Dícese de las personas, costumbres, ideas, etc., que se tienen por españolas a ultranza, y sirven de bandera frente a todo influjo foráneo.

carpiano, na. adj. *Anat.* Perteneciente o relativo al carpo.

carpincho. m. *Amér.* Roedor anfibio, de un metro de largo, que vive en el Brasil, Paraguay, Argentina, Chile y otros países americanos, a orillas de los ríos y lagunas; se alimenta de peces y de hierbas y se le domestica con facilidad.

carpintería. f. Taller o tienda en donde trabaja el carpintero. ‖ **2.** Oficio de carpintero. ‖ **3.** Obra o labor del carpintero.

carpintero. m. El que por oficio trabaja y labra madera, ordinariamente común.

carpo. m. *Anat.* Conjunto de huesos en las extremidades anteriores de los batracios, reptiles y mamíferos, que por un lado está articulado con el cúbito y el radio y por otro con los huesos del metacarpo. En el hombre constituye el esqueleto de la muñeca y está compuesto de ocho huesos íntimamente unidos y dispuestos en dos filas.

carpófago, ga. adj. Se dice del animal que principalmente se alimenta de frutos.

carpología. f. *Bot.* Parte de la botánica que estudia el fruto de las plantas.

carquesa. f. Horno para templar objetos de vidrio.

carquesia. f. Mata leñosa, de la familia de las papilionáceas, parecida a la retama, con ramas rastreras y ramillas herbáceas, hojas escasas, alternas, lanceoladas, algo vellosas y flores amarillas. Es medicinal.

carra. f. En los teatros, plataforma deslizante sobre la que va un decorado o parte de él, que aparece, desaparece o se desplaza según lo requiera la representación.

carraca[1]. f. despect. Barco viejo o tardo en navegar. ‖ **2.** despect. Por ext., cualquier artefacto deteriorado o caduco.

carraca[2]. f. Instrumento de madera, en que los dientes de una rueda, levantando consecutivamente una o más lengüetas, producen un ruido seco y desapacible. ‖ **2.** Pájaro de tamaño algo menor que la corneja, de cabeza, alas y vientre azules, dorso castaño y pico ganchudo en la punta. Es ave migratoria que pasa el verano en Europa, donde cría.

carraleja. f. Insecto coleóptero, heterómero, de color por lo común negro y con rayas transversales rojas; carece de alas posteriores, tiene élitros cortos y abdomen que arrastra al andar. Es de la familia de las cantáridas y sus propiedades terapéuticas son semejantes, por lo que se usa en veterinaria. Hay en España varias especies.

carrasca. f. Encina, generalmente pequeña, o mata de ella.

carrascal. m. Sitio o monte poblado de carrascas.

carrasco. m. **carrasca,** encina. ‖ **2.** *Amér.* Extensión grande de terreno cubierto de vegetación leñosa.

carraspear. intr. Sentir o padecer carraspera. ‖ **2.** Emitir una tosecilla repetidas veces a fin de aclarar la garganta y evitar el enronquecimiento de la voz.

carraspeo. m. Acción y efecto de carraspear.

carraspera. f. fam. Cierta aspereza de la garganta, que obliga a desembarazarla tosiendo. ‖ **2. carraspeo.**

carraspique. m. Planta de jardín, herbácea, crucífera, que alcanza cuatro decímetros de altura, con tallos rectos, hojas lanceoladas y flores moradas o blancas en corimbos redondos muy apretados.

carrera. f. Acción de correr el hombre o el animal cierto espacio. ‖ **2.** Sitio destinado para correr. ‖ **3.** Calle que fue antes camino. *La* CARRERA *de San Jerónimo.* ‖ **4.** Pugna de velocidad entre personas que corren, guían vehículos o montan animales. ‖ **5.** Recorrido que hacía un coche de alquiler, y todavía hacen algunos vehículos de la misma índole, transportando clientes, por un precio fijo, de un punto a otro de la ciudad, dentro de un perímetro delimitado. ‖ **6.** Cada uno de los servicios que hace un vehículo de alquiler transportando clientes de un punto a otro de la ciudad, según tarifa establecida. ‖ **7.** fig. Línea o puntos que se sueltan en la media o en otro tejido análogo. ‖ **8.** Conjunto de estudios que habilitan para el ejercicio de una profesión. ‖ **9.** fig. Profesión de las armas, letras, ciencias, etc. ‖ **10.** *Arq.* Viga horizontal para sostener otras, o para enlace de las construcciones. ‖ **11.** pl. Pugna de velocidad entre caballos de raza especial montados por yoqueis. ‖ **de relevos.** *Dep.* Modalidad de competición atlética en la que los corredores de cada equipo se reemplazan sucesivamente a lo largo del recorrido, cubriendo todos ellos distancias iguales. ‖ **hacer carrera.** fr.

Prosperar en sociedad. ‖ **tomar carrera.** fr. Retroceder para poder avanzar con más ímpetu.

carrerilla. f. En la danza española, dos pasos cortos acelerados hacia adelante, inclinándose a uno u otro lado. ‖ **de carrerilla.** loc. adv. fam. De memoria y de corrido, sin enterarse mucho de lo que se ha leído o estudiado. Ú. principalmente con los verbos *decir* y *saber*.

carreta. f. Carro largo, angosto y más bajo que el ordinario, cuyo plano se prolonga en una lanza en que se sujeta el yugo. Comúnmente tiene solo dos ruedas, sin herrar.

carretada. f. Carga que lleva una carreta o un carro. ‖ **2.** fig. y fam. Gran cantidad de cualquier especie de cosas.

carrete. m. Cilindro de madera, metal, plástico, etc., generalmente taladrado por el eje, con rebordes en sus bases, que sirve para devanar y mantener arrollados en él hilos, alambres, cordeles, cables, cintas, etc. ‖ **2.** Cilindro de la caña de pescar en que se enrolla el sedal. ‖ **3.** Cilindro en el que se enrolla la película fotográfica. ‖ **4.** Rollo de película para hacer fotografías.

carretela. f. Coche de cuatro asientos, con caja poco profunda y cubierta plegadiza.

carretera. f. Camino público, ancho y espacioso, pavimentado y dispuesto para el tránsito de vehículos.

carretero. m. El que hace carros y carretas. ‖ **2.** El que guía las caballerías o los bueyes que tiran de tales vehículos. ‖ **hablar** o **jurar como un carretero.** fr. fig. y fam. Blasfemar, o echar muchas maldiciones.

carretilla. f. Carro pequeño de mano, generalmente de una sola rueda, con un cajón para poner la carga y, en la parte posterior, dos varas para dirigirlo y dos pies en que descansa. En las obras sirve para trasladar tierra, arena y otros materiales.

carricera. f. Planta perenne de la familia de las gramíneas, con el tallo de más de dos metros de altura, hojas surcadas por canalillos, y flores blanquecinas en panoja muy ramosa, con aristas largas.

carricerín. m. Pájaro insectívoro que se distingue del carricero por su plumaje pardo manchado con listas o filas de motas en el occipucio, y por ser un poco menor.

carricero. m. Pequeño pájaro insectívoro de color pardo casi uniforme. Su tamaño es de 12,5 a 19 centímetros. Generalmente habita en los carrizales y vegetación próxima al agua.

carricoche. m. Carro cubierto cuya caja era como la de un coche. ‖ **2.** despect. Coche viejo o de mala figura.

carril. m. En las vías férreas, cada una de las barras de hierro o de acero laminado que, formando dos líneas paralelas, sustentan y guían las locomotoras y vagones que ruedan sobre ellas. ‖ **2.** Por ext., ranura guía sobre la que se desliza un objeto en una dirección determinada, como en una puerta de corredera. ‖ **3.** En una vía pública, cada banda longitudinal destinada al tránsito de una sola fila de vehículos.

carrillada. f. Conjunto de los dos carrillos del puerco y de otros animales. ‖ **2.** Escalofrío que hace temblar y chocar las mandíbulas. Ú. m. en pl.

carrillera. f. Quijada de ciertos animales.

carrillo. m. Parte carnosa de la cara, desde los pómulos hasta lo bajo de la quijada. ‖ **comer,** o **masticar, a dos carrillos.** fr. fig. y fam. Comer con rapidez y voracidad.

carrizal. m. Sitio poblado de carrizos.

carrizo. m. Planta gramínea, indígena de España, con la raíz larga, rastrera y dulce, tallo de dos metros, hojas planas, largas, delgadas y lanceoladas, y flores en panojas anchas y con mucha copa. Se cría cerca del agua; sus hojas sirven para forraje; sus tallos servían para construir cielos rasos, y sus panojas, para hacer escobas. ‖ **2.** Planta indígena de Venezuela, gramínea, de tallos nudosos y de seis a siete centímetros de diámetro, que contienen agua dulce y fresca.

carro. m. Carruaje de dos ruedas, con varas para enganchar el tiro, y cuya armazón consiste en un bastidor con listones o cuerdas para sostener la carga, y varales o tablas en los costados, y a veces en los frentes, para sujetarla. ‖ **2.** Cualquier vehículo o armazón con ruedas que se emplea para transportar objetos diversos, como el cesto de la compra, libros, comida, equipaje, etc. ‖ **3.** *Amér.* Coche, automóvil. ‖ **4.** *Mec.* Pieza de algunas máquinas dotada de un movimiento de traslación horizontal; como la que sostiene el papel en las máquinas de escribir o la que sirve para sujetar las herramientas en el torno. ‖ **5.** *Mil.* Tanque de guerra. ‖ **carros y carretas.** loc. fig. y fam. Contrariedades, contratiempos o incomodidades graves que se soportan pacientemente. Ú. m. con los verbos *pasar* y *aguantar*. ‖ **parar el carro.** fr. fig. y fam. Contenerse o moderarse el que está enojado u obra arrebatadamente. No se usa, por lo común, sino en imperativo. PARE *usted* EL CARRO.

carrocería. f. Parte de los vehículos automóviles o ferroviarios que, asentada sobre el bastidor, reviste el motor y otros elementos, y en cuyo interior se acomodan los pasajeros o la carga.

carromato. m. Carro grande de dos ruedas, con dos varas para enganchar una caballería o más en reata, y que suele tener bolsas de cuerda para recibir la carga, y un toldo de lienzo y cañas. ‖ **2.** fig. Cualquier carruaje demasiado grande, incómodo y desvencijado.

carroña. f. Carne corrompida. ‖ **2.** fig. Persona, idea o cosa ruin y despreciable.

carroñero, ra. adj. Perteneciente o relativo a la carroña. ‖ **2.** Dícese del animal que se alimenta principalmente de carroña. Ú. t. c. s.

carroza. f. Coche grande, ricamente vestido y adornado. ‖ **2.** Por ext., se llama así a la que se construye para funciones públicas.

carruaje. m. Vehículo formado por una armazón de madera o hierro, montada sobre ruedas.

carrusel. m. Espectáculo en que varios jinetes ejecutan vistosas evoluciones. ‖ **2. tiovivo.**

cárstico, ca. adj. Dícese de diversas formaciones calizas, producidas por la erosión o la acción disolvente del agua.

carta. f. Papel escrito, y ordinariamente cerrado, que una persona envía a otra para comunicarse con ella. ‖ **2.** Cada una de las cartulinas que componen la baraja. ‖ **3.** Constitución escrita o código fundamental de un Estado. ‖ **4.** Lista de platos y bebidas que se pueden elegir en un restaurante o establecimiento análogo. ‖ **5. mapa** de la Tierra o parte de ella. ‖ **abierta.** La dirigida a una persona y destinada a la publicidad. ‖ **2.** La de crédito, por cuantía indefinida. ‖ **astral.** Gráfico de la posición de los planetas y de otros factores que concurren en el instante del nacimiento de una persona, a partir del cual los astrólogos interpretan los rasgos y tendencias constitucionales de esta. ‖ **blanca.** fig. y fam. Facultad amplia que se da a alguno para obrar en determinado negocio. ‖ **pastoral.** Escrito o discurso que con instrucciones y exhortaciones dirige un prelado a sus diocesanos. ‖ **cartas credenciales.** Las que se dan al embajador o ministro para que se le admita y reconozca por tal. Ú. t. en sing. ‖ **echar las cartas.** fr. Hacer con los naipes ciertas combinaciones, fingiendo con ellas adivinar cosas ocultas o venideras. ‖ **jugar** alguien **bien sus cartas.** fr. fig. Desempeñarse con astucia en un asunto delicado. ‖ **poner las cartas boca arriba.** fr. fig. Poner alguien de manifiesto un propósito u opinión que se guardaba oculto.

cartabón. m. Plantilla de madera, plástico u otro material en forma de triángulo rectángulo escaleno que se utiliza en delineación. ‖ **2.** Instrumento formado por dos reglas ortogonales que se utiliza en carpintería para marcar ángulos rectos.

cartagenero, ra. adj. Natural de Cartagena (España) y de Cartagena de Indias (Colombia). Ú. t. c. s. ‖ **2.** Perteneciente o relativo a estas ciudades. ❑ No utilizar por *cartaginés.*

cartaginés, sa. adj. Natural de Cartago. Ú. t. c. s. ‖ **2.** Perteneciente a esta antigua ciudad de África. ‖ **3. cartagenero.** Apl. a pers., ú. t. c. s. ‖ **4.** Natural de Cartago, provincia y ciudad de Costa Rica. Ú. t. c. s. ‖ **5.** Perteneciente a esta ciudad de Costa Rica o a su provincia. ❑ No utilizar por *cartagenero.*

cartapacio. m. Cuaderno para escribir o tomar apuntes. ‖ **2.** Conjunto de papeles contenidos en una carpeta.

cartearse. prnl. Corresponderse por cartas.

cartel[1]. m. Papel, pieza de tela o lámina de otra materia, en que hay inscripciones o figuras y que se exhibe con fines noticieros, de anuncio, propaganda, etc.

cartel[2] o **cártel.** m. *Econ.* Convenio entre varias empresas similares para evitar la mutua competencia y regular la producción, venta y precios en determinado campo industrial. ‖ **2.** Organización ilícita vinculada al tráfico de drogas o de armas.

cartela. f. Pedazo de cartón, madera u otra materia, a modo de tarjeta, destinado para poner o escribir en él alguna cosa. ‖ **2.** Cada uno de los hierros que sostienen los balcones cuando no tienen repisa de albañilería.

cartelera. f. Cartel anunciador de funciones teatrales o de otros espectáculos. ‖ **2.** Sección de los periódicos donde se anuncian estas funciones y espectáculos.

cartelero, ra. adj. Dícese del espectáculo, autor, artista, torero, etc., que tiene cartel o atrae al público.

cartelista. com. Persona que tiene por oficio diseñar o pintar carteles, anuncios, etc.

cárter. m. *Mec.* En los automóviles y otras máquinas, pieza o conjunto de piezas que protege determinados órganos y a veces sirve como depósito de lubricante. ❑ pl. *cárteres.*

cartera. f. Objeto rectangular hecho de piel u otro material, plegado por su mitad, con divisiones internas, que se lleva en el bolsillo y sirve para contener documentos, tarjetas, billetes de banco, etc. ‖ **2.** Objeto de forma cuadrangular hecho de cuero u otra materia generalmente flexible que se usa para llevar en su interior documentos, papeles, libros, etc. ‖ **3.** fig. Empleo de ministro, jefe de un ministerio. ‖ **4.** fig. Ejercicio de las funciones propias de cada ministerio. ‖ **5.** *Amér.* Bolso de las mujeres.

carterista. m. Ladrón de carteras de bolsillo.

cartero, ra. m. y f. Persona cuyo oficio es repartir las cartas del correo.

cartesianismo. m. Sistema filosófico de Cartesio o Descartes y de sus discípulos.

cartesiano, na. adj. Partidario del cartesianismo o perteneciente a él. Apl. a pers., ú. t. c. s.

cartilagíneo, a. adj. *Zool.* Dícese de los peces cuyo neuroesqueleto consta de piezas cartilaginosas.

cartilaginoso, sa. adj. Relativo a los cartílagos. ǁ **2.** Semejante al cartílago o de tal naturaleza.

cartílago. m. *Anat.* Tejido esquelético flexible de los vertebrados y algunos invertebrados, formado por grupos aislados de células incluidos en una matriz de colágeno.

cartilla. f. Cuaderno pequeño, impreso, que contiene las letras del alfabeto y los primeros rudimentos para aprender a leer. ǁ **2.** Cuaderno o libreta donde se anotan ciertas circunstancias o vicisitudes que interesan a determinada persona, como las que dan las cajas de ahorros a los imponentes. ǁ **cantarle,** o **leerle,** a alguien **la cartilla.** fr. fig. y fam. Reprenderle, advirtiendo lo que debe hacer en algún asunto.

cartografía. f. Arte de trazar cartas geográficas. ǁ **2.** Ciencia que las estudia.

cartografiar. tr. Levantar y trazar la carta geográfica de una porción de superficie terrestre.

cartográfico, ca. adj. Perteneciente o relativo a la cartografía.

cartomancia o **cartomancía.** f. Arte que pretende adivinar el futuro por medio de los naipes.

cartometría. f. Medición de las líneas de las cartas geográficas.

cartómetro. m. Curvímetro, aparato que sirve para medir las líneas trazadas en las cartas geográficas.

cartón. m. Conjunto de varias hojas superpuestas de pasta de papel que, en estado húmedo, se adhieren unas a otras por compresión y se secan después por evaporación. ǁ **2.** Hoja de varios tamaños, hecha de pasta de trapo, papel viejo y otras materias. ǁ **3.** Envase de **cartón** que suele contener diez cajetillas de cigarrillos. ǁ **4.** *Pint.* Dibujo sobre papel, a veces colorido, de una composición o figura, ejecutado en el mismo tamaño que ha de tener la obra de pintura, mosaico, tapicería o vidriería para la que servirá de modelo. Por ext., se aplica a los modelos para tapices pintados sobre lienzo. ǁ **piedra.** Pasta de **cartón** o papel, yeso y aceite secante que luego se endurece mucho y con la cual puede hacerse toda clase de figuras.

cartoné. m. *Impr.* Encuadernación que se hace con tapas de cartón y forro de papel.

cartonista. com. Persona que tiene por oficio proyectar tapices y alfombras mediante dibujos en colores.

cartuchera. f. Caja, generalmente de cuero, y destinada a llevar la dotación individual de cartuchos de guerra o caza.

cartucho. m. Carga de pólvora y municiones, o de pólvora sola, correspondiente a cada tiro de algún arma de fuego, envuelta en papel o lienzo o encerrada en un tubo metálico, para cargar de una vez. ǁ **2.** Dispositivo intercambiable, de forma, tamaño y material variables, provisto de lo necesario para que funcionen ciertas máquinas, aparatos e instrumentos. *Un* CARTUCHO *fotográfico, de una estilográfica.* ǁ **3. cucurucho.** ǁ **de fogueo.** El que se emplea sin bala para adiestramiento de la tropa, salvas, etc.

cartuja. n. p. f. Orden religiosa muy austera, que fundó San Bruno el año 1086. ǁ **2.** f. Monasterio o convento de esta orden.

cartujano, na. adj. Perteneciente a la Cartuja. ǁ **2. cartujo.** Apl. a pers., ú. t. c. s. ǁ **3.** Se dice del caballo o yegua que ofrece las señales más características de la raza andaluza.

cartujo. adj. Dícese del religioso de la Cartuja. Ú. t. c. s.

cartulina. f. Cartón delgado, generalmente terso, que se usa para tarjetas, diplomas y cosas análogas.

carúncula. f. Especie de carnosidad de color rojo vivo y naturaleza eréctil, que poseen en la cabeza algunos animales, como el pavo y el gallo.

casa. f. Edificio para habitar. ǁ **2.** Piso o parte de una **casa,** en que vive un individuo o una familia. ǁ **3.** Edificio, mobiliario, régimen de vida, etc., de alguien. *Echo de menos las comodidades de* CASA. ǁ **4.** Descendencia o linaje que tiene un mismo apellido y viene del mismo origen. ǁ **5.** Establecimiento industrial o mercantil. *Esta* CASA *es la más antigua en su ramo.* ǁ **celeste.** *Astrol.* Cada una de las 12 partes en que se considera dividido el cielo por círculos de longitud o por los del atacir. ǁ **consistorial. casa** de la villa o ciudad adonde concurren los concejales de su ayuntamiento a celebrar sus juntas. Ú. t. en pl. ǁ **de citas.** Aquella en que se facilita, clandestinamente, y por precio, habitación para las relaciones sexuales. ǁ **de empeño.** Establecimiento donde se presta dinero mediante la entrega condicionada de alhajas o ropas u otros bienes muebles, en prenda. ǁ **de huéspedes.** Aquella en que, mediante cierto precio, se da estancia y comida, o solo alojamiento, a algunas personas. ǁ **de lenocinio. casa** de mujeres públicas. ǁ **de locos. manicomio.** ǁ **de putas.** fam. **casa de lenocinio.** ǁ **de socorro.** Establecimiento benéfico donde se prestan los primeros auxilios facultativos a heridos o atacados de cualquier repentino accidente. ǁ **como una casa.** loc. comparativa. Dícese de lo que es muy grande o de gran envergadura. ‖ **echar,** o **tirar, la casa por la ventana.** fr. fig. y fam. Gastar con esplendidez en un convite o con cualquier otro motivo. ‖ **para andar por casa.** loc. adj. que, por metáfora de la indumentaria casera, se aplica a procedimientos, soluciones, explicaciones, etcétera, de poco valor, hechos sin rigor, etc.

casaca. f. Vestidura ceñida al cuerpo, con mangas que llegan hasta la muñeca, y con faldones hasta las corvas. Suele ser prenda de uniforme.

casación. f. *Der.* Acción de casar[1] o anular.

casadero, ra. adj. Que está en edad de casarse.

casamentero, ra. adj. Que propone una boda o interviene en el ajuste de ella. Se dice más bien del que con frecuencia entiende en tales negocios, por afición o por interés. Ú. t. c. s.

casamiento. m. Acción y efecto de casar[2] o casarse, contraer matrimonio.

casanova. m. Hombre famoso por sus aventuras amorosas.

casar[1]. tr. *Der.* Anular, abrogar, derogar.

casar[2]. intr. **contraer matrimonio.** Ú. m. c. prnl. ‖ **2.** Corresponder, conformarse, cuadrar una cosa con otra. ‖ **3.** tr. Autorizar un ministro de la Iglesia el sacramento del matrimonio, o tratándose del matrimonio civil, autorizar este el juez o la autoridad competente. ‖ **no casarse con nadie.** fr. fig. y fam. Conservar la independencia de opinión o actitud.

casca. f. Hollejo de la uva después de pisada y exprimida.

cascabel. m. Bola hueca de metal, ordinariamente del tamaño de una avellana o de una nuez, con asa y una abertura debajo rematada en dos agujeros. Lleva dentro un pedacito de hierro o latón para que, moviéndolo, suene. Sirve para ponerlo al cuello a algunos animales, en los jaeces de los caballos y para otros usos.

cascabelear. intr. Hacer sonar cascabeles o producir un sonido semejante al de los cascabeles.

cascabeleo. m. Ruido de cascabeles o de voces o risas que lo semejan.

cascabelero, ra. adj. fig. y fam. Se dice de la persona de poco seso y fundamento y particularmente alegre y desenfadada. Ú. t. c. s.

cascabelillo. m. Variedad de ciruela, chica y redonda, de color purpúreo oscuro y de sabor dulce, que suelta con facilidad el hueso, y que, expuesta al sol o al aire, se reduce a pasa.

cascabillo. m. Cascarilla en que se contiene el grano de trigo o de cebada. ‖ **2.** Cúpula de la bellota.

cascada. f. Caída desde cierta altura del agua de un río u otra corriente por rápido desnivel del cauce.

cascado, da. adj. Dícese de lo que está gastado o muy trabajado, o que carece de fuerza, sonoridad, entonación, etc. Se aplica especialmente a las cosas humanas.

cascajo. m. Guijo, fragmentos de piedra y de otras cosas que se quiebran. ‖ **2.** Conjunto de frutas de cáscaras secas, como nueces, avellanas, castañas, piñones, etc., que se suelen comer en las navidades.

cascalote. m. Árbol americano, de la familia de las mimosáceas, muy alto y grueso, cuyo fruto abunda en tanino y se emplea para curtir, y también en medicina como astringente.

cascanueces. m. Instrumento de hierro o de madera, a modo de tenaza, para partir nueces.

cascar. tr. Quebrantar o hender una cosa quebradiza. Ú. t. c. prnl. ‖ **2.** fam. Dar a alguien golpes con la mano u otra cosa. ‖ **3.** intr. fig. y fam. **morir.** ‖ **4.** fam. **charlar.** Ú. t. c. tr.

cáscara. f. Corteza o cubierta exterior de los huevos, de varias frutas y de otras cosas.

cascarón. m. Cáscara de huevo de cualquier ave, y más particularmente la rota por el pollo al salir de él.

cascarrabias. com. fam. Persona que fácilmente se enoja, riñe o demuestra enfado.

cascarria. f. **cazcarria.**

casco. m. **cráneo.** ‖ **2.** Fragmento que queda de un vaso o vasija al romperse o de una bomba después de estallar. ‖ **3.** Pieza de la armadura, que cubre y defiende la cabeza. ‖ **4.** Cobertura de metal o de otra materia, que se usa para proteger la cabeza de heridas, contusiones, etc. ‖ **5.** Recipiente, como tonel o botella, cuando está vacío. ‖ **6.** Cuerpo de la nave o avión con abstracción del aparejo y las máquinas. ‖ **7.** En las bestias caballares, uña del pie o de la mano, que se corta y alisa para sentar la herradura. ‖ **de población.** Conjunto de edificaciones de una ciudad, hasta donde termina su agrupación. ‖ **urbano. casco de población.** ‖ **cascos azules.** Tropas que por encargo de las Naciones Unidas intervienen como fuerzas neutrales en zonas conflictivas. ‖ **alegre,** o **barrenado, de cascos.** loc. fam. Dícese de la persona de poco asiento y reflexión. ‖ **calentar** a alguien **los cascos.** fr. fig. Inquietarle con preocupaciones. Ú. t. c. prnl.

cascote. m. Fragmento de alguna fábrica derribada o arruinada. ‖ **2.** Conjunto de escombros, usado para otras obras nuevas.

caseación. f. Acción de cuajarse o endurecerse la leche.

caseificación. f. Acción y efecto de caseificar.

caseificar. tr. Transformar en caseína.

caseína. f. *Quím.* Proteína de la leche, rica en fósforo, que, junto con otros componentes de ella, forma la cuajada que se emplea para fabricar el queso.

caseoso, sa. adj. Perteneciente o relativo al queso. ‖ **2.** *Med.* Dícese de los tejidos que, por necrosis, adquieren una consistencia semejante a la del queso.

caserío. m. Conjunto de casas que no llegan a constituir un pueblo. ‖ **2.** Casa aislada en el campo, con edificios dependientes y fincas rústicas unidas y cercanas a ella.

caserna. f. Bóveda, a prueba de bomba, que se construye debajo de los baluartes y sirve para alojar soldados y también para almacenar víveres y otras cosas.

casero, ra. adj. Que se hace o cría en casa o pertenece a ella. *Pan, conejo* CASERO. ‖ **2.** Que se hace con medios rudimentarios. *Una bomba de fabricación* CASERA. ‖ **3.** Que se hace en las casas, entre personas de confianza, sin aparato ni cumplimiento. *Función* CASERA. ‖ **4.** fam. Dícese de la persona que está frecuentemente en su casa, y también la que cuida mucho de su gobierno y economía. ‖ **5.** m. y f. Dueño de alguna casa, que la alquila a otro.

caserón. m. Casa muy grande y destartalada.

casete[1]. amb. Cajita de material plástico que contiene una cinta magnética para el registro y reproducción del sonido, o, en informática, para el almacenamiento y lectura de la información suministrada a través del ordenador. ‖ **2.** m. Pequeño magnetófono que utiliza **casetes.**

casete[2]. m. abrev. fam. de **radiocasete.**

casetera. f. Dispositivo donde se inserta la casete para su grabación o lectura.

casetón. m. *Arq.* **artesón,** adorno que se pone en los techos y en el interior de las bóvedas.

casi. adv. c. Cerca de, poco menos de, aproximadamente, con corta diferencia, por poco. También se usa repetido. CASI, CASI *me caigo.*

casia. f. *Bot.* Arbusto de la India, de la familia de las papilionáceas, de unos cuatro metros de altura, con ramas espinosas, hojas compuestas y puntiagudas, flores amarillas y olorosas, y semillas negras y duras.

casida. f. Composición poética arábiga y también persa, monorrima, de asuntos variados, y con un número indeterminado de versos.

casilla. f. Casa o escaque del ajedrez o del juego de damas. ‖ **2.** Por ext., cada uno de los compartimentos en que quedan divididos los tableros de otros juegos. ‖ **3.** Cada una de las divisiones del papel rayado verticalmente o en cuadrículas, en que se anotan separados y en orden guarismos u otros datos. ‖ **4.** Cada uno de los senos o divisiones del casillero. ‖ **sacar** a alguien **de** sus **casillas.** fr. fig. y fam. Hacerle perder la paciencia.

casillero. m. Mueble con varios senos o divisiones, para tener clasificados papeles u otros objetos.

casimir. m. **cachemir.**

casinita. f. *Mineral.* Feldespato de barita.

casino. m. **club,** sociedad de recreo. ‖ **2.** Edificio en que esta sociedad se reúne. ‖ **3.** Local donde mediante pago puede asistirse a espectáculos, conciertos, bailes y otras diversiones. Es propio de playas, balnearios, etc.; generalmente está destinado a la práctica de juegos de azar.

casiopiri. m. Arbusto que se cría en toda la India, y que se cultiva en los jardines europeos por su hermosura y fragancia.

casis. f. Planta muy parecida al grosellero, pero de fruto negro. ‖ **2.** m. Molusco gasterópodo, con concha arrollada en espiral, una sola branquia y pie provisto de un opérculo que cierra la abertura de la concha cuando el animal se introduce en esta. Vive en el Mediterráneo y otros mares.

casitéridos. m. pl. *Quím.* Grupo de elementos que comprende el estaño, el antimonio, el zinc y el cadmio.

casiterita. f. Bióxido de estaño, mineral de color pardo y brillo diamantino, del que principalmente se extrae dicho metal.

casmodia. f. *Pat.* Enfermedad o fenómeno morboso que consiste en bostezar con excesiva frecuencia por afección espasmódica.

caso. m. Suceso, acontecimiento. ‖ **2.** Asunto de que se trata o que se propone para consultar a alguno y pedirle su dictamen. ‖ **3.** Tratándose de enfermedades, y principalmente de las epidémicas, cada una de las invasiones individuales. ‖ **4.** Suceso notorio, escandaloso o incluso delictivo, cuyas circunstancias atraen la curiosidad del público. ‖ **5.** Cada uno de los asuntos en cuya averiguación trabaja la policía o que se dirimen en juicio ante los tribunales de justicia. ‖ **6.** *Gram.* Relación sintáctica de carácter nominal que una palabra mantiene en una oración con su contexto, según la función que desempeña. En muchas lenguas, la palabra varía de forma, recibiendo determinados morfemas para expresar dichas relaciones. Cada una de estas formas se llama también **caso.** ‖ **clínico.** *Med.* Cualquier proceso morboso individual. Dícese especialmente de los no habituales. ‖ **oblicuo.** *Gram.* Cada uno de los de la declinación, excepto el nominativo y el vocativo. ‖ **perdido.** fig. Persona de mala conducta cuya enmienda no es de esperar. ‖ **en caso de que.** loc. adv. Si sucede tal o tal cosa. ‖ **en todo caso.** loc. adv. Como quiera que sea, o sea lo que fuere. ‖ **hacer caso** a alguien o a algo. fr. Prestar a una persona la atención que merece. ‖ **2.** Obedecer, ser dócil a alguien o algo. ‖ **3.** Acceder o asentir a lo solicitado. ‖ **4.** Conceder credibilidad a rumores, noticias, etc. ‖ **hacer caso omiso.** fr. Prescindir de alguna cosa, no hacer hincapié en ella. ‖ **ser** alguien **un caso.** fr. fig. y fam. con que se designa a la persona que se distingue de las demás para bien o para mal. Ú. m. en sentido peyorativo.

casorio. m. fam. Casamiento hecho sin juicio ni consideración, o de poco lucimiento.

caspa. f. Conjunto de escamillas blancuzcas que se forman en el cuero cabelludo.

caspio, pia. adj. Dícese del individuo de un antiguo pueblo de Hircania. Ú. t. c. s. y en pl. ‖ **2.** Perteneciente o relativo a este pueblo.

¡cáspita! interj. con que se denota extrañeza o admiración.

caspolino, na. adj. Natural de Caspe. Ú. t. c. s. ‖ **2.** Perteneciente o relativo a esta ciudad de la provincia de Zaragoza.

casposo, sa. adj. Lleno de caspa.

casquería. f. Tienda del casquero.

casquero, ra. m. y f. Persona que vende vísceras y otras partes comestibles de la res no consideradas carne.

casquete. m. Pieza de la armadura, que cubría y defendía el casco de la cabeza. ‖ **2.** Cubierta de tela, cuero, papel, etc., que se ajusta al casco de la cabeza. ‖ **polar.** *Geogr.* Superficie terrestre comprendida entre el círculo polar y el polo respectivo.

casquijo. m. Cantidad de piedra menuda que sirve para hacer hormigón y, como grava, para afirmar los caminos.

casquillo. m. Cartucho metálico vacío. ‖ **2.** Parte metálica fijada en la bombilla de una lámpara eléctrica, que permite conectar esta con el circuito.

casquivano, na. adj. fam. **alegre de cascos.** Ú. t. c. s.

casta. f. Ascendencia o linaje. Se usa también referido a los irracionales. ‖ **2.** En la India, grupo social de una unidad étnica mayor que se diferencia por su rango, que impone la endogamia y donde la pertenencia es un derecho de nacimiento.

castálidas. f. pl. Las musas.

castalio, lia. adj. Perteneciente a las musas.

castaña. f. Especie de moño que con la mata del pelo se hacen las mujeres en la parte posterior de la cabeza. ‖ **2.** Fruto del castaño, muy nutritivo y sabroso, del tamaño de la nuez, y cubierto de una cáscara gruesa y correosa de color pardo oscuro. ‖ **3.** fig. y fam. Borrachera. ‖ **4.** fig. y fam. Golpe, trompazo, choque. ‖ **5.** fig. y fam. Persona o cosa aburrida o fastidiosa.

castañar. m. Sitio poblado de castaños.

castañazo. m. fam. Golpetazo, puñetazo.

castañero, ra. m. y f. Persona que vende castañas.

castañeta. f. **castañuela,** instrumento músico. ‖ **2.** Sonido que resulta de juntar la yema del dedo de en medio con la del pulgar, y hacerla resbalar con fuerza y rapidez para que choque en el pulpejo.

castañetear. intr. Tocar las castañuelas, instrumento músico. ‖ **2.** Sonarle a alguien los dientes, dando los de una mandíbula contra los de la otra. Ú. t. c. tr. ‖ **3.** Sonar las rodillas al andar. Ú. t. c. prnl.

castaño, ña. adj. Dícese del color de la cáscara de la castaña. Ú. t. c. s. ‖ **2.** Que tiene este color. ‖ **3.** m. Árbol de la familia de las fagáceas, de hasta 20 metros de altura, con tronco grueso, copa ancha y redonda, hojas grandes, lanceoladas, aserradas y correosas, flores blancas y frutos a manera de zurrones espinosos parecidos al erizo, que encierran la castaña. ‖ **4.** Madera de este árbol. ‖ **de Indias.** Árbol de la familia de las hipocastanáceas, de madera blanca y amarillenta, hojas palmeadas compuestas de siete hojuelas, flores en racimos derechos, y fruto que contiene las semillas. Es planta de adorno originaria de la India.

castañola. f. Pez grande, teleósteo, del suborden de los acantopterigios, de color de acero, con el hocico romo, el cuerpo más levantado por la parte anterior que por la posterior, escamas blandas que cubren las aletas, y carne blanca y floja. Abunda en el Mediterráneo y es comestible.

castañuela. f. Instrumento músico de percusión, compuesto de dos mitades cóncavas, hecho de madera u otro material. Por medio de un cordón que atraviesa las orejas del instrumento, se sujeta este al dedo pulgar o al de en medio y se repica con los demás dedos. ‖ **estar como unas castañuelas.** fr. fig. y fam. Estar muy alegre.

castellana. f. Señora de un castillo. ‖ **2.** Copla de cuatro versos de romance octosílabo.

castellanía. f. Territorio o jurisdicción independiente, con leyes particulares y jurisdicción separada para el gobierno de su capital y pueblos de su distrito.

castellanidad. f. Carácter y condición de castellano. ‖ **2.** Peculiaridad de Castilla y de lo castellano.

castellanismo. m. Palabra o modo de hablar propio de Castilla. ‖ **2.** Palabra o modo de hablar castellanos en otra lengua.

castellanización. f. Acción y efecto de castellanizar o castellanizarse.

castellanizar. tr. Dar carácter castellano. Ú. t. c. prnl. ‖ **2.** Dar forma castellana a un vocablo de otro idioma. ‖ **3.** prnl. Hacerse hablante del castellano.

castellano, na. adj. Natural de Castilla. Ú. t. c. s. ‖ **2.** Perteneciente a esta región de España. ‖ **3.** m. La lengua española, especialmente cuando se quiere introducir una distinción respecto a otras lenguas habladas también como propias en España. ‖ **4.** Dialecto románico nacido en Castilla la Vieja, del que tuvo su origen la lengua española. ‖ **5.** Señor de un castillo.

castellanohablante. adj. Que habla castellano sin dificultad, bien por ser esta su lengua materna, bien por tener gran dominio de ella. Ú. t. c. s.

castellonense. adj. Natural de Castellón de la Plana. Ú. t. c. s. ‖ **2.** Perteneciente o relativo a esta ciudad o a su provincia.

casticismo. m. Afición a lo castizo en las costumbres, usos y modales. ‖ **2.** Actitud de quienes al hablar o escribir evitan los extranjerismos y prefieren el empleo de voces y giros de su propia lengua, aunque estén desusados.

castidad. f. Calidad de casto.

castigador, ra. adj. Que castiga. Ú. t. c. s. ‖ **2.** fig. y fam. Que enamora. Ú. t. c. s.

castigar. tr. Ejecutar algún castigo en un culpado. ‖ **2.** Mortificar y afligir. ‖ **3.** fig. Enamorar por puro pasatiempo o jactancia.

castigo. m. Pena que se impone al que ha cometido un delito o falta.

Castilla (ancha, o **ancha es).** expr. fam. con que se alienta uno a sí mismo o anima a otros para obrar libre y desembarazadamente.

castillete. m. Armazón de distintas formas y materias que sirve para sostener alguna cosa.

castillo. m. Lugar fuerte, cercado de murallas, baluartes, fosos y otras fortificaciones. ‖ **2.** *Mar.* Parte de la cubierta alta o principal del buque, comprendida entre el palo trinquete y la proa. ‖ **castillos en el aire.** Ilusiones lisonjeras con poco o ningún fundamento. ❑ Ú. con los verbos *hacer, forjar*, etc.

castizo, za. adj. De buen origen y casta. ‖ **2.** Por ext., típico, puro, genuino de cualquier país, región o localidad. ‖ **3.** Aplícase al lenguaje puro y sin mezcla de voces ni giros extraños.

casto, ta. adj. Dícese de la persona que se abstiene de todo goce sexual, o se atiene a lo que se considera como lícito.

castor. m. Mamífero roedor, de cuerpo grueso, que llega a tener 65 centímetros de largo, cubierto de pelo castaño muy fino; patas cortas, pies con cinco dedos palmeados, y cola aplastada, oval y escamosa. Vive mucho en el agua, se alimenta de hojas, cortezas y raíces de los árboles, y construye con destreza sus viviendas a orillas de ríos o lagos, haciendo verdaderos diques de gran extensión. De él se aprovechan la piel y el almizcle. Habita en Asia, en América Septentrional y en el norte de Europa.

castración. f. Acción y efecto de castrar o extirpar los órganos genitales.

castrado. adj. Que ha sufrido la castración. Ú. t. c. s.

castrar. tr. **capar,** extirpar o inutilizar los órganos genitales. ‖ **2.** Quitar a las colmenas panales con miel, dejando los suficientes para que las abejas puedan mantenerse y fabricar nueva miel.

castrense. adj. Aplícase a algunas cosas o personas pertenecientes o relativas al ejército y al estado o profesión militar.

castrismo. m. Movimiento político de ideología comunista, iniciado con la revolución cubana triunfante en 1959.

castrista. adj. Perteneciente o relativo al castrismo. ‖ **2.** com. Partidario del castrismo o seguidor de él.

castrón. m. Macho cabrío, morueco o puerco castrado.

cástula. f. *Indum.* Túnica larga que las mujeres romanas usaban en contacto con la piel y ceñida por debajo de los pechos.

casual. adj. Que sucede por casualidad. ‖ **2.** *Gram.* Perteneciente o relativo al caso.

casualidad. f. Combinación de circunstancias que no se pueden prever ni evitar. ❑ No confundir con *causalidad.*

casuariforme. adj. *Zool.* Dícese de aves afines al avestruz, habitantes de la región australiana y que, en clasificaciones hoy en desuso, formaban junto a aquel el grupo de las llamadas corredoras. Ú. t. c. s. ‖ **2.** f. pl. *Zool.* Orden de estas aves.

casuarina. f. Árbol de la familia de las casuarináceas, que vive en Australia, Java, Madagascar y Nueva Zelanda. Sus hojas son parecidas a las plumas del casuario, y sus ramas producen con el viento un sonido algo musical.

casuarináceo, a. adj. *Bot.* Dícese de plantas angiospermas dicotiledóneas, leñosas, que viven en Australia y en otras islas del océano Pacífico y por muchos de sus caracteres se asemejan a las gimnospermas. Tienen flores unisexuales sin periantio o con periantio sencillo, y están provistas las masculinas de un solo estambre; la polinización se verifica por medio del viento; como la casuarina. Ú. t. c. s. f. ‖ **2.** f. pl. *Bot.* Familia de estas plantas.

casuario. m. *Zool.* Ave casuariforme de menor

tamaño que el avestruz, con tres dedos en cada pie, la cabeza de colores rojo y azul y sobre ella una protuberancia ósea cubierta con un estuche córneo. Hay pocas especies, que habitan en Nueva Guinea, Australia e islas vecinas.

casuismo. m. Doctrina casuística.

casuista. adj. Dícese del autor que expone casos prácticos de teología moral. Ú. t. c. s. ‖ **2.** Por ext., se aplica también al que expone casos prácticos propios de cualquiera de las ciencias morales o jurídicas. Ú. t. c. s.

casuística. f. Consideración de los diversos casos particulares que se pueden prever en determinada materia.

casuístico, ca. adj. Perteneciente o relativo al casuista o a la casuística.

casulla. f. Vestidura que se pone el sacerdote sobre las demás para celebrar la misa, consistente en una pieza alargada, con una abertura en el centro para pasar la cabeza.

cata. f. Acción y efecto de catar. ‖ **2.** Porción de alguna cosa que se prueba.

catabólico, ca. adj. *Biol.* Perteneciente o relativo al catabolismo.

catabolismo. m. *Fisiol.* Conjunto de procesos metabólicos de degradación de sustancias para obtener otras más simples.

catacaldos. com. fig. y fam. Persona que emprende muchas cosas sin fijarse en ninguna.

cataclismo. m. Trastorno grande del globo terráqueo, producido por el agua. ‖ **2.** Por ext., cualquier otro tipo de trastorno grave producido por un fenómeno natural. ‖ **3.** fig. Gran trastorno en el orden social o político.

catacresis. f. *Ret.* Tropo que consiste en dar a una palabra sentido traslaticio para designar una cosa que carece de nombre especial; v. gr.: *La hoja de la espada; una hoja de papel.*

catacumbas. f. pl. Subterráneos en los cuales los primitivos cristianos, especialmente en Roma, enterraban sus muertos y practicaban las ceremonias del culto.

catadióptrico, ca. adj. *Ópt.* Dícese del sistema óptico que produce la refracción total del rayo incidente, con independencia de su orientación. ‖ **2.** m. Aparato que incorpora este sistema.

catador. m. El que cata. ‖ **2. catavinos,** el que tiene por oficio catar vinos.

catádromo, ma. adj. *Zool.* Dícese de especies de peces que, como la anguila, viven en aguas dulces, pero van al mar para reproducirse. Ú. t. c. s.

catadura. f. Gesto o semblante. Ú. generalmente con los calificativos de *mala, fea,* etc.

catafalco. m. Túmulo adornado con magnificencia, el cual suele ponerse en los templos para las exequias solemnes.

catáfora. f. *Ling.* Tipo de deixis que cumplen ciertas palabras, para anticipar una parte aún no enunciada del discurso, que va a ser emitida a continuación; v. gr., *esto* en la frase *lo que dijo es* ESTO: *que renunciaba.*

catalán, na. adj. Perteneciente o relativo a Cataluña. ‖ **2.** Natural de Cataluña. Ú. t. c. s. ‖ **3.** m. Lengua romance vernácula que se habla en Cataluña y en otros dominios de la antigua Corona de Aragón.

catalanidad. f. Calidad o carácter de lo que es catalán.

catalanismo. m. Movimiento que propugna el reconocimiento político de Cataluña y defiende sus valores históricos y culturales. ‖ **2.** Expresión, vocablo o giro propio de la lengua catalana.

catalanista. adj. Perteneciente o relativo al catalanismo. ‖ **2.** com. Partidario del catalanismo.

cataláunico, ca. adj. Perteneciente a la antigua Catalaunia, hoy Châlons de Marne. Aplícase a los campos en que fue derrotado Atila.

catalejo. m. Tubo extensible que sirve para ver a larga distancia.

catalepsia. f. *Pat.* Accidente nervioso repentino, de índole histérica, que suspende las sensaciones e inmoviliza el cuerpo en cualquier postura en que se le coloque.

cataléptico, ca. adj. Perteneciente o relativo a la catalepsia. ‖ **2.** Atacado de catalepsia. Ú. t. c. s.

catalina. f. Excremento humano.

catálisis. f. *Quím.* Transformación química motivada por sustancias que no se alteran en el curso de la reacción.

catalizador. m. *Quím.* Sustancia capaz de producir catálisis.

catalizar. tr. Producir una catálisis.

catalogación. f. Acción y efecto de catalogar.

catalogar. tr. Apuntar, registrar ordenadamente libros, documentos, etc., formando catálogo de ellos. Ú. t. en sent. fig.

catálogo. m. Relación ordenada en la que se incluyen o describen de forma individual libros, documentos, personas, objetos, etc., que están relacionados entre sí. Ú. t. en sent. fig.

catalpa. f. Árbol de adorno, de la familia de las bignoniáceas, de unos 10 metros de altura, hojas en verticilo, grandes y acorazonadas; flores en hacecillos terminales, blancas, con puntos purpúreos, y por fruto vainas largas, casi cilíndricas.

catamarán. m. Embarcación por lo común de vela, de dos cascos unidos.

catamenial. adj. Se aplica a lo que tiene relación con la función menstrual.

cataplasma. f. Tópico de consistencia blanda, que se aplica para varios efectos medicinales, y más particularmente el que es calmante o emoliente.

cataplexia. f. *Pat.* Especie de asombro o estupefacción que se manifiesta, sobre todo en los ojos. ‖ **2.** Embotamiento súbito de la sensibilidad en una parte del cuerpo.

¡cataplum! Exclamación que se usa para expresar ruido, explosión o golpe.

catapulta. f. Máquina militar antigua para arrojar piedras o saetas. ‖ **2.** Mecanismo lanzador de aviones para facilitar su despegue en plataformas u otros espacios reducidos.

catapultar. tr. Lanzar con catapulta los aviones. ‖ **2.** fig. Dar impulso decisivo a una actividad, empeño o empresa.

catapum o **catapún.** fam. Voz que unida a determinados nombres indica una fecha remota e indefinida. *Eso ocurrió en el año* CATAPÚN; *en los tiempos de* CATAPÚN. ‖ **2. ¡cataplum!**

catar. tr. Probar, gustar alguna cosa para examinar su sabor o sazón.

cataraña. f. Ave zancuda, variedad de garza, con el cuerpo blanco, y los ojos, el pico y los pies de color verde rojizo. Vive en el mediodía de Europa y norte de África.

catarata. f. Cascada o salto grande de agua. ‖ **2.** Opacidad del cristalino del ojo, o de su cápsula, o del humor que existe entre uno y otra, causada por una especie de telilla que impide el paso de los rayos luminosos y produce necesariamente la ceguera.

catarral. adj. Perteneciente o relativo al catarro.

catarrino. adj. *Zool.* Dícese de los simios cuyas fosas nasales están separadas por un tabique cartilaginoso, tan estrecho que las ventanas de la nariz quedan dirigidas hacia abajo. Ú. t. c. s. ‖ **2.** m. pl. *Zool.* Grupo de estos animales. Viven en Asia y África.

catarro. m. Flujo o destilación procedente de las membranas mucosas, especialmente las nasales. ‖ **2.** Inflamación aguda o crónica de estas membranas, con aumento de la secreción habitual de moco.

catarsis. f. Efecto que causa la tragedia en el espectador al suscitar y purificar la compasión, el temor u horror y otras emociones. ‖ **2.** *Fisiol.* Expulsión espontánea o provocada de sustancias nocivas al organismo. ‖ **3.** Por ext., eliminación de recuerdos que perturban la conciencia o el equilibrio nervioso.

catártico, ca. adj. Relativo a la catarsis psíquica o determinante de ella. ‖ **2.** *Farm.* Aplícase a algunos medicamentos purgantes.

catástasis. f. *Ret.* Punto culminante del asunto de un drama, tragedia o poema épico.

catastral. adj. Perteneciente o relativo al catastro.

catastro. m. Censo y padrón estadístico de las fincas rústicas y urbanas.

catástrofe. f. fig. Suceso infausto que altera gravemente el orden regular de las cosas. ‖ **2.** fig. Hiperbólicamente se aplica a cosas que son de mala calidad o resultan mal, producen mala impresión, están mal hechas, etc. *Esta pluma es una* CATÁSTROFE; *el estreno fue una* CATÁSTROFE.

catastrófico, ca. adj. Relativo a una catástrofe o con caracteres de tal. ‖ **2.** fig. Desastroso, muy malo. *Los jugadores locales tuvieron una actuación* CATASTRÓFICA; *el resultado de mi visita fue* CATASTRÓFICO.

catastrofismo. m. Teoría según la cual los mayores cambios geológicos y biológicos se debieron a catástrofes naturales. ‖ **2.** Actitud de quien, exagerando con fines generalmente intimidatorios, denuncia o pronostica gravísimos males.

catastrofista. adj. Partidario de la teoría del catastrofismo. Ú. t. c. s. ‖ **2.** Que practica el catastrofismo. Ú. t. c. s.

catatipia. f. Procedimiento fotográfico para obtener pruebas por medio de la catálisis.

catavino. m. Jarro pequeño o taza destinada para dar a probar el vino de las cubas o tinajas. ‖ **2.** Copa de cristal fino con la que se examinan, huelen y prueban los mostos y los vinos. ❑ No confundir con *catavinos.*

catavinos. com. Persona que tiene por oficio catar los vinos para informar de su calidad y sazón. ❑ pl. invar. No confundir con *catavino.*

cate. m. Golpe, bofetada. ‖ **2.** Nota de suspenso en los exámenes.

catear. tr. fig. y fam. Suspender en los exámenes a un alumno.

catecismo. m. Libro de instrucción elemental que contiene la doctrina cristiana, escrito en forma de preguntas y respuestas.

catecumenado. m. Ejercicio de dar instrucción en la fe católica con el fin de recibir el bautismo. ‖ **2.** Tiempo en que se imparte o recibe esta instrucción.

catecúmeno, na. m. y f. Persona que se está instruyendo en la doctrina y misterios de la fe católica, con el fin de recibir el bautismo.

cátedra. f. fig. Empleo y ejercicio del catedrático. ‖ **2.** fig. Facultad o materia particular que enseña un catedrático. ‖ **sentar cátedra.** fr. fig. Pronunciarse docta y concluyentemente sobre alguna materia o asunto. Ú. m. en sent. irón.

catedral. adj. V. **iglesia catedral.** Ú. m. c. s. f.

catedralicio, cia. adj. Perteneciente o relativo a una catedral.

catedrático, ca. m. y f. Profesor o profesora titular de una cátedra.

categorema. f. *Lóg.* Cualidad por la que un objeto se clasifica en una u otra categoría.

categoría. f. Cada una de las jerarquías establecidas en una profesión o carrera. ‖ **2.** fig. Condición social de unas personas respecto de las demás. ‖ **3.** fig. Uno de los diferentes elementos de clasificación que suelen emplearse en las ciencias.

categórico, ca. adj. Dícese del juicio o raciocinio en que se afirma o niega sin restricción ni condición.

catequesis. f. **catequismo.**

catequismo. m. Ejercicio de instruir en cosas pertenecientes a la religión.

catequista. com. Persona que instruye a los catecúmenos. ‖ **2.** La que ejerce el catequismo. ❑ No utilizar por *catequístico.*

catequístico, ca. adj. Perteneciente o relativo al catequismo. ‖ **2.** Dícese de lo que está escrito en preguntas y respuestas, como el catecismo.

catequizar. tr. Instruir en la doctrina de la fe católica.

catéresis. f. *Med.* Debilitación producida por un medicamento. ‖ **2.** Acción cáustica moderada.

caterético, ca. adj. Perteneciente o relativo a la catéresis. ‖ **2.** m. y f. *Med.* Cáustico superficial.

caterva. f. Multitud de personas o cosas consideradas en grupo, pero sin concierto, o de poco valor e importancia. Ú. t. en sent. peyorativo.

catéter. m. *Cir.* Sonda que se introduce por cualquier conducto del organismo, natural o artificial, para explorarlo o dilatarlo o para servir de guía y vehículo a otros instrumentos.

cateterismo. m. *Cir.* Acto quirúrgico o exploratorio, que consiste en introducir un catéter en un conducto o cavidad.

cateto[1]. m. *Geom.* Cada uno de los dos lados que forman el ángulo recto en un triángulo rectángulo.

cateto[2], ta. m. y f. despect. Lugareño, palurdo.

catetómetro. m. *Fís.* Instrumento que sirve para medir longitudes verticales.

catilinaria. adj. Dícese de las oraciones pronunciadas por Cicerón contra Catilina. Ú. m. c. s. f. ‖ **2.** f. fig. Escrito o discurso vehemente dirigido contra alguna persona.

catión. m. *Fís.* Ion con carga positiva.

catipunan. m. Sociedad secreta fundada en Filipinas en 1892, a fin de promover el alzamiento en armas de la población indígena contra la soberanía política de España.

catire, ra. adj. *Amér.* Dícese del individuo rubio, en especial del que tiene el pelo rojizo y ojos verdosos o amarillentos, por lo común hijo de blanco y mulata, o viceversa.

catirrino. adj. *Zool.* **catarrino.**

catódico, ca. adj. *Electr.* Perteneciente al cátodo.

cátodo. m. *Electr.* Electrodo negativo.

catolicismo. m. Comunidad y gremio universal de los que viven en la religión católica. ‖ **2.** Creencia de la Iglesia católica.

católico, ca. adj. Que profesa la religión **católica.** Apl. a pers., ú. t. c. s. ‖ **2.** fig. y fam. Sano y perfecto. Ú. por lo común en la fr. **no estar muy católico.**

catolizar. tr. Convertir a la fe católica. Ú. t. c. prnl. ‖ **2.** Predicarla, propagarla. Ú. t. c. intr.

catón[1]. m. fig. Censor severo.

catón[2]. m. Libro compuesto de frases y períodos cortos y graduados para ejercitar en la lectura a los principiantes.

catóptrica. f. Parte de la óptica que trata de las propiedades de la luz refleja.

catoptromancia o **catoptromancía.** f. Arte supuesto de adivinar por medio del espejo.

catorce. adj. Diez más cuatro. ‖ **2. decimocuarto.** *Luis* CATORCE, *número* CATORCE, *año* CATORCE. Apl. a los días del mes, ú. t. c. s. *El* CATORCE *de abril.* ‖ **3.** m. Conjunto de signos con que se representa el número **catorce.** *En la pared había un* CATORCE *medio borrado.*

catorceavo, va. adj. Dícese de cada una de las 14 partes iguales en que se divide un todo. Ú. t. c. s. m. ❑ No utilizar por la acepción de número ordinal de *decimocuarto.*

catre. m. Cama ligera para una sola persona.

caucáseo, a. adj. Perteneciente a la cordillera del Cáucaso.

caucasiano, na. adj. **caucáseo.**

caucásico, ca. adj. Aplícase a la raza blanca o indoeuropea, por suponerla oriunda del Cáucaso.

cauce. m. Lecho de los ríos y arroyos. ‖ **2.** Conducto descubierto o acequia por donde corren las aguas para riegos u otros usos. ‖ **3.** Modo, procedimiento o norma. *La vida política discurría por antiguos* CAUCES.

caucense. adj. Natural de Coca. Ú. t. c. s. ‖ **2.** Perteneciente o relativo a esta villa de la provincia de Segovia.

cauchero, ra. adj. Perteneciente o relativo al caucho. ‖ **2.** f. Planta de la cual se extrae el caucho.

caucho. m. Látex producido por varias moráceas y euforbiáceas intertropicales, que, después de coagulado, es una masa impermeable muy elástica, y tiene muchas aplicaciones en la industria.

caución. f. Prevención, precaución o cautela.

caudal[1]. m. Cantidad de agua que mana o corre. ‖ **2.** Hacienda, bienes de cualquier especie, y más comúnmente dinero.

caudal[2]. adj. Perteneciente o relativo a la cola.

caudaloso, sa. adj. De mucha agua. *Río, lago, manantial* CAUDALOSO.

caudillaje. m. Mando o gobierno de un caudillo. ‖ **2.** *Amér.* **caciquismo.**

caudillo. m. El que como cabeza, guía y manda la gente de guerra. ‖ **2.** El que dirige algún gremio, comunidad o cuerpo.

caudimano o **caudímano.** adj. *Zool.* Dícese del animal que tiene cola prensil y del que se sirve de ella como instrumento de trabajo; como el castor.

caulescente. adj. *Bot.* Dícese de la planta cuyo tallo se distingue fácilmente de la raíz por estar bien desarrollado.

caulífero, ra. adj. *Bot.* Dícese de las plantas cuyas flores nacen sobre el tallo.

cauliforme. adj. De forma de tallo.

caulinar. adj. *Bot.* Perteneciente o relativo al tallo.

causa. f. Lo que se considera como fundamento u origen de algo. ‖ **2.** Motivo o razón para obrar. ‖ **3.** Empresa o doctrina en que se toma interés o partido. ‖ **4. litigio,** pleito judicial. ‖ **a causa de.** loc. prepos. Por el motivo que se indica.

causal. adj. Que se refiere a la causa o se relaciona con ella. ‖ **2.** *Gram.* Dícese de la oración subordinada que contiene la causa de lo expresado en la oración principal.

causalidad. f. Causa, origen, principio. ‖ **2.** *Fil.* Ley en virtud de la cual se producen efectos. ❑ No confundir con *casualidad.*

causante. adj. Que causa. Ú. t. c. s.

causar. tr. Producir la causa su efecto. ‖ **2.** Ser causa, razón y motivo de que suceda una cosa. Ú. t. c. prnl.

causativo, va. adj. Que es origen o causa de alguna cosa.

causídica. f. *Arq.* Crucero de iglesia.

causticidad. f. Calidad de cáustico. ‖ **2.** fig. Mordacidad en lo que se dice o escribe.

cáustico, ca. adj. Dícese de lo que quema y destruye los tejidos animales. ‖ **2.** fig. Mordaz, agresivo.

cautela. f. Precaución y reserva con que se procede.

cautelar. adj. *Der.* Preventivo, precautorio. Ú. t. en sent. fig. ‖ **2.** *Der.* Dícese de las medidas o reglas para prevenir la consecución de determinado fin o precaver lo que pueda dificultarlo. *Acción, procedimiento, sentencia,* CAUTELARES.

cauteloso, sa. adj. Que obra con cautela.

cauterio. m. *Cir.* Agente o instrumento para cauterizar.

cauterización. f. *Cir.* Acción y efecto de cauterizar.

cauterizar. tr. *Cir.* Quemar una herida o destruir un tejido con una sustancia cáustica, un objeto candente o aplicando corriente eléctrica.

cautivador, ra. adj. Que cautiva.

cautivar. tr. Aprisionar al enemigo en la guerra, privándole de libertad. ‖ **2.** fig. Atraer, ganar. CAUTIVAR *la atención, la voluntad.* ‖ **3.** fig. Ejercer irresistible influencia en el ánimo por medio de atractivo físico o moral.

cautiverio. m. Privación de libertad en manos de un enemigo. ‖ **2.** Por ext., **encarcelamiento,** vida en la cárcel.

cautivo, va. adj. Aprisionado en la guerra. Aplicábase más particularmente a los cristianos hechos prisioneros por los infieles. Ú. t. c. s.

cauto, ta. adj. Que obra con sagacidad o precaución.

cava[1]. f. Acción de cavar; y más comúnmente, la labor que se hace a las viñas, cavándolas.

cava[2]. f. Cueva donde se elabora cierto vino espumoso, al estilo del que se fabrica en la Champaña, región del norte de Francia. ‖ **2.** m. Ese mismo vino.

cavar. tr. Levantar y mover la tierra con la azada, azadón u otro instrumento semejante. ‖ **2.** intr. Ahondar, penetrar.

cavatina. f. *Mús.* Aria de cortas dimensiones, que a veces consta de dos tiempos o partes.

cávea. f. *Arqueol.* Cada una de las dos zonas en que se dividía la gradería de los teatros y de los circos romanos.

cavedio. m. *Arqueol.* Patio de la casa, entre los antiguos romanos.

caverna. f. Concavidad profunda, subterránea o entre rocas.

cavernario, ria. adj. Propio de las cavernas, o que tiene caracteres de ellas. ‖ **2.** Dícese del hombre prehistórico que vivía en cavernas.

cavernícola. adj. Que vive en las cavernas. Ú. t. c. s.

cavernoso, sa. adj. Perteneciente, relativo o semejante a la caverna en alguna de sus cualidades. *Humedad, oscuridad* CAVERNOSA. ‖ **2.** Aplícase especialmente a la voz, a la tos, a cualquier sonido sordo y bronco. ‖ **3.** Que tiene muchas cavernas.

caviar. m. Alimento que consiste en huevas de esturión frescas, sazonadas con sal y prensadas para su conservación.

cavicornio. adj. *Zool.* Dícese de los rumiantes de la familia de los bóvidos porque tienen huecos los cuernos. Ú. t. c. s. pl.

cavidad. f. Espacio hueco dentro de un cuerpo cualquiera.

cavilación. f. Acción y efecto de cavilar.

cavilar. tr. Pensar con intención o profundidad en alguna cosa. Ú. t. c. intr.

cayado. m. Palo o bastón corvo por la parte superior. Suelen usarlo los pastores para prender y retener las reses. ‖ **2.** Báculo pastoral de los obispos.

cayena. f. Especia muy picante extraída del guindillo de Indias.

cayo. m. Cualquiera de las islas rasas, arenosas, frecuentemente anegadizas y cubiertas en gran parte de mangle, muy comunes en el mar de las Antillas y en el golfo mejicano.

cayuco. m. Embarcación india de una pieza, más pequeña que la canoa, con el fondo plano y sin quilla.

caz. m. Canal para tomar el agua y conducirla a donde es aprovechada.

caza. f. Acción de cazar. ‖ **2.** Conjunto de animales salvajes, antes y después de cazados. ‖ **3.** m. **avión de caza.** ‖ **de brujas.** Persecución debida a prejuicios sociales o políticos. ‖ **mayor.** La de jabalíes, lobos, ciervos, etc. ‖ **menor.** La de liebres, conejos, perdices, palomas, etc.

cazabombardero. m. Avión de combate que combina la capacidad de perseguir a otro, enemigo, con la de arrojar bombas sobre un determinado objetivo.

cazador, ra. adj. Que caza por oficio o por diversión. Ú. t. c. s. ‖ **2.** Se dice de los animales que por instinto persiguen y cazan otros animales; como de los perros y los gatos.

cazadora. f. Especie de chaqueta usada por lo general para la caza y el deporte. ‖ **2.** Por ext., la que es corta y ajustada a la cadera, de línea deportiva, hecha de material resistente, como paño, cuero, etc.

cazadotes. m. El que trata de casarse con una mujer rica.

cazalla. f. Aguardiente fabricado en Cazalla de la Sierra, pueblo de la provincia de Sevilla.

cazar. tr. Buscar o seguir a las aves, fieras y otras muchas clases de animales para cobrarlos o matarlos. ‖ **2.** fig. y fam. Sorprender a alguno en un descuido, error o acción que desearía ocultar.

cazatalentos. com. Persona dedicada a buscar individuos idóneos para ser contratados por compañías necesitadas de ellos.

cazatorpedero. m. *Mar.* Buque de guerra pequeño y bien armado, de marcha muy rápida, destinado a la persecución de los torpederos enemigos.

cazcarria. f. Lodo o barro que se coge y seca en la parte de la ropa que va cerca del suelo. Ú. m. en pl.

cazo. m. Recipiente de cocina, de metal, porcelana, etc., generalmente más ancho por la boca que por el fondo, pero a veces cilíndrico, con mango y, por lo general, un pico para verter. ‖ **2.** Utensilio de cocina que consta de un recipiente semiesférico con mango largo y que se destina a transvasar alimentos líquidos o de poca consistencia de un recipiente a otro.

cazolada. f. Cantidad de comida que cabe en una cazuela.

cazoleta. f. d. de **cazuela.** ‖ **2.** Pieza de hierro u otro metal, que se pone debajo del puño de la espada y del sable, y sirve para resguardo de la mano. ‖ **3.** Receptáculo pequeño que llevan algunos objetos, como el palo del boliche, el depósito del tabaco en la pipa o el narguile, etc.

cazón. m. Escualo de unos dos metros de largo, de cuerpo esbelto y semejante al del marrajo, pero la aleta caudal no tiene figura de media luna y la cola carece de quillas longitudinales en su raíz. Tiene los dientes agudos y cortantes.

cazuela. f. Vasija, por lo común redonda y de barro, más ancha que honda, que sirve para guisar y otros usos. ‖ **2.** Guisado que se hace en ella, compuesto de varias legumbres y carne. ‖ **3.** Recipiente de cocina, hecho de metal, más ancho que alto, con dos asas y tapa. ‖ **4.** Sitio que ocupaban las mujeres en el corral de comedias.

cazurrería. f. Calidad de cazurro.

cazurro, rra. adj. fam. Malicioso, reservado y de pocas palabras. Ú. t. c. s. ‖ **2.** Tosco, basto, zafio. ‖ **3.** Torpe, lento en comprender.

CD-ROM. m. *Inform.* Disco compacto que contiene información no modificable y está fabricado en serie mediante matrices.

ce. f. Nombre de la letra *c.* ❑ pl. *ces.*

ceba. f. Alimentación abundante y esmerada que para que engorde se da al ganado, especialmente al que sirve para el sustento del hombre. ‖ **2.** fig. Acción de alimentar los hornos con el combustible necesario.

cebada. f. Planta anual, de la familia de las gramíneas, parecida al trigo, con cañas de algo más de seis decímetros, espigas prolongadas, flexibles, un poco arqueadas, y semilla abultada, puntiaguda por ambas extremidades y adherida al cascabillo, que termina en arista larga; sirve de alimento a diversos animales, y tiene además otros usos.

cebadero. m. El que tenía por oficio cebar y adiestrar a las aves de la cetrería. ‖ **2.** Lugar destinado a cebar animales. ‖ **3.** *Min.* Abertura por donde se introduce el mineral en el horno.

cebador. m. Frasquito en que se lleva la pólvora para cebar las armas de fuego. ‖ **2.** *Tecnol.* Dispositivo que sirve para iniciar un proceso físico o químico.

cebar. tr. Dar comida a los animales para aumentar su peso. ‖ **2.** Dar a los animales comida para atraerlos o alimentarlos. ‖ **3.** fig. Alimentar, fomentar; como echar aceite a la luz, leña al fuego, mineral al horno, etc. ‖ **4.** fig. Dicho de máquinas o aparatos, ponerlos en condiciones de empezar a funcionar; como un sifón llenándolo de líquido, una máquina de vapor dando vueltas con la mano al volante, etc. ‖ **5.** prnl. fig. Encarnizarse, ensañarse. SE CEBÓ *en su víctima.*

cebellina. adj. V. **marta cebellina.** Ú. t. c. s.

cebo. m. Comida que se da a los animales para alimentarlos, engordarlos o atraerlos. ‖ **2.** fig. Porción de materia explosiva que se coloca en determinados puntos de las armas de fuego, los proyectiles huecos, los torpedos y los barrenos, para producir, al inflamarse, la explosión de la carga. ‖ **3.** fig. Fomento o pábulo que se da a un afecto o pasión.

cebolla. f. Planta hortense, de la familia de las liliáceas, con tallo de seis a ocho decímetros de altura, hueco, fusiforme e hinchado hacia la base; hojas tubulares, flores de color blanco verdoso en umbela redonda, y raíz fibrosa que nace de un bulbo esferoidal, blanco o rojizo, formado de capas tiernas y jugosas, de olor fuerte y sabor más o menos picante. ‖ **2.** Cepa o bulbo de esta planta que se come tierna antes de florecer.

cebolleta. f. Planta muy parecida a la cebolla, con el bulbo pequeño y parte de las hojas comestibles.

cebollino. m. Simiente de cebolla. ‖ **2.** fig. Persona torpe e ignorante.

cebollón. m. Variedad de cebolla, de figura aovada, menos picante y acre que la común.

cebón, na. adj. Dícese del animal que está cebado. Ú. t. c. s. ‖ **2.** m. **puerco.**

cebra. f. Animal solípedo del África Austral, parecido al asno, de pelo blanco amarillento, con listas transversales pardas o negras. Hay varias especies, y alguna del tamaño del caballo.

cebrión. m. Insecto coleóptero de cuerpo prolongado y de élitros blandos. Los hay de varias especies.

cebú. m. Variedad del toro común, caracterizada por la giba adiposa que tiene sobre el lomo. Vive doméstico en la India y en África. ❑ pl. *cebúes* o *cebús.*

cebuano, na. adj. Natural de Cebú. Ú. t. c. s. ‖ **2.** Perteneciente a esta isla del archipiélago filipino. ‖ **3.** m. Lengua **cebuana.**

ceca[1]. f. Casa donde se labra moneda.

Ceca[2]. n. p. f. **de Ceca en Meca. de la Ceca a la Meca.** locs. figs. y fams. De una parte a otra, de aquí para allí.

cecal. adj. Perteneciente o relativo al intestino ciego.

ceceante. adj. Que cecea. ‖ **2.** Que da a la *s* el sonido de *c*.

cecear. intr. Pronunciar la *s* con articulación igual o semejante a la de la *c* ante *e, i,* o a la de la *z*. En los siglos XV al XVII, pronunciar las antiguas *s* y *ss* como las antiguas *z* y *ç*.

ceceo. m. Acción y efecto de cecear.

cecial. m. Merluza u otro pescado parecido a ella, seco y curado al aire. Ú. t. c. adj. *Pescado* CECIAL.

cecina. f. Carne salada, enjuta y seca al aire, al sol o al humo.

cecografía. f. Escritura y modo de escribir de los ciegos.

cecógrafo. m. Aparato con que escriben los ciegos.

cedacear. intr. Dicho de la vista, disminuir, oscurecerse.

cedacillo. m. Planta anual, de la familia de las gramíneas, con las espiguillas acorazonadas y violáceas.

cedazo. m. Instrumento compuesto de un aro y de una tela, por lo común de cerdas, más o menos clara, que cierra la parte inferior. Sirve para separar las partes sutiles de las gruesas de algunas cosas; como la harina, el suero, etc. ‖ **2.** Cierta red grande para pescar.

ceder. tr. Dar, transferir, traspasar a otro una cosa, acción o derecho. ‖ **2.** intr. Dicho de ciertas cosas, como el viento, la fiebre, etc., mitigarse, disminuirse su fuerza. ‖ **3.** Disminuirse o cesar la resistencia de una cosa.

cedilla. f. Signo ortográfico formado por una *c* y una virgulilla suscrita (ç), que en español medieval y clásico, así como en otras lenguas, representa ante las vocales *a, o, u,* la misma articulación que la *c* tiene ante *e, i.* ‖ **2.** Esta misma virgulilla.

cedizo, za. adj. Dícese de algunas cosas de comer que empiezan a pudrirse o corromperse.

cédride. f. Fruto del cedro, que es como una piña pequeña formada por escamas muy apretadas.

cedro. m. Árbol de la familia de las abietáceas, que alcanza unos 40 metros de altura, con tronco grueso y derecho, ramas horizontales, hojas persistentes casi punzantes, flores rojas al principio y después amarillas, y cuyo fruto es la cédride.

cedróleo. m. *Quím.* Aceite esencial extraído del cedro.

cédula. f. Pedazo de papel o pergamino escrito o para escribir en él alguna cosa. ‖ **2.** Documento en que se reconoce una deuda u otra obligación. ❑ No confundir con *célula.*

cefalalgia. f. *Med.* **cefalea.**

cefalea. f. *Med.* Dolor de cabeza.

-cefalia. elem. compos. que indica «estado o cualidad de la cabeza»: *dolico*CEFALIA, *meso*CEFALIA.

cefálico, ca. adj. *Anat.* Perteneciente a la cabeza.

cefalitis. f. *Pat.* Inflamación de la cabeza.

-céfalo. elem. compos. que significa «cabeza»: *dolico*CÉFALO, *meso*CÉFALO.

cefalópodo. adj. *Zool.* Dícese de los moluscos marinos que tienen el manto en forma de saco con una abertura por la cual sale la cabeza, que se distingue bien del resto del cuerpo y está rodeada de tentáculos largos y provistos de ventosas. Ú. t. c. s. ‖ **2.** m. pl. *Zool.* Clase de estos animales.

cefalorraquídeo. adj. *Anat.* Dícese del sistema nervioso cerebroespinal por hallarse este alojado en la cabeza y en la columna vertebral; aplícase asimismo al líquido incoloro y transparente, ligeramente alcalino, en el que están sumergidos los centros nerviosos de los vertebrados, que llena también los ventrículos del encéfalo y ejerce una acción protectora de aquellos órganos.

cefalotórax. m. *Zool.* Parte del cuerpo de los crustáceos y arácnidos que está formada por la unión de la cabeza y el tórax. ❑ pl. invar.

céfiro. m. **poniente,** viento. ‖ **2.** poét. Cualquier viento suave y apacible.

cegador, ra. adj. Que ciega o deslumbra.

cegar. intr. Perder enteramente la vista. ‖ **2.** tr. Dejar una luz repentina e intensa momentáneamente ciega a una persona. Ú. t. c. prnl. ‖ **3.** fig. Turbar la razón, ofuscar el entendimiento. Ú. t. c. intr. ‖ **4.** Cerrar, hacer maciza alguna cosa que antes estaba hueca o abierta; como puerta, pozo, cañería, etc. Ú. t. c. prnl. ❑ Irreg. Se conj. como *acertar.*

cegato, ta. adj. fam. Corto de vista, o de vista escasa. Ú. t. c. s.

ceguedad. f. Total privación de la vista. ‖ **2.** fig. Alucinación, afecto que ofusca la razón.

ceguera. f. **ceguedad.**

ceiba. f. Árbol americano bombacáceo, de 15 a 30 metros de altura, de tronco grueso, ramas rojizas, flores rojas de las que se extraen sustancias colorantes y frutos de 10 a 30 centímetros de largo que contienen seis semillas envueltas en una especie de algodón.

ceja. f. Parte prominente y curvilínea cubierta de pelo, sobre la cuenca del ojo. ‖ **2.** Pelo que la cubre. ‖ **3.** *Mús.* Listón que tienen los instrumentos de cuerda entre el clavijero y el mástil, para apoyo y separación de las cuerdas. ‖ **4.** *Mús.* **cejilla,** pieza suelta en el mástil de la guitarra.

cejar. intr. fig. Aflojar o ceder en un negocio, empeño o discusión.

cejijunto, ta. adj. Que tiene las cejas muy pobladas de pelo hacia el entrecejo, por lo que casi se juntan.

cejilla. f. *Mús.* **ceja,** en los instrumentos de cuerda, listón en que se apoyan las cuerdas. ‖ **2.** Pieza suelta que, aplicada transversalmente sobre la encordadura de la guitarra y sujeta al mástil por medio de una abrazadera o de otro modo, sirve para elevar por igual la entonación del instrumento.

cejo. m. Niebla que suele levantarse sobre los ríos y arroyos después de salir el Sol.

celada. f. Pieza de la armadura que servía para cubrir y defender la cabeza.

celador, ra. m. y f. Persona destinada por la autoridad para ejercer la vigilancia.

celaje. m. Aspecto que presenta el cielo cuando hay nubes tenues y de varios matices. Ú. m. en pl.

celar¹. tr. Procurar con particular cuidado el cumplimiento y observancia de las leyes, estatutos u otras obligaciones o encargos. ‖ **2.** Atender con esmero al cuidado y observación de la persona amada, por tener celos de ella. ‖ **3.** ant. **recelar,** desconfiar.

celar². tr. **encubrir,** ocultar. Ú. t. c. prnl.

celastráceo, a. adj. *Bot.* Dícese de árboles y arbustos angiospermos dicotiledóneos que tienen hojas opuestas o alternas, con estípulas; flores con cáliz y corola tetrámeros o pentámeros; fruto seco, dehiscente, y semillas con envoltura carnosa; como el bonetero. Ú. t. c. s. f. ‖ **2.** f. pl. *Bot.* Familia de estas plantas.

celastro. m. Arbusto de la familia de las celastráceas, del que se conocen varias especies que viven en América Septentrional y en África.

celda. f. Aposento destinado al religioso o religiosa en su convento. ‖ **2.** Cada uno de los aposentos donde se encierra a los presos en las cárceles celulares.

celdilla. f. Cada una de las casillas de que se

componen los panales de las abejas, avispas y otros insectos.

celebérrimo, ma. adj. sup. de **célebre.**

celebración. f. Acción de celebrar. ‖ **2.** Aplauso, aclamación.

celebrante. adj. Que celebra. ‖ **2.** m. Sacerdote que está diciendo misa o preparado para decirla.

celebrar. tr. Alabar, aplaudir algo. CELEBRO *tu sabia decisión.* Usáb. t. referido a personas. ‖ **2.** Realizar un acto, una reunión, un espectáculo, etc. Ú. t. c. prnl. ‖ **3.** Conmemorar, festejar una fecha, un acontecimiento. CELEBRAMOS *el cumpleaños de Juan.* ‖ **4. decir misa.** Ú. t. c. intr.

célebre. adj. **famoso,** que tiene fama. ‖ **2. famoso,** que se distingue por sus dichos y hechos extravagantes. ❑ Sup. irreg. *celebérrimo.*

celebridad. f. Fama, renombre o aplauso que tiene una persona o cosa. ‖ **2.** Persona famosa.

celemín. m. Medida de capacidad para áridos, que tiene cuatro cuartillos y equivale en Castilla a 4,625 litros aprox.

celentéreo. adj. *Zool.* Dícese de animales con simetría radiada, como pólipos, medusas y ctenóforos, cuyo cuerpo presenta una cavidad única gastrovascular, que comunica con el exterior por un orificio que es a la vez boca y ano. Ú. t. c. s. ‖ **2.** m. pl. *Zool.* Grupo que forman tales seres y que constituye una de las grandes divisiones del reino animal.

celeridad. f. Prontitud, rapidez, velocidad.

celescopio. m. *Fís.* Aparato que sirve para iluminar las cavidades de un cuerpo orgánico.

celesta. f. *Mús.* Instrumento de teclado en que los macillos producen el sonido golpeando láminas de acero.

celeste. adj. Perteneciente al cielo. *Los cuerpos* CELESTES; *la* CELESTE *eternidad.* ‖ **2.** V. **azul celeste.** Ú. t. c. s.

celestial. adj. Perteneciente al cielo, considerado como la mansión eterna de los bienaventurados.

celestina. f. fig. **alcahueta.**

celiaca. f. *Pat.* Diarrea blanquecina.

celíaco, ca o **celiaco, ca.** adj. *Anat.* Perteneciente o relativo al vientre o a los intestinos. ‖ **2.** Enfermo de celiaca. Ú. t. c. s. ‖ **3.** Perteneciente o relativo a esta enfermedad.

celibato. m. **soltería.**

célibe. adj. Dícese de la persona que no ha tomado estado de matrimonio. Ú. t. c. s.

celícola. m. Habitante del cielo.

celidonia. f. Hierba de la familia de las papaveráceas, con tallo ramoso de unos cinco decímetros de altura, hojas verdes por encima y amarillentas por el envés, flores en umbela, pequeñas y amarillas, y por frutos vainas capsulares muy delgadas. Por cualquier parte que se corte, echa un jugo amarillo y cáustico que se ha usado en medicina, principalmente para quitar las verrugas.

cella. f. *Arq.* Espacio interior que constituye el núcleo de la construcción en los templos griegos y romanos. De forma rectangular, comunica por uno de sus lados con el pronaos o pórtico.

cellisca. f. Temporal de agua y nieve muy menuda, impelidas con fuerza por el viento.

celo¹. m. Cuidado, diligencia, esmero que alguien pone al hacer algo. ‖ **2.** Apetito de la generación en los irracionales. ‖ **3.** Época en que los animales sienten este apetito. ‖ **4.** pl. Sospecha, inquietud y recelo de que la persona amada haya mudado o mude su cariño, poniéndolo en otra. ‖ **dar celos.** Dar una persona motivos para que otra los sienta.

celo². m. Cinta de celulosa o plástico, adhesiva por uno de sus lados, que se emplea para pegar. Cf. **papel celo.**

celofán. m. Película que se obtiene por regeneración de la celulosa contenida en las soluciones de viscosa. Es transparente y flexible, y se utiliza principalmente como envase o envoltura. Cf. **papel celo.**

celoidina. f. Preparación que se emplea en papeles fotográficos, que los hace sensibles a la luz.

celoma. m. *Anat.* Cavidad revestida de epitelio que en el hombre y ciertos grupos de animales se desarrolla entre la pared del cuerpo y las vísceras.

celomado, da. adj. *Anat.* Dícese del organismo que presenta celoma. Ú. t. c. s. ‖ **2.** m. pl. *Anat.* Grupo de los animales que poseen celoma.

celosía. f. Enrejado de listoncillos de madera o de hierro, que se pone en las ventanas de los edificios y otros huecos análogos, para que las personas que están en el interior vean sin ser vistas.

celoso, sa. adj. Que tiene celo, o celos.

celota. com. Persona perteneciente a un grupo religioso del pueblo judío caracterizado por la vehemencia y rigidez de su integrismo religioso.

celta. adj. Dícese de un grupo de pueblos indoeuropeos establecidos antiguamente en la mayor parte de la Galia, en las Islas Británicas, y en buena parte de España y Portugal, así como en Italia del norte, Suiza, Alemania del oeste y sur, Austria, Bohemia y la Galacia en Asia Menor. ‖ **2.** Dícese también de los individuos que formaban estos pueblos. Ú. t. c. s. ‖ **3.** Perteneciente o relativo a los **celtas.** ‖ **4.** m. Idioma de los **celtas.**

celtibérico, ca. adj. **celtíbero,** natural de Celtiberia. Ú. t. c. s. ‖ **2.** Perteneciente o relativo a los celtíberos o a Celtiberia, territorio de la Hispania Tarraconense que se extendía por gran parte de las actuales provincias de Zaragoza, Teruel, Cuenca, Guadalajara y Soria.

celtiberio, ria. adj. **celtibérico.** Apl. a pers., ú. t. c. s.

celtíbero, ra o **celtibero, ra.** adj. Dícese de un pueblo hispánico prerromano, de lengua céltica, establecido en la Celtiberia, territorio de la Hispania Tarraconense que se extendía por gran parte de las provincias actuales de Zaragoza, Teruel, Cuenca, Guadalajara y Soria. ‖ **2.** Dícese también de los individuos que formaban este pueblo. Ú. t. c. s. ‖ **3. celtibérico,** perteneciente o relativo a los **celtíberos** o a Celtiberia.

céltico, ca. adj. Perteneciente a los celtas.

celtismo. m. Doctrina que supone ser la lengua céltica origen de la mayoría de las modernas. ‖ **2.** Afición al estudio de lo relativo a los pueblos celtas.

celtohispánico, ca. adj. Dícese de los monumentos o restos de la cultura céltica existentes en la España peninsular.

celtolatino, na. adj. Dícese de las palabras de origen céltico incorporadas al latín.

célula. f. *Biol.* Unidad fundamental de los organismos vivos, generalmente de tamaño microscópico, capaz de reproducción independiente y formada por un citoplasma y un núcleo rodeados por una membrana. ‖ **2.** fig. Grupo reducido de personas que funciona de modo independiente dentro de una organización política, religiosa, etc. ‖ **fotoeléctrica.** Dispositivo que permite transformar las variaciones de intensidad luminosa, en variaciones de intensidad de una corriente eléctrica. ‖ **huevo. cigoto**

celular. adj. Perteneciente o relativo a las células.

celulita. f. Especie de pasta, muy usada en la industria, que se obtiene machacando la fibra leñosa y mezclándola con sustancias minerales, cera y caucho.

celuloide. m. Nitrato de celulosa plastificado con alcanfor. Es un material sólido, casi transparente y muy elástico, que se emplea en la industria fotográfica y cinematográfica y en las artes para imitar el marfil, la concha, el coral, etc.

celulosa. f. *Quím.* Polisacárido que forma la pared de las células vegetales. Es el componente fundamental del papel.

cementar. tr. Calentar una pieza de metal en contacto con otra materia en polvo o en pasta.

cementerio. m. Terreno, generalmente cercado, destinado a enterrar cadáveres. ‖ **2.** Lugar destinado al depósito de residuos de ciertas industrias, por ej., CEMENTERIO *nuclear.*

cemento. m. Mezcla formada de arcilla y materiales calcáreos, sometida a cocción y muy finamente molida, que mezclada a su vez con agua se solidifica y endurece.

cena. f. Última comida del día, que se hace al atardecer o por la noche. ‖ **2.** Acción de cenar. *La* CENA *duró tres horas.*

cenáculo. m. Sala en que Jesucristo celebró la última cena. ‖ **2.** fig. Reunión poco numerosa de personas que profesan las mismas ideas, y más comúnmente de literatos y artistas.

cenador. m. Espacio, comúnmente redondo, que suele haber en los jardines, cercado y vestido de plantas trepadoras, parras o árboles.

cenagal. m. Sitio o lugar lleno de cieno. ‖ **2.** fig. y fam. Negocio de difícil salida. ❑ Ú. con los verbos *meter, salir,* etc.

cenagoso, sa. adj. Lleno de cieno.

cenar. intr. Tomar la cena. ‖ **2.** tr. Comer en la cena tal o cual cosa. CENAR *perdices.*

cenceño, ña. adj. Delgado o enjuto. Dícese de las personas, de los animales e incluso de las plantas.

cencerrada. f. fam. Ruido desapacible que se hace con cencerros, cuernos y otras cosas para burlarse de los viudos la primera noche de sus nuevas bodas. *Dar* CENCERRADA.

cencerro. m. Campana pequeña y cilíndrica, tosca por lo común, hecha con chapa de hierro o de cobre. Se usa para el ganado y suele atarse al pescuezo de las reses. ‖ **estar como un cencerro.** fr. fig. y fam. Estar chiflado.

cencha. f. Traviesa en que se fijan los pies de las butacas, camas, etc.

cenco. m. Reptil del orden de los ofidios, que vive en América.

cendal. m. Tela de seda o lino muy delgada y transparente.

cenefa. f. Lista sobrepuesta o tejida en los bordes de las cortinas, doseles, pañuelos, etc., de la misma tela y a veces de otra distinta. ‖ **2.** Dibujo de ornamentación que se pone a lo largo de los muros, pavimentos y techos y suele consistir en elementos repetidos de un mismo adorno.

cenestesia. f. *Psicol.* Sensación general de la existencia y del estado del propio cuerpo, independiente de los sentidos externos, y resultante de la síntesis de las sensaciones, simultáneas y sin localizar, de los diferentes órganos y singularmente los abdominales y torácicos.

cenicero. m. Espacio que hay debajo de la rejilla del hogar, para que en él caiga la ceniza. ‖ **2.** Recipiente donde se dejan la ceniza y residuos del cigarro.

cenicienta. f. Persona o cosa injustamente postergada, despreciada.

ceniciento, ta. adj. De color de ceniza.

cenit. m. *Astron.* Punto del hemisferio celeste superior al horizonte, que corresponde verticalmente a un lugar de la Tierra. ‖ **2.** fig. Punto culminante o momento de apogeo de una persona o cosa. *Está en el* CENIT *de su gloria.*

cenital. adj. Perteneciente o relativo al cenit.

ceniza. f. Polvo de color gris claro que queda después de una combustión completa, y está formado, generalmente, por sales alcalinas y térreas, sílice y óxidos metálicos. ‖ **2.** fig. Reliquias o residuos de un cadáver. Ú. m. en pl.

cenizo, za. adj. De color de ceniza. ‖ **2.** m. Planta silvestre, de la familia de las quenopodiáceas, con tallo herbáceo, blanquecino, erguido, de seis a ocho decímetros de altura; hojas romboidales, dentadas, verdes por encima y cenicientas por el envés, y flores verdosas en panoja. ‖ **3.** fam. Aguafiestas, persona que tiene mala sombra o que la trae a los demás.

cenobio. m. **monasterio.**

cenobita. com. Persona que profesa la vida monástica.

cenotafio. m. Monumento funerario en el cual no está el cadáver del personaje a quien se dedica.

cenozoico, ca. adj. *Geol.* Aplícase a los períodos terciario y cuaternario. Ú. t. c. s. ‖ **2.** Dícese de la cuarta era geológica de las que constituyen la historia de la Tierra, que comprende desde el final del cretácico hasta la época actual.

censal. adj. **censual.**

censar. tr. Incluir o registrar en el censo. ‖ **2.** intr. Hacer el censo o empadronamiento de los habitantes de algún lugar.

censatario, ria. adj. Dícese de la persona obligada a pagar los réditos de un censo. Ú. m. c. s.

censista. com. Funcionario que interviene en la confección de censos demográficos o electorales.

censo. m. Padrón o lista de la población o riqueza de una nación o pueblo. ‖ **2.** *Der.* Contrato por el cual se sujeta un inmueble al pago de una pensión anual, como interés de un capital recibido en dinero, y reconocimiento de un dominio que no se transmite con el inmueble. ‖ **3.** Registro general de ciudadanos con derecho de sufragio activo. ‖ **electoral. censo,** registro general de ciudadanos.

censor, ra. adj. Que censura. Ú. t. c. s. ‖ **2.** m. y f. En ciertos gobiernos, funcionario encargado de revisar todo tipo de publicaciones, películas, mensajes publicitarios, etc., y de proponer, en su caso, que se modifiquen o prohíban. ‖ **3.** Persona que es propensa a murmurar o criticar las acciones o cualidades de los demás.

censorio, ria. adj. Relativo al censor o a la censura.

censual. adj. Perteneciente al censo.

censualista. com. Persona a cuyo favor se impone o está impuesto un censo, o la que tiene derecho a percibir sus réditos.

censura. f. Dictamen y juicio que se hace o da acerca de una obra o escrito. ‖ **2.** Nota, corrección o reprobación de alguna cosa. ‖ **3.** Intervención que ejerce el censor gubernativo.

censurable. adj. Digno de censura.

censurar. tr. Formar juicio de una obra u otra cosa. ‖ **2.** Corregir, reprobar o notar por mala alguna cosa. ‖ **3.** Murmurar, vituperar. ‖ **4.** Ejercer su función el censor oficial o de otra clase; imponer en calidad de tal, supresiones o cambios.

centauro. m. Monstruo fingido por los antiguos, mitad hombre y mitad caballo.

centavo, va. adj. **centésimo,** dícese de cada una de las cien partes de un todo. Ú. t. c. s. m. ‖ **2.** m. Moneda americana de bronce, cobre o níquel, que vale un céntimo.

centella. f. **rayo,** chispa eléctrica. Se usa vulgarmente referido al de poca intensidad. ‖ **2.** Chispa o partícula de fuego que se desprende o salta del pedernal golpeado con el eslabón o cosa semejante. ‖ **3.** fig. Persona o cosa muy veloz. ❑ Úsase principalmente como término de comparación. *Pasó rápido como una* CENTELLA.

centellear. intr. Despedir rayos de luz como indecisos o trémulos, o de intensidad y coloración variables por momentos.

centelleo. m. Acción y efecto de centellear.

centén. m. Moneda española de oro, que valía cien reales.

centena. f. *Arit.* Conjunto de cien unidades.

centenar. m. **centena.**

centenario, ria. adj. Perteneciente a la centena. ‖ **2.** Dícese de la persona que tiene cien años de edad, o poco más o menos. Ú. t. c. s. ‖ **3.** m. Tiempo de cien años. ‖ **4.** Día en que se cumplen una o más centenas de años del nacimiento o muerte de alguna persona ilustre, o de algún suceso famoso. CENTENARIO *de Cervantes;* CENTENARIO *del Dos de Mayo.*

centeno. m. Planta anual, de la familia de las gramíneas, muy parecida al trigo, con el tallo delgado, fuerte y flexible, de uno a dos metros de altura, hojas planas y estrechas, espiga larga, estrecha y comprimida, de la que se desprenden con facilidad los granos, que son de figura oblonga, puntiagudos por un extremo y envueltos en un cascabillo áspero por el dorso y terminado en arista. ‖ **2.** Conjunto de granos de esta planta. Es muy alimenticia y sirve para los mismos usos que el trigo.

centesimal. adj. Dícese de cada uno de los números del uno al noventa y nueve inclusive.

centésimo, ma. adj. Que sigue inmediatamente en orden al o a lo nonagésimo nono. ‖ **2.** Dícese de cada una de las cien partes iguales en que se divide un todo. Ú. t. c. s.

centi-. elem. compos. que significa «cien»: CENTI*mano;* o «centésima parte»: CENTÍ*metro,* CENTI*litro.*

centiárea. f. Medida de superficie, que tiene la centésima parte de una área, es decir, un metro cuadrado.

centígrado, da. adj. V. **grado centígrado.** ‖ **2.** Dícese de la escala en que cada división vale un grado **centígrado,** o de los termómetros que se ajustan a esta escala.

centigramo. m. Peso que es la centésima parte de un gramo.

centilitro. m. Medida de capacidad que tiene la centésima parte de un litro.

centímetro. m. Medida de longitud que tiene la centésima parte de un metro. ‖ **cuadrado.** Medida superficial correspondiente a un cuadrado que tenga un **centímetro** de lado. ‖ **cúbico.** Medida de volumen correspondiente a un cubo cuyo lado es un **centímetro.**

céntimo, ma. adj. **centésimo,** cada una de las cien partes de un todo. ‖ **2.** m. Moneda, real o imaginaria, que vale la centésima parte de la unidad monetaria, real, peseta, escudo o peso.

centinela. m. *Mil.* Soldado que vela guardando el puesto que se le encarga. Usáb. t. c. s. f. ‖ **2.** com. fig. Persona que está en observación de alguna cosa.

centinodia. f. Planta de la familia de las poligonáceas, con hojas enteras, oblongas y pequeñas, tallos cilíndricos con muchos nudos y tendidos sobre la tierra, y pequeña la semilla, que es muy apetecida de las aves. Es medicinal.

centolla. f. **centollo.**

centollo. m. Crustáceo decápodo marino, braquiuro, de caparazón casi redondo cubierto de pelos y tubérculos ganchudos, y con cinco pares de patas largas y vellosas. Vive entre las piedras y su carne es muy apreciada.

centrado, da. adj. Dícese del instrumento matemático o de la pieza de una máquina cuyo centro se halla en la posición que debe ocupar. ‖ **2.** fig. Dícese del individuo que se halla adaptado a la actividad o ambiente en que se mueve.

central. adj. Perteneciente al centro. ‖ **2.** Que está en el centro. ‖ **3.** Dícese del lugar que está entre dos extremos. *América* CENTRAL. ‖ **4.** Esencial, importante. ‖ **5.** f. Instalación donde están unidos o centralizados varios servicios públicos de una misma clase. CENTRAL *de Correos, de Teléfonos.* ‖ **6.** Cada una de las diversas instalaciones donde se produce, por diferentes medios, energía eléctrica. CENTRAL *nuclear* o *nucleoeléctrica, térmica, hidroeléctrica.*

centralismo. m. Doctrina de los centralistas.

centralista. adj. Relativo a la centralización política o administrativa. ‖ **2.** Partidario de este tipo de centralización. Ú. t. c. s.

centralita. f. Aparato que conecta una o varias líneas telefónicas con diversos teléfonos instalados en los locales de una misma entidad. ‖ **2.** Lugar, dentro del mismo edificio, donde está instalado este aparato.

centralización. f. Acción y efecto de centralizar o centralizarse.

centralizar. tr. Reunir varias cosas en un centro común. Ú. t. c. prnl. ‖ **2.** Asumir el poder público facultades atribuidas a organismos locales.

centrar. tr. Determinar el punto céntrico de una superficie o de un volumen. ‖ **2.** Colocar una cosa de modo que su centro coincida con el de otra. ‖ **3.** Dirigir el interés o la atención hacia un objetivo concreto. *Ha* CENTRADO *su investigación en la época de Carlos V.* ‖ **4.** intr. *Dep.* En el fútbol, lanzar un jugador el balón desde un lado del terreno hacia la parte central próxima a la portería contraria.

céntrico, ca. adj. Que pertenece al centro o está en él.

centrifugado. m. Acción y efecto de centrifugar.

centrifugar. tr. Aprovechar la fuerza centrífuga para secar ciertas sustancias o para separar los componentes de una masa o mezcla según sus distintas densidades.

centrífugo, ga. adj. *Mec.* Que aleja del centro.

centrina. f. Pez selacio, del suborden de los escuálidos, que vive en el Mediterráneo y en el Atlántico y puede alcanzar más de un metro de longitud. Cada una de sus aletas dorsales, la primera de las cuales es mucho mayor que la segunda, está cruzada por una robusta espina, incluida casi por completo en el espesor de la aleta.

centrípeto, ta. adj. *Mec.* Que atrae, dirige o impele hacia el centro.

centrismo. m. **centro,** conjunto de tendencias políticas de ideología intermedia entre la derecha y la izquierda.

centrista. adj. Partidario de una política de centro. Ú. t. c. s.

centro. m. *Geom.* Punto en lo interior del círculo, del cual equidistan todos los de la circunferencia. || **2.** *Geom.* En los polígonos y poliedros, **centro** de la circunferencia o esfera circunscritas. || **3.** Lo que está en medio o más alejado de los límites, orillas, fronteras, extremos, etc. || **4.** Lugar de donde parten o a donde convergen acciones particulares coordenadas. || **5.** Tendencia o agrupación políticas cuya ideología es intermedia entre la derecha y la izquierda. || **6.** Instituto dedicado a cultivar o a fomentar determinados estudios e investigaciones. || **7.** fig. Parte central de una ciudad o de un barrio. || **8.** Punto o calles más concurridos de una población o en los cuales hay más actividad comercial o burocrática. || **9.** Lugar o situación donde una cosa o una persona tienen su natural asiento y acomodo. || **10.** Lugar en que se desarrolla más intensamente una actividad determinada. CENTRO *comercial;* CENTRO *industrial.* || **11.** Lugar donde se reúne o produce algo en cantidades importantes. CENTRO *industrial.* CENTRO *editorial.* || **12.** *Dep.* En el fútbol, acción y efecto de centrar. || **de gravedad.** *Fís.* Punto en donde, aplicando una sola fuerza vertical, se podrían equilibrar todas las de la gravedad que actúan en un cuerpo. || **de mesa.** Vasija de porcelana, cristal o metal, que se utiliza frecuentemente para colocarla con flores en medio de las mesas de comedor. || **centros nerviosos.** *Zool.* Parte del sistema nervioso, que recibe las impresiones de la periferia y transmite las excitaciones motrices a los órganos correspondientes.

centroafricano, na. adj. Natural de África central. Ú. t. c. s. || **2.** Natural de la República Centroafricana. Ú. t. c. s. || **3.** Perteneciente o relativo a África central o a la República Centroafricana.

centroamericano, na. adj. Natural de Centroamérica. Ú. t. c. s. || **2.** Perteneciente o relativo a esta parte del Nuevo Mundo.

centrocampista. com. Miembro de un equipo que, en el fútbol y otros juegos deportivos, tiene como misión principal contener los avances del equipo contrario en el centro del campo y ayudar tanto a la defensa como a la delantera del equipo propio.

centroeuropeo, a. adj. Dícese de los países situados en la Europa central, y de lo perteneciente a los mismos.

centunviro. m. Cada uno de los cien ciudadanos que en la antigua Roma asistían al pretor urbano encargado de fallar en juicios sobre asuntos civiles.

centuplicar. tr. Hacer cien veces mayor una cosa. Ú. t. c. prnl. || **2.** *Arit.* Multiplicar una cantidad por cien.

céntuplo, pla. adj. *Arit.* Dícese del producto de la multiplicación por 100 de una cantidad cualquiera. Ú. t. c. s. m.

ceñir
INDICATIVO
Presente: ciño, ciñes, ciñe, ceñimos, ceñís, ciñen.
Pretérito imperfecto: ceñía, ceñías, ceñía, ceñíamos, ceñíais, ceñían.
Pretérito indefinido: ceñí, ceñiste, ciñó, ceñimos, ceñisteis, ciñeron.
Futuro imperfecto: ceñiré, ceñirás, ceñirá, ceñiremos, ceñiréis, ceñirán.
Condicional: ceñiría, ceñirías, ceñiría, ceñiríamos, ceñiríais, ceñirían.
SUBJUNTIVO
Presente: ciña, ciñas, ciña, ciñamos, ciñáis, ciñan.
Pretérito imperfecto: ciñera o ciñese, ciñeras o ciñeses, ciñera o ciñese, ciñéramos o ciñésemos, ciñerais o ciñeseis, ciñeran o ciñesen.
Futuro imperfecto: ciñere, ciñeres, ciñere, ciñéremos, ciñereis, ciñeren.
IMPERATIVO
ciñe (tú); ceñid (vosotros).
FORMAS NO PERSONALES
Infinitivo: ceñir.
Participio: ceñido, cinto.
Gerundio: ciñendo.

centuria. f. Número de cien años, siglo. || **2.** En la milicia romana, compañía de cien hombres.

centurión. m. Jefe de una centuria en la milicia romana.

cenuro. m. *Zool.* Tenia cuyos quistes o cisticercos provocan en el ganado una modorra o aturdimiento patológico.

cenutrio. m. Lerdo, zoquete, estúpido.

ceñido, da. adj. fig. Moderado y reducido en sus gastos. || **3.** Apretado, ajustado.

ceñidor. m. Faja, cinta, correa o cordel con que se ciñe el cuerpo por la cintura.

ceñir. tr. Rodear, ajustar o apretar la cintura, el cuerpo, el vestido u otra cosa. || **2.** prnl. fig. Moderarse o reducirse en los gastos, en las palabras, etc. || **3.** fig. Amoldarse, concretarse a una ocupación, trabajo o asunto. ❑ Irreg. Ver conjugación modelo.

ceño. m. Demostración o señal de enfado y enojo, que se hace con el rostro, dejando caer el sobrecejo o arrugando la frente. || **2. entrecejo,** espacio que hay entre las cejas.

ceñudo, da. adj. Dícese de la persona que tiene ceño o sobrecejo y especialmente de quien lo arruga.

cepa. f. Parte del tronco de cualquier árbol o planta, que está dentro de tierra y unida a las raíces. ‖ **2.** Tronco de la vid, del cual brotan los sarmientos, y, por extensión, toda la planta. ‖ **3.** *Microbiol.* Grupo de organismos emparentados cuya ascendencia común es conocida. Úsase generalmente referido a bacterias, hongos o virus. ‖ **de pura cepa.** loc. adj. Aplicado a personas, auténtico, con los caracteres propios de una clase. *Un andaluz* DE PURA CEPA.

cepellón. m. Pella de tierra que se deja adherida a las raíces de los vegetales para trasplantarlos.

cepillar. tr. Limpiar, quitar el polvo con cepillo de cerda, esparto, etc. ‖ **2.** prnl. fig. y fam. Matar. ‖ **3.** fig. y fam. Liquidar un asunto rápidamente. ‖ **4.** fig. y fam. En el lenguaje estudiantil, suspender. ‖ **5.** fig. y vulg. Tener trato sexual con alguien.

cepillo. m. Caja de madera u otra materia, con cerradura y una abertura por la que se introducen las limosnas, que se pone fija en las iglesias y otros lugares. ‖ **2.** Instrumento de carpintería formado por un prisma cuadrangular de madera dura, que lleva embutido en una abertura transversal y sujeto por una cuña un hierro acerado con filo, el cual sobresale un poco de la cara que ha de ludir con la madera que se quiere labrar. ‖ **3.** Instrumento hecho de manojitos de cerdas, o cosa semejante, sujetos en agujeros distribuidos convenientemente en una plancha de madera, hueso, pasta, etc., de modo que queden iguales las cerdas. Se hace de varias formas y tamaños, y sirve para quitar el polvo a la ropa, para menesteres de aseo personal y para otros usos de limpieza.

cepo. m. Instrumento hecho de dos maderos gruesos, que unidos forman en el medio unos agujeros redondos, en los cuales se aseguraba la garganta o la pierna del reo, juntando los maderos. ‖ **2.** Artefacto de distintas formas y mecanismos que sirve para cazar animales mediante un dispositivo que se cierra aprisionando al animal cuando este lo toca. ‖ **3.** Por ext., instrumento que sirve para inmovilizar automóviles aparcados en zona prohibida.

cepola. f. Pez teleósteo del suborden de los fisóstomos, provisto de largas aletas, que vive en el Mediterráneo y en el Atlántico y del cual se conocen varias especies.

ceporro. m. Cepa vieja que se arranca para la lumbre. ‖ **2.** fig. y fam. Persona torpe e ignorante.

cequí. m. Moneda antigua de oro, acuñada en varios estados de Europa, especialmente en Venecia, y que, admitida en el comercio de África, recibió de los árabes este nombre. ❑ pl. *cequíes* o *cequís.*

cera. f. Sustancia sólida, blanda, amarillenta y fundible que segregan las abejas para formar las celdillas de los panales y que se emplea principalmente para hacer velas; también la fabrican algunos otros insectos. ‖ **2.** Conjunto de velas o hachas de **cera,** que sirven en alguna función. ‖ **de los oídos.** Sustancia crasa segregada por ciertas glándulas, parecidas a las sudoríparas, que existen en el conducto auditivo externo. ‖ **hacer la cera.** Depilar por el procedimiento de extender sobre el cutis **cera** derretida y retirarla cuando se enfría y solidifica. Ú. t. c. prnl.

ceracate. f. *Mineral.* Especie de ágata de color de cera.

cerámica. f. Arte de fabricar vasijas y otros objetos de barro, loza y porcelana, de todas clases y calidades. CERÁMICA *griega, morisca,* etc. ‖ **2.** Conjunto de estos objetos.

ceramista. com. Persona que fabrica objetos de cerámica.

ceramita. f. Especie de piedra preciosa. ‖ **2.** Ladrillo de resistencia superior a la del granito.

cerasita. f. *Mineral.* Silicato de alúmina y magnesia.

cerasta. f. Víbora de más de seis decímetros de longitud y con manchas de color pardo rojizo, que tiene una especie de cuernecillos encima de los ojos. Se cría en los arenales de África y es muy venenosa.

cerástide. m. Lepidóptero nocturno que vive en Europa.

cerate. m. Pesa usada antiguamente en España.

ceratias. m. *Astron.* Cometa de dos colas.

cerato. m. *Farm.* Composición que tiene por base una mezcla de cera y aceite, y se diferencia del ungüento en no contener resinas.

ceraunomancia o **ceraunomancía.** f. Adivinación por medio de las tempestades.

ceraunómetro. m. *Fís.* Aparato para medir la intensidad de los relámpagos.

cerbatana. f. Cañuto en que se introducen bodoques u otras cosas, para despedirlas o hacerlas salir impetuosamente después, soplando con violencia por una de sus extremidades.

cerca[1]. f. Vallado, tapia o muro que se pone alrededor de algún sitio, heredad o casa para su resguardo o división.

cerca[2]. adv. l. y t. Próxima o inmediatamente. ‖ **cerca de.** loc. prepos. Junto a. *Ponte* CERCA DE *mí. Vive* CERCA DE *la escuela.* ‖ **2.** loc. adv. Con un complemento de cantidad, casi. *Murieron* CERCA DE *dos mil hombres. Son* CERCA DE *las diez.* ‖ **de cerca.** loc. adv. A corta distancia.

cercado. m. Huerto, prado u otro sitio rodeado de valla, tapia u otra cosa para su resguardo. ‖ **2. cerca[1],** vallado.

cercanía. f. Calidad de cercano. ‖ **2.** Lugar cercano o circundante.

cercano, na. adj. Próximo, inmediato.

cercar. tr. Rodear o circunvalar un sitio con vallado, tapia o muro, de suerte que quede cerrado, resguardado y separado de otros. ‖ **2.** Poner cerco o sitio a una plaza, ciudad o fortaleza. ‖ **3.** Rodear mucha gente a una persona o cosa.

cercenar. tr. Cortar las extremidades de alguna cosa. ‖ **2.** Disminuir o acortar. CERCENAR *el gasto, la familia.*

cerceta. f. Ave del orden de las palmípedas, del tamaño de una paloma, con la cola corta y el pico grueso y ancho por la parte superior, que cubre a la inferior; es parda, cenicienta, salpicada de pequeños lunares más oscuros, con un orden de plumas blancas en las alas, y otro de verdes tornasoladas por la mitad.

cerciorar. tr. Asegurar a alguien la verdad de una cosa. ❑ Ú. m. c. prnl. y con la prep. *de.* CERCIORARSE DE *un hecho.*

cerco. m. Lo que ciñe o rodea. ‖ **2. cerca[1],** vallado, tapia o muro. ‖ **3.** Asedio que pone un ejército, rodeando una plaza o ciudad para combatirla. ‖ **4. halo.** ‖ **5. marco** que rodea algunas cosas.

cercopiteco. m. Mono catarrino, propio de África, de formas ligeras, provisto de abazones y con las callosidades isquiáticas muy desarrolladas.

cerda. f. Pelo grueso, duro y largo que tienen las caballerías en la cola y en la cima del cuello. También se llama así el pelo de otros animales, como el jabalí, puerco, etc., que, aunque más corto, es recio. ‖ **2.** Pelo de cepillo, de brocha, etc., de materia animal o artificial. ‖ **3.** Hembra del cerdo. ‖ **4.** fig. **puerca,** mujer sucia. Ú. t. c. adj. ‖ **5.** fig. **puerca,** mujer grosera. Ú. t. c. adj. ‖ **6.** fig. **puerca,** mujer ruin. Ú. t. c. adj.

cerdada. f. **guarrada.**

cerdo. m. Mamífero paquidermo doméstico, que tiene unos siete decímetros de alto y aproximadamente un metro de largo; cabeza grande, orejas caídas, jeta casi cilíndrica, con la cual hoza la tierra y las inmundicias; cuerpo muy grueso, con cerdas fuertes y ralas, patas cortas, pies con cuatro dedos, los del medio envueltos por la uña, y rudimentarios los de los lados, y cola corta y delgada. Se cría y ceba para aprovechar su carne y grasa. ‖ **2.** fig. **puerco,** hombre sucio. Ú. t. c. adj. ‖ **3.** fig. **puerco,** hombre grosero, sin modales. Ú. t. c. adj. ‖ **4.** fig. **puerco,** hombre ruin. Ú. t. c. adj.

cereal. adj. Aplícase a las plantas gramíneas que dan frutos farináceos, o a estos mismos frutos; como el trigo, el centeno y la cebada. Ú. t. c. s. m. y f. ‖ **2.** Conjunto de las semillas de estas plantas. *Mercado de* CEREALES.

cerealista. adj. Relativo a la producción y tráfico de cereales. *Primer Congreso* CEREALISTA.

cerebelo. m. *Anat.* Uno de los centros nerviosos constitutivos del encéfalo, situado en la parte posterior de la cavidad craneal.

cerebral. adj. Perteneciente o relativo al cerebro. ‖ **2.** Intelectual, en oposición a emocional, apasionado, vital, etc.; imaginario, en oposición a vivido. Ú. t. c. s. aplicado a persona.

cerebralismo. m. Predominio de lo cerebral o preferencia por ello.

cerebrina. f. *Farm.* Medicamento antineurálgico, compuesto de antipirina, cafeína y cocaína.

cerebro. m. *Anat.* Uno de los centros nerviosos constitutivos del encéfalo, existente en todos los vertebrados y situado en la parte anterior y superior de la cavidad craneal. ‖ **2.** fig. **cabeza,** talento, juicio, capacidad. ‖ **3.** fig. Persona que concibe o dirige un plan de acción. ‖ **4.** fig. Persona sobresaliente en actividades culturales, científicas o técnicas. ‖ **electrónico.** Dispositivo electrónico que regula automáticamente las secuencias de un proceso mecánico, químico, de cálculo, etc.

cerebroespinal. adj. *Anat.* Que tiene relación con el cerebro y con la espina dorsal. Aplícase principalmente al sistema constituido por los centros nerviosos de los vertebrados y al líquido cefalorraquídeo.

ceremonia. f. Acción o acto exterior arreglado, por ley, estatuto o costumbre, para dar culto a las cosas divinas, o reverencia y honor a las profanas.

ceremonial. adj. Perteneciente o relativo al uso de las ceremonias. ‖ **2.** m. Serie o conjunto de formalidades para cualquier acto público o solemne.

ceremonioso, sa. adj. Que observa con puntualidad las ceremonias. ‖ **2.** Que gusta de ceremonias y cumplimientos exagerados.

céreo, a. adj. De cera. ❑ No confundir con *cerúleo.*

cerería. f. Casa o local donde se trabaja, guarda o vende la cera.

cerero, ra. m. y f. Persona que labra o vende la cera.

cerevisina. f. Levadura de la cerveza. Se usa como medicina.

cereza. f. Fruto del cerezo. Es una drupa con pecíolo largo, casi redonda, de hasta dos centímetros de diámetro, con surco lateral, piel lisa de color encarnado más o menos oscuro, y pulpa muy jugosa, dulce y comestible.

cerezal. m. Sitio poblado de cerezos.

cerezo. m. Árbol frutal de la familia de las rosáceas, de unos cinco metros de altura, que tiene tronco liso y ramoso, copa abierta, hojas ásperas lanceoladas, flores blancas y por fruto la cereza. Su madera, de color castaño claro, se emplea en ebanistería.

cérido. m. *Quím.* Nombre genérico de los cuerpos simples cuyo tipo es el cerio.

cerífero, ra. adj. Que produce o da cera.

ceriflor. f. Planta de la familia de las borragináceas, de unos tres decímetros de altura, con ramos alternos, hojas envainadoras, aovadas, dentadas y de color verde claro; flores algo amarillentas y cuatro semillas dentro de dos nueces contenidas en el fondo del cáliz, que es persistente. Supónese vulgarmente que de la flor de esta planta sacan la cera con preferencia las abejas. ‖ **2.** Flor de la misma planta.

cerilla. f. Varilla fina de cera, madera, cartón, etc., con una cabeza de fósforo que se enciende al frotarla con una superficie adecuada. ‖ **2. cera de los oídos.**

cerillero, ra. m. y f. **fosforera,** estuche. ‖ **2.** Persona que vende cerillas y también tabaco, en cafés, bares y locales de este tipo.

cerina. f. Especie de cera que se extrae del alcornoque.

cerio. m. Elemento químico de núm. atóm. 58. Metal de las tierras raras, muy escaso en la corteza terrestre, donde aparece disperso en diversos minerales. De color pardo rojizo, arde como el magnesio, y algunos de sus derivados se usan en pirotecnia y como materiales cerámicos. Símb. *Ce.*

cerita. f. *Mineral.* Mineral formado por la combinación de los silicatos de cerio, lantano y didimio, que se encuentra en masas amorfas con lustre como de cera en el gneis del norte de Europa.

cermeña. f. Fruto del cermeño, que es una pera pequeña muy aromática y sabrosa, y madura al fin de la primavera.

cermeño. m. Especie de peral, con las hojas de figura de corazón, vellosas por el envés, y cuyo fruto es la cermeña.

cerne. adj. Se dice de lo que es sólido y fuerte. Aplícase especialmente a las maderas. ‖ **2.** m. Parte más dura y sana del tronco de los árboles, que se prefiere para las artes y construcciones de importancia.

cernedera. f. Marco de madera del tamaño de la artesa, sobre el cual se pone uno o dos cedazos para cerner con más facilidad la harina que cae dentro de la artesa. Ú. m. en pl.

cernedero. m. Lugar destinado para cerner la harina.

cernedor, ra. m. y f. Persona que cierne. ‖ **2.** m. Torno para cerner harina.

cerneja. f. Mechón de pelo que tienen las caballerías detrás del menudillo, de longitud, espesor y finura diferentes según las razas. Ú. por lo común en pl.

cerner. tr. Separar con el cedazo la harina del salvado, o cualquier otra materia reducida a polvo, de suerte que lo más grueso quede sobre la tela, y lo sutil caiga al sitio destinado para recogerlo. ‖ **2.** prnl. Mover las aves sus alas, manteniéndose en el aire sin apartarse del sitio en que están. ‖ **3.** fig. Amenazar de cerca algún mal. ❑ Irreg. Se conj. como *entender.*

cernícalo. m. Ave de rapiña, común en España, de unos cuatro decímetros de largo, con cabeza abultada, pico y uñas negros y fuertes, y plumaje rojizo más oscuro por la espalda que por el pecho y manchado de negro.

cernidillo. m. Lluvia muy menuda.

cernir. tr. **cerner.** ❑ Irreg. Se conj. como *discernir.*

cero. adj. Número que expresa una cantidad nula, nada, ninguno. CERO *puntos.* ‖ **2.** m. Signo con que se representa el CERO. ‖ **3.** *Arit.* Signo sin valor propio, que en la numeración arábiga sirve para ocupar los lugares donde no haya de haber cifra significativa. Colocado a la derecha de un número entero, decuplica su valor; pero a la izquierda, en nada lo modifica. ‖ **al cero.** loc. adv. Hablando del corte de pelo, al rape. ‖ **ser** alguien **cero,** o **un cero, a la izquierda.** fr. fig. y fam. Ser inútil, o no valer para nada. ‖ **2.** fig. y fam. No ser alguien valorado o tenido en cuenta por los de su entorno.

ceroleína. f. *Quím.* Una de las tres sustancias que constituyen la cera de las abejas.

ceroma. f. *Arqueol.* Ungüento cuyo principal ingrediente era la cera, y con el que se frotaban los miembros los atletas antes de empezar la lucha.

ceromancia o **ceromancía.** f. Arte de adivinar, que consiste en ir echando gotas de cera derretida en una vasija llena de agua, para hacer cómputos o deducciones según las figuras que se forman.

cerón. m. Residuo, escoria o heces de los panales de la cera.

ceroplástica. f. Arte de modelar la cera.

cerorrinco. m. Ave de rapiña parecida al halcón, que vive en América.

cerote. m. Mezcla de pez y cera que usan los zapateros para encerar los hilos con que cosen el calzado. Se hace también de pez y aceite.

cerrado, da. adj. fig. Con algunos sustantivos significa estricto, rígido, terminante. *Un criterio muy* CERRADO. ‖ **2.** fig. Dícese del acento o pronunciación que presentan rasgos nacionales o locales muy marcados, generalmente con dificultad para la comprensión. ‖ **3.** fig. Se dice del cielo o de la atmósfera cuando se presentan muy cargados de nubes. ‖ **4.** fig. y fam. Aplícase a la persona muy callada, disimulada y silenciosa o torpe de entendimiento. CERRADO *de mollera.*

cerradura. f. Mecanismo de metal que se fija en puertas, tapas de cofres, arcas, cajones, etc., y sirve para cerrarlos por medio de uno o más pestillos que se hacen jugar con la llave.

cerrajería. f. Oficio de cerrajero. ‖ **2.** Taller y tienda donde se fabrican o venden cerraduras y otros instrumentos de hierro.

cerrajero. m. Maestro u oficial que hace cerraduras, llaves, candados, cerrojos y otras cosas de hierro.

cerrajón. m. Cerro alto y escarpado.

cerrar. tr. Asegurar con cerradura, pasador, pestillo, tranca u otro instrumento, una puerta, ventana, tapa, etc., para impedir que se abra. ‖ **2.** Encajar en su marco la hoja o las hojas de una puerta, balcón, ventana, etc., de manera que impidan el paso del aire o de la luz. CERRAR *una ventana.* ‖ **3.** Hacer que el interior de un edificio, recinto, receptáculo, etc., quede incomunicado con el espacio exterior. CERRAR *una habitación.* ‖ **4.** Juntar o aproximar los extremos libres de dos miembros del cuerpo, o de dos partes de una cosa articuladas por el otro extremo. CERRAR *las piernas, las tijeras, una navaja,* etc. ‖ **5.** Tratándose de libros, cuadernos, etc., juntar todas sus hojas de manera que no se puedan ver las páginas interiores. ‖ **6.** Tratándose de los cajones de una mesa o cualquier otro mueble, de los cuales se haya tirado hacia fuera sin sacarlos del todo, volver a hacerlos entrar en su hueco. ‖ **7.** Tapar, rellenar u obstruir aberturas, huecos, conductos, etc. Ú. t. c. prnl. ‖ **8.** Hablando de heridas o llagas, cicatrizarlas. Ú. t. c. prnl. ‖ **9.** Encoger, doblar o plegar lo que estaba extendido, o encogerlo más de lo que ya estaba y apretarlo. CERRAR *la mano, la cola* ciertas aves, *un abanico, un paraguas.* ‖ **10.** fig. Concluir ciertas cosas o ponerles término. CERRAR *el debate.* ‖ **11.** fig. Hablando de cuerpos o establecimientos políticos, administrativos, científicos, literarios, artísticos, comerciales o industriales, poner fin a las tareas, ejercicios o negocios propios de cada uno de ellos. Ú. t. c. prnl. CERRAR *las Cortes.* ‖ **12.** Tratándose de ajustes, tratos o contratos, darlos por concertados y firmes. ‖ **13.** En una serie ordenada, ir en último lugar. CERRAR *la marcha, el desfile, la lista, el festival.* ‖ **14.** intr. **cerrarse** o poderse **cerrar** alguna cosa. *Este armario, esta puerta* CIERRA *bien,* o *mal,* o *no* CIERRA. ‖ **15.** prnl. Refiriéndose al cielo, a la atmósfera, al horizonte, etc., encapotarse, o cargarse de nubes o vapores que producen oscuridad. ‖ **16.** Hablando del vehículo o del conductor que toma una curva, ceñirse al lado de mayor curvatura. ‖ **17.** fig. Mantenerse firme en un propósito. ❑ Irreg. Se conj. como *acertar.*

cerrazón. f. Oscuridad grande que suele preceder a las tempestades, cubriéndose el cielo de nubes muy negras. ‖ **2.** fig. Incapacidad de comprender algo por ignorancia o prejuicio. ‖ **3.** fig. Obstinación, obcecación.

cerril. adj. Dícese del ganado mular, caballar o vacuno no domado. ‖ **2.** fig. Dícese del que se obstina en una actitud o parecer, sin admitir trato ni razonamiento.

cerro. m. Elevación de tierra aislada y de menor altura que el monte o la montaña. ‖ **por los cerros de Úbeda.** loc. fig. y fam. Por sitio o lugar muy remoto y fuera de camino. Con esta locución se da a entender que lo que se dice es incongruente o fuera de propósito, o que alguien divaga o se extravía en el raciocinio o discurso. ❑ Úsase con los verbos *echar, ir* o *irse,* etc.

cerrojazo. m. Clausura o final brusco de cualquier actividad, reunión, charla, etc. Ú. en la expr. **dar el cerrojazo.**

cerrojo. m. Mecanismo que consiste en una barra pequeña de hierro que se desplaza entre las anillas de un soporte, y que sirve para cerrar puertas, ventanas, etc. ‖ **2.** En los fusiles y otras armas ligeras, cilindro metálico que contiene los elementos de percusión, de obturación y de extracción del casquillo.

certamen. m. Función literaria en que se argumenta o disputa sobre algún asunto, comúnmente poético. ‖ **2.** Concurso abierto para estimular con premios determinadas actividades o competiciones.

certero, ra. adj. Diestro y seguro en tirar. ‖ **2.** Seguro, acertado.

certeza. f. Conocimiento seguro y claro de alguna cosa. ‖ **2.** Firme adhesión de la mente a algo concible, sin temor de errar.

certidumbre. f. **certeza.**

certificado, da. adj. Dícese de la carta o paquete que se certifica. Ú. t. c. s. ‖ **2.** m. Documento en que se certifica o da por cierta alguna cosa de manera oficial.

certificar. tr. Asegurar, afirmar, dar por cierta alguna cosa, especialmente mediante documento oficial o autorizado. Ú. t. c. prnl. ‖ **2.** Tratándose de cartas o paquetes que se han de remitir por el correo, obtener, mediante pago, un certificado o resguardo por el cual el servicio de Correos se obliga a hacerlos llegar a su destino.

certísimo, ma. adj. sup. de **cierto.**

cerúleo, a. adj. Aplícase al color azul del cielo

despejado, o de la alta mar o de los grandes lagos. ❑ No confundir con *céreo*.

cerumen. m. **cera de los oídos.**

cerusa. f. *Quím.* Carbonato de plomo.

cerval. adj. **cervuno,** perteneciente al ciervo o parecido a él.

cervantino, na. adj. Propio y característico de Cervantes como escritor, o que tiene semejanza con cualquiera de las dotes o calidades por que se distinguen sus producciones.

cervantismo. m. Influencia de las obras de Miguel de Cervantes en la literatura general. ‖ **2.** Estudio de la vida y obras de Cervantes. ‖ **3.** Giro o locución cervantina.

cervantista. adj. Dedicado con especialidad al estudio de las obras de Cervantes y cosas que le pertenecen. Apl. a pers., ú. t. c. s.

cervato. m. Ciervo menor de seis meses.

cerveceo. m. Fermentación de la cerveza.

cervecería. f. Local donde se vende y se toma cerveza.

cervecero, ra. adj. Perteneciente o relativo a la cerveza. ‖ **2.** m. y f. Persona que hace cerveza. ‖ **3.** Dueño de una cervecería.

cerveza. f. Bebida alcohólica hecha con granos germinados de cebada u otros cereales fermentados en agua, y aromatizada con lúpulo, boj, casia, etc.

cervical. adj. Perteneciente o relativo a la cerviz. ‖ **2.** f. pl. Vértebras **cervicales.**

cérvido. adj. *Zool.* Dícese de mamíferos artiodáctilos rumiantes cuyos machos tienen cuernos ramificados que caen y se renuevan periódicamente; como el ciervo y el reno. Ú. t. c. s. ‖ **2.** m. pl. *Zool.* Familia de estos animales.

cerviguillo. m. Parte exterior de la cerviz, cuando es gruesa y abultada.

cerviz. f. Parte dorsal del cuello, que en el hombre y en la mayoría de los mamíferos consta de siete vértebras, de varios músculos y de la piel.

cervuno, na. adj. Perteneciente al ciervo. ‖ **2.** Parecido a él.

cesación. f. Acción y efecto de cesar.

cesante. adj. Que cesa o ha cesado. ‖ **2.** Dícese del empleado del gobierno a quien se priva de su empleo, dejándole, en algunos casos, parte del sueldo. Ú. t. c. s.

cesantía. f. Estado de cesante.

cesar. intr. Suspenderse o acabarse una cosa. ‖ **2.** Dejar de desempeñar algún empleo o cargo. ‖ **3.** Dejar de hacer lo que se está haciendo.

césar. m. Sobrenombre de la familia romana Julia, que como título de dignidad llevaron juntamente con el de Augusto los emperadores romanos, y el cual fue también distintivo especial de la persona designada para suceder en el imperio. ‖ **2.** m. **emperador,** jefe supremo del Imperio Romano.

cesáreo, a. adj. Perteneciente al imperio o a la majestad imperial. ‖ **2.** f. *Cir.* **operación cesárea.**

cesariense. adj. Natural de Cesarea. Ú. t. c. s. ‖ **2.** Perteneciente o relativo a cualquiera de las antiguas ciudades de este nombre.

cesarismo. m. Sistema de gobierno en el cual una sola persona asume y ejerce los poderes públicos.

cese. m. Acción y efecto de cesar en un empleo o cargo. ‖ **2.** Nota o documento en el que se consigna el **cese** de un empleo o cargo.

cesio. m. Elemento químico de núm. atóm. 55. Metal alcalino, escaso en la corteza terrestre; se encuentra en aguas minerales y en las cenizas de algunas plantas. De color plateado, dúctil y blando, reacciona violentamente con el agua. Se usa en la fabricación de células fotoeléctricas. Símb. *Cs*.

cesión. f. Renuncia de alguna cosa, posesión, acción o derecho, que una persona hace a favor de otra.

césped. m. Hierba menuda y tupida que cubre el suelo. ‖ **2.** *Dep.* Campo, terreno de juego, con yerba.

cesta. f. Recipiente tejido con mimbres, juncos, cañas, varillas de sauce u otra madera flexible, que sirve para recoger o llevar ropas, frutas y otros objetos. ‖ **2.** Especie de pala de tiras de madera de castaño entretejidas, cóncava y en figura de uña, que, sujeta a la mano, sirve para jugar a la pelota. ‖ **de la compra.** fig. Precio de los alimentos.

cestería. f. Sitio donde se hacen cestos o cestas. ‖ **2.** Tienda donde se venden. ‖ **3.** Arte del cestero.

cestero, ra. m. y f. Persona que hace o vende cestos o cestas.

cesto. m. Cesta grande y más alta que ancha, formada a veces con mimbres, tiras de caña o varas de sauce sin pulir.

cestodo. adj. *Zool.* Dícese de gusanos platelmintos de cuerpo largo y aplanado semejante a una cinta y dividido en segmentos y que carecen de aparato digestivo; viven en cavidades del cuerpo de otros animales, a cuyas paredes se fijan mediante ventosas o ganchos, y se alimentan absorbiendo por su piel líquidos nutritivos del cuerpo de su huésped; como la solitaria. Ú. t. c. s. ‖ **2.** m. pl. *Zool.* Orden de estos animales.

cesura. f. En la poesía moderna, corte o pausa que se hace en el verso después de cada uno de los acentos métricos reguladores de su armonía. ‖ **2.** En la poesía griega y latina, sílaba con que termina una palabra, después de haber formado un pie, y sirve para empezar otro.

cetáceo, a. adj. *Zool.* Dícese de mamíferos pisciformes, marinos, algunos de gran tamaño, que tienen las aberturas nasales en lo alto de la cabeza, por las cuales sale el aire espirado, cuyo vapor acuoso, cuando el ambiente es frío, suele condensarse en forma de nubecillas que simulan chorros de agua; los miembros anteriores transformados en aletas, sin los posteriores, y el cuerpo terminado en una sola aleta horizontal; como la ballena y el delfín. Viven en todos los mares. Ú. t. c. s. m. ‖ **2.** m. pl. *Zool.* Orden de estos animales.

cetaria. f. Vivero, situado en comunicación con el mar, de langostas y otros crustáceos destinados al consumo.

cetilo. m. *Quím.* Hidrocarburo que contiene el radical alcohol propio de este cuerpo y demás compuestos de la serie del mismo.

cetonia. f. Insecto coleóptero pentámero, con reflejos metálicos, que frecuenta las flores; su larva vive en las colmenas y se alimenta de miel.

cetrería. f. Arte de criar, domesticar, enseñar y curar los halcones y demás aves que servían para la caza de volatería. ‖ **2.** Caza de aves y algunos cuadrúpedos que se hacía con halcones, azores y otros pájaros que perseguían la presa hasta herirla o matarla.

cetrino, na. adj. Aplícase al color amarillo verdoso. ‖ **2.** fig. Melancólico y adusto.

cetro. m. Vara de oro u otra materia preciosa que usan solamente emperadores y reyes por insignia de su dignidad. ‖ **2.** Dignidad de rey o emperador.

ceugma. f. *Gram.* **zeugma.**

ceutí. adj. Natural de Ceuta. Ú. t. c. s. ‖ **2.** Perteneciente o relativo a esta ciudad. ❑ pl. *ceutíes* o *ceutís.*

ch. f. Dígrafo que entre 1803 y 1992 fue considerado por la Real Academia como la cuarta letra del abecedario español y tercera de sus consonantes. Su nombre es **che.** En la escritura es inseparable, y representa un solo sonido de articulación predorsal, africada, sorda: *mucho, noche.*

chabacanería. f. Falta de arte, gusto y mérito estimable. ‖ **2.** Dicho bajo o insustancial.

chabacano, na. adj. Sin arte o grosero y de mal gusto.

chabola. f. Choza o caseta, generalmente la construida en el campo. ‖ **2.** Vivienda de escasas proporciones y pobre construcción, que suele edificarse en zonas suburbanas.

chabolismo. m. Abundancia de chabolas en los suburbios, como síntoma de miseria social.

chabolista. com. Persona que vive en una chabola.

chacal. m. Mamífero carnívoro de la familia de los cánidos, de un tamaño medio entre el lobo y la zorra, parecido al primero en la forma y el color, y a la segunda en la disposición de la cola. Vive en las regiones templadas de Asia y África; es carroñero y de costumbres gregarias.

chacarona. f. Pez teleósteo, acantopterigio, de la misma familia que el dentón, pero de tamaño algo menor que este y con los ojos relativamente mayores, vive en los mares del sur de España y se extiende hasta las costas del Sahara.

chacha. f. fam. **niñera.** ‖ **2.** Por ext., **sirvienta.**

chachachá. m. Baile moderno de origen cubano, derivado de la rumba y el mambo. ‖ **2.** Música y ritmo de este baile.

cháchara. f. fam. Abundancia de palabras inútiles. ‖ **2.** Conversación frívola.

chachi. adj. inv. *Esp.* **chanchi.**

chacina. f. **cecina,** carne desecada. ‖ **2.** Carne de puerco adobada de la que se suelen hacer chorizos y otros embutidos.

chacinería. f. Tienda en que se vende chacina.

chacolí. m. Vino ligero algo agrio que se hace en el País Vasco, en Cantabria y en Chile. ❑ pl. *chacolís.*

chacona. f. Baile español de los siglos XVI y XVII, muy extendido por Europa. ‖ **2.** Música de este baile. ‖ **3.** Composición poética escrita para dicho baile.

chacota. f. Bulla y alegría mezclada de chanzas y carcajadas, con que se celebra alguna cosa. ‖ **2.** Broma, burla. *Echar, o tomar, a* CHACOTA una persona o cosa; *hacer* CHACOTA *de* una persona o cosa.

chacra. f. *Amér.* Alquería o granja.

chafar. tr. Aplastar lo que está erguido o lo que es blando o frágil, como hierbas, pelo de ciertos tejidos, uvas, huevos, etc. Ú. t. c. prnl. ‖ **2.** Estropear, echar a perder. Ú. t. en sent. fig. ‖ **3.** fig. y fam. Deslucir a alguien en una conversación o concurrencia, cortándole y dejándole sin tener qué responder.

chaflán. m. Cara, por lo común larga y estrecha, que resulta en un sólido, de cortar por un plano una esquina o ángulo diedro. ‖ **2.** Plano largo y estrecho que, en lugar de esquina, une dos paramentos o superficies planas, que forman ángulo.

chaflanar. tr. **achaflanar.**

chaira. f. Cuchilla que usan los zapateros para cortar la suela. ‖ **2.** Cilindro de acero que usan los carniceros y otros oficiales para afilar sus cuchillas. ‖ **3.** Cilindro de acero, ordinariamente con mango, que usan los carpinteros para sacar rebaba a las cuchillas de raspar.

chal. m. Paño de seda o lana, mucho más largo que ancho, y que, puesto en los hombros, sirve a las mujeres como abrigo o adorno.

chalado, da. adj. fam. Alelado, falto de seso o juicio. ❑ Ú. generalmente con el verbo *estar.* Ú. t. c. s.

chaladura. f. fam. Extravagancia, locura, manía.

chalán, na. adj. Que trata en compras y ventas, especialmente de caballos u otras bestias, y tiene para ello maña y persuasiva. Ú. t. c. s.

chalana. f. Embarcación menor, de fondo plano, proa aguda y popa cuadrada, que sirve para transportes en aguas de poco fondo.

chalar. tr. Enloquecer, alelar. Ú. t. c. prnl. ‖ **2. enamorar.** Ú. t. c. prnl.

chalé. m. Casa de recreo o vivienda, generalmente rodeada de un pequeño jardín. ❑ pl. *chalés.*

chaleco. m. Prenda de vestir, por lo común sin mangas, que se abotona al cuerpo, llega hasta la cintura cubriendo el pecho y la espalda y se pone encima de la camisa. ‖ **salvavidas.** El destinado a mantener a flote en el agua a quien lo lleva, en caso de necesidad.

chalet. m. **chalé.**

chalina. f. Corbata de caídas largas y de varias formas, que usan los hombres y las mujeres.

chalupa. f. Embarcación pequeña, que suele tener cubierta y dos palos para velas.

chamán. m. Hechicero al que se supone dotado de poderes sobrenaturales para sanar a los enfermos, adivinar, invocar a los espíritus, etc.

chamanismo. m. Conjunto de creencias y prácticas referentes a los chamanes.

chamarilero, ra. m. y f. Persona que se dedica a comprar y vender objetos de lance y trastos viejos.

chamarra. f. Prenda de vestir masculina, parecida a la chaqueta. ❑ No confundir con *zamarra.*

chambelán. m. Noble que acompañaba y servía al rey en su cámara.

chambergo, ga. adj. Aplícase a ciertas prendas del uniforme del regimiento creado en Madrid durante la minoría de Carlos II para su guardia. *Casaca* CHAMBERGA. Ú. t. c. s. ‖ **2.** m. **sombrero chambergo.**

chamicera. f. Pedazo de monte que, habiéndose quemado, tiene la leña sin hojas ni corteza y muy negra del fuego.

chamiza. f. Hierba silvestre y medicinal, de la familia de las gramíneas, que nace en tierras frescas y muy húmedas. Su vástago, de uno a dos metros de alto y cinco o seis milímetros de grueso, es fofo y de mucha hebra; y sus hojas, anchas, cortas y de color ceniciento. Sirve para techumbre de chozas y casas rústicas. ‖ **2.** Leña menuda que sirve para los hornos.

chamizo. m. Leño medio quemado. ‖ **2.** Choza cubierta de chamiza, hierba. ‖ **3.** fig. y fam. Tugurio sórdido de gente de mal vivir.

champán[1]. m. Embarcación grande, de fondo plano, que se emplea en China, Japón y algunas partes de América del Sur para navegar por los ríos.

champán[2]. m. fam. **champaña.**

champaña. m. Vino espumoso blanco o rosado, originario de Francia. Cf. **cava[2]**.

champiñón. m. Nombre común a varias especies de hongos agaricáceos, algunos de los cuales son comestibles.

champú. m. Loción para el cabello. ❑ pl. *champús.*

chamullar. intr. fam. *Caló.* **hablar.**

chamuscar. tr. Quemar una cosa por la parte exterior. Ú. t. c. prnl.

chamusquina. f. Acción y efecto de chamuscar o chamuscarse. ‖ **2.** fig. y fam. **camorra,** riña o pendencia. ‖ **oler a chamusquina.** fr. fig. y fam. Parecer que una disputa va a parar en riña o pendencia.

chancear. intr. Bromear. Ú. m. c. prnl.

chanchi. adj. inv. *Esp.* Estupendo, muy bueno. Ú. t. c. adv.

chancho, cha. m. y f. *Amér.* **cerdo,** animal. ‖ **2.** adj. *Amér.* Puerco, sucio, desaseado.

chanchullo. m. fam. Manejo ilícito para conseguir un fin, y especialmente para lucrarse.

chancla. f. Zapato viejo cuyo talón está ya caído y aplastado por el mucho uso. ‖ **2. chancleta.**

chancleta. f. Chinela sin talón, o chinela o zapato con el talón doblado, que suele usarse dentro de casa.

chanclo. m. Especie de sandalia de madera o suela gruesa, que se pone debajo del calzado y se sujeta por encima del pie con una o dos tiras de cuero, y sirve para preservarse de la humedad y del lodo.

chancro. m. Úlcera contagiosa de origen venéreo o sifilítico.

chándal. m. Traje deportivo que consta de un pantalón y de una chaqueta que cubre el torso.

chanfaina. f. Guisado hecho de bofes o livianos picados.

changar. tr. Romper, descomponer, destrozar.

changurro. m. Plato vasco popular hecho con centollo cocido y desmenuzado en su caparazón.

chanquete. m. Pez pequeño comestible, de la

misma familia que el gobio, de cuerpo comprimido y traslúcido, que por su tamaño y aspecto recuerda a la cría del boquerón.

chantaje. m. Amenaza de pública difamación o daño semejante que se hace contra alguien, a fin de obtener de él dinero u otro provecho. ‖ **2.** Presión que, mediante amenazas, se ejerce sobre alguien para obligarle a obrar en determinado sentido.

chantajear. tr. Ejercer chantaje.

chantajista. com. Persona que ejercita habitualmente el chantaje.

chantillí. m. Crema usada en pastelería hecha de nata batida. ❑ pl. *chantillíes* o *chantillís.*

chantre. m. Dignidad de las iglesias catedrales, a cuyo cargo estaba antiguamente el gobierno del canto en el coro.

chanza. f. Dicho festivo y gracioso. ‖ **2.** Hecho burlesco para recrear el ánimo o ejercitar el ingenio.

chanzoneta. f. Nombre que antes se daba a coplas o composiciones en verso ligeras y festivas, hechas por lo común para que se cantasen en Navidad o en otras festividades religiosas.

¡chao! interj. fam. Adiós, hasta luego.

chapa. f. Hoja o lámina de metal, madera u otra materia. ‖ **2.** Tapón metálico que cierra herméticamente las botellas. ‖ **3.** f. pl. Juego infantil en que se utilizan las **chapas** de las botellas.

chapado, da. adj. **chapeado.** ‖ **a la antigua.** expr. fig. Se dice de la persona muy apegada a los hábitos y costumbres de sus mayores.

chapar. tr. **chapear,** cubrir o guarnecer con chapas.

chaparral. m. Sitio poblado de chaparros.

chaparrear. intr. impers. Llover reciamente. ❑ Solo se usan las 3.as pers. de sing. de todos los tiempos y el infinitivo, gerundio y participio.

chaparro. m. Mata de encina o roble, de muchas ramas y poca altura. ‖ **2.** fig. Persona rechoncha. Ú. t. c. adj.

chaparrón. f. Lluvia recia de corta duración. ‖ **2.** fig. Abundancia o muchedumbre de cosas.

chapata. f. Tipo de pan crujiente, de forma aplastada y alargada.

chapeado, da. adj. Dícese de lo que está cubierto o guarnecido con chapas.

chapear. tr. Cubrir, adornar o guarnecer con chapas.

chapela. f. Boina de gran vuelo.

chapeta. f. Mancha de color encendido que suele salir en las mejillas.

chapín. m. Chanclo de corcho, forrado de cordobán, muy usado en algún tiempo por las mujeres.

chapista. com. Persona que trabaja la chapa.

chapitel. m. Remate de las torres que se levanta en figura piramidal. ‖ **2. capitel** de la columna.

chapotear. intr. Sonar el agua batida por los pies o las manos. ‖ **2.** Producir ruido al mover las manos o los pies en el agua o el lodo, o al pisar estos. Ú. t. c. tr.

chapoteo. m. Acción y efecto de chapotear.

chapucería. f. Tosquedad, imperfección en cualquier artefacto. ‖ **2. chapuza,** obra sin arte ni esmero.

chapucero, ra. adj. Hecho tosca y groseramente. ‖ **2.** Dícese de la persona que trabaja de este modo. Ú. t. c. s.

chapulín. m. *Amér.* Langosta, cigarrón.

chapurrar. tr. Hablar con dificultad un idioma, pronunciándolo mal y usando en él vocablos y giros exóticos.

chapurrear. tr. **chapurrar** un idioma. Ú. t. c. intr.

chapuza. f. Obra o labor de poca importancia. ‖ **2.** Obra hecha sin arte ni esmero.

chapuzar. tr. Meter a alguien de cabeza en el agua. Ú. t. c. intr. y c. prnl.

chapuzas. com. Persona que lleva a cabo **chapuzas,** obras sin arte ni esmero.

chapuzón. m. Acción y efecto de chapuzar o chapuzarse.

chaqué. m. Prenda exterior de hombre a modo de chaqueta, que a partir de la cintura se abre hacia atrás formando dos faldones. Se usa como traje de etiqueta con pantalón rayado. ❑ pl. *chaqués.*

chaqueta. f. Prenda exterior de vestir, con mangas y sin faldones, que se ajusta al cuerpo y pasa poco de la cintura. ‖ **cambiar de chaqueta, cambiar la chaqueta, volver la chaqueta.** frs. figs. y fams. Dejar el bando o partido que se seguía, y adoptar otro distinto.

chaquete. m. Nombre que adoptó el juego de las tablas reales, al introducirse nuevamente desde Francia.

chaquetear. intr. **cambiar de chaqueta.**

chaquetero, ra. adj. fam. Que chaquetea, que cambia de opinión o de partido por conveniencia personal.

chaquetilla. f. Chaqueta, en general más corta que la ordinaria, de forma diferente y casi siempre con adornos. ‖ **torera.** La que usan los toreros en el traje de lidia y, por ext., prenda de corte semejante en otros trajes de hombre o de mujer.

chaquetón. m. Prenda exterior de más abrigo y algo más larga que la chaqueta.

chaquira. f. Cuentas, abalorios, etc., de distintas materias que llevaban los españoles para vender a los indígenas americanos. ‖ **2.** Sarta, collar, brazalete hecho con cuentas, abalorios, conchas, etc., usado como adorno.

charada. f. Acertijo en que se trata de adivinar una palabra, haciendo una indicación sobre su significado y el de las palabras que resultan tomando una o varias sílabas de aquella.

charanga. f. Música militar de las unidades ligeras que consta solo de instrumentos de viento y, por ext., cualquier otra música de igual composición aunque no sea militar.

charango. m. Especie de bandurria, de cinco cuerdas, cuya caja se construye, generalmente, con un caparazón de armadillo; la usan para sus danzas los indios de América del Sur.

charca. f. Depósito algo considerable de agua, detenida en el terreno, natural o artificialmente.

charco. m. Agua u otro líquido detenida en un hoyo o cavidad de la tierra o del piso.

charcutería. f. **chacinería.**

charla. f. fam. Acción de charlar. ‖ **2.** Disertación oral ante un público, sin solemnidad ni excesivas preocupaciones formales.

charlar. intr. fam. Hablar mucho, sin sustancia o fuera de propósito. ‖ **2.** fam. Conversar, platicar sin objeto determinado y solo por mero pasatiempo.

charlatán, na. adj. Que habla mucho y sin sustancia. Ú. t. c. s. ‖ **2.** Hablador indiscreto. Ú. t. c. s.

charlatanería. f. **locuacidad.** ‖ **2.** Calidad de charlatán.

charlestón. m. Baile creado por los negros de Estados Unidos, de moda en Europa hacia 1920 y siguientes.

charlotada. f. Festejo taurino bufo. ‖ **2.** Actuación pública, colectiva, grotesca o ridícula.

charnela. f. **bisagra,** para facilitar el movimiento giratorio de las puertas. ‖ **2.** *Zool.* Articulación de las dos piezas componentes de una concha bivalva.

charol. m. Barniz muy lustroso y permanente, que conserva su brillo sin agrietarse y se adhiere perfectamente a la superficie del cuerpo a que se aplica. ‖ **2.** Cuero con este barniz. *Botas de* CHAROL.

charolar. tr. Barnizar con charol o con otro líquido que lo imite.

charrán. m. Ave marina de cuerpo grácil, parte superior de la cabeza de color negro, pico largo y afilado y cola profundamente ahorquillada; hay varias especies que, junto a fumareles y pagazas, se denominan golondrinas de mar.

charretera. f. Divisa militar de oro, plata, seda u otra materia, en forma de pala, que se sujeta al hombro por una presilla y de la cual pende un fleco como de un decímetro de largo. ‖ **2. jarretera.**

charro, rra. adj. Aldeano de Salamanca y especialmente el de la región que comprende Alba, Vitigudino, Ciudad Rodrigo y Ledesma. Ú. t. c. s. ‖ **2.** Perteneciente o relativo a estos aldeanos. *Traje* CHARRO, *habla* CHARRA. ‖ **3.** m. *Méj.* Jinete o caballista que viste traje especial compuesto de chaqueta corta y pantalón ajustado, camisa blanca y sombrero de ala ancha y alta copa cónica. Ú. t. c. adj.

chárter. adj. *Aviac.* Dícese del vuelo fletado ex profeso, al margen de los vuelos regulares. ❑ pl. invar.

chartreuse. m. Licor verde o amarillo de hierbas aromáticas fabricado por los monjes cartujos.

chasca. f. Leña menuda que procede de la limpia de los árboles o arbustos. ‖ **2.** Ramaje que se coloca sobre la leña dispuesta para hacer carbón.

chascar. intr. Dar chasquidos.

chascarrillo. m. fam. Anécdota ligera y picante, cuentecillo agudo o frase de sentido equívoco y gracioso.

chasco. m. Burla o engaño que se hace a alguien. ‖ **2.** fig. Decepción que causa a veces un suceso contrario a lo que se esperaba. *Bravo* CHASCO *se ha llevado Mariano.*

chasis. m. Armazón, bastidor del coche. CHASIS *del automóvil.* ‖ **2.** *Fotogr.* Bastidor donde se colocan las placas fotográficas.

chasquear. tr. Dar chasco o zumba. ‖ **2.** intr. Dar chasquidos.

chasquido. m. Sonido o estallido que se hace con el látigo o la honda cuando se sacuden en el aire con violencia. ‖ **2.** Ruido seco y súbito que produce el romperse, rajarse o desgajarse alguna cosa, como la madera cuando se abre por sequedad o mutación de tiempo. ‖ **3.** Ruido que se produce con la lengua al separarla súbitamente del paladar.

chatarra. f. Escoria que deja el mineral de hierro. ‖ **2.** Conjunto de trozos de metal viejo o de desecho, especialmente el hierro.

chatarrero, ra. m. y f. Persona que se dedica a recoger, almacenar o vender chatarra.

chatear. tr. Beber chatos de vino.

chateo. m. fam. Acción y efecto de chatear.

chato, ta. adj. Que tiene la nariz poco prominente y como aplastada. Ú. t. c. s. ‖ **2.** Dícese también de la nariz que tiene esta figura. ‖ **3.** Aplícase a algunas cosas que de propósito se hacen sin relieve o con menos elevación que la que suelen tener las de la misma especie. *Clavo* CHATO; *embarcación* CHATA. ‖ **4.** m. fig. y fam. En las tabernas y entre sus habituales parroquianos, vaso bajo y ancho de vino o de otra bebida.

chauvinismo. m. **chovinismo.**

chauvinista. com. **chovinista.**

chaval, la. m. y f. Popularmente, niño o joven. Ú. menos c. adj.

chaveta. f. Clavo hendido en casi toda su longitud que, introducido por el agujero de un hierro o madero, se remacha separando las dos mitades de su punta. ‖ **2.** Clavija o pasador que se pone en el agujero de una barra e impide que se salgan las piezas que la barra sujeta. ‖ **perder la chaveta.** fr. fig. y fam. Perder el juicio, volverse loco.

chayote. m. Fruto de la chayotera: es de forma de pera, de 10 a 12 centímetros de largo, de corteza rugosa o con surcos, blanquecina o verdosa, según las variedades; carne comestible parecida a la del pepino y con una sola pepita muy grande por semilla.

chayotera. f. Planta trepadora americana, espinosa, de la familia de las cucurbitáceas. Las hojas son verdes por encima y pálidas por debajo, y las flores tienen cinco pétalos amarillos y el cáliz acampanado. Su fruto es el chayote.

che[1]. f. Nombre del dígrafo *ch*. ❑ pl. *ches.*

¡che![2]. *Val., Argent., Bol.* y *Urug.* interj. con que se llama, se hace detener o se pide atención a una persona. También expresa a veces asombro o sorpresa.

checa. f. Comité de policía secreta en la Rusia soviética. ‖ **2.** Organismo semejante que ha funcionado en otros países y que no respetaba los derechos humanos. ‖ **3.** Local en que actuaban estos organismos.

checo, ca. adj. Natural de Bohemia y Moravia. Ú. t. c. s. ‖ **2.** Perteneciente a estos países de la Europa Central. ‖ **3. checoslovaco.** Ú. t. c. s. ‖ **4.** m. Lengua de los **checos,** una de las lenguas eslavas.

checoeslovaco, ca. adj. **checoslovaco.**

checoslovaco, ca. adj. Natural de Checoslovaquia. Ú. t. c. s. ‖ **2.** Perteneciente o relativo a esta antigua nación europea.

cheli. m. Jerga madrileña con elementos castizos, marginales y de la contracultura.

chelín[1]. m. Moneda inglesa equivalente a la vigésima parte de una libra y dividida hasta 1970 en doce peniques; hoy en cinco. ‖ **2.** Unidad monetaria de varios países africanos.

chelín[2]. m. Unidad monetaria establecida como básica en Austria desde 1925.

chepa. f. fam. Corcova, joroba.

chepudo, da. adj. fam. Que tiene chepa.

cheque. m. Mandato escrito de pago, para cobrar cantidad determinada de los fondos que quien lo expide tiene disponibles en un banco. ‖ **al portador.** El que se paga sin más requisito. ‖ **cruzado.** Aquel en cuyo anverso se indica, entre dos líneas diagonales paralelas, el nombre del banquero o sociedad por medio de los cuales ha de hacerse efectivo. En algunos países bastan en ciertos casos, las dos líneas diagonales paralelas sin otra indicación. ‖ **de viaje** o **de viajero.** El que extiende un banco u otra entidad a nombre de una persona y va provisto de la firma de esta. Puede hacerse efectivo en un banco o pagarse con él en un establecimiento comercial, hotelero, etc., firmándolo el titular nuevamente delante del pagador o cajero. ‖ **en blanco.** El que se extiende sin señalar la cantidad que cobrará el destinatario. ‖ **nominativo.** El que lleva el nombre de la persona autorizada para cobrarlo.

chequear. tr. Examinar, verificar, controlar. ‖ **2.** prnl. Hacerse un chequeo.

chequeo. m. Examen, control, cotejo. ‖ **2.** Reconocimiento médico general a que se somete una persona.

chequera. f. Cartera para guardar el talonario. ‖ **2.** *Amér.* Talonario de cheques.

chéster. m. Queso inglés muy estimado.

cheviot o **chevió.** m. Lana del cordero de Escocia. ‖ **2.** Paño que se hace con esta lana. ❑ pl. *cheviós.*

chibalete. m. *Impr.* Armazón de madera donde se colocan las cajas para componer.

chibcha. adj. Dícese del individuo de un pueblo que habitó en las tierras altas de Bogotá y Tunja. Ú. t. c. s. ‖ **2.** Perteneciente a este pueblo. ‖ **3.** m. Idioma de los **chibchas.**

chic. adj. Elegante, distinguido, a la moda. *Es una mujer muy* CHIC. Ú. t. c. s. m. *Tiene* CHIC. ❑ pl. invar.

chicano, na. adj. Dícese del ciudadano de los Estados Unidos de América, perteneciente a la minoría de origen mejicano allí existente. Ú. t. c. s.

chicha[1]. f. fam. Carne comestible. ‖ **de chicha y nabo.** loc. adj. fig. y fam. De poca importancia, despreciable. ‖ **no ser** alguien, o algo, **ni chicha ni limonada.** fr. fig. y fam. No valer para nada, ser baladí.

chicha[2]. f. Bebida alcohólica que resulta de la fermentación del maíz en agua azucarada, y que se usa en algunos países de América.

chícharo. m. Guisante, garbanzo, judía.

chicharra. f. **cigarra.** ‖ **2.** Timbre eléctrico de sonido sordo.

chicharro. m. **jurel.**

chicharrón. m. Residuo de la manteca del cerdo, o de otros animales, después de derretida. ‖ **2.**

fig. Carne u otra vianda requemada. ‖ **3.** Fiambre prensado hecho a base de distintas partes del cerdo.

chichimeca. adj. Dícese del individuo de una tribu que se estableció en Tezcuco y, mezclada con otras que habitaban el territorio mejicano, fundó el reino de Acolhuacán. Ú. m. c. s. y en pl. ‖ **2.** Perteneciente a los **chichimecas.**

chichinabo (de). loc. fig. y fam. **de chicha y nabo.**

chichón. m. Bulto que por efecto de un golpe se hace la cabeza.

chichonera. f. Gorro con armadura adecuada para preservar a los niños y a algunos deportistas de golpes en la cabeza.

chicle. m. Masticatorio que se expende en forma de pastillas o bolitas aromatizadas.

chico, ca. adj. Pequeño o de poco tamaño. ‖ **2. niño.** Ú. t. c. s. ‖ **3. muchacho.** Ú. t. c. s. ‖ **4.** m. y f. Hombre o mujer, sin especificar la edad, cuando esta no es muy avanzada. ‖ **5.** m. Muchacho que hace recados y ayuda en trabajos de poca importancia en las oficinas, comercios y otros establecimientos análogos. ‖ **6.** f. Criada, empleada que trabaja en los menesteres caseros.

chicote. m. Cabo o punta de un cigarro puro ya fumado.

chifla. f. Acción y efecto de chiflar. ‖ **2.** Especie de silbato.

chiflado, da. adj. fam. Dícese de la persona que tiene algo perturbada la razón. Ú. t. c. s.

chifladura. f. Acción y efecto de chiflar o chiflarse.

chiflar. intr. Silbar con la chifla, silbato, o imitar su sonido con la boca. ‖ **2.** prnl. fam. Perder alguien la energía de las facultades mentales. ‖ **3.** fam. Sentir gran atracción por una persona o cosa. ❑ Ú. con la prep. *por.*

chigre. m. *Ast.* Tienda donde se vende sidra u otras bebidas al por menor.

chihuahua. adj. V. **perro chihuahua.** Ú. t. c. s.

chiismo. m. Rama de la religión islámica que considera a Alí, sucesor de Mahoma, y a sus descendientes, únicos imanes legítimos.

chiita. adj. Perteneciente o relativo al chiismo. ‖ **2.** Partidario del chiismo. Ú. t. c. s.

chilaba. f. Pieza de vestir con capucha que usan los moros.

chile. m. **ají.**

chileno, na. adj. Natural de Chile. Ú. t. c. s. ‖ **2.** Perteneciente a este país de América.

chilindrón. m. Guiso hecho con trozos de carne de ave, cerdo o cordero, rehogados con tomate, pimiento y otros ingredientes. ‖ **al, a la** o **en chilindrón.** loc. Se dice de ciertas carnes en guiso de **chilindrón.**

chilla[1]**.** f. Instrumento que sirve a los cazadores para imitar el chillido de la zorra, la liebre, el conejo, etc.

chilla[2]**.** f. Tabla delgada de ínfima calidad, cuyo ancho varía entre 12 y 14 centímetros y dos metros y medio de largo.

chillar. intr. Dar chillidos.

chillido. m. Sonido inarticulado de la voz, agudo y desapacible.

chillón, na. adj. fam. Que chilla mucho. Ú. t. c. s. ‖ **2.** Dícese de todo sonido agudo y desagradable. *Voz* CHILLONA. ‖ **3.** fig. Aplícase a los colores demasiado vivos o mal combinados.

chimenea. f. Cañón o conducto para que salga el humo que resulta de la combustión. ‖ **2.** Hogar o fogón para guisar o calentarse, con su cañón o conducto para que salga el humo. ‖ **3.** *Geol.* Conducto a través del cual un volcán expulsa material de erupción.

chimpancé. m. Mono antropomorfo, poco más bajo que el hombre, de brazos largos, pues las manos le llegan a las rodillas cuando el animal está en posición vertical; cabeza grande, barba y cejas prominentes, nariz aplastada y todo el cuerpo cubierto de pelo de color pardo negruzco. Habita en el centro de África; forma agrupaciones poco numerosas y construye en las cimas de los árboles nidos en que habita. Se domestica fácilmente.

china. f. Piedra pequeña y a veces redondeada. ‖ **tocarle** a alguien **la china.** fr. fig. Corresponderle por azar algo desafortunado.

chinchar. tr. fam. Molestar, fastidiar. ‖ **2.** prnl. fam. **fastidiarse,** aguantarse.

chinche. f. Insecto hemíptero, de color rojo oscuro, cuerpo muy aplastado, casi elíptico, de cuatro o cinco milímetros de largo, antenas cortas y cabeza inclinada hacia abajo. Es nocturno, fétido y sumamente incómodo, pues chupa la sangre humana taladrando la piel con picaduras irritantes. ‖ **2.** com. fig. y fam. Persona chinchosa. Ú. t. c. adj. ‖ **caer,** o **morir, como chinches.** fr. fig. y fam. Haber gran mortandad.

chincheta. f. Clavito metálico de cabeza circular y chata y punta acerada, que sirve para asegurar el papel al tablero en que se dibuja o calca, o para otros fines parecidos.

chinchilla. f. Mamífero roedor, propio de la América Meridional, poco mayor que la ardilla y parecido a esta, pero con pelaje gris, más claro por el vientre que por el lomo, y de una finura y suavidad extraordinarias. Vive en madrigueras subterráneas, y su piel es muy estimada para forros y guarniciones de vestidos de abrigo. ‖ **2.** Piel de este animal.

chinchín. Expresión que acompaña el choque de copas o vasos en un brindis.

chinchón. m. Bebida anisada fabricada en Chinchón, pueblo de la provincia de Madrid.

chinchorro. m. Embarcación de remos, muy chica y la menor de a bordo.

chinchoso, sa. adj. Dícese de la persona molesta y pesada.

chiné. adj. Se dice de cierta clase de telas rameadas o de varios colores combinados. ❑ pl. *chinés.*

chinela. f. Calzado a modo de zapato, sin talón, de suela ligera, y que por lo común solo se usa dentro de casa.

chingar. tr. fam. Beber con frecuencia vino o licores. ‖ **2.** Importunar, molestar. ‖ **3.** Practicar el coito, fornicar. Es voz malsonante. ‖ **4.** prnl. *Can., Argent., Col., Chile* y *Perú.* No acertar, fracasar, frustrarse, fallar.

chino, na. adj. Natural de la China. Ú. t. c. s. ‖ **2.** m. Idioma de los **chinos.** ‖ **engañar** a alguien **como a un chino.** expr. fam. que se usa hablando de persona muy crédula, aludiendo a la opinión, infundada, de que los **chinos** son simples.

chip. m. *Inform.* Pequeño circuito integrado que realiza numerosas funciones en ordenadores y dispositivos electrónicos.

chipirón. m. Calamar de pequeño tamaño.

chipriota. adj. Natural de Chipre. Ú. t. c. s. ‖ **2.** Perteneciente o relativo a esta isla del Mediterráneo.

chiquero. m. **pocilga,** establo. ‖ **2.** Cada uno de los compartimientos del toril en que están los toros encerrados antes de empezar la corrida.

chiquilicuatro. m. fam. **chisgarabís.**

chiquillada. f. Acción propia de chiquillos.

chiquillería. f. fam. Multitud, concurrencia de chiquillos. ‖ **2. chiquillada.**

chiquillo, lla. adj. **chico,** niño, muchacho. Ú. t. c. s.

chiquito, ta. adj. d. de **chico.** Apl. a pers., ú. t. c. s. ‖ **2.** m. Vaso pequeño de vino. ‖ **andarse en** o **con chiquitas.** fr. fam. Usar contemplaciones, pretextos, subterfugios o rodeos para esquivar o diferir, ya una medida, ya una obligación. ❑ Ú. por lo común con negación.

chiribita. f. **chispa.** Ú. m. en pl. ‖ **2.** pl. fam. Partículas que, vagando en el interior de los ojos, ofuscan la vista.

chiribitil. m. Desván, rincón o escondrijo bajo y estrecho. ‖ **2.** fam. Pieza o cuarto muy pequeño.

chirigota. f. fam. **cuchufleta.**

chirimbolo. m. Objeto de forma extraña que no se sabe cómo nombrar.

chirimía. f. Instrumento músico de viento, hecho de madera, a modo de clarinete, de unos siete decímetros de largo, con diez agujeros y boquilla con lengüeta de caña.

chirimoya. f. Fruto del chirimoyo. Es una baya verdosa con pepitas negras y pulpa blanca de sabor muy agradable. Su tamaño varía desde el de una manzana al de un melón.

chirimoyo. m. Árbol angiospermo, originario de la América Central, de hasta ocho metros de altura, con tronco ramoso, copa poblada, hojas elípticas y puntiagudas, y flores fragantes, solitarias, de pétalos verdosos y casi triangulares. Su fruto es la chirimoya.

chiringuito. m. Quiosco o puesto de bebidas al aire libre.

chiripa. f. fig. y fam. Casualidad favorable.

chirivía. f. Planta de la familia de las umbelíferas, con tallo acanalado de 9 a 12 centímetros de alto, hojas parecidas a las del apio, flores pequeñas y amarillas, semillas de dos en dos, y raíz fusiforme blanca o rojiza, carnosa y comestible. ‖ **2. lavandera,** ave.

chirla. f. Molusco lamelibranquio bivalvo parecido a la almeja, pero de menor tamaño.

chirle. adj. fam. Insípido, insustancial.

chirlo. m. Herida prolongada en la cara, como la que hace la cuchillada.

chirona. f. fam. **cárcel** de presos. ❑ Ú. con la prep. *en* y sin artículo en las frs. **meter,** o **estar, en chirona.**

chirriar. intr. **rechinar,** hacer o causar una cosa un sonido desagradable por frotar con otra. *La puerta, los ejes del carro* CHIRRÍAN. ‖ **2.** Chillar los pájaros que no cantan con armonía.

chirrido. m. Voz o sonido agudo y desagradable de algunas aves u otros animales; como el grillo, la chicharra, etc. ‖ **2.** Cualquier otro sonido agudo, continuado y desagradable.

chirula. f. Flautilla que se usa en el País Vasco.

chis. expr. fam. **chitón.** Suele ir acompañada con algún ademán, como el de poner el dedo índice en los labios. ‖ **2.** Voz para llamar a alguien.

chisgarabís. m. fam. Zascandil, mequetrefe.

chisme[1]. m. Noticia verdadera o falsa, o comentario con que generalmente se pretende indisponer a unas personas con otras o se murmura de alguna.

chisme[2]. m. fam. Baratija o trasto pequeño.

chismear. intr. Traer y llevar chismes[1].

chismorrear. intr. Contarse chismes mutuamente varias personas.

chismorreo. m. fam. Acción y efecto de chismorrear.

chismoso, sa. adj. Que chismea o es dado a chismear. Ú. t. c. s.

chispa. f. Partícula encendida que salta de la lumbre, del hierro golpeado por el pedernal, etc. ‖ **2.** Gota de lluvia menuda y escasa. ‖ **3.** Partícula de cualquier cosa. *No le dieron ni una* CHISPA *de pan; saltó de la sartén una* CHISPA *de aceite.* ‖ **4.** fig. Penetración, viveza de ingenio. *Miguel tiene* CHISPA, *mucha* CHISPA. ‖ **eléctrica.** Descarga luminosa entre dos cuerpos cargados con muy diferente potencial eléctrico. ‖ **echar chispas.** fr. fig. y fam. Dar muestras de enojo y furor; prorrumpir en amenazas.

chispazo. m. Acción de saltar la chispa del fuego.

chispeante. adj. Que chispea. ‖ **2.** fig. Dícese del escrito o discurso en que abundan los destellos de ingenio y agudeza.

chispear. intr. Echar chispas. ‖ **2.** Relucir o brillar mucho. ‖ **3.** intr. impers. Llover muy poco, cayendo solo algunas gotas pequeñas. ❑ En esta acepción solo se usan las 3.as pers. del sing. de todos los tiempos y el infinitivo, gerundio y participio.

chispero. m. Herrero de obras menudas y gruesas.

chisporrotear. intr. fam. Despedir el fuego o un cuerpo encendido chispas reiteradamente.

chisporroteo. m. fam. Acción de chisporrotear.

chisquero. m. Encendedor de bolsillo.

chist. m. **chis.**

chistar. intr. Prorrumpir en alguna voz o hacer ademán de hablar. ❑ Ú. m. con neg. ‖ **2.** Llamar a alguien emitiendo la onomatopeya *chist.*

chiste. m. Dicho u ocurrencia aguda y graciosa. ‖ **2.** Dicho o historieta muy breve que contiene un juego verbal o conceptual capaz de mover a risa. Muchas veces se presenta ilustrado por un dibujo, y puede consistir solo en este. ‖ **3.** Suceso gracioso y festivo. ‖ **4.** Burla o chanza. *Hacer* CHISTE *de una cosa.*

chistera. f. Cestilla angosta por la boca y ancha por abajo, que llevan los pescadores para echar los peces. ‖ **2.** fig. y fam. **sombrero de copa alta.**

chistoso, sa. adj. Que acostumbra a hacer chistes. ‖ **2.** Dícese también de cualquier lance o suceso que tiene chiste.

chistu. m. Flauta recta de madera con embocadura de pico usada en el País Vasco.

chistulari. m. Músico del País Vasco que acompaña las danzas populares con el chistu y el tamboril.

chita. f. **astrágalo,** hueso del pie.

chita callando (a la). loc. adv. Calladamente, con disimulo.

chiticalla. com. fam. Persona que calla y no descubre ni revela lo que ve. ‖ **2.** Cosa o suceso que se procura tener callado.

chito. m. Pieza de madera o de otra cosa, sobre la que se pone el dinero en el juego del **chito.** ‖ **2.** Juego que consiste en arrojar tejos o discos de hierro contra un pequeño cilindro de madera, llamado tango, tanga o tángana, sobre el que se han colocado las monedas apostadas por los jugadores. El jugador que logra derribar la tángana, se lleva todas las monedas que han quedado más cerca del tejo que de la tángana. Los siguientes arrojan su tejo y ganan las monedas que se hallen más cerca de él que de la tángana.

chitón. interj. fam. para imponer silencio. Empléase a veces denotando ser necesario o conveniente guardar silencio para precaverse de un peligro.

chivarse. prnl. vulg. Irse de la lengua; decir algo que perjudica a otro. ‖ **2. delatar.**

chivatada. f. vulg. Acción propia del **chivato,** soplón.

chivatazo. m. vulg. **chivatada.**

chivato, ta. adj. **soplón,** delator, acusador. Ú. m. c. s. ‖ **2.** m. Chivo que pasa de seis meses y no llega al año. ‖ **3.** fig. Cualquier dispositivo que advierte de una anormalidad o que llama la atención sobre algo.

chivo, va. m. y f. Cría de la cabra, desde que no mama hasta que llega a la edad de procrear. ‖ **expiatorio.** fig. **cabeza de turco.**

chocante. adj. Que causa extrañeza.

chocar. intr. Encontrarse violentamente una cosa con otra, como una bala contra la muralla, un buque con otro, etcétera. ‖ **2.** fig. Indisponerse o malquistarse con alguno. ‖ **3.** Causar extrañeza o enfado. *Esto me* CHOCA. ‖ **4.** tr. Darse las manos en señal de saludo, conformidad, enhorabuena, etc. Ú. t. c. intr. ‖ **5.** Juntar las copas los que brindan.

chocarrería. f. Chiste grosero.

chocha. f. **becada,** ave.

chochear. intr. Tener debilitadas las facultades mentales por efecto de la edad.

chochez. f. despect. Cualidad de chocho; condición de la persona caracterizada por el declive de sus facultades mentales, generalmente a causa de la edad. ‖ **2.** Dicho o hecho de persona que chochea.

chochín. m. Ave paseriforme de pequeño tamaño, rechoncha, de color pardo profusamente listado y cola corta que levanta cuando se posa; se alimenta de insectos y es común en Europa.

chocho[1]. m. **altramuz,** fruto. ‖ **2.** En el uso vulgar de algunas regiones, **vulva.**

chocho[2], cha. adj. Que chochea. ‖ **2.** fig. y fam. Lelo de puro cariño.

chocolate. m. Pasta hecha con cacao y azúcar molidos, a la que generalmente se añade canela o vainilla. ‖ **2.** Bebida que se hace de esta pasta desleída y cocida en agua o en leche. ‖ **3.** coloq. **hachís.**

chocolatería. f. Casa donde se fabrica y se vende chocolate.

chocolatero, ra. adj. Muy aficionado a tomar chocolate. Ú. t. c. s. ‖ **2.** m. y f. Persona que tiene por oficio labrar o vender chocolate.

chocolatina. f. Cierta clase de tableta delgada de chocolate para tomar en crudo.

chófer o **chofer.** m. Persona que, por oficio, conduce un automóvil. ❑ pl. *chóferes* o *choferes*.

chollo. m. fam. **ganga,** cosa apreciable que se adquiere a poca costa o con poco trabajo.

cholo, la. adj. *Amér.* Mestizo de sangre europea e indígena. Ú. t. c. s.

chopera. f. Sitio poblado de chopos.

chopo[1]. m. Nombre con el que se designan varias especies de álamos.

chopo[2]. m. fam. **fusil.** *Cargar con el* CHOPO.

choque[1]. m. Encuentro violento de una cosa con otra. ‖ **2.** fig. Contienda, disputa, riña o desazón con una o más personas. ‖ **3.** *Mil.* Reencuentro, combate o pelea que, por el corto número de tropas o por su corta duración, no se puede llamar batalla.

choque[2]. m. *Med.* Estado de profunda depresión nerviosa y circulatoria, sin pérdida de la conciencia, que se produce después de intensas conmociones, principalmente traumatismos graves y operaciones quirúrgicas.

chorar. tr. vulg. Hurtar, robar.

choricear. tr. vulg. Robar.

chorizo[1]. m. Pedazo corto de tripa lleno de carne, regularmente de puerco, picada y adobada, el cual se cura al humo.

chorizo[2], za. m. y f. vulg. Ratero, descuidero, ladronzuelo.

chorlito. m. Ave limícola de aspecto compacto, unos 25 centímetros de largo, patas largas, cuello grueso y pico corto y robusto; el diseño del plumaje varía con las especies, aunque predominan los dorsos pardos o grises moteados de oscuro. Vive en las costas y fabrica su nido en el suelo. ‖ **2.** fig. y fam. **cabeza de chorlito.**

chorra. f. fig. coloq. Casualidad, suerte. ‖ **2.** fig. vulg. Pene. ‖ **3.** m. fig. Hombre tonto, estúpido. Ú. t. en pl. con valor sing. m.

chorrada. f. fig. coloq. Necedad, tontería.

chorrear. intr. Caer un líquido formando chorro. ‖ **2.** tr. Dejar caer o soltar un objeto el líquido que ha empapado o que contiene, o un ser vivo sus secreciones, humores, sangre, etc. *La herida* CHORREA *sangre.*

chorreo. m. Acción y efecto de chorrear.

chorrera. f. Lugar por donde cae una corta porción de agua o de otro líquido. ‖ **2.** Adorno de encaje o de volantes que se pone en la abertura de una camisa por la parte del pecho.

chorro. m. Porción de líquido o de gas que, con más o menos violencia, sale por una parte estrecha, como orificio, tubo, grifo, etc. ‖ **2.** Por ext., caída sucesiva de cosas iguales y menudas. *Un* CHORRO *de trigo; un* CHORRO *de pesetas.* ‖ **estar,** o **ser,** una cosa **limpia como los chorros del oro.** fr. fig. y fam. Estar muy limpia, brillante y reluciente.

chotacabras. amb. Ave insectívora, de unos 25 centímetros de largo, pico pequeño, fino y algo corvo en la punta, plumaje gris con manchas y rayas negras en la cabeza, cuello y espalda, y algo rojizo por el vientre; collar incompleto blanquecino, varias cerdillas alrededor de la boca, ojos grandes, alas largas y cola cuadrada. Es crepuscular y gusta mucho de los insectos que se crían en los rediles, adonde acude en su busca, por lo cual se ha supuesto que mamaba de las cabras y ovejas. Hay varias especies.

chotearse. prnl. vulg. **pitorrearse.**

choteo. m. vulg. Burla, pitorreo.

chotis. m. Baile agarrado y lento que suele ejecutarse dando tres pasos a la izquierda, tres a la derecha y vueltas. ‖ **2.** Música de este baile.

choto, ta. m. y f. Cría de la cabra mientras mama. ‖ **2.** En algunas partes, **ternero.** ‖ **estar como una chota.** fr. fig. y fam. **estar como una cabra.**

chova. f. Ave de la familia de los córvidos, de plumaje negro lustroso y patas rojas; en España habitan dos especies, que se distinguen por sus picos: rojo y largo en una y amarillo y corto en la otra. ‖ **2. corneja,** ave.

chovinismo. m. Exaltación desmesurada de lo nacional frente a lo extranjero.

chovinista. com. Que manifiesta chovinismo.

choza. f. Cabaña formada de estacas y cubierta de ramas o paja, en la cual se recogen los pastores y gente del campo. ‖ **2. cabaña,** casilla tosca hecha en el campo.

chubasco. m. Chaparrón o aguacero con mucho viento. ‖ **2.** fig. Adversidad o contratiempo transitorios, pero que entorpecen o malogran algún designio.

chubasquero. m. **impermeable,** sobretodo.

chucha. f. fam. **perra,** hembra del perro.

chuchería. f. Cosa de poca importancia, pero

pulida y delicada. ‖ **2.** Alimento corto y ligero, generalmente apetitoso.

chucho. m. fam. **perro,** mamífero.

chueca. f. Hueso redondeado o parte de él que encaja en el hueco de otro en una coyuntura, como la rótula en la rodilla, la cabeza del húmero en el hombro y la del fémur en la cadera. ‖ **2.** fig. y fam. Burla o chasco. *Le han jugado una buena* CHUECA.

chufa. f. Cada uno de los tubérculos que a modo de nudos, de un centímetro de largo, tienen las raíces de una especie de juncia, de cañas triangulares y hojas en forma de quilla. Son amarillentos por fuera, blancos por dentro, de sabor dulce y agradable, y con ellos se hace una horchata refrescante. ‖ **2.** fig. y fam. Bofetada, tortazo. ‖ **3.** ant. Burla, mofa, mentira.

chufla. f. **cuchufleta.**

chulada. f. Dicho o hecho gracioso con cierta soltura y desenfado. ‖ **2.** coloq. Cosa **chula,** linda.

chulapo, pa. m. y f. **chulo,** individuo del pueblo bajo de Madrid.

chulear. tr. Abusar de alguien, explotarlo. ‖ **2.** prnl. Jactarse.

chulería. f. Cierto aire o gracia en las palabras o ademanes. ‖ **2.** Dicho o hecho jactancioso.

chuleta. f. Costilla con carne de animal vacuno, lanar, porcino, etc. ‖ **2.** fig. y fam. **bofetada.** ‖ **3.** fig. Entre estudiantes, papelito con fórmulas u otros apuntes que se lleva oculto para usarlo disimuladamente en los exámenes.

chulo, la. adj. Que hace y dice las cosas con chulada. Ú. t. c. s. ‖ **2.** Lindo, bonito, gracioso. ‖ **3.** m. y f. Individuo de algunos barrios populares de Madrid, que se distingue por su peculiar atuendo y por su modo de conducirse. ‖ **4.** m. **rufián,** el que trafica con mujeres públicas.

chumacera. f. Pieza de metal o madera, con una muesca en que descansa y gira cualquier eje de maquinaria.

chumbera. f. **higuera chumba.**

chumbo, ba. adj. V. **higo chumbo.** ‖ **2.** V. **higuera chumba.**

chungo, ga. adj. fam. De mal aspecto o en mal estado. *El tiempo está* CHUNGO: *va a llover otra vez.* ‖ **2.** f. fam. Burla festiva. U. m. en la fr. **estar de chunga.**

chupa. f. Chaqueta, chaquetilla. ‖ **2. cazadora,** chaqueta corta y ajustada a la cadera.

chupada. f. Acción de chupar.

chupado, da. adj. fig. y fam. Muy flaco y extenuado.

chupador, ra. adj. Que chupa. Ú. t. c. s. ‖ **2.** m. Pieza redondeada de marfil, pasta, caucho, etc., que se da a los niños en la época de la primera dentición para que chupen y refresquen la boca.

chupar. tr. Sacar o traer con los labios y la lengua el jugo o la sustancia de una cosa. Ú. t. c. intr. ‖ **2.** Embeber en sí los vegetales el agua o la humedad. ‖ **3.** Humedecer con la boca y con la lengua, lamer. Ú. t. c. prnl. *Este niño* SE CHUPA *el dedo.* ‖ **4.** fig. y fam. Ir quitando o consumiendo la hacienda o bienes de uno con pretextos y engaños. ‖ **5.** prnl. Irse enflaqueciendo o deteriorando. ‖ **6. chupar del bote.** ‖ **estar chupado** algo. fr. Ser de fácil realización.

chupatintas. m. despect. Oficinista de poca categoría.

chupete. m. Objeto con una parte de goma o materia similar en forma de pezón que se da a los niños para que chupen.

chupetear. tr. Chupar poco y con frecuencia. Ú. t. c. intr.

chupetón. m. Acción y efecto de chupar con fuerza.

chupinazo. m. Disparo hecho con una especie de mortero en los fuegos artificiales, cuya carga son candelillas.

chupito. m. Sorbito de vino u otro licor.

chupón, na. adj. Que chupa. ‖ **2.** fig. y fam. Que saca dinero u otro beneficio con astucia y engaño. Ú. t. c. s. ‖ **3.** m. Vástago que brota en las ramas principales, en el tronco y aun en las raíces de los árboles y les chupa la savia y amengua el fruto. ‖ **4.** *Amér.* **biberón.**

chupóptero. m. fam. Persona que, sin prestar servicios efectivos, percibe uno o más sueldos.

churrasco. m. Carne asada a la plancha o a la parrilla.

churrería. f. Lugar en donde se hacen y venden churros[1].

churrero, ra. m. y f. Persona que hace o vende churros[1].

churrete. m. Mancha que ensucia la cara, las manos u otra parte visible del cuerpo.

churrigueresco, ca. adj. Perteneciente o relativo al churriguerismo.

churriguerismo. m. Estilo de ornamentación recargada empleado por Churriguera y sus imitadores en la arquitectura española del siglo XVIII. ‖ **2.** Por ext., denota a veces en sent. despect., la ornamentación exagerada en general.

churro[1]. m. Fruta de sartén, de la misma masa que se emplea para los buñuelos y de forma cilíndrica estriada. ‖ **2.** fam. **chapuza,** cosa mal hecha.

churro[2], rra. adj. Dícese del carnero o de la oveja que tiene las patas y la cabeza cubiertas de pelo grueso, corto y rígido, y cuya lana es más basta y larga que la de la raza merina. Ú. t. c. s. || **2.** Dícese de esta lana.

churruscar. tr. Asar o tostar demasiado una cosa; como el pan, el guisado, etc. Ú. m. c. prnl.

churrusco. m. Pedazo de pan demasiado tostado o que se empieza a quemar.

churumbel. m. Niño, muchacho.

chusco, ca. adj. Que tiene gracia, donaire y picardía. Ú. t. c. s. || **2.** m. Pedazo de pan, mendrugo o panecillo.

chusma. f. Conjunto de gente soez.

chusquero. adj. fig. y fam. Dícese del suboficial o del oficial del ejército que ha ascendido desde soldado raso. Ú. t. c. s.

chutar. intr. En el fútbol, lanzar fuertemente el balón con el pie, normalmente hacia la meta contraria.

chuzo. m. Palo armado con un pincho de hierro, que se usa para defenderse y ofender. || **2. carámbano,** pedazo de hielo.

ciaboga. f. *Mar.* Vuelta que se da a una embarcación remando hacia delante con los remos de una banda y al revés o para atrás los de la otra.

cianato. m. *Quím.* Sal resultante de la combinación del ácido ciánico con una base o con un radical alcohólico.

ciánico, ca. adj. Dícese de un ácido resultante de la oxidación e hidratación del cianógeno.

cianita. f. Turmalina de color azul o silicato natural de alúmina.

cianógeno. m. *Quím.* Gas incoloro, de olor penetrante, y compuesto de ázoe y carbono. Sigue las leyes de los cuerpos simples en la mayor parte de sus combinaciones y entra en la composición del azul de Prusia.

cianosis. f. *Pat.* Coloración azul y alguna vez negruzca o lívida de la piel, debida a trastornos circulatorios.

cianótico, ca. adj. Perteneciente o relativo a la cianosis. || **2.** Que la padece.

cianuro. m. *Quím.* Sal resultante de la combinación del cianógeno con un radical simple o compuesto.

ciar. intr. *Mar.* Remar hacia atrás.

ciático, ca. adj. Perteneciente a la cadera. || **2.** f. *Pat.* Neuralgia del nervio ciático.

cibelina. adj. V. **cebellina.**

cibera. f. Porción de grano que se echa en la tolva del molino para cebar la rueda. || **2.** Todo género de simiente que puede servir para mantenimiento y cebo. || **3.** Residuo de los frutos después de exprimidos.

cibernética. f. *Med.* Ciencia que estudia el funcionamiento de las conexiones nerviosas en los seres vivos. || **2.** *Electr.* Ciencia que estudia comparativamente los sistemas de comunicación y regulación automática de los seres vivos con sistemas electrónicos y mecánicos semejantes a aquellos. Entre sus aplicaciones está el arte de construir y manejar aparatos y máquinas que mediante procedimientos electrónicos efectúan automáticamente cálculos complicados y otras operaciones similares.

cibernético, ca. adj. Perteneciente o relativo a la cibernética. || **2.** Dícese de la persona que cultiva la cibernética. Ú. t. c. s.

cicadáceas. f. pl. *Bot.* Familia de plantas gimnospermas propias de los países tropicales, semejantes a las palmeras y helechos arborescentes.

cicádido. adj. *Zool.* Dícese de insectos hemípteros del suborden de los homópteros cuyos machos tienen en la base del abdomen un órgano especial, que produce un sonido estridente y monótono, como la cigarra. Ú. t. c. s. m. || **2.** m. pl. *Zool.* Familia de estos animales.

cicatear. intr. fam. Hacer cicaterías.

cicatería. f. Calidad de cicatero. || **2.** Acción propia del cicatero.

cicatero, ra. adj. Mezquino, ruin, miserable, que escatima lo que debe dar. Ú. t. c. s. || **2.** Que da importancia a pequeñas cosas o se ofende por ellas. Ú. t. c. s.

cicatricera. f. Mujer que en los antiguos ejércitos españoles curaba a los heridos.

cicatriz. f. Señal que queda en los tejidos orgánicos después de curada una herida o llaga. || **2.** fig. Impresión que queda en el ánimo por algún sentimiento pasado.

cicatrizar. tr. Completar la curación de las llagas o heridas, hasta que queden bien cerradas. Ú. t. c. intr. y prnl.

cícero. m. *Impr.* Unidad de medida, usada generalmente en tipografía, que sirve para justificar o ajustar con exactitud líneas, páginas, etc. Tiene 12 puntos y equivale a poco más de cuatro milímetros y medio.

cicerone. m. Persona que enseña y explica las curiosidades de una localidad, edificio, etc.

ciceroniano, na. adj. Propio y característico de Cicerón como orador o literato, o que tiene semejanza con cualquiera de las dotes o calidades por que se distinguen sus obras.

ciclamor. m. Árbol de la familia de las papilionáceas, que alcanza unos seis metros de altura, con tronco y ramas tortuosos, hojas sencillas y acorazonadas, flores de color carmesí anteriores a las hojas y en racimos abundantes, que nacen en las ramas o en el mismo tronco. Es planta de adorno, muy común en España.

ciclán. adj. Que tiene un solo testículo. Ú. t. c. s.

cíclico, ca. adj. Perteneciente o relativo al ciclo. ‖ **2.** Aplícase a la enseñanza o instrucción gradual de una o varias materias. ‖ **3.** *Quím.* Perteneciente o relativo a las estructuras moleculares en anillo, como la del benceno.

ciclismo. m. Deporte de los aficionados a la bicicleta o al velocípedo.

ciclista. com. Persona que anda o sabe andar en bicicleta. Ú. t. c. adj. ‖ **2.** Persona que practica el ciclismo. Ú. t. c. adj.

ciclo. m. Período de tiempo o cierto número de años que, acabados, se vuelven a contar de nuevo. ‖ **2.** Serie de fases por las que pasa un fenómeno periódico hasta que se reproduce una fase anterior. ‖ **3.** Conjunto de una serie de fenómenos u operaciones que se repiten ordenadamente. Así, **ciclo** de un motor de explosión, de una máquina herramienta, de la corriente eléctrica, etc. ‖ **4.** Conjunto de tradiciones épicas concernientes a determinado período de tiempo, a un grupo de sucesos o a un personaje heroico. *El* CICLO *troyano; el* CICLO *bretón; el* CICLO *del rey Artús o Arturo.*

cicloidal. adj. Perteneciente o relativo a la cicloide.

cicloide. f. *Geom.* Curva plana descrita por un punto dado de una circunferencia cuando esta rueda por una línea recta.

ciclomotor. m. Bicicleta provista de un motor de pequeña cilindrada y que no puede alcanzar mucha velocidad.

ciclón. m. **huracán.** ‖ **2.** *Meteor.* **borrasca,** régimen de vientos.

cíclope o **ciclope.** m. Gigante de la mitología griega con un solo ojo.

ciclópeo, a. adj. Perteneciente o relativo a los cíclopes. ‖ **2.** Aplícase a ciertas construcciones antiquísimas que se distinguen por el enorme tamaño de las piedras que entran en ellas, por lo común sin argamasa. ‖ **3.** fig. **gigantesco,** excesivo o muy sobresaliente.

ciclostil o **ciclostilo.** m. Aparato que sirve para copiar muchas veces un escrito o dibujo por medio de una tinta especial sobre una plancha gelatinosa.

ciclóstoma. m. Molusco gasterópodo pulmonado, muy común en España, terrestre y de pequeño tamaño, la abertura de cuya concha es circular.

ciclóstomo. adj. *Zool.* Dícese de peces de cuerpo largo y cilíndrico, esqueleto cartilaginoso, piel sin escamas, con seis o siete pares de branquias contenidas en cavidades en forma de bolsas, y boca circular, que les sirve para la succión de sus alimentos; como la lamprea. Ú. t. c. s. m. ‖ **2.** m. pl. *Zool.* Orden de estos animales.

ciclotrón. m. *Electr.* Aparato que actúa mediante fuerzas electromagnéticas sobre partículas desprendidas de un átomo, haciéndoles recorrer determinada órbita con movimiento acelerado hasta imprimirles una enorme velocidad con el fin de que sirvan de proyectiles para bombardear otros átomos.

ciconiforme. adj. *Zool.* Dícese de aves generalmente grandes, de patas largas con cuatro dedos, unidos tres de ellos por una membrana, de cuello largo y flexible y pico recto, puntiagudo y fuerte; como la cigüeña, la garza y la grulla. Ú. t. c. s. ‖ **2.** f. pl. *Zool.* Orden de estas aves.

cicuta. f. Planta de la familia de las umbelíferas, de unos dos metros de altura, con tallo rollizo, estriado, hueco, manchado de color purpúreo en la base y muy ramoso en lo alto; hojas blandas, fétidas, verdinegras, triangulares y divididas en gajos elípticos, puntiagudos y dentados; flores blancas, pequeñas, y semilla negruzca menuda. Su zumo es venenoso y se usa como medicina.

-cida. elem. compos. que significa «matador» o «exterminador»: *herbi*CIDA, *insecti*CIDA.

-cidio. elem. compos. que significa «acción de matar»: *fili*CIDIO, *sui*CIDIO.

cidra. f. Fruto del cidro, semejante al limón, y comúnmente mayor, oblongo y algunas veces esférico; la corteza es gorda, carnosa y sembrada de vejiguillas muy espesas, llenas de aceite volátil de olor muy desagradable, y el centro, pequeño y agrio. Se usa en medicina.

cidro. m. Árbol de la familia de las rutáceas, con tronco liso y ramoso de unos cinco metros de altura, hojas permanentes, duras y agudas, verdes y lustrosas por encima, rojizas por el envés, y flores encarnadas olorosas. Su fruto es la cidra.

ciego, ga. adj. Privado de la vista. Ú. t. c. s. ‖ **2.** fig. Poseído con vehemencia de alguna pasión. CIEGO *de ira, de amor.* ‖ **3.** fig. Dícese del conducto o vano obstruido o tapiado. *Arco* CIEGO. ‖ **4.** fig. y fam. Atiborrado de comida, bebida o drogas. ‖ **5.** m. **intestino ciego.** ‖ **a ciegas.** loc. adv. fig. Sin conocimiento, sin reflexión.

cielo. m. Esfera aparente azul y diáfana que rodea a la Tierra, y en la cual parece que se mueven los astros. ‖ **2.** Morada en que los ángeles, los santos y los bienaventurados gozan de la presencia de Dios. Ú. t. en pl. ‖ **clamar** una cosa **al cielo.** fr. fig.

Ser una cosa manifiesta o indignamente injusta o disparatada. ‖ **llovido del cielo.** loc. fig. y fam. que denota la oportunidad con que llega una persona u ocurre alguna cosa donde o cuando más convenía. ‖ **mover cielo y tierra.** fr. fig. y fam. Hacer con suma diligencia todas las gestiones posibles para el logro de alguna cosa. ‖ **ver** alguien **el cielo abierto,** o **los cielos abiertos.** fr. fig. y fam. Presentársele ocasión o coyuntura favorable para salir de un apuro o conseguir lo que deseaba.

ciempiés. m. Miriápodo de cuerpo largo y estrecho, con un par de patas en cada uno de los 21 anillos en que tiene dividido el cuerpo; dos antenas, cuatro ojos, y en la boca forcípulas que, al morder el animal, sueltan un veneno activo. Vive oculto entre las piedras y en parajes húmedos. Se conocen varias especies.

cien. adj. apóc. de **ciento.** Úsase siempre antes de sustantivo. CIEN *doblones;* CIEN *años.* ‖ **a cien.** loc. adv. fam. En o con un alto grado de excitación. ❑ Ú. m. con los verbos *poner* e *ir.*

ciénaga. f. Lugar o paraje lleno de cieno o pantanoso.

ciencia. f. Conocimiento cierto de las cosas por sus principios y causas. ‖ **2.** Cuerpo de doctrina metódicamente formado y ordenado, que constituye un ramo particular del saber humano. ‖ **3.** fig. Saber o erudición. *Tener mucha, o poca,* CIENCIA; *ser un pozo de* CIENCIA; *hombre de* CIENCIA *y virtud.* ‖ **4.** pl. Conjunto de conocimientos relativos a las **ciencias** exactas, fisicoquímicas y naturales. *Facultad de* CIENCIAS, a diferencia de *Facultad de* LETRAS. ‖ **ficción.** Género de obras literarias o cinematográficas, cuyo contenido se basa en hipotéticos logros científicos y técnicos del futuro. ‖ **infusa.** Saber no adquirido mediante el estudio. Ú. m. en sent. irón. ‖ **gaya ciencia.** Arte de la poesía. ‖ **ciencias exactas.** Matemáticas. ‖ **humanas.** Las que, como la psicología, antropología, sociología, historia, filosofía, etc., se ocupan de aspectos del hombre no estudiados en las **ciencias** naturales. ‖ **naturales.** Las que tienen por objeto el estudio de la naturaleza (geología, botánica, zoología, etc., a veces se incluyen la física, la química, etc.). ‖ **ocultas.** Conocimientos y prácticas misteriosos, como la magia, la alquimia, la astrología, etc., que, desde la antigüedad, pretenden penetrar y dominar los secretos de la naturaleza. ‖ **sociales.** Aplícase a menudo a las **ciencias humanas.** ‖ **a,** o **de, ciencia cierta.** loc. adv. Con toda seguridad, sin duda alguna. ❑ Ú. por lo común con el verbo *saber.*

cienmilésimo, ma. adj. Dícese de cada una de las 100.000 partes iguales en que se divide un todo. Ú. t. c. s.

cienmilímetro. m. Centésima parte de un milímetro.

cienmillonésimo, ma. adj. Dícese de cada una de los cien millones de partes iguales en que se divide un todo. Ú. t. c. s.

cienmilmillonésimo, ma. adj. Dícese de cada una de los cien mil millones de partes iguales en que se divide un todo. Ú. t. c. s.

cieno. m. Lodo blando que forma depósito en ríos, y sobre todo en lagunas o en sitios bajos y húmedos.

cientificismo. m. Teoría según la cual las cosas se pueden conocer mediante la ciencia como son realmente, y la investigación científica basta para satisfacer las necesidades de la inteligencia humana. ‖ **2.** Teoría según la cual los métodos científicos deben extenderse a todos los dominios de la vida intelectual y moral sin excepción. ‖ **3.** Teoría según la cual los únicos conocimientos válidos son los que se adquieren mediante las ciencias positivas, y, por consiguiente, la razón no tiene otro papel que el que representa en la constitución de las ciencias.

científico, ca. adj. Perteneciente o relativo a la ciencia. ‖ **2.** Que se dedica a una o más ciencias. Ú. t. c. s.

ciento. adj. Diez veces diez. ‖ **2. centésimo,** ordinal. *Número* CIENTO; *año* CIENTO. ‖ **3.** m. Signo o conjunto de signos con que se representa el número **ciento.** *En la pared había un* CIENTO *medio borrado.* ‖ **ciento y la madre.** loc. fig. y fam. Muchedumbre de personas. ‖ **por ciento.** loc. De cada **ciento.** Se construye precedido de un número que indica el tanto por **ciento.** ❑ Se representa con el signo %.

cierne (estar en) o **ciernes (estar en).** fr. fig. Estar una cosa muy a sus principios, faltarle mucho para su perfección.

cierre. m. Acción y efecto de cerrar o cerrarse. *El* CIERRE *de una carta, de un abanico.* ‖ **2.** Lo que sirve para cerrar. ‖ **3.** Clausura temporal de tiendas y otros establecimientos mercantiles, por lo regular concertada entre los dueños. ‖ **4.** *Impr.* Tratándose de periódicos, revistas y otras publicaciones análogas, acción de dar por terminada la admisión de originales para la edición que está en prensa.

cierto, ta. adj. Conocido como verdadero, seguro, indubitable. ‖ **2.** Se usa precediendo inmediatamente al sustantivo en sentido indeterminado. CIERTO *lugar;* CIERTA *noche.* ‖ **3.** Sabedor, seguro de la verdad de algún hecho. ‖ **por cierto.** loc. adv. Ciertamente, a la verdad. ‖ **2.** A propósito, viniendo al caso de lo que se dice. ❑ sup. irreg. *certísimo.*

cierva. f. Hembra del ciervo.

ciervo. m. Animal mamífero rumiante, de un

metro 30 centímetros de altura más o menos, esbelto, de pelo áspero, corto y pardo rojizo en verano y gris en invierno; más claro por el vientre que por el lomo; patas largas y cola muy corta. El macho está armado de astas o cuernas estriadas y ramosas, que pierde y renueva todos los años, aumentando con el tiempo el número de puntas, que llega a 10 en cada asta. Se caza para utilizar su piel, sus astas y su carne. ‖ **volante.** Insecto coleóptero de unos cinco centímetros de largo, parecido al escarabajo, de color negro, con cuatro alas, y las mandíbulas lustrosas, ahorquilladas y ramosas, como los cuernos del **ciervo.**

cierzas. f. pl. Vástagos o renuevos de la vid.

cierzo. m. Viento septentrional más o menos inclinado a Levante o a Poniente, según la situación geográfica de la región en que sopla.

cifosis. f. *Med.* Curvatura defectuosa de la columna vertebral, de convexidad posterior.

cifra. f. Número dígito. ‖ **2.** Signo con que se representa este número. ‖ **3.** Escritura en que se usan signos, guarismos o letras convencionales, y que solo puede comprenderse conociendo la clave.

cifrado, da. adj. Dícese de algunas cosas escritas en cifra.

cifrar. tr. Transcribir en guarismos, letras o símbolos, de acuerdo con una clave, un mensaje cuyo contenido se quiere ocultar. ‖ **2.** fig. Seguido de la prep. *en,* reducir exclusivamente a cosa, persona o idea determinadas lo que ordinariamente procede de varias causas. CIFRAR *la dicha* EN *la estimación pública; la esperanza,* EN *Dios.*

cigala. f. Crustáceo marino, de color claro y caparazón duro, semejante al cangrejo de río. Es comestible y los hay de gran tamaño.

cigarra. f. Insecto hemíptero, del suborden de los homópteros, de unos cuatro centímetros de largo, de color comúnmente verdoso amarillento, con cabeza gruesa, ojos salientes, antenas pequeñas, cuatro alas membranosas y abdomen cónico, en cuya base tienen los machos un aparato con el cual producen un ruido estridente y monótono. Después de adultos solo viven un verano.

cigarral. m. En Toledo, huerta cercada fuera de la ciudad, con árboles frutales y casa para recreo.

cigarrera. f. Mujer que hace o vende cigarros. ‖ **2.** Caja o mueblecillo en que se tienen a la vista cigarros puros. ‖ **3. petaca** para llevar cigarros o cigarrillos.

cigarrero. m. El que hace o vende cigarros.

cigarrillo. m. Cigarro pequeño de picadura envuelta en un papel de fumar.

cigarro. m. Rollo de hojas de tabaco, que se enciende por un extremo y se chupa o fuma por el opuesto. ‖ **2. cigarrillo.** ‖ **puro. cigarro,** rollo de hojas de tabaco.

cigofiláceo, a. adj. *Bot.* **zigofiláceo.**

cigomático, ca. adj. *Anat.* Perteneciente o relativo a la mejilla o al pómulo. *Arco* CIGOMÁTICO.

cigomorfo, fa. adj. *Bot.* **zigomorfo.**

cigoñal. m. Pértiga enejada sobre un pie de horquilla, y dispuesta de modo que, atando una vasija a un extremo y tirando de otro, puede sacarse agua de pozos someros.

cigoñino. m. Pollo de la cigüeña.

cigoñuela. f. Ave zancuda, menor que la cigüeña, de plumaje blanco, algo sonrosado por el pecho y abdomen; nuca, espaldas y alas negras, cola cenicienta, pico largo recto y anaranjado y pies rojos.

cigoto. m. *Biol.* **zigoto.**

cigüeña. f. Ave zancuda, como de un metro de altura, de cabeza redonda, cuello largo, cuerpo generalmente blanco, alas negras, patas largas y rojas, lo mismo que el pico, con el cual crotora sacudiendo rápidamente la parte superior sobre la inferior. Es ave de paso, anida en las torres y árboles elevados, y se alimenta de sabandijas.

cigüeñal. m. **cigoñal.** ‖ **2.** *Mec.* Doble codo en el eje de ciertas máquinas.

cija. f. Cuadra para encerrar el ganado lanar durante el mal tiempo.

cilanco. m. Charco que deja un río en la orilla al retirar sus aguas, o en el fondo cuando se ha secado.

cilantro. m. Hierba de la familia de las umbelíferas, con tallo lampiño de seis a ocho decímetros de altura, hojas inferiores divididas en segmentos dentados, y filiformes las superiores, flores rojizas y simiente elipsoidal, aromática y de virtud estomacal.

ciliado, da. adj. *Biol.* Dícese de la célula o microorganismo que tiene cilios. Ú. t. c. s. m. ‖ **2.** m. pl. *Zool.* Clase de los protozoos provistos de cilios. Muchas de sus especies viven en las aguas dulces o marinas, y algunas son parásitas.

ciliar. adj. *Anat.* y *Biol.* Perteneciente o relativo a las cejas o a los cilios.

cilicio. m. Faja de cerdas o de cadenillas de hierro con puntas, ceñida al cuerpo junto a la carne, que para mortificación usan algunas personas.

cilindrada. f. *Mec.* Capacidad del cilindro o cilindros de un motor, expresada en centímetros cúbicos.

cilíndrico, ca. adj. *Geom.* Perteneciente al cilindro. *Hélice* CILÍNDRICA. ‖ **2.** De forma de cilindro. *Cañón, cuerpo* CILÍNDRICO.

cilindro. m. *Geom.* Cuerpo limitado por una superficie cilíndrica cerrada y dos planos que la cortan. ‖ **2.** *Mec.* Tubo en que se mueve el émbolo de una máquina.

cilio. m. *Biol.* Orgánulo celular filiforme, de función locomotora en un medio líquido.

cilla. f. Casa o cámara donde se recogían los granos. ‖ **2.** Renta diezmal.

cillerero. m. En algunas órdenes monacales, mayordomo del monasterio.

cillero. m. El que tenía a su cargo guardar los granos y frutos de los diezmos en la cilla, dar cuenta de ellos, y entregarlos a los partícipes. ‖ **2.** Bodega, despensa o sitio seguro para guardar algunas cosas.

cima. f. Lo más alto de los montes, cerros y collados. ‖ **2.** La parte más alta de los árboles. ‖ **3.** fig. Culminación, ápice, punto más alto que alcanzan una cualidad, una sensación o un proceso, y también un ser, considerado en su propio desarrollo o en comparación con el que han alcanzado otros seres. *Cervantes alcanza su* CIMA *con el Quijote.* ‖ **4.** *Bot.* Inflorescencia cuyo eje tiene una flor en su extremo. ❑ No confundir con *sima.*

cimacio. m. *Arq.* **gola,** moldura en forma de *s.* ‖ **2.** *Arq.* Miembro suelto, con ábaco de gran desarrollo, que va sobre el capitel, con aumento del plano superior de apoyo. Es elemento medieval casi constante y típico.

cimarrón, na. adj. *Amér.* Decíase del esclavo que se refugiaba en los montes buscando la libertad. Ú. t. c. s. ‖ **2.** *Amér.* Dícese del animal doméstico que huye al campo y se hace montaraz.

cimbalaria. f. Hierba de la familia de las escrofulariáceas, que se cría en las peñas y murallas, con tallos delgados, ramosos y capaces de arraigar, hojas carnosas parecidas a las de la hiedra, pero más redondas, y flores con pedúnculo, de corola entera y purpúrea, con una mancha amarilla. Se usa en jardinería.

cimbalillo. m. Campana pequeña. Llámase así comúnmente la que en las catedrales y otras iglesias se toca después de las campanas grandes, para entrar en el coro.

címbalo. m. **cimbalillo.** ‖ **2.** *Arqueol.* Instrumento músico muy parecido o casi idéntico a los platillos, que usaban los griegos y romanos en algunas de sus ceremonias religiosas.

cimbel. m. Cordel que se ata a la punta de la vara larga y flexible donde se pone el ave que sirve de señuelo para cazar otras. ‖ **2.** Ave o figura de ella que se emplea con dicho objeto.

cimborrio. m. *Arq.* Cuerpo cilíndrico que sirve de base a la cúpula. ‖ **2.** *Arq.* **cúpula,** bóveda semiesférica que cubre el edificio o parte de él.

cimbra. f. *Arq.* Armazón que sostiene el peso de un arco o de otra construcción, destinada a salvar un vano, en tanto no está en condiciones de sostenerse por sí misma. ‖ **2.** *Arq.* Vuelta o curvatura de la superficie interior de un arco o bóveda.

cimbrar. tr. Mover una vara larga u otra cosa flexible, asiéndola por un extremo y vibrándola. Ú. t. c. prnl. ‖ **2.** Doblar o hacer vibrar una cosa. Ú. t. c. prnl. ‖ **3.** Mover con garbo el cuerpo al andar. Ú. t. c. prnl.

cimbreante. adj. **flexible,** que se cimbra fácilmente.

cimbrear. tr. **cimbrar.** Ú. t. c. prnl.

cimbreo. m. Acción y efecto de cimbrar o cimbrarse.

cimentar. tr. Echar o poner los cimientos de un edificio u obra. ‖ **2.** fig. Establecer o asentar los principios de algunas cosas espirituales; como virtudes, ciencias, etc. ❑ Irreg. Se conj. como *acertar.*

cimera. f. Parte superior del morrión, que se solía adornar con plumas y otras cosas.

cimero, ra. adj. Dícese de lo que está en la parte superior y finaliza o remata por lo alto alguna cosa elevada.

cimiento. m. Parte del edificio, que está debajo de tierra y sobre la que estriba toda la fábrica. Ú. m. en pl. ‖ **2.** fig. Principio y raíz de alguna cosa. Ú. m. en pl. *Los* CIMIENTOS *de la fe.*

cimitarra. f. Especie de sable usado por turcos y persas.

cinabrio. m. Mineral compuesto de azufre y mercurio, muy pesado y de color rojo oscuro. Del **cinabrio** se extrae por calcinación y sublimación el mercurio o azogue.

cinámico, ca. adj. *Quím.* Perteneciente o relativo a la canela.

cinamomo. m. Árbol exótico y de adorno, de la familia de las meliáceas, que alcanza unos seis metros de altura, con hojas alternas, compuestas de hojuelas lampiñas y dentadas, flores en racimos axilares de color de violeta y de olor agradable, y cápsulas del tamaño de garbanzos, que sirven para cuentas de rosario. Su madera es dura y aromática.

cinc. m. **zinc.**

cincado, da. adj. *Metal.* Dícese de todo objeto cubierto con un baño de zinc. ‖ **2.** m. Baño de zinc.

cincel. m. Herramienta de 20 a 30 centímetros de largo, con boca acerada y recta de doble bisel, que sirve para labrar a golpe de martillo piedras y metales.

cincelar. tr. Labrar, grabar con cincel en piedras o metales.

cincha. f. Faja de cáñamo, lana, cerda, cuero o esparto, con que se asegura la silla o albarda sobre la cabalgadura, ciñéndola ya por detrás de los codillos o ya por debajo de la barriga y apretándola con una o más hebillas.

cinchar. tr. Asegurar la silla o albarda apretando las cinchas.

cinchera. f. Parte del cuerpo de las caballerías en que se pone la cincha.

cincho. m. Faja ancha, de cuero o de otra materia, con que se suele ceñir y abrigar el estómago. ‖ **2. cinturón,** de vestir o de llevar la espada. ‖ **3.** Aro de hierro con que se aseguran o refuerzan barriles, ruedas, maderos ensamblados, edificios, etc. ‖ **4.** *Arq.* Porción de arco saliente en el intradós de una bóveda de cañón.

cinco. adj. Cuatro y uno. ‖ **2. quinto,** ordinal. *Número* CINCO; *año* CINCO. Aplicado a los días del mes, ú. t. c. s. *El* CINCO *de mayo.* ‖ **3.** m. Signo o cifra con que se representa el número **cinco.**

cincoenrama. f. Hierba de la familia de las rosáceas, con tallos de cuatro a seis decímetros de largo, rastreros y capaces de arraigar, hojas compuestas de cinco hojuelas aovadas y dentadas, flores solitarias, amarillas y raíz delgada y de color pardo rojizo, que se usa en medicina.

cincografía. f. Arte de dibujar o grabar en una plancha de zinc preparada al efecto.

cincuenta. adj. Cinco veces diez. ‖ **2. quincuagésimo,** ordinal. *Número* CINCUENTA; *año* CINCUENTA. ‖ **3.** m. Signo o conjunto de signos con que se representa el número **cincuenta.**

cincuentavo, va. adj. Dícese de cada una de las 50 partes iguales en que se divide un todo. Ú. t. c. s. m.

cincuentena. f. Conjunto de 50 unidades homogéneas.

cincuentenario, ria. adj. Conmemoración del día en que se cumplen cincuenta años de algún suceso.

cincuentón, na. adj. Dícese de la persona que tiene entre cincuenta y cincuenta y nueve años. Ú. t. c. s.

cine. m. **cinematógrafo.** ‖ **2.** Local o sala donde como espectáculo se exhiben las películas cinematográficas. ‖ **3.** Técnica, arte e industria de la cinematografía. ‖ **de cine.** loc. adj. fig. y fam. Muy bueno, extraordinario, fenomenal.

cineasta. com. Persona relevante como director, productor, actor, etc., en el mundo del cine. ‖ **2.** Crítico o estudioso del cine.

cineclub. m. Asociación dedicada a la difusión de la cultura cinematográfica. ‖ **2.** Lugar donde se proyectan y comentan las películas. ❑ pl. *cineclubes.*

cinegética. f. Arte de la caza.

cinegético, ca. adj. Perteneciente o relativo a la cinegética.

cinema. m. **cine.**

cinemascope. m. Procedimiento cinematográfico que consiste en utilizar en el rodaje una lente especial que comprime la imagen lateralmente ampliando el campo visual, mientras que al proyectarla le devuelve sus proporciones normales.

cinemática. f. Parte de la mecánica que estudia el movimiento prescindiendo de las fuerzas que lo producen.

cinematografía. f. Arte de representar imágenes en movimiento por medio del cinematógrafo.

cinematográfico, ca. adj. Perteneciente o relativo al cinematógrafo o a la cinematografía.

cinematógrafo. m. Aparato óptico en el cual, haciendo pasar rápidamente muchas imágenes fotográficas que representan otros tantos momentos consecutivos de una acción determinada, se consigue reproducir escenas en movimiento.

cinerama. m. Sistema de proyección cinematográfico que utiliza sobre una pantalla muy ancha la imagen yuxtapuesta de tres proyectores, o la de uno de película de 70 mm.

cineraria. f. *Bot.* Género de plantas compuestas, cuya especie principal es la **cineraria** común, bienal, de tallo como de 50 centímetros; hojas elegantes, alternas y dentadas, y flores olorosas, de color diverso, según las variedades, y de duración prolongada. Es muy estimada como planta de adorno.

cinerario, ria. adj. Destinado a contener cenizas de cadáveres. *Urna* CINERARIA.

cinética. f. **cinemática.** ‖ **2.** *Fís.* Estudio de la velocidad a la que se producen ciertos procesos, v. gr. las reacciones químicas o enzimáticas.

cinético, ca. adj. *Fís.* Perteneciente o relativo al movimiento. ‖ **2.** V. **energía cinética.**

cingalés, sa. adj. Natural de Ceilán. Ú. t. c. s. ‖ **2.** Perteneciente o relativo a esta isla de Asia, hoy Sri Lanka.

cíngaro, ra. adj. **gitano** de raza. Ú. t. c. s.

cingiberáceo, a. adj. *Bot.* Dícese de plantas angiospermas monocotiledóneas, herbáceas, con rizoma rastrero o tuberoso; hojas alternas, sencillas, con pecíolos envainadores; flores terminales o radicales en espiga, racimo o panoja, y frutos capsulares con semillas de albumen amiláceo; como el jengibre. Ú. t. c. s. f. ‖ **2.** f. pl. *Bot.* Familia de estas plantas.

cinglar[1]**.** tr. Hacer andar un bote, canoa, etc., con un solo remo puesto a popa.

cinglar[2]**.** tr. *Metal.* Forjar el hierro para limpiarlo de escorias.

cinia. f. **zinnia.**

cínico, ca. adj. Aplícase al filósofo de cierta

escuela que nació de la división de los discípulos de Sócrates, y de la cual fue fundador Antístenes, y Diógenes su más señalado representante. Ú. t. c. s. ‖ **2.** Perteneciente o relativo a esta escuela. ‖ **3.** Que muestra **cinismo,** desvergüenza en el mentir. *Mirada, alegría* CÍNICA. Apl. a pers., ú. t. c. s.

cinismo. m. Doctrina de los cínicos. ‖ **2.** Desvergüenza en el mentir o en la defensa y práctica de acciones o doctrinas vituperables.

cinocéfalo. m. Mamífero cuadrumano que se cría en África, de unos siete decímetros de largo, con cabeza redonda, hocico semejante al del perro dogo, cara rodeada de vello blanquecino, manos negras, lomo pardo verdoso, y gris el resto del cuerpo, cola larga y callosidades isquiáticas.

cinta. f. Tejido largo y angosto de seda, hilo u otra cosa parecida, y de uno o más colores, que sirve para atar, ceñir o adornar. ‖ **2.** Por ext., tira de papel, talco, celuloide u otra materia flexible. ‖ **3.** La impregnada de tinta que se usa en las máquinas de escribir. ‖ **4. cinta magnética.** ‖ **5.** Planta perenne de adorno, de la familia de las gramíneas, con tallos estriados, como de un metro de alto, hojas anchas, listadas de blanco y verde, ásperas por los bordes, y flores en panoja alargada, mezclada de blanco y violeta. ‖ **magnética.** La que, por procedimientos electromagnéticos, recoge sonidos, que luego pueden ser reproducidos.

cintarazo. m. Golpe que se da de plano con la espada.

cinto. m. Faja de cuero, estambre o seda, que se usa para ceñir y ajustar la cintura con una sola vuelta, y se aprieta con agujetas, hebillas o broches.

cintra. f. *Arq.* Curvatura de una bóveda o de un arco.

cintura. f. Parte más estrecha del cuerpo humano, por encima de las caderas. ‖ **meter** a alguien **en cintura.** fr. fig. y fam. Sujetarle, hacerle entrar en razón.

cinturilla. f. Cinta o tira de tela fuerte o armada, que se pone a veces en la cintura de los vestidos de mujer, particularmente en las faldas.

cinturón. m. Cinto para llevar, pendientes, la espada o el sable. ‖ **2.** Cinto que sujeta el pantalón a la cintura. ‖ **3.** Cinta, correa o cordón que se usa sobre el vestido para ajustarlo al cuerpo. ‖ **4.** fig. Serie de cosas que circuyen a otra. CINTURÓN *de baluartes; los municipios del* CINTURÓN *de Barcelona.* ‖ **5.** En las artes marciales, categoría o grado conseguidos por el luchador y que se distinguen por el color del **cinturón** que sujeta el blusón blanco. ‖ **de seguridad.** El que sujeta a los viajeros a su asiento del coche, avión, etc.

cipayo. m. Soldado indio de los siglos XVIII y XIX al servicio de Francia, Portugal y Gran Bretaña.

ciperáceo, a. adj. *Bot.* Dícese de plantas angiospermas, monocotiledóneas, herbáceas, anuales o perennes, con rizoma corto dividido en fibras, o rastrero, tallos por lo común triangulares y sin nudos, hojas envainadoras, a veces sin limbo, flores en espigas solitarias o aglomeradas en cabezuelas, cariópsides por frutos, y semilla con albumen amiláceo o carnoso; como la juncia y el papiro. Ú. t. c. s. ‖ **2.** f. pl. *Bot.* Familia de estas plantas.

cipote. m. Mojón de piedra. ‖ **2.** Hombre torpe, zonzo, bobo. ‖ **3.** vulg. **miembro viril.**

ciprés. m. Árbol de la familia de las cupresáceas, que alcanza de 15 a 20 metros de altura, con tronco derecho, ramas erguidas y cortas, copa espesa y cónica, hojas pequeñas en filas imbricadas, persistentes y verdinegras, flores amarillentas terminales, y por frutos gálbulas de unos tres centímetros de diámetro. Su madera es rojiza y olorosa y pasa por incorruptible. ‖ **2.** Madera de cualquiera de las especies de este árbol.

circense. adj. Aplícase a los juegos o espectáculos que hacían los romanos en el circo. ‖ **2.** Perteneciente o relativo al espectáculo del circo, o que es propio de él.

circo. m. Lugar destinado entre los romanos para algunos espectáculos, especialmente para la carrera de carros o caballos. Era, por lo común, de figura rectangular, redondeado en uno de sus extremos, con gradas alrededor para los espectadores. ‖ **2.** Edificio o lugar con gradería para los espectadores que tienen en medio una o varias pistas donde actúan malabaristas, payasos, equilibristas, animales amaestrados, etc. ‖ **3.** Este mismo espectáculo.

circón. m. Silicato de zirconio, más o menos transparente, blanco o amarillento rojizo, que difícilmente produce raya en el cuarzo y posee en alto grado la propiedad de duplicar la imagen de los objetos. Hállase en cristales rodados entre los terrenos de aluvión de la India y se usa como piedra semipreciosa, con el nombre de jacinto.

circonio. m. **zirconio.**

circuir. tr. Rodear, cercar. ❑ Irreg. Se conj. como *huir.*

circuito. m. Terreno comprendido dentro de un perímetro cualquiera. ‖ **2.** Trayecto en curva cerrada, previamente fijado para carreras de automóviles, motocicletas, bicicletas, etc. ‖ **3.** *Electr.* Conjunto de conductores que recorre una corriente eléctrica, y en el cual hay generalmente intercalados aparatos productores o consumidores de esta corriente.

circulación. f. Acción de circular. ‖ **2.** Tránsito por las vías públicas. Por antonom., el de automóviles. ‖ **3.** *Econ.* Movimiento de los productos, monedas, signos de crédito y, en general, de la riqueza. ‖ **de la sangre.** Función fisiológica propia de la mayoría de los animales metazoos, la cual consiste en que la sangre sale del corazón por las arterias, se distribuye por todo el cuerpo para proporcionar a las células las sustancias que necesitan para el ejercicio de sus actividades vitales, y vuelve al corazón por las venas.

circular[1]. adj. Perteneciente al círculo. ‖ **2.** f. Cada una de las cartas o avisos iguales dirigidos a diversas personas para darles conocimiento de alguna cosa.

circular[2]. intr. Andar o moverse en derredor. ‖ **2.** Ir y venir. *Los invitados* CIRCULAN *por el jardín, los carruajes, por la vía pública; el aire, por las habitaciones.* ‖ **3.** Correr o pasar alguna cosa de unas personas a otras. CIRCULÓ *una noticia, un escrito.* ‖ **4.** *Com.* Pasar los valores de una a otra persona mediante trueque o cambio.

circulatorio, ria. adj. Perteneciente o relativo a la circulación.

círculo. m. *Geom.* Área o superficie plana contenida dentro de la circunferencia. ‖ **2. circunferencia.** ‖ **3.** Sector o ambiente social. Ú. m. en pl. CÍRCULOS *financieros, aristocráticos, sindicales,* etc. ‖ **polar.** *Astron.* Cada uno de los dos **círculos** menores que se consideran en la esfera celeste paralelos al Ecuador y que pasan por los polos de la Eclíptica. El del hemisferio boreal se llama ártico, y el del austral, antártico. ‖ **2.** *Geogr.* Cada uno de los dos **círculos** menores que se consideran en el globo terrestre en correspondencia con los correlativos de la esfera celeste, y reciben los mismos nombres. ‖ **vicioso.** Situación repetitiva que no conduce a buen efecto.

circum-. V. **circun-.**

circumpolar. adj. Que está alrededor del polo.

circun-. elem. compos. que significa «alrededor». CIRCUN*dar,* CIRCUN*navegación.* Ante *p* toma la forma **circum-:** CIRCUM*polar.*

circuncidar. tr. Cortar circularmente una porción del prepucio.

circuncisión. f. Acción y efecto de circuncidar.

circunciso, sa. p. p. irreg. de **circuncidar,** cortar una porción del prepucio. ‖ **2.** adj. Dícese de aquel a quien han hecho la circuncisión. Ú. t. c. s.

circundar. tr. Cercar, rodear.

circunferencia. f. *Geom.* Curva plana, cerrada, cuyos puntos son equidistantes de otro, que se llama centro, situado en el mismo plano. ‖ **2.** Contorno de una superficie, territorio, mar, etc.

circunferir. tr. Circunscribir, limitar.

circunflejo. adj. V. **acento circunflejo.** Ú. t. c. s.

circunfuso, sa. adj. Difundido o extendido en derredor.

circunlocución. f. *Ret.* Figura que consiste en expresar por medio de un rodeo de palabras algo que hubiera podido decirse con menos o con una sola, pero no tan bella, enérgica o hábilmente.

circunloquio. m. Rodeo de palabras para dar a entender algo que hubiera podido expresarse más brevemente.

circunnavegación. f. Acción y efecto de circunnavegar.

circunnavegar. tr. Navegar alrededor de algún lugar.

circunscribir. tr. Reducir a ciertos límites o términos alguna cosa. ‖ **2.** *Geom.* Rodear una figura por otra con forma dada, de manera que se toquen ambas en el mayor número posible de puntos, sin cortarse. ‖ **3.** prnl. **ceñirse,** concretarse a una ocupación o asunto. ❑ p. p. irreg. *circunscrito, circunscripto.*

circunscripción. f. Acción y efecto de circunscribir. ‖ **2.** División administrativa, militar, electoral o eclesiástica de un territorio.

circunscripto, ta. p. p. irreg. de **circunscribir.**

circunscrito, ta. p. p. irreg. de **circunscribir.** ‖ **2.** adj. *Geom.* Dícese de la figura que se circunscribe a otra.

circunsolar. adj. Que rodea al Sol.

circunspección. f. Prudencia ante las circunstancias, para comportarse comedidamente. ‖ **2.** Seriedad, decoro y gravedad en acciones y palabras.

circunspecto, ta. adj. Que se conduce con circunspección.

circunstancia. f. Accidente de tiempo, lugar, modo, etc., que está unido a la sustancia de algún hecho o dicho. ‖ **2.** Conjunto de lo que está en torno a uno; el mundo en cuanto mundo de alguien. ‖ **agravante.** *Der.* Motivo legal para recargar la pena del reo. ‖ **atenuante.** *Der.* Motivo legal para aliviarla. ‖ **eximente.** *Der.* La que libra de responsabilidad criminal.

circunstancial. adj. Que implica o denota alguna circunstancia o depende de ella.

circunstante. adj. Que está alrededor. ‖ **2.** Dícese de los que están presentes, asisten o concurren. Ú. t. c. s.

circunvalación. f. Acción de circunvalar. ‖ **2.** Vía de tránsito rodado que circunda un núcleo urbano al que se puede acceder por diferentes entradas. ❑ No confundir con *circunvolución*.

circunvalar. tr. Cercar, ceñir, rodear una ciudad, fortaleza, etc. ❑ No confundir con *circunvolar*.

circunvecino, na. adj. Aplícase a los lugares u objetos que se hallan próximos y alrededor de otro.

circunvolar. tr. Volar alrededor. ❑ Irreg. Se conj. como *contar*. No confundir con *circunvalar*.

circunvolución. f. Vuelta o rodeo de alguna cosa. ‖ **cerebral.** Cada uno de los relieves que se observan en la superficie exterior del cerebro, separados unos de otros por unos surcos llamados anfractuosidades. ❑ No confundir con *circunvalación*.

cirial. m. Cada uno de los candeleros altos que llevan los acólitos en algunas funciones de iglesia.

cirílico, ca. adj. Perteneciente o relativo al alfabeto usado en ruso y otras lenguas. Ú. t. c. s. m.

cirio. m. Vela de cera, larga y gruesa. ‖ **2.** fig. y fam. Alboroto, jaleo, trifulca.

cirrípedo. adj. *Zool.* Dícese de crustáceos marinos, hermafroditas, cuyas larvas son libres y nadadoras; en el estado adulto viven fijos sobre los objetos sumergidos, por lo común mediante un pedúnculo; tienen el cuerpo rodeado de un caparazón compuesto de varias placas calcáreas; como el percebe y el balano. Algunas especies son parásitas. Ú. t. c. s. ‖ **2.** m. pl. *Zool.* Orden de estos animales.

cirro[1]. m. Tumor duro, sin dolor continuo y de naturaleza particular, el cual se forma en diferentes partes del cuerpo.

cirro[2]. m. *Bot.* **zarcillo,** órgano de algunas plantas para asirse a los tallos de otras.

cirrosis. f. *Pat.* Enfermedad caracterizada por una lesión que se genera en las vísceras, especialmente en el hígado, y consiste en el endurecimiento de los elementos conjuntivos y atrofia de los demás.

cirrótico, ca. adj. Perteneciente o relativo a la cirrosis.

ciruela. f. Fruto del ciruelo. Es una drupa, muy variable en forma, color y tamaño según la variedad del árbol que la produce. El epicarpio suele separarse fácilmente del mesocarpio, que es más o menos dulce y jugoso y a veces está adherido al endocarpio. ‖ **claudia. ciruela** redonda, de color verde claro y muy jugosa y dulce.

ciruelo. m. Árbol frutal de la familia de las rosáceas, de seis a siete metros de altura, con las hojas entre aovadas y lanceoladas, dentadas y un poco acanaladas, los ramos mochos y la flor blanca: su fruto es la ciruela.

cirugía. f. Parte de la medicina, que tiene por objeto curar las enfermedades por medio de operación. ‖ **estética.** *Med.* Rama de la **cirugía** plástica, en la cual es objetivo principal el embellecimiento de una parte del cuerpo. ‖ **plástica.** *Med.* Especialidad quirúrgica cuyo objetivo es restablecer, mejorar o embellecer la forma de una parte del cuerpo.

cirujano, na. m. y f. Persona que profesa la cirugía.

cis-. pref. que significa «de la parte o del lado de acá»: CIS*montano*, CIS*andino*.

cisalpino, na. adj. Situado entre los Alpes y Roma.

cisandino, na. adj. Del lado de acá de los Andes.

ciscar. tr. fam. Ensuciar alguna cosa. ‖ **2.** prnl. Soltarse o evacuarse el vientre.

cisco. m. Carbón vegetal menudo. ‖ **2.** fig. y fam. Bullicio, reyerta, alboroto. ‖ **hacer cisco.** fr. fig. y fam. **hacer trizas.**

cisión. f. Cisura o incisión.

cisípedo. adj. Que tiene el pie dividido en dedos.

cisma. m. División o separación en el seno de una iglesia o religión. Usáb. t. c. f. ‖ **2.** Por ext., escisión, discordia, desavenencia.

cismático, ca. adj. Que se aparta de la autoridad reconocida, especialmente en materia de religión. Apl. a pers., ú. t. c. s.

cisne. m. Ave palmípeda, de plumaje blanco, cabeza pequeña, pico de igual ancho en toda su extensión y de color anaranjado, y en los bordes y el tubérculo de la base negro; cuello muy largo y flexible, patas cortas y alas grandes.

cistáceo, a. adj. *Bot.* Dícese de matas o arbustos angiospermos dicotiledóneos, con hojas sencillas, casi siempre opuestas, flores por lo común en corimbo o en panoja, y fruto en cápsula con semillas de albumen amiláceo; como la jara. Ú. t. c. s. f. ‖ **2.** f. pl. *Bot.* Familia de estas plantas.

cister. m. Orden religiosa, de la regla de San Benito, fundada por San Roberto en el siglo XI, y que surgió como reforma de la orden cluniacense.

cisterciense. adj. Perteneciente a la orden del Cister.

cisterna. f. Depósito subterráneo donde se recoge y conserva el agua de lluvia o la que se lleva de algún río o manantial. ‖ **2.** Déposito de agua de un retrete o urinario. ‖ **3.** En aposición tras un nombre común que designa vehículo o nave, significa que estos están construidos para transportar líquidos. *Camión* CISTERNA, *barco* CISTERNA, etc.

cisticerco. m. Larva de tenia, que vive encerrada en un quiste vesicular, en el tejido conjuntivo subcutáneo o en un músculo de algunos mamíferos, especialmente del cerdo o de la vaca, y que, después de haber pasado al intestino de un hombre que ha comido la carne cruda de este animal, se desarrolla, adquiriendo la forma de solitaria adulta.

cistitis. f. *Med.* Inflamación de la vejiga de la orina.

cistoscopia. f. Examen del interior de la vejiga de la orina por medio del cistoscopio.

cistoscopio. m. Endoscopio para explorar la superficie interior de la vejiga de la orina.

cisura. f. Rotura o abertura sutil que se hace en cualquier cosa.

cita. f. Señalamiento, asignación de día, hora y lugar para verse y hablarse dos o más personas. ‖ **2.** Nota de ley, doctrina, autoridad o cualquier otro texto que se alega para prueba de lo que se dice o refiere. ‖ **3. mención.**

citación. f. Acción de citar. ‖ **2.** *Der.* Aviso por el que se cita a alguien para una diligencia.

citar. tr. Avisar a alguien señalándole día, hora y lugar para tratar de algún negocio. Ú. t. c. prnl. ‖ **2.** Referir, anotar o mencionar los autores, textos o lugares que se alegan o discuten en lo que se dice o escribe. ‖ **3.** Hacer mención de una persona o cosa. ‖ **4.** En las corridas de toros, provocar a la fiera para que embista, o para que acuda a determinado lugar. ‖ **5.** *Der.* Notificar, hacer saber a una persona el emplazamiento o llamamiento del juez.

citara. f. Pared con solo el grueso del ancho del ladrillo común.

cítara. f. Instrumento músico antiguo semejante a la lira, pero con caja de resonancia de madera. Modernamente esta caja tiene forma trapezoidal y el número de sus cuerdas varía de 20 a 30. Se toca con púa.

citarista. com. Persona que ejerce el arte de tocar la cítara.

citereo, a. adj. poét. Relativo a Venus, adorada en la isla de Chipre o Citeres.

citerior. adj. Situado de la parte de acá, en contraposición de lo que está de la parte de allá, que se llama ulterior. *Los romanos llamaron Hispania* CITERIOR *a la Tarraconense, y ulterior a la Lusitana y a la Bética.*

citocinesis. f. *Biol.* División del citoplasma.

citodiagnóstico. m. *Med.* Procedimiento diagnóstico basado en el examen de las células de líquidos, secreciones y tejidos del organismo. ‖ **2.** *Med.* Resultado de este examen.

citogenética. f. *Biol.* Estudio de la estructura y función de los cromosomas celulares.

citología. f. Parte de la biología que estudia la célula. ‖ **2.** *Med.* **citodiagnóstico.**

citoplasma. m. *Bot.* y *Zool.* Región celular entre la membrana plasmática y el núcleo, con los orgánulos celulares que contiene.

citrato. m. *Quím.* Sal formada por la combinación del ácido cítrico con una base.

cítrico, ca. adj. Perteneciente o relativo al limón. ‖ **2.** *Quím.* V. **ácido cítrico.** ‖ **3.** m. pl. Agrios, frutas agrias o agridulces.

citricultura. f. Cultivo de cítricos.

citrina. f. *Quím.* Aceite esencial del limón.

citrino, na. adj. De color amarillo verdoso.

ciudad. f. Espacio geográfico, cuya población, generalmente numerosa, se dedica en su mayor parte a actividades no agrícolas. ‖ **2.** Conjunto de sus calles y edificios. ‖ **3.** Lo urbano, en oposición a lo rural. ‖ **dormitorio.** Conjunto suburbano de una gran **ciudad** cuya población laboral se suele desplazar a diario al núcleo urbano mayor. ‖ **jardín.** Conjunto urbano formado por casas unifamiliares, provista cada una de jardín. ‖ **satélite.** Núcleo urbano dotado de cierta autonomía funcional, pero dependiente de otro mayor y más completo, del cual se halla en relativa cercanía. ‖ **universitaria.** Conjunto de edificios situados en terreno acotado al efecto, destinados a la enseñanza superior, y más especialmente la que es propia de las universidades.

ciudadanía. f. Calidad y derecho de ciudadano. ‖ **2.** Conjunto de los ciudadanos de un pueblo o nación.

ciudadano, na. adj. Natural o vecino de una ciudad. Ú. t. c. s. ‖ **2.** Perteneciente a la ciudad o a los **ciudadanos.** ‖ **3.** m. El habitante de las ciudades antiguas o de Estados modernos como sujeto de derechos políticos y que interviene, ejercitándolos, en el gobierno del país.

ciudadela. f. Recinto de fortificación permanente en el interior de una plaza, que sirve para dominarla o de último refugio a su guarnición.

ciudadrealeño, ña. adj. Natural de Ciudad Real. Ú. t. c. s. ‖ **2.** Perteneciente o relativo a esta ciudad o a su provincia.

cívico, ca. adj. **civil,** perteneciente a la ciudad o a los ciudadanos. ‖ **2.** Perteneciente o relativo al civismo.

civil. adj. **ciudadano,** perteneciente a la ciudad o a los ciudadanos. ‖ **2.** Sociable, urbano, atento. ‖ **3.** Dícese de la persona, organismo, etc., que no es militar o eclesiástico. ‖ **4.** *Der.* Perteneciente a las relaciones e intereses privados con respecto al estado de las personas, régimen de la familia, condición de los bienes y los contratos. *Ley, acción, pleito, demanda* CIVIL. ‖ **5.** m. fam. **guardia civil,** individuo de la guardia **civil.**

civilista. adj. Dícese del abogado que preferentemente defiende asuntos civiles. ‖ **2.** com. Persona que profesa el derecho civil, o tiene en él especiales conocimientos.

civilización. f. Acción y efecto de civilizar o civilizarse. ‖ **2.** Conjunto de ideas, creencias religiosas, ciencias, técnicas, artes y costumbres propias de un determinado grupo humano.

civilizar. tr. Sacar del estado salvaje a pueblos o personas. Ú. t. c. prnl. ‖ **2.** Educar, ilustrar. Ú. t. c. prnl.

civismo. m. Compromiso con las instituciones e intereses generales. ‖ **2.** Comportamiento respetuoso del ciudadano con las normas de convivencia pública.

cizalla. f. Instrumento a modo de tijeras grandes, con el cual se cortan en frío las planchas de metal. En algunos modelos, una de las hojas es fija. Ú. m. en pl. ‖ **2.** Especie de guillotina que sirve para cortar cartones y cartulinas en pequeñas cantidades y a tamaño reducido.

cizaña. f. Planta anual, de la familia de las gramíneas, cuyas cañas crecen hasta más de un metro, con hojas estrechas de 20 centímetros de largo, y flores en espigas terminales comprimidas, con aristas agudas. Se cría espontáneamente en los sembrados y la harina de su semilla es venenosa. ‖ **2.** fig. Cualquier cosa que hace daño a otra, maleándola o echándola a perder. ‖ **3.** fig. Disensión o enemistad. ❑ Ú. más con los verbos *meter* y *sembrar*.

clac. f. Grupo de personas que asisten de balde a un espectáculo para aplaudir. ❑ Ú. especialmente con el art. *la*.

cladócero. adj. *Zool.* Dícese de los crustáceos de pequeño tamaño, casi todos de aguas dulces, que se reproducen por partenogénesis y están provistos de un caparazón bivalvo que deja libre la cabeza y el extremo del abdomen, con las antenas del segundo par ramificadas y grandes, que el animal utiliza para nadar, como la pulga de agua. Ú. t. c. s. ‖ **2.** m. pl. Orden de estos animales.

clamar. tr. Exigir, pedir con vehemencia. Se usa principalmente en frases como CLAMAR *venganza*, CLAMAR *justicia*. ‖ **2.** intr. Quejarse, dar voces lastimosas, pidiendo favor o ayuda.

clámide. f. Capa corta y ligera que usaron los griegos, principalmente para montar a caballo, y que después adoptaron los romanos.

clamor. m. Grito o voz que se profiere con vigor y esfuerzo. ‖ **2.** Grito vehemente de una multitud. Ú. t. en sent. fig. ‖ **3.** Voz lastimosa que indica aflicción o pasión de ánimo.

clamorear. tr. Rogar con instancias y quejas o voces lastimeras para conseguir una cosa.

clamoreo. m. Clamor repetido o continuado. ‖ **2.** fam. Ruego importuno y repetido.

clamoroso, sa. adj. Que va acompañado de clamor. *Triunfo, llanto* CLAMOROSO.

clan. m. En Escocia, conjunto de personas unidas por un vínculo familiar. ‖ **2.** Grupo predominantemente familiar unido por fuertes vínculos y con tendencia exclusivista.

clandestinidad. f. Calidad de clandestino.

clandestino, na. adj. Secreto, oculto. Aplícase generalmente a lo que se hace o se dice secretamente por temor a la ley o para eludirla. ‖ **2.** *Der.* Dícese del impreso sin pie de imprenta, o que lo lleva imaginario o falso, o que se publica sin observancia de los requisitos legales.

claque. f. **clac,** grupo de personas pagadas para aplaudir.

claqué. m. Baile moderno caracterizado principalmente por el golpeteo que el bailarín realiza con la punta y el tacón de sus zapatos, reforzados en ambas partes con unas láminas de metal que le permiten marcar el ritmo. ❑ pl. *claqués*.

claqueta. f. *Cinem.* Utensilio compuesto de dos planchas de madera, negras y unidas por una bisagra, en las que se escriben indicaciones técnicas acerca de la toma que se va a grabar. Se hacen chocar las dos planchas para sincronizar la banda sonora y la imagen.

clara. f. Materia blanquecina, líquida y transparente, de naturaleza proteica, que rodea la yema del huevo de las aves y es segregada por glándulas de las paredes del oviducto. ‖ **2.** Cerveza con gaseosa.

claraboya. f. Ventana abierta en el techo o en la parte alta de las paredes.

clarear. intr. Empezar a amanecer. ‖ **2.** Irse abriendo y disipando el nublado.

clarete. adj. V. **vino clarete.** Ú. t. c. s.

claretiano, na. adj. Perteneciente o relativo a San Antonio M.ª Claret, a sus doctrinas e instituciones. ‖ **2.** m. Religioso de la Congregación de Hijos del Corazón de María, fundada en 1849 por San Antonio M.ª Claret.

claridad. f. Calidad de claro. ‖ **2.** Efecto que causa la luz iluminando un espacio, de modo que se distinga lo que hay en él. ‖ **3.** Distinción con que por medio de los sentidos, y más especialmente de la vista y del oído, percibimos las sensaciones, y por medio de la inteligencia, las ideas.

clarificar. tr. Aclarar alguna cosa, quitarle los impedimentos que la ofuscan. ‖ **2.** Poner claro, limpio, y purgar de heces lo que estaba denso, turbio o espeso. Comúnmente se usa hablando de los licores y del azúcar para hacer almíbar.

clarín. m. Instrumento músico de viento, de metal, semejante a la trompeta, pero más pequeño y de sonidos más agudos. ‖ **2.** Registro del órgano, compuesto de tubos de estaño con lengüeta, cuyos sonidos son una octava más agudos que los del registro análogo llamado trompeta. ‖ **3.** El que ejerce o profesa el arte de tocar el **clarín.**

clarinete. m. Instrumento músico de viento, que se compone de una boquilla de lengüeta de caña, un tubo formado por varias piezas de madera dura, con agujeros que se tapan con los dedos o se cierran con llave, y un pabellón de clarín. Alcanza cerca de cuatro octavas y se usa mucho en orquestas y bandas militares. ‖ **2.** Persona que ejerce o profesa el arte de tocar este instrumento.

clarinetista. com. **clarinete,** persona que lo toca.

clarión. m. Pasta blanca hecha de yeso muy duro y greda, que se usa como tiza para dibujar en los lienzos imprimados lo que se ha de pintar, y para escribir en los encerados de las aulas.

clarioncillo. m. Pasta blanca en figura de barra, que se aguza como el lápiz y sirve para pintar al pastel.

clarisa. adj. Dícese de la religiosa que pertenece a la segunda orden de San Francisco, fundada por Santa Clara en el siglo XIII. Ú. t. c. s.

clarividencia. f. Facultad de comprender y discernir claramente las cosas. ‖ **2.** Penetración, perspicacia.

clarividente. adj. Dícese del que posee clarividencia. Ú. t. c. s.

claro, ra. adj. Bañado de luz. ‖ **2.** Que se distingue bien. ‖ **3.** Limpio, puro, desembarazado. *Vista, pronunciación* CLARA. ‖ **4.** Se aplica a las mezclas líquidas poco espesas. ‖ **5.** Dícese del color no subido o no muy cargado de tinte. *Azul* CLARO, *castaño* CLARO. ‖ **6.** Inteligible, fácil de comprender. *Lenguaje* CLARO, *explicación* CLARA, *cuentas* CLARAS. ‖ **7.** Evidente, cierto, manifiesto. *Verdad* CLARA, *hecho* CLARO. ‖ **8.** m. Espacio sin árboles en el interior de un bosque. ‖ **9.** adv. m. Con claridad. *Hablaba* CLARO. ‖ **de luna.** Momento corto en que la Luna se muestra en noche oscura con toda claridad. ‖ **oscuro,** o **claro y oscuro.** *Pint.* **claroscuro,** contraste de la luz y de las sombras en pintura. ‖ **2.** *Pint.* **claroscuro,** diseño o dibujo que no tiene más que un color. ‖ **a la clara,** o **a las claras.** loc. adv. Manifiesta, públicamente. ‖ **¡claro!** o **¡claro está!** expr. que se usa para dar por cierto o asegurar lo que se dice.

claroscuro. m. *Pint.* Conveniente distribución de la luz y de las sombras en un cuadro. ‖ **2.** *Pint.* Diseño o dibujo que no tiene más que un color sobre el campo en que se pinta, sea en lienzo o en papel.

clase. f. Orden en que, con arreglo a determinadas condiciones o calidades, se consideran comprendidas diferentes personas o cosas. ‖ **2.** En las escuelas, conjunto de niños que reciben un mismo grado de enseñanza. ‖ **3. aula,** lugar en que se enseña. ‖ **4.** Lección que da el maestro a los discípulos cada día. ‖ **5.** fig. Distinción, categoría. ‖ **6.** *Bot.* y *Zool.* Grupo taxonómico que comprende varios órdenes de plantas o de animales con muchos caracteres comunes. CLASE *de las angiospermas, de los mamíferos.* ‖ **social.** Conjunto de personas que pertenecen al mismo nivel social y que presentan cierta afinidad de costumbres, medios económicos, intereses, etc. ‖ **pasivas.** Denominación oficial bajo la que se comprenden los cesantes, jubilados, retirados e inválidos que perciben algún ingreso, y, por extensión, las viudas y huérfanos pensionistas.

clasicismo. m. Sistema literario o artístico fundado en la imitación de los modelos de la antigüedad griega o romana. ‖ **2.** Condición de clásico o tradicional.

clasicista. adj. Dícese del partidario del clasicismo. Ú. t. c. s.

clásico, ca. adj. Dícese del autor o de la obra que se tiene por modelo digno de imitación en cualquier literatura o arte. Ú. t. c. s. ‖ **2.** Perteneciente a la literatura o al arte de la antigüedad griega y romana, y a los que en los tiempos modernos los han imitado. Ú. t. c. s. ‖ **3.** Partidario del clasicismo. Ú. t. c. s. ‖ **4.** Aplícase a la música de tradición culta y a otras artes relacionadas con ella. ‖ **5.** Que no se aparta de lo tradicional, de las reglas establecidas por la costumbre y el uso. *Un traje de corte* CLÁSICO.

clasificación. f. Acción y efecto de clasificar. ‖ **2.** Relación de los clasificados en una determinada prueba.

clasificado, da. adj. Dicho de un documento o una información, secreto, reservado. ‖ **2.** m. y f. Persona que ha obtenido los resultados necesarios para entrar o mantenerse en una competición.

clasificador, ra. adj. Que clasifica. Ú. t. c. s. ‖ **2.** m. Mueble de despacho con varios cajoncitos para guardar separadamente y con orden los papeles.

clasificar. tr. Ordenar o disponer por clases. ‖ **2.** prnl. Obtener determinado puesto en una competición. ‖ **3.** Conseguir un puesto que permite continuar en una competición o torneo deportivo.

clasista. adj. Que es partidario de las diferencias de clase o se comporta con fuerte conciencia de ellas. Ú. t. c. s.

claudia. adj. V. **ciruela claudia.**

claudicar. intr. Acabar por ceder a una presión a una tentación.

claustro. m. Galería que cerca el patio principal le una iglesia o convento. || **2.** Junta formada por el ector, consiliarios, doctores y maestros graduados n las universidades. || **3.** Actualmente, junta que terviene en el gobierno de las universidades y cenros dependientes de un rectorado. || **4.** Conjunto de rofesores de un centro docente en ciertos grados e la enseñanza. || **5.** Reunión de los miembros del laustro de un centro docente. || **materno. matriz** n que se desarrolla el feto.

claustrofobia. f. Sensación morbosa de ngustia producida por la permanencia en lugares errados.

cláusula. f. *Der.* Cada una de las disposiciones e un contrato, tratado, testamento o cualquier otro ocumento análogo, público o particular. || **2.** *Gram. Ret.* Conjunto de palabras que, formando sentido abal, encierran una sola proposición o varias íntimaente relacionadas entre sí.

clausura. f. En los conventos de religiosos, ecinto interior donde no pueden entrar mujeres; y en os de religiosas, aquel donde no pueden entrar homres ni mujeres. || **2.** Obligación que tienen las peronas religiosas de no salir de cierto recinto, y prohiición a las seglares de entrar en él. || **3.** Vida eligiosa o en **clausura.** || **4.** Acto solemne con que e terminan o suspenden las deliberaciones de un ongreso, un tribunal, etc.

clausurar. tr. **cerrar,** poner fin a la actividad e organismos políticos, establecimientos científicos, dustriales, etc. || **2.** Cerrar, inhabilitar temporal o perıanentemente un edificio, local, etc.

clavado, da. adj. Guarnecido o armado con lavos. || **2.** Fijo, puntual. || **3.** fig. Idéntico, muy semente a otro.

clavar. tr. Introducir un clavo u otra cosa aguda, fuerza de golpes, en un cuerpo. || **2.** Asegurar con lavos una cosa en otra. || **3.** fig. Fijar, parar, poner. LAVÓ *los ojos en ella.* || **4.** fig. y fam. Perjudicar a lguien cobrándole más de lo justo.

clavazón. f. Conjunto de clavos puestos en lguna cosa, o preparados para ponerlos.

clave. m. **clavicémbalo.** || **2.** f. Código de sigos convenidos para la transmisión de mensajes ecretos o privados. || **3.** Conjunto de reglas y corresondencias que explican este código. || **4.** Noticia o dea por la cual se hace comprensible algo que era nigmático. || **5.** Úsase en aposición con el significao de básico, fundamental, decisivo. *Jornada* CLAVE. *echas* CLAVE. *Tema* CLAVE. || **6.** *Arq.* Piedra con que e cierra el arco o bóveda. || **7.** *Mús.* Signo que se pone al principio del pentagrama para determinar el nombre de las notas. || **en clave de.** loc. adv. Con el carácter o el tono de. EN CLAVE DE *humor.*

clavecín. m. **clavicémbalo.**

clavecinista. com. Músico que toca el clavecín.

clavel. m. Planta de la familia de las cariofiláceas, de tres a cuatro decímetros de altura, con tallos nudosos y delgados, hojas largas, estrechas, puntiagudas y de color gríseo; muchas flores terminales, con cáliz cilíndrico y cinco pétalos de color rojo subido y olor muy agradable. Se la cultiva por lo hermoso de sus flores, que se hacen dobles y adquieren colores muy diversos. || **2.** Flor de esta planta.

clavelito. m. Especie de clavel con tallos rectos de más de tres decímetros de altura, ramosos, con multitud de flores dispuestas en corimbos desparramados, que despiden aroma suave por la tarde y por la noche, y tienen pétalos blancos o de color de rosa. || **2.** Flor de esta planta.

clavellina. f. Planta semejante al clavel común, pero de tallos, hojas y flores más pequeños.

claveque. m. Cristal de roca, en cantos rodados, que se talla imitando el diamante.

clavero. m. Árbol tropical, de la familia de las mirtáceas, de unos seis metros de altura, copa piramidal, hojas opuestas, ovales, enteras, lisas y coriáceas; flores róseas en corimbo, con cáliz de color rojo oscuro y de cuatro divisiones, y por fruto drupa como la cereza, con almendra negra, aromática y gomosa. Los capullos de sus flores son los clavos de especia.

clavete. m. *Mús.* Púa o plumilla con que se tañe la bandurria.

clavetear. tr. Guarnecer o adornar con clavos de oro, plata u otro metal alguna cosa; como caja, puerta, coche, etc.

clavicembalista. com. Persona que se dedica a tocar el clavicémbalo.

clavicémbalo. m. Instrumento músico de cuerdas y teclado que se caracteriza por el modo de herir dichas cuerdas desde abajo por picos de pluma que hacen el oficio de plectros.

clavicordio. m. Instrumento músico de cuerdas y teclado. Su mecanismo se reduce a una palanca, una de cuyas extremidades, que forma la tecla, desciende por la presión del dedo, mientras la otra, bruscamente elevada, hiere la cuerda por debajo con un trozo de latón que lleva en la punta.

clavícula. f. *Anat.* Cada uno de los dos huesos situados transversalmente y con alguna oblicuidad en uno y otro lado de la parte superior del pecho, y articulados por dentro con el esternón y por fuera con el acromion del omóplato.

clavija. f. Trozo cilíndrico o ligeramente cónico de madera, metal u otra materia apropiada, que se encaja en un taladro hecho al efecto en una pieza sólida. ‖ **2.** Pieza de madera con oreja que se usa en los instrumentos músicos con astil, para asegurar y arrollar las cuerdas. ‖ **3.** Pieza de material aislante con dos varillas metálicas, las cuales se introducen en las hembrillas para establecer una conexión eléctrica. ‖ **apretarle** a alguien **las clavijas.** fr. fig. y fam. Adoptar una actitud rígida y severa con alguien con el fin de apurar sus razonamientos o constreñir su conducta.

clavijero. m. Pieza maciza, larga y angosta, de madera o hierro, en que están hincadas las clavijas de los clavicordios, pianos y otros instrumentos análogos. ‖ **2. percha,** pieza o mueble con colgaderos para la ropa.

clavillo. m. Pasador que sujeta las varillas de un abanico o las dos hojas de unas tijeras. ‖ **2. clavo,** capullo seco de la flor del clavero.

claviórgano. m. Instrumento músico muy armonioso, que tiene cuerdas como un clave, y flautas o cañones como un órgano.

clavo. m. Pieza metálica, larga y delgada, generalmente de acero, con cabeza y punta, que sirve para fijarla en alguna parte, o para asegurar una cosa a otra. Los hay de varias formas y tamaños. ‖ **2.** Callo duro y piramidal, que se cría regularmente sobre los dedos de los pies. ‖ **3.** Capullo seco de la flor del clavero. Tiene la figura de un **clavo** pequeño, con una cabecita redonda formada por los pétalos y rodeada de cuatro puntas, que son las divisiones del cáliz, de color pardo oscuro, de olor muy aromático y agradable, y sabor acre y picante. Es medicinal y se usa como especia en diferentes condimentos. ‖ **agarrarse a,** o **de, un clavo ardiendo.** fr. fig. y fam. Valerse de cualquier recurso o medio, por difícil o arriesgado que sea, para salvarse de un peligro, evitar un mal que amenaza o conseguir alguna otra cosa. ‖ **dar en el clavo.** fr. fig. y fam. Acertar en lo que se hace o dice; especialmente cuando es dudosa la resolución.

claxon. m. Bocina eléctrica de sonido potente que llevan los vehículos automóviles. Se usa también en otros sitios, por ejemplo, en los estudios cinematográficos para dar señales. ❑ pl. *cláxones.*

clemátide. f. Planta medicinal, de la familia de las ranunculáceas, de tallo rojizo, sarmentoso y trepador, hojas opuestas y compuestas de hojuelas acorazonadas y dentadas, y flores blancas, azuladas o violetas y de olor suave.

clemencia. f. Compasión, moderación al aplicar justicia.

clemente. adj. Que tiene clemencia.

clementina[1]. f. Cada una de las constituciones de que se compone la colección del derecho canónico publicada por el papa Juan XXII el año de 1327. ‖ **2.** pl. Esta colección.

clementina[2]. adj. V. **naranja clementina.** Ú. t. c. s.

clepsidra. f. **reloj de agua.**

cleptomanía. f. Propensión morbosa al hurto.

cleptómano, na. adj. Dícese de la persona que padece cleptomanía. Ú. t. c. s.

clerecía. f. Conjunto de personas eclesiásticas que componen el clero. ‖ **2.** Oficio u ocupación de clérigos. ‖ **3.** V. **mester de clerecía.**

clerical. adj. Perteneciente al clérigo. *Hábito, estado* CLERICAL. ‖ **2.** Marcadamente afecto y sumiso al clero y a sus directrices.

clericalismo. m. Nombre que suele darse a la influencia excesiva del clero en los asuntos políticos. ‖ **2.** Marcada afección y sumisión al clero y a sus directrices.

clérigo. m. El que ha recibido las órdenes sagradas. ‖ **2.** En la Edad Media, hombre letrado y de estudios escolásticos, aunque no tuviese orden alguna, en oposición al indocto y especialmente al que no sabía latín. Por ext., el sabio en general, aunque fuese pagano.

clero. m. Conjunto de los clérigos. ‖ **2.** Clase sacerdotal en la iglesia católica. ‖ **regular.** El que se liga con los tres votos religiosos de pobreza, obediencia y castidad. ‖ **secular.** El que no hace dichos votos.

clerofobia. f. Odio manifiesto al clero.

clerófobo, ba. adj. Dícese de la persona que manifiesta clerofobia. Ú. t. c. s.

cleuasmo. m. *Ret.* Figura que se comete cuando el que habla atribuye a otro sus buenas acciones o cualidades, o cuando se atribuye a sí mismo las malas de otro.

clic. m. Onomatopeya para reproducir ciertos sonidos, como el que se produce al apretar el gatillo de un arma, pulsar un interruptor, etc.

cliché. m. Clisé de imprenta. ‖ **2.** Tira de película fotográfica revelada, con imágenes negativas. ‖ **3.** fig. Lugar común, idea o expresión demasiado repetida o formularia. ❑ pl. *clichés.*

clienta. f. Mujer que compra en un establecimiento o utiliza los servicios de un profesional o un establecimiento.

cliente. com. Persona que está bajo la protección o tutela de otra. ‖ **2.** Persona que utiliza con asiduidad los servicios de un profesional o empresa. ‖ **3.** Por ext., persona que compra en un establecimiento o utiliza sus servicios.

clientela. f. Conjunto de los clientes de una per-ona o de un establecimiento.

clima. m. Conjunto de condiciones atmosféricas ue caracterizan una región. ‖ **2. ambiente,** con-nto de condiciones de cualquier género que carac-erizan una situación o su consecuencia, o de cir-unstancias que rodean a una persona. CLIMA *telectual, político,* etc.

climaterio. m. *Fisiol.* Período de la vida que recede y sigue a la extinción de la función genital.

climatizado, da. adj. Dícese del local con aire condicionado.

climatizador, ra. adj. Que climatiza. ‖ **2.** m. parato para climatizar.

climatizar. tr. Dar a un espacio cerrado las con-iciones de temperatura, humedad del aire y a veces ambién de presión, necesarias para la salud o la omodidad de quienes lo ocupan.

climatología. f. Conjunto de las condiciones ropias de un determinado clima. ❑ No utilizar por *ondiciones meteorológicas.*

clímax. m. Gradación retórica ascendente. ‖ **2.** érmino más alto de esta gradación. ‖ **3.** Punto más lto o culminación de un proceso. ‖ **4.** Momento cul-ninante de un poema o de una acción dramática. ❑ l. invar.

clínica. f. Parte práctica de la enseñanza de la nedicina. ‖ **2.** Departamento de los hospitales desti-ado a dar esta enseñanza. ‖ **3.** Hospital privado, más omúnmente quirúrgico.

clínico, ca. adj. Perteneciente o relativo a la clí-ica o parte práctica de la medicina. Ú. t. c. s. ‖ **2.** m. f. Persona consagrada al ejercicio práctico de la nedicina. ‖ **3.** m. Hospital **clínico.**

clinómetro. m. *Fís.* Aparato que mide la dife-encia de calado entre la proa y la popa de un buque.

clip. m. Utensilio hecho con un trozo de alam-re, u otro material, doblado sobre sí mismo, que sir-e por presión para sujetar papeles. ‖ **2.** Sistema e pinza para fijar mediante presión broches, horqui-as, etc. *Pendientes de* CLIP.

clíper. m. Buque de vela, fino, ligero y muy resis-ente.

clisar. tr. *Impr.* Reproducir con planchas de netal la composición de imprenta, o grabados en elieve, de que previamente se ha sacado un molde.

clisé. m. Entre impresores, plancha clisada, y specialmente la que representa algún grabado. ‖ **2.** **liché,** lugar común. ❑ pl. *clisés.*

clitómetro. m. *Topogr.* Instrumento que se mplea en la medición de las pendientes del terreno.

clítoris. m. Cuerpecillo carnoso eréctil, que obresale en la parte más elevada de la vulva.

clo. Onomatopeya con que se representa la voz propia de la gallina clueca. Ú. m. repetida.

cloaca. f. Conducto por donde van las aguas sucias o las inmundicias de las poblaciones. ‖ **2.** fig. Lugar sucio, inmundo. ‖ **3.** *Zool.* Porción final, ensanchada y dilatable, del intestino de las aves y otros animales en la cual desembocan los conductos genitales y urinarios.

cloasma. m. *Med.* Manchas irregulares en forma de placas de color amarillo oscuro, que aparecen principalmente en la cara, durante el embarazo y ciertos estados anormales.

clon[1]. m. **payaso.** ❑ pl. *clones.*

clon[2]. m. Estirpe celular o serie de individuos pluricelulares nacidos de esta, absolutamente homogéneos desde el punto de vista de su estructura genética; equivale a estirpe o raza pura. ❑ pl. *clones.*

clonación. f. Acción y efecto de clonar.

clonar. tr. Producir clones.

cloquear. intr. Hacer cloc cloc la gallina clueca.

cloqueo. m. Cacareo sordo de la gallina clueca.

cloración. f. *Quím.* Acción y efecto de clorar.

cloral. m. *Quím.* Líquido producido por la acción del cloro sobre el alcohol anhidro, y que con el agua forma un hidrato sólido. Ú. en medicina como anestésico.

clorar. tr. *Quím.* Introducir átomos de cloro en la molécula de un compuesto químico. ‖ **2.** Tratar con cloro las aguas para hacerlas potables o mejorar sus condiciones higiénicas.

cloratado, da. adj. Que contiene clorato.

clorato. m. *Quím.* Sal del ácido clórico.

clorhidrato. m. *Quím.* Sal del ácido clorhídrico.

clorhídrico, ca. adj. *Quím.* Perteneciente o relativo a las combinaciones del cloro y del hidrógeno. ‖ **2.** *Quím.* V. **ácido clorhídrico.**

clorita. f. Mineral de color verdoso y brillo anacarado, compuesto de sales de silicio y aluminio hidratadas con óxido de hierro y magnesio.

cloro. m. Elemento químico de núm. atóm. 17. Muy abundante en la corteza terrestre; se encuentra en formas de cloruros en el agua de mar, en depósitos salinos y en tejidos animales y vegetales. Gas de color verde amarillento y olor sofocante, es muy venenoso, altamente reactivo y se licua con facilidad. Se usa como blanqueante y plaguicida, en la desinfección de aguas y en la industria de los plásticos. Símb. *Cl.*

clorofila. f. *Biol.* y *Quím.* Pigmento propio de las plantas verdes y ciertas bacterias. Se trata de una magnesio-porfirina que participa en los mecanismos biológicos de la fotolisis del agua en el proceso de la fotosíntesis.

cloroformizar. tr. *Med.* Aplicar, según arte, el cloroformo para producir la anestesia.

cloroformo. m. *Quím.* Cuerpo constituido en la proporción de un átomo de carbono por uno de hidrógeno y tres de cloro. Es líquido, incoloro, de olor agradable, parecido al de la camuesa, y de sabor azucarado y picante, y se emplea en medicina como poderoso anestésico.

cloromicetina. f. *Farm.* Antibiótico producido por la bacteria *Streptomyces venezuelae.* Se obtiene también por síntesis artificial.

clorosis. f. *Pat.* Enfermedad de las jóvenes caracterizada por anemia con palidez verdosa, trastornos menstruales, opilación y otros síntomas nerviosos y digestivos.

cloruro. m. *Quím.* Combinación del cloro con un metal o alguno de ciertos metaloides. ‖ **de sodio** o **sódico.** *Quím.* **sal** marina o terrestre.

clóset. m. *Amér.* Armario empotrado. ❑ pl. invar.

clown. m. **clon[1].** Especialmente el que, con aires de afectación y seriedad, forma pareja con el augusto.

club. m. Sociedad fundada por un grupo de personas con intereses comunes y dedicada a actividades de distinta especie, principalmente recreativas, deportivas o culturales. ‖ **2.** Lugar donde se reúnen los miembros de estas sociedades. *Va al* CLUB *todos los domingos.* ‖ **nocturno.** Lugar de esparcimiento donde se bebe y se baila y en el que suelen ofrecerse espectáculos musicales, habitualmente de noche. ❑ Su pl. es **clubes.**

clueco, ca. adj. Aplícase a la gallina y otras aves cuando se echan sobre los huevos para empollarlos. Ú. t. c. s.

cluniacense. adj. Perteneciente al monasterio o congregación de Cluni, en Borgoña, que seguía la regla de San Benito. Apl. a pers., ú. t. c. s.

cnidario. adj. *Zool.* Dícese de ciertos celentéreos provistos de células urticantes, como los pólipos y las medusas. Ú. t. c. s. ‖ **2.** m. pl. *Zool.* Taxón de estos animales, que salvo rara excepción como la hidra de las aguas dulces, son marinos, nadadores como las medusas, o viven fijos en el fondo, como las actinias, a veces en colonias como los corales o las madréporas.

coacción[1]. f. Fuerza o violencia que se hace a una persona para obligarla a que diga o ejecute alguna cosa. ‖ **2.** *Der.* Poder legítimo del derecho para imponer su cumplimiento o prevalecer sobre su infracción. ❑ No confundir con *coerción.*

coacción[2]. f. *Biol.* Interacción de tipo ecológico entre dos o más especies que conviven en un biótopo.

coaccionar. tr. Ejercer coacción.

coadjutor, ra. m. y f. Persona que ayuda y acompaña a otra en ciertas cosas. ‖ **2.** m. Eclesiástico que tiene título y disfruta dotación para ayudar al cura párroco en la cura de almas.

coadyuvante. adj. Que coadyuva. Apl. a pers., ú. t. c. s. ‖ **2.** com. *Der.* En lo contencioso administrativo, parte que, juntamente con el fiscal, sostiene la resolución de la administración demandada.

coadyuvar. tr. Contribuir, asistir o ayudar a la consecución de alguna cosa.

coagulación. f. Acción y efecto de coagular o coagularse.

coagular. tr. Cuajar, solidificar lo líquido. Ú. especialmente referido a la sangre, etc. Ú. t. c. prnl.

coágulo. m. Coagulación de la sangre. ‖ **2.** Grumo extraído de un líquido coagulado. ‖ **3.** Masa coagulada.

coalescencia. f. Propiedad de las cosas de unirse o fundirse.

coalición. f. Confederación, liga, unión.

coaligarse. prnl. **coligarse.** ❑ Ú. con la prep. *con.*

coana. f. *Anat.* Cada uno de los orificios nasales internos que comunican los tractos respiratorio y deglutorio.

coartada. f. Argumento que exime de culpa a alguien por hallarse en el momento del crimen en otro lugar. ‖ **2.** Pretexto, disculpa.

coartar. tr. Limitar, restringir, no conceder enteramente alguna cosa. COARTAR *la voluntad, la jurisdicción.*

coautor, ra. m. y f. Autor o autora con otro u otros.

coaxial. adj. Dícese de la figura o cuerpo, compuesto de diferentes partes cilíndricas, que tienen común su eje de simetría.

coba. f. Halago o adulación fingidos. ❑ Ú. m. con el verbo *dar.*

cobaltina. f. Sal de cobalto usada en pintura y otras artes.

cobalto. m. Elemento químico de núm. atóm. 27. Metal escaso en la corteza terrestre; se encuentra muy diseminado en diversos minerales, en forma de sales de azufre y arsénico. De color gris o blanco rojizo, se parece al hierro en muchas propiedades. Se utiliza en la industria metalúrgica, y algunos de sus derivados, de color azul, se usan como colorantes en la fabricación de vidrios, esmaltes y pinturas. Uno de sus isótopos, el **cobalto** 60, es radiactivo y tiene aplicaciones industriales y médicas, como en la bomba de **cobalto.** Símb. *Co.*

cobaltoterapia. f. Tratamiento de tumores po

la radiación gamma del cobalto-60 producida en una bomba de cobalto.

cobarde. adj. Pusilánime, sin valor ni espíritu. Ú. t. c. s. ‖ **2.** Hecho con cobardía.

cobardía. f. Falta de ánimo y valor.

cobaya. amb. **conejillo de Indias.**

cobertizo. m. Tejado que sale fuera de la pared y sirve para guarecerse de la lluvia. ‖ **2.** Sitio cubierto ligera o rústicamente para resguardar de la intemperie personas, animales o efectos.

cobertor. m. **colcha.** ‖ **2.** Manta o cobertura de abrigo para la cama.

cobertura. f. **cubierta,** lo que sirve para cubrir o tapar algo. ‖ **2.** Metálico, divisas u otros valores que sirven de garantía para la emisión de billetes de banco o para otras operaciones financieras o mercantiles. ‖ **3.** Extensión territorial que abarcan diversos servicios, especialmente los de telecomunicaciones. COBERTURA *regional,* COBERTURA *nacional.* ‖ **4.** Conjunto de medios técnicos y humanos que hacen posible una información.

cobija. f. Teja que se pone con la parte cóncava hacia abajo abrazando sus lados dos canales de tejado. ‖ **2.** Cada una de las plumas pequeñas que cubren el arranque de las penas del ave.

cobijar. tr. Dar refugio, guarecer a alguien, generalmente de la intemperie. Ú. t. c. prnl. ‖ **2.** p. us. Cubrir, tapar.

cobijo. m. Refugio, lugar en el que alguien o algo está protegido de la intemperie u otras cosas. ‖ **2.** fig. Amparo, protección.

cobista. com. fam. **adulador.**

cobla. f. En Cataluña, conjunto de músicos, generalmente once, que se dedican a tocar sardanas.

cobra. f. **serpiente de anteojos.**

cobrador, ra. m. y f. Persona que tiene por oficio cobrar, percibir una cantidad adeudada.

cobrar. tr. Recibir dinero como pago de algo. Ú. t. c. intr. COBRAR *en metálico.* ‖ **2. recobrar,** volver a tomar o adquirir lo que antes se tenía. ‖ **3.** Tratándose de ciertos afectos o movimientos del ánimo, tomar o sentir. COBRAR *cariño a Juan, afición a las letras;* COBRAR *espíritu, valor.* ‖ **4. adquirir.** COBRAR *buena fama, crédito, un enemigo.* ‖ **5.** fam. Recibir un castigo corporal. Se usa especialmente tratándose de muchachos. ‖ **6.** prnl. fig. Llevarse víctimas. *El terremoto* SE COBRÓ *numerosas vidas humanas.*

cobre. m. Elemento químico de núm. atóm. 29. Metal abundante en la corteza terrestre; se encuentra nativo, o más corrientemente, en forma de sulfuro; de color rojo pardo, brillante, maleable y excelente conductor del calor y la electricidad. Forma aleaciones como el latón o el bronce, y se usa en la industria eléctrica así como para fabricar alambre, monedas y utensilios diversos. Símb. *Cu.* ‖ **2.** pl. *Mús.* Conjunto de los instrumentos metálicos de viento de una orquesta.

cobrizo, za. adj. Aplícase al mineral que contiene cobre. ‖ **2.** Parecido al cobre en el color.

cobro. m. Acción y efecto de cobrar.

coca[1]**.** f. Arbusto del Perú, angiospermo, dicotiledóneo, con hojas alternas, aovadas, enteras, de estípulas axilares y flores blanquecinas. Indígena de América del Sur, se cultiva en la India y en Java y de sus hojas se extrae la cocaína. ‖ **2.** Hoja de este arbusto.

coca[2]**.** f. abrev. coloq. de **cocaína.**

cocaína. f. Alcaloide de la coca del Perú, que se usa mucho en medicina como anestésico de las membranas mucosas, y en inyección hipodérmica como anestésico local de la región en que se inyecte. También se usa como droga y estupefaciente.

cocainómano, na. adj. Adicto a la cocaína. Ú. t. c. s.

cóccido. adj. *Zool.* Dícese de insectos hemípteros, parásitos de vegetales, que tienen un gran dimorfismo sexual, siendo alados los machos y ápteras las hembras; estas clavan su pico en la planta y permanecen inmóviles, absorbiendo los jugos de que se alimentan. Algunos producen sustancias útiles, como la grana quermes de la coscoja, la cochinilla del nopal, la laca, la cera de la China, etc. Ú. t. c. s. ‖ **2.** m. pl. *Zool.* Familia de estos animales.

coccígeo, a. adj. Relativo al cóccix.

coccinela. f. Insecto coleóptero, trímero, de pequeño tamaño y cuerpo hemisférico con puntos negros.

coccinélido. adj. *Zool.* Dícese de insectos coleópteros, trímeros, de pequeño tamaño y cuerpo hemisférico, cuyos élitros, lisos y de colores vivos, tienen varios puntos negros; como la mariquita. En su mayor parte se alimentan de pulgones, por lo cual son útiles a la agricultura. Ú. t. c. s. ‖ **2.** m. pl. *Zool.* Familia de estos animales.

cocción. f. Acción y efecto de cocer o cocerse.

cóccix. m. *Anat.* Hueso propio de los vertebrados que carecen de cola, formado por la unión de las últimas vértebras y articulado por su base con el hueso sacro. ❏ pl. invar.

cocear. intr. Dar o tirar coces.

cocedero, ra. adj. Fácil de cocer. ‖ **2.** m. Pieza o lugar en que se cuece una cosa, y especialmente el vino.

cocer. tr. Hacer que un alimento crudo llegue a estar en disposición de poderse comer, manteniéndolo dentro de un líquido en ebullición. ‖ **2.** Tratándose del pan, cerámica, piedra caliza, etc., someterlos a la acción del calor en el horno, para que pierdan humedad y adquieran determinadas propiedades. ‖ **3.** intr. Hervir un líquido. *El agua está* COCIENDO; *ya* CUECE *el chocolate.* ‖ **4.** prnl. fig. Prepararse alguna cosa sin que se manifieste al exterior. *Algo* SE CUECE *en esa reunión.* ❑ Irreg. Se conj. como *mover.*

cochambre. amb. fam. Suciedad, cosa puerca, grasienta y de mal olor.

cochambroso, sa. adj. fam. Lleno de cochambre. Ú. t. c. s.

coche. m. Carruaje de cuatro ruedas de tracción animal, con capacidad de asiento para dos o más viajeros. ‖ **2.** Vehículo automóvil destinado al transporte de personas que se desplaza sin rieles, generalmente con cuatro ruedas, y capacidad no superior a nueve plazas. ‖ **3.** Vagón del tren o del metro. ‖ **cama.** Vagón de ferrocarril dividido en varios compartimientos cuyos asientos y respaldos pueden convertirse en camas o literas. ‖ **celular.** Vehículo acondicionado para transportar personas arrestadas por la autoridad. ‖ **de línea.** Autobús que, por concesión administrativa, hace el servicio regular de viajeros entre dos poblaciones. ‖ **fúnebre.** El construido ad hoc para la conducción de cadáveres al cementerio.

cochera. f. Sitio donde se encierran los coches y autobuses.

cochero. m. El que tiene por oficio gobernar las caballerías que tiran del coche.

cochifrito. m. Guisado que ordinariamente se hace de tajadas de cabrito o cordero, y después de medio cocido se fríe, sazonándolo con especias, vinagre y pimentón. Es muy usado entre pastores y ganaderos.

cochinada. f. fig. y fam. **cochinería.**

cochinería. f. fig. y fam. Porquería, suciedad. ‖ **2.** fig. y fam. Acción indecorosa, baja, grosera.

cochinilla¹. f. Crustáceo isópodo terrestre, de uno a dos centímetros de largo, de figura aovada, de color ceniciento oscuro con manchas laterales amarillentas, y patas muy cortas. Cuando se le toca, se hace una bola. Se cría en lugares húmedos.

cochinilla². f. Insecto hemíptero, originario de Méjico, del tamaño de una chinche, pero con el cuerpo arrugado transversalmente y cubierto de un vello blancuzco, cabeza cónica, antenas cortas y trompa filiforme. Vive sobre el nopal, y, reducido a polvo, se empleaba mucho, y se usa todavía, para dar color de grana a la seda, lana y otras cosas. Hay varias especies.

cochinillo. m. Cochino o cerdo de leche.

cochino, na. m. y f. **cerdo,** mamífero doméstico. ‖ **2.** fig. y fam. Persona muy sucia y desaseada. Ú. t. c. adj.

cochiquera. f. fam. **cochitril,** pocilga.

cochitril. m. fam. **pocilga.**

cochura. f. **cocción.** ‖ **2.** Masa o porción de pan que se ha amasado para cocer. *En esta tahona hacen cada día cuatro* COCHURAS.

cocido. m. Acción y efecto de cocer. ‖ **2. olla,** guiso de carne, tocino, hortalizas y garbanzos, que se cuecen juntos.

cociente. m. *Álg.* y *Arit.* Resultado de la división. ‖ **intelectual.** *Psicol.* Cifra que expresa la relación entre la edad mental de una persona y sus años.

cocimiento. m. Líquido cocido con hierbas u otras sustancias medicinales, que se hace para beber y para otros usos.

cocina. f. Pieza o sitio de la casa en el cual se guisa la comida. ‖ **2.** Aparato que hace las veces de fogón, con hornillos o fuegos y a veces horno. Puede calentar con carbón, gas, electricidad, etc. ‖ **3.** fig. Arte o manera especial de guisar de cada país y de cada cocinero. *Buena* COCINA; COCINA *española, italiana, francesa.*

cocinar. tr. Guisar, aderezar los alimentos. Ú. t. c. intr. ‖ **2.** intr. fam. Meterse alguien en cosas que no le tocan.

cocinero, ra. adj. Que cocina. ‖ **2.** m. y f. Persona que tiene por oficio guisar y aderezar los alimentos.

cocinilla¹. m. fam. El que se entromete en cosas, especialmente domésticas, que no son de su incumbencia.

cocinilla², ta. f. Aparato, por lo común de hojalata, con lamparilla de alcohol, que sirve para calentar agua, cocer y para otros usos análogos. ‖ **2.** En algunas partes, chimenea para calentarse.

coclearia. f. Hierba medicinal de la familia de las crucíferas, de dos o tres decímetros de altura, hojas con forma de cuchara, tiernas y de sabor parecido al del berro, y flores blancas en racimo.

coco¹. m. Árbol de América, de la familia de las palmas, que suele alcanzar de 20 a 25 metros de altura, con las hojas divididas en lacinias ensiformes plegadas hacia atrás, y flores en racimos. Suele producir anualmente dos o tres veces su fruto, que es de la forma y tamaño de un melón regular, cubierto de dos cortezas, al modo que la nuez, la primera fibrosa y la segunda muy dura; por dentro y adherida a esta tiene una pulpa blanca y gustosa, y en la cavidad central un líquido refrigerante. Con la primera corteza se hacen cuerdas y tejidos bastos; con la segunda, tazas, vasos y otros utensilios; de la carne se hacen dulces y se saca aceite, y del tronco del árbol una bebida alcohólica. ‖ **2.** Fruto de este árbol. ‖ **3.** fig. y fam. **cabeza** humana. ‖ **comer el coco.** fr. fig. y fam. Ocupar insistentemente el pensamiento de alguien con ideas ajenas, induciéndole a hacer cosas que de otro modo no haría. Ú. t. c. prnl.

coco². m. *Zool.* **gorgojo,** insecto coleóptero. ‖ **2. micrococo,** bacteria esférica.

coco³. m. Fantasma que se figura para meter miedo a los niños.

cococha. f. Cada una de las protuberancias carnosas que existen en la parte baja de la cabeza de la merluza y del bacalao. Es un manjar muy apreciado.

cocodrilo. m. Reptil del orden de los emidosaurios, que alcanza de cuatro a cinco metros de largo, cubierto de escamas durísimas en forma de escudo, de color verdoso oscuro con manchas amarillento-rojizas; tiene el hocico oblongo; la lengua corta y casi enteramente adherida a la mandíbula inferior; los dos pies de atrás, palmeados, y la cola, comprimida y con dos crestas laterales en la parte superior. Vive en los grandes ríos de las regiones intertropicales, nada y corre con mucha rapidez, y es temible por su voracidad.

cocorota. f. fam. Cabeza humana. ‖ **2. coronilla,** parte más alta del cráneo.

cocotal. m. Sitio poblado de cocoteros.

cocotero. m. **coco¹,** árbol.

cóctel o **coctel.** m. Bebida compuesta de una mezcla de licores a la que se añaden por lo común otros ingredientes. ‖ **2.** Reunión o fiesta donde se toman estas bebidas, generalmente por la tarde. ‖ **3.** fig. Mezcla de cosas diversas. ‖ **molotov.** Explosivo de fabricación casera, generalmente una botella provista de mecha. ❑ pl. *cócteles* o *cocteles.*

coctelera. f. Recipiente destinado a mezclar los licores del cóctel.

cocuyo. m. Insecto coleóptero de América tropical, de unos tres centímetros de largo, oblongo, pardo y con dos manchas amarillentas a los lados del tórax, por las cuales despide de noche una luz azulada bastante viva.

coda¹. f. *Mús.* Adición brillante al período final de una pieza de música.

coda². f. *Carp.* Prisma pequeño triangular, de madera, que se encola en el ángulo entrante formado por la unión de dos tablas, para que esta sea más segura.

codal. adj. Que consta de un codo. ‖ **2.** Que tiene medida o figura de codo. ‖ **3.** m. Pieza de la armadura antigua, que cubría y defendía el codo.

codaste. m. *Mar.* Madero grueso puesto verticalmente sobre el extremo de la quilla inmediato a la popa, y que sirve de fundamento a toda la armazón de esta parte del buque. En las embarcaciones de hierro forma una sola pieza con la quilla.

codazo. m. Golpe dado con el codo.

codear. intr. Mover los codos, o dar golpes con ellos frecuentemente. ‖ **2.** prnl. fig. Tener trato habitual, de igual a igual, una persona con otra o con cierto grupo social.

codeína. f. Alcaloide que se extrae del opio y se usa como calmante.

codera. f. Pieza o remiendo que se echa a las mangas de las chaquetas, jerséis y prendas semejantes en la parte que cubre el codo.

codeso. m. Mata de la familia de las papilionáceas, de uno a dos metros de altura, ramosa, con hojas compuestas de tres hojuelas, flores amarillas y en las vainas del fruto semillas con forma de riñón.

códice. m. Libro manuscrito de cierta antigüedad y de importancia histórica o literaria. En sentido estricto, se dice de estos libros cuando son anteriores a la invención de la imprenta.

codicia. f. Afán excesivo de riquezas. ‖ **2.** fig. Deseo vehemente de algunas cosas buenas.

codiciar. tr. Desear con ansia las riquezas u otras cosas.

codicilo. m. *Der.* Antiguamente, y hoy en Cataluña, toda disposición de última voluntad que no contiene nombramiento de heredero y que puede otorgarse en ausencia de testamento o como complemento del mismo. ‖ **2.** Documento en que se contienen tales disposiciones.

codicioso, sa. adj. Que tiene codicia. Ú. t. c.s.

codificar. tr. *Comunic.* Transformar mediante las reglas de un código la formulación de un mensaje.

código. m. Cuerpo de leyes dispuestas según un plan metódico y sistemático. ‖ **2.** Recopilación de las leyes o estatutos de un país. ‖ **3.** Cifra para formular y comprender mensajes secretos. ‖ **4.** *Comunic.* Sistema de signos y de reglas que permite formular y comprender un mensaje. ‖ **5.** fig. Conjunto de reglas o preceptos sobre cualquier materia. ‖ **civil.** El que contiene lo estatuido sobre régimen jurídico, aplicable a personas, bienes, modos de adquirir la propiedad, obligaciones y contratos. ‖ **de barras.** Conjunto de signos formado por una serie de líneas y números asociados a ellas, que se pone sobre los productos de consumo y que se utiliza para la gestión informática de las existencias. ‖ **morse. morse.** ‖ **penal.** El que reúne lo estatuido sobre faltas y delitos, personas responsables de ellos y penas en que respectivamente incurren. ‖ **postal.** Relación de números formados por cifras que funcionan como clave de zonas, poblaciones y distritos, a efectos de la clasificación y distribución del correo.

codillo. m. En los animales cuadrúpedos, coyuntura del brazo próxima al pecho. ‖ **2.** Parte comprendida desde esta coyuntura hasta la rodilla. ‖ **3. codo,** trozo de tubo doblado en ángulo.

codo. m. Parte posterior y prominente de la articulación del brazo con el antebrazo. ‖ **2.** Coyuntura del brazo de los cuadrúpedos. ‖ **3.** Trozo de tubo, doblado en ángulo o en arco, que sirve para variar la dirección recta de una tubería. ‖ **codo a codo.** loc. adv. Referido a personas, unas juntas a otras, en compañía o cooperación. Ú. t. figuradamente referido a cosas. ‖ **codo con codo.** loc. adv. **codo a codo.** ‖ **empinar de codo,** o **el codo.** fr. fig. y fam. Beber mucho vino u otros licores. ‖ **hablar por los codos.** fr. fig. y fam. Hablar demasiado. ‖ **hincar los codos.** fr. fig. y fam. Estudiar con ahínco una asignatura.

codorniz. f. Ave galliforme, de unos dos decímetros de largo, con alas puntiagudas, la cola muy corta, los pies sin espolón, el pico oscuro, las cejas blancas, la cabeza, el lomo y las alas de color pardo con rayas más oscuras, y la parte inferior gris amarillenta. Es común en España, de donde emigra a África en otoño.

coeficiencia. f. Acción de dos o más causas para producir un efecto.

coeficiente. m. *Mat.* Factor constante que multiplica una expresión, situado generalmente a su izquierda. ‖ **2.** *Fís.* y *Quím.* Expresión numérica de una propiedad o característica, generalmente en forma de cociente. COEFICIENTE *de dilatación.* ‖ **intelectual. cociente intelectual.**

coercer. tr. Contener, refrenar, sujetar.

coerción. f. *Der.* Acción de coercer. ❑ No confundir con *coacción.*

coercitivo, va. adj. Dícese de lo que coerce.

coetáneo, a. adj. De la misma edad. ‖ **2.** Por ext., contemporáneo.

coexistencia. f. Existencia de una cosa a la vez que otra u otras.

coexistir. intr. Existir una persona o cosa a la vez que otra.

cofa. f. *Mar.* Meseta colocada horizontalmente en el cuello de un palo para fijar los obenques de gavia, facilitar la maniobra de las velas altas, y antiguamente, también para hacer fuego desde allí en los combates.

cofia. f. Prenda femenina de cabeza, generalmente blanca y de pequeño tamaño, que llevan enfermeras, camareras, criadas, etc., como complemento de su uniforme. ‖ **2.** *Bot.* Cubierta membranosa que envuelve algunas semillas.

cofín. m. Cesto o canasto de esparto, mimbres o madera, para llevar frutas u otras cosas.

cofrade. com. Persona que pertenece a una cofradía.

cofradía. f. Congregación o hermandad que forman algunos devotos, con autorización competente, para ejercitarse en obras de piedad. ‖ **2.** Gremio, compañía o unión de gentes para un fin determinado.

cofre. m. Caja resistente de metal o madera con tapa y cerradura para guardar objetos de valor. ‖ **2. baúl.**

cogedor, ra. adj. Que coge. Ú. t. c. s. ‖ **2.** m. Especie de cajón de madera u otro material sin cubierta ni tabla por delante, y con un mango por detrás, que sirve para recoger la basura que se barre y saca de las casas.

coger. tr. Asir, agarrar o tomar. Ú. t. c. prnl. ‖ **2.** Recoger o recolectar algo. COGER *la ropa, la uva, el trigo.* ‖ **3.** coloq. Ocupar cierto espacio. *La alfombra* COGE *toda la sala.* ‖ **4.** Hallar, encontrar. *Me* COGIÓ *descuidado; procura* COGERLE *de buen humor.* ‖ **5.** Captar una emisión de radio o televisión. ‖ **6.** Sobrevenir, sorprender. *Me* COGIÓ *la hora, la noche, la tempestad.* ‖ **7.** Unido a otro verbo por la conj. *y,* decidir y cumplir inmediatamente la acción significada por este. COGIÓ Y *se fue.* ‖ **8.** Alcanzar al que o a lo que va delante. ‖ **9.** Tomar, prender, apresar. ‖ **10.** Tomar, recibir o adquirir lo que significan ciertos nombres. COGER *velocidad,* COGER *fuerzas,* COGER *una costumbre,* COGER *unas entradas de teatro,* COGER *un apartamento.* ‖ **11.** Entender, comprender. *No* HE COGIDO *el chiste.* ‖ **12. agarrar,** contraer una enfermedad. ‖ **13.** Herir o enganchar el toro a una persona con los cuernos. ‖ **14.** intr. Hallarse o encontrarse en determinada situación local respecto a la persona que hace de complemento indirecto, pillar. *Tu casa me* COGE *de camino.* Ú. t. sin tal complemento. *Eso* COGE *muy lejos.* ‖ **15.** coloq. Caber. *Esto no* COGE *aquí.* ‖ **16.** vulg. *Amér.* Realizar el acto sexual.

cogestión. f. Participación del personal en la administración o gestión de una empresa.

cogida. f. Acto de coger el toro a un torero.

cognación. f. Parentesco de consanguinidad por la línea femenina entre los descendientes de un tronco común.

cognición. f. **conocimiento,** acción y efecto de conocer.

cognitivo, va. adj. Perteneciente o relativo al conocimiento.

cognomen. m. Sobrenombre usado en la antigua Roma para destacar rasgos físicos o acciones de una persona y que luego se extendía a su familia o gentes afines.

cognoscible. adj. **conocible.**

cognoscitivo, va. adj. Dícese de lo que es capaz de conocer. *Potencia* COGNOSCITIVA.

cogollo. m. Lo interior y más apretado de la lechuga, berza y otras hortalizas. ‖ **2.** Brote que arrojan los árboles y otras plantas. ‖ **3.** fig. Lo escogido, lo mejor.

cogorza. f. vulg. **borrachera,** embriaguez.

cogote. m. Parte superior y posterior del cuello.

cogujada. f. Pájaro de la misma familia que la alondra y muy semejante a esta, de la que se distingue por tener en la cabeza un largo moño puntiagudo. Es muy andadora y anida comúnmente en los sembrados.

cogulla. f. Hábito o ropa exterior que visten varios religiosos monacales.

cogullada. f. Papada del puerco.

cohabitar. tr. Habitar juntamente con otro u otros. ‖ **2.** intr. Realizar el acto sexual.

cohechar. tr. Sobornar, corromper con dádivas al juez, a persona que intervenga en el juicio o a cualquier funcionario público, para que, contra justicia o derecho, haga o deje de hacer lo que se le pide.

cohecho. m. Acción y efecto de cohechar o sobornar a un funcionario público.

coherencia. f. Conexión, relación o unión de unas cosas con otras.

coherente. adj. Que tiene coherencia.

cohesión. f. Acción y efecto de reunirse o adherirse las cosas entre sí o la materia de que están formadas. ‖ **2. enlace** de dos cosas. ‖ **3.** *Fís.* Unión íntima entre las moléculas de un cuerpo. ‖ **4.** *Fís.* Fuerza de atracción que las mantiene unidas.

cohete. m. Fuego de artificio que consta de un canuto resistente cargado de pólvora y adherido al extremo de una varilla ligera. Encendida la mecha que va en la parte inferior del canuto, la reacción que producen los gases expulsados le imprime un rápido movimiento hacia la altura donde estalla con fuerte estampido. ‖ **2.** Artificio que se mueve en el espacio por propulsión a chorro y que se puede emplear como arma de guerra o como instrumento de investigación científica.

cohibido, da. adj. Tímido, amedrentado.

cohibir. tr. Refrenar, reprimir, contener. Ú. t. c. prnl.

cohobar. tr. *Quím.* Destilar repetidas veces una misma sustancia.

cohombro. m. Planta hortense, variedad de pepino, cuyo fruto es largo y torcido. ‖ **2.** Fruto de esta planta.

cohorte. f. Unidad táctica del antiguo ejército romano que tuvo diversas composiciones. ‖ **2.** fig. Conjunto, número, serie. COHORTE *de males.*

coima. f. **concubina.**

coincidencia. f. Acción y efecto de coincidir.

coincidir. intr. Convenir una cosa con otra; ser conforme con ella. ‖ **2.** Ocurrir dos o más cosas a un mismo tiempo; convenir en el modo, ocasión u otras circunstancias. ‖ **3.** Ajustarse una cosa con otra; confundirse con ella, ya por superposición, ya por otro medio cualquiera. ‖ **4.** Concurrir simultáneamente dos o más personas en un mismo lugar. ‖ **5.** Estar de acuerdo dos o más personas en una idea, opinión o parecer sobre una cosa.

coiné. f. *Ling.* Lengua común que procede de la reducción a unidad, más o menos artificial, de ciertas variedades idiomáticas.

coito. m. Cópula sexual.

cojear. intr. Andar inclinando el cuerpo más a un lado que a otro, por no poder sentar con regularidad e igualdad ambos pies. ‖ **2.** Moverse una mesa o cualquier otro mueble, por tener algún pie más o menos largo que los demás, o por desigualdad del piso. ‖ **3.** fig. y fam. Adolecer de algún vicio o defecto.

cojera. f. Accidente que impide andar con regularidad.

cojín. m. Almohadón que sirve para sentarse, arrodillarse o apoyar sobre él cómodamente alguna parte del cuerpo.

cojinete. m. Pieza de hierro con que se sujetan los carriles a las traviesas del ferrocarril. ‖ **2.** *Mec.* Pieza o conjunto de piezas en que se apoya y gira cualquier eje de maquinaria.

cojitranco, ca. adj. despect. **cojo.** Dícese del que cojea de forma llamativa, dando pasos largos o trancos. Ú. t. c. s.

cojo, ja. adj. Aplícase a la persona o animal que cojea, bien por falta de una pierna o pie, bien por pérdida del uso normal de cualquiera de estos miembros. Ú. t. c. s. ‖ **2.** fig. Dícese también de algunas cosas inanimadas; como del banco o la mesa cuando balancean a un lado y a otro. ‖ **3.** Dícese de las cosas inmateriales mal fundadas o incompletas. *Razonamiento* COJO.

cojón. m. **testículo.** Es voz malsonante. ‖ **2.** Ú. en pl. como interjección.

cojonudo, da. adj. vulg. Estupendo, magnífico, excelente.

cojudo, da. adj. Dícese del animal no castrado. ‖ **2.** *Amér.* Tonto, bobo.

cok. m. **coque.** ❑ pl. *coques.*

col. f. Planta hortense, de la familia de las crucíferas, con hojas radicales muy anchas por lo común y de pencas gruesas, flores en panoja al extremo de un bohordo, pequeñas, blancas o amarillas, y semilla muy menuda. Se cultivan muchas variedades, todas comestibles, que se distinguen por el color y la figura de sus hojas; la más vulgar tiene las pencas blancas. ‖ **de Bruselas.** Variedad que, en vez de desarrollarse en un solo cogollo, tiene tallos alrededor de los cuales crecen apretados muchos cogollos pequeños.

cola[1]. f. Extremidad posterior del cuerpo y de la columna vertebral de algunos animales. ‖ **2.** Punta o extremidad posterior de alguna cosa, por oposición a cabeza o principio. ‖ **3.** Hilera de personas que esperan vez. ‖ **de caballo.** Clase de peinado, generalmente femenino, que consiste en recoger el pelo en la parte superior de la nuca, sujetándolo con una cinta, pasador, etc., de forma que recuerde la **cola** del caballo. ‖ **tener,** o **traer, cola** una cosa. fr. fig. y fam. Tener, o traer consecuencias graves.

cola[2]. f. Pasta fuerte, translúcida y pegajosa, que sirve para pegar. ‖ **de pescado.** Gelatina casi pura que se hace con la vejiga de los esturiones. ‖ **no pegar ni con cola.** fr. fig. y fam. Ser una cosa notoriamente incongruente con otra; no venir a cuento.

-cola. elem. compos. que significa «que cultiva o cría» o «que habita en»: *avíCOLA, frutíCOLA, arboríCOLA, cavermíCOLA.*

colaboración. f. Acción y efecto de colaborar.

colaboracionista. com. En sentido despectivo, el que presta su colaboración a un régimen político que la mayoría de los ciudadanos considera antipatriótico.

colaborador, ra. adj. Que colabora. Ú. t. c. s. ‖ **2.** m. y f. Persona que escribe habitualmente en un periódico, sin pertenecer a la plantilla de redactores.

colaborar. intr. Trabajar con otra u otras personas, especialmente en obras del espíritu. ‖ **2. contribuir,** ayudar con otros al logro de algún fin.

colación. f. Cotejo que se hace de una cosa con otra. ‖ **sacar a colación** a una persona o cosa. fr. fig. y fam. Hacer mención, mover la conversación de ellas.

colada. f. Acción y efecto de colar. ‖ **2.** Especialmente, acción de colar la ropa. ‖ **3.** Lavado de ropa sucia de una casa. ‖ **4.** Ropa lavada.

coladero. m. Manga, cedazo, paño, cesto o vasija en que se cuela un líquido. ‖ **2.** Camino o paso estrecho. ‖ **3.** fig. En el léxico estudiantil, centro docente o acto de exámenes que se caracterizan por su extrema benevolencia al juzgar.

colador. m. **coladero** en que se cuela un líquido.

coladura. f. Acción y efecto de colar líquidos. ‖ **2.** fig. y fam. Acción y efecto de **colarse,** cometer equivocaciones.

colage. m. Técnica pictórica consistente en pegar sobre lienzo o tabla materiales diversos. ‖ **2.** Obra pictórica ejecutada con este procedimiento.

colágeno. m. *Quím.* Proteína del tejido conjuntivo, los cartílagos y los huesos, que se transforma en gelatina por efecto de la cocción.

colagogo, ga. adj. Dícese de la sustancia o medicamento que provoca la evacuación de la bilis. Ú. t. c. s.

colaña. f. Pie derecho o poste de tabiques, andamios, etc.

colapsar. tr. Producir colapso. ‖ **2.** intr. Sufrir colapso o caer en él. Ú. t. c. prnl. ‖ **3.** Decrecer o disminuir intensamente una actividad cualquiera.

colapso. m. *Med.* Estado de postración extrema y gran depresión, con insuficiencia circulatoria. ‖ **2.** fig. Paralización a que pueden llegar el tráfico y otras actividades. ‖ **3.** fig. Destrucción, ruina de una institución, sistema, estructura, etc.

colar. tr. Pasar un líquido por manga, cedazo o paño. ‖ **2.** Blanquear la ropa después de lavada, metiéndola en lejía caliente. ‖ **3.** intr. fam. Pasar una cosa en virtud de engaño o artificio. ‖ **4.** prnl. fam. Introducirse a escondidas o sin permiso en alguna parte. ‖ **5.** fig. y fam. Decir inconveniencias, embustes o cometer equivocaciones. ‖ **6.** fig. y fam. Estar muy enamorado. Ú. m. en p. p. ‖ **no colar** una cosa. fr. fig. y fam. No ser creída. ❑ Irreg. Se conj. como *contar.*

colateral. adj. Dícese de las cosas que están a uno y otro lado de otra principal. Aplícase a las naves y altares de los templos que están en esta situación. ‖ **2.** Dícese del pariente que no lo es por línea recta. Ú. t. c. s.

colcha. f. Cobertura de cama que sirve de adorno y abrigo.

colchón. m. Pieza cuadrilonga, rellena de lana u otro material blando o elástico, que se pone sobre la cama para dormir en él. ‖ **2.** Por ext., cualquier objeto que hace la misma función.

colchonería. f. Tienda en que se hacen o venden colchones, almohadas, cojines y otros objetos semejantes.

colchonero, ra. m. y f. Persona que tiene por oficio hacer o vender colchones.

colchoneta. f. Colchón delgado. ‖ **2.** Colchón

de aire impermeable. ‖ **3.** *Dep.* Colchón delgado o grueso sobre el que se realizan ejercicios de gimnasia.

colcótar. m. *Quím.* Color rojo que se emplea en pintura, formado por el peróxido de hierro pulverizado.

colear. intr. Mover con frecuencia la cola. ‖ **todavía colea.** expr. fig. y fam. con que se indica no haberse concluido todavía un negocio, o no ser aún conocidas todas sus consecuencias.

colección. f. Conjunto de cosas, por lo común de una misma clase. COLECCIÓN *de escritos, de medallas, de mapas.*

coleccionar. tr. Formar colección. COLECCIONAR *monedas, manuscritos.*

coleccionista. com. Persona que colecciona.

colecistitis. f. Inflamación aguda o crónica de la vesícula biliar.

colecta. f. Recaudación de donativos voluntarios, generalmente para fines benéficos.

colectividad. f. Conjunto de personas reunidas o concertadas para un fin.

colectivismo. m. Doctrina que tiende a suprimir la propiedad particular, transferirla a la colectividad y confiar al Estado la distribución de la riqueza.

colectivista. adj. Perteneciente o relativo al colectivismo. ‖ **2.** Dícese del partidario de dicho sistema. Ú. t. c. s.

colectivo, va. adj. Perteneciente o relativo a cualquier agrupación de individuos. ‖ **2.** m. Cualquier grupo unido por lazos profesionales, laborales, etc.

colector, ra. adj. Que recoge. ‖ **2. recaudador.** ‖ **3.** m. Conducto subterráneo en el cual vierten las alcantarillas sus aguas.

colédoco. m. *Anat.* Conducto formado por la unión de los que proceden de la vesícula biliar y del hígado, y que desemboca en el duodeno. Ú. t. c. adj.

colega. com. Compañero en un colegio, iglesia, corporación o ejercicio. ‖ **2.** coloq. Amigo, compañero. ❑ No utilizar por *homólogo.*

colegatario. m. Aquel a quien se le ha legado una cosa juntamente con otro u otros.

colegiado, da. adj. Dícese del individuo que pertenece a una corporación que forma colegio. ‖ **2.** También se aplica al cuerpo constituido en colegio. *El profesorado* COLEGIADO *de Madrid.* ‖ **3.** m. y f. *Dep.* Árbitro de un juego o deporte que es miembro de un colegio oficialmente reconocido.

colegial. adj. Perteneciente al colegio. ‖ **2.** m. El que asiste a cualquier colegio particular.

colegiala. f. Alumna que tiene plaza en un colegio o asiste a él.

colegiar. tr. Inscribir a alguien en un colegio profesional. Ú. m. c. prnl. ‖ **2.** prnl. Reunirse en colegio los individuos de una misma profesión o clase.

colegiata. f. **iglesia colegial.**

colegio. m. Establecimiento de enseñanza para niños y jóvenes de uno u otro sexo. ‖ **2.** Sociedad o corporación de hombres de la misma dignidad o profesión. COLEGIO *de abogados, de médicos.* ‖ **electoral.** Reunión de electores comprendidos legalmente en un mismo grupo para ejercer su derecho con arreglo a las leyes. ‖ **2.** Sitio donde se reúnen. ‖ **mayor.** Residencia de estudiantes universitarios sometidos a cierto régimen.

colegir. tr. Juntar, unir las cosas sueltas y esparcidas. ‖ **2.** Inferir, deducir una cosa de otra. ❑ Irreg. Se conj. como *pedir.*

coleóptero. adj. *Zool.* Dícese de insectos que tienen boca dispuesta para masticar, y dos élitros duros que cubren dos alas membranosas, plegadas al través cuando el animal no vuela; como el escarabajo, el cocuyo, la cantárida y el gorgojo. Ú. t. c. s. ‖ **2.** m. pl. *Zool.* Orden de estos insectos.

cólera. f. fig. Ira, enojo, enfado. ‖ **2.** m. *Pat.* Enfermedad epidémica aguda de origen bacteriano, caracterizada por vómitos repetidos y diarrea severa. ‖ **montar en cólera.** fr. Airarse, encolerizarse.

colérico, ca. adj. Perteneciente a la cólera o que participa de ella. *Humor* COLÉRICO. ‖ **2.** Perteneciente o relativo al **cólera,** enfermedad. *Síntoma* COLÉRICO; *fisonomía, frialdad* COLÉRICA. ‖ **3.** Que fácilmente se deja llevar de la **cólera,** ira.

colesterol. m. *Bioquím.* Esterol de origen animal, blanco e insoluble en agua. Participa en la estructura de algunas lipoproteínas y su presencia en exceso contribuye a la génesis de la aterosclerosis.

coleta. f. Mechón de cabello entretejido o suelto, sujeto con un lazo o goma, que se hace en la cabeza. ‖ **2.** Cabello envuelto desde el cogote en una cinta en forma de cola, que caía sobre la espalda. Se pone en algunos peluquines y, generalmente postiza, la usan los toreros. ‖ **3.** fig. y fam. Añadido breve al final de un escrito o discurso, que sirve generalmente de resumen o que aporta alguna información omitida con anterioridad. ‖ **cortarse la coleta.** fr. fig. Dejar su oficio el torero.

coletazo. m. Golpe dado con la cola. ‖ **2.** Sacudida que dan con la cola los peces moribundos. ‖ **3.** fig. Última manifestación de una actividad próxima a extinguirse.

coletilla. f. **coleta,** añadido breve al final de un escrito o discurso.

coleto. m. fig. y fam. Adentros. *Dije, pensé, resolví para mi* COLETO. ‖ **echarse** una cosa **al coleto.** fr. fig. y fam. Comérsela o bebérsela.

colgadero. m. Garfio, escarpia o cualquier otro instrumento que sirve para colgar de él alguna cosa.

colgado, da. adj. fig. y fam. Dícese de la persona burlada o frustrada en sus esperanzas o deseos. ❑ Ú. con los verbos *dejar, quedar,* etc. ‖ **2.** fig. Que depende, o está pendiente, en grado sumo de algo o de alguien. ❑ Ú. m. con los verbos *estar* y *quedarse.* Ú. t. c. s.

colgador. m. Colgadero, utensilio para colgar ropa.

colgadura. f. Tapiz o tela con que se cubre y adorna una pared exterior o interior, un balcón, etc., con motivo de alguna celebración o festividad. Ú. m. en pl.

colgajo. m. Cualquier trapo o cosa despreciable que cuelga; como los pedazos de la ropa rota o descosida. ‖ **2.** Racimo de uvas o porción de frutas que se cuelga para conservarlas.

colgante. adj. Que cuelga. Ú. t. c. s. ‖ **2.** m. Joya que pende o cuelga.

colgar. tr. Suspender, poner una cosa pendiente de otra, sin que llegue al suelo; como las ropas, las frutas, etc. Ú. t. c. prnl. COLGARSE *de una cuerda.* ‖ **2.** Interrumpir o dar por terminada una comunicación telefónica, colocando el auricular en su sitio. Ú. t. c. intr. ‖ **3.** fig. y fam. **ahorcar.** Ú. t. c. prnl. ‖ **4.** fig. Imputar, achacar. ‖ **5.** fig. Abandonar una profesión o actividad, renunciar a ella. COLGAR *los hábitos, los libros.* ‖ **6.** prnl. fig. y fam. Adquirir dependencia de una cosa o de una persona; especialmente de las drogas. Ú. m. en p. p. ❑ Irreg. Se conj. como *contar.*

colibacilo. m. *Microbiol.* Bacilo que se halla normalmente en el intestino del hombre y de algunos animales, y que, en determinadas circunstancias, puede producir septicemias.

colibrí. m. Pájaro americano, insectívoro, de tamaño muy pequeño y pico largo y débil. Hay varias especies. ❑ pl. *colibríes* o *colibrís.*

cólico. m. Acceso doloroso, localizado en los intestinos y caracterizado por violentos retortijones, ansiedad, sudores y vómitos. Se llama bilioso cuando se presenta con abundancia la bilis. ‖ **hepático.** Acceso de dolor violento determinado por el paso de las concreciones anómalas contenidas en la vejiga de la hiel al través de los conductos de esta para salir al intestino. ‖ **miserere.** Oclusión intestinal aguda, por causas diferentes, que determina un estado gravísimo cuyo síntoma más característico es el vómito de los excrementos. ‖ **nefrítico,** o **renal.** Acceso de dolor violentísimo, determinado por el paso de las concreciones anormales formadas en el riñón por los uréteres, hasta desembocar en la vejiga de la orina.

coliflor. f. Variedad de col que al entallecerse echa una pella compuesta de diversas cabezuelas o pequeñas yemas blancas.

coligado, da. adj. Unido o confederado con otro u otros. Ú. t. c. s.

coligarse. prnl. Unirse, confederarse unos con otros para algún fin. Ú. alguna vez c. tr.

colilla. f. Resto del cigarro, que se tira por no poder o no querer fumarlo.

colimar. tr. *Fís.* Obtener un haz de rayos paralelos a partir de un foco luminoso.

colimbo. m. Ave palmípeda, con membranas interdigitales completas; el pico comprimido; alas cortas pero útiles para el vuelo. Su posición es casi vertical, por tener las patas muy atrás. Vive en las costas de países fríos y se alimenta de peces y otros animales marítimos.

colín. m. Barra de pan pequeña, larga y muy delgada.

colina. f. Elevación natural de terreno, menor que una montaña.

colindante. adj. Dícese de los campos o edificios contiguos entre sí.

colindar. intr. Lindar entre sí dos o más fincas.

colipavo, va. adj. Dícese de cierta clase de palomas que tienen la cola más ancha que las demás.

colirio. m. Medicamento compuesto de una o más sustancias disueltas o diluidas en algún líquido, o sutilmente pulverizadas y mezcladas, que se emplea en las enfermedades de los ojos.

colirrojo. m. Pájaro de la misma familia que el tordo, con la cola y su base de color castaño rojizo.

coliseo. m. Sala construida para espectáculos públicos.

colisión. f. Choque de dos cuerpos.

colista. adj. En ciertas competiciones, campeonatos, etc., se dice del equipo o del deportista que ocupa los últimos lugares de la clasificación. Ú. t. c.s.

colitis. f. *Med.* Inflamación del colon.

collado. m. Tierra que se levanta como cerro, menos elevada que el monte. ‖ **2.** Depresión suave por donde se puede pasar fácilmente de un lado a otro de una sierra.

collar. m. Adorno que ciñe o rodea el cuello. ‖ **2.** Aro, por lo común de cuero, que se ciñe al pescuezo de los animales domésticos para adorno, sujeción o defensa. ‖ **3.** Faja de plumas que ciertas aves tienen alrededor del cuello, y que se distingue por su color.

collarín. m. Aparato ortopédico que se ajusta en torno al cuello y que sirve para inmovilizar las vértebras cervicales.

collarino. m. *Arq.* Parte inferior del capitel,

entre el astrágalo y el tambor, en los órdenes dórico y jónico romanos, toscano, árabe y grecorromano del Renacimiento.

colleja. f. Hierba de la familia de las cariofiláceas, de cuatro a ocho decímetros de altura, con hojas lanceoladas, blanquecinas y suaves, tallos ahorquillados y flores blancas en panoja colgante. Es muy común en los sembrados y parajes incultos, y se come en algunas partes como verdura.

colmado, da. adj. Abundante, copioso, completo. ‖ **2.** m. Tienda de comestibles.

colmar. tr. Llenar una medida, un cajón, un cesto, etc., de modo que lo que se echa en ellos exceda su capacidad y levante más que los bordes. ‖ **2.** fig. Dar con abundancia. ‖ **3.** fig. Satisfacer plenamente deseos, aspiraciones, etc. Ú. t. c. prnl. ❑ Ú. con la prep. *de.*

colmena. f. Habitación de las abejas. ‖ **2.** Especie de vaso que suele ser de corcho, madera, mimbres, etc., embarrados, y sirve de habitación a las abejas y para depósito de los panales que fabrican. Modernamente se hacen de otros materiales.

colmenar. m. Lugar donde están las colmenas.

colmenero, ra. m. y f. Persona que tiene colmenas o cuida de ellas.

colmenilla. f. Hongo de sombrerillo aovado con pequeños alveolos que semejan un panal, tallo liso y cilíndrico, y color amarillento oscuro por encima y más claro por debajo. Es comestible.

colmillo. m. Diente agudo y fuerte, colocado en cada uno de los lados de las hileras que forman los dientes incisivos de los mamíferos, entre el más lateral de aquellos y la primera muela. ‖ **2.** Cada uno de los dos dientes incisivos prolongados en forma de cuerno, que tienen los elefantes en la mandíbula superior.

colmo. m. Porción de materia pastosa o árida, o de cosas de poco volumen, que sobresale por encima de los bordes del vaso que las contiene. ‖ **ser** una cosa **el colmo.** fr. fig. y fam. Haber llegado a tal punto que razonablemente no se puede superar.

colobo. m. *Amér.* Mono catarrino, de cuerpo delgado y cola muy larga, con espesa crin sobre el lomo y de color negro, excepto la cara, que es blanca.

colocación. f. Acción y efecto de colocar o colocarse. ‖ **2.** Empleo o destino.

colocar. tr. Poner a una persona o cosa en su debido lugar. Ú. t. c. prnl. ‖ **2.** fig. Acomodar a alguien, poniéndole en algún estado o empleo. Ú. t. c. prnl. ‖ **3.** fig. y fam. Causar el alcohol o la droga un estado eufórico. Ú. m. c. prnl.

colodión. m. Disolución en éter de la celulosa nítrica. Se emplea como aglutinante en cirugía y para la preparación de placas fotográficas.

colodrillo. m. Parte posterior de la cabeza.

colofón. m. *Impr.* Anotación al final de los libros, que indica el nombre del impresor y el lugar y fecha de la impresión, o alguna de estas circunstancias. Ú. t. en sent. fig. ‖ **2.** Remate, final de un proceso. *La velada tuvo un brillante* COLOFÓN *con las palabras del presidente.*

colofonia. f. Resina sólida, producto de la destilación de la trementina. Se emplea en farmacia y sirve para otros usos.

colofonita. f. Granate de color verde claro o amarillento rojizo.

coloidal. adj. *Quím.* Perteneciente o relativo a los coloides.

coloide. adj. *Quím.* Dícese del cuerpo que al disgregarse en un líquido aparece como disuelto por la extremada pequeñez de las partículas en que se divide; pero que se diferencia del verdaderamente disuelto en que no se difunde con su disolvente si tiene que atravesar ciertas láminas porosas. Ú. t. c. s.

colombiano, na. adj. Natural de Colombia. Ú. t. c. s. ‖ **2.** Perteneciente o relativo a esta república de América.

colombicultura. f. Arte de criar y fomentar la reproducción de palomas.

colombino, na. adj. Perteneciente o relativo a Cristóbal Colón o a su familia. *Biblioteca* COLOMBINA.

colombofilia. f. Técnica de la cría de palomas, en especial mensajeras.

colon. m. *Anat.* Porción del intestino grueso de los mamíferos, que empieza donde concluye el ciego, cuando este existe, y acaba donde comienza el recto.

colón. m. Nombre de las unidades monetarias de Costa Rica y de El Salvador.

colonato. m. Sistema de explotación de las tierras por medio de colonos.

colonia¹. f. Conjunto de personas procedentes de un país que van a otro para poblarlo y cultivarlo, o para establecerse en él. ‖ **2.** País o lugar donde se establece esta gente. ‖ **3.** Territorio dominado y administrado por una potencia extranjera. ‖ **4.** Conjunto de los naturales de un país, región o provincia que habitan en otro territorio. COLONIA *asturiana en Madrid.* ‖ **5.** Grupo de animales de una misma especie que conviven en un territorio limitado. COLONIA *de garzas.*

colonia². f. **agua de Colonia.**

colonial. adj. Perteneciente o relativo a la colonia¹.

colonialismo. m. Tendencia a mantener un territorio en el régimen de colonia¹.

colonialista. adj. Partidario del colonialismo. Ú. t. c. s.

colonización. f. Acción y efecto de colonizar.

colonizador, ra. adj. Que coloniza. Apl. a pers., ú. t. c. s.

colonizar. tr. Formar o establecer colonia[1] en un país. ‖ **2.** Fijar en un terreno la morada de sus cultivadores.

colono. m. El que habita en una colonia[1]. ‖ **2.** Labrador que cultiva y labra una heredad por arrendamiento y suele vivir en ella.

coloquial. adj. Dícese de lo que califica voces, frases, lenguaje, etc., propios de la conversación, que pueden llegar o no a registrarse en la obra escrita.

coloquíntida. f. Planta de la familia de las cucurbitáceas, con tallos rastreros y vellosos de dos a tres metros de largo, hojas hendidas en cinco lóbulos dentados, ásperas, vellosas y blanquecinas por el envés, flores amarillas, axilares y solitarias, y frutos de corteza lisa, de la forma, color y tamaño de la naranja y muy amargos, que se emplean en medicina como purgantes. ‖ **2.** Fruto de esta planta.

coloquio. m. Conversación entre dos o más personas. ‖ **2.** Género de composición literaria, prosaica o poética, en forma de diálogo. ‖ **3.** Reunión en que se convoca a un número limitado de personas para que debatan un problema, sin que necesariamente haya de recaer acuerdo.

color. m. Impresión que las diferentes longitudes de onda de los rayos de luz producen en el cerebro por medio de la retina del ojo. Ú. t. c. f. ‖ **2.** Sustancia preparada para pintar o teñir. ‖ **3. colorido** de una pintura. ‖ **4.** fig. Carácter peculiar de algunas cosas; y tratándose del estilo, cualidad especial que lo distingue. *Pintó con* COLORES *trágicos o sombríos; tal actor dio a su papel un nuevo* COLOR. ‖ **5.** fig. Matiz de opinión o fracción política. *Fulano pertenece a este o al otro* COLOR; *Gobierno de un solo* COLOR; *este periódico no tiene* COLOR. ‖ **6.** pl. **colores** que una entidad, equipo o club adopta como símbolos propios en su bandera y en los uniformes de sus atletas o jugadores. ‖ **del espectro solar, del iris,** o **elemental.** *Fís.* Cada uno de los siete **colores** en que se descompone la luz del Sol, que son: rojo, anaranjado, amarillo, verde, azul, azul turquí o añil y violado. ‖ **colores complementarios.** *Fís.* Los **colores** puros que, reunidos por ciertos procedimientos, dan el **color** blanco. ‖ **nacionales.** Los que adopta por distintivo cada nación y usa en su pabellón, banderas y escarapelas. ‖ **de color.** loc. adj. y adv. Aplícase a las personas que no pertenecen a la raza blanca, y más especialmente a los negros y mulatos. *Gente* DE COLOR, *hombres* DE COLOR. ‖ **mudar de color.** fr. fam. Alterarse una persona mostrándolo en un cambio de rostro. ‖ **no haber color.** fr. fig. No admitir comparación una cosa con otra que es mucho mejor. ‖ **sacarle** a alguien **los colores,** o **sacarle los colores a la cara,** o **al rostro.** fr. fig. Sonrojarle, avergonzarle. ‖ **ver de color de rosa** las cosas. fr. fig. y fam. Considerarlas de un modo halagüeño.

coloración. f. Acción y efecto de colorar.

colorado, da. adj. Que por naturaleza o arte tiene color más o menos rojo.

colorante. adj. Que colora. Ú. t. c. s.

colorar. tr. Dar de color o teñir alguna cosa.

colorear. tr. Dar color, teñir de color.

colorete. m. Cosmético, por lo general de tonos rojizos, que las mujeres se aplican en las mejillas para darse color.

colorido, da. adj. Que tiene color. ‖ **2.** m. Disposición y grado de intensidad de los diversos colores de una pintura.

colorimetría. f. *Quím.* Procedimiento de análisis químico fundado en la intensidad del color de las disoluciones.

colorín. m. **jilguero.** ‖ **2.** Color vivo y sobresaliente, principalmente cuando está contrapuesto a otros. Ú. m. en pl. *Este cuadro tiene muchos* COLORINES; *esta mujer gusta de* COLORINES. ‖ **colorín colorado, este cuento se ha acabado.** fr. fam. tomada del estribillo final de los cuentos infantiles, y que se aplica también para indicar el término de alguna narración hablada o escrita.

colorismo. m. *Pint.* Tendencia a dar especial realce al color. ‖ **2.** En literatura, propensión a recargar el estilo con calificativos vigorosos o redundantes y a veces muy impropios.

colorista. adj. *Pint.* Que usa bien el color. Ú. t. c. s. ‖ **2.** fig. *Lit.* Dícese del escritor que emplea con frecuencia calificativos vigorosos y otros medios de expresión para dar relieve, a veces excesivo, a su lenguaje y estilo.

colosal. adj. fig. Enorme, de dimensiones extraordinarias. ‖ **2.** fig. Bonísimo, extraordinario.

coloso. m. Estatua de una magnitud que excede mucho a la natural, como fue la del **coloso** de Rodas. ‖ **2.** fig. Persona o cosa que por sus cualidades sobresale muchísimo.

colostomía. f. *Med.* Técnica quirúrgica que consiste en comunicar el colon con el exterior a través de la pared abdominal. ‖ **2.** Orificio resultante de esta operación; ano artificial.

cólquico. m. Hierba de la familia de las liliáceas, de 12 a 14 centímetros de altura, con tres o cuatro hojas planas, lanceoladas y derechas, sépalos y pétalos de igual figura y color, soldados por sus bases en forma de tubo largo y delgado, y frutos capsulares de la forma y tamaño de la nuez. Su raíz, semejante a la del tulipán, está envuelta en una túnica negra, es amarga y se emplea en medicina contra la hidropesía y el reuma.

colúbrido. m. *Zool.* Individuo de la familia de reptiles ofidios, de que es tipo la culebra común. Carecen de aparato venenoso y tienen en el borde de la mandíbula superior dientes fijos y casi iguales. Ú. m. en pl.

columbario. m. *Arqueol.* Conjunto de nichos, en los cementerios de los antiguos romanos, donde colocaban las urnas cinerarias.

columbino, na. adj. Perteneciente a la paloma, o semejante a ella. Aplícase más comúnmente al candor y sencillez del ánimo.

columbrar. tr. Divisar, ver desde lejos una cosa, sin distinguirla bien. ‖ **2.** fig. Rastrear o conjeturar por indicios una cosa.

columbrete. m. *Mar.* Mogote poco elevado que hay en medio del mar. Algunos ofrecen abrigo o fondeadero.

columna. f. Apoyo normalmente cilíndrico de techumbres o edificios. ‖ **2.** Serie o pila de cosas colocadas ordenadamente unas sobre otras. ‖ **3.** En impresos o manuscritos, cualquiera de las partes en que suelen dividirse las planas por medio de un blanco o línea que las separa de arriba abajo. ‖ **4.** Forma más o menos cilíndrica que toman algunos fluidos, en su movimiento ascendente. COLUMNA *de fuego, de humo.* ‖ **5.** *Mil.* Conjunto de soldados o unidades que se sitúan unos detrás de otros, cubriendo iguales frentes. ‖ **adosada.** La que está pegada a un muro u otro cuerpo de la edificación. ‖ **corintia**. *Arq.* La perteneciente al orden corintio. Su altura era antiguamente de nueve y media a diez veces su diámetro inferior; pero después se ha hecho en ocasiones algo más baja, y su capitel está adornado con hojas de acanto. ‖ **dórica.** *Arq.* La perteneciente al orden dórico. Su altura no pasaba primitivamente de seis veces el diámetro inferior; pero después se ha hecho llegar a siete veces y aun más. Su capitel se compone de un ábaco con un equino o un cuarto bocel, y las más antiguas no tenían basa. ‖ **estriada.** Aquella cuyo fuste está adornado con canales o estrías unidas a otra o separadas por un filete, como las **columnas** de estilo dórico griego. ‖ **gótica.** *Arq.* La perteneciente al estilo ojival. Consiste en un haz de columnillas, y tiene el capitel adornado con profusión de hojas de bordes desiguales, como las del cardo. ‖ **jónica.** *Arq.* La perteneciente al orden jónico. Su altura es de ocho a ocho y media veces su diámetro inferior, y su capitel está adornado con volutas. ‖ **ojival.** La perteneciente al estilo ojival. Es cilíndrica, delgada y de mucha altura; lleva capitel pequeño, y a veces ninguno, y descansa en basamento característico. ‖ **románica.** La perteneciente al estilo románico. Es de poca altura, con capitel de ábaco grueso y tambor ricamente historiado, fuste liso y basa característica o imitada de las clásicas. Va generalmente adosada a los pilares y machones o pareada en arquerías. ‖ **salomónica.** *Arq.* La que tiene el fuste contorneado en espiral. ‖ **vertebral.** Eje del neuroesqueleto de los animales vertebrados, situado a lo largo de la línea media dorsal del cuerpo y formado por una serie de huesos cortos o vértebras, dispuestos en fila y articulados entre sí. ‖ **quinta columna.** Conjunto de los partidarios de una causa nacional o política, organizados o comprometidos para servirla activamente, y que en ocasión de guerra, se hallan dentro del territorio enemigo.

columnata. f. Serie de columnas que sostienen o adornan un edificio.

columnista. com. Redactor o colaborador de un periódico, al que contribuye regularmente con comentarios firmados e insertos en una columna especial.

columpiar. tr. Impeler al que está sobre un columpio. Ú. t. c. prnl. ‖ **2.** Por ext., mecer, balancear, mover acompasadamente alguna cosa. Ú. t. c. prnl. ‖ **3.** prnl. fig. Equivocarse con cierta sensación de ridículo.

columpio. m. Cuerda fuerte atada en alto por sus dos extremos, para que se siente alguna persona en el seno que forma en el medio, y pueda mecerse por impulso propio o ajeno. También los hay compuestos de uno o varios asientos pendientes de una armazón de hierro o madera.

coluro. m. *Astron.* Cada uno de los dos círculos máximos de la esfera celeste, los cuales pasan por los polos del mundo y cortan a la Eclíptica, el uno en los puntos equinocciales, y el otro en los correspondientes a los solsticios.

colutorio. m. *Farm.* Enjuagatorio medicinal.

colza. f. Especie de col, con las hojas acorazonadas, y de cuyas semillas se extrae aceite.

coma[1]**.** f. Signo ortográfico (,) que sirve para indicar la división de las frases o miembros más cortos de la oración o del período, y que también se emplea en aritmética para separar los enteros de las fracciones decimales.

coma[2]**.** m. Estado patológico que se caracteriza por la pérdida de la conciencia, la sensibilidad y la motricidad.

comadre. f. **partera.** ‖ **2.** Madrina de bautizo de una criatura respecto del padre, o la madre, o el padrino de esta. || **3.** fam. Vecina y amiga con quien tiene otra mujer más trato y confianza que con los demás.

comadrear. intr. fam. Chismear, murmurar, en especial las mujeres.

comadreja. f. Mamífero carnicero nocturno, de unos 25 centímetros de largo, de cabeza pequeña, patas cortas y pelo de color pardo rojizo por el lomo y blanco por debajo, y parda la punta de la cola. Es muy vivo y ligero; mata los ratones, topos y otros animales pequeños, y es muy perjudicial, pues se come los huevos de las aves y les mata las crías.

comadreo. m. fam. Acción y efecto de comadrear.

comadrona. f. **partera.**

comalia. f. *Veter.* Enfermedad que acomete a los animales, particularmente al ganado lanar, y consiste en una hidropesía general.

comanche. adj. Dícese del indio que vivía en tribus en Tejas y Nuevo Méjico. Ú. t. c. s. || **2.** Perteneciente o relativo a estas tribus. || **3.** m. Lengua hablada por ellas.

comandancia. f. Empleo de comandante. || **2.** Provincia o comarca que está sujeta en lo militar a un comandante. || **3.** Edificio, cuartel o departamento donde se hallan las oficinas de aquel cargo.

comandante. m. Jefe militar de categoría comprendida entre las de capitán y teniente coronel. || **2.** Militar que ejerce el mando en ocasiones determinadas, aunque no tenga el empleo jerárquico de **comandante.**

comandar. tr. *Mil.* Mandar un ejército, una plaza, un destacamento, una flota, etc.

comandita. f. *Com.* **sociedad en comandita.** || **en comandita.** loc. adv. En grupo. Ú. por lo común en sent. irón.

comando. m. *Mil.* Mando militar. || **2.** Pequeño grupo de tropas de choque, destinado a hacer incursiones ofensivas en terreno enemigo. || **3.** Grupo armado de terroristas.

comarca. f. División de territorio que comprende varias poblaciones.

comarcal. adj. Perteneciente o relativo a la comarca.

comatoso, sa. adj. *Pat.* Perteneciente o relativo al coma².

comba. f. Inflexión que toman algunos cuerpos sólidos cuando se encorvan; como maderos, barras, etcétera. || **2.** Juego de niños que consiste en saltar por encima de una cuerda que se hace pasar por debajo de los pies y sobre la cabeza del que salta. || **3.** Esta misma cuerda.

combadura. f. Efecto de combarse.

combar. tr. Torcer, encorvar una cosa; como madera, hierro, etc. Ú. t. c. prnl.

combate. m. Pelea entre personas o animales. || **2.** Acción bélica o pelea en que intervienen fuerzas militares de alguna importancia. || **fuera de combate.** loc. que se aplica al que ha sido vencido de manera que le impide continuar la lucha. ❑ Ú. m. con los verbos *estar, quedar, dejar,* etc., y t. en sent. fig.

combatiente. adj. Que combate. Ú. m. c. s. || **2.** com. Cada uno de los soldados que componen un ejército.

combatir. intr. **pelear.** Ú. t. c. prnl. || **2.** tr. fig. Atacar, reprimir, refrenar lo que se considera un mal o daño, oponerse a su difusión. COMBATIR *una epidemia, el absentismo, el terrorismo.*

combatividad. f. Calidad o condición de combativo.

combativo, va. adj. Dispuesto o inclinado al combate, a la contienda o a la polémica.

combinación. f. Acción y efecto de combinar o combinarse. || **2.** Prenda de vestir que usan las mujeres por encima de la ropa interior y debajo del vestido, que sustituye al justillo y las enaguas. || **3.** Bebida compuesta de varios licores, principalmente vermut y ginebra. || **4.** Conjunto de signos ordenados de forma determinada que solo conocen una o varias personas y se emplea para abrir o hacer funcionar ciertos mecanismos o aparatos, como cajas fuertes, cajeros automáticos, etc.

combinado, da. adj. V. **plato combinado.** || **2.** m. **combinación,** bebida compuesta de varios licores.

combinar. tr. Unir cosas diversas, de manera que formen un compuesto o agregado. || **2.** *Quím.* Unir dos o más cuerpos en proporciones atómicas determinadas, para formar un compuesto cuyas propiedades sean distintas de las de los componentes. Ú. t. c. prnl. || **3.** prnl. Ponerse de acuerdo dos o más personas para una acción conjunta.

combinatorio, ria. adj. Perteneciente o relativo a la combinación.

combo, ba. adj. Dícese de lo que está combado.

comburente. adj. *Fís.* Que hace entrar en combustión o la activa. Ú. t. c. s. m.

combustible. adj. Que puede arder. || **2.** m. Leña, carbón, petróleo, etc., que se usa en las cocinas, chimeneas, hornos, fraguas y máquinas cuyo agente es el fuego.

combustión. f. Acción o efecto de arder o quemar. || **2.** *Quím.* Reacción química entre el oxígeno y un material que se puede oxidar, acompañada de desprendimiento de energía y que habitualmente se manifiesta por incandescencia o llama. ‖ **nuclear.** Conjunto de reacciones nucleares con producción continuada de enormes cantidades de energía, que tiene lugar en las estrellas y en los reactores nucleares.

comecome. m. *Cuba, Col.* y *Urug.* **comezón,** picazón en el cuerpo. ‖ **2.** *Urug.* fig. Por ext., desazón del ánimo, preocupación.

comedero. m. Vasija o cajón donde se echa la comida a las aves y otros animales.

comedia. f. Obra dramática en cuya acción predominan los aspectos placenteros, festivos o humorísticos y cuyo desenlace suele determinarse por algunos de estos. ‖ **2.** Obra dramática de cualquier género. ‖ **3.** Género cómico. *Tal escritor, o actor sobresale más en la* COMEDIA *que en el drama.* ‖ **4.** fig. Suceso de la vida real, capaz de interesar y de mover a risa. ‖ **5.** fig. Farsa o simulación. ‖ **de capa y espada.** En el teatro del siglo XVII, la de lances amatorios y caballerescos. ‖ **de carácter.** Aquella cuyo fin principal es resaltar tipos humanos. ‖ **de costumbres.** La que describe, generalmente con intención correctora, los actos y usos de la vida social. ‖ **de enredo.** La de trama ingeniosa, intrincada y sorprendente. ‖ **del arte.** La originada en Italia, en el siglo XVI, cuyos personajes fijos (Arlequín, Colombina, Pantalón, etc.) improvisaban la acción y el diálogo. ‖ **dramática.** Aquella en que los aspectos infaustos dominan en algunas situaciones o en su desenlace. ‖ **musical.** Obra musical con partes cantadas y bailadas, creada y muy difundida en Norteamérica. ‖ **nueva.** La **comedia** española de la Edad de Oro, introducida por Lope de Vega.

comediante, ta. m. y f. **actor** y **actriz.** ‖ **2.** fig. y fam. Persona que para algún fin aparenta lo que no siente en realidad.

comedido, da. adj. Cortés, prudente, moderado.

comedimiento. m. Cortesía, moderación, urbanidad.

comediógrafo, fa. m. y f. Persona que escribe comedias.

comedirse. prnl. Arreglarse, moderarse, contenerse. ‖ **2.** *Amér.* Ofrecerse o disponerse para alguna cosa. ❑ Irreg. Se conj. como *pedir.*

comedor, ra. adj. Que come mucho. ‖ **2.** m. Pieza destinada en las casas para comer. ‖ **3.** Establecimiento destinado para servir comidas a personas determinadas y a veces al público.

comendador. m. Caballero que tiene encomienda en alguna de las órdenes militares o de caballeros. ‖ **2.** Prelado de algunas casas de religiosos; como de la Merced y de San Antonio Abad.

comendadora. f. Superiora de los conventos de las antiguas órdenes militares, o de ciertas órdenes religiosas como la Merced. ‖ **2.** Religiosa de ciertos conventos de esas órdenes. *Las* COMENDADORAS *de Santiago.*

comensal. com. Cada una de las personas que comen en una misma mesa.

comentar. tr. Explanar, declarar el contenido de un escrito, para que se entienda con más facilidad. ‖ **2.** Hacer comentarios.

comentario. m. Juicio, parecer, mención o consideración que se hace, oralmente o por escrito, acerca de una persona o cosa.

comentarista. com. Persona que escribe comentarios. ‖ **2.** Persona que comenta regularmente noticias, por lo general de actualidad, en los medios de comunicación.

comenzar. tr. Empezar, dar principio a una cosa. ‖ **2.** intr. Empezar, tener una cosa principio. *Ahora* COMIENZA *la misa; aquí* COMIENZA *el tratado.* ❑ Irreg. Se conj. como *acertar.*

comer. intr. Masticar y desmenuzar el alimento en la boca y pasarlo al estómago. COMER *de prisa o despacio.* Ú. t. c. tr. *Por la falta de la dentadura, no puede* COMER *sino cosas blandas.* ‖ **2.** Tomar alimento. *No es posible vivir sin* COMER. Ú. t. c. tr. COMER *pollo, pescado,* etc. ‖ **3.** Tomar la comida principal del día. *Almuerza a las doce y* COME *a las siete; hoy no* COMO *en casa.* ‖ **4.** tr. fig. Producir comezón física o moral algo. *Le* COMEN *los piojos, los celos.* ‖ **5.** fig. Gastar, corroer, consumir. *El orín* COME *el hierro; el agua* COME *las piedras.* ‖ **6.** fig. En los juegos de ajedrez, de las damas, etc., ganar una pieza al contrario. ‖ **7.** prnl. Cuando se habla o escribe, omitir alguna frase, sílaba, letra, párrafo, etc. ‖ **comerse** una cosa a otra. fr. fig. y fam. Anular o hacer desmerecer una cosa a otra. ‖ **sin comerlo ni beberlo.** loc. fig. y fam. Sin haber tenido parte en la causa o motivo del daño o provecho que se sigue.

comercial. adj. Perteneciente al comercio y a los comerciantes. ‖ **2.** Dícese de aquello que tiene fácil aceptación en el mercado que le es propio.

comercialización. f. Acción y efecto de comercializar.

comercializar. tr. Dar a un producto industrial, agrícola, etc., condiciones y organización comerciales para su venta.

comerciante. adj. Que comercia. Ú. t. c. s. ‖ **2.** com. Propietario de un comercio. ‖ **3.** Persona a quien son aplicables las especiales leyes mercantiles.

comerciar. intr. Negociar comprando y vendiendo o permutando géneros.

comercio. m. Negociación que se hace comprando y vendiendo o permutando géneros o mercancías. || **2.** Tienda, almacén, establecimiento comercial. || **3.** fig. Conjunto o la clase de comerciantes.

comestible. adj. Que se puede comer. || **2.** m. Todo género de mantenimiento. Ú. m. en pl.

cometa. m. *Astron.* Astro generalmente formado por un núcleo poco denso y una atmósfera luminosa que le precede, le envuelve o le sigue, según su posición respecto del Sol, y que describe una órbita muy excéntrica. || **2.** f. Armazón plana y muy ligera, por lo común de cañas, sobre la cual se extiende y pega papel o tela; en la parte inferior se le pone una especie de cola formada con cintas o trozos de papel, y, sujeta hacia el medio a un hilo o bramante muy largo, se arroja al aire, que la va elevando, y sirve de diversión a los muchachos.

cometer. tr. Dicho de culpas, yerros, faltas, etc., caer, incurrir en ellas. || **2.** Dicho de figuras retóricas o gramaticales, usarlas.

cometido. m. Comisión, encargo. || **2.** Por ext., incumbencia, obligación moral.

comezón. f. Picazón que se padece en alguna parte del cuerpo o en todo él. || **2.** fig. Desazón moral, especialmente la que ocasiona el deseo o apetito de alguna cosa mientras no se logra.

cómic. m. Serie o secuencia de viñetas con desarrollo narrativo. || **2.** Libro o revista que contiene estas viñetas. ❑ pl. *cómics.*

comicastro. m. Mal cómico.

comicidad. f. Calidad de cómico, que puede divertir o excitar la risa.

comicios. m. pl. Reuniones y actos electorales.

cómico, ca. adj. Perteneciente o relativo a la comedia. || **2.** Decíase del que escribía comedias. Hoy solo se aplica al que las representa. Ú. t. c. s. || **3.** Que divierte y hace reír. || **4.** m. y f. **comediante.** || **de la legua.** El que anda representando en poblaciones pequeñas.

comida. f. **alimento.** *Ganar uno la* COMIDA *con el sudor de su frente; tener horror a la* COMIDA. || **2.** Alimento que se toma al mediodía o primeras horas de la tarde. || **3.** Acción de comer. *La* COMIDA *duró tres horas; tardar dos horas en cada* COMIDA.

comidilla. f. fig. y fam. Tema preferido en alguna murmuración o conversación de carácter satírico. *La conducta de fulana es la* COMIDILLA *de la vecindad.*

comido, da. adj. Dícese del que ha **comido.** || **comido por servido.** expr. que se usa para dar a entender el corto producto de un oficio o empleo.

comienzo. m. Principio, origen y raíz de una cosa.

comilla. f. d. de **coma¹,** signo ortográfico que separa las frases más cortas y los decimales de los enteros. || **2.** pl. Signo ortográfico (« », " " o „ ") que se pone al principio y al fin de las frases incluidas como citas o ejemplos en impresos o manuscritos, y también, a veces, al principio de todos los renglones que estas frases ocupan. Suele emplearse con el mismo oficio que el guión en los diálogos, en los índices y en otros escritos semejantes. También se emplea para poner de relieve una palabra o frase. || **3.** Signo ortográfico (' ' o ' ') que se usa al principio y al fin de una palabra o frase incluidas como cita o puestas de relieve dentro de un texto entrecomillado más extenso. También se emplea para indicar que una palabra está usada en su valor conceptual o como definición de otra.

comilón, na. adj. fam. Que come mucho o desordenadamente. Ú. t. c. s.

comilona. f. fam. Comida muy abundante y variada.

comino. m. Hierba de la familia de las umbelíferas, con tallo ramoso y acanalado, hojas divididas en lacinias filiformes y agudas, flores pequeñas, blancas o rojizas, y semillas de figura aovada, unidas de dos en dos, convexas y estriadas por una parte, planas por la otra, de color pardo, olor aromático y sabor acre, las cuales se usan en medicina y para condimento. || **2.** Semilla de esta planta. || **3.** Por metáfora cariñosa o despectiva, persona de pequeño tamaño; dicho más comúnmente de los niños. || **4.** fig. Cosa insignificante, de poco o ningún valor. ❑ Ú. en frases como *no valer una cosa un* COMINO.

comisaría. f. Empleo del comisario. || **2.** Oficina del comisario. || **de policía.** *Esp.* Cada una de las que, con función permanente, existen en las capitales de provincia distribuidas por distritos.

comisario. m. El que tiene poder y facultad de otro para ejecutar alguna orden o entender en algún negocio. || **político.** En algunos países, representante de los organismos políticos directivos adscrito a los mandos militares, especialmente en tiempo de guerra, para intervenir en sus decisiones.

comisión. f. Acción de cometer. || **2.** Encargo que una persona da a otra para que haga alguna cosa. || **3.** Conjunto de personas encargadas por la ley, o por una corporación o autoridad, de ejercer unas determinadas competencias permanentes o entender en algún asunto específico. || **a comisión.** loc. adv. que se aplica a la actividad remunerada según porcentajes establecidos al emprenderla. *Trabaja* A COMISIÓN, *me pagan* A COMISIÓN.

comisionado, da. adj. Encargado de una comisión. Ú. t. c. s.

comisionar. tr. Dar comisión a una o más personas para entender en algún negocio o encargo.

comisionista. com. *Com.* Intermediario que compra por cuenta de otro, y cobra por ello una comisión.

comistrajo. m. fam. Mezcla irregular y extravagante de alimentos.

comisura. f. *Anat.* Punto de unión de ciertas partes similares del cuerpo; como los labios y los párpados.

comité. m. **comisión** de personas encargadas para un asunto.

comitiva. f. **acompañamiento,** gente que va acompañando a alguien.

cómitre. m. *Mar.* Persona que en las galeras vigilaba y dirigía la boga y otras maniobras y a cuyo cargo estaba el castigo de remeros y forzados. ǁ **2.** fig. Por ext., el que ejerce su autoridad con excesivo rigor o dureza.

como. adv. m. Del modo o la manera que. *Hazlo* COMO *te digo; sal de apuros* COMO *puedas.* ǁ **2.** En sentido comparativo denota idea de equivalencia, semejanza o igualdad, y significa generalmente el modo o la manera que, o a modo o manera de. *Es rubio* COMO *el oro; se quedó* COMO *muerto.* En este sentido corresponde a menudo con *si, tal, tan* y *tanto.* ǁ **3.** Aproximadamente, más o menos. *Hace* COMO *un año que vivo aquí.* ǁ **4. según,** conforme. *Esto fue lo que sucedió,* COMO *fácilmente puede probarse.* ǁ **5.** En frases condicionales y seguida de subjuntivo, tiene como apódosis una amenaza. COMO *no te enmiendes, dejaremos de ser amigos.* ǁ **6.** Toma también carácter de conjunción causal. COMO *recibí tarde el aviso, no pude llegar a tiempo.* En esta acepción puede preceder a la conjunción *que. Lo sé de fijo,* COMO QUE *el lance ocurrió delante de mí.* ǁ **7.** prep. **en calidad de.** *Asiste a la boda* COMO *testigo.* ǁ **8.** adv. m. interrog. y excl. **cómo,** con acento prosódico y ortográfico. Equivale a *de qué modo o manera.* ¿CÓMO *está el enfermo?; no sé* CÓMO *agradecerle tantos favores;* ¡CÓMO *llueve!* ǁ **9.** Por qué motivo, causa o razón; en virtud de qué. ¿CÓMO *no fuiste ayer a paseo?; no sé* CÓMO *no lo mato.* ǁ **10.** Úsase a veces con carácter de sustantivo, precedido del artículo *el.* EL CÓMO *y el cuándo.*

cómoda. f. Mueble con tablero de mesa y tres o cuatro cajones que ocupan todo el frente y sirven para guardar ropa.

comodidad. f. Calidad de cómodo. ǁ **2.** Conveniencia, conjunto de cosas necesarias para vivir a gusto y con descanso. Ú. m. en pl. *La casa tiene muchas* COMODIDADES.

comodín. m. En algunos juegos de naipes, carta que se puede aplicar a cualquier suerte favorable. ǁ **2.** fig. Por ext., lo que se hace servir para fines diversos, según conviene al que lo usa.

cómodo, da. adj. Conveniente, oportuno, acomodado, fácil, proporcionado. ǁ **2. comodón.** Ú. t. c. s.

comodón, na. adj. fam. Dícese del que es amante de la comodidad y regalo. Ú. t. c. s.

comodoro. m. *Mar.* Nombre que en Inglaterra y otras naciones se le da al capitán de navío cuando manda más de tres buques.

comoquiera. adv. m. De cualquier manera. ǁ **2.** V. **como quiera que.**

compacto, ta. adj. Dícese de los cuerpos de textura apretada y poco porosa. *La caoba es más* COMPACTA *que el pino.* ǁ **2.** Dícese del equipo estereofónico que reúne en una sola pieza diversos aparatos para la reproducción del sonido. Ú. t. c. s. m. ǁ **3.** fig. Denso, condensado. ǁ **4.** m. **disco compacto.**

compadecer. tr. Sentir lástima o pena por la desgracia o el sufrimiento ajenos. ❑ Ú. t. c. prnl. con la prep. *de.* ❑ Irreg. Se conj. como *agradecer.*

compadraje. m. Unión o concierto de varias personas para alabarse o ayudarse mutuamente. Ú. en sent. peyorativo.

compadrazgo. m. Conexión o afinidad que contrae con los padres de una criatura el padrino que la saca de pila o asiste a la confirmación. ǁ **2. compadraje.**

compadre. m. Padrino de bautizo de una criatura respecto del padre o la madre o la madrina de esta. ǁ **2.** En Andalucía y en algunas otras partes, se suele llamar así a los amigos y conocidos.

compaginar. tr. Poner en buen orden cosas que tienen alguna conexión o relación mutua. Ú. t. c. prnl. ǁ **2.** prnl. fig. Corresponder o conformarse bien una cosa con otra.

compaña. f. **compañía.** *A Dios, Pedro y la* COMPAÑA. *Comieron con paz y* COMPAÑA.

compañerismo. m. Vínculo que existe entre compañeros. ǁ **2.** Armonía y buena correspondencia entre ellos.

compañero, ra. m. y f. Persona que se acompaña con otra para algún fin. ǁ **2.** En los cuerpos y comunidades, como cabildos, colegios, etc., cada uno de los individuos de que se componen. ǁ **3.** fam. Persona con la que se convive maritalmente. ǁ **4.** fig. Dicho de cosas inanimadas, la que hace juego o tiene correspondencia con otra u otras.

compañía. f. Efecto de acompañar. ǁ **2.** Persona o personas que acompañan a otra u otras. ǁ **3.** Sociedad o junta de varias personas unidas para un mismo fin. ǁ **4.** Cuerpo de actores o bailarines formado para representar en un teatro. ǁ **5.** *Com.*

sociedad de hombres de negocios. ‖ **6.** *Mil.* Unidad de infantería, de ingenieros o de un servicio, que casi siempre forma parte de un batallón. Es mandada normalmente por un capitán. ‖ **de Jesús.** Orden religiosa fundada por San Ignacio de Loyola.

comparable. adj. Que puede o merece compararse con otra persona o cosa.

comparación. f. Acción y efecto de comparar. ‖ **2.** Símil retórico.

comparar. tr. Fijar la atención en dos o más objetos para descubrir sus relaciones o estimar sus diferencias o semejanza.

comparativo, va. adj. Dícese de lo que compara o sirve para hacer comparación de una cosa con otra. *Juicio* COMPARATIVO.

comparecencia. f. *Der.* Acción y efecto de comparecer.

comparecer. intr. Presentarse alguien en algún lugar, llamado o convocado por otra persona, o de acuerdo con ella. ‖ **2.** *Der.* Aparecer, presentarse uno ante otro personalmente o por poder para un acto formal, en virtud del llamamiento o requerimiento que se le ha hecho, o mostrándose parte en algún negocio. ❑ Irreg. Se conj. como *agradecer.*

compareciente. com. *Der.* Persona que comparece ante el juez.

comparsa. f. **acompañamiento,** conjunto de personas que en las representaciones teatrales o en los filmes figuran y no hablan. ‖ **2.** Conjunto de personas que en los días de carnaval, o en otras diversiones públicas, van vestidas con trajes de una misma clase. COMPARSA *de estudiantes, de valencianos, de moros.*

compartimento. m. **compartimiento.**

compartimiento. m. Cada parte en que se divide un territorio, edificio, caja, vagón de viajeros, etc. ‖ **estanco.** *Mar.* Cada una de las secciones, absolutamente independientes, en que se divide el interior de un buque de hierro. Ú. t. en sent. fig.

compartir. tr. Repartir, dividir, distribuir las cosas en partes. ‖ **2.** Participar en alguna cosa.

compás. m. Instrumento formado por dos piernas agudas, unidas en su extremidad superior por un eje o clavillo para que puedan abrirse o cerrarse. Sirve para trazar curvas regulares y tomar distancias. ‖ **2.** *Mar.* y *Min.* **brújula,** instrumento marino que marca el rumbo. ‖ **3.** *Mús.* Signo que determina el ritmo en cada composición o parte de ella y las relaciones de valor entre los sonidos. ‖ **4.** *Mús.* Movimiento de la mano con que se marca cada uno de estos periodos. ‖ **5.** *Mús.* Ritmo o cadencia de una pieza musical. ‖ **6.** *Mús.* Espacio del pentagrama en que se escriben todas las notas correspondientes a un **compás** y se limita por cada lado con una raya vertical. ‖ **binario.** *Mús.* El de un número par de tiempos, especialmente el de dos por dos. ‖ **de espera.** fig. Detención de un asunto por corto tiempo. ‖ **ternario.** *Mús.* El que se compone de tres tiempos o de un múltiplo de tres.

compasar. tr. Medir con el compás. ‖ **2.** fig. Arreglar, medir, proporcionar las cosas de modo que ni sobren ni falten. COMPASAR *el gasto, el tiempo.* ‖ **3.** *Mús.* Dividir en tiempos iguales las composiciones, formando líneas perpendiculares que cortan el pentagrama.

compasillo. m. *Mús.* Compás que tiene la duración de cuatro negras distribuidas en cuatro partes. Se señala con una C al comienzo después de la clave. Su nombre antiguo era compás menor.

compasión. f. Sentimiento de conmiseración y lástima que se tiene hacia quienes sufren penalidades o desgracias.

compasivo, va. adj. Que tiene compasión. ‖ **2.** Que fácilmente se mueve a compasión.

compatibilidad. f. Calidad de compatible.

compatibilizar. tr. Hacer compatible.

compatible. adj. Que tiene aptitud o proporción para unirse o concurrir en un mismo lugar o sujeto. ‖ **2.** Calidad o propiedad de un dispositivo para poder funcionar conjuntamente con otro, sin modificación alguna. ❑ Ú. con la prep. *con.*

compatriota. com. Persona de la misma patria que otra.

compeler. tr. Tratar una persona de obligar a otra a que realice algo que no quiere.

compendiar. tr. Reducir a compendio.

compendio. m. Breve y sumaria exposición, oral o escrita, de lo más sustancial de una materia ya expuesta latamente.

compenetración. f. Acción y efecto de compenetrarse.

compenetrarse. prnl. Penetrar las partículas de una sustancia entre las de otra, o recíprocamente. ‖ **2.** fig. Influirse hasta identificarse a veces cosas distintas. *Aquí lo real y lo ideal* SE COMPENETRAN. ‖ **3.** fig. Identificarse las personas en ideas y sentimientos.

compensación. f. Acción y efecto de compensar.

compensador, ra. adj. Que compensa.

compensar. tr. Igualar en opuesto sentido el efecto de una cosa con el de otra. COMPENSAR *la dilatación de un cuerpo con la contracción de otro; las pérdidas con las ganancias; los males con los bienes.* Ú. t. c. prnl. y c. intr. ‖ **2.** Dar alguna cosa o hacer un beneficio en resarcimiento del daño, perjuicio o disgusto que se ha causado. Ú. t. c. prnl.

compensatorio, ria. adj. Que compensa o iguala.

competencia¹. f. Disputa o contienda entre dos o más sujetos sobre alguna cosa. ‖ **2.** Oposición o rivalidad entre dos o más que aspiran a obtener la misma cosa. ‖ **3.** Situación de empresas que rivalizan en un mercado ofreciendo o demandando un mismo producto o servicio. ‖ **4.** Con el artículo determinado y en singular, persona o grupo rival. *Se ha pasado a* LA COMPETENCIA. ‖ **5.** *Amér.* Competición deportiva.

competencia². f. **incumbencia.** ‖ **2.** Pericia, aptitud, idoneidad para hacer algo o intervenir en un asunto determinado. ‖ **3.** Atribución legítima a un juez u otra autoridad para el conocimiento o resolución de un asunto.

competente. adj. Que tiene competencia. ‖ **2.** Que le corresponde hacer algo por su competencia.

competer. intr. Pertenecer, tocar o incumbir a alguien alguna cosa. ❑ No confundir con *competir.*

competición. f. Competencia o rivalidad de quienes se disputan una misma cosa o la pretenden. ‖ **2.** Acción y efecto de competir, y más propiamente en materia de deportes.

competidor, ra. adj. Que compite. Ú. t. c. s.

competir. intr. Contender dos o más personas entre sí, aspirando unas y otras con empeño a una misma cosa. Ú. t. c. prnl. ‖ **2.** Igualar una cosa a otra análoga, en la perfección o en las propiedades. ❑ Irreg. Se conj. como *pedir.* No confundir con *competer.*

competitividad. f. Capacidad de competir. ‖ **2.** Rivalidad para la consecución de un fin.

competitivo, va. adj. Perteneciente o relativo a la competición. ‖ **2.** Capaz de competir. Ú. especialmente en economía. *Precios* COMPETITIVOS.

compilación. f. Acción y efecto de compilar. ‖ **2.** Obra que reúne informaciones, preceptos o doctrinas aparecidas antes por separado o en otras obras.

compilar. tr. Allegar o reunir, en un solo cuerpo de obra, partes, extractos o materias de otros varios libros o documentos. ‖ **2.** *Inform.* Preparar un programa en el lenguaje máquina a partir de otro programa de ordenador escrito en otro lenguaje.

compilatorio, ria. adj. Perteneciente o relativo a la compilación.

compincharse. prnl. Ponerse de acuerdo dos o más personas con malicia o picardía para actuar como compinches.

compinche. com. fam. Amigo, camarada. ‖ **2.** fam. **amigote,** compañero de diversiones o de tratos irregulares.

complacencia. f. Satisfacción, placer y contento que resulta de alguna cosa.

complacer. tr. Causar a otro satisfacción o placer, agradarle. ‖ **2.** Acceder una persona a lo que otra desea y puede serle útil o agradable. ‖ **3.** prnl. Alegrarse y tener satisfacción en alguna cosa. ❑ Irreg. Se conj. como *agradecer.*

complaciente. adj. Que complace o se complace. ‖ **2.** Propenso a complacer.

complejidad. f. Calidad de complejo.

complejo, ja. adj. Dícese de lo que se compone de elementos diversos. ‖ **2. complicado,** enmarañado, difícil. ‖ **3.** m. Conjunto o unión de dos o más cosas. ‖ **4.** Conjunto de establecimientos fabriles de industrias básicas, derivadas o complementarias, generalmente próximos unos a otros y bajo una dirección técnica y financiera común. ‖ **5.** Conjunto de edificios o instalaciones agrupados para una actividad común. ‖ **6.** *Psicol.* Combinación de ideas, tendencias y emociones que permanecen en la subconsciencia, pero que influyen en la personalidad del sujeto y a veces determinan su conducta. ‖ **de Edipo.** En el psicoanálisis, inclinación sexual del hijo hacia el progenitor del sexo contrario, acompañado de hostilidad hacia el del mismo sexo. Refiriéndose a las niñas suele llamarse **complejo** de Electra. ‖ **industrial. complejo,** conjunto de establecimientos fabriles.

complementar. tr. Dar complemento a una cosa. Ú. t. c. prnl. ‖ **2.** *Gram.* Añadir palabras como complementos de otras.

complementariedad. f. Calidad o condición de complementario.

complementario, ria. adj. Que sirve para completar o perfeccionar alguna cosa.

complemento. m. Cosa, cualidad o circunstancia que se añade a otra cosa para hacerla íntegra o perfecta. ‖ **2.** *Geom.* Ángulo que sumado con otro completa uno recto. ‖ **3.** *Ling.* Palabra, sintagma o proposición que, en una oración, completa el significado de uno o de varios componentes de la misma e, incluso, de la oración entera. ‖ **4.** pl. Accesorios de la indumentaria tanto femenina como masculina. ‖ **agente.** *Gram.* **agente.** ‖ **circunstancial.** *Gram.* El que expresa circunstancias de la acción verbal (lugar, tiempo, modo, instrumento, etc.). ‖ **directo.** *Gram.* Nombre, sintagma o proposición en función nominal, que completa el significado de un verbo transitivo. ‖ **indirecto.** *Gram.* Nombre, sintagma o proposición en función nominal que completa el significado de un verbo transitivo o intransitivo, expresando el destinatario o beneficiario de la acción.

completar. tr. Añadir a una magnitud o cantidad

las partes que le faltan, dar término o conclusión a una cosa o a un proceso. ‖ **2.** Hacer perfecta una cosa en su clase.

completas. f. pl. Última parte del oficio divino, con que se terminan las horas canónicas del día.

completivo, va. adj. Dícese de lo que completa y llena. ‖ **2.** *Gram.* Dícese de la oración subordinada sustantiva. Ú. t. c. s. f. ‖ **3.** *Gram.* Dícese de la conjunción que introduce esta clase de oraciones.

completo, ta. adj. Lleno, cabal. ‖ **2.** Acabado, perfecto.

complexión. f. **constitución,** naturaleza y relación de los sistemas orgánicos de cada individuo.

complicación. f. Acción y efecto de complicar. ‖ **2.** Complejidad.

complicado, da. adj. Enmarañado, de difícil comprensión. ‖ **2.** Compuesto de gran número de piezas.

complicar. tr. Mezclar, unir cosas entre sí diversas. ‖ **2.** fig. Enredar, dificultar, confundir. Ú. t. c. prnl.

cómplice. com. *Der.* Persona que sin ser autora de un delito coopera en su realización mediante actos anteriores o simultáneos que no sean indispensables.

complicidad. f. Calidad de cómplice.

complot. m. Conjuración o conspiración de carácter político o social. ‖ **2.** fam. Trama, intriga.

complotar. intr. *Amér.* Confabularse, tramar una conjura, por lo general con fines políticos. Ú. t. c. prnl.

complutense. adj. Natural de Alcalá de Henares. Ú. t. c. s. ‖ **2.** Perteneciente o relativo a esta ciudad de la provincia de Madrid. ‖ **3.** Perteneciente o relativo a la universidad de Alcalá de Henares, trasladada en el siglo XIX a Madrid y hoy llamada Complutense.

compluvio. m. *Arqueol.* Abertura cuadrada o rectangular de la techumbre de la casa romana, para dar luz y recoger las aguas pluviales.

componenda. f. Arreglo o transacción censurable o de carácter inmoral.

componente. adj. Que compone o entra en la composición de un todo. Ú. t. c. s.

componer. tr. Constituir, formar, dar ser a un cuerpo o agregado de varias cosas o personas. Dicho de las partes de que consta un todo, respecto del mismo, ú. t. c. prnl. ‖ **2.** Ordenar, concertar, reparar lo desordenado, descompuesto o roto. ‖ **3.** Adornar una cosa. COMPONER *la casa, el estrado.* ‖ **4.** Ataviar y engalanar a una persona. Ú. t. c. prnl. ‖ **5.** Tratándose de obras científicas o literarias y de algunas de las artísticas, hacerlas, producirlas. COMPONER *un tratado de matemáticas, un drama, una poesía, una ópera, un baile.* ‖ **6.** *Impr.* Formar las palabras, líneas y planas, juntando las letras o caracteres. ‖ **7.** intr. Producir obras musicales. ‖ **componérselas.** fr. fam. Ingeniarse para salir de un apuro o lograr algún fin. COMPÓNTELAS *como puedas; no sé cómo* COMPONÉRMELAS. ❑ Irreg. Se conj. como *poner;* p. p. irreg. *compuesto.*

comporta. f. Especie de canasta, más ancha por arriba que por abajo que usan en algunas partes para transportar las uvas en la vendimia.

comportamiento. m. **conducta,** manera de portarse.

comportar. tr. Implicar, conllevar. ‖ **2.** prnl. Portarse, conducirse.

composición. f. Acción y efecto de componer. ‖ **2.** Obra científica, literaria o musical. ‖ **3.** Escrito en que el alumno desarrolla un tema, dado por el profesor o elegido libremente, para ejercitar su dominio del idioma, su habilidad expositiva, su sensibilidad literaria, etc. ‖ **4.** *Gram.* Procedimiento por el cual se forman vocablos agregando a uno simple una o más preposiciones o partículas u otro vocablo íntegro o modificado por eufonía; v. gr.: *anteponer, hincapié, cejijunto.* ‖ **5.** *Mús.* Parte de la música que enseña las reglas para la formación del canto y del acompañamiento. ‖ **hacer,** o **hacerse** alguien, **composición de lugar.** fr. fig. Meditar todas las circunstancias de un negocio, y formar con este conocimiento el plan conducente a su más acertada dirección.

compositivo, va. adj. *Gram.* Aplícase a las preposiciones, partículas y otros elementos con que se forman voces compuestas. ANTE*ayer,* CON*discípulo,* DES*afortunado,* PER*seguir,* AUTÓ*crata, geo*LOGÍA, HIDRO*stático.*

compositor, ra. adj. Que compone. Ú. t. c. s. ‖ **2.** Que hace composiciones musicales. Ú. t. c. s.

compostelano, na. adj. Natural de Compostela, hoy Santiago de Compostela. Ú. t. c. s. ‖ **2.** Perteneciente o relativo a esta ciudad de la provincia de La Coruña.

compostura. f. Construcción y hechura de un todo que consta de varias partes. ‖ **2.** Arreglo de una cosa descompuesta, maltratada o rota. ‖ **3.** Aseo, adorno, aliño de una persona o cosa. ‖ **4.** Modestia, mesura y circunspección.

compota. f. Dulce de fruta cocida con agua y azúcar.

compra. f. Acción y efecto de comprar. ‖ **2.** Conjunto de los comestibles que se compran para el gasto diario de las casas. Ú. sólo en sing. ‖ **3.** Cualquier objeto comprado.

comprar. tr. Adquirir algo por dinero. ‖ **2.** **sobornar.**

compraventa. f. *Der.* **contrato de compraventa.** || **2.** Comercio de antigüedades o de cosas usadas.

comprender. tr. Abrazar, ceñir, rodear por todas partes una cosa. || **2.** Contener, incluir en sí alguna cosa. Ú. t. c. prnl. || **3.** Entender, alcanzar, penetrar. || **4.** Encontrar justificados o naturales los actos o sentimientos de otro. COMPRENDO *sus temores.* COMPRENDO *tu protesta.*

comprensible. adj. Que se puede comprender.

comprensión. f. Acción de comprender. || **2.** Facultad, capacidad o perspicacia para entender y penetrar las cosas. || **3.** Actitud comprensiva o tolerante.

comprensivo, va. adj. Que tiene facultad o capacidad de comprender o entender una cosa. || **2.** Que comprende, contiene o incluye. || **3.** Dícese de la persona, tendencia o actitud tolerante.

compresa. f. Lienzo fino o gasa, que doblada varias veces y por lo común esterilizada, se emplea para cohibir hemorragias, cubrir heridas, aplicar calor, frío o ciertos medicamentos.

compresión. f. Acción y efecto de comprimir.

compreso, sa. p. p. irreg. de **comprimir.**

compresor, ra. adj. Que comprime. Ú. t. c. s. || **2.** Aparato mecánico que sirve para comprimir fluidos.

comprimido. m. Pastilla pequeña que se obtiene por compresión de sus ingredientes previamente reducidos a polvo.

comprimir. tr. Oprimir, apretar, estrechar, aumentar la presión o reducir a menor volumen. Ú. t. c. prnl. ❑ doble p. p.: *comprimido* (reg.) y *compreso* (irreg.).

comprobación. f. Acción y efecto de comprobar.

comprobante. m. Recibo o documento que confirma un trato o gestión.

comprobar. tr. Verificar, confirmar la veracidad o exactitud de alguna cosa. ❑ Irreg. Se conj. como *contar.*

comprometer. tr. Exponer o poner a riesgo a alguna persona o cosa en una acción o caso aventurado. *Las indiscreciones de tu amigo me* HAN COMPROMETIDO. Ú. t. c. prnl. || **2.** prnl. Contraer un compromiso.

comprometido, da. adj. Que está en riesgo, apuro o situación dificultosa.

compromisario. adj. Aplícase a la persona en quien otras delegan para que concierte, resuelva o efectúe alguna cosa. Ú. t. c. s. || **2.** m. Representante de los electores primarios para votar en elecciones de segundo o ulterior grado.

compromiso. m. Obligación contraída, palabra dada, fe empeñada. || **2.** Dificultad, embarazo, empeño.

compuerta. f. Media puerta, a manera de antepecho, que tienen algunas casas y habitaciones en la entrada principal, para resguardarla y no impedir la luz del día. || **2.** Plancha fuerte de madera o de hierro, que se desliza por carriles o correderas, y se coloca en los canales, diques, etc., para graduar o cortar el paso del agua.

compuesto, ta. p. p. irreg. de **componer.** || **2.** adj. *Bot.* Aplícase a plantas angiospermas, dicotiledóneas, hierbas, arbustos y algunos árboles, que se distinguen por sus hojas simples o sencillas, y por sus flores reunidas en cabezuelas sobre un receptáculo común; como la dalia, el ajenjo, el alazor, la alcachofa y el cardo. Ú. t. c. s. f. || **3.** *Gram.* Aplícase al vocablo formado por composición de dos o más voces simples. *Cortaplumas, vaivén.* || **4.** m. Agregado de varias cosas que componen un todo. || **5.** f. pl. Familia de las plantas **compuestas.**

compulsa. f. Acción y efecto de compulsar. || **2.** *Der.* Copia o traslado de una escritura, instrumento o autos, sacado judicialmente y cotejado con su original.

compulsar. tr. Examinar dos o más documentos, cotejándolos o comparándolos entre sí. || **2.** *Der.* Sacar compulsas.

compulsión. f. Inclinación, pasión vehemente y contumaz por algo o alguien. ❑ No confundir con *convulsión.*

compulsivo, va. adj. Que tiene virtud de compeler. || **2.** Que muestra apremio o compulsión. ❑ No confundir con *convulsivo.*

compulso, sa. adj. Que está compelido. ❑ No confundir con *convulso.*

compunción. f. Sentimiento o dolor de haber cometido un pecado. || **2.** Sentimiento que causa el dolor ajeno.

compungido, da. adj. Atribulado, dolorido.

compungir. tr. Mover a compunción. || **2.** prnl. Contristarse o dolerse alguien de alguna culpa o pecado propio, o de la aflicción ajena.

computable. adj. Que se puede computar.

computador, ra. adj. Que computa o calcula. Ú. t. c. s. || **2.** m. y f. Calculador o calculadora, aparato o máquina de calcular. || **3. computador electrónico** o **computadora electrónica.** || **electrónico, ca.** Aparato electrónico que realiza operaciones matemáticas y lógicas con gran rapidez.

computadorizar. tr. **computarizar.**

computar. tr. Contar o calcular una cosa por números. Dicho principalmente de los años, tiempos y edades. || **2.** Tomar en cuenta, ya sea en general, ya de manera determinada. *Se* COMPUTAN *los años de servicio en otros cuerpos. Los partidos ganados se* COMPUTAN *con dos puntos.*

computarizar. tr. Someter datos al tratamiento de una computadora.

cómputo. m. Cuenta o cálculo.

comulgante. adj. Que comulga. Ú. t. c. s.

comulgar. tr. Dar la sagrada comunión. || **2.** intr. Recibirla. Usáb. t. c. prnl. || **3.** fig. Coincidir en ideas o sentimientos con otra persona.

comulgatorio. m. Barandilla de las iglesias ante la que se arrodillan los fieles que comulgan; y en los conventos de religiosas, la ventanilla por donde se les da la comunión.

común. adj. Dícese de lo que, no siendo privativamente de ninguno, pertenece o se extiende a varios. *Bienes, pastos* COMUNES. || **2.** Corriente, recibido y admitido de todos o de la mayor parte. *Precio, uso, opinión* COMÚN. || **3.** Bajo, de inferior clase y despreciable. || **4.** m. Comunidad; generalidad de personas.

comuna. f. Forma de organización social y económica basada en la propiedad colectiva y en la eliminación de los tradicionales valores familiares. || **2.** *Amér.* Municipio, conjunto de los habitantes de un mismo término.

comunal. adj. **común.** || **2.** *Amér.* Perteneciente o relativo a la comuna.

comunero, ra. adj. Perteneciente o relativo a las comunidades de Castilla. || **2.** m. El que tiene parte indivisa con otro u otros en un inmueble, un derecho u otra cosa. || **3.** El que seguía el partido de las comunidades de Castilla.

comunicación. f. Acción y efecto de comunicar o comunicarse. || **2.** Transmisión de señales mediante un código común al emisor y al receptor. || **3.** Unión que se establece entre ciertas cosas, tales como mares, pueblos, casas o habitaciones, mediante pasos, crujías, escaleras, vías, canales, cables y otros recursos. || **4.** Cada uno de estos medios de unión entre dichas cosas. || **5.** Papel escrito en que se comunica alguna cosa oficialmente. || **6.** Escrito sobre un tema determinado que el autor presenta a un congreso o reunión de especialistas para su conocimiento y discusión. || **7.** pl. Correos, telégrafos, teléfonos, etc.

comunicado, da. adj. Dicho de lugares, con acceso a los medios de transporte. *Barrio bien, mal* COMUNICADO. || **2.** m. Nota, declaración o parte que se comunica para conocimiento público.

comunicador, ra. adj. Que comunica o sirve para comunicar. || **2.** Dícese de la persona con una actividad pública a la que se considera capacitada para sintonizar fácilmente con las masas. Ú. t. c. s.

comunicar. tr. Descubrir, manifestar o hacer saber a alguien alguna cosa. || **2.** Conversar, tratar con alguien de palabra o por escrito. Ú. t. c. prnl. || **3.** Transmitir señales mediante un código común al emisor y al receptor. || **4.** Establecer medios de acceso entre poblaciones o lugares. *El puente* COMUNICA *los dos lados de la bahía.* Ú. t. c. prnl. || **5.** intr. Dar un teléfono, al marcar un número, la señal indicadora de que la línea está ocupada por otra comunicación. || **6.** prnl. Dicho de cosas inanimadas, tener correspondencia o paso con otras.

comunicativo, va. adj. Fácil y accesible al trato de los demás.

comunicología. f. Ciencia interdisciplinaria que estudia la comunicación en sus diferentes medios, técnicas y sistemas.

comunidad. f. Calidad de común, de lo que, no siendo privativamente, pertenece o se extiende a varios. || **2.** Conjunto de personas de un pueblo, región o nación. || **3.** Conjunto de naciones unidas por acuerdos políticos y económicos. COMUNIDAD *Europea.* || **4.** Conjunto de personas vinculadas por características o intereses comunes. COMUNIDAD *católica, lingüística.* || **5.** pl. Levantamientos populares, principalmente los de Castilla en tiempos de Carlos I. || **autónoma.** Entidad territorial que, dentro del ordenamiento constitucional del Estado español, está dotada de autonomía legislativa y competencias ejecutivas, así como de la facultad de administrarse mediante sus propios representantes.

comunión. f. Trato familiar, comunicación de unas personas con otras. || **2.** En el cristianismo, acto de recibir los fieles la Eucaristía. || **3.** Sacramento del altar. *Recibió la* COMUNIÓN; *el sacerdote está dando la* COMUNIÓN. || **4.** Congregación de personas que profesan la misma fe religiosa.

comunismo. m. Doctrina que propugna una organización social en que los bienes son propiedad común. || **2.** Doctrina formulada por Marx y Engels, desarrollada y realizada por Lenin y sus continuadores, que interpreta la historia como lucha de clases regida por el materialismo histórico o dialéctico, que conducirá, tras la dictadura del proletariado, a una sociedad sin clases ni propiedad privada de los medios de producción, de la que haya desaparecido el Estado.

comunista. adj. Perteneciente o relativo al comunismo. || **2.** Partidario de este sistema. Ú. t. c. s.

comunitario, ria. adj. Perteneciente o relativo a la comunidad. ‖ **2.** Por antonom., perteneciente o relativo a la Comunidad Económica Europea.

con. prep. que significa el medio, modo o instrumento que sirve para hacer alguna cosa. ‖ **2.** Antepuesta al infinitivo, equivale a gerundio. CON *declarar, se eximió del tormento.* ‖ **3.** Expresa las circunstancias con que se ejecuta o sucede alguna cosa. *Come* CON *ansia.* ‖ **4.** A pesar de. CON *ser tan antiguo, le han postergado.* ‖ **5.** Contrapone lo que se dice en una exclamación con una realidad expresa o implícita: ¡CON *lo hermosa que era esta calle y ahora la han estropeado!* ‖ **6.** Juntamente y en compañía.

conato. m. Inicio de una acción que se frustra antes de llegar a su término. ‖ **2.** Propensión, tendencia, propósito. ‖ **3.** Empeño y esfuerzo en la ejecución de una cosa.

concatenación. f. Acción y efecto de concatenar. ‖ **2.** *Ret.* Figura que se comete empleando al principio de dos o más cláusulas o miembros del período la última voz del miembro o cláusula inmediatamente anterior.

concatenar. tr. fig. Unir o enlazar unas cosas con otras. Ú. t. c. prnl.

concavidad. f. Calidad de cóncavo. ‖ **2.** Parte o sitio cóncavo.

cóncavo, va. adj. Dícese de la línea o superficie curvas que, respecto del que las mira, tienen su parte más deprimida en el centro.

concebir. intr. Quedar preñada la hembra. Ú. t. c. tr. ‖ **2.** Formar idea, hacer concepto de una cosa. Ú. t. c. tr. ‖ **3.** tr. Comprender, encontrar justificación a los actos o sentimientos de alguien. ‖ **4.** fig. Comenzar a sentir alguna pasión o afecto. ❑ Irreg. Se conj. como *pedir.*

conceder. tr. Dar, otorgar una cosa. ‖ **2.** Asentir, convenir en algún extremo con los argumentos que se oponen a la tesis sustentada. ‖ **3.** Atribuir una cualidad o condición, discutida o no, a una persona o cosa. *No* CONCEDÍ *importancia a aquel suceso.*

concejal, la. m. y f. Persona que desempeña la concejalía de un concejo o ayuntamiento.

concejalía. f. Oficio o cargo de concejal. ‖ **2.** Cada uno de los departamentos asignados a un concejal.

concejo. m. **ayuntamiento,** casa consistorial. ‖ **2. ayuntamiento,** corporación municipal. ‖ **3. municipio.** ‖ **4.** Sesión celebrada por los individuos de un **concejo.** ❑ En España, se distingue de *consejo.*

concelebrar. tr. Celebrar conjuntamente la misa varios sacerdotes.

conceller. m. Miembro o vocal del concejo municipal en Cataluña.

concentración. f. Acción y efecto de concentrar o concentrarse. ‖ **2.** Reclusión de deportistas antes de competir.

concentrado, da. adj. Internado en el centro de una cosa. ‖ **2.** fig. Muy atento o pendiente de una actividad o competición. CONCENTRADO *en el estudio, en la película que ve.* ‖ **3.** m. Sustancia a la que se ha retirado parte del líquido para disminuir su volumen.

concentrar. tr. fig. Reunir en un centro o punto lo que estaba separado. Ú. t. c. prnl. ‖ **2.** Congregar un número generalmente grande de personas para que patenticen una actitud determinada. ‖ **3.** Reducir en ciertas sustancias el líquido para disminuir su volumen. ‖ **4.** *Quím.* Aumentar la proporción entre la materia disuelta y el líquido de una disolución. Ú. t. c. prnl. ‖ **5.** prnl. Atender o reflexionar profundamente.

concéntrico, ca. adj. *Geom.* Dícese de las figuras y de los sólidos que tienen un mismo centro.

concepción. f. Acción y efecto de concebir. ‖ **2.** Por excelencia, la de la Virgen.

conceptismo. m. Doctrina literaria o estilo de los conceptistas.

conceptista. adj. Aplícase a la persona que usa del estilo conceptuoso, o emplea conceptos alambicados. Ú. m. c. s.

conceptivo, va. adj. Que puede concebir.

concepto. m. Idea que concibe o forma el entendimiento. ‖ **2.** Pensamiento expresado con palabras. ‖ **3.** Crédito en que se tiene a una persona o cosa. ‖ **4.** Aspecto, calidad, título. Ú. m. en las locuciones, *en* CONCEPTO *de, por todos* CONCEPTOS y otras semejantes.

conceptual. adj. Perteneciente o relativo al concepto. ‖ **2.** Perteneciente o relativo al **arte conceptual.** Ú. t. c. s. m.

conceptualismo. m. Sistema filosófico que defiende la realidad y legítimo valor de las nociones universales y abstractas, en cuanto son conceptos de la mente, aunque no les conceda existencia positiva y separada fuera de ella. Es un medio entre el realismo y el nominalismo. ‖ **2. arte conceptual.**

conceptuar. tr. Formar concepto de una cosa.

conceptuoso, sa. adj. Sentencioso, agudo, lleno de conceptos. Dícese de las personas y las cosas. *Escritor, estilo* CONCEPTUOSO. Tómase a veces en sentido peyorativo con el significado de abstruso u oscuro.

concernir. intr. defect. Atañer, afectar, interesar. Ú. t. c. tr. ❑ Irreg. Se conj. como *discernir.* Solo se usan las 3.as pers. de todos los tiempos y el infinitivo, gerundio y participio.

concertación. f. Acción y efecto de **concer-**

tar, pactar, tratar un negocio. ‖ **2. concierto,** ajuste o convenio.

concertar. tr. Componer, ordenar, arreglar las partes de una cosa, o varias cosas. ‖ **2.** Pactar, ajustar, tratar, acordar un negocio. Ú. t. c. prnl. ‖ **3.** intr. Concordar, convenir entre sí una cosa con otra. ‖ **4.** *Gram.* Concordar en los accidentes gramaticales dos o más palabras variables. Ú. t. c. tr. ❑ Irreg. Se conj. como *acertar.*

concertina. f. *Mús.* Acordeón de figura hexagonal u octagonal; de fuelle muy largo y teclados cantantes en ambas caras o cubiertas.

concertino. m. *Mús.* Violinista primero de una orquesta, encargado de la ejecución de los solos.

concertista. com. Músico que toma parte en la ejecución de un concierto en calidad de solista.

concesión. f. Acción y efecto de conceder. ‖ **2.** Otorgamiento gubernativo a favor de particulares o de empresas, bien sea para apropiaciones, disfrutes o aprovechamientos privados en el dominio público, según acontece en minas, aguas o montes, bien para construir o explotar obras públicas, o bien para ordenar, sustentar o aprovechar servicios de la administración general o local. ‖ **3.** Por ext., otorgamiento que una empresa hace a otra, o a un particular, de vender y administrar sus productos en una localidad o país distinto. ‖ **4.** Acción y efecto de ceder en una posición ideológica o en una actitud adoptada.

concesionario, ria. adj. Dícese de la persona o entidad a la que se hace o transfiere una concesión. Ú. t. c. s.

concesivo, va. adj. Que se concede o puede concederse. ‖ **2.** *Gram.* Dícese de la proposición subordinada que indica la razón que se opone a la principal, pero que no excluye su cumplimiento. *Iré* AUNQUE NO ME INVITEN.

concha. f. Cubierta, formada en su mayor parte por carbonato cálcico, que protege el cuerpo de los moluscos y que puede constar de una sola pieza o valva, como en los caracoles; de dos, como en las almejas, o de ocho, como en los quitones. Por ext., se aplica este nombre al caparazón de las tortugas y al de los cladóceros y otros pequeños crustáceos. ‖ **2.** Mueble en forma de un cuarto de superficie esférica, u otra parecida, que se coloca en el medio del proscenio de los teatros para ocultar al apuntador y reflejar la voz de este hacia los actores. ‖ **3.** fig. Cualquier cosa que tiene la figura de la **concha** de los animales. ‖ **4.** *Amér.* **coño,** parte externa del aparato genital femenino. Es voz malsonante. ‖ **de peregrino. venera,** concha.

conchabarse. prnl. fam. Unirse dos o más personas para algún fin considerado ilícito.

concho. m. Pericarpio o corteza de algunos frutos.

conchudo, da. adj. fam. *Amér.* Sinvergüenza, caradura.

conciencia. f. Propiedad del espíritu humano de reconocerse en sus atributos esenciales y en todas las modificaciones que en sí mismo experimenta. ‖ **2.** Conocimiento interior del bien y del mal. ‖ **3.** Conocimiento exacto y reflexivo de las cosas. ‖ **a conciencia.** loc. adv. Con empeño y rigor, sin regatear esfuerzo.

concienciar. tr. Hacer que alguien sea consciente de algo. Ú. t. c. prnl. ‖ **2.** prnl. Adquirir conciencia de algo.

concienzudo, da. adj. Dícese de la persona que estudia o hace las cosas con mucha atención o detenimiento.

concierto. m. Buen orden y disposición de las cosas. ‖ **2.** Ajuste o convenio entre dos o más personas o entidades sobre alguna cosa. ‖ **3.** Función de música, en que se ejecutan composiciones sueltas. ‖ **4.** Composición musical para diversos instrumentos en que uno o varios llevan la parte principal. CONCIERTO *de violín y orquesta.*

conciliábulo. m. Concilio no convocado por autoridad legítima. ‖ **2.** fig. Junta o reunión para tratar de algo que se quiere mantener oculto.

conciliación. f. Acción y efecto de conciliar[2]. ‖ **2.** Conveniencia o semejanza de una cosa con otra.

conciliador, ra. adj. Que concilia o es propenso a conciliar o conciliarse. Ú. t. c. s.

conciliar[1]. adj. Perteneciente o relativo a los concilios. *Decisión, decreto* CONCILIAR.

conciliar[2]. tr. Componer y ajustar los ánimos de los que estaban opuestos entre sí. ‖ **2.** Conformar dos o más proposiciones o doctrinas al parecer contrarias. ‖ **3.** Granjear o ganar los ánimos y la benevolencia. Alguna vez se dice también del odio y aborrecimiento. Ú. m. c. prnl.

conciliatorio, ria. adj. Lo que puede conciliar o se dirige a este fin.

concilio. m. Junta o congreso para tratar alguna cosa. ‖ **2.** Junta o congreso de los obispos y otros eclesiásticos de la iglesia católica, o de parte de ella, para deliberar y decidir sobre las materias de dogmas y de disciplina.

concisión. f. Brevedad y economía de medios en el modo de expresar un concepto con exactitud.

conciso, sa. adj. Que tiene concisión.

concitar. tr. Conmover, instigar a uno contra otro. ‖ **2.** Reunir, congregar.

conciudadano, na. m. y f. Cada uno de los ciudadanos de una misma ciudad, respecto de los demás. || **2.** Por ext., cada uno de los naturales de una misma nación, respecto de los demás.

conclave o **cónclave.** m. Lugar en donde los cardenales se juntan y se encierran para elegir Sumo Pontífice. || **2.** La misma junta de los cardenales. || **3.** fig. Junta o congreso de gentes que se reúnen para tratar algún asunto.

concluir. tr. Acabar o finalizar una cosa. Ú. t. c. intr. || **2.** Determinar y resolver sobre lo que se ha tratado. || **3.** Inferir, deducir una verdad de otras que se admiten, demuestran o presuponen. ❑ Irreg. Se conj. como *huir.*

conclusión. f. Acción y efecto de concluir o concluirse. || **2.** Fin y terminación de una cosa. || **3.** Aserto o proposición que se defendía en las antiguas escuelas universitarias. Ú. m. en pl. || **4.** *Dial.* Proposición que se pretende probar y que se deduce de las premisas. || **en conclusión.** loc. adv. En suma, por último, finalmente.

concluso, sa. adj. Que está concluido. || **2.** *Der.* Se dice del juicio que está para sentencia.

concluyente. adj. Que concluye. || **2.** Resolutorio, irrebatible.

concoideo, a. adj. Semejante a la concha. Aplícase a la fractura de los cuerpos sólidos que resulta en formas curvas.

concomerse. prnl. fig. Sentir comezón interior; consumirse de impaciencia, pesar u otro sentimiento.

concomitancia. f. Acción y efecto de concomitar.

concomitar. tr. Acompañar una cosa a otra, u obrar juntamente con ella.

concordancia. f. Correspondencia o conformidad de una cosa con otra. || **2.** *Gram.* Conformidad de accidentes entre dos o más palabras variables. ❑ Todas estas, menos el verbo, concuerdan en género y número; y el verbo con su sujeto, en número y persona.

concordar. tr. Poner de acuerdo lo que no lo está. || **2.** intr. Convenir una cosa con otra. *La copia de la escritura* CONCUERDA *con su original.* || **3.** *Gram.* Formar concordancia. Ú. t. c. tr. ❑ Irreg. Se conj. como *contar.* Ú. con la prep. *con.*

concordato. m. Tratado o convenio sobre asuntos eclesiásticos que el gobierno de un Estado hace con la Santa Sede.

concorde. adj. Conforme, uniforme, de un mismo sentir y parecer.

concordia. f. Conformidad, unión. || **2.** Ajuste o convenio entre personas que contienden o litigan.

concreción. f. Acción y efecto de concretar. || **2.** Acumulación de partículas unidas para formar una masa. || **3.** Esta masa.

concrescencia. f. *Bot.* Crecimiento simultáneo de varios órganos de un vegetal, tan cercanos que se confunden en una sola masa.

concretar. tr. Hacer concreto. || **2.** Reducir a lo más esencial y seguro la materia sobre la que se habla o escribe. || **3.** prnl. Reducirse a tratar o hablar de una cosa sola, con exclusión de otros asuntos.

concreto, ta. adj. Dícese de cualquier objeto considerado en sí mismo, particularmente en oposición a lo abstracto y general, con exclusión de cuanto pueda serle extraño o accesorio. || **2.** Sólido, compacto, material. || **3.** Dícese de lo que resulta de un proceso de concreción. || **4.** Preciso, determinado, sin vaguedad. || **en concreto.** loc. adv. De un modo **concreto.**

concubina. f. Mujer que vive en concubinato.

concubinato. m. Relación marital de un hombre con una mujer sin estar casados.

conculcar. tr. Quebrantar una ley, obligación o principio.

concuñado, da. m. y f. Hermano o hermana de una de dos personas unidas en matrimonio respecto de las hermanas o hermanos de la otra.

concupiscencia. f. En la moral católica, deseo de bienes terrenos y, en especial, apetito desordenado de placeres deshonestos.

concupiscente. adj. Dominado por la concupiscencia.

concupiscible. adj. **deseable.** || **2.** En ética, dícese de la tendencia de la voluntad hacia el bien sensible.

concurrencia. f. Acción y efecto de concurrir. || **2.** Conjunto de personas que asisten a un acto o reunión. || **3.** Asistencia, participación.

concurrente. adj. Que concurre. Ú. t. c. s.

concurrido, da. adj. Dícese de lugares, espectáculos, etc., adonde concurre el público. *Paseo muy* CONCURRIDO.

concurrir. intr. Juntarse en un mismo lugar o tiempo diferentes personas, sucesos o cosas. || **2.** Coincidir en alguien o en algo diferentes cualidades o circunstancias. || **3.** Tomar parte en un concurso.

concursante. adj. Que concursa.

concursar. tr. Tomar parte en un concurso, convocado para otorgar premios, seleccionar personas, conceder la ejecución de obras o la prestación de servicios.

concurso. m. Reunión simultánea de sucesos, circunstancias o cosas diferentes. || **2.** Asistencia, participación, colaboración. || **3.** Oposición que por medio de ejercicios científicos, artísticos o literarios, o alegando méritos, se hace para obtener un cargo o empleo remunerado. ‖ **4.** Competencia entre los que aspiran a encargarse de ejecutar una obra o prestar un servicio bajo determinadas condiciones, a fin de elegir la propuesta que ofrezca mayores ventajas. ‖ **5.** Competición, prueba entre varios candidatos para conseguir un premio. CONCURSO *de tiro.*

condado. m. Dignidad honorífica de conde. ‖ **2.** Territorio o lugar a que se refiere el título nobiliario de conde y sobre el cual este ejercía antiguamente señorío. ‖ **3.** Por ext., cierta circunscripción administrativa en los países anglosajones.

condal. adj. Perteneciente al conde o a su dignidad.

conde. m. Uno de los títulos nobiliarios con que los soberanos hacen merced a ciertas personas. ‖ **2.** Gobernador de una comarca o territorio en los primeros siglos de la Edad Media. CONDE *de Monzón.*

condecoración. f. Acción y efecto de condecorar. ‖ **2.** Cruz, venera u otra insignia semejante de honor y distinción.

condecorar. tr. Ilustrar a alguien; darle honores o condecoraciones.

condena. f. Acción y efecto de condenar.

condenación. f. Acción y efecto de condenar o condenarse. ‖ **2.** Por antonom., la eterna.

condenado, da. adj. **réprobo.** Ú. t. c. s. ‖ **2.** fig. Endemoniado, perverso, nocivo.

condenar. tr. Pronunciar el juez sentencia, imponiendo al reo la pena correspondiente o dictando en juicio civil fallo que no se limite a absolver de la demanda. ‖ **2.** Imponer pena al culpable una potestad distinta de la judicial. ‖ **3.** Forzar a alguien a hacer algo penoso: CONDENAR *a no salir.* ‖ **4.** Reprobar una doctrina, unos hechos, una conducta, etc., que se tienen por malos y perniciosos. ‖ **5.** Dicho de puertas, ventanas, pasadizos, etc., cerrarlos permanentemente o tapiarlos. ‖ **6.** Conducir inevitablemente algo a una situación no deseada. *La vida sedentaria* CONDENA *a la obesidad.* ‖ **7.** prnl. Culparse a sí mismo, confesarse culpado. ‖ **8.** Incurrir en la pena eterna.

condenatorio, ria. adj. Que contiene condena o puede motivarla.

condensación. f. Acción y efecto de condensar o condensarse.

condensador, ra. adj. Que condensa. ‖ **2.** m. *Fís.* Aparato para reducir los gases a menor volumen. ‖ **3.** *Mec.* Recipiente que tienen algunas máquinas de vapor para que este se licue en él por la acción del agua fría. ‖ **eléctrico.** *Fís.* Sistema de dos conductores, llamados armaduras, en general de gran superficie y que están separadas por una lámina dieléctrica. Sirven para almacenar cargas eléctricas.

condensar. tr. Convertir un vapor en líquido o en sólido. Ú. t. c. prnl. ‖ **2.** Reducir una cosa a menor volumen, y darle más consistencia si es líquida. Ú. t. c. prnl. ‖ **3.** Espesar, unir o apretar unas cosas con otras haciéndolas más cerradas o tupidas. Ú. t. c. prnl. ‖ **4.** Concentrar lo disperso; aumentar en intensidad o número. Ú. t. c. prnl. ‖ **5.** fig. Sintetizar, resumir, compendiar.

condesa. f. Mujer del conde, o la que por sí misma heredó u obtuvo un condado. ‖ **2.** Título que se daba a la mujer destinada para asistir y acompañar a una gran señora.

condescendencia. f. Acción y efecto de condescender. ‖ **2.** Calidad de condescendiente.

condescender. intr. Acomodarse por bondad al gusto y voluntad de otro. ❑ Irreg. Se conj. como *entender.*

condescendiente. adj. Que condesciende. ‖ **2.** Pronto, dispuesto a condescender.

condestable. m. El que antiguamente obtenía y ejercía la primera dignidad de la milicia.

condición. f. Índole, naturaleza o propiedad de las cosas. ‖ **2.** Natural, carácter o genio de los hombres. ‖ **3.** Estado, situación especial en que se halla una persona. ‖ **4.** Calidad del nacimiento o estamento que se reconocía en los hombres; como de noble, plebeyo, libre, siervo, etc. ‖ **5.** Situación o circunstancia indispensable para la existencia de otra. *Para curar enfermos es* CONDICIÓN *ser médico. El enemigo se rindió sin* CONDICIONES. ‖ **6.** pl. Aptitud o disposición. ‖ **7.** Circunstancias que afectan a un proceso o al estado de una persona o cosa. *En estas* CONDICIONES *no se puede trabajar.* ‖ **sine qua non.** Aquella sin la cual no se hará una cosa o se tendrá por no hecha. ‖ **en condiciones.** A punto, bien dispuesto o apto para el fin deseado. ❑ Se usa principalmente con los verbos *estar, poner, ponerse* o *sentirse.*

condicional. adj. Que incluye y lleva consigo una condición o requisito. ‖ **2.** m. *Gram.* Tiempo que expresa acción futura en relación con el pasado del que se parte. *Prometió que* ESCRIBIRÍA. En ciertos casos es permutable por el imperfecto o pluscuamperfecto de subjuntivo, más en las formas compuestas que en las simples (excepto en los verbos modales). DEBERÍAS *(debieras) estudiar más. Si hubiera venido antes, le* HABRÍAMOS *(hubiéramos) acompañado.* El condicional, simple o compuesto, puede expresar, igual que el futuro, la probabilidad, pero referida al pasado, y su valor temporal equivale entonces al imperfecto o pluscuamperfecto de indicativo. A *Juan no vino hoy; estará enfermo* correspondería *Juan no vino ayer;* ESTARÍA *enfermo.*

condicionamiento. m. Acción y efecto de condicionar. ‖ **2.** Limitación, restricción. Ú. m. en pl.

condicionante. adj. Que determina o condiciona. Ú. t. c. s.

condicionar. tr. Hacer depender una cosa de alguna condición.

cóndilo. m. *Zool.* Saliente redondeado de la extremidad de un hueso, que forma articulación encajando en el hueco correspondiente de otro hueso.

condimentar. tr. Sazonar la comida.

condimento. m. Lo que sirve para sazonar la comida y darle buen sabor.

condiscípulo, la. m. y f. Persona que, en relación con otra u otras en sus mismas circunstancias, estudia o ha estudiado bajo la dirección de un mismo maestro o maestra.

condolencia. f. Participación en el pesar ajeno. ‖ **2. pésame.**

condolerse. prnl. Compadecerse, lastimarse de lo que otro siente o padece. ❑ Irreg. Se conj. como *mover.* Ú. con la prep. *de.*

condominio. m. *Der.* Dominio de una cosa que pertenece en común a dos o más personas.

condón. m. **preservativo,** funda elástica.

condonar. tr. Perdonar o remitir una pena de muerte o una deuda.

cóndor. m. Ave rapaz diurna, semejante al buitre, de poco más de un metro de largo y tres de envergadura, con la cabeza y el cuello desnudos, y en aquella carúnculas en forma de cresta y papada; plumaje de color negro azulado, collar blanco, y blancas también la espalda y la parte superior de las alas; cola pequeña y pies negros. Habita en los Andes y es la mayor de las aves que vuelan.

condotiero. m. Nombre del general o cabeza de soldados mercenarios italianos y luego aplicado a los de otros países. ‖ **2.** Soldado mercenario.

condrila. f. Planta herbácea de la familia de las compuestas, con tallo de cuatro a seis decímetros de largo, velloso y semejante al mimbre; hojas inferiores lobuladas, y largas y delgadas las superiores, y flores amarillas en cabezuelas pequeñas. Es comestible y de su raíz se saca liga.

condritis. f. *Pat.* Inflamación del tejido cartilaginoso.

condrografía. f. Parte de la anatomía, que trata de la descripción de los cartílagos.

condroma. m. *Pat.* Tumor producido a expensas del tejido cartilaginoso.

conducción. f. Acción y efecto de conducir, llevar o guiar alguna cosa. ‖ **2.** Conjunto de conductos dispuestos para el paso de algún fluido.

conducir

INDICATIVO

Presente: conduzco, conduces, conduce, conducimos, conducís, conducen.

Pretérito imperfecto: conducía, conducías, conducía, conducíamos, conducíais, conducían.

Pretérito indefinido: conduje, condujiste, condujo, condujimos, condujisteis, condujeron.

Futuro imperfecto: conduciré, conducirás, conducirá, conduciremos, conduciréis, conducirán.

Condicional: conduciría, conducirías, conduciría, conduciríamos, conduciríais, conducirían.

SUBJUNTIVO

Presente: conduzca, conduzcas, conduzca, conduzcamos, conduzcáis,conduzcan.

Pretérito imperfecto: condujera o condujese, condujeras o condujeses, condujera o condujese, condujéramos o condujésemos, condujerais o condujeseis, condujeran o condujesen.

Futuro imperfecto: condujere, condujeres, condujere, condujéremos, condujereis, condujeren.

IMPERATIVO

conduce (tú); conducid (vosotros).

FORMAS NO PERSONALES

Infinitivo: conducir.

Participio: conducido.

Gerundio: conduciendo.

conducir. tr. Llevar, transportar de una parte a otra. ‖ **2.** Guiar un vehículo automóvil. ‖ **3.** Guiar o dirigir un negocio o la actuación de una colectividad. ‖ **4.** prnl. Manejarse, portarse, comportarse, proceder de una u otra manera, bien o mal. ❑ Irreg. Ver conjugación modelo.

conducta. f. Porte o manera con que los hombres gobiernan su vida y dirigen sus acciones. ‖ **2.** *Psicol.* Conjunto de las acciones con que un ser vivo responde a una situación.

conductancia. f. *Fís.* Propiedad de algunos cuerpos que permiten el paso a su través de fluidos energéticos como la electricidad, cuando las tensiones son diferentes. Es la propiedad contraria a la resistencia.

conductibilidad. f. *Fís.* **conductividad,** propiedad de transmitir el calor o la electricidad.

conductismo. m. *Psicol.* Doctrina y método que buscan el conocimiento y control de las acciones de los organismos y en especial del hombre, mediante la observación del comportamiento o la conducta, sin recurrir a la conciencia o a la introspección.

conductista. adj. Perteneciente o relativo al conductismo. Ú. t. c. s.

conductividad. f. Calidad de conductivo. ‖ **2.** *Fís.* Propiedad natural de los cuerpos, que consiste en transmitir el calor o la electricidad.

conducto. m. Canal, comúnmente tapado, que sirve para dar paso y salida a las aguas y otras cosas. ‖ **2.** Cada uno de los tubos o canales que, en gran número, se hallan en los cuerpos organizados para la vida y sirven a las funciones fisiológicas. ‖ **3.** Conducción de aire o gases construida con chapa metálica u otro material. ‖ **4.** fig. Medio o vía que se sigue en algún negocio. ‖ **deferente.** *Anat.* **conducto** excretor y eyaculador en cada uno de los testículos.

conductor, ra. adj. Que conduce. Ú. t. c. s. ‖ **2.** *Fís.* Aplícase a los cuerpos según conduzcan bien o mal el calor y la electricidad. Ú. t. c. s. ❑ No utilizar por *director* o *presentador.*

condumio. m. fam. Manjar que se come con pan; como cualquier cosa guisada.

conectar. tr. *Mec.* Establecer contacto entre dos partes de un sistema mecánico o eléctrico. Ú. t. c. intr. y c. prnl. ‖ **2.** Unir, enlazar, establecer relación, poner en comunicación. Ú. t. c. intr. y c. prnl. Ú. t. en sent. fig.

coneja. f. Hembra del conejo. ‖ **2.** fig. Hembra que pare muy a menudo.

conejera. f. Madriguera donde se crían conejos. ‖ **2.** fig. Cueva estrecha y larga, semejante a las que hacen los conejos para sus madrigueras. ‖ **3.** fig. y fam. Sótano, cueva o lugar estrecho donde se recogen muchas personas.

conejillo. m. d. de **conejo.** ‖ **de Indias.** Mamífero del orden de los roedores, parecido al conejo, pero más pequeño, con orejas cortas, cola casi nula, tres dedos en las patas posteriores y cuatro en las anteriores. Se usa mucho en experimentos de medicina y bacteriología. ‖ **2.** fig. Cualquier otro animal o persona que sea sometido a observación o experimentación.

conejo. m. Mamífero del orden de los lagomorfos, de unos cuatro decímetros de largo, comprendida la cola; pelo espeso de color ordinariamente gris, orejas tan largas como la cabeza, patas posteriores más largas que las anteriores, aquellas con cuatro dedos y estas con cinco, y cola muy corta. Vive en madrigueras, se domestica fácilmente, su carne es comestible y su pelo se emplea para fieltros y otras manufacturas.

conexión. f. Acción y efecto de conectar o conectarse. ‖ **2.** *Tecnol.* Punto donde se realiza el enlace entre aparatos o sistemas. ‖ **3.** pl. Amistades, mancomunidad de ideas o de intereses.

conexo, xa. adj. Aplícase a la cosa que está enlazada o relacionada con otra.

confabulación. f. Acción y efecto de confabular o confabularse. Tómase, por lo común, en sentido negativo.

confabularse. prnl. Ponerse de acuerdo dos o más personas para emprender algún plan, generalmente ilícito. ❑ Ú. con la prep. *con.*

confección. f. Acción de preparar o hacer determinadas cosas, como bebidas, medicamentos, venenos, perfumes, etc., generalmente por mezcla o combinación de otras. ‖ **2.** Cosa así confeccionada. ‖ **3.** Hechura de prendas de vestir.

confeccionar. tr. Hacer determinadas cosas materiales, especialmente compuestas, como licores, dulces, venenos, prendas de vestir, etc. ‖ **2.** Por ext., preparar o hacer obras de entendimiento, como presupuestos, estadísticas, etc.

confederación. f. Alianza, liga, unión o pacto entre personas, grupos o Estados. ‖ **2.** Conjunto resultante de esta alianza, sea un organismo, una entidad o un Estado. CONFEDERACIÓN *helvética.*

confederado, da. adj. Que entra o está en una confederación. Ú. t. c. s.

confederar. tr. Hacer alianza, liga o unión o pacto entre varios. Ú. m. c. prnl.

conferencia. f. Plática entre dos o más personas para tratar de algún asunto o negocio. ‖ **2.** Disertación en público sobre algún punto doctrinal. ‖ **3.** Reunión de representantes de gobiernos o Estados, de comunidades eclesiásticas y de agrupaciones de otra índole, para tratar asuntos de su competencia. ‖ **4.** Comunicación telefónica interurbana o internacional. ‖ **de prensa. rueda de prensa.**

conferenciante. com. Persona que diserta en público sobre algún punto doctrinal.

conferenciar. intr. Platicar una o varias personas con otra u otras para tratar de algún punto o negocio.

conferir. tr. Conceder, asignar a alguien dignidad, empleo, facultades o derechos. ‖ **2.** Atribuir o prestar una cualidad no física a una persona o cosa. *Esta circunstancia* CONFIERE *especial valor a los hechos.* ❑ Irreg. Se conj. como *sentir.*

confesable. adj. Que puede confesarse.

confesar. tr. Declarar alguien voluntariamente sus actos, ideas o sentimientos verdaderos. Ú. t. c. prnl. ‖ **2.** Reconocer y declarar alguien, obligado por la fuerza de la razón o por otro motivo, lo que sin ello no reconocería ni declararía. ‖ **3.** Declarar el penitente al confesor en el sacramento de la penitencia los pecados que ha cometido. Ú. t. c. prnl. ‖ **4.** Oír el confesor al penitente en el sacramento de la penitencia. ‖ **5.** *Der.* Declarar el litigante ante el juez. ❑ Irreg. Se conj. como *acertar*.

confesión. f. Declaración que alguien hace de lo que sabe, espontáneamente o preguntado por otro. ‖ **2.** Declaración al confesor de los pecados que se han cometido. ‖ **3.** *Der.* Declaración del litigante o del reo en el juicio. ‖ **4.** Credo religioso y conjunto de personas que lo profesan.

confesional. adj. Perteneciente a una confesión religiosa. Ú. t. c. s.

confesionario. m. **confesonario.**

confeso, sa. adj. Dícese del que ha confesado su delito o culpa. ‖ **2.** Aplicábase al judío convertido. Usáb. t. c. s.

confesonario. m. Recinto aislado en las iglesias dentro del cual se coloca el sacerdote para oír las confesiones de los penitentes.

confesor. m. Sacerdote que, con licencia del ordinario, confiesa a los penitentes.

confeti. m. Pedacitos de papel de varios colores, recortados en varias formas, que se arrojan las personas unas a otras en los días de carnaval y, en general, en cualquier otra celebración festiva.

confiado, da. adj. Crédulo, poco previsor.

confianza. f. Esperanza firme que se tiene de una persona o cosa. ‖ **2.** Seguridad que uno tiene en sí mismo. ‖ **3.** Ánimo, aliento, vigor para obrar. ‖ **4.** Familiaridad en el trato. ‖ **de confianza.** loc. adj. Dícese de la persona con quien se tiene trato íntimo o familiar. ‖ **2.** Dícese de la persona en quien se puede confiar. ‖ **3.** Dícese de las cosas que poseen las cualidades recomendables para el fin a que se destinan. ‖ **en confianza.** loc. adv. Con reserva e intimidad.

confiar. intr. Esperar con firmeza y seguridad. Ú. t. c. prnl. ‖ **2.** tr. Depositar en alguien, sin más seguridad que la buena fe y la opinión que de él se tiene, la hacienda, el secreto o cualquier otra cosa. Ú. t. c. prnl.

confidencia. f. Revelación secreta, noticia reservada.

confidencial. adj. Que se hace o se dice en confianza o con seguridad recíproca entre dos o más personas. *Carta* CONFIDENCIAL.

confidente, ta. m. y f. Persona a quien otro fía sus secretos o le encarga la ejecución de cosas reservadas. ‖ **2.** Persona que sirve de espía, y trae noticias de lo que pasa en el campo enemigo o entre gentes sospechosas. ‖ **3.** m. Canapé de dos asientos, especialmente aquel cuya forma permite a una persona sentarse enfrente de otra.

configuración. f. Disposición de las partes que componen una cosa y le dan su peculiar figura.

configurar. tr. Dar determinada figura a una cosa. Ú. t. c. prnl.

confín. m. Término o raya que divide las poblaciones, provincias, territorios, etc., y señala los límites de cada uno. ‖ **2.** Último término a que alcanza la vista.

confinado, da. adj. Dícese de la persona condenada a vivir en una residencia obligatoria. Ú. t. c. s. ‖ **2.** m. *Der.* El que sufre la pena de confinamiento.

confinamiento. m. *Der.* Pena aflictiva consistente en relegar al condenado a cierto lugar seguro para que viva en libertad, pero bajo la vigilancia de las autoridades.

confinar. tr. Desterrar a alguien, señalándole una residencia obligatoria. ‖ **2.** Recluir dentro de límites. Ú. t. c. prnl.

confirmación. f. Acción y efecto de confirmar. ‖ **2.** Nueva prueba de la verdad y certeza de un suceso, dictamen u otra cosa. ‖ **3.** Uno de los siete sacramentos de la Iglesia; por el cual el que ha recibido la fe del bautismo se confirma y corrobora en ella.

confirmando, da. m. y f. Persona que va a recibir el sacramento de la confirmación.

confirmar. tr. Corroborar la verdad, certeza o probabilidad de una cosa. ‖ **2.** Revalidar lo ya aprobado. ‖ **3.** Asegurar, dar a una persona o cosa mayor firmeza o seguridad. Ú. t. c. prnl. ‖ **4.** Administrar el sacramento de la confirmación.

confiscar. tr. Penar con privación de bienes y asumirlos el fisco. ‖ **2.** Por ext., **decomisar.**

confitar. tr. Cubrir con baño de azúcar las frutas o semillas para hacerlas más agradables al paladar. ‖ **2.** Cocer las frutas en almíbar. ‖ **3.** fig. Endulzar, suavizar.

confite. m. Pasta hecha de azúcar y algún otro ingrediente, ordinariamente en forma de bolillas de varios tamaños. Ú. m. en pl.

confitería. f. Establecimiento donde los confiteros hacen y venden los dulces; en algunos lugares estos establecimientos son también salones de té, cafeterías o bares.

confitero, ra. m. y f. Persona que tiene por oficio hacer o vender todo género de dulces y confituras.

confitura. f. Fruta u otra cosa confitada.

conflagración. f. fig. Perturbación repentina y violenta de pueblos o naciones.

conflagrar. tr. Inflamar, incendiar, quemar alguna cosa.

conflictividad. f. Calidad de conflictivo.

conflictivo, va. adj. Que origina conflicto. ‖ **2.** Perteneciente o relativo al conflicto.

conflicto. m. Combate, lucha, pelea. Ú. t. en sent. fig. ‖ **2.** fig. Problema, situación desgraciada y de difícil salida. ‖ **3.** fig. Problema, cuestión, materia de discusión.

confluencia. f. Acción de confluir. ‖ **2.** Paraje donde confluyen los caminos, los ríos y otras corrientes de agua.

confluente. adj. Que confluye.

confluir. intr. Juntarse dos o más ríos u otras corrientes de agua en un mismo lugar. ‖ **2.** fig. Concurrir en un sitio mucha gente o cosas que vienen de diversas partes. ❑ Irreg. Se conj. como *huir.* Ú. con las preps. *con* y *en.*

conformación. f. Colocación, distribución de las partes que forman un conjunto.

conformar. tr. Ajustar, concordar una cosa con otra. Ú. t. c. intr. y c. prnl. ‖ **2.** Dar forma a algo. ‖ **3.** prnl. Reducirse, sujetarse voluntariamente a hacer o sufrir una cosa por la cual siente alguna repugnancia. ‖ **4.** Darse por satisfecho.

conforme. adj. Igual, proporcionado, correspondiente. ‖ **2.** Acorde con otro en un mismo dictamen, o unido con él para alguna acción o empresa. ‖ **3.** Resignado y paciente en las adversidades. ‖ **4.** adv. m. que denota relaciones de conformidad, correspondencia o modo. *Todo queda* CONFORME *estaba.* ‖ **conforme a.** loc. adv. que equivale a «con arreglo a», «a tenor de», «en proporción o correspondencia a», o «de la misma suerte o manera que». CONFORME A *derecho,* A *lo prescrito.*

conformidad. f. Unión, concordia y buena correspondencia entre dos o más personas. ‖ **2.** Simetría y debida proporción entre las partes que componen un todo. ‖ **3.** Asenso, aprobación. ‖ **4.** Tolerancia y sufrimiento en las adversidades.

conformismo. m. Práctica del que fácilmente se adapta a cualquier circunstancia de carácter público o privado.

conformista. adj. Que practica el conformismo. Ú. t. c. s.

confortable. adj. Que conforta, alienta o consuela. ‖ **2.** Se aplica a lo que produce comodidad.

confortador, ra. adj. Que conforta. Ú. t. c. s.

confortar. tr. Dar vigor, espíritu y fuerza. Ú. t. c. prnl. ‖ **2.** Animar, alentar, consolar al afligido. Ú. t. c. prnl.

confraternidad. f. **hermandad** de parentesco. ‖ **2.** fig. **hermandad** de amistad.

confraternizar. intr. Tratarse con amistad y camaradería.

confrontación. f. Careo entre dos o más personas. ‖ **2.** Cotejo de una cosa con otra. ❑ No utilizar por *enfrentamiento.*

confrontar. tr. Carear una persona con otra. ‖ **2.** Cotejar una cosa con otra, y especialmente escritos. ‖ **3.** intr. Estar o ponerse una persona o cosa frente a otra. Ú. t. c. prnl. ❑ Ú. con la prep. *con.*

confucianismo. m. Doctrina moral y política de los confucianos, profesada por chinos y japoneses.

confuciano, na. adj. Perteneciente o relativo a la doctrina del filósofo chino Confucio. Ú. t. c. s.

confucionismo. m. **confucianismo.** ❑ No confundir con *confusionismo.*

confucionista. adj. **confuciano.** Ú. t. c. s.

confundir. tr. Mezclar, fundir cosas diversas, de manera que no puedan reconocerse o distinguirse. *La oscuridad* CONFUNDE *los contornos de las cosas.* Ú. m. c. prnl. *Su voz* SE CONFUNDÍA *en el griterío.* ‖ **2.** Perturbar, desordenar las cosas o los ánimos. *Su estrategia* CONFUNDIÓ *a los jugadores.* Ú. t. c. prnl. ‖ **3.** Equivocar, tomar una cosa por otra. *Los daltónicos* CONFUNDEN *el rojo y el verde.* Ú. t. c. prnl. ME CONFUNDÍ *de calle y me perdí.* ‖ **4.** fig. Turbar a alguien de manera que no acierte a explicarse. Ú. t. c. prnl.

confusión. f. Acción y efecto de **confundir,** mezclar. ‖ **2.** Acción y efecto de **confundir,** perturbar, desordenar. ‖ **3.** fig. Equivocación, error.

confusionismo. m. Confusión y oscuridad en las ideas o en el lenguaje, producida por lo común deliberadamente. ❑ No confundir con *confucionismo.*

confuso, sa. adj. Mezclado, revuelto, desconcertado. ‖ **2.** Oscuro, dudoso. ‖ **3.** Poco perceptible, difícil de distinguir. ‖ **4.** fig. Turbado, temeroso, perplejo.

confutar. tr. Impugnar de modo convincente la opinión contraria.

conga. f. Danza popular de Cuba, de origen africano, que se ejecuta por grupos colocados en fila doble y al compás de un tambor. ‖ **2.** Música con que se acompaña este baile. ‖ **3.** pl. Tambores con los que se acompaña la **conga** y otros ritmos.

congelación. f. Acción y efecto de congelar o congelarse.

congelador. m. En las neveras o refrigeradores, compartimento especial donde se produce hielo y se guardan los alimentos cuya conservación requiere más baja temperatura.

congelar. tr. Helar un líquido. Ú. m. c. prnl. ‖ **2.** Someter a muy baja temperatura carnes, pescados y otros alimentos para que se conserven en buenas condiciones hasta su ulterior consumo. ‖ **3.** Dañar el frío los tejidos orgánicos y especialmente producir la necrosis de una parte extrema expuesta a bajas temperaturas. Ú. m. c. prnl. || **4.** fig. Detener el curso o desarrollo normal de un proceso (legislativo, educativo, político, etc.). Ú. t. c. prnl. || **5.** fig. *Econ.* Declarar inmodificables sueldos, salarios o precios.

congénere. adj. Del mismo género, de un mismo origen o de la propia derivación. Ú. t. c. s.

congeniar. intr. Avenirse dos o más personas por tener genio, carácter o inclinaciones coincidentes.

congénito, ta. adj. Que se engendra juntamente con otra cosa. || **2.** Connatural, como nacido con uno mismo.

congestión. f. Acción y efecto de congestionar o congestionarse.

congestionar. tr. Acumular en exceso sangre en alguna parte del cuerpo. Ú. t. c. prnl. || **2.** fig. Obstruir o entorpecer el paso, la circulación o el movimiento de algo. Ú. t. c. prnl.

congestivo, va. adj. *Med.* Perteneciente a la congestión. || **2.** Propenso a ella.

conglomerado. m. Efecto de conglomerar o conglomerarse. || **2.** *Geol.* Masa formada por fragmentos redondeados de diversas rocas o sustancias minerales unidos por un cemento.

conglomerante. adj. Aplícase al material capaz de unir fragmentos de una o varias sustancias y dar cohesión al conjunto por efecto de transformaciones químicas en su masa, que originan nuevos compuestos. Ú. t. c. s. m.

conglomerar. tr. **aglomerar.** || **2.** Unir fragmentos de una o varias sustancias con un conglomerante, con tal coherencia que resulte una masa compacta. Ú. t. c. prnl.

conglutinar. tr. **aglutinar.** Ú. t. c. prnl.

congoja. f. Desmayo, fatiga, angustia y aflicción del ánimo.

congoleño, ña. adj. Natural del Congo. Ú. t. c. s. || **2.** Perteneciente o relativo a esta región de África.

congolés, sa. adj. **congoleño.**

congosto. m. Desfiladero entre montañas.

congraciar. tr. Conseguir la benevolencia o el afecto de alguien. Ú. m. c. prnl. ❑ Ú. con la prep. *con.* No utilizar por *congratular.*

congratular. tr. Manifestar alegría y satisfacción a la persona a quien ha acaecido un suceso feliz. Ú. t. c. prnl.

congregación. f. Junta para tratar de uno o más negocios. || **2.** Hermandad autorizada de devotos. || **3.** Cuerpo o comunidad de sacerdotes seculares, dedicados al ejercicio de los ministerios eclesiásticos, bajo ciertas constituciones.

congregante, ta. m. y f. Individuo de una congregación.

congregar. tr. Juntar, reunir. Ú. t. c. prnl.

congresista. com. Miembro de un congreso científico, económico, etc.

congreso. m. Conferencia generalmente periódica en que los miembros de una asociación, cuerpo, organismo, profesión, etc., se reúnen para debatir cuestiones previamente fijadas. || **2.** Edificio donde los diputados a Cortes celebran sus sesiones. || **3.** En algunos países, asamblea nacional. || **4.** En algunos países, como Estados Unidos, conjunto de las dos cámaras legislativas. || **de los diputados.** Con arreglo a algunas Constituciones de España e Hispanoamérica, cuerpo legislativo compuesto de personas nombradas directamente por los electores.

congrio. m. Pez teleósteo, del suborden de los fisóstomos, que alcanza de uno a dos metros de largo, con el cuerpo gris oscuro, casi cilíndrico, bordes negros en las aletas dorsal y anal, y carne blanca y comestible.

congruencia. f. Conveniencia, coherencia, relación lógica.

congruente. adj. Conveniente, coherente, lógico.

conicidad. f. *Geom.* Calidad de cónico.

cónico, ca. adj. *Geom.* Perteneciente al cono. || **2.** De forma de cono. *Techo* CÓNICO, *bala* CÓNICA. || **3.** f. *Geom.* Curva resultante de la intersección de un plano con un cono circular recto. Son **cónicas** la elipse, la parábola y la hipérbola.

conífero, ra. adj. *Bot.* Dícese de árboles y arbustos gimnospermos, de hojas persistentes, aciculares o en forma de escamas, fruto en cono, y ramas que presentan un contorno cónico; como el ciprés, el pino y la sabina. Ú. t. c. s. f.|| **2.** f. pl. *Bot.* Clase de estas plantas.

coniforme. adj. *Geom.* De forma de cono.

conimbricense. adj. Natural de Coimbra. Ú. t. c. s. || **2.** Perteneciente o relativo a esta ciudad de Portugal.

conirrostro. adj. *Zool.* Dícese del pájaro granívoro que tiene el pico grueso, fuerte y cónico, como el gorrión y la alondra. Ú. t. c. s.

conivalvo, va. adj. *Zool.* De concha cónica.

conjetura. f. Juicio que se forma de las cosas o acaecimientos por indicios y observaciones.

conjeturar. tr. Formar juicio de una cosa por indicios y observaciones.

conjugación. f. Acción y efecto de conjugar. || **2.** *Biol.* Fusión en uno de los núcleos de las células reproductoras de los seres vivos. || **3.** *Gram.* Serie ordenada de las distintas formas de un mismo verbo o comunes a un grupo de verbos de igual flexión, con las cuales se denotan sus diferentes modos, tiempos, números y personas.

conjugar. tr. Combinar varias cosas entre sí. ‖ **2.** *Gram.* Enunciar en serie ordenada las distintas formas de un mismo verbo que denotan sus diferentes modos, tiempos, números y personas.

conjunción. f. Junta, unión. ‖ **2.** *Astron.* Situación relativa de dos o más planetas u otros cuerpos celestes, cuando tienen la misma longitud. ‖ **3.** *Gram.* Parte invariable de la oración, que denota la relación que existe entre dos oraciones o entre miembros o vocablos de una de ellas, juntándolos o enlazándolos siempre gramaticalmente, aunque a veces signifique contrariedad o separación de sentido entre unos y otros. ‖ **adversativa.** *Gram.* La que, como *pero,* denota oposición o diferencia entre la frase que precede y la que sigue. ‖ **causal.** *Gram.* La que, como *porque,* precede a la oración en que se motiva lo manifestado en la oración principal. ‖ **comparativa.** *Gram.* La que denota idea de comparación; p. ej.: *como.* ‖ **concesiva.** La que, como *aunque, si bien, pese a,* precede a una oración subordinada que expresa una objeción o dificultad para lo que se dice en la oración principal, sin que ese obstáculo impida su realización. ‖ **condicional.** *Gram.* La que, como *si, con tal que,* denota condición o necesidad de que se verifique alguna circunstancia. ‖ **continuativa.** *Gram.* La que implica o denota idea de continuación; v. gr.: *Digo,* PUES, *que te engañas;* ASÍ QUE *esta, y no otra, fue la causa del alboroto.* ‖ **copulativa.** *Gram.* La que, como *y, ni,* etc., coordina aditivamente una oración con otra, o elementos análogos de una misma oración gramatical. ‖ **distributiva.** *Gram.* La disyuntiva cuando se reitera aplicada a términos diversos: *Tomando* ORA *la espada,* ORA *la pluma;* YA *de una manera,* YA *de otra.* ‖ **disyuntiva.** *Gram.* La que, como *o,* denota separación, diferencia o alternativa entre dos o más personas, cosas o ideas. ‖ **final.** *Gram.* La que, como *a fin de que,* denota el fin u objeto de lo manifestado en la oración principal. ‖ **ilativa.** *Gram.* La que, como *conque,* enuncia una ilación o consecuencia de lo que anteriormente se ha manifestado. ‖ **temporal.** *Gram.* La que denota idea de tiempo, p. ej.: *cuando.*

conjuntar. tr. Combinar un conjunto con armonía.

conjuntiva. f. *Anat.* Membrana mucosa muy fina que tapiza interiormente los párpados de los vertebrados y se extiende a la parte anterior del globo del ojo, reduciéndose al pasar sobre la córnea a una tenue capa epitelial.

conjuntivitis. f. *Pat.* Inflamación de la conjuntiva.

conjuntivo, va. adj. Que junta y une una cosa con otra. ‖ **2.** *Gram.* Perteneciente o relativo a la conjunción.

conjunto, ta. adj. Unido o contiguo a otra cosa. ‖ **2.** Hecho de acuerdo y simultáneamente por varias personas. *Declaración* CONJUNTA. ‖ **3.** m. Agregado de varias personas o cosas. ‖ **4.** Juego de vestir femenino hecho generalmente con tejido de punto y compuesto de jersey y chaqueta, o también de otras prendas. ‖ **5.** Orquesta formada por un pequeño número de miembros que cultivan la música ligera y acompañan a un cantante o cantan ellos mismos. ‖ **6.** Equipo deportivo. ‖ **7.** *Mat.* La totalidad de los entes matemáticos que tienen una propiedad común. *El* CONJUNTO *de los números primos.*

conjura. f. **conjuración,** acción y efecto de conjurarse.

conjuración. f. Acción y efecto de conjurarse.

conjurado, da. adj. Que entra en una conjuración. Ú. t. c. s.

conjurar. intr. Ligarse con otro, mediante juramento, para algún fin. Ú. t. c. prnl. ‖ **2.** fig. Conspirar, uniéndose muchas personas o cosas contra alguien, para hacerle daño o perderle. Ú. t. c. prnl. ‖ **3.** tr. Decir exorcismos el que tiene potestad para ello. ‖ **4.** fig. Impedir, evitar, alejar un daño o peligro.

conjuro. m. Acción y efecto de **conjurar,** exorcizar. ‖ **2.** Fórmula mágica que se dice, recita o escribe para conseguir algo que se desea.

conllevar. tr. Implicar, suponer, acarrear.

conmemoración. f. Memoria o recuerdo que se hace de una persona o cosa, especialmente si se celebra con un acto o ceremonia.

conmemorar. tr. Hacer memoria o conmemoración.

conmemorativo, va. adj. Que recuerda a una persona o cosa, o hace conmemoración de ella. *Monumento, sello* CONMEMORATIVO; *fundación, estatua, inscripción* CONMEMORATIVA.

conmensurar. tr. Medir con igualdad o debida proporción.

conmigo. Forma especial del pronombre personal *mí,* cuando va precedido de la preposición *con.*

conminación. f. Acción y efecto de conminar.

conminar. tr. **amenazar,** manifestar con actos o palabras que se quiere hacer algún mal a otro. ‖ **2.** *Der.* Requerir la autoridad a alguien el cumplimiento de un mandato, bajo pena determinada.

conminatorio, ria. adj. Que conmina. ‖ **2.** Aplícase al juramento con que se conmina a una persona. Ú. t. c. s.

conmiseración. f. Compasión que se tiene del mal de otro.

conmoción. f. Movimiento o perturbación violenta del ánimo o del cuerpo. ‖ **cerebral.** Estado de aturdimiento o de pérdida del conocimiento, producido por un golpe en la cabeza, por una descarga eléctrica o por los efectos de una violenta explosión.

conmocionar. tr. Producir conmoción. Ú. t. c. prnl.

conmovedor, ra. adj. Que conmueve.

conmover. tr. Perturbar, inquietar, alterar, mover fuertemente o con eficacia. Ú. t. c. prnl. ‖ **2. enternecer,** mover a compasión. ❑ Irreg. Se conj. como *mover.*

conmutabilidad. f. Calidad de conmutable.

conmutable. adj. Que se puede conmutar.

conmutación. f. Acción y efecto de conmutar.

conmutador, ra. adj. Que conmuta. ‖ **2.** m. *Argent., Col., C. Rica, El Salv., Méj.* y *P. Rico.* Centralita telefónica. ‖ **3.** *Fís.* Pieza de los aparatos eléctricos que sirve para que una corriente cambie de conductor.

conmutar. tr. Cambiar en general una cosa por otra. ‖ **2.** Tratándose de penas o castigos impuestos, sustituirlos por otros menos graves.

conmutativo, va. adj. Que conmuta o tiene virtud de conmutar. ‖ **2.** *Mat.* Dícese de las operaciones en las que el orden de los datos no altera el resultado.

connatural. adj. Propio o conforme a la naturaleza del ser viviente.

connivencia. f. Disimulo o tolerancia en el superior acerca de las transgresiones que cometen sus subordinados contra las reglas o las leyes bajo las cuales viven. ‖ **2.** Confabulación.

connivente. adj. *Bot.* Dícese de las hojas u otras partes de una planta que tienden a aproximarse. ‖ **2.** Que forma connivencia.

connotación. f. Acción y efecto de connotar.

connotar. tr. *Ling.* Conllevar la palabra, además de su significado propio o específico, otro asociado de carácter subjetivo.

connotativo, va. adj. *Gram.* Dícese de lo que connota.

cono. m. *Bot.* Fruto de las coníferas. ‖ **2.** *Geom.* Sólido generado por un triángulo rectángulo al girar sobre uno de sus catetos. ‖ **3.** *Geom.* Superficie cónica. ‖ **4.** Montaña o agrupación de lavas, cenizas y otras materias, de forma cónica. ‖ **5.** *Anat.* Prolongación conoidea, de figura semejante a la de una botella, de cada una de ciertas células de la retina de los vertebrados, que está situada en la llamada capa de los **conos** y bastoncillos y recibe las impresiones luminosas de color. ‖ **sur.** Geopolíticamente, la región de América Meridional que comprende Chile, Argentina y Uruguay, y a veces Paraguay.

conocedor, ra. adj. Que conoce. ‖ **2.** Experto, entendido en alguna materia. Ú. t. c. s.

conocer. tr. Averiguar por el ejercicio de las facultades intelectuales la naturaleza, cualidades y relaciones de las cosas. ‖ **2.** Entender, advertir, saber, notar. ‖ **3.** Tener trato y comunicación con alguno. Ú. t. c. prnl. ❑ Irreg. Se conj. como *agradecer.*

conocible. adj. Que se puede conocer, o es capaz de ser conocido.

conocido, da. adj. Distinguido, acreditado, ilustre. ‖ **2.** m. y f. Persona con quien se tiene trato o comunicación, pero no amistad.

conocimiento. m. Acción y efecto de conocer. ‖ **2.** Cada una de las facultades sensoriales del hombre en la medida en que están activas. *Perder, recobrar el* CONOCIMIENTO. ‖ **3.** pl. Noción, ciencia, sabiduría.

conoide. m. *Geom.* Sólido limitado por una superficie curva con punta o vértice a semejanza del cono.

conoideo, a. adj. Que tiene figura cónica. Se aplica comúnmente a cierta especie de conchas.

conopeo. m. Velo en forma de pabellón para cubrir por fuera el sagrario en que se reserva la Eucaristía.

conque. conj. ilat. con la cual se enuncia una consecuencia natural de lo que acaba de decirse. ‖ **2.** Se emplea introduciendo una frase exclamativa que expresa sorpresa o censura al interlocutor. ¡CONQUE *te ha tocado la lotería!,* ¡CONQUE *hoy me pagabas la deuda!*

conquense. adj. Natural de Cuenca. Ú. t. c. s. ‖ **2.** Perteneciente o relativo a esta ciudad o a su provincia.

conquiforme. adj. De figura de concha.

conquiliología. f. Parte de la zoología, que trata del estudio de las conchas de los moluscos.

conquista. f. Acción y efecto de conquistar. ‖ **2.** Cosa conquistada. ‖ **3.** Persona cuyo amor se logra.

conquistador, ra. adj. Que conquista. Ú. t. c. s.

conquistar. tr. Ganar, mediante operación de guerra, un territorio, población, posición, etc. ‖ **2.** Ganar, conseguir alguna cosa, generalmente con esfuerzo, habilidad o venciendo algunas dificultades. CONQUISTAR *una posición social elevada.* ‖ **3.** fig. Ganar la voluntad de una persona, o traerla alguien a su partido. ‖ **4.** fig. Lograr el amor de una persona, cautivar su ánimo.

consabido, da. adj. Conocido, habitual, característico.

consaburense. adj. Natural de Consuegra. Ú. t. c. s. ‖ **2.** Perteneciente o relativo a esta villa de la provincia de Toledo.

consagración. f. Acción y efecto de consagrar o consagrarse.

consagrar. tr. Conferir a alguien fama o preeminencia, etc., en determinada actividad. *Aquella novela lo* CONSAGRÓ *como gran escritor.* Ú. t. c. prnl. *Con aquel tratado* SE CONSAGRÓ *como diplomático.* ‖ **2.** Dedicar, ofrecer a Dios por culto o voto una persona o cosa. Ú. t. c. prnl. ‖ **3.** fig. Erigir un monumento, como estatua, sepulcro, etc., para perpetuar la memoria de una persona o suceso. ‖ **4.** fig. Dedicar con suma eficacia y ardor una cosa a determinado fin. CONSAGRAR *la vida a la defensa de la verdad.* Ú. t. c. prnl. CONSAGRARSE *al estudio.* ‖ **5.** intr. Pronunciar el sacerdote en la misa las palabras de la transubstanciación. Ú. t. c. tr.

consanguíneo, a. adj. Dícese de la persona que tiene parentesco de consanguinidad con otra. Ú. t. c. s.

consanguinidad. f. Unión, por parentesco natural, de varias personas que descienden de una misma raíz o tronco.

consciencia. f. *Psicol.* **conciencia.**

consciente. adj. Que siente, piensa, quiere y obra con conocimiento de lo que hace. ‖ **2.** Dícese de lo que se hace en estas condiciones. ‖ **3.** Con pleno uso de los sentidos y facultades.

consecución. f. Acción y efecto de conseguir.

consecuencia. f. Hecho o acontecimiento que se sigue o resulta de otro. ‖ **2.** *Lóg.* Proposición que se deduce de otra o de otras, con enlace tan riguroso, que, admitidas o negadas las premisas, es ineludible el admitirla o negarla. ‖ **a consecuencia.** loc. conjunt. Por efecto, como resultado. ‖ **en consecuencia.** loc. conjunt. que se usa para denotar que alguna cosa que se hace o ha de hacer es conforme a lo dicho, mandado o acordado anteriormente.

consecuente. adj. Que sigue en orden respecto de una cosa, o está situado o colocado a su continuación. ‖ **2.** Dícese de la persona cuya conducta guarda correspondencia lógica con los principios que profesa.

consecutivo, va. adj. Dícese de las cosas que se siguen o suceden sin interrupción. ‖ **2.** Que sigue inmediatamente a otra cosa o es consecuencia de ella. ‖ **3.** Dícese de la oración gramatical que expresa consecuencia de lo indicado en otra u otras. *Pienso,* LUEGO EXISTO; *el enemigo había cortado el puente,* ASÍ QUE NO FUE POSIBLE SEGUIR ADELANTE.

conseguir. tr. Alcanzar, obtener, lograr lo que se pretende o desea. ❑ Irreg. Se conj. como *pedir.*

conseja. f. Cuento, fábula, patraña, ridículos y de sabor antiguo. ‖ **2.** Junta para tratar de cosas ilícitas.

consejería. f. Lugar, establecimiento, oficina, etc., donde funciona un consejo, corporación consultiva, administrativa o de gobierno. ‖ **2.** Cargo de consejero. ‖ **3.** Departamento del gobierno de una comunidad autónoma.

consejero, ra. m. y f. Persona que aconseja o sirve para aconsejar. ‖ **2.** Miembro de alguno de los actuales consejos. ‖ **3.** m. Titular de una consejería, departamento de gobierno.

consejo. m. Parecer o dictamen que se da o toma para hacer o no hacer una cosa. ‖ **2.** Tribunal supremo que se componía de diferentes ministros, con un presidente o gobernador, para los negocios de gobierno y la administración de la justicia. Tomaba nombre según el territorio o los asuntos de su jurisdicción. CONSEJO *de Castilla, de Aragón, de Hacienda.* ‖ **3.** Corporación consultiva encargada de informar al gobierno sobre determinada materia o ramo de la administración pública. CONSEJO *de Agricultura, de Instrucción pública.* ‖ **4.** Cuerpo administrativo y consultivo en las sociedades o compañías particulares. Suele llamarse **consejo** de administración. CONSEJO *del Banco de España, de los Ferrocarriles del Norte.* ‖ **5.** Casa o sitio donde se juntan los **consejos.** *Vamos al* CONSEJO; *ya salen las gentes del* CONSEJO. ‖ **de Estado.** Alto cuerpo consultivo que entiende en los negocios más graves e importantes del Estado. Ha existido en varias épocas y con diversas atribuciones. ‖ **de guerra.** Tribunal compuesto de generales, jefes u oficiales, que, con asistencia de un asesor del cuerpo jurídico, entiende en las causas de la jurisdicción militar. ‖ **de Ministros.** Cuerpo de ministros del Estado. ‖ **2.** Reunión de los ministros para tratar de los negocios de Estado. Lo preside el jefe del poder ejecutivo o el ministro designado por él para ser jefe del gabinete, con el nombre de presidente del **Consejo** de Ministros.

consenso. m. Asenso, consentimiento, y más particularmente el de todas las personas que componen una corporación. *Mutuo* CONSENSO.

consensual. adj. Perteneciente o relativo al consenso.

consensuar. tr. Adoptar una decisión de común acuerdo entre dos o más partes.

consentido, da. adj. Aplícase a la persona mimada con exceso.

consentidor, ra. adj. Que consiente que se haga una cosa, debiendo y pudiendo estorbarla. Ú. t. c. s.

consentimiento. m. Acción y efecto de consentir.

consentir. tr. Permitir una cosa o condescender en que se haga. Ú. t. c. intr. ‖ **2.** Mimar a los hijos, ser muy indulgente con los niños o con los inferiores. ❑ Irreg. Se conj. como *sentir*.

conserje. com. Persona que tiene a su cuidado la custodia, limpieza y llaves de un edificio o establecimiento público.

conserjería. f. Oficio y empleo de conserje. ‖ **2.** Habitación que el conserje ocupa en el edificio que está a su cuidado.

conserva. f. Carne, pescado, fruta, etc., preparados convenientemente y envasados herméticamente para ser conservados comestibles durante mucho tiempo.

conservación. f. Acción y efecto de conservar o conservarse.

conservador, ra. adj. Que conserva. Ú. t. c. s. ‖ **2.** Dícese de personas, partidos, gobiernos, etc., especialmente favorables a la continuidad en las formas de vida colectiva y adversas a los cambios bruscos o radicales. Ú. t. c. s.

conservadurismo. m. Doctrina política de los partidos conservadores. ‖ **2.** Actitud conservadora en política, ideología, etc.

conservante. adj. Que conserva. ‖ **2.** m. Sustancia que añadida a ciertos alimentos sirve para conservarlos sin alterar sus cualidades.

conservar. tr. Mantener una cosa o cuidar de su permanencia. Ú. t. c. prnl.

conservatorio. m. Establecimiento, oficial por lo común, en el que se dan enseñanzas de música, declamación y otras artes conexas.

conservero, ra. adj. Perteneciente o relativo a las conservas. *Industria* CONSERVERA. ‖ **2.** m. y f. Persona que tiene por oficio hacer conservas o que sabe hacerlas.

considerable. adj. Digno de consideración. ‖ **2.** Suficientemente grande, cuantioso o importante.

consideración. f. Acción y efecto de considerar. ‖ **2.** Urbanidad, respeto.

considerado, da. adj. Que tiene por costumbre obrar con meditación y reflexión. ‖ **2.** Que recibe de los demás muestras repetidas de atención y respeto.

considerar. tr. Pensar, meditar, reflexionar una cosa con atención y cuidado. ‖ **2.** Tratar a una persona con urbanidad o respeto. ‖ **3.** Juzgar, estimar. Ú. t. c. prnl.

consigna. f. Dicho de agrupaciones políticas, sindicales, etc., orden que una persona u organismo dirigente da a los subordinados o afiliados. ‖ **2.** En las estaciones de ferrocarril, aeropuertos, etc., local en que los viajeros depositan temporalmente equipajes, paquetes, etc.

consignar. tr. Destinar los réditos de una finca o de cualquier otro bien para el pago de una deuda o de una renta. ‖ **2.** Asentar en un presupuesto una partida para atender a determinados gastos o servicios. ‖ **3.** Entregar o poner en depósito una cosa. ‖ **4.** Tratándose de opiniones, votos, doctrinas, hechos, circunstancias, datos, etc., asentarlos por escrito, a menudo con formalidad jurídica o de modo solemne.

consignatario. m. El que recibe en depósito, por auto judicial, el dinero que otro consigna.

consigo. Forma especial del pronombre personal *sí*, cuando va precedido de la preposición *con*.

consiguiente. adj. Que se deduce de otra cosa. ‖ **por consiguiente,** o **por el consiguiente.** loc. conjunt. ilat. Por consecuencia, por lo que antes se ha dicho, por el motivo o las razones anteriores.

consiliario, ria. m. y f. **consejero,** persona que aconseja o sirve para aconsejar.

consistencia. f. Duración, estabilidad, solidez. ‖ **2.** Trabazón, coherencia entre las partículas de una masa o los elementos de un conjunto.

consistente. adj. Que consiste. ‖ **2.** Que tiene consistencia.

consistir. intr. Estribar, estar fundada una cosa en otra. *Su trabajo* CONSISTE *en corregir pruebas*. ‖ **2.** Ser efecto de una causa. ❑ Ú. con la prep. *en*.

consistorial. adj. Perteneciente al consistorio. Ú. t. c. s.

consistorio. m. Junta o consejo que celebra el Papa con asistencia de los cardenales de la Iglesia Romana. ‖ **2.** En algunas ciudades y villas principales de España, ayuntamiento o cabildo secular.

consola. f. Mesa hecha para estar arrimada a la pared, comúnmente sin cajones y con un segundo tablero inmediato al suelo. ‖ **2.** Dispositivo que, integrado o no en una máquina, contiene los instrumentos para su control y operación.

consolación. f. Acción y efecto de consolar o consolarse.

consolador, ra. adj. Que consuela. Ú. t. c. s.

consolar. tr. Aliviar la pena o aflicción de alguien. Ú. t. c. prnl. ❑ Irreg. Se conj. como *contar*.

consolidación. f. Acción y efecto de consolidar o consolidarse.

consolidar. tr. Dar firmeza y solidez a una cosa. ‖ **2.** fig. Reunir, volver a juntar lo que antes se había quebrado o roto, de modo que quede firme. ‖ **3.** fig. Asegurar del todo, afianzar más y más una cosa; como la amistad, la alianza, etc.

consomé. m. Caldo de carne concentrado.

consonancia. f. *Mús.* Cualidad de aquellos sonidos que, oídos simultáneamente, producen efecto agradable. ‖ **2.** Identidad de sonido en la terminación de dos palabras, desde la vocal que lleva el acento, aunque las demás letras no sean exactamente iguales en su figura. ‖ **3.** fig. Relación de igualdad o conformidad que tienen algunas cosas entre sí.

consonante. adj. Dícese de cualquier voz con respecto a otra de la misma consonancia. Ú. t. c. s. m. ‖ **2.** V. **letra consonante.** Ú. t. c. s. ‖ **3.** fig. Que tiene relación de igualdad o conformidad con otra cosa, de la cual es correspondiente y correlativa. ‖ **4.** *Mús.* Que forma consonancia. Ú. t. c. s.

consonántico, ca. adj. Perteneciente o relativo a las consonantes. ‖ **2.** Perteneciente o relativo a la consonancia.

consonantismo. m. *Fon.* Sistema consonántico de una lengua.

consorcio. m. Participación y comunicación de una misma suerte con una o varias personas. ‖ **2.** Agrupación de entidades para negocios importantes.

consorte. com. Persona que es partícipe y compañera con otra u otras en la misma suerte. ‖ **2.** Marido respecto de la mujer, y mujer respecto del marido.

conspicuo, cua. adj. Ilustre, visible, sobresaliente.

conspiración. f. Acción de conspirar; unirse contra un superior o un particular.

conspirador, ra. m. y f. Persona que conspira.

conspirar. intr. Unirse algunos contra su superior o soberano. ‖ **2.** Unirse contra un particular para hacerle daño.

constancia[1]. f. Firmeza y perseverancia del ánimo en las resoluciones y en los propósitos.

constancia[2]. f. Acción y efecto de hacer constar alguna cosa de manera fehaciente. ‖ **2.** Certeza, exactitud de algún hecho o dicho. ‖ **3.** Escrito en que se ha hecho constar algún acto o hecho, a veces de manera fehaciente. ❑ Ú. m. con los verbos *haber, dejar,* etc., y en la fr. **para constancia,** para que conste.

constante. adj. Que tiene constancia. ‖ **2.** Dicho de las cosas, persistente, durable. ‖ **3.** Continuamente reiterado. Ú. t. c. s. f. *La ironía es una* CONSTANTE *en su obra.* ‖ **4.** f. *Mat.* Cantidad que tiene un valor fijo en un determinado proceso, cálculo, etc. ‖ **constantes vitales.** *Med.* Conjunto de datos relativos a la composición y las funciones del organismo, como la cifra de glucosa y de urea en la sangre, el grado de acidez del suero sanguíneo, la tensión arterial, etc., cuyo valor debe mantenerse dentro de los límites para que la vida prosiga en condiciones normales.

constantinopolitano, na. adj. Natural de Constantinopla. Ú. t. c. s. ‖ **2.** Perteneciente o relativo a esta ciudad.

constar. intr. Ser cierta o manifiesta una cosa. ‖ **2.** Quedar registrada por escrito una cosa, o notificada oralmente a una o varias personas. ‖ **3.** Tener un todo determinadas partes. *Un soneto* CONSTA *de dos cuartetos y dos tercetos.*

constatación. f. Acción y efecto de constatar.

constatar. tr. Comprobar un hecho, establecer su veracidad, dar constancia de él.

constelación. f. Conjunto de estrellas que, mediante trazos imaginarios sobre la aparente superficie celeste, forman un dibujo que evoca determinada figura (un animal, un personaje mitológico, etc.). ‖ **2.** fig. Conjunto, reunión armoniosa.

consternación. f. Acción y efecto de consternar o consternarse.

consternado, da. adj. Muy apenado, hondamente abatido. *Quedó* CONSTERNADO *con la noticia de su muerte.*

consternar. tr. Conturbar mucho y abatir el ánimo. Ú. m. c. prnl.

constipado. m. **catarro.** ‖ **2. resfriado,** destemple general del cuerpo.

constiparse. prnl. Acatarrarse, resfriarse.

constitución. f. Acción y efecto de constituir. ‖ **2.** Esencia y calidades de una cosa que la constituyen como es y la diferencian de las demás. ‖ **3.** Forma o sistema de gobierno que tiene cada Estado. ‖ **4.** Ley fundamental de la organización de un Estado. ‖ **5.** Estado actual y circunstancias de una determinada colectividad. ‖ **6.** *Fisiol.* Naturaleza y relación de los sistemas y aparatos orgánicos, cuyas funciones determinan el grado de fuerzas y vitalidad de cada individuo.

constitucional. adj. Perteneciente a la Constitución de un Estado. ‖ **2.** Adicto a ella. Ú. t. c. s. ‖ **3.** Propio de la constitución de un individuo o perteneciente a ella.

constitucionalidad. f. Calidad de constitucional.

constituir. tr. Formar, componer, ser. *El sol y los planetas* CONSTITUYEN *el sistema solar. El robo* CONSTITUYE *delito.* ‖ **2.** Establecer, erigir, fundar. CONSTITUIR *una familia.* Ú. t. c. prnl. CONSTITUIRSE *en tribunal.* ‖ **3.** prnl. Seguido de una de las preposiciones *en* o *por,* asumir obligación, cargo o cuidado. SE CONSTITUYÓ EN *fiador;* SE CONSTITUYÓ POR *su guardador.* ❑ Irreg. Se conj. como *huir.*

constitutivo, va. adj. Dícese de lo que forma parte esencial o fundamental de una cosa y la distingue de las demás. Ú. t. c. s. m.

constituyente. adj. Que constituye o establece. ‖ **2.** Dícese de las Cortes, asambleas, convenciones, congresos, etc., convocados para elaborar o reformar la Constitución del Estado. Ú. t. c. s.

constreñir. tr. Obligar, precisar, compeler por fuerza a alguien a que haga y ejecute alguna cosa. ‖ **2.** Oprimir, reducir, limitar. *Las reglas rígidas* CONSTRIÑEN *la imaginación.* ❑ Irreg. Se conj. como *ceñir.*

constricción. f. Acción y efecto de constreñir.

constrictor, ra. adj. Que produce constricción.

constringente. adj. Que constriñe o aprieta.

construcción. f. Acción y efecto de construir. ‖ **2.** Tratándose de edificios, obra construida.

constructivismo. m. Movimiento de arte de vanguardia, interesado especialmente por la organización de los planos y la expresión del volumen utilizando materiales de la época industrial.

constructivo, va. adj. Dícese de lo que construye o sirve para construir, por oposición a lo que destruye.

constructor, ra. adj. Que construye. Ú. t. c. s.

construir. tr. Fabricar, edificar, hacer de nueva planta una obra de arquitectura o ingeniería, un monumento o en general cualquier obra pública. ❑ Irreg. Se conj. como *huir.*

consubstanciación. f. *Teol.* Presencia de Jesucristo en la Eucaristía, en sentido luterano; es decir, conservando el pan y el vino su propia sustancia y no una mera apariencia.

consubstancial. adj. *Teol.* Que es de la misma sustancia, naturaleza indivisible y esencia que otro.

consuegro, gra. m. y f. Padre o madre de una de dos personas unidas en matrimonio, respecto del padre o madre de la otra.

consuelo. m. Descanso y alivio de la pena, molestia o fatiga que aflige y oprime el ánimo. ‖ **2.** Gozo, alegría.

consuetudinario, ria. adj. Dícese de lo que es de costumbre.

cónsul. m. Cada uno de los dos magistrados que tenían en la República romana la suprema autoridad, la cual duraba solamente un año. ‖ **2.** Magistrado de algunas repúblicas o municipios. ‖ **3.** com. Persona autorizada en puerto u otra población de un Estado extranjero para proteger las personas e intereses de los individuos de la nación que lo nombra.

consulado. m. Dignidad de cónsul. ‖ **2.** Tiempo que duraba esta dignidad. ‖ **3.** Cargo de cónsul de una potencia. ‖ **4.** Territorio o distrito en que un cónsul ejerce su autoridad. ‖ **5.** Casa u oficina en que despacha el cónsul.

consular. adj. Perteneciente o relativo a la dignidad de cónsul romano. *Provincia, familia* CONSULAR. ‖ **2.** Perteneciente o relativo al cónsul y a su jurisdicción.

consulta. f. Acción y efecto de consultar. ‖ **2.** Parecer o dictamen que por escrito o de palabra se pide o se da acerca de una cosa. ‖ **3.** Conferencia entre profesionales para resolver alguna cosa. ‖ **4.** Acción de atender el médico a sus pacientes en un espacio de tiempo determinado. ‖ **5. consultorio,** local en que el médico recibe a los pacientes.

consultar. tr. Examinar, tratar un asunto con una o varias personas. ‖ **2.** Buscar documentación o datos sobre algún asunto o materia. ‖ **3.** Pedir parecer, dictamen o consejo.

consultivo, va. adj. Aplícase a las materias que los consejos o tribunales deben consultar con el jefe del Estado. ‖ **2.** Se dice de las juntas o corporaciones establecidas para ser oídas y consultadas por los que gobiernan.

consultor, ra. adj. Que da su parecer, consultado sobre algún asunto. Ú. t. c. s. ‖ **2.** m. Cada uno de los individuos no investidos con la dignidad cardenalicia que con voz y voto forman parte de alguna de las congregaciones de la curia romana, ya por razón de sus cargos, ya elegidos por el Sumo Pontífice.

consultoría. f. Actividad del consultor. ‖ **2.** Despacho o local donde trabaja el consultor.

consultorio. m. Establecimiento privado donde se despachan informes o consultas sobre materias técnicas. ‖ **2.** Local en que el médico recibe y atiende a sus pacientes. ‖ **3.** Sección que en los periódicos o emisoras de radio está destinada a contestar las preguntas que les hace el público.

consumación. f. Acción y efecto de consumar. ‖ **2.** Extinción, acabamiento total.

consumado, da. adj. Dícese de la persona que, en su oficio o especialidad, ha acreditado cierto grado de excelencia o perfección. *Un bailarín* CONSUMADO.

consumar. tr. Llevar a cabo totalmente una cosa. CONSUMAR *la redención del género humano;* CONSUMAR *un sacrificio, un crimen.*

consumición. f. Acción y efecto de consumir o consumirse. ‖ **2.** Lo que se consume en un café, bar o establecimiento público.

consumido, da. adj. fig. y fam. Muy flaco, extenuado y macilento.

consumidor, ra. adj. Que consume. Ú. t. c. s.

consumir. tr. Destruir, extinguir. Ú. t. c. prnl. ‖ **2.** Utilizar comestibles perecederos u otros géneros de vida efímera para satisfacer necesidades o gustos pasajeros. ‖ **3.** Gastar energía o un producto energético. ‖ **4.** Recibir o tomar el sacerdote la comunión en la misa. Ú. t. c. intr. ‖ **5.** fig. y fam. Desazonar, apurar, afligir. Ú. t. c. prnl.

consumismo. m. Actitud de consumo repetido e indiscriminado de bienes en general materiales y no absolutamente necesarios.

consumo. m. Acción y efecto de **consumir** comestibles y otros géneros de vida efímera. ‖ **2.** Acción y efecto de **consumir,** gastar energía.

consunción. f. Acción y efecto de consumir o consumirse.

consuntivo, va. adj. Que tiene virtud de consumir.

consustancial. adj. *Teol.* **consubstancial.**

contabilidad. f. Aptitud de las cosas para poder reducirlas a cuenta o cálculo. ‖ **2.** Sistema adoptado para llevar la cuenta y razón en las oficinas públicas y particulares.

contabilizar. tr. Apuntar una partida o cantidad en los libros de cuentas. ❑ No utilizar por *contar.*

contable. adj. Que puede ser contado. ‖ **2.** Perteneciente o relativo a la contabilidad. ‖ **3.** com. **tenedor de libros.**

contactar. tr. Establecer contacto o comunicación.

contacto. m. Acción y efecto de tocarse dos o más cosas. ‖ **2.** Conexión entre dos partes de un circuito eléctrico. ‖ **3. enlace,** persona que tiene relación con otras, especialmente dentro de una organización. ‖ **4.** fig. Relación o trato que se establece entre dos o más personas o entidades. ‖ **5.** *Fotogr.* Impresión positiva, obtenida por **contacto,** de un negativo fotográfico. Ú. m. en pl.

contado, da. adj. **raro,** escaso. ‖ **2.** Determinado, señalado. ‖ **al contado.** loc. adv. Con dinero contante. ‖ **2.** Con pago inmediato en moneda efectiva o su equivalente.

contador, ra. adj. Que cuenta. Ú. t. c. s. ‖ **2.** m. Aparato destinado a medir el volumen de agua o de gas que pasa por una cañería, o la cantidad de electricidad que recorre un circuito en un tiempo determinado. ‖ **3. contable**, tenedor de libros.

contaduría. f. Oficio de contador. ‖ **2.** Oficina donde se lleva la cuenta y razón de los caudales o gastos de una institución, administración, etc.

contagiar. tr. Transmitir una enfermedad a alguien. Ú. t. en sent. fig. ‖ **2.** prnl. Adquirir por contagio una enfermedad. Ú. t. en sent. fig.

contar
INDICATIVO
Presente: cuento, cuentas, cuenta, contamos, contáis, cuentan.
Pretérito imperfecto: contaba, contabas, contaba, contábamos, contabais, contaban.
Pretérito indefinido: conté, contaste, contó, contamos, contasteis, contaron.
Futuro imperfecto: contaré, contarás, contará, contaremos, contaréis, contarán.
Condicional: contaría, contarías, contaría, contaríamos, contaríais, contarían.
SUBJUNTIVO
Presente: cuente, cuentes, cuente, contemos, contéis, cuenten.
Pretérito imperfecto: contara o contase, contaras o contases, contara o contase, contáramos o contásemos, contarais o contaseis, contaran o contasen.
Futuro imperfecto: contare, contares, contare, contáremos, contareis, contaren.
IMPERATIVO
cuenta (tú); contad (vosotros).
FORMAS NO PERSONALES
Infinitivo: contar.
Participio: contado.
Gerundio: contando.

contagio. m. Transmisión, por contacto inmediato o mediato, de una enfermedad específica. ‖ **2.** fig. Transmisión de hábitos, actitudes, simpatías, etc., a consecuencia de influencias de uno u otro orden.

contagioso, sa. adj. Aplícase a las enfermedades que se pegan y comunican por contagio. ‖ **2.** Que se pega o propaga fácilmente. *Risa* CONTAGIOSA.

contaminación. f. Acción y efecto de contaminar o contaminarse.

contaminante. adj. Que contamina. Ú. t. c. s.

contaminar. tr. Alterar, dañar la pureza o el estado de alguna cosa. CONTAMINAR *los alimentos, las aguas, el aire, los organismos.* Ú. t. c. prnl. SE HA CONTAMINADO *de radiactividad.* ‖ **2.** Contagiar, causar infección. Ú. t. c. prnl.

contante. adj. Aplícase al dinero efectivo. Dícese también **contante y sonante.**

contar. tr. Numerar o computar las cosas considerándolas como unidades homogéneas. CONTAR *los días, las ovejas.* ‖ **2.** Referir un suceso, sea verdadero o fabuloso. || **3.** Tener en cuenta, considerar. Y CUENTA *que esto no es todo.* || **4.** Poner a alguien en el número, clase u opinión que le corresponde. *Siempre te* HE CONTADO *entre los mejores.* Ú. t. c. prnl. || **5.** Dicho de años, tenerlos. || **6.** intr. Hacer, formar cuentas según las reglas de la aritmética. || **7. valer,** equivaler. *Come tanto que* CUENTA *por dos.* || **8.** Importar, ser de consideración. *Un pequeño error no* CUENTA. || **contar con** alguien. fr. Tenerle en cuenta. CONTÓ CON *ellos para el convite.* || **2.** Tener, disponer de una cualidad o de cierto número de personas o cosas. *El equipo* CUENTA CON *once jugadores.* CUENTO CON *su simpatía.* ❑ Irreg. Ver conjugación modelo.

contemplación. f. Acción de contemplar. || **2.** Consideración, atención o miramiento que se guarda a alguien. || **3.** pl. Miramientos que cohíben de hacer algo.

contemplar. tr. Poner la atención en alguna cosa material o espiritual. || **2.** Considerar, juzgar. || **3.** Complacer a una persona, ser condescendiente con ella, por afecto, por respeto, por interés o por lisonja. || **4.** *Teol.* Ocuparse el alma con intensidad en pensar en Dios y considerar sus atributos divinos o los misterios de la religión.

contemplativo, va. adj. Perteneciente a la contemplación. || **2.** Que contempla. || **3.** Especulativo, teórico, en oposición a pragmático o activo. || **4.** *Teol.* Muy dado o consagrado a la contemplación de las cosas divinas. Ú. t. c. s.

contemporaneidad. f. Calidad de contemporáneo.

contemporáneo, a. adj. Existente en el mismo tiempo que otra persona o cosa. Ú. t. c. s. || **2.** Relativo al tiempo o época actual. ❑ No utilizar por *coetáneo.*

contemporizar. intr. Acomodarse al gusto o dictamen ajeno por algún respeto o fin particular.

contención. f. Acción y efecto de **contener,** sujetar el movimiento de un cuerpo. *Un muro de* CONTENCIÓN.

contencioso, sa. adj. Dícese del que por costumbre disputa o contradice todo lo que otros afirman. || **2.** *Der.* Aplícase a las materias sobre las que se contiende en juicio, o a la forma en que se litiga. || **3.** *Der.* Dícese de los asuntos sometidos al fallo de los tribunales en forma de litigio, en contraposición a los actos gubernativos y a los de jurisdicción voluntaria. Ú. t. c. s. m. || **4.** *Der.* V. **recurso contencioso administrativo.**

contender. intr. Lidiar, pelear, batallar. || **2.** Discutir, contraponer opiniones, puntos de vista, etc. ❑ Irreg. Se conj. como *entender.*

contendiente. adj. Que contiende. Ú. t. c. s.

contenedor[1]**.** m. Embalaje metálico grande y recuperable, de tipos y dimensiones normalizados internacionalmente y con dispositivos para facilitar su manejo. || **2.** Por ext., cualquier recipiente amplio para depositar residuos diversos.

contenedor[2]**, ra.** adj. Que contiene.

contener. tr. Llevar o encerrar dentro de sí una cosa a otra. Ú. t. c. prnl. || **2.** Reprimir o sujetar el movimiento o impulso de un cuerpo. Ú. t. c. prnl. || **3.** fig. Reprimir o moderar una pasión. Ú. t. c. prnl. ❑ Irreg. Se conj. como *tener.*

contenible. adj. Que se puede contener.

contenido, da. adj. fig. Que se conduce con moderación o sobriedad. || **2.** m. Lo que se contiene dentro de una cosa. || **3.** *Ling.* Significado de un signo lingüístico o de un enunciado.

contentar. tr. Satisfacer el gusto o las aspiraciones de alguien; darle contento. || **2.** prnl. Darse por contento, quedar contento. || **3.** Reconciliarse los que estaban disgustados.

contento, ta. adj. Alegre, satisfecho. || **2.** m. Alegría, satisfacción.

conteo. m. Cálculo, valoración.

contera. f. Pieza comúnmente de metal que se pone en el extremo opuesto al puño del bastón, paraguas, sombrilla, vaina de la espada y aun de otros objetos. || **2.** Estribillo del verso.

contero. m. *Arq.* Moldura en forma de cuentas como de rosario, puestas en una misma dirección.

contertulio, lia. m. y f. fam. Persona que concurre con otras a una tertulia.

contestación. f. Acción y efecto de contestar. || **2.** Polémica, oposición o protesta, a veces violenta, contra lo establecido.

contestador, ra. adj. Que contesta. Ú. t. c. s. || **2.** m. Aparato que, conectado al teléfono, emite automáticamente mensajes grabados y registra las llamadas recibidas. || **automático. contestador,** aparato.

contestar. tr. Responder a lo que se pregunta, se habla o se escribe. || **2.** Replicar, impugnar. || **3.** intr. Adoptar actitud polémica y a veces de oposición o protesta violenta contra lo establecido, ya sean las autoridades y sus actos, ya formas de vida, posiciones ideológicas, etc.

contestatario, ria. adj. Que polemiza, se opone o protesta, a veces violentamente, contra algo establecido. Ú. t. c. s.

contestón, na. adj. Dícese del que replica, por sistema, de malos modos, a superiores o mayores.

contexto. m. Entorno lingüístico del cual depende el sentido y el valor de una palabra, frase o fragmento considerados. || **2.** Por ext., entorno físico o de situación (político, histórico, cultural o de cualquier otra índole) en el cual se considera un hecho.

contextual. adj. Perteneciente o relativo al contexto.

contextualizar. tr. Situar en un determinado contexto.

contextuar. tr. Acreditar con textos.

contextura. f. Disposición y unión respectiva de las partes que juntas componen un todo. || **2.** Manera de estar físicamente constituida una persona.

contienda. f. Lidia, pelea, riña, batalla.

contigo. Forma especial del pronombre personal *ti,* cuando va precedido de la preposición *con.*

contigüidad. f. Inmediación de una cosa a otra.

contiguo, gua. adj. Que está tocando a otra cosa.

continencia. f. Moderación y comedimiento de los deseos y las pasiones. || **2.** Acción de contener.

continental. adj. Perteneciente a los países de un continente.

continente. adj. Que contiene. || **2.** Dícese de la persona que posee y practica la virtud de la continencia. || **3.** m. Cosa que contiene en sí a otra. || **4.** *Geogr.* Cada una de las grandes extensiones de tierra separadas por los océanos.

contingencia. f. Posibilidad de que una cosa suceda o no suceda. || **2.** Cosa que puede suceder o no suceder. || **3. riesgo.**

contingente. adj. Que puede suceder o no suceder. || **2.** m. **contingencia,** cosa que puede suceder. || **3.** Fuerzas militares de que dispone el mando. || **4.** Por ext., grupo, conjunto de personas o cosas que se distingue entre otros por su mayor aportación o colaboración en alguna circunstancia.

continuación. f. Acción y efecto de continuar.

continuador, ra. adj. Dícese de la persona que prosigue y continúa una cosa empezada por otra. Ú. t. c. s.

continuar. tr. Proseguir lo comenzado. || **2.** intr. Durar, permanecer. || **3.** prnl. Seguir, extenderse.

continuidad. f. Unión natural que tienen entre sí las partes del continuo.

continuismo. m. Situación en la que el poder de un político, un régimen, un sistema, etc., se prolonga indefinidamente, sin indicios de cambio o renovación.

continuo, nua. adj. Que dura, obra, se hace o se extiende sin interrupción. || **2.** Aplícase a las cosas que tienen unión entre sí. || **3.** Constante y perseverante en alguna acción. || **4.** m. Todo compuesto de partes unidas entre sí.

contonearse. prnl. Hacer al andar movimientos afectados con los hombros y caderas.

contoneo. m. Acción de contonearse.

contornear. tr. Dar vueltas alrededor o en contorno de un paraje o sitio. || **2.** *Pint.* Perfilar, hacer los contornos o perfiles de una figura.

contorno. m. Territorio o conjunto de parajes de que está rodeado un lugar o una población. Ú. m. en pl. || **2.** Conjunto de las líneas que limitan una figura o composición.

contorsión. f. Movimiento anómalo del cuerpo, o parte de él, que origina una actitud forzada y a veces grotesca.

contorsionarse. prnl. Hacer contorsiones.

contorsionista. com. Persona que ejecuta contorsiones difíciles en los circos.

contra. prep. con que se denota la oposición y contrariedad de una cosa con otra. Tiene uso como prefijo en voces compuestas. CONTRA*bando,* CONTRA*poner,* CONTRA*veneno.* || **2. hacia,** en dirección a. || **3.** A cambio de. *Entrega de un objeto* CONTRA *recibo.* || **4.** m. Concepto opuesto o contrario a otro. ❑ Ú. precedido del artículo *el* y en contraposición a *pro. Tomás es incapaz de defender el pro y el* CONTRA. || **5.** f. fam. Dificultad, inconveniente. || **llevar** a alguien **la contra.** fr. fam. Oponerse a lo que dice o intenta. ❑ No utilizar por *cuanto,* pron. correlat. o adv. relat.

contraalmirante. m. Oficial general de la armada, inmediatamente inferior al vicealmirante.

contraatacar. tr. Reaccionar ofensivamente contra el avance del enemigo, del rival, o del equipo contrario.

contraataque. m. Reacción ofensiva contra el avance del enemigo, de un rival o del equipo contrario.

contrabajista. com. Instrumentista que toca el contrabajo.

contrabajo. m. Instrumento de cuerda y de arco de forma parecida a la del violonchelo, pero de tamaño mucho mayor y que suena una octava más bajo. Actualmente tiene cuatro cuerdas y es el más grave de los instrumentos de esta clase. || **2.** *Mús.* Voz más grave y profunda que la del bajo ordinario. || **3.** com. Persona que ejerce o profesa el arte de tocar el **contrabajo.**

contrabandista. adj. Que practica el contrabando. Apl. a pers., ú. t. c. s.

contrabando. m. Comercio o producción de géneros prohibidos por las leyes a los particulares. || **2.** Introducción o exportación de géneros sin pagar los derechos de aduana a que están sometidos legalmente. || **3.** Mercaderías o géneros prohibidos o introducidos fraudulentamente. || **4.** fig. Lo que es o tiene apariencia de ilícito, aunque no lo sea. *Venir de* CONTRABANDO; *llevar algún* CONTRABANDO.

contrabarrera. f. Segunda fila de asientos en los tendidos de las plazas de toros.

contrabloqueo. m. *Mar.* En la guerra moderna, conjunto de operaciones destinadas a restar eficacia al bloqueo enemigo o a destruir las armas que para mantenerlo se emplean.

contracampo. m. *Cinem.* y *TV.* Paso de un encuadre al siguiente en una misma escena, desde distinto punto de vista y con un ángulo de toma similar, que rompe la continuidad de una narración con fines expresivos. Se denomina también contraplano.

contracción. f. Acción y efecto de contraer o contraerse. ‖ **2.** *Gram.* Figura de dicción que consiste en hacer una sola palabra de dos, de las cuales la primera acaba y la segunda empieza en vocal, suprimiendo una de estas vocales; v. gr.: AL por *a el;* DEL por *de el;* ESOTRO por *ese otro.* ‖ **3.** *Gram.* **sinéresis.**

contrachapado, da. adj. Dícese del tablero formado por varias capas finas de madera encoladas de modo que sus fibras queden entrecruzadas. Ú. t. c. s. m.

contraconcepción. f. **anticoncepción.**

contraconceptivo, va. adj. **anticonceptivo.**

contracorriente. f. *Meteor.* Revesa o corriente derivada y de dirección opuesta a la de la principal de que procede. ‖ **a contracorriente**. loc. adv. En contra de la opinión general.

contráctil. adj. Capaz de contraerse con facilidad.

contracto, ta. p. p. irreg. de **contraer.**

contractual. adj. Procedente del contrato o derivado de él.

contractura. f. *Med.* Contracción involuntaria, duradera o permanente, de uno o más grupos musculares.

contracultura. f. Movimiento social surgido en Estados Unidos en la década de 1960, especialmente entre los jóvenes, que rechaza los valores sociales y modos de vida establecidos. ‖ **2.** Conjunto de valores que caracterizan a este movimiento y, por ext., a otras actitudes de oposición al sistema de vida vigente.

contradanza. f. Baile de figuras, que ejecutan muchas parejas a un tiempo.

contradecir. tr. Decir uno lo contrario de lo que otro afirma, o negar lo que da por cierto. Ú. t. c. prnl. ❑ Irreg. Se conj. como *decir,* salvo la 2.ª pers. sing. del imperativo: *contradice.* p. p. irreg. *contradicho.*

contradicción. f. Acción y efecto de contradecir o contradecirse. ‖ **2.** Afirmación y negación que se oponen una a otra y recíprocamente se destruyen. ‖ **3.** Oposición, contrariedad.

contradicho, cha. p. p. irreg. de **contradecir.**

contradictorio, ria. adj. Que tiene contradicción con otra cosa.

contraer. tr. Estrechar, juntar una cosa con otra. ‖ **2.** Tratándose de costumbres, vicios, enfermedades, resabios, deudas, etc., adquirirlos, caer en ellos. ‖ **3.** Tratándose de obligaciones o compromisos, asumirlos. ‖ **4.** prnl. Reducirse a menor tamaño. Ú. t. c. tr. ❑ Irreg. Se conj. como *traer;* doble p. p.: *contraído* (reg.) y *contracto* (irreg.).

contraespionaje. m. Servicio de defensa de un país contra el espionaje de potencias extranjeras.

contrafagot. m. Instrumento musical, análogo al fagot, cuya tesitura es una octava más grave que la del fagot.

contrafuerte. m. *Arq.* Machón saliente en el paramento de un muro, para fortalecerlo.

contrahaz. f. Revés o parte opuesta a la haz en las ropas o cosas semejantes.

contrahecho, cha. adj. Que tiene torcido o corcovado el cuerpo. Ú. t. c. s.

contraindicación. f. *Med.* Acción y efecto de contraindicar.

contraindicado, da. adj. Dícese del agente terapéutico perjudicial en una determinada afección o dolencia.

contraindicar. tr. *Med.* Señalar como perjudicial en ciertos casos determinado remedio, alimento o acción.

contralto. m. *Mús.* Voz media entre la de tiple y la de tenor. ‖ **2.** com. *Mús.* Persona que tiene esta voz.

contraluz. f. Vista o aspecto de las cosas desde el lado opuesto a la luz. Ú. m. en m.

contramaestre. m. Jefe de uno o más talleres o tajos de obra. ‖ **2.** *Mar.* Oficial de mar que dirige la marinería, bajo las órdenes del oficial de guerra.

contraofensiva. f. *Mil.* Ofensiva que se emprende para contrarrestar la del enemigo, haciéndole pasar a la defensiva.

contraorden. f. Orden con que se revoca otra que antes se ha dado.

contrapartida. f. Asiento que figura en el haber y tiene su compensación en el debe, o viceversa. ‖ **2.** Algo que tiene por objeto compensar lo que se recibe de otro.

contrapear. tr. *Carp.* Aplicar unas piezas de madera contra otras, de manera que sus fibras estén cruzadas.

contrapelo (a). loc. adv. Contra la inclinación o dirección natural del pelo. ‖ **2.** fig. y fam. Contra el curso o modo natural de una cosa cualquiera; violentamente.

contrapesar. tr. Servir de contrapeso. ‖ **2.** fig. Igualar, compensar, subsanar una cosa con otra.

contrapeso. m. Peso que se pone a la parte contraria de otro para que queden en equilibrio. ‖ **2.** fig. Lo que se considera y estima suficiente para equilibrar o moderar una cosa que prepondera y excede.

contraplano. m. *Cinem.* **contracampo.**

contraponer. tr. Comparar o cotejar una cosa con otra contraria o diversa. ‖ **2.** Poner una cosa contra otra para estorbarle su efecto. Ú. t. c. pml. ❑ Irreg. Se conj. como *poner;* p. p. irreg. *contrapuesto.*

contraportada. f. *Impr.* Página que se pone frente a la portada con el nombre de la serie a que pertenece el libro y otros detalles sobre este.

contraposición. f. Acción y efecto de contraponer o contraponerse.

contraprestación. f. *Der.* Prestación que debe una parte contratante por razón de la que ha recibido o debe recibir.

contraproducente. adj. Dícese del dicho o acto cuyos efectos son opuestos a la intención con que se profiere o ejecuta.

contrapuerta. f. Puerta que divide el zaguán de lo demás de la casa. ‖ **2.** Puerta situada inmediatamente detrás de otra.

contrapuesto, ta. p. p. irreg. de **contraponer.**

contrapunto. m. *Mús.* Concordancia armoniosa de voces contrapuestas. ‖ **2.** Arte de combinar, según ciertas reglas, dos o más melodías diferentes. ‖ **3.** fig. Contraste entre dos cosas simultáneas.

contrariado, da. adj. Afectado y disgustado, malhumorado por alguna cosa.

contrariar. tr. Contradecir, resistir las intenciones y propósitos; procurar que no se cumplan. Ú. t. en sent. fig.

contrariedad. f. Oposición que tiene una cosa con otra. ‖ **2.** Accidente que impide o retarda el logro de un deseo.

contrario, ria. adj. Opuesto o repugnante a una cosa. Ú. t. c. s. ‖ **2.** fig. Que daña o perjudica. ‖ **3.** m. y f. Persona que lucha, contiende o está en oposición con otra. ‖ **al contrario.** loc. adv. Al revés, de un modo opuesto. ‖ **llevar** a alguien **la contraria.** fr. fam. **llevar la contra.**

contrarreforma. f. Movimiento religioso, intelectual y político destinado a combatir los efectos de la reforma protestante.

contrarreloj. adj. Dícese de la carrera, generalmente ciclista, en que los participantes corren distanciados desde la salida y se clasifican según el tiempo invertido por cada uno para llegar a la meta. Ú. t. c. s. f.

contrarrelojista. com. Ciclista especializado en carreras contrarreloj.

contrarrestar. tr. Resistir, hacer frente y oposición. ‖ **2.** Paliar, neutralizar el efecto de una cosa. CONTRARRESTAR *una enfermedad, una opinión.*

contrasentido. m. Interpretación contraria al sentido natural de las palabras o expresiones. ‖ **2.** Despropósito, disparate.

contraseña. f. Seña secreta que permite el acceso a una cosa, persona o grupo de personas antes inaccesible.

contrastable. adj. Que se puede contrastar.

contrastar. tr. Ensayar o comprobar y fijar la ley, peso y valor de las monedas o de otros objetos de oro o plata, y sellar estos últimos con la marca del contraste cuando ejecuta la operación el perito oficial. ‖ **2.** Por ext., comprobar la exactitud o autenticidad de una cosa. ‖ **3.** intr. Mostrar notable diferencia, o condiciones opuestas, dos cosas, cuando se comparan una con otra.

contraste. m. Acción y efecto de contrastar. ‖ **2.** Marca que se graba en objetos de metal noble como garantía de haber sido contrastado. ‖ **3.** Relación entre el brillo de las diferentes partes de una imagen. ‖ **4.** Sustancia que, introducida en el organismo, hace observables, por rayos X u otro medio exploratorio, órganos que sin ella no lo serían.

contrata. f. Instrumento, escritura o simple obligación firmada con que las partes aseguran los contratos que han hecho. ‖ **2.** Contrato que se hace con el gobierno, con una corporación o con un particular, para ejecutar una obra material o prestar un servicio por precio o precios determinados.

contratante. adj. Que contrata. Ú. t. c. s.

contratar. tr. Pactar, convenir, comerciar, hacer contratos o contratas. ‖ **2.** Ajustar a una persona para algún servicio.

contratiempo. m. Accidente o suceso inoportuno que obstaculiza o impide el curso normal de algo.

contratista. com. Persona que por contrata ejecuta una obra material o está encargada de un servicio para el gobierno, para una corporación o para un particular.

contrato. m. Pacto o convenio, oral o escrito, entre partes que se obligan sobre materia o cosa determinada, y a cuyo cumplimiento pueden ser compelidas. ‖ **de arrendamiento.** *Der.* Convención mutua en virtud de la cual se obliga el dueño de una cosa, mueble o inmueble, a conceder a otra el uso y disfrute de ella por tiempo determinado, mediante cierto precio o servicio que ha de satisfacer el que lo recibe. ‖ **de compraventa,** o **de compra y venta.** *Der.* Acuerdo o convenio, entre dos o más personas o entidades, por el cual se obliga el vendedor a entregar la cosa que vende, y el comprador a pagar el precio convenido por ella.

contraveneno. m. Medicamento para contrarrestar los efectos del veneno.

contravenir. intr. Obrar en contra de lo que está mandado. ❑ Ú. generalmente con la prep. *a.* Ú. menos como tr. ❑ Irreg. Se conj. como *venir.*

contraventana. f. Puerta que interiormente cierra sobre la vidriera. ‖ **2.** Puerta de madera que se pone en la parte de afuera para mayor resguardo de las ventanas y vidrieras.

contrayente. adj. Que contrae. Se aplica casi únicamente a la persona que contrae matrimonio. Ú. t. c. s.

contribución. f. Acción y efecto de contribuir. ‖ **2.** Cuota o cantidad que se paga para algún fin, y principalmente la que se impone para las cargas del Estado. ‖ **directa.** La que pesa sobre personas, bienes o usos determinados. ‖ **indirecta.** La que grava determinados actos de producción, comercio o consumo. ‖ **urbana.** La que se impone a la propiedad inmueble en centros de población.

contribuir. intr. Dar o pagar cada uno la cuota que le corresponde por un impuesto. Usáb. t. c. tr. ‖ **2.** fig. Ayudar y concurrir con otros al logro de algún fin. ❑ Irreg. Se conj. como *huir.*

contributivo, va. adj. Perteneciente o relativo a las contribuciones y otros impuestos.

contribuyente. adj. Que contribuye. Ú. t. c. s. y más para designar al que paga contribución al Estado.

contrición. f. En el sacramento de la penitencia, dolor y pesar de haber pecado ofendiendo a Dios. ‖ **2.** Arrepentimiento de una culpa cometida.

contrincante. com. El que pretende una cosa en competencia con otro u otros.

contristar. tr. Afligir, entristecer. Ú. t. c. prnl.

contrito, ta. adj. Que siente contrición.

control. m. Comprobación, inspección, intervención. ‖ **2.** Dominio, mando, preponderancia. ‖ **3.** Oficina, despacho, dependencia, etc., donde se controla. ‖ **4.** Regulación, manual o automática, sobre un sistema. ‖ **5.** *Mec.* Mando o dispositivo de regulación. ‖ **remoto.** Dispositivo que regula a distancia el funcionamiento de un aparato, mecanismo o sistema.

controlable. adj. Que se puede controlar.

controlador, ra. m. y f. Persona que controla. ‖ **aéreo.** Técnico especializado que tiene a su cargo la orientación, regulación, vigilancia, etc., del despegue y aterrizaje de aviones en un aeropuerto.

controlar. tr. Ejercer el control.

controversia. f. Discusión larga y reiterada entre dos o más personas. Especialmente se usa refiriéndose a las cuestiones de religión.

controvertir. intr. Discutir extensa y detenidamente sobre una materia. Ú. t. c. tr. ❑ Irreg. Se conj. como *sentir.*

contubernio. m. Amancebamiento. ‖ **2.** fig. Alianza o liga censurable o ilícita.

contumacia. f. Tenacidad y dureza en mantener un error.

contumaz. adj. Rebelde, porfiado y tenaz en mantener un error. ‖ **2.** Aplícase a aquellas materias o sustancias que se estiman propias para retener y propagar los gérmenes de un contagio.

contundencia. f. Calidad de **contundente,** que produce impresión y convence.

contundente. adj. Aplícase al instrumento y al acto que producen contusión. ‖ **2.** fig. Que produce gran impresión en el ánimo, convenciéndolo. *Argumento, razón, prueba* CONTUNDENTE.

contundir. tr. Magullar, golpear. Ú. t. c. prnl.

conturbar. tr. Alterar, turbar, inquietar. Ú. t. c. prnl.

contusión. f. Daño que recibe alguna parte del cuerpo por golpe que no causa herida exterior.

contusionar. tr. **magullar,** producir contusión. Ú. t. c. prnl.

contuso, sa. adj. Que ha recibido contusión. Ú. t. c. s.

conurbación. f. Conjunto de varios núcleos urbanos inicialmente independientes y contiguos por sus márgenes, que al crecer acaban uniéndose en unidad funcional.

convalecencia. f. Acción y efecto de convalecer. ‖ **2.** Estado del convaleciente.

convalecer. intr. Recobrar las fuerzas perdidas por enfermedad. ‖ **2.** fig. Salir una persona o una colectividad del estado de postración o peligro en que se encuentran. ❑ Irreg. Se conj. como *agradecer.* Ú. con la prep. *de.*

convaleciente. adj. Que convalece. Ú. t. c. s.

convalidación. f. Acción y efecto de convalidar.

convalidar. tr. Confirmar o revalidar, especialmente los actos jurídicos. ‖ **2.** Dar validez académica, en un país, institución, facultad, sección, etc., a estudios aprobados en otro país, institución, etc.

convección. f. *Fís.* Propagación del calor por masas móviles de materia, tales como las corrientes de gases y líquidos, producidas por las diferencias de densidad.

convecino, na. adj. Cercano, próximo, inmediato. ‖ **2.** Que tiene vecindad con otro en un mismo pueblo. Ú. t. c. s.

convencer. tr. Incitar, mover con razones a alguien a hacer algo o a mudar de dictamen o de comportamiento. Ú. t. c. prnl. ❑ Ú. con la prep. *de.*

convencimiento. m. Acción y efecto de convencer o convencerse.

convención. f. Norma o práctica admitida tácitamente, que responde a precedentes o a la costumbre. ‖ **2.** Asamblea de los representantes de un país, que asume todos los poderes. ‖ **3.** Reunión general de un partido político o de una agrupación de otro carácter, para fijar programas, elegir candidatos o resolver otros asuntos.

convencional. adj. Perteneciente al convenio o pacto. ‖ **2.** Que resulta o se establece en virtud de precedentes o de costumbre. ‖ **3.** Dícese de personas, actitudes, ideas, etc., poco originales y acomodaticias.

convencionalismo. m. Conjunto de opiniones o procedimientos basados en ideas falsas que, por comodidad o conveniencia social, se tienen como verdaderas. Ú. m. en pl.

conveniencia. f. Correlación y conformidad entre dos cosas distintas. ‖ **2.** Utilidad, provecho. ‖ **3.** Ajuste, concierto y convenio.

conveniente. adj. Útil, oportuno, provechoso. ‖ **2.** Conforme, concorde.

convenio. m. Ajuste, convención.

convenir. intr. Ser de un mismo parecer y dictamen. ‖ **2.** Importar, ser a propósito, ser conveniente. ‖ **3.** prnl. Ajustarse, componerse, concordarse. ❑ Irreg. Se conj. como *venir.*

convento. m. Casa o monasterio en que viven los religiosos o religiosas bajo las reglas de su instituto. ‖ **2.** Comunidad de religiosos o religiosas que habitan en una misma casa.

conventual. adj. Perteneciente o relativo al convento.

convergencia. f. Acción y efecto de convergir.

converger. intr. **convergir.**

convergir. intr. Dirigirse dos o más líneas a unirse en un punto. ‖ **2.** fig. Concurrir al mismo fin los dictámenes, opiniones o ideas de dos o más personas.

conversación. f. Acción y efecto de hablar familiarmente una o varias personas con otra u otras.

conversador, ra. adj. Dícese de la persona que sabe hacer amena e interesante la conversación. Ú. t. c. s.

conversar. intr. Hablar una o varias personas con otra u otras.

conversión. f. Acción y efecto de convertir o convertirse. ‖ ‖ **2.** *Ret.* Figura que se comete empleando una misma palabra al fin de dos o más cláusulas o miembros del período.

converso, sa. adj. Que se ha convertido. Aplicado a persona, ú. t. c. s. ‖ **2.** Dícese de los musulmanes y judíos convertidos al cristianismo. Ú. t. c. s.

convertible. adj. Que puede convertirse. ‖ **2.** *Amér.* **descapotable.** Ú. m. c. s. m.

convertidor. m. Aparato ideado en 1859 por el ingeniero inglés Bessemer, para convertir la fundición de hierro en acero.

convertir. tr. Mudar o volver una cosa en otra. Ú. t. c. prnl. ‖ **2.** Ganar a alguien para que profese una religión o la practique. Ú. t. c. prnl. ❑ Irreg. Se conj. como *sentir.*

convexidad. f. Calidad de convexo. ‖ **2.** Parte o sitio convexo.

convexo, xa. adj. Dícese de la línea o superficie curvas que, respecto del que las mira, tienen su parte más prominente en el centro.

convicción. f. **convencimiento.** ‖ **2.** Idea religiosa, ética o política a la que se está fuertemente adherido. Ú. m. en pl. *No puedo obrar en contra de mis* CONVICCIONES.

convicto, ta. adj. *Der.* Dícese del reo a quien legalmente se ha probado su delito, aunque no lo haya confesado. ‖ **2.** m. Por influencia del ing. *convict,* **presidiario.**

convidado, da. m. y f. Persona que recibe un convite.

convidar. tr. Ofrecer una persona a otra la posibilidad de realizar alguna actividad que le resulte grata, corriendo la primera con los gastos que se deriven de ello.

convincente. adj. Que convence.

convite. m. Acción y efecto de convidar. ‖ **2.** Función y especialmente comida o banquete a que es uno convidado.

convival. adj. Perteneciente o relativo al convite.

convivencia. f. Acción de convivir.

convivir. intr. Vivir en compañía de otro u otros, cohabitar.

convocar. tr. Citar, llamar a varias personas para que concurran a lugar o acto determinado.

convocatoria. f. Anuncio o escrito con que se convoca.

convolvuláceo, a. adj. *Bot.* Dícese de árboles, matas y hierbas angiospermos dicotiledóneos, que tienen hojas alternas, corola en forma de tubo o campana, con cinco pliegues, y semillas con albumen mucilaginoso; como la batata y la maravilla. Ú. t. c. s. f.

convoy. m. Escolta o guardia que se destina para llevar con seguridad y resguardo alguna cosa por mar o por tierra. ‖ **2.** Conjunto de los buques o carruajes, efectos o pertrechos escoltados. ‖ **3.** **tren,** serie de carruajes enlazados. ❑ pl. *convoyes.*

convulsión. f. Contracción intensa e involuntaria de los músculos del cuerpo, de origen patológico. || **2.** fig. Agitación violenta de agrupaciones políticas o sociales, que trastorna la normalidad de la vida colectiva. || **3.** *Geol.* Sacudida de la tierra o del mar por efecto de los terremotos. ❑ No confundir con *compulsión.*

convulsionante. adj. Que convulsiona.

convulsionar. tr. Producir convulsiones. Ú. t. en sent. fig.

convulsivo, va. adj. Perteneciente a la convulsión. *Movimientos* CONVULSIVOS. ❑ No confundir con *compulsivo.*

convulso, sa. adj. Atacado de convulsiones. || **2.** fig. Dícese del que se halla muy excitado. ❑ No confundir con *compulso.*

conyugal. adj. Perteneciente a los cónyuges.

cónyuge. com. **consorte,** marido y mujer respectivamente.

coña. f. vulg. Guasa, burla disimulada. || **2.** vulg. Cosa molesta.

coñá o **coñac.** m. Aguardiente de graduación alcohólica muy elevada, obtenido por la destilación de vinos flojos y añejado en toneles de roble. ❑ pl. *coñás.*

coñazo. m. fam. Persona o cosa latosa, insoportable.

coñearse. prnl. vulg. Guasearse, burlarse disimuladamente.

coño. m. Parte externa del aparato genital de la hembra. Es voz malsonante. || **2.** Ú. frecuentemente como interjección.

cooperación. f. Acción y efecto de cooperar.

cooperar. intr. Obrar juntamente con otro u otros para un mismo fin.

cooperativismo. m. Tendencia o doctrina favorable a la cooperación en el orden económico y social. || **2.** Teoría y régimen de las sociedades cooperativas.

cooperativista. adj. Perteneciente o relativo a la cooperación. || **2.** Partidario del cooperativismo. Ú. t. c. s.

cooperativo, va. adj. Dícese de lo que coopera o puede cooperar a alguna cosa. || **2.** f. **sociedad cooperativa.**

coordenado, da. adj. *Geom.* Aplícase a las líneas que sirven para determinar la posición de un punto, y a los ejes o planos a que se refieren aquellas líneas. Ú. m. c. s. f. y en pl.

coordinación. f. Acción y efecto de coordinar. || **2.** *Gram.* Relación que existe entre oraciones de sentido independiente.

coordinado, da. adj. *Gram.* Dícese de las oraciones unidas por coordinación.

coordinador, ra. adj. Que coordina. Ú. t. c. s.

coordinar. tr. Disponer cosas metódicamente. || **2.** Concertar medios, esfuerzos, etc., para una acción común.

copa. f. Vaso con pie para beber. Se hace de varios tamaños, materias y figuras. || **2.** Todo el líquido que cabe en una **copa.** COPA *de vino.* || **3.** Conjunto de ramas y hojas que forma la parte superior de un árbol. || **4.** Parte hueca del sombrero, en que entra la cabeza. || **5.** Cada una de las cartas del palo de **copas** en los naipes. || **6.** Premio que se concede en algunos certámenes deportivos. || **7.** Competición deportiva para lograr este premio. || **8.** pl. Uno de los cuatro palos de la baraja española, en cuyos naipes se representan una o varias figuras de **copas.**

copar. tr. Hacer en los juegos de azar una puesta equivalente a todo el dinero con que responde la banca. || **2.** fig. Conseguir en una elección todos los puestos.

copartícipe. com. Persona que tiene participación con otra en alguna cosa.

copazo. m. fam. Bebida alcohólica contenida en una copa o vaso.

copear. intr. Tomar copas.

cópec. m. **copeca.**

copeca. f. Moneda rusa, equivalente a la centésima parte de un rublo.

copela. f. Vaso de figura de cono truncado, hecho con cenizas de huesos calcinados, y donde se ensayan y purifican los minerales de oro o plata.

copeo. m. Acción y efecto de copear.

copépodo. adj. *Biol.* Dícese de ciertos crustáceos de pequeño tamaño, marinos o de agua dulce, que viven libres, formando parte del plancton. Ú. t. c. s. || **2.** m. pl. *Biol.* Taxón al que pertenecen estos crustáceos.

copernicano, na. adj. Perteneciente o relativo a Copérnico. *Sistema* COPERNICANO. || **2.** Conforme al sistema de Copérnico. || **3.** fig. Aplícase a cambios muy marcados de comportamiento, de manera de pensar, etc. Ú. especialmente con el sustantivo *giro.*

copero[1]. m. El que tenía por oficio traer la copa y dar de beber a su señor. || **2.** Mueble que se usa para contener las copas en que se sirven licores.

copero[2], ra. adj. Perteneciente o relativo a la copa deportiva o a la competición para ganarla. *Partido* COPERO.

copete. m. Pelo que se lleva levantado sobre la frente. || **2.** Moño o penacho de plumas que tienen algunas aves en lo alto de la cabeza, como la abubilla, la cogujada y el pavo real. || **3.** Adorno que suele ponerse en la parte superior de los espejos, sillones y otros muebles. ‖ **4.** fig. Atrevimiento, altanería, presuntuosidad.

copia. f. Muchedumbre o abundancia de una cosa. ‖ **2.** Traslado o reproducción de un escrito. ‖ **3.** Obra de pintura, de escultura o de otro género, que se ejecuta procurando reproducir la obra original con entera igualdad. ‖ **4.** Imitación servil del estilo o de las obras de escritores o artistas. ‖ **5.** Cada una de las que se hacen de una película para su exhibición en las salas de cine, y también cada una de las reproducciones de una fotografía, de una cinta magnética, etc.

copiador, ra. adj. Que copia. Ú. t. c. s. ‖ **2.** f. Multicopista.

copiar. tr. Escribir en una parte lo que está escrito en otra. ‖ **2.** Escribir lo que dice otro en un discurso seguido. ‖ **3.** Sacar copia de un dibujo o de una obra de pintura o escultura. ‖ **4.** Imitar la naturaleza en las obras de pintura y escultura. ‖ **5.** Imitar servilmente el estilo o las obras de escritores o artistas. ‖ **6.** Imitar o remedar a una persona. ‖ **7.** En un ejercicio de examen escrito, ayudarse consultando subrepticiamente el ejercicio de otro examinando, libros o apuntes.

copiloto. m. Piloto auxiliar.

copión, na. adj. Dícese de la persona que copia o imita obras o conductas ajenas. Ú. t. c. s. y generalmente en sent. despect.

copiosidad. f. Abundancia de una cosa.

copioso, sa. adj. Abundante, numeroso, cuantioso.

copista. com. Persona que se dedica a copiar escritos ajenos.

copistería. f. Establecimiento donde se hacen copias.

copla. f. Combinación métrica o estrofa. ‖ **2.** Composición poética que consta solo de una cuarteta de romance, de una seguidilla, de una redondilla o de otras combinaciones breves, y por lo común sirve de letra en las canciones populares. ‖ **3.** pl. fam. Versos. ‖ **de arte mayor.** La que se compone de ocho versos de 12 sílabas cada uno, de los cuales riman entre sí el primero, cuarto, quinto y octavo; el segundo y tercero, y el sexto y séptimo. ‖ **de pie quebrado.** Combinación métrica en que alterna el verso corto de este nombre con otros más largos. ‖ **coplas de ciego.** fig. y fam. Malas coplas, con las que ordinariamente vendían y cantaban los ciegos.

coplear. intr. Hacer, decir o cantar coplas.

coplero, ra. m. y f. Persona que compone, canta o vende coplas, jácaras, romances y otras poesías. ‖ **2.** fig. Mal poeta.

coplista. com. **coplero,** mal poeta.

copo. m. Mechón o porción de cáñamo, lana, lino, algodón u otra materia que está en disposición de hilarse. ‖ **2.** Cada una de las porciones de nieve trabada que caen cuando nieva. ‖ **3.** Grumo o coágulo.

copón. m. aum. de **copa.** ‖ **2.** Por antonom., copa grande de metal con baño de oro por dentro, en la que, puesta en el sagrario, se guarda el Santísimo Sacramento.

copra. f. Médula del coco de la palma.

coproducción. f. Producción en común.

coprofagia. f. Ingestión de excrementos.

coprófago, ga. adj. Que ingiere excrementos. Ú. t. c. s.

coprolalia. f. Tendencia patológica a proferir obscenidades.

coprología. f. Estudio biológico de las heces fecales y, en general, de todo lo referente a ellas.

copropietario, ria. adj. Que tiene dominio en una cosa juntamente con otro u otros. Ú. t. c. s.

copto, ta. adj. Cristiano de Egipto. Ú. t. c. s. ‖ **2.** Perteneciente o relativo a los **coptos.** ‖ **3.** m. Idioma antiguo de los egipcios, que se conserva en la liturgia propia del rito **copto.**

cópula. f. Atadura, ligamiento de una cosa con otra. ‖ **2.** Acción de copular. ‖ **3.** *Lóg.* Término que une el predicado con el sujeto.

copulación. f. Acción de unirse en cópula.

copular. tr. ant. Juntar o unir una cosa con otra. ‖ **2.** intr. Unirse o juntarse sexualmente. Ú. t. c. prnl.

copulativo, va. adj. Que ata, liga y junta una cosa con otra. ‖ **2.** *Gram.* V. **verbo copulativo.** ‖ **3.** *Gram.* V. **conjunción copulativa.**

coque. m. Combustible sólido, ligero y poroso que resulta de calcinar ciertas clases de carbón mineral. ‖ **2.** *Quím.* Residuo que se obtiene por eliminación de las materias volátiles de un combustible sólido o líquido.

coquería. f. Fábrica donde se quema la hulla para la obtención del coque.

coquetear. intr. Tratar de agradar por mera vanidad con medios estudiados. ‖ **2.** En el juego amoroso, dar señales sin comprometerse. ‖ **3.** Por ext., tener alguien una relación o implicación pasajera en un asunto en el que no se compromete del todo o finge no hacerlo. *En su juventud* COQUETEÓ *con la política.*

coqueteo. m. **coquetería.**

coquetería. f. Acción y efecto de coquetear.

coqueto, ta. adj. Dícese de la persona que coquetea, especialmente de la mujer. Ú. t. c. s. ‖ **2.** Dícese de la persona presumida, esmerada en su arreglo personal y en todo cuanto pueda hacerla parecer atractiva. Ú. t. c. s. ‖ **3.** Aplicado a cosas, pulcro, cuidado, gracioso. *Jardín* o *salón* COQUETO. ‖ **4.** f. Mueble de tocador, con espejo, usado especialmente por las mujeres para peinarse y maquillarse.

coquetón, na. adj. fam. Gracioso, atractivo, agradable.

coquina. f. Molusco acéfalo, cuyas valvas, de tres a cuatro centímetros de largo, son finas, ovales, muy aplastadas, y de color gris blanquecino con manchas rojizas. Abunda en las costas gaditanas y su carne es comestible.

coquizar. tr. Convertir la hulla en coque.

cora. f. División territorial poco extensa en la España musulmana.

coracero. m. Soldado de caballería armado de coraza.

coraje. m. Impetuosa decisión y esfuerzo del ánimo; valor. ‖ **2.** Irritación, ira.

coral[1]. m. Celentéreo antozoo que forma colonias cuyos individuos están unidos entre sí por un esqueleto calcáreo y ramificado de color rojo o rosado. ‖ **2.** Esqueleto calcáreo del **coral,** que, después de pulimentado, se emplea en joyería.

coral[2]. adj. Perteneciente al coro. ‖ **2.** m. *Mús.* Composición vocal armonizada a cuatro voces, de ritmo lento y solemne, ajustada a un texto de carácter religioso, y que se ejecuta principalmente en las iglesias protestantes. ‖ **3.** Composición instrumental análoga a este canto.

coralífero, ra. adj. Que tiene corales. Se aplica al fondo del mar, a las rocas, islas, etc.

coralígeno, na. adj. Que produce coral.

coralillo. m. Serpiente de unos siete decímetros de largo, muy delgada y con anillos rojos, amarillos y negros alternativamente. Es propia de América Meridional y muy venenosa.

coralino, na. adj. De coral o parecido a él.

Corán. n. p. m. Libro en que se contienen las revelaciones de Dios a Mahoma y que es fundamento de la religión musulmana.

coraza. f. Armadura de hierro o acero, compuesta de peto y espaldar. ‖ **2.** fig. Protección, defensa. *Encerrado en su* CORAZA, *era invulnerable a las críticas.* ‖ **3.** *Zool.* Cubierta dura que protege el cuerpo de los reptiles quelonios, con aberturas para la cabeza, las patas y la cola. Está formada por la yuxtaposición de placas dérmicas, algunas de ellas soldadas a ciertos huesos.

corazón. m. *Anat.* Órgano de naturaleza muscular, común a todos los vertebrados y a muchos invertebrados, que actúa como impulsor de la sangre y que en el hombre está situado en la cavidad torácica. ‖ **2.** V. **dedo del corazón.** ‖ **3.** Uno de los cuatro palos de la baraja francesa. Ú. m. en pl. ‖ **4.** fig. Ánimo, valor, espíritu. ‖ **5.** fig. Voluntad, amor, benevolencia. ‖ **6.** fig. Medio o centro de una cosa. ‖ **7.** fig. Figura de **corazón** representada en cualquier superficie o material. ‖ **8.** fig. Interior de una cosa inanimada. *El* CORAZÓN *de un árbol, de una fruta.* ‖ **a corazón abierto.** loc. adv. *Cir.* Intervención quirúrgica en la cual se abren las cavidades cardíacas después de desviar la circulación por medio de un **corazón** artificial. ‖ **con el corazón en la mano.** loc. adv. fig. Con toda franqueza y sinceridad. ‖ **darle,** o **decirle,** a alguien **el corazón** una cosa. fr. fig. Hacérsela presentir. ‖ **de corazón.** loc. adv. Con verdad, seguridad y afecto. ‖ **del corazón.** loc. adj. Dícese de las revistas y noticias de prensa que recogen sucesos relativos a las personas famosas, especialmente vicisitudes de su vida privada. ‖ **el corazón en un puño.** loc. fig. que con los verbos *meter, poner, tener, estar con,* etc., indica un estado de angustia, aflicción o depresión. ‖ **no caberle** a alguien **el corazón en el pecho.** fr. fig. Ser magnánimo, alentado, denodado. ‖ **no tener corazón.** fr. fig. Ser insensible. ‖ **ser todo corazón.** fr. fig. Ser muy generoso, bien dispuesto o benevolente. ‖ **tener un corazón de oro.** fr. fig. **ser todo corazón.**

corazonada. f. Impulso espontáneo con que alguien se mueve a ejecutar alguna cosa arriesgada y difícil. ‖ **2. presentimiento.**

corazoncillo. m. Planta herbácea medicinal de la familia de las gutíferas, con tallo de seis a ocho decímetros de altura, ramoso en la parte superior, hojas pequeñas, elípticas, llenas de glandulitas translúcidas y puntos negros, flores amarillas en manojos y frutos capsulares resinosos con forma de corazón.

corbacho. m. Vergajo con que el cómitre castigaba a los forzados.

corbata. f. Tira de seda o de otra materia adecuada que se anuda o enlaza alrededor del cuello, dejando caer los extremos.

corbatín. m. Corbata corta que solo da una vuelta al cuello y se ajusta por detrás con un broche, o por delante con un lazo sin caídas.

corbeta. f. Embarcación de guerra, con tres palos y vela cuadrada, semejante a la fragata, aunque más pequeña. ❑ No confundir con *corveta.*

corcel. m. Caballo ligero, de mucha alzada, que servía para los torneos y batallas.

corcha. f. Corcho arrancado del alcornoque y en disposición de labrarse. ‖ **2. corcho,** corchera.

corchea. f. *Mús.* Figura o nota musical cuyo valor es la octava parte del compasillo.

corchera. f. *Dep.* Cada una de las cuerdas provistas de flotadores de corcho u otro material, que se tienden tensas y paralelas para delimitar zonas o calles en la superficie del agua.

corchete. m. Especie de broche, compuesto de macho y hembra, que se hace de alambre, de plata u otro metal y sirve para abrochar alguna cosa. ‖ **2.** Signo de estas figuras ([{) que puesto, ya vertical, ya horizontalmente, abraza dos o más guarismos, palabras o renglones en lo manuscrito o impreso, o dos o más pentagramas en la música. ‖ **3.** Parte final de una dicción o período que, por no caber en el renglón, se pone encima o debajo de él, y suele ir precedida de un **corchete.**

corcho. m. Tejido vegetal constituido por células en las que la celulosa de su membrana ha sufrido una transformación química, adquiriendo impermeabilidad y elasticidad. Se encuentra en la zona periférica del tronco, de las ramas y de las raíces, generalmente en forma de láminas delgadas, pero puede alcanzar un desarrollo extraordinario, hasta formar capas de varios centímetros de espesor, como en la corteza del alcornoque. ‖ **2.** Tapón que se hace de **corcho** para las botellas, cántaros, etc.‖ **3.** Pieza flotante de **corcho** o de otra materia, de tamaño y forma variable, que, sola o con otras, sirve para sujetar las artes de pesca, y mantenerlas a una determinada profundidad.

corcova. f. Corvadura anómala de la columna vertebral, o del pecho, o de ambos a la vez.

corcovado, da. adj. Que tiene una o más corcovas. Ú. t. c. s.

corcovar. tr. Encorvar o hacer que una cosa tenga corcova.

corcovear. intr. Dar corcovos.

corcovo. m. Salto que dan algunos animales encorvando el lomo.

cordada. f. Grupo de alpinistas sujetos por una misma cuerda.

cordado. adj. *Zool.* Dícese de los metazoos que tienen notocordio, bien constituido o rudimentario, durante toda su vida o, por lo menos, en determinadas fases de su desarrollo. ‖ **2.** m. pl. *Zool.* Tipo de estos animales que comprende los vertebrados y otros seres afines.

cordaje. m. *Mar.* Jarcia de una embarcación. ‖ **2.** Conjunto de cuerdas de un instrumento musical de cuerda, de una raqueta de tenis, etc.

cordal[1]. m. Pieza colocada en la parte inferior de la tapa de los instrumentos de cuerda, y que sirve para atar estas por el cabo opuesto al que se sujeta en las clavijas.

cordal[2]. adj. V. **muela cordal.** Ú. t. c. s.

cordel. m. Cuerda delgada.

cordera. f. Hija de la oveja, que no pasa de un año. ‖ **2.** fig. Mujer mansa, dócil y humilde.

corderillo. m. Piel de cordero adobada con su lana.

cordero. m. Hijo de la oveja, que no pasa de un año. ‖ **2.** fig. Hombre manso, dócil y humilde. ‖ **pascual.** El **cordero** joven mayor que el lechal. ‖ **recental.** El que no ha pastado todavía.

cordial. adj. Que tiene virtud para fortalecer el corazón. ‖ **2.** Afectuoso, de corazón. ‖ **3.** V. **dedo cordial.**

cordialidad. f. Calidad de **cordial,** afectuoso. ‖ **2.** Franqueza, sinceridad.

cordila. f. Atún recién nacido.

cordillera. f. Serie de montañas enlazadas entre sí.

corditis. f. *Med.* Inflamación de las cuerdas vocales.

córdoba. m. Unidad monetaria de Nicaragua.

cordobán. m. Piel curtida de macho cabrío o de cabra.

cordobés, sa. adj. Natural de Córdoba, provincia y ciudad española. Ú. t. c. s. ‖ **2.** Perteneciente a esta ciudad o a su provincia.

cordón. m. Cuerda, por lo común redonda, de seda, lino, lana u otra materia filiforme. ‖ **2.** Conjunto de puestos de tropa o gente colocados a cierta distancia unos de otros para impedir el paso. ‖ **3.** pl. Divisa que los militares de cierto empleo y destino llevan colgando del hombro derecho, y es un **cordón** de plata u oro. ‖ **umbilical.** *Anat.* Conjunto de vasos que unen la placenta de la madre con el vientre del feto, para que este se nutra hasta el momento del nacimiento.

cordoncillo. m. Cierta labor que se hace en el canto de las monedas para que no las falsifiquen fácilmente ni las cercenen. ‖ **2.** Cierto bordado lineal. ‖ **3.** Resalte pequeño y continuado, a manera de cordón, que señala la juntura de las partes de algunos frutos, como la nuez, y de otras cosas.

cordura. f. Prudencia, buen seso, juicio.

corea. m. *Pat.* Enfermedad crónica o aguda del sistema nervioso central, que ataca principalmente a los niños y se manifiesta por movimientos desordenados, involuntarios, bruscos, de amplitud desmesurada, que afectan a los miembros y a la cabeza y en los casos graves a todo el cuerpo.

coreano, na. adj. Perteneciente o relativo a Corea. ‖ **2.** Natural de este país de Asia. Ú. t. c. s. ‖ **3.** m. Lengua propia de los naturales de la península de Corea.

corear. tr. fig. Asentir varias personas sumisamente al parecer ajeno. ‖ **2.** fig. Aclamar, aplaudir. ‖

3. fig. Cantar, recitar o hablar varias personas a la vez. COREAR *la lección*.

coreo. m. Pie de la poesía griega y latina, compuesto de dos sílabas, la primera larga y la otra breve.

coreografía. f. Arte de componer bailes. ‖ **2.** En general, arte de la danza. ‖ **3.** Conjunto de pasos y movimientos de un espectáculo de danza o baile.

coreográfico, ca. adj. Perteneciente o relativo a la coreografía.

coreógrafo, fa. m. y f. Creador de la coreografía de un espectáculo de danza o baile.

coreuta. com. Persona que formaba parte del coro en la tragedia griega.

coriáceo, a. adj. Perteneciente al cuero. ‖ **2.** Parecido a él.

coriambo. m. Pie de la poesía griega y latina, compuesto de un coreo y un yambo, o sea de dos sílabas breves entre dos largas.

coribante. m. Sacerdote de Cibeles, que en las fiestas de esta diosa danzaba, con movimientos descompuestos y extraordinarios, al son de ciertos instrumentos.

corifeo. m. El que guiaba el coro en las tragedias antiguas griegas y romanas. ‖ **2.** fig. El que es seguido de otros en una opinión, secta o partido.

corimbo. m. *Bot.* Inflorescencia en la que los pedúnculos florales nacen en distintos puntos del eje de aquella y terminan aproximadamente a la misma altura; como el peral.

corindón. m. Piedra preciosa, la más dura después del diamante. Es alúmina cristalizada, y hay variedades de diversos colores y formas.

corintio, tia. adj. Natural de Corinto. Ú. t. c. s. ‖ **2.** Perteneciente a esta ciudad de Grecia. ‖ **3.** *Arq.* V. **orden corintio.**

corinto. m. Color de pasas de Corinto, rojo oscuro, cercano a violáceo. Ú. t. c. adj. invariable.

corion. m. *Biol.* Envoltura del embrión de los reptiles, aves y mamíferos, situada por fuera del amnios y separada de este por una cavidad.

corista. com. Persona que en óperas, zarzuelas u otras funciones musicales canta formando parte del coro.

cormorán. m. **cuervo marino.**

cornada. f. Golpe dado por un animal con la punta del cuerno. ‖ **2.** *Taurom.* Herida penetrante de cierta importancia causada por el asta de una res vacuna al cornear.

cornalina. f. Ágata de color de sangre o rojiza.

cornamenta. f. Conjunto de los cuernos de algunos cuadrúpedos como el toro, vaca, venado y otros, especialmente cuando son de gran tamaño. Ú. t. en sent. fig.

cornamusa. f. Trompeta larga de metal, que en el medio de su longitud hace una rosca muy grande, y tiene muy ancho el pabellón. ‖ **2.** Instrumento rústico, compuesto de un odre y varios cañutos donde se produce el sonido. ‖ **3.** *Mar.* Pieza de metal o madera que, encorvada en sus extremos y fija por su punto medio, sirve para amarrar los cabos.

córnea. f. *Anat.* Membrana dura y transparente, situada en la parte anterior del globo del ojo de los vertebrados y cefalópodos decápodos, engastada en la abertura anterior de la esclerótica y un poco más abombada que esta. A través de ella se ve el iris.

cornear. tr. **acornear.**

corneja. f. Especie de cuervo que alcanza de 45 a 50 centímetros de longitud y un metro o algo más de envergadura, con plumaje completamente negro y de brillo metálico en el cuello y dorso; el pico está un poco encorvado en la mandíbula superior, y las alas plegadas no alcanzan el extremo de la cola. Vive en el oeste y sur de Europa y en algunas regiones de Asia.

córneo, a. adj. De cuerno, o de consistencia parecida a él.

córner. m. *Dep.* **saque de esquina.**

corneta. f. Instrumento músico de viento, semejante al clarín, aunque mayor y de sonidos más graves. ‖ **2.** m. El que ejerce o profesa el arte de tocar la **corneta.**

cornete. m. d. de **cuerno.** ‖ **2.** *Anat.* Cada una de las pequeñas láminas óseas y de figura abarquillada situadas en el interior de las fosas nasales.

cornetín. m. Instrumento músico de metal, que tiene casi la misma extensión que el clarín. Los hay simples, de cilindro y de pistones, y estos últimos son los que se usan más generalmente, tanto en las bandas y charangas como en las orquestas. ‖ **2.** El que ejerce o profesa el arte de tocar este instrumento.

cornezuelo. m. Hongo pequeño que vive parásito en los ovarios de las flores del centeno y los destruye, cuyo micelio se transfoma después en un cuerpo alargado y algo encorvado, a manera de cuerno, que cae al suelo en otoño y germina en la primavera siguiente, diseminándose entonces las esporas que en él se han formado. Se usa como medicamento.

cornicabra. f. **terebinto.** ‖ **2.** Variedad de aceituna larga y puntiaguda. ‖ **3.** Higuera silvestre. ‖ **4.** Mata de la familia de las asclepiadáceas, derecha, ramosa, de hojas oblongas y opuestas, flores blanquecinas, y fruto de 8 a 10 centímetros de largo, puntiagudo y algo encorvado. Florece en verano y se encuentra en Canarias, en África y en las costas del Levante español.

cornisa. f. *Arq.* Adorno, compuesto de molduras o salientes, que remata la parte superior de un mueble, construcción u otro elemento arquitectónico.

cornisamento. m. *Arq.* Conjunto de molduras que coronan un edificio o un orden de arquitectura. Ordinariamente se compone de arquitrabe, friso y cornisa.

corno. m. Nombre común a varios instrumentos músicos de la familia del oboe. ‖ **inglés.** Oboe de mayor tamaño que el ordinario y de sonido más grave.

cornucopia. f. Vaso en forma de cuerno que representa la abundancia. Usáb. antiguamente c. m. ‖ **2.** Espejo de marco tallado y dorado, que suele tener en la parte inferior uno o más brazos para poner velas o bombillas cuya luz reverbere en el mismo espejo.

cornudo, da. adj. Que tiene cuernos. ‖ **2.** fig. Dícese del marido cuya mujer ha faltado a la fidelidad conyugal. Ú. t. c. s. m.

cornúpeta. adj. com. Animal dotado de cuernos y por antonom., el toro de lidia.

coro. m. En la dramaturgia grecolatina, conjunto de actores que recitan la parte lírica destinada a comentar la acción. Su composición y cometido variaron según las épocas. ‖ **2.** Parte recitada por este **coro.** ‖ **3.** Conjunto de personas que en una ópera u otra función musical cantan simultáneamente una pieza. ‖ **4.** Esta misma pieza musical. ‖ **5.** Rezo y canto de las horas canónicas, asistencia a ellas y tiempo que duran. *El* CORO *de los monjes jerónimos es muy pesado.* ‖ **6.** Recinto del templo donde se junta el clero para cantar los oficios divinos. ‖ **a coro.** loc. adv. Cantando o diciendo varias personas simultáneamente una misma cosa.

coroideo, a. adj. *Anat.* Aplícase a ciertas membranas ricas en vasos y a lo perteneciente a ellas. *Membrana* COROIDEA *del ojo; humor* COROIDEO; *venas* COROIDEAS.

coroides. f. *Anat.* Membrana delgada, de color pardo más o menos oscuro, situada entre la esclerótica y la retina de los ojos de los vertebrados. Tiene una abertura posterior que da paso al nervio óptico, y otra más grande, en su parte anterior, cuyos bordes se continúan con unos repliegues que rodean la cara interna del iris.

corola. f. *Bot.* Segundo verticilo de las flores completas, situado entre el cáliz y los órganos sexuales, y que tiene por lo común bellos colores.

corolario. m. Proposición que no necesita prueba particular, sino que se deduce fácilmente de lo demostrado antes.

coroliflora. adj. *Bot.* Dícese de la planta que tiene los estambres soldados con la corola, de modo que parecen insertos en esta. Ú. t. c. s.

corona. f. Cerco de ramas o flores naturales o imitadas, o de metal precioso, con que se ciñe la cabeza; y es, ya simple adorno, ya insignia honorífica, ya símbolo de dignidad. ‖ **2.** Conjunto de flores o de hojas o de las dos cosas a la vez dispuestas en círculo. CORONA *funeraria.* ‖ **3. aureola** de las imágenes santas. ‖ **4.** Unidad monetaria de Checoslovaquia, Dinamarca, Islandia, Noruega y Suecia. ‖ **5.** fig. Dignidad real. ‖ **6.** fig. Reino o monarquía. *La* CORONA *de España, la de Inglaterra.* ‖ **7.** Ruedecilla dentada que, en algunos relojes de bolsillo o de pulsera, sirve para darles cuerda o ponerlos en hora. ‖ **8.** *Anat.* Parte de los dientes de los mamíferos que sobresale de la encía. ‖ **9.** *Geom.* Zona del plano comprendida entre dos circunferencias concéntricas.

coronación. f. Acto de coronar o coronarse un soberano. ‖ **2. coronamiento,** fin de una obra.

coronamiento. m. fig. Fin de una obra.

coronar. tr. Poner la corona en la cabeza, ceremonia que regularmente se hace con los emperadores y reyes cuando entran a reinar. Ú. t.c. prnl. ‖ **2.** fig. Perfeccionar, completar una obra.

coronario, ria. adj. Perteneciente a la corona. ‖ **2.** V. **arteria, vena coronaria.** ‖ **3.** *Bot.* De figura de corona.

coronel. m. Jefe militar que manda un regimiento.

coronilla. f. Parte más eminente de la cabeza. ‖ **2. tonsura** de figura redonda que se hacía a los clérigos en la cabeza. ‖ **estar hasta la coronilla.** fr. fig. y fam. Estar cansado y harto de sufrir alguna pretensión o exigencia.

corpiño. m. Prenda de vestir ajustada al cuerpo, por encima de la cintura y sin mangas.

corporación. f. Cuerpo, comunidad, generalmente de interés público, y a veces reconocida por la autoridad.

corporal. adj. Perteneciente al cuerpo, especialmente al humano. *Presencia* CORPORAL. *Pena* CORPORAL. ‖ **2.** m. Lienzo que se extiende en el altar, encima del ara, para poner sobre él la hostia y el cáliz; suelen ser dos. Ú. m. en pl.

corporativismo. m. Doctrina política y social que propugna la intervención del Estado en la solución de los conflictos de orden laboral, mediante la creación de corporaciones profesionales que agrupen a trabajadores y empresarios. ‖ **2.** En un grupo o sector profesional, tendencia abusiva a la solidaridad interna y a la defensa de los intereses del cuerpo.

corporativo, va. adj. Perteneciente o relativo a una corporación. *Informe* CORPORATIVO.

corporeidad. f. Calidad de corpóreo.

corporeizar. tr. Dar cuerpo a una idea u otra cosa no material. Ú. t. c. prnl.

corpóreo, a. adj. Que tiene cuerpo o consistencia. ‖ **2.** Perteneciente o relativo al cuerpo o a su condición de tal.

corps. m. Voz que se introdujo en España solo para nombrar algunos empleos, destinados principalmente al servicio de la persona del rey. ❑ pl. invar.

corpulencia. f. Grandeza y magnitud de un cuerpo natural o artificial.

corpulento, ta. adj. De gran corpulencia.

Corpus[1]. n. p. m. Jueves, sexagésimo día después del domingo de Pascua de Resurrección, en el cual celebra la Iglesia católica la festividad de la institución de la Eucaristía.

corpus[2]. m. Conjunto lo más extenso y ordenado posible de datos o textos científicos, literarios, etc., que pueden servir de base a una investigación.

corpuscular. adj. Que tiene corpúsculos. ‖ **2.** Aplícase al sistema filosófico que admite por materia elemental los corpúsculos.

corpúsculo. m. Cuerpo muy pequeño, célula, molécula, partícula, elemento.

corral. m. Sitio cerrado y descubierto, en las casas o en el campo, que sirve habitualmente para guardar animales. ‖ **2.** Casa, patio o teatro donde se representaban las comedias. ‖ **3.** *Taurom.* Recinto que en las plazas de toros y en los toriles hay, con departamentos comunicados entre sí por puertas, para facilitar el apartado de las reses.

corralito. m. **parque,** pequeño recinto donde pueden jugar los niños que todavía no andan.

correa. f. Tira de cuero. ‖ **2.** Cinta de cuero para sujetar los pantalones. ‖ **de transmisión.** La que, unida en sus extremos, sirve, en las máquinas, para transmitir el movimiento rotativo de una rueda o polea a otra.

correaje. m. Conjunto de correas que hay en una cosa. ‖ **2.** Conjunto de correas que forman parte del equipo individual en los cuerpos armados.

corrección. f. Acción y efecto de corregir o de enmendar lo errado o defectuoso. ‖ **2.** Calidad de **correcto,** libre de errores o defectos. ‖ **3.** Calidad de la persona de conducta irreprochable. ‖ **4.** Reprensión o censura de un delito, falta o defecto. ‖ **5.** Alteración o cambio que se hace en las obras escritas o de otro género, para quitarles defectos o errores, o para darles mayor perfección.

correccional. adj. Dícese de lo que conduce a la corrección. ‖ **2.** m. Establecimiento penitenciario destinado al cumplimiento de las penas de prisión y de presidio **correccional.** ‖ **de menores.** Establecimiento donde se recluye a los menores de edad que han cometido algún delito.

correctivo, va. adj. Que corrige. ‖ **2.** Por ext., se aplica a todo lo que atenúa o subsana. Ú. t. c. s. m. ‖ **3.** m. Castigo o sanción generalmente leve.

correcto, ta. adj. Libre de errores o defectos, conforme a las reglas. Dícese del lenguaje, del estilo, del dibujo, etc. ‖ **2.** Dícese de la persona cuya conducta es irreprochable.

corrector, ra. adj. Que corrige. Ú. t. c. s. ‖ **2.** m. y f. *Impr.* Persona encargada de corregir las pruebas.

corredera. f. Ranura o carril por donde resbala otra pieza que se le adapta en ciertas máquinas o artefactos. ‖ **2.** Tabla o postiguillo de celosía que corre de una parte a otra para abrir o cerrar.

corredero, ra. adj. Que corre sobre carriles. Dícese especialmente de puertas y ventanas.

corredizo, za. adj. Que se desata o se corre con facilidad; como lazada o nudo.

corredor, ra. adj. Que corre mucho. Ú. t. c. s. ‖ **2.** Aplícase a las aves de gran tamaño, de mandíbulas cortas y robustas, esternón de figura de escudo y sin quilla, y alas muy cortas, que no les sirven para volar; como el avestruz y el casuario. Ú. t. c. s. ‖ **3.** m. y f. Persona que practica la carrera en competiciones deportivas. ‖ **4.** m. El que por oficio interviene en almonedas, ajustes, apuestas, compras y ventas de cualquier género de cosas. ‖ **5. pasillo,** pieza de paso de un edificio. ‖ **6.** Cada una de las galerías que corren alrededor del patio de algunas casas, al cual tienen balcones o ventanas, si son **corredores** cerrados, o una balaustrada continua de piedra, hierro o madera, o meramente un pretil de cal y canto, si son **corredores** descubiertos. ‖ **de comercio.** Funcionario cuyo oficio es intervenir, con carácter de notario, si está colegiado, en la negociación de letras u otros valores endosables, en los contratos de compraventa de efectos comerciales y en los de seguros.

correduría. f. Oficio o ejercicio de **corredor.** ‖ **2. corretaje,** intervención del corredor en los ajustes y ventas.

corregidor, ra. adj. Que corrige. ‖ **2.** m. Alcalde que, con arreglo a cierta legislación municipal, nombraba libremente el rey en algunas poblaciones importantes para presidir el ayuntamiento y ejercer varias funciones gubernativas.

corregir. tr. Enmendar lo errado. ‖ **2.** Advertir, amonestar, reprender. ‖ **3.** fig. Disminuir, templar, moderar la actividad de una cosa. ❑ Irreg. Se conj. como *pedir.*

correlación. f. Correspondencia o relación

recíproca entre dos o más cosas o series de cosas. ‖ **2.** *Ling.* Conjunto de dos series de fonemas opuestas por un mismo rasgo pertinente o distintivo. ‖ **3.** *Ling.* Relación que se establece entre estas series.

correlativo, va. adj. Aplícase a personas o cosas que tienen entre sí correlación o sucesión inmediata.

correligionario, ria. adj. Que profesa la misma religión que otro. Ú. t. c. s. ‖ **2.** Por ext., dícese del que tiene la misma opinión política que otro, especialmente si está inscrito en el mismo partido. Ú. t. c. s.

correo. m. El que tiene por oficio llevar y traer la correspondencia de un lugar a otro. ‖ **2.** Servicio público que tiene por objeto el transporte de la correspondencia oficial y privada. Ú. t. en pl. ‖ **3.** Vapor, coche, etc., que lleva correspondencia. ‖ **4.** Casa, sitio o lugar donde se recibe y se da la correspondencia. ‖ **5.** Buzón donde se deposita la correspondencia. *Echar la carta al* CORREO. ‖ **6.** Conjunto de cartas o pliegos de cualquier clase que se despachan o reciben. *Martín está leyendo el* CORREO.

correoso, sa. adj. Dúctil, maleable. Ú. t. en sent. fig. y con sent. despect. ‖ **2.** fig. Dícese del pan y otros alimentos que, por la humedad u otros motivos, pierden cualidades o se revienen.

correr. intr. Ir de prisa. ‖ **2.** Hacer alguna cosa con rapidez. ‖ **3.** Moverse progresivamente de una parte a otra los fluidos y líquidos; como el aire, el agua, el aceite, etc. ‖ **4.** Ir, pasar, extenderse de una parte a otra. *El camino, la cordillera* CORRE *de Norte a Sur.* ‖ **5.** Tratándose del tiempo, transcurrir, tener curso. CORRE *el mes, el año, las horas, los días, el tiempo, el plazo.* ‖ **6.** Tratándose de personas, andar rápidamente y con tanto impulso que, entre un paso y el siguiente, quedan por un momento ambos pies en el aire. ‖ **7.** Dicho de noticias, rumores, etc., circular, propalarse, difundirse. Ú. t. c. tr. ‖ **8.** Estar a cargo de uno el curso, cuidado o despacho de alguna cosa. *Eso* CORRE *de mi cuenta.* ‖ **9.** tr. Hacer que una cosa pase o se deslice de un lado a otro; cambiarla de sitio. CORRE *esa silla;* CORRER *un poco los botones.* Ú. t. c. prnl. ‖ **10.** Dicho de velos, cortinas, etc., echarlos o tenderlos, cuando están levantados o recogidos; y levantarlos o recogerlos, cuando están tendidos o echados. ‖ **11.** Estar expuesto a ciertas contingencias determinadas o indeterminadas; arrostrarlas, pasar por ellas. CORRER *peligro, aventuras.* ‖ **12.** fig. Avergonzar y confundir. Ú. t. c. prnl. ‖ **13.** prnl. Hacerse a derecha o izquierda los que están en línea. ‖ **14.** Dicho de colores, tintas, manchas, etc., extenderse fuera de su lugar. ‖ **15.** fig. Eyacular o experimentar el orgasmo. ‖ **correr con** alguna cosa. fr. Entender en alguna cosa, encargarse de ella. ‖ **correrla.** expr. fam. Andar en diversiones o en lances peligrosos o ilícitos, especialmente si es a deshora de la noche.

correría. f. Hostilidad que hace la gente de guerra, talando y saqueando el país. ‖ **2.** Viaje, por lo común corto, a varios puntos, volviendo a aquel en que se tiene la residencia. Ú. m. en pl.

correspondencia. f. Acción y efecto de corresponder o corresponderse. ‖ **2. correo,** conjunto de cartas que se reciben o expiden. ‖ **3.** Relación entre términos de distintas series o sistemas que tienen en cada uno igual significado, caracteres o función. ‖ **4.** Comunicación entre habitaciones, estancia, ámbitos o líneas de metro. ‖ **biunívoca.** *Mat.* Aplicación invertible; es decir, aquella en que a cada elemento del segundo conjunto corresponde, inequívocamente, otro del primero. ‖ **unívoca.** *Mat.* **aplicación,** relación entre dos conjuntos.

corresponder. intr. Pagar con igualdad, relativa o proporcionalmente, afectos, beneficios o agasajos. Ú. t. c. tr. ‖ **2.** Tocar o pertenecer. ‖ **3.** Tener relación, realmente existente o convencionalmente establecida, un elemento de un conjunto, colección, serie o sistema con un elemento de otro. ‖ **4.** prnl. Atenderse y amarse recíprocamente.

correspondiente. adj. Proporcionado, conveniente, oportuno. ‖ **2.** Que satisface las condiciones de una relación. ‖ **3.** Dícese de cada uno de los miembros no numerarios de una corporación, que por lo general residen fuera de la sede de esta y colaboran con ella por correspondencia, con deberes y derechos variables según los reglamentos de cada corporación. *Académico* CORRESPONDIENTE.

corresponsal. com. Persona que habitualmente y por encargo de un periódico, cadena de televisión, etc., envía noticias de actualidad desde otra población o país extranjero.

corresponsalía. f. Cargo de corresponsal de un periódico, cadena de televisión, agencia de noticias, etc. ‖ **2.** Lugar donde se ejerce el cargo de corresponsal.

corretaje. m. Comisión que perciben los corredores de comercio sobre las operaciones que realizan. ‖ **2.** Diligencia y trabajo que pone el corredor en los ajustes y ventas.

corretear. intr. fam. Correr en varias direcciones dentro de limitado espacio por juego o diversión.

correveidile. com. fig. y fam. Persona que lleva y trae cuentos y chismes.

corrida. f. **corrida de toros.** ‖ **de toros.**

Fiesta que consiste en lidiar cierto número de toros en una plaza cerrada.

corrido, da. adj. Que excede un poco del peso o de la medida que se trata. ‖ **2.** fig. Avergonzado, confundido. ‖ **3.** Dicho de algunas partes de un edificio, continuo, seguido. ‖ **4.** m. En América, romance o composición escrita en versos octosílabos con variedad de asonancias. ‖ **5.** En Méjico, cierto baile y la música que lo acompaña. ‖ **de corrido.** loc. adv. Con presteza y sin entorpecimientos.

corriente. adj. Que corre. ‖ **2.** Dícese de la semana, del mes, del año o del siglo actual o que va transcurriendo. ‖ **3.** Que está en uso en el momento presente o lo estaba en el momento de que se habla. *La moda* CORRIENTE. ‖ **4.** Dicho de recibos, números de publicaciones periódicas, etc., el último aparecido, a diferencia de los atrasados. ‖ **5.** Cierto, sabido, admitido comúnmente. ‖ **6.** Medio, común, regular, no extraordinario. ‖ **7.** f. Movimiento de traslación continuado, ya sea permanente, ya accidental, de una masa de materia fluida, como el agua o el aire, en una dirección determinada. ‖ **8.** Masa de materia fluida que se mueve de este modo. ‖ **9. corriente eléctrica.** ‖ **10.** Tiro que se establece en una casa o habitación entre las puertas y ventanas. ‖ **11.** fig. Curso, movimiento o tendencia de los sentimientos o de las ideas. ‖ **alterna.** *Fís.* Aquella cuya intensidad es variable y cambia de sentido al pasar la intensidad por cero. ‖ **continua.** *Fís.* La que fluye siempre en la misma dirección con intensidad generalmente variable. ‖ **eléctrica.** *Fís.* Movimiento de la electricidad a lo largo de un conductor. ‖ **al corriente.** loc. adv. Sin atraso, con exactitud. *Cobro mi paga* AL CORRIENTE; *lleva* AL CORRIENTE *su negociado.* ‖ **corriente y moliente.** expr. fig. y fam. Que se aplica a las cosas llanas y usuales y cumplidas. ‖ **estar al corriente de** una cosa. fr. Estar enterado de ella. ‖ **llevarle** a alguien **la corriente.** fr. fig. y fam. Seguirle el humor, mostrarse conforme con lo que dice o hace. ‖ **navegar contra corriente,** o **contra la corriente.** fr. fig. Pugnar contra el común sentir o la costumbre, o esforzarse por lograr una cosa, luchando con graves dificultades o inconvenientes. ‖ **poner** a alguien **al corriente de** una cosa. fr. Enterarle de ella. ‖ **seguirle** a alguien **la corriente.** fr. fig. y fam. **llevarle** a alguien **la corriente.**

corrillo. m. Corro donde se juntan algunas personas a discutir y hablar, separados del resto de la gente. En pl., se usa generalmente en sentido peyorativo.

corrimiento. m. Acción y efecto de correr o correrse. ‖ **2.** fig. Vergüenza, empacho, rubor.

corro. m. Cerco que forma la gente para hablar, para solazarse, etc. ‖ **2.** Espacio que incluye. ‖ **3.** Juego de niñas que forman un círculo, cogidas de las manos, y cantan dando vueltas en derredor.

corroboración. f. Acción y efecto de corroborar o corroborarse.

corroborar. tr. fig. Dar mayor fuerza al argumento o a la opinión aducidos, con nuevas razones o datos. Ú. t. c. prnl.

corroer. tr. Desgastar lentamente una cosa como royéndola. Ú. t. c. prnl. ‖ **2.** fig. Sentir los efectos de una gran pena o del remordimiento en términos de hacerse visibles en el semblante o de arruinar la salud. ‖ **3.** Producir corrosión química. Ú. t. c. prnl.

corromper. tr. Alterar y trastrocar la forma de alguna cosa. Ú. t. c. prnl. ‖ **2.** Echar a perder, depravar, dañar, pudrir. Ú. t. c. prnl. ‖ **3.** Sobornar a alguien con dádivas o de otra manera. ‖ **4.** fig. Pervertir o seducir a una persona.

corrosión. f. Acción y efecto de corroer o corroerse. ‖ **2.** *Quím.* Proceso paulatino que cambia la composición química de un cuerpo metálico por acción de un agente externo, destruyéndolo aunque manteniendo lo esencial de su forma.

corrosivo, va. adj. Dícese de lo que corroe o tiene virtud de corroer. ‖ **2.** Mordaz, incisivo, hiriente. Se aplica por lo general a las personas y a su lenguaje, humor, etc.

corrupción. f. Acción y efecto de corromper o corromperse. ‖ **2.** Alteración o vicio en un libro o escrito.

corruptela. f. **corrupción.** ‖ **2.** Mala costumbre o abuso, especialmente los introducidos contra la ley.

corrupto, ta. adj. Que está corrompido. ‖ **2.** Que se deja o ha dejado sobornar, pervertir o viciar. Ú. t. c. s.

corruptor, ra. adj. Que corrompe. Ú. t. c. s.

corrusco. m. fam. **cuscurro.**

corsario, ria. adj. Dícese del buque que andaba al corso, con patente del gobierno de su nación. ‖ **2.** Dícese del capitán de un buque **corsario.** Por ext., se aplica también a la tripulación. Ú. t. c. s. ‖ **3.** m. **pirata.**

corsé. m. Prenda interior armada con ballenas usada por las mujeres para ceñirse el cuerpo desde debajo del pecho hasta las caderas.

corso[1]**.** m. *Mar.* Campaña que hacían por el mar los buques mercantes con patente de su gobierno para perseguir a los piratas o a las embarcaciones enemigas. Ú. m. en las frases **ir,** o **salir, a corso; venir de corso,** etc. ‖ **2.** V. **patente de corso.**

corso[2]**, sa.** adj. Natural de Córcega. Ú. t. c. s. ‖ **2.** Perteneciente a esta isla del Mediterráneo.

cortacésped. f. Máquina para recortar el césped en los jardines.

cortacircuitos. m. *Electr.* Aparato que automáticamente interrumpe la corriente eléctrica cuando es excesiva o peligrosa. ❑ No confundir con *cortocircuito.*

cortacorriente. m. **interruptor** de una corriente eléctrica.

cortado, da. adj. Turbado, falto de palabras. Ú. t. c. s. ‖ **2.** m. Taza o vaso de café con algo de leche.

cortador, ra. adj. Que corta.

cortadura. f. Separación o división hecha en un cuerpo continuo por instrumento o cosa cortante. ‖ **2.** Herida producida con un instrumento cortante. ‖ **3.** Abertura o paso entre dos montañas.

cortafrío. m. Cincel fuerte para cortar hierro frío a golpes de martillo.

cortafuego. m. *Agr.* Vereda ancha que se hace en los sembrados y montes para que no se propaguen los incendios. ‖ **2.** *Arq.* Pared toda de fábrica, sin madera alguna, y de un grueso adecuado, que se eleva desde la parte inferior del edificio hasta más arriba del caballete, con el fin de que, si hay fuego en un lado, no se pueda este comunicar al otro.

cortante. adj. Que corta.

cortapisa. f. fig. Condición o restricción con que se concede o se posee una cosa. ‖ **2.** fig. Obstáculo, dificultad. Ú. m. en pl.

cortaplumas. m. Navaja pequeña con que se cortaban las plumas de ave, y que modernamente tiene otros usos.

cortapuros. m. Utensilio que sirve para cortar la punta de los cigarros puros.

cortar. tr. Dividir una cosa o separar sus partes con algún instrumento cortante. ‖ **2.** Dar con las tijeras u otro instrumento la forma conveniente y apropiada a las diferentes piezas de que se compone una prenda de vestir o calzar. ‖ **3.** Hender un fluido o líquido. *Una flecha* CORTA *el aire; un buque, el agua.* ‖ **4.** Separar o dividir una cosa en dos porciones. *Las sierras* CORTAN *una provincia de otra; los ríos, un territorio.* ‖ **5.** En el juego de naipes, alzar parte de ellos dividiendo la baraja. ‖ **6.** Refiriéndose al aire o al frío, ser estos tan penetrantes y sutiles, que parece que **cortan** y traspasan la piel. Ú. t. c. prnl. ‖ **7.** Acortar distancia. ‖ **8.** Atajar, detener, entorpecer, impedir el curso o paso a las cosas. ‖ **9. recortar.** ‖ **10.** fig. Suspender, interrumpir. Dicho principalmente de una conversación o plática. ‖ **11.** *Geom.* Atravesar una línea, superficie o cuerpo a otro. Ú. t. c. prnl. ‖ **12.** intr. Tener buen o mal filo un instrumento con el que se **corta.** ‖ **13.** prnl. Herirse o hacerse un corte. ‖ **14.** Turbarse, faltar a uno palabras por causa de la turbación. ❑ Ú. t. en p. p. y con los verbos *estar* y *quedar.* ‖ **15.** Tratándose de la leche, separarse las partes que naturalmente la componen. U. t. c. tr. ‖ **16.** Tratándose de salsas, natillas u otras preparaciones culinarias, separarse los ingredientes que debían quedar trabados.

cortaúñas. m. Especie de tenacillas, alicates o pinzas con un extremo afilado y curvado hacia dentro, que sirve para cortarse las uñas.

cortaviento. m. Aparato delantero de un vehículo, que sirve para cortar el viento.

corte[1]. m. Filo del instrumento con que se corta y taja. ‖ **2.** Acción y efecto de cortar. ‖ **3.** Herida producida por un instrumento cortante. ‖ **4.** Sección por donde ha sido cortada una pieza de carne, embutido, etc. *Este jamón tiene buen* CORTE. ‖ **5.** Arte y acción de cortar las diferentes piezas que requiere la hechura de un vestido, de un calzado u otras cosas. ‖ **6.** Cantidad de tela o cuero necesaria y bastante para hacer una prenda de vestir o calzar. ‖ **7.** *Arq.* **sección** de un edificio. ‖ **dar corte** alguna cosa a alguien. fr. fig. y fam. Dar vergüenza, apuro, etc., esa cosa. ‖ **dar un corte** a alguien. fr. fig. y fam. Responder de forma rápida, ingeniosa y ofensiva. ‖ **dar** o **hacer un corte de mangas.** fr. fig. y vulg. Ademán de significado obsceno y despectivo que se hace con la mano, extendiendo el dedo corazón entre el índice y el anular doblados. A la vez se levanta el brazo y se golpea en él con la otra mano.

corte[2]. f. Población donde habitualmente reside el soberano en las monarquías. ‖ **2.** Conjunto de todas las personas que componen la familia y comitiva del rey. ‖ **3.** Por ext., séquito, comitiva o acompañamiento. ‖ **4.** Con el calificativo *celestial* u otras palabras de análoga significación, **cielo,** mansión divina. ‖ **5.** *Amér.* Tribunal de justicia. ‖ **6.** pl. Junta general que en los antiguos reinos de Castilla, Aragón, Valencia, Navarra y Cataluña celebraban las personas autorizadas para intervenir en los negocios graves del Estado, ya por derecho propio, ya en representación de clases o cuerpos, ya en la de las ciudades y villas que tenían voto en **cortes,** con arreglo, en cada uno de los reinos, a sus leyes, fueros, costumbres y privilegios. ‖ **7.** En época moderna se ha aplicado este nombre a las Cámaras legislativas, ya se trate de una sola, como en las Constituciones de 1812 y 1931, ya de dos, con arreglo a las otras que han regido en España. ‖ **constituyentes.** Las que tienen poder y mandato para dictar o reformar la Constitución. ‖ **hacer la corte.** fr. **cortejar,** galantear.

cortedad. f. Pequeñez y poca extensión de una cosa. ‖ **2.** fig. Falta o escasez de talento, de valor, de instrucción, etc. || **3.** fig. Encogimiento, poquedad de ánimo.

cortejar. tr. **galantear,** requebrar a una mujer. || **2.** Asistir, acompañar a alguien, contribuyendo a lo que sea de su agrado.

cortejo. m. Acción de cortejar. || **2.** Conjunto de personas que forma el acompañamiento en una ceremonia.

cortés. adj. Atento, comedido, afable, urbano.

cortesano, na. adj. Perteneciente a la corte. || **2.** V. **dama cortesana.** Ú. t. c. s. || **3.** m. Persona que servía al rey en la corte.

cortesía. f. Demostración o acto con que se manifiesta la atención, respeto o afecto que tiene una persona a otra. || **2.** En las cartas, expresiones de obsequio y urbanidad que se ponen antes de la firma. || **3. regalo,** dádiva. || **4.** Gracia o merced. || **5.** *Impr.* Hoja, página o parte de ella que se deja en blanco en algunos impresos, entre dos capítulos o al principio de ellos.

corteza. f. *Biol.* y *Anat.* Porción externa de órganos animales o vegetales. CORTEZA *renal.* CORTEZA *del tallo en las fanerógamas.* || **2.** Parte exterior y dura de algunas frutas y otras cosas; como la de la cidra, el limón, el pan, el queso, etc.

cortical. adj. *Anat.* y *Biol.* Relativo o perteneciente a la corteza.

corticoide. m. *Biol.* Hormona esteroide producida por la corteza de las glándulas adrenales y sus derivados. Puede obtenerse por síntesis y tiene aplicaciones terapéuticas, principalmente como antiinflamatorio. Ú. t. c. adj.

corticosteroide. m. *Biol.* **corticoide.**

cortijo. m. En Andalucía y Extremadura, extensión grande de campo y el conjunto de edificaciones para labor y vivienda. || **2.** Estas edificaciones.

cortina. f. Tela que por lo común cuelga de puertas y ventanas como adorno o para aislar de la luz y de miradas ajenas. || **2.** fig. Lo que encubre y oculta algo. || **de humo.** fig. *Mar.* y *Mil.* Masa densa de humo, que se produce artificialmente para ocultarse del enemigo.

cortinaje. m. Conjunto o juego de cortinas.

cortinilla. f. Cortina pequeña que se coloca en la parte interior de los cristales de balcones, ventanas, puertas vidrieras, portezuelas de coches, etc., para resguardarse del sol o impedir la vista desde fuera.

cortisona. f. Hormona corticoide reguladora del metabolismo de los hidratos de carbono. Entre sus diversas aplicaciones, y las de sus derivados, se encuentra el tratamiento de insuficiencias adrenales y estados alérgicos e inflamatorios.

corto, ta. adj. Dícese de las cosas que no tienen la extensión que les corresponde, y de las que son pequeñas en comparación con otras de su misma especie. || **2.** De poca duración, estimación o entidad. || **3.** Que no alcanza al punto de su destino. *Bola,* o *bala,* CORTA. || **4.** fig. De escaso talento o poca instrucción. || **5.** Tímido, encogido. || **6.** m. **cortometraje.** || **de vista. miope.** || **a la corta o a la larga.** loc. adv. Más tarde o más temprano. || **ni corto ni perezoso.** loc. Con decisión, sin timidez.

cortocircuito. m. *Electr.* Circuito que ofrece una resistencia sumamente pequeña, y en especial el que se produce accidentalmente por contacto entre los conductores y suele determinar una descarga. ❑ No confundir con *cortacircuitos.*

cortometraje. m. Película de corta e imprecisa duración.

cortón. m. **alacrán cebollero.**

coruñés, sa. adj. Natural de La Coruña. Ú. t. c. s. || **2.** Perteneciente o relativo a esta ciudad o a su provincia.

corva. f. Parte de la pierna, opuesta a la rodilla, por donde se dobla y encorva.

corvadura. f. **curvatura.** || **2.** *Arq.* Parte curva o arqueada del arco o de la bóveda.

corvato. m. Pollo del cuervo.

corvejón. m. *Veter.* Articulación situada entre la parte inferior de la pierna y superior de la caña, y a la cual se deben los principales movimientos de flexión y extensión de las extremidades posteriores en los cuadrúpedos.

corveta. f. Movimiento que se enseña al caballo, haciéndolo andar con los brazos en el aire. ❑ No confundir con *corbeta.*

corvetear. intr. Hacer corvetas el caballo.

córvido, da. adj. *Zool.* Dícese de aves paseriformes de tamaño grande, pico largo y fuerte y plumaje generalmente oscuro o negro; como el cuervo, la urraca y el arrendajo. Ú. t. c. s. || **2.** m. pl. *Zool.* Familia de estos animales.

corvo, va. adj. Arqueado o combado.

corza. f. Hembra del corzo.

corzo. m. Mamífero rumiante de la familia de los cérvidos, algo mayor que la cabra, rabón y de color gris rojizo; tiene las cuernas pequeñas, rugosas y ahorquilladas hacia la punta.

cosa. f. Todo lo que tiene entidad, ya sea corporal o espiritual, natural o artificial, real o abstracta. || **2.** Objeto inanimado por oposición a ser viviente. || **3.** Asunto, tema o negocio. || **4.** *Der.* En contraposición a persona o sujeto, el objeto de las relaciones jurídicas. En el régimen de esclavitud el esclavo era una **cosa.** || **del otro jueves.** fig. y fam. Hecho extraordinario. Ú. m. en fr. negat. ‖ **fina.** expr. ponderativa con que se expresa que algo o alguien es excelente. ‖ **mala.** fig. y fam. Mucho, en cantidad. ‖ **poquita cosa.** loc. adj. fam. Dícese de la persona débil en las fuerzas del cuerpo o del ánimo. ‖ **como quien hace otra cosa,** o **tal cosa no hace,** o **no quiere la cosa.** loc. adv. fam. Con disimulo. ‖ **como si tal cosa.** fr. fig. y fam. Como si no hubiera pasado nada.

cosaco, ca. adj. Dícese del habitante de varios distritos del sur de Rusia. Ú. t. c. s. ‖ **2.** m. Soldado de ciertas unidades de caballería del ejército ruso.

coscoja. f. Árbol achaparrado semejante a la encina, en el que con preferencia vive el quermes que produce el coscojo. ‖ **2.** Chapa de hierro arrollada en forma de cañuto, que se coloca en los travesaños de bocados y de hebillas, para que pueda correr con facilidad el correaje.

coscojo. m. Agalla producida por el quermes en la coscoja.

coscorrón. m. Golpe en la cabeza, que no saca sangre y duele.

coscurro. m. **mendrugo,** pedazo de pan duro.

cosecante. f. *Trig.* Secante del complemento de un ángulo o de un arco.

cosecha. f. Conjunto de frutos, generalmente de un cultivo, que se recogen de la tierra al llegar a la sazón; como trigo, cebada, uva, aceituna, etc. ‖ **2.** Temporada en que se recogen los frutos. *Pagaré a la* COSECHA. ‖ **3.** fig. Conjunto de lo que uno obtiene como resultado de sus cualidades o de actos, o por coincidencia de acaecimientos. COSECHA *de aplausos,* COSECHA *de disgustos.* ‖ **ser** una cosa **de la cosecha** de alguien. fr. fig. y fam. Ser de su propio ingenio o invención.

cosechador, ra. adj. Que cosecha. ‖ **2.** f. Máquina movida sobre ruedas, por autopropulsión o por arrastre, que siega la mies, limpia y envasa el grano en su recorrido por los sembrados.

cosechar. intr. Hacer la cosecha. Ú. t. c. tr. ‖ **2.** tr. fig. Ganarse, atraerse simpatías, odios, fracasos, éxitos, etc.

coseno. m. *Trig.* Cociente entre la abscisa del extremo final del arco y el radio de la circunferencia, tomando el origen de coordenadas en el centro de la circunferencia y el extremo inicial del arco sobre la parte positiva del eje de abscisas.

coser. tr. Unir con hilo, generalmente enhebrado en la aguja, dos o más pedazos de tela, cuero u otra materia. ‖ **2.** Hacer labores de aguja. ‖ **3.** Unir papeles mediante grapas. ‖ **4.** fig. Producir a alguien varias heridas en el cuerpo con arma punzante, o de otro tipo. *Lo* COSIERON *a puñaladas. Lo* COSIERON *a balazos.* ‖ **coser y cantar.** fr. fig. y fam. con que se denota que aquello que se ha de hacer no ofrece dificultad ninguna.

cosido. m. Acción y efecto de coser. *Juana es primorosa en el* COSIDO. ‖ **2.** Calidad de la costura. *El corte no tiene gracia, pero el* COSIDO *es excelente.*

cosificar. tr. Convertir algo en cosa. ‖ **2.** Considerar como cosa algo que no lo es, por ejemplo, una persona.

cosmético, ca. adj. Dícese de los productos que se utilizan para la higiene o belleza del cuerpo, especialmente del rostro. Ú. en sent. fig. y t. c. s. m. ‖ **2.** f. Arte de aplicar estos productos.

cósmico, ca. adj. Perteneciente o relativo al cosmos. ‖ **2.** *Astron.* Aplícase al orto u ocaso de un astro, que coincide con la salida del Sol.

cosmogonía. f. Ciencia que trata del origen y la evolución del universo.

cosmografía. f. Descripción astronómica del mundo, o astronomía descriptiva.

cosmología. f. Parte de la astronomía que trata de las leyes generales, del origen y de la evolución del universo.

cosmonauta. com. **astronauta.**

cosmonáutica. f. **astronáutica.**

cosmonave. f. **astronave.**

cosmopolita. adj. Dícese de la persona que considera a todos los lugares del mundo como patria suya. Ú. t. c. s. ‖ **2.** Dícese de lo que es común a todos los países o a los más de ellos. ‖ **3.** Aplícase a los seres o especies animales y vegetales aclimatados a todos los países o que pueden vivir en todos los climas. *El hombre es* COSMOPOLITA.

cosmorama. m. Artificio óptico que sirve para ver aumentados los objetos mediante una cámara oscura.

cosmos. m. **mundo,** universo. ‖ **2.** Espacio exterior a la Tierra.

cosmovisión. f. Manera de ver e interpretar el mundo.

coso. m. Plaza, sitio o lugar cercado, donde se corren y lidian toros y se celebran otras fiestas públicas. ‖ **2.** Calle principal en algunas poblaciones. *El* COSO *de Zaragoza.*

cosquillas. f. pl. Sensación que se experimenta en algunas partes del cuerpo cuando son ligeramente tocadas, y consiste en cierta conmoción desagradable que suele provocar involuntariamente la risa. ‖ **buscarle** a alguien **las cosquillas.** fr. fig. y fam. Emplear, para impacientarle, los medios que al efecto se consideren más a propósito.

cosquillear. intr. Hacer cosquillas. Ú. t. c. tr.

cosquilleo. m. Sensación que producen las cosquillas, u otra semejante a ella.

costa[1]. f. **costo.** ‖ **2.** pl. Gastos judiciales. ‖ **a costa de.** loc. prepos. Con el trabajo, fatiga o dispendio causado por alguna cosa. *Lo consiguió* A COSTA DE *un gran esfuerzo.* ‖ **2.** A expensas de, por cuenta de. *Se mantiene* A COSTA DE *sus antiguos méritos.* ‖ **a toda costa.** loc. adv. Sin limitación en el gasto o en el trabajo.

costa[2]. f. Orilla del mar, de los ríos, lagos, etc., y tierra que está cerca de ella.

costado. m. Cada una de las dos partes laterales del cuerpo humano que están entre pecho y espalda. ‖ **2. lado.**

costal. adj. Perteneciente a las costillas. ‖ **2.** m. Saco grande de tela ordinaria, en que comúnmente se transportan granos, semillas u otras cosas.

costalada. f. Golpe que uno da al caer de espaldas o de costado.

costanero, ra. adj. Que está en cuesta. ‖ **2.** Perteneciente o relativo a la costa. *Pueblo* COSTANERO; *embarcación, navegación* COSTANERA.

costanilla. f. En algunas poblaciones, calle corta de mayor declive que las cercanas.

costar. intr. Ser comprada o adquirida una cosa por determinado precio. ‖ **2.** Estar en venta una cosa a determinado precio. ‖ **3.** fig. Causar u ocasionar una cosa cuidado, desvelo, perjuicio, dificultad, etc. ❑ Irreg. Se conj. como *contar.* No confundir con *constar.*

costarricense. adj. Natural de Costa Rica. Ú. t. c. s. ‖ **2.** Perteneciente o relativo a esta república de América.

coste. m. **costa[1].** ‖ **2.** Gasto realizado para la obtención o adquisición de una cosa o servicio.

costear[1]. tr. Pagar o satisfacer los gastos de alguna cosa. COSTEAR *los estudios de alguien.* COSTEAR *una expedición.*

costear[2]. tr. Ir navegando sin perder de vista la costa.

costero, ra. adj. **costanero,** perteneciente o relativo a la costa, próximo a ella. ‖ **2.** Lateral, situado a un costado.

costilla. f. Cada uno de los huesos largos y encorvados que nacen del espinazo y vienen hacia el pecho. ‖ **2.** fig. Cosa de figura de **costilla.** *Las* COSTILLAS *de las ruecas; las de las sillas.* ‖ **3.** fig. y fam. Mujer propia. ‖ **falsa.** La que no está apoyada en el esternón. ‖ **flotante.** La que, situada entre los músculos del abdomen, tiene su extremo libre sin alcanzar al cartílago que une las falsas al esternón. ‖ **verdadera.** La que está apoyada en el esternón.

costillar. m. Conjunto de costillas. ‖ **2.** Parte del cuerpo en la cual están.

costo. m. Cantidad que se da o se paga por una cosa. ‖ **2.** Gasto de manutención del trabajador cuando se añade al salario.

costoso, sa. adj. Que cuesta mucho o es de gran precio. ‖ **2.** Que supone gran esfuerzo o trabajo.

costra. f. Cubierta o corteza exterior que se endurece o seca sobre una cosa húmeda o blanda. ‖ **2.** Superficie endurecida que se forma en las llagas o granos cuando se van secando.

costrón. m. Trozo de pan frito, cortado en forma regular, con que se adornan ciertos guisos.

costumbre. f. Hábito, modo habitual de obrar o proceder establecido por tradición o por la repetición de los mismos actos y que puede llegar a adquirir fuerza de precepto. ‖ **2.** Lo que por carácter o propensión se hace más comúnmente. ‖ **3.** pl. Conjunto de cualidades o inclinaciones y usos que forman el carácter distintivo de una nación o persona.

costumbrismo. m. En las obras literarias y pictóricas, atención que se presta al retrato de las costumbres típicas de un país o región.

costumbrista. adj. Perteneciente o relativo al costumbrismo. ‖ **2.** com. Escritor o pintor que cultiva el costumbrismo.

costura. f. Acción y efecto de coser. ‖ **2.** En general, labor que está cosiéndose y se halla sin acabar. ‖ **3.** Oficio de coser. ‖ **4.** Por ext., unión hecha con clavos o roblones, especialmente la de los maderos o planchas del casco de un buque.

costurera. f. Mujer que tiene por oficio coser, o cortar y coser, ropa blanca y algunas prendas de vestir.

costurero. m. Mesita, con cajón y almohadilla, de que se sirven las mujeres para la costura. ‖ **2. modista,** que diseña o hace vestidos de mujer. ‖ **3.** Caja, canastilla para guardar los útiles de costura.

costurón. m. despect. Costura grosera. ‖ **2.** fig. Cicatriz o señal muy visible de una herida o llaga.

cota[1]. f. Arma defensiva del cuerpo, que se usaba antiguamente. Primero se hacían de cuero y guarnecidas de cabezas de clavos o anillos de hierro, y después de mallas de hierro entrelazadas. ‖ **2.** Vestidura que llevaban los reyes de armas en las funciones públicas, sobre la cual están bordados los escudos reales.

cota[2]. f. **cuota.** ‖ **2.** ant. Acotación, anotación o cita. ‖ **3.** *Topogr.* Número que en los planos topográficos indica la altura de un punto, ya sobre el nivel del mar, ya sobre otro plano de nivel. ‖ **4.** *Topogr.* Esta misma altura. ‖ **5.** Altura o nivel en una escala de valores.

cotangente. f. *Trig.* Tangente del complemento de un ángulo o de un arco.

cotarro. m. fig. y fam. Colectividad en estado de inquietud o agitación. ‖ **2.** Ladera de un barranco.

cotejar. tr. Confrontar una cosa con otra u otras; compararlas teniéndolas a la vista.

cotejo. m. Acción y efecto de cotejar.

cotidianeidad. f. **cotidianidad.**

cotidianidad. f. Calidad de cotidiano.

cotidiano, na. adj. **diario.**

cotiledón. m. *Bot.* Forma con que aparece la primera hoja en el embrión de las plantas fanerógamas; en muchos de estos vegetales el embrión posee dos o más **cotiledones.**

cotiledóneo, a. adj. *Bot.* Perteneciente o relativo al cotiledón. *Cuerpo* COTILEDÓNEO. ‖ **2.** *Bot.* Dícese de las plantas cuyo embrión contiene uno o más cotiledones. Ú. t. c. s. f. ‖ **3.** f. pl. *Bot.* Grupo de la antigua clasificación botánica, que comprendía las plantas fanerógamas.

cotilla. com. fig. Persona amiga de chismes y cuentos. Ú. t. c. adj.

cotillear. intr. fam. **chismorrear.**

cotilleo. m. fam. Acción y efecto de cotillear.

cotillón. m. Danza con figuras, y generalmente en compás de vals, que solía ejecutarse al fin de los bailes de sociedad. ‖ **2.** Fiesta y baile que se celebra en un día señalado como el de fin de año o Reyes.

cotilo. m. *Anat.* Cavidad de un hueso en que entra la cabeza de otro.

cotizable. adj. Que puede cotizarse.

cotización. f. Acción y efecto de cotizar.

cotizado, da. adj. Estimado favorablemente. *Es una soprano muy* COTIZADA.

cotizar. tr. Pagar una cuota. ‖ **2.** *Com.* Publicar en la bolsa el precio de las acciones o valores allí negociados. Ú. t. c. intr. y prnl. ‖ **3.** Poner o fijar precio a alguna cosa. ‖ **4.** fig. Estimar, particularmente de forma pública a una persona o cosa en relación con un fin determinado. ‖ **5.** *Amér.* Imponer una cuota.

coto. m. Terreno acotado. ‖ **2.** Término, límite. ‖ **poner coto.** fr. Dicho de abusos, desmanes, vicios, arbitrariedades, etc., impedir que continúen.

cotorra. f. Ave prensora americana, parecida al papagayo, con las mejillas cubiertas de pluma, alas y cola largas y puntiagudas, y colores varios, en que domina el verde. ‖ **2.** fig. y fam. Persona habladora.

cotorrear. intr. fam. Hablar con exceso y con bullicio.

cotorreo. m. fig. y fam. Acción y efecto de cotorrear.

coturnicultura. f. Explotación industrial de la cría de codornices.

coturno. m. Calzado de suela de corcho sumamente gruesa usado por los actores trágicos de la antigüedad grecorromana para parecer más altos.

coulomb. m. *Fís.* **culombio,** en la nomenclatura internacional.

covacha. f. Cueva pequeña. ‖ **2.** Vivienda o aposento pobre, incómodo, oscuro, pequeño.

covalente. adj. *Quím.* V. **enlace covalente.**

coxa. f. *Zool.* **cadera,** primera pieza de la pata de un insecto.

coxal. adj. *Anat.* Perteneciente o relativo a la cadera.

coxalgia. f. *Pat.* Artritis muy dolorosa causada por infección en la cadera, generalmente de origen tuberculoso.

coxis. m. *Anat.* **cóccix.**

coya. f. Mujer del emperador, señora soberana o princesa, entre los antiguos incas.

coyote. m. Especie de lobo que se cría en Méjico y otros países de América, de color gris amarillento y del tamaño de un perro mastín.

coyunda. f. Correa fuerte y ancha, o soga de cáñamo, con que se uncen los bueyes. ‖ **2.** fig. Unión conyugal. ‖ **3.** fig. Sujeción o dominio.

coyuntura. f. Articulación o trabazón movible de un hueso con otro. ‖ **2.** fig. Sazón, oportunidad para alguna cosa. ‖ **3.** fig. Combinación de factores y circunstancias que, para la decisión de un asunto importante, se presenta en una nación. COYUNTURA *económica.*

coyuntural. adj. Que depende de la coyuntura o circunstancia.

coz. f. Sacudida violenta que hacen las bestias con alguna de las patas. ‖ **2.** Golpe que dan con este movimiento.

-cracia. elem. compos. que significa dominio o poder: *banco*CRACIA, *fisio*CRACIA.

craneal. adj. Perteneciente o relativo al cráneo.

cráneo. m. *Anat.* Caja ósea en que está contenido el encéfalo. ‖ **ir** alguien **de cráneo.** fr. fig. y fam. Hallarse en una situación muy comprometida, de difícil solución.

craneoscopia. f. Arte que, por la inspección de la superficie exterior del cráneo, presume conocer las facultades intelectuales y afectivas.

crápula. m. Hombre de vida licenciosa.

crascitar. intr. Graznar el cuervo.

craso, sa. adj. p. us. Grueso, gordo o espeso. ‖ **2.** fig. Unido con los sustantivos *error, ignorancia, engaño, disparate* y otros semejantes, **indisculpable.**

cráter. m. Depresión topográfica más o menos circular formada por explosión volcánica y por la cual sale humo, ceniza, lava, fango u otras materias, cuando el volcán está en actividad. ‖ **2.** Depresión semejante formada por caída de meteoritos en la superficie de la Tierra y de la Luna.

cratera o **crátera.** f. *Arqueol.* Vasija grande y ancha donde se mezclaba el vino con agua antes de servirlo en copas durante las comidas en Grecia y Roma.

creación. f. Acto de crear o sacar Dios una cosa de la nada. ‖ **2. mundo,** conjunto de todas las cosas creadas. ‖ **3.** Acción y efecto de crear, establecer o instituir. ‖ **4.** Obra de ingenio, de arte o artesanía muy laboriosa, o que revela una gran inventiva. *Su discurso nos sorprendió porque fue toda una* CREACIÓN.

creacionismo. m. Doctrina poética que proclama la total autonomía del poema, el cual no ha de imitar o reflejar a la naturaleza en sus apariencias, sino en sus leyes biológicas y constitución orgánica. ‖ **2.** *Fil.* y *Teol.* Teoría según la cual Dios creó el mundo a partir de la nada e interviene directamente en la creación del alma humana en el momento de la concepción.

creador, ra. adj. Dícese propiamente de Dios, que sacó todas las cosas de la nada. Ú. m. c. s. ‖ **2.** fig. Que crea, establece o funda una cosa. *Poeta, artista, ingeniero* CREADOR; *facultades* CREADORAS; *mente* CREADORA. Ú. t. c. s.

crear. tr. Producir algo de la nada. *Dios* CREÓ *cielos y tierra.* ‖ **2.** fig. Establecer, fundar, introducir por vez primera una cosa; hacerla nacer o darle vida, en sentido figurado. CREAR *una industria, un género literario, un orden político, derechos.*

creatividad. f. Facultad de crear. ‖ **2.** Capacidad de creación.

creativo, va. adj. Que posee o estimula la capacidad de creación, invención, etc. ‖ **2.** m. y f. Profesional encargado de la concepción de una campaña publicitaria.

crecer. intr. Tomar aumento natural los seres orgánicos. Aplicado a personas, se dice principalmente de la estatura. ‖ **2.** Adquirir aumento algunas cosas. CRECER *el tumulto.* ‖ **3.** prnl. Tomar alguien mayor autoridad, importancia o atrevimiento. ❑ Irreg. Se conj. como *agradecer.*

creces. f. pl. fig. Aumento, ventaja, exceso en algunas cosas.

crecida. f. Aumento del caudal de los ríos y arroyos.

crecido, da. adj. fig. Grande o numeroso. ‖ **2.** m. pl. Puntos que se aumentan en algunas partes de la media, calceta y otras labores análogas.

creciente. adj. Que crece. ‖ **2.** f. **crecida.** ‖ **de la Luna.** Intervalo que media entre el novilunio y el plenilunio, durante el cual va siempre aumentando la parte iluminada visible desde la Tierra. ‖ **del mar.** Subida del agua del mar por efecto de la marea.

crecimiento. m. Acción y efecto de crecer. CRECIMIENTO *de la población.*

credencial. adj. Que acredita. ‖ **2.** f. Real orden u otro documento que sirve para que a un empleado se dé posesión de su plaza, sin perjuicio de obtener luego el título correspondiente. ‖ **3.** pl. **cartas credenciales.**

credibilidad. f. Calidad de creíble.

crediticio, cia. adj. Perteneciente o relativo al crédito público o privado.

crédito. m. **asenso.** ‖ **2.** Cantidad de dinero, o cosa equivalente, que alguien debe a una persona o entidad, y que el acreedor tiene derecho de exigir y cobrar. ‖ **3.** Reputación, fama, autoridad. Tómase por lo común en sentido favorable. ‖ **4.** Situación económica o condiciones morales que facultan a una persona o entidad para obtener de otra formas o mercancías. ‖ **5.** Opinión que goza una persona de que cumplirá puntualmente los compromisos que contraiga. ‖ **dar crédito.** fr. **creer.**

credo. m. Oración en la que se contienen los principales artículos de la fe enseñada por los apóstoles. ‖ **2.** fig. Conjunto de doctrinas comunes a una colectividad.

credulidad. f. Calidad de crédulo.

crédulo, la. adj. Que cree ligera o fácilmente.

creencia. f. Firme asentimiento y conformidad con alguna cosa. ‖ **2.** Completo crédito que se presta a un hecho o noticia como seguros o ciertos. ‖ **3.** Religión, secta.

creer. tr. Tener por cierta una cosa que el entendimiento no alcanza o que no está comprobada o demostrada. ‖ **2.** Pensar, juzgar, sospechar una cosa o estar persuadido de ella. ‖ **3.** Dar asenso, apoyo o confianza a alguien. *¿Nunca me habéis de* CREER? ❑ Ú. t. c. intr. con la prep. *en.* CREEMOS EN *él.* ❑ Irreg. Se conj. como *leer.*

creíble. adj. Que puede o merece ser creído.

creído, da. adj. fam. Dícese de la persona vanidosa, orgullosa o muy pagada de sí misma. ‖ **2.** Confiado.

crema[1]. f. Sustancia grasa contenida en la leche. ‖ **2.** Nata de la leche. ‖ **3.** Natillas espesas tostadas por encima con plancha de hierro candente. ‖ **4.** Sopa espesa. ‖ **5.** Confección cosmética para suavizar el cutis. ‖ **6.** Pasta untuosa para limpiar y dar brillo a las pieles curtidas, en especial las del calzado. ‖ **7.** fig. Con el art. *la,* lo más distinguido de un grupo social cualquiera.

crema[2]. f. *Gram.* **diéresis,** signo de puntación.

cremación. f. **incineración.**

cremallera. f. Barra metálica con dientes en uno de sus cantos, para engranar con un piñón y convertir un movimiento circular en rectilíneo o viceversa. ‖ **2.** Cierre que se aplica a una abertura longitudinal en prendas de vestir, bolsos y cosas semejantes. Consiste en dos tiras de tela guarnecidas en sus orillas de pequeños dientes generalmente de metal o plástico que se traban o destraban entre sí al efectuar un movimiento de apertura o cierre por medio de un cursor metálico.

crematística. f. Interés pecuniario de un negocio.

crematístico, ca. adj. Perteneciente o relativo a la crematística.

crematorio, ria. adj. Relativo a la cremación de los cadáveres y materias deletéreas. *Horno* CREMATORIO. ‖ **2.** m. Lugar donde se hace la cremación.

cremoso, sa. adj. De la naturaleza o aspecto de la crema. ‖ **2.** Que tiene mucha crema.

crencha. f. Raya que divide el cabello en dos partes. ‖ **2.** Cada una de estas partes.

crepe. f. **filloa.** Ú. m. en pl.

crepería. f. Establecimiento donde se hacen y venden crepes.

crepitar. intr. Dar chasquidos, especialmente la leña al arder.

crepuscular. adj. Perteneciente al crepúsculo. Ú. t. en sent. fig. ‖ **2.** *Zool.* Dícese de los animales que, como muchos murciélagos, buscan su alimento principalmente durante el crepúsculo.

crepúsculo. m. Claridad que hay desde que raya el día hasta que sale el Sol, y desde que este se pone hasta que es de noche. ‖ **2.** Tiempo que dura esta claridad. ‖ **3.** fig. Fase declinante que precede al final de algo. *El* CREPÚSCULO *del verano, de la vida.*

cresa. f. Larva de ciertos dípteros, que se alimenta principalmente de materias orgánicas en descomposición. ‖ **2.** Conjunto de huevecillos amontonados que ponen las moscas sobre las carnes.

crespo, pa. adj. Dícese del cabello ensortijado o rizado de forma natural. ‖ **2.** fig. Aplícase al estilo artificioso, oscuro y difícil de entender. ‖ **3.** fig. Irritado o alterado.

crespón. m. Tela negra que se usa en señal de luto.

cresta. f. Carnosidad roja que tienen sobre la cabeza el gallo y algunas otras aves. ‖ **2. copete,** moño de plumas de ciertas aves. ‖ **3.** Protuberancia de poca extensión y altura que ofrecen algunos animales, aunque no sea carnosa, ni de pluma. ‖ **4.** fig. Cumbre de agudos peñascos de una montaña. ‖ **5.** fig. Cima de una ola, generalmente coronada de espuma. ‖ **estar en la cresta de la ola.** fr. fig. Estar en el mejor momento, en el apogeo.

crestería. f. *Arq.* Adorno de labores caladas que se usó mucho en el estilo ojival, y se colocaba en los caballetes y otras partes altas de los edificios.

crestomatía. f. Colección de escritos selectos para la enseñanza.

creta. f. Carbonato de cal terroso.

cretáceo, a. adj. **cretácico.**

cretácico, ca. adj. *Geol.* Dícese del terreno posterior al jurásico. ‖ **2.** Perteneciente a este terreno.

cretense. adj. Natural de Creta. Ú. t. c. s. ‖ **2.** Perteneciente o relativo a esta isla del Mediterráneo.

cretinismo. m. Enfermedad caracterizada por un peculiar retraso de la inteligencia acompañado, por lo común, de defectos del desarrollo orgánico. ‖ **2.** fig. Estupidez, idiotez, falta de talento.

cretino, na. adj. Que padece cretinismo. Ú. t. c. s. ‖ **2.** fig. Estúpido, necio. Ú. t. c. s.

cretona. f. Tela fuerte comúnmente de algodón, blanca o estampada. Se usa en tapicería.

creyente. adj. Que cree, especialmente el que profesa determinada fe religiosa. Ú. t. c. s.

cría. f. Acción y efecto de criar a los hombres, o a las aves, peces y otros animales. ‖ **2.** Niño o animal mientras se está criando. ‖ **3.** Conjunto de hijos que tienen de un parto, o en un nido, los animales.

criadero. m. Lugar donde se crían árboles antes de ser trasplantados definitivamente. ‖ **2.** Lugar destinado para la cría de los animales. ‖ **3.** *Min.* Agregado de sustancias inorgánicas de útil explotación, que naturalmente se halla entre la masa de un terreno.

criadilla. f. En los animales de matadero, **testículo.**

criado, da. adj. Con los adverbios *bien* o *mal*, se aplica a la persona de buena o mala educación. ‖ **2.** m. y f. Persona que sirve por un salario, y especialmente la que se emplea en el servicio doméstico. ‖ **3.** ant. **cliente,** persona que está bajo la protección de otra.

criador, ra. adj. Que nutre y alimenta. ‖ **2.** m. y f. Persona que tiene a su cargo, o por oficio, criar animales; como caballos, perros, gallinas, etc.

críalo. m. Ave cuculiforme, con un moño característico. Pone sus huevos en los nidos de las urracas (o de otros córvidos), que los incuban y alimentan a los pollos.

crianza. f. Acción y efecto de criar. Con particularidad se llama así la que se recibe de las madres o nodrizas mientras dura la lactancia. ‖ **2.** Época de la lactancia. ‖ **3.** Proceso de elaboración de los vinos.

|| **4.** Urbanidad, atención, cortesía; suele usarse con los adjetivos *buena* o *mala*.

criar. tr. Nutrir y alimentar la madre o la nodriza al niño con la leche de sus pechos, o con biberón. || **2.** Alimentar, cuidar y cebar aves u otros animales. || **3.** Instruir, educar y dirigir. || **4.** Producir, cuidar y alimentar un animal a sus hijos.

criatura. f. *Teol.* Toda cosa creada. || **2.** Niño recién nacido o de poco tiempo.

criba. f. Cuero ordenadamente agujereado y fijo en un aro de madera, que sirve para cribar. También se hacen de plancha metálica con agujeros, o con red de malla de alambre. || **2.** Cualquiera de los aparatos mecánicos que se emplean en agricultura para cribar semillas, o en minería para lavar y limpiar los minerales.

cribar. tr. Limpiar el trigo u otra semilla, por medio de la criba, del polvo, tierra, neguilla y demás impurezas. || **2.** Pasar una semilla, un mineral u otra materia por la criba para separar las partes menudas de las gruesas.

cribelo. m. *Zool.* Órgano que tienen muchas arañas en el abdomen, y que produce seda por estar provisto de glándulas adecuadas para ello.

crimen. m. Delito grave. || **2.** Acción indebida o reprensible. || **3.** Acción voluntaria de matar o herir gravemente a una persona.

criminal. adj. Perteneciente al crimen o que de él toma origen. || **2.** Dícese de las leyes, institutos o acciones destinados a perseguir y castigar los crímenes o delitos. || **3.** Que ha cometido o procurado cometer un crimen. Ú. t. c. s.

criminalidad. f. Calidad o circunstancia que hace que una acción sea criminal. || **2.** Número proporcional de crímenes.

criminalista. adj. Dícese del abogado que preferentemente ejerce su profesión en asuntos relacionados con el derecho penal. Ú. t. c. s. || **2.** Dícese de la persona especializada en el estudio del crimen y también de este mismo estudio. Ú. t. c. s.

criminología. f. Ciencia del delito, sus causas y su represión.

crin. f. Conjunto de cerdas que tienen algunos animales en la parte superior del cuello. Ú. m. en pl.

crío, a. m. y f. Niño o niña que se está criando.

criollo, lla. adj. Dícese del hijo y, en general, del descendiente de padres europeos nacido en los antiguos territorios españoles de América y en algunas colonias europeas de dicho continente. Ú. t. c. s. || **2.** Aplicábase al negro nacido en tales territorios, por oposición al que había sido llevado de África como esclavo. Ú. t. c. s. || **3.** Autóctono, propio, distintivo de un país hispanoamericano. || **4.** Dícese de los idiomas que han surgido en comunidades precisadas a convivir con otras comunidades de lengua diversa y que están constituidos por elementos procedentes de ambas lenguas. Se aplica especialmente a los idiomas que han formado, sobre base española, francesa, inglesa, holandesa o portuguesa, las comunidades africanas o indígenas de ciertos territorios originariamente coloniales.

crioscopia. f. Determinación del punto de congelación de un líquido en el que se halla disuelta una sustancia, para conocer el grado de concentración de la solución.

crioterapia. f. *Med.* Terapia basada en el empleo de bajas temperaturas.

cripta. f. Lugar subterráneo en que se acostumbraba enterrar a los muertos. || **2.** Piso subterráneo destinado al culto en una iglesia.

críptico, ca. adj. Perteneciente o relativo a la criptografía. || **2.** fig. Oscuro, enigmático.

criptoanálisis. m. Arte de descifrar criptogramas.

criptógamo, ma. adj. *Bot.* Dícese del vegetal o planta que carece de flores. Ú. t. c. s. f. || **2.** f. pl. *Bot.* Grupo taxonómico constituido por las plantas desprovistas de flores.

criptografía. f. Arte de escribir con clave secreta o de un modo enigmático.

criptograma. m. Documento cifrado. || **2.** Pasatiempo en el que, propuesta una serie de conceptos, se han de sustituir por palabras que los signifiquen, cuyas letras, trasladadas a un casillero, componen una frase.

criptón. m. **kriptón.**

criptorquidia. f. *Med.* Ausencia de uno o ambos testículos en el escroto.

críquet. m. Juego de pelota que se practica con paletas de madera.

cris. m. Arma blanca, de uso en Filipinas, de menor tamaño que el campilán y que suele tener la hoja de forma serpenteada.

crisálida. f. *Zool.* En los insectos con metamorfosis completa, estado quiescente previo al del adulto.

crisantemo. m. Planta perenne de la familia de las compuestas, con tallos anuales, casi leñosos, de seis a ocho decímetros de alto, hojas alternas, aovadas, con senos y hendeduras muy profundas, verdes por encima y blanquecinas por el envés, y flores abundantes, con pedúnculo, solitarias, axilares y terminales, de colores variados, pero frecuentemente moradas. Procede de la China y se cultiva en los jardines, donde florece durante el otoño. || **2.** Flor de esta planta.

crisis. f. Cambio brusco en el curso de una enfermedad, ya sea para mejorarse, ya para agravarse el paciente. ‖ **2.** Mutación importante en el desarrollo de otros procesos, ya de orden físico, ya históricos o espirituales. ‖ **3.** Situación de un asunto o proceso cuando está en duda la continuación, modificación o cese. ‖ **4.** Escasez, carestía. ‖ **5.** Por ext., situación dificultosa o complicada.

crisma. amb. Aceite y bálsamo mezclados que consagran los obispos el Jueves Santo para ungir a los que se bautizan y se confirman, y también a los obispos y sacerdotes cuando se consagran o se ordenan. En lenguaje fam. ú. m. c. f. ‖ **2.** f. fig. y fam. Cabeza.

crismón. m. **lábaro,** monograma de Cristo.

crisoberilo. m. Piedra semipreciosa de color verde amarillento, con visos opalinos, compuesta de óxidos de aluminio, berilio y hierro.

crisol. m. Recipiente hecho de material refractario, que se emplea para fundir alguna materia a temperatura muy elevada. ‖ **2.** *Metal.* Cavidad que en la parte inferior de los hornos sirve para recibir el metal fundido.

crisomélido. adj. *Zool.* Dícese de insectos coleópteros, tetrámeros, con el cuerpo ovalado, la cabeza recogida en el tórax hasta los ojos y antenas cortas. A veces tienen colores brillantes y de aspecto metálico. Se nutren de vegetales, por lo cual muchos son perjudiciales a las plantas. ‖ **2.** m. pl. *Zool.* Familia de estos insectos.

crisopeya. f. Arte con que se pretendía transmutar los metales en oro.

crisoprasa. f. Ágata de color verde manzana.

crispación. f. Acción y efecto de crispar o crisparse.

crispar. tr. Causar contracción repentina y pasajera en el tejido muscular o en cualquier otro de naturaleza contráctil. Ú. t. c. prnl. ‖ **2.** fig. y fam. Irritar, exasperar. Ú. t. c. prnl.

cristal. m. Vidrio incoloro y muy transparente que resulta de la mezcla y fusión de arena silícea con potasa y minio, y que recibe colores permanentes lo mismo que el vidrio común. ‖ **2.** Pieza de vidrio u otra sustancia semejante que cubre un hueco en una ventana, vitrina, etc. ‖ **3.** *Fís.* Cualquier cuerpo sólido cuyos átomos y moléculas están regular y repetidamente distribuidos en el espacio. ‖ **4.** *Mineral.* Cualquier cuerpo sólido que naturalmente tiene forma de poliedro más o menos regular; como sales, piedras, metales y otros. ‖ **de roca.** Cuarzo cristalizado, incoloro y transparente.

cristalera. f. Armario con cristales. ‖ **2. aparador,** mueble de comedor. ‖ **3.** Cierre o puerta de cristales.

cristalería. f. Establecimiento donde se fabrican o venden objetos de cristal. ‖ **2.** Conjunto de estos mismos objetos. ‖ **3.** Parte de la vajilla que consiste en vasos, copas y jarras de cristal.

cristalino, na. adj. De cristal. ‖ **2.** Parecido al cristal. ‖ **3.** m. *Anat.* Cuerpo de forma esférica lenticular, situado detrás de la pupila del ojo de los vertebrados y de los cefalópodos.

cristalización. f. Acción y efecto de cristalizar o cristalizarse. ‖ **2.** Cosa cristalizada.

cristalizar. intr. Tomar ciertas sustancias la forma cristalina. Ú. t. c. prnl. ‖ **2.** fig. Tomar forma clara y precisa, perdiendo su indeterminación, las ideas, sentimientos o deseos de una persona o colectividad. ‖ **3.** tr. Hacer tomar la forma cristalina, mediante operaciones adecuadas, a ciertas sustancias.

cristalografía. f. *Mineral.* Descripción de las formas que toman los cuerpos al cristalizar.

cristalográfico, ca. adj. Perteneciente o relativo a la cristalografía.

cristianar. tr. fam. **bautizar,** administrar el sacramento del bautismo. ❑ No confundir con *cristianizar.*

cristiandad. f. Conjunto de los fieles que profesan la religión cristiana. ‖ **2.** Conjunto de países de religión cristiana.

cristianismo. m. Religión cristiana. ‖ **2.** Conjunto de los fieles cristianos.

cristianizar. tr. Conformar una cosa con el dogma o con el rito cristiano. Ú. t. c. prnl. ‖ **2.** Convertir al cristianismo. Ú. t. c. prnl. ❑ No confundir con *cristianar.*

cristiano, na. adj. Perteneciente a la religión de Cristo. ‖ **2.** Que profesa la fe de Cristo, que recibió en el bautismo. Ú. t. c. s. ‖ **3.** m. fam. Persona o alma viviente. *Por la calle no pasa un* CRISTIANO, *o ni un* CRISTIANO. ‖ **nuevo.** El que se convierte a la religión **cristiana** y se bautiza siendo adulto. ‖ **viejo.** El que descendía de **cristianos,** sin mezcla conocida de moro, judío o gentil.

cristino, na. adj. Partidario de doña Isabel II, bajo la regencia de su madre doña María Cristina de Borbón, contra el pretendiente don Carlos. Ú. t. c. s.

cristo. n. p. En la teología cristiana, el Hijo de Dios, hecho hombre. ‖ **2.** m. **crucifijo.**

cristología. f. Tratado de lo referente a Cristo.

criterio. m. Norma para conocer la verdad. ‖ **2.** Juicio o discernimiento.

crítica. f. Examen y juicio acerca de alguien o algo. ‖ **2.** En particular, juicio que se expresa públicamente sobre un espectáculo, un libro, una obra artística, etc. ‖ **3.** Conjunto de las personas que, con una misma especialización, ejercen la **crítica** en los medios de difusión. *Al estreno de esa comedia no asistió la* CRÍTICA. ‖ **4. murmuración.** ‖ **5.** Censura, reprobación.

criticar. tr. Juzgar de las cosas, fundándose en los principios de la ciencia o en las reglas del arte. ‖ **2.** Censurar, notar, vituperar las acciones o conducta de alguno.

criticismo. m. Método de investigación según el cual a todo trabajo científico debe preceder el examen de la posibilidad del conocimiento de que se trata y de las fuentes y límites de este. ‖ **2.** Sistema filosófico de Kant.

crítico, ca. adj. Perteneciente a la crítica. ‖ **2.** Perteneciente o relativo a la crisis. Dícese del estado, momento, punto, etc., en que esta se produce. ‖ **3.** Dicho del tiempo, punto, ocasión, etc., el más oportuno, o que debe aprovecharse o atenderse. ‖ **4.** m. y f. Persona que ejerce la crítica.

criticón, na. adj. fam. Que todo lo censura y moteja, sin perdonar ni aun las más ligeras faltas. Ú. t. c. s.

croar. intr. Cantar la rana.

croata. adj. Natural de Croacia. Ú. t. c. s. ‖ **2.** Perteneciente o relativo a este país europeo. ‖ **3.** m. Idioma **croata,** variedad del serbocroata.

crocante. adj. Dícese de ciertas pastas cocidas, o fritas, que crujen al mascarlas.

croché. m. Ganchillo. ‖ **2.** Cierto golpe, en boxeo.

crol. m. *Dep.* Estilo de natación que consiste en batir constantemente las piernas y en mover alternativamente los brazos hacia delante sacándolos del agua.

cromado. m. Acción y efecto de cromar.

cromar. tr. Dar un baño de cromo a los objetos metálicos para hacerlos inoxidables.

cromático, ca. adj. *Mús.* Aplícase a uno de los tres géneros del sistema músico, y es el que procede por semitonos. ‖ **2.** *Ópt.* Dícese del cristal o del instrumento óptico que presenta al ojo del observador los objetos contorneados con los visos y colores del arco iris.

cromatina. f. *Biol.* Sustancia compleja constituida por ácidos nucleicos y proteínas, que se encuentra en el núcleo de las células y se tiñe por los colorantes básicos de anilina.

cromatismo. m. *Mús.* y *Ópt.* Calidad de cromático.

cromatografía. f. *Quím.* Método que, en su origen, se utilizó para separar sustancias coloreadas. En la actualidad, por extensión, método para separar mezclas de gases, líquidos o sólidos en disolución mediante diferentes procesos físicos.

cromo¹. m. Elemento químico de núm. atóm. 24. Metal escaso en la corteza terrestre; se encuentra generalmente en forma de óxido. De color blanco plateado, brillante, duro y quebradizo, es muy resistente a la corrosión, por lo que se emplea como protector de otros metales; sus sales, de variados colores, se utilizan como mordientes. Símb. *Cr.*

cromo². m. abrev. de **cromolitografía,** estampa, papel o tarjeta con figura o figuras en colores. Especialmente, la estampa de menor tamaño destinada a juegos y colecciones propios de niños. ‖ **estar hecho un cromo.** fr. fig. Ir muy arreglado y compuesto. Ú. m. irónicamente.

cromo-. Elemento compositivo que entra en la formación de algunas voces españolas con el significado de «color».

cromógeno, na. adj. *Microbiol.* Dícese de las bacterias que producen materias colorantes u originan coloraciones. *Bacterias* CROMÓGENAS.

cromolitografía. f. Arte de litografiar con varios colores, los cuales se obtienen por impresiones sucesivas. ‖ **2.** Estampa obtenida por medio de este arte.

cromosfera. f. *Astron.* Zona superior de la envoltura gaseosa del Sol, de color rojo y constituida principalmente por hidrógeno inflamado.

cromosoma. m. *Biol.* Filamento condensado de ácido desoxirribonucleico, visible en el núcleo de las células durante la mitosis. Su número es constante para cada especie.

cromotipia. f. Impresión en colores. ‖ **2.** Lámina así obtenida.

cromotipografía. f. Arte de imprimir en colores. ‖ **2.** Obra hecha por este procedimiento.

crónica. f. Historia en que se observa el orden de los tiempos. ‖ **2.** Artículo periodístico o información radiofónica o televisiva sobre temas de actualidad.

crónico, ca. adj. Aplícase a las enfermedades largas o dolencias habituales. ‖ **2.** Que viene de tiempo atrás.

cronicón. m. Breve narración histórica por el orden de los tiempos.

cronista. com. Autor de una crónica, o el que tiene por oficio escribirlas.

crónlech. m. Monumento megalítico consistente en una serie de piedras o menhires que cercan un corto espacio de terreno llano, y de figura elíptica o circular. ❑ pl. invar.

crono. m. *Dep.* Tiempo medido con cronómetro, en pruebas de velocidad.

cronoescalada. f. En competiciones ciclistas, prueba contrarreloj que se disputa en un trayecto ascendente.

cronología. f. Ciencia que tiene por objeto determinar el orden y fechas de los sucesos históricos. ‖ **2.** Serie de personas o sucesos históricos por orden de fechas. ‖ **3.** Manera de computar los tiempos.

cronológico, ca. adj. Perteneciente a la cronología.

cronometrar. tr. Medir con el cronómetro.

cronómetro. m. Reloj de gran precisión para medir fracciones de tiempo muy pequeñas. Se utiliza en industria y en competiciones deportivas.

croqueta. f. Porción de masa hecha con un picadillo de jamón, carne, pescado, huevo, etc., que, ligado con besamel, se reboza en huevo y pan rallado y se fríe en aceite abundante. Suele tener forma redonda u ovalada.

croquis. m. Diseño ligero de un terreno, paisaje o posición militar, que se hace a ojo y sin valerse de instrumentos geométricos. ‖ **2.** Diseño hecho sin precisión ni detalles.

cross. m. *Dep.* Carrera de larga distancia a campo traviesa. ❑ pl. invar.

crótalo. m. Instrumento músico de percusión usado antiguamente y semejante a la castañuela. ‖ **2.** Serpiente venenosa de América, que tiene en el extremo de la cola unos anillos óseos, con los cuales hace al moverse cierto ruido particular.

crotorar. intr. Producir la cigüeña el ruido peculiar de su pico.

cruasán. m. Bollo de hojaldre en forma de media luna.

cruce. m. Acción de cruzar o poner dos cosas en forma de cruz. ‖ **2.** Punto donde se cortan mutuamente dos líneas. *El* CRUCE *de dos caminos.* ‖ **3.** Paso destinado a los peatones. ‖ **4.** Acción y efecto de cruzar los animales para mejorar la raza. ‖ **5.** Interferencia telefónica o de emisiones radiadas. ‖ **6.** *Gram.* Acción y efecto de cruzarse dos palabras o formas gramaticales generalmente sinónimas.

cruceiro. m. Unidad monetaria del Brasil.

cruceño, ña. adj. Natural de alguno de los pueblos que, así en España como en América, llevan el nombre de Cruz o Cruces. Ú. t. c. s. ‖ **2.** Perteneciente o relativo a dichos lugares.

crucería. f. Sistema constructivo propio del estilo gótico, en el cual la forma de bóveda se logra mediante el cruce de arcos diagonales, llamados también ojivas o nervios.

crucero. adj. m. Espacio en que se cruzan la nave mayor de una iglesia y la que la atraviesa. ‖ **2.** Viaje de recreo en barco, con distintas escalas. ‖ **3.** *Mar.* Buque de guerra de gran velocidad y radio de acción, compatibles con fuerte armamento. Según el grado de protección o coraza, denomínanse: *ligero, protegido, acorazado* o *de combate.*

cruceta. f. Cada una de las cruces o de las aspas que resultan de la intersección de dos series de líneas paralelas. Ú. comúnmente referido a enrejados o a labores y adornos femeninos. ‖ **2.** *Mec.* En los motores de automóviles y otras máquinas, pieza que sirve de articulación entre el vástago del émbolo y la biela.

crucial. adj. fig. Dícese del momento o trance crítico en que se decide una cosa que podía tener resultados opuestos.

crucífero, ra. adj. *Bot.* Aplícase a las plantas angiospermas dicotiledóneas que tienen hojas alternas, cuatro sépalos en dos filas, corola en forma de cruz, estambres de glándulas verdosas en su base y semillas sin albumen; como el alhelí, el berro, la col, el nabo y la mostaza. Ú. t. c. s. ‖ **2.** f. pl. *Bot.* Familia de estas plantas.

crucificar. tr. Fijar o clavar en una cruz a una persona. ‖ **2.** fig. y fam. **sacrificar,** perjudicar. *Esto me* CRUCIFICA.

crucifijo. m. Efigie o imagen de Cristo crucificado.

crucifixión. f. Acción y efecto de crucificar. ‖ **2.** *Esc.* y *Pint.* Composición que representa la **crucifixión** de Jesucristo.

crucigrama. m. Pasatiempo que consiste en llenar los huecos de un dibujo con letras, de manera que, leídas estas en sentido horizontal y vertical, formen determinadas palabras cuyo significado se sugiere.

crudelísimo, ma. adj. Muy cruel.

crudeza. f. Calidad o estado de algunas cosas que no tienen la suavidad o sazón necesaria. ‖ **2.** fig. Rigor o aspereza.

crudo, da. adj. Dícese de los comestibles que no están preparados por medio de la acción del fuego; y también de los que no lo están hasta el punto conveniente. ‖ **2.** Aplícase a algunas cosas cuando no están preparadas o curadas; como la seda, el lienzo, el cuero, etc. ‖ **3.** Dícese del color parecido al de la seda **cruda** y al de la lana sin blanquear. ‖ **4.** Dícese del mineral viscoso que una vez refinado proporciona el petróleo, el asfalto y otros productos. Ú. t. c. s. m. ‖ **5.** fig. Cruel, áspero, despiadado. ‖ **6.** fig. Se aplica al tiempo muy frío y destemplado.

cruel. adj. Que se deleita en hacer sufrir o se complace en los padecimientos ajenos. ‖ **2.** fig. Sangriento, duro, violento. *Batalla, golpe* CRUEL. ❑ sup. irreg. *crudelísimo.*

crueldad. f. Inhumanidad, fiereza de ánimo, impiedad. ‖ **2.** Acción cruel e inhumana.

cruento, ta. adj. **sangriento.** ❑ No confundir con *cruel.*

crujía. f. Pasillo largo de algunos edificios que da acceso a las piezas que hay a los lados. ‖ **2.** *Arq.* Espacio comprendido entre dos muros de carga. ‖ **3.** *Mar.* Espacio de popa a proa en medio de la cubierta del buque.

crujido. m. Acción y efecto de crujir.

crujir. intr. Hacer cierto ruido algunos cuerpos cuando rozan unos con otros o se rompen; como las telas de seda, las maderas, los dientes, etc.

crupier. m. Persona contratada en los casinos para dirigir el juego, repartir las cartas, controlar las apuestas, etc.

crural. adj. Perteneciente o relativo al muslo.

crustáceo, a. adj. *Zool.* Aplícase a los animales artrópodos de respiración branquial, con dos pares de antenas, cubiertos por un caparazón generalmente calcificado, y que tienen un número variable de apéndices. Ú. t. c. s. ‖ **2.** m. pl. *Zool.* Clase de estos animales.

cruz. f. Figura formada de dos líneas que se atraviesan o cortan perpendicularmente. ‖ **2.** Patíbulo formado por un madero hincado verticalmente y atravesado en su parte superior por otro más corto, en los cuales se clavaban o sujetaban las manos y pies de los condenados a este suplicio. ‖ **3.** Insignia y señal de cristiano, en memoria de haber padecido en ella Jesucristo. ‖ **4.** Distintivo de muchas órdenes religiosas, militares y civiles, más o menos parecido a una **cruz.** ‖ **5.** Reverso de las monedas, las cuales, desde la Edad Media, suelen tener en este lado los escudos de armas, generalmente divididos en **cruz.** ‖ **6.** Tratándose de algunos animales, la parte más alta del lomo, donde se cruzan los huesos de las extremidades anteriores con el espinazo. ‖ **7.** Signo gráfico en forma de **cruz,** que puesto en libros u otros escritos antes de un nombre de persona, indica que ha muerto. ‖ **8.** fig. Peso, carga o trabajo. ‖ **gamada.** La que tiene cuatro brazos acodados como la letra gamma mayúscula del alfabeto griego. Se ha adoptado como símbolo religioso, político o racista. ‖ **griega.** La que se compone de un palo y un travesaño iguales, que se cortan en los puntos medios. ‖ **latina.** La de figura ordinaria, cuyo travesaño divide al palo en partes desiguales. ‖ **en cruz.** loc. adv. Con los brazos extendidos horizontalmente. ‖ **hacerse cruces.** fr. fig. y fam. Demostrar la admiración o extrañeza que causa alguna cosa.

cruzada. f. Cada una de las expediciones militares que en la Edad Media efectuaron los países cristianos de Europa contra los musulmanes con el objeto de reconquistar los lugares sagrados de Palestina. ‖ **2.** fig. **campaña** en pro de algún fin.

cruzado, da. adj. Dícese de la prenda de vestir que tiene el ancho necesario para poder sobreponer un delantero sobre otro. *Chaqueta, abrigo* CRUZADO. ‖ **2.** Dícese del que tomaba la insignia de la cruz, alistándose para alguna cruzada. Ú. t. c. s. ‖ **3.** Dícese del animal nacido de padres de distintas castas.

cruzamiento. m. Acción y efecto de cruzar los animales para mejorar la raza.

cruzar. tr. Atravesar una cosa sobre otra en forma de cruz. ‖ **2.** Atravesar un camino, campo, calle, etc., pasando de una parte a otra. ‖ **3.** Dar machos de distinta procedencia a las hembras de los animales de la misma especie para mejorar las castas. ‖ **4.** Trazar dos rayas paralelas en un cheque para que este solo pueda cobrarse por medio de una cuenta corriente. ‖ **5.** prnl. Pasar por un punto o camino dos personas o cosas en dirección opuesta. ‖ **6. atravesarse,** interponerse una cosa entre otra.

ctenóforo. adj. *Zool.* Dícese de ciertos celentéreos, exclusivamente marinos, con cuerpo gelatinoso y transparente, que suelen ser flotantes y están provistos de unas bandas ciliadas que se llaman peines. Ú. t. c. s. ‖ **2.** m. pl. *Zool.* Filo de estos animales, que recuerdan a ciertas medusas, pero constituyen un taxón independiente.

cu. f. Nombre de la letra *q.* ❑ pl. *cus.*

cuaderna. adj. V. **cuaderna vía.** Ú. t. c. s. ‖ **2.** f. *Mar.* Cada una de las piezas curvas cuya base o parte inferior encaja en la quilla del buque y desde allí arrancan a derecha e izquierda, en dos ramas simétricas, formando como las costillas del casco.

cuadernillo. m. Conjunto de cinco pliegos de papel, que es la quinta parte de una mano.

cuaderno. m. Conjunto o agregado de algunos pliegos de papel, doblados y cosidos en forma de libro. ‖ **de bitácora.** *Mar.* Libro en que se apunta el rumbo, velocidad, maniobras y demás accidentes de la navegación.

cuadra. f. V. **cuadro, dra.**

cuadrado, da. adj. Aplícase a la figura plana cerrada por cuatro líneas rectas iguales que forman otros tantos ángulos rectos. Ú. t. c. s. m. ‖ **2.** Por ext., dícese del cuerpo prismático de sección **cuadrada.** ‖ **3.** fig. Perfecto, cabal. ‖ **4.** m. *Álg.* y *Arit.* Producto que resulta de multiplicar una cantidad por sí misma. ‖ **5.** *Impr.* Pieza de metal del cuerpo de las letras, que se pone entre ellas para formar espacios, intervalos o blancos, o para afirmar y sostener las letras.

cuadragenario, ria. adj. De cuarenta años. Ú. t. c. s.

cuadragesimal. adj. Perteneciente a la cuaresma.

cuadragésimo, ma. adj. Que sigue inmediatamente en orden al o a lo trigésimo nono. ‖ **2.** Dícese de cada una de las 40 partes iguales en que se divide un todo. Ú. t. c. s.

cuadrangular. adj. Que tiene o forma cuatro ángulos.

cuadrángulo, la. adj. Que tiene cuatro ángulos. Ú. m. c. s. m.

cuadrante. adj. Que cuadra. ‖ **2.** m. *Astrol.* Cada una de las cuatro porciones en que la media esfera del cielo superior al horizonte puede dividirse. ‖ **3.** *Astron.* Instrumento compuesto de un cuarto de círculo graduado, con pínulas o anteojos, para medir ángulos. ‖ **4.** *Geom.* Cuarta parte de la circunferencia o del círculo comprendida entre dos radios perpendiculares.

cuadrar. tr. Dar a una cosa figura de cuadro, y más propiamente de cuadrado. ‖ **2.** Tratándose de cuentas, balances, etc., hacer que coincidan los totales del debe y del haber. ‖ **3.** *Geom.* Determinar o encontrar un cuadrado equivalente en superficie a una figura dada. ‖ **4.** *Pint.* **cuadricular.** ‖ **5.** intr. Conformarse o ajustarse una cosa con otra. ‖ **6.** Agradar o convenir una cosa con el intento o deseo. ‖ **7.** prnl. Quedarse parada una persona con los pies en escuadra; posición que para ciertos actos exigen las instrucciones militares, el arte del manejo de las armas y las reglas del toreo. ‖ **8.** fig. y fam. Mostrar de pronto una persona, al tratar con otra, inusitada gravedad o firme resistencia.

cuadrático, ca. adj. *Mat.* Perteneciente o relativo al cuadrado. ‖ **2.** *Mat.* Que tiene cuadrados como potencia más alta.

cuadratín. m. *Impr.* **cuadrado,** pieza de metal que se pone entre las letras para dejar espacios o blancos en lo impreso.

cuadratura. f. Acción y efecto de cuadrar una figura. ‖ **2.** *Astron.* Situación relativa de dos cuerpos celestes, que en longitud o en ascensión recta distan entre sí, respectivamente, uno o tres cuartos de círculo. ‖ **la cuadratura del círculo.** expr. fam. con que se indica la imposibilidad de una cosa.

cuadri-. elem. compos. que significa «cuatro»: CUADRI*enio*, CUADRI*látero.* Toma también las formas **cuatri-:** CUATRI*motor*, y **cuadru-:** CUADRÚ*pedo*, CUADRU*plicar.*

cuadricenal. adj. Que se hace cada cuarenta años.

cuadrícula. f. Conjunto de los cuadrados que resultan de cortarse perpendicularmente dos series de rectas paralelas.

cuadricular. tr. Trazar líneas que formen una cuadrícula.

cuadrifolio, lia. adj. Que tiene cuatro hojas.

cuadriga. f. Tiro de cuatro caballos enganchados de frente. ❑ No utilizar **cuádriga.*

cuadriguero. m. El que conduce una cuadriga.

cuadrilátero, ra. adj. *Geom.* Dícese del polígono de cuatro lados. Ú. t. c. s. m. ‖ **2.** m. Espacio limitado por cuerdas con suelo de lona donde tienen lugar combates de boxeo.

cuadrilla. f. Grupo de personas reunidas para el desempeño de algunos oficios o para ciertos fines. CUADRILLA *de albañiles, de toreros, de malhechores.* ‖ **2. pandilla,** grupo de amigos que se suelen reunir para divertirse.

cuadrilongo, ga. adj. **rectangular,** que pertenece al rectángulo. ‖ **2.** m. **rectángulo,** paralelogramo de cuatro ángulos rectos y los lados contiguos desiguales.

cuadringentésimo, ma. adj. Que ocupa el último lugar en una serie ordenada de cuatrocientos. ‖ **2.** Dícese de cada una de las cuatrocientas partes en que se divide un todo. Ú. t. c. s.

cuadrinomio. m. Expresión algebraica que consta de cuatro términos.

cuadrivio. m. En los estudios de la Edad Media, conjunto de las cuatro artes matemáticas: aritmética, música, geometría y astrología o astronomía.

cuadro, dra. adj. **cuadrado,** de superficie plana, cerrada, de cuatro rectas iguales que forman cuatro ángulos rectos. Ú. t. c. s. m. ‖ **2.** m. Lienzo, lámina, etc., de pintura. ‖ **3.** Cada una de las partes, a manera de actos breves, en que se dividen los actos de algunas obras dramáticas modernas. ‖ **4.** En la obra dramática y otros espectáculos teatrales, agrupación de personajes que durante algunos momentos permanecen en determinada actitud a vista del público. ‖ **5.** Descripción, por escrito o de palabra, de un espectáculo o suceso, tan viva y animada, que el lector o el oyente pueda representarse en la imaginación la cosa descrita. ‖ **6.** Conjunto de nombres, cifras u otros datos presentados gráficamente, de manera que se advierta la relación existente entre ellos. ‖ **7.** f. **caballeriza,** lugar para estancia de caballos y otros animales domésticos. ‖ **8.** fig. Lugar muy sucio. ‖ **9.** Conjunto de caballos, generalmente de carreras, que suele llevar el nombre del dueño. ‖ **10.** *Amér.* Espacio de una calle comprendido entre dos esquinas, lado de una manzana. ‖ **11.** *Amér.* Medida de longitud, variable según los países, y comprendida más o menos entre los cien y ciento cincuenta metros. ‖ **clínico.** *Med.* Conjunto de síntomas que presenta un enfermo o que caracterizan una enfermedad. ‖ **sinóptico.** Exposición de una materia en una plana, en forma de epígrafes comprendidos dentro de llaves u otros signos gráficos, de modo que el conjunto se puede abarcar de una vez con la vista.

cuadru-. V. **cuadri-.**

cuadrumano, na o **cuadrúmano, na.** adj. *Zool.* Dícese de los animales mamíferos en cuyas extremidades, tanto torácicas como abdominales, el dedo pulgar es oponible a los otros dedos. Ú. t. c. s.

cuadrúpedo. adj. Aplícase al animal de cuatro pies. Ú. t. c. s.

cuádruple. adj. Que contiene un número cuatro veces exactamente. Ú. t. c. s. m.

cuadruplicar. tr. Hacer cuádruple una cosa; multiplicar por cuatro una cantidad.

cuajada. f. Parte caseosa y grasa de la leche, que se separa del suero por la acción del calor, del cuajo, o de los ácidos. ‖ **2.** Requesón que se hace de los residuos de la leche en el suero después de hecho el queso, generalmente agregando algo de leche.

cuajado, da. adj. fig. y fam. Inmóvil y como paralizado por el asombro que produce alguna cosa. ‖ **2.** fig. y fam. Dícese del que está o se ha quedado dormido.

cuajar[1]. m. Última de las cuatro cavidades en que se divide el estómago de los rumiantes.

cuajar[2]. tr. Transformar una sustancia líquida en una masa sólida y pastosa. Ú. especialmente referido a sustancias que contienen albúmina, como la leche, el huevo, etc. Ú. t. c. prnl. ‖ **2.** intr. Formar la nieve y el agua superficies sólidas. ‖ **3.** Granar, nacer y formarse el fruto en árboles y plantas. ‖ **4.** fig. y fam. Lograrse, tener efecto una cosa. CUAJÓ *la pretensión.* Ú. t. c. prnl. ‖ **5.** prnl. fig. y fam. Llenarse, poblarse. SE CUAJÓ *de gente la plaza.*

cuajarón. m. Porción de sangre o de otro líquido que se ha cuajado.

cuajo. m. *Quím.* Fermento que existe principalmente en la mucosa del estómago de los mamíferos en el período de la lactancia y sirve para coagular la caseína de la leche. ‖ **2.** Efecto de cuajar[2]. ‖ **3.** fig. y fam. Calma, pachorra. ‖ **de cuajo.** loc. adv. De raíz, sacando enteramente una cosa del lugar en que estaba arraigada. ❑ Ú. comúnmente con el verbo *arrancar.*

cuákero, ra. m. y f. **cuáquero.**

cual. pron. relat. Es palabra átona y no tiene otra variación que la de número: CUAL, CUALES. ‖ **2.** Forma con el artículo el pron. relat. compuesto *el* CUAL, *la* CUAL, *los* CUALES, *las* CUALES, *lo* CUAL, con variación de género y número, señalada por el artículo. El segundo elemento del compuesto es palabra acentuada prosódicamente en la sílaba *cua-*, pero no se señala ortográficamente. *Esa era su opinión, de lo* CUAL *no disiento; tuvo cuatro hijos, al más joven de los* CUALES *he conocido yo.* Hoy se emplea menos como adjetivo. *A grandes voces llamó a Sancho; el* CUAL *Sancho, oyéndose llamar, dejó a los pastores.* ‖ **3.** pron. correlat. Se usa en función de sustantivo o de adjetivo, en correlación con *tal, tales.* Hoy se emplea más como sustantivo y con elipsis de demostrativo. *Cada cosa sin engaño se muestra* CUAL *es; acarreando piedras enormes* CUALES *son las que se ven en la construcción.* ‖ **4.** pron. interrog. Se emplea como sustantivo y menos veces, con el valor de *qué,* como adjetivo. ❑ Tiene acento prosódico y ortográfico. *¿A* CUÁL *de ellos prefieres?* ‖ **5.** pron. exclam. Se emplea en la ponderación, con acento prosódico y ortográfico. ¡CUÁL *no sería mi asombro al comprobarlo!* ‖ **6.** adv. relat. El sing. CUAL inacentuado, se emplea con el mismo valor de *como.* Hoy es uso literario. *Pronto nos hemos de ver los dos* CUAL *deseamos.* ‖ **7.** adv. m. **así como,** denotando comparación o equivalencia. ‖ **a cual más.** loc. con que se pondera que una cualidad es tan viva en unos individuos que no se sabe quién aventaja a los otros.

cualesquier. pron. indet. pl. de **cualquier.**

cualesquiera. pron. indet. pl. de **cualquiera.**

cualidad. f. Cada uno de los caracteres, naturales o adquiridos, que distinguen a las personas, a los seres vivos en general o a las cosas. ‖ **2.** Manera de ser de una persona o cosa.

cualificado, da. adj. **calificado,** que posee autoridad y merece respeto. ‖ **2.** De buena calidad o de buenas cualidades. ‖ **3.** Dícese del trabajador que está especialmente preparado para una tarea determinada.

cualificar. tr. Atribuir o apreciar cualidades.

cualitativo, va. adj. Que denota cualidad.

cualquier. pron. indet. **cualquiera.** ❑ No se emplea sino antepuesto al nombre. ❑ pl. *cualesquier.*

cualquiera. pron. indet. Una persona indeterminada, alguno, sea el que fuere. ❑ Antepónese y pospónese al nombre. Antepuesto al nombre, úsase principalmente la forma *cualquier.* ‖ **ser** una persona **un,** o **una cualquiera.** fr. Ser persona de poca importancia o indigna de consideración. ❑ pl. postnominal *cualesquiera.* En la fr. **ser** una persona **un,** o **una cualquiera,** el pl. es *cualquieras.*

cuan. adv. c. excl. p. us. que se emplea para encarecer el grado o la intensidad. Tiene acento prosódico y ortográfico. ¡CUÁN *rápidamente caminan las malas nuevas!; no puedes imaginarte* CUÁN *desgraciado soy.* ‖ **2.** adv. correlat. de **tan,** empleado en comparaciones de equivalencia o igualdad. Carece de acento prosódico y ortográfico. *El castigo será* TAN *grande,* CUAN *grande fue la culpa.*

cuando. conj. t. En el tiempo, en el punto, en la ocasión en que. *Me compadecerás* CUANDO *sepas mis desventuras; ven a buscarme* CUANDO *sean las diez.* ‖ **2.** adv. t. En sent. interrog. y exclam., y con acento prosódico y ortográfico, equivale a **en qué tiempo.** ¿CUÁNDO *piensas venir? No sé* CUÁNDO; ¡CUÁNDO *aprenderás!* ‖ **3.** conj. En caso de que, o si. CUANDO *es irrealizable un intento, ¿por qué insistir en ello?* ‖ **4.** desus. Se usaba como conj. advers. con la significación de **aunque.** *No faltaría a la verdad,* CUANDO *le fuera en ello la vida.* ‖ **5.** Toma asimismo carácter de conj. continuativa, equivaliendo a **puesto que.** CUANDO *tú lo dices, verdad será.* ‖ **6.** Ú. a veces con carácter de sustantivo, precedido del artículo *el. El cómo y* EL CUÁNDO. ‖ **7.** En frases sin verbo, adquiere función prepositiva. *Yo,* CUANDO *niño, vivía en Cáceres.* ‖ **de cuando en cuando.** loc. adv. Algunas veces, de tiempo en tiempo.

cuantía. f. **cantidad,** medida o número determinado de las cosas susceptibles de aumento o disminución. ‖ **2.** Suma de cualidades o circunstancias que enaltecen a una persona o la distinguen de las demás.

cuántico, ca. adj. *Fís.* Perteneciente o relativo a los cuantos de energía. ‖ **2.** Dícese de la teoría formulada por el físico alemán Max Planck y de todo lo que a ella concierne.

cuantificar. tr. Expresar numéricamente una magnitud. ‖ **2.** Introducir los principios de la mecánica cuántica en el estudio de un fenómeno físico.

cuantioso, sa. adj. Grande en cantidad o número.

cuantitativo, va. adj. Perteneciente o relativo a la cantidad.

cuanto¹. m. *Fís.* Salto que experimenta la energía de un corpúsculo cuando absorbe o emite radiación. Es proporcional a la frecuencia de esta última. ‖ **de energía. cuanto¹.**

cuanto², ta. pron. relat. c. m. pl. Todas las personas que. CUANTOS *le oían le admiraban.* ‖ **2.** pron. relat. c. m. y f. pl. Todos los que, todas las que. Se emplea con referencia a un nombre expreso o sobrentendido. *La prenda más hermosa de* CUANTAS *poseo.* ‖ **3.** pron. relat. c. m. y f. pl. Todos los... que, todas las... que. ❏ Se agrupa con un nombre. *Fueron inútiles* CUANTAS *observaciones se le hicieron.* Ú. menos en sing. ‖ **4.** pron. relat. c. n. Todo lo que. *Superior a* CUANTO *se conoce.* ‖ **5.** pron. correlat. cant. Se emplea en todas sus formas en correlación con *tanto(s), tanta(s)* y agrupado con *más* y *menos.* Puede faltar el término de la correlación. Algunas veces equivale a *como. Un libro con que gana* TANTA *fama como dineros, y* TANTOS *dineros* CUANTA *fama.* CUANTO MÁS *se tiene tanto más se desea.* CUANTA MÁS *energía de convicción, menos virtud de tolerancia.* ‖ **6.** adv. relat. cant. Se emplea **cuanto** en correlación con *tanto* y *tan* y agrupado con *más, menos, mayor* y *menor.* Falta a veces el término de la correlación. CUANTO *mayores son sus ofensas,* TANTO *más luce su misericordia. Sobrados de fantasía* CUANTO *escasos de miramiento.* ‖ **7.** pron. interrog. y pron. exclam. Se emplea en todos sus géneros y números, solo o agrupado con un nombre sustantivo, para inquirir o ponderar el número, la cantidad, el precio, el tiempo, el grado, etc., de algo. ❏ Tiene acento prosódico y ortográfico. ¡CUÁNTAS *veces el alma me decía...!;* ¿CUÁNTOS *han llegado?;* ¿CUÁNTO *duró la plática?* ‖ **cuanto antes.** loc. adv. Con diligencia, con premura, lo más pronto posible. ‖ **cuanto más.** loc. adv. y conjunt. con que se contrapone a lo que ya se ha dicho lo que se va a decir, denotando en este segundo miembro de la frase idea de encarecimiento o ponderación. *Se rompen las amistades antiguas,* CUANTO MÁS *las recientes.* ‖ **en cuanto.** loc. adv. **mientras.** EN CUANTO *los pastores cantaban, estaba la pastora Diana con el hermoso rostro sobre la mano.* ‖ **2.** Al punto que, tan pronto como. EN CUANTO *anochezca iré a buscarte.* ‖ **3.** loc. prepos. Como, en calidad de. EN CUANTO *miembro de su generación, desempeñó un papel importante.* ‖ **en cuanto a.** loc. adv. Por lo que toca o corresponde a. ‖ **por cuanto.** loc. adv. que se usa como causal para notar la razón que se va a dar de alguna cosa.

cuáquero, ra. m. y f. Miembro de un grupo religioso de origen protestante, que surgió en Inglaterra a mediados del siglo XVII, y se caracteriza por la ausencia de manifestaciones exteriores y de jerarquía eclesiástica, así como por el rigor y la austeridad de sus costumbres.

cuarcífero, ra. adj. *Geol.* Que contiene cuarzo.

cuarcita. f. Roca formada por cuarzo; de color blanco lechoso, gris o rojiza si está teñida por el óxido de hierro, de estructura granulosa o compacta. Forma depósitos considerables y contiene accidentalmente muchos minerales, entre ellos el oro.

cuarenta. adj. Cuatro veces diez. ‖ **2. cuadragésimo,** que sigue en orden al trigésimo nono. *Número* CUARENTA; *año* CUARENTA. ‖ **3.** m. Conjunto de signos con que se representa el número **cuarenta.** ‖ **las cuarenta.** Número de puntos que gana en el tute el que reúne el caballo y el rey del palo que es triunfo y lo declara o canta al ganar una baza. ‖ **acusar** o **cantar a** alguien **las cuarenta.** fr. fig. y fam. Decirle con resolución y desenfado lo que se piensa aun cuando le moleste.

cuarentena. f. Conjunto de 40 unidades. ‖ **2.**

Aislamiento preventivo a que se somete durante un período de tiempo, por razones sanitarias, a personas o animales.

cuarentón, na. adj. Dícese de la persona que tiene entre cuarenta y cuarenta y nueve años. Ú. t. c. s.

cuaresma. f. Tiempo de cuarenta y seis días que, desde el miércoles de ceniza, precede al domingo de Resurrección, y en el cual la Iglesia católica y otras de la Cristiandad preceptúan ayuno y abstinencia en memoria de los cuarenta días que ayunó Jesucristo en el desierto.

cuark. m. *Fís.* **quark.**

cuarta. f. Cada una de las cuatro partes iguales en que se divide un todo. ‖ **2. palmo,** medida de la mano abierta y extendida desde el extremo del pulgar al del meñique. ‖ **3.** En la guitarra y otros instrumentos de cuerda, la que está en cuarto lugar empezando por la prima. ‖ **4.** *Mar.* Cada una de las 32 partes en que está dividida la rosa náutica.

cuartana. f. Calentura, generalmente producida por el paludismo, que entra con frío, de cuatro en cuatro días.

cuartear. tr. Partir o dividir una cosa en cuartas partes. ‖ **2.** Por ext., dividir en más o menos partes. ‖ **3.** prnl. Henderse, rajarse, agrietarse una pared, un techo, etc.

cuartel. m. *Mil.* Edificio destinado para alojamiento de la tropa. ‖ **2.** *Mil.* Buen trato que los vencedores ofrecen a los vencidos, cuando estos se rinden. ❑ Ú. m. con el verbo *dar* y en sentido fig. *Discusión sin* CUARTEL. ‖ **general.** Población o campamento donde se establece con su estado mayor el jefe de un ejército o de una división. ‖ **2.** *Mil.* Departamento u organismo en que se establece el mando superior del Ejército, de la Armada o del Aire.

cuartelada. f. Comisión de jefes y oficiales de un ejército en el cuartel para impedir un pronunciamiento, vigilándose unos a otros. ‖ **2.** Pronunciamiento militar.

cuartelero, ra. adj. Perteneciente o relativo al cuartel. Ú. t. c. s. ‖ **2.** Aplicado al lenguaje, zafio, grosero.

cuartelillo. m. Lugar o edificio en que se aloja una sección de tropa, y más comúnmente el de la guardia civil.

cuarterón[1], na. adj. Nacido en América de mestizo y española, o de español y mestiza. Díjose así por tener un cuarto de indio y tres de español. Ú. t. c. s.

cuarterón[2]. m. **cuarta,** cada una de las cuatro partes iguales en que se divide un todo. ‖ **2.** Cuarta parte de una libra. ‖ **3. postigo,** puertecilla de algunas ventanas. ‖ **4.** Cada uno de los cuadros que hay entre los peinazos de las puertas y ventanas.

cuarteta. f. Combinación métrica que consta de cuatro versos octosílabos, de los cuales asonantan el segundo y el último. ‖ **2.** Cualquier otra estrofa de cuatro versos.

cuarteto. m. Combinación métrica de cuatro versos endecasílabos o de arte mayor, que conciertan en consonantes o asonantes. Cuando son aconsonantados pueden rimar el primero con el último y el segundo con el tercero. ‖ **2.** *Mús.* Composición para cantarse a cuatro voces diferentes, o para tocarse por cuatro instrumentos distintos entre sí. ‖ **3.** *Mús.* El conjunto de estas cuatro voces o instrumentos.

cuartilla. f. Medida de capacidad para áridos, cuarta parte de una fanega, equivalente a 1.387 centilitros aproximadamente. ‖ **2.** Hoja de papel para escribir cuyo tamaño es el de la cuarta parte de un pliego.

cuartillo. m. Medida de capacidad para áridos, cuarta parte de un celemín, equivalente a 1.156 mililitros. ‖ **2.** Medida de líquidos equivalente a 504 mililitros.

cuarto, ta. adj. Que ocupa el último lugar en una serie ordenada de cuatro. ‖ **2.** Dícese de cada una de las cuatro partes iguales en que se divide un todo. Ú. t. c. s. m. ‖ **3.** m. **habitación,** aposento. ‖ **4.** Cada una de las cuatro partes en que se divide la hora. ‖ **5.** Cada una de las cuatro partes en que se considera dividido el cuerpo de los cuadrúpedos y aves. ‖ **6.** pl. Miembros del cuerpo del animal robusto y fornido; y entre los pintores y escultores y los conocedores de caballos, miembros bien proporcionados. ‖ **7.** fig. y fam. **dinero,** moneda, caudal. ‖ **creciente.** Segundo **cuarto de Luna.** ‖ **de baño.** Habitación con pila de baño, retrete y otros servicios sanitarios. ‖ **de estar.** Pieza de la casa en que habitualmente se reúnen las personas de la familia y donde estas reciben a los de su confianza. ‖ **de final.** Cada una de las cuatro antepenúltimas competiciones del campeonato o concurso que se gana por eliminación del contrario y no por puntos. Ú. m. en pl. ‖ **de Luna.** *Astron.* **cuarta** parte del tiempo que tarda la Luna desde una conjunción a otra con el Sol; y con más precisión se llaman así la segunda y **cuarta** de las dichas cuatro partes, añadiendo **creciente** y **menguante** para distinguirlas. ‖ **menguante.** Cuarto **cuarto de Luna.** ‖ **dar un cuarto al pregonero.** fr. fig. y fam. Divulgar, hacer pública una cosa que debía callarse. *Lo mismo es decírselo a Petra, que* DAR UN CUARTO AL PREGONERO. ‖ **de tres al cuarto.** loc. adj. con que se denota y pondera la poca estimación, aprecio y valor de una cosa. ‖ **tres**

cuartos de lo mismo, o **de lo propio.** loc. fam. con que se afirma que lo dicho de una persona o cosa es igualmente aplicable a otra.

cuartucho. m. despect. Vivienda o cuarto malo y pequeño.

cuarzo. m. Mineral formado por la sílice, de fractura concoidea, brillo vítreo, incoloro, cuando puro, y de color que varía según las sustancias con que está mezclado, y tan duro que raya el acero.

cuarzoso, sa. adj. Que tiene alguna propiedad del cuarzo o contiene cuarzo.

cuásar. m. *Astron.* **quásar.**

cuasi. adv. c. **casi.**

cuaternario, ria. adj. Que consta de cuatro unidades, números o elementos. Ú. t. c. s. m. ‖ **2.** *Geol.* Se aplica a las épocas más recientes de la era cenozoica. Suele dividirse en pleistoceno o época de las glaciaciones y holoceno o época actual. Ú. t. c. s. ‖ **3.** *Geol.* Perteneciente o relativo a estas épocas.

cuatrero. adj. V. **ladrón cuatrero.** Ú. m. c. s.

cuatri-. V. **cuadri-.**

cuatricromía. f. *Impr.* Impresión de un grabado a cuatro colores; los de la tricromía, más un gris o negro.

cuatrienio. m. Tiempo y espacio de cuatro años. ‖ **2.** Incremento económico de un sueldo o salario correspondiente a cada cuatro años de servicio activo.

cuatrillizo, za. adj. Dícese de los hermanos nacidos de un parto cuádruple. Ú. t. c. s.

cuatrillón. m. Un millón de trillones, que se expresa por la unidad seguida de 24 ceros.

cuatrimestre. adj. Que dura cuatro meses. ‖ **2.** m. Espacio de cuatro meses.

cuatrimotor. m. Avión provisto de cuatro motores.

cuatro. adj. Tres y uno. ‖ **2.** Con ciertas voces se usa con valor indeterminado para indicar escasa cantidad: CUATRO *letras,* CUATRO *palabras.* ‖ **3. cuarto,** que sigue inmediatamente en orden al tercero. *Número* CUATRO, *año* CUATRO. Apl. a los días del mes, ú. t. c. s. *El* CUATRO *de agosto.* ‖ **4.** m. Signo o cifra con que se representa el número **cuatro.**

cuatrocentista. adj. Dícese de lo que se refiere o pertenece al siglo XV. *Pintura* CUATROCENTISTA.

cuatrocientos (el). m. El siglo XV.

cuatrocientos, tas. adj. Cuatro veces ciento. ‖ **2. cuadringentésimo.** *Número* CUATROCIENTOS; *año* CUATROCIENTOS. ‖ **3.** m. Conjunto de signos con que se representa el número **cuatrocientos.**

cuba. f. Recipiente de madera, que sirve para contener agua, vino, aceite u otros líquidos. Se compone de duelas unidas y aseguradas con aros de hierro, madera, etc., y los extremos se cierran con tablas. También se hace modernamente de chapa metálica. ‖ **2.** fig. Todo el líquido que cabe en una **cuba.** CUBA *de agua.* ‖ **estar como una cuba.** fr. fig. y fam. Estar muy borracho.

cubalibre. m. Bebida alcohólica, de diversos ingredientes, especialmente ron.

cubano, na. adj. Natural de Cuba. Ú. t. c. s. ‖ **2.** Perteneciente o relativo a esta república.

cubero. m. El que hace o vende cubas.

cubertería. f. Conjunto de cucharas, tenedores, cuchillos y utensilios semejantes para el servicio de mesa.

cubeta. f. *Fís.* Depósito de mercurio, en la parte inferior del barómetro, que recibe directamente la presión atmosférica, la cual se marca en un tubo por medio de grados. ‖ **2.** Recipiente de diversas formas para obtener el hielo en frigoríficos, neveras, etc.

cubicar. tr. *Geom.* Medir el volumen de un cuerpo o la capacidad de un hueco.

cúbico, ca. adj. *Geom.* Perteneciente al cubo. ‖ **2.** De figura de cubo geométrico, o parecido a él. ‖ **3.** Dícese del sistema cristalográfico cuyos ejes de simetría son los de un cubo y según el cual cristalizan el diamante, la sal común, la galena y otras sustancias.

cubículo. m. Aposento, alcoba.

cubierta. f. Lo que se pone encima de una cosa para taparla o resguardarla. CUBIERTA *de cama, de mesa.* ‖ **2.** Cada una de las partes, anterior y posterior, que cubre los pliegos de un libro. Ú. m. en pl. ‖ **3.** Banda que protege exteriormente la cámara de los neumáticos y es la que sufre el roce con el suelo. Es de caucho vulcanizado reforzado con cuerdas o montado sobre un tejido muy resistente. ‖ **4.** *Arq.* Parte exterior de la techumbre de un edificio. ‖ **5.** *Mar.* Cada uno de los pisos de un navío situados a diferente altura y especialmente el superior.

cubierto, ta. p. p. irreg. de **cubrir.** ‖ **2.** m. Servicio de mesa que se pone a cada uno de los que han de comer, compuesto de plato, cuchillo, tenedor y cuchara, pan y servilleta. ‖ **3.** Juego compuesto de cuchara, tenedor y cuchillo. ‖ **4.** Comida que en los restaurantes y establecimientos análogos se da por un precio fijo y que consiste en determinados platos. ‖ **a cubierto.** loc. adv. Resguardado, defendido, protegido.

cubil. m. Sitio donde los animales, principalmente las fieras, se recogen para dormir. ‖ **2.** Cauce de las aguas corrientes.

cubilete. m. Vaso de vidrio, plata u otra materia, más ancho por la boca que por el suelo, que antiguamente servía para beber. ‖ **2.** Vaso angosto y hondo, algo más ancho por la boca que por el suelo, y que ordinariamente se hace de cuerno o de cuero, y sirve para menear los dados.

cubismo. m. Escuela y teoría estética aplicable a las artes plásticas y del diseño, que se caracteriza por la imitación, empleo o predominio de formas geométricas; como triángulos, rectángulos, cubos y otros sólidos.

cubista. adj. Se dice del que practica el cubismo. Ú. t. c. s. ‖ **2.** Perteneciente o relativo al cubismo.

cubital. adj. Perteneciente o relativo al codo.

cubitera. f. Recipiente para cubitos de hielo.

cubito. m. Trozo pequeño de hielo, generalmente en forma de cubo, que se añade a una bebida para enfriarla.

cúbito. m. *Anat.* Hueso el más grueso y largo de los dos que forman el antebrazo.

cubo[1]**.** m. Recipiente de madera, metal u otra materia, por lo común de figura de cono truncado, con asa en la circunferencia mayor, que es la de encima, y fondo en la menor. ‖ **2.** Pieza central en que se encajan los radios de las ruedas de los carruajes.

cubo[2]**.** m. *Álg.* y *Arit.* Tercera potencia de una cantidad o expresión. ‖ **2.** *Geom.* Sólido regular limitado por seis cuadrados iguales que forman ángulos rectos.

cubrir. tr. Ocultar y tapar una cosa con otra. Ú. t. c. prnl. ‖ **2.** Rellenar una cavidad, nivelándola. ‖ **3.** Depositar o extender una cosa sobre la superficie de otra. Ú. t. c. prnl. ‖ **4.** Ocultar o disimular una cosa con arte, de modo que aparente ser otra. ‖ **5.** Fecundar el macho a la hembra. ‖ **6.** Techar un espacio que está a la intemperie. ‖ **7.** Proteger la acción ofensiva o defensiva de otra u otras personas. ‖ **8.** Ocupar, llenar, completar. ‖ **9.** fig. Pagar o satisfacer una deuda o una necesidad, gastos o servicios. ‖ **10.** Tratándose de una distancia, recorrerla. ‖ **11.** fig. Seguir de cerca un informador las incidencias de un acontecimiento para dar noticia pública de ellas. CUBRIR *la información del viaje real.* CUBRIR *el viaje real.* ‖ **12.** *Dep.* Marcar a un jugador del equipo contrario o vigilar una zona del campo. *El defensa se ocupó de* CUBRIR *al delantero.* ‖ **13.** fig. Seguido de un complemento formado por la preposición *de* y por un sustantivo en plural que significa algo dado o dicho como muestra de afecto o desafecto, prodigar tales muestras. CUBRIR DE *besos,* DE *alabanzas,* DE *improperios,* DE *insultos.* ‖ **14.** intr. ant. **vestir,** poner o dar vestido. ‖ **15.** prnl. Ponerse el sombrero, la gorra, etc. ❑ p. p. irreg. *cubierto.*

cucamonas. f. pl. fam. **carantoñas.**

cucaña. f. Palo largo, untado de jabón o de grasa, por el cual se ha de trepar, si se hinca verticalmente en el suelo, o andar, si se coloca horizontalmente a cierta distancia de la superficie del agua, para coger como premio un objeto atado a su extremidad.

cucaracha. f. Insecto ortóptero, nocturno y corredor, de unos tres centímetros de largo, cuerpo deprimido, aplanado, de color negro por encima y rojizo por debajo, alas y élitros rudimentarios en la hembra, antenas filiformes, las seis patas casi iguales y el abdomen terminado por dos puntas articuladas.

cuchara. f. Instrumento que se compone de una parte cóncava prolongada en un mango, y que sirve, especialmente, para llevar a la boca los alimentos líquidos o blandos. ‖ **2.** Cualquiera de los utensilios que se emplean para diversos fines y tienen forma semejante a la de la **cuchara** común.

cucharada. f. Porción que cabe en una cuchara.

cucharadita. f. Porción que cabe en una cucharilla.

cucharilla. f. Cuchara pequeña. ‖ **2.** Artificio para pescar con caña que tiene varios anzuelos y provisto de una pieza metálica que con su brillo y movimiento atrae a los peces.

cucharón. m. Cazo con mango, o cuchara grande, que sirve para repartir ciertos alimentos en la mesa y para ciertos usos culinarios.

cuché. adj. V. **papel cuché.**

cuchichear. intr. Hablar en voz baja o al oído a alguien, de modo que otros no se enteren. ❑ No confundir con *cuchichiar.*

cuchicheo. m. Acción y efecto de cuchichear.

cuchichiar. intr. Cantar la perdiz. ❑ No confundir con *cuchichear.*

cuchilla. f. Instrumento compuesto de una hoja muy ancha de hierro acerado, de un solo corte, con su mango para manejarlo. ‖ **2.** Instrumento de hierro acerado, de varias formas, que se usa en diversas partes para cortar. ‖ **3.** Hoja de cualquier arma blanca de corte. ‖ **4. hoja de afeitar.**

cuchillada. f. Golpe de cuchillo, espada u otra arma de corte. ‖ **2.** Herida que de este golpe resulta.

cuchillería. f. Taller en donde se hacen cuchillos. ‖ **2.** Tienda en donde se venden. ‖ **3.** Sitio, barrio o calle donde estaban las tiendas de los cuchilleros.

cuchillero. m. El que hace o vende cuchillos. ‖ **2.** Abrazadera que ciñe y sujeta alguna cosa.

cuchillo. m. Instrumento para cortar formado por una hoja de metal de un corte solo y con mango.

‖ **2.** Cada uno de los colmillos inferiores del jabalí. ‖ **pasar a cuchillo.** fr. Dar la muerte. Se usa ordinariamente esta frase cuando se habla de una plaza tomada por asalto.

cuchipanda. f. fam. Comida que toman juntas y regocijadamente varias personas.

cuchitril. m. Habitación estrecha y desaseada.

cuchufleta. f. fam. Dicho o palabras de zumba o chanza.

cuclillas (en). loc. adv. con que se explica la postura o acción de doblar el cuerpo de suerte que las asentaderas se acerquen al suelo o descansen en los calcañares.

cuclillo. m. Ave trepadora, poco menor que una tórtola, con plumaje de color de ceniza, azulado por encima, más claro y con rayas pardas por el pecho y abdomen, cola negra con pintas blancas, y alas pardas. La hembra pone sus huevos en los nidos de otras aves. ‖ **2.** fig. Marido de la adúltera.

cuco, ca. adj. fig. y fam. Pulido, mono. ‖ **2.** fig. y fam. Taimado y astuto, que ante todo mira por su mejora o comodidad. Ú. t. c. s. ‖ **3.** m. **cuclillo,** ave. ‖ **4.** V. **reloj de cuco.**

cuculiforme. adj. *Zool.* Dícese de aves de tamaño medio, cola larga y alas cortas y finas, con el pico largo y curvado y los pies con dos dedos dirigidos hacia delante y dos hacia atrás; como el cuco y el críalo. Suelen poner los huevos en nidos ajenos. Ú. t. c. s. ‖ **2.** f. pl. *Zool.* Orden de estas aves.

cucurbitáceo, a. adj. *Bot.* Aplícase a plantas angiospermas dicotiledóneas de tallo sarmentoso, por lo común con pelo áspero, hojas sencillas y alternas, flores regularmente unisexuales de cinco sépalos y cinco estambres, fruto carnoso y semilla sin albumen; como la calabaza, el melón, el pepino y la balsamina. Ú. t. c. s. ‖ **2.** f. pl. *Bot.* Familia de estas plantas.

cucurucho. m. Papel, cartón, barquillo, etc., arrollado en forma cónica. Sirve para contener dulces, confites, helados, cosas menudas, etc. Ú. t. en sent. fig. ‖ **2.** Capirote cónico de penitentes y disciplinantes.

cuello. m. Parte del cuerpo más estrecha que la cabeza, que une a esta con el tronco. ‖ **2.** Pezón o tallo que arroja cada cabeza de ajos, cebolla, etc. ‖ **3.** Parte superior y más angosta de una vasija. ‖ **4.** Tira de una tela unida a la parte superior de los vestidos, para cubrir más o menos el pescuezo. ‖ **5.** La parte más estrecha y delgada de un cuerpo, especialmente si es redondo; como el palo de un buque, la raíz de una planta, etc.

cuenca. f. Cavidad en que está cada uno de los ojos. ‖ **2.** Territorio rodeado de alturas. ‖ **3.** Territorio cuyas aguas afluyen todas a un mismo río, lago o mar.

cuenco. m. Recipiente no muy grande de barro u otra materia, hondo, ancho, y sin reborde.

cuenta. f. Acción y efecto de contar. ‖ **2.** Cálculo u operación aritmética. CUENTA *de multiplicar.* ‖ **3.** Pliego o papel en que está escrita alguna razón compuesta de varias partidas, que al fin se suman o restan. ‖ **4. cuenta corriente.** ‖ **5.** Razón, satisfacción de alguna cosa. *No tengo que dar* CUENTA *de mis acciones.* ‖ **6.** Cada una de las bolitas ensartadas que componen el rosario y sirven para llevar la **cuenta** de las oraciones que se rezan; y por semejanza, cualquier pieza ensartada o taladrada para collar. ‖ **7.** Cuidado, incumbencia, cargo, obligación, deber. *Correr por* CUENTA *de uno; ser de su* CUENTA; *quedar por su* CUENTA. ‖ **atrás.** En astronáutica, lectura en sentido inverso de las unidades de tiempo (minutos y segundos) que preceden al lanzamiento de un cohete. ‖ **2.** Por ext., la del tiempo cada vez menor que falta para un acontecimiento previsto. ‖ **corriente.** *Com.* Cada una de las que, para ir asentando las partidas de debe y haber, se llevan a las personas o entidades a cuyo nombre están abiertas y permite al titular de la **cuenta** retirar en cualquier momento o a plazo, los saldos a su favor. ‖ **a cuenta.** loc. adv. Como anticipo o señal de una suma que ha de ser liquidada. *Todos los meses pide una cantidad* A CUENTA. *Dejé en la tienda dinero* A CUENTA *para que me reservaran el vestido.* ‖ **a cuenta de.** loc. prepos. En compensación, anticipo o a cambio de. *Quédate con el coche* A CUENTA DE *lo que te debo.* ‖ **ajustar cuentas.** fr. fam. que se usa por amenaza. *Yo* AJUSTARÉ CUENTAS *contigo*; *ya* AJUSTAREMOS CUENTAS. ‖ **caer** alguien **en la cuenta.** fr. fig. y fam. Llegar alguien a enterarse de una cosa que no lograba comprender o en que no había parado la atención. ‖ **dar cuenta de** una cosa. fr. Explicarla, razonarla, justificarla. ‖ **2.** fig. y fam. Dar fin de ella, destruyéndola o malgastándola. ‖ **darse cuenta de** una cosa. fr. fig. y fam. Comprenderla, entenderla. **2.** Advertirla, percatarse de ella. ‖ **de cuenta,** o **de cuenta y riesgo, de** alguien. loc. adv. Bajo su responsabilidad. ‖ **en resumidas cuentas.** loc. adv. fig. y fam. En conclusión o con brevedad. ‖ **estar fuera de cuentas.** fr. Haber cumplido ya los nueve meses la mujer embarazada. ‖ **la cuenta de la vieja.** fig. y fam. La que se hace por los dedos, por las **cuentas** del rosario u otro procedimiento semejante. ‖ **las cuentas del Gran Capitán.** fig. y fam. Las exorbitantes, formadas arbitrariamente y sin debida justificación. ‖ **por cuenta de.** loc. prepos. En nombre de alguien o algo, o a su costo. *Los gastos corren* POR CUENTA DE *la empresa.* || **tener en cuenta.** fr. Tener presente, considerar.

cuentagotas. m. Utensilio, generalmente de cristal y goma, dispuesto para verter un líquido gota a gota.

cuentahílos. m. Especie de microscopio que sirve para contar el número de hilos que entran en parte determinada de un tejido.

cuentakilómetros. m. Aparato que registra los kilómetros recorridos por un vehículo automóvil mediante un mecanismo conectado con las ruedas. Suele llevar un indicador que va marcando la velocidad a que marcha el vehículo.

cuentista. adj. fam. Dícese de la persona que acostumbra a contar enredos, chismes o embustes. Ú. t. c. s. || **2.** com. Persona que suele narrar o escribir cuentos.

cuentístico, ca. adj. Perteneciente o relativo al cuento o breve narración. || **2.** f. Género narrativo representado por el cuento.

cuento. m. Relato, generalmente indiscreto, de un suceso. || **2.** Relación, de palabra o por escrito, de un suceso falso o de pura invención. || **3.** Breve narración de sucesos ficticios y de carácter sencillo, hecha con fines morales o recreativos. || **4.** Embuste, engaño. *Tener mucho* CUENTO, *vivir del* CUENTO. || **chino. cuento,** embuste. || **de viejas.** fig. Noticia o relación que se cree falsa o fabulosa. Se usa aludiendo a las consejas que las mujeres ancianas cuentan a los muchachos. || **el cuento de nunca acabar.** fig. y fam. Asunto o negocio que se dilata y embrolla de modo que nunca se le ve el fin. || **a cuento.** loc. adv. Al caso, a propósito. || **tener más cuento que Calleja.** fr. fam. *Esp.* Ser alguien quejicoso o fantasioso o falsear la realidad, exagerando las cosas que le afectan particularmente. || **venir a cuento** una cosa. fr. fam. Ser útil o conveniente por algún concepto.

cuerda. f. Conjunto de hilos de lino, cáñamo, cerda u otra materia semejante, que torcidos forman un solo cuerpo más o menos grueso, largo y flexible. Sirve para atar, suspender pesos, etc. || **2.** Hilo hecho con una tira retorcida de tripa de carnero, con seda envuelta por alambre en hélice o con un alambre sencillo, que se emplea en muchos instrumentos músicos para producir los sonidos por su vibración. || **3.** Cada una de las **cuerdas** o cadenas que sostienen las pesas en los relojes de este nombre, y arrolladas en poleas o cilindros imprimen el movimiento a toda la máquina. || **4.** Resorte o muelle para poner en funcionamiento diversos mecanismos. || **5.** *Geom.* Segmento de recta entre dos puntos de un arco. || **6.** Tendón, nervio o ligamento del cuerpo del hombre o de los animales. || **floja.** Alambre con poca tensión sobre el cual hacen sus ejercicios los volatineros. || **cuerdas vocales.** *Anat.* Ligamentos que van de delante atrás en la laringe, capaces de adquirir más o menos tensión y de producir vibraciones. || **tener cuerda para rato.** loc. fam. Ser propenso a hablar con demasiada extensión.

cuerdo, da. adj. Que está en su juicio. Ú. t. c. s. || **2.** Prudente, que reflexiona antes de determinar. Ú. t. c. s.

cuerna. f. Vaso rústico hecho con un cuerno de res vacuna, quitada la parte maciza y tapado en el fondo con un taco de madera. || **2.** Cuerno macizo, que algunos animales, como el ciervo, mudan todos los años.

cuerno. m. Prolongación ósea cubierta por una capa epidérmica o por una vaina dura y consistente, que tienen algunos animales en la región frontal. || **2.** Protuberancia dura y puntiaguda que el rinoceronte tiene sobre la mandíbula superior. || **3. antena** de los animales articulados. || **4.** Instrumento músico de viento, de forma corva, generalmente de **cuerno,** que tiene el sonido como de trompa. || **5.** Materia que forma la capa exterior de las astas de las reses vacunas y que se emplea en la industria para hacer diversos objetos. || **6.** Término con que irónicamente se alude a la infidelidad matrimonial de la mujer. Se usa más en plural, y en casos como *llevar los* CUERNOS, *poner los* CUERNOS. || **de la abundancia. cornucopia,** vaso de forma de **cuerno** que representa la abundancia.

cuero. m. Pellejo que cubre la carne de los animales. || **2.** Este mismo pellejo después de curtido y preparado para los diferentes usos a que se aplica en la industria. || **cabelludo.** Piel en donde nace el cabello. || **en cueros,** o **en cueros vivos.** loc. adv. Desnudo, sin vestido alguno.

cuerpo. m. En el hombre y en los animales, materia orgánica que constituye sus diferentes partes. || **2.** Tronco del **cuerpo,** a diferencia de la cabeza y las extremidades. || **3.** Conjunto de lo que se dice en la obra escrita o el libro, con excepción de los índices y preliminares. || **4.** Grueso de los tejidos, papel, chapas y otras cosas semejantes. || **5.** En los líquidos, espesura o densidad. || **6. cadáver.** || **7.** Conjunto de personas que desempeñan una misma profesión. CUERPO *diplomático;* CUERPO *de funcionarios.* || **8.** Cada una de las partes, que pueden ser independientes, cuando se las considera unidas a otra principal. *Un armario de dos* CUERPOS. || **9.** *Arq.* Agregado de partes que compone una fábrica u obra de arquitectura hasta una cornisa o imposta. || **10.** *Geom.* Figura que tiene las tres dimensiones: longitud, anchura y altura. || **11.** *Impr.* Tamaño de los caracteres de imprenta. *El libro está impreso en letra del* CUERPO *diez.* ‖ **12.** *Mil.* Cierto número de soldados con sus respectivos oficiales. ‖ **de guardia.** *Mil.* Cierto número de soldados destinado a hacer la guardia en algún paraje, y por ext., lugar en que se encuentra el mando. ‖ **del delito.** *Der.* Cosa en que, o con que, se ha cometido un delito, o en la cual existen las señales de él. ‖ **facultativo.** Conjunto de individuos que poseen determinados conocimientos técnicos y sirven al Estado en diferentes ramos, así militares como civiles. CUERPO *de artillería;* CUERPO *de ingenieros de caminos.* ‖ **simple.** *Quím.* Sustancia constituida por átomos cuyos núcleos tienen el mismo número de protones, cualquiera que sea el número de neutrones. ‖ **a cuerpo.** loc. adv. Sin gabán, ni otro abrigo exterior. ‖ **a cuerpo de rey.** loc. adv. Con todo regalo y comodidad. ❑ Ú. con los verbos *estar, vivir,* etc. ‖ **cuerpo a cuerpo.** loc. adj. y adv. que se aplica al enfrentamiento entre dos personas, sin armas o con armas blancas, en el que se produce un contacto físico directo entre los adversarios. *Combatir, luchar* CUERPO A CUERPO. Aplícase también figuradamente a enfrentamientos no físicos. ‖ **dar cuerpo.** fr. Espesar lo que está claro o demasiado líquido. ‖ **de cuerpo entero.** loc. adj. Dicho de personas, cabal, completo. ‖ **de cuerpo presente.** loc. adv. Tratándose de un cadáver, expuesto y preparado para ser llevado al enterramiento. ‖ **en cuerpo y alma.** loc. adv. fig. y fam. Totalmente, sin dejar nada. ‖ **hacer del cuerpo.** fr. fam. **exonerar el vientre.**

cuervo. m. Pájaro carnívoro, mayor que la paloma, de plumaje negro con visos azulados, pico cónico, grueso y más largo que la cabeza, tarsos fuertes, alas de un metro de envergadura, con las mayores remeras en medio, y cola de contorno redondeado. ‖ **marino.** Ave palmípeda del tamaño de un ganso, con plumaje de color gris oscuro, collar blanco, cabeza, moño, cuello y alas negros, piernas muy cortas y pico largo, aplastado y con punta doblada. Nada y vuela muy bien, habita en las costas y alguna vez se halla tierra adentro.

cuesco. m. Hueso de la fruta; como el de la guinda, el durazno, etc. ‖ **2.** fam. Pedo ruidoso.

cuesta. f. Terreno en pendiente. ‖ **2.** ant. **costilla** del cuerpo. Ú. aún en la loc. adv. **a cuestas.** ‖ **de enero.** Período de dificultades económicas que coincide con este mes a consecuencia de los gastos extraordinarios hechos durante las fiestas de Navidad. ‖ **a cuestas.** loc. adv. Sobre los hombros o las espaldas. ‖ **2.** fig. A su cargo, sobre sí.

cuestación. f. Petición o demanda de limosnas para un objeto piadoso o benéfico.

cuestión. f. Pregunta que se hace o propone para averiguar la verdad de una cosa controvertiéndola. ‖ **2.** Punto o materia dudosos o discutibles. ‖ **3.** Asunto o materia en general. ‖ **en cuestión.** loc. adj. que precisa la referencia del sustantivo a una persona o cosa de la cual se está tratando. *No pudieron resolver el asunto* EN CUESTIÓN. *El autor* EN CUESTIÓN *era poco conocido.*

cuestionable. adj. Dudoso, problemático y que se puede disputar o controvertir.

cuestionar. tr. Controvertir un punto dudoso, proponiendo las razones, pruebas y fundamentos de una y otra parte. ‖ **2.** Poner en duda lo afirmado por alguien. CUESTIONAR *la veracidad de una noticia.*

cuestionario. m. Libro que trata de cuestiones o que solo tiene cuestiones. ‖ **2.** Lista de preguntas que se proponen con cualquier fin.

cuestor. m. Magistrado romano que en la ciudad y en los ejércitos tenía funciones de carácter fiscal principalmente. ‖ **2.** El que demanda o pide limosna para el prójimo o para llevar a cabo una obra benéfica.

cueto. m. Sitio alto y defendido. ‖ **2.** Colina de forma cónica, aislada, y por lo común peñascosa.

cueva. f. Cavidad subterránea más o menos extensa, ya natural, ya construida artificialmente.

cuévano. m. Cesto grande y hondo, poco más ancho de arriba que de abajo, tejido de mimbres, que sirve para llevar la uva en el tiempo de la vendimia, y para algunos otros usos.

cuezo. m. Artesilla de madera, en que amasan el yeso los albañiles. ‖ **meter el cuezo.** fr. fig. y fam. Introducirse indiscreta e imprudentemente en alguna conversación o negocio.

cuidado. m. Solicitud y atención para hacer bien alguna cosa. ‖ **2.** Acción de **cuidar,** asistir, guardar, conservar. *El* CUIDADO *de los enfermos, la ropa, la casa.* ‖ **3.** Recelo, preocupación, temor. ‖ **¡cuidado!** interj. que se emplea en son de amenaza o para advertir la proximidad de un peligro o la contingencia de caer en error. ‖ **de cuidado.** loc. adj. Que ha de ser tratado con cautela, que es peligroso. ‖ **sin cuidado.** loc. adv. Con ciertos verbos como *traer, tener,* o *dejar,* no producir algo inquietud o preocupación alguna, dejar indiferente.

cuidador, ra. adj. Que cuida. Ú. t. c. s.

cuidadoso, sa. adj. Solícito y diligente en ejecutar con exactitud alguna cosa. ‖ **2.** Atento, vigilante.

cuidar. tr. Poner diligencia, atención y solicitud en la ejecución de una cosa. ‖ **2.** Asistir, guardar, conservar. CUIDAR *a un enfermo, la casa, la ropa.* ❑ Seguido de la prep. *de,* ú. t. c. intr. CUIDAR DE *la hacienda,*

DE *los niños.* || **3.** prnl. Mirar alguien por su salud, darse buena vida. || **4.** Seguido de la prep. *de,* vivir con advertencia respecto de una cosa. *No* SE CUIDA DEL *qué dirán.*

cuita. f. Trabajo, aflicción, desventura. || **2.** ant. Ansia, anhelo, deseo vehemente.

cuitado, da. adj. Afligido, desventurado. || **2.** fig. Apocado, de poca resolución y ánimo.

culantrillo. m. Helecho herbáceo, con hojas de uno a dos decímetros, divididas en lóbulos a manera de hojuelas redondeadas, con pedúnculos delgados, negruzcos y lustrosos. Se cría en las paredes de los pozos y otros sitios húmedos, y suele usarse su infusión como medicamento pectoral y emenagogo.

culantro. m. **cilantro.**

cular. adj. Perteneciente al culo. || **2.** Dícese de la morcilla o chorizo hechos con la tripa más gruesa.

culata. f. Parte posterior de la caja de la escopeta, pistola o fusil, que sirve para asir y afianzar estas armas cuando se hace la puntería y se disparan. || **2.** *Mec.* Pieza metálica que se ajusta al bloque de los motores de explosión y cierra el cuerpo de los cilindros.

culatazo. m. Golpe dado con la culata de un arma. || **2.** Coz que da el fusil, la escopeta, etc., al tiempo de disparar.

culebra. f. Reptil ofidio sin pies, de cuerpo aproximadamente cilíndrico y muy largo respecto de su grueso; cabeza aplanada, boca grande y piel pintada simétricamente con colores diversos, escamosa, y cuya parte externa o epidermis muda por completo el animal de tiempo en tiempo. Hay muchas especies, diversas en tamaño, coloración y costumbres.

culebrear. intr. Andar formando eses y pasándose de un lado a otro.

culebrilla. f. Enfermedad viral que se manifiesta por un exantema en el que las vesículas se disponen a lo largo de los nervios, por lo cual son muy dolorosas.

culebrina. f. Antigua pieza de artillería, larga y de poco calibre. || **2.** Meteoro eléctrico y luminoso con apariencia de línea ondulada.

culebrón. m. fig. Telenovela sumamente larga y de acentuado carácter melodramático.

culera. f. Remiendo en los calzones o pantalones sobre la parte que cubre las asentaderas. || **2.** Mancha, desgaste, parche o remiendo en la parte de la prenda que cubre las nalgas.

culi. m. En la India, China y otros países de Oriente, trabajador o criado indígena.

culícido. adj. *Zool.* Dícese de insectos dípteros del suborden de los nematóceros, provistos de una probóscide que contiene cuatro o más cerdas fuertes, las cuales utilizan las hembras para perforar la piel del hombre y los animales y chupar la sangre de que se alimentan. Los machos viven de jugos vegetales. Se desarrollan en el agua, en cuya superficie depositan sus huevos las hembras. || **2.** m. pl. *Zool.* Familia de estos animales.

culinario, ria. adj. Perteneciente o relativo a la cocina. || **2.** f. Arte de guisar.

cullerense. adj. Natural de Cullera. Ú. t. c. s. || **2.** Perteneciente o relativo a esta población de la provincia de Valencia.

culminación. f. Acción y efecto de culminar. || **2.** *Astron.* Momento en que un astro ocupa el punto más alto a que puede llegar sobre el horizonte.

culminante. adj. Aplícase a lo más elevado de un monte, edificio, etc. || **2.** fig. Superior, sobresaliente, principal. || **3.** *Astron.* Dícese del punto más alto en que puede hallarse un astro sobre el horizonte.

culminar. intr. Llegar una cosa al grado más elevado, significativo o extremado que pueda tener. || **2.** tr. Dar fin o cima a una tarea.

culo. m. Nalgas. || **2.** Zona carnosa que, en los animales, rodea el ano. || **3. ano.** || **4.** fig. Extremidad inferior o posterior de una cosa. CULO *del vaso.* || **5.** fig. y fam. Escasa porción de líquido que queda en el fondo de un vaso. || **de mal asiento.** fig. y fam. Persona inquieta que no está a gusto en ninguna parte. || **caerse de culo.** fig. y fam. Quedarse atónito y desconcertado ante algo inesperado.

culombio. m. *Fís.* Unidad de carga eléctrica en el sistema basado en el metro, el kilogramo, el segundo y el amperio. Es la carga que un amperio transporta cada segundo.

culpa. f. Falta más o menos grave, cometida a sabiendas y voluntariamente. || **2.** fig. Responsabilidad, causa involuntaria de un suceso o acción imputable a una persona.

culpabilidad. f. Calidad de culpable.

culpabilísimo, ma. adj. sup. de culpable.

culpable. adj. Que tiene culpa o se le imputa. Ú. t. c. s. || **2.** Dícese también de las acciones y de las cosas inanimadas. ❑ sup. irreg. *culpabilísimo.*

culpar. tr. Atribuir la culpa. Ú. t. c. prnl. ❑ Ú. con la prep. *de.*

culteranismo. m. Estilo literario desarrollado en España desde finales del siglo XVI y a lo largo del siglo XVII, caracterizado, entre otros rasgos, por la riqueza de metáforas, el uso de cultismos y la complejidad sintáctica, y considerado despectivamente estilo oscuro y afectado, en su época y posteriormente.

culterano, na. adj. Perteneciente o relativo al

culteranismo. ‖ **2.** Dícese del escritor que practicaba este estilo literario. Ú. t. c. s.

cultismo. m. Palabra culta o erudita. ‖ **2.** *Ling.* Vocablo procedente de una lengua clásica que penetra por vía culta en una lengua moderna sin pasar por las transformaciones fonéticas normales en las voces populares. ‖ **3.** *Ling.* Construcción o acepción propias y privativas de una lengua clásica y recreadas en una lengua moderna, casi siempre con fines expresivos. CULTISMO *semántico,* CULTISMO *sintáctico.*

cultivable. adj. Que se puede cultivar.

cultivado, da. adj. Dícese del que ha adquirido cultura y refinamiento.

cultivador, ra. adj. Que cultiva. Ú. t. c. s. ‖ **2.** m. Instrumento agrícola destinado a cultivar la tierra durante el desarrollo de las plantas.

cultivar. tr. Dar a la tierra y a las plantas las labores necesarias para que fructifiquen. ‖ **2.** fig. Dicho del conocimiento, del trato o de la amistad, poner los medios necesarios para mantenerlos y estrecharlos. ‖ **3.** fig. Con las palabras *talento, ingenio, memoria,* etc., desarrollar, ejercitar estas facultades y potencias. ‖ **4.** fig. Con las voces *artes, ciencias, lenguas,* etc., ejercitarse en ellas. ‖ **5.** *Microbiol.* Sembrar y hacer que se desarrollen microorganismos sobre sustancias apropiadas. ‖ **6.** Por ext., criar y explotar seres vivos con fines industriales, económicos o científicos.

cultivo. m. Acción y efecto de cultivar. ‖ **2.** Cría y explotación de seres vivos con fines científicos o industriales. CULTIVO *del hongo de la penicilina.* CULTIVO *del gusano de seda.* ‖ **3.** *Biol.* y *Med.* Método de obtención de microorganismos, células o tejidos mediante siembras controladas en medios adecuados.

culto, ta. adj. fig. Dotado de las calidades que provienen de la cultura o instrucción. *Persona* CULTA; *pueblo, lenguaje* CULTO. ‖ **2.** m. Homenaje externo de respeto y amor que el cristiano tributa a Dios, a la Virgen, a los ángeles, a los santos y a los beatos. ‖ **3.** Por ext., admiración afectuosa de que son objeto algunas cosas. *Rendir* CULTO *a la belleza.*

cultura. f. Resultado o efecto de cultivar los conocimientos humanos y de refinar por medio del ejercicio las facultades intelectuales del hombre. ‖ **2.** Conjunto de modos de vida y costumbres, conocimientos y grado de desarrollo artístico, científico, industrial, en una época o grupo social, etc.

-cultura. Elemento compositivo pospuesto con el significado de «cultivo, crianza».

cultural. adj. Perteneciente o relativo a la cultura.

culturalista. adj. Se aplica a ciertas tendencias intelectuales, manifiestas especialmente en creaciones literarias, que se caracterizan por el frecuente empleo de referencias artísticas y literarias. Apl. a pers., ú. t. c. s.

culturismo. m. *Dep.* Práctica sistemática de ejercicios gimnásticos encaminada al desarrollo de los músculos.

culturista. com. Persona que practica el culturismo.

culturizar. tr. Civilizar, incluir en una cultura.

cumbia. f. Danza popular, una de cuyas figuras se caracteriza por llevar los danzantes una vela encendida en la mano.

cumbre. f. Cima o parte superior de un monte. ‖ **2.** fig. La mayor elevación de una cosa o último grado a que puede llegar. ‖ **3.** fig. Reunión de máximos dignatarios nacionales o internacionales, para tratar asuntos de especial importancia.

cumpleaños. m. Aniversario del nacimiento de una persona.

cumplido, da. adj. Lleno, cabal. ‖ **2.** Exacto en todos los cumplimientos, atenciones o muestras de urbanidad para con todos. ‖ **3.** m. Acción obsequiosa o muestra de urbanidad. *Es hacer un* CUMPLIDO *dar un parabién o un pésame.*

cumplidor, ra. adj. Que cumple o da cumplimiento. Ú. t. c. s.

cumplimentar. tr. Dar parabién o visitar, como muestra de cortesía y respeto, a alguien con motivo de algún acaecimiento próspero o adverso. ‖ **2.** *Der.* Poner en ejecución los despachos u órdenes superiores.

cumplimiento. m. Acción y efecto de cumplir o cumplirse. ‖ **2.** Perfección en el modo de obrar o de hacer alguna cosa.

cumplir. tr. Ejecutar, llevar a efecto. CUMPLIR *un deber, una orden, un encargo, un deseo, una promesa.* ‖ **2.** Dicho de la edad, llegar a tener aquella que se indica o un número cabal de años o meses. *Hoy* CUMPLE *Juan catorce años.* ‖ **3.** intr. Hacer alguien aquello que debe o a que está obligado. CUMPLIR *con Dios, con un amigo;* CUMPLIÓ *como debía.* ‖ **4.** Ser el tiempo o día en que termina una obligación, empeño o plazo. Ú. t. c. prnl. ‖ **por cumplir.** loc. adv. Por mera cortesía o solamente por no caer en falta. *Le hizo una visita* POR CUMPLIR.

cúmulo. m. Montón, junta de muchas cosas puestas unas sobre otras. ‖ **2.** *Meteor.* Conjunto de nubes propias del verano, que tiene apariencia de montañas nevadas con bordes brillantes.

cuna. f. Cama pequeña para niños, con bordes altos o barandillas laterales. También las hay dispuestas para poderlas mecer. || **2.** fig. Patria o lugar del nacimiento de alguien. || **3.** fig. Estirpe, familia o linaje. *De humilde, de ilustre* CUNA. || **4.** fig. Origen o principio de una cosa.

cundir. intr. Dar mucho de sí una cosa; aumentarse su volumen. *El buen lino* CUNDE *porque da mucha hilaza; el arroz y el garbanzo* CUNDEN *al cocerse.* || **2.** fig. Dicho de trabajos materiales o intelectuales, adelantar, progresar.

cuneiforme. adj. De figura de cuña. Aplícase con más frecuencia a ciertos caracteres de forma de cuña o de clavo, que algunos pueblos de Asia usaron antiguamente en la escritura. || **2.** *Bot.* Dícese de ciertas partes de la planta que tienen esta figura. *Hojas, pétalos* CUNEIFORMES.

cuneta. f. Zanja en cada uno de los lados de un camino o carretera para recibir las aguas de lluvia.

cunicultor, ra. adj. Persona que practica la cunicultura. Ú. t. c. s.

cunicultura. f. Arte de criar conejos para aprovechar su carne y sus productos.

cuña. f. Pieza de madera o metal terminada en ángulo diedro muy agudo. Sirve para hender o dividir cuerpos sólidos, para ajustar, o apretar uno con otro, para calzarlos o para llenar alguna raja o hueco. || **2.** Cualquier objeto que se emplea para estos mismos fines. || **3.** Recipiente de poca altura y forma adecuada para recoger la orina y el excremento del enfermo que no puede abandonar el lecho. || **4.** En radio y televisión, espacio breve para publicidad. || **5.** *Meteor.* Formación de determinadas presiones que penetran en zonas de presión distinta causando cambios atmosféricos.

cuñado, da. m. y f. Hermano o hermana del marido respecto de la mujer, y hermano o hermana de la mujer respecto del marido.

cuño. m. Troquel, ordinariamente de acero, con que se sellan la moneda, las medallas y otras cosas análogas. || **2.** Impresión o señal que deja este sello.

cuodlibeto. m. Discusión sobre un punto científico elegido al arbitrio del autor.

cuota. f. Parte o porción fija y proporcional. || **2.** Cantidad de dinero que corresponde pagar a cada contribuyente.

cupé. m. **berlina,** coche de caballos cerrado, de dos asientos comúnmente.

cupido. m. Representación pictórica o escultórica del amor, en la forma de un niño desnudo y alado que suele llevar los ojos vendados y porta flechas, arco y carcaj.

cuplé. m. Canción corta y ligera, que se canta en teatros y otros locales de espectáculo.

cupo. m. Parte proporcional que corresponde a un pueblo o a un particular en un impuesto, empréstito o servicio. || **2.** Parte, porcentaje en general.

cupón. m. *Com.* Parte que se corta de un anuncio, invitación, bono, etc., y que da derecho a tomar parte en concursos, sorteos, o a obtener una rebaja en las compras.

cupresáceo, a. adj. *Bot.* Dícese de plantas fanerógamas gimnospermas, arbustos o árboles, muy ramificadas, con hojas persistentes durante varios años, largas y delgadas o escamosas y siempre sentadas; flores unisexuales, monoicas o dioicas; fruto en gálbula, y semillas con dos o más cotiledones que en muchos casos tienen dos aletas laterales; como el ciprés. Ú. t. c. s. f. || **2.** f. pl. *Bot.* Familia de estas plantas.

cúprico, ca. adj. *Quím.* Aplícase al óxido de cobre que tiene doble proporción de oxígeno respecto del cuproso, y a las sales que con él se forman. *Óxido* CÚPRICO; *sulfato* CÚPRICO.

cuprífero, ra. adj. Que tiene venas de cobre, o que lleva o contiene cobre. *Mineral* CUPRÍFERO.

cuproníquel. m. Aleación de cobre o níquel empleada para fabricar monedas.

cuproso, sa. adj. *Quím.* Aplícase al óxido de cobre que tiene menos oxígeno, y a las sales que con él se forman. *Óxido* CUPROSO; *carbonato* CUPROSO.

cúpula. f. *Arq.* Bóveda en forma de una media esfera u otra aproximada, con que suele cubrirse todo un edificio o parte de él. || **2.** fig. Conjunto de los máximos dirigentes de un partido, administración, organismo o empresa. || **3.** *Bot.* Involucro a manera de copa, foliáceo, escamoso o leñoso, que cubre más o menos el fruto en la encina, el avellano, el castaño y otras plantas.

cura. m. Sacerdote encargado, en virtud del oficio que tiene, del cuidado, instrucción y doctrina espiritual de una feligresía. || **2.** fam. Sacerdote católico. || **3.** f. **curación.** || **4.** ant. **cuidado.**

curable. adj. Que se puede curar.

curación. f. Acción y efecto de curar o curarse.

curandero, ra. m. y f. Persona que, sin ser médico, ejerce prácticas curativas empíricas o rituales.

curar. intr. **sanar,** recobrar la salud. Ú. t. c. prnl. || **2.** tr. Aplicar con éxito a un paciente los remedios correspondientes a la remisión de una lesión o dolencia. Ú. t. c. prnl. || **3.** Secar o preparar convenientemente una cosa para su conservación. || **4.** fig. Sanar las dolencias o pasiones del alma.

curare. m. Sustancia negra, resinosa y amarga, extraordinariamente tóxica, que se extrae de varias especies de plantas y que tiene la propiedad de paralizar las placas motoras de los nervios de los músculos.

curasao. m. Licor fabricado con corteza de naranja y otros ingredientes.

curativo, va. adj. Dícese de lo que sirve para curar.

cúrcuma. f. Planta vivaz monocotiledónea, procedente de la India, cuya raíz se parece al jengibre, huele como él y es algo amarga.

curda. f. fam. **borrachera,** embriaguez.

curdo, da. adj. Natural del Curdistán. Ú. t. c. s. ‖ **2.** Perteneciente o relativo a este pueblo o nación repartido entre los estados de Turquía, Irán, Irak y Siria.

curia. f. Tribunal donde se tratan los negocios contenciosos. ‖ **2.** Conjunto de abogados, escribanos, procuradores y empleados en la administración de justicia. ‖ **romana.** Conjunto de las congregaciones y tribunales que existen en la corte del pontífice romano para el gobierno de la Iglesia católica.

curial. adj. Perteneciente a la curia, y especialmente a la romana.

curio. m. Elemento químico radiactivo producido artificialmente, de núm. atóm. 96. Metal de color y brillo parecidos a los del acero, tiene una elevada toxicidad, y alguno de sus isótopos se utiliza como fuente de energía eléctrica por la acción del calor en vehículos especiales. Símb. *Cm.,* del lat. cient. *curium.* ‖ **2.** Unidad para la medida de la radiactividad, equivalente a $3{,}7x10^{10}$ desintegraciones por segundo.

curiosear. intr. Ocuparse en averiguar lo que otros hacen o dicen. ‖ **2.** Procurar, sin necesidad y a veces con impertinencia, enterarse de alguna cosa.

curiosidad. f. Deseo de saber o averiguar lo que no nos concierne. ‖ **2.** Vicio que nos lleva a inquirir lo que no debiera importarnos. ‖ **3.** Cosa curiosa o primorosa.

curioso, sa. adj. Que tiene curiosidad. Ú. t. c. s. ‖ **2.** Que excita curiosidad. ‖ **3.** Limpio y aseado.

currar. intr. coloq. Trabajar.

currican. m. Aparejo de pesca de un solo anzuelo, que suele largarse por la popa de los buques cuando navegan.

curricular. adj. Perteneciente o relativo al currículo o a un currículo.

currículo. m. Plan de estudios. ‖ **2.** Conjunto de estudios y prácticas destinadas a que el alumno desarrolle plenamente sus posibilidades. ‖ **3. currículum vitae.**

currículum vitae. m. Relación de los títulos, honores, cargos, trabajos realizados, datos biográficos, etc., que califican a una persona. ❑ pl. *currícula vitae.*

currinche. m. Entre periodistas, principiante, gacetillero.

curro. m. coloq. Trabajo, acción y efecto de trabajar.

curruca. f. Pájaro canoro de 10 a 12 centímetros de largo, con plumaje pardo por encima y blanco por debajo, cabeza negruzca y pico recto y delgado. Es insectívoro y el que con preferencia escoge el cuco para que empolle sus huevos.

currusco. m. **cuscurro.**

currutaco, ca. adj. fam. Muy afectado en el uso riguroso de las modas. Ú. t. c. s.

cursar. tr. Estudiar una materia, asistiendo a las explicaciones del profesor, en una universidad o en cualquier otro establecimiento de enseñanza. ‖ **2.** Dar curso a una solicitud, instancia, expediente, etc., o enviarlos al tribunal o autoridad a que deben ir.

cursi. adj. fam. Dícese de la persona que presume de fina y elegante sin serlo. Ú. t. c. s. ‖ **2.** fam. Aplícase a lo que, con apariencia de elegancia o riqueza, es ridículo y de mal gusto.

cursilada. f. Acción propia del cursi.

cursilería. f. Calidad de cursi. ‖ **2.** Acto o cosa cursi.

cursillo. m. Curso breve sobre cualquier materia.

cursivo, va. adj. V. **letra cursiva.** Ú. t. c. s.

curso. m. Dirección o carrera. ‖ **2.** En los centros de enseñanza, tiempo señalado en cada año para asistir a oír las lecciones. ‖ **3.** Estudio sobre una materia, desarrollada con unidad. *Se matriculó en un* CURSO *de dibujo.* ‖ **4.** Tratado sobre una materia explicada o destinada a ser explicada durante cierto tiempo. CURSO *de lingüística general.* ‖ **5.** Conjunto de alumnos que asisten al mismo grado de estudios. ‖ **6.** Serie de informes, consultas, etc., que precede a la resolución de un expediente. *Dar* CURSO *a una solicitud; seguir su* CURSO *el negocio, el proceso.* ‖ **7.** Paso, evolución de algo. *El* CURSO *del tiempo;* el CURSO *de la enfermedad;* el CURSO *de los sucesos.*

cursómetro. m. Aparato que se aplica a medir la velocidad de los trenes de ferrocarril.

cursor. m. *Mec.* Pieza pequeña que se desliza a lo largo de otra mayor en algunos aparatos. ‖ **2.** *Electrón.* Marca movible, por lo común luminosa, en forma de circulito, flecha o signo semejante, que sirve como indicador en la pantalla de diversos aparatos, p. ej., de un computador.

curtido. m. Acción y efecto de curtir. ‖ **2.** Cuero **curtido.** Ú. m. en pl.

curtidor, ra. m. y f. Persona que tiene por oficio curtir pieles.

curtiduría. f. Sitio o taller donde se curten y trabajan las pieles.

curtir. tr. Adobar, aderezar las pieles. || **2.** fig. Endurecer o tostar el sol o el aire el cutis de las personas que andan a la intemperie. Ú. m. c. prnl. || **3.** fig. Acostumbrar a alguien a la vida dura y a sufrir adversidades que puedan sobrellevarse con el paso del tiempo. Ú. t. c. prnl.

curva. f. *Geom.* **línea curva.** || **2.** Representación gráfica de la magnitud de un fenómeno en dependencia de los valores de una de sus variables. CURVA *de temperatura, de mortalidad.* || **3.** Tramo curvo de una carretera, camino, línea férrea, etc. || **de nivel.** *Topogr.* Línea formada por los puntos del terreno que se encuentran a la misma altura.

curvado, da. adj. Que tiene forma curva.

curvar. tr. **encorvar,** doblar y torcer una cosa poniéndola corva. Ú. t. c. prnl.

curvatura. f. Calidad de curvo; desviación continua respecto de la dirección recta. En una circunferencia es la inversa del radio.

curvilíneo, a. adj. *Geom.* Que se compone de líneas curvas.

curvímetro. m. Instrumento para medir con facilidad las líneas de un plano.

curvo, va. adj. Que constantemente se va apartando de la dirección recta sin formar ángulos. Ú. t. c. s.

cusca (hacer la). fr. fig. vulg. Molestar, fastidiar, perjudicar.

cuscurro. m. Parte del pan más tostada que corresponde a los extremos o al borde.

cuscús. m. Alcuzcuz.

cúspide. f. Cumbre puntiaguda de los montes. || **2.** fig. **cumbre,** mayor elevación o último grado de una cosa. || **3.** *Geom.* Punto donde concurren los vértices opuestos a las bases de todos los triángulos que forman las caras de la pirámide, o las generatrices del cono.

custodia. f. Acción y efecto de custodiar. || **2.** Persona o escolta encargada de custodiar a un preso. || **3.** Pieza de oro, plata u otro metal, en que se expone el Santísimo Sacramento a la pública veneración.

custodiar. tr. Guardar con cuidado y vigilancia.

custodio. m. El que custodia.

cutáneo, a. adj. Perteneciente al cutis. *Erupción* CUTÁNEA.

cutícula. f. **película,** piel delgada y delicada. || **2.** *Anat.* **epidermis.** || **3.** *Zool.* Capa segregada por la epidermis, más o menos dura e impermeable, que cubre la superficie del cuerpo de ciertos animales, como los anélidos y los artrópodos.

cutis. m. Piel que cubre el cuerpo humano, principalmente la del rostro. Ú. menos c. f. || **2.** *Anat.* **dermis.**

cutre. adj. Tacaño, miserable. Ú. t. c. s. || **2.** Por ext., pobre, descuidado, sucio o de mala calidad. *Un bar, una calle, una ropa* CUTRE.

cutrez. f. Calidad de cutre.

cuyo, ya. pron. relat. adj. que hace en pl. **cuyos, cuyas.** Además del carácter de relativo, tiene este pronombre el de posesivo y concierta no con su antecedente, que es el nombre del poseedor, sino con el nombre de la persona o cosa poseída. *En un lugar de la Mancha, de* CUYO *nombre no quiero acordarme; una obra* CUYAS *fuentes son harto conocidas.*

cuzcuz. m. **alcuzcuz.**

d. f. Cuarta letra del abecedario español, y tercera de sus consonantes. Su nombre es **de.** Representa un sonido de articulación dental, sonora y oclusiva en posición inicial absoluta o precedida de *n* o *l* *(dame, andar, toldo);* en los demás casos es, por lo general, fricativa *(modo, piedra, desde, orden, adviento);* cuando es final de palabra su articulación se debilita o ensordece más o menos. ‖ **2.** Letra que, en la numeración romana, tiene el valor de quinientos.

da capo. loc. adv. *Mús.* Indica que debe volverse al principio cuando se llega a cierta parte del trozo que se ejecuta.

dactilar. adj. **digital,** perteneciente o relativo a los dedos.

dáctilo. m. Pie de la poesía griega y latina, compuesto de tres sílabas: la primera, larga, y las otras dos, breves.

dactilografía. f. **mecanografía.**

dactilografiar. tr. **mecanografiar.**

dactilología. f. Arte de hablar con los dedos mediante un sistema de signos equivalente a las letras del alfabeto.

dactiloscopia. f. Estudio de las impresiones digitales, utilizadas para la identificación de las personas.

dadaísmo. m. Movimiento literario y artístico surgido hacia 1915 en Europa y Nueva York, que se caracterizó por ser deliberadamente antiestético e iconoclasta, provocando en reuniones públicas el escándalo y, con frecuencia, la burla infantil o el sarcasmo.

dadaísta. adj. Perteneciente o relativo al dadaísmo. ‖ **2.** Dícese del artista o escritor adepto al dadaísmo. Ú. t. c. s.

dádiva. f. Cosa que se da graciosamente.

dadivoso, sa. adj. Liberal, generoso, propenso a hacer dádivas. Ú. t. c. s.

dado. m. Pieza cúbica de hueso, marfil u otra materia, en cuyas caras hay señalados puntos desde uno hasta seis, y que sirve para varios juegos de fortuna o de azar.

dado que. loc. conjunt. causal. DADO QUE *no viene nadie, se suspende la sesión.*

daga. f. Arma blanca, de hoja corta y con guarnición y gavilanes para los quites. Solía tener dos cortes, y a veces uno, tres o cuatro filos.

daguerrotipia. f. Arte de fijar en chapas metálicas, convenientemente preparadas, las imágenes recogidas con la cámara oscura.

daguerrotipo. m. **daguerrotipia.** ‖ **2.** Aparato que se empleaba en este arte. ‖ **3.** Retrato o vista que se obtenía por los procedimientos de dicho arte.

daiquiri. m. Cóctel preparado con zumo de limón, ron y azúcar.

dalái. m. V. **dalái lama.**

dalia. f. Planta anual de la familia de las compuestas, con tallo herbáceo, ramoso, de 12 a 15 decímetros de altura; hojas opuestas divididas en cinco o siete hojuelas ovaladas y con dientes en el margen; flores terminales o axilares de botón central amarillo y corola grande, circular, de muchos pétalos, dispuestos con suma regularidad y muy variada coloración; semillas cuadrangulares negras y raíz tuberculosa. ‖ **2.** Flor de esta planta.

dálmata. adj. Natural de Dalmacia. Ú. t. c. s. ‖ **2.** Perteneciente o relativo a esta región adriática. ‖ **3.** Dícese de los perros de cierta raza que se caracterizan por un pelaje corto, de color blanco con pequeñas manchas oscuras. Ú. t. c. s.

dalmática. f. Túnica blanca con mangas anchas y cortas y adornada de púrpura, que tomaron de los dálmatas los antiguos romanos.

daltonismo. m. Defecto de la vista, que consiste en no percibir determinados colores o en confundir algunos de los que se perciben.

dama. f. Mujer noble o de calidad distinguida. || **2.** Mujer galanteada o pretendida de un hombre. || **3.** En palacio, cada una de las señoras que acompañaban y servían a la reina, a la princesa o a las infantas. || **4.** Criada primera que en las casas de las grandes señoras servía inmediatamente a su ama. || **5.** En el juego de **damas,** pieza que, por haber llegado a la primera línea del contrario, se pone encima de otra pieza y puede correr toda la línea. || **6. reina,** en el juego de ajedrez. || **7.** pl. Juego que se ejecuta en un tablero de 64 escaques, con 24 piezas, si es a la española, y en uno de cien escaques y con 40 piezas, si es a la polonesa, de las cuales tienen 12 ó 20 cada jugador, que gana el juego cuando logra comer todas al contrario, que es jugar al gana gana, y al revés, si se juega al gana pierde. || **cortesana. ramera.**

damajuana. f. Recipiente de vidrio o barro cocido, de cuello corto, a veces protegido por un revestimiento, que sirve para contener líquidos.

damasceno, na. adj. Natural de Damasco. Ú. t. c. s. || **2.** Perteneciente o relativo a esta ciudad de Asia.

damasco. m. Tela fuerte de seda o lana y con dibujos formados con el tejido. || **2.** *Amér.* **albaricoquero.** || **3.** *Amér.* **albaricoque,** fruto del albaricoquero.

damasquinado. m. Adorno hecho con filamentos de oro y plata embutidos sobre armas y otros objetos de hierro y acero.

damero. m. Tablero del juego de damas.

damisela. f. Moza bonita, alegre y que presume de dama.

damnificado, da. adj. Dícese de la persona o cosa que ha sufrido grave daño de carácter colectivo.

damnificar. tr. Causar daño.

dan. m. Cada uno de los diez grados superiores en las artes marciales tradicionales concedidos a partir del cinturón negro.

dandi. m. Hombre que se distingue por su extremada elegancia y buen tono. ❑ pl. *dandis.*

danés, sa. adj. Natural u oriundo de Dinamarca. Ú. t. c. s. || **2.** Perteneciente o relativo a este país de Europa. || **3.** m. Lengua que se habla en Dinamarca.

dantesco, ca. adj. Propio y característico de Dante. || **2.** Dícese de las escenas o situaciones desmesuradas que causan espanto.

danza. f. **baile,** acción y manera de bailar. || **2.** Cierto número de danzantes que se juntan para bailar en una función con acompañamiento de uno o varios instrumentos.

danzante, ta. m. y f. Persona que danza en procesiones y bailes públicos.

danzar. intr. **bailar** las personas. Ú. t. c. tr. DANZAR *un vals.* || **2.** Moverse una cosa con aceleración bullendo y saltando.

danzarín, na. m. y f. Persona que danza con destreza.

danzón. m. Baile cubano, semejante a la habanera. || **2.** Música de este baile.

dañado, da. adj. Malo, perverso.

dañar. tr. Causar detrimento, perjuicio, menoscabo, dolor o molestia. Ú. t. c. prnl. || **2.** Estropear o echar a perder una cosa. Ú. t. c. prnl.

dañino, na. adj. Que daña o hace perjuicio. Dícese comúnmente de algunos animales.

daño. m. Efecto de dañar o dañarse. || **2.** *Amér.* Maleficio, mal de ojo.

dar. tr. **donar.** || **2. entregar.** || **3.** Conceder, otorgar. DAR *licencia.* || **4. producir, dar** fruto la tierra. *La higuera* DA *brevas e higos.* Ú. t. c. prnl. *Aquí* SE DAN *bien las patatas.* || **5.** Referido a un espectáculo o una película, exhibirlos. || **6.** Recibir una clase. *Ayer* DIMOS *clase de matemáticas.* || **7.** Impartir una lección, pronunciar una conferencia o charla. || **8.** Junto con algunos sustantivos, hacer, practicar, ejecutar la acción que estos significan. DAR *un abrazo,* por *abrazar;* DAR *consejo,* por *aconsejar.* || **9.** Con voces expresivas de golpes o de daño causado en alguna parte del cuerpo o con instrumentos o armas de cualquier clase, ejecutar la acción significada por estas voces. DAR *un bofetón, un tiro.* ❑ En esta acep. constrúyese frecuentemente con la prep. *de.* DAR DE *bofetones,* DE *palos.* || **10.** Sin objeto directo expreso, golpear, zurrar. Ú. t. c. prnl. *¿Dónde* TE HAS DADO? || **11.** Accionar el mecanismo que hace fluir el gas, la electricidad, etc. DAR *el agua, la luz.* || **12.** Sonar en el reloj sucesivamente las campanadas correspondientes a la hora que sea. *El reloj* DIO *las cinco.* Ú. t. c. intr. HAN DADO *las cinco.* || **13.** intr. Unido a voces como *tanto* o *igual,* ser indiferente una cosa. *Lo mismo* DA. || **14.** Estar situada una cosa, mirar, hacia esta o la otra parte. *La puerta* DA *a la calle; la ventana* DA *al Norte.* || **15.** Incidir sobre alguna superficie el sol, el aire, etc. || **16.** prnl. Suceder, existir, determinar alguna cosa. SE DA *el caso. En circunstancias* DADAS. || **17.** Seguido de la prep. *a* y de un nombre o un verbo en infinitivo, entregarse con ahínco o por vicio a lo que este nombre o verbo signifique, o ejecutar viva o reiteradamente la acción del verbo. DARSE A*l estudio,* O A *estudiar;* DARSE A*l vino,* O A *beber.* || **dar de sí.** fr. Extenderse, ensancharse. Se usa con más propiedad referido a ropa. Ú. t. en sent. fig. *Su sueldo, su inteligencia* DA *poco* DE SÍ. ❑ Irreg. Ver conjugación modelo.

dar

INDICATIVO
Presente: doy, das, da, damos, dais, dan.
Pretérito perfecto: daba, dabas, daba, dábamos, dabais, daban.
Pretérito indefinido: di, diste, dio, dimos, disteis, dieron.
Futuro imperfecto: daré, darás, dará, daremos, daréis, darán.
Condicional: daría, darías, daría, daríamos, daríais, darían.

SUBJUNTIVO
Presente: dé, des, dé, demos, deis, den.
Pretérito imperfecto: diera o diese, dieras o dieses, diera o diese, diéramos o diésemos, dierais o dieseis, dieran o diesen.
Futuro imperfecto: diere, dieres, diere, diéremos, diereis, dieren.

IMPERATIVO
da (tú); dad (vosotros).

FORMAS NO PERSONALES
Infinitivo: dar.
Participio: dado.
Gerundio: dando.

dardanio, nia. adj. Perteneciente o relativo a Dardania o Troya.

dardo. m. Arma arrojadiza, semejante a una lanza pequeña y delgada, que se tira con la mano. ‖ **2.** fig. Dicho satírico o agresivo y molesto.

dársena. f. Parte resguardada artificialmente, en aguas navegables, para fondeadero o para la cómoda carga y descarga de embarcaciones.

darwinismo. m. *Biol.* Teoría expuesta por el naturalista inglés Charles Darwin, según la cual la evolución de las especies se produce en virtud de una selección natural de individuos, debida a la lucha por la existencia y perpetuada por la herencia.

darwinista. adj. Partidario del darwinismo. Ú. t. c. s.

dasonomía. f. Estudio de la conservación, cultivo y aprovechamiento de los montes.

data. f. Nota o indicación del lugar y tiempo en que se hace o sucede una cosa y especialmente la que se pone al principio o al fin de una carta o de cualquier otro documento.

datar. tr. Poner la data. ‖ **2.** intr. Haber tenido principio una cosa en el tiempo que se determina. *Nuestra amistad* DATA *del año pasado.*

dátil. m. Fruto de la palmera de figura elipsoidal prolongada, de unos cuatro centímetros de largo por dos de grueso, cubierto con una película amarilla, carne blanquecina comestible y hueso casi cilíndrico, muy duro y con un surco a lo largo.

datilera. adj. Aplícase a la palmera que da fruto. Ú. t. c. s.

dativo. m. *Gram.* Caso de la declinación latina y otras lenguas que en español equivale al objeto indirecto del verbo.

dato. m. Antecedente necesario para llegar al conocimiento exacto de una cosa o para deducir las consecuencias legítimas de un hecho. ‖ **2.** Documento, testimonio, fundamento. ‖ **3.** *Inform.* Representación de una información de manera adecuada para su tratamiento por un ordenador.

de[1]. f. Nombre de la letra *d.* ❑ pl. *des.*

de[2]. prep. Denota posesión o pertenencia. *La casa* DE *mi padre.* ‖ **2.** Sirve para crear diversas locuciones adverbiales de modo. *Almorzó* DE *pie; lo conozco* DE *vista.* ‖ **3.** Manifiesta de dónde son, vienen o salen las cosas o las personas. *Vengo* DE *Aranjuez; no sale* DE *casa.* ‖ **4.** Sirve para denotar la materia de que está hecha una cosa. *El vaso* DE *plata; el vestido* DE *seda.* ‖ **5.** Señala lo contenido en una cosa. *Un vaso* DE *agua; un plato* DE *asado.* ‖ **6.** Indica también el asunto o materia. *Una clase* DE *matemáticas; hablaban* DE *la boda.* ‖ **7.** En ocasiones indica la causa u origen de algo. *Murió* DE *viruelas; fiebre* DEL *heno.* ‖ **8.** Expresa la naturaleza, condición o cualidad de personas o cosas. *Hombre* DE *valor.* ‖ **9. desde,** punto en el espacio y en el tiempo. DE *Madrid a Toledo; abierto* DE *nueve a una.* ‖ **10.** Precedida de un verbo, sirve para formar perífrasis verbales. *Dejó* DE *estudiar; acaba* DE *llegar.* ‖ **11.** Con ciertos nombres sirve para determinar el tiempo en que sucede una cosa. DE *madrugada;* DE *mañana;* DE *niño.* ‖ **12.** En ocasiones tiene valor partitivo. *Dame un poco* DE *agua.* ‖ **13.** Precediendo al numeral *uno, una,* denota la rápida ejecución de algunas cosas. *Acabemos* DE UNA *vez.* ‖ **14.** Sirve para la creación de locuciones prepositivas a partir de adverbios, nombres, etc. *Antes* DE; *respecto* DE; *alrededor* DE; *a diferencia* DE. ‖ **15. para.** *Gorro* DE *dormir; ropa* DE *deporte.*

deambular. intr. Andar, caminar sin dirección determinada; pasear.

deambulatorio. m. *Arq.* Espacio transitable que hay en las catedrales y otras iglesias detrás de la capilla o del altar mayor y da ingreso a otras capillas situadas en el ábside.

deán. m. El que hace de cabeza del cabildo después del prelado, y lo preside en las iglesias catedrales.

deanato. m. Dignidad de deán. ‖ **2.** Territorio eclesiástico perteneciente al deán.

debacle. f. **desastre.** Ú. t. en sent. fig.

debajo. adv. l. En lugar o puesto inferior, respecto de otro superior. ‖ **debajo de.** loc. prepos. En lugar inferior a.

debate. m. Controversia sobre una cosa entre dos o más personas. ‖ **2.** Contienda, lucha, combate.

debatir. tr. Altercar, contender, discutir, disputar sobre una cosa. ‖ **2.** Combatir, guerrear.

debatirse. prnl. Luchar resistiéndose, esforzarse, agitarse.

debe. m. *Com.* Una de las dos partes en que se dividen las cuentas corrientes. En las columnas que están bajo este epígrafe se comprenden todas las cantidades que se cargan al individuo o a la entidad a quien se abre la cuenta.

deber[1]**.** m. Aquello a que está obligado el hombre por los preceptos religiosos o por las leyes naturales o positivas. *El* DEBER *del cristiano, del ciudadano.* ‖ **2.** Ejercicio que, como complemento de lo aprendido en clase, se encarga, para hacerlo fuera de ella, al alumno de los primeros grados de enseñanza. Ú. m. en pl.

deber[2]**.** tr. Estar obligado a algo por la ley divina, natural o positiva. Ú. t. c. prnl. DEBERSE *a la patria.* ‖ **2.** Tener obligación de corresponder a alguien en lo moral. ‖ **3.** Por ext., cumplir obligaciones nacidas de respeto, gratitud u otros motivos. ‖ **4.** Adeudar, tener deuda material con alguien. *Pedro* DEBE *mil pesetas a Juan.* ‖ **5.** Tener por causa, ser consecuencia de. Ú. t. c. prnl. *La escasez de los pastos* SE DEBE *a la sequía.* ‖ **6.** intr. Se usa con la partícula *de* para denotar que quizá ha sucedido, sucede o sucederá una cosa. DEBE DE *hacer frío;* DEBIERON DE *salir a pelear.* ❑ *Deber + infinitivo* denota obligación, en tanto que *deber de + infinitivo* denota suposición o probabilidad.

debido, da. p. p. de **deber.** ‖ **como es debido.** fr. Como corresponde o es lícito. ‖ **debido a.** loc. prepos. A causa de, en virtud de.

débil. adj. De poco vigor o de poca fuerza o resistencia. Ú. t. c. s. ‖ **2.** fig. Que por flojedad de ánimo cede fácilmente ante la insistencia o el afecto. Ú. t. c. s.

debilidad. f. Falta de vigor o fuerza física. ‖ **2.** fig. Carencia de energía o vigor en las cualidades o resoluciones del ánimo. ‖ **3. afecto**[2]**,** cariño. *Sentía por él una gran* DEBILIDAD.

debilitar. tr. Disminuir la fuerza, el vigor o el poder de una persona o cosa. Ú. t. c. prnl.

débito. m. **deuda.**

debut. m. Presentación o primera actuación en público de una compañía teatral o de un artista. ‖ **2.** Por ext., primera actuación de alguien en una actividad cualquiera.

debutante[1]**.** adj. Que debuta. Ú. t. c. s.

debutante[2]**.** f. Muchacha que hace su presentación en sociedad, generalmente en la misma ocasión que otras.

debutar. intr. Presentarse por primera vez ante el público, una compañía teatral o un artista. ‖ **2.** Presentarse por primera vez ante el público una persona en cualquier otra actividad.

deca-. elem. compos. que significa «diez»: DECA*edro,* DECA*gramo,* DECA*litro,* DEC*álogo.*

década. f. Serie de diez. ‖ **2.** Período de diez años referido a las decenas del siglo. *La segunda* DÉCADA *de este siglo.* ‖ **3.** Por ext., a veces se usa con el sentido de **decenio.**

decadencia. f. Declinación, menoscabo, principio de debilidad o de ruina.

decadente. adj. Que decae. ‖ **2. decaído.** ‖ **3.** Se dice del seguidor del decadentismo. Ú. t. c. s.

decadentismo. m. Estilo literario de un grupo de escritores ingleses y franceses de finales del XIX cuyo inconformismo con la sociedad les llevaba hacia temas artificiales y a un refinamiento exagerado en el empleo de las palabras.

decaedro. m. *Geom.* Sólido que tiene diez caras.

decaer. intr. Ir a menos; perder alguna persona o cosa alguna parte de las condiciones o propiedades que constituían su fuerza, bondad, importancia o valor. ❑ Irreg. Se conj. como *caer.*

decágono, na. adj. *Geom.* Aplícase al polígono de diez lados y diez ángulos. Ú. m. c. s. m.

decagramo. m. Medida de peso equivalente a diez gramos.

decaído, da. adj. Que se halla en decadencia. ‖ **2.** Abatido, débil.

decaimiento. m. **decadencia,** menoscabo. ‖ **2.** Abatimiento, desaliento.

decalitro. m. Medida de capacidad equivalente a diez litros.

decálogo. m. Los diez mandamientos de la ley de Dios. ‖ **2.** Conjunto de normas o consejos que, aunque no sean diez, son básicos para el desarrollo de cualquier actividad.

decámetro. m. Medida de longitud equivalente a diez metros.

decanato. m. Dignidad de decano. ‖ **2.** Despacho o habitación destinada oficialmente al decano para el desempeño de su cargo.

decano, na. m. y f. Miembro más antiguo de una comunidad, cuerpo, junta, etc. Ú. t. c. adj. ‖ **2.**

Persona que con título de tal es nombrada para presidir una corporación o una facultad universitaria, aunque no sea el miembro más antiguo.

decantar. tr. Inclinar suavemente una vasija sobre otra para que caiga el líquido contenido en la primera, sin que salga el poso. ‖ **2.** prnl. fig. Inclinarse, tomar partido, decidirse por algo.

decapar. tr. *Metal.* Quitar por métodos físicoquímicos la capa de óxido, pintura, etc., que cubre cualquier objeto metálico.

decapitar. tr. Cortar la cabeza.

decápodo. adj. *Zool.* Dícese de los crustáceos que, como el cangrejo de río y la langosta, tienen diez patas. Ú. t. c. s. ‖ **2.** m. pl. *Zool.* Orden de estos animales. ‖ **3.** adj. *Zool.* Dícese de los cefalópodos dibranquiales que, como el calamar, tienen diez tentáculos provistos de ventosas, dos de los cuales son más largos que los demás. Ú. t. c. s. ‖ **4.** m. pl. *Zool.* Orden de estos animales.

decárea. f. Medida de superficie equivalente a diez áreas.

decasílabo, ba. adj. De diez sílabas. *Verso* DECASÍLABO. Ú. t. c. s.

decatlón. m. *Dep.* Conjunto de diez pruebas en atletismo, practicadas por el mismo atleta.

decena. f. Conjunto de diez unidades.

decenal. adj. Que sucede o se repite cada decenio. ‖ **2.** Que dura un decenio.

decencia. f. Recato, honestidad, modestia. ‖ **2.** fig. Dignidad en los actos y en las palabras, conforme al estado o calidad de las personas.

decenio. m. Período de diez años.

decente. adj. Honesto, justo, debido. ‖ **2.** Correspondiente, conforme al estado o calidad de la persona. ‖ **3.** Adornado, aunque sin lujo, con limpieza y aseo. *Tiene una casa* DECENTE. ‖ **4.** Digno, que obra dignamente. ‖ **5.** De buena calidad o en cantidad suficiente.

decenviro. m. Cualquiera de los diez magistrados superiores a quienes los antiguos romanos dieron el encargo de componer las leyes de las Doce Tablas, y que también gobernaron durante algún tiempo la república en lugar de los cónsules. ‖ **2.** Cualquiera de los magistrados menores que entre los antiguos romanos servían de consejeros a los pretores.

decepción. f. Pesar causado por un desengaño.

decepcionar. tr. Desengañar, desilusionar.

deceso. m. Muerte natural o civil.

dechado. m. Arquetipo, muestra que se tiene presente para imitar. ‖ **2.** fig. Ejemplo y modelo de virtudes y perfecciones, o de vicios y maldades.

deci-. elem. compos. que significa «décima parte»: DECÍ*metro*, DECI*gramo*, DECI*litro*.

deciárea. f. Medida de superficie equivalente a la décima parte de una área.

decibelio. m. *Fís.* Unidad empleada para expresar la relación entre dos potencias eléctricas o acústicas; es diez veces el logaritmo decimal de su relación numérica.

decidido, da. adj. Resuelto, audaz, que actúa con decisión. Ú. t. c. s.

decidir. tr. Tomar alguien un camino definitivo en relación con algo dudoso o de difícil solución. ‖ **2. resolver,** tomar determinación de algo. Ú. t. c. prnl.

decigramo. m. Medida de peso equivalente a la décima parte de un gramo.

decilitro. m. Medida de capacidad equivalente a la décima parte de un litro.

décima. f. Cada una de las diez partes iguales en que se divide un todo. ‖ **2.** Combinación métrica de diez versos octosílabos, de los cuales, por regla general, rima el primero con el cuarto y el quinto; el segundo, con el tercero; el sexto, con el séptimo y el último, y el octavo, con el noveno. Admite punto final o dos puntos después del cuarto verso, y no los admite después del quinto. ‖ **3.** Aludiendo a fiebres, décima parte de un grado del termómetro clínico.

decimal. adj. Aplícase a cada una de las diez partes iguales en que se divide una cantidad. ‖ **2.** Dícese del sistema métrico de pesas y medidas, cuyas unidades son múltiplos o divisores de diez respecto a la principal de cada clase. ‖ **3.** *Arit.* Aplícase al sistema de numeración cuya base es diez. ‖ **4.** *Arit.* Dícese de cada uno de los dígitos que aparecen a la derecha de la coma en la notación **decimal** de un número. Ú. t. c. s. m.

decímetro. m. Medida de longitud que tiene la décima parte de un metro. ‖ **cuadrado.** Medida de superficie de un **decímetro** de lado. ‖ **cúbico.** Medida de volumen representada por un cubo cuya arista es de un **decímetro.**

décimo, ma. adj. Que sigue inmediatamente en orden al o a lo noveno. ‖ **2.** Dícese de cada una de las diez partes iguales en que se divide un todo. Ú. t. c. s. m. ‖ **3.** m. **décima** parte del billete de lotería.

decimoctavo, va. adj. Que sigue inmediatamente en orden al o a lo decimoséptimo.

decimocuarto, ta. adj. Que sigue inmediatamente en orden al o a lo decimotercio.

decimonónico, ca. adj. Perteneciente o relativo al siglo XIX. ‖ **2.** despect. Anticuado, pasado de moda.

decimonono, na. adj. **decimonoveno.**

decimonoveno, na. adj. Que sigue inmediatamente en orden al o a lo decimoctavo.

decimoquinto, ta. adj. Que sigue inmediatamente en orden al o a lo decimocuarto.

decimoséptimo, ma. adj. Que sigue inmediatamente en orden al o a lo decimosexto.

decimosexto, ta. adj. Que sigue inmediatamente en orden al o a lo decimoquinto.

decimotercero, ra. adj. **decimotercio.**

decimotercio, cia. adj. Que sigue inmediatamente en orden al o a lo duodécimo.

decir[1]. m. **dicho,** palabra.

decir[2]. tr. Manifestar con palabras el pensamiento. Ú. t. c. prnl. ‖ **2.** Asegurar, sostener, opinar. ‖ **3.** Nombrar o llamar. ‖ **decir por decir.** fr. Hablar sin fundamento. ‖ **el qué dirán.** expr. La opinión pública reflejada en murmuraciones que cohíben los actos. ‖ **ni que decir tiene.** loc. con que se da a entender que algo es evidente o sabido de todos. ‖ **por decirlo así.** fr. con que el hablante presenta la palabra o palabras que da como expresión aproximada de lo que pretende significar. ❑ Irreg. Ver conjugación modelo; p. p. irreg. *dicho.*

decir

INDICATIVO
Presente: digo, dices, dice, decimos, decís, dicen.
Pretérito imperfecto: decía, decías, decía, decíamos, decíais, decían.
Pretérito indefinido: dije, dijiste, dijo, dijimos, dijisteis, dijeron.
Futuro imperfecto: diré, dirás, dirá, diremos, diréis, dirán.
Condicional: diría, dirías, diría, diríamos, diríais, dirían.

SUBJUNTIVO
Presente: diga, digas, diga, digamos, digáis, digan.
Pretérito imperfecto: dijera o dijese, dijeras o dijeses, dijera o dijese, dijéramos o dijésemos, dijerais o dijeseis, dijeran o dijesen.
Futuro imperfecto: dijere, dijeres, dijere, dijéremos, dijereis, dijeren.

IMPERATIVO
di (tú); decid (vosotros).

FORMAS NO PERSONALES
Infinitivo: decir.
Participio: dicho.
Gerundio: diciendo.

decisión. f. Determinación, resolución que se toma o se da en una cosa dudosa. ‖ **2.** Firmeza de carácter.

decisivo, va. adj. Dícese de lo que decide o resuelve. *Razón* DECISIVA; *decreto* DECISIVO.

decisorio, ria. adj. Dícese de lo que tiene virtud para decidir.

declamación. f. Acción de declamar.

declamar. intr. Hablar en público. ‖ **2.** Recitar la prosa o el verso con la entonación, los ademanes y el gesto convenientes. Ú. t. c. tr.

declamatorio, ria. adj. Aplícase al estilo o tono empleado para suplir con lo enfático y exagerado de la expresión la falta de afectos o ideas capaces de levantar verdaderamente el ánimo.

declaración. f. Acción y efecto de declarar o declararse.

declarado, da. adj. Manifiesto, ostensible. *Son enemigos* DECLARADOS.

declarante. adj. Que declara. ‖ **2.** com. *Der.* Persona que declara ante el juez.

declarar. tr. Manifestar o explicar lo que está oculto o no se entiende bien. ‖ **2.** *Der.* Determinar, decidir los jueces. ‖ **3.** Hacer conocer a la administración pública la situación fiscal de una persona física o jurídica. ‖ **4.** intr. *Der.* Manifestar los testigos ante el juez, con juramento o promesa de decir verdad, o el reo sin tal requisito, lo que saben acerca de los hechos sobre los que versa la contienda en causas criminales o pleitos civiles. ‖ **5.** prnl. Manifestarse una cosa o empezar a advertirse su acción. SE DECLARÓ *una epidemia; un incendio,* etc. ‖ **6.** Manifestar el enamorado por primera vez su amor a la persona amada. ❑ En esta acepción, ú. con la prep. *a.*

declinación. f. Caída, descenso o declive. ‖ **2.** fig. Decadencia o menoscabo. ‖ **3.** *Astron.* Distancia de un astro al Ecuador; equivale en la esfera celeste a lo que en nuestro globo se llama latitud. ‖ **4.** *Gram.* Acción y efecto de declinar. ‖ **5.** *Gram.* En las lenguas con flexión casual, serie ordenada de todas las formas que presenta una palabra para desempeñar las funciones correspondientes a cada caso.

declinar. intr. Inclinarse hacia abajo o hacia un lado u otro. ‖ **2.** fig. Decaer, menguar, ir perdiendo en salud, inteligencia, riqueza, lozanía, etc. ‖ **3.** fig. Caminar o aproximarse una cosa a su fin y término. DECLINAR *el Sol, el día.* ‖ **4.** tr. Rechazar cortésmente una invitación. ‖ **5.** *Gram.* En las lenguas con flexión casual, enunciar las formas que presenta una palabra para desempeñar las funciones correspondientes a cada caso.

declinatorio. m. Instrumento para medir la declinación de un plano por medio de la brújula.

declive. m. Pendiente, cuesta o inclinación del terreno o de la superficie de otra cosa. ‖ **2.** fig. **decadencia.**

decodificar. tr. **descodificar.**

decolorante. adj. Que decolora. Ú. t. c. s.

decolorar. tr. **descolorar.** Ú. t. c. prnl.

decomisar. tr. Declarar que una cosa ha caído en decomiso. ‖ **2.** Incautarse de esta cosa como pena.

decomiso. m. *Der.* Pena que consiste en incautarse de algo que era objeto de comercio prohibido. ‖ **2.** *Der.* Cosa decomisada o caída en **decomiso** convencional.

decoración. f. Acción y efecto de decorar. ‖ **2.** Cosa que decora. ‖ **3.** Conjunto de elementos que adornan una habitación, un ambiente, etc. ‖ **4.** Arte que estudia la combinación de los elementos ornamentales. ‖ **5.** Conjunto de telones, bambalinas y trastos con que se figura un lugar o sitio cualquiera en la representación de un espectáculo teatral.

decorado. m. **decoración.**

decorador, ra. m. y f. Persona que decora, adorna o hermosea. ‖ **2.** Persona que trabaja profesionalmente en las diversas variantes de la decoración.

decorar. tr. Adornar, hermosear una cosa o un sitio.

decorativo, va. adj. Perteneciente o relativo a la decoración. *Figuras* DECORATIVAS.

decoro. m. Honor, respeto, reverencia que se debe a una persona por su nacimiento o dignidad. ‖ **2.** Circunspección, gravedad. ‖ **3.** Pureza, honestidad, recato.

decoroso, sa. adj. Dícese de la persona que tiene decoro y pundonor. ‖ **2.** Aplícase también a las cosas en que hay o se manifiesta decoro. *Conducta* DECOROSA.

decorticar. tr. *Med.* Extirpar la corteza de una formación orgánica normal o patológica.

decrecer. intr. Menguar, disminuir. ❑ Irreg. Se conj. como *agradecer.*

decrépito, ta. adj. Sumamente viejo. ‖ **2.** Aplícase a la persona que por su vejez suele tener muy disminuidas las facultades. Ú. t. c. s. ‖ **3.** fig. Dícese de las cosas que han llegado a su última decadencia.

decrepitud. f. Suma vejez. ‖ **2.** Extrema declinación de las facultades físicas, y a veces mentales, por los estragos que causa la vejez. ‖ **3.** fig. Decadencia extrema de las cosas.

decrescendo. adv. m. *Mús.* Disminuyendo gradualmente la intensidad del sonido.

decretar. tr. Resolver, deliberar, decidir la persona que tiene autoridad o facultades para ello. ‖ **2.** *Der.* Determinar el juez acerca de las peticiones de las partes, concediendo, negando o dando curso.

decreto. m. Resolución, decisión o determinación del jefe del Estado, de su gobierno o de un tribunal o juez sobre cualquier materia o negocio. Aplícase hoy más especialmente a los de carácter político o gubernativo. ‖ **ley.** Disposición de carácter legislativo que, sin ser sometida al órgano adecuado, se promulga por el poder ejecutivo, en virtud de alguna excepción circunstancial o permanente, previamente determinada. ‖ **real decreto.** En el régimen constitucional monárquico, el aprobado por el Consejo de Ministros.

decúbito. m. Posición que toman las personas o los animales cuando se echan en el suelo o en la cama, etc. ‖ **prono.** Aquel en que el cuerpo yace sobre el pecho y vientre. ‖ **supino.** Aquel en que el cuerpo descansa sobre la espalda.

decuplicar. tr. Hacer décupla una cosa. ‖ **2.** Multiplicar por diez una cantidad.

décuplo, pla. adj. Que contiene un número diez veces exactamente. Ú. t. c. s. m.

decurrente. adj. *Bot.* Se dice de las hojas cuyo limbo se extiende a lo largo del tallo como si estuvieran adheridas a él.

decurso. m. Sucesión o continuación del tiempo.

dedal. m. Utensilio pequeño, ligeramente cónico y hueco, generalmente de metal, con la superficie llena de hoyuelos, que se pone en la punta de un dedo para protegerlo de la aguja al coser.

dédalo. m. fig. **laberinto,** cosa confusa y enredada.

dedicación. f. Acción y efecto de dedicar o dedicarse.

dedicar. tr. Consagrar, destinar una cosa al culto religioso o también a un fin o uso profano. ‖ **2.** Dirigir a una persona, como obsequio, un objeto cualquiera, y principalmente una obra literaria o artística. ‖ **3.** Emplear, destinar, aplicar. Ú. t. c. prnl. ❑ Como prnl., ú. con la prep. *a.*

dedicatoria. f. Carta o nota dirigida a la persona a quien se dedica una obra. Los escritos la llevan al principio, impresa o manuscrita.

dedil. m. Cada una de las fundas de cuero o de otra materia, que se ponen en los dedos para que no se lastimen o manchen.

dedillo (al). loc. adv. fig. y fam. con que se indica que algo se ha aprendido o se sabe con detalle y perfecta seguridad.

dedo. m. Cada una de las cinco partes prolongadas en que terminan la mano y el pie del hombre y, en el mismo o menor número, en muchos animales. ‖ **2.** Porción de una cosa, del ancho de un **dedo.** ‖ **anular.** El cuarto de la mano, menor que el de en medio y mayor que los otros tres. ‖ **auricular.** El quinto y más pequeño de la mano. ‖ **cordial, de en medio,** o **del corazón.** El tercero de la mano y más largo de los cinco. ‖ **gordo. dedo pulgar.** ‖ **índice.** El segundo de la mano, que regularmente sirve para señalar; de ahí su nombre. ‖ **meñique. dedo auricular.** ‖ **pulgar.** El primero y más gordo de la mano y, por ext., también el primero del pie. ‖ **a dedo.** loc. adv. Arbitrariamente, con abuso de autoridad al efectuar una elección o nombramiento. ‖ **2.** Con verbos como ir, viajar, etc., en autostop. ‖ **cogerse** o **pillarse los dedos.** fr. fig. y fam. Sufrir perjuicio o pérdida en alguna empresa, presupuesto, proyecto, etc., por equivocación, improvisación, descuido, etc. ‖ **chuparse los dedos.** fr. fig. y fam. Comer, decir, hacer u oír una cosa con mucho gusto. ‖ **no chuparse el dedo.** fr. fig. y fam. Ser despierto y no dejarse engañar. ‖ **no tener dos dedos de frente.** fr. Ser de poco entendimiento. ‖ **no mover un dedo.** fr. fig. No tomarse ningún trabajo, molestia o preocupación por algo o por alguien.

dedocracia. f. fam. Práctica de nombrar personas a dedo, abusando de autoridad.

deducción. f. Acción y efecto de deducir. ‖ **2.** *Fil.* Método por el cual se procede lógicamente de lo universal a lo particular.

deducible. adj. Que puede ser deducido. *Gastos* DEDUCIBLES.

deducir. tr. Sacar consecuencias de un principio, proposición o supuesto. ‖ **2.** Rebajar, restar, descontar alguna partida de una cantidad. ❑ Irreg. Se conj. como *conducir.*

deductivo, va. adj. Que obra o procede por deducción.

defecar. tr. Expeler los excrementos. Ú. m. c. intr.

defección. f. Acción de separarse con deslealtad de la causa o parcialidad a que pertenecían.

defectivo, va. adj. **defectuoso.** ‖ **2.** *Gram.* V. **verbo defectivo.** Ú. t. c. s.

defecto. m. Carencia o falta de las cualidades propias y naturales de una cosa. ‖ **2.** Imperfección natural o moral.

defectuoso, sa. adj. Imperfecto, falto.

defender. tr. Amparar, librar, proteger. Ú. t. c. prnl. ‖ **2.** Mantener, conservar, sostener una cosa contra el dictamen ajeno. ‖ **3.** Abogar, alegar en favor de alguien. ❑ Irreg. Se conj. como *entender.* Ú. con la prep. *de.*

defendido, da. adj. Dícese de la persona a quien defiende un abogado. Ú. t. c. s.

defenestrar. tr. Arrojar a alguien por una ventana. ‖ **2.** fig. Destituir o expulsar a alguien de un puesto, cargo, situación, etc.

defensa. f. Acción y efecto de defender o defenderse. ‖ **2.** Arma, instrumento u otra cosa con que alguien se defiende en un peligro. ‖ **3.** Amparo, protección, socorro. ‖ **4.** Mecanismo natural por el que un organismo se protege de agresiones externas. Ú. t. en pl. ‖ **5.** *Der.* Razón o motivo que se alega en juicio para contradecir o desvirtuar la acción del demandante. ‖ **6.** *Der.* Abogado defensor del litigante o del reo. ‖ **7.** En el fútbol y otros deportes, línea de jugadores que se sitúa delante del portero y cuya misión principal es proteger la propia meta. ‖ **8.** m. Cada uno de los jugadores que forman la línea de **defensa.**

defensiva. f. Situación o estado del que sólo trata de defenderse. ‖ **estar,** o **ponerse, a la defensiva.** fr. fig. Estar en actitud recelosa y con temor de ser agredido física o moralmente.

defensivo, va. adj. Que sirve para defender, o resguardar.

defensor, ra. adj. Que defiende o protege. Ú. t. c. s. ‖ **2.** m. y f. *Der.* Persona que en juicio está encargada de una defensa, y más especialmente la que nombra el juez para defender los bienes de un concurso, a fin de que sostenga el derecho de los ausentes. ‖ **del pueblo.** Persona cuya función institucional consiste en la defensa de los derechos de los ciudadanos ante los poderes públicos.

deferencia. f. fig. Muestra de respeto o de cortesía. ‖ **2.** fig. Conducta condescendiente.

deferente. adj. fig. Respetuoso, cortés.

deficiencia. f. Defecto o imperfección.

deficiente. adj. Falto o incompleto. ‖ **2.** Que tiene algún defecto o que no alcanza el nivel considerado normal. ‖ **3. subnormal,** afectado de una deficiencia mental. Ú. t. c. s.

déficit. m. En el comercio, descubierto que resulta comparando el haber o caudal existente con el fondo o capital puesto en la empresa; y en la administración pública, parte que falta para levantar las cargas del Estado, reunidas todas las cantidades destinadas a cubrirlas. ❑ No varía en el plural. ‖ **2.** Por ext., falta o escasez de algo que se juzga necesario. *El enfermo tiene* DÉFICIT *de glóbulos rojos.*

deficitario, ria. adj. Que implica déficit.

definición. f. Acción y efecto de definir. ‖ **2.** Declaración de cada uno de los vocablos, locuciones y frases que contiene un diccionario. ‖ **3.** *Fotogr.*, *Ópt.* y *TV.* Nitidez con que se perciben los detalles de una imagen observada mediante instrumentos ópticos, o bien, de la formada sobre una película fotográfica o pantalla de televisión.

definir. tr. Fijar con claridad, exactitud y precisión la significación de una palabra o la naturaleza de una persona o cosa. Ú. t. c. prnl. ‖ **2.** Decidir, determinar, resolver una cosa dudosa. Ú. t. c. prnl.

definitivo, va. adj. Dícese de lo que decide, resuelve o concluye. ‖ **en definitiva.** loc. adv. En conclusión, a fin de cuentas.

deflación. f. *Econ.* Disminución del nivel de precios contraria a la inflación.

deflagrar. intr. Arder una sustancia súbitamente con llama y sin explosión.

deflector. m. Pieza mecánica u otro dispositivo para modificar la dirección o características de un fluido.

defoliación. f. Caída prematura de las hojas de los árboles y plantas, producida por enfermedad o influjo atmosférico.

deforestar. tr. Despojar un terreno de plantas forestales.

deformación. f. Acción y efecto de deformar o deformarse.

deformar. tr. Hacer que algo pierda su forma regular o natural. Ú. t. c. prnl. ‖ **2.** fig. **tergiversar.**

deforme. adj. Desproporcionado o irregular en la forma. ‖ **2.** Que ha sufrido deformación.

deformidad. f. Calidad de deforme. ‖ **2.** Cosa deforme.

defraudar. tr. Eludir o burlar el pago de los impuestos o contribuciones. ‖ **2.** fig. Frustrar, hacer perder la confianza o la esperanza que se ponía en alguien o en algo.

defunción. f. **muerte** de una persona, fallecimiento.

degeneración. f. Acción y efecto de degenerar. ‖ **2.** *Biol.* Deterioro estructural o funcional de células o tejidos.

degenerado, da. adj. Dícese del individuo de condición mental y moral anormal o depravada, acompañada por lo común de peculiares estigmas físicos. Ú. t. c. s.

degenerar. intr. Decaer, desdecir, declinar, no corresponder una persona o cosa a su primera calidad o a su primitivo valor o estado. ‖ **2.** *Biol.* Deteriorarse estructural o funcionalmente células o tejidos.

degenerativo, va. adj. Que causa o produce degeneración.

deglución. f. Acción y efecto de deglutir.

deglutir. tr. Tragar los alimentos y, en general, hacer pasar de la boca al estómago cualquier sustancia sólida o líquida. Ú. t. c. intr.

deglutorio, ria. adj. Perteneciente o relativo a la deglución.

degolladero. m. Parte del cuello, unida al gaznate, por donde se degüella al animal. ‖ **2.** Sitio destinado para degollar las reses. ‖ **3.** Tablado o cadalso que se hacía para degollar a un delincuente.

degolladura. f. Herida o cortadura que se hace en la garganta o el cuello.

degollar. tr. Cortar la garganta o el cuello a una persona o a un animal. ‖ **2.** fig. Destruir, arruinar. ‖ **3.** fig. Matar el espada al toro con una o más estocadas mal dirigidas, de suerte que a veces el animal echa sangre por la boca. ❑ Irreg. Se conj. como *contar.*

degollina. f. fam. **matanza,** mortandad.

degradación. f. Acción y efecto de degradar o degradarse. ‖ **2.** Humillación, bajeza. ‖ **3.** *Quím.* Transformación de una sustancia compleja en otra de estructura más sencilla.

degradante. adj. Dícese de lo que degrada o rebaja.

degradar. tr. Privar a una persona de las dignidades, honores, empleos y privilegios que tiene. ‖ **2.** Humillar, rebajar, envilecer. Ú. t. c. prnl. ‖ **3.** *Pint.* Disminuir el tamaño y viveza del color de las figuras de un cuadro, según la distancia a que se suponen colocadas.

degüello. m. Acción de degollar.

degustar. tr. Probar o catar alimentos o bebidas.

dehesa. f. Tierra generalmente acotada y por lo común destinada a pastos.

dehiscencia. f. *Bot.* Acción de abrirse naturalmente las anteras de una flor o el pericarpio de un fruto, para dar salida al polen o a la semilla. ‖ **2.** *Anat.* Apertura natural o espontánea de un órgano.

dehiscente. adj. *Bot.* Dícese del fruto cuyo pericarpio se abre naturalmente para que salga la semilla.

deicida. adj. Dícese de los que dieron muerte a Jesucristo. Ú. t. c. s.

deicidio. m. Crimen del deicida.

deíctico, ca. adj. Perteneciente o relativo a la deixis. ‖ **2.** m. Elemento gramatical que realiza una deixis.

deidad. f. Ser divino o esencia divina. ‖ **2.** Cada uno de los dioses de las diversas religiones.

deificar. tr. **divinizar,** hacer o suponer divina una persona o cosa. ‖ **2.** fig. Ensalzar excesivamente a una persona.

deífico, ca. adj. Perteneciente a Dios.

deípara. adj. Título que se da exclusivamente a la Virgen María, por ser madre de Dios.

deísmo. m. Doctrina que reconoce un Dios como autor de la naturaleza, pero sin admitir revelación ni demostraciones exteriores de culto.

deísta. adj. Que profesa el deísmo. Apl. a pers., ú. t. c. s.

deixis. f. *Ling.* Señalamiento que se realiza mediante ciertos elementos lingüísticos que muestran, como *este, esa;* que indican una persona, como *yo, vosotros;* o un lugar, como *allí, arriba;* o un tiempo, como *ayer, ahora.* El señalamiento puede referirse a otros elementos del discurso (*Invité a tus hermanos y a tus primos, pero* ESTOS *no aceptaron)* o presentes solo en la memoria (AQUELLOS *días fueron magníficos).* ‖ **anafórica.** *Ling.* La que se produce mediante anáfora. ‖ **catafórica.** *Ling.* La que se produce mediante catáfora.

dejación. f. Acción y efecto de dejar.

dejadez. f. Pereza, negligencia, abandono de sí mismo o de sus cosas propias.

dejado, da. adj. Flojo y negligente, que no cuida de su conveniencia o aseo.

dejar. tr. Soltar una cosa. ‖ **2.** Retirarse o apartarse de algo o de alguien. ‖ **3.** Consentir, permitir, no impedir. ‖ **4.** Valer, producir ganancia. *Aquel negocio le* DEJÓ *mil pesetas.* ‖ **5.** Desamparar, abandonar. ‖ **6.** Encargar, encomendar. DEJÓ *la casa al cuidado de su hijo.* ‖ **7.** Faltar, ausentarse. DEJÉ *la corte.* ‖ **8.** Como verbo auxiliar, construido con algunos participios pasivos y adjetivos indica un resultado. DEJAR *asombrado, convencido.* ‖ **9.** No inquietar, perturbar ni molestar. DÉJAME *en paz.* ‖ **10.** Dar una cosa a otro el que se ausenta o hace testamento. ‖ **11. prestar,** entregar a alguien temporalmente, para que lo use, dinero o alguna otra cosa. ‖ **12.** Abandonar, no proseguir una actividad. Ú. t. c. prnl. ‖ **13.** intr. Seguido de la prep. *de,* y un infinitivo, interrumpir la acción expresada por este. ‖ **14.** prnl. Abandonarse, descuidarse por desánimo o pereza.

deje. m. **dejo,** acento peculiar. ‖ **2. dejo,** gusto o sabor.

dejo. m. Acento peculiar del habla de determinada región. ‖ **2.** Gusto o sabor que queda de la comida o bebida. ‖ **3.** fig. Placer o disgusto que queda después de una acción.

del. Contracc. de la prep. **de** y el art. **el.** *La naturaleza* DEL *hombre,* por *la naturaleza* DE EL *hombre;* DEL *águila,* por DE EL *águila.*

delación. f. Acusación, denuncia.

delantal. m. Prenda de vestir de varias formas que, atada a la cintura, usan las mujeres para cubrir la delantera de la falda, y por analogía, el que usan algunos artesanos, los criados, camareros y niños.

delante. adv. l. Con prioridad de lugar, en la parte anterior o en sitio detrás del cual está una persona o cosa. ‖ **2. enfrente.** ‖ **delante de.** loc. prepos. A la vista, en presencia de. *Decir algo* DELANTE DE *testigos.* ‖ **2. ante.** DELANTE DE *la puerta.*

delantera. f. Parte anterior de una cosa. *La* DELANTERA *de la casa.* ‖ **2.** En las plazas de toros, en los teatros y otros locales de espectáculos públicos, primera fila de cierta clase de asientos. ‖ **3.** Espacio o distancia con que uno se adelanta o anticipa a otro en el camino. ‖ **4.** coloq. Pecho de la mujer.

delantero, ra. adj. Que está o va delante. ‖ **2.** m. y f. En el fútbol y otros deportes, jugador que, en la alineación del equipo, forma parte de la línea **delantera.** El que ocupa el centro de dicha línea se llama **delantero** centro. ‖ **3.** m. Pieza que forma la parte anterior de una prenda de vestir.

delatar. tr. Revelar voluntariamente a la autoridad un delito, designando al autor para que sea castigado. ‖ **2.** Descubrir, poner de manifiesto alguna cosa oculta y por lo común reprochable. ‖ **3.** prnl. Hacer alguien patente su intención involuntariamente.

delator, ra. adj. Que delata. Ú. t. c. s.

delco. m. *Mec.* En los motores de explosión, aparato distribuidor de la corriente de alto voltaje, a la que hace llegar por turno a cada una de las bujías.

delegación. f. Acción y efecto de delegar. ‖ **2.** Cargo de delegado. ‖ **3.** Oficina del delegado.

delegado, da. adj. Dícese de la persona en quien se delega una facultad o jurisdicción. Ú. t. c. s.

delegar. tr. Dar una persona a otra la jurisdicción que tiene por su dignidad u oficio, para que haga sus veces o conferirle su representación.

deleitar. tr. Producir deleite. Ú. t. c. prnl.

deleite. m. Placer del ánimo. ‖ **2.** Placer sensual.

deletéreo, a. adj. Mortífero, venenoso. Ú. t. en sent. fig.

deletrear. intr. Pronunciar separadamente las letras de cada sílaba, las sílabas de cada palabra y luego la palabra entera; v. gr.: *b, o, bo, c, a, ca; boca.* ‖ **2.** Pronunciar aislada y separadamente las letras de una o más palabras.

deletreo. m. Acción de deletrear.

deleznable. adj. Que se rompe, disgrega o deshace fácilmente. ‖ **2.** fig. Poco duradero, inconsistente, de poca resistencia.

delfín[1]. m. Cetáceo piscívoro, de dos y medio a tres metros de largo, negro por encima, blanquecino por debajo, de cabeza voluminosa, ojos pequeños, boca muy grande, dientes cónicos en ambas mandíbulas, hocico delgado y agudo, y una sola abertura nasal. Vive en los mares templados y tropicales.

delfín[2]. m. Título que se daba al primogénito del rey de Francia. ‖ **2.** Sucesor, designado o probable, de un político o de una personalidad importante.

delgadez. f. Calidad de delgado.

delgado, da. adj. Flaco, enjuto, de pocas carnes. ‖ **2.** Tenue, de poco espesor.

deliberación. f. Acción y efecto de deliberar.

deliberado, da. adj. Voluntario, intencionado, hecho de propósito.

deliberar. intr. Considerar atenta y detenidamente el pro y el contra de los motivos de una decisión, antes de adoptarla, y la razón o sinrazón de los votos antes de emitirlos.

delicadeza. f. **finura.** ‖ **2.** Atención y exquisito miramiento con las personas o las cosas, en las obras o en las palabras. ‖ **3.** Ternura, suavidad.

delicado, da. adj. Fino, atento, suave, tierno. ‖ **2.** Débil, flaco, delgado, enfermizo. ‖ **3.** Quebradizo, fácil de deteriorarse. *Vaso* DELICADO. ‖ **4.** Sabroso, regalado, gustoso. ‖ **5.** Difícil, expuesto a contingencias. *Punto* DELICADO. ‖ **6.** Bien parecido, agraciado. *Rostro* DELICADO.

delicia. f. Placer muy intenso del ánimo. ‖ **2.** Aquello que causa **delicia.** *Este niño es la* DELICIA *de sus padres.*

delicioso, sa. adj. Capaz de causar delicia; muy agradable o ameno.

delictivo, va. adj. Perteneciente o relativo al delito. ‖ **2.** Que implica delito.

delicuescencia. f. Calidad de delicuescente.

delicuescente. adj. *Quím.* Que tiene la propiedad de atraer la humedad del aire y liquidarse lentamente. ‖ **2.** fig. Inconsistente, sin vigor, decadente; dícese principalmente de costumbres o de estilos literarios y artísticos.

delimitar. tr. Determinar o fijar con precisión los límites de una cosa.

delincuencia. f. Calidad de delincuente. ‖ **2.** Conjunto de delitos, ya en general o ya referidos a un país, época o especialidad en ellos.

delincuente. adj. Que delinque. Ú. m. c. s.

delineante. com. Persona que tiene por oficio trazar planos.

delinear. tr. Trazar las líneas de una figura.

delinquir. intr. Cometer delito.

delirar. intr. Desvariar, tener perturbada la razón por una enfermedad o una pasión violenta. ‖ **2.** fig. Decir o hacer despropósitos o disparates.

delirio. m. Acción y efecto de delirar. ‖ **2.** fig. Despropósito, disparate.

delírium trémens. m. Delirio caracterizado por una gran agitación y alucinaciones, que sufren los alcohólicos crónicos.

delitescencia. f. *Med.* Desaparición de alguna afección local. ‖ **2.** *Quím.* Pérdida o eliminación del agua en partículas menudas que experimenta un cuerpo al cristalizarse.

delito. m. Culpa, crimen, quebrantamiento de la ley.

delta. f. Cuarta letra del alfabeto griego, que corresponde a nuestra *d.* ‖ **2.** m. Terreno comprendido entre los brazos de un río en su desembocadura; llámase así por la semejanza con la figura de aquella letra.

deltoides. adj. *Anat.* Dícese del músculo propio de los mamíferos, de forma triangular, que en el hombre va desde la clavícula al omóplato y cubre la articulación de este con el húmero. Ú. t. c. s. m.

demacración. f. Acción y efecto de demacrar o demacrarse.

demacrado, da. adj. Que muestra demacración.

demacrarse. prnl. Perder carnes, enflaquecer por causa física o moral. Ú. t. c. tr.

demagogia. f. Halago de la plebe para hacerla instrumento de la propia ambición política. Ú. t. en sent. fig.

demagogo, ga. m. y f. Sectario de la demagogia. ‖ **2.** Orador revolucionario que intenta ganar influencia mediante discursos que agiten a la plebe. Ú. t. c. adj. y en sent. fig.

demanda. f. Súplica, petición, solicitud. ‖ **2.** **pregunta.** ‖ **3.** **busca,** acción de buscar. ‖ **4.** *Com.* Pedido o encargo de mercancías. ‖ **5.** *Der.* Petición que un litigante sustenta en el juicio. ‖ **6.** *Econ.* Cuantía global de las compras de bienes y servicios realizadas o previstas por una colectividad. Puede referirse también a sectores específicos del total o a las compras de una empresa o de cualquier otro agente económico.

demandado, da. m. y f. *Der.* Persona a quien se pide una cosa en juicio.

demandante. adj. Que demanda. Ú. t. c. s. ‖ **2.** com. *Der.* Persona que demanda o pide una cosa en juicio.

demandar. tr. Pedir, rogar. ‖ **2.** **preguntar.** ‖ **3.** *Der.* Entablar demanda.

demarcación. f. Acción y efecto de demarcar. ‖ **2.** Terreno demarcado.

demarcar. tr. Delinear, señalar los límites o confines de un país o terreno. Se usa especialmente tratándose de las concesiones mineras.

demás. adj. Precedido de los artículos *lo, la, los, las,* equivale a lo otro, la otra, los otros o los restantes, las otras. En plural se usa muchas veces sin artículo. *Juan y* DEMÁS *compañeros.* También se dice solamente **y demás,** significando: *y otras personas o cosas;* y en este caso equivale al *etcétera* latino, de frecuente uso en castellano. ‖ **por lo demás.** loc. adv. Por lo que hace relación a otras consideraciones. *He querido probarle que no se conduce como debe;* POR LO DEMÁS, *yo no estoy enojado con él.*

demasía. f. **exceso.** || **en demasía.** loc. conjunt. **excesivamente.**

demasiado, da. adj. Que es en demasía, o tiene demasía. || **2.** adv. c. **en demasía.**

demencia. f. Locura, trastorno de la razón. || **2.** *Med.* Estado de debilidad, generalmente progresivo, de las facultades mentales.

demencial. adj. Perteneciente o relativo a la demencia. || **2.** Caótico, absurdo, incomprensible.

demente. adj. Loco, falto de juicio. Ú. t. c. s. || **2.** *Med.* Que padece **demencia,** debilidad de las facultades mentales.

demérito. m. Falta de mérito. || **2.** Acción, circunstancia o cualidad por la cual se desmerece.

demiurgo. m. *Fil.* Dios creador, en la filosofía de los platónicos y alejandrinos.

democracia. f. Doctrina política favorable a la intervención del pueblo en el gobierno. || **2.** Predominio del pueblo en el gobierno político de un Estado.

demócrata. adj. Partidario de la democracia. Ú. t. c. s.

democrático, ca. adj. Perteneciente o relativo a la democracia.

democratizar. tr. Hacer demócratas a las personas o democráticas las cosas. Ú. t. c. prnl.

democristiano, na. adj. Perteneciente o relativo al movimiento político conocido como Democracia Cristiana en Italia y otros afines en distintos países. || **2.** m. y f. Persona que profesa esta ideología.

demografía. f. Estudio estadístico de una colectividad humana según su composición y estado de un determinado momento, o según su evolución histórica.

demográfico, ca. adj. Perteneciente o relativo a la demografía.

demoler. tr. Deshacer, derribar, arruinar. ❑ Irreg. Se conj. como *mover.*

demolición. f. Acción y efecto de demoler.

demoníaco, ca o **demoniaco, ca.** adj. Perteneciente o relativo al demonio.

demonio. m. **diablo.**

demonismo. m. Creencia en el demonio u otros seres maléficos.

demonolatría. f. Culto supersticioso que se rinde al diablo.

demonología. f. Estudio sobre la naturaleza y cualidades de los demonios.

demontre. m. fam. **demonio,** diablo. Ú. m. c. interj.

demora. f. Tardanza, dilación.

demorar. tr. **retardar.** Ú. t. c. prnl.

demoscopia. f. Estudio de las opiniones, aficiones y comportamiento humanos mediante sondeos de opinión.

demostración. f. Acción y efecto de demostrar.

demostrar. tr. Manifestar, declarar. || **2.** Probar, sirviéndose de cualquier género de demostración. ❑ Irreg. Se conj. como *contar.*

demostrativo, va. adj. Dícese de lo que demuestra. || **2.** *Gram.* V. **pronombre demostrativo.** Ú. t. c. s.

demudar. tr. Alterar, disfrazar, desfigurar. Ú. t. c. prnl. || **2.** prnl. Cambiarse repentinamente el color, el gesto o la expresión del semblante.

denario. m. Moneda romana de plata, equivalente a diez ases o cuatro sestercios. || **2.** Moneda romana de oro, que valía cien sestercios.

dendrita. f. Concreción mineral que en forma de ramas de árbol suele presentarse en las fisuras y juntas de las rocas. || **2.** *Med.* Prolongación ramificada de una neurona, que recibe impulsos de otras.

dendrografía. f. Descripción de los árboles.

dendrómetro. m. Instrumento que sirve para medir las dimensiones de los árboles en pie.

dendrotráquea. f. *Zool.* Cada uno de los conductos ramificados por los que penetra en el cuerpo de los insectos, miriópodos y algunos arácnidos el aire que el animal utiliza para su respiración.

denegación. f. Acción y efecto de denegar.

denegar. tr. No conceder lo que se pide o solicita. ❑ Irreg. Se conj. como *acertar.*

dengue. m. Melindre que consiste en afectar delicadezas, males, y, a veces, disgusto de lo que más se quiere o desea.

denigrante. adj. Que denigra. Ú. t. c. s.

denigrar. tr. Deslustrar, ofender la opinión o fama de una persona. || **2. injuriar,** agraviar, ultrajar.

denodado, da. adj. Intrépido, esforzado, atrevido.

denominación. f. Nombre, título o sobrenombre con que se distinguen las personas y las cosas.

denominador, ra. adj. Que denomina. Ú. t. c. s. || **2.** m. *Arit.* Número que en los quebrados expresa las partes iguales en que la unidad se considera dividida. Escríbese debajo del numerador y separado de este por una raya horizontal. Por ext., en los cocientes de dos expresiones o términos, el que actúa como divisor.

denominar. tr. Nombrar, señalar o distinguir con un título particular a algunas personas o cosas. Ú. t. c. prnl.

denostar. tr. Injuriar gravemente, infamar de palabra. ❑ Irreg. Se conj. como *contar.*

denotar. tr. Indicar, anunciar, significar. || **2.** *Ling.*

Significar una palabra o expresión una realidad en la que coincide toda la comunidad lingüística. Se opone a **connotar.**

densidad. f. Calidad de denso. ‖ **2.** *Fís.* Relación entre la masa y el volumen de un cuerpo. ‖ **de población.** Número de habitantes por unidad de superficie, como hectárea, kilómetro cuadrado, etc.

densificar. tr. Hacer densa una cosa. Ú. t. c. prnl.

denso, sa. adj. Compacto, apretado, en contraposición a ralo o flojo. ‖ **2.** fig. Apiñado, apretado, unido, cerrado. ‖ **3.** fig. Oscuro, confuso.

dentado, da. adj. Que tiene dientes, o puntas parecidas a ellos.

dentadura. f. Conjunto de dientes, muelas y colmillos que tiene en la boca una persona o un animal.

dental[1]. m. Palo donde se encaja la reja del arado.

dental[2]. adj. Perteneciente o relativo a los dientes. ‖ **2.** *Fon.* Dícese de la consonante cuya articulación requiere que la lengua toque en los dientes, y más propiamente de la que se pronuncia aplicando o acercando la lengua a la cara interior de los incisivos superiores, como la *t.*

dentar. tr. Formar dientes a una cosa; como a la hoz, la sierra, etc. ❑ Irreg. Se conj. como *acertar.*

dentario, ria. adj. Perteneciente o relativo a los dientes.

dentellada. f. Acción de mover la quijada con alguna fuerza sin mascar cosa alguna. ‖ **2.** Herida que dejan los dientes en la parte donde muerden.

dentera. f. Sensación desagradable que se experimenta en los dientes y encías al comer sustancias agrias o acerbas, oír ciertos ruidos desapacibles, tocar determinados cuerpos y aun con solo el recuerdo de estas cosas.

dentición. f. Acción y efecto de endentecer.

denticular. adj. De figura de dientes.

dentículo. m. *Arq.* Cada uno de los adornos de figura de paralelepípedo rectángulo que, formando fila, se colocan en la parte superior del friso del orden jónico y en algunos otros miembros arquitectónicos. ‖ **dérmico.** *Zool.* Plaquita dérmica de algunos peces, como los tiburones y las rayas, con una punta saliente muy dura, recubierta por una sustancia análoga al esmalte dentario.

dentífrico, ca. adj. Dícese de los polvos, pastas, aguas, etc., que se usan para limpiar y mantener sana la dentadura. Ú. t. c. s. m.

dentina. f. Marfil de los dientes.

dentirrostro, tra. adj. *Zool.* Dícese de los pájaros cuyo pico tiene un saliente en forma de diente más o menos visible en el extremo de la mandíbula superior, como el cuervo y el tordo.

dentista. com. Persona profesionalmente dedicada a cuidar la dentadura, reponer artificialmente sus faltas y curar sus enfermedades.

dentón, na. adj. fam. **dentudo.** Ú. t. c. s. ‖ **2.** m. Pez teleósteo marino, del suborden de los acantopterigios, de unos ocho decímetros de largo; cabeza, ojos y boca grandes; dientes cónicos en ambas mandíbulas y dos o tres de los centrales muy salientes; cuerpo comprimido, de color azulado por el lomo, plateado por los costados y vientre; aletas rojizas y cola ahorquillada. Es de carne blanca y comestible y abunda en el Mediterráneo.

dentro. adv. l. En la parte interior de un espacio o término real o imaginario. Puede construirse con las preps. *de, por, hacia,* formando locs. advs. Solía anteponerse a *en* significando **dentro de.** DENTRO EN *su pecho.* ‖ **dentro de.** loc. prepos. que indica el término de un período de tiempo visto desde la perspectiva del presente. DENTRO DE *dos meses* = Pasados dos meses desde ahora. ‖ **2.** En el interior de un espacio real o imaginario. DENTRO DE *un cajón,* DEL *corazón.*

dentudo, da. adj. Que tiene dientes desproporcionados. Ú. t. c. s.

denuedo. m. Brío, esfuerzo, valor, intrepidez.

denuesto. m. Injuria grave de palabra o por escrito.

denuncia. f. Acción y efecto de denunciar. ‖ **2.** *Der.* Noticia que de palabra o por escrito se da a la autoridad competente de haberse cometido algún delito o falta. ‖ **3.** *Der.* Documento en que consta dicha noticia.

denunciante. adj. Que denuncia. ‖ **2.** com. *Der.* El que hace una denuncia ante los tribunales.

denunciar. tr. Noticiar, avisar. ‖ **2.** Participar o declarar oficialmente el estado ilegal, irregular o inconveniente de una cosa. ‖ **3.** fig. **delatar.**

deontología. f. Ciencia o tratado de los deberes.

deparar. tr. Suministrar, proporcionar, conceder.

departamento. m. Cada una de las partes en que se divide un territorio cualquiera, un edificio, un vehículo, una caja, etc. ‖ **2.** Ministerio o ramo de la administración pública. ‖ **3.** En las universidades, unidad de docencia e investigación, formada por una o varias cátedras de materias afines. ‖ **4.** En algunos países de América, **provincia,** división de un territorio sujeta a una autoridad administrativa.

departir. intr. Hablar, conversar.

depauperación. f. Acción y efecto de depauperar o depauperarse.

depauperar. tr. **empobrecer.** ‖ **2.** *Med.* Debilitar, extenuar. Ú. m. c. prnl.

dependencia. f. Subordinación a un poder mayor. ‖ **2. drogodependencia.** ‖ **3.** Relación de origen o conexión. ‖ **4.** Oficina pública o privada, dependiente de otra superior. ‖ **5.** Cada habitación o espacio dedicados a los servicios de una casa.

depender. intr. Estar subordinado a una autoridad o jurisdicción. DEPENDER *del juez,* DEPENDER *del poder real.* ‖ **2.** Producirse o ser causado o condicionado por alguien o algo. *Mi fortuna* DEPENDÍA *de las apuestas.* ‖ **3.** Estar o quedar al arbitrio de una voluntad. DEPENDER *de un capricho.* ‖ **4.** Vivir de la protección de alguien, o estar atenido a un recurso solo. DEPENDER *de un pariente rico.* DEPENDER *de mi sueldo.* ‖ **5.** *Gram.* Estar subordinado un elemento gramatical a otro, servirle de complemento o ser regido por él. ❑ Ú. con la prep. *de.*

dependienta. f. Empleada que tiene a su cargo atender a los clientes en las tiendas.

dependiente. adj. Que depende. ‖ **2.** m. El que sirve a otro o es subalterno de una autoridad. ‖ **3.** Empleado de comercio encargado de atender a los clientes en las tiendas.

depilación. f. Acción y efecto de depilar o depilarse.

depilar. tr. Arrancar el pelo o el vello para dejar libre de él la piel que cubre. Ú. t. c. prnl. ‖ **2.** Producir su desaparición mediante sustancias depilatorias, electricidad o rayos X. Ú. t. c. prnl.

depilatorio, ria. adj. Que sirve para depilar. Ú. t. c. s. m.

deplorable. adj. Que merece ser deplorado. ‖ **2.** Desastroso, detestable.

deplorar. tr. Sentir viva y profundamente un suceso.

deponer. tr. Dejar, separar, apartar de sí. ‖ **2.** Privar a una persona de su empleo, o degradarla de los honores o dignidad que tenía. ‖ **3.** Afirmar, atestiguar, aseverar. *Pedro* DEPONE *que ha visto lo ocurrido.* ‖ **4.** intr. **evacuar el vientre.** ❑ Irreg. Se conj. como *poner;* p. p. irreg. *depuesto.*

deportación. f. Acción y efecto de deportar.

deportar. tr. Desterrar a alguien a un lugar, por lo regular extranjero, y confinarlo allí por razones políticas o como castigo.

deporte. m. Diversión, pasatiempo, o ejercicio físico, por lo común al aire libre. ‖ **2.** Actividad física, ejercida como juego o competición, cuya práctica supone entrenamiento y sujeción a normas.

deportista. com. Persona aficionada a los deportes o entendida en ellos. Ú. t. c. adj. ‖ **2.** Persona que por afición o profesionalmente practica algún deporte.

deportividad. f. Proceder deportivo, que se ajusta a las normas de corrección. Ú. t. en sent. fig.

deportivo, va. adj. Perteneciente o relativo al deporte. ‖ **2.** Que se ajusta a las normas de corrección que el asenso general estima deben observarse en la práctica de los deportes. ‖ **3.** m. **automóvil deportivo.**

deposición. f. Acción y efecto de deponer. ‖ **2.** Evacuación de vientre.

depositar. tr. Poner bienes o cosas de valor bajo la custodia o guarda de persona física o jurídica que quede en la obligación de responder de ellos cuando se le pidan. ‖ **2.** Poner, dejar, colocar. DEPOSITÓ *el paquete en el suelo.* Ú. t. c. prnl. *El polvo en suspensión* SE DEPOSITA *en los muebles.* ‖ **3.** prnl. Separarse de un líquido una materia que esté en suspensión, cayendo al fondo.

depositario, ria. adj. Perteneciente al depósito. ‖ **2.** m. y f. Persona en quien se deposita una cosa.

depósito. m. Acción y efecto de depositar. ‖ **2.** Cosa depositada. ‖ **3.** Lugar o recipiente donde se deposita. ‖ **4.** Sedimento de un líquido. ‖ **en depósito.** Dícese de la mercancía entregada para su exposición y eventual venta.

depravación. f. Acción y efecto de depravar o depravarse.

depravado, da. adj. Demasiado viciado en las costumbres. Ú. t. c. s.

depravar. tr. Viciar, adulterar, pervertir, especialmente a personas. Ú. m. c. prnl.

deprecación. f. Ruego, súplica, petición.

deprecar. tr. Rogar, pedir, suplicar con eficacia o instancia. Ú. t. c. prnl.

depreciación. f. Disminución del valor o precio de una cosa, ya con relación al que antes tenía, ya comparándola con otras de su clase.

depreciar. tr. Disminuir o rebajar el valor o precio de una cosa. Ú. t. c. prnl.

depredación. f. Acción y efecto de depredar.

depredador, ra. adj. Que depreda. Ú. t. c. s.

depredar. tr. Robar, saquear con violencia y destrozo. ‖ **2.** Cazar para su subsistencia algunos animales a otros de distinta especie.

depresión. f. Concavidad de alguna extensión en un terreno u otra superficie. ‖ **2.** Período de baja actividad económica general, caracterizado por desempleo masivo, deflación, decreciente uso de recursos y bajo nivel de inversiones. ‖ **3.** *Pat.* Síndrome caracterizado por una tristeza profunda e inmotivada y por la inhibición de todas las funciones psíquicas.

depresivo, va. adj. Dícese de lo que deprime el ánimo.

depresor, ra. adj. Que deprime o humilla. Ú. t. c. s.

deprimente. adj. Que deprime. ‖ **2. depresivo** para el ánimo.

deprimido, da. adj. Que sufre decaimiento del ánimo. ‖ **2.** *Med.* Dícese del que padece un síndrome de depresión. ‖ **3.** *Zool.* Aplastado en el plano de la espalda y el vientre, como ocurre con la cabeza del pejesapo, o el cuerpo de la raya y el torpedo.

deprimir. tr. Disminuir el volumen de un cuerpo por medio de la presión. ‖ **2.** Hundir alguna parte de un cuerpo. ‖ **3.** Producir decaimiento del ánimo. Ú. t. c. prnl. ‖ **4.** prnl. Disminuir el volumen de un cuerpo o cambiar de forma por virtud de algún hundimiento parcial. ‖ **5.** *Pat.* Padecer un síndrome de depresión.

deprisa. adv. m. Con celeridad, presteza o prontitud.

depuesto, ta. p. p. irreg. de **deponer.**

depuración. f. Acción y efecto de depurar o depurarse.

depurado, da. adj. Pulido, trabajado, elaborado cuidadosamente.

depurador, ra. adj. Que depura. Ú. t. c. s. ‖ **2.** f. Aparato o instalación para depurar o limpiar algo, especialmente las aguas.

depurar. tr. Limpiar, purificar. Ú. t. c. prnl. ‖ **2.** Eliminar de un cuerpo, organización, partido político, etc., a los miembros considerados disidentes.

dequeísmo. m. Empleo indebido de la locución *de que* cuando el régimen verbal no lo admite. **Le dije* DE QUE *viniera.*

derbi. m. Encuentro generalmente futbolístico entre dos equipos de la misma ciudad o ciudades próximas.

derecha. f. En las asambleas parlamentarias, los representantes de los partidos conservadores. ‖ **2.** Por ext., conjunto de personas que profesan ideas conservadoras. ‖ **de derecha** o **de derechas.** loc. adj. Derechista.

derechazo. m. Golpe dado con la mano o el puño derechos. ‖ **2.** *Taurom.* Pase de muleta dado con la mano derecha.

derechista. adj. Dícese de las personas, partidos, actos, instituciones, etc., que comparten las ideas de la derecha política. Ú. t. c. s.

derecho, cha. adj. Recto, igual, seguido, sin torcerse a un lado ni a otro. ‖ **2.** V. **mano derecha.** ‖ **3.** Que cae o mira hacia la mano **derecha,** o está al lado de ella. ‖ **4.** m. Facultad de hacer o exigir todo aquello que la ley o la autoridad establece en nuestro favor, o que el dueño de una cosa nos permite en ella. ‖ **5.** Acción que se tiene sobre una persona o cosa. ‖ **6.** Justicia, razón. ‖ **7.** Conjunto de principios, preceptos y reglas a que están sometidas las relaciones humanas en toda sociedad civil, y a cuya observancia pueden ser compelidos los individuos por la fuerza. ‖ **8.** Ciencia que estudia estos principios y preceptos. ‖ **9.** Lado de una tela, papel, tabla, etc., en el cual, por ser el que ha de verse, aparecen la labor y el color con la perfección conveniente. ‖ **10.** f. **mano derecha.** ‖ **11.** m. pl. Tanto que se paga, con arreglo a arancel, por la introducción de una mercancía o por otro hecho consignado por la ley. DERECHOS *aduaneros, notariales,* etc. ‖ **12.** Cantidades que se cobran en ciertas profesiones; como los del notario, del arquitecto, etc.

deriva. f. *Mar.* Abatimiento o desvío de la nave de su verdadero rumbo por efecto del viento, del mar o de la corriente. ‖ **continental.** *Geol.* Desplazamiento lento y continuo de las masas continentales, sobre un magma fluido, en el curso de los tiempos geológicos. ‖ **a la deriva.** loc. adv. *Mar.* Referido a embarcaciones u objetos flotantes, a merced de la corriente o del viento. ‖ **2.** fig. Sin dirección o propósito fijo, a merced de las circunstancias.

derivación. f. Deducción, consecuencia que se obtiene a partir de un razonamiento previo. ‖ **2.** Acción y efecto de sacar o separar una parte del todo, o de su origen y principio; como el agua que se saca de un río para una acequia. ‖ **3.** *Electr.* Pérdida de fluido que se produce en una línea eléctrica por varias causas y principalmente por la acción de la humedad ambiente. ‖ **4.** *Gram.* Procedimiento por el cual se forman vocablos ampliando o alterando la estructura o significación de otros que se llaman primitivos; v. gr.: *cuchillada,* de *cuchillo; marina,* de *mar.*

derivada. f. *Mat.* En las funciones matemáticas respecto a una variable, límite hacia el que tiende el cociente entre el incremento que resulta para la función y el atribuido a la variable, cuando este último tiende a cero. Si esta **derivada** se deriva con relación a la misma variable, se obtiene la **derivada** segunda y sucesivamente la tercera, etc.

derivado, da. adj. *Gram.* Aplícase al vocablo formado por derivación. Ú. t. c. s. m. ‖ **2.** *Quím.* Dícese del producto que se obtiene de otro. Ú. t. c. s. m.

derivar. intr. Traer su origen una cosa de otra. Ú. t. c. prnl. ‖ **2.** tr. Encaminar, conducir una cosa de una parte a otra. ‖ **3.** *Gram.* Traer una palabra de cierta raíz.

dermatitis. f. *Pat.* Inflamación de la piel.

dermatoesqueleto. m. *Zool.* Esqueleto derivado de la dermis por la formación de áreas o placas endurecidas, como conchas, caparazones, escamas, etc. Su naturaleza varía en los distintos grupos en los que se presenta.

dermatología. f. Rama de la medicina que trata de las enfermedades de la piel.

dermatólogo, ga. m. y f. Especialista en las enfermedades de la piel.

dermatosis. f. *Pat.* Enfermedad de la piel, que se manifiesta por costras, manchas, granos u otra forma de erupción.

dermesto. m. Insecto coleóptero que se cría en las despensas y en donde hay restos de animales. Es particularmente dañino para las pieles.

dérmico, ca. adj. Perteneciente o relativo a la dermis y, en general, a la piel o cubierta exterior del animal.

dermis. f. Capa conjuntiva que forma parte de la piel de los vertebrados, más gruesa que la epidermis y situada debajo de esta.

derogación. f. Abolición, anulación de una ley.

derogar. tr. Abolir, anular una norma establecida como ley o costumbre.

derramamiento. m. Acción y efecto de derramar o derramarse.

derramar. tr. Verter, esparcir cosas líquidas o menudas. Ú. t. c. prnl. ‖ **2.** prnl. Esparcirse, desmandarse por varias partes con desorden y confusión.

derrame. m. **derramamiento.** ‖ **2.** Lo que se sale y pierde de los líquidos por defecto o rotura de los vasos que los contienen. ‖ **3.** *Pat.* Acumulación anormal de un líquido en una cavidad del organismo o salida de este fuera del cuerpo.

derrapar. intr. Patinar un vehículo desviándose lateralmente de la dirección que llevaba.

derredor (en). loc. adv. Alrededor, en contorno.

derrengado, da. adj. Torcido. ‖ **2.** fig. Muy cansado.

derrengar. tr. Lastimar gravemente el espinazo o los lomos de una persona o de un animal. Ú. t. c. prnl. y en sent. fig.

derretir. tr. Liquidar, disolver por medio del calor una cosa sólida, congelada o pastosa. Ú. t. c. prnl. ‖ **2.** prnl. fig. y fam. Enamorarse con prontitud y facilidad. ❑ Irreg. Se conj. como *pedir.*

derribar. tr. Arruinar, demoler, echar a tierra casas, muros o cualesquiera edificios. ‖ **2.** Tirar contra la tierra; hacer dar en el suelo a una persona, animal o cosa. ‖ **3.** fig. Malquistar a una persona; hacerle perder el poder, cargo, estimación o dignidad adquirida.

derribo. m. Demolición de construcciones. ‖ **2.** Conjunto de materiales que se sacan de la demolición.

derrocadero. m. Sitio peñascoso y de muchas rocas, de donde hay peligro de caer y precipitarse.

derrocamiento. m. Acción y efecto de derrocar.

derrocar. tr. fig. Derribar, arrojar a alguien del estado o fortuna que tiene. Ú. especialmente en política.

derrochador, ra. adj. Que derrocha o malbarata el caudal. U. t. c. s.

derrochar. tr. Malgastar alguien su dinero o hacienda. ‖ **2.** Emplear alguien excesivamente otras cosas que posee, como el valor, las energías, el humor, etc.

derroche. m. Acción y efecto de derrochar.

derrota[1]. f. Camino, vereda o senda de tierra. ‖ **2.** *Mar.* Rumbo o dirección que llevan en su navegación las embarcaciones.

derrota[2]. f. Acción y efecto de derrotar o ser derrotado. ‖ **2.** *Mil.* Vencimiento por completo de tropas enemigas, seguido por lo común de fuga desordenada.

derrotado, da. adj. Vencido en el ánimo, deprimido.

derrotar. tr. *Mil.* Vencer y hacer huir con desorden al ejército contrario. ‖ **2.** Por ext., vencer o ganar en enfrentamientos cotidianos. ‖ **3.** prnl. Apartarse una embarcación de su rumbo originario.

derrotero. m. *Mar.* **derrota[1],** rumbo. ‖ **2.** fig. Camino, rumbo, medio tomado para llegar al fin propuesto.

derrotismo. m. Tendencia a propagar el desaliento en el propio país con noticias o ideas pesimistas acerca del resultado de una guerra o, por ext., acerca de cualquier otra empresa.

derrotista. adj. Dícese de la persona que practica el derrotismo. U. t. c. s.

derrubiar. tr. Robar lentamente el río, arroyo o cualquier humedad la tierra de las riberas o tapias. Ú. t. c. prnl.

derrubio. m. Acción y efecto de derrubiar. ‖ **2.** Tierra que se cae o desmorona por esta causa.

derruir. tr. Derribar, destruir, arruinar un edificio. ❑ Irreg. Se conj. como *huir.*

derrumbadero. m. Despeñadero, precipicio, lugar en que es fácil caerse. ‖ **2.** fig. **despeñadero,** riesgo, peligro.

derrumbamiento. m. Acción y efecto de derrumbar o derrumbarse.

derrumbar. tr. Precipitar, despeñar. Ú. t. c. prnl. y en sent. fig.

derrumbe. m. Acción y efecto de derrumbar o derrumbarse. ‖ **2.** Despeñadero, lugar en que es fácil caerse.

derviche. m. Especie de monje entre los mahometanos.

des-. pref. que denota negación o inversión del significado del simple, como en DES*confiar;* DES*hacer;* privación, como en DES*nudar;* exceso o demasía, como en DES*lenguado;* fuera de, como en DES*hora;* y otros significados.

desaborido, da. adj. Sin sabor. || **2.** Sin sustancia. || **3.** fig. y fam. Aplícase a la persona sosa, de carácter indiferente. Ú. t. c. s.

desabotonar. tr. Sacar los botones de los ojales. Ú. t. c. prnl. || **2.** intr. fig. Abrirse las flores, saliendo sus hojas de los botones o capullos.

desabrido, da. adj. Dícese de la fruta u otro alimento que carece de gusto, o apenas lo tiene, o lo tiene malo. || **2.** Tratándose del tiempo, destemplado, desigual. || **3.** fig. Áspero y desapacible en el trato.

desabrigado, da. adj. fig. Desamparado, sin favor ni apoyo.

desabrigar. tr. Descubrir, desarropar, quitar el abrigo. Ú. t. c. prnl.

desabrimiento. m. Falta de sabor, sazón o buen gusto en la fruta u otro alimento. || **2.** fig. Dureza de genio, aspereza en el trato. || **3.** fig. Disgusto, desazón interior.

desabrochar. tr. Desasir los broches, corchetes, botones u otra cosa con que se ajusta la ropa. Ú. t. c. prnl.

desacatar. tr. Faltar a la reverencia o respeto que se debe a alguien. Ú. t. c. prnl. || **2.** No acatar una norma, ley, orden, etc.

desacato. m. Irreverencia para con las cosas sagradas. || **2.** Falta del debido respeto a los superiores. || **3.** *Der.* Delito que se comete calumniando, injuriando, insultando o amenazando a una autoridad en el ejercicio de sus funciones o con ocasión de ellas, ya de hecho o de palabra, o ya en escrito que se le dirija.

desacelerar. tr. Retardar, retrasar, quitar celeridad. Ú. t. c. intr.

desacertado, da. adj. Que yerra u obra sin acierto.

desacierto. m. Dicho o hecho desacertado.

desacomodado, da. adj. Aplícase a la persona que no tiene los medios y conveniencias competentes para mantener su estado.

desacomodar. tr. Privar de la comodidad. || **2.** Quitar la conveniencia, empleo u ocupación. Ú. t. c. prnl.

desaconsejado, da. adj. Que obra sin consejo ni prudencia y solo por capricho. Ú. t. c. s.

desaconsejar. tr. Disuadir, persuadir a alguien de lo contrario a lo que tiene meditado o resuelto.

desacordar. tr. Destemplar un instrumento músico o templarlo de modo que esté más alto o más bajo que el que da el tono. Se puede usar también tratándose de las voces que desentonan. Ú. t. c. prnl. ❑ Irreg. Se conj. como *contar.*

desacorde. adj. Dícese de lo que no iguala, conforma o concuerda con otra cosa. Aplícase con propiedad a los instrumentos músicos destemplados o templados en distinto tono.

desacostumbrado, da. adj. Fuera del uso y orden común.

desacostumbrar. tr. Hacer perder o dejar el uso y costumbre que se tiene. Ú. t. c. prnl.

desacreditado, da. adj. Que ha perdido la buena opinión de que gozaba.

desacreditar. tr. Disminuir o quitar la reputación de una persona, o el valor y la estimación de una cosa.

desactivar. tr. Anular cualquier potencia activa, como la de procesos fisicoquímicos, planes económicos, etc. || **2.** Referido a un ingenio explosivo, inutilizar los dispositivos que lo harían estallar.

desacuerdo. m. Discordia o disconformidad en los dictámenes o acciones.

desafección. f. Mala voluntad.

desafecto, ta. adj. Que no siente estima por una cosa o muestra hacia ella desapego o indiferencia. || **2.** Opuesto, contrario. || **3.** m. **malquerencia.**

desafiar. tr. Retar, proponer una lucha a un adversario. || **2.** Contender, competir con uno en cosas que requieren fuerza, agilidad o destreza. || **3.** Enfrentarse a las dificultades con decisión.

desafinar. intr. *Mús.* Desviarse algo la voz o el instrumento del punto de la perfecta entonación, desacordándose y causando desagrado al oído. Ú. t. c. prnl.

desafío. m. Acción y efecto de desafiar. || **2.** Rivalidad, competencia.

desaforado, da. adj. Que obra sin ley ni fuero, atropellando por todo. || **2.** fig. Grande con exceso, desmedido, fuera de lo común.

desafortunado, da. adj. Sin fortuna. || **2.** Desacertado, inoportuno.

desafuero. m. Acto violento contra la ley. || **2.** Por ext., acción contraria a las buenas costumbres o a los consejos de la sana razón.

desagradable. adj. Que desagrada o disgusta.

desagradar. intr. Disgustar, fastidiar, causar desagrado. Usáb. t. c. prnl.

desagradecido, da. adj. Que desagradece. Ú. t. c. s. || **2.** Referido a cosas, que no compensan el esfuerzo o atenciones que se les dedica.

desagrado. m. Disgusto, descontento.

desagraviar. tr. Borrar o reparar el agravio hecho, dando satisfacción al ofendido. Ú. t. c. prnl. ‖ **2.** Resarcir o compensar el perjuicio causado. Ú. t. c. prnl.

desagravio. m. Acción y efecto de desagraviar o desagraviarse.

desaguadero. m. Conducto o canal por donde se da salida a las aguas. ‖ **2.** fig. Motivo continuo de gastar, que consume el caudal o endeuda y empobrece al que lo sufre.

desaguar. tr. Extraer, echar el agua de un sitio o lugar. ‖ **2.** intr. Entrar los ríos en el mar, un lago o en otro río, desembocar en ellos.

desagüe. m. Acción y efecto de desaguar o desaguarse. ‖ **2. desaguadero,** conducto de salida de las aguas.

desaguisado, da. adj. Hecho contra la ley o la razón. ‖ **2.** m. fig. y fam. Destrozo, desafuero.

desahogado, da. adj. Aplícase al sitio desembarazado en que no hay demasiada reunión de cosas o mucha apretura y confusión de personas. ‖ **2.** Con desahogo. ❑ Ú. por lo común con el verbo *estar.*

desahogar. tr. Aliviar el ánimo de la pasión, fatiga o cuidado que le oprime. Ú. t. c. prnl. ‖ **2.** prnl. Desempeñarse, salir del ahogo de las deudas contraídas. ‖ **3.** Hacer alguien confidencias a otro, refiriéndole lo que le da pena o fatiga.

desahogo. m. Alivio de la pena, trabajo o aflicción. ‖ **2.** Ensanche, dilatación, esparcimiento. ‖ **3.** Desenvoltura, libertad. ‖ **4.** Seguridad, principalmente la que se obtiene gracias a una buena situación económica.

desahuciar. tr. Quitar a alguien toda esperanza de conseguir lo que desea. Ú. t. c. prnl. ‖ **2.** Admitir los médicos que un enfermo no tiene posibilidad de curación. ‖ **3.** Decir una persona a otra el sentimiento o queja que tiene de ella. ‖ **4.** Despedir el dueño o el arrendador al inquilino o arrendatario mediante una acción legal.

desahucio. m. Acción y efecto de desahuciar, despedir a un inquilino.

desairado, da. adj. fig. Dícese del que no queda airoso en lo que pretende o en lo que tiene a su cargo. ‖ **2.** fig. Menospreciado, desatendido.

desairar. tr. Humillar, desatender a una persona.

desaire. m. Acción y efecto de desairar.

desajustar. tr. Desigualar, desconcertar una cosa de otra.

desajuste. m. Acción y efecto de desajustar o desajustarse.

desalar. tr. Quitar la sal a una cosa; como a la cecina, al pescado salado, etc. ‖ **2. desalinizar.**

desalentar. tr. fig. Quitar el ánimo, acobardar. Ú. t. c. prnl. ❑ Irreg. Se conj. como *acertar.*

desaliento. m. Decaimiento del ánimo, desfallecimiento de las fuerzas.

desalinear. tr. Hacer perder la línea recta. Ú. t. c. prnl.

desalinizador, ra. adj. Dícese del método usado para eliminar la sal del agua de mar. ‖ **2.** f. Instalación industrial donde se lleva a cabo dicho proceso.

desalinizar. tr. Dicho del agua del mar o de aguas salobres, quitarles la sal para hacerlas potables o útiles para otros fines.

desaliñado, da. adj. Que adolece de desaliño.

desaliñar. tr. Descomponer, ajar el adorno, atavío o compostura. Ú. t. c. prnl.

desaliño. m. Desaseo, descompostura, falta de aliño. ‖ **2.** fig. Negligencia, descuido.

desalmado, da. adj. Cruel, inhumano.

desalmar. tr. fig. Quitar la fuerza y virtud a una cosa. Ú. t. c. prnl.

desalojamiento. m. Acción y efecto de desalojar.

desalojar. tr. Sacar o hacer salir de un lugar a una persona o cosa. ‖ **2.** Abandonar un puesto o un lugar. ‖ **3.** intr. Dejar el hospedaje, sitio o morada voluntariamente.

desalojo. m. **desalojamiento.**

desamarrar. tr. Quitar las amarras. Ú. t. c. prnl. ‖ **2.** fig. Desasir, desviar, apartar.

desamor. m. Falta de amor o amistad. ‖ **2.** Falta del sentimiento y afecto que inspiran por lo general ciertas cosas. ‖ **3.** Enemistad, aborrecimiento.

desamortización. f. Acción y efecto de desamortizar.

desamortizar. tr. Dejar libres los bienes amortizados. ‖ **2.** Poner en estado de venta los bienes de manos muertas, mediante disposiciones legales.

desamparar. tr. Abandonar, dejar sin amparo ni favor a la persona o cosa que lo pide o necesita. ‖ **2.** *Der.* Dejar o abandonar una cosa, con renuncia de todo derecho a ella.

desandar. tr. Retroceder, volver atrás en el camino ya andado. Ú. t. en sent. fig. ❑ Irreg. Se conj. como *andar.*

desangelado, da. adj. Falto de ángel, gracia, simpatía.

desangrar. tr. Sacar la sangre a una persona o a un animal en gran cantidad o con mucho exceso. ‖ **2.** fig. Empobrecer a alguien, gastándole y disipándole la hacienda insensiblemente. ‖ **3.** prnl. Perder mucha sangre o perderla toda.

desanimado, da. adj. Dícese del lugar, espectáculo, reunión, etc., donde concurre poca gente. || **2.** Acobardado, deprimido.

desanimar. tr. Desalentar, quitar ánimos. Ú. t. c. prnl.

desánimo. m. Desaliento, falta de ánimo.

desanudar. tr. Deshacer o desatar el nudo. || **2.** fig. Aclarar, disolver lo que está enredado y enmarañado.

desapacible. adj. Que causa disgusto o enfado o es desagradable a los sentidos.

desaparecer. tr. Ocultar, quitar de la vista con presteza una persona o cosa. Ú. t. c. prnl. y c. intr. || **2.** intr. Dejar de existir personas o cosas. ❑ Irreg. Se conj. como *agradecer*.

desaparición. f. Acción y efecto de desaparecer o desaparecerse.

desapasionado, da. adj. Falto de pasión, imparcial.

desapasionar. tr. Quitar, desarraigar la pasión o preferencia que se tiene hacia una persona o cosa. Ú. m. c. prnl.

desapegarse. prnl. fig. Apartarse, desprenderse del afecto o afición a una persona o cosa.

desapego. m. fig. Falta de afición o interés, alejamiento, desvío.

desapercibido, da. adj. No apercibido.

desaplicar. tr. Quitar o hacer perder la aplicación, afición o asiduidad en el estudio. Ú. t. c. prnl.

desaprensivo, va. adj. Que obra sin atenerse a las reglas o sin miramiento hacia los demás.

desapretar. tr. Aflojar lo que está apretado. Ú. t. c. prnl. ❑ Irreg. Se conj. como *acertar*.

desaprobación. f. Acción y efecto de desaprobar.

desaprobar. tr. Reprobar, no asentir a una cosa. ❑ Irreg. Se conj. como *contar*.

desaprovechado, da. adj. Dícese de quien ha tenido la oportunidad de mejorar moral o intelectualmente y no lo ha hecho. Ú. t. c. s. || **2.** Aplícase a lo que no produce el fruto, provecho o utilidad que puede.

desaprovechar. tr. No obtener el máximo rendimiento de una cosa. || **2.** Omitir una acción, dejar pasar una oportunidad que redundaría en ventaja o provecho propios.

desarbolado, da. adj. Despojado o libre de árboles. || **2.** fig. Desangelado, desierto, por falta de objetos que adornen.

desarmado, da. adj. Desprovisto de armas. || **2.** Por ext., se dice del que no tiene argumentos para replicar. ❑ Ú. m. con los verbos *quedar, estar, dejar*, etc.

desarmar. tr. Quitar o hacer entregar a una persona, a un cuerpo o a una plaza las armas que tiene. || **2.** Desunir, separar las piezas de que se compone una cosa; como reloj, escopeta, máquina, artificio, etc. || **3.** Reducir las fuerzas militares de un Estado o su armamento. || **4.** fig. Dejar a alguien incapaz de replicar o reaccionar. DESARMÉ *su cólera. Quedó* DESARMADO *ante nuestros argumentos*.

desarme. m. Acción y efecto de desarmar o desarmarse. || **2.** Arbitrio diplomático para mantener la paz, mediante la voluntaria reducción, equitativamente proporcional, de sus respectivas fuerzas militares, pactada por número suficiente de naciones.

desarraigar. tr. Arrancar de raíz un árbol o una planta. Ú. t. c. prnl. || **2.** fig. Extinguir, extirpar enteramente una pasión, una costumbre o un vicio. Ú. t. c. prnl. || **3.** fig. Echar, desterrar a alguien de donde vive o tiene su domicilio. Ú. t. c. prnl.

desarraigo. m. Acción y efecto de desarraigar o desarraigarse.

desarreglado, da. adj. Se dice del que es desordenado con sus cosas.

desarreglar. tr. Trastornar, desordenar, sacar de regla. Ú. t c. prnl.

desarreglo. m. Falta de regla, desorden.

desarrendar. tr. Dejar una finca que se tenía tomada en arrendamiento. || **2.** Hacer dejar una finca que se tenía dada en arrendamiento. ❑ Irreg. Se conj. como *acertar*.

desarrollar. tr. Extender lo que está arrollado, deshacer un rollo. Ú. t. c. prnl. || **2.** fig. Acrecentar, dar incremento a una cosa del orden físico, intelectual o moral. Ú. t. c. prnl. || **3.** fig. Explicar una teoría y llevarla hasta sus últimas consecuencias. || **4.** Dicho de cuestiones, temas, lecciones, etc., exponerlos o discutirlos con orden y amplitud. || **5.** prnl. fig. Suceder, ocurrir, acontecer. || **6.** fig. Progresar, crecer económica, social, cultural o políticamente las comunidades humanas.

desarrollo. m. Acción y efecto de desarrollar o desarrollarse. || **2.** *Econ.* Evolución progresiva de una economía hacia mejores niveles de bienestar.

desarropar. tr. Quitar o apartar la ropa. Ú. t. c. prnl.

desarticulación. f. Acción y efecto de desarticular o desarticularse.

desarticulado, da. adj. Desorganizado, inconexo, elíptico, referido especialmente a una forma literaria o a la lengua coloquial.

desarticular. tr. Separar dos o más huesos articulados entre sí. Ú. t. c. prnl. || **2.** fig. Separar las piezas de una máquina o artefacto. Ú. t. c. prnl. || **3.** fig. Desorganizar la autoridad una conspiración, una pandilla de malhechores u otra confabulación, deteniendo a los individuos que la forman o a los principales de ellos.

desaseado, da. adj. Falto de aseo.

desasear. tr. Quitar el aseo, limpieza o compostura.

desaseo. m. Falta de aseo.

desasimiento. m. Acción y efecto de desasir o desasirse. ‖ **2.** fig. Desprendimiento, desinterés.

desasir. tr. Soltar, desprender lo asido. Ú. t. c. prnl. ‖ **2.** prnl. fig. Desprenderse de una cosa, renunciar a ella.

desasistir. tr. Desamparar a alguien, no prestarle ayuda.

desasnar. tr. fig. y fam. Hacer perder a alguien la rudeza, o quitarle la rusticidad por medio de la enseñanza. Ú. t. c. prnl.

desasosegar. tr. Privar de sosiego. Ú. t. c. prnl. ❑ Irreg. Se conj. como *acertar*.

desasosiego. m. Falta de sosiego.

desastrado, da. adj. Dícese de la persona andrajosa y desaseada. Ú. t. c. s.

desastre. m. Desgracia grande, suceso infeliz y lamentable. ‖ **2.** fig. Hiperbólicamente se dice de cosas de mala calidad, mal resultado, mala organización, mal aspecto, etc.: *Un* DESASTRE *de oficina.* Aplícase también a pers.

desastroso, sa. adj. fig. Muy malo. *Me produjo una impresión* DESASTROSA.

desatado, da. adj. fig. Que procede sin freno y desordenadamente.

desatancar. tr. Limpiar, dejar libre un conducto obstruido. Ú. t. c. prnl.

desatar. tr. Desenlazar una cosa de otra; soltar lo que está atado. Ú. t. c. prnl. ‖ **2.** fig. Aclarar un asunto, deshacer un malentendido. ‖ **3.** prnl. fig. Excederse en hablar. ‖ **4.** fig. Perder el encogimiento, temor o extrañeza. ‖ **5.** fig. **desencadenarse,** soltarse con furia alguna fuerza física o moral.

desatascar. tr. Sacar del atascadero. Ú. t. c. prnl. ‖ **2. desatancar,** dejar libre un conducto obstruido.

desatención. f. Falta de atención, distracción. ‖ **2.** Descortesía, falta de urbanidad o respeto.

desatender. tr. No prestar atención a lo que se dice o hace. ‖ **2.** No hacer caso o aprecio de una persona o cosa. ‖ **3.** No corresponder, no asistir con lo que es debido. ❑ Irreg. Se conj. como *entender*.

desatento, ta. adj. Dícese de la persona que aparta o distrae la atención que debía poner en una cosa. ‖ **2.** Descortés, falto de atención y urbanidad. Ú. t. c. s.

desatinado, da. adj. Desarreglado, sin tino. ‖ **2.** Dícese del que habla o procede sin juicio ni razón. Ú. t. c. s.

desatinar. intr. Decir o hacer desatinos. ‖ **2.** Perder el tino, no acertar.

desatino. m. Falta de tino, tiento o acierto. ‖ **2.** Locura, despropósito o error.

desatornillar. tr. Sacar un tornillo dándole vueltas.

desatracar. tr. *Mar.* Desasir, separar una embarcación de otra o de la parte en que se atracó. Ú. t. c. prnl. ‖ **2.** intr. *Mar.* Separarse la nave de la costa cuando su proximidad ofrece algún peligro.

desatrampar. tr. Limpiar o dejar libre de cualquier impedimento un caño o conducto.

desatrancar. tr. Quitar a la puerta la tranca u otra cosa que impide abrirla. ‖ **2. desatrampar.**

desatranco. m. Acción y efecto de desatrancar un conducto o tubería.

desautorizado, da. adj. Falto de autoridad, de crédito o de importancia.

desautorizar. tr. Quitar a personas o cosas autoridad, poder, crédito o estimación. Ú. t. c. prnl.

desavenencia. f. Oposición, discordia, contrariedad.

desavenido, da. adj. Dícese del que está discorde o enemistado con otro.

desavenir. tr. Hacer que dos o más personas dejen de estar en buena armonía. Ú. t. c. prnl. ❑ Irreg. Se conj. como *venir*.

desaventajado, da. adj. Inferior y poco ventajoso.

desayunar. intr. Tomar el desayuno. Ú. t. c. tr. y c. prnl.

desayuno. m. Alimento ligero que se toma por la mañana antes que ningún otro. ‖ **2.** Acción de desayunar.

desazón. f. **picazón,** molestia que causa un picor. ‖ **2.** Malestar físico vago y poco intenso. ‖ **3.** fig. Disgusto, pesadumbre, inquietud interior.

desazonado, da. adj. fig. Inquieto, disgustado. ‖ **2.** fig. Indispuesto, enfermo.

desazonar. tr. Causar desazón. Ú. t. c. prnl.

desbancar. tr. fig. Hacer perder a alguien la amistad, estimación o cariño de otra persona, ganándola para sí. ‖ **2.** fig. Usurpar, sustituir a alguien en una posición y ocuparla.

desbandada. f. Acción y efecto de desbandarse. ‖ **a la desbandada.** loc. adv. Confusamente y sin orden; en dispersión.

desbandarse. prnl. Desparramarse, huir en desorden. ‖ **2.** Apartarse de la compañía de otros. ‖ **3. desertar.**

desbarajuste. m. Desorden, confusión.

desbaratar. tr. Deshacer o arruinar una cosa. ‖ **2.** Disipar, malgastar los bienes. ‖ **3.** fig. Referido a cosas inmateriales, cortar, impedir, estorbar.

desbarrar. intr. fig. Discurrir fuera de razón; errar en lo que se dice o hace.

desbastar. tr. Quitar las partes más bastas a una cosa que se haya de labrar. ‖ **2.** fig. Quitar lo basto, encogido y grosero que por falta de educación tienen algunas personas. Ú. t. c. prnl.

desbeber. intr. fam. **orinar.**

desbloquear. tr. Levantar el bloqueo.

desbocado, da. adj. Aplícase a cualquier instrumento, como martillo, gubia, etc., que tiene gastada o mellada la boca. ‖ **2.** fig. y fam. Acostumbrado a decir palabras indecentes, ofensivas y desvergonzadas. U. t. c. s.

desbocar. tr. Quitar o romper la boca a una cosa. Ú. t. c. prnl. DESBOCAR *el jarro.* ‖ **2.** Dar de sí el cuello o las mangas de una prenda de vestir. ‖ **3.** prnl. Hacerse una caballería insensible a la acción del freno y lanzarse a correr de manera incontrolada.

desbordamiento. m. Acción y efecto de desbordar o desbordarse.

desbordante. adj. Que desborda o se desborda. ‖ **2.** Que sale de sus límites o de la medida. *Caridad* DESBORDANTE.

desbordar. intr. Salir de los bordes, derramarse. Ú. m. c. prnl. ‖ **2.** tr. fig. Sobrepasar un asunto la capacidad intelectual o emocional de una persona. ‖ **3.** prnl. Exaltarse, desmandarse las pasiones o los vicios.

desbravar. tr. Amansar el ganado cerril, caballar o mular. ‖ **2.** prnl. Perder o deponer un animal parte de su bravura.

desbrozar. tr. Quitar la broza, eliminar las ramas pequeñas, hojas y otras partes desechables de las plantas.

desbrozo. m. Acción y efecto de desbrozar. ‖ **2.** Cantidad de broza o ramaje que produce la monda de los árboles y la limpieza de las tierras o de las acequias.

descabalamiento. m. Acción y efecto de descabalar o descabalarse.

descabalar. tr. Quitar o perder algunas de las partes o piezas precisas para construir una cosa completa o cabal. Ú. t. c. prnl.

descabalgar. intr. Desmontar, bajar de una caballería el que va montado en ella.

descabellado, da. adj. fig. Dícese de lo que va fuera de orden, concierto o razón.

descabellar. tr. *Taurom.* Matar instantáneamente al toro, hiriéndolo en la cerviz con la punta de la espada o con la puntilla.

descabezado, da. adj. fig. Que va fuera de razón. Ú. t. c. s. ‖ **2.** Distraído, desmemoriado.

descabezar. tr. Quitar o cortar la cabeza. ‖ **2.** fig. Cortar la parte superior o las puntas a algunas cosas; como a los árboles, maderos, vástagos de las plantas, etc.

descacharrar. tr. **escacharrar.** Ú. t. c. prnl. y en sent. fig.

descafeinado, da. adj. Desvirtuado, privado de aspectos fundamentales u originarios.

descafeinar. tr. Extraer o reducir el contenido de cafeína en el café.

descalabazarse. prnl. fig. y fam. Calentarse la cabeza en averiguar una cosa sin lograrlo.

descalabrado, da. adj. fig. Que ha salido mal de una pendencia, o perdiendo en una partida de juego o en un negocio de intereses. Ú. t. c. s.

descalabradura. f. Herida recibida en la cabeza.

descalabrar. tr. Herir en la cabeza. Ú. t. c. prnl. ‖ **2.** Por ext., herir o maltratar aunque no sea en la cabeza. ‖ **3.** fig. Causar daño o perjuicio.

descalabro. m. Contratiempo, infortunio, daño o pérdida.

descalcificación. f. Acción y efecto de descalcificar o descalcificarse.

descalcificar. tr. Eliminar o disminuir la sustancia calcárea contenida en los huesos u otros tejidos orgánicos. Ú. t. c. prnl.

descalificación. f. Acción y efecto de descalificar.

descalificar. tr. Desacreditar, desautorizar o incapacitar. ‖ **2.** Eliminar a un deportista o a un equipo de una competición por faltar a las normas establecidas.

descalzar. tr. Quitar el calzado. Ú. t. c. prnl. ‖ **2.** Quitar uno o más calzos.

descalzo, za. adj. Que lleva desnudas las piernas o los pies, o aquellas y estos. ‖ **2.** fig. **desnudo,** falto de recursos.

descamación. f. *Pat.* Renovación y desprendimiento de la epidermis seca en forma de escamillas, más activa a consecuencia de los exantemas o erupciones cutáneas.

descamar. tr. **escamar,** quitar las escamas a los peces. ‖ **2.** prnl. Caerse la piel en forma de escamillas.

descambiar. tr. fam. Devolver lo comprado a cambio de dinero u otro artículo. ‖ **2.** *Amér.* Convertir billetes o monedas grandes en dinero menudo equivalente o a la inversa.

descaminado, da. adj. Equivocado, mal orientado.

descaminar. tr. Sacar o apartar a alguien del camino que debe seguir, o hacer de modo que yerre. Ú.t. c. prnl. ‖ **2.** fig. Apartar a alguien de un buen propósito; aconsejarle o inducirle a que haga lo que no es justo ni le conviene. Ú. t. c. prnl.

descamisado, da. adj. fam. Sin camisa. ‖ **2.** fig. y despect. Muy pobre, desharrapado. Ú. t. c. s.

descampado, da. adj. Dícese del terreno descubierto, libre y limpio de tropiezos, malezas y espesuras. Ú. t. c. s. m.

descansado, da. adj. Dícese de la ocupación que requiere poco esfuerzo.

descansar. intr. Cesar en el trabajo, reposar, reparar las fuerzas con la quietud. ‖ **2.** fig. Tener algún alivio en las preocupaciones; dar los males alguna tregua. ‖ **3.** Reposar, dormir. *El enfermo* HA DESCANSADO *dos horas*. ‖ **4.** Estar una cosa asentada o apoyada sobre otra. *El brazo* DESCANSABA sobre la almohada. Ú. t. c. tr. ‖ **5.** Estar sin cultivo uno o más años la tierra de labor. ‖ **6.** Estar enterrado, reposar en el sepulcro.

descansillo. m. Meseta en que terminan los tramos de una escalera.

descanso. m. Quietud, reposo o pausa en el trabajo o fatiga. ‖ **2.** Causa de alivio en la fatiga y en las dificultades físicas o morales. ‖ **3.** Intermedio en el desarrollo de un espectáculo, audición o sesión.

descantillar. tr. Romper o quebrar las aristas o cantos de alguna cosa. Ú. t. c. prnl. ‖ **2.** fig. Desfalcar o rebajar algo de una cantidad.

descapitalización. f. Acción y efecto de descapitalizar o descapitalizarse.

descapitalizar. tr. Dejar a una entidad, empresa, banco, etc., total o parcialmente sin los fondos o recursos que poseía. Ú. t. c. prnl. ‖ **2.** fig. Hacer perder las riquezas históricas o culturales acumuladas por un país o grupo social. Ú. t. c. prnl.

descapotable. adj. Dícese del coche que tiene capota plegable. Ú. t. c. s.

descapotar. tr. En los coches que tienen capota, plegarla o bajarla.

descarado, da. adj. Que habla u obra con desvergüenza, sin pudor ni respeto humano. Ú. t. c. s.

descararse. prnl. Hablar u obrar con desvergüenza, descortés y atrevidamente o sin pudor.

descarga. f. Acción y efecto de descargar. ‖ **2.** *Fís.* Anulación, por reunión, de las cargas opuestas de los conductores de un condensador eléctrico.

descargar. tr. Quitar o aliviar la carga. ‖ **2.** Extraer la carga a un arma de fuego o a un barreno. ‖ **3.** Anular la tensión eléctrica de un cuerpo. Ú. t. c. prnl. ‖ **4.** Dicho de golpes, darlos con violencia. Ú. t. c. intr. ‖ **5.** fig. Exonerar a uno de un cargo u obligación. ‖ **6.** intr. Deshacerse una nube y caer en lluvia o granizo.

descargo. m. Acción de descargar. ‖ **2.** Satisfacción, respuesta o excusa del cargo que se hace a alguien.

descarnada. f. Por antonom., la muerte como símbolo.

descarnado, da. adj. fig. Dícese de los asuntos crudos o desagradables expuestos sin paliativos, y también de las expresiones de condición semejante.

descarnador. m. Instrumento de acero, largo, con una punta en uno de sus extremos, vuelta y aguda, y una lancilla en el otro, que sirve para despegar la encía de la muela o diente que se quiere sacar.

descarnar. tr. Quitar al hueso la carne. Ú. t. c. prnl.

descaro. m. Desvergüenza, atrevimiento, insolencia, falta de respeto.

descarriarse. prnl. fig. Apartarse de lo justo y razonable.

descarrilamiento. m. Acción y efecto de descarrilar.

descarrilar. intr. Salir fuera del carril. Se usa referido a los trenes, tranvías, etc.

descarrío. m. Acción y efecto de descarriar o descarriarse.

descartar. tr. fig. Excluir a una persona o cosa o apartarla de sí. ‖ **2.** prnl. Dejar las cartas que se tienen en la mano y se consideran inútiles, sustituyéndolas en ciertos juegos con otras tantas de las que no se han repartido.

descarte. m. Cartas que se desechan en varios juegos de naipes o que quedan sin repartir. ‖ **2.** Acción de descartarse.

descasar. tr. Declarar por nulo el matrimonio. ‖ **2.** fig. Turbar o descomponer la disposición de cosas que casaban bien. Ú. t. c. prnl.

descascarillar. tr. Quitar la cascarilla. Ú. t. c. prnl.

descastado, da. adj. Que manifiesta poco cariño a los parientes. Ú. t. c. s. ‖ **2.** Por ext., dícese del que no corresponde al cariño que le han demostrado.

descendencia. f. Conjunto de hijos, nietos y demás generaciones sucesivas por línea recta descendente. ‖ **2.** Casta, linaje, estirpe.

descender. intr. Bajar, pasando de un lugar alto a otro bajo. ‖ **2.** Caer, fluir, correr una cosa líquida. ‖ **3.** Proceder, por natural propagación, de un mismo principio o persona común, que es la cabeza de la familia. ‖ **4.** Disminuir algo o alguien en calidad o en cantidad. ❑ Irreg. Se conj. como *entender*.

descendiente. adj. Que desciende. ‖ **2.** com. Hijo, nieto o cualquier persona que desciende de otra.

descendimiento. m. Acción de descender alguien o algo, o de bajarlo. ‖ **2.** Por antonom., el que se hizo del cuerpo de Cristo, bajándolo de la cruz, y el que, en representación de este paso, se hace en algunas iglesias el Viernes Santo con un crucifijo. ‖ **3.** *Esc.* y *Pint.* Conjunto de figuras con que se representa el **descendimiento** de Cristo.

descenso. m. Acción y efecto de descender. ‖ **2. bajada,** camino. ‖ **3.** fig. Caída de una dignidad o estado a otro inferior.

descentralización. f. Acción y efecto de descentralizar.

descentralizar. tr. Transferir a diversas corporaciones u oficios parte de la autoridad que antes ejercía el gobierno supremo del Estado.

descentrar. tr. Hacer que algo deje de estar centrado. Ú. t. c. prnl. ‖ **2.** fig. Hacer que una persona actúe o piense de modo disperso o desordenado. Ú. t. c. prnl.

desceñir. tr. Desatar, quitar el ceñidor, faja u otra cosa que se lleva alrededor del cuerpo. Ú. t. c. prnl. ❑ Irreg. Se conj. como *ceñir.*

descepar. tr. Arrancar de raíz los árboles o plantas que tienen cepa.

descerrajar. tr. Arrancar o violentar la cerradura de una puerta, cofre, escritorio, etc.

descifrar. tr. Declarar lo que está escrito en cifra o en caracteres desconocidos, sirviéndose de clave dispuesta para ello, o sin clave, por conjeturas y reglas críticas. ‖ **2.** fig. Penetrar y declarar lo oscuro, intrincado y de difícil inteligencia.

desclasificar. tr. Hacer público lo que está clasificado como secreto o reservado.

desclavar. tr. Arrancar o quitar los clavos. ‖ **2.** Quitar o desprender una cosa del clavo o clavos con que está asegurada. Ú. t. c. prnl.

descocado, da. adj. fam. Que muestra demasiada libertad y desenvoltura. Ú. t. c. s.

descocarse. prnl. fam. Manifestar desparpajo y descaro.

descodificar. tr. *Comunic.* Aplicar inversamente las reglas de su código a un mensaje codificado para obtener la forma primitiva de este.

descolgar. tr. Bajar lo que está colgado. ‖ **2.** Bajar o dejar caer poco a poco una cosa pendiente de cuerda, cadena o cinta. ‖ **3.** Levantar el auricular del teléfono. ‖ **4.** prnl. Echarse de alto abajo, escurriéndose por una cuerda u otra cosa. ‖ **5.** fig. Ir bajando de un sitio alto o por una pendiente una persona o cosa. *Las tropas* SE DESCUELGAN *de las montañas.* ‖ **6.** En ciclismo y otros deportes, quedarse atrás un competidor con respecto a los demás. Ú. t. c. tr. ‖ **7.** fig. y fam. **salir,** decir o hacer una cosa inesperada. ❑ Irreg. Se conj. como *contar.*

descollar. intr. **sobresalir.** Ú. t. c. prnl. ❑ Irreg. Se conj. como *contar.*

descolocar. tr. Quitar o separar a alguna persona o cosa del lugar que ocupa. Ú. t. c. prnl.

descolonización. f. Supresión de la condición colonial de un territorio.

descolonizar. tr. Poner fin a una situación colonial.

descolorar. tr. Quitar o amortiguar el color. Ú. t. c. prnl.

descolorido, da. adj. De color pálido o poco vivo.

descombrar. tr. Desembarazar un lugar de cosas o materiales que estorban. Ú. t. en sent. fig.

descomedido, da. adj. Excesivo, desproporcionado, fuera de lo regular. ‖ **2. descortés.** Ú. t. c. s.

descompasado, da. adj. **descomedido,** desproporcionado.

descompensación. f. Acción y efecto de descompensar. ‖ **2.** *Med.* Alteración de las funciones de un órgano, por la que este no responde a las exigencias habituales del organismo. Se usa sobre todo referido al estado del corazón.

descompensar. tr. Hacer perder la compensación. Ú. t. c. prnl. ‖ **2.** prnl. *Med.* Llegar un órgano enfermo a un estado de descompensación.

descomponer. tr. Desordenar y desbaratar. Ú. t. c. prnl. ‖ **2.** Separar las diversas partes que forman un compuesto. ‖ **3.** prnl. Corromperse, entrar o hallarse un cuerpo en estado de putrefacción. Ú. t. c. tr. ‖ **4.** fig. Perder, en las palabras o en las obras, la serenidad o la circunspección habitual. ‖ **5.** Demudarse el rostro. ❑ Irreg. Se conj. como *poner;* p. p. irreg. *descompuesto.*

descomposición. f. Acción y efecto de descomponer o descomponerse. ‖ **2.** fam. **diarrea.**

descompostura. f. **descomposición.** ‖ **2.** Desaseo, desaliño en el adorno de las personas o cosas.

descompresión. f. Reducción de la presión a que ha estado sometido un gas o un líquido.

descompresor. f. Aparato o mecanismo para disminuir la presión.

descomprimir. tr. Aminorar o anular la compresión en un cuerpo o espacio cerrado.

descompuesto, ta. p. p. irreg. de **descomponer.**

descomunal. adj. Extraordinario, monstruoso, enorme, muy distante de lo común en su línea.

desconceptuar. tr. **desacreditar.** Ú. t. c. prnl.

desconcertar. tr. Pervertir, turbar, deshacer el orden, concierto y composición de una cosa. Ú. t. c. prnl. ‖ **2.** fig. Sorprender, suspender el ánimo. ❑ Irreg. Se conj. como *acertar.*

desconchadura. f. Parte de una pared que ha perdido su enlucido o de una pieza de loza que ha perdido el vidriado.

desconchar. tr. Quitar a una pared o a otra superficie parte de su enlucido o revestimiento. Ú. t. c. prnl.

desconchón. m. Caída de un trozo pequeño del enlucido o de la pintura de una superficie.

desconcierto. m. Estado de ánimo de desorientación y perplejidad. ‖ **2.** fig. Desorden, desavenencia, descomposición. ‖ **3.** fig. Falta de modo y medida en las acciones o palabras.

desconectar. tr. Suprimir la comunicación eléctrica entre un aparato y la línea general. ‖ **2.** *Tecnol.* Interrumpir el enlace entre aparatos o sistemas para que cese el flujo existente entre ellos. ‖ **3.** intr. fig. Dejar de tener relación, comunicación, enlace, etc.

desconexión. f. Acción y efecto de desconectar.

desconfiado, da. adj. Dícese de la persona que desconfía. Ú. t. c. s.

desconfianza. f. Falta de confianza.

desconfiar. intr. No confiar, tener poca seguridad o esperanza. ❑ Ú. con la prep. *de.*

descongelar. tr. Hacer que cese la congelación de una cosa.

descongestión. f. Acción y efecto de descongestionar.

descongestionar. tr. Disminuir o quitar la congestión. Ú. t. c. prnl.

desconocer. tr. No conocer. ‖ **2.** Negar uno ser suya alguna cosa. DESCONOCER *una obra.* ‖ **3.** fig. Reconocer la notable mudanza que se halla en una persona o cosa. Ú. t. c. prnl. ❑ Irreg. Se conj. como *agradecer.*

desconocido, da. adj. Ingrato, falto de reconocimiento o gratitud. Ú. t. c. s. ‖ **2.** Ignorado, no conocido de antes. Ú. t. c. s. ‖ **3.** Muy cambiado, irreconocible.

desconocimiento. m. Acción y efecto de desconocer. ‖ **2.** Falta de correspondencia, ingratitud.

desconsiderado, da. adj. Que no guarda la consideración o el respeto debidos. Ú. t. c. s.

desconsiderar. tr. No guardar la consideración debida.

desconsolado, da. adj. Que carece de consuelo.

desconsolar. tr. Privar de consuelo, afligir. Ú. t. c. prnl. ❑ Irreg. Se conj. como *contar.*

desconsuelo. m. Angustia y aflicción profunda por falta de consuelo.

descontado, da. p. p. de **descontar.** ‖ **dar por descontado.** fr. fam. Contar alguien con algo como seguro e indiscutible. ‖ **por descontado.** loc. fam. Por supuesto, sin duda alguna.

descontaminar. tr. Someter a tratamiento lo que está contaminado, a fin de que pierda sus propiedades nocivas.

descontar. tr. Rebajar una cantidad al tiempo de pagar una cuenta, una factura, un pagaré, etc. ‖ **2.** fig. Rebajar algo del mérito o virtudes que se atribuyen a una persona. ‖ **3.** En ciertos juegos, tener el árbitro en cuenta el tiempo que el partido ha estado interrumpido, para añadirlo al final, de modo que aquel alcance la duración reglamentaria. ‖ **4.** *Com.* Abonar al contado una letra u otro documento no vencido rebajando de su valor la cantidad que se estipule, como intereses del dinero que se anticipa. ❑ Irreg. Se conj. como *contar.*

descontento, ta. adj. Dícese de la persona que no está satisfecha con una situación o con otra persona. ‖ **2.** m. Disgusto o desagrado.

descontrol. m. Falta de control, de orden, de disciplina.

descontrolarse. prnl. Perder el dominio de sí mismo.

desconvocar. tr. Anular una convocatoria. Dicho especialmente de huelgas, manifestaciones, etc.

descorazonamiento. m. fig. Desfallecimiento de ánimo.

descorazonar. tr. fig. Desanimar, acobardar, amilanar. Ú. t. c. prnl.

descorchar. tr. Quitar o arrancar el corcho al alcornoque. ‖ **2.** Sacar el corcho que cierra una botella u otra vasija.

descorche. m. Acción y efecto de descorchar el alcornoque.

descornar. tr. Quitar, arrancar los cuernos a un animal. Ú. t. c. prnl. ‖ **2.** prnl. fig. y fam. Entregarse denodadamente a la consecución de algo. ❑ Irreg. Se conj. como *contar.*

descorrer. tr. Plegar o reunir lo que estaba antes estirado; como las cortinas, el lienzo, etc.

descortés. adj. Falto de cortesía. Ú. t. c. s.

descortesía. f. Falta de cortesía.

descortezadura. f. Parte de corteza que se quita a una cosa. ‖ **2.** Parte descortezada.

descortezar. tr. Quitar la corteza al árbol, al pan o a otra cosa. Ú. t. c. prnl. ‖ **2.** fig. y fam. **desbastar,** pulir a una persona. Ú. t. c. prnl.

descoser. tr. Soltar, cortar, desprender las puntadas de las cosas que estaban cosidas. Ú. t. c. prnl.

descosido, da. adj. fig. Dícese del que fácil e indiscretamente habla lo que convenía tener oculto. ǁ **2.** m. Parte **descosida** en una prenda de vestir o de cualquier otro uso. ǁ **como un descosido.** expr. fig. y fam. que significa el ahínco o exceso con que se hace una cosa.

descoyuntar. tr. Desencajar los huesos de su lugar y, en general, descomponer cualquier cosa articulada. Ú. t. c. prnl. y en sent. fig.

descrédito. m. Disminución o pérdida de la reputación de las personas, o del valor y estima de las cosas.

descreído, da. adj. Incrédulo, falto de fe; sin creencia, porque ha dejado de tenerla.

descreimiento. m. Falta, abandono de fe, de creencia, especialmente en lo que se refiere a religión.

descremado, da. adj. Dícese de la sustancia a la que se ha quitado la crema. *Leche* DESCREMADA. ǁ **2.** m. Acción y efecto de descremar.

descremar. tr. Quitar la crema a la leche.

describir. tr. Representar a personas o cosas por medio del lenguaje, refiriendo o explicando sus distintas partes, cualidades o circunstancias. ǁ **2.** Definir imperfectamente una cosa, no por sus predicados esenciales, sino dando una idea general de sus partes o propiedades. ǁ **3.** Usado con el nombre de una línea, moverse a lo largo de ella. *La punta del compás* DESCRIBE *una circunferencia.* ❑ p. p. irreg. *descrito.*

descripción. f. Acción y efecto de describir.

descriptivo, va. adj. Dícese de lo que describe. *Narración* DESCRIPTIVA.

descrito, ta. p. p. irreg. de **describir.**

descuadrar. intr. No cuadrar las cuentas, no ajustarse a la realidad.

descuajaringar. tr. Desvencijar, desunir, desconcertar alguna cosa. Ú. t. c. prnl. ǁ **2.** prnl. fam. Relajarse las partes del cuerpo por efecto de cansancio. ❑ Ú. solo hiperbólicamente.

descuajeringado, da. adj. *Amér.* Desvencijado. ǁ **2.** *Amér.* Descuidado en el aseo y el vestir.

descuartizar. tr. Dividir un cuerpo haciéndolo cuartos o más partes.

descubierto, ta. p. p. irreg. de **descubrir.** ǁ **2.** adj. Dícese de lugares o paisajes despejados o espaciosos. ǁ **3.** m. **déficit.**

descubridor, ra. adj. Que descubre o halla una cosa oculta o no conocida. Ú. t. c. s. ǁ **2.** Por antonom., dícese del que ha descubierto tierras y provincias ignoradas o desconocidas. Ú. m. c. s.

descubrimiento. m. Hallazgo, encuentro, manifestación de lo que estaba oculto o secreto o era desconocido. ǁ **2.** Por antonom., encuentro, invención o hallazgo de una tierra o un mar no descubierto o ignorado. ǁ **3.** Territorio, provincia o cosa que se ha reconocido o descubierto.

descubrir. tr. Manifestar, hacer patente. ǁ **2.** Destapar lo que está tapado o cubierto. ǁ **3.** Hallar lo que estaba ignorado o escondido. Se usa principalmente tratándose de las tierras o mares desconocidos. ǁ **4.** Venir en conocimiento de una cosa que se ignoraba. ǁ **5.** prnl. Quitarse de la cabeza el sombrero, gorra, etc. ❑ p. p. irreg. *descubierto.*

descuento. m. Acción y efecto de descontar. ǁ **2.** Rebaja, compensación de una parte de la deuda.

descuernacabras. m. Viento frío y recio que sopla de la parte del Norte.

descuidado, da. adj. Omiso, negligente o que falta al cuidado que debe poner en las cosas. Ú. t. c. s. ǁ **2.** Desaliñado, que cuida poco de la compostura en el traje. Ú. t. c. s. ǁ **3. desprevenido.**

descuidar. tr. Descargar a alguien del cuidado u obligación que debía tener. Ú. t. c. intr. ǁ **2.** En imperativo, se dice para tranquilizar a alguien que tiene una preocupación o para librarle de una tarea. DESCUIDA, *que yo lo haré.* ǁ **3.** No cuidar de las personas o de las cosas, o no atenderlas con la diligencia debida. ǁ **4.** prnl. Dejar de tener la atención puesta en algo.

descuidero, ra. adj. Se aplica al ratero que suele hurtar aprovechándose del descuido ajeno. Ú. t. c. s.

descuido. m. Omisión, negligencia, falta de cuidado. ǁ **2.** Olvido, inadvertencia. ǁ **3.** Desliz, tropiezo vergonzoso.

desde. prep. que denota el punto, en tiempo o lugar, de que procede, se origina o ha de empezar a contarse una cosa, un hecho o una distancia. DESDE *que nací;* DESDE *mi casa.* Por esta razón es parte de muchas locuciones adverbiales que expresan punto de partida en el espacio o en el tiempo. DESDE *entonces;* DESDE *aquí.* ǁ **2.** Después de. ǁ **desde luego.** loc. adv. afirmativa. Sin duda, por supuesto.

desdecir. intr. fig. Degenerar una cosa o persona de su origen, educación o clase. ǁ **2.** fig. No convenir, no conformarse una cosa con otra. ǁ **3.** prnl. Retractarse de lo dicho. ❑ En esta acepción, ú. con la prep. *de.* ❑ Irreg. Se conj. como *decir,* salvo la 2.ª pers. sing. del imperativo; como imperativo, solo en forma prnl.: *desdícete;* p. p. irreg. *desdicho.*

desdén. m. Indiferencia y desapego que denotan menosprecio.

desdentado, da. adj. Que ha perdido los dientes. ǁ **2.** *Zool.* Dícese de los animales mamíferos que carecen de dientes incisivos, y a veces también de caninos y molares; como el perico ligero, el armadillo y el oso hormiguero. Ú. t. c. s. ‖ **3.** m. pl. *Zool.* Orden de estos animales.

desdeñar. tr. Tratar con desdén a una persona o cosa.

desdibujado, da. adj. Dícese del dibujo defectuoso o de la cosa mal conformada.

desdibujarse. prnl. fig. Perder una cosa la claridad y precisión de sus perfiles o contornos, tanto en el plano real como en el del pensamiento.

desdicha. f. Desgracia, suerte adversa. ‖ **2.** Pobreza suma, miseria, necesidad.

desdichado, da. adj. **desgraciado,** que padece desgracias o tiene mala suerte. Ú. t. c. s.

desdicho, cha. p. p. irreg. de **desdecir.**

desdoblamiento. m. Acción y efecto de desdoblar o desdoblarse. ‖ **2.** Fraccionamiento de un compuesto en sus componentes o elementos por evolución natural o artificial.

desdoblar. tr. Extender una cosa que estaba doblada. Ú. t. c. prnl. ‖ **2.** fig. Formar dos o más cosas por separación de los elementos que suelen estar juntos en otra. Ú. t. c. prnl.

desdoro. m. Descrédito en la reputación, fama o prestigio.

desdramatizar. tr. Quitar pasión y virulencia a un asunto.

deseable. adj. Digno de ser deseado.

desear. tr. Aspirar con vehemencia al conocimiento, posesión o disfrute de una cosa. ‖ **2.** Anhelar que acontezca o deje de acontecer algún suceso. ‖ **3.** Sentir apetencia sexual hacia una persona.

desecar. tr. Secar, extraer la humedad. Ú. t. c. prnl.

desechable. adj. Que puede o debe ser desechado. ‖ **2.** Dícese de los objetos destinados a ser usados solo una vez, como jeringuillas, pañales, etc.

desechar. tr. Excluir, reprobar. ‖ **2.** Menospreciar, desestimar, hacer poco caso y aprecio. ‖ **3.** Renunciar, no admitir una cosa. ‖ **4.** Deponer, apartar de sí un pesar, temor, sospecha o mal pensamiento.

desecho. m. Lo que queda después de haber escogido lo mejor y más útil de una cosa. ‖ **2.** Residuo, basura. ‖ **3.** fig. Lo más vil y despreciable. ❑ Para estas acepciones, no confundir con *deshecho.* ‖ **4.** *Amér.* **atajo,** senda.

desembalaje. m. Acción de desembalar.

desembalar. tr. Deshacer los fardos, quitar el forro o cubierta a las mercaderías o a otros efectos.

desembalsar. tr. Dar salida al agua contenida en un embalse, o a parte de ella.

desembarazado, da. adj. Despejado, libre, sin obstáculos. ‖ **2.** Que se desenvuelve con soltura.

desembarazar. tr. Quitar el impedimento que se opone a una cosa; dejarla libre y expedita. Ú. t. c. prnl. ‖ **2.** prnl. fig. Apartar o separar alguien de sí lo que le estorba o incomoda para conseguir un fin. ❑ Como prnl., ú. con la prep. *de.*

desembarcadero. m. Lugar destinado o que se elige para desembarcar.

desembarcar. tr. Sacar de la nave y poner en tierra lo embarcado. ‖ **2.** intr. Salir de una embarcación. Ú. t. c. prnl.

desembarco. m. Acción de desembarcar o salir de una embarcación. ‖ **2.** *Mar.* Operación militar que realiza en tierra la dotación de un buque o de una escuadra, o las tropas que llevan.

desembargar. tr. *Der.* Levantar el embargo.

desembarrancar. tr. Sacar a flote la nave que está varada. Ú. t. c. intr.

desembocadura. f. Paraje por donde un río, un canal, etc., desemboca en otro, en el mar o en un lago. Ú. t. en sent. fig.

desembocar. intr. Entrar, desaguar un río o canal, etc., en otro, en el mar o en un lago. ‖ **2.** Tener una calle salida a otra, a una plaza o a otro lugar. ‖ **3.** Concluir, alcanzar un desenlace. ❑ Ú. con la prep. *en.*

desembolsar. tr. fig. Pagar o entregar una cantidad de dinero.

desembolso. m. fig. Entrega de una porción de dinero efectivo y al contado. ‖ **2.** Dispendio, gasto, coste.

desembrollar. tr. fam. Desenredar, aclarar.

desembuchar. tr. Echar o expeler las aves lo que tienen en el buche. ‖ **2.** fig. y fam. Decir alguien todo cuanto sabe y tenía callado.

desemejanza. f. Diferencia, diversidad.

desemejar. intr. No parecerse una cosa a otra de su especie; diferenciarse de ella. ‖ **2.** tr. Desfigurar, mudar de figura.

desempacar. tr. Sacar las mercaderías de las pacas en que van.

desempañar. tr. Limpiar el cristal o cualquier otra cosa lustrosa que estaba empañada.

desempaquetar. tr. Desenvolver lo que estaba en uno o más paquetes.

desemparentado, da. adj. Sin parientes.

desempatar. tr. Deshacer el empate en una votación o en una competición. Ú. t. c. intr.

desempate. m. Acción y efecto de desempatar.

desempedrar. tr. Desencajar y arrancar las piedras de un empedrado. ❑ Irreg. Se conj. como *acertar.*

desempeñar. tr. Sacar lo que estaba en poder de otro en garantía de un préstamo, pagando la cantidad acordada. ‖ **2.** Cumplir las obligaciones inherentes a una profesión, cargo u oficio; ejercerlos. ‖ **3.** prnl. *Amér.* Actuar, trabajar, dedicarse a una actividad satisfactoriamente. Ú. t. c. prnl.

desempleado, da. adj. Que se halla en situación de paro forzoso. Ú. t. c. s.

desempleo. m. Paro forzoso.

desempolvar. tr. Quitar el polvo. Ú. t. c. prnl. ‖ **2.** fig. Traer a la memoria algo ya olvidado o utilizar lo que se desechó mucho tiempo antes.

desempotrar. tr. Sacar una cosa de donde estaba empotrada.

desenamorar. tr. Hacer perder el amor que se tiene a una persona o cosa, o deponer el afecto que se le tenía. Ú. m. c. prnl.

desencadenamiento. m. Acción y efecto de desencadenar o desencadenarse.

desencadenar. tr. Quitar la cadena al que está con ella amarrado. ‖ **2.** fig. Romper o desunir el vínculo de las cosas inmateriales. ‖ **3.** Originar o producir movimientos impetuosos de fuerzas naturales. *El viento* DESENCADENÓ *fuerte oleaje*. Ú. t. c. prnl. ‖ **4.** Originar, provocar o dar salida a movimientos del ánimo, hechos o series de hechos, generalmente apasionados o violentos. *La muerte de César* DESENCADENÓ *una nueva guerra civil.* Ú. t. c. prnl.

desencajar. tr. Sacar de su lugar una cosa, desunirla del encaje o trabazón que tenía con otra. Ú. t. c. prnl. ‖ **2.** prnl. Desfigurarse, descomponerse el semblante por enfermedad o por pasión del ánimo.

desencallar. tr. Poner a flote una embarcación encallada. Ú. t. c. intr.

desencaminar. tr. **descaminar,** apartar a alguien del camino o disuadirle de sus buenos propósitos.

desencantar. tr. Deshacer el encanto. Ú. t. c. prnl. ‖ **2.** Decepcionar, desilusionar. Ú. t. c. prnl.

desencanto. m. Decepción, desilusión.

desencapotarse. prnl. fig. Dicho del cielo, del horizonte, etc., despejarse, aclararse.

desencarcelar. tr. **excarcelar.**

desenchufar. tr. Desconectar lo que está enchufado.

desenclavar. tr. **desclavar.**

desencoger. tr. Extender, estirar y dilatar lo que estaba doblado, arrollado o encogido. ‖ **2.** prnl. fig. Esparcirse, perder el encogimiento.

desencordar. tr. Quitar las cuerdas a un instrumento. Se usa comúnmente referido a los de música. ❑ Irreg. Se conj. como *contar*.

desencuadernar. tr. Deshacer lo encuadernado; como un cuaderno o un libro. Ú. t. c. prnl.

desencuentro. m. Encuentro fallido o decepcionante. ‖ **2.** Desacuerdo.

desenfadado, da. adj. Desembarazado, libre.

desenfado. m. Desenvoltura, falta de inhibición.

desenfocar. tr. Perder o hacer perder el enfoque. Ú. t. c. intr. y c. prnl.

desenfoque. m. Falta de enfoque o enfoque defectuoso.

desenfrenado, da. adj. Dícese del que se comporta sin moderación y con violencia. Ú. t. c. s.

desenfrenar. tr. Quitar el freno a las caballerías. ‖ **2.** prnl. fig. Desmandarse, entregarse desordenadamente a los vicios y maldades. ‖ **3.** fig. Desencadenarse alguna fuerza bruta.

desenfreno. m. fig. Acción y efecto de desenfrenarse.

desenfundar. tr. Quitar la funda a una cosa. ‖ **2.** Sacar una cosa de su funda.

desenganchar. tr. Soltar; desprender una cosa que está enganchada. Ú. t. c. prnl. ‖ **2.** Quitar de un carruaje las caballerías de tiro.

desengañado, da. adj. Desilusionado, falto de esperanza. ‖ **2.** Experimentado o curtido por los desengaños.

desengañar. tr. Hacer reconocer el engaño o el error. Ú. t. c. prnl. ‖ **2.** Quitar esperanzas o ilusiones. ❑ Como prnl., ú. con la prep. *de*.

desengaño. m. Conocimiento de la verdad, con que se sale del engaño o error en que se estaba. ‖ **2.** Efecto de ese conocimiento en el ánimo.

desengarzar. tr. Deshacer el engarce; desprender lo que está engarzado y unido. Ú. t. c. prnl.

desengranar. tr. Quitar o soltar el engranaje de alguna cosa con otra.

desengrasar. tr. Quitar la grasa. ‖ **2.** intr. fig. Neutralizar los efectos de una comida grasa con frutas, sorbetes, etc.

desenhebrar. tr. Sacar la hebra de la aguja. Ú. t. c. prnl.

desenlace. m. Acción y efecto de desenlazar o desenlazarse.

desenlazar. tr. Desatar los lazos; desasir y soltar lo que está atado con ellos. Ú. t. c. prnl. ‖ **2.** fig. Resolver la trama de una obra dramática, narrativa o cinematográfica, hasta llegar a su final. Ú. t. c. prnl.

desenmarañar. tr. Desenredar, deshacer el enredo o maraña. ‖ **2.** fig. Poner en claro una cosa que estaba oscura y enredada.

desenmascarar. tr. Quitar la máscara. Ú. t. c. prnl. ‖ **2.** fig. Dar a conocer tal como es moralmente una persona, descubriendo los propósitos, sentimientos, etc., que procura ocultar.

desenredar. tr. Deshacer el enredo.

desenrollar. tr. **desarrollar,** o extender lo que está arrollado. Ú. t. c. prnl.

desenroscar. tr. Extender lo que está enroscado. Ú. t. c. prnl. ‖ **2.** Sacar de su asiento lo que está introducido a vuelta de rosca.

desentenderse. prnl. Dejar de prestar atención a un asunto o negocio; no participar en él. ❑ Irreg. Se conj. como *entender*. Ú. con la prep. *de*.

desenterrar. tr. Exhumar, descubrir, sacar lo que está debajo de tierra. ‖ **2.** fig. Traer a la memoria lo olvidado. ❑ Irreg. Se conj. como *acertar*.

desentonar. intr. Contrastar una persona o cosa con su entorno, por no estar acorde o en armonía con él. Ú. t. c. prnl. ‖ **2.** *Mús.* Subir o bajar la entonación de la voz o de un instrumento fuera de oportunidad.

desentrañar. tr. fig. Averiguar, penetrar lo más dificultoso y recóndito de una materia.

desentrenar. tr. Hacer perder el entrenamiento adquirido. Ú. t. c. prnl. y m. en p. p. *Estoy* DESENTRENADO.

desentumecer. tr. Hacer que un miembro entorpecido recobre su agilidad y soltura. Ú. t. c. prnl. ❑ Irreg. Se conj. como *agradecer*.

desenvainar. tr. Sacar de la vaina la espada u otra arma blanca.

desenvoltura. f. Facilidad o soltura en la expresión o en el modo de comportarse.

desenvolver. tr. Quitar la envoltura. ‖ **2.** Extender lo enrollado. ‖ **3.** prnl. fig. Obrar con desenvoltura. ❑ Irreg. Se conj. como *mover*; p. p. irreg. *desenvuelto*.

desenvuelto, ta. p. p. irreg. de **desenvolver.** ‖ **2.** adj. fig. Que tiene desenvoltura.

deseo. m. Movimiento enérgico de la voluntad hacia el conocimiento, posesión o disfrute de una cosa. ‖ **2.** Acción y efecto de desear. ‖ **3.** Cosa deseada.

deseoso, sa. adj. Que desea o apetece.

desequilibrado, da. adj. Falto de sensatez y cordura, llegando a veces a parecer loco. Ú. t. c. s.

desequilibrar. tr. Hacer perder el equilibrio. Ú. t. c. prnl.

desequilibrio. m. Falta de equilibrio. ‖ **2.** Trastorno de la personalidad.

deserción. f. Acción de desertar.

desertar. intr. Desamparar, abandonar el soldado sus banderas. Ú. menos c. prnl. ‖ **2.** Por ext., abandonar las obligaciones o los ideales.

desértico, ca. adj. **desierto,** despoblado. ‖ **2.** Dícese de lo que es propio, perteneciente o relativo al desierto.

desertizar. tr. Convertir en desierto, por distintas causas, tierras, vegas, etc. Ú. t. c. prnl.

desertor, ra. adj. Que deserta. Ú. t. c. s. ‖ **2.** m. Soldado que desampara su bandera.

desescombrar. tr. **escombrar.**

desesperación. f. Pérdida total de la esperanza. ‖ **2.** fig. Alteración extrema del ánimo causada por cólera, despecho o enojo.

desesperado, da. adj. Poseído por la desesperación. Ú. t. c. s.

desesperante. adj. Que produce impaciencia, exasperación o irritación.

desesperanzar. tr. Quitar la esperanza. ‖ **2.** prnl. Quedarse sin esperanza.

desesperar. tr. **desesperanzar.** Ú. t. c. intr. y c. prnl. ‖ **2.** fam. Impacientar, exasperar. Ú. t. c. prnl.

desestabilizador, ra. adj. Que desestabiliza. Dícese especialmente de lo que compromete o perturba una situación económica, política, etc.

desestabilizar. tr. Comprometer o perturbar la estabilidad. Ú. t. c. prnl.

desestibar. tr. Sacar el cargamento de la bodega de un barco y disponerlo para la descarga.

desestimar. tr. Tener en poco. ‖ **2.** Denegar, desechar.

desfachatez. f. fam. Descaro, desvergüenza.

desfalcar. tr. Quitar parte de una cosa, descabalarla. ‖ **2.** Tomar para sí un caudal que se tenía bajo obligación de custodia.

desfalco. m. Acción y efecto de desfalcar.

desfallecer. intr. Desmayarse, decaer perdiendo el aliento y las fuerzas. ❑ Irreg. Se conj. como *agradecer*.

desfallecimiento. m. Disminución de ánimo, decaimiento del vigor y la fuerza; desmayo.

desfasarse. prnl. No ajustarse ni adaptarse una persona o cosa a las circunstancias, corrientes o condiciones del momento. Ú. m. en p. p.

desfase. m. fig. Acción y efecto de desfasarse.

desfavorable. adj. Poco favorable, perjudicial, contrario, adverso.

desfavorecer. tr. Dejar de favorecer a alguien, desairarle. ‖ **2.** Contradecir, hacer oposición a una cosa, favoreciendo la contraria. ❑ Irreg. Se conj. como *agradecer*.

desfigurar. tr. Desemejar, afear, ajar la composición, orden y hermosura del semblante y de las facciones. Ú. t. c. prnl. ‖ **2.** Disfrazar y encubrir con apariencia diferente el propio semblante, la intención u otra cosa. ‖ **3.** fig. Referir una cosa alterando sus verdaderas circunstancias. ‖ **4.** prnl. Inmutarse por un accidente o por alguna emoción fuerte.

desfiladero. m. Paso estrecho entre montañas.

desfilar. intr. Marchar gente en fila. ‖ **2.** fam. Salir varios, uno tras otro, de alguna parte. ‖ **3.** *Mil.* En ciertos actos militares, pasar las tropas en formación ante una autoridad o un símbolo.

desfile. m. Acción de desfilar.

desfloración. f. Acción y efecto de desflorar.

desflorar. tr. Ajar, quitar la flor o el lustre. ‖ **2. desvirgar.**

desfogar. tr. Dar salida al fuego. ‖ **2.** fig. Manifestar con vehemencia una pasión. Ú. t. c. prnl.

desfogue. m. Acción y efecto de desfogar o desfogarse, dar salida al fuego.

desfollonar. tr. Quitar a las plantas las hojas o vástagos inútiles.

desfondar. tr. Quitar o romper el fondo a un vaso o caja. Ú. t. c. prnl. ‖ **2.** *Agr.* Dar a la tierra labores profundas, que a veces exceden de 30 ó 40 centímetros, a fin de hacerla más permeable, destruir las raíces perjudiciales y airear las capas inferiores. ‖ **3.** En competiciones deportivas, quitar fuerza o empuje. Ú. t. c. prnl.

desgaire. m. Desaliño, desaire en el manejo del cuerpo y en las acciones, que regularmente suele ser afectado. ‖ **2.** Ademán con que se desprecia y desestima a una persona o cosa.

desgajadura. f. Rotura de la rama cuando lleva consigo parte de la corteza y aun del tronco a que está asida.

desgajar. tr. Desgarrar, arrancar, separar con violencia la rama del tronco de donde nace. Ú. t. c. prnl. ‖ **2.** Despedazar, romper, deshacer una cosa unida y trabada. ‖ **3.** prnl. fig. Apartarse, desprenderse una cosa inamovible de otra a que está unida por alguna parte.

desgalichado, da. adj. fam. Desaliñado, desgarbado.

desgana. f. Inapetencia, falta de gana de comer. ‖ **2.** fig. Falta de aplicación; tedio, disgusto o repugnancia a una cosa.

desganar. tr. Quitar el deseo, gusto o gana de hacer una cosa. ‖ **2.** prnl. Perder el apetito a la comida. ‖ **3.** fig. Disgustarse, cansarse, desviarse de lo que antes se hacía con gusto y por propia elección.

desgañitarse. prnl. fam. Esforzarse violentamente gritando o voceando. ‖ **2. enronquecerse.**

desgarbado, da. adj. Falto de garbo.

desgarrado, da. adj. Descarnado, terrible.

desgarrar. tr. **rasgar,** romper cosas de poca consistencia. Ú. t. c. prnl. ‖ **2.** Causar algo gran pena o despertar mucha compasión. *Aquel suceso le* DESGARRÓ *el corazón.*

desgarro. m. Rotura o rompimiento.

desgarrón. m. Rasgón o rotura grande del vestido o de otra cosa semejante. ‖ **2.** Jirón o tira del vestido al desgarrarse la tela.

desgastar. tr. Quitar o consumir poco a poco por el uso o el roce, parte de una cosa. Ú. t. c. prnl. ‖ **2.** prnl. fig. Perder fuerza, vigor o poder.

desgaste. m. Acción y efecto de desgastar o desgastarse.

desglosar. tr. Separar un impreso de otros con los cuales está encuadernado. ‖ **2.** Separar algo de un todo, para estudiarlo o considerarlo por separado.

desgobernar. tr. Deshacer, perturbar y confundir el buen orden del gobierno. ‖ **2.** *Mar.* Descuidar el timonel el gobierno del timón. ❑ Irreg. Se conj. como *acertar.*

desgobierno. m. Desorden, desconcierto, falta de gobierno.

desgracia. f. Suerte adversa. *Mi amigo tiene* DESGRACIA *en cuanto emprende.* ‖ **2.** Suceso adverso o funesto. ‖ **3.** Motivo de aflicción debido a un acontecimiento contrario a lo que convenía o se deseaba. ‖ **4.** Pérdida de gracia, favor, consideración o cariño. ❑ Ú. m. con el verbo *caer* y la prep. *en.*

desgraciado, da. adj. Que padece desgracias o una desgracia. Ú. t. c. s. ‖ **2. desafortunado.** Ú. t. c. s. ‖ **3.** Persona que inspira compasión o menosprecio.

desgraciarse. prnl. Malograrse. Ú. t. c. tr.

desgranado, da. adj. Se dice de la rueda o piñón dentados que han perdido alguno de sus dientes.

desgranador, ra. adj. Que desgrana. Ú. t. c. s. ‖ **2.** f. Máquina para desgranar productos agrícolas.

desgranar. tr. Sacar el grano de una cosa. Ú. t. c. prnl. ‖ **2.** prnl. Soltarse las piezas ensartadas, como las cuentas de un collar, rosario, etc. Ú. t. c. tr. y en sent. fig. *El reloj* DESGRANA *las horas lentamente.*

desgravación. f. Acción y efecto de desgravar.

desgravar. tr. Rebajar los derechos arancelarios o los impuestos sobre determinados objetos. ‖ **2.** Descontar gastos que sean deducibles del importe de un impuesto. Ú. t. c. intr.

desgreñado, da. adj. Despeinado, con el cabello en desorden.

desgreñar. tr. Descomponer, desordenar los cabellos. Ú. t. c. prnl.

desguace. m. Acción y efecto de desguazar. ‖ **2.** Materiales que resultan de desguazar algo.

desguarnecer. tr. Quitar la guarnición que servía de adorno. ‖ **2.** Quitar la fuerza o la fortaleza a una cosa; como a una plaza, a un castillo, etc. ‖ **3.** Quitar todo aquello que es necesario para el uso de un instrumento mecánico; como el mango al martillo, etc. ‖ **4.** Quitar las guarniciones a los animales de tiro. ❑ Irreg. Se conj. como *agradecer.*

desguazar. tr. *Mar.* Desbaratar o deshacer un buque total o parcialmente. ‖ **2.** Por ext., deshacer o desbaratar cualquier cosa.

deshabitado, da. adj. Dícese del lugar que estuvo habitado y ya no lo está. ‖ **2.** No habitado.

deshabitar. tr. Dejar de vivir en un lugar o casa. ‖ **2.** Dejar sin habitantes una población o un territorio.

deshabituar. tr. Hacer perder a una persona o animal el hábito o la costumbre que tenía. Ú. t. c. prnl.

deshacer. tr. Quitar la forma o figura a una cosa, descomponiéndola. Ú. t. c. prnl. ‖ **2.** Desgastar, atenuar. Ú. t. c. prnl. ‖ **3.** Derrotar, romper, poner en fuga un ejército o tropa. ‖ **4.** Derretir, liquidar. Ú. t. c. prnl. ‖ **5.** Desleír en cosa líquida la que no lo es. ‖ **6.** fig. Alterar, descomponer un tratado o negocio. ‖ **7.** prnl. fig. Desaparecerse o desvanecerse de la vista. ‖ **8.** fig. Trabajar con mucho ahínco y vehemencia. ‖ **9.** fig. Con la prep. *en* y sustantivos que indiquen manifestaciones de aprecio, afecto, cortesía, o las contrarias, extremarlas o prodigarlas: DESHACERSE EN *atenciones, maldiciones.* ‖ **deshacerse de** una persona. fr. Evitar su compañía o su trato o prescindir de sus servicios. ‖ **2.** Por ext., matarla. ❑ Irreg. Se conj. como *hacer;* p. p. irreg. *deshecho.*

desharrapado, da. adj. Andrajoso, roto y lleno de harapos. Ú. t. c. s. ‖ **2.** Desheredado, muy pobre. Ú. t. c. s.

deshebrar. tr. Sacar las hebras o hilos, destejiendo una tela. ‖ **2.** fig. Deshacer una cosa en partes muy delgadas, semejantes a hebras.

deshecho, cha. p. p. irreg. de **deshacer.** ❑ No confundir con *desecho.* ‖ **2.** m. *Amér.* **desecho,** atajo.

deshelar. tr. Licuar lo que está helado. Ú. t. c. prnl. ❑ Irreg. Se conj. como *acertar.*

desheredado, da. adj. Pobre, que carece de medios de vida. Ú. t. c. s.

desheredar. tr. Excluir a alguien de la herencia forzosa, expresamente y por causa legal.

deshidratación. f. Acción y efecto de deshidratar o deshidratarse.

deshidratar. tr. Privar a un cuerpo o a un organismo del agua que contiene. ‖ **2.** prnl. Perder un organismo parte del agua que entra en su composición.

deshielo. m. Acción y efecto de deshelar o deshelarse. Ú. t. en sent. fig.

deshilachar. tr. Sacar hilachas de una tela. Ú. t. c. prnl. ‖ **2.** prnl. Perder hilachas por el uso, quedar raído.

deshilado. m. Labor que se hace en una tela sacando de ella varios hilos y formando huecos o calados, que se labran después con la aguja. Ú. m. en pl.

deshilar. tr. Sacar hilos de un tejido; destejer una tela por la orilla, dejando pendientes los hilos en forma de flecos.

deshilvanado, da. adj. fig. Sin enlace ni trabazón. Dícese de discursos, pensamientos, etc.

deshilvanar. tr. Quitar los hilvanes. Ú. t. c. prnl.

deshinchar. tr. Deshacer o reducir lo hinchado. Ú. t. c. prnl. ‖ **2.** Desinflar, sacar el aire. ‖ **3.** fig. Desahogar la cólera o el enojo. ‖ **4.** prnl. Desaparecer la inflamación de la zona del cuerpo afectada por ella. ‖ **5.** fig. y fam. Deponer la presunción.

deshipotecar. tr. Cancelar o suspender la hipoteca.

deshojar. tr. Quitar las hojas a una planta o los pétalos a una flor. Ú. t. c. prnl. ‖ **2.** Arrancar las hojas de un libro. ❑ No confundir con *desojar.*

deshoje. m. Caída de las hojas de las plantas.

deshollinador, ra. adj. Que deshollina. Ú. t. c. s. ‖ **2.** m. Utensilio para deshollinar chimeneas.

deshollinar. tr. Limpiar las chimeneas, quitándoles el hollín. ‖ **2.** Por ext., limpiar con el deshollinador techos y paredes.

deshonestidad. f. Calidad de deshonesto. ‖ **2.** Dicho o hecho deshonesto.

deshonesto, ta. adj. Impúdico, falto de honestidad. ‖ **2.** No conforme a razón ni a las ideas recibidas por buenas.

deshonor. m. Pérdida del honor. ‖ **2.** Afrenta, deshonra.

deshonra. f. Pérdida de la honra. ‖ **2.** Cosa deshonrosa.

deshonrar. tr. Quitar la honra. Ú. t. c. prnl. ‖ **2. injuriar.** ‖ **3.** Violar a una mujer.

deshonroso, sa. adj. Vergonzoso, indecoroso, indigno.

deshora. f. Tiempo inoportuno, no conveniente. ‖ **a deshora,** o **deshoras.** loc. adv. Fuera de sazón o de tiempo.

deshuesador, ra. adj. Que deshuesa. Ú. t. c. s. ‖ **2.** f. Máquina o instrumento para quitar el hueso a la aceituna u otros frutos.

deshuesar. tr. Quitar los huesos a un animal o a la fruta.

deshumanización. f. Acción y efecto de deshumanizar.

deshumanizar. tr. Privar de caracteres humanos a alguna cosa.

desiderativo, va. adj. Que expresa o indica deseo.

desiderátum. m. Aspiración, deseo que aún no se ha cumplido.

desidia. f. Negligencia, inercia.

desierto, ta. adj. Aplícase al lugar no habitado o desprovisto de gente. ‖ **2.** Aplícase a la subasta, concurso o certamen en que nadie toma parte o en que ningún participante obtiene la adjudicación. ‖ **3.** m. Territorio arenoso o pedregoso que carece de vegetación o la tiene muy escasa.

designación. f. Acción y efecto de designar una persona o cosa para cierto fin.

designar. tr. Señalar o destinar una persona o cosa para determinado fin.

designio. m. Pensamiento, o propósito del entendimiento, aceptado por la voluntad.

desigual. adj. Que no es igual. ‖ **2.** fig. Diverso, variable. *España tiene un clima* DESIGUAL.

desigualar. tr. Hacer a una persona o cosa desigual a otra.

desigualdad. f. Calidad de desigual. ‖ **2.** *Mat.* Expresión de la falta de igualdad entre dos cantidades.

desilusión. f. Acción y efecto de desilusionar o desilusionarse.

desilusionar. tr. Hacer perder las ilusiones. ‖ **2.** prnl. Perder las ilusiones.

desincrustar. tr. Quitar o suprimir incrustaciones.

desinencia. f. *Gram.* Morfema flexivo añadido a la raíz de adjetivos, nombres, pronombres y verbos. ‖ **2.** *Gram.* Manera de terminar las cláusulas.

desinfección. f. Acción y efecto de desinfectar.

desinfectante. adj. Que desinfecta o sirve para desinfectar. Ú. t. c. s. m.

desinfectar. tr. Quitar a una cosa la infección o la propiedad de causarla, destruyendo los gérmenes nocivos o evitando su desarrollo. Ú. t. c. prnl.

desinflar. tr. Hacer salir el aire u otro gas del cuerpo flexible que lo contenía. Ú. t. c. prnl.

desinformar. tr. Dar información intencionadamente manipulada al servicio de ciertos fines.

desinhibir. tr. Prescindir de inhibiciones, comportarse con espontaneidad. Ú. t. c. prnl.

desinsectar. tr. Limpiar de insectos. Ú. especialmente referido a los parásitos del hombre y de los que son nocivos a la salud o a la economía.

desintegración. f. Acción y efecto de desintegrar.

desintegrar. tr. Separar los diversos elementos que forman un todo. Ú. t. c. prnl. ‖ **2.** Destruir por completo. Ú. t. c. prnl. ‖ **3.** prnl. Perder cohesión o fortaleza. *Las antiguas virtudes* SE DESINTEGRAN.

desinterés. m. Falta de interés por algo. ‖ **2.** Desapego y desprendimiento de todo provecho personal, próximo o remoto.

desinteresado, da. adj. Desprendido, apartado del interés. ‖ **2.** Que no está motivado por un interés personal. *Fue una propuesta* DESINTERESADA.

desinteresarse. prnl. Perder el interés que se tenía en alguna cosa.

desintoxicación. f. Acción y efecto de desintoxicar.

desintoxicar. tr. Combatir la intoxicación o sus efectos. Ú. t. c. prnl. y en sent. fig.

desistir. intr. Apartarse de una empresa o intento empezado a ejecutar o proyectado. ❑ Ú. con la prep. *de.*

deslavazado, da. adj. Desordenado, mal compuesto o inconexo.

desleal. adj. Que obra sin lealtad. Ú. t. c. s.

deslealtad. f. Falta de lealtad.

deslegalizar. tr. Privar de legalidad a lo que antes la tenía.

desleír. tr. Disolver y desunir las partes de algunos cuerpos por medio de un líquido. Ú. t. c. prnl. ❑ Irreg. Se conj. como *reír.*

deslenguado, da. adj. Desvergonzado, desbocado, mal hablado.

desliar. tr. Deshacer el lío, desatar lo liado. Ú. t. c. prnl.

desligar. tr. Desatar, soltar las ligaduras. Ú. t. c. prnl. ‖ **2.** Separar, independizar. DESLIGAR *un acontecimiento de otro.* Ú. t. c. prnl.

deslindar. tr. Señalar y distinguir los términos de un lugar, provincia o heredad. ‖ **2.** fig. Aclarar una cosa, de modo que no haya confusión en ella.

desliz. m. Acción y efecto de deslizar o deslizarse. ‖ **2.** fig. Equivocación, indiscreción involuntaria, flaqueza en sentido moral, con especial referencia a las relaciones sexuales.

deslizamiento. m. Acción y efecto de deslizar o deslizarse.

deslizar. intr. Irse los pies u otro cuerpo por encima de una superficie lisa o mojada. Ú. m. c. prnl. ‖ **2.** tr. Incluir en un escrito o discurso, como por descuido, frases o palabras intencionadas. ‖ **3.** prnl. fig. Escaparse, evadirse.

deslomar. tr. Quebrantar, romper o maltratar los lomos. Ú. m. c. prnl. ‖ **2.** prnl. Trabajar o esforzarse mucho. Ú. t c. tr.

deslucido, da. adj. Que carece de lucimiento.

deslucir. tr. Quitar la gracia, atractivo o lustre a una cosa. Ú. t. c. prnl. ‖ **2.** fig. **desacreditar.** Ú. t. c. prnl. ❑ Irreg. Se conj. como *lucir*.

deslumbramiento. m. Acción y efecto de deslumbrar.

deslumbrante. adj. Que deslumbra. Ú. t. en sent. fig.

deslumbrar. tr. Ofuscar la vista o confundirla con el exceso de luz. Ú. t. c. prnl. ‖ **2.** fig. Dejar a alguien confuso o admirado. Ú. t. c. prnl.

deslustrar. tr. Quitar el lustre. ‖ **2.** fig. **deslucir,** difamar.

desmadejado, da. adj. Dícese de la persona que se siente con flojedad o debilidad en el cuerpo.

desmadejamiento. m. fig. Debilidad, decaimiento del cuerpo.

desmadejar. tr. fig. Causar flojedad en el cuerpo. Ú. t. c. prnl.

desmadrado, da. adj. Aplícase a la persona que ha perdido la cordura y la dignidad o se conduce sin respeto ni medida.

desmadrarse. prnl. fig. y fam. Conducirse sin respeto ni medida, hasta el punto de perder la mesura y la dignidad.

desmadre. m. fig. y fam. Acción y efecto de desmadrarse, perder las normas, excederse. ‖ **2.** fig. y fam. Juerga desenfrenada.

desmallar. tr. Deshacer, cortar los puntos de una malla, de una red, de una media, etc.

desmán[1]. m. Exceso, desorden, tropelía.

desmán[2]. m. Mamífero afín al topo, de unos 25 cm de largo, contando la cola. Vive a orillas de ríos y arroyos. La especie que vive en los Pirineos se llama también ratón almizclero o, simplemente, almizclera. La que vive en la región del Volga es el **desmán** almizclado, cuyo olor a almizcle es muy acusado.

desmandado, da. adj. **desobediente,** díscolo.

desmandarse. prnl. Propasarse, actuar sin comedimiento. ‖ **2.** Desordenarse, apartarse de la compañía con que se va.

desmano (a). loc. adv. **a trasmano,** fuera del camino habitual.

desmantelado, da. adj. Dícese de la casa o del palacio mal cuidado o despojado de muebles.

desmantelar. tr. Echar por tierra y arruinar los muros y fortificaciones de una plaza. ‖ **2.** Por ext., clausurar o demoler un edificio y otro tipo de construcción con el fin de interrumpir o impedir una actividad. ‖ **3. desarticular,** desorganizar la autoridad. ‖ **4.** fig. Desamparar, abandonar o desabrigar una casa.

desmañado, da. adj. Falto de maña, destreza y habilidad. Ú. t. c. s.

desmaquillador, ra. adj. Aplícase al producto cosmético que sirve para desmaquillar. Ú. m. c. s. m.

desmaquillar. tr. Quitar de la cara el maquillaje u otras sustancias cosméticas. Ú. t. c. prnl.

desmarcarse. prnl. En algunos deportes, desplazarse un jugador para burlar al contrario que le marca.

desmayado, da. adj. Que ha perdido fuerza, vigor o ánimo.

desmayar. intr. fig. Perder el valor, desfallecer de ánimo, acobardarse. ‖ **2.** prnl. Perder el sentido y el conocimiento.

desmayo. m. Desaliento, desánimo. ‖ **2.** Desfallecimiento de las fuerzas, privación de sentido.

desmedido, da. adj. Desproporcionado, falto de medida, que no tiene término.

desmejorar. tr. Hacer perder el lustre y perfección. Ú. t. c. prnl. ‖ **2.** intr. Ir perdiendo la salud. Ú. t. c. prnl.

desmelenar. tr. Descomponer y desordenar el cabello. Ú. t. c. prnl. ‖ **2.** prnl. Soltarse, desinhibirse.

desmembrar. tr. Dividir y apartar los miembros del cuerpo. ‖ **2.** fig. Dividir, separar una cosa de otra. Ú. t. c. prnl. ❑ Irreg. Se conj. como *acertar*.

desmemoriado, da. adj. Torpe de memoria. Ú. t. c. s. ‖ **2.** Falto de ella por completo o a intervalos. Ú. t. c. s.

desmemoriarse. prnl. Olvidarse, no acordarse.

desmentido, da. m. y f. Acción y efecto de desmentir o negar la veracidad de algo que ha sido afirmado antes. Ú. m. en América. ‖ **2. mentís,** comunicado en que se desmiente algo públicamente. Ú. m. en América.

desmentir. tr. Decir a alguien que miente. ‖ **2.** Sostener o demostrar la falsedad de un dicho o hecho. ❑ Irreg. Se conj. como *sentir*.

desmenuzar. tr. Deshacer una cosa dividiéndola en partes menudas. Ú. t. c. prnl. ‖ **2.** fig. Examinar en detalle una cosa.

desmerecer. tr. Hacer indigno de premio, favor o alabanza. ‖ **2.** intr. Perder una cosa parte de su mérito o valor. ‖ **3.** Ser una cosa inferior a otra con la cual se compara. ❑ Irreg. Se conj. como *agradecer*.

desmesura. f. Descomedimiento, falta de mesura.

desmesurado, da. adj. Excesivo, mayor de lo común.

desmesurarse. prnl. Descomedirse, perder la modestia, excederse.

desmigajar. tr. Hacer migajas una cosa, dividirla y desmenuzarla en partes pequeñas. Ú. t. c. prnl.

desmigar. tr. Desmigajar o deshacer el pan para hacer migas.

desmilitarización. f. Acción y efecto de desmilitarizar.

desmilitarizar. tr. Suprimir la organización o el carácter militar de una colectividad. ‖ **2.** Desguarnecer de tropas e instalaciones militares un territorio obedeciendo a un acuerdo internacional.

desmineralización. f. *Med.* Disminución o pérdida de una cantidad anormal de principios minerales, como fósforo, potasio, calcio, etc.

desmirriado, da. adj. fam. **esmirriado.**

desmitificar. tr. Disminuir o privar de atributos míticos a aquello que los tenía o pretendía tenerlos.

desmochar. tr. Quitar, cortar, arrancar o desgajar la parte superior de una cosa, dejándola mocha. DESMOCHÓ *el árbol, desnudándolo de las ramas.*

desmogar. intr. Mudar los cuernos el venado y otros animales.

desmonetizar. tr. Abolir el empleo de un metal para la acuñación de moneda.

desmontable. adj. Que se puede desmontar[2] o desarmar.

desmontar[1]. tr. Cortar en un monte o en parte de él los árboles o matas.

desmontar[2]. tr. **desarmar,** desunir, separar las piezas de una cosa. ‖ **2.** Bajar a alguien de una caballería o de otra cosa. Ú. t. c. intr. y c. prnl.

desmonte. m. Acción y efecto de desmontar[1]. ‖ **2.** Porción de terreno desmontado. Ú. m. en pl.

desmoralización. f. Acción y efecto de desmoralizar o desmoralizarse.

desmoralizar. tr. Corromper las costumbres con malos ejemplos o doctrinas perniciosas. Ú. t. c. prnl. ‖ **2.** Desanimar. Ú. t. c. prnl.

desmoronamiento. m. Acción y efecto de desmoronar o desmoronarse.

desmoronar. tr. Deshacer y arruinar las aglomeraciones de sustancias más o menos en cohesión. Ú. t. c. prnl. ‖ **2.** prnl. fig. Sufrir una persona, física o moralmente, una grave depresión, los efectos de un disgusto, etc. ‖ **3.** fig. Venir a menos, irse destruyendo los imperios, los caudales, el crédito, etc.

desmovilización. f. Acción y efecto de desmovilizar.

desmovilizar. tr. Licenciar a las personas o a las tropas movilizadas.

desnarigado, da. adj. Que no tiene narices o las tiene muy pequeñas. Ú. t. c. s.

desnarigar. tr. Quitar a alguien las narices.

desnatadora. f. Máquina que sirve para quitar la nata a la leche o a otros líquidos.

desnatar. tr. Quitar la nata a la leche o a otros líquidos.

desnaturalizado, da. adj. Que falta a los deberes que la naturaleza impone a padres, hijos, hermanos, etc. Ú. t. c. s.

desnaturalizar. tr. Alterar las propiedades o condiciones de una cosa; desvirtuarla.

desnivel. m. Falta de nivel. ‖ **2.** Diferencia de alturas entre dos o más puntos.

desnivelar. tr. Alterar el nivel existente entre dos o más cosas. Ú. t. c. prnl. ‖ **2.** Desequilibrar.

desnucar. tr. Causar la muerte a una persona o animal por un golpe en la nuca. Ú. t. c. prnl.

desnuclearización. f. Reducción o eliminación de armas o instalaciones nucleares de un territorio.

desnudar. tr. Quitar todo el vestido o parte de él. Ú. t. c. prnl. ‖ **2.** fig. Despojar una cosa de lo que la cubre o adorna. DESNUDAR *los árboles.*

desnudez. f. Calidad de desnudo.

desnudismo. m. **nudismo.**

desnudo, da. adj. Sin vestido. ‖ **2.** fig. Indecentemente vestido. ‖ **3.** fig. Falto o despojado de lo que cubre o adorna. ‖ **4.** fig. Falto de recursos. ‖ **5.** fig. Falto de una cosa no material. DESNUDO *de méritos.* ‖ **6.** *Bot.* Dícese, en general, de órganos vegetales que carecen de envolturas protectoras. Aplícase en especial a las flores que carecen de cáliz y corola, como las de los sauces y álamos. ‖ **7.** m. *Esc.* y *Pint.* Figura humana **desnuda** o cuyas formas se perciben aunque esté vestida.

desnutrición. f. Acción y efecto de desnutrirse.

desnutrido, da. adj. Mal alimentado, enflaquecido.

desnutrirse. prnl. Depauperarse el organismo por trastorno de la nutrición.

desobedecer. tr. No hacer alguien lo que ordenan las leyes o los que tienen autoridad. ❑ Irreg. Se conj. como *agradecer.*

desobediencia. f. Acción y efecto de desobedecer.

desobediente. adj. Que desobedece. ‖ **2.** Propenso a desobedecer.

desobstruir. tr. Quitar las obstrucciones. ❑ Irreg. Se conj. como *huir.*

desocupación. f. Falta de ocupación; ociosidad. ‖ **2.** *Amér.* Paro forzoso, desempleo.

desocupado, da. adj. Sin ocupación, ocioso. ‖ **2.** Vacío de personas o cosas. ‖ **3.** *Amér.* Desempleado, sin trabajo. Ú. t. c. s.

desocupar. tr. Dejar un lugar libre de obstáculos. ‖ **2.** Sacar lo que hay dentro de alguna cosa.

desodorante. adj. Que destruye los olores molestos o nocivos. ‖ **2.** m. Producto que se utiliza para suprimir el olor corporal o de algún recinto.

desodorizante. adj. Dícese de la sustancia que se usa en las industrias químicas, cosméticas y alimentarias para desodorizar.

desodorizar. tr. Eliminar ciertos olores.

desoír. tr. Desatender, dejar de oír. ❑ Irreg. Se conj. como *oír*.

desojarse. prnl. fig. Esforzar la vista mirando o buscando una cosa. ❑ No confundir con *deshojar*.

desolación. f. Acción y efecto de desolar o desolarse.

desolador, ra. adj. Que causa extrema aflicción.

desolar. tr. **asolar¹,** destruir, arrasar. ‖ **2.** prnl. fig. Afligirse, angustiarse extremadamente. ❑ Con este sentido, solo suele usarse el p. p. Irreg. Se conj. como *contar*.

desolladero. m. Sitio destinado para desollar las reses.

desollar. tr. Quitar la piel del cuerpo o de alguno de sus miembros. Ú. t. c. prnl. ❑ Irreg. Se conj. como *contar*.

desopilante. adj. fig. Festivo, divertido, que produce mucha risa.

desorbitado, da. adj. fig. Dícese de los ojos que expresan tanto dolor o asombro que parecen salirse de las órbitas.

desorbitar. tr. Sacar un cuerpo de órbita. Ú. t. c. prnl. y en sent. fig.

desorden. m. Confusión y alteración del orden. Usáb. t. c. f. ‖ **2.** Alboroto, motín.

desordenado, da. adj. Que no tiene orden. ‖ **2.** Dícese también de lo que sale del orden o ley moral. *Pasión, vida* DESORDENADA. ‖ **3.** Referido a pers., que obra sin método y no cuida del orden en sus cosas.

desordenar. tr. Turbar, confundir y alterar el buen orden. Ú. t. c. prnl. ‖ **2.** prnl. Salir de regla, excederse.

desorejado, da. adj. fig. y fam. Prostituido, infame, abyecto. Ú. t. c. s.

desorganización. f. Acción y efecto de desorganizar o desorganizarse.

desorganizar. tr. Desordenar en sumo grado, cortando o rompiendo las relaciones existentes entre las diferentes partes de un todo. Ú. t. c. prnl.

desorientación. f. Acción y efecto de desorientar o desorientarse.

desorientar. tr. Hacer que una persona pierda la orientación o el conocimiento de la posición que ocupa geográfica o topográficamente. Ú. t. c. prnl. ‖ **2.** fig. Confundir, ofuscar, extraviar. Ú. t. c. prnl.

desovadero. m. Época del desove. ‖ **2.** Lugar a propósito para el desove.

desovar. intr. Soltar las hembras de los peces y las de los anfibios sus huevos o huevas.

desove. m. Acción y efecto de desovar. ‖ **2.** Época en que desovan las hembras de los peces y anfibios.

desoxidante. adj. Que desoxida o sirve para desoxidar. Ú. t. c. s. m.

desoxidar. tr. Limpiar un metal del óxido que lo mancha. ‖ **2. desoxigenar.**

desoxigenante. adj. Que desoxigena. Ú. t. c. s. m.

desoxigenar. tr. Quitar el oxígeno a una sustancia con la cual estaba combinado. Ú. t. c. prnl. ‖ **2. desoxidar.** Ú. t. c. prnl.

desoxirribonucleico. adj. *Bioquím.* V. **ácido desoxirribonucleico.**

desoxirribonucleótido. m. *Bioquím.* Nucleótido cuyo azúcar constituyente es la desoxirribosa.

desoxirribosa. f. *Bioquím.* Aldopentosa derivada de la ribosa, que participa en la estructura de los ácidos desoxirribonucleicos.

despabilado, da. adj. Dícese del que está libre de sueño, en especial del que está desvelado en la hora que debía dormir.

despabilar. tr. Quitar la pavesa o la parte ya quemada del pabilo o mecha a velas y candiles. ‖ **2.** fig. Avivar y ejercitar el entendimiento o el ingenio de alguien, hacerle perder la timidez o la torpeza. Ú. t. c. prnl. y c. intr. ‖ **3.** prnl. fig. Sacudirse el sueño o la pereza. Ú. t. c. intr. ‖ **4.** *Amér.* fest. Escabullirse, marcharse.

despachar. tr. Abreviar y concluir un negocio u otra cosa. ‖ **2.** Resolver o tratar un asunto o negocio. Ú. t. c. intr. ‖ **3. enviar,** hacer que una persona o cosa vaya a determinado lugar. DESPACHAR *un correo.* ‖ **4.** fam. Atender el tendero o dependiente a los clientes. Ú. t. c. intr. ‖ **5.** fig. y fam. **matar,** quitar la vida. Ú. t. c. prnl. ‖ **6.** prnl. fam. Decir alguien cuanto le viene en gana. Ú. m. en la fr. DESPACHARSE *a gusto.*

despacho. m. Acción y efecto de despachar. ‖ **2.** Dependencia o conjunto de dependencias de una casa destinadas al estudio o gestión profesional de diversos asuntos. ‖ **3.** Cualquiera de las comunicaciones escritas entre el gobierno de una nación y sus representantes en las potencias extranjeras. ‖ **4.** Cédula, título o comisión que se da a uno para algún empleo o negocio. ‖ **5.** Comunicación transmitida por telégrafo o por teléfono o por cualquier otro medio de comunicación.

despachurrado, da. adj. fig. y fam. Desconcertado, cortado, impresionado.

despachurrar. tr. fam. Aplastar una cosa despedazándola, estrujándola o apretándola con fuerza. Ú. t. c. prnl.

despacio. adv. m. Poco a poco, lentamente. ‖ **2.** adv. t. Por tiempo dilatado.

despampanante. adj. fig. Llamativo, que deja atónito por su buena presencia u otras cualidades.

despanzurrar. tr. fam. Romper a alguien la panza. Ú. t. c. prnl. ‖ **2.** Por ext., reventar una cosa que está rellena, esparciendo el relleno por fuera. Ú. t. c. prnl.

desparejar. tr. Deshacer una pareja. Ú. t. c. prnl.

desparpajo. m. fam. Suma facilidad y desembarazo en el hablar o en las acciones.

desparramado, da. adj. Ancho, abierto.

desparramar. tr. Esparcir, extender por muchas partes lo que estaba junto. Ú. t. c. prnl. ‖ **2.** Verter, derramar un fluido por muchas partes. Ú. t. c. prnl.

despatarrar. tr. fam. Abrir excesivamente las piernas a alguien. Ú. t. c. prnl. ‖ **2.** prnl. Caerse al suelo, abierto de piernas.

despavorido, da. adj. Lleno de pavor.

despechar¹. tr. p. us. Causar despecho. Ú. t. c. prnl.

despechar². tr. fam. Destetar a los niños.

despecho. m. Malquerencia nacida en el ánimo por desengaños sufridos en la consecución de los deseos o en los empeños de la vanidad.

despechugar. tr. Quitar la pechuga a un ave. ‖ **2.** prnl. fig. y fam. Mostrar o enseñar el pecho, llevarlo descubierto.

despectivo, va. adj. **despreciativo.** ‖ **2.** *Gram.* Aplícase a la palabra que incluye idea de menosprecio en la significación del positivo de que procede; v. gr.: *libraco, villorrio, poetastro, calducho.* Ú. t. c. s. m. ‖ **3.** *Gram.* Dícese también del sufijo que se añade a dicho positivo.

despedazar. tr. Hacer pedazos un cuerpo, dividiéndolo en partes sin orden ni concierto. Ú. t. c. prnl.

despedida. f. Acción y efecto de despedir a alguien o despedirse.

despedir. tr. Soltar, desprender, arrojar una cosa. DESPEDIR *la piedra.* ‖ **2.** Alejar, deponer a alguien de su cargo, prescindir de sus servicios. DESPEDIR *al criado.* Ú. t. c. prnl. ‖ **3.** Acompañar durante algún rato por obsequio al que sale de una casa, o un pueblo, o emprende un viaje. ‖ **4.** fig. Difundir o esparcir. DESPEDIR *olor, rayos de luz.* ‖ **5.** prnl. Hacer o decir alguna expresión de afecto o cortesía para separarse una persona de otra u otras. ❑ Irreg. Se conj. como *pedir.* Como prnl., ú. con la prep. *de.*

despegado, da. adj. fig. y fam. Áspero o desabrido en el trato. ‖ **2.** fig. y fam. Poco cariñoso, que muestra desapego.

despegar. tr. Apartar, desasir y desprender una cosa de otra a la que estaba pegada o junta. ‖ **2.** intr. Separarse del suelo, agua o cubierta de un barco un avión, helicóptero, cohete, etc., al iniciar el vuelo.

despegue. m. Acción y efecto de despegar un avión, helicóptero, cohete, etc.

despeinar. tr. Deshacer el peinado. Ú. t. c. prnl.

despejado, da. adj. Que tiene desembarazo y soltura en su trato. ‖ **2.** Espacioso, dilatado, ancho. *Frente* DESPEJADA, *plaza* DESPEJADA.

despejar. tr. Vaciar o desocupar un sitio o espacio. ‖ **2.** fig. **aclarar,** poner en claro. DESPEJAR *la situación.* ‖ **3.** *Álg.* Separar, por medio del cálculo, una incógnita de las otras cantidades que la acompañan en una ecuación. ‖ **4.** intr. Hablando del día, del cielo, del tiempo, etc., aclararse, serenarse. Ú. t. c. prnl. ‖ **5.** En algunos deportes, resolver una situación comprometida alejando la pelota de la meta propia.

despeje. m. En algunos deportes, acción y efecto de despejar.

despellejar. tr. Quitar el pellejo, desollar. Ú. t. c. prnl. ‖ **2.** fig. Murmurar muy malamente de alguien.

despelotarse. prnl. fam. Desnudarse, quitarse la ropa. ‖ **2.** fam. Alborotarse, disparatar, perder el tino o la formalidad.

despelote. m. fam. Acción y efecto de despelotarse.

despeluchar. tr. **despeluzar.** Ú. t. c. prnl.

despeluzar. tr. Descomponer, desordenar el pelo de la cabeza, de la felpa, etc. Ú. t. c. prnl.

despenalizar. tr. Levantar la pena que pesa sobre algo que constituye delito, legalizarlo.

despendolarse. prnl. fam. Desmadrarse, conducirse alocadamente.

despensa. f. Lugar o sitio de la casa, de la nave, etc., en el cual se guardan las cosas comestibles. ‖ **2.** Provisión de comestibles.

despeñadero. m. Precipicio o sitio alto, peñascoso y escarpado, desde donde es fácil despeñarse. ‖ **2.** fig. Riesgo o peligro a que alguien se expone.

despeñar. tr. Precipitar y arrojar a una persona o cosa desde un lugar alto y peñascoso, o desde una prominencia aunque no tenga peñascos. Ú. t. c.prnl.

despepitar¹. tr. Quitar las pepitas o semillas de algún fruto; como del algodón, del melón, etc.

despepitar². tr. **desembuchar.** ‖ **2.** prnl. Hablar o gritar con vehemencia o con enojo.

desperado, da. adj. Por infl. del inglés, dícese del delincuente dispuesto a todo. Ú. t. c. s.

desperdiciar. tr. Malbaratar, gastar o emplear mal una cosa; como el dinero, la comida, etc. ‖ **2. desaprovechar,** omitir. DESPERDICIAR *el tiempo.*

desperdicio. m. Residuo de lo que no se puede o no es fácil aprovechar o se deja de utilizar por descuido.

desperdigado, da. adj. Esparcido, separado, disperso.

desperdigar. tr. Separar, desunir, esparcir. Ú. t. c. prnl.

desperezarse. prnl. Extender y estirar los miembros, para sacudir la pereza o librarse del entumecimiento.

desperfecto. m. Leve deterioro. ‖ **2.** Falta o defecto que desvirtúa el valor y utilidad de las cosas o deslustra su buena apariencia.

despersonalizar. tr. Quitar el carácter o atributos de persona; hacer perder la identidad. Ú. t. c. prnl. ‖ **2.** Quitar carácter personal a un hecho, asunto o relación. *Trato* DESPERSONALIZADO.

despertador, ra. adj. Que despierta. ‖ **2.** m. Reloj que, a la hora en que previamente se le dispuso, hace sonar una campanilla, timbre o zumbido, para despertar al que duerme o dar otro aviso.

despertar. tr. Cortar, interrumpir el sueño al que está durmiendo. Ú. t. c. prnl. ‖ **2.** fig. Renovar o traer a la memoria una cosa ya olvidada. ‖ **3.** fig. Hacer que alguien vuelva sobre sí o recapacite. ‖ **4.** fig. Mover, excitar. DESPERTAR *el apetito.* ‖ **5.** intr. Dejar de dormir. ❑ Irreg. Se conj. como *acertar.* Ú. con la prep. *de.*

despestañar. tr. Quitar o arrancar las pestañas. ‖ **2.** prnl. fig. Desojarse por hallar algo.

despezar. tr. *Arq.* e *Ingen.* Dividir las distintas partes que componen una obra, o una máquina en las diferentes piezas que entran en su ejecución. ❑ Irreg. Se conj. como *acertar.*

despiadado, da. adj. Inhumano, cruel, sin piedad.

despido. m. Acción y efecto de despedir o despedirse. ‖ **2.** Indemnización o finiquito que recibe el trabajador despedido.

despierto, ta. adj. Que ha despertado. ‖ **2.** fig. Avisado, advertido, vivo.

despiezar. tr. *Arq.* e *Ingen.* **despezar** las distintas partes que componen una obra, o desarmar las piezas de una máquina.

despilfarrador, ra. adj. Que despilfarra. Ú. t. c. s.

despilfarrar. tr. Consumir el caudal en gastos desarreglados; malgastar, malbaratar.

despilfarro. m. Gasto excesivo y superfluo, derroche.

despimpollar. tr. *Agr.* Quitar a la vid los brotes inútiles o excesivos, dejando los adecuados para una buena cosecha.

despinochar. tr. Quitar las hojas a las panochas o mazorcas de maíz.

despintar. tr. Borrar o raer lo pintado o teñido. Ú. t. c. prnl.

despiojador. m. Aparato o procedimiento empleado para limpiar de parásitos a las aves y otros animales domésticos.

despiojar. tr. Quitar los piojos. Ú. t. c. prnl.

despiporre o **despiporren (el).** m. fam. El colmo; desbarajuste, desorden, generalmente festivo.

despistado, da. adj. Desorientado, distraído, que no se da cuenta de lo que ocurre a su alrededor. Ú. t. c. s.

despistar. tr. Hacer perder la pista. Ú. t. c. intr. ‖ **2.** prnl. Extraviarse, perder el rumbo. ‖ **3.** fig. Andar desorientado en algún asunto o materia.

despiste. m. Calidad de despistado. ‖ **2.** Distracción, fallo, olvido, error.

despitorrado. adj. Dícese del toro de lidia que tiene rota una o las dos astas, siempre que quede en ellas punta.

desplante. m. fig. Dicho o acto lleno de arrogancia, descaro o desabrimiento.

desplatar. tr. Separar la plata que se halla mezclada con otro metal.

desplazado, da. adj. Dicho de una persona, inadaptado, que no se ajusta al ambiente o a las circunstancias. Ú. t. c. s.

desplazamiento. m. Acción y efecto de desplazar. ‖ **2.** *Mar.* Volumen y peso del agua que desplaza un buque, igual al espacio que ocupa en el agua su casco hasta la línea de flotación.

desplazar. tr. Mover o sacar a una persona o cosa del lugar en que está. Ú. t. c. prnl. ‖ **2.** *Mar.* Mover el buque, de un lugar a otro, un volumen de agua igual al de la parte de su casco sumergida, y cuyo peso es igual al peso total del buque. Se usa también hablando de cualquier otro cuerpo sumergido en un líquido. ‖ **3.** prnl. Trasladarse, ir de un lugar a otro.

desplegar. tr. Desdoblar, extender lo que está plegado. Ú. t. c. prnl. ‖ **2.** fig. Ejercitar, poner en práctica una actividad o manifestar una cualidad. DESPLEGÓ *tino e imparcialidad.* ‖ **3.** *Mil.* Hacer pasar las tropas del orden cerrado al abierto y extendido; como del de columna al de batalla, del de batalla al de guerrilla, etc. Ú. t. c. prnl. ❑ Irreg. Se conj. como *acertar.*

despliegue. m. Acción y efecto de desplegar. ‖ **2.** Exhibición, demostración. DESPLIEGUE *de fuerzas.*

desplomar. tr. Hacer que una pared, un edificio u otra cosa, pierda la posición vertical. ‖ **2.** prnl. Caerse, perder la posición vertical una cosa, especialmente una pared o un edificio. ‖ **3.** fig. Caerse sin vida o sin conocimiento una persona. ‖ **4.** fig. Arruinarse, perderse. *Su trono se* DESPLOMA.

desplumar. tr. Quitar las plumas al ave. Ú. t. c. prnl. ‖ **2.** fig. **pelar,** quitar los bienes; dejar a alguien sin dinero.

despoblación. f. Acción y efecto de despoblar o despoblarse.

despoblado. m. Desierto, yermo o sitio no poblado, y especialmente el que en otro tiempo ha tenido población.

despoblar. tr. Reducir a yermo y desierto lo que estaba habitado, o hacer que disminuya considerablemente la población de un lugar. Ú. t. c. prnl. ❑ Irreg. Se conj. como *contar.*

despojar. tr. Privar a alguien de lo que goza y tiene; desposeerle de ello con violencia. ‖ **2.** Quitar a una cosa lo que la acompaña, cubre o completa. ‖ **3.** prnl. Desposeerse de una cosa voluntariamente. ❑ Ú. con la prep. *de.*

despojo. m. Acción y efecto de despojar o despojarse. ‖ **2.** Presa, botín del vencedor. ‖ **3.** Vientre, asadura, cabeza y manos de las reses muertas. Ú. m. en pl. ‖ **4.** Alones, molleja, patas, pescuezo y cabeza de las aves muertas. Ú. m. en pl. ‖ **5.** pl. Restos mortales, cadáver.

desportilladura. f. Fragmento o astilla que por accidente se separa del borde o canto de una cosa. ‖ **2.** Mella o defecto que queda en el borde de una cosa después de saltar de él un fragmento.

desportillar. tr. Deteriorar o maltratar una cosa, quitándole parte del canto o boca y haciendo portillo o abertura. Ú. t. c. prnl.

desposado, da. adj. Recién casado. Ú. t. c. s.

desposar. tr. Autorizar el párroco el matrimonio. ‖ **2.** prnl. Contraer esponsales. ‖ **3. contraer matrimonio.**

desposeer. tr. Privar a alguien de lo que posee. ‖ **2.** prnl. Renunciar alguien a lo que posee. ❑ Irreg. Se conj. como *leer.* Ú. con la prep. *de.*

desposeído, da. adj. Pobre, desheredado. Ú. m. en pl.

desposorio. m. Promesa que el hombre y la mujer se hacían de contraer matrimonio. Ú. m. en pl. ‖ **2. casamiento**.

déspota. m. El que ejercía mando supremo en algunos pueblos antiguos. ‖ **2.** Soberano que gobierna sin sujeción a ley alguna. ‖ **3.** com. fig. Persona que trata con dureza a sus subordinados y abusa de su poder o autoridad.

despótico, ca. adj. Relativo al déspota o propio de él.

despotismo. m. Autoridad absoluta no limitada por las leyes. ‖ **2.** Abuso de superioridad, poder o fuerza en el trato con las demás personas. ‖ **ilustrado.** Política de algunas monarquías absolutas del siglo XVIII, inspirada en las ideas de la Ilustración y el deseo de fomentar la cultura y prosperidad de los súbditos.

despotricar. intr. fam. Hablar sin consideración ni reparo, generalmente criticando a los demás. Ú. t. c. prnl.

despreciar. tr. Desestimar y tener en poco. ‖ **2.** Desairar o desdeñar.

despreciativo, va. adj. Que indica desprecio. *Tono* DESPRECIATIVO.

desprecio. m. Desestimación, falta de aprecio. ‖ **2.** Desaire, desdén.

desprender. tr. Desunir, desatar lo que estaba fijo o unido. Ú. t. c. prnl. ‖ **2.** Echar de sí alguna cosa. Ú. t. c. prnl. DESPRENDERSE *rayos de una nube.* ‖ **3.** prnl. fig. Renunciar a una cosa. ❑ Ú. con la prep. *de.* ‖ **4.** fig. Deducirse, inferirse.

desprendido, da. adj. Desinteresado, generoso.

desprendimiento. m. Acción de desprenderse trozos de una cosa: tierras, rocas, de un monte; gases de un cuerpo, etc. ‖ **2.** Desapego, desasimiento de las cosas.

despreocupación. f. Estado de ánimo del que carece de preocupaciones.

despreocupado, da. adj. De carácter ligero, desenfadado. *Un joven alegre y* DESPREOCUPADO.

despreocuparse. prnl. Salir o librarse de una preocupación. ‖ **2.** Desentenderse, apartar de una persona o cosa la atención o el cuidado.

desprestigiar. tr. Quitar el prestigio. Ú. t. c. prnl.

desprestigio. m. Acción y efecto de desprestigiar o desprestigiarse.

despresurizar. tr. En aeronaves, anular los efectos de la presurización. Ú. t. c. prnl.

desprevenido, da. adj. No preparado, no advertido para algo. *Tu llegada nos pilló* DESPREVENIDOS.

desprivatizar. tr. Convertir en pública una empresa privada o de propiedad anónima o limitada.

desproporción. f. Falta de la proporción debida.

desproporcionado, da. adj. Que no tiene la proporción conveniente o necesaria.

desproporcionar. tr. Quitar la proporción a una cosa; sacarla de regla y medida.

despropósito. m. Dicho o hecho fuera de razón, de sentido o de conveniencia.

desproveer. tr. Privar, despojar a alguien de sus provisiones o de las cosas que le son necesarias. ❑ Ú. con la prep. *de.* ❑ Irreg. Se conj. como *leer;* p. p. irreg. *desprovisto.*

desprovisto, ta. p. p. irreg. de **desproveer.** ‖ **2.** adj. Falto de lo necesario. ‖ **3.** Seguido de un complemento con *de,* que carece de lo designado por dicho complemento. *Fue una decisión* DESPROVISTA DE *malicia.*

después. adv. t. y l. que denota posterioridad de tiempo, lugar o situación. Antepónese con frecuencia a las partículas *de* y *que* para formar locs. prepos. o conjunt. DESPUÉS DE *amanecer;* DESPUÉS (DE) QUE *llegue.* ‖ **2.** conj. Se usa con valor adversativo en frases como: DESPUÉS *de lo que he hecho por ti, me pagas de este modo.* ‖ **3.** adj. Precedido de un sustantivo que designa unidad de tiempo, equivale a **siguiente** o **posterior.** *El día* DESPUÉS.

despuntar. tr. Quitar o gastar la punta. Ú. t. c. prnl. ‖ **2.** intr. fig. Adelantarse, descollar. ‖ **3.** Referido a la aurora, del alba o del día, empezar a amanecer.

desquiciamiento. m. Acción y efecto de desquiciar o desquiciarse.

desquiciar. tr. Desencajar o sacar de quicio una cosa; como puerta, ventana, etc. Ú. t. c. prnl. ‖ **2.** fig. Trastornar, descomponer, exasperar a alguien. Ú. t. c. prnl. ‖ **3.** fig. **sacar de quicio** una cosa. Ú. t. c. prnl.

desquitar. tr. Restaurar la pérdida; reintegrarse de lo perdido, particularmente en el juego. Ú. t. c. prnl. ‖ **2.** fig. Tomar satisfacción, vengar una ofensa, daño o derrota. Ú. t. c. prnl.

desquite. m. Acción y efecto de desquitar o desquitarse.

desratizar. tr. Exterminar las ratas y ratones en barcos, almacenes, viviendas, etc.

desriñonar. tr. **derrengar,** lastimar gravemente el espinazo o los lomos. Ú. t. c. prnl.

desrizar. tr. Deshacer los rizos; descomponer lo rizado. Ú. t. c. prnl.

destacado, da. adj. Notorio, relevante, notable.

destacamento. m. *Mil.* Porción de tropa destacada.

destacar. tr. *Mil.* Separar del cuerpo principal una porción de tropa, para una acción, expedición, escolta, guardia u otro fin. Ú. t. c. prnl. ‖ **2.** fig. Poner de relieve los méritos o cualidades de una persona o cosa. Ú. t. c. prnl. ‖ **3.** intr. Sobresalir, descollar. Ú. t. c. prnl.

destajo. m. Obra u ocupación que se ajusta por un tanto alzado, a diferencia de la que se hace a jornal. ‖ **a destajo.** loc. adv. Por un tanto. Dícese cuando se toma o se da una obra ajustada en cierta cantidad. ‖ **2.** fig. Con empeño, sin descanso y aprisa para concluir pronto.

destapar. tr. Quitar la tapa o tapón. Ú. t. c. prnl. ‖ **2.** fig. Descubrir lo que está oculto o cubierto. Ú. t. c. prnl.

destape. m. Acción y efecto de destapar o destaparse. ‖ **2.** En una película, espectáculo, etc., acción de desnudarse los actores.

destaponar. tr. Quitar el tapón.

destartalado, da. adj. Descompuesto, desproporcionado y sin orden. Ú. t. c. s.

destejer. tr. Deshacer lo tejido. Ú. t. c. prnl.

destellar. tr. Despedir destellos o emitir rayos, chispazos o ráfagas de luz, generalmente intensos y de breve duración.

destello. m. Acción de destellar. ‖ **2.** Resplandor vivo y efímero; ráfaga de luz, que se enciende y amengua o apaga casi instantáneamente. ‖ **3.** fig. Atisbo, vislumbre.

destemplado, da. adj. Falto de temple o de mesura. ‖ **2.** Dicho del tiempo, desapacible.

destemplanza. f. Intemperie, desigualdad del tiempo; exceso de calor, frío o humedad. ‖ **2.** Sensación general de malestar, acompañada a veces de escalofríos, con alguna alteración en el pulso, sin que llegue a notarse fiebre. ‖ **3.** fig. Desorden, alteración en las palabras o acciones; falta de moderación.

destemplar. tr. Alterar, desconcertar la armonía o el buen orden de una cosa. ‖ **2.** Desafinar o destruir la armonía con que están templados los instrumentos músicos. Ú. t. c. prnl. ‖ **3.** prnl. Sentir malestar físico. ‖ **4.** fig. Descomponerse, alterarse, perder la moderación en acciones o palabras.

destemple. m. Disonancia de las cuerdas de un instrumento. ‖ **2. destemplanza,** sensación de malestar. ‖ **3.** fig. **destemplanza,** desorden, alteración.

desteñir. tr. Quitar el tinte; borrar o apagar los colores. Ú. t. c. intr. y prnl. ‖ **2.** Manchar con su color una cosa a otra. Ú. t. c. prnl. ❑ Irreg. Se conj. como *ceñir.*

desternillante. adj. Regocijante, hilarante.

desternillarse. prnl. fig. Reírse mucho, sin poder contenerse. ❑ No utilizar *destornillarse.*

desterrado, da. adj. Que sufre pena de destierro.

desterrar. tr. Echar a alguien de un territorio o

lugar por mandato judicial o decisión gubernamental. ‖ **2.** fig. Deponer o apartar de sí. DESTERRAR *la tristeza.* ‖ **3.** prnl. **expatriarse.** ❑ Irreg. Se conj. como *acertar.*

destetar. tr. Hacer que deje de mamar el niño o las crías de los animales, procurando su nutrición por otros medios. Ú. t. c. prnl. ‖ **2.** prnl. fam. Despechugarse una mujer.

destete. m. Acción y efecto de destetar o destetarse.

destiempo (a). loc. adv. Fuera de tiempo, sin oportunidad.

destierro. m. Acción y efecto de desterrar o desterrarse. ‖ **2.** Pena que consiste en expulsar a una persona de lugar o territorio determinado, para que temporal o perpetuamente resida fuera de él. ‖ **3.** Pueblo o lugar en que vive el desterrado.

destilación. f. Acción y efecto de destilar. ‖ **2.** Flujo de humores serosos o mucosos.

destilar. tr. Separar por medio del calor, en alambiques u otros vasos, una sustancia volátil de otras más fijas, enfriando luego su vapor para reducirla nuevamente a líquido. Ú. t. c. intr., tomando como sujeto el nombre del líquido sometido a tal proceso. *El queroseno* DESTILA *a una temperatura comprendida entre 190 y 260 grados centígrados.* ‖ **2. filtrar,** hacer pasar un líquido por un filtro. Ú. t. c. prnl. ‖ **3.** fig. Revelar, hacer surgir lo contenido u oculto. *Sus palabras* DESTILABAN *ternura.* ‖ **4.** intr. Correr lo líquido gota a gota. Ú. t. c. tr. *La llaga* DESTILABA *sangre.*

destilería. f. Local o fábrica en que se hacen las destilaciones.

destinar. tr. Ordenar, señalar o determinar una cosa para algún fin o efecto. ‖ **2.** Designar el punto o establecimiento en que un individuo ha de ejercer el empleo, cargo o comisión que se le ha conferido. ‖ **3.** Designar la ocupación o empleo en que ha de servir una persona. ‖ **4.** Dirigir un envío a determinada persona o a cierto lugar. *Las armas iban* DESTINADAS *a un país asiático.*

destinatario, ria. m. y f. Persona a quien va dirigida o destinada alguna cosa.

destino. m. **hado,** fuerza desconocida que se cree obra sobre los hombres y los sucesos. ‖ **2.** Designación, señalamiento o aplicación de una cosa o de un lugar para determinado fin. ‖ **3.** Empleo, ocupación. ‖ **4.** Lugar o establecimiento en que un individuo ejerce su empleo.

destiño. m. Pedazo o parte del panal de las abejas, algo negro o verdoso, que carece de miel.

destitución. f. Acción y efecto de destituir.

destituir. tr. Separar a alguien del cargo que ejerce. ❑ Irreg. Se conj. como *huir.* Ú. con la prep. *de.*

destornillador. m. Instrumento de hierro u otra materia, que sirve para destornillar y atornillar.

destornillar. tr. **desatornillar** un tornillo. ‖ **2.** prnl. vulg. **desternillarse** de risa.

destrabar. tr. Quitar las trabas. Ú. t. c. prnl. ‖ **2.** Desasir, desprender o apartar una cosa de otra. Ú. t. c. prnl.

destral. m. Hacha pequeña que se maneja por lo general con solo una mano.

destrenzar. tr. Deshacer la trenza. Ú. t. c. prnl.

destreza. f. Habilidad, arte, primor o propiedad con que se hace una cosa.

destripacuentos. com. fam. Persona que interrumpe inoportunamente la relación del que habla.

destripar. tr. Quitar, sacar o desgarrar las tripas. ‖ **2.** fig. Sacar lo interior de una cosa.

destripaterrones. m. fig., fam. y despect. Gañán o jornalero que cava o ara la tierra. ‖ **2.** fig. y fam. Hombre tosco, cazurro.

destrísimo, ma. adj. sup. de **diestro.**

destronar. tr. Deponer y privar del reino a alguien; echarle del trono. ‖ **2.** fig. Quitar a alguien su preponderancia.

destroncar. tr. Cortar, tronchar un árbol por el tronco.

destrozar. tr. Despedazar, destruir, hacer trozos una cosa. Ú. t. c. prnl. ‖ **2.** fig. Estropear, maltratar, deteriorar. ‖ **3.** fig. Aniquilar, causar gran quebranto moral. ‖ **4.** fig. Derrotar, aplastar al enemigo o contrincante.

destrozo. m. Acción y efecto de destrozar o destrozarse.

destrozón, na. adj. fig. Que destroza demasiado la ropa, los zapatos, etc. Ú. t. c. s.

destrucción. f. Acción y efecto de destruir. ‖ **2.** Ruina, pérdida grande y casi irreparable.

destructivo, va. adj. Dícese de lo que destruye o tiene poder o facultad para destruir.

destructor, ra. adj. Que destruye. Ú. t. c. s. ‖ **2.** m. Buque de guerra rápido, de tonelaje medio, preparado para misiones de escolta ofensivas.

destruir. tr. Deshacer, arruinar o asolar algo. Ú. t. c. prnl. ❑ Irreg. Se conj. como *huir.*

desuello. m. Acción y efecto de desollar o desollarse.

desunión. f. Separación de las partes que componen un todo, o de las cosas que estaban juntas y unidas. ‖ **2.** fig. Discordia, desavenencia.

desunir. tr. Apartar, separar una cosa de otra. Ú. t. c. prnl. ‖ **2.** fig. Introducir discordia entre los que estaban en buena correspondencia. Ú. t. c. prnl.

desusado, da. adj. Desacostumbrado, insólito. ‖ **2.** Que ha dejado de usarse.

desusar. tr. Desacostumbrar, perder o dejar el uso. Ú. m. c. prnl.

desuso. m. Falta de uso o de ejercicio de una cosa.

desvaído, da. adj. Descolorido o de color apagado. ‖ **2.** Que ha perdido la fuerza o el vigor; adelgazado, disminuido. ‖ **3.** Vago, desdibujado, impreciso.

desvaír. tr. Hacer perder el color, la fuerza o la intensidad. Ú. m. c. prnl. ❑ Defect. e irreg. Se conj. como *huir.* Solo se usan las formas en que la desinencia empieza por la vocal *-i.*

desvalido, da. adj. Desamparado, privado de ayuda y socorro. Ú. t. c. s.

desvalijar. tr. Robar todo o gran parte de lo que hay en una casa o en cualquier lugar cerrado. ‖ **2.** Por ext., despojar a una persona de su dinero o de sus bienes mediante robo, engaño, juego, etc.

desvalorización. f. Acción y efecto de desvalorizar.

desvalorizar. tr. Quitar valor, consideración o prestigio a una persona o cosa. Ú. t. c. prnl. ‖ **2.** Tratándose de moneda, devaluar. Ú. t. c. prnl.

desván. m. Parte más alta de la casa, inmediatamente debajo del tejado, que suele destinarse a guardar objetos inútiles o en desuso.

desvanecedor, ra. adj. Que desvanece. ‖ **2.** m. Aparato usado para desvanecer parte de una fotografía al sacar la positiva.

desvanecerse. prnl. Disgregar o difundir las partículas de un cuerpo en otro. Dicho por lo común de los colores que se atenúan gradualmente. *El humo* SE DESVANECE *en el aire.* ‖ **2.** Evaporarse, exhalarse, perderse la parte espiritosa de una cosa. DESVANECERSE *el vino.* ‖ **3.** Perder el sentido. ❑ Irreg. Se conj. como *agradecer.*

desvanecimiento. m. Acción y efecto de desvanecerse. ‖ **2.** Debilidad, flaqueza, perturbación de la cabeza o del sentido.

desvariar. intr. Delirar, decir locuras o despropósitos.

desvarío. m. Dicho o hecho fuera de concierto. ‖ **2.** Accidente que sobreviene a algunos enfermos, de perder la razón y delirar.

desvelar¹. tr. Quitar, impedir el sueño, no dejar dormir. Ú. t. c. prnl. ‖ **2.** prnl. fig. Poner gran cuidado y atención en lo que uno tiene a su cargo o desea hacer o conseguir.

desvelar². tr. fig. Descubrir, poner de manifiesto.

desvelo. m. Acción y efecto de desvelar¹ o desvelarse.

desvencijar. tr. Aflojar, desunir, desconcertar las partes de una cosa que estaban y debían estar unidas. Ú. t. c. prnl.

desventaja. f. Mengua o perjuicio que se nota por comparación de dos cosas, personas o situaciones. ‖ **2.** Inconveniente, impedimento.

desventajoso, sa. adj. Que acarrea desventaja.

desventura. f. **desgracia,** caso adverso. ‖ **2. desgracia,** suerte adversa. ‖ **3. desgracia,** motivo de aflicción.

desventurado, da. adj. **desgraciado,** que padece desgracias. ‖ **2. desgraciado,** desafortunado.

desvergonzado, da. adj. Que habla u obra con desvergüenza.

desvergüenza. f. Falta de vergüenza, insolencia; descarada ostentación de faltas y vicios.

desvestir. tr. **desnudar.** Ú. t. c. prnl. ❑ Irreg. Se conj. como *pedir.*

desviación. f. Acción y efecto de desviar o desviarse. ‖ **2.** Separación lateral de un cuerpo de su posición media. DESVIACIÓN *del péndulo, del distribuidor de una máquina de vapor.* ‖ **3.** Tramo de una carretera que se aparta de la general. ‖ **4.** Camino provisional por el que han de circular los vehículos mientras está inutilizado un tramo de carretera. ‖ **5.** Tendencia o hábito anormal en el comportamiento de una persona.

desviacionismo. m. Doctrina o práctica que se aparta de una ortodoxia determinada.

desviar. tr. Apartar, alejar a una persona o un móvil del camino que seguían. Ú. t. en sent. fig. y t. c. prnl. ‖ **2.** fig. Disuadir o apartar a alguien de la intención, determinación, propósito o dictamen en que estaba. Ú. t. c. prnl.

desvincular. tr. Anular un vínculo, liberando lo que estaba sujeto a él. Se usa más referido a los bienes.

desvío. m. **desviación,** acción y efecto de desviar. ‖ **2.** Desviación, camino provisional, generalmente más largo que el camino normal. ‖ **3.** Desviación, tramo de la carretera que se aparta de la general.

desvirgar. tr. Quitar la virginidad a una doncella.

desvirtuar. tr. Quitar la virtud, sustancia o vigor. Ú. t. c. prnl.

desvitrificar. tr. Hacer que el vidrio pierda su transparencia por la acción prolongada del calor.

desvivirse. prnl. Mostrar incesante y vivo interés, solicitud o amor por una persona o cosa.

detallar. tr. Tratar, referir una cosa por menor, por partes, sin omitir ninguna circunstancia.

detalle. m. Pormenor, parte o fragmento de una cosa o asunto. ‖ **2.** Rasgo de cortesía, amabilidad, afecto, etc. ‖ **al detalle.** loc. adv. Al por menor.

detallista. adj. Amante del detalle, minucioso, meticuloso. Ú. t. c. s. ‖ **2.** com. Comerciante que vende al por menor.

detección. f. Acción y efecto de detectar.

detectar. tr. Descubrir la existencia de algo que no era patente.

detective. com. Policía particular que practica investigaciones reservadas y que, en ocasiones, interviene en los procedimientos judiciales.

detectivesco, ca. adj. Referente o relativo al detective o a su profesión.

detector. m. *Fís.* Aparato que sirve para detectar.

detención. f. Acción y efecto de detener o detenerse. ‖ **2.** Privación provisional de la libertad, ordenada por una autoridad competente.

detener. tr. Interrumpir algo, impedir que siga adelante. Ú. t. c. prnl. ‖ **2.** Prender una autoridad a alguien. ‖ **3.** prnl. Pararse, cesar en el movimiento o en la acción. ‖ **4.** fig. Pararse a considerar una cosa. ❑ Irreg. Se conj. como *tener.*

detenido, da. adj. **minucioso.** ‖ **2.** Privado provisionalmente de libertad por una autoridad competente. Ú. t. c. s.

detenimiento. m. **detención,** acción y efecto de detener. ‖ **con detenimiento.** loc. adv. Minuciosamente, con mucho cuidado.

detentar. tr. *Der.* Retener alguien lo que manifiestamente no le pertenece. ‖ **2.** Retener y ejercer ilegítimamente algún poder o cargo público. ❑ No confundir con *ostentar.*

detergente. m. Sustancia o producto que limpia químicamente.

deterger. tr. *Med.* Limpiar una úlcera o herida. ‖ **2.** Limpiar un objeto sin corroerlo.

deteriorar. tr. Estropear, menoscabar, poner en inferior condición una cosa. ‖ **2.** prnl. Empeorar, degenerar.

deterioro. m. Acción y efecto de deteriorar o deteriorarse.

determinación. f. Acción y efecto de determinar o determinarse. ‖ **2.** Osadía, valor.

determinado, da. adj. Osado, valeroso. Ú. t. c. s.

determinante. adj. Que determina. ‖ **2.** f. *Mat.* Matriz cuadrada, y por ext., expresión que se obtiene a partir de sus elementos aplicando ciertas reglas.

determinar. tr. Fijar los términos de una cosa. ‖ **2.** Distinguir, discernir. ‖ **3.** Señalar, fijar una cosa para algún efecto. DETERMINAR *día, hora.* ‖ **4. resolver,** decidir. Ú. t. c. prnl.

determinismo. m. *Fil.* Sistema filosófico que subordina las determinaciones de la voluntad humana a la voluntad divina. ‖ **2.** *Fil.* Sistema que admite la influencia irresistible de los motivos. ‖ **3.** *Fís.* y *Mat.* Teoría que supone que la evolución de los fenómenos regidos por leyes matemáticas está completamente determinada a partir de las condiciones iniciales, v. gr. el movimiento de la Tierra alrededor del Sol.

detersorio, ria. adj. Dícese de lo que tiene virtud de limpiar o purificar. Ú. t. c. s. m.

detestable. adj. Abominable, execrable, aborrecible, pésimo.

detestar. tr. **aborrecer,** tener aversión a alguien o a algo.

detonación. f. Acción y efecto de detonar. ‖ **2.** Explosión brusca capaz de iniciar la de un explosivo relativamente estable.

detonador, ra. adj. Que provoca o causa detonación. Ú. t. c. s. ‖ **2.** m. Artificio con fulminante que sirve para hacer estallar una carga explosiva.

detonante. adj. Que detona. ‖ **2.** m. Agente capaz de producir detonación.

detonar. tr. Iniciar una explosión o un estallido. ‖ **2.** fig. Llamar la atención, causar asombro, admiración, etc.

detorsión. f. Extensión violenta; torcedura de un músculo, nervio o ligamento.

detractor, ra. adj. Adversario, que mantiene una opinión contraria. Ú. t. c. s. ‖ **2.** Maldiciente, que desacredita o difama. Ú. t. c. s.

detraer. tr. fig. Infamar, denigrar la honra ajena en la conversación o por escrito. ❑ Irreg. Se conj. como *traer.*

detrás. adv. l. En la parte posterior, o con posterioridad de lugar, o en sitio delante del cual está una persona o cosa. ❑ Se combina con otras preposiciones: *salieron* DE DETRÁS *de la tapia; no lo vi, pasó* POR DETRÁS.

detrimento. m. Pérdida, quebranto de la salud o de los intereses. ‖ **2.** fig. Daño moral.

detrítico, ca. adj. *Geol.* Compuesto de detritos. *Capa* DETRÍTICA.

detrito. m. Resultado de la descomposición de una masa sólida en partículas. Ú. m. en geología y en medicina.

detritus. m. Detrito. Ú. m. en pl.

deuda. f. Obligación que alguien tiene de pagar, satisfacer o reintegrar a otro una cosa, por lo común dinero. ‖ **2.** Obligación moral contraída con otro. ‖ **3.** Pecado, culpa u ofensa; y así, en la oración del Padrenuestro se decía: *y perdónanos nuestras* DEUDAS. ‖ **amortizable.** La del Estado que se ha de amortizar en los plazos previstos por la ley que autoriza su emisión. ‖ **exterior.** La pública que se paga en el extranjero y con moneda extranjera. ‖ **interior.** La pública que se paga en el propio país con moneda nacional. ‖ **pública.** La que el Estado tiene reconocida por medio de títulos que devengan interés y a veces se amortizan.

deudo, da. m. y f. **pariente,** ascendiente, descendiente o colateral de su familia.

deudor, ra. adj. Que debe, o está obligado a satisfacer una deuda. Ú. t. c. s. ‖ **2.** Dícese de la cuenta en que se ha de anotar una cantidad en el debe.

deuterio. m. *Quím.* Isótopo del hidrógeno dos veces más pesado que este. Entra en la constitución del agua pesada.

deuterón. m. *Fís.* Núcleo de deuterio, constituido por un protón y un neutrón.

devaluación. f. Acción y efecto de devaluar.

devaluar. tr. Rebajar el valor de una moneda o de otra cosa, depreciarla.

devanadera. f. Armazón de cañas o de listones de madera cruzados, que gira alrededor de un eje vertical y fijo en un pie, para que, colocadas en aquel las madejas del hilado, puedan devanarse con facilidad.

devanado. m. Acción y efecto de devanar.

devanador, ra. adj. Que devana. Ú. t. c. s. ‖ **2.** m. **devanadera**.

devanagari. m. Escritura moderna del sánscrito. Ú. t. c. adj.

devanar. tr. Ir dando vueltas sucesivas a un hilo, alambre, cuerda, etc., alrededor de un eje, carrete, etc.

devaneo. m. Distracción o pasatiempo vano o reprensible. ‖ **2.** Amorío pasajero.

devastador, ra. adj. Que devasta. Ú. t. c. s.

devastar. tr. Destruir un territorio, arrasando sus edificios y asolando sus campos. ‖ **2.** fig. **destruir,** deshacer, arruinar o asolar una cosa material.

devengar. tr. Adquirir derecho a alguna percepción o retribución por razón de trabajo, servicio u otro título. DEVENGAR *salarios, costas, intereses.*

devengo. m. Cantidad devengada.

devenir[1]. intr. Sobrevenir, suceder, acaecer. ‖ **2.** Llegar a ser. ❑ Ú. t. con la prep. *en.* ❑ Irreg. Se conj. como *venir.*

devenir[2]. m. *Fil.* La realidad entendida como proceso o cambio; a veces se opone a ser[1]. ‖ **2.** *Fil.* Proceso mediante el cual algo se hace o llega a ser.

de visu. loc. lat. que denota que uno ve por sí mismo, con sus propios ojos.

devoción. f. Amor, veneración y fervor religiosos. ‖ **2.** fig. Propensión, afición especial.

devocionario. m. Libro que contiene varias oraciones para uso de los fieles.

devolución. f. Acción y efecto de devolver.

devolver. tr. Volver una cosa al estado que tenía. ‖ **2.** Restituirla a la persona que la poseía. ‖ **3.** Corresponder a un favor o a un agravio ‖ **4.** fam. **vomitar** lo contenido en el estómago. ‖ **5.** Dar la vuelta a quien ha hecho un pago. ❑ Irreg. Se conj. como *mover;* p. p. irreg. *devuelto.*

devorador, ra. adj. Que devora.

devorar. tr. Comer un animal su presa. ‖ **2.** Tragar con ansia y apresuradamente. ‖ **3.** fig. Consumir, destruir. ‖ **4.** fig. Hablando de apetitos y pasiones, apremiar violentamente.

devoto, ta. adj. Dedicado con fervor a obras de piedad y religión. Ú. t. c. s. ‖ **2.** Aplícase a la imagen, templo o lugar que mueve a devoción. ‖ **3.** Afecto, aficionado a una persona. Ú. t. c. s.

devuelto, ta. p. p. irreg. de **devolver.**

dexiocardia. f. *Med.* Desviación del corazón hacia la derecha.

dextrina. f. *Quím.* Producto de la hidrólisis incompleta, ácida o enzimática, del almidón.

dextrismo. m. *Med.* Empleo preferente de la mano derecha.

dextrógiro, ra. adj. *Quím.* Dícese del cuerpo o sustancia que desvía a la derecha la luz polarizada. Ú. t. c. s. m.

dextrorso, sa. adj. *Fís.* Que gira hacia la derecha, como las manecillas de un reloj.

dextrosa. f. *Bioquím.* **glucosa.**

deyección. f. *Geol.* Conjunto de materias arrojadas por un volcán o desprendidas de una montaña.

di-[1]. pref. que significa oposición o contrariedad: DI*sentir;* origen o procedencia: DI*manar;* extensión o propagación: DI*latar,* DI*fundir;* separación: DI*vergir.*

di-[2]. elem. compos. que significa -dos: DI*morfo,* DI*sílabo.*

día. m. Tiempo que la Tierra emplea en dar una vuelta alrededor de su eje, o que aparentemente emplea el Sol en dar una vuelta alrededor de la Tierra. ‖ **2.** Tiempo que dura la claridad del Sol sobre el horizonte. ‖ **3.** Tiempo que hace durante el **día** o gran parte de él. *Hace buen* DÍA. ‖ **4.** pl. fig. **vida,** en frases como: *Al fin de sus* DÍAS. ‖ **festivo.** Fiesta de la Iglesia u oficial. ‖ **hoy día,** u **hoy en día.** loc. adv. Hoy, en el tiempo presente. ‖ **romper el día.** fr. fig. **amanecer[1],** empezar a aparecer la luz del **día.** ‖ **tener los días contados.** fr. fig. Hallarse al fin de la vida. ‖ **vivir al día.** fr. Gastar todo aquello de que se dispone, sin ahorrar nada.

dia-. pref. que significa «a través de»: DIA*cronía,* DIÁ*metro,* DIA*tónico;* «separación»: DIA*crítico.*

diabetes. f. *Pat.* Enfermedad causada por un desorden de nutrición, y que se caracteriza por eliminación excesiva de orina, que frecuentemente contiene azúcar. También suele producir delgadez, sed intensa y otros trastornos generales. ❑ No utilizar **diabetis.*

diabético, ca. adj. *Pat.* Perteneciente o relativo a la diabetes. ‖ **2.** Que padece diabetes. Ú. t. c. s.

diabla. f. fam. y fest. Diablo hembra. ‖ **2.** Máquina para cardar la lana o el algodón. ‖ **3.** Vehículo de tracción animal, de dos ruedas y con toldo.

diablesa. f. fam. **diabla,** diablo hembra.

diablillo. m. fig. y fam. Persona aguda y enredadora.

diablo. m. Nombre general de los ángeles arrojados al abismo, y de cada uno de ellos. ‖ **2.** fig. Persona que tiene mal genio, o es muy traviesa, temeraria y atrevida. ‖ **3.** fig. Persona astuta, sagaz, que tiene sutileza y maña aun en las cosas buenas. ‖ **cojuelo.** fam. **diablo** enredador y travieso. ‖ **2.** fig. y fam. Persona enredadora y traviesa. ‖ **pobre diablo.** fig. y fam. Hombre bonachón y de poca valía.

diablura. f. Travesura de poca importancia, especialmente de niños.

diabólico, ca. adj. Perteneciente o relativo al diablo. ‖ **2.** fig. Enrevesado, muy difícil.

diábolo. m. Juguete que consiste en una especie de carrete formado por dos conos unidos por el vértice, al cual se da un movimiento de rotación por medio de una cuerda atada al extremo de dos varillas, que se manejan haciéndolas subir y bajar alternativamente.

diaconato. m. Orden sacra inmediata al sacerdocio.

diaconisa. f. Mujer dedicada al servicio de la Iglesia.

diácono. m. Ministro eclesiástico y de grado segundo en dignidad, inmediato al sacerdocio.

diacrítico, ca. adj. *Gram.* Aplícase a los signos ortográficos que sirven para dar a una letra algún valor especial. Son, por ejemplo, puntos **diacríticos** los que lleva la *u* de la palabra *vergüenza* y que también se llaman crema o diéresis.

diacronía. f. Desarrollo o sucesión de hechos a través del tiempo.

diacrónico, ca. adj. Dícese de los fenómenos que ocurren a lo largo del tiempo, así como de los estudios referentes a ellos. Se opone a **sincrónico.** Díjose primeramente de los hechos y relaciones lingüísticas.

diacústica. f. Parte de la acústica que tiene por objeto el estudio de la refracción de los sonidos.

díada. f. Pareja de dos seres o cosas estrecha y especialmente vinculados entre sí.

diadelfos. adj. pl. *Bot.* Dícese de los estambres de una flor cuando están soldados entre sí por sus filamentos, formando dos haces distintos.

diadema. f. Faja o cinta blanca que antiguamente ceñía la cabeza de los reyes como insignia de su dignidad y remataba por detrás en un nudo del cual pendían los cabos por encima de los hombros. Usáb. t. c. m. ‖ **2. corona** sencilla o circular. ‖ **3.** Adorno femenino de cabeza, en forma de media corona abierta por detrás.

diadoco. m. Título del príncipe heredero en la Grecia moderna.

diafanidad. f. Calidad de diáfano.

diáfano, na. adj. Dícese del cuerpo a través del cual pasa la luz casi en su totalidad. ‖ **2.** fig. Claro, limpio.

diafásico, ca. adj. *Ling.* Dícese de los fenómenos de habla debidos a los diferentes registros lingüísticos, así como de los estudios referentes a ellos.

diáfisis. f. *Anat.* Cuerpo o parte media de los huesos largos, que en los individuos que no han terminado su crecimiento está separado de las epífisis por sendos cartílagos.

diafonía. f. *Comunic.* Perturbación producida en un canal de comunicación por la interferencia de otro u otros.

diafragma. m. *Anat.* Membrana formada en su mayor parte por fibras musculares, que en el cuerpo de los mamíferos separa la cavidad torácica de la abdominal. ‖ **2.** Pieza, generalmente movible, que intercepta la comunicación entre dos partes de un aparato o de una máquina. ‖ **3.** *Fís.* Fina lámina metálica elástica empleada en aparatos como los micrófonos, manómetros, etc., que se deforma por la acción de las variaciones de presión del aire.‖ **4.** *Ópt.* Dispositivo que regula el diámetro de la apertura de un instrumento.

diagnosis. f. Acción y efecto de diagnosticar.

diagnosticar. tr. *Med.* Determinar el carácter de una enfermedad mediante el examen de sus signos. ‖ **2.** Por ext., recoger y analizar datos para evaluar problemas de diversa índole.

diagnóstico. m. *Med.* Arte o acto de conocer la naturaleza de una enfermedad mediante la observación de sus síntomas y signos. ‖ **2.** *Med.* Calificación que da el médico a la enfermedad según los signos que advierte.

diagonal. adj. *Geom.* Dícese de la línea recta que en un polígono va de un vértice a otro no inmediato, y en un poliedro une dos vértices cualesquiera no situados en la misma cara. Ú. t. c. s. f. ‖ **2.** Aplícase a las calles o avenidas que cortan oblicuamente a otras paralelas entre sí. Ú. t. c. s. f.

diagrama. m. Dibujo en el que se muestran las relaciones entre las diferentes partes de un conjunto o sistema. ‖ **de flujo.** Representación gráfica de una sucesión de hechos u operaciones.

dial. m. Superficie graduada, de forma variable, sobre la cual se mueve un indicador (aguja, punto luminoso, etc.) que mide o señala una determinada magnitud, como peso, voltaje, longitud de onda, velocidad, etc.

dialectal. adj. Perteneciente o relativo a un dialecto.

dialectalismo. m. Voz o giro dialectal. ‖ **2.** Carácter dialectal.

dialéctica. f. Ciencia filosófica que trata del raciocinio y de sus leyes, formas y modos de expresión.

dialéctico, ca. adj. Perteneciente a la dialéctica.

dialecto. m. *Ling.* Cualquier lengua en cuanto se la considera con relación al grupo de las varias derivadas de un tronco común. *El español es uno de los* DIALECTOS *nacidos del latín.* ‖ **2.** *Ling.* Sistema lingüístico derivado de otro; normalmente con una concreta limitación geográfica, pero sin diferenciación suficiente frente a otros de origen común. ‖ **3.** *Ling.* Estructura lingüística, simultánea a otra, que no alcanza la categoría de lengua.

dialectología. f. Tratado o estudio de los dialectos.

dialectólogo, ga. adj. Aplícase a la persona versada en dialectología, y a quien la profesa o cultiva. Ú. t. c. s.

dialipétalo, la. adj. *Bot.* Dícese de la corola cuyos pétalos están libres, no soldados entre sí, y de la flor que tiene corola de esta clase, como el alhelí, el rosal, la amapola y otras muchas.

dialisépalo, la. adj. *Bot.* Dícese de los cálices cuyos sépalos están libres, no soldados entre sí, y de las flores que tienen cálices de esta clase, como la amapola, cuyos sépalos caen fácilmente, o el clavel, entre otras.

diálisis. f. *Fís.* y *Quím.* Proceso de difusión selectiva a través de una membrana. Se utiliza para la separación de moléculas de distinto tamaño. ‖ **renal.** *Med.* **diálisis** extracorpórea que elimina de la sangre el exceso de urea producido por una insuficiencia renal.

dializar. tr. *Fís.* y *Quím.* Analizar por medio de la diálisis.

dialogar. intr. Hablar en diálogo.

dialogismo. m. *Ret.* Figura que se comete cuando la persona que habla lo hace como si platicara consigo misma, o cuando refiere textualmente sus propios dichos o discursos o los de otras personas, o los de cosas personificadas.

diálogo. m. Plática entre dos o más personas, que alternativamente manifiestan sus ideas o afectos. ‖ **2.** Género de obra literaria, prosaica o poética, en que se finge una plática o controversia entre dos o más personajes.

dialoguista. com. Persona que escribe o compone diálogos.

diamante. m. Piedra preciosa constituida por carbono cristalizado en el sistema cúbico; se utiliza en joyería por su brillo y transparencia y en la industria por su elevada dureza. ‖ **2.** Uno de los palos de la baraja francesa. Ú. m. en pl. ‖ **brillante.** El que tiene labor completa por la cara superior y por el envés. ‖ **bruto,** o **en bruto.** El que está aún sin labrar. ‖ **2.** Cualquier cosa animada y sensible, como el entendimiento, la voluntad, etc., cuando no tiene el lucimiento que dan la educación y la experiencia.

diamantífero, ra. adj. Dícese del lugar o terreno en que existen diamantes.

diamantino, na. adj. Perteneciente o relativo al diamante. ‖ **2.** fig. y poét. Duro, persistente, inquebrantable.

diamantista. com. Persona que labra o engasta diamantes y otras piedras preciosas. ‖ **2.** Persona que los vende.

diametral. adj. Perteneciente o relativo al diámetro.

diametralmente. adv. m. De un extremo hasta el opuesto.

diámetro. m. *Geom.* Segmento de recta que pasa por el centro del círculo y termina por ambos extremos en la circunferencia. ‖ **2.** *Geom.* Segmento de recta que pasa por el centro de la esfera y termina por ambos extremos en su superficie.

diana. f. *Mil.* Toque militar al romper el día, para que la tropa se levante. ‖ **2.** *Mil.* Punto central de un blanco de tiro.

diandro, dra. adj. *Bot.* Dícese de la flor que tiene dos estambres.

dianense. adj. Natural de Denia. Ú. t. c. s. ‖ **2.** Perteneciente o relativo a esta ciudad de la provincia de Alicante.

diantre. m. fam. Eufemismo por **diablo.**

diapasón. m. *Mús.* Trozo de madera que cubre el mástil y sobre el cual se pisan con los dedos las cuerdas del violín y de otros intrumentos análogos. ‖ **normal.** *Mús.* Regulador de voces e instrumentos, que consiste en una lámina de acero doblada en forma de horquilla con pie, y que cuando se hace sonar da un *la* fijado en 435 vibraciones por segundo.

diaporama. m. Técnica audiovisual que con-

listón
salto de altura
zapatillas
atletismo
anillas
protector
gimnasia
muñequera
raqueta
tenis
caballo con arcos
cinturón
yudo
tatami

deportes

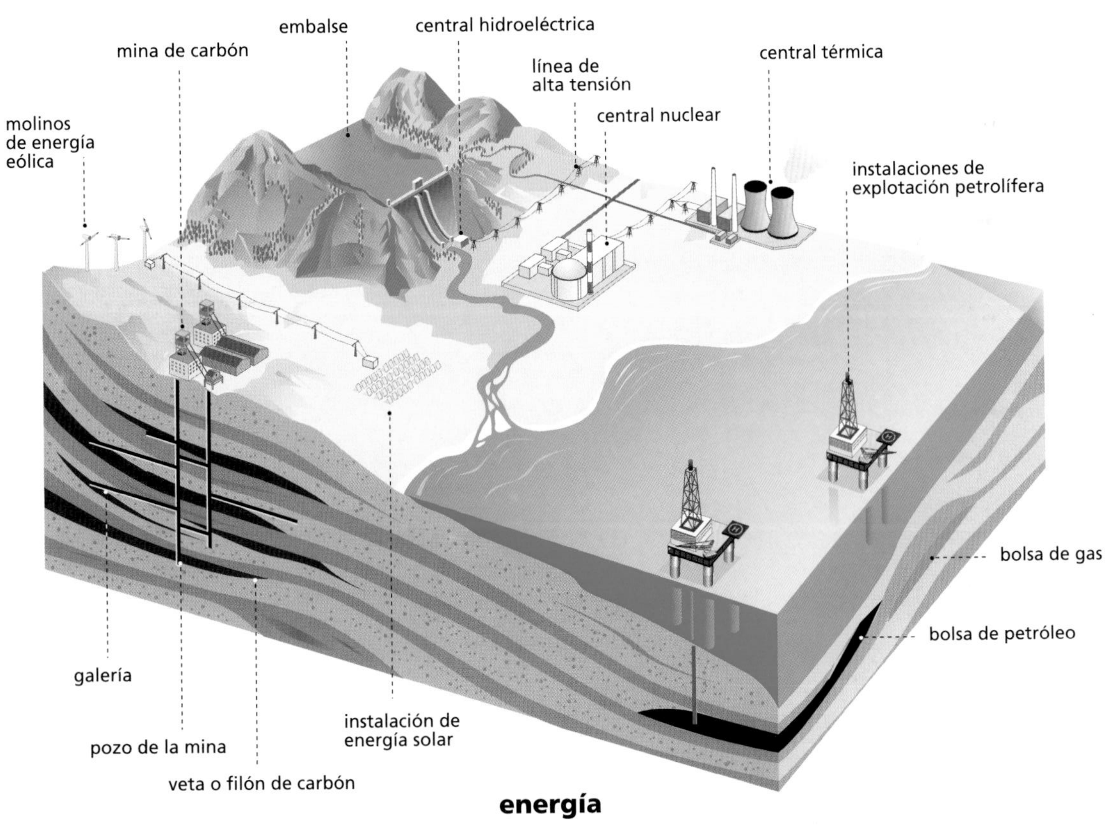

embalse
central hidroeléctrica
mina de carbón
línea de alta tensión
central térmica
central nuclear
molinos de energía eólica
instalaciones de explotación petrolífera
bolsa de gas
bolsa de petróleo
galería
instalación de energía solar
pozo de la mina
veta o filón de carbón

energía

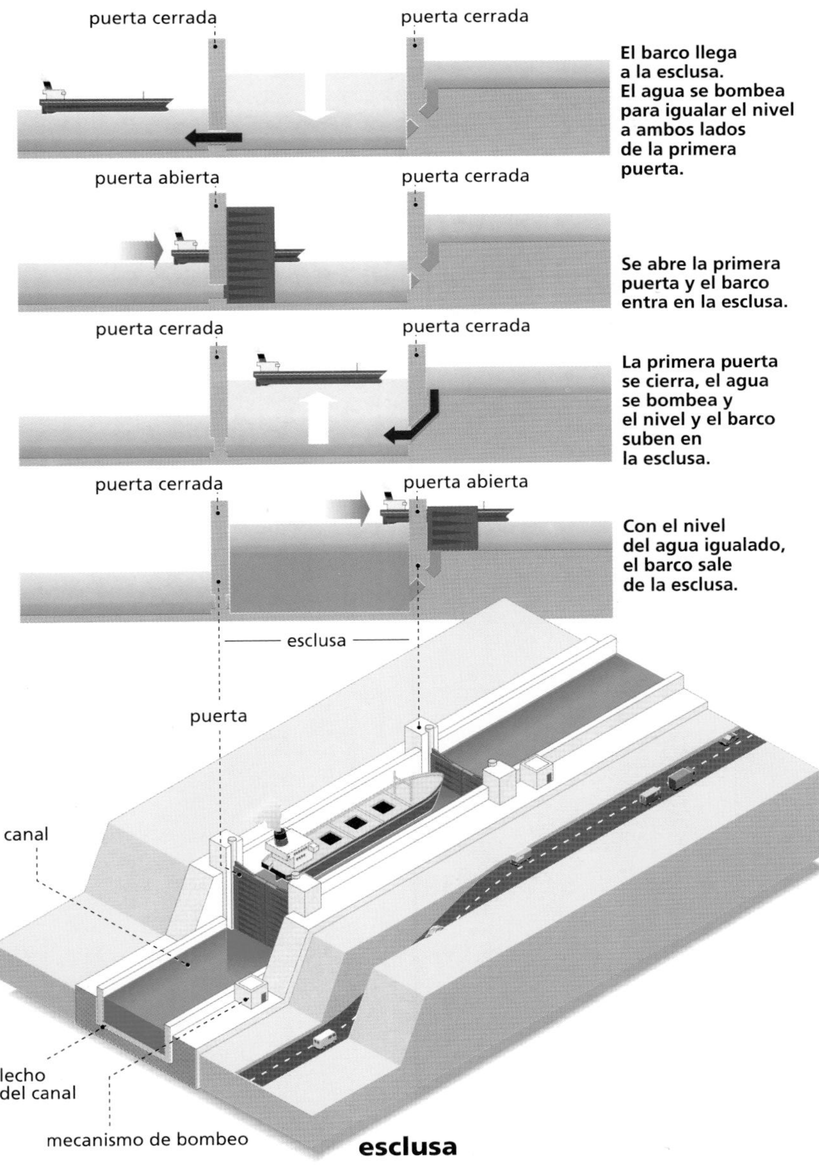
puerta cerrada
puerta cerrada
El barco llega a la esclusa. El agua se bombea para igualar el nivel a ambos lados de la primera puerta.
puerta abierta
puerta cerrada
Se abre la primera puerta y el barco entra en la esclusa.
puerta cerrada
puerta cerrada
La primera puerta se cierra, el agua se bombea y el nivel y el barco suben en la esclusa.
puerta cerrada
puerta abierta
Con el nivel del agua igualado, el barco sale de la esclusa.
esclusa
puerta
canal
lecho del canal
mecanismo de bombeo

esclusa

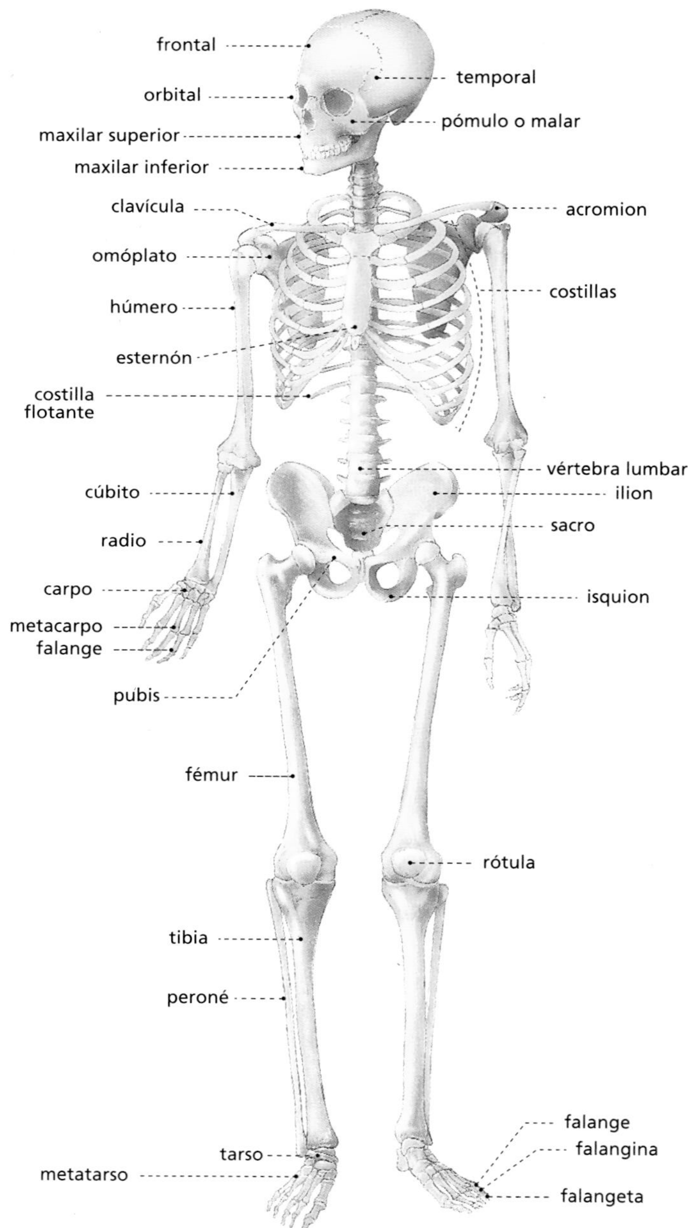

esqueleto (cara anterior)

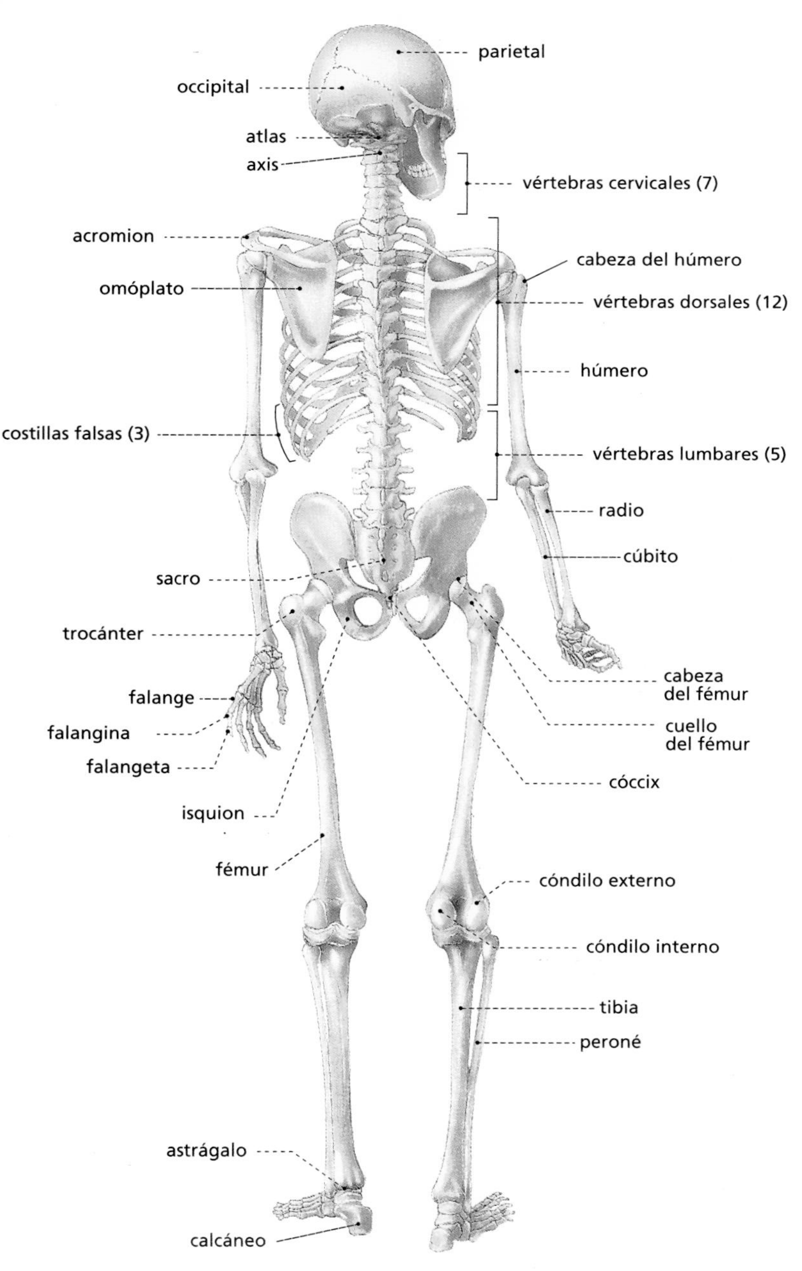

esqueleto (cara posterior)

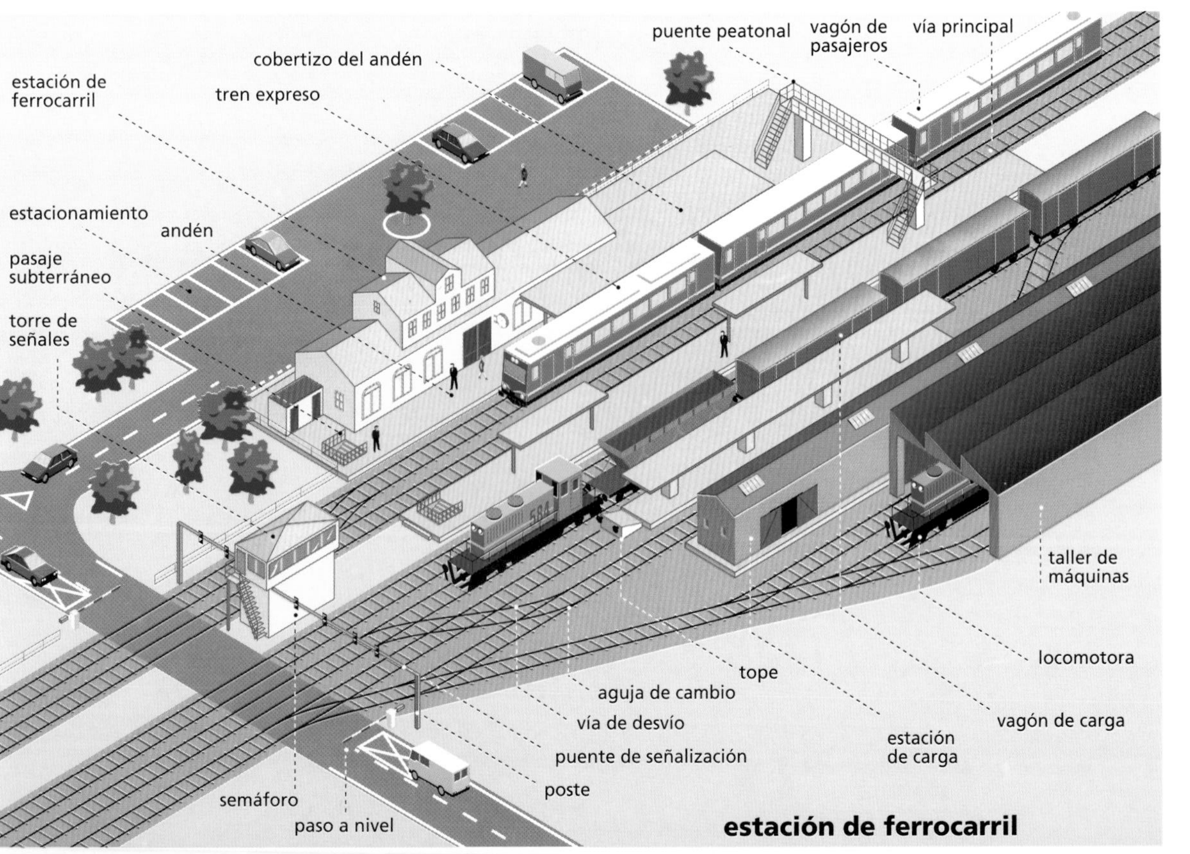
puente peatonal
vagón de pasajeros
vía principal
cobertizo del andén
estación de ferrocarril
tren expreso
estacionamiento
andén
pasaje subterráneo
torre de señales
taller de máquinas
locomotora
tope
aguja de cambio
vía de desvío
puente de señalización
poste
semáforo
paso a nivel
estación de carga
vagón de carga
estación de ferrocarril

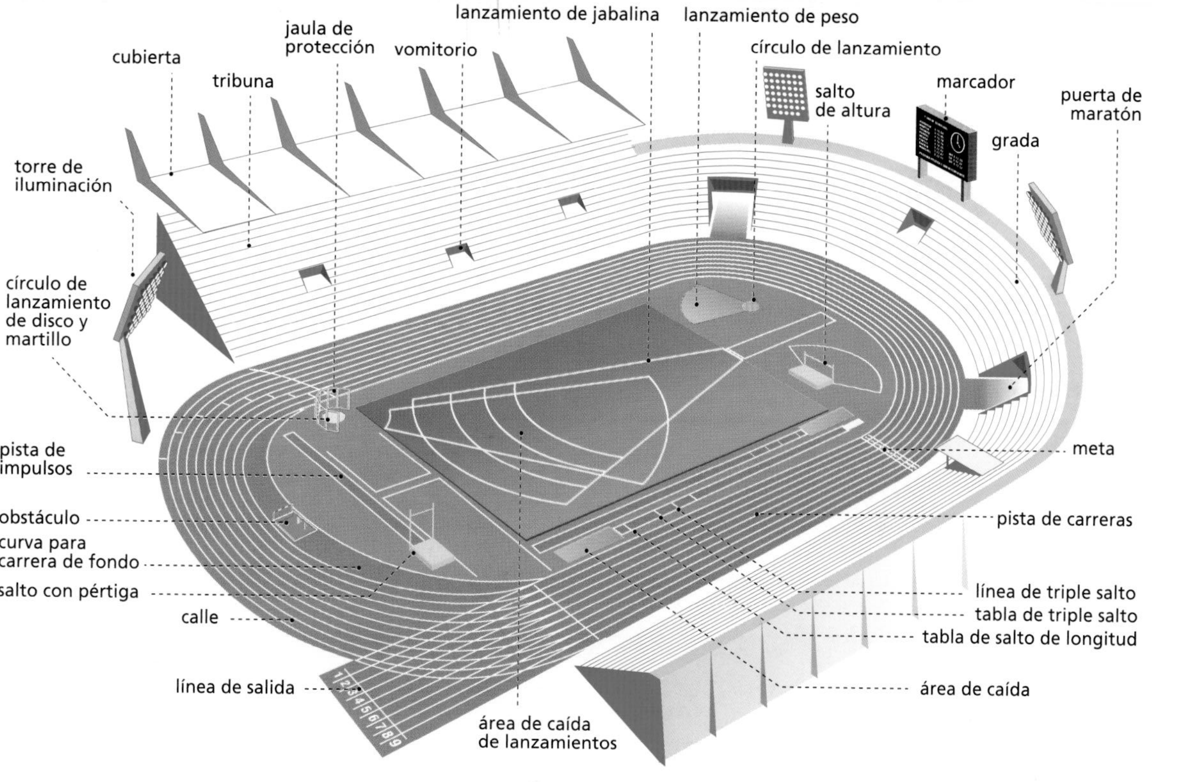

estadio de atletismo

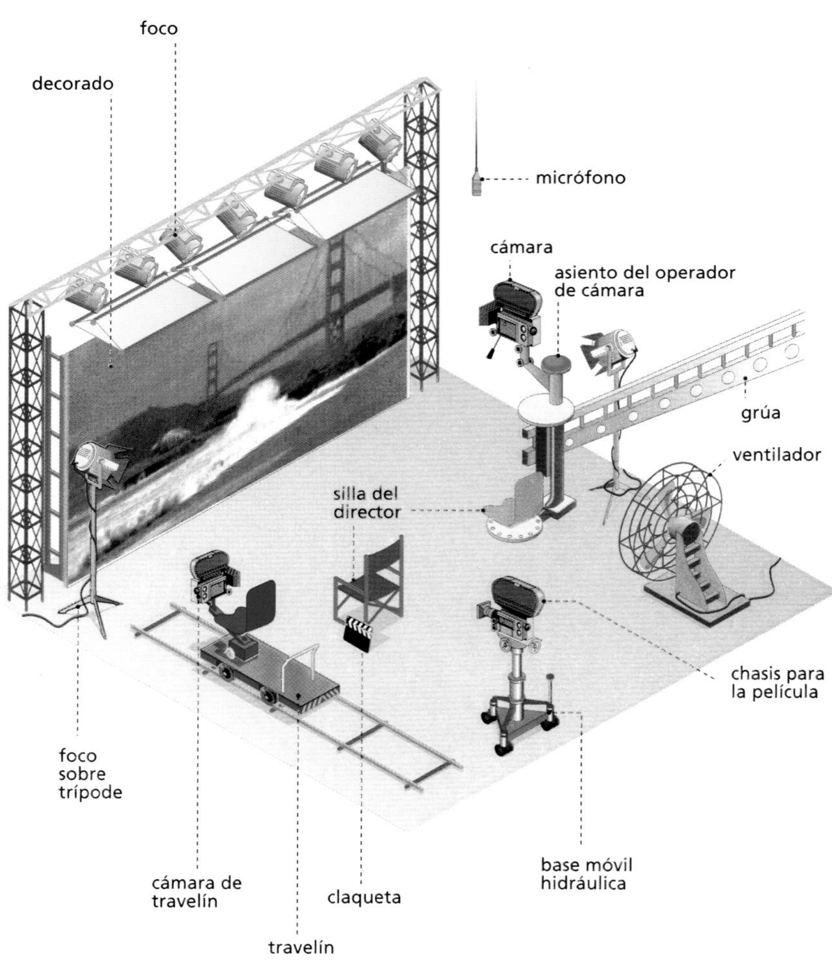

estudio de cine

siste en la proyección simultánea de diapositivas sobre una o varias pantallas, mediante proyectores combinados para mezclas, fundidos y sincronización con el sonido. Denomínase a veces **multivisión.**

diapositiva. f. Fotografía positiva sacada en cristal u otra materia transparente.

diaprea. f. Ciruela redonda, pequeña y gustosa.

diario, ria. adj. Correspondiente a todos los días. *Comida* DIARIA. ‖ **2.** m. Relación histórica de lo que ha ido sucediendo por días, o día por día. ‖ **3.** Periódico que se publica todos los días. ‖ **de navegación.** El personal y obligatorio que llevan a bordo en la mar los oficiales de marina, donde registran los datos náuticos, meteorológicos, acaecimientos, etc., que constan en el cuaderno de bitácora. ‖ **a diario.** loc. adv. Todos los días, cada día. ‖ **de diario.** loc. adj. que se aplica al vestido que se usa ordinariamente, por oposición al de gala.

diarquía. f. Gobierno simultáneo de dos reyes.

diarrea. f. Síntoma o fenómeno morboso que consiste en evacuaciones de vientre líquidas y frecuentes.

diarreico, ca. adj. Perteneciente o relativo a la diarrea.

diáspora. f. Diseminación de los judíos por toda la extensión del mundo antiguo, especialmente intensa desde el siglo III antes de Jesucristo. ‖ **2.** Por ext., dispersión de individuos humanos que anteriormente vivían juntos o formaban una etnia.

diásporo. m. Piedra fina, alúmina hidratada, de color gris de perla o pardo amarillento y textura laminar, que se convierte en polvo a la llama fuerte del soplete.

diaspro. m. Nombre de algunas variedades de jaspe.

diastasa. f. *Biol.* Enzima que cataliza la hidrólisis incompleta del almidón.

diastema. m. *Zool.* Espacio más o menos ancho en la encía de muchos mamíferos (roedores, equinos y rumiantes, entre ellos), que separa grupos de piezas dentarias.

diástole. f. Licencia poética que consiste en usar como larga una sílaba breve. ‖ **2.** *Fisiol.* Movimiento de dilatación del corazón y de las arterias, cuando la sangre penetra en su cavidad.

diastrático, ca. adj. *Ling.* Dícese de los fenómenos lingüísticos debidos al nivel sociocultural de los hablantes, así como de los estudios referentes a ellos.

diastrofia. f. *Med.* Dislocación de un hueso, músculo, tendón o nervio.

diatermia. f. *Med.* Empleo de corrientes eléctricas especiales para elevar la temperatura en partes profundas del cuerpo humano, con fines terapéuticos.

diátesis. f. *Med.* Predisposición orgánica a contraer una determinada enfermedad. ‖ **2.** *Ling.* Voz del verbo. DIÁTESIS *pasiva, activa.*

diatomea. f. *Bot.* Cualquiera de las algas unicelulares, vivientes en el mar, en el agua dulce o en la tierra húmeda, que tienen un caparazón silíceo formado por dos valvas de tamaño desigual.

diatónico, ca. adj. *Mús.* Aplícase a uno de los tres géneros del sistema músico, que procede por dos tonos y un semitono.

diatópico, ca. adj. *Ling.* Dícese de los fenómenos lingüísticos que se producen en una lengua en virtud de su expansión geográfica, y de los estudios referentes a ellos.

diatriba. f. Discurso o escrito violento e injurioso contra personas o cosas.

dibranquial. adj. *Zool.* Dícese del molusco cefalópodo que tiene dos branquias y ocho o diez tentáculos; como el pulpo y el calamar. Ú. t. c. s. ‖ **2.** m. pl. *Zool.* Subclase de estos cefalópodos.

dibujante. com. Persona que tiene como profesión el dibujo.

dibujar. tr. Delinear en una superficie, y sombrear imitando la figura de un cuerpo. Ú. t. c. prnl. ‖ **2.** fig. Describir con propiedad una pasión del ánimo o una cosa inanimada. ‖ **3.** prnl. Indicarse o revelarse lo que estaba callado u oculto.

dibujo. m. Arte de dibujar. ‖ **2.** Figura o imagen dibujada. ‖ **3.** En los encajes, bordados, tejidos, etc., la figura y disposición de las labores que los adornan. ‖ **lineal. dibujo** con segmentos de líneas geométricas realizado generalmente con ayuda de utensilios como la regla, la escuadra, el compás, el tiralíneas, etc. ‖ **dibujos animados.** Los que se fotografían en una película sucesivamente, y que al ir recogiendo los sucesivos cambios de posición imitan el movimiento de seres vivos.

dicción. f. Manera de hablar o escribir, considerada como buena o mala únicamente por el acertado o desacertado empleo de las palabras y construcciones. ‖ **2.** Manera de pronunciar. DICCIÓN *clara y limpia.*

diccionario. m. Libro en el que se recogen y explican de forma ordenada voces de una o más lenguas, de una ciencia o materia determinada. ‖ **2.** Catálogo numeroso de noticias importantes de un mismo género, ordenado alfabéticamente. DICCIONARIO *biográfico.*

dicha. f. **felicidad.**

dicharachero, ra. adj. Que prodiga dichos agudos y oportunos.

dicho, cha. p. p. irreg. de **decir.** ‖ **2.** adj. anafórico que puede sustituir a los demostrativos. DICHO *individuo,* DICHAS *tierras.* ‖ **3.** m. Palabra o conjunto de palabras con que se expresa oralmente un concepto cabal. Aplícansele varios calificativos, según la cualidad por que se distingue. DICHO *agudo, oportuno, intempestivo, malicioso.* ‖ **4.** Ocurrencia chistosa y oportuna. ‖ **dicho y hecho.** expr. con que se expresa la prontitud con que se hace o se hizo una cosa.

dichoso, sa. adj. **feliz.** ‖ **2.** fam. Molesto, que enfada o fastidia.

diciembre. m. Décimo mes del año, según la cuenta de los antiguos romanos, y duodécimo del calendario que actualmente usan la Iglesia y casi todas las naciones de Europa y América. Tiene treinta y un días.

dicoreo. m. Pie de la poesía griega y latina, compuesto de dos coreos, o sea de cuatro sílabas: la primera y la tercera, largas, y las otras dos, breves.

dicotiledóneo, a. adj. *Bot.* Dícese del vegetal cuyo embrión tiene dos cotiledones. Ú. t. c. s. ‖ **2.** f. pl. *Bot.* Clase del subtipo de las angiospermas, constituida por plantas que tienen dos cotiledones en su embrión; como la judía y la malva. ‖ **3.** *Bot.* Una de las dos clases en que, en la antigua clasificación, se dividían las plantas cotiledóneas.

dicotomía. f. *Lóg.* Método de clasificación en que las divisiones y subdivisiones solo tienen dos partes.

dicroísmo. m. *Fís.* Propiedad que tienen algunos cuerpos de presentar dos coloraciones diferentes según la dirección en que se los mire.

dictado. m. Acción de dictar para que otro escriba. ‖ **2.** Texto escrito al **dictado.** ‖ **3.** pl. fig. Inspiraciones o preceptos de la razón o la conciencia. ‖ **escribir al dictado.** fr. Escribir lo que otro dicta.

dictador, ra. m. y f. En la época moderna, el que se arroga o recibe todos los poderes políticos extraordinarios y los ejerce sin limitación jurídica. ‖ **2.** fig. Persona que abusa de su autoridad o trata con dureza a los demás.

dictadura. f. Dignidad y cargo de dictador. ‖ **2.** Tiempo que dura. ‖ **3.** Gobierno que, bajo condiciones excepcionales, prescinde de una parte, mayor o menor, del ordenamiento jurídico para ejercer la autoridad en un país. ‖ **4.** Gobierno que en un país impone su autoridad violando la legislación anteriormente vigente.

dictáfono. m. Aparato que registra dictados, conversaciones, etc., y los reproduce cuando conviene, bien por un procedimiento fonográfico, bien magnetofónico.

dictamen. m. Opinión y juicio que se forma o emite sobre una cosa.

dictaminar. intr. Dar dictamen.

dictar. tr. Decir alguien algo con las pausas necesarias o convenientes para que otro lo vaya escribiendo. ‖ **2.** Tratándose de leyes, fallos, preceptos, etc., darlos, expedirlos, pronunciarlos. ‖ **3.** fig. Inspirar, sugerir.

dictatorial. adj. fig. Dicho de poder, facultad, etc., absoluto, arbitrario, no sujeto a las leyes.

dicterio. m. Dicho ofensivo y denigrante.

didáctica. f. Arte de enseñar.

didáctico, ca. adj. Perteneciente o relativo a la enseñanza; propio, adecuado para enseñar o instruir. *Método, género* DIDÁCTICO, *obra* DIDÁCTICA.

didáctilo, la. adj. Que tiene dos dedos.

didascalia. f. Enseñanza, instrucción; especialmente, en la antigua Grecia, la que daba el poeta a un coro o a los actores.

didelfo. adj. *Zool.* Dícese de los mamíferos caracterizados principalmente por tener las hembras en el abdomen una bolsa donde están contenidas las mamas y donde permanecen encerradas las crías durante el primer tiempo de su desarrollo; como la zarigüeya y el canguro. Ú. t. c. s. ‖ **2.** m. pl. *Zool.* **marsupiales.**

didimio. m. *Quím.* Metal muy raro, terroso y de color de acero, que se halla algunas veces unido al cerio.

dídimo, ma. adj. *Anat.* y *Bot.* Aplícase en los seres vivos a órganos o estructuras lobuladas que se presentan emparejados.

diecinueve. adj. Diez y nueve.

diecinueveavo, va. adj. Dícese de cada una de las diecinueve partes iguales en que se divide un todo. Ú. t. c. s. m.

dieciochesco, ca. adj. Perteneciente o relativo al siglo XVIII.

dieciocho. adj. Diez y ocho.

dieciochoavo, va. adj. Dícese de cada una de las dieciocho partes iguales en que se divide un todo. Ú. m. c. s. m.

dieciséis. adj. Diez y seis.

dieciseisavo, va. adj. Dícese de cada una de las dieciséis partes iguales en que se divide un todo. Ú. t. c. s. m.

diecisiete. adj. Diez y siete.

diecisieteavo, va. adj. Dícese de cada una de las diecisiete partes iguales en que se divide un todo. Ú. t. c. s. m.

diego. m. **dondiego.**

dieléctrico, ca. adj. *Fís.* Aplícase al cuerpo mal conductor a través del cual se ejerce la inducción eléctrica.

diente. m. Cada uno de los cuerpos duros que,

engastados en las mandíbulas del hombre y de muchos animales, quedan descubiertos en parte, para servir como órganos de masticación o de defensa. ‖ **2.** Cada una de las puntas o resaltes que presentan algunas cosas y en especial los que tienen ciertos instrumentos o herramientas. DIENTE *de sierra, de peine.* ‖ **canino. colmillo, diente** fuerte entre los incisivos y las muelas. ‖ **de ajo.** Cada una de las partes en que se divide la cabeza del ajo, separadas por su tela y cáscara particular. ‖ **de leche.** Cada uno de los de primera dentición, en el hombre y en los animales que, como el mono, el caballo, etc., mudan con la edad toda la dentadura o parte de ella. ‖ **de león.** Hierba de la familia de las compuestas, con hojas radicales, lampiñas, de lóbulos lanceolados y triangulares, y jugo lechoso; flores amarillas de largo pedúnculo hueco, y semilla menuda con vilano abundante y blanquecino. ‖ **incisivo. diente,** el que se halla en la parte más saliente de las mandíbulas. ‖ **molar. muela** de los mamíferos. ‖ **premolar. premolar.**

diéresis. f. *Gram.* Pronunciación en sílabas distintas de dos vocales que normalmente forman diptongo, como *ru-í-na* por *rui-na, vi-o-le-ta* por *vio-le-ta.* La **diéresis** en el verso es considerada como licencia poética por la preceptiva tradicional. ‖ **2.** *Gram.* Signo ortográfico (¨) que se pone sobre la *u* de las sílabas *gue, gui,* para indicar que esta letra debe pronunciarse; como en *vergüenza, argüir;* y también sobre la primera vocal del diptongo cuyas vocales han de pronunciarse separadamente en virtud de la figura del mismo nombre; v. gr.: *vïuda, rüido.* Empléase a veces sobre vocal débil, para deshacer un diptongo en voces de igual estructura y de distinta prosodia; v. gr.: *pïé.*

Diesel. n. p. V. **motor Diesel.** ‖ **2.** m. Automóvil provisto de motor Diesel. ‖ **3.** Aceite pesado, gasoil.

diestra. f. **mano derecha.**

diestro, tra. adj. **derecho,** lo que cae a mano derecha. ‖ **2.** Dícese de la persona que usa preferentemente la mano derecha. Se emplea en oposición a zurdo. ‖ **3.** Hábil, experto en un arte u oficio. ‖ **4.** m. Matador de toros. ‖ **a diestro y siniestro.** loc. adv. fig. Sin tino, sin orden; sin discreción ni miramiento. ❑ sup. irreg. *destrísimo.*

dieta[1]. f. Régimen que se manda observar a los enfermos o convalecientes en el comer y beber; y por ext., esta comida y bebida. ‖ **2.** fam. Privación completa de comer. ‖ **3.** *Biol.* Conjunto de sustancias que regularmente se ingieren como alimento.

dieta[2]. f. Honorario que un juez u otro funcionario devenga cada día mientras dura la comisión que se le confía fuera de su residencia oficial. Ú. m. en pl. ‖ **2.** pl. Estipendio que se da a los que ejecutan algunas comisiones o encargos por cada día que se ocupan en ellos, o por el tiempo que emplean en realizarlos. ‖ **3.** Retribución o indemnización fijada para los representantes en Cortes o Cámaras legislativas.

dietario. m. Libro en que se anotan los ingresos y gastos diarios de una casa.

dietética. f. Ciencia que trata de la alimentación conveniente en estado de salud y en las enfermedades.

dietético, ca. adj. Perteneciente a la dieta[1].

dietista. com. Médico especialista en dietética.

diez. adj. Nueve y uno. ‖ **2. décimo,** que sigue en orden al noveno. *León* DIEZ; *número* DIEZ; *año* DIEZ. Apl. a los días del mes, ú. t. c. s. *El* DIEZ *de septiembre.* ‖ **3.** m. Signo o conjunto de signos con que se representa el número **diez.** En números romanos se cifra con una X.

diezmal. adj. Perteneciente al diezmo.

diezmar. tr. Pagar el diezmo a la Iglesia. ‖ **2.** fig. Causar gran mortandad en un país las enfermedades, la guerra, el hambre o cualquier otra calamidad; también por ext., se dice de los animales.

diezmilésimo, ma. adj. Dícese de cada una de las diez mil partes iguales en que se divide un todo. Ú. t. c. s.

diezmilímetro. m. Décima parte de un milímetro.

diezmillonésimo, ma. adj. Dícese de cada una de las partes iguales de un todo dividido en diez millones de ellas. Ú. t. c. s.

diezmilmillonésimo, ma. adj. Dícese de cada una de las partes iguales de un todo dividido en diez mil millones de ellas. Ú. t. c. s.

diezmo. m. Derecho del diez por ciento que se pagaba al rey, sobre el valor de las mercaderías que se traficaban y llegaban a los puertos, o entraban y pasaban de un reino a otro. ‖ **2.** Parte de los frutos, regularmente la décima, que pagaban los fieles a la Iglesia.

difamación. f. Acción y efecto de difamar.

difamar. tr. Desacreditar a alguien, de palabra o por escrito, publicando cosas contra su buena opinión y fama.

difamatorio, ria. adj. Dícese de lo que difama.

diferencia. f. Cualidad o accidente por el cual una cosa se distingue de otra. ‖ **2.** Variedad entre cosas de una misma especie. ‖ **3.** Controversia, disensión u oposición de dos o más personas entre sí. ‖ **4.** *Álg.* y *Arit.* **resto,** resultado de la operación de restar.

diferenciación. f. Acción y efecto de diferenciar.

diferencial. adj. Perteneciente a la diferencia de las cosas. ‖ **2.** *Mat.* Aplícase a la cantidad infinitamente pequeña. Ú. t. c. s. ‖ **3.** *Mat.* Aplícase al cálculo de derivadas. Ú. t. c. s. ‖ **4.** m. *Mec.* Mecanismo que enlaza tres móviles, de modo que sus velocidades simultáneas de rotación puedan ser diferentes. ‖ **5.** *Mec.* Engranaje basado en este mecanismo, que se emplea en los vehículos automóviles.

diferenciar. tr. Hacer distinción, conocer la diversidad de las cosas; dar a cada una su correspondiente y legítimo valor. ‖ **2.** prnl. Diferir, distinguirse una cosa de otra. ‖ **3.** Hacerse notable un sujeto por sus acciones o cualidades.

diferente. adj. Diverso, distinto.

diferido, da. adj. Aplazado, retardado. ‖ **en diferido.** loc. adj. y adv. En radio y televisión, dícese del programa que se emite con posterioridad a su grabación.

diferir. tr. Dilatar, retardar o suspender la ejecución de una cosa. ‖ **2.** intr. Distinguirse una cosa de otra o ser diferente y de distintas o contrarias cualidades. ❑ Irreg. Se conj. como *sentir.*

difícil. adj. Que no se logra, ejecuta o entiende sin mucho trabajo. ‖ **2.** Dícese de la persona poco tratable o que se enfada con facilidad.

dificultad. f. Embarazo, inconveniente, oposición o contrariedad que impide conseguir, ejecutar o entender bien pronto una cosa. ‖ **2.** Duda, argumento y réplica propuesta contra una opinión.

dificultar. tr. Hacer difícil una cosa, introduciendo obstáculos o inconvenientes que antes no tenía.

dificultoso, sa. adj. Difícil, lleno de impedimentos.

difluencia. f. *Geogr.* División de las aguas de un río en varias ramas que desembocan directamente en el mar, como sucede en los estuarios.

difracción. f. *Ópt.* Desviación del rayo luminoso al rozar el borde de un cuerpo opaco.

difteria. f. *Pat.* Enfermedad infecciosa de origen bacteriano, caracterizada por la formación de falsas membranas en las mucosas, comúnmente de la garganta, con síntomas generales de fiebre y postración.

difuminar. tr. Desvanecer o esfumar las líneas o colores con el difumino. ‖ **2.** fig. Hacer perder claridad o intensidad. Ú. m. c. prnl.

difumino. m. Rollito de papel estoposo o de piel suave, terminado en punta, que sirve para esfumar.

difundir. tr. Extender, esparcir, propagar físicamente. Ú. t. c. prnl. ‖ **2.** fig. Propagar o divulgar conocimientos, noticias, actitudes, costumbres, modas, etc.

difuntear. tr. fam. *Amér.* Matar.

difunto, ta. adj. Dícese de la persona muerta. Ú. t. c. s. ‖ **2.** m. **cadáver.**

difusión. f. Acción y efecto de difundir o difundirse.

difuso, sa. adj. Ancho, dilatado. ‖ **2.** Vago, impreciso.

digerir. tr. Convertir en el aparato digestivo los alimentos en sustancia propia para la nutrición. ‖ **2.** fig. Sufrir o llevar con paciencia una desgracia o una ofensa. ❑ Ú. m. con neg. ❑ Irreg. Se conj. como *sentir.*

digestión. f. Acción y efecto de digerir.

digestivo, va. adj. Dícese de las operaciones y de las partes del organismo que atañen a la digestión. *Tubo* DIGESTIVO, *funciones* DIGESTIVAS. ‖ **2.** Dícese de lo que es a propósito para ayudar a la digestión. Ú. t. c. s. m.

digitación. f. Adiestramiento de las manos en la ejecución musical con ciertos instrumentos, especialmente los que tienen teclado.

digitado, da. adj. *Zool.* Aplícase a los animales mamíferos que tienen sueltos los dedos de los cuatro pies.

digital. adj. Perteneciente o relativo a los dedos. ‖ **2.** Referente a los números dígitos y en particular a los instrumentos de medida que la expresan con ellos. *Reloj* DIGITAL. ‖ **3.** f. Planta herbácea de la familia de las escrofulariáceas cuyas hojas se usan en medicina. ‖ **4.** Flor de esta planta.

digitalina. f. *Quím.* Principio activo de la digital o dedalera. Es un glucósido que se emplea como tónico cardíaco.

digitalizar. tr. *Inform.* Convertir datos o imágenes gráficas en forma digital para su procesamiento o elaboración por un computador.

digitiforme. adj. Que tiene la forma de un dedo.

digitígrado, da. adj. *Zool.* Dícese del animal que al andar apoya solo los dedos; como el gato.

dígito. adj. *Arit.* V. **número dígito.** Ú. t. c. s.

diglosia. f. **bilingüismo,** en especial cuando una de las lenguas goza de prestigio o privilegios sociales o políticos superiores.

dignarse. prnl. Servirse, condescender o tener a bien hacer alguna cosa. SE DIGNÓ *bajar del palco.*

dignatario. m. Persona investida de una dignidad.

dignidad. f. Calidad de digno. ‖ **2.** Excelencia, realce. ‖ **3.** Cargo o empleo honorífico y de autoridad.

dignificar. tr. Hacer digna o presentar como tal a una persona o cosa. Ú. t. c. prnl.

digno, na. adj. Que merece algo, en sentido

favorable o adverso. Cuando se usa de una manera absoluta, indica siempre buen concepto y se usa en contraposición a indigno. ‖ **2.** Correspondiente, proporcionado al mérito y condición de una persona o cosa. ‖ **3.** Que tiene dignidad o se comporta con ella.

dígrafo. m. Signo ortográfico compuesto de dos letras (como en español *ll*, en francés *ou*, en catalán *ny*) para representar un fonema.

digresión. f. Efecto de romper el hilo del discurso y de hablar en él de cosas que no tengan conexión o íntimo enlace con aquello de que se está tratando. ❑ No utilizar **disgresión*.

dije. m. Cada una de las joyas, relicarios y otras alhajas pequeñas que suelen llevar por adorno las mujeres e incluso los hombres.

dilación. f. Demora, tardanza o detención de una cosa por algún tiempo.

dilapidación. f. Acción y efecto de dilapidar.

dilapidar. tr. Malgastar los bienes propios, o los que alguien tiene a su cargo.

dilatación. f. Acción y efecto de dilatar o dilatarse. ‖ **2.** *Fís.* Aumento de volumen de un cuerpo por apartamiento de sus moléculas y disminución de su densidad.

dilatado, da. adj. Extenso, vasto, numeroso.

dilatar. tr. Extender, alargar y hacer mayor una cosa, o que ocupe más lugar o tiempo. Ú. t. c. prnl. ‖ **2.** Diferir, retardar. Ú. t. c. prnl. ‖ **3.** prnl. Extenderse mucho en un discurso o escrito.

dilatorio, ria. adj. Que causa dilación o aplazamiento. *Tácticas* DILATORIAS.

dilección. f. Voluntad honesta, amor reflexivo.

dilecto, ta. adj. Amado con dilección.

dilema. m. fig. Duda, disyuntiva.

diletante. adj. Que cultiva algún campo del saber, o se interesa por él, como aficionado y no como profesional. Ú. t. c. s. Ú. a veces en sentido peyorativo.

diligencia. f. Cuidado y actividad en ejecutar una cosa. ‖ **2.** Prontitud, agilidad, prisa. ❑ Ú. más con verbos de movimiento. ‖ **3.** Trámite de un asunto administrativo, y constancia escrita de haberlo efectuado. ‖ **4.** Coche grande, dividido en dos o tres departamentos, arrastrado por caballerías, y destinado al transporte de viajeros. ‖ **5.** *Der.* Actuación del secretario judicial en un procedimiento criminal o civil.

diligenciar. tr. Poner los medios necesarios para el logro de una solicitud. ‖ **2.** Tramitar un asunto administrativo con constancia escrita de que se hace. ‖ **3.** *Der.* Despachar o tramitar un asunto mediante las oportunas diligencias.

diligente. adj. Cuidadoso, exacto y activo. ‖ **2.** Pronto, presto, ligero en el obrar.

dilogía. f. Uso de una palabra con dos significados distintos dentro del mismo enunciado.

dilucidar. tr. Declarar y explicar un asunto, una proposición o una obra de ingenio.

diluir. tr. **desleír.** Ú. t. c. prnl. ❑ Irreg. Se conj. como *huir*.

diluviar. intr. impers. Llover a manera de diluvio. ❑ Solo se emplea la 3.ª pers. de sing. de todos los tiempos.

diluvio. m. Inundación de la tierra o de una parte de ella, precedida de copiosas lluvias. ‖ **2.** Por antonom., el universal con que, según la Biblia, Dios castigó a los hombres en tiempo de Noé. ‖ **3.** fig. y fam. Lluvia muy copiosa.

dimanar. intr. Proceder o venir el agua de sus manantiales. ‖ **2.** fig. Provenir, proceder y tener origen una cosa de otra. ❑ Ú. con la prep. *de*.

dimensión. f. *Fís.* Expresión de una magnitud mediante el producto de potencias de las magnitudes fundamentales. *La velocidad tiene* DIMENSIONES *de espacio y tiempo.* ‖ **2.** *Geom.* Longitud, extensión o volumen de una línea, una superficie o un cuerpo, respectivamente. Ú. t. en sent. fig. *Un escándalo de grandes* DIMENSIONES.

dimes y diretes. loc. fam. Contestaciones, debates, altercaciones, réplicas entre dos o más personas. *Andar en* DIMES Y DIRETES.

dímetro. m. En la poesía clásica, verso que consta de dos metros o pies.

dimiario. adj. *Zool.* Dícese de los moluscos bivalvos que tienen dos músculos aductores para cerrar las valvas de la concha, como las almejas de mar.

diminutivo, va. adj. *Gram.* Dícese del sufijo que disminuye la magnitud del significado del vocablo al que se une (*-illa*, en TENACILLA, de *tenaza);* o que, sin aminorarlo, presenta al objeto con intenciones emotivas muy diversas por parte del hablante (*Tiene ya dos* AÑITOS. *¡Qué* NOCHECITA *más atroz!)*, o para influir a su favor en el oyente (*Una* LIMOSNITA). Puede cambiar el género del positivo del que se deriva (CUADRILLA, de *cuadro;* BOTELLÍN, de *botella).* Ú. t. c. s. m. ‖ **2.** m. *Gram.* Palabra formada con sufijos **diminutivos.**

diminuto, ta. adj. Excesivamente pequeño.

dimisión. f. Renuncia, abandono de una cosa que se posee. Dicho de empleos y comisiones.

dimisionario, ria. adj. Que hace o ha hecho dimisión. Ú. t. c. s.

dimitir. tr. Renunciar, hacer dejación de una cosa; como empleo, comisión, etc. ❑ Ú. con la prep. *de*.

dimorfismo. m. *Biol.* Condición de los seres que presentan dos formas o dos aspectos anatómicos diferentes.

dimorfo, fa. adj. *Mineral.* Aplícase a la sustancia que puede cristalizar según dos sistemas diferentes; como las especies de carbonato cálcico, aragonito y calcita. ‖ **2.** *Biol.* Dícese de la especie animal o vegetal cuyos individuos presentan de modo normal dos formas o aspectos claramente diferentes.

dina. f. *Fís.* Unidad de fuerza en el sistema cegesimal. Equivale a la fuerza necesaria para mover la masa de un gramo a razón de un centímetro por segundo cada segundo.

dinamarqués, sa. adj. **danés.** Ú. t. c. s.

dinámica. f. Parte de la mecánica que trata de las leyes del movimiento en relación con las fuerzas que lo producen. ‖ **2.** fig. Sistema de fuerzas dirigidas a un fin.

dinámico, ca. adj. Perteneciente o relativo a la fuerza cuando produce movimiento ‖ **2.** Perteneciente o relativo a la dinámica. ‖ **3.** fig y fam. Dícese de la persona notable por su energía y actividad.

dinamismo. m. Energía activa y propulsora. ‖ **2.** Actividad, presteza, diligencia grandes.

dinamita. f. Mezcla explosiva de nitroglicerina con un cuerpo muy poroso.

dinamitar. tr. Volar con dinamita alguna cosa. ‖ **2.** fig. Destruir, aniquilar.

dinamitero, ra. adj. Dícese de quien sistemáticamente destruye o trata de destruir personas o cosas por medio de la dinamita. Ú. t. c. s.

dinamo o **dínamo.** f. *Fís.* Máquina destinada a transformar la energía mecánica (movimiento) en energía eléctrica (corriente), o viceversa, por inducción electromagnética, debida generalmente a la rotación de cuerpos conductores en un campo magnético.

dinamómetro. m. *Mec.* Instrumento que sirve para apreciar la resistencia de las máquinas y evaluar las fuerzas motrices.

dinar. m. Moneda y unidad monetaria de Argelia, Bahreim, Irak, Jordania, Kuwait, Libia, Túnez, Yemen y Yugoslavia.

dinasta. m. Príncipe o señor que reinaba con el consentimiento o bajo la dependencia de otro soberano.

dinastía. f. Serie de príncipes soberanos en un determinado país, pertenecientes a una familia. ‖ **2.** Familia en cuyos individuos se perpetúa el poder o la influencia política, económica, cultural, etc.

dinástico, ca. adj. Perteneciente o relativo a la dinastía.

dineral. m. Cantidad grande de dinero.

dinerario, ria. adj. Perteneciente o relativo al dinero como instrumento para facilitar los cambios.

dinero. m. Moneda corriente. ‖ **2.** fig. Hacienda, fortuna. *José es hombre de* DINERO, *pero no tiene tanto como se cree.* ‖ **3.** *Econ.* Medio de cambio de general aceptación, que puede ser declarado forma legal de pago, constituido por piezas metálicas acuñadas, billetes u otros instrumentos fiduciarios. ‖ **negro.** El obtenido ilegalmente. ‖ **estar** alguien **podrido de** o **en dinero.** fr. fig. y fam. Ser muy rico. ‖ **hacer dinero.** fr. fig. y fam. Juntar caudal, hacerse rico.

dinornis. m. *Paleont.* Especie de avestruz antediluviano de tamaño gigantesco.

dinosaurio. adj. *Paleont.* Dícese de ciertos reptiles fósiles que son los animales terrestres más grandes que han existido, con cabeza pequeña, cuello largo, cola robusta y larga, y extremidades posteriores más largas que las anteriores, y otros con las cuatro extremidades casi iguales, como el diplodoco. Ú. t. c. s.

dinoterio. m. *Paleont.* Proboscidio fósil semejante a un elefante, que vivió en el período mioceno y tenía unos cinco metros de largo.

dintel. m. *Arq.* Parte superior de las puertas, ventanas y otros huecos que carga sobre las jambas. ❑ No utilizar por *umbral.*

diñar. tr. Dar, entregar. ‖ **diñarla. morir.**

diocesano, na. adj. Perteneciente a la diócesis. ‖ **2.** Dícese del obispo o arzobispo que tiene diócesis. Ú. t. c. s.

diócesis. f. Distrito o territorio en que tiene y ejerce jurisdicción espiritual un prelado; como arzobispo, obispo, etc.

diodo. m. *Electr.* Válvula electrónica que consta de un ánodo frío y de un cátodo caldeado. Se emplea como rectificador.

dioico, ca. adj. *Bot.* Aplícase a las plantas que tienen las flores de cada sexo en pie separado, y también a estas mismas flores.

dionisíaco, ca o **dionisiaco, ca.** adj. Perteneciente o relativo a Dioniso, llamado también Baco. ‖ **2.** Que posee los caracteres de ímpetu, fuerza vital y arrebato atribuidos a Dioniso. ‖ **3.** En contraposición a apolíneo, aplícase a lo impulsivo, instintivo, orgiástico, etc.

dioptría. f. *Ópt.* Unidad de medida usada por los oculistas y que equivale al poder de una lente cuya distancia focal es de un metro.

dióptrica. f. Parte de la óptica, que trata de los fenómenos de la refracción de la luz.

diorama. m. Panorama en que los lienzos que mira el espectador son transparentes y pintados por las dos caras: haciendo que la luz ilumine unas veces solo por delante y otras por detrás, se consigue ver en un mismo sitio dos cosas distintas.

diorita. f. Roca eruptiva, granujienta, formada por feldespato y un elemento oscuro, que puede ser piroxeno, anfíbol o mica negra.

dios. n. p. m. Nombre sagrado del Supremo Ser, Criador del universo, que lo conserva y rige por su providencia. ‖ **2.** m. Cualquiera de las deidades a que dan o han dado culto las diversas religiones. ‖ **a la buena de Dios.** Sin preparación, al azar. ‖ **¡Dios!** interj. de admiración, asombro u horror. ‖ **Dios mediante.** expr. Queriendo **Dios.** ‖ **hacer** algo **como Dios manda.** loc. fam. Hacer las cosas bien; con exactitud y acierto. ‖ **la de Dios es Cristo.** fr. fig. y fam. Gran disputa, riña o pendencia. ❑ Ú. m. con los verbos *armarse, haber, ser,* etc. ‖ **¡vaya por Dios!** loc. interj. con que se expresan normalmente decepción y desagrado. *—No podemos ir al teatro: se ha suspendido la función.* —¡VAYA POR DIOS!

diosa. f. Deidad femenina.

dioscoreáceo, a. adj. *Bot.* Dícese de plantas herbáceas angiospermas, monocotiledóneas, con tallos trepadores, frecuentemente con raíces tuberosas o rizomas; hojas opuestas o alternas, en forma de corazón, flores actinomorfas, comúnmente unisexuales, en racimo o espiga, y frutos en cápsulas o baya; como el ñame. Ú. t. c. s. f. ‖ **2.** f. pl. *Bot.* Familia de estas plantas.

dióxido. m. *Quím.* Óxido cuya molécula contiene dos átomos de oxígeno. ‖ **de carbono.** *Quím.* Gas más pesado que el aire, inodoro, incoloro, incombustible y asfixiante que, por la combinación del carbono con el oxígeno, se produce en las combustiones y en algunas fermentaciones. Se usa en la preparación de bebidas espumosas, en extintores de incendios y en medicina.

dipétalo, la. adj. *Bot.* Dícese de la corola que tiene dos pétalos, y de la flor que tiene esta clase de corola.

diplodoco. m. *Paleont.* Reptil fósil, dinosaurio, de gran tamaño, con la cabeza pequeña, el cuello y la cola muy largos, y las vértebras de esta con dos estiletes longitudinales.

diploma. m. Título o credencial que expide una corporación, una facultad, una sociedad literaria, etc., para acreditar un grado académico, una prerrogativa, un premio, etc.

diplomacia. f. Ciencia o conocimiento de los intereses y relaciones de unas naciones con otras. ‖ **2.** Servicio de los Estados en sus relaciones internacionales. ‖ **3.** fig. y fam. Habilidad, sagacidad y disimulo.

diplomado, da. m. y f. Persona que ha obtenido un diploma.

diplomar. tr. Conceder a alguien un diploma facultativo o de aptitud. ‖ **2.** prnl. Obtenerlo, graduarse.

diplomática. f. Estudio científico de los diplomas y otros documentos, tanto en sus caracteres internos como externos, principalmente para establecer su autenticidad o falsedad. ‖ **2. diplomacia,** ciencia o conocimiento de los intereses y relaciones de unas naciones con otras.

diplomático, ca. adj. Perteneciente a la diplomacia. ‖ **2.** Aplícase a los negocios de Estado que se tratan entre dos o más naciones y a las personas que intervienen en ellos. Apl. a pers., ú. t. c. s. *Un* DIPLOMÁTICO. ‖ **3.** fig. y fam. Circunspecto, sagaz, disimulado.

diplopía. f. *Med.* Fenómeno morboso que consiste en ver dobles los objetos.

dipneo, a. adj. *Zool.* Que está dotado de respiración branquial y pulmonar. Ú. t. c. s.

dipolo. m. *Fís.* Conjunto formado por dos entes físicos de caracteres contrarios u opuestos y muy próximos.

dipsomanía. f. Tendencia irresistible al abuso de la bebida.

dipsomaníaco, ca o **dipsomaniaco, ca.** adj. Dícese del que padece dipsomanía. Ú. t. c. s.

dipsómano, na. adj. **dipsomaníaco.**

díptero, ra. adj. *Arq.* y *Esc.* Dícese del edificio que tiene dos costados salientes, y también de la estatua que tiene dos alas. ‖ **2.** *Zool.* Dícese del insecto que solo tiene dos alas membranosas, que son las anteriores, con las posteriores transformadas en balancines, o que carecen de alas por adaptación a la vida parásita y con aparato bucal dispuesto para chupar, como la mosca. Ú. t. c. s. ‖ **3.** m. pl. *Zool.* Orden de estos insectos.

díptico. m. Cuadro o bajo relieve formado con dos tableros que se cierran por un costado, como las tapas de un libro.

diptongar. tr. *Gram.* Unir dos vocales, formando en la pronunciación una sola sílaba. ‖ **2.** intr. *Fon.* Convertirse en diptongo una vocal, como la *o* del lat. *bonus* en *bueno.*

diptongo. m. *Gram.* Conjunto de dos vocales diferentes que se pronuncian en una sola sílaba, y en especial la combinación monosilábica formada dentro de una misma palabra por alguna de las vocales abiertas *a, e, o,* con una de las cerradas *i, u,* articulándose estas como semivocales o semiconsonantes; v. gr.: *aire, puerta.*

diputación. f. Conjunto de los diputados. ‖ **2.** Ejercicio del cargo de diputado. ‖ **provincial.** Corporación elegida para dirigir y administrar los intereses de una provincia. ‖ **2.** Edificio o local donde los diputados provinciales celebran sus sesiones.

diputado, da. m. y f. Persona nombrada por un cuerpo para representarlo. ‖ **2.** Persona nombrada por elección popular como representante en una cámara legislativa, nacional, regional o provincial.

dique. m. Muro para contener las aguas. ‖ **2.** Cavidad revestida de fábrica, situada en la orilla de una dársena u otro sitio abrigado y en la cual entran los buques para su limpieza, carena o reparación en seco, y que se cierra a este efecto con una especie de barco de hierro de dos proas, del que se achica después el agua por medio de bombas. ‖ **seco. dique,** cavidad revestida de fábrica.

dirección. f. Acción y efecto de dirigir o dirigirse. ‖ **2.** Camino o rumbo que un cuerpo sigue en su movimiento. ‖ **3.** Conjunto de personas encargadas de dirigir una sociedad, establecimiento, explotación, etc. ‖ **4.** Cargo de director. ‖ **5.** Oficina o casa en que despacha el director o los directivos. ‖ **6. domicilio** de una persona. ‖ **7.** Señas escritas sobre una carta, fardo, caja o cualquier otro bulto, para indicar dónde y a quién se envía. ‖ **8.** *Mec.* Mecanismo que sirve para guiar los vehículos automóviles.

directivo, va. adj. Que tiene facultad o virtud de dirigir. Apl. a pers., ú. t. c. s. ‖ **2.** f. Mesa o junta de gobierno de una corporación, sociedad, etc. ‖ **3.** En algunos organismos internacionales, disposición de rango superior que han de cumplir todos sus miembros.

directo, ta. adj. Derecho o en línea recta. ‖ **2.** Dícese de lo que va de una parte a otra sin detenerse en los puntos intermedios. ‖ **3.** Aplícase a lo que se encamina derechamente a una mira u objeto. ‖ **en directo.** loc. adj. y adv. En radio y televisión, dícese del programa que se emite a la vez que se realiza.

director, ra. adj. Que dirige. Ú. t. c. s. ‖ **2.** *Geom.* Dícese de la línea, figura o superficie que determina las condiciones de generación de otra línea, figura o superficie. ❑ En esta acepción, la forma femenina es **directriz.** ‖ **3.** m. y f. Persona a cuyo cargo está el régimen o dirección de un negocio, cuerpo o establecimiento especial. ‖ **espiritual.** Sacerdote que aconseja en asuntos de conciencia a una persona.

directorio, ria. adj. Dícese de lo que es a propósito para dirigir. ‖ **2.** m. Lo que sirve para dirigir en alguna ciencia o negocio. DIRECTORIO *espiritual, de navegación.* ‖ **3.** Guía en la que figuran las personas de un conjunto, con indicación de diversos datos de ellas, por ej.: cargo, señas, teléfono, etc.

directriz. adj. Forma femenina de **director,** en la acepción de geometría y en algunos otros casos. *Ideas* DIRECTRICES. Ú. t. c. s. ‖ **2.** f. Conjunto de instrucciones o normas generales para la ejecución de alguna cosa. Ú. m. en pl.

dirham. m. Moneda de plata usada por los árabes en la Edad Media. ‖ **2.** Unidad monetaria de Marruecos y de la Unión de Emiratos Árabes. ‖ **3.** Fracción de la unidad monetaria en varios países islámicos, como Irak, Libia, Kuwait, etc.

dirigencia. f. *Amér.* Conjunto de dirigentes políticos, gremiales, etc.

dirigente. adj. Que dirige. Ú. t. c. s.

dirigible. adj. Que puede ser dirigido. ‖ **2.** m. **globo dirigible.**

dirigir. tr. Enderezar, llevar rectamente una cosa hacia un término o lugar señalado. Ú. t. c. prnl. ‖ **2.** Guiar, mostrando o dando las señas de un camino. ‖ **3.** Poner a una carta, fardo, caja o cualquier otro bulto las señas que indiquen a dónde y a quién se ha de enviar. ‖ **4.** fig. Encaminar la intención y las operaciones a determinado fin. ‖ **5.** Gobernar, regir, dar reglas para el manejo de una dependencia, empresa o pretensión. ‖ **6.** Orientar, guiar, aconsejar a quien realiza un trabajo. ‖ **7.** Conjuntar y marcar una determinada orientación artística a los componentes de una orquesta o coro, o a quienes intervienen en un espectáculo, asumiendo la responsabilidad de su actuación pública.

dirigismo. m. Tendencia del gobierno o de cualquier autoridad a controlar una o más actividades. DIRIGISMO *cultural, político, económico.*

dirimir. tr. Deshacer, disolver, desunir. Se usa ordinariamente referido a las cosas inmateriales. DIRIMIR *el matrimonio.* ‖ **2.** Arbitrar, concluir, apaciguar una controversia.

dis-[1]**.** pref. que significa negación o contrariedad: DIS*cordancia,* DIS*culpa,* DIS*conformidad;* separación: DIS*traer;* o distinción: DIS*cernir,* DIS*tinguir.*

dis-[2]**.** pref. que significa dificultad o anomalía: DIS*pepsia,* DIS*nea,* DIS*lexia.*

disacárido. m. *Biol.* Hidrato de carbono formado por dos monosacáridos; como la sacarosa y la lactosa.

disartria. f. *Psiquiat.* Dificultad para la articulación de las palabras que se observa en algunas enfermedades nerviosas.

discal. adj. *Anat.* Perteneciente o relativo a los discos cartilaginosos situados entre las vértebras.

discapacidad. f. Calidad de discapacitado.

discapacitado, da. adj. Dícese de la persona que, por alguna alteración de sus funciones físicas o intelectuales, genéticas o adquiridas, tiene impedidas o entorpecidas las actividades cotidianas normales. Ú. t. c. s.

discente. adj. Dícese de la persona que recibe enseñanza. ‖ **2.** m. **estudiante,** persona que cursa estudios.

discernimiento. m. Acción y efecto de discernir. ‖ **2.** *Der.* Disposición judicial que habilita a una persona para ejercer un cargo.

discernir. tr. Distinguir una cosa de otra, señalando la diferencia que hay entre ellas. Comúnmente se refiere a operaciones del ánimo. ‖ **2.** *Der.* Encargar de oficio el juez a alguien la tutela de un menor, u otro cargo. ❑ Irreg. Ver conjugación modelo.

discernir
INDICATIVO Presente: discierno, disciernes, discierne, discernimos, discernís, disciernen. Pretérito imperfecto: discernía, discernías, discernía, discerníamos, discerníais, discernían. Pretérito indefinido: discerní, discerniste, discernió, discernimos, discernisteis, discernieron. Futuro imperfecto: discerniré, discernirás, discernirá, discerniremos, discerniréis, discernirán. Condicional: discerniría, discernirías, discerniría, discerniríamos, discerniríais, discernirían.
SUBJUNTIVO Presente: discierna, disciernas, discierna, discernamos, discernáis, disciernan. Pretérito imperfecto: discerniera o discerniese, discernieras o discernieses, discerniera o discerniese, discerniéramos o discerniésemos, discernierais o discernieseis, discernieran o discerniesen. Futuro imperfecto: discerniere, discernieres, discerniere, discerniéremos, discerniereis, discernieren.
IMPERATIVO discierne (tú); discernid (vosotros).
FORMAS NO PERSONALES Infinitivo: discernir. Participio: discernido. Gerundio: discerniendo.

disciplina. f. Doctrina, instrucción de una persona, especialmente en lo moral. ‖ **2.** Arte, facultad o ciencia. ‖ **3.** Instrumento, hecho ordinariamente de cáñamo, con varios ramales, cuyos extremos son más gruesos, y sirve para azotar. Ú. m. en pl. ‖ **4.** Acción y efecto de disciplinar o disciplinarse.

disciplinado, da. adj. Que guarda la disciplina, observancia de las leyes.

disciplinante. adj. Que se disciplina. Ú. t. c. s. ‖ **2.** m. Persona que se disciplina públicamente en las procesiones de Semana Santa.

disciplinar. tr. Instruir, enseñar a alguien su profesión, dándole lecciones. ‖ **2.** Azotar, dar disciplinazos por mortificación o por castigo. Ú. t. c. prnl. ‖ **3.** Imponer, hacer guardar la disciplina, observancia de las leyes.

disciplinario, ria. adj. Relativo o perteneciente a la disciplina. ‖ **2.** Aplícase al régimen que establece subordinación y sujeción a determinadas reglas, así como a cualquiera de las penas que se imponen por vía de corrección.

disciplinazo. m. Golpe dado con las disciplinas.

discípulo, la. m. y f. Persona que aprende una doctrina, ciencia o arte bajo la dirección de un maestro. ‖ **2.** Persona que sigue la opinión de una escuela, aun cuando viva en tiempos muy posteriores a los maestros que la establecieron. DISCÍPULO *de Aristóteles, de Platón, de Epicuro.*

disco. m. Plancha lenticular de dimensiones y peso determinados, que se lanza en ciertos juegos atléticos; pesa un kilo o dos, según sea lanzado por mujeres u hombres. ‖ **2.** Cuerpo cilíndrico cuya base es muy grande respecto de su altura. ‖ **3.** Lámina circular de diversos materiales, especialmente plástico, que, con ayuda de un tocadiscos, reproduce sonidos previamente registrados. ‖ **4.** Cada uno de los tres **discos** luminosos verde, rojo y amarillo, de que consta el semáforo eléctrico que regula la circulación. ‖ **5.** *Bot.* Parte de la hoja comprendida dentro de sus bordes. ‖ **compacto. disco** metálico que contiene información acústica o visual grabada y que se reproduce mediante rayos láser. ‖ **duro. disco** magnético de gran capacidad fijo en un ordenador. ‖ **magnético.** *Inform.* **disco** rotatorio con una superficie magnetizable en la que puede almacenarse información. ‖ **óptico.** *Inform.* **disco** en que mediante un rayo láser se registra un elevado número de señales digitales y que puede ser leído por sensores fotoeléctricos.

discóbolo. m. En la Grecia antigua, lanzador de disco.

discografía. f. Arte de impresionar y reproducir discos fonográficos. ‖ **2.** Conjunto de discos de un tema, un autor, etc.

discográfico, ca. adj. Perteneciente o relativo al disco o a la discografía.

discoidal. adj. A manera de disco.

díscolo, la. adj. Desobediente, que no se comporta con docilidad. Dícese de niños y jóvenes. Ú. t. c. s.

disconforme. adj. No conforme. ‖ **2.** Que manifiesta disconformidad. Ú. t. c. s.

disconformidad. f. Diferencia de unas cosas con otras en cuanto a su esencia, forma o fin. ‖ **2.** Oposición, desunión, desacuerdo en los dictámenes o en las voluntades.

discontinuo, nua. adj. Interrumpido, intermitente o no continuo.

discordancia. f. Contrariedad, diversidad, disconformidad. ‖ **2.** En música, falta de armonía.

discordar. intr. Ser opuestas, desavenidas o diferentes entre sí dos o más cosas. ‖ **2.** No convenir uno en opiniones con otro. ‖ **3.** *Mús.* No estar acordes las voces o los instrumentos. ❑ Irreg. Se conj. como *contar.*

discorde. adj. Disconforme, desavenido, opuesto. ‖ **2.** *Mús.* Disonante, falto de consonancia.

discordia. f. Oposición, desavenencia de voluntades u opiniones.

discoteca. f. Colección de discos musicales o sonoros. ‖ **2.** Local o mueble en que se alojan esos discos debidamente ordenados. ‖ **3.** Local público donde sirven bebidas y se baila al son de música de discos.

discotequero, ra. adj. Perteneciente o relativo a la discoteca, o que es propio de este tipo de locales. ‖ **2.** Dícese de la persona que frecuenta las discotecas. Ú. t. c. s.

discreción. f. Sensatez para formar juicio y tacto para hablar u obrar. ‖ **2.** Don de expresarse con agudeza, ingenio y oportunidad. ‖ **3.** Reserva, prudencia, circunspección. ‖ **a discreción.** loc. adv. Al antojo o voluntad de uno, sin tasa ni limitación.

discrecional. adj. Que se hace libre y prudencialmente.

discrepancia. f. Diferencia, desigualdad que resulta de la comparación de las cosas entre sí. ‖ **2.** Diferencia de opiniones o de conducta.

discrepar. intr. Desdecir una cosa de otra, diferenciarse, ser desigual. ‖ **2.** Disentir una persona del parecer o de la conducta de otra.

discretear. intr. Cuchichear, hacer comentarios con aire confidencial.

discreto, ta. adj. Dotado de discreción. Ú. t. c. s. ‖ **2.** Que incluye o denota discreción. *Conducta* DISCRETA; *dicho* DISCRETO. ‖ **3.** Separado, distinto. ‖ **4.** Moderado, sin exceso. *Precio, color* DISCRETO. Ú. a veces peyorativamente. *Es obra ambiciosa, pero de resultados* DISCRETOS.

discriminación. f. Acción y efecto de discriminar.

discriminar. tr. Separar, distinguir, diferenciar una cosa de otra. ‖ **2.** Dar trato de inferioridad a una persona o colectividad por motivos raciales, religiosos, políticos, etc.

discriminatorio, ria. adj. Que discrimina.

discromatopsia. f. *Med.* Incapacidad para percibir o discernir los colores.

disculpa. f. Razón que se da o causa que se alega para excusar o purgar una culpa.

disculpable. adj. Que merece disculpa.

disculpar. tr. Dar razones o pruebas que descarguen de una culpa o delito. Ú. t. c. prnl. ‖ **2.** fam. No tomar en cuenta o perdonar las faltas y omisiones que otro comete. ‖ **3.** prnl. Pedir indulgencia por lo que ha causado o puede causar daño.

discurrir. intr. Andar, caminar, correr por diversas partes y lugares. ‖ **2. correr,** transcurrir el tiempo. ‖ **3. correr,** fluir un líquido. ‖ **4.** fig. Reflexionar, pensar, hablar acerca de una cosa, aplicar la inteligencia. ‖ **5.** tr. Inventar una cosa. DISCURRIR *un arbitrio, un medio.*

discursear. intr. fam. Pronunciar discursos.

discursivo, va. adj. Propio del discurso o del razonamiento. *Estilo* DISCURSIVO.

discurso. m. Serie de las palabras y frases empleadas para manifestar lo que se piensa o siente. *Perder, recobrar el hilo del* DISCURSO. ‖ **2.** Razonamiento o exposición sobre algún tema que se lee o pronuncia en público. ‖ **3.** Doctrina, ideología, tesis. ‖ **4.** *Ling.* Enunciado de la cadena hablada o escrita.

discusión. f. Acción y efecto de discutir. ‖ **sin discusión.** loc. adv. Sin duda, con toda seguridad.

discutible. adj. Que se puede o se debe discutir.

discutir. tr. Examinar atenta y particularmente una materia entre varias personas. ‖ **2.** Contender y alegar razones contra el parecer de otro. *Todos* DISCUTÍAN *sus decisiones.* Ú. m. c. intr. DISCUTIR *con el contratista sobre el precio de la obra.*

disecar. tr. Dividir en partes un vegetal o el cadáver de un animal para el examen de su estructura normal o de las alteraciones orgánicas. ‖ **2.** Preparar los animales muertos para que conserven la apariencia de cuando estaban vivos.

disección. f. Acción y efecto de disecar. ‖ **2.** fig. Examen, análisis pormenorizado de alguna cosa.

diseccionar. tr. **disecar,** dividir en partes un vegetal o un cadáver para su examen. ‖ **2.** fig. Hacer la disección o análisis de una cosa.

diseminación. f. Acción y afecto de diseminar o diseminarse.

diseminar. tr. **sembrar,** esparcir. Ú. t. c. prnl.

disensión. f. Oposición o contrariedad de varios sujetos en los pareceres o en los propósitos. ‖ **2.** fig. Contienda, riña, altercación.

disentería. f. *Pat.* Enfermedad infecciosa causada por ciertos protozoos y bacterias, que tiene por

ntoma característico las diarreas frecuentes, dolo-
ɔsas y a veces con mezcla de sangre.

disentir. intr. No ajustarse al sentir o parecer de
tro. DISIENTO *de tu opinión.* ❑ Irreg. Se conj. como
entir.

diseñador, ra. m. y f. Persona que diseña.

diseñar. tr. Hacer un diseño.

diseño. m. Traza, dibujo hecho solo con líneas
e un edificio o de una figura. ‖ **2.** Descripción o bos-
uejo de una cosa hecho de palabra. ‖ **3.** Proyecto,
an. DISEÑO *urbanístico.* ‖ **4.** Concepción original de
n objeto u obra destinados a la producción en serie.
SEÑO *gráfico, de modas, industrial.*

disépalo, la. adj. *Bot.* Dícese del cáliz o de la
or que tiene dos sépalos.

disertación. f. Acción y efecto de diser-
ar. ‖ **2.** Escrito, lección o conferencia en que se
iserta.

disertar. intr. Razonar, discurrir detenida y metó-
icamente sobre alguna materia, bien para exponer-
, bien para refutar opiniones ajenas.

disestesia. f. *Fisiol.* Perversión de la sensibili-
ad que se observa especialmente en el histerismo.

disfagia. f. *Fisiol.* Dificultad o imposibilidad de
agar.

disfasia. f. *Pat.* Anomalía en el lenguaje causa-
a por una lesión cerebral.

disfavor. m. Acción o dicho no favorable que
casiona alguna contrariedad o daño.

disfemismo. m. Modo de decir que consiste
n nombrar una realidad con una expresión peyorati-
a o con intención de rebajarla de categoría. Se opo-
e a **eufemismo.**

disfonía. f. Trastorno de la fonación.

disforme. adj. **deforme.** ‖ **2.** Feo, horroroso,
onstruoso.

disfraz. m. Artificio que se usa para desfigurar
na cosa con el fin de que no sea conocida. ‖ **2.** Por
ntonom., vestido de máscara que sirve para las fies-
as y saraos, especialmente en carnaval.

disfrazar. tr. Desfigurar la forma natural de las
ersonas o de las cosas para que no sean conocidas.
J. t. c. prnl. ‖ **2.** fig. Disimular, desfigurar con pala-
ras y expresiones lo que se siente. ‖ **3.** prnl. Vestir-
e de máscara.

disfrutar. tr. Percibir o gozar los productos,
entajas o utilidades de cosas, cualidades o situacio-
es. DISFRUTAR *las vacaciones.* ❑ Ú. m. c. intr. con la
rep. *de.* DISFRUTAR DEL *clima,* DE *excelente salud.* ‖ **2.**
ozar, sentir placer.

disfrute. m. Acción y efecto de disfrutar.

disfunción. f. *Fisiol.* Alteración cuantitativa o
ualitativa de una función orgánica. ‖ **2.** fig. Desarre-
glo en el funcionamiento de algo, o en la función que
le corresponde.

disgregación. f. Acción y efecto de disgregar
o disgregarse.

disgregar. tr. Separar, desunir, apartar lo que
estaba unido. Ú. t. c. prnl.

disgustar. tr. Desagradar al paladar. ‖ **2.** fig.
Causar enfado, pesadumbre o desazón. Ú. t. c. prnl.
‖ **3.** prnl. Enojarse uno con otro, o perder la amistad
por enfados o disputas.

disgusto. m. fig. Sentimiento, pesadumbre e
inquietud causados por un accidente o una contrarie-
dad. ‖ **2.** fig. Fastidio, tedio o enfado que causa una
persona o cosa. ‖ **a disgusto.** loc. adv. De mala
gana, incómodamente.

disidencia. f. Acción y efecto de disidir. ‖ **2.**
Grave desacuerdo de opiniones.

disidente. adj. Que diside. Ú. t. c. s.

disidir. intr. Separarse de la común doctrina,
creencia o conducta.

disimetría. f. Defecto de simetría.

disímil. adj. Desemejante, diferente.

disimilación. f. *Fon.* Acción y efecto de disi-
milar o disimilarse.

disimilar. tr. *Fon.* Alterar la articulación de un
sonido del habla diferenciándolo de otro igual o seme-
jante, ya estén ambos contiguos, ya meramente cer-
canos. A veces, omitir por completo la articulación de
un sonido en tales condiciones. Ú. m. c. intr. y c. prnl.

disimilitud. f. **desemejanza.**

disimulado, da. adj. Que por hábito o carácter
disimula o no da a entender lo que siente. Ú. t. c. s.

disimular. tr. Encubrir con astucia la intención.
Ú. t. c. intr. ‖ **2.** Ocultar, encubrir algo que se sien-
te y padece; como el miedo, la pena, la pobreza, el
frío, etc. Ú. t. c. intr. ‖ **3.** Disfrazar u ocultar una cosa,
para que parezca distinta de lo que es.

disimulo. m. Arte con que se oculta lo que se
siente, se sospecha, se sabe o se hace. ‖ **2.** Indul-
gencia, tolerancia.

disipación. f. Acción y efecto de disipar o disi-
parse. ‖ **2.** Disolución, relajamiento moral.

disipado, da. adj. Disoluto, libertino. Ú. t. c. s.

disipador, ra. adj. Que destruye y malgasta la
hacienda o caudal. Ú. t. c. s.

disipar. tr. Esparcir y desvanecer las partes que
forman por aglomeración un cuerpo. *El sol* DISIPA *las
nieblas; el viento, las nubes.* Ú. t. c. prnl. ‖ **2.** Des-
perdiciar, malgastar la hacienda u otra cosa. ‖ **3.** prnl.
fig. Desvanecerse, quedar en nada una cosa; como
un sueño, una sospecha, etc.

dislalia. f. *Med.* Dificultad de articular las pa-
labras.

dislate. m. **disparate.**

dislexia. f. *Med.* Incapacidad parcial de leer comprendiendo lo que se lee, causada por una lesión en el cerebro. ‖ **2.** Estado patológico en el cual, aunque es posible leer, la lectura resulta difícil o penosa.

disléxico, ca. adj. Perteneciente o relativo a la dislexia. ‖ **2.** Que padece dislexia. Ú. t. c. s.

dislocación. f. Acción y efecto de dislocar o dislocarse.

dislocar. tr. Sacar una cosa de su lugar. Ú. m. c. prnl., referido a huesos y articulaciones.

disloque. m. fam. El colmo, desbarajuste.

dismenorrea. f. *Pat.* Menstruación dolorosa o difícil.

disminución. f. Merma o menoscabo de una cosa, tanto en lo físico como en lo moral.

disminuido, da. adj. Que ha perdido fuerzas o aptitudes, o las posee en grado menor a lo normal. Apl. a pers., ú. t. c. s.

disminuir. tr. Hacer menor la extensión, la intensidad o número de alguna cosa. Ú. t. c. intr. y c. prnl. ❑ Irreg. Se conj. como *huir.* Ú. con la prep. *en.*

dismnesia. f. *Med.* Debilidad de la memoria.

disnea. f. *Pat.* Dificultad de respirar.

disociación. f. Acción y efecto de disociar o disociarse. ‖ **2.** *Quím.* Descomposición química limitada por la tendencia a combinarse de los cuerpos separados.

disociar. tr. Separar una cosa de otra a la que estaba unida. Ú. t. c. prnl. ‖ **2.** Separar los diversos componentes de una sustancia. Ú. t. c. prnl.

disolución. f. Acción y efecto de disolver o disolverse. ‖ **2.** Mezcla que resulta de disolver cualquier sustancia en un líquido. ‖ **3.** fig. Relajación de vida y costumbres. ‖ **4.** fig. Relajación y rompimiento de los lazos o vínculos existentes entre varias personas. DISOLUCIÓN *de la sociedad, de la familia.*

disoluto, ta. adj. Licencioso, entregado a los vicios. Ú. t. c. s.

disolvente. adj. Que disuelve. Ú. t. c. s. m.

disolver. tr. Desunir en un líquido las partículas de un sólido, gas u otro líquido, de manera que queden incorporadas a él. Ú. t. c. prnl. ‖ **2.** Separar, desunir las cosas que estaban unidas de cualquier modo. DISOLVER *el matrimonio, las Cortes.* Ú. t. c. prnl. DISOLVERSE *una sociedad.* ‖ **3.** Deshacer, destruir, aniquilar. Ú. t. c. prnl. ❑ Irreg. Se conj. como *mover;* p. p. irreg. *disuelto.*

disonancia. f. Sonido desagradable. ‖ **2.** fig. Falta de la conformidad o proporción que naturalmente deben tener algunas cosas. ‖ **3.** *Mús.* Acorde no consonante.

disonante. adj. Que disuena.

disonar. intr. Sonar desapaciblemente; faltar a la consonancia y armonía. ‖ **2.** fig. Discrepar, carecer de conformidad y correspondencia algunas cosas o las partes de ellas entre sí cuando debieran tenerla. ‖ **3.** fig. Parecer mal y extraña una cosa. ❑ Irreg. Se conj. como *contar.*

disosmia. f. *Med.* Dificultad en la percepción de los olores.

dispar. adj. Desigual, diferente.

disparadero. m. **disparador,** pieza de un arma. ‖ **poner** a alguien **en el disparadero.** fr. fig. Ponerle en el trance, apurando su paciencia o su discreción, de decir o hacer lo que de otra forma no haría.

disparado, da. adj. Dícese del que sale precipitadamente.

disparador. m. Pieza donde se sujeta la llave de las armas portátiles de fuego, al montarlas, y que movida a su tiempo, sirve para dispararlas. ‖ **2.** Pieza que sirve para hacer funcionar el obturador automático de una cámara fotográfica. ‖ **3.** *Fís.* En los aparatos electrónicos, artificio que pone en acción determinada parte de los mismos.

disparar. tr. Hacer alguien que un arma despida su carga. DISPARAR *una flecha con el arco, una bala con el fusil.* ‖ **2.** Despedir el arma su carga. Ú. t. c. intr. *Esta pistola no* DISPARA *bien.* ‖ **3.** Arrojar o despedir con violencia una cosa. Ú. t. c. prnl. ‖ **4.** En el fútbol y otros juegos, lanzar el balón con fuerza hacia la meta. ‖ **5.** prnl. Hablar u obrar con extraordinaria violencia y, por lo común, sin razón. ‖ **6.** Crecer, incrementarse inmoderadamente alguna cosa. DISPARARSE *los precios, la violencia.*

disparatado, da. adj. Dícese del que disparata. ‖ **2.** Contrario a la razón. ‖ **3.** fam. **atroz,** desmesurado.

disparatar. intr. Decir o hacer una cosa fuera de razón y regla.

disparate. m. Hecho o dicho disparatado. ‖ **2.** fam. **atrocidad,** demasía.

disparejo, ja. adj. **dispar.**

disparidad. f. Desemejanza, desigualdad y diferencia de unas cosas respecto de otras.

disparo. m. Acción y efecto de disparar o dispararse.

dispendio. m. Gasto, por lo general excesivo e innecesario.

dispensa. f. Privilegio, excepción graciosa de lo ordenado por las leyes generales; y más comúnmente el concedido por el Papa o por un obispo.

dispensar. tr. Dar, conceder, otorgar, distribuir. DISPENSAR *mercedes, elogios.* ‖ **2.** Eximir de una obligación, o de lo que se quiere considerar como tal.

. t. c. prnl. ‖ **3.** Absolver de falta leve ya cometida, de lo que se quiere considerar como tal.

dispensario. m. Establecimiento destinado a ·restar asistencia médica y farmacéutica a enfermos ue no se alojan en él.

dispepsia. f. *Pat.* Enfermedad crónica caracte·zada por la digestión laboriosa e imperfecta.

dispersar. tr. Separar y diseminar lo que esta·a o solía estar reunido. DISPERSAR *una manifestación,* SPERSAR *un rebaño.* Ú. t. c. prnl. ‖ **2.** fig. Dividir el sfuerzo, la atención o la actividad, aplicándolos esordenadamente en múltiples direcciones.

dispersión. f. Acción y efecto de dispersar o spersarse. ‖ **2.** *Ópt.* Separación de los diversos olores espectrales de un rayo de luz, por medio de ı prisma u otro medio adecuado.

disperso, sa. adj. Que está dispersado. Apl. a ers., ú. t. c. s.

displasia. f. *Pat.* Anomalía en el desarrollo de ı órgano.

displicencia. f. Desagrado o indiferencia en el ato. ‖ **2.** Desaliento en la ejecución de una acción, or dudar de su bondad o desconfiar de su éxito.

displicente. adj. Desdeñoso, que muestra mal umor, falta de interés o de entusiasmo. Ú. t. c. s.

disponer. tr. Colocar, poner las cosas en orden situación conveniente. Ú. t. c. prnl. ‖ **2.** Deliberar, eterminar, mandar lo que ha de hacerse. ‖ **3.** Prepa·r, prevenir. Ú. t. c. prnl. ‖ **4.** intr. Valerse de una perona o cosa, tenerla o utilizarla por suya. DISPONGA *sted de mí a su gusto.* DISPONEMOS *de poco tiempo.* ❑ Irreg. Se conj. como *poner;* p. p. irreg. *dispuesto.*

disponibilidad. f. Cualidad o condición de disonible.

disponible. adj. Dícese de todo aquello de que e puede disponer libremente o de lo que está pron· para usarse o utilizarse.

disposición. f. Acción y efecto de disponer o isponerse. ‖ **2.** Aptitud, proporción para algún fin. ‖ **3.** Precepto legal o reglamentario, deliberación, orden mandato de la autoridad.

dispositivo, va. adj. Dícese de lo que dispoe. ‖ **2.** m. Mecanismo o artificio dispuesto para proucir una acción prevista.

disprosio. m. Elemento químico de núm. atóm. 6. Metal de las tierras raras, escaso en la naturalea; se encuentra con otros lantánidos en ciertos mineales. Sus sales son de color amarillo verdoso, y se tiliza en la industria nuclear. Símb. *Dy.*

dispuesto, ta. p. p. irreg. de **disponer.** ‖ **2.** dj. Apuesto, gallardo, bien proporcionado. ‖ **3.** Hábil, espejado. ‖ **bien,** o **mal, dispuesto.** Con ánimo avorable o adverso.

disputa. f. Acción y efecto de disputar.

disputar. tr. **debatir.** ‖ **2.** Porfiar y altercar con calor y vehemencia. ❑ Ú. c. intr. con las preposiciones *de, sobre, acerca de,* etc. ‖ **3.** Contender, competir, rivalizar. Ú. t. c. prnl.

disquete. m. *Inform.* Disco magnético portátil, de capacidad reducida, que se introduce en un ordenador para su grabación o lectura.

disquetera. f. *Inform.* Dispositivo donde se inserta el disquete para su grabación o lectura.

disquisición. f. Examen riguroso que se hace de alguna cosa, considerando cada una de sus partes. ‖ **2.** Divagación, digresión. Ú. m. en pl.

disruptivo, va. adj. *Fís.* Que produce ruptura brusca. *Descarga* DISRUPTIVA; *tensión* DISRUPTIVA.

distal. adj. *Anat.* Dícese de la parte de un miembro o de un órgano más separada de la línea media del organismo en cuestión.

distancia. f. Espacio o intervalo de lugar o de tiempo que media entre dos cosas o sucesos. ‖ **2.** fig. Diferencia, desemejanza notable entre unas cosas y otras. ‖ **3.** fig. Alejamiento, desafecto entre personas. ‖ **guardar las distancias.** fr. fig. Observar en el trato con otras personas una actitud que excluya familiaridad o excesiva cordialidad.

distanciamiento. m. Acción y efecto de distanciar y distanciarse. ‖ **2.** Alejamiento afectivo o intelectual de una persona en su relación con un grupo humano, una institución, una ideología, una creencia o una opinión.

distanciar. tr. Separar, apartar, poner a distancia. Ú. t. c. prnl. ‖ **2.** Desunir o separar moralmente a las personas por desafecto, diferencias de opinión, etc. Ú. t. c. prnl.

distante. adj. Que dista. ‖ **2.** Apartado, remoto, lejano. ‖ **3.** Dícese de la persona que rehúye el trato amistoso o la intimidad.

distar. intr. Estar apartada una cosa de otra cierto espacio de lugar o de tiempo. ‖ **2.** fig. Diferenciarse notablemente una cosa de otra. ❑ Ú. con la prep. *de.*

distender. tr. Aflojar, relajar, disminuir la tensión. Ú. t. en sent. fig. ❑ Se conj. como *entender.*

distensión. f. Acción y efecto de distender o distenderse.

distermia. f. Temperatura anormal del organismo.

dístico¹. m. Composición usual en la poesía griega y latina que consta de dos versos, por lo común un hexámetro seguido de un pentámetro.

dístico², ca. adj. *Bot.* Dícese de las hojas, flores, espigas y demás partes de las plantas cuando están situadas en un mismo plano y miran alternativamente a uno y otro lado de un eje.

distinción. f. Acción y efecto de distinguir o distinguirse. ‖ **2.** Diferencia en virtud de la cual una cosa no es otra, o no es semejante a otra. ‖ **3.** Prerrogativa, excepción y honor concedido a alguien, en virtud de los cuales se diferencia de otros sujetos. ‖ **4.** Buen orden, claridad y precisión en las cosas. ‖ **5.** Elevación sobre lo vulgar, especialmente en elegancia y buenas maneras. ‖ **6.** Miramiento y consideración hacia una persona. *Tratar a alguien con* DISTINCIÓN. *Ser persona de* DISTINCIÓN.

distingo. m. Reparo, restricción, limitación que se pone con cierta sutileza, meticulosidad o malicia.

distinguido, da. adj. Ilustre, noble, esclarecido.

distinguir. tr. Conocer la diferencia que hay de unas cosas a otras. ‖ **2.** Hacer que una cosa se diferencie de otra por medio de alguna particularidad, señal, divisa, etc. Ú. t. c. prnl. ‖ **3.** Tratándose de cualidades o procederes, caracterizar a una persona o cosa: *Juan, con la generosidad que lo* DISTINGUE, *renunció a lo que le ofrecían.* ‖ **4.** Ver un objeto, diferenciándolo de los demás, a pesar de alguna dificultad que haya para ello, como lejanía, falta de diafanidad en el aire, debilidad de la vista, etc. ‖ **5.** fig. Hacer particular estimación de unas personas prefiriéndolas a otras. ‖ **6.** Otorgar a alguien alguna dignidad, prerrogativa, etc. ‖ **7.** prnl. Descollar, sobresalir entre otros.

distintivo, va. adj. Que tiene facultad de distinguir. ‖ **2.** m. Insignia, señal, marca.

distinto, ta. adj. Que no es lo mismo; que tiene realidad o existencia diferente de aquello otro de que se trata. ‖ **2.** Inteligible, claro, sin confusión.

distorsión. m. Deformación de imágenes, sonidos, señales, etc., producida en su transmisión o reproducción. ‖ **2.** *Med.* **esguince,** torcedura, distensión.

distorsionar. tr. Causar distorsión. Ú. t. c. prnl.

distracción. f. Acción y efecto de distraer o distraerse. ‖ **2.** Cosa que atrae la atención apartándola de aquello en que está fijada; especialmente, espectáculo o juego que sirve para el descanso. ‖ **3.** Desenfado o disipación en la vida y costumbres.

distraer. tr. **divertir,** apartar, desviar, alejar. Ú. t. c. prnl. ‖ **2. divertir,** entretener, recrear. Ú. t. c. prnl. ‖ **3.** Apartar la atención de una persona del objeto a que la aplicaba o a que debía aplicarla. Ú. t. c. prnl. ‖ **4.** Apartar a alguien de la vida virtuosa y honesta. Ú. t. c. prnl. ❑ Irreg. Se conj. como *traer.*

distraído, da. adj. Dícese de la persona que, por distraerse con facilidad, habla u obra sin darse cuenta cabal de sus palabras o de lo que pasa a su alrededor. Ú. t. c. s. ‖ **2.** p. us. Entregado a la vida licenciosa y desordenada. Ú. t. c. s.

distribución. f. Acción y efecto de distribuir o distribuirse. ‖ **2.** *Com.* Reparto de un producto a los locales en que debe comercializarse.

distribuidor, ra. adj. Que distribuye. Ú. t. c. s. ‖ **2.** f. Empresa dedicada a la distribución de productos comerciales.

distribuir. tr. Dividir una cosa entre varios designando lo que a cada uno corresponde, según voluntad, conveniencia, regla o derecho. ‖ **2.** Dar a cada cosa su oportuna colocación o el destino conveniente. Ú. t. c. prnl. ‖ **3.** *Com.* Entregar una mercancía a los vendedores y consumidores. ❑ Irreg. Se conj. como *huir.*

distributivo, va. adj. Que toca o atañe a distribución.

distrito. m. Cada una de las partes en que se subdivide un territorio o una población para distribuir y ordenar el ejercicio de los derechos civiles y políticos, de las funciones públicas, o de los servicios administrativos.

distrofia. f. Estado patológico que afecta a la nutrición y al crecimiento. DISTROFIA *muscular, adiposa,* etc. ❑ No confundir con *atrofia.*

disturbar. tr. Perturbar, causar disturbio.

disturbio. m. Alteración, turbación de la paz y concordia.

disuadir. tr. Inducir, mover a alguien con razones a mudar de dictamen o a desistir de un propósito. ❑ Ú. con la prep. *de. Le* DISUADIMOS DE *que aceptara aquel empleo.*

disuasión. f. Acción y efecto de disuadir.

disuasivo, va. adj. Que disuade o puede disuadir.

disuasorio, ria. adj. **disuasivo.**

disuelto, ta. p. p. irreg. de **disolver.**

disuria. f. *Pat.* Expulsión difícil, dolorosa e incompleta de la orina.

disyunción. f. Acción y efecto de separar y desunir.

disyuntiva. f. Alternativa entre dos cosas por una de las cuales hay que optar.

disyuntivo, va. adj. Dícese de lo que tiene la cualidad de desunir o separar.

disyuntor. m. *Electr.* Aparato que tiene por objeto abrir automáticamente el paso de la corriente eléctrica desde la dinamo a la batería, e interrumpir la conexión si la corriente va en sentido contrario.

diteísmo. m. Sistema de religión que admite dos dioses.

ditirambo. m. En la antigua Grecia, composición poética en loor de Dionisos. ‖ **2.** fig. Alabanza exagerada, encomio excesivo.

dítono. m. *Mús.* Intervalo que consta de dos tonos.

diuresis. f. *Fisiol.* Secreción de la orina.

diurético, ca. adj. *Farm.* Dícese de lo que tiene virtud para aumentar la secreción y excreción de la orina. Ú. t. c. s. m.

diurno, na. adj. Perteneciente al día. ‖ **2.** *Bot.* y *Zool.* Aplícase a los animales que buscan el alimento durante el día, y a las plantas que solo de día tienen abiertas sus flores.

divagación. f. Acción y efecto de divagar.

divagar. intr. Separarse del asunto de que se trata. ‖ **2.** Hablar o escribir sin concierto ni propósito fijo y determinado.

diván. m. Asiento alargado y mullido, por lo común sin respaldo y con almohadones sueltos, en el que una persona puede tenderse. ‖ **2.** Colección de poesías de uno o de varios autores, en alguna de las lenguas orientales, especialmente en árabe, persa o turco.

divergencia. f. Acción y efecto de divergir. ‖ **2.** fig. Diversidad de opiniones o pareceres.

divergente. adj. Que diverge.

divergir. intr. Irse apartando sucesivamente unas de otras, dos o más líneas o superficies. ‖ **2.** fig. Discordar, discrepar.

diversidad. f. Variedad, desemejanza, diferencia. ‖ **2.** Abundancia, copia, concurso de varias cosas distintas.

diversificación. f. Acción y efecto de diversificar.

diversificar. tr. Convertir en múltiple y diverso lo que era uniforme y único. DIVERSIFICAR *los intereses.* Ú. t. c. prnl.

diversión. f. Acción y efecto de divertir o divertirse. ‖ **2.** Recreo, pasatiempo, solaz.

diverso, sa. adj. De distinta naturaleza, especie, número, figura, etc. ‖ **2.** pl. Varios, muchos.

divertículo. m. *Anat.* Apéndice hueco y terminado en fondo de saco, que aparece en el trayecto del esófago o del intestino, por malformación congénita o por otros motivos patológicos.

divertido, da. adj. Alegre, festivo y de buen humor. ‖ **2.** Que divierte.

divertimento. m. **divertimiento,** diversión. ‖ **2.** *Mús.* Composición para un reducido número de instrumentos, de forma más o menos libre, generalmente entre la suite y la sonata. ‖ **3.** fig. Obra artística o literaria de carácter ligero, cuyo fin es solo divertir.

divertimiento. m. **diversión,** acción de divertirse y recreo, pasatiempo.

divertir. tr. Apartar, desviar, alejar. Ú. t. c. prnl. ‖ **2.** Entretener, recrear. Ú. t. c. prnl. ❑ Irreg. Se conj. como *sentir.*

dividendo. m. *Álg.* y *Arit.* Cantidad que ha de dividirse por otra. ‖ **activo.** Cuota que, al distribuir ganancias una compañía mercantil, corresponde a cada acción. ‖ **pasivo.** Cada una de las cantidades que se compromete a satisfacer el que suscribe una acción u obligación a requerimiento de la entidad emisora.

dividir. tr. Partir, separar en partes. Ú. t. c. prnl. *El libro* SE DIVIDE *en doce capítulos.* ‖ **2.** Distribuir, repartir entre varios. ‖ **3.** fig. Desunir los ánimos y voluntades introduciendo discordia. ‖ **4.** *Álg.* y *Arit.* Averiguar cuántas veces una cantidad, el dividendo, contiene a otra, el divisor.

divieso. m. Tumor inflamatorio, pequeño, puntiagudo y doloroso, que se forma en el espesor de la dermis y termina por supuración seguida del desprendimiento del tejido muerto.

divinidad. f. Naturaleza divina y esencia del ser de Dios en cuanto Dios. ‖ **2. deidad.** ‖ **3.** fig. Persona o cosa dotada de gran beldad, hermosura, preciosidad.

divinizar. tr. Hacer o suponer divina a una persona o cosa, o tributarle culto y honores divinos. ‖ **2.** fig. Ensalzar desmedidamente.

divino, na. adj. Perteneciente a Dios. ‖ **2.** Perteneciente a los dioses a que dan culto las diversas religiones. ‖ **3.** fig. Muy excelente, extraordinariamente primoroso.

divisa. f. Señal exterior para distinguir personas, grados u otras cosas. ‖ **2.** Lazo de cintas de colores con que se distinguen en la lidia los toros de cada ganadero. ‖ **3.** Expresión verbal que formula un pensamiento, un ideal, una forma de conducta, etc., que una persona o un grupo de personas asumen como norma. ‖ **4.** Moneda extranjera referida a la unidad del país de que se trata. Ú. m. en pl. ‖ **5.** *Blas.* Lema o mote que se expresa unas veces en términos sucintos, otras por algunas figuras, y otras por ambos modos.

divisar. tr. Ver, percibir, aunque confusamente, un objeto.

divisibilidad. f. Calidad de divisible.

divisible. adj. Que puede dividirse. ‖ **2.** *Álg.* y *Arit.* Aplícase a la cantidad que, dividida por otra, da por cociente una cantidad entera.

división. f. Acción y efecto de **dividir,** separar o repartir. ‖ **2.** fig. Discordia, desunión de los ánimos y opiniones. ‖ **3.** *Álg.* y *Arit.* Operación de dividir. ‖ **4.** *Mil.* Gran unidad formada por dos o más brigadas o regimientos homogéneos y provista de servicios auxiliares.

divismo. m. Calidad de divo, artista famoso.

divisor, ra. adj. *Álg.* y *Arit.* **submúltiplo.** Ú. t. c. s. ‖ **2.** m. *Álg.* y *Arit.* Cantidad por la cual ha de dividirse otra. ‖ **común divisor.** *Álg.* y *Arit.* Aquel por el cual dos o más cantidades son exactamente divisibles; v. gr.: *El número 3 es* COMÚN DIVISOR *de 9, de 15 y de 18.* ‖ **máximo común divisor.** *Álg.* y *Arit.* El mayor de los comunes **divisores** de dos o más cantidades.

divisorio, ria. adj. Dícese de lo que sirve para dividir o separar. ‖ **2.** *Geol.* y *Geogr.* Dícese de la línea que señala los límites entre partes, grandes o pequeñas, de la superficie del globo terrestre. Ú. t. c. s. f.

divo, va. adj. Dícese del artista del mundo del espectáculo que goza de fama superlativa, y en especial del cantante de ópera. Ú. t. c. s. y a veces en sentido peyorativo.

divorciado, da. adj. Dícese de la persona cuyo vínculo matrimonial ha sido disuelto jurídicamente. Ú. t. c. s.

divorciar. tr. Disolver o separar el juez competente, por sentencia, el matrimonio, con cese efectivo de la convivencia conyugal. ‖ **2.** prnl. Obtener una persona el divorcio legal de su cónyuge. ❑ Como prnl., ú. con la prep. *de.*

divorcio. m. Acción y efecto de divorciar o divorciarse.

divulgación. f. Acción y efecto de divulgar o divulgarse.

divulgar. tr. Publicar, extender, poner al alcance del público una cosa. Ú. t. c. prnl.

do. m. *Mús.* Primera nota de la escala musical. ‖ **de pecho.** Una de las notas más agudas a que alcanza la voz de tenor. ‖ **2.** fig. y fam. El mayor esfuerzo, tesón o arrogancia que se puede poner para realizar un fin. ❑ pl. *dos.*

dobladillo. m. Pliegue que como remate se hace a la ropa en los bordes, doblándola un poco hacia adentro dos veces para coserla.

doblador, ra. m. y f. Persona que dobla.

dobladura. f. Parte por donde se ha doblado o plegado una cosa. ‖ **2.** Señal que queda por donde se dobló.

doblaje. m. Acción y efecto de dotar a una película de cine o televisión de una nueva banda sonora que sustituye a la original, especialmente cuando se traducen las partes habladas al idioma del público destinatario.

doblar. tr. Aumentar una cosa, haciéndola otro tanto más de lo que era. *Este año* HE DOBLADO *mis ingresos.* ‖ **2.** Aplicar una sobre otra dos partes de una cosa flexible. ‖ **3.** Torcer una cosa encorvándola. Ú. t. c. prnl. ‖ **4.** Pasar a otro lado de una esquina, cerro, etc., cambiando de dirección en el camino. DOBLAR *la esquina, la calle.* Ú. t. c. intr. DOBLARON *a la otra calle;* DOBLÉ *a la derecha.* ‖ **5.** En cine y televisión, hacer un doblaje. ‖ **6.** intr. Tocar a muerto.

doble. adj. Que contiene un número dos veces exactamente. Se dice también de cosas no contables. DOBLE *de listo, de fuerte.* Ú. t. c. s. m. ‖ **2.** Dícese de la cosa que va acompañada de otra semejante y que juntas sirven para el mismo fin. DOBLE *vidriera;* DOBLE *fila de dientes.* ‖ **3.** En las flores, de más hojas que las sencillas. *Clavel* DOBLE. ‖ **4.** En el juego del dominó, dícese de la ficha que en los cuadrados de su anverso lleva igual número de puntos o no lleva ninguno, quedando en blanco. *El seis* DOBLE; *el blanco* DOBLE. ‖ **5.** m. Toque de campanas por los difuntos. ‖ **6.** Sosia, persona tan parecida a otra que puede sustituirla o pasar por ella. ‖ **7.** pl. En el tenis y otros deportes, encuentro entre cuatro jugadores, dos por cada bando. ‖ **8.** com. Persona que sustituye a un actor cinematográfico en determinados momentos del rodaje.

doblegar. tr. Doblar o torcer encorvando. Ú. t. c. prnl. ‖ **2.** fig. Hacer a alguien que desista de un propósito y se preste a otro. Ú. t. c. prnl.

doblete. m. *Filol.* Pareja de palabras con un mismo origen etimológico y distinta evolución; como *colocar* y *colgar,* del lat. *collocare.* ‖ **hacer doblete.** fr. Desempeñar un intérprete dos o más papeles en la misma obra teatral.

doblez. m. Parte que se dobla o pliega en una cosa. ‖ **2.** Señal que queda en la parte por donde se dobló. ‖ **3.** amb. fig. Astucia o malicia en la manera de obrar, dando a entender lo contrario de lo que se siente.

doblón. m. Moneda antigua de oro, con diferente valor según las épocas.

doce. adj. Diez y dos. ‖ **2. duodécimo,** que sigue en orden al undécimo. *Carlos* DOCE; *número* DOCE; *año* DOCE. Apl. a los días del mes, ú. t. c. s. *El* DOCE *de septiembre.* ‖ **3.** m. Conjunto de signos con que se representa el número **doce.**

doceavo, va. adj. **duodécimo,** cada una de las doce partes de un todo. Ú. t. c. s. ❑ No utilizar por la acepción de número ordinal de *duodécimo.*

docena. f. Conjunto de 12 cosas.

docencia. f. Práctica y ejercicio del docente.

docente. adj. Que enseña. Ú. t. c. s. ‖ **2.** Perteneciente o relativo a la enseñanza.

dócil. adj. Suave, apacible, que recibe fácilmente la enseñanza. ‖ **2. obediente.** ‖ **3.** Dícese del metal, piedra u otra cosa que se deja labrar con facilidad.

docilidad. f. Calidad de dócil.

docto, ta. adj. Que a fuerza de estudios ha adquirido más conocimientos que los comunes u ordinarios. Ú. t. c. s.

doctor, ra. m. y f. Persona que ha recibido el último y preeminente grado académico que confiere una universidad u otro establecimiento autorizado para ello. ‖ **2.** Título que da la Iglesia con particularidad a algunos santos que con mayor profundidad de doctrina defendieron la religión o enseñaron lo perteneciente a ella. ‖ **3.** En lenguaje usual, **médico,** aunque no tenga el grado académico de **doctor.** ‖ **honoris causa.** Título honorífico que conceden las universidades a una persona eminente.

doctorado. m. Grado de doctor. ‖ **2.** Estudios necesarios para obtener este grado.

doctoral. adj. Perteneciente o relativo al doctor o al doctorado.

doctorando, da. m. y f. Persona que está próxima a recibir la borla y grado de doctor.

doctorar. tr. Graduar de doctor a alguien en una universidad. Ú. t. c. prnl.

doctrina. f. Enseñanza que se da para instrucción de alguno. ‖ **2.** Conjunto de ideas u opiniones religiosas, filosóficas, políticas, etc., sustentadas por una persona o grupo. DOCTRINA *cristiana, tomista, socialista.*

doctrinal. adj. Perteneciente a la doctrina. ‖ **2.** m. Libro que contiene reglas y preceptos.

doctrinario, ria. adj. Consagrado o relativo a una doctrina determinada, especialmente la de un partido político o una institución. *Luchas* DOCTRINARIAS.

docudrama. m. Género difundido en cine, radio y televisión que trata, con técnicas dramáticas, hechos reales propios del género documental.

documentación. f. Acción y efecto de documentar. ‖ **2.** Documento o conjunto de documentos, preferentemente de carácter oficial, que sirven para la identificación personal o para documentar o acreditar algo.

documentado, da. adj. Dícese de la persona que posee noticias o pruebas acerca de un asunto.

documental. adj. Que se funda en documentos, o se refiere a ellos. ‖ **2.** Dícese de las películas cinematográficas o programas televisivos que representan, con propósito meramente informativo, hechos, escenas, experimentos, etc., tomados de la realidad. Ú. t. c. s. m.

documentalista. com. Persona que se dedica a hacer cine o televisión documental, en cualquiera de sus aspectos. ‖ **2.** Persona que tiene como oficio la preparación y elaboración de toda clase de datos bibliográficos, informes, noticias, etc., sobre determinada materia.

documentar. tr. Probar, justificar la verdad de una cosa con documentos. ‖ **2.** Instruir o informar a alguien acerca de las noticias y pruebas que atañen a un asunto. Ú. t. c. prnl.

documento. m. Diploma, carta, relación u otro escrito que ilustra acerca de algún hecho, principalmente de los históricos. ‖ **2.** fig. Escrito en que constan datos fidedignos o susceptibles de ser empleados como tales para probar algo.

dodecaedro. m. *Geom.* Sólido de 12 caras.

dodecafonía. f. *Mús.* Sistema atonal en el que se emplean indistintamente los doce sonidos cromáticos en que se divide la escala.

dodecágono, na. adj. *Geom.* Aplícase al polígono de 12 ángulos y 12 lados. Ú. t. c. s. m.

dodecasílabo, ba. adj. De 12 sílabas. *Verso* DODECASÍLABO. Ú. t. c. s.

dogal. m. Cuerda o soga de la cual con un nudo se forma un lazo para atar las caballerías por el cuello. ‖ **2.** Cuerda para ahorcar a un reo o para algún otro suplicio.

dogaresa. f. Mujer del dux.

dogma. m. Proposición que se asienta por firme y cierta y como principio innegable de una ciencia. ‖ **2.** Fundamento o puntos capitales de todo sistema, ciencia, doctrina o religión.

dogmático, ca. adj. Perteneciente a los dogmas de la religión. ‖ **2.** Aplícase a quien profesa el dogmatismo. Ú. t. c. s. ‖ **3.** Inflexible, que mantiene sus opiniones como verdades que no admiten contradicción.

dogmatismo. m. Conjunto de las proposiciones que se tienen por principios innegables en una ciencia. ‖ **2.** Presunción de los que quieren que su doctrina o sus aseveraciones sean tenidas por verdades que no admiten contradicción.

dogmatizar. tr. Enseñar los dogmas. Dícese en especial tratando de los opuestos a la religión católica. Ú. m. c. intr. ‖ **2.** Afirmar con presunción, como innegables, principios sujetos a examen y contradicción.

dogo, ga. adj. **perro dogo.** Ú. t. c. s.

dólar. m. Unidad monetaria de los Estados Unidos, Canadá, Australia, Liberia, Nueva Zelanda y otros países del mundo.

dolencia. f. Indisposición, achaque, enfermedad.

doler. intr. Padecer dolor una parte del cuerpo, mediante causa interior o exterior. DOLER *la cabeza, los ojos, las manos.* ‖ **2.** Causar pesar o aversión una cosa. *Le* DOLIÓ *la incomprensión de la gente.* ‖ **3.** prnl. Arrepentirse de haber hecho una cosa y tomar pesar de ello. ‖ **4.** Compadecerse del mal que otro padece.

|| **ahí duele,** o **le duele.** fr. fig. y fam. usada para indicar que se ha acertado con el motivo de disgusto o preocupación de una persona, o con el quid del asunto. ❑ Irreg. Se conj. como *mover.*

dolicocefalia. f. Cualidad de dolicocéfalo.

dolicocéfalo, la. adj. Dícese de la persona cuyo cráneo es de figura muy oval, porque su diámetro mayor excede en más de un cuarto al menor.

dolido, da. adj. Dolorido por un desaire o una ofensa.

doliente. adj. Que duele o se duele. || **2.** adj. **enfermo,** que padece enfermedad. Ú. t. c. s. || **3.** **dolorido,** afligido.

dolmen. m. Monumento megalítico en forma de mesa, compuesto de una o más lajas colocadas de plano sobre dos o más piedras verticales.

dolo. m. Engaño, fraude. || **2.** *Der.* En los delitos, voluntad deliberada de cometerlos a sabiendas de su carácter delictivo.

dolomía. f. Roca semejante a la caliza y formada por el carbonato doble de cal y magnesia; es más común que la verdadera caliza.

dolomítico, ca. adj. *Geol.* Semejante a la dolomía, o que tiene esta sustancia. *Roca, formación* DOLOMÍTICA.

dolor. m. Padecimiento, sensación molesta que se tiene en una parte del cuerpo por causa interior o exterior. || **2.** Sentimiento de pena y congoja.

dolora. f. Breve composición poética de espíritu dramático, que envuelve un pensamiento filosófico.

dolorido, da. adj. Que padece o siente dolor físico o moral.

dolorosa. f. Imagen de la Virgen María en la acción de dolerse por la muerte de Cristo.

doloroso, sa. adj. Dícese de lo que causa o implica dolor físico o moral. || **2.** f. irón. fam. Con el artículo *la,* factura, cuenta que hay que pagar.

doloso, sa. adj. Engañoso, fraudulento.

doma. f. Acción y efecto de domar.

domador, ra. m. y f. Que doma. || **2.** Que exhibe y maneja fieras domadas.

domar. tr. Sujetar, amansar y hacer dócil al animal a fuerza de ejercicio y enseñanza. || **2.** fig. Sujetar, reprimir, especialmente las pasiones y las conductas desordenadas. || **3.** fig. Dar flexibilidad y holgura a una cosa. DOMAR *unos zapatos, unos pantalones.*

domeñable. adj. Que puede domeñarse.

domeñar. tr. Someter, sujetar y rendir.

domesticar. tr. Reducir, acostumbrar a la vista y compañía del hombre al animal fiero y salvaje. || **2.** fig. Hacer tratable a una persona que no lo es; moderar la aspereza de carácter. Ú. t. c. prnl.

doméstico, ca. adj. Perteneciente o relativo a la casa u hogar. || **2.** Aplícase al animal que se cría en la compañía del hombre, a diferencia del que se cría salvaje. || **3.** Dícese del criado que sirve en una casa. Ú. m. c. s. || **4.** m. Ciclista que, en un equipo, tiene la misión de ayudar al corredor principal. ❑ No utilizar por *interior, interno, nacional.*

domiciliar. tr. Dar domicilio. || **2.** Autorizar pagos o cobros con cargo o abono a una cuenta existente en una entidad bancaria. || **3.** prnl. Establecer, fijar su domicilio en un lugar.

domiciliario, ria. adj. Perteneciente al domicilio.

domicilio. m. Morada fija y permanente. || **2.** Lugar en que legalmente se considera establecida una persona para el cumplimiento de sus obligaciones y el ejercicio de sus derechos. || **3.** Sede de una entidad.

dominación. f. Acción y efecto de dominar. || **2.** Señorío o imperio que tiene sobre un territorio el que ejerce la soberanía.

dominante. adj. Que domina. || **2.** Aplícase a la persona que quiere avasallar a otras, y a la que no sufre que se le opongan o la contradigan. Dícese también del genio o carácter de estas personas. || **3.** Que sobresale, prevalece o es superior entre otras cosas de su orden y clase. || **4.** *Biol.* Dícese de aquellos caracteres hereditarios que, cuando se poseen, siempre se manifiestan en el fenotipo. || **5.** f. *Mús.* Quinta nota de la escala de cualquier tono, porque es la que domina en el acorde perfecto del mismo.

dominar. tr. Tener dominio sobre cosas o personas. || **2.** Sujetar, contener, reprimir. || **3.** fig. Conocer bien una ciencia, arte, idioma, etc. || **4.** Divisar una extensión considerable de terreno desde una altura. || **5.** intr. Sobresalir un monte, edificio, etc., entre otros; ser más alto que ellos. Ú. t. c. tr. || **6.** prnl. Reprimirse, ejercer dominio sobre sí mismo.

dómine. m. fam. Maestro o preceptor de gramática latina.

domingo. m. Séptimo día de la semana.

dominguero, ra. adj. fam. Aplícase a la persona que suele arreglarse y divertirse solamente los domingos o días de fiesta. Ú. t. c. s. || **2.** despect. Dícese del conductor inexperto que solo utiliza el automóvil los domingos y días festivos. Ú. t. c. s.

dominical. adj. Perteneciente al domingo. || **2.** Aplícase al derecho pagado al señor de un feudo por los feudatarios. || **3.** Dícese del suplemento de prensa que se vende los domingos conjuntamente con algunos diarios. Ú. t. c. s. m.

dominicano, na. adj. Natural de Santo Domingo. Ú. t. c. s. || **2.** Perteneciente o relativo a la República Dominicana.

dominico, ca. adj. Dícese del religioso de la Orden de Santo Domingo. Ú. t. c. s. ‖ **2.** Perteneciente a esta orden.

dominio. m. Poder que uno tiene de usar y disponer de lo suyo. ‖ **2.** Poder o ascendiente que se ejerce sobre otra u otras personas. ‖ **3.** Territorio sujeto a un Estado. Ú. m. en pl. Se usaba especialmente para designar los territorios del antiguo Imperio Británico que gozaban de autonomía plena, como Canadá o Nueva Zelanda. ‖ **4.** Buen conocimiento de una ciencia, arte, idioma, etc. *Tiene un gran* DOMINIO *del inglés.* ‖ **ser del dominio público** una cosa. fr. fig. Ser sabida de todos.

dominó. m. Juego que se hace con 28 fichas rectangulares, divididas en dos cuadrados, cada uno de los cuales lleva marcados de uno a seis puntos, o no lleva ninguno. Cada jugador pone por turno una ficha que tenga número igual en uno de sus cuadrados al de cualquiera de los dos que están en los extremos de la línea de las ya jugadas, y gana el que primero coloca todas las suyas o el que se queda con menos puntos, si se cierra el juego. ‖ **2.** Conjunto de las fichas que se emplean en este juego. ‖ **3.** Traje talar con capucha, que ya solo tiene uso en las funciones de máscara. ❑ pl. *dominós.*

domo. m. *Arq.* **cúpula,** bóveda en forma de una media esfera.

don[1]. m. Dádiva, presente o regalo. ‖ **2.** Gracia especial o habilidad para hacer una cosa. Ú. a veces en sent. irón. ‖ **de gentes.** Disposición peculiar de quien es muy sociable en el trato y tiene facilidad para atraer y persuadir a los demás.

don[2]. m. Tratamiento de respeto, hoy muy generalizado, que se antepone a los nombres masculinos de pila. Antiguamente estaba reservado a determinadas personas de elevado rango social. ‖ **juan. donjuán.** ‖ **nadie.** Hombre sin valía, poco conocido, de escaso poder e influencia.

donación. f. Acción y efecto de donar.

donaire. m. Discreción y gracia en lo que se dice. ‖ **2.** Chiste o dicho gracioso y agudo. ‖ **3.** Gallardía, garbo, soltura y agilidad airosa de cuerpo para andar, danzar, etc.

donante. adj. Que ha donado o pagado algo. Ú. t. c. s. ‖ **2.** com. Persona que costeaba una obra de arte o arquitectónica, generalmente de tipo religioso, y cuya imagen solía aparecer en estas representada en actitud orante. ‖ **3.** Persona que voluntariamente cede un órgano, sangre, etc., destinados a personas que lo necesitan.

donar. tr. Traspasar a otro, sin pedir nada a cambio, alguna cosa o el derecho sobre ella. ‖ **2.** Ceder voluntariamente parte de la propia sangre, algún órgano, etc., con destino a personas que lo necesitan. ‖ **3.** Disponer fehacientemente que algún órgano propio sea utilizado para trasplante después de la muerte, o bien, autorizar que se haga lo mismo con los órganos de un familiar muerto.

donativo. m. Dádiva, regalo, cesión, especialmente con fines benéficos o humanitarios.

doncel. m. Joven noble que aún no está armado caballero. ‖ **2.** Hombre que no ha tenido relaciones sexuales. ‖ **3.** ant. Hijo adolescente de padres nobles. ‖ **4.** ant. **paje,** y especialmente el del rey.

doncella. f. Mujer que no ha tenido relaciones sexuales. ‖ **2.** Criada que sirve cerca de la señora, o que se ocupa en los menesteres domésticos ajenos a la cocina.

doncellez. f. Estado de la persona que no ha tenido relaciones sexuales.

donde. adv. relat. l. Como los pronombres relativos, se construye con antecedente (nombre propio, adverbio de lugar u oración) y equivale a *en que, en el que,* etc., cuando va sin preposición, o al simple pronombre *que, el que, lo que,* etc., cuando va precedido de preposición. *La calle* DONDE *nací; la tierra por* DONDE *pisa; las figuras pueden superponerse, de* DONDE *se deduce su igualdad.* ❑ Cuando en estos casos *a* antecede a **donde,** se escribe **adonde.** *El lugar* ADONDE *vamos.* ‖ **2.** Como algunos pronombres relativos, se emplea también sin antecedente y equivale entonces a *en el sitio, lugar,* etc., **donde,** cuando va sin preposición, o simplemente a *el sitio, lugar,* etc., **donde,** cuando le precede preposición. DONDE *no hay harina todo es mohína; va a* DONDE *le llevan; desde* DONDE *estaban no se veía nada.* ❑ Cuando en estos casos le antecede *a* se escribe algunas veces **adonde.** ADONDE *va lo más vaya lo menos.* ‖ **3.** adv. interrog. l. Equivale a *en qué lugar, el lugar en que,* cuando va sin preposición, o simplemente a *qué lugar,* cuando va con ella. ❑ Se emplea siempre, como interrogativo, con acento fonético y ortográfico. *¿*DÓNDE *estamos?; preguntó desde* DÓNDE *podía disparar; no sabía hacia* DÓNDE *le llevaban.* Cuando le antecede *a* se escribe **adónde.** *¿*ADÓNDE *vamos?* ‖ **4. adónde.** *¿*DONDE *vas con mantón de Manila?* ‖ **5.** prep. En casa de, en el sitio de. *Estuve* DONDE *Antonio; el banco está* DONDE *la fuente.* ‖ **por donde.** loc. conjunt. que introduce en la oración un hecho inesperado. ❑ Se emplea también precedida por los imperativos *mira, mire usted,* etc., o por la fórmula *he aquí.*

dondequiera. adv. l. En cualquier parte. ❑ Ú. con el relat. *que.*

dondiego. m. Planta herbácea dicotiledónea, con flores blancas, encarnadas, amarillas o veteadas de estos colores. Es originaria del Perú y sus flores se abren al anochecer y se cierran al salir el Sol.

donguindo. m. Variedad de peral, cuyas peras son más crecidas que las ordinarias, de forma bastante irregular, de color verde amarillento, carne azucarada y relativamente porosa.

donjuán. m. Seductor de mujeres.

donoso, sa. adj. Que tiene donaire y gracia. Ú. en sent. irón., antepuesto al sustantivo. DONOSA *ocurrencia, pregunta, humorada.*

donostiarra. adj. Natural de San Sebastián. Ú. t. c. s. ‖ **2.** Perteneciente o relativo a esta ciudad.

donosura. f. Donaire, gracia.

doña. f. Tratamiento de respeto que se aplica a las mujeres y precede a su nombre de pila. Actualmente su aplicación va limitándose a la mujer casada o viuda.

dopaje. m. *Dep.* Acción y efecto de dopar o doparse.

dopar. tr. *Dep.* Administrar fármacos o sustancias estimulantes para potenciar artificialmente el rendimiento. Ú. t. c. prnl.

doquier. adv. l. **dondequiera.**

doquiera. adv. l. **dondequiera.**

dorada. f. Pez teleósteo marino, del suborden de los acantopterigios, que puede alcanzar unos ocho decímetros de largo, y tiene una mancha dorada entre los ojos. Es comestible muy estimado y se pesca en las costas de España.

dorado, da. adj. De color de oro o semejante a él. ‖ **2.** fig. Esplendoroso, feliz. *Edad* DORADA. ‖ **3.** m. Acción y efecto de dorar.

dorar. tr. Cubrir con oro la superficie de una cosa. ‖ **2.** Dar el color del oro a una cosa. Ú. t. c. prnl. ‖ **3.** fig. Tostar ligeramente una cosa de comer. Ú. t. c. prnl.

dórico, ca. adj. **dorio,** perteneciente a la Dóride. ‖ **2.** *Arq.* V. **orden dórico.**

dorio, ria. adj. Dícese del individuo de un pueblo de la antigua Grecia que habitó en la Dóride, en la mayor parte del Peloponeso y en algunas regiones del Mediterráneo occidental. Ú. t. c. s. ‖ **2.** Perteneciente o relativo a este pueblo.

dormilón, na. adj. fam. Muy inclinado a dormir. Ú. t. c. s.

dormir. intr. Estar en aquel reposo que consiste en la inacción o suspensión de los sentidos y de todo movimiento voluntario. Ú. t. c. prnl. y alguna vez c. tr. DORMIR *la siesta, la borrachera.* ‖ **2. pernoctar.** ‖ **3.** fig. Descuidarse, obrar en un negocio con menos solicitud de la que se requiere. Ú. m. c. prnl. ‖ **4.** tr. Hacer que alguien se duerma. DORMIR *a un niño, a un paciente.* ‖ **5.** prnl. fig. Adormecerse un miembro. ❑ Irreg. Ver conjugación modelo.

dormir

INDICATIVO

Presente: duermo, duermes, duerme, dormimos, dormís, duermen.
Pretérito imperfecto: dormía, dormías, dormía, dormíamos, dormíais, dormían.
Pretérito indefinido: dormí, dormiste, durmió, dormimos, dormisteis, durmieron.
Futuro imperfecto: dormiré, dormirás, dormirá, dormiremos, dormiréis, dormirán.
Condicional: dormiría, dormirías, dormiría, dormiríamos, dormiríais, dormirían.

SUBJUNTIVO

Presente: duerma, duermas, duerma, durmamos, durmáis, duerman.
Pretérito imperfecto: durmiera o durmiese, durmieras o durmieses, durmiera o durmiese, durmiéramos o durmiésemos, durmierais o durmieseis, durmieran o durmiesen.
Futuro imperfecto: durmiere, durmieres, durmiere, durmiéremos, durmiereis, durmieren.

IMPERATIVO

duerme (tú); dormid (vosotros).

FORMAS NO PERSONALES

Infinitivo: dormir.
Participio: dormido.
Gerundio: durmiendo.

dormitar. intr. Estar o quedarse medio dormido.

dormitivo, va. adj. *Farm.* Dícese del medicamento que sirve para conciliar el sueño. Ú. t. c. s. m.

dormitorio. m. Pieza destinada para dormir en ella.

dorsal. adj. Perteneciente al dorso, espalda o lomo. ‖ **2.** *Fon.* Dícese del fonema en cuya articulación interviene principalmente el dorso de la lengua, en su parte anterior, media o posterior. ‖ **3.** m. Trozo de tela con un número, que llevan a la espalda los participantes en muchos deportes.

dorso. m. Revés o espalda de una cosa.

dos. adj. Uno y uno. ‖ **2. segundo,** que sigue en orden al primero. *Número* DOS; *año* DOS. Aplicado a los días del mes, ú. t. c. s. *El* DOS *de mayo.* ‖ **3.** m. Signo o conjunto de signos con que se representa el número **dos.** ‖ **cada dos por tres.** loc. adv. Con frecuencia. ‖ **de dos en dos.** loc. adv. para expresar que algunas personas o cosas van apareadas.

doscientos, tas. adj. pl. Dos veces ciento. ‖

2. ducentésimo, que sigue en orden al centésimo nonagésimo nono. *Número* DOSCIENTOS; *año* DOSCIENTOS. ‖ **3.** m. Conjunto de signos con que se representa el número **doscientos.**

dosel. m. Mueble que a cierta altura cubre o resguarda un altar, sitial, lecho, etc., adelantándose en pabellón horizontal y cayendo por detrás a modo de colgadura. ‖ **2.** Cortina o tapiz que se pone delante de una puerta.

doselete. m. Miembro arquitectónico voladizo, que a manera de dosel se coloca sobre las estatuas, sepulcros, etc.

dosier. m. Informe o expediente.

dosificación. f. *Farm.* y *Med.* Determinación de la dosis de un medicamento.

dosificador, ra. adj. Que dosifica o sirve para dosificar. Ú. t. c. s. m.

dosificar. tr. *Farm.* y *Med.* Dividir o graduar las dosis de un medicamento. ‖ **2.** Graduar la cantidad o porción de otras cosas.

dosis. f. Toma de medicina que se da al enfermo cada vez. ‖ **2.** fig. Cantidad o porción de una cosa cualquiera, material o inmaterial. *Una buena* DOSIS *de paciencia, de ignorancia.*

dotación. f. Acción y efecto de dotar. ‖ **2.** Conjunto de personas asignadas al servicio de un buque de guerra o de una unidad policial o militar. ‖ **3.** Conjunto de individuos asignados al servicio de un establecimiento público, de una oficina, de una fábrica, de un taller, etc.

dotado, da. adj. Provisto, equipado. ‖ **2.** fig. Con particulares condiciones o cualidades para algo. DOTADO *para la música.*

dotar. tr. Constituir dote a la mujer que va a contraer matrimonio o a profesar en alguna orden religiosa. ‖ **2.** Señalar bienes para una fundación o instituto benéfico. ‖ **3.** fig. Dar, conceder la naturaleza ciertos dones o cualidades a determinada persona. ❑ Ú. m. con la preposición *de. Dios le* DOTÓ DE *una gran voz.* ‖ **4.** Asignar a una oficina, a un buque, a un establecimiento público, etc., el número de empleados y los enseres que le son necesarios. ‖ **5.** Equipar, proveer a una cosa de algo que la mejora. ❑ Ú. m. con la preposición *de.* DOTAR *una máquina* DE *los últimos adelantos.*

dote. amb. Caudal que con este título lleva la mujer cuando se casa. Ú. m. c. f. ‖ **2.** Renta o patrimonio que se entrega al convento o a la orden en que va a ingresar una religiosa. Ú. m. c. f. ‖ **3.** f. Excelencia, prenda, calidad o capacidad apreciable de una persona. ❑ Ú. comúnmente en plural. DOTES *de mando.*

dovela. f. *Arq.* Piedra labrada en figura de cuña, para formar arcos o bóvedas, el borde del suelo del alfarje, etc.

dracma. f. Moneda griega de plata, que tuvo uso también entre los romanos, casi equivalente al denario, pues valía cuatro sestercios. ‖ **2.** Unidad monetaria de la Grecia actual.

draconiano, na. adj. fig. Aplícase a las leyes, providencias o medidas sanguinarias o excesivamente severas.

draga. f. Máquina que se emplea para ahondar y limpiar los puertos, ríos, canales, etc., extrayendo de ellos fango, piedras, arena, etc. ‖ **2.** Barco que lleva esta máquina.

dragaminas. m. Buque destinado a limpiar de minas los mares.

dragar. tr. Ahondar y limpiar con draga los puertos, los ríos, etc. ❑ No utilizar por *drenar.*

drago. m. Árbol de la familia de las liliáceas, que alcanza de 12 a 14 metros de altura, con flores pequeñas, de color blanco verdoso, con estrías encarnadas, y fruto en baya amarillenta. Del tronco se obtiene la resina llamada sangre de **drago** que se usa en medicina.

dragón. m. Animal fabuloso al que se atribuye figura de serpiente muy corpulenta, con pies y alas, y de extraña fiereza y voracidad. ‖ **2.** Reptil del orden de los saurios, caracterizado por las expansiones de su piel, que forma a los lados del abdomen una especie de alas, o mejor paracaídas, que ayudan a los saltos del animal. Vive ordinariamente subido a los árboles de Filipinas y de la zona tropical del continente asiático, y no pasa de 20 centímetros de longitud total, de los que 12 corresponden a la cola, relativamente larga y delgada.

dragontea. f. Planta herbácea vivaz, de la familia de las aráceas, de rizoma feculento y grueso, del cual arrancan hojas grandes divididas en cinco lóbulos lanceolados, con pecíolos anchos que abrazan el escapo, simulando un tallo de seis a ocho decímetros de altura, manchado de negro y verde como la piel de una culebra, espata grande, verdosa por fuera y purpúrea negruzca por dentro, y espádice largo y desnudo en su extremo. Se cultiva como adorno en los jardines, a pesar de su mal olor durante la floración, y es espontánea en varios puntos de España.

drama. m. Nombre genérico de cualquier obra perteneciente a la poesía dramática en sus múltiples variedades. ‖ **2.** Obra de teatro o de cine en que se presentan acciones y situaciones infaustas o dolorosas, atemperadas por otras más propias de la comedia, que no alcanza plenitud trágica. ‖ **3. dramática,** género literario. ‖ **4.** fig. Suceso de la vida real, capaz de interesar y conmover vivamente.

dramática. f. Género literario al que pertenecen las obras destinadas a la representación escénica, cuyo argumento se desarrolla de modo exclusivo mediante la acción y el lenguaje directo de los personajes, por lo común dialogado. *Se conoce escasamente la* DRAMÁTICA *medieval española.*

dramático, ca. adj. Perteneciente o relativo al drama. ‖ **2.** fig. Capaz de interesar y conmover vivamente. ‖ **3.** fig. Teatral, afectado.

dramatismo. m. Cualidad de dramático, y especialmente el interés dramático.

dramatizar. tr. Dar forma y condiciones dramáticas. ‖ **2.** Exagerar con apariencias dramáticas o afectadas. Ú. t. c. intr.

dramaturgia. f. **dramática.**

dramaturgo. m. Autor de obras dramáticas.

dramón. m. Drama de tintes muy cargados. Ú. m. en sent. despect.

drapeado. m. Acción y efecto de drapear.

drapear. tr. Colocar o plegar los paños de la vestidura, y más especialmente, darles la caída conveniente. Ú. t. c. prnl.

draque. m. *Amér.* Bebida confeccionada con agua, aguardiente y nuez moscada.

drástico, ca. adj. fig. Riguroso, enérgico, radical, draconiano.

dravídico, ca. adj. Aplícase a la familia de lenguas habladas al sudeste de la India, norte de Sri Lanka (antiguo Ceilán) y en Brahui (Pakistán Occidental), que no tienen relación genética con ninguna otra familia y cuyo representante más importante es el tamil.

drenaje. m. Acción y efecto de drenar.

drenar. tr. Avenar, desaguar. ‖ **2.** *Cir.* Asegurar la salida de líquidos, generalmente anormales, de una herida, absceso o cavidad. ❑ No utilizar por *dragar.*

dríade. f. *Mit.* Ninfa de los bosques, cuya vida duraba lo que la del árbol a que se suponía unida.

driblar. tr. En el fútbol y otros deportes, **regatear.** Ú. t. c. intr.

dril. m. Tela fuerte de hilo o de algodón crudos.

droga. f. Nombre genérico de ciertas sustancias minerales, vegetales o animales, que se emplean en la medicina, en la industria o en las bellas artes. ‖ **2.** Sustancia o preparado de efecto estimulante, deprimente, narcótico o alucinógeno. ‖ **blanda.** La que es poco o nada adictiva, como las variedades del cáñamo índico. ‖ **dura.** La que es fuertemente adictiva, como la heroína y la cocaína.

drogadicción. f. **adicción,** hábito de quienes se dejan dominar por alguna droga.

drogadicto, ta. adj. Dícese de la persona habituada a las drogas. Ú. t. c. s.

drogar. tr. Administrar una droga, estimulante, deprimente, narcótico o alucinógeno, por lo común con fines ilícitos. ‖ **2.** prnl. Hacer alguien uso deliberado de drogas en su persona.

drogata. com. fam. **drogadicto.** Ú. t. c. s.

drogodependencia. f. Uso habitual de estupefacientes al que el drogadicto no se puede sustraer.

drogodependiente. adj. **drogadicto.**

droguería. f. Tienda en que se venden drogas; en España, especialmente aquella en la que se venden productos de limpieza y pinturas.

droguero, ra. m. y f. Persona que hace o vende artículos de droguería.

dromedario. m. Artiodáctilo rumiante, propio de Arabia y del norte de África, muy semejante al camello, del cual se distingue principalmente por no tener más que una giba adiposa en el dorso.

druida. m. Miembro de la clase elevada sacerdotal entre los antiguos galos y britanos, considerada depositaria del saber sagrado y profano, y estrechamente asociada al poder político.

drupa. f. *Bot.* Fruto de mesocarpio carnoso y endocarpio leñoso y una sola semilla, como el melocotón y la ciruela.

drupáceo, a. adj. De la naturaleza de la drupa, o parecido a ella.

drusa. f. *Mineral.* Conjunto de cristales que cubren la superficie de una piedra.

druso, sa. adj. Habitante del Líbano y Siria, que profesa una religión derivada de la mahometana. Ú. t. c. s. ‖ **2.** Perteneciente o relativo a los **drusos.**

dual. adj. Que reúne dos caracteres o fenómenos distintos.

dualidad. f. Existencia de dos caracteres o fenómenos distintos en una misma persona o en un mismo estado de cosas. ‖ **2.** *Quím.* Facultad que tienen algunos cuerpos de cristalizar, según las circunstancias, en dos figuras geométricas diferentes.

dualismo. m. Doctrina filosófica que explica el origen y naturaleza del universo por la acción de dos esencias o principios diversos y contrarios. ‖ **2. dualidad,** existencia de dos caracteres o fenómenos distintos.

dubitativo, va. adj. Que implica o denota duda.

ducado. m. Título o dignidad de duque. ‖ **2.** Territorio o lugar sobre el que recaía este título o en el que ejercía jurisdicción un duque. ‖ **3.** Estado gobernado por un duque. ‖ **4.** Moneda de oro que se usó en España hasta fines del siglo XVI, de valor variable.

ducal. adj. Perteneciente al duque.

ducentésimo, ma. adj. Que sigue inmediatamente en orden al o a lo centésimo nonagésimo nono. ‖ **2.** Dícese de cada una de las 200 partes iguales en que se divide un todo. Ú. t. c. s.

ducha. f. Acción y efecto de duchar o ducharse. ‖ **2.** Agua que, en forma de lluvia o de chorro, se hace caer en el cuerpo para limpiarlo o refrescarlo, o con propósito medicinal. ‖ **3.** Aparato o instalación que sirve para ducharse.

duchar. tr. Dar una ducha. Ú. t. c. prnl.

ducho, cha. adj. Experimentado, diestro.

duco. m. Laca de nitrocelulosa, cuya disolución se utiliza para pintar con pistola.

dúctil. adj. Dícese de los metales que admiten grandes deformaciones mecánicas en frío sin llegar a romperse. ‖ **2.** Aplícase a los metales que mecánicamente se pueden extender en alambres o hilos. ‖ **3.** fig. Acomodadizo, de blanda condición, condescendiente.

duda. f. Suspensión o indeterminación del ánimo entre dos juicios o dos decisiones, o bien acerca de un hecho o una noticia. ‖ **sin duda.** loc. adv. Indudablemente, con toda seguridad.

dudar. intr. Estar el ánimo perplejo y suspenso entre resoluciones y juicios contradictorios, sin decidirse por unos o por otros. Ú. t. c. tr. *Después de* DUDAR*lo mucho, aceptó la oferta.* ‖ **2.** Desconfiar, sospechar de una cosa o de una persona. *Todos* DUDÁBAMOS *de él.* ‖ **3.** tr. Dar poco crédito a una información que se oye. *Lo* DUDO.

dudoso, sa. adj. Que ofrece duda. ‖ **2.** Que tiene duda. ‖ **3.** Que es poco probable, que es inseguro o eventual.

duela. f. Cada una de las tablas que forman las paredes curvas de las pipas, cubas, barriles, etc. ‖ **2.** Trematodo parásito de los conductos biliares del ganado lanar y bovino.

duelo[1]. m. Combate o pelea entre dos, a consecuencia de un reto o desafío.

duelo[2]. m. Dolor, lástima, aflicción o sentimiento. ‖ **2.** Reunión de parientes, amigos o invitados que asisten a la casa donde recientemente ha muerto alguna persona, a la conducción del cadáver al cementerio, o a los funerales.

duende. m. Espíritu fantástico del que se dice que habita en algunas casas, causando en ellas trastorno y estruendo. Aparece con figura de viejo o de niño en las narraciones tradicionales. ‖ **2.** *And.* Encanto misterioso e inefable. *Los* DUENDES *del cante flamenco.* ‖ **tener** alguien **duende.** Tener encanto, atractivo, etc.

dueña. f. Mujer que tiene el dominio de una finca o de otra cosa. ‖ **2.** Mujer viuda que para autoridad y respeto, y para guarda de las demás criadas, había en las casas principales. ‖ **3.** Nombre dado antiguamente a la señora o mujer casada socialmente destacada.

dueño. m. El que tiene dominio o señorío sobre persona o cosa. En la lírica amorosa solía llamarse así también a la mujer. ‖ **2.** El amo de la casa, respecto de sus criados. ‖ **ser dueño,** o **muy dueño, de** hacer una cosa. fr. fam. Tener libertad para hacerla.

duermevela. amb. fam. Sueño ligero en que se halla el que está dormitando. ‖ **2.** fam. Sueño fatigoso y frecuentemente interrumpido.

dueto. m. d. de **dúo.**

dulce. adj. Que causa cierta sensación suave y agradable al paladar, como la miel, el azúcar, etc. ‖ **2.** Que no es agrio o salobre, comparado con otras cosas de la misma especie. ‖ **3.** fig. Naturalmente afable, complaciente, dócil. ‖ **4.** m. Alimento compuesto con azúcar; como el arroz con leche, las natillas, etc. ‖ **5.** Fruta o cualquier otra cosa cocida o compuesta con almíbar o azúcar. DULCE *de membrillo.* ‖ **a nadie le amarga un dulce.** fr. fig. y fam. Denota que cualquier ventaja que se ofrece, por pequeña que sea, no es de desperdiciar.

dulceacuícola. adj. **dulciacuícola.**

dulciacuícola. adj. Perteneciente o relativo a las aguas dulces y, en particular, a los organismos que viven en ellas.

dulcificar. tr. Volver dulce una cosa. Ú. t. c. prnl. ‖ **2.** fig. Hacer más suave o grata una cosa material o inmaterial.

dulcinea. f. fig. y fam. Mujer querida.

dulzaina. f. Instrumento músico de viento, parecido a la chirimía, pero más corto y de tonos más altos.

dulzura. f. Calidad de dulce. ‖ **2.** fig. Afabilidad, bondad, docilidad. ‖ **3.** Palabra cariñosa, placentera. Ú. m. en pl.

duna. f. Colina de arena movediza que en los desiertos y en las playas forma y empuja el viento. Ú. m. en pl.

dúo. m. *Mús.* Composición para dos ejecutantes, instrumentales o vocales. ‖ **2.** Las dos personas que ejecutan o cantan en **dúo.** ‖ **a dúo.** fig. Con intervención acorde de dos personas.

duodécimo, ma. adj. Que sigue inmediatamente en orden al o a lo undécimo. ‖ **2.** Dícese de cada una de las 12 partes iguales en que se divide un todo. Ú. t. c. s. ❑ No utilizar **decimosegundo.*

duodenitis. f. *Pat.* Inflamación del duodeno

duodeno. m. *Anat.* Primera porción del intestino delgado de los mamíferos. Comunica directamente con el estómago y remata en el yeyuno.

dúplex. m. Vivienda constituida por la unión,

mediante escalera interior, de dos pisos o apartamentos, de los cuales uno está superpuesto al otro. ❑ pl. invar.

duplicado. m. Segundo documento o escrito que se expide del mismo tenor que el primero, por si este se pierde o se necesitan dos. ‖ **por duplicado.** loc. adv. En dos ejemplares.

duplicar. tr. Hacer doble una cosa. Ú. t. c. prnl. ‖ **2.** Multiplicar por dos una cantidad. ‖ **3.** Repetir exactamente una cosa, hacer una copia de ella.

duplicidad. f. Doblez, falsedad. ‖ **2.** Calidad de doble.

duplo, pla. adj. **doble,** que contiene un número dos veces exactamente. Ú. t. c. s. m.

duque. m. Título de honor destinado en Europa para significar la nobleza más alta.

duquesa. f. Mujer del duque. ‖ **2.** La que por sí posee un estado que lleva anejo título ducal.

duración. f. Acción y efecto de durar. ‖ **2.** Tiempo que dura una cosa o que transcurre entre el comienzo y el fin de un proceso.

duradero, ra. adj. Dícese de lo que dura o puede durar mucho.

duraluminio. m. Aleación de aluminio con magnesio, cobre y manganeso, que tiene la dureza del acero.

duramadre. f. *Anat.* Meninge externa de las tres que tienen los batracios, reptiles, aves y mamíferos.

duramáter. f. *Anat.* **duramadre.**

duramen. m. *Bot.* Parte más seca, compacta, y de color más oscuro por lo general, del tronco y ramas gruesas de un árbol.

durante. prep. que denota simultaneidad de un acontecimiento con otro. DURANTE *los días de invierno.*

durar. intr. Continuar siendo, obrando, sirviendo, etc. ‖ **2.** Subsistir, permanecer.

durativo, va. adj. *Gram.* Que denota duración.

duraznero. m. Árbol, variedad de melocotonero, cuyo fruto es algo más pequeño.

durazno. m. **duraznero.** ‖ **2.** Fruto de este árbol.

dureza. f. Calidad de duro. ‖ **2.** Tumor o callosidad que se hace en algunas partes del cuerpo. ‖ **3.** *Mineral.* Resistencia que opone un mineral a ser rayado por otro.

durmiente. adj. Que duerme. Ú. t. c. s.

duro, ra. adj. Dícese del cuerpo que se resiste a ser labrado, rayado, comprimido o desfigurado, que no se presta a recibir nueva forma o lo dificulta mucho. ‖ **2.** Se dice también de la cosa que no está todo lo blanda, mullida o tierna que debe estar. ‖ **3.** fig. Fuerte, que resiste y soporta bien la fatiga. ‖ **4.** fig. Áspero, falto de suavidad, excesivamente severo. *Voz* DURA. *Reprensión* DURA. ‖ **5.** fig. Violento, cruel, insensible. ‖ **6.** m. En España, moneda de cinco pesetas. ‖ **duro.** adv. m. Con fuerza, con violencia. *Dale* DURO. DURO *con él.* ‖ **estar a las duras y a las maduras,** o **ir,** o **tomar, las duras con,** o **por, las maduras.** frs. figs. y fams. que se usan para significar que el que goza de los privilegios de una situación debe cargar asimismo con sus desventajas.

duunvirato. m. Dignidad y cargo de duunviro. ‖ **2.** Tiempo que duraba. ‖ **3.** Régimen político en que el gobierno estaba encomendado a duunviros.

duunviro. m. Nombre de diferentes magistrados en la antigua Roma.

dux. m. Príncipe o magistrado supremo en las repúblicas de Venecia y Génova. ❑ pl. invar.

e¹. f. Quinta letra del abecedario español, y segunda de sus vocales. Representa un sonido que se pronuncia elevando un poco el predorso de la lengua hacia la parte anterior del paladar y estirando levemente los labios hacia los lados. ❑ pl. *es.*

e². conj. copul. Antiguamente se usó en vez de la *y,* a la cual sustituye hoy, para evitar el hiato, antes de palabras que empiezan por *i* o *hi. Juan* E *Ignacio; padre* E *hijo.* Pero ni aun en este caso reemplaza a la *y* en principio de interrogación o admiración, ni cuando la palabra siguiente empieza por *y* o por la sílaba *hie.* ¿Y *Ignacio?;* ¡Y *Isidoro también comprometido!; Ocaña* Y *Yepes; tigre* Y *hiena.*

¡ea! interj. que se emplea para denotar alguna resolución de la voluntad, o para animar, estimular o excitar. Ú. t. repetida.

easonense. adj. **donostiarra.** Ú. t. c. s.

ebanista. com. Persona que tiene por oficio trabajar en ébano y otras maderas finas.

ebanistería. f. Taller de ebanista. ‖ **2.** Arte del ebanista.

ébano. m. Árbol exótico, de la familia de las ebenáceas, de diez a doce metros de altura, de copa ancha, tronco grueso, madera maciza, pesada, lisa, muy negra por el centro y blanquecina hacia la corteza, que es gris; hojas alternas, enteras, lanceoladas, de color verde oscuro, flores verdosas y bayas redondas y amarillentas. ‖ **2.** Madera de este árbol.

ebenáceo, a. adj. *Bot.* Dícese de árboles o arbustos intertropicales, angiospermos dicotiledóneos, con hojas comúnmente alternas y enteras; flores casi siempre unisexuales, axilares, de cáliz persistente y corola regular que cae fácilmente, la mayoría de las veces sedosa por fuera; fruto carnoso, globoso u ovoide en forma de baya, que puede ser comestible; semillas de albumen córneo, y madera generalmente negra en el centro, dura y pesada, como el ébano. Ú. t. c. s. ‖ **2.** f. pl. *Bot.* Familia de estas plantas.

ebonita. f. Preparación de goma elástica, azufre y aceite de linaza, negra, muy dura, y que sirve para hacer cajas, peines, piezas de material aislante para aparatos eléctricos, etc.

ebriedad. f. **embriaguez.**

ebrio, bria. adj. Embriagado por la bebida. Ú. t. c. s. ‖ **2.** fig. **ciego,** poseído con vehemencia de una pasión. EBRIO *de coraje, de ira.*

ebullición. f. **hervor,** acción y efecto de hervir. ‖ **2.** fig. Estado de agitación.

ebúrneo, a. adj. De marfil, o parecido a él. Ú. m. en estilo poético.

ecarté. m. Juego de naipes entre dos, cada uno de los cuales toma cinco cartas, que pueden cambiarse por otras. El jugador que en cada mano hace más bazas, se apunta un tanto; otro, el que saca un rey de muestra, y gana el que primero tiene cinco tantos.

eccehomo. m. Imagen de Jesucristo como lo presentó Pilatos al pueblo. ‖ **2.** fig. Persona lacerada, rota, de lastimoso aspecto.

eccema. m. *Pat.* **eczema.**

ecdisis. f. *Zool.* Muda de los artrópodos.

echar. tr. Hacer que una cosa vaya a parar a alguna parte, dándole impulso. ECHAR *mercancías al mar;* ECHAR *basura a la calle.* ‖ **2.** Despedir de sí una cosa. ECHAR *olor, sangre, chispas.* ‖ **3.** Hacer que una cosa caiga en sitio determinado. ECHAR *dinero en un saco.* ECHAR *una carta al buzón.* ‖ **4.** Hacer salir a uno de algún lugar; apartarle con violencia, por desprecio, castigo, etc. ‖ **5.** Deponer a uno de su empleo o dignidad, impidiéndole el ejercicio de ella. ‖ **6.** Brotar y arrojar las plantas sus raíces, hojas, flores y frutos. Ú. t. c. intr. ‖ **7.** Salirle a una persona o a un irracional cualquier complemento natural de su cuerpo. ECHAR *los dientes; estar* ECHANDO *pelo, el bigote.* ‖ **8.** Tratándose de llaves, cerrojos, pestillos, etc., darles el movimiento necesario para cerrar. ‖ **9.** Inclinar, reclinar o recostar. Ú. t. c. prnl. ECHAR *el cuerpo atrás, a un lado.* ‖ **10.** Remitir una cosa a la suerte. ECHAR *el asunto a pares o nones.* ‖ **11. jugar,** llevar a cabo una partida de cartas. ECHAR *un solo;* ECHAR *una mano de tute.* ‖ **12.** Jugar o aventurar dinero a alguna cosa. ECHAR *a la lotería, a una rifa.* ‖ **13.** Dar, repartir. ECHAR *cartas;* ECHAR *de comer.* ‖ **14.** Suponer o conjeturar el precio, distancia, edad, etc., que nos son desconocidos. *¿Qué edad le* ECHAS? ‖ **15.** Tratándose de comedias u otros espectáculos, representar o ejecutar. ‖ **16.** Pronunciar, decir, proferir. ECHAR *un discurso, un sermón;* ECHAR *coplas, refranes, un taco, palabrotas, bravatas.* ‖ **17.** Junto con ciertas voces, como *mal genio, carnes, barriga, pantorrillas,* etc., adquirir aumento notable en las cualidades o partes del cuerpo expresadas. ‖ **18.** Junto con las voces *abajo, en tierra,* o *por tierra, por el suelo,* etc., derribar, arruinar, asolar. ‖ **19.** Seguido de la prep. *a,* y un infinitivo de otro verbo, unas veces significa dar principio a la acción de este verbo, como ECHAR A *reír,* ECHAR A *correr,* y otras ser causa o motivo de ella, como ECHAR A *rodar,* ECHAR A *perder.* Ú. t. c. prnl. ‖ **20.** prnl. **arrojarse,** tirarse. ECHARSE *a un pozo.* ‖ **21.** Tenderse a lo largo del cuerpo en un lecho o en otra parte. ‖ **22.** Ponerse las aves sobre los huevos. ‖ **23.** Con ciertos sustantivos que indican persona, entablar determinada relación con ella: ECHARSE *novia,* ECHARSE *un amigo.* ‖ **echar a perder.** fr. Deteriorar una cosa material; inutilizarla. ‖ **2.** Malograr un negocio por no manejarlo bien. Ú. t. c. prnl. ‖ **echarse atrás.** fr. No cumplir un trato o una promesa. ‖ **echarse encima** una cosa. fr. fig. Ser inminente o muy próxima. SE ECHAN ENCIMA *las vacaciones.*

echar de menos o **echar menos** a una persona o cosa. fr. Advertir, notar la falta de ella. ‖ **2.** Tener sentimiento y pena por la falta de ella.

echarpe. m. Chal, prenda femenina de vestir que cubre hombros y espalda.

eclampsia. f. *Pat.* Enfermedad de carácter convulsivo, que suelen padecer los niños y las mujeres embarazadas o recién paridas. Acomete con accesos, y va acompañada o seguida ordinariamente de pérdida o abolición más o menos completa de las facultades sensitivas e intelectuales.

eclecticismo. m. Escuela filosófica que procura conciliar las doctrinas que parecen mejores o más verosímiles, aunque procedan de diversos sistemas. ‖ **2.** fig. Modo de juzgar u obrar que adopta una postura intermedia, en vez de seguir soluciones extremas o bien definidas.

ecléctico, ca. adj. Perteneciente o relativo al eclecticismo. ‖ **2.** Dícese de la persona que profesa las doctrinas de esta escuela, o que adopta una postura **ecléctica.** Ú. t. c. s.

eclesial. adj. Perteneciente o relativo a la comunidad cristiana o Iglesia de todos los fieles, a diferencia de **eclesiástico** en su referencia particular a los clérigos.

eclesiástico, ca. adj. Perteneciente o relativo a la Iglesia, y en particular a los clérigos. ‖ **2.** m. **clérigo,** el que ha recibido las órdenes sagradas.

eclímetro. m. *Topogr.* Instrumento con que se mide la inclinación de las pendientes.

eclipsar. tr. *Astron.* Causar un astro el eclipse de otro. ‖ **2.** fig. Oscurecer, deslucir. Ú. t. c. prnl. ‖ **3.** prnl. *Astron.* Ocurrir el eclipse de un astro. ‖ **4.** fig. Evadirse, ausentarse, desaparecer una persona o cosa.

eclipse. m. *Astron.* Ocultación transitoria, total o parcial, de un astro, o pérdida de su luz prestada, por interposición de otro cuerpo celeste.

Eclíptica. n. p. f. *Astron.* Círculo máximo de la esfera celeste, que en la actualidad corta al Ecuador en ángulo de 23 grados y 27 minutos, y señala el curso aparente del Sol durante el año.

eclosión. f. Acción de abrirse un capullo de flor, una crisálida o un huevo. ‖ **2.** *Med.* Acción de abrirse el ovario para dar salida al óvulo. ‖ **3.** fig. Hablando de movimientos culturales o de otros fenómenos históricos, psicológicos, etc., brote, manifestación, aparición súbita.

eco. m. Repetición de un sonido reflejado por un cuerpo duro. ‖ **2.** Sonido que se percibe débil y confusamente. *Los* ECOS *del tambor, de la campana.* ‖ **3.** Onda electromagnética reflejada o devuelta de modo tal que se percibe como distinta de la originalmente emitida. ‖ **4.** fig. El que, o lo que, imita o repite servilmente aquello que otro dice o que se dice en otra parte. ‖ **5.** pl. Noticias de ciertos ambientes que se publican en un periódico o revista. ‖ **hacerse** uno **eco de** algo. fr. fig. Contribuir a la difusión de una noticia, rumor, etc. ‖ **tener eco** una cosa. fr. fig. Propagarse con aceptación.

eco-[1]. elem. compos. que significa «casa», «morada» o «ámbito vital»: ECO*logía,* ECO*sistema.*

eco-[2]. elem. compos. que significa «onda electromagnética» o «sonido reflejado»: ECO*locación,* ECO*lalia.*

ecografía. f. Técnica de exploración del interior de un cuerpo mediante ondas electromagnéticas o acústicas, que registra las reflexiones o ecos que producen en su propagación las discontinuidades internas. Se emplea en medicina. ‖ **2.** Imagen que se obtiene por este método.

ecolalia. f. *Psiquiat.* Perturbación del lenguaje, que consiste en repetir el enfermo involuntariamente una palabra o frase que acaba de pronunciar él mismo u otra persona en su presencia.

ecología. f. Ciencia que estudia las relaciones de los seres vivos entre sí y con su entorno.

ecológico, ca. adj. Perteneciente o relativo a la ecología.

ecologismo. m. Movimiento sociopolítico que, con matices muy diversos, propugna la defensa de la naturaleza y, en muchos casos, la del hombre en ella.

ecologista. adj. Que propugna la necesidad de proteger la naturaleza. Apl. a pers., ú. t. c. s. ‖ **2.** com. **ecólogo.**

ecólogo, ga. m. y f. Persona que cultiva la ecología.

economato. m. Almacén establecido por una empresa o institución para vender entre sus miembros sus productos a un precio más barato. *El* ECONOMATO *de los empleados de ferrocarriles.*

econometría. f. Parte de la ciencia económica que aplica las técnicas matemáticas y estadísticas a las teorías económicas para su verificación y para la solución de los problemas económicos mediante modelos.

economía. f. Administración recta y prudente de los bienes. ‖ **2.** Riqueza pública, conjunto de ejercicios y de intereses económicos. ‖ **3.** Ahorro de trabajo, tiempo, dinero, etc. ‖ **4.** pl. Ahorros, cantidad economizada. ‖ **5.** Reducción de gastos en un presupuesto. ‖ **de mercado.** Sistema económico en el que los precios se determinan por la oferta y la demanda. ‖ **mixta.** Sistema social en el que el funcionamiento de los mercados se combina con el de sectores importantes de propiedad y dirección públicas. ‖ **sumergida.** Actividad económica que se desenvuelve al margen de la legislación.

económico, ca. adj. Perteneciente o relativo a la economía. ‖ **2.** Moderado en gastar. ‖ **3.** Poco costoso, que exige poco gasto.

economista. com. Profesional de la economía.

economizar. tr. **ahorrar,** disminuir los gastos y guardar para el porvenir.

ecónomo. m. El que administra los bienes de la diócesis bajo la autoridad del obispo. ‖ **2.** El que sirve un oficio eclesiástico cuando está vacante, o cuando, por razones legales, no puede el propietario desempeñarlo.

ecosistema. m. Comunidad de los seres vivos cuyos procesos vitales se relacionan entre sí y se desarrollan en función de los factores físicos de un mismo ambiente.

ecosonda. m. Aparato para medir la profundidad a que está sumergido un objeto utilizando la reflexión de un haz de ultrasonidos.

ecto-. elem. compos. que significa «por fuera», «en el exterior»: ECTO*plasma*, ECTÓ*pago*.

ectodermo. m. *Biol.* La capa u hoja externa de las tres en que, en todos los animales salvo esponjas y celentéreos, se disponen las células del blastodermo después de haberse producido la segmentación.

ectoparásito, ta. adj. *Biol.* Dícese del parásito que vive en la superficie de otro organismo, y del que solo se pone en contacto con un animal o un vegetal en el momento de absorber del cuerpo del huésped los jugos de que se alimenta; como el piojo y la sanguijuela. Ú. t. c. s.

ectoplasma. m. Supuesta emanación material de un médium, con la que se dice que se forman apariencias de fragmentos orgánicos, seres vivos o cosas.

-ectomía. elem. compos. que significa ablación quirúrgica o experimental: *lob*ECTOMÍA, *gastr*ECTOMÍA.

ecu. m. Unidad monetaria de la Comunidad Económica Europea.

ecuación. f. *Álg.* Igualdad que contiene una o más incógnitas. ‖ **2.** *Astron.* Diferencia que hay entre el lugar o movimiento medio y el verdadero o aparente de un astro.

ecuador. n. p. m. *Astron.* Círculo máximo que se considera en la esfera celeste, perpendicular al eje de la Tierra. ‖ **terrestre.** *Geogr.* Círculo máximo que equidista de los polos de la Tierra.

ecualizador. m. Dispositivo que en los equipos de alta fidelidad sirve para ecualizar el sonido.

ecualizar. tr. En alta fidelidad, ajustar dentro de determinados valores las frecuencias de reproducción de un sonido con el fin de igualarlo a su emisión originaria.

ecuánime. adj. Que tiene ecuanimidad.

ecuanimidad. f. Igualdad y constancia de ánimo. ‖ **2.** Imparcialidad de juicio.

ecuatorial. adj. Perteneciente o relativo al ecuador.

ecuatoriano, na. adj. Natural del Ecuador. Ú. t. c. s. ‖ **2.** Perteneciente o relativo a esta república de América.

ecuestre. adj. Perteneciente o relativo al caballero, o a la orden y ejercicio de la caballería. ‖ **2.** Perteneciente o relativo al caballo. ‖ **3.** *Esc.* y *Pint.* Dícese de la figura puesta a caballo.

ecuménico, ca. adj. Universal, que se extiende a todo el orbe.

ecumenismo. m. *Rel.* Tendencia o movimiento que intenta la restauración de la unidad entre todas las iglesias cristianas.

eczema. m. *Pat.* Afección cutánea caracterizada por vesículas rojizas y exudativas, que forman placas irregulares y dan lugar a costras y escamas, por reacción de la piel a diversos agentes irritantes o alergenos.

edad. f. Tiempo que ha vivido una persona o ciertos animales o vegetales. ‖ **2.** Por ext., duración de algunas cosas y entidades abstractas. ‖ **3.** Cada uno de los períodos en que se considera dividida la vida humana. *No a todas las* EDADES *convienen los mismos ejercicios.* ‖ **4.** Gran período de tiempo en que, desde distintos puntos de vista, se considera dividida la historia. ‖ **antigua.** Época de la historia que comprende hasta el fin del imperio romano. ‖ **contemporánea.** La **edad** histórica más reciente; suele entenderse como el tiempo transcurrido desde fines del siglo XVIII o principios del XIX. ‖ **del bronce.** Período de la **edad** de los metales posterior a la del cobre y anterior a la del hierro. ‖ **del cobre.** Primer período de la **edad** de los metales. ‖ **del hierro.** Último período de la **edad** de los metales. ‖ **de los metales. edad** prehistórica que siguió a la **edad** de piedra y durante la cual el hombre empezó a usar útiles y armas de metal. ‖ **del pavo.** fig. Aquella en que se pasa de la niñez a la adolescencia, lo cual influye en el carácter y en el modo de comportarse. ‖ **de merecer.** Época en que los jóvenes buscan mujer o marido. ‖ **de oro.** Tiempo en que las letras, las artes, la política, etc., han tenido mayor incremento y esplendor en un pueblo o país. *La* EDAD *de oro de la literatura española.* ‖ **de piedra.** Período prehistórico de la humanidad, anterior al uso de los metales, y que se considera generalmente dividido en *paleolítico* y *neolítico.* ‖ **media.** Tiempo transcurrido desde el siglo V después de Cristo hasta fines del siglo XV. ‖ **mental.** Grado de desarrollo intelectual de una persona determinado por pruebas de inteligencia en relación con su edad biológica. ‖ **moderna.** Tiempo comprendido entre la **edad** media y la contemporánea. ‖ **alta edad media.** Período que comprende los primeros siglos de la **edad** media. ‖ **baja edad media.** Período que abarca los últimos siglos de esta **edad.** ‖ **tercera edad. ancianidad,** último período de la vida del hombre. ‖ **de edad.** loc. adj. Dícese de la persona de muchos años.

edafología. f. Ciencia que trata de la naturaleza y condiciones del suelo, en su relación con las plantas.

edecán. m. *Mil.* Ayudante de campo. ‖ **2.** fig. fam. e irón. Auxiliar, acompañante, correveidile.

edema. m. *Pat.* Hinchazón blanda de una parte del cuerpo, que cede a la presión y es ocasionada por la serosidad infiltrada en el tejido celular.

edén. m. Según la Biblia, paraíso terrenal, morada del primer hombre antes de su desobediencia. ‖ **2.** fig. Lugar muy ameno y delicioso.

edición. f. Impresión o reproducción de una obra. ‖ **2.** Conjunto de ejemplares de una obra impresos de una sola vez. EDICIÓN *del año 1732; primera, segunda* EDICIÓN. ‖ **3.** Texto de una obra preparado con criterios filológicos. ‖ **4.** Celebración de determinado certamen, exposición, festival, etc., repetida con periodicidad o sin ella. *Tercera* EDICIÓN *de la Feria de Muestras. Cuarta* EDICIÓN *de los Juegos Universitarios.* ‖ **crítica.** La establecida a base de diversas fuentes (manuscritas o impresas) y que consigna las variantes existentes entre ellas. ‖ **pirata.** La llevada a cabo por quien no tiene derecho a hacerla. ‖ **príncipe.** *Bibliogr.* La primera, cuando se han hecho varias de una misma obra.

edicto. m. Mandato, decreto publicado con autoridad del príncipe o del magistrado. ‖ **2.** Escritos que se fijan en los lugares públicos de las ciudades y poblados, y en los cuales se da noticia de alguna cosa para que sea notoria a todos. ‖ **3.** *Der.* Escrito que se hace ostensible en los estrados del juzgado o tribunal, y en ocasiones se publica además en los periódicos oficiales para conocimiento de las personas interesadas en los autos, que no están representadas en los mismos o cuyo domicilio se desconoce.

edificación. f. Acción y efecto de edificar, de hacer un edificio.

edificar. tr. Fabricar, hacer un edificio o mandarlo construir. ‖ **2.** fig. Infundir en otros sentimientos de piedad y virtud.

edificio. m. Obra o fábrica construida para habitación o para usos análogos; como casa, templo, teatro, etc.

edil. m. Entre los antiguos romanos, magistrado a cuyo cargo estaban las obras públicas, y que cuidaba de la restauración, ornato y limpieza de los templos, casas y calles de la ciudad de Roma. ‖ **2.** Concejal, miembro de un ayuntamiento.

Edipo. n. p. V. **complejo de Edipo.**

editar. tr. Publicar por medio de la imprenta o por otros procedimientos una obra, periódico, folleto, mapa, etc.

editor, ra. adj. Que edita. ‖ **2.** m. y f. Persona que publica por medio de la imprenta u otro procedimiento una obra, ajena por lo regular, un periódico, un disco, etc., multiplicando los ejemplares. ‖ **3.** Persona que cuida de la preparación de un texto ajeno siguiendo criterios filológicos.

editorial. adj. Perteneciente o relativo a editores o ediciones. ‖ **2.** m. Artículo de fondo no firmado. ‖ **3.** f. Casa editora.

editorialista. com. Escritor encargado de edactar en un periódico los artículos de fondo.

edredón. m. Plumón de ciertas aves del Norte. 2. Cobertor relleno de esta clase de plumón, o de lgodón, lana, etc.

educación. f. Acción y efecto de educar. ‖ **2.** nstrucción por medio de la acción docente. ‖ **3.** Coresía, urbanidad. ‖ **física.** Conjunto de disciplinas y jercicios encaminados a lograr el desarrollo y perección corporales.

educado, da. adj. Que tiene buena educación urbanidad.

educador, ra. adj. Que educa. Ú. t. c. s.

educando, da. adj. Que está recibiendo eduación, y especialmente que se educa en un colegio. J. m. c. s.

educar. tr. Desarrollar o perfeccionar las faculades intelectuales y morales del niño o del joven por nedio de preceptos, ejercicios, ejemplos, etc. ‖ **2.** erfeccionar, afinar los sentidos. EDUCAR *el gusto.* ‖ **3.** Enseñar los buenos usos de urbanidad y cortesía.

educativo, va. adj. Perteneciente o relativo a a educación. ‖ **2.** Dícese de lo que educa o sirve para educar.

edulcorante. adj. Que edulcora. ‖ **2.** m. Susancia que edulcora los alimentos o medicamentos.

edulcorar. tr. Endulzar con sustancias natuales: azúcar, miel, etc., o sintéticas, como la sacaina, etc., cualquier producto de sabor desagradable insípido.

efe. f. Nombre de la letra *f.* ❑ pl. *efes.*

efebo. m. Mancebo, adolescente.

efectismo. m. Efecto causado por un procediniento o recurso empleado para impresionar fuertenente el ánimo.

efectista. adj. Dícese del que busca ante todo roducir fuerte efecto o impresión en el ánimo. ‖ **2.** Por ext., aplícase a la obra, procedimiento o recurso n que se manifiesta esta tendencia.

efectividad. f. Cualidad de efectivo.

efectivo, va. adj. Real y verdadero, en oposiión a lo quimérico, dudoso o nominal. ‖ **2.** m. **numeario,** moneda acuñada o dinero **efectivo.** ‖ **3.** pl. En relación a fuerzas militares o similares, la totalidad le las que se hallan bajo un solo mando o reciben una nisión conjunta.

efecto. m. Lo que sigue por virtud de una caua. ‖ **2.** Impresión hecha en el ánimo. *Hizo en mi coraón* EFECTO *vuestra palabra.* ‖ **3.** Fin para que se hace na cosa. *El* EFECTO *que se desea; lo destinado al* EFECTO. ‖ **4.** Documento o valor mercantil, sea nomiativo, endosable o al portador. ‖ **5.** Movimiento giraorio que además del de traslación, se da a una bola, pelota, etc., al impulsarla, y que la hace desviarse de su trayectoria normal. ‖ **6.** En la técnica de algunos espectáculos, truco o artificio para provocar determinadas impresiones. Ú. m. en pl. ‖ **7.** pl. Bienes, muebles, enseres. ‖ **invernadero.** Elevación de la temperatura de la atmósfera próxima a la corteza terrestre, por la dificultad de disipación de la radiación calorífica, debido a la presencia de una capa de óxidos de carbono procedentes de las combustiones industriales. ‖ **a efectos de.** loc. Con la finalidad de conseguir o aclarar alguna cosa. ‖ **con,** o **en, efecto.** loc. adv. Efectivamente, en realidad, de verdad. ‖ **hacer efecto.** fr. **surtir efecto.** ‖ **surtir efecto.** fr. Dar una medida, un remedio, un consejo, etc., el resultado que se deseaba.

efectuar. tr. Poner por obra, ejecutar una cosa. Ú. m. con nombres de acción. *Se* EFECTUÓ *la entrevista.* EFECTUARON *un reconocimiento del terreno.* ‖ **2.** prnl. Cumplirse, hacerse efectiva una cosa.

efedráceo, a. adj. *Bot.* Dícese de plantas gimnospermas leñosas, con tallo muy ramificado y nudoso, hojas pequeñas, flores unisexuales en amento, fruto del tipo de baya; como el belcho. Ú. t. c. s. ‖ **2.** f. pl. *Bot.* Familia de estas plantas.

efeméride. f. Acontecimiento notable que se recuerda en cualquier aniversario del mismo. ‖ **2.** Conmemoración de dicho aniversario.

efemérides. f. pl. Libro o comentario en que se refieren los hechos de cada día. ‖ **2.** Sucesos notables ocurridos en la fecha en que se está o de la que se trata, pero en años anteriores.

efendi. m. Título honorífico usado entre los turcos.

eferente. adj. *Anat.* y *Fisiol.* Dícese de la formación anatómica que transmite sangre, secreciones o impulsos desde una parte del organismo a otras que respecto de ella son consideradas periféricas. ❑ No confundir con *aferente.*

efervescencia. f. Desprendimiento de burbujas gaseosas a través de un líquido. ‖ **2.** fig. Agitación, ardor, acaloramiento de los ánimos.

efervescente. adj. Que está o puede estar en efervescencia.

efesio, sia. adj. Natural de Éfeso. Ú. t. c. s. ‖ **2.** Perteneciente o relativo a esta antigua ciudad de Asia Menor.

eficacia. f. Virtud, actividad, fuerza y poder para obrar.

eficaz. adj. Activo, poderoso para obrar. ‖ **2.** Que logra hacer efectivo un intento o propósito.

eficiencia. f. Virtud y facultad para lograr un efecto determinado.

eficiente. adj. Que tiene eficiencia.

efigie. f. Imagen, representación de una persona. ‖ **2.** fig. Personificación, representación viva de cosa ideal. *La* EFIGIE *del dolor.*

efímero, ra. adj. Que tiene la duración de un solo día. ‖ **2.** Pasajero, de corta duración.

eflorescencia. f. *Pat.* Erupción aguda o crónica, de color rojo subido, con granitos o sin ellos, que se presenta en varias regiones del cuerpo y con particularidad en el rostro. ‖ **2.** *Quím.* Conversión espontánea en polvo de diversas sales al perder el agua de cristalización.

efluvio. m. Emisión de partículas sutilísimas. ‖ **2.** Emanación, irradiación en lo inmaterial.

efusión. f. Derramamiento de un líquido, y más comúnmente de la sangre. ‖ **2.** fig. Expansión e intensidad en los afectos generosos o alegres del ánimo.

efusivo, va. adj. fig. Que siente o manifiesta efusión, expansión de los afectos generosos.

égida o **egida.** f. Piel de la cabra Amaltea, adornada con la cabeza de Medusa, que es atributo con que se representa a Zeus y a Atenea. ‖ **2.** Por ext., **escudo,** arma defensiva para cubrirse que se llevaba en el brazo izquierdo. ‖ **3.** fig. Protección, defensa.

egipán. m. Ser fabuloso, mitad cabra, mitad hombre.

egipcio, cia. adj. Natural u oriundo de Egipto. Ú. t. c. s. ‖ **2.** Perteneciente o relativo a este país de África. ‖ **3.** m. Idioma **egipcio.**

egiptología. f. Estudio de la civilización del antiguo Egipto.

egiptólogo, ga. m. y f. Persona versada en egiptología.

égloga. f. Composición poética del género bucólico, caracterizada generalmente por una visión idealizada del campo, y en la que suelen aparecer pastores que dialogan acerca de sus afectos y de la vida campestre.

ego. m. *Psicol.* En el psicoanálisis de Freud, instancia psíquica que se reconoce como «yo», parcialmente consciente, que controla la motilidad y media entre los instintos del «ello», los ideales del superyó y la realidad del mundo exterior.

egocéntrico, ca. adj. Dícese del que practica el egocentrismo y de lo relativo a esta actitud.

egocentrismo. m. Exagerada exaltación de la propia personalidad, hasta considerarla como centro de la atención y actividad generales.

egoísmo. m. Inmoderado y excesivo amor a sí mismo, que hace atender desmedidamente al propio interés, sin cuidarse del de los demás.

egoísta. adj. Que tiene egoísmo, o relativo a esta actitud. Ú. t. c. s.

ególatra. adj. Que profesa la egolatría. Ú. t. c. s.

egolatría. f. Culto, adoración, amor excesivo de sí mismo.

egotismo. m. Prurito de hablar de sí mismo. ‖ **2.** *Psicol.* Sentimiento exagerado de la propia personalidad.

egregio, gia. adj. Insigne, ilustre.

¡eh! interj. que se emplea para preguntar, llamar, despreciar, reprender o advertir.

eibarrés, sa. adj. Natural de Éibar. Ú. t. c. s. ‖ **2.** Perteneciente o relativo a esta villa de Guipúzcoa.

eidetismo. m. *Psicol.* Tendencia normal en muchos niños, y exagerada en algunos estados nerviosos, a proyectar visualmente las imágenes de impresiones recientes.

einstenio. m. Elemento químico radiactivo obtenido artificialmente, de núm. atóm. 99. Pertenece al grupo de los actínidos y se descubrió en los residuos de la primera bomba termonuclear. Símb. *Es.*

eje. m. Barra, varilla o pieza similar que atraviesa un cuerpo giratorio y le sirve de sostén en el movimiento. ‖ **2.** Línea que divide por la mitad el ancho de una calle o camino, u otra cosa semejante. ‖ **3.** fig. Idea fundamental en un raciocinio; tema predominante en un escrito o discurso; sostén principal de una empresa; designio final de una conducta. ‖ **4.** *Mec.* Pieza mecánica que transmite el movimiento de rotación en una máquina. ‖ **de abscisas.** *Geom.* En un plano, **eje** de coordenadas horizontal. ‖ **de coordenadas.** *Geom.* Cada una de las rectas que se cortan en un mismo punto, y se utilizan para determinar la posición de los demás puntos del espacio por medio de las líneas coordenadas paralelas a ellos. ‖ **de la esfera terrestre** o **del mundo.** *Astron.* y *Geogr.* El imaginario alrededor del cual gira la Tierra, y que prolongado hasta la esfera celeste, determina en ella dos puntos que se llaman polos. ‖ **de ordenadas.** *Geom.* En un plano, **eje** de coordenadas vertical. ‖ **de simetría.** *Geom.* Recta, que al ser tomada como **eje** de giro de una figura o cuerpo, hace que se superpongan todos los puntos análogos.

ejecución. f. Acción y efecto de ejecutar. ‖ **2.** Manera de ejecutar o de hacer alguna cosa: dícese especialmente de las obras musicales y pictóricas.

ejecutar. tr. Poner por obra una cosa. ‖ **2.** **ajusticiar,** dar muerte al reo condenado a ella. ‖ **3.** Tocar una pieza musical. ❑ No utilizar por *asesinar.*

ejecutivo, va. adj. Que ejecuta o hace una cosa. Apl. a pers., ú. t. c. s. ‖ **2.** m. y f. Persona que forma parte de una comisión **ejecutiva** o que desempeña un cargo directivo en una empresa. ‖ **3.** Persona que desempeña funciones de especial res ponsabilidad en una empresa. ‖ **4.** f. Junta directiva de una corporación o sociedad.

ejecutoria. f. Título o diploma en que consta legalmente la nobleza de una persona o familia. ‖ **2.** *Der.* Sentencia que alcanzó la firmeza de cosa juzgada, y también el despacho que es trasunto o comprobante de ella.

¡ejem! interj. con que se llama la atención o se deja en suspenso el discurso.

ejemplar. adj. Que da buen ejemplo y, como tal, digno de ser propuesto como modelo. *Vida* EJEMPLAR. ‖ **2.** m. Cada uno de los escritos, impresos, dibujos, grabados, reproducciones, etc., sacados de un mismo original o modelo. *De este libro se han tirado mil* EJEMPLARES; *ayer compré dos* EJEMPLARES *de aquella estampa.* ‖ **3.** Cada uno de los individuos de una especie o de un género.

ejemplaridad. f. Cualidad de ejemplar.

ejemplario. m. Conjunto de ejemplos. ‖ **2.** ant. Libro compuesto de casos prácticos o de ejemplos doctrinales.

ejemplificar. tr. Demostrar, ilustrar o autorizar con ejemplos lo que se dice.

ejemplo. m. Caso o hecho sucedido en otro tiempo, que se propone, o bien para que se imite y siga, si es bueno y honesto, o para que se evite si es malo. ‖ **2.** Acción o conducta que puede inclinar a otros a que la imiten. ‖ **3.** Hecho, texto o cláusula que se cita para comprobar, ilustrar o autorizar un aserto, doctrina u opinión. ‖ **por ejemplo.** expr. que se usa cuando se va a poner un **ejemplo** para comprobar, ilustrar o autorizar lo que antes se ha dicho.

ejercer. tr. Practicar los actos propios de un oficio, facultad, etc. Ú. t. c. intr. *Es abogado, pero no* EJERCE. ‖ **2.** Realizar sobre alguien o algo una acción, influjo, etc. EJERCIÓ *presión sobre las autoridades.*

ejercicio. m. Acción de ejercitarse u ocuparse en una cosa. ‖ **2.** Acción y efecto de ejercer. ‖ **3.** Cualquier movimiento corporal repetido y destinado a conservar la salud o recobrarla. *Conviene hacer* EJERCICIO. *El* EJERCICIO *a caballo es muy saludable.* ‖ **4.** Tiempo durante el cual rige una ley de presupuestos. ‖ **5.** Cada una de las pruebas que realizan los estudiantes en centros docentes para obtener un grado académico. ‖ **6.** Trabajo práctico que en el aprendizaje de ciertas disciplinas sirve de complemento a la enseñanza teórica. EJERCICIO *de redacción, de traducción, de análisis.* ‖ **ejercicios espirituales.** Los que se practican por algunos días, retirándose de las ocupaciones del mundo, y dedicándose a la oración y penitencia, y también los que en días señalados practican los individuos de algunas congregaciones.

ejercitar. tr. Practicar un arte, oficio o profesión. Ú. t. c. prnl. ‖ **2.** Hacer que uno aprenda una cosa mediante la enseñanza y práctica de ella. ‖ **3.** prnl. Repetir muchos actos para adiestrarse en la ejecución de una cosa. ❑ Como prnl., ú. con la prep. *en.* No confundir con *ejercer.*

ejército. m. Conjunto de fuerzas aéreas o terrestres de una nación. ‖ **2.** fig. Colectividad numerosa organizada para la realización de un fin.

ejido. m. Campo común de un pueblo, lindante con él, que no se labra, y donde suelen reunirse los ganados o establecerse las eras.

él, ella, ellos, ellas. pron. pers. de 3.ª pers. m. y f. sing. y pl. Sin prep. es sujeto. Ú. t. como término de prep.

el. art. deter. m. sing.

elaboración. f. Acción y efecto de elaborar.

elaborado, da. adj. Que ha sido preparado o dispuesto para una finalidad.

elaborar. tr. Transformar una cosa por medio de un trabajo adecuado. ‖ **2.** Trazar o inventar algo complejo.

elanio. m. Ave falconiforme de unos treinta centímetros de largo, cabeza, cola y partes inferiores blancuzcas, dorso gris azulado y hombros negros, que habita en Portugal y el sudoeste de España.

elasticidad. f. Cualidad de elástico.

elástico, ca. adj. Dícese del cuerpo que puede recobrar más o menos completamente su figura y extensión tan pronto como cesa la acción que las alteraba. ‖ **2.** fig. Acomodaticio, que puede ajustarse a muy distintas circunstancias. ‖ **3.** fig. Que admite muchas interpretaciones. ‖ **4.** m. Tejido **elástico.**

elastómero. m. Materia natural o artificial que, como el caucho, tiene gran elasticidad.

elche. m. Morisco o renegado de la religión cristiana.

ele[1]. f. Nombre de la letra *l.* ❑ pl. *eles.*

¡ele![2] interj. con la que se manifiesta asentimiento, a veces irónico, a algo o alguien.

eléboro. m. Género de plantas de la familia de las ranunculáceas.

elección. f. Acción y efecto de elegir. ‖ **2.** Nombramiento que regularmente se hace por votos, para algún cargo, comisión, etc. ‖ **3.** pl. Emisión de votos para elegir cargos políticos.

electo, ta. p. p. irreg. de **elegir.** Ú. como participio con complementos agentes. ‖ **2.** m. El elegido o nombrado para una dignidad, empleo, etc., mientras no toma posesión.

elector, ra. adj. Que elige o tiene potestad o derecho de elegir. Ú. t. c. s. ‖ **2.** m. Cada uno de los príncipes de Alemania a quienes correspondía la elección y nombramiento de emperador.

electorado. m. Conjunto de electores de un país o circunscripción. ‖ **2.** Estado soberano de Alemania, cuyo príncipe era elector.

electoral. adj. Perteneciente o relativo a electores o elecciones. *Derechos* ELECTORALES; *distrito* ELECTORAL.

electoralista. adj. Dícese de lo que tiene claros fines de propaganda electoral.

electricidad. f. *Fís.* Agente fundamental constitutivo de la materia en forma de electrones (negativos) y protones (positivos) que normalmente se neutralizan. En el movimiento de estas partículas cargadas consiste la corriente eléctrica. ‖ **2.** Parte de la física que estudia los fenómenos eléctricos. ‖ **estática.** *Fís.* La que aparece en un cuerpo cuando existen en él cargas eléctricas en reposo.

electricista. com. Persona especializada en instalaciones eléctricas.

eléctrico, ca. adj. Que tiene o comunica electricidad, o que funciona mediante ella. ‖ **2.** Perteneciente a ella.

electrificar. tr. Hacer que el sistema de tracción de un ferrocarril o de una máquina funcione por medio de la electricidad. ‖ **2.** Proveer de electricidad a un país, una zona, etc.

electrizar. tr. Producir la electricidad en un cuerpo, o comunicársela. Ú. t. c. prnl. ‖ **2.** fig. Exaltar, avivar, entusiasmar. Ú. t. c. prnl.

electro-. elem. compos. que significa «electricidad» o «eléctrico»: ELECTROdinámica, ELECTRO*doméstico*, ELECTRO*foresis*, ELECTRO*mecánico*.

electroacústica. f. *Fís.* Parte de la acústica, que se ocupa de la captación y reproducción de los sonidos mediante corrientes eléctricas.

electrobiología. f. Estudio de los fenómenos eléctricos en el cuerpo vivo.

electrocardiografía. f. Parte de la medicina, que estudia la obtención e interpretación de los electrocardiogramas.

electrocardiógrafo. m. Aparato que registra las corrientes eléctricas emanadas del músculo cardíaco.

electrocardiograma. m. Gráfico obtenido por el electrocardiógrafo.

electrochoque. m. Tratamiento de una perturbación mental provocando el coma mediante la aplicación de una descarga eléctrica.

electrocutar. tr. Matar por medio de una corriente o descarga eléctrica. Ú. t. c. prnl.

electrodinámica. f. Parte de la física, que estudia los fenómenos y leyes de la electricidad en movimiento.

electrodo. m. *Fís.* Extremo de un conductor en contacto con un medio, al que lleva o del que recibe una corriente eléctrica.

electrodoméstico. m. Cualquiera de los aparatos eléctricos que se utilizan en el hogar, como refrigeradores, calentadores de agua, planchas, cocinas eléctricas, etc. Ú. m. en pl. y t. c. adj. *Aparatos* ELECTRODOMÉSTICOS.

electroencefalografía. f. Parte de la medicina, que trata de la obtención e interpretación de los electroencefalogramas.

electroencefalógrafo. m. Aparato que anota en un gráfico las descargas eléctricas de la corteza cerebral.

electroencefalograma. m. Gráfico obtenido por el electroencefalógrafo.

electrógeno, na. adj. Que genera electricidad.

electroimán. m. *Electr.* Barra de hierro imantada artificialmente por la acción de una corriente eléctrica.

electrólisis. f. *Quím.* Descomposición de un cuerpo producida por la electricidad.

electrólito. m. *Quím.* Cuerpo que se somete a la descomposición por la electricidad.

electrolizar. tr. *Fís.* Descomponer un cuerpo haciendo pasar por su masa una corriente eléctrica.

electromagnético, ca. adj. Dícese de todo fenómeno en que los campos eléctricos y magnéticos están relacionados entre sí.

electromagnetismo. m. Parte de la física que estudia la interacción de los campos eléctricos y magnéticos.

electromecánica. f. *Electr.* Técnica de las máquinas y dispositivos mecánicos que funcionan eléctricamente.

electrometalurgia. f. Parte de la metalurgia que estudia la extracción de los metales por métodos eléctricos.

electrómetro. m. *Electr.* Aparato que sirve para medir la cantidad de electricidad que tiene cualquier cuerpo, por la desviación de unos discos tenues de metal, o por la alteración que experimenta una columna capilar de mercurio.

electromotor, ra. adj. *Electr.* Dícese de todo aparato o máquina que transforma la energía eléctrica en trabajo mecánico. Ú. t. c. s. m.

electrón. m. *Fís.* Partícula elemental más ligera que forma parte de los átomos y que contiene la mínima carga posible de electricidad negativa.

electronegativo, va. adj. *Quím.* Se dice de los cuerpos que, en la electrólisis, se dirigen al polo positivo.

electrónica. f. Ciencia que estudia dispositivos basados en el movimiento de los electrones libres en el vacío, gases o semiconductores, cuando dichos electrones están sometidos a la acción de los campos electromagnéticos. ‖ **2.** Técnica que aplica a la industria los resultados de esta ciencia.

electrónico, ca. adj. *Fís.* Perteneciente o relativo al electrón. ‖ **2.** Perteneciente o relativo a la electrónica.

electropositivo, va. adj. *Quím.* Se dice de los cuerpos que, en la electrólisis, se dirigen al polo negativo.

electroscopio. m. *Fís.* Aparato para conocer si un cuerpo está electrizado.

electrostática. f. Parte de la física, que estudia los sistemas de cuerpos electrizados en equilibrio.

electrostático, ca. adj. Perteneciente o relativo a la electrostática.

electrotecnia. f. Estudio de las aplicaciones técnicas de la electricidad.

electroterapia. f. *Med.* Tratamiento de determinadas enfermedades mediante la electricidad.

electrotermia. f. *Fís.* Producción de calor mediante la electricidad.

electuario. m. Medicamento de consistencia líquida, pastosa o sólida, compuesto de varios ingredientes, casi siempre vegetales, y cierta cantidad de miel, jarabe o azúcar. En sus composiciones más sencillas tiene la consideración de golosina.

elefanta. f. Hembra del elefante.

elefante. m. Mamífero del orden de los proboscidios, el mayor de los animales terrestres que viven ahora, pues llega a tres metros de alto y cinco de largo: tiene el cuerpo de color ceniciento oscuro, la cabeza pequeña, los ojos chicos, las orejas grandes y colgantes, la nariz y el labio superior unidos y muy prolongados en forma de trompa, que extiende y recoge a su arbitrio y le sirve de mano; carece de caninos y tiene dos dientes incisivos, vulgarmente llamados colmillos, macizos y muy grandes. Se cría en Asia y África, donde lo emplean como animal de carga. ‖ **marino. morsa.**

elefantiasis. f. *Pat.* Síndrome caracterizado por el aumento enorme de algunas partes del cuerpo, especialmente de las extremidades inferiores y de los órganos genitales externos. Puede producirse por diversas enfermedades inflamatorias, persistentes, y muy especialmente por los parásitos de los países cálidos del grupo de la filaria.

elegancia. f. Cualidad de elegante.

elegante. adj. Airoso, bien proporcionado, de buen gusto. ‖ **2.** Que tiene gusto y discreción para elegir y llevar el atuendo. Apl. a pers., ú. t. c. s.

elegía. f. Composición poética del género lírico, en que se lamenta la muerte de una persona o cualquier otro caso o acontecimiento digno de ser llorado, y la cual en español se escribe generalmente en tercetos o en verso libre. Entre los griegos y latinos, se componía de hexámetros y pentámetros, y admitía también asuntos placenteros.

elegíaco, ca o **elegiaco, ca.** adj. Perteneciente o relativo a la elegía. ‖ **2.** Por ext., lastimero, triste.

elegir. tr. Escoger, preferir a una persona o cosa para un fin. ‖ **2.** Nombrar por elección para un cargo o dignidad. ❑ Irreg. Se conj. como *pedir;* doble p. p.: *elegido* (reg.) y *electo* (irreg.). *Electo,* ú. como participio con complementos agentes.

elemental. adj. Perteneciente o relativo a un elemento. ‖ **2.** Fundamental, primordial. ‖ **3.** Obvio, de fácil comprensión, evidente. *No hablemos más de esto, que es* ELEMENTAL.

elemento. m. Principio físico o químico que entra en la composición de los cuerpos. ‖ **2.** En la filosofía natural antigua, cada uno de los cuatro principios inmediatos fundamentales considerados como constitución de los cuerpos: tierra, agua, aire y fuego. ‖ **3.** Fundamento, móvil o parte integrante de una cosa. *La agricultura es el primer* ELEMENTO *de la riqueza de las naciones.* ‖ **4.** Medio en que se desarrolla y habita un ser vivo. ‖ **5.** Individuo valorado positiva o negativamente para una acción conjunta. *Pedro es uno de los mejores* ELEMENTOS *con que contamos. ¡Menudo* ELEMENTO *es Fulano!* ‖ **6.** *Mat.* Cada uno de los componentes de un conjunto. ‖ **7.** pl. Fundamentos y primeros principios de las ciencias y artes. ELEMENTOS *de retórica.* ‖ **8.** Fuerzas naturales capaces de alterar las condiciones atmosféricas o climáticas. ‖ **neutro.** *Mat.* El que, operado con otro del mismo conjunto, da como resultado este último. *El* ELEMENTO NEUTRO *de la multiplicación es el 1.* ‖ **simétrico.** *Mat.* El que, operado con su **elemento** correspondiente, da como resultado el **elemento** neutro. *Para la multiplicación, el* ELEMENTO SIMÉTRICO *de 5 es 1/5.*

elenco. m. Catálogo, índice. ‖ **2.** Nómina de una compañía teatral.

elevación. f. Acción y efecto de elevar o elevarse. ‖ **2.** Altura, encumbramiento en lo material o en lo moral.

elevado, da. adj. fig. **sublime.** ‖ **2. alto[1],** levantado a gran altitud. *Cumbres* ELEVADAS.

elevador, ra. adj. Que eleva. ‖ **2.** m. y f. Vehículo destinado a subir, bajar o desplazar, mediante un dispositivo especial, mercancías en almacenes, construcciones, etc. ‖ **3.** m. En varios países americanos, **ascensor.**

elevar. tr. Alzar o levantar una cosa. Ú. t. c. prnl. ‖ **2.** fig. Tratándose de un escrito o petición, dirigirlos a una autoridad. ǁ **3.** prnl. fig. Transportarse, enajenarse, quedar fuera de sí.

elfo. m. En la mitología escandinava, genio, espíritu del aire.

elidir. tr. Frustrar, debilitar, desvanecer una cosa. ǁ **2.** *Gram.* Suprimir la vocal con que acaba una palabra cuando la que sigue empieza con otra vocal; como *del* por *de el, al* por *a el.*

eliminar. tr. Quitar, separar una cosa; prescindir de ella. ǁ **2.** Alejar, excluir a una o a muchas personas de una agrupación o de un asunto. Ú. t. c. prnl. ǁ **3.** Matar, asesinar. ǁ **4.** *Álg.* Hacer que, por medio del cálculo, desaparezca de un conjunto de ecuaciones con varias incógnitas una de estas. ǁ **5.** *Med.* Expeler el organismo una sustancia.

eliminatorio, ria. adj. Que elimina, que sirve para eliminar. ǁ **2.** f. En campeonatos o concursos, competición selectiva anterior a los cuartos de final.

elipse. f. *Geom.* Lugar geométrico de los puntos del plano cuya suma de distancias a otros dos fijos llamados focos, es constante. Resulta de cortar un cono circular por un plano que encuentra a todas las generatrices del mismo lado del vértice. ❑ No confundir con *elipsis.*

elipsis. f. *Gram.* Figura de construcción, que consiste en omitir en la oración una o más palabras, necesarias para la recta construcción gramatical, pero no para que resulte claro el sentido. *¿Qué tal?,* por *¿Qué tal te parece?* ❑ No confundir con *elipse.*

elipsoidal. adj. *Geom.* De figura de elipsoide o parecido a él.

elipsoide. m. *Geom.* Sólido cuyas secciones planas son todas elipses o círculos.

elíptico, ca. adj. Perteneciente a la elipse. ǁ **2.** De figura de elipse o parecido a ella. ǁ **3.** *Gram.* Perteneciente a la elipsis. *Proposición* ELÍPTICA; *modo* ELÍPTICO.

elisano, na. adj. Natural de Lucena. Ú. t. c. s. ǁ **2.** Perteneciente o relativo a esta ciudad de la provincia de Córdoba.

elisión. f. *Gram.* Acción y efecto de elidir.

elite o **élite.** f. Minoría selecta o rectora.

elitismo. m. Sistema favorecedor de las elites.

elitista. adj. Perteneciente o relativo a la elite o al elitismo. Ú. t. c. s. ǁ **2.** Que se comporta como miembro de una elite, que manifiesta gustos y preferencias opuestos a los del común.

élitro. m. *Zool.* Cada una de las dos alas anteriores de los ortópteros y coleópteros, las cuales se han endurecido y en muchos casos han quedado convertidas en gruesas láminas córneas, que se yuxtaponen por su borde interno y protegen el par de alas posteriores, que son las únicas aptas para el vuelo.

elixir o **elíxir.** m. Licor compuesto de diferentes sustancias medicinales, disueltas por lo regular en alcohol. ǁ **2.** fig. Medicamento o remedio maravilloso. ǁ **3.** *Alq.* Sustancia esencial de un cuerpo.

elle. f. Nombre del dígrafo *ll.* ❑ pl. *elles.*

ello. pron. pers. de 3.ª pers. Ú. como sujeto y como término de prep. ǁ **2.** m. *Psicol.* En el psicoanálisis de Freud, la fuente inconsciente de toda energía psíquica, que contiene la totalidad de los instintos reprimidos y se rige sólo por el principio del placer.

elocución. f. Modo de elegir y distribuir los pensamientos y las palabras en el discurso. ❑ No confundir con *alocución.*

elocuencia. f. Facultad de hablar o escribir de modo eficaz para deleitar, conmover o persuadir.

elocuente. adj. Dícese del que habla o escribe con elocuencia, o de aquello que la tiene.

elogiar. tr. Hacer elogios de una persona o cosa.

elogio. m. Alabanza de las cualidades y méritos de una persona o cosa.

elucidar. tr. Poner en claro, dilucidar.

elucidario. m. Libro que esclarece o explica cosas oscuras o difíciles de entender.

elucubrar. tr. **lucubrar.** Ú. t. c. intr.

eludir. tr. Esquivar una dificultad, un problema.

elzeviriano, na. adj. Perteneciente a los Elzevirios. Dícese de las ediciones hechas por estos célebres impresores. También se llaman así las impresiones modernas en que se emplean tipos semejantes a los usados en aquellas obras.

emaciación. f. *Pat.* Adelgazamiento morboso.

emanación. f. Acción y efecto de emanar. ǁ **2. efluvio.**

emanar. intr. Proceder, derivar, traer origen y principio de una cosa de cuya sustancia se participa. ǁ **2.** Desprenderse de los cuerpos las sustancias volátiles. ǁ **3.** tr. Emitir, desprender de sí. *Su persona* EMANA *simpatía.*

emancipación. f. Acción y efecto de emancipar o emanciparse.

emancipar. tr. Libertar de la patria potestad, de la tutela o de la servidumbre. Ú. t. c. prnl. ǁ **2.** prnl. fig. Liberarse de cualquier clase de subordinación o dependencia.

emascular. tr. Castrar, capar.

embadurnar. tr. Untar, embarrar, manchar, pintarrajear. Ú. t. c. prnl.

embajada. f. Mensaje para tratar algún asunto de importancia. Se usa con preferencia refiriéndose a los que se envían recíprocamente los jefes de Estado por medio de sus embajadores. ǁ **2.** Cargo de embajador. ǁ **3.** Residencia del embajador. ǁ **4.** Oficinas del embajador. ǁ **5.** Conjunto de los empleados que el embajador tiene a sus órdenes, y otras personas de su comitiva oficial.

embajador, ra. m. y f. Agente diplomático de primera clase que representa al Estado, al jefe del Estado y al Gobierno que lo nombra cerca de otro Estado. ‖ **2.** fig. **emisario,** mensajero enviado para indagar o tratar algo.

embalaje. m. Acción y efecto de embalar los objetos que han de transportarse. ‖ **2.** Caja o cubierta con que se resguardan los objetos que han de transportarse.

embalar[1]. tr. Disponer en balas o colocar convenientemente dentro de cubiertas los objetos que han de transportarse.

embalar[2]. intr. Hablando de un corredor o un móvil, lanzarse a gran velocidad. Ú. m. c. prnl. ‖ **2.** prnl. fig. Dejarse llevar por un afán, deseo, sentimiento, etc.

embaldosado. m. Pavimento solado con baldosas. ‖ **2.** Operación de poner baldosas.

embalsadero. m. Lugar hondo y pantanoso en donde se suelen recoger las aguas de lluvia, o las de los ríos cuando se desbordan y se rebalsan.

embalsamador, ra. adj. Que embalsama. Ú. t. c. s.

embalsamar. tr. Llenar de sustancias balsámicas las cavidades de los cadáveres, como se hacía antiguamente, o inyectar en los vasos ciertos líquidos, o bien emplear otros diversos medios para preservar de la putrefacción los cuerpos muertos. ‖ **2.** Perfumar, aromatizar. Ú. t. c. prnl.

embalsar. tr. Recoger en balsa o embalse. Ú. t. c. prnl.

embalse. m. Acción y efecto de embalsar o embalsarse. ‖ **2.** Gran depósito que se forma artificialmente, por lo común cerrando la boca de un valle mediante un dique o presa, y en el que se almacenan las aguas de un río o arroyo, a fin de utilizarlas en el riego de terrenos, en el abastecimiento de poblaciones, en la producción de energía eléctrica, etc.

embarazada. adj. Dícese de la mujer preñada. Ú. t. c. s. f.

embarazar. tr. Impedir, estorbar, retardar una cosa. ‖ **2.** Dejar encinta a una mujer. ‖ **3.** prnl. Quedarse embarazada una mujer.

embarazo. m. Impedimento, dificultad, obstáculo. ‖ **2.** Estado en que se halla la hembra gestante. ‖ **3.** Encogimiento, falta de soltura en los modales o en la acción.

embarazoso, sa. adj. Que embaraza e incomoda.

embarcación. f. **barco.** ‖ **2.** Acción de embarcar personas o de embarcarse.

embarcadero. m. Lugar acondicionado para embarcar mercancías o gente.

embarcar. tr. Introducir personas, mercancías, etc., en una embarcación, tren o avión. Ú. t. c. intr. y c. prnl. ‖ **2.** fig. Hacer que uno intervenga en una empresa difícil o arriesgada. *Lo* EMBARCARON *en una aventura.* Ú. t. c. prnl.

embargar. tr. Dificultar, impedir, detener. ‖ **2.** *Der.* Retener, en virtud de mandamiento judicial, un bien que queda sujeto al resultado de un procedimiento o juicio.

embargo. m. *Der.* Retención, traba o secuestro de bienes por mandamiento de juez o autoridad competente. ‖ **2.** Prohibición del comercio y transporte de armas u otros efectos útiles para la guerra, decretada por un Gobierno. ‖ **sin embargo.** loc. conjunt. advers. No obstante, sin que sirva de impedimento.

embarque. m. Embarco, acción y efecto de embarcar o embarcarse.

embarrado. m. Revoco de barro o tierra en paredes, muros y tapias.

embarrancar. intr. *Mar.* Varar con violencia encallando el buque en el fondo. Ú. t. c. tr. ‖ **2.** prnl. Atascarse en un barranco o atolladero. ‖ **3.** fig. Atascarse en una dificultad.

embarrar. tr. Untar y cubrir con barro. Ú. t. c. prnl. ‖ **2.** Embadurnar, manchar con cualquier sustancia viscosa. ‖ **3.** fig. *Amér.* Calumniar, desacreditar a alguien. Ú. t. c. prnl.

embarrilar. tr. Meter y guardar algo en un barril o barriles.

embarullar. tr. fam. Confundir, mezclar desordenadamente unas cosas con otras. ‖ **2.** fam. Hacer las cosas atropelladamente, sin orden ni cuidado. Ú. t. c. prnl.

embastar. tr. Asegurar con puntadas de hilo fuerte la tela que se ha de bordar, pegándola por las orillas a las tiras de lienzo crudo clavadas en el bastidor, para que la tela esté tirante. ‖ **2.** Hilvanar.

embate. m. Golpe impetuoso de mar. ‖ **2.** Acometida impetuosa. Ú. t. en sent. fig. ‖ **3.** *Mar.* Viento fresco y suave que reina en el verano a la orilla del mar. ‖ **4.** pl. *Mar.* Vientos periódicos del Mediterráneo después de la canícula.

embaucar. tr. Engañar, aprovechándose de la inexperiencia o ingenuidad del engañado.

embebecer. tr. Entretener, divertir, embelesar. ‖ **2.** prnl. Quedarse embelesado o pasmado. ❏ Irreg. Se conj. como *agradecer.*

embeber. tr. Absorber un cuerpo sólido a otro líquido. *La esponja* EMBEBE *el agua.* ‖ **2.** Empapar, llenar de un líquido una cosa porosa o esponjosa. EMBE-

BIERON *una esponja en vinagre.* ‖ **3.** Contener, encerrar una cosa dentro de sí a otra. ‖ **4.** Encajar, embutir, meter una cosa dentro de otra. ‖ **5.** intr. Encogerse, apretarse, tupirse; como el tejido de lino o de lana cuando se moja. ‖ **6.** prnl. fig. Embebecerse, quedarse absorto. ‖ **7.** fig. Entregarse con vivo interés a una tarea, sumergirse en ella.

embelecar. tr. Engañar con artificios y falsas apariencias.

embeleco. m. Halago que se hace a alguien para engañarlo. ‖ **2.** fig. y fam. Persona o cosa fútil, molesta o desagradable.

embelesar. tr. Suspender, arrebatar, cautivar los sentidos. Ú. t. c. prnl.

embeleso. m. Efecto de embelesar o embelesarse. ‖ **2.** Cosa que embelesa. *Esta escena es un* EMBELESO.

embellecedor, ra. adj. Que embellece. ‖ **2.** m. Cada una de las molduras cromadas de los automóviles, en especial el tapacubos.

embellecer. tr. Hacer o poner bella a una persona o cosa. Ú. t. c. prnl. ❑ Irreg. Se conj. como *agradecer.*

embero. m. Árbol de la familia de las meliáceas, propio del África ecuatorial y apreciado por su madera. ‖ **2.** Madera de este árbol, clasificada entre las nobles y semiduras.

emberrincharse. prnl. fam. Enfadarse demasiado; encolerizarse. Se usa comúnmente hablando de los niños.

embestida. f. Acción y efecto de embestir.

embestir. tr. Ir con ímpetu sobre una persona o cosa para apoderarse de ella o causarle daño. Frecuentemente se usa hablando de animales que topan. *El toro* EMBISTIÓ *al torero.* Ú. t. c. intr. *Ese toro no* EMBISTE, y en sent. fig., *El camión* EMBISTIÓ *contra la pared.* ‖ **2.** fig. y fam. Acometer a uno pidiéndole limosna o prestado, o bien para inducirle a alguna cosa. ❑ Irreg. Se conj. como *pedir.*

embetunar. tr. Cubrir una cosa con betún.

emblanquecer. tr. **blanquear,** poner blanca una cosa. ❑ Irreg. Se conj. como *agradecer.*

emblema. m. Jeroglífico que consiste en una figura enigmática o simbólica, al pie de la cual se escribe algún verso o lema que declara el concepto o moralidad que encierra. ‖ **2.** Cualquier cosa que es representación simbólica de otra.

emblemático, ca. adj. Perteneciente o relativo al emblema, o que lo incluye.

embobamiento. m. Suspensión, embeleso.

embobar. tr. Entretener a uno; tenerlo suspenso y admirado. ‖ **2.** prnl. Quedarse uno suspenso, absorto y admirado.

embobecer. tr. Volver bobo, entontecer a uno. Ú. t. c. prnl. ❑ Irreg. Se conj. como *agradecer.*

embocado, da. adj. Dicho del vino, **abocado.**

embocadura. f. Acción y efecto de meter una cosa por una parte estrecha. ‖ **2. entrada,** espacio por donde se entra. ‖ **3. boquilla** de un instrumento musical. ‖ **4. bocado** del freno. ‖ **5.** Hablando de vinos, **gusto,** sabor. *Este vino tiene buena* EMBOCADURA. ‖ **6.** En los teatros, el marco por cuyo hueco se ve la escena cuando el telón se alza y que puede ser doble; el segundo marco suele ser de amplitud regulable.

embocar. tr. Meter por la boca una cosa. ‖ **2.** fam. Tragar y comer mucho y deprisa. ‖ **3.** *Mús.* Aplicar los labios a la boquilla de un instrumento de viento. ‖ **4.** intr. Entrar por una parte estrecha. Ú. t. c. prnl.

embochinchar. tr. *Amér.* Promover un bochinche, alborotar. Ú. t. c. prnl.

embodegar. tr. Meter y guardar en la bodega una cosa; como vino, aceite, etc.

embolada. f. Cada uno de los movimientos de vaivén que hace el émbolo cuando está funcionando dentro del cilindro.

embolado. m. Toro **embolado,** que lleva bolas en las puntas de los cuernos. ‖ **2.** fam. Problema, situación difícil. ‖ **3.** fig. y fam. Artificio engañoso.

embolar. tr. Poner bolas de madera en las puntas de los cuernos del toro para que no pueda herir con ellos.

embolia. f. *Pat.* Obstrucción ocasionada por un émbolo formado en un vaso sanguíneo, que impide la circulación en otro vaso menor.

émbolo. m. *Mec.* Pieza que se mueve alternativamente en el interior de un cuerpo de bomba o del cilindro de una máquina para enrarecer o comprimir un fluido o recibir de él movimiento. ‖ **2.** *Med.* Coágulo, burbuja de aire u otro cuerpo extraño que, introducido en la circulación, produce la embolia.

embolsar. tr. Guardar una cosa en la bolsa. Se usa, por lo común, hablando del dinero. ‖ **2. cobrar,** percibir uno la cantidad que otro le debe. ‖ **3.** prnl. Ganar dinero en un negocio, en el juego, etc.

emboque. m. Paso de la bola por el aro, o de otra cosa por una parte estrecha.

emboquillado. adj. Dícese del cigarrillo provisto de **boquilla,** rollito de papel. Ú. t. c. s.

emboquillar. tr. Poner boquillas a los cigarrillos.

emborrachar. tr. Causar embriaguez. ‖ **2.** Atontar, perturbar, adormecer. Ú. t. c. prnl. Se usa hablando de personas y de animales. ‖ **3.** Empapar en vino, licor o almíbar bizcochos o pasteles, etc. ‖ **4.** prnl. Beber vino u otra bebida alcohólica hasta trastornarse los sentidos y las potencias.

emborrascar. tr. Irritar, alterar. Ú. t. c. prnl. ‖ **2.** prnl. Hacerse borrascoso, dicho del tiempo. ‖ **3.** fig. Echarse a perder un negocio.

emborricarse. prnl. fam. Quedarse como aturdido, sin saber ir atrás ni adelante. ‖ **2.** fig. y fam. Enamorarse perdidamente.

emborronar. tr. Llenar de borrones o garrapatos un papel. Ú. t. c. prnl. ‖ **2.** fig. Escribir deprisa, desaliñadamente o con poca meditación.

emboscada. f. Ocultación de una o varias personas en un lugar retirado para atacar por sorpresa a otra u otras. ‖ **2.** fig. Asechanza, maquinación en daño de alguno.

emboscar. tr. *Mil.* Poner encubierta una partida de gente para una operación militar. Ú. t. c. prnl. ‖ **2.** prnl. Entrarse u ocultarse entre el ramaje.

embotar. tr. Hacer romos filos y puntas de las armas y otros instrumentos cortantes. Ú. m. c. prnl. ‖ **2.** fig. Enervar, debilitar, hacer menos activa y eficaz una cosa.

embotellado, da. adj. fig. Dícese del discurso, poesía, proposición, etc., que en vez de improvisarse, se ha preparado en previsión del caso. ‖ **2.** m. Acción de embotellar los vinos u otros productos.

embotellador, ra. adj. Que embotella. ‖ **2.** f. Máquina que sirve para embotellar.

embotellamiento. m. Acción y efecto de embotellar. ‖ **2.** Congestión de vehículos.

embotellar. tr. Meter el vino u otro líquido o producto en botellas. ‖ **2.** fig. Acorralar a una persona. ‖ **3.** fig. Inmovilizar un negocio, una mercancía, etc. ‖ **4.** prnl. fig. Aprender de memoria un discurso, una lección, etc. ‖ **5.** fig. Entorpecerse el tráfico por un exceso de vehículos.

embotijar. tr. Echar y guardar algo en botijos o botijas. ‖ **2.** prnl. fig. y fam. Hincharse, inflarse.

embozar. tr. Cubrir el rostro por la parte inferior hasta las narices o los ojos. Ú. m. c. prnl. ‖ **2.** fig. Disfrazar, ocultar con palabras o con acciones una cosa para que no se entienda fácilmente.

embozo. m. Parte de la capa, banda u otra cosa con que uno se cubre el rostro. ‖ **2.** Doblez de la sábana de la cama por la parte que toca al rostro.

embragar. tr. Hacer que un eje participe del movimiento de otro por medio de un mecanismo adecuado.

embrague. m. Acción de embragar. ‖ **2.** Mecanismo dispuesto para que un eje participe o no, a voluntad o automáticamente, del movimiento de otro. ‖ **3.** Pedal con que se acciona dicho mecanismo, cuando no es automático.

embravecer. tr. Irritar, enfurecer, especialmente hablando del mar o del viento. Ú. t. c. prnl. ‖ **2.** fig. Rehacerse y robustecerse las plantas. ❑ Irreg. Se conj. como *agradecer.*

embrazadura. f. Asa por donde se toma y embraza el escudo, pavés, etc.

embrazar. tr. Meter el brazo por la embrazadura del escudo, rodela, adarga, etc., para cubrir y defender el cuerpo.

embrear. tr. Untar con brea.

embriagador, ra. adj. Que embriaga.

embriagar. tr. Causar embriaguez. ‖ **2.** Atontar, perturbar, adormecer. Ú. t. c. prnl. ‖ **3.** fig. Enajenar, transportar. Ú. t. c. prnl. ‖ **4.** prnl. Perder el dominio de sí por beber en exceso vino o licor.

embriaguez. f. Turbación pasajera de las potencias, exceso con que se ha bebido vino o licor. ‖ **2.** fig. Enajenamiento del ánimo.

embridar. tr. Poner la brida a las caballerías. ‖ **2.** fig. Someter, sujetar, refrenar.

embriogenia. f. *Biol.* Formación y desarrollo del embrión.

embriología. f. *Biol.* Ciencia que estudia la formación y el desarrollo de los embriones.

embrión. m. *Biol.* Germen o rudimento de un ser vivo, desde que comienza el desarrollo del huevo o de la espora hasta que el organismo adquiere la forma característica de la larva o del individuo adulto y la capacidad para llevar vida libre. ‖ **2.** En la especie humana, producto de la concepción hasta fines del tercer mes del embarazo. ‖ **3.** fig. Principio, informe todavía, de una cosa.

embrionario, ria. adj. Perteneciente o relativo al embrión. *Estado* EMBRIONARIO.

embrocar. tr. Vaciar una vasija en otra, volviéndola boca abajo.

embrollar. tr. Enredar, confundir las cosas. Ú. t. c. prnl.

embrollo. m. Enredo, confusión, maraña. ‖ **2.** **embuste,** mentira disfrazada con artificio. ‖ **3.** fig. Situación embarazosa; conflicto del cual no se sabe cómo salir.

embromar. tr. Meter broma y gresca.

embrujar. tr. Hechizar, trastornar a uno el juicio o la salud con prácticas supersticiosas.

embrujo. m. Acción y efecto de embrujar, hechizo. ‖ **2.** Fascinación, atracción misteriosa y oculta.

embrutecer. tr. Entorpecer y casi privar a uno del uso de la razón. Ú. t. c. prnl. ❑ Irreg. Se conj. como *agradecer.*

embuchado. m. Tripa rellena con carne de puerco picada, y que, según su tamaño y el aderezo que lleva, recibe varios nombres que la particularizan; como longaniza, salchicha, etc. ‖ **2.** Tripa con otra clase de relleno, y especialmente de lomo de cerdo.

embuchar. tr. Embutir carne picada en una tripa de animal. ‖ **2.** Introducir comida en el buche de una ave, para que se alimente. ‖ **3.** fam. Comer mucho, deprisa y casi sin mascar.

embudo. m. Instrumento hueco, ancho por arriba y estrecho por abajo, en figura de cono y rematado en un canuto, que sirve para transvasar líquidos. ‖ **2.** Depresión, excavación o agujero cuya forma se asemeja al utensilio del mismo nombre o a su corte longitudinal.

embuste. m. Mentira disfrazada con artificio.

embustero, ra. adj. Que dice embustes. Ú. t. c. s.

embutido. m. Acción y efecto de embutir. ‖ **2.** Tripa rellena con carne picada, principalmente de cerdo.

embutidor, ra. m. y f. Persona, industria o máquina dedicada a embutir.

embutir. tr. Hacer embutidos. ‖ **2.** Llenar, meter una cosa dentro de otra y apretarla. ‖ **3.** fig. y fam. **embocar,** engullir. Ú. t. c. prnl.

eme. f. Nombre de la letra *m.* ❑ pl. *emes.*

emenagogo. adj. *Farm.* Dícese de todo remedio que provoca la regla o evacuación menstrual de las mujeres. Ú. t. c. s.

emergencia. f. Situación de peligro o desastre que requiere una acción inmediata. ❑ No utilizar por *urgencia.*

emergente. adj. Que nace, sale y tiene principio de otra cosa.

emerger. intr. Brotar, salir del agua u otro líquido.

emeritense. adj. Natural de Mérida. Ú. t. c. s. ‖ **2.** Perteneciente o relativo a esta ciudad.

emérito, ta. adj. Aplícase a la persona que se ha retirado de un empleo o cargo y disfruta algún premio por sus buenos servicios.

emersión. f. *Astron.* Salida de un astro por detrás del cuerpo de otro que lo ocultaba, o de su sombra.

emético, ca. adj. *Med.* **vomitivo.** Ú. t. c. s.

emídido. adj. *Zool.* Dícese de reptiles quelonios que viven en las aguas dulces, buenos nadadores, con el espaldar aplanado, cabeza y extremidades retráctiles, dedos terminados en uña y unidos entre sí por una membrana; como el galápago. Ú. t. c. s. m. ‖ **2.** m. pl. *Zool.* Familia de estos animales.

emidosaurio. adj. *Zool.* Dícese de los reptiles que, como el caimán y el cocodrilo, se asemejan mucho por su aspecto a los saurios, de los cuales se distinguen por su mayor tamaño, por estar cubierto su dorso por grandes escamas óseas y por tener los dedos unidos entre sí mediante una membrana. Viven en los ríos de países cálidos o en las inmediaciones de aquellos; son zoófagos, buenos nadadores y temibles por su fuerza y voracidad. Ú. t. c. s. ‖ **2.** m. pl. *Zool.* Orden de estos animales.

emigración. f. Acción y efecto de emigrar. ‖ **2.** Conjunto de habitantes de un país que trasladan su domicilio a otro por tiempo ilimitado, o, en ocasiones, temporalmente.

emigrado, da. adj. Dícese de la persona que reside fuera de su patria, sobre todo de la obligada a ello generalmente por circunstancias políticas. Ú. t. c. s.

emigrante. adj. Que emigra. Ú. t. c. s. ‖ **2.** El que se traslada de su propio país a otro, generalmente con el fin de trabajar en él de manera estable o temporal. Ú. t. c. s.

emigrar. intr. Dejar o abandonar una persona, familia o pueblo su propio país con ánimo de establecerse en otro extranjero. ‖ **2.** Ausentarse temporalmente del propio país para hacer en otro determinadas faenas. ‖ **3.** Cambiar periódicamente de clima o localidad algunas especies animales, por exigencias de la alimentación o de la reproducción.

emigratorio, ria. adj. Perteneciente o relativo a la emigración.

eminencia. f. Título de honor que se da a los cardenales de la Santa Iglesia Romana y al gran maestre de la orden de Malta. ‖ **2.** Persona eminente en su línea.

eminente. adj. Alto, elevado, que descuella entre los demás.

emir. m. Príncipe o caudillo árabe.

emirato. m. Dignidad o cargo de emir. ‖ **2.** Tiempo que dura el gobierno de un emir. ‖ **3.** Territorio gobernado por un emir.

emisario, ria. m. y f. Mensajero que se envía para indagar lo que se desea saber, para comunicar a alguien una cosa, o para concertarse en secreto con tercera o terceras personas.

emisión. f. Acción y efecto de emitir. ‖ **2.** Conjunto de títulos o valores, documentos de crédito, de comercio o bancarios, que de una vez se ponen en circulación.

emisor, ra. adj. Que emite. Ú. t. c. s. ‖ **2.** m. y f. Persona que enuncia el mensaje en un acto de comunicación. ‖ **3.** m. *Electr.* Aparato productor de ondas hertzianas. ‖ **4.** f. Lugar en el que se halla instalado este aparato.

emitir. tr. Arrojar, exhalar o echar hacia fuera una cosa. ‖ **2.** Producir y poner en circulación papel moneda, títulos o valores, efectos públicos, etc. ‖ **3.** Tratándose de juicios, dictámenes, opiniones, etc., darlos, manifestarlos por escrito o de viva voz. ‖ **4.**

Lanzar ondas hertzianas para hacer oír señales, noticias, música, etc.

emoción. f. Estado de ánimo producido por impresiones de los sentidos, ideas o recuerdos que con frecuencia se traduce en gestos, actitudes u otras formas de expresión.

emocional. adj. Perteneciente o relativo a la emoción.

emocionar. tr. Conmover el ánimo, causar emoción. Ú. t. c. prnl.

emoliente. adj. *Med.* Dícese del medicamento que sirve para ablandar una dureza o tumor. Ú. t. c. s. m.

emolumento. m. Remuneración adicional que corresponde a un cargo o empleo. Ú. m. en pl.

emotividad. f. Cualidad de emotivo.

emotivo, va. adj. Relativo a la emoción. ‖ **2.** Que produce emoción. ‖ **3.** Sensible a las emociones.

empacar. tr. Empaquetar, encajonar. ‖ **2.** intr. *Amér.* Hacer el equipaje. Ú. t. c. tr.

empachar. tr. Estorbar, molestar. Ú. t. c. prnl. ‖ **2.** Causar empacho o indigestión. Ú. m. c. prnl. ‖ **3.** prnl. Avergonzarse, cortarse, turbarse.

empacho. m. Cortedad, vergüenza, turbación. ‖ **2.** Dificultad, estorbo. ‖ **3.** Indigestión de la comida.

empadrarse. prnl. Encariñarse con exceso el niño con su padre o sus padres.

empadronamiento. m. Acción y efecto de empadronar o empadronarse.

empadronar. tr. Asentar o inscribir a uno en el padrón o libro de los habitantes de un pueblo. Ú. t. c. prnl.

empalagar. tr. Fastidiar, causar hastío una comida principalmente si es dulce. Ú. t. c. prnl. ‖ **2.** fig. Causar hastío una cosa física distinta de una comida, o una cosa moral.

empalago. m. Acción y efecto de empalagar o empalagarse.

empalagoso, sa. adj. Dícese del alimento que empalaga. ‖ **2.** fig. Dícese de la persona que causa fastidio por su zalamería y afectación. Ú. t. c. s.

empalar[1]. tr. Espetar a uno en un palo como se espeta una ave en el asador.

empalar[2]. tr. En el juego de pelota, dar a esta acertadamente con la pala, y por ext., golpear de igual modo una bola o pelota en otros deportes.

empalizada. f. **estacada,** obra hecha de estacas.

empalmar. tr. Juntar dos maderos, sogas, tubos u otras cosas, acoplándolos o entrelazándolos. ‖ **2.** fig. Ligar o combinar planes, ideas, acciones, etc. ‖ **3.** intr. Unirse o combinarse un tren o ferrocarril con otro. También suele usarse hablando de caminos, diligencias, autobuses, etc. ‖ **4.** Seguir o suceder una cosa a otra sin interrupción, como una conversación o una diversión tras otra.

empalme. m. Acción y efecto de empalmar. ‖ **2.** Punto en que se empalma. ‖ **3.** Cosa que empalma con otra.

empanada. f. Masa de pan rellena de carne, pescado, verdura, etc., cocida en el horno. ‖ **2.** fig. Acción y efecto de ocultar o enredar fraudulentamente un negocio.

empanadilla. f. Pastel pequeño, aplastado, que se hace doblando la masa sobre sí misma para cubrir con ella el relleno de dulce, de carne picada o de otro alimento.

empanar. tr. Encerrar una cosa en masa o pan para cocerla en el horno. ‖ **2.** Rebozar con pan rallado un alimento para freírlo.

empantanar. tr. Llenar de agua un terreno, dejándolo hecho un pantano. Ú. t. c. prnl. ‖ **2.** fig. Detener, embarazar o impedir el curso de un trabajo o negocio. Ú. t. c. prnl.

empañado, da. adj. Dícese de la voz cuando no es sonora y clara. ‖ **2.** Dícese de cualquier superficie pulimentada, cuando sobre ella se condensa vapor de agua. Ú. t. c. s.

empañar. tr. Quitar la tersura, brillo o diafanidad. Ú. t. c. prnl. ‖ **2.** fig. Oscurecer o manchar el honor o la fama, amenguar el mérito o gloria de una persona o de una acción. Ú. t. c. prnl.

empapar. tr. Absorber una cosa dentro de sus poros o huecos algún líquido. Ú. t. c. prnl. *La tierra* EMPAPA *el agua. La tierra* SE EMPAPA *de agua.* ‖ **2.** Absorber un líquido con un cuerpo esponjoso o poroso. EMPAPAR *con un trapo el agua vertida.* ‖ **3.** Penetrar un líquido los poros o huecos de un cuerpo. Ú. t. c. prnl. *La lluvia* EMPAPA *los vestidos. La lluvia* SE EMPAPA *en la tierra.* ‖ **4.** prnl. fig. Imbuirse de un afecto, idea o doctrina hasta penetrarse bien de ellos.

empapelado. m. Acción y efecto de empapelar. ‖ **2.** Papel que cubre la superficie de una pared, baúl, etc.

empapelador, ra. m. y f. Persona que empapela.

empapelar. tr. Envolver en papel. ‖ **2.** Cubrir de papel las paredes de una habitación, de un baúl, etc. ‖ **3.** fig. y fam. Formar causa criminal a uno; abrir expediente a alguien.

empapuzar. tr. fam. Hacer comer demasiado a uno. Ú. t. c. prnl.

empaque[1]. m. Acción y efecto de empacar. ‖ **2.** Conjunto de materiales que forman la envoltura y armazón de los paquetes; como papeles, telas, cuerdas, cintas, etc.

empaque². m. fam. Catadura, aire de una persona. ‖ **2.** Seriedad, gravedad, con algo de afectación o de tiesura.

empaquetar. tr. Hacer paquetes. ‖ **2.** fig. Acomodar o acomodarse en un recinto un número excesivo de personas. *Nos* EMPAQUETARON *a los seis en una berlina.*

emparedado. m. fig. Porción pequeña de jamón u otra vianda, entre dos rebanadas de pan de molde.

emparedar. tr. Encerrar a una persona entre paredes, sin comunicación alguna. Ú. t. c. prnl.

emparejar. tr. Juntar dos personas, animales o cosas formando pareja. Ú. t. c. prnl. ‖ **2.** Poner una cosa a nivel con otra. ‖ **3.** intr. Llegar uno a ponerse al lado de otro que iba adelantado en la calle o en un camino. ‖ **4.** fig. Ponerse al nivel de otro más avanzado en un estudio o tarea.

emparentar. intr. Contraer parentesco por vía de casamiento. ‖ **2.** Adquirir una cosa relación de afinidad o semejanza con otra. ‖ **3.** tr. Señalar o descubrir relaciones de parentesco, origen común o afinidad.

emparrado. m. Parra o conjunto de parras que sobre una armazón de madera, hierro u otra materia, forman cubierta. ‖ **2.** Armazón que sostiene la parra u otra planta trepadora. ‖ **3.** fig. y fam. Peinado de los hombres hecho para encubrir, con el pelo de los lados de la cabeza, la calvicie de la parte superior.

emparrillado. m. Conjunto de barras cruzadas y trabadas horizontalmente para dar base firme a los cimientos de un edificio.

emparvar. tr. Poner en parva las mieses.

empastar. tr. Cubrir de pasta una cosa. ‖ **2.** Encuadernar en pasta los libros. ‖ **3.** Hablando de un diente o muela, rellenar con pasta el hueco producido por la caries.

empaste. m. Acción y efecto de empastar. ‖ **2.** Pasta con que se llena el hueco hecho por la caries en un diente.

empastelar. tr. fig. y fam. Transigir en un negocio o zanjar un agravio sin arreglo a justicia, para salir del paso.

empatar. tr. Tratándose de una votación, obtener dos o más contrincantes o partidos políticos un mismo número de puntos o votos. Ú. m. c. intr. o c. prnl.

empate. m. Acción y efecto de empatar o empatarse.

empatía. f. Participación afectiva, y por lo común emotiva, de un sujeto en una realidad ajena.

empavesar. tr. Rodear las obras de algún monumento público en construcción con esteras, telas o grandes lienzos, para ocultarlo a la vista hasta que llegue el momento de su inauguración.

empecinado, da. adj. Obstinado, terco, pertinaz.

empecinarse. prnl. Obstinarse, aferrarse, encapricharse.

empedernido, da. adj. fig. Obstinado, tenaz, que tiene un vicio o costumbre muy arraigados. *Fumador* EMPEDERNIDO.

empedrado, da. adj. fig. Aplícase al cielo cubierto de nubes pequeñas que se tocan unas con otras. *Cielo* EMPEDRADO, *suelo mojado.* ‖ **2.** m. Acción de empedrar. ‖ **3.** Pavimento formado artificialmente de piedras.

empedrar. tr. Cubrir el suelo con piedras ajustadas unas con otras de modo que no puedan moverse. ‖ **2.** fig. Llenar de desigualdades una superficie con objetos extraños a ella. ❑ Irreg. Se conj. como *acertar.*

empeine. m. Parte superior del pie, que está entre la caña de la pierna y el principio de los dedos. ‖ **2.** Parte de la bota que cubre esa parte del pie.

empellón. m. Empujón recio que se da con el cuerpo para sacar de su lugar o asiento a una persona o cosa.

empenachado, da. adj. Que tiene penacho.

empeñar. tr. Dar o dejar una cosa en prenda para seguridad de la satisfacción o pago. ‖ **2.** Precisar, obligar. Ú. t. c. prnl. ‖ **3.** prnl. **endeudarse,** contraer deudas. ‖ **4.** Insistir con tesón en una cosa. ❑ En esta acepción, ú. con la prep. *en.*

empeño. m. Acción y efecto de empeñar o empeñarse. ‖ **2.** Deseo vehemente de hacer o conseguir una cosa. ‖ **3.** Tesón y constancia en seguir una cosa o un intento.

empeoramiento. m. Acción y efecto de empeorar o empeorarse.

empeorar. tr. Hacer que aquel o aquello que ya era o estaba malo, sea o se ponga peor. Ú. t. c. intr. y c. prnl.

empequeñecer. tr. Reducir de tamaño una cosa, o amenguar su importancia o estimación. Ú. t. c. intr. y c. prnl. ❑ Irreg. Se conj. como *agradecer.*

emperador. m. Título de dignidad dado al jefe supremo del antiguo imperio romano, y que originariamente se confería por aclamación del ejército o decreto del Senado. ‖ **2.** Título de mayor dignidad dado a ciertos soberanos; antiguamente se daba a los que tenían por vasallos a otros reyes o grandes príncipes. *El* EMPERADOR *Alfonso VII.* ‖ **3.** En algunas regiones, **pez espada.**

emperatriz. f. Soberana de un imperio. ‖ **2.** Mujer del emperador.

emperejilar. tr. fam. Adornar a una persona con profusión y esmero. Ú. m. c. prnl.

emperezar. intr. Dejarse dominar por la pereza. Ú. m. c. prnl.

emperifollar. tr. **emperejilar.** Ú. t. c. prnl.

empero. conj. advers. **pero,** conjunción adversativa. ‖ **2. sin embargo.**

emperrarse. prnl. fam. Obstinarse, empeñarse en algo.

empezar. tr. Comenzar, dar principio a una cosa. ‖ **2.** intr. Tener principio una cosa. ❑ Irreg. Se conj. como *acertar.*

empicarse. prnl. Aficionarse demasiado.

empinado, da. adj. Muy alto. ‖ **2.** De gran pendiente. ‖ **3.** fig. Estirado, orgulloso.

empinar. tr. Enderezar y levantar en alto. ‖ **2.** fig. y fam. Beber mucho, especialmente vino. ‖ **3.** prnl. Ponerse uno sobre las puntas de los pies y erguirse. ‖ **4.** Ponerse un cuadrúpedo sobre las patas traseras levantando las manos.

empingorotado, da. adj. Dícese de la persona elevada a posición social ventajosa, y especialmente de la que se engríe por ello.

empingorotar. tr. fam. Levantar una cosa poniéndola sobre otra. Ú. t. c. prnl. ‖ **2.** Vanagloriarse de la posición social que se ha adquirido. Ú. t. c. prnl.

empiñonado. m. **piñonate,** pasta de piñones y azúcar.

empíreo, a. adj. Dícese del cielo o de las esferas concéntricas en que los antiguos suponían que se movían los astros. Ú. m. c. s. ‖ **2.** fig. Celestial, divino.

empírico, ca. adj. Relativo a la experiencia o fundado en ella. ‖ **2.** Partidario del empirismo filosófico. Ú. t. c. s.

empirismo. m. Sistema filosófico que toma la experiencia como única base de los conocimientos humanos.

empitonar. tr. *Taurom.* Alcanzar la res el bulto con los pitones. Ú. t. en sent. fig.

empizarrado. m. Cubierta de un edificio formada con pizarras. *El* EMPIZARRADO *dura más que el tejado.*

empizarrar. tr. Cubrir con pizarras la superficie exterior de techo o de alguna otra parte de un edificio.

emplastar. tr. Poner emplastos. ‖ **2.** fig. Componer con afeites y adornos postizos. Ú. t. c. prnl. ‖ **3.** prnl. Embadurnarse o ensuciarse con algo pegajoso.

emplastecer. tr. *Pint.* Igualar y llenar con el aparejo las desigualdades de una superficie, generalmente para poder pintar sobre ella. ❑ Irreg. Se conj. como *agradecer.*

emplasto. m. Preparado farmacéutico de uso tópico, sólido, moldeable y adhesivo. ‖ **2.** fig. y fam. Componenda, arreglo desmañado y poco satisfactorio. ‖ **3.** fig. y fam. **parche,** pegote.

emplazamiento. m. Situación, colocación.

emplazar[1]**.** tr. Citar a una persona en determinado tiempo y lugar, especialmente para que responda de algo.

emplazar[2]**.** tr. Poner una cosa en determinado lugar. Se usó primeramente hablando de las piezas de artillería.

empleado, da. m. y f. Persona que desempeña un destino o empleo. ‖ **de hogar.** Persona que por un salario o sueldo desempeña los trabajos domésticos o ayuda en ellos.

emplear. tr. Ocupar a uno, encargándole un negocio, comisión o puesto. Ú. t. c. prnl. ‖ **2.** Gastar, consumir. EMPLEA *bien sus rentas;* EMPLEÁIS *mal el tiempo.* ‖ **3. usar,** hacer servir las cosas para algo.

empleo. m. Acción y efecto de emplear. ‖ **2.** Destino, ocupación, oficio.

emplomado. m. Conjunto de planchas de plomo que recubre una techumbre, o de plomos que sujetan los cristales de una vidriera.

emplomadura. f. Acción y efecto de emplomar. ‖ **2.** Porción de plomo con que está emplomado algo.

emplomar. tr. Cubrir, asegurar o soldar una cosa con plomo. EMPLOMAR *los techos, las vidrieras, los botes de tabaco.* ‖ **2.** Precintar con sellos de plomo.

emplumar. tr. Poner plumas, ya para adorno, como en los morriones y sombreros, ya para facilitar el vuelo, como en la saeta y dardo, o ya para afrentar, como se hacía con las alcahuetas.

emplumecer. intr. Echar plumas las aves. ❑ Irreg. Se conj. como *agradecer.*

empobrecer. tr. Hacer que uno venga al estado de pobreza. ‖ **2.** intr. Venir a estado de pobreza una persona. Ú. m. c. prnl. ‖ **3.** Decaer, venir a menos una cosa material o inmaterial. Ú. m. c. prnl. ❑ Irreg. Se conj. como *agradecer.*

empobrecimiento. m. Acción y efecto de empobrecer o empobrecerse.

empollar. tr. Calentar huevos un ave o un aparato para sacar pollos. Ú. t. c. prnl. ‖ **2.** Entre estudiantes, preparar mucho las lecciones. Ú. a veces despectivamente.

empollón, na. adj. Dícese, despectivamente,

del estudiante que prepara mucho sus lecciones, y se distingue más por la aplicación que por el talento. Ú. m. c. s.

empolvar. tr. Echar polvos de tocador en los cabellos o en el rostro. Ú. t. c. prnl.

emponzoñar. tr. Dar ponzoña a uno, o inficionar una cosa con ponzoña. Ú. t. c. prnl. ‖ **2.** fig. Inficionar, echar a perder, dañar. Ú. t. c. prnl.

emporcar. tr. Ensuciar, llenar de porquería. Ú. t. c. prnl. ❑ Irreg. Se conj. como *contar*.

emporio. m. Lugar donde concurren para el comercio gentes de diversas naciones. ‖ **2.** fig. Ciudad o lugar notable por el florecimiento del comercio y, por ext., de las ciencias, las artes, etc. ‖ **3.** *Amér. Central.* Gran establecimiento comercial donde se puede comprar todo lo necesario en una casa.

emporitano, na. adj. Natural de Ampurias. ‖ **2.** Perteneciente o relativo a esta ciudad.

empotrar. tr. Meter una cosa en la pared o en el suelo, asegurándola con fábrica. ❑ Ú. con la prep. *en*.

emprendedor, ra. adj. Que emprende con resolución acciones dificultosas o azarosas.

emprender. tr. Acometer y comenzar una obra, un negocio, un empeño. Se usa más comúnmente hablando de los que encierran dificultad o peligro. ‖ **2.** fam. Con nombres de personas regidos de las preps. *a* o *con*, acometer a uno para importunarle, reprenderle, suplicarle o reñir con él.

empreñar. tr. Concebir a la hembra. ‖ **2.** fig. y fam. Causar molestias a una persona. ‖ **3.** prnl. Quedar preñada la hembra.

empresa. f. Acción ardua y dificultosa que valerosamente se comienza. ‖ **2.** Obra o designio llevado a efecto, en especial cuando en él intervienen varias personas. ‖ **3.** *Com.* Entidad integrada por el capital y el trabajo, como factores de la producción, y dedicada a actividades industriales, mercantiles o de prestación de servicios generalmente con fines lucrativos. ‖ **pública.** La creada y sostenida por un poder público.

empresarial. adj. Perteneciente o relativo a las empresas o a los empresarios.

empresario, ria. m. y f. Persona que abre al público y explota un espectáculo o diversión. ‖ **2.** Titular propietario o directivo de una industria, negocio o empresa.

empréstito. m. Préstamo que toma el Estado o una corporación o empresa, especialmente cuando está representado por títulos negociables o al portador.

empujar. tr. Hacer fuerza contra una cosa para moverla, sostenerla o rechazarla. ‖ **2.** fig. Hacer presión, influir, intrigar para conseguir o para dificultar o impedir alguna cosa.

empuje. m. Acción y efecto de empujar. ‖ **2.** Esfuerzo producido por el peso de una bóveda, o por el de las tierras de un muelle o malecón, sobre las paredes que las sostienen. ‖ **3.** fig. Brío, arranque, resolución con que se acomete una empresa.

empujón. m. Impulso que se da con fuerza para apartar o mover a una persona o cosa. ‖ **2.** fig. Avance rápido que se da a una obra trabajando con ahínco en ella.

empuñadura. f. Guarnición o puño de las armas, o de ciertos objetos, como el paraguas.

empuñar. tr. Asir por o con el puño una cosa; como la espada, el bastón, etc. ‖ **2.** Asir una cosa abarcándola estrechamente con la mano.

emú. m. Ave del orden de las casuariformes, casi tan grande como el avestruz y parecida a este, pero, por excepción entre las corredoras, monógama. Su plumaje es bastante ralo, de colorido grisáceo a pardo-amarillento. Vive en zonas de llanura. ❑ pl. *emúes* o *emús*.

emulación. f. Acción y efecto de emular.

emular. tr. Imitar las acciones de otro procurando igualarlas e incluso excederlas. Generalmente se le da sentido favorable. Ú. t. c. prnl.

émulo, la. adj. Competidor de una persona o cosa, que procura excederla o aventajarla. Generalmente se le da sentido favorable. Ú. frecuentemente c. s.

emulsión. f. *Farm.* Líquido de aspecto lácteo que tiene en suspensión pequeñísimas partículas de sustancias insolubles en el agua, como grasas, resinas, bálsamos, etc.

emulsionar. tr. Hacer que una sustancia, por lo general grasa, adquiera el estado de emulsión.

emulsivo, va. adj. *Farm.* Aplícase a cualquier sustancia que sirve para hacer emulsiones.

emulsor. m. Aparato destinado a facilitar la mezcla de las grasas con otras sustancias.

emuntorio. m. *Anat.* Cualquier conducto, canal u órgano excretor del cuerpo de los animales.

en. prep. que indica en qué lugar, tiempo o modo se realiza lo que significan los verbos a que se refiere. *Pedro está* EN *Madrid; esto sucedió* EN *Pascua; tener* EN *depósito.* ‖ **2.** Indica a veces aquello en que se ocupa o sobresale una persona. *Doctor* EN *Medicina, trabajar* EN *Bioquímica.* ‖ **3.** A veces, indica situación de tránsito. EN *prensa;* EN *proyecto.* ‖ **4.** Denota el término de algunos verbos de movimiento. *Caer* EN *un pozo; entrar* EN *casa.*

enaceitar. tr. Untar con aceite. ‖ **2.** prnl. Ponerse aceitosa o rancia una cosa.

enagua. f. Prenda interior femenina que se usa debajo de la falda. Ú. m. en pl. ‖ **2.** Por ext., prenda del mismo uso que cubre también el torso.

enaguazar. tr. Encharcar, llenar de agua las tierras. Ú. t. c. prnl.

enagüillas. f. pl. Especie de falda corta que se pone a algunas imágenes de Cristo crucificado, o que se usa en algunos trajes de hombre, como el escocés o el griego.

enajenación. f. Acción y efecto de enajenar o enajenarse. ‖ **2.** fig. Distracción, falta de atención, embeleso. ‖ **mental. locura,** privación del juicio.

enajenar. tr. Pasar o transmitir a otro el dominio de una cosa o algún otro derecho sobre ella. ‖ **2.** fig. Sacar a uno fuera de sí; entorpecerle o turbarle el uso de la razón o de los sentidos. *El miedo lo* ENAJENÓ. Ú. t. c. prnl. ENAJENARSE *por la cólera;* SE ENAJENÓ *de sí.* ‖ **3.** prnl. Desposeerse, privarse de algo. ‖ **4.** Apartarse del trato que se tenía con alguna persona, por haberse entibiado la relación de amistad. Ú. t. c. tr.

enálage. f. *Ret.* Figura que consiste en mudar las partes de la oración o sus accidentes; como cuando se pone un tiempo del verbo por otro, etc.

enalbardar. tr. Echar o poner la albarda. ‖ **2.** fig. Rebozar lo que se va a freír.

enaltecer. tr. **ensalzar.** Ú. t. c. prnl. ❑ Irreg. Se conj. como *agradecer.*

enaltecimiento. m. Acción y efecto de enaltecer.

enamoradizo, za. adj. Propenso a enamorarse.

enamorado, da. adj. Que tiene amor. Ú. t. c. s. ‖ **2.** Muy aficionado a una cosa. Ú. t. c. s.

enamorar. tr. Excitar en uno la pasión del amor. ‖ **2.** Decir amores o requiebros. ‖ **3.** prnl. Prendarse de amor de una persona. ‖ **4.** Aficionarse a una cosa. ❑ Como prnl., ú. con la prep. *de.*

enamoricarse. prnl. fam. Prendarse de una persona levemente y sin gran empeño.

enamoriscarse. prnl. **enamoricarse.**

enanismo. m. *Pat.* Trastorno del crecimiento, caracterizado por una talla muy inferior a la media de los individuos de la misma edad, especie y raza.

enano, na. adj. fig. Diminuto en su especie. ‖ **2.** m. y f. Persona de extraordinaria pequeñez.

enarbolado. m. Conjunto de piezas de madera ensambladas que constituyen la armadura de una linterna de torre o bóveda.

enarbolar. tr. Levantar en alto estandarte, bandera o cosa semejante, o algo con lo que se amenaza a otro. ‖ **2.** prnl. **encabritarse,** empinarse el caballo. ‖ **3.** Enfadarse, enfurecerse.

enardecer. tr. fig. Excitar o avivar una pasión del ánimo, una pugna o disputa, etc. Ú. t. c. prnl. ❑ Irreg. Se conj. como *agradecer.*

enarenar. tr. Cubrir de arena una superficie. Ú. t. c. prnl. ‖ **2.** prnl. Encallar o varar las embarcaciones.

enartrosis. f. *Med.* Articulación movible de la parte esférica de un hueso que encaja en una cavidad.

encabalgamiento. m. Armazón de maderos cruzados donde se apoya alguna cosa. ‖ **2.** *Métr.* Acción y efecto de encabalgar o encabalgarse una palabra o frase en versos o hemistiquios contiguos.

encabalgar. intr. Descansar, apoyarse una cosa sobre otra. ‖ **2.** tr. *Métr.* Distribuir en versos o hemistiquios contiguos partes de una palabra o frase que de ordinario constituyen una unidad fonética y léxica o sintáctica. Ú. t. c. prnl.

encaballar. tr. Colocar una pieza de modo que se sostenga sobre la extremidad de otra. ENCABALLAR *las tejas.*

encabestrar. tr. Hacer que las reses bravas sigan a los cabestros para conducirlas donde se quiere. ‖ **2.** fig. Atraer, seducir a alguno para que haga lo que otro desea.

encabezamiento. m. Acción de encabezar o empadronar. ‖ **2.** Conjunto de las palabras con que, según fórmula, se empieza un documento, y también lo que, como advertencia o en otro concepto, se dice al principio de un libro o escrito de cualquier clase.

encabezar. tr. Iniciar una suscripción o lista. ‖ **2.** Poner el encabezamiento de un libro o escrito. ‖ **3.** Acaudillar, presidir.

encabrillar. tr. Hacer cabrillas el viento en el agua del mar.

encabritarse. prnl. Empinarse el caballo, afirmándose sobre las patas traseras y levantando las delanteras. Ú. t. c. tr. ‖ **2.** fig. Tratándose de embarcaciones, aeroplanos, automóviles, etc., levantarse la parte delantera súbitamente.

encabronar. tr. fig. Enojar, enfadar. Ú. t. c. prnl.

encadenado, da. adj. Dícese de la estrofa cuyo primer verso repite en todo o en parte las palabras del último verso de la estrofa precedente, y también se dice del verso que comienza con la última palabra del anterior.

encadenamiento. m. Acción y efecto de encadenar.

encadenar. tr. Ligar y atar con cadena. ‖ **2.** fig. Trabar y unir unas cosas con otras; como los razonamientos, etc. ‖ **3.** fig. Dejar a uno sin movimiento y sin acción.

encajar. tr. Meter una cosa, o parte de ella, dentro de otra ajustadamente. ENCAJAR *la llave en la cerra-*

dura. Ú. t. c. intr. *Esta puerta no* ENCAJA. ‖ **2.** fig. y fam. Decir una cosa, ya sea con oportunidad, ya extemporánea o inoportunamente. ENCAJAR *un cuento, un chiste.* ‖ **3.** fig. y fam. Dar un golpe o herir con algo. *Le* ENCAJÓ *un trabucazo, un palo.* ‖ **4.** intr. Coincidir, estar de acuerdo. *Esta noticia* ENCAJA *con la que ya sabíamos.* ‖ **5.** fig. y fam. Recibir, soportar sin gran quebranto golpes, un resultado o tanteo adverso, etc. ‖ **6.** prnl. fig. y fam. Vestirse una prenda. *Se* ENCAJÓ *el gabán.*

encaje. m. Acción de encajar una cosa en otra. ‖ **2.** Ajuste de dos piezas que cierran o se adaptan entre sí. ‖ **3.** Cierto tejido de mallas, lazadas o calados, con flores, figuras u otras labores, que se hace con bolillos, aguja de coser o de gancho, etc., o bien a máquina.

encajero, ra. m. y f. Persona que se dedica a hacer encajes de bolillos o gancho, o que los compone o vende.

encajonar. tr. Meter y guardar una cosa dentro de uno o más cajones. ‖ **2.** Meter en un sitio angosto. Ú. m. c. prnl. ‖ **3.** prnl. Correr el río, o el arroyo, por paso estrecho.

encalabrinar. tr. Llenar la cabeza de un vapor o hálito que la turbe. Ú. t. c. prnl. ‖ **2.** Excitar, irritar. ENCALABRINAR *los nervios.* ‖ **3.** prnl. fam. Enamorarse perdidamente. ‖ **4.** fam. Obstinarse, empeñarse en una cosa sin darse a razones.

encalar. tr. Blanquear con cal una cosa. Se usa principalmente hablando de las paredes. ‖ **2.** Meter en cal o espolvorear con ella alguna cosa.

encalladero. m. Paraje donde pueden encallar las naves.

encallar. intr. Dar la embarcación en arena o piedra, quedando en ellas sin movimiento. Ú.t. c. prnl. ‖ **2.** fig. No poder salir adelante en un negocio o empresa. Ú. t. c. prnl.

encallarse. prnl. Endurecerse algunos alimentos por quedar interrumpida su cocción.

encallecer. tr. Endurecer una parte del cuerpo formando en ella callos. Ú. t. c. prnl. ‖ **2.** fig. Hacer insensible. ENCALLECER *el corazón, la conciencia.* ‖ **3.** intr. Formar callos o endurecerse la carne a manera de callo. Ú. t. c. prnl. ‖ **4.** prnl. fig. Endurecerse con la costumbre en los trabajos o en los vicios. ❑ Irreg. Se conj. como *agradecer.*

encalvecer. intr. Perder el pelo, quedar calvo. ❑ Irreg. Se conj. como *agradecer.*

encamar. tr. Tender o echar una cosa en el suelo. ‖ **2.** prnl. Echarse o meterse en la cama por enfermedad. ‖ **3.** Echarse las reses y piezas de caza en los sitios que buscan para su descanso. ‖ **4.** Echarse o abatirse las mieses.

encaminar. tr. Enseñar a uno por dónde ha de ir, ponerle en camino. Ú. t. c. prnl. ‖ **2.** Dirigir una cosa hacia un punto determinado.

encanalar. tr. Conducir el agua u otro líquido por canales, o hacer que un río o arroyo entre por un canal. Ú. t. c. prnl.

encanallar. tr. Corromper, envilecer a uno haciéndole adquirir costumbres canallescas. Ú. t. c. prnl.

encanarse. prnl. Pasmarse o quedarse envarado por la fuerza del llanto o de la risa.

encandecer. tr. Hacer ascua una cosa hasta que quede como blanca de puro encendida. Ú. t. c. prnl. ❑ Irreg. Se conj. como *agradecer.*

encandilado, da. adj. fam. Erguido, levantado.

encandilar. tr. fig. Deslumbrar, alucinar, embelesar. Ú. t. c. prnl. ‖ **2.** fam. Avivar la lumbre. Ú. t. c. prnl. ‖ **3.** Despertar o excitar el sentimiento o deseo amoroso. Ú. t. c. prnl.

encanecer. intr. Ponerse cano. ‖ **2.** fig. Envejecer una persona. ❑ Irreg. Se conj. como *agradecer.*

encanijar. tr. Poner flaco y enfermizo. Se usa más comúnmente hablando de los niños. Ú. t. c. prnl.

encantado, da. adj. fig. y fam. Que se considera sometido a poderes mágicos.

encantador, ra. adj. Que encanta o hace encantamientos. Ú. t. c. s. ‖ **2.** fig. Que hace muy viva y grata impresión en el alma o en los sentidos.

encantamiento. m. Acción y efecto de encantar.

encantar. tr. Someter a poderes mágicos. ‖ **2.** Atraer o ganar la voluntad de alguien por dones naturales, como la hermosura, la gracia, la simpatía o el talento.

encanto. m. **encantamiento.** ‖ **2.** fig. Persona o cosa que suspende o embelesa. ‖ **3.** pl. fig. Atractivo físico.

encañado[1]**.** m. Conducto hecho de caños, o de otro modo, para conducir el agua.

encañado[2]**.** m. Enrejado o celosía de cañas que se pone en los jardines para enredar y defender las plantas o para hacer divisiones.

encañar[1]**.** tr. Hacer pasar el agua por caños o conductos.

encañar[2]**.** tr. Poner cañas para sostener las plantas. ‖ **2.** intr. *Agr.* Empezar a formar caña los tallos tiernos de los cereales. Se usa también hablando de otras plantas, como la del tabaco. Ú. t. c. prnl.

encañizada. f. **encañado**[2]**.**

encañonar. tr. Hacer correr las aguas de un río por un cauce cerrado con bóveda o por una tubería. ENCAÑONAR *las aguas del río para dar movimiento a un molino.* ‖ **2.** Asestar o dirigir un arma de fuego contra una persona o cosa. || **3.** *Encuad.* Encajar un pliego dentro de otro. || **4.** intr. Echar cañones las aves, la primera vez que crían pluma, o cuando la mudan.

encapotar. tr. Cubrir con el capote. Ú. t. c. prnl. || **2.** prnl. Cubrirse el cielo de nubes tormentosas.

encapricharse. prnl. Empeñarse uno en sostener o conseguir su capricho. || **2.** Cobrar o tener capricho por una persona o cosa.

encapuchado, da. adj. Dícese de la persona cubierta con capucha, especialmente en las procesiones de Semana Santa. Ú. t. c. s.

encarado, da. adj. Con los advs. *bien* o *mal*, de buen o mal aspecto, de bellas o feas facciones.

encaramar. tr. Levantar o subir a una persona o cosa a lugar dificultoso de alcanzar. Ú. t. c. prnl. || **2.** fig. y fam. Elevar, colocar en puestos altos y honoríficos. Ú. t. c. prnl.

encarar. intr. Ponerse uno cara a cara, enfrente y cerca de otro. Ú. t. c. prnl. || **2.** tr. Poner con diversos fines dos cosas, animales, etc., frente a frente. || **3.** fig. Hacer frente a un problema, dificultad, etc. Ú. t. c. prnl. || **4.** prnl. fig. Colocarse una persona o animal frente a otra en actitud violenta o agresiva.

encarcelamiento. m. Acción y efecto de encarcelar.

encarcelar. tr. Meter a una persona en la cárcel.

encarecer. tr. Aumentar o subir el precio de una cosa; hacerla cara. Ú. t. c. intr. y c. prnl. || **2.** fig. Ponderar, alabar mucho una cosa. ❑ Irreg. Se conj. como *agradecer*.

encarecimiento. m. Acción y efecto de encarecer. || **con encarecimiento.** loc. adv. Con insistencia y empeño.

encargado, da. adj. Que ha recibido un encargo. || **2.** m. y f. Persona que tiene a su cargo una casa, un establecimiento, un negocio, etc., en representación del dueño.

encargar. tr. Encomendar, poner una cosa al cuidado de uno. Ú. t. c. prnl. || **2.** Pedir que se traiga o envíe de otro lugar alguna cosa.

encargo. m. Acción y efecto de encargar o encargarse. || **2.** Cosa encargada. || **como de encargo,** o **como hecho de encargo.** loc. adv. para indicar que algo reúne todas las condiciones apetecibles.

encariñar. tr. Aficionar a alguien, despertar o excitar cariño hacia algo. Ú. m. c. prnl.

encarnación. f. Acción y efecto de encarnar. || **2.** n. p. Por excelencia, acto misterioso de haber tomado carne humana el Verbo Divino en el seno de la Virgen María. || **3.** f. fig. Personificación, representación o símbolo de una idea, doctrina, etc.

encarnado, da. adj. De color de carne. Ú. t. c. s. m. || **2. colorado,** rojo.

encarnadura. f. Disposición atribuida a los tejidos del cuerpo vivo para cicatrizar o reparar sus lesiones. *Tener buena,* o *mala,* ENCARNADURA.

encarnar. intr. Tomar un espíritu, una idea, etc., forma corporal. Ú. t. c. prnl. || **2.** Según la doctrina cristiana, hacerse hombre el Verbo Divino. Ú. t. c. prnl. || **3.** Criar carne cuando se va mejorando y sanando una herida. || **4.** tr. fig. Personificar, representar alguna idea, doctrina, etc. || **5.** fig. Representar un personaje de una obra dramática. || **6.** prnl. Introducirse una uña, al crecer, en las partes blandas que la rodean.

encarnecer. intr. Tomar carnes; hacerse más grueso. ❑ Irreg. Se conj. como *agradecer*.

encarnizado, da. adj. Dícese de la batalla, riña, etc., muy porfiada y sangrienta.

encarnizamiento. m. Acción de encarnizarse. || **2.** fig. Crueldad con que uno se ceba en el daño de otro.

encarnizar. tr. *Mont.* Cebar un perro en la carne de otro animal para que se haga fiero. || **2.** prnl. Cebarse con ansia en la carne los lobos y animales hambrientos cuando matan una res. || **3.** fig. Ensañarse, mostrarse especialmente cruel contra una persona.

encarrilar. tr. Encaminar, dirigir y enderezar una cosa, como carro, coche, etc., para que siga el camino o carril debido. || **2.** fig. Dirigir a una persona por el camino que le es conveniente.

encarte. m. Hoja o fascículo, generalmente de propaganda, que se inserta en una publicación.

encartonar. tr. Poner cartones. || **2.** Resguardar con cartones una cosa.

encasar. tr. *Cir.* Volver un hueso a su sitio.

encasillado. m. Conjunto de casillas.

encasillar. tr. Poner en casillas. || **2.** Clasificar personas o hechos con criterios poco flexibles o simplistas.

encasquetar. tr. Encajar bien en la cabeza el sombrero, gorra, boina, etc. Ú. t. c. prnl. || **2.** fig. Hacer oír palabras insustanciales o impertinentes. *Nos* ENCASQUETÓ *la perorata que traía preparada.* || **3.** prnl. Metérsele a alguien una cosa en la cabeza, arraigada y obstinadamente. *Se le* ENCASQUETÓ *la idea de viajar.*

encasquillar. tr. Poner casquillos. || **2.** prnl. Atascarse una arma de fuego con el casquillo de la bala al disparar.

encastar. tr. Mejorar una raza o casta de animales, cruzándolos con otros de mejor calidad. || **2.** intr. Procrear, hacer casta.

encastillado, da. adj. fig. Altivo y soberbio.

encastillar. tr. Fortificar con castillos un pueblo o paraje. ‖ **2.** prnl. fig. Perseverar uno con tesón, y a veces con obstinación, en su parecer y dictamen, sin atender a razones en contrario.

encastrar. tr. Encajar, empotrar.

encausar. tr. Formar causa a uno; proceder contra él judicialmente.

encausto. m. Tinta roja con que firmaban los emperadores romanos.

encauzar. tr. Abrir cauce; encerrar en un cauce una corriente o darle dirección por él. ‖ **2.** fig. Encaminar, dirigir por buen camino un asunto, una discusión, etc.

encavarse. prnl. Meterse en su madriguera un animal, especialmente el conejo.

encebollado. m. Comida aderezada con mucha cebolla y sazonada con especias, rehogado todo ello con aceite.

encebollar. tr. Echar cebolla en abundancia a un guiso.

encefálico, ca. adj. Perteneciente o relativo al encéfalo. *Masa* ENCEFÁLICA.

encefalitis. f. *Pat.* Inflamación del encéfalo.

encéfalo. m. *Anat.* Conjunto de órganos que forman parte del sistema nervioso de los vertebrados y están contenidos en la cavidad interna del cráneo.

encefalografía. f. *Med.* Radiografía del cráneo obtenida después de extraer el líquido cefalorraquídeo e inyectar aire en su lugar.

enceguecer. tr. Cegar, privar de la visión. ‖ **2.** fig. Cegar, ofuscar el entendimiento. Ú. t. c. prnl. ‖ **3.** intr. Perder la vista. Ú. t. c. prnl. ❑ Irreg. Se conj. como *agradecer.*

encelado, da. adj. fam. *Ar.* Dícese de la persona que está muy enamorada.

encelar. tr. **dar celos.** ‖ **2.** prnl. Concebir celos. ‖ **3.** Entrar en celo un animal.

encella. f. Molde para hacer quesos y requesones.

encellar. tr. Dar forma al queso o al requesón en la encella.

encenagado, da. adj. Revuelto o mezclado con cieno.

encenagarse. prnl. Ensuciarse, mancharse con cieno. ‖ **2.** fig. Entregarse a los vicios.

encendaja. f. Ramas, hierba seca o cualquier cosa propia para encender el fuego. Se usa especialmente tratándose de ramas secas usadas para dar fuego a los hornos. Ú. t. en pl.

encendedor, ra. adj. Que enciende. Ú. t. c. s. ‖ **2.** m. Aparato que sirve para encender por medio de una llama o de una chispa producida por la electricidad o por el roce de una piedra con una ruedecita de acero.

encender. tr. Iniciar la combustión de algo. Ú. t. c. prnl. ‖ **2.** Conectar un circuito eléctrico. ENCENDER *la luz, la radio,* etc. ‖ **3.** fig. Incitar, inflamar, enardecer. Ú. t. c. prnl. *Sintió* ENCENDÉRSELE *la cólera.* ‖ **4.** prnl. fig. Ponerse colorado, ruborizarse. ❑ Irreg. Se conj. como *entender.*

encendido, da. adj. De color rojo muy subido. ‖ **2.** m. En los motores de explosión, inflamación del carburante por medio de una chispa eléctrica.

encerado, da. adj. De color de cera. ‖ **2.** m. Cuadro de hule, lienzo barnizado, madera u otra sustancia apropiada, que se usa en las escuelas para escribir o dibujar en él con clarión o tiza y poder borrar con facilidad. ‖ **3.** Capa tenue de cera con que se cubrían los entarimados y muebles.

encerador, ra. m. y f. Persona que se dedica a encerar pavimentos. ‖ **2.** f. Máquina eléctrica que hace girar uno o varios cepillos para dar cera y lustre a los pavimentos.

encerar. tr. Preparar o dar con cera alguna cosa.

encerradero. m. Sitio donde se recogen o encierran los rebaños cuando llueve o se los va a esquilar o están recién esquilados.

encerrar. tr. Meter a una persona o a un animal en lugar del que no pueda salir. ‖ **2.** Meter una cosa en sitio del que no pueda sacarse sin tener el instrumento o los medios necesarios. ‖ **3.** fig. Incluir, contener. ‖ **4.** prnl. fig. Retirarse del mundo; recogerse en una clausura o religión. ❑ Irreg. Se conj. como *acertar.* Ú. con la prep. *en.*

encerrona. f. fam. Situación, preparada de antemano, en que se coloca a una persona para obligarla a que haga algo contra su voluntad.

encestador, ra. adj. Que encesta, dicho de un jugador o jugadora de baloncesto. Ú. t. c. s.

encestar. tr. Poner, recoger, guardar algo en una cesta. ‖ **2.** En el juego del baloncesto, introducir el balón en el cesto de la meta contraria. Ú. t. c. intr.

enchapar. tr. Chapar, cubrir con chapas.

encharcar. tr. Cubrir de agua una parte de terreno que queda como si fuera un charco. Ú. t. c. prnl. ‖ **2.** prnl. Recogerse o paralizarse agua, u otros líquidos, en algún órgano humano, como los pulmones.

enchilada. f. *Guat., Méj.* y *Nicar.* Tortilla de maíz enrollada o doblada, frita, y aderezada con salsa de chile y otros ingredientes.

enchiquerar. tr. Meter o encerrar el toro en el chiquero. ‖ **2.** fig. y fam. Meter a uno en la cárcel.

enchironar. tr. fam. Meter a uno en chirona.

enchufado, da. m. y f. Persona que ha obtenido un cargo o destino por enchufe.

enchufar. tr. Ajustar la boca de un caño en la de otro. Ú. t. c. intr. || **2.** *Electr.* Establecer una conexión eléctrica encajando una en otra las dos piezas del enchufe. || **3.** fam. despect. Colocar en un cargo o destino a quien no tiene méritos para ello, por amistad o por influencia política. Ú. t. c. prnl.

enchufe. m. Acción y efecto de enchufar. || **2.** Parte de un caño o tubo que penetra en otro. || **3.** fig. y fam. despect. Cargo o destino que se obtiene sin méritos, por amistad o por influencia política. Se usa por lo común hablando del que se acumula sobre el empleo profesional. || **4.** *Electr.* Aparato que consta de dos piezas esenciales que se encajan una en otra cuando se quiere establecer una conexión eléctrica.

encía. f. Carne que cubre interiormente las mandíbulas y protege la dentadura.

encíclica. f. Carta solemne que dirige el Sumo Pontífice a todos los obispos y fieles del orbe católico.

enciclopedia. f. Conjunto de todas las ciencias. || **2.** Obra en que se trata de muchas ciencias. || **3. enciclopedismo.** || **4.** Diccionario enciclopédico.

enciclopédico, ca. adj. Perteneciente a la enciclopedia. || **2.** Dícese de la persona con conocimientos universales.

enciclopedismo. m. Conjunto de doctrinas profesadas por los autores de la Enciclopedia publicada en Francia a mediados del siglo XVIII, y por los escritores que siguieron sus enseñanzas en la misma centuria.

encierro. m. Acción y efecto de encerrar o encerrarse. || **2.** Lugar donde se encierra. || **3.** Acto de llevar los toros a encerrar en el toril. || **4.** Fiesta popular con motivo del **encierro.**

encima. adv. l. En lugar o puesto superior, respecto de otro inferior. ❑ Generalmente va seguido de la prep. *de.* Ú. t. en sent. fig. || **2.** Sobre sí, sobre la propia persona. Ú. t. en sent. fig. *Echarse* ENCIMA *una responsabilidad.* || **3.** adv. c. Además, sobre otra cosa. *Dio seis pesetas, y otras dos* ENCIMA. *Lo insultaron y* ENCIMA *lo apalearon.* || **por encima.** loc. adv. Superficialmente, de pasada, a bulto. ❑ No confundir con *enzima.*

encimero, ra. adj. Que está o se pone encima.

encina. f. Árbol de la familia de las fagáceas, de diez a doce metros de altura, con tronco grueso, ramificado en varios brazos, de donde parten las ramas, formando una copa grande y redonda; hojas elípticas, algo apuntadas, a veces espinosas, duras, correosas, persistentes, verdinegras por la parte superior y más o menos blanquecinas por el envés; florecillas de color verde amarillento; por fruto, bellotas dulces o amargas, según las variedades, y madera muy dura y compacta. || **2.** Madera de este árbol.

encinar. m. Sitio poblado de encinas.

encinta. adj. f. **embarazada.**

encintado. m. Acción y efecto de encintar. || **2.** Faja o cinta de piedra que forma el borde de una acera, de un andén, etc.

encintar. tr. Adornar, engalanar con cintas. || **2.** Poner en una habitación las cintas de un solado, o en una vía la hilera de piedras que marca la línea y el resalte de las aceras.

enciso. m. Terreno adonde salen a pacer las ovejas después de parir.

enclaustrar. tr. Encerrar en un claustro. Ú. t. c. prnl. || **2.** prnl. Apartarse de la vida social para llevar una vida retirada.

enclavado, da. adj. Dícese del sitio encerrado dentro del área de otro. Ú. t. c. s.

enclavar. tr. Asegurar con clavos una cosa.

enclave. m. Territorio incluido en otro con diferentes características políticas, administrativas, geográficas, etc.

enclavijar. tr. Trabar una cosa con otra uniéndolas entre sí. || **2.** Poner las clavijas a un instrumento.

enclenque. adj. Débil, enfermizo. Ú. t. c. s.

énclisis o **enclisis.** f. *Gram.* Unión de una palabra enclítica a la que la precede.

enclítico, ca. adj. *Gram.* Dícese de la partícula o parte de la oración que se liga con el vocablo precedente, formando con él una sola palabra. En la lengua española son partículas **enclíticas** los pronombres pospuestos al verbo. *Aconséja*ME, *sosiéga*TE, *díce*SE. Ú. t. c. s.

encobar. intr. Echarse las aves y animales ovíparos sobre los huevos para empollarlos. Ú. t. c. prnl.

encobrado, da. adj. Aplícase a los metales que tienen mezcla de cobre. || **2.** De color de cobre.

encocorar. tr. fam. Fastidiar, molestar con exceso. Ú. t. c. prnl.

encofrado. m. Molde formado con tableros o chapas de metal, en el que se vacía el hormigón hasta que fragua, y que se desmonta después. || **2.** *Fort.* Revestimiento de madera para contener las tierras en las galerías de las minas, que se sostiene por bastidores colocados de trecho en trecho en dichas galerías.

encofrador. m. Carpintero que se dedica al encofrado en edificios, minas, etc.

encofrar. tr. *Fort.* Colocar un revestimiento de

madera para contener las tierras en las galerías de las minas. ‖ **2.** Formar un encofrado.

encoger. tr. Retirar contrayendo. Se usa ordinariamente hablando del cuerpo y de sus miembros. Ú. t. c. prnl. ‖ **2.** fig. Apocar el ánimo. Ú. t. c. prnl. ‖ **3.** intr. Disminuir lo largo y ancho de algunas telas o ropas, por apretarse su tejido cuando se mojan o lavan. ‖ **4.** prnl. fig. Actuar o reaccionar con cortedad, mostrarse corto de genio.

encogido, da. adj. fig. Corto de ánimo, apocado. Ú. t. c. s.

encogimiento. m. Acción y efecto de encoger o encogerse. ‖ **2.** fig. Cortedad de ánimo.

encolar. tr. Pegar con cola una cosa. ‖ **2.** Clarificar vinos. ‖ **3.** Dar una o más capas de cola caliente a las superficies que han de pintarse al temple.

encolerizar. tr. Hacer que uno se ponga colérico. Ú. t. c. prnl.

encomendar. tr. Encargar a uno que haga alguna cosa o que cuide de ella o de una persona. ‖ **2.** Dar indios en encomienda. ‖ **3.** prnl. Ponerse en manos de alguien. ❑ Irreg. Se conj. como *acertar*.

encomiar. tr. Alabar con encarecimiento a una persona o cosa.

encomiástico, ca. adj. Que alaba o contiene alabanza.

encomienda. f. Acción y efecto de encomendar. ‖ **2.** Cosa encomendada. ‖ **3.** Dignidad dotada de renta, que en las órdenes militares se daba a algunos caballeros. ‖ **4.** Lugar, territorio y rentas de esta dignidad. ‖ **5.** Cruz bordada o sobrepuesta que llevan los caballeros de las órdenes militares en la capa o vestido. ‖ **6.** En América, institución, por la cual se señalaba a una persona un grupo de indios para que se aprovechara de su trabajo, a cambio de darles instrucción cristiana.

encomio. m. Alabanza encarecida.

enconado, da. adj. fig. Encarnizado, violento y muy porfiado.

enconar. tr. Inflamar, empeorar una llaga o parte lastimada del cuerpo. Ú. m. c. prnl. ‖ **2.** fig. Irritar, exasperar el ánimo contra uno. Ú. t. c. prnl.

encono. m. Animadversión, rencor arraigado en el ánimo.

encontradizo, za. adj. Que se encuentra con otra cosa o persona. ‖ **hacerse** uno **encontradizo** o **el encontradizo.** fr. Salir al encuentro de otro sin que parezca que se hace de intento.

encontrado, da. adj. Puesto enfrente. ‖ **2.** Opuesto, contrario, antitético.

encontrar. tr. Dar con una persona o cosa que se busca. ‖ **2.** Dar con una persona o cosa sin buscarla. Ú. t. c. prnl. ‖ **3.** intr. Tropezar uno con otro. Ú. t. c. prnl. ‖ **4.** prnl. Hallarse y concurrir juntas a un mismo lugar dos o más personas o cosas. ‖ **5.** Hallarse en cierto estado. ENCONTRARSE *enfermo*. ‖ **6.** Hablando de las opiniones, dictámenes, etc., opinar diferentemente, discordar unos de otros. ❑ Irreg. Se conj. como *contar*.

encontronazo. m. Golpe que da una cosa con otra cuando una de ellas, o las dos, van impelidas y se encuentran. Ú. t. en sent. fig.

encopetado, da. adj. fig. Que presume demasiado de sí. ‖ **2.** fig. De alto copete, linajudo.

encorajinar. tr. Encolerizar a alguien. Ú. m. c. prnl.

encorchar. tr. Coger los enjambres de las abejas y cebarlos para que entren en las colmenas. ‖ **2.** Poner tapones de corcho a las botellas.

encordadura. f. Conjunto de las cuerdas de los instrumentos de música.

encordar. tr. Poner cuerdas a los instrumentos de música. ‖ **2.** Poner cuerdas a las raquetas de tenis. ‖ **3.** Ceñir un cuerpo con una cuerda, haciendo que esta dé muchas vueltas alrededor de aquel. ‖ **4.** prnl. *Dep.* Atarse un escalador a la cuerda de seguridad. ❑ Irreg. Se conj. como *contar*.

encordonar. tr. Sujetar o adornar una cosa con cordones.

encornadura. f. Forma o disposición de los cuernos en el toro, ciervo, etc. ‖ **2. cornamenta.**

encorsetar. tr. Poner corsé. Ú. m. c. prnl.

encorujarse. prnl. Encogerse, hacerse un ovillo.

encorvadura. f. Acción y efecto de encorvar o encorvarse.

encorvar. tr. Doblar y torcer una cosa poniéndola corva. Ú. t. c. prnl. ‖ **2.** prnl. Doblarse una persona por la edad o por enfermedad.

encostrar. intr. Formar costra una cosa. Ú. t. c. prnl.

encrespar. tr. Ensortijar, rizar; se usa especialmente hablando del cabello. Ú. t. c. prnl. ‖ **2.** Erizar el pelo, plumaje, etc., por alguna impresión fuerte, como el miedo. Ú. m. c. prnl. ‖ **3.** Enfurecer, irritar y agitar, dicho de personas y animales. Ú. t. c. prnl. ‖ **4.** Levantar y alborotar las ondas del agua. Ú. m. c. prnl.

encrestado, da. adj. fig. Ensoberbecido, levantado, altivo.

encrestarse. prnl. Poner las aves tiesa la cresta. ‖ **2.** Ensoberbecerse.

encristalar. tr. Colocar cristales o vidrios en una ventana, puerta, galería, cubierta de patio, etc.

encrucijada. f. Lugar en donde se cruzan dos o más calles o caminos. ‖ **2.** fig. Situación difícil en que no se sabe qué conducta seguir.

encrudecer. tr. Hacer que una cosa tenga apa-
encia u otra condición de cruda. Ú. t. c. prnl. || **2.** fig.
xasperar, irritar. Ú. t. c. prnl. ❑ Irreg. Se conj. como
gradecer.

encuadernación. f. Acción y efecto de encua-
ernar. || **2.** Forro o cubierta de cartón, pergamino u
tra cosa, que se pone a los libros para resguardo de
us hojas. || **3.** Taller donde se encuaderna.

encuadernador, ra. m. y f. Persona que tie-
e por oficio encuadernar. || **2.** m. Clavillo o pasador,
nza, o chapita de metal, que sirve para sujetar varios
iegos u hojas en forma de cuaderno.

encuadernar. tr. Juntar, unir, coser varios plie-
os o cuadernos y ponerles cubiertas.

encuadrar. tr. Encerrar en un marco o cuadro.
2. fig. Encajar, ajustar una cosa dentro de otra. || **3.**
g. Determinar los límites de algo, incluyéndolo en un
squema u organización. || **4.** fig. Distribuir las per-
onas conforme a un esquema de organización deter-
inado, para que participen en una actividad política,
ilitar, sindical, etc. Ú. t. c. prnl.

encuadre. m. Acción y efecto de encuadrar. ||
Cinem. y *Fotogr.* Espacio que capta en cada toma
objetivo de una cámara fotográfica o cinematográ-
ca.

encubar. tr. Echar el vino u otro licor en las
ubas para guardarlo en ellas.

encubierto, ta. p. p. irreg. de **encubrir.** Apl.
pers., ú. t. c. s.

encubridor, ra. adj. Que encubre. Ú. t. c. s. ||
m. y f. Tapadera, alcahuete o alcahueta.

encubrimiento. m. Acción y efecto de encu-
rir.

encubrir. tr. Ocultar una cosa o no manifestar-
. Ú. t. c. prnl. || **2.** *Der.* Ayudar a un delincuente a no
er descubierto, o contribuir a ocultar las pruebas de
n delito. ❑ p. p. irreg. *encubierto.*

encuentro. m. Acto de coincidir en un punto
os o más cosas, por lo común chocando una contra
tra. || **2.** Acto de encontrarse o hallarse dos o más
ersonas. || **3.** Oposición, contradicción. || **4.** Entre-
sta entre dos o más personas, con el fin de resolver
preparar algún asunto. || **5.** Competición deportiva.
6. Ceremonia que se celebra por Semana Santa en
gunos pueblos, consistente en que una imagen de
esús y otra de la Virgen, después de recorrer calles
stintas, se encuentran en una plaza.

encuesta. f. Conjunto de preguntas tipificadas
rigidas a una muestra representativa, para averiguar
stados de opinión o diversas cuestiones de hecho.

encuestador, ra. m. y f. Persona que realiza
na o más encuestas.

encuestar. tr. Someter a encuesta un asunto.
|| **2.** Interrogar a alguien para una encuesta. || **3.** intr.
Hacer encuestas.

encumbramiento. m. Acción y efecto de
encumbrar o encumbrarse. || **2.** Altura, elevación.

encumbrar. tr. Levantar en alto. Ú. t. c. prnl. ||
2. fig. Ensalzar, engrandecer a uno honrándolo y colo-
cándolo en puestos o empleos honoríficos. Ú. t. c.
prnl. || **3.** prnl. fig. Envanecerse, ensoberbecerse.

encurtido. m. Fruto o legumbre que se ha
encurtido. Ú. frecuentemente en pl.

encurtir. tr. Hacer que ciertos frutos o legum-
bres tomen el sabor del vinagre y se conserven
mucho tiempo teniéndolos en este líquido.

endeble. adj. Débil, flojo, de resistencia insufi-
ciente. ❑ sup. *endeblísimo.*

endeca-. elem. compos. que significa «once»:
ENDECA*sílabo.*

endecágono, na. adj. *Geom.* Aplícase al polí-
gono de once ángulos y once lados. Ú. m. c. s. m.

endecasílabo, ba. adj. De once sílabas. *Ver-
so* ENDECASÍLABO. Ú. t. c. s.

endecha. f. Canción triste o de lamento. Ú. m.
en pl. || **2.** Combinación métrica que se emplea repe-
tida en composiciones de asunto luctuoso por lo
común, y consta de cuatro versos de seis o siete síla-
bas, generalmente asonantados.

endemia. f. *Pat.* Cualquier enfermedad que rei-
na habitualmente, o en épocas fijas, en un país o
comarca.

endémico, ca. adj. Perteneciente o relativo a
la endemia. || **2.** fig. Dícese, por comparación con las
enfermedades habituales, de actos o sucesos que se
repiten frecuentemente en un país, que están muy
vulgarizados y extendidos. || **3.** *Biol.* Dícese de espe-
cies animales o vegetales que son propias y exclusi-
vas de determinadas localidades o regiones.

endemoniado, da. adj. Poseído del demonio.
Ú. t. c. s. || **2.** fig. y fam. Sumamente perverso, malo,
nocivo.

endemoniar. tr. Introducir los demonios en el
cuerpo de una persona. || **2.** fig. y fam. Irritar, enco-
lerizar a uno. Ú. t. c. prnl.

endentar. tr. Encajar una cosa en otra, como los
dientes y los piñones de las ruedas. || **2.** Poner dien-
tes a una rueda. ❑ Irreg. Se conj. como *acertar.*

endentecer. intr. Empezar los niños a echar los
dientes. ❑ Irreg. Se conj. como *agradecer.*

enderezar. tr. Poner derecho o vertical lo que
está inclinado o tendido. Ú. t. c. prnl. || **2.** fig. Gober-
nar bien; poner en buen estado una cosa. Ú. t. c. prnl.
|| **3.** fig. Enmendar, corregir, castigar.

endeudarse. prnl. Contraer deudas. || **2.** Reco-
nocerse obligado.

endiablado, da. adj. fig. Muy feo, desproporcionado. ‖ **2.** fig. y fam. Sumamente perverso, malo, nocivo.

endiablar. tr. Introducir los diablos en el cuerpo de uno. ‖ **2.** fig. y fam. Dañar, pervertir. Ú. t. c. prnl. ‖ **3.** prnl. Encolerizarse o irritarse demasiado.

endibia. f. Variedad lisa de escarola, de la que se consume el cogollo de hojas tiernas y pálidas.

endilgar. tr. fam. Encaminar, dirigir, acomodar, facilitar. ‖ **2.** Encajar, endosar a otro algo desagradable o impertinente.

endiñar. tr. Dar o asestar un golpe.

endiosamiento. m. fig. Altivez extremada.

endiosar. tr. Elevar a uno a la divinidad. ‖ **2.** prnl. fig. Erguirse, entonarse, ensoberbecerse.

endivia. f. **endibia.**

endo-. elem. compos. que significa «dentro», «en el interior»: ENDO*cardio*, ENDÓ*geno*.

endocardio. m. *Anat.* Membrana que tapiza las cavidades del corazón y está formada por dos capas: una exterior, de tejido conjuntivo, y otra interior, de endotelio.

endocarditis. f. *Pat.* Inflamación aguda o crónica del endocardio.

endocarpio. m. *Bot.* Capa interna de las tres que forman el pericarpio de los frutos, que puede ser de consistencia leñosa, como el hueso del melocotón.

endocrino, na. adj. *Fisiol.* Perteneciente o relativo a las hormonas o secreciones internas. ‖ **2.** *Fisiol.* Dícese de la glándula que vierte directamente en la sangre los productos que segrega.

endocrinología. f. *Fisiol.* Estudio de las secreciones internas.

endodermo. m. *Biol.* Capa u hoja interna de las tres en que, en todos los animales salvo esponjas y celentéreos, se disponen las células del blastodermo después de haberse efectuado la segmentación.

endodoncia. f. *Med.* Tratamiento de los conductos radiculares de una pieza dentaria.

endogamia. f. *Biol.* Cruzamiento entre individuos de la misma raza, comunidad o población. ‖ **2.** Por ext., práctica de contraer matrimonio personas de ascendencia común o naturales de una pequeña localidad o comarca.

endogénesis. f. *Biol.* División de una célula rodeada de una cubierta o envoltura resistente que impide la separación de las células hijas.

endógeno, na. adj. Que se origina o nace en el interior, como la célula que se forma dentro de otra. ‖ **2.** Que se origina en virtud de causas internas.

endolinfa. f. *Anat.* Líquido acuoso que llena el laberinto del oído de los vertebrados.

endometrio. m. Membrana mucosa que tapiza la cavidad uterina.

endomingarse. prnl. Vestirse con la ropa de fiesta.

endoparásito. adj. *Biol.* Dícese del parásito que vive dentro del cuerpo de un animal o planta, como la lombriz intestinal. Ú. t. c. s.

endorreísmo. m. *Geol.* Afluencia de las aguas de un territorio hacia el interior de este, sin desagüe al mar.

endosar. tr. Ceder a favor de otro una letra de cambio u otro documento de crédito expedido a la orden, haciéndolo así constar al respaldo o dorso. ‖ **2.** fig. Trasladar a uno una carga, trabajo o cosa no apetecible.

endoscopia. f. *Med.* Técnica de exploración visual de una cavidad o conducto del organismo. ‖ **2.** Esta exploración.

endoscopio. m. Nombre genérico de los aparatos destinados a practicar la endoscopia.

endósmosis o **endosmosis.** f. *Fís.* Corriente de fuera adentro, que se establece cuando los líquidos de distinta densidad están separados por una membrana.

endospermo. m. Tejido del embrión de las plantas fanerógamas, que les sirve de alimento.

endotelio. m. *Anat.* Tejido formado por células aplanadas y dispuestas en una sola capa, que reviste interiormente las paredes de algunas cavidades orgánicas que no comunican con el exterior; como en la pleura y en los vasos sanguíneos.

endotelioma. m. *Med.* Tumor, generalmente maligno, originado en el revestimiento celular de los vasos o de las cavidades serosas.

endovenoso, sa. adj. Intravenoso.

endriago. m. Monstruo fabuloso, con facciones humanas y miembros de varias fieras.

endrina. f. Fruto del endrino.

endrino, na. adj. De color negro azulado, parecido al de la endrina. ‖ **2.** m. Ciruelo silvestre con espinas en las ramas, hojas lanceadas y lampiñas, y fruto pequeño, negro azulado y áspero al gusto.

endulzar. tr. Poner dulce una cosa. Ú. t. c. prnl. ‖ **2.** fig. Suavizar, hacer llevadero un trabajo, disgusto o incomodidad. Ú. t. c. prnl.

endurecer. tr. Poner dura una cosa. Ú. t. c. prnl. ‖ **2.** fig. Robustecer los cuerpos; hacerlos más aptos para el trabajo y la fatiga. Ú. t. c. prnl. ‖ **3.** fig. Hacer a uno áspero, severo, exigente. ‖ **4.** prnl. Hacerse cruel, negarse a la piedad, obstinarse en el rigor. ❑ Irreg. Se conj. como *agradecer*.

endurecimiento. m. Acción y efecto de endurecer o endurecerse. ‖ **2.** fig. Obstinación, tenacidad.

ene. f. Nombre de la letra *n.* ‖ **2.** Nombre del signo potencial indeterminado en álgebra. ‖ **3.** adj. Denota cantidad indeterminada. *Eso costará* ENE *pesetas.* ❑ pl. *enes.*

enea. f. **anea.**

enea-. elem. compos. que significa «nueve»: ENEA*sílabo.*

eneágono, na. adj. *Geom.* Aplícase al polígono de nueve ángulos y nueve lados. Ú. m. c. s. m.

eneasílabo, ba. adj. De nueve sílabas. *Verso* ENEASÍLABO. Ú. t. c. s.

enebro. m. Arbusto de la familia de las cupresáceas, de tres a cuatro metros de altura, con tronco ramoso, copa espesa, hojas lineales de tres en tres, rígidas, punzantes, blanquecinas por la cara superior y verdes por el margen y el envés; flores en amentos axilares, escamosas, de color pardo rojizo, y por frutos bayas elipsoidales o esféricas de cinco a siete milímetros de diámetro, de color negro azulado, con tres semillas casi ovaladas, pero angulosas en sus extremos. La madera es rojiza, fuerte y olorosa. ‖ **2.** Madera de esta planta.

eneldo. m. Hierba de la familia de las umbelíferas, con tallo ramoso, de seis a ocho decímetros de altura; hojas divididas en lacinias filiformes, flores amarillas en círculo, con unos veinte radios, y semillas aareadas planas en su cara de contacto, elípticas y con nervios bien señalados. Se ha usado el cocimiento de los frutos como carminativo.

enema. m. *Med.* Medicamento líquido que se introduce en el cuerpo por el ano con instrumento adecuado para impelerlo, y sirve por lo común para limpiar y descargar el vientre. ‖ **2.** *Med.* Utensilio con que se realiza.

enemicísimo, ma. adj. sup. de **enemigo.**

enemigo, ga. adj. **contrario,** opuesto a una cosa. ‖ **2.** m. y f. El que tiene mala voluntad a otro y le desea o hace mal. ‖ **3.** m. El contrario en la guerra. Ú. t. c. colect. ❑ sup. irreg. *enemicísimo* o *inimicísimo.*

enemistad. f. Aversión u odio entre dos o más personas.

enemistar. tr. Hacer a uno enemigo de otro, o hacer perder la amistad. Ú. t. c. prnl. ❑ Como prnl., ú. con la prep. *con.*

eneolítico, ca. adj. Perteneciente o relativo al período prehistórico de transición entre la edad de la piedra pulimentada y la del bronce. Ú. t. c. s.

energético, ca. adj. Perteneciente o relativo a la energía. ‖ **2.** Que produce energía. ‖ **3.** f. *Fís.* Ciencia que trata de la energía.

energía. f. Eficacia, poder, virtud para obrar. ‖ **2.** Fuerza de voluntad, vigor y tesón en la actividad. ‖ **3.** *Fís.* Causa capaz de transformarse en trabajo mecánico. ‖ **cinética.** *Fís.* La que posee un cuerpo por razón de su movimiento. ‖ **nuclear.** La obtenida por la fusión o fisión de núcleos atómicos.

enérgico, ca. adj. Que tiene energía, o relativo a ella.

energúmeno, na. m. y f. Persona poseída del demonio. ‖ **2.** fig. Persona furiosa, alborotada.

enero. m. Primer mes del año, tiene treinta y un días.

enervar. tr. Debilitar, quitar las fuerzas. Ú. t. c. prnl. ‖ **2.** Poner nervioso. Ú. t. c. prnl. ❑ (Galicismo frecuente.)

enésimo, ma. adj. Dícese del número indeterminado de veces que se repite una cosa. ‖ **2.** *Mat.* Dícese del lugar indeterminado en una sucesión.

enfadadizo, za. adj. Fácil de enfadar.

enfadar. tr. Causar enfado. Ú. t. c. prnl.

enfado. m. Impresión desagradable y molesta que hacen en el ánimo algunas cosas. ‖ **2. enojo** contra otra persona.

enfaldado. adj. Dícese del varón, sobre todo del niño, que vive demasiado apegado a las mujeres de la casa.

enfangar. tr. Cubrir de fango una cosa o meterla en él. Ú. m. c. prnl. ‖ **2.** prnl. fig. y fam. Mezclarse en negocios innobles y vergonzosos.

enfardar. tr. Hacer o arreglar fardos. ‖ **2.** Empaquetar mercancías.

énfasis. m. Fuerza de expresión o de entonación con que se quiere realzar la importancia de lo que se dice o se lee. Usáb. c. amb. ‖ **2.** Afectación en la expresión, en el tono de la voz o en el gesto.

enfático, ca. adj. Aplícase a lo dicho con énfasis o que lo denota o implica, y a las personas que hablan o escriben enfáticamente.

enfatizar. intr. Expresarse con énfasis. ‖ **2.** tr. Poner énfasis en la expresión de alguna cosa.

enfermar. intr. Contraer enfermedad. Ú. t. c. prnl. ‖ **2.** tr. Causar enfermedad. ‖ **3.** fig. Debilitar, quitar firmeza, menoscabar, invalidar.

enfermedad. f. Alteración más o menos grave de la salud. ‖ **2.** fig. Anormalidad dañosa en el funcionamiento de una institución, colectividad, etc.

enfermería. f. Local o dependencia para enfermos o heridos. ‖ **2.** Conjunto de los enfermos de determinado lugar o tiempo, o de una misma enfermedad.

enfermero, ra. m. y f. Persona dedicada a la asistencia de los enfermos.

enfermizo, za. adj. Que tiene poca salud, que enferma con frecuencia. ‖ **2.** Propio de un enfermo. *Pasión* ENFERMIZA.

enfermo, ma. adj. Que padece enfermedad. Ú. t. c. s.

enfervorizar. tr. Infundir buen ánimo, fervor, celo ardiente. Ú. t. c. prnl.

enfilar. tr. Poner en fila varias cosas. ‖ **2.** Con nombre que signifique una vía larga y estrecha, comenzar a recorrerla. *El coche* ENFILÓ *la carretera.* ‖ **3.** Hacer pasar un hilo, cuerda, alambre, etc., por varias cosas. ‖ **4.** intr. Dirigirse a un lugar determinado. ENFILAMOS *hacia Pedreña.*

enfisema. m. *Pat.* Tumefacción producida por aire o gas en el tejido pulmonar, en el celular o en la piel.

enflaquecer. tr. Poner flaco a uno, disminuyendo su corpulencia o fuerzas. ‖ **2.** fig. Debilitar, enervar. ‖ **3.** intr. Ponerse flaco. Ú. t. c. prnl. ‖ **4.** fig. Desmayar, perder ánimo. ❑ Irreg. Se conj. como *agradecer.*

enflorar. tr. Florear, adornar con flores.

enfocar. tr. Hacer que la imagen de un objeto producida en el foco de una lente se recoja con claridad sobre un plano u objeto determinado. ‖ **2.** Centrar en el visor de una cámara fotográfica la imagen que se quiere obtener. ‖ **3.** Proyectar un haz de luz o de partículas sobre un determinado punto. ‖ **4.** fig. Dirigir la atención o el interés hacia un asunto o problema desde unos supuestos previos, para tratar de resolverlo acertadamente.

enfoque. m. Acción y efecto de enfocar.

enfoscado. m. *Albañ.* Operación de enfoscar un muro. ‖ **2.** Capa de mortero con que está guarnecido un muro.

enfoscar. tr. *Albañ.* Guarnecer con mortero un muro. ‖ **2.** prnl. Ponerse hosco y ceñudo. ‖ **3.** Encapotarse, cubrirse el cielo de nubes.

enfrascado, da. adj. Embebido en cualquier trabajo o quehacer, entregado totalmente a él.

enfrascarse. prnl. fig. Aplicarse con tanta intensidad a un negocio, disputa o cosa semejante, que no quede atención para otra cosa. ❑ Ú. con la prep. *en.*

enfrenar. tr. Poner el freno al caballo. ‖ **2.** Enseñarle a que obedezca. ‖ **3.** Contenerlo y sujetarlo.

enfrentamiento. m. Acción y efecto de enfrentar o enfrentarse.

enfrentar. tr. **afrontar,** poner frente a frente. Ú. t. c. prnl. ‖ **2. afrontar,** hacer frente a alguien o a algo. Ú. t. c. prnl.

enfrente. adv. l. A la parte opuesta, en punto que mira a otro, o que está delante de otro. ‖ **2.** adv. m. En contra, en pugna.

enfriamiento. m. Acción y efecto de enfriar o enfriarse. ‖ **2.** Indisposición que se caracteriza por síntomas catarrales, ocasionados por la acción del frío.

enfriar. tr. Poner o hacer que se ponga fría una cosa. Ú. t. c. intr. y c. prnl. ‖ **2.** fig. Entibiar los afectos, templar la fuerza y el ardor de las pasiones. Ú. t. c. prnl. ‖ **3.** prnl. Acatarrarse.

enfundar. tr. Poner una cosa dentro de su funda.

enfurecer. tr. Irritar a uno, o ponerle furioso. Ú. t. c. prnl. ‖ **2.** prnl. fig. Alborotarse, alterarse. Se usa hablando del viento, del mar, etc. ❑ Irreg. Se conj. como *agradecer.*

enfurruñarse. prnl. fam. Enfadarse. ‖ **2.** fam. Enfoscarse, encapotarse el cielo.

engalanar. tr. Adornar a una persona o cosa. Ú. t. c. prnl. ❑ Como prnl., ú. con la prep. *con.*

engalgar. tr. Hacer que la liebre o el conejo sean perseguidos por el galgo, poniendo a este sobre el rastro de la caza, o haciéndosela ver para que la siga.

engallado, da. adj. fig. Erguido, derecho. ‖ **2.** fig. Altanero, soberbio.

engallar. tr. Levantar la cabeza o erguir el busto, en actitud arrogante. ‖ **2.** prnl. Erguirse, estirarse con arrogancia. ‖ **3.** fig. Comportarse con arrogancia, adoptar una actitud retadora.

enganchar. tr. Agarrar una cosa con gancho o colgarla de él. Ú. t. c. prnl. y c. intr. ‖ **2.** Poner las caballerías en los carruajes de manera que puedan tirar de ellos. Ú. t. c. intr. ‖ **3.** fig. y fam. Atraer a uno con arte, captar su afecto o su voluntad. ‖ **4.** *Taurom.* Coger el toro al bulto y levantarlo con los pitones. ‖ **5.** prnl. *Mil.* **alistarse.**

enganche. m. Acción y efecto de enganchar o engancharse. ‖ **2.** Pieza o aparato dispuesto para enganchar.

enganchón. m. Acción y efecto de engancharse o prenderse la ropa o cabellera en un objeto punzante.

engañabobos. com. fam. Persona que pretende embaucar o deslumbrar. ‖ **2.** Cosa que engaña o defrauda con su apariencia.

engañar. tr. Dar a la mentira apariencia de verdad. ‖ **2.** Inducir a otro a tener por cierto lo que no lo es, valiéndose de palabras o de obras aparentes y fingidas. ‖ **3.** Producir ilusión, sobre todo óptica. *La altura de aquellos montes* ENGAÑA *a quienes los ven desde aquí.* ‖ **4.** Entretener, distraer. ENGAÑAR *el tiempo, el sueño, el hambre.* ‖ **5.** prnl. Cerrar los ojos a la verdad, por ser más grato el error. ‖ **6.** Incurrir en infidelidad conyugal.

engañifa. f. fam. Engaño artificioso con apariencia de utilidad.

engaño. m. Acción y efecto de engañar. || **2.** alta de verdad en lo que se dice, hace, cree, piensa discurre. || **3.** Cualquier objeto con que se engaña. **llamarse** uno **a engaño.** fr. fam. Retraerse de lo actado, por haber reconocido **engaño** en el conato, o pretender que se deshaga una cosa, alegano haber sido engañado.

engañoso, sa. adj. Falaz, que engaña o da casión a engañarse.

engarabatar. tr. Poner una cosa en forma de arabato. Ú. t. c. prnl.

engarbarse. prnl. Encaramarse las aves a lo ıás alto de un árbol o de otra cosa.

engarce. m. Acción y efecto de engarzar. || **2.** Metal en que se engarza alguna cosa.

engarrotar. tr. Causar entumecimiento de los niembros el frío. Ú. t. c. prnl.

engarzar. tr. Trabar una cosa con otra u otras, ormando cadena. Ú. t. en sent. fig. || **2. engastar.**

engastar. tr. Encajar y embutir una cosa en otra, omo una piedra preciosa en un metal. Ú. t. en sent. g.

engaste. m. Acción y efecto de engastar. || **2.** Cerco o guarnición de metal que abraza y asegura lo ue se engasta.

engatillado, da. adj. Aplícase al caballo y al oro que tienen el pescuezo grueso y levantado por a parte superior. || **2.** m. Procedimiento empleado ara unir dos chapas de metal, que consiste en doblar l borde de cada una, enlazarlos y machacarlos para ue se unan.

engatillar. tr. Unir dos chapas metálicas por el rocedimiento del engatillado. || **2.** *Arq.* Encajar los xtremos de los maderos de piso en las muescas de na viga. || **3.** prnl. Hablando de escopetas y otras rmas de fuego, fallar el mecanismo de disparar.

engatusar. tr. fam. Ganar la voluntad de uno on halagos para conseguir de él alguna cosa.

engendrar. tr. Procrear, propagar la propia specie. || **2.** fig. Causar, ocasionar, formar. Ú. t. c. rnl.

engendro. m. **feto.** || **2.** Criatura informe que ace sin la proporción debida. || **3.** Persona muy fea. **4.** fig. Plan, designio u obra intelectual mal conceidos.

engibar. tr. Hacer corcovado a uno. Ú. t. c. prnl.

englobar. tr. Incluir o considerar reunidas varias artidas o cosas en una sola.

engolado, da. adj. Dícese de la voz, articulaión o acento que tienen resonancia en el fondo de la oca o en la garganta. || **2.** fig. Dícese del hablar afecadamente grave o enfático. || **3.** fig. Fatuo, engreído, ltanero.

engolamiento. m. Acción y efecto de engolar. || **2.** Afectación, énfasis en el habla o en la actitud.

engolar. tr. Dar resonancia gutural a la voz.

engolfar. intr. Entrar una embarcación muy adentro del mar, de manera que ya no se divise desde tierra. Ú. m. c. prnl. || **2.** prnl. fig. Meterse mucho en un negocio, dejarse llevar o arrebatar de un pensamiento o afecto.

engolillado, da. adj. fig. y fam. Dícese de la persona que se precia de observar con rigor los estilos antiguos.

engolosinar. tr. Excitar el deseo de uno con algún atractivo. || **2.** prnl. Aficionarse, tomar gusto a una cosa. ❑ Como prnl., ú. con la prep. *con.*

engomar. tr. Untar de goma los papeles y otros objetos para lograr su adherencia.

engominarse. prnl. Darse gomina.

engordar. tr. Cebar, dar mucho de comer para poner gordo. || **2.** intr. Ponerse gordo. Ú. t. c. prnl. y en sent. fig. || **3.** fig. y fam. Hacerse rico.

engorde. m. Acción y efecto de engordar o cebar al ganado, especialmente al de cerda.

engorro. m. Obstáculo, impedimento, molestia.

engorroso, sa. adj. Dificultoso, molesto.

engranaje. m. *Mec.* Efecto de engranar. || **2.** *Mec.* Conjunto de las piezas que engranan. || **3.** fig. Enlace, trabazón de ideas, circunstancias o hechos.

engranar. intr. *Mec.* Estar acoplados los dientes de dos piezas dentadas con el fin de transmitirse sus movimientos. || **2.** fig. Enlazar, trabar.

engrandecer. tr. Aumentar, hacer grande una cosa. || **2.** Alabar, exagerar. || **3.** fig. Exaltar, elevar a uno a grado o dignidad superior. Ú. t. c. prnl. ❑ Irreg. Se conj. como *agradecer.*

engrandecimiento. m. Dilatación, aumento. || **2.** Ponderación, exageración. || **3.** Acción de elevar o elevarse uno a grado o dignidad superior.

engrapar. tr. Asegurar, enlazar o unir con grapas.

engrasar. tr. Untar, manchar con pringue o grasa. Ú. t. c. prnl. || **2.** Untar ciertas partes de una máquina con aceites u otras sustancias lubricantes para disminuir el rozamiento.

engrase. m. Acción y efecto de engrasar o engrasarse.

engreído, da. adj. Dícese de la persona demasiado convencida de su valer.

engrescar. tr. Incitar a riña. Ú. t c. prnl. || **2.** Meter a otros en broma, juego u otra diversión. Ú. t. c. prnl.

engringarse. prnl. Seguir uno las costumbres o manera de ser de los gringos o extranjeros. Ú. m. en América.

engrosar. tr. Hacer gruesa y más corpulenta una cosa, o darle espesor. Ú. t. c. prnl. y en sent. fig. ‖ **2.** fig. Aumentar, hacer más numeroso un ejército, una multitud, etc. ‖ **3.** intr. Engordar y hacerse más grueso y corpulento. ❑ Irreg. Se conj. como *contar*.

engrudar. tr. Untar de engrudo una cosa. ‖ **2.** prnl. Tomar consistencia de engrudo.

engrudo. m. Masa comúnmente hecha con harina o almidón que se cuece en agua, y sirve para pegar papeles y otras cosas ligeras.

engruesar. intr. Hacer más grueso algo.

enguantar. tr. Cubrir la mano con el guante. Ú. m. c. prnl.

engullir. tr. Tragar la comida atropelladamente y sin mascarla. Ú. t. c. intr. ❑ Irreg. Se conj. como *mullir*.

engurruñar. tr. Arrugar, encoger. Ú. t. c. prnl. ‖ **2.** prnl. Encogerse uno, entristecerse.

enharinar. tr. Cubrir o espolvorear con harina la superficie de una cosa; manchar de harina. Ú. t. c. prnl.

enhebrar. tr. Pasar la hebra por el ojo de la aguja o por el agujero de las cuentas, perlas, etc. ‖ **2.** fig. y fam. Decir seguidas muchas cosas sin orden ni concierto.

enhiesto, ta. adj. Levantado, derecho.

enhilar. tr. **enhebrar.** ‖ **2.** fig. Ordenar, colocar en su debido lugar las ideas de un escrito o discurso. ‖ **3.** fig. Dirigir, guiar o encaminar con orden una cosa.

enhorabuena. f. **felicitación.** ‖ **2.** adv. m. **en hora buena.**

enigma. m. Dicho o conjunto de palabras de sentido artificiosamente encubierto para que sea difícil entenderlo o interpretarlo. ‖ **2.** Por ext., dicho o cosa que no se alcanza a comprender, o que difícilmente puede entenderse o interpretarse.

enigmático, ca. adj. Que en sí encierra o incluye enigma; de significación oscura y misteriosa y muy difícil de penetrar.

enigmística. f. Conjunto de enigmas o adivinanzas de un país o época, de carácter folclórico o incluidos en obras de determinados autores.

enjabonar. tr. **jabonar.**

enjaezar. tr. Poner los jaeces a las caballerías.

enjalbegado. m. Acción y efecto de enjalbegar.

enjalbegar. tr. Blanquear las paredes con cal, yeso o tierra blanca.

enjalma. f. Especie de aparejo de bestia de carga, como una albardilla ligera.

enjalmar. tr. Poner la enjalma a una bestia.

enjambrar. tr. Coger las abejas que andan esparcidas, o los enjambres que están fuera de las colmenas, para encerrarlos en ellas. ‖ **2.** intr. Criar una colmena tantas abejas que esté en disposición de separarse alguna porción de ellas con su propia reina. ‖ **3.** fig. Multiplicar o producir en abundancia.

enjambre. m. Multitud de abejas con su maestra, que juntas salen de una colmena para formar otra colonia. ‖ **2.** fig. Muchedumbre de personas o animales juntos.

enjardinar. tr. Poner y arreglar los árboles como están en los jardines. ‖ **2.** Convertir un terreno en jardín.

enjaretado. m. Tablero formado de tabloncillos colocados de modo que formen enrejado.

enjaretar. tr. Hacer pasar por una jareta un cordón, cinta o cuerda. ‖ **2.** fig. y fam. Hacer o decir algo sin interrupción y atropelladamente o de mala manera. ‖ **3.** fig. y fam. Endilgar, encajar, intercalar o incluir algo molesto o inoportuno.

enjaular. tr. Encerrar o poner dentro de una jaula a una persona o animal. ‖ **2.** fig. y fam. Meter en la cárcel a uno.

enjebar. tr. Blanquear un muro con lechada de yeso.

enjoyar. tr. Adornar con joyas a una persona o cosa. Ú. t. c. prnl. ‖ **2.** fig. Adornar, hermosear, enriquecer. ‖ **3.** Entre plateros, poner o engastar piedras preciosas en una joya.

enjuagar. tr. Limpiar la boca y dentadura con un líquido adecuado. Ú. m. c. prnl. ‖ **2.** Aclarar y limpiar con agua lo que se ha jabonado o fregado, principalmente las vasijas. ‖ **3.** Lavar ligeramente. Ú. t. c. prnl. ❑ No confundir con *enjugar*.

enjuagatorio. m. Acción de enjuagar. ‖ **2.** Agua u otro líquido que sirve para enjuagarse. ‖ **3.** Vaso para enjuagarse.

enjuague. m. Acción de enjuagar. ‖ **2.** Agua u otro licor que sirve para enjuagar o enjuagarse. ‖ **3.** fig. Negociación oculta y artificiosa para conseguir lo que no se espera lograr por los medios regulares.

enjugar. tr. Quitar la humedad superficial de algo absorbiéndola con un paño, una esponja, etc. ‖ **2.** Limpiar la humedad que echa de sí el cuerpo; como las lágrimas, el sudor, etc., o la que recibe mojándose las manos, el rostro, etc. Ú. t. c. prnl. ‖ **3.** fig. Cancelar, extinguir una deuda o un déficit. Ú. t. c. prnl. ❑ No confundir con *enjuagar*.

enjuiciar. tr. fig. Someter una cuestión a examen, discusión y juicio. ‖ **2.** *Der.* Juzgar, sentenciar o determinar una causa.

enjundia. f. Gordura que las aves tienen en la overa, como la de la gallina, la pava, etc. ‖ **2.** Unto y ordura de cualquier animal. ‖ **3.** fig. Lo más sustanoso e importante de alguna cosa no material. ‖ **4.** . Fuerza, vigor, arrestos.

enjundioso, sa. adj. Que tiene mucha enjuna. ‖ **2.** fig. Sustancioso, importante, sólido.

enjuta. f. *Arq.* Cada uno de los triángulos o spacios que deja en un cuadrado el círculo inscrito ı él. ‖ **2.** *Arq.* Cada uno de los triángulos curvilíneos ue forman el anillo de la cúpula.

enjuto, ta. adj. Delgado, seco o de pocas cares.

enlace. m. Acción de enlazar. ‖ **2.** Unión, coneón de una cosa con otra. ‖ **3.** Dicho de los trenes, **mpalme.** ‖ **4.** fig. Casamiento. ‖ **5.** Persona que stablece o mantiene relación entre otras, especialente dentro de alguna organización. ‖ **6.** *Quím.* nión entre dos átomos de un compuesto químico, ebido a la existencia de fuerzas de atracción entre los. ‖ **covalente.** *Quím.* El que tiene lugar entre omos que comparten pares de electrones. ‖ **múlple.** *Quím.* El que comparte más de un par de elecones.

enlaciar. tr. Poner lacia una cosa. Ú. t. c. intr. y prnl.

enladrillado. m. Pavimento hecho de ladrillos.

enladrillar. tr. Solar con ladrillos el pavimento.

enlatar. tr. Meter alguna cosa en cajas de hojata.

enlazar. tr. Coger o juntar una cosa con lazos. **2.** Dar enlace a unas cosas con otras; como partes e un edificio, de una máquina, pensamientos, afecs, proposiciones, etc. Ú. t. c. prnl. ‖ **3.** Aprisionar ı animal arrojándole el lazo. ‖ **4. empalmar** trenes, ehículos, etc. ‖ **5.** prnl. fig. **casar**[2], unirse en matrionio.

enlodar. tr. Manchar, ensuciar con lodo. Ú. t. c. nl. ‖ **2.** fig. Manchar, infamar, envilecer. Ú. t. c. prnl.

enloquecer. tr. Hacer perder el juicio a uno. Ú. en sent. fig. ‖ **2.** intr. Volverse loco, perder el juicio. Irreg. Se conj. como *agradecer.*

enlosado. m. Suelo cubierto de losas.

enlosar. tr. Cubrir un suelo de losas unidas y denadas.

enlucido, da. adj. Blanqueado para que tenga ıen aspecto. ‖ **2.** m. Capa de yeso, estuco u otra ezcla, que se da a las paredes de una casa con ɔjeto de obtener una superficie tersa.

enlucir. tr. Poner una capa de yeso o mezcla a s paredes, techos o fachadas de los edificios. ‖ . Limpiar, poner tersas y brillantes la plata, las aras, etc. ❑ Irreg. Se conj. como *lucir.*

enlutar. tr. Cubrir de luto. Ú. t. c. prnl. ‖ **2.** fig. ntristecer, afligir.

enmaderar. tr. Cubrir con madera una superficie.

enmadrarse. prnl. Encariñarse excesivamente el hijo con la madre.

enmagrecer. tr. **enflaquecer,** poner magro o flaco. Ú. t. c. intr. y c. prnl. ❑ Irreg. Se conj. como *agradecer.*

enmallarse. prnl. Quedarse un pez sujeto entre las mallas de la red.

enmalle. m. Arte de pesca que consiste en redes que se colocan en posición vertical de tal modo que al pasar los peces quedan enmallados.

enmarañar. tr. Enredar, revolver una cosa, como el cabello, una madeja de seda, etc. Ú. t. c. prnl. ‖ **2.** fig. Confundir, enredar un asunto haciendo más difícil su buen éxito. ENMARAÑAR *un pleito, un negocio.* Ú. t. c. prnl.

enmarcar. tr. **encuadrar,** encerrar en un marco o cuadro.

enmaridar. intr. Casarse, contraer matrimonio la mujer. Ú. t. c. prnl.

enmaromar. tr. Atar o sujetar con maroma. Se usa más comúnmente hablando de los toros y otros animales bravos.

enmascarado, da. m. y f. Persona disfrazada.

enmascarar. tr. Cubrir el rostro con máscara. Ú. t. c. prnl. ‖ **2.** fig. Encubrir, disfrazar. Ú. t. c. prnl.

enmelar. tr. Untar con miel. ‖ **2.** Hacer miel las abejas. ‖ **3.** fig. Endulzar, hacer suave y agradable una cosa. ❑ Irreg. Se conj. como *acertar.*

enmendar. tr. Corregir, quitar defectos. Ú. t. c. prnl. ‖ **2.** *Der.* Rectificar un tribunal superior la sentencia dada por él mismo, y de que suplicó alguna de las partes. ❑ Irreg. Se conj. como *acertar.*

enmienda. f. Acción y efecto de enmendar o enmendarse. ‖ **2.** Propuesta de variante, adición o reemplazo de un proyecto, dictamen, informe o documento análogo.

enmohecer. tr. Cubrir de moho una cosa. Ú. t. c. intr. y m. c. prnl. ‖ **2.** prnl. fig. Inutilizarse, caer en desuso, como el utensilio o máquina que se cubre de moho. ❑ Irreg. Se conj. como *agradecer.*

enmonarse. prnl. *Chile* y *Perú.* Pillar una mona, emborracharse.

enmoquetar. tr. Cubrir de moqueta una superficie.

enmudecer. tr. Hacer callar. ‖ **2.** intr. Quedar mudo, perder el habla. ‖ **3.** fig. Guardar uno silencio cuando pudiera o debiera hablar. ❑ Irreg. Se conj. como *agradecer.*

ennegrecer. tr. Teñir de negro, poner negro. Ú. t. c. prnl. ‖ **2.** fig. **enturbiar,** turbar, oscurecer. Ú. t.

c. prnl. ‖ **3.** intr. Ponerse negro o negruzco. Ú. t. c. prnl. ‖ **4.** fig. Ponerse muy oscuro, nublarse. Ú. t. c. prnl. ❑ Irreg. Se conj. como *agradecer*.

ennoblecer. tr. Hacer noble a uno. Ú. t. c. prnl. ‖ **2.** fig. Ilustrar, dignificar, realzar y dar esplendor. ❑ Irreg. Se conj. como *agradecer*.

enodio. m. Ciervo de tres a cinco años de edad.

enojadizo, za. adj. Que con facilidad se enoja. Ú. t. c. s.

enojar. tr. Causar enojo. Ú. m. c. prnl. ‖ **2.** Molestar, desazonar. ‖ **3.** prnl. fig. Alborotarse, enfurecerse. Se usa hablando de los vientos, mares, etc.

enojo. m. Movimiento del ánimo, que suscita ira contra una persona. ‖ **2.** Molestia, pesar, trabajo. Ú. m. en pl.

enojoso, sa. adj. Que causa enojo.

enología. f. Conjunto de conocimientos relativos a la elaboración de los vinos.

enólogo, ga. m. y f. Persona entendida en enología.

enorgullecer. tr. Llenar de orgullo. Ú. m. c. prnl. ❑ Irreg. Se conj. como *agradecer*. Como prnl., ú. con la prep. *de*.

enorme. adj. Desmedido, excesivo.

enormidad. f. Tamaño excesivo o desmedido. ‖ **2.** fig. Exceso de maldad. ‖ **3.** fig. Despropósito, desatino.

enotecnia. f. Arte de elaborar los vinos, y asesoramiento para la organización de su comercio.

enquiciar. tr. Poner la puerta, ventana u otra cosa en su quicio. Ú. t. c. prnl. ‖ **2.** fig. Poner en orden, afirmar. Ú. t. c. prnl.

enquistado, da. adj. De forma de quiste o parecido a él. ‖ **2.** fig. Embutido, encajado.

enquistar. tr. fig. Embutir, encajar algo. Ú. m. c. prnl. ‖ **2.** prnl. *Med.* Formarse un quiste.

enrabietar. tr. **encolerizar.** Ú. t. c. prnl.

enraizar. intr. Arraigar, echar raíces. Ú. t. c. prnl.

enramada. f. Conjunto de ramas de árboles espesas y entrelazadas naturalmente. ‖ **2.** Adorno formado de ramas de árboles con motivo de alguna fiesta. ‖ **3.** Cobertizo hecho de ramas de árboles.

enramado. m. *Mar.* Conjunto de las cuadernas de un buque.

enramar. tr. Poner ramas en un sitio para adornarlo o para hacer sombra. ‖ **2.** intr. Echar ramas un árbol.

enrarecer. tr. Dilatar un cuerpo gaseoso haciéndolo menos denso. Ú. t. c. prnl. ‖ **2.** Hacer que escasee, que sea rara una cosa. Ú. t. c. intr. y más c. prnl. ‖ **3.** prnl. fig. Enfriarse las relaciones de amistad, cordialidad, entendimiento, etc. ❑ Irreg. Se conj. como *agradecer*.

enrasar. tr. *Albañ.* Igualar una obra con otra d suerte que tengan una misma altura. Ú. t. c. intr. ‖ 2 *Arq.* Hacer que quede plana y lisa la superficie de un obra, como pared, piso o techo.

enredadera. adj. Dícese de las plantas de tall voluble o trepador, que se enreda en las varas u otro objetos salientes. Ú. t. c. s. ‖ **2.** f. Planta perenne, d la familia de las convolvuláceas, de tallos largos, sa mentosos y trepadores, hojas sagitales de orejuel aguda, brácteas lineales, flores en campanillas róseas con cinco radios más oscuros, y fruto capsular co cuatro semillas pequeñas y negras. Abunda en lo campos de España, y otras especies afines, pero exó ticas, se cultivan en los jardines.

enredador, ra. adj. Que enreda. Ú. t. c. s. ‖ **2** fig. y fam. Chismoso o embustero. Ú. t. c. s.

enredar. tr. Enlazar, entretejer, enmarañar un cosa con otra. Ú. t. c. prnl. ‖ **2.** fig. Meter discordi o cizaña. ‖ **3.** fig. Meter a uno en obligación, ocasió o negocios comprometidos o peligrosos. ‖ **4.** fig Entretener, hacer perder el tiempo. ‖ **5.** intr. Anda inquieto, revolver. Se usa comúnmente hablando d los niños. ‖ **6.** prnl. Complicarse un asunto al sobre venir dificultades. ‖ **7.** fig. Aturdirse, hacerse un lío

enredijo. m. fam. **enredo** de hilos y otra cosas flexibles.

enredo. m. Complicación y maraña que resu ta de trabarse entre sí desordenadamente los hilo u otras cosas flexibles. ‖ **2.** fig. Travesura o inquie tud, especialmente hablando de los muchachos. ‖ **3** fig. Engaño, mentira que ocasiona disturbios, diser siones y pleitos. ‖ **4.** fig. Complicación difícil de sa var o remediar en algún suceso o lance de la vida. **5.** fig. Confusión de ideas, falta de claridad en ellas ‖ **6.** fig. En los poemas épico y dramático y en l novela, conjunto de los sucesos, enlazados uno con otros, que preceden a la catástrofe o al deser lace.

enredoso, sa. adj. Lleno de enredos, obs táculos y dificultades. ‖ **2.** Enredador, chismoso. Ú. c. s.

enrejado. m. Conjunto de rejas de un edificio el de las que cercan, en todo o en parte, un sitio cua quiera, como paraje, jardín, patio, etc. ‖ **2.** Labor, e forma de celosía, hecha por lo común de cañas varas entretejidas.

enrejar¹. tr. Poner, fijar la reja en el arado. ‖ **2** Herir con la reja del arado los pies de los bueyes o d las caballerías.

enrejar². tr. Cercar con rejas, cañas o varas lo huertos, jardines, etc.; poner rejas en los huecos d un edificio.

enrevesado, da. adj. **revesado.**

enriquecer. tr. Hacer rica a una persona, comarca, nación, fábrica, industria u otra cosa. Ú. m. c. prnl. || **2.** fig. Adornar, engrandecer. || **3.** intr. Prosperar notablemente una persona, un país, una empresa, etc. Ú. m. c. prnl. ❑ Irreg. Se conj. como *agradecer.*

enriscado, da. adj. Lleno de riscos o peñascos.

enriscar. tr. fig. Levantar, elevar. || **2.** prnl. Guarecerse, meterse entre riscos y peñascos.

enristrar. tr. Hacer ristras. ENRISTRAR *ajos.*

enrocar. tr. En el juego del ajedrez, mover simultáneamente el rey y la torre del mismo bando, trasladándose el rey dos casillas hacia la torre y colocándose esta a su lado, saltando por encima del mismo. Ú. t. c. prnl.

enrocarse. prnl. Trabarse algo en las rocas del fondo del mar, principalmente anzuelos, artes de pesca, anclas, etc.

enrodar. tr. Imponer el suplicio, que consistía en despedazar al reo sujetándole a una rueda en movimiento. ❑ Irreg. Se conj. como *contar.*

enrojecer. tr. Poner roja una cosa con el calor o el fuego. Ú. t. c. prnl. || **2.** Dar color rojo. || **3.** prnl. Encenderse el rostro. Ú. t. c. tr. || **4.** intr. **ruborizarse.** ❑ Irreg. Se conj. como *agradecer.*

enrolar. tr. *Mar.* Inscribir un individuo en el rol o lista de tripulantes de un barco mercante. Ú. t. c. prnl. || **2.** prnl. Alistarse, inscribirse en el ejército, en un partido político u otra organización.

enrollar. tr. Envolver una cosa en forma de rollo. || **2.** prnl. fig. y fam. Extenderse demasiado en una conversación.

enronquecer. tr. Poner ronco a uno. Ú. t. c. intr. y c. prnl. ❑ Irreg. Se conj. como *agradecer.*

enroñar. tr. Llenar de roña, pegarla. || **2.** Cubrir de óxido un objeto de hierro. Ú. m. c. prnl.

enroque. m. Acción y efecto de enrocar.

enroscar. tr. Poner una cosa en forma de rosca. Ú. t. c. prnl. || **2.** Introducir una cosa a vuelta de rosca.

enrostrar. tr. *Amér.* Dar en rostro, echar en cara, reprochar.

ensaimada. f. Bollo formado por una tira de pasta hojaldrada dispuesta en espiral.

ensalada. f. Hortaliza o varias hortalizas mezcladas, cortadas en trozos y aderezadas con sal, aceite, vinagre y otras cosas. || **2.** fig. Mezcla confusa de cosas sin conexión.

ensaladera. f. Fuente honda en que se sirve la ensalada.

ensaladilla. f. **ensaladilla rusa.** || **rusa.** Ensalada de patata, guisantes, zanahoria y huevos cocidos, mezclados con atún u otros ingredientes, que se sirve fría y aderezada con mahonesa.

ensalivar. tr. Llenar o empapar de saliva. Ú. t. c. prnl.

ensalmador, ra. m. y f. Persona que tenía por oficio componer los huesos dislocados o rotos. || **2.** Persona de quien se creía que curaba con ensalmos.

ensalmar. tr. Componer los huesos dislocados o rotos. || **2.** Curar con ensalmos. Ú. t. c. prnl.

ensalmo. m. Modo supersticioso de curar con oraciones y aplicación empírica de varias medicinas. || **por ensalmo.** loc. adv. Con gran rapidez y de modo desconocido.

ensalzar. tr. Engrandecer, exaltar. || **2.** Alabar, elogiar. Ú. t. c. prnl.

ensamblar. tr. Unir, juntar. Se usa especialmente cuando se trata de ajustar piezas de madera. || **2.** *Inform.* Preparar un programa en lenguaje máquina a partir de un programa en lenguaje simbólico.

ensanchar. tr. Extender, dilatar, aumentar la anchura de una cosa. || **2.** prnl. fig. Desvanecerse, afectar gravedad y señorío. Ú. t. c. intr.

ensanche. m. Dilatación, extensión. || **2.** Terreno dedicado a nuevas edificaciones en las afueras de una población, y conjunto de los edificios que en ese terreno se han construido.

ensangrentar. tr. Manchar o teñir de sangre. Ú. t. c. prnl. y en sent. fig. ❑ Irreg. Se conj. como *acertar.*

ensañamiento. m. Acción y efecto de ensañar o ensañarse. || **2.** *Der.* Circunstancia agravante, que consiste en aumentar deliberadamente el mal del delito.

ensañar. tr. Irritar, enfurecer. || **2.** prnl. Deleitarse en causar el mayor daño y dolor posibles a quien ya no está en condiciones de defenderse. ❑ Como prnl., ú. con la prep. *con.*

ensartar. tr. Pasar un hilo, cuerda, alambre, etc., por el agujero de varias cosas; como perlas, cuentas, anillos, etc. || **2.** Espetar, atravesar, introducir. || **3.** fig. Decir muchas cosas sin orden ni conexión.

ensayar. tr. Probar, reconocer una cosa antes de usarla. || **2.** Preparar el montaje y ejecución de un espectáculo antes de ofrecerlo al público. || **3.** Hacer la prueba de cualquier otro tipo de actuación, antes de realizarla.

ensayismo. m. Género literario constituido por el **ensayo,** escrito generalmente breve.

ensayista. com. Escritor de ensayos.

ensayo. m. Acción y efecto de ensayar. || **2.** Escrito, generalmentre breve, constituido por pensamientos del autor sobre un tema, sin el aparato ni la extensión que requiere un tratado completo sobre la misma materia. ‖ **general.** Representación completa de una obra dramática o musical antes de presentarla al público.

enseguida. adv. m. **en seguida.**

ensenada. f. Parte de mar que entra en la tierra.

ensenado, da. adj. Dispuesto a manera o en forma de seno.

enseña. f. Insignia o estandarte.

enseñado, da. adj. Educado, acostumbrado. ❑ Ú. más con los advs. *bien* o *mal.*

enseñanza. f. Acción y efecto de enseñar. ‖ **2.** Sistema y método de dar instrucción. ‖ **3.** Ejemplo, acción o suceso que sirve de experiencia, enseñando o advirtiendo cómo se debe obrar en casos análogos. ‖ **4.** pl. Conjunto de conocimientos, principios, ideas, etc., que se enseñan a otro.

enseñar. tr. Instruir, doctrinar, amaestrar con reglas o preceptos. ‖ **2.** Dar advertencia, ejemplo o escarmiento que sirve de experiencia y guía para obrar en lo sucesivo. ‖ **3.** Indicar, dar señas de una cosa. ‖ **4.** Mostrar o exponer una cosa, para que sea vista y apreciada. ‖ **5.** Dejar aparecer, dejar ver una cosa involuntariamente.

enseñorear. tr. Dominar una cosa. ‖ **2.** prnl. Hacerse señor y dueño de una cosa.

enseres. m. pl. Utensilios, muebles, instrumentos necesarios o convenientes en una casa o para el ejercicio de una profesión.

ensiforme. adj. En forma de espada.

ensilar. tr. Meter los granos, semillas y forraje en el silo.

ensillada. f. Por alusión a la ensilladura del caballo, depresión suave en el lomo de una montaña.

ensilladura. f. Acción y efecto de ensillar. ‖ **2.** Parte en que se pone la silla a la caballería. ‖ **3.** fig. Encorvadura entrante que tiene la columna vertebral en la región lumbar.

ensillar. tr. Poner la silla a una caballería.

ensimismarse. prnl. **abstraerse.** ‖ **2.** Sumirse o recogerse en la propia intimidad.

ensoberbecer. tr. Causar o excitar soberbia en alguno. Ú. t. c. prnl. ❑ Irreg. Se conj. como *agradecer.*

ensoberbecimiento. m. Acción y efecto de ensoberbecer o ensoberbecerse.

ensombrecer. tr. Oscurecer, cubrir de sombras. Ú. t. c. prnl. ‖ **2.** prnl. fig. Entristecerse, ponerse melancólico. ❑ Irreg. Se conj. como *agradecer.*

ensoñación. f. Acción y efecto de ensoñar, ensueño.

ensoñar. intr. Tener ensueños. Ú. t. c. tr. ❑ Irreg. Se conj. como *contar.*

ensopar. tr. Hacer sopa con el pan, empapándolo. ENSOPAR *el pan en vino.* ‖ **2.** *Amér. Merid.* Empapar, poner hecho una sopa. Ú. t. c. prnl.

ensordecer. tr. Ocasionar o causar sordera. ‖ **2.** Aminorar la intensidad de un sonido o ruido. ‖ **3.** Perturbar grandemente a uno la intensidad de un sonido o ruido. ‖ **4.** *Fon.* Convertir una consonante sonora en sorda. ‖ **5.** intr. Contraer sordera, quedarse sordo. ❑ Irreg. Se conj. como *agradecer.*

ensortijar. tr. Torcer en redondo, rizar, encrespar el cabello, hilo, etc. Ú. t. c. prnl.

ensuciar. tr. Manchar, poner sucia una cosa. Ú. t. c. prnl. ‖ **2.** fig. Manchar el alma, la nobleza o la fama con vicios o con acciones indignas. ‖ **3.** prnl. Hacer las necesidades corporales en la cama, camisa, calzones, etc.

ensueño. m. Sueño o representación fantástica del que duerme. ‖ **2.** Ilusión, fantasía. ‖ **de ensueño.** loc. adj. Ideal, fantástico, maravilloso.

entabacarse. prnl. Abusar del tabaco.

entablamento. m. *Arq.* **cornisamento.**

entablar. tr. Cubrir, cercar o asegurar con tablas una cosa. ‖ **2.** En el juego de ajedrez, damas y otros análogos, colocar las piezas en sus respectivos lugares para empezar el juego. ‖ **3.** Dar comienzo a una conversación, batalla, amistad, etc.

entablillar. tr. Asegurar con tablillas y vendaje un hueso roto.

entalegar. tr. Meter una cosa en talegos o talegas para guardarla o para otro fin. ‖ **2.** Ahorrar dinero, atesorarlo.

entallar¹. tr. Hacer figuras de relieve en madera, bronce, mármol, etc. ‖ **2.** Cortar la corteza, y a veces parte de la madera, de algunos árboles para extraer la resina. ‖ **3.** Hacer cortes en una pieza de madera para ensamblarla con otra.

entallar². tr. Hacer o formar el talle de un vestido. ‖ **2.** Ajustar la ropa a la cintura. Ú. t. c. prnl. ‖ **3.** intr. Ajustarse o venir bien el vestido al talle. Ú. t. c. prnl.

entallecer. intr. Echar tallos las plantas y árboles. Ú. t. c. prnl. ❑ Irreg. Se conj. como *agradecer.*

entalpía. f. *Fís.* Magnitud termodinámica de un cuerpo físico o material. Es igual a la suma de su energía interna más el producto de su volumen por la presión exterior.

entarimado. m. Suelo formado por tablas o tarima.

entarimar. tr. Cubrir el suelo con tablas o tarima.

éntasis. f. *Arq.* Parte más abultada del fuste de algunas columnas.

ente. m. *Fil.* Lo que es, existe o puede existir. ‖

2. Empresa pública, en particular la televisión. ‖ **3.** fam. Sujeto ridículo o extravagante.

enteco, ca. adj. Enfermizo, débil, flaco.

entelequia. f. Cosa ideal que es producto de la imaginación y que no tiene, ni probablemente pueda tener, existencia real. ‖ **2.** *Filos.* Fin u objetivo de una actividad, que la completa y la perfecciona.

entenado, da. m. y f. **hijastro.**

entendederas. f. pl. fam. **entendimiento.** Lo común es denotar con este vocablo la escasez o torpeza de dicha facultad.

entender. tr. Tener idea clara de las cosas; comprenderlas. ‖ **2.** Conocer, penetrar. ‖ **3.** Conocer el ánimo o la intención de uno. *Ya te* ENTIENDO. ‖ **4.** Discurrir, inferir, deducir. ‖ **5.** Creer, pensar, juzgar. *Yo* ENTIENDO *que sería mejor tal cosa.* ‖ **6.** prnl. Conocerse, comprenderse a sí mismo. ‖ **7.** Tener hombre y mujer alguna relación de carácter amoroso recatadamente, sin querer que aparezca en público. ❑ Irreg. Ver conjugación modelo. Ú. con la prep. *de.*

entender

INDICATIVO

Presente: entiendo, entiendes, entiende, entendemos, entendéis, entienden.

Pretérito imperfecto: entendía, entendías, entendía, entendíamos, entendíais, entendían.

Pretérito indefinido: entendí, entendiste, entendió, entendimos, entendisteis, entendieron.

Futuro imperfecto: entenderé, entenderás, entenderá, entenderemos, entenderéis, entenderán.

Condicional: entendería, entenderías, entendería, entenderíamos, entenderíais, entenderían.

SUBJUNTIVO

Presente: entienda, entiendas, entienda, entendamos, entendáis, entiendan.

Pretérito imperfecto: entendiera o entendiese, entendieras o entendieses, entendiera o entendiese, entendiéramos o entendiésemos, entendierais o entendieseis, entendieran o entendiesen.

Futuro imperfecto: entendiere, entendieres, entendiere, entendiéremos, entendiereis, entendieren.

IMPERATIVO

entiende (tú); entended (vosotros).

FORMAS NO PERSONALES

Infinitivo: entender.

Participio: entendido.

Gerundio: entendiendo.

entendido, da. adj. Sabio, docto, perito, diestro. Ú. t. c. s.

entendimiento. m. Potencia del alma, en virtud de la cual concibe las cosas, las compara, las juzga, e induce y deduce otras de las que ya conoce. ‖ **2.** Razón humana. ‖ **3.** Buen acuerdo, relación amistosa entre los pueblos o sus gobiernos.

entenebrecer. tr. Oscurecer, llenar de tinieblas. Ú. t. c. prnl. ❑ Irreg. Se conj. como *agradecer.*

enterado, da. adj. Conocedor y entendido. ‖ **2.** m. Nota consistente en la palabra *enterado,* escrita al pie de un documento para hacer constar que la persona a quien va destinado se ha dado cuenta de su contenido.

enteralgia. f. *Pat.* Dolor intestinal agudo.

enterar. tr. Informar a uno de algo o instruirle en cualquier negocio. Ú. t. c. prnl.

entereza. f. Integridad, perfección, complemento. ‖ **2.** fig. Fortaleza, constancia, firmeza de ánimo.

enteritis. f. *Pat.* Inflamación de la membrana mucosa de los intestinos.

enterizo, za. adj. **entero.** ‖ **2.** De una sola pieza. *Columna* ENTERIZA.

enternecer. tr. Ablandar, poner tierna y blanda una cosa. Ú. t. c. prnl. ‖ **2.** fig. Mover a ternura, por compasión u otro motivo. Ú. t. c. prnl. ❑ Irreg. Se conj. como *agradecer.*

entero, ra. adj. Cabal, cumplido, sin falta alguna. ‖ **2.** fig. Robusto, sano. ‖ **3.** fig. Recto, justo. ‖ **4.** fig. Constante, firme. ‖ **5.** fig. Que domina sus emociones. ‖ **6.** *Arit.* V. **número entero.** Ú. t. c.s.

enterocolitis. f. *Pat.* Inflamación del intestino delgado, del ciego y del colon.

enterostomía. f. *Med.* **colostomía.**

enterrador. m. **sepulturero.** ‖ **2.** *Zool.* Nombre común de varios insectos coleópteros que hacen la puesta sobre los cadáveres de animales pequeños, enterrándolos para que sus larvas encuentren el alimento necesario para su desarrollo.

enterramiento. m. Acción y efecto de enterrar los cadáveres. ‖ **2.** Lugar en que está enterrado un cadáver.

enterrar. tr. Poner debajo de tierra. ‖ **2.** Dar sepultura a un cadáver. ‖ **3.** fig. Sobrevivir a alguno. ‖ **4.** fig. Hacer desaparecer una cosa debajo de otra, como si estuviese oculta bajo tierra. ‖ **5.** fig. Arrinconar, relegar al olvido algún negocio, designio, etc., como si desapareciera de entre lo existente. ENTERRAR *las ilusiones, las antiguas costumbres.* ‖ **6.** prnl. fig. Retirarse uno del trato de los demás, como si estuviera muerto. ENTERRARSE *en un monasterio, en una aldea.* ❑ Irreg. Se conj. como *acertar.*

entesar. tr. Dar mayor fuerza, vigor e intensidad a una cosa. || **2.** Poner tirante y tesa una cosa, como cuerda o maroma.

entibar. intr. **estribar,** descansar el peso de una cosa en otra sólida y firme. || **2.** tr. *Min.* En las minas, apuntalar, fortalecer con maderas y tablas las excavaciones que ofrecen riesgo de hundimiento.

entibiar. tr. Poner tibio un líquido, darle un grado de calor moderado. Ú. t. c. prnl. || **2.** fig. Templar, quitar fuerza a los afectos y pasiones. Ú. t. c. prnl.

entidad. f. *Fil.* Lo que constituye la esencia o la forma de una cosa. || **2.** Ente o ser. || **3.** Valor o importancia de una cosa. || **4.** Colectividad considerada como unidad.

entierro. m. Acción y efecto de enterrar los cadáveres. || **2.** El cadáver que se lleva a enterrar y su acompañamiento. || **de la sardina.** Fiesta carnavalesca que se celebra el miércoles de ceniza. || **Santo Entierro.** Procesión del Viernes Santo, cuyo paso principal es el enterramiento de Cristo.

entintar. tr. Manchar o cubrir con tinta. || **2.** fig. **teñir,** dar a una cosa un color distinto del que tenía.

entitativo, va. adj. *Fil.* Exclusivamente propio de la entidad.

entoldado. m. Acción de entoldar. || **2.** Toldo o conjunto de toldos colocados y extendidos para dar sombra. || **3.** Lugar cubierto con toldos.

entoldar. tr. Cubrir con toldos los patios, calles, etc., para dar sombra.

entomófilo, la. adj. *Bot.* Dícese de las plantas en las que la polinización se verifica por intermedio de los insectos.

entomología. f. Parte de la zoología que trata de los insectos.

entomólogo, ga. m. y f. Especialista en entomología.

entonación. f. Acción y efecto de entonar. || **2.** Modulación de la voz que acompaña a la secuencia de sonidos del habla, y que puede reflejar diferencias de sentido, de intención, de emoción y de origen del hablante.

entonar. tr. Cantar ajustándose al tono; afinar la voz. Ú. t. c. intr. || **2.** Dar determinado tono a la voz. || **3.** Empezar uno a cantar una cosa para que los demás continúen en el mismo tono. || **4.** *Fisiol.* Dar tensión y vigor al organismo. || **5.** *Pint.* Graduar los colores y valores de una obra para obtener un efecto armónico.

entonces. adv. t. En tal tiempo u ocasión. || **2.** conj. ilat. En tal caso, siendo así.

entontecer. tr. Poner a uno tonto. || **2.** intr. Volverse tonto. Ú. t. c. prnl. ❏ Irreg. Se conj. como *agradecer.*

entorchado. m. Cuerda o hilo de seda, cubierto con otro hilo de seda, o de metal, retorcido alrededor para darle consistencia. Se usa para las cuerdas de los instrumentos músicos y los bordados. || **2.** Bordado en oro o plata, que como distintivo llevaban en las vueltas de las mangas del uniforme los militares, los ministros y otros altos funcionarios.

entorchar. tr. Retorcer varias velas y formar con ellas antorchas. || **2.** Cubrir un hilo o cuerda enroscándole otro de metal.

entornar. tr. Volver la puerta o la ventana sin cerrarla del todo. || **2.** Dícese también de los ojos cuando no se cierran por completo.

entorno. m. Ambiente, lo que rodea.

entorpecer. tr. Poner torpe. Ú. t. c. prnl. || **2.** fig. Turbar, oscurecer el entendimiento, el espíritu, el ingenio. Ú. t. c. prnl. || **3.** fig. Retardar, dificultar. Ú. t. c. prnl. ❏ Irreg. Se conj. como *agradecer.*

entrada. f. Espacio por donde se entra a alguna parte. || **2.** Acción de entrar en alguna parte. || **3.** En los teatros y otros lugares donde se dan espectáculos, concurso o personas que asisten. *En el estreno hubo una gran* ENTRADA. || **4.** Billete que sirve para entrar en un teatro o en otro sitio. || **5.** Cada uno de los alimentos que se sirven después de la sopa y antes del plato principal. || **6.** Cada uno de los ángulos entrantes desprovistos de pelo en la parte superior de la frente. Ú. m. en pl. || **7.** Cantidad que se entrega como primer pago para la compra de algo. || **8.** En un diccionario o enciclopedia, cada una de las palabras o términos que se definen o traducen. || **9.** *Dep.* En algunos deportes, encuentro entre dos jugadores contrarios, generalmente con el fin de arrebatarle la pelota uno al otro. || **10.** *Mús.* Acción de comenzar cada voz o instrumento a tomar parte en la ejecución de una pieza musical, en cualquier momento de esta. || **de entrada.** loc. adv. Para empezar.

entradilla. f. Comienzo de una información periodística que resume lo más importante de la misma.

entramado. m. Conjunto de láminas de metal o tiras de material flexible que se cruzan entre sí. || **2.** *Arq.* Armazón de madera que sirve para hacer una pared, tabique o suelo rellenando los huecos con fábrica o tablazón. || **3.** fig. Conjunto de ideas, sentimientos, opiniones, etc., que se entrecruzan en un texto.

entramar. tr. *Arq.* Hacer un entramado.

entrampar. tr. Hacer que un animal caiga en la trampa. Ú. t. c. prnl. || **2.** fig. Engañar artificiosamente. || **3.** fig. y fam. Enredar, confundir un negocio, de modo que no se pueda aclarar o resolver. || **4.** prnl. fig. y fam. Empeñarse, endeudarse.

entrante. adj. Hablando de una semana, de un mes, de un año, etc., inmediatamente próximo en el futuro.

entraña. f. Cada uno de los órganos contenidos en las principales cavidades del cuerpo humano y de los animales. ‖ **2.** Lo más íntimo o esencial de una cosa o asunto. ‖ **3.** pl. fig. Lo más oculto y escondido. *Las* ENTRAÑAS *de la tierra, de los montes.* ‖ **4.** fig. Índole y genio de una persona. *Hombre de buenas* ENTRAÑAS.

entrañable. adj. Íntimo, muy afectuoso.

entrañar. tr. Introducir en lo más hondo. Ú. t. c. prnl. ‖ **2.** Contener, llevar dentro de sí. ‖ **3.** prnl. Unirse, estrecharse íntimamente, de todo corazón, con alguno.

entrar. intr. Ir o pasar de fuera adentro. Ú. t. en sent. fig. y c. prnl. ‖ **2.** Encajar o poderse meter una cosa en otra, o dentro de otra. *El libro no* ENTRA *en el cajón del estante; el lío de ropa* ENTRA *en el baúl.* ‖ **3.** fig. Empezar a formar parte de una corporación. ENTRAR *en una sociedad comercial, en una academia, en un regimiento.* ‖ **4.** fig. Tratándose de estaciones o de cualquier otra parte del año, empezar o tener principio. *El verano* ENTRA *el 21 de junio.* ‖ **5.** fig. Tratándose de afectos, estados de ánimo, enfermedades, etc., empezar a dejarse sentir o a ejercer su influencia. ENTRAR *la pereza, el sueño.* ‖ **6.** fig. Formar parte de la composición de ciertas cosas. *Los cuerpos que* ENTRAN *en una mezcla.* ‖ **7.** fig. Llegar a ejercer influencia en el ánimo de una persona. ❑ También en esta acepción suele usarse con algunos de los pronombres personales de dativo. *A Fulano no hay por donde* ENTRARLE. ‖ **8.** fig. Seguido de la preposición *en* y de un nombre, empezar a sentir lo que este nombre signifique. ENTRAR *en calor.* ‖ **9.** fig. Seguido de la preposición *en* y de un nombre, intervenir o tomar parte en lo que este nombre signifique. ENTRAR *en un negocio, en disputas.* ‖ **10.** *Mús.* Empezar a cantar o tocar en el momento preciso. ‖ **11.** tr. Introducir o hacer **entrar.** ‖ **12.** *Dep.* En el fútbol y otros deportes, ir un jugador al encuentro de otro para arrebatarle el balón o atajar su avance. ‖ **13.** prnl. Meterse o introducirse en alguna parte.

entre. prep. que sirve para denotar la situación o estado en medio de dos o más cosas o acciones. ‖ **2.** Expresa estado intermedio. ENTRE *dulce y agrio.* ‖ **3.** Como uno de. *Le cuento* ENTRE *mis amigos.* ‖ **4.** Significa cooperación de dos o más personas o cosas. ENTRE *cuatro estudiantes se comieron un cabrito.* ‖ **5.** Según costumbre. ENTRE *sastres.* ‖ **6.** Expresa idea de reciprocidad. *Hablaron* ENTRE *ellos.* ‖ **entre que.** loc. conjunt. pop. **mientras.**

entreabierto, ta. p. p. irreg. de **entreabrir.**

entreabrir. tr. Abrir un poco o a medias una puerta, ventana, postigo, etc. Ú. t. c. prnl. ❑ p. p. irreg. *entreabierto.*

entreacto. m. Intermedio en una representación dramática.

entrecano, na. adj. Dícese del cabello o barba a medio encanecer. ‖ **2.** Aplícase al sujeto que tiene así el cabello.

entrecejo. m. Espacio que hay entre las cejas. ‖ **2.** fig. Ceño, sobrecejo.

entrecerrar. tr. Entornar una puerta, ventana, postigo, etc. Ú. t. c. prnl. ❑ Irreg. Se conj. como *acertar.*

entrechocar. tr. Chocar dos cosas una con otra. Ú. t. c. prnl.

entrecomillado. m. Acción o efecto de entrecomillar. ‖ **2.** Palabra o palabras citadas entre comillas.

entrecomillar. tr. Poner entre comillas una o varias palabras.

entrecortado, da. adj. Aplícase a la voz o al sonido que se emite con intermitencias.

entrecortar. tr. Cortar una cosa sin acabar de dividirla.

entrecot. m. Trozo de carne sacado de entre costilla y costilla de la res.

entrecruzar. tr. Cruzar dos o más cosas entre sí, enlazar. Ú. t. c. prnl.

entredicho. m. Duda que pesa sobre el honor, la virtud, calidad, veracidad, etc., de alguien o algo. ❑ Ú. generalmente con los verbos *estar, poner, quedar.*

entredós. m. Tira bordada o de encaje que se cose entre dos telas. ‖ **2.** Armario de madera fina y de poca altura que suele colocarse en el lienzo de pared comprendido entre dos balcones de una sala.

entrega. f. Acción y efecto de entregar. ‖ **2.** Cantidad de cosas que se entregan de una vez. ‖ **3.** Cada uno de los cuadernos impresos en que se divide y expende un libro publicado por partes, o cada libro o fascículo de una serie coleccionable. ‖ **4.** Atención, interés, esfuerzo, etc., en apoyo de una o varias personas, una acción, un ideal, etc.

entregar. tr. Poner en manos o en poder de otro a una persona o cosa. ‖ **2.** prnl. Ponerse en manos de uno, sometiéndose a su dirección o arbitrio; ceder a la opinión ajena. ‖ **3.** Dedicarse enteramente a una cosa; emplearse en ella. ‖ **4.** Darse a vicios y pasiones. ‖ **5.** Declararse vencido o sin fuerzas para continuar un empeño o trabajo.

entrelazar. tr. Enlazar, entretejer una cosa con otra.

entrelínea. f. Lo escrito entre dos líneas.

entremedias. adv. t. y l. Entre uno y otro tiempo, espacio, lugar o cosa.

entremés. m. Cualquiera de los alimentos, como encurtidos, aceitunas, rodajas de embutido, jamón, etc., que se ponen en las mesas para picar de ellos mientras se sirven los platos. Modernamente se suelen tomar antes de la comida. Ú. m. en pl. ‖ **2.** Pieza dramática jocosa y de un solo acto. Solía representarse entre una y otra jornada de la comedia, y primitivamente alguna vez en medio de una jornada.

entremeter. tr. Meter una cosa entre otras. ‖ **2.** prnl. Meterse uno donde no le llaman, inmiscuirse en lo que no le toca. ‖ **3.** Ponerse en medio o entre otros.

entremetido, da. adj. Aplícase al que tiene costumbre de meterse donde no le llaman. Ú. t. c. s.

entremezclar. tr. Mezclar unas con otras varias cosas.

entrenador, ra. m. y f. Persona que entrena.

entrenamiento. m. Acción y efecto de entrenar o entrenarse. ❑ No utilizar **entreno.*

entrenar. tr. Preparar, adiestrar personas o animales, especialmente para la práctica de un deporte. Hablando de personas, ú. t. c. prnl. ❑ No utilizar como intr. en forma no prnl.

entrenudo. m. Parte del tallo de algunas plantas comprendida entre dos nudos.

entreoír. tr. Oír una cosa sin percibirla bien o entenderla del todo. ❑ Irreg. Se conj. como *oír.*

entrepaño. m. *Arq.* Parte de la pared comprendida entre dos pilastras, dos columnas o dos huecos. ‖ **2.** *Carp.* Anaquel del estante o de la alacena. ‖ **3.** *Carp.* Cualquiera de las tablas pequeñas o cuarterones que se meten entre los peinazos de las puertas y ventanas.

entrepierna. f. Parte interior de los muslos. Ú. t. en pl. ‖ **2.** Piezas cosidas, entre las hojas de los calzones y pantalones, a la parte interior de los muslos, hacia la horcajadura. Ú. t. en pl.

entrepiso. m. Piso que se construye quitando parte de la altura de uno, entre este y el superior. ‖ **2.** *Min.* Espacio entre los pisos o galerías generales de una mina.

entreplanta. f. **entrepiso** de tiendas, oficinas, etc.

entresacar. tr. Sacar unas cosas de entre otras. ‖ **2.** Aclarar un monte, cortando algunos árboles, o espaciar las plantas que han nacido muy juntas en un sembrado. ‖ **3.** Cortar parte del cabello cuando este es demasiado espeso.

entresijo. m. **mesenterio.** ‖ **2.** fig. Cosa oculta, interior, escondida.

entresuelo. m. Piso situado entre el bajo y el principal de una casa. ‖ **2.** Piso bajo levantado más de un metro sobre el nivel de la calle, y que debajo tiene sótanos o piezas abovedadas.

entretanto. adv. t. **entre tanto.** ❑ Ú. t. c. s. precedido del artículo *el* o de un demostrativo.

entretejer. tr. Meter o injerir en la tela que se teje hilos diferentes para que hagan distinta labor. ‖ **2.** Trabar y enlazar una cosa con otra.

entretela. f. Tejido que se pone entre la tela y el forro de una prenda de vestir. ‖ **2.** pl. fig. y fam. Lo íntimo del corazón, las entrañas.

entretener. tr. Distraer a alguien impidiéndole hacer algo. Ú. t. c. prnl. ‖ **2.** Divertir, recrear el ánimo de uno. ‖ **3.** prnl. Divertirse jugando, leyendo, etc. ❑ Irreg. Se conj. como *tener.*

entretenido, da. adj. Chistoso, divertido, de genio y humor festivo y alegre.

entretenimiento. m. Acción y efecto de entretener o entretenerse. ‖ **2.** Cosa que sirve para entretener o divertir.

entretiempo. m. Tiempo de primavera o de otoño próximo al verano y de temperatura suave.

entrever. tr. Ver confusamente una cosa. ‖ **2.** Conjeturar algo, sospecharlo, adivinarlo. ❑ Irreg. Se conj. como *ver.*

entreverado, da. adj. Que tiene interpoladas cosas varias y diferentes. ‖ **2.** V. **tocino entreverado.**

entreverar. tr. Mezclar, introducir una cosa entre otras.

entrevista. f. Acción y efecto de entrevistar o entrevistarse. ‖ **2.** Vista, concurrencia y conferencia de dos o más personas en lugar determinado, para tratar o resolver un negocio.

entrevistar. tr. Mantener una conversación con una o varias personas, acerca de ciertos extremos para informar al público de sus respuestas. ‖ **2.** prnl. Tener una conversación con una o varias personas para un fin determinado.

entristecer. tr. Causar tristeza. ‖ **2.** prnl. Ponerse triste y melancólico. ❑ Irreg. Se conj. como *agradecer.*

entrometer. tr. **entremeter.** Ú. t. c. prnl.

entrometido, da. adj. **entremetido.**

entroncar. tr. Establecer o reconocer una relación o dependencia entre personas, ideas, acciones, etc. ‖ **2.** intr. Tener parentesco con un linaje o persona. Ú. t. c. prnl. ‖ **3.** Contraer parentesco con un linaje o persona. Ú. t. c. prnl.

entronizar. tr. Colocar en el trono. ‖ **2.** fig. Ensalzar a uno; colocarle en alto estado.

entronque. m. Relación de parentesco entre personas que tienen un tronco común.

entropía. f. *Fís.* Función termodinámica que es una medida de la parte no utilizable de la energía contenida en un sistema. ‖ **2.** *Inform.* Medida de la incertidumbre existente ante un conjunto de mensajes, del cual va a recibirse uno solo.

entubar. tr. Poner tubos a alguien o en alguna cosa. ‖ **2.** *Med.* **intubar.**

entuerto. m. Agravio que se hace a alguien.

entumecer. tr. Impedir, entorpecer el movimiento o acción de un miembro o nervio. Ú. m. c. prnl. ❑ Irreg. Se conj. como *agradecer.*

entumecimiento. m. Acción y efecto de entumecer o entumecerse.

entumirse. prnl. Entorpecerse un miembro o músculo por haber estado encogido o sin movimiento, o por compresión de algún nervio.

entupir. tr. Obstruir o cerrar un conducto. Ú. t. c. prnl.

enturbiar. tr. Hacer o poner turbia una cosa. Ú. t. c. prnl. ‖ **2.** fig. Turbar, alterar el orden. ‖ **3.** Oscurecer lo que estaba claro y bien dispuesto. Ú. t. c. prnl.

entusiasmar. tr. Infundir entusiasmo; causar ardiente y fervorosa admiración. Ú. t. c. prnl.

entusiasmo. m. Exaltación y fogosidad del ánimo, excitado por cosa que lo admire o cautive. ‖ **2.** Adhesión fervorosa que mueve a favorecer una causa o empeño.

entusiasta. adj. Que siente entusiasmo por una persona o cosa. Ú. t. c. s. ‖ **2.** Propenso a entusiasmarse. Ú. t. c. s.

enucleación. f. *Cir.* Extirpación de un órgano, glándula, quiste, etc., a la manera como se saca el hueso de una fruta.

enumeración. f. Acción y efecto de enumerar. ‖ **2.** Cómputo o cuenta numeral de las cosas.

enumerar. tr. Enunciar sucesivamente y ordenadamente las partes de un conjunto o de un todo. ❑ No confundir con *numerar.*

enunciación. f. Acción y efecto de enunciar.

enunciado. m. **enunciación.** ‖ **2.** *Ling.* En ciertas escuelas lingüísticas, secuencia finita de palabras delimitada por silencios muy marcados. Puede estar constituida por una o varias oraciones.

enunciar. tr. Expresar breve y sencillamente una idea. ‖ **2.** *Mat.* Exponer el conjunto de datos de un problema.

enunciativo, va. adj. Dícese de lo que enuncia. ‖ **2.** *Ling.* Dícese de las oraciones que afirman o niegan algo de un sujeto. Opónense a las imperativas, exclamativas, interrogativas y desiderativas.

enuresis. f. *Med.* Incontinencia urinaria.

envainador, ra. adj. Que envaina. ‖ **2.** *Bot.* V. **hoja envainadora.**

envainar. tr. Meter en la vaina la espada u otra arma blanca. ‖ **2.** Ceñir una cosa con otra manera de vaina.

envalentonar. tr. Infundir valentía o más bien arrogancia. ‖ **2.** prnl. Cobrar valentía o echárselas de valiente.

envanecer. tr. Causar o infundir soberbia o vanidad a uno. Ú. t. c. prnl. ❑ Irreg. Se conj. como *agradecer.*

envarado, da. adj. fig. Dícese de la persona estirada, orgullosa. Ú. t. c. s.

envarar. tr. Entorpecer, entumecer o impedir el movimiento de un miembro. Ú. m. c. prnl. ‖ **2.** prnl. fig. y fam. **ensoberbecerse,** llenarse de soberbia.

envasado. m. Acción y efecto de envasar.

envasar. tr. Echar en vasos o vasijas un líquido. ‖ **2.** Echar el trigo en los costales, o poner cualquier otro género en su envase.

envase. m. Recipiente o vaso en que se conservan y transportan ciertos géneros. ‖ **2.** Todo lo que envuelve o contiene artículos de comercio u otros efectos para conservarlos o transportarlos.

envejecer. tr. Hacer vieja a una persona o cosa. ‖ **2.** intr. Hacerse vieja o antigua una persona o cosa. Ú. t. c. prnl. ❑ Irreg. Se conj. como *agradecer.*

envejecido, da. adj. Que viene de mucho tiempo atrás.

envejecimiento. m. Acción y efecto de envejecer.

envenenar. tr. Emponzoñar, administrar veneno. Ú. t. c. prnl. ‖ **2.** fig. Corromper con malas doctrinas o falsas creencias.

enverar. intr. Empezar las uvas y otras frutas a tomar color de maduras.

envergadura. f. *Zool.* Distancia entre las puntas de las alas de las aves cuando aquellas están completamente abiertas. ‖ **2.** Por ext., distancia entre los extremos de las alas de un avión o de los brazos humanos completamente extendidos en cruz. ‖ **3.** fig. Importancia, amplitud, alcance.

envero. m. Color que toman las uvas y otras frutas cuando empiezan a madurar. ‖ **2.** Uva que tiene este color.

envés. m. Parte opuesta al haz de una tela o de otras cosas. ‖ **2.** *Bot.* Cara inferior de la hoja, opuesta al haz.

enviado, da. m. y f. Persona que va por mandado de otro con un mensaje, recado o comisión.

enviar. tr. Encomendar a una persona que vaya a alguna parte. ‖ **2.** Hacer que una cosa se dirija o sea llevada a alguna parte.

enviciar. tr. Corromper con un vicio. ‖ **2.** prnl.

Aficionarse demasiado a una cosa; darse con exceso a ella.

envidar. tr. Hacer envite en el juego.

envidia. f. Tristeza o pesar del bien ajeno. ‖ **2.** Emulación, deseo de algo que no se posee.

envidiable. adj. Digno de ser deseado y apetecido.

envidiar. tr. Tener envidia, dolerse del bien ajeno. ‖ **2.** fig. Desear, apetecer algo que tienen otros.

envidioso, sa. adj. Que tiene envidia. Ú. t. c. s.

envido. m. Envite de dos tantos en el juego del mus.

envigado. m. Conjunto de las vigas de un edificio.

envilecer. tr. Hacer vil y despreciable una cosa. ‖ **2.** prnl. Rebajarse, perder uno la estimación que tenía. ❑ Irreg. Se conj. como *agradecer.*

envío. m. Acción y efecto de enviar. ‖ **2.** Remesa.

envite. m. Apuesta que se hace en algunos juegos de naipes, arriesgando, además de los tantos ordinarios, cierta cantidad a un lance. ‖ **2. empujón.**

enviudar. intr. Quedar viudo o viuda.

envoltorio. m. Lío hecho de paños, lienzos u otras cosas. ‖ **2.** Envoltura.

envoltura. f. Capa exterior que cubre natural o artificialmente una cosa.

envolvente. adj. Que envuelve o rodea.

envolver. tr. Cubrir un objeto parcial o totalmente, ciñéndolo de tela, papel u otra cosa análoga. ‖ **2.** Rodear una cosa a otra por todas sus partes. Ú. t. en sent. fig. ‖ **3.** fig. Mezclar o complicar a uno en un asunto o negocio, haciéndole tomar parte en él. Ú. t. c. prnl. ❑ Irreg. Se conj. como *mover;* p. p. irreg. *envuelto.*

envuelto, ta. p. p. irreg. de **envolver.**

enyesado. m. Acción y efecto de enyesar. ‖ **2.** Operación de echar yeso a los vinos para aumentar su fuerza o favorecer su conservación.

enyesar. tr. Tapar o acomodar una cosa con yeso. ‖ **2.** *Cir.* **escayolar.**

enzarzar. tr. fig. Enredar a varios entre sí, sembrando discordias y disensiones. Ú. t. c. prnl. ‖ **2.** prnl. fig. Meterse en negocios arduos y de salida dificultosa. ‖ **3.** fig. Reñir, pelearse.

enzima. amb. *Bioquím.* Catalizador de las reacciones del metabolismo, que es generalmente una proteína específica para cada reacción o grupo de reacciones. ❑ No confundir con *encima.*

enzimático, ca. adj. Perteneciente o relativo a las enzimas.

enzootia. f. *Veter.* Cualquier enfermedad que acomete a una o más especies de animales en determinado territorio, por causa o influencia local.

eñe. f. Nombre de la letra *ñ.* ❑ pl. *eñes.*

-eo, a. suf. de adjetivos, casi todos de origen latino, que suele significar «perteneciente o relativo a» o «de la naturaleza de»: *argént*EO, *láct*EO, *marmór*EO, *iríd*EO.

eoceno, na. adj. *Geol.* Dícese de la época o período del terciario que sigue al paleoceno. Ú. t. c. s. ‖ **2.** Perteneciente o relativo a esta época o período.

eólico[1], ca. adj. Perteneciente o relativo a los eolios o a la Eólide. ‖ **2.** Dícese de uno de los cuatro principales dialectos de la lengua griega, hablado en la Eólide. Ú. t. c. s. m.

eólico[2], ca. adj. Perteneciente o relativo a Éolo. ‖ **2.** Perteneciente o relativo al viento. ‖ **3.** Producido o accionado por el viento. *Erosión* EÓLICA, *rotor* EÓLICO.

eolio, lia. adj. **eólico[1].**

eolito. m. Piedra de cuarzo usada en su forma natural como instrumento por el hombre primitivo.

epanadiplosis. f. *Ret.* Figura que consiste en repetir al fin de una cláusula o frase el mismo vocablo con que empieza.

epéntesis. f. *Gram.* Figura de dicción que consiste en añadir algún sonido dentro de un vocablo, como en *corónica* por *crónica* y en *tendré* por *tenré.*

epi-. pref. que significa «sobre»: EPI*demia,* EPI*logo,* EPI*dermis.*

épica. f. Poesía épica.

epicarpio. m. *Bot.* La capa externa de las tres que forman el pericarpio de los frutos; como la piel del melocotón.

epiceno. adj. *Gram.* V. **nombre epiceno.** Ú. t. c. s.

epicentro. m. Centro superficial del área de perturbación de un fenómeno sísmico, que cae sobre el hipocentro.

epicicloide. f. *Geom.* Curva descrita por un punto dado de una circunferencia al rodar esta sobre el exterior de otra fija.

épico, ca. adj. Perteneciente o relativo a la epopeya o a la poesía heroica. ‖ **2.** Dícese del poeta cultivador de este género de poesía. Ú. t. c. s. ‖ **3.** Propio y característico de la poesía **épica;** apto o conveniente para ella. *Estilo, talento, personaje* ÉPICO.

epicureísmo. m. Sistema filosófico enseñado por Epicuro y seguido después por otros filósofos. ‖ **2.** fig. Refinado egoísmo que busca el placer exento de todo dolor, según la doctrina atribuida a Epicuro.

epicúreo, a. adj. Que sigue la secta de Epicuro. Ú. t. c. s. ll **2.** Propio de este filósofo. ll **3.** fig. Sensual, voluptuoso, entregado a los placeres.

epidemia. f. Enfermedad que se propaga durante algún tiempo por un país, acometiendo simultáneamente a gran número de personas.

epidémico, ca. adj. Perteneciente o relativo a la epidemia.

epidemiología. f. *Med.* Tratado de las epidemias.

epidermis. f. *Anat.* Epitelio derivado del ectodermo que envuelve el cuerpo de los animales. Puede estar formado por una sola capa de células, como en los invertebrados, o por numerosas capas celulares superpuestas, que cubren la dermis, como en los vertebrados. ll **2.** *Bot.* Tejido formado por una sola capa de células que cubre el tallo y las hojas de las pteridofitas y de las fanerógamas herbáceas.

epidiascopio. m. *Fís.* Aparato de proyecciones que sirve para hacer ver en una pantalla las imágenes de diapositivas y también de cuerpos opacos, como grabados, cuerpos sólidos y otros objetos materiales.

epidídimo. m. *Anat.* Órgano con aspecto de madeja u ovillo, situado sobre cada uno de los testículos y constituido por la reunión de los conductos en que se produce el semen.

Epifanía. f. Manifestación, aparición. ll **2.** n. p. f. Festividad que celebra la Iglesia anualmente el día 6 de enero, y que también se llama de la **Adoración de los Reyes.**

epífisis. f. *Anat.* Órgano nervioso productor de ciertas hormonas, de pequeño tamaño y situado en el encéfalo, entre los hemisferios cerebrales y el cerebelo. ll **2.** *Anat.* Cada uno de los huesos largos, separado del cuerpo de estos durante los años de crecimiento por una zona cartilaginosa, cuya osificación progresiva produce el crecimiento del hueso en longitud.

epifito, ta. adj. *Bot.* Dícese del vegetal que vive sobre otra planta, sin alimentarse a expensas de esta, como los musgos y líquenes.

epífora. f. *Pat.* Lagrimeo copioso y persistente que aparece en algunas enfermedades de los ojos.

epigástrico, ca. adj. *Anat.* Perteneciente o relativo al epigastrio.

epigastrio. m. *Anat.* Región del abdomen o vientre, que se extiende desde la punta del esternón hasta cerca del ombligo, y queda limitada en ambos lados por las costillas falsas.

epigénesis. f. *Biol.* Teoría según la cual los rasgos que caracterizan a un ser vivo se modelan en el curso del desarrollo, sin estar preformados en el germen.

epigeo, a. adj. *Bot.* Dícese de la planta o de alguno de sus órganos que se desarrolla sobre el suelo.

epiglotis. f. *Anat.* Lámina cartilaginosa, sujeta a la parte posterior de la lengua de los mamíferos, que tapa la glotis al tiempo de la deglución.

epígono. m. El que sigue las huellas de otro; especialmente se dice del que sigue una escuela o un estilo de una generación anterior.

epígrafe. m. Resumen que suele preceder a cada uno de los capítulos u otras divisiones de una obra científica o literaria, o a un discurso o escrito que no tenga tales divisiones. ll **2.** Inscripción en piedra, metal, etc. ll **3.** Título, rótulo.

epigrafía. f. Ciencia cuyo objeto es conocer e interpretar las inscripciones.

epigrama. m. Inscripción en piedra, metal, etc. ll **2.** Composición poética breve en que con precisión y agudeza se expresa un solo pensamiento principal, por lo común festivo o satírico. Usáb. t. c. f.

epilepsia. f. *Pat.* Enfermedad caracterizada principalmente por accesos repentinos con pérdida brusca del conocimiento y convulsiones.

epiléptico, ca. adj. *Pat.* Que padece epilepsia. Ú. t. c. s. ll **2.** *Pat.* Perteneciente o relativo a esta enfermedad.

epilogismo. m. *Astron.* Cálculo o cómputo.

epílogo. m. Recapitulación de lo dicho en un discurso o en otra composición literaria. ll **2.** Última parte de algunas obras, desligada en cierto modo de las anteriores, y en la cual se representa una acción o se refieren sucesos que son consecuencia de la acción principal o están relacionados con ella.

epímone. f. *Ret.* Figura que consiste en repetir sin intervalo una misma palabra para dar énfasis a lo que se dice, o en intercalar varias veces en una composición poética un mismo verso o una misma expresión.

episcopado. m. Dignidad de obispo. ll **2.** Conjunto de obispos de una nación o del orbe católico.

episcopal. adj. Perteneciente o relativo al obispo. *Orden, jurisdicción* EPISCOPAL.

episiotomía. f. *Cir.* Incisión quirúrgica que se practica en el periné durante ciertos partos para facilitar la salida del feto y evitar desgarros.

episodio. m. Cada una de las acciones parciales o partes integrantes de la acción principal. ll **2.** Incidente, suceso enlazado con otros que forman un todo o conjunto. *Un* EPISODIO *de la vida del Cid; un* EPISODIO *de la guerra de la Independencia.*

epistaxis. f. *Pat.* Hemorragia nasal.

epistemología. f. Doctrina de los fundamentos y métodos del conocimiento científico.

epístola. f. Carta o misiva que se escribe a alguien. ‖ **2.** Parte de la misa, anterior al evangelio, en la que se lee o se canta algún pasaje de las **epístolas** canónicas. ‖ **3.** Composición poética en que el autor se dirige o finge dirigirse a una persona real o imaginaria, y cuyo fin suele ser moralizar, instruir o satirizar. En castellano se escribe generalmente en tercetos o en verso libre.

epistolar. adj. Perteneciente a la epístola o carta.

epistolario. m. Libro o cuaderno en que se hallan recogidas varias cartas o epístolas de un autor o de varios, escritas a diferentes personas sobre diversas materias. ‖ **2.** Libro en que se contienen las epístolas que se cantan en las misas.

epitafio. m. Inscripción que se pone, o se supone puesta, sobre un sepulcro o en la lápida o lámina colocada junto al enterramiento.

epitalamio. m. Composición poética del género lírico, en celebración de una boda.

epitelial. adj. *Anat.* Referente al epitelio.

epitelio. m. *Anat.* Tejido animal formado por células en estrecho contacto, que reviste la superficie, cavidades y conductos del organismo.

epitelioma. m. *Pat.* Cáncer formado por células epiteliales, derivadas de la piel y del revestimiento mucoso.

epíteto. m. Adjetivo o participio cuyo fin principal no es determinar o especificar el nombre, sino caracterizarlo.

epítimo. m. Planta parásita de la familia de las convolvuláceas, con tallos filiformes, encarnados y sin hojas; flores rojizas y simiente menuda y redonda. Vive comúnmente sobre el tomillo.

epítome. m. Resumen o compendio de una obra extensa, que expone lo más fundamental o preciso de la materia tratada en ella. ‖ **2.** *Ret.* Figura que consiste, después de dichas muchas palabras, en repetir las primeras para mayor claridad.

epizootia. f. *Veter.* Enfermedad que acomete a una o varias especies de animales, por una causa general y transitoria. Es como la epidemia en el hombre.

época. f. Período de tiempo que se señala por los hechos históricos durante él acaecidos. ‖ **2.** Por ext., cualquier espacio de tiempo. *En aquella* ÉPOCA *estaba yo ausente de Madrid; desde aquella* ÉPOCA *no nos hemos vuelto a ver.* ‖ **de época.** loc. adj. que se aplica a cosas típicas de tiempos pasados, como coches, indumentaria, etc.

epodo. m. Último verso de la estancia, repetido muchas veces. ‖ **2.** En la poesía griega y latina, combinación métrica compuesta de un verso largo y uno corto.

epónimo, ma. adj. Aplícase al héroe o a la persona que da nombre a un pueblo, a una tribu, a una ciudad o a un período o época.

epopeya. f. Poema narrativo extenso, con personajes heroicos, en el cual interviene lo sobrenatural o maravilloso. ‖ **2.** fig. Conjunto de hechos gloriosos dignos de ser cantados épicamente.

épsilon. f. Nombre de la *e* breve del alfabeto griego.

epulón. m. El que come y se regala mucho.

equi-. elem. compos. que significa «igual»: EQUI*distar*, EQUI*valer*.

equiángulo, la. adj. *Geom.* Aplícase a las figuras y sólidos cuyos ángulos son todos iguales.

equidad. f. Moderación en el precio de las cosas, o en las condiciones de los contratos. ‖ **2.** Disposición del ánimo que mueve a dar a cada uno lo que merece.

equidistar. intr. *Geom.* Hallarse uno o más puntos, líneas, planos o sólidos a igual distancia de otro determinado, o entre sí.

equidna. m. Mamífero monotrema, insectívoro, de cabeza pequeña, hocico afilado, lengua larga y muy extensible, con espinas; el cuello, la cola y las patas, cortos; los dedos, provistos de uñas fuertes para cavar; el cuerpo, cubierto de pelo oscuro, entre el que salen unas púas en el dorso y los costados, semejantes a las del erizo.

équido, da. adj. *Zool.* Dícese de los mamíferos perisodáctilos que, como el caballo y el asno, tienen cada extremidad terminada en un solo dedo. Ú. t. c. s. ‖ **2.** m. pl. *Zool.* Familia de estos animales.

equilátero, ra. adj. *Geom.* Aplícase a las figuras cuyos lados son todos iguales.

equilibrado, da. adj. fig. Ecuánime, sensato, prudente.

equilibrar. tr. Hacer que una cosa se ponga o quede en equilibrio. Ú. t. c. prnl. ‖ **2.** fig. Disponer y hacer que una cosa no exceda ni supere a otra, manteniéndolas proporcionalmente iguales.

equilibrio. m. Estado de un cuerpo cuando fuerzas encontradas que obran en él se compensan destruyéndose mutuamente. ‖ **2.** Situación de un cuerpo que, a pesar de tener poca base de sustentación, se mantiene sin caerse. ‖ **3.** fig. Contrapeso, armonía entre cosas diversas. ‖ **4.** fig. Ecuanimidad, mesura, sensatez en los actos y juicios.

equilibrista. adj. Diestro en hacer juegos de equilibrio. Ú. m. c. s.

equimosis. f. *Pat.* Mancha lívida, negruzca o amarillenta de la piel o de los órganos internos, que resulta de la hemorragia interna a consecuencia de un golpe, de una fuerte ligadura o de otras causas.

equino[1]. m. **erizo marino.** ‖ **2.** *Arq.* Moldura convexa, característica del capitel dórico.

equino[2], na. adj. Perteneciente o relativo al caballo. ‖ **2.** m. Animal de la especie **equina.**

equinoccio. m. *Astron.* Época en que, por hallarse el Sol sobre el Ecuador, los días son iguales a las noches en toda la Tierra, lo cual sucede anualmente del 20 al 21 de marzo y del 22 al 23 de septiembre.

equinococo. m. *Zool.* Larva de una tenia de tres a cinco milímetros de largo que vive en el intestino del perro y de otros mamíferos carnívoros; puede pasar al cuerpo de algunos rumiantes y al del hombre, alojándose con preferencia en el hígado y en los pulmones, donde forma el quiste hidatídico, que puede crecer hasta adquirir gran tamaño.

equinodermo. adj. *Zool.* Dícese de animales invertebrados marinos, de simetría radiada pentagonal, con un dermatoesqueleto formado por piezas calcáreas dispersas o yuxtapuestas y a veces provistas de espinas; como las estrellas y los erizos de mar. Ú. t. c. s. ‖ **2.** m. pl. *Zool.* Taxón al que pertenecen estos animales.

equipaje. m. Conjunto de cosas que se llevan en los viajes.

equipamiento. m. Acción y efecto de equipar. ‖ **2.** Conjunto de todos los servicios necesarios en industrias, urbanizaciones, ejércitos, etc.

equipar. tr. Proveer a uno de las cosas necesarias para su uso particular, especialmente de ropa. Ú. t. c. prnl. ‖ **2.** Proveer del equipo necesario a industrias, urbanizaciones, sanatorios u otros establecimientos.

equiparar. tr. Considerar a una persona o cosa igual o equivalente a otra.

equipo. m. Grupo de personas organizado para una investigación o servicio determinado. ‖ **2.** Cada uno de los grupos que se disputan el triunfo en ciertos deportes. ‖ **3.** Colección de utensilios, instrumentos y aparatos especiales para un fin determinado. EQUIPO *quirúrgico, de salvamento.* ‖ **en equipo.** loc. adv. Coordinadamente, entre varios.

equipolente. adj. *Lóg.* **equivalente,** que equivale a otra cosa. ‖ **2.** *Geom.* Dícese de los pares de puntos que definen vectores iguales.

equis. f. Nombre de la letra *x*, y del signo de la incógnita en los cálculos. ‖ **2.** adj. Denota un número desconocido o indiferente. *Necesito una cantidad* EQUIS, O EQUIS *pesetas.* ❏ pl. invar.

equisetáceo, a. adj. *Bot.* Dícese de plantas, algunas de ellas fósiles, pertenecientes a la clase de las equisetíneas, y cuyo tipo es la cola de caballo. Ú. t. c. s. ‖ **2.** f. pl. *Bot.* Familia de estas plantas.

equisetíneo, a. adj. *Bot.* Dícese de plantas criptógamas pteridofitas, herbáceas, vivaces, con rizoma feculento, tallos rectos, articulados, huecos, sencillos o ramosos, con fructificación en ramillete terminal parecido a un penacho. Ú. t. c. s. ‖ **2.** f. pl. *Bot.* Clase de estas plantas, la mayoría de las cuales son fósiles.

equitación. f. Arte de montar y manejar bien el caballo. ‖ **2.** Práctica de montar a caballo.

equitativo, va. adj. Que tiene equidad.

équite. m. Ciudadano romano perteneciente a una clase intermedia entre los patricios y los plebeyos, y que servía en el ejército a caballo.

equivalencia. f. Igualdad en el valor, estimación, potencia o eficacia de dos o más cosas.

equivalente. adj. Que equivale a otra cosa. Ú. t. c. s. ‖ **gramo.** *Quím.* Masa de una sustancia pura cuyo valor en gramos se expresa por el mismo número de su **equivalente** químico. ‖ **químico.** Cociente de la masa atómica por la valencia.

equivaler. intr. Ser igual una cosa a otra en la estimación, valor, potencia o eficacia. ❏ Irreg. Se conj. como *valer.* Ú. con la prep. *a.*

equivocación. f. Acción y efecto de equivocar o equivocarse. ‖ **2.** Cosa hecha con desacierto.

equivocar. tr. Tener o tomar una cosa por otra, juzgando u obrando desacertadamente. Ú. m. c. prnl.

equívoco, ca. adj. Que puede entenderse o interpretarse en varios sentidos, o dar ocasión a juicios diversos. ‖ **2.** m. Acción y efecto de equivocar o equivocarse.

era[1]. f. Punto fijo o fecha determinada de un suceso, desde el cual se empiezan a contar los años. ‖ **2.** Extenso período histórico caracterizado por una gran innovación en las formas de vida y de cultura. ERA *de los descubrimientos.* ERA *atómica.* ‖ **3.** Cada uno de los grandes períodos de la evolución geológica o cósmica. ERA *cuaternaria.* ERA *solar.*

era[2]. f. Espacio de tierra limpia y firme, algunas veces empedrado, donde se trillan las mieses. ‖ **2.** Cuadro pequeño de tierra destinado al cultivo de flores u hortalizas.

eral, la. m. y f. Res vacuna de más de un año y que no pasa de dos.

erar. tr. Formar y disponer eras para poner plantas en ellas.

erario. m. **hacienda pública.** ‖ **2.** Lugar donde se guarda.

erasmismo. m. Forma de humanismo representada por Erasmo y sus seguidores.

erasmista. adj. Partidario de las doctrinas de

Erasmo. Ú. t. c. s. ‖ **2.** Perteneciente o relativo al erasmismo.

erbio. m. Elemento químico de núm. atóm. 68. Metal de las tierras raras, muy escaso en la corteza terrestre; se encuentra unido al itrio y al terbio en ciertos minerales. De color gris oscuro, sus sales son rojas, y se ha utilizado para fabricar filamentos de lámparas incandescentes. Símb. *Er.*

ere. f. Nombre de la letra *r* en su sonido suave; v. gr.: *ara, arena.* ❑ pl. *eres.*

erección. f. Acción y efecto de levantar, levantarse, enderezarse o ponerse rígida una cosa. ‖ **2.** Fundación o institución. ‖ **3. tensión,** estado de un cuerpo estirado por una o varias fuerzas.

eréctil. adj. Que tiene la facultad o propiedad de levantarse, enderezarse o ponerse rígido.

erecto, ta. adj. Enderezado, levantado, rígido.

eremita. m. **ermitaño.**

erg. m. *Fís.* **ergio,** en la nomenclatura internacional.

ergio. m. *Fís.* Unidad de trabajo en el sistema cegesimal, equivalente al realizado por una dina cuando su punto de aplicación recorre un centímetro.

ergo. conj. lat. Por tanto, luego, pues. Ú. en la argumentación silogística, y también irónicamente.

ergonomía. f. Estudio de datos biológicos y tecnológicos aplicados a problemas de mutua adaptación entre el hombre y la máquina.

ergoterapia. f. *Med.* Método curativo que utiliza el trabajo manual en la reeducación de los enfermos o impedidos, para su reinserción en la vida social.

erguén. m. Árbol espinoso, de la familia de las sapotáceas, de poca altura y de copa muy extendida, hojas enteras y coriáceas, flores de color amarillo verdoso, y fruto drupáceo con semillas duras oleaginosas. Su madera es muy dura y se emplea en ebanistería; de las semillas se extrae aceite. Es planta oriunda de Marruecos y crece en Andalucía.

erguir. tr. Levantar y poner derecha una cosa. Se usa más ordinariamente hablando del cuello, de la cabeza, etc. ‖ **2.** prnl. Levantarse o ponerse derecho. ❑ Irreg. Ver conjugación modelo.

erial. adj. Aplícase a la tierra o campo sin cultivar ni labrar. Ú. m. c. s. m.

ericáceo, a. adj. *Bot.* Dícese de plantas angiospermas dicotiledóneas, matas, arbustos, o arbolitos, con hojas casi siempre alternas, flores más o menos vistosas, de cáliz persistente partido en tres, cuatro o cinco partes, y por frutos cajas dehiscentes de varias celdillas o bayas, jugosas, con semillas de albumen carnoso; como el madroño, el brezo común y el arándano. Ú. t. c. s. f. ‖ **2.** f. pl. *Bot.* Familia de estas plantas.

erguir

INDICATIVO

Presente: yergo (o irgo), yergues (o irgues), yergue (o irgue), erguimos, erguís, yerguen (o irguen).

Pretérito imperfecto: erguía, erguías, erguía, erguíamos, erguíais, erguían.

Pretérito indefinido: erguí, erguiste, irguió, erguimos, erguisteis, irguieron.

Futuro imperfecto: erguiré, erguirás, erguirá, erguiremos, erguiréis, erguirán.

Condicional: erguiría, erguirías, erguiría, erguiríamos, erguiríais, erguirían.

SUBJUNTIVO

Presente: yerga (o irga), yergas (o irgas), yerga (o irga), yergamos (o irgamos), yergáis (o irgáis), yergan (o irgan).

Pretérito imperfecto: irguiera o irguiese, irguieras o irguieses, irguiera o irguiese, irguiéramos o irguiésemos, irguierais o irguieses, irguieran o irguiesen.

Futuro imperfecto: irguiere, irguieres, irguiere, irguiéremos, irguiereis, irguieren.

IMPERATIVO

yergue o irgue (tú); erguid (vosotros).

FORMAS NO PERSONALES

Infinitivo: erguir.
Participio: erguido.
Gerundio: irguiendo.

erigir. tr. Fundar, instituir o levantar. ERIGIR *un templo, una estatua.* ‖ **2.** Dar a una persona o cosa un carácter o categoría que antes no tenía. ERIGIR *un territorio en provincia.* Ú. t. c. prnl. ERIGIRSE *en juez.*

erina. f. *Cir.* Instrumento metálico de uno o dos ganchos, que utilizan los anatómicos y los cirujanos para sujetar las partes sobre las que operan, o apartarlas de la acción de los instrumentos, a fin de mantener separados los tejidos en una operación.

erisipela. f. *Pat.* Inflamación microbiana de la dermis, caracterizada por el color rojo y comúnmente acompañada de fiebre.

eritema. m. *Pat.* Inflamación superficial de la piel, caracterizada por manchas rojas.

eritreo, a. adj. Aplícase al mar llamado en nuestra lengua Rojo y a lo perteneciente a él. Se usa principalmente en poesía. Ú. t. c. s.

eritrocito. m. *Biol.* **hematíe.**

erizado, da. adj. Cubierto de púas o espinas; como el puerco espín.

erizar. tr. Levantar, poner rígida una cosa, como las púas del erizo; se usa especialmente hablando del pelo. Ú. m. c. prnl.

erizo. m. Mamífero insectívoro de unos veinte centímetros de largo, con el dorso y los costados cubiertos de agudas púas, la cabeza pequeña, el hocico afilado y las patas y la cola muy cortas. En caso de peligro se enrolla en forma de bola; es animal nocturno y muy útil para la agricultura, por los muchos insectos que consume. ‖ **de mar,** o **marino.** Animal equinodermo, de cuerpo hemisférico protegido por un dermatoesqueleto calizo formado por diez series dobles de placas poligonales y cubierto de espinas articuladas, con la boca en el centro de la cara inferior y el ano en el de la superior.

ermita. f. Santuario o capilla, generalmente pequeño, situado por lo común en despoblado y que no suele tener culto permanente.

ermitaño, ña. m. y f. Persona que vive en una ermita y cuida de ella. ‖ **2.** m. Persona que vive en soledad, como el monje, y que profesa vida solitaria. Ú. t. c. adj. ‖ **3. cangrejo ermitaño.**

erógeno, na. adj. Que produce excitación sexual o es sensible a ella.

eros. m. Conjunto de tendencias e impulsos sexuales de la persona humana.

erosión. f. Desgaste o destrucción producidos en la superficie de un cuerpo por la fricción continua o violenta de otro. Ú. t. en sent. fig. ‖ **2.** Desgaste de la superficie terrestre por agentes externos, como el agua o el viento. ‖ **3.** fig. Desgaste de prestigio o influencia que puede sufrir una persona, una institución, etc.

erosionar. tr. Producir erosión. ‖ **2.** fig. Desgastar el prestigio o influencia de una persona, una institución, etc. Ú. t. c. prnl.

erostratismo. m. Manía que lleva a cometer actos delictivos para conseguir renombre.

erótica. f. Atracción muy intensa, semejante a la sexual, que se siente hacia el poder, el dinero, la fama, etc.

erótico, ca. Perteneciente o relativo al amor sensual. ‖ **2.** Que excita el apetito sexual.

erotismo. m. Amor sensual. ‖ **2.** Carácter de lo que excita el amor sensual.

erotomanía. f. *Psiquiat.* Enajenación mental causada por el amor y caracterizada por un delirio erótico.

errabundo, da. adj. Que va de una parte a otra sin tener asiento fijo.

erradicación. f. Acción de erradicar.

erradicar. tr. Arrancar de raíz.

errado, da. adj. Que yerra. ❑ No confundir con *herrado.*

errante. adj. Que anda de una parte a otra sin tener asiento fijo.

errar. tr. No acertar. ERRAR *el blanco, la vocación.* Ú. t. c. intr. ERRAR *en la respuesta.* ‖ **2.** intr. Andar vagando de una parte a otra. ❑ Irreg. Ver conjugación modelo. No confundir con *herrar.*

errar

INDICATIVO

Presente: yerro, yerras, yerra, erramos, erráis, yerran.
Pretérito imperfecto: erraba, errabas, erraba, errábamos, errabais, erraban.
Pretérito indefinido: erré, erraste, erró, erramos, errasteis, erraron.
Futuro imperfecto: erraré, errarás, errará, erraremos, erraréis, errarán.
Condicional: erraría, errarías, erraría, erraríamos, erraríais, errarían.

SUBJUNTIVO

Presente: yerre, yerres, yerre, erremos, erréis, yerren.
Pretérito imperfecto: errara o errase, erraras o errases, errara o errase, erráramos o errásemos, errarais o erraseis, erraran o errasen.
Futuro imperfecto: errare, errares, errare, erráremos, errareis, erraren.

IMPERATIVO

yerra (tú); errad (vosotros).

FORMAS NO PERSONALES

Infinitivo: errar.
Participio: errado.
Gerundio: errando.

errata. f. Equivocación material cometida en lo impreso o manuscrito.

errático, ca. adj. Vagabundo, ambulante, sin domicilio cierto. ❑ No confundir con *erróneo.*

erre. f. Nombre de la letra *r* en su sonido fuerte; v. gr.: *Ramo, Enrique.* ‖ **erre que erre.** loc. adv. fam. Porfiadamente, tercamente. ❑ pl. *erres.*

erróneo, a. adj. Que contiene error. *Doctrina* ERRÓNEA; *discurso* ERRÓNEO.

error. m. Concepto equivocado o juicio falso. ‖ **2.** Acción desacertada o equivocada.

eructar. intr. Expeler con ruido por la boca los gases del estómago.

eructo. m. Acción y efecto de eructar.

erudición. f. Instrucción en varias ciencias, artes y otras materias. ‖ **2.** Amplio conocimiento de los documentos relativos a una ciencia o arte.

erudito, ta. adj. Instruido en varias ciencias, artes y otras materias. Ú. t. c. s. ‖ **2.** Persona que conoce con amplitud los documentos relativos a una ciencia o arte.

erupción. f. Aparición y desarrollo en la piel, o en las mucosas, de granos, manchas o vesículas. ‖ **2.** Estos mismos granos o manchas. ‖ **3.** *Geol.* Emisión de materias sólidas, líquidas o gaseosas por aberturas o grietas de la corteza terrestre; unas veces es repentina y violenta, como en los volcanes, y otras lenta y tranquila, como en las solfataras.

eruptivo, va. adj. Perteneciente a la erupción o procedente de ella. *Enfermedad* ERUPTIVA; *rocas* ERUPTIVAS.

esbeltez. f. Cualidad de esbelto. ‖ **2.** Proporción gallarda, despejada y graciosa entre la altura y la anchura de los cuerpos.

esbelto, ta. adj. Dotado de esbeltez.

esbirro. m. El que tiene por oficio prender a las personas. ‖ **2.** fig. Secuaz a sueldo o movido por interés.

esbozar. tr. **bosquejar.** ‖ **2.** Insinuar un gesto, normalmente del rostro. ESBOZAR *una sonrisa.*

esbozo. m. Acción y efecto de esbozar. ‖ **2.** Bosquejo sin perfilar y no acabado. Se usa especialmente hablando de las artes plásticas, y por ext., de cualquier obra del ingenio.

escabechar. tr. Echar en escabeche.

escabeche. m. Salsa o adobo que se hace con aceite frito, vino o vinagre, hojas de laurel y otros ingredientes, para conservar y hacer sabrosos los pescados y otros alimentos. ‖ **2.** Alimento conservado en esta salsa.

escabechina. f. fig. Riza, destrozo, estrago.

escabel. m. Tarima pequeña que se pone delante de la silla para que descansen los pies del que está sentado. ‖ **2.** Asiento pequeño hecho de tablas, sin respaldo.

escabroso, sa. adj. Desigual, lleno de tropiezos y estorbos. Dícese especialmente del terreno. ‖ **2.** fig. Peligroso, que está al borde de lo inconveniente o de lo inmoral.

escabullirse. prnl. fig. Apartarse uno, sin que de momento se note, de la compañía en que estaba. ‖ **2.** fig. Huir de una dificultad con sutileza. ❑ Irreg. Se conj. como *mullir.* Ú. con la prep. *de.*

escacharrar. tr. Romper un cacharro. Ú. t. c. prnl. ‖ **2.** fig. Malograr, estropear una cosa. Ú. t. c. prnl.

escachifollar. tr. **cachifollar.**

escafandra. f. Aparato compuesto de una vestidura impermeable y un casco perfectamente cerrado, con un cristal frente a la cara, y orificios y tubos para renovar el aire. Sirve para permanecer y trabajar debajo del agua.

escafoides. adj. *Anat.* V. **hueso escafoides.** Ú. t. c. s.

escala. f. Escalera de mano, hecha de madera, de cuerda o de ambas cosas. ‖ **2.** Sucesión ordenada de cosas distintas, pero de la misma especie. ESCALA *de colores;* ESCALA *de los seres.* ‖ **3.** Línea recta dividida en partes iguales que representan metros, kilómetros, leguas, etc., y sirve de medida para dibujar proporcionadamente en un mapa o plano las distancias y dimensiones de un terreno, edificio, máquina u otro objeto, y para averiguar sobre el plano las medidas reales de lo dibujado. ‖ **4.** *Aer.* y *Mar.* Lugar donde tocan las embarcaciones o las aeronaves entre su punto de origen y el de destino. ‖ **5.** *Fís.* Graduación para medir los efectos de diversos instrumentos. ‖ **6.** *Mús.* Sucesión diatónica o cromática de las notas musicales. ‖ **a escala.** loc. adv. Ajustándose a una **escala.** Dicho con referencia a figuras, reproducciones, etc. *El edificio está reproducido* A ESCALA. Ú. t. c. loc. adj. *Muebles* A ESCALA.

escalada. f. Acción y efecto de trepar por una pendiente o a una gran altura. ‖ **2.** Aumento rápido y por lo general alarmante de alguna cosa, como precios, actos delictivos, gastos, armamentos, etc.

escalafón. m. Lista de los individuos de una corporación, clasificados según su grado, antigüedad, méritos, etc.

escalar[1]. tr. Subir, trepar por una gran pendiente o a una gran altura. ‖ **2.** fig. Subir, no siempre por buenas artes, a elevadas dignidades.

escalar[2]. adj. *Fís.* Dícese de la magnitud física que carece de dirección, como la temperatura.

escaldado, da. adj. fig. y fam. Escarmentado, receloso.

escaldar. tr. Bañar con agua hirviendo una cosa. ‖ **2.** Abrasar con fuego una cosa, poniéndola muy roja y encendida, como el hierro, etc.

escaldo. m. Cada uno de los antiguos poetas escandinavos, autores de cantos heroicos y de sagas.

escaleno. adj. *Geom.* V. **triángulo escaleno.**

escalera. f. Serie de escalones que sirven para subir a los pisos de un edificio o a un plano más elevado, o para bajar de ellos. ‖ **2.** Reunión de naipes de valor correlativo. ‖ **de caracol.** La de forma espiral, seguida y sin ningún descanso. ‖ **de color.** La formada por naipes del mismo palo. ‖ **de incendios. escalera** metálica destinada a facilitar la salida de un edificio o la entrada en él en caso de incendio. ‖ **de mano.** Aparato portátil, por lo común de madera, compuesto de dos largueros en que están encajados transversalmente y a igual distancia unos travesaños que sirven de escalones. ‖ **mecánica.** La dotada de automoción y cuyos peldaños enlazados unos a otros sin solución de continuidad, se deslizan en marcha ascendente o descendente sobre rodillos elásticos.

escalerilla. f. Escalera de corto número de escalones.

escalfar. tr. Cocer en agua hirviendo o en caldo los huevos sin la cáscara.

escalinata. f. Escalera amplia y generalmente artística, en el exterior o en el vestíbulo de un edificio.

escalofriante. adj. Pavoroso, terrible. ‖ **2.** Asombroso, sorprendente.

escalofrío. m. Sensación de frío, por lo común repentina, violenta y acompañada de contracciones musculares, que a veces precede a un ataque de fiebre. Ú. m. en pl. ‖ **2.** Sensación semejante producida por una emoción intensa, especialmente de terror.

escalón. m. En la escalera de un edificio, cada parte en que se apoya el pie para subir o bajar. ‖ **2.** fig. Paso o medio con que uno adelanta sus pretensiones o conveniencias.

escalonado, da. adj. Semejante en la superficie a una serie de escalones.

escalonar. tr. Situar ordenadamente personas o cosas de trecho en trecho. Ú. especialmente en la milicia. Ú. t. c. prnl. ‖ **2.** fig. Distribuir en tiempos sucesivos las diversas partes de una serie.

escalope. m. Loncha delgada de carne empanada y frita.

escalpelo. m. *Cir.* Instrumento en forma de cuchillo pequeño, de hoja fina, puntiaguda, de uno o dos cortes, que se usa en las disecciones anatómicas, autopsias y vivisecciones.

escama. f. *Zool.* Laminilla de origen dérmico o epidérmico, en forma de escudo que, imbricada con otras muchas de su clase, suele cubrir total o parcialmente el cuerpo de algunos animales, principalmente el de los peces y reptiles. ‖ **2.** fig. Lo que tiene figura de **escama.**

escamado, da. adj. Que siente recelo o desconfianza.

escamar. tr. Quitar las escamas a los peces. ‖ **2.** fig. y fam. Hacer que uno entre en cuidado, recelo o desconfianza. Ú. m. c. prnl.

escamoso, sa. adj. Que tiene escamas. ‖ **2.** *Zool.* Dícese de los reptiles cuyo cuerpo está cubierto de escamas y que carecen de esqueleto externo o caparazón, como los lagartos y las serpientes. Ú. t. c. s. ‖ **3.** m. pl. *Zool.* Orden de estos animales.

escamotear. tr. Hacer el jugador de manos que desaparezcan a ojos vistas las cosas que maneja. ‖ **2.** fig. Robar o quitar una cosa con agilidad y astucia.

escampado, da. adj. Dícese del terreno descubierto, sin tropiezos, malezas ni espesuras.

escampar. intr. Aclararse el cielo nublado, cesar de llover.

escampavía. f. Barco pequeño y velero que acompaña a una embarcación más grande, sirviéndole de explorador.

escamujar. tr. Podar ligeramente un árbol, especialmente el olivo, entresacando varas o ramas, para que el fruto tenga mejor sazón.

escanciar. tr. Echar el vino; servirlo en las mesas y convites.

escanda. f. Especie de trigo, propia de países fríos y terrenos pobres, de paja dura y corta, y cuyo grano se separa difícilmente del cascabillo.

escandalera. f. fam. Escándalo, alboroto grande.

escandalizar. tr. Causar escándalo. ‖ **2.** prnl. Mostrar indignación, real o fingida, por alguna cosa.

escandallo. m. Parte de la sonda que lleva en su base una cavidad rellena de sebo, y sirve para reconocer la calidad del fondo del agua, mediante las partículas u objetos que se sacan adheridos.

escándalo. m. Acción o palabra que es causa de que uno obre mal o piense mal de otro. ‖ **2.** Alboroto, tumulto, ruido. ‖ **3.** Desenfreno, desvergüenza, mal ejemplo.

escandaloso, sa. adj. Que causa escándalo. Ú. t. c. s. ‖ **2.** Ruidoso, revoltoso, inquieto. Ú. t. c. s.

escandinavo, va. adj. Natural de Escandinavia. Ú. t. c. s. ‖ **2.** Perteneciente o relativo a esta región del norte de Europa.

escandio. m. Elemento químico de núm. atóm. 21. Metal escaso en la corteza terrestre; se encuentra disperso en algunos minerales. De color gris con tintes rosáceos, sus sales son incoloras y su óxido tiene las mismas propiedades que los de las tierras raras. Símb. *Sc.*

escáner. m. *Electrón.* Dispositivo que explora un espacio o imagen, que traduce en señales eléctricas para su procesamiento. ‖ **2.** *Med.* Aparato que, por medio de diversos métodos de exploración, produce una representación visual de secciones del cuerpo. ❑ pl. *escáneres.*

escanograma. m. Imagen obtenida mediante un escáner.

escaño. m. Banco con respaldo en el que pueden sentarse tres o más personas. ‖ **2.** Puesto, asiento de los parlamentarios en las Cámaras.

escapada. f. Acción de escapar o salir deprisa y ocultamente. ‖ **2.** Abandono temporal de las ocupaciones habituales, generalmente con objeto de divertirse o distraerse.

escapado, da. adj. Dícese del corredor que se adelanta a los demás. Ú. t. c. s. ‖ **2.** adv. m. Con ciertos verbos de movimiento, muy deprisa. *Entramos* ESCAPADOS.

escapar. intr. Salir de un encierro o un peligro. ESCAPAR *de la prisión, de la enfermedad.* Ú. t. c. prnl. ‖ **2.** prnl. Salirse un líquido o un gas de un depósito, cañería, canal, etc., por algún resquicio. ‖ **3.** Marcharse un vehículo de transporte público antes de que uno pueda entrar en él. ‖ **4.** fig. Quedar fuera del dominio o influencia de alguna persona o cosa. Ú. t. c. intr. *Hay cosas que* SE ESCAPAN (o *que* ESCAPAN) *al poder de la voluntad.* ‖ **5.** fig. Pasar una cosa inadvertida a alguien. SE NOS ESCAPÓ *una errata.* ‖ **6.** *Dep.* Adelantarse uno al grupo en que va corriendo.

escaparate. m. Hueco que hay en la fachada de las tiendas, resguardado con cristales en la parte exterior, y que sirve para colocar en él muestras de los géneros que allí se venden, a fin de que llamen la atención del público.

escaparatista. com. Persona encargada de disponer artísticamente los objetos que se muestran en los escaparates.

escapatoria. f. Acción y efecto de evadirse y escaparse. *Dar a uno* ESCAPATORIA.

escape. m. Acción de escapar. ‖ **2.** Fuga de un gas o de un líquido. ‖ **3.** En los motores de explosión, salida de los gases quemados, y tubo que los conduce al exterior. ‖ **a escape.** loc. adv. A todo correr, a toda prisa.

escapismo. m. Actitud del que se evade o huye mentalmente de la realidad.

escapista. adj. Propenso al escapismo. Ú. t. c. s. ‖ **2.** Perteneciente al escapismo.

escapo. m. *Bot.* Tipo de tallo herbáceo, sin hojas, que arranca de la parte baja del vegetal y lleva las flores en su ápice.

escápula. f. *Anat.* **omóplato.**

escapulario. m. Tira o pedazo de tela con una abertura por donde se mete la cabeza, y que cuelga sobre el pecho y la espalda; sirve de distintivo a varias órdenes religiosas. Hácese también de dos pedazos pequeños de tela unidos con dos cintas largas para echarlo al cuello, y lo usan por devoción los seglares.

escaque. m. Cada una de las casillas cuadradas e iguales, blancas y negras alternadamente, y a veces de otros colores, en que se divide el tablero de ajedrez y el del juego de damas.

escaquear. tr. Dividir en escaques. ‖ **2.** prnl. fam. Eludir una tarea u obligación.

escara. f. *Cir.* Costra, ordinariamente de color oscuro, que resulta de la mortificación o pérdida de vitalidad de una parte viva afectada de gangrena, o profundamente quemada por la acción del fuego o de un cáustico.

escarabajo. m. Insecto coleóptero, de antenas con nueve articulaciones terminadas en maza, élitros lisos, cuerpo deprimido, con cabeza rombal y dentada por delante, y patas anteriores desprovistas de tarsos. Busca el estiércol para alimentarse y hacer bolas, dentro de las cuales deposita los huevos. ‖ **bolero. escarabajo,** insecto coleóptero. ‖ **de la patata.** *Zool.* Insecto coleóptero de pequeño tamaño, color amarillo y diez líneas negras sobre los élitros. Constituye una plaga en los cultivos de la patata. ‖ **pelotero. escarabajo bolero.**

escaramujo. m. Especie de rosal silvestre, con hojas algo agudas y sin vello; tallo liso, con dos aguijones alternos; flores encarnadas y por fruto una baya aovada, carnosa, coronada de cortaduras, y de color rojo cuando está madura, que se usa en medicina. ‖ **2.** Fruto de este arbusto.

escaramuza. f. Refriega de poca importancia sostenida especialmente por las avanzadas de los ejércitos. ‖ **2.** fig. Riña, disputa o contienda de poca importancia.

escarapela. f. Divisa compuesta de cintas por lo general de varios colores, fruncidas o formando lazadas alrededor de un punto. Como distintivo, se coloca en el sombrero, morrión, etc. Se usa también como adorno.

escarbar. tr. Rayar o remover repetidamente la superficie de la tierra, ahondando algo en ella, según suelen hacerlo con las patas el toro, el caballo, la gallina, etc. ‖ **2.** fig. Inquirir curiosamente lo que está algo encubierto y oculto, hasta averiguarlo.

escarceo. m. Prueba o tentativa antes de iniciar una acción determinada. ‖ **2.** pl. Giros que dan los caballos cuando están fogosos o el jinete los obliga a ello. ‖ **amoroso.** Aventura amorosa superficial. Ú. m. en pl.

escarcha. f. Rocío de la noche congelado.

escarchado, da. adj. Cubierto de escarcha. ‖ **2.** m. Cierta labor de oro o plata, sobrepuesta en la tela.

escarchar. intr. Congelarse el rocío que cae en las noches frías. ‖ **2.** tr. Preparar confituras de modo que el azúcar cristalice en lo exterior como si fuese escarcha.

escarda. f. Acción y efecto de escardar. ‖ **2.** Época del año a propósito para esta labor. ‖ **3.** Azada pequeña con que se arrancan los cardos, cardillos y otras hierbas que nacen entre los sembrados.

escardar. tr. Arrancar y sacar los cardos y otras hierbas nocivas de los sembrados. ‖ **2.** fig. Separar y apartar lo malo de lo bueno para que no se confundan.

escariar. tr. Agrandar o redondear un agujero abierto en metal, o el diámetro de un tubo, por medio de herramientas adecuadas.

escarificar. tr. *Cir.* Hacer en alguna parte del cuerpo cortaduras e incisiones muy poco profundas para facilitar la salida de ciertos líquidos o humores.

escarlata. f. Color carmesí fino, menos subido que el de la grana. Ú. t. c. adj.

escarlatina. f. *Pat.* Fiebre eruptiva, contagiosa y con frecuencia epidémica, caracterizada por un exantema difuso de la piel, de color rojo subido, por grandes elevaciones de temperatura y por angina; algunas veces ocurren complicaciones graves.

escarmentado, da. adj. Que escarmienta. Ú. t. c. s.

escarmentar. tr. Corregir con rigor, de obra o de palabra, al que ha errado, para que se enmiende. ‖ **2.** intr. Tomar enseñanza de lo que uno ha visto y experimentado en sí o en otros, para guardarse y evitar el caer en los mismos peligros. ❑ Irreg. Se conj. como *acertar.*

escarmiento. m. Desengaño, aviso y cautela, adquiridos con la advertencia o la experiencia del daño, error o perjuicio que uno ha reconocido en sus acciones o en las ajenas. ‖ **2.** Castigo, multa, pena.

escarnecer. tr. Hacer mofa y burla de otro. ❑ Irreg. Se conj. como *agradecer.*

escarnio. m. Befa tenaz que se hace con el propósito de afrentar.

escarola. f. Planta de la familia de las compuestas, de hojas rizadas y amargas al gusto, que se dulcifican privándolas de la luz hasta que adquieren un color amarillo pálido.

escarpa. f. Declive áspero del terreno.

escarpado, da. adj. Que tiene escarpa o gran pendiente. ‖ **2.** Dícese de las alturas que no tienen subida ni bajada transitables o las tienen muy ásperas y peligrosas.

escarpadura. f. Declive áspero de cualquier terreno.

escarpar. tr. Cortar una montaña o terreno poniéndolo en plano inclinado.

escarpia. f. Clavo con cabeza acodillada, que sirve para sujetar bien lo que se cuelga.

escarpidor. m. Peine de púas largas, gruesas y ralas, que sirve para desenredar el cabello.

escarpín. m. Zapato de una sola suela y de una sola costura.

escarza. f. *Veter.* Herida causada en los pies o manos de las caballerías por haber entrado entre el casco y la carne una china o cosa semejante.

escasear. intr. Faltar, ir a menos una cosa.

escasez. f. Poquedad, mengua de una cosa. ESCASEZ *de trigo, de agua.* ‖ **2.** Pobreza o falta de lo necesario para subsistir. *Vivir con* ESCASEZ.

escaso, sa. adj. Corto, poco, limitado. *Comida* ESCASA.

escatimar. tr. Cercenar, disminuir, escasear lo que se ha de dar o hacer, acortándolo todo lo posible.

escatofagia. f. Hábito de comer excrementos.

escatología¹. f. Conjunto de creencias y doctrinas referentes a la vida de ultratumba.

escatología². f. Cualidad de escatológico².

escatológico¹, ca. adj. Relativo a la vida de ultratumba.

escatológico², ca. adj. Referente a los excrementos y suciedades.

escavar. tr. Cavar ligeramente la tierra para ahuecarla y quitar la maleza. ❑ No confundir con *excavar.*

escayola. f. Yeso calcinado. ‖ **2. estuco.**

escayolar. tr. *Cir.* Endurecer con yeso o escayola los apósitos y vendajes destinados a sostener en posición conveniente los huesos rotos o dislocados.

escayolista. com. Persona que hace obras de escayola.

escena. f. Sitio o parte del teatro en que se representa o ejecuta la obra dramática o cualquier otro espectáculo teatral. Comprende el espacio en que se figura el lugar de la acción a la vista del público. ‖ **2.** Cada una de las partes en que se divide el acto de la obra dramática, y en que están presentes unos mismos personajes. ‖ **3.** En el cine, cada parte de la película que constituye una unidad en sí misma, caracterizada por la presencia de los mismos personajes. ‖ **4.** fig. Acto o manifestación en que se descubre algo de aparatoso, teatral, y a veces fingido, para impresionar el ánimo. *Vaya* ESCENA *que me hizo. Nos hizo una* ESCENA. ‖ **poner en escena** una obra. fr. Representarla, ejecutarla en el teatro.

escenario. m. Parte del teatro construida y dispuesta convenientemente para que en ella se puedan colocar las decoraciones y representar las obras dramáticas o cualquier otro espectáculo teatral. ‖ **2.** fig. Conjunto de circunstancias que rodean a una persona o un suceso.

escénico, ca. adj. Perteneciente o relativo a la escena.

escenificación. f. Acción y efecto de escenificar.

escenificar. tr. Dar forma dramática a una obra literaria para ponerla en escena. ‖ **2.** Poner en escena una obra o espectáculo teatrales.

escenografía. f. Arte de proyectar o realizar decoraciones escénicas. ‖ **2.** Conjunto de decorados en la representación escénica.

escenográfico, ca. adj. Perteneciente o relativo a la escenografía.

escepticismo. m. Doctrina de ciertos filósofos antiguos y modernos, que consiste en afirmar que la verdad no existe, o que, si existe, el hombre es incapaz de conocerla. ‖ **2.** Desconfianza o duda de la verdad o eficacia de alguna cosa.

escéptico, ca. adj. Que profesa el escepticismo. *Filósofo* ESCÉPTICO; *hombre* ESCÉPTICO. Apl. a pers., ú. t. c. s. ‖ **2.** fig. Que no cree o afecta no creer en determinadas cosas. Ú. t. c. s.

escíncido. adj. *Zool.* Dícese de reptiles del orden de los saurios que tienen la lengua corta y escotada y las patas poco desarrolladas; como los eslizones. Ú. t. c. s. ‖ **2.** m. pl. *Zool.* Familia de estos animales.

escindir. tr. Cortar, dividir, separar. Ú. t. c. prnl. ‖ **2.** *Fís.* Romper un núcleo atómico en dos porciones aproximadamente iguales, con la consiguiente liberación de energía. Suele realizarse mediante el bombardeo con neutrones.

escirro. m. *Pat.* Especie de cáncer que consiste en un tumor duro de superficie desigual al tacto y que se produce principalmente en las glándulas, sobre todo en los pechos de las mujeres.

escisión. f. Rompimiento, desavenencia. ‖ **2.** *Cir.* Extirpación de un tejido o un órgano. ‖ **nuclear.** *Fís.* Rotura de un núcleo atómico en dos porciones aproximadamente iguales.

escita. adj. Natural de la Escitia, región de Asia antigua. Ú. t. c. s.

esclarecedor, ra. adj. Que esclarece.

esclarecer. tr. Iluminar, poner clara y luciente una cosa. ‖ **2.** fig. Poner en claro, dilucidar un asunto o doctrina. ‖ **3.** intr. Apuntar la luz y claridad del día, empezar a amanecer. ❏ Irreg. Se conj. como *agradecer.*

esclarecido, da. adj. Claro, ilustre, singular, insigne.

esclarecimiento. m. Acción y efecto de esclarecer.

esclavina. f. Vestidura de cuero o tela, que se ponen al cuello y sobre los hombros los que van en romería; se han usado más largas, a manera de capas. ‖ **2.** Pieza sobrepuesta que suele llevar la capa unida al cuello y que cubre los hombros.

esclavista. adj. Partidario de la esclavitud. Ú. t. c. s.

esclavitud. f. Estado de esclavo. ‖ **2.** fig. Sujeción excesiva por la cual se ve sometida una persona a otra, o a un trabajo u obligación.

esclavizar. tr. Hacer esclavo a uno; reducirlo a esclavitud. ‖ **2.** fig. Tener a uno muy sujeto e intensamente ocupado.

esclavo, va. adj. Dícese de la persona que por estar bajo el dominio de otra carece de libertad. Ú. t. c. s. ‖ **2.** fig. Sometido rigurosa o fuertemente a un deber, pasión, afecto, vicio, etc., que priva de libertad. *Hombre* ESCLAVO *de su palabra, de la ambición, de la amistad, de la envidia.* Ú. t. c. s. ‖ **3.** f. Pulsera sin adornos y que no se abre.

esclerodermia. f. *Pat.* Enfermedad crónica de la piel, caracterizada por el abultamiento y dureza primero, y por la retracción después.

escleroproteína. f. *Bioquím.* Cada una de las proteínas que, como el colágeno y la queratina, se encuentran en huesos, cartílagos, tendones y estructuras animales de protección o sostén, como los cuernos.

esclerosis. f. *Pat.* Endurecimiento patológico de un órgano o tejido.

esclerótica. f. *Anat.* Membrana dura, opaca, de color blanquecino, que cubre casi por completo el ojo de los vertebrados y cefalópodos decápodos, dejando solo dos aberturas: una posterior, pequeña, que da paso al nervio óptico, y otra anterior, más grande, en la que está engastada la córnea.

esclusa. f. Recinto de fábrica, con puertas de entrada y salida, que se construye en un canal de navegación para que los barcos puedan pasar de un tramo a otro de diferente nivel, para lo cual se llena de agua o se vacía el espacio comprendido entre dichas puertas.

escoba. f. Manojo de palmitos, de algarabía, de cabezuela o de otras ramas flexibles, juntas y atadas a veces al extremo de un palo, que sirven para barrer y limpiar, etc. Modernamente se fabrican **escobas** también con otros materiales. ‖ **2.** Mata de la familia de las papilionáceas, que crece hasta dos metros de altura, con muchas ramas angulosas, con surcos, verdes y lampiñas; hojas inferiores divididas y con pecíolo, sencillas y sentadas las superiores; flores amarillas o blancas, pedunculadas y que forman racimo, fruto de vaina ancha muy comprimida y semilla negruzca. Es planta muy a propósito para hacer **escobas.** ‖ **3.** fig. Cierto juego de naipes entre dos o cuatro personas, consistente en alcanzar quince puntos, cumpliendo ciertas reglas. Los naipes se valoran de uno a diez.

escobajo. m. Resto que queda del racimo después de quitarle las uvas.

escobén. m. *Mar.* Cualquiera de los agujeros a uno y otro lado de la roda de un buque, por donde pasan los cables o cadenas de amarra.

escobera. f. Retama común.

escobilla. f. Escobita formada de cerdas o de alambre que se usa para limpiar. ‖ **2.** Tierra y polvo que se barre en los talleres donde se trabaja la plata y el oro, y que contiene algunas partículas de estos metales. ‖ **3.** *Electr.* Haz de hilos de cobre destinado a mantener el contacto, por frotación, entre dos partes de una máquina eléctrica, una de las cuales está fija mientras la otra se mueve. Por ext., se da este nombre a otras piezas, de diferente forma o materia, que sirven para el mismo fin.

escobillón. m. Instrumento compuesto de un palo largo, que tiene en un extremo un cilindro con cerdas alrededor, y sirve para limpiar los cañones de las armas de fuego.

escobina. f. Serrín que hace la barrena cuando se agujerea algo con ella. ‖ **2.** Limadura de un metal cualquiera.

escobón. m. Escoba que se pone en un palo largo para barrer y deshollinar. ‖ **2.** Escoba de mango muy corto.

escocer. intr. Producirse una sensación parecida a la causada por quemadura. ‖ **2.** fig. Producirse en el ánimo una impresión molesta o amarga. ‖ **3.** prnl. Ponerse rubicundas y con mayor o menor inflamación cutánea algunas partes del cuerpo. ❑ Irreg. Se conj. como *mover*.

escocés, sa. adj. Natural de Escocia. Ú. t. c. s. ‖ **2.** Perteneciente o relativo a este país de Europa. ‖ **3.** Aplícase a telas de rayas que forman cuadros de varios colores. Ú. t. c. s. ‖ **4.** m. Dialecto inglés que se habla en Escocia.

escocia. f. *Arq.* Moldura cóncava cuya sección está formada por dos arcos de circunferencias distintas, y más ancha en su parte inferior.

escoda. f. Herramienta en forma de martillo, con corte en ambos lados, para labrar piedras y picar paredes.

escofina. f. Herramienta a modo de lima, de dientes gruesos y triangulares, muy usada para desbastar.

escoger. tr. Tomar o elegir una o más cosas o personas entre otras.

escogido, da. adj. **selecto.**

escolanía. f. Conjunto o corporación de escolanos.

escolano. m. Cada uno de los niños que, en algunos monasterios, se educan para el servicio del culto, y principalmente para el canto.

escolapio, pia. m. Clérigo regular de las Escuelas Pías. ‖ **2.** f. Religiosa de las Escuelas Pías. ‖ **3.** m. y f. Estudiante que recibía enseñanza en las Escuelas Pías.

escolar. adj. Perteneciente al estudiante o a la escuela. ‖ **2.** com. Alumno que asiste a la escuela para recibir la enseñanza obligatoria.

escolaridad. f. Conjunto de cursos que un estudiante sigue en un establecimiento docente. ‖ **2.** Tiempo que duran estos cursos.

escolarizar. tr. Proporcionar escuela a la población infantil para que reciba la enseñanza obligatoria.

escolástica. f. **escolasticismo.**

escolasticismo. m. Filosofía de la Edad Media, cristiana, arábiga y judaica, en la que domina la enseñanza de las doctrinas de Aristóteles, concertada con las respectivas doctrinas religiosas. ‖ **2.** Espíritu exclusivo de escuela en las doctrinas, en los métodos o en el tecnicismo científico.

escolástico, ca. adj. Perteneciente o relativo a las escuelas medievales o a los que estudiaban en ellas. ‖ **2.** Perteneciente al escolasticismo, al maestro que lo enseña o al que lo profesa. Apl. a pers., ú. t. c. s.

escolio. m. Nota que se pone a un texto para explicarlo.

escoliosis. f. *Pat.* Desviación del raquis con convexidad lateral.

escollera. f. Obra hecha con piedras echadas al fondo del agua, para formar un dique de defensa contra el oleaje, para servir de cimiento a un muelle, o para resguardar el pie de otra obra.

escollo. m. Peñasco que está a flor de agua o que no se descubre bien. ‖ **2.** fig. Dificultad, obstáculo.

escolopendra. f. Nombre común de varias especies de miriápodos de hasta veinte centímetros de longitud, cuerpo brillante y numerosas patas dispuestas por parejas. Viven bajo las piedras y pueden producir dolorosas picaduras mediante dos uñas venenosas que poseen en la cabeza.

escolta. f. Acompañamiento en señal de honra o reverencia. ‖ **2.** Persona o conjunto de personas que protegen a determinadas personalidades, en previsión de posibles atentados.

escoltar. tr. Resguardar, conducir a una persona o cosa para que llegue con seguridad a su destino. ‖ **2.** Acompañar a una persona, a modo de escolta, en señal de honra y reverencia.

escombrar. tr. Desembarazar de escombros para dejar un lugar llano, patente y despejado. ‖ **2.** fig. Desembarazar, limpiar.

escombrera. f. Conjunto de escombros o desechos. ‖ **2.** Sitio donde se echan los escombros.

escómbrido. adj. *Zool.* Dícese de peces teleósteos acantopterigios cuyo tipo es la caballa. Ú. t. c. s. ‖ **2.** m. pl. *Zool.* Familia de estos peces.

escombro. m. Desecho, broza y cascote que queda de una obra de albañilería o de un edificio arruinado o derribado. Ú. m. en pl.

esconder. tr. Encubrir, ocultar. Ú. t. c. prnl. ‖ **2.** fig. Incluir y contener en sí una cosa que no es manifiesta a todos. Ú. t. c. prnl.

escondidas (a). loc. adv. Sin ser visto.

escondite. m. Lugar propio para esconder algo o esconderse. ‖ **2.** Juego de muchachos, en el que unos se esconden y otro busca a los escondidos.

escondrijo. m. Lugar propio para esconderse, o para esconder y guardar en él alguna cosa.

escopeta. f. Arma de fuego portátil, con uno o dos cañones de siete a ocho decímetros de largo, que suele usarse para cazar.

escopetazo. m. Disparo hecho con escopeta. ‖ **2.** Ruido originado por el mismo. ‖ **3.** Herida o daño producido por el disparo de una escopeta. ‖ **4.** fig. Noticia o hecho desagradable, súbito e inesperado.

escopladura. f. Corte o agujero hecho a fuerza de escoplo en la madera.

escoplo. m. *Carp.* Herramienta de hierro acerado, con mango de madera, de unos tres decímetros de largo, sección de uno a tres centímetros en cuadro, y boca formada por un bisel.

escora. f. *Mar.* Cada uno de los puntales que sostienen los costados del buque en construcción o en varadero. ‖ **2.** *Mar.* Inclinación que toma un buque al ceder al esfuerzo de sus velas, por ladeamiento de la carga, etc.

escorar. tr. *Mar.* Apuntalar con escoras. ‖ **2.** *Mar.* Hacer que un buque se incline de costado. ‖ **3.** intr. *Mar.* Inclinarse un buque por la fuerza del viento, o por otras causas.

escorbuto. m. *Pat.* Enfermedad general, producida por la escasez o ausencia en la alimentación de determinados principios vitamínicos y caracterizada por hemorragias cutáneas y musculares, por una alteración especial de las encías y por fenómenos de debilidad general.

escordio. m. Hierba de la familia de las labiadas, con tallos que se doblan y arraigan fácilmente, muy ramosos, velludos y de uno a dos decímetros, hojas blandas, elípticas, dentadas y vellosas, y flores de corolas azules o purpúreas, en verticilos poco cuajados. Vive en terrenos húmedos y se emplea en medicina.

escoria. f. Materia que, al ser martilleada, suelta el hierro candente. ‖ **2.** Lava porosa de los volcanes. ‖ **3.** Residuo esponjoso que queda tras la combustión del carbón. ‖ **4.** fig. Cosa vil y de ninguna estimación.

escorial. m. Sitio donde se han echado o se echan las escorias de las fábricas metalúrgicas. ‖ **2.** Montón de escorias.

escorpina. f. Pez teleósteo, del suborden de los acantopterigios, de unos dos decímetros de largo, color oscuro por el lomo y rojo en todo lo demás, cabeza gruesa, espinosa, con tubérculos y barbillas movibles, muchos dientes en las mandíbulas y en el paladar, una sola aleta dorsal, pero casi dividida en dos partes, de las cuales la anterior está erizada de espinas fuertes y desiguales, que producen picaduras muy dolorosas; vientre grande, ano muy delantero y cola redonda.

Escorpio. n. p. m. **Escorpión,** signo del Zodiaco.

escorpión. m. Arácnido con tráqueas en forma de bolsas y abdomen que se prolonga en una cola formada por seis segmentos y terminada en un aguijón curvo y venenoso que el animal clava en el cuerpo de sus presas. Sus varias especies están muy difundidas en muchos países y se distinguen, entre otros caracteres, por sus dimensiones y su color; la común en España tiene de seis a ocho centímetros de longitud y es de color amarillento. ‖ **2.** n. p. m. *Astron.* Octavo signo o parte del Zodiaco, de treinta grados de amplitud, que el Sol recorre aparentemente al mediar el otoño. ‖ **3.** *Astron.* Constelación zodiacal que en otro tiempo debió de coincidir con el signo de este nombre, pero actualmente, por resultado del movimiento retrógrado de los puntos equinocciales, se halla delante del mismo signo y un poco hacia el Oriente. ‖ **4.** adj. Referido a personas, las nacidas bajo este signo del Zodiaco. Ú. t. c. s.

escorrentía. f. Corriente de agua que se vierte al rebasar su depósito o cauce naturales o artificiales.

escorzar. tr. *Pint.* Representar, acortándolas, según las reglas de la perspectiva, las cosas que se extienden en sentido perpendicular u oblicuo al plano del papel o lienzo sobre el que se pinta.

escorzo. m. *Pint.* Acción y efecto de escorzar. ‖ **2.** *Pint.* Figura o parte de figura escorzada.

escorzonera. f. Hierba de la familia de las compuestas, con tallo de seis a ocho decímetros, erguido, ramoso y terminado en pedúnculos desnudos; hojas abrazadoras, onduladas, algo vellosas en la base; flores amarillas, y raíz gruesa, carnosa, de corteza negra que cocida se usa como diurético y como alimento.

escotadura. f. Corte hecho en un cuerpo de vestido u otra ropa por la parte del cuello. ‖ **2.** En los teatros, abertura grande que se hace en el tablado para las tramoyas, a diferencia del escotillón, que es abertura pequeña.

escotar[1]. tr. Cortar y cercenar una cosa para acomodarla a la medida conveniente.

escotar[2]. tr. Pagar cada uno la parte o cuota que le toca del gasto hecho en común por varias personas.

escote[1]. m. **escotadura,** y con especialidad la hecha en los vestidos de mujer, que deja descubierta parte del pecho y de la espalda. ‖ **2.** Parte del busto que queda descubierto por estar escotado el vestido.

escote[2]. m. Parte o cuota que corresponde a cada uno por el gasto hecho en común por varias personas. ‖ **a escote.** loc. adv. Pagando cada uno la parte que le corresponde en un gasto común.

escotilla. f. *Mar.* Cada una de las aberturas que hay en las diversas cubiertas para el servicio del buque.

escotillón. m. Puerta o trampilla en el suelo. ‖ **2.** Trozo del piso del escenario que puede levantarse para dejar una abertura por donde salgan a la escena o desaparezcan personas o cosas.

escotismo. m. Doctrina filosófica de Duns Escoto y sus discípulos en los siglos XIII y XIV.

escozor. m. Sensación dolorosa, como la que produce una quemadura. ‖ **2.** fig. Sentimiento causado por una pena o desazón.

escriba. m. Doctor e intérprete de la ley entre los hebreos. ‖ **2.** En la antigüedad, copista, amanuense.

escribanía. f. Oficio de los escribanos públicos. ‖ **2.** Oficina del escribano.

escribano. m. El que por oficio público estaba autorizado para dar fe de las escrituras y demás actos que pasaban ante él. Ú. actualmente en la Argentina, Costa Rica, Ecuador, Paraguay y Uruguay. ‖ **2.** ant. **escribiente.** ‖ **3.** Nombre común de varias aves paseriformes granívoras, con picos cortos de base ancha y coloración brillante en los machos.

escribido, da. p. p. reg. de **escribir,** que solo se usa, y con significación activa, en la locución familiar **leído y escribido,** con que se califica a la persona de cierta cultura. Por lo general se usa con sentido irónico, aludiendo a personas que acostumbran a exhibir sus conocimientos.

escribiente. com. Persona que tiene por oficio copiar o poner en limpio escritos ajenos, o escribir lo que se le dicta.

escribir. tr. Representar las palabras con letras u otros signos trazados en papel u otra superficie. ‖ **2.** Trazar las notas y demás signos de la música. ‖ **3.** Componer libros, discursos, etc. Ú. t. c. intr. ‖ **4.** Comunicar a uno por escrito alguna cosa. Ú. t. c. intr. ❑ doble p. p.: *escribido* (reg., sólo usado en la loc. *leído y escribido)* y *escrito* (irreg.).

escrito, ta. p. p. irreg. de **escribir.** ‖ **2.** m. Carta, documento o cualquier papel manuscrito, mecanografiado o impreso. ‖ **3.** Obra o composición científica o literaria. ‖ **4.** *Der.* Petición o alegato en pleito o causa.

escritor, ra. m. y f. Persona que escribe. ‖ **2.** Autor de obras escritas o impresas.

escritorio. m. Mueble cerrado, con divisiones en su parte interior para guardar papeles. Algunos tienen un tablero sobre el cual se escribe. ‖ **2.** Aposento donde tienen su despacho los hombres de negocios; como banqueros, notarios, comerciantes, etc.

escritura. f. Acción y efecto de escribir. ‖ **2.** Sistema de signos utilizado para escribir. ESCRITURA *alfabética, silábica, ideográfica, jeroglífica.* ‖ **3.** Documento público, firmado con testigos o sin ellos por la persona o personas que lo otorgan, de todo lo cual da fe el notario. ‖ **4.** n. p. Por antonom., la Sagrada **Escritura** o la Biblia. Ú. t. en pl.

escriturar. tr. *Der.* Hacer constar con escritura pública y en forma legal un otorgamiento o un hecho.

escrófula. f. *Pat.* Tumefacción fría de los ganglios linfáticos, principalmente cervicales, por lo común acompañada de un estado de debilidad general que predispone a las enfermedades infecciosas y sobre todo a la tuberculosis.

escrofularia. f. Planta anual de la familia de las escrofulariáceas, que crece hasta un metro de altura, con tallo lampiño y nudoso, hojas opuestas, obtusas y en forma de corazón, flores en panoja larga de corola parduzca y semillas menudas.

escrofulariáceo, a. adj. *Bot.* Dícese de las plantas angiospermas dicotiledóneas que tienen hojas alternas u opuestas, flores en racimo o en espiga, y por frutos cápsulas dehiscentes con semillas de albumen carnoso o córneo; como la escrofularia, la algarabía y el gordolobo. Ú. t. c. s. ‖ **2.** f. pl. *Bot.* Familia de estas plantas.

escrofulismo. m. *Pat.* Enfermedad que se caracteriza por la aparición de escrófulas.

escroto. m. *Anat.* Bolsa formada por la piel que cubre los testículos de los mamíferos, y por las membranas que los envuelven.

escrupulillo. m. Grano de metal u otra materia, que se pone dentro del cascabel para que suene.

escrúpulo. m. Duda o recelo que punza la conciencia sobre si una cosa es o no cierta, si es buena o mala, si obliga o no obliga; lo que trae inquieto y desasosegado el ánimo. ‖ **2.** Aprensión, asco hacia alguna cosa, especialmente alimentos. ‖ **3.** Exactitud en la averiguación o en el cumplimiento de un cargo o encargo.

escrupulosidad. f. Exactitud en el examen y averiguación de las cosas y en el estricto cumplimiento de lo que uno emprende o toma a su cargo.

escrupuloso, sa. adj. Que padece o tiene escrúpulos. Ú. t. c. s.

escrutador, ra. adj. Escudriñador o examinador cuidadoso de una persona o cosa. ‖ **2.** Dícese del que en elecciones y otros actos análogos cuenta y computa los votos. Ú. t. c. s.

escrutar. tr. Indagar, examinar cuidadosamente, explorar. ‖ **2.** Reconocer y computar los votos que para elecciones u otros actos análogos se han dado secretamente por medio de bolas, papeletas o en otra forma.

escrutinio. m. Examen y averiguación exacta y diligente que se hace de una cosa para formar juicio de ella. ‖ **2.** Reconocimiento y cómputo de los votos en las elecciones o en otro acto análogo.

escuadra. f. Plantilla de madera o de plástico, u otro material, en forma de triángulo rectángulo isósceles que se utiliza para delinear. ‖ **2.** Pieza de hierro u otro metal, con dos ramas en ángulo recto, con que se aseguran las maderas al ensamblarse. ‖ **3.** Corto número de soldados a las órdenes de un cabo. Es la unidad menor en las fuerzas militares. ‖ **4.** Conjunto de buques de guerra para determinado servicio.

escuadrar. tr. Labrar o disponer un objeto de modo que sus caras formen con las caras contiguas ángulos rectos.

escuadrilla. f. Escuadra compuesta de buques de pequeño porte. ‖ **2.** Determinado número de aviones que realizan un mismo vuelo dirigidos por un jefe.

escuadrón. m. *Mil.* Unidad de caballería, mandada normalmente por un capitán. ‖ **2.** *Mil.* Unidad aérea de un número importante de aviones.

escuálido, da. adj. Flaco, macilento. ‖ **2.** *Zool.* Dícese de peces selacios que tienen el cuerpo fusiforme, hendiduras branquiales a los lados, detrás de la cabeza, y cola robusta; como el cazón y la lija. Ú. t. c. s. ‖ **3.** m. pl. *Zool.* Suborden de estos peces.

escualo. m. *Zool.* Cualquiera de los peces selacios pertenecientes al suborden de los escuálidos.

escucha. f. Acción de escuchar. ‖ **2.** com. *Radio* y *TV.* Persona dedicada a escuchar las emisiones para tomar nota de los defectos o de la información que se emite.

escuchar. intr. Aplicar el oído para oír. ‖ **2.** tr. Prestar atención a lo que se oye. ❑ No utilizar por *oír.*

escuchimizado, da. adj. Muy flaco y débil.

escudar. tr. fig. Resguardar y defender a una persona del peligro que le amenaza. ‖ **2.** prnl. fig. Valerse uno de algún medio, favor y amparo para justificarse, salir del riesgo o evitar el peligro de que está amenazado.

escudería. f. Oficio del escudero. ‖ **2.** *Dep.* Conjunto de automóviles de un mismo equipo de carreras.

escudero. m. Paje o sirviente que llevaba el escudo al caballero cuando este no lo usaba. ‖ **2.** El que antiguamente se ocupaba de asistir y atender a un señor o persona distinguida. ‖ **3.** El que hacía escudos.

escudilla. f. Vasija ancha y de forma de una media esfera, que se usa comúnmente para servir en ella la sopa y el caldo.

escudo. m. Arma defensiva, que se llevaba embrazada, para cubrirse y resguardarse de las ofensivas. ‖ **2.** Moneda antigua de oro. ‖ **3.** Moneda de plata que valía diez reales de vellón y que sirvió de unidad monetaria. ‖ **4.** Unidad monetaria portuguesa. ‖ **5.** fig. Amparo, defensa, patrocinio. ‖ **de armas.** *Blas.* Campo, superficie o espacio de distintas figuras en que se representan los blasones de un Estado, población, familia, corporación, etc.

escudriñador, ra. adj. Que tiene curiosidad por saber y apurar las cosas secretas. Ú. t. c. s.

escudriñar. tr. Examinar, inquirir y averiguar cuidadosamente una cosa y sus circunstancias.

escuela. f. Establecimiento público donde se da cualquier género de instrucción. ‖ **2.** Conjunto de profesores y alumnos de una misma enseñanza. ‖ **3.** Doctrina, principios y sistema de un autor. ‖ **4.** Conjunto de discípulos, seguidores o imitadores de una persona o de su doctrina, arte, etc. ‖ **5.** Conjunto de caracteres comunes que en literatura y en arte distinguen de las demás las obras de una época, región, etc. ESCUELA *clásica, romántica;* ESCUELA *holandesa, veneciana.* ‖ **Escuelas Pías.** Orden religiosa fundada a fines del siglo XVI por San José de Calasanz para la educación y enseñanza de niños pobres, y que hoy instruye y educa a otros niños.

escuerzo. m. Sapo, batracio anuro. ‖ **2.** fig. y fam. Persona flaca y desmedrada.

escueto, ta. adj. Descubierto, libre, despejado, desembarazado. ‖ **2.** Sin adornos o sin ambages, seco, estricto.

esculpir. tr. Labrar a mano una obra de escultura, especialmente en piedra, madera o metal. ‖ **2.** **grabar** algo en hueco o en relieve sobre una superficie de metal, madera o piedra.

escultor, ra. m. y f. Persona que profesa el arte de la escultura.

escultórico, ca. adj. Perteneciente o relativo a la escultura.

escultura. f. Arte de modelar, tallar o esculpir en barro, piedra, madera, etc., figuras de bulto. ‖ **2.** Obra hecha por el escultor.

escultural. adj. Perteneciente o relativo a la escultura. ‖ **2.** Que participa de alguno de los caracteres bellos de la estatua. *Formas* ESCULTURALES.

escupidera. f. Pequeño recipiente de loza, metal, madera, etc., que sirve para escupir en él.

escupiña. f. Molusco bivalvo comestible semejante a la almeja y caracterizado por poseer excrecencias a modo de verrugas en el borde posterior de la concha.

escupir. intr. Arrojar saliva por la boca. ESCUPIR *en el suelo.* ‖ **2.** tr. Arrojar de la boca algo como **escupiendo.** ESCUPIR *sangre.* ‖ **3.** fig. Despedir o arrojar con violencia una cosa. *Los cañones* ESCUPÍAN *balas y metralla.* ‖ **4.** vulg. Contar lo que se sabe, confesar, cantar.

escupitajo. m. fam. Saliva, flema o sangre escupida.

escupitinajo. m. fam. **escupitajo.**

escurialense. adj. Perteneciente o relativo al pueblo y al monasterio del Escorial. ‖ **2.** Natural del Escorial, pueblo de la provincia de Madrid. Ú. t. c. s.

escurreplatos. m. Mueble usado junto a los fregaderos para poner a escurrir las vasijas fregadas.

escurridizo, za. adj. Que se escurre o desliza fácilmente. ‖ **2.** Propio para hacer deslizar o escurrirse. *Terreno* ESCURRIDIZO.

escurrido, da. adj. Dícese de la persona, y especialmente de la mujer, estrecha de caderas.

escurridor. m. Colador de agujeros grandes en donde se echan los alimentos para que escurran el líquido en que están empapados. ‖ **2. escurreplatos.**

escurridura. f. Últimas gotas de un líquido que han quedado en el vaso, pellejo, etc. Ú. m. en pl.

escurrir. tr. Apurar los restos o últimas gotas de un líquido que han quedado en un vaso, pellejo, etc. ESCURRIR *el vino, el aceite.* ‖ **2.** Hacer que una cosa mojada o que tiene líquido despida la parte que quedaba detenida. Ú. t. c. prnl. ‖ **3.** intr. Deslizar y correr una cosa por encima de otra. Ú. t. c. prnl. *Se* ESCURREN *los pies en el hielo.* ‖ **4.** prnl. Salir huyendo. ‖ **5.** Esquivar algún riesgo, dificultad, etc.

escusado, da. adj. Reservado, preservado o separado del uso común. ‖ **2.** m. Retrete. ❑ No confundir con *excusado.*

esdrújulo, la. adj. *Pros.* Aplícase al vocablo cuya acentuación prosódica incide en la antepenúltima sílaba; v. gr.: *máxima, oráculo.* Ú. t. c. s. m.

ese[1]. f. Nombre de la letra *s.* ❑ pl. *eses.*

ese[2], sa, so, sos, sas. Formas del pron. dem. Designan lo que está cerca de la persona con quien se habla, o representan y señalan lo que esta acaba de mencionar. ❑ Las formas m. y f. se usan como adj. y como s., y en este último caso se escriben normalmente con acento cuando existe riesgo de anfibología: ESE *libro;* ÉSE *quiero; vendrán* ÉSAS. ‖ **2.** Pospuesto al nombre, tiene a veces valor despectivo. *No conozco al hombre* ESE. ‖ **esa** y **esas** hacen oficio de sustantivos en diversas frases donde tienen su significado impreciso de *ocasión, vez, situación, jugada,* o equivalen a un sustantivo sobrentendido. *¿Ahora me vienes con* ESAS? *¡Chúpate* ESA! ‖ **a eso de.** loc. t. Aproximadamente a. A ESO DE *las siete,* A ESO DEL *mediodía.* ‖ **en eso.** loc. t. Entonces. EN ESO *llegó su hermano.*

esencia. f. Lo que constituye la naturaleza de las cosas, lo permanente e invariable de ellas. ‖ **2.** Lo más importante y característico de una cosa. ‖ **3.** Extracto líquido concentrado de una sustancia generalmente aromática. ‖ **4.** Perfume líquido con gran concentración de la sustancia o sustancias aromáticas. ‖ **5.** *Quím.* Cualquiera de las sustancias líquidas, formadas por mezclas de hidrocarburos, que se asemejan mucho por sus caracteres físicos a las grasas, pero se distinguen de estas por ser muy volátiles; suelen tener un olor penetrante y son extraídas de plantas de muy diversas familias, principalmente labiadas, rutáceas, umbelíferas y abietáceas. ‖ **quinta esencia.** fig. Lo más puro, fino y acendrado de una cosa.

esencial. adj. Perteneciente a la esencia. *El alma es parte* ESENCIAL *del hombre.* ‖ **2.** Sustancial, principal, notable.

esfenisciforme. adj. *Zool.* Dícese de aves marinas incapaces de volar, de cuerpo hidrodinámico, cola corta y alas transformadas en una especie de aletas. Son grandes nadadoras y solo van a tierra para criar. Son propias de los mares fríos del hemisferio sur y se las conoce vulgarmente como pingüinos, pájaros bobos o pájaros niños. Ú. t. c. s. ‖ **2.** f. pl. *Zool.* Orden de estas aves.

esfenoides. adj. *Anat.* V. **hueso esfenoides.** Ú. t. c. s.

esfera. f. *Geom.* Sólido terminado por una superficie curva cuyos puntos equidistan todos de otro interior llamado centro. ‖ **2.** *Geom.* Superficie de este sólido. ‖ **3.** Círculo en que giran las manecillas del reloj. ‖ **4.** fig. Ámbito, espacio a que se extiende o alcanza la virtud de un agente, las facultades y cometido de una persona, etc. ‖ **armilar.** Instrumento astronómico, compuesto de aros, graduados o no, que representan las posiciones de los círculos más importantes de la **esfera** celeste y en cuyo centro suele colocarse un pequeño globo que representa la Tierra. ‖ **celeste. esfera** ideal, concéntrica con la terráquea, y en la cual se mueven aparentemente los astros. ‖ **terráquea,** o **terrestre. globo terráqueo,** o **terrestre.**

esférico, ca. adj. *Geom.* Perteneciente a la esfera o que tiene su figura. ‖ **2.** m. *Dep.* **balón.**

esferoidal. adj. Perteneciente al esferoide o que tiene su figura.

esferoide. m. *Geom.* Cuerpo de forma parecida a la esfera.

esferómetro. m. Aparato para medir la curvatura de una superficie esférica.

esfigmógrafo. m. *Med.* Instrumento que registra el pulso.

esfinge. f. Monstruo fabuloso, generalmente con cabeza, cuello y pecho humanos y cuerpo y pies de león. Usáb. t. c. amb.

esfíngido. adj. *Zool.* Dícese de insectos lepidópteros crepusculares con antenas prismáticas y alas estrechas y horizontales en el reposo; sus orugas llevan un apéndice caudal. Algunas especies son miméticas de otros insectos. Ú. t. c. s. ‖ **2.** m. pl. *Zool.* Familia de estos animales.

esfínter. m. *Anat.* Músculo anular con que se abre y cierra el orificio de una cavidad del cuerpo para dar salida a algún excremento o secreción, o para retenerlos; como el de la vejiga de la orina o el del ano.

esforzado, da. adj. Valiente, animoso, alentado, de gran corazón y espíritu.

esforzarse. prnl. Hacer esfuerzos física o moralmente con algún fin. ❑ Irreg. Se conj. como *contar.* Ú. con la prep. *en.*

esfuerzo. m. Empleo enérgico de la fuerza física contra algún impulso o resistencia. ‖ **2.** Empleo enérgico del vigor o actividad del ánimo para conseguir una cosa venciendo dificultades. ‖ **3.** Empleo de elementos costosos en la consecución de algún fin.

esfumar. tr. *Pint.* Rebajar los tonos de una composición o parte de ella, y principalmente los contornos, logrando cierto aspecto de vaguedad y lejanía. ‖ **2.** prnl. fig. Disiparse, desvanecerse. ‖ **3.** fig. y fam. Marcharse de un lugar con disimulo y rapidez.

esgrima. f. Arte de esgrimir.

esgrimir. tr. Jugar y manejar la espada, el sable y otras armas blancas, reparando y deteniendo los golpes del contrario, o acometiéndole. ‖ **2.** fig. Usar una cosa o medio como arma para lograr algún intento.

esguince. m. Torcedura violenta y dolorosa de una articulación, de carácter menos grave que la luxación.

eslabón. m. Pieza en figura de anillo o de otra curva cerrada que enlazada con otras forma cadena. Ú. t. en sent. fig. ‖ **2.** Hierro acerado del que saltan chispas al chocar con un pedernal.

eslabonar. tr. Unir unos eslabones con otros formando cadena. ‖ **2.** fig. Enlazar o encadenar las partes de un discurso o unas cosas con otras. Ú. t. c. prnl.

eslalon. m. *Dep.* Competición de esquí a lo largo de un trazado con pasos obligados. ❑ pl. invar.

eslavo, va. adj. Aplícase a un pueblo antiguo que se extendió principalmente por el nordeste de Europa. ‖ **2.** Perteneciente o relativo a este pueblo. ‖ **3.** Aplícase a la lengua de los antiguos **eslavos** y a cada una de las que de ella se derivan. ‖ **4.** m. Lengua **eslava.**

eslizón. m. Reptil saurio de la familia de los escíncidos, de cuerpo muy alargado, cuello corto y extremidades muy reducidas, por lo que semeja una pequeña serpiente con patas diminutas. En España viven dos especies, una con cinco dedos y la otra con tres.

eslogan. m. Fórmula breve y original, utilizada para publicidad, propaganda política, etc. ❑ pl. *eslóganes.*

eslora. f. *Mar.* Longitud que tiene la nave sobre la primera o principal cubierta desde el codaste a la roda por la parte de adentro.

eslovaco, ca. adj. Natural de Eslovaquia. Ú. t. c. s. ‖ **2.** Perteneciente o relativo a Eslovaquia. ‖ **3.** m. Lengua de los eslovacos.

esloveno, na. adj. Aplícase al pueblo eslavo que habita al sur de Austria, en Carniola, Carintia e Istria. Ú. t. c. s. ‖ **2.** Perteneciente o relativo a este pueblo. ‖ **3.** m. Lengua hablada por este pueblo.

esmaltado. m. Acción y efecto de esmaltar.

esmaltar. tr. Cubrir con esmaltes el oro, plata, etc. ‖ **2.** fig. Adornar, hermosear, ilustrar.

esmalte. m. Barniz vítreo que por medio de la fusión se adhiere a la porcelana, loza, metales y otras sustancias elaboradas. ‖ **2.** *Anat.* Materia durísima que forma una capa protectora del marfil en la corona de los dientes de los vertebrados. ‖ **de uñas. pintaúñas.**

esmaltina. f. Mineral de color gris de acero, combinación de cobalto y arsénico, que se emplea para la fabricación de esmaltes azules.

esmerado, da. adj. Que se esmera.

esmeralda. f. Piedra fina, silicato de alúmina y glucina, más dura que el cuarzo y teñida de verde por el óxido de cromo. || **2.** adj. Que tiene el color de esta piedra. Ú. t. c. s.

esmerarse. prnl. Extremarse, poner sumo cuidado en ser cabal y perfecto. || **2.** Obrar con acierto y lucimiento.

esmerejón. m. Ave rapaz diurna del mismo género que el alcotán y el cernícalo, con el dorso gris azulado y el vientre claro con bandas oscuras, que en invierno es bastante común en Andalucía.

esmeril. m. Roca negruzca formada por corindón al que ordinariamente acompañan la mica y el hierro oxidado. Es tan dura, que raya todos los cuerpos, excepto el diamante, por lo que se emplea en polvos para labrar las piedras preciosas, acoplar cristales, quitar transparencia al vidrio y pulimentar los metales.

esmerilar. tr. Pulir algo o quitar transparencia al vidrio con esmeril o con otra sustancia.

esmero. m. Sumo cuidado y atención diligente en hacer las cosas con perfección.

esmiláceo, a. adj. *Bot.* Aplícase a hierbas o matas pertenecientes a la familia de las liliáceas, de hojas alternas, sentadas, pecioladas o envainadoras, pequeñas y reemplazadas a menudo por ramos filiformes espinosos, flores poco notables, fruto en baya, y raíz de rizoma rastrero; como el espárrago y la zarzaparrilla. Ú. t. c. s.

esmirriado, da. adj. fam. Flaco, extenuado, consumido.

esmoquin. m. Prenda masculina de etiqueta, de menos ceremonia que el frac, a modo de chaqueta sin faldones. ❑ pl. *esmóquines.*

esnifada. f. En lenguaje de la droga, aspiración por la nariz de cocaína u otra sustancia análoga. || **2.** Dosis de droga tomada por este procedimiento.

esnifar. tr. Aspirar por la nariz cocaína u otra droga en polvo.

esnob. com. Persona que imita con afectación las maneras, opiniones, etc., de aquellos a quienes considera distinguidos. Ú. t. c. adj.

esnobismo. m. Cualidad de esnob.

esófago. m. *Anat.* Parte del tubo digestivo que va desde la faringe al estómago.

esotérico, ca. adj. Oculto, reservado. || **2.** Por ext., dícese de lo que es impenetrable o de difícil acceso para la mente. ❑ No confundir con *exotérico.*

esoterismo. m. Cualidad de esotérico.

espabilar. tr. **despabilar.**

espachurrar. tr. **despachurrar.**

espaciador. m. En las máquinas de escribir, tecla que se pulsa para dejar espacios en blanco.

espacial. adj. Perteneciente o relativo al espacio.

espaciar. tr. Poner espacio entre las cosas. || **2.** *Impr.* Separar las palabras, las letras o los renglones con espacios o regletas. || **3.** prnl. fig. Esparcirse.

espacio. m. Continente de todos los objetos sensibles que existen. || **2.** Parte de este continente que ocupa cada objeto sensible. || **3.** Capacidad de terreno, sitio o lugar. || **4.** Transcurso de tiempo. || **5.** Distancia entre dos cuerpos o sucesos. || **exterior.** El **espacio** cósmico que se encuentra más allá de la atmósfera terrestre. || **vital.** Ámbito territorial que necesitan las colectividades y los pueblos para desarrollarse.

espacioso, sa. adj. Ancho, dilatado, vasto.

espada. f. Arma blanca, larga, recta, aguda y cortante, con guarnición y empuñadura. || **2.** Torero que hace profesión de matar los toros con **espada.** Ú. m. c. m. || **3.** En el juego de naipes, cualquiera de las cartas del palo de **espadas.** *En esta mano no he tenido ninguna* ESPADA; *juegue usted una* ESPADA. || **4.** pl. Uno de los cuatro palos de la baraja española, en cuyos naipes se representan una o varias **espadas.** || **entre la espada y la pared.** loc. fig. y fam. En trance de tener que decidirse por una cosa o por otra, sin escapatoria ni medio alguno de eludir el conflicto. ❑ Ú. m. con los verbos *poner, estar* o *hallarse.*

espadachín. m. El que sabe manejar bien la espada.

espadaña. f. Planta herbácea, de la familia de las tifáceas, de metro y medio a dos metros de altura, con las hojas en forma casi de espada, el tallo largo, a manera de junco, con una mazorca cilíndrica al extremo, que después de seca suelta una especie de pelusa o vello blanco, ligero y muy pegajoso. Sus hojas se emplean como las de la anea. || **2.** Campanario de una sola pared, en la que están abiertos los huecos para colocar las campanas.

espádice. m. *Bot.* Inflorescencia en forma de espiga, con eje carnoso, y casi siempre envuelta en una espata; como el aro y la cala.

espadín. m. Espada de hoja muy estrecha o triangular que se usa como prenda de ciertos uniformes.

espagírica. f. Arte de depurar los metales.

espagueti. m. Pasta de harina de trigo en forma de cilindros macizos, largos y delgados, más gruesos que los fideos. ❑ pl. espaguetis.

espalda. f. Parte posterior del cuerpo humano, desde los hombros hasta la cintura. Ú. m. en pl. Se usa también hablando de algunos animales, aunque no tan comúnmente. || **2.** *Dep.* Estilo de natación similar al crol pero con la **espalda** hacia el fondo. || **3.** pl. Envés o parte posterior de un templo, una casa, etc.

espaldar. m. Parte de la coraza que sirve para

cubrir y defender la espalda. ‖ **2.** Respaldo de una silla o banco. ‖ **3.** Enrejado sobrepuesto a una pared para que por él trepen y se extiendan ciertas plantas, como jazmines, rosales, etc.

espaldarazo. m. fig. Admisión de alguno como igual en un grupo o profesión. ‖ **2.** fig. Reconocimiento de la competencia o habilidad suficientes a que ha llegado alguno en una profesión o actividad.

espaldera. f. Espaldar para ciertas plantas. ‖ **2.** pl. Barras de madera fijas a una pared a distintas alturas para realizar ejercicios gimnásticos.

espaldilla. f. Cada hueso de la espalda en que se articulan los húmeros y las clavículas. ‖ **2.** Cuarto delantero de algunas reses; como del cerdo, del cordero, etc.

espaldista. com. Persona especializada en la natación de espalda.

espantada. f. Huida repentina de un animal. ‖ **2.** Desistimiento súbito, ocasionado por el miedo.

espantadizo, za. adj. Que fácilmente se espanta.

espantajo. m. Lo que se pone en un lugar para espantar y especialmente en los sembrados para espantar los pájaros. ‖ **2.** fig. y fam. Persona estrafalaria y despreciable.

espantalobos. m. Arbusto de la familia de las papilionáceas, que crece hasta tres metros de altura, con ramas lampiñas, hojas divididas en un número impar de hojuelas acorazonadas, flores amarillas en grupos axilares, fruto en vainas infladas, membranosas y translúcidas, que producen bastante ruido al chocar unas con otras a impulso del viento.

espantapájaros. m. Espantajo que se pone en los sembrados y en los árboles para ahuyentar los pájaros.

espantar. tr. Causar espanto, dar susto, infundir miedo. Ú. t. c. intr. ‖ **2.** Ojear, echar de un lugar a una persona o un animal. ‖ **3.** prnl. Sentir espanto, asustarse.

espanto. m. Terror, asombro, consternación. ‖ **2.** Amenaza o demostración con que se infunde miedo.

espantoso, sa. adj. Que causa espanto. ‖ **2.** fig. Muy feo.

español, la. adj. Natural de España. Ú. t. c. s. ‖ **2.** Perteneciente o relativo a esta nación. ‖ **3.** m. Lengua común de España y de muchas naciones de América, hablada también como propia en otras partes del mundo.

españolada. f. Acción, espectáculo u obra literaria que exagera el carácter español.

españolear. intr. Hacer propaganda exagerada de España. ❑ No confundir con *españolizar.*

españolismo. m. Amor o apego a las cosas características o típicas de España. ‖ **2. hispanismo.**

españolizar. tr. Dar carácter español. ‖ **2.** Dar forma española a un vocablo o expresión de otro idioma. ❑ No confundir con *españolear.*

esparadrapo. m. Tira de tela o de papel, una de cuyas caras está cubierta de un emplasto adherente, que se usa para sujetar los vendajes, y excepcionalmente como apósito directo o como revulsivo.

esparaván. m. **gavilán,** ave de rapiña. ‖ **2.** *Veter.* Tumor en la parte interna e inferior del corvejón de los solípedos, que si llega a endurecerse produce una cojera incurable.

esparavel. m. Red redonda para pescar, que se arroja a fuerza de brazo en los ríos y parajes de poco fondo. ‖ **2.** *Albañ.* Tabla de madera con un mango en uno de sus lados, que sirve para tener una porción de la mezcla que se ha de gastar con la llana o la paleta.

esparcimiento. m. Acción y efecto de esparcir o esparcirse. ‖ **2.** Diversión, recreo, desahogo.

esparcir. tr. Extender lo que está junto o amontonado. Ú. t. c. prnl. ‖ **2.** fig. Divulgar, publicar, extender una noticia. Ú. t. c. prnl. ‖ **3.** fig. Divertir, desahogar, recrear. Ú. t. c. prnl.

espárrago. m. Planta de la familia de las liliáceas, con tallo herbáceo, muy ramoso, hojas aciculares y en hacecillos, flores de color blanco verdoso, fruto en bayas rojas del tamaño de un guisante, y raíz en cepa rastrera, que en la primavera produce abundantes yemas de tallo recto y comestible. ‖ **2.** Yema comestible que produce la raíz de la esparraguera. ‖ **triguero. espárrago** silvestre, especialmente el que brota en los sembrados de trigo. ‖ **a freír espárragos.** loc. fig. y fam. que se emplea para despedir a alguno con aspereza, enojo o sin miramientos. ❑ Ú. m. con los verbos *echar* o *mandar,* o con los imperativos de *andar* o *irse.*

esparraguera. f. **espárrago,** planta liliácea. ‖ **2.** Era o haza de tierra destinada a criar espárragos. ‖ **3.** Plato de forma adecuada en que se sirven los espárragos.

esparraguina. f. Fosfato de cal cristalizado y de color verdoso.

esparramar. tr. vulg. **desparramar.**

esparrancarse. prnl. fam. Abrirse de piernas, separarlas.

espartano, na. adj. Natural de Esparta. Ú. t. c. s. ‖ **2.** Perteneciente o relativo a esta ciudad de Grecia antigua. ‖ **3.** fig. Austero, sobrio, firme, severo.

esparteña. f. Especie de alpargata de cuerda de esparto.

espartizal. m. Campo donde se cría esparto.

esparto. m. Planta de la familia de las gramíneas, con las cañitas de unos siete decímetros de altura, hojas radicales de unos sesenta centímetros de longitud, tan arrolladas sobre sí y a lo largo que aparecen como filiformes, duras y tenacísimas, hojas en el tallo más pequeñas; las flores en panoja espigada de tres decímetros de largo, y semillas muy menudas. ‖ **2.** Hojas de esta planta, empleadas en la industria para hacer sogas, esteras, tripe, pasta para fabricar papel, etc.

espasmo. m. *Pat.* Contracción involuntaria de los músculos, producida generalmente por mecanismo reflejo.

espasmódico, ca. adj. *Med.* Perteneciente al espasmo, o acompañado de este síntoma.

espata. f. *Bot.* Bráctea grande o conjunto de brácteas que envuelve ciertas inflorescencias; como en la cebolla y en el ajo.

espatarrarse. prnl. fam. **despatarrarse.**

espato. m. Cualquier mineral de estructura laminar.

espátula. f. Paleta, generalmente pequeña, con bordes afilados y mango largo, que utilizan los farmacéuticos y los pintores para hacer ciertas mezclas, y usada también en otros oficios.

espatulomancia o **espatulomancía.** f. Arte con que se intentaba adivinar por los huesos de los animales, y principalmente por la espaldilla.

especia. f. Cualquier sustancia vegetal aromática que sirve de condimento; como el clavo, la pimienta, el azafrán, etc. ‖ **2.** pl. Ciertos postres que se servían antiguamente para beber vino. ❑ No confundir con *especie.*

especial. adj. Singular o particular; que se diferencia de lo común o general. ‖ **2.** Muy adecuado o propio para algún efecto.

especialidad. f. Confección o producto en cuya preparación sobresalen una persona, un establecimiento, una región, etc. ‖ **2.** Rama de una ciencia, arte o actividad, cuyo objeto es una parte limitada de las mismas, sobre la cual poseen saberes o habilidades muy precisos quienes la cultivan.

especialista. adj. Dícese del que con especialidad cultiva una rama de determinado arte o ciencia y sobresale en él. Aplícase sobre todo a los médicos. Ú. t. c. s. ‖ **2.** com. *Cinem.* Persona que realiza escenas peligrosas o que requieren cierta destreza; suele sustituir como doble a los actores principales.

especialización. f. Acción y efecto de especializar o especializarse.

especializar. intr. Cultivar con especialidad una rama determinada de una ciencia o de un arte. Ú. t. c. prnl. ‖ **2.** Limitar una cosa a uso o fin determinado.

especie. f. Conjunto de cosas semejantes entre sí por tener uno o varios caracteres comunes. ‖ **2.** *Bot.* y *Zool.* Cada uno de los grupos en que se dividen los géneros y que se componen de individuos que, además de los caracteres genéricos, tienen en común otros caracteres por los cuales se asemejan entre sí y se distinguen de los de las demás **especies.** La **especie** se subdivide a veces en variedades o razas. ‖ **en especie.** loc. adv. En frutos o géneros y no en dinero. ❑ No confundir con *especia.*

especiería. f. Tienda en que se venden especias. ‖ **2.** Conjunto de especias. ‖ **3.** Trato y comercio de especias.

especiero, ra. m. y f. Persona que comercia en especias. ‖ **2.** m. Armarito con varios cajones para guardar las especias.

especificación. f. Acción y efecto de especificar.

especificar. tr. Explicar, declarar con individualidad una cosa. ‖ **2.** Fijar o determinar de modo preciso.

especificativo, va. adj. Que tiene virtud o eficacia para especificar.

específico, ca. adj. Que caracteriza y distingue una especie de otra. ‖ **2.** Especial, característico, propio. ‖ **3.** m. *Farm.* Medicamento especialmente apropiado para tratar una enfermedad determinada.

espécimen. m. Muestra, modelo, ejemplar, normalmente con las características de su especie muy bien definidas. ❑ pl. *especímenes.*

espectacular. adj. Que tiene caracteres propios de espectáculo público. ‖ **2.** Aparatoso, ostentoso.

espectáculo. m. Función o diversión pública celebrada en un teatro, en un circo o en cualquier otro edificio o lugar en que se congrega la gente para presenciarla. ‖ **2.** Aquello que se ofrece a la vista o a la contemplación intelectual y es capaz de atraer la atención y mover el ánimo infundiéndole deleite, asombro, dolor u otros afectos más o menos vivos o nobles. ‖ **3.** Acción que causa escándalo o gran extrañeza. ❑ Ú. comúnmente con el verbo *dar.*

espectador, ra. adj. Que mira con atención un objeto. ‖ **2.** Que asiste a un espectáculo público. Ú. m. c. s.

espectral. adj. Perteneciente o relativo al espectro.

espectro. m. Imagen, fantasma, por lo común horrible, que se representa a los ojos o en la fantasía. ‖ **2.** *Fís.* Resultado de la dispersión de un conjunto de radiaciones, de sonidos y, en general, de fenómenos ondulatorios, de tal manera que resulten separados los de distinta frecuencia. ‖ **3.** *Med.* Amplitud de la serie de las diversas especies microbianas sobre las que es terapéuticamente activo un medicamento. Se usa especialmente hablando de los antibióticos. ‖ **luminoso.** *Fís.* Banda matizada de los colores del iris, que resulta de la descomposición de la luz blanca cuando se refracta a través de un prisma o de otro cuerpo. ‖ **solar.** *Fís.* El producido por la luz del día.

espectrofotómetro. m. *Fís.* y *Quím.* Aparato para comparar la intensidad de los colores correspondientes de dos espectros luminosos.

espectrógrafo. m. *Fís.* Espectroscopio dispuesto para la obtención de espectrogramas. ‖ **2.** *Fís.* y *Fon.* Aparato electrónico que, mediante un filtro graduable, registra sucesivamente las ondas sonoras comprendidas en determinado intervalo de frecuencias, de tal modo que, con tres registros correspondientes a intervalos convenientemente elegidos, baste para caracterizar y reproducir un sonido cualquiera.

espectrograma. m. *Fís.* Registro gráfico o fotográfico de los datos de un espectro. ‖ **2.** *Fís.* y *Fon.* Representación gráfica de un sonido obtenida por un espectrógrafo.

espectroheliógrafo. m. *Fís.* Especie de espectroscopio que sirve para fotografiar las protuberancias solares o el disco del Sol a una luz monocroma.

espectrómetro. m. *Fís.* Aparato que produce la separación de partículas o radiaciones de una determinada característica (masa, carga, longitud de onda, etc.), y mide su proporción.

espectroscopio. m. *Fís.* Instrumento que sirve para obtener y observar un espectro.

especulación. f. Acción y efecto de especular. ‖ **2.** *Com.* Operación comercial que se practica con mercancías, valores o efectos públicos, con ánimo de obtener lucro.

especular[1]. adj. Perteneciente o relativo a un espejo.

especular[2]. tr. fig. Meditar, reflexionar con hondura, teorizar. ‖ **2.** fig. Perderse en sutilezas o hipótesis sin base real. ‖ **3.** fig. Efectuar operaciones comerciales o financieras, con la esperanza de obtener beneficios basados en las variaciones de los precios o de los cambios. Ú. frecuentemente con sentido peyorativo.

especulativo, va. adj. Perteneciente o relativo a la especulación. ‖ **2.** Que procede de la mera especulación o discurso, sin haberse reducido a práctica. ‖ **3.** Muy pensativo y dado a la especulación.

espéculo. m. *Cir.* Instrumento que se emplea para examinar por la reflexión luminosa ciertas cavidades del cuerpo.

espejismo. m. Ilusión óptica debida a la reflexión total de la luz cuando atraviesa capas de aire de densidad distinta, con lo cual los objetos lejanos dan una imagen invertida, ya por bajo del suelo como si se reflejasen en el agua, lo que sucede principalmente en las llanuras de los desiertos, ya en lo alto de la atmósfera, sobre la superficie del mar. ‖ **2.** fig. **ilusión** de la imaginación.

espejo. m. Tabla de cristal azogado por la parte posterior para que se reflejen en él los objetos que tenga delante. Los hay también de acero u otro metal bruñido. ‖ **2.** fig. Lo que da imagen de algo. *El teatro es* ESPEJO *de la vida o de las costumbres.*

espejuelo. m. Yeso cristalizado en láminas brillantes. ‖ **2.** Ventana, rosetón o claraboya por lo general con calados de cantería cerrados con placas de yeso transparente. ‖ **3.** Trozo curvo de madera de unos dos decímetros de largo, con pedacitos de espejo y generalmente pintado de rojo, que se hace girar para que, a los reflejos de la luz, acudan las alondras, que así se cazan fácilmente.

espeleología. f. Ciencia que estudia la naturaleza, el origen y formación de las cavernas, y su fauna y flora.

espeleólogo, ga. m. y f. Persona que se dedica a la espeleología.

espelunca. f. Cueva, gruta, concavidad tenebrosa.

espeluznante. adj. Que espeluzna. ‖ **2.** Pavoroso, terrorífico.

espeluznar. tr. Erizar el pelo o las plumas. Ú. t. c. prnl. ‖ **2.** Espantar, causar horror. Ú. t. c. prnl.

espeluzno. m. fam. Escalofrío, estremecimiento.

espera. f. Acción y efecto de esperar. ‖ **2.** Plazo o término señalado por el juez para ejecutar una cosa; como presentar documentos, etc.

esperanto. m. Idioma creado en 1887 por Zamenhof, con idea de que pudiese servir como lengua universal.

esperanza. f. Estado del ánimo en el cual se nos presenta como posible lo que deseamos. ‖ **2.** *Rel.* En la doctrina cristiana, virtud teologal por la que se espera que Dios dé los bienes que ha prometido.

esperanzado, da. adj. Que tiene esperanza de conseguir alguna cosa.

esperanzar. tr. Dar o provocar esperanza.

esperar. tr. Tener esperanza de conseguir lo que se desea. ‖ **2.** Creer que ha de suceder alguna cosa, especialmente si es favorable. ‖ **3.** Permanecer en sitio adonde se cree que ha de ir alguna persona o en donde se presume que ha de ocurrir alguna cosa. ‖ **4.** Seguido de la prep. *a,* no comenzar a actuar hasta que suceda algo. ESPERÓ A *que sonase la* *hora para hablar.* || **5.** Ser inminente o inmediata alguna cosa. *Mala noche nos* ESPERA.

esperma. amb. **semen,** secreción de las glándulas genitales del sexo masculino. || **2.** Sustancia grasa que se extrae de las cavidades del cráneo del cachalote. Se emplea para hacer velas y en algunos medicamentos. || **de ballena. esperma,** sustancia grasa.

espermatozoide. m. *Biol.* Gameto masculino, destinado a la fecundación del óvulo.

espermatozoo. m. Espermatozoide de los animales.

espermicida. adj. Dícese de ciertas sustancias que provocan la muerte de los espermatozoides, por lo que se usan como anticonceptivos. Ú. m. c. s. m.

espermiograma. m. *Med.* Análisis cualitativo y cuantitativo del esperma. || **2.** Resultado de este análisis.

esperpento. m. fam. Persona o cosa notable por su fealdad, desaliño o mala traza. || **2.** Género literario creado por Ramón del Valle-Inclán, en el que se deforma sistemáticamente la realidad, recargando sus rasgos grotescos y absurdos, a la vez que se degradan los valores literarios consagrados.

espesar. tr. Condensar lo líquido. || **2.** Unir, apretar una cosa con otra, haciéndola más cerrada y tupida; como se hace en los tejidos, medias, etc.

espeso, sa. adj. Dícese de la masa o de la sustancia fluida o gaseosa que tiene mucha densidad o condensación. || **2.** Dícese de las cosas que están muy juntas y apretadas; como suele suceder en los trigos, en las arboledas y en los montes. || **3.** Grueso, corpulento, macizo. *Muros* ESPESOS.

espesor. m. Grosor de un sólido. || **2.** Densidad o condensación de un fluido, un gas o una masa.

espesura. f. Cualidad de espeso. || **2.** fig. Lugar muy poblado de árboles y matorrales.

espetado, da. adj. Estirado, tieso, afectadamente grave.

espetar. tr. Atravesar, clavar, meter por un cuerpo un instrumento puntiagudo. || **2.** fig. y fam. Decir a uno de palabra o por escrito alguna cosa, causándole sorpresa o molestia. *Me* ESPETÓ *una arenga, un cuento, una carta.* || **3.** prnl. Ponerse tieso, afectando gravedad y majestad.

espetera. f. Tabla con garfios en que se cuelgan carnes, aves y utensilios de cocina. || **2.** Conjunto de los utensilios metálicos de cocina que se cuelgan en la **espetera.**

espetón. m. Hierro largo y delgado, como asador o estoque.

espía. com. Persona que con disimulo y secreto observa o escucha lo que pasa, para comunicarlo al que tiene interés en saberlo. || **2.** Persona al servicio de una potencia extranjera para averiguar informaciones secretas, generalmente de carácter militar.

espiar. tr. Acechar; observar disimuladamente lo que se dice o hace. || **2.** Intentar conseguir informaciones secretas sobre un país o una empresa. ❑ No confundir con *expiar.*

espicanardo. m. Hierba de la familia de las valerianáceas, que se cría en la India y tiene la raíz perenne y aromática, tallo sencillo y velloso, hojas peludas, las radicales muy largas y las del tallo sentadas, flores purpúreas en hacecillos opuestos, y fruto en caja. || **2.** Planta de la India, de la familia de las gramíneas, con tallos en caña delgada, de cuatro a seis decímetros de altura; hojas envainadoras, lineales y puntiagudas; flores en espigas terminales; rizoma acompañado de numerosas raicillas fibrosas, de olor agradable, cuyo extracto da un perfume muy usado por los antiguos.

espichar. tr. Punzar con una cosa aguda. || **2.** intr. fam. Morir, acabar la vida uno.

espiciforme. adj. Que tiene forma de espiga.

espiga. f. *Bot.* Inflorescencia cuyas flores son hermafroditas y están sentadas a lo largo de un eje; como en el llantén. || **2.** Fructificación de esta inflorescencia. || **3.** El grano de los cereales. || **4.** Parte de una herramienta o de otro objeto, adelgazada para introducirla en el mango. || **5.** Clavo pequeño de hierro y sin cabeza.

espigado, da. adj. Aplícase a algunas plantas anuales cuando se las deja crecer hasta la completa madurez de la semilla. || **2.** En forma de espiga. || **3.** fig. Alto, crecido de cuerpo.

espigar. tr. Coger las espigas que han quedado en el rastrojo. || **2.** Tomar de uno o más escritos, rebuscando acá y allá, datos que a uno le interesan. Ú. t. c. intr. || **3.** intr. Empezar los panes y otras semillas a echar espigas. || **4.** prnl. Crecer demasiado algunas hortalizas, como la lechuga y la alcachofa, y dejar de ser propias para la alimentación por haberse endurecido. || **5.** fig. Crecer notablemente una persona.

espigón. m. Punta del palo con que se aguija. || **2.** Espiga o punta de un instrumento puntiagudo, o del clavo con que se asegura una cosa. || **3.** Macizo saliente que se construye a la orilla de un río o en la costa del mar, para defender las márgenes o modificar la corriente.

espiguilla. f. Cada una de las espigas pequeñas que forman la principal en algunas plantas como la avena y el arroz. || **2.** Planta anua de la familia de las gramíneas, con el tallo comprimido, hojas lampiñas y flores en panoja sin aristas.

espina. f. Púa que nace del tejido leñoso o

vascular de algunas plantas. ‖ **2.** Astilla pequeña y puntiaguda de la madera, esparto u otra cosa áspera. ‖ **3.** Cada una de las piezas óseas largas, delgadas y puntiagudas que forman parte del esqueleto de muchos peces, como la apófisis de las vértebras y los radios duros y rígidos de las aletas. ‖ **4. espinazo** de los vertebrados. ‖ **dorsal.** *Anat.* Columna vertebral. ‖ **darle** a uno **mala espina** una cosa. fr. fig. y fam. Hacerle entrar en recelo o cuidado.

espinaca. f. Planta hortense, comestible, anual, de la familia de las quenopodiáceas, con tallo ramoso, hojas radicales, estrechas, agudas y suaves, con pecíolos rojizos, flores dioicas, sin corola, y semillas redondas o con cuernecillos, según las variedades.

espinar. m. Sitio poblado de espinos.

espinazo. m. Columna vertebral. ‖ **2.** Clave de una bóveda o de un arco.

espinela[1]. f. **décima,** combinación métrica.

espinela[2]. f. Piedra fina, parecida por su color rojo al rubí, compuesta de alúmina y magnesia, teñida por óxido de hierro y cristalizada en octaedros. Se emplea en joyería.

espineta. f. Clavicordio pequeño, de una sola cuerda en cada orden.

espingarda. f. Antiguo cañón de artillería algo mayor que el falconete. ‖ **2.** Escopeta de chispa y muy larga.

espinilla. f. Parte anterior de la canilla de la pierna. ‖ **2.** Grano de pequeño tamaño que aparece en la piel y que proviene de la obstrucción del conducto secretor de las glándulas sebáceas.

espinillera. f. Pieza de la armadura antigua que cubría y defendía la espinilla. ‖ **2.** Pieza que preserva la espinilla de los operarios en trabajos peligrosos. También la usan los jugadores en algunos deportes.

espino. m. Arbolillo de la familia de las rosáceas, de cuatro a seis metros de altura, con ramas espinosas, hojas lampiñas y aserradas, flores blancas, olorosas y en corimbo, y fruto ovoide, revestido de piel tierna y rojiza que encierra una pulpa dulce y dos huesecillos casi esféricos. Su madera es dura, y la corteza se emplea en tintorería y para curtir.

espinosismo. m. Doctrina filosófica profesada por Benito Espinosa, que consiste en afirmar la unidad de sustancia, considerando los seres como modos y formas de la sustancia única.

espinoso, sa. adj. Que tiene espinas. ‖ **2.** fig. Arduo, difícil, intrincado.

espionaje. m. Acción de espiar lo que se dice o hace.

espira. f. Cada una de las vueltas de una espiral. ‖ **2.** *Arq.* Parte de la basa de la columna, que está encima del plinto. ‖ **3.** *Geom.* Línea en espiral.

espiración. f. Acción y efecto de espirar.

espirador, ra. adj. Que espira. ‖ **2.** *Zool.* Aplícase a los músculos que sirven para la espiración.

espiral. adj. Perteneciente a la espira. *Línea, escalera* ESPIRAL. ‖ **2.** f. Línea curva que da indefinidamente vueltas alrededor de un punto, alejándose de él más en cada una de ellas.

espirar. tr. Exhalar, echar de sí un cuerpo buen o mal olor. ‖ **2.** intr. Expeler el aire aspirado. Ú. t. c. tr. ❑ No confundir con *aspirar* ni con *expirar.*

espirilo. m. *Microbiol.* Bacteria flagelada en forma de espiral.

espiritado, da. adj. fam. Dícese de la persona que, por lo flaca y extenuada, parece no tener sino espíritu.

espiritismo. m. Doctrina de los que suponen que a través de un médium, o de otros modos, se puede comunicar con los espíritus de los muertos.

espiritoso, sa. adj. Dícese de lo que exhala mucho espíritu; como algunos licores.

espiritrompa. f. *Zool.* Aparato bucal de las mariposas. Es un largo tubo que el animal utiliza para chupar el néctar de las flores y que recoge después, arrollándolo en espiral.

espíritu. m. Ser inmaterial y dotado de razón. ‖ **2.** Vigor natural y virtud que alienta y fortifica el cuerpo para obrar. *Los* ESPÍRITUS *vitales.* ‖ **3.** Vivacidad; ingenio. ‖ **4.** Cada uno de los dos signos ortográficos, con que en la lengua griega se indica la aspiración o falta de ella. ‖ **5.** Vapor sutilísimo que exhalan el vino y los licores. ‖ **6.** fig. Principio generador, carácter íntimo, esencia o sustancia de una cosa. *El* ESPÍRITU *de una ley, de una corporación, de un siglo, de la literatura de una época.* ‖ **de la golosina.** fam. Persona falta de nutrición o muy flaca y extenuada. ‖ **maligno.** El demonio. ‖ **Santo.** *Teol.* Tercera persona de la Santísima Trinidad, que procede igualmente del Padre y del Hijo.

espiritual. adj. Perteneciente o relativo al espíritu.

espiritualidad. f. Naturaleza y condición de espiritual. ‖ **2.** Conjunto de ideas referentes a la vida espiritual.

espiritualismo. m. Sistema filosófico que defiende la esencia espiritual y la inmortalidad del alma, y se contrapone al materialismo.

espiritualizar. tr. Hacer espiritual a una persona por medio de la gracia y el espíritu de piedad. ‖ **2.** Figurarse o considerar como espiritual lo que de suyo es corpóreo, para reconocerlo y entenderlo.

espirometría. f. *Med.* Medición de la capacidad respiratoria de los pulmones.

espiroqueta. f. *Microbiol.* Bacteria a menudo

patógena, de un taxón que se caracteriza por tener cuerpo arrollado en hélice. A este grupo de bacterias pertenecen las causantes de la sífilis y de la fiebre recurrente en el hombre.

espita. f. Canuto que se mete en el agujero de la cuba u otra vasija, para que por él salga el licor que esta contiene. ‖ **2.** Por ext., cualquier dispositivo análogo que permite la salida de gases, líquidos, etc., de un recipiente.

esplendidez. f. Abundancia, magnificencia, liberalidad, largueza.

espléndido, da. adj. Magnífico, dotado de singular excelencia. ‖ **2.** Liberal, desprendido.

esplendor. m. **resplandor.** ‖ **2.** fig. Lustre, nobleza. ‖ **3.** fig. Apogeo, auge.

esplendoroso, sa. adj. Muy brillante, resplandeciente. ‖ **2.** Impresionante por su gran belleza o grandeza.

esplénico, ca. adj. *Anat.* Perteneciente o relativo al bazo.

esplenio. m. *Anat.* Músculo largo y plano que une las vértebras cervicales con la cabeza y contribuye a los movimientos de esta.

espliego. m. Mata de la familia de las labiadas, de cuatro a seis decímetros de altura, con tallos leñosos, hojas elípticas, casi lineales, enteras y algo vellosas, flores azules en espiga, de pedúnculo muy largo y delgado, y semilla elipsoidal de color gris. Toda la planta es muy aromática, y principalmente de las flores se extrae un aceite esencial muy usado en perfumería.

esplín. m. Melancolía, tedio de la vida.

espoleadura. f. Herida o llaga que la espuela hace a la caballería.

espolear. tr. Picar con la espuela a la cabalgadura para que ande, o castigarla para que obedezca. ‖ **2.** fig. Avivar, incitar, estimular a uno para que haga alguna cosa.

espoleta[1]. f. Aparato que se coloca en la boquilla de las bombas, granadas o torpedos, y sirve para dar fuego a su carga.

espoleta[2]. f. Horquilla formada por las clavículas del ave.

espolín. m. Espuela fija en el tacón de la bota.

espolio. m. **expolio.**

espolique. m. Mozo que camina a pie delante de la caballería en que va su amo.

espolón. m. Apófisis ósea en forma de cuerno pequeño, que tienen en el tarso varias aves gallináceas. ‖ **2.** Malecón que suele hacerse a orillas de los ríos o del mar para contener las aguas, y también al borde de los barrancos y precipicios para seguridad del terreno y de los transeúntes. Se utiliza en algunas poblaciones como sitio de paseo. *El* ESPOLÓN *de Burgos, el de Valladolid.* ‖ **3.** Punta en que remata la proa de la nave. ‖ **4.** ant. Espuela para picar a la caballería.

espolonear. tr. desus. Picar con el espolón a la caballería.

espolvorear. tr. Esparcir sobre una cosa otra hecha polvo.

espondeo. m. Pie de la poesía griega y latina, compuesto de dos sílabas largas.

espóndilo. m. *Anat.* Cada una de las vértebras del espinazo.

espondilosis. f. *Pat.* Grupo de enfermedades caracterizadas por la inflamación y fusión de las vértebras, con rigidez consecutiva de la columna vertebral.

espongiario. adj. *Zool.* Dícese de animales invertebrados acuáticos, casi todos marinos, en forma de saco o tubo con una sola abertura, que viven reunidos en colonias fijas sobre objetos sumergidos. La pared de su cuerpo está reforzada por diminutas piezas esqueléticas, calcáreas o silíceas, o por fibras entrecruzadas y resistentes, y atravesada por numerosos conductos que comunican la cavidad interna con el exterior y por los cuales circula el agua cargada de las partículas orgánicas de que el animal se alimenta. Ú. t. c. s. ‖ **2.** m. pl. *Zool.* Tipo de estos animales.

esponja. f. *Zool.* Animal espongiario. ‖ **2.** Esqueleto de ciertos espongiarios, formado por fibras córneas entrecruzadas en todas direcciones, y cuyo conjunto constituye una masa elástica llena de huecos y agujeros que, por capilaridad, absorbe fácilmente los líquidos. Ú. t. en sent. fig. ‖ **3.** Por ext., todo cuerpo que, por su elasticidad, porosidad y suavidad, sirve como utensilio de limpieza.

esponjar. tr. Ahuecar o hacer más poroso un cuerpo.

esponjoso, sa. adj. Aplícase al cuerpo muy poroso, hueco y más ligero de lo que corresponde a su volumen.

esponsales. m. pl. Mutua promesa de casarse que se hacen y aceptan el varón y la mujer.

esponsalicio, cia. adj. Perteneciente a los esponsales.

espontaneidad. f. Cualidad de espontáneo.

espontáneo, a. adj. Voluntario o de propio impulso. ‖ **2.** Que se produce sin cultivo o sin cuidados del hombre. ‖ **3.** m. y f. Persona que durante una corrida se lanza al ruedo a torear.

espora. f. *Bot.* Cualquiera de las células de vegetales criptógamos que, sin tener forma ni estructura de gametos y sin necesidad de unirse con otro elemento análogo para formar un cigoto, se separan de la planta y se dividen reiteradamente hasta constituir un nuevo individuo. || **2.** *Bot.* Corpúsculo que se produce en una bacteria, cuando las condiciones del medio se han hecho desfavorables para la vida de este microorganismo.

esporádico, ca. adj. Dícese de las enfermedades que no tienen carácter epidémico ni endémico. || **2.** fig. Dícese de lo que es ocasional, sin ostensible enlace con antecedentes ni consiguientes.

esporangio. m. *Bot.* Cavidad donde se originan y están contenidas las esporas en muchas plantas criptógamas.

esporocarpio. m. *Bot.* Cada uno de los órganos, propios de muchas plantas criptógamas, que contienen los esporangios.

esporófito o **esporofito.** m. *Bot.* Fase que en la alternancia de generaciones de la mayoría de los vegetales origina las esporas.

esportada. f. Lo que cabe en una espuerta.

esportear. tr. Echar, llevar con espuertas una cosa de un lugar a otro.

esportillo. m. Capacho de esparto o de palma que servía para llevar a las casas las provisiones.

esporular. intr. *Bot.* y *Microbiol.* Formar esporas ciertas plantas o ciertas bacterias.

esposar. tr. Sujetar con esposas.

esposas. f. pl. Manillas de hierro con que se sujeta a los presos por las muñecas.

esposo, sa. m. y f. Persona que ha contraído esponsales. || **2.** Persona casada.

espuela. f. Espiga de metal terminada comúnmente en una rodajita o en una estrella con puntas y unida por el otro extremo a unas ramas en semicírculo que se ajustan al talón del calzado, y se sujetan al pie con correas, para picar a la cabalgadura. || **2.** fig. Estímulo, acicate. || **3.** fig. Última copa que toma un bebedor antes de separarse de sus compañeros.

espuerta. f. Especie de cesta de esparto, palma u otra materia, con dos asas, que sirve para llevar de una parte a otra escombros, tierra u otras cosas semejantes. || **a espuertas.** loc. adv. A montones, en abundancia.

espulgar. tr. Limpiar de pulgas o piojos. Ú. t. c. prnl. || **2.** fig. Examinar, reconocer una cosa con cuidado y por partes.

espuma. f. Conjunto de burbujas que se forman en la superficie de los líquidos, y se adhieren entre sí con más o menos consistencia. || **2.** Parte del jugo y de las impurezas que quedan flotando, formando burbujas, al cocer ciertas sustancias. *La* ESPUMA *de la olla, del almíbar.*

espumadera. f. Paleta ligeramente cóncava, y con agujeros, con que se espuma el caldo o cualquier otro líquido para purificarlo, o se saca de la sartén lo que se fríe en ella.

espumar. tr. Quitar la espuma del caldo o de cualquier líquido. || **2.** intr. Hacer espuma; como la que hace la olla, el vino, etc.

espumarajo. m. Saliva espumosa arrojada en gran cantidad por la boca.

espumoso, sa. adj. Que tiene o hace mucha espuma. || **2.** Que se convierte en espuma, como el jabón.

espurio, ria. adj. **bastardo,** que degenera de su origen o naturaleza. || **2.** V. **hijo espurio.** || **3.** fig. Falso, adulterado, que degenera de su origen.

espurrear. tr. Rociar una cosa con agua u otro líquido expelido por la boca.

espurriar. tr. Rociar con un líquido expelido por la boca.

esputar. tr. Arrancar flemas y arrojarlas por la boca.

esputo. m. Lo que se arroja de una vez en cada expectoración.

esqueje. m. Tallo o cogollo que se introduce en tierra para reproducir la planta.

esquela. f. Carta breve que antes solía cerrarse en figura casi triangular. || **2.** Aviso de la muerte de una persona que se publica en los periódicos con recuadro de luto. Suele indicar la fecha y el lugar del entierro, funeral, etc.

esquelético, ca. adj. Muy flaco. || **2.** *Anat.* Perteneciente o relativo al esqueleto.

esqueleto. m. *Anat.* Conjunto de piezas duras y resistentes, por lo regular trabadas o articuladas entre sí, que da consistencia al cuerpo de los animales, sosteniendo o protegiendo sus partes blandas. || **2. esqueleto** interior de los vertebrados. || **3.** fig. y fam. Sujeto muy flaco. || **4.** fig. Armazón que sostiene algo.

esquema. m. Representación de una cosa atendiendo solo a sus líneas o caracteres más significativos.

esquemático, ca. adj. Perteneciente al esquema. || **2.** Que tiende a interpretar cualquier asunto sin percibir sus matices.

esquematismo. m. Procedimiento esquemático para la exposición de doctrinas.

esquematizar. tr. Representar una cosa en forma esquemática.

esquí. m. Especie de patín muy largo, de madera o de otro material ligero y elástico, que se usa para deslizarse sobre la nieve. || **acuático.** Deporte que consiste en deslizarse rápidamente sobre el agua mediante **esquís,** aprovechando la tracción de una lancha motora. ❏ pl. *esquíes* o *esquís.*

esquiador, ra. m. y f. Persona que esquía.

esquiar. intr. Patinar con esquís.

esquifar. tr. *Mar.* Proveer de pertrechos y marineros una embarcación.

esquife. m. Barco pequeño que se lleva en el navío para saltar a tierra y para otros usos. ‖ **2.** *Arq.* Cañón de bóveda en figura cilíndrica.

esquila[1]**.** f. Cencerro pequeño, en forma de campana.

esquila[2]**.** f. Camarón, crustáceo.

esquilador, ra. adj. Que esquila. Ú. t. c. s. ‖ **2.** m. y f. Persona que tiene por oficio esquilar. ‖ **3.** f. Máquina **esquiladora.**

esquilar. tr. Cortar el pelo, vellón o lana de los ganados y otros animales.

esquileo. m. Acción y efecto de esquilar ganados y otros animales. ‖ **2.** Tiempo en que se esquila.

esquilmar. tr. Chupar las plantas con exceso el jugo de la tierra. ‖ **2.** fig. Menoscabar, agotar una fuente de riqueza sacando de ella mayor provecho que el debido.

esquilmo. m. Conjunto de frutos y provechos que se sacan de las haciendas y ganados.

esquilón. m. Esquila o cencerro grande.

esquimal. adj. Dícese del pueblo de raza mongólica que, en pequeños grupos dispersos, habita la margen ártica de América del Norte, de Groenlandia y de Asia. ‖ **2.** Dícese de los individuos que forman este pueblo. Ú. t. c. s. ‖ **3.** Perteneciente o relativo a este pueblo.

esquina. f. Arista, parte exterior del lugar en que convergen dos lados de una cosa, especialmente las paredes de un edificio.

esquinado, da. adj. fig. Dícese de la persona de trato difícil.

esquinar. tr. Hacer o formar esquina. Ú. t. c. intr. ‖ **2.** Poner en esquina alguna cosa. ‖ **3.** fig. Poner a mal, indisponer. Ú. m. c. prnl.

esquinazo. m. fam. Esquina de un edificio. ‖ **dar esquinazo.** fr. fam. Rehuir en la calle el encuentro de uno, doblando una esquina o variando la dirección que se llevaba. ‖ **2.** fr. fig. y fam. Dejar a uno plantado, abandonarlo.

esquirla. f. Astilla de un hueso desprendida de este por caries o por fractura. Se dice también hablando de las que se desprenden de la piedra, cristal, etc.

esquirol. adj. despect. Dícese del trabajador que no se adhiere a una huelga. Ú. t. c. s. ‖ **2.** Dícese también del que se presta a ocupar el puesto de los huelguistas. Ú. t. c. s.

esquisto. m. Roca de color negro azulado que se divide con facilidad en hojas.

esquivar. tr. Evitar, rehusar.

esquivo, va. adj. Desdeñoso, áspero, huraño.

esquizado, da. adj. Dícese del mármol salpicado de pintas.

esquizofrenia. f. *Psiquiat.* Grupo de enfermedades mentales correspondientes a la antigua demencia precoz, que se declaran hacia la pubertad y se caracterizan por una disociación específica de las funciones psíquicas, que conduce, en los casos graves, a una demencia incurable.

esquizofrénico, ca. adj. *Psiquiat.* Que tiene o presenta rasgos de esquizofrenia o comparables a los de esta enfermedad. ‖ **2.** Que padece esquizofrenia. Ú. t. c. s.

estabilidad. f. Permanencia, duración en el tiempo; firmeza, seguridad en el espacio.

estabilizador, ra. adj. Que estabiliza. Ú. t. c. s.

estabilizar. tr. Dar a alguna cosa estabilidad. ‖ **2.** *Econ.* Fijar y garantizar oficialmente el valor de una moneda circulante en relación con el patrón oro o con otra moneda canjeable por el mismo metal, a fin de evitar las oscilaciones del cambio.

estable. adj. Constante, firme, permanente. ❑ sup. irreg. *estabilísimo.*

establecer. tr. Fundar, instituir. ESTABLECER *una monarquía, una orden.* ‖ **2.** Ordenar, mandar, decretar. ‖ **3.** Dejar demostrado y firme un principio, una teoría, una idea, etc. ‖ **4.** prnl. Avecindarse o fijar la residencia en alguna parte. ‖ **5.** Abrir por cuenta propia un establecimiento mercantil o industrial. ❑ Irreg. Se conj. como *agradecer.* Como prnl., ú. con la prep. *en.*

establecimiento. m. Acción y efecto de establecer o establecerse. ‖ **2.** Lugar donde habitualmente se ejerce una industria o profesión. ‖ **3.** Local de comercio.

establo. m. Lugar cubierto en que se encierra ganado para su descanso y alimentación.

estabular. tr. Meter y guardar ganado en establos.

estaca. f. Palo afilado en un extremo para clavarlo. ‖ **2.** Rama o palo verde sin raíces que se planta para que se haga árbol. ‖ **3.** Clavo de hierro de tres a cuatro decímetros de largo, que sirve para clavar vigas y maderos.

estacada. f. Cualquier obra hecha de estacas clavadas en la tierra para defensa, o para atajar un paso. ‖ **dejar** a uno **en la estacada.** fr. fig. Abandonarlo, dejándolo comprometido en un peligro o mal negocio.

estacar. tr. Fijar en tierra una estaca y atar a ella una bestia. ‖ **2.** Señalar un terreno con estacas. ‖ **3.** prnl. fig. Quedarse inmóvil y tieso a manera de estaca.

estacazo. m. Golpe dado con una estaca. ‖ **2.** fig. Daño, quebranto.

estacha. f. Cuerda o cable atado al arpón con que se pescan las ballenas.

estación. f. Cada una de las cuatro partes o tiempos en que se divide el año. ‖ **2.** En los ferrocarriles y líneas de autobuses o del metropolitano, sitio donde habitualmente hacen parada los vehículos. ‖ **3.** Punto y oficina donde se expiden y reciben despachos de telecomunicación. ‖ **4.** *Radio* y *TV.* **emisora.** ‖ **de servicio.** Instalación provista de surtidores de gasolina, gasóleo, lubrificantes, etc., y en la que a veces se pueden engrasar los vehículos automóviles y efectuar ligeras reparaciones en los mismos.

estacional. adj. Propio y peculiar de cualquiera de las estaciones del año. *Calenturas* ESTACIONALES.

estacionamiento. m. Acción y efecto de estacionar o estacionarse. Se usa especialmente hablando de los vehículos. ‖ **2.** Lugar o recinto reservado para estacionar vehículos.

estacionar. tr. Situar en un lugar, colocar. Ú. t. c. prnl. ‖ **2.** Dejar un vehículo detenido y, normalmente, desocupado, en algún lugar. Ú. t. c. prnl. ‖ **3.** prnl. Quedarse estacionario, estancarse.

estacionario, ria. adj. fig. Dícese de la persona o cosa que permanece en el mismo estado o situación, sin adelanto ni retroceso.

estadal. m. Medida de longitud que tiene cuatro varas, equivalente a tres metros y 334 milímetros. ‖ **2.** Cinta bendita en algún santuario, que se suele poner al cuello.

estadía. f. Detención, estancia. ‖ **2.** *Com.* Cada uno de los días que transcurren después del plazo estipulado para la carga o descarga de un buque mercante, por los cuales se ha de pagar un tanto como indemnización. Ú. m. en pl. ‖ **3.** *Com.* Por ext., la misma indemnización.

estadio. m. Recinto con graderías para los espectadores, destinado a competiciones deportivas. ‖ **2.** Etapa o fase de un proceso, desarrollo o transformación.

estadista. com. Persona que describe la población, riqueza y civilización de un pueblo, provincia o nación. ‖ **2.** Persona versada en los negocios concernientes a la dirección de los Estados, o instruida en materias de política.

estadística. f. *Mat.* Ciencia que utiliza conjuntos de datos numéricos para obtener inferencias basadas en el cálculo de probabilidades.

estadístico, ca. adj. Perteneciente a la estadística. ‖ **2.** m. y f. Persona que profesa la estadística.

estadizo, za. adj. Que está mucho tiempo sin moverse, orearse o renovarse. *Aire* ESTADIZO *y malsano; aguas corrientes y* ESTADIZAS.

estado. m. Situación en que está una persona o cosa, y en especial cada uno de los sucesivos modos de ser de una persona o cosa sujeta a cambios que influyen en su condición. ‖ **2.** Conjunto de los órganos de gobierno de un país soberano. ‖ **3.** Territorio de cada país independiente. ‖ **4.** En el régimen federativo, porción de territorio cuyos habitantes se rigen por leyes propias, aunque sometidos en ciertos asuntos a las decisiones del gobierno general. ‖ **5.** *Fís.* Cada uno de los grados o modos de agregación de las moléculas de un cuerpo. ESTADO *sólido, líquido, gaseoso,* etc. ‖ **civil.** Condición de soltería, matrimonio, viudez, etc., de un individuo. ‖ **de ánimo.** Disposición en que se encuentra alguien, causada por la alegría, la tristeza, el abatimiento, etc. ‖ **de bienestar.** Sistema social de organización en el que se procura compensar las deficiencias e injusticias de la economía de mercado con redistribuciones de renta y prestaciones sociales otorgadas a los menos favorecidos. ‖ **federal.** El compuesto por **estados** particulares, cuyos poderes regionales gozan de autonomía e incluso de soberanía para su vida interior. ‖ **llano.** fig. El común de los vecinos de que se componía un pueblo, a excepción de los nobles, los eclesiásticos y los militares. ‖ **en estado.** loc. adv. **en estado interesante.** ‖ **en estado interesante.** loc. adv. Dícese de la mujer embarazada.

estadounidense. adj. Perteneciente o relativo a los Estados Unidos de América. ‖ **2.** Natural de este país. Ú. t. c. s.

estafa. f. Acción y efecto de estafar.

estafador, ra. m. y f. Persona que estafa.

estafar. tr. Pedir o sacar dinero o cosas de valor con artificios y engaños, y con ánimo de no pagar. ‖ **2.** *Der.* Cometer alguno de los delitos que se caracterizan por el lucro como fin y el engaño o abuso de confianza como medio.

estafeta. f. Correo ordinario que iba a caballo de un lugar a otro. ‖ **2.** Casa u oficina del correo, donde se entregan las cartas que se envían, y se recogen las que se reciben.

estafilococo. m. *Microbiol.* Cualquiera de las bacterias de forma redondeada que se agrupan como en racimo.

estalactita. f. Roca calcárea en forma de cono irregular y con la punta hacia abajo, que se forma en el techo de las cavernas por la filtración lenta de aguas con carbonato cálcico en disolución.

estalagmita. f. Roca calcárea en forma de

cono con la punta hacia arriba, que se forma en el suelo de una caverna al gotear desde una estalactita agua con carbonato cálcico en disolución.

estalinismo. m. Teoría y práctica políticas de Stalin, consideradas por él como continuación del leninismo.

estallar. intr. Henderse o reventar de golpe una cosa, con chasquido o estruendo. ‖ **2.** fig. Sobrevenir, ocurrir violentamente una cosa. ESTALLAR *un incendio, una revolución.* ‖ **3.** fig. Sentir y manifestar repentina y violentamente ira, alegría u otra pasión o afecto.

estallido. m. Acción y efecto de estallar.

estambrar. tr. Torcer la lana y hacerla estambre.

estambre. amb. Ú. m. c. m. Parte del vellón de lana que se compone de hebras largas. ‖ **2.** Hilo formado de estas hebras. ‖ **3.** *Bot.* Órgano masculino en la flor de las fanerógamas, que es una hoja transformada; consta de la antera y, generalmente, de un filamento que la sostiene.

estamental. adj. Perteneciente o relativo al estamento. ‖ **2.** Estructurado u organizado en estamentos.

estamento. m. Estrato de una sociedad, definido por un común estilo de vida o análoga función social. ESTAMENTO *nobiliario, militar, intelectual,* etc.

estameña. f. Tejido de lana, sencillo y ordinario, que tiene la urdimbre y la trama de estambre.

estaminal. adj. *Bot.* Perteneciente o relativo a los estambres.

estaminífero, ra. adj. *Bot.* Dícese de las flores que tienen estambres, y de las plantas que llevan estas flores.

estampa. f. Reproducción de un dibujo, pintura, fotografía, etc., trasladada al papel o a otra materia, por medio del tórculo o prensa, desde la lámina de metal o madera en que está grabada, o desde la piedra litográfica en que está dibujada. ‖ **2.** Papel o tarjeta con esta reproducción. ‖ **3.** Por antonom., **estampa** con una figura religiosa. ‖ **4.** fig. Figura total de una persona o animal.

estampación. f. Acción y efecto de estampar.

estampado, da. adj. Aplícase a tejidos en que se forman y estampan a fuego o en frío, con colores o sin ellos, diferentes labores o dibujos. Ú. t. c. s. ‖ **2.** Dícese del objeto que por presión o percusión se fabrica con matriz o molde apropiado. Ú. t. c. s. ‖ **3.** m. Acción y efecto de estampar. *No me gusta el* ESTAMPADO *de esta lámina.*

estampar. tr. Imprimir, sacar en estampas una cosa; como las letras, las imágenes o dibujos contenidos en un molde. Ú. t. c. intr. ‖ **2.** Dar forma a una plancha metálica por percusión entre dos matrices, de modo que forme relieve por un lado y quede hundida por otro. ‖ **3.** Señalar o imprimir una cosa en otra; como el pie en la arena. ‖ **4.** fam. Arrojar a una persona o cosa haciéndola chocar contra algo. ESTAMPÓ *una botella contra la pared.* Ú. t. c. prnl.

estampía. f. Ú. solo en la frase **embestir, partir,** o **salir, de estampía,** que significa hacerlo de repente, sin preparación ni anuncio alguno.

estampida. f. **estampido.** ‖ **2.** *Bol., Col., C. Rica, Guat., Hond., Méj., Nicar., Pan., Perú* y *Venez.* Huida impetuosa que emprende una persona, un animal o, especialmente, un conjunto de ellos.

estampido. m. Ruido fuerte y seco como el producido por el disparo de un cañón.

estampilla. f. Especie de sello que contiene en facsímil la firma y rúbrica de una persona, o bien un letrero para estampar en ciertos documentos.

estancar. tr. Detener y parar el curso y corriente de un líquido. Ú. t. c. prnl. ‖ **2.** Prohibir el curso libre de determinada mercancía, concediendo su venta a determinadas personas o entidades. ‖ **3.** fig. Suspender, detener el curso de un encargo, asunto, negocio, etc. Ú. t. c. prnl.

estancia. f. Mansión, habitación y asiento en un lugar, casa o paraje. ‖ **2.** Permanencia durante cierto tiempo en un lugar determinado. ‖ **3.** Estrofa formada por más de seis versos endecasílabos y heptasílabos que riman en consonante al arbitrio del poeta, y cuya estructura se repite a lo largo del poema. ‖ **4.** *Argent., Chile, Perú* y *Urug.* Hacienda de campo destinada al cultivo, y más especialmente a la ganadería.

estanco, ca. adj. Que se halla completamente cerrado e incomunicado. *Compartimiento* ESTANCO, *casco* ESTANCO *de una nave.* ‖ **2.** m. Embargo o prohibición del curso y venta libre de algunas cosas, o asiento que se hace para reservar exclusivamente las ventas de mercancías o géneros, fijando los precios a que se hayan de vender. ‖ **3.** Sitio o tienda donde se venden géneros estancados, y especialmente sellos, tabaco y cerillas.

estándar. adj. Dícese de lo que sirve como tipo, modelo, norma, patrón o referencia. Ú. sólo en sing. ‖ **2.** m. Tipo, modelo, patrón, nivel. ESTÁNDAR *de vida.* ❑ pl. *estándares.*

estandarizar. tr. **tipificar,** ajustar a un tipo, modelo o norma.

estandarte. m. Insignia que usan los cuerpos militares que van a caballo, y consiste en un pedazo de tela cuadrado pendiente de un asta, en el cual se bordan o sobreponen el escudo nacional y las armas del cuerpo a que pertenece. Antiguamente se usó también en la infantería. ‖ **2.** Insignia que usan las corporaciones civiles y religiosas: consiste en un pedazo de tela generalmente cuadrilongo, donde figura la divisa de aquellas, y lleva su borde superior fijo en una vara que pende horizontal de un astil con el cual forma cruz.

estannífero, ra. adj. Que contiene estaño.

estanque. m. Balsa construida para remansar o recoger el agua, con fines utilitarios, como proveer al riego, criar peces, etc., o meramente ornamentales.

estanquero, ra. m. y f. Persona que tiene a su cargo la venta pública del tabaco y otros géneros estancados.

estante. m. **anaquel.**

estantería. f. Mueble compuesto de estantes o de anaqueles.

estantigua. f. Procesión de fantasmas, o fantasma que se ofrece a la vista por la noche, causando pavor y espanto.

estañar. tr. Cubrir o bañar con estaño las piezas y vasijas hechas de otros metales, para el uso inofensivo de ellas. ‖ **2.** Asegurar o soldar una cosa con estaño.

estaño. m. Elemento químico de núm. atóm. 50. Metal escaso en la corteza terrestre; se encuentra en la casiterita en forma de dióxido. De color y brillo como la plata, es duro, dúctil y maleable. Se utiliza para recubrir y proteger otros metales y en el envasado de alimentos; aleado con el cobre forma el bronce, y con otros metales, se aplica en soldaduras y en odontología. Símb. *Sn.*

estar. intr. Existir, hallarse una persona o cosa en este o aquel lugar, situación, condición o modo actual de ser. Ú. t. c. prnl. ‖ **2.** Permanecer o hallarse con cierta estabilidad en un lugar, situación, condición, etc. Ú. t. c. prnl. ‖ **3.** Con adjetivos o participios pasivos, hallarse en el estado significado por ellos. ESTAR *triste, rico, sordo, convencido, satisfecho.* ‖ **4.** Seguido de la prep. *a* y del número de un día del mes, indica que corre ese día; se usa principalmente en primeras personas del plural. ESTÁBAMOS A *5 de enero,* ESTAMOS A *24.* Al preguntar, se dice: **¿a cuántos estamos?** ‖ **5.** Con la prep. *a* y una indicación de valor o precio, tener ese precio en el mercado la cosa de que se trata. *Las patatas* ESTÁN A *treinta pesetas.* ‖ **6.** Con la prep. *de* y algunos sustantivos que significan oficio, desempeñar temporalmente este oficio. ESTAR DE *albañil,* DE *cajera,* DE *cocinero.* ‖ **7.** Con la prep. *en* y algunos sustantivos, consistir, ser causa o motivo de una cosa. ❑ Ú. solo en terceras personas de singular. EN *el trabajo gustoso* ESTÁ *la felicidad.* ‖ **8.** Hablando del coste de alguna cosa y con la prep. *en,* haber alcanzado el precio que se indica. *Este vestido* ESTÁ EN *siete mil pesetas.* ‖ **9.** Con la prep. *para* y el infinitivo de algunos verbos, o seguida de algunos sustantivos, denota la disposición próxima o determinada de hacer lo que significa el verbo o el sustantivo. ESTAR PARA *testar,* PARA *morir. No* ESTÁ PARA *bromas.* ‖ **10.** Con la prep. *por* y el infinitivo de algunos verbos, no haberse ejecutado aún, o haberse dejado de ejecutar, lo que los verbos significan. ESTAR POR *escribir,* POR *sazonar.* ‖ **11.** Con la misma prep. y el infinitivo de algunos verbos, hallarse uno casi determinado a hacer alguna cosa. ESTOY POR *irme a pasear;* ESTOY POR *romperle la cabeza.* ‖ **12.** Con la conj. *que* y algunos verbos en forma personal, hallarse en la situación o actitud expresada por este verbo. ESTOY QUE *no me tengo.* ESTÁ QUE *trina.* ESTÁ QUE *bota.* ‖ **está bien.** expr. con que se denota ya aprobación, ya descontento o enojo. ‖ **estar al caer.** fr. fam. Tratándose de sucesos, **estar** a punto de sobrevenir o producirse. ESTÁ AL CAER *tu ascenso.* ‖ **2.** Tratándose de personas, **estar** a punto de llegar. ‖ **estar de más.** fr. fam. **estar** de sobra; ser inútil. *Aquí* ESTOY DE MÁS; *lo que ayer dijiste en casa de don Severo* ESTUVO DE MÁS. ❑ Irreg. Ver conjugación modelo.

estar

INDICATIVO

Presente: estoy, estás, está, estamos, estáis, están.

Pretérito imperfecto: estaba, estabas, estaba, estábamos, estabais, estaban.

Pretérito indefinido: estuve, estuviste, estuvo, estuvimos, estuvisteis, estuvieron.

Futuro imperfecto: estaré, estarás, estará, estaremos, estaréis, estarán.

Condicional: estaría, estarías, estaría, estaríamos, estaríais, estarían.

SUBJUNTIVO

Presente: esté, estés, esté, estemos, estéis, estén.

Pretérito imperfecto: estuviera o estuviese, estuvieras o estuvieses, estuviera o estuviese, estuviéramos o estuviésemos, estuvierais o estuvieseis, estuvieran o estuviesen.

Futuro imperfecto: estuviere, estuvieres, estuviere, estuviéremos, estuviereis, estuvieren.

IMPERATIVO

está (tú); estad (vosotros).

FORMAS NO PERSONALES

Infinitivo: estar.

Participio: estado.

Gerundio: estando.

estarcido. m. Dibujo que resulta de estarcir.

estarcir. tr. Estampar dibujos, letras o números haciendo pasar la pintura, con un instrumento adecuado, a través de los recortes efectuados en una chapa.

estasis. f. *Med.* Estancamiento de sangre o de otro líquido en alguna parte del cuerpo.

estatal. adj. Perteneciente o relativo al Estado.

estática. f. Parte de la mecánica que estudia las leyes del equilibrio. ‖ **2.** Conjunto de estas leyes. ❑ No confundir con *extática.*

estático, ca. adj. Perteneciente o relativo a la estática. ‖ **2.** Que permanece en un mismo estado, sin mudanza en él. ‖ **3.** fig. Dícese del que se queda parado de asombro o de emoción. ❑ No confundir con *extático.*

estatificar. tr. Poner bajo la administración o intervención del Estado.

estatismo¹. m. Inmovilidad de lo estático, que permanece en un mismo estado.

estatismo². m. Tendencia que exalta el poder y la preeminencia del Estado sobre los demás órdenes y entidades.

estatocisto. m. *Zool.* Cualquiera de los órganos del sentido del equilibrio de muchos animales invertebrados, consistente en una vesícula con una o varias concreciones calcáreas que se mueven por acción de la gravedad.

estatua. f. Obra de escultura labrada a imitación del natural. ‖ **ecuestre.** La que representa una persona a caballo.

estatuaria. f. Arte de hacer estatuas.

estatuario, ria. adj. Perteneciente o relativo a la estatuaria. ‖ **2.** m. y f. Artista que hace estatuas.

estatúder. m. Jefe o magistrado supremo de la antigua república de los Países Bajos. En un principio fueron lugartenientes del rey de España. ❑ pl. *estatúderes.*

estatuir. tr. Establecer, ordenar, determinar. ‖ **2.** Demostrar, asentar como verdad una doctrina o un hecho. ❑ Irreg. Se conj. como *huir.*

estatura. f. Altura, medida de una persona desde los pies a la cabeza.

estatutario, ria. adj. Estipulado en los estatutos, referente a ellos.

estatuto. m. Establecimiento, regla que tiene fuerza de ley para el gobierno de una corporación. ‖ **2.** Por ext., cualquier ley u orden eficaz para obligar: contrato, disposición testamentaria, etc. ‖ **3.** Ley especial básica para el régimen autónomo de una región, dictada por el Estado de que forma parte.

estay. m. *Mar.* Cabo que sujeta la cabeza de un mástil al pie del más inmediato, para impedir que caiga hacia la popa. ❑ pl. *estayes* o *estáis.*

este¹. n. p. m. Levante, Oriente. Úsase generalmente en geografía y marina. ‖ **2.** m. Viento que viene de la parte de oriente.

este², ta, to, tos, tas. Formas de pron. dem. Designan lo que está cerca de la persona que habla, o representan y señalan lo que se acaba de mencionar. ❑ Las formas m. y f. se usan como adj. y como s., y en este último caso se escriben con acento cuando existe riesgo de anfibología: ESTA *vida;* ESTE *libro; conozco mucho a* ESTOS. ‖ **2.** Pospuesto a un sustantivo, puede indicar enfado o desprecio. ‖ **3. esta** y **estas** hacen oficio de sustantivos en diversas frases donde tienen su significado impreciso de *ocasión, vez, situación, jugada,* o equivalen a un sustantivo inexpreso; *De* ESTA *nos quedamos sin médico; a todas* ESTAS. ‖ **en esto.** loc. adv. Estando en **esto,** durante **esto,** en **este** tiempo.

esteárico, ca. adj. De estearina.

estearina. f. *Quím.* Éster de ácido esteárico y glicerina; es una sustancia blanca, insípida e insoluble en agua, que se usa para la fabricación de velas.

esteatita. f. Mineral de color blanco y verdoso, suave, y tan blando que se raya con la uña. Es un silicato de magnesio, que se emplea como lubricante, y, con el nombre de jabón de sastre, sirve para hacer señales en las telas.

estela. f. Señal o rastro de espuma y agua removida que deja tras sí una embarcación u otro cuerpo en movimiento. ‖ **2.** Rastro que deja en el aire un cuerpo en movimiento. ‖ **3.** Por ext., rastro o huella que deja algo que pasa.

estelar. adj. Perteneciente o relativo a las estrellas. ‖ **2.** fig. Extraordinario, de gran categoría.

esteliforme. adj. De forma de estela.

estelión. m. Saurio, perteneciente a la misma familia que el dragón, que vive en Egipto, en Asia Menor y en algunas islas griegas.

estenografía. f. **taquigrafía.**

estenosis. f. *Med.* Estrechez, estrechamiento de un orificio o conducto.

estenotipia. f. Estenografía o taquigrafía a máquina.

estentóreo, a. adj. Muy fuerte, ruidoso o retumbante, aplicado al acento o a la voz. ❑ No confundir con *estertóreo.*

estepa¹. f. Erial llano y muy extenso.

estepa². f. Mata resinosa de la familia de las cistáceas, de doce a quince decímetros de altura, con ramas leñosas y erguidas, hojas pecioladas, elípticas, agudas, de color verde oscuro por la parte superior y blanquecinas por el envés; flores de corola grande y blanca, en ramos pedunculados y terminales, con brácteas coriáceas, sépalos ovalados y vellosos, y fruto capsular, aovado, sedoso, con cinco ventallas. Se usa como combustible.

estepario, ria. adj. Propio de las estepas[1]. *Región, planta* ESTEPARIA.

éster. m. *Quím.* Cualquiera de los compuestos químicos que resultan de sustituir átomos de hidrógeno de un ácido inorgánico u orgánico por radicales alcohólicos; pueden ser considerados como sales en las que los átomos metálicos están reemplazados por radicales orgánicos.

estera. f. Tejido grueso de esparto, juncos, palma, etc., que sirve especialmente para cubrir el suelo de las habitaciones.

estercolar. tr. Echar estiércol en las tierras para engrasarlas y beneficiarlas.

estercolero. m. Lugar donde se recoge el estiércol. ‖ **2.** fig. Lugar muy sucio.

esterculiáceo, a. adj. *Bot.* Dícese de matas, arbustos y árboles angiospermos dicotiledóneos, con hojas alternas y vellosas, flores axilares y fruto casi siempre en cápsula, rara vez indehiscente; como el cacao. Ú. t. c. s. f. ‖ **2.** f. pl. *Bot.* Familia de estas plantas.

estéreo. adj. abrev. de **estereofónico.** *Una grabación* ESTÉREO. Ú. t. c. s. m. *Un* ESTÉREO. ‖ **2.** m. **estereofonía.**

estereo-. elem. compos. que significa «sólido»: ESTEREO*grafía,* ESTEREO*scopio.*

estereofonía. f. Técnica relativa a la obtención del sonido estereofónico.

estereofónico, ca. adj. Dícese del sonido registrado simultáneamente desde dos o más puntos convenientemente distanciados para que, al reproducirlo, dé una sensación de relieve espacial.

estereografía. f. Arte de representar los sólidos en un plano.

estereometría. f. Parte de la geometría, que trata de la medida de los sólidos.

estereorradián. m. *Geom.* Unidad de ángulo sólido, equivalente al que, con su vértice en el centro de una esfera, determina sobre la superficie de esta un área equivalente a la de un cuadrado cuyo lado es igual al radio de la esfera.

estereoscopio. m. Aparato óptico en el que, mirando con ambos ojos, se ven dos imágenes de un objeto, que, al fundirse en una, producen una sensación de relieve por estar tomadas con un ángulo diferente para cada ojo.

estereotipado, da. adj. fig. Dícese de los gestos, fórmulas, expresiones, etc., que se repiten sin variación.

estereotipia. f. Procedimiento para reproducir una composición tipográfica, que consiste en oprimir contra los tipos un cartón especial o una lámina de otra materia que sirve de molde para vaciar el metal fundido que sustituye al de la composición.

estereotipo. m. *Impr.* Plancha utilizada en estereotipia. ‖ **2.** fig. Imagen o idea aceptada comúnmente por un grupo o sociedad con carácter inmutable.

estereotomía. f. Arte de cortar piedras y maderas.

estéril. adj. Que no da fruto, o no produce nada, en sentido recto o figurado. *Mujer, tierra, ingenio, trabajo* ESTÉRIL. ‖ **2.** *Med.* Libre de gérmenes patógenos.

esterilidad. f. Cualidad de estéril.

esterilización. f. Acción y efecto de esterilizar.

esterilizador, ra. adj. Que esteriliza. ‖ **2.** m. Aparato que esteriliza utensilios o instrumentos destruyendo los gérmenes patógenos que haya en ellos.

esterilizar. tr. Hacer estéril lo que antes era fecundo. ‖ **2.** *Med.* Destruir los gérmenes patógenos.

esterilla. f. d. de **estera.** ‖ **2.** Tejido de paja.

esternocleidomastoideo. adj. m. *Anat.* V. **músculo esternocleidomastoideo.**

esternón. m. *Anat.* Hueso plano situado en la parte anterior del pecho, con el cual se articulan por delante las costillas verdaderas.

estero. m. Terreno bajo pantanoso, intransitable, que suele llenarse de agua por la lluvia o por la filtración de un río o laguna cercana, y que abunda en plantas acuáticas.

esteroide. m. *Quím.* Estructura policíclica de la que derivan compuestos de interés biológico notable, tales como esteroles, ácidos biliares, hormonas, etc.

esterol. m. *Quím.* Cada uno de los esteroides con uno o varios grupos alcohólicos. Son muy abundantes en los reinos animal y vegetal y en microorganismos.

estertor. m. Respiración frecuente y fatigosa, generalmente ronca o silbante, propia de la agonía y del coma.

estertóreo, a. adj. Que tiene estertor. ❑ No confundir con *estentóreo.*

esteta. com. Persona que considera el arte como un valor esencial. ‖ **2.** Persona versada en estética.

estética. f. Ciencia que trata de la belleza y de la teoría fundamental y filosófica del arte.

esteticismo. m. Actitud de quienes, al crear o valorar obras literarias y artísticas, conceden importancia primordial a la belleza, anteponiéndola a los aspectos intelectuales, religiosos, morales, sociales, etc.

esteticista. adj. Perteneciente o relativo al esteticismo. ‖ **2.** com. Persona que profesionalmente presta cuidados de embellecimiento a sus clientes.

estético, ca. adj. Perteneciente o relativo a la estética. ‖ **2.** Artístico, de aspecto bello y elegante.

estetoscopia. f. *Med.* Exploración por medio del estetoscopio.

estetoscopio. m. *Med.* Aparato destinado a auscultar los sonidos del pecho y otras partes del cuerpo, ampliándolos con la menor deformación posible.

estiaje. m. Nivel más bajo o caudal mínimo que en ciertas épocas del año tienen las aguas de un río, estero, laguna, etc., por causa de la sequía. ‖ **2.** Período que dura este nivel.

estiba. f. *Mar.* Conjunto de la carga en cada bodega u otro espacio de un buque.

estibar. tr. Cargar o descargar un buque, o cualquier otro medio de transporte, distribuyendo convenientemente en él los pesos.

estiércol. m. Excremento de cualquier animal. ‖ **2.** Materias orgánicas, comúnmente vegetales, podridas, que se destinan al abono de las tierras.

estigma. m. Marca o señal en el cuerpo. ‖ **2.** Huella impresa sobrenaturalmente en el cuerpo de algunos santos extáticos, como símbolo de la participación de sus almas en la pasión de Cristo. ‖ **3.** fig. Desdoro, afrenta, mala fama. ‖ **4.** *Bot.* Cuerpo glanduloso, colocado en la parte superior del pistilo y que recibe el polen en el acto de la fecundación de las plantas. ‖ **5.** *Zool.* Cada uno de los pequeños orificios que tiene el tegumento de los insectos, arácnidos y miriópodos, por los que penetra el aire en su aparato respiratorio, que es traqueal.

estigmatizar. tr. Marcar a uno con hierro candente. ‖ **2.** Imprimir milagrosamente a una persona las llagas de Cristo. ‖ **3.** fig. Afrentar, infamar.

estilar. intr. Usar, acostumbrar, practicar. Ú. t. c. tr.

estilete. m. Púa o punzón. ‖ **2.** Puñal de hoja muy estrecha y aguda. ‖ **3.** *Cir.* Tienta metálica, delgada y flexible, generalmente de plata, terminada en una bolita, que sirve para reconocer ciertas heridas.

estilista. com. Escritor que se distingue por lo esmerado y elegante de su estilo.

estilística. f. Estudio del estilo o de la expresión lingüística en general.

estilístico, ca. adj. Perteneciente o relativo al estilo del que habla o escribe.

estilita. adj. Dícese del anacoreta que por mayor austeridad vivía sobre una columna. Ú. t. c. s.

estilizar. tr. Interpretar convencionalmente la forma de un objeto, haciendo más delicados y finos sus rasgos. ‖ **2.** fig. y fam. Adelgazar la silueta corporal, en todo o en parte. Ú. t. c. prnl.

estilo. m. Punzón con el cual escribían los antiguos en tablas enceradas. ‖ **2.** Modo, manera, forma. ‖ **3.** Uso, práctica, costumbre, moda. ‖ **4.** Manera de escribir o de hablar. ‖ **5.** *Bot.* Columnita hueca o esponjosa, existente en la mayoría de las flores, que arranca del ovario y sostiene el estigma. ‖ **por el estilo.** loc. De semejante manera, en forma parecida.

estilóbato. m. *Arq.* Macizo corrido sobre el cual se apoya una columnata.

estilográfica. adj. V. **pluma estilográfica.** Ú. t. c. s.

estima. f. Consideración y aprecio que se hace de una persona o cosa por su calidad y circunstancias.

estimable. adj. Que admite estimación o aprecio. ‖ **2.** Digno de aprecio y estima.

estimación. f. Aprecio y valor que se da y en que se tasa y considera una cosa. ‖ **2.** Aprecio, consideración, afecto. *Ha merecido la* ESTIMACIÓN *del público; es objeto de mi* ESTIMACIÓN.

estimar. tr. Apreciar, poner precio, evaluar las cosas. ‖ **2.** Juzgar, creer. ‖ **3.** Hacer aprecio y estimación de una persona o cosa. Ú. t. c. prnl.

estimativa. f. Facultad del alma racional para juzgar el aprecio que merecen las cosas.

estimulación. f. ant. Acción y efecto de estimular.

estimulante. adj. Que estimula. Ú. t. c. s. ‖ **2.** Dícese de lo que aviva el tono vital. Ú. m. c. s.

estimular. tr. fig. Incitar, excitar con viveza a la ejecución de una cosa, o avivar una actividad, operación o función. Ú. t. c. prnl. ‖ **2.** prnl. Administrarse una droga para aumentar la propia capacidad de acción.

estímulo. m. Agente físico, químico, mecánico, etc., que desencadena una reacción funcional en un organismo. ‖ **2.** fig. Cualquier cosa que incita a obrar o funcionar.

estío. m. **verano.**

estipendiar. tr. Dar estipendio.

estipendio. m. Paga o remuneración que se da a una persona por algún servicio. ‖ **2.** Tasa pecuniaria fijada por la autoridad eclesiástica, que dan los fieles al sacerdote, para que aplique la misa por una determinada intención.

estípite. m. *Arq.* Pilastra en forma de pirámide truncada, con la base menor hacia abajo. ‖ **2.** *Bot.* Tallo largo y no ramificado de las plantas arbóreas. Se usa principalmente hablando del tallo de las palmeras.

estíptico, ca. adj. Que tiene sabor metálico

astringente. || **2.** Que padece estreñimiento de vientre.

estípula. f. *Bot.* Apéndice foliáceo colocado en los lados del pecíolo o en el ángulo que este forma con el tallo.

estipulación. f. Convenio verbal. || **2.** *Der.* Cada una de las disposiciones de un documento público o particular.

estipular. tr. Convenir, concertar, acordar. || **2.** *Der.* Hacer contrato verbal.

estirado, da. adj. fig. Engreído y orgulloso en su trato con los demás. || **2.** m. Acción y efecto de estirar.

estiramiento. m. Acción y efecto de estirar o estirarse. || **2.** fig. Orgullo, ensoberbecimiento.

estirar. tr. Alargar, dilatar una cosa, extendiéndola con fuerza para que dé de sí. Ú. t. c. prnl. || **2.** Alisar, poner lisa una cosa. || **3.** fig. Hablando del dinero, gastarlo con parsimonia para atender con él al mayor número posible de necesidades. || **4.** prnl. Desplegar o mover brazos o piernas para desentumecerlos.

estireno. m. *Quím.* Líquido oleoso de olor penetrante, insoluble en agua y soluble en alcohol y éter; se usa en la industria para la fabricación de polímeros plásticos y resinas sintéticas, como el poliéster.

estirón. m. Acción con que uno estira o arranca con fuerza una cosa. || **2.** Crecimiento en altura de una persona.

estirpe. f. Raíz y tronco de una familia o linaje.

estival. adj. Perteneciente al estío. *Solsticio* ESTIVAL.

estocada. f. Golpe que se tira de punta con la espada o estoque. || **2.** Herida que resulta de él.

estocástico, ca. adj. Perteneciente o relativo al azar.

estofa. f. Tela o tejido de labores, por lo común de seda. || **2.** fig. Calidad, clase. *De mi* ESTOFA; *de baja* ESTOFA.

estofado[1]. m. Guiso que consiste en un alimento condimentado con aceite, vino o vinagre, ajo, cebolla y varias especias, o puesto todo en crudo en una vasija bien tapada para que cueza a fuego lento sin que pierda vapor ni aroma.

estofado[2]. m. Acción de estofar[1]. || **2.** Adorno que resulta de estofar un dorado.

estofar[1]. tr. Entre doradores, raer el color dado sobre el dorado de la madera, formando rayas o líneas para que se descubra el oro y haga visos entre los colores con que se pintó. || **2.** Pintar sobre el oro bruñido relieves al temple, o sobre el dorado, hojas de talla.

estofar[2]. tr. Hacer el guiso llamado estofado[1].

estoicismo. m. Escuela fundada por Zenón y que se reunía en un pórtico de Atenas. || **2.** Doctrina o secta de los estoicos. || **3.** fig. Fortaleza o dominio sobre la propia sensibilidad.

estoico, ca. adj. Perteneciente al estoicismo. || **2.** Dícese del filósofo que sigue la doctrina del estoicismo. Ú. t. c. s. || **3.** fig. Fuerte, ecuánime ante la desgracia.

estola. f. Vestidura amplia y larga que los griegos y romanos llevaban sobre la camisa; y se diferenciaba de la túnica por ir adornada con una franja que ceñía la cintura y caía por detrás hasta el suelo. || **2.** Banda larga de piel que usan las mujeres para abrigarse el cuello.

estolón. m. *Bot.* Vástago rastrero que nace de la base del tallo y echa a trechos raíces que producen nuevas plantas, como en la fresa.

estoma. m. *Bot.* Cada una de las aberturas microscópicas que hay en la epidermis para facilitar los cambios de gases entre la planta y el exterior y cuyo borde está limitado por dos células especiales.

estomacal. adj. Perteneciente al estómago. || **2.** Que tonifica el estómago y facilita la función gástrica. Ú. t. c. s. m.

estomagar. tr. Causar indigestión, empachar. || **2.** fig. y fam. Causar fastidio o enfado. *Su presunción me* ESTOMAGA.

estómago. m. *Anat.* Porción ensanchada del tubo digestivo, situada entre el esófago y el intestino, y en cuyas paredes están las glándulas que segregan el jugo y las enzimas gástricas.

estomático, ca. adj. Perteneciente a la boca del hombre.

estomatitis. f. *Pat.* Inflamación de la mucosa bucal.

estomatología. f. *Med.* Parte de la medicina que trata de las enfermedades de la boca del hombre.

estomatólogo, ga. m. y f. Especialista en estomatología.

estomatópodo. adj. *Zool.* Dícese de crustáceos marinos, zoófagos, cuyo caparazón, que es aplanado, deja sin cubrir los tres últimos segmentos torácicos, a los cuales sigue el abdomen, ancho y bien desarrollado. Las extremidades del segundo par están dispuestas para la prensión y se asemejan a las patas anteriores de las santateresas. Abundan en el Mediterráneo y son menos frecuentes en los mares del Norte. Ú. t. c. s. m. || **2.** m. pl. *Zool.* Orden de estos animales.

estonio, nia. adj. Natural de Estonia. Ú. t. c. s. || **2.** Perteneciente o relativo a este país báltico, que se extiende al sur del golfo de Finlandia. || **3.** m. Lengua finesa hablada por este pueblo.

estopa. f. Parte basta o gruesa del lino o del cáñamo, que queda en el rastrillo cuando se peina y rastrilla. ‖ **2.** Tela gruesa que se teje y fabrica con la hilaza de la **estopa.**

estopilla. f. Parte más fina que la estopa, que queda en el rastrillo al pasarlo la segunda vez por el lino o el cáñamo.

estoposo, sa. adj. Perteneciente a la estopa del lino o del cáñamo. ‖ **2.** fig. Parecido a la estopa del lino o del cáñamo.

estoque. m. Espada angosta, que por lo regular suele ser de más de marca, y con la cual solo se puede herir de punta. ‖ **2.** Planta de la familia de las iridáceas, de cuatro a seis decímetros de altura, con hojas radicales, enterísimas, en forma de **estoque,** y flores en espiga terminal, rojas, de corola partida por el borde en seis lacinias desiguales. Es espontánea en terrenos húmedos y se cultiva en los jardines.

estoqueador. m. El que estoquea. Se usa principalmente hablando de los toreros que matan los toros con estoque.

estoquear. tr. Herir de punta con espada o estoque.

estor. m. Cortina, generalmente de una sola pieza, que se recoge verticalmente.

estorbar. tr. Poner dificultad u obstáculo a la ejecución de una cosa. ‖ **2.** fig. Molestar, incomodar.

estorbo. m. Persona o cosa que estorba.

estornino. m. Pájaro de cabeza pequeña, pico cónico, amarillo, cuerpo esbelto con plumaje negro de reflejos verdes y morados y pintas blancas, alas y cola largas, y pies rojizos. Mide unos veintidós centímetros desde el pico a la extremidad de la cola, y treinta y cinco de envergadura; es bastante común en España. Se domestica y aprende fácilmente a reproducir los sonidos que se le enseñan. Existe una especie que carece de motas, conocida como **estornino** negro.

estornudar. intr. Despedir o arrojar con violencia el aire de los pulmones, por la espiración involuntaria y repentina promovida por un estímulo que actúa sobre la membrana pituitaria.

estornudo. m. Acción de estornudar.

estrabismo. m. *Pat.* Disposición anómala de los ojos por la cual los dos ejes visuales no se dirigen a la vez a un mismo objeto.

estrado. m. Sitio de honor, algo elevado, en un salón de actos. ‖ **2.** pl. Salas de tribunales, donde los jueces oyen y sentencian los pleitos.

estrafalario, ria. adj. fam. Desaliñado en el vestido o en el porte. Ú. t. c. s. ‖ **2.** fig. y fam. Extravagante en el modo de pensar o en las acciones. Ú. t. c. s.

estragar. tr. Viciar, corromper. Ú. t. c. prnl. ‖ **2.** Causar estrago.

estrago. m. Ruina, daño, destrucción. Ú. m. en pl.

estragón. m. Hierba de la familia de las compuestas, con tallos delgados y ramosos de seis a ocho decímetros, hojas enteras, lanceoladas, muy estrechas y lampiñas, y flores en cabezuelas pequeñas, amarillentas, en el extremo superior de los ramos. Se usa como condimento.

estrambote. m. Conjunto de versos que por gracejo o bizarría suele añadirse al fin de una combinación métrica, especialmente del soneto.

estrambótico, ca. adj. fam. Extravagante, irregular y sin orden.

estramonio. m. Planta herbácea de la familia de las solanáceas, con tallos ramosos de cuatro a seis decímetros, hojas grandes, anchas y dentadas; flores grandes, blancas y de un solo pétalo a manera de embudo, y fruto como una nuez, espinoso, y llenas sus celdillas de simientes del tamaño de un cañamón. Toda la planta exhala un olor fuerte, y sus hojas secas se usaban como medicamento contra las afecciones asmáticas, fumándolas mezcladas con tabaco, y las hojas y las semillas, como narcótico y antiespasmódico.

estrangul. m. Pipa de caña o metal que se pone en algunos instrumentos de viento para meterla en la boca y tocar.

estrangulador, ra. adj. Que estrangula. Ú. t. c. s. ‖ **2.** m. *Mec.* Dispositivo que abre o cierra el paso del aire a un carburador.

estrangulamiento. m. Acción y efecto de estrangular. ‖ **2.** Estrechamiento natural o artificial de un conducto o lugar de paso.

estrangular. tr. Ahogar a una persona o a un animal oprimiéndole el cuello hasta impedir la respiración. Ú. t. c. prnl. ‖ **2.** fig. Dificultar o impedir el paso por una vía o conducto. ‖ **3.** fig. Impedir con fuerza la realización de un proyecto, la consumación de un intento, etc. ‖ **4.** *Cir.* Interceptar la comunicación de los vasos de una parte del cuerpo por medio de presión o ligadura. Ú. t. c. prnl.

estranguria. f. *Pat.* Micción dolorosa, frecuente y en muy pequeña cantidad.

estraperlista. com. Persona que practica el estraperlo o comercio ilegal.

estraperlo. m. fam. Comercio ilegal de artículos intervenidos por el Estado o sujetos a tasa. ‖ **2.** fam. Artículos que son objeto de dicho comercio.

estratagema. f. Ardid de guerra. ‖ **2.** fig. Astucia, fingimiento y engaño artificioso.

estratega. com. Persona versada en estrategia.

estrategia. f. Arte de dirigir las operaciones militares. ‖ **2.** fig. Arte, traza para dirigir un asunto.

estratégico, ca. adj. Perteneciente o relativo a la estrategia. ‖ **2.** fig. Dicho de un lugar, posición, actitud, etc., de importancia decisiva para el desarrollo de algo.

estratificación. f. Acción y efecto de estratificar o estratificarse. ‖ **2.** *Geol.* Disposición de las capas o estratos de un terreno.

estratificar. tr. Disponer en estratos. Ú. m. c. prnl.

estratigrafía. f. *Geol.* Parte de la geología, que estudia la disposición y caracteres de las rocas sedimentarias estratificadas. ‖ **2.** Estudio de los estratos arqueológicos, históricos, lingüísticos, sociales, etc.

estrato. m. Nube que se presenta en forma de faja en el horizonte. ‖ **2.** *Geol.* Masa mineral en forma de capa de espesor más o menos uniforme, que constituye los terrenos sedimentarios. ‖ **3.** Cada una de las capas superpuestas en yacimientos de fósiles, restos arqueológicos, etc. ‖ **4.** Cada conjunto de elementos que, con determinados caracteres comunes, se ha integrado con otros conjuntos previos o posteriores para la formación de una entidad o producto históricos, de una lengua, etc. ‖ **5.** Capa o nivel de una sociedad.

estratosfera. f. *Meteor.* Zona superior de la atmósfera, desde los 12 a los 100 kilómetros de altura.

estratosférico, ca. adj. Perteneciente o relativo a la estratosfera.

estraza. f. Trapo, pedazo o desecho de ropa basta. ‖ **2.** V. **papel de estraza.**

estrechamente. adv. m. Con estrechez. ‖ **2.** Con cercano parentesco, con íntima relación.

estrechamiento. m. Acción y efecto de estrechar o estrecharse.

estrechar. tr. Reducir a menor anchura o espacio una cosa. ‖ **2.** fig. Hacer más íntima la amistad, intensificar la unión o el cariño entre personas. ‖ **3.** Apretar a alguien o algo con los brazos o con la mano en señal de afecto o cariño. ‖ **4.** prnl. Ceñirse, recogerse, apretarse.

estrechez. f. Escasez de anchura de alguna cosa. ‖ **2.** fig. Austeridad de vida, escasez notable, falta de lo necesario para subsistir. ‖ **3.** fig. Pobreza, limitación, falta de amplitud intelectual o moral. ESTRECHEZ *de criterio.* ESTRECHEZ *de miras.*

estrecho, cha. adj. Que tiene poca anchura. ‖ **2.** Ajustado, apretado. *Vestido, zapato* ESTRECHO. ‖ **3.** fig. Se dice del parentesco cercano y de la amistad íntima. ‖ **4.** m. *Geogr.* Paso angosto comprendido entre dos tierras y por el cual se comunica un mar con otro. *El* ESTRECHO *de Gibraltar, el de Magallanes.*

estrechura. f. Estrechez o angostura de un terreno o paso.

estregadera. f. Cepillo de cerdas cortas y espesas que se usa para estregar.

estregadero. m. Sitio o lugar donde los animales suelen estregarse, como peñas o árboles. ‖ **2.** Lugar donde se estriega y lava la ropa.

estregadura. f. Acción y efecto de estregar o estregarse.

estregamiento. m. Acción y efecto de estregar o estregarse.

estregar. tr. Frotar, pasar con fuerza una cosa sobre otra para dar a esta calor, limpieza, tersura, etc. Ú. t. c. prnl. ❑ Irreg. Se conj. como *acertar.*

estrella. f. Cada uno de los cuerpos celestes que brillan en la noche, excepto la Luna. ‖ **2.** *Astron.* Cuerpo celeste que radia energía electromagnética (luminosa, calorífica, etc.), producida por las reacciones nucleares que ocurren en su seno. Una **estrella** típica es el Sol. ‖ **3.** Objeto en forma de **estrella,** ya con rayos que parten de un centro común, ya con un círculo rodeado de puntas. ‖ **4.** Signo en forma de **estrella,** que indica la graduación de jefes y oficiales de las fuerzas armadas. ‖ **5.** Signo en forma de **estrella,** que sirve para indicar la categoría de los establecimientos hoteleros. *Hotel de tres* ESTRELLAS. ‖ **6.** fig. Sino, hado, destino. *Ha nacido con buena* ESTRELLA. *Mi* ESTRELLA *me condujo allí.* ‖ **7.** fig. Persona que sobresale extraordinariamente en su profesión. Se usa especialmente hablando de artistas de cine. ‖ **de mar.** Animal marino del filo de los equinodermos, con el cuerpo aplanado y en forma de **estrella,** generalmente de cinco puntas o brazos. Posee un dermatoesqueleto formado por placas calcáreas y se alimenta de invertebrados. Hay muchas especies, que viven en muy diversos hábitat. ‖ **fugaz.** Cuerpo luminoso que suele verse repentinamente en la atmósfera y se mueve con gran velocidad, apagándose pronto. ‖ **nacer** uno **con estrella.** fr. fig. **tener estrella.** ‖ **tener** uno **estrella.** fr. fig. Ser afortunado y atraerse naturalmente la aceptación de las gentes. ‖ **ver** uno **las estrellas.** fr. fig. y fam. Sentir un dolor muy fuerte y vivo. Se dice por la especie de lucecillas que parece que uno ve cuando recibe un gran golpe.

estrellado, da. adj. De forma de estrella.

estrellamar. f. **estrella de mar.**

estrellar. tr. fam. Arrojar con violencia una cosa contra otra, haciéndola pedazos. Ú. t. c. prnl. ‖ **2.** prnl. Quedar malparado o matarse por efecto de un choque violento contra una superficie dura. ‖ **3.** fig. Fracasar en una pretensión por tropezar contra un obstáculo insuperable.

estrellato. m. Condición de estrella del espectáculo.

estremecedor, ra. adj. Que estremece.

estremecer. tr. Conmover, hacer temblar. *El ruido del cañonazo* ESTREMECIÓ *las casas.* ‖ **2.** fig. Ocasionar alteración o sobresalto en el ánimo. ‖ **3.** prnl. Sentir una repentina sacudida nerviosa o sobresalto en el ánimo. ❑ Irreg. Se conj. como *agradecer.*

estremecimiento. m. Acción y efecto de estremecer o estremecerse.

estrenar. tr. Hacer uso por primera vez de una cosa. ESTRENAR *un traje, una escopeta, un edificio.* ‖ **2.** Tratándose de ciertos espectáculos públicos, representarlos o ejecutarlos por primera vez. ESTRENAR *una comedia, una ópera.* ‖ **3.** prnl. Empezar uno a desempeñar un empleo, oficio, encargo, etc., o darse a conocer por vez primera en el ejercicio de un arte, facultad o profesión.

estreno. m. Acción y efecto de estrenar o estrenarse.

estrenque. m. Maroma gruesa hecha de esparto.

estreñido, da. adj. Que padece estreñimiento.

estreñimiento. m. Acción y efecto de estreñir o estreñirse.

estreñir. tr. Retrasar el curso del contenido intestinal y dificultar su evacuación. Ú. t. c. prnl. ❑ Irreg. Se conj. como *ceñir.*

estrépito. m. Ruido considerable, estruendo.

estrepitoso, sa. adj. Que causa estrépito.

estreptococia. f. *Pat.* Infección producida por los estreptococos.

estreptococo. m. *Microbiol.* Nombre dado a bacterias de forma redondeada que se agrupan en forma de cadenita.

estreptomicina. f. *Biol.* Sustancia elaborada por los hongos del género *Streptomyces* o por determinadas bacterias, que posee acción antibiótica frente a diversos bacilos, entre otros el de la tuberculosis.

estrés. m. *Med.* Situación de un individuo, o de alguno de sus órganos o aparatos, que, por exigir de ellos un rendimiento superior al normal, los pone en riesgo próximo de enfermar.

estresante. adj. *Med.* Que produce estrés. *Trabajo* ESTRESANTE; *situación* ESTRESANTE.

estresar. tr. Producir estrés. Ú. t. c. prnl.

estría. f. *Arq.* Mediacaña en hueco, que se suele labrar en algunas columnas o pilastras de arriba abajo. ‖ **2.** Por ext., cada una de las rayas en hueco que suelen tener algunos cuerpos. ‖ **3.** *Pat.* Cada una de las líneas claras que aparecen en la piel en el embarazo y otros procesos, debidas a desgarros bajo la dermis. Ú. m. en pl.

estriación. f. *Zool.* Conjunto de rayas o estrías transversales que tienen todas las fibras musculares de los artrópodos, y las que forman parte del miocardio y de los músculos de contracción voluntaria de los vertebrados.

estriado, da. adj. Que tiene estrías.

estriar. tr. Alterar una superficie formando en ella estrías o canales. Ú. t. c. prnl.

estribación. f. *Geogr.* Estribo o ramal de montaña que deriva de una cordillera. Ú. m. en pl.

estribar. intr. Descansar el peso de una cosa en otra sólida y firme. ‖ **2.** fig. Fundarse, apoyarse. ❑ Ú. con la prep. *en.*

estribillo. m. Expresión o cláusula en verso, que se repite después de cada estrofa en algunas composiciones líricas, que a veces también empiezan con ella.

estribo. m. Pieza de metal, madera o cuero en que el jinete apoya el pie, la cual está pendiente de la ación. ‖ **2.** Especie de escalón que sirve para subir a los carruajes, o bajar de ellos. ‖ **3.** *Anat.* Uno de los tres huesecillos que se encuentran en la parte media del oído de los mamíferos y que está articulado con la apófisis lenticular del yunque. ‖ **4.** *Arq.* Macizo de fábrica, que sirve para sostener una bóveda y contrarrestar su empuje. ‖ **perder** uno **los estribos.** fr. fig. Desbarrar; hablar u obrar fuera de razón. ‖ **2.** fig. Impacientarse mucho.

estribor. m. *Mar.* Banda derecha del navío mirando de popa a proa.

estricnina. f. *Quím.* Alcaloide que se extrae de determinados órganos de algunos vegetales, como la nuez vómica, y es un veneno muy activo.

estricto, ta. adj. Estrecho, ajustado enteramente a la necesidad o a la ley y que no admite interpretación.

estridencia. f. Sonido estridente. ‖ **2.** Violencia de la expresión o de la acción.

estridente. adj. Aplícase al sonido agudo, desapacible y chirriante.

estrigiforme. adj. *Zool.* Dícese de las aves de cabeza grande y redondeada, pico corto, robusto y ganchudo, ojos dirigidos hacia delante y garras fuertes y afiladas, como el búho y la lechuza. Ú. t. c. s. ‖ **2.** f. pl. *Zool.* Orden de estas aves, conocidas en clasificaciones ya en desuso como rapaces nocturnas.

estrinque. m. *Mar.* Maroma gruesa de esparto.

estro. m. *Zool.* Período de celo o ardor sexual de los mamíferos.

estrofa. f. Cualquiera de las partes compuestas

del mismo número de versos y ordenadas de modo igual, de que constan algunas composiciones poéticas. ‖ **2.** Cualquiera de estas mismas partes, aunque no estén ajustadas a exacta simetría.

estrógeno. m. *Fisiol.* Sustancia que provoca el estro o celo de los mamíferos.

estroma. f. *Histol.* Trama o armazón de un tejido, que sirve para sostener entre sus mallas los elementos celulares.

estronciana. f. Óxido de estroncio, que en forma de polvo gris se obtiene artificialmente y se halla en la naturaleza combinado con los ácidos carbónico y sulfúrico.

estroncianita. f. Mineral formado por un carbonato de estronciana: es incoloro o verde, de brillo cristalino, y se emplea en pirotecnia por el color rojo que comunica a la llama.

estroncio. m. Elemento químico de núm. atóm. 38. Metal abundante en la corteza terrestre; se encuentra en forma de carbonato o sulfato en ciertos minerales. De color blanco brillante, es blando y se oxida con facilidad. Sus derivados se usan en pirotecnia para dar color rojo, y en las industrias cerámica y del vidrio. Su isótopo radiactivo, **estroncio** 90, es el más radiotóxico de los productos de fisión, por su fácil incorporación a la cadena alimentaria. Símb. *Sr.*

estropajo. m. Planta de la familia de las cucurbitáceas, cuyo fruto desecado se usa como cepillo de aseo para fricciones. ‖ **2.** Porción de esparto machacado, que sirve principalmente para fregar. ‖ **3.** Por ext., porción de cualquier otra materia como plástico, alambre, nailon, etc., que sirve para fregar.

estropajoso, sa. adj. fig. y fam. Aplícase a la lengua o persona que pronuncia las palabras de manera confusa o indistinta por enfermedad o defecto natural. ‖ **2.** fig. y fam. Dícese de la persona muy desaseada y andrajosa. ‖ **3.** fig. y fam. Aplícase a la carne y otros comestibles que son fibrosos y ásperos y no se pueden masticar fácilmente.

estropear. tr. Maltratar o deteriorar una cosa. Ú. t. c. prnl. ‖ **2.** Echar a perder, malograr cualquier asunto o proyecto.

estropicio. m. fam. Destrozo, rotura estrepitosa, por lo común impremeditada, de cosas por lo general frágiles.

estrucioniforme. adj. *Zool.* Dícese de aves semejantes al avestruz, de cuello largo, cabeza pequeña e incapaces de volar; carecen de quilla y tienen las extremidades posteriores de gran tamaño y solo dos dedos, adaptadas a la carrera. Anidan en el suelo, donde ponen huevos de gran tamaño. Ú. t. c. s. ‖ **2.** f. pl. *Zool.* Orden de estas aves.

estructura. f. Distribución y orden de las partes importantes de un edificio. ‖ **2.** Distribución de las partes del cuerpo o de otra cosa. ‖ **3.** Distribución y orden con que está compuesta una obra de ingenio, como poema, historia, etc. ‖ **4.** *Arq.* Armadura, generalmente de acero u hormigón armado, que, fija al suelo, sirve de sustentación a un edificio.

estructural. adj. Perteneciente o relativo a la estructura.

estructuralismo. m. Teoría y método científico que considera un conjunto de datos como una estructura o sistema de interrelaciones.

estructurar. tr. Distribuir, ordenar las partes de un conjunto.

estruendo. m. Ruido grande. ‖ **2.** fig. Confusión, alboroto.

estruendoso, sa. adj. Ruidoso, estrepitoso.

estrujar. tr. Apretar una cosa para sacarle el zumo. ‖ **2.** Apretar a uno y comprimirle tan fuerte y violentamente, que se le llegue a lastimar y maltratar. ‖ **3.** fig. y fam. Sacar de una persona o cosa todo el partido posible.

estuario. m. Desembocadura de un río caudaloso en el mar, caracterizada por tener una forma semejante al corte longitudinal de un embudo, cuyos lados van apartándose en el sentido de la corriente, y por la influencia de las mareas en la unión de las aguas fluviales con las marítimas.

estucado. m. Acción y efecto de estucar.

estucar. tr. Dar a una cosa con estuco o blanquearla con él.

estuche. m. Caja o envoltura para guardar ordenadamente un objeto o varios; como joyas, instrumentos de cirugía, etc.

estuco. m. Masa de yeso blanco y agua de cola, con la cual se hacen y preparan muchos objetos que después se doran o pintan.

estudiado, da. adj. Afectado, amanerado.

estudiante. adj. Que estudia. Ú. t. c. s. ‖ **2.** com. Persona que actualmente está cursando una universidad o escuela superior.

estudiantil. adj. fam. Perteneciente o relativo a los estudiantes.

estudiantina. f. Cuadrilla de estudiantes que salen tocando varios instrumentos por las calles del pueblo en que estudian, o de lugar en lugar, para divertirse o para recoger dinero.

estudiar. tr. Ejercitar el entendimiento para alcanzar o comprender una cosa. ‖ **2.** Cursar en las universidades o en otros centros docentes. Ú. t. c. intr. ‖ **3.** Observar, examinar atentamente. *La cuestión merece* ESTUDIARSE.

estudio. m. Esfuerzo que pone el entendimiento aplicándose a conocer alguna cosa; en especial, trabajo empleado en aprender y cultivar una ciencia o arte. ‖ **2.** Obra en que un autor estudia y dilucida una cuestión. ‖ **3.** Despacho, pieza o local donde trabaja una persona de profesión intelectual o artística. ‖ **4.** Conjunto de edificios o dependencias destinados a la realización de películas cinematográficas, a emisiones de radio o televisión, a grabaciones discográficas, etc. Ú. m. en pl. ‖ **5.** Apartamento, por lo general no muy grande, que se usa para trabajos creativos y, a veces también, como vivienda. ‖ **6.** *Mús.* Composición destinada a que el ejecutante se ejercite en el dominio de cierta dificultad. ‖ **7.** pl. Conjunto de materias que se estudian para obtener cierta titulación. ESTUDIOS *de bachillerato.*

estudioso, sa. adj. Dado al estudio. Ú. t. c. s.

estufa. f. Hogar encerrado en una caja de metal o porcelana, que se coloca en las habitaciones para calentarlas.

estulticia. f. Necedad, tontería.

estupefacción. f. Pasmo o estupor.

estupefaciente. m. Sustancia narcótica que hace perder la sensibilidad, como la morfina, la cocaína, etc.

estupefacto, ta. adj. Atónito, pasmado.

estupendo, da. adj. Admirable, asombroso, pasmoso. Ú. t. c. adv. *Lo pasamos* ESTUPENDO.

estupidez. f. Torpeza notable en comprender las cosas. ‖ **2.** Dicho o hecho propio de un estúpido.

estúpido, da. adj. Necio, falto de inteligencia. Ú. t. c. s. ‖ **2.** Dícese de los dichos o hechos propios de un **estúpido.**

estupor. m. fig. Asombro, pasmo.

estupro. m. *Der.* Coito con persona mayor de 12 años y menor de 18, valiéndose de superioridad, originada por cualquier relación o situación; también acceso carnal con persona mayor de 12 años y menor de 16, conseguido con engaño. Aplícase también por equiparación legal a algunos casos de incesto.

estuquería. f. Arte de hacer labores de estuco. ‖ **2.** Obra hecha de estuco.

estuquista. com. Persona que por oficio hace obras de estuco.

esturión. m. Pez marino del orden de los ganoideos, que remonta los ríos para desovar; llega a tener, en algunas especies, hasta cinco metros de longitud, y es de color gris con pintas negras por el lomo, y blanco por el vientre, con cinco filas de escamas a lo largo del cuerpo, grandes, duras y puntiagudas en el centro; cabeza pequeña, la mandíbula superior muy prominente, y delante de la boca cuatro apéndices vermiformes, cola ahorquillada y esqueleto cartilaginoso. La carne es comestible; con sus huevas se prepara el caviar, y de la vejiga natatoria seca se obtiene la gelatina llamada cola de pescado.

esturrear. tr. Dispersar, espantar a los animales, especialmente con gritos.

esvástica. f. **cruz gamada.**

eta. f. Nombre de la *e* larga del alfabeto griego.

etano. m. *Quím.* Hidrocarburo formado por dos átomos de carbono y seis de hidrógeno.

etapa. f. Época o avance en el desarrollo de una acción u obra. ‖ **2.** Trecho de camino que se recorre de un punto a otro.

etarra. adj. Perteneciente o relativo a la organización terrorista ETA. Apl. a pers., ú. t. c. s.

etcétera. Expresión latina que se emplea generalmente en la abreviatura *etc.*, para sustituir el resto de una exposición o enumeración que se sobreentiende o que no interesa expresar. Ú. t. c. s. amb.

éter. m. *Fís.* Fluido sutil, invisible, imponderable y elástico que, según cierta hipótesis obsoleta, llena todo el espacio, y por su movimiento vibratorio transmite la luz, el calor y otras formas de energía. ‖ **2.** *Quím.* Cualquiera de los compuestos químicos que resultan de la unión de dos moléculas de alcohol con pérdida de una molécula de agua. ‖ **etílico.** Líquido transparente, inflamable y volátil, de olor penetrante y sabor dulzón, que se obtiene al calentar a elevada temperatura una mezcla de alcohol etílico y ácido sulfúrico. Se empleaba en medicina como antiespasmódico y anestésico. ‖ **sulfúrico. éter etílico.**

etéreo, a. adj. poét. Perteneciente al cielo. ‖ **2.** poét. Vago, sutil, vaporoso.

eternidad. f. Perpetuidad sin principio, sucesión ni fin. ‖ **2.** fam. Duración excesivamente prolongada. *Esto dura una* ETERNIDAD. ‖ **3.** *Rel.* Vida perdurable de la persona después de la muerte.

eternizar. tr. Hacer durar o prolongar una cosa demasiado. Ú. t. c. prnl. ‖ **2.** Perpetuar la duración de una cosa.

eterno, na. adj. Que no tiene principio ni fin. ‖ **2.** fam. Que se prolonga muchísimo o excesivamente. ‖ **3.** Dícese de lo que se repite con excesiva frecuencia. *Ya están con sus* ETERNAS *disputas.*

ética. f. Parte de la filosofía que trata de la moral y de las obligaciones del hombre.

ético, ca. adj. Perteneciente a la ética.

etileno. m. Gas incoloro, de sabor dulce y muy inflamable. Se obtiene por ruptura térmica de las moléculas de hidrocarburos alifáticos gaseosos y de diversas fracciones del petróleo.

etílico. adj. V. **alcohol etílico.**

etilismo. m. *Med.* Intoxicación aguda o crónica por el alcohol etílico.

etilo. m. *Quím.* Radical del etano, formado por dos átomos de carbono y cinco de hidrógeno.

étimo. m. Raíz o vocablo de que procede otro.

etimología. f. Origen de las palabras, razón de su existencia, de su significación y de su forma. ‖ **2.** Parte de la gramática que estudia el origen de las palabras consideradas en dichos aspectos.

etimologista. com. Persona que se dedica a investigar la etimología de las palabras; persona entendida en esta materia.

etimologizar. tr. Sacar o averiguar etimologías; discurrir o trabajar en esta materia.

etiología. f. *Fil.* Estudio sobre las causas de las cosas. ‖ **2.** *Med.* Estudio de las causas de las enfermedades. ‖ **3.** *Med.* Conjunto de estas causas.

etiológico, ca. adj. Perteneciente o relativo a la etiología.

etíope. adj. Natural de Etiopía o Abisinia. Ú. t. c. s. ‖ **2.** Perteneciente o relativo a este país africano.

etiqueta. f. Ceremonial de los estilos, usos y costumbres que se debe guardar en las casas reales y en actos públicos solemnes. ‖ **2.** Marca, señal o marbete que se coloca en un objeto o en una mercancía, para identificación, valoración, clasificación, etc. ‖ **3.** Por ext., calificación identificadora de una dedicación, profesión, ideología, etc.

etiquetado. m. Acción y efecto de etiquetar.

etiquetar. tr. Colocar etiquetas o marbetes. ‖ **2.** fig. Poner a alguien una etiqueta o distintivo.

etmoides. adj. *Anat.* V. **hueso etmoides.** Ú. m. c. s.

etnia. f. Comunidad humana definida por afinidades raciales, lingüísticas, culturales, etc. ❑ No utilizar por *raza*.

etno-. elem. compos. que significa «pueblo» o «raza»: ETNO*grafía*, ETNO*centrismo*.

etnografía. f. Descripción de las etnias.

etnógrafo, fa. m. y f. Persona que profesa o cultiva la etnografía.

etnología. f. Estudio de las etnias.

etnólogo, ga. m. y f. Persona que profesa o cultiva la etnología.

etología. f. Estudio científico del carácter y modos de comportamiento del hombre. ‖ **2.** Parte de la biología que estudia el comportamiento de los animales.

etólogo, ga. m. y f. Persona versada en etología.

etopeya. f. *Ret.* Descripción del carácter, acciones y costumbres de una persona.

etrusco, ca. adj. Natural de Etruria. Ú. t. c. s. ‖ **2.** Perteneciente o relativo a este país de Italia antigua. ‖ **3.** m. Lengua que hablaron los **etruscos,** de la cual se conservan inscripciones que todavía no ha sido posible descifrar.

eubolia. f. Virtud que ayuda a hablar convenientemente, y es una de las que pertenecen a la prudencia.

eucalipto. m. Árbol originario de Australia, de la familia de las mirtáceas, que puede llegar hasta 100 metros de altura, con tronco derecho y copa cónica, hojas persistentes, olorosas, glaucas, coriáceas, lanceoladas y colgantes; flores amarillas, axilares, y fruto capsular de tres a cuatro celdas con muchas semillas. Es febrífugo el cocimiento de las hojas; la corteza da una sustancia que sirve para curtir y la madera se utiliza para la construcción y la fabricación de papel. El árbol es de gran utilidad para sanear terrenos pantanosos. ‖ **2.** Madera de este árbol.

eucarionte. adj. *Biol.* Dícese de células con núcleo diferenciado, envuelto por una membrana y con citoplasma organizado; aplícase a las células y organismos animales y vegetales. Ú. t. c. s.

eucaristía. f. *Rel.* Sacramento instituido por Jesucristo, mediante el cual, por las palabras que el sacerdote pronuncia, se transubstancian el pan y el vino en el cuerpo y la sangre de Cristo.

eucarístico, ca. adj. *Rel.* Perteneciente a la Eucaristía.

euclidiano, na. adj. Perteneciente o relativo a Euclides o al método de este matemático griego del siglo III antes de Cristo.

eudiómetro. m. *Fís.* Tubo de vidrio muy resistente, bastante ancho, cerrado por un extremo y con un tapón de metal por el otro, destinado a contener gases, que han de reaccionar químicamente mediante la chispa eléctrica.

eufemismo. m. Manifestación suave o decorosa de ideas cuya recta y franca expresión sería dura o malsonante.

eufemístico, ca. adj. Relativo al eufemismo.

eufonía. f. Sonoridad agradable que resulta de la acertada combinación de los elementos acústicos de las palabras.

eufónico, ca. adj. Que tiene eufonía.

euforbiáceo, a. adj. *Bot.* Aplícase a plantas angiospermas dicotiledóneas, hierbas, arbustos o árboles, muchas de las cuales tienen abundante látex, con frecuencia venenoso, flores unisexuales y frutos secos dehiscentes; como la mandioca y el ricino. Ú. t. c. s. f. ‖ **2.** f. pl. *Bot.* Familia de estas plantas.

euforia. f. Sensación de bienestar, resultado de una perfecta salud o de la administración de medicamentos o drogas. ‖ **2.** Estado de ánimo propenso al optimismo.

eufórico, ca. adj. Perteneciente o relativo a la euforia.

eufrasia. f. Hierba vellosa, de la familia de las escrofulariáceas, con tallo erguido y ramoso, de uno a dos decímetros de altura; hojas elípticas, dentadas y sin pecíolo; flores pequeñas, axilares, blancas, con rayas purpúreas y una mancha amarilla parecida a un ojo, lo que ha dado fama a la planta como remedio para las enfermedades de la vista.

eugenesia. f. Aplicación de las leyes biológicas de la herencia al perfeccionamiento de la especie humana.

eugenésico, ca. adj. Relativo a la eugenesia.

eunuco. m. Hombre castrado. ‖ **2.** Hombre castrado que se destinaba en los serrallos a la custodia de las mujeres.

eupepsia. f. *Fisiol.* Digestión normal.

eupéptico, ca. adj. *Farm.* Aplícase a la sustancia o medicamento que favorece la digestión.

¡eureka! Voz usada como interj. cuando se halla o descubre algo que se busca con afán.

euro. m. poét. Uno de los cuatro vientos cardinales, que sopla de Oriente.

euro-. elem. compos. que significa «europeo» o «perteneciente o relativo a Europa»: EURO*diputado*.

euroasiático, ca. adj. Perteneciente o relativo a Europa y Asia, consideradas como un todo geográfico. Ú. t. c. s. ‖ **2.** Dícese del mestizo de europeo y asiático, especialmente de la India, Ceilán, Indochina, etc.

eurodiputado, da. m. y f. Diputado del parlamento de la Comunidad Europea.

europeidad. f. Cualidad o condición de europeo. ‖ **2.** Carácter genérico de los pueblos que componen Europa.

europeísmo. m. Carácter europeo. ‖ **2.** Conjunto de ideologías o movimientos políticos que promueven la unificación de los Estados del continente europeo.

europeísta. adj. Dícese del partidario de la unidad o de la hegemonía europeas. Ú. t. c. s.

europeizar. tr. Dar carácter europeo. ‖ **2.** prnl. Tomar este carácter.

europeo, a. adj. Natural de Europa. Ú. t. c. s. ‖ **2.** Perteneciente a esta parte del mundo.

europio. m. Elemento químico de núm. atóm. 63. Metal de las tierras raras, escaso en la corteza terrestre; aparece con otros metales del mismo grupo en ciertos minerales. Algunos de sus derivados tienen color y se usan en las industrias electrónica y nuclear. Símb. *Eu.*

eurovisión. f. Conjunto de circuitos de imagen y sonido que posibilita el intercambio de programas, comunicaciones e informaciones sonoras y visuales entre los países europeos asociados.

euscalduna. com. Persona que habla vascuence. ‖ **2.** adj. Vasco.

euskera. m. **eusquera.**

eusquera. m. Vascuence, la lengua vasca. ‖ **2.** adj. Perteneciente o relativo a la lengua vasca. *Sufijo* EUSQUERA, *fonética* EUSQUERA.

eutanasia. f. *Med.* Muerte sin sufrimiento físico. ‖ **2.** Acción u omisión médicas que, para evitar sufrimientos a los pacientes desahuciados, aceleran su muerte.

evacuación. f. Acción y efecto de evacuar.

evacuar. tr. Desocupar alguna cosa. ‖ **2.** Desalojar a los habitantes de un lugar para evitarles algún daño. ‖ **3.** Expeler un ser orgánico excrementos u otras secreciones.

evacuativo, va. adj. *Farm.* Que tiene propiedad o virtud de evacuar. Ú. t. c. s. m.

evacuatorio, ria. adj. *Farm.* **evacuativo.** ‖ **2.** m. Lugar público destinado en las poblaciones para que los transeúntes puedan hacer aguas.

evadir. tr. Evitar un daño o peligro inminente. Ú. t. c. prnl. ‖ **2.** Eludir con arte o astucia una dificultad prevista. Ú. t. c. prnl. ‖ **3.** prnl. Fugarse, escaparse.

evaluación. f. Acción y efecto de evaluar.

evaluar. tr. Señalar el valor de una cosa. ‖ **2.** Estimar, apreciar, calcular el valor de una cosa. EVALUÓ *los daños de la inundación en varios millones.* Ú. t. c. prnl. ‖ **3.** Estimar los conocimientos, aptitudes y rendimiento de los alumnos.

evanescencia. f. Cualidad y condición de lo que es evanescente.

evanescente. adj. Que se desvanece o esfuma.

evanescer. tr. Desvanecer o esfumar. Ú. t. c. prnl.

evangélico, ca. adj. Perteneciente o relativo al Evangelio. ‖ **2.** Perteneciente al protestantismo. ‖ **3.** Dícese particularmente de una doctrina formada por la fusión del culto luterano y del calvinista.

evangelio. m. Historia de la vida, doctrina y milagros de Jesucristo, contenida en los cuatro relatos que llevan el nombre de los cuatro evangelistas y que componen el primer libro canónico del Nuevo Testamento. ‖ **2.** Por ext., libro que contiene el relato de la vida y mensaje de Jesucristo. ‖ **3.** *Rel.* En la misa, capítulo tomado de uno de los cuatro libros de los evangelistas, que se lee después de la epístola, y, en ciertas misas, al final de ellas. ‖ **4.** fig. y fam. Verdad indiscutible. *Sus palabras son el* EVANGELIO; *decir el* EVANGELIO.

evangelista. m. Cada uno de los cuatro discípulos de Jesús con cuyo nombre se designa uno de los cuatro evangelios.

evangelización. f. Acción y efecto de evangelizar.

evangelizar. tr. Predicar la fe de Jesucristo o las virtudes cristianas.

evaporación. f. Acción y efecto de evaporar o evaporarse.

evaporar. tr. Convertir en vapor un líquido. Ú. t. c. prnl. ‖ **2.** fig. Disipar, desvanecer. Ú. t. c. prnl. ‖ **3.** prnl. fig. Fugarse, desaparecer sin ser notado.

evasión. f. Cualquier cosa que sirve para evadir una dificultad. ‖ **2.** Acción y efecto de evadir o evadirse.

evasiva. f. Recurso o medio para eludir una dificultad.

evasivo, va. adj. Que incluye una evasiva o la favorece. *Respuesta* EVASIVA; *medios* EVASIVOS.

evento. m. Eventualidad, hecho imprevisto, o que puede acaecer.

eventual. adj. Sujeto a cualquier evento o contingencia. ‖ **2.** Dícese del trabajador que no pertenece a la plantilla de una empresa y presta sus servicios de manera provisional.

eventualidad. f. Cualidad de eventual. ‖ **2.** Hecho o circunstancia de realización incierta o fundada en conjeturas.

evidencia. f. Certeza clara, manifiesta y tan perceptible, que nadie puede racionalmente dudar de ella. ‖ **en evidencia.** loc. adv. Con los verbos *poner, estar, quedar*, etc., en ridículo, en situación desairada.

evidenciar. tr. Hacer patente y manifiesta la certeza de una cosa; probar y mostrar que no solo es cierta, sino clara.

evidente. adj. Cierto, claro, patente y sin la menor duda. ‖ **2.** Se usa como expresión de asentimiento.

evitar. tr. Apartar algún daño, peligro o molestia, impidiendo que suceda. ‖ **2.** Excusar, huir de incurrir en algo. ‖ **3.** Huir el trato de uno; apartarse de su comunicación.

evocación. f. Acción y efecto de evocar.

evocar. tr. fig. Traer alguna cosa a la memoria o a la imaginación.

evolución. f. Acción y efecto de evolucionar. ‖ **2.** Desarrollo de las cosas o de los organismos, por medio del cual pasan gradualmente de un estado a otro. ‖ **3. evolución biológica.** ‖ **4.** fig. Mudanza de conducta, de propósito o de actitud. ‖ **5.** fig. Desarrollo o transformación de las ideas o de las teorías. ‖ **6.** *Fil.* Doctrina que explica todos los fenómenos, cósmicos, físicos y mentales, por transformaciones sucesivas de una sola realidad primera, sometida a perpetuo movimiento intrínseco, en cuya virtud pasa de lo simple y homogéneo a lo compuesto y heterogéneo. ‖ **biológica.** Proceso continuo de transformación de las especies a través de cambios acumulados en sucesivas generaciones.

evolucionar. intr. Desplazarse una persona, animal o cosa describiendo líneas curvas. ‖ **2.** Desenvolverse, desarrollarse los organismos o las cosas, pasando de un estado a otro. ‖ **3.** Mudar de conducta, de propósito o de actitud.

evolucionismo. m. Doctrina filosófica basada en la idea de la evolución. ‖ **2.** *Biol.* Doctrina según la cual los seres vivos actuales proceden, a través de cambios más o menos lentos a lo largo de los tiempos geológicos, de antecesores comunes.

evolucionista. adj. Perteneciente o relativo a la evolución o al evolucionismo.

evolutivo, va. adj. Perteneciente a la evolución.

ex. prep. que, antepuesta a nombres de dignidades o cargos, denota que los tuvo y ya no los tiene la persona de quien se habla; v. gr.: EX *provincial*, EX *ministro.* ‖ **2.** También se antepone a otros nombres o adjetivos de persona para indicar que esta ha dejado de ser lo que aquellos significan: EX *discípulo*, EX *monárquico.*

ex-. pref. que significa «fuera» o «más allá», con relación al espacio o al tiempo: EX*tender*, EX*traer*, EX*humar*, EX*céntrico;* privación: EX*heredar*, EX*ánime;* a veces no añade ningún significado especial: EX*clamar*, EX*ornar.*

exa-. elem. compos. de nombres que significan un trillón de veces (10^{18}) de las respectivas unidades. Su símbolo es *E.*

exabrupto. m. Salida de tono, como dicho o ademán inconveniente e inesperado, manifestado con viveza. ❑ No confundir con *ex abrupto.*

ex abrupto. loc. adv. lat. De repente, de improviso. ❑ No confundir con *exabrupto.*

exacerbar. tr. Irritar, causar muy grave enfado o enojo. Ú. t. c. prnl. ‖ **2.** Agravar o avivar una enfermedad, una pasión, una molestia, etc. Ú. t. c. prnl.

exactitud. f. Puntualidad y fidelidad en la ejecución de una cosa.

exacto, ta. adj. Puntual, fiel y cabal.

exactor. m. Cobrador o recaudador de los tributos, impuestos o emolumentos.

exageración. f. Acción y efecto de exagerar. ‖ **2.** Concepto, hecho o cosa que traspasa los límites de lo justo, verdadero o razonable.

exagerado, da. adj. Dícese de la persona que exagera. *No seas* EXAGERADO *en tus alabanzas.* Ú. t.

c. s. || **2.** Excesivo, que incluye en sí exageración. *Precio* EXAGERADO.

exagerar. tr. Encarecer, dar proporciones excesivas; decir, representar o hacer una cosa traspasando los límites de lo verdadero, natural, ordinario, justo o conveniente.

exaltación. f. Acción y efecto de exaltar o exaltarse. || **2.** Gloria que resulta de una acción muy notable.

exaltado, da. adj. Que se exalta.

exaltar. tr. Elevar a una persona o cosa a gran auge o dignidad. || **2.** fig. Realzar el mérito o circunstancias de alguien con demasiado encarecimiento. || **3.** prnl. Dejarse arrebatar de una pasión, perdiendo la moderación y la calma.

examen. m. Indagación y estudio que se hace acerca de las cualidades y circunstancias de una cosa o de un hecho. || **2.** Prueba que se hace de la idoneidad de un sujeto para el ejercicio y profesión de una facultad, oficio o ministerio, o para comprobar o demostrar el aprovechamiento en los estudios.

examinador, ra. m. y f. Persona que examina.

examinando, da. m. y f. Persona que va a pasar un examen.

examinar. tr. Inquirir, investigar, escudriñar con diligencia y cuidado una cosa. || **2.** Tantear la idoneidad y suficiencia de los que quieren profesar o ejercer una facultad, oficio o ministerio, o aprobar cursos en los estudios. Ú. t. c. prnl.

exangüe. adj. Desangrado, falto de sangre. || **2.** fig. Sin ninguna fuerza, aniquilado. || **3.** fig. **muerto,** sin vida.

exánime. adj. Sin señal de vida o sin vida. || **2.** fig. Sumamente debilitado; sin aliento, desmayado.

exantema. m. *Pat.* Erupción de la piel, de color rojo más o menos subido, que desaparece momentáneamente con la presión del dedo; va acompañada o precedida de calentura, y termina por descamación; como el sarampión, la escarlatina y otras enfermedades.

exantemático, ca. adj. *Pat.* Perteneciente al exantema o acompañado de esta erupción.

exarca. m. Gobernador de los dominios bizantinos en Italia desde el siglo VI al VIII. || **2.** En la Iglesia griega, dignidad inmediatamente inferior a la de patriarca.

exarcado. m. Dignidad de exarca. || **2.** Espacio de tiempo que duraba el gobierno de un exarca. || **3.** Territorio gobernado por un exarca.

exasperación. f. Acción y efecto de exasperar o exasperarse.

exasperar. tr. fig. Irritar, enfurecer, dar motivo de enojo grande a uno. Ú. t. c. prnl.

excarcelación. f. Acción y efecto de excarcelar.

excarcelar. tr. Poner en libertad a un preso por mandamiento judicial. Ú. t. c. prnl.

ex cáthedra o **ex cátedra.** loc. adv. de or. lat. Desde la cátedra de San Pedro. Dícese cuando el Papa enseña a toda la Iglesia, o define verdades pertenecientes a la fe o a las costumbres. || **2.** fig. y fam. En tono magistral y decisivo.

excavación. f. Acción y efecto de excavar.

excavador, ra. adj. Que excava. Ú. t. c. s. || **2.** f. Máquina para excavar.

excavar. tr. Hacer en el terreno hoyos, zanjas, desmontes, pozos o galerías subterráneas. ❑ No confundir con *escavar.*

excedencia. f. Condición de excedente, referida al funcionario público que no ejerce su cargo, o al trabajador que no ocupa su puesto de trabajo durante un tiempo determinado.

excedente. adj. **sobrante,** que sobra. Ú. t. c. s. m. || **2.** Se dice del funcionario público que se abstiene temporalmente de su puesto o cargo de trabajo. Ú. t. c. s. || **de cupo.** Mozo que quedaba libre del servicio militar por haberle correspondido en el sorteo de su quinta un número que lo excluía.

exceder. tr. Ser una persona o cosa más grande o aventajada que otra. || **2.** intr. Propasarse, ir más allá de lo lícito o razonable. Ú. m. c. prnl.

excelencia. f. Superior calidad o bondad que hace digna de singular aprecio y estimación una cosa. || **2.** Tratamiento de respeto y cortesía que se da a algunas personas por su dignidad o empleo.

excelente. adj. Que sobresale en bondad, mérito o estimación.

excelentísimo, ma. adj. Tratamiento de respeto y cortesía que, antepuesto a *señor* o *señora,* se aplica a la persona a quien corresponde el de excelencia.

excelsitud. f. Cualidad de excelso.

excelso, sa. adj. Muy elevado, alto, eminente. || **2.** fig. Ú. por elogio, para denotar la singular excelencia de la persona o cosa a que se aplica. EXCELSA *majestad; ánimo* EXCELSO.

excentricidad. f. Rareza o extravagancia de carácter. || **2.** Dicho o hecho raro, anormal o extravagante.

excéntrico, ca. adj. De carácter raro, extravagante. Ú. t. c. s. || **2.** *Geom.* Que está fuera del centro, o que tiene un centro diferente.

excepción. f. Acción y efecto de exceptuar. || **2.** Cosa que se aparta de la regla o condición general de las demás de su especie.

excepcional. adj. Que constituye excepción de

la regla común. ‖ **2.** Que se aparta de lo ordinario, o que ocurre rara vez.

excepto. prep. A excepción de, fuera de, menos.

exceptuar. tr. Excluir a una persona o cosa de la generalidad de lo que se trata o de la regla común. Ú. t. c. prnl.

excesivamente. adv. m. Con exceso.

excesivo, va. adj. Que excede y sale de regla.

exceso. m. Parte que excede y pasa más allá de la medida o regla. ‖ **2.** Lo que sale en cualquier línea de los límites de lo ordinario o de lo lícito. ‖ **3.** Aquello en que una cosa excede a otra. ‖ **4.** Abuso, delito o crimen. Ú. m. en pl.

excipiente. m. *Med.* Sustancia inerte que se mezcla con los medicamentos para darles consistencia, forma, sabor u otras cualidades que faciliten su dosificación y uso.

excitabilidad. f. Cualidad de excitable.

excitable. adj. Capaz de ser excitado. ‖ **2.** Que se excita fácilmente.

excitación. f. Acción y efecto de excitar o excitarse.

excitante. adj. Que excita. Ú. t. c. s. m. ‖ **2.** *Biol.* Dícese del agente que estimula la actividad de un sistema orgánico. Ú. t. c. s. m.

excitar. tr. Mover, estimular, provocar, inspirar algún sentimiento, pasión o movimiento. ‖ **2.** prnl. Alterarse por el enojo, el entusiasmo, la alegría, etc.

exclamación. f. Voz, grito o frase en que se refleja una emoción, sea de alegría, pena, indignación, cólera, asombro o cualquier otro afecto. ‖ **2.** *Ret.* Figura con que se manifiesta expresando en forma exclamativa un movimiento del ánimo o una consideración de la mente.

exclamar. intr. Emitir palabras con fuerza o vehemencia para expresar la viveza de un afecto o para dar vigor y eficacia a lo que se dice. Ú. t. c. tr.

exclamativo, va. adj. **exclamatorio.**

exclamatorio, ria. adj. Propio de la exclamación. *Tono* EXCLAMATORIO; *expresión* EXCLAMATORIA.

exclaustrar. tr. Permitir u ordenar a un religioso que abandone el claustro. Ú. t. c. prnl.

excluir. tr. Quitar a una persona o cosa del lugar que ocupaba. EXCLUIR *a uno de una junta o comunidad;* EXCLUIR *una partida de la cuenta.* ‖ **2.** Descartar, rechazar o negar la posibilidad de alguna cosa. *Los datos* EXCLUYEN *una hipótesis contraria a ellos.* ‖ **3.** prnl. Ser incompatibles dos cosas. ❑ Irreg. Se conj. como *huir.*

exclusión. f. Acción y efecto de excluir.

exclusiva. f. Privilegio o derecho en virtud del cual una persona o corporación puede hacer algo prohibido a las demás. ‖ **2.** Noticia conseguida y publicada por un solo medio informativo, que se reserva los derechos de su difusión.

exclusive. adv. m. Significa que el último número o la última cosa de que se hizo mención no se toma en cuenta. *Hasta el primero de enero* EXCLUSIVE.

exclusividad. f. Cualidad de exclusivo.

exclusivismo. m. Obstinada adhesión a una persona, una cosa o una idea, sin prestar atención a las demás que deben ser tenidas en cuenta.

exclusivista. adj. Relativo al exclusivismo. ‖ **2.** Dícese de la persona que practica el exclusivismo. Ú. t. c. s.

exclusivo, va. adj. Que excluye o tiene fuerza y virtud para excluir. ‖ **2.** Único, solo, excluyendo a cualquier otro.

excluyente. adj. Que excluye, deja fuera o rechaza.

excombatiente. adj. Dícese del que luchó bajo alguna bandera militar o por alguna causa política. Ú. t. c. s.

excomulgar. tr. *Rel.* Apartar de la comunión de los fieles y del uso de los sacramentos.

excomunión. f. *Rel.* Acción y efecto de excomulgar. ‖ **2.** *Rel.* Carta o decreto con que se excomulga.

excoriación. f. Acción y efecto de excoriar o excoriarse.

excoriar. tr. Gastar, arrancar o corroer el cutis o el epitelio, quedando la carne descubierta. Ú. m. c. prnl.

excrecencia. f. Protuberancia, generalmente carnosa, que se produce en animales y plantas, alterando su textura y superficie natural.

excreción. f. Acción y efecto de excretar.

excremento. m. Residuos del alimento que, después de hecha la digestión, despide el cuerpo por el ano. ‖ **2.** *Biol.* Residuo metabólico del organismo.

excretar. intr. Expeler el excremento. ‖ **2.** *Biol.* Expulsar los residuos metabólicos, como la orina o el anhídrido carbónico de la respiración.

excretor, ra. adj. *Anat.* Dícese del órgano que sirve para excretar. ‖ **2.** *Anat.* Dícese del conducto por el que salen de las glándulas los productos que estas han elaborado.

excretorio, ria. adj. *Anat.* Dícese de los órganos que sirven para excretar.

exculpación. f. Acción y efecto de exculpar o exculparse. ‖ **2.** Hecho o circunstancia que sirve para exonerar de culpa.

exculpar. tr. Descargar a uno de culpa. Ú. t. c. prnl.

exculpatorio, ria. adj. Que exculpa.

excursión. f. Ida a alguna ciudad, museo o lugar para estudio, recreo o ejercicio físico.

excursionismo. m. Ejercicio y práctica de las excursiones como deporte o con fin científico o artístico.

excursionista. com. Persona que hace excursiones.

excurso. m. Digresión.

excusa. f. Motivo o pretexto que se invoca para eludir una obligación o disculpar una omisión.

excusable. adj. Que admite excusa o es digno de ella. ‖ **2.** Que se puede omitir o evitar.

excusado, da. adj. Que por privilegio está libre de pagar tributos. ‖ **2.** Superfluo e inútil para el fin que se desea. ‖ **3.** Lo que no hay necesidad de hacer o decir. EXCUSADO *es que yo dé razón a todos de mi conducta.* ❑ No confundir con *escusado.*

excusar. tr. Exponer y alegar causas o razones para sacar libre a uno de la culpa que se le imputa. Ú. t. c. prnl. ‖ **2.** Rehusar hacer una cosa. Ú. t. c. prnl.

execrable. adj. Digno de execración.

execración. f. Acción y efecto de execrar. ‖ **2.** Pérdida del carácter sagrado de un lugar, sea por profanación, sea por accidente.

execrar. tr. Condenar y maldecir con autoridad sacerdotal o en nombre de cosas sagradas.

exedra. f. *Arq.* Construcción descubierta, de planta semicircular, con asientos fijos en la parte interior de la curva, y respaldos también permanentes.

exegesis o **exégesis.** f. Explicación, interpretación.

exegeta o **exégeta.** com. Persona que interpreta o expone un texto.

exención. f. Efecto de eximir o eximirse.

exento, ta. adj. Libre, desembarazado de una cosa. EXENTO *de cuidados, de temor.* ‖ **2.** Aplícase al sitio o edificio que está descubierto por todas partes.

exequátur. m. Autorización que otorga el jefe de un Estado a los agentes extranjeros para que en su territorio puedan ejercer las funciones propias de sus cargos.

exequias. f. pl. Honras fúnebres.

exercivo, va. adj. ant. Que ejerce con actividad y fuerza.

exfoliación. f. Acción y efecto de exfoliar o exfoliarse. ‖ **2.** *Med.* Pérdida o caída de la epidermis en forma de escamas.

exfoliar. tr. Dividir una cosa en láminas o escamas. Ú. t. c. prnl.

exhalación. f. Acción y efecto de exhalar o exhalarse. ‖ **2.** Rayo, centella. ‖ **3.** Vapor o vaho que un cuerpo echa de sí por evaporación.

exhalar. tr. Despedir gases, vapores u olores. ‖ **2.** fig. Dicho de suspiros, quejas, etc., lanzarlos, despedirlos.

exhaustivo, va. adj. Que agota o apura por completo. ❑ No utilizar por *detallado, minucioso...*

exhausto, ta. adj. Enteramente agotado o falto de lo que necesita tener para hallarse en buen estado. *El erario está* EXHAUSTO *de dinero.*

exhibición. f. Acción y efecto de exhibir o exhibirse.

exhibicionismo. m. Prurito de exhibirse. ‖ **2.** Perversión consistente en el impulso a mostrar los órganos genitales.

exhibicionista. com. Persona aficionada al exhibicionismo.

exhibir. tr. Manifestar, mostrar en público. Ú. t. c. prnl.

exhortación. f. Acción de exhortar. ‖ **2.** Advertencia o aviso con que se intenta persuadir.

exhortar. tr. Incitar a uno con palabras, razones y ruegos a que haga o deje de hacer alguna cosa. ❑ Ú. con la prep. *a.*

exhortativo, va. adj. **exhortatorio.**

exhortatorio, ria. adj. Perteneciente o relativo a la exhortación. *Discurso* EXHORTATORIO; *oración* EXHORTATORIA.

exhorto. m. *Der.* Comunicación que expide un juez a otro de igual categoría para que mande dar cumplimiento, en su lugar, a lo que le pide.

exhumación. f. Acción de exhumar.

exhumar. tr. Desenterrar un cadáver o restos humanos.

exigencia. f. Acción y efecto de exigir. ‖ **2.** Pretensión caprichosa o desmedida.

exigente. adj. Dícese en especial del que exige caprichosa o despóticamente. Ú. t. c. s.

exigir. tr. Pedir imperiosamente algo a lo que se tiene derecho. ‖ **2.** fig. Pedir una cosa, por su naturaleza o circunstancia, algún requisito necesario. *La situación* EXIGE *una intervención urgente.*

exiguo, gua. adj. Insuficiente, escaso.

exiliado, da. adj. Expatriado, generalmente por motivos políticos. Ú. t. c. s.

exiliar. tr. Expulsar a uno de un territorio. ‖ **2.** prnl. Expatriarse, generalmente por motivos políticos. ❑ No utilizar **exilar.*

exilio. m. Separación de una persona de la tierra en que vive. ‖ **2.** Expatriación, generalmente por motivos políticos. ‖ **3.** Lugar en que vive el exiliado.

eximente. adj. Que exime.

eximio, mia. adj. Muy ilustre, excelso.

eximir. tr. Librar, desembarazar de cargas, obligaciones, cuidados, culpas, etc. Ú. t. c. prnl. ❑ Ú. con la prep. *de.*

existencia. f. Acto de existir. ‖ **2.** Vida del hombre. ‖ **3.** *Fil.* Por oposición a esencia, la realidad concreta de un ente cualquiera. En el léxico del existencialismo, por antonomasia, la **existencia** humana. ‖ **4.** pl. Mercancías destinadas a la venta, guardadas en un almacén o tienda.

existencial. adj. Perteneciente o relativo al acto de existir.

existencialismo. m. Movimiento filosófico que trata de fundar el conocimiento de toda realidad sobre la experiencia inmediata de la existencia propia.

existir. intr. Tener una cosa ser real y verdadero. ‖ **2.** Tener vida. ‖ **3.** Haber, estar, hallarse. *En la Academia* EXISTE *un autógrafo de Cervantes.*

éxito. m. Resultado feliz de un negocio, actuación, etc. ‖ **2.** Buena aceptación que tiene una persona o cosa.

exitoso, sa. adj. Que tiene éxito.

ex libris. m. Etiqueta o sello grabado que se estampa en el reverso de la tapa de los libros, en la cual consta el nombre del dueño o el de la biblioteca a que pertenece el libro.

exocrino, na. adj. *Fisiol.* Dícese de las glándulas que vierten su secreción al tubo digestivo o al exterior del organismo, y por extensión, de dicha secreción.

éxodo. m. Emigración de un pueblo o de una muchedumbre de personas.

exoftalmia o **exoftalmía.** f. *Pat.* Situación saliente del globo ocular.

exogamia. f. *Etnol.* Regla o práctica de contraer matrimonio con cónyuge de distinta tribu o ascendencia o procedente de otra localidad o comarca. ‖ **2.** *Biol.* Cruzamiento entre individuos de distinta raza, comunidad o población, que conduce a una descendencia cada vez más heterogénea.

exógeno, na. adj. *Biol.* Dícese del órgano que se forma en el exterior de otro, como las esporas de ciertos hongos. ‖ **2.** Aplícase a las fuerzas, que externamente actúan sobre algo. ‖ **3.** *Geol.* Dícese de las fuerzas o fenómenos que se producen en la superficie terrestre.

exoneración. f. Acción y efecto de exonerar o exonerarse.

exonerar. tr. Aliviar, descargar de peso u obligación. Ú. t. c. prnl. ‖ **2.** Separar, privar o destituir a alguien de un empleo.

exorbitante. adj. Excesivo, exagerado.

exorcismo. m. Conjuro contra el espíritu maligno.

exorcista. m. *Rel.* El que en virtud de orden o grado menor eclesiástico tenía potestad para exorcizar.

exorcizar. tr. *Rel.* Usar exorcismos contra el espíritu maligno.

exordio. m. Principio, introducción, preámbulo de una obra literaria; especialmente la primera parte del discurso oratorio, la cual tiene por objeto excitar la atención y preparar el ánimo de los oyentes. ‖ **2.** Preámbulo de un razonamiento o conversación familiar.

exosfera. f. *Cosmogr.* Espacio interplanetario, exterior a la atmósfera terrestre.

exósmosis o **exosmosis.** f. *Fís.* Corriente de dentro a fuera, que se establece al mismo tiempo que su contraria la endósmosis, cuando dos líquidos de distinta densidad están separados por una membrana semipermeable.

exotérico, ca. adj. Común, accesible para el vulgo; lo contrario de esotérico. ‖ **2.** Dícese de lo que es de fácil acceso para la mente. ❑ No confundir con *esotérico.*

exotérmico, ca. adj. *Fís.* Dícese del proceso que va acompañado de elevación de temperatura.

exótico, ca. adj. Extranjero, peregrino, especialmente si procede de país lejano. ‖ **2.** Extraño, chocante, extravagante.

exotismo. m. Cualidad de exótico.

expandir. tr. Extender, dilatar, ensanchar, difundir. Ú. t. c. prnl.

expansibilidad. f. *Fís.* Propiedad que tiene un cuerpo de poder ocupar mayor espacio que el que ocupa.

expansión. f. Acción y efecto de extenderse o dilatarse. ‖ **2.** fig. Acción de desahogar al exterior de un modo efusivo cualquier afecto o pensamiento. EXPANSIÓN *del ánimo, de la alegría, de la amistad.* ‖ **3.** Recreo, asueto, solaz.

expansionar. tr. Expandir, dilatar, ensanchar. ‖ **2.** prnl. Divertirse, distraerse.

expansivo, va. adj. Que tiende a extenderse o dilatarse, ocupando mayor espacio. ‖ **2.** fig. Franco, comunicativo. *Carácter* EXPANSIVO; *amistad* EXPANSIVA.

expatriación. f. Acción y efecto de expatriar o expatriarse.

expatriado, da. adj. Que vive fuera de su patria. Ú. t. c. s.

expatriar. tr. Hacer salir de la patria. ‖ **2.** prnl. Abandonar la patria.

expectación. f. Espera, generalmente curiosa o tensa, de un acontecimiento que interesa o importa.

expectante. adj. Que espera observando, con particular cuidado y atención, el desarrollo de una cosa. *Actitud, medicina* EXPECTANTE.

expectativa. f. Cualquier esperanza de conseguir una cosa, si se depara la oportunidad que se desea. ‖ **a la expectativa.** loc. adv. Sin actuar ni tomar una determinación hasta ver qué sucede.

expectoración. f. Acción y efecto de expectorar. ‖ **2.** Lo que se expectora.

expectorar. tr. Arrancar y arrojar por la boca las flemas y secreciones que se depositan en la faringe, la laringe, la tráquea o los bronquios.

expedición. f. Acción y efecto de expedir. ‖ **2.** Excursión para realizar una empresa en punto distante. EXPEDICIÓN *militar, naval, científica.* ‖ **3.** Conjunto de personas que la realizan.

expedicionario, ria. adj. Que emprende una expedición o participa en ella. *Tropa* EXPEDICIONARIA; *ejército* EXPEDICIONARIO. Ú. t. c. s.

expedientar. tr. Someter a expediente a alguien.

expediente. m. Conjunto de todos los papeles correspondientes a un asunto o negocio. Se usa señaladamente hablando de la serie ordenada de actuaciones administrativas, y también de las judiciales en los actos de jurisdicción voluntaria. ‖ **2.** Procedimiento administrativo en que se enjuicia la actuación de alguien. ‖ **3.** Conjunto de calificaciones e incidencias en la carrera de un estudiante, o relación de trabajos realizados por un funcionario o empleado.

expedir. tr. Dar curso a las causas y negocios; despacharlos. ‖ **2.** Remitir, enviar mercancías, telegramas, pliegos, etc. ❑ Irreg. Se conj. como *pedir.*

expeditivo, va. adj. Que tiene facilidad en dar expediente o salida en un negocio, sin muchos miramientos, evitando trámites.

expedito, ta. adj. Desembarazado, libre de todo estorbo. ‖ **2.** Pronto a obrar.

expeler. tr. Arrojar, lanzar un mecanismo o aparato alguna cosa. ‖ **2.** Hacer salir algo del organismo.

expendedor, ra. adj. Que gasta o expende. Ú. t. c. s. ‖ **2.** m. y f. Persona que vende al por menor mercancías o efectos y más particularmente tabaco, sellos, etc., o billetes de entrada para espectáculos.

expendeduría. f. Tienda en que se vende al por menor tabaco u otros efectos, estancados o monopolizados.

expender. tr. Gastar, hacer expensas. ‖ **2.** Vender efectos de propiedad ajena por encargo de su dueño. ‖ **3.** Despachar billetes de ferrocarril, de espectáculos, etc.

expensas. f. pl. Gastos, costas. ‖ **a expensas de.** loc. prepos. A costa, por cuenta, a cargo de alguien.

experiencia. f. Enseñanza que se adquiere con el uso, la práctica o el vivir. ‖ **2. experimento.**

experimentación. f. Acción de experimentar. ‖ **2.** Método científico de investigación, basado en la provocación y estudio de los fenómenos.

experimentado, da. adj. Dícese de la persona que tiene experiencia.

experimental. adj. Fundado en la experiencia, o que se sabe y alcanza por ella. *Física* EXPERIMENTAL; *conocimiento* EXPERIMENTAL. ‖ **2.** Que sirve de experimento, con vistas a posibles perfeccionamientos, aplicaciones y difusión.

experimentar. tr. Probar y examinar prácticamente la virtud y propiedades de una cosa. ‖ **2.** En las ciencias fisicoquímicas y naturales, hacer operaciones destinadas a descubrir, comprobar o demostrar determinados fenómenos o principios científicos. ‖ **3.** Notar, echar de ver en sí mismo una cosa, una impresión, un sentimiento, etc. ‖ **4.** Recibir las cosas una modificación, cambio o mudanza.

experimento. m. Acción y efecto de experimentar.

experto, ta. adj. Práctico, hábil, experimentado.

expiación. f. Acción y efecto de expiar.

expiar. tr. Borrar las culpas; purificarse de ellas por medio de algún sacrificio. ❑ No confundir con *espiar.*

expiatorio, ria. adj. Que se hace por expiación, o que la produce.

expiración. f. Acción y efecto de expirar.

expirar. intr. Acabar la vida. ‖ **2.** fig. Acabarse un período de tiempo. EXPIRAR *el mes, el plazo.* ❑ No confundir con *aspirar* ni con *espirar.*

explanada. f. Espacio de terreno allanado.

explanar. tr. Poner llano un terreno, suelo, etc. ‖ **2.** fig. Declarar, explicar.

explayar. tr. Ensanchar, extender. Ú. t. c. prnl. ‖ **2.** prnl. fig. Difundirse, dilatarse, extenderse. EXPLAYARSE *en un discurso.* ‖ **3.** fig. Confiarse a una persona, comunicándole algún secreto o intimidad, para desahogar el ánimo.

expletivo, va. adj. *Gram.* Aplícase a las voces o partículas que, sin ser necesarias para el sentido, se emplean para hacer más llena o armoniosa la locución.

explicación. f. Declaración o exposición de cualquier materia, doctrina o texto con palabras claras o ejemplos, para que se haga más perceptible. ‖ **2.** Manifestación o revelación de la causa o motivo de alguna cosa.

explicar. tr. Declarar o exponer cualquier materia, doctrina o texto difícil, con palabras muy claras para hacerlos más perceptibles. ‖ **2.** Justificar, exculpar palabras o acciones, declarando que no hubo en ellas intención de agravio. || **3.** prnl. Llegar a comprender la razón de alguna cosa; darse cuenta de ella.

explicativo, va. adj. Que explica o sirve para explicar una cosa. *Nota* EXPLICATIVA.

éxplicit. m. Término con que en las descripciones bibliográficas se designan las últimas palabras de un escrito o de un impreso antiguo. ❑ pl. invar.

explícito, ta. adj. Que expresa clara y determinadamente una cosa.

exploración. f. Acción y efecto de explorar.

explorador, ra. adj. Que explora. Ú. t. c. s.

explorar. tr. Reconocer, registrar, inquirir o averiguar con diligencia una cosa o un lugar.

exploratorio, ria. adj. Que sirve para explorar.

explosión. f. Liberación brusca de una gran cantidad de energía encerrada en un volumen relativamente pequeño, la cual produce un incremento violento y rápido de la presión, con desprendimiento de calor, luz y gases; va acompañada de estruendo y rotura violenta del recipiente que la contiene. El origen de la energía puede ser térmico, químico o nuclear. || **2.** Dilatación repentina del gas contenido o producido en un dispositivo mecánico con el fin de obtener el movimiento de una de las partes de este, como en el motor del automóvil o en el disparo del arma de fuego. || **3.** fig. Manifestación súbita y violenta de ciertos afectos del ánimo. EXPLOSIÓN *de risa, de entusiasmo.* || **4.** fig. Desarrollo repentino y violento de algo. EXPLOSIÓN *demográfica.*

explosionar. intr. Hacer explosión. || **2.** tr. Provocar una explosión. Ú. más en artillería, minería y otras disciplinas afines.

explosivo, va. adj. Que hace o puede hacer explosión. || **2.** *Quím.* Que se incendia con explosión; como los fulminantes. Ú. t. c. s. m. || **3.** Dícese impropiamente de toda consonante, oclusiva o no, situada a principio de sílaba. Ú. t. c. s.

explotación. f. Acción y efecto de explotar[1]. || **2.** Conjunto de elementos dedicados a una industria o granjería. *La compañía ha instalado una magnífica* EXPLOTACIÓN.

explotador, ra. adj. Que explota. Ú. t. c. s.

explotar[1]. tr. Extraer de las minas la riqueza que contienen. || **2.** fig. Sacar utilidad de un negocio o industria en provecho propio. || **3.** fig. Utilizar en provecho propio, por lo general de un modo abusivo, las cualidades o sentimientos de una persona, de un suceso o de una circunstancia cualquiera.

explotar[2]. intr. **explosionar,** hacer explosión.

expoliar. tr. Despojar con violencia o con iniquidad.

expolio. m. Acción y efecto de expoliar. || **2.** Botín del vencedor.

exponencial. adj. Dícese del crecimiento cuyo ritmo aumenta cada vez más rápidamente.

exponente. adj. Que expone. Ú. t. c. s. || **2.** m. **prototipo,** persona o cosa representativa de lo más característico en un género. || **3.** *Álg.* y *Arit.* Número o expresión algebraica que denota la potencia a que se ha de elevar otro número u otra expresión, y se coloca en su parte superior a la derecha.

exponer. tr. Presentar una cosa para que sea vista, ponerla de manifiesto. Ú. t. c. intr. || **2.** Hablar de algo para darlo a conocer. *Me* EXPUSO *sus ideas sobre política.* || **3.** Colocar una cosa para que reciba la acción de un agente. || **4.** Arriesgar, aventurar, poner una cosa en contingencia de perderse o dañarse. Ú. t. c. prnl. || **5.** Abandonar a un niño recién nacido a la puerta de una iglesia, o casa, o en un lugar público. || **6.** Someter una placa fotográfica o un papel sensible a la acción de la luz para que se impresione. ❑ Irreg. Se conj. como *poner;* p. p. irreg. *expuesto.*

exportación. f. Acción y efecto de exportar. || **2.** Conjunto de mercancías que se exportan.

exportar. tr. Vender géneros a otro país.

exposición. f. Acción y efecto de exponer o exponerse. || **2.** Presentación pública de artículos de industria o de artes y ciencias, para estimular la producción, el comercio o la cultura. || **3.** Acción de exponer a la luz una placa fotográfica o un papel sensible durante cierto tiempo para que se impresione. Por analogía, se usa también hablando de los efectos de otros agentes, como el sol, los rayos X, etc.

exposímetro. m. Dispositivo fotográfico que sirve para medir la intensidad de la luz y que permite determinar el tiempo necesario de exposición de una película.

expositivo, va. adj. Que expone, declara o interpreta.

expósito, ta. adj. Dícese del recién nacido abandonado o expuesto, o confiado a un establecimiento benéfico. Ú. m. c. s.

expositor, ra. adj. Que interpreta, expone y declara una cosa. Ú. t. c. s. || **2.** m. y f. Persona o entidad que concurre a una exposición pública con objetos de su propiedad o industria.

exprés. adj. **rápido,** dicho de ciertos electrodomésticos y del café. *Olla, cafetera,* EXPRÉS. || **2.** **expreso,** dicho del tren. Ú. t. c. s. ❑ pl. invar.

expresar. tr. Manifestar con palabras, miradas o gestos, lo que uno quiere dar a entender. || **2.** prnl. Darse a entender por medio de la palabra. *Antonio* SE EXPRESA *bien.*

expresión. f. Especificación, declaración de una cosa para darla a entender. ‖ **2.** Palabra o locución. ‖ **3.** Efecto de expresar algo sin palabras. ‖ **4.** *Álg.* Conjunto de términos que representa una cantidad. ‖ **algebraica.** *Mat.* **expresión** analítica que no contiene más funciones que aquellas que pueden calcularse con las operaciones de álgebra, a saber: suma, multiplicación y sus inversas. ‖ **analítica.** *Mat.* Conjunto de números y de símbolos ligados entre sí por los signos de las operaciones del análisis matemático. ‖ **corporal.** Técnica practicada por el intérprete para expresar circunstancias de su papel por medio de gestos y movimientos, con independencia de la palabra.

expresionismo. m. Escuela y tendencia estética que, reaccionando contra el impresionismo, propugna la intensidad de la expresión sincera aun a costa del equilibrio formal.

expresionista. adj. Relativo o perteneciente al expresionismo. Ú. t. c. s. ‖ **2.** com. Seguidor de esta escuela.

expresividad. f. Cualidad de expresivo.

expresivo, va. adj. Dícese de la persona que manifiesta con gran viveza lo que siente o piensa. ‖ **2.** Característico, típico.

expreso, sa. adj. Claro, patente, especificado. ‖ **2.** V. **tren expreso.** Ú. t. c. s. ‖ **3.** m. Correo extraordinario despachado con una noticia o aviso determinado.

exprimidor. m. Instrumento usado para estrujar la materia cuyo zumo se quiere extraer.

exprimir. tr. Extraer el zumo o líquido de una cosa, apretándola o retorciéndola. ‖ **2.** fig. **estrujar,** agotar una cosa.

ex profeso. loc. adv. De propósito, con intención.

expropiación. f. Acción y efecto de expropiar.

expropiar. tr. Desposeer de una cosa a su propietario, dándole en cambio una indemnización, salvo casos excepcionales. Se efectúa legalmente por motivos de utilidad pública.

expuesto, ta. p. p. irreg. de **exponer.** ‖ **2.** adj. **peligroso.**

expugnar. tr. Tomar por las armas una ciudad, plaza, castillo, etc.

expulsar. tr. **expeler.** Se usa comúnmente hablando de las personas, a diferencia de expeler, que se aplica más bien a los humores y otras cosas materiales.

expulsión. f. Acción y efecto de expeler. ‖ **2.** Acción y efecto de expulsar.

expulsor. m. En algunas armas de fuego, mecanismo dispuesto para expulsar los cartuchos vacíos.

expurgar. tr. Limpiar o purificar una cosa. ‖ **2.** fig. Mandar la autoridad competente tachar algunas palabras, cláusulas o pasajes de determinados libros o impresos, sin prohibir la lectura de estos.

exquisitez. f. Cualidad de exquisito.

exquisito, ta. adj. De singular y extraordinaria calidad, primor o gusto en su especie.

extasiar. tr. **embelesar.** Ú. m. c. prnl.

éxtasis. m. Estado del alma enteramente embargada por un sentimiento de admiración, alegría, etc. ‖ **2.** *Teol.* Estado del alma caracterizado por cierta unión mística con Dios mediante la contemplación y el amor, y por la suspensión del ejercicio de los sentidos.

extático, ca. adj. Que está en éxtasis, o lo tiene con frecuencia o habitualmente. ❑ No confundir con *estático.*

extemporaneidad. f. Cualidad de extemporáneo.

extemporáneo, a. adj. Impropio del tiempo en que sucede o se hace. ‖ **2.** Inoportuno, inconveniente.

extender. tr. Hacer que una cosa, aumentando su superficie, ocupe más lugar o espacio que el que antes ocupaba. Ú. t. c. prnl. ‖ **2.** Esparcir, desparramar lo que está amontonado, junto o espeso. EXTENDER *la hierba segada, para que se seque;* EXTENDER *la pintura con la brocha.* ‖ **3.** Desenvolver, desplegar o desenrollar una cosa que estaba doblada, arrollada o encogida. Ú. t. c. prnl. ‖ **4.** prnl. Ocupar cierta porción de terreno. Se usa hablando de los montes, llanuras, campos, pueblos, etc. ‖ **5.** Ocupar cierta cantidad de tiempo, durar. ‖ **6.** Hacer por escrito o de palabra la narración o explicación de las cosas, dilatada y copiosamente. ‖ **7.** fig. Irse difundiendo un grupo humano, una especie animal o vegetal, una profesión, uso, opinión o costumbre donde antes no la había. ❑ Irreg. Se conj. como *entender.*

extensible. adj. Que se puede extender.

extensión. f. Acción y efecto de extender o extenderse. ‖ **2.** Línea conectada a una centralita. ‖ **3.** *Geom.* Medida del espacio ocupado por un cuerpo.

extensivo, va. adj. Que se extiende o se puede extender, comunicar o aplicar a más cosas.

extenso, sa. adj. Que tiene mucha extensión, vasto.

extensor, ra. adj. Que extiende o hace que se extienda una cosa. *Músculo* EXTENSOR.

extenuación. f. Debilitación de fuerzas materiales. Ú. t. en sent. fig.

extenuar. tr. Enflaquecer, debilitar. Ú. t. c. prnl.

exterior. adj. Que está por la parte de fuera. Ú.

t. c. s. || **2.** Relativo a otros países, por contraposición a nacional e interior. *Comercio* EXTERIOR. || **3.** m. Superficie externa de los cuerpos. || **4.** pl. *Cinem.* y *TV.* Espacios al aire libre, o decorados que los representan, donde se rueda una película. || **5.** *Cinem.* y *TV.* Secuencias rodadas en esos espacios.

exterioridad. f. Cosa exterior o externa. || **2.** Apariencia, aspecto de las cosas, o porte, conducta ostensible de una persona. || **3.** Honor de pura ceremonia; pompa de mera ostentación. Ú. m. en pl.

exteriorización. f. Acción y efecto de exteriorizar o exteriorizarse.

exteriorizar. tr. Hacer patente, revelar o mostrar algo al exterior. Ú. t. c. prnl.

exterminación. f. Acción y efecto de exterminar.

exterminar. tr. fig. Acabar del todo con una cosa, como si se desterrara o extirpara. || **2.** fig. Desolar, devastar por fuerza de armas.

exterminio. m. Acción y efecto de exterminar.

externo, na. adj. Dícese de lo que obra o se manifiesta al exterior, y en comparación o contraposición con lo interno. || **2.** Dícese del alumno que solo permanece en el colegio o escuela durante las horas de clase. Ú. t. c. s.

extinción. f. Acción y efecto de extinguir o extinguirse.

extinguir. tr. Hacer que cese el fuego o la luz. Ú. t. c. prnl. || **2.** fig. Hacer que cesen o se acaben del todo ciertas cosas que desaparecen gradualmente; como un sonido, un afecto, una vida. Ú. t. c. prnl. || **3.** prnl. fig. Acabarse, vencer un plazo o derecho.

extinto, ta. adj. Que está extinguido.

extintor, ra. adj. Que extingue. || **2.** m. Aparato para extinguir incendios, que por lo común arroja sobre el fuego un chorro de agua o de una mezcla que dificulta la combustión.

extirpación. f. Acción y efecto de extirpar.

extirpar. tr. Arrancar de cuajo o de raíz. || **2.** fig. Acabar del todo con una cosa, de modo que cese de existir; como los vicios, abusos, etc. || **3.** *Cir.* Quitar, en operación quirúrgica, un órgano o una formación patológica.

extorsión. f. Acción y efecto de usurpar y arrebatar por fuerza una cosa a uno. || **2.** fig. Cualquier daño o perjuicio.

extorsionar. tr. Usurpar, arrebatar. || **2.** Causar extorsión o daño.

extra. adj. Extraordinario, inesperado. Ú. t. c. s. || **2.** m. fam. Plus, cosa que se añade a otra principal. || **3.** En el cine, persona que interviene como comparsa, o que actúa ante la cámara sin papel destacado. || **4.** pl. Accesorios de ciertas máquinas, como automóviles, televisores, etc., que no van incorporados al modelo ordinario y que facilitan o hacen más agradable su manejo.

extra-. pref. que significa «fuera de»: EXTRA*judicial,* EXTRA*ordinario;* a veces, «sumamente»: EXTRA*plano.*

extracción. f. Acción y efecto de extraer. || **2.** Origen, linaje. Se usa generalmente en sentido peyorativo, o con los adjetivos *baja, humilde,* etc.

extracorpóreo, a. adj. *Med.* Que está situado u ocurre fuera del cuerpo. *Circulación* EXTRACORPÓREA.

extractar. tr. Reducir a extracto una cosa; como escrito, libro, etc.

extracto. m. Resumen que se hace de un escrito cualquiera, expresando en términos precisos únicamente lo más sustancial. || **2.** Producto sólido o espeso obtenido por evaporación de un zumo o de una disolución de sustancias vegetales o animales. Según el líquido disolvente, recibe la calificación de acuoso, alcohólico, etéreo, etc.

extractor, ra. m. y f. Persona que extrae. || **2.** Aparato o pieza de un mecanismo que sirve para extraer.

extradición. f. Entrega del reo refugiado en un país, hecha por el gobierno de este a las autoridades de otro país que lo reclaman. ❑ No utilizar **extradicción.*

extraditado, da. adj. Dícese de la persona objeto de una extradición. Ú. t. c. s.

extraditar. tr. Conceder un gobierno la extradición de un reclamado por la justicia de otro país.

extraer. tr. **sacar,** poner una cosa fuera de donde estaba contenida. || **2.** *Álg.* y *Arit.* Tratándose de raíces, averiguar cuáles son las de una cantidad o expresión algebraica dada. ❑ Irreg. Se conj. como *traer.*

extrajudicial. adj. Que se hace o trata fuera de la vía judicial.

extralimitarse. prnl. fig. Excederse en el uso de facultades o atribuciones.

extramuros. adv. l. Fuera del recinto de una ciudad, villa o lugar.

extranjería. f. Calidad y condición que por las leyes corresponden al extranjero residente en un país, mientras no está naturalizado en él. || **2.** Sistema o conjunto de normas reguladoras de la condición, los actos y los intereses de los extranjeros en un país.

extranjerismo. m. Afición desmedida a costumbres extranjeras. || **2.** Voz, frase o giro que un idioma toma de otro extranjero.

extranjerizar. tr. Introducir las costumbres extranjeras, mezclándolas con las propias del país. Ú. t. c. prnl.

extranjero, ra. adj. Que es o viene de país de otra soberanía. ‖ **2.** Natural de una nación con respecto a los naturales de cualquier otra. Ú. m. c. s. ‖ **3.** m. Toda nación que no es la propia. ❑ Ú. con el artículo *el.*

extranjis (de). loc. fam. De tapadillo, ocultamente.

extrañar. tr. Ver u oír con admiración o extrañeza una cosa. Ú. m. c. prnl. ‖ **2.** Sentir la novedad de alguna cosa que usamos, echando de menos la que nos es habitual. *No he dormido bien porque* EXTRAÑABA *la cama.* ‖ **3.** Echar de menos a alguna persona o cosa, sentir su falta. *Lloraba el niño* EXTRAÑANDO *a sus padres.*

extrañeza. f. Admiración, novedad.

extraño, ña. adj. De nación, familia o profesión distinta de la que se nombra o sobrentiende; contrapónese a *propio.* Ú. t. c. s. ‖ **2.** Raro, singular. ‖ **3.** Dícese de lo que es ajeno a la naturaleza o condición de una cosa de la cual forma parte. *Pedro es un* EXTRAÑO *en su familia.* ‖ **4.** m. Movimiento súbito, inesperado y sorprendente.

extraoficial. adj. Oficioso, no oficial.

extraordinario, ria. adj. Fuera del orden o regla natural o común. ‖ **2.** Añadido a lo ordinario. *Gastos* EXTRAORDINARIOS, *horas* EXTRAORDINARIAS. ‖ **3.** m. Número de un periódico que se publica por algún motivo **extraordinario.**

extraplano, na. adj. Dícese de las cosas que son extraordinariamente planas en relación con otras de su especie. *Reloj* EXTRAPLANO.

extrapolación. f. *Fís.* Acción y efecto de extrapolar.

extrapolar. tr. *Mat.* Averiguar el valor de una magnitud para valores de la variable que se hallan fuera del intervalo en que dicha magnitud es conocida. ‖ **2.** fig. Aplicar conclusiones obtenidas en un campo a otro.

extrarradio. m. Parte o zona exterior que rodea el casco y radio de una población.

extraterrestre. adj. Dícese de lo que pertenece al espacio exterior de la Tierra o procede de él. ‖ **2.** Dícese de objetos o seres supuestamente venidos desde el espacio exterior a la Tierra. Ú. t. c. s.

extraterritorial. adj. Dícese de lo que está o se considera fuera del territorio de la propia jurisdicción.

extraterritorialidad. f. Derecho o privilegio fundado en una ficción jurídica que considera el domicilio de los agentes diplomáticos, los buques de guerra, etc., como si estuviesen fuera del territorio donde se encuentran, para seguir sometidos a las leyes de su país de origen.

extrauterino, na. adj. *Med.* Que está situado u ocurre fuera del útero, dicho de lo que normalmente está situado u ocurre dentro de él. *Embarazo* EXTRAUTERINO.

extravagancia. f. Cualidad de extravagante. ‖ **2.** Cosa o acción extravagante.

extravagante. adj. Que se hace o dice fuera del orden o común modo de obrar. ‖ **2.** Raro, extraño, desacostumbrado, excesivamente peculiar u original. ‖ **3.** Que habla, viste o procede así. Ú. t. c. s.

extravasarse. prnl. Salirse un líquido de su vaso. Ú. m. en medicina.

extravenar. tr. Hacer salir la sangre de las venas. Ú. m. c. prnl.

extraversión. f. Movimiento del ánimo que sale fuera de sí por medio de los sentidos.

extravertido, da. adj. Dado a la extraversión.

extraviar. tr. Hacer perder el camino. Ú. t. c. prnl. ‖ **2.** Poner una cosa en otro lugar que el que debía ocupar. ‖ **3.** Hablando de la vista o de la mirada, no fijarla en objeto determinado. ‖ **4.** prnl. No encontrarse una cosa en su sitio e ignorarse su paradero. ‖ **5.** fig. Dejar la carrera y forma de vida que se había empezado y tomar otra distinta. Se usa generalmente en sentido peyorativo.

extravío. m. Acción y efecto de extraviar o extraviarse. ‖ **2.** fig. Desorden en las costumbres.

extremado, da. adj. Sumamente bueno o malo en su género.

extremar. tr. Llevar una cosa al extremo. ‖ **2.** prnl. Emplear uno toda la habilidad y esmero en la ejecución de una cosa.

extremaunción. f. *Rel.* Uno de los sacramentos de la Iglesia católica, que consiste en la unción con óleo sagrado hecha por el sacerdote a los fieles que se hallan en peligro inminente de morir.

extremeño, ña. adj. Natural de Extremadura. Ú. t. c. s. ‖ **2.** Perteneciente a esta región de España. ‖ **3.** Dícese de una variedad de la lengua española hablada en Extremadura. Ú. t. c. s. m.

extremidad. f. Parte extrema o última de una cosa. ‖ **2.** pl. Cabeza, pies, manos y cola de los animales. ‖ **3.** Pies y manos del hombre. ‖ **4.** Los brazos y piernas o las patas, en oposición al tronco.

extremismo. m. Tendencia a adoptar ideas extremas o exageradas, especialmente en política.

extremista. adj. El que practica el extremismo. Ú. t. c. s.

extremo, ma. adj. Aplícase a lo más intenso, elevado o activo de cualquier cosa. *Frío, calor* EXTREMO. ‖ **2.** Excesivo, sumo, exagerado. ‖ **3.** m. Parte primera o última de una cosa, principio o fin de ella. ‖ **4.** Asunto, punto o materia que se discute o estudia.

‖ **5.** En el fútbol y otros deportes, cada uno de los dos miembros de la delantera que, en la alineación del equipo, se sitúa más próximo a las bandas derecha e izquierda del campo.

extremoso, sa. adj. Que no se modera o no guarda un equilibrio en afectos o acciones.

extrínseco, ca. adj. Externo, no esencial.

extroversión. f. **extraversión.**

extrovertido, da. adj. **extravertido.**

extrudir. tr. Dar forma a una masa metálica, plástica, etc., haciéndola salir por una abertura especialmente dispuesta.

exuberancia. f. Abundancia suma; plenitud y copia extraordinarias.

exuberante. adj. Muy abundante y copioso.

exudación. f. Acción y efecto de exudar.

exudar. tr. Dejar un recipiente que salga por sus poros o sus grietas un líquido o una sustancia viscosa. ‖ **2.** intr. Salir un líquido o una sustancia viscosa por los poros o las grietas del recipiente que lo contiene.

exudativo, va. adj. Que produce exudación. Ú. t. c. s. m.

exulcerar. tr. *Med.* Corroer alguna cosa la piel de modo que empiece a formarse llaga. Ú. t. c. prnl.

exultar. intr. Saltar de alegría, transportarse de gozo.

exutorio. m. *Cir.* Úlcera que se deja abierta para que supure con un fin curativo.

exvoto. m. Don u ofrenda, como muletas, mortajas, figuras de cera, cabellos, tablillas, cuadros, etc., que los fieles dedican a Dios, a la Virgen o a los santos en señal y recuerdo de un beneficio recibido. Cuélganse en los muros o en la techumbre de los templos. También se dio este nombre a parecidas ofrendas que los gentiles hacían a sus dioses.

eyaculación. f. Acción y efecto de eyacular.

eyacular. tr. Lanzar con rapidez y fuerza el contenido de un órgano, cavidad o depósito, en particular el semen del hombre o de los animales.

eyector. m. **expulsor,** en las armas de fuego.

f. f. Sexta letra del abecedario español, y cuarta de sus consonantes. Su nombre es **efe.** Representa un sonido con articulación labiodental fricativa sorda.

fa. m. *Mús.* Cuarta voz de la escala musical.

fabada. f. Potaje de judías con tocino, chorizo y morcilla, típico de Asturias.

fábrica. f. **fabricación.** ‖ **2.** Establecimiento dotado de la maquinaria, herramienta e instalaciones necesarias para la fabricación de ciertos objetos, obtención de determinados productos o transformación industrial de una fuente de energía. FÁBRICA *de automóviles, de harinas, de electricidad,* etc. ‖ **3.** Cualquier construcción o parte de ella hecha con piedra o ladrillo y argamasa. *Rellenar los huecos del entramado con* FÁBRICA. *Una pared de* FÁBRICA.

fabricación. f. Acción y efecto de fabricar.

fabricante. adj. Que fabrica. Ú. t. c. s. ‖ **2.** m. Dueño, maestro o artífice que tiene por su cuenta una fábrica.

fabricar. tr. Producir objetos en serie, generalmente por medios mecánicos. ‖ **2.** Construir un edificio, un dique, un muro o cosa análoga. ‖ **3.** fig. Hacer, disponer o inventar una cosa no material. FABRICAR *uno su fortuna;* FABRICAR *una mentira.*

fabril. adj. Perteneciente a las fábricas o a sus operarios.

fábula. f. Relación falsa, mentirosa, de pura invención, carente de todo fundamento. ‖ **2.** Relato ficticio, breve y entretenido, con frecuente intención didáctica, en que pueden intervenir animales, objetos inanimados, personas o dioses.

fabular. tr. Inventar cosas fabulosas.

fabulario. m. Repertorio de fábulas.

fabulista. com. Persona que compone o escribe fábulas literarias, generalmente en verso.

fabuloso, sa. adj. Dícese de relatos, personas o cosas maravillosas y fantásticas. ‖ **2.** fig. Según el contexto en que se use, extraordinario, excesivo, increíble, etc. *Precios* FABULOSOS; FABULOSA *ignorancia.*

faca. f. Cuchillo corvo. ‖ **2.** Cualquier cuchillo de grandes dimensiones y con punta, que suele llevarse envainado en una funda de cuero.

facción. f. Conjunto de gente amotinada o rebelada. ‖ **2.** Bando o partido, sobre todo si actúan con violencia o con falta de respeto a las leyes o normas establecidas. ‖ **3.** Cualquiera de las partes del rostro humano. Ú. m. en pl.

faccioso, sa. adj. Perteneciente a una facción. Dícese comúnmente del rebelde armado. Ú. t. c. s. ‖ **2.** Inquieto, revoltoso, que perturba el orden público. Ú. t. c. s.

faceta. f. Cada una de las caras o lados de un poliedro, cuando son pequeñas. Se usa especialmente hablando de las caras de las piedras preciosas talladas. ‖ **2.** fig. Cada uno de los aspectos que en un asunto se pueden considerar.

facha. f. fam. Traza, figura, aspecto. ‖ **2.** fam. Mamarracho, adefesio. Ú. a veces c. m.

fachada. f. Paramento exterior de un edificio, generalmente el principal. ‖ **2.** fig. y fam. **presencia,** aspecto, figura del cuerpo humano. *Fulano tiene gran* FACHADA.

fachenda. f. fam. Vanidad, jactancia.

fachoso, sa. adj. fam. De mala facha, de figura ridícula.

facial. adj. Perteneciente o relativo al rostro.

facies. f. Aspecto, caracteres externos de algo. ‖ **2.** *Med.* Aspecto del semblante en cuanto revela alguna alteración o enfermedad del organismo. ❑ pl. invar.

fácil. adj. Que se puede hacer sin gran esfuerzo. ‖ **2.** Que puede suceder con mucha probabilidad. *Es* FÁCIL *que venga hoy.* ‖ **3.** Dócil, manejable.

facilidad. f. Cualidad de fácil. ‖ **2.** Disposición para hacer una cosa sin gran trabajo.

facilitar. tr. Hacer fácil o posible la ejecución de una cosa o la consecución de un fin. ‖ **2.** Proporcionar o entregar.

facineroso, sa. adj. Delincuente habitual. Ú. t. c. s. ‖ **2.** m. Hombre malvado, de perversa condición.

facistol. m. Atril grande donde se ponen el libro o libros para cantar en la iglesia: el que sirve para el coro suele tener cuatro caras para poner varios libros.

facsímil. m. **facsímile.**

facsímile. m. Perfecta imitación o reproducción de una firma, escrito, dibujo, impreso, etc.

factible. adj. Que se puede hacer.

fáctico, ca. adj. Perteneciente o relativo a hechos. ‖ **2.** Basado en hechos o limitado a ellos, en oposición a teórico o imaginario.

factitivo, va. adj. *Gram.* Dícese del verbo o perífrasis verbal cuyo sujeto no ejecuta por sí mismo la acción, sino que la hace ejecutar por otro u otros.

factor. m. fig. Elemento, cosa que, junto con otra, es causa de algún efecto. ‖ **2.** *Álg.* y *Arit.* Cada una de las cantidades o expresiones que se multiplican para formar un producto. ‖ **3.** Empleado que en las estaciones de ferrocarril cuida de la recepción, expedición y entrega de los equipajes, encargos, mercancías y animales transportados.

factora. f. Mujer que desempeña el empleo de factor en las estaciones de ferrocarril.

factoría. f. Establecimiento de comercio, especialmente el situado en país colonial. ‖ **2.** Fábrica o complejo industrial.

factorial. m. *Mat.* Producto de un número entero positivo dado por todos los enteros inferiores a él hasta el uno. Símb.: *!* *El* FACTORIAL *de 4 es 4! = 4 x 3 x 2 x 1 = 24.*

factótum. m. fam. Sujeto que desempeña en una casa o dependencia todos los menesteres. ‖ **2.** Persona de plena confianza de otra y que en nombre de esta despacha sus principales negocios. ❑ pl. invar.

factura. f. Acción y efecto de hacer. ‖ **2.** Relación de los objetos o artículos comprendidos en una venta, remesa u otra operación de comercio. ‖ **3.** Cuenta detallada de cada una de estas operaciones, con expresión de número, peso o medida, calidad y valor o precio. ‖ **4.** *Esc.* y *Pint.* **ejecución,** manera de ejecutar una cosa.

facturación. f. Acción y efecto de facturar. ‖ **2.** Suma o conjunto de objetos facturados.

facturar. tr. Extender las facturas. ‖ **2.** Comprender en ellas cada artículo, bulto u objeto. ‖ **3.** Registrar, entregar en las estaciones de ferrocarril, aeropuertos, etc., equipajes y mercancías para que sean remitidos a su destino.

fácula. f. *Astron.* Cada una de las partes más brillantes que se observan en el disco del Sol.

facultad. f. Aptitud, potencia física o moral. ‖ **2.** Poder, derecho para hacer alguna cosa. ‖ **3.** Cada una de las grandes divisiones de una universidad, correspondiente a una rama del saber, y en la que se dan las enseñanzas de una carrera determinada o de varias carreras afines. ‖ **4.** Local o conjunto de locales en que funciona dicha división de una universidad.

facultar. tr. Conceder facultades a uno para hacer lo que sin tal requisito no podría.

facultativo, va. adj. Perteneciente a una facultad. *Dictamen* FACULTATIVO. ‖ **2.** Potestativo, aplícase al acto que no es necesario, sino que libremente se puede hacer u omitir. ‖ **3.** Perteneciente o relativo al médico. ‖ **4.** m. Médico o cirujano.

facundia. f. Afluencia, facilidad en el hablar.

facundo, da. adj. Fácil y desenvuelto en el hablar.

fado. m. Cierta canción popular portuguesa.

faena. f. Trabajo corporal. ‖ **2.** fig. Trabajo mental. ‖ **3.** Mala pasada. ‖ **4.** *Taurom.* En el campo, cada una de las operaciones que se verifican con el toro. En la plaza, las que efectúa el diestro durante la lidia, y principalmente la brega con la muleta, preliminar de la estocada.

faenar. intr. Hacer los trabajos de la pesca marina. ‖ **2. laborar,** trabajar.

faetón. m. Carruaje descubierto, de cuatro ruedas, alto y ligero.

fagáceo, a. adj. *Bot.* Dícese de árboles y arbustos angiospermos dicotiledóneos que se distinguen por sus hojas sencillas, casi siempre alternas, flores monoicas y fruto indehiscente con semilla sin albumen, y más o menos cubierto por el involucro; como la encina y el castaño. Ú. t. c. s. f. ‖ **2.** f. pl. *Bot.* Familia de estas plantas.

-fagia. elem. compos. que significa «acción de comer o de tragar»: *aero*FAGIA, *dis*FAGIA.

fago- o **-fago, ga.** elem. compos. que significa «que come»: FAGO*cito, necró*FAGO.

fagocitar. tr. *Biol.* Alimentarse por fagocitosis ciertas células u organismos unicelulares.

fagocito. m. *Fisiol.* Cualquiera de las células que se hallan en la sangre y en muchos tejidos animales, capaces de apoderarse, mediante la emisión de seudópodos, de bacterias, cadáveres celulares y, en general, de toda clase de partículas nocivas o inútiles para el organismo, incluyéndolas en su protoplasma y digiriéndolas después.

fagocitosis. f. *Biol.* Captura de partículas microscópicas que realizan ciertas células con fines alimenticios o de defensa, mediante la emisión de seudópodos.

fagot. m. Instrumento de viento, formado por un tubo de madera de unos siete centímetros de grueso y más de un metro de largo, con agujeros y llaves, y con una boquilla de caña. ‖ **2.** com. Persona que toca este instrumento.

fagotista. com. Persona que ejerce o profesa el arte de tocar el fagot.

faisán. m. Ave del orden de las galliformes, del tamaño de un gallo, con un penacho de plumas en la cabeza, cola muy larga y tendida y plumaje de vivos colores en el macho. Es ave de caza muy apreciada por su carne.

faisana. f. Hembra del faisán.

faja. f. Tira de tela o de tejido de punto de algodón, lana o seda con que se rodea el cuerpo por la cintura, dándole varias vueltas. ‖ **2.** Prenda interior elástica que cubre la cintura, o desde la cintura hasta las nalgas, o incluso la parte superior de las piernas, usada sobre todo por las mujeres. ‖ **3.** Cualquier lista mucho más larga que ancha; por ejemplo, las zonas del globo celeste o terrestre.

fajar. tr. Rodear, ceñir o envolver con faja una parte del cuerpo. Ú. t. c. prnl.

fajín. m. Ceñidor de seda de determinados colores y distintivos que pueden usar los generales o los jefes de administración y otros funcionarios.

fajo. m. Haz o conjunto de cosas atadas o sujetas.

fajón. m. *Arq.* Recuadro ancho de yeso alrededor de los huecos de las puertas y ventanas. ‖ **2.** *Arq.* Arco adherente a una bóveda.

falacia. f. Engaño, fraude o mentira con que se intenta dañar a otro. ‖ **2.** Hábito de emplear falsedades en daño ajeno.

falange. f. Cualquier cuerpo de tropas numeroso. ‖ **2.** fig. Conjunto numeroso de personas unidas en cierto orden y para un mismo fin. ‖ **3.** *Anat.* Cada uno de los huesos de los dedos. Se distinguen con los adjetivos ordinales *primera, segunda* y *tercera,* comenzando a contar desde el metacarpo o el metatarso.

falangeta. f. Falange tercera de los dedos.

falangina. f. Falange segunda de los dedos.

falangismo. m. Movimiento político y social fundado por José Antonio Primo de Rivera en 1933, y cuyas líneas ideológicas fundamentales son: concepto de España como unidad de destino; desaparición de los partidos políticos y protección oficial de la tradición religiosa española.

falangista. adj. Perteneciente o relativo al falangismo. ‖ **2.** com. Persona afiliada a este movimiento.

falansterio. m. Edificio en que, según el sistema de Fourier, habitaba cada una de las falanges en que dividía la sociedad.

falaropo. m. Nombre común de varias aves limícolas, de pico grácil y dedos lobulados. Las hembras son de mayor tamaño y plumaje más brillante que los machos.

falaz. adj. Embustero, falso. ‖ **2.** Aplícase también a todo lo que halaga y atrae con falsas apariencias. FALAZ *mansedumbre;* FALACES *obsequios.*

falca. f. Defecto de una tabla o madero que les impide ser perfectamente lisos o rectos. ‖ **2.** Cualquier objeto empleado como cuña.

falciforme. adj. Que tiene forma de hoz.

falconete. m. Especie de culebrina que arrojaba balas hasta de kilo y medio.

falcónido, da. adj. *Zool.* **falconiforme.** Ú. t. c. s.

falconiforme. adj. *Zool.* Dícese de las aves de garras vigorosas, cabeza robusta y pico fuerte y ganchudo. Son grandes voladoras y se alimentan de carne; como el halcón y el águila. Ú. t. c. s. ‖ **2.** f. pl. *Zool.* Orden de estas aves, conocidas en clasificaciones zoológicas ya en desuso como rapaces diurnas.

falda. f. Prenda de vestir o parte del vestido de mujer que cae desde la cintura hacia abajo. ‖ **2.** Cobertura con que se viste una mesa camilla; suele llegar hasta el suelo. Ú. t. en pl. ‖ **3.** Carne de la res, que cuelga de las agujas, sin estar pegada a hueso ni costilla. ‖ **4.** fig. Parte baja o inferior de los montes o sierras. ‖ **5.** pl. fam. Mujer o mujeres, en oposición al hombre. *Cuestión de* FALDAS. *Aficionado a* FALDAS.

faldar. m. Parte de la armadura antigua, que caía desde el extremo inferior del peto, como faldilla.

faldellín. m. Falda corta.

faldero, ra. adj. Perteneciente o relativo a la falda. ‖ **2.** fig. Aficionado a estar entre mujeres.

faldón. m. Falda suelta al aire, que pende de alguna ropa. ‖ **2.** Parte inferior de alguna ropa, colgadura, etc.

faldriquera. f. **faltriquera.**

faldulario. m. Ropa que desproporcionadamente cuelga sobre el suelo.

falena. f. Mariposa de cuerpo delgado y alas anchas y débiles, cuyas orugas tienen dos pares de falsas patas abdominales, mediante las cuales pueden mantenerse erguidas y rígidas sobre las ramas de los árboles, imitando el aspecto de estas.

falerno. m. Vino de Falerno, famoso en la antigua Roma.

falible. adj. Que puede engañarse o engañar. ‖ **2.** Que puede faltar o fallar.

fálico, ca. adj. Relativo al falo.

falla¹. f. fig. Defecto, falta. ‖ **2.** *Geol.* Quiebra que los movimientos geológicos han producido en un terreno.

falla². f. Conjunto de figuras de madera y cartón, de carácter burlesco, que, dispuestas sobre un tablado, se queman públicamente en Valencia por las fiestas de San José. ‖ **2.** pl. Período durante el cual se celebran estos festejos.

fallar¹. tr. Decidir, determinar un litigio, proceso o concurso.

fallar². tr. En algunos juegos de cartas, poner un triunfo por no tener el palo que se juega. ‖ **2.** intr. Frustrarse, salir fallida una cosa, no responder a lo que se esperaba de ella. *Ha* FALLADO *la cosecha. Han* FALLADO *los frenos.* ‖ **3.** Perder una cosa su resistencia rompiéndose o dejando de servir. FALLAR *un soporte.*

falleba. f. Varilla de hierro acodillada en sus extremos, sujeta en varios anillos y que sirve para asegurar puertas o ventanas.

fallecer. intr. **morir,** acabar la vida. ❑ Irreg. Se conj. como *agradecer.*

fallecimiento. m. Acción y efecto de fallecer.

fallero, ra. adj. Perteneciente o relativo a la falla². ‖ **2.** m. y f. Persona que toma parte en las fallas.

fallido, da. adj. Frustrado, sin efecto.

fallo¹. m. Sentencia definitiva del juez.

fallo². m. Falta, deficiencia o error. ‖ **2.** Acción y efecto de salir fallida una cosa.

falo. m. **miembro viril.**

Falopio. n. p. *Anat.* V. **trompa de Falopio.**

falsario, ria. adj. Que falsea o falsifica una cosa. Ú. t. c. s. ‖ **2.** Que suele hacer falsedades o decir mentiras. Ú. t. c. s.

falsear. tr. Adulterar o corromper una cosa, como la moneda, la escritura, la doctrina, el pensamiento. ‖ **2.** intr. Flaquear o perder alguien o algo su resistencia y firmeza.

falsedad. f. Falta de verdad o autenticidad. ‖ **2.** Falta de conformidad entre las palabras, las ideas y las cosas.

falsete. m. *Mús.* Voz más aguda que la natural, que se produce haciendo vibrar las cuerdas superiores de la laringe.

falsificación. f. Acción y efecto de falsificar.

falsificador, ra. adj. Que falsifica. Ú. t. c. s.

falsificar. tr. Falsear o adulterar una cosa.

falsilla. f. Hoja de papel con líneas muy señaladas, que se pone debajo de otra en que se ha de escribir, para que aquellas se transparenten y sirvan de guía.

falso, sa. adj. Engañoso, fingido, simulado; falto de ley, de realidad o veracidad. ‖ **2.** Incierto y contrario a la verdad. *Citas* FALSAS; *argumentos* FALSOS. Ú. t. c. s. ‖ **3.** Dícese del que falsea o miente. ‖ **4.** Dícese de la moneda que con intención delictiva se hace imitando la legítima.

falta. f. Carencia o privación de alguna cosa. ‖ **2.** Defecto o privación de una cosa necesaria o útil. FALTA *de medios, de lluvias.* ‖ **3.** Ausencia de una persona del sitio en que debía estar. ‖ **4.** Error de cualquier naturaleza que se halla en una manifestación oral o escrita. ‖ **5.** Transgresión de las normas de un juego o deporte, sancionada por su reglamento. ‖ **6.** *Der.* Infracción voluntaria de la ley, ordenanza, reglamento o bando, a la cual está señalada sanción leve.

faltar. intr. No existir una cualidad o circunstancia en lo que debiera tenerla. ‖ **2.** No acudir a una cita u obligación. ‖ **3.** Estar ausente una persona del lugar en que suele estar. *Antonio* FALTA *de su casa desde hace un mes.* ‖ **4.** No corresponder uno a lo que es, o no cumplir con lo que debe. FALTÓ *a la lealtad, a la nobleza.* ‖ **5.** Tratar con desconsideración o sin el debido respeto a otra persona. ‖ **6.** Tener que transcurrir el tiempo que se indica para que se realice alguna cosa. FALTAN *dos meses para las vacaciones.*

falto, ta. adj. Defectuoso o necesitado de alguna cosa.

faltón, na. adj. fam. Que falta con frecuencia a sus obligaciones, promesas o citas.

faltriquera. f. Bolsillo de las prendas de vestir.

falúa. f. Pequeña embarcación a remo, vela o motor, provista por lo general de una cubierta, que se usa en los puertos y en pequeñas travesías.

falucho. m. Embarcación costanera con una vela latina.

fama. f. Opinión que las gentes tienen de una persona. ‖ **2.** Opinión que la gente tiene de la excelencia de un sujeto en su profesión o arte. *Predicador de* FAMA.

famélico, ca. adj. **hambriento.**

familia. f. Grupo de personas emparentadas entre sí que viven juntas. ‖ **2.** Conjunto de ascendientes, descendientes, colaterales y afines de un linaje. ‖ **3.** Conjunto de individuos que tienen alguna condición común. ‖ **4.** *Biol.* Grupo taxonómico constituido por varios géneros naturales que poseen gran número de caracteres comunes. FAMILIA *de las papilionáceas.* ‖ **de lenguas.** *Ling.* Conjunto de lenguas que derivan de una lengua común. *La* FAMILIA DE LENGUAS *románicas.* ‖ **de palabras.** *Ling.* Grupo de palabras que tienen una raíz común.

familiar. adj. Perteneciente a la familia. Apl. a

pers., ú. t. c. s. m. ‖ **2.** Dícese de aquello que uno tiene muy sabido o en que es muy experto. ‖ **3.** Aplicado al trato, llano y sin ceremonia. ‖ **4.** Aplicado a palabras, frases, lenguaje, estilo, etc., natural, sencillo, propio de la conversación normal y corriente. ‖ **5.** m. Deudo o pariente de una persona, y especialmente el que forma parte de su familia.

familiaridad. f. Llaneza, sencillez y confianza en el trato.

familiarizar. tr. Hacer familiar o común una cosa. ‖ **2.** prnl. Introducirse y acomodarse al trato familiar de uno.

famoso, sa. adj. Que tiene fama y renombre. Ú. t. c. s. *Comedia* FAMOSA; *ladrón* FAMOSO; *reunión de* FAMOSOS. ‖ **2.** fam. Aplícase a personas, hechos o dichos que llaman la atención por ser muy singulares y extravagantes. FAMOSO *tarambana;* FAMOSO *disparate; ocurrencia* FAMOSA.

fámula. f. fam. Criada, doméstica.

fámulo. m. fam. Criado doméstico.

fanal. m. Farol grande que se coloca en las torres de los puertos para que su luz sirva de señal nocturna. ‖ **2.** Campana transparente, por lo común de cristal, que sirve para que el aire no apague la luz puesta dentro de ella o para atenuar y matizar el resplandor.

fanático, ca. adj. Que defiende con tenacidad desmedida y apasionamiento irracional, creencias u opiniones, sobre todo religiosas o políticas. Ú. t. c. s. ‖ **2.** Preocupado o entusiasmado ciegamente por una cosa. FANÁTICO *por la música.*

fanatismo. m. Condición de fanático.

fandango. m. Antiguo baile español, muy común todavía entre andaluces, cantado con acompañamiento de guitarra, castañuelas y hasta de platillos y violín, a tres tiempos y con movimiento vivo y apasionado.

fandanguillo. m. Baile popular, en compás de tres por ocho, parecido al fandango, y copla con que se acompaña.

faneca. f. Pez teleósteo marino de dos o tres decímetros de longitud, de color pardusco en el lomo y blanco por el vientre, con tres aletas dorsales, dos ventrales y las abdominales por delante de las torácicas. Abunda en el Cantábrico.

fanega. f. Medida de capacidad para áridos que, según el marco de Castilla, tiene 12 celemines y equivale a 55 litros y medio; pero es muy variable según las diversas regiones de España.

fanerógamo, ma. adj. *Bot.* Dícese de la planta en que el conjunto de los órganos de la reproducción se presenta en forma de flor, que se distingue a simple vista. En la flor se efectúa la fecundación y, como consecuencia de esta, se desarrollan las semillas, que contienen los embriones de las nuevas plantas. Ú. t. c. s. f. ‖ **2.** f. pl. *Bot.* Tipo de estas plantas.

fanfarria. f. Conjunto musical ruidoso, principalmente a base de instrumentos de metal.

fanfarrón, na. adj. fam. Que se precia y hace alarde de lo que no es, y en particular de valiente. Ú. t. c. s.

fanfarronada. f. Dicho o hecho propio de fanfarrón.

fanfarronear. intr. Hablar con arrogancia echando fanfarronadas.

fanfarronería. f. Modo de hablar y de portarse el fanfarrón.

fangal o **fangar.** m. Sitio lleno de fango.

fango. m. Lodo glutinoso que se forma generalmente con los sedimentos térreos en los sitios donde hay agua detenida. ‖ **2.** fig. En algunas frases metafóricas, vilipendio, degradación. *Llenar o cubrir a uno de* FANGO.

fantasear. intr. Dejar correr la fantasía o imaginación. ‖ **2.** Preciarse vanamente.

fantasía. f. Facultad que tiene el ánimo de reproducir por medio de imágenes las cosas pasadas o lejanas, de representar las ideales en forma sensible o de idealizar las reales. ‖ **2.** Imagen formada por la **fantasía.** ‖ **3.** *Mús.* Composición instrumental de forma libre o formada sobre motivos de una ópera. ‖ **de fantasía.** loc. adj. que, en términos de modas, se aplica a las prendas de vestir y adornos que no son de forma o gusto corrientes.

fantasioso, sa. adj. Que se deja llevar por la imaginación.

fantasma. m. Visión quimérica, como la que ofrecen los sueños o la imaginación calenturienta. ‖ **2.** Imagen de una persona muerta que, según algunos, se aparece a los vivos. ‖ **3.** Imagen de un objeto que queda impresa en la fantasía. ‖ **4.** fig. Persona engreída y presuntuosa. ‖ **5.** Como aposición, indica la inexistencia o el carácter falso de algo. *Una venta* FANTASMA, *un éxito* FANTASMA.

fantasmagoría. f. Arte de representar figuras por medio de una ilusión óptica. ‖ **2.** fig. Ilusión de los sentidos o figuración vana de la inteligencia, desprovista de todo fundamento.

fantasmagórico, ca. adj. Perteneciente o relativo a la fantasmagoría.

fantasmal. adj. Perteneciente o relativo al fantasma de los sueños y de la imaginación.

fantasmón, na. adj. fam. Lleno de presunción y vanidad. Ú. t. c. s.

fantástico, ca. adj. Quimérico, fingido, que no tiene realidad, y consiste solo en la imaginación. ‖ **2.**

Perteneciente a la fantasía. ‖ **3.** fig. y fam. Magnífico, excelente.

fantochada. f. fig. Acción propia de fantoche.

fantoche. m. Títere o figurilla que se mueve por medio de hilos. ‖ **2.** Sujeto informal o vanamente presumido.

fañar. tr. Marcar o señalar las orejas de los animales por medio de un corte.

faquir. m. Santón musulmán que vive de limosna y practica actos de singular austeridad. Hay **faquires** en varios países de Oriente, sobre todo en la India. ‖ **2.** Por ext., asceta de otras sectas hindúes. ‖ **3.** Artista de circo que hace espectáculo de mortificaciones semejantes a las practicadas por los **faquires.**

faradio. m. *Fís.* Unidad de capacidad eléctrica en el sistema basado en el metro, el kilogramo, el segundo y el amperio.

faralá. m. Volante, adorno compuesto de una tira de tafetán o de otra tela, que rodea los vestidos y enaguas femeninos, especialmente en algunos trajes regionales; está plegado y cosido por la parte superior, y suelto o al aire por la inferior. También se llaman así los adornos de cortinas y tapetes puestos en la misma disposición. ❑ pl. *faralaes.*

farallón. m. Roca alta y tajada que sobresale en el mar y alguna vez en tierra firme.

farándula. f. Profesión de los farsantes o comediantes, y, en general, el ambiente relacionado con ellos. ‖ **2.** Una de las compañías que antiguamente formaban los cómicos y que andaba representando por los pueblos.

farandulero, ra. m. y f. Persona que recitaba comedias. ‖ **2.** adj. fig. y fam. Dícese de la persona que mediante el uso de la palabra procura engañar o confundir. Ú. m. c. s.

faraón. m. Cualquiera de los antiguos reyes de Egipto anteriores a la conquista de este país por los persas.

faraónico, ca. adj. Perteneciente o relativo a los faraones. ‖ **2.** Grandioso, fastuoso.

faraute. m. El que lleva y trae mensajes entre personas distantes y que se fían de él.

fardar. intr. fig. y fam. Presumir, jactarse, alardear.

fardo. m. Lío grande de ropa u otra cosa, muy apretado, para poder llevarlo de una parte a otra; se hace regularmente con las mercancías que se han de transportar, cubriéndolas con harpillera o lienzo embreado o encerado, para que no se maltraten.

fardón, na. adj. fam. Dícese de la persona que habitualmente alardea de algo. Ú. m. c. s.

farero, ra. m. y f. Empleado o vigilante de un faro.

farfán. m. Nombre con que se distinguió en Marruecos a cada uno de los individuos de ciertas familias españolas que, según parece, vivieron allí en el siglo VIII, conservaron la fe cristiana, y cuyos descendientes regresaron a Castilla el año 1390.

fárfara. f. Telilla o cubierta blanda que tienen los huevos de las aves por la parte interior.

farfolla. f. Espata o envoltura de las panojas del maíz, mijo y panizo. ‖ **2.** fig. Cosa de mucha apariencia y de poca entidad.

farfulla. f. fam. Defecto del que habla balbuciente y de prisa.

farfullar. tr. fam. Hablar muy de prisa y atropelladamente.

faria. m. Cigarro barato peninsular de tripa de hebra larga. Ú. t. c. f.

farináceo, a. adj. De la naturaleza de la harina, o parecido a ella.

faringe. f. *Anat.* Porción ensanchada del tubo digestivo de muchos animales, de paredes generalmente musculosas y situada a continuación de la boca. En el hombre y en los demás mamíferos tiene varias aberturas, por las que comunica con las fosas nasales, con la trompa de Eustaquio, con la laringe y con el esófago.

faringitis. f. *Pat.* Inflamación de la faringe.

farisaico, ca. adj. Propio o característico de los fariseos.

fariseo. m. Entre los judíos, miembro de una secta que afectaba rigor y austeridad, pero eludía los preceptos de la ley, y, sobre todo, su espíritu. ‖ **2.** fig. Hombre hipócrita.

farmacéutico, ca. adj. Perteneciente a la farmacia. ‖ **2.** m. y f. Persona que, provista del correspondiente título académico, profesa o ejerce la farmacia.

farmacia. f. Ciencia que enseña a preparar y combinar productos naturales o artificiales como remedios de las enfermedades, o para conservar la salud. ‖ **2.** Laboratorio y despacho del farmacéutico.

fármaco. m. **medicamento.**

farmacología. f. Parte de la materia médica, que trata de los medicamentos.

farmacológico, ca. adj. Perteneciente o relativo a la farmacología.

farmacopea. f. Libro en que se expresan las sustancias medicinales que se usan más comúnmente, y el modo de prepararlas y combinarlas.

farmacoterapia. f. Tratamiento de las enfermedades mediante drogas.

faro. m. Torre alta en las costas, con luz en su parte superior, para que durante la noche sirva de señal a los navegantes. || **2.** Cada uno de los focos delanteros de los vehículos automotores.

farol. m. Caja de vidrios u otra materia transparente, dentro de la cual se pone una luz. || **2.** Farola de una sola luz. || **3.** fig. Hecho o dicho jactancioso que carece de fundamento. Ú. m. en la fr. **tirarse un farol.** || **4.** En el juego, jugada o envite falso hecho para deslumbrar o desorientar.

farola. f. Farol grande, generalmente compuesto de varios brazos, con sendas luces, propio para iluminar plazas y paseos públicos.

farolero, ra. adj. fig. y fam. Vano, ostentoso, amigo de llamar la atención y de hacer lo que no le toca. Ú. t. c. s. || **2.** m. El que tiene cuidado de los faroles del alumbrado.

farolillo. m. Farol de papel, celofán o plástico de colores, que sirve para adornar en verbenas y fiestas.

farra. f. Juerga, jarana, parranda.

fárrago. m. Conjunto de cosas o ideas desordenadas, inconexas o superfluas.

farragoso, sa. adj. Que tiene fárrago.

farruco, ca. adj. fam. Valiente, impávido.

farsa. f. Nombre dado en lo antiguo a las comedias. || **2.** Pieza cómica, breve por lo común, y sin más objeto que hacer reír. || **3.** Compañía de farsantes. || **4.** fig. Enredo, trama o tramoya para aparentar o engañar.

farsanta. f. Mujer que tenía por oficio representar farsas.

farsante. m. El que tenía por oficio representar farsas; comediante. || **2.** adj. fig. y fam. Dícese de la persona que finge lo que no siente o pretende pasar por lo que no es. Ú. m. c. s.

farsista. com. Autor de farsas.

fas (por) o **por nefas.** loc. adv. fam. Justa o injustamente; por una cosa o por otra.

fasciculado, da. adj. Que tiene forma de fascículo.

fascículo. m. **entrega,** cuaderno. || **2.** *Anat.* Haz de fibras musculares.

fascinación. f. Atracción irresistible.

fascinante. adj. Que fascina. || **2.** Sumamente atractivo.

fascinar. tr. fig. Atraer irresistiblemente.

fascismo. m. Movimiento político y social de carácter totalitario que se produjo en Italia, por iniciativa de Benito Mussolini, después de la primera guerra mundial. || **2.** Doctrina de este partido italiano y de las similares en otros países.

fascista. adj. Perteneciente o relativo al fascismo. || **2.** Partidario de esta doctrina o movimiento social. Ú. t. c. s.

fase. f. *Astron.* Cada una de las diversas apariencias o figuras con que se dejan ver la Luna y algunos planetas, según los ilumina el Sol. || **2.** Cada uno de los distintos estados sucesivos de un fenómeno natural o histórico, o de una doctrina, negocio, etc. || **3.** *Electr.* Valor de la fuerza electromotriz o intensidad de una corriente eléctrica alterna en un momento determinado. || **4.** *Electr.* Corriente alterna que actúa como componente de una corriente polifásica. || **5.** *Fís.* y *Quím.* Cada una de las partes homogéneas que se pueden separar físicamente en un sistema formado por uno o varios componentes.

fastidiar. tr. fig. Enfadar, disgustar o ser molesto a alguien. || **2.** prnl. Aguantarse, sufrir con paciencia algún contratiempo inevitable. *Si te han suspendido,* TE FASTIDIAS *y estudias más.*

fastidio. m. fig. Enfado, cansancio, aburrimiento, tedio.

fastidioso, sa. adj. Que causa disgusto, desazón y hastío.

fastigio. m. Lo más alto de alguna cosa que remata en punta; como una pirámide.

fasto, ta. adj. Aplícase al día en que era lícito en la antigua Roma tratar los negocios públicos y administrar justicia. || **2.** Dícese también, por contraposición a nefasto, del día, año, etc., feliz o venturoso.

fastos. m. pl. Entre los romanos, especie de calendario en que se anotaban las fechas de sus fiestas, juegos y ceremonias y las cosas memorables de la república. || **2.** fig. Anales o serie de sucesos por orden cronológico.

fastuosidad. f. Cualidad de fastuoso.

fastuoso, sa. adj. Ostentoso, amigo de fausto y pompa.

fatal. adj. Perteneciente al hado, inevitable. || **2.** Desgraciado, infeliz. || **3. malo.** || **4.** Con valor de adv., rematadamente mal. *Lo hiciste* FATAL.

fatalidad. f. Cualidad de fatal. || **2.** Desgracia, desdicha, infelicidad.

fatalismo. m. Doctrina según la cual todo sucede por ineludible determinación del hado o destino, sin que exista en ningún ser libertad ni albedrío.

fatalista. adj. Que sigue la doctrina del fatalismo. Ú. t. c. s.

fatídico, ca. adj. Aplícase a las cosas o personas que anuncian o pronostican el porvenir. Dícese más comúnmente de las que anuncian desgracias.

fatiga. f. Agitación duradera, cansancio, trabajo intenso y prolongado. || **2.** Molestia ocasionada por un esfuerzo más o menos prolongado o por otras causas y que se manifiesta en la respiración frecuente o difícil.

fatigar. tr. Causar fatiga. Ú. t. c. prnl.

fatigoso, sa. adj. Que causa fatiga.

fatimí. adj. Descendiente de Fátima, hija única de Mahoma. Apl. a pers., ú. t. c. s. ❑ pl. *fatimíes* o *fatimís.*

fatuidad. f. Dicho o hecho necio. ‖ **2.** Presunción, vanidad infundada y ridícula.

fatuo, tua. adj. Falto de razón o de entendimiento. Ú. t. c. s. ‖ **2.** Lleno de presunción o vanidad infundada y ridícula. Ú. t. c. s.

fauces. f. pl. Parte posterior de la boca de los mamíferos, que se extiende desde el velo del paladar hasta el principio del esófago.

fauna. f. Conjunto de los animales de un país o región.

fauno. m. *Mit.* Semidiós de los campos y selvas.

fáustico, ca. adj. Perteneciente o relativo al *Fausto* de Goethe y a la actitud espiritual que el protagonista de esta obra representa.

fausto[1]. m. Grande ornato y pompa exterior; lujo extraordinario.

fausto[2], ta. adj. Feliz, afortunado.

favela. f. *Amér.* Barraca, chabola.

favor. m. Ayuda, socorro que se concede a uno. ‖ **2.** Honra, beneficio, gracia.

favorable. adj. Que favorece. ‖ **2.** Propicio, apacible, benévolo.

favorecedor, ra. adj. Que favorece. Ú. t. c. s.

favorecer. tr. Ayudar, amparar a uno. ‖ **2.** Mejorar el aspecto o apariencia de alguien o de algo. *Estás muy* FAVORECIDO *en el retrato.* ❑ Irreg. Se conj. como *agradecer.*

favoritismo. m. Preferencia dada al favor sobre el mérito o la equidad, especialmente cuando aquella es habitual o predominante.

favorito, ta. adj. Estimado y apreciado con preferencia. ‖ **2.** Persona, animal o entidad a la que se atribuye la mayor probabilidad de ganar en una competición. Ú. t. c. s. ‖ **3.** m. y f. Persona que tiene privanza con un rey o personaje.

fax. m. Sistema telefónico que permite reproducir a distancia escritos, gráficos o impresos. ‖ **2.** Documento recibido por **fax.** ❑ pl. *faxes.*

faz. f. Rostro o cara. ‖ **2.** Superficie, vista o lado de una cosa. ‖ **3. anverso,** haz principal o cara en las monedas y medallas.

fe. f. *Rel.* La primera de las tres virtudes teologales: luz y conocimiento sobrenatural con que sin ver se cree lo que Dios dice y la Iglesia propone. ‖ **2.** Conjunto de creencias de alguien, de un grupo o de una multitud de personas. ‖ **3.** Confianza, buen concepto que se tiene de una persona o cosa. *Tener* FE *en el médico.* ‖ **4.** Seguridad, aseveración de que una cosa es cierta. *El escribano da* FE. ‖ **5.** Documento que certifica la verdad de una cosa. FE *de soltería,* FE *de bautismo.* ‖ **de erratas.** *Impr.* Lista de las erratas observadas en un libro, inserta en él al final o al comienzo, con la enmienda que de cada una debe hacerse. ‖ **pública.** Autoridad legítima atribuida a notarios, escribanos, agentes de cambio y bolsa, cónsules y secretarios de juzgados, tribunales y otros institutos oficiales, para que los documentos que autorizan en debida forma sean considerados como auténticos y lo contenido en ellos sea tenido por verdadero mientras no se haga prueba en contrario. ‖ **dar fe.** fr. Ejercitar la **fe** pública: extrajudicial, los notarios; judicial, los escribanos.

fealdad. f. Cualidad de feo. ‖ **2.** fig. Torpeza, deshonestidad, acción indigna y que parece mal.

feble. adj. Débil, flaco. ‖ **2.** Hablando de monedas, y en general de aleaciones de metales, falto, en peso o en ley. Ú. t. c. s. ❑ sup. p. us. *feblísimo.*

Febo. n. p. m. Nombre de Apolo, como dios de la luz, que en lenguaje poético se tomaba por el Sol.

febrero. m. Segundo mes del año, que en los comunes tiene veintiocho días y en los bisiestos veintinueve.

febrífugo, ga. adj. *Farm.* Que quita las calenturas, y más particularmente las intermitentes. Ú. t. c. s. m.

febril. adj. Perteneciente o relativo a la fiebre. ‖ **2.** fig. Ardoroso, desasosegado, violento. *Impaciencia, actividad* FEBRIL.

fecal. adj. Perteneciente o relativo al excremento intestinal.

fecha. f. Data o indicación del lugar y tiempo en que se hace o sucede una cosa, y especialmente la indicación que se pone al principio o al fin de una carta o de cualquier otro documento.

fechar. tr. Poner fecha a un escrito. ‖ **2.** Determinar la fecha de un documento, obra de arte, suceso, etc.

fechoría. f. Mala acción. ‖ **2.** Travesura.

fécula. f. Hidrato de carbono que, en forma de granos microscópicos y como sustancia de reserva, se encuentra principalmente en las células de las semillas, tubérculos y raíces de muchas plantas, de donde se extrae para utilizarlo como alimento del hombre o de los animales domésticos o con fines industriales. Hervida en agua, produce un líquido blanquecino y viscoso que toma color azulado en contacto con el yodo.

feculento, ta. adj. Que contiene fécula. ‖ **2.** Que tiene heces.

fecundación. f. Acción y efecto de fecundar. ‖ **artificial.** *Biol.* **inseminación artificial.**

fecundador, ra. adj. Que fecunda.

fecundar. tr. Hacer directamente fecunda o productiva una cosa por vía de generación u otra semejante. ‖ **2.** *Biol.* Unirse el elemento reproductor masculino al femenino para dar origen a un nuevo ser.

fecundidad. f. Virtud y facultad de producir. ‖ **2.** Abundancia, fertilidad.

fecundizar. tr. Fertilizar, hacer productiva una cosa. *Los abonos* FECUNDIZAN *el terreno.*

fecundo, da. adj. Que produce o se reproduce por los medios naturales. ‖ **2.** Fértil, abundante, copioso.

fedatario. m. Denominación genérica aplicable al notario y otros funcionarios que dan fe pública.

federación. f. Acción de federar. ‖ **2.** Organismo, entidad o Estado resultante de dicha acción. ‖ **3.** Estado federal. ‖ **4.** Poder central del mismo.

federal. adj. **federativo.** ‖ **2. federalista.** Apl. a pers., ú. t. c. s.

federalismo. m. Espíritu o sistema de confederación entre corporaciones o Estados.

federalista. adj. Partidario del federalismo. Apl. a pers., ú. t. c. s. ‖ **2. federativo.**

federar. tr. Unir por alianza, liga, unión o pacto entre varios. Ú. t. c. prnl.

federativo, va. adj. Perteneciente o relativo a la federación. ‖ **2.** Aplícase al sistema de varios Estados que, rigiéndose cada uno por leyes propias, están sujetos en ciertos casos y circunstancias a las decisiones de un gobierno central.

fehaciente. adj. Que hace fe, fidedigno.

feísmo. m. Tendencia artística o literaria que valora estéticamente lo feo.

felación. f. Estimulación bucal del pene.

feldespato. m. Nombre común de diversas especies minerales, de color blanco, amarillento o rojizo, brillo resinoso o nacarado y gran dureza, que forman parte de rocas ígneas, como el granito. Químicamente son silicatos complejos de aluminio con sodio, potasio o calcio, y cantidades pequeñas de óxidos de magnesio y hierro.

felibre. m. Poeta provenzal moderno.

felicidad. f. Estado del ánimo que se complace en la posesión de un bien. ‖ **2.** Satisfacción, gusto, contento. *Las* FELICIDADES *del mundo.*

felicitación. f. Acción y efecto de felicitar. ‖ **2.** Tarjeta postal, telegrama, etc., con que se felicita.

felicitar. tr. Manifestar a una persona la satisfacción que se experimenta con motivo de algún suceso fausto para ella. Ú. t. c. prnl.

félido, da. adj. *Zool.* Dícese de mamíferos digitígrados del orden de los carnívoros, que tienen la cabeza redondeada y hocico corto, patas anteriores con cinco dedos y posteriores con cuatro, uñas agudas y retráctiles; como el león y el gato. Ú. t. c. s. ‖ **2.** m. pl. *Zool.* Familia de estos animales.

feligrés, sa. m. y f. Persona que pertenece a determinada parroquia.

feligresía. f. Conjunto de feligreses de una parroquia. ‖ **2.** Territorio encomendado a un párroco.

felino, na. adj. Perteneciente o relativo al gato. ‖ **2.** Que parece de gato. ‖ **3.** Dícese de los animales que pertenecen a la familia zoológica de los félidos. Ú. t. c. s. m.

feliz. adj. Que tiene felicidad. *Hombre* FELIZ. Ú. t. en sent. fig. *Estado* FELIZ. ‖ **2.** Que causa felicidad. *Hora* FELIZ. ‖ **3.** Aplicado a pensamientos, frases o expresiones, oportuno, acertado, eficaz. *Dicho, ocurrencia, idea* FELIZ.

felón, na. adj. Que comete felonía. Ú. t. c. s.

felonía. f. Deslealtad, traición, acción fea.

felpa. f. Tejido de seda, algodón, etc., que tiene pelo por el haz. ‖ **2.** fig. y fam. Rapapolvo.

felpilla. f. Cordón de seda tejida en un hilo con pelo como la felpa, que sirve para bordar y guarnecer vestidos u otras cosas.

felpudo. m. Estera gruesa y afelpada que se usa principalmente en la entrada de las casas a modo de limpiabarros, o para pasillos de mucho tránsito.

femenil. adj. Perteneciente o relativo a la mujer.

femenino, na. adj. Propio de mujeres, perteneciente o relativo a ellas. ‖ **2.** Dícese del ser dotado de órganos para ser fecundado. ‖ **3.** Perteneciente o relativo a este ser. ‖ **4.** *Gram.* V. **género femenino.** Ú. t. c. s. ‖ **5.** *Gram.* Perteneciente al género **femenino.** *Nombre* FEMENINO; *Terminación* FEMENINA. Ú. t c. s.

fementido, da. adj. Falto de fe y palabra. ‖ **2.** Engañoso, falso, tratándose de cosas.

fémina. f. Mujer, persona del sexo femenino.

femineidad. f. Cualidad de femíneo.

femíneo, a. adj. Femenino, femenil.

feminidad. f. Cualidad de femenino.

feminismo. m. Doctrina social favorable a la mujer, a quien concede capacidad y derechos reservados antes a los hombres. ‖ **2.** Movimiento que exige para las mujeres iguales derechos que para los hombres.

feminista. adj. Relativo al feminismo. ‖ **2.** Dícese del partidario del feminismo. Ú. t. c. s.

femoral. adj. *Anat.* Perteneciente o relativo al fémur. ‖ **2.** m. *Zool.* **fémur,** artejo de las patas de los insectos.

fémur. m. Hueso del muslo, que se articula por uno de sus extremos con el coxis y por el otro con la tibia y el peroné. ‖ **2.** *Zool.* Artejo de las patas de los insectos, articulado por uno de sus extremos con el trocánter y por el otro con la tibia.

fenecer. intr. Morir o fallecer. ‖ **2.** Acabarse, terminarse o tener fin una cosa. ❑ Irreg. Se conj. como *agradecer.*

fenianismo. m. Partido o secta de los fenianos. ‖ **2.** Conjunto de principios y doctrinas que defienden.

feniano. m. Individuo de la secta y partido políticos adversos a la dominación inglesa en Irlanda.

fenicio, cia. adj. Natural de Fenicia. Ú. t. c. s. ‖ **2.** Perteneciente a este país del Asia antigua.

fénix. m. Ave fabulosa, que los antiguos creyeron que era única y renacía de sus cenizas. Usáb. t. c. f. ‖ **2.** fig. Lo que es exquisito o único en su especie. *El* FÉNIX *de los ingenios.* ❑ pl. invar.

fenol. m. *Quím.* Sustancia orgánica que se obtiene por destilación de los aceites de alquitrán. Es antiséptico y desinfectante y tiene diversos usos industriales. ‖ **2.** *Quím.* Cualquiera de los compuestos orgánicos cuyas moléculas contienen uno o más grupos hidroxilos unidos a un anillo aromático.

fenología. f. Parte de la meteorología que investiga las variaciones atmosféricas en su relación con la vida de animales y plantas.

fenomenal. adj. Perteneciente o relativo al fenómeno. ‖ **2.** fam. Tremendo, muy grande. ‖ **3.** fig. Estupendo, admirable, muy bueno. *Es un chico* FENOMENAL.

fenómeno. m. Toda apariencia o manifestación, así del orden material como del espiritual. ‖ **2.** Cosa extraordinaria y sorprendente. ‖ **3.** adj. fig. y fam. Muy bueno, magnífico, sensacional. Ú. t. c. adv. *Lo pasamos* FENÓMENO.

fenomenología. f. *Fil.* Teoría de los fenómenos o de lo que aparece.

fenotipo. m. *Biol.* Manifestación visible del genotipo en un determinado ambiente.

feo, a. adj. Que carece de belleza y hermosura. ‖ **2.** fig. De aspecto malo o desfavorable. *El asunto se pone* FEO. ‖ **3.** m. fam. Desaire manifiesto, grosero. *Le hizo muchos* FEOS.

feracidad. f. Fertilidad, fecundidad de los campos.

feraz. adj. Fértil, copioso de frutos.

féretro. m. Caja o andas en que se llevan a enterrar los difuntos.

feria. f. Mercado de mayor importancia que el común, en paraje público y días señalados, y también las fiestas que se celebran con tal ocasión. ‖ **2.** Paraje público en que están expuestos los animales, géneros o cosas para su venta. *Voy a la* FERIA. ‖ **3.** Conjunto de instalaciones recreativas, como carruseles, circos, casetas de tiro al blanco, etc., y de puestos de venta de dulces y de chucherías, que, con ocasión de determinadas fiestas, se montan en las poblaciones. ‖ **4.** Instalación donde se exponen los productos de un solo ramo industrial o comercial, como libros, muebles, juguetes, etc., para su promoción y venta. ‖ **de muestras.** Instalación donde, periódicamente, se exponen máquinas, herramientas, vehículos, aparatos y otros productos industriales o de comercio, para promover su conocimiento y venta.

ferial. adj. ant. Perteneciente a feria o mercado. ‖ **2.** m. **feria,** mercado público. ‖ **3. feria,** lugar donde se celebra.

feriante. adj. Concurrente a la feria para comprar o vender. Ú. t. c. s.

fermentación. f. Acción y efecto de fermentar.

fermentar. intr. Degradarse los hidratos de carbono por acción enzimática, dando lugar a productos sencillos, como el alcohol.

fermento. m. **enzima.**

fermio. m. Elemento químico radiactivo obtenido artificialmente, de núm. atóm. 100. Pertenece al grupo de los actínidos y fue hallado en los residuos de la primera bomba termonuclear. Símb. *Fm.* ‖ **2.** Unidad de longitud empleada en física nuclear. Equivale a 10^{-12} milímetros.

fernandino, na. adj. Perteneciente o relativo a Fernando VII. ‖ **2.** Partidario de este rey. Ú. t. c. s.

-fero, ra. elem. compos. que significa «que lleva, contiene o produce»: *mamí*FERO, *sanguí*FERO.

ferocidad. f. Fiereza, crueldad.

feroz. adj. Que obra con ferocidad y dureza.

férreo, a. adj. De hierro o que tiene sus propiedades. ‖ **2.** fig. Duro, tenaz.

ferrería. f. Taller en donde se beneficia el mineral de hierro, reduciéndolo a metal.

ferretería. f. Tienda donde se venden diversos objetos de metal o de otras materias, como cerraduras, clavos, herramientas, vasijas, etc.

ferretero, ra. m. y f. Propietario o encargado de una ferretería.

férrico, ca. adj. *Quím.* Aplícase a las combinaciones del hierro en las que el cuerpo unido a este metal lo está en la proporción máxima posible.

ferrificarse. prnl. *Min.* Reunirse las partes ferruginosas de una sustancia, formando hierro o adquiriendo la consistencia de tal.

ferrocarril. m. Camino con dos carriles de hierro paralelos, sobre los cuales ruedan los trenes. ‖ **2. tren,** serie de vagones arrastrados por una locomotora. ‖ **3.** Conjunto de instalaciones, vehículos y equipos que constituyen este medio de transporte.

ferrolano, na. adj. Natural del Ferrol. Ú. t. c. s. ‖ **2.** Perteneciente o relativo a esta ciudad.

ferroso, sa. adj. *Quím.* Aplícase a las combinaciones del hierro en las que el cuerpo unido a este metal lo está en la mínima proporción posible.

ferrovanadio. m. *Quím.* Aleación de hierro y vanadio.

ferroviario, ria. adj. Perteneciente o relativo a las vías férreas. ‖ **2.** m. Empleado de ferrocarriles.

ferruginoso, sa. adj. Dícese del mineral que contiene visiblemente hierro. ‖ **2.** Aplícase a las aguas minerales en cuya composición entra alguna sal de hierro.

fértil. adj. fig. Que produce mucho. ‖ **2.** fig. Aplicado a personas o animales, capaz de reproducirse.

fertilidad. f. Cualidad de fértil.

fertilizante. adj. Que fertiliza. Ú. t. c. s. m.

fertilizar. tr. Fecundizar la tierra, disponiéndola para que dé abundantes frutos.

férula. f. desus. Palmeta para castigar a los muchachos de la escuela. ‖ **2.** fig. Autoridad o poder despótico. *Estar uno bajo la* FÉRULA *de otro.* ‖ **3.** *Cir.* Tablilla flexible y resistente que se emplea en el tratamiento de las fracturas.

férvido, da. adj. Que arde. ‖ **2.** Que causa ardor.

ferviente. adj. fig. **fervoroso.**

fervor. m. fig. Celo ardiente hacia las cosas de piedad y religión. ‖ **2.** fig. Entusiasmo o ardor con que se hace una cosa.

fervoroso, sa. adj. fig. Que tiene fervor activo y eficaz.

festejar. tr. Celebrar algo con fiestas. ‖ **2.** Hacer festejos en obsequio de uno, agasajarlo.

festejo. m. Acción y efecto de festejar. ‖ **2.** pl. Regocijos públicos.

festín. m. Festejo particular, con baile, música, banquete u otros entretenimientos. ‖ **2.** Banquete espléndido.

festival. m. Fiesta, especialmente musical. ‖ **2.** Conjunto de representaciones dedicadas a un artista o a un arte.

festividad. f. Día festivo en que la Iglesia celebra algún misterio o a un santo. ‖ **2.** Fiesta o solemnidad con que se celebra una cosa.

festivo, va. adj. Alegre, regocijado y gozoso. ‖ **2.** V. **día festivo.**

festón. m. Bordado de realce en que por un lado queda rematada cada puntada con un nudo, de tal modo que puede cortarse la tela a raíz del bordado sin que este se deshaga. ‖ **2.** Cualquier bordado, dibujo o recorte en forma de ondas o puntas, que adorna la orilla o borde de una cosa.

festoneado, da. adj. Que tiene el borde en forma de festón o de onda.

festonear. tr. Adornar con festón. ‖ **2.** Bordar festones.

fetal. adj. Perteneciente o relativo al feto.

fetén. adj. invar. fam. Sincero, auténtico, verdadero, evidente. ‖ **2.** Bueno, estupendo, excelente. *Conocí a una chica* FETÉN *en Sevilla.*

fetiche. m. Ídolo u objeto de culto al que se atribuye poderes sobrenaturales, especialmente entre los pueblos primitivos.

fetichismo. m. Culto de los fetiches. ‖ **2.** fig. Idolatría, veneración excesiva.

fetichista. adj. Perteneciente o relativo al fetichismo. ‖ **2.** com. Persona que profesa este culto.

fetidez. f. Hedor, olor nauseabundo.

fétido, da. adj. **hediondo,** que arroja de sí mal olor.

feto. m. Embrión de los mamíferos placentarios y marsupiales, desde que se implanta en el útero hasta el momento del parto.

feudal. adj. Perteneciente o relativo al feudo. ‖ **2.** Perteneciente o relativo a la organización política y social basada en los feudos, o al tiempo de la Edad Media en que estos estuvieron en vigor.

feudalismo. m. Sistema feudal de gobierno y de organización de la propiedad. ‖ **2.** Época feudal.

feudatario, ria. adj. Sujeto y obligado a pagar feudo. Ú. t. c. s.

feudo. m. Tierras y rentas en usufructo que los soberanos y los grandes señores concedían en la Edad Media, obligándose el que las recibía a guardar fidelidad de vasallo al donante, prestarle el servicio militar y acudir a las asambleas políticas y judiciales que el señor convocaba.

fez. m. Gorro de fieltro rojo y de figura de cubilete, usado especialmente por los moros, y hasta 1925 por los turcos.

fiabilidad. f. Cualidad de fiable. ‖ **2.** Probabilidad de buen funcionamiento de una cosa.

fiable. adj. Dícese de la persona a quien se puede fiar, o de quien se puede responder; por ext., se aplica también a las cosas que ofrecen seguridad.

fiador, ra. m. y f. Persona que fía una mercancía al venderla. ‖ **2.** Persona que responde por otra de una obligación de pago, comprometiéndose a cumplirla si no lo hace el que la contrajo. ‖ **3.** m. Pieza con que se afirma una cosa para que no se mueva; como el **fiador** de la escopeta.

fiambre. adj. Dícese de la carne o el pescado que, después de asados o cocidos, se comen fríos, y también de la carne curada. Ú. t. c. s. m. ‖ **2.** m. fig. y fam. **cadáver.**

fiambrera. f. Cacerola, ordinariamente cilíndrica y con tapa bien ajustada, que sirve para llevar la comida fuera de casa.

fianza. f. Obligación que uno adquiere de hacer algo a lo que otro se ha obligado en caso de que este no lo haga. ‖ **2.** Prenda que da el contratante en seguridad del buen cumplimiento de su obligación. ‖ **3.** Cosa que se sujeta a esta responsabilidad, especialmente cuando es dinero, que pasa a poder del acreedor, o se deposita y consigna.

fiar. tr. Asegurar uno que cumplirá lo que otro promete, o pagará lo que debe, obligándose, en caso de que no lo haga, a satisfacer por él. ‖ **2.** Vender sin cobrar el importe inmediatamente, para recibirlo más adelante. ‖ **3.** intr. Confiar en una persona.

fiasco. m. Mal éxito.

fibra. f. Cada uno de los filamentos que entran en la composición de los tejidos orgánicos vegetales o animales. ‖ **2.** Cada uno de los filamentos que presentan en su textura algunos minerales, como el amianto, etc. ‖ **3.** Filamento obtenido por procedimiento químico, y de principal uso en la industria textil. ‖ **muscular.** *Anat.* Cada una de las células contráctiles que constituyen los músculos. ‖ **nerviosa.** *Anat.* Conjunto formado por un axón o grupo de axones y la envoltura, más o menos complicada, que los rodea. ‖ **óptica.** *Tecnol.* Filamento de material muy transparente que se usa para transmitir por su interior señales luminosas, por ejemplo, en comunicación a distancia.

fibrilación. f. *Med.* Contracción espontánea e incontrolada de las fibras del músculo cardíaco.

fibrina. f. *Quím.* Proteína insoluble en agua y en disoluciones salinas que constituye el entramado sólido del coágulo sanguíneo.

fibrocartilaginoso, sa. adj. *Anat.* Perteneciente o relativo al fibrocartílago.

fibrocartílago. m. *Anat.* Tejido constituido por células cartilaginosas pequeñas y ovoideas, separadas unas de otras por numerosos y apretados haces de fibras conjuntivas, a los cuales debe su gran resistencia.

fibroma. m. *Med.* Tumor benigno formado exclusivamente por tejido fibroso.

fibroso, sa. adj. Que tiene muchas fibras.

fíbula. f. Hebilla, a manera de imperdible, que usaron mucho los griegos y romanos.

ficción. f. Acción y efecto de fingir. ‖ **2.** Invención, cosa fingida.

ficha. f. Pieza pequeña, generalmente plana y delgada, de hueso, madera, metal, etc., que se usa para señalar los tantos que se ganan o pierden en el juego; también se llaman **fichas** las piezas de forma semejante para otros usos, como establecer comunicación telefónica, abrir o cerrar barreras, poner en marcha determinados aparatos, etc. ‖ **2.** Cédula de cartulina o papel fuerte en que se anotan datos generales, bibliográficos, jurídicos, económicos, policiales, etc., y que se archiva verticalmente con otras del mismo formato. ‖ **3.** Pieza de cartón o cartulina con que se controlan las entradas y salidas del trabajo. ‖ **antropométrica.** Cédula en que se consignan medidas corporales y señales individuales para la identificación de personas, a veces empleada con fines policiales.

fichaje. m. Acción y efecto de fichar a un jugador, atleta o técnico deportivo. ‖ **2.** Por ext., acción y efecto de obtener los servicios o la ayuda de una persona.

fichar. tr. Hacer la ficha antropométrica, policial, médica, etc., de un individuo. ‖ **2.** fig. y fam. Refiriéndose a una persona, ponerla en el número de aquellas que se miran con prevención y desconfianza. ‖ **3.** Contratar a un deportista para que forme parte de un equipo o club. Por ext., se emplea con referencia a otras profesiones y actividades. ‖ **4.** intr. *Dep.* Comprometerse uno a actuar como jugador o como técnico en algún club o entidad deportiva. Por ext., se emplea con referencia a otras profesiones y actividades. ‖ **5.** Marcar en una ficha, por medio de una máquina con reloj, la hora de entrada y salida de un centro de trabajo, como justificación personal de asistencia y puntualidad.

fichero. m. Caja o mueble con cajones donde se pueden guardar ordenadamente las fichas. ‖ **2.** *Inform.* Conjunto organizado de informaciones almacenadas en un soporte común.

ficticio, cia. adj. Fingido o fabuloso. ‖ **2.** Aparente, convencional.

fidedigno, na. adj. Digno de fe y crédito.

fideicomisario, ria. adj. *Der.* Dícese de la persona a quien se destina un fideicomiso. Ú. t. c. s. ‖ **2.** *Der.* Perteneciente al fideicomiso.

fideicomiso. m. *Der.* Disposición por la cual el testador deja su hacienda o parte de ella encomendada a la buena fe de uno para que, en caso y tiempo determinados, la transmita a otro sujeto o la invierta del modo que se le señala.

fidelidad. f. Lealtad, observancia de la fe que uno debe a otro. ‖ **2.** Puntualidad, exactitud en la ejecución de una cosa. ‖ **alta fidelidad.** Reproducción muy fiel del sonido.

fidelísimo, ma. adj. sup. de **fiel.**

fideo. m. Pasta de harina de trigo, ya sola, ya mezclada con gluten y fécula, en forma de cuerda delgada, que ordinariamente se toma en sopa. Ú. m. en pl. ‖ **2.** fig. y fam. Persona muy delgada.

fiduciario, ria. adj. *Der.* Heredero o legatario a quien el testador manda transmitir los bienes a otra u otras personas, o darles determinada inversión. Ú. t. c. s. ‖ **2.** Que depende del crédito y confianza que merezca. *Circulación* FIDUCIARIA.

fiebre. f. Fenómeno patológico que se manifiesta por elevación de la temperatura normal del cuerpo y mayor frecuencia del pulso y la respiración. Ú. t. en pl. para designar ciertas enfermedades infecciosas que evolucionan con aumento de temperatura. *Cogió unas* FIEBRES. ‖ **2.** fig. Viva y ardorosa agitación producida por una causa moral. FIEBRE *de los negocios.* ‖ **tifoidea.** *Pat.* Infección intestinal específica, producida por un microbio que determina lesiones en las placas linfáticas del intestino delgado.

fiel. adj. Que guarda fe, o es constante en sus afectos, en el cumplimiento de sus obligaciones y no defrauda la confianza depositada en él. ‖ **2.** Exacto, conforme a la verdad. FIEL *traslado; memoria* FIEL. ‖ **3.** Por antonom., cristiano que acata las normas de la Iglesia. Ú. t. c. s. ‖ **4.** Creyente de otras religiones. ‖ **5.** m. En una balanza, aguja que se pone vertical cuando hay perfecta igualdad en los pesos comparados. ‖ **6.** Clavillo que asegura las hojas de las tijeras. ❑ sup. irreg. *fidelísimo.*

fieltro. m. Especie de paño no tejido que resulta de conglomerar borra, lana o pelo.

fiera. f. Bruto indómito, cruel y carnicero. ‖ **2.** fig. Persona cruel o de carácter malo y violento.

fiereza. f. En los brutos, cualidad de fiero. ‖ **2.** Inhumanidad, crueldad de ánimo.

fiero, ra. adj. Perteneciente o relativo a las fieras.

fiesta. f. Día que la Iglesia celebra con mayor solemnidad que otros. ‖ **2.** Día en que se celebra alguna solemnidad nacional, y en el que están cerradas las oficinas y otros establecimientos públicos. ‖ **3.** Diversión o regocijo. ‖ **4.** Reunión de gente para celebrar algún suceso, o simplemente para divertirse. ‖ **5.** Agasajo, caricia u obsequio que se hace para ganar la voluntad de uno, o como expresión de cariño. Ú. m. en pl. *El perrillo hace* FIESTAS *a su amo.* ‖ **6.** pl. Vacaciones que se guardan en la **fiesta** de Pascua y otras solemnes.

fígaro. m. Barbero de oficio.

figón. m. Casa de poca categoría, donde se guisan y venden cosas de comer.

figulino, na. adj. De barro cocido. *Estatua* FIGULINA. ‖ **2.** f. Estatuilla de cerámica.

figura. f. Forma exterior de un cuerpo por la cual se diferencia de otro. ‖ **2.** Estatua o pintura que representa el cuerpo de un hombre o animal. ‖ **3.** Cosa que representa o significa otra. ‖ **4.** Cualquiera de los tres naipes de cada palo que representan personas, y se llaman rey, caballo y sota. En algunos juegos, también se designa así al as. ‖ **5.** Persona que destaca en determinada actividad. ‖ **6.** *Geom.* Espacio cerrado por líneas o superficies. ‖ **7.** *Ret.* Cada uno de ciertos modos de hablar que, apartándose de otro más vulgar o sencillo, aunque no siempre más natural, da a la expresión de los afectos o las ideas singular elevación, gracia o energía. ‖ **de construcción.** *Gram.* Cada uno de los varios modos de construcción gramatical con que, siguiendo la sintaxis llamada figurada, se quebrantan las leyes de la considerada regular o normal. ‖ **de dicción.** *Gram.* Cada una de las varias alteraciones que experimentan los vocablos, bien por aumento, bien por supresión, bien por transposición de letras, bien por contracción de dos de ellos.

figuración. f. Acción y efecto de figurar o figurarse una cosa. ‖ **2.** *Cinem.* Conjunto de figurantes o extras.

figurado, da. adj. Que usa figuras retóricas. *Lenguaje, estilo* FIGURADO. ‖ **2.** Dícese del sentido en que se toman las palabras para que denoten idea diversa de la que recta y literalmente significan.

figurante. m. Comparsa de teatro. ‖ **2.** com. Persona que forma parte de la figuración de una película.

figurar. intr. Pertenecer al número de determinadas personas o cosas, aparecer como alguien o algo. ‖ **2.** prnl. Imaginarse, fantasear, suponer uno algo que no conoce.

figurativo, va. adj. Que es representación o figura de otra cosa. ‖ **2.** Dícese del arte y de los artistas que representan cosas reales, en oposición al arte y artistas abstractos. ‖ **no figurativo.** Dícese del arte abstracto y del artista que lo cultiva.

figurín. m. Dibujo o modelo pequeño para los trajes y adornos de moda. ‖ **2.** fig. Lechuguino, gomoso.

figurinista. com. Persona que se dedica a hacer figurines.

fijación. f. Acción y efecto de fijar o fijarse.

fijado. m. Acción y efecto de fijar una fotografía o un dibujo.

fijador, ra. adj. Que fija. ‖ **2.** m. Preparación cosmética glutinosa que se usa para asentar el cabello. ‖ **3.** *Fotogr.* Líquido que sirve para fijar. ‖ **4.** *Pint.* Líquido que, esparcido por medio de un pulverizador, sirve para fijar dibujos hechos con carbón o con lápiz.

fijar. tr. Hincar, clavar, asegurar un cuerpo en otro. ‖ **2.** Pegar con engrudo o producto similar; como en la pared los anuncios y carteles. ‖ **3.** Hacer fija o estable alguna cosa. Ú. t. c. prnl. ‖ **4.** Determinar, limitar, precisar, designar de un modo cierto. FIJAR *la hora de una cita.* || **5.** Poner o aplicar intensamente. FIJAR *la mirada, la atención.* || **6.** *Fotogr.* Hacer que la imagen fotográfica impresionada en una emulsión quede inalterable a la acción de la luz. || **7.** prnl. Atender, reparar, notar.

fijeza. f. Firmeza, seguridad de opinión. || **2.** Persistencia, continuidad.

fijo, ja. adj. Firme, asegurado. || **2.** Permanentemente establecido sobre reglas determinadas, y no expuesto a movimiento o alteración. *Sueldo, día* FIJO.

fila. f. Serie de personas o cosas colocadas en línea. || **2.** fig. y fam. Tirria, odio, antipatía. || **3.** pl. Fuerzas militares. *Cundió el pánico en las* FILAS *enemigas. Lo llamaron a* FILAS. || **4.** Por ext., agrupación política. *He formado constantemente en las* FILAS *de la oposición.* || **india.** La que forman varias personas una tras otra.

filamento. m. Cuerpo filiforme, flexible o rígido. || **2.** Hilo que se pone incandescente en el interior de las bombillas al encenderlas. || **3.** *Bot.* Parte del estambre de las flores que sujeta la antera.

filantropía. f. Amor al género humano.

filántropo. com. Persona que se distingue por el amor a sus semejantes y por sus obras en bien de la comunidad.

filaria. f. Género de nematodos tropicales, parásitos del organismo humano y de los animales. Una de sus especies se aloja y propaga en el tejido subcutáneo, en la vejiga de la orina, en el escroto y en los ganglios linfáticos de la pelvis y del abdomen, y da origen a la elefantiasis por obstrucción de los vasos linfáticos.

filarmonía. f. Pasión por la música.

filarmónico, ca. adj. Apasionado por la música. Ú. t. c. s.

filatelia. f. Afición a coleccionar y estudiar sellos de correos.

filatélico, ca. adj. Relativo a la filatelia. || **2.** m. y f. Coleccionista de sellos.

filete. m. Miembro de moldura, el más delicado, como una lista larga y angosta. || **2.** Línea o lista fina que sirve de adorno. || **3.** Lonja delgada de carne magra o de pescado limpio de raspas. || **4.** *Impr.* Pieza de metal cuya superficie termina en una o más rayas de diferentes gruesos, y que, en la impresión, sirve para distinguir el texto de las notas y para otros usos. || **5.** *Impr.* Adorno consistente en varias líneas, que pueden disponerse de distintos modos, y que se usa en las encuadernaciones, especialmente en las de lujo. || **ruso.** Trozo de carne picada, mezclada con harina, perejil y ajo, que, rebozado en huevo y pan rallado, se fríe.

-filia. elem. compos. que significa «afición o simpatía»: *biblio*FILIA, *anglo*FILIA.

filiación. f. Procedencia de los hijos respecto a los padres. || **2.** Señas personales de cualquier individuo. || **3.** Dependencia de una doctrina, afiliación a una corporación, sociedad, partido político, etc.

filial. adj. Perteneciente o relativo al hijo. || **2.** Aplícase a la iglesia o al establecimiento que depende de otro. Ú. t. c. s. f.

filibustero. m. Nombre de ciertos piratas que por el siglo XVII infestaron el mar de las Antillas.

filiforme. adj. Que tiene forma o apariencia de hilo.

filigrana. f. Obra formada de hilos de oro y plata, unidos y soldados con mucha perfección y delicadeza. || **2.** Señal o marca transparente hecha en el papel al tiempo de fabricarlo. || **3.** fig. Cosa delicada y pulida.

filípica. f. Invectiva, censura acre.

filipino, na. adj. Natural de las islas Filipinas. Ú. t. c. s. || **2.** Perteneciente o relativo a ellas. || **3.** Perteneciente o relativo a Felipe II, rey de España, y también a sus inmediatos sucesores.

filisteo, a. adj. Dícese del individuo de una pequeña nación que ocupaba la costa del Mediterráneo al norte de Egipto, y que luchó contra los israelitas. Ú. t. c. s. || **2.** Perteneciente o relativo a los **filisteos.** || **3.** fig. Dícese de la persona de espíritu vulgar, de escasos conocimientos y poca sensibilidad artística o literaria. Ú. m. c. s. m.

filloa. f. Fruta de sartén, que se hace con masa de harina, yemas de huevo batidas y un poco de leche.

film. m. **filme.** ❑ pl. *filmes.*

filmación. f. Acción y efecto de filmar.

filmador, ra. adj. Que filma. Ú. t. c. s. || **2.** f. Máquina para filmar.

filmar. tr. Impresionar una película cinematográfica con imágenes de escenas, paisajes, personas o cosas, por lo común en movimiento.

filme. m. Película cinematográfica.

filmina. f. **diapositiva.**

filmografía. f. Descripción o conocimiento de filmes o microfilmes. || **2.** Relación de trabajos de un cineasta, actor, director, guionista, etc.

filmoteca. f. Lugar donde se guardan ordenados para su conservación, exhibición y estudio, filmes que ya no suelen proyectarse comercialmente. || **2.** Conjunto o colección de filmes.

filo[1]. m. Arista o borde agudo de un instrumento cortante.

filo[2]. m. *Biol.* Categoría taxonómica fundamental de la clasificación biológica, que agrupa a los organismos de ascendencia común y que responden a un mismo modelo de organización; como los moluscos, los cordados o los anélidos.

filo- o **-filo, la.** elem. compos. que significa «amigo, amante de»: FILO*soviético, angló*FILO.

filófago, ga. adj. *Zool.* Que se alimenta de hojas. Ú. t. c. s.

filogenia. f. *Biol.* Origen y desarrollo evolutivo de las especies, y en general, de las estirpes de seres vivos. ‖ **2.** Parte de la biología que se ocupa de las relaciones de parentesco entre los distintos grupos de seres vivos.

filología. f. Ciencia que estudia una cultura tal como se manifiesta en su lengua y en su literatura, principalmente a través de los textos escritos.

filológico, ca. adj. Perteneciente o relativo a la filología.

filólogo, ga. m. y f. Persona versada en filología.

filomanía. f. Superabundancia de hojas en un vegetal.

filón. m. *Min.* Masa metalífera o pétrea que rellena una antigua quiebra de las rocas de un terreno. ‖ **2.** fig. Materia, negocio, recurso del que se espera sacar gran provecho.

filosofar. intr. Examinar una cosa como filósofo, o discurrir acerca de ella con razones filosóficas. ‖ **2.** fam. Meditar, hacer soliloquios.

filosofía. f. Ciencia que trata de la esencia, propiedades, causas y efectos de las cosas naturales. ‖ **2.** fig. Fortaleza o serenidad de ánimo para soportar las vicisitudes de la vida.

filosófico, ca. adj. Perteneciente o relativo a la filosofía.

filósofo, fa. m. y f. Persona que estudia, profesa o sabe la filosofía.

filoxera. f. Insecto hemíptero, oriundo de América del Norte, parecido al pulgón, de color amarillento, de menos de medio milímetro de largo, que ataca primero las hojas y después los filamentos de las raíces de las vides, y se multiplica con tal rapidez, que en poco tiempo aniquila los viñedos de una comarca.

filtrar. tr. Hacer pasar un líquido por un filtro. ‖ **2.** fig. Seleccionar datos o aspectos para configurar una información. ‖ **3.** fig. Divulgar subrepticiamente información sobre algo que se considera reservado. ‖ **4.** intr. Dejar un cuerpo sólido pasar un líquido a través de sus poros, vanos o resquicios.

filtro[1]. m. Materia porosa (fieltro, papel, esponja, carbón, piedra, etc.) o masa de arena o piedras menudas a través de la cual se hace pasar un líquido para clarificarlo. Por ext., aparato similar dispuesto para depurar el gas que lo atraviesa. ‖ **2.** *Electr.* Aparato para eliminar determinadas frecuencias en la corriente que lo atraviesa. ‖ **3.** *Ópt.* Pantalla que se interpone al paso de la luz para excluir ciertos rayos, dejando pasar otros.

filtro[2]. m. Bebida o composición con que se pretendía conciliar el amor de una persona.

fimosis. f. *Pat.* Estrechez del orificio del prepucio, que impide la salida del glande.

fin. amb. Término, remate o consumación de una cosa. Ú. m. c. m. ‖ **2.** Objeto o motivo con que se ejecuta una cosa. ‖ **de semana.** Período de descanso semanal que normalmente comprende el sábado y el domingo. ‖ **a fin de.** loc. conjunt. final. Con objeto de; para. ❑ Únese con el infinitivo. A FIN DE *averiguar la verdad.* ‖ **a fin de cuentas.** loc. adv. En resumen, en definitiva. ‖ **en fin.** loc. adv. En suma, en resumidas cuentas, en pocas palabras. ‖ **por fin.** loc. adv. que expresa con cierto énfasis el término de una situación de espera.

finado, da. m. y f. Persona muerta.

final. adj. Que remata, cierra o perfecciona una cosa. ‖ **2.** m. Fin y remate de una cosa. ‖ **3.** f. Última y decisiva competición en un campeonato o concurso.

finalidad. f. Fin con que o por que se hace una cosa.

finalista. com. Cada uno de los que llegan a la prueba final, después de haber resultado vencedores en los concursos previos de un campeonato. Ú. t. c. adj.

finalizar. tr. Concluir una obra; darle fin. ‖ **2.** intr. Extinguirse, consumirse o acabarse una cosa.

financiación. f. Acción y efecto de financiar.

financiar. tr. Aportar el dinero necesario para una empresa. ‖ **2.** Sufragar los gastos de una actividad, obra, etc.

financiero, ra. adj. Perteneciente o relativo a la hacienda pública, a las cuestiones bancarias y bursátiles o a los grandes negocios mercantiles. ‖ **2.** m. y f. Persona versada en la teoría o en la práctica de estas mismas materias.

finanzas. f. pl. Caudales, bienes. ‖ **2.** Hacienda pública.

finca. f. Propiedad inmueble, rústica o urbana.

finés, sa. adj. Dícese del individuo de un pueblo antiguo que se extendió por varios países del norte de Europa, y el cual dio nombre a Finlandia, poblada hoy por gente de la raza **finesa.** Ú. t. c. s. ‖ **2.** Perteneciente o relativo a los **fineses.** ‖ **3. finlandés.** ‖ **4.** m. Idioma **finés.**

fineza. f. Acción o dicho con que uno da a entender el amor y benevolencia que tiene a otro. ‖ **2.** Dádiva pequeña y de cariño.

fingido, da. adj. Que finge, falso.

fingimiento. m. Acción y efecto de fingir.

fingir. tr. Dar a entender lo que no es cierto. Ú. t. c. prnl. || **2.** Simular, aparentar.

finiquitar. tr. Terminar, saldar una cuenta. || **2.** fig. y fam. Acabar, concluir, rematar.

finiquito. m. Remate de las cuentas, o certificación que se da para constancia de que están ajustadas y satisfecho el alcance que resulta de ellas.

finisecular. adj. Perteneciente o relativo al fin de un siglo determinado.

finito, ta. adj. Que tiene fin, término, límite.

finlandés, sa. adj. Natural u oriundo de Finlandia. Ú. t. c. s. || **2.** Perteneciente o relativo a este país de Europa. || **3.** m. Idioma **finlandés.**

fino, na. adj. Delicado y de buena calidad en su especie. || **2.** Delgado, sutil. || **3.** De exquisita educación; urbano y cortés. || **4.** Dicho de los sentidos, agudo. *Tiene un oído muy* FINO. || **5.** Suave, terso. *Cutis* FINO. || **6.** Tratándose de metales, muy depurado o acendrado. || **7.** Dícese del jerez muy seco, de color pálido, y cuya graduación oscila entre 15 y 17 grados. Ú. t. c. s. m.

finolis. adj. fig. Dícese de la persona que afecta finura y delicadeza. Ú. t. c. s.

finta. f. Ademán o amago que se hace con intención de engañar a uno.

fintar. intr. Hacer fintas, amagar.

finura. f. Cualidad de fino.

fiordo. m. Golfo estrecho y profundo, entre montañas de laderas abruptas, formado por los glaciares durante el período cuaternario.

firma. f. Nombre y apellido, o título, acompañado o no de rúbrica, y puesto al pie de un documento. || **2.** Razón social o empresa.

firmamento. m. La bóveda celeste en que están aparentemente los astros.

firmar. tr. Poner uno su firma.

firme. adj. Estable, fuerte, que no se mueve ni vacila. || **2.** m. Capa sólida de terreno, sobre la que se puede cimentar. || **3.** adv. m. Con firmeza, con valor, con violencia.

firmeza. f. Cualidad de firme.

fiscal. adj. Perteneciente o relativo al fisco o al oficio de **fiscal.** || **2.** m. Ministro encargado de promover los intereses del fisco. || **3.** El que representa y ejerce el ministerio público en los tribunales.

fiscalía. f. Oficio y empleo de fiscal. || **2.** Oficina o despacho del fiscal.

fiscalizar. tr. Hacer el oficio de fiscal. || **2.** fig. Criticar y traer a juicio las acciones u obras de otro.

fisco. m. Erario, tesoro público.

fiscorno. m. Instrumento musical de metal parecido al bugle y que es uno de los que componen la cobla.

fisgar. tr. Husmear indagando.

fisgón, na. adj. Que hace burla. Ú. t. c. s. || **2.** Aficionado a husmear. Ú. t. c. s.

fisgonear. tr. Fisgar, husmear por costumbre.

fisiatra. com. Persona que profesa o practica la fisiatría.

fisiatría. f. Naturismo médico.

física. f. Ciencia que estudia las propiedades de la materia y de la energía, considerando tan solo los atributos capaces de medida.

físico, ca. adj. Perteneciente o relativo a la física. || **2.** Perteneciente o relativo a la constitución y naturaleza corpórea, y en este sentido se contrapone a moral. || **3.** V. **educación, geografía física.** || **4.** m. y f. Persona que profesa la física o tiene en ella especiales conocimientos. || **5.** m. Exterior de una persona; lo que forma su constitución y naturaleza.

fisicoquímica. f. Parte de las ciencias naturales que estudia los fenómenos comunes a la física y a la química.

fisicoquímico, ca. adj. Perteneciente o relativo a la fisicoquímica. || **2.** m. y f. Especialista en fisicoquímica.

fisio-. elem. compos. que significa «naturaleza»: FISIO*nomía,* FISIO*terapia.*

fisiocracia. f. Sistema económico que atribuía exclusivamente a la naturaleza el origen de la riqueza.

fisiognomía. f. *Psicol.* Estudio del carácter a través del aspecto físico y, sobre todo, a través de la fisonomía del individuo.

fisiografía. f. Geografía física.

fisiología. f. Ciencia que tiene por objeto el estudio de las funciones de los seres orgánicos.

fisiológico, ca. adj. Perteneciente a la fisiología.

fisiólogo, ga. m. y f. Persona que estudia o profesa la fisiología.

fisión. f. *Fís.* Escisión del núcleo de un átomo, con liberación de energía, tal como se produce mediante el bombardeo de dicho núcleo con neutrones. ❑ No confundir con *fusión.*

fisiopatología. f. Rama de la patología que estudia las alteraciones funcionales del organismo o de alguna de sus partes. FISIOPATOLOGÍA *del corazón.*

fisioterapeuta. com. Persona especializada en aplicar la fisioterapia.

fisioterapia. f. *Med.* Método curativo por medios naturales: aire, agua, luz, etc., o mecánicos: masaje, gimnasia, etc.

fisípedo, da. adj. De pezuñas partidas. Ú. t. c. s.

fisonomía. f. Aspecto particular del rostro de una persona. || **2.** fig. Aspecto exterior de las cosas.

fisonómico, ca. adj. Perteneciente o relativo a la fisonomía.

fisonomista. adj. Dícese del que se dedica a estudiar la fisonomía. Ú. t. c. s. || **2.** Aplícase al que tiene facilidad natural para recordar y distinguir a las personas por su fisonomía. Ú. t. c. s.

fisóstomo, ma. adj. *Zool.* Dícese de los peces teleósteos con aletas de radios blandos y flexibles y de las cuales las abdominales están situadas detrás de las pectorales, o no existen. Ú. t. c. s.

fístula. f. *Cir.* Conducto anormal, ulcerado y estrecho, que se abre en la piel o en las membranas mucosas.

fisura. f. Grieta que se produce en un objeto. Ú. t. en sent. fig. || **2.** *Cir.* Hendidura de un hueso, que no llega a romperlo. || **sin fisuras.** loc. Aplicado a actitudes, ideas, etc., consistente, compacto. *Una fe* SIN FISURAS.

fito- o **-fito, ta.** elemen. compos. que significa «planta» o «vegetal»: FITO*grafía, micró*FITO.

fitófago, ga. adj. Que se alimenta de materias vegetales. Ú. t. c. s.

fitografía. f. Parte de la botánica que tiene por objeto la descripción de las plantas.

fitología. f. **botánica,** ciencia que trata de los vegetales.

fitopatología. f. Estudio de las enfermedades de los vegetales.

fitoplancton. m. *Biol.* Plancton marino o dulciacuícola, constituido predominantemente por organismos vegetales, como ciertas algas (diatomeas, etc.).

fitoterapia. f. *Med.* Tratamiento de las enfermedades mediante plantas o sustancias vegetales.

fitotomía. f. Parte de la botánica que estudia la anatomía de las plantas.

flaccidez. f. **flacidez.**

fláccido, da. adj. **flácido.**

flacidez. f. Cualidad de flácido. || **2.** Laxitud, debilidad muscular, flojedad.

flácido, da. adj. Flaco, flojo, sin consistencia.

flaco, ca. adj. De pocas carnes. || **2.** fig. Endeble, sin fuerza. *Argumento, fundamento* FLACO.

flagelación. f. Acción de flagelar o flagelarse.

flagelado, da. adj. *Biol.* Dícese de la célula o microorganismo que tiene uno o varios flagelos. Ú. t. c. s. m. || **2.** m. pl. *Biol.* Clase de los protozoos provistos de flagelos en número que comúnmente no excede de ocho.

flagelante. m. Disciplinante, penitente que se azota en público, especialmente en Semana Santa.

flagelar. tr. Maltratar con azotes. Ú. t. c. prnl. || **2.** fig. Vituperar, censurar con dureza.

flagelo. m. Instrumento para azotar. || **2.** Aflicción, calamidad. || **3.** *Biol.* En ciertas células, orgánulo filiforme, semejante a un cilio pero más largo y capaz de diferentes movimientos.

flagrante. adj. De tal evidencia que no necesita pruebas. *Contradicción* FLAGRANTE. || **en flagrante.** loc. adv. En el mismo momento de estarse cometiendo un delito, sin que el autor haya podido huir. ❑ No confundir con *fragante.*

flamante. adj. Lúcido, resplandeciente. || **2.** Nuevo en una actividad o clase; recién entrado en ella. *Novio* FLAMANTE. || **3.** Aplicado a cosas, acabado de hacer o de estrenar.

flamear. intr. Despedir llamas. || **2.** fig. Ondear una bandera movida por el viento, sin llegar a desplegarse enteramente. || **3.** *Med.* Quemar alcohol u otro líquido inflamable en superficies o vasijas que se quieren esterilizar.

flamenco, ca. adj. Natural de Flandes. Ú. t. c. s. || **2.** Perteneciente o relativo a esta región. || **3.** Dícese de lo andaluz que tiende a hacerse agitanado. Ú. t. c. s. *Cante, aire, tipo* FLAMENCO. || **4.** Que tiene aire de chulo. Ú. t. c. s. || **5.** Aplícase a las personas, especialmente a las mujeres, de buenas carnes, cutis terso y bien coloreado. Ú. t. c. s. || **6.** m. Idioma **flamenco.** || **7.** Ave zancuda, de cerca de un metro de altura, con pico, cuello y patas muy largas, plumaje blanco en el cuello, pecho y abdomen, y rojo intenso en la cabeza, espalda, cola, parte superior de las alas, pies y parte superior del pico, cuya punta es negra, lo mismo que las remeras.

flamencología. f. Conjunto de conocimientos, técnicas, etc., sobre el cante y baile flamencos.

flamenquería. f. Cualidad de flamenco, chulería.

flamígero, ra. adj. Que arroja o despide llamas, o imita su figura.

flan. m. Plato de dulce que se hace con yemas de huevo, leche y azúcar, y se cuaja en el baño de María, dentro de un molde generalmente bañado de azúcar tostada. Suele llevar también harina, y con frecuencia se le echa alguna otra cosa, como café, naranja, vainilla, etc.

flanco. m. Cada una de las dos partes laterales de un cuerpo considerado de frente. *El* FLANCO *derecho; por el* FLANCO *izquierdo.*

flanero, ra. m. y f. Molde en que se cuaja el flan.

flanqueado, da. adj. Dícese del objeto que tiene a sus flancos o costados otras cosas que lo acompañan o completan. || **2.** Defendido o protegido por los flancos.

flanquear. tr. Estar colocado al flanco o lado de una cosa. ❑ No confundir con *franquear.*

flaquear. intr. Debilitarse, ir perdiendo fuerza. ‖ **2.** fig. Decaer de ánimo, aflojar en una acción.

flaqueza. f. fig. Debilidad, falta de vigor y fuerzas. ‖ **2.** fig. Fragilidad o acción defectuosa cometida por debilidad, especialmente de la carne.

flas. m. *Fotogr.* Dispositivo luminoso con destello breve e intenso, usado cuando la luz es insuficiente. ‖ **2.** fig. En periodismo, noticia importante de última hora. ❑ pl. *flases.*

flato. m. Acumulación molesta de gases en el tubo digestivo, a veces de origen patológico.

flatulencia. f. Indisposición o molestia del flatulento.

flatulento, ta. adj. Que causa flatos. ‖ **2.** Que los padece. Ú. t. c. s.

flauta. f. Instrumento musical de viento, de madera u otros materiales, en forma de tubo con varios agujeros circulares que se tapan con los dedos o con llaves. ‖ **2.** m. Persona que toca la **flauta.** ‖ **dulce.** La que tiene la embocadura en el extremo del primer tubo y en forma de boquilla. ‖ **travesera.** La que se coloca de través, y de izquierda a derecha, para tocarla. Tiene cerrado el extremo superior del primer tubo, hacia la mitad del cual está la embocadura en forma de agujero ovalado, mayor que los demás.

flautín. m. Flauta pequeña, de tono agudo y penetrante, cuyos sonidos corresponden a los de la flauta ordinaria, pero en una octava alta. Se usa en las orquestas, y más en las bandas militares. ‖ **2.** Persona que toca este instrumento.

flautista. com. Persona que ejerce o profesa el arte de tocar la flauta.

flébil. adj. poét. Lamentable, triste, lacrimoso. Ú. más en poesía.

flebitis. f. Inflamación de las venas.

flebotomía. f. Acción y efecto de sangrar abriendo una vena.

flecha. f. **saeta,** arma arrojadiza. ‖ **2.** Indicador de dirección en esta forma.

flechazo. m. Acción de disparar la flecha. ‖ **2.** Daño o herida que esta causa. ‖ **3.** fig. y fam. Amor que repentinamente se siente o se inspira.

fleco. m. Adorno compuesto de una serie de hilos o cordoncillos colgantes de una tira de tela o de pasamanería. ‖ **2.** fig. Borde deshilachado por el uso en una tela vieja.

fleje. m. Pieza alargada y curva de acero que, aislada o con otras, sirve para muelles o resortes.

flema. f. Mucosidad pegajosa que se arroja por la boca, procedente de las vías respiratorias. ‖ **2.** fig. Calma excesiva, impasibilidad.

flemático, ca. adj. Tranquilo, impasible.

flemón. m. Tumor en las encías. ‖ **2.** *Med.* Inflamación aguda del tejido celular en cualquier parte del cuerpo.

flequillo. m. Porción de cabello recortado que a manera de fleco se deja caer sobre la frente.

fletán. m. Pez marino del orden de los pleuronectiformes, semejante al gallo y a la platija, que puede alcanzar tres metros de longitud y 250 kg de peso. Es de color oscuro, vive en aguas profundas del Atlántico Norte, Groenlandia y Terranova. Es apreciado por su carne y el aceite de su hígado. *(Hippoglossus hippoglossus.)* ‖ **negro.** Pez marino semejante al **fletán,** de hasta un metro de longitud y 45 kg de peso. Es de color negruzco, vive en aguas profundas de los mares árticos y es apreciado por su carne. *(Reinhardtius hippoglossoides.)*

fletar. tr. Dar o tomar a flete un buque. Por ext. se aplica a vehículos terrestres o aéreos. ‖ **2.** Embarcar personas o mercancías en una nave para su transporte. Ú. t. c. prnl. ‖ **3.** *Amér.* Alquilar una bestia o un vehículo para transportar personas o cargas.

flete. m. Precio estipulado por el alquiler de la nave o de una parte de ella. ‖ **2.** Carga de un buque. ‖ **3.** *Amér.* Carga que se transporta por mar o por tierra. *Los arrieros buscan* FLETE.

flexibilidad. f. Cualidad de flexible.

flexibilizar. tr. Hacer flexible alguna cosa, darle flexibilidad. Ú. t. c. prnl.

flexible. adj. Que tiene disposición para doblarse fácilmente. ‖ **2.** fig. Dícese del ánimo, genio o índole que tienen disposición a ceder o acomodarse fácilmente al dictamen o resolución de otro.

flexión. f. Acción y efecto de doblar el cuerpo o algún miembro. ‖ **2.** *Gram.* Alteración que experimentan las voces conjugables y las declinables con el cambio de desinencias, de la vocal de la raíz o de otros elementos.

flexionar. tr. Hacer flexiones con el cuerpo o con algún miembro.

flexivo, va. adj. Perteneciente o relativo a la flexión gramatical. ‖ **2.** Que tiene flexión gramatical.

flexo. m. Lámpara de mesa con brazo flexible que permite concentrar la luz en un espacio determinado.

flexor, ra. adj. Que dobla o hace que una cosa se doble con movimiento de flexión. *Músculo* FLEXOR.

flirtear. intr. Practicar el flirteo.

flirteo. m. Juego amoroso que no se formaliza ni supone compromiso.

flojear. intr. Obrar con pereza y descuido; aflojar en el trabajo. ‖ **2.** **flaquear.**

flojedad. f. Debilidad y flaqueza en alguna cosa. ‖ **2.** fig. Pereza, negligencia y descuido en las operaciones.

flojera. f. fam. **flojedad.**

flojo, ja. adj. Mal atado, poco apretado o poco tirante. ‖ **2.** Que no tiene mucha actividad, fortaleza o vigor. *Vino* FLOJO. ‖ **3.** fig. Perezoso, negligente, descuidado y tardo en las operaciones. Ú. t. c. s.

flor. f. Brote de muchas plantas, formado por hojas de vivos colores, del que se formará el fruto. ‖ **2.** fig. Lo mejor y más escogido de algo. FLOR *del ejército*; *la* FLOR *de la harina*. ‖ **completa.** *Bot.* La que consta de cáliz, corola, estambres y pistilos. ‖ **compuesta.** *Bot.* La inflorescencia formada de muchas florecillas en un receptáculo común. ‖ **de lis.** Forma heráldica de la **flor** del lirio, que se compone de un grupo de tres hojas, la del medio grande y ancha, y las de los costados más estrechas y curvadas, terminadas todas por un remate más pequeño en la parte inferior. ‖ **y nata. flor,** lo más selecto en su especie. *La* FLOR Y NATA *de la sociedad*. ‖ **a flor de piel.** loc. adj. Sensible, fácil, pronto.

flora. f. Conjunto de plantas de un país o región.

floración. f. Acción de florecer. ‖ **2.** *Bot.* Tiempo que duran abiertas las flores de las plantas de una misma especie.

floral. adj. Perteneciente o relativo a la flor. *Verticilo* FLORAL.

florear. tr. Adornar y guarnecer con flores. ‖ **2.** intr. *Amér.* Florecer.

florecer. intr. Echar flor. Ú. t. c. tr. ‖ **2.** fig. Prosperar, crecer en riqueza o reputación. Se usa también hablando de entes abstractos, como la justicia, las ciencias, etc. ❑ Irreg. Se conj. como *agradecer*.

floreciente. adj. Que florece. ‖ **2.** fig. Favorable, venturoso, próspero.

florentino, na. adj. Natural de Florencia. Ú. t. c. s. ‖ **2.** Perteneciente a esta ciudad de Italia.

florería. f. Tienda donde se venden flores y plantas de adorno.

florero, ra. m. y f. Persona que vende flores. ‖ **2.** m. Vaso para poner flores.

floresta. f. Terreno frondoso y ameno poblado de árboles.

florete. m. Esgrima con espadín. ‖ **2.** Espadín destinado a la enseñanza o ejercicio de este juego; es de cuatro aristas, y no suele tener aro en la empuñadura.

floricultor, ra. m. y f. Persona dedicada a la floricultura.

floricultura. f. Cultivo de las flores. ‖ **2.** Arte que lo enseña.

florido, da. adj. Que tiene flores. ‖ **2.** fig. Dícese de lo más escogido de alguna cosa. ‖ **3.** fig. Dícese del lenguaje o estilo amena y profusamente adornado de galas retóricas.

florífero, ra. adj. Que lleva o produce flores.

florilegio. m. fig. Colección de trozos selectos de materias literarias.

florín. m. Unidad monetaria de los Países Bajos.

floripondio. m. fig. despect. Flor grande que suele figurar en adornos de mal gusto.

florista. com. Persona que vende flores o prepara adornos florales para su venta.

floristería. f. **florería.**

floritura. f. *Mús.* Adorno en el canto. ‖ **2.** Por ext., adorno en varios otros ejercicios y en otras cosas diversas.

florón. m. Adorno hecho a manera de flor muy grande, que se usa en pintura y arquitectura en el centro de los techos de las habitaciones, etc.

flota. f. Conjunto de barcos mercantes de un país, de una compañía de navegación o línea marítima. ‖ **2.** Conjunto de otras embarcaciones que tienen un destino común. FLOTA *de guerra, pesquera*, etc. ‖ **3.** Conjunto de aparatos de aviación para un servicio determinado. ‖ **4.** Conjunto de vehículos de una empresa.

flotador. m. Aparato que sirve para determinar el nivel de un líquido o para regular la salida del mismo. ‖ **2.** Pieza hecha de una materia flotante, como corcho, caucho o plástico, llena de aire en estos últimos casos, que se sujeta al cuerpo de quien se introduce en el agua para evitar que se hunda.

flotante. adj. Que flota. ‖ **2.** V. **costilla flotante.**

flotar. intr. Sostenerse un cuerpo en la superficie de un líquido. ‖ **2.** Sostenerse en suspensión un cuerpo sumergido en un líquido o gas. ‖ **3.** fig. Haber en el ambiente algo inmaterial que influye en el ánimo.

flote (a). loc. adv. Flotando. ‖ **2.** fig. A salvo, fuera de peligro, dificultad o apuro.

flotilla. f. Flota compuesta de buques pequeños.

fluctuación. f. Acción y efecto de fluctuar.

fluctuar. intr. Vacilar un cuerpo sobre las aguas por el movimiento agitado de ellas. ‖ **2.** fig. Vacilar o dudar en la resolución de algo. ‖ **3.** fig. **oscilar,** crecer y disminuir alternativamente.

fluidez. f. Cualidad de fluido.

fluido, da. adj. Dícese de cualquier cuerpo cuyas moléculas tienen entre sí poca o ninguna coherencia, y toma siempre la forma del recipiente o vaso que lo contiene; como los líquidos y los gases. Ú. t. c. s. ‖ **2.** fig. Tratándose del lenguaje o del estilo, corriente y fácil. ‖ **3.** m. Corriente eléctrica.

fluir. intr. Correr un líquido o un gas. ‖ **2.** fig.

Brotar con facilidad de la mente las ideas, o de la boca las palabras. ❑ Irreg. Se conj. como *huir.*

flujo. m. Acción y efecto de fluir. ‖ **2.** Movimiento de ascenso de la marea.

fluminense. adj. Natural de Río de Janeiro. Ú. t. c. s. ‖ **2.** Relativo o perteneciente a esa ciudad brasileña.

flúor. m. Elemento químico de núm. atóm. 9. Del grupo de los halógenos, abundante en la corteza terrestre; se encuentra en forma de fluoruros en minerales como la fluorita. Gas de color amarillo verdoso, olor sofocante, tóxico y muy reactivo. Se usa para obtener fluoruros metálicos, que se añaden al agua potable y a los productos dentífricos para prevenir la caries dental. Símb. *F.*

fluorescencia. f. *Fís.* Luminosidad que tienen algunas sustancias mientras reciben la excitación de ciertas radiaciones.

fluorescente. adj. Que tiene fluorescencia. Ú. t. c. s. m.

fluorita. f. Mineral compuesto de flúor y calcio, cristalino, compacto y de colores brillantes y variados. Tiene uso en las artes decorativas, en metalurgia para facilitar la fundición y, sobre todo, en el grabado del cristal.

fluoruro. m. *Quím.* Sal del ácido fluorhídrico.

fluvial. adj. Perteneciente a los ríos.

fobia. f. Aversión hacia algo. ‖ **2.** Temor angustioso y obsesivo.

-fobo, ba. elem. compos. que significa «que siente horror o repulsión»: *xenó*FOBO, *fotó*FOBO.

foca. f. Nombre común de varios mamíferos pinnípedos, propios de mares fríos y de peso y talla variables según las especies. Son de costumbres acuáticas, por lo que sus extremidades tienen forma de aleta, y se acercan a la costa para criar.

focal. adj. *Fís.* y *Geom.* Perteneciente o relativo al foco. *Distancia* FOCAL.

focha. f. Ave gruiforme nadadora de hasta tres decímetros de largo, plumaje negro con reflejos grises, pico y frente blancos, alas anchas, cola corta y redondeada y pies de color verdoso amarillento, con dedos largos y lobulados.

foco. m. Lámpara eléctrica de luz muy potente. ‖ **2.** fig. Lugar real o imaginario en que está como reconcentrada alguna cosa con toda su fuerza y eficacia, y desde el cual se propaga o ejerce influencia. FOCO *de ilustración, de vicios.* ‖ **3.** *Amér.* Bombilla de alumbrado eléctrico. ‖ **4.** *Fís.* Punto, aparato o reflector de donde parte un haz de rayos luminosos o caloríferos. ‖ **5.** *Geom.* Punto fijo que se utiliza en la generación de las cónicas. La elipse y la hipérbola tienen dos **focos,** y la parábola uno solo.

fofo, fa. adj. Esponjoso, blando y de poca consistencia.

fogata. f. Fuego que levanta mucha llama.

fogón. m. Sitio adecuado en las cocinas para hacer fuego, y guisar. ‖ **2.** En las calderas de las máquinas de vapor, lugar destinado a contener el combustible.

fogonazo. m. Llamarada instantánea que algunas materias inflamables, como la pólvora, el magnesio, etc., producen al inflamarse.

fogonero. m. El que cuida del fogón, sobre todo en las máquinas de vapor.

fogosidad. f. Ardor, entusiasmo y viveza excesiva.

fogoso, sa. adj. fig. Ardiente, demasiado vivo.

foguear. tr. *Mil.* Acostumbrar a las personas o a los caballos al fuego de la pólvora. ‖ **2.** fig. Acostumbrar a alguien a las penalidades y trabajos de un estado u ocupación.

fogueo. m. Acción y efecto de foguear. ‖ **2.** V. **cartucho de fogueo.**

folclor. m. Conjunto de creencias, costumbres, artesanías, etc., tradicionales de un pueblo. ‖ **2.** Ciencia que estudia estas materias.

folclore. m. **folclor.**

folclórico, ca. adj. Perteneciente al folclor. ‖ **2.** Dícese de canciones, bailes, costumbres, etc., de carácter tradicional. ‖ **3.** m. y f. Persona que se dedica al cante flamenco o aflamencado.

folclorista. com. Persona versada en el folclor.

folía. f. Canto y baile popular de las islas Canarias. ‖ **2.** fig. Cualquier música ligera, generalmente de gusto popular.

foliáceo, a. adj. *Bot.* Perteneciente o relativo a las hojas de las plantas. ‖ **2.** Que tiene estructura laminar.

foliación. f. Acción y efecto de foliar. ‖ **2.** Serie numerada de los folios de un escrito o impreso. ‖ **3.** *Bot.* Acción de echar hojas las plantas.

foliar[1]. tr. Numerar los folios de un libro o cuaderno.

foliar[2]. adj. Perteneciente o relativo a la hoja.

folículo. m. *Bot.* Fruto sencillo y seco, que se abre solo por un lado y tiene una sola cavidad que comúnmente encierra varias semillas. ‖ **2.** *Anat.* Glándula, en forma de saquito, situada en el espesor de la piel o de las mucosas.

folio. m. Hoja de un libro o cuaderno. ‖ **2.** Titulillo o encabezamiento de las páginas de un libro. ‖ **3.** Hoja de papel que resulta de doblar una vez el pliego de marca ordinaria.

folíolo o **foliolo.** m. *Bot.* Cada una de las hojuelas de una hoja compuesta.

follaje. m. Conjunto de hojas de los árboles y otras plantas.

follar. tr. vulg. Practicar el coito. Ú. t. c. intr.

folletín. Escrito que se inserta en la parte inferior de las planas de los periódicos, y trata de materias extrañas al objeto principal de la publicación; como artículos de crítica, novelas, etc. ‖ **2.** Tipo de relato frecuente en las novelas publicadas como **folletín,** caracterizado por una intriga emocionante y a veces poco verosímil, pero de gran efecto para lectores ingenuos, en el que se enfrentan personajes perversos y bondadosos, sin apenas elaboración psicológica y artística. ‖ **3.** Pieza teatral o cinematográfica de características similares a las del **folletín** novelesco.

folletinesco, ca. adj. Perteneciente o relativo al folletín. ‖ **2.** Propio de los relatos y de los dramas llamados folletines, o de las situaciones reales comparables a las de ellos.

folleto. m. Obra impresa, no periódica, sin bastantes hojas para formar libro. Según un decreto de 1966, el **folleto** consta de más de cuatro páginas y menos de cincuenta.

follón. m. Alboroto, discusión tumultuosa.

fomentar. tr. fig. Excitar, promover, impulsar o proteger una cosa. ‖ **2.** fig. Atizar, dar pábulo a una cosa.

fomento. m. Pábulo o materia con que se ceba una cosa. ‖ **2.** *Med.* Medicamento líquido que se aplica con paños exteriormente.

fonación. f. Emisión de la voz o de la palabra.

fonda. f. Establecimiento público donde se da hospedaje y se sirven comidas. Es de categoría inferior a la del hotel, o de tipo más antiguo.

fondeadero. m. Lugar de profundidad suficiente para que la embarcación pueda dar fondo.

fondear. intr. *Mar.* Asegurarse una embarcación, o cualquier otro cuerpo flotante, por medio de anclas que se agarren al fondo de las aguas o de grandes pesos que descansen en él. Ú. t. c. tr.

fondista. com. *Dep.* Deportista que participa en carreras de largo recorrido.

fondo. m. Parte inferior de una cosa hueca. ‖ **2.** Hablando del mar, de los ríos, estanques, pozos, etc., superficie sólida sobre la cual está el agua. ‖ **3. hondura.** ‖ **4.** Color o dibujo que cubre una superficie y sobre el cual resaltan los adornos, dibujos o manchas de otro u otros colores. *Un mármol de* FONDO *rojo.* ‖ **5.** Condición o índole de uno. *Persona de buen* FONDO. ‖ **6.** Cualquier porción de dinero. Ú. m. en pl. ‖ **7.** fig. Lo principal y esencial de una cosa. Se contrapone a la forma. ‖ **8.** Conjunto de impresos y manuscritos que tiene una biblioteca. ‖ **9.** fig. *Dep.* Resistencia física, reserva de energía corporal para aguantar prolongados esfuerzos. ‖ **bajos fondos.** Barrios o sectores marginales de las grandes ciudades donde abunda la gente del hampa.

fondón, na. adj. fam. y despect. Dícese de quien ha perdido la gallardía y agilidad por haber engordado.

fonema. m. *Fon.* Cada una de las unidades fonológicas mínimas que en el sistema de una lengua pueden oponerse a otras en contraste significativo: por ej., las consonantes iniciales de *pozo* y *gozo, mata* y *bata;* las interiores de *cala* y *cara;* las finales de *par* y *paz;* las vocales de *tan* y *ten, sal* y *sol,* etc. Dentro de cada fonema caben distintos alófonos.

fonemática. f. *Fon.* Parte de la fonología que estudia los fonemas.

fonendoscopio. m. *Med.* Estetoscopio en el que el tubo rígido se sustituye por dos tubos de goma que enlazan la boquilla que se aplica al organismo con dos auriculares o dos botones perforados que se introducen en los oídos.

fonética. f. Conjunto de los sonidos de un idioma. ‖ **2.** Estudio acerca de los sonidos de uno o varios idiomas, sea en su fisiología y acústica, sea en su evolución histórica.

fonético, ca. adj. Perteneciente a la voz humana o al sonido en general. ‖ **2.** Aplícase a todo alfabeto o escritura cuyos elementos o letras representan sonidos de cuya combinación resultan las palabras. ‖ **3.** Aplícase especialmente al alfabeto u ortografía que trata de representar los sonidos con mayor exactitud que la escritura usual.

foniatra. com. Persona que profesa la foniatría.

foniatría. f. *Med.* Parte de la medicina dedicada a las enfermedades de los órganos de la fonación.

fónico, ca. adj. Perteneciente a la voz o al sonido.

fonio. m. *Acúst.* Unidad de medida de la sonoridad. Equivale a un decibelio del sonido cuya frecuencia sea de 1.000 herzios.

fono- o **-fono, na.** elem. compos. que significa «voz, sonido»: FONO*logía, telé*FONO.

fonografía. f. Arte de inscribir sonidos para reproducirlos por medio del fonógrafo.

fonográfico, ca. adj. Perteneciente o relativo al fonógrafo.

fonógrafo. m. *Fís.* Instrumento que registra y reproduce las vibraciones de la voz humana o de cualquier otro sonido.

fonograma. m. *Ling.* Letra o conjunto de letras que representan un fonema. ‖ **2.** *Tecnol.* Registro del sonido en soportes especiales que permiten su reproducción.

fonolita. f. Roca compuesta de feldespato y silicato de alúmina: es de color gris azulado y textura compacta, y se emplea como piedra de construcción.

fonología. f. **fonética.** || **2.** Rama de la lingüística, que estudia los elementos fónicos, atendiendo a su valor funcional dentro del sistema propio de cada lengua. Suele dividirse en fonemática y prosodia.

fonológico, ca. adj. Relativo a la fonología.

fonometría. f. Estudio de la intensidad de los sonidos.

fonómetro. m. Aparato para medir la intensidad del sonido.

fonóptico, ca. adj. Dícese de las cintas magnetofónicas que, además del sonido, registran imágenes ópticas.

fonoteca. f. Colección o archivo de cintas o alambres magnetofónicos, discos, etc., impresionados con la palabra hablada, con música u otros sonidos.

fonotecnia. f. Estudio de las maneras de obtener, transmitir, registrar y reproducir el sonido.

fontana. f. poét. Manantial que brota de la tierra. || **2.** Construcción por la que sale o se hace salir agua.

fontanela. f. Cada uno de los espacios membranosos que hay en el cráneo antes de su osificación completa.

fontanería. f. Profesión que consiste en la instalación, reparación y mantenimiento de los conductos de agua y de los aparatos que les son anejos. || **2.** Conjunto de conductos por donde se dirige y distribuye el agua. || **3.** Establecimiento y taller del fontanero.

fontanero, ra. m. y f. Persona que trabaja en fontanería.

foque. m. *Mar.* Cada una de las velas triangulares que se orientan sobre el bauprés; se aplica por antonomasia a la mayor y principal de ellas.

forajido, da. adj. Aplícase a la persona facinerosa que anda fuera de poblado, huyendo de la justicia. Ú. t. c. s.

foral. adj. Perteneciente o relativo al fuero.

foráneo, a. adj. Forastero, extraño.

forastero, ra. adj. Que es o viene de fuera del lugar. || **2.** Dícese de la persona que vive o está en un lugar de donde no es vecina y en donde no ha nacido. Ú. t. c. s.

forcejear. intr. Hacer fuerza para vencer una resistencia. || **2.** fig. Oponerse con fuerza, contradecir tenazmente.

fórceps. m. *Obst.* Instrumento en forma de tenaza, que se usa para la extracción de las criaturas en los partos difíciles. Ú. t. en sent. fig. en la frase **sacarle** algo a alguien **con fórceps.** || **2.** Instrumento en forma de tenaza usado para la extracción de dientes. ❑ pl. invar.

forcípula. f. Instrumento utilizado para medir el diámetro del tronco de los árboles. Consta de una regla, graduada en centímetros, con dos brazos perpendiculares a ella, uno fijo y otro móvil. || **2.** *Zool.* Apéndice bucal par de los miriápodos, que funciona como unas pinzas.

forense. adj. V. **médico forense.** Ú. t. c. s.

foresta. f. Terreno poblado de plantas forestales.

forestal. adj. Relativo a los bosques y a los aprovechamientos de leñas, pastos, etc.

forestar. tr. Poblar un terreno con plantas forestales.

forja. f. **fragua.** Llámanla así los plateros a distinción de la de los herreros. || **2.** Lugar donde se reduce a metal el mineral de hierro. || **3.** Acción y efecto de forjar.

forjado. m. Relleno con que se hacen las separaciones de los pisos de un edificio.

forjador, ra. adj. Que forja. Ú. t. c. s. || **2.** m. y f. *Albañ.* y *Metal.* Persona que tiene por oficio forjar.

forjar. tr. Dar la primera forma con el martillo a cualquier pieza de metal. || **2.** Fabricar y formar. Se usa particularmente entre albañiles. || **3.** fig. Inventar, fingir, fabricar. *La joven* HA FORJADO *mil embustes.* Ú. t. c. prnl.

forma. f. Figura o determinación exterior de la materia. || **2.** Disposición o expresión de una potencialidad o facultad de las cosas. || **3.** Modo, manera de hacer una cosa. *Su* FORMA *de mirar es dulce.* || **4.** Cualidades de estilo o modo de expresar las ideas, a diferencia de lo que constituye el fondo sustancial de la obra literaria. || **5.** pl. Configuración del cuerpo humano, especialmente los pechos y caderas de la mujer. || **6.** fig. Maneras o modos de comportarse en sociedad. *Guardar las* FORMAS.

formación. f. Acción y efecto de formar o formarse. || **2.** Figura exterior o forma. *El caballo es de buena* FORMACIÓN. || **3.** *Geol.* Conjunto de rocas o masas minerales que presentan caracteres geológicos semejantes. || **4.** *Mil.* Reunión ordenada de un cuerpo de tropas para revistas y otros actos del servicio.

formal. adj. Perteneciente o relativo a la forma. En este sentido se contrapone a esencial. || **2.** Que tiene formalidad.

formaldehído. m. *Quím.* **aldehído fórmico.**

formalidad. f. Exactitud, puntualidad y consecuencia en las acciones. || **2.** Cada uno de los requisitos para ejecutar una cosa. Ú. m. en pl. || **3.** Seriedad, compostura en algún acto.

formalina. f. *Quím.* **formol.**

formalismo. m. Rigurosa aplicación y observancia, en la enseñanza o en la indagación científica, del método recomendado por alguna escuela. ‖ **2.** Tendencia a concebir las cosas como formas y no como esencias.

formalizar. tr. Revestir una cosa de los requisitos legales. FORMALIZAR *un expediente, un ingreso.* ‖ **2.** Dar carácter de seriedad a lo que no la tenía. FORMALIZAR *un noviazgo.* ‖ **3.** prnl. Hacerse seria y responsable la persona que antes no lo era.

formante. m. *Ling.* Cada uno de los elementos de las palabras derivadas o compuestas que modifican el significado del lexema. ‖ **2.** Cada uno de los rasgos identificables de un sonido o de un fonema.

formar. tr. Dar forma a una cosa. ‖ **2.** Juntar y congregar personas o cosas, uniéndolas entre sí para que hagan aquellas un cuerpo y estas un todo. ‖ **3.** Criar, educar, adiestrar. ‖ **4.** *Mil.* Poner en orden. FORMAR *el escuadrón.* ‖ **5.** prnl. Adquirir una persona más o menos desarrollo, aptitud o habilidad en lo físico o en lo moral.

formatear. tr. *Inform.* Dar un formato o presentación a una tabla numérica o a un documento. ‖ **2.** *Inform.* Dar formato a un disco.

formativo, va. adj. Que forma o da forma.

formato. m. Tamaño de un impreso, expresado en relación con el número de hojas que comprende cada pliego (folio, cuarto, octavo, dieciseisavo), o indicando la longitud y anchura de la plana.

formenterano, na. adj. Natural de Formentera. Ú. t. c. s. ‖ **2.** Perteneciente o relativo a la isla de este nombre.

-forme. elem. compos. que significa «en forma de»: *arbori*FORME, *campani*FORME, *vermi*FORME.

formero. m. *Arq.* Cada uno de los arcos en que descansa una bóveda vaída.

formica. f. Conglomerado de papel impregnado y revestido de resina artificial, que se adhiere a ciertas maderas para protegerlas.

formícido, da. adj. *Zool.* Dícese de las hormigas y artrópodos semejantes. ‖ **2.** m. pl. *Zool.* Taxón al que pertenecen estos animales.

formidable. adj. Muy temible y que infunde asombro y miedo. ‖ **2.** Excesivamente grande en su línea, enorme. ‖ **3.** fam. Magnífico.

formol. m. *Quím.* Disolución acuosa al 40 por 100 de aldehído fórmico.

formón. m. Instrumento de carpintería, semejante al escoplo, pero más ancho de boca y menos grueso.

fórmula. f. Medio práctico propuesto para resolver un asunto controvertido o ejecutar una cosa difícil. ‖ **2.** Manera fija de redactar algo. ‖ **3.** Composición de una mezcla e instrucciones para su elaboración. ‖ **4.** *Mat.* Ecuación o regla que relaciona objetos matemáticos o cantidades. ‖ **5.** *Quím.* Combinación de símbolos químicos que expresa la composición de una molécula.

formulación. f. Acción y efecto de formular.

formular. tr. Reducir a términos claros y precisos un mandato, una proposición, una denuncia, etc. ‖ **2.** Expresar, manifestar. ‖ **3.** *Mat.* Representar mediante signos matemáticos las relaciones entre las diferentes magnitudes de un enunciado. ‖ **4.** *Quím.* Representar mediante símbolos químicos la composición de una sustancia o de las sustancias que intervienen en una reacción.

formulario, ria. adj. Relativo o perteneciente a las fórmulas o al formulismo. ‖ **2.** Dícese de lo que se hace por fórmula, cubriendo las apariencias. ‖ **3.** m. Libro o escrito en que se contienen fórmulas que se han de observar para la petición, expedición o ejecución de algunas cosas. ‖ **4.** Impreso con espacios en blanco.

formulismo. m. Excesivo apego a las fórmulas en la resolución y ejecución de cualquier asunto, especialmente de los oficiales y burocráticos. ‖ **2.** Tendencia a preferir la apariencia de las cosas a su esencia.

fornicar. intr. Tener ayuntamiento o cópula carnal fuera del matrimonio. Ú. t. c. tr.

fornido, da. adj. Robusto y de mucho hueso. ‖ **2.** Hablando de algunas cosas, recio, fuerte.

fornitura. f. Conjunto de piezas de repuesto de un reloj o de otro mecanismo de precisión. ‖ **2.** Conjunto de botones, trencillas, corchetes y otros elementos accesorios usados en la confección de prendas de vestir. ‖ **3.** *Mil.* Correaje y cartuchera que usan los soldados. Ú. m. en pl.

foro. m. Plaza donde se trataban en Roma los negocios públicos y donde el pretor celebraba los juicios. ‖ **2.** Por ext., sitio en que los tribunales oyen y determinan las causas. ‖ **3.** Curia, y cuanto concierne al ejercicio de la abogacía y a la práctica de los tribunales. ‖ **4.** Reunión para discutir asuntos de interés actual ante un auditorio que a veces interviene en la discusión. ‖ **5.** Parte del escenario o de las decoraciones teatrales opuesta a la embocadura y más distante de ella.

-foro, ra. elem. compos. que significa «que lleva»: *semá*FORO, *necró*FORO.

forofo, fa. adj. fam. **hincha.**

forraje. m. Verde que se da al ganado, especialmente en la primavera. ‖ **2.** Pasto seco conservado para alimentación del ganado, y también los cereales destinados a igual uso.

forrajear. tr. Segar y recoger el forraje.

forrajero, ra. adj. Aplícase a las plantas, o a algunas de sus partes, que sirven para forraje.

forrar. tr. Poner forro a alguna cosa. ‖ **2.** prnl. fam. **enriquecerse.**

forro. m. Abrigo, defensa, resguardo o cubierta con que se reviste una cosa, especialmente hablando de las telas y pieles que se ponen por la parte interior de las ropas o vestidos. ‖ **2.** Cubierta del libro.

fortalecer. tr. Hacer más fuerte o vigoroso. Ú. t. c. prnl. ❑ Irreg. Se conj. como *agradecer.*

fortalecimiento. m. Acción de fortalecer o fortalecerse.

fortaleza. f. Fuerza y vigor. ‖ **2.** Una de las cuatro virtudes cardinales, que consiste en vencer el temor y huir de la temeridad. ‖ **3.** Natural defensa que tiene un lugar o puesto por su misma situación. ‖ **4.** Recinto fortificado; como castillo, ciudadela, etc.

fortificación. f. Obra o conjunto de obras con que se fortifica un pueblo o un sitio cualquiera.

fortificar. tr. Dar vigor y fuerza material o moralmente. ‖ **2.** Hacer fuerte con obras de defensa un pueblo o un sitio cualquiera, para que pueda resistir a los ataques del enemigo. Ú. t. c. prnl.

fortín. m. Fuerte pequeño.

fortísimo, ma. adj. sup. de **fuerte.**

fortuito, ta. adj. Que sucede inopinada y casualmente.

fortuna. n. p. f. Divinidad mitológica que presidía los sucesos de la vida, distribuyendo ciegamente los bienes y los males. ‖ **2.** f. Encadenamiento de los sucesos, considerado como fortuito. ‖ **3.** Circunstancia casual de personas y cosas. ‖ **4.** Suerte favorable. ‖ **5.** Hacienda, capital, caudal.

forúnculo. m. *Med.* **furúnculo.**

forzado, da. adj. Ocupado o retenido por fuerza. ‖ **2.** No espontáneo. *Risa* FORZADA, *cumplimientos* FORZADOS. ‖ **3.** m. Galeote condenado a servir al remo en las galeras.

forzal. m. Banda o tira maciza de donde arrancan las púas de un peine.

forzar. tr. Hacer fuerza o violencia física para conseguir algo que habitualmente no debe ser conseguido por la fuerza. FORZAR *una puerta.* ‖ **2.** Tomar u ocupar por fuerza una cosa. ‖ **3.** fig. Obligar o precisar a que se ejecute una cosa. Ú. t. c. prnl. ❑ Irreg. Se conj. como *contar.*

forzoso, sa. adj. Que no se puede excusar.

forzudo, da. adj. Que tiene grandes fuerzas.

fosa. f. Hoyo en la tierra para enterrar uno o más cadáveres. ‖ **2.** Excavación profunda alrededor de una fortaleza. ‖ **3.** *Anat.* Cada una de ciertas cavidades en el cuerpo de los animales. *Las* FOSAS *nasales.* ‖ **tectónica.** *Geol.* Estructura geológica formada por una zona alargada de la corteza terrestre, hundida respecto a los bloques laterales.

fosco, ca. adj. De color oscuro, que tira a negro. ‖ **2.** fig. Dícese del pelo alborotado o ahuecado.

fosfatado, da. adj. Que tiene fosfato. *Harina* FOSFATADA.

fosfato. m. *Quím.* Sal del ácido fosfórico.

fosforado, da. adj. Que contiene fósforo, metaloide sólido.

fosforero, ra. m. y f. Persona que vende fósforos. ‖ **2.** f. Estuche o caja en que se guardan o llevan los fósforos.

fosforescencia. f. Luminiscencia producida por una causa excitante y que persiste más o menos cuando desaparece dicha causa. ‖ **2.** Luminiscencia persistente de origen químico; por ejemplo, la de las luciérnagas.

fosforescer. intr. Manifestar fosforescencia o luminiscencia.

fosfórico, ca. adj. Perteneciente o relativo al fósforo. ‖ **2.** *Quím.* Aplícase a los derivados de fósforo pentavalente.

fosforita. f. Mineral compacto o terroso, de color blanco amarillento, formado por el fosfato de cal. Se emplea como abono en agricultura después de añadirle ácido sulfúrico para hacerlo soluble.

fósforo. m. Elemento químico de núm. atóm. 15. Muy abundante en la corteza terrestre, tanto en los seres vivos como en el mundo mineral; se presenta en varias formas alotrópicas, todas inflamables y fosforescentes. Además de su importancia biológica como constituyente de huesos, dientes y tejidos vivos, se usa en la industria fosforera, en la pirotecnia, en la síntesis de compuestos orgánicos y, en forma de fosfatos, entra en la composición de fertilizantes agrícolas y detergentes. Símb. *P.* ‖ **2.** Trozo de cerilla, madera o cartón, con cabeza de **fósforo** y un cuerpo oxidante, que sirve para encender fuego.

fosfuro. m. *Quím.* Combinación del fósforo con una base.

fósil. adj. Aplícase a la sustancia de origen orgánico más o menos petrificada, que por causas naturales se encuentra en las capas terrestres. Ú. t. c. s. m. ‖ **2.** fig. y fam. Viejo, anticuado.

fosilizarse. prnl. Convertirse en fósil un cuerpo orgánico. ‖ **2.** fig. y fam. Limitarse una persona a un oficio, trabajo, etc., sin evolucionar o mejorar.

foso. m. **hoyo.** ‖ **2.** Piso inferior del escenario, espaciosa cavidad a que el tablado sirve como de techo. ‖ **3.** En los garajes y talleres mecánicos, excavación que permite arreglar cómodamente desde abajo la máquina colocada encima. ‖ **4.** *Fort.* Excavación profunda que circuye la fortaleza.

foto. f. abrev. fam. de **fotografía,** imagen obtenida fotográficamente.

fotocomposición. f. *Impr.* Sistema de composición que proyecta sobre una película fotosensible los caracteres gráficos.

fotoconductibilidad. f. *Fís.* Conductibilidad eléctrica debida a la luz.

fotoconductor, ra o **triz.** adj. *Fís.* Dícese de los cuerpos cuya conductividad eléctrica varía según la intensidad de la luz que los ilumina.

fotocopia. f. Reproducción de imágenes directamente sobre papel.

fotocopiador, ra. adj. Que fotocopia. ‖ **2.** f. Máquina para fotocopiar.

fotocopiar. tr. Reproducir mediante fotocopias.

fotoelectricidad. f. *Fís.* Electricidad producida por el desprendimiento de electrones debido a la acción de la luz.

fotoeléctrico, ca. adj. *Fís.* Perteneciente o relativo a la acción de la luz en ciertos fenómenos eléctricos; como la variación de la resistencia de algunos cuerpos cuando reciben radiaciones luminosas de una determinada longitud de onda. ‖ **2.** Dícese de los aparatos en que se utiliza dicha acción. ‖ **3.** V. **célula fotoeléctrica.**

fotofobia. f. *Med.* Rechazo patológico a la luz.

fotófono. m. *Fís.* Instrumento que sirve para transmitir el sonido por medio de ondas luminosas.

fotogénico, ca. adj. Que promueve o favorece la acción química de la luz. ‖ **2.** Dícese de algo o alguien que tiene buenas condiciones para ser reproducido por la fotografía.

fotograbado. m. Procedimiento de grabar un clisé fotográfico sobre planchas de cinc, cobre, etc., y arte de estampar estas planchas por acción química de la luz. ‖ **2.** Lámina grabada o estampada por este procedimiento.

fotograbar. tr. Grabar por medio de la fotografía.

fotografía. f. Arte de fijar y reproducir por medio de reacciones químicas, en superficies convenientemente preparadas, las imágenes recogidas en el fondo de una cámara oscura. ‖ **2.** Estampa obtenida por medio de este arte. ‖ **3.** fig. Representación o descripción que por su exactitud se asemeja a la **fotografía.**

fotografiar. tr. Hacer fotografías. Ú. t. c. intr. y prnl.

fotográfico, ca. adj. Perteneciente o relativo a la fotografía.

fotógrafo, fa. m. y f. Persona que hace fotografías.

fotograma. m. Cualquiera de las imágenes que se suceden en una película cinematográfica.

fotólisis. f. *Quím.* Desdoblamiento de una sustancia por acción de la luz.

fotolito. m. Estampa obtenida por medio de la fotolitografía. ‖ **2.** Clisé fotográfico de un original que se usa en ciertas formas de impresión como el huecograbado.

fotolitografía. f. Arte de fijar y reproducir dibujos en una superficie de mármol especial, mediante la acción química de la luz sobre sustancias convenientemente preparadas. ‖ **2.** Estampa obtenida por medio de este arte.

fotomatón. m. Cabina equipada para hacer pequeñas fotografías en pocos minutos.

fotomecánico, ca. adj. Dícese del procedimiento de impresión obtenido a base de clisés fotográficos. Ú. t. c. s. ‖ **2.** f. Técnica que emplea métodos **fotomecánicos.**

fotometría. f. Parte de la óptica que trata de las leyes relativas a la intensidad de la luz y de los métodos para medirla.

fotómetro. m. *Fís.* Instrumento para medir la intensidad de la luz.

fotomontaje. f. Composición fotográfica en que se utilizan fotografías con intención artística, publicitaria, etc.

fotón. m. *Fís.* Cada una de las partículas de que parece estar constituida la luz y, en general, la radiación, en aquellos fenómenos en que se manifiesta su naturaleza corpuscular.

fotonovela. f. Relato, normalmente de carácter amoroso, formado por una sucesión de fotografías de los personajes, acompañadas de trozos de diálogo que permitan seguir el argumento.

fotoquímica. f. Parte de la química que estudia la interacción de las radiaciones luminosas y las moléculas, así como los cambios físicos y químicos que resultan de ella.

fotosensible. adj. Sensible a la luz.

fotosfera. f. *Astron.* Zona luminosa y más interior de la envoltura gaseosa del Sol.

fotosíntesis. f. Proceso metabólico específico de ciertas células de los organismos autótrofos, por el que se sintetizan sustancias orgánicas a partir de otras inorgánicas, utilizando la energía luminosa.

fototerapia. f. *Med.* Tratamiento de las enfermedades por la acción de la luz.

fovismo. m. Movimiento pictórico que exaltaba el color puro, y se desarrolló en París a comienzos del siglo XX.

foxterrier. m. **perro foxterrier.**

frac. m. Vestidura de hombre, que por delante llega hasta la cintura y por detrás tiene dos faldones más o menos anchos y largos. ❑ pl. *fraques.*

fracasado, da. adj. fig. Dícese de la persona desconceptuada a causa de los fracasos padecidos en sus intentos o aspiraciones. Ú. t. c. s.

fracasar. intr. fig. Frustrarse una pretensión o un proyecto. ‖ **2.** fig. Tener resultado adverso en un negocio.

fracaso. m. fig. Resultado adverso de una empresa o negocio.

fracción. f. División de una cosa en partes. ‖ **2.** Cada una de las partes separadas de un todo o consideradas como separadas. ‖ **3.** Cada uno de los grupos de un partido u organización, que difieren entre sí o del conjunto, y que pueden llegar a independizarse. ‖ **4.** *Arit.* **número quebrado.**

fraccionamiento. m. Acción y efecto de fraccionar.

fraccionar. tr. Dividir una cosa en partes o fracciones. Ú. t. c. prnl.

fraccionario, ria. adj. Perteneciente o relativo a la fracción de un todo.

fractal. adj. *Fís.* y *Mat.* Dícese de figuras compuestas de infinitos elementos que tienen la propiedad de que su aspecto no cambia cualitativamente al variar la escala con que se contemplan.

fractura. f. Acción y efecto de fracturar o fracturarse. ‖ **2.** Rotura de un hueso.

fracturar. tr. Romper o quebrantar con violencia una cosa. Ú. t. c. prnl.

fraga. f. **breñal.**

fragancia. f. Olor suave y delicioso.

fragante. adj. Que tiene o despide fragancia. ❑ No confundir con *flagrante*.

fragata. f. Buque de tres palos, con cofas y vergas en todos ellos. La de guerra tenía solo una batería continua extendida entre los puentes además de la de cubierta.

frágil. adj. Quebradizo, y que con facilidad se hace pedazos. ‖ **2.** fig. Débil, que puede deteriorarse con facilidad. *Tiene una salud* FRÁGIL.

fragilidad. f. Cualidad de frágil.

fragmentación. f. Acción y efecto de fragmentar o fragmentarse.

fragmentar. tr. Reducir a fragmentos. Ú. t. c. prnl.

fragmentario, ria. adj. Perteneciente o relativo al fragmento. ‖ **2.** Incompleto, no acabado.

fragmento. m. Parte o porción pequeña de algunas cosas quebradas o partidas. ‖ **2.** Trozo o resto de una obra escultórica o arquitectónica. ‖ **3.** Trozo de una obra literaria o musical.

fragor. m. Ruido estruendoso.

fragosidad. f. Aspereza y espesura de los montes. ‖ **2.** Camino o terreno lleno de asperezas y breñas.

fragoso, sa. adj. Áspero, intrincado, lleno de quiebras, malezas y breñas. ‖ **2.** De mucho ruido, estrepitoso.

fragua. f. Fogón en que se caldean los metales para forjarlos, avivando el fuego mediante una corriente horizontal de aire producida por un fuelle o por otro aparato análogo. ‖ **2.** Taller donde está instalado este fogón.

fraguado. m. Acción y efecto de fraguar el yeso, la cal, etc.

fraguar. tr. Forjar metales. ‖ **2.** fig. Idear, discurrir y trazar la disposición de alguna cosa. Se usa generalmente en sentido peyorativo. ‖ **3.** intr. *Albañ.* Hablando de la cal, yeso y otras masas, trabar y endurecerse consistentemente en la obra con ellos fabricada.

fraile. m. Nombre que se da a los religiosos de ciertas órdenes, ligados por votos solemnes.

frailecillo. m. **avefría.**

frambuesa. f. Fruto del frambueso, semejante a la zarzamora, algo velloso, de olor fragante y suave, y sabor agridulce muy agradable.

frambueso. m. Planta de la familia de las rosáceas, con tallos delgados, erguidos, doblados en la punta, espinosos y algo garzos; las hojas, verdes por encima, blanquecinas por el envés, partidas en tres o cinco lóbulos, acorazonado el del medio; las flores son blancas, axilares, y su fruto es la frambuesa.

francachela. f. fam. Reunión de varias personas para regalarse y divertirse comiendo y bebiendo, en general sin tasa y descomedidamente.

francés, sa. adj. Natural de Francia. Ú. t. c. s. ‖ **2.** Perteneciente o relativo a esta nación de Europa. ‖ **3.** m. Lengua **francesa.** ‖ **a la francesa.** Con los verbos *despedirse, marcharse, irse,* significa repentinamente, sin decir una palabra de despedida.

francio. m. Elemento químico radiactivo de núm. atóm. 87. Metal alcalino raro en la corteza terrestre, posee el equivalente químico más elevado de todos los elementos y todos sus isótopos son inestables. Símb. *Fr.*

franciscano, na. adj. Dícese del religioso de la orden de San Francisco. Ú. t. c. s. ‖ **2.** Perteneciente a esta orden.

franchute, ta. m. y f. despect. **francés.**

francmasón, na. m. y f. Persona que pertenece a la francmasonería.

francmasonería. f. Asociación secreta de personas que profesan principios de fraternidad mutua, usan emblemas y signos especiales, y se agrupan en entidades llamadas logias.

franco, ca. adj. Liberal, dadivoso, bizarro y elegante. ‖ **2.** Desembarazado, libre y sin impedimento alguno. ‖ **3.** Patente, claro, sin lugar a dudas. FRANCA *mejoría.* ‖ **4.** Aplícase a las cosas que están libres de impuestos y contribuciones, y a los lugares, puertos, etc., en que se goza de esta exención. ‖ **5.** Sencillo, ingenuo y leal en su trato. ‖ **6.** Perteneciente o relativo a los pueblos germanos de Franconia y del bajo Rin que conquistaron Francia y le dieron su nombre. Apl. a pers., ú. t. c. s. ‖ **7. francés.** Apl. a pers., ú. t. c. s. ❑ Ú. en compuestos que indican nacionalidad francesa. *Sociedad académica* FRANCO-*hispano-portuguesa de Tolosa.* ‖ **8.** m. Unidad monetaria de Francia y otros países.

francocanadiense. adj. Canadiense de ascendencia y lengua francesas. Ú. t. c. s.

francófilo, la. adj. Que simpatiza con Francia o con lo francés.

francófobo, ba. adj. Que siente aversión o repulsa por los franceses o por lo francés. Ú. t. c. s.

francófono, na. adj. Dícese de la persona, comunidad o país que tiene el francés como lengua materna u oficial. Ú. t. c. s.

francotirador, ra. m. y f. Persona aislada que, apostada, ataca con armas de fuego.

franela. f. Tejido fino de lana o algodón, ligeramente cardado por una de sus caras.

franja. f. Guarnición tejida de hilo de oro, plata, seda, lino o lana, que sirve para adornar y guarnecer los vestidos u otras cosas. ‖ **2.** Faja, lista o tira en general.

franklin. m. *Fís.* Unidad de carga eléctrica en el sistema cegesimal. Es la carga que ejerce sobre otra igual, colocada en el vacío a la distancia de un centímetro, la fuerza de una dina.

franquear. tr. Desembarazar, quitar los impedimentos que estorban e impiden el curso de una cosa; abrir camino. FRANQUEAR *el paso.* ‖ **2.** Pasar de un lado a otro o a través de algo. FRANQUEAR *la puerta.* ‖ **3.** Pagar previamente en sellos el porte de cualquier objeto que se remite por el correo. ‖ **4.** prnl. Descubrir uno su interior a otro. ❑ No confundir con *flanquear.*

franqueo. m. Acción y efecto de franquear abriendo paso o camino. ‖ **2.** Acción y efecto de poner sellos en cartas, documentos, etc. ‖ **3.** Cantidad que se paga en sellos.

franqueza. f. fig. Sinceridad.

franquicia. f. Exención que se concede a una persona para no pagar derechos por las mercaderías que introduce o extrae, o por el aprovechamiento de algún servicio público.

franquismo. m. Movimiento político y social de tendencia totalitaria, iniciado en España durante la guerra civil de 1936-39, en torno al general Franco, y desarrollado durante los años que ocupó la Jefatura del Estado. ‖ **2.** Período histórico que comprende el gobierno del general Franco.

franquista. adj. Perteneciente o relativo al franquismo. ‖ **2.** com. Partidario del franquismo o seguidor de él.

frasca. f. Frasco de vidrio transparente, con base cuadrangular y cuello bajo, destinado a contener vino.

frasco. m. Recipiente de cuello estrecho, hecho de vidrio u otra materia, que sirve para contener líquidos, sustancias en polvo, comprimidos, etc. ‖ **2.** Contenido de un **frasco.**

frase. f. Conjunto de palabras que basta para formar sentido, especialmente cuando no llega a constituir una oración cabal. ‖ **2.** *Mús.* Sección breve de una composición, con sentido propio. ‖ **hecha.** La que, en sentido figurado y con forma inalterable, es de uso vulgar y no incluye sentencia alguna; v. gr.: *como anillo al dedo.*

fraseología. f. Conjunto de modos de expresión peculiares de una lengua, grupo, época, actividad o individuo. ‖ **2.** Conjunto de frases hechas, locuciones figuradas, metáforas y comparaciones fijadas, modismos y refranes, existentes en una lengua, en el uso individual o en el de algún grupo.

fraternal. adj. Propio de hermanos. *Amor, caridad* FRATERNAL.

fraternidad. f. Amistad o afecto entre hermanos o entre los que se tratan como tales.

fraternizar. intr. Unirse y tratarse como hermanos. ‖ **2.** Tratarse amistosamente. *Los soldados* FRATERNIZABAN *con la población civil.*

fraterno, na. adj. Perteneciente o relativo a los hermanos.

fratricida. com. Persona que mata a su hermano. Ú. t. c. adj. ❑ No utilizar **fraticida.*

fratricidio. m. Muerte dada por una persona a su propio hermano. ❑ No utilizar **fraticidio.*

fraude. m. Acción contraria a la verdad y a la rectitud, que perjudica a la persona contra quien se comete. ‖ **2.** Acto tendente a eludir una disposición legal en perjuicio del Estado o de terceros.

fraudulento, ta. adj. Engañoso, falaz.

fray. m. apóc. de **fraile.** Ú. precediendo al nombre de los religiosos de ciertas órdenes.

frazada. f. Manta peluda que se echa sobre la cama.

freático, ca. adj. Dícese de las aguas acumuladas en el subsuelo que pueden aprovecharse por medio de pozos. ‖ **2.** Dícese de la capa del subsuelo que contiene estas aguas.

frecuencia. f. Repetición mayor o menor de un acto o suceso. ‖ **2.** Número de veces que se repite un proceso periódico por unidad de tiempo. ‖ **3.** *Estad.* Número de elementos comprendidos dentro de un intervalo en una distribución determinada.

frecuentar. tr. Repetir un acto a menudo. ‖ **2.** Acudir con frecuencia a un lugar. FRECUENTAR *una casa.*

frecuente. adj. Repetido a menudo. ‖ **2.** Usual, común.

fregadero. m. Pila de fregar.

fregado. m. Acción y efecto de fregar. ‖ **2.** fig. y fam. Enredo, embrollo, negocio o asunto poco decente. ‖ **3.** fig. y fam. Lance, discusión o contienda desordenada en que puede haber algún riesgo imprevisto.

fregar. tr. Limpiar alguna cosa restregándola con estropajo, cepillo, etc., empapado en agua y jabón u otro líquido adecuado. ‖ **2.** fig. y fam. *Amér.* Fastidiar, molestar, jorobar. Ú. t. c. prnl. ❑ Irreg. Se conj. como *acertar.*

fregona. f. Criada que sirve en la cocina y friega. Ú. en sentido despectivo. ‖ **2.** Utensilio doméstico para fregar los suelos sin necesidad de arrodillarse.

fregotear. tr. fam. Fregar de prisa y mal.

freiduría. f. Local donde se fríe pescado para la venta.

freír. tr. Hacer que un alimento crudo llegue a estar en disposición de poderse comer, teniéndolo el tiempo necesario en aceite o grasa hirviendo. Ú. t. c. prnl. ‖ **2.** fig. Mortificar pesada e insistentemente, encocorar. *Me tiene* FRITO *con sus necedades.* ‖ **mandar, ir,** etc., **a freír espárragos, monas,** etc. fr. fig. y fam. usada para despedir con enfado a alguien. ❑ Irreg. Se conj. como *reír;* doble p. p.: *freído* (reg.) y *frito* (irreg.).

fréjol. m. Judía, planta. ‖ **2.** Fruto y semilla de esta planta.

frenado. m. Acción y efecto de frenar.

frenar. tr. Moderar o parar con el freno el movimiento de una máquina o de un carruaje. ‖ **2.** fig. Moderar los ímpetus.

frenazo. m. Acción de frenar súbita y violentamente.

frenesí. m. fig. Violenta exaltación y perturbación del ánimo. ❑ pl. *frenesíes* o *frenesís.*

frenético, ca. adj. Poseído de frenesí. ‖ **2.** Furioso, rabioso.

frenillo. m. Membrana que sujeta la lengua por la línea media de la parte inferior, y, cuando se desarrolla demasiado, impide mamar o hablar con soltura. ‖ **2.** Ligamento que sujeta el prepucio al bálano. ‖ **3.** Cerco de correa o de cuerda que, sujeto a la cabeza del perro, o de otro animal, se ajusta alrededor de su boca para que no muerda.

freno. m. Instrumento de hierro, que forma parte de la brida, y que, ajustado a la boca de la caballería, sirve para sujetar y gobernar esta. ‖ **2.** Mecanismo que sirve en las máquinas y carruajes para moderar o detener el movimiento. ‖ **3.** fig. Sujeción que se pone a uno para moderar sus acciones.

frenología. f. Doctrina psicológica según la cual las facultades psíquicas están localizadas en zonas precisas del cerebro y en correspondencia con relieves del cráneo. El examen de estos permitiría reconocer el carácter y aptitudes de la persona.

frente. f. Parte superior de la cara, comprendida entre una y otra sien, y desde encima de los ojos hasta que empieza la vuelta del cráneo. ‖ **2.** Parte delantera de una cosa, a diferencia de sus lados. ‖ **3.** m. *Meteor.* Contacto de una masa fría y otra cálida. La masa fría penetra en cuña levantando el aire cálido, que al enfriarse da lugar a nubes y lluvias. ‖ **4.** *Mil.* Extensión o línea de territorio continuo en que combaten los ejércitos con cierta permanencia o duración. ‖ **5.** *Polít.* Coalición de partidos políticos, organizaciones, etc. ‖ **6.** amb. Fachada o lo primero que se ofrece a la vista en un edificio u otra cosa. ‖ **7.** adv. l. En lugar opuesto. ‖ **8.** adv. m. En contra, en pugna.

freón. m. Nombre que se da a gases o líquidos no inflamables que contienen flúor, empleados especialmente como refrigerantes.

fresa[1]. f. Planta de la familia de las rosáceas, con tallos rastreros, nudosos y con estolones; hojas pecioladas, vellosas, blanquecinas por el envés, divididas en tres segmentos aovados y con dientes gruesos en el margen; flores pedunculadas, blancas o amarillentas, solitarias o en corimbos poco nutridos, y fruto casi redondo, algo apuntado, de un centímetro de largo, rojo, suculento y fragante. ‖ **2.** Fruto de esta planta. ‖ **3.** adj. Aplícase a lo que tiene color rojo semejante al de este fruto. Ú. t. c. s. m.

fresa[2]. f. Herramienta de movimiento circular continuo, constituida por una serie de buriles o cuchillas convenientemente espaciados entre sí y que trabajan uno después de otro en la máquina de labrar metales o fresarlos.

fresar. tr. Abrir agujeros y, en general, labrar metales por medio de la herramienta llamada fresa.

fresca. f. El frescor de las primeras horas de la mañana o de las últimas de la tarde, en tiempo caluroso. *Salir con la* FRESCA. ‖ **2.** fam. Expresión desenfadada y algo desagradable que se dice a uno. *Decir una* FRESCA.

fresco, ca. adj. Moderadamente frío, con relación a nuestra temperatura, a la de la atmósfera o a la de cualquier otro cuerpo. ‖ **2.** Reciente, acabado de hacer, de coger, etc. *Queso* FRESCO. Ú. en sent. fig. *Noticia* FRESCA. ‖ **3.** fig. Hablando de un alimento, no congelado. ‖ **4.** Descansado, que no da muestras de fatiga. ‖ **5.** fig. y fam. Desvergonzado, que no tiene empacho. Ú. t. c. s. ‖ **6.** m. Frío moderado. ‖ **7.** Pintura hecha al **fresco.** ‖ **traer al fresco** una cosa a alguien. fr. fig. y fam. Serle completamente indiferente.

frescor. m. Frescura o fresco.

frescura. f. Cualidad de fresco. ‖ **2.** fig. Desenfado, desvergüenza. *Con* FRESCURA *me venía a pedir dinero prestado.*

fresno. m. Árbol de la familia de las oleáceas, con tronco grueso, de 25 a 30 metros de altura, corteza cenicienta y muy ramoso; hojas compuestas de hojuelas sentadas, elípticas, agudas en el ápice y con dientes marginales; flores pequeñas, blanquecinas, en panojas cortas, primero erguidas y al final colgantes, y fruto seco con ala membranosa y semilla elipsoidal. ‖ **2.** Madera de este árbol.

fresón. m. Fruto de una planta oriunda de Chile, semejante a la fresa, pero de volumen mucho mayor, de color rojo amarillento y sabor más ácido.

fresquera. f. Especie de jaula que se coloca en sitio ventilado para conservar frescos algunos líquidos o comestibles.

fresquilla. f. Especie de melocotón o prisco.

freudiano, na. adj. Perteneciente o relativo a Freud o a sus doctrinas, en particular al psicoanálisis. ❑ En esta voz el diptongo *eu* se pronuncia *oi.*

freza. f. **desove.** ‖ **2.** Huevos de los peces, y pescado menudo recién nacido de ellos.

frezadero. m. Lugar donde los peces acuden a desovar.

frialdad. f. Sensación que proviene de la falta de calor. ‖ **2.** fig. Indiferencia, despego, poco interés.

fricativo, va. adj. *Fon.* Dícese de los sonidos cuya articulación, permitiendo una salida continua del aire emitido, hace que este produzca cierta fricción o roce en los órganos bucales; como la *f, s, z, j,* etc.

fricción. f. Acción y efecto de friccionar. ‖ **2.** Roce de dos cuerpos en contacto. ‖ **3.** pl. fig. Desavenencias entre personas o colectividades.

friccionar. tr. Restregar, dar friegas.

friega. f. Remedio consistente en restregar alguna parte del cuerpo con un paño o cepillo o con las manos.

frigidez. f. **frialdad.** Sensación de falta de calor. ‖ **2.** Ausencia anormal de deseo o de goce sexual.

frigidísimo, ma. adj. sup. de **frío.**

frígido, da. adj. poét. **frío.** ‖ **2.** Que padece frigidez, ausencia de deseo o goce sexual. Ú. t. c. s.

frigio, gia. adj. Natural de Frigia. Ú. t. c. s. ‖ **2.** Perteneciente o relativo a este país de Asia antigua.

frigoría. f. Unidad de medida de absorción del calor, empleada en la técnica de la refrigeración; corresponde a la absorción de una kilocaloría por hora.

frigorífico, ca. adj. Dícese de las cámaras o espacios enfriados artificialmente para conservar frutas, carnes, etc. ‖ **2.** m. **nevera,** electrodoméstico con refrigeración eléctrica o química para guardar alimentos u otras sustancias.

fríjol. m. **fréjol.**

fringílido. adj. *Zool.* Dícese de aves del orden de los pájaros que en la cara posterior de los tarsos tienen dos surcos laterales; como el gorrión y el jilguero. Ú. t. c. s. m. ‖ **2.** m. pl. *Zool.* Familia de estos animales.

frío, a. adj. Aplícase a los cuerpos cuya temperatura es muy inferior a la ordinaria del ambiente. ‖ **2.** Dícese del color que produce efectos sedantes, como el azul o el verde. ‖ **3.** fig. Que respecto de una persona o cosa muestra indiferencia, desapego o desafecto, o que no toma interés por ella. ‖ **4.** m. Sensación que se experimenta por el contacto con cuerpos que están a temperatura baja. ‖ **5.** Sensación análoga a la que produce la permanencia en un ambiente **frío,** pero ocasionada por causas fisiológicas o morbosas. ❑ sup. irreg. *frigidísimo.*

friolera. f. irón. Gran cantidad de algo, especialmente de dinero.

friolero, ra. adj. Muy sensible al frío.

frisar. intr. fig. **acercarse.** Ú. generalmente hablando de edad.

friso. m. *Arq.* Parte del cornisamento que media entre el arquitrabe y la cornisa, donde suelen ponerse follajes y otros adornos. ‖ **2.** Faja más o menos ancha que suele pintarse en la parte inferior de las paredes, de diverso color que estas. También puede ser de seda, estera de junco, papel pintado, azulejos, mármol, etc.

frisón, na. adj. Natural de Frisia. ‖ **2.** Perteneciente o relativo a esta provincia de Holanda. ‖ **3.** m. Lengua germánica hablada por los **frisones.**

fritada. f. Conjunto de cosas fritas. FRITADA *de pajarillos, de criadillas.*

fritanga. f. Fritada, especialmente la abundante en grasa. A veces se usa en sentido despectivo.

frito, ta. p. p. irreg. de **freír.** ‖ **2.** m. Cualquier manjar **frito.** ‖ **dejar a** uno **frito.** fr. fig. y fam. Matarlo. ‖ **quedarse** uno **frito.** fr. fig. y fam. Dormirse. ‖ **tener** o **traer a** uno **frito.** fr. fig. y fam. Cansarle con insistentes molestias.

fritura. f. Conjunto de cosas fritas.

frivolidad. f. Cualidad de frívolo.

frívolo, la. adj. Ligero, veleidoso, insustancial. ‖ **2.** Dícese de los espectáculos ligeros y sensuales, de sus textos, canciones y bailes, y de las personas, especialmente de las mujeres, que los interpretan. ‖ **3.** Dícese de las publicaciones que tratan temas ligeros, con predominio de lo sensual.

friz. f. Flor del haya.

fronda. f. Hoja de una planta. ‖ **2.** pl. Conjunto de hojas o ramas que forman espesura.

frondosidad. f. Cualidad de frondoso.

frondoso, sa. adj. Abundante en hojas y ramas. ‖ **2.** Abundante en árboles que forman espesura.

frontal. adj. Perteneciente o relativo al frente o parte delantera de alguna cosa. ‖ **2.** *Anat.* Perteneciente o relativo a la frente. *Músculos* FRONTALES.

frontera. f. Confín de un Estado. ‖ **2.** fig. Límite. Ú. m. en pl. *Su codicia no tiene* FRONTERAS.

fronterizo, za. adj. Que está en la frontera. *Ciudad* FRONTERIZA; *soldado* FRONTERIZO. ‖ **2.** Que está enfrente de otra cosa.

frontis. m. Fachada o frontispicio de un edificio o de otra cosa.

frontispicio. m. Fachada o delantera de un edificio, mueble u otra cosa. ‖ **2.** Página de un libro anterior a la portada, que suele contener el título y algún grabado o viñeta. ‖ **3.** *Arq.* **frontón,** remate triangular de una fachada.

frontón. m. Pared principal contra la cual se lanza la pelota en el juego de pelota. ‖ **2.** Edificio o sitio dispuesto para jugar a la pelota. ‖ **3.** *Arq.* Remate triangular de una fachada o de un pórtico; se coloca también encima de puertas y ventanas.

frotación. f. Acción de frotar o frotarse.

frotamiento. m. Acción de frotar o frotarse.

frotar. tr. Pasar muchas veces una cosa sobre otra con más o menos fuerza. Ú. t. c. prnl.

fructífero, ra. adj. Que produce fruto.

fructificar. intr. Dar fruto los árboles y otras plantas. ‖ **2.** fig. Producir utilidad una cosa.

fructuoso, sa. adj. Que da fruto o utilidad.

frugal. adj. Parco en comer y beber. ‖ **2.** Aplícase también a las cosas en que esa parquedad se manifiesta. *Vida, almuerzo* FRUGAL.

frugalidad. f. Templanza, parquedad en la comida y la bebida.

frugívoro, ra. adj. Aplícase al animal que se alimenta de frutos.

frui. f. Fruto del haya.

fruición. f. Complacencia, goce en general. *El malvado tiene* FRUICIÓN *en ver llorar.*

frunce. m. Arruga o pliegue, o serie de arrugas o pliegues menudos que se hacen en una tela, papel, piel, etc.

fruncir. tr. Arrugar la frente y las cejas en señal de desabrimiento o de ira. ‖ **2.** Recoger el paño u otras telas, haciendo en ellas arrugas pequeñas. ‖ **3.** Estrechar y recoger una cosa, reduciéndola a menor extensión. FRUNCIR *la boca.*

fruslería. f. Cosa de poco valor o entidad.

frustración. f. Acción y efecto de frustrar o frustrarse.

frustrar. tr. Privar a uno de lo que esperaba. ‖ **2.** Dejar sin efecto, malograr un intento. Ú. t. c. prnl.

fruta. f. Fruto comestible de ciertas plantas cultivadas, como la pera, guinda, fresa, etc. ‖ **2.** fig. y fam. Producto de una cosa o consecuencia de ella. ‖ **del tiempo.** La que se come en la misma estación en que madura. ‖ **de sartén.** Pasta de harina, a la que se añaden huevos y azúcar o sal, hecha en diferentes figuras, y frita después en manteca o aceite. ‖ **prohibida.** fig. Todo aquello que no está permitido usar. ‖ **seca.** La que por la condición de su cáscara, o por haber sido desecada, se conserva comestible todo el año.

frutal. adj. Dícese del árbol que lleva fruta. Ú. t. c. s. m.

frutería. f. Tienda o puesto donde se vende fruta.

frutero, ra. adj. Que sirve para llevar o para contener fruta. *Buque* FRUTERO; *plato* FRUTERO. ‖ **2.** m. y f. Persona que vende fruta. ‖ **3.** m. Plato hecho a propósito para servir la fruta.

frutícola. adj. Perteneciente o relativo a la fruticultura.

fruticultura. f. Cultivo de las plantas que producen frutas. ‖ **2.** Arte que enseña ese cultivo.

fruto. m. *Bot.* Producto del desarrollo del ovario de una flor después de la fecundación. En él quedan contenidas las semillas. Con frecuencia cooperan a la formación del **fruto** tanto el cáliz como el receptáculo floral y otros órganos. ‖ **2.** Comúnmente se llama **fruto** lo que producen las plantas, y que, aparte de la utilidad que pueden tener, sirve para desarrollar y proteger la semilla. ‖ **3.** fig. Cualquier producción del ingenio o del trabajo humano. ‖ **4.** pl. Producciones de la tierra con que se hace cosecha.

fucsia. f. Arbusto angiospermo dicotiledóneo, con ramos lampiños, hojas ovales, agudas y dentadas, y flores de color rosa fuerte, colgantes, de pedúnculos largos, cáliz cilíndrico, con cuatro lóbulos y corola de cuatro pétalos. Es planta de adorno, procedente de América Meridional. ‖ **2.** adj. Aplícase a lo que tiene el color de la flor de esta planta. Ú. t. c. s. m.

fucsina. f. Colorante rojo derivado de la anilina, que se emplea en tinciones biológicas, industrias textiles y otras aplicaciones.

fuego. m. Calor y luz producidos por la combustión. ‖ **2.** Materia encendida en brasa o llama; como carbón, leña, etc. ‖ **3. incendio.** ‖ **4. quemador.** *Una cocina de tres* FUEGOS. ‖ **5.** Efecto de disparar las armas de **fuego.** ‖ **6.** fig. Ardor que excitan algunas pasiones del ánimo; como el amor, la ira, etc. ‖ **de Santelmo.** Meteoro ígneo que, al hallarse muy cargada de electricidad la atmósfera, suele dejarse ver en los mástiles y vergas de las embarcaciones, especialmente después de la tempestad. ‖ **fatuo.** Inflamación de ciertas materias que se elevan de las sustancias animales o vegetales en putrefacción, y forman pequeñas llamas que se ven andar por el aire a poca distancia de la tierra, especialmente en los lugares pantanosos y en los cementerios. ‖ **fuegos artificiales.** Cohetes y otros artificios de pólvora, que se hacen para regocijo o diversión. ‖ **estar** uno **entre dos fuegos.** fr. fig. y fam. Estar alguien entre dos situaciones difíciles y comprometedoras para él. ‖ **jugar con fuego.** fr. fig. Empeñarse imprudentemente, por pasatiempo y diversión, en una cosa que puede ocasionar sinsabores o perjuicios.

fueguino, na. adj. Natural del archipiélago o de la isla de Tierra del Fuego. Ú. t. c. s. ‖ **2.** Perteneciente o relativo al archipiélago de Tierra del Fuego o a la isla del mismo nombre.

fuel. m. Fracción del petróleo natural, obtenida por refinación y destilación, que se destina a la calefacción.

fuelle. m. Instrumento para recoger aire y lanzarlo con dirección determinada, que esencialmente se reduce a una caja con tapa y fondo de madera, costados de piel flexible, una válvula por donde entra el aire y un cañón por donde sale cuando, plegándose los costados, se reduce el volumen del aparato. ‖ **2.** Bolsa de cuero de la gaita gallega. ‖ **3.** Pieza de piel u otra materia plegable que se pone en los lados de bolsos, carteras, etc., para poder aumentar su capacidad. ‖ **4.** fig. y fam. Capacidad respiratoria.

fuente. f. Manantial de agua que brota de la tierra. ‖ **2.** Obra de arquitectura hecha de fábrica, piedra, hierro, etc., que sirve para que salga el agua por uno o muchos caños dispuestos en ella. ‖ **3.** Plato grande, circular u oblongo, más o menos hondo, que se usa para servir los alimentos. ‖ **4.** Cantidad de comida que cabe en este plato. ‖ **5.** fig. Principio, fundamento u origen de una cosa. ‖ **6.** fig. Documento, obra o materiales que sirven de información o de inspiración a un autor.

fuera. adv. l. A o en la parte exterior de cualquier espacio o término real o imaginario. *Está* FUERA; *me voy* FUERA. ‖ **estar** uno **fuera de sí.** fr. fig. Estar enajenado y turbado de suerte que no pueda obrar con acierto. ‖ **fuera de.** loc. prepos. FUERA DE *casa;* puede usarse también como interj. ¡FUERA DE *aquí!;* precediendo a sustantivos y a pronombres, significa excepto, salvo: FUERA DE *eso, pídeme lo que quieras; te daré todos mis libros,* FUERA DE *este;* FUERA DE *los libros, llévate lo que quieras.*

fueraborda. amb. **motor fuera borda.**

fuero. m. Ley o código dados para un municipio durante la Edad Media. ‖ **2.** Jurisdicción, poder. FUERO *eclesiástico, secular.* ‖ **3.** Nombre de algunas compilaciones de leyes. FUERO *Juzgo;* FUERO *Real.* ‖ **4.** Cada uno de los privilegios y exenciones que se conceden a una provincia, ciudad o persona. Ú. m. en pl. ‖ **de la conciencia.** Libertad de la conciencia para aprobar las buenas obras y reprobar las malas. Ú. m. en pl. ‖ **interior,** o **interno. fuero de la conciencia.**

fuerte. adj. Que tiene fuerza y resistencia. ‖ **2.** Robusto, corpulento y que tiene grandes fuerzas. ‖ **3.** Dícese del lugar resguardado con obras de defensa que lo hacen capaz de resistir los ataques del enemigo. ‖ **4.** Aplicado a colores y a sabores, intenso. ‖ **5.** Poderoso. *Un país* FUERTE. ‖ **6.** fig. Terrible, grave, excesivo. ‖ **7.** fig. Versado en una ciencia o arte. *Está* FUERTE *en matemáticas.* ‖ **8.** m. Recinto fortificado. ‖ **9.** fig. Aquello a que una persona tiene más afición o en que más sobresale. ❑ Ú. comúnmente con el verbo *ser. El canto* ES *su* FUERTE. ‖ **10.** adv. m. Con fuerza. ‖ **11.** Abundantemente. ❑ Ú. con los verbos *almorzar, comer, merendar* y *cenar.* ❑ sup. irreg. *fortísimo* y reg. *fuertísimo.*

fuerza. f. Vigor, robustez y capacidad para mover una cosa que tenga peso o haga resistencia; como para levantar una piedra, tirar una barra, etc. ‖ **2.** Aplicación del poder físico o moral. *Apriétalo con* FUERZA; *se necesita mucha* FUERZA *para soportar tantas desgracias.* ‖ **3.** Capacidad para soportar un peso o resistir un empuje. *La* FUERZA *de unas vigas, de un dique.* ‖ **4.** *Mec.* Causa capaz de modificar el estado de reposo o de movimiento de un cuerpo. ‖ **5.** *Mec.* **resistencia** que se opone al movimiento. ‖ **6.** pl. *Mil.* Gente de guerra y demás aprestos militares. ‖ **armada.** El ejército o una parte de él. Ú. m. en pl. ‖ **bruta.** La material, en oposición a la que da el derecho o la razón. ‖ **centrífuga.** *Mec.* **fuerza** de inercia que se manifiesta en todo cuerpo cuando se le obliga a describir una trayectoria curva. Es igual y contraria a la centrípeta. ‖ **centrípeta.** *Mec.* Aquella que es preciso aplicar a un cuerpo para que, venciendo la inercia, describa una trayectoria curva. ‖ **electromotriz.** *Electr.* Magnitud física que se manifiesta por la diferencia de potencial que origina entre los extremos de un circuito abierto o por la corriente que produce en un circuito cerrado. ‖ **pública.** Cuerpo de agentes de la autoridad encargados de mantener el orden. ‖ **fuerzas vivas.** Personas o clases representativas de una ciudad, región, país, etc., por su autoridad o por su influencia social. ‖ **a fuerza de.** loc. prepos. que, seguida de un sustantivo o de un verbo, indica la intensidad o abundancia del objeto designado por el sustantivo, o la insistente reiteración de la acción expresada por el verbo. A FUERZA DE *estudio,* DE *dinero,* etc.; A FUERZA DE *correr, cayó rendido.*

fuga. f. Huida apresurada. ‖ **2.** Abandono inesperado del domicilio familiar o del ambiente habitual. ‖ **3.** Salida de gas o líquido por un orificio o abertura producidos accidentalmente. ‖ **4.** *Mús.* Composición que gira sobre un tema y su contrapunto, repetidos con cierto artificio por diferentes tonos.

fugacidad. f. Cualidad de fugaz.

fugarse. prnl. Escaparse, huir.

fugaz. adj. Que con velocidad huye y desaparece. ‖ **2.** fig. De muy corta duración.

fugitivo, va. adj. Que anda huyendo y escondiéndose. Ú. t. c. s.

-fugo, ga. elem. compos. que significa «que ahuyenta» o «que huye de»: *centrí*FUGO, *febrí*FUGO.

fulano, na. m. y f. Persona indeterminada o imaginaria. ‖ **2.** Con referencia a una persona determinada, ú. como despectivo. ‖ **3.** f. Ramera o mujer de vida airada.

fulero, ra. adj. Dícese de la persona falsa, embustera, o simplemente charlatana y sin seso.

fulgente. adj. Brillante, resplandeciente.

fulgor. m. Resplandor y brillantez.

fulgurar. intr. Brillar, resplandecer, despedir rayos de luz.

fullería. f. Trampa y engaño que se comete en el juego.

fullero, ra. adj. Que hace fullerías. Ú. t. c. s.

fulmar. m. Ave marina semejante a la gaviota, pero con el cuello más ancho, las alas sin puntas negras y el pico amarillo con las fosas nasales tubulares. Es propia del norte de Europa y rara en los mares españoles.

fulminante. adj. Que fulmina. ‖ **2.** Dícese de las materias capaces de hacer estallar cargas explosivas. Ú. t. c. s. m. ‖ **3.** Súbito, muy rápido y de efecto inmediato. *Réplica* FULMINANTE, *éxito* FULMINANTE, *simpatías* FULMINANTES, *pasión* FULMINANTE.

fulminar. tr. Lanzar rayos eléctricos. ‖ **2.** Dar muerte los rayos eléctricos, o matar con ellos. ‖ **3.** Matar o herir a uno proyectiles o armas; matar o herir con ellos. ‖ **4.** Causar muerte repentina una enfermedad. ‖ **5.** Dejar rendida o muy impresionada a una persona con una mirada de ira o de amor, o con una voz airada.

fumadero. m. Local destinado a los fumadores.

fumador, ra. adj. Que tiene costumbre de fumar. Ú. t. c. s.

fumante. adj. *Quím.* Dícese de la sustancia que, a la temperatura ambiente, emite vapores.

fumar. intr. Aspirar y despedir el humo del tabaco, opio, anís, etc. Ú. t. c. tr. ‖ **2.** prnl. fig. y fam. Gastar, consumir indebidamente una cosa. SE FUMÓ *la paga del mes y anda sin un cuarto.* ‖ **3.** fig. y fam. Dejar de acudir a una obligación. FUMARSE *la clase, la oficina.*

fumarel. m. Nombre común de varias aves marinas de plumaje blanco y negro, alas largas, cola ahorquillada y pico afilado. Junto con los charranes y pagazas constituyen las llamadas golondrinas de mar.

fumarola. f. Emisión de gases y vapores procedentes de un conducto volcánico o de un flujo de lava.

fumigador, ra. m. y f. Persona que fumiga. ‖ **2.** m. Aparato para fumigar.

fumigar. tr. Desinfectar por medio de humo, gas o vapores adecuados. ‖ **2.** Combatir por estos medios, o valiéndose de polvos en suspensión, las plagas de insectos y otros organismos nocivos.

funámbulo, la. m. y f. Volatinero que hace ejercicios en la cuerda o en el alambre.

función. f. Capacidad de acción o acción propia de los seres vivos y de sus órganos y de las máquinas o instrumentos. ‖ **2.** Capacidad de acción o acción propia de los cargos y oficios. ‖ **3.** Representación de una obra teatral, o proyección de una cinta cinematográfica. ‖ **4.** Espectáculo de circo. ‖ **5.** *Ling.* Papel que, en la estructura gramatical de la oración, desempeña un elemento fónico, morfológico, léxico o sintáctico. ‖ **6.** *Mat.* Relación entre dos conjuntos que asigna a cada elemento del primero un elemento del segundo o ninguno. ‖ **circular.** *Mat.* **función trigonométrica.** ‖ **inversa.** *Mat.* **función** recíproca asociada a una **función** invertible. ‖ **invertible.** *Mat.* Aquella cuya relación recíproca es también una **función.** ‖ **trigonométrica.** *Mat.* Cualquiera de las **funciones** que dan las distintas relaciones entre los lados y los ángulos de un triángulo rectángulo. ‖ **en función** o **en funciones.** loc. adj. En sustitución del que ejerce en propiedad el cargo. ‖ **en función de.** loc. prepos. Dependiendo de, de acuerdo con.

funcional. adj. Perteneciente o relativo a las funciones. *Competencia* FUNCIONAL; *procedimiento* FUNCIONAL. ‖ **2.** Dícese de todo aquello en cuyo diseño u organización se ha atendido, sobre todo, a la facilidad, utilidad y comodidad de su empleo. ‖ **3.** Dícese de cualquier obra o técnica eficazmente adecuada a sus fines. ‖ **4.** *Ling.* Dícese de diversas escuelas lingüísticas que estudian la estructura del lenguaje atendiendo a la función que desempeñan los elementos idiomáticos.

funcionalismo. m. *Ling.* Actitud teórica y metodológica de los lingüistas funcionalistas.

funcionalista. adj. *Ling.* Dícese de la persona entendida en los métodos y estudios que se basan en una interpretación funcional del lenguaje. Ú. t. c. s.

funcionamiento. m. Acción y efecto de funcionar.

funcionar. intr. Ejecutar una persona, máquina, etc., las funciones que le son propias.

funcionario, ria. m. y f. Persona que desempeña un empleo público.

funda. f. Cubierta o bolsa de cuero, paño, lienzo u otra tela con que se envuelve una cosa para conservarla y resguardarla.

fundación. f. Acción y efecto de fundar. ‖ **2.** Principio, erección, establecimiento y origen de una cosa. ‖ **3.** *Der.* Persona jurídica dedicada a la beneficencia, ciencia, enseñanza, o piedad, que continúa y cumple la voluntad de quien la erige.

fundacional. adj. Perteneciente o relativo a la fundación.

fundador, ra. adj. Que funda. Ú. t. c. s.

fundamental. adj. Que sirve de fundamento o es lo principal en una cosa.

fundamentalismo. m. Exigencia intransigente de sometimiento a una doctrina o prácticas establecidas.

fundamentar. tr. fig. Establecer, asegurar y hacer firme una cosa.

fundamento. m. Principio y cimiento en que estriba y sobre el que se apoya un edificio u otra cosa. ‖ **2.** Razón principal o motivo con que se pretende afianzar y asegurar una cosa. ‖ **3.** fig. Raíz, principio y origen en que estriba y tiene su mayor fuerza una cosa no material.

fundar. tr. Edificar materialmente una ciudad, colegio, hospital, etc. ‖ **2.** Establecer, crear. FUNDAR *una asociación.* ‖ **3.** fig. Apoyar con motivos y razones eficaces o con discursos una cosa. FUNDAR *una sentencia.* Ú. t. c. prnl.

fundición. f. Acción y efecto de fundir o fundirse. ‖ **2.** Fábrica en que se funden los metales.

fundido. m. *Cinem.* y *TV.* Transición gradual de un plano a otro durante su proyección en la pantalla, o de un sonido a otro en el altavoz.

fundir. tr. Derretir y licuar los metales, los minerales u otros cuerpos sólidos. Ú. t. c. intr. y prnl. ‖ **2.** Dar forma en moldes al metal fundido. FUNDIR *cañones, estatuas.* ‖ **3.** Reducir a una sola dos o más cosas diferentes. Ú. t. c. prnl. ‖ **4.** *Cinem.* y *TV.* Mezclar los últimos momentos de persistencia de la imagen en la pantalla o del sonido en el altavoz con los primeros momentos de aparición de otra imagen o de otro sonido respectivamente.

fúnebre. adj. Relativo a los difuntos. *Honras* FÚNEBRES. ‖ **2.** fig. Muy triste, luctuoso, funesto.

funeral. adj. Perteneciente al entierro y a las exequias. ‖ **2.** m. Pompa y solemnidad con que se hace un entierro o unas exequias. ‖ **3. exequias.** Ú. t. en pl.

funerala (a la). loc. adv. V. **ojo a la funerala.**

funeraria. f. Empresa que se encarga de proveer las cajas, coches fúnebres y demás objetos pertenecientes a los entierros.

funerario, ria. adj. Perteneciente al entierro y a las exequias.

funesto, ta. adj. Aciago; que es origen de pesares o de ruina. ‖ **2.** Triste y desgraciado.

fungible. adj. Que se consume con el uso.

fungicida. adj. Dícese del agente que destruye los hongos. Ú. t. c. s.

fungiforme. adj. Que tiene forma de hongo.

fungir. intr. Desempeñar un empleo o cargo. ❑ Ú. frecuentemente con la prep. *de.*

fungosidad. f. *Pat.* Excrecencia carnosa producida por hongos patógenos.

funicular. adj. Aplícase al vehículo o artefacto en el cual la tracción se hace por medio de una cuerda, cable o cadena. Ú. t. c. s.

furcia. f. despect. **prostituta,** ramera.

furgón. m. Vagón de tren principalmente destinado al transporte de correspondencia, equipajes y mercancías.

furgoneta. f. Vehículo automóvil cubierto, más pequeño que el camión, destinado al reparto de mercancías.

furia. f. *Mit.* Cada una de las tres divinidades infernales en que se personificaban la venganza o los remordimientos. ‖ **2.** Ira exaltada. ‖ **3.** fig. Persona muy irritada y colérica. ‖ **4.** fig. Actividad y violenta agitación de las cosas inanimadas. *La* FURIA *del viento, del mar.* ‖ **5.** fig. Prisa, velocidad y vehemencia con que se ejecuta alguna cosa.

furibundo, da. adj. Airado, colérico, muy propenso a enfurecerse. ‖ **2.** fig. Extremadamente entusiasta o partidario.

furioso, sa. adj. Poseído de furia. ‖ **2.** Loco, que debe ser atado o sujetado. ‖ **3.** fig. Violento, terrible.

furor. m. Cólera, ira exaltada. ‖ **2.** En la demencia o en delirios pasajeros, agitación violenta con los signos exteriores de la cólera. ‖ **3.** fig. Actividad y violencia de las cosas. ‖ **4.** fig. Momento de mayor intensidad de una moda o costumbre. ‖ **uterino.** *Pat.* Deseo violento e insaciable en la mujer de entregarse a la cópula.

furriel. m. *Mil.* Cabo que tiene a su cargo la distribución del pan, comida y pienso de cada compañía, escuadrón o batería, así como el nombramiento del personal destinado al servicio de la tropa correspondiente.

furtivo, va. adj. Que se hace a escondidas y como a hurto. ‖ **2.** Dícese del que caza, pesca o hace leña en finca ajena, a hurto de su dueño.

furúnculo. m. *Med.* **divieso.**

fusa. f. *Mús.* Nota de música, cuyo valor es la mitad de la semicorchea.

fuselaje. m. Cuerpo del avión donde van los pasajeros y las mercancías.

fusible. adj. Que puede fundirse. ‖ **2.** m. Hilo o chapa metálica, fácil de fundirse, que se coloca en algunas partes de las instalaciones eléctricas, para que, cuando la corriente sea excesiva, la interrumpa fundiéndose.

fusiforme. adj. De figura de huso.

fusil. m. Arma de fuego, portátil, destinada al uso de los soldados de infantería, en sustitución del arcabuz y del mosquete. Consta de un cañón de hierro o de acero, de ocho a diez decímetros de longitud ordinariamente, de un mecanismo con que se dispara, y de la caja a que este y aquel van unidos. Los modernos **fusiles,** de calibre menor que sus antecesores, son semiautomáticos o automáticos, y emplean cargador para los proyectiles.

fusilamiento. m. Acción y efecto de fusilar.

fusilar. tr. *Mil.* Ejecutar a una persona con una descarga de fusilería. ‖ **2.** fig. y fam. Plagiar, copiar trozos o ideas de un original sin citar el nombre del autor.

fusilero, ra. adj. Dícese del soldado de infantería armado con fusil y bayoneta. Ú. m. c. s. m.

fusión. f. Efecto de fundir o fundirse. ‖ **2.** fig. Unión de intereses, ideas o partidos. ‖ **3.** *Econ.* Integración de varias empresas en una sola entidad, que suele estar legalmente regulada para evitar excesivas concentraciones de poder sobre el mercado. ‖ **nuclear.** *Fís.* Reacción nuclear, producida por la unión de dos núcleos ligeros, que da lugar a un núcleo más pesado, con gran desprendimiento de energía. La **fusión** de los núcleos de hidrógeno en el Sol es el origen de la energía solar. ❑ No confundir con *fisión.*

fusionar. tr. fig. Producir una fusión, unión de intereses, ideas o partidos. Ú. t. c. prnl.

fusta. f. Vara flexible o látigo largo y delgado que por el extremo superior tiene una trencilla de correa que se usa para estimular a los caballos.

fuste. m. *Arq.* Parte de la columna que media entre el capitel y la basa.

fustigar. tr. Dar azotes. ‖ **2.** fig. Vituperar, censurar con dureza.

fútbol o **futbol.** m. Juego entre dos equipos de once jugadores cada uno, cuya finalidad es hacer entrar un balón por una portería, impulsándolo conforme a reglas determinadas, de las que la más característica es la prohibición de que sea tocado con las manos, salvo por un jugador que guarda la puerta, y este en una determinada zona.

futbolero, ra. adj. Referente o relativo al fútbol. ‖ **2.** m. y f. fam. Persona aficionada al fútbol o que practica este deporte.

futbolín. m. Cierto juego en que figurillas accionadas mecánicamente, remedan un partido de fútbol.

futbolista. com. Jugador de fútbol.

fútil. adj. De poco aprecio o importancia.

futilidad. f. Poca o ninguna importancia de una cosa.

futurismo. m. Actitud espiritual, cultural, política, etc., orientada hacia el futuro. ‖ **2.** Movimiento impulsado al comienzo del siglo XX por el poeta italiano Marinetti, que trataba de adaptar el arte al dinamismo de los avances de la técnica.

futurista. adj. Perteneciente o relativo al futurismo. ‖ **2.** Dícese del partidario del futurismo. Ú. t. c. s.

futuro, ra. adj. Que está por venir. Ú. t. c. s. m. ‖ **2.** *Gram.* V. **tiempo futuro.** Ú. t. c. s. ‖ **3.** m. y f. fam. Persona que tiene compromiso formal de casamiento con otra de distinto sexo. ‖ **imperfecto.** *Gram.* El que manifiesta de un modo absoluto que la cosa existirá, que la acción se ejecutará o el suceso acaecerá. Denota también una acción o un estado que, según conjetura o probabilidad, se produce o existe en el momento presente. *¿Dónde está Juan?* ESTARÁ *en la biblioteca.* Puede también tener valor de imperativo. AMARÁS *al prójimo como a ti mismo.* ‖ **perfecto.** *Gram.* El que denota acción, proceso o estado **futuros** respecto al momento en que se habla, pero pasados con relación a una acción, un proceso o un estado posteriores a dicho momento. Denota asimismo acción, proceso o estado que, según conjetura o probabilidad, se habrán verificado ya en el momento en que se habla. *Pareces cansado,* HABRÁS ESTADO *de juerga.*

futurología. f. Conjunto de los estudios que se proponen predecir científicamente el futuro del hombre.

futurólogo, ga. m. y f. Persona que profesa o cultiva la futurología.

g. f. Séptima letra del abecedario español, y quinta de sus consonantes. Su nombre es **ge.** Seguida inmediatamente de *e* o *i*, representa un sonido de articulación velar fricativa sorda, como la de la *j*, v. gr.: *genio, giro, colegio.* En cualquier otro caso representa un sonido de articulación velar sonora, oclusiva en posición inicial absoluta o precedido de nasal: *gala, gloria, angustia,* y fricativa por lo general en las demás posiciones: *paga, iglesia, agrado, algo, dogma, ignoraré.* Cuando este sonido velar sonoro precede a una *e* o *i*, se transcribe interponiendo una *u* que no se pronuncia, v. gr.: *guedeja, guisa.* En los casos en que la *u* se pronuncia en alguna de estas combinaciones, debe llevar diéresis, como en *Sigüenza, argüir.*

gabacho, cha. adj. Dícese de los naturales de algunos pueblos de las faldas de los Pirineos. Ú. t. c. s. ‖ **2.** Perteneciente o relativo a estos pueblos. ‖ **3.** fam. despect. **francés.** Apl. a pers., ú. m. c. s.

gabán. m. **abrigo,** prenda de vestir.

gabardina. f. Sobretodo de tela impermeable. ‖ **2.** Tela de tejido diagonal, con que se hacen esos sobretodos y otras prendas de vestir.

gabarra. f. Barco pequeño y chato destinado a la carga y descarga en los puertos.

gabinete. m. Habitación más reducida que la sala, donde se recibe a las personas de confianza. ‖ **2.** Oficina de un organismo encargada de atender determinados asuntos: GABINETE *particular del Ministro,* GABINETE *de Prensa,* etc. ‖ **3.** Habitación provista de los aparatos necesarios, donde el dentista u otro facultativo examina y trata a sus pacientes. ‖ **4. ministerio,** gobierno del Estado. ‖ **5. ministerio,** cuerpo de ministros que lo componen.

gablete. m. *Arq.* Remate formado por dos líneas rectas y ápice agudo, que se ponía en los edificios de estilo ojival.

gabrieles. m. pl. fam. Garbanzos del cocido.

gacela. f. Nombre común de varios antílopes de talla mediana que habitan en zonas semidesérticas o de sabana de África y Oriente Próximo. Es muy celebrada por su agilidad y gracia corporal. Tanto los machos como las hembras poseen cuernos.

gaceta. f. Publicación periódica en la que se dan noticias comerciales, administrativas, literarias o de otra índole. ‖ **2.** En España, nombre que tuvo durante muchos años el diario oficial del gobierno.

gacetero, ra. m. y f. Persona que escribe para las gacetas o las vende.

gacetilla. f. Parte de un periódico destinada a la inserción de noticias cortas. ‖ **2.** Cada una de estas mismas noticias.

gacetillero, ra. m. y f. Persona que redacta gacetillas.

gacha. f. Cualquier masa muy blanda que tira a líquida. ‖ **2.** pl. Comida compuesta de harina cocida con agua y sal, la cual se puede aderezar con leche, miel u otro aliño.

gachí. f. En ambientes populares, mujer, muchacha.

gacho, cha. adj. Encorvado, inclinado hacia la tierra.

gachó. m. En ambientes populares, hombre en general, y en especial el amante de una mujer. ❑ pl. *gachós.*

gádido, da. adj. *Zool.* Dícese de ciertos peces anacantos, simétricos y de buen tamaño, caracterizados por su cuerpo alargado, aletas pelvianas insertas al mismo por delante de la vertical de las pectorales; dorsales y anal blandas, que ocupan casi todo el cuerpo; como el bacalao y la merluza. ‖ **2.** m. pl. *Zool.* Familia de estos peces.

gaditano, na. adj. Natural de Cádiz. Ú. t. c. s. ‖ **2.** Perteneciente o relativo a esta ciudad o a su provincia.

gadolinio. m. Elemento químico de núm. atóm. 64. Metal de las tierras raras, muy escaso en la corteza terrestre, donde aparece en algunos minerales. De aspecto similar al acero, su obtención es una de las más costosas de todos los elementos; se utiliza en la industria nuclear, y alguno de sus derivados se usa como catalizador. Símb. *Gd.*

gaélico, ca. adj. Aplícase a los dialectos de la lengua céltica que se hablan en ciertas comarcas de Irlanda y Escocia. Ú. t. c. s. m.

gafa. f. *Mar.* Especie de tenaza para suspender objetos pesados. ‖ **2.** pl. Los dos ganchos que, sujetos con cuerdas a otra más larga, sirven para subir y bajar los materiales en las construcciones. ‖ **3.** Enganches con que se afianzan los anteojos detrás de las orejas. ‖ **4.** Anteojos con este género de armadura.

gafar. tr. fam. Transmitir o comunicar mala suerte a alguien o a algo.

gafe. adj. Dícese de la persona aguafiestas o de mala sombra. Ú. t. c. s.

gagá. adj. Dícese de la persona de edad que ya ha perdido parte de sus facultades mentales, lelo. Ú. t. c. s. ❑ pl. *gagás.*

gaita. f. Flauta de unos cuarenta centímetros, al modo de chirimía, que, acompañada del tamboril, se usa mucho en las fiestas populares. ‖ **2.** fig. y fam. Cosa difícil, ardua o engorrosa. ❑ Ú. generalmente con el verbo *ser. Es* GAITA *servir a hombre tan delicado.* ‖ **gallega.** Instrumento musical de viento formado por un cuero de cabrito a manera de odre, denominado fuelle, al cual van unidos tres tubos de boj: uno delgado, llamado soplete, con una válvula en su base, por el cual se sopla para henchir de aire el fuelle; otro corto, el puntero, especie de dulzaina, provisto de agujeros donde pulsan los dedos del tañedor, y el tercero más grueso y largo, llamado roncón, que produce un sonido continuado y forma el bajo del instrumento.

gaitero, ra. m. y f. Persona que tiene por oficio tocar la gaita.

gaje. m. Emolumento, beneficio fijo o eventual que corresponde a un destino o empleo. Ú. m. en pl. ‖ **gajes del oficio, empleo,** etc. Molestias o perjuicios que se experimentan con motivo del empleo u ocupación.

gajo. m. Cada una de las partes en que está naturalmente dividido el interior de algunos frutos; como la naranja, el limón, la granada, etc.

gala. f. Vestido sobresaliente y lucido. ‖ **2.** Fiesta en la que se exige vestido especial de esta clase. ‖ **3.** Gracia, garbo y bizarría en hacer o decir algo. ‖ **4.** Actuación artística de carácter excepcional. ‖ **5.** pl. Trajes, joyas y demás artículos de lujo que se poseen y ostentan. ‖ **de gala.** Dícese de las ceremonias, fiestas o espectáculos en que se exige vestido especial de esta clase. *Función* DE GALA. ‖ **2.** loc. adv. Con indumentaria de especial lujo o vistosidad. *Vestir* DE GALA, *ir* DE GALA. ‖ **hacer gala de** una cosa. fr. fig. Preciarse y gloriarse de ella.

galáctico, ca. adj. *Astron.* Perteneciente o relativo a la Vía Láctea o a cualquier otra galaxia.

galactosa. f. *Quím.* Azúcar que se prepara mediante hidrólisis de la lactosa.

galaico, ca. adj. Perteneciente o relativo a Galicia. *Cordillera* GALAICA, *literatura* GALAICA.

galán. m. Hombre de buen semblante, bien proporcionado y airoso en el manejo de su persona. ‖ **2.** El que galantea a una mujer. ‖ **3.** En artes escénicas, actor que representa papeles de protagonista, especialmente de hombre joven y atractivo.

galante. adj. Atento, cortés, obsequioso, en especial con las damas. ‖ **2.** Que trata con picardía un tema amoroso. *Literatura* GALANTE.

galanteador. adj. Que galantea. Ú. t. c. s.

galantear. tr. Requebrar a una mujer. ‖ **2.** Procurar captarse el amor de una mujer, especialmente para seducirla.

galanteo. m. Acción de galantear.

galantería. f. Acción o expresión obsequiosa, cortesana o de urbanidad.

galanura. f. Gracia, gentileza, donosura. ‖ **2.** fig. Elegancia y gallardía en el modo de expresar los conceptos.

galápago. m. Reptil del orden de los quelonios, parecido a la tortuga, con membranas interdigitales.

galardón. m. Premio o recompensa de los méritos o servicios.

galardonar. tr. Premiar o remunerar los servicios o méritos de uno.

galaxia. n. p. f. *Astron.* Inmenso conjunto de astros, nebulosas, etc., del que forman parte nuestro sistema solar y todas las estrellas visibles, incluidas las que integran la Vía Láctea. ‖ **2.** f. Por ext., cada uno de los sistemas semejantes a la **Galaxia** que se encuentran aislados y esparcidos en el Universo.

galbana. f. fam. Pereza, desidia o poca gana de hacer una cosa.

gálbula. f. Fruto en forma de cono corto, y de base redondeada, a veces carnoso, que producen el ciprés y algunas plantas análogas.

galdosiano, na. adj. Propio y característico de Pérez Galdós como escritor, o que tiene semejanza con las dotes o cualidades por que se distinguen sus obras.

galena. f. Mineral compuesto de azufre y plomo, de color gris y lustre intenso. Es la mejor mena del plomo.

galeno. m. fam. Médico, persona autorizada para ejercer la medicina.

galeón. m. Bajel grande de vela, parecido a la galera y con tres o cuatro palos, en los que orientaban, generalmente, velas de cruz; los había de guerra y mercantes.

galeote. m. El que remaba forzado en las galeras.

galera. f. Embarcación de vela y remo, la más larga de quilla y que calaba menos agua entre las de vela latina. ‖ **2.** pl. Pena de servir remando en las **galeras** reales, que se imponía a ciertos delincuentes. *Condenar a* GALERAS.

galerada. f. *Impr.* Prueba de la composición, sin ajustar, que se saca para corregirla.

galería. f. Pieza larga y espaciosa, con muchas ventanas, o sostenida por columnas o pilares, que sirve para pasear o para colocar en ella cuadros, adornos y otros objetos. ‖ **2.** Corredor descubierto o con vidrieras, que da luz a las piezas interiores de las casas. ‖ **3.** Camino subterráneo que se hace en las minas para descanso, ventilación, comunicación y desagüe. ‖ **4.** El que se hace en otras obras subterráneas. ‖ **5.** Bastidor que se coloca en la parte superior de una puerta o balcón para colgar en él las cortinas. ‖ **6.** pl. Tienda o almacén de cierta importancia. ‖ **7.** Pasaje interior con varios establecimientos comerciales. ‖ **de arte.** Establecimiento comercial donde se exponen y venden cuadros, esculturas y otros objetos de arte.

galerista. com. Dueño o gestor de una galería de arte.

galerna. f. Viento súbito y borrascoso que, en la costa septentrional de España, suele soplar entre el Oeste y el Noroeste.

galés, sa. adj. Natural de Gales. Ú. t. c. s. ‖ **2.** Perteneciente o relativo a este país de las Islas Británicas. ‖ **3.** m. Idioma **galés,** uno de los célticos.

galga. f. Herramienta que sirve para comprobar la dimensión o forma de una pieza.

galgo, ga. adj. V. **perro galgo.** Ú. m. c. s.

galiana. f. **cañada** de ganado.

gálibo. m. Figura ideal, cuyo perímetro marca las dimensiones máximas de la sección transversal autorizadas a los vehículos cargados, que hayan de pasar por túneles, arcos, etc. ‖ **2.** Arco de hierro en forma de U invertida, que sirve en las estaciones de los ferrocarriles para comprobar si los vagones con su carga máxima pueden circular por los túneles y bajo los pasos elevados.

galiciano, na. adj. Perteneciente o relativo a Galicia.

galicismo. m. Idiotismo propio de la lengua francesa. ‖ **2.** Vocablo o giro de esta lengua empleado en otra. ‖ **3.** Empleo de vocablos o giros de la lengua francesa en distinto idioma.

galileo, a. adj. Natural de Galilea. Ú. t. c. s. ‖ **2.** Perteneciente o relativo a este país de Tierra Santa.

galimatías. m. fam. Lenguaje oscuro por la impropiedad de la frase o por la confusión de las ideas. ‖ **2.** fig. y fam. Confusión, desorden, lío.

galio. m. Elemento químico de núm. atóm. 31. Metal escaso en la corteza terrestre; se encuentra en minerales de aluminio y de zinc. De color gris, su punto de fusión es muy bajo, alrededor de los 30° C. Se usa en la fabricación de semiconductores, de termómetros de cuarzo, en las lámparas de arco y en odontología. Símb. *Ga.*

galladura. f. Pinta como de sangre, menor que una lenteja, que en la yema del huevo puesto por la gallina señala que está fecundado.

gallardete. m. *Mar.* Tira o faja volante que va disminuyendo hasta rematar en punta, y se pone en lo alto de los mástiles de la embarcación, o en otra parte, como insignia, o para adorno, aviso o señal.

gallardía. f. Bizarría y buen aire, especialmente en el movimiento del cuerpo. ‖ **2.** Esfuerzo y arrojo en ejecutar las acciones y acometer las empresas.

gallardo, da. adj. Desembarazado, airoso y galán. ‖ **2.** Bizarro, valiente.

gallear. intr. fig. y fam. Presumir de hombría, alzar la voz con amenazas y gritos.

gallego, ga. adj. Natural de Galicia. Ú. t. c. s. ‖ **2.** Perteneciente o relativo a esta región de España. ‖ **3.** *Argent., Bol.* y *P. Rico.* Español que vive en aquellas regiones. Ú. t. c. s. ‖ **4.** m. Lengua de los **gallegos.**

gallegoportugués. adj. Perteneciente o relativo a la lengua gallega en su fase medieval. ‖ **2.** m. La lengua gallega en dicha fase.

gallera. f. Gallinero en que se crían los gallos de pelea. ‖ **2.** Edificio construido expresamente para las riñas de gallos. ‖ **3.** Jaula donde se transportan los gallos de pelea.

galleta. f. Pasta compuesta de harina, azúcar y a veces huevo, manteca o confituras diversas, que, dividida en trozos pequeños y moldeados o modelados en forma varia, se cuecen al horno. ‖ **2.** fam. Cachete, bofetada.

galliforme. adj. *Zool.* Dícese de aves de costumbres terrestres y aspecto compacto, con patas robustas, que usan para escarbar en el suelo, y pico corto ligeramente curvado. Las alas son cortas y el vuelo, aunque rápido, suele ser poco sostenido. Generalmente presentan carúnculas faciales coloreadas, como la gallina, la perdiz y el faisán. Ú. t. c. s. ‖ **2.** f. pl. *Zool.* Orden de estas aves.

gallina. f. Hembra del gallo, de menor tamaño que este, cresta pequeña o rudimentaria, cola sin cobijas prolongadas y tarsos sin espolones. ‖ **2.** com. fig. y fam. Persona cobarde, pusilánime y tímida. *Esteban es un* GALLINA. ‖ **ciega.** Juego de muchachos, en que uno, con los ojos vendados, trata de atrapar a otro y adivinar quién es; si lo logra, pasa el atrapado a ocupar su puesto.

gallináceo, a. adj. Perteneciente a la gallina.

gallinejas. f. pl. Tripas fritas de gallina u otras aves, y a veces de otros animales, que se venden en las calles o en establecimientos populares.

gallinero. m. Lugar o cobertizo en el que las aves de corral se recogen. ‖ **2.** fig. Conjunto de asientos del piso más alto del teatro. ‖ **3.** fig. Lugar donde la confusión de voces altas y desentonadas no deja que se entiendan unos con otros.

gallipato. m. Batracio del orden de los urodelos, que alcanza unos 30 centímetros de largo: tiene dos filas de dientes en el paladar, comprimida la cola, y las costillas horadan la piel y se hacen salientes a voluntad del animal. Vive en los estanques cenagosos y en las fuentes.

gallito. m. fig. Hombre presuntuoso o jactancioso. Ú. t. c. adj.

gallo. m. Ave del orden de las galliformes de aspecto arrogante, cabeza adornada de una cresta roja, carnosa y ordinariamente erguida; pico corto, grueso y arqueado; carúnculas rojas y pendientes a uno y otro lado de la cara; plumaje abundante, lustroso y a menudo con visos irisados; cola de catorce penas cortas y levantadas, sobre las que se alzan y prolongan en arco las cobijas, y tarsos fuertes, escamosos, armados de espolones largos y agudos. ‖ **2.** Pez marino del orden de los acantopterigios, de unos 20 centímetros de largo, cabeza pequeña, boca prominente, cuerpo comprimido, verdoso por encima y plateado por el vientre, aletas pequeñas, la dorsal en figura de cresta de un **gallo,** y cola redonda. ‖ **3.** fig. y fam. El que en una casa, pueblo o comunidad todo lo manda o lo quiere mandar y disponer a su voluntad. ‖ **4.** fig. y fam. Nota falsa y chillona que emite el que canta, perora o habla. ‖ **5.** fig. y fam. Esputo, gargajo. ‖ **otro gallo me, te, le, nos, os, les cantara.** expr. fig. y fam. Mejor sería mi, tu, su, nuestra, vuestra suerte.

gallofa. f. Cuento de poca sustancia; chisme.

galo, la. adj. Natural de la Galia. Ú. t. c. s. ‖ **2.** Perteneciente o relativo a dicho país. ‖ **3.** Apl. a pers., **francés.** Apl. a pers., ú. t. c. s. ‖ **4.** m. Antigua lengua céltica de las Galias.

galocha. f. Calzado de madera con refuerzos de hierro, que se usa en algunas provincias para andar por la nieve, el lodo o por suelo muy mojado.

galón[1]**.** m. *Mil.* Distintivo que llevan en el brazo o en la bocamanga diferentes clases del ejército o de cualquier otra fuerza organizada militarmente, hasta el coronel inclusive.

galón[2]**.** m. Medida de capacidad para líquidos, usada en Gran Bretaña, donde equivale a algo más de 4,5 litros, y en América del Norte, donde equivale a algo menos de 3,8 litros.

galop. m. Danza húngara, usada también en otros pueblos. ‖ **2.** Música de este baile.

galopante. adj. fig. Aplícase a procesos de desarrollo y desenlace muy rápidos, especialmente a ciertas enfermedades.

galopar. intr. Ir el cuadrúpedo a galope. ‖ **2.** Cabalgar en caballo que va a galope.

galope. m. *Equit.* Modo de andar del caballo, más rápido que el trote. ‖ **tendido.** Movimiento máximo del **galope,** a todo correr.

galopín. m. Cualquier muchacho mal vestido, sucio y desharrapado, por abandono. ‖ **2.** Pícaro, bribón, sin crianza ni vergüenza.

galpón. m. Casa grande de una planta. ‖ **2.** Departamento que se destinaba a los esclavos en las haciendas de América.

galvánico, ca. adj. *Fís.* Perteneciente al galvanismo.

galvanismo. m. *Fís.* Electricidad producida por una reacción química. ‖ **2.** *Fís.* Producción de contracciones musculares por una corriente eléctrica, y viceversa. ‖ **3.** Parte de la física que estudiaba el **galvanismo.**

galvanizar. tr. *Fís.* Aplicar el galvanismo a un animal vivo o muerto. ‖ **2.** Aplicar una capa de metal sobre otro, empleando al efecto el galvanismo. ‖ **3.** Dar un baño de zinc fundido a una superficie metálica, para que no se oxide. ‖ **4.** fig. Reactivar súbitamente cualquier actividad humana, energías, entusiasmos, etc.

galvanómetro. m. *Fís.* Aparato destinado a medir la intensidad y determinar el sentido de una corriente eléctrica.

galvanoplastia. f. *Fís.* Recubrimiento de un cuerpo sólido con una capa metálica mediante la electrólisis.

galvanoscopio. m. Galvanómetro, especialmente el que revela la existencia de una corriente eléctrica sin medirla.

gama[1]**.** f. Hembra del gamo, del cual se distingue por la falta de cuernos.

gama[2]**.** f. *Mús.* Escala musical. ‖ **2.** fig. Escala, gradación de colores. ❑ No utilizar por *clase, conjunto, serie...*

gamba. f. Crustáceo semejante al langostino, pero algo menor, y sin los surcos que tiene aquel en el caparazón a uno y otro lado de la quilla mocha. Habita en el Mediterráneo y es comestible.

gamberrada. f. Acción propia del gamberro.

gamberrismo. m. Conducta propia de un gamberro.

gamberro, rra. adj. Que comete actos de grosería o incivilizados. Ú. t. c. s.ll **2.** Libertino, disoluto. Ú. t. c. s.

gambito. m. En el juego de ajedrez, lance que consiste en sacrificar, al principio de la partida, algún peón o pieza, o ambos, para lograr una posición favorable.

gamboa. f. Variedad de membrillo injerto, más blanco, jugoso y suave que los comunes.

gamella. f. Artesa que sirve para dar de comer y beber a los animales, para fregar, lavar y otros usos. ll **2.** Arco que se forma en cada extremo del yugo que se pone a los bueyes, mulas, etc.

gameto. m. *Biol.* Cada una de las dos células sexuales, masculina y femenina, que se unen para formar el huevo de las plantas y de los animales.

gamillón. m. Pila donde se pisan las uvas.

gamitido. m. Balido del gamo, o voz que lo imita.

gamma. f. Tercera letra del alfabeto griego, que corresponde a nuestra *ge*, pero sin la articulación velar fricativa sorda. ll **2.** Unidad internacional de medida, equivalente a una millonésima de gramo. ll **3.** V. **rayos gamma.**

gammaglobulina. f. *Bioquím.* y *Med.* Fracción más abundante de las inmunoglobulinas del suero sanguíneo.

gamo. m. Mamífero rumiante del grupo de los cérvidos, originario del mediodía de Europa, de unos 90 centímetros de altura hasta la cruz, pelaje rojizo oscuro salpicado de manchas blancas y cabeza erguida con cuernos en forma de pala terminada por varias puntas.

gamón. m. Planta de la familia de las liliáceas, con hojas erguidas, largas, en figura de espada; flores blancas con una línea rojiza en cada pétalo, en espiga apretada, sobre un escapo rollizo de un metro próximamente de altura, y raíces tuberculosas, fusiformes e íntimamente unidas por uno de sus extremos, cuyo cocimiento se ha empleado para combatir las enfermedades cutáneas.

gamopétalo, la. adj. *Bot.* Dícese de las corolas cuyos pétalos están soldados entre sí y de las flores que tienen esta clase de corolas.

gamosépalo, la. adj. *Bot.* Dícese de los cálices cuyos sépalos están soldados entre sí y de las flores que tienen esta clase de cálices.

gamusino. m. Animal imaginario, cuyo nombre se usa para dar bromas a los cazadores novatos.

gamuza. f. Especie de antílope del tamaño de una cabra grande, con astas negras, lisas y derechas, terminadas a manera de anzuelo; el color de su pelo es moreno subido. Habita en las rocas más escarpadas de los Alpes y los Pirineos y es famoso por la prodigiosa osadía de sus saltos. ll **2.** Piel de la **gamuza,** que, después de adobada, queda muy flexible, de aspecto aterciopelado y de color amarillo pálido. ll **3.** Tejido o paño de lana, de tacto y aspecto semejantes a los de la piel de la **gamuza.**

gana. f. Deseo, apetito, voluntad de una cosa. ❑ Ú. t. en pl. y con la prep. *de:* GANAS DE *comer,* DE *dormir.* ll **darle** a uno **la gana,** o **la real gana.** fr. fam. En lenguaje poco culto, querer hacer una cosa con razón o sin ella. ll **darle** a uno **ganas de.** fr. Entrarle el deseo de hacer algo. ll **tenerle ganas** a uno. fr. fig. y fam. Desear reñir o pelearse con él.

ganadería. f. Raza especial de ganado, que suele llevar el nombre del ganadero. ll **2.** Crianza, granjería o tráfico de ganados.

ganadero, ra. adj. Perteneciente o relativo al ganado. ll **2.** m. y f. Dueño de ganados, que trata en ellos y hace granjería. ll **3.** Persona que cuida del ganado.

ganado, da. adj. Dícese de lo que se gana. ll **2.** m. Conjunto de bestias que se apacientan y andan juntas. GANADO *ovino, cabrío, vacuno.*

ganador, ra. adj. Que gana. Ú. t. c. s.

ganancia. f. Acción y efecto de ganar. ll **2.** Utilidad que resulta del trato, del comercio o de otra acción.

ganancial. adj. Propio de la ganancia o perteneciente a ella.

ganapán. m. Hombre que se gana la vida llevando recados o transportando bultos de un punto a otro. ll **2.** fig. y fam. Hombre rudo y tosco.

ganar. tr. Adquirir caudal o aumentarlo con cualquier género de comercio, industria o trabajo. ll **2.** Dicho de juegos, batallas, oposiciones, pleitos, etc., obtener lo que en ellos se disputa. Ú. t. c. intr. GANAR *al ajedrez.* ll **3.** Llegar al sitio o lugar que se pretende. GANAR *la orilla, la cumbre.* ll **4.** Captar la voluntad de una persona. Ú. t. c. pml. ll **5.** Lograr o adquirir una cosa; como la honra, el favor, la inclinación, la gracia. Ú. t. c. pml. ll **6.** fig. Aventajar, exceder a uno en algo.

ganchillo. m. Labor o acción de trabajar con aguja de gancho.

gancho. m. Instrumento corvo y por lo común

puntiagudo en uno o ambos extremos, que sirve para prender, agarrar o colgar una cosa. ‖ **2.** fig. Compinche del que vende o rifa públicamente una cosa, o que se mezcla con el público para animar con su ejemplo a los compradores. ‖ **3.** fig. Puñetazo que se da con el brazo plegado. ‖ **4.** fig. y fam. Atractivo, especialmente hablando de las mujeres. *Aquella mujer tenía mucho* GANCHO. ‖ **5.** *Dep.* En baloncesto, tiro a canasta arqueando el brazo sobre la cabeza.

ganchudo, da. adj. Que tiene forma de gancho. ‖ **2.** *Anat.* Dícese de un hueso del carpo con la apófisis en forma de garfio. Ú. t. c. s.

gándara. f. Tierra baja, inculta y llena de maleza.

gandiense. adj. Natural de Gandía. Ú. t. c. s. ‖ **2.** Perteneciente o relativo a esta población de la provincia de Valencia.

gandul, la. adj. fam. Tunante, holgazán. Ú. t. c. s.

gandulear. intr. Hacer vida de gandul.

gandulería. f. Cualidad de gandul, tunante, vagabundo.

ganga[1]. f. Ave del orden de las columbiformes, algo mayor que la tórtola y de aspecto semejante, garganta negra, con un lunar rojo en la pechuga, y el resto del plumaje, variado de negro, pardo y blanco. *(Pterocles alchata.)* ‖ **2.** fig. Cosa apreciable que se adquiere a poca costa o con poco trabajo. Ú. mucho en sentido irónico para designar cosa despreciable, molesta.

ganga[2]. f. *Min.* Materia que acompaña a los minerales y que se separa de ellos como inútil.

ganglio. m. *Pat.* Quiste pequeño que se forma en los tendones y en la aponeurosis. ‖ **2. ganglio linfático.** ‖ **linfático.** *Anat.* Cualquiera de los órganos intercalados en el trayecto de los vasos linfáticos, que actúan como filtros para la linfa y en la maduración de los linfocitos. ‖ **nervioso.** *Anat.* Centro nervioso constituido por una masa de neuronas intercalada en el trayecto de los nervios.

ganglionar. adj. *Anat.* Perteneciente o relativo a los ganglios. ‖ **2.** Compuesto de ellos. *Sistema* GANGLIONAR.

gangoso, sa. adj. Que habla gangueando. Ú. t. c. s. ‖ **2.** Dícese de este modo de hablar.

gangrena. f. Muerte de los tejidos por falta de riego sanguíneo a causa de una herida seguida de infección y putrefacción. ‖ **2.** Enfermedad de los árboles que corroe los tejidos.

gangrenarse. prnl. Padecer gangrena.

gangrenoso, sa. adj. Afectado de gangrena. *Llaga* GANGRENOSA.

ganguear. intr. Hablar con resonancia nasal producida por cualquier defecto en los conductos de la nariz.

ganoideo, a. adj. *Zool.* Dícese de peces con esqueleto cartilaginoso u óseo, cola heterocerca, boca ventral y escamas con brillo de esmalte, de forma romboidal y yuxtapuestas u ordenadas en filas longitudinales; como el esturión. Ú. t. c. s. ‖ **2.** m. pl. *Zool.* Orden de estos animales.

gansada. f. fig. y fam. Hecho o dicho propio de ganso, persona rústica o patosa.

ganso, sa. m. y f. Ave palmípeda doméstica, algo menor que el ánsar y de plumaje gris rayado de pardo, más oscuro en la cabeza y en el cuello, y amarillento en el pecho y vientre, pico anaranjado casi negro en la punta y la base, y pies rojizos. Menos acuático que el pato; se cría bien en países húmedos y es apreciado por su carne y por su hígado. Grazna fuertemente al menor ruido, y por ello se le ha considerado como símbolo de la vigilancia. ‖ **2.** fig. Persona patosa, que presume de chistosa y aguda, sin serlo. Ú. t. c. adj.

gánster. com. Miembro de una banda organizada de malhechores que actúa en las grandes ciudades. ❑ pl. *gánsteres.*

ganzúa. f. Alambre fuerte y doblado por una punta, a modo de garfio, con que, a falta de llave, pueden correrse los pestillos de las cerraduras.

gañán. m. Mozo de labranza. ‖ **2.** fig. Hombre fuerte y rudo.

gañido. m. Aullido del perro cuando lo maltratan. ‖ **2.** Quejido de otros animales.

gañir. intr. Aullar el perro con gritos agudos y repetidos cuando lo maltratan. ‖ **2.** Quejarse algunos animales con voz semejante al gañido del perro. ‖ **3.** Graznar las aves. ❑ Irreg. Se conj. como *mullir.*

gañote. m. fam. Garguero o gaznate.

garabatear. intr. Hacer garabatos con la pluma, el lápiz, etc. Ú. t. c. tr.

garabato. m. Instrumento de hierro cuya punta forma un semicírculo. Sirve para tener colgadas algunas cosas, o para asirlas o agarrarlas. ‖ **2.** Rasgo irregular hecho con la pluma, el lápiz, etc. ‖ **3.** pl. Escritura mal trazada.

garaje. m. Local destinado a guardar automóviles.

garambaina. f. Adorno de mal gusto y superfluo en los vestidos u otras cosas. ‖ **2.** pl. fam. Cosas y dichos inútiles; tonterías, pamplinas.

garante. adj. Que da garantía. Ú. t. c. s.

garantía. f. Efecto de afianzar lo estipulado. ‖ **2.** Fianza, prenda. ‖ **3.** Cosa que asegura y protege contra algún riesgo o necesidad. ‖ **4.** Compromiso temporal del fabricante o vendedor, por el que se obliga a reparar gratuitamente la cosa vendida en caso de avería. ‖ **5.** Documento que garantiza este compromiso.

garantizar. tr. Dar garantía.

garañón. m. Asno grande destinado para cubrir las yeguas y las burras. ‖ **2.** Camello padre. ‖ **3.** Caballo semental.

garapiñar. tr. Bañar golosinas en el almíbar que forma grumos. *Almendras* GARAPIÑADAS; *piñones* GARAPIÑADOS.

garapito. m. Insecto hemíptero, de un centímetro de largo, oblongo, con las alas cortas e inclinadas a un lado y otro del cuerpo, color oscuro en el dorso, boca puntiaguda, y las patas del último par mucho más largas que las de los otros dos. Nada de espaldas en las aguas estancadas.

garbanzo. m. Planta herbácea de la familia de las papilionáceas, con tallo de cuatro o cinco decímetros de altura, duro y ramoso; hojas compuestas de hojuelas elípticas y aserradas por el margen; flores blancas, axilares y pedunculadas, y fruto en vaina inflada, vellosa, con una o dos semillas amarillentas, de un centímetro aproximadamente de diámetro, gibosas, y con un ápice encorvado. ‖ **2.** Semilla de esta planta.

garbeo. m. Paseo, acción de pasearse. Se usa sobre todo en la fr. *dar* o *darse un* GARBEO.

garbo. m. Gallardía, gentileza, buen aire y disposición de cuerpo. ‖ **2.** fig. Bizarría, desinterés y generosidad.

garboso, sa. adj. Airoso, gallardo y bien dispuesto. ‖ **2.** fig. Magnánimo, dadivoso.

garceta. f. Ave zancuda, de unos 40 centímetros de alto y 65 de envergadura; plumaje blanco, cabeza con penacho corto, del cual salen dos plumas filiformes pendientes, pico recto, negro y largo, cuello muy delgado, buche adornado con plumas finas y prolongadas, y tarsos negros.

garcilla. f. Nombre común a varias aves semejantes a la garza, pero de tamaño menor.

gardenia. f. Arbusto originario de Asia oriental, de la familia de las rubiáceas, con tallos espinosos de unos dos metros de altura; hojas lisas, grandes, ovaladas, agudas por ambos extremos y de color verde brillante; flores terminales, solitarias, de pétalos gruesos, blancas y olorosas, y fruto en baya de pulpa amarillenta. ‖ **2.** Flor de esta planta.

garduña. f. Mamífero carnicero de la familia de los mustélidos, semejante a la marta, de unos tres decímetros de largo, pelo castaño por el lomo, pardo en la cola y blanco en la garganta y en el pecho. Es nocturno y suele robar en los gallineros.

garete (ir, o **irse, al).** fr. *Mar.* Ser llevada por el viento o la corriente una embarcación sin gobierno. ‖ **2. a la deriva,** sin dirección o propósito fijo.

garfio. m. Instrumento de hierro, curvo y puntiagudo, que sirve para aferrar algún objeto.

gargajo. m. Flema casi coagulada que se expele de la garganta.

garganta. f. Parte anterior del cuello. ‖ **2.** Espacio interno comprendido entre el velo del paladar y la entrada del esófago y de la laringe. ‖ **3.** fig. Cualquier estrechura de montes, ríos u otros parajes. ‖ **4.** fig. Parte superior del pie, por donde está unido con la pierna.

gargantilla. f. Adorno femenino que rodea el cuello.

gárgara. f. Acción de mantener un líquido en la garganta, con la boca hacia arriba, sin tragarlo y arrojando el aliento, lo cual produce un ruido semejante al del agua en ebullición. Ú. m. en pl.

gárgola. f. Parte final, por lo común vistosamente adornada, del caño o canal por donde se vierte el agua de los tejados o de las fuentes.

garguero. m. Parte superior de la tráquea. ‖ **2.** Toda la caña del pulmón.

garita. f. Casilla pequeña, para abrigo y comodidad de centinelas, vigilantes, guardafrenos, etc.

garito. m. Casa clandestina donde juegan los tahúres o fulleros.

garlopa. f. *Carp.* Cepillo largo y con puño, que sirve para igualar las superficies de la madera ya cepillada, especialmente en las junturas de las tablas.

garnacha. f. Especie de uva roja que tira a morada, muy fina, de muy buen gusto y muy dulce. ‖ **2.** Vino que se hace con esta uva.

garra. f. Mano o pie del animal, cuando están armados de uñas corvas, fuertes y agudas; como en el león y el águila. ‖ **tener garra.** fr. fig. y fam. Disponer una persona o cosa de cualidades de convicción, captación o persuasión.

garrafa. f. Vasija esférica, que remata en un cuello largo y angosto y sirve para enfriar las bebidas, rodeándolas de hielo.

garrafal. adj. fig. Dícese de algunas faltas graves de la expresión y de algunas acciones. *Error, mentira* GARRAFAL.

garrapata. f. Ácaro de forma ovalada, de cuatro a seis milímetros de largo, con las patas terminadas en dos uñas mediante las cuales se agarra al cuerpo de ciertos mamíferos para chuparles la sangre, que suele ingerir en tal cantidad que su cuerpo llega a hacerse casi esférico.

garrapatear. intr. Hacer garrapatos. Ú. t. c. tr.

garrapato. m. Rasgo caprichoso e irregular hecho con la pluma. ‖ **2.** pl. Letras o rasgos mal trazados con la pluma.

garrapiñado, da. adj. Dícese de las almendras bañadas en almíbar que forma grumos. Ú. t. c. s.

garrapiñar. tr. **garapiñar.**

garrocha. f. Vara que en la extremidad tiene un hierro pequeño con un arponcillo para que agarre y no se desprenda. ‖ **2.** Vara para picar toros, de cuatro metros de largo, con una punta de acero llamada puya. Se emplea especialmente en el acoso y derribo, a caballo, de reses bravas y en faenas camperas de conducción de ganado vacuno.

garrota. f. **garrote.** ‖ **2. cayado.**

garrote. m. Palo grueso y fuerte que puede manejarse a modo de bastón. ‖ **2.** Palo que se aplicaba a una cuerda, con el que, al retorcerla, se conseguía apretar fuertemente un miembro, atormentando así a la persona para obligarla a confesar o declarar algo. Se usaba también este procedimiento para hacer volver en sí a la persona privada de sentido. ‖ **3.** Acto de aplicar este tormento. ‖ **4.** Procedimiento para ejecutar a los condenados comprimiéndoles la garganta con una soga retorcida con un palo, o mediante un artificio mecánico de parecido efecto. ‖ **vil.** Condena a muerte de delincuentes, etc., ejecutados con **garrote.** ‖ **2.** Instrumento para ejecutar a los condenados a muerte. ‖ **dar garrote.** fr. Ejecutar el suplicio o el tormento de **garrote.**

garrotín. m. Baile muy popular a fines del siglo XIX.

garrucha. f. **polea.**

gárrulo, la. adj. Aplícase al ave que canta, gorjea o chirría mucho. ‖ **2.** fig. Dícese de la persona muy habladora o charlatana. ‖ **3.** fig. Dícese de cosas que hacen ruido continuado; como el viento, un arroyo, etc.

garza. f. Ave zancuda, de cabeza pequeña, con moño largo y gris; pico prolongado y negro, amarillento por la base; la cerviz, los lados del cuello, las alas y la cola, de color ceniciento; el cuerpo, verdoso por encima y pardo blanquecino por debajo; los tarsos amarillentos, las uñas negras y las plumas de las alas con una mancha blanca en su extremo. Vive a orillas de los ríos y pantanos. ‖ **real.** Ave zancuda, de cabeza pequeña, con moño largo, negro y brillante, dorso azulado, vientre blanco, así como el pecho, que tiene manchas negruzcas casi elípticas; alas grises, con las plumas mayores negras; tarsos verdosos y pico largo y amarillo, más oscuro hacia la punta. Abunda en España en los terrenos húmedos.

garzo, za. adj. De color azulado. Aplícase más comúnmente a los ojos de este color, y aun a las personas que los tienen así.

gas. m. Fluido, como el aire, que tiende a expandirse indefinidamente y que se caracteriza por su pequeña densidad. ‖ **2.** Carburo de hidrógeno con mezcla de otros **gases,** que se obtiene por la destilación en vasos cerrados del carbón de piedra y se emplea para usos domésticos y para obtener fuerza motriz. ‖ **3.** Mezcla de carburante y de aire que alimenta el motor de un vehículo automóvil. ‖ **4.** pl. Por antonom., los que se producen en el aparato digestivo. ‖ **ciudad.** El destinado a alumbrado, calefacción, etc. ‖ **natural. gas** combustible que procede de formaciones geológicas. ‖ **noble.** *Quím.* Cada uno de los elementos químicos de un grupo formado por helio, neón, argón, criptón, xenón y radón, que por su estructura atómica son químicamente inactivos; todos ellos existen en el aire atmosférico.

gasa. f. Tela de seda o hilo muy clara y sutil. ‖ **2.** Banda de tejido muy ralo, que, esterilizada o impregnada de sustancias medicinales, se usa en el tratamiento de heridas y en cirugía.

gascón, na. adj. Natural de Gascuña. Ú. t. c. s. ‖ **2.** Perteneciente o relativo a esta antigua provincia de Francia. ‖ **3.** m. Conjunto de dialectos románicos que se hablan en dicha región.

gasear. tr. Hacer que un líquido, generalmente agua, absorba cierta cantidad de gas. ‖ **2.** Someter a la acción de gases asfixiantes, tóxicos, lacrimógenos, etc.

gaseiforme. adj. Que se halla en estado de gas.

gaseoso, sa. adj. Que se halla en estado de gas. ‖ **2.** Aplícase al líquido del que se desprenden gases. ‖ **3.** f. Bebida refrescante, efervescente y sin alcohol.

gasificación. f. Acción de pasar un líquido al estado de gas.

gasificar. tr. *Quím.* Producir la gasificación de los cuerpos químicamente tratados.

gasoducto. m. Tubería de grueso calibre y gran longitud para conducir a distancia gas combustible, procedente por lo general de emanaciones naturales. ❑ No utilizar **gaseoducto.*

gasoil. m. **gasóleo.**

gasóleo. m. Producto de la destilación del petróleo crudo, que se purifica especialmente para eliminar el azufre. Se usa normalmente como combustible, v. gr. en los motores Diesel.

gasolina. f. Mezcla de hidrocarburos líquidos volátiles e inflamables obtenidos del petróleo crudo, que se usa como combustible en diversos tipos de motores.

gasolinera. f. Establecimiento donde se vende gasolina.

gasometría. f. Método del análisis químico, basado en la medición de los gases desprendidos en las reacciones.

gasómetro. m. Instrumento para medir el gas. ‖ **2.** Aparato que en las fábricas de gas de alumbrado hace que el fluido salga con uniformidad por efecto de una sostenida y constante presión.

gastado, da. adj. Debilitado, disminuido, borrado con el uso.

gastador, ra. adj. Que gasta mucho dinero. Ú. t. c. s. ‖ **2.** m. *Mil.* Soldado que se aplica a los trabajos de abrir trincheras y otros semejantes, o bien a franquear el paso en las marchas, para lo cual llevan palas, hachas y picos.

gastar. tr. Emplear el dinero en una cosa. ‖ **2.** Deteriorar con el uso, consumir, acabar. GASTAR *el vestido, el agua, las fuerzas.* Ú. t. c. prnl. ‖ **3.** Usar, poseer, llevar. GASTAR *coche, anteojos, bigote.*

gasterópodo. adj. *Zool.* Dícese de los moluscos terrestres o acuáticos que tienen un pie carnoso mediante el cual se arrastran; la cabeza es más o menos cilíndrica y lleva en su extremo anterior la boca y en su parte dorsal uno o dos pares de tentáculos; el cuerpo se halla comúnmente protegido por una concha de una pieza y de forma muy variable, según las especies, casi siempre arrollada en espiral; como la púrpura y los caracoles. Ú. t. c. s. ‖ **2.** m. pl. *Zool.* Clase de estos moluscos.

gasto. m. Acción de gastar. ‖ **2.** Lo que se ha gastado o se gasta.

gástrico, ca. adj. *Med.* Perteneciente o relativo al estómago. *Fiebre* GÁSTRICA.

gastritis. f. *Pat.* Inflamación del estómago.

gastroenteritis. f. *Pat.* Inflamación simultánea de la membrana mucosa del estómago y de la de los intestinos.

gastroenterología. f. Rama de la medicina que se ocupa del estómago y de los intestinos y de sus enfermedades. Por ext., se aplica también a la rama de la medicina que se ocupa de todo el aparato digestivo y de sus enfermedades.

gastroenterólogo, ga. m. y f. Persona especializada en gastroenterología.

gastrointestinal. adj. Referente o relativo al estómago y a los intestinos.

gastronomía. f. Arte de preparar una buena comida. ‖ **2.** Afición a comer regaladamente.

gastrónomo, ma. m. y f. Persona entendida en gastronomía. ‖ **2.** Persona aficionada a las mesas opíparas.

gata. f. Hembra del gato. ‖ **2.** fig. y fam. Mujer nacida en Madrid.

gatas (a). loc. adv. con que se significa el modo de ponerse o andar una persona con pies y manos en el suelo, como los gatos y demás cuadrúpedos.

gatear. intr. Trepar como los gatos, y especialmente subir por un tronco o astil valiéndose de los brazos y piernas. ‖ **2.** fam. Andar a gatas.

gatera. f. Agujero hecho en pared, tejado o puerta para que puedan entrar y salir los gatos, o con otros fines. ‖ **2.** *Mar.* Agujero circular, revestido de hierro y abierto en las cubiertas de los buques, por el cual sale la cadena de la caja donde está estibada.

gatillazo. m. Golpe que da el gatillo en las escopetas y otras armas de fuego, especialmente cuando no sale el tiro. ‖ **dar gatillazo.** fr. fig. y fam. Malograrse la esperanza o concepto que se tenía de una persona o cosa.

gatillo. m. Parte de la llave de una arma en que se apoya el dedo para disparar. ‖ **2.** Pieza de hierro o de madera con que se une y traba lo que se quiere asegurar.

gato. m. Mamífero carnívoro de la familia de los félidos, digitígrado, doméstico, de unos cinco decímetros de largo desde la cabeza hasta el arranque de la cola, que por sí sola mide dos decímetros aproximadamente; cabeza redonda, lengua muy áspera, patas cortas; pelaje espeso, suave, de color blanco, gris, pardo, rojizo o negro. Es muy útil en las casas como cazador de ratones. ‖ **2.** Máquina compuesta de un engranaje de piñón y cremallera, con un garfio de seguridad, que sirve para levantar grandes pesos a poca altura. También se hace con una tuerca y un tornillo de hierro o madera. ‖ **3.** fig. y fam. Hombre nacido en Madrid. ‖ **4.** *Carp.* Instrumento de hierro o de madera compuesto de dos planchas con un tornillo que permite aproximarlas de modo que quede fuertemente sujeta la pieza que se coge entre ambas. ‖ **de algalia.** Mamífero vivérrido oriundo de Asia, de un metro de largo desde la cabeza hasta la extremidad de la cola, que mide cerca de cuatro decímetros, de color gris con fajas transversales negras, estrechas y paralelas, crines cortas en el lomo, y cerca del ano una especie de bolsa donde el animal segrega la algalia. ‖ **de Angora. gato** de pelo muy largo, procedente de Angora, en Asia Menor. ‖ **montés.** Especie de **gato** poco mayor que el doméstico, con pelaje gris rojizo, rayado de bandas negras, y cola leonada con la punta y dos anillos también negros. Vive en los montes del norte de España. A veces se aplica indebidamente este nombre al **gato** cimarrón. ‖ **siamés. gato** procedente de Asia, de pelo muy corto y color ocre amarillento o gris, con la cara, las orejas y la cola más oscuras. ‖ **dar gato por liebre.** fr. fig. y fam. Engañar en la calidad de una cosa por medio de otra inferior que se le asemeja. ‖ **haber gato encerrado.** fr. fig. y fam. Haber causa o razón oculta o secreta, o manejos ocultos.

gauchesco, ca. adj. Perteneciente o relativo al gaucho. Ú. t. en sent. fig.

gaucho. m. Campesino que, en los siglos XVIII y XIX, habitaba en las llanuras rioplatenses de la Argentina, en el Uruguay y en Río Grande del Sur (Brasil). Era buen jinete y diestro en los trabajos ganaderos del campo.

gaudeamus. m. fam. Fiesta, regocijo, comida y bebida abundantes. ❑ pl. invar.

gausio. m. *Fís.* Nombre español de gauss.

gauss. m. *Fís.* Nombre internacional de la unidad de inducción magnética en el sistema magnético cegesimal. Equivale a una diezmilésima de tesla. ❑ pl. invar.

gaveta. f. Cajón corredizo que hay en los escritorios y papeleras, y sirve para guardar lo que se quiere tener a mano. ‖ **2.** Mueble que tiene uno o varios de estos cajones.

gavia. f. *Mar.* Vela que se coloca en el mastelero mayor de las naves, la cual da nombre a este, a su verga, etc. ‖ **2.** *Mar.* Por ext., cada una de las velas correspondientes en los otros dos masteleros.

gavial. m. Reptil del orden de los emidosaurios, propio de los ríos de la India, parecido al cocodrilo, de unos ocho metros de largo, con el hocico muy prolongado y puntiagudo y las membranas de los pies dentadas.

gavilán. m. Ave rapaz, de unos tres decímetros de largo desde el pico a la extremidad de la cola, con plumaje gris azulado en la parte superior del cuerpo, blanco con fajas onduladas de color pardo rojizo en el cuello, pecho y vientre, y cola parda con cinco rayas negras. La hembra es un tercio mayor y de plumaje más claro. ‖ **2.** Cada uno de los dos hierros que salen de la guarnición de la espada, forman la cruz y sirven para defender la mano y la cabeza de los golpes del contrario.

gavilla. f. Conjunto de sarmientos, cañas, mieses, ramas, hierba, etc., mayor que el manojo y menor que el haz. *Ochenta* GAVILLAS *de sarmientos, de cebada.*

gavillar. tr. Hacer las gavillas de la siega.

gaviota. f. Ave palmípeda, de unos 75 centímetros de largo desde el pico hasta el fin de la cola y un metro de envergadura; plumaje muy tupido, blanco en general; dorso ceniciento; negras, pero de extremo blanco, las tres penas mayores de las alas; pico anaranjado y pies rojizos. Vive en las costas, vuela mucho, es muy voraz y se alimenta principalmente de los peces que coge en el mar. Hay otras especies muy parecidas, pero más pequeñas.

gazapo[1]. m. Cría del conejo.

gazapo[2]. m. fig. y fam. Yerro que por inadvertencia deja escapar el que escribe o el que habla.

gazmoñería. f. Afectación de modestia, devoción o escrúpulos.

gazmoño, ña. adj. Que afecta devoción, escrúpulos y virtudes que no tiene. Ú. t. c. s.

gaznápiro, ra. adj. Palurdo, simplón, torpe, que se queda embobado con cualquier cosa. Ú. m. c. s.

gaznate. m. **garguero.**

gazpacho. m. Género de sopa fría que se hace regularmente con pedacitos de pan y con aceite, vinagre, sal, ajo, cebolla y otros aditamentos.

gazuza. f. fam. **hambre.**

ge. f. Nombre de la letra **g.**

gea. f. Conjunto del reino inorgánico de un país o región. ‖ **2.** Obra que lo describe.

gecónido. adj. *Zool.* Dícese de reptiles saurios de pequeño tamaño, con el cuerpo deprimido y cubierto de escamas tuberculosas y cuatro patas con cinco dedos terminados en ventosas que les permiten trepar por paredes lisas; como la salamanquesa. Ú. t. c. s. ‖ **2.** m. pl. *Zool.* Familia de estos animales.

géiser. m. Fuente termal intermitente, en forma de surtidor. ❑ pl. *géiseres.*

gel. m. Estado que adopta una materia en dispersión coloidal cuando se separa en forma de partículas discretas o se coagula. ‖ **2.** Producto cosmético en estado de **gel.**

gelatina. f. Sustancia sólida, incolora y transparente cuando está pura; inodora, insípida y notable por su mucha coherencia; procede de la transformación del colágeno del tejido conjuntivo y de los huesos y cartílagos por efecto de la cocción.

gelatinoso, sa. adj. Abundante en gelatina o parecido a ella, especialmente por la consistencia.

gélido, da. adj. Helado, muy frío.

gema. f. Nombre genérico de las piedras preciosas, principalmente de las denominadas orientales. ‖ **2.** *Bot.* Yema o botón en los vegetales.

gemación. f. *Bot.* Desarrollo de la gema, yema o botón para la producción de una rama, hoja o flor. ‖ **2.** *Bot.* y *Zool.* Modo de reproducción asexual, propio de muchas plantas y de muchos animales invertebrados, que se caracteriza por separarse del organismo una pequeña porción del mismo, llamada yema, la cual se desarrolla hasta formar un individuo semejante al reproductor.

gemelo, la. adj. **mellizo,** nacido del mismo parto. Ú. t. c. s. ‖ **2.** Aplícase ordinariamente a los elementos iguales de diversos órdenes que, apareados, cooperan a un mismo fin. ‖ **3.** *Anat.* V. **músculo gemelo.** Ú. t. c. s. ‖ **4.** m. Pasador formado por dos piezas unidas por un pequeño vástago o por una cadenita y que se usa para cerrar el puño de la camisa. || **5.** pl. **anteojos,** instrumento óptico para ver a distancia.

gemido. m. Acción y efecto de gemir.

geminación. f. Acción y efecto de geminar. || **2.** *Ling.* Repetición inmediata de un elemento lingüístico: sonido, sílaba, palabra, en la pronunciación o en la escritura.

geminado, da. adj. *Biol.* Partido, dividido.

geminar. tr. Duplicar, repetir. Ú. t. c. prnl.

géminis. n. p. m. *Astron.* Tercer signo o parte del Zodiaco, de 30 grados de amplitud, que el Sol recorre aparentemente durante el último tercio de la primavera. || **2.** *Astron.* Constelación zodiacal que en otro tiempo debió de coincidir con el signo de este mismo nombre, pero que actualmente, por el movimiento retrógrado de los puntos equinocciales, se halla delante del mismo signo o un poco hacia el Oriente. || **3.** adj. Referido a personas, las nacidas bajo este signo del zodiaco. Ú. t. c. s.

gemíparo, ra. adj. Aplícase a los animales o plantas que se reproducen por medio de yemas.

gemir. intr. Expresar naturalmente, con sonido y voz lastimera, la pena y el dolor. || **2.** fig. Aullar algunos animales, o sonar algunas cosas inanimadas, con semejanza al gemido del hombre. ❑ Irreg. Se conj. como *pedir.*

gemología. f. Ciencia que trata de las gemas o piedras preciosas.

gemólogo, ga. m. y f. Persona que profesa la gemología o está versada en ella.

gen. m. *Biol.* Cada uno de los segmentos de ácido desoxirribonucleico, presentes en los cromosomas, que contiene la información específica para la síntesis de una proteína.

genciana. f. Planta herbácea dicotiledónea, vivaz, con tallo sencillo, erguido, de un metro aproximadamente de altura; hojas grandes elípticas, enteras, lustrosas, con nervios longitudinales, pecioladas las inferiores y abrazadoras las de encima; flores amarillas, que forman grupos en el ápice del tallo y en las axilas; fruto capsular, ovoideo, con muchas semillas, y raíz gruesa, carnosa, de color amarillo rojizo, de olor fuerte y sabor muy amargo. Empléase en medicina como tónica y febrífuga.

gendarme. m. Agente de policía de Francia y otros países destinado a mantener el orden y la seguridad pública.

gendarmería. f. Cuerpo de tropa de los gendarmes. || **2.** Cuartel o puesto de gendarmes.

genealogía. f. Serie de progenitores y ascendientes de cada persona o animal.

generación. f. Acción y efecto de engendrar. || **2.** Sucesión de descendientes en línea recta. || **3.** Conjunto de todos los vivientes coetáneos. *La* GENERACIÓN *futura.* || **4.** Conjunto de personas que por haber nacido en fechas próximas y recibido educación e influjos culturales y sociales semejantes, se comportan de manera afín o comparable en algunos sentidos. *La* GENERACIÓN *juvenil. La* GENERACIÓN *del 98.*

generacional. adj. Perteneciente o relativo a una generación de coetáneos.

generador, ra. adj. Que genera. Ú. t. c. s. || **2.** *Geom.* Dícese de la línea o de la figura que por su movimiento engendran respectivamente una figura o un sólido geométrico. ❑ En esta acepción, el adjetivo femenino es **generatriz.** || **3.** m. En las máquinas, aquella parte que produce la fuerza o energía, como en las de vapor, la caldera, y en la electricidad, una dinamo.

general. adj. Común a todos los individuos que constituyen un todo, o a muchos objetos, aunque sean de naturaleza diferente. || **2.** Común, frecuente, usual. || **3.** Perteneciente o relativo a la categoría superior en la marina. || **4.** m. Jefe militar perteneciente a las jerarquías superiores del ejército, de la aviación y de algunos cuerpos de la armada. Estas jerarquías son, de superior a inferior, capitán **general,** teniente **general, general** de división y **general** de brigada. || **en general,** o **por lo general.** loc. adv. En común, generalmente. || **2.** Sin especificar ni individualizar cosa alguna.

generala. f. *Mil.* Toque de tambor, corneta o clarín para que las fuerzas de una guarnición o campo se pongan sobre las armas.

generalato. m. *Mil.* Empleo o grado de general. || **2.** Conjunto de los generales de uno o varios ejércitos.

generalidad. f. Mayoría, muchedumbre o casi totalidad de los individuos u objetos que componen una clase o todo sin determinación a persona o cosa particular. *La* GENERALIDAD *de los hombres.* || **2.** Vaguedad o falta de precisión en lo que se dice o escribe. || **3.** n. p. Cada uno de los organismos que gobiernan respectivamente Cataluña y la Comunidad Valenciana, según lo establecido por la Constitución Española y por los Estatutos de aquellos territorios autónomos.

generalísimo. m. Jefe que manda el estado militar en paz y en guerra, con autoridad sobre todos los generales del ejército.

generalización. f. Acción y efecto de generalizar.

generalizar. tr. Hacer pública o común una cosa. Ú. t. c. prnl. || **2.** Considerar y tratar de manera general cualquier punto o cuestión. || **3.** Abstraer lo que es común y esencial a muchas cosas, para formar un concepto general que las comprenda todas.

generar. tr. **procrear.** || **2.** Producir, causar alguna cosa.

generativo, va. adj. Dícese de lo que tiene virtud de engendrar.

generatriz. adj. f. *Geom.* Dícese de la línea o figura generadora. Ú. t. c. s. || **2.** *Fís.* Dícese de la máquina que convierte la energía mecánica en eléctrica. Ú. t. c. s.

genérico, ca. adj. Común a muchas especies. || **2.** *Gram.* Perteneciente al género. *Desinencia* GENÉRICA.

género. m. Conjunto de seres que tienen uno o varios caracteres comunes. || **2. clase** o tipo a que pertenecen personas o cosas. || **3.** En el comercio, cualquier mercancía. || **4.** En las artes, cada una de las distintas categorías o clases en que se pueden ordenar las obras según rasgos comunes de forma y de contenido. || **5.** *Gram.* Clase a la que pertenece un nombre sustantivo o un pronombre por el hecho de concertar con él una forma y, generalmente solo una, de la flexión del adjetivo y del pronombre. En las lenguas indoeuropeas estas formas son tres en determinados adjetivos y pronombres: masculina, femenina y neutra. || **6.** *Biol.* Conjunto de especies que tienen cierto número de caracteres comunes. || **chico.** Clase de obras teatrales modernas de menor importancia, que comprende sainetes, comedias y zarzuelas de uno o dos actos. || **femenino.** *Gram.* El de los nombres sustantivos que significan personas y algunas veces animales del sexo femenino. También el de otros nombres de seres inanimados. || **literario.** Cada una de las distintas categorías o clases en que se pueden ordenar las obras literarias. Tradicionalmente se distinguen tres **géneros** mayores denominados *lírica, épica* y *dramática.* || **masculino.** *Gram.* El de los nombres que significan personas y algunas veces animales del sexo masculino y también el de otros nombres de seres inanimados. || **neutro.** *Gram.* En las lenguas indoeuropeas, el de los sustantivos no clasificados como masculinos ni femeninos y el de los pronombres que los representan o que designan conjuntos sin noción de persona. En español no existen sustantivos neutros, ni hay formas neutras especiales en la flexión del adjetivo; solo el artículo, el pronombre personal de tercera persona, los demostrativos y algunos otros pronombres tienen formas neutras diferenciadas en singular.

generosidad. f. Inclinación o propensión del ánimo a anteponer el decoro a la utilidad y al interés. || **2.** Largueza, liberalidad.

generoso, sa. adj. Que obra con magnanimidad y nobleza de ánimo. Ú. t. c. s. || **2.** Liberal, dadivoso y franco.

génesis. f. Origen o principio de una cosa. || **2.** n. p. m. Título del primer libro del Antiguo Testamento, en que se da una explicación del origen del mundo.

-génesis. elem. compos. que significa «origen», «principio» o «proceso de formación»: *endo*GÉNESIS, *oro*GÉNESIS.

genética. f. Parte de la biología que trata de la herencia y de lo relacionado con ella.

genético, ca. adj. Perteneciente o relativo a la genética.

genetista. com. Persona que cultiva o domina los estudios de genética.

-genia. elem. compos. que significa «origen» o «proceso de formación»: *oro*GENIA, *pato*GENIA.

genial. adj. Propio del genio o inclinación de uno. || **2.** Sobresaliente, extremado, que revela genio creador. || **3.** Magnífico, estupendo. Ú. t. c. adv.

genialidad. f. Cualidad de genial. || **2.** Singularidad propia del carácter de una persona.

génico, ca. adj. *Biol.* Perteneciente o relativo a los genes.

genio. m. Índole o inclinación según la cual obra uno comúnmente. || **2.** Disposición habitual u ocasional del ánimo, en la cual este se manifiesta apacible o alegre, o, por el contrario, áspero y desabrido. *Ese hombre tiene mal* GENIO. *Estar de buen o mal* GENIO. || **3.** Gran ingenio, fuerza intelectual extraordinaria o facultad capaz de crear o inventar cosas nuevas y admirables. || **4.** fig. Sujeto dotado de esta facultad. *Calderón es un* GENIO. || **5.** En la mitología grecolatina, cada una de ciertas deidades creadoras, tutelares o enemigas. || **6.** Ente o espíritu fantástico que aparece en cuentos y leyendas, generalmente dotado de poderes mágicos.

genital. adj. Que sirve para la generación. || **2.** m. pl. Órganos sexuales externos.

genitivo, va. adj. Que puede engendrar y producir una cosa. || **2.** m. *Gram.* Uno de los casos de la declinación, de valores muy complejos, que puede denotar propiedad, posesión o pertenencia, el objeto sobre el que recae o que produce la acción transitiva expresada por un nombre, la cualidad o la cantidad de alguien o algo, el precio de lo que puede venderse, el todo del cual se menciona una parte, la naturaleza de algo, etc. En español se expresan estas funciones anteponiendo la preposición *de* al nombre que, declinado, iría en **genitivo.**

genitourinario, ria. adj. *Anat.* Perteneciente o relativo a las vías y órganos genitales y urinarios.

-geno, na. elem. compos. que significa «que genera, produce o es producido»: *lacrimó*GENO, *pató*GENO, *endó*GENO.

genocidio. m. Exterminio o eliminación sistemática de un grupo social por motivo de raza, de religión o de política.

genoma. m. *Biol.* Conjunto de los genes de un individuo o de una especie, contenido en un juego haploide de cromosomas.

genotipo. m. *Biol.* Conjunto de los genes de un individuo, incluida su composición alélica.

genovés, sa. adj. Natural de Génova. Ú. t. c. s. ‖ **2.** Perteneciente o relativo a esta ciudad de Italia.

gente. f. Pluralidad de personas. ‖ **2.** Nombre colectivo que se da a cada una de las clases que pueden distinguirse en la sociedad. *Buena* GENTE; GENTE *del pueblo;* GENTE *rica* o *de dinero.*

gentil. adj. Idólatra o pagano. Ú. t. c. s. ‖ **2.** Brioso, galán, gracioso. GENTIL *mozo.* ‖ **3.** Amable, cortés. ‖ **4.** ant. **noble,** que posee título nobiliario.

gentileza. f. Urbanidad, cortesía.

gentilhombre. m. Buen mozo. Palabra con que se apostrofaba a alguno para captarse su voluntad. ‖ **2.** El que servía en las casas de los grandes o en otras para acompañar al señor o a la señora. ❑ pl. *gentileshombres.*

gentilicio, cia. adj. Perteneciente a las gentes o naciones. ‖ **2.** *Gram.* V. **adjetivo gentilicio.** Ú. t. c. s.

gentío. m. Gran concurrencia o afluencia de personas en un lugar.

genuflexión. f. Acción y efecto de doblar la rodilla, bajándola hacia el suelo, ordinariamente en señal de reverencia.

genuino, na. adj. Puro, propio, natural, legítimo.

geo-. elem. compos. que significa «tierra» o «la Tierra»: GEO*fagia*, GEO*logía.*

geocéntrico, ca. adj. Perteneciente o relativo al centro de la Tierra. ‖ **2.** *Astron.* Aplícase a la latitud y longitud de un planeta visto desde la Tierra. ‖ **3.** *Astron.* Aplícase al sistema de Tolomeo y a los demás que ven en la Tierra el centro del Universo.

geoda. f. *Geol.* Hueco de una roca, tapizado de una sustancia generalmente cristalizada.

geodesia. f. Ciencia matemática que tiene por objeto determinar la figura y magnitud del globo terrestre o de gran parte de él, y construir los mapas correspondientes.

geodésico, ca. adj. Perteneciente o relativo a la geodesia.

geodesta. com. Persona versada en geodesia. ‖ **2.** Persona que se ejercita habitualmente en ella.

geofagia. f. *Pat.* Hábito morboso de comer tierra o sustancias similares no nutritivas.

geofísica. f. Parte de la geología, que estudia la física terrestre.

geogenia. f. Parte de la geología, que trata del origen y formación de la Tierra.

geognosia. f. Parte de la geología, que estudia la estructura y composición de las rocas que forman la Tierra.

geografía. f. Ciencia que trata de la descripción de la Tierra. ‖ **física.** Parte de la **geografía,** que trata de la configuración de las tierras y los mares. ‖ **histórica.** La que estudia la distribución de los Estados y pueblos de la Tierra a través de las distintas épocas. ‖ **lingüística.** La que estudia la distribución de los fenómenos lingüísticos de un idioma sobre el territorio en que este se habla. ‖ **política.** Parte de la **geografía** que trata de la distribución y organización de la Tierra como morada del hombre.

geográfico, ca. adj. Perteneciente o relativo a la geografía.

geógrafo, fa. m. y f. Persona que profesa la geografía o tiene en ella especiales conocimientos.

geoide. m. Forma teórica de la Tierra determinada por la geodesia.

geología. f. Ciencia que trata de la forma exterior e interior del globo terrestre; de la naturaleza de las materias que lo componen y de su formación; de los cambios o alteraciones que estas han experimentado desde su origen, y de la colocación que tienen en su actual estado.

geológico, ca. adj. Perteneciente o relativo a la geología.

geólogo, ga. m. y f. Persona que profesa la geología o tiene en ella especiales conocimientos.

geomagnetismo. m. Conjunto de fenómenos relativos a las propiedades magnéticas de la Tierra. ‖ **2.** Ciencia que estudia dichas propiedades.

geomancia o **geomancía.** f. Especie de magia y adivinación que se pretende hacer valiéndose de los cuerpos terrestres o con líneas, círculos o puntos hechos en la tierra.

geómetra. com. Persona que profesa la geometría o tiene en ella especiales conocimientos.

geometría. f. Parte de las matemáticas que trata de las propiedades y medida de la extensión.

geométrico, ca. adj. Perteneciente a la geometría.

geomorfía. f. Parte de la geodesia que trata de la figura del globo terráqueo y de la formación de los mapas.

geonomía. f. Ciencia que estudia las propiedades de la tierra vegetal.

geopolítica. f. Estudio sistemático de los factores geográficos, económicos, raciales, culturales y religiosos.

geoquímica. f. Estudio de la distribución, proporción y asociación de los elementos químicos de la corteza terrestre, y de las leyes que las condicionan.

georama. m. Globo geográfico, grande y hueco, sobre cuya superficie interior está trazada la figura de la Tierra, de suerte que el espectador que se coloca en el centro de dicho globo abarca de una ojeada el conjunto de los mares, continentes, etc.

geórgica. f. Obra que tiene relación con la agricultura. Ú. m. en pl., y hablando de las literarias. Por antonom., las de Virgilio que llevan este nombre.

geotécnica. f. *Geol.* Aplicación de principios de ingeniería a la ejecución de obras públicas en función de las características de los materiales de la corteza terrestre.

geotectónico, ca. adj. Perteneciente o relativo a la forma, disposición y estructura de las rocas y terrenos que constituyen la corteza terrestre.

geotropismo. m. *Biol.* Tropismo cuyo factor predominante es la fuerza de gravedad.

geranio. m. Planta dicotiledónea con tallos herbáceos de dos a cuatro decímetros de altura y ramosos; hojas opuestas, pecioladas y de borde ondeado; flores en umbela apretada, y frutos capsulares, alargados, unidos de cinco en cinco, cada uno con su semilla. Hay varias especies, que se distinguen por el tamaño de las hojas, vellosas o no y más o menos recortadas, y, sobre todo, por el olor y coloración de las flores. Los **geranios,** originarios de África austral, se cultivan en los jardines. ‖ **2.** Flor de esta planta. ❑ No utilizar *geráneo.*

gerencia. f. Cargo de gerente. ‖ **2.** Gestión que le incumbe. ‖ **3.** Oficina del gerente.

gerente. com. *Com.* Persona que dirige los negocios y lleva la firma en una sociedad o empresa mercantil, con arreglo a su constitución.

geriatra. com. Médico especializado en geriatría.

geriatría. f. Parte de la medicina, que estudia la vejez y sus enfermedades.

geriátrico, ca. adj. Perteneciente o relativo a la geriatría. ‖ **2.** m. Hospital o clínica donde se trata a ancianos enfermos.

gerifalte. m. Ave rapaz, con plumaje pardo con rayas claras en las penas de las alas y cola, y blanquecino con listas cenicientas en el vientre. Es el halcón mayor que se conoce, pues tiene seis decímetros de largo y catorce de envergadura; fue muy estimado como ave de cetrería, y vive ordinariamente en el norte de Europa. ‖ **2.** fig. Persona que descuella en cualquier línea.

germanía. f. Jerga o manera de hablar de ladrones y rufianes, usada por ellos solos y compuesta de voces del idioma español con significación distinta de la verdadera, y de otros muchos vocablos de orígenes muy diversos. ‖ **2.** En el antiguo reino de Valencia, hermandad o gremio. ‖ **3.** *Germ.* Clase de rufianes.

germánico, ca. adj. Perteneciente o relativo a Germania o a los germanos. ‖ **2.** Dícese de algunas cosas pertenecientes a Alemania. ‖ **3.** Dícese de la lengua indoeuropea que hablaron los pueblos germanos, y de la cual se derivaron el nórdico, el gótico, el alemán, el neerlandés, el frisón y el anglosajón. Ú. t. c. s. m.

germanio. m. Elemento químico de núm. atóm. 32. Metal escaso en la corteza terrestre; se encuentra en los residuos de la metalurgia del zinc y en las cenizas de algunos carbones. De color gris, brillante y frágil. Se usa en la fabricación de transistores y detectores de radiación, y aleado, para dar resistencia al aluminio y dureza al magnesio. Símb. *Ge.*

germanismo. m. Vocablo o giro de esta lengua empleado en otra. ‖ **2.** Empleo de vocablos o giros alemanes en otro idioma.

germanista. com. Persona versada en la lengua y literatura alemanas. ‖ **2.** Especialista en la lengua y cultura germánicas.

germano, na. adj. Natural u oriundo de Germania. Ú. t. c. s. ‖ **2. alemán.** Ú. t. c. s.

germanófilo, la. adj. Que simpatiza con Alemania o con los alemanes o germanos. Ú. t. c. s.

germanófobo, ba. adj. Que siente aversión o repulsa por Alemania, o por los alemanes o germanos. Ú. t. c. s.

germen. m. Esbozo de un nuevo ser orgánico. ‖ **2.** Parte de la semilla de que se forma la planta. ‖ **3.** Microorganismo, especialmente el patógeno. ‖ **4.** fig. Principio, origen de una cosa material o moral.

germicida. adj. Dícese de lo que destruye gérmenes, especialmente los dañinos. Ú. t. c. s.

germinación. f. Acción de germinar.

germinar. intr. Brotar y comenzar a crecer las plantas. ‖ **2.** Comenzar a desarrollarse las semillas de los vegetales. ‖ **3.** fig. Brotar, crecer, desarrollarse cosas morales o abstractas. GERMINAR *las virtudes, los vicios, la libertad.*

gerontocracia. f. Gobierno o dominio ejercido por los ancianos.

gerontología. f. Ciencia que trata de la vejez y los fenómenos que la caracterizan.

gerontólogo, ga. m. y f. Persona versada en gerontología.

gerundense. adj. Natural de Gerona. Ú. t. c. s. ‖ **2.** Perteneciente o relativo a esta ciudad o a su provincia.

gerundio. m. *Gram.* Forma verbal invariable del modo infinitivo, cuya terminación regular es *-ando* en los verbos de la primera conjugación, *-iendo* en los de la segunda y tercera; v. gr.: *Amando, temiendo, partiendo.* Comunica a la acción verbal carácter durativo; puede referirse a cualquier tiempo, así como a cualquier género y número, según el sentido de la frase de que forme parte; v. gr.: *Estoy, estuve, estaré* LEYENDO. Tiene más generalmente carácter adverbial, y puede expresar modo, condición, motivo o circunstancia; v. gr.: HABLANDO *se entiende la gente.* Empléase a veces como ablativo absoluto; v. gr.: REINANDO *Isabel la Católica, se descubrió el Nuevo Mundo.*

gerundivo. m. *Gram.* Participio latino de futuro pasivo en *-ndus,* como *hortandus, exhauriendus.*

gesta. f. Conjunto de hechos memorables.

gestación. f. Acción y efecto de gestar o gestarse. ‖ **2.** Embarazo, preñez.

gestante. adj. Embarazada. Ú. t. c. s. f.

gestar. tr. Llevar y sustentar la madre en su seno el embrión o feto hasta el momento del parto. ‖ **2.** prnl. fig. Prepararse, desarrollarse o crecer sentimientos, ideas o tendencias individuales o colectivas.

gesticular. intr. Hacer gestos.

gestión. f. Acción y efecto de gestionar. ‖ **2.** Acción y efecto de administrar.

gestionar. tr. Hacer diligencias conducentes al logro de un negocio o de un deseo cualquiera.

gesto. m. Movimiento del rostro o de las manos con que se expresan diversos afectos del ánimo. ‖ **2.** Semblante, cara, rostro. ‖ **3.** Acto o hecho. ‖ **4.** Rasgo notable de carácter o de conducta.

gestor, ra. adj. Que gestiona. Ú. t. c. s. ‖ **2.** *Com.* Miembro de una sociedad mercantil que participa en la administración de esta.

gestoría. f. Oficina del gestor.

gestual. adj. Referente o relativo a los gestos. ‖ **2.** Que se hace con gestos.

giba. f. Joroba, corcova.

gibelino, na. adj. Partidario de los emperadores de Alemania, en la Edad Media, contra los güelfos, defensores de los papas. Ú. t. c. s. ‖ **2.** Perteneciente o relativo a los **gibelinos.**

gibón. m. Nombre común a varias especies de monos antropomorfos, arborícolas, que se caracterizan por tener los brazos muy largos, callosidades isquiáticas pequeñas y carecer de cola y abazones.

giboso, sa. adj. Que tiene giba o corcova. Ú. t. c. s.

gibraltareño, ña. adj. Natural de Gibraltar. Ú. t. c. s. ‖ **2.** Perteneciente o relativo a esta ciudad.

giga-. elem. compos. que, con el significado de mil millones (10^9), se emplea para formar nombres de múltiplos de determinadas unidades: GIGA*vatio.* Su símbolo es *G.*

giganta. f. Mujer que excede mucho en su estatura a la que se considera normal.

gigante. adj. **gigantesco.** ‖ **2.** m. El que excede mucho en su estatura a la que se considera normal. ‖ **3. gigantón,** figura grotesca.

gigantesco, ca. adj. Perteneciente o relativo a los gigantes. ‖ **2.** fig. Excesivo o muy sobresaliente en su línea. *Árbol* GIGANTESCO; *fuerzas* GIGANTESCAS.

gigantismo. m. *Pat.* Trastorno del crecimiento caracterizado por un desarrollo excesivo del organismo.

gigantón, na. m. y f. Cada una de las figuras gigantescas que suelen llevarse en algunas procesiones.

gigoló. m. Amante joven de una mujer de más edad y que lo mantiene. ❑ pl. *gigolós.*

gijonense. adj. **gijonés.**

gijonés, sa. adj. Natural de Gijón. Ú. t. c. s. ‖ **2.** Perteneciente o relativo a esta ciudad.

gilí. adj. fam. Tonto, lelo. Ú. t. c. s. ❑ pl. *gilís.*

gilipollas. adj. vulg. **gilí,** tonto, lelo. Ú. t. c. s.

gilipollez. f. vulg. Dicho o hecho propios de un gilipollas.

gimnasia. f. Arte de desarrollar, fortalecer y dar flexibilidad al cuerpo por medio de ciertos ejercicios. ‖ **2.** fig. Práctica o ejercicio que adiestra en cualquier actividad o función. ‖ **rítmica.** *Dep.* Conjunto de ejercicios que acompañados de música, pasos de danza y a veces algunos accesorios, realizan las gimnastas sobre una pista. ‖ **sueca.** La que se hace sin aparatos.

gimnasio. m. Lugar destinado a ejercicios gimnásticos.

gimnasta. com. Persona que practica ejercicios gimnásticos.

gimnospermo, ma. adj. *Bot.* Dícese de las plantas fanerógamas cuyos carpelos no llegan a constituir una cavidad cerrada que contenga los óvulos, y, por tanto, las semillas quedan al descubierto; como el pino y el ciprés. ‖ **2.** f. pl. *Bot.* Subtipo de estas plantas.

gimotear. intr. despect. Gemir con insistencia y con poca fuerza, por causa leve. ‖ **2.** Hacer los gestos y suspiros del llanto sin llegar a él.

gimoteo. m. fam. Acción y efecto de gimotear.

ginebra. f. Bebida alcohólica obtenida de semillas y aromatizada con las bayas del enebro.

ginebrino, na. adj. Natural de Ginebra. Ú. t. c. s. ‖ **2.** Perteneciente o relativo a esta ciudad de Suiza.

gineceo. m. Departamento retirado que en sus casas destinaban los griegos para habitación de las mujeres. ‖ **2.** *Bot.* Verticilo floral femenino de las plantas fanerógamas, constituido por uno o más carpelos, que forman el pistilo.

ginecocracia. f. Gobierno de las mujeres.

ginecología. f. Parte de la medicina que trata de las enfermedades propias de la mujer.

ginecólogo, ga. m. y f. Persona que profesa la ginecología.

ginecomastia. f. *Med.* Volumen excesivo de las mamas de un hombre, producido por alteración hormonal.

gineta. f. **jineta[1].**

gingival. adj. Relativo o perteneciente a las encías.

gira. f. Excursión o viaje de una o varias personas por distintos lugares, volviendo al punto de partida. ‖ **2.** Serie de actuaciones sucesivas de una compañía teatral o de un artista en diferentes localidades. ❑ No confundir con *jira.*

girador, ra. m. y f. *Com.* Persona o entidad que expide una letra de cambio u otra orden de pago.

giralda. f. Veleta de torre, cuando tiene figura humana o de animal.

girándula. f. Rueda llena de cohetes que gira despidiéndolos. ‖ **2.** Artificio que se pone en las fuentes para arrojar el agua con agradable variedad.

girar. tr. Mover circularmente algo. Ú. t. c. intr. ‖ **2.** Enviar dinero por giro postal, telegráfico, etc. ‖ **3.** intr. Dar vueltas algo sobre un eje o en torno a un punto. ‖ **4.** fig. Desarrollarse una conversación, negocio, trato, etc., en torno a un tema dado. ‖ **5.** Desviarse o cambiar la dirección inicial. *La calle* GIRA *a la derecha.* ‖ **6.** *Com.* Expedir libranzas, talones u otras órdenes de pago. Ú. t. c. tr. GIRAR *una letra.*

girasol. m. Planta anual oriunda del Perú, de la familia de las compuestas, con tallo herbáceo de hasta dos metros de altura; hojas alternas, pecioladas y en forma de corazón; flores terminales, que se doblan en la madurez, amarillas, de dos a tres decímetros de diámetro, y fruto con muchas semillas negruzcas, casi elipsoidales, comestibles, y de las que puede extraerse un aceite bueno para condimento. Se cultiva para la obtención del aceite, y en menor escala para consumir las semillas. ‖ **2.** Flor de esta planta.

giratorio, ria. adj. Que gira o se mueve alrededor.

giro. m. Acción y efecto de girar. ‖ **2.** Dirección que se da a una conversación, a un negocio y sus diferentes fases. ‖ **3.** Tratándose del lenguaje o estilo, estructura especial de la frase, o manera de estar ordenadas las palabras para expresar un concepto. ‖ **4.** *Com.* Movimiento o traslación de caudales por medio de letras, libranzas, etc.

girola. f. *Arq.* Nave o naves que en la arquitectura románica o gótica circundan el altar mayor, rodeadas por el ábside. Por ext., la misma nave en catedrales e iglesias de cualquier estilo.

girómetro. m. Aparato para medir la velocidad de rotación de una máquina. ‖ **2.** *Aer.* Instrumento que señala los cambios de rumbo de un avión.

girondino, na. adj. Dícese del individuo de un partido político francés del tiempo de la Revolución, y de este mismo partido, llamado así por haberse distinguido principalmente en él los diputados de la Gironda. Apl. a pers., ú. m. c. s.

gironés, sa. adj. ant. Natural de Gerona. ‖ **2.** Perteneciente o relativo a Gerona.

giroscopio. m. *Fís.* Aparato consistente en un disco que gira rápidamente sobre un eje libre que se mantiene en una dirección constante. Se utiliza para mantener la estabilidad de barcos y aviones. ‖ **2.** *Fís.* Aparato para apreciar los movimientos circulares del viento. ‖ **3.** *Fís.* **giróstato.**

giróscopo. m. *Fís.* **giroscopio.**

giróstato. m. *Fís.* Aparato constituido principalmente por un volante pesado que gira rápidamente y tiende a conservar el plano de rotación reaccionando contra cualquier fuerza que lo aparte de dicho plano.

gitanada. f. fig. Acción propia de gitanos.

gitanear. intr. fig. Tratar de engañar en las compras y ventas.

gitanería. f. Dicho o hecho propio y peculiar de los gitanos.

gitano, na. adj. Dícese de los individuos de un pueblo originario de la India, extendido por gran parte de Europa, que mantienen en gran parte un nomadismo y han conservado rasgos físicos y culturales propios. Ú. t. c. s. ‖ **2.** Propio de los **gitanos,** o parecido a ellos. ‖ **3.** V. **caló.** ‖ **que no se lo,** o **la salta un gitano.** fr. fig. y fam. con que se pondera lo grande o extraordinario de una cosa, en cualquier aspecto.

glaciación. f. Formación de hielo. ‖ **2.** Formación de glaciares. ‖ **3.** *Geol.* Cada una de las grandes invasiones de hielo que en épocas remotas acontecieron en zonas muy extensas de distintos continentes.

glacial. adj. Helado, muy frío. ‖ **2.** Que hace helar o helarse. ‖ **3.** fig. Frío, desafecto, desabrido. ‖ **4.** *Geogr.* Aplícase a las tierras y mares que están en las zonas **glaciales.** ❑ No confundir con *glaciar.*

glaciar. m. Masa de hielo acumulada en las zonas de las cordilleras por encima del límite de las nieves perpetuas y cuya parte inferior se desliza muy lentamente, como si fuese un río de hielo. ‖ **2.** adj. Perteneciente o relativo al **glaciar.** ❑ No confundir con *glacial.*

gladiador. m. El que en los juegos públicos de los romanos combatía con otro o con una bestia feroz.

gladíolo o **gladiolo.** m. **estoque,** planta iridácea.

glande. m. Cabeza del miembro viril.

glándula. f. *Bot.* Cualquiera de los órganos unicelulares o pluricelulares que segregan sustancias inútiles o nocivas para la planta; pueden estar situadas en la epidermis, como las que elaboran las esencias, o en los tejidos profundos, como las que producen la trementina. ‖ **2.** *Anat.* Cualquiera de los órganos que segregan materias inútiles o nocivas para el animal, como el riñón, o productos que el organismo utiliza en el ejercicio de una determinada función, como el páncreas. ‖ **pineal.** *Anat.* **epífisis,** órgano nervioso del encéfalo. ‖ **pituitaria.** *Anat.* **hipófisis.** ‖ **suprarrenal.** *Anat.* Cada uno de los órganos situados en contacto con el riñón de los batracios, reptiles, aves y mamíferos (en el hombre, encima de la extremidad superior de esta víscera) y compuestos de una masa central o medular y otra cortical, la primera de las cuales segrega la adrenalina.

glandular. adj. Propio de las glándulas. *Sistema* GLANDULAR.

glanduloso, sa. adj. Que tiene glándulas, o está compuesto de ellas.

glasé. m. Tafetán de mucho brillo. ❑ pl. *glasés.*

glaseado, da. adj. Que imita o se parece al glasé.

glasear. tr. Dar brillo a la superficie de algunas cosas, como al papel, a algunos alimentos, etc.

glauco, ca. adj. Verde claro.

glaucoma. m. *Med.* Enfermedad del ojo, así denominada por el color verdoso que toma la pupila, caracterizada por el aumento de la presión intraocular, dureza del globo del ojo, atrofia de la papila óptica y ceguera.

gleba. f. Terrón que se levanta con el arado. ‖ **2.** Tierra, especialmente la cultivada. ‖ **3.** V. **siervo de la gleba.**

glicérido. m. *Quím.* Éster formado por la combinación de la glicerina con ácidos grasos.

glicerina. f. Líquido incoloro, espeso y dulce, que se encuentra en todos los cuerpos grasos como base de su composición. Se usa mucho en farmacia y perfumería, pero sobre todo para preparar la nitroglicerina, base de la dinamita. Químicamente es un alcohol.

glicina. f. *Bioquím.* El más simple de los aminoácidos proteicos, presente en el azúcar de caña y en los colágenos.

glicinia. f. Planta papilionácea, de origen chino, que puede alcanzar gran tamaño y produce racimos de flores perfumadas de color azulado o malva, o con menos frecuencia, blanco o rosa pálido.

glicólisis. f. *Bioquím.* Conjunto de reacciones químicas del interior de la célula que degradan algunos azúcares, obteniendo energía en el proceso.

glíptica. f. Arte de grabar en piedras duras.

gliptoteca. f. Colección de piedras grabadas. ‖ **2.** Por ext., en algunos lugares, museo de escultura.

global. adj. Tomado en conjunto.

globo. m. **esfera,** sólido de superficie curva cuyos puntos equidistan del centro. ‖ **2. Tierra,** planeta que habitamos. ‖ **3.** Receptáculo de materia flexible, lleno de un gas a veces menos pesado que el aire ambiente, con el que juegan los niños o que sirve como decoración en fiestas, etc. ‖ **4.** Especie de fanal de cristal con que se cubre una luz para que no moleste a la vista o simplemente por adorno. ‖ **aerostático.** Bolsa de material impermeable y de poco peso que, llena de un gas de menor densidad que el aire, adquiere forma esférica o cilíndrica, y cuya fuerza ascensional es mayor que el peso total. ‖ **celeste.** Esfera en cuya superficie se figuran las constelaciones principales, con situación semejante a la que ocupan en el universo. ‖ **dirigible. globo** fusiforme que lleva una o varias barquillas con motores y hélices propulsoras y un timón vertical para guiarlo. Su envoltura puede ser de diversas materias, incluso de metales ligeros, y está provisto de una armadura que le da rigidez. ‖ **ocular.** El ojo separado de los músculos y demás tejidos que lo rodean. ‖ **terráqueo,** o **terrestre. Tierra,** planeta que habitamos. ‖ **2.** Esfera en cuya superficie se figura la disposición respectiva que las tierras y mares tienen en nuestro planeta.

globoso, sa. adj. De figura de globo.

globular. adj. De figura de glóbulo. ‖ **2.** Compuesto de glóbulos.

globulina. f. *Fisiol.* Proteína del suero sanguíneo, de mayor peso molecular que las albúminas y de distintas propiedades eléctricas.

glóbulo. m. Pequeño cuerpo esférico. ‖ **blanco.** *Biol.* **leucocito.** ‖ **rojo.** *Anat.* Célula globosa y roja de la sangre.

globuloso, sa. adj. Compuesto de glóbulos.

gloria. f. *Teol.* En la doctrina cristiana, vista y posesión de Dios en el cielo. ‖ **2.** Reputación, fama y honor que resulta de las buenas acciones y grandes calidades. ‖ **3.** Lo que ennoblece o ilustra en gran manera una cosa. *Cervantes es* GLORIA *de España; el buen hijo es* GLORIA *de su padre.* ‖ **4.** m. Cántico o rezo de la misa en latín, que comienza con las palabras GLORIA *in excelsis Deo.* ‖ **saber a gloria** una cosa a uno. fr. fig. y fam. Gustarle mucho, serle muy grata.

glorieta. f. Plazoleta, por lo común en un jardín, donde suele haber un cenador. ‖ **2.** Plaza donde desembocan por lo común varias calles o alamedas.

glorificar. tr. Hacer glorioso algo o a alguien que no lo era. ‖ **2.** Reconocer y ensalzar al que es glorioso tributándole alabanzas.

glorioso, sa. adj. Digno de honor y alabanza.

glosa. f. Explicación o comentario de un texto oscuro o difícil de entender. ‖ **2.** Nota o reparo que se pone en las cuentas a una o varias partidas de ellas. ‖ **3.** Composición poética al fin de la cual o al de cada una de sus estrofas se hacen entrar rimando y formando sentido uno o más versos anticipadamente propuestos.

glosar. tr. Hacer, poner o escribir glosas. ‖ **2.** Comentar palabras y dichos propios o ajenos, ampliándolos.

glosario. m. Catálogo de palabras oscuras o desusadas, con definición o explicación de cada una de ellas. ‖ **2.** Catálogo de palabras de una misma disciplina, de un mismo campo de estudio, etc., definidas o comentadas. ‖ **3.** Conjunto de glosas o comentarios, normalmente sobre textos de un mismo autor.

glotis. f. *Anat.* Orificio o abertura anterior de la laringe.

glotón, na. adj. Que come con exceso y con ansia. Ú. t. c. s.

glotonería. f. Acción de comer con exceso y con ansia.

glucemia. f. *Fisiol.* Presencia de azúcar en la sangre, y más especialmente cuando excede de lo normal.

glucógeno. m. *Quím.* Hidrato de carbono semejante al almidón, de color blanco, que se encuentra en el hígado y, en menor cantidad, en los músculos y en varios tejidos, así como en los hongos y otras plantas criptógamas; es una sustancia de reserva que, en el momento de ser utilizada por el organismo, se transforma en glucosa.

glucómetro. m. Aparato para apreciar la cantidad de azúcar que tiene un líquido.

glucosa. f. *Quím.* Aldohexosa de seis átomos de carbono. Sólido blanco, muy soluble en agua, de sabor muy dulce, que se encuentra en muchos frutos maduros.

glucósido. m. *Quím.* Cualquiera de las sustancias orgánicas, existentes en muchos vegetales, que mediante hidrólisis provocada por la acción de ácidos diluidos dan, como productos de descomposición, glucosa y otros cuerpos. Muchos de ellos son venenos enérgicos, y en dosis pequeñísimas se usan como medicamentos.

glucosuria. f. *Med.* Presencia de glucosa en la orina, síntoma de un estado patológico del organismo.

gluten. m. Cualquier sustancia pegajosa que puede servir para unir una cosa a otra. ‖ **2.** *Bot.* Proteína de reserva que se encuentra en las semillas de las gramíneas junto con el almidón.

glúteo, a. adj. Perteneciente a la nalga. *Arteria* GLÚTEA; *región* GLÚTEA. ‖ **2.** *Anat.* V. **músculo glúteo.** Ú. t. c. s.

glutinoso, sa. adj. Pegajoso, y que sirve para pegar y trabar una cosa con otra; como el engrudo, la liga, etc.

gneis. m. Roca de estructura laminar e igual composición que el granito. ❑ pl. invar.

gnómico, ca. adj. Dícese de los poetas que escriben o componen sentencias y reglas de moral en pocos versos, y de las poesías de este género. Apl. a pers., ú. t. c. s.

gnomo. m. Ser fantástico con poderes sobrenaturales, considerado como espíritu o genio de la Tierra, e imaginado en figura de enano que guardaba o trabajaba los yacimientos de las minas. Su origen se remonta a la Edad Media, asociado a los ámbitos cabalísticos y alquimistas. ‖ **2.** En los cuentos infantiles, geniecillo enano.

gnomónica. f. Ciencia que enseña el modo de hacer los relojes solares.

gnoseología. f. *Fil.* Teoría del conocimiento. A veces, sinónimo de epistemología.

gnoseológico, ca. adj. Perteneciente o relativo a la gnoseología.

gnosis. f. El conocimiento absoluto e intuitivo, especialmente de la Divinidad, que pretendían alcanzar los gnósticos. A veces se designa con esta palabra el gnosticismo. ❑ pl. invar.

gnosticismo. m. Doctrina filosófica y religiosa de los primeros siglos de la Iglesia, mezcla de la cristiana con creencias judaicas y orientales, que se dividió en varias sectas y pretendía tener un conocimiento intuitivo y misterioso de las cosas divinas.

gnóstico, ca. adj. Perteneciente o relativo al gnosticismo. ‖ **2.** Que profesa el gnosticismo. Ú. t. c. s.

gobernable. adj. Que puede ser gobernado.

gobernación. f. Acción y efecto de gobernar o gobernarse. ‖ **2.** En algunos países, territorio que depende del gobierno nacional.

gobernador, ra. m. y f. Persona que desempeña el mando de una provincia, ciudad o territorio. ‖

2. Representante del Gobierno en algún establecimiento público. GOBERNADOR *del Banco de España.*

gobernalle. m. *Mar.* Timón de la nave.

gobernanta. f. Mujer que en los grandes hoteles tiene a su cargo el servicio de un piso en lo tocante a limpieza de habitaciones, conservación del mobiliario, alfombras y demás enseres. ‖ **2.** Encargada de la administración de una casa o institución.

gobernante. adj. Que gobierna. Ú. m. c. s.

gobernar. tr. Mandar con autoridad o regir una cosa. Ú. t. c. intr. ‖ **2.** Guiar y dirigir. GOBERNAR *la nave, la procesión, la danza.* Ú. t. c. prnl. ‖ **3.** intr. Obedecer el buque al timón. ❑ Irreg. Se conj. como *acertar.*

gobierna. f. Veleta que señala la dirección del viento.

gobierno. m. Acción y efecto de gobernar o gobernarse. ‖ **2.** Conjunto de los ministros superiores de un Estado. ‖ **3.** Empleo, ministerio y dignidad de gobernador. ‖ **4.** Tiempo que dura el mando o autoridad del gobernador. ‖ **absoluto.** Aquel en que todos los poderes se hallan reunidos en solo una persona o cuerpo, sin limitación. Aplícase más comúnmente al caso en que se hallan reunidos en el monarca. ‖ **parlamentario.** Aquel en que los ministros necesitan la confianza de las Cámaras, o al menos de la elegida por voto más popular y directo.

gobio. m. Pez teleósteo de pequeño tamaño, del suborden de los acantopterigios, con las aletas abdominales colocadas debajo de las torácicas y unidas ambas por los bordes formando como un embudo. Se conocen varias especies, algunas de las cuales son abundantísimas en las aguas litorales españolas y en las fluviales mezcladas con las de mar.

goce. m. Acción y efecto de gozar o disfrutar una cosa.

godo, da. adj. Dícese del individuo de un antiguo pueblo germánico, fundador de reinos en España e Italia. Ú. t. c. s. ‖ **2.** fig. *Can.* Español peninsular.

goethiano, na. adj. Perteneciente o relativo a Goethe (1749-1832). Ú. t. c. s.

gofrado. m. Acción y efecto de gofrar.

gofrar. tr. Estampar en seco, sobre papel o en las cubiertas de un libro, motivos en relieve o en hueco.

gol. m. En el juego del fútbol y otros semejantes, entrada del balón en la portería.

gola. f. Adorno del cuello hecho de tela, tul y encajes, plegados y planchados formando dobleces. ‖ **2.** *Arq.* Moldura cuyo perfil tiene la figura de una *s;* esto es, una concavidad en la parte superior, y una convexidad en la inferior.

goleada. f. Acción y efecto de golear.

goleador, ra. m. y f. Persona que golea.

golear. tr. En el juego del fútbol, hacer gol un jugador o un equipo, especialmente con reiteración.

goleta. f. Embarcación fina, de bordas poco elevadas, con dos palos, y a veces tres, y un cangrejo en cada uno.

golf. m. Juego de origen escocés, que consiste en impeler con un palo especial una pelota pequeña para introducirla en una serie de hoyos abiertos en un terreno extenso cubierto ordinariamente de césped. Gana el jugador que hace el recorrido con el menor número de golpes.

golfante. m. Golfo, sinvergüenza.

golfear. intr. Vivir como un golfo.

golfería. f. Conjunto de golfos². ‖ **2.** Acción propia de un golfo.

golfista. com. Persona que juega al golf.

golfo¹. m. Gran porción de mar que se interna en la tierra entre dos cabos. *El* GOLFO *de Venecia.* ‖ **2.** Gran extensión de mar que dista mucho de tierra por todas partes, y en la cual no se encuentran islas. *El* GOLFO *de las Damas; el* GOLFO *de las Yeguas.*

golfo², fa. m. y f. Pillo, vagabundo. Ú. t. c. adj.

goliardo. m. En la Edad Media, clérigo o estudiante vagabundo que llevaba vida irregular.

golilla. f. Adorno hecho de cartón forrado de tela negra, que circunda el cuello, y sobre el cual se pone una tira grande de tela blanca engomada o almidonada, vuelta sobre la espalda, hombros y pecho; lo usaban los ministros togados y demás empleados de los tribunales de justicia.

gollería. f. fig. y fam. Delicadeza, superfluidad.

gollete. m. Parte superior de la garganta, por donde se une a la cabeza. ‖ **2.** Cuello estrecho que tienen algunas vasijas; como garrafas, botellas, etc.

golondrina. f. Pájaro muy común en España desde principio de la primavera hasta fines de verano, que emigra en busca de países templados. Tiene unos quince centímetros desde la cabeza a la extremidad de la cola, pico negro, corto y puntiagudo, frente y barbilla rojizas, cuerpo negro azulado por encima y blanco por debajo, alas puntiagudas y cola larga y muy ahorquillada. ‖ **de mar.** Nombre común que se aplica a ciertas aves marinas, como charranes, pagazas y fumareles.

golondrino. m. Pollo de la golondrina. ‖ **2.** *Med.* Inflamación infecciosa de las glándulas sudoríparas de la axila.

golosear. intr. **golosinear.**

golosina. f. Manjar delicado, generalmente dulce, que sirve más para el gusto que para el sustento.

golosinear. intr. Andar comiendo o buscando golosinas.

goloso, sa. adj. Aficionado a comer golosinas. Ú. t. c. s. ‖ **2. apetitoso.**

golpe. m. Acción de golpear o tener un encuentro repentino y violento dos cuerpos. Ú. t. en sent. fig. ‖ **2.** Efecto del mismo encuentro. Ú. t. en sent. fig. ‖ **3.** Multitud, abundancia de una cosa. GOLPE *de agua, de gente, de música.* ‖ **4.** Infortunio o desgracia que acomete de pronto. ‖ **5.** Robo, atraco. ‖ **6.** fig. Ocurrencia graciosa y oportuna en el curso de la conversación. ‖ **bajo.** fig. Acción malintencionada y ajena a las normas admitidas en el trato social. ‖ **de efecto.** Acción por la que se sorprende a una o varias personas causando una impresión inesperada. También puede ser cómico, para provocar la risa. ‖ **de Estado.** Violación deliberada de las normas constitucionales de un país y sustitución de su gobierno, generalmente por fuerzas militares. ‖ **de gracia.** El que se da para rematar al que está gravemente herido. Se le da este nombre en significación más o menos sincera de que, siendo más breve, sea menos dolorosa la muerte. ‖ **de golpe y porrazo,** o **zumbido.** loc. adv. fig. y fam. Precipitadamente, sin reflexión ni meditación. ‖ **2.** Inesperadamente, de pronto. ‖ **no dar** o **pegar golpe** o **ni golpe.** expr. fig. y fam. No trabajar.

golpear. tr. Dar un golpe o golpes repetidos. Ú. t. c. intr.

golpetear. tr. Dar golpes poco fuertes pero seguidos. Ú. t. c. intr.

golpeteo. m. Acción y efecto de golpetear.

golpismo. m. Actitud favorable al golpe de Estado. ‖ **2.** Actividad de los golpistas.

golpista. adj. Perteneciente o relativo al golpe de Estado. ‖ **2.** Que participa en un golpe de Estado o que lo apoya de cualquier modo. Ú. t. c. s.

goma. f. Sustancia viscosa que naturalmente, o mediante incisiones, fluye de diversos vegetales y después de seca es soluble en agua e insoluble en el alcohol y el éter. Disuelta en agua, sirve para pegar o adherir cosas. ‖ **2.** Tira o banda de **goma** elástica. ‖ **3. goma de borrar.** ‖ **4.** vulg. **preservativo,** funda elástica. ‖ **arábiga.** La que producen ciertas acacias muy abundantes en Arabia: es amarillenta, de fractura vítrea casi transparente, muy usada con diversos fines industriales. ‖ **de borrar.** La elástica preparada especialmente para borrar en el papel el lápiz o la tinta. ‖ **elástica. caucho.**

gomero, ra. adj. Natural de la isla de La Gomera. Ú. t. c. s. ‖ **2.** Perteneciente o relativo a esta isla canaria.

gomina. f. Fijador del cabello.

gomorresina. f. Jugo lechoso que fluye, naturalmente o por incisión, de varias plantas, y se solidifica al aire; compónese generalmente de una resina mezclada con una materia gomosa y un aceite volátil.

gomoso, sa. adj. Que tiene goma o se parece a ella. ‖ **2.** m. Pisaverde, lechuguino, currutaco.

gónada. f. *Biol.* Glándula sexual masculina o femenina.

góndola. f. Embarcación pequeña de recreo, sin palos ni cubierta, por lo común con un armazón de hierro o madera provisto de funda o toldo en el centro, y que se usa principalmente en Venecia.

gondolero. m. El que tiene por oficio dirigir la góndola o remar en ella.

gong. m. Instrumento de percusión formado por un disco que, suspendido, vibra al ser golpeado por una maza.

gongo. m. **batintín,** instrumento de percusión.

gongorino, na. adj. Propio de la poesía de Góngora, o relacionado directamente con ella. ‖ **2.** Partidario o imitador de dicha poesía. Ú. t. c. s.

gongorismo. m. Manera literaria que inició a principios del siglo XVII la poesía de don Luis de Góngora.

gongorista. adj. Persona que estudia la vida, la obra o el influjo de Góngora. Ú. t. c. s.

goniómetro. m. Instrumento que sirve para medir ángulos.

-gono, na. elem. compos. que significa «ángulo»: *isó*GONO, *noná*GONO.

gonococia. f. *Pat.* Enfermedad infecciosa producida por el gonococo de Neisser, que generalmente se localiza en la uretra dando lugar a la blenorragia.

gonocócico, ca. adj. Perteneciente o relativo a la gonococia.

gonococo. m. *Microbiol.* Bacteria ovoide, que se reúne en parejas y más raramente en grupos de cuatro o más unidades. Produce la blenorragia y otras lesiones.

gonorrea. f. *Pat.* **blenorragia.**

gordinflón, na. adj. fam. Dícese de la persona demasiado gruesa.

gordo, da. adj. Que tiene muchas carnes. ‖ **2.** Pingüe, craso y mantecoso. *Carne* GORDA. ‖ **3.** Muy grande, fuera de lo corriente. *Ha tenido un accidente* GORDO. ‖ **4.** m. Sebo, grasa o manteca de la carne del animal.

gordolobo. m. Planta vivaz de la familia de las escrofulariáceas, con tallo erguido de seis a ocho decímetros de altura, cubierto de borra espesa y cenicienta; hojas blanquecinas, gruesas, muy vellosas por las dos caras; flores amarillas en espiga y fruto capsular que encierra varias semillas pequeñas y angulosas. El cocimiento de las flores se usó en medicina contra la tisis. Se llama también verbasco.

gordura. f. Grasa, tejido adiposo que normalmente existe en proporciones muy variables entre los órganos y se deposita alrededor de vísceras importantes. ‖ **2.** Abundancia de carnes y grasas en las personas y animales.

gorgojo. m. Insecto coleóptero de pequeño tamaño, con la cabeza prolongada en un pico o rostro, en cuyo extremo se encuentran las mandíbulas. Hay muchas especies cuyas larvas se alimentan de semillas, por lo que constituyen graves plagas del grano almacenado.

gorgorito. m. fam. Quiebro que se hace con la voz en la garganta, especialmente al cantar. Ú. m. en pl.

gorgotear. intr. Producir ruido un líquido o un gas al moverse en el interior de alguna cavidad.

gorgoteo. m. Acción y efecto de gorgotear.

gorguera. f. Adorno del cuello, hecho de tela plegada y almidonada.

gorila. m. Mono antropomorfo, de color en general pardo oscuro y de estatura semejante a la del hombre; tres dedos de sus pies están unidos por la piel hasta la última falange; es membrudo y muy fiero, y habita en África a orillas del río Gabón. ‖ **2.** fig. y fam. **guardaespaldas.**

gorjal. m. Parte de la vestidura del sacerdote, que circunda y rodea el cuello. ‖ **2.** Pieza de la armadura antigua, que se ajustaba al cuello para su defensa.

gorjear. intr. Hacer quiebros con la voz en la garganta. Se usa hablando de la voz humana y de los pájaros.

gorjeo. m. Acción y efecto de gorjear. ‖ **2.** Canto o voz de algunos pájaros.

gorra. f. Prenda que sirve para cubrir la cabeza, y se hace de tela, piel o punto, sin copa ni alas, con visera o sin ella. ‖ **de gorra.** loc. adv. fam. A costa ajena. ❑ Ú. con los verbos *andar, comer, vivir,* etc.

gorrear. intr. fam. Comer, vivir de gorra.

gorrinada. f. **guarrada,** suciedad. ‖ **2. guarrada,** acción indecente o sucia.

gorrinera. f. Pocilga, cochiquera.

gorrino, na. m. y f. Cerdo pequeño que aún no llega a cuatro meses. ‖ **2.** Cerdo, puerco, cochino. Ú. t. c. adj.

gorrión. m. Pájaro de unos doce centímetros desde la cabeza a la extremidad de la cola, con el pico fuerte, cónico y algo doblado en la punta; plumaje pardo en la cabeza, castaño en el cuello, espalda, alas y cola, pero con manchas negras y rojizas, ceniciento en el vientre; en el macho, con babero negro en pecho y garganta. Es sedentario y muy abundante en España.

gorriona. f. Hembra del gorrión.

gorrista. adj. Que vive o come a costa ajena. Ú. t. c. s.

gorro. m. Pieza redonda, de tela o de punto, para cubrir y abrigar la cabeza. ‖ **2.** Por ext. se aplica a cualquier objeto que cubra el extremo de algo. ‖ **catalán. gorro** de lana que se usa en Cataluña, en forma de manga cerrada por un extremo. ‖ **estar** uno **hasta el gorro.** fr. fig. y fam. No aguantar más.

gorrón, na. adj. Que tiene por hábito comer, vivir, regalarse o divertirse a costa ajena. Ú. t. c. s.

gorronear. intr. Comer o vivir a costa ajena.

gota. f. Partícula de cualquier líquido que adopta en su caída una forma esferoidal. ‖ **2.** fig. Pequeña cantidad de cualquier cosa, pizca. ‖ **3.** *Pat.* Enfermedad causada por la acumulación de cristales de ácido úrico en las articulaciones de las extremidades, en las que produce hinchazón muy dolorosa. ‖ **4.** pl. Medicina u otra sustancia tomada o usada en **gotas.** ‖ **fría.** *Meteor.* Masa de aire muy frío que desciende desde grandes altitudes, del fondo de una corriente en chorro, provocando el desplazamiento en altura y el enfriamiento del aire cálido con gran perturbación atmosférica. ‖ **gota a gota.** m. *Med.* Método para administrar lentamente, por vía endovenosa, medicamentos, sueros o plasma sanguíneo. ‖ **2.** *Med.* Aparato con el cual se aplica este método.

gotear. intr. Caer un líquido gota a gota. ‖ **2.** fig. Dar o recibir una cosa con pausas o con interrupción temporal.

gotera. f. Filtración de agua a través de un techo. ‖ **2.** Grieta por donde se filtra. ‖ **3.** Señal que deja.

gotero. m. fam. **gota a gota,** aparato con que se administran medicamentos por vía endovenosa. ‖ **2.** *Amér.* **cuentagotas.**

gótico, ca. adj. Perteneciente o relativo a los godos. ‖ **2.** Dícese del arte que en la Europa occidental se desarrolla por evolución del románico desde el siglo XII hasta el Renacimiento. Ú. t. c. s. ‖ **3.** m. Lengua germana que hablaron los godos. ‖ **flamígero.** *Arq.* El estilo ojival caracterizado por la decoración de calados con adornos asimétricos, semejantes a las ondulaciones de las llamas. ‖ **florido.** *Arq.* El de la última época, que se caracteriza por la ornamentación exuberante.

goyesco, ca. adj. Propio y característico de Goya, o que tiene semejanza con el estilo de este pintor.

gozada. f. fam. Goce intenso.

gozar. tr. Tener y poseer algo útil y agradable. Ú. t. con la prep. *de.* ‖ **2.** Tener gusto, complacencia y alegría de una cosa. Ú. t. c. prnl. ‖ **3.** intr. Sentir placer, experimentar suaves y gratas emociones. Ú. t. c. prnl. ‖ **4.** Con la prep. *de,* tener alguna buena condición física o moral. GOZAR DE *buena salud.*

gozne. m. Herraje articulado con que se fijan las hojas de las puertas y ventanas al quicio para que, al abrirlas o cerrarlas, giren sobre aquel.

gozo. m. Sentimiento de complacencia en la posesión, recuerdo o esperanza de bienes o cosas apetecibles. ‖ **2.** Alegría del ánimo. ‖ **el gozo en un pozo.** fr. fig. y fam. que da a entender haberse malogrado una cosa con que se contaba. ❑ Ú. t. con un posesivo en vez del art. inicial: **mi gozo** o **nuestro gozo, en un pozo.**

gozoso, sa. adj. Que siente gozo. ‖ **2.** Que produce gozo.

grabación. f. Acción y efecto de grabar, registrar un sonido en disco, cinta, etc.

grabado. m. Arte de grabar. ‖ **2.** Procedimiento para grabar. ‖ **3.** Estampa que se produce por medio de la impresión de láminas grabadas al efecto.

grabador, ra. adj. Que graba. *Instrumento* GRABADOR. ‖ **2.** Perteneciente o relativo al arte del grabado. ‖ **3.** m. y f. Persona que profesa este arte. ‖ **4.** f. **magnetófono.**

grabar. tr. Señalar con incisión o abrir y labrar en hueco o en relieve sobre una superficie un letrero, figura o representación de cualquier objeto. ‖ **2.** Registrar imágenes y sonidos por medio de un disco, cinta magnética u otro procedimiento, de manera que se puedan reproducir. ‖ **3.** fig. Fijar profundamente en el ánimo un concepto, un sentimiento o un recuerdo. Ú. t. c. prnl. ❑ No confundir con *gravar.*

gracejo. m. Gracia, chiste y donaire festivo en hablar o escribir.

gracia. f. *Rel.* En el cristianismo, don gratuito de Dios que hace al hombre partícipe de su amistad. ‖ **2.** Beneficio, don y favor que se hace sin merecimiento particular; concesión gratuita. ‖ **3.** Cualidad o conjunto de cualidades que hacen agradable a la persona o cosa que las tiene. Ú. t. en sent. fig. ‖ **4.** Garbo, donaire y soltura en la ejecución de una cosa. ‖ **5.** Chiste, dicho agudo, discreto y de donaire. ‖ **¡gracias!** expr. elípt. con que significamos nuestro agradecimiento por cualquier beneficio, favor o atención que se nos dispensa.

grácil. adj. Sutil, delgado o menudo.

gracioso, sa. adj. Aplícase a la persona o cosa cuyo aspecto tiene cierto atractivo que deleita a los que la miran. ‖ **2.** Chistoso, agudo, lleno de donaire y gracia. ‖ **3.** Que se da de balde o de gracia. ‖ **4.** m. En el teatro de Lope de Vega y sus seguidores, personaje típico, generalmente un criado, que se caracteriza por su ingenio y socarronería.

grada[1]**.** f. **peldaño.** ‖ **2.** Asiento a manera de escalón corrido. ‖ **3.** Conjunto de estos asientos en los teatros y otros lugares públicos. Ú. t. en pl. ‖ **4.** pl. Conjunto de escalones que suelen tener los grandes edificios delante de su pórtico o fachada.

grada[2]**.** f. Instrumento de madera o de hierro, de figura casi cuadrada, a manera de unas parrillas grandes, con el cual se desmenuza y allana la tierra después de arada, para sembrarla.

gradación. f. Disposición o ejecución de una cosa en grados sucesivos, ascendentes o descendentes. ‖ **2.** Serie de cosas ordenadas gradualmente. ❑ No confundir con *graduación.*

gradar. tr. Desmenuzar y allanar con la grada la tierra después de arada.

gradería. f. Conjunto o serie de gradas, como las de los altares y las de los anfiteatros.

graderío. m. **gradería,** especialmente en los campos de deporte y en las plazas de toros. Ú. t. en pl. ‖ **2.** Por ext., público que lo ocupa.

gradiente. m. Razón entre la variación del valor de una magnitud entre dos puntos próximos y la distancia entre estos. GRADIENTE *de temperatura, de presión.*

gradilla. f. Utensilio que se utiliza en los laboratorios para mantener verticales y ordenados los tubos de ensayo.

grado[1]**.** m. Cada una de las generaciones que marcan el parentesco entre las personas. ‖ **2.** Derecho que se concedía a los militares para que se les contara la antigüedad de un empleo superior antes de obtenerlo, usando entretanto las divisas correspondientes a este empleo. Durante el siglo XIX y principios del XX se concedía también sin antigüedad y solo como honor. ‖ **3.** En las enseñanzas media y superior, título que se alcanza al superar algunos niveles de estudio. GRADO *de bachiller, de doctor.* ‖ **4.** fig. Cada uno de los diversos estados, valores o calidades que, en relación de menor a mayor, puede tener una cosa. ‖ **5.** *Álg.* Número de orden que expresa el de factores de la misma especie que entran en un término o en una parte de él. ‖ **6.** *Álg.* En una ecuación o en un polinomio, el del término en que la variable tiene exponente mayor. ‖ **7.** *Geom.* Cada una de las 360 partes iguales en que puede dividirse la circunferencia. Se emplea también para medir los arcos de los ángulos. ‖ **8.** *Gram.* Manera de significar la intensidad relativa de los calificativos. GRADO *positivo, comparativo* y *superlativo.* ‖ **Celsius. grado centígrado.** ‖ **centígrado.** Unidad de temperatura que equivale a la centésima parte de la diferencia entre los puntos de fusión del hielo y de la ebullición del agua, a la presión normal. ‖ **Fahrenheit.** Unidad de temperatura de la escala Fahrenheit, que asigna el valor 32 al punto de fusión del hielo y el valor 212 al de ebullición del agua. ‖ **Kelvin. kelvin.**

grado² (de buen, o **de).** loc. adv. Voluntaria y gustosamente. ‖ **de mal grado.** loc. adv. Sin voluntad, con repugnancia y a disgusto.

graduable. adj. Que puede graduarse.

graduación. f. Acción y efecto de graduar o de graduarse. ‖ **2.** Cantidad proporcional de alcohol que contienen las bebidas espiritosas. ‖ **3.** *Mil.* Categoría de un militar en su carrera. ❑ No confundir con *gradación.*

graduado, da. adj. *Mil.* En las carreras militares se aplicaba al que tenía grado superior a su empleo. *El coronel* GRADUADO, *comandante López.* ‖ **graduado, da, escolar.** m. y f. Persona que ha cursado con éxito los estudios primarios exigidos por la ley. ‖ **2.** m. Título otorgado a esa persona.

gradual. adj. Que está por grados o va de grado en grado.

graduar. tr. Dar a una cosa el grado o calidad que le corresponde. ‖ **2.** Señalar en una cosa los grados en que se divide. GRADUAR *un círculo, un termómetro, un mapa.* ‖ **3.** En las enseñanzas media y superior, dar el título de bachiller, licenciado o doctor. Ú. t. c. prnl., y significa entonces recibir dichos títulos. ‖ **4.** Por ext., conceder otro tipo de grado en un centro de enseñanza autorizado para ello. ‖ **5.** *Mil.* En las carreras militares, conceder grado o grados.

grafema. m. *Ling.* Unidad mínima e indivisible de la escritura de una lengua.

grafía. f. Modo de escribir o representar los sonidos, y, en especial, empleo de tal letra o tal signo gráfico para representar un sonido dado.

-grafía. elem. compos. que significa «descripción», «tratado», «escritura» o «representación gráfica»: *mono*GRAFÍA, *mecano*GRAFÍA.

gráfico, ca. adj. Perteneciente o relativo a la escritura y a la imprenta. ‖ **2.** Aplícase a las descripciones, operaciones y demostraciones que se representan por medio de figuras o signos. Ú. t. c. s. ‖ **3.** fig. Aplícase al modo de hablar que expone las cosas con la misma claridad que si estuvieran dibujadas. ‖ **4.** m. y f. Representación de datos numéricos por medio de una o varias líneas que hacen visible la relación que esos datos guardan entre sí.

grafila o **gráfila.** f. Orlita, generalmente de puntos o de línea, que tienen las monedas en su anverso o reverso.

grafismo. m. Cada una de las particularidades de la letra de una persona, o el conjunto de todas ellas. ‖ **2.** Diseño gráfico de libros, folletos, carteles, etc.

grafito. m. Mineral untuoso, de color negro y lustre metálico, constituido por carbono cristalizado en el sistema hexagonal; se puede producir artificialmente, y se usa en la manufactura de lapiceros, crisoles refractarios y en otras aplicaciones industriales.

grafo-. elem. compos. que significa «escritura»: GRAFO*logía,* GRAFO*manía.*

-grafo, fa. elem. compos. que significa «que escribe» o «que describe»: *mecanó*GRAFO, *telé*GRAFO, *bolí*GRAFO, *hidró*GRAFO.

grafología. f. Arte que pretende averiguar, por las particularides de la letra, cualidades psicológicas del que la escribe.

grafoscopio. m. *Ópt.* Lupa grande para examinar escritos.

gragea. f. *Farm.* Pequeña porción de materia medicamentosa en forma generalmente redondeada, y recubierta de una capa de sustancia agradable al paladar.

graja. f. Hembra del grajo.

grajilla. f. Ave de la familia de los córvidos, más pequeña y con el pico más corto que la graja y la corneja. Negra, con auriculares y cogote de color gris. Es muy característico el tono gris pálido de sus ojos. Sociable, forma grandes bandadas.

grajo. m. Ave muy semejante al cuervo, con el cuerpo de color violáceo negruzco, el pico y los pies rojos y las uñas grandes y negras.

grama. f. Planta medicinal de la familia de las gramíneas, con el tallo cilíndrico y rastrero, que echa raicillas por los nudos; hojas cortas, planas y agudas, y flores en espigas filiformes que salen en número de tres o de cinco en la extremidad de las cañitas de dos decímetros de largo.

-grama. elem. compos. que significa «escrito» o «gráfico»: *cable*GRAMA, *tele*GRAMA, *cardio*GRAMA.

gramática. f. Arte de hablar y escribir correctamente una lengua, y libro en que se enseña. ‖ **2.** Ciencia que estudia los elementos de una lengua y sus combinaciones. ‖ **3.** Antiguamente, estudio de la lengua latina. ‖ **estructural.** Estudio de una lengua regido por el principio de que todos sus elementos mantienen entre sí relaciones sistemáticas. ‖ **generativa.** La que trata de formular una serie de reglas capaces de generar o producir todas las oraciones posibles y aceptables de un idioma. ‖ **histórica.** La que estudia las evoluciones que una lengua ha experimentado a lo largo del tiempo. ‖ **tradicional.** Cuerpo de doctrina gramatical constituido por las ideas que sobre el lenguaje y su estudio aportaron los filósofos griegos, y que se desarrolló en los siglos posteriores, prácticamente hasta la aparición de la **gramática** estructural. || **transformacional,** o **transformativa.** La que, siendo generativa, establece que de un esquema oracional se pasa a otro u otros por la aplicación de determinadas reglas.

gramatical. adj. Perteneciente o relativo a la gramática. || **2.** Que se ajusta a las reglas de la gramática.

gramaticalidad. f. *Ling.* Cualidad por la que una secuencia oracional se ajusta a las reglas de la gramática.

gramático, ca. m. y f. Persona entendida en gramática o que escribe sobre ella.

gramíneo, a. adj. *Bot.* Aplícase a plantas angiospermas monocotiledóneas que tienen tallos cilíndricos, comúnmente huecos, interrumpidos de trecho en trecho por nudos llenos; hojas alternas que nacen de estos nudos y abrazan el tallo; flores muy sencillas, dispuestas en espigas o en panojas, y grano seco cubierto por las escamas de la flor; como el trigo, el arroz y el bambú. Ú. t. c. s. f. || **2.** f. pl. *Bot.* Familia de estas plantas.

gramo. m. Unidad de masa en el sistema métrico decimal equivalente a la de un centímetro cúbico de agua a la temperatura de su máxima densidad (cuatro grados centígrados). || **2.** Unidad de fuerza o peso, equivalente a la ejercida en un **gramo** masa por la acción de la gravedad en condiciones determinadas. || **3.** Cantidad de alguna materia cuyo peso es un **gramo.** *Diez* GRAMOS *de azafrán.*

gramófono. m. Instrumento que reproduce las vibraciones de la voz humana o de otro cualquier sonido, inscritas previamente en un disco giratorio. Es nombre comercial registrado.

gramola. f. Modalidad de gramófono sin bocina exterior. || **2. radiogramola.** || **3.** Nombre industrial de ciertos gramófonos eléctricos, instalados por lo general en establecimientos públicos y que, al depositar en ellos una moneda, hacen oír determinados discos.

gran. adj. apóc. de **grande.** ❑ Solo se usa en singular, antepuesto al sustantivo. GRAN *empeño;* GRAN *montaña.*

grana. f. **quermes,** insecto. || **2.** Excrecencia o agallita que el quermes forma en la coscoja, y que, exprimida, produce color rojo. || **3.** Color rojo obtenido de este modo.

granada. f. Fruto del granado, de figura globosa, con diámetro de unos diez centímetros, y coronado por un tubo corto y con dientecitos, resto de los sépalos del cáliz; corteza de color amarillento rojizo, delgada y correosa, que cubre multitud de granos encarnados, jugosos, dulces unas veces, agridulces otras, separados en varios grupos por tabiques membranosos, y cada uno con una pepita blanquecina algo amarga. Es comestible apreciado, refrescante, y se emplea en medicina contra las enfermedades de la garganta. || **2.** Proyectil hueco de metal, que contiene un explosivo y se dispara con obús u otra pieza de artillería. || **de mano. granada,** proyectil hueco cargado con diferentes explosivos o gases tóxicos, que se arroja con la mano.

granadero. m. Soldado de infantería armado con granadas de mano.

granadino[1], na. adj. Perteneciente al granado o a la granada. || **2.** m. Flor del granado. || **3.** f. Refresco hecho con zumo de granada.

granadino[2], na. adj. Natural de Granada. Ú. t. c. s. || **2.** Perteneciente o relativo a esta ciudad o a su provincia.

granado[1]. m. Árbol angiospermo de cinco a seis metros de altura, con tronco liso y tortuoso, ramas delgadas, hojas opuestas, oblongas, enteras y lustrosas, flores casi sin pedúnculo, rojas y con los pétalos algo doblados, y cuyo fruto es la granada.

granado[2]. adj. fig. Notable y señalado, principal, ilustre y escogido. || **2.** fig. Maduro, juicioso.

granar. intr. Formarse y crecer el grano de los frutos en algunas plantas, como las espigas, los racimos, etc.

granate. m. Piedra fina compuesta de silicato doble de alúmina y de hierro u otros óxidos metálicos. Su color varía desde el de los granos de granada al rojo, negro, verde, amarillo, violáceo y anaranjado. || **2.** Color rojo oscuro. Ú. t. c. adj.

grande. adj. Que supera en tamaño, importancia, dotes, intensidad, etc., a lo común y regular. || m. Prócer, magnate, persona de muy elevada jerarquía o nobleza. || **de España.** Persona que tiene el grado máximo de la nobleza española y que antiguamente podía cubrirse delante del rey si era caballero, o tomar asiento delante de la reina si era señora, y gozaba de los demás privilegios anexos a esta dignidad. || **a lo grande.** loc. adv. Con lujo extraordinario.

grandeza. f. Tamaño excesivo de una cosa respecto de otra del mismo género. || **2.** Majestad y poder. || **3.** Dignidad de grande de España. || **4.** Elevación de espíritu, excelencia moral.

grandilocuencia. f. Elocuencia muy abundante y elevada. || **2.** Estilo sublime.

grandilocuente. adj. Que habla o escribe con grandilocuencia.

grandiosidad. f. Admirable grandeza, magnificencia.

grandioso, sa. adj. Sobresaliente, magnífico.

grandullón, na. adj. Dícese especialmente de los muchachos muy crecidos para su edad. Ú. t. c. s.

granel (a). loc. adj. y adv. Hablando de cosas menudas, como trigo, centeno, etc., sin orden, número ni medida. Tratando de géneros, sin envase, sin empaquetar.

granero. m. Sitio en donde se recoge y custodia el grano. || **2.** fig. Territorio muy abundante en grano y que provee de él a otros países.

granífugo, ga. adj. Dícese de cualquier medio o dispositivo que se emplea en el campo para esparcir las nubes tormentosas y evitar las granizadas. *Cañón* GRANÍFUGO; *cohetería* GRANÍFUGA.

granítico, ca. adj. Perteneciente al granito o semejante a esta roca.

granito. m. Roca compacta y dura, compuesta de feldespato, cuarzo y mica. Lo hay de varios colores, según el tinte y la proporción de sus componentes. Se emplea como piedra de cantería.

granívoro, ra. adj. Aplícase a los animales que se alimentan de granos.

granizada. f. Precipitación de granizo.

granizado, da. adj. Dícese del refresco hecho con hielo finamente desmenuzado, al que se agrega alguna esencia, jugo de fruta o bebida alcohólica. *Café* o *limón* GRANIZADO. Ú. t. c. s.

granizar. intr. impers. Caer granizo. ❑ Solo se usa la 3.ª pers. de sing. de todos los tiempos y el infinitivo, gerundio y participio.

granizo. m. Agua congelada que desciende con violencia de las nubes, en granos más o menos duros y gruesos, pero no en copos como la nieve.

granja. f. Hacienda de campo dentro de la cual suele haber un caserío con vivienda, establos y otras dependencias. || **2.** Finca dedicada a la cría de animales domésticos. || **3.** Finca dedicada a la experimentación agrícola.

granjear. tr. Adquirir, conseguir, obtener, en general. || **2.** Captar, atraer, conseguir voluntades, etc. Ú. m. c. prnl.

granjería. f. Beneficio de las haciendas de campo y venta de sus frutos, o cría de ganados y trato con ellos, etc. || **2.** fig. Ganancia y utilidad que se obtiene traficando y negociando.

granjero, ra. m. y f. Persona que cuida de una granja. || **2.** Persona que se emplea en granjerías.

grano. m. Semilla y fruto de las mieses; como del trigo, cebada, etc. Ú. t. en sent. colect. || **2.** Semilla pequeña de varias plantas. GRANO *de mostaza, de anís.* || **3.** Cada una de las semillas o frutos que con otros iguales forma un agregado. GRANO *de uva, de granada.* || **4.** Porción o parte menuda de otras cosas. GRANO *de arena, de incienso.* || **5.** Pequeño tumor, por lo general infectado, que nace en alguna parte del cuerpo. || **6.** En las piedras preciosas, cuarta parte de un quilate. || **ir** uno **al grano.** fr. fig. y fam. Atender a lo sustancial, omitiendo lo superfluo.

granuja. m. fig. Bribón, pícaro.

granujada. f. Acción propia de un granuja.

granujiento, ta. adj. Que tiene muchos granos, especialmente tratándose de personas y animales.

granulado, da. adj. Dícese de las sustancias cuya masa forma granos pequeños.

granular[1]. adj. Aplícase a la erupción de granos y a las cosas en cuyo cuerpo o superficie se forman granos. || **2.** Dícese de las sustancias cuya masa forma granos o porciones menudas.

granular[2]. tr. Desmenuzar una cosa en granos muy pequeños. GRANULAR *plomo, estaño.* || **2.** prnl. Cubrirse de granos pequeños alguna parte del cuerpo.

gránulo. m. Bolita de azúcar y goma arábiga con dosis muy corta de algún medicamento.

granulocito. m. *Biol.* Leucocito con gránulos en su citoplasma.

granulometría. f. *Geol.* Parte de la petrografía que trata de la medida del tamaño de las partículas, granos y rocas de los suelos. || **2.** Tamaño de las piedras, granos, arena, etc., que constituyen un árido o polvo.

granuloso, sa. adj. Dícese de las sustancias cuya masa forma granos pequeños.

granza. f. Carbón mineral lavado y clasificado, cuyos trozos han de tener un tamaño reglamentario comprendido entre 15 y 25 milímetros. || **2.** pl. Residuos de paja larga y gruesa, espiga, grano sin descascarillar, etc., que quedan del trigo y la cebada cuando se avientan y criban. || **3.** Desechos de cualquier metal.

granzón. m. *Min.* Cada uno de los pedazos gruesos de mineral que no pasan por la criba. || **2.** pl. Nudos de la paja que quedan cuando se criba, y que suele dejar el ganado en el pesebre.

grao. m. Playa que sirve de desembarcadero.

grapa. f. Pieza de hierro u otro metal, cuyos dos extremos, doblados y aguzados, se clavan para unir o sujetar dos tablas u otras cosas. || **2.** Pieza semejante a esta, que se utiliza en cirugía para unir los bordes de una herida.

grapadora. f. Utensilio que sirve para grapar.

grapar. tr. Sujetar con una o varias grapas.

grasa. f. Manteca, unto o sebo de un animal. || **2.** Lubricante graso. || **3.** *Bioquím.* Nombre genérico de sustancias orgánicas, muy difundidas en ciertos tejidos de plantas y animales, que están formadas por la combinación de ácidos grasos con la glicerina.

grasiento, ta. adj. Untado y lleno de grasa.

graso, sa. adj. Pingüe, mantecoso y que tiene gordura. ‖ **2.** Que tiene naturaleza de grasa.

grasoso, sa. adj. Que está impregnado de grasa.

gratificación. f. Recompensa pecuniaria de un servicio eventual. ‖ **2.** Propina.

gratificar. tr. Recompensar o galardonar con una gratificación.

gratinar. tr. Hacer que un alimento se tueste por encima en el horno.

gratis. adv. m. De gracia o de balde.

gratitud. f. Sentimiento que nos obliga a estimar el beneficio o favor que se nos ha hecho o ha querido hacer, y a corresponder a él de alguna manera.

grato, ta. adj. Gustoso, agradable.

gratuidad. f. Cualidad de gratuito.

gratuito, ta. adj. De balde o de gracia. ‖ **2.** Arbitrario, sin fundamento. *Suposición* GRATUITA; *acusación* GRATUITA.

grava. f. Piedra machacada con que se cubre y allana el piso de los caminos. ‖ **2.** Mezcla de guijas, arena y a veces arcilla que se encuentra en yacimientos.

gravamen. m. Carga, obligación que pesa sobre alguien. ‖ **2.** Carga impuesta sobre un inmueble o sobre un caudal.

gravar. tr. Cargar, pesar sobre una persona o cosa. ‖ **2.** Imponer un gravamen. ❑ Ú. con las preps. *con* y *de*. No confundir con *grabar*.

grave. adj. Grande, de mucha entidad o importancia. *Negocio, enfermedad* GRAVE. ‖ **2.** Aplícase al que está enfermo de cuidado. ‖ **3.** Circunspecto, serio; que causa respeto y veneración. ‖ **4.** *Acúst.* Dícese del sonido bajo, esto es, de aquel cuya frecuencia de vibraciones es pequeña, por oposición al sonido agudo. ‖ **5.** *Pros.* Aplícase a la palabra cuyo acento prosódico incide en su penúltima sílaba; v. gr.: *mañana, imagen*.

gravedad. f. *Fís.* Manifestación terrestre de la atracción universal, o sea tendencia de los cuerpos a dirigirse al centro de la Tierra, cuando cesa la causa que lo impide. ‖ **2.** Compostura y circunspección. ‖ **3.** fig. Grandeza, importancia. GRAVEDAD *de la enfermedad*.

gravidez. f. Embarazo de la mujer.

grávido, da. adj. poét. Cargado, lleno, abundante. ‖ **2.** Dícese especialmente de la mujer encinta.

gravimetría. f. Estudio de la gravitación terrestre y medición de sus variaciones en los diversos lugares.

gravímetro. m. *Fís.* Instrumento para determinar el peso específico de los líquidos y a veces de los sólidos.

gravitación. f. Acción atractiva mutua que se ejerce a distancia entre las masas de los cuerpos, especialmente los celestes. *Teoría de la* GRAVITACIÓN *universal*.

gravitar. intr. Moverse un cuerpo por la atracción gravitatoria de otro cuerpo. *La Luna* GRAVITA *en torno de la Tierra*. ‖ **2.** Descansar o hacer fuerza un cuerpo sobre otro.

gravitatorio, ria. adj. Perteneciente o relativo a la gravitación.

gravoso, sa. adj. Molesto, pesado y a veces intolerable. ‖ **2.** Que ocasiona gasto o menoscabo.

graznar. intr. Dar graznidos.

graznido. m. Grito de algunas aves, como el cuervo, el grajo, el ganso, etc.

greba. f. Pieza de la armadura antigua, que cubría la pierna desde la rodilla hasta la garganta del pie.

greca. f. Adorno consistente en una faja más o menos ancha en que se repite la misma combinación de elementos decorativos, y especialmente la compuesta por líneas que forman ángulos rectos.

grecolatino, na. adj. Perteneciente o relativo a la cultura griega y latina.

grecorromano, na. adj. Perteneciente o relativo a griegos y romanos, o compuesto de elementos propios de uno y otro pueblo. *Imperio* GRECORROMANO.

greda. f. Arcilla arenosa, por lo común de color blanco azulado, que se usa principalmente para desengrasar los paños y quitar manchas.

gregario, ria. adj. Se dice de los animales que viven en rebaños o manadas. ‖ **2.** fig. Dícese del que sigue servilmente las ideas o iniciativas ajenas.

gregarismo. m. *Biol.* Tendencia de algunos animales a vivir en sociedad. ‖ **2.** Cualidad de gregario, que sigue servilmente a otros.

gregoriano, na. adj. Dícese del canto religioso reformado por el papa Gregorio I. ‖ **2.** Dícese del año, calendario, cómputo y era que reformó Gregorio XIII.

greguería. f. Agudeza, imagen en prosa que presenta una visión personal, sorprendente y a veces humorística, de algún aspecto de la realidad, y que fue lanzada y así denominada hacia 1912 por el escritor Ramón Gómez de la Serna.

greguescos o **gregüescos.** m. pl. Calzones muy anchos que se usaron en los siglos XVI y XVII.

grelo. m. Hojas y puntas tiernas y comestibles de los tallos del nabo.

gremial. adj. Perteneciente a un gremio, oficio o profesión.

gremio. m. Corporación formada por los maestros, oficiales y aprendices de una misma profesión u oficio, regida por ordenanzas o estatutos especiales. ‖ **2.** Conjunto de personas que tienen un mismo ejercicio, profesión o estado social.

greña. f. Cabellera revuelta y mal compuesta. Ú. m. en pl. ‖ **andar a la greña.** fr. fig. y fam. Estar dos o más personas en discordia, predispuestas a reñir o a meterse en disputas.

gres. m. Pasta compuesta ordinariamente de arcilla figulina y arena cuarzosa, que sirve en alfarería para fabricar diversos objetos que, cocidos a temperaturas muy elevadas, son resistentes, impermeables y refractarios. ❑ pl. invar.

gresca. f. Bulla, algazara. ‖ **2.** Riña, pendencia.

grey. f. fig. Conjunto de individuos que tienen algún carácter común, como los de una misma raza, región o nación.

grial. m. Vaso o plato místico, que en los libros de caballería se supone haber servido para la institución del sacramento eucarístico.

griego, ga. adj. Natural u oriundo de Grecia. Ú. t. c. s. ‖ **2.** Perteneciente o relativo a esta nación. ‖ **3.** m. Lengua **griega.**

grieta. f. Quiebra o abertura que se hace naturalmente en la tierra o en cualquier cuerpo sólido. ‖ **2.** Hendedura poco profunda que se forma en la piel de diversas partes del cuerpo o en las membranas mucosas próximas a ella.

grifa. f. **cáñamo índico,** mariguana o marihuana.

grifería. f. Conjunto de grifos y llaves que sirven para regular el paso del agua. ‖ **2.** Tienda donde se venden grifos y accesorios para saneamiento.

grifo, fa. adj. Dícese del cabello crespo o enmarañado. ‖ **2.** m. Animal fabuloso, de medio cuerpo arriba águila, y de medio abajo león. ‖ **3.** Llave de metal colocada en la boca de las cañerías y en calderas y en otros depósitos de líquidos a fin de regular el paso de estos.

grilla. f. Hembra del grillo, que no tiene la facultad de producir el sonido que produce el macho con los élitros.

grillarse. prnl. fig. y fam. **guillarse,** chiflarse.

grillera. f. Agujero o cuevecilla en que se recogen los grillos en el campo. ‖ **2.** Jaula de alambre o mimbres en que se los encierra.

grillete. m. Arco de hierro, casi semicircular, con dos agujeros, uno en cada extremo, por los cuales se pasa un perno que se afirma con una chaveta, y sirve para asegurar una cadena a la garganta del pie de un presidiario, a un punto de una embarcación, etc.

grillo. m. Insecto ortóptero, de unos tres centímetros de largo, color negro rojizo, con una mancha amarilla en el arranque de las alas, cabeza redonda y ojos muy prominentes. El macho, cuando está tranquilo, sacude y roza con tal fuerza los élitros, que produce un sonido agudo y monótono. ‖ **cebollero** o **real. cortón.**

grillos. m. pl. Conjunto de dos grilletes con un perno común, que se colocaban en los pies de los presos para impedirles andar.

grima. f. Desazón, disgusto, horror que causa una cosa.

grimorio. m. Libro de fórmulas mágicas usado por los antiguos hechiceros.

grímpola. f. *Mar.* Gallardete muy corto que se usa generalmente para indicar la dirección del viento. ‖ **2.** Una de las insignias militares que se usaban en lo antiguo, y que los caballeros solían llevar al campo de batalla y ponían en sus sepulturas. La figura de su paño era triangular.

gringo, ga. adj. fam. Extranjero, especialmente de habla inglesa, y en general todo el que habla una lengua que no sea la española. Ú. t. c. s. ‖ **2.** *Amér. Merid.* Norteamericano de Estados Unidos. Ú. t. c. s.

griñón. m. Variedad de melocotón, pequeño y sabroso, de piel lisa y muy colorada.

gripal. adj. Perteneciente o relativo a la gripe.

gripe. f. *Pat.* Enfermedad epidémica aguda de origen vírico, acompañada de fiebre y con manifestaciones variadas, especialmente catarrales.

griposo, sa. adj. Que sufre de gripe. Ú. t. c. s. ‖ **2.** De síntomas semejantes a los de la gripe.

gris. adj. Dícese del color que resulta de la mezcla de blanco y negro o azul. Ú. t. c. s. ‖ **2.** fig. Triste, lánguido, apagado. ‖ **marengo.** El oscuro, casi negro. ‖ **perla.** El que recuerda en su tonalidad el color de la perla.

grisáceo, a. adj. De color que tira a gris.

grisear. intr. Ir tomando color gris.

gríseo, a. adj. De color gris.

grisú. m. Metano desprendido de las minas de hulla que al mezclarse con el aire se hace inflamable y produce violentas explosiones. ❑ pl. *grisúes* o *grisús.*

gritar. intr. Levantar la voz más de lo acostumbrado. Ú. t. c. tr. ‖ **2.** Dar un grito o varios. ‖ **3.** fig. fam. Reprender o mandar algo a uno con gritos.

griterío. m. Confusión de voces altas y desentonadas.

grito. m. Voz muy esforzada y levantada. ‖ **2.** Expresión proferida con esta voz. ‖ **3.** Manifestación vehemente de un sentimiento general. ‖ **último grito.** fig. Novedad sorprendente en la moda o en otros ámbitos. ‖ **poner el grito en el cielo.** fr. fig. y fam.

Clamar en voz alta, quejándose vehementemente de alguna cosa.

groenlandés, sa. adj. Natural de Groenlandia. Ú. t. c. s. ‖ **2.** Perteneciente o relativo a esta región de América Septentrional.

grogui. adj. *Dep.* En el boxeo, aturdido, tambaleante. ‖ **2.** Atontado por el cansancio o por otras causas físicas o emocionales. ‖ **3.** Casi dormido.

grosella. f. Fruto del grosellero, que es una uvita o baya globosa de color rojo, blanco o negro, jugosa y de sabor agridulce muy grato. Su jugo es medicinal, y suele usarse en bebidas y en jalea. ‖ **2.** m. Color rojo semejante al de este fruto. Ú. t. c. adj.

grosellero. m. Arbusto de la familia de las saxifragáceas, que tiene tronco ramoso de uno a dos metros de altura; hojas alternas, pecioladas y divididas en cinco lóbulos con festoncillos en el margen; flores de color amarillo verdoso y en racimitos, y por fruto la grosella.

grosería. f. Descortesía, falta grande de atención y respeto.

grosero, ra. adj. Basto, ordinario y sin arte. *Ropa* GROSERA. ‖ **2.** Descortés, que no observa decoro ni urbanidad. Ú. t. c. s.

grosísimo, ma. adj. sup. de **grueso.**

grosor. m. Grueso de un cuerpo.

grosso modo. loc. adv. del b. lat. A bulto, aproximadamente, más o menos. ❑ No debe utilizarse con la prep. *a* antepuesta.

grosularia. f. Variedad de granate compuesta de sílice, alúmina y cal, translúcida y de color verdoso amarillento.

grosura. f. Sustancia crasa o mantecosa, o jugo untuoso y espeso. ‖ **2.** Extremidades y asadura de los animales.

grotesco, ca. adj. Ridículo y extravagante. ‖ **2.** Irregular, grosero y de mal gusto.

grúa. f. Máquina compuesta de un brazo montado sobre un eje vertical giratorio, con una o varias poleas, que sirve para levantar pesos y llevarlos de un punto a otro, dentro del círculo que el brazo describe. ‖ **2.** Vehículo automóvil provisto de **grúa** para remolcar otro. ‖ **3.** *TV.* Soporte que lleva una plataforma sobre la que se colocan la cámara y el asiento del operador.

gruesa. f. Número de doce docenas. Se usa comúnmente para contar cosas menudas; como botones, agujas, etc.

grueso, sa. adj. Corpulento y abultado. ‖ **2.** Parte principal, mayor y más fuerte, de un todo. *El* GRUESO *del ejército.* ‖ **3.** Espesor de una cosa. *El* GRUESO *de la pared.* ‖ **4.** *Geom.* Una de las tres dimensiones de los sólidos, ordinariamente la menor. ❑ sup. irreg. *grosísimo* y reg. *gruesísimo.*

gruiforme. adj. *Zool.* Dícese de aves emparentadas con las grullas, de patas largas y pico recto, propias generalmente de marjales y lagunas, como la focha, la avutarda y la polla de agua. Ú. t. c. s. ‖ **2.** f. pl. *Zool.* Orden de estas aves.

gruir. intr. Gritar las grullas.

grulla. f. Ave gruiforme, zancuda, que llega a 12 ó 13 decímetros de altura, de plumaje gris, con el pico cónico y recto, la cabeza negra con una mancha roja, el cuello largo, blanco y negro, y con un penacho de plumas que tapan la cola. Es ave de paso en España, de alto vuelo, y suele mantenerse sobre un pie cuando se posa.

grumete. m. Muchacho que aprende el oficio de marinero ayudando a la tripulación en sus faenas.

grumo. m. Parte de una sustancia que se coagula. GRUMO *de sangre, de leche.*

grumoso, sa. adj. Lleno de grumos.

gruñido. m. Voz del cerdo. ‖ **2.** Voz ronca del perro u otros animales cuando amenazan. ‖ **3.** fig. Sonidos inarticulados, roncos, que emite una persona como señal generalmente de mal humor.

gruñir. intr. Dar gruñidos. ❑ Irreg. Se conj. como *mullir.*

gruñón, na. adj. fam. Que gruñe con frecuencia.

grupa. f. Ancas de una caballería. ‖ **volver grupas,** o **la grupa.** fr. Volver atrás el que va a caballo.

grupal. adj. Perteneciente o relativo al grupo.

grupo. m. Pluralidad de seres o cosas que forman un conjunto, material o mentalmente considerado. ‖ **2.** *Mat.* Conjunto dotado de una operación asociativa, con un elemento neutro, y que contiene un elemento simétrico para cada uno de sus elementos. ‖ **3.** *Quím.* Cada una de las columnas del sistema periódico que contiene los elementos de propiedades análogas. ‖ **de presión.** Conjunto de personas que, en beneficio de sus propios intereses, influye en una organización, esfera o actividad social. ‖ **sanguíneo.** *Med.* Cada uno de los tipos de sangre según los distintos antígenos de las células sanguíneas, que deben tenerse en cuenta antes de proceder a las transfusiones de sangre.

grupúsculo. m. Grupo poco numeroso de personas que interviene activamente en algún asunto frente a otro u otros grupos mucho mayores.

gruta. f. Caverna natural o artificial. ‖ **2.** Estancia subterránea artificial que imita más o menos los peñascos naturales.

grutesco, ca. adj. Relativo o perteneciente a la gruta, cavidad subterránea artificial. ‖ **2.** *Arq.* y *Pint.* Dícese del adorno caprichoso de bichos, sabandijas, quimeras y follajes, llamado así porque imita los que se encontraron en las grutas o ruinas del palacio de Tito. Ú. t. c. s. m.

gruyer. m. Queso suave, originario de la región suiza del mismo nombre, fabricado con leche de vaca y cuajo triturado.

gua. m. Hoyito que hacen los muchachos en el suelo para jugar tirando en él bolitas o canicas. ‖ **2.** Nombre de este juego.

guaca. f. Sepulcro de los antiguos indios, principalmente de Bolivia y Perú, en que se encuentran a menudo objetos de valor. ‖ **2.** En América Central y gran parte de la del Sur, sepulcro antiguo indio en general.

guacamayo. m. Ave de América, especie de papagayo, del tamaño de la gallina, con el pico blanco por encima, negro por debajo, las sienes blancas, el cuerpo rojo sanguíneo, el pecho variado de azul y verde, las plumas grandes exteriores de las alas muy azules, con la base amarilla, y la cola muy larga y roja, con las plumas de los lados azules.

guacamol o **guacamole.** m. *Amér. Central, Cuba* y *Méj.* Ensalada que se prepara con aguacate molido o picado, al que se agrega cebolla, tomate y chile verde.

guadalajareño, ña. adj. Natural de la ciudad o de la provincia de Guadalajara, en España. Ú. t. c. s. ‖ **2.** Perteneciente o relativo a ellas.

guadamecí. m. Cuero adobado y adornado con dibujos de pintura o relieve. ❑ pl. *guadamecíes* o *guadamecís.*

guadaña. f. Instrumento para segar, que se maneja con ambas manos, formado por una hoja larga y curvilínea, puntiaguda por un lado y sujeta por el otro, más ancho, a un mango largo que forma ángulo con el plano de la hoja y lleva dos manijas, una en el extremo y otra en el segundo tercio del mismo.

guadijeño, ña. adj. Natural de Guadix. Ú. t. c. s. ‖ **2.** Perteneciente o relativo a esta ciudad.

guagua. f. *Can., Cuba, P. Rico* y *Sto. Dom.* Ómnibus que presta servicio en un itinerario fijo.

guajira. f. Cierto canto popular de los campesinos de Cuba.

guajiro, ra. m. y f. Decíase, en la zona caribe, de la persona de mayor dignidad social; ahora, en Cuba, campesino y por ext., dícese de la persona rústica.

gualda. f. Hierba de la familia de las resedáceas, con tallos ramosos de cuatro a seis decímetros de altura; hojas enteras, lanceoladas, con un diente a cada lado de la base; flores amarillas en espigas compactas, y fruto capsular con semillas pequeñas en forma de riñón. Aunque abunda bastante como planta silvestre, se cultiva para teñir de amarillo dorado con su cocimiento.

gualdo, da. adj. Del color de la flor de la gualda, amarillo.

gualdrapa. f. Cobertura larga, de seda o lana, que cubre y adorna las ancas de las caballerías. ‖ **2.** fig. y fam. Andrajo, pedazo de tela grande, desaliñada y sucia que cuelga de la ropa.

guanaco. m. Mamífero rumiante de unos 13 decímetros de altura hasta la cruz, y poco más de largo desde el pecho hasta el extremo de la grupa; cabeza pequeña con orejas largas y puntiagudas; ojos negros y brillantes; boca con el labio superior hendido; cuello largo, erguido, curvo y cubierto, como todo el cuerpo, de abundante pelo largo y lustroso, de color generalmente pardo oscuro, a veces gris, rojo amarillento y hasta blanco; cola corta, alta y adornada de cerdas finas; patas delgadas y largas, con pies de dos dedos bien separados y con fuertes uñas. Tiene en el pecho y en las rodillas callosidades como los camellos. Es animal salvaje que habita en los Andes meridionales. ‖ **2.** fig. *Amér.* Tonto, simple.

guanche. adj. Dícese del individuo de la raza que poblaba las islas Canarias al tiempo de su conquista. Ú. t. c. s. ❑ Úsase a veces la forma femenina **guancha.** ‖ **2.** Perteneciente o relativo a los **guanches.**

guano. m. Excremento de aves marinas, acumulado en gran cantidad en las costas del Perú, del norte de Chile, y en otras zonas de América. Se utiliza como abono en la agricultura. ‖ **2.** Abono mineral fabricado a imitación del **guano.**

guantada. f. Golpe que se da con la mano abierta.

guantazo. m. Golpe que se da con la mano abierta.

guante. m. Prenda para cubrir la mano, que se hace, por lo común, de piel, tela o tejido de punto, y suele tener una funda para cada dedo. ‖ **2.** Cubierta para proteger la mano, hecha de caucho, goma, cuero, etc., como la que usan los cirujanos y los boxeadores.

guantelete. m. Pieza de la armadura con que se guarnecía la mano.

guantera. f. Caja del salpicadero de los vehículos automóviles en la que se guardan guantes y otros objetos.

guapo, pa. adj. fam. Bien parecido.

guapura. f. fam. Cualidad de guapo.

guaraní. adj. Dícese del individuo de un pueblo que, dividido en muchas parcialidades, se extendía desde el Amazonas hasta el Río de la Plata. Ú. t. c. s. ‖ **2.** Perteneciente o relativo a este pueblo. ‖ **3.** m. Lengua hablada hoy en Paraguay y regiones limítrofes, sobre todo en la provincia argentina de Corrientes. || **4.** Unidad monetaria del Paraguay. ❑ pl. *guaraníes* o *guaranís*.

guarda. com. Persona que tiene a su cargo la conservación de una cosa. U. m. c. s. m. || **2.** f. Acción de guardar, conservar o defender. || **3. tutela.** || **4.** Observancia y cumplimiento de un mandato, ley o estatuto. || **5.** Cualquiera de las dos hojas de papel blanco que ponen los encuadernadores al principio y al fin de los libros. Ú. m. en pl. || **6.** Guarnición de la espada. || **jurado.** Aquel a quien nombra la autoridad a propuesta de particulares, corporaciones o empresas cuyos intereses vigila; sus declaraciones, por haber prestado juramento previo al ejercicio de la función, suelen hacer fe, salvo prueba en contrario.

guardabarrera. com. Persona que en las líneas de los ferrocarriles custodia un paso a nivel y cuida de que las barreras, palenques o cadenas estén cerrados o abiertos conforme a reglamento.

guardabarros. m. Cada una de las chapas de figura adecuada que van sobre las ruedas de los vehículos y sirven para evitar las salpicaduras.

guardabosque. m. Persona que tiene a su cargo guardar los bosques.

guardabrazo. m. Pieza de la armadura antigua, para cubrir y defender el brazo.

guardacantón. m. Poste de piedra para resguardar de los carruajes las esquinas de los edificios.

guardacoches. m. Persona que aparca y vigila los automóviles a la puerta de algunos establecimientos.

guardacostas. m. Barco de poco porte, especialmente destinado a la persecución del contrabando. || **2.** Buque, generalmente acorazado, para la defensa del litoral.

guardaespaldas. com. El que acompaña asiduamente a otro con la misión de proteger su persona.

guardafrenos. m. Empleado que tiene a su cargo en los trenes de ferrocarriles el manejo de los frenos.

guardainfante. m. Especie de tontillo redondo, muy hueco, hecho de alambres con cintas, que se ponían las mujeres en la cintura debajo de la saya o falda.

guardamano. m. Guarnición de la espada.

guardameta. com. *Dep.* Portero, jugador que defiende la meta.

guardapelo. m. Joya en forma de caja plana en que se guarda pelo, retratos, etc.

guardapolvo. m. Resguardo de lienzo, tablas u otra materia, que se pone encima de una cosa para preservarla del polvo. || **2.** Sobretodo de tela ligera para preservar el traje de polvo y manchas.

guardar. tr. Tener cuidado de una cosa, vigilarla y defenderla. GUARDAR *un campo, un rebaño.* || **2.** Poner una cosa donde esté segura. GUARDAR *dinero, joyas,* etc. || **3.** Observar o cumplir aquello a lo que se está obligado. GUARDAR *la ley, el secreto.* || **4.** Conservar o retener una cosa. || **5.** No gastar; ser tacaño. || **6.** ant. Acatar, respetar, tener miramiento. || **7.** fig. Mantener, observar. GUARDAR *silencio.* || **8.** prnl. Seguido de la preposición *de,* recelarse y precaverse de un riesgo. || **9.** Con la misma preposición, poner cuidado en dejar de ejecutar una cosa que no es conveniente. *Yo* ME GUARDARÉ DE *ir a tal parte.* || **guardársela** a uno. fr. fig. y fam. Diferir para tiempo oportuno la venganza o castigo de una ofensa o culpa.

guardarropa. m. En un local público, habitación donde se depositan las prendas de abrigo. || **2.** Conjunto de vestidos de una persona. || **3.** Armario donde se guarda la ropa.

guardarropía. f. En el teatro, cinematografía y televisión, conjunto de trajes que solo sirven, por regla general, para vestir a los coristas y comparsas; y también los efectos de cierta clase necesarios en las representaciones escénicas. || **2.** Lugar o habitación en que se custodian estos trajes o efectos.

guardavía. m. Empleado que tiene a su cargo la vigilancia de un trecho de vía férrea.

guardería. f. **guardería infantil.** || **infantil.** Lugar donde se cuida y atiende a los niños de corta edad.

guardés, sa. m. y f. Persona encargada de custodiar o guardar una casa.

guardia. f. Acción de guardar o vigilar. || **2.** Conjunto de soldados o gente armada que asegura la defensa de una persona o de un puesto. || **3.** Defensa, custodia, protección. || **4.** Servicio especial que con cualquiera de estos fines, o con varios de ellos, se encomienda a una o más personas. || **5.** Nombre que se da a los cuerpos encargados de las funciones de vigilancia o defensa. || **6.** m. *Mil.* Individuo de uno de estos cuerpos. || **civil.** Cuerpo de seguridad destinado principalmente a mantener el orden público en las zonas rurales, y a vigilar las fronteras marítimas o terrestres, así como las carreteras y ferrocarriles. || **2.** com. Individuo de este cuerpo. || **de Corps.** Cuerpo destinado a guardar al rey. || **de seguridad.** Persona de la policía gubernativa destinada a mantener el orden en las ciudades. || **de tráfico.** Persona destinada a regular el tráfico en las ciudades. || **marina.** Cadete de la Escuela Naval Militar en sus dos últimos años. || **municipal.** La que, dependiente de los ayuntamientos, y a las órdenes del alcalde, se dedica a mantener el orden y los reglamentos en lo tocante a la policía urbana. || **2.** com. Persona que pertenece a este cuerpo. || **de guardia.** loc. adv. que con los verbos *entrar, estar, salir* y otros semejantes, se refiere al cumplimiento de este servicio. || **en guardia.** loc. adv. *Esgr.* En actitud de defensa. ❑ Ú. comúnmente con los verbos *estar, poner* y *ponerse.* || **2.** fig. Prevenido o sobre aviso. ❑ Ú. con los verbos *estar* y *ponerse.*

guardiamarina. m. **guardia marina.**

guardián, na. m. y f. Persona que guarda una cosa y cuida de ella.

guardilla. f. **buhardilla.** || **2.** Habitación contigua al tejado.

guarecerse. prnl. Refugiarse en alguna parte para librarse de un daño o peligro, o de las inclemencias del tiempo. ❑ Irreg. Se conj. como *agradecer.* Ú. con la prep. *de.* No confundir con *guarnecer.*

guarida. f. Cueva o espesura donde se guarecen los animales. || **2.** Amparo o refugio para librarse de un daño o peligro.

guarismo. m. Cada uno de los signos o cifras arábigas que expresan una cantidad. || **2.** Cualquier expresión de cantidad compuesta de dos o más cifras.

guarnecer. tr. Poner guarnición a alguna cosa, como traje, joya, espada, caballería o plaza fuerte. || **2.** Colgar, vestir, adornar. || **3.** Dotar, proveer, equipar. ❑ Irreg. Se conj. como *agradecer.* No confundir con *guarecer.*

guarnición. f. Adorno que se pone en los vestidos, ropas, colgaduras y otras cosas semejantes. || **2.** Engaste de oro, plata u otro metal, en que se asientan y aseguran las piedras preciosas. || **3.** Tropa que guarnece una plaza, castillo o buque de guerra. || **4.** Aditamento, generalmente de hortalizas, legumbres, etc., que se sirve con la carne o el pescado. || **5.** pl. Conjunto de correajes y demás efectos que se ponen a las caballerías para que tiren de los carruajes o para montarlas o cargarlas.

guarnicionero, ra. m. y f. Operario que trabaja o hace objetos de cuero, como maletas, bolsos, correas, etc. || **2.** m. El que hace o vende guarniciones para caballerías.

guaro. m. Especie de loro pequeño, mayor que el perico y muy locuaz.

guarrada. f. Porquería, suciedad, inmundicia. || **2.** fig. Acción sucia e indecente.

guarrear. intr. Hacer guarrerías.

guarrería. f. **porquería.**

guarro, rra. m. y f. **cerdo,** animal. || **2.** fig. y fam. Persona sucia y desaliñada. Ú. t. c. adj. || **3.** fig. y fam. Persona grosera, sin modales. Ú. t. c. adj. || **4.** fig. y fam. Persona ruin y despreciable. Ú. t. c. adj.

guasa. f. fam. Chanza, burla. || **estar de guasa.** fr. fig. y fam. Hablar en broma.

guasearse. prnl. Usar de guasas o chanzas.

guasón, na. adj. fam. Burlón, bromista. Ú. t. c. s.

guata. f. Lámina gruesa de algodón en rama, engomada por ambas caras, que sirve para acolchados o como material de relleno.

guatemalteco, ca. adj. Natural de Guatemala. Ú. t. c. s. || **2.** Perteneciente o relativo a esta república de América.

guateque. m. Fiesta casera, generalmente de gente joven, en que se merienda y se baila.

guau. Onomatopeya con que se representa la voz del perro.

guayaba. f. Fruto del guayabo, que es de figura aovada, del tamaño de una pera mediana, de varios colores, y más o menos dulce, con la carne llena de unos granillos o semillas pequeñas.

guayabera. f. Chaquetilla o camisa de hombre, suelta y de tela ligera, cuyas faldas se suelen llevar por encima del pantalón.

guayabo[1]. m. Árbol de América, de la familia de las mirtáceas, que crece hasta cinco o seis metros de altura, con tronco torcido y ramoso; hojas elípticas, puntiagudas, ásperas y gruesas; flores blancas, olorosas, axilares, de muchos pétalos redondeados, y cuyo fruto es la guayaba.

guayabo[2]. m. fam. Muchacha joven y agraciada.

guayacán. m. Árbol de América tropical, de la familia de las cigofiláceas, que crece hasta unos 12 metros de altura, con tronco grande, ramoso, torcido, de corteza dura, gruesa y parduzca; hojas persistentes, pareadas, elípticas y enteras; flores en hacecillos terminales con pétalos de color blanco azulado, y fruto capsular, carnoso, con varias divisiones, en cada una de las cuales hay una semilla. La madera, de color cetrino negruzco, es muy dura y se emplea en ebanistería y en la construcción de máquinas, y contiene una resina aromática amarga, de color rojo oscuro, que se emplea en medicina como sudorífico muy activo. También por sus cualidades excepcionales contra la fricción, esta resina se utiliza en algunas maquinarias, principalmente en los ejes de las hélices. || **2.** Madera de este árbol, llamado en algunos lugares **palo santo.**

guayanés, sa. adj. Natural de Guayana. Ú. t. c. s. || **2.** Perteneciente o relativo a este territorio de América Meridional.

guaycurú. adj. Indio americano perteneciente a un grupo lingüístico y cultural que en la época de la conquista española habitaba a orillas de los ríos Paraguay, Paraná y sus afluentes, y en el Chaco, y que actualmente subsiste en la zona del río Pilcomayo. Ú. t. c. s. ‖ **2.** Perteneciente o relativo a los indios **guaycurúes** o a su lengua. Aplícase también con el significado de indio bravo en general. ‖ **3.** m. Familia de las lenguas de este grupo de indios.

gubernamental. adj. Perteneciente al gobierno del Estado. ‖ **2.** Partidario del gobierno o favorecedor del principio de autoridad.

gubernativo, va. adj. Perteneciente al gobierno.

gubia. f. Formón de mediacaña, delgado, que usan los carpinteros y otros artífices para labrar superficies curvas.

guedeja. f. Cabellera larga. ‖ **2.** Mechón, porción de pelo. ‖ **3.** Melena del león.

güelfo, fa. adj. Partidario de los papas, en la Edad Media, contra los gibelinos, defensores de los emperadores de Alemania. Ú. t. c. s. ‖ **2.** Perteneciente o relativo a los **güelfos.**

guepardo. m. **onza²,** animal carnívoro.

guerra. f. Desavenencia y rompimiento de la paz entre dos o más potencias. ‖ **2.** Lucha armada entre dos o más naciones o entre bandos de una misma nación. ‖ **3.** Pugna, disidencia entre dos o más personas. ‖ **4.** Toda especie de lucha o combate, aunque sea en sentido moral. ‖ **civil.** La que tienen entre sí los habitantes de un mismo pueblo o nación. ‖ **fría.** Situación de hostilidad entre dos naciones o grupos de naciones, en la que, sin llegar al empleo declarado de las armas, cada bando intenta minar el régimen político o la fuerza del adversario por medio de propaganda, presión económica, espionaje, organizaciones secretas, etc. ‖ **santa.** La que se hace por motivos religiosos, y especialmente la que hacen los musulmanes a los que no lo son.

guerrear. intr. Hacer guerra. Ú. t. c. tr. ‖ **2.** fig. Resistir, rebatir o contradecir.

guerrera. f. Chaqueta ajustada y abrochada desde el cuello, que forma parte de ciertos uniformes del ejército.

guerrero, ra. adj. Perteneciente o relativo a la guerra. ‖ **2.** Que guerrea. Apl. a pers., ú. t. c. s.

guerrilla. f. **escaramuza,** pelea de poca importancia. ‖ **2.** Partida de paisanos, por lo común no muy numerosa, que al mando de un jefe particular y con poca o ninguna dependencia de los del ejército, acosa y molesta al enemigo.

guerrillero. m. Paisano que sirve en una guerrilla, o es jefe de ella.

gueto. m. Barrio en que vivían o eran obligados a vivir los judíos en algunas ciudades de Italia y de otros países. ‖ **2.** Barrio o suburbio en que viven personas de un mismo origen, marginadas por el resto de la sociedad. ‖ **3.** fig. Situación o condición marginal en que vive un pueblo, una clase social o un grupo de personas.

guía. com. Persona que encamina, conduce y enseña a otra el camino. ‖ **2.** fig. Persona que enseña y dirige a otra para hacer o lograr lo que se propone. ‖ **3.** Persona autorizada para enseñar a los forasteros las cosas notables de una ciudad, o para acompañar a los visitantes de un museo y darles información sobre los objetos expuestos. ‖ **4.** f. Lo que en sentido figurado dirige o encamina. ‖ **5.** Poste o pilar grande de cantería que se coloca de trecho en trecho, a los lados de un camino de montaña, para señalar su dirección, especialmente cuando hay nieve acumulada. ‖ **6.** Tratado en que se dan preceptos para encaminar o dirigir en cosas, ya espirituales o abstractas, ya puramente mecánicas. GUÍA *del agricultor.* ‖ **7.** Lista impresa de datos o noticias referentes a determinada materia. GUÍA *de ferrocarriles.* ‖ **8.** Sarmiento o vara que se deja en las cepas y en los árboles para dirigirlos. También se llama así el tallo principal de las coníferas y otros árboles. ‖ **9.** Pieza o cuerda que en las máquinas y otros aparatos sirve para obligar a otra pieza a que siga en su movimiento un camino determinado. ‖ **10.** Caballería que, sola o apareada con otra, va delante de todas en un tiro fuera del tronco.

guiar. tr. Ir delante mostrando el camino. ‖ **2.** Dirigir el crecimiento de las plantas haciéndoles guías. ‖ **3.** Conducir un carruaje. ‖ **4.** fig. Dirigir a uno en algún negocio. ‖ **5.** prnl. Dejarse uno dirigir o llevar por otro, o por indicios, señales, etc.

guija. f. Piedra pelada y chica que se encuentra en las orillas y cauces de los ríos y arroyos. ‖ **2.** Tito, almorta.

guijarro. m. Pequeño canto rodado.

guijo. m. Conjunto de guijas. Se usa para consolidar y rellenar los caminos.

guillarse. prnl. fam. **chiflarse,** perder la cabeza.

guillotina. f. Máquina inventada en Francia para decapitar a los reos de muerte. ‖ **2.** Máquina de cortar papel, con una cuchilla vertical, guiada entre un bastidor de hierro.

guillotinar. tr. Decapitar a los reos con la guillotina. ‖ **2.** Por ext., cortar algo de manera parecida a como lo hace la guillotina. Ú. t. en sent. fig.

guimbarda. f. Cepillo de carpintero, de cuchilla estrecha, perpendicular a la cara y muy saliente, que sirve para labrar el fondo de las cajas y ranuras.

guinda. f. Fruto del guindo.

guindar. tr. fam. Lograr una cosa en concurrencia con otros. *Gaspar* GUINDÓ *el empleo.*

guindilla. f. Fruto del guindillo de Indias. ‖ **2.** Pimiento pequeño que pica mucho. ‖ **3.** m. despect. y fam. Individuo del cuerpo de guardia municipal.

guindillo de Indias. m. Planta de la familia de las solanáceas, especie de pimiento, que se cultiva en los jardines. Es una mata de unos cinco decímetros de altura, ramosa, con hojas lanceoladas, flores blancas, axilares, pequeñas y muy abundantes, y fruto redondo, encarnado, del tamaño de una guinda y muy picante.

guindo. m. Árbol de la familia de las rosáceas, especie de cerezo, del que puede distinguirse por ser las hojas más pequeñas y el fruto más redondo y comúnmente ácido.

guinea. f. Antigua moneda inglesa de oro, que se pagaba a 21 chelines, en lugar de los 20 de una libra normal; se usaba como unidad monetaria para ciertos géneros.

guineano, na. adj. Natural de Guinea. Ú. t. c. s. ‖ **2.** Perteneciente o relativo a esta región de África.

guineoecuatorial. adj. Natural de Guinea Ecuatorial. Ú. t. c. s. ‖ **2.** Perteneciente o relativo a esta nación de África.

guiñapo. m. Andrajo o trapo roto, viejo o deslucido. ‖ **2.** fig. Persona envilecida, degradada. ‖ **3.** fig. Persona moralmente abatida, o muy débil y enfermiza.

guiñar. tr. Cerrar un ojo momentáneamente quedando el otro abierto. Hácese a veces con disimulo a manera de señal o advertencia.

guiño. m. Acción de guiñar el ojo.

guiñol. m. Representación teatral por medio de títeres movidos con las manos.

guiñote. m. Juego de naipes, variante del tute.

guión. m. Escrito en que breve y ordenadamente se han apuntado algunas ideas o cosas con objeto de que sirva de guía para determinado fin. ‖ **2.** Texto en que se expone, con los detalles necesarios para su realización, el contenido de un filme o de un programa de radio o televisión. ‖ **3.** Ave delantera de las bandadas que van de paso. ‖ **4.** *Gram.* Signo ortográfico (-) que se pone al fin del renglón que termina con parte de una palabra cuya otra parte, por no caber en él, se ha de escribir en el siguiente. Ú. t. para unir las dos partes de alguna palabra compuesta, como *aovado-lanceolada.* Se usan **guiones** más largos para separar las oraciones incidentales que no se ligan con ninguno de los miembros del período; para indicar en los diálogos cuándo habla cada interlocutor, evitando así la repetición de advertencias, y para suplir al principio de línea, en índices y otros escritos semejantes, el vocablo con que empieza otra línea anterior.

guionista. com. Persona que elabora el guión de un filme o de un programa de radio o televisión.

guipuzcoano, na. adj. Natural de Guipúzcoa. Ú. t. c. s. ‖ **2.** Perteneciente o relativo a esta provincia. ‖ **3.** m. Uno de los ocho principales dialectos del vascuence.

guirigay. m. Griterío y confusión que resulta cuando varios hablan a la vez o cantan desordenadamente. ❑ pl. *guirigáis.*

guirlache. m. Pasta comestible de almendras tostadas y caramelo.

guirnalda. f. Corona abierta, tejida de flores, hierbas o ramas, con que se ciñe la cabeza; se llama también así la tira tejida de flores y ramas que no forma círculo.

guisa. f. Modo, manera o semejanza de una cosa.

guisado. m. Guiso preparado con salsa, después de rehogado.

guisante. m. Planta hortense de la familia de las papilionáceas, con tallos volubles de uno a dos metros de longitud; hojas pecioladas, compuestas de tres pares de hojuelas elípticas, enteras y ondeadas por el margen; estípulas a menudo convertidas en zarcillos; flores axilares en racimos colgantes de color blanco, rojo y azulado, y fruto en vaina casi cilíndrica, con diversas semillas aproximadamente esféricas, de seis a ocho milímetros de diámetro. ‖ **2.** Semilla de esta planta.

guisar. tr. Preparar los alimentos sometiéndolos a la acción del fuego. ‖ **2.** Preparar los alimentos haciéndolos cocer en una salsa, después de rehogados.

guiso. m. Comida guisada.

güisqui. m. Licor alcohólico que se obtiene del grano de algunas plantas, destilando un compuesto amiláceo en estado de fermentación.

guita[1]**.** f. Cuerda delgada de cáñamo.

guita[2]**.** f. fam. Dinero contante.

guitarra. f. Instrumento musical de cuerda, que se compone de una caja de madera, a modo de óvalo estrechado por el medio, con un agujero circular en el centro de la tapa y un mástil con trastes. Seis clavijas colocadas en el extremo de este mástil sirven para templar otras tantas cuerdas aseguradas en un puente fijo en la parte inferior de la tapa, que se pulsan con los dedos de una mano mientras las pisan los de la otra donde conviene al tono. ‖ **eléctrica.** Instrumento musical, derivado de la **guitarra,** en que la vibración de las cuerdas se recoge y amplifica mediante un equipo electrónico.

guitarreo. m. Toque de guitarra repetido o cansado.

guitarrillo. m. Instrumento musical de cuatro cuerdas, semejante a una guitarra muy pequeña. ‖ **2.** Guitarra pequeña de voces agudas.

guitarrista. com. Persona diestra en el arte de tocar la guitarra.

güito. m. fam. Hueso de fruta, especialmente el de albaricoque, con que juegan los niños.

gula. f. Exceso en la comida o bebida, y apetito desordenado de comer y beber.

gules. m. pl. Color rojo propio de la heráldica, que en pintura se expresa por el rojo vivo y en el grabado por líneas verticales muy espesas.

gumía. f. Arma blanca, como daga un poco encorvada, que usan los moros.

guripa. m. **guardia,** persona que mantiene el orden.

gurriato. m. Pollo del gorrión.

gurrumino, na. adj. fam. Ruin, mezquino, raquítico.

gurruñar. tr. Arrugar, encoger.

gurruño. m. Cosa arrugada o encogida.

gusanillo. m. Cierto género de labor menuda que se hace en los tejidos de lienzo y otras telas. ‖ **matar el gusanillo.** fr. Satisfacer el hambre momentáneamente.

gusano. m. Nombre vulgar de las larvas, blandas, alargadas y sin patas, de ciertos insectos, como algunas moscas y coleópteros, y las orugas de los lepidópteros. ‖ **2.** En el uso corriente, **lombriz.** ‖ **3.** Persona vil o de comportamiento despreciable. ‖ **4.** *Zool.* Nombre común que se aplica a animales metazoos, invertebrados, de vida libre o parásitos, de cuerpo blando, segmentado o no y ápodo. ‖ **de la seda,** o **de seda.** Oruga de la mariposa de la seda.

gusarapo, pa. m. y f. Cualquiera de los diferentes animalejos, de forma de gusanos, que se crían en los líquidos.

gustar. tr. Sentir y percibir el sabor de las cosas. ‖ **2.** intr. Agradar una cosa; parecer bien. ‖ **3.** Desear, querer y tener complacencia en una cosa. ❑ Ú. con la prep. *de.* GUSTAR DE *correr,* DE *jugar.*

gustativo, va. adj. Perteneciente al sentido del gusto.

gustazo. m. fam. Gusto grande que alguien se da a sí mismo haciendo algo no habitual, o incluso perjudicial, con lo que satisface una aspiración, el propio orgullo, un deseo de desquite, etc.

gustillo. m. Dejo o saborcillo que se percibe de algunas cosas, cuando el sabor principal no apaga del todo otro más vivo y penetrante que hay en ellas.

gusto. m. *Zool.* Uno de los sentidos corporales, con el que se percibe y distingue el sabor de las cosas, y cuyos órganos receptores se hallan principalmente en la lengua. ‖ **2.** Sabor que tienen las cosas o que produce la mezcla de ellas. ‖ **3.** Placer o deleite que se experimenta con algún motivo, o se recibe de cualquier cosa. ‖ **4.** Facultad de sentir o apreciar lo bello o lo feo. *Diego tiene buen* GUSTO. ❑ Sin calificativo se considera siempre *bueno. Vicente tiene* GUSTO, o *es hombre de* GUSTO. ‖ **5.** Cualidad, forma o manera que hace bella o fea una cosa. *Obra, traje de buen* GUSTO; *adorno de mal* GUSTO. ❑ Sin calificativo se considera siempre *bueno. Traje de* GUSTO. ‖ **6.** Capricho, antojo, diversión. ‖ **a gusto.** loc. adv. Según conviene, agrada o es necesario. ‖ **con mucho gusto.** expr. con que alguien accede a algo que se le pide.

gustoso, sa. adj. Dícese de lo que tiene buen sabor al paladar. ‖ **2.** Que siente gusto o hace con gusto una cosa. ‖ **3.** Agradable, divertido, que causa gusto o placer.

gutapercha. f. Goma que se obtiene de cierto árbol de la India, insoluble en el agua, blanda y moldeable en caliente. Tiene aplicaciones industriales para impermeabilizar tejidos y como envoltura aislante de conductores eléctricos. ‖ **2.** Tela impermeabilizada con esta sustancia.

gutífero, ra. adj. *Bot.* Aplícase a hierbas vivaces, arbustos y árboles angiospermos dicotiledóneos, en su mayoría originarios de la zona tórrida, con hojas opuestas, enteras casi siempre y pecioladas; flores terminales o axilares, en panoja o racimo; fruto en cápsula o en baya, con semillas sin albumen, a veces con arilo. Por incisiones, y aun naturalmente, estas plantas segregan jugos resinosos, como la gutapercha, el calambuco y el corazoncillo. Ú. t. c. s. f. ‖ **2.** f. pl. *Bot.* Familia de estas plantas.

gutural. adj. Perteneciente o relativo a la garganta. ‖ **2.** *Fon.* Aplícase al sonido articulado que se produce al tocar el dorso de la lengua con la parte posterior del velo del paladar o acercarse a él formando una estrechez por la que pasa el aire espirado. En sentido amplio se llaman también **guturales** los sonidos articulados en la úvula o por contracción de la faringe.

guzla. f. Instrumento de música de una sola cuerda de crin, a modo de rabel, con el cual los ilirios acompañan sus cantos.

h. f. Octava letra del abecedario español, y sexta de sus consonantes. Su nombre es **hache,** y en la lengua general no representa sonido alguno. Suele aspirarse en la dicción de numerosas zonas españolas y americanas.

haba. f. Planta herbácea, anual, de la familia de las papilionáceas, con tallo erguido, de un metro aproximadamente, ramoso y algo estriado; hojas compuestas de hojuelas elípticas, crasas, venosas y de color verde azulado; flores amariposadas, blancas o rosáceas, con una mancha negra en los pétalos laterales, olorosas y unidas dos o tres en un mismo pedúnculo, y fruto en vaina de unos doce centímetros de largo, rolliza, correosa, aguzada por los extremos, con cinco o seis semillas grandes, oblongas, aplastadas, blanquecinas o prietas y con una raya negra en la parte asida a la misma vaina. Estas semillas son comestibles, y aun todo el fruto cuando está verde. Se cree que la planta procede de Persia, pero se cultiva de antiguo en toda Europa. ‖ **2.** Fruto y semilla de esta planta.

habanero, ra. adj. Natural de La Habana. Ú. t. c. s. ‖ **2.** Perteneciente o relativo a esta ciudad. ‖ **3.** f. Baile de origen cubano y de movimiento lento. ‖ **4.** Música y canto de este baile.

habano, na. adj. Perteneciente a La Habana, y por ext., a la isla de Cuba. Dícese más especialmente del tabaco. ‖ **2.** m. Cigarro puro elaborado en la isla de Cuba con hoja de la planta de aquel país.

hábeas corpus. m. Derecho del ciudadano detenido o preso a comparecer inmediata y públicamente ante un juez o tribunal para que, oyéndolo, resuelva si su arresto fue o no legal, y si debe alzarse o mantenerse. Es término del derecho de Inglaterra, que se ha generalizado.

haber[1]. m. Hacienda, caudal, conjunto de bienes y derechos pertenecientes a una persona natural o jurídica. Ú. m. en pl. ‖ **2.** *Com.* Una de las dos partes en que se dividen las cuentas corrientes, en la cual se anotan las sumas que se acreditan o abonan al titular. ‖ **3.** fig. Cualidades positivas o méritos que se consideran en una persona o cosa, en oposición a las malas cualidades o desventajas.

haber[2]. tr. Verbo auxiliar que sirve para conjugar otros verbos en los tiempos compuestos. *Yo* HE *amado; tú* HABRÁS *leído.* ‖ **2.** impers. Acaecer, ocurrir, sobrevenir. HUBO *una hecatombe.* ❑ En esta acep. solo se usan la 3.ª pers. de sing. de todos los tiempos y el infinitivo, el gerundio y el participio. ‖ **3.** Verificarse, efectuarse. *Mañana* HABRÁ *función.* ‖ **4.** Ser necesario o conveniente aquello que expresa el verbo o cláusula a que va unido por medio de la conjunción *que.* HAY *que pasear;* HAY *que tener paciencia.* En frases de sentido negativo puede llevar o no la conjunción *que. No* HAY *que correr; no* HAY *diferenciar cosas tan parecidas.* ‖ **5.** Estar realmente en alguna parte. HABER *veinte personas en una reunión;* HABER *poco dinero en un bolsillo.* ‖ **6.** Hallarse o existir real o figuradamente. HAY *hombres sin caridad;* HABER *tal distancia de una parte a otra;* HABER *gran diferencia entre esto y aquello.* ‖ **haber de.** En esta forma es auxiliar de otro verbo, en presente de infinitivo, y denota el deber, la conveniencia o la necesidad de realizar lo expresado por el infinitivo. HE DE *salir tem-*

haber

INDICATIVO

Presente: he, has, ha o hay, hemos, habéis, han.

Pretérito imperfecto: había, habías, había, habíamos, habíais, habían.

Pretérito indefinido: hube, hubiste, hubo, hubimos, hubisteis, hubieron.

→

haber (continuación)
Futuro imperfecto: habré, habrás, habrá, habremos, habréis, habrán. Condicional: habría, habrías, habría, habríamos, habríais, habrían. SUBJUNTIVO Presente: haya, hayas, haya, hayamos, hayáis, hayan. Pretérito imperfecto: hubiera o hubiese, hubieras o hubieses, hubiera o hubiese, hubiéramos o hubiésemos, hubierais o hubieseis, hubieran o hubiesen. Futuro imperfecto: hubiere, hubieres, hubiere, hubiéremos, hubiereis, hubieren. IMPERATIVO he (tú); habed (vosotros). FORMAS NO PERSONALES Infinitivo: haber. Participio: habido. Gerundio: habiendo.

prano; HABRÉ DE *conformarme;* HAS DE *tener entendido.* ❑ Irreg. Ver conjugación modelo.

habichuela. f. Judía, planta. ‖ **2.** Fruto y semilla de esta planta.

hábil. adj. Capaz y dispuesto para cualquier ejercicio, oficio o ministerio. ‖ **2.** *Der.* Apto para una cosa. HÁBIL *para contratar; tiempo* HÁBIL.

habilidad. f. Capacidad y disposición para una cosa. ‖ **2.** Cada una de las cosas que una persona ejecuta con gracia y destreza.

habilidoso, sa. adj. Que tiene habilidad.

habilitación. f. Acción y efecto de habilitar o habilitarse.

habilitar. tr. Hacer a una persona o cosa hábil, apta o capaz para algo determinado. ‖ **2.** Proveer a uno de lo que necesita para un viaje y otras cosas semejantes. Ú. t. c. prnl.

habitabilidad. f. Cualidad de habitable, en general. ‖ **2.** Cualidad de habitable que, con arreglo a determinadas normas legales, tiene un local o una vivienda.

habitación. f. Acción y efecto de habitar. ‖ **2.** Edificio o parte de él que se destina a vivienda. ‖ **3.** Cualquiera de los aposentos de la casa o morada. ‖ **4.** Estrictamente, dormitorio. ‖ **5.** *Ecol.* **hábitat.**

habitáculo. m. **habitación,** edificio para ser habitado. ‖ **2.** *Ecol.* **hábitat.**

habitante. m. Cada una de las personas que constituyen la población de un barrio, ciudad, provincia o nación.

habitar. tr. Vivir, morar. Ú. t. c. intr.

hábitat. m. *Ecol.* Lugar de condiciones apropiadas para que viva un organismo, especie o comunidad animal o vegetal. ❑ pl. invar.

hábito. m. Vestido o traje que cada uno usa según su estado, ministerio o nación, y especialmente el que usan los religiosos y religiosas. ‖ **2.** Modo especial de proceder o conducirse adquirido por repetición de actos iguales o semejantes, u originado por tendencias instintivas. ‖ **3.** Facilidad que se adquiere por larga y constante práctica en un mismo ejercicio. ‖ **4.** *Pat.* Situación de dependencia respecto a ciertas drogas.

habitual. adj. Que se hace, padece o posee con continuación o por hábito.

habituar. tr. Acostumbrar o hacer que uno se acostumbre a una cosa. Ú. m. c. prnl.

habla. f. Facultad de hablar. *Perder el* HABLA. ‖ **2.** Acción de hablar. ‖ **3.** Manera especial de hablar. *El* HABLA *de un niño.* ‖ **4.** *Ling.* Realización del sistema lingüístico llamado lengua. ‖ **5.** *Ling.* Sistema lingüístico de una comarca, localidad o colectividad, con rasgos propios dentro de otro sistema más extenso.

hablado, da. adj. Con los advs. *bien* o *mal,* comedido o descomedido en el hablar.

habladuría. f. Dicho o expresión inoportuna e impertinente, que desagrada o injuria. ‖ **2.** Rumor que corre entre muchos sin fundamento. Ú. m. en pl.

hablar. intr. Articular, proferir palabras para darse a entender. ‖ **2.** Comunicarse las personas por medio de palabras. *Ayer* HABLÉ *largamente con don Pedro.* ‖ **3.** Pronunciar un discurso u oración. *Mañana* HABLARÁ *en las Cortes el ministro de Hacienda.* ‖ **4.** Expresarse de uno u otro modo. HABLAR *bien o mal;* HABLAR *elocuentemente.* ‖ **5.** Con los advs. *bien* o *mal,* además de la acepción de expresarse de uno u otro modo, tiene la de manifestar, en lo que se dice, cortesía o benevolencia, o al contrario, o bien la de emitir opiniones favorables o adversas acerca de personas o cosas. ‖ **6.** Con la prep. *de,* razonar, o tratar de una cosa platicando. HABLAR DE *negocios,* DE *literatura.* ‖ **7.** Tratar de algo por escrito. *Los autores antiguos no* HABLAN *de esta materia.* ‖ **8.** Dirigir la palabra a una persona. *El rey* HABLÓ *a todos los presentes.* ‖ **9.** Tener relaciones amorosas una persona con otra. *Gil* HABLA *con Juana.* ‖ **10.** Murmurar o criticar. *El que más* HABLA *es el que más tiene por qué callar.* ‖ **11.** fig. Explicarse o darse a entender por medio distinto del de la palabra. HABLAR *por señas.* ‖ **12.** tr. Emplear uno u otro idioma para darse a entender. HABLA *francés.* || **13.** Decir algunas cosas especialmente buenas o malas. HABLAR *pestes;* HABLAR *maravillas.* || **14.** prnl. Comunicarse, tratarse de palabra una persona con otra. *Tu hermano y yo* NOS HEMOS HABLADO *algunas veces.* || **15.** Con negación, no tratarse una persona con otra, por haberse enemistado con ella, o tenerla en menos.

habón. m. Bultillo en forma de haba que causa picor y aparece en la piel producido por la picadura de un insecto, por urticaria, etc.

hacedor, ra. adj. Que hace, causa o ejecuta alguna cosa. Ú. t. c. s. Aplícase especialmente a Dios, ya con algún calificativo, como *el Supremo* HACEDOR; ya sin ninguno, como *el* HACEDOR.

hacendado, da. adj. Que tiene hacienda en bienes raíces, y comúnmente se dice solo del que tiene muchos de estos bienes. Ú. t. c. s.

hacendista. m. Hombre versado en la administración o en la doctrina de la hacienda pública.

hacendoso, sa. adj. Solícito y diligente en las faenas domésticas.

hacer. tr. Producir una cosa; darle el primer ser. || **2.** Fabricar, formar una cosa dándole la figura, norma y trazo que debe tener. || **3.** Ejecutar, poner por obra una acción o trabajo. HACER *prodigios.* Ú. a veces sin determinar la acción, y entonces puede ser también pronominal. *No sabe qué* HACER o *qué* HACERSE. || **4.** Causar, ocasionar. HACER *sombra, humo.* || **5.** Fomentar el desarrollo o agilidad de los miembros, músculos, etc., mediante ejercicios adecuados. HACER *dedos un pianista;* HACER *piernas.* || **6.** Disponer, componer, aderezar. HACER *la comida, la cama.* || **7.** Habituar, acostumbrar. HACER *el cuerpo a las fatigas.* Ú. t. c. prnl. || **8.** Junto con algunos nombres, significa la acción de los verbos que se forman de la misma raíz que dichos nombres; así, HACER *estimación,* es *estimar;* HACER *burla, burlarse.* || **9.** Reducir una cosa a lo que significan los nombres a que va unido el verbo. HACER *pedazos, trozos.* || **10.** Usar o emplear lo que los nombres significan. HACER *señas, gestos.* || **11.** Conseguir, obtener, ganar. HACER *dinero,* HACER *una fortuna.* || **12.** Constituir un número o cantidad. *Nueve y cuatro* HACEN *trece.* || **13.** Con palabras como *hueco, sitio,* etc., modificar la disposición de las cosas para dejar espacio para alguien o algo. || **14.** Expeler del cuerpo las aguas mayores y menores. Ú. m. c. intr., y especialmente en las frases: HACER *del cuerpo, de vientre.* || **15.** intr. Obrar, actuar, proceder. *Creo que* HICE *bien.* || **16.** Con algunos nombres de oficios y la prep. *de,* ejercerlos interina o eventualmente. HACER *de portero.* || **17.** Junto con la prep. *por* y los infinitivos de algunos verbos, poner cuidado y diligencia para la ejecución de lo que los verbos significan. HACER *por llegar;* HACER *por venir.* || **18.** Con el pronombre *se,* seguido de artículo o solamente de voz expresiva de alguna cualidad, fingirse uno lo que no es. HACERSE *el tonto;* HACERSE *tonto.* || **19.** En la misma construcción, blasonar de lo que significan las palabras a que este verbo va unido. HACERSE *el valiente.* || **20.** prnl. Volverse, transformarse. HACERSE *vinagre el vino.* || **21.** impers. En las terceras pers. de sing. expresa la cualidad o estado del tiempo atmosférico. HACE *calor, frío, buen día.* Se usa también con los adjs. *bueno* o *malo* sustantivados. HACE *bueno; mañana* HARÁ *malo.* || **22.** Haber transcurrido cierto tiempo. HACE *tres días; ayer* HIZO *un mes; mañana* HARÁ *dos años.* ❑ Irreg. Ver conjugación modelo; p. p. irreg. *hecho.*

hacer

INDICATIVO

Presente: hago, haces, hace, hacemos, hacéis, hacen.

Pretérito imperfecto: hacía, hacías, hacía, hacíamos, hacíais, hacían.

Pretérito indefinido: hice, hiciste, hizo, hicimos, hicisteis, hicieron.

Futuro imperfecto: haré, harás, hará, haremos, haréis, harán.

Condicional: haría, harías, haría, haríamos, haríais, harían.

SUBJUNTIVO

Presente: haga, hagas, haga, hagamos, hagáis, hagan.

Pretérito imperfecto: hiciera o hiciese, hicieras o hicieses, hiciera o hiciese, hiciéramos o hiciésemos, hicierais o hicieseis, hicieran o hiciesen.

Futuro imperfecto: hiciere, hicieres, hiciere, hiciéremos, hiciereis, hicieren.

IMPERATIVO

haz (tú); haced (vosotros).

FORMAS NO PERSONALES

Infinitivo: hacer.

Participio: hecho.

Gerundio: haciendo.

hacha[1]. f. Vela de cera, grande y gruesa, de figura por lo común de prisma cuadrangular y con cuatro pabilos. || **2.** Mecha que se hace de esparto y alquitrán para que resista al viento sin apagarse.

hacha[2]. f. Herramienta cortante, compuesta de

una pala acerada, con filo algo convexo, y un agujero en el que se encaja un mango, generalmente de madera, que sirve para manejarla. ‖ **ser** alguien **un hacha.** fr. fig. y fam. Ser muy diestro o sobresalir en cualquier actividad.

hachazo. m. Golpe dado con el hacha[2].

hache. f. Nombre de la letra *h*. ❑ pl. *haches*.

hachís. m. Composición de ápices florales y otras partes del cáñamo índico, mezcladas con diversas sustancias azucaradas o aromáticas, que produce una embriaguez especial y es muy usada por los orientales. ❑ A veces se aspira la *h*. ❑ pl. invar.

hachón. m. **hacha[1],** vela gruesa de cera, o a veces mecha de esparto y alquitrán. ‖ **2.** Especie de brasero alto, fijo sobre un pie derecho, en que se encienden algunas materias formando llama, y se usa en demostración de alguna festividad o regocijo público.

hacia. prep. que indica la dirección del movimiento con respecto al punto de su término. Ú. t. metafóricamente. ‖ **2.** Alrededor de, cerca de. HACIA *las tres de la tarde. Ese pueblo está* HACIA *Tordesillas.*

hacienda. f. Finca agrícola. ‖ **2.** Conjunto de bienes y riquezas que uno tiene. ‖ **3. hacienda pública.** ‖ **4.** n. p. Ministerio de **Hacienda,** hoy denominado de Economía y **Hacienda.** ‖ **pública.** Conjunto de haberes, bienes, rentas, impuestos, etc., correspondientes al Estado para satisfacer las necesidades de la nación.

hacina. f. Conjunto de haces[1] colocados apretada y ordenadamente unos sobre otros.

hacinamiento. m. Acción y efecto de hacinar o hacinarse.

hacinar. tr. Poner los haces[1] unos sobre otros formando hacina. ‖ **2.** fig. Amontonar, acumular, juntar sin orden. Ú. t. c. prnl.

hada. f. Ser fantástico que se representaba bajo la forma de mujer, a quien se atribuía poder mágico y el don de adivinar el futuro.

hado. m. Divinidad o fuerza desconocida que, según se creía, obraba irresistiblemente sobre las demás divinidades y sobre los hombres y los sucesos. ‖ **2.** Encadenamiento fatal de los sucesos. ‖ **3.** Circunstancia de ser estos favorables o adversos.

hafnio. m. Elemento químico de núm. atóm. 72. Metal escaso en la corteza terrestre; se encuentra generalmente acompañando al zirconio. Dúctil, brillante y de excelentes cualidades mecánicas. Se usa en el control de los reactores nucleares. Símb. *Hf.*

hagiografía. f. Historia de las vidas de los santos.

hagiógrafo. m. Escritor de vidas de santos.

hahnio. m. Elemento químico transuránico de núm. atóm. 105. Se obtiene artificialmente por bombardeo de californio con iones de nitrógeno. Símb. *Ha.* ❑ En esta voz se aspira la primera h.

haitiano, na. adj. Natural de Haití. Ú. t. c. s. ‖ **2.** Perteneciente o relativo a este país de América.

¡hala! Interjección que se emplea para infundir aliento o meter prisa. ‖ **2.** Interjección para mostrar sorpresa.

halagar. tr. Dar a uno muestras afectadas de admiración y cariño con palabras o acciones que puedan serle gratas. ‖ **2.** Dar motivo de satisfacción o vanidad. ‖ **3.** Adular o decir a uno interesadamente cosas que le agraden.

halago. m. Acción y efecto de halagar. ‖ **2.** fig. Cosa que halaga.

halagüeño, ña. adj. Que halaga. ‖ **2.** Que lisonjea o adula.

halar. tr. *Mar.* Tirar de un cabo, de una lona o de un remo en el acto de bogar.

halcón. m. Ave rapaz diurna, de unos cuarenta centímetros de largo desde la cabeza a la extremidad de la cola, y muy cerca de nueve decímetros de envergadura; cabeza pequeña, pico fuerte, curvo y dentado en la mandíbula superior; plumaje de color variable con la edad, pues de joven es pardo con manchas rojizas en la parte superior, y blanquecino rayado de gris por el vientre; pero a medida que el animal envejece, se vuelve plomizo con manchas negras en la espalda, se oscurecen y señalan más las rayas de la parte inferior, y aclara el color del cuello y de la cola. La hembra es un tercio mayor que el macho; los dos tienen uñas curvas y robustas, tarsos de color verde amarillento y vuelo potente; son muy audaces, atacan a toda clase de aves, y aun a los mamíferos pequeños, y como se domestican con relativa facilidad, se empleaban antiguamente en la caza de cetrería.

¡hale! interj. **¡hala!**

hálito. m. **aliento.** ‖ **2.** Vapor que una cosa arroja. ‖ **3.** poét. Soplo suave y apacible del aire.

halitosis. f. Fetidez del aliento.

hallar. tr. Dar con una persona o cosa que se busca. ‖ **2.** Dar con una persona o cosa sin buscarla. ‖ **3.** Descubrir con ingenio algo hasta entonces desconocido. ‖ **4.** Ver, observar, notar. ‖ **5.** prnl. Estar presente. ‖ **6.** Estar en cierto estado. HALLARSE *alegre, enfermo.*

hallazgo. m. Acción y efecto de hallar. ‖ **2.** Cosa hallada.

halo. m. Círculo de luz difusa en torno de un cuerpo luminoso. ‖ **2. aureola,** resplandor, disco o círculo luminoso que suele ponerse detrás de la cabeza de las imágenes santas. ‖ **3.** fig. Brillo que da la fama o el prestigio. *Un* HALO *de gloria.*

halófilo, la. adj. *Bot.* Aplícase a las plantas que viven en terrenos donde abundan las sales.

halógeno, na. adj. *Quím.* Dícese de cada uno de los elementos de un grupo del sistema periódico, integrado por el flúor, el cloro, el bromo, el yodo y el elemento radiactivo ástato, algunas de cuyas sales son muy comunes en la naturaleza, como el cloruro sódico o sal común. Ú. t. c. s.

halterofilia. f. Deporte olímpico de levantamiento de peso.

hamaca. f. Red alargada, gruesa y clara, por lo común de pita, la cual, asegurada por las extremidades en dos árboles, estacas o escarpias, queda pendiente en el aire, y sirve de cama y columpio, o bien se usa como vehículo, conduciéndola dos hombres. Se hace también de lona y de otros tejidos resistentes. Es muy usada en los países tropicales. ‖ **2.** Asiento consistente en una armadura graduable, generalmente de tijera, en la que se sujeta una tela que forma el asiento y el respaldo.

hambre. f. Gana y necesidad de comer. ‖ **2.** Escasez de alimentos básicos, que causa carestía y miseria generalizada. ‖ **3.** fig. Apetito o deseo ardiente de una cosa. ‖ **canina. bulimia.** ‖ **ser un muerto de hambre.** fr. fig. despect. Carecer de lo necesario, a pesar de lo que se aparenta.

hambriento, ta. adj. Que tiene mucha hambre o necesidad de comer. Ú. t. c. s. ‖ **2.** fig. Que tiene deseo de otra cosa.

hambrón, na. adj. fam. Muy hambriento; que continuamente anda manifestando afán y agonía por comer. Ú. t. c. s.

hambruna. f. **hambre** grande, escasez generalizada de alimentos.

hamburguesa. f. Tortita de carne picada, con diversos ingredientes, frita o asada.

hampa. f. Conjunto de maleantes, los cuales, unidos en una especie de sociedad, cometían robos y otros desafueros, y usaban un lenguaje particular, llamado jerigonza o germanía. ‖ **2.** Vida de las gentes holgazanas y maleantes. ‖ **3.** Gente que lleva esta vida.

hampón. adj. Valentón, bravo. ‖ **2.** Maleante, haragán. Ú. t. c. s.

hámster. m. Roedor de pequeño tamaño, semejante al ratón, que se emplea como animal de laboratorio y de compañía. *(Cricetus cricetus.)*

hangar. m. Cobertizo grande, generalmente abierto, para guarecer aparatos de aviación o dirigibles.

hansa. f. Antigua confederación de ciudades alemanas para seguridad y fomento de su comercio.

hapálido. adj. *Zool.* Dícese de simios que se caracterizan por tener cuatro incisivos verticales, uñas comprimidas y puntiagudas, y el pulgar de las extremidades anteriores paralelo al resto de los dedos. Son los monos más pequeños que se conocen, y viven en América Meridional; como el tití. Ú. t. c. s. m. ‖ **2.** m. pl. *Zool.* Familia de estos animales.

haploide. adj. *Biol.* Dícese del organismo, tejido, célula o núcleo que posee un único juego de cromosomas.

haragán, na. adj. Que rehúye el trabajo. Ú. m. c. s.

haraganear. intr. Rehuir el trabajo.

harapiento, ta. adj. Lleno de harapos.

harapo. m. **andrajo,** jirón de ropa muy usada.

haraquiri. m. Forma de suicidio ritual, practicado en Japón por razones de honor o por orden superior, y consistente en abrirse el vientre.

harén. m. Departamento de las casas de los musulmanes en que viven las mujeres. ‖ **2.** Conjunto de todas las mujeres que viven bajo la dependencia de un jefe de familia entre los musulmanes.

harina. f. Polvo que resulta de la molienda del trigo o de otras semillas. ‖ **2.** Este mismo polvo despojado del salvado o la cascarilla. ‖ **3.** Polvo procedente de algunos tubérculos y legumbres. ‖ **ser** una cosa **harina de otro costal.** fr. fig. y fam. Ser muy diferente de otra con que se la compara. ‖ **2.** fig. y fam. Ser algo enteramente ajeno al asunto de que se trata.

harinoso, sa. adj. Que tiene mucha harina. ‖ **2.** De la naturaleza de la harina o parecido a ella.

harnero. m. Especie de criba.

harneruelo. m. Paño horizontal que forma el centro de la mayor parte de los techos de madera labrada o alfarjes.

harpía. f. **arpía.**

harpillera. f. **arpillera.**

hartar. tr. Saciar, incluso con exceso, el apetito de comer o beber. Ú. t. c. prnl. ‖ **2.** fig. Satisfacer el gusto o deseo de una cosa. Ú. t. c. prnl. ‖ **3.** fig. Fastidiar, cansar. Ú. t. c. prnl.

hartazgo. m. Acción y efecto de hartar o hartarse de comer o beber. ‖ **2.** fig. Acción y efecto de hartar o hartarse de cualquier cosa.

harto, ta. adj. Bastante o sobrado. ‖ **2.** adv. c. Bastante o sobrado.

hartura. f. **hartazgo.** ‖ **2.** Abundancia excesiva.

hassio. m. Elemento químico transuránico de núm. atóm. 108. Se obtiene artificialmente por bombardeo de plomo con iones de hierro, y su vida media es tan corta que se mide en milisegundos. Símb. *Hs.* ❑ En esta voz se aspira la h.

hasta. prep. que sirve para expresar el término de tiempo, lugares, acciones o cantidades. ‖ **2.** Se usa como conjunción copulativa, con valor incluyente, combinada con *cuando* o con un gerundio: *Canta* HASTA CUANDO *come,* O COMIENDO; o con valor excluyente, seguida de *que: Canta* HASTA QUE *come.* ❑ No confundir con *asta.*

hastial. m. Parte superior triangular de la fachada de un edificio, en la cual descansan las dos vertientes del tejado o cubierta, y por ext., toda la fachada. ‖ **2.** En las iglesias, cada una de las tres fachadas correspondientes a los pies y laterales del crucero.

hastiar. tr. Causar hastío, repugnancia o disgusto. Ú. t. c. prnl.

hastío. m. Repugnancia a la comida. ‖ **2.** fig. Disgusto, tedio.

hatajo. m. **atajo,** pequeño grupo de ganado. ‖ **2.** despect. Grupo de personas o cosas. *Un* HATAJO *de pillos.*

hato. m. Ropa y otros objetos que uno tiene para el uso preciso y ordinario. ‖ **2.** Porción de ganado mayor o menor. ‖ **3.** fig. Junta o compañía de gente malvada o despreciable. *Un* HATO *de pícaros, de tontos.*

haya. f. Árbol de la familia de las fagáceas, que crece hasta 30 metros de altura, con tronco de corteza gris y copa redonda y espesa; hojas pecioladas, alternas, oblongas, de punta aguda y borde dentado; flores masculinas y femeninas separadas. Su fruto es el hayuco. ‖ **2.** Madera de este árbol, de color blanco rojizo, ligera, resistente y con reflejos.

hayal. m. Sitio poblado de hayas.

hayedo. m. **hayal.**

hayuco. m. Fruto del haya, de forma de pirámide triangular. Suele darse como pasto al ganado porcino.

haz[1]. m. Porción atada de mieses, lino, hierbas, leña u otras cosas semejantes. ‖ **2.** Conjunto de partículas o rayos luminosos de un mismo origen, que se propagan sin dispersión.

haz[2]. f. *Bot.* Cara superior de la hoja, normalmente más brillante y lisa, y con nervadura menos patente que en la cara inferior o envés.

haza. f. Porción de tierra labrantía o de sembradura.

hazaña. f. Acción o hecho, y especialmente hecho ilustre, señalado y heroico.

hazmerreír. m. fam. Persona que por su figura ridícula y porte extravagante sirve de diversión a los demás.

he. adv. que, unido a *aquí, ahí* y *allí,* o con los pronombres *me, te, la, le, lo, las, los,* sirve para señalar o mostrar una persona o cosa. ‖ **2.** interj. Voz con que se llama a uno.

hebilla. f. Pieza de metal o de otra materia, generalmente con uno o varios clavillos articulados en una varilla que la cierra por un lado, los cuales sujetan la correa, cinta, etc., que pasa por dicha pieza.

hebra. f. Porción de hilo, estambre, seda u otra materia hilada, que para coser algo suele meterse por el ojo de una aguja. ‖ **2.** En algunas partes, estigma de la flor del azafrán. ‖ **3.** Fibra de la carne. ‖ **4.** Filamento de las materias textiles. ‖ **5.** Cada partícula del tabaco picado en filamentos.

hebraísmo. m. Profesión de la ley antigua o de Moisés. ‖ **2.** Giro o modo de hablar propio y privativo de la lengua hebrea.

hebreo, a. adj. Aplícase al pueblo semita que conquistó y habitó Palestina, también llamado israelita y judío. Apl. a pers., ú. t. c. s. ‖ **2.** Perteneciente o relativo a este pueblo. ‖ **3.** Dícese del que profesa la ley de Moisés. Ú. t. c. s. ‖ **4.** Perteneciente a los que la profesan. ‖ **5.** m. Lengua de los **hebreos.**

hecatombe. f. fig. Mortandad de personas. ‖ **2.** fig. Desgracia, catástrofe.

hechicería. f. Arte supersticioso de hechizar. ‖ **2.** Acto supersticioso de hechizar.

hechicero, ra. adj. Que practica la hechicería. Ú. t. c. s.

hechizar. tr. Según la credulidad del vulgo, ejercer un maleficio sobre alguien por medio de prácticas supersticiosas. ‖ **2.** fig. Despertar una persona o cosa admiración, afecto o deseo.

hechizo. m. Práctica usada por los hechiceros para intentar el logro de sus fines. ‖ **2.** Cosa u objeto que se emplea en tales prácticas. ‖ **3.** fig. Persona o cosa que embelesa o cautiva.

hecho, cha. p. p. irreg. de **hacer.** ‖ **2.** adj. Acabado, maduro. *Hombre, árbol, vino* HECHO. ‖ **3.** Con algunos nombres, y seguido del artículo *un,* semejante a las cosas significadas por tales nombres. HECHO UN *león,* UN *basilisco.* ‖ **4.** m. Acción u obra. ‖ **5.** Cosa que sucede. ‖ **6.** *Der.* Caso sobre que se litiga o que da motivo a la causa. ‖ **de armas.** Hazaña o acción señalada en la guerra. ❑ No confundir con *echo* (1.ª pers. sing. del pres. de indicat. del verbo *echar).*

hechura. f. Acción y efecto de hacer. ‖ **2.** Forma exterior o figura que se da a las cosas. ‖ **3.** Trabajo de cortar y coser la tela de una prenda de vestir, dándole la forma deseada.

hectárea. f. Medida de superficie, que tiene 100 áreas.

hecto-. elem. compos. que significa «cien»: HECTÓ*metro,* HECTO*gramo.*

hectogramo. m. Medida de peso que equivale a 100 gramos.

hectolitro. m. Medida de capacidad, que tiene 100 litros.

hectómetro. m. Medida de longitud, que tiene 100 metros.

heder. intr. Despedir un olor muy malo y penetrante. ❑ Irreg. Se conj. como *entender*.

hediondo, da. adj. Que despide hedor. ‖ **2.** fig. Sucio, repugnante y obsceno. ‖ **3.** m. Arbusto originario de España, de la familia de las leguminosas, que crece hasta dos metros de altura, con hojas compuestas de tres hojuelas enteras y lanceoladas; flores amarillas en racimos casi pegados a las ramas, y fruto en vainillas negras, algo tortuosas, con seis o siete semillas pardas, de figura de riñón y un centímetro de largo. Toda la planta despide un olor desagradable.

hedonismo. m. Doctrina que proclama el placer como fin supremo de la vida.

hedonista. adj. Perteneciente o relativo al hedonismo. ‖ **2.** Partidario del hedonismo. Ú. t. c. s.

hedor. m. Olor desagradable y penetrante.

hegelianismo. m. Sistema filosófico, fundado por Hegel, según el cual, lo Absoluto, que él llama Idea, se manifiesta evolutivamente bajo las formas de naturaleza y de espíritu. ❑ En esta voz se aspira la *h*, y tiene la *g* sonido suave.

hegeliano, na. adj. Que profesa el hegelianismo. Ú. t. c. s. ‖ **2.** Perteneciente a este sistema filosófico. ❑ En esta voz se aspira la *h*, y tiene la *g* sonido suave.

hegemonía. f. Supremacía que un Estado ejerce sobre otros. ‖ **2.** Por ext., supremacía de cualquier tipo.

hégira. f. Era de los musulmanes, que se cuenta desde el año 622, en que huyó Mahoma de la Meca a Medina, y que se compone de años lunares de 354 días, intercalando 11 de 355 en cada período de 30.

helada. f. Congelación de los líquidos, producida por la frialdad del tiempo.

heladería. f. Establecimiento donde se hacen y venden helados.

heladero, ra. m. y f. Persona que fabrica o vende helados o tiene una heladería. ‖ **2.** f. **nevera,** armario con refrigeración.

helado, da. adj. Muy frío. ‖ **2.** fig. Suspenso, atónito, pasmado. ‖ **3.** m. Refresco o sorbete de zumo de fruta, huevo, etc., en cierto grado de congelación.

helar. tr. Congelar, cuajar, solidificar la acción del frío un líquido. Ú. m. c. intr. impers. y c. prnl. ‖ **2.** fig. Poner o dejar a uno suspenso y pasmado; sobrecogerle. ‖ **3.** prnl. Ponerse una persona o cosa sumamente fría o yerta. ‖ **4.** Hablando de árboles, arbustos, plantas o frutas, secarse a causa de la congelación de su savia y jugos, producida por el frío. ❑ Irreg. Se conj. como *acertar*.

helecho. m. Nombre común de las plantas criptógamas pteridofitas, generalmente de raíz reducida, tallo en forma de rizoma subterráneo y frondas verdes y alargadas, más o menos divididas y con los órganos formadores de esporas en el envés; son propias de lugares muy húmedos. Las especies de otras épocas se fosilizaron hasta constituir los actuales yacimientos de carbón.

helénico, ca. adj. Perteneciente o relativo a Grecia. ‖ **2.** Perteneciente o relativo a la Hélade o a los antiguos helenos.

helenio. m. Planta vivaz de la familia de las compuestas, con tallo velludo de 8 a 12 decímetros de altura, hojas radicales muy grandes, pecioladas, oblongas y perfoliadas, jugosas, desigualmente dentadas y muy vellosas por el envés las superiores; flores amarillas en cabezuelas terminales, de corola prolongada por un lado a manera de lengüeta; fruto capsular casi cilíndrico, y raíz amarga y aromática, usada en medicina contra mordeduras de animales venenosos.

helenismo. m. Período de la cultura griega que va desde Alejandro Magno hasta Augusto, y se caracteriza sobre todo por la absorción de elementos de las culturas de Asia Menor y de Egipto. ‖ **2.** Giro o modo de hablar propio y privativo de la lengua griega. ‖ **3.** Empleo de tales giros o construcciones en otro idioma. ‖ **4.** Influencia ejercida por la cultura antigua de los griegos en la civilización y cultura modernas.

helenista. com. Persona versada en la lengua, cultura y literatura griegas.

heleno, na. m. y f. Individuo perteneciente a cualquiera de los pueblos (aqueos, dorios, jonios y eolios) cuya instalación en Grecia, islas del Egeo, Sicilia y diversas zonas del litoral mediterráneo, dio principio a la gran civilización de la Hélade o Grecia antigua.

helero. m. Masa de hielo acumulada en las zonas altas de las cordilleras por debajo del límite de las nieves perpetuas, y que se derrite en veranos muy calurosos.

helíaco, ca o **heliaco, ca.** adj. *Astron.* Dícese del orto u ocaso de los astros que salen o se ponen, cuando más, una hora antes o después que el Sol.

hélice. f. Conjunto de aletas helicoidales que giran alrededor de un eje y empujan el fluido ambiente produciendo en él una fuerza de reacción que se utiliza principalmente para la propulsión de barcos y aeronaves. ‖ **2.** *Geom.* Curva espacial trazada en la superficie de un cilindro o un cono, que forma un ángulo constante con sus generatrices. *La rosca de una tuerca tiene forma de* HÉLICE.

helicoidal. adj. En figura de hélice. *Estría* HELICOIDAL.

Helicón[1]. n. p. m. fig. Lugar de donde viene o adonde se va a buscar la inspiración poética. Dícese así por alusión a un monte de Beocia, consagrado a las musas.

helicón[2]. m. Instrumento musical de metal y de grandes dimensiones, cuyo tubo, de forma circular, permite colocarlo alrededor del cuerpo y apoyarlo sobre el hombro de quien lo toca.

helicóptero. m. Aeronave más pesada que el aire y que, a diferencia del avión, se sostiene merced a una hélice de eje aproximadamente vertical movida por un motor, lo cual le permite elevarse y descender verticalmente.

helio. m. Elemento químico de núm. atóm. 2. Gas noble escaso en la corteza terrestre; muy abundante en el universo, se encuentra en el Sol y las estrellas, en el aire atmosférico y en algunos yacimientos de gas natural; se usa en el llenado de lámparas incandescentes y globos aerostáticos y como diluyente de algunos gases medicinales. Símb. *He.*

helio-. elem. compos. que significa «sol»: HELIO*céntrico,* HELIO*terapia.*

heliocéntrico, ca. adj. *Astron.* Aplícase al sistema de Copérnico y a los demás que consideran el Sol como centro del Universo.

heliograbado. m. Procedimiento para obtener, en planchas convenientemente preparadas, y mediante la acción de la luz solar, grabados en relieve. ‖ **2.** Estampa obtenida por este procedimiento.

heliógrafo. m. Instrumento destinado a hacer señales telegráficas por medio de la reflexión de un rayo de sol en un espejo plano movible de diversas maneras de tal modo que produce destellos más cortos o más largos, agrupados o separados, a voluntad del operador, para denotar convencionalmente letras o palabras.

heliómetro. m. Instrumento astronómico que sirve para la medición del ángulo formado por las dos visuales dirigidas a los extremos del diámetro de un astro o por las dirigidas a dos astros próximos.

heliomotor. m. Aparato que sirve para transformar la energía solar en energía mecánica.

helioterapia. f. Método curativo que consiste en exponer a la acción de los rayos solares todo el cuerpo del enfermo o parte de él.

heliotropismo. m. *Biol.* Movimiento por el cual las plantas dirigen sus flores, tallos y hojas hacia el Sol.

heliotropo. m. Planta de la familia de las borragináceas, con tallo leñoso, de muchas ramas, de cinco a ocho decímetros de altura, velludas y pobladas de hojas persistentes, alternas, aovadas, rugosas, sostenidas en pecíolos muy cortos; flores pequeñas, azuladas, en espigas y vueltas todas al mismo lado, y fruto compuesto de cuatro aquenios contenidos en el fondo del cáliz. Es originaria del Perú, y se cultiva mucho en los jardines por el olor de vainilla de las flores. ‖ **2.** Ágata de color verde oscuro con manchas rojizas.

helipuerto. m. Pista destinada al aterrizaje y despegue de helicópteros.

helmintiasis. f. *Pat.* Enfermedad producida por gusanos que viven alojados en los tejidos o en el intestino de un vertebrado.

helminto. m. *Zool.* Gusano. Se aplica en especial a los que son parásitos del hombre y de los animales.

helvecio, cia. adj. Natural de Helvecia, hoy Suiza. Ú. t. c. s. ‖ **2.** Perteneciente o relativo a este país de Europa antigua.

helvético, ca. adj. **helvecio.** Apl. a pers., ú. t. c. s.

hema-. V. **hemato-.**

hemat-. V. **hemato-.**

hemático, ca. adj. *Biol.* Perteneciente o relativo a la sangre.

hematíe. m. *Biol.* Glóbulo rojo de la sangre. Ú. m. en pl.

hematites. f. Mineral de hierro oxidado, rojo o pardo, que por su dureza sirve para bruñir metales.

hemato-. elem. compos. que significa «sangre»: HEMATO*logía,* HEMATÓ*fago.* A veces adopta las formas **hemo-, hema-** o **hemat-:** HEMO*rragia,* HEMA*termo,* HEMAT*oma.*

hematocrito. m. *Med.* Centrífuga que separa las células sanguíneas del plasma para averiguar su proporción relativa y para realizar otros análisis. ‖ **2.** *Med.* Dicha proporción.

hematófago, ga. adj. Dícese del animal que se alimenta de sangre, como muchos insectos chupadores, y, entre los mamíferos, los vampiros.

hematología. f. Estudio de la sangre y de los órganos que la producen, en particular, el que se refiere a los trastornos patológicos de la sangre.

hematoma. m. *Pat.* Acumulación de sangre en un tejido por rotura de un vaso sanguíneo.

hematosis. f. Acción de oxigenarse la sangre.

hematuria. f. *Pat.* Presencia de sangre en la orina.

hembra. f. Animal del sexo femenino. ‖ **2.** Persona de sexo femenino, mujer. ‖ **3.** En las plantas que tienen sexos distintos en pies diversos, como sucede con las palmeras, individuo que da fruto. ‖ **4.** fig. Hablando de corchetes, broches, tornillos, rejas, llaves y otras cosas semejantes, pieza que tiene un hueco o agujero en donde otra se introduce o encaja.

hembrilla. f. En algunos artefactos, piececita pequeña en que otra se introduce o asegura.

hemeroteca. f. Biblioteca en que principalmente se guardan y sirven al público diarios y otras publicaciones periódicas.

hemiciclo. m. La mitad de un círculo. ‖ **2.** Espacio central del salón de sesiones del Congreso de los Diputados.

hemiplejía o **hemiplejia.** f. *Pat.* Parálisis de todo un lado del cuerpo.

hemíptero. adj. *Zool.* Dícese de los insectos con pico articulado, chupadores, casi siempre con cuatro alas, las dos anteriores coriáceas por completo o solo en la base, y las otras dos, a veces las cuatro, membranosas, y con metamorfosis sencilla; como la chinche, la cigarra y los pulgones. Ú. t. c. s. ‖ **2.** m. pl. *Zool.* Orden de estos insectos.

hemisferio. m. *Geogr.* Mitad de la superficie de la esfera terrestre, dividida por un círculo máximo, de preferencia el Ecuador o un meridiano. ‖ **2.** *Geom.* Cada una de las dos mitades de una esfera dividida por un plano que pase por su centro. ‖ **cerebral.** *Anat.* Cada una de las dos mitades, izquierda y derecha, del cerebro.

hemistiquio. m. *Métr.* Mitad de un verso. Se usa especialmente refiriéndose a cada una de las dos partes de un verso separadas o determinadas por una cesura.

hemo-. V. **hemato-.**

hemocianina. f. *Bioquím.* Proteína que transporta el oxígeno en la sangre de algunos crustáceos, arácnidos y moluscos, a la que da color azulado.

hemodiálisis. f. *Med.* Paso de la sangre a través de membranas semipermeables para liberarla de productos nocivos de bajo peso molecular, como la urea.

hemofilia. f. *Pat.* Enfermedad hereditaria, caracterizada por la deficiencia en los mecanismos de coagulación de la sangre, lo que motiva que las hemorragias sean copiosas y difíciles de detener.

hemofílico, ca. adj. *Pat.* Perteneciente o relativo a la hemofilia. ‖ **2.** Que la padece. Ú. t. c. s.

hemoglobina. f. *Bioquím.* Proteína de la sangre, de color rojo característico, que transporta el oxígeno desde los órganos respiratorios hasta los tejidos.

hemolisina. f. *Fisiol.* Sustancia producida en el organismo, capaz de destruir los hematíes o glóbulos rojos de la sangre.

hemopatía. f. *Pat.* Enfermedad de la sangre. ❑ No confundir con *homeopatía.*

hemoptisis. f. *Pat.* Expectoración de sangre proveniente de la tráquea, los bronquios o los pulmones.

hemorragia. f. *Pat.* Flujo de sangre por rotura de vasos sanguíneos.

hemorroide. f. *Med.* Tumoración en los márgenes del ano o en el tracto rectal, debida a varices de su correspondiente plexo venoso. Ú. m. en pl.

hemostasia. f. *Med.* Detención de una hemorragia de modo espontáneo o por medios físicos (compresión manual, garrote) o químicos (fármacos).

hemostático, ca. adj. *Med.* Dícese del medicamento o agente que se emplea para detener una hemorragia. Ú. t. c. s. m.

henar. m. Sitio poblado de heno.

henchir. tr. Ocupar totalmente con algo un espacio, llenar. ‖ **2.** prnl. Hartarse de comida. ❑ Irreg. Se conj. como *pedir.* Ú. con la prep. *de.* No confundir con *hinchar.*

hendedura. f. **hendidura.**

hender. tr. Abrir o rajar un cuerpo sólido sin dividirlo del todo. Ú. t. c. prnl. ‖ **2.** fig. Atravesar o cortar un fluido; como una flecha el aire o un buque el agua. ❑ Irreg. Se conj. como *entender.*

hendido, da. adj. Rajado, abierto. ‖ **2.** *Bot.* Dícese de la hoja cuyo limbo se divide en lóbulos irregulares.

hendidura. f. Abertura o corte profundo en un cuerpo sólido cuando no llega a dividirlo del todo. ‖ **2.** Grieta más o menos profunda en una superficie.

hendir. tr. **hender.** ❑ Irreg. Se conj. como *discernir.*

henil. m. Lugar donde se guarda el heno.

heno. m. Planta de la familia de las gramíneas, con cañitas delgadas de unos 20 centímetros de largo; hojas estrechas, agudas, más cortas que la vaina, y flores en panoja abierta, pocas en número y con arista en el cascabillo. ‖ **2.** Hierba segada, seca, para alimento del ganado.

heparina. f. Polisacárido complejo que impide la formación de trombos en los vasos sanguíneos.

hepática. f. *Bot.* Planta herbácea, vivaz, de la familia de las ranunculáceas, con hojas radicales, gruesas, pecioladas, partidas en tres lóbulos en forma de corazón, de color verde lustroso por encima y pardo rojizo por el envés, flores azuladas o rojizas, y fruto seco con muchas semillas. Se ha usado en medicina.

hepático, ca. adj. *Bot.* Dícese de plantas briofitas con tallo formado por un parénquima homogéneo y siempre provisto de filamentos rizoides, y ordinariamente con hojas muy poco desarrolladas. Viven en los sitios húmedos y sombríos, adheridas al suelo y las paredes, o parásitas en los troncos de los árboles, y son parecidas a los musgos. Ú. t. c. s. f. ‖ **2.** *Pat.* Que padece del hígado. Ú. t. c. s. ‖ **3.** Perteneciente a esta víscera. ‖ **4.** f. pl. *Bot.* Clase de las plantas **hepáticas.**

hepatitis. f. *Pat.* Inflamación del hígado.

hepatología. f. Rama de la medicina que se ocupa del hígado y las vías biliares, y de sus enfermedades.

hepta-. elem. compos. que significa «siete» HEPTÁ*gono,* HEPTA*sílabo.*

heptacordo. m. *Mús.* Gama o escala usual compuesta de las siete notas *do, re; mi, fa, sol, la, si.*

heptaedro. m. *Geom.* Sólido limitado por siete caras.

heptágono, na. adj. *Geom.* Aplícase al polígono de siete ángulos y siete lados. Ú. t. c. s.

heptámetro. adj. *Métr.* V. **verso heptámetro.** Ú. t. c. s.

heptarquía. f. País dividido en siete reinos.

heptasílabo, ba. adj. Que consta de siete sílabas. *Verso* HEPTASÍLABO. Ú. t. c. s.

heráldica. f. Arte del blasón.

heráldico, ca. adj. Perteneciente a los blasones o a la heráldica.

heraldo. m. **rey de armas.**

herbáceo, a. adj. Que tiene la naturaleza o cualidades de la hierba.

herbario. m. Colección de plantas secas y clasificadas, usada como material para el estudio de la botánica. ‖ **2.** *Zool.* Primera cavidad del estómago de los rumiantes. ❑ No confundir con *herbolario.*

herbicida. adj. Dícese del producto químico que destruye plantas herbáceas o impide su desarrollo. Ú. t. c. s. m.

herbívoro, ra. adj. Aplícase a todo animal que se alimenta de vegetales, y más especialmente de hierbas. Ú. t. c. s. m.

herbolario, ria. m. y f. Persona que se dedica a recoger hierbas y plantas medicinales para venderlas. ‖ **2.** m. Tienda en que se venden plantas medicinales.

herboristería. f. Tienda donde se venden plantas medicinales.

hercúleo, a. adj. Perteneciente o relativo a Hércules o que en algo se asemeja a él o a sus cualidades.

hércules. m. fig. Hombre de mucha fuerza.

heredad. f. Porción de terreno cultivado perteneciente a un mismo dueño. ‖ **2.** Hacienda de campo, bienes raíces o posesiones.

heredar. tr. Suceder mediante testamento o por disposición legal en los bienes y acciones que otro tenía al tiempo de su muerte. ‖ **2.** *Biol.* Recibir los seres vivos rasgos o caracteres de sus progenitores.

heredero, ra. adj. Dícese de la persona que por testamento o por ley sucede en una herencia. Ú. t. c. s.

hereditario, ria. adj. Perteneciente a la herencia o que se adquiere por ella. ‖ **2.** fig. Aplícase a las inclinaciones, costumbres, virtudes, vicios o enfermedades que pasan de padres a hijos.

hereje. com. Cristiano que en materia de fe se opone con pertinacia a lo que cree y propone la Iglesia católica.

herejía. f. Error en materia de fe, sostenido con pertinacia.

herencia. f. Conjunto de bienes, derechos y obligaciones que, al morir una persona, son transmisibles a sus herederos o a sus legatarios. ‖ **2.** *Biol.* Conjunto de caracteres que los seres vivos reciben de sus progenitores.

heresiarca. m. Autor de una herejía.

herético, ca. adj. Perteneciente a la herejía o al hereje.

herida. f. Perforación o desgarramiento en algún lugar de un cuerpo vivo. ‖ **2.** fig. Ofensa, agravio. ‖ **3.** fig. Lo que aflige y atormenta el ánimo.

herir. tr. Dañar a una persona o a un animal produciéndole una herida o una contusión. ‖ **2.** Tocar instrumentos de cuerda o pulsar teclas o algunos instrumentos metálicos. ‖ **3.** Ofender o agraviar, especialmente con palabras o escritos. ❑ Irreg. Se conj. como *sentir.*

hermafrodita. adj. Que tiene los dos sexos. ‖ **2.** Dícese de la persona con tejido testicular y ovárico en sus gónadas, lo cual origina anomalías somáticas que le dan la apariencia de reunir ambos sexos. Ú. t. c. s. ‖ **3.** *Bot.* Aplícase a los vegetales cuyas flores reúnen en sí ambos sexos, y también a estas flores.

hermanar. tr. Unir, juntar, uniformar. Ú. t. c. prnl. ‖ **2.** Hacer a uno hermano de otro en sentido místico o espiritual. Ú. t. c. prnl.

hermanastro, tra. m. y f. Hijo de uno de los dos consortes con respecto al hijo del otro. ‖ **2.** Por ext., **medio hermano.**

hermandad. f. Relación de parentesco que hay entre hermanos. ‖ **2.** fig. Amistad íntima; unión de voluntades. ‖ **3.** fig. Correspondencia que guardan varias cosas entre sí. ‖ **4.** fig. Cofradía o congregación de devotos.

hermano, na. m. y f. Persona que con respecto a otra tiene el mismo padre y la misma madre,

estructura de una flor

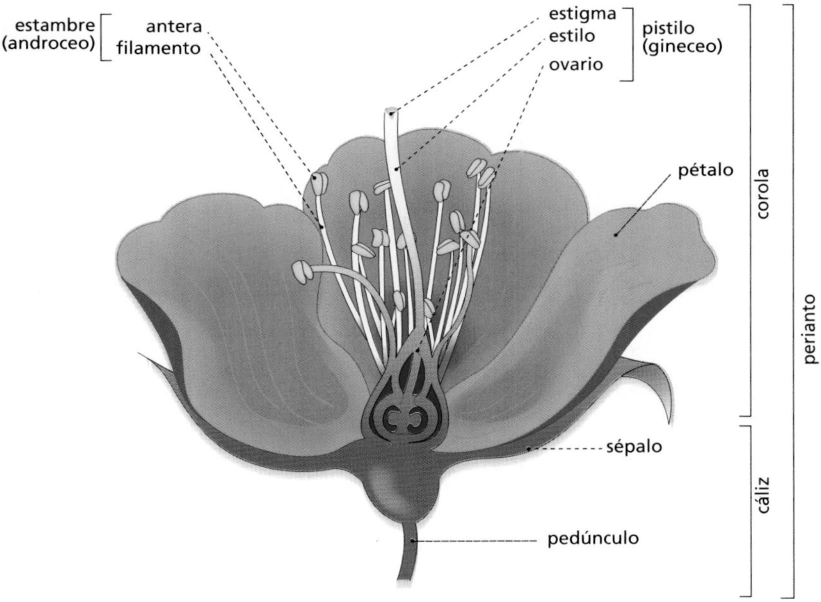

estambre (androceo): antera, filamento

estigma, estilo, ovario: pistilo (gineceo)

pétalo

corola

sépalo

cáliz

periantio

pedúnculo

tipos de inflorescencias

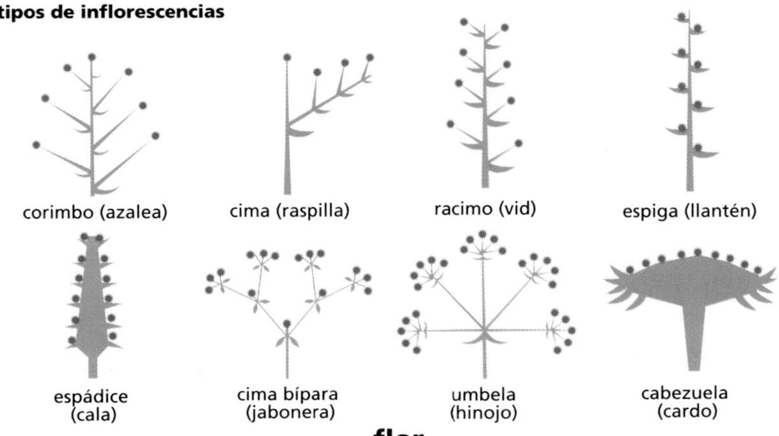

flor

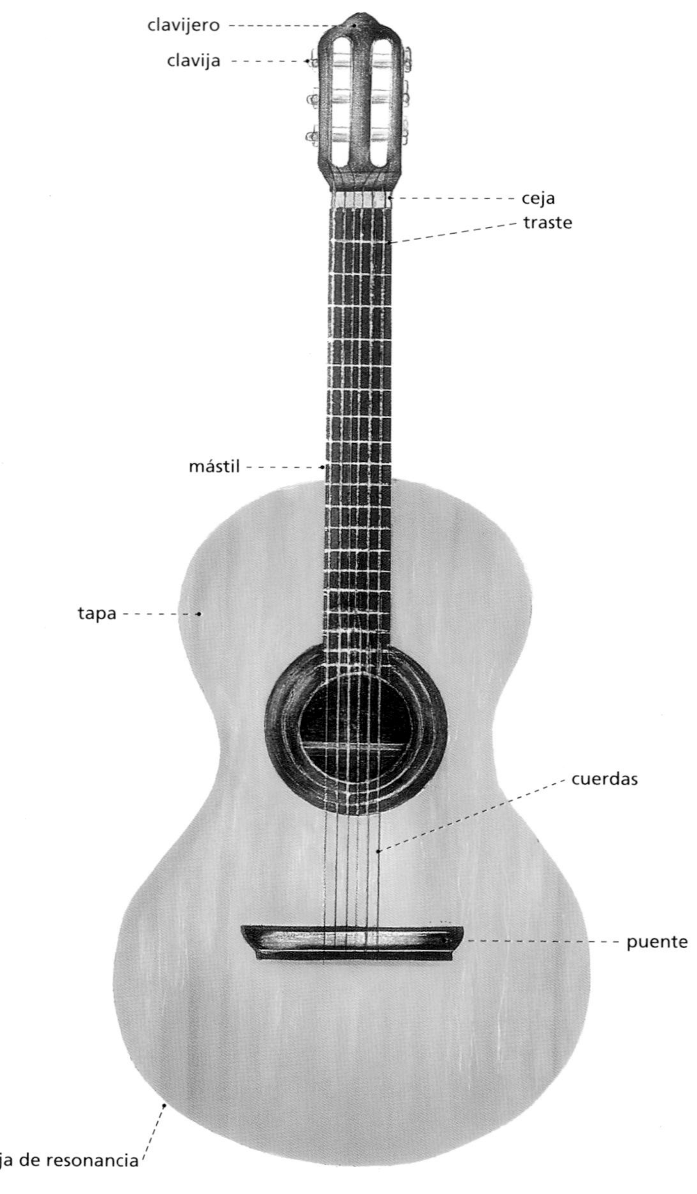
clavijero
clavija
ceja
traste
mástil
tapa
cuerdas
puente
caja de resonancia

guitarra

hojas simples

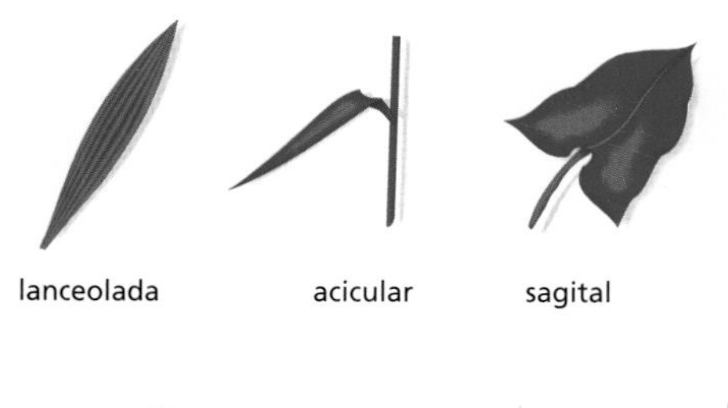

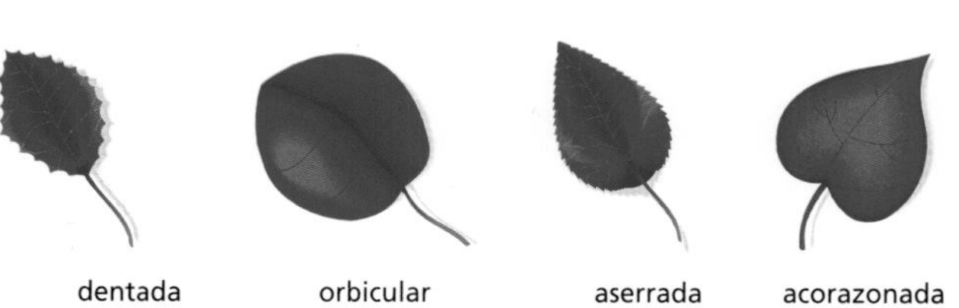

hojas compuestas

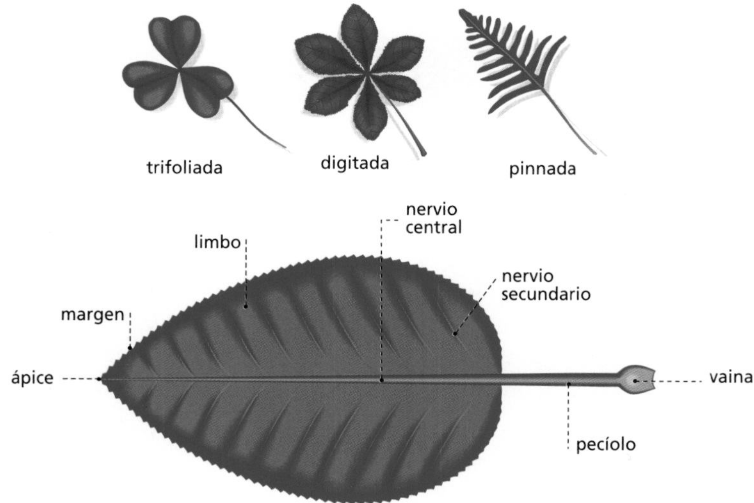

hoja

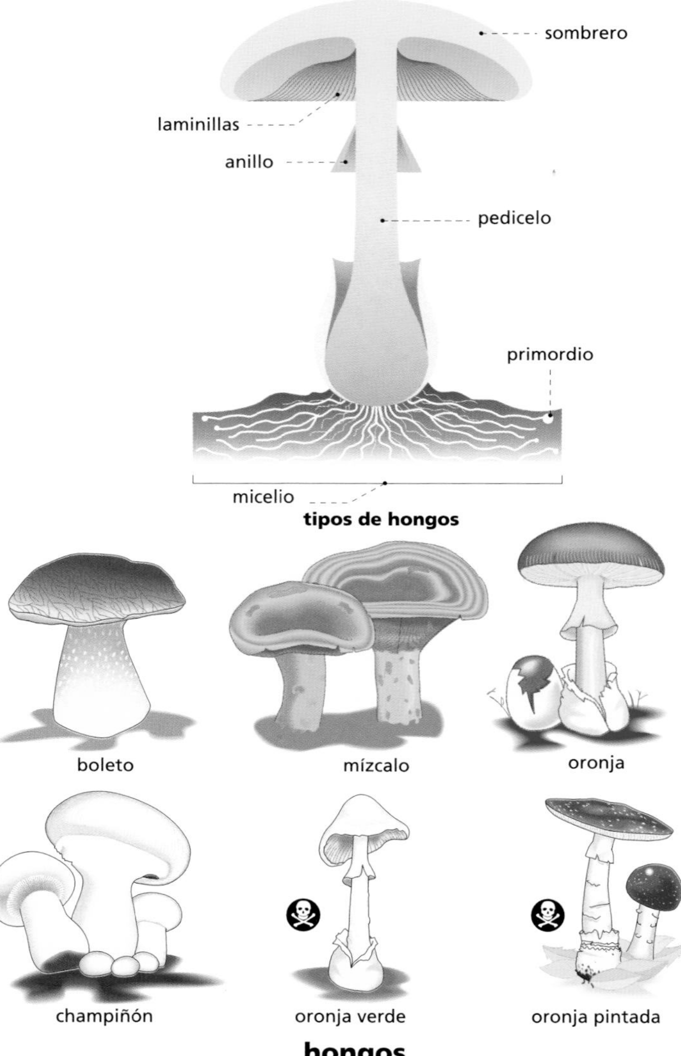
estructura de un hongo
sombrero
laminillas
anillo
pedicelo
primordio
micelio
tipos de hongos
boleto
mízcalo
oronja
champiñón
oronja verde
oronja pintada

hongos

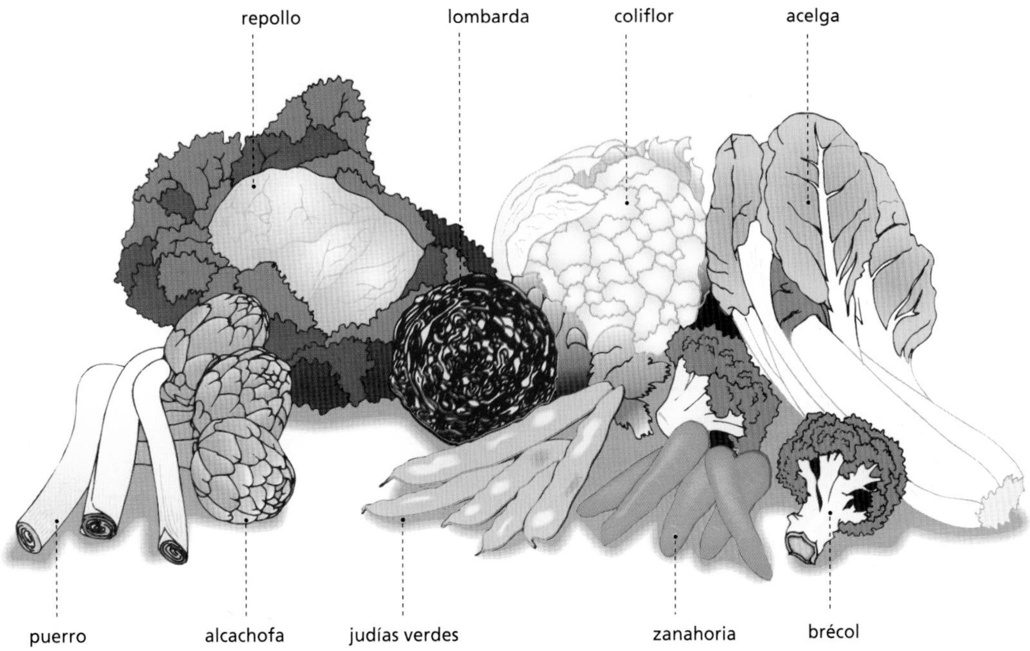

repollo

lombarda

coliflor

acelga

puerro

alcachofa

judías verdes

zanahoria

brécol

hortalizas

anatomía de un insecto

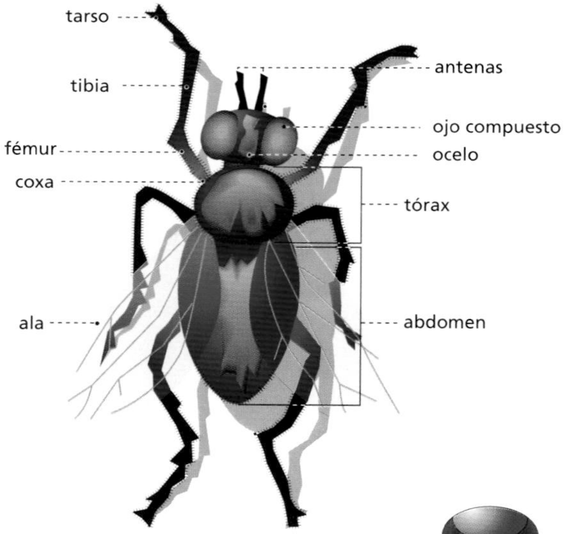

tarso

tibia

fémur

coxa

antenas

ojo compuesto

ocelo

tórax

ala

abdomen

tipos de aparatos bucales

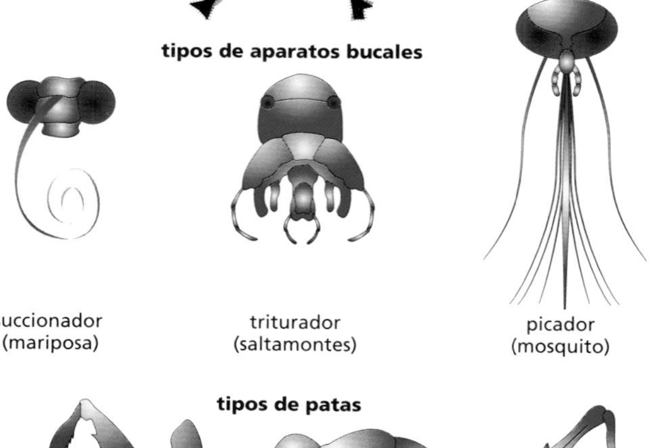

succionador
(mariposa)

triturador
(saltamontes)

picador
(mosquito)

tipos de patas

andadora
(hormiga)

prensil
(santateresa)

excavadora
(alacrán cebollero)

saltadora
(saltamontes)

insecto

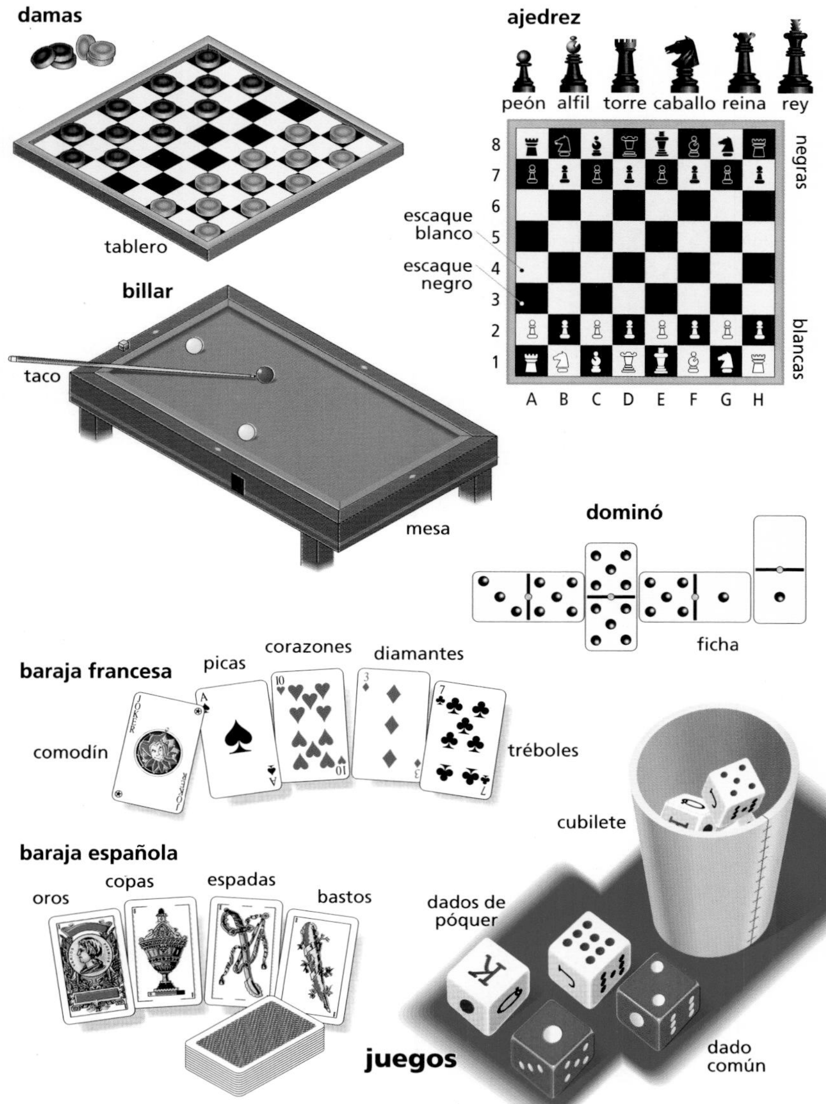

damas
tablero
billar
taco
mesa
ajedrez
peón
alfil
torre
caballo
reina
rey
8
7
6
5
4
3
2
1
A
B
C
D
E
F
G
H
negras
blancas
escaque blanco
escaque negro
dominó
ficha
baraja francesa
comodín
picas
corazones
diamantes
tréboles
cubilete
baraja española
oros
copas
espadas
bastos
dados de póquer
dado común

juegos

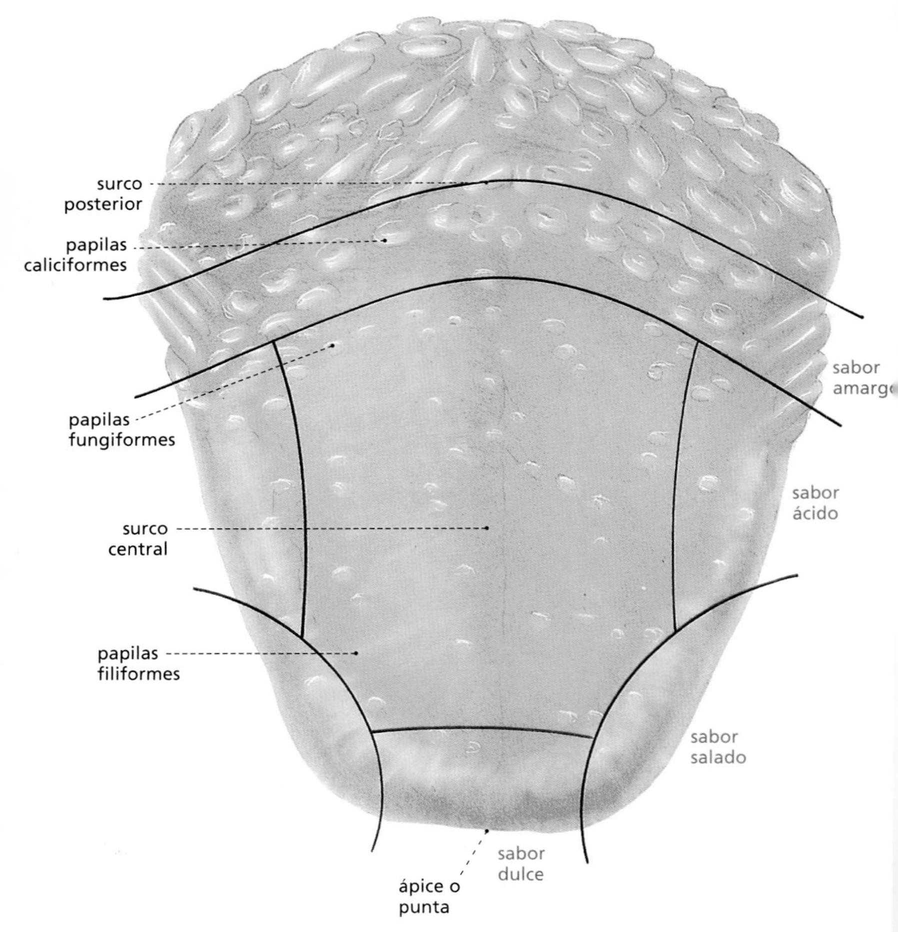
surco
posterior
papilas
caliciformes
sabor
amarg
papilas
fungiformes
sabor
ácido
surco
central
papilas
filiformes
sabor
salado
sabor
dulce
ápice o
punta

lengua

o solamente el mismo padre o la misma madre. ‖ **2.** Individuo que sirve en una comunidad religiosa sin recibir órdenes sagradas. ‖ **3.** fig. Individuo de una hermandad o cofradía. ‖ **de leche.** Hijo de una nodriza respecto del ajeno que esta crió, y viceversa. ‖ **medio hermano.** Persona, con respecto a otra, que solo tiene en común con ella uno de los padres.

hermenéutica. f. Arte de interpretar textos y especialmente el de interpretar los textos sagrados.

hermético, ca. adj. Dícese de lo que se cierra de tal modo que no deja pasar el aire u otros fluidos. ‖ **2.** fig. Impenetrable, cerrado, aun tratándose de cosas inmateriales.

hermetismo. m. Cualidad de hermético, impenetrable, cerrado.

hermosear. tr. Hacer o poner hermosa a una persona o cosa. Ú. t. c. prnl.

hermoso, sa. adj. Dotado de hermosura. ‖ **2.** Grandioso, excelente y perfecto en su línea.

hermosura. f. Belleza de las cosas que pueden ser percibidas por el oído o por la vista. ‖ **2.** Proporción noble y perfecta de las partes con el todo; conjunto de cualidades que hacen a una cosa excelente en su línea.

hernia. f. *Pat.* Protrusión o salida de parte de un órgano, como el intestino, de la estructura anatómica que normalmente la fija. ‖ **de disco.** *Pat.* Protrusión de un fragmento de un disco intervertebral que, al comprimir el nervio adyacente, es dolorosa. ‖ **de hiato.** *Pat.* Protrusión de parte del estómago desde la cavidad abdominal al tórax a través del diafragma.

herodes. m. Hombre cruel con los niños.

héroe. m. Entre los antiguos paganos, el nacido de un dios o una diosa y de una persona humana, por lo cual le reputaban más que hombre y menos que dios; como Hércules, Aquiles, Eneas, etc. ‖ **2.** Varón ilustre y famoso por sus hazañas o virtudes. ‖ **3.** El que lleva a cabo una acción heroica. ‖ **4.** Personaje principal de todo poema en que se representa una acción, y del épico especialmente.

heroicidad. f. Cualidad de heroico. ‖ **2.** Acción heroica.

heroico, ca. adj. Aplícase a las personas famosas por sus hazañas o virtudes, y, por ext., dícese también de las acciones. ‖ **2.** Aplícase también a la poesía o composición poética en que con brío y elevación se narran o cantan gloriosas hazañas o hechos grandes y memorables.

heroína[1]. f. Mujer ilustre y famosa por sus grandes hechos. ‖ **2.** La que lleva a cabo un hecho heroico. ‖ **3.** Protagonista del drama o de cualquier poema análogo, o de una novela.

heroína[2]. f. Droga obtenida de la morfina, en forma de polvo blanco y amargo, con propiedades sedantes y narcóticas, y que puede crear adicción.

heroísmo. m. Esfuerzo eminente de la voluntad hecho con abnegación, que lleva al hombre a realizar actos extraordinarios en servicio de Dios, del prójimo o de la patria. ‖ **2.** Conjunto de cualidades y acciones que colocan a uno en la clase de héroe.

herpe. amb. **herpes.**

herpes. amb. *Pat.* Erupción que aparece en puntos aislados del cutis, por lo común crónica y de muy distintas formas, acompañada de comezón o escozor, y debida al agrupamiento, sobre una base más o menos inflamada, de granitos o vejiguillas que dejan rezumar, cuando se rompen, un humor que al secarse forma costras o escamas. ‖ **2.** *Pat.* **herpes zóster.** ‖ **zóster.** *Pat.* Enfermedad vírica, eruptiva e infecciosa, caracterizada por la inflamación de ciertos ganglios nerviosos, y por una serie de vesículas a lo largo del nervio afectado, con dolor intenso y a veces fiebre.

herpetología. f. Tratado de los reptiles.

herrada. f. Cubo de madera, con grandes aros de hierro o de latón, y más ancho por la base que por la boca.

herrado. m. Operación de herrar. ❑ No confundir con *errado.*

herradura. f. Hierro aproximadamente semicircular que se clava a las caballerías en los cascos o en las pezuñas de algunos vacunos para que no se los maltraten con el piso.

herraje. m. Conjunto de piezas de hierro o acero con que se guarnece un artefacto, como puerta, cofre, etc.

herramienta. f. Instrumento, por lo común de hierro o acero, con que trabajan los artesanos. ‖ **2.** Conjunto de estos instrumentos.

herrar. tr. Ajustar y clavar las herraduras a las caballerías, o los callos a los bueyes. ‖ **2.** Marcar con un hierro candente los ganados, artefactos, etc. ‖ **3.** Guarnecer de hierro un artefacto. ❑ Irreg. Se conj. como *acertar.* No confundir con *errar.*

herrén. m. Forraje de avena, cebada, trigo, centeno y otras plantas que se da al ganado.

herrería. f. Oficio de herrero. ‖ **2.** Taller de herrero. ‖ **3.** Tienda de herrero.

herreriano, na. adj. Propio o característico del estilo del arquitecto Herrera.

herrerillo. m. Pájaro de unos 12 centímetros de largo desde el pico hasta la extremidad de la cola, y dos decímetros de envergadura; de cabeza azul, nuca y cejas blancas, lomo de color verde azulado, pecho y abdomen amarillos con una mancha negra en el último, pico de color pardo oscuro con la punta blanca, y patas negruzcas. Es insectívoro y bastante común en España. ‖ **2.** Pájaro de unos 15 centímetros de largo desde el pico a la extremidad de la cola, y tres decímetros de envergadura; de cabeza y lomo de color azulado, cuello y carrillos blancos, pecho y abdomen bermejos, una raya negra desde las comisuras de la boca hasta el cuello, pico pardusco y patas amarillentas. Es insectívoro, común en España, y hace el nido de barro y en forma de puchero, en los huecos de los árboles.

herrero. m. El que tiene por oficio labrar el hierro.

herreruelo. m. Pájaro de 12 centímetros de largo desde la punta del pico hasta la extremidad de la cola, y 17 centímetros de envergadura; el plumaje del macho es negro en el dorso, cabeza y cola, y blanco en la frente, pecho, abdomen y parte de las alas; la hembra es de color aplomado por el lomo y blanquecino por el vientre.

herrumbre. f. Óxido del hierro.

herrumbroso, sa. adj. Que cría o tiene herrumbre.

hertz. m. *Fís.* **herzio,** en la nomenclatura internacional.

hervidero. m. fig. Manantial donde surge el agua con desprendimiento abundante de burbujas gaseosas, que hacen ruido y agitan el líquido. ‖ **2.** fig. Muchedumbre de personas o de animales en movimiento, o de entidades abstractas a las que se atribuye agitación. HERVIDERO *de gente, de hormigas, de pasiones.*

hervir. intr. Producir burbujas un líquido cuando se eleva suficientemente su temperatura, o por la fermentación. ‖ **2.** fig. Excitarse intensamente a causa de una pasión del ánimo. Ú. con las preposiciones *de* o *en.* HERVIR DE *ira,* EN *cólera.* ‖ **3.** tr. Hacer **hervir** un líquido. HERVIR *el agua;* HERVIR *la leche.* ❑ Irreg. Se conj. como *sentir.*

hervor. m. Acción y efecto de hervir. ‖ **2.** fig. Fogosidad, inquietud y viveza de la juventud.

herzio. m. *Fís.* Unidad de frecuencia. Es la frecuencia de un movimiento vibratorio que ejecuta una vibración cada segundo. Úsase más el kiloherzio.

hespérico, ca. adj. Dícese de cada una de las dos penínsulas, España e Italia. ‖ **2.** Perteneciente o relativo a estas penínsulas.

hesperidio. m. *Bot.* Fruto carnoso de corteza gruesa, dividido en varias celdas por telillas membranosas; como la naranja y el limón.

hetero-. elem. compos. que significa «otro», «desigual», «diferente»: HETERO*géneo,* HETERO*sexual.*

heterocerca. adj. *Zool.* Dícese de la aleta caudal de los peces que está formada por dos lóbulos desiguales, como la de los tiburones.

heterociclo. m. *Quím.* Estructura cíclica o en anillo en la que uno o más átomos constituyentes no son de carbono. Estos átomos pueden ser principalmente de nitrógeno, de oxígeno o de azufre.

heteróclito, ta. adj. fig. Irregular, extraño y fuera de orden.

heterodoxia. f. Cualidad de heterodoxo.

heterodoxo, xa. adj. Disconforme con el dogma de una religión. Entre católicos, disconforme con el dogma católico. Ú. t. c. s. *Escritor* HETERODOXO; *los* HETERODOXOS. ‖ **2.** Por ext., disconforme con doctrinas o prácticas generalmente admitidas.

heterogeneidad. f. Cualidad de heterogéneo. ‖ **2.** Mezcla de partes de diversa naturaleza en un todo.

heterogéneo, a. adj. Compuesto de partes de diversa naturaleza.

heteromancia o **heteromancía.** f. Adivinación supersticiosa por el vuelo de las aves.

heterómero. adj. *Zool.* Dícese de los insectos coleópteros que tienen cuatro artejos en los tarsos de las patas del último par y cinco en los demás, como la carraleja. Ú. t. c. s. ‖ **2.** m. pl. *Zool.* Suborden de estos animales.

heteronimia. f. *Ling.* Fenómeno por el cual vocablos de acusada proximidad semántica proceden de étimos diferentes; por ej., *toro-vaca.*

heterónimo. m. *Ling.* Cada uno de los vocablos que constituyen una heteronimia. ‖ **2.** *Lit.* Nombre, distinto del suyo verdadero, con que un autor firma una parte de su obra.

heteróptero. adj. *Zool.* Dícese de los insectos hemípteros con cuatro alas, las dos posteriores membranosas y las anteriores coriáceas en su base; suelen segregar líquidos de olor desagradable. Algunos son parásitos y ápteros, como la chinche. Ú. t. c. s. ‖ **2.** m. pl. *Zool.* Suborden de estos animales.

heterosexual. adj. Dícese del individuo que practica la heterosexualidad. Ú. t. c. s. ‖ **2.** Dícese de la relación erótica entre individuos de diferente sexo. ‖ **3.** Perteneciente o relativo a la heterosexualidad.

heterosexualidad. f. Inclinación sexual hacia el otro sexo. ‖ **2.** Práctica de la relación erótica heterosexual.

heterótrofo, fa. adj. *Biol.* Dícese del organismo incapaz de elaborar su propia materia orgánica a partir de sustancias inorgánicas.

heurística. f. Técnica de la indagación y del descubrimiento. ‖ **2.** Busca o investigación de documentos o fuentes históricas. ‖ **3.** En algunas ciencias, manera de buscar la solución de un problema mediante métodos no rigurosos, como por tanteo, reglas empíricas, etc.

hevea. f. Planta del caucho.

hexa. elem. compos. que significa «seis»: HEXÁ*gono*, HEXA*sílabo*.

hexaedro. m. *Geom.* Sólido limitado por seis caras. ‖ **regular.** *Geom.* **cubo²,** sólido regular.

hexagonal. adj. De figura de hexágono o semejante a él.

hexágono, na. adj. *Geom.* Aplícase al polígono de seis ángulos y seis lados. Ú. m. c. s. m.

hexápodo. adj. *Zool.* Dícese del animal que tiene seis patas. Se aplica en especial a los insectos. Ú. t. c. s.

hexasílabo, ba. adj. De seis sílabas. *Verso* HEXASÍLABO. Ú. t. c. s.

hez. f. Parte de desperdicio en las preparaciones líquidas, que se deposita en el fondo de las cubas o vasijas. Ú. m. en pl. ‖ **2.** fig. Lo más vil y despreciable de cualquier clase. ‖ **3.** pl. Excrementos.

hialino, na. adj. *Fís.* Diáfano como el vidrio o parecido a él.

hialoideo, a. adj. Que se parece al vidrio o tiene sus propiedades.

hiato. m. Encuentro de dos vocales que se pronuncian en sílabas distintas.

hibernación. f. Estado fisiológico que se presenta en ciertos mamíferos como adaptación a condiciones invernales extremas, con descenso de la temperatura corporal hasta cerca de 0º y disminución general de las funciones metabólicas. ‖ **2.** Estado semejante que se produce en las personas artificialmente por medio de drogas apropiadas con fines anestésicos o curativos.

hibernar. intr. Pasar el invierno, especialmente en estado de hibernación.

hibisco. m. Planta de la familia de las malváceas, muy apreciada por su valor ornamental y por sus grandes flores, generalmente rojas, aunque existen numerosas variedades de diversos colores. Se cultiva en los países cálidos.

hibridación. f. Producción de seres híbridos.

híbrido, da. adj. Aplícase al animal o al vegetal procreado por dos individuos de distinta especie. Ú. t. c. s. ‖ **2.** fig. Dícese de todo lo que es producto de elementos de distinta naturaleza.

hidalgo, ga. m. y f. Persona que por su sangre es de una clase noble y distinguida. Llámase también **hidalgo** de sangre. ‖ **2.** adj. Perteneciente a un **hidalgo.**

hidalguía. f. Cualidad de hidalgo, o su estado y condición civil. ‖ **2.** fig. Generosidad y nobleza de ánimo.

hidátide. f. Larva de una tenia intestinal del perro y de otros animales que en las vísceras humanas adquiere gran tamaño. ‖ **2.** Quiste hidatídico.

hidatídico, ca. adj. Perteneciente a la hidátide.

hidra. f. Culebra acuática, venenosa, que suele hallarse cerca de las costas, tanto en el mar Pacífico como en el de las Indias; es de color negro por encima y blanco amarillento por debajo; de unos cinco decímetros de largo; cubierta de escamas pequeñas y con la cola muy comprimida por ambos lados y propia para la natación. ‖ **2.** Pólipo de forma cilíndrica y de uno a dos centímetros de longitud, parecido a un tubo cerrado por una extremidad y con varios tentáculos en la otra. Se cría en el agua dulce y se alimenta de infusorios y gusanillos. ‖ **3.** *Mit.* Monstruo del lago de Lerna, con siete cabezas que renacían a medida que se cortaban, muerto por Hércules, que se las cortó todas de un golpe.

hidrácida o **hidracida.** f. *Quím.* Cuerpo resultante de la combinación de un ácido orgánico con una amina, empleado en el tratamiento de la tuberculosis.

hidrácido. m. *Quím.* Ácido compuesto de hidrógeno y otro cuerpo simple.

hidrargirismo. m. *Pat.* Intoxicación crónica originada por la absorción de mercurio. Es enfermedad frecuente en los obreros de las minas de este metal.

hidratar. tr. *Quím.* Combinar un cuerpo con el agua. *Cal* HIDRATADA. Ú. t. c. prnl. ‖ **2.** Restablecer el grado de humedad normal de la piel.

hidrato. m. *Quím.* Combinación de un cuerpo con el agua. ‖ **de carbono.** Nombre genérico de muchas sustancias orgánicas formadas por carbono, hidrógeno y oxígeno, que contienen los dos últimos elementos en la misma proporción en que los contiene el agua; como la glucosa, el almidón y la celulosa.

hidráulica. f. Parte de la mecánica que estudia el equilibrio y el movimiento de los fluidos. ‖ **2.** Arte de conducir, contener, elevar y aprovechar las aguas.

hidráulico, ca. adj. Perteneciente a la hidráulica. ‖ **2.** Que se mueve por medio del agua o de otro fluido. *Rueda, prensa* HIDRÁULICA. ‖ **3.** Se dice de la energía producida por el movimiento del agua. ‖ **4.** Dícese de las cales y cementos que se endurecen en contacto con el agua, y también de las obras donde se emplean dichos materiales.

hídrico, ca. adj. Perteneciente o relativo al agua.

-hídrico. elem. compos. adoptado por convenio en la nomenclatura química para designar los ácidos que no contienen oxígeno, como el *clor*HÍDRICO o el *sulf*HÍDRICO.

hidro-. elem. compos. que significa «agua»: HIDRO*avión*, HIDRO*fobia*.

hidroavión. m. Avión que lleva, en lugar de ruedas, uno o varios flotadores para posarse sobre el agua.

hidrocarburo. m. Compuesto químico resultante de la combinación del carbono con el hidrógeno.

hidrocefalia. f. *Pat.* Hidropesía de la cabeza.

hidrocele. f. *Pat.* Hidropesía de la túnica serosa del testículo.

hidrodinámica. f. Parte de la mecánica que estudia el movimiento de los fluidos.

hidrodinámico, ca. adj. Perteneciente o relativo a la hidrodinámica.

hidroelectricidad. f. Energía eléctrica obtenida por fuerza hidráulica.

hidrófilo, la. adj. Dícese de la materia que absorbe el agua con gran facilidad.

hidrofobia. f. Horror al agua, que suelen tener los que han sido mordidos por animales rabiosos. ‖ **2. rabia,** enfermedad.

hidrogenación. f. Proceso por el que se adiciona hidrógeno a compuestos orgánicos no saturados.

hidrógeno. m. Elemento químico de núm. atóm. 1. Es el más abundante de la corteza terrestre y del universo; en la atmósfera se encuentra en su forma molecular H2, gas inflamable, incoloro e inodoro. El más ligero de los elementos, combinado con el oxígeno forma el agua. Entra en la composición de todos los ácidos y sustancias orgánicas. Se utiliza como combustible, y en la industria química para la hidrogenación de distintos productos como grasas o petróleos. Tiene dos isótopos naturales, protio y deuterio, y uno artificial, el tritio. Símb. *H.*

hidrografía. f. Parte de la geografía física, que trata de la descripción de las aguas del globo terrestre.

hidrólisis. f. *Quím.* Desdoblamiento de la molécula de ciertos compuestos orgánicos, ya por exceso de agua, ya por la presencia de una corta cantidad de fermento o de ácido.

hidrología. f. Parte de las ciencias naturales que trata de las aguas.

hidromancia o **hidromancía.** f. Arte supersticiosa de adivinar por la observación del agua.

hidromel o **hidromiel.** m. Agua mezclada con miel.

hidrometría. f. Parte de la hidrodinámica que trata del modo de medir el caudal, la velocidad o la fuerza de los líquidos en movimiento.

hidropatía. f. Afección morbosa producida por el agua o el sudor.

hidropesía. f. *Pat.* Derrame o acumulación anormal del humor seroso en cualquier cavidad del cuerpo animal, o su infiltración en el tejido celular.

hidroplano. m. Embarcación provista de aletas inclinadas que, al avanzar, por efecto de la reacción que el agua ejerce contra ellas, sostienen gran parte del peso del aparato, el cual alcanza de ordinario una velocidad muy superior a la de los otros buques. ‖ **2.** Avión con flotadores para posarse en el agua.

hidroponía. f. Cultivo de plantas en soluciones acuosas, por lo general con algún soporte de arena, grava, etc.

hidropteríneo, a. adj. *Bot.* Dícese de plantas criptógamas pteridofitas, acuáticas, a veces flotantes, con tallo horizontal, de cuya cara superior nacen las hojas y de la inferior las raíces o, en algunas de las especies flotantes, unas hojas absorbentes. Ú. t. c. s. f. ‖ **2.** f. pl. *Bot.* Clase de estas plantas.

hidrosfera. f. Conjunto de partes líquidas del globo terráqueo.

hidrosoluble. adj. Que puede disolverse en agua.

hidrostática. f. Parte de la mecánica que estudia el equilibrio de los fluidos.

hidroterapia. f. Método curativo por medio del agua.

hidróxido. m. *Quím.* Compuesto formado por la unión de un elemento o un radical con el anión OH-.

hidroxilo. m. *Quím.* Radical formado por un átomo de hidrógeno y otro de oxígeno.

hidruro. m. Compuesto de hidrógeno y otro elemento, preferentemente un metal.

hiedra. f. Planta trepadora, siempre verde, de la familia de las araliáceas, con tronco y ramos sarmentosos, de que brotan raíces adventicias que se agarran fuertemente a los cuerpos inmediatos; hojas coriáceas, verdinegras, lustrosas, persistentes, pecioladas, partidas en cinco lóbulos, enteras y en forma de corazón las de los ramos superiores; flores de color amarillo verdoso, en umbelas, y fruto en bayas negruzcas del tamaño de un guisante. Aunque la **hiedra** no es una parásita verdadera, daña y aun ahoga con su espeso follaje a los árboles por los que trepa.

hiel. f. **bilis.** ‖ **2.** fig. Amargura, aspereza o desabrimiento.

hielo. m. Agua convertida en cuerpo sólido y cristalino por un descenso suficiente de temperatura.

hiena. f. Nombre común a varias especies de una familia de animales carnívoros de África y Asia, de pelaje áspero, gris amarillento, con listas o manchas en el lomo y en los flancos; llegan a los siete decímetros de altura en la cruz y algo menos en la grupa. Son animales nocturnos y principalmente carroñeros, de aspecto repulsivo y olor desagradable por lo desarrolladas que tienen sus glándulas anales. ‖ **2.** fig. Persona de malos instintos o cruel.

hierático, ca. adj. Dícese de la escultura o pintura religiosas que reproducen formas tradicionales. ‖ **2.** fig. Dícese también del estilo o ademán que tiene o afecta solemnidad extrema, aunque sea en cosas no sagradas.

hierba. f. Toda planta pequeña cuyo tallo es tierno y perece después de dar la simiente en el mismo año, o a lo más al segundo, a diferencia de las matas, arbustos y árboles, que echan troncos o tallos duros y leñosos. ‖ **2.** Conjunto de muchas **hierbas** que nacen en un terreno. ‖ **buena. hierbabuena.** ‖ **del Paraguay.** Hojas de este arbolito, que, secas y empaquetadas, son uno de los principales ramos del comercio en Argentina, Brasil y Paraguay. Se emplean para hacer la infusión denominada mate.

hierbabuena. f. Planta herbácea, vivaz, de la familia de las labiadas, con tallos erguidos, poco ramosos, de cuatro a cinco decímetros; hojas vellosas, elípticas, agudas, nerviosas y aserradas; flores rojizas en grupos axilares, y fruto seco con cuatro semillas. Se cultiva mucho en las huertas; es de olor agradable y se emplea en condimentos. ‖ **2.** Nombre que se da a otras plantas labiadas parecidas a la anterior; como el sándalo y el poleo.

hieroscopia. f. Arte supersticiosa de adivinar por las entrañas de los animales.

hierosolimitano, na. adj. Natural de Jerusalén. Ú. t. c. s. ‖ **2.** Perteneciente o relativo a esta ciudad.

hierro. m. Elemento químico de núm. atóm. 26. Metal muy abundante en la corteza terrestre; se encuentra en la hematites, la magnetita y la limonita, y entra en la composición de sustancias importantes en los seres vivos, v. gr., las hemoglobinas. De color negro lustroso o gris azulado, dúctil, maleable y muy tenaz, se oxida al contacto con el aire, tiene propiedades magnéticas y se imanta fácilmente. Es el metal más empleado en la industria; aleado con el carbono forma aceros y fundiciones. Símb. *Fe.*

higa. f. Gesto que se ejecuta con la mano, cerrado el puño, mostrando el dedo pulgar por entre el dedo índice y el cordial, con el que se señalaba a las personas infames o se hacía desprecio de ellas. También se usa contra el mal de ojo en las frs. **dar** o **hacer** a alguien **una higa.**

higadillo. m. Hígado de los animales pequeños, particularmente de las aves.

hígado. m. *Anat.* Víscera voluminosa, propia de los animales vertebrados, que en los mamíferos tiene forma irregular y color rojo oscuro y está situada en la parte anterior y derecha del abdomen; desempeña varias funciones importantes, entre ellas la secreción de la bilis. ‖ **2.** fig. Ánimo, valentía. Ú. m. en pl.

higiene. f. Parte de la medicina que tiene por objeto la conservación de la salud y la prevención de enfermedades. ‖ **2.** fig. Limpieza, aseo de las viviendas, lugares públicos y poblaciones.

higiénico, ca. adj. Perteneciente o relativo a la higiene.

higienizar. tr. Disponer o preparar una cosa conforme a las prescripciones de la higiene.

higo. m. Segundo fruto, o el más tardío, de la higuera; es blando, de gusto dulce, por dentro de color más o menos encarnado o blanco, y lleno de semillas sumamente menudas; exteriormente está cubierto de una piel fina y verdosa, negra o morada, según las diversas variedades. ‖ **2.** fig. Cosa insignificante, de poco o ningún valor. Ú. en frases como: *No dar un* HIGO *por una cosa; no dársele a uno un* HIGO; *no estimar en un* HIGO *una cosa; no valer una cosa un* HIGO. ‖ **chumbo, de pala,** o **de tuna.** Fruto del nopal o higuera de Indias; es elipsoidal, algo mayor que un huevo de gallina, de corteza verde amarillenta y pulpa comestible; anaranjada, abundante, dulce y llena de semillas oscuras y menudas.

higrometría. f. Parte de la física relativa al conocimiento de las causas productoras de la humedad atmosférica y de la medida de sus variaciones.

higrométrico, ca. adj. Perteneciente o relativo a la higrometría o al higrómetro. ‖ **2.** Dícese del cuerpo cuyas condiciones varían sensiblemente con el cambio de humedad de la atmósfera.

higrómetro. m. Instrumento que sirve para determinar la humedad del aire atmosférico.

higroscopicidad. f. *Fís.* Propiedad de algunos cuerpos inorgánicos, y de todos los orgánicos, de absorber y exhalar la humedad según las circunstancias que los rodean.

higuera. f. Árbol de la familia de las moráceas, de mediana altura, madera blanca y endeble, látex amargo y astringente; hojas grandes, lobuladas, verdes y brillantes por encima, grises y ásperas por abajo, e insertas en un pedúnculo bastante largo; flores unisexuales, encerradas en un receptáculo carnoso, con forma de pera, abierto por un pequeño orificio apical y que, al madurar, da una infrutescencia llamada higo. ‖ **breval.** Árbol mayor que la **higuera** y de hojas más grandes y verdosas, que da brevas e higos. ‖ **chumba. nopal.** ‖ **de Indias. nopal.**

higueruela. f. Planta herbácea de la familia de las papilionáceas, de hojas partidas como las del trébol, y flores azuladas en cabezuelas axilares.

hijadalgo. f. **hidalga.**

hijastro, tra. m. y f. Hijo o hija de uno solo de los cónyuges, respecto del otro.

hijo, ja. m. y f. Persona o animal respecto de su

padre o de su madre. ‖ **2.** m. Lo que procede o sale de otra cosa por procreación; como los retoños o renuevos que echa el árbol por el pie, la caña del trigo, etc. ‖ **3.** pl. Descendientes. ‖ **bastardo.** El nacido de unión ilícita. ‖ **2. hijo ilegítimo** de padre conocido. ‖ **de puta.** expr. injuriosa y de desprecio. ‖ **espurio. hijo bastardo.** ‖ **ilegítimo.** El de padre y madre no unidos entre sí por matrimonio. ‖ **natural.** El que es habido de mujer soltera y padre libre, que podían casarse al tiempo de tenerlo. ‖ **2.** Corrientemente se toma por **hijo ilegítimo.**

hijodalgo. m. **hidalgo.**

hijuelo. m. Retoño de planta.

hilacha. f. Pedazo de hilo que se desprende de la tela. Ú. t. en sent. fig. ‖ **2.** Porción insignificante de alguna cosa.

hilada. f. Formación en línea. ‖ **2.** *Arq.* Serie horizontal de ladrillos o piedras en un edificio.

hilado. m. Acción y efecto de hilar. ‖ **2.** Porción de lino, cáñamo, seda, lana, algodón, etc., reducida a hilo.

hilandero, ra. m. y f. Persona que tiene por oficio hilar.

hilar. tr. Reducir a hilo el lino, cáñamo, lana, seda, algodón, etc. ‖ **2.** Sacar de sí el gusano de seda la hebra para formar el capullo. Se dice también de otros insectos y de las arañas cuando forman sus capullos y telas. ‖ **3.** fig. Conjeturar o inferir unas cosas de otras.

hilarante. adj. Que inspira alegría o mueve a risa.

hilaridad. f. Risa y algazara que excita en una reunión lo que se ve o se oye.

hilatura. f. Arte de hilar la lana, el algodón y otras materias análogas. ‖ **2.** Industria y comercialización del hilado.

hilaza. f. **hilado,** porción de fibra textil reducida a hilo.

hilemorfismo. m. Teoría ideada por Aristóteles y seguida por la mayoría de los escolásticos, según la cual todo cuerpo se halla constituido por dos principios esenciales, que son la materia y la forma.

hilera. f. Orden o formación en línea de un número de personas o cosas. ‖ **2.** pl. *Zool.* Apéndices agrupados alrededor del ano de las arañas, que sostienen las pequeñas glándulas productoras del líquido que, al secarse, forma los hilos.

hilo. m. Hebra larga y delgada que se forma retorciendo el lino, lana, cáñamo u otra materia textil. Dícese especialmente del que se usa para coser. ‖ **2.** Hebra de que forman las arañas, gusanos de seda, etc., sus telas y capullos. ‖ **3.** fig. Chorro muy delgado y sutil de un líquido. HILO *de sangre.* ‖ **4.** fig. Continuación o serie del discurso, de acciones, de sentimientos, de gestos, etc. *El* HILO *de la risa; al* HILO *de la pena.*

hilván. m. Costura de puntadas largas con que se une y prepara lo que se ha de coser después de otra manera.

hilvanar. tr. Unir con hilvanes lo que se ha de coser después. ‖ **2.** fig. Enlazar o coordinar ideas, frases o palabras el que habla o escribe.

himen. m. *Anat.* Repliegue membranoso que reduce el orificio externo de la vagina mientras conserva su integridad.

himeneo. m. Boda o casamiento. ‖ **2.** Composición poética en que se celebra un casamiento.

himenóptero. adj. *Zool.* Dícese de insectos con metamorfosis complicadas, como las abejas y las avispas, que son masticadores y lamedores a la vez por estar su boca provista de mandíbulas y, además, de una especie de lengüeta; tienen cuatro alas membranosas. El abdomen de las hembras de algunas especies lleva en su extremo un aguijón en el que desemboca el conducto excretor de una glándula venenosa. Ú. t. c. s. m. ‖ **2.** m. pl. *Zool.* Orden de estos insectos.

himno. m. Composición poética en alabanza de Dios, de la Virgen o de los santos. ‖ **2.** Poesía cuyo objeto es honrar a un gran hombre, celebrar una victoria u otro suceso memorable, o expresar fogosamente, con cualquier motivo, júbilo o entusiasmo. ‖ **3.** Composición musical dirigida a cualquiera de estos fines.

hincapié. m. Acción de hincar o afirmar el pie para sostenerse o para hacer fuerza. ‖ **hacer** uno **hincapié.** fr. fig. y fam. Insistir en algo que se afirma, se propone o se encarga.

hincar. tr. Introducir o clavar una cosa en otra. ‖ **2.** prnl. **arrodillarse.**

hincha. com. Partidario entusiasta de un equipo deportivo. ‖ **2.** fig. Por ext., partidario de una persona destacada en alguna actividad.

hinchado, da. adj. fig. Vano, presumido. ‖ **2.** Dícese del lenguaje, estilo, etc., que abunda en palabras y expresiones redundantes, hiperbólicas y afectadas.

hinchar. tr. Hacer que aumente de volumen algún objeto, llenándolo de aire u otra cosa. Ú. t. c. prnl. ‖ **2.** fig. Exagerar una noticia o un suceso. ‖ **3.** prnl. Aumentar de volumen una parte del cuerpo, por herida o golpe o por haber acudido a ella algún humor. ‖ **4.** Hacer alguna cosa con exceso, como comer, beber, trabajar, etc.

hinchazón. f. Efecto de hincharse.

hindi. m. Lengua descendiente del sánscrito y usada en la India.

hindú. adj. Natural de la India. Ú. t. c. s. ‖ **2.** Partidario del hinduismo o adepto a él. ❑ pl. *hindúes.*

hinduismo. m. Denominación más usual actualmente de la religión predominante en la India, procedente del vedismo y brahmanismo antiguo.

hiniesta. f. **retama.**

hinojo[1]. m. Planta herbácea de la familia de las umbelíferas, con tallos de 12 a 14 decímetros, erguidos, ramosos y algo estriados; hojas partidas en muchas lacinias largas y filiformes; flores pequeñas y amarillas, en umbelas terminales, y fruto oblongo, con líneas salientes bien señaladas y que encierra diversas semillas menudas. Toda la planta es aromática, de gusto dulce, y se usa en medicina y como condimento.

hinojo[2]. m. Rodilla, parte de unión del muslo y de la pierna. Ú. m. en pl. ‖ **de hinojos.** loc. adv. **de rodillas.**

hipar. intr. Sufrir reiteradamente el hipo. ‖ **2.** Llorar con sollozos semejantes al hipo.

hiper-. elem. compos. que significa «superioridad» o «exceso»: HIPER*tensión,* HIPER*mercado,* HIPER*clorhidria.*

hipérbato o **hipérbaton.** m. *Gram.* Figura de construcción, consistente en invertir el orden que en el discurso deben tener las palabras con arreglo a la sintaxis llamada regular. ❑ Su pl. es **hipérbatos.**

hipérbola. f. *Geom.* Lugar geométrico de los puntos del plano cuya diferencia de distancias a dos puntos fijos llamados focos es constante. Resulta de cortar un cono circular por un plano que encuentra a todas las generatrices a ambos lados del vértice.

hipérbole. f. *Ret.* Figura que consiste en aumentar o disminuir excesivamente aquello de que se habla. Se ha usado también como masculino.

hiperbólico, ca. adj. Perteneciente a la hipérbola. ‖ **2.** Perteneciente o relativo a la hipérbole; que la encierra o incluye.

hiperbóreo, a. adj. Aplícase a las regiones muy septentrionales y a los pueblos, animales y plantas que viven en ellas.

hiperclorhidria. f. *Fisiol.* Exceso de ácido clorhídrico en el jugo gástrico.

hipercrítica. f. Crítica exagerada.

hiperemia. f. *Fisiol.* Abundancia extraordinaria de sangre en una parte del cuerpo.

hiperestesia. f. *Fisiol.* Sensibilidad excesiva y dolorosa.

hiperhidrosis. f. *Fisiol.* Exceso de sudoración, generalizado o localizado en determinadas regiones de la piel, principalmente en los pies y en las manos.

hipermercado. m. Gran supermercado, localizado generalmente en la periferia de las grandes ciudades, que trata de atraer a gran número de clientes con precios relativamente bajos.

hipermétrope. adj. Que padece hipermetropía. Apl. a pers., ú. t. c. s.

hipermetropía. f. *Opt.* Defecto de la visión consistente en percibir confusamente los objetos próximos por formarse la imagen más allá de la retina.

hiperoxia. f. *Med.* Estado que presenta un organismo sometido a un régimen respiratorio con exceso de oxígeno.

hiperplasia. f. *Med.* y *Zool.* Excesiva multiplicación de células normales en un órgano o tejido.

hipersensible. adj. Que es muy sensible a estímulos afectivos o emocionales.

hipertensión. f. *Fisiol.* Tensión excesivamente alta de la sangre.

hipertermia. f. *Fisiol.* Aumento patológico de la temperatura del cuerpo.

hipertiroidismo. m. *Med.* Aumento de función de la glándula tiroidea y trastornos que origina, como taquicardia, temblor, adelgazamiento, excitabilidad, etc.

hipertrofia. f. *Fisiol.* Aumento excesivo del volumen de un órgano.

hípico, ca. adj. Perteneciente o relativo al caballo. ‖ **2.** f. Deporte que consiste en carreras de caballos, concurso de saltos de obstáculos, doma, adiestramiento, etc.

hipido. m. Acción y efecto de hipar, o gimotear. ❑ Pronúnciase aspirando la *h.*

hipnosis. f. Estado producido por hipnotismo.

hipnótico, ca. adj. Perteneciente o relativo a la hipnosis. Ú. t. c. s. ‖ **2.** m. Medicamento que se da para producir el sueño.

hipnotismo. m. *Med.* Método para producir el sueño artificial, mediante influjo personal, o por aparatos adecuados.

hipnotizar. tr. Producir la hipnosis.

hipo. m. Movimiento convulsivo del diafragma, que produce una respiración interrumpida y violenta y causa algún ruido.

hipo-. elem. compos. que significa «debajo de» o «escasez de»: HIPO*tensión,* HIPO*gastrio,* HIPO*clorhidria.*

hipocampo. m. *Zool.* Pez teleósteo de pequeño tamaño, cuya cabeza recuerda a la del caballo, que carece de aleta caudal y se mantiene en posición vertical entre las algas en que habita. El macho posee una bolsa ventral donde la hembra deposita los huevos y se desarrollan las crías. ‖ **2.** *Anat.* Prominencia bilobulada, alargada, situada junto a los ventrículos laterales del encéfalo.

hipocastanáceo, a. adj. *Bot.* Dícese de árboles o arbustos angiospermos dicotiledóneos, con hojas opuestas, compuestas y palmeadas, flores irregulares, hermafroditas o unisexuales por aborto, dispuestas en racimos o en panojas, y fruto en cápsulas con semillas gruesas sin albumen y sin arilo; como el castaño de Indias. Ú. t. c. s. ‖ **2.** f. pl. *Bot.* Familia de estas plantas.

hipocausto. m. Horno situado debajo del pavimento, que en la Antigüedad clásica caldeaba las habitaciones.

hipocentro. m. *Geol.* Punto del interior de la corteza terrestre donde tiene origen un terremoto.

hipoclorhidria. f. *Fisiol.* Escasez de ácido clorhídrico en el jugo gástrico.

hipocondría. f. *Pat.* Afección caracterizada por una gran sensibilidad del sistema nervioso con tristeza habitual y preocupación constante y angustiosa por la salud.

hipocondríaco, ca o **hipocondriaco, ca.** adj. Perteneciente a la hipocondría. ‖ **2.** *Med.* Que padece esta enfermedad. Ú. t. c. s.

hipocondrio. m. *Anat.* Cada una de las dos partes laterales del epigastrio situadas debajo de las costillas falsas. Ú. m. en pl.

hipocorístico, ca. adj. *Gram.* Dícese de los nombres que en forma diminutiva, abreviada o infantil se usan como designaciones cariñosas, familiares o eufemísticas.

hipocrás. m. Bebida hecha con vino, azúcar, canela y otros ingredientes.

hipocrático, ca. adj. Perteneciente o relativo a Hipócrates, o a sus doctrinas médicas.

hipocresía. f. Fingimiento de cualidades o sentimientos contrarios a los que verdaderamente se tienen o experimentan.

hipócrita. adj. Que actúa con hipocresía. Ú. t. c. s.

hipodérmico, ca. adj. Que está o se pone debajo de la piel.

hipódromo. m. Lugar destinado a carreras de caballos y carros.

hipófisis. f. *Anat.* Órgano de secreción interna, situado en la excavación de la base del cráneo, llamada *silla turca;* está compuesto de dos lóbulos: uno anterior, glandular, y otro posterior, nervioso. Las hormonas que produce influyen en el crecimiento, desarrollo sexual, etc.

hipogastrio. m. *Anat.* Parte inferior del vientre.

hipogeo[1]. m. Bóveda subterránea que en la antigüedad se usaba para conservar los cadáveres sin quemarlos. ‖ **2.** Capilla o edificio subterráneo.

hipogeo[2], a. adj. *Bot.* Dícese de la planta o de alguno de sus órganos que se desarrollan bajo el suelo.

hipogloso, sa. adj. *Anat.* Que está debajo de la lengua. *Nervios* HIPOGLOSOS.

hipoglucemia. f. *Fisiol.* Disminución de la cantidad normal de azúcar en la sangre.

hipogrifo. m. Animal fabuloso compuesto de caballo y grifo. ❑ Siempre tiene acentuación llana, nunca esdrújula.

hipopótamo. m. Mamífero paquidermo, de piel gruesa, negruzca y casi desnuda; cuerpo voluminoso que mide cerca de tres metros de largo por dos de alto; la cabeza gorda, con orejas y ojos pequeños, boca muy grande, labios monstruosos, piernas muy cortas y cola delgada y de poca longitud. Vive en los grandes ríos de África, y suele salir del agua durante la noche para pastar en las orillas.

hiposulfúrico. adj. *Quím.* Dícese de un ácido inestable que se obtiene por la combinación del azufre con el oxígeno.

hipotálamo. m. *Anat.* Región del encéfalo situada en la base cerebral, unida a la hipófisis por un tallo nervioso y en la que residen centros importantes de la vida vegetativa.

hipoteca. f. Derecho real que grava bienes inmuebles o buques, sujetándolos a responder del cumplimiento de una obligación o del pago de una deuda.

hipotecar. tr. Gravar bienes inmuebles sujetándolos al cumplimiento de alguna obligación.

hipotecario, ria. adj. Perteneciente o relativo a la hipoteca. ‖ **2.** Que se asegura con hipoteca.

hipotensión. f. *Fisiol.* Tensión excesivamente baja de la sangre.

hipotenusa. f. *Geom.* Lado opuesto al ángulo recto en un triángulo rectángulo.

hipotermia. f. *Fisiol.* Descenso de la temperatura del cuerpo por debajo de lo normal.

hipótesis. f. Suposición de una cosa posible o imposible para sacar de ella una consecuencia.

hipotético, ca. adj. Perteneciente a la hipótesis o que se funda en ella.

hipotiroidismo. m. *Med.* Actividad inferior a la normal de la glándula tiroides y trastornos que origina.

hipsómetro. m. Aparato para medir la altura sobre el nivel del mar basándose en el punto de ebullición de los líquidos.

hirsutismo. m. *Fisiol.* Brote anormal de vello

recio en lugares de la piel generalmente lampiños. Es más frecuente en la mujer.

hirsuto, ta. adj. Dícese del pelo disperso y duro.

hisopo. m. Mata muy olorosa de la familia de las labiadas, con tallos leñosos de cuatro a cinco decímetros de altura, derechos y poblados de hojas lanceoladas, lineales, pequeñas, enteras, glandulosas y a veces con vello corto en las dos caras; flores azules o blanquecinas, en espiga terminal, y fruto de nuececillas casi lisas. Es planta muy común, que ha tenido alguna aplicación en medicina y perfumería. ‖ **2.** Utensilio usado en las iglesias para dar o esparcir agua bendita, consistente en un mango de madera o metal, con frecuencia de plata, que lleva en su extremo un manojito de cerdas o una bola metálica hueca y agujereada, en cuyo interior hay alguna materia que retiene el agua.

hispalense. adj. **sevillano.** Apl. a pers., ú. t. c. s.

hispánico, ca. adj. Perteneciente o relativo a España. ‖ **2.** Perteneciente o relativo a la antigua Hispania o a los pueblos que formaron parte de ella y a los que nacieron de estos pueblos en época posterior.

hispanidad. f. Carácter genérico de todos los pueblos de lengua y cultura hispánicas. ‖ **2.** Conjunto y comunidad de los pueblos hispánicos.

hispanismo. m. Giro o modo de hablar propio y privativo de la lengua española. ‖ **2.** Vocablo o giro de esta lengua empleado en otra. ‖ **3.** Afición al estudio de las lenguas, literaturas o cultura hispánicas.

hispanista. com. Persona que profesa el estudio de lenguas, literaturas o cultura hispánicas, o está versada en él.

hispano, na. adj. Perteneciente o relativo a Hispania. ‖ **2.** Perteneciente o relativo a España. Apl. a pers., ú. t. c. s. ‖ **3.** Perteneciente o relativo a las naciones de Hispanoamérica.

hispanoamericano, na. adj. Perteneciente a españoles y americanos o compuesto de elementos propios de unos y otros pueblos. ‖ **2.** Dícese de los países de América en que se habla el español.

hispanoárabe. adj. Perteneciente o relativo a la España musulmana. ‖ **2.** Natural o habitante de ella. Ú. t. c. s.

hispanófilo, la. adj. Dícese del extranjero aficionado a la cultura, historia y costumbres de España. Ú. t. c. s.

hispanohablante. adj. Que tiene como lengua materna el español. Ú. t. c. s.

histeria. f. *Psicol.* Neurosis caracterizada por inestabilidad emocional, inmadurez afectiva y trastornos somáticos diversos, sin causa orgánica aparente. ‖ **2.** Estado pasajero de excitación nerviosa a consecuencia de una situación anómala.

histérico, ca. adj. Perteneciente al histerismo. Apl. a pers., ú. t. c. s.

histerismo. m. *Pat.* **histeria.**

histograma. m. *Estad.* Representación gráfica de una distribución de frecuencias por medio de rectángulos, cuyas anchuras representan intervalos de la clasificación y cuyas alturas representan las correspondientes frecuencias.

histología. f. Parte de la anatomía que trata del estudio de los tejidos orgánicos.

historia. f. Narración y exposición de los acontecimientos pasados y dignos de memoria, sean públicos o privados. ‖ **2.** Disciplina que estudia y narra estos sucesos. ‖ **3.** Obra histórica compuesta por un escritor. *La* HISTORIA *de Tucídides.* ‖ **4.** Conjunto de los sucesos o hechos políticos, sociales, económicos, culturales, etc., de un pueblo o una nación. ‖ **5.** fig. y fam. Cuento, chisme, enredo. Ú. m. en pl. ‖ **6.** Conjunto de los acontecimientos ocurridos a una persona a lo largo de su vida o en un período de ella.

historiado, da. adj. fig. y fam. Recargado de adornos o de colores mal combinados. ‖ **2.** Dícese de obras artísticas decoradas con escenas relativas al suceso que representan.

historiador, ra. m. y f. Persona que escribe historia.

historial. m. Reseña o informe que recopila datos y circunstancias relativos a los antecedentes de algo o de alguien.

historiar. tr. Componer, contar o escribir historias.

historicidad. f. Cualidad de histórico.

historicismo. m. Tendencia intelectual a reducir la realidad humana a su historicidad o condición histórica.

histórico, ca. adj. Perteneciente o relativo a la historia. ‖ **2.** Averiguado, comprobado, cierto, por contraposición a lo fabuloso o legendario. ‖ **3.** Digno, por la trascendencia que se le atribuye, de figurar en la historia.

historieta. f. Fábula, cuento o relación breve de aventura o suceso de poca importancia. ‖ **2.** Serie de dibujos que constituyen un relato, con texto o sin él.

historiografía. f. Arte de escribir la historia. ‖ **2.** Estudio bibliográfico y crítico de los escritos sobre historia y sus fuentes, y de los autores que han tratado de estas materias.

histrión. m. El que representaba disfrazado en la comedia o tragedia antigua. ‖ **2.** Persona que se expresa con afectación o exageración propia de un actor teatral.

histrionisa. f. Mujer que representaba o bailaba en el teatro.

histrionismo. m. Afectación o exageración expresiva propia del histrión.

hita. f. Clavo pequeño sin cabeza, que se queda embutido totalmente en la pieza que asegura.

hitita. adj. Dícese de un antiguo pueblo establecido en Anatolia donde fue cabeza de un gran imperio. Ú. t. c. s. ‖ **2.** Natural de dicho pueblo. Ú. t. c. s. ‖ **3.** Perteneciente o relativo a este pueblo. ‖ **4.** m. Lengua de dicho pueblo.

hitleriano, na. adj. Relativo a Hitler. ‖ **2.** Partidario de su sistema político.

hito. m. Mojón o poste de piedra, por lo común labrada, que sirve para indicar la dirección o la distancia en los caminos o para delimitar terrenos. Ú. t. en sent. fig.

hocicar. tr. Levantar la tierra con el hocico.

hocico. m. Parte más o menos prolongada de la cabeza de algunos animales, en que están la boca y las narices. ‖ **2.** Boca del hombre cuando tiene los labios muy abultados.

hogaño. adv. t. fam. En año, en el año presente. ‖ **2.** Por ext., en esta época, a diferencia de **antaño,** en época anterior.

hogar. m. Sitio donde se hace la lumbre en las cocinas, chimeneas, hornos de fundición, etc. ‖ **2.** fig. Casa o domicilio.

hogareño, ña. adj. Amante del hogar y de la vida de familia. ‖ **2.** Dícese también de las cosas pertenecientes al hogar.

hogaza. f. Pan grande que pesa más de dos libras. ‖ **2.** Pan de harina mal cernida, que contiene algo de salvado.

hoguera. f. Fuego hecho al aire libre con materias combustibles que levantan mucha llama.

hoja. f. Cada una de las láminas, generalmente verdes, planas y delgadas, de que se visten los vegetales, unidas al tallo o a las ramas por el pecíolo o, a veces, por una parte basal alargada, en las que principalmente se realizan las funciones de transpiración y fotosíntesis. ‖ **2.** Conjunto de estas **hojas.** *La caída de la* HOJA. ‖ **3.** Las de la corola de la flor. ‖ **4.** Lámina delgada de cualquier materia; como metal, madera, papel, etc. ‖ **5.** En los libros y cuadernos, cada una de las partes iguales que resultan al doblar el papel para formar el pliego. ‖ **6.** Cuchilla de las armas blancas y de las herramientas. ‖ **7.** Cada una de las capas delgadas en que se suele dividir la masa; como en los hojaldres. ‖ **8.** En las puertas, ventanas, biombos, etc., cada una de las partes que se abren y se cierran. ‖ **9.** Mitad de cada una de las partes principales de que se compone un vestido. ‖ **abrazadora.** *Bot.* La sentada que se prolonga en la base abrazando el tallo. ‖ **acicular.** *Bot.* La linear, puntiaguda y por lo común persistente. ‖ **aovada.** *Bot.* La de figura redondeada, más ancha por la base que por la punta, que es roma. ‖ **aserrada.** *Bot.* Aquella cuyo borde tiene dientes inclinados hacia su punta. ‖ **compuesta.** *Bot.* La que está dividida en varias hojuelas separadamente articuladas. ‖ **de afeitar.** Laminilla muy delgada de acero, con filo en dos de sus lados, que colocada en un instrumento especial sirve para afeitar la barba. ‖ **dentada.** *Bot.* Aquella cuyos bordes están festoneados de puntas rectas. ‖ **digitada.** *Bot.* La compuesta cuyas hojuelas nacen del pecíolo común separándose a manera de los dedos de la mano abierta. ‖ **entera.** *Bot.* La que no tiene ningún seno ni escotadura en sus bordes. ‖ **envainadora.** *Bot.* La sentada que se prolonga o extiende a lo largo del tallo formándole una envoltura. ‖ **perfoliada.** *Bot.* La que por su base y nacimiento rodea enteramente el tallo, pero sin formar tubo. ‖ **trasovada.** *Bot.* La aovada más ancha por la punta que por la base. ❑ No utilizar por *página.*

hojalata. f. Lámina de hierro o acero, estañada por las dos caras.

hojalatería. f. Taller en que se hacen piezas de hojalata. ‖ **2.** Tienda donde se venden.

hojaldrado, da. adj. Semejante al hojaldre. ‖ **2.** Hecho de hojaldre. ‖ **3.** Dícese de ciertos pasteles. Ú. t. c. s.

hojaldrar. tr. Dar a la masa forma de hojaldre.

hojaldre. amb. Masa de harina muy sobada con manteca que, al cocerse en el horno, forma muchas hojas delgadas superpuestas. Ú. m. en m. ‖ **2.** Dulce hecho con esta masa.

hojarasca. f. Conjunto de las hojas que han caído de los árboles.

hojear. tr. Mover o pasar ligeramente las hojas de un libro o cuaderno. ‖ **2.** Pasar las hojas de un libro, leyendo deprisa algunos pasajes. ❑ No confundir con *ojear.*

hojuela. f. Fruta de sartén, muy extendida y delgada. ‖ **2.** *Bot.* Cada una de las hojas que forman parte de otra compuesta.

¡hola! interj. Tiene uso como salutación familiar.

holanda. f. Lienzo muy fino de que se hacen camisas, sábanas y otras cosas.

holandés, sa. adj. Natural de Holanda. Ú. t. c. s. ‖ **2.** Perteneciente o relativo a esta nación de Europa. ‖ **3.** m. Idioma hablado en Holanda. ‖ **4.** f. Hoja de papel de escribir, de 28 por 22 centímetros aproximadamente.

holgado, da. adj. Ancho y sobrado para lo que ha de contener. *Vestido, zapato* HOLGADO. ‖ **2.** fig.

Dícese de la posición económica de quien vive con desahogo o bienestar.

holganza. f. Descanso, quietud, reposo. ‖ **2.** Carencia de trabajo.

holgar. intr. Descansar, tomar aliento después de una fatiga. ‖ **2.** Estar ocioso, no trabajar. ‖ **3.** Alegrarse de una cosa. Ú. m. c. prnl. ‖ **4.** Sobrar, ser inútil algo. HUELGAN *los comentarios.* ‖ **5.** prnl. Divertirse, entretenerse con gusto en una cosa. ❑ Irreg. Se conj. como *contar.*

holgazán, na. adj. Aplícase a la persona vagabunda y ociosa, que no quiere trabajar. Ú. t. c. s.

holgazanear. intr. Estar voluntariamente ocioso.

holgazanería. f. Ociosidad, falta de ganas de trabajar.

holgura. f. Anchura. ‖ **2.** Desahogo, bienestar, disfrute de recursos suficientes.

hollar. tr. Pisar. ‖ **2.** Comprimir algo con los pies. ❑ Irreg. Se conj. como *contar.*

hollejo. m. Pellejo o piel delgada que cubre algunas frutas y legumbres; como la uva, la habichuela, etc.

hollín. m. Sustancia crasa y negra que el humo deposita en la superficie de los cuerpos.

holmio. m. Elemento químico de núm. atóm. 67. Metal de las tierras raras escaso en la corteza terrestre; se encuentra muy disperso en algunos minerales y generalmente acompañando al itrio. De brillo metálico, tiene propiedades eléctricas y magnéticas peculiares. Símb. *Ho.*

holo-. elem. compos. que significa «todo»: HOLO*grafía,* HOLO*causto.*

holocausto. m. Entre los israelitas especialmente, sacrificio en que se quemaba toda la víctima. ‖ **2.** fig. Gran matanza de seres humanos.

holoceno, na. adj. *Geol.* Dícese del período geológico actual o reciente. Ú. t. c. s. m.

holografía. f. Técnica fotográfica basada en el empleo de la luz coherente producida por el láser. En la placa fotográfica se impresionan las interferencias causadas por la luz reflejada de un objeto con la luz indirecta. Iluminada (después de revelada) la placa fotográfica con la luz del láser, se forma la imagen tridimensional del objeto original.

hológrafo, fa. adj. Aplícase al testamento o a la memoria testamentaria de puño y letra del testador. Ú. t. c. s. m.

holograma. m. Placa fotográfica obtenida mediante holografía. ‖ **2.** Imagen óptica obtenida mediante dicha técnica.

holotúrido. adj. *Zool.* Dícese de animales equinodermos de cuerpo alargado con tegumento blando que tiene en su espesor gránulos calcáreos de tamaño microscópico; boca y ano en los extremos opuestos del cuerpo, tentáculos retráctiles y más o menos ramificados alrededor de la boca. Ú. t. c. s. ‖ **2.** m. pl. *Zool.* Clase de estos animales.

hombrada. f. Acción propia de un hombre generoso y esforzado.

hombre. m. Ser animado racional. Bajo esta acepción se comprende todo el género humano. ‖ **2.** Varón, criatura racional del sexo masculino. ‖ **3.** El que ha llegado a la edad viril o adulta. ‖ **4.** Entre el vulgo, **marido.** ‖ **5.** Unido con algunos sustantivos por medio de la prep. *de,* el que posee las cualidades o cosas significadas por tales sustantivos. HOMBRE *de honor.* ‖ **rana.** El provisto del equipo necesario para efectuar trabajos submarinos.

hombrear. intr. Querer el joven parecer hombre hecho. ‖ **2.** fig. Querer igualarse con otro u otros en saber, calidad o prendas. Ú. t. c. prnl.

hombrera. f. Pieza de la armadura antigua, que cubría y defendía los hombros. ‖ **2.** Cordón, franja o pieza de paño en forma de almohadilla que, sobrepuesta a los hombros en el uniforme militar, sirve de defensa, adorno y sujeción de correas y cordones del vestuario, y a veces como insignia del empleo personal jerárquico. ‖ **3.** Especie de almohadilla que a veces se pone en algunas prendas de vestir, en la zona de los hombros, para que estos parezcan más anchos.

hombría. f. Cualidad buena y destacada de hombre, especialmente la entereza o el valor.

hombro. m. Parte superior y lateral del tronco del hombre y de los cuadrumanos, de donde nace el brazo. ‖ **2.** Parte de un vestido, chaqueta, etc., que cubre esta parte del cuerpo. ‖ **arrimar el hombro.** fr. fig. Trabajar con actividad; ayudar o contribuir al logro de un fin. ‖ **mirar** a uno **por encima del hombro.** fr. fig. y fam. Tenerle en menos, desdeñarle.

hombruno, na. adj. fam. Dícese de la mujer que por alguna cualidad o circunstancia se parece al hombre. ‖ **2.** fam. Dícese de las cosas en que estriba esta semejanza. *Andar* HOMBRUNO; *cara* HOMBRUNA.

homenaje. m. Juramento solemne de fidelidad hecho a un rey o señor, y que a veces se hacía también a un igual para obligarse al cumplimiento de cualquier pacto. ‖ **2.** Acto o serie de actos que se celebran en honor de una persona.

homenajear. tr. Rendir homenaje a una persona o a su memoria.

homeo-. elem. compos. que significa «semejante», «parecido»: HOMEO*patía,* HOMEO*stasis.*

homeopatía. f. Sistema curativo que aplica a las enfermedades, en dosis mínimas, las mismas sustancias que en mayores cantidades producirían al hombre sano síntomas iguales o parecidos a los que se trata de combatir. ❑ No confundir con *hemopatía.*

homeopático, ca. adj. Perteneciente o relativo a la homeopatía.

homeóstasis u **homeostasis.** f. *Biol.* Conjunto de fenómenos de autorregulación, conducentes al mantenimiento de una relativa constancia en las composiciones y las propiedades del medio interno de un organismo. ‖ **2.** Por ext., autorregulación de la constancia de las propiedades de otros sistemas influidos por agentes exteriores.

homeotermia. f. *Fisiol.* Capacidad de regulación metabólica para mantener la temperatura del cuerpo constante e independiente de la temperatura ambiental.

homérico, ca. adj. Propio y característico de Homero como poeta, o que tiene semejanza con cualquiera de las dotes o cualidades por que se distinguen sus producciones.

homicida. adj. Causante de la muerte de alguien. *Puñal* HOMICIDA. Apl. a pers., ú. t. c. s.

homicidio. m. Muerte causada a una persona por otra. ‖ **2.** Por lo común, la ejecutada ilegítimamente y con violencia.

homilía. f. Razonamiento o plática que se hace para explicar al pueblo las materias de religión.

homínido. adj. *Zool.* Dícese del individuo perteneciente al orden de los primates superiores, cuya especie superviviente es la humana. Ú. t. c. s.

homo-. elem. compos. que significa «igual»: HOMÓ*fono,* HOMO*sexual.*

homocerca. adj. *Zool.* Dícese de la aleta caudal de los peces que está formada por dos lóbulos iguales y simétricos, como la de la sardina.

homófono, na. adj. Dícese de las palabras que con distinta significación suenan de igual modo; v. gr.: *solar,* nombre; *solar,* adjetivo, y *solar,* verbo.

homogeneizar. tr. Hacer homogéneo, por medios físicos o químicos, un compuesto o mezcla de elementos diversos.

homogéneo, a. adj. Perteneciente a un mismo género; poseedor de iguales caracteres. ‖ **2.** Dícese de una sustancia o de una mezcla de varias cuando su composición y estructura son uniformes.

homógrafo, fa. adj. Aplícase a las palabras de distinta significación que se escriben de igual manera; v. gr.: *haya,* árbol, y *haya,* persona del verbo *haber.*

homologar. tr. Equiparar, poner en relación de igualdad dos cosas. ‖ **2.** Contrastar una autoridad el cumplimiento de determinadas especificaciones o características de un objeto o una acción.

homólogo, ga. adj. Dícese de la persona que ejerce un cargo igual al de otra, en ámbitos distintos. Ú. t. c. s. ‖ **2.** *Lóg.* Dícese de los términos sinónimos o que significan una misma cosa. ‖ **3.** *Bot.* y *Zool.* Dícese de los órganos o partes del cuerpo que son semejantes por su origen en el embrión, por sus relaciones con otros órganos y por su posición en el cuerpo, v. gr., las extremidades anteriores en los mamíferos y las alas en las aves, aunque su aspecto y función puedan ser diferentes.

homonimia. f. Cualidad de homónimo.

homónimo, ma. adj. Dícese de las palabras que siendo iguales por su forma tienen distinta significación; v. gr.: *Tarifa,* ciudad, y *tarifa* de precios. Ú. t. c. s. f.

homoplastia. f. *Cir.* Implantación de injertos de órganos para restaurar partes del organismo enfermas o lesionadas, con otras procedentes de un individuo de la misma especie.

homóptero. adj. *Zool.* Dícese de insectos hemípteros cuyas alas anteriores son casi siempre membranosas como las posteriores, aunque un poco más fuertes y más coloreadas que estas, y que tienen el pico recto e inserto en la parte inferior de la cabeza; como la cigarra. Ú. t. c. s. ‖ **2.** m. pl. *Zool.* Suborden de estos animales.

homosexual. adj. Dícese del individuo afecto de homosexualidad. Ú. t. c. s. ‖ **2.** Dícese de la relación erótica entre individuos del mismo sexo. ‖ **3.** Perteneciente o relativo a la homosexualidad.

homosexualidad. f. Inclinación hacia la relación erótica con individuos del mismo sexo. ‖ **2.** Práctica de dicha relación.

honda. f. Tira de cuero, o trenza de lana, cáñamo, esparto u otra materia semejante, para tirar piedras con violencia. ❑ No confundir con *onda.*

hondo, da. adj. Que tiene profundidad. ‖ **2.** Aplícase a la parte del terreno que está más baja que todo lo circundante. ‖ **3.** fig. Profundo, alto o recóndito. ‖ **4.** fig. Tratándose de un sentimiento, intenso, extremado.

hondonada. f. Espacio de terreno hondo.

hondura. f. Profundidad de una cosa, ya sea en las concavidades de la tierra, ya en las del mar, ríos, pozos, etc.

hondureño, ña. adj. Natural de Honduras. Ú. t. c. s. ‖ **2.** Perteneciente o relativo a esta nación de América.

honestidad. f. Cualidad de honesto.

honesto, ta. adj. Decente o decoroso. ‖ **2.** Probo, recto, honrado.

hongo. m. Cualquiera de las plantas talofitas, sin clorofila, de tamaño y aspecto muy variados y reproducción por esporas; son parásitas o viven sobre materias orgánicas en descomposición, y absorben los nutrientes del medio mediante su talo, que recibe el nombre de micelio; como el cornezuelo, los mohos, el champiñón, etc. ‖ **2.** Sombrero de fieltro o castor y de copa baja, rígida y aproximadamente semiesférica. ‖ **3.** pl. *Bot.* Taxón de los seres vivos de este nombre.

honor. m. Cualidad moral que nos lleva al cumplimiento de nuestros deberes respecto del prójimo y de nosotros mismos. ‖ **2.** Gloria o buena reputación que sigue a la virtud, al mérito o a las acciones heroicas, la cual trasciende a las familias, personas y acciones mismas del que se la granjea. ‖ **3.** Obsequio, aplauso o agasajo que se tributa a una persona. ‖ **4.** Acto por el que alguien se siente enaltecido. *Su visita fue un* HONOR *para mí.*

honorabilidad. f. Cualidad de la persona honorable.

honorable. adj. Digno de ser honrado o acatado.

honorario, ria. adj. Aplícase al que tiene los honores y no la propiedad de una dignidad o empleo. ‖ **2.** m. Estipendio o sueldo que se da a uno por su trabajo en algún arte liberal. Ú. m. en pl.

honorífico, ca. adj. Que da honor.

honoris causa. loc. lat. que significa por razón o causa de honor. ‖ **2.** V. **doctor honoris causa.**

honra. f. Estima y respeto de la dignidad propia. ‖ **2.** Buena opinión y fama, adquirida por la virtud y el mérito. ‖ **3.** pl. Oficio solemne que se celebra por los difuntos algunos días después del entierro, y también anualmente.

honradez. f. Rectitud de ánimo, integridad en el obrar.

honrado, da. adj. Que procede con honradez.

honrar. tr. Respetar a una persona. ‖ **2.** Enaltecer o premiar su mérito. ‖ **3.** Úsase como fórmula de cortesía para enaltecer la asistencia, adhesión, etc., de otra u otras personas. *Hoy nos* HONRA *con su presencia nuestro ilustre amigo.* ‖ **4.** prnl. Tener uno a honra ser o hacer alguna cosa.

honroso, sa. adj. Que da honra y estimación. ‖ **2.** Decente, decoroso.

hontanar. m. Sitio en que nacen fuentes o manantiales.

hoploteca. f. Museo de armas antiguas.

hopo. m. Rabo o cola que tiene mucho pelo o lana; como la de la zorra, la oveja, etc. ❑ Suele aspirarse la *h.*

hora. f. Cada una de las 24 partes en que se divide el día solar. Cuéntanse en el orden civil de 12 en 12 desde la medianoche hasta el mediodía, y desde este hasta la medianoche siguiente. También se cuentan en el uso oficial desde la medianoche sin interrupción hasta la medianoche siguiente, y en astronomía desde las doce del día hasta el mediodía inmediato. ‖ **2.** Tiempo oportuno y determinado para una cosa. *Ya es* HORA *de comer.* ‖ **3.** Últimos instantes de la vida. ❑ Ú. m. con el verbo *llegar. Llegarle a uno la* HORA, o *su* HORA, o *su última* HORA. ‖ **4.** Momento del día referido a una **hora** o fracción de **hora.** ‖ **5.** Espacio de tiempo o momento indeterminado. ‖ **6.** f. pl. **hora** inesperada, desacostumbrada o inoportuna. *¿A estas* HORAS *me lo vienes a decir? ¿Qué* HORAS *son estas para visitar a nadie?* ‖ **oficial.** La establecida en un territorio por decisión de la autoridad competente con adelanto o retraso con respecto a la solar. ‖ **punta.** Aquella en que se produce mayor aglomeración en los transportes urbanos, a la entrada o salida del trabajo. ‖ **solar.** La que corresponde al día solar. ‖ **horas canónicas.** Las diferentes partes del oficio divino que la Iglesia suele rezar en distintas horas del día; como maitines, laudes, vísperas, prima, etc. ‖ **extraordinarias. horas** de trabajo añadidas a la jornada laboral habitual. ‖ **menores.** En el oficio divino, las cuatro intermedias, que son: prima, tercia, sexta y nona. ‖ **en hora buena.** loc. adv. Con bien, con felicidad. ‖ **2.** Empléase también para denotar aprobación, aquiescencia o conformidad. ‖ **hacer horas.** fr. Trabajar una o más **horas** diarias después de haber cumplido el horario de trabajo. ❑ No confundir con *ora.*

horaciano, na. adj. Propio o característico de Horacio como escritor, o que tiene semejanza con cualquiera de las dotes o cualidades por que se distinguen sus producciones. Apl. a pers., ú. t. c. s.

horadar. tr. Agujerear una cosa atravesándola de parte a parte.

horario, ria. adj. Perteneciente a las horas. ‖ **2.** m. Saetilla o mano de reloj que señala las horas, y es siempre algo más corta que el minutero. ‖ **3.** Cuadro indicador de las horas en que deben ejecutarse determinados actos.

horca. f. Conjunto de dos palos verticales sujetos al suelo y trabados por otro horizontal del cual se cuelga por el cuello, para dar muerte a los condenados a esta pena. Puede ser también un solo palo hincado en el suelo, y de cuyo extremo superior sale el horizontal. ‖ **2.** Palo que remata en dos o más púas hechas del mismo palo o sobrepuestas de hierro, con el cual los labradores hacinan las mieses, las echan en el carro, levantan la paja y revuelven la parva. ‖ **3.** Palo que remata en dos puntas y sirve para sostener las ramas de los árboles, armar los parrales, etc. ❑ No confundir con *orca.*

horcajadas (a). loc. adv. Dícese de la postura del que se monta en una caballería o en una persona o cosa echando cada pierna por su lado.

horcajadura. f. Ángulo que forman los dos muslos o piernas en su nacimiento.

horchata. f. Bebida hecha con chufas u otros frutos, machacados, exprimidos y mezclados con agua y azúcar.

horda. f. Reunión de salvajes que forman comunidad y no tienen domicilio. ‖ **2.** Por ext., grupo de gente que obra sin disciplina y con violencia.

horizontal. adj. Paralelo al horizonte. Ú. t. c. s.

horizonte. m. Línea que limita la superficie terrestre a que alcanza la vista del observador, y en la cual parece que se junta el cielo con la tierra. ‖ **2.** Espacio circular de la superficie del globo, encerrado por dicha línea. ‖ **3.** fig. Conjunto de posibilidades o perspectivas que se ofrecen en un asunto o materia.

horma. f. Molde con que se fabrica o forma una cosa. Llámase así principalmente el que usan los zapateros para hacer zapatos, y los sombrereros para formar la copa de los sombreros. Las hay también de piezas articuladas, que sirven para evitar que se deforme el calzado.

hormiga. f. Insecto himenóptero, de color negro por lo común, cuyo cuerpo tiene dos estrechamientos, uno en la unión de la cabeza con el tórax y otro en la de este con el abdomen, antenas acodadas y patas largas. Vive en sociedad, en hormigueros donde pasa recluido el invierno. Como entre las abejas, hay tres clases de individuos: hembras fecundas, machos y neutros o hembras estériles; las dos primeras llegan a tener un centímetro de largo y llevan alas, de que carecen las neutras. Hay diversas especies que se diferencian por el tamaño, coloración y manera de construir los hormigueros.

hormigón. m. Mezcla compuesta de piedras menudas y mortero de cemento y arena. ‖ **armado.** Fábrica hecha con **hormigón** hidráulico reforzado con una armadura de barras de hierro o acero. ‖ **hidráulico.** Aquel cuya cal es hidráulica.

hormigonera. f. Aparato para la confección del hormigón.

hormiguear. intr. Experimentar alguna parte del cuerpo una sensación más o menos molesta, semejante a la que resultaría si por ella bulleran o corrieran hormigas. ‖ **2.** fig. Bullir, ponerse en movimiento. Se usa propiamente hablando de una multitud de gente o animales.

hormigueo. m. Acción y efecto de hormiguear.

hormiguero, ra. adj. V. **oso hormiguero.** ‖ **2.** m. Lugar donde se crían y se recogen las hormigas. ‖ **3.** fig. Lugar en que hay mucha gente puesta en movimiento.

hormiguillo. m. Enfermedad de las caballerías en los cascos, que poco a poco se los va gastando y deshaciendo. ‖ **2.** Cosquilleo, picazón, prurito.

hormona. f. *Biol.* Producto de la secreción de ciertos órganos del cuerpo de animales y plantas, que, transportado por la sangre o por los jugos del vegetal, excita, inhibe o regula la actividad de otros órganos o sistemas de órganos.

hormonal. adj. Referente a las hormonas.

hornacina. f. Hueco en forma de arco, que se suele dejar en el grueso de la pared maestra de las fábricas, para colocar en él una estatua o un jarrón, y a veces en los muros de los templos, para poner un altar.

hornada. f. Cantidad o porción de pan, pasteles u otras cosas que se cuece de una vez en el horno. ‖ **2.** fig. y fam. Conjunto de individuos que acaban al mismo tiempo una carrera, o reciben a la vez el nombramiento para un cargo. HORNADA *de senadores vitalicios.*

hornazo. m. Rosca o torta guarnecida de huevos que se cuecen juntamente con ella en el horno.

hornero, ra. m. y f. Persona que tiene por oficio cocer pan y templar para ello el horno. ‖ **2.** m. Operario encargado del servicio de un horno.

hornilla. f. Hueco hecho en la pared de los hogares, con una pequeña reja horizontal en medio de la altura para sostener la lumbre y dejar caer la ceniza, y un respiradero inferior para dar entrada al aire. Hácese también separada del hogar. ‖ **2.** Hueco que se hace en la pared del palomar para que aniden las palomas en él.

hornillo. m. Horno manual de barro refractario o de metal, que se emplea en laboratorios, cocinas y usos industriales para calentar, fundir, cocer o tostar. ‖ **2.** Utensilio pequeño y generalmente portátil, para cocinar o calentar alimentos.

horno. m. Fábrica para caldear, en general abovedada y provista de respiradero o chimenea y de una o varias bocas por donde se introduce lo que se trata de someter a la acción del fuego. ‖ **2.** Aparato culinario cerrado, en cuyo interior se asan, calientan o gratinan alimentos. ‖ **3.** Tahona en que se cuece y vende pan. ‖ **4.** fig. Lugar muy caliente. ‖ **crematorio.** El que sirve para incinerar cadáveres. ‖ **de microondas.** El que, provisto de un sistema generador de ondas electromagnéticas de alta frecuencia, sirve para cocinar y especialmente para calentar con gran rapidez los alimentos. ‖ **no estar el horno para bollos,** o **tortas.** fr. fig. y fam. No haber oportunidad o conveniencia para hacer una cosa.

horóscopo. m. Predicción del futuro de personas, países, etc., realizada por los astrólogos y deducida de la posición relativa de los astros del sistema solar y de los signos del Zodiaco en un momento dado. ‖ **2.** Supuesta adivinación de la suerte de las personas en un futuro más o menos próximo según el signo del Zodiaco correspondiente a la fecha en que han nacido. ‖ **3.** Escrito en que consta tal adivinación. ‖ **4.** Gráfico que representa las doce casas celestes y la posición relativa de los astros del sistema solar y de los signos del Zodiaco en un momento dado, y del cual se sirven los astrólogos para realizar una predicción. ‖ **5.** Disposición o colocación de los astros en la figura o división de los signos del Zodiaco.

horqueta. f. Parte del árbol donde se juntan formando ángulo agudo el tronco y una rama medianamente gruesa.

horquilla. f. Vara larga, terminada en uno de sus extremos por dos puntas, que sirve para colgar y descolgar las cosas o para afianzarlas y asegurarlas. ‖ **2.** Pieza de alambre doblada por el medio, con dos puntas iguales, que emplean las mujeres para sujetar el pelo. También se hacen de plata, pasta, carey, etc.

horrendo, da. adj. Que causa horror. ‖ **2.** Muy feo.

hórreo. m. Granero o lugar donde se recogen los granos. ‖ **2.** Construcción de madera, propia de Asturias y Galicia, de base rectangular, sostenida en el aire por cuatro o más columnas o pilares de piedra o madera, en la cual se guardan y preservan de la humedad y de los ratones granos y otros productos agrícolas.

horribilísimo, ma. adj. sup. de *horrible.*

horrible. adj. Que causa horror. ‖ **2.** Muy feo. ❑ sup. irreg. *horribilísimo.*

horripilante. adj. Que horripila. ‖ **2.** Muy feo.

horripilar. tr. Causar horror y espanto. Ú. t. c. prnl.

horror. m. Sentimiento intenso causado por una cosa terrible y espantosa, ordinariamente acompañado de estremecimiento y de temor. ‖ **2.** Aversión profunda hacia alguien o algo. ‖ **3.** fig. Atrocidad, monstruosidad, enormidad. Ú. m. en pl. ‖ **4.** fam. Cantidad muy grande. En pl., ú. t. c. adv.: *se divierten* HORRORES.

horrorizar. tr. Causar horror. ‖ **2.** prnl. Tener horror o llenarse de pavor y espanto.

horroroso, sa. adj. Que causa horror. ‖ **2.** fam. Muy feo.

hortaliza. f. Planta comestible que se cultiva en las huertas. Ú. m. en pl.

hortelano, na. adj. Perteneciente a huertas. ‖ **2.** m. El que por oficio cuida y cultiva huertas. ‖ **3.** Pájaro de unos 12 centímetros de largo desde el pico a la extremidad de la cola, con plumaje gris verdoso en la cabeza, pecho y espalda, amarillento en la garganta y de color de ceniza en las partes inferiores; cola ahorquillada con las plumas laterales blancas, uñas ganchudas y pico bastante largo. Es común en España. ❑ No confundir con *huertano.*

hortense. adj. Perteneciente a las huertas.

hortensia. f. Arbusto exótico de la familia de las saxifragáceas, con tallos ramosos de un metro de altura aproximadamente, hojas elípticas, agudas, opuestas, de color verde brillante, y flores hermosas, en corimbos terminales, con corola rosa o azulada, que va poco a poco perdiendo color hasta quedar casi blanca. Es planta originaria del Japón. ‖ **2.** Flor de esta planta.

hortera. adj. Vulgar y de mal gusto. Ú. t. c. s.

horterada. f. Acción o cosa vulgar y de mal gusto.

horticultor, ra. m. y f. Persona dedicada a la horticultura.

horticultura. f. Cultivo de los huertos y huertas. ‖ **2.** Arte que lo enseña.

hosanna. m. Exclamación de júbilo usada en la liturgia católica. ‖ **2.** Himno que se canta el Domingo de Ramos.

hosco, ca. adj. Dícese del color moreno muy oscuro, como suele ser el de los indios y mulatos. ‖ **2.** Ceñudo, áspero e intratable. ‖ **3.** Aplicado al tiempo, a un lugar o a un ambiente, poco acogedor, desagradable, amenazador.

hospedador. m. *Biol.* **huésped,** vegetal o animal en cuyo cuerpo se aloja un parásito.

hospedaje. m. Alojamiento y asistencia que se da a una persona. ‖ **2.** Cantidad que se paga por estar de huésped.

hospedar. tr. Recibir huéspedes; darles alojamiento. Ú. t. c. prnl. ‖ **2.** prnl. Instalarse y estar como huésped en una casa, un hotel, etc.

hospedería. f. Casa destinada al alojamiento de visitantes o viandantes, establecida por personas particulares, institutos o empresas.

hospedero, ra. m. y f. Persona que tiene huéspedes a su cargo. ‖ **2.** m. *Biol.* **hospedador.**

hospiciano, na. adj. Dícese de la persona asilada en un hospicio de niños, o que allí se ha criado. Ú. t. c. s.

hospicio. m. Casa para albergar y recibir peregrinos y pobres. ‖ **2.** Asilo en que se da mantenimiento y educación a niños pobres, expósitos o huérfanos.

hospital. m. Establecimiento destinado al diagnóstico y tratamiento de enfermos, donde se practican también la investigación y la enseñanza. ‖ **2.** Casa que sirve para recoger pobres y peregrinos por tiempo limitado.

hospitalario, ria. adj. Que socorre y alberga a los extranjeros y necesitados. ‖ **2.** Dícese del que acoge con agrado o agasaja a quienes recibe en su casa, y también de la casa misma. ‖ **3.** Perteneciente o relativo al hospital para enfermos.

hospitalidad. f. Buena acogida y recibimiento que se hace a los extranjeros o visitantes.

hospitalizar. tr. Internar a un enfermo en un hospital o clínica.

hosquedad. f. Cualidad de hosco.

hostal. m. **hostería.**

hostelería. f. Conjunto de servicios que proporcionan alojamiento y comida a los huéspedes y viajeros mediante compensación económica.

hostería. f. Casa donde se da comida y alojamiento mediante pago.

hostia. f. Hoja redonda y delgada de pan ázimo, que se hace para el sacrificio de la misa. ‖ **2.** Por ext., oblea hecha para comer, con harina, huevo y azúcar batidos en agua o leche. ‖ **3.** vulg. Bofetada, tortazo. ‖ **¡hostia!** interj. vulgar de sorpresa, asombro, admiración, etc.

hostiario. m. Caja en que se guardan hostias no consagradas. ‖ **2.** Molde en que se hacen.

hostigar. tr. Incitar con insistencia a alguien para que haga algo.

hostil. adj. Contrario o enemigo.

hostilidad. f. Cualidad de hostil. ‖ **2.** Acción hostil. ‖ **3.** Agresión armada de un pueblo, ejército o tropa.

hostilizar. tr. Agredir a enemigos. ‖ **2.** Atacar, agredir, molestar a alguien aun levemente, pero con insistencia.

hotel. m. Establecimiento de hostelería capaz de alojar con comodidad a huéspedes o viajeros. ‖ **2.** Casa más o menos aislada de las colindantes y habitada por una sola familia.

hotelero, ra. adj. Perteneciente o relativo al hotel. ‖ **2.** m. y f. Persona que posee o dirige un hotel.

hotentote, ta. adj. Dícese del individuo de una nación indígena que habitó cerca del cabo de Buena Esperanza. Ú. t. c. s.

hoy. adv. t. En este día, en el día presente. ‖ **2.** Actualmente, en el tiempo presente. ‖ **hoy día.** loc. adv. En esta época, en estos días que vivimos. ‖ **hoy en día.** loc. adv. **hoy día.** ‖ **hoy por hoy.** loc. adv. para dar a entender que algo es o sucede ahora de cierto modo, pero puede cambiar más adelante.

hoya. f. Concavidad u hondura grande formada en la tierra. ‖ **2.** Llano extenso rodeado de montañas. ❑ No confundir con *olla*.

hoyo. m. Concavidad u hondura formada en la tierra. ‖ **2.** Concavidad que como defecto hay en algunas superficies. ‖ **3. sepultura, hoyo** para enterrar un cadáver y lugar en que se entierra.

hoyuelo. m. Hoyo en el centro de la barba; y también el que se forma en la mejilla de algunas personas, cerca de la comisura de la boca, cuando se ríen.

hoz[1]. f. Instrumento que sirve para segar mieses y hierbas, compuesto de una hoja acerada, curva, con dientes muy agudos y cortantes o con filo por la parte cóncava, afianzada en un mango de madera.

hoz[2]. f. Angostura de un valle profundo, o la que forma un río entre dos sierras.

hozar. tr. Mover y levantar la tierra con el hocico. Ú. t. c. intr. *Los cerdos* HOZAN *y gruñen.*

hucha. f. Alcancía de barro o caja de madera o de metal con una sola hendedura, que sirve para guardar dinero.

huebra. f. Espacio que se ara en un día. ‖ **2.** Par de mulas y mozo para trabajar un día entero.

hueco, ca. adj. Que tiene vacío el interior. *Esta columna está* HUECA. ‖ **2.** Dícese de lo que tiene sonido retumbante y profundo. *Voz* HUECA. ‖ **3.** Mullido y esponjoso. *Tierra, lana* HUECA. ‖ **4.** fig. Presumido, hinchado, vano. ‖ **5.** fig. Dícese del lenguaje, estilo, etc., con que ostentosa y afectadamente se expresan conceptos vanos o triviales. ‖ **6.** m. Espacio vacío en el interior de algo. ‖ **7.** Intervalo de tiempo o lugar.

huecograbado. m. Procedimiento para imprimir mediante planchas o cilindros grabados en hueco. ‖ **2.** Estampa obtenida por este procedimiento.

huelga. f. Interrupción colectiva del trabajo con el fin de imponer ciertas condiciones o manifestar una protesta. ‖ **de brazos caídos.** La que practican en su puesto habitual de trabajo quienes se abstienen de reanudarlo a la hora reglamentaria. ‖ **de celo.** La consistente en aplicar con meticulosidad las disposiciones reglamentarias y realizar con gran lentitud el trabajo para que descienda el rendimiento y se retrasen los servicios. ‖ **de** o **del hambre.** Abstinencia voluntaria y total de alimentos para mostrar alguien la decisión de morirse si no consigue lo que pretende. ‖ **general.** La que se plantea simultáneamente en todos los oficios de una o varias localidades. Cuando afecta a una sola actividad, se designa con el nombre de ella: HUELGA *ferroviaria, de Correos,* etc.

huelguista. com. Persona que toma parte en una huelga de trabajadores.

huella. f. Señal que deja el pie del hombre o del

animal en la tierra por donde pasa. ‖ **2.** Señal que deja una lámina o forma de imprenta en el papel u otra cosa en que se estampa. ‖ **3.** Rastro, seña, vestigio que deja una persona, animal o cosa. Ú. m. en pl. *No quedaron ni* HUELLAS *del desastre.* ‖ **4.** Impresión profunda y duradera. *La lectura de ese autor dejó* HUELLA *en su espíritu.* ‖ **dactilar. impresión dactilar.**

huelveño, ña. adj. Natural de Huelva. Ú. t. c. s. ‖ **2.** Perteneciente o relativo a esta ciudad o a su provincia.

huérfano, na. adj. Dícese de la persona de menor edad a quien se le han muerto el padre y la madre o uno de los dos; especialmente el padre. Ú. t. c. s. ‖ **2.** fig. Falto de alguna cosa, y especialmente de amparo. *En aquella ocasión quedó* HUÉRFANA *la ciudad.*

huero, ra. adj. fig. Vano, vacío y sin sustancia.

huerta. f. Terreno de mayor extensión que el huerto, destinado al cultivo de legumbres y árboles frutales. ‖ **2.** En algunas partes, toda la tierra de regadío.

huertano, na. adj. Dícese del habitante de algunas comarcas de regadío a las que se da el nombre de huerta.

huerto. m. Terreno de corta extensión, generalmente cercado de pared, en que se plantan verduras, legumbres y árboles frutales.

hueso. m. Cada una de las piezas duras que forman el esqueleto de los vertebrados. ‖ **2.** Parte dura y compacta en el interior de algunas frutas, como la nuez, el melocotón, etc., en la cual se contiene la semilla. ‖ **3.** fig. y fam. Persona de carácter desagradable o de trato difícil. ‖ **4.** fig. Profesor que suspende mucho. ‖ **cuadrado.** *Anat.* Uno de los **huesos** del carpo, que en el hombre forma parte de la segunda fila. ‖ **cuboides.** *Anat.* Uno de los **huesos** del tarso, que en el hombre está situado en el borde externo del pie. ‖ **cuneiforme.** *Anat.* Cada uno de los **huesos** de forma prismática, a modo de cuñas, que existen en el tarso de los mamíferos; en el hombre son tres y están colocados en la parte anterior de la segunda fila del tarso. ‖ **de santo.** Rollito de pasta de almendra relleno de cabello de ángel, polvo de batata u otro dulce. ‖ **escafoides.** *Anat.* **hueso** del carpo de los mamíferos, que en el hombre es el más externo y voluminoso de la fila primera. ‖ **2.** *Anat.* **hueso** del tarso de los mamíferos, que en el hombre se articula con el astrágalo y el cuboides. ‖ **esfenoides.** *Anat.* **hueso** enclavado en la base del cráneo de los mamíferos, que forma parte de las cavidades nasales y las órbitas. ‖ **etmoides.** *Anat.* Pequeño **hueso** situado en un entrante del **hueso** frontal de los vertebrados, y que forma parte de la base del cráneo, las cavidades nasales y las órbitas. ‖ **frontal.** *Anat.* El que forma la parte anterior y superior del cráneo, y que en la primera edad de la vida se compone de dos mitades que se sueldan después. ‖ **hioides.** *Anat.* **hueso** situado en la base de la lengua y encima de la laringe. ‖ **innominado.** *Anat.* Cada uno de los dos **huesos** situados uno en cada cadera, que junto con el sacro y el cóccix forman la pelvis de los mamíferos; en el animal adulto está constituido por la unión íntima de tres piezas óseas: el íleon, el isquion y el pubis. ‖ **intermaxilar.** *Anat.* El situado en la parte exterior, media e interna de la mandíbula superior en algunos animales, llamado también incisivo, porque en él se alojan los dientes de este nombre; en la especie humana se suelda con los maxilares superiores antes del nacimiento. ‖ **maxilar.** *Anat.* Cada uno de los tres que forman las mandíbulas; dos de ellos, la superior, y el otro, la inferior. ‖ **occipital.** *Anat.* **hueso** del cráneo, correspondiente al occipucio. ‖ **orbital.** *Anat.* Cada uno de los que forman la órbita del ojo. ‖ **parietal.** *Anat.* Cada uno de los dos situados en las partes medias y laterales de la cabeza, los mayores entre los que forman el cráneo. ‖ **piramidal.** *Anat.* Uno de los que hay en el carpo o muñeca del hombre, así dicho por su figura. ‖ **plano.** *Anat.* Aquel cuya longitud y anchura son mayores que su espesor. ‖ **sacro.** *Anat.* **hueso** situado en la parte inferior del espinazo, formado por cinco vértebras soldadas entre sí, en el hombre, por más o menos en otros animales, y que articulándose con los dos innominados forma la pelvis. ‖ **temporal.** *Anat.* Cada uno de los dos del cráneo de los mamíferos, correspondientes a las sienes.

huésped, da. m. y f. Persona alojada en casa ajena. ‖ **2.** Persona alojada en un establecimiento de hostelería. ‖ **3.** p. us. Mesonero o amo de posada. ‖ **4.** p. us. Persona que hospeda en su casa a uno. ‖ **5.** *Bot.* y *Zool.* El vegetal o animal en cuyo cuerpo se aloja un parásito.

hueste. f. Ejército en campaña. Ú. m. en pl.

huesudo, da. adj. Que tiene o muestra mucho hueso.

hueva. f. Masa que forman los huevecillos de ciertos pescados, encerrada en una bolsa oval.

huevera. f. Utensilio de porcelana, loza, metal u otra materia, en forma de copa pequeña, en que se pone, para comerlo, el huevo pasado por agua. ‖ **2.** Recipiente de plástico, metal u otros materiales, de diversas formas y tamaños, que sirve para transportar o guardar huevos.

huevo. m. Cuerpo redondeado, de diferente tamaño y dureza, que producen las hembras de las aves o de otras especies animales, y que contiene el germen del embrión y las sustancias destinadas a su nutrición durante la incubación. ‖ **2.** En lenguaje corriente, se aplica al de la gallina, especialmente destinado a la alimentación humana. ‖ **3.** *Biol.* Célula resultante de la unión del gameto masculino con el femenino en la reproducción sexual de las plantas y los animales. ‖ **4.** *Biol.* Por ext., el óvulo aunque no haya sido fecundado. ‖ **5.** vulg. **testículo.** Ú. m. en pl. ‖ **partenogenético.** *Biol.* El óvulo que se desarrolla sin previa unión con el espermatozoide. ‖ **a huevo.** loc. adv. **a tiro,** fácil, sin esfuerzo.

huevón, na. adj. vulg. *Amér.* Lento, tardo, bobalicón, ingenuo. Ú. t. c. s.

hugonote, ta. adj. Dícese de los que en Francia seguían la doctrina de Calvino. Ú. t. c. s.

huida. f. Acción de huir.

huidizo, za. adj. Que suele huir o tiene tendencia a huir. ‖ **2.** Fugaz.

huido, da. adj. Dícese del que anda receloso o escondiéndose por temor de algo o alguien.

huir. intr. Alejarse deprisa, por miedo o por otro motivo, de personas, animales o cosas, para evitar un daño, disgusto o molestia. Ú. t. c. prnl. y raras veces como tr. ‖ **2.** Apartarse de una cosa mala o perjudicial; evitarla. HUIR *de los vicios.* Ú. t. c. tr. ❑ Irreg. Ver conjugación modelo. Ú. con la prep. *de.*

hule. m. Tela pintada al óleo y barnizada por un solo lado, que por su impermeabilidad tiene muchos usos.

hulla. f. Carbón de piedra que se conglutina, al arder, y, calcinado en vasos cerrados, da coque.

humada. f. Hoguera de mucho humo, especialmente la que se hace para avisar.

humanidad. f. Género humano. ‖ **2.** Sensibilidad, compasión de las desgracias de nuestros semejantes. ‖ **3.** fam. Corpulencia, gordura. *Antonio tiene gran* HUMANIDAD. ‖ **4.** pl. **letras humanas.**

humanismo. m. Cultivo o conocimiento de las letras humanas. ‖ **2.** Movimiento renacentista que propugna el retorno a la cultura grecolatina como medio de restaurar los valores humanos. ‖ **3.** Doctrina o actitud vital basada en una concepción integradora de los valores humanos.

humanista. com. Persona instruida en letras humanas.

humanístico, ca. adj. Perteneciente o relativo al humanismo o a las humanidades.

humanitario, ria. adj. Que mira o se refiere al bien del género humano. ‖ **2.** Benigno, caritativo, benéfico. ‖ **3.** Que tiene como finalidad aliviar los efectos que causan la guerra u otras calamidades en las personas que las padecen.

humanitarismo. m. **humanidad,** compasión de las desgracias ajenas.

huir

INDICATIVO

Presente: huyo, huyes, huye, huimos, huís, huyen.
Pretérito imperfecto: huía, huías, huía, huíamos, huíais, huían.
Pretérito indefinido: huí, huiste, huyó, huimos, huisteis, huyeron.
Futuro imperfecto: huiré, huirás, huirá, huiremos, huiréis, huirán.
Condicional: huiría, huirías, huiría, huiríamos, huiríais, huirían.

SUBJUNTIVO

Presente: huya, huyas, huya, huyamos, huyáis, huyan.
Pretérito imperfecto: huyera o huyese, huyeras o huyeses, huyera o huyese, huyéramos o huyésemos, huyerais o huyeseis, huyeran o huyesen.
Futuro imperfecto: huyere, huyeres, huyere, huyéremos, huyereis, huyeren.

IMPERATIVO

huye (tú); huid (vosotros).

FORMAS NO PERSONALES

Infinitivo: huir.
Participio: huido.
Gerundio: huyendo.

humanizar. tr. Hacer a alguien o algo humano, familiar y afable. ‖ **2.** prnl. Ablandarse, aplacarse, hacerse benigno.

humano, na. adj. Perteneciente al hombre o propio de él. ‖ **2.** fig. Aplícase a la persona que se compadece de las desgracias de sus semejantes. ‖ **3.** m. pl. Conjunto de todos los hombres.

humareda. f. Abundancia de humo.

humazo. m. Humo denso y copioso.

humear. intr. Echar de sí humo. Ú. t. c. prnl.

humectar. tr. Producir o dar humedad a algo.

humedad. f. Cualidad de húmedo. ‖ **2.** Agua de que está impregnado un cuerpo o que, vaporizada, se mezcla con el aire.

humedecer. tr. Producir o causar humedad en una cosa, mojarla. Ú. t. c. prnl. ❑ Irreg. Se conj. como *agradecer.*

húmedo, da. adj. Ligeramente impregnado de agua o de otro líquido. ‖ **2.** Dícese de la región, clima o país en que llueve mucho y que tiene el aire cargado de humedad.

humeral. adj. *Anat.* Perteneciente o relativo al

húmero. *Arteria* HUMERAL. || **2.** m. Paño blanco que se pone sobre los hombros el sacerdote, y en cuyos extremos envuelve ambas manos para coger la custodia o el copón en que va el Santísimo Sacramento y trasladarlos de una parte a otra, o para manifestarlos a la adoración de los fieles.

húmero. m. *Anat.* Hueso del brazo, que se articula por uno de sus extremos con la escápula y por el otro con el cúbito y el radio.

humero. m. Cañón de chimenea por donde sale el humo.

humidificar. tr. Transmitir humedad al ambiente.

humildad. f. Virtud que consiste en el conocimiento de nuestras limitaciones y debilidades y en obrar de acuerdo con este conocimiento. || **2.** Bajeza de nacimiento o de otra cualquier especie.

humilde. adj. Que tiene humildad. || **2.** fig. Carente de nobleza. || **3.** Que vive modestamente.

humillación. f. Acción y efecto de humillar o humillarse.

humilladero. m. Lugar devoto que suele haber a las entradas o salidas de los pueblos y junto a los caminos, con una cruz o imagen.

humillante. adj. Que humilla. || **2.** Degradante, depresivo.

humillar. tr. Inclinar una parte del cuerpo, como la cabeza o rodilla, en señal de sumisión y acatamiento. || **2.** *Taurom.* Bajar el toro la cabeza para embestir, o como precaución defensiva. Ú. t. c. intr. || **3.** fig. Abatir el orgullo y altivez de uno. || **4.** prnl. Hacer actos de humildad.

humo. m. Producto gaseoso de una combustión incompleta, compuesto principalmente de vapor de agua y ácido carbónico que llevan consigo carbón en polvo muy tenue. || **2.** Vapor que exhala cualquier cosa que fermenta. || **3.** pl. fig. Vanidad, presunción, altivez. || **bajarle** a uno **los humos.** fr. fig. y fam. Domar su altivez. || **echar humo.** fr. fig. y fam. Estar muy enfadado o furioso.

humor. m. Cualquiera de los líquidos del cuerpo del animal. || **2.** fig. Genio, índole, condición, especialmente cuando se manifiesta exteriormente. || **3.** fig. Jovialidad, agudeza. *Hombre de* HUMOR. || **4.** fig. Disposición en que uno se halla para hacer una cosa. Sin calificativo, se dice de la buena disposición. || **5.** **humorismo,** manera graciosa o irónica de enjuiciar las cosas.|| **ácueo** o **acuoso.** *Anat.* Líquido que en el globo del ojo de los vertebrados y cefalópodos se halla delante del cristalino. || **negro.** Humorismo que se ejerce a propósito de cosas que suscitarían, contempladas desde otra perspectiva, piedad, terror, lástima o emociones parecidas. || **vítreo.** *Anat.* Masa de aspecto gelatinoso que en el globo del ojo de los vertebrados y cefalópodos se encuentra detrás del cristalino.

humorada. f. Dicho o hecho festivo, caprichoso o extravagante. || **2.** Breve composición poética, de forma parecida a la de un refrán, que encierra una advertencia moral o un pensamiento filosófico, en la forma cómico-sentimental propia del humorismo. Tanto el género como su denominación fueron introducidos por el poeta Ramón de Campoamor (1819-1901).

humorismo. m. Manera de enjuiciar, afrontar y comentar las situaciones con cierto distanciamiento ingenioso, burlón y, aunque sea en apariencia, ligero. Linda a veces con la comicidad, la mordacidad y la ironía, sin que se confunda con ellas, y puede manifestarse en la conversación, en la literatura y en todas las formas de comunicación y de expresión.

humorista. adj. Dícese de quien se expresa o manifiesta con humorismo. || **2.** Dícese de quien, en sus obras (literarias o plásticas) o en sus actuaciones en espectáculos públicos, cultiva el humorismo. Ú. t. c. s.

humorístico, ca. adj. Perteneciente o relativo al humorismo de la expresión o del estilo literario.

humus. m. *Agr.* Tierra vegetal, mantillo.

hundimiento. m. Acción y efecto de hundir o hundirse.

hundir. tr. Sumir, meter en lo hondo. || **2.** fig. Abrumar, oprimir, abatir. || **3.** fig. Confundir a uno, vencerle con razones. || **4.** fig. Destruir, arruinar. || **5.** prnl. Arruinarse un edificio, sumergirse una cosa.

húngaro, ra. adj. Natural de Hungría. Ú. t. c. s. || **2.** Perteneciente o relativo a este país de Europa. || **3.** m. Lengua que se habla en este país y en parte de Transilvania.

huno, na. adj. Dícese de un pueblo mongoloide, de lengua altaica, que ocupó en el s. V el territorio que se extiende desde el Volga hasta el Danubio. Ú. t. c. s., y m. en pl. ❑ No confundir con *uno, na.*

hura. f. Agujero pequeño; madriguera.

huracán. m. Viento muy impetuoso y temible que, a modo de torbellino, gira en grandes círculos, cuyo diámetro crece a medida que avanza apartándose de las zonas de calma tropicales, donde suele tener origen.

huracanado, da. adj. Que tiene la fuerza o los caracteres propios del huracán.

huraño, ña. adj. Que huye y se esconde de las gentes.

hurdano, na. adj. Natural de Las Hurdes. Ú. t. c. s. || **2.** Perteneciente o relativo a este territorio situado al norte de Cáceres.

hurgar. tr. Revolver o menear cosas en el interior de algo. || **2.** fig. Fisgar en asuntos de otros.

hurí. f. Cada una de las mujeres bellísimas creadas, según los musulmanes, para compañeras de los bienaventurados en el paraíso. ❑ pl. *huríes* o *hurís.*

hurón. m. Mamífero carnicero de unos veinte centímetros de largo desde la cabeza hasta el arranque de la cola, la cual mide un decímetro aproximadamente; tiene el cuerpo muy flexible y prolongado, la cabeza pequeña, las patas cortas, el pelaje gris más o menos rojizo, y glándulas anales que despiden un olor sumamente desagradable. Se emplea para la caza de conejos, a los que persigue encarnizadamente. ‖ **2.** fig. y fam. Persona huraña. Ú. t. c. adj.

huronear. intr. fig. y fam. Procurar saber y escudriñar cuanto pasa.

¡hurra! interj. usada para expresar alegría y satisfacción o excitar el entusiasmo.

hurtadillas (a). loc. adv. Furtivamente; sin que nadie lo note.

hurtar. tr. Tomar o retener bienes ajenos contra la voluntad de su dueño, sin intimidación en las personas ni fuerza en las cosas. ‖ **2.** prnl. fig. Ocultarse, desviarse.

hurto. m. Acción de hurtar.

húsar. m. Soldado de caballería que se caracteriza por vestir un uniforme típico de Hungría.

husmear. tr. Rastrear con el olfato una cosa. Ú. t. c. intr. ‖ **2.** fig. y fam. Andar indagando una cosa con arte y disimulo. Ú. t. c. intr.

huso. m. Instrumento manual, generalmente de madera, de figura redondeada, más largo que grueso, que va adelgazándose desde el medio hacia las dos puntas, y sirve para hilar torciendo la hebra y devanando en él lo hilado. ‖ **esférico.** *Geom.* Parte de la superficie de una esfera, comprendida entre las dos caras de un ángulo diedro que tiene por arista un diámetro de aquella. ‖ **horario.** *Geogr.* Cada una de las partes en que queda dividida la superficie terrestre por veinticuatro meridianos igualmente espaciados y en que rige una misma hora. En algunos casos, por razones prácticas, esta convención no se respeta rigurosamente. ❑ No confundir con *uso.*

hutía. f. Mamífero roedor, abundante en las Antillas, de unos cuatro decímetros de largo, figura semejante a la de la rata, y pelaje espeso, suave, leonado, más oscuro por el lomo que por el vientre. Es comestible y se conocen varias especies.

¡huy! interj. con que se denota dolor físico agudo, melindre o asombro.

i. f. Novena letra del abecedario español, y tercera de sus vocales. Representa el sonido que se pronuncia elevando hacia la parte anterior del paladar el predorso de la lengua algo más que para articular la *e,* y estirando también los labios algo más hacia los lados. ‖ **2.** Letra que vale uno en la numeración romana. ‖ **3.** *Mat.* Unidad de los números imaginarios, que equivale a $\sqrt{-1}$. ‖ **griega. ye.** ❑ pl. *íes.*

i-. V. **in-.**

-iatría. elem. compos. que significa «parte de la medicina que estudia la curación de»: *pedi*ATRÍA, *psiqu*IATRÍA.

iatrogénico, ca. adj. *Med.* Dícese de toda alteración del estado del paciente producida por el médico.

ibérico, ca. adj. Natural de Iberia. ‖ **2.** Perteneciente o relativo a la Península Ibérica. ‖ **3.** m. Lengua de los antiguos iberos.

ibero, ra o **íbero, ra.** adj. Natural de la Iberia europea, hoy España y Portugal, o de la antigua Iberia caucásica. U. t. c. s. ‖ **2.** En especial, individuo perteneciente a alguno de los pueblos que habitaban, ya antes de las colonizaciones fenicia y griega, desde el sur de la Península Ibérica hasta el Mediodía de la Francia actual, y especialmente en el Levante peninsular. ‖ **3.** m. Lengua hablada por los antiguos **iberos.**

iberoamericano, na. adj. Perteneciente o relativo a los pueblos de América que antes formaron parte de los reinos de España y Portugal. ‖ **2.** Perteneciente o relativo a estos pueblos y a España y Portugal. Apl. a pers., ú. t. c. s.

íbice. m. Especie de cabra montés.

ibicenco, ca. adj. Natural de Ibiza. Ú. t. c. s. ‖ **2.** Perteneciente o relativo a esta isla, una de las Baleares.

ibídem. adv. lat. que, en índices, notas o citas de impresos o manuscritos, se usa con su propia significación de allí mismo o en el mismo lugar.

ibis. f. Ave zancuda, de unos seis decímetros de largo desde la cabeza hasta el final de la cola, y aproximadamente de igual altura; pico largo, de punta encorvada y obtusa; parte de la cabeza y toda la garganta desnudas; plumaje blanco, excepto la cabeza, cuello, cola y extremidad de las alas, donde es negro. Vive principalmente de moluscos fluviales, pero los antiguos egipcios creían que se alimentaba de los reptiles que infestan el país después de las inundaciones periódicas del Nilo, y por ello la veneraban.

-ible. V. **-ble.**

icástico, ca. adj. Natural, sin disfraz ni adorno.

iceberg. m. Gran masa de hielo flotante que sobresale de la superficie del mar.

-ico, ca. suf. de adjetivos, que indica relación con la base derivativa: *periodíst*ICO, *humoríst*ICO, *alcohól*ICO. A veces, **-ico** toma la forma **-tico:** *sifilí*TICO. ‖ **2.** En química, terminación genérica de numerosos compuestos, como ácidos, v. gr., *clorhídr*ICO, *fórm*ICO. En algunos casos se refiere al grado de oxidación del ácido, v. gr., *sulfúr*ICO, *fosfór*ICO, etc., o de un elemento de un compuesto, v. gr., *férr*ICO, *cúpr*ICO, etc.

icónico, ca. adj. Relativo o perteneciente al icono, imagen. ‖ **2.** Dícese del signo que posee cualidades de icono.

icono o **ícono.** m. Representación devota de pincel, o de relieve, usada en las iglesias orientales. En particular se aplica a las tablas pintadas con técnica bizantina, llamadas en Castilla en el siglo XV «tablas de Grecia». ‖ **2.** Signo que mantiene una relación de semejanza con el objeto representado. Así, las señales de cruce, badén o curva en las carreteras.

iconoclasia. f. Doctrina de los iconoclastas.

iconoclasta. adj. Dícese del hereje del siglo VIII que negaba el culto debido a las sagradas imágenes, las destruía y perseguía a quienes las veneraban. Ú.

t. c. s. ‖ **2.** Por ext., llámase así a quien niega y rechaza la merecida autoridad de maestros, normas y modelos. Ú. t. c. s.

iconografía. f. Descripción de imágenes, retratos, cuadros, estatuas o monumentos, y especialmente de los antiguos.

iconología. f. *Esc.* y *Pint.* Representación de las virtudes, vicios u otras cosas morales o naturales con la figura o apariencia de personas.

iconoscopio. m. *TV.* Tubo de rayos catódicos que transforma la imagen luminosa en señales eléctricas para su transmisión.

iconostasio. m. Mampara con imágenes sagradas pintadas, que lleva tres puertas, una mayor en el centro y otra más pequeña a cada lado, y aísla el presbiterio y su altar del resto de la iglesia.

icosaedro. m. *Geom.* Sólido limitado por veinte caras.

ictericia. f. *Pat.* Enfermedad producida por la acumulación de pigmentos biliares en la sangre y cuya señal exterior más perceptible es la coloración amarillenta de la piel y de las conjuntivas.

ictiófago, ga. adj. Que se alimenta de peces. Ú. t. c. s.

ictiol. m. Aceite que se obtiene de la destilación de una roca bituminosa que contiene numerosos peces fósiles, y se usa en dermatología.

ictiología. f. Parte de la zoología, que trata de los peces.

ictiosauro. m. *Paleont.* Reptil fósil, marino, de tamaño gigantesco, con el hocico prolongado y los dientes separados; ojos grandes rodeados de un círculo de placas óseas, cuello muy corto y cuatro aletas natatorias. Se encuentra principalmente en el terreno jurásico.

ictus. m. *Med.* Cuadro morboso que se presenta de un modo súbito y violento, como producido por un golpe: ICTUS *epiléptico.* ❑ pl. invar.

ida. f. Acción de ir de un lugar a otro.

idalio, lia. adj. Perteneciente a Idalio, antigua ciudad y monte de Chipre, consagrados a Venus. ‖ **2.** Perteneciente a esta diosa.

idea. f. Imagen o representación que del objeto percibido queda en el alma. *Su* IDEA *no se borra jamás de mi mente.* ‖ **2.** Conocimiento puro, racional, debido a las naturales condiciones de nuestro entendimiento. *La justicia es* IDEA *innata.* ‖ **3.** Ocurrencia o hallazgo. *Tengo una* IDEA *para solucionarlo.* ‖ **4.** pl. Convicciones, creencias, opiniones. *Persona de* IDEAS *avanzadas.* ‖ **ideas universales.** Conceptos formados por abstracción, que representan en nuestra mente, reducidas a unidad común, realidades que existen en diversos seres; por ejemplo: hombre, res-

puesto de [illegible] especies y los géneros.

ideación. f. Génesis y proceso en la formación de las ideas.

ideal. adj. Perteneciente o relativo a la idea. ‖ **2.** Que no es físico, real y verdadero, sino que está en la fantasía. ‖ **3.** Excelente, perfecto en su línea. ‖ **4.** m. Prototipo, modelo o ejemplar de perfección.

idealismo. m. Condición de los sistemas filosóficos que consideran la idea como principio del ser y del conocer. ‖ **2.** Aptitud de la inteligencia para idealizar.

idealista. adj. Dícese de la persona que profesa la doctrina del idealismo. Ú. t. c. s. ‖ **2.** Aplícase a la que propende a representarse las cosas de una manera ideal. Ú. t. c. s.

idealizar. tr. Elevar las cosas sobre la realidad sensible por medio de la inteligencia o la fantasía.

idear. tr. Trazar, inventar.

ideario. m. **ideología,** conjunto de ideas fundamentales que caracteriza una manera de pensar.

ídem. pron. lat. que significa «el mismo» o «lo mismo», y se suele usar, en las citas, para representar el nombre del autor últimamente mencionado, y en las cuentas y listas, para denotar diferentes partidas de una sola especie. ❑ No confundir con *ítem.*

idéntico, ca. adj. Dícese de lo que es lo mismo que otra cosa con que se compara. Ú. t. c. s. ‖ **2.** Muy parecido.

identidad. f. Cualidad de idéntico. ‖ **2.** *Der.* Hecho de ser una persona o cosa la misma que se supone o se busca.

identificar. tr. Hacer que dos o más cosas en realidad distintas aparezcan y se consideren como una misma. Ú. m. c. prnl. ‖ **2.** *Der.* Reconocer si una persona o cosa es la misma que se supone o se busca.

ideografía. f. Representación de ideas, palabras, morfemas o frases por medio de ideogramas.

ideograma. m. Imagen convencional o símbolo que en la escritura de ciertas lenguas significa una palabra, morfema o frase determinados, sin representar cada una de sus sílabas o fonemas.

ideología. f. Conjunto de ideas fundamentales que caracteriza el pensamiento de una persona, colectividad o época, de un movimiento cultural, religioso o político, etc. IDEOLOGÍA *liberal.*

ideológico, ca. adj. Perteneciente a la ideología. ‖ **2.** Perteneciente o relativo a una idea o a las ideas.

ideólogo, ga. m. y f. Persona que profesa la ideología. ‖ **2.** Persona creadora o estudiosa de una ideología.

idílico, ca. adj. Perteneciente o relativo al idilio.

idilio. m. fig. Coloquio amoroso, y por ext., relaciones entre enamorados.

idiocia. f. *Pat.* Trastorno caracterizado por una deficiencia muy profunda de las facultades mentales, congénita o adquirida en las primeras edades de la vida.

idiolecto. m. *Gram.* La lengua tal como la usa un individuo particular.

idioma. m. Lengua de un pueblo o nación, o común a varios.

idiomático, ca. adj. Propio y peculiar de una lengua determinada.

idiosincrasia. f. Rasgos, temperamento, carácter, etc., distintivos y propios de un individuo o de una colectividad.

idiota. adj. Que padece de idiocia. Ú. t. c. s. ‖ **2.** fam. Tonto, corto de entendimiento.

idiotez. f. Hecho o dicho propio del idiota.

idiotipo. m. *Biol.* Totalidad de los factores hereditarios, constituida por los genes del núcleo celular y los genes extranucleares, que se transmiten a través de estructuras del citoplasma, como las mitocondrias.

idiotismo. m. *Gram.* Giro o expresión contrarios a las reglas generales de la gramática, pero propios de una lengua, v. gr., *a ojos vistas.*

idiotizar. tr. Volver idiota, atontar. Ú. t. c. prnl.

ido, da. adj. Dícese de la persona que está falta de juicio.

-ido, da. suf. de adjetivos, procedentes directamente de adjetivos latinos, que significan cualidad, generalmente de naturaleza física: *ác*IDO, *cál*IDO, *rig*IDO. Modernamente, con el suf. **-ido** se han formado muchos nombres científicos que suelen designar familias o especies de animales: *arácn*IDO, *óv*IDO; o bien, cuerpos estrechamente relacionados con otros: *anhídr*IDO, *óx*IDO.

idólatra. adj. Que adora ídolos. Ú. t. c. s.

idolatrar. tr. Adorar ídolos. ‖ **2.** fig. Amar o admirar con exaltación a una persona o cosa. Usáb. t. c. intr. IDOLATRAR *en.*

idolatría. f. Adoración que se da a los ídolos.

ídolo. m. Imagen de una deidad objeto de culto. ‖ **2.** fig. Persona o cosa amada o admirada con exaltación.

idolopeya. f. *Ret.* Figura que consiste en poner un dicho o discurso en boca de una persona muerta.

idoneidad. f. Cualidad de idóneo.

idóneo, a. adj. Adecuado y apropiado para una cosa.

idus. m. pl. En el antiguo calendario romano, el día 15 de marzo, mayo, julio y octubre, y el 13 de los demás meses.

iglesia. f. Congregación de los fieles cristianos en virtud del bautismo. ‖ **2.** Conjunto del clero y pueblo de un país donde el cristianismo tiene adeptos. IGLESIA *latina, griega.* ‖ **3.** Gobierno eclesiástico general del Sumo Pontífice, concilios y prelados. ‖ **4.** Seguida de su denominación particular, cada una de las comunidades cristianas que se definen como **iglesia.** IGLESIA *luterana, anglicana, presbiteriana,* etc. ‖ **5.** Templo cristiano. ‖ **catedral. iglesia** principal en que reside el obispo con su cabildo. ‖ **colegial.** La que, no siendo sede propia del arzobispo u obispo, se compone de abad y canónigos seculares, y en ella se celebran los oficios divinos como en las catedrales. ‖ **mayor.** La principal de cada pueblo. ‖ **parroquial.** La de una feligresía.

iglú. m. Vivienda de forma semiesférica construida con bloques de hielo, en que, durante el invierno, habitan los esquimales y otros pueblos de análogas características.

ignaro, ra. adj. Que no tiene noticia de las cosas.

ígneo, a. adj. De fuego, o que tiene alguna de sus cualidades. ‖ **2.** *Geol.* Dícese de las rocas volcánicas procedentes de la masa en fusión existente en el interior de la Tierra.

ignición. f. Acción y efecto de estar un cuerpo encendido, si es combustible, o enrojecido por un fuerte calor, si es incombustible. ‖ **2.** Acción y efecto de iniciarse una combustión. ‖ **3.** Acción que inicia o desencadena ciertos procesos físicos o químicos. Una chispa eléctrica puede producir la descarga de un gas; una acción eléctrica puede producir una descarga de la sinapsis de dos células nerviosas.

ignífero, ra. adj. poét. Que arroja o contiene fuego.

ignífugo, ga. adj. Que protege contra el fuego. *Pintura* IGNÍFUGA.

ignominia. f. Afrenta pública.

ignominioso, sa. adj. Que es ocasión o causa de ignominia.

ignorancia. f. Falta de ciencia, de letras y noticias, o general o particular.

ignorante. adj. Que no tiene noticia de las cosas. Ú. t. c. s.

ignorar. tr. No saber algo, o no tener noticia de ello. ❑ No utilizar por *desoír* o por *no hacer caso.*

ignoto, ta. adj. No conocido ni descubierto.

igual. adj. De la misma naturaleza, cantidad o calidad de otra cosa. ‖ **2.** Muy parecido o semejante. *No he visto cosa* IGUAL. ‖ **3.** Constante, no variable. *Es de un carácter* IGUAL *y afable.* ‖ **4.** m. *Mat.* Signo de la igualdad, formado por dos rayas horizontales y paralelas (=). ‖ **al igual.** loc. adv. Con igualdad. ‖ **dar igual.** fr. Ser indiferente lo que se expresa. *Me* DA IGUAL *conseguir o no ese trabajo.*

iguala. f. Convenio entre médico y cliente por el que aquel presta a este sus servicios mediante una cantidad fija anual en metálico o en especie.

igualar. tr. Poner al igual con otra a una persona o cosa. Ú. t. c. prnl. ‖ **2.** Hablando de la tierra, allanar. IGUALAR *los terrenos.* ‖ **3.** intr. Ser una cosa igual a otra. Ú. t. c. prnl.

igualdad. f. Conformidad de una cosa con otra en naturaleza, forma, calidad o cantidad. ‖ **2.** *Mat.* Fórmula que representa la equivalencia de dos expresiones.

igualitario, ria. adj. Que entraña igualdad o tiende a ella. ‖ **2.** Que propugna la igualdad social.

igualitarismo. m. Tendencia política que propugna la desaparición o atenuación de las diferencias sociales.

iguana. f. Nombre genérico de ciertos reptiles parecidos a los lagartos, pero de mayor tamaño, con la lengua corta y simplemente escotada en el extremo, y los dientes aplicados a la superficie interna de las mandíbulas. Están generalmente provistos de gran papada y de una cresta espinosa a lo largo del dorso; alguna de las especies alcanza hasta un metro de longitud. Son indígenas de la América Meridional, y su carne y huevos son comestibles.

iguánido. adj. *Zool.* Dícese de ciertos reptiles saurios, cuyo tipo es la iguana. ‖ **2.** m. pl. *Zool.* Familia de estos reptiles.

iguanodonte. m. Reptil del orden de los saurios, que se encuentra fósil en los terrenos secundarios inferiores al cretáceo; era herbívoro, y tenía hasta doce metros de largo, las extremidades anteriores mucho más cortas que las posteriores, con tres dedos en cada una, y cola muy larga.

ijada. f. Cualquiera de las dos cavidades simétricamente colocadas entre las costillas falsas y los huesos de las caderas.

ijar. m. Ijada del hombre y de algunos mamíferos.

ilación. f. Acción y efecto de inferir una cosa de otra.

ilativo, va. adj. Que se infiere o puede inferirse. ‖ **2.** *Gram.* V. **conjunción ilativa.**

ilegal. adj. Que es contra ley.

ilegalidad. f. Falta de legalidad. ‖ **2.** Acción ilegal.

ilegalizar. tr. Decretar la autoridad competente que pase a la condición de ilegal lo que antes no lo era.

ilegible. adj. Que no puede leerse.

ilegitimar. tr. Privar a uno de la legitimidad; hacer que se tenga por ilegítimo al que realmente era legítimo o creía serlo.

ilegítimo, ma. adj. No legítimo.

íleon. m. *Anat.* Tercera porción del intestino delgado de los mamíferos, que empieza donde acaba el yeyuno y termina en el ciego. ❑ No confundir con *ilion.*

ilercaón, na o **ilercavón, na.** adj. Dícese de un pueblo prerromano que habitaba una región de la Hispania Tarraconense correspondiente a parte de las actuales provincias de Tarragona y Castellón. ‖ **2.** Dícese también de los individuos que componían este pueblo. Ú. t. c. s.

ilerdense. adj. Natural de la antigua Ilerda, hoy Lérida. Ú. t. c. s. ‖ **2. leridano.** Apl. a pers., ú. t. c. s.

ilergete. adj. Dícese de un pueblo hispánico prerromano que habitaba la parte llana de las actuales provincias de Huesca, Zaragoza y Lérida. ‖ **2.** Dícese también de los individuos que componían este pueblo. Ú. t. c. s.

ileso, sa. adj. Que no ha recibido lesión o daño.

iletrado, da. adj. **analfabeto,** que no sabe leer, o ignora los saberes elementales.

ilíaco, ca o **iliaco, ca.** adj. Perteneciente o relativo al íleon.

iliberitano, na. adj. Natural de la antigua Ilíberis o Iliberris, hoy Granada. Ú. t. c. s.

ilicitano, na. adj. Natural de la antigua Ílici, hoy Elche. Ú. t. c. s. ‖ **2.** Perteneciente o relativo a esta población de la España Tarraconense.

ilícito, ta. adj. No permitido legal o moralmente.

ilimitado, da. adj. Que no tiene límites.

ilion. m. *Anat.* Hueso de la cadera, que en los mamíferos adultos se une al isquion y al pubis para formar el hueso innominado. ❑ No confundir con *íleon.*

ilirio, ria. adj. Natural de Iliria. Ú. t. c. s. ‖ **2.** Perteneciente o relativo a esta región de Europa.

-ilo. suf. que designa un radical químico: *acet*ILO, *ac*ILO, *et*ILO.

ilógico, ca. adj. Que carece de lógica, o va contra sus reglas y doctrinas.

iluminación. f. Acción y efecto de iluminar. ‖ **2.** Conjunto de luces que hay en un lugar para iluminarlo o para adornarlo.

iluminado, da. adj. **alumbrado**, hereje. Ú. m. c. s. y en pl. ‖ **2.** Dícese del individuo de una secta herética y secreta fundada en 1776 por el bávaro Weishaupt, que con la ciega obediencia de sus adeptos pretendía establecer un sistema moral contrario al orden existente en religión, propiedad y familia. Ú. m. c. s. y en pl.

iluminador, ra. adj. Que ilumina. Ú. t. c. s. ‖ **2.** m. y f. Persona que adorna libros, estampas, etc., con colores.

iluminar. tr. Alumbrar, dar luz o bañar de resplandor. ‖ **2.** Dar color a las figuras, letras, etc., de una estampa, libro, etc. ‖ **3.** *Teol.* Ilustrar interiormente Dios a la criatura.

iluminismo. m. Sistema de los iluminados.

ilusión. f. Concepto, imagen o representación sin verdadera realidad, sugeridos por la imaginación o causados por engaño de los sentidos. ‖ **2.** Esperanza cuyo cumplimiento parece especialmente atractivo.

ilusionar. tr. Hacer que uno se forje ilusiones. ‖ **2.** prnl. Forjarse ilusiones.

ilusionismo. m. Arte de producir fenómenos que parecen contradecir los hechos naturales.

ilusionista. com. Persona que, por juego o por profesión, practica el ilusionismo.

iluso, sa. adj. Propenso a ilusionarse, soñador. Ú. t. c. s.

ilusorio, ria. adj. Engañoso, irreal, ficticio.

ilustración. f. Acción y efecto de ilustrar o ilustrarse. ‖ **2.** Estampa, grabado o dibujo que adorna o documenta un libro. ‖ **3.** Movimiento filosófico y literario del siglo XVIII europeo y americano, caracterizado por la extremada confianza en la capacidad de la razón natural para resolver todos los problemas de la vida humana. ‖ **4.** Época de la cultura europea y americana en que prevaleció ese movimiento intelectual.

ilustrado, da. adj. Dícese de la persona culta e instruida. ‖ **2.** Perteneciente o relativo a la Ilustración, movimiento intelectual del siglo XVIII. Apl. a pers., ú. t. c. s.

ilustrador, ra. adj. Que ilustra. Ú. t. c. s.

ilustrar. tr. Adornar un impreso con láminas o grabados alusivos al texto. ‖ **2.** fig. Instruir, civilizar. Ú. t. c. prnl.

ilustrativo, va. adj. Que ilustra.

ilustre. adj. De distinguida prosapia, casa, origen, etc. ‖ **2.** Insigne, célebre. ‖ **3.** Título de dignidad. *Al* ILUSTRE *señor.*

ilustrísimo, ma. adj. sup. de **ilustre,** tratamiento de ciertas personas por razón de su cargo o dignidad. Hasta hace algún tiempo, se aplicaba especialmente a los obispos.

im-. V. **in-.**

imagen. f. Figura, representación, semejanza y apariencia de una cosa. ‖ **2.** Estatua, efigie o pintura de una divinidad o personaje sagrado.

imaginable. adj. Que se puede imaginar.

imaginación. f. Facultad del alma que representa las imágenes de las cosas reales o ideales. ‖ **2.** Facilidad para formar ideas, proyectos, etc., nuevos.

imaginar. tr. Representar idealmente una cosa, inventarla, crearla en la imaginación. Ú. t. c. prnl. ‖ **2.** Presumir, sospechar. Ú. t. c. prnl. ‖ **3.** prnl. Creer o figurarse que se es algo.

imaginaria. f. *Mil.* Guardia suplente que presta servicio en caso de tener que salir del cuartel la que está guardándolo. ‖ **2.** m. *Mil.* Soldado que por turno vela durante la noche en cada compañía o dormitorio de un cuartel.

imaginario, ria. adj. Que solo existe en la imaginación. ‖ **2.** V. **número imaginario**.

imaginativo, va. adj. Perteneciente o relativo a la imaginación. ‖ **2.** Que continuamente imagina o piensa.

imaginería. f. Talla o pintura de imágenes sagradas.

imaginero. m. Estatuario o pintor de imágenes.

imán[1]. m. Mineral de hierro de color negruzco, opaco, casi tan duro como el vidrio, cinco veces más pesado que el agua, y que tiene la propiedad de atraer el hierro, el acero y en grado menor algunos otros cuerpos. Es combinación de dos óxidos de hierro, a veces cristalizada.

imán[2]. m. El que preside la oración canónica musulmana, poniéndose delante de los fieles para que estos le sigan en sus rezos y movimientos.

imantar. tr. Comunicar a un cuerpo la propiedad magnética. Ú. t. c. prnl.

imbatible. adj. Que no puede ser batido o derrotado.

imbatido, da. adj. No vencido. ‖ **2.** *Dep.* Que no ha recibido ningún gol.

imbécil. adj. Alelado, escaso de razón. Ú. t. c. s.

imbecilidad. f. Escasez de entendimiento o razón, falta de inteligencia. ‖ **2.** Acción o dicho que se considera improcedente, sin sentido, y que molesta. ‖ **3.** Minusvalía intelectual originada por ciertas disfunciones hormonales.

imberbe. adj. Dícese del joven que todavía no tiene barba. ❑ No confundir con *barbilampiño.*

imbornal. m. Abertura practicada en la calzada, normalmente debajo del bordillo de la acera, para dar salida al agua de lluvia o de riego.

imborrable. adj. Que no se puede borrar.

imbricado, da. adj. *Biol.* Dícese de las hojas, semillas y escamas, que están sobrepuestas unas a otras, como las tejas en un tejado. ‖ **2.** *Zool.* Aplícase a las conchas de superficie ondulada.

imbricar. tr. Disponer una serie de cosas iguales de manera que queden superpuestas parcialmente, como las escamas de los peces.

imbuir. tr. Infundir, persuadir. ❑ Irreg. Se conj. como *huir.* Ú. con la prep. *de.*

imitable. adj. Que se puede imitar. ‖ **2.** Digno de imitación.

imitación. f. Acción y efecto de imitar. ‖ **2.** Objeto que imita o copia a otro, normalmente más valioso.

imitador, ra. adj. Que imita. Ú. t. c. s.

imitar. tr. Ejecutar una cosa a ejemplo o semejanza de otra. ‖ **2.** Parecerse, asemejarse una cosa a otra. ‖ **3.** Hacer o esforzarse por hacer algo lo mismo que otro o según el estilo de otro.

imoscapo. m. *Arq.* Parte inferior del fuste de una columna.

impaciencia. f. Intranquilidad producida por algo que molesta o que no acaba de llegar.

impacientar. tr. Causar impaciencia. ‖ **2.** prnl. Perder la paciencia.

impaciente. adj. Que no tiene paciencia. ‖ **2.** Que desea o espera con desasosiego.

impactar. tr. Causar un choque físico. ‖ **2.** Impresionar, desconcertar a causa de un acontecimiento o noticia.

impacto. m. Choque de un proyectil o de otro objeto contra algo. ‖ **2.** Huella o señal que deja. ‖ **3.** fig. Golpe emocional producido por una noticia desconcertante.

impagable. adj. Que no se puede pagar. ‖ **2.** fig. Sumamente valioso.

impala. m. Antílope africano, caracterizado por tener los cuernos finos, anillados y dispuestos en forma de lira.

impalpable. adj. fig. Ligero, sutil, casi imperceptible.

impar. adj. Que no tiene par o igual. ‖ **2.** *Arit.* V. **número impar.** Ú. t. c. s.

imparcial. adj. Que juzga o procede con imparcialidad. *Juez* IMPARCIAL. Ú. t. c. s.

imparcialidad. f. Falta de designio anticipado o de prevención en favor o en contra de personas o cosas, que permite juzgar o proceder con rectitud.

imparisílabo, ba. adj. Que tiene un número impar de sílabas.

impartir. tr. Repartir, comunicar, dar.

impasibilidad. f. Cualidad de impasible.

impasible. adj. Indiferente, imperturbable.

impávido, da. adj. Libre de pavor; sereno ante el peligro, impertérrito.

impecable. adj. fig. Exento de tacha.

impedancia. f. *Fís.* **impediencia.**

impedido, da. adj. Que no puede usar alguno o algunos de sus miembros. Ú. t.c. s.

impediencia. f. *Fís.* Resistencia aparente de un circuito al flujo de la corriente alterna, equivalente a la resistencia efectiva cuando la corriente es continua.

impedimenta. f. Bagaje que suele llevar la tropa, e impide la celeridad de las marchas y operaciones.

impedimento. m. Obstáculo, embarazo, estorbo para una cosa.

impedir. tr. Estorbar, imposibilitar la ejecución de una cosa. ❑ Irreg. Se conj. como *pedir.*

impeler. tr. Dar empuje para producir movimiento. ‖ **2.** fig. Incitar, estimular. ❑ Ú. con la prep. *a.*

impenetrabilidad. f. Cualidad de impenetrable.

impenetrable. adj. Que no se puede penetrar. ‖ **2.** fig. Dícese de lo que no se puede comprender o descifrar. ‖ **3.** fig. Dícese de la persona que no deja traslucir sus opiniones o sentimientos.

impenitente. adj. Que persevera en un hábito. *Es un bromista* IMPENITENTE.

impensable. adj. Que no se puede pensar racionalmente; absurdo.

impepinable. adj. fam. Cierto, seguro, que no admite discusión.

imperante. adj. Que impera.

imperar. intr. Mandar, dominar.

imperativo, va. adj. Que impera o manda. Ú. t. c. s. m. ‖ **2.** *Gram.* V. **modo imperativo.** Ú. t. c. s.

imperceptible. adj. Que no se puede percibir.

imperdible. m. Alfiler que se abrocha quedando su punta dentro de un gancho para que no pueda abrirse fácilmente.

imperdonable. adj. Que no se debe o puede perdonar.

imperecedero, ra. adj. Que no perece o acaba. ‖ **2.** fig. Aplícase a lo que hiperbólicamente se quiere calificar de inmortal o eterno. *Fama* IMPERECEDERA.

imperfección. f. Falta de perfección. ‖ **2.** Falta o defecto ligero en lo moral.

imperfecto, ta. adj. No perfecto. ‖ **2.** *Gram.* V. **futuro, pretérito imperfecto.** Ú. t. c. s. m.

imperforación. f. *Pat.* Oclusión o falta de apertura de órganos o conductos que por su naturaleza deben estar abiertos para ejercer sus funciones.

imperial. adj. Perteneciente o relativo al emperador o al imperio.

imperialismo. m. Actitud y doctrina de un Estado o nación, o de personas o fuerzas sociales o políticas, partidarios de extender el dominio de un país sobre otro u otros por medio de la fuerza o por influjos económicos y políticos abusivos.

imperialista. adj. Perteneciente o relativo al imperialismo. ‖ **2.** Dícese de la persona o del Estado que lo propugna o practica.

imperificia. f. Falta de pericia.

imperio. m. Organización política del Estado regido por un emperador. ‖ **2.** Espacio de tiempo que dura el gobierno de un emperador. ‖ **3.** Estados sujetos a un emperador.

imperioso, sa. adj. Que conlleva fuerza o exigencia.

impermeabilizar. tr. Hacer impermeable alguna cosa.

impermeable. adj. Impenetrable al agua o a otro líquido. ‖ **2.** m. Sobretodo hecho con tela **impermeable.**

impersonal. adj. Que no se aplica a nadie en particular. ‖ **2.** *Gram.* Dícese de la oración cuyo sujeto es indeterminado: *llaman al teléfono.* ‖ **3.** *Gram.* V. **verbo impersonal.**

impersonalizar. tr. *Gram.* Usar como impersonales algunos verbos que en otros casos no tienen esta condición; como HACE *calor;* SE CUENTA *de un marino.*

impertérrito, ta. adj. Dícese de aquel a quien no se infunde fácilmente terror, o a quien nada intimida.

impertinencia. f. Hecho o dicho inoportuno, que causa incomodidad o enfado.

impertinente. adj. Que no viene al caso, o que molesta de palabra o de obra. Apl. a pers., ú. c. s. ‖ **2.** m. pl. Anteojos con manija, usados por las señoras.

imperturbable. adj. Que no se perturba.

impetrar. tr. Solicitar una gracia con encarecimiento y ahínco.

ímpetu. m. Brío, vehemencia, ardor con que se actúa.

impetuosidad. f. Cualidad de impetuoso.

impetuoso, sa. adj. Que se mueve de modo violento y rápido. ‖ **2.** fig. Fogoso, vivo, vehemente.

impiedad. f. Falta de piedad, sentimiento o virtud. ‖ **2.** Desprecio u hostilidad a la religión. ‖ **3.** Acción o expresión impía.

impío, a. adj. Falto de piedad. Apl. a pers., ú. t. c. s. ‖ **2.** Contrario, hostil a la religión. Apl. a pers., ú. t. c. s.

implacable. adj. Que no se puede aplacar.

implantación. f. Acción y efecto de implantar. ‖ **2.** *Fisiol.* Fijación, inserción o injerto de un tejido u órgano en otro. ‖ **3.** *Fisiol.* Fijación del huevo fecundado en la mucosa uterina.

implantar. tr. Plantar, encajar, injertar.

implementar. tr. *Inform.* Poner en funcionamiento, aplicar métodos, medidas, etc., para llevar algo a cabo.

implemento. m. Utensilio. Ú. m. en pl.

implicación. f. Acción y efecto de implicar o implicarse. ‖ **2.** Repercusión o consecuencia de una cosa.

implicar. tr. Envolver, enredar. Ú. t. c. prnl. ‖ **2.** fig. Contener, llevar en sí, significar.

implícito, ta. adj. Dícese de lo incluido en otra cosa sin que esta lo exprese.

implorar. tr. Pedir con ruegos o lágrimas una cosa.

implosión. f. *Fon.* Modo de articulación propio de las consonantes implosivas.

implosivo, va. adj. *Fon.* Dícese de la articulación o sonido oclusivo que, por ser final de sílaba, como la *p* de *apto* o la *c* de *néctar,* termina sin la abertura súbita de las consonantes explosivas. Ú. t. c. s. f. ‖ **2.** *Fon.* Dícese también de cualquier otra consonante situada en final de sílaba. Ú. t. c. s. f.

impluvio. m. Espacio descubierto en medio del atrio de las casas romanas, por donde entraban las aguas de la lluvia.

impoluto, ta. adj. Limpio, sin mancha. Ú. t. en sent. fig.

imponderable. adj. Que no puede pesarse. ‖ **2.** fig. Que excede a toda ponderación. ‖ **3.** m. fig. Circunstancia imprevisible o cuyas consecuencias no pueden estimarse.

imponente. adj. Que impone. Ú. t. c. s. ‖ **2.** Formidable, que posee alguna cualidad extraordinaria.

imponer. tr. Poner carga, obligación u otra cosa. ‖ **2.** Infundir respeto, miedo o asombro. Ú. t. c. intr. ‖ **3.** Poner dinero a rédito o en depósito. ‖ **4.** prnl. Hacer uno valer su autoridad o poderío. ❑ Irreg. Se conj. como *poner;* p. p. irreg. *impuesto.*

imponible. adj. Que se puede gravar con impuesto o tributo.

impopular. adj. Que no es grato al pueblo o a una parte importante de él.

impopularidad. f. Desafecto, mal concepto en el público.

importación. f. Acción de importar géneros, costumbres, etc., de otro país.

importador, ra. adj. Que introduce en un país mercancías extranjeras. Ú. t. c. s.

importancia. f. Cualidad de lo importante, de lo que es muy conveniente o interesante, o de mucha entidad o consecuencia.

importante. adj. Que tiene importancia.

importar. intr. Convenir, interesar, hacer al caso, ser de mucha entidad o consecuencia. ‖ **2.** tr. Introducir en un país géneros, artículos o costumbres extranjeros.

importe. m. Cuantía de un precio, crédito, deuda o saldo.

importunar. tr. Incomodar o molestar con una pretensión o solicitud.

importuno, na. adj. Molesto, impertinente.

imposibilidad. f. Falta de posibilidad para existir una cosa o para hacerla.

imposibilitado, da. adj. **tullido,** privado de movimiento.

imposibilitar. tr. Quitar la posibilidad de ejecutar o conseguir una cosa.

imposible. adj. No posible.

imposición. f. Acción y efecto de imponer, poner una cosa sobre otra, o imponerse. ǁ **2.** Cantidad que se impone de una vez en cuenta corriente, depósito bancario, etc.

impositivo, va. adj. Que impone. ǁ **2.** Relativo al impuesto público.

imposta. f. *Arq.* Faja que corre horizontalmente en la fachada de los edificios a la altura de los diversos pisos.

impostar. tr. *Mús.* Fijar la voz en las cuerdas vocales para emitir el sonido en su plenitud sin vacilación ni temblor.

impostergable. adj. Que no se puede postergar.

impostor, ra. m. y f. Suplantador, persona que se hace pasar por quien no es.

impostura. f. Fingimiento o engaño con apariencia de verdad.

impotencia. f. Imposibilidad en el varón para realizar el coito.

impotente. adj. Dícese del varón incapaz de realizar el coito. Ú. t. c. s. m.

impracticable. adj. Dícese de los caminos y parajes por donde no se puede caminar o no se puede pasar sin mucha dificultad.

imprecación. f. Acción de imprecar.

imprecar. tr. Proferir palabras con que se expresa el vivo deseo de que alguien sufra mal o daño.

imprecisión. f. Falta de precisión.

impreciso, sa. adj. No preciso, vago, indefinido.

impredecible. adj. Que no se puede predecir.

impregnar. tr. Empapar, mojar una cosa porosa hasta que no admita más líquido.

imprenta. f. Arte de imprimir. ǁ **2.** Taller o lugar donde se imprime.

imprescindible. adj. Dícese de la persona o cosa de que no se puede prescindir. ǁ **2.** Necesario, obligatorio. *Para entrar, es* IMPRESCINDIBLE *identificarse.*

impresentable. adj. Que no es digno de presentarse o de ser presentado.

impresión. f. Acción y efecto de imprimir. ǁ **2.** fig. Efecto o sensación que algo o alguien causa en el ánimo. ǁ **3.** fig. Opinión, sentimiento, juicio que algo o alguien suscitan, sin que, muchas veces, se puedan justificar. *Tengo la* IMPRESIÓN *de que quiso engañarnos.* ǁ **dactilar** o **digital.** La que suele dejar la yema del dedo en un objeto al tocarlo, o la que se obtiene impregnándola previamente en una materia colorante.

impresionable. adj. Fácil de impresionar o propenso a recibir una impresión.

impresionar. tr. Exponer una superficie convenientemente preparada a la acción de las vibraciones acústicas o luminosas, de manera que queden fijadas en ella y puedan ser reproducidas. ǁ **2.** Conmover el ánimo hondamente. U. t. c. prnl.

impresionismo. m. Sistema pictórico y escultórico que consiste en reproducir la naturaleza atendiendo más a la impresión que produce que a ella misma en realidad.

impresionista. adj. Perteneciente o relativo al impresionismo. ǁ **2.** Partidario del impresionismo, o que ejecuta sus obras artísticas conforme a él. Ú. t. c. s.

impreso, sa. p. p. irreg. de **imprimir.** ǁ **2.** m. Libro, folleto u hoja **impresos.** ǁ **3.** Hoja u hojas **impresas** con espacios en blanco para llenar en la realización de trámites.

impresor, ra. m. y f. Persona que dirige o es propietaria de una imprenta. ǁ **2.** f. Máquina que, conectada a un ordenador electrónico, imprime los resultados de las operaciones.

imprevisible. adj. Que no se puede prever.

imprevisto, ta. adj. No previsto. Ú. t. c. s.

imprimar. tr. Preparar con los ingredientes necesarios las cosas que se han de pintar o teñir.

imprimir. tr. Marcar en el papel o en otra materia las letras y otros caracteres gráficos mediante procedimientos adecuados. ❑ doble p. p.: *imprimido* (reg.) e *impreso* (irreg.).

improbable. adj. No probable.

ímprobo, ba. adj. Intenso, realizado con enorme aplicación, dicho del trabajo o del esfuerzo.

improcedente. adj. Inadecuado, extemporáneo.

improductivo, va. adj. Dícese de lo que no produce.

impromptu. m. Composición musical que improvisa el ejecutante y, por ext., la que se compone sin plan preconcebido. ❑ No confundir con *in promptu.*

impronta. f. fig. Marca o huella que, en el orden moral, deja una cosa en otra.

impronunciable. adj. Imposible de pronunciar o de muy difícil pronunciación.

improperio. m. Injuria grave de palabra, y especialmente la que se emplea para echar a uno en cara una cosa.

impropiedad. f. Falta de propiedad en el uso de las palabras.

impropio, pia. adj. Falto de las cualidades convenientes según las circunstancias.

improrrogable. adj. Que no se puede prorrogar.

improvisación. f. Acción y efecto de improvisar.

improvisador, ra. adj. Que improvisa. Dícese especialmente del que compone de repente, versos, canciones, discursos, etc. Ú. t. c. s.

improvisar. tr. Hacer una cosa de pronto, sin estudio ni preparación.

improviso. adj. Que no se prevé o previene. ‖ **al,** o **de, improviso.** loc. adv. Sin prevención ni previsión.

imprudencia. f. Falta de prudencia.

imprudente. adj. Que no tiene prudencia. Ú. t. c. s.

impudicia. f. Deshonestidad, falta de recato y pudor.

impúdico, ca. adj. Deshonesto, sin pudor.

impudor. m. Falta de pudor y de honestidad.

impuesto, ta. p. p. irreg. de **imponer.** ‖ **2.** m. Tributo, carga.

impugnable. adj. Que se puede impugnar.

impugnar. tr. Combatir, contradecir, refutar. ‖ **2.** *Der.* Interponer un recurso contra una resolución judicial.

impulsar. tr. **impeler.** ‖ **2.** fig. Estimular, promover una acción.

impulsividad. f. Cualidad de impulsivo.

impulsivo, va. adj. Dícese del que suele hablar o proceder sin reflexión ni cautela, dejándose llevar por la impresión del momento. Ú. t. c. s.

impulso. m. Acción y efecto de impeler o impulsar. ‖ **2.** Fuerza que lleva un cuerpo en movimiento o en crecimiento.

impulsor, ra. adj. Que impele o impulsa. Ú. t. c. s.

impune. adj. Que queda sin castigo.

impunidad. f. Falta de castigo.

impuntual. adj. No puntual.

impureza. f. Condición de lo que no es puro. ‖ **2.** Materia que, en una sustancia, deteriora alguna o algunas de sus cualidades. Ú. m. en pl.

impuro, ra. adj. No puro.

imputable. adj. Que se puede imputar.

imputación. f. Acción o efecto de imputar.

imputar. tr. Atribuir a otro una culpa, delito o acción.

in-. pref. que se convierte en **im-** ante *b* o *p,* en **i-** ante *l* o *r.* Significa negación o privación: IN*acabable,* IN*comunicar,* IM*paciencia,* I*legal,* I*rreal.*

inabarcable. adj. Que no puede abarcarse. Ú. m. en sent. fig.

inabordable. adj. Que no se puede abordar.

inacabable. adj. Que no se puede acabar, que no se le ve el fin, o que se retarda este con exceso.

inaccesibilidad. f. Cualidad de inaccesible.

inaccesible. adj. No accesible. ❑ No confundir con *inasequible.*

inacción. f. Falta de acción, ociosidad, inercia.

inacentuado, da. adj. *Gram.* Dícese de la vocal, sílaba o palabra que se pronuncia sin acento prosódico.

inaceptable. adj. No aceptable.

inactividad. f. Carencia de actividad.

inactivo, va. adj. Carente de acción o movimiento; ocioso, inerte.

inadaptado, da. adj. Dícese del que no se adapta o aviene a ciertas condiciones o circunstancias. Apl. a pers., ú. t. c. s.

inadecuado, da. adj. No adecuado.

inadmisible. adj. No admisible.

inadvertencia. f. Falta de advertencia.

inadvertido, da. adj. Dícese del que no advierte o repara en las cosas que debiera.

inagotable. adj. Que no se puede agotar.

inaguantable. adj. Que no se puede aguantar o sufrir.

inalámbrico, ca. adj. Aplícase a todo sistema de comunicación eléctrica sin alambres conductores. Ú. t. c. s.

in albis. loc. adv. **en blanco,** sin comprender lo que se oye. Ú. m. con el verbo *quedarse.*

inalcanzable. adj. Que no se puede alcanzar.

inalterable. adj. Que no se puede alterar; que no se altera.

inamovible. adj. Fijo, que no es movible.

inane. adj. Vano, fútil, inútil.

inanición. f. *Fisiol.* Gran debilidad por falta de alimento o por otras causas.

inanidad. f. Vacuidad, futilidad.

inanimado, da. adj. Que no tiene alma espiritual. ‖ **2.** Que no tiene alma, principio sensitivo de los animales.

inapelable. adj. Aplícase a la sentencia o fallo de que no se puede apelar.

inapetencia. f. Falta de apetito o de gana de comer.

inapetente. adj. Que no tiene apetencia.

inapreciable. adj. Que no se puede apreciar, por su mucho valor o mérito, o por su extremada pequeñez u otro motivo.

inarticulado, da. adj. No articulado.

in artículo mortis. expr. lat. *Der.* En el artículo de la muerte. ‖ **2.** V. **matrimonio in artículo mortis.**

inasequible. adj. No asequible. ❑ No confundir con *inaccesible.*

inaudible. adj. Que no se puede oír.

inaudito, ta. adj. Nunca oído. ‖ **2.** Monstruoso, extremadamente vituperable. ❑ No utilizar por *insólito.*

inauguración. f. Acto de inaugurar.

inaugural. adj. Perteneciente a la inauguración. *Ceremonia* INAUGURAL.

inaugurar. tr. Dar principio a una cosa con cierta solemnidad. ‖ **2.** Abrir solemnemente un establecimiento público.

inca. adj. Perteneciente o relativo a los aborígenes americanos que, a la llegada de los españoles, habitaban en la parte oeste de América del Sur, desde el actual Ecuador hasta Chile y el norte de la República Argentina, y que estaban sometidos a una monarquía cuya capital era la ciudad del Cuzco. ‖ **2.** Dícese del habitante del Cuzco y de sus alrededores. Ú. t. c. s.

incaico, ca. adj. Perteneciente o relativo a los incas.

incalculable. adj. Que no se puede calcular.

incalificable. adj. Muy vituperable.

incandescencia. f. Cualidad de incandescente.

incandescente. adj. Dícese del cuerpo, generalmente metal, cuando se enrojece o blanquea por la acción del calor.

incansable. adj. Que no se cansa, infatigable.

incapacidad. f. Falta de capacidad para hacer, recibir o aprender una cosa. ‖ **2.** Estado transitorio o permanente de una persona que, por accidente o enfermedad, queda mermada en su capacidad laboral, o incapacitada.

incapacitado, da. adj. Dícese de la persona sujeta a interdicción civil. Ú. t. c. s.

incapacitar. tr. *Der.* Decretar la falta de capacidad civil de personas mayores de edad. ‖ **2.** *Der.* Decretar la carencia, en una persona, de las condiciones legales para un cargo público.

incapaz. adj. Que no tiene capacidad o aptitud para una cosa. ‖ **2.** Falto de talento. ‖ **3.** Que no es capaz, por su naturaleza o por decisión de su voluntad. *Ella es* INCAPAZ *de mentir.*

incardinar. tr. Vincular de manera permanente a un eclesiástico en una diócesis determinada. Ú. t. c. prnl. ‖ **2.** Por ext., aplícase a personas que entran en una casa, institución, etc., o figuradamente a cosas o conceptos abstractos que se incorporan a algo. Ú. t. c. prnl.

incautarse. prnl. Tomar posesión un tribunal, u otra autoridad competente, de dinero o bienes de otra clase. ❑ Ú. con la prep. *de.*

incauto, ta. adj. Que no tiene cautela.

incendiar. tr. Prender fuego a algo que no debería quemarse; como edificios, mieses, etc. Ú. t. c. prnl.

incendiario, ria. adj. Que incendia con premeditación, por afán de lucro o por maldad. Ú. t. c. s.

incendio. m. Fuego grande que destruye lo que no debería quemarse.

incensar. tr. Dirigir con el incensario el humo del incienso hacia una persona o cosa. ❑ Irreg. Se conj. como *acertar.*

incensario. m. Braserillo con cadenillas y tapa, que sirve para incensar.

incentivar. tr. Estimular para que algo se acreciente o aumente.

incentivo, va. adj. Que mueve o excita a desear o hacer una cosa. Ú. m. c. s. m. ‖ **2.** *Econ.* Estímulo que se ofrece a una persona, grupo o sector de la economía para elevar la producción.

incertidumbre. f. Falta de certidumbre; duda, perplejidad.

incertísimo, ma. adj. sup. de **incierto.**

incesante. adj. Que no cesa.

incesto. m. Relación carnal entre parientes dentro de los grados en que está prohibido el matrimonio.

incestuoso, sa. adj. Que comete incesto. Ú. t. c. s. ‖ **2.** Perteneciente o relativo al incesto.

incidencia. f. Lo que sobreviene en el curso de un asunto o negocio y tiene con él alguna conexión. ‖ **2.** Número de casos, a veces en tanto por ciento, o, más en general, repercusión de ellos en algo.

incidental. adj. Dícese de lo que sobreviene en algún asunto y tiene alguna relación con él.

incidente. m. Disputa, riña, pelea entre dos o más personas. ❑ No confundir con *accidente.*

incidir[1]**.** intr. **repercutir,** causar efecto una cosa en otra. ❑ Ú. con la prep. *en.*

incidir[2]**.** tr. *Cir.* Hacer una incisión o cortadura.

incienso. m. Gomorresina en forma de lágrimas, de color amarillo blancuzco o rojizo, fractura lustrosa, sabor acre y olor aromático al arder. Proviene de árboles de la familia de las burseráceas, originarios de Arabia, de la India y de África, y se quema en las ceremonias religiosas.

incierto, ta. adj. Inconstante, no seguro, no fijo. ❑ sup. irreg. *incertísimo*.

incinerable. adj. Que ha de incinerarse. Dícese especialmente de los billetes de banco que se retiran de la circulación para ser quemados.

incineración. f. Acción y efecto de incinerar.

incinerador, ra. adj. Dícese de la instalación o aparato destinados a incinerar. Ú. t. c. s.

incinerar. tr. Reducir una cosa a cenizas. Se usa más comúnmente hablando de los cadáveres.

incipiente. adj. Que empieza.

íncipit. m. Término con que en las descripciones bibliográficas se designan las primeras palabras de un escrito o de un impreso antiguo. ❑ pl. invar.

incisión. f. Hendidura que se hace en algunos cuerpos con instrumento cortante.

incisivo, va. adj. V. **diente incisivo.** Ú. t. c. s. ‖ **2.** fig. Punzante, mordaz.

inciso. m. *Gram.* Cada uno de los miembros que, en los períodos, encierra sentido parcial. ‖ **2.** Por ext., lo que se intercala en una exposición para explicar algo solo indirectamente relacionado con el tema.

incitar. tr. Mover o estimular a uno para que ejecute una cosa.

incivil. adj. Falto de civismo.

incivilizado, da. adj. **incivil.**

inclaustración. f. Ingreso en una orden monástica.

inclemencia. f. Falta de clemencia. ‖ **2.** fig. Rigor del tiempo, especialmente del frío.

inclinación. f. Acción y efecto de inclinar o inclinarse.

inclinar. tr. Apartar una cosa de su posición perpendicular a otra o al horizonte. Ú. t. c. prnl. ‖ **2.** prnl. Bajar el tronco y la cabeza hacia adelante. ‖ **3.** Propender a hacer, pensar o sentir una cosa. ME INCLINO *a creerle*.

ínclito, ta. adj. Ilustre, esclarecido, afamado.

incluir. tr. Poner una cosa dentro de otra o dentro de sus límites. ‖ **2.** Contener una cosa a otra, o llevarla implícita. ❑ Irreg. Se conj. como *huir*.

inclusa. f. Casa en donde se recoge y cría a los niños expósitos.

inclusero, ra. adj. fam. Que se cría o se ha criado en la inclusa. Ú. t. c. s.

inclusión. f. Acción y efecto de incluir.

inclusive. adv. m. Incluyendo el último objeto nombrado.

incluso, sa. adj. Que está incluido. ‖ **2.** prep. y conj. Hasta, aun. INCLUSO *a los enemigos amó*.

incoar. tr. Comenzar una cosa, llevar a cabo los primeros trámites de un proceso, pleito, expediente o alguna otra actuación oficial.

incoativo, va. adj. Que implica o denota el principio de una cosa o de una acción progresiva. ‖ **2.** V. **verbo incoativo.**

incoercible. adj. Que no puede ser coercido.

incógnita. f. *Mat.* Cantidad desconocida que es preciso determinar en una ecuación o en un problema para resolverlos. ‖ **2.** Causa o razón oculta de algo. *Despejar la* INCÓGNITA *de la conducta de Juan.*

incógnito, ta. adj. No conocido. Ú. t. c. s. m., especialmente con el significado de situación de un personaje público que actúa como persona privada. *S. M. guarda el* INCÓGNITO. ‖ **de incógnito.** loc. adv. para significar que una persona constituida en dignidad quiere pasar como desconocida, y que no se la trate con las ceremonias y etiqueta que le corresponden. *El emperador José II viajó* DE INCÓGNITO *por Italia.*

incoherencia. f. Falta de coherencia.

incoherente. adj. No coherente.

incoloro, ra. adj. Que carece de color.

incólume. adj. Sano, sin lesión ni menoscabo.

incombustible. adj. Que no se puede quemar.

incomible. adj. Que no se puede comer. Dícese principalmente de lo que está mal condimentado.

incomodado, da. adj. Molesto, disgustado.

incomodar. tr. Causar incomodidad. Ú. t. c. prnl.

incomodidad. f. Falta de comodidad. ‖ **2. molestia.**

incómodo, da. adj. Que carece de comodidad. ‖ **2.** Dicho de una persona, que no está o que no se siente a gusto. *Estaba* INCÓMODA *desde que él entró.*

incomparable. adj. Que no admite comparación. ‖ **2.** Extremado, muy grande, dicho, por hipérbole, de cualidades. *Cautivó a todos por su gentileza* INCOMPARABLE.

incomparecencia. f. Falta de asistencia a un acto o lugar en que se debe estar presente.

incompatibilidad. f. Repugnancia que tiene una cosa para unirse con otra, o de dos o más personas entre sí.

incompatible. adj. No compatible con otra persona o cosa. ❑ Ú. con la prep. *con*.

incompetencia. f. Falta de competencia o de jurisdicción.

incompetente. adj. No competente. Ú. t. c. s.

incompleto, ta. adj. No completo.

incomprendido, da. adj. Que no ha sido debidamente comprendido.

incomprensible. adj. Que no se puede comprender.

incomprensión. f. Falta de comprensión.

incompresible. adj. Que no se puede comprimir o reducir de volumen.

incomunicación. f. Acción y efecto de incomunicar o incomunicarse.

incomunicado, da. adj. Que no tiene comunicación. Dícese de los presos cuando no se les permite tratar con nadie de palabra ni por escrito. Ú. t. c.s.

incomunicar. tr. Privar de comunicación a personas o cosas. ‖ **2.** prnl. Aislarse, negarse al trato con otras personas, por temor, melancolía u otra causa.

inconcebible. adj. Que no puede concebirse o comprenderse.

inconcluso, sa. adj. Inacabado.

inconcreto, ta. adj. Que no es concreto; vago, impreciso.

incondicional. adj. Absoluto, sin restricción ni requisito. ‖ **2.** com. El adepto a una persona o idea sin limitación o condición ninguna.

inconexo, xa. adj. Falto de conexión.

inconfesable. adj. Que no puede confesarse.

inconfeso, sa. adj. Dícese del presunto reo que no confiesa el delito que se le imputa.

inconforme. adj. Hostil a lo establecido en el orden político, social, moral, estético, etc. Ú. t. c. s.

inconformismo. m. Actitud o tendencia del inconforme.

inconformista. adj. Partidario del inconformismo. Ú. t. c. s.

inconfundible. adj. No confundible.

incongruencia. f. Falta de congruencia.

incongruente. adj. No congruente.

inconmensurable. adj. fig. Enorme, que por su gran magnitud no puede medirse.

inconmovible. adj. Que no se puede conmover o alterar.

inconsciencia. f. Situación del que es o está inconsciente.

inconsciente. adj. Que no se da cuenta del alcance de sus actos. Ú. t. c. s. ‖ **2.** Que está privado de sentido. ‖ **3.** m. *Psicoanál.* Sistema de impulsos reprimidos pero activos que no llegan a la conciencia.

inconsecuencia. f. Falta de consecuencia en lo que se dice o hace.

inconsecuente. adj. Que procede con inconsecuencia. Ú. t. c. s.

inconsistencia. f. Falta de consistencia.

inconsistente. adj. Falto de consistencia.

inconsolable. adj. Que no puede ser consolado o consolarse.

inconstancia. f. Demasiada facilidad y ligereza para mudar de opinión, de pensamiento, de amigos, etc.

inconstante. adj. No estable ni permanente.

inconstitucional. adj. Opuesto a la Constitución del Estado.

inconstitucionalidad. f. Oposición de una ley, de un decreto o de un acto a los preceptos de la Constitución.

incontable. adj. Que no puede contarse.

incontaminado, da. adj. No contaminado.

incontenible. adj. Que no puede ser contenido o refrenado.

incontestable. adj. Que no se puede impugnar ni dudar con fundamento.

incontinencia. f. Falta de continencia. ‖ **de orina.** *Pat.* Enfermedad que consiste en no poder retener la orina.

incontinente. adj. Que no se contiene.

incontrastable. adj. Que no se puede contrastar.

incontrolable. adj. Que no se puede controlar.

incontrolado, da. adj. Que actúa o funciona sin control, sin orden, sin disciplina, sin sujeción. Ú. t. c. s.

inconveniencia. f. **despropósito.**

inconveniente. m. Impedimento u obstáculo que hay para hacer una cosa.

incordiar. tr. Molestar, importunar.

incordio. m. fig. y fam. Persona o cosa incómoda, agobiante o muy molesta.

incorporación. f. Acción y efecto de incorporar o incorporarse.

incorporal. adj. **incorpóreo.**

incorporar. tr. Agregar, unir una cosa a otra para que haga un todo con ella. ‖ **2.** Sentar o reclinar el cuerpo que estaba echado y tendido. Ú. t. c. prnl.

incorporeidad. f. Cualidad de incorpóreo.

incorpóreo. adj. No corpóreo.

incorrección. f. Dicho o hecho incorrecto.

incorrecto, ta. adj. No correcto.

incorregible. adj. Dícese del que por su dureza y terquedad no quiere enmendarse.

incorruptibilidad. f. Cualidad de incorruptible.

incorruptible. adj. No corruptible.

incorrupto, ta. adj. Que está sin corromperse.

incredulidad. f. Repugnancia o dificultad en creer una cosa. ‖ **2.** Falta de fe y de creencia religiosa.

incrédulo, la. adj. Que no cree con facilidad y de ligero. Ú. t. c. s. ‖ **2.** Que no tiene fe religiosa.

increíble. adj. Que no puede creerse. ‖ **2.** fig. Muy difícil de creer.

incrementar. tr. Aumentar, acrecentar. Ú. t. c. prnl.

incremento. m. **aumento.**

increpar. tr. Reprender con dureza y severidad.

incriminar. tr. Acusar de algún crimen o delito.

incruento, ta. adj. No sangriento. Dícese especialmente del sacrificio de la misa.

incrustación. f. Acción de incrustar. ‖ **2.** Cosa incrustada.

incrustar. tr. Embutir en una superficie lisa y dura piedras, metales, maderas, etc., formando dibujos. ‖ **2.** Hacer que un cuerpo penetre violentamente en otro o quede adherido a él. Ú. t. c. prnl. ❑ Ú. con las preps. *de* y *en.*

incubación. f. Acción y efecto de incubar. ‖ **2.** *Pat.* Acción y efecto de incubar o incubarse una enfermedad.

incubadora. f. Aparato o local que sirve para la incubación artificial. ‖ **2.** Urna de cristal en que se tiene a los niños nacidos antes de tiempo o en circunstancias anormales para facilitar el desarrollo de sus funciones orgánicas.

incubar. tr. Calentar el ave los huevos para sacar pollos. ‖ **2.** prnl. fig. Desarrollarse una enfermedad desde que se contrae hasta que aparecen los primeros síntomas.

íncubo. adj. Dícese del diablo o demonio que, según la opinión vulgar, con apariencia de varón mantiene relaciones sexuales con una mujer. Ú. t. c. s.

incuestionable. adj. No cuestionable.

inculcar. tr. fig. Infundir con ahínco en el ánimo de uno una idea, un concepto, etc.

inculpar. tr. Culpar, acusar a uno de una cosa.

incultivado, da. adj. ant. Que no tiene cultivo ni labor.

inculto, ta. adj. Que no tiene cultivo ni labor. ‖ **2.** fig. Aplícase a la persona, pueblo o nación de modales rústicos y groseros o de corta instrucción.

incultura. f. Falta de cultivo o de cultura.

incumbencia. f. Obligación y cargo de hacer una cosa.

incumbir. intr. Estar a cargo de uno una cosa.

incumplimiento. m. Falta de cumplimiento.

incumplir. tr. No llevar a efecto, dejar de cumplir.

incunable. adj. Aplícase a las ediciones hechas desde la invención de la imprenta hasta principios del siglo XVI. Ú. t. c. s. m.

incurable. adj. Que no se puede curar o no puede sanar. Apl. a pers., ú. t. c. s.

incurrir. intr. Construido con la prep. *en* y un sustantivo que signifique culpa, error o castigo, ejecutar la acción o hacerse merecedor de la pena expresada por el sustantivo. ❑ Ú. con la prep. *en.*

incursión. f. Acción de incurrir. ‖ **2.** *Mil.* Correría de guerra.

indagación. f. Acción y efecto de indagar.

indagar. tr. Intentar averiguar, inquirir una cosa discurriendo o con preguntas.

indebido, da. adj. Ilícito, injusto y falto de equidad.

indecencia. f. Falta de decencia o de modestia. ‖ **2.** Dicho o hecho vituperable o vergonzoso.

indecente. adj. No decente, indecoroso.

indecible. adj. Que no se puede decir o explicar.

indecisión. f. Falta de decisión, irresolución.

indeciso, sa. adj. Perplejo, irresoluto, que tiene dificultad para decidirse.

indeclinable. adj. Que no se puede rehusar. ‖ **2.** *Gram.* Aplícase a las partes de la oración que no se declinan.

indecoroso, sa. adj. Que carece de decoro, o lo ofende.

indefectible. adj. Que no puede faltar o dejar de ser.

indefensión. f. Falta de defensa; situación de las personas o cosas que están indefensas.

indefenso, sa. adj. Que carece de defensa.

indefinido, da. adj. No definido. ‖ **2.** *Gram.* V. **artículo, pronombre indefinido.** ‖ **3.** *Gram.* V. **pretérito indefinido.**

indehiscente. adj. *Bot.* No dehiscente.

indeleble. adj. Que no se puede borrar o quitar.

indelicadeza. f. Falta de delicadeza, de cortesía, etc.

indemne. adj. Libre o exento de daño.

indemnización. f. Acción y efecto de indemnizar o indemnizarse. ‖ **2.** Cosa con que se indemniza.

indemnizar. tr. Resarcir de un daño o perjuicio. Ú. t. c. prnl.

indemostrable. adj. No demostrable.

independencia. f. Cualidad o condición de independiente. ‖ **2.** Libertad, especialmente la de un Estado que no es tributario ni depende de otro.

independentismo. m. En un país que no tiene independencia política, movimiento que la propugna o reclama.

independentista. adj. Perteneciente o relativo al independentismo. ‖ **2.** Partidario del independentismo. Ú. t. c. s.

independiente. adj. Que no tiene dependencia, que no depende de otro. ‖ **2. autónomo.** ‖ **3.** fig. Dícese de la persona que sostiene sus derechos u opiniones sin admitir intervención ajena.

independizar. tr. Dar la independencia a un país, a una persona o cosa. Ú. t. c. prnl.

indescifrable. adj. Que no se puede descifrar.

indescriptible. adj. Que no se puede describir.

indeseable. adj. Dícese de la persona cuyo trato no es recomendable. Ú. t. c. s.

indestructible. adj. Que no se puede destruir.

indeterminación. f. Falta de determinación en las cosas, o de resolución en las personas.

indeterminado, da. adj. No determinado, o que no implica ni denota determinación alguna. ‖ **2.** *Gram.* V. **artículo, pronombre indeterminado.**

indiana. f. Tela de lino o algodón, o de mezcla de uno y otro, pintada por un solo lado.

indiano, na. adj. Perteneciente o relativo a las Indias Orientales. ‖ **2.** Dícese también del que vuelve rico de América. Ú. t. c. s.

indicación. f. Acción y efecto de indicar. ‖ **2.** Señal que indica.

indicador, ra. adj. Que indica o sirve para indicar. Ú. t. c. s.

indicar. tr. Mostrar o significar una cosa con indicios y señales.

indicativo, va. adj. Que indica o sirve para indicar. ‖ **2.** *Gram.* V. **modo indicativo.** Ú. t. c. s.

índice. adj. V. **dedo índice.** Ú. t. c. s. ‖ **2.** m. Indicio o señal de una cosa. ‖ **3.** Lista o enumeración breve, y por orden, de libros, capítulos o cosas notables. ‖ **4.** Cada una de las manecillas de un reloj y, en general, las agujas y otros elementos indicadores de los instrumentos graduados, tales como barómetros, termómetros, higrómetros, etc. ‖ **5.** *Álg.* y *Arit.* Número o letra que se coloca en la abertura del signo radical y sirve para indicar el grado de la raíz. ‖ **de refracción.** *Dióptr.* Número que representa la relación constante entre los senos de los ángulos de incidencia y de refracción.

indicio. m. Fenómeno que permite conocer o inferir la existencia de otro no percibido. *La fuga del sospechoso fue un* INDICIO *de su culpa.* ‖ **2.** En un conjunto, cantidad pequeñísima de algo. *Se hallaron en la bebida* INDICIOS *de arsénico.*

índico, ca. adj. Perteneciente o relativo a las Indias Orientales.

indiferencia. f. Estado de ánimo en que no se siente inclinación ni repugnancia hacia una persona, objeto o negocio determinado.

indiferente. adj. Que no despierta interés o afecto. *Ese hombre me es* INDIFERENTE.

indígena. adj. Originario del país de que se trata. Apl. a pers., ú. t. c. s.

indigencia. f. Falta de medios para alimentarse, vestirse, etc.

indigenismo. m. Estudio de los pueblos indios iberoamericanos que hoy forman parte de naciones en las que predomina la civilización europea. ‖ **2.** Doctrina y partido que propugna reivindicaciones políticas, sociales y económicas para los indios y mestizos en las repúblicas iberoamericanas.

indigente. adj. Que padece indigencia. Ú. t. c. s.

indigestarse. prnl. No sentar bien un alimento o comida.

indigestión. f. Falta de digestión. ‖ **2.** Trastorno que por esta causa padece el organismo.

indigesto, ta. adj. Que no se digiere o se digiere con dificultad.

indignación. f. Enojo, ira, enfado vehemente contra una persona o contra sus actos.

indignar. tr. Irritar, enfadar vehementemente a uno. Ú. t. c. prnl.

indignidad. f. Acción indigna o reprobable.

indigno, na. adj. Que es inferior a la calidad y mérito de una persona o no corresponde a sus circunstancias.

índigo. m. **añil,** planta. ‖ **2.** Pasta que se hace de las hojas y tallos de esta planta.

indio[1], dia. adj. Natural de la India. Ú. t. c. s. ‖ **2.** Perteneciente o relativo a ella. ‖ **3.** Aplícase al indígena de América, o sea de las Indias Occidentales, y al que hoy se considera como descendiente de aquel sin mezcla de otra raza. Ú. t. c. s.

indio[2], dia. adj. De color azul. ‖ **2.** m. Elemento químico de núm. atóm. 49. Metal escaso en la corteza terrestre; se encuentra en la blenda y otros minerales de hierro, plomo, cobre y estaño. Dúctil, blando y maleable, sus derivados producen a la llama un intenso color índigo. Se usa en la fabricación de rodamientos y semiconductores. Símb. *In.*

indirecta. f. Dicho o medio de que uno se vale para no significar explícita o claramente una cosa, y darla, sin embargo, a entender.

indirecto, ta. adj. Que no va rectamente a un fin, aunque se encamine a él. ‖ **2.** *Gram.* V. **complemento indirecto.**

indisciplina. f. Falta de disciplina.

indisciplinado, da. adj. Que no se sujeta a la disciplina debida.

indisciplinarse. prnl. Quebrantar la disciplina.

indiscreción. f. fig. Dicho o hecho indiscreto.

indiscreto, ta. adj. Que se hace sin discreción.

indisculpable. adj. Que no tiene disculpa.

indiscutible. adj. No discutible por ser evidente.

indisoluble. adj. Que no se puede disolver o desatar.

indispensable. adj. Que es necesario o muy aconsejable que suceda.

indisponer. tr. Poner a mal a las personas, enemistar, malquistar. Ú. m. c. prnl. INDISPONERSE *con uno.* ❑ Ú. con la prep. *con.* ‖ **2.** Causar indisposición o falta leve y pasajera de salud. ‖ **3.** prnl. Experimentarla. ❑ Irreg. Se conj. como *poner;* p. p. irreg. *indispuesto.*

indisposición. f. Desazón o quebranto leve y pasajero de la salud.

indispuesto, ta. p. p. irreg. de **indisponer.** ‖ **2.** adj. Que se siente algo enfermo o con alguna novedad o alteración en la salud.

indistinto, ta. adj. Que no se distingue de otra cosa.

individual. adj. Perteneciente o relativo al individuo.

individualidad. f. Calidad particular de una persona o cosa, por la cual se da a conocer o se señala singularmente.

individualismo. m. Tendencia al aislamiento voluntario en los afectos, intereses, estudios, etc. ‖ **2.** Sistema filosófico que considera al individuo como fundamento y fin de todas las leyes y relaciones morales y políticas.

individualista. adj. Propenso al individualismo. Ú. t. c. s. ‖ **2.** Perteneciente o relativo al individualismo.

individualizar. tr. Particularizar.

individuo, dua. adj. **individual.** ‖ **2.** Que no puede ser dividido. ‖ **3.** m. Cada ser organizado, sea animal o vegetal, respecto de la especie a que pertenece. ‖ **4.** m. y f. fam. Persona cuyo nombre y condición se ignoran o no se quieren decir.

indivisible. adj. Que no se puede dividir.

indiviso, sa. adj. No separado o dividido en partes. Ú. t. c. s.

indochino, na. adj. Natural de Indochina. Ú. t. c. s. ‖ **2.** Perteneciente o relativo a esta península asiática.

indocto, ta. adj. Falto de instrucción, inculto. Ú. t. c. s.

indocumentado, da. adj. Dícese de quien no lleva consigo documento oficial por el cual pueda identificarse su personalidad, y también del que carece de él.

indoeuropeo, a. adj. Dícese de cada una de las lenguas procedentes de un origen común y extendidas desde la India hasta el occidente de Europa. ‖ **2.** Dícese también de la raza y lengua que dieron origen a todas ellas. Ú. t. c. s. m.

índole. f. Naturaleza, calidad y condición de las cosas.

indolencia. f. Cualidad de indolente.

indolente. adj. Flojo, perezoso.

indoloro, ra. adj. Que no causa dolor.

indomable. adj. Que no se puede o no se deja domar.

indomeñable. adj. **indomable.**

indómito, ta. adj. fig. Difícil de sujetar o reprimir.

indonesio, sia. adj. Perteneciente o relativo a Indonesia. ‖ **2.** Natural de Indonesia. Ú. t. c. s.

indostanés, sa. adj. Natural del Indostán. Ú. t. c. s.

indostánico, ca. adj. Perteneciente o relativo al Indostán. ‖ **2.** m. Lengua hablada en esta región.

indostano, na. adj. Natural del Indostán. Ú. t. c. s.

inducción. f. Acción y efecto de inducir. ‖ **eléctrica.** *Fís.* En un campo eléctrico, carga que aparece en la unidad de área de cada una de las caras de una lámina conductora colocada perpendicularmente a las líneas de fuerza del campo. ‖ **magnética.** *Fís.* Poder imantador de un campo magnético, excitación magnética.

inducido. m. *Fís.* Circuito que gira en el campo magnético de una dinamo, y en el cual se desarrolla una corriente por efecto de su rotación.

inducir. tr. Instigar, persuadir, mover a uno. ‖ **2.** *Fil.* Ascender lógicamente el entendimiento desde el conocimiento de los fenómenos, hechos o casos, a la ley o principio que virtualmente los contiene o que se efectúa en todos ellos uniformemente. ‖ **3.** *Fís.* Producir un cuerpo electrizado fenómenos eléctricos en otro situado a cierta distancia de él. ❑ Irreg. Se conj. como *conducir.* Ú. con la prep. *a.*

inductancia. f. Magnitud eléctrica que sirve para caracterizar los circuitos según su aptitud para engendrar corrientes inducidas.

inductivo, va. adj. Que se hace por inducción.

inductor, ra. adj. Que induce. Dícese especialmente del que induce a otro a cometer un delito. Ú. t. c. s. ‖ **2.** m. *Fís.* Órgano de las máquinas eléctricas destinado a producir la inducción magnética.

indudable. adj. Dícese de lo que no se puede poner en duda.

indulgencia. f. Facilidad en perdonar o disimular las culpas o en conceder gracias.

indulgente. adj. Inclinado a perdonar y disimular los yerros o a conceder gracias.

indultar. tr. Perdonar a uno total o parcialmente la pena que tiene impuesta, o conmutarla por otra menos grave.

indulto. m. Gracia por la cual se remite total o parcialmente o se conmuta una pena, o bien se exceptúa y exime a uno de la ley o de otra obligación cualquiera.

indumentaria. f. Vestimenta de persona para adorno o abrigo de su cuerpo.

induración. f. *Pat.* Acción y efecto de endurecer.

industria. f. Maña y destreza o artificio para hacer una cosa. ‖ **2.** Conjunto de operaciones materiales ejecutadas para la obtención, transformación o transporte de uno o varios productos naturales. ‖ **3.** Instalación destinada a estas operaciones. ‖ **4.** Suma o conjunto de las **industrias** de un mismo o de varios géneros, en todo un país o de parte de él. *La* INDUSTRIA *algodonera; la* INDUSTRIA *española.*

industrial. adj. Perteneciente o relativo a la industria. ‖ **2.** m. El que vive del ejercicio de una industria o es propietario de ella.

industrialización. f. Acción y efecto de industrializar.

industrializar. tr. Dar predominio a las industrias en la economía de un país.

industrioso, sa. adj. Que se dedica con ahínco al trabajo.

inédito, ta. adj. Escrito y no publicado. Ú. t. c. s. ‖ **2.** Dícese del escritor que aún no ha publicado nada. ❑ No utilizar por *nuevo, insólito...*

inefable. adj. Que con palabras no se puede explicar. ❑ No utilizar por *incomunicable, secreto...*

ineficacia. f. Falta de eficacia y actividad.

ineficaz. adj. No eficaz.

ineluctable. adj. Dícese de aquello contra lo cual no puede lucharse; inevitable.

ineludible. adj. Que no se puede eludir.

inenarrable. adj. **inefable.**

inepcia. f. Cualidad de necio. ‖ **2.** Ineptitud.

ineptitud. f. Inhabilidad, falta de aptitud o de capacidad.

inepto, ta. adj. Necio o incapaz. Ú. t. c. s.

inequívoco, ca. adj. Que no admite duda o equivocación.

inercia. f. Flojedad, desidia, inacción. ‖ **2.** *Mec.* Incapacidad de los cuerpos para salir del estado de reposo, para cambiar las condiciones de su movimiento o para cesar en él, sin la aplicación o intervención de alguna fuerza.

inerme. adj. Que está sin armas. Ú. t. en sent. fig.

inerte. adj. Inactivo, ineficaz, estéril, inútil.

inervación. f. *Fisiol.* Acción del sistema nervioso en las funciones de los demás órganos del cuerpo del animal.

inervar. tr. *Anat.* Alcanzar los nervios un órgano o parte del cuerpo.

inescrutable. adj. Que no se puede saber ni averiguar.

inesperado, da. adj. Que sucede sin esperarse.

inestabilidad. f. Falta de estabilidad.

inestable. adj. No estable.

inestimable. adj. Tan valioso que no puede ser estimado como corresponde.

inevitable. adj. Que no se puede evitar.

inexactitud. f. Falta de exactitud.

inexacto, ta. adj. Que carece de exactitud.

inexcusable. adj. Que no tiene disculpa. *Un error* INEXCUSABLE.

inexistencia. f. Falta de existencia.

inexistente. adj. Que carece de existencia. ‖ **2.** fig. Dícese de aquello que, aunque existe, se considera totalmente nulo.

inexorabilidad. f. Cualidad de inexorable.

inexorable. adj. Que no se deja vencer con ruegos. ‖ **2.** Por ext., que no se puede evitar. *El* INEXORABLE *paso del tiempo.*

inexperiencia. f. Falta de experiencia.

inexperto, ta. adj. Falto de experiencia. Ú. t. c. s.

inexplicable. adj. Que no se puede explicar.

inexplorado, da. adj. No explorado.

inexpresivo, va. adj. Que carece de expresión. *Un rostro* INEXPRESIVO.

inexpugnable. adj. Que no se puede tomar o conquistar por las armas. ‖ **2.** fig. Que no se deja vencer ni persuadir.

inextinguible. adj. No extinguible.

in extremis. loc. lat. En los últimos instantes de la existencia; y así, del que está a punto de morir se dice que está IN EXTREMIS.

inextricable. adj. Que no se puede desenredar; muy intrincado y confuso.

infalible. adj. Que no puede errar. ‖ **2.** Seguro, cierto, indefectible.

infamante. adj. Que causa deshonra.

infamar. tr. Quitar la fama, honra y estimación a una persona o a una cosa personificada. Ú. t. c. prnl.

infame. adj. Muy malo y vil en su especie.

infamia. f. Maldad, vileza en cualquier línea.

infancia. f. Período de la vida humana desde que se nace hasta la pubertad. ‖ **2.** Conjunto de los niños de tal edad.

infanta. f. Hija legítima del rey no heredera del trono.

infante. m. Cualquiera de los hijos varones y legítimos del rey, nacidos después del príncipe o de la princesa. ‖ **2.** Soldado de infantería. ‖ **3.** Niño de corta edad.

infantería. f. Tropa que se traslada de un lugar a otro a pie en maniobras o en combate.

infanticidio. m. Muerte dada violentamente a un niño, sobre todo si es recién nacido o está próximo a nacer.

infantil. adj. Perteneciente o relativo a la infancia.

infantilismo. m. Persistencia en la adolescencia o en la edad adulta de los caracteres físicos y mentales propios de la infancia.

infanzón, na. m. y f. Hijodalgo o hijadalgo que en sus propiedades tenía potestad y señorío limitados.

infartar. tr. Causar un infarto. Ú. t. c. prnl.

infarto. m. *Pat.* Aumento de tamaño de un órgano enfermo. INFARTO *de un ganglio, del hígado,* etc. || **2.** *Pat.* Necrosis de un órgano o parte de él por falta de riego sanguíneo, debida a obstrucción de la arteria correspondiente. || **3.** *Med.* Por antonomasia, el del miocardio.

infatigable. adj. Incapaz de cansarse o que muy difícilmente se cansa.

infausto, ta. adj. Desgraciado, infeliz.

infección. f. Acción y efecto de infectar o infectarse.

infeccioso, sa. adj. Que causa infección. *Foco* INFECCIOSO.

infectar. tr. Transmitir los gérmenes de una enfermedad. Ú. t. c. prnl. ❑ No confundir con *infestar.*

infecto, ta. adj. Inficionado, contagiado, pestilente, corrompido.

infecundidad. f. Falta de fecundidad.

infelicidad. f. Desgracia, suerte adversa.

infeliz. adj. De suerte adversa, no feliz. Ú. t. c. s.

inferencia. f. Acción y efecto de inferir.

inferior. adj. Que está debajo de otra cosa o más bajo que ella. || **2.** Dícese de la persona sujeta o subordinada a otra. Ú. t. c. s.

inferioridad. f. Cualidad de inferior.

inferir. tr. Sacar una consecuencia o deducir una cosa de otra. ❑ Irreg. Se conj. como *sentir.* Ú. con la prep. *de.*

infernal. adj. Perteneciente o relativo al infierno.

infernillo. m. Infiernillo para calentar.

infestar. tr. Inficionar, apestar. Ú. t. c. prnl. || **2.** Causar estragos y molestias los animales o las plantas advenedizas en los campos cultivados y aun en las casas. ❑ Ú. con la prep. *de.* No confundir con *infectar.*

infibular. tr. Colocar un anillo u otro obstáculo en los órganos genitales para impedir el coito.

inficionar. tr. **infectar,** causar infección. Ú. t. c. prnl.

infidelidad. f. Falta de fidelidad; deslealtad.

infidelísimo, ma. adj. sup. irreg. de **infiel.**

infiel. adj. Falto de fidelidad; desleal. || **2.** Que no profesa la fe considerada como verdadera. Ú. t. c. s. ❑ sup. irreg. *infidelísimo.*

infiernillo. m. Aparato metálico con lamparilla de alcohol que sirve para cocinar alimentos o calentar agua y otros líquidos o sustancias. || **2.** Por ext., cualquier utensilio eléctrico y portátil destinado al mismo fin.

infierno. m. *Rel.* Lugar donde los condenados sufren, después de la muerte, castigo eterno. || **2.** *Rel.* Estado de privación definitiva de Dios. || **3.** En diversas mitologías y religiones no cristianas, lugar que habitan los espíritus de los muertos.

infijo, ja. adj. Afijo con función o significado propios, que se introduce en el interior de una palabra o de su raíz; como la *n* del lat. *iungere,* uncir, frente a *iugum,* yugo, o en vasco *ra* en *eragin,* hacer hacer, frente a *egin,* hacer. Ú. t. c. s.

infiltrado, da. m. y f. Persona introducida subrepticiamente en un grupo adversario, en territorio enemigo, etc.

infiltrar. tr. Introducir suavemente un líquido entre los poros de un sólido. Ú. t. c. prnl. || **2.** prnl. fig. Introducirse en un partido, corporación, medio social, etc., con propósito de espionaje, propaganda o sabotaje.

ínfimo, ma. adj. En el orden y graduación de las cosas, dícese de la que es última y menos que las demás.

infinidad. f. fig. Gran número y muchedumbre de cosas o personas.

infinitesimal. adj. *Mat.* Aplícase a las cantidades infinitamente pequeñas.

infinitivo. adj. *Gram.* V. **modo infinitivo.** Ú. t. c. s. || **2.** m. *Gram.* Presente de **infinitivo,** o sea voz que da nombre al verbo.

infinito, ta. adj. Que no tiene ni puede tener fin ni término. || **2.** *Mat.* Valor mayor que cualquier cantidad asignable. || **3.** *Mat.* El signo ∞ con que se expresa ese valor.

inflación. f. fig. *Econ.* Elevación notable del nivel de precios con efectos desfavorables para la economía de un país. ❑ No utilizar **inflacción.*

inflacionario, ria. adj. Perteneciente o relativo a la inflación monetaria.

inflacionista. adj. **inflacionario.**

inflamable. adj. Que se enciende con facilidad y desprende inmediatamente llamas.

inflamación. f. Alteración patológica en una parte cualquiera del organismo, caracterizada por trastornos de la circulación de la sangre y, frecuentemente, por aumento de calor, enrojecimiento, hinchazón y dolor.

inflamar. tr. Encender una cosa que arde con facilidad desprendiendo llamas inmediatamente. Ú. t. c. prnl. ‖ **2.** prnl. Producirse inflamación, alteración patológica.

inflamatorio, ria. adj. *Med.* Que causa inflamación.

inflar. tr. Hinchar una cosa con aire o gas. Ú. t. c. prnl.

inflexibilidad. f. fig. Constancia y firmeza para no conmoverse ni doblegarse.

inflexible. adj. fig. Que por su firmeza y constancia no se conmueve ni se doblega, ni desiste de su propósito.

inflexión. f. Torcimiento o comba de una cosa que estaba recta o plana. ‖ **2.** Hablando de la voz, elevación o atenuación que se hace con ella, quebrándola o pasando de un tono a otro.

infligir. tr. Hablando de daños, causarlos, y de castigos, imponerlos. ❑ No confundir con *infringir*.

inflorescencia. f. *Bot.* Forma en que aparecen colocadas las flores en las plantas. INFLORESCENCIA *en umbela, en espiga, en racimo, en ramillete*.

influencia. f. fig. Poder, valimiento, autoridad de una persona para con otra u otras o para intervenir en un negocio.

influenciable. adj. Que se deja influir fácilmente.

influenciar. tr. **influir.**

influir. intr. fig. Ejercer una persona o cosa predominio, o fuerza moral. Ú. t. c. tr. ❑ Irreg. Se conj. como *huir*. Ú. con la prep. *en*.

influjo. m. Acción y efecto de influir.

influyente. adj. Que goza de mucha influencia.

infolio. m. Libro en folio.

información. f. Acción y efecto de informar o informarse. ‖ **2.** Oficina donde se informa sobre alguna cosa. ‖ **génica.** *Biol.* Conjunto de mensajes codificados en los ácidos nucleicos que origina, mediante reacciones bioquímicas, la expresión de los caracteres hereditarios propios de los seres vivos.

informador, ra. m. y f. Periodista de cualquier medio de difusión.

informal. adj. Que no guarda las formas y reglas prevenidas. ‖ **2.** Aplícase también a la persona que en su porte y conducta no observa la conveniente gravedad y puntualidad. Ú. t. c. s.

informalidad. f. Cualidad de informal.

informante. adj. Que informa.

informar. tr. Enterar, dar noticia de una cosa. Ú. t. c. prnl. ‖ **2.** *Fil.* Dar forma sustancial a una cosa.

informática. f. Conjunto de conocimientos científicos y técnicas que hacen posible el tratamiento automático de la información por medio de ordenadores.

informático, ca. adj. Que trabaja o investiga en informática. Apl. a pers., ú. t. c. s.

informativo, va. adj. Dícese de lo que informa o sirve para dar noticia de una cosa.

informatizar. tr. Aplicar los métodos de la informática en un negocio, proyecto, etc.

informe[1]. m. Noticia o instrucción que se da de un negocio o suceso, o bien acerca de una persona.

informe[2]. adj. De forma vaga e indeterminada.

infortunio. m. Suerte desdichada o fortuna adversa.

infra-. elem. compos. que significa «inferior» o «debajo»: INFRA*humano*, INFRA*scrito*.

infracción. f. Transgresión, quebrantamiento de una ley, pacto o tratado; o de una norma moral, lógica o doctrinal.

infractor, ra. adj. Que quebranta una ley o precepto. Ú. t. c. s.

infraestructura. f. fig. Conjunto de elementos o servicios que se consideran necesarios para la creación y funcionamiento de una organización cualquiera. INFRAESTRUCTURA *económica*, etc.

in fraganti. loc. adv. En el mismo momento en que se está cometiendo el delito o realizando una acción censurable.

infraganti. adv. m. **in fraganti.**

infrahumano, na. adj. Inferior a lo que se considera propio de humanos. *Condiciones de vida* INFRAHUMANAS.

infranqueable. adj. Imposible o difícil de franquear o desembarazar de los impedimentos que estorban el paso.

infrarrojo, ja. adj. *Fís.* Dícese de la radiación del espectro luminoso que se encuentra más allá del rojo visible y de mayor longitud de onda. Se caracteriza por sus efectos caloríficos.

infrascrito, ta. adj. Dicho abajo o después de un escrito.

infravalorar. tr. Atribuir a alguien o algo valor inferior al que tiene.

infrecuente. adj. Que no es frecuente.

infringir. tr. Quebrantar leyes, órdenes, etc. ❑ No confundir con *infligir*.

infructuoso, sa. adj. Ineficaz, inútil para algún fin.

infrutescencia. f. *Bot.* Agrupación de varios frutillos con apariencia de unidad, como la del moral, la del higo, etc.

ínfula. f. Cada una de las dos cintas anchas que penden por la parte posterior de la mitra episcopal. ‖

2. pl. fig. Presunción o vanidad. ❑ No confundir con *ínsula.*

infumable. adj. Dícese del tabaco pésimo, ya por su calidad, ya por defecto de elaboración. ‖ **2.** Por ext., inaceptable, de mala calidad, sin aprovechamiento posible.

infundado, da. adj. Que carece de fundamento real o racional.

infundio. m. Mentira, patraña o noticia falsa, generalmente tendenciosa.

infundir. tr. fig. Causar en el ánimo un impulso moral o afectivo. INFUNDIR *miedo, fe, cariño.* ❑ doble p. p.: *infundido* (reg.) e *infuso* (irreg., solo empleado como adj.).

infusión. f. *Farm.* Acción de extraer de las sustancias orgánicas las partes solubles en agua, a una temperatura mayor que la del ambiente y menor que la del agua hirviendo. ‖ **2.** Por ext., bebida que se obtiene de diversos frutos o hierbas aromáticas, como té, café, manzanilla, etc., introduciéndolos en agua hirviendo.

infuso, sa. p. p. irreg. de **infundir.** Hoy solo tiene uso hablando de las gracias y dones que Dios infunde en el alma. *Ciencia* INFUSA.

infusorio. m. *Zool.* Célula o microorganismo que tiene cilios para su locomoción en un líquido.

ingeniar. tr. Trazar o inventar ingeniosamente. ‖ **2.** prnl. Discurrir con ingenio trazas y modos para conseguir una cosa o ejecutarla.

ingeniería. f. Conjunto de conocimientos y técnicas que permiten aplicar el saber científico a la utilización de la materia y de las fuentes de energía.

ingeniero, ra. m. y f. Persona que profesa o ejerce la ingeniería. ‖ **aeronáutico.** El que proyecta y construye aeronaves, pistas, hangares, etc. ‖ **agrónomo.** El que entiende en el fomento, calificación y medición de las fincas rústicas y en cuanto se refiere a la práctica de la agricultura y dirección de las construcciones rurales. ‖ **civil.** El que pertenece a cualquiera de los cuerpos facultativos no militares dedicados a obras y trabajos públicos. ‖ **de caminos, canales y puertos.** El que entiende en la traza, ejecución y conservación de los caminos, canales y puertos y de otras obras relacionadas con ellos. ‖ **de minas.** El que entiende en el laboreo de las minas y en la construcción y dirección de las fábricas en que se benefician los minerales. ‖ **de montes.** El que entiende en la cría, fomento y aprovechamiento de los montes. ‖ **de telecomunicación.** El que entiende en materias de electrónica y telecomunicación. ‖ **industrial.** El que desarrolla las actividades de la industria. ‖ **técnico. perito.**

ingenio. m. Facultad del hombre para discurrir o inventar con prontitud y facilidad. ‖ **2.** Chispa, talento para ver y mostrar rápidamente el aspecto gracioso de las cosas. ‖ **3.** Máquina o artificio mecánico. ‖ **de azúcar.** Conjunto de aparatos para moler la caña y obtener el azúcar. ‖ **2.** Finca que comprende un conjunto de terrenos e instalaciones destinados a la plantación y explotación industrial de la caña de azúcar.

ingenioso, sa. adj. Que tiene ingenio.

ingénito, ta. adj. No engendrado.

ingente. adj. Muy grande.

ingenuidad. f. Sinceridad, buena fe, candor, verdad en lo que se hace o se dice.

ingenuo, nua. adj. Sincero, candoroso, sin doblez.

ingerir. tr. Introducir por la boca la comida, bebida o medicamentos. ❑ Irreg. Se conj. como *sentir.* No confundir con *injerir.*

ingestión. f. Acción de ingerir.

ingle. f. Parte del cuerpo en que se junta el muslo con el vientre.

inglés, sa. adj. Natural de Inglaterra. Ú. t. c. s. ‖ **2.** Perteneciente o relativo a esta nación de Europa. ‖ **3.** m. Lengua **inglesa.**

inglesismo. m. Vocablo o giro tomado del inglés.

inglete. m. Ángulo de 45 grados que con cada uno de los catetos forma la hipotenusa del cartabón. ‖ **2.** Unión a escuadra de los trozos de una moldura.

ingratitud. f. Olvido o desprecio de los beneficios recibidos, falta de gratitud.

ingrato, ta. adj. Desagradecido, que olvida o desconoce los beneficios recibidos.

ingravidez. f. Cualidad de ingrávido.

ingrávido, da. adj. Ligero, suelto y tenue como la gasa o la niebla.

ingrediente. m. Cualquier cosa que entra con otras en un remedio, bebida, guisado u otro compuesto. Ú. t. en sent. fig.

ingresar. intr. Entrar en un lugar. ‖ **2.** Entrar a formar parte de una corporación. ‖ **3.** Entrar en un establecimiento sanitario para recibir tratamiento. ‖ **4.** tr. Meter algunas cosas, como el dinero, en un lugar para su custodia. *Hoy* HE INGRESADO *en el banco trescientas mil pesetas.*

ingresivo, va. adj. *Gram.* Se dice del aspecto verbal que designa el comienzo de la acción, o del verbo que tiene ese aspecto. En español está representado generalmente por perífrasis: *se echó a llorar, se puso a escribir.*

ingreso. m. Acción de ingresar. ‖ **2.** Caudal que entra en poder de uno, y que le es de cargo en las cuentas.

inguinal. adj. Perteneciente a las ingles.

inhábil. adj. Falto de habilidad, talento o instrucción.

inhabilitación. f. Acción y efecto de inhabilitar o inhabilitarse.

inhabilitar. tr. Declarar a uno inhábil o incapaz de obtener o ejercer cargos públicos, o de ejercitar derechos civiles o políticos. ‖ **2.** Imposibilitar para una cosa. Ú. t. c. prnl.

inhabitable. adj. No habitable.

inhalación. f. Acción de inhalar.

inhalador. m. *Med.* Aparato para efectuar inhalaciones.

inhalar. tr. *Med.* Aspirar, con un fin terapéutico, ciertos gases o líquidos pulverizados.

inherente. adj. Que por su naturaleza está de tal manera unido a otra cosa, que no se puede separar de ella. ‖ **2.** *Gram.* Dícese de la propiedad perteneciente a una unidad gramatical con independencia de las relaciones que esta pueda establecer en la oración. Así, *pared* tiene como propiedad **inherente** el género femenino, y *pensar*, la precisión de construirse con sujeto animado. ❑ Ú. con la prep. *a.*

inhibición. f. Acción y efecto de inhibir o inhibirse.

inhibir. tr. p. us. Prohibir, estorbar, impedir. Ú. t. c. prnl. ‖ **2.** Con sentido general, impedir o reprimir el ejercicio de facultades o hábitos. ‖ **3.** prnl. Abstenerse, dejar de actuar.

inhospitalario, ria. adj. Falto de hospitalidad.

inhóspito, ta. adj. Se dice del lugar incómodo, poco grato.

inhumación. f. Acción y efecto de inhumar.

inhumano, na. adj. Falto de humanidad, cruel.

inhumar. tr. Enterrar un cadáver.

iniciación. f. Acción y efecto de iniciar o iniciarse.

iniciado, da. adj. Dícese del que comparte el conocimiento de una cosa secreta. Ú. t. c. s.

inicial. adj. Perteneciente al origen o principio de las cosas. *Velocidad* INICIAL *de un proyectil.*

iniciar. tr. Comenzar o promover una cosa. INICIAR *un debate.*

iniciativa. f. Acción de adelantarse a los demás en hablar u obrar. Ú. con el verbo *tomar.* ‖ **2.** Cualidad personal que inclina a esta acción.

inicio. m. Comienzo, principio.

inicuo, cua. adj. Malvado, injusto. ❑ No confundir con *inocuo.* sup. irreg. *iniquísimo.*

inigualable. adj. Que no puede ser igualado.

inimaginable. adj. No imaginable.

inimicísimo, ma. adj. sup. de **enemigo.**

inimitable. adj. No imitable.

ininteligible. adj. No inteligible.

ininterrumpido, da. adj. Continuado sin interrupción.

iniquidad. f. Maldad, injusticia grande.

iniquísimo, ma. adj. sup. p. us. de **inicuo.**

injerencia. f. Acción y efecto de injerirse.

injerir. tr. Injertar plantas. ‖ **2.** prnl. Entrometerse, intervenir en alguna cuestión o negocio ajeno. ❑ Irreg. Se conj. como *sentir.* No confundir con *ingerir.*

injertar. tr. Injerir en la rama o tronco de un árbol alguna parte de otro en la cual ha de haber yema para que pueda brotar. ‖ **2.** *Med.* Aplicar una porción de tejido vivo a una parte del cuerpo mortificada o lesionada, de manera que se produzca una unión orgánica.

injerto, ta. adj. Que está injertado. ‖ **2.** m. Planta injertada.

injuria. f. Agravio, ultraje de obra o de palabra.

injuriar. tr. Agraviar, ultrajar con obras o palabras.

injurioso, sa. adj. Que injuria.

injusticia. f. Falta de justicia.

injustificable. adj. Que no se puede justificar.

injusto, ta. adj. No justo o equitativo. Apl. a pers., ú. t. c. s.

inmaculado, da. adj. Que no tiene mancha.

inmadurez. f. Falta de madurez.

inmaduro, ra. adj. No maduro. ‖ **2.** Inexperto. Ú. t. c. s.

inmanencia. f. Cualidad de inmanente.

inmanente. adj. *Fil.* Dícese de lo que es inherente a algún ser o va unido de un modo inseparable a su esencia, aunque racionalmente pueda distinguirse de ella.

inmarcesible. adj. Que no se puede marchitar.

inmaterial. adj. No material.

inmaterialidad. f. Cualidad de inmaterial.

inmediación. f. Cualidad de inmediato. ‖ **2.** pl. Proximidad en torno a un lugar.

inmediatez. f. Cualidad de inmediato.

inmediato, ta. adj. Contiguo o muy cercano a otra cosa. ‖ **2.** Que sucede enseguida, sin tardanza.

inmejorable. adj. Que no se puede mejorar.

inmemorial. adj. Tan antiguo, que no hay memoria de cuándo empezó.

in memóriam. loc. lat. que significa «en memoria» o «en recuerdo».

inmensidad. f. Infinitud en la extensión. ‖ **2.** Condición de inmenso.

inmenso, sa. adj. fig. Muy grande o muy difícil de medir o contar.

inmerecido, da. adj. No merecido.

inmersión. f. Acción de introducir o introducirse una cosa en un líquido.

inmerso, sa. adj. Sumergido. ǁ **2.** fig. Ensimismado.

inmigración. f. Acción y efecto de inmigrar.

inmigrante. adj. Que inmigra. Ú. t. c. s.

inmigrar. intr. Llegar a un país para establecerse en él los naturales de otro. Se usa especialmente hablando de los que forman nuevas colonias o se domicilian en las ya formadas.

inminencia. f. Calidad de inminente, en especial hablando de un riesgo.

inminente. adj. Que amenaza o está para suceder prontamente.

inmiscuirse. prnl. fig. Entremeterse, tomar parte en un asunto o negocio, especialmente cuando no hay razón o autoridad para ello. ❑ Irreg. Se conj. como *huir.* Ú. con la prep. *en.*

inmobiliario, ria. adj. Perteneciente a cosas inmuebles. *Crédito* INMOBILIARIO. ǁ **2.** f. Empresa o sociedad que se dedica a construir, arrendar, vender y administrar viviendas.

inmoderado, da. adj. Que no tiene moderación.

inmodestia. f. Falta de modestia.

inmodesto, ta. adj. Carente de modestia.

inmolar. tr. Sacrificar una víctima.

inmoral. adj. Que se opone a la moral o a las buenas costumbres. ❑ No confundir con *amoral.*

inmoralidad. f. Falta de moralidad, desarreglo en las costumbres.

inmortal. adj. Que no puede morir.

inmortalidad. f. Cualidad de inmortal.

inmortalizar. tr. Hacer perpetua una cosa en la memoria de los hombres. Ú. t. c. prnl.

inmóvil. adj. Que no se mueve. ǁ **2.** fig. Firme, invariable.

inmovilidad. f. Cualidad de inmóvil.

inmovilismo. m. Tendencia a mantener sin cambios una situación política, social, económica, ideológica, etc.

inmovilista. adj. Partidario del inmovilismo. Ú. t. c. s.

inmovilizar. tr. Hacer que una cosa quede inmóvil. ǁ **2.** prnl. Quedarse o permanecer inmóvil.

inmueble. m. Casa o edificio.

inmundicia. f. Suciedad, basura.

inmundo, da. adj. Sucio y asqueroso. ǁ **2.** fig. Impuro.

inmune. adj. Exento de ciertos oficios, cargos, gravámenes o penas. ǁ **2.** No atacable por ciertas enfermedades.

inmunidad. f. Cualidad de inmune. ǁ **2.** *Biol.* y *Med.* Estado de resistencia, natural o adquirida, que poseen ciertos individuos o especies frente a determinadas acciones patógenas de microorganismos o sustancias extrañas. ǁ **3.** *Biol.* Fenómeno complejo caracterizado por la exaltación de la respuesta del organismo a un antígeno determinado.

inmunitario, ria. adj. *Med.* Perteneciente o relativo a la inmunidad.

inmunizar. tr. Hacer inmune.

inmunodeficiencia. f. *Med.* Estado patológico del organismo, caracterizado por la disminución funcional de los linfocitos B y T, de los productos de su biosíntesis o de alguna de sus actividades específicas.

inmunoglobulina. f. *Bioquím.* Globulina del plasma que actúa como anticuerpo.

inmunología. f. *Med.* Conjunto de los conocimientos científicos relativos a la inmunidad biológica.

inmutabilidad. f. Cualidad de inmutable.

inmutable. adj. No mudable, que no puede ni se puede cambiar.

inmutar. tr. Alterar o variar una cosa.

innatismo. m. Sistema filosófico según el cual las ideas son connaturales a la razón y nacen con ella.

innato, ta. adj. Connatural y como nacido con el mismo sujeto.

innecesario, ria. adj. No necesario.

innegable. adj. Que no se puede negar.

innoble. adj. Que no es noble. ǁ **2.** Vil, abyecto.

innominado, da. adj. Que no tiene nombre especial. ǁ **2.** *Anat.* V. **hueso innominado.** Ú. t. c. s. y comúnmente en pl.

innovación. f. Acción y efecto de innovar.

innovador, ra. adj. Que innova. Ú. t. c. s.

innovar. tr. Mudar o alterar las cosas, introduciendo novedades.

inumerable. adj. Que no se puede reducir a número.

innúmero, ra. adj. Que no se puede reducir a número.

inobediencia. f. Falta de obediencia.

inobservancia. f. Falta de observancia.

inocencia. f. Exención de culpa en un delito o en una mala acción. ǁ **2.** Candor, sencillez.

inocentada. f. Broma o chasco que se da a uno en el día de los Santos Inocentes.

inocente. adj. Libre de culpa. Ú. t. c. s. ǁ **2.** Cándido, sin malicia, fácil de engañar. Ú. t. c. s.

inocentón, na. adj. fig. y fam. aum. Muy inocente, cándido.

inocuidad. f. Cualidad de inocuo.

inocular. tr. *Med.* Comunicar por medios artificiales una enfermedad contagiosa. Ú. t. c. prnl.

inocuo, cua. adj. Que no hace daño. ❑ No confundir con *inicuo.*

inodoro, ra. adj. Que no tiene olor. ‖ **2.** Aplícase especialmente a los aparatos que se colocan en los escusados de las casas y en los evacuatorios públicos para impedir el paso de los malos olores. Ú. m. c. s. m.

inofensivo, va. adj. fig. Que no puede causar daño ni molestia.

inolvidable. adj. Que no puede olvidarse.

inoperable. adj. Dícese del enfermo que no puede ser operado, o de la enfermedad en que no procede la operación quirúrgica.

inoperante. adj. No operante, ineficaz, inútil.

inopia (estar en la). fr. fig. y fam. Ignorar alguna cosa que otros conocen, no haberse enterado de ella.

inopinado, da. adj. Que sucede sin haber pensado en ello, o sin esperarlo.

inoportuno, na. adj. Fuera de tiempo o de propósito.

inorgánico, ca. adj. Dícese de todo cuerpo sin órganos para la vida, como los minerales.

inoxidable. adj. Que no se puede oxidar.

in promptu. expr. lat. usada como loc. adv. De improviso, al presente. *Tomar un partido,* o *realizar un acto* IN PROMPTU. ❏ No confundir con *impromptu.*

inquebrantable. adj. Que persiste sin quebranto, o no puede quebrantarse.

inquietar. tr. Quitar el sosiego, turbar la quietud. Ú. t. c. prnl.

inquieto, ta. adj. Que no está quieto, o es de índole bulliciosa. ‖ **2.** fig. Desasosegado por una agitación del ánimo.

inquietud. f. Falta de quietud, desasosiego, desazón.

inquilino, na. m. y f. Persona que ha tomado una casa o parte de ella en alquiler para habitarla.

inquina. f. Aversión, mala voluntad.

inquirir. tr. Indagar, averiguar o examinar cuidadosamente una cosa. ❏ Irreg. Se conj. como *adquirir.*

inquisición. n. p. f. Tribunal eclesiástico, establecido para inquirir y castigar los delitos contra la fe. ‖ **2.** f. Acción y efecto de inquirir.

inquisidor, ra. adj. Que inquiere. Ú. t. c. s. ‖ **2.** m. Juez eclesiástico que tenía potestad para instruir causas de fe, y para emitir sentencia en ellas.

inquisitivo, va. adj. Perteneciente a la indagación o averiguación.

inquisitorial. adj. Perteneciente o relativo al inquisidor o a la Inquisición.

inri. m. Nombre que resulta de leer como una palabra las iniciales de *Iesus Nazarenus Rex Iudaeórum,* rótulo latino de la santa cruz. ‖ **para más,** o **mayor, inri.** loc. Para mayor escarnio.

insaciable. adj. Que no se puede saciar.

insalivar. tr. Mezclar los alimentos con saliva en la cavidad de la boca.

insalvable. adj. Que no se puede salvar.

insania. f. Locura, privación del juicio.

insano, na. adj. Perjudicial para la salud.

insatisfacción. f. Falta de satisfacción.

insatisfecho, cha. adj. No satisfecho.

inscribir. tr. Apuntar el nombre de una persona entre los de otras para un objeto determinado. Ú. t. c. prnl. ‖ **2.** *Geom.* Trazar una figura dentro de otra, de manera que tengan puntos comunes sin cortarse. ❏ p. p. irreg. *inscrito* e *inscripto.*

inscripción. f. Acción y efecto de inscribir o inscribirse.

inscripto, ta. p. p. irreg. **inscrito.**

inscrito, ta. p. p. irreg. de **inscribir.** ‖ **2.** adj. *Geom.* Dícese de la figura que se traza dentro de otra, de manera que tengan puntos comunes sin cortarse.

insecticida. adj. Que sirve para matar insectos. Dicho de los productos destinados a este fin, ú. t. c. s. m.

insectívoro, ra. adj. *Zool.* Dícese de mamíferos de pequeño tamaño, con los dedos terminados en uñas y plantígrados, que tienen molares provistos de tubérculos agudos, con los cuales mastican el cuerpo de los insectos de que se alimentan; como el topo y el erizo. Ú. t. c. s. ‖ **2.** m. pl. *Zool.* Orden de estos animales.

insecto. adj. Dícese del artrópodo de respiración traqueal, con el cuerpo dividido en cabeza, tórax y abdomen, con un par de antenas y tres de patas. Los más tienen uno o dos pares de alas y sufren metamorfosis durante su desarrollo. Ú. m. c. s. m. ‖ **2.** m. pl. *Zool.* Clase de estos animales.

in sécula, in sécula seculórum o **para in sécula.** loc. adv. Para siempre jamás.

inseguridad. f. Falta de seguridad.

inseguro, ra. adj. Falto de seguridad, incierto.

inseminación. f. *Biol.* Llegada del semen al óvulo, tras la cópula sexual. ‖ **artificial.** Procedimiento para hacer llegar el semen al óvulo mediante un artificio cualquiera. Se usa en medicina para la fecundación del óvulo en ciertos casos de esterilidad femenina, y sobre todo en ganadería y piscicultura.

inseminar. tr. Hacer llegar el semen al óvulo mediante un artificio cualquiera.

insenescencia. f. Cualidad de lo que no envejece.

insensatez. f. Necedad, falta de sentido o de razón.

insensato, ta. adj. Falto de sensatez, tonto, fatuo. Ú. t. c. s.

insensibilidad. f. Falta de sensibilidad.

insensibilizar. tr. Quitar la sensibilidad o privar a uno de ella. Ú. t. c. prnl.

insensible. adj. Que carece de sensibilidad, o que no tiene sentido.

inseparable. adj. Que no se puede separar.

insepulto, ta. adj. No sepultado. Dícese del cadáver antes de ser sepultado.

inserción. f. Acción y efecto de insertar.

insertar. tr. Incluir, introducir una cosa en otra. Se usa regularmente hablando de la inclusión de algún texto o escrito en otro. ❑ Ú. con la prep. *en.*

inserto, ta. adj. Que está insertado. ‖ **2.** m. *Cinem.* y *TV.* Rótulo entre dos encuadres o superpuesto a uno, que, en forma legible, explica al espectador la localización o cualquier otro detalle de la escena, página de un periódico, una carta, etc.

inservible. adj. No servible o que no está en estado de servir.

insidia. f. **asechanza.** Ú. m. en pl.

insidioso, sa. adj. Malicioso o dañino con apariencias inofensivas.

insigne. adj. Célebre, famoso.

insignia. f. Señal, distintivo, o divisa honorífica.

insignificancia. f. Pequeñez, insuficiencia, inutilidad.

insignificante. adj. Baladí, pequeño, despreciable.

insinceridad. f. Falta de sinceridad.

insinuación. f. Acción y efecto de insinuar o insinuarse.

insinuar. tr. Dar a entender una cosa sin más que indicarla o apuntarla ligeramente.

insípido, da. adj. Falto de sabor. ‖ **2.** fig. Falto de espíritu, viveza, gracia o sal. *Poeta* INSÍPIDO; *comedia* INSÍPIDA.

insistencia. f. Reiteración y porfía acerca de una cosa.

insistir. intr. Repetir o hacer hincapié en algo.

in situ. loc. lat. que significa en el lugar, en el sitio.

insobornable. adj. Que no puede ser sobornado.

insociable. adj. Huraño o intratable, o que no tiene condiciones para el trato social.

insocial. adj. Huraño, que evita el trato social.

insolación. f. Malestar o enfermedad interna producidos por una exposición excesiva a los rayos solares.

insolencia. f. Atrevimiento, descaro.

insolentar. tr. Hacer a uno insolente y atrevido. Ú. m. c. prnl.

insolente. adj. Que comete insolencias. Ú. t. c. s.

insólito, ta. adj. Raro, extraño, desacostumbrado.

insoluble. adj. Que no puede disolverse ni diluirse. ‖ **2.** Que no se puede resolver o aclarar.

insolvencia. f. Falta de solvencia, incapacidad de pagar una deuda.

insolvente. adj. Que no tiene con qué pagar. Ú. t. c. s.

insomne. adj. Que no duerme, desvelado.

insomnio. m. Vigilia, falta de sueño a la hora de dormir.

insondable. adj. fig. Que no se puede averiguar, sondear o saber a fondo.

insonorización. f. Acción y efecto de insonorizar.

insonorizar. tr. Acondicionar un lugar, habitación, etc., para aislarlo acústicamente.

insoportable. adj. Que no se puede soportar; insufrible, intolerable.

insoslayable. adj. Que no puede soslayarse, ineludible.

insospechado, da. adj. No sospechado, inesperado.

insostenible. adj. fig. Que no se puede defender con razones.

inspección. f. Acción y efecto de inspeccionar.

inspeccionar. tr. Examinar, reconocer atentamente una cosa.

inspector, ra. m. y f. Empleado público o particular que tiene a su cargo la inspección y vigilancia del ramo a que pertenece y del cual toma título especial el destino que desempeña. INSPECTOR *de policía, de correos.*

inspiración. f. Acción y efecto de inspirar o inspirarse.

inspirador, ra. adj. Que inspira. Ú. t. c. s.

inspirar. tr. Atraer el aire exterior a los pulmones, aspirar. Ú. t. c. intr. ‖ **2.** fig. Infundir o hacer nacer en el ánimo o la mente afectos, ideas, designios, etc.

instalación. f. Acción y efecto de instalar o instalarse. ‖ **2.** Conjunto de cosas instaladas.

instalar. tr. Colocar en un lugar o edificio los enseres y servicios que en él se hayan de utilizar; como en una fábrica, los conductos de agua, aparatos para la luz, etc. ‖ **2.** prnl. Establecerse, fijar uno su residencia.

instancia. f. Acción y efecto de instar. ‖ **2.** Memorial, solicitud.

instantánea. f. Impresión fotográfica que se hace instantáneamente.

instantáneo, a. adj. Que solo dura un instante.

instante. m. Porción brevísima de tiempo.

instar. tr. Repetir la súplica o petición, insistir en ella con ahínco.

instauración. f. Acción y efecto de instaurar.

instaurador, ra. adj. Que instaura. Ú. t. c. s.

instaurar. tr. Establecer, fundar, instituir.

instigación. f. Acción y efecto de instigar.

instigador, ra. adj. Que instiga. Ú. t. c. s.

instigar. tr. Incitar, provocar o inducir a uno a que haga una cosa.

instintivo, va. adj. Que es obra, efecto o resultado del instinto, y no del juicio o de la reflexión.

instinto. m. Conjunto de pautas de reacción que, en los animales, contribuyen a la conservación de la vida del individuo y de la especie. INSTINTO *reproductor.*

institución. f. Establecimiento o fundación de una cosa. ‖ **2.** Organismo que desempeña una función de interés público, especialmente benéfico o docente. ‖ **3.** Cada una de las organizaciones fundamentales de un Estado, nación o sociedad. INSTITUCIÓN *monárquica, del feudalismo.*

institucional. adj. Perteneciente o relativo a una institución o a instituciones políticas, religiosas, sociales, etc.

institucionalizar. tr. Convertir algo en institucional. Ú. t. c. prnl.

instituir. tr. Establecer algo de nuevo; dar principio a una cosa. ❑ Irreg. Se conj. como *huir.*

instituto. m. Corporación científica, literaria, profesional, artística, benéfica, etc. ‖ **2.** Edificio en que funciona alguna de estas corporaciones. ‖ **3.** Constitución o regla que prescribe cierta forma y método de vida o de enseñanza; por ejemplo, el de las órdenes religiosas. ‖ **de segunda enseñanza, de enseñanza media, de bachillerato, de formación profesional** o **de educación secundaria.** El establecimiento oficial donde se seguían o se siguen los estudios correspondientes a estas etapas del sistema educativo.

institutriz. f. Mujer encargada de la educación o instrucción de uno o varios niños en el hogar doméstico.

instrucción. f. Acción de instruir o instruirse. ‖ **2.** Caudal de conocimientos adquiridos. ‖ **3.** Conjunto de reglas o advertencias para algún fin. Ú. m. en pl. ‖ **4.** *Inform.* Expresión formada por números y letras que indica, en un computador, la operación que debe realizar y los datos correspondientes. ‖ **militar.** Conjunto de enseñanzas, prácticas, etc., para el adiestramiento del soldado.

instructivo, va. adj. Dícese de lo que instruye o sirve para instruir.

instructor, ra. adj. Que instruye. Ú. t. c. s.

instruido, da. adj. Que tiene buen caudal de conocimientos adquiridos.

instruir. tr. Enseñar, doctrinar. ‖ **2.** Comunicar sistemáticamente ideas, conocimientos o doctrinas. ‖ **3.** Formalizar un proceso o expediente conforme a las reglas de derecho y prácticas recibidas. ❑ Irreg. Se conj. como *huir.*

instrumental. adj. Perteneciente o relativo al instrumento. *Elemento de orden* INSTRUMENTAL; *medios* INSTRUMENTALES. ‖ **2.** Que sirve de instrumento o tiene función de tal. *Agente* INSTRUMENTAL; *causa* INSTRUMENTAL. ‖ **3.** Perteneciente o relativo a los instrumentos músicos. *Música* INSTRUMENTAL; *canto* INSTRUMENTAL. ‖ **4.** m. Conjunto de instrumentos destinados a determinado fin. INSTRUMENTAL *científico.*

instrumentar. tr. Arreglar una composición musical para varios instrumentos.

instrumentista. com. Músico que toca un instrumento. ‖ **2.** Fabricante de instrumentos músicos, quirúrgicos, etc.

instrumento. m. Conjunto de diversas piezas combinadas adecuadamente para que sirva con determinado objeto en el ejercicio de las artes y oficios. ‖ **2.** Ingenio o máquina. ‖ **3.** Aquello de que nos servimos para hacer una cosa. ‖ **4. instrumento músico.** ‖ **de cuerda.** *Mús.* El que lleva cuerdas de tripa o de metal, que se hacen sonar pulsándolas, golpeándolas con macillos o haciendo que un arco roce con ellas. ‖ **de percusión.** *Mús.* El que se hace sonar golpeándolo con badajos, baquetas o varillas. ‖ **de viento.** *Mús.* El que se hace sonar impeliendo aire dentro de él. ‖ **músico.** Conjunto de piezas dispuestas de modo que sirva para producir sonidos musicales.

insubordinación. f. Falta de subordinación.

insubordinado, da. adj. Que rechaza la subordinación. Ú. t. c. s.

insubordinar. tr. Inducir a la insubordinación. ‖ **2.** prnl. Quebrantar la subordinación, sublevarse.

insuficiencia. f. Falta de suficiencia. ‖ **2.** Cortedad o escasez de una cosa. ‖ **3.** Incapacidad total o parcial de un órgano para realizar adecuadamente sus funciones. INSUFICIENCIA *hepática.*

insuficiente. adj. No suficiente.

insuflador. m. Tubo que sirve para insuflar.

insuflar. tr. *Med.* Introducir en un órgano o en una cavidad un gas, un líquido o una sustancia pulverizada.

insufrible. adj. Que no se puede sufrir.

ínsula. f. ant. Isla. ‖ **2.** fig. Cualquier lugar pequeño o gobierno de poca entidad, a semejanza del encomendado a Sancho en el *Quijote.* ❑ No confundir con *ínfula.*

insular. adj. Natural de una isla. ‖ **2.** Perteneciente o relativo a una isla.

insulina. f. *Bioquím.* Hormona segregada por los islotes de Langerhans en el páncreas, que regula la cantidad de glucosa existente en la sangre. Hoy también se obtiene por síntesis química artificial.

insulso, sa. adj. Insípido, zonzo y falto de sabor. ‖ **2.** fig. Falto de gracia y viveza.

insultante. adj. Dícese de las palabras o acciones con que se insulta.

insultar. tr. Ofender a uno provocándolo e irritándolo con palabras o acciones.

insulto. m. Acción y efecto de insultar.

insumisión. f. Falta de sumisión.

insumiso, sa. adj. Inobediente, rebelde.

insuperable. adj. No superable.

insurgente. adj. Levantado o sublevado. Ú. t. c. s.

insurrección. f. Levantamiento, sublevación o rebelión de un pueblo, nación, etc.

insurrecto, ta. adj. Levantado o sublevado contra la autoridad pública; rebelde. Ú. m. c. s.

insustancial. adj. De poca o ninguna sustancia.

insustituible. adj. Que no puede sustituirse.

intachable. adj. Que no admite o merece tacha.

intacto, ta. adj. No tocado o palpado. ‖ **2.** fig. Que no ha padecido alteración, menoscabo o deterioro.

intangibilidad. f. Cualidad de intangible.

intangible. adj. Que no debe o no puede tocarse.

integérrimo, ma. adj. sup. de **íntegro.**

integración. f. Acción y efecto de integrar o integrarse.

integral. adj. Global, total. ‖ **2.** *Fil.* Aplícase a las partes que entran en la composición de un todo sin serle esenciales, de manera que el todo puede subsistir, aunque incompleto, sin alguna de ellas. ‖ **3.** *Mat.* Aplícase al signo (∫) con que se indica la integración. ‖ **4.** f. *Mat.* Resultado de integrar una expresión. ‖ **definida.** *Mat.* Aquella cuyos límites superior e inferior están definidos.

integrante. adj. Que integra.

integrar. tr. Constituir las partes un todo. ‖ **2.** Completar un todo con las partes que faltaban. ‖ **3.** *Mat.* Determinar por el cálculo una expresión a partir de otra que representa su derivada. ‖ **4.** prnl. **incorporarse,** unirse a un grupo para formar parte de él.

integridad. f. Cualidad de íntegro.

integrismo. m. Actitud de ciertos sectores religiosos, ideológicos, políticos, partidarios de la intangibilidad de la doctrina tradicional.

integrista. adj. Perteneciente o relativo al integrismo. ‖ **2.** com. Partidario del integrismo.

íntegro, gra. adj. Que no carece de ninguna de sus partes. ‖ **2.** fig. Dícese de la persona recta, proba, intachable. ❑ sup. irreg. *integérrimo.*

integumento. m. Envoltura o cobertura. ‖ **2.** fig. Disfraz, ficción, fábula.

intelección. f. Acción y efecto de entender.

intelecto. m. Entendimiento, potencia cognoscitiva racional del alma humana.

intelectual. adj. Perteneciente o relativo al entendimiento. ‖ **2.** Dedicado preferentemente al cultivo de las ciencias y letras. Ú. m. c. s.

intelectualidad. f. **intelecto.** ‖ **2.** fig. Conjunto de los intelectuales de un país, región, etc.

inteligencia. f. Capacidad de entender o comprender. ‖ **2.** Habilidad, destreza y experiencia. ‖ **artificial.** La atribuida a las máquinas capaces de hacer operaciones propias de los seres inteligentes.

inteligente. adj. Dotado de inteligencia. ‖ **2.** Dícese de la persona dotada de un grado elevado de inteligencia. Ú. t. c. s.

inteligibilidad. f. Cualidad de inteligible.

inteligible. adj. Que puede ser entendido. ‖ **2.** Que se oye clara y distintamente.

intemperancia. f. Falta de templanza.

intemperie. f. Destemplanza o desigualdad del tiempo. ‖ **a la intemperie.** loc. adv. A cielo descubierto, sin techo ni otro reparo alguno.

intempestivo, va. adj. Que es o está fuera de tiempo y sazón.

intemporal. adj. No temporal, independiente del curso del tiempo.

intención. f. Determinación de la voluntad en orden a un fin. ‖ **2.** Cautelosa advertencia con que uno habla o procede.

intencionado, da. adj. Que tiene alguna intención. ❑ Ú. principalmente con los advs. *bien, mal, mejor* y *peor.*

intencional. adj. Perteneciente o relativo a la intención. ‖ **2.** Deliberado, hecho a sabiendas.

intencionalidad. f. Cualidad de intencional.

intendencia. f. Dirección, cuidado y gobierno de una cosa. ‖ **2.** Empleo de intendente. ‖ **3.** Casa u oficina del intendente. ‖ **4.** Cuerpo de oficiales y tropa destinado al abastecimiento de las fuerzas militares y a la distribución de los campamentos o edificios en que se alojan.

intendenta. f. Mujer que desempeña una intendencia.

intendente. m. Jefe superior económico o administrativo. ‖ **2.** En el ejército y en la marina, jefe superior de los servicios de la administración militar, de categoría asimilada a la de general de división o de brigada.

intensidad. f. Grado de energía de un agente natural o mecánico, de una cualidad, de una expresión, etc. ‖ **2.** fig. Vehemencia de los afectos del ánimo.

intensificación. f. Acción de intensificar o intensificarse.

intensificar. tr. Hacer que una cosa adquiera mayor intensidad. Ú. t. c. prnl.

intensivo, va. adj. Más intenso, enérgico o activo que de costumbre.

intenso, sa. adj. Que tiene intensidad. ‖ **2.** fig. Muy vehemente y vivo.

intentar. tr. Tener ánimo de hacer una cosa. ‖ **2.** Prepararla, iniciar la ejecución de la misma. ‖ **3.** Procurar o pretender.

intento. m. Propósito, intención, designio.

intentona. f. fam. Intento temerario, especialmente si se ha frustrado.

inter-. pref. que significa «entre» o «en medio»: INTER*costal*, o «entre varios»: INTER*ministerial*.

interacción. f. Acción que se ejerce recíprocamente entre dos o más objetos, agentes, fuerzas, funciones, etc.

interactivo, va. adj. Que procede por interacción. ‖ **2.** *Inform.* Dícese de los programas que permiten una interacción, a modo de diálogo, entre el computador y el usuario. Ú. t. c. s. m.

interamericano, na. adj. Relativo a cualquier clase de relaciones multilaterales entre países americanos.

interandino, na. adj. Dícese del tráfico y relaciones de otra índole entre las naciones o habitantes que están a uno y otro lado de los Andes.

intercalación. f. Acción y efecto de intercalar o intercalarse.

intercalar. tr. Interponer o poner una cosa entre otras.

intercambiable. adj. Dícese de cada una de las piezas similares pertenecientes a objetos fabricados con igualdad, y que pueden ser utilizadas en cualquiera de ellos sin necesidad de modificación.

intercambiar. tr. Cambiar dos o más personas o entidades entre sí ideas, informes, publicaciones, etc.

intercambio. m. Acción y efecto de intercambiar. ‖ **2.** Reciprocidad e igualdad de consideraciones y servicios entre entidades o corporaciones análogas de diversos países o del mismo país.

interceder. intr. Hablar en favor de otro para conseguirle un bien o librarlo de un mal.

interceptar. tr. Apoderarse de una cosa antes que llegue a su destino. ‖ **2.** Interrumpir, obstruir una vía de comunicación.

intercesión. f. Acción y efecto de interceder.

intercolumnio o **intercolunio.** m. *Arq.* Espacio entre dos columnas.

intercomunicación. f. Comunicación recíproca. ‖ **2.** Comunicación telefónica entre las distintas dependencias de un edificio o recinto.

intercomunicador. m. Aparato destinado a la intercomunicación.

intercontinental. adj. Que llega de un continente a otro, especialmente de Europa a América. *Cable* INTERCONTINENTAL.

intercostal. adj. *Anat.* Que está entre las costillas.

interdental. adj. *Fon.* Dícese de la consonante que se pronuncia colocando la punta de la lengua entre los bordes de los dientes incisivos, como la *z.* Ú. t. c. s. f.

interdependencia. f. Dependencia recíproca.

interdicción. f. Acción y efecto de vedar o prohibir.

interdigital. adj. *Anat.* Dícese de cualquiera de las membranas, músculos, etc., que se hallan entre los dedos.

interdisciplinariedad. f. Cualidad de interdisciplinario. ❑ No utilizar **interdisciplinaridad.*

interdisciplinario, ria. adj. Dícese de los estudios u otras actividades que se realizan con la cooperación de varias disciplinas.

interés. m. Provecho, utilidad, ganancia. ‖ **2.** Valor que en sí tiene una cosa. ‖ **3.** Lucro producido por el capital. ‖ **4.** Inclinación más o menos vehemente del ánimo hacia un objeto, persona, narración, etc. ‖ **5.** pl. Conveniencia o necesidad de carácter colectivo en el orden moral o material. ‖ **compuesto.** El de un capital al que se van acumulando sus réditos para que produzcan otros. ‖ **simple.** El de un capital sin agregarle ningún rédito vencido, aun cuando no se haya cobrado.

interesado, da. adj. Que tiene interés en una cosa. Ú. t. c. s. ‖ **2.** Que se deja llevar demasiado por el interés, o solo se mueve por él. Ú. t. c. s.

interesante. adj. Que interesa o que es digno de interés.

interesar. intr. Ser motivo de interés. ‖ **2.** tr. Hacer tomar parte o empeño a uno en los negocios o intereses ajenos, como si fuesen propios. ‖ **3.** Inspirar interés o afecto a una persona. ‖ **4.** Producir una cosa alteración o daño en un órgano del cuerpo. ‖ **5.** prnl. Adquirir o mostrar interés por alguien o algo.

interestatal. adj. Perteneciente o relativo a las relaciones de dos o más Estados.

interestelar. adj. Dícese del espacio comprendido entre dos o más astros.

interfaz. f. *Electrón.* Zona de comunicación o acción de un sistema sobre otro.

interfecto, ta. adj. *Der.* Dícese de la persona muerta violentamente, en especial si ha sido víctima de una acción delictiva. Ú. m. c. s.

interferencia. f. Acción y efecto de interferir. ‖ **2.** *Fís.* Acción recíproca de las ondas, ya sea en el agua, ya en la propagación del sonido, de las ondas de radio, de la luz, etc., de la que resulta, en ciertas condiciones, aumento, disminución o anulación del movimiento ondulatorio.

interferir. tr. Cruzar, interponer algo en el camino de una cosa, o en una acción. Ú. t. c. prnl. ‖ **2.** *Fís.* Causar interferencia. Ú. t. c. intr. ‖ **3.** intr. *Comunic.* Introducirse en la recepción de una señal otra extraña y molesta. ❑ Irreg. Se conj. como *sentir.* Ú. con la prep. *en.*

interfijo, ja. adj. *Gram.* **infijo.** Ú. m. c. s. m.

intergaláctico, ca. adj. *Astron.* Perteneciente o relativo a los espacios existentes entre las galaxias.

interglaciar. adj. Dícese del período comprendido entre dos glaciaciones.

ínterin. adv. t. **entretanto.** ❑ Ú. t. c. s. precedido del artículo *el* o de un demostrativo.

interinidad. f. Cualidad de interino. ‖ **2.** Tiempo que dura el desempeño interino de un cargo.

interino, na. adj. Que sirve por algún tiempo supliendo la falta de otra persona o cosa. Aplícase más comúnmente al que ejerce un cargo o empleo por ausencia o falta de otro, y en este caso, ú. t. c. s.

interinsular. adj. Dícese del tráfico y relaciones de cualquier clase entre dos o más islas.

interior. adj. Que está en la parte de adentro. ‖ **2.** fig. Que solo se siente en el alma. ‖ **3.** fig. Perteneciente a la nación de que se habla, en contraposición a lo extranjero. *Política* INTERIOR; *comercio* INTERIOR. ‖ **4.** m. La parte **interior** de una cosa. ‖ **5.** Parte central de un país, en oposición a las zonas costeras o fronterizas. ‖ **6.** pl. *Cinem.* Secuencias rodadas con decorados que representan espacios cerrados.

interioridad. f. Cualidad de interior. ‖ **2.** pl. Cosas privativas, por lo común secretas, de las personas, familias o corporaciones.

interjección. f. *Gram.* Voz que expresa alguna impresión súbita o un sentimiento profundo, como asombro, sorpresa, dolor, molestia, amor, etc.

interlínea. f. Espacio entre dos líneas de un escrito.

interlineado. m. Espacio que queda entre las líneas de un escrito.

interlineal. adj. Escrito o impreso entre dos líneas o renglones.

interlocutor, ra. m. y f. Cada una de las personas que toman parte en un diálogo.

interludio. m. *Mús.* Breve composición que ejecutaban los organistas entre las estrofas de un coral, y modernamente se ejecuta a modo de intermedio en la música instrumental.

interlunio. m. *Astron.* Tiempo en que no se ve la Luna, durante su conjunción con la Tierra y el Sol.

intermediar. intr. **mediar,** existir una cosa en medio de otras.

intermediario, ria. adj. Que media entre dos o más personas, y especialmente entre el productor y el consumidor de géneros, mercancías o servicios; dícese de los comerciantes, proveedores, financieros, etc. Ú. t. c. s.

intermedio, dia. adj. Que está entre los extremos de lugar, tiempo, calidad, tamaño, etc. ‖ **2.** m. Espacio de tiempo durante el cual queda interrumpida la representación o ejecución de poemas dramáticos o de óperas, o de cualquier otro espectáculo semejante, desde que termina cada uno de los actos o partes de la función hasta que empieza el acto o la parte siguiente.

interminable. adj. Que no tiene término o fin.

interministerial. adj. Que se refiere a varios ministerios, depende de ellos o los relaciona entre sí.

intermitencia. f. Cualidad de intermitente.

intermitente. adj. Que se interrumpe o cesa y prosigue o se repite. ‖ **2.** m. Dispositivo que enciende y apaga a intervalos sucesivos y frecuentes una o varias luces. Por ej., la luz que en el automóvil indica el cambio de dirección.

internación. f. Acción y efecto de internar o internarse.

internacional. adj. Perteneciente o relativo a dos o más naciones.

internacionalizar. tr. Someter a la autoridad conjunta de varias naciones, o de un organismo que las represente, territorios o asuntos que dependían de la autoridad de un solo Estado.

internado. m. Estado y régimen del alumno interno. ‖ **2.** Estado y régimen de personas que viven internas en establecimientos sanitarios o benéficos. ‖ **3.** Establecimiento donde viven alumnos u otras personas internas.

internamiento. m. Acción y efecto de internar o internarse.

internar. tr. Trasladar o mandar trasladar tierra adentro a una persona o cosa. ‖ **2.** Disponer o realizar el ingreso de una persona en un establecimiento, como hospital, clínica, prisión, etc. ‖ **3.** prnl. Penetrar o avanzar hacia dentro en un lugar. ‖ **4.** fig. Introducirse o insinuarse en los secretos y amistad de uno o profundizar en una materia. ❑ Como prnl., ú. con la prep. *en.*

interno, na. adj. **interior.** ‖ **2.** Dícese del alumno que vive dentro de un establecimiento de enseñanza. Ú. t. c. s. ‖ **3.** Dícese del alumno de una Facultad de Medicina que presta servicios auxiliares en alguna cátedra o clínica. Ú. t. c. s.

internodio. m. *Bot.* Espacio que hay entre dos nudos.

inter nos. loc. lat. que significa «entre nosotros», y se usa familiarmente en frases como: *Acá* INTER NOS *te diré lo que ha sucedido.*

interoceánico, ca. adj. Que pone en comunicación dos océanos.

interparlamentario, ria. adj. Dícese de las comunicaciones y organizaciones que enlazan la actividad internacional entre las representaciones legislativas de diferentes países.

interpelar. tr. Implorar el auxilio de uno o recurrir a él solicitando su amparo y protección. ‖ **2.** Requerir, compeler o simplemente preguntar a uno para que dé explicaciones o descargos sobre un hecho cualquiera.

interplanetario, ria. adj. Dícese del espacio existente entre dos o más planetas.

interpolar. tr. Poner una cosa entre otras. ‖ **2.** Intercalar algunas palabras o frases en el texto de un manuscrito antiguo, o en obras y escritos ajenos.

interponer. tr. Poner algo entre cosas o entre personas. Ú. t. c. prnl. ‖ **2.** *Der.* Formalizar, por medio de una solicitud por escrito dirigida al juez, alguno de los recursos legales, como el de nulidad, de apelación, etc. ❑ Irreg. Se conj. como *poner;* p. p. irreg. *interpuesto.*

interposición. f. Acción y efecto de interponer o interponerse.

interpretable. adj. Que se puede interpretar.

interpretación. f. Acción y efecto de interpretar.

interpretar. tr. Explicar o declarar el sentido de una cosa, y principalmente el de textos faltos de claridad. ‖ **2.** Representar una obra teatral, cinematográfica, etc. ‖ **3.** Ejecutar una pieza musical mediante canto o instrumentos. ‖ **4.** Concebir, ordenar o expresar de un modo personal la realidad.

intérprete. com. Persona que interpreta. ‖ **2.** Persona que explica a otras, en lengua que entienden, lo dicho en otra que les es desconocida.

interpuesto, ta. p. p. irreg. de **interponer.**

interregno. m. Espacio de tiempo en que un Estado no tiene soberano.

interrelación. f. Correspondencia mutua entre personas, cosas o fenómenos.

interrogación. f. **pregunta.** ‖ **2.** Signo ortográfico (¿?) que se pone al principio y fin de palabra o cláusula con que se pregunta.

interrogante. adj. Que interroga. Ú. t. c. s. ‖ **2.** amb. Pregunta. ‖ **3.** Problema no aclarado, cuestión dudosa, incógnita.

interrogar. tr. Preguntar, inquirir. ‖ **2.** Hacer una serie de preguntas para aclarar un hecho o sus circunstancias.

interrogativo, va. adj. *Gram.* Que implica o denota interrogación.

interrogatorio. m. Serie de preguntas, comúnmente formuladas por escrito. ‖ **2.** Acto de dirigirlas a quien las ha de contestar.

interrumpir. tr. Cortar la continuidad de una cosa en el lugar o en el tiempo. ‖ **2.** Atravesarse uno con su palabra mientras otro está hablando.

interrupción. f. Acción y efecto de interrumpir.

interruptor, ra. adj. Que interrumpe. ‖ **2.** m. Mecanismo destinado a interrumpir o establecer un circuito eléctrico.

intersección. f. *Geom.* Encuentro de dos líneas, dos superficies o dos sólidos que recíprocamente se cortan. La **intersección** de dos líneas es un punto; la de dos superficies, una línea, y la de dos sólidos, una superficie. ‖ **2.** *Mat.* Conjunto de los elementos que son comunes a dos conjuntos.

intersexualidad. f. *Med.* Cualidad por la que el individuo muestra, en grados variables, caracteres sexuales de ambos sexos.

intersticio. m. Hendidura o espacio, por lo común pequeño, que media entre dos cuerpos o entre dos partes de un mismo cuerpo. ‖ **2.** Espacio o distancia entre dos tiempos o dos lugares, intervalo.

intertropical. adj. Perteneciente o relativo a los países situados entre los dos trópicos, y a sus habitantes.

interurbano, na. adj. Dícese de las relaciones y servicios de comunicación entre distintas poblaciones.

intervalo. m. Espacio o distancia que hay de un tiempo a otro o de un lugar a otro. ‖ **2.** Conjunto de los valores que toma una magnitud entre dos límites dados. INTERVALO *de temperaturas, de energías, de frecuencias,* etc.

intervención. f. Acción y efecto de intervenir. ‖ **2.** *Cir.* Operación quirúrgica.

intervencionismo. m. Ejercicio reiterado o habitual de la intervención en asuntos internacionales.

intervencionista. adj. Que se refiere al intervencionismo. ‖ **2.** Partidario de él. Ú. t. c. s.

intervenir. intr. Tomar parte en un asunto. ❑ Ú. con la prep. *en*. ‖ **2.** tr. Dirigir, limitar o suspender una autoridad el libre ejercicio de actividades o funciones. *El Estado de tal país* INTERVIENE *la economía privada o la producción industrial.* ‖ **3.** Vigilar una autoridad la comunicación privada. *La policía* INTERVINO *los teléfonos; la correspondencia está* INTERVENIDA. ‖ **4.** *Cir.* Hacer una operación quirúrgica. ❑ Irreg. Se conj. como *venir.*

interventor, ra. adj. Que interviene. Ú. t. c. s. ‖ **2.** m. y f. Persona que autoriza y fiscaliza ciertas operaciones para garantizar su legalidad. ‖ **3.** En las elecciones para diputados, concejales, etc., persona designada oficialmente para vigilar la regularidad de la votación y autorizar el resultado de la misma junto con el presidente y demás integrantes de la mesa.

interviú. amb. **entrevista,** acción y efecto de entrevistar. Ú. m. c. f. ❑ pl. *interviús.*

interviuvar. tr. Mantener una conversación con una o varias personas, para informar al público de sus respuestas.

intervocálico, ca. adj. Dícese de la consonante que se halla entre dos vocales.

intestado, da. adj. *Der.* Que muere sin hacer testamento válido. Ú. t. c. s.

intestinal. adj. Perteneciente a los intestinos.

intestino, na. adj. Interior, interno. ‖ **2.** m. *Anat.* Conducto membranoso, provisto de tejido muscular, que forma parte del aparato digestivo de los gusanos, artrópodos, moluscos, procordados y vertebrados. Se halla situado a continuación del estómago y está plegado en muchas vueltas en la mayoría de los vertebrados. En sus paredes hay numerosas glándulas secretoras del jugo intestinal, que coadyuvan a la digestión de los alimentos. Ú. t. en pl. ‖ **ciego.** *Anat.* Parte del **intestino** grueso, en el hombre y en la mayoría de los mamíferos, situada entre el **intestino** delgado y el colon, muy desarrollada en los herbívoros y sobre todo en los roedores. ‖ **delgado.** *Anat.* Parte del **intestino** de los mamíferos que tiene menor diámetro. ‖ **grueso.** *Anat.* Parte del **intestino** de los mamíferos que tiene mayor diámetro.

intimar. intr. fig. Introducirse en el afecto o ánimo de uno, estrechar la amistad con él. INTIMÓ *con mi hermano.* Ú. t. c. prnl.

intimidación. f. Acción y efecto de intimidar.

intimidad. f. Amistad íntima. ‖ **2.** Zona espiritual íntima y reservada de una persona o de un grupo, especialmente de una familia.

intimidar. tr. Causar o infundir miedo. ‖ **2.** prnl. Entrarle o acometer a uno el miedo.

intimismo. m. Tendencia artística que muestra predilección por asuntos de la vida familiar o íntima.

intimista. adj. Perteneciente o relativo al intimismo.

íntimo, ma. adj. Lo más interior o interno. ‖ **2.** Aplícase también a la amistad muy estrecha y al amigo muy querido y de gran confianza. ‖ **3.** Perteneciente o relativo a la intimidad.

intocable. adj. Que no se puede tocar. Ú. t. c. s. ‖ **2.** com. En la India, persona considerada impura, perteneciente a la más baja categoría social y cuyo contacto procuran evitar las demás castas.

intolerable. adj. Que no se puede tolerar.

intolerancia. f. Falta de tolerancia, especialmente religiosa.

intolerante. adj. Que no tiene tolerancia. Ú. t. c. s.

intoxicación. f. Acción y efecto de intoxicar o intoxicarse.

intoxicar. tr. Inficionar con tóxico, envenenar. Ú. t. c. prnl. ‖ **2.** fig. Imbuir, infundir en el ánimo de otro u otros algo moralmente nocivo. Ú. t. c. prnl. ‖ **3.** fig. Dar un exceso de información manipulada con el fin de crear un estado de opinión propicio a ciertos fines.

intra-. pref. que significa «dentro de», «en el interior»: INTRA*muros*, INTRA*venoso*.

intradós. m. *Arq.* Superficie inferior de un arco o bóveda.

intraducible. adj. Que no se puede traducir.

intrahistoria. f. Voz introducida por Unamuno para designar la vida tradicional, que sirve de fondo permanente a la historia cambiante y visible.

intramuros. adv. l. Dentro de una ciudad, villa o lugar.

intramuscular. adj. Que está o se pone dentro de un músculo.

intranquilidad. f. Falta de tranquilidad; inquietud, zozobra.

intranquilizar. tr. Quitar la tranquilidad, inquietar, desasosegar. Ú. t. c. prnl.

intranquilo, la. adj. Falto de tranquilidad.

intransferible. adj. No transferible.

intransigencia. f. Condición del que no transige o no se presta a transigir.

intransigente. adj. Que no transige.

intransitable. adj. Aplícase al lugar o sitio por donde no se puede transitar.

intransitivo, va. adj. *Gram.* V. **verbo intransitivo.**

intraocular. adj. Perteneciente o relativo al interior del ojo.

intrascendente. adj. Que no es trascendente.

intratable. adj. No tratable ni manejable. ‖ **2.** fig. Insociable o de genio áspero.

intrauterino, na. adj. Que está situado u ocurre dentro del útero.

intravenoso, sa. adj. Dícese de lo que está o se pone dentro de una vena.

intrepidez. f. Arrojo, valor en los peligros.

intrépido, da. adj. Que no teme en los peligros.

intriga. f. Manejo cauteloso, acción que se ejecuta con astucia y ocultamente, para conseguir un fin. ‖ **2.** Enredo, embrollo.

intrigante. adj. Que intriga o suele intrigar. Ú. m. c. s.

intrigar. intr. Emplear intrigas, usarlas. ‖ **2.** tr. Inspirar viva curiosidad una cosa.

intrincado, da. adj. Enredado, complicado, confuso.

intrincar. tr. Enredar o enmarañar una cosa. Ú. t. c. prnl. ‖ **2.** fig. Confundir u oscurecer los pensamientos o conceptos.

intríngulis. m. fam. Dificultad o complicación de una cosa.

intrínseco, ca. adj. Íntimo, esencial.

introducción. f. Acción y efecto de introducir o introducirse. ‖ **2.** Preparación, disposición, lo propio para llegar al fin propuesto. ‖ **3.** Exordio de un discurso o preámbulo de una obra literaria o científica. ‖ **4.** *Mús.* Parte inicial, generalmente breve, de una obra instrumental o de cualquiera de sus tiempos.

introducir. tr. Meter o hacer entrar una cosa en otra. INTRODUCIR *la mano en un agujero, la sonda en una herida, mercancías en un país.* ‖ **2.** fig. Hacer que uno sea recibido o admitido en un lugar, o granjearle el trato, la amistad, la gracia, etc., de otra persona. INTRODUCIR *a uno en la corte.* ‖ **3.** Entrar en un lugar. ‖ **4.** fig. Establecer, poner en uso. INTRODUCIR *una industria en un país, palabras en un idioma.* ‖ **5.** fig. Atraer, ocasionar. INTRODUCIR *el desorden, la discordia.* Ú. t. c. prnl. ❑ Irreg. Se conj. como *conducir.* Ú. con la prep. *en.*

introito. m. Entrada o principio de un escrito o de una oración. ‖ **2.** Lo primero que decía el sacerdote en el altar al dar principio a la misa.

intromisión. f. Acción y efecto de entrometer o entrometerse.

introspección. f. Observación interior de los propios actos o estados de ánimo o de conciencia.

introspectivo, va. adj. Propio de la introspección o relativo a ella.

introversión. f. Acción y efecto de penetrar dentro de sí mismo, abstrayéndose de los sentidos.

introvertido, da. adj. Dado a la introversión. Ú. t. c. s.

intrusión. f. Acción y efecto de apropiarse, sin razón ni derecho, un cargo, una autoridad, una jurisdicción, etc.

intrusismo. m. Ejercicio de actividades profesionales por persona no autorizada para ello.

intruso, sa. adj. Que se ha introducido sin derecho en un lugar, una actividad, una profesión, etc. Ú. t. c. s.

intubar. tr. *Med.* Introducir un tubo en un conducto del organismo, especialmente en la tráquea para permitir la entrada de aire en los pulmones.

intuición. f. *Fil.* Percepción íntima e instantánea de una idea o una verdad, tal como si se tuviera a la vista. ‖ **2.** Facultad de comprender las cosas instantáneamente, sin razonamiento.

intuir. tr. Percibir íntima e instantáneamente una idea o verdad, tal como si se la tuviera a la vista. ❑ Irreg. Se conj. como *huir.*

intuitivo, va. adj. Perteneciente o relativo a la intuición. ‖ **2.** Que tiene facilidad para ella.

intumescencia. f. Hinchazón.

inundación. f. Acción y efecto de inundar o inundarse. ‖ **2.** fig. Multitud excesiva de una cosa.

inundar. tr. Cubrir el agua los terrenos y a veces las poblaciones. Ú. t. c. prnl. ‖ **2.** Por ext., saturar, llenar con algo cosas, situaciones, etc. Ú. t. c. prnl.

inusitado, da. adj. No usado, desacostumbrado.

inútil. adj. No útil. ‖ **2.** Dícese de la persona que no puede trabajar o moverse por impedimento físico. Ú. t. c. s.

inutilidad. f. Cualidad de inútil.

inutilizar. tr. Hacer inútil, vana o nula una cosa. Ú. t. c. prnl.

invadir. tr. Irrumpir, entrar por la fuerza. ‖ **2.** Ocupar anormal o irregularmente un lugar. *Las aguas* INVADIERON *la autopista.* ‖ **3.** *Biol.* y *Med.* Penetrar en un órgano u organismo agentes patógenos. ‖ **4.** fig. Entrar injustificadamente en funciones ajenas. ‖ **5.** fig. Apoderarse de alguien un sentimiento, un estado de ánimo, etc.

invaginar. tr. Doblar hacia dentro los bordes de una vaina, de un tubo, de una vejiga o de otra cosa semejante.

invalidar. tr. Hacer inválida, nula o de ningún valor una cosa.

invalidez. f. Cualidad de inválido.

inválido, da. adj. Dícese de la persona que adolece de un defecto físico o mental, ya sea congénito, ya adquirido, que le impide o dificulta alguna de sus actividades. Ú. t. c. s. ‖ **2.** fig. Nulo y de ningún valor, por no tener las condiciones que exigen las leyes. *Acuerdo* INVÁLIDO. *Resolución* INVÁLIDA.

invar. m. Aleación de hierro y níquel que, por su escaso coeficiente de dilatación, se emplea para instrumentos de medida y aparatos de precisión.

invariable. adj. Que no varía o no puede variar.

invariante. f. *Mat.* Magnitud o expresión matemática que no cambia de valor al sufrir determinadas transformaciones; por ej., la distancia entre dos puntos de un sólido que se mueve pero no se deforma.

invasión. f. Acción y efecto de invadir.

invasivo, va. adj. *Biol.* y *Med.* Que invade o tiene capacidad para invadir.

invasor, ra. adj. Que invade. Ú. t. c. s.

invectiva. f. Discurso o escrito acre y violento contra personas o cosas.

invencible. adj. Que no puede ser vencido.

invención. f. Acción y efecto de inventar. ‖ **2.** Cosa inventada. ‖ **3.** Engaño, ficción.

inventar. tr. Crear una cosa nueva o no conocida. ‖ **2.** Hallar o descubrir algo. ‖ **3.** Fingir hechos falsos, o imputarlos maliciosamente a otro.

inventariar. tr. Incluir en un inventario.

inventario. m. Asiento de los bienes y demás cosas pertenecientes a una persona o comunidad, hecho con orden y precisión.

inventiva. f. Capacidad y disposición para inventar.

invento. m. Acción y efecto de inventar. ‖ **2.** Cosa inventada.

inventor, ra. adj. Que inventa. Ú. t. c. s.

invernáculo. m. Lugar cubierto y abrigado artificialmente para defender las plantas de la acción del frío.

invernada. f. Estancia o permanencia en un lugar durante el invierno.

invernadero. m. Lugar preparado para defender las plantas contra el frío.

invernal. adj. Perteneciente al invierno o propio de él.

invernar. intr. Pasar el invierno en un lugar.

inverosímil. adj. Que no es verosímil.

inversión. f. Acción y efecto de invertir.

inversionista. adj. Dícese de la persona natural o jurídica que hace una inversión de caudales. Ú. t. c. s.

inverso, sa. p. p. irreg. de **invertir.** ‖ **2.** adj. Alterado, trastornado. ‖ **3.** *Mat.* Dícese de las cantidades cuyo producto es igual a 1. ‖ **a,** o **por, la inversa.** loc. adv. **al contrario.**

inversor, ra. adj. Que invierte. ‖ **2. inversionista.** Ú. t. c. s.

invertebrado, da. adj. *Zool.* Dícese de los animales que no tienen columna vertebral. Ú. t. c. s.m.

invertido. m. **sodomita,** el que comete sodomía.

invertir. tr. Alterar, trastornar las cosas o el orden de ellas. ‖ **2.** Hablando de caudales, emplearlos, gastarlos, colocarlos. ‖ **3.** Hablando del tiempo, emplearlo u ocuparlo. ❑ Irreg. Se conj. como *sentir.*

investidura. f. Acción y efecto de investir. ‖ **2.** Carácter que se adquiere con la toma de posesión de ciertos cargos o dignidades.

investigación. f. Acción y efecto de investigar.

investigar. tr. Hacer diligencias para descubrir una cosa. ‖ **2.** Realizar actividades intelectuales y experimentales de modo sistemático con el propósito de aumentar los conocimientos sobre una determinada materia. ‖ **3.** Aclarar la conducta de ciertas personas sospechosas de actuar ilegalmente. *Se* INVESTIGÓ *a dos comisarios de Policía.*

investir. tr. Conferir una dignidad o cargo importante. ❑ Ú. con las preps. *con* o *de.* ❑ Irreg. Se conj. como *pedir.* Ú. con la prep. *de.*

inveterado, da. adj. Antiguo, arraigado.

inviable. adj. Dícese de lo que no tiene posibilidades de llevarse a cabo.

invicto, ta. adj. Nunca vencido; siempre victorioso. Ú. t. c. s.

invidente. adj. Que no ve, ciego. Ú. t. c. s.

invierno. m. Estación del año, que astronómicamente comienza en el solsticio del mismo nombre y termina en el equinoccio de primavera. ‖ **2.** En la zona ecuatorial, donde las estaciones no son sensibles, temporada de lluvias que dura aproximadamente unos seis meses, con algunas intermitencias y alteraciones. ‖ **3.** La época más fría del año, que en el hemisferio septentrional corresponde a los meses de diciembre, enero y febrero, y en el hemisferio austral, a los meses de junio, julio y agosto.

inviolable. adj. Que no se debe o no se puede violar o profanar.

invisible. adj. Que no puede ser visto.

invitación. f. Acción y efecto de invitar o ser invitado. ‖ **2.** Impreso o tarjeta con que se invita o se es invitado.

invitado, da. m. y f. Persona que ha recibido invitación.

invitar. tr. Llamar a uno para un convite o para asistir a algún acto. ‖ **2.** Pagar el gasto que haga o haya hecho otra persona, por gentileza hacia ella. ‖ **3.** Incitar, estimular a uno a algo. ❑ Ú. con la prep. *a.*

invocación. f. Acción y efecto de invocar. ‖ **2.** Palabra o palabras con que se invoca. ‖ **3.** En ciertos poemas, parte en que el poeta pide inspiración a una deidad o musa.

invocar. tr. Demandar ayuda mediante una súplica vehemente. ‖ **2.** Acogerse a una ley, costumbre o razón; exponerla, alegarla.

involución. f. Acción y efecto de involucionar.

involucionar. intr. Retroceder, volver atrás un proceso biológico, político, cultural, económico, etc.

involucionista. adj. Perteneciente o relativo a la involución. || **2.** Partidario de una involución en política, cultura, etc. Ú. t. c. s.

involucrar. tr. Introducir en los discursos o escritos cuestiones o asuntos extraños al principal objeto de ellos. || **2.** Complicar a alguien en un asunto, comprometiéndolo en él. Ú. t. c. prnl.

involucro. m. Verticilo de brácteas, situado en la base de una flor o de una inflorescencia.

involuntario, ria. adj. No voluntario.

involutivo, va. adj. Perteneciente o relativo a la involución.

invulnerable. adj. Que no puede ser herido. || **2.** fig. Que no resulta afectado por lo que se hace o dice contra él.

inyección. f. Acción y efecto de inyectar. || **2.** Fluido inyectado.

inyectable. adj. Dícese de la sustancia o medicamento preparados para usarlos en inyecciones. Ú. t. c. s. m.

inyectar. tr. Introducir a presión un gas, un líquido, o una masa fluida, en el interior de un cuerpo o de una cavidad.

inyector. m. Dispositivo mecánico utilizado para inyectar fluidos.

ión. m. *Quím.* Átomo, molécula, o grupo de moléculas con carga eléctrica.

ionizar. tr. *Quím.* Disociar una molécula en iones o convertir un átomo o molécula en ión. Ú. t. c. prnl.

ionosfera. f. Conjunto de capas de la atmósfera por encima de los ochenta kilómetros, fuertemente ionizadas por la radiación solar, por lo que afectan de modo importante a la propagación de las ondas radioeléctricas.

iota. f. Novena letra del alfabeto griego, que corresponde a nuestra *i* vocal.

ípsilon. f. Vigésima letra del alfabeto griego, que corresponde a la que en el nuestro se llama *i griega* o *ye.*

ipso facto. loc. lat. Por el hecho mismo, inmediatamente, en el acto.

ir. intr. Moverse de un lugar hacia otro apartado del que usa el verbo **ir** y del que ejecuta el movimiento. Ú. t. c. prnl. || **2.** Sentar una cosa bien o mal a algo o a alguien. *Una blusa negra no le* VA *a esa falda.* || **3.** Diferenciarse una persona o cosa de otra. *¡Lo que* VA *del padre al hijo!* || **4.** Dirigirse, llevar o conducir a un lugar apartado del que habla. *Este camino* VA *a la aldea.* || **5.** Extenderse una cosa, en el tiempo o en el espacio, desde un punto a otro. || **6.** Junto con los gerundios de algunos verbos, denota la actual y progresiva ejecución de lo que dichos verbos significan; como VAMOS *caminando;* o que la acción empieza a verificarse; como VA *anocheciendo.* || **7.** En las terceras personas del indicativo de presente, se usa con el significado de *apostar.* VAN *cinco duros.* || **8.** Junto con la prep. *a* y un infinitivo, significa disponerse para la acción del verbo con que se junta. VOY A *salir;* VAMOS A *almorzar.* || **9.** Con la prep. *a* y un infinitivo, puede también tener valor exhortativo. VAMOS A *trabajar.* || **10.** prnl. Morirse o estarse muriendo. ❑ Irreg. Ver conjugación modelo.

ir

INDICATIVO

Presente: voy, vas, va, vamos, vais, van.
Pretérito imperfecto: iba, ibas, iba, íbamos, ibais, iban.
Pretérito indefinido: fui, fuiste, fue, fuimos, fuisteis, fueron.
Futuro imperfecto: iré, irás, irá, iremos, iréis, irán.
Condicional: iría, irías, iría, iríamos, iríais, irían.

SUBJUNTIVO

Presente: vaya, vayas, vaya, vayamos, vayáis, vayan.
Pretérito imperfecto: fuera o fuese, fueras o fueses, fuera o fuese, fuéramos o fuésemos, fuerais o fueseis, fueran o fuesen.
Futuro imperfecto: fuere, fueres, fuere, fuéremos, fuereis, fueren.

IMPERATIVO

ve (tú); id (vosotros).

FORMAS NO PERSONALES

Infinitivo: ir.
Participio: ido.
Gerundio: yendo.

ira. f. Pasión del alma, que causa indignación y enojo. || **2.** Apetito o deseo de venganza. || **3.** fig. Furia o violencia de los elementos.

iracundo, da. adj. Propenso a la ira o poseído por ella.

iraní. adj. Perteneciente o relativo al moderno Estado de Irán. || **2.** Natural del Irán moderno. Ú. t. c. s. ❑ pl. *iraníes* o *iranís.*

iraquí. adj. Perteneciente o relativo a Irak. || **2.** Natural de Irak. Ú. t. c. s. ❑ pl. *iraquíes* o *iraquís.*

irascible. adj. Propenso a la ira.

iridáceo, a. adj. *Bot.* Dícese de hierbas angiospermas monocotiledóneas, con rizomas, tubérculos o bulbos, hojas estrechas y enteras, flores actinomorfas o cigomorfas con el periantio formado por dos verticilos de aspecto de corola, fruto en cápsula y semillas con albumen córneo o carnoso; como el lirio cárdeno, el lirio hediondo y el azafrán. Ú. t. c. s. f. ‖ **2.** f. pl. *Bot.* Familia de estas plantas.

iridio. m. Elemento químico de núm. atóm. 77. Metal escaso en la corteza terrestre; se encuentra nativo, unido al platino y al rodio, y en minerales de níquel, hierro y cobre. De color blanco amarillento, quebradizo, pesado, difícilmente fusible y muy resistente a la corrosión. Se usa, aleado con platino u osmio, en joyería y en materiales especiales; uno de sus isótopos es muy utilizado en radioterapia. Símb. *Ir.*

iridiscente. adj. Que muestra o refleja los colores del iris. ‖ **2.** Por ext., dícese de lo que brilla o produce destellos.

iris. m. Arco de colores que a veces se forma en las nubes cuando el Sol, y a veces la Luna, a espaldas del espectador, refracta y refleja su luz en el agua dispersa de la lluvia, cascadas, etc. ‖ **2.** *Anat.* Disco membranoso y coloreado del ojo de los vertebrados y cefalópodos, en cuyo centro está la pupila. ❑ pl. invar.

irisado, da. adj. Que brilla o destella con colores semejantes a los del iris.

irlanda. f. Cierto tejido de lana y algodón. ‖ **2.** Cierta tela fina de lino.

irlandés, sa. adj. Natural de Irlanda. Ú. t. c. s. ‖ **2.** Perteneciente o relativo a esta isla. ‖ **3.** m. Lengua de los **irlandeses.**

ironía. f. Burla fina y disimulada. ‖ **2.** Figura retórica que consiste en dar a entender lo contrario de lo que se dice.

irónico, ca. adj. Que denota o implica ironía.

ironizar. intr. Hablar con ironía. Ú. t. c. tr.

iroqués, sa. adj. Dícese del individuo de un pueblo indígena de América Septentrional. Ú. t. c. s. ‖ **2.** Perteneciente o relativo a este pueblo. ‖ **3.** m. Lengua de los **iroqueses.**

irracional. adj. Que carece de razón. Usado como sustantivo, el bruto, esencialmente distinto del hombre. ‖ **2.** Opuesto a la razón o que va fuera de ella. ‖ **3.** *Mat.* Aplícase a las raíces o cantidades radicales que no pueden expresarse exactamente con números enteros ni fraccionarios. ‖ **4.** *Mat.* V. **número irracional.**

irradiación. f. Acción y efecto de irradiar.

irradiar. tr. Despedir un cuerpo rayos de luz, calor u otra energía. ‖ **2.** Someter algo a una radiación. ‖ **3.** fig. Transmitir, propagar, difundir.

irreal. adj. No real, falto de realidad.

irrealizable. adj. Que no se puede realizar.

irrebatible. adj. Que no se puede rebatir o refutar.

irreconciliable. adj. Aplícase al que no quiere o no puede volver a la paz y amistad con otro.

irrecuperable. adj. Que no se puede recuperar.

irredento, ta. adj. Que permanece sin redimir. Dícese especialmente del territorio que una nación pretende anexionarse por razones históricas, de lengua, raza, etc.

irreducible. adj. Que no se puede reducir.

irreductible. adj. **irreducible.**

irreemplazable. adj. No reemplazable.

irreflexivo, va. adj. Que no reflexiona. Ú. t. c. s. ‖ **2.** Que se dice o hace sin reflexionar.

irrefrenable. adj. Que no se puede refrenar.

irrefutable. adj. Que no se puede refutar.

irregular. adj. Que está fuera de regla; contrario a ella. ‖ **2.** Que no observa siempre el mismo comportamiento, o no rinde del mismo modo. ‖ **3.** Que no sucede común y ordinariamente. ‖ **4.** *Geom.* Dícese del polígono y del poliedro que no son regulares. ‖ **5.** *Gram.* Se dice de todo lo que en una lengua se aparta de un tipo considerado regular o normal.

irregularidad. f. Cualidad de irregular. ‖ **2.** fig. y fam. Malversación, desfalco, cohecho u otra inmoralidad en la gestión o administración pública, o en la privada.

irrelevancia. f. Cualidad de irrelevante.

irrelevante. adj. Que carece de relevancia o importancia.

irremediable. adj. Que no se puede remediar.

irremisible. adj. Imperdonable.

irrenunciable. adj. Dícese de aquello a que no se puede o no se debe renunciar.

irreparable. adj. Que no se puede reparar.

irrepetible. adj. Extraordinario, que no puede repetirse.

irrepresentable. adj. Dícese de las obras dramáticas que no son aptas para la representación escénica.

irreprimible. adj. Que no se puede reprimir.

irreprochable. adj. Que no tiene defecto o tacha que merezca reproche.

irresistible. adj. Que no se puede resistir. ‖ **2.** Dícese de la persona de mucho atractivo y simpatía.

irresoluble. adj. Que no se puede resolver o determinar.

irresolución. f. Falta de resolución.

irresoluto, ta. adj. Que carece de resolución. Ú. t. c. s.

irrespetuoso, sa. adj. No respetuoso.

irrespirable. adj. Que no puede respirarse.

Gas IRRESPIRABLE. ‖ **2.** Que difícilmente puede respirarse. *Aire, atmósfera* IRRESPIRABLE. ‖ **3.** fig. Se aplica al ambiente social que resulta intolerable, o que inspira gran repugnancia.

irresponsable. adj. Dícese de la persona a quien no se puede exigir responsabilidad. Ú. t. c. s. ‖ **2.** Dícese de la persona que adopta decisiones importantes sin la debida meditación. Ú. t. c. s. ‖ **3.** Dícese del acto resultante de una falta de previsión o meditación.

irreverencia. f. Falta de reverencia. ‖ **2.** Dicho o hecho irreverente.

irreverente. adj. Contrario a la reverencia o respeto debido. Ú. t. c. s.

irreversible. adj. Que no es reversible.

irrevocable. adj. Que no se puede revocar.

irrigación. f. Acción y efecto de irrigar una parte del cuerpo. ‖ **2.** Acción y efecto de irrigar un terreno.

irrigador. m. Instrumento que sirve para irrigar.

irrigar. tr. *Med.* Rociar o regar con un líquido alguna parte del cuerpo. ‖ **2.** Llevar las arterias sangre a un órgano o parte del cuerpo. ‖ **3.** Aplicar el riego a un terreno.

irrisión. f. Burla con que se provoca a risa a costa de una persona o cosa. ‖ **2.** fam. Persona o cosa que es o puede ser objeto de esta burla.

irrisorio, ria. adj. Que mueve o provoca a risa y burla. ‖ **2.** fig. Insignificante por pequeño, diminuto.

irritabilidad. f. Propensión a irritarse.

irritable. adj. Capaz de irritación. ‖ **2.** Propenso a la irritabilidad. *Fibra, genio* IRRITABLE.

irritación. f. Acción y efecto de irritar o irritarse.

irritar. tr. Hacer sentir ira. Ú. t. c. prnl. ‖ **2.** Excitar vivamente otros afectos o inclinaciones naturales. IRRITAR *los celos, el odio, la avaricia, el apetito.* Ú. t. c. prnl. ‖ **3.** *Med.* Causar excitación morbosa en un órgano o parte del cuerpo. Ú. t. c. prnl.

irrogar. tr. Tratándose de perjuicios o daños, causar, ocasionar. Ú. t. c. prnl.

irrompible. adj. Que no se puede romper.

irrumpir. intr. Entrar violentamente en un lugar.

irrupción. f. Acometimiento impetuoso y repentino. ‖ **2.** Entrada impetuosa en un lugar, invasión.

irunés, sa. adj. Natural de Irún. Ú. t. c. s. ‖ **2.** Perteneciente o relativo a esta ciudad de la provincia de Guipúzcoa.

isa. f. Canto y baile típicos de las Islas Canarias.

isabelino, na. adj. Perteneciente o relativo a cualquiera de las reinas que llevaron el nombre de Isabel en España o Inglaterra. ‖ **2.** Dícese de ciertas manifestaciones artísticas de los reinados de Isabel I o Isabel II de España, y de Isabel I de Inglaterra.

isagoge. f. Introducción, preámbulo.

isalóbara. f. *Meteor.* Curva para la representación cartográfica de los puntos de la Tierra en que la variación de la presión atmosférica ha sido la misma durante un período de tiempo determinado. Los mapas de **isalóbaras** se utilizan en la predicción de los cambios atmosféricos.

isaloterma. f. *Meteor.* Curva para la representación cartográfica de los puntos de la Tierra en los que, durante un período determinado, se ha producido una variación de temperatura del mismo valor.

ísatis. m. Nombre del zorro ártico, más pequeño que el europeo y cubierto de pelo espeso, largo y fino, completamente blanco en invierno y pardusco en verano. Una variedad que nunca cambia de color es el zorro azul. ❑ pl. invar.

isba. f. Vivienda rural de madera, propia de algunos países septentrionales del antiguo continente, y especialmente de Rusia.

isentrópico, ca. adj. *Fís.* Dícese del proceso en que la entropía permanece constante.

isidro, dra. m. y f. Persona que, del resto de España, acude a Madrid con ocasión de las fiestas de San Isidro.

isla. f. Porción de tierra rodeada de agua por todas partes. ‖ **2.** Por ext., en aeropuertos, estaciones, vías públicas, etc., recinto o zona claramente separada del espacio circundante. ISLA *de peatones;* ISLA *de equipajes;* ISLA *de información.* ‖ **islas adyacentes.** Las que, aun apartadas del continente, pertenecen al territorio nacional, como las Baleares y Canarias respecto de España, y las que se consideran parte de tal territorio.

islam. m. **islamismo.** ‖ **2.** Conjunto de los hombres y pueblos que siguen esta religión.

islámico, ca. adj. Perteneciente o relativo al islam. ❑ Distíngase de *árabe.*

islamismo. m. Conjunto de dogmas y preceptos morales que constituyen la religión de Mahoma.

islamizar. tr. Difundir la religión, prácticas y costumbres islámicas. ‖ **2.** intr. Adoptar la religión, prácticas, usos y costumbres islámicos. Ú. t. c. prnl.

islandés, sa. adj. Natural de Islandia. Ú. t. c. s. ‖ **2.** Perteneciente o relativo a esta isla del noroeste de Europa. ‖ **3.** m. Lengua nórdica hablada en Islandia.

islario. m. Descripción de las islas de un mar, continente o nación. ‖ **2.** Mapa en que están representadas.

isleño, ña. adj. Natural de una isla. Ú. t. c. s. ‖ **2.** Perteneciente o relativo a una isla.

islote. m. Isla pequeña y despoblada. ‖ **2.** Peñasco muy grande, rodeado de mar.

-ismo. suf. de sustantivos que suelen significar doctrinas, sistemas, escuelas o movimientos: *socia*lISMO, *platon*ISMO, *impresion*ISMO; actitudes: *ego*ÍSMO, *individual*ISMO, *puritan*ISMO; actividades deportivas: *atlet*ISMO, *alpin*ISMO. Forma también numerosos términos científicos: *trop*ISMO, *astigmat*ISMO, *le*ÍSMO.

iso-. elem. compos. que significa «igual»: ISO*morfo*, ISO*fonía*.

isóbara o **isobara.** f. *Meteor.* Curva para la representación cartográfica de los puntos de la Tierra que tienen la misma presión atmosférica en un momento determinado.

isobárico, ca. adj. Aplícase a dos o más lugares de igual presión atmosférica media, y a la línea que une estos lugares en un mapa meteorológico.

isóbaro, ra. adj. *Quím.* Dícese del elemento que tiene igual número de nucleones que otro, pero distinto número atómico.

isóbata. f. *Geogr.* Curva para la representación cartográfica de los puntos de igual profundidad en océanos y mares, así como en lagos grandes.

isoclina. f. *Geogr.* Línea que sobre un mapa une los puntos de la Tierra con igual inclinación magnética.

isocronismo. m. *Fís.* Igualdad de duración en los movimientos de un cuerpo.

isodínama. f. *Geogr.* Línea que sobre un mapa une los puntos de la Tierra con igual intensidad magnética.

isofena. f. *Meteor.* Curva para la representación cartográfica de los puntos de una región de la Tierra en donde, simultáneamente, tienen lugar determinados fenómenos relacionados con la fenología, p. ej. la floración del almendro, la llegada migratoria de la cigüeña, etc.

isófono, na. adj. Del mismo sonido.

isogeoterma. f. *Geol.* Línea que representa gráficamente los puntos de la corteza terrestre que están a igual temperatura, comprobada por medio de sondeos o perforaciones.

isoglosa. adj. Dícese de la línea imaginaria que en un atlas pasa por todos los puntos en que se manifiesta un mismo fenómeno lingüístico. Ú. t. c. s. f.

isógona. f. *Geogr.* Línea que sobre un mapa une los puntos de la Tierra que tienen igual declinación magnética, y marca, para cada uno de ellos, la dirección real del polo terrestre, no coincidente con la de los meridianos.

isómero, ra. adj. Aplícase a los cuerpos que, con igual composición química, tienen distintas propiedades físicas.

isomorfismo. m. *Mineral.* Cualidad de isomorfo.

isomorfo, fa. adj. *Mineral.* Aplícase a los minerales de diferente composición química e igual forma cristalina, que pueden cristalizar asociados.

isonefa. f. *Meteor.* Curva para la representación cartográfica de los puntos de la Tierra de igual nubosidad media durante un determinado período de tiempo.

isópodo. adj. *Zool.* Dícese de pequeños crustáceos de cuerpo deprimido y ancho, con los apéndices del pleon de aspecto foliáceo. Unas especies viven en aguas dulces o en el mar, otras son terrestres y habitan lugares húmedos, como la cochinilla de humedad; algunas son parásitas de crustáceos marinos. Ú. t. c. s. ‖ **2.** m. pl. *Zool.* Orden de estos animales.

isóptero, ra. adj. *Zool.* Dícese de insectos de boca masticadora, con alas membranosas iguales. Forman sociedades con individuos alados, fértiles, que se suelen llamar reyes o reinas, y castas estériles de soldados y obreras, que realizan el trabajo. Abundan en países tropicales. ‖ **2.** m. pl. *Zool.* Orden de estos animales.

isósceles. adj. *Geom.* V. **triángulo isósceles.** ❑ pl. invar.

isosilábico, ca. adj. Dícese de los versos, palabras, etc., que tienen el mismo número de sílabas.

isotermo, ma. adj. *Fís.* De igual temperatura. ‖ **2.** f. *Meteor.* Curva para la representación cartográfica de los puntos de la Tierra con la misma temperatura media anual.

isotónico, ca. adj. *Quím.* Dícese de las soluciones que, a la misma temperatura, tienen igual presión osmótica.

isótopo. m. Cada uno de los elementos químicos que poseen el mismo número de protones y distinto número de neutrones. Todos los **isótopos** de un elemento ocupan el mismo lugar en la tabla periódica y tienen las mismas propiedades químicas.

isótropo, pa. adj. *Fís.* Dícese de la materia que, con respecto a una propiedad determinada, no presenta direcciones privilegiadas.

isquemia. f. *Pat.* Disminución transitoria o permanente del riego sanguíneo de una parte del cuerpo, producida por una alteración normal o patológica de la arteria o arterias aferentes a ella.

isquiático, ca. adj. Perteneciente al isquion.

isquion. m. *Anat.* Hueso que en los mamíferos adultos se une al ilion y al pubis para formar el hueso innominado, y constituye la parte posterior de este.

israelí. adj. Natural o ciudadano del Estado de Israel. Ú. t. c. s. ‖ **2.** Perteneciente o relativo a dicho Estado. ❑ pl. *israelíes* o *israelís.* No confundir con *hebreo* o *judío.*

israelita. adj. **hebreo,** judío. Apl. a pers., ú. t. c. s. ‖ **2.** Natural de Israel. Ú. t. c. s. ‖ **3.** Perteneciente o relativo al antiguo reino de Israel.

istmo. m. *Geogr.* Lengua de tierra que une dos continentes o una península con un continente. ISTMO *de Corinto.*

italianismo. m. Giro o modo de hablar propio y privativo de la lengua italiana. ‖ **2.** Vocablo o giro de esta lengua empleado en otra.

italiano, na. adj. Natural de Italia. Ú. t. c. s. ‖ **2.** Perteneciente o relativo a esta nación de Europa. ‖ **3.** m. Lengua **italiana.**

itálico, ca. adj. Perteneciente o relativo a Italia. Dícese en particular de lo perteneciente o relativo a la Italia antigua. *Pueblos* ITÁLICOS; *escuela, filosofía, guerra* ITÁLICA.

ítem. adv. lat. que se usa para hacer distinción de artículos o capítulos en una escritura u otro instrumento, o como señal de adición. Dícese también **ítem más.** ‖ **2.** m. fig. Cada uno de dichos artículos o capítulos. ‖ **3.** *Psicol.* Cada una de las partes o unidades de que se compone una prueba, un test, un cuestionario. ❑ No confundir con *ídem.*

iterar. tr. **repetir.**

iterativo, va. adj. Que se repite. ‖ **2.** Dícese de la palabra que indica repetición o reiteración, como *gotear, goteo.*

iterbio. m. Elemento químico de núm. atóm. 70. Metal de las tierras raras muy escaso en la corteza terrestre; se encuentra en ciertos minerales acompañando al itrio. Sus sales son incoloras y su conductividad eléctrica depende de la presión; algunos de sus derivados se usan en la industria electrónica, del vidrio y como catalizadores. Símb. *Yb.*

itinerante. adj. **ambulante,** que va de un lugar a otro.

itinerario. m. Dirección y descripción de un camino con expresión de los lugares, accidentes, paradas, etc., que existen a lo largo de él. ‖ **2.** Ruta que se sigue para llegar a un lugar.

-ito[1]. suf. adoptado por convenio en la nomenclatura química para designar las sales de los ácidos cuyo nombre termina en -oso: *sulf*ITO y *fosf*ITO son sales de los ácidos sulfuroso y fosforoso, respectivamente.

-ito[2], ta. suf. que, en mineralogía y en química, forma nombres de minerales, como *graf*ITO, *magnet*ITA y *pir*ITA; de sustancias explosivas: *dinam*ITA, o de alcoholes alifáticos polivalentes: *man*ITA.

itria. f. *Quím.* Óxido de itrio, sustancia blanca, terrosa, insoluble en el agua y que se extrae de algunos minerales poco comunes.

itrio. m. Elemento químico de núm. atóm. 39. Metal de las tierras raras escaso en la corteza terrestre; de color gris de hierro y fácilmente oxidable. Se usa en la fabricación de componentes electrónicos. Símb. *Y.*

izar. tr. *Mar.* Hacer subir alguna cosa tirando de la cuerda de que está colgada.

izquierda. f. En las asambleas parlamentarias, los representantes de los partidos no conservadores ni centristas. ‖ **2.** Por ext., conjunto de personas que profesan ideas reformistas o, en general, no conservadoras. ‖ **de izquierda** o **de izquierdas.** loc. adj. con que se atribuyen ideas izquierdistas a personas, grupos, partidos, actos, etc.

izquierdista. adj. Dícese de la persona, partido, institución, etc., que comparte las ideas de la izquierda política. Apl. a pers., ú. t. c. s.

izquierdo, da. adj. Dícese de lo que está en la mitad longitudinal del cuerpo humano que aloja la mayor parte del corazón. *Mano* IZQUIERDA; *ojo* IZQUIERDO. ‖ **2.** Dícese de lo que está situado hacia esa parte del cuerpo de un observador. ‖ **3.** f. **mano izquierda.**

j. f. Décima letra del abecedario español, y séptima de sus consonantes. Su nombre es **jota,** y representa un sonido de articulación velar, sorda y fricativa; la mayor o menor tensión con que se articula en diferentes países y regiones produce variedades que van desde la vibrante a la simple aspiración.

jabalí. m. Mamífero artiodáctilo, variedad salvaje del cerdo, de color gris, pelaje muy tupido y colmillos muy desarrollados. Es bastante común en los montes de España. ❑ pl. *jabalíes* o *jabalís*.

jabalina[1]. f. Hembra del jabalí.

jabalina[2]. f. Arma, a manera de pica o venablo, que se usaba más comúnmente en la caza mayor, y actualmente en cierto deporte.

jabato, ta. adj. fam. Valiente, osado, atrevido. Ú. t. c. s. ‖ **2.** m. Hijo pequeño o cachorro del jabalí.

jábega. f. Embarcación parecida al jabeque, pero más pequeña; sirve para pescar.

jabeque. m. Embarcación costanera de tres palos, con velas latinas, que también suele navegar a remo.

jabón. m. Pasta que resulta de la combinación de un álcali con los ácidos del aceite u otro cuerpo graso; es soluble en el agua, y por sus propiedades detersorias sirve comúnmente para lavar. ‖ **de sastre.** Esteatita blanca que los sastres emplean para señalar en la tela el sitio por donde han de cortar o coser.

jabonadura. f. Acción y efecto de jabonar. ‖ **2.** pl. Espuma que se forma al jabonar.

jabonar. tr. Fregar o estregar la ropa u otras cosas con jabón y agua para lavarlas, emblanquecerlas o ablandarlas. ‖ **2.** Frotar el cuerpo, o parte de él, con agua y jabón. Ú. t. c. prnl. ‖ **3.** Humedecer la barba con agua jabonosa para afeitarla. Ú. t. c. prnl.

jaboncillo. m. Pastilla de jabón duro mezclado con alguna sustancia aromática para los usos del tocador. ‖ **2.** Árbol de América, de seis a ocho metros de altura, con hojas divididas, flores de cuatro pétalos amarillentos en racimos axilares, y fruto carnoso parecido a una cereza, con dos o tres huesos. La pulpa de este fruto produce con el agua una especie de jabón que se usaba para lavar la ropa. ‖ **de sastre. jabón de sastre.**

jabonero, ra. adj. Perteneciente o relativo al jabón. ‖ **2.** m. y f. Persona que fabrica o vende jabón. ‖ **3.** f. Recipiente para depositar o guardar el jabón de tocador. ‖ **4.** Planta herbácea de la familia de las cariofiláceas, con tallos erguidos de cuatro a seis decímetros; hojas lanceoladas, con pecíolo corto y tres nervios muy prominentes; flores grandes, olorosas, de color blanco rosado, en panojas, y fruto capsular con diversas semillas. El zumo de esta planta y su raíz hacen espuma con el agua y sirven, como el jabón, para lavar la ropa. Es muy común en los terrenos húmedos.

jabonoso, sa. adj. Que es de jabón o de la naturaleza del jabón, o que está mezclado con jabón.

jaca. f. Caballo cuya alzada no llega a metro y medio. ‖ **2. yegua,** hembra del caballo.

jácara. f. Romance alegre en que por lo regular se contaban hechos de la vida airada. ‖ **2.** fig. y fam. Mentira o patraña.

jacarandá. m. Árbol de la familia de las bignoniáceas, de flores azules, muy cultivado en parques y jardines. Es propio de América tropical.

jacarandoso, sa. adj. fam. Garboso, alegre, desenvuelto.

jacetano, na. adj. Dícese de un pueblo prerromano que habitaba la región de la actual Jaca. ‖ **2.** Perteneciente o relativo a los **jacetanos.**

jacinto. m. Planta anual de la familia de las liliáceas, con hojas radicales, largas, estrechas y crasas; flores olorosas en espiga, blancas, azules, rosas o amarillentas, y fruto capsular. Es originario de Asia Menor y se cultiva por lo hermoso de las flores. ‖ **2.** Flor de esta planta.

jaco. m. Caballo pequeño y de aspecto pobre.

jacobeo, a. adj. Perteneciente o relativo al apóstol Santiago.

jacobino, na. adj. Dícese del individuo del partido más demagógico y sanguinario de Francia en tiempo de la Revolución, y de este mismo partido, llamado así a causa de haber celebrado sus reuniones en un convento de dominicanos, a quienes vulgarmente se daba en aquel país el nombre de **jacobinos,** por la calle de San Jacobo, donde tuvieron en París su primera casa. Apl. a pers., ú. t. c. s. ‖ **2.** Por ext., dícese del demagogo partidario de la revolución violenta y sanguinaria. Ú. m. c. s.

jactancia. f. Alabanza propia, desordenada y presuntuosa.

jactancioso, sa. adj. Dícese del que se jacta, y también de las actitudes, acciones y dichos con que lo hace. Apl. a pers., ú. t. c. s.

jactarse. prnl. Alabarse uno excesiva y presuntuosamente, con fundamento o sin él y aun de acciones criminales o vergonzosas. También se ha usado como tr. JACTAR *valor;* JACTAR *linajes.* ❑ Ú. con la prep. *de.*

jaculatoria. f. Oración breve y fervorosa.

jade. m. Piedra muy dura, tenaz, de aspecto jabonoso, blanquecina o verdosa, que suele hallarse formando nódulos entre las rocas estratificadas cristalinas. Es un silicato de magnesio y calcio, con una composición semejante a la del feldespato.

jadear. intr. Respirar anhelosamente por efecto de algún trabajo o ejercicio impetuoso.

jadraque. m. Tratamiento de respeto que se da entre musulmanes a los sultanes y príncipes.

jaenero, ra. adj. Natural de Jaén. ‖ **2.** Perteneciente o relativo a Jaén.

jaenés, sa. adj. Natural de Jaén. Ú. t. c. s. ‖ **2.** Perteneciente o relativo a esta ciudad o a su provincia.

jaez. m. Cualquier adorno que se pone a las caballerías. Ú. m. en pl. ‖ **2.** fig. Cualidad o propiedad de una cosa.

jaguar. m. Mamífero félido de hasta metro y medio o dos metros de largo y unos ochenta centímetros de alzada, de piel amarillenta con anillos negros y blanquecina en el pecho y en el abdomen. Vive en América del Norte (California meridional, Tejas y Méjico) y en toda América del Sur, donde también se denomina tigre.

jaguarzo. m. Arbusto de la familia de las cistáceas, de unos dos metros de altura, con hojas lanceoladas algo viscosas, de color verde oscuro por el haz y blanquecinas por el envés; flores blancas en grupos terminales, y fruto capsular, pequeño, liso y casi globoso. Es muy abundante en el centro de España.

jaimitada. f. Dicho o hecho propio de un jaimito.

jaimito. m. fig. Nombre que se da a los niños caracterizados por un descaro, una malicia y una suficiencia que extraña en sus años.

¡ja, ja, ja! interj. con que se indica la risa, la burla o la incredulidad.

jalapa. f. Raíz de una planta vivaz americana semejante a la enredadera de campanillas, de la familia de las convolvuláceas, del tamaño y forma de una zanahoria, negruzca por fuera y blanca por dentro. Se usa como purgante enérgico.

jalar. tr. fam. **halar,** tirar de una cuerda. ‖ **2.** fam. Comer con mucho apetito.

jalbegue. m. Blanqueo de las paredes hecho con cal o arcilla blanca. ‖ **2.** Lechada de cal dispuesta para blanquear o enjalbegar.

jalea. f. Conserva transparente, hecha del zumo de algunas frutas. ‖ **2.** *Farm.* Cualquier medicamento o excipiente muy azucarado, de consistencia gelatinosa.

jalear. tr. Llamar a los perros a voces para animarlos a seguir la caza. ‖ **2.** Animar con palmadas, ademanes y expresiones a los que bailan, cantan, etc. Ú. t. c. prnl.

jaleo. m. Acción y efecto de jalear. ‖ **2.** Cierto baile popular andaluz. ‖ **3.** fam. Diversión bulliciosa. ‖ **4.** fam. Alboroto, tumulto, pendencia.

jalifa. m. Autoridad suprema de la zona del protectorado español en Marruecos, que con intervención del alto comisario de España y por delegación irrevocable del sultán ejercía los poderes y desempeñaba las funciones que a este competían.

jalón. m. *Topogr.* Vara con contera de hierro para clavarla en tierra y determinar puntos fijos cuando se levanta el plano de un terreno. ‖ **2. hito,** situación importante, o punto de referencia en la vida de alguien o en el desarrollo de algo. Ú. t. en sent. fig.

jalonar. tr. Establecer jalones. Ú. t. en sent. fig.

jaloque. m. Viento sudeste.

jamar. tr. fam. Tomar alimento, comer. Ú. t. c. prnl.

jamás. adv. t. **nunca.** Pospuesto a este adverbio y a *siempre,* refuerza el sentido de una y otra voz. ‖ **2.** Ú. c. s. en las locuciones **jamás de los jamases** o **en jamás de los jamases,** que refuerzan enfáticamente la significación de este adverbio.

jamba. f. *Arq.* Cualquiera de las dos piezas labradas que, puestas verticalmente en los dos lados de las puertas o ventanas, sostienen el dintel o el arco de ellas.

jamelgo. m. fam. Caballo flaco y desgarbado, por hambriento.

jamón. m. Carne curada de la pierna del cerdo.

jamona. adj. fam. Aplícase a la mujer que ha pasado de la juventud, especialmente cuando es gruesa. Ú. m. c. s.

jansenismo. m. Doctrina de Cornelio Jansen, obispo flamenco del siglo XVII, que exageraba las ideas de San Agustín acerca de la influencia de la gracia divina para obrar el bien, con mengua de la libertad humana.

jansenista. adj. Seguidor del jansenismo. Ú. t. c. s. ‖ **2.** Perteneciente o relativo al jansenismo.

japonés, sa. adj. Natural del Japón. Ú. t. c. s. ‖ **2.** Perteneciente o relativo a este país de Asia. ‖ **3.** m. Idioma del Japón.

japuta. f. Pez teleósteo del suborden de los acantopterigios, de color plomizo, de unos 35 centímetros de largo y casi otro tanto de alto, cabeza pequeña, boca redonda, armada de dientes finos, largos y apretados a manera de brocha, escamas regulares y romboidales, que se extienden hasta cubrir las aletas dorsal y anal, cola en forma de media luna, y aleta pectoral muy larga. Vive en el Mediterráneo y es comestible apreciado.

jaque. m. Lance del ajedrez en que un jugador, mediante el movimiento de una pieza, amenaza directamente al rey del otro, con obligación de avisarlo. Por ext. ú. t. cuando se amenaza directamente a la reina, sin tal obligación. ‖ **2.** Palabra con que se avisa. ‖ **3.** fig. Ataque, amenaza, acción que perturba o inquieta a otro, o le impide realizar sus propósitos. ❑ Ú. especialmente con el verbo *dar* o en las frases *poner, tener, traer en* JAQUE. ‖ **mate. mate,** lance que pone término al juego de ajedrez.

jaqueca. f. Cefalea recurrente e intensa, localizada en un lado de la cabeza y relacionada con alteraciones vasculares del cerebro.

jaqués, sa. adj. Natural de Jaca. Ú. t. c. s. ‖ **2.** Perteneciente o relativo a esta ciudad.

jaquetón. m. Tiburón semejante al marrajo, que puede alcanzar más de seis metros de longitud, con dientes planos, triangulares y aserrados en sus bordes. Se encuentra en todos los mares, siendo quizá, por su tamaño y su poderosa dentadura, el tiburón más peligroso que se conoce.

jara. f. Arbusto de la familia de las cistáceas, con ramas de color pardo rojizo, de uno a dos metros de altura; hojas muy viscosas, sentadas, estrechas, de haz lampiña de color verde oscuro, y envés velloso, algo blanquecino; flores grandes y blancas, frecuentemente con una mancha rojiza en la base de cada uno de los cinco pétalos, y fruto capsular y globoso. Es abundantísima en los montes del centro y mediodía de España.

jarabe. m. Bebida que se hace cociendo azúcar en agua hasta que se espesa, añadiéndole zumos refrescantes o sustancias medicinales. ‖ **2.** fig. Cualquier bebida excesivamente dulce. ‖ **de palo.** expr. coloq. que alude a una paliza como medio de disuasión o de castigo.

jaramago. m. Planta herbácea de la familia de las crucíferas, con tallo enhiesto de seis a ocho decímetros, y ramoso desde la base; hojas grandes, ásperas, arrugadas, partidas en lóbulos obtusos y algo dentados; flores amarillas, pequeñas, en espigas terminales muy largas, y fruto en vainillas delgadas, casi cilíndricas, torcidas por la punta y con muchas semillas. Es muy común entre los escombros.

jarana. f. fam. Diversión bulliciosa y alborotada.

jaranero, ra. adj. Aficionado a jaranas.

jarcia. f. Aparejos y cabos de un buque. Ú. m. en pl. ‖ **2.** Conjunto de instrumentos y redes para pescar.

jardín. m. Terreno donde se cultivan plantas con fines ornamentales. ‖ **botánico.** Terreno destinado para cultivar las plantas que tienen por objeto el estudio de la botánica. ‖ **de infancia.** Colegio de párvulos.

jardinera. f. La que por oficio cuida y cultiva un jardín. ‖ **2.** Mueble o instalación fija para poner plantas de adorno directamente en la tierra o en macetas.

jardinería. f. Arte y oficio del jardinero.

jardinero. m. El que por oficio cuida y cultiva un jardín.

jareta. f. Dobladillo que se hace en la ropa para introducir una cinta, un cordón o una goma, y sirve para fruncir la tela. ‖ **2.** Por ext., dobladillo cosido con un pespunte cercano al doblez, que se hace en las prendas de ropa como adorno.

jaretón. m. Dobladillo muy ancho.

jaro, ra. adj. Dícese del animal que tiene el pelo rojizo, y especialmente del cerdo y del jabalí. Ú. t. c. s.

jarra. f. Vasija de barro, porcelana, loza, cristal, etc., con cuello y boca anchos y una o dos asas. ‖ **2.** Líquido que contiene esta vasija. ‖ **de jarras,** o **en jarra,** o **en jarras.** locs. advs. para explicar la postura del cuerpo que se toma poniendo las manos en la cintura.

jarrete. m. Corva de la pierna humana. ‖ **2.** Corvejón de los cuadrúpedos.

jarretera. f. Liga con su hebilla, con que se ata la media o el calzón por el jarrete. ‖ **2.** Orden militar instituida en Inglaterra, llamada así por la insignia que se añadió a la orden de San Jorge, que fue una liga.

jarro. m. Vasija de barro, loza, vidrio o metal, a manera de jarra y con solo una asa. ‖ **2.** Cantidad de líquido que cabe en ella. ‖ **echarle** a uno **un jarro de agua,** o **de agua fría.** fr. fig. y fam. Quitarle de pronto una esperanza halagüeña o el entusiasmo o fervor de que estaba animado.

jarrón. m. Pieza arquitectónica en forma de jarro, con que se decoran edificios, galerías, escaleras, jardines, etc., puesta casi siempre sobre un pedestal y como adorno de remate. ‖ **2.** Vaso, por lo general de porcelana, artísticamente labrado, para adornar consolas, chimeneas, etc.

jaspe. m. Piedra silícea de grano fino, textura homogénea, opaca, y de colores variados, según contenga porciones de alúmina y hierro oxidado o carbono. ‖ **2.** Mármol veteado.

jaspear. tr. Pintar imitando las vetas del jaspe.

jativés, sa. adj. Perteneciente o relativo a Játiva. ‖ **2.** Natural de esta población de Valencia. Ú. t. c. s.

jauja. f. Nombre con que se denota todo lo que quiere presentarse como tipo de prosperidad y abundancia.

jaula. f. Caja hecha con listones de madera, mimbres, alambres, etc., para encerrar animales pequeños. ‖ **2.** Encierro formado con enrejados de hierro o de madera, como los que se hacen para asegurar a las fieras. ‖ **3.** fig. y fam. Prisión, cárcel.

jauría. f. Conjunto de perros que cazan mandados por el mismo perrero.

jazmín. m. Arbusto de la familia de las oleáceas, con tallos verdes, delgados, flexibles, algo trepadores y de cuatro a seis metros de longitud; hojas alternas y compuestas de hojuelas estrechas, en número impar, duras, enteras y lanceoladas; flores en el extremo de los tallos, pedunculadas, blancas, olorosas, de cinco pétalos soldados por la parte inferior a manera de embudo, y fruto en baya negra y esférica. Es originario de Persia y se cultiva en los jardines por el excelente olor de sus flores, que utiliza la perfumería. ‖ **2.** Flor de este arbusto.

jazmíneo, a. adj. *Bot.* Dícese de matas y arbustos pertenecientes a la familia de las oleáceas, derechos o trepadores, con hojas opuestas y sencillas o alternas y compuestas, sin estípulas, con flores hermafroditas y regulares, cáliz persistente y fruto en baya con dos semillas; como el jazmín. Ú. t. c. s. f. ‖ **2.** f. pl. *Bot.* Familia de estas plantas.

jefa. f. Superiora o cabeza de un cuerpo u oficio.

jefatura. f. Cargo o dignidad de jefe. ‖ **2.** Puesto de guardias de seguridad a las órdenes de un jefe.

jefe. m. Superior o cabeza de un cuerpo u oficio. ‖ **2.** Cabeza o presidente de un partido o corporación. ‖ **3.** En el ejército y en la marina, categoría superior a la de capitán e inferior a la de general. ‖ **de Estado.** Autoridad superior de un país. ‖ **de Gobierno.** Presidente del Consejo de Ministros.

Jehová. n. p. m. Nombre de Dios en la lengua hebrea.

jeito. m. Red usada en el Atlántico para la pesca de la anchoa y la sardina.

¡je, je, je! interj. con que se indica la risa, la burla o la incredulidad.

jeme. m. Distancia que hay desde la extremidad del dedo pulgar a la del índice, separado el uno del otro todo lo posible.

jengibre. m. Planta de la India, de la familia de las cingiberáceas, con hojas radicales, lanceoladas, casi lineales; flores en espiga, de corola purpúrea, sobre un escapo central de cuatro a seis decímetros de alto; fruto capsular bastante pulposo y con varias semillas, y rizoma del grueso de un dedo, algo aplastado, nudoso y ceniciento por fuera, blanco amarillento por dentro, de olor aromático y de sabor acre y picante como el de la pimienta; se usa en medicina y como especia. ‖ **2.** Rizoma de esta planta.

jeque. m. Jefe o caudillo, entre los musulmanes y otros pueblos orientales, que gobierna y manda un territorio o provincia, ya sea como soberano, ya como feudatario.

jerarca. m. Superior en la jerarquía eclesiástica. ‖ **2.** com. Persona que tiene elevada categoría en una organización, empresa, etc.

jerarquía. f. Grados o diversas categorías de la Iglesia. ‖ **2.** Por ext., orden o grados de otras personas y cosas. ‖ **3.** Cada uno de los núcleos o agrupaciones constituidos, en todo escalafón, por personas de saber o condiciones similares. ‖ **4.** Persona importante dentro de una organización. *Presidieron el acto las altas* JERARQUÍAS *de la nación.*

jerarquizar. tr. Organizar jerárquicamente alguna cosa.

jerbo. m. Mamífero roedor norteafricano, del tamaño de una rata, con pelaje leonado por encima y blanco por debajo, miembros anteriores muy cortos, y largos los posteriores, que utiliza para saltar; la cola es de doble longitud que el cuerpo y termina en un grueso mechón de pelos.

jerez. m. Vino blanco y fino que se cría y elabora en los términos municipales de Jerez de la Frontera, Puerto de Santa María y Sanlúcar de Barrameda.

jerga. f. Lenguaje especial y familiar que usan entre sí los individuos de ciertas profesiones y oficios, como toreros, estudiantes, etc. || **2. jerigonza,** lenguaje difícil de entender.

jergón. m. Colchón de paja, esparto o hierba y sin bastas.

jeribeque. m. Guiño, visaje, contorsión. Ú. m. en pl.

jerigonza. f. Lenguaje especial de algunos gremios, jerga. || **2.** fig. y fam. Lenguaje de mal gusto, complicado y difícil de entender.

jeringa. f. Instrumento compuesto de un tubo que termina por su parte anterior en un cañoncito delgado, y dentro del cual juega un émbolo por medio del que asciende primero, y se arroja o inyecta después, un líquido cualquiera.

jeringar. tr. Arrojar por medio de la jeringa el líquido con fuerza y violencia a la parte que se destina. || **2.** fig. y fam. Molestar o enfadar. Ú. t. c. prnl.

jeringuilla. f. Jeringa pequeña en la que se enchufa una aguja hueca de punta aguda cortada a bisel, y sirve para inyectar sustancias medicinales en tejidos u órganos.

jeroglífico, ca. adj. Aplícase a la escritura en que, por regla general, no se representan las palabras con signos fonéticos o alfabéticos, sino el significado de las palabras con figuras o símbolos. Usaron este género de escritura los egipcios y otros pueblos antiguos, principalmente en los monumentos. || **2.** m. Cada uno de los caracteres o figuras usados en este género de escritura. || **3.** Conjunto de signos y figuras con que se expresa una frase, ordinariamente por pasatiempo o juego de ingenio. || **4.** Por ext., cuadro, escritura, apunte, etc., difíciles de entender o interpretar.

jerónimo, ma. adj. Dícese del religioso de la orden de San Jerónimo. *Monje* JERÓNIMO. Ú. t. c. s.

jerosolimitano, na. adj. Natural de Jerusalén. Ú. t. c. s. || **2.** Perteneciente o relativo a esta ciudad de Palestina.

jerpa. f. Sarmiento delgado y estéril que echan las vides por la parte de abajo y junto al tronco.

jersey. m. Prenda de vestir, de punto, que cubre desde los hombros hasta la cintura y se ciñe más o menos al cuerpo. ❏ pl. *jerséis.*

Jesucristo. n. p. m. Según la fe cristiana, el Hijo de Dios hecho hombre.

jesuita. adj. Dícese del religioso de la Compañía de Jesús, fundada por San Ignacio de Loyola. Ú. t. c. s. || **2.** fig. y fam. Hipócrita, taimado. Ú. c. com. en algunos países de América.

Jesús. n. p. m. Para los cristianos, segunda persona de la Santísima Trinidad, hecha hombre para redimir al género humano. || **¡Jesús!,** o **¡Jesús, María y José!** exclams. con que se denota admiración, dolor, susto o lástima.

jeta. f. Boca saliente por su configuración o por tener los labios muy abultados. || **2.** fam. Cara humana. || **3.** Hocico del cerdo.

ji. f. Vigésima segunda letra del alfabeto griego. Se representa en latín con *ch,* y en los idiomas neolatinos con estas mismas letras, o solo con *c* o *qu,* como en español, según su ortografía moderna; v. gr.: *Caos, Aquiles.*

jíbaro, ra. adj. Dícese del individuo de una tribu indígena de la vertiente oriental del Ecuador. Ú. t. c. s. || **2.** Perteneciente o relativo a esta tribu. || **3.** m. Lengua hablada por estos indígenas.

jibia. f. Molusco cefalópodo de cuerpo oval, con una aleta a cada lado; de los diez tentáculos, los dos más largos llevan ventosas solamente sobre el extremo; en el dorso, cubierta por la piel, tiene una concha calcárea, blanda y ligera. Alcanza unos 30 centímetros de largo, abunda en los mares templados y es comestible. || **2.** Concha de la **jibia,** jibión.

jibión. m. Concha caliza de la jibia, que sirve a los plateros para hacer moldes, y tiene otros usos industriales.

jícara. f. Vasija pequeña, generalmente de loza, que suele emplearse para tomar chocolate.

jiennense. adj. **jaenés.** Apl. a pers., ú. t. c. s.

¡ji, ji, ji! interj. con que se manifiesta la risa.

jijona. m. Turrón blando procedente de Jijona, ciudad de la provincia de Alicante.

jilguero. m. Pájaro muy común en España, que mide 12 centímetros de longitud desde lo alto de la cabeza hasta la extremidad de la cola, y 23 centímetros de envergadura; tiene el pico cónico y delgado, plumaje pardo por el lomo, blanco con una mancha roja en la cara, otra negra en lo alto de la cabeza, un collar blanco bastante ancho, y negras con puntas blancas las plumas de las alas y cola, teñidas las primeras de amarillo en su parte media. Es uno de los pájaros más bonitos de Europa; se domestica fácilmente, canta bien, y puede cruzarse con el canario.

jineta¹. f. Mamífero vivérrido, de unos 45 centímetros de largo sin contar la cola, de cuerpo esbelto, hocico prolongado y pelaje blanco en la garganta, pardo amarillento con bandas negras por el cuerpo y cola anillada.

jineta². f. Arte de montar a caballo que, según la escuela de este nombre, consiste en llevar los estribos cortos y las piernas dobladas, pero en posición vertical desde la rodilla. Ú. en la loc. adv. **a la jineta.**

jinete. m. Soldado de a caballo que peleaba en lo antiguo con lanza y adarga, y llevaba encogidas las piernas, con estribos cortos. || **2.** El que cabalga. || **3.** El que es diestro en la equitación.

jipiar. intr. Hipar, gemir, gimotear. ‖ **2.** Cantar con voz semejante a un gemido.

jipijapa. f. Tira fina, flexible y muy tenaz, que se saca de las hojas del bombonaje, y se emplea para tejer sombreros, petacas y diversos objetos muy apreciados. ‖ **2.** m. **sombrero de jipijapa.**

jipío. m. Grito, quejido, lamento, etc., que se introduce en el cante flamenco.

jira. f. Banquete o merienda, especialmente campestres, entre amigos, con regocijo y bulla. ❑ No confundir con *gira*.

jirafa. f. Mamífero rumiante propio de África, de hasta cinco metros de altura, cuello largo y esbelto, las extremidades abdominales bastante más cortas que las torácicas, cabeza pequeña con dos cuernos poco desarrollados, y pelaje de color gris claro con manchas leonadas poligonales. ‖ **2.** *Cinem.* y *TV.* Mecanismo que permite mover el micrófono y ampliar su alcance, elevándolo y llevándolo lejos.

jirón. m. Pedazo desgarrado del vestido o de otra ropa. ‖ **2.** fig. Parte o porción pequeña de un todo.

Job. n. p. m. Hombre de mucha paciencia.

jocoso, sa. adj. Gracioso, chistoso, festivo.

jocundo, da. adj. Plácido, alegre, agradable.

joder. intr. Voz malsonante. Practicar el coito, fornicar. Ú. t. c. tr. ‖ **2.** tr. fig. Molestar, fastidiar. Ú. t. c. prnl. y c. intr. ‖ **3.** fig. Destrozar, arruinar, echar a perder. Ú. t. c. prnl. ‖ **4.** Ú. c. interj. de enfado, irritación, asombro, etc.

jofaina. f. Vasija en forma de taza, de gran diámetro y poca profundidad, que sirve principalmente para lavarse la cara y las manos.

jojoba. f. Arbusto mejicano del cual se extrae un aceite usado en cosmética.

jolgorio. m. fam. Regocijo, fiesta, diversión bulliciosa.

jónico, ca. adj. Natural de Jonia. Ú. t. c. s. ‖ **2.** Perteneciente o relativo a las regiones de este nombre en Grecia y Asia antiguas. ‖ **3.** *Arq.* V. **columna jónica.** ‖ **4.** *Arq.* V. **capitel jónico, orden jónico.** ‖ **5.** m. Pie de la poesía griega y latina, compuesto de cuatro sílabas. Divídese en mayor o menor: en el mayor son largas las dos primeras y breves las otras, y al contrario en el menor. ‖ **6.** Dialecto **jónico,** uno de los cuatro principales de la lengua griega.

jonio, nia. adj. Natural de Jonia. ‖ **2.** Perteneciente o relativo a las regiones de este nombre en Grecia y Asia antiguas.

jordano, na. adj. Natural de Jordania. Ú. t. c. s. ‖ **2.** Perteneciente o relativo a Jordania.

jornada. f. Camino que se anda regularmente en un día de viaje. ‖ **2.** Todo el camino o viaje, aunque pase de un día. ‖ **3.** Expedición militar. ‖ **4.** Tiempo de duración del trabajo diario de los obreros. ‖ **5.** En la obra escénica, cada uno de sus actos.

jornal. m. Estipendio que gana el trabajador por cada día de trabajo. ‖ **2.** Este mismo trabajo.

jornalero, ra. m. y f. Persona que trabaja a jornal.

joroba. f. Giba, corcova, chepa. ‖ **2.** fig. y fam. Impertinencia y molestia enfadosa.

jorobado, da. adj. Corcovado, cheposo. Ú. t. c. s.

jorobar. tr. fig. y fam. Fastidiar, molestar. Ú. t. c. prnl.

jota[1]. f. Nombre de la letra *j*. ‖ **2.** Cosa mínima. ❑ Ú. siempre con negación. ‖ **no entender** uno, o **no saber, jota, ni jota,** o **una jota.** fr. fig. y fam. Ser muy ignorante en una cosa. ❑ pl. *jotas*.

jota[2]. f. Baile popular propio de Aragón, usado también en otras regiones de España. ‖ **2.** Música con que se acompaña este baile. ‖ **3.** Copla que se canta con esta música. Consta generalmente de cuatro versos octosílabos.

jotero, ra. m. y f. Persona que canta, baila o compone jotas[2].

joven. adj. De poca edad. ‖ **2.** com. Persona que está en la juventud.

jovial. adj. Alegre, festivo, apacible.

joya. f. Pieza de oro, plata o platino, con perlas o piedras preciosas o sin ellas, que sirve para adorno de las personas y especialmente de las mujeres. ‖ **2.** fig. Cosa o persona ponderada, de mucha valía.

joyel. m. Joya pequeña.

joyería. f. Trato y comercio de joyas. ‖ **2.** Tienda donde se venden. ‖ **3.** Taller en que se construyen.

joyero, ra. m. y f. Persona que hace o vende joyas. ‖ **2.** m. Estuche, caja o armario para guardar joyas.

juanete. m. Pómulo muy abultado o que sobresale mucho. ‖ **2.** Hueso del nacimiento del dedo grueso del pie, cuando sobresale demasiado.

jubilación. f. Acción y efecto de jubilar o jubilarse. ‖ **2.** Haber pasivo que disfruta la persona jubilada.

jubilado, da. adj. Dícese del que ha sido jubilado. Ú. t. c. s.

jubilar. tr. Disponer que, por razón de vejez, largos servicios o imposibilidad, y generalmente con derecho a pensión, cese un funcionario civil en el ejercicio de su carrera o destino. ‖ **2.** fig. y fam. Desechar por inútil una cosa. ‖ **3.** prnl. Conseguir la jubilación. Usáb. t. c. intr.

jubileo. m. Fiesta pública muy solemne que celebraban los israelitas cada cincuenta años. ‖ **2.**

Entre los cristianos, indulgencia plenaria, solemne y universal, concedida por el Papa en ciertos tiempos y en algunas ocasiones. ‖ **3.** fig. Entrada y salida frecuente de muchas personas en una casa u otro sitio.

júbilo. m. Viva alegría, y especialmente la que se manifiesta con signos exteriores.

jubiloso, sa. adj. Alegre, regocijado, lleno de júbilo.

jubón. m. Vestidura que cubría desde los hombros hasta la cintura, ceñida y ajustada al cuerpo.

judaico, ca. adj. Perteneciente o relativo a los judíos.

judaísmo. m. Profesión de la ley de Moisés, hebraísmo.

judaizar. intr. Abrazar la religión de los judíos. ‖ **2.** Practicar pública o privadamente ritos y ceremonias de la ley judaica.

judas. m. fig. Hombre alevoso, traidor. ❑ pl. invar.

judeoespañol, la. adj. Perteneciente o relativo a las comunidades sefardíes y a la variedad de lengua española que hablan. ‖ **2.** Dícese de la variedad de la lengua española hablada por los sefardíes, principalmente en Asia Menor, los Balcanes y el Norte de África. Conserva muchos rasgos del castellano anterior al siglo XVI. Ú. t. c. s.

judería. f. Barrio destinado a los judíos.

judía. f. Planta herbácea anual, de la familia de las papilionáceas, con tallos endebles, volubles, de tres a cuatro metros de longitud; hojas grandes, compuestas de tres hojuelas acorazonadas unidas por la base; flores blancas en grupos axilares, y fruto en vainas aplastadas, terminadas en dos puntas, y con varias semillas de forma de riñón. Se cultiva en las huertas por su fruto, comestible, así seco como verde, y hay muchas especies, que se diferencian por el tamaño de la planta y el volumen, color y forma de las vainas y semillas. ‖ **2.** Fruto de esta planta. ‖ **3.** Semilla de esta planta.

judiada. f. Acción mala, que tendenciosamente se consideraba propia de judíos.

judicatura. f. Ejercicio de juzgar. ‖ **2.** Dignidad o empleo de juez. ‖ **3.** Tiempo que dura. ‖ **4.** Cuerpo constituido por los jueces de un país.

judicial. adj. Perteneciente al juicio, a la administración de justicia o a la judicatura.

judío, a. adj. Israelita, hebreo. Apl. a pers., ú. t. c. s. ‖ **2.** Perteneciente o relativo a los que profesan la ley de Moisés. ‖ **3.** Natural de Judea. Ú. t. c. s. ❑ No utilizar por *israelí.*

judión. m. Cierta variedad de judía, de hoja mayor y más redonda, y con las vainas más anchas, cortas y estoposas.

judo. m. **yudo.**

juego. m. Acción y efecto de jugar. ‖ **2.** Ejercicio recreativo sometido a reglas, y en el cual se gana o se pierde. JUEGO *de naipes, de ajedrez, de billar, de pelota.* ‖ **3.** Disposición con que están unidas dos cosas, de suerte que sin separarse puedan tener movimiento; como las coyunturas, los goznes, etc. ‖ **4.** Ese mismo movimiento. ‖ **5.** Determinado número de cosas relacionadas entre sí y que sirven al mismo fin. JUEGO *de hebillas, de botones, de café.* ‖ **6.** pl. Fiestas y espectáculos públicos que se usaban en lo antiguo. ‖ **de azar. juego de suerte.** ‖ **de manos.** El de agilidad que practican los prestidigitadores para engañar a los espectadores con varios géneros de entretenimientos. ‖ **de niños.** Acción o cosa que no ofrece ninguna dificultad. ‖ **de palabras.** Artificio que consiste en usar palabras, por donaire o alarde de ingenio, en sentido equívoco o en varias de sus acepciones, o en emplear dos o más que solo se diferencian en alguna o algunas de sus letras. ‖ **de suerte.** Cada uno de aquellos cuyo resultado no depende de la habilidad o destreza de los jugadores, sino exclusivamente del acaso o la suerte; como el del monte o el de los dados. ‖ **de trucos. trucos,** juego de destreza y habilidad que se ejecuta sobre una mesa. ‖ **fuera de juego.** Posición antirreglamentaria en que se encuentra un jugador, en el fútbol o en otros **juegos,** y que se sanciona con falta contra el equipo al cual pertenece dicho jugador.

juerga. f. En Andalucía, diversión bulliciosa de varias personas, acompañada de cante, baile flamenco y bebidas. ‖ **2.** Por ext., en el uso general, diversión, parranda, jarana.

juerguista. adj. Aficionado a la juerga. Ú. t. c. s.

jueves. m. Cuarto día de la semana. ‖ **no ser cosa del otro jueves.** fr. fig. y fam. No ser extraordinario aquello de que se habla.

juez. com. Persona que tiene autoridad y potestad para juzgar y sentenciar. ‖ **2.** Persona que en las justas públicas, en los certámenes literarios o en otras competiciones cuida de que se observen las leyes impuestas en ellos y de distribuir los premios.

jueza. f. fam. Mujer que desempeña el cargo de juez.

jugada. f. Acción de jugar el jugador cada vez que le toca hacerlo. ‖ **2.** Lance de juego que de este acto se origina. ‖ **3.** fig. Acción mala e inesperada contra uno.

jugador, ra. adj. Que juega. Ú. t. c. s. ‖ **2.** Que tiene el vicio de jugar. Ú. t. c. s. ‖ **3.** Que tiene especial habilidad y es muy diestro en el juego. Ú. t. c. s.

jugar. intr. Hacer algo con alegría y con el solo fin de entretenerse o divertirse. ‖ **2.** Entretenerse, divertirse tomando parte en uno de los juegos sometidos a reglas, medie o no en él interés. JUGAR *a la pelota, al dominó.* ‖ **3.** Tomar parte en uno de los juegos sometidos a reglas, no para divertirse, sino por vicio o con el solo fin de ganar dinero. ‖ **4.** Llevar a cabo el jugador un acto propio del juego cada vez que le toca intervenir en él. ‖ **5.** Con la prep. *con,* tratar a algo o a alguien sin la consideración o el respeto que merece. *Estás* JUGANDO CON *tu salud; no* JUEGUES CON*migo.* ‖ **6.** tr. Tratándose de partidas de juego, llevarlas a cabo. JUGAR *un tresillo, una partida de ajedrez.* ‖ **7.** Arriesgar, aventurar. Ú. m. c. prnl. JUGARSE *la vida, la carrera.* ‖ **jugar limpio.** fr. fig. **jugar** sin trampas ni engaños. ‖ **jugársela,** o **jugárselas** a uno. fr. fig. Comportarse con él malamente o de modo desleal. ‖ **jugar sucio.** fr. fig. Emplear trampas y engaños en un juego o negocio. ❑ Irreg. Ver conjugación modelo. No utilizar por *desempeñar* o *interpretar.*

jugar

INDICATIVO
Presente: juego, juegas, juega, jugamos, jugáis, juegan.
Pretérito imperfecto: jugaba, jugabas, jugaba, jugábamos, jugabais, jugaban.
Pretérito indefinido: jugué, jugaste, jugó, jugamos, jugasteis, jugaron.
Futuro imperfecto: jugaré, jugarás, jugará, jugaremos, jugaréis, jugarán.
Condicional: jugaría, jugarías, jugaría, jugaríamos, jugaríais, jugarían.

SUBJUNTIVO
Presente: juegue, juegues, juegue, juguemos, juguéis, jueguen.
Pretérito imperfecto: jugara o jugase, jugaras o jugases, jugara o jugase, jugáramos o jugásemos, jugarais o jugaseis, jugaran o jugasen.
Futuro imperfecto: jugare, jugares, jugare, jugáremos, jugareis, jugaren.

IMPERATIVO
juega (tú); jugad (vosotros).

FORMAS NO PERSONALES
Infinitivo: jugar.
Participio: jugado.
Gerundio: jugando.

jugarreta. f. fig. y fam. Faena, mala pasada.

juglar. m. El que por dinero y ante el pueblo cantaba, bailaba o hacía juegos y truhanerías. ‖ **2.** El que por estipendio o dádivas recitaba o cantaba poesías de los trovadores, para recreo de los reyes y de los magnates.

juglaresa. f. Mujer juglar.

juglaresco, ca. adj. Propio del juglar, o relativo a él.

juglaría. f. Arte de los juglares. ‖ **2.** V. **mester de juglaría.**

jugo. m. Zumo de las sustancias animales o vegetales sacado por presión, cocción o destilación. ‖ **2.** fig. Lo provechoso, útil y sustancial de cualquier cosa material o inmaterial. ‖ **gástrico.** *Fisiol.* Secreción enzimática, ácida, del estómago. ‖ **pancreático.** *Fisiol.* Secreción enzimática de la porción exocrina del páncreas, que se vierte al intestino.

jugoso, sa. adj. Que tiene jugo. ‖ **2.** Dícese del alimento sustancioso. ‖ **3.** fig. Valioso, estimable.

juguete. m. Objeto atractivo con que se entretienen los niños. ‖ **2.** fig. Persona o cosa dominada por alguna fuerza material o moral que la mueve y maneja a su arbitrio. JUGUETE *de las olas, de las pasiones, de la fortuna.*

juguetear. intr. Entretenerse con algo, moviéndolo sin propósito determinado. JUGUETEABA *con el llavero.*

juguetería. f. Comercio de juguetes. ‖ **2.** Tienda donde se venden.

juguetón, na. adj. Aficionado a jugar o retozar.

juicio. m. Facultad del alma, por la que el hombre puede distinguir el bien del mal y lo verdadero de lo falso. ‖ **2.** Estado de sana razón opuesto a locura o delirio. *Está en su* JUICIO; *está fuera de* JUICIO. ‖ **3.** Opinión, parecer o dictamen. ‖ **4.** fig. Seso, asiento y cordura. *Hombre de* JUICIO. ‖ **5.** *Der.* Conocimiento de una causa en la cual el juez ha de pronunciar la sentencia.

juicioso, sa. adj. Que procede con madurez y cordura. Ú. t. c. s.

julepe. m. Juego de naipes en que se pone un fondo y se señala triunfo volviendo una carta, después de repartir tres a cada jugador. Por cada baza que se hace se gana la tercera parte del fondo, y quien no hace ninguna queda obligado a reponer el fondo.

juliano, na. adj. Perteneciente o relativo a Julio César, o instituido por él.

julio[1]. m. Séptimo mes del año; tiene treinta y un días.

julio[2]. m. *Fís.* Unidad de trabajo en el sistema basado en el metro, el kilogramo, el segundo y el amperio. Equivale a diez millones de ergios.

jumento. m. Pollino, asno, burro.

juncáceo, a. adj. *Bot.* Dícese de hierbas angiospermas monocotiledóneas, semejantes a las gramíneas, propias de terrenos húmedos, generalmente vivaces, con rizoma, tallos largos, filiformes o cilíndricos, hojas alternas envainadoras, flores poco aparentes y fruto en cápsula, que contiene semillas de albumen amiláceo; como el junco de esteras. Ú. t. c. s. f. ‖ **2.** f. pl. *Bot.* Familia de estas plantas.

juncal. m. Sitio poblado de juncos, juncar.

juncar. m. Sitio poblado de junqueras.

juncia. f. Planta herbácea, vivaz, de la familia de las ciperáceas, con cañas triangulares de 8 a 12 decímetros de altura; hojas largas, estrechas, aquilladas, de bordes ásperos; flores verdosas en espigas terminales, y fruto en granos secos de albumen harinoso. Es medicinal y olorosa, sobre todo el rizoma, y abunda en los sitios húmedos.

junco[1]. m. Planta de la familia de las juncáceas, con tallos de seis a ocho decímetros de largo, lisos, cilíndricos, flexibles, puntiagudos, duros, y de color verde oscuro por fuera y esponjosos y blancos en el interior; hojas radicales reducidas a una vainilla delgada, flores en cabezuelas verdosas cerca de la extremidad de los tallos, y fruto capsular con tres ventallas y muchas semillas en cada una de ellas. Se cría en parajes húmedos. ‖ **2.** Cada uno de los tallos de esta planta. ‖ **de esteras. junco[1].**

junco[2]. m. Especie de embarcación pequeña usada en las Indias Orientales.

jungla. f. En la India y otros países de Asia y América, terreno de vegetación muy espesa.

junio. m. Sexto mes del año; tiene treinta días.

junípero. m. **enebro.**

junquera. f. Junco, planta.

junquillo. m. Planta de jardinería, especie de narciso de flores amarillas muy olorosas, cuyo tallo es liso y parecido al junco[1]. ‖ **2.** *Arq.* Moldura redonda y más delgada que el bocel.

junta. f. Reunión de varias personas para conferenciar o tratar de un asunto. ‖ **2.** Cada una de las conferencias o sesiones que celebran. ‖ **3.** Unión de dos o más cosas. ‖ **4.** Parte en que se juntan dos o más cosas, juntura. ‖ **5.** *Arq.* Espacio que queda entre las superficies de las piedras o ladrillos contiguos de una pared, y que suele rellenarse con argamasa o yeso.

juntar. tr. Unir unas cosas con otras. ‖ **2.** Reunir, congregar, poner en el mismo lugar. Ú. t. c. prnl. ‖ **3.** Acumular, acopiar o reunir en cantidad. JUNTAR *dinero, víveres.* ‖ **4.** prnl. Arrimarse, acercarse mucho a uno. ‖ **5.** Acompañarse, andar con uno. ‖ **6.** Amancebarse.

junto, ta. adj. Unido, cercano. ‖ **2.** adv. Juntamente, cerca, al lado. ❑ Úsase a menudo con los adverbios de lugar *aquí, allí* y con el indefinido *todo.* ‖ **junto a.** loc. prep. Cerca de. ‖ **junto con.** loc. prep. En compañía de, en colaboración con.

juntura. f. Parte o lugar en que se juntan y unen dos o más cosas.

Júpiter. n. p. m. Planeta conocido desde muy antiguo: es el mayor de cuantos componen el sistema solar, comparable por su brillo con Venus, y al cual acompañan nueve satélites.

jura. f. Acción de jurar solemnemente la sumisión a ciertos preceptos u obligaciones. ‖ **de la bandera.** Acto solemne en que cada individuo de las unidades o de los reemplazos militares jura obediencia y fidelidad en el servicio de la patria.

jurado, da. adj. Que ha prestado juramento al encargarse del desempeño de su función u oficio. *Intérprete, vocal, veedor* JURADO. ‖ **2.** m. Tribunal no profesional ni permanente, cuyo esencial cometido es determinar la inocencia o culpabilidad del acusado, dejando al cuidado de los magistrados la imposición de la pena que por las leyes corresponde al caso. ‖ **3.** Cada uno de los individuos que componen dicho tribunal. ‖ **4.** Cada uno de los individuos que constituyen el tribunal examinador en exposiciones, concursos, etc. ‖ **5.** Conjunto de estos individuos.

juramentar. tr. Tomar juramento a uno. ‖ **2.** prnl. Obligarse con juramento.

juramento. m. Afirmación o negación de una cosa, poniendo por testigo a Dios, o en sí mismo o en sus criaturas. ‖ **2.** Maldición o blasfemia.

jurar. tr. Afirmar o negar una cosa, poniendo por testigo a Dios, o en sí mismo o en sus criaturas. ‖ **2.** Reconocer solemnemente, y con juramento de fidelidad y obediencia, la soberanía de un príncipe. ‖ **3.** Someterse solemnemente y con igual juramento a los preceptos constitucionales de un país, estatutos de las órdenes religiosas, graves deberes de determinados cargos, etc. ‖ **4.** intr. Echar maldiciones o blasfemias. ‖ **jurar en falso.** fr. Asegurar con juramento lo que se sabe que no es verdad. ‖ **jurársela,** o **jurárselas,** uno a otro. fr. fam. Asegurar que se ha de vengar de él.

jurásico, ca. adj. *Geol.* Dícese del segundo período de la era mesozoica. Ú. t. c. s. ‖ **2.** *Geol.* Perteneciente o relativo a los terrenos de este período, en el que se empiezan a delimitar las masas continentales, aparecen diversos grupos de mamíferos y aves y predominan los dinosaurios.

jurel. m. Pez teleósteo marino, del suborden de los acantopterigios, de medio metro de largo aproximadamente, cuerpo rollizo, carnoso, de color azul por el lomo y blanco rojizo por el vientre, cabeza corta, escamas pequeñas y muy unidas a la piel, excepto a lo largo de los costados, donde son fuertes y agudas; dos aletas de grandes espinas en el lomo, y cola extensa y muy ahorquillada.

jurídico, ca. adj. Que atañe al derecho, o se ajusta a él.

jurisconsulto, ta. m. y f. Persona que profesa con el debido título la ciencia del derecho, dedicándose más particularmente a escribir sobre él y a resolver las consultas legales que se le proponen.

jurisdicción. f. Poder o autoridad que tiene alguien para gobernar y poner en ejecución las leyes o para aplicarlas en juicio. ‖ **2.** Término de un lugar o provincia. ‖ **3.** Territorio en que un juez ejerce sus facultades de tal.

jurisdiccional. adj. Perteneciente a la jurisdicción. ‖ **2.** V. **aguas jurisdiccionales.**

jurisprudencia. f. Ciencia del derecho. ‖ **2.** Conjunto de las sentencias de los tribunales, y doctrina que contienen. ‖ **3.** Criterio sobre un problema jurídico establecido por una pluralidad de sentencias concordes.

jurista. com. Persona que estudia o profesa la ciencia del derecho.

justa. f. Pelea o combate singular, a caballo y con lanza. ‖ **2.** Torneo o juego de a caballo en que se acreditaba la destreza en el manejo de las armas. ‖ **3.** fig. Competición o certamen en un ramo del saber. JUSTA *literaria.*

justamente. adv. m. Con justicia. ‖ **2.** Exactamente, precisamente, ni más ni menos. *Eso ha sucedido* JUSTAMENTE *como yo pensaba.*

justicia. f. Una de las cuatro virtudes cardinales, que inclina a dar a cada uno lo que le corresponde o pertenece. ‖ **2.** Derecho, razón, equidad. ‖ **3.** Lo que debe hacerse según derecho o razón. *Pido* JUSTICIA. ‖ **4.** Pena o castigo público. ‖ **5.** Ministro o tribunal que ejerce **justicia.** ‖ **6.** Poder judicial.

justicialismo. m. Movimiento político argentino, fundado por el general Perón.

justiciero, ra. adj. Que observa y hace observar estrictamente la justicia. ‖ **2.** Que observa estrictamente la justicia en el castigo de los delitos.

justificación. f. Acción y efecto de justificar o justificarse. ‖ **2.** Causa, motivo o razón que justifica.

justificado, da. adj. Conforme a justicia y razón. ‖ **2.** Que obra según justicia y razón.

justificante. adj. Que justifica. Ú. t. c. s. m.

justificar. tr. Probar una cosa con razones convincentes, testigos o documentos. ‖ **2.** *Impr.* Igualar la longitud de las líneas que van a componer el texto impreso con arreglo a una medida exacta establecida de antemano.

justillo. m. Prenda interior sin mangas, que ciñe el cuerpo y no baja de la cintura.

justipreciar. tr. Apreciar o tasar una cosa.

justo, ta. adj. Que obra según justicia y razón. Ú. t. c. s. ‖ **2.** Conforme a justicia y razón. ‖ **3.** Exacto, que no tiene en número, peso o medida ni más ni menos que lo que debe tener. ‖ **4.** Apretado o que ajusta bien con otra cosa. ‖ **5.** adv. m. Justamente, debidamente, exactamente. ‖ **6.** Apretadamente, con estrechez. ‖ **pagar justos por pecadores.** fr. Pagar los inocentes las culpas que otros han cometido.

juvenil. adj. Perteneciente o relativo a la juventud.

juventud. f. Edad que empieza en la pubertad y se extiende a los comienzos de la edad adulta. ‖ **2.** Estado de la persona joven. ‖ **3.** Conjunto de jóvenes. ‖ **4.** Primeros tiempos de alguna cosa. JUVENTUD *de un astro, del universo, del año.* ‖ **5.** Energía, vigor, frescura.

juzgado. m. Junta de jueces que concurren a dar sentencia. ‖ **2.** Tribunal de un solo juez. ‖ **3.** Término o territorio de su jurisdicción. ‖ **4.** Sitio donde se juzga.

juzgar. tr. Deliberar, quien tiene autoridad para ello, acerca de la culpabilidad de alguno, o de la razón que le asiste en un asunto, y sentenciar lo procedente. ‖ **2.** Formar juicio u opinión sobre algo o alguien.

k. f. Undécima letra del abecedario español, y octava de sus consonantes. Su nombre es **ka,** y representa un sonido de articulación velar, oclusiva y sorda. Se emplea en palabras de origen griego o extranjero. En las demás, su sonido se representa con *c* antes de *a, o* y *u,* y con *qu,* antes de *e* o *i.*

ka. f. Nombre de la letra *k.* ❑ pl. *kas.*

kafkiano, na. adj. Propio o característico de Franz Kafka o de su obra, o que tiene semejanza con las características de esta. ‖ **2.** Dícese de las situaciones absurdas que pueden llegar a ser angustiosas.

káiser. m. Título de algunos emperadores de Alemania.

kan. m. Príncipe o jefe, entre los tártaros.

kantiano, na. adj. Perteneciente o relativo al filósofo alemán Kant o al kantismo. *La doctrina* KANTIANA. Apl. a pers., ú. t. c. s.

kantismo. m. Sistema filosófico ideado por Kant a fines del siglo XVIII, fundado en la crítica del entendimiento y de la sensibilidad.

kappa. f. Décima letra del alfabeto griego, correspondiente a nuestra *ka.* En el latín y en los idiomas neolatinos se ha sustituido en general por la *c;* v.gr.: *Cadmo, centro, cinoglosa.*

kárate o **karate.** m. *Dep.* Modalidad de lucha japonesa, basada en golpes secos realizados con el borde de la mano, los codos o los pies. Es fundamentalmente un arte de defensa.

kéfir. m. Leche fermentada artificialmente y que contiene ácido láctico, alcohol y ácido carbónico.

kelvin. m. *Fís.* Unidad de temperatura del Sistema Internacional. Es igual al grado centígrado, pero en la escala Kelvin o absoluta, el 0 está fijado en – 273. 16º C. Símb. *K.*

kermes. m. Insecto parecido a la cochinilla de tierra, quermes.

kermés. f. Fiesta popular, al aire libre, con bailes, rifas, concursos, etc. ‖ **2.** Lugar donde se celebra esa fiesta. ‖ **3.** Nombre dado a las pinturas o tapices flamencos, generalmente del siglo XVII, que representaban fiestas populares.

kif. m. **quif.**

kiliárea. f. Superficie que tiene 1.000 áreas, o sea 10 hectáreas.

kilo. m. Forma abreviada de **kilogramo.** ‖ **2.** fam. Un millón de pesetas.

kilo-. elem. compos. que significa «mil». KILO*gramo,* KILÓ*metro.* A veces se escribe **quilo-:** QUILO*gramo,* QUILO*metro.*

kilocaloría. f. *Fís.* Unidad de energía térmica igual a 1.000 calorías. Se indica con el símbolo *kcal.*

kilociclo. m. *Electr.* Unidad de frecuencia equivalente a mil oscilaciones por segundo.

kilográmetro. m. *Mec.* Unidad de trabajo mecánico que equivale al esfuerzo capaz de levantar un kilogramo a un metro de altura.

kilogramo. m. Unidad métrica fundamental de masa (y peso) igual a la masa o peso de un cilindro de platino-iridio guardado en la Oficina Internacional de Pesos y Medidas cerca de París, y aproximadamente igual a la masa (o peso) de mil centímetros cúbicos de agua a la temperatura de su máxima densidad (cuatro grados centígrados). ‖ **2.** Cantidad de alguna materia que pesa un **kilogramo.** *Diez* KILOGRAMOS *de plomo.* ‖ **fuerza.** *Fís.* Unidad de fuerza igual al peso de un **kilogramo** sometido a la gravedad normal.

kiloherzio. m. *Fís.* Mil herzios.

kilolitro. m. Medida de capacidad para líquidos y áridos, que tiene 1.000 litros, o sea un metro cúbico.

kilométrico, ca. adj. Perteneciente o relativo al kilómetro. ‖ **2.** fig. De muy larga extensión o duración.

kilómetro. m. Medida de longitud, que tiene 1.000 metros. ‖ **cuadrado.** Medida de superficie que es un cuadrado de un **kilómetro** de lado.

kilopondio. m. *Fís.* **kilogramo fuerza.**

kilovatio. m. *Electr.* Unidad de potencia equivalente a mil vatios.

kiosco. m. **quiosco.**

kirie. m. Invocación que se hace al Señor, llamándole con esta palabra griega, al principio de la misa, tras el introito. Ú. m. en pl.

kirieleisón. m. **kirie.** ‖ **2.** fam. Canto de los entierros y oficios de difuntos.

kivi. m. Ave de Nueva Zelanda, con las alas atrofiadas y plumaje con aspecto de pelo, del tamaño de una gallina.

kiwi. m. **kivi,** ave. ‖ **2. quivi.**

klistrón. m. Generador de microondas en que los electrones pasan entre dos rejillas muy próximas y llegan a una primera cavidad, o resonador de entrada, en la que forman grupos que se separan al recorrer cierta distancia y son reforzados en una segunda cavidad, llamada resonador de salida.

krausismo. m. Sistema filosófico ideado por el alemán Krause a principios del siglo XIX. Se funda en una conciliación entre el teísmo y el panteísmo, según la cual Dios, sin ser el mundo ni estar fuera de él, lo contiene en sí y de él trasciende.

krausista. adj. Perteneciente o relativo al krausismo. *Filósofo* KRAUSISTA. Apl. a pers., ú. t. c. s.

kremlin. m. Recinto amurallado de las antiguas ciudades rusas. Por antonomasia, el de Moscú.

kremlinología. f. Estudio y análisis de la política, los métodos y los usos de los gobiernos soviéticos.

kril. m. Conjunto de varias especies de crustáceos marinos, de alto poder nutritivo, que integran el zooplancton.

kriptón. m. Elemento químico de núm. atóm. 36. Gas noble raro en la atmósfera terrestre; se encuentra en los gases volcánicos y en algunas aguas termales. Se emplea en la fabricación de lámparas de fluorescencia. Símb. *Kr.*

kurchatovio. m. **rutherfordio.** Símb. *Kv.*

kurdo, da. adj. Del Curdistán, curdo. Apl. a pers., ú. t. c. s.

l. f. Duodécima letra del abecedario español, y novena de sus consonantes. Su nombre es **ele,** y representa un sonido de articulación ápico-alveolar, lateral, fricativa y sonora. ‖ **2.** Letra que tiene el valor de 50 en la numeración romana.

la¹. *Gram.* Artículo determinado en género femenino y número singular. ‖ **2.** *Gram.* Acusativo del pronombre personal de tercera persona en género femenino y número singular. No admite preposición, y puede usarse como enclítico: LA *miré; míra*LA. Es forma propia del complemento directo, y no puede usarse correctamente como complemento indirecto.

la². m. *Mús.* Sexta voz de la escala musical. ❑ pl. *las.*

lábaro. m. Estandarte que usaban los emperadores romanos, en el cual, desde el tiempo de Constantino y por su mandato, se puso la cruz y el monograma de Cristo, compuesto de las dos primeras letras de este nombre en griego.

laberinto. m. Lugar formado artificiosamente por calles y encrucijadas, para confundir al que se adentre en él, de modo que no pueda acertar con la salida. ‖ **2.** fig. Cosa confusa y enredada. ‖ **3.** *Anat.* Parte del oído interno.

labia. f. fam. Verbosidad persuasiva y gracia en el hablar.

labiado, da. adj. *Bot.* Dícese de la corola, y por extensión de las flores que la poseen, dividida en dos partes o labios, el superior formado por dos pétalos, y el inferior por tres. ‖ **2.** *Bot.* Aplícase a plantas angiospermas, dicotiledóneas, que se distinguen por sus hojas opuestas, cáliz persistente y corola **labiada;** como la albahaca, el espliego, el tomillo y la salvia. Ú. t. c. s. f. ‖ **3.** f. pl. *Bot.* Familia de estas plantas.

labial. adj. Perteneciente a los labios. ‖ **2.** *Fon.* Dícese del sonido cuya articulación se forma mediante el contacto total o parcial de un labio con otro.

labializar. tr. *Fon.* Dar carácter labial a un sonido.

lábil. adj. Que resbala o se desliza fácilmente. ‖ **2.** Frágil, caduco, débil. ‖ **3.** fig. Poco estable, poco firme en sus resoluciones. ‖ **4.** *Quím.* Dícese del compuesto fácil de transformar en otro más estable.

labilidad. f. Cualidad de lábil.

labio. m. Cada uno de los rebordes exteriores carnosos y móviles de la boca de los mamíferos. ‖ **2.** fig. Órgano del habla. Ú. t. en pl. *Nunca le ofendieron mis* LABIOS. ‖ **leporino.** El superior del hombre, cuando, por defecto congénito, está hendido en la forma en que normalmente lo tiene la liebre. ‖ **vaginal.** *Anat.* Cada uno de los dos pares de repliegues cutáneos de la vulva.

labiodental. adj. *Fon.* Dícese de la consonante cuya articulación se forma aplicando o acercando el labio inferior a los bordes de los dientes incisivos superiores, como la *f.*

labor. f. Acción de trabajar y resultado de esta acción. ‖ **2.** Adorno tejido o hecho a mano, en la tela, o ejecutado de otro modo en otras cosas. Ú. con frecuencia en pl. ‖ **3.** Obra de coser, bordar, etc. ‖ **4.** Labranza, en especial la de las tierras que se siembran. Hablando de las demás operaciones agrícolas, ú. m. en pl. ‖ **sus labores.** expr. fig. para designar la dedicación, no remunerada, de la mujer a las tareas de su propio hogar. Ú. m. c. fórmula administrativa.

laborable. adj. Que se puede laborar o trabajar.

laboral. adj. Perteneciente o relativo al trabajo, en su aspecto económico, jurídico y social.

laboralista. com. Especialista en derecho laboral. Ú. t. c. adj.

laborar. tr. **labrar.**

laboratorio. m. Oficina en que los químicos hacen sus experimentos y los farmacéuticos las medicinas. ‖ **2.** Por ext., oficina o taller donde se hacen trabajos de índole técnica, o investigaciones científicas.

laboreo. m. Cultivo de la tierra o del campo. ‖ **2.** *Min.* Arte de explotar las minas, haciendo las labores o excavaciones necesarias, fortificándolas, disponiendo el tránsito por ellas para extraer las menas aprovechables.

laborioso, sa. adj. Trabajador, aficionado al trabajo. ‖ **2.** Trabajoso, penoso.

laborismo. m. Ideología política inglesa de carácter reformista y moderado, cuya base social es la clase trabajadora.

laborista. adj. Que profesa la doctrina del laborismo. Ú. t. c. s. ‖ **2.** Perteneciente o relativo a esta doctrina política.

laborterapia. f. Tratamiento de las enfermedades mentales o psíquicas mediante el trabajo.

labrado, da. adj. Aplícase a las telas o géneros que tienen alguna labor. ‖ **2.** m. Acción y efecto de labrar. ‖ **3.** Campo labrado. Ú. m. en pl.

labrador, ra. adj. Que labra la tierra. Ú. t. c. s. ‖ **2.** m. y f. Persona que posee hacienda de campo y la cultiva por su cuenta.

labradorita. f. Feldespato laminar de color gris, traslúcido, irisado y que entra en la composición de diferentes rocas. Es un silicato de calcio y aluminio.

labrantío, a. adj. Aplícase al campo o tierra de labor. Ú. t. c. s. m.

labranza. f. Cultivo de los campos. ‖ **2.** Hacienda de campo o tierras de labor.

labrar. tr. Trabajar en un oficio. ‖ **2.** Trabajar una materia reduciéndola al estado o forma conveniente para usarla. LABRAR *la madera;* LABRAR *plata.* ‖ **3. arar.** ‖ **4.** Coser o bordar, o hacer otras labores de costura. ‖ **5.** fig. Hacer, causar gradualmente. LABRAR *la felicidad, la desgracia, la ruina de alguien.*

labriego, ga. m. y f. Labrador rústico.

labro. m. ant. **labio.** ‖ **2.** *Zool.* Labio superior de la boca de los insectos, muy aparente en los masticadores, y confuso a veces o modificado en los demás.

laca. f. Sustancia resinosa, traslúcida, quebradiza y encarnada, que se forma en las ramas de varios árboles de la India con la exudación que producen las picaduras de insectos parecidos a la cochinilla, y los restos de estos mismos animales, que mueren envueltos en el líquido que hacen fluir. ‖ **2.** Barniz duro y brillante hecho con esta sustancia, muy empleado por los chinos y japoneses. ‖ **3.** Sustancia líquida e incolora que se emplea para fijar el peinado.

lacayo, ya. m. Criado de librea cuya principal ocupación era acompañar a su amo a pie, a caballo o en coche.

lacear. tr. Adornar con lazos. ‖ **2.** Atar con lazos. ‖ **3.** *Mont.* Coger con lazos la caza menor.

lacedemonio, nia. adj. Natural de Lacedemonia. Ú. t. c. s. ‖ **2.** Perteneciente o relativo a este país de la antigua Grecia.

lacerado, da. adj. Infeliz, desdichado.

lacerar. tr. Lastimar, golpear, magullar, herir. Ú. t. c. prnl. ‖ **2.** fig. Dañar, vulnerar. LACERAR *la honra, la reputación.*

lacería. f. Conjunto de lazos, especialmente en labores de adorno.

lacero. m. Persona diestra en manejar el lazo para apresar toros, caballos, etc. ‖ **2.** El que se dedica a coger con lazos la caza menor, por lo común furtivamente. ‖ **3.** Empleado municipal encargado de recoger perros vagabundos.

lacetano, na. adj. Dícese de un pueblo prerromano que habitaba la Lacetania, región de la Hispania Tarraconense.

lacinia. f. *Bot.* Cada una de las tirillas largas y de forma irregular en que se dividen las hojas o los pétalos de algunas plantas.

lacio, cia. adj. Marchito, ajado. ‖ **2.** Flojo, débil, sin vigor. ‖ **3.** Dícese del cabello que cae sin formar ondas ni rizos.

lacón. m. Brazuelo del cerdo, y especialmente su carne curada.

lacónico, ca. adj. Breve, conciso, sucinto. *Lenguaje, estilo* LACÓNICO; *carta, respuesta* LACÓNICA. ‖ **2.** Que habla o escribe de esta manera. *Escritor* LACÓNICO; *persona* LACÓNICA.

laconismo. m. Cualidad de lacónico, especialmente aplicado a la brevedad de la expresión.

lacra. f. Secuela o señal de una enfermedad o achaque. ‖ **2.** Vicio físico o moral que marca a quien lo tiene.

lacrar. tr. Cerrar con lacre.

lacre. m. Pasta sólida, compuesta de goma laca y trementina con añadidura de bermellón o de otro color. Empléase derretido en cerrar y sellar cartas y en otros usos análogos.

lacrimal. adj. Perteneciente o relativo a las lágrimas. ❑ No confundir con *lagrimal.*

lacrimógeno, na. adj. Que produce lagrimeo. Dícese especialmente de ciertos gases. ‖ **2. lacrimoso,** que mueve a llanto.

lacrimoso, sa. adj. Que tiene lágrimas. ‖ **2.** Que mueve a llanto.

lactancia. f. Acción de mamar. ‖ **2.** Período de la vida en que la criatura mama.

lactante. adj. Que mama. Ú. t. c. s. ‖ **2.** Que amamanta. Ú. t. c. s. f.

lactato. m. *Quím.* Cuerpo resultante de la combinación del ácido láctico con un radical simple o compuesto.

lácteo, a. adj. Perteneciente a la leche o parecido a ella.

láctico, ca. adj. *Quím.* Perteneciente o relativo a la leche.

lactosa. f. *Quím.* Azúcar que contiene la leche, formado por glucosa y galactosa.

lacustre. adj. Perteneciente a los lagos.

lada. f. Jara, arbusto cistáceo.

ládano. m. Producto resinoso que fluye de las hojas y ramas de la jara.

ladeamiento. m. Acción de ladear o ladearse.

ladear. tr. Inclinar y torcer una cosa hacia un lado. Ú. t. c. intr. y c. prnl. ‖ **2.** intr. Andar o caminar por las laderas.

ladera. f. Declive de un monte o de una altura.

ladilla. f. Insecto anopluro, de dos milímetros de largo, casi redondo, aplastado, y de color amarillento. Vive parásito en las partes vellosas del cuerpo humano, donde se agarra fuertemente por medio de las pinzas con que terminan sus patas; se reproduce con gran rapidez y sus picaduras son muy molestas.

ladillo. m. *Impr.* Composición breve que suele colocarse en el margen de la plana, generalmente para indicar el contenido del texto.

ladino, na. adj. ant. Aplicábase al romance o castellano antiguo. ‖ **2.** fig. Astuto, sagaz, taimado. ‖ **3.** *Filol.* Dialecto judeoespañol de Oriente.

lado. m. Costado o parte del cuerpo de la persona o del animal comprendida entre el brazo y el hueso de la cadera. ‖ **2.** Parte de una cosa situada cerca de sus extremos. ‖ **3.** Cada una de las dos caras de una tela o de otra cosa que las tenga. ‖ **4.** Sitio, lugar. *Haz* LADO; *déjale un* LADO. ‖ **5.** fig. Cada uno de los aspectos que se pueden considerar con relación a una persona o cosa. *Por un* LADO *me pareció muy entendido el médico; por otro, muy presuntuoso.* ‖ **6.** *Geom.* Cada una de las dos líneas que forman un ángulo. ‖ **7.** *Geom.* Cada una de las líneas que forman o limitan un polígono. ‖ **8.** *Geom.* Arista de los poliedros regulares. ‖ **al lado.** loc. adv. Muy cerca, inmediato. ‖ **dar de lado** a uno. fr. fig. y fam. Dejar su trato o su compañía; huir de él con disimulo.

ladrar. intr. Dar ladridos el perro. ‖ **2.** fig. y fam. Amenazar sin acometer.

ladrido. m. Voz que emite con fuerza el perro, más o menos parecida a la onomatopeya *guau.* ‖ **2.** fig. y fam. Murmuración, censura, calumnia con que se zahiere a uno.

ladrillo. m. Masa de barro, en forma de paralelepípedo rectangular, que, después de cocida, sirve para construir muros, solar habitaciones, etc. ‖ **2.** fig. y fam. Cosa pesada o aburrida.

ladrón, na. adj. Que hurta o roba. Ú. m. c. s. ‖ **2.** m. Enchufe que permite tomar corriente eléctrica para más de un aparato. ‖ **cuatrero. ladrón** que hurta bestias.

ladronzuelo, la. m. y f. Persona que hurta cosas generalmente de poco valor, ratero.

lady. f. Título de honor que se da en Inglaterra a las señoras de la nobleza. ❑ En pl., **ladys.**

lagar. m. Recipiente donde se pisa la uva para obtener el mosto. ‖ **2.** Sitio donde se prensa la aceituna para sacar el aceite, o donde se machaca la manzana para obtener la sidra.

lagarta. f. Hembra del lagarto. ‖ **2.** fig. y fam. Mujer pícara, taimada. Ú. t. c. adj.

lagartija. f. Especie de lagarto muy común en España, de unos dos decímetros de largo, de color pardo, verdoso o rojizo por encima y blanco por debajo. Es muy ligero y espantadizo, se alimenta de insectos y vive entre los escombros y en los huecos de las paredes.

lagarto. m. Reptil terrestre del orden de los saurios, de cinco a ocho decímetros de largo, contando desde la parte anterior de la cabeza hasta la extremidad de la cola. La cabeza es ovalada; la boca grande, con muchos y agudos dientes; el cuerpo prolongado y casi cilíndrico, y la cola larga y perfectamente cónica; las cuatro patas son cortas, delgadas, cada una con cinco dedos armados de afiladas uñas; la piel está cubierta de laminillas a manera de escamas, blancas en el vientre, y manchadas de verde, amarillo y azul, que forman dibujos simétricos, en el resto del cuerpo. Es sumamente ágil, inofensivo y muy útil para la agricultura por la gran cantidad de insectos que devora. Se reproduce por huevos que entierra la hembra, hasta que el calor del sol los vivifica. ‖ **2.** fig. y fam. Hombre pícaro, taimado. Ú. t. c. adj. ‖ **¡lagarto!** interj. que gentes supersticiosas dicen cuando alguien nombra la culebra, y en general, para ahuyentar la mala suerte. Suele usarse repetida.

lagartón, na. adj. fam. Dícese de la persona taimada y astuta. Ú. t. c. s.

lago. m. Gran masa permanente de agua depositada en depresiones del terreno.

lagomorfo. adj. *Zool.* Dícese de mamíferos semejantes a los roedores, de los que se diferencian por poseer dos pares de incisivos superiores en lugar de uno; como el conejo y la liebre. ‖ **2.** m. pl. *Zool.* Orden de estos mamíferos.

lágrima. f. Cada una de las gotas del humor que

segrega la glándula lagrimal. Ú. m. en pl. ‖ **2.** fig. Gota de humor que destilan las vides y otros árboles después de la poda.

lagrimal. adj. Aplícase a los órganos de secreción y excreción de las lágrimas. ‖ **2.** m. Extremidad del ojo próxima a la nariz. ❑ No confundir con *lacrimal.*

lagrimear. intr. Secretar lágrimas fácilmente o con frecuencia.

lagrimeo. m. Acción de lagrimear. ‖ **2.** Flujo independiente de toda emoción del ánimo, por no poder pasar las lágrimas desde el lagrimal a las fosas nasales, o ser su secreción muy abundante por irritación del ojo.

lagrimoso, sa. adj. Aplícase a los ojos tiernos y húmedos. ‖ **2.** Que mueve a llanto.

laguna. f. Depósito natural de agua, generalmente dulce y de menores dimensiones que el lago. ‖ **2.** fig. En los manuscritos o impresos, omisión o hueco en que se dejó de poner algo o en que algo ha desaparecido por la acción del tiempo o por otra causa. ‖ **3.** fig. Defecto, vacío o falta de continuidad en un conjunto o una serie.

lagunero, ra. adj. Natural de La Laguna. Ú. t. c. s. ‖ **2.** Perteneciente o relativo a esta ciudad de Canarias.

laicado. m. En el cuerpo de la Iglesia, la condición o el conjunto de los fieles no clérigos.

laicismo. m. Doctrina que defiende la independencia del hombre o de la sociedad, y más particularmente del Estado, de toda influencia eclesiástica o religiosa.

laicista. com. Partidario del laicismo.

laicizar. tr. Hacer laico o independiente de toda influencia religiosa.

laico, ca. adj. Que no tiene órdenes clericales, lego. Ú. t. c. s. ‖ **2.** Dícese de la escuela o enseñanza en que se prescinde de la instrucción religiosa.

laísmo. m. *Gram.* Vicio de emplear las formas *la* y *las* del pronombre *ella* para el dativo.

laísta. adj. *Gram.* Dícese del que incurre en el vicio del laísmo. Ú. t. c. s.

laja. f. Lancha[1] de piedra.

lama. m. Maestro de la doctrina budista tibetana. ‖ **dalái lama.** Nombre que recibe el sumo sacerdote budista, dirigente espiritual y jefe del Estado en el Tíbet.

lamaísmo. m. Doctrina del budismo en el Tíbet.

lamaísta. adj. Perteneciente o relativo al lamaísmo. ‖ **2.** com. Partidario del lamaísmo.

lambda. f. Undécima letra del alfabeto griego, que corresponde a la que en el nuestro se llama *ele.*

lameculos. com. vulg. Persona aduladora y servil.

lamelibranquio. adj. *Zool.* Dícese del molusco marino o de agua dulce, que tiene simetría bilateral, región cefálica rudimentaria, branquias foliáceas y pie ventral en forma de hacha, y está provisto de una concha bivalva; como la almeja, el mejillón y la ostra. Ú. t. c. s. m. ‖ **2.** m. pl. *Zool.* Clase de estos animales.

lamentable. adj. Que merece ser lamentado o es digno de llorarse. ‖ **2.** Aplicado al estado o aspecto de una persona o cosa, estropeado, maltrecho.

lamentación. f. **queja,** expresión de pena o sentimiento.

lamentar. tr. Sentir una cosa con llanto, sollozos u otras demostraciones de dolor. Usáb. t. c. intr., y hoy ú. c. prnl. ‖ **2.** Sentir pena, contrariedad, arrepentimiento, etc., por alguna cosa. LAMENTO *haber llegado tarde.*

lamento. m. Queja con llanto y otras muestras de aflicción, lamentación.

lamer. tr. Pasar repetidas veces la lengua por una cosa. Ú. t. c. prnl. ‖ **2.** fig. Tocar blanda y suavemente una cosa al pasar por ella. *El arroyo* LAME *las arenas.*

lametón. m. Acción de lamer con ansia.

lamia[1]. f. Figura terrorífica de la mitología, con rostro de mujer hermosa y cuerpo de dragón.

lamia[2]. f. Especie de tiburón, de la misma familia que el cazón y la tintorera, que se encuentra en los mares españoles y alcanza unos tres metros de longitud.

lámina. f. Plancha delgada de un metal. ‖ **2.** Plancha de cobre o de otro metal en la cual está grabado un dibujo para estamparlo. ‖ **3.** Figura trasladada al papel u otra materia, estampa. ‖ **4.** Porción de cualquier materia extendida y de poco grosor.

laminado, da. adj. Guarnecido de láminas o planchas de metal. ‖ **2.** m. Acción y efecto de laminar.

laminador, ra. adj. Que lamina. ‖ **2.** m. y f. Máquina compuesta esencialmente de dos cilindros lisos de acero que casi se tocan longitudinalmente, y que, girando en sentido contrario y comprimiendo masas de metales maleables, los estiran en láminas o planchas. A veces los cilindros están acanalados para formar, entre sus estrías, barras, carriles, etc.

laminar[1]. adj. De forma de lámina. ‖ **2.** Aplícase a la estructura de un cuerpo cuando sus láminas u hojas están sobrepuestas y paralelamente colocadas.

laminar[2]. tr. Hacer láminas, planchas o barras con el laminador. ‖ **2.** Guarnecer con láminas.

lámpara. f. Utensilio para dar luz, que consta de uno o varios mecheros con un depósito para la materia combustible, cuando es líquida; de una boquilla en que se quema un gas que llega a ella desde el depósito en que se produce; o de un globo de cristal, abierto unas veces y herméticamente cerrado otras, dentro del cual hay unos carbones o un hilo metálico que se ponen candentes al pasar por ellos una corriente eléctrica. ‖ **2.** Utensilio o aparato que, colgado del techo o sostenido sobre un pie, sirve de soporte a una o varias luces artificiales. ‖ **3.** Elemento de los aparatos de radio y televisión, parecido en su origen a una **lámpara** eléctrica de incandescencia, y que en su forma más simple consta de tres electrodos metálicos: un filamento, una rejilla y una placa. ‖ **4.** fig. Mancha grande de aceite o grasa que cae en la ropa. ‖ **de arco. lámpara** cuya luz está producida por un arco voltaico.

lamparilla. f. **mariposa,** mecha afirmada en una ruedecita flotante, y que se enciende en un vaso que contiene aceite. ‖ **2.** Plato, vaso o vasija en que esta se pone.

lamparón. m. **lámpara,** mancha que cae en la ropa, y especialmente la de grasa.

lamparse. prnl. Tener ansiedad por el logro de una cosa.

lampazo. m. Planta de la familia de las compuestas, de seis a ocho decímetros de altura, de tallo grueso, ramoso y estriado, hojas aovadas, y en cabezuelas terminales, flores purpúreas, cuyo cáliz tiene escamas con espinas en anzuelo.

lampiño, ña. adj. Dícese del hombre que no tiene barba. ‖ **2.** Que tiene poco pelo o vello. ‖ **3.** *Bot.* Falto de pelos. *Tallo* LAMPIÑO.

lamprea. f. Pez del orden de los ciclóstomos, de un metro o algo más de largo, de cuerpo casi cilíndrico, liso, viscoso y terminado en una cola puntiaguda; tiene el lomo verde, manchado de azul, y, sobre él, dos aletas pardas con manchas amarillas; y otra, de color azul, rodeando la cola; a cada lado de la cabeza se ven siete agujeros branquiales. Vive asido a las peñas, a las que se agarra fuertemente con la boca. Su carne es muy estimada. ‖ **2.** Pez de río, semejante a la **lamprea** de mar, de la cual se diferencia principalmente en no pasar de tres o cuatro decímetros de longitud, ser negruzco por el lomo, plateado por el vientre, y tener muy separadas las dos aletas dorsales. Vive por lo común en las aguas estancadas y en los ríos de poca corriente, y es comestible.

lampuga. f. Pez marino del orden de los acantopterigios, de cuerpo comprimido lateralmente y que llega a un metro de longitud. Dentro del agua aparece todo dorado, a pesar de que por el lomo, que es casi recto, es verde con manchas de color anaranjado, y por el vientre, plateado. La aleta del lomo, que corre desde el medio de la cabeza hasta la cola, es amarilla con una raya azul en la base; la de la cola es verde, y las restantes, enteramente pajizas. Es comestible, pero se aprecia poco.

lana. f. Pelo de las ovejas y carneros, que se hila y sirve para hacer paño y otros tejidos. ‖ **2.** Pelo de otros animales parecido a la **lana.** LANA *de vicuña.* ‖ **3.** Hilo de **lana.**

lanar. adj. Dícese del ganado o la res que tiene lana.

lance. m. Trance u ocasión crítica. ‖ **2.** Encuentro, riña, contienda. ‖ **3.** En el juego, cada uno de los accidentes algo notables que ocurren en él. ‖ **4.** *Taurom.* Cualquier suerte de la lidia. ‖ **de lance.** loc. adj. De oportunidad, de ocasión.

lancear. tr. Herir con lanza o dar lanzadas.

lanceolado, da. adj. *Bot.* De figura semejante al hierro de la lanza. Dícese de las hojas y de sus lóbulos.

lancero. m. Soldado que pelea con lanza.

lanceta. f. *Cir.* Instrumento que sirve para sangrar abriendo una cisura en la vena, y también para abrir algunos tumores y otras cosas. Tiene la hoja de acero con el corte muy sutil por ambos lados, y la punta agudísima.

lancha¹. f. Piedra más bien grande, naturalmente lisa, plana y de poco grueso.

lancha². f. Bote grande de vela y remo, o bien de vapor o de motor, propio para ayudar en las faenas de fuerza que se ejecutan en los buques, y para transportar carga y pasajeros en el interior de los puertos o entre puntos cercanos de la costa. ‖ **2.** Cualquier bote pequeño descubierto, con asientos para los remeros.

landa. f. Gran extensión de tierra llana en que solo se crían plantas silvestres.

landgrave. m. Título de honor que usaban algunos grandes señores de Alemania.

landó. m. Coche de cuatro ruedas, tirado por caballos, con capotas delantera y trasera, para poder usarlo descubierto o cerrado. ❑ pl. *landós.*

-landia. elem. compos. que significa «sitio de», «lugar de»: *zumo*LANDIA, *foto*LANDIA.

landre. f. Tumefacción inflamatoria, del tamaño de una bellota, de un ganglio linfático, generalmente del cuello, axilas e ingles. Ú. t. en sent. fig.

langa. f. Bacalao curado.

langosta. f. Insecto ortóptero, de color gris amarillento, de cuatro a seis centímetros de largo, cabeza gruesa, ojos prominentes, antenas finas y alas membranosas; el tercer par de patas es muy robusto y a propósito para saltar. Es fitófago, y en ciertas circunstancias se multiplica extraordinariamente, formando espesas nubes que arrasan comarcas enteras. Hay varias especies. ‖ **2.** Crustáceo decápodo macruro, que alcanza hasta cinco decímetros de longitud, con todas sus patas terminadas en pinzas pequeñas; cuatro antenas, dos centrales cortas y dos laterales muy largas y fuertes; ojos prominentes, y cola larga y gruesa. Es de color oscuro, que se vuelve rojo por la cocción; vive en alta mar, y su carne es muy apreciada.

langostino. m. Crustáceo decápodo marino, de hasta 14 centímetros de largo, patas pequeñas, cola muy desarrollada, y caparazón de color grisáceo, que cambia en rosa subido por la cocción; su carne es muy apreciada.

languidecer. intr. Perder el espíritu o el vigor. ❑ Irreg. Se conj. como *agradecer.*

lánguido, da. adj. Flaco, débil, fatigado. ‖ **2.** De poco espíritu, valor o energía.

lanilla. f. Tejido de poca consistencia hecho con lana fina.

lanolina. f. Sustancia análoga a las grasas, que se extrae de la lana del cordero y se utiliza para la preparación de pomadas y cosméticos.

lantánido. adj. *Quím.* Dícese de los elementos químicos cuyo número atómico está comprendido entre el 57 y el 71. Ú. t. c. s. m. ‖ **2.** m. pl. *Quím.* Grupo formado por estos elementos, llamados también **tierras raras.**

lantano. m. Elemento químico de núm. atóm. 57. Metal de las tierras raras escaso en la corteza terrestre; se encuentra disperso en ciertos minerales junto con otros lantánidos. De color blanco grisáceo, es maleable y arde fácilmente. Alguno de sus derivados se usa en metalurgia y en cerámica. Símb. *La.*

lanudo, da. adj. Que tiene mucha lana o vello, lanoso.

lanza. f. Arma ofensiva consistente en una asta o palo largo en cuya extremidad está fijo un hierro puntiagudo y cortante a manera de cuchilla. ‖ **2.** Tubo de metal con que rematan las mangas de las bombas para dirigir bien el chorro de agua.

lanzacohetes. adj. Dícese de la instalación o artefacto destinados a disparar cohetes. Ú. t. c. s. m.

lanzada[1]. f. Golpe que se da con la lanza. ‖ **2.** Herida que con ella se hace.

lanzada[2]. f. Movimiento que se enseña al caballo, obligándole a saltar hacia adelante sobre las patas traseras con los brazos en el aire.

lanzadera. f. Instrumento de figura de barquichuelo, con una canilla dentro, que usan los tejedores para tramar. ‖ **2.** Pieza de forma semejante que tienen las máquinas de coser. ‖ **espacial.** Vehículo capaz de transportar un objeto al espacio y situarlo en él.

lanzado, da. adj. Dícese de lo muy veloz o emprendido con mucho ánimo. ‖ **2.** Impetuoso, fogoso, decidido, arrojado.

lanzagranadas. m. Arma portátil para disparar granadas u otros proyectiles contra tanques o carros blindados.

lanzallamas. m. Aparato usado en las guerras modernas para lanzar a corta distancia (30 o más metros) un chorro de líquido inflamado.

lanzamiento. m. Acción de lanzar una cosa. ‖ **2.** En ciertos juegos de balón o de pelota, acción de lanzar la pelota para castigar una falta. ‖ **3.** Prueba atlética consistente en lanzar el peso, el disco, el martillo o la jabalina a la mayor distancia posible.

lanzar. tr. **arrojar.** Ú. t. c. prnl. ‖ **2.** fig. Dar, proferir, exhalar. ‖ **3.** Promover la rápida difusión de algo nuevo. ‖ **4.** prnl. Empezar una acción con mucho ánimo o con irreflexión.

lanzatorpedos. adj. V. **tubo lanzatorpedos.**

laña. f. **grapa,** pieza de metal que sirve para unir o sujetar algunas cosas.

laosiano, na. adj. Natural de Laos. Ú. t. c. s. ‖ **2.** Perteneciente o relativo a este Estado de Asia.

lapa. f. Molusco gasterópodo, de concha cónica con abertura oblonga, lisa o con estrías, que vive asido fuertemente a las rocas de las costas. Hay muchas especies, todas comestibles, aunque de poco valor. ‖ **2.** fig. Persona excesivamente insistente e inoportuna.

laparoscopia. f. *Med.* Examen de la cavidad abdominal mediante la introducción en ella del laparoscopio.

laparoscopio. m. *Med.* Instrumento propio para practicar la laparoscopia.

laparotomía. f. *Cir.* Operación quirúrgica que consiste en abrir las paredes abdominales y el peritoneo.

lapicero. m. **lápiz,** barrita de grafito.

lápida. f. Piedra llana en que ordinariamente se pone una inscripción.

lapidar. tr. **apedrear,** matar a pedradas.

lapidario, ria. adj. Perteneciente a las piedras preciosas. ‖ **2.** Perteneciente o relativo a las inscripciones en lápidas. *Estilo* LAPIDARIO. ‖ **3.** fig. Dícese del enunciado que, por su concisión y solemnidad, parece digno de ser grabado en una lápida. Ú. con frecuencia en sentido irónico. ‖ **4.** m. y f. Persona que tiene por oficio labrar piedras preciosas. ‖ **5.** Persona que comercia en ellas. ‖ **6.** Persona que tiene por oficio hacer o grabar lápidas.

lapislázuli. m. Mineral de color azul intenso, tan duro como el acero, que suele usarse en objetos de adorno, y antiguamente se empleaba pulverizado como pintura. Es un silicato de aluminio mezclado con sulfatos de calcio y de sodio, y acompañado frecuentemente de pirita de hierro.

lapita. m. Individuo de un pueblo de los tiempos heroicos de Grecia, que habitaba en Tesalia, cerca del monte Olimpo, y se hizo famoso por su lucha contra los centauros en las bodas de Pirítoo.

lápiz. m. Nombre genérico de varias sustancias minerales, suaves, crasas al tacto, que se usan generalmente para dibujar. ‖ **2.** Barrita de grafito encerrada en un cilindro o prisma de madera y que sirve para escribir o dibujar. ‖ **de labios. pintalabios.** ‖ **de ojos.** Barrita en forma de **lápiz,** de punta más o menos dura y distintas tonalidades, destinada al maquillaje de los ojos.

lapón, na. adj. Natural de Laponia. Ú. t. c. s. ‖ **2.** Perteneciente o relativo a este país de Europa. ‖ **3.** m. Lengua hablada por los **lapones.**

lapso. m. Paso o transcurso. ‖ **2.** Tiempo entre dos límites. ❑ No confundir con *lapsus.*

lapsus. m. Falta o equivocación cometida por descuido. ‖ **cálami.** expr. lat. que se usa en castellano con su propia significación de error cometido al correr de la pluma. ‖ **línguae.** expr. lat. que se usa en castellano con su propia significación de tropiezo o error de lengua. ❑ pl. invar. No confundir con *lapso.*

laquista. com. Persona que tiene por oficio aplicar esmalte o laca como sustancia decorativa o de protección.

lar. m. *Mit.* Cada uno de los dioses de la casa u hogar. Ú. m. en pl. ‖ **2. hogar,** sitio de la lumbre en la cocina. ‖ **3.** pl. fig. Casa propia u hogar.

larga. f. Dilación, retraso. Ú. m. en las expresiones *dar* LARGAS, *traer en* LARGAS.

largar. tr. Soltar, dejar libre. Se usa especialmente hablando de lo que es molesto, nocivo o peligroso. ‖ **2.** fam. Seguido de palabras como bofetada, porrazo, propina, etc., dar. ‖ **3.** fig. Contar lo que no se debe, o decir algo inoportuno o pesado. ‖ **4.** *Mar.* Desplegar, soltar una cosa; como la bandera o las velas. ‖ **5.** prnl. fam. Irse o ausentarse uno con presteza o disimulo.

largo, ga. adj. Que tiene más o menos longitud. ‖ **2.** Que tiene longitud excesiva. ‖ **3.** fig. Liberal, dadivoso. ‖ **4.** fig. Copioso, abundante, excesivo. ‖ **5.** fig. Dilatado, extenso, continuado. ‖ **6.** fig. Aplicado en plural a cualquier división del tiempo, como días, meses, etc., suele tomarse por muchos. *Estuvo ausente* LARGOS *años.* ‖ **7.** fig. Aplicado a una cantidad, que pasa de lo que realmente se dice. *Tiene cincuenta años* LARGOS. ‖ **8.** m. **largor.** ‖ **9.** En natación, dimensión mayor de una piscina. ‖ **10.** *Mús.* Uno de los movimientos fundamentales de la música, que equivale a despacio o lento. ‖ **a la larga.** loc. adv. Al cabo, pasado mucho tiempo. ‖ **a lo largo.** loc. adv. En el sentido de la longitud de una cosa. ‖ **a lo largo de.** loc. prepos. **durante.** A LO LARGO DE *su vida;* A LO LARGO DEL discurso.

largometraje. m. Película cuya duración sobrepasa los 60 minutos.

largor. m. La dimensión mayor de las superficies planas.

larguero. m. Cada uno de los dos palos o barrotes que se ponen a lo largo de una obra de carpintería, ya sea unidos con los demás de la pieza, ya separados; como los de las camas, ventanas, bastidores, etc. ‖ **2.** Palo superior, horizontal, de la portería del fútbol y otros deportes.

largueza. f. **liberalidad,** generosidad.

larguirucho, cha. adj. fam. Aplícase a las personas y cosas desproporcionadamente largas respecto de su ancho o de su grueso.

largura. f. **largor.**

laringe. f. *Anat.* Órgano tubular, constituido por varios cartílagos en la mayoría de los vertebrados, que por un lado comunica con la faringe y por otro con la tráquea. Es rudimentario en las aves, y forma parte del aparato de la fonación en los mamíferos.

laringitis. f. *Pat.* Inflamación de la laringe.

laringología. f. Parte de la patología, que estudia las enfermedades de la laringe.

laringoscopia. f. *Med.* Exploración de la laringe y de partes inmediatas a ella.

laringoscopio. m. *Med.* Instrumento que sirve para la laringoscopia.

laringotomía. f. *Cir.* Incisión que se hace en la laringe para extraer cuerpos extraños, extirpar tumores, pólipos, etc.

larva. f. *Zool.* Animal en estado de desarrollo, cuando ha abandonado las cubiertas del huevo y es capaz de nutrirse por sí mismo, pero aún no ha adquirido la forma y la organización propia de los adultos de su especie.

larvado, da. adj. *Pat.* Aplícase a las enfermedades que se presentan con síntomas que ocultan su verdadera naturaleza. ‖ **2.** Por ext., aplícase también a sentimientos que no se manifiestan abiertamente.

larvario, ria. adj. *Biol.* Perteneciente o relativo a las larvas de los animales y a las fases de su desarrollo.

las. *Gram.* Forma del artículo determinado en género femenino y número plural. LAS *cejas.* ‖ **2.** *Gram.* Acusativo femenino plural del pronombre personal de tercera persona. No admite preposición y puede usarse como enclítico: LAS *miré; míra*LAS. Esta forma, propia del acusativo, no debe usarse en dativo, aunque lo hayan hecho escritores de nota.

lasaña. f. Plato de origen italiano, consistente en carne o verdura picada recubierta de cuadrados o tiras de pasta y espolvoreada de queso rallado.

lasca. f. Trozo pequeño y delgado desprendido de una piedra.

lascivia. f. Propensión a los deleites carnales.

lascivo, va. adj. Perteneciente o relativo a la lascivia. ǁ **2.** Que tiene este vicio. Ú. t. c. s.

láser. m. Dispositivo electrónico que, basado en la emisión inducida, amplifica de manera extraordinaria un haz de luz de la misma longitud de onda e igual fase. ǁ **2.** Este mismo haz. ❑ pl. invar.

lasitud. f. Desfallecimiento, cansancio, falta de fuerzas. ❑ No confundir con *laxitud*.

lástima. f. Sentimiento de ternura y conmiseración que se tiene hacia quienes sufren penalidades o desgracias. ǁ **2.** Objeto que mueve a la compasión. ǁ **3.** Cualquier cosa que cause disgusto, aunque sea ligero. *Es* LÁSTIMA *que no hayamos venido más temprano.*

lastimar. tr. Herir o hacer daño. Ú. t. c. prnl. ǁ **2.** fig. Agraviar, ofender la estimación u honra.

lastimero, ra. adj. Lastimoso, digno de compasión.

lastimoso, sa. adj. Que mueve a compasión y lástima.

lastrar. tr. Poner lastre a la embarcación.

lastre. m. Piedra, arena, agua u otra cosa de peso que se pone en el fondo de la embarcación, a fin de que esta entre en el agua hasta donde convenga; también se pone en la barquilla de los globos para que asciendan o desciendan más rápidamente. ǁ **2. rémora,** impedimento para llevar algo a buen término.

lata. f. Envase hecho de hojalata, con su contenido o sin él. *Una* LATA *de tabaco, de salmón, de pimientos.* ǁ **2.** fam. Todo lo que causa hastío y disgusto por prolijo o impertinente. *Aquello fue una* LATA. *¡Qué* LATA! ǁ **dar la lata** o **dar lata** a uno. fr. fig. y fam. Molestarlo, importunarlo, fastidiarlo con cosas inoportunas o con exigencias continuas.

lataz. m. Nutria que vive a orillas del mar Pacífico septentrional. Es muy parecida a la de Europa, aunque algo mayor y de pelo más fino y lustroso.

latazo. m. **lata,** fastidio, pesadez.

latente. adj. Oculto y escondido.

lateral. adj. Perteneciente o situado al lado de una cosa. ǁ **2.** *Fon.* Dícese del sonido articulado en cuya pronunciación la lengua impide al aire espirado su salida normal por el centro de la boca, dejándole paso por los lados; como en la *l* y la *ll.* ǁ **3.** m. Cada uno de los lados de una avenida, separado de la parte central por un seto o por un camino para peatones.

lateralizar. tr. *Fon.* Transformar en consonante lateral la que no lo era, como la *d* del latín *medica* en la *l* de *melica,* de donde *mielga.* Ú. t. c. prnl.

látex. m. *Bot.* Jugo de ciertos vegetales, de composición muy compleja y generalmente blanco y viscoso, del que se obtienen sustancias elásticas como el caucho, la gutapercha, etc. ❑ pl. invar.

latido. m. Cada uno de los golpes producidos por el movimiento alternativo de dilatación y contracción del corazón contra la pared del pecho, o de las arterias contra los tejidos que las cubren; puede ser percibido por la vista, el tacto y, muy especialmente, por el oído mediante la auscultación o sirviéndose de instrumentos y aparatos adecuados. ǁ **2.** Sensación dolorosa en ciertas partes muy sensibles, a causa de infección e inflamación subsiguiente, a consecuencia de este movimiento de las arterias que las riegan.

latifundio. m. Finca rústica de gran extensión.

latifundismo. m. Distribución de la propiedad de la tierra caracterizada por la abundancia de latifundios.

latifundista. com. Persona que posee uno o varios latifundios.

latigazo. m. Golpe dado con el látigo. ǁ **2.** Chasquido de látigo. ǁ **3.** fig. Daño imprevisto que se hace a uno. ǁ **4.** fig. Dolor breve y punzante.

látigo. m. Azote largo, delgado y flexible, de cuero, cuerda, ballena u otra materia, con que se aviva y castiga sobre todo a las caballerías especialmente. ǁ **2.** Máquina de feria, de movimiento casi circular, cuyas sacudidas en las curvas se asemejan a latigazos.

latiguillo. m. fig. y fam. Recurso declamatorio del actor o del orador que exagera la expresión de los afectos para lograr un aplauso. ǁ **2.** Expresión sin originalidad, empleada frecuentemente en la conversación.

latín. m. Lengua del Lacio hablada por los antiguos romanos, de la cual se deriva la española. ǁ **científico.** El de los términos acuñados a la manera latina en la nomenclatura científica y técnica modernas. ǁ **clásico.** El de los escritores del siglo de oro de la literatura latina. ǁ **rústico,** o **vulgar.** El hablado por el vulgo de los pueblos romanizados, el cual, entre otras particularidades, se distinguía del clásico en tener una sintaxis menos complicada y usar voces o expresiones no empleadas en este. ǁ **saber latín,** o **mucho latín.** fr. fig. y fam. Ser astuto o muy avisado.

latinajo. m. fam. despect. Latín malo y macarrónico. ǁ **2.** fam. despect. Voz o frase latina usada en castellano. Ú. m. en pl.

latiniparla. f. Lenguaje de los que emplean con afectación voces latinas al hablar o escribir en español o en otro idioma que no sea el latino.

latinismo. m. Giro o modo de hablar propio y privativo de la lengua latina. ‖ **2.** Empleo de tales giros o construcciones en otro idioma.

latinizar. tr. Dar forma latina a voces de otra lengua. ‖ **2.** Introducir la cultura latina en algún lugar.

latino, na. adj. Natural del Lacio. Ú. t. c. s. ‖ **2.** Perteneciente o relativo a los pueblos del Lacio, o a las ciudades con derecho **latino.** ‖ **3.** Perteneciente a la lengua **latina** o propio de ella. ‖ **4.** Dícese también de los naturales de los pueblos de Europa y América en que se hablan lenguas derivadas del latín, y de esos mismos pueblos. *Los emperadores* LATINOS *de Constantinopla. Los países* LATINOS *de América.*

latinoamericano, na. adj. Dícese del conjunto de los países de América colonizados por naciones latinas: España, Portugal o Francia.

latir. intr. Dar latidos el corazón, las arterias, y a veces los capilares y algunas venas.

latirismo. m. *Pat.* Intoxicación producida por la ingestión frecuente de harina de almorta. Se manifiesta principalmente por parálisis crónica de las piernas.

latitud. f. La menor de las dos dimensiones principales que tienen las cosas o figuras planas, en contraposición a la mayor o longitud. ‖ **2.** Toda la extensión de un reino, provincia o distrito. ‖ **3.** *Astron.* Distancia, contada en grados, que hay desde la Eclíptica a cualquier punto considerado en la esfera celeste hacia uno de los polos. ‖ **4.** *Geogr.* Distancia que hay desde un punto de la superficie terrestre al Ecuador, contada por los grados de su meridiano.

lato, ta. adj. Dilatado, extendido. ‖ **2.** fig. Aplícase al sentido que por extensión se da a las palabras, sin que exacta o rigurosamente les corresponda.

latón. m. Aleación de cobre y cinc, de color amarillo pálido y susceptible de gran brillo y pulimento.

latoso, sa. adj. Fastidioso, molesto, pesado.

latría. f. *Teol.* Reverencia, culto y adoración que solo se debe a Dios. Ú. a veces como aposición, en *adoración* LATRÍA.

-latría. elem. compos. que significa «adoración»: *icono*LATRÍA.

latrocinio. m. Hurto o costumbre de hurtar o defraudar en sus intereses a los demás.

latvio, via. adj. Natural de Latvia o Letonia. Ú. t. c. s. ‖ **2.** Perteneciente o relativo a este país báltico.

laúd. m. Instrumento musical que se toca punteando o hiriendo las cuerdas: su parte inferior es cóncava y prominente, compuesta de muchas tablillas como costillas.

laudable. adj. Digno de alabanza.

láudano. m. Preparación compuesta de vino blanco, opio, azafrán y otras sustancias. ‖ **2.** Extracto de opio.

laudatorio, ria. adj. Que alaba o contiene alabanza.

laude. f. Lápida o piedra que se pone en la sepultura, por lo común con inscripción o escudo de armas.

laudes. f. pl. Una de las partes del oficio divino, que se dice después de maitines.

laudo. m. *Der.* Decisión o fallo que dictan los árbitros de un litigio.

lauráceo, a. adj. Parecido al laurel. ‖ **2.** *Bot.* Aplícase a plantas angiospermas dicotiledóneas, arbóreas por lo común, de hojas alternas y a veces opuestas, coriáceas, persistentes y sin estípulas, con flores hermafroditas o dioicas por aborto y dispuestas en umbela o en panoja, y por frutos bayas o drupas de una sola semilla sin albumen; como el laurel común, el árbol de la canela, el alcanforero y el aguacate. Ú. t. c. s. f. ‖ **3.** f. pl. *Bot.* Familia de estas plantas.

laureado, da. adj. Que ha sido recompensado con honor y gloria. Dícese especialmente de los militares que obtienen la cruz de San Fernando, y también de esta insignia. Ú. t. c. s.

laurear. tr. Coronar con laurel. ‖ **2.** fig. Premiar, honrar.

laurel. m. Árbol siempre verde, de la familia de las lauráceas, que crece hasta seis o siete metros de altura, con tronco liso, ramas levantadas, hojas coriáceas, persistentes, aromáticas, pecioladas, oblongas, lampiñas, de color verde oscuro, lustrosas por el haz y pálidas por el envés; flores de color blanco verdoso, pequeñas, en grupillos axilares, y fruto en baya ovoidea y negruzca. Las hojas son muy usadas para condimento, y entran en algunas preparaciones farmacéuticas, igual que los frutos. ‖ **2.** fig. Corona, triunfo, premio. ‖ **dormirse** uno **sobre los laureles** o **en los laureles.** fr. fig. y fam. Descuidarse o abandonarse uno en la actividad emprendida, confiando en los éxitos que ha logrado.

laurencio. m. Elemento químico transuránico de núm. atóm. 103. Se obtiene artificialmente por bombardeo de californio con iones de boro; pertenece a la serie de los actínidos, y su vida media es de ocho segundos. Símb. *Lr.*

lauro. m. **laurel,** árbol. ‖ **2.** fig. Gloria, alabanza, triunfo.

lauroceraso. m. Árbol exótico de la familia de las rosáceas, con tronco ramoso de tres a cuatro metros de altura, copa espesa, hojas coriáceas, oblongas, elipsoidales, lustrosas, aserradas por el margen y de color verde oscuro; flores blancas en espigas empinadas y axilares, y fruto semejante a la cereza. Se cultiva en Europa, y de sus hojas se obtiene por destilación una agua muy venenosa, que se usa en medicina y perfumería.

laus Deo. loc. lat. que significa gloria a Dios, y se emplea al terminar una obra.

lava. f. Materias derretidas o en fusión que salen de los volcanes al tiempo de la erupción, formando arroyos encendidos. Fría y en estado sólido, se emplea en la construcción de edificios y en otros usos.

lavable. adj. Que puede lavarse. ‖ **2.** Dícese especialmente de los tejidos que no se encogen ni pierden sus colores al lavarlos.

lavabo. m. Pila con grifos y otros accesorios que se utiliza para lavarse. ‖ **2.** Cuarto dispuesto para el aseo personal. ‖ **3.** Por eufemismo, retrete dotado de instalaciones para orinar y evacuar el vientre.

lavacoches. com. Persona encargada de limpiar los coches en los garajes y estaciones de servicio.

lavadero. m. Lugar utilizado habitualmente para lavar. ‖ **2.** Sitio especialmente dispuesto para lavar la ropa. ‖ **3.** *Min.* Instalaciones para el lavado o preparación de los minerales.

lavado. m. Acción y efecto de lavar o lavarse.

lavador, ra. adj. Que lava. Ú. t. c. s. ‖ **2.** m. Instrumento de hierro para limpiar las armas de fuego; es cilíndrico y de largo proporcionado al del arma que se ha de lavar. ‖ **3.** f. Máquina para lavar la ropa.

lavafrutas. m. Recipiente con agua que se pone en la mesa al final de la comida para lavar algunas frutas y enjuagarse los dedos.

lavajo. m. Charca de agua de lluvia que rara vez se seca.

lavanda. f. **lavándula,** espliego, especialmente en perfumería.

lavandera. f. Ave paseriforme, de figura grácil y cola larga que sacude continuamente. El plumaje es gris y negro combinado con blanco o amarillo, según las especies.

lavandería. f. Establecimiento industrial para el lavado de la ropa.

lavandero, ra. m. y f. Persona que tiene por oficio lavar la ropa.

lavándula. f. Género de plantas labiadas al que pertenecen el espliego y el cantueso.

lavaplatos. amb. Máquina para lavar la vajilla, cubertería, batería de cocina, etc. ‖ **2.** com. Persona que por oficio lava platos.

lavar. tr. Limpiar una cosa con agua u otro líquido. Ú. t. c. prnl. ‖ **2.** fig. Purificar, quitar un defecto, mancha o descrédito. ‖ **3.** *Min.* Purificar los minerales por medio del agua. ‖ **4.** intr. Hablando de tejidos, prestarse más o menos al lavado. *Esta cretona* LAVA *bien.*

lavativa. f. **enema.**

lavatorio. m. Acción de lavar o lavarse. ‖ **2.** Ceremonia de lavar los pies a algunos pobres, que se hace el Jueves Santo. ‖ **3.** Ceremonia que hace el sacerdote en la misa lavándose los dedos después de haber preparado el cáliz. ‖ **4.** *Amér.* Lavabo, pieza de la casa dispuesta para el aseo.

lavavajillas. amb. **lavaplatos,** máquina para lavar. ‖ **2.** m. Detergente líquido que se utiliza para lavar la vajilla.

lawrencio. m. **laurencio.** Símb. *Lw.*

laxante. m. Medicamento que sirve para facilitar la evacuación del vientre.

laxitud. f. Cualidad de laxo. LAXITUD *de las fibras.* ❏ No confundir con *lasitud.*

laxo, xa. adj. Flojo, que no tiene la tensión que naturalmente debe tener. ‖ **2.** fig. Aplícase a la moral relajada, libre o poco sana. *Las opiniones* LAXAS *de algunos casuistas.*

lay. m. Composición poética de la Edad Media, en provenzal o en francés, destinada a relatar una leyenda o historia de amores, generalmente en versos cortos. ❏ pl. *lais.*

laya. f. Instrumento de hierro con cabo de madera, que sirve para labrar la tierra y revolverla. Lleva dos puntas, y en la parte superior del cabo tiene una manija atravesada, que se ase con ambas manos para apretar con ellas al mismo tiempo que se aprieta con el pie.

lazada. f. Atadura o nudo que se hace de manera que se suelte tirando de uno de los cabos. ‖ **2. lazo** de cuerda o cinta.

lazareto. m. Establecimiento sanitario para aislar a los infectados o sospechosos de enfermedades contagiosas. ‖ **2.** Hospital de leprosos.

lazarillo. m. Muchacho que guía y dirige a un ciego. ‖ **2.** fig. Persona o animal que guía o acompaña a otra necesitada de ayuda.

lazo. m. Atadura o nudo de cintas o cosa semejante que sirve de adorno. ‖ **2. lazada.** ‖ **3.** Emblema del que forma parte una cinta doblada en forma conveniente y reglamentada. LAZO *de la Orden de Isabel la Católica.* LAZO *de enfermera.* ‖ **4.** Cuerda o trenza con un nudo corredizo en uno de sus extremos, que sirve para sujetar toros, caballos, etc., arrojándosela a los pies o a la cabeza. ‖ **5.** fig. Unión, vínculo, obligación.

lazulita. f. **lapislázuli.**

le. Dativo del pronombre personal de tercera persona en género masculino o femenino y número singular. LE *dije.* Ú. t. como acusativo del mismo pronombre en igual número y solo en género masculino. No admite preposición, y en ambos oficios se puede usar como enclítico. *Da*LE *el libro; sígue*LE.

leal. adj. Que guarda a personas o cosas la debida fidelidad. Ú. t. c. s.

lealtad. f. Cumplimiento de lo que exigen las leyes de la fidelidad y las del honor y hombría de bien. ‖ **2.** Amor o gratitud que muestran al hombre algunos animales; como el perro y el caballo.

lebaniego, ga. adj. Natural de Liébana. Ú. t. c. s. ‖ **2.** Perteneciente o relativo a esta comarca de Cantabria.

lebrato. m. Liebre nueva o de poco tiempo.

lebrel, la. adj. V. **perro lebrel.** Ú. t. c. s.

lebrillo. m. Vasija de barro vidriado, de plata u otro metal, más ancha por el borde que por el fondo, y que sirve para lavar ropa, para baños de pies y otros usos.

lección. f. Cualquiera de los trozos o lugares tomados de la Escritura, Santos Padres o vidas de los santos, que se rezan o cantan en la misa y en los maitines. ‖ **2.** Instrucción o conjunto de los conocimientos teóricos o prácticos que de cada vez da a los discípulos el maestro de una ciencia, arte, oficio o habilidad. ‖ **3.** Cada uno de los capítulos o partes en que están divididos algunos escritos. ‖ **4.** Todo lo que cada vez señala el maestro al discípulo para que lo estudie. ‖ **5.** fig. Cualquier amonestación, acontecimiento, ejemplo o acción ajena que, de palabra o con el ejemplo, nos enseña el modo de conducirnos.

leccionario. m. Libro de coro que contiene los fragmentos de la Escritura o vidas de santos, que se rezan y cantan en maitines.

lecha. f. Líquido seminal de los peces. ‖ **2.** Cada una de las dos bolsas que lo contienen.

lechada. f. Masa muy suelta de cal o yeso, o de cal mezclada con arena, o de yeso con tierra, que sirve para blanquear paredes y para unir piedras o hiladas de ladrillo. ‖ **2.** Masa suelta a que se reduce el trapo moliéndolo para hacer papel. ‖ **3.** Líquido que tiene en disolución cuerpos insolubles muy divididos.

lechal. adj. Aplícase al animal de cría que mama, y en especial al cordero. Ú. t. c. s. m. ‖ **2.** Aplícase a las plantas y frutos que tienen un zumo blanco semejante a la leche. ‖ **3.** m. Este mismo zumo.

lechazo. m. Cordero lechal.

leche. f. Líquido blanco que segregan las glándulas mamarias, el cual sirve de alimento a las crías. La **leche** de algunos animales se emplea también como alimento de las personas. ‖ **2.** Jugo blanco que se extrae de algunas semillas. ‖ **3.** *Bot.* **látex.** ‖ **4.** En lenguaje grosero, **semen.** ‖ **condensada.** La concentrada, con adición de azúcar, que le da consistencia. ‖ **frita.** Masa espesa, hecha con harina cocida con leche, azúcar y huevo, que, después de fría, se reboza y se fríe. ‖ **limpiadora.** Cosmético líquido o semifluido que se utiliza para eliminar el maquillaje. ‖ **merengada.** La preparada con **leche,** claras de huevo y canela. ‖ **mala leche.** loc. fig. y vulg. Mala intención; ú. a veces en la loc. **de mala leche.**

lechera. f. La que vende leche. ‖ **2.** Vasija en que se transporta la leche. ‖ **3.** Vasija en que se sirve.

lechería. f. Sitio o puesto donde se vende leche.

lechero, ra. adj. Que contiene leche o tiene algunas de sus propiedades. ‖ **2.** Relativo a la leche. ‖ **3.** Aplícase a las hembras de animales que se tienen para que den leche; como ovejas, cabras, etc. ‖ **4.** m. El que vende leche.

lechigada. f. Conjunto de animalitos que han nacido de un parto y se crían juntos en un mismo sitio.

lechín. adj. Dícese de una variedad de olivo. Ú. t. c. s. m. ‖ **2.** Dícese de la aceituna de este olivo.

lecho. m. Cama para descansar y dormir. ‖ **2.** fig. Madre de un río, o terreno por donde corren sus aguas. ‖ **3.** fig. Fondo del mar o de un lago. ‖ **4.** fig. Porción de algunas cosas que están o se ponen extendidas horizontalmente sobre otras. ‖ **5.** *Arq.* Superficie de una piedra sobre la cual se ha de asentar otra. ‖ **6.** *Geol.* Estrato homogéneo de terreno sedimentario.

lechón. m. Cochinillo que todavía mama. ‖ **2.** Por ext., puerco macho de cualquier tiempo.

lechona. f. Hembra del lechón o puerco.

lechoso, sa. adj. Que tiene cualidades o apariencia de leche. ‖ **2.** Aplícase a las plantas y frutos que tienen un jugo blanco semejante a la leche.

lechuga. f. Planta herbácea de la familia de las compuestas, con tallo ramoso de cuatro a seis decímetros de altura; hojas grandes, radicales, blandas, nerviosas, trasovadas, enteras o serradas; flores en muchas cabezuelas y de pétalos amarillentos, y fruto seco, gris, comprimido, con una sola semilla. Es originaria de la India, se cultiva en las huertas y hay de ellas muchas variedades; como la repollada, la de oreja de mula, la rizada, la flamenca, etc. Las hojas son comestibles, y del tallo se puede extraer abundante látex de sabor agradable. ‖ **como una lechuga.** expr. fig. y fam. que se dice de la persona que está muy fresca y lozana. ‖ **ser más fresco que una lechuga.** fr. fig. y fam. Ser muy descarado.

lechuguino. m. Lechuga pequeña antes de ser trasplantada. ‖ **2.** fig. y fam. Muchacho imberbe que se mete a galantear aparentando ser hombre hecho. Ú. t. c. adj. ‖ **3.** fig. y fam. Hombre joven que se compone mucho y sigue rigurosamente la moda. Ú. t. c. adj.

lechuza. f. Ave rapaz nocturna, de unos 35 centímetros de longitud desde lo alto de la cabeza hasta la extremidad de la cola, y aproximadamente el doble de envergadura, con plumaje muy suave, amarillento, pintado de blanco, gris y negro en las partes superiores, blanco de nieve en el pecho, vientre, patas y cara; cabeza redonda, pico corto y encorvado en la punta, ojos grandes, brillantes y de iris amarillo, cara circular, cola ancha y corta y uñas negras. Es frecuente en España, resopla con fuerza cuando está parada, y da un graznido estridente y lúgubre cuando vuela. Se alimenta ordinariamente de insectos y de pequeños mamíferos roedores.

lectivo, va. adj. Aplícase al tiempo y días destinados para dar lección en los establecimientos de enseñanza.

lector, ra. adj. Que lee. Ú. t. c. s. ‖ **2.** m. y f. En la enseñanza de idiomas modernos, profesor auxiliar cuya lengua materna es la que se enseña. ‖ **3.** En las editoriales, persona que examina los originales recibidos y asesora sobre ellos. ‖ **4.** m. *Inform.* Dispositivo electrónico que convierte una información gráfica en otro tipo de señales para ser procesadas por un sistema informático.

lectorado. m. Cargo de lector de idiomas.

lectura. f. Acción de leer. ‖ **2.** Obra o cosa leída. *Las malas* LECTURAS *pervierten el corazón y el gusto.* ‖ **3.** Interpretación del sentido de un texto. ‖ **4.** Cultura o conocimientos de una persona. Ú. m. en pl.

ledo, da. adj. Alegre, contento, plácido. Ú. m. en poesía.

leer. tr. Pasar la vista por lo escrito o impreso, haciéndose cargo del valor y significación de los caracteres empleados, y pronunciando o no las palabras representadas por estos caracteres. ‖ **2.** Entender o interpretar un texto de este o del otro modo. ‖ **3.** Tratándose de música, pasar la vista por el papel en que está representada, haciéndose cargo del valor de las notas, o bien ejecutándola de modo más o menos completo en un instrumento. ❑ Irreg. Ver conjugación modelo.

lega. f. Monja profesa exenta de coro, que sirve a la comunidad en los trabajos caseros.

legación. f. Cargo que da un gobierno a un individuo para que le represente cerca de otro gobierno extranjero, ya sea como embajador, ya como plenipotenciario, ya como encargado de negocios. ‖ **2.** Conjunto de los empleados que el legado tiene a sus órdenes, y otras personas de su comitiva oficial. ‖ **3.** Casa u oficina del legado. ❑ No confundir con *delegación.*

leer

INDICATIVO

Presente: leo, lees, lee, leemos, leéis, leen.

Pretérito imperfecto: leía, leías, leía, leíamos, leíais, leían.

Pretérito indefinido: leí, leíste, leyó, leímos, leísteis, leyeron.

Futuro imperfecto: leeré, leerás, leerá, leeremos, leeréis, leerán.

Condicional: leería, leerías, leería, leeríamos, leeríais, leerían.

SUBJUNTIVO

Presente: lea, leas, lea, leamos, leáis, lean.

Pretérito imperfecto: leyera o leyese, leyeras o leyeses, leyera o leyese, leyéramos o leyésemos, leyerais o leyeseis, leyeran o leyesen.

Futuro imperfecto: leyere, leyeres, leyere, leyéremos, leyereis, leyeren.

IMPERATIVO

lee (tú); leed (vosotros).

FORMAS NO PERSONALES

Infinitivo: leer.

Participio: leído.

Gerundio: leyendo.

legado¹. m. Sujeto que una suprema potestad eclesiástica o civil envía a otra para tratar un negocio. ‖ **2.** Persona eclesiástica que representa al Papa y ejerce por delegación alguna de sus facultades.

legado². m. Disposición que en su testamento o codicilo hace un testador a favor de una o varias personas naturales o jurídicas. ‖ **2.** Por ext., lo que se deja o transmite a los sucesores, sea cosa material o inmaterial.

legajo. m. Conjunto de papeles atados o que están reunidos por tratar de una misma materia.

legal. adj. Prescrito por ley y conforme a ella. ‖ **2.** Verídico, puntual, fiel y recto en el cumplimiento de las funciones de su cargo.

legalidad. f. Cualidad de legal.

legalista. adj. Que antepone a toda otra consideración la aplicación literal de las leyes.

legalización. f. Acción y efecto de legalizar. ‖ **2.** Certificado o nota, con firma y sello, que acredita la autenticidad de un documento o de una firma.

legalizar. tr. Dar estado legal a una cosa. ll **2.** Comprobar y certificar la autenticidad de un documento o de una firma.

légamo. m. Cieno, lodo o barro pegajoso. ll **2.** Parte arcillosa de las tierras de labor.

legaña. f. Humor procedente de la mucosa y glándulas de los párpados, cuajado en el borde de estos o en los ángulos de la abertura ocular.

legañoso, sa. adj. Que tiene muchas legañas. Ú. t. c. s.

legar. tr. Dejar una persona a otra alguna manda en su testamento o codicilo. ll **2.** Enviar a uno como legado o representante. ll **3.** fig. Transmitir ideas, artes, etc.

legatario, ria. m. y f. Persona natural o jurídica favorecida en un testamento con uno o varios legados.

legendario, ria. adj. Perteneciente o relativo a las leyendas. *Narración* LEGENDARIA; *héroe* LEGENDARIO. ll **2.** m. Colección o libro de leyendas de cualquier clase.

legible. adj. Que se puede leer.

legión. f. Cuerpo de tropa romana compuesto de infantería y caballería, que varió mucho según los tiempos. ll **2.** Nombre que suele darse a ciertos cuerpos de tropas. ll **3.** fig. Número indeterminado y copioso de personas, de espíritus, y aun de ciertos animales. *Una* LEGIÓN *de niños, de ángeles, de hormigas.*

legionario, ria. adj. Perteneciente a la legión. ll **2.** m. Soldado que servía en una legión romana. ll **3.** En los ejércitos modernos, soldado de algún cuerpo de los que tienen nombre de legión.

legislación. f. Conjunto o cuerpo de leyes por las cuales se gobierna un Estado, o una materia determinada. ll **2.** Ciencia de las leyes.

legislador, ra. adj. Que legisla. Ú. t. c. s.

legislar. intr. Dar, hacer o establecer leyes.

legislativo, va. adj. Aplícase al derecho o potestad de hacer leyes. ll **2.** Aplícase al cuerpo o código de leyes.

legislatura. f. Tiempo durante el cual funcionan los cuerpos legislativos. ll **2.** Período de sesiones de Cortes durante el cual subsisten la mesa y las comisiones permanentes elegidas en cada cuerpo legislativo.

legítima. f. *Der.* Porción de la herencia de que el testador no puede disponer libremente, por asignarla la ley a determinados herederos.

legitimar. tr. Convertir algo en legítimo. ll **2.** Probar o justificar la verdad de una cosa o la calidad de una persona o cosa conforme a las leyes. ll **3.** Hacer legítimo al hijo que no lo era.

legitimista. adj. Partidario de un príncipe o de una dinastía, por creer que tiene llamamiento legítimo para reinar. Ú. t. c. s.

legítimo, ma. adj. Conforme a las leyes. ll **2.** **lícito,** justo. ll **3.** Cierto, genuino y verdadero en cualquier línea.

lego, ga. adj. Que no tiene órdenes clericales. Ú. t. c. s. ll **2.** Falto de letras o noticias. ll **3.** m. En los conventos de religiosos, el que siendo profeso, no tiene opción a las sagradas órdenes.

legrado. m. *Cir.* Acción y efecto de legrar.

legrar. tr. *Cir.* Raer la superficie de los huesos separando la membrana fibrosa que los cubre o la parte más superficial de la sustancia ósea. ll **2.** *Cir.* Raer la mucosa del útero.

legua. f. Medida de longitud equivalente a 5.572 metros y 7 decímetros.

leguleyo, ya. m. y f. Persona que trata de leyes no conociéndolas sino vulgar y escasamente.

legumbre. f. Todo género de fruto o semilla que se cría en vainas. ll **2.** Por ext., cualquier planta que se cultiva en las huertas.

leguminoso, sa. adj. *Bot.* Dícese de hierbas, matas, arbustos y árboles angiospermos dicotiledóneos, con hojas casi siempre alternas, por lo general compuestas y con estípulas; flores de corola actinomorfa o cigomorfa, amariposada en muchas especies, y fruto en legumbre con varias semillas sin albumen. Estas plantas están comprendidas en las familias de las mimosáceas y de las papilionáceas. Ú. t. c. s. f.

leído, da. adj. Dícese del que ha leído mucho y es hombre de muchas noticias y erudición. ll **leído y escribido.** loc. adj. fam. Dícese de la persona que presume de instruida.

leísmo. m. *Gram.* Empleo de la forma *le* y, con menos frecuencia *les,* de *él* en el acusativo masculino singular o plural cuando el pronombre representa a personas. ll **2.** Vicio de emplear la forma *le* o *les* para el acusativo masculino singular o plural cuando el pronombre no se refiere a personas, o para el acusativo femenino singular o plural.

leísta. adj. *Gram.* Que defiende o practica el leísmo. Ú. t. c. s. ll **2.** Dícese del que incurre en el vicio del leísmo. Ú. t. c. s.

lejanía. f. Parte remota o distante de un lugar, de un paisaje o de una vista panorámica.

lejano, na. adj. Que está lejos en el espacio o en el tiempo.

lejía. f. Agua en que se han disuelto álcalis o sus carbonatos. La que se obtiene cociendo ceniza sirve para la colada.

lejísimos. adv. l. y t. Muy lejos.

lejos. adv. l. y t. A gran distancia; en lugar o tiempo distante o remoto. Ú. t. en sent. fig. *Está muy* LEJOS *de mi ánimo.* ‖ **a lo lejos, de lejos, de muy lejos, desde lejos.** locs. advs. A larga distancia, o desde larga distancia. ‖ **lejos de.** loc. prepos. que, en sent. fig. y precediendo a un infinitivo, indica que no ocurre lo que este expresa, sino otra cosa muy diferente. LEJOS DE *mejorar, íbamos de mal en peor.*

lelo, la. adj. Fatuo, simple y como pasmado. Ú. t. c. s.

lema. m. Letra o mote que se pone en los emblemas y empresas para hacerlos más comprensibles. ‖ **2.** fig. Norma que regula o parece regular la conducta de alguien. ‖ **3.** Palabra o palabras que por contraseña se escriben en los pliegos cerrados de oposiciones y certámenes, para conocer, después del fallo, a quién pertenece cada obra, o averiguar el nombre de los autores premiados. ‖ **4.** *Ling.* **entrada** de un diccionario o enciclopedia.

lemanita. f. Especie de jade.

lematizar. tr. *Ling.* Fijar los lemas que contiene un diccionario o repertorio léxico. ‖ **2.** *Ling.* En un diccionario o repertorio léxico, remitir las formas de una palabra variable a un lema único.

lemnáceo, a. adj. *Bot.* Dícese de plantas angiospermas monocotiledóneas, acuáticas y flotantes, con tallo y hojas transformadas en una fronda verde, pequeña y en forma de disco; como la lenteja de agua. Ú. t. c. s. f. ‖ **2.** f. pl. *Bot.* Familia de estas plantas.

lemniscata. f. Curva plana de figura semejante a un 8.

lemosín, na. adj. Natural de Limoges o de la antigua provincia de Francia de que era capital esta población. Ú. t. c. s. ‖ **2.** Perteneciente o relativo a ellas. ‖ **3.** m. Lengua provenzal, lengua de oc.

lempira. m. Unidad monetaria de Honduras.

lémur. m. Género de mamíferos cuadrúmanos, con los dientes incisivos de la mandíbula inferior inclinados hacia adelante y las uñas planas, menos la del índice de las extremidades torácicas y a veces la del medio de las abdominales, que son ganchudas, y la cola muy larga. Son frugívoros y propios de Madagascar. ‖ **2.** pl. *Mit.* Genios tenidos generalmente por maléficos entre romanos y etruscos. ‖ **3.** fig. Fantasmas, sombras, duendes.

lencería. f. Lugar donde en ciertos establecimientos, como colegios, hospitales, etc., se guarda la ropa blanca. ‖ **2.** Ropa interior femenina y tienda en donde se vende.

lendacari. m. Jefe del Gobierno vasco.

lendrera. f. Peine de púas finas y espesas, a propósito para limpiar la cabeza.

lengua. f. Órgano muscular situado en la cavidad de la boca de los vertebrados y que sirve para gustar, para deglutir y para articular los sonidos de la voz. ‖ **2.** Sistema de comunicación y expresión verbal propio de un pueblo o nación, o común a varios. ‖ **3.** Vocabulario y gramática peculiares de una época, de un escritor o de un grupo social. ‖ **aglutinante.** Idioma en que predomina la aglutinación. ‖ **de gato.** Bizcochito o chocolatina duros, alargados y delgados, que por su forma recuerdan la **lengua** del gato. ‖ **de oc.** La que antiguamente se hablaba en el mediodía de Francia y cultivaron los trovadores, llamada asimismo provenzal y lemosín. ‖ **de oíl.** Francés antiguo, o sea **lengua** hablada antiguamente en Francia al norte del Loira. ‖ **de tierra.** Pedazo de tierra largo y estrecho que entra en el mar, en un río, etc. ‖ **materna.** La que se habla en un país, respecto de los naturales de él. ‖ **malas lenguas.** fig. y fam. El común de los murmuradores y de los calumniadores de las vidas y acciones ajenas. *Así lo dicen* MALAS LENGUAS.

lenguado. m. Pez teleósteo marino de cuerpo oblongo y muy aplanado, y cabeza asimétrica. Vive, como otras muchas especies del orden de los pleuronectiformes, echado siempre del mismo lado. Su carne es muy apreciada.

lenguaje. m. Conjunto de sonidos articulados con que el hombre manifiesta lo que piensa o siente. ‖ **2. lengua,** sistema de comunicación y expresión verbal propio de un pueblo o nación, o común a varios. ‖ **3.** Manera de expresarse. LENGUAJE *culto, grosero, sencillo, técnico, forense, vulgar.* ‖ **4.** Estilo y modo de hablar y escribir de cada uno en particular. ‖ **5.** Uso del habla o facultad de hablar. ‖ **6.** fig. Conjunto de señales que dan a entender una cosa. *El* LENGUAJE *de los ojos, el de las flores.* ‖ **7.** *Inform.* Conjunto de signos y reglas que permite la comunicación con un ordenador. ‖ **máquina.** *Inform.* **lenguaje** binario que es reconocido directamente por el procesador. ‖ **vulgar.** El usual, a diferencia del técnico y del literario.

lenguarada. f. Acción de pasar una vez la lengua por algo para lamerlo o para tragarlo.

lenguaraz. adj. Deslenguado, atrevido en el hablar.

lengüeta. f. **epiglotis.** ‖ **2.** Fiel de la balanza, y más propiamente el de la romana. ‖ **3.** Laminilla movible de metal u otra materia que tienen algunos instrumentos músicos de viento y ciertas máquinas hidráulicas o de aire. ‖ **4.** Tira de piel que suelen tener los zapatos en la parte del cierre por debajo de los cordones.

lengüetazo. m. **lenguarada.**

lenidad. f. Blandura en exigir el cumplimiento de los deberes o en castigar las faltas.

lenificar. tr. Suavizar, ablandar.

leninismo. m. Doctrina de Lenin, quien, basándose en el marxismo, promovió y condujo la Revolución soviética.

leninista. adj. Partidario de Lenin o que profesa su doctrina. Ú. t. c. s. ‖ **2.** Perteneciente o relativo al leninismo.

lenitivo, va. adj. Que tiene virtud de ablandar y suavizar. ‖ **2.** m. Medicamento que sirve para ablandar o suavizar. ‖ **3.** fig. Medio para mitigar los sufrimientos del ánimo.

lenocinio. m. Intervención mediadora entre dos personas para facilitar que ambas establezcan relaciones amorosas o sexuales. ‖ **2.** Oficio de alcahuete.

lente. amb. Objeto transparente, generalmente de vidrio, que se utiliza en los instrumentos ópticos para desviar la trayectoria de los rayos luminosos y formar imágenes. Ú. m. c. f. ‖ **2.** Cristal para miopes o présbitas, con armadura que permite acercárselo cómodamente a un ojo. ‖ **3.** pl. Cristales de igual clase, con armadura que permite acercarlos cómodamente a los ojos o sujetarlos en la nariz. ‖ **de contacto.** Disco pequeño de materia plástica o vidrio, cóncavo de un lado, convexo por el otro, que se aplica directamente sobre la córnea para corregir los defectos de refracción del ojo.

lenteja. f. Planta herbácea, anual, de la familia de las papilionáceas, con tallos endebles de tres a cuatro decímetros, hojas oblongas, zarcillos poco arrollados, flores blancas con venas moradas y fruto en vaina pequeña, con dos o tres semillas pardas en forma de disco de medio centímetro de diámetro aproximadamente. ‖ **2.** Fruto y semilla de esta planta. ‖ **acuática,** o **de agua.** Planta de la familia de las lemnáceas, que flota en las aguas estancadas y cuyas frondas, agrupadas de tres en tres, recuerdan a las semillas de la **lenteja**.

lentejuela. f. Planchita redonda de metal u otro material brillante, que se cose en los vestidos como adorno.

lenticular. adj. Parecido en la forma a la semilla de la lenteja. ‖ **2.** m. *Anat.* Pequeña apófisis del yunque, mediante la cual este huesecillo de la parte media del oído de los mamíferos se articula con el estribo. Ú. t. c. adj. *Apófisis* LENTICULAR, *hueso* LENTICULAR.

lentificar. tr. Imprimir lentitud a alguna operación o proceso, disminuir su velocidad.

lentilla. f. **lente de contacto.**

lentisco. m. Mata o arbusto siempre verde, de la familia de las anacardiáceas, con tallos leñosos de dos a tres metros, hojas divididas en un número par de hojuelas coriáceas, ovaladas, de punta roma, lampiñas, lustrosas por el haz y mates por el envés; flores pequeñas, amarillentas o rojizas, en racimos axilares, y fruto en drupa casi esférica, primero roja y después negruzca. La madera es rojiza, dura, aromática, y útil para ciertas obras de ebanistería; de las ramas puede sacarse almáciga, y de los frutos, aceite para el alumbrado. Abunda en España.

lentitud. f. Cualidad de lento. ‖ **2.** Desarrollo tardo o pausado de la ejecución o del acontecer de algo.

lento, ta. adj. Tardo o pausado en el movimiento o en la acción. ‖ **2.** Poco vigoroso y eficaz.

leña. f. Parte de los árboles y matas que, cortada y hecha trozos, se emplea como combustible. ‖ **2.** fig. y fam. Castigo, paliza. ‖ **echar leña al fuego.** fr. fig. Dar incentivo a un afecto, inclinación o vicio.

leñador, ra. m. y f. Persona que se emplea en cortar leña. ‖ **2.** Persona que vende leña.

leñazo. m. fam. Golpe dado con un leño, garrote, etc.

leñera. f. Sitio o mueble para guardar leña.

leño. m. Trozo de árbol después de cortado y limpio de ramas. ‖ **2.** Parte sólida de los árboles bajo la corteza. ‖ **3.** fig. y fam. Persona pesada e insufrible. ‖ **dormir como un leño.** fr. fam. Dormir profundamente.

leñoso, sa. adj. Dícese de la parte más consistente de los vegetales. ‖ **2.** Hablando de arbustos, plantas, frutos, etc., que tiene dureza y consistencia como la de la madera.

leo. n. p. m. *Astron.* **León,** signo del Zodiaco. ‖ **2.** *Astron.* **León,** constelación. ‖ **3.** adj. Referido a personas, las nacidas bajo este signo del Zodiaco. Ú. t. c. s.

león. m. Mamífero carnívoro de la familia de los félidos, de pelaje entre amarillo y rojo, de un metro de altura aproximadamente hasta la cruz y cerca de dos metros desde el hocico hasta el arranque de la cola: tiene la cabeza grande, los dientes y las uñas muy fuertes y la cola larga, cubierta de pelo corto, y terminada por un fleco de cerdas. El macho se distingue por una larga melena que le cubre la nuca y el cuello, y que crece con los años. ‖ **2.** fig. Hombre audaz, imperioso y valiente. ‖ **3.** n. p. m. *Astron.* Quinto signo o parte del Zodiaco, de 30 grados de amplitud, que el Sol recorre aparentemente al mediar el verano. ‖ **4.** *Astron.* Constelación zodiacal que en otro tiempo debió de coincidir con el signo de este nombre, pero que actualmente, por resultado del movimiento retrógrado de los puntos equinocciales, se halla delante del mismo signo y un poco hacia el Oriente. ‖ **marino.** Mamífero pinnípedo de cerca de tres metros de longitud, con pelaje largo y espeso, una especie de cresta carnosa y móvil en lo alto de la cabeza, y unas bolsas junto a las narices, que el animal hincha a su arbitrio.

leona. f. Hembra del león. ‖ **2.** fig. Mujer audaz, imperiosa y valiente.

leonado, da. adj. De color rubio oscuro, semejante al del pelo del león.

leonera. f. Lugar en que se tienen encerrados los leones. ‖ **2.** fig. y fam. Aposento habitualmente desarreglado y revuelto.

leonés, sa. adj. Natural de León. Ú. t. c. s. ‖ **2.** Perteneciente o relativo a esta ciudad o a su provincia. ‖ **3.** Perteneciente o relativo al antiguo reino de León. ‖ **4.** Dícese del dialecto romance llamado también **asturleonés.** Ú. t. c. s. m. ‖ **5.** Dícese de la variedad del castellano hablada en territorio **leonés.**

leonino, na. adj. Perteneciente o relativo al león. ‖ **2.** *Der.* Dícese del contrato oneroso en que toda la ventaja o ganancia se atribuye a una de las partes, sin equitativa conmutación entre estas. ‖ **3.** Por ext., dícese de pactos o condiciones de carácter despótico.

leontina. f. Cinta o cadena colgante de reloj de bolsillo.

leopardo. m. Mamífero carnicero de metro y medio de largo desde el hocico hasta el arranque de la cola, y de unos siete decímetros de alto. El aspecto general es el de un gato grande, de pelaje blanco en el pecho y el vientre, y rojizo con manchas negras, redondas y regularmente distribuidas en todo el resto del cuerpo. Vive en los bosques de Asia y África, y a pesar de su magnitud trepa con facilidad a los árboles en persecución de los monos y de otros animales.

leotardo. m. Prenda a modo de braga que se prolonga por dos medias, de modo que cubre y ciñe el cuerpo desde la cintura hasta los pies. Ú. t. en pl.

Lepe. n. p. **saber más que Lepe** o **que Lepe, Lepijo y su hijo.** fr. proverb. Ser muy perspicaz y advertido. Dícese por alusión a don Pedro de Lepe, obispo de Calahorra y la Calzada y autor de un libro titulado *Catecismo católico.*

lepidóptero. adj. *Zool.* Dícese de insectos que tienen boca chupadora constituida por una trompa que se arrolla en espiral, y cuatro alas cubiertas de escamitas imbricadas. Tienen metamorfosis completas, y en el estado de larva reciben el nombre de oruga, y son masticadores; sus ninfas son las crisálidas, muchas de las cuales pasan esta fase de su desarrollo dentro de un capullo, como el gusano de la seda. Ú. t. c. s. m. ‖ **2.** m. pl. *Zool.* Orden de estos insectos.

leporino, na. adj. Perteneciente o relativo a la liebre. ‖ **2.** V. **labio leporino.**

lepra. f. *Pat.* Enfermedad infecciosa crónica, caracterizada principalmente por síntomas cutáneos y nerviosos, sobre todo tubérculos, manchas, úlceras y anestesias.

leprosería. f. Hospital de leprosos.

leproso, sa. adj. Que padece lepra. Ú. t. c. s.

lerdo, da. adj. Pesado y torpe en el andar. Dícese más comúnmente de las bestias. ‖ **2.** fig. Tardo y torpe para comprender o ejecutar una cosa.

leridano, na. adj. Natural de Lérida. Ú. t. c. s. ‖ **2.** Perteneciente o relativo a esta ciudad o a su provincia.

les. Dativo del pronombre personal de tercera persona en género masculino o femenino y número plural. No admite preposición y se puede usar como sufijo: LES *di; da*LES. ❑ Es grave incorrección emplear en este caso para el género masculino la forma *los,* propia del acusativo, y en femenino tampoco debe emplearse la forma *las,* aunque lo hayan hecho escritores de nota.

lesbianismo. m. **amor lesbiano.**

lesbiano, na. adj. **lesbio.** ‖ **2.** V. **amor lesbiano.** ‖ **3.** f. Mujer homosexual.

lésbico, ca. adj. V. **amor lésbico.**

lesbio, bia. adj. Natural de Lesbos. Ú. t. c. s. ‖ **2.** Perteneciente o relativo a esta isla. ‖ **3.** V. **amor lésbico.**

lesión. f. Daño o detrimento corporal causado por una herida, golpe o enfermedad. ‖ **2.** fig. Cualquier daño, perjuicio o detrimento.

lesionar. tr. Causar lesión. Ú. t. c. prnl.

lesivo, va. adj. Que causa o puede causar lesión, daño o perjuicio.

leso, sa. adj. Agraviado, lastimado, ofendido. Aplícase principalmente a la cosa que ha recibido el daño o la ofensa. LESA *humanidad;* LESO *derecho natural.* ‖ **2.** Hablando del juicio, del entendimiento o de la imaginación, pervertido, turbado, trastornado.

letal. adj. Mortífero, capaz de ocasionar la muerte.

letanía. f. Oración que se hace a Dios invocando como mediadores a Cristo, la Virgen o los Santos, en una enumeración ordenada. ‖ **2.** fig. y fam. Lista, retahíla, enumeración seguida de muchos nombres, locuciones o frases.

letargo. m. *Pat.* Síntoma de varias enfermedades nerviosas, infecciosas o tóxicas, caracterizado por un estado de somnolencia profunda y prolongada. ‖ **2.** fig. Sopor, modorra. ‖ **3.** Período de tiempo en que algunos animales permanecen en inactividad y reposo absoluto.

leteo, a. adj. Perteneciente o relativo al Lete o Leteo, río del olvido, o que participa de alguna de las cualidades que a este río atribuye la mitología.

letón, na. adj. Dícese de un pueblo báltico, llamado también latvio. ‖ **2.** Perteneciente o relativo a este pueblo. ‖ **3.** m. Lengua hablada en Letonia.

letra. f. Cada uno de los signos gráficos con que se representan los sonidos de un idioma. ‖ **2.** Llamábase también así a cada uno de estos sonidos. ‖ **3.** Forma especial de los signos gráficos, por la que se distinguen los escritos de una persona o de una época o país determinados. ‖ **4.** Conjunto de las palabras puestas en música para que se canten, a diferencia de la misma música. *La* LETRA *de una canción, de un himno, de una ópera.* ‖ **5. letra de cambio.** ‖ **6.** pl. Conjunto de las ciencias humanísticas por contraposición a las ciencias exactas, físicas y naturales. ‖ **bastarda.** La de mano, inclinada hacia la derecha y rotunda en las curvas. ‖ **bastardilla.** La de imprenta que imita a la bastarda. ‖ **consonante.** *Gram.* Aquella en cuya pronunciación se interrumpe en algún punto del canal vocal el paso del aire espirado, como en *p, t,* o se produce una estrechez que lo hace salir con fricación, como en *f, s, z.* ‖ **cursiva. letra bastardilla.** ‖ **de caja alta.** *Impr.* **letra mayúscula.** ‖ **de caja baja.** *Impr.* **letra minúscula.** ‖ **de cambio.** *Com.* Documento mercantil por el cual, una persona o entidad compromete a otra, mediante una orden de pago, a entregarle cierta cantidad de dinero en un plazo y lugar determinados. ‖ **de imprenta.** La escrita a mano imitando la **letra** de molde. ‖ **de mano.** La que se hace al escribir con pluma, lápiz, etc. ‖ **de molde.** La impresa. ‖ **itálica. letra bastardilla.** ‖ **mayúscula.** La que con mayor tamaño y distinta figura, por regla general, que la minúscula, se emplea como inicial de todo nombre propio, en principio de período, después de punto, etc. ‖ **minúscula.** La que es menor que la mayúscula y por lo general de forma distinta, y se emplea en la escritura constantemente, sin más excepción que la de los casos en que se debe usar **letra** mayúscula. ‖ **muerta.** fig. Escrito, regla o máxima en que se previene algo que ya no se cumple o no tiene efecto. Se usa generalmente hablando de leyes, tratados, convenios, etc. ‖ **negrilla** o **negrita. letra** especial gruesa que se destaca de los tipos ordinarios, resaltando en el texto. Ú. t. c. s. ‖ **redonda,** o **redondilla.** La de mano o de imprenta que es vertical y circular. ‖ **versal.** *Impr.* **letra mayúscula.** ‖ **versalita.** *Impr.* Mayúscula igual en tamaño a la minúscula de la misma clase. ‖ **vocal.** Signo que representa gráficamente un sonido y articulación vocálicos. ‖ **letras humanas. literatura,** y especialmente la griega y la latina.

letrado, da. adj. Sabio, docto o instruido. ‖ **2.** m. y f. Abogado, titulado en derecho.

letrero. m. Palabra o conjunto de palabras escritas para notificar o publicar una cosa.

letrilla. f. Composición poética de versos cortos que suele ponerse en música. ‖ **2.** Composición poética, amorosa, festiva o satírica, que se divide en estrofas, al fin de cada una de las cuales se repite ordinariamente como estribillo el pensamiento o concepto general de la composición, expresado con brevedad.

letrina. f. Retrete colectivo con varios compartimentos, separados o no, que vierten en un único tubo colector o en una zanja. Hoy se usa solamente referido a campamentos, cuarteles antiguos, etc. ‖ **2.** fig. Lugar sucio y asqueroso.

letrista. com. Persona que hace letras para canciones.

leucemia. f. *Pat.* Enfermedad neoplásica de los órganos formadores de células sanguíneas, caracterizada por la proliferación maligna de leucocitos.

leuco-. Elem. compos. Significa blanco o de color claro.

leucocito. m. *Biol.* Célula blanca o incolora de la sangre y la linfa, que puede trasladarse a diversos lugares del cuerpo con funciones defensivas.

leucocitosis. f. *Med.* Aumento del número de leucocitos en la sangre.

leucoma. f. *Med.* Manchita blanca en la córnea transparente del ojo, que corresponde a una opacidad de esta con pérdida de su sustancia.

leucorrea. f. *Pat.* Flujo blanquecino de las vías genitales femeninas.

leva. f. Partida de las embarcaciones del puerto. ‖ **2.** Recluta o alistamiento de gente para el servicio militar.

levadizo, za. adj. Que se levanta o se puede levantar con algún artificio, quitándolo y volviéndolo a poner, o levantándolo y volviéndolo a bajar o dejar caer. Ú. m. hablando de los puentes.

levadura. f. Nombre genérico de ciertos hongos unicelulares, de forma ovoidea, que se reproducen por gemación o división; suelen estar unidos entre sí en forma de cadena, y producen enzimas capaces de descomponer diversos cuerpos orgánicos, principalmente los azúcares, en otros más sencillos. ‖ **2.** Cualquier masa constituida principalmente por estos microorganismos y capaz de hacer fermentar el cuerpo con que se la mezcla. LEVADURA *de cerveza.*

levantamiento. m. Acción y efecto de levantar o levantarse. ‖ **2.** Sedición, alboroto popular.

levantar. tr. Mover hacia arriba una cosa. Ú. t. c. prnl. ‖ **2.** Poner una cosa en lugar más alto que el que tenía. Ú. t. c. prnl. ‖ **3.** Poner derecha o en posición vertical la persona o cosa que esté inclinada, tendida, etc. Ú. t. c. prnl. ‖ **4.** Separar una cosa de otra sobre la cual descansa o a la que está adherida. Ú. t. c. prnl. ‖ **5.** Recoger o quitar una cosa de donde está. LEVANTAR *la tienda, los manteles.* ‖ **6.** Construir, fabricar, edificar. ‖ **7.** Abandonar un sitio, llevándose lo que en él hay para trasladarlo a otro lugar. ‖ **8.** Mover, ahuyentar, hacer que salte la caza del sitio en que estaba. Ú. t. c. prnl. ‖ **9.** fig. Erigir, establecer, instituir. ‖ **10.** fig. Tratándose de la voz, darle mayor fuerza, hacer que suene más. ‖ **11.** fig. Hacer que cesen ciertas penas, prohibiciones o castigos impuestos por autoridad competente. LEVANTAR *el entredicho, el destierro, el arresto, el embargo.* ‖ **12.** fig. Rebelar, sublevar. Ú. t. c. prnl. ‖ **13.** prnl. Sobresalir, elevarse sobre una superficie o plano. ‖ **14.** Dejar la cama el que estaba acostado.

levante. n. p. m. **Oriente,** punto por donde sale el Sol. ‖ **2.** m. Viento que sopla de la parte oriental. ‖ **3.** Nombre genérico de las comarcas mediterráneas de España, y especialmente las correspondientes a los antiguos reinos de Valencia y Murcia.

levantino, na. adj. Natural de Levante. Ú. t. c. s. ‖ **2.** Perteneciente o relativo a la parte oriental del Mediterráneo.

levantisco, ca. adj. De genio inquieto y turbulento.

levar. tr. *Mar.* Hablando de las anclas, recoger, arrancar y suspender la que está fondeada.

leve. adj. Ligero, de poco peso. ‖ **2.** Fino, sutil. ‖ **3.** fig. De poca importancia, venial.

levedad. f. Cualidad de leve.

leviatán. m. Monstruo marino, descrito en el libro de Job, y que los Santos Padres entienden en el sentido moral de demonio o enemigo de las almas.

levita[1]. m. Israelita de la tribu de Leví, dedicado al servicio del templo. ‖ **2.** Eclesiástico de grado inferior al sacerdote.

levita[2]. f. Vestidura masculina de etiqueta, más larga y amplia que el frac, y cuyos faldones llegan a cruzarse por delante.

levitar. intr. Elevarse en el espacio personas, animales o cosas sin intervención de agentes físicos conocidos.

levítico, ca. adj. Perteneciente o relativo a los levitas. ‖ **2.** fig. Aficionado a la Iglesia, o supeditado a los eclesiásticos.

levitón. m. Levita más larga, más holgada y de paño más grueso que la de vestir.

levógiro, ra. adj. *Quím.* Dícese del cuerpo o sustancia que desvía hacia la izquierda la luz polarizada.

lexema. m. *Ling.* Unidad léxica mínima, que carece de morfemas *(sol),* o resulta de haber prescindido de ellos *(terr,* en *enterráis),* y que posee un significado definible por el diccionario, no por la gramática.

lexicalizar. tr. *Ling.* Convertir en uso léxico general el que antes era figurado. Ú. m. c. prnl. ‖ **2.** *Ling.* Hacer que un sintagma llegue a funcionar como una unidad léxica. Ú. m. c. prnl. Así, CON CAJAS DESTEMPLADAS ha llegado a ser permutable con adverbios como *ásperamente, airadamente* o *destempladamente.*

léxico, ca. adj. Perteneciente o relativo al **léxico** o vocabulario de una lengua o región. ‖ **2.** Vocabulario, conjunto de las palabras de un idioma, o de las que pertenecen al uso de una región, a una actividad determinada, a un campo semántico dado, etc. ‖ **3.** Caudal de voces, modismos y giros de un autor.

lexicografía. f. Técnica de componer léxicos o diccionarios. ‖ **2.** Parte de la lingüística que se ocupa de los principios teóricos en que se basa la composición de diccionarios. ❑ No confundir con *lexicología.*

lexicógrafo, fa. m. y f. Persona experta o versada en lexicografía.

lexicología. f. Estudio de las unidades léxicas de una lengua y de las relaciones sistemáticas que se establecen entre ellas. ❑ No confundir con *lexicografía.*

lexicólogo, ga. m. y f. Persona versada en lexicología.

lexicón. m. Diccionario, léxico.

ley. f. Regla y norma constante e invariable de las cosas, nacida de la causa primera o de las cualidades y condiciones de las mismas. ‖ **2.** Precepto dictado por la suprema autoridad, en que se manda o prohíbe algo en consonancia con la justicia y para el bien de los gobernados. ‖ **3.** En el régimen constitucional, disposición votada por las Cortes y sancionada por el Jefe del Estado. ‖ **4.** Lealtad, fidelidad, amor. ❑ U. generalmente con los verbos *tener* y *tomar.* ‖ **5.** Cantidad de oro o plata que, según determinan las **leyes,** debe entrar en la composición de monedas u otros objetos hechos de estos metales. ‖ **6.** Estatuto o condición establecida para un acto particular. LEYES *de una justa, de un certamen, del juego.* ‖ **7.** Conjunto de las **leyes,** o cuerpo del derecho civil. ‖ **8.** *Fís.* Cada una de las relaciones existentes entre las diversas magnitudes que intervienen en un fenómeno. ‖ **fundamental.** *Der.* La que establece principios por los que deberá regirse la legislación de un país. ‖ **marcial.** *Der.* La de orden público, una vez declarado el estado de guerra. ‖ **natural.** Dictamen de la recta razón que prescribe lo que se ha de hacer o lo que debe omitirse. ‖ **orgánica.** La que inmediatamente se deriva de la Constitución de un Estado, y contribuye a su más perfecta ejecución y observancia. ‖ **sálica.** La que excluye del trono a las hembras y sus descendientes. Se introdujo en España después del establecimiento de la casa de Borbón, pero fue derogada en 1830. ‖ **seca.** La que prohíbe el tráfico y consumo de bebidas alcohólicas. ‖ **de ley.** loc. adj. fig. Se aplica al oro y a la plata que tienen la cantidad de estos metales señalados por la **ley.**

leyenda. f. Relación de sucesos que tienen más de tradicionales o maravillosos que de históricos o verdaderos. ‖ **2.** Composición poética de alguna extensión en que se narra un suceso de esta clase. ‖ **3.** Texto que acompaña a un plano, grabado, cuadro, etc. ‖ **4.** *Numism.* Letrero que rodea la figura en las monedas o medallas.

lezna. f. Instrumento que se compone de un hierrecillo con punta muy fina y un mango de madera, que usan los zapateros y otros artesanos para agujerear, coser y hacer pespuntes.

lía. f. Soga de esparto machacado, tejida como trenza, para atar y asegurar los fardos, cargas y otras cosas.

liana. f. Nombre que se aplica a diversas plantas, generalmente sarmentosas, de la selva tropical, que, tomando como soporte los árboles, se encaraman sobre ellos hasta alcanzar la parte alta y despejada, donde se ramifican con abundancia; a veces ahogan a las plantas que las sostienen. ‖ **2.** Por ext., enredadera o planta trepadora de otros países.

liar. tr. Atar y asegurar los fardos y cargas con lías. ‖ **2.** Envolver una cosa, sujetándola, por lo común, con papeles, cuerda, cinta, etc. ‖ **3.** Hablando de cigarrillos, formarlos envolviendo la picadura en el papel de fumar. ‖ **4.** fig. y fam. Engañar a uno, envolverlo en un compromiso. Ú. t. c. prnl. ‖ **5.** Seguido de la prep. *a* y un infinitivo, ponerse a ejecutar con vehemencia lo que este significa. Ú. t. c. prnl. ‖ **6.** prnl. Enredarse con fin deshonesto dos personas; amancebarse.

liásico, ca. adj. *Geol.* Dícese del terreno sedimentario que sigue inmediatamente en edad al triásico. ‖ **2.** *Geol.* Perteneciente a este terreno.

libación. f. Acción de libar. ‖ **2.** Ceremonia religiosa de los antiguos paganos, que consistía en derramar vino u otro licor en honor de los dioses.

libanés, sa. adj. Natural del Líbano. Ú. t. c. s. ‖ **2.** Perteneciente o relativo a este Estado de Asia.

libar. tr. Chupar suavemente el jugo de una cosa. Se usa especialmente hablando de las abejas. Ú. t. c. intr. ‖ **2.** Hacer la libación para el sacrificio. ‖ **3.** Probar o gustar un licor.

libatorio. m. Vaso con que los antiguos hacían las libaciones.

libelo. m. Escrito en que se denigra o infama a personas o cosas. Lleva ordinariamente el calificativo de **infamatorio.**

libélula. f. **caballito del diablo.**

líber. m. *Bot.* Parte del cilindro central de las plantas angiospermas dicotiledóneas, que está formada principalmente por hacecillos o paquetes de vasos para conducir la savia.

liberación. f. Acción de poner en libertad. ‖ **2.** Cancelación o declaración de caducidad de la carga o cargas que real o aparentemente gravan un inmueble.

liberal. adj. Que obra con liberalidad. ‖ **2.** Dícese tradicionalmente de las artes o profesiones que ante todo requieren el ejercicio del entendimiento. ‖ **3.** Que profesa doctrinas favorables a la libertad política en los Estados. Apl. a pers., ú. t. c. s.

liberalidad. f. Virtud moral que consiste en distribuir uno generosamente sus bienes sin esperar recompensa. ‖ **2.** Generosidad, desprendimiento.

liberalismo. m. Sistema político-religioso que proclama la absoluta independencia del Estado, en sus organizaciones y funciones, de todas las religiones positivas.

liberalizar. tr. Hacer liberal en el orden político a una persona o cosa. Ú. t. c. prnl.

liberar. tr. Libertar, eximir a uno de una obligación. Ú. t. c. prnl. ‖ **2.** Poner en libertad a quien está preso o atado.

liberiano, na. adj. Natural de Liberia. Ú. t. c. s. ‖ **2.** Perteneciente o relativo a este país de África.

libérrimo, ma. adj. sup. de **libre.**

libertad. f. Facultad natural del hombre para obrar de una manera o de otra, o de no obrar, por la que es responsable de sus actos. ‖ **2.** Estado del que no está preso. ‖ **3.** Falta de sujeción y subordinación. *A los jóvenes los pierde la* LIBERTAD. ‖ **4.** Facultad que se disfruta en las naciones bien gobernadas, de hacer y decir cuanto no se oponga a las leyes ni a las buenas costumbres. ‖ **5.** Licencia u osada familiaridad. *Me tomo la* LIBERTAD *de escribir esta carta; eso es tomarse demasiada* LIBERTAD. Ú. t. en pl., con sentido peyorativo. ‖ **6.** Desenfado, franqueza, soltura. *Para ser tan niña, se presenta con mucha* LIBERTAD. ‖ **condicional.** Beneficio de abandonar la prisión que puede concederse a los penados en el último período de su condena, y que está sometido a la posterior observancia de buena conducta. ‖ **de conciencia.** Facultad de profesar cualquier religión sin ser inquietado por la autoridad pública. ‖ **de cultos.** Derecho de practicar públicamente los actos de la religión que cada uno profesa. ‖ **provisional.** Situación o beneficio de que pueden gozar con fianza o sin ella los procesados, no sometiéndolos durante la causa a prisión preventiva.

libertar. tr. Poner en libertad o soltar al que está atado, preso o sujeto físicamente. ‖ **2.** Librar a uno de una atadura moral que tiene o podría tener. Ú. t. c. prnl.

libertario, ria. adj. Que defiende la libertad absoluta, y por lo tanto, la supresión de todo gobierno y de toda ley.

libertinaje. m. Desenfreno en las obras o en las palabras.

libertino, na. adj. Aplícase a la persona entregada al libertinaje. Ú. t. c. s.

liberto, ta. m. y f. Esclavo a quien se ha dado la libertad, respecto de su patrono.

libidinoso, sa. adj. Lujurioso, lascivo.

libido. f. *Med.* y *Psicol.* Deseo sexual, considerado por algunos autores como impulso y raíz de las más varias manifestaciones de la actividad psíquica. ❏ La acentuación es siempre llana, no esdrújula.

libio, bia. adj. Natural de Libia. Ú. t. c. s. ‖ **2.** Perteneciente o relativo a este país de África.

libra. f. Peso antiguo de Castilla, dividido en 16 onzas y equivalente a 460 gramos. En Aragón, Baleares, Cataluña y Valencia tenía 12 onzas, 17 en las Provincias Vascongadas y 20 en Galicia, y además las onzas eran desiguales, según los pueblos. ‖ **2.** Moneda imaginaria o efectiva, cuyo valor varía según los países. ‖ **3.** Medida de capacidad, que contiene una **libra** de un líquido. ‖ **4.** n. p. f. *Astron.* Séptimo signo o parte del Zodiaco, de 30 grados de amplitud, que el Sol recorre aparentemente al comenzar el otoño. ‖ **5.** *Astron.* Constelación zodiacal que en otro tiempo debió de coincidir con el signo de este nombre, pero que actualmente, por resultado del movimiento retrógrado de los puntos equinocciales, se halla delante del mismo signo y un poco hacia el Oriente. ‖ **6.** adj. Referido a personas, las nacidas bajo este signo del Zodiaco. Ú. t. c. s. ‖ **esterlina.** Moneda inglesa.

librado, da. m. y f. Persona contra la que se gira una letra de cambio.

librador. m. *Com.* El que libra una letra de cambio.

libramiento. m. Acción y efecto de librar. ‖ **2.** Orden que se da por escrito para que el tesorero, mayordomo, etc., pague una cantidad de dinero u otro género.

libranza. f. Libramiento u orden de pago.

librar. tr. Sacar o preservar a uno de un trabajo, mal o peligro. Ú. t. c. prnl. ‖ **2.** *Com.* Expedir letras de cambio, libranzas, cheques y otras órdenes de pago, a cargo de uno que tenga fondos a disposición del librador. ‖ **3.** intr. fam. Disfrutar de su día de descanso los empleados u obreros.

libre. adj. Que tiene facultad para obrar o no obrar. ‖ **2.** Que no está preso. ‖ **3.** Atrevido, desenfrenado. *Es muy* LIBRE *en hablar.* ‖ **4.** Suelto, no sujeto. ‖ **5.** Exento, privilegiado, dispensado. *Estoy* LIBRE *del voto.* ‖ **6.** Soltero, célibe. ‖ **7.** Desembarazado o exento de un daño o peligro. *Estoy* LIBRE *de penas, de cuidados.* ‖ **8.** Dícese del tiempo de que dispone una persona, al margen de sus ocupaciones habituales. ‖ **9.** Aplicado a un espacio o lugar, no ocupado. ‖ **por libre.** loc. adv. Con verbos como *ir, actuar, andar*, etc., sin someterse a las costumbres establecidas. ❏ sup. irreg. *libérrimo.*

librea. f. Traje que los príncipes, señores y algunas otras personas o entidades dan a sus criados; por lo común, uniforme y con distintivos. ‖ **2.** *Mont.* Pelaje de los venados y otras reses.

librecambio. m. *Econ.* Sistema económico que suprime las trabas al comercio internacional.

librecambismo. m. Doctrina que defiende el librecambio.

librepensador, ra. adj. Partidario del librepensamiento. Ú. t. c. s.

librepensamiento. m. Doctrina que reclama para la razón individual independencia absoluta de todo criterio sobrenatural.

librería. f. Tienda donde se venden libros. ‖ **2.** Ejercicio o profesión de librero. ‖ **3.** Mueble con estantes para colocar libros.

librero, ra. m. y f. Persona que tiene por oficio vender libros.

libresco, ca. adj. Perteneciente o relativo al libro. ‖ **2.** Dícese especialmente del escritor o autor que se inspira sobre todo en la lectura de libros.

libreta. f. Cuaderno o libro pequeño destinado a escribir en él anotaciones o cuentas. ‖ **2.** La que expide una caja de ahorros.

libretista. com. Autor de uno o más libretos.

libreto. m. Obra dramática escrita para ser puesta en música, ya toda ella, como sucede en la ópera, ya solo una parte, como en la zarzuela española y ópera cómica extranjera.

librillo. m. Cuadernito de papel de fumar. ‖ **2.** **libro** del estómago de los rumiantes. ‖ **3.** Especie de bisagra diminuta para las cajas muy pequeñas.

libro. m. Conjunto de muchas hojas de papel, vitela, etc., ordinariamente impresas, que se han cosido o encuadernado juntas con cubierta de papel, cartón, pergamino u otra piel, etc., y que forman un volumen. ‖ **2.** Obra científica o literaria de bastante extensión para formar volumen. ‖ **3.** Cada una de ciertas partes principales en que suelen dividirse las obras científicas o literarias, y los códigos y leyes de gran extensión. ‖ **4.** *Der.* Para los efectos legales, en España, todo impreso no periódico que contiene 49 páginas o más, excluidas las cubiertas. ‖ **5.** *Zool.* Tercera de las cuatro cavidades en que se divide el estómago de los rumiantes. ‖ **de caballerías.** Especie de novela en que se cuentan las hazañas y hechos fabulosos de caballeros aventureros o andantes. ‖ **de coro. libro** grande, cuyas hojas regularmente son de pergamino, en que están escritos los salmos, antífonas, etc., que se cantan en el coro, con sus notas musicales. ‖ **de escolaridad.** El que recoge las calificaciones obtenidas por el alumno en cada curso. ‖ **de familia.** Aquel en que constan los datos de una familia referentes al estado civil de los esposos y al nacimiento de los hijos. ‖ **de texto.** El que sirve en las aulas para que estudien por él los escolares. ‖ **de libro.** loc. adj. Perfecto, que no le falta ningún detalle.

licantropía. f. *Pat.* Manía en que el enfermo se imagina estar transformado en lobo e imita los aullidos de este animal.

licántropo. m. *Pat.* El afectado de licantropía.

licencia. f. Facultad o permiso para hacer una cosa. ‖ **2.** Documento en que consta la licencia. ‖ **3.** Abusiva libertad en decir u obrar. ‖ **4.** Grado de licenciado. ‖ **5.** pl. Las que dan a los eclesiásticos los superiores para celebrar, predicar, etc., por tiempo indefinido. ‖ **absoluta.** *Mil.* La que se concede a los militares eximiéndolos completa y definitivamente del servicio. ‖ **poética.** Infracción de las leyes del lenguaje o del estilo que puede cometerse lícitamente en la poesía, por haberla autorizado el uso con aprobación de los doctos.

licenciado, da. m. y f. Persona que ha obtenido en una facultad el grado que la habilita para ejercerla. ‖ **2.** m. Tratamiento que se da a los abogados. ‖ **3.** Soldado que ha recibido su licencia absoluta.

licenciar. tr. Dar permiso o licencia. ‖ **2.** Despedir a uno. ‖ **3.** Conferir el grado de licenciado. ‖ **4.** Dar a los soldados licencia absoluta. ‖ **5.** prnl. Recibir el grado de licenciado.

licenciatura. f. Grado de licenciado. ‖ **2.** Estudios necesarios para obtener este grado.

licencioso, sa. adj. Libre, atrevido, disoluto.

liceo. m. Nombre de ciertas sociedades literarias o de recreo. ‖ **2.** En algunos países, **instituto de enseñanza media.**

licitar. tr. Ofrecer precio por una cosa en subasta o almoneda.

lícito, ta. adj. Justo, permitido, según justicia y razón. ‖ **2.** Que es de la ley o calidad debida.

licopeno. m. *Biol.* y *Quím.* Caroteno de color rojo, típico de los tomates, pimientos y otros frutos semejantes.

licor. m. Cuerpo líquido. ‖ **2.** Bebida espiritosa obtenida por destilación, maceración o mezcla de diversas sustancias, y compuesta de alcohol, agua, azúcar y esencias aromáticas variadas.

licorera. f. Utensilio de mesa donde se colocan las botellas o frascos de licor y a veces los vasitos o copas en que se sirve. ‖ **2.** Botella de cristal decorada para guardar y servir licores.

licuadora. f. Aparato eléctrico para licuar frutas u otros alimentos.

licuar. tr. Hacer líquida una cosa sólida o gaseosa, liquidar. Ú. t. c. prnl. ‖ **2.** *Min.* Fundir un metal sin que se derritan las demás materias con que se encuentra combinado, a fin de separarlo de ellas. Ú. t. c. prnl.

licuefacción. f. Acción y efecto de licuar o licuarse.

lid. f. Combate, pelea. ‖ **2.** fig. Disputa, contienda de razones y argumentos.

líder. m. Director, jefe o conductor de un partido político, de un grupo social o de otra colectividad. ‖ **2.** El que va a la cabeza de una competición deportiva.

liderar. tr. Dirigir o estar a la cabeza de un grupo, partido político, competición, etc.

liderato. m. Condición de líder o ejercicio de sus actividades.

liderazgo. m. **liderato.** ‖ **2.** Situación de superioridad en que se halla una empresa, un producto o un sector económico, dentro de su ámbito.

lidia. f. Acción de lidiar.

lidiar. intr. Batallar, pelear. ‖ **2.** fig. Tratar, comerciar con una o más personas que causan molestia y ejercitan la paciencia. Ú. t. c. tr. ‖ **3.** tr. Luchar con el toro incitándolo y esquivando sus acometidas hasta darle muerte.

liebre. f. Mamífero del orden de los lagomorfos, que mide unos siete decímetros desde la cabeza hasta la cola, y 20 a 24 centímetros de altura; con pelaje suave y espeso de color negro rojizo en la cabeza y lomo, leonado en el cuello y patas, y blanco en el pecho y vientre; la cabeza proporcionalmente pequeña, con hocico estrecho y orejas muy largas, de color gris con las puntas negras; el cuerpo estrecho, las extremidades posteriores más largas que las anteriores, y la cola corta, negra por encima y blanca por debajo. Es animal muy tímido, solitario, de veloz carrera, que abunda en España. Vive preferentemente en las llanuras, sin hacer madrigueras, y descansa en camas que muda con frecuencia. Su carne es comestible apreciado y su piel más estimada que la del conejo.

liendre. f. Huevo de piojo, que suele estar adherido a los pelos de los animales huéspedes de este parásito.

lienzo. m. Tela que se fabrica de lino, cáñamo o algodón. ‖ **2.** Tela preparada para pintar sobre ella. ‖ **3.** Pintura que está sobre **lienzo.** ‖ **4.** Fachada de un edificio o pared, que se extiende de un lado a otro.

liga[1]. f. Cinta o banda de tejido elástico, a veces con hebilla, para asegurar las medias o los calcetines. ‖ **2.** Venda o faja. ‖ **3.** Unión o mezcla. ‖ **4.** Confederación que hacen entre sí los príncipes o Estados para defenderse de sus enemigos o para atacarlos. ‖ **5.** Por ext., agrupación o concierto de individuos o colectividades humanas con algún designio común. ‖ **6.** Competición deportiva en que cada uno de los equipos admitidos ha de jugar con todos los de su categoría.

liga[2]. m. Masa hecha con zumo de muérdago para cazar pájaros.

ligadura. f. Vuelta que se da apretando una cosa con liga, venda u otra atadura. ‖ **2.** fig. Sujeción con que una cosa está unida a otra.

ligamaza. f. Sustancia viscosa, particularmente la que envuelve las semillas de algunas plantas.

ligamento. m. Acción y efecto de ligar o ligarse. ‖ **2.** *Anat.* Cordón fibroso muy homogéneo y de gran resistencia, que liga los huesos de las articulaciones. ‖ **3.** *Anat.* Pliegue membranoso que enlaza o sostiene en la debida posición cualquier órgano del cuerpo de un animal.

ligamiento. m. Acción y efecto de ligar o atar.

ligar. tr. **atar.** ‖ **2. alear.** ‖ **3.** Unir o enlazar. ‖ **4.** intr. En ciertos juegos de naipes, juntar dos o más cartas adecuadas al lance. ‖ **5.** fig. y fam. Entablar relaciones amorosas pasajeras. ‖ **6.** prnl. Confederarse, unirse para algún fin.

ligazón. f. Unión, trabazón, enlace de una cosa con otra.

ligereza. f. Presteza, agilidad. ‖ **2.** Levedad o poco peso de una cosa. ‖ **3.** fig. Inconstancia, volubilidad, inestabilidad. ‖ **4.** fig. Hecho o dicho de alguna importancia, pero irreflexivo o poco meditado.

ligero, ra. adj. Que pesa poco. ‖ **2.** Ágil, veloz, pronto. ‖ **3.** Aplícase al sueño que se interrumpe fácilmente al menor ruido. ‖ **4.** Leve, de poca importancia y consideración. ‖ **5.** fig. Hablando de alimentos, que se digiere pronto y fácilmente. ‖ **a la ligera.** loc. adv. Con brevedad y prisa, y sin reflexión.

lignificar. tr. *Bot.* Dar a algo contextura de madera. ‖ **2.** prnl. *Bot.* Tomar consistencia de madera; en el proceso de desarrollo de muchas plantas, pasar de la consistencia herbácea a la leñosa.

lignito. m. Carbón fósil que no produce coque cuando se calcina en vasos cerrados. Es un combustible de mediana calidad, de color negro o pardo, y tiene con frecuencia textura semejante a la de la madera de que procede.

ligón, na. adj. vulg. Que entabla con frecuencia relaciones amorosas. Ú. m. c. s.

ligue. m. Acción y efecto de ligar, entablar relaciones amorosas transitorias. ‖ **2.** Persona con quien se entablan estas relaciones.

liguero, ra. adj. Perteneciente o relativo a una liga deportiva. *Partido* LIGUERO. ‖ **2.** m. Especie de cinturón o faja estrecha a la que se sujeta el extremo superior de las ligas de las mujeres.

lígula. f. *Bot.* Especie de estípula situada entre el limbo y el pecíolo de las hojas de las gramíneas.

ligur. adj. Natural de Liguria. Ú. t. c. s. ‖ **2.** Perteneciente o relativo a Liguria.

lija. f. Pez selacio, del suborden de los escualidos, de cuerpo casi cilíndrico, que llega a un metro de longitud, cabeza pequeña y boca con muchos dientes de tres puntas; tiene cinco aberturas branquiales a cada lado del cuello; piel grísea con muchas pintas de color pardo rojizo en el lomo, blanquecina en la región abdominal, sin escamas, pero cubierta de una especie de granillos córneos muy duros, que la hacen sumamente áspera; las aletas dorsales tan separadas, que la última cae encima y detrás de la anal, y cola gruesa y escotada. Es animal carnicero, muy voraz, del cual se utiliza, además de la carne, la piel y el aceite que se saca de su hígado. ‖ **2.** Piel seca de este pez o de otro selacio, que por la dureza de sus granillos se emplea para limpiar y pulir metales y maderas. ‖ **3.** Papel con polvos o arenillas de vidrio o esmeril adheridos, que sirve para pulir maderas o metales.

lijar. tr. Alisar, pulir o limpiar una cosa con lija o papel de lija.

lila[1]. f. Arbusto de la familia de las oleáceas, de tres a cuatro metros de altura, muy ramoso, con hojas pecioladas, enteras, acorazonadas, puntiagudas, blandas y nerviosas; flores de color morado claro, salvo en la variedad que las tiene blancas, olorosas, pequeñas, de corola tubular partida en cuatro lóbulos iguales y en grandes ramilletes erguidos y cónicos, y fruto capsular, comprimido, negro, coriáceo, con dos semillas. Es planta originaria de Persia y muy cultivada en los jardines por la belleza de sus flores. ‖ **2.** Flor de este arbusto. ‖ **3.** adj. De color morado claro, como la flor de la **lila[1].** Ú. t. c. s. m.

lila[2]. adj. fam. Tonto, fatuo. Ú. t. c. s.

liliáceo, a. adj. *Bot.* Dícese de plantas angiospermas monocotiledóneas, casi todas herbáceas, anuales o perennes, de raíz tuberculosa o bulbosa, con hojas opuestas, alternas o verticiladas, sentadas, pecioladas o envainadoras; flores hermafroditas, rara vez solitarias y más a menudo en bohordo; fruto capsular, generalmente con muchas semillas de albumen carnoso, o en baya; como el ajo, el áloe, el brusco y el cólquico. Ú. t. c. s. || **2.** f. pl. *Bot.* Familia de estas plantas.

liliputiense. adj. fig. Dícese de la persona extremadamente pequeña o endeble. Ú. t. c. s.

lima[1]. f. Fruto del limero, de forma esferoidal aplanada y de unos cinco centímetros de diámetro, pezón bien saliente de la base, corteza lisa y amarilla, y pulpa verdosa, dividida en gajos, comestible, jugosa y de sabor algo dulce. || **2.** Árbol que da la **lima[1].**

lima[2]. f. Instrumento metálico, generalmente de acero, con la superficie finamente estriada en uno o en dos sentidos, para desgastar y alisar los metales y otras materias duras.

limadura. f. Acción y efecto de limar. || **2.** pl. Partecillas muy menudas que con la lima[2] u otra herramienta se arrancan de la pieza que se lima.

limar. tr. Gastar o alisar los metales, la madera, etc., con la lima[2]. || **2.** fig. Pulir una obra. || **3.** fig. Debilitar, cercenar alguna cosa material o inmaterial.

limbo. m. Lugar o seno donde, según la Biblia, estaban detenidas las almas de los santos y patriarcas antiguos esperando la redención del género humano. || **2.** Lugar adonde, según la doctrina cristiana, van las almas de los que, antes del uso de la razón, mueren sin el bautismo. || **3.** Borde de una cosa, y con especialidad orla o extremidad de la vestidura. || **4.** *Astron.* Contorno aparente de un astro. || **5.** *Bot.* Lámina o parte ensanchada de las hojas típicas y, por ext., de los sépalos, pétalos y tépalos. || **estar** uno **en el limbo.** fr. fig. y fam. Estar distraído y como alelado, o pendiente de un suceso, sin poder resolver.

limeño, ña. adj. Natural de Lima. Ú. t c. s. || **2.** Perteneciente o relativo a esta ciudad de Perú.

limero. m. Árbol de la familia de las rutáceas, de cuatro o cinco metros de altura, con tronco liso y ramoso, copa abierta, hojas alternas, aovadas, persistentes, menudamente aserradas, duras, lustrosas, y flores blancas, pequeñas y olorosas. Es originario de Persia y se cultiva en España. Su fruto es la lima[1].

limícola. adj. *Biol.* Dícese de los organismos que viven en el limo, barro o lodo. Ú. t. c. s. || **2.** f. pl. *Zool.* Grupo de aves costeras o ribereñas, como el chorlito, la avefría y la chocha.

liminar. adj. Referente al umbral, a la entrada. || **2.** Que sirve de prólogo o proemio; preliminar.

limitación. f. Acción y efecto de limitar o limitarse.

limitado, da. adj. Dícese del que tiene corto entendimiento.

limitador, ra. adj. Que pone límites, impidiendo sobrepasarlos. || **2.** m. Dispositivo mecánico o eléctrico que impide sobrepasar ciertos límites en el consumo o en el desarrollo de cualquier energía.

limitar. tr. Poner límites a algo. || **2.** fig. Acortar, ceñir. Ú. t. c. prnl. || **3.** fig. Fijar la mayor extensión que pueden tener la jurisdicción, la autoridad o los derechos y facultades de uno. || **4.** intr. Lindar dos espacios. || **5.** Referido a un territorio o mar, tener como frontera o término lo que se señala. *España* LIMITA *al Oeste con Portugal.* || **6.** prnl. Imponerse límites en lo que se dice o se hace, con renuncia voluntaria o forzada a otras cosas posibles o deseables.

límite. m. Línea real o imaginaria que separa dos terrenos, dos países, dos territorios. || **2.** fig. Fin, término. Se usa invariablemente en aposición en casos como *dimensiones* LÍMITE, *situación* LÍMITE. || **3.** *Mat.* En una secuencia infinita de magnitudes, la magnitud fija a la que se aproximan cada vez más los términos de la secuencia. Así, la secuencia de los números $2n/(n+1)$ (siendo *n* la serie de los números naturales) tiene como **límite** el número 2.

limítrofe. adj. Colindante, aledaño.

limnología. f. Estudio científico de los lagos y lagunas.

limo. m. Lodo, cieno.

limón. m. Fruto del limonero, de forma ovoide, con unos 10 centímetros en el eje mayor y unos seis en el menor, pezón saliente en la base, corteza lisa, arrugada o surcada según las variedades, y siempre de color amarillo, pulpa amarillenta dividida en gajos, comestible, jugosa y de sabor ácido. || **2.** Árbol que da este fruto.

limonada. f. Bebida compuesta de agua, azúcar y zumo de limón.

limonar. m. Sitio plantado de limones.

limoncillo. m. Árbol de las mirtáceas cuyas hojas huelen algo a limón y cuya madera, de color amarillo, se emplea en ebanistería.

limonero, ra. m. y f. Persona que vende limones. || **2.** m. Árbol de la familia de las rutáceas, de cuatro a cinco metros de altura, siempre verde, florido y con fruto; tronco liso y ramoso, copa abierta, hojas alternas elípticas, dentadas, duras, lustrosas, pecioladas y de un hermoso color verde; flores olorosas, de color de rosa por fuera y blancas por dentro. Es originario de Asia y se cultiva mucho en España. Su fruto es el limón.

limonita. f. *Geol.* Hidrato férrico hidratado, de color amarillo; es muy abundante y se utiliza como mena de hierro.

limosna. f. Lo que se da por amor de Dios para socorrer una necesidad. ‖ **2.** Dinero que se da en las colectas hechas con fines religiosos.

limosnero, ra. adj. Caritativo, inclinado a dar limosna; que la da con frecuencia. ‖ **2.** m. Encargado de recoger y distribuir limosnas.

limpiabarros. m. Utensilio que suele ponerse a la entrada de las casas para que los que llegan de fuera se limpien el barro del calzado.

limpiabotas. m. El que tiene por oficio limpiar y lustrar botas y zapatos.

limpiadera. f. Cepillo de carpintero.

limpiaparabrisas. m. Mecanismo que se adapta a la parte exterior del parabrisas y que, moviéndose de un lado a otro, aparta la lluvia o la nieve que cae sobre él.

limpiar. tr. Quitar la suciedad o inmundicia de una cosa. Ú. t. c. prnl. ‖ **2.** Quitar las escamas y espinas del pescado; las hojas secas, vainas, etc., de las legumbres y hortalizas. ‖ **3.** fig. Quitar imperfecciones o defectos. ‖ **4.** fig. y fam. Hurtar o robar algo. ‖ **5.** fig. y fam. En los juegos de naipes y otros, ganar a alguien todo el dinero.

límpido, da. adj. poét. Limpio, terso, puro, sin mancha.

limpieza. f. Cualidad de limpio. ‖ **2.** Acción y efecto de limpiar o limpiarse. ‖ **3.** fig. Integridad con que se procede en los negocios. ‖ **4.** fig. Precisión, destreza, perfección con que se ejecutan ciertas cosas. ‖ **5.** fig. En los juegos, observación estricta de las reglas de cada uno. ‖ **de corazón.** fig. Rectitud de intención. ‖ **de sangre.** Ausencia de antepasados moros, judíos, herejes o condenados por la Inquisición, que antiguamente se exigía para múltiples fines. ‖ **en seco.** Procedimiento en que no se utiliza agua para limpiar tejidos o ropa.

limpio, pia. adj. Que no tiene mancha o suciedad. ‖ **2.** Que tiene el hábito del aseo y la pulcritud. ‖ **3.** fig. Libre, exento de cosa que dañe o inficione. ‖ **4.** fig. y fam. Dícese del que ha perdido todo su dinero. ❑ Ú. m. con los verbos *dejar, estar, quedar.* ‖ **5.** fig. Honrado, decente. *Una conducta* LIMPIA. ‖ **en limpio.** loc. adv. En claro y sin enmienda ni tachones, a diferencia de lo que está en borrador.

lináceo, a. adj. *Bot.* Dícese de hierbas, matas o arbustos angiospermos dicotiledóneos, de hojas alternas, rara vez opuestas, sencillas, enteras y estrechas; flores regulares pentámeras y fruto seco, capsular, de cuatro a cinco divisiones y ocho a diez celdillas con otras tantas semillas; como el lino. Ú. t. c. s. f. ‖ **2.** f. pl. *Bot.* Familia de estas plantas.

linaje. m. Ascendencia o descendencia de cualquier familia. ‖ **2.** fig. Clase o condición de una cosa.

lináloe. m. **áloe,** planta. ‖ **2.** Jugo de esta planta.

linaza. f. Simiente del lino, en forma de granillos elipsoidales, duros, brillantes y de color gris. Molida, proporciona una harina muy usada para cataplasmas emolientes; por presión, suelta un aceite secante de gran empleo en la fabricación de pintura y barnices, y, echada en agua, da un mucílago de mucha aplicación en la industria.

lince. m. Mamífero félido europeo, de pelaje rojizo con manchas oscuras, cola corta y orejas puntiagudas terminadas en un pincel de pelos negros. ‖ **2.** fig. El que tiene una vista aguda. Ú. t. c. adj. ‖ **3.** fig. Persona aguda, sagaz. Ú. t. c. adj.

linchamiento. m. Acción de linchar.

linchar. tr. Ejecutar sin proceso y tumultuariamente a un sospechoso o a un reo.

lindar. intr. Estar contiguos dos territorios, terrenos o fincas. ‖ **2.** fig. Estar algo muy próximo a lo que se expresa. *Su actitud* LINDA *con la arrogancia.* ❑ Ú. con la prep. *con.*

linde. amb. Límite de un reino o provincia. ‖ **2.** Término o fin de algo.

lindera. f. Linde, o conjunto de los lindes de un terreno.

lindero, ra. adj. Que linda con una cosa. ‖ **2.** m. Linde o lindes de dos terrenos, lindera.

lindeza. f. Cualidad de lindo. ‖ **2.** Hecho o dicho gracioso. ‖ **3.** pl. irón. Insultos o improperios.

lindo, da. adj. Hermoso, bello, grato a la vista. ‖ **2.** fig. Perfecto, primoroso y exquisito. ‖ **de lo lindo.** loc. adv. Mucho o con exceso.

línea. f. *Geom.* Extensión considerada en una sola de sus tres dimensiones: la longitud. ‖ **2.** Raya en un cuerpo cualquiera. ‖ **3. línea** de palabras o caracteres escritos o impresos, renglón. ‖ **4.** Serie de personas o cosas situadas una detrás de otra o una al lado de otra. ‖ **5.** Vía terrestre, marítima o aérea. LÍNEA *del Norte;* LÍNEA *de Vigo a Buenos Aires;* LÍNEA *de Marsella a Argel.* ‖ **6.** Servicio regular de vehículos que recorren un itinerario determinado. ‖ **7.** Clase, género, especie. ‖ **8.** Serie de personas enlazadas por parentesco. ‖ **9. frente,** territorio donde combaten dos ejércitos. ‖ **10.** fig. Hablando de persona, figura esbelta y armoniosa. *Guardar la* LÍNEA. ‖ **11.** fig. Dirección, tendencia, orientación o estilo de un artista o de un arte cualquiera. ‖ **curva.** *Geom.* La que no es recta en ninguna de sus porciones. ‖ **de flotación.** *Mar.* La que separa la parte sumergida del casco de un buque de la que no lo está. ‖ **delantera.** En el fútbol y otros deportes, la formada por los jugadores que, en posición avanzada, tienen como misión principal atacar al equipo contrario. ‖ **de**

meta. Cada una de las dos **líneas** que delimitan los campos de fútbol y de otros juegos, en las cuales se encuentran las porterías. ‖ **eléctrica.** Conjunto de hilos o cables y otras instalaciones para conducir la energía eléctrica. ‖ **férrea. vía férrea.** ‖ **horizontal.** La perpendicular a una vertical. ‖ **media.** En el fútbol y otros deportes, la formada por jugadores que actúan entre la defensa y la delantera, y cuya misión es contener al equipo contrario y ayudar en su labor a las otras dos **líneas.** ‖ **recta.** *Geom.* La más corta que une dos puntos. ‖ **telefónica,** o **telegráfica.** Conjunto de los aparatos e hilos conductores del teléfono o del telégrafo. ‖ **transversal.** *Geom.* La que atraviesa o cruza a otras, principalmente si son paralelas. ‖ **vertical. línea** perpendicular a un plano horizontal.

lineal. adj. Perteneciente a la línea.

linfa. f. *Fisiol.* Parte del plasma sanguíneo, que atraviesa las paredes de los vasos capilares, se difunde por los intersticios de los tejidos y, después de cargarse de sustancias producidas por la actividad de las células, entra en los vasos linfáticos, por los cuales circula hasta incorporarse a la sangre venosa.

linfangitis. f. *Med.* Inflamación de los vasos linfáticos.

linfático, ca. adj. Que abunda en linfa. Ú. t. c. s. ‖ **2.** Perteneciente o relativo a este humor.

linfocito. m. *Fisiol.* Célula linfática, variedad de leucocito, originada en el tejido linfoide o la médula ósea y formada por un núcleo único, grande, rodeado de escaso citoplasma. Interviene muy activamente en la reacción inmunitaria.

linfoide. adj. Perteneciente o relativo a la linfa.

lingotazo. m. vulg. Trago de bebida alcohólica.

lingote. m. Trozo o barra de metal en bruto, y principalmente de hierro, plata, oro o platino.

lingual. adj. Perteneciente a la lengua. ‖ **2.** *Fon.* Dícese de los sonidos que, como la *l*, se articulan con el ápice de la lengua; por lo común se llaman más propiamente apicales.

lingüista. com. Persona versada en lingüística.

lingüística. f. Ciencia del lenguaje. ‖ **aplicada.** Rama de los estudios lingüísticos que se ocupa de los problemas que el lenguaje plantea como medio de relación social, especialmente de los que se refieren a la enseñanza de idiomas. ‖ **computacional.** *Inform.* Aplicación de los métodos de la inteligencia artificial al tratamiento de cuestiones lingüísticas. ‖ **general.** Estudio teórico del lenguaje que se ocupa de métodos de investigación y de cuestiones comunes a las diversas lenguas.

linier. m. *Dep.* Juez de línea.

linimento. m. *Farm.* Preparación menos espesa que el ungüento, en la cual entran como base aceites o bálsamos, y se aplica exteriormente en fricciones.

lino. m. Planta herbácea, anual, de la familia de las lináceas, con raíz fibrosa, tallo recto y hueco, como de un metro de alto y ramoso en su extremidad, hojas lanceoladas, flores de cinco pétalos azules, y fruto en caja de diez celdillas, con una semilla aplanada y brillante en cada una. De su tallo se extraen fibras que se utilizan para producir la hilaza. ‖ **2.** Materia textil que se saca del tallo de esta planta.

linóleo. m. Tela fuerte e impermeable, formada por un tejido de yute cubierto con una capa muy comprimida de corcho en polvo amasado con aceite de linaza bien oxidado.

linotipia. f. *Impr.* Máquina de componer, provista de matrices, de la cual sale la línea formando una sola pieza. ‖ **2.** Arte de componer con esta máquina.

linotipista. com. Persona que maneja una linotipia.

linterna. f. Farol portátil con una sola cara de vidrio y una asa en la opuesta. ‖ **2.** Aparato eléctrico con pila y bombilla, que se lleva en la mano para proyectar luz. ‖ **3.** *Arq.* Torrecilla, que puede tener varias formas, más alta que ancha y con ventanas, que se pone como remate en algunos edificios y sobre las medias naranjas de las iglesias. ‖ **4.** *Mar.* Faro de las costas.

lío. m. Porción de ropa o de otras cosas atadas. ‖ **2.** fig. y fam. **embrollo,** confusión. ‖ **3.** fig. y fam. Barullo, gresca, desorden. ‖ **4.** fig. y fam. **amancebamiento.**

liofilizar. tr. Separar el agua de una sustancia, o de una disolución, mediante congelación y posterior sublimación a presión reducida del hielo formado, para dar lugar a un material esponjoso que se disuelve posteriormente con facilidad. Se utiliza en la deshidratación de los alimentos, materiales biológicos y otros productos sensibles al calor.

lionés, sa. adj. Natural de Lyon. Ú. t. c. s. ‖ **2.** Perteneciente o relativo a esta ciudad de Francia.

lioso, sa. adj. Que trata de indisponer a unas personas con otras. ‖ **2.** Dícese de las cosas cuando están embrolladas.

lipemanía. f. *Psiquiat.* Melancolía, monomanía caracterizada por la tristeza.

lípido. m. *Bioquím.* Cualquiera de ciertos compuestos orgánicos, en especial ésteres de ácidos grasos de cadena larga, solubles en disolventes orgánicos e insolubles en agua.

lipodistrofia. f. *Med.* Trastorno en el metabolismo de las grasas.

lipoma. m. *Pat.* Tumor formado de tejido adiposo.

lipoproteína. f. *Bioquím.* Molécula orgánica compleja, formada por la unión de un lípido y una proteína.

lipotimia. f. *Pat.* Pérdida súbita y pasajera del sentido y del movimiento.

liquen. m. *Bot.* Organismo resultante de la simbiosis de hongos con algas unicelulares. Crece en sitios húmedos, extendiéndose sobre las rocas o las cortezas de los árboles en forma de hojuelas o costras grises, pardas, amarillas o rojizas.

liquidación. f. Acción y efecto de liquidar o liquidarse. ‖ **2.** *Com.* Venta al por menor, con gran rebaja de precios, que hace una casa de comercio por cesación, quiebra, reforma o traslado del establecimiento, etc.

liquidar. tr. Hacer líquida una cosa sólida o gaseosa. Ú. t. c. prnl. ‖ **2.** fig. Saldar, pagar enteramente una cuenta. ‖ **3.** fig. Poner término a una cosa o a un estado de cosas. ‖ **4.** fig. Gastar totalmente algo, especialmente dinero, en poco tiempo. LIQUIDÓ *su hacienda en unos meses.* ‖ **5.** fig. y vulg. Desembarazarse de alguien, matándolo. ‖ **6.** *Com.* Vender mercancías en liquidación.

liquidez. f. Cualidad de líquido. ‖ **2.** *Com.* Cualidad del activo de un banco que puede fácilmente transformarse en dinero efectivo.

líquido, da. adj. Dícese de todo cuerpo cuyas moléculas tienen tan poca cohesión que se adaptan a la forma de la cavidad que las contiene, y tienden siempre a ponerse a nivel; como el agua, el vino, el azogue, etc. Ú. t. c. s. m. ‖ **2.** Aplícase al saldo o residuo de cuantía cierta que resulta de la comparación del cargo con la data. *Deuda* LÍQUIDA; *alcance* LÍQUIDO. Ú. t. c. s. m. ‖ **3.** *Gram.* Dícese de la consonante que, precedida de una muda y seguida de una vocal, forma sílaba con ellas; como en las voces *gloria* y *drama.* En español, la *l* y la *r* son las únicas letras de esta clase. Ambas forman sílabas con la *b,* la *c,* la *f,* la *g,* la *p* y la *t.* La *r* la forma además con la *d.* Ú. t. c. s. f. ‖ **amniótico.** *Fisiol.* El encerrado en el amnios.

lira[1]. f. Instrumento músico usado por los antiguos, compuesto de varias cuerdas tensas en un marco, que se pulsaban con ambas manos. ‖ **2.** Combinación métrica de cinco versos (heptasílabos el primero, tercero y cuarto, y endecasílabos los otros dos), de los cuales suelen rimar el primero con el tercero, y el segundo con el cuarto y el quinto.

lira[2]. f. Moneda italiana.

lírica. f. Género literario al cual pertenecen las obras, normalmente en verso, que expresan sentimientos del autor y se proponen suscitar en el oyente o lector sentimientos análogos.

lírico, ca. adj. Perteneciente o relativo a la lira[1], a la poesía apropiada para el canto o a la lírica. ‖ **2.** Dícese de la obra literaria perteneciente a la **lírica** o de su autor. ‖ **3.** Propio, característico de la poesía **lírica,** o apto o conveniente para ella. *Arrebato, lenguaje, talento* LÍRICO. ‖ **4.** Dícese de las obras de teatro total o principalmente musicales.

lirio. m. Planta herbácea, vivaz, de la familia de las iridáceas, con hojas radicales, erguidas, ensiformes, duras, envainadoras y de tres a cuatro decímetros de largo; tallo central ramoso, de cinco a seis decímetros de altura; flores terminales grandes, de seis pétalos azules o morados y a veces blancos; fruto capsular con muchas semillas, y rizoma rastrero y nudoso. ‖ **blanco.** Azucena, planta. ‖ **cárdeno. lirio.** ‖ **hediondo.** Planta semejante al **lirio,** del cual únicamente se distingue por tener el tallo sencillo y ser las flores de mal olor y con tres pétalos azules y otros tres amarillos.

lirismo. m. Cualidad de lírico, inspiración lírica.

lirón. m. Mamífero roedor muy parecido al ratón, de unos tres decímetros de longitud, de la que casi la mitad corresponde a la cola, con pelaje de color gris oscuro en las partes superiores, blanco en las inferiores, espeso y largo, principalmente en aquella. Vive en los montes, alimentándose de los frutos de los árboles, a los que trepa con extraordinaria agilidad; pasa todo el invierno adormecido y oculto. ‖ **2.** fig. Persona dormilona.

lis. f. y modernamente también m. **lirio.** ‖ **2.** *Blas.* **flor de lis,** forma heráldica de esta flor.

lisa. f. Pez teleósteo fluvial, fisóstomo, parecido a la locha, de cinco a seis centímetros de longitud y de carne insípida. Abunda en los ríos del centro de España. ‖ **2. mújol.**

lisboeta. adj. **lisbonés.**

lisbonense. adj. **lisbonés.** Apl. a pers., ú. t. c. s.

lisbonés, sa. adj. Natural de Lisboa. Ú. t. c. s. ‖ **2.** Perteneciente o relativo a esta ciudad de Portugal.

lisiado, da. adj. Dícese de la persona que tiene alguna lesión permanente, especialmente en las extremidades. Ú. t. c. s.

lisiar. tr. Producir lesión en alguna parte del cuerpo. Ú. t. c. prnl.

lisina. f. *Biol.* Aminoácido básico, esencial para el crecimiento y el metabolismo nitrogenado de la especie humana.

lisis. f. *Med.* Terminación lenta y favorable de una enfermedad.

-lisis. elem. compos. que significa «disolución», «descomposición»: *hemó*LISIS, *electró*LISIS.

liso, sa. adj. Dícese de la superficie que no presenta asperezas, adornos, realces o arrugas. ‖ **2.** Aplícase a las telas y a los vestidos que carecen de relieves, guarniciones y otros adornos. ‖ **3.** Aplícase a telas o prendas de vestir de un solo color. ‖ **4.** m. *Min.* Cara plana y extensa de una roca.

lisol. m. Líquido rojo pardusco mezclable con el agua, el alcohol y la bencina; se lo considera como buen desinfectante e insecticida.

lisonja. f. Alabanza afectada, para ganar la voluntad de una persona.

lisonjear. tr. **adular.** ‖ **2.** Dar motivo de envanecimiento. Ú. t. c. prnl.

lisonjero, ra. adj. Que lisonjea. Ú. t. c. s. ‖ **2.** fig. Que agrada y deleita. *Música, voz* LISONJERA.

lista. f. **tira** de tela, papel, cuero u otra cosa delgada. ‖ **2.** Señal larga y estrecha o línea que, por combinación de un color con otro, se forma artificial o naturalmente en un cuerpo cualquiera, y con especialidad en telas o tejidos. ‖ **3.** Enumeración, generalmente en forma de columna, de personas, cosas, cantidades, etc., que se hace con determinado propósito. ‖ **de boda.** Relación de objetos y enseres que interesan a los futuros contrayentes, la cual se entrega en un establecimiento comercial a fin de orientar a los invitados a la boda en la elección de sus obsequios. ‖ **negra.** Relación secreta en la que se inscriben los nombres de las personas o entidades mal consideradas o poco fiables. ‖ **pasar lista.** Llamar en alta voz para que respondan las personas cuyos nombres figuran en un catálogo o relación.

listado, da. adj. Que forma o tiene listas.

listeza. f. Cualidad de listo; prontitud, sagacidad.

listín. m. Lista pequeña o extractada de otra más extensa. ‖ **2.** Publicación que recoge el nombre, dirección y número de teléfono de los abonados.

listo, ta. adj. Diligente, pronto, expedito. ‖ **2.** Apercibido, preparado, dispuesto para hacer una cosa. ‖ **3.** Sagaz, avisado. Ú. t. c. s. ‖ **estar** o **ir listo.** fr. fam. con que se manifiesta la convicción de que el propósito o esperanza de una persona saldrán fallidos. ‖ **pasarse de listo.** fr. Intentar mostrarse en algo más inteligente que otros y estar equivocado.

listón. m. *Carp.* Pedazo de tabla angosto que sirve para hacer marcos y para otros usos. ‖ **2.** *Dep.* Barra que se coloca horizontalmente sobre dos soportes para marcar la altura que se ha de saltar en ciertas pruebas.

lisura. f. Igualdad y tersura de la superficie de una cosa. ‖ **2.** fig. Ingenuidad, sinceridad.

litargirio. m. Óxido de plomo, fundido en láminas o escamas muy pequeñas, de color amarillo más o menos rojizo y con lustre vítreo.

litera. f. Cada una de las camas estrechas y sencillas que se usan en los barcos, trenes, cuarteles, dormitorios, etc., y que, por economía de espacio, se suelen colocar una encima de otra.

literal. adj. Conforme a la letra del texto, o al sentido exacto y propio, y no lato ni figurado, de las palabras empleadas en él. ‖ **2.** Aplícase a la traducción en que se vierten todas y por su orden, en cuanto es posible, las palabras del original. ‖ **3.** Que reproduce lo que se ha dicho o se ha escrito.

literario, ria. adj. Perteneciente o relativo a la literatura.

literato, ta. adj. Aplícase a la persona versada en literatura. Ú. t. c. s. ‖ **2.** m. y f. Persona que la profesa o cultiva.

literatura. f. Arte que emplea como instrumento la palabra. Comprende no solo las producciones poéticas, sino también las obras en que caben elementos estéticos, como las oratorias, históricas y didácticas. ‖ **2.** Teoría de las composiciones literarias. ‖ **3.** Conjunto de las producciones literarias de una nación, de una época o de un género. *La* LITERATURA *griega; la* LITERATURA *del siglo* XVI. ‖ **4.** Por ext., conjunto de obras que versan sobre un arte o ciencia. LITERATURA *médica.* LITERATURA *jurídica.*

litiasis. f. *Pat.* **mal de piedra.** ‖ **biliar.** *Pat.* Formación de cálculos en la vejiga de la hiel.

lítico, ca. adj. Perteneciente o relativo a la piedra.

litigante. adj. Que litiga. Ú. m. c. s.

litigar. tr. Pleitear, disputar en juicio sobre una cosa. ‖ **2.** intr. fig. Altercar, contender.

litigio. m. Pleito, altercación en juicio. ‖ **2.** fig. Disputa, contienda.

litina. f. Óxido de litio que se halla combinado con algunos minerales y disuelto en ciertas aguas medicinales.

litio. m. Elemento químico de núm. atóm. 3. Metal escaso en la corteza terrestre; se encuentra disperso en ciertas rocas y aguas minerales. De color blanco de plata, dúctil, alcalino y muy poco denso. Se utiliza en la fabricación de aleaciones especiales y acumuladores eléctricos, y sus sales se usan como antidepresivos y para fabricar jabones y lubricantes. Símb. *Li.*

litografía. f. Arte de dibujar o grabar en piedra preparada al efecto, para reproducir, mediante impresión, lo dibujado o grabado. ‖ **2.** Cada uno de los ejemplares así obtenidos. ‖ **3.** Taller en que se ejerce este arte.

litoral. adj. Perteneciente o relativo a la orilla o

costa del mar. ‖ **2.** m. Costa de un mar, país o territorio.

litosfera. f. *Geol.* Envoltura rocosa que constituye la corteza exterior sólida del globo terrestre.

lítotes o **litotes.** f. *Ret.* **atenuación,** figura de dicción.

litotricia. f. *Cir.* Operación de pulverizar o desmenuzar, dentro de las vías urinarias, el riñón o la vesícula biliar, las piedras o cálculos que allí haya, a fin de que puedan salir por la uretra o las vías biliares según el caso.

litro. m. Unidad de capacidad del sistema métrico decimal, que equivale al contenido de un decímetro cúbico. ‖ **2.** Cantidad de líquido que cabe en tal medida.

lituano, na. adj. Natural de Lituania. Ú. t. c. s. ‖ **2.** Perteneciente o relativo a este país de Europa. ‖ **3.** m. Lengua de la familia báltica, hablada en Lituania.

liturgia. f. Orden y forma que ha aprobado la Iglesia para celebrar los oficios divinos, y especialmente la misa. ‖ **2.** Culto público y oficial instituido por otras comunidades religiosas.

liviandad. f. Cualidad de liviano. ‖ **2.** fig. Acción liviana.

liviano, na. adj. De poco peso. ‖ **2.** fig. **inconstante,** que muda con demasiada facilidad de ideas o conducta. ‖ **3.** fig. De poca importancia. ‖ **4.** m. **pulmón,** principalmente el de las reses destinadas al consumo. Ú. m. en pl.

lívido, da. adj. **amoratado,** que tira a morado. ‖ **2.** Intensamente pálido.

liza. f. Campo dispuesto para que lidien dos o más personas. ‖ **2. lid.**

ll. f. Dígrafo que entre 1803 y 1992 fue considerado por la Real Academia Española como la decimocuarta letra del abecedario español y undécima de sus consonantes. Su nombre es *elle.* En la escritura es inseparable, y representa un solo sonido, cuya articulación tradicional es palatal, lateral, fricativa y sonora, con contacto más o menos amplio y tenso de la lengua con el paladar. En gran parte de los países y regiones hispánicos se pronuncia como *y,* con salida central del aire, y con las mismas variedades de articulación que la *y.* La Academia admite como correcta esta variante de pronunciación, junto a la de articulación lateral, cuyo conocimiento y enseñanza recomienda.

llaga. f. Úlcera de las personas y animales. ‖ **2. estigma,** huella impresa sobrenaturalmente.

llagar. tr. Hacer o causar llagas.

llama[1]**.** f. Masa gaseosa en combustión, que se eleva de los cuerpos que arden y despide luz de vario color. ‖ **2.** fig. Eficacia y fuerza de una pasión o deseo vehemente.

llama[2]**.** f. Mamífero rumiante, variedad doméstica del guanaco, del cual solo se diferencia en ser algo menor, pues tiene un metro de altura hasta la cruz, y aproximadamente igual longitud. Es propio de América Meridional. Usáb. t. c. m.

llamada. f. Acción y efecto de llamar. ‖ **2.** Señal que en impresos o manuscritos sirve para llamar la atención desde un lugar hacia otro en que se pone cita, nota, corrección o advertencia.

llamador, ra. m. y f. Persona que llama. ‖ **2.** m. Aldaba de las puertas. ‖ **3.** Botón del timbre eléctrico.

llamamiento. m. Acción de llamar.

llamar. tr. Dar voces a uno o hacer ademanes para que venga o para advertirle alguna cosa. ‖ **2.** Invocar, pedir auxilio oral o mentalmente. ‖ **3.** Convocar, citar. LLAMAR *a Cortes.* ‖ **4.** Nombrar, apellidar. ‖ **5.** Designar con una palabra; aplicar una denominación, título o calificativo. *Aquí* LLAMAMOS *falda a lo que en Argentina* LLAMAN *pollera. Desde aquel día* LLAMARON *don Luis a Luisito.* ‖ **6.** intr. Hacer sonar la aldaba, una campanilla, un timbre, etc., para que alguien abra la puerta de una casa o acuda a la habitación donde se ha dado el aviso. ‖ **7.** prnl. Tener tal o cual nombre o apellido.

llamarada. f. Llama que se levanta del fuego y se apaga pronto.

llamativo, va. adj. fig. Que llama la atención exageradamente. *Colores, adornos, trajes* LLAMATIVOS.

llamear. intr. Echar llamas.

llana. f. Herramienta compuesta de una plancha de hierro o acero y una manija o una asa, que usan los albañiles para extender y allanar el yeso o la argamasa.

llanear. intr. Andar por lo llano, evitando pendientes.

llanero, ra. m. y f. Habitante de las llanuras.

llaneza. f. fig. Sencillez, actitud libre de aparato y artificio. ‖ **2.** fig. Familiaridad, igualdad en el trato de unos con otros.

llanito, ta. adj. fam. Dícese del natural de Gibraltar. Ú. t. c. s.

llano, na. adj. Igual y extendido, sin altos ni bajos. ‖ **2.** fig. Accesible, sencillo, sin presunción. ‖ **3.** fig. Claro, evidente. ‖ **4.** fig. Aplícase al estilo sencillo y sin ornato. ‖ **5.** *Pros.* Aplicado a las palabras, grave, que carga el acento prosódico en la penúltima sílaba. ‖ **6.** m. Campo **llano,** llanura.

llanta. f. Cerco metálico exterior de las ruedas de los coches de caballos y carros. ‖ **de goma.** Cerco de esta materia que cubre la rueda de los coches para suavizar el movimiento.

llantén. m. Planta herbácea, vivaz, de la familia de las plantagináceas, con hojas radicales, pecioladas, gruesas, anchas, ovaladas, enteras o algo ondeadas por el margen; flores sobre un escapo de dos a tres decímetros de altura, en espiga larga y apretada, pequeñas, verdosas, de corola tubular en la base y partida en cuatro pétalos en cruz; fruto capsular con dos divisiones, y semillas pardas elipsoidales. Es muy común en los sitios húmedos, y el cocimiento de las hojas se usa en medicina.

llantina. f. fam. **llorera.**

llanto. m. Efusión de lágrimas acompañada frecuentemente de lamentos y sollozos.

llanura. f. Campo o terreno igual y dilatado, sin altos ni bajos.

llar. f. Cadena de hierro, pendiente en el cañón de la chimenea, con un garabato en el extremo inferior para colgar la caldera, y a poca distancia otro para subirla o bajarla. Ú. m. en pl.

llave. f. Instrumento, comúnmente de hierro, con guardas que se acomodan a las de una cerradura, y que sirve para abrirla o cerrarla, corriendo o descorriendo el pestillo. ‖ **2.** Instrumento que sirve para apretar o aflojar las tuercas en los tornillos que enlazan las partes de una máquina o de un mueble. ‖ **3.** Instrumento que sirve para facilitar o impedir el paso de un fluido por un conducto. ‖ **4.** Instrumento de metal que consiste en un cilindro pequeño con taladro, generalmente cuadrado, en su parte interior, y que sirve para dar cuerda a los relojes. ‖ **5.** Mecanismo de metal, de forma varia, colocado en algunos instrumentos músicos de viento, y que, movido por los dedos, abre o cierra el paso del aire, produciendo diferentes sonidos. ‖ **6.** Signo con una de estas formas: {}, que abarca varias líneas cuyo contenido constituye clasificación o desarrollo de lo expresado inmediatamente antes o inmediatamente después del signo. ‖ **7.** En ciertas clases de lucha, lance que consiste en hacer un luchador presa en el cuerpo o miembro del adversario para inmovilizarlo y vencerlo. ‖ **8.** fig. Medio para descubrir lo oculto o secreto, clave. ‖ **de paso.** La que se intercala en una tubería para cerrar, abrir o regular el curso de un fluido. ‖ **inglesa.** Instrumento de hierro de figura de martillo, en cuyo mango hay un dispositivo que, al girar, abre o cierra más o menos las dos partes que forman la cabeza, hasta que se aplican a la tuerca o tornillo que se quiere mover. ‖ **maestra.** La que está hecha en tal disposición que abre y cierra todas las cerraduras de una casa.

llavero. m. Utensilio, generalmente una anilla metálica o una cartera pequeña, en que se llevan las llaves.

llavín. m. Llave pequeña.

llegada. f. Acción y efecto de llegar a un sitio.

llegar. intr. Alcanzar el fin o término de un desplazamiento. ‖ **2.** Durar hasta época o tiempo determinados. ‖ **3.** Referido a un nombre que signifique situación, categoría, grado, etc., alcanzar lo expresado por tal nombre. LLEGÓ *a general a los cuarenta años.* ‖ **4.** Como auxiliar de un infinitivo, alcanzar o producir la acción significada por este. LLEGÓ *a reunir una gran biblioteca.* ‖ **5.** Tocar, alcanzar una cosa. *La capa* LLEGA *a la rodilla.* ‖ **6.** Ascender, importar, subir. *El gasto* LLEGÓ *a mil pesetas.* ‖ **7.** Ser suficiente una cantidad. *Con medio metro más de tela* LLEGARÍA *para dos cortinas.* ‖ **8.** prnl. Ir a un sitio determinado que esté cercano.

llenado. m. Acción y efecto de llenar.

llenar. tr. Ocupar por completo con alguna cosa un espacio vacío. Ú. t. c. prnl. ‖ **2.** fig. Parecer bien, satisfacer. *La razón de Pedro me* LLENÓ. ‖ **3.** fig. Cargar, colmar abundantemente. *Lo* LLENÓ *de favores, de improperios, de enojo.* ‖ **4.** prnl. fam. Hartarse de comida o bebida.

lleno, na. adj. Ocupado o henchido de otra cosa. ‖ **2.** Dicho de persona, un poco gordo. ‖ **3.** Saciado de comida. Ú. m. con los verbos *estar* y *sentirse.* ‖ **4.** Concurrencia que ocupa todas las localidades de un teatro, circo, etc.

llevadero, ra. adj. Fácil de sufrir, tolerable.

llevar. tr. Transportar, conducir una cosa desde un lugar a otro alejado de aquel en que se habla o se sitúa mentalmente la persona que emplea este verbo. ‖ **2.** Tolerar, sufrir. ‖ **3.** Guiar, conducir, dirigir. *Ese camino* LLEVA *a la ciudad.* ‖ **4.** Traer puesto el vestido, la ropa, etc. ‖ **5.** Con nombres que signifiquen tiempo, haberlo pasado en una misma situación o en un mismo lugar. LLEVABA *seis años de carrera,* LLEVA *tres meses enfermo,* LLEVAMOS *aquí muchos días.* ‖ **6.** Con el participio de ciertos verbos transitivos, haber realizado o haber experimentado lo que el participio denota, generalmente con la idea implícita de que la acción del verbo continúa o puede continuar. LLEVO *leídas veinte páginas del libro;* LLEVO *sufridos muchos desengaños.* ‖ **7.** Construido con un dativo de persona o cosa y un nombre que exprese medida de tiempo, distancia, tamaño, peso, etc., exceder una persona o cosa a otra en la cantidad que determina dicho nombre. *Mi hijo* LLEVA *al tuyo un año.* ‖ **8.** *Arit.* Reservar las decenas de una suma o multiplicación parcial para agregarlas a la suma o producto del orden superior inmediato. ‖ **9.** prnl. Quitar una cosa a alguien, en general con violencia, o furtivamente. ‖ **10.** Estar de moda. ‖ **llevarse bien,** o **mal.** fr. fam. Congeniar, o no; darse recíprocamente motivos de amor o agrado, o al contrario, dos o más personas que viven en compañía o tienen que tratarse con frecuencia.

llorar. intr. Derramar lágrimas. Ú. t. c. tr. LLORAR *lágrimas de piedad.* ‖ **2.** tr. fig. Sentir vivamente una cosa. LLORAR *una desgracia, la muerte de un amigo, las culpas, los pecados.*

llorera. f. Lloro fuerte y continuado.

llorica. com. fam. Persona que llora con frecuencia y por cualquier motivo.

lloriquear. intr. Llorar sin fuerza y sin bastante causa.

lloro. m. Acción de llorar.

llorón, na. adj. Que llora, especialmente el que llora mucho y fácilmente. Ú. t. c. s. ‖ **2.** Que se queja o lamenta frecuentemente. Ú. t. c. s.

lloroso, sa. adj. Que tiene señales de haber llorado.

llovedizo, za. adj. Dícese de las bóvedas, techos, azoteas o cubiertas que, por defecto, dan fácil acceso al agua de lluvia.

llover. intr. impers. Caer agua de las nubes. Ú. alguna vez como tr. ‖ **2.** intr. fig. Venir, caer sobre uno con abundancia una cosa; como trabajos, desgracias, etc. Ú. alguna vez como tr. ❑ Irreg. Se conj. como *mover.* Solo se usan las 3.as pers. de todos los tiempos y el infinitivo, el gerundio y el participio.

llovizna. f. Lluvia menuda que cae blandamente.

lloviznar. intr. impers. Caer lluvia menuda. ❑ Solo se usan las 3.as pers. de sing. de todos los tiempos y el infinitivo, el gerundio y el participio.

llueca. adj. Dícese del ave que está para empollar, clueca. Ú. t. c. s.

lluvia. f. Acción de llover. ‖ **2.** fig. Abundancia o muchedumbre. LLUVIA *de trabajos, de pedradas.* ‖ **ácida.** Precipitación en la atmósfera de las emisiones industriales de contaminantes ácidos, v. gr., óxidos de azufre y de nitrógeno, óxidos metálicos, etc. ‖ **de estrellas.** Aparición de muchas estrellas fugaces en determinada región del cielo.

lluvioso, sa. adj. Aplícase al tiempo o al país en que son frecuentes las lluvias.

lo. Artículo neutro. ‖ **2.** Seguido de un posesivo o de un nombre introducido por la prep. *de,* la propiedad, casa o campo poseídos por quien se indica. LO *mío,* LO *de Pérez.* ‖ **3.** Acusativo del pronombre personal de tercera persona, en género masculino o neutro y número singular. No admite preposición y se puede usar como sufijo: LO *probé; prueba*LO.

loa. f. Acción y efecto de loar. ‖ **2.** Composición dramática breve, pero con acción y argumento, que se representaba antiguamente antes del poema dramático al que servía como preludio o introducción.

loable. adj. **laudable.**

loar. tr. **alabar.**

loba. f. Hembra del lobo.

lobanillo. m. *Pat.* Bulto superficial y por lo común no doloroso, que se forma en la cabeza y en otras partes del cuerpo. ‖ **2.** Excrecencia leñosa cubierta de corteza, que se forma en el tronco o ramas de un árbol.

lobato. m. Cachorro del lobo.

lobectomía. f. *Cir.* Ablación quirúrgica de un lóbulo (del pulmón, cerebro, etc.).

lobeliáceo, a. adj. *Bot.* Dícese de hierbas o matas angiospermas dicotiledóneas, muy afines a las campanuláceas, generalmente con látex, con hojas alternas y sin estípulas, flores axilares, solitarias o en racimo y por lo común azules, y fruto seco con muchas semillas de albumen carnoso; como el quibey. Ú. t. c. s. f. ‖ **2.** f. pl. *Bot.* Familia de estas plantas.

lobera. f. Monte en que hacen guarida los lobos.

lobezno. m. Lobo pequeño. ‖ **2. lobato.**

lobo. m. Mamífero carnicero de un metro aproximadamente desde el hocico hasta el nacimiento de la cola, y de seis a siete decímetros de altura hasta la cruz, pelaje de color gris oscuro, cabeza aguzada, orejas tiesas y cola larga con mucho pelo. Es animal salvaje, frecuente en España y dañino para el ganado. ‖ **de mar.** fig. y fam. Marino viejo y experimentado en su profesión. ‖ **¡menos lobos!** expr. para tachar de exagerado lo que alguien dice.

lobotomía. f. *Med.* Extirpación quirúrgica, total o parcial, de los lóbulos frontales del cerebro.

lóbrego, ga. adj. Oscuro, tenebroso. ‖ **2.** fig. Triste, melancólico. ❑ No confundir con *lúgubre.*

lobulado, da. adj. *Biol.* En figura de lóbulo. ‖ **2.** *Biol.* Que tiene lóbulos.

lóbulo. m. Cada una de las partes, a manera de ondas, que sobresalen en el borde de una cosa; como en la hoja de una planta o en el intradós de un arco. ‖ **2.** Parte inferior, no cartilaginosa, de la oreja. ‖ **3.** *Biol.* Porción redondeada y anatómicamente diferenciada de un órgano cualquiera. *Los* LÓBULOS *del pulmón, del hígado, del cerebro.*

lobuno, na. adj. Perteneciente o relativo al lobo.

local. adj. Perteneciente al lugar. ‖ **2.** Perteneciente o relativo a un territorio, comarca o país. ‖ **3.** Municipal o provincial, por oposición a general o nacional. ‖ **4.** Que solo afecta a una parte del cuerpo. *Anestesia* LOCAL. ‖ **5.** m. Sitio cercado o cerrado y cubierto.

localidad. f. Lugar o pueblo. ‖ **2.** Cada una de las plazas o asientos en los locales destinados a espectáculos públicos. ‖ **3.** Entrada, billete, boleto o tique que asigna una **localidad** a quien lo posee.

localismo. m. Cualidad de local, perteneciente a un lugar o territorio. ‖ **2.** Vocablo o locución que solo tiene uso en una área restringida.

localista. adj. Perteneciente o relativo al localismo. ‖ **2.** Dícese del escritor o artista que cultiva temas locales. Ú. t. c. s.

localización. f. Acción y efecto de localizar o localizarse.

localizar. tr. Fijar, encerrar en límites determinados. Ú. t. c. prnl. ‖ **2.** Averiguar el lugar en que se halla una persona o cosa. *Hasta ahora no hemos podido* LOCALIZAR *al médico.*

locatis. adj. fam. Dícese de la persona alocada, de poco juicio. Ú. t. c. s.

locativo, va. adj. *Gram.* Dícese del caso de la declinación que expresa fundamentalmente la relación de lugar en donde algo está o se realiza. Ú. t. c. s. m.

locha. f. Pez teleósteo fisóstomo, de unos tres decímetros de longitud, cuerpo casi cilíndrico, aplastado hacia la cola, de color negruzco, con listas amarillentas, escamas pequeñas, piel viscosa, y boca rodeada de diez barbillas: seis en el labio superior y cuatro en el inferior; labios salientes y aletas no pareadas. Se cría en los lagos y ríos de agua fría, y su carne es muy fina.

loción. f. Producto preparado para la limpieza del cabello o para el aseo corporal.

loco, ca. adj. Que ha perdido la razón. Ú. t. c. s. ‖ **2.** De poco juicio, disparatado e imprudente. Ú. t. c. s.‖ **3.** fig. Que excede en mucho a lo ordinario o presumible. Se usa siempre en sentido positivo. *Cosecha* LOCA; *suerte* LOCA. ‖ **de atar.** fig. y fam. Persona que en sus acciones procede como **loca.** ‖ **a lo loco.** loc. adv. fig. y fam. Con inconsciencia o sin reflexión. ‖ **volver loco** a alguien. fr. fig. y fam. Aturdirlo por insistir demasiado en algo. ‖ **2.** fig. y fam. Gustarle algo muchísimo.

loco citato. loc. lat. En el lugar citado. Ú. en citas, alegaciones de textos, referencias, etc.

locomoción. f. Traslación de un lugar a otro.

locomotor, ra. adj. Propio para la locomoción. ‖ **2.** f. Máquina que, montada sobre ruedas y movida de ordinario por vapor, electricidad o motor de combustión interna, arrastra los vagones de un tren.

locomotriz. adj. f. Propia para la locomoción.

locuacidad. f. Cualidad de locuaz.

locuaz. adj. Que habla mucho o demasiado.

locución. f. Modo de hablar. ‖ **2.** *Gram.* Combinación estable de dos o más palabras, que funciona como oración o como elemento oracional, y cuyo sentido unitario no siempre se justifica, como suma del significado normal de los componentes. ‖ **adjetiva.** La que sirve de complemento a un nombre a manera de adjetivo. *De tomo y lomo, de pacotilla, de rompe y rasga.* ‖ **adverbial.** La que hace oficio de adverbio. *De antemano, de repente.* ‖ **conjuntiva.** La que hace oficio de conjunción. *Por consiguiente, con tal que, a pesar de.* ‖ **interjectiva.** La que equivale a una interjección. *¡Ay de mí!, ¡válgame Dios!* ‖ **prepositiva.** La que hace oficio de preposición. *En pos de, para con, en torno a.*

locuelo, la. adj. fam. Dícese de la persona de corta edad, viva y atolondrada. Ú. t. c. s.

locura. f. Privación del juicio o del uso de la razón. ‖ **2.** Dicho o hecho irreflexivo y muy desacertado. ‖ **3.** Acción que, por su carácter extraordinario, causa sorpresa. ‖ **4.** fig. Exaltación del ánimo o de los ánimos, producida por algún afecto u otro incentivo. ‖ **con locura.** loc. adv. fig. Muchísimo, extremadamente. ❑ Ú. con verbos como *querer, gustar,* etc.

locutor, ra. m. y f. Persona que habla ante el micrófono, en las estaciones de radiotelefonía, para dar avisos, noticias, programas, etc.

locutorio. m. Habitación o departamento de los conventos de clausura y de las cárceles, por lo común dividido por una reja, en el que los visitantes pueden hablar con las monjas o con los presos. ‖ **2.** En las estaciones telefónicas, oficinas y otros lugares, departamento aislado y de reducidas dimensiones que se destina al uso individual del teléfono. ‖ **3.** Conjunto de estos departamentos.

lodazal. m. Sitio lleno de lodo.

lodo. m. Mezcla de tierra y agua, especialmente la que resulta de las lluvias en el suelo.

lofobranquio. adj. *Zool.* Dícese de peces teleósteos que tienen las branquias en forma de penacho; como el caballito de mar. Ú. t. c. s. ‖ **2.** m. pl. *Zool.* Suborden de estos animales.

logaritmo. m. *Mat.* Exponente a que es necesario elevar una cantidad positiva para que resulte un número determinado. El empleo de los **logaritmos** simplifica los procedimientos del cálculo aritmético.

logia. f. Local donde se celebran asambleas de francmasones. ‖ **2.** Asamblea de francmasones.

-logía. elem. compos. que significa «tratado», «estudio», «ciencia»: *minera*LOGÍA, *lexico*LOGÍA.

lógica. f. Ciencia que expone las leyes, modos y formas del conocimiento científico.

lógico, ca. adj. Perteneciente o relativo a la lógica. ‖ **2.** Conforme a las reglas de la lógica. ‖ **3.** Que la estudia y sabe. Ú. t. c. s. ‖ **4.** Dícese comúnmente de toda consecuencia natural y legítima; del suceso cuyos antecedentes justifican lo sucedido, etc.

logística. f. Parte del arte militar que atiende al movimiento y avituallamiento de las tropas en campaña.

-logo, ga. elem. compos. que significa «persona versada» o «especialista» en lo que el primer elemento indica: *zoó*LOGO, *psicó*LOGO.

logogrifo. m. Enigma que consiste en hacer diversas combinaciones con las letras de una palabra, de modo que resulten otras cuyo significado, además del de la voz principal, se propone con alguna oscuridad.

logopeda. com. Persona versada en las técnicas de la logopedia.

logopedia. f. Conjunto de métodos para enseñar una fonación normal a quien tiene dificultades de pronunciación.

logotipo. m. Distintivo formado por letras, abreviaturas, etc., peculiar de una empresa, conmemoración, marca o producto.

logrado, da. adj. Bien hecho o que ha salido bien.

lograr. tr. Conseguir o alcanzar lo que se intenta o desea. ‖ **2.** prnl. Llegar a su perfección una cosa.

logrero, ra. m. y f. Persona que compra o guarda y retiene los frutos para venderlos después a precio excesivo.

logro. m. Acción y efecto de lograr. ‖ **2.** Ganancia, lucro.

logroñés, sa. adj. Natural de Logroño. Ú. t. c. s. ‖ **2.** Perteneciente o relativo a esta ciudad o a su provincia, hoy llamada Rioja.

loísmo. m. *Gram.* Vicio consistente en emplear las formas *lo* y *los* del pronombre *él* en función de dativo.

loísta. adj. *Gram.* Dícese del que incurre en el vicio del loísmo. Ú. t. c. s.

loma. f. Altura pequeña y prolongada.

lombarda. f. Especie de berza muy semejante al repollo, pero menos cerrada, y de color encendido que tira a morado.

lombardo, da. adj. Natural de Lombardía. Ú. t. c. s. ‖ **2.** Perteneciente o relativo a este país de Italia. ‖ **3.** Perteneciente o relativo a los longobardos.

lombriz. f. Gusano de la clase de los anélidos, de color blanco o rojizo, de cuerpo blando, cilíndrico, aguzado en el extremo donde está la boca, redondeado en el opuesto, de unos tres decímetros de largo y seis a siete milímetros de diámetro, y compuesto de más de cien anillos, cada uno de los cuales lleva en la parte inferior varios pelos cortos, rígidos y algo encorvados, que sirven al animal para andar. Vive en terrenos húmedos y ayuda a la formación del mantillo, transformando en parte la tierra que traga para alimentarse, y que expulsa al poco tiempo. ‖ **intestinal.** Gusano de la clase de los nematelmintos, de forma de **lombriz,** que vive parásito en el intestino del hombre y de algunos animales, y del cual hay muchas especies de diversos tamaños.

lomera. f. Correa que se acomoda en el lomo de la caballería, para que mantenga en su lugar las demás piezas de la guarnición. ‖ **2.** Trozo de piel o de tela que en ciertos casos forma parte de la encuadernación de un libro y que se coloca en el lomo.

lomo. m. Parte inferior y central de la espalda. Ú. m. en pl. ‖ **2.** En los cuadrúpedos, todo el espinazo, desde la cruz hasta las ancas. ‖ **3.** Cada una de las dos piezas de carne de cerdo o de vacuno que están junto al espinazo y bajo las costillas. ‖ **4.** Parte del libro opuesta al corte de las hojas, en la cual se pone el rótulo. ‖ **5.** En los instrumentos cortantes, parte opuesta al filo. ‖ **6.** Parte saliente y más o menos roma de cualquier cosa. ‖ **7.** pl. Las costillas.

lona. f. Tela fuerte de algodón o cáñamo, para velas de navío, toldos, tiendas de campaña y otros usos. ‖ **2.** Suelo sobre el que se realizan competiciones de boxeo, de lucha libre y grecorromana.

loncha. f. Piedra plana y delgada, laja, lancha de piedra. ‖ **2.** Cosa plana y delgada de otras materias.

londinense. adj. Natural de Londres. Ú. t. c. s. ‖ **2.** Perteneciente o relativo a esta ciudad de Inglaterra.

longaniza. f. Pedazo largo de tripa angosta rellena de carne de cerdo picada y adobada.

longevidad. f. Cualidad de longevo. ‖ **2.** Largo vivir.

longevo, va. adj. Muy anciano o de larga edad.

longísimo, ma. adj. sup. irreg. de **luengo.**

longitud. f. La mayor de las dos dimensiones principales que tienen las cosas o figuras planas, en contraposición a la menor, que se llama latitud. ‖ **2.** *Geogr.* Distancia de un lugar respecto al primer meridiano, contada por grados en el Ecuador. ‖ **de onda.** *Fís.* Distancia entre dos puntos correspondientes a una misma fase en dos ondas consecutivas.

longitudinal. adj. Perteneciente a la longitud; hecho o colocado en el sentido o dirección de ella.

longobardo, da. adj. Dícese del individuo de un pueblo compuesto de varias tribus pertenecientes a la confederación de los suevos, que invadió Italia el año 568 y se estableció al norte de la misma en el país que de ellos tomó el nombre de Lombardía. Ú. t. c. s. y más en pl. ‖ **2.** Perteneciente o relativo a los **longobardos.** ‖ **3.** m. Lengua germánica occidental hablada por este pueblo.

longuera. f. Porción de tierra, larga y angosta.

longui o **longuis (hacerse el).** fr. fig. y fam. Hacerse el distraído.

longuísimo, ma. adj. sup. Muy luengo, muy largo.

lonja¹. f. Cualquier cosa larga, ancha y poco gruesa, que se corta o separa de otra. LONJA *de cuero, de tocino.*

lonja². f. Edificio público donde se juntan mercaderes y comerciantes para sus tratos y comercios. ‖ **2.** Atrio algo levantado del piso de las calles, al que regularmente salen las puertas de los templos y otros edificios.

lontananza. f. *Pint.* Términos de un cuadro más distantes del plano principal. ‖ **en lontananza.** loc. adv. **a lo lejos.** Ú. solo hablando de cosas que, por estar muy lejanas, apenas se pueden distinguir.

loor. m. Elogio, alabanza.

lopista. adj. Dedicado con especialidad al estudio de las obras de Lope de Vega y cosas que le pertenecen. Apl. a pers., ú. t. c. s.

loquero. m. El que por oficio cuida y guarda locos.

loquios. m. pl. Líquido que sale por los órganos genitales de la mujer durante el puerperio.

lord. m. Título de honor que se da en Inglaterra a los individuos de la primera nobleza. También llevan anejo este tratamiento algunos altos cargos. ❑ En pl., **lores.**

loriga. f. Armadura para defensa del cuerpo, hecha de láminas pequeñas e imbricadas, por lo común de acero. ‖ **2.** Armadura del caballo para la guerra.

loro. m. **papagayo,** ave, y más particularmente el que tiene el plumaje con fondo rojo. ‖ **2.** fig. y fam. Persona muy fea.

lorquino, na. adj. Natural de Lorca. Ú. t. c. s. ‖ **2.** Perteneciente o relativo a esta ciudad.

lorza. f. Pliegue o doblez que se hace en una prenda para acortarla o como adorno.

los. Forma del artículo determinado en género masculino y número plural. ‖ **2.** Acusativo del pronombre personal de tercera persona en género masculino y número plural. No admite preposición y se puede usar como enclítico. LOS *miré; mírа*LOS. ❑ Emplear en este caso la forma *les,* propia del dativo, es tolerable como objeto directo de persona.

losa. f. Piedra llana y de poco grueso, casi siempre labrada, que sirve para solar y otros usos.

losange. m. Figura de rombo colocado de suerte que uno de los ángulos agudos quede por pie y su opuesto por cabeza.

losar. tr. Cubrir el suelo con losas, enlosar.

loseta. f. Ladrillo fino para solar, baldosa.

lote. m. Cada una de las partes en que se divide un todo que se ha de distribuir entre varias personas. ‖ **2.** Conjunto de objetos similares que se agrupan con un fin determinado. LOTE *de muebles, de libros.*

lotería. f. Especie de rifa que se hace con mercaderías, billetes, dinero y otras cosas, con autorización pública. ‖ **2.** Juego público en que se sacaban a la suerte cinco números de noventa, y se premiaba diversamente a los que tenían en sus billetes algunos de dichos números o sus combinaciones. Este juego se llamó **lotería primitiva** o **vieja** desde que se estableció el siguiente. En la actualidad, de cuarenta y nueve números, se sacan seis, el último de los cuales se llama complementario. ‖ **3.** Juego público en que se premian con diversas cantidades varios billetes sacados a la suerte entre un gran número de ellos que se ponen en venta. Se llamó **lotería moderna,** y actualmente **lotería nacional.** ‖ **4.** Juego casero en que se imita la **lotería** primitiva con números puestos en cartones, y extrayendo algunos de una bolsa o caja. ‖ **5.** fig. Negocio o lance en que interviene la suerte o la casualidad. ‖ **caerle,** o **tocarle,** a uno **la lotería.** fig. Sucederle algo muy beneficioso e inesperado. Ú. t. en sent. irón.

lotero, ra. m. y f. Persona que vende billetes de lotería.

loto. m. Planta acuática de la familia de las ninfeáceas, de hojas muy grandes, coriáceas, con pecíolo largo y delgado; flores terminales, solitarias, de gran diámetro, color blanco azulado y olorosas, y fruto globoso parecido al de la adormidera, con semillas que se comen después de tostadas y molidas. Abunda en las orillas del Nilo. ‖ **2.** Flor de esta planta. ‖ **3.** Fruto de la misma.

loza. f. Barro fino, cocido y barnizado, de que están hechos los platos, tazas, etc. ‖ **2.** Conjunto de estos objetos destinados al ajuar doméstico.

lozanía. f. El mucho vigor y frondosidad en las plantas. ‖ **2.** En los hombres y animales, viveza y gallardía nacidas de su vigor y robustez.

lozano, na. adj. Que tiene lozanía.

lúa. f. Especie de guante hecho de esparto y sin separaciones para los dedos, que sirve para limpiar las caballerías.

lubina. f. **róbalo.**

lubricante. adj. **lubrificante.** Ú. t. c. s. m.

lubricar. tr. **lubrificar.**

lubricidad. f. Cualidad de lúbrico.

lúbrico, ca. adj. **resbaladizo.** ‖ **2.** fig. Propenso a un vicio, y particularmente a la lujuria. ‖ **3.** fig. Libidinoso, lascivo.

lubrificante. adj. Dícese de toda sustancia adecuada para lubrificar. Ú. t. c. s. m.

lubrificar. tr. Hacer lúbrica o resbaladiza una cosa. ‖ **2.** *Mec.* Engrasar piezas metálicas de un mecanismo para disminuir el rozamiento.

lucense. adj. Natural de Lugo. Ú. t. c. s. ‖ **2.** Perteneciente o relativo a esta ciudad o a su provincia.

lucera. f. Ventana o claraboya abierta en la parte alta de los edificios.

lucerna. f. Abertura alta de una habitación para dar ventilación y luz.

lucero. m. El planeta Venus, comúnmente llamado la estrella de Venus. ‖ **2.** Cualquier astro de los que parecen más grandes y brillantes. ‖ **3.** Lunar blanco y grande que tienen en la frente algunos cuadrúpedos. ‖ **del alba, de la mañana** o **de la tarde. lucero,** planeta Venus. ‖ **2.** fig. y fam. Cualquiera, por importante que sea. *No hacía un favor ni al* LUCERO DEL ALBA.

lucha. f. Pelea entre dos, en que, abrazándose uno a otro, procura cada cual dar con su contrario en tierra. ‖ **2.** Lid, combate, contienda, disputa. Ú. t. en sent. fig. ‖ **grecorromana.** Aquella en que vence el que consigue hacer que el adversario toque el suelo con las espaldas durante unos segundos. ‖ **libre.** Aquella en que se emplean llaves y golpes, dentro de ciertas reglas, y termina cuando uno de los luchadores se da por vencido.

luchador, ra. m. y f. Persona que lucha. ‖ **2.** Persona que se dedica profesionalmente a algún tipo de lucha deportiva.

luchar. intr. Pelear, combatir. ‖ **2.** fig. Disputar, bregar, abrirse paso en la vida.

lucidez. f. Cualidad de lúcido.

lucido, da. adj. Que hace o desempeña las cosas con gracia, liberalidad y esplendor. ❑ No confundir con *lúcido.*

lúcido, da. adj. fig. Claro en el razonamiento, en las expresiones, en el estilo, etc. ❑ No confundir con *lucido.*

luciérnaga. f. Insecto coleóptero, de tegumento blando y algo más de un centímetro de largo; el macho es de color amarillo pardusco, con élitros que cubren todo el abdomen, mientras que la hembra carece de alas y élitros, tiene las patas cortas y el abdomen muy desarrollado, cuyos últimos segmentos despiden una luz fosforescente.

lucifer. n. p. m. El príncipe de los ángeles rebeldes. ‖ **2.** m. fig. Hombre soberbio, encolerizado y maligno.

lucimiento. m. Acción y efecto de lucir o lucirse.

lucio. m. Pez del orden de los acantopterigios, semejante a la perca, de hasta metro y medio de largo, cabeza apuntada, cuerpo comprimido, de color verdoso con rayas verticales pardas, aletas fuertes y cola triangular. Vive en los ríos y lagos, se alimenta de peces y anfibios y su carne es grasa, blanca y muy estimada.

lución. m. Reptil saurio ápodo, de piel brillante y cola tan larga como el cuerpo, la cual pierde y regenera con facilidad. Se llama también culebra de cristal.

lucir. intr. Brillar, resplandecer. ‖ **2.** fig. Sobresalir, aventajar. Ú. t. c. prnl. ‖ **3.** fig. Corresponder notoriamente el provecho al trabajo en cualquier obra. *A tu vecino le* LUCE *el trabajo.* ‖ **4.** tr. Manifestar el adelantamiento, la riqueza, la autoridad, etc. ‖ **5.** prnl. fig. Quedar uno muy bien en un empeño. Ú. frecuentemente con valor irónico. ❑ Irreg. Ver conjugación modelo.

lucir

INDICATIVO

Presente: luzco, luces, luce, lucimos, lucís, lucen.

Pretérito imperfecto: lucía, lucías, lucía, lucíamos, lucíais, lucían.

Pretérito indefinido: lucí, luciste, lució, lucimos, lucisteis, lucieron.

Futuro imperfecto: luciré, lucirás, lucirá, luciremos, luciréis, lucirán.

Condicional: luciría, lucirías, luciría, luciríamos, luciríais, lucirían.

SUBJUNTIVO

Presente: luzca, luzcas, luzca, luzcamos, luzcáis, luzcan.

Pretérito imperfecto: luciera o luciese, lucieras o lucieses, luciera o luciese, luciéramos o luciésemos, lucierais o lucieseis, lucieran o luciesen.

Futuro imperfecto: luciere, lucieres, luciere, luciéremos, luciereis, lucieren.

IMPERATIVO

luce (tú); lucid (vosotros).

FORMAS NO PERSONALES

Infinitivo: lucir.

Participio: lucido.

Gerundio: luciendo.

lucrar. tr. Conseguir lo que se desea. ‖ **2.** prnl. Ganar, sacar provecho de un negocio o encargo.

lucrativo, va. adj. Que produce utilidad y ganancia.

lucro. m. Ganancia o provecho que se saca de una cosa.

luctuoso, sa. adj. Triste, fúnebre y digno de llanto.

lucubración. f. Acción y efecto de lucubrar.

lucubrar. tr. Trabajar velando y con aplicación en obras de ingenio. ‖ **2.** Imaginar sin mucho fundamento.

ludibrio. m. Escarnio, desprecio, mofa.

lúdico, ca. adj. Perteneciente o relativo al juego.

ludir. tr. Frotar, estregar, rozar una cosa con otra.

ludópata. adj. Que padece ludopatía. Ú. t. c. s.

ludopatía. f. Adicción patológica a los juegos electrónicos o de azar.

luego. adv. t. Prontamente, sin dilación. ‖ **2.** En el tiempo inmediatamente posterior al que se toma como referencia. *Anoche fuimos al teatro, y* LUEGO *a una sala de fiestas.* ‖ **3.** conj. ilat. con que se denota la deducción o consecuencia inferida de un antecedente. *Pienso,* LUEGO *existo; ¿*LUEGO *era fundado mi temor?* ‖ **desde luego.** loc. adv. Ciertamente, indudablemente, sin duda alguna.

luengo, ga. adj. **largo.** ❑ sup. irreg. *longísimo, longuísimo.*

lugano. m. Pájaro del tamaño del jilguero, de plumaje verdoso, manchado de negro y ceniza, amarillo en el cuello, pecho y extremidades de las remeras y timoneras; color pardo negruzco en la cabeza y gris en el vientre. La hembra es más cenicienta y tiene manchas pardas en el abdomen. Se adapta a la cautividad, y suele imitar el canto de otros pájaros.

lugar. m. Espacio ocupado o que puede ser ocupado por un cuerpo cualquiera. ‖ **2.** Sitio o paraje. ‖ **3.** Ciudad, villa o aldea. ‖ **4.** Tiempo, ocasión, oportunidad. ‖ **5.** Sitio que en una serie ordenada de nombres ocupa cada uno de ellos. ‖ **geométrico.** *Mat.* Línea o superficie cuyos puntos tienen alguna propiedad común; como la circunferencia, cuyos puntos equidistan de otro llamado centro. ‖ **en lugar de.** loc. prepos. **en vez de.** ‖ **fuera de lugar.** loc. adj. o adv. Inoportuno, inadecuado, contrario a la situación o a las circunstancias. *Tu actitud está* FUERA DE LUGAR. ‖ **tener lugar** una cosa. fr. Ocurrir, suceder, efectuarse.

lugareño, ña. adj. Perteneciente a los lugares o poblaciones pequeñas, o propio y característico de ellos. *Costumbres* LUGAREÑAS.

lugarteniente. m. El que tiene autoridad y poder para hacer las veces de otro en un cargo o empleo.

lúgubre. adj. Fúnebre, funesto, luctuoso. ‖ **2.** Sombrío, profundamente triste. ❑ No confundir con *lóbrego.*

lugués, sa. adj. Natural de Lugo. Ú. t. c. s. ‖ **2.** Perteneciente o relativo a esta ciudad o a su provincia.

luis. m. Moneda de oro francesa de 20 francos.

luisa. f. Planta de la familia de las verbenáceas, de 12 a 15 decímetros de altura, hojas elípticas, agudas y ásperas por encima; flores pequeñas en espiga, blancas por fuera y azuladas en el interior, y fruto seco con semillas negras. Es originaria del Perú, se cultiva en los jardines, tiene olor de limón, y es apreciada como tónica, estomacal y antiespasmódica.

lujo. m. Demasía en el adorno, en la pompa y en el regalo. ‖ **2.** Abundancia de cosas no necesarias. ‖ **asiático.** El extremado.

lujoso, sa. adj. Que tiene o gasta lujo.

lujuria. f. Vicio consistente en el uso ilícito o en el apetito desordenado de los deleites carnales. ‖ **2.** Exceso o demasía en algunas cosas.

lujurioso, sa. adj. Dado o entregado a la lujuria. Ú. t. c. s.

lumbago. m. Dolor agudo y persistente en la región lumbar.

lumbar. adj. *Anat.* Perteneciente a los lomos y caderas.

lumbre. f. Materia combustible encendida. ‖ **2.** Fuego voluntariamente encendido para guisar, calentarse, u otros usos.

lumbrera. f. Cuerpo que despide luz. ‖ **2.** fig. Persona que brilla por su inteligencia y conocimientos excepcionales.

lumen. m. *Ópt.* Unidad de flujo luminoso equivalente al emitido en un ángulo sólido de un estereorradián, procedente de un foco puntual cuya intensidad es de una candela.

luminaria. f. Luz que se pone en ventanas, balcones, torres y calles en señal de fiesta y regocijo público. Ú. m. en pl. ‖ **2.** Luz que arde continuamente en las iglesias delante del Santísimo Sacramento.

lumínico, ca. adj. Perteneciente o relativo a la luz. ‖ **2.** *Fís.* Principio o agente hipotético de los fenómenos de la luz.

luminiscencia. f. Propiedad de despedir luz sin elevación de temperatura y visible casi solo en la oscuridad, como la que se observa en las luciérnagas, en las maderas y en los pescados putrefactos, en minerales de uranio y en varios sulfuros metálicos.

luminoso, sa. adj. Que despide luz. ‖ **2.** fig. Aplicado a ideas, ocurrencias, explicaciones, etc., brillante, muy claro, esclarecedor.

luminotecnia. f. Arte de la iluminación con luz artificial para fines industriales o artísticos.

luna. n. p. f. Astro, satélite de la Tierra, que alumbra cuando está de noche sobre el horizonte. ❑ En esta acepción se escribe con mayúscula y lleva antepuesto generalmente el artículo *la. Paraselene es una imagen de* LA LUNA *que se representa en una nube.* ‖ **2.** f. Luz nocturna que este satélite nos refleja de la que recibe del Sol. ‖ **3.** Tiempo de cada conjunción de la **Luna** con el Sol, lunación. ‖ **4.** Satélite del espacio. ‖ **5.** Lámina de cristal o de vidrio cristalino, de que se forma el espejo azogándola o plateándola por el reverso. ‖ **6.** Lámina de cristal, de vidrio cristalino o de otra materia transparente, que se emplea en vidrieras, escaparates, etc. ‖ **creciente.** *Astron.* La **Luna** desde su conjunción hasta el plenilunio. ‖ **de miel.** fig. Temporada de intimidad conyugal inmediatamente posterior al matrimonio. ‖ **en lleno,** o **llena.** *Astron.* La **Luna** en el tiempo de su oposición con el Sol, que es cuando se ve iluminada toda la parte de su cuerpo que mira a la Tierra. ‖ **menguante.** *Astron.* La **Luna** desde el plenilunio hasta su conjunción. ‖ **nueva.** *Astron.* La **Luna** en el tiempo de su conjunción con el Sol. ‖ **estar en la Luna.** fr. fig. y fam. Estar distraído, no enterarse de lo que se está tratando. ‖ **pedir la Luna.** fr. fam. Pedir una cosa imposible o de muy difícil consecución.

lunación. f. *Astron.* Tiempo que tarda la Luna en pasar de una conjunción con el Sol a la siguiente.

lunar[1]**.** m. Pequeña mancha en el rostro u otra parte del cuerpo, producida por una acumulación de pigmento en la piel. ‖ **2.** Cada uno de los dibujos de forma redondeada en telas, papel o en otras superficies.

lunar[2]**.** adj. Perteneciente o relativo a la Luna.

lunario. m. Almanaque o calendario.

lunático, ca. adj. Que padece locura, no continua, sino por intervalos. Ú. t. c. s.

lunes. m. Primer día de la semana.

luneta. f. Cristal o vidrio pequeño que es la parte principal de los anteojos.

luneto. m. *Arq.* Bovedilla en forma de media luna abierta en la bóveda principal para dar luz a esta.

lúnula. f. Espacio blanquecino de la raíz de las uñas que tiene forma de media luna.

lupa. f. Lente de aumento con montura adecuada para el uso a que se destina.

lupanar. m. Mancebía, casa de prostitución.

lupino, na. adj. Perteneciente o relativo al lobo.

lúpulo. m. Planta trepadora, muy común en varias partes de España, de la familia de las cannabáceas, con tallos sarmentosos de tres a cinco metros de largo, hojas parecidas a las de la vid, flores masculinas en racimo, y las femeninas en cabezuela, y fruto en forma de piña globosa, cuyas escamas cubren dos aquenios rodeados de lupulino. Los frutos, desecados, se emplean para aromatizar y dar sabor amargo a la cerveza.

lusitano, na. adj. Dícese de un pueblo prerromano que habitaba la Lusitania, región de la antigua Hispania que comprendía todo el actual territorio portugués situado al sur del Duero y parte de la Extremadura española. Ú. t. c. s. ‖ **2.** Perteneciente o relativo a Portugal.

luso, sa. adj. **lusitano.** Apl. a pers., ú. t. c. s.

lustrar. tr. Dar lustre y brillantez a una cosa; como metales y piedras.

lustre. m. Brillo de las cosas tersas o bruñidas. ‖ **2.** fig. Esplendor, gloria.

lustro. m. Espacio de cinco años.

lustroso, sa. adj. Que tiene lustre.

lutecio. m. Elemento químico de núm. atóm. 71. Metal de las tierras raras muy escaso en la corteza terrestre; se encuentra muy disperso y acompañando al itrio. Sus óxidos se utilizan en las industrias electrónica y del vidrio. Símb. *Lu.*

luteranismo. m. Doctrina de Lutero. ‖ **2.** Comunidad de los que viven en la confesión luterana.

luterano, na. adj. Que profesa la doctrina de Lutero. Ú. t. c. s. ‖ **2.** Perteneciente o relativo a Lutero.

luto. m. Signo exterior de pena y duelo en ropas, adornos y otros objetos, por la muerte de una persona. El color del **luto** en los pueblos europeos es ahora el negro. ‖ **2.** Duelo, pena, aflicción.

lux. m. *Ópt.* Unidad de iluminación. Es la iluminación de una superficie que recibe un lumen en cada metro cuadrado. ❏ pl. invar.

luxación. f. *Cir.* Dislocación de un hueso.

luxar. tr. Dislocar un hueso. Ú. m. c. prnl.

luxemburgués, sa. adj. Natural de Luxemburgo. Ú. t. c. s. ‖ **2.** Perteneciente o relativo a esta ciudad o región de Europa.

luz. f. Agente físico que hace visibles los objetos. ‖ **2.** Claridad que irradian los cuerpos en combustión, ignición o incandescencia. ‖ **3.** En algunas expresiones, **corriente eléctrica.** *El recibo de la* LUZ. ‖ **4.** *Arq.* Distancia horizontal entre los apoyos de un arco, viga, etc. ‖ **5.** *Pint.* Punto o centro desde donde se ilumina y alumbra toda la historia y objetos pintados en un lienzo. ‖ **6.** pl. fig. Ilustración, cultura. *El siglo de las* LUCES; *hombre de muchas* LUCES. ‖ **artificial.** La que produce el hombre para alumbrarse en sustitución de la del Sol. ‖ **cenital.** La que en una habitación, patio, iglesia u otro edificio se recibe por el techo. ‖ **de Bengala.** Fuego artificial compuesto de varios ingredientes y que despide claridad muy viva de diversos colores. ‖ **eléctrica.** La que se produce por medio de la electricidad. ‖ **natural.** La que no es artificial; como la del Sol o la de un relámpago. ‖ **verde.** loc. sustantiva fig. Camino o procedimiento abierto y dispuesto para el logro de un asunto, empresa, etc. ‖ **dar a luz.** fr. Parir la mujer. ‖ **sacar a luz,** o **a la luz.** fig. Descubrir, manifestar, hacer patente y notorio lo que estaba oculto. ‖ **ver la luz.** fr. Hablando de personas, nacer.

Luzbel. n. p. m. El príncipe de los ángeles rebeldes, Lucifer.

m. f. Decimotercera letra del abecedario español, y décima de sus consonantes. Su nombre es **eme.** Representa un sonido de articulación bilabial, nasal, oclusiva y sonora. ‖ **2.** Letra que tiene el valor de mil en la numeración romana.

-ma. suf. de sustantivos emparentados frecuentemente con verbos griegos y que solían indicar el resultado de la acción significada por el verbo correspondiente: *dra*MA, *sofis*MA, *ecce*MA, *enfise*MA. La lingüística moderna ha generalizado la forma **-ema** en sustantivos como *lex*EMA. Por su parte, la patología ha tomado la terminación **-oma** como nuevo sufijo, con el significado de «tumor» o de otras alteraciones patológicas: fibrOMA, papilOMA, sifilOMA.

maca. f. p. us. Señal que queda en la fruta por algún daño que ha recibido.

macabro, bra. adj. Dícese de lo que participa de la fealdad de la muerte y de la repulsión que esta suele causar.

macaca. f. Hembra del macaco.

macaco. m. Cuadrumano muy parecido a la mona, pero más pequeño que ella, con cola y el hocico saliente y aplastado.

macadán. m. Pavimento de piedra machacada que una vez tendida se comprime con el rodillo.

macagua. f. Ave rapaz diurna, de unos ocho decímetros de largo desde el pico hasta la extremidad de la cola, y plumaje de color amarillo pardusco por el dorso y blanco por el pecho y el vientre. Habita en los linderos de los bosques de la América Meridional, da gritos penetrantes y se alimenta de cuadrúpedos pequeños y de reptiles.

macana. f. Arma ofensiva, a manera de machete o de porra, hecha con madera dura y a veces con filo de pedernal, que usaban los indios americanos.

macanudo, da. adj. fam. *Amér.* Bueno, magnífico, extraordinario, excelente, en sentido material y moral.

macarrón. m. Pasta alimenticia hecha con harina de trigo, que tiene forma de canuto alargado. Ú. m. en pl. ‖ **2.** Tubo delgado de plástico flexible y resistente, que se emplea, entre otras cosas, para recubrir cables eléctricos.

macarronea. f. Composición burlesca, generalmente en verso, que mezcla palabras latinas con otras de una lengua vulgar a las cuales da terminación latina, sujetándolas además, por lo menos en apariencia, a las leyes de la prosodia clásica.

macarrónico, ca. adj. Aplícase a la macarronea, al latín muy defectuoso y al lenguaje vulgar que peca gravemente contra las leyes de la gramática y del buen gusto.

macedonio, nia. adj. Natural de Macedonia. Ú. t. c. s. ‖ **2.** Perteneciente o relativo a aquel reino de la Grecia antigua. ‖ **3.** f. Ensalada de frutas.

macerar. tr. Ablandar una cosa estrujándola o golpeándola. ‖ **2.** Mantener sumergida alguna sustancia sólida en un líquido a la temperatura ambiente, con el fin de ablandarla o de extraer de ella las partes solubles.

macero. m. El que lleva la maza delante de los cuerpos o personas autorizadas que usan esta señal de dignidad.

maceta. f. Vaso de barro cocido, que suele tener un agujero en la parte inferior, y que, lleno de tierra, sirve para criar plantas.

macetero. m. Soporte de hierro o de madera para colocar macetas de plantas.

mach. m. Nombre internacional de una unidad de velocidad, aplicada generalmente a los aviones, y que equivale a la del sonido.

macha. f. Molusco de mar, comestible y muy abundante en los mares de Chile y Perú.

machaca. com. fig. Persona pesada que fastidia con su conversación necia e importuna.

machacar. tr. Golpear una cosa para quebrantarla o deformarla. ‖ **2.** Reducir una cosa sólida a fragmentos relativamente pequeños, pero sin triturarla. ‖ **3.** intr. fig. Porfiar e insistir sobre una cosa.

machacón, na. adj. Que repite algo con insistencia y pesadez. Ú. t. c. s.

machada. f. Acción valiente. ‖ **2.** Necedad.

machamartillo (a). loc. adv. **a macha martillo.**

machete. m. Arma blanca, más corta que la espada, ancha, pesada y de un solo filo.

machetero. m. El que tiene por ejercicio desmontar con machete los pasos obstaculizados con árboles. ‖ **2.** El que en los ingenios de azúcar corta las cañas.

machihembrar. tr. *Carp.* Ensamblar dos piezas de madera de tal modo que una de ellas, en forma de punta o extremo saliente, encaje dentro del hueco o ranura de otra.

machismo. m. Actitud de prepotencia de los varones respecto de las mujeres.

machista. adj. Perteneciente o relativo al machismo. ‖ **2.** Partidario del machismo. Ú. t. c. s.

macho. m. Animal del sexo masculino. ‖ **2. mulo.** ‖ **3.** Planta que fecunda a otra de su especie con el polen de sus estambres. ‖ **4.** fig. En los artefactos, pieza que entra dentro de otra. ‖ **5.** adj. Valiente, animoso, esforzado.

machón. m. *Arq.* Pilar de fábrica.

machorro, rra. adj. Estéril, no fructífero.

machote. m. fam. Hombre vigoroso, bien plantado, valiente.

machuelo. m. Germen de un ser orgánico.

macilento, ta. adj. Flaco y descolorido.

macillo. m. Pieza del piano, a modo de mazo con mango y cabeza forrada de fieltro por uno de sus lados, con la cual, a impulso de la tecla, se hiere la cuerda correspondiente.

macis. f. Corteza olorosa, de color rojo o rosado, en forma de red, que cubre la nuez moscada.

macizo, za. adj. Lleno, sin huecos ni vanos, sólido. Ú. t. c. m. ‖ **2.** Dícese de la persona de carnes duras y consistentes. ‖ **3.** fig. Sólido y bien fundado. ‖ **4.** m. Prominencia del terreno, por lo común rocosa, o grupo de alturas o montañas.

macla. f. *Mineral.* Asociación de dos o más cristales gemelos, orientados simétricamente respecto a un eje o un plano.

maclado, da. adj. Dícese de los minerales o formas cristalinas que, como el aragonito, la ortosa y el yeso, suelen presentar maclas.

macramé. m. Tejido hecho con nudos más o menos complicados, y que se asemeja al encaje de bolillos.

macro-. elem. compos. que significa «grande»: MACRO*biótica*, MACRO*molécula*.

macrobiótico, ca. adj. Apto para alargar la vida. ‖ **2.** f. Arte de vivir muchos años.

macrocéfalo, la. adj. Se dice del animal que tiene la cabeza demasiado grande, con relación al cuerpo, o con relación a la especie a que pertenece. Ú. t. c. s.

macrocosmo. m. El universo, especialmente considerado como un ser semejante al hombre o microcosmo.

macrocosmos. m. **macrocosmo.**

macroeconomía. f. Estudio de los sistemas económicos de una nación, región, etc., como un conjunto, empleando magnitudes colectivas o globales, como la renta nacional, las inversiones, exportaciones e importaciones, etc. ❑ Ú. en contraposición a **microeconomía.**

macroscópico, ca. adj. *Biol.* Lo que se ve a simple vista, sin auxilio del microscopio.

macruro, ra. adj. *Zool.* Dícese de crustáceos decápodos que tienen un abdomen largo y bien desarrollado, del cual se sirven para nadar; como el bogavante. Ú. t. c. s. ‖ **2.** m. pl. *Zool.* Suborden de estos animales.

macsura. f. Recinto reservado en una mezquita para el califa o el imán en las oraciones públicas, o para contener el sepulcro de un personaje tenido en opinión de santidad.

macuca. f. Planta perenne de la familia de las umbelíferas, de raíz globosa, hojas con lacinias y pecíolos largos, flores blancas muy pequeñas y fruto parecido al del anís. Se cría en lugares montañosos y umbríos del mediodía de España.

mácula. f. Mancha de suciedad. ‖ **2.** *Astron.* Cada una de las partes oscuras que se observan en el disco del Sol o de la Luna.

macuto. m. Mochila de soldado. ‖ **2.** Por ext., cualquier tipo de mochila.

madeja. f. Hilo que, recogido sobre un torno o aspa, se puede devanar fácilmente.

madera. f. Parte sólida de los árboles cubierta por la corteza. ‖ **2.** Pieza de **madera** labrada que sirve para cualquier obra de carpintería. ‖ **3.** fig. y fam. Talento o disposición natural de las personas para determinada actividad. ‖ **fósil. lignito.** ‖ **tocar madera.** expr. fam. que se emplea para alejar un daño que se considera posible.

maderamen. m. Conjunto de maderas que entran en una obra.

maderero, ra. adj. Perteneciente o relativo a la industria de la madera.

madero. m. Pieza larga de madera escuadrada o rolliza.

madona. f. Nombre dado a la Virgen María. ‖ **2.** Cuadro o imagen que la representa, sola o con el Niño.

madrás. m. Tejido fino de algodón que se usa para camisas y trajes femeninos.

madrastra. f. Mujer del padre respecto de los hijos llevados por este al matrimonio.

madraza. f. fam. Madre muy condescendiente y que mima mucho a sus hijos.

madre. f. Hembra que ha parido. ‖ **2.** Hembra respecto de su hijo o hijos. ‖ **3.** Título que se da a ciertas religiosas. ‖ **4.** fig. Causa, raíz u origen de donde proviene una cosa. ‖ **5.** fig. Cauce por donde ordinariamente corren las aguas de un río o arroyo. ‖ **6.** fig. Heces del mosto, vino o vinagre, que se sientan en el fondo de la cuba, tinaja, etc. ‖ **política.** **suegra, madre** del casado para la mujer y **madre** de la casada para el marido.

madrecilla. f. Conducto membranoso que tienen las aves desde el ovario hasta cerca del ano, y en el cual se forman la clara y la cáscara de los huevos.

madreña. f. **almadreña.**

madreperla. f. Molusco lamelibranquio, con concha casi circular, de diez a doce centímetros de diámetro, cuyas valvas son escabrosas, de color pardo oscuro por fuera y lisas e iridiscentes por dentro. Se cría en el fondo de los mares intertropicales, donde se pesca para recoger las perlas que suele contener y aprovechar el nácar de la concha.

madrépora. f. *Zool.* Celentéreo antozoo colonial, que vive en los mares intertropicales y forma un polipero calcáreo y arborescente. ‖ **2.** Este mismo polipero, que llega a formar escollos e islas en el océano Pacífico.

madrero, ra. adj. fam. Dícese del que está muy encariñado con su madre.

madreselva. f. Mata de la familia de las caprifoliáceas, con tallos sarmentosos y trepadores, hojas elípticas y opuestas de color verde oscuro, flores olorosas y fruto en baya con varias semillas ovoides. Es común en las selvas y matorrales de España.

madrigal. m. Poema breve, generalmente de tema amoroso, en que se combinan versos de siete y de once sílabas. ‖ **2.** Composición musical para varias voces, sin acompañamiento, sobre un texto generalmente lírico.

madriguera. f. Cuevecilla en que habitan ciertos animales, especialmente los conejos. ‖ **2.** fig. Lugar retirado y escondido donde se oculta la gente de mal vivir.

madrileño, ña. adj. Natural de Madrid. Ú. t. c. s. ‖ **2.** Perteneciente o relativo a Madrid o su provincia.

madrina. f. Mujer que tiene, presenta o asiste a otra persona al recibir este el sacramento del bautismo, de la confirmación, del matrimonio, o del orden, o al profesar, si se trata de una religiosa. ‖ **2.** La que presenta y acompaña a otra persona que recibe algún honor, grado, etc. ‖ **3.** fig. La que favorece o protege a otra persona en sus pretensiones o designios. ‖ **4.** fig. La que, por designación previa, rompe una botella de vino o champaña contra el casco de una embarcación en su botadura.

madroño. m. Arbusto de la familia de las ericáceas, con tallos de tres a cuatro metros de altura; hojas de pecíolo corto, lanceoladas, persistentes, coriáceas, de color verde oscuro, lustrosas por el haz y glaucas por el envés; flores en panoja arracimada, de corola globosa, blanquecina o sonrosada, y fruto esférico de dos o tres centímetros de diámetro, comestible, rojo exteriormente, amarillo en el interior, de superficie granulosa y con tres o cuatro semillas pequeñas y comprimidas. ‖ **2.** Fruto de este arbusto.

madrugada. f. El alba, el amanecer. ‖ **2.** Período de tiempo de la noche desde la una.

madrugar. intr. Levantarse al amanecer o muy temprano. ‖ **2.** fig. Ganar tiempo en una solicitud o empresa.

madrugón. m. fam. Acción de madrugar, levantarse muy temprano.

madurar. tr. Dar sazón a los frutos. ‖ **2.** fig. Poner en su debido punto con la meditación una idea, un proyecto, un designio, etc. ‖ **3.** intr. fig. Adquirir pleno desarrollo físico e intelectual.

madurez. f. Sazón de los frutos. ‖ **2.** fig. Buen juicio o prudencia, sensatez. ‖ **3.** Edad de la persona que ha alcanzado su plenitud vital y aún no ha llegado a la vejez.

maduro, ra. adj. Que está en sazón. ‖ **2.** fig. Prudente, juicioso, sesudo. ‖ **3.** fig. Dicho de personas, entrado en años.

maestranza. f. Sociedad de caballeros cuyo objeto es ejercitarse en la equitación, y fue en su origen escuela del manejo de las armas a caballo. ‖ **2.** Conjunto de los talleres y oficinas donde se construyen y recomponen los montajes para las piezas de artillería, así como los carros y útiles necesarios para su servicio.

maestrazgo. m. Dignidad de maestre de cualquiera de las órdenes militares. ‖ **2.** Dominio territorial o señorío del maestre de una orden militar.

maestre. m. Superior de cualquiera de las órdenes militares.

maestresala. m. Criado principal que asistía a la mesa de un señor, presentaba y distribuía en ella la comida y hacía la salva para garantizar que no contenía veneno.

maestría. f. Arte y destreza en enseñar o ejecutar una cosa. ‖ **2.** Título de maestro.

maestro, tra. adj. Dícese de la persona u obra de mérito relevante entre las de su clase. ‖ **2.** m. y f. Persona que enseña una ciencia, arte u oficio, o tiene título para hacerlo. ‖ **3.** Persona que es práctica en una materia y la maneja con desenvoltura. ‖ **4.** Persona que está aprobada en un oficio mecánico o lo ejerce públicamente. MAESTRO *sastre.* ‖ **5.** m. Compositor de música.

mafia. f. Organización clandestina de criminales sicilianos. ‖ **2.** Por ext., cualquier organización clandestina de criminales.

magacín. m. Publicación periódica con artículos de diversos autores, dirigida al público en general. ‖ **2.** Espacio de televisión en que se tratan muchos temas inconexos y mezclados.

magdalena. f. Mujer penitente o muy arrepentida de sus pecados. ‖ **2.** Bollo pequeño, hecho con los mismos materiales que el bizcocho de confitería, pero con más harina y menos huevo. ❑ No utilizar **madalena* en ninguna de sus acepciones.

magdaleniense. adj. Dícese del período prehistórico que corresponde al final del paleolítico superior y que tuvo su centro en la zona cantábrica de España. Ú. t. c. s.

magia. f. Arte o ciencia oculta con que se pretende producir, valiéndose de ciertos actos o palabras, o con la intervención de espíritus, genios o demonios, efectos o fenómenos extraordinarios, contrarios a las leyes naturales. ‖ **2.** fig. Encanto, hechizo o atractivo con que una persona o cosa deleita y suspende. ‖ **negra.** Arte supersticioso por medio del cual cree el vulgo que pueden hacerse, con ayuda del demonio, cosas admirables y extraordinarias.

magiar. adj. Dícese del individuo de un pueblo de lengua afín al finlandés, que habita en Hungría y Transilvania. Ú. t. c. s. ‖ **2.** Perteneciente o relativo a los **magiares.** ‖ **3.** m. Lengua hablada por los **magiares.**

mágico, ca. adj. Perteneciente o relativo a la magia. *Arte, obra* MÁGICA. ‖ **2.** Maravilloso, estupendo.

magín. m. fam. **imaginación.**

magisterio. m. Enseñanza y gobierno que el maestro ejerce con sus discípulos. ‖ **2.** Cargo o profesión de maestro.

magistrado, da. m. y f. Alto dignatario del Estado en el orden civil, hoy especialmente en la administración de justicia. ‖ **2.** Miembro de una sala de audiencia territorial o provincial, o del Tribunal Supremo de Justicia.

magistral. adj. Perteneciente o relativo al ejercicio del magisterio. ‖ **2.** Dícese de lo que se hace con maestría. *Sostuvo su opinión con razones* MAGISTRALES, *o de un modo* MAGISTRAL.

magistratura. f. Oficio y dignidad de magistrado. ‖ **2.** Tiempo que dura. ‖ **3.** Conjunto de los magistrados.

magma. m. Sustancia espesa que sirve de soporte a los tejidos o a ciertas formaciones inorgánicas y que permanece después de exprimir las partes más fluidas de aquellos. ‖ **2.** *Geol.* Masa ígnea en fusión existente en el interior de la Tierra, que se consolida por enfriamiento.

magnanimidad. f. Grandeza y elevación de ánimo.

magnánimo, ma. adj. Que tiene magnanimidad.

magnate. m. Persona muy ilustre y principal por su cargo y poder.

magnesia. f. Sustancia terrosa, blanca, suave, insípida, inodora y muy difícil de fundir, cuyas sales se hallan disueltas en algunos manantiales, entran en composición de varias rocas y se usan en medicina como purgante. Es el óxido de magnesio.

magnesio. m. Elemento químico de núm. atóm. 12. Metal muy abundante en la corteza terrestre; se encuentra en la magnesita, el talco, la serpentina y, en forma de cloruro, en el agua de mar, y entra en la composición de sustancias importantes en los vegetales, v. gr. las clorofilas. Maleable y poco tenaz, arde con la luz clara y brillante. Se usa en metalurgia, en pirotecnia, en medicina, en la fabricación de acumuladores eléctricos y, aleado con aluminio, en la industria aeronáutica y la automoción. Símb. *Mg.*

magnesita. f. Silicato de magnesia hidratado, espuma de mar.

magnético, ca. adj. Que tiene las propiedades del imán. ‖ **2.** Perteneciente o relativo al magnetismo.

magnetismo. m. Virtud atractiva de la piedra imán. ‖ **2.** Acción a distancia, como atracción, repulsión, etc., de los campos creados por cargas eléctricas en movimiento y por los imanes. ‖ **3**. *Fís.* Estudio de los campos magnéticos y sus propiedades. ‖ **4.** fig. Atractivo que una persona o cosa ejerce sobre otra u otras.

magnetita. f. *Geol.* Óxido ferroso férrico, de color negro y brillo metálico; tiene propiedades magnéticas y se utiliza como mena de hierro.

magnetizar. tr. Comunicar a un cuerpo la propiedad magnética. ‖ **2.** fig. Atraer, fascinar a una o varias personas.

magneto. f. Generador de electricidad de alto potencial, usado especialmente en los motores de explosión.

magneto-. elem. compos. que significa «magnetismo»: MAGNETÓ*metro*, MAGNETO*sfera*.

magnetofónico, ca. adj. Perteneciente o relativo al magnetófono.

magnetófono. m. Aparato que transforma el sonido en impulsos electromagnéticos que imantan un alambre de acero o una cinta recubierta de óxido de hierro que pasa por los polos de un electroimán. Invertido el proceso, se obtiene la reproducción del sonido.

magnetoscopio. m. Aparato que registra imágenes de televisión en una cinta magnética, vídeo.

magnetosfera. f. *Geofís.* Región exterior a la Tierra, a partir de unos 100 km de altura, en la que el magnetismo terrestre ejerce una acción predominante sobre las partículas ionizadas.

magnetrón. m. *Electrón.* Tubo electrónico de forma cilíndrica en el que los electrones producidos por un cátodo caliente en el eje son acelerados por un campo eléctrico radial y a la vez sometidos a la acción de un campo magnético axial, generándose microondas. Se emplea como fuente pulsante en los radares y como fuente continua en los hornos de microondas.

magnicidio. m. Muerte violenta dada a persona muy importante por su cargo o poder.

magnificar. tr. Engrandecer, alabar, ensalzar. Ú. t. c. prnl.

magnificencia. f. Liberalidad para grandes gastos, o disposición para grandes empresas. ‖ **2.** Ostentación, grandeza.

magnífico, ca. adj. Espléndido, suntuoso. ‖ **2.** Excelente, admirable.

magnitud. f. Tamaño de un cuerpo. ‖ **2.** fig. Grandeza, excelencia o importancia de una cosa. ‖ **3.** *Fís.* Propiedad física que puede ser medida; p. ej., la temperatura, el peso, etc.

magno, na. adj. **grande.** Aplícase como epíteto a algunas personas ilustres. *Alejandro* MAGNO; *Santa Gertrudis la* MAGNA.

magnolia. f. Árbol de la familia de las magnoliáceas, de 15 a 30 metros de altura, tronco liso y copa siempre verde; hojas grandes, lanceoladas, enteras, persistentes, coriáceas, verdes por el haz y algo rojizas por el envés; flores hermosas, terminales, solitarias, muy blancas, de olor intenso y agradable y de forma globosa, y fruto seco, elipsoidal, que se abre irregularmente para soltar las semillas. Es planta originaria de América y Asia, y perfectamente aclimatada en Europa. ‖ **2.** Flor o fruto de este árbol.

magnoliáceo, a. adj. *Bot.* Dícese de árboles y arbustos angiospermos dicotiledóneos con hojas alternas, sencillas, coriáceas, casi siempre enteras; flores terminales o axilares, grandes y olorosas, y frutos capsulares con semillas de albumen carnoso; como la magnolia y el badián. Ú. t. c. s. f. ‖ **2.** f. pl. *Bot.* Familia de estas plantas.

mago, ga. adj. Dícese de la persona versada en la magia o que la practica. Ú. t. c. s. ‖ **2.** Dícese de los tres reyes que fueron a adorar a Jesús recién nacido. Ú. t. c. s.

magrear. tr. fig. vulg. Sobar, manosear lascivamente una persona a otra.

magrebí. adj. Natural del Magreb, parte del noroeste de África que comprende Marruecos, Argelia y Túnez. Ú. t. c. s. ‖ **2.** Perteneciente o relativo al Magreb. ❑ pl. *magrebíes* o *magrebís.*

magro, gra. adj. Flaco o enjuto, con poca o ninguna grosura. ‖ **2.** m. fam. Carne **magra** del cerdo próxima al lomo.

maguey. m. *Amér.* Pita[1], planta. ❑ pl. *magueis.*

maguillo. m. Manzano silvestre, cuyo fruto es más pequeño y menos sabroso que la manzana común. Suele emplearse para injertar en él; pero también lo hay cultivado, con fruto más crecido y mejor gusto.

magullar. tr. Causar a un tejido orgánico contusión, pero no herida, comprimiéndolo o golpeándolo violentamente. Ú. t. c. prnl.

mahometano, na. adj. Que profesa la religión islámica. Ú. t. c. s. ‖ **2.** Perteneciente o relativo a Mahoma o a la religión por él fundada. ❑ No utilizar por *árabe.*

mahón. m. Tela fuerte y fresca de algodón escogido, de diversos colores, que primeramente se fabricó en la ciudad de Nanquín, en China.

mahonés, sa. adj. Natural de Mahón. Ú. t. c. s. ‖ **2.** Perteneciente o relativo a esta ciudad de Baleares. ‖ **3.** f. **salsa mahonesa.**

mahonesa. f. Planta de la familia de las crucíferas, de cuatro a seis decímetros de altura, de hojas trasovadas y ásperas, tallos desparramados, flores pequeñas, en gran número y moradas; su fruto es seco, bivalvo y cilíndrico, con semillas comprimidas. Se cultiva en los jardines.

maicena. f. Harina fina de maíz.

maillot. Traje de baño femenino de una pieza. ‖ **2.** Camiseta deportiva, especialmente la de los ciclistas.

maimonismo. m. Sistema filosófico profesado por el judío español Maimónides y sus discípulos en la Edad Media.

mainel. m. *Arq.* Miembro arquitectónico, largo

y delgado, que divide un hueco en dos partes verticalmente.

maitines. m. pl. Primera de las horas canónicas que antiguamente se rezaba, y en muchas iglesias se reza todavía, antes de amanecer.

maíz. m. Planta de la familia de las gramíneas, con el tallo grueso, de uno a tres metros de altura, según las especies; hojas largas, planas y puntiagudas; flores masculinas en racimos terminales y las femeninas en espigas axilares resguardadas por una vaina. Es indígena de la América tropical, se cultiva en Europa, y produce mazorcas con granos gruesos y amarillos muy nutritivos. ‖ **2.** Grano de esta planta.

maizal. m. Tierra sembrada de maíz.

majada. f. Lugar donde se recoge de noche el ganado y se albergan los pastores.

majadería. f. Dicho o hecho necio, imprudente o molesto.

majadero, ra. adj. fig. Necio y porfiado. Ú. t. c. s.

majal. m. Banco de peces.

majano. m. Montón de cantos sueltos que se forma en las tierras de labor o en las encrucijadas y división de términos.

majar. tr. **machacar,** quebrantar una cosa a golpes.

majareta. com. Persona sumamente distraída, chiflada. Ú. t. c. adj.

majestad. f. Grandeza, superioridad y autoridad sobre otros. ‖ **2.** Título o tratamiento que se da a Dios, y también a emperadores y reyes.

majestuoso, sa. adj. Que tiene majestad.

majo, ja. adj. fam. Lindo, hermoso, vistoso. ‖ **2.** fam. Aplícase a una persona o cosa que gusta por su simpatía, belleza u otra cualidad.

majorero, ra. adj. Natural de la isla de Fuerteventura. Ú. t. c. s.

majuela. f. Fruto del majuelo.

majuelo. m. Espino de hojas cuneiformes divididas en tres o cinco segmentos y dentadas; flores blancas en corimbo y muy olorosas; pedúnculos vellosos y lo mismo las hojillas del cáliz; fruto rojo, dulce y de un solo huesecillo redondeado.

mal[1]**.** adj. Apóc. de **malo.** ❑ Solo se usa antepuesto al sustantivo masculino. MAL *humor;* MAL *día.* ‖ **2.** m. Lo contrario al bien; lo que se aparta de lo lícito y honesto. ‖ **3.** Desgracia, calamidad. ‖ **4.** Enfermedad, dolencia. ‖ **de ojo.** Influjo maléfico que, según vanamente se cree, puede una persona ejercer sobre otra mirándola de cierta manera, y con particularidad sobre los niños. ‖ **de piedra.** El que resulta de la formación de cálculos en las vías urinarias. ‖ **francés. sífilis.**

mal[2]**.** adv. m. Contrariamente a lo que es debido; sin razón, imperfecta o desacertadamente; de mala manera. *Pedro se conduce siempre* MAL; *Antonio lo hace todo* MAL. ‖ **2.** Contrariamente a lo que se apetece o requiere; infelizmente; de manera impropia o inadecuada para un fin. *La estratagema salió* MAL; *el enfermo va* MAL.

malabarismo. m. fig. Arte de juegos de destreza y agilidad.

malacia. f. *Fisiol.* Perversión del apetito que consiste en el deseo de comer materias extrañas e impropias para la nutrición; como yeso, carbón, cal, arena, tierra u otras cosas.

malacitano, na. adj. **malagueño.** Apl. a pers., ú. t. c. s.

malacología. f. Parte de la zoología, que trata de los moluscos.

malacopterigio. adj. *Zool.* Dícese de los peces teleósteos que tienen todas sus aletas provistas de radios blandos, flexibles y articulados; como el salmón, el barbo y el rodaballo. Ú. t. c. s. m.

malacostumbrado, da. adj. Que tiene malos hábitos y costumbres. ‖ **2.** Que goza de excesivo regalo y está muy mimado y consentido.

málaga. m. Vino dulce que se elabora con la uva de la tierra de Málaga.

malagueña. f. Aire popular propio y característico de la provincia de Málaga, algo parecido al fandango, con que se cantan coplas de cuatro versos octosílabos.

malagueño, ña. adj. Natural de Málaga. Ú. t. c. s. ‖ **2.** Perteneciente o relativo a esta ciudad o a su provincia.

malagueta. f. Fruto pequeño, aovado, de color de canela y de olor y sabor aromáticos, que suele usarse como especia, y es producto de un árbol tropical de la familia de las mirtáceas. ‖ **2.** Árbol que da este fruto.

malaisio, sia. adj. Natural de Malaisia. Ú. t. c. s. ‖ **2.** Perteneciente o relativo a esta nación.

malaje. adj. Dícese de la persona desagradable, que tiene mala sombra. Ú. t. c. s.

malandanza. f. Mala fortuna, desgracia.

malandrín, na. adj. Maligno, perverso, bellaco. Ú. t. c. s.

malaquita. f. Mineral de hermoso color verde, susceptible de pulimento, y que suele emplearse en chapear objetos de lujo. Es un carbonato de cobre, formado por la acción de aguas carbonatadas sobre menas de este metal.

malar. adj. *Anat.* Perteneciente a la mejilla.

malaria. f. Fiebre palúdica, paludismo.

malaventura. f. Desventura, desgracia, infortunio.

malayo, ya. adj. Dícese del individuo de piel muy morena, cabellos lisos, nariz aplastada y ojos grandes, perteneciente a una raza o gran variedad de la especie humana que se halla esparcida en la península de Malaca (de donde se la cree oriunda), en las islas de la Sonda, y sobre todo en la Oceanía Occidental, que por ella se llama Malasia. Ú. t. c. s. || **2.** Perteneciente o relativo a los **malayos.** || **3.** m. Lengua **malaya.**

malbaratar. tr. Vender la hacienda a bajo precio. || **2.** Disiparla.

malcarado, da. adj. Que tiene cara desagradable o aspecto repulsivo.

malcasado, da. adj. Dícese de la persona que no vive en armonía con su cónyuge. Ú. t. c. s.

malcasar. tr. Casar a una persona sin las circunstancias que se requieren para la felicidad del matrimonio. Ú. t. c. intr. y c. prnl.

malcomer. intr. Comer escasamente o con poco gusto, por la mala calidad de la comida. *No me alcanza la renta para* MALCOMER.

malcriar. tr. Educar mal a los hijos, condescendiendo demasiado con sus gustos y caprichos.

maldad. f. Cualidad de malo. || **2.** Acción mala e injusta.

maldecir. tr. Echar maldiciones contra una persona o cosa. || **2.** intr. Hablar con mordacidad en perjuicio de alguien, denigrándolo. ❑ Irreg. Se conj. como *decir,* menos en el fut. imperf. de indicat., el condicional y la 2.ª pers. sing. del imperat., que son reg.; doble p. p.: *maldecido* (reg.) y *maldito* (irreg.). *Maldito,* usáb. como participio en formas pasivas.

maldición. f. Imprecación que se dirige contra una persona o cosa, manifestando enojo y aversión hacia ella, y muy particularmente deseo de que le venga algún daño. || **¡maldición!** interj. que expresa enojo, reprobación, contrariedad, etc.

maldito, ta. p. p. irreg. de **maldecir.** Usáb. como participio en formas pasivas. || **2.** adj. Condenado y castigado por la justicia divina. Ú. t. c. s. || **3.** fam. Antepuesto a un nombre, generalmente precedido por el artículo, equivale a *ninguno. No sabe* MALDITA *la cosa.* || **4.** fam. Dícese de la persona o cosa que molesta o desagrada. *Este* MALDITO *ruido que me está dejando sordo.* || **¡maldita sea!** exclam. fam. de enojo.

maleable. adj. Aplícase a los metales que pueden extenderse en láminas. || **2.** fig. Dícese de la persona que es fácilmente influenciable.

maleante. m. Persona que vive al margen de la ley, y que se dedica al robo, contrabando, etc.

malear. tr. Dañar, echar a perder una cosa. Ú. t. c. prnl. || **2.** fig. Pervertir uno a otro con su mala compañía y costumbres. Ú. t. c. prnl.

malecón. m. Murallón o terraplén que se hace para defenderse de las aguas. || **2. rompeolas,** muelle.

maledicencia. f. Acción o hábito de maldecir o denigrar.

maleducado, da. adj. Dícese del niño muy mimado y consentido. Ú. t. c. s. || **2.** Descortés, irrespetuoso, incivil. Ú. t. c. s.

maleficio. m. Daño causado por arte de hechicería. || **2.** Hechizo empleado para causarlo, según vanamente se cree.

maléfico, ca. adj. Que perjudica y hace daño a otro con maleficios. || **2.** Que ocasiona o es capaz de ocasionar daño.

malentendido. m. Mala interpretación, equivocación en el entendimiento de una cosa.

maléolo. m. *Anat.* **tobillo.**

malestar. m. Desazón, incomodidad indefinible.

maleta. f. Cofre pequeño de cuero, lona u otras materias, que sirve para guardar en viajes o traslados ropa u otras cosas y se puede llevar a mano.

maletero. m. El que por oficio transporta maletas o, en general, equipajes. || **2.** Lugar destinado en los vehículos para maletas o equipajes.

maletilla. com. Persona joven que, desasistida de medios y de ayudas, aspira a abrirse camino en el toreo comenzando a practicarlo, a veces, en las ganaderías o procurando intervenir en tientas, capeas, becerradas, etc.

malévolo, la. adj. Malintencionado, inclinado a hacer mal. Ú. t. c. s.

maleza. f. Abundancia de hierbas malas que perjudican a los sembrados. || **2.** Espesura que forma la multitud de arbustos; como zarzales, jarales, etc.

malformación. f. *Fisiol.* Deformidad o defecto congénito en alguna parte del organismo.

malgache. adj. Natural de la isla de Madagascar. Ú. t. c. s. || **2.** Perteneciente o relativo a esta isla. || **3.** m. Lengua hablada en esta isla.

malgastar. tr. Disipar el dinero, gastándolo en cosas malas o inútiles; por ext., se usa también hablando del tiempo, la paciencia, los agasajos, etc.

malhablado, da. adj. Desvergonzado o atrevido en el hablar. Ú. t. c. s.

malhadado, da. adj. Infeliz, desgraciado, desventurado.

malhechor, ra. adj. Que comete un delito, y especialmente que los comete por hábito. Ú. t. c. s.

malherir. tr. Herir gravemente. ❑ Irreg. Se conj. como *sentir.*

malhumorado, da. adj. Que está de mal humor; desabrido o displicente.

malicia. f. Maldad, cualidad de malo. || **2.** Intención solapada, de ordinario maligna o picante, con que se dice o se hace algo.

malicioso, sa. adj. Que por malicia atribuye mala intención a los hechos y palabras ajenos. Ú. t. c. s. ‖ **2.** Que contiene malicia.

maligno, na. adj. Propenso a pensar u obrar mal. Ú. t. c. s. ‖ **2.** *Med.* Dícese de la lesión o enfermedad que evoluciona de modo desfavorable, y especialmente de los tumores cancerosos. ‖ **3.** V. **espíritu maligno.**

malintencionado, da. adj. Que tiene mala intención. Ú. t. c. s.

malla. f. Cada uno de los cuadriláteros que, formados por cuerdas o hilos que se cruzan y se anudan en sus cuatro vértices, constituyen el tejido de la red. ‖ **2.** Tejido de pequeños anillos o eslabones de hierro o de otro metal, enlazados entre sí, de que se hacían las cotas y otras armaduras defensivas, y se hacen actualmente portamonedas, bolsas y otros utensilios. ‖ **3.** Por ext., tejido semejante al de la **malla** de la red. ‖ **4.** Vestido de tejido de punto muy fino que, ajustado al cuerpo, usan en sus actuaciones los artistas de circo, bailarinas, etc. Ú. t. en pl.

mallorquín, na. adj. Natural de Mallorca. Ú. t. c. s. ‖ **2.** Perteneciente o relativo a esta isla. ‖ **3.** m. Variedad de la lengua catalana, que se habla en la isla de Mallorca.

malmaridada. adj. Malcasada, dícese de la mujer que se lleva mal con su marido. Ú. t. c. s.

malmeter. tr. Inclinar, inducir a uno a hacer cosas malas.

malo, la. adj. Que carece de la bondad que debe tener según su naturaleza o destino. ‖ **2.** Dañino o nocivo a la salud. ‖ **3.** Que padece enfermedad, enfermo. ‖ **4.** fam. Travieso, inquieto, enredador. Dícese comúnmente de los muchachos. ‖ **5.** Con el artículo neutro y el verbo *ser,* indica que lo expresado a continuación constituye inconveniente, obstáculo o impedimento de algo dicho antes. *Yo bien hiciera tal o cual cosa;* LO MALO ES *que no me lo van a agradecer.* ❑ sup. irreg. *pésimo* y reg. *malísimo.*

malograr. tr. Perder, no aprovechar una cosa; como la ocasión, el tiempo, etc. ‖ **2.** prnl. Frustrarse lo que se pretendía o se esperaba conseguir. ‖ **3.** No llegar una persona o cosa a su natural desarrollo o perfeccionamiento por muerte o por otra causa.

maloliente. adj. Que exhala mal olor.

malparado, da. adj. Que ha sufrido notable menoscabo en cualquier línea.

malqueda. com. fam. Persona que no cumple sus promesas o falta a su deber.

malquerencia. f. Mala voluntad contra determinada persona o cosa.

malquistar. tr. Indisponer o enemistar a una persona con otra u otras. *Lo* MALQUISTARON *con el ministro.* Ú. t. c. prnl.

malsano, na. adj. Dañino a la salud. ‖ **2.** fig. Moralmente dañino.

malsonante. adj. Que suena mal. ‖ **2.** Aplícase a la doctrina o palabra que ofende los oídos de personas piadosas o de buen gusto.

malta. f. Cebada que, germinada artificialmente y tostada, se emplea en la fabricación de la cerveza.

maltear. tr. Forzar la germinación de las semillas de los cereales, con el fin de mejorar la palatabilidad de líquidos fermentados, como la cerveza.

maltés, sa. adj. Natural de Malta. Ú. t. c. s. ‖ **2.** Perteneciente o relativo a esta isla del Mediterráneo.

maltosa. f. *Biol.* Disacárido formado por dos moléculas de glucosa; también se llama azúcar de malta.

maltraer. tr. Maltratar, destruir, mortificar. ❑ Irreg. Se conj. como *traer.*

maltratar. tr. Tratar mal a uno de palabra u obra. Ú. t. c. prnl.

maltrecho, cha. adj. Maltratado, malparado.

maltusianismo. m. Conjunto de las teorías económicas de Malthus, basadas en que, según él, la población tiende a crecer en progresión geométrica, mientras que los alimentos solo aumentan en progresión aritmética.

malva. f. Planta de la familia de las malváceas, con tallo áspero, ramoso, casi erguido, de cuatro a seis decímetros de altura; hojas de pecíolo largo, con estípulas partidas en cinco o siete lóbulos dentados por el margen; flores moradas, axilares, en grupos de pedúnculos desiguales, y fruto con muchas semillas secas. Es planta abundante y muy usada en medicina, por el mucílago que contienen las hojas y las flores. ‖ **criar malvas.** fr. fig. y fam. Estar muerto.

malváceo, a. adj. *Bot.* Dícese de plantas angiospermas dicotiledóneas, hierbas, matas y a veces árboles, de hojas alternas, flores axilares con muchos estambres unidos y fruto seco dividido en muchas celdas con semillas sin albumen; como la malva y el algodonero. Ú. t. c. s. f. ‖ **2.** f. pl. *Bot.* Familia de estas plantas.

malvado, da. adj. Dícese de la persona muy mala, perversa, mal inclinada. Ú. t. c. s.

malvasía. f. Uva muy dulce y fragante, producida por una variedad de vid procedente de los alrededores de la ciudad que le dio el nombre. ‖ **2.** Vino que se hace de esta uva.

malvavisco. m. Planta perenne de la familia de las malváceas, con tallo de un metro de altura aproximadamente; hojas suaves, muy vellosas, ovaladas, de lóbulos poco salientes y dentadas por el margen; flores axilares de color blanco rojizo, fruto como el de la malva, y raíz gruesa. Abunda en los terrenos húmedos, y la raíz se usa como emoliente.

malvender. tr. Vender a bajo precio, con poca o ninguna ganancia.

malversación. f. Acción y efecto de malversar.

malversar. tr. Invertir ilícitamente los caudales públicos, o equiparados a ellos, en usos distintos de aquellos a que están destinados.

malvís. m. Tordo de pico y patas negros, plumaje de color verde oscuro manchado de negro en el cuello, pecho y vientre, y de rojo en los lados del cuerpo y debajo de las alas. Es propio de los países del norte de Europa, y ave de paso en España a fines de otoño.

malviviente. adj. Dícese de la persona de mala vida.

malvivir. intr. Vivir mal.

mama. f. fam. Voz equivalente a madre, que usan muchas personas, y especialmente los niños. ‖ **2.** *Anat.* Teta de los mamíferos.

mamá. f. fam. Mama, madre.

mamado, da. adj. vulg. Ebrio, borracho.

mamar. tr. Atraer, sacar, chupar con los labios y la lengua la leche de los pechos. ‖ **2.** fig. Adquirir un sentimiento o cualidad moral, o aprender algo en la infancia. MAMÓ *la piedad, la honradez.* ‖ **3.** prnl. fam. **emborracharse,** por efecto del alcohol.

mamarracho. m. fig. y fam. Hombre informal, no merecedor de respeto.

mambo. m. Baile moderno de origen cubano. ‖ **2.** Música y ritmo de este baile.

mamella. f. Cada uno de los apéndices largos y ovalados que tienen a los lados de la parte anterior e inferior del cuello algunos animales, particularmente las cabras.

mameluco. m. fig. y fam. Hombre necio y bobo.

mamey. m. Árbol americano de la familia de las gutíferas, que crece hasta quince metros de altura, con tronco recto y copa hermosa, hojas elípticas, persistentes, obtusas, lustrosas y coriáceas; flores blancas, olorosas, y fruto casi redondo, de unos quince centímetros de diámetro, de corteza verdusca, correosa y delgada, que se quita con facilidad, pulpa amarilla, aromática, sabrosa, y una o dos semillas del tamaño y forma de un riñón de carnero. ‖ **2.** Fruto de este árbol. ❑ pl. *mameís.*

mamífero, ra. adj. *Zool.* Dícese de animales vertebrados de temperatura constante, cuyo embrión, provisto de amnios y alantoides, se desarrolla casi siempre dentro del cuerpo materno; las hembras alimentan a sus crías con la leche de sus mamas o tetas. Ú. t. c. s. ‖ **2.** m. pl. *Zool.* Clase de estos animales.

mamila. f. *Anat.* Parte principal de la teta o pecho de la hembra, exceptuando el pezón. ‖ **2.** *Anat.* Tetilla en el hombre.

mamografía. f. *Med.* Radiografía de mama en película de grano fino, capaz de obtener imágenes de tejidos blandos con gran precisión.

mamón, na. adj. Que todavía está mamando. Ú. t. c. s. ‖ **2.** m. Insulto vulgar que se usa sin significado preciso. Ú. t. c. adj.

mamotreto. m. Armatoste u objeto grande y embarazoso. ‖ **2.** fig. y fam. Libro o legajo muy abultado, principalmente cuando es irregular y deforme.

mampara. f. Especie de panel, de cristal, madera u otro material, utilizado para dividir o aislar espacios.

mamporro. m. fam. Golpe, coscorrón, puñetazo.

mampostería. f. Obra hecha con mampuestos colocados y ajustados unos con otros sin sujeción a determinado orden de hiladas o tamaños.

mampuesto. m. Piedra sin labrar que se puede colocar en obra con la mano.

mamut. m. Especie de elefante fósil que vivió en las regiones de clima frío durante la época cuaternaria; tenía la piel cubierta de pelo áspero y largo; los dientes incisivos de la mandíbula superior, curvos y tan desarrollados, que se hallan algunos de tres metros.

maná. m. Manjar milagroso, enviado por Dios, a modo de escarcha, para alimentar al pueblo de Israel en el desierto. ‖ **2.** Líquido azucarado que fluye espontáneamente o por incisión de las hojas o de las ramas de muy diversos vegetales, como el fresno, el alerce, el eucalipto, etc., y se solidifica rápidamente. Es ligeramente purgante; el del fresno se usa en terapéutica, y se recoge principalmente en Sicilia y Calabria. Usáb. ant. c. f.

manada. f. fig. Hato o rebaño pequeño de ganado que está al cuidado de un pastor. ‖ **2.** fig. Conjunto de ciertos animales de una misma especie que andan reunidos. MANADA *de pavos;* MANADA *de lobos.*

manantial. m. Nacimiento de las aguas. ‖ **2.** fig. Origen y principio de donde proviene una cosa.

manar. intr. Brotar o salir un líquido. Ú. t. c. tr. ❑ Ú. con la prep. *de.*

manatí. m. Mamífero sirenio de hasta cinco metros de longitud, cabeza redonda, cuello corto, cuerpo muy grueso y piel cenicienta, velluda y de tres a cuatro centímetros de espesor; tiene los miembros torácicos en forma de aletas terminadas por manos, y tan desarrollados, que sirven a la hembra para sostener a sus hijuelos mientras maman. Vive cerca de las costas del Caribe y en los ríos de aquellas regiones; es animal herbívoro, y su carne y grasa son muy estimadas. ❑ pl. *manatíes* o *manatís*.

manazas. com. vulg. Torpe de manos, desmañado. *Ser un* MANAZAS.

mancebía. f. Casa de prostitución.

mancebo. m. Mozo de pocos años. ‖ **2.** En algunos oficios y artes, el que trabaja por un salario; especialmente el auxiliar práctico, sin título facultativo, de los farmacéuticos.

mancha. f. Señal que una cosa hace en un cuerpo, ensuciándolo o echándolo a perder. ‖ **2.** Parte de alguna cosa con distinto color del general o dominante en ella. ‖ **3.** fig. Deshonra, desdoro.

manchar. tr. Poner sucia una cosa, haciéndole perder en alguna de sus partes el color que tenía. Ú. t. c. prnl. ‖ **2.** fig. Deslustrar la buena fama de una persona, familia o linaje. Ú. t. c. prnl.

manchego, ga. adj. Natural de la Mancha. Ú. t. c. s. ‖ **2.** Perteneciente o relativo a esta región de España.

manchú. adj. Natural de Manchuria. Ú. t. c. s. ‖ **2.** Perteneciente o relativo a esta región asiática. ❑ pl. *manchúes*.

mancilla. f. **mancha,** desdoro.

mancillar. tr. Manchar, dañar la fama, el honor o el linaje de alguien. Ú. t. c. prnl.

manco, ca. adj. Aplícase a la persona o animal que ha perdido un brazo o una mano, o el uso de cualquiera de estos miembros. Ú. t. c. s. ‖ **2.** fig. Defectuoso, falto de alguna parte necesaria. *Obra* MANCA; *verso* MANCO.

mancomunar. tr. Unir personas, fuerzas o caudales para un fin. Ú. t. c. prnl.

mancomunidad. f. Efecto de mancomunar o mancomunarse. ‖ **2.** Corporación o entidad legalmente constituida por agrupación de municipios o provincias.

mancuerda. f. Tormento que consistía en atar al supuesto reo con ligaduras que se iban apretando por vueltas de una rueda, hasta que confesase o corriese gran peligro su vida.

mancuernas. f. pl. *Dep.* Cada una de las dos pesas consistentes en un eje cilíndrico con discos metálicos en los extremos y que se utilizan para desarrollar los músculos de los brazos, tórax, etc.

mandado. m. Orden, precepto, mandamiento. ‖ **2.** Persona que ejecuta una comisión por encargo ajeno.

mandamás. com. fam. Nombre que se da irónicamente a la persona que desempeña una función de mando.

mandamiento. m. Precepto u orden de un superior a un inferior. ‖ **2.** Cada uno de los preceptos del Decálogo y de la Iglesia.

mandanga. f. Flema, indolencia, pachorra. ‖ **2.** pl. Tonterías, cuentos, pejigueras.

mandar. tr. Ordenar el superior al súbdito; imponer un precepto. ‖ **2.** Enviar a una persona o remitir una cosa. ‖ **3.** Encomendar o encargar una cosa. ‖ **4.** intr. Regir, gobernar, tener el mando. Ú. t. c. tr.

mandarín[1]. m. El que en China y otros países asiáticos tenía a su cargo el gobierno de una ciudad o la administración de justicia.

mandarín[2], na. adj. Dícese de la antigua lengua imperial de China, de la cual procede la lengua actualmente más usada en este país. Ú. t. c. s. ‖ **2.** V. **naranja mandarina.** Ú. t. c. s.

mandatario. m. *Der.* Persona que, en virtud de un contrato llamado mandato, acepta la representación personal del mandante, o la gestión o desempeño de uno o más negocios. ‖ **2.** En política, el que por elección ocupa un cargo en la gobernación de un país.

mandato. m. Orden o precepto que el superior da a los súbditos. ‖ **2.** Encargo o representación que por la elección se confiere a los diputados, concejales, etc. ‖ **3.** Período en que alguien actúa como mandatario de alto rango. ‖ **4.** *Der.* Contrato establecido mediante consentimiento por el que una de las partes confía su representación personal, o la gestión o desempeño de uno o más negocios, a la otra, que lo toma a su cargo.

mandíbula. f. *Anat.* Cada una de las dos piezas, óseas o cartilaginosas, que limitan la boca de los animales vertebrados y en las cuales están implantados los dientes. ‖ **2.** *Zool.* Cada una de las dos piezas duras que tienen en la boca los insectos masticadores y otros artrópodos para triturar los alimentos.

mandil. m. Prenda de cuero o tela fuerte, que, colgada del cuello sirve en ciertos oficios para proteger la ropa desde lo alto del pecho hasta por debajo de las rodillas. ‖ **2.** Prenda atada a la cintura para cubrir la falda, delantal.

mandinga. adj. Dícese de los negros del Sudán Occidental. Ú. t. c. s. ‖ **2.** m. *Amér.* Nombre del diablo en el lenguaje de los campesinos.

mandioca. f. Arbusto de la familia de las euforbiáceas, que se cría en las regiones cálidas de América, de dos a tres metros de altura, con una raíz muy grande y carnosa, hojas profundamente divididas y flores dispuestas en racimo.

mando. m. Autoridad y poder que tiene el superior sobre sus súbditos. ‖ **2.** Persona o colectivo que tiene tal autoridad. ‖ **3.** *Mec.* Botón, llave, palanca u otro artificio semejante que actúa sobre un mecanismo o parte de él para iniciar, suspender o regular su funcionamiento. ‖ **a distancia.** Regulador automático a distancia, para la conexión, interrupción, volumen, etc. de un receptor.

mandoble. m. Cuchillada o golpe grande que se da usando el arma con ambas manos. ‖ **2.** fam. Espada grande.

mandolina. f. Instrumento músico de cuatro cuerdas y de cuerpo curvado como el laúd, bandolina.

mandón, na. adj. Que ostenta demasiado su autoridad y manda más de lo que le toca. Ú. t. c. s.

mandrágora. f. Planta herbácea de la familia de las solanáceas, sin tallo, con muchas hojas pecioladas, muy grandes, ovaladas, rugosas, ondeadas por el margen y de color verde oscuro; flores de mal olor en figura de campanilla, blanquecinas y rojizas, en grupo colocado en el centro de las hojas; fruto en baya semejante a una manzana pequeña, redondo, liso, carnoso y de olor fétido, y raíz gruesa, fusiforme y a menudo bifurcada. Se ha usado en medicina como narcótico, y acerca de sus propiedades corrían en la antigüedad muchas fábulas.

mandria. adj. Apocado, inútil y de escaso o ningún valor. Ú. t. c. s.

mandril. m. Cuadrumano de unos ocho decímetros desde lo alto de la cabeza al arranque de la cola, y cuatro de altura cuando camina a cuatro patas; cabeza pequeña, hocico largo, pelaje espeso, pardo en la parte superior y azulado en las inferiores, nariz roja, chata, con alas largas, arrugadas, eréctiles y de color azul oscuro, y cola corta y levantada. Vive cerca de las costas occidentales de África.

manducar. intr. fam. **comer,** tomar alimento.

manecilla. f. Broche con que se cierran algunas cosas, particularmente los libros de devoción. ‖ **2.** Saetilla que en el reloj y en otros instrumentos sirve para señalar las horas, los minutos, segundos, grados, etc.

manejar. tr. Usar con las manos una cosa. ‖ **2.** Por ext., usar, utilizar, aunque no sea con las manos. ‖ **3.** fig. Gobernar, dirigir. *El criado* MANEJA *a su amo.* Ú. t. c. prnl. *Luciano* SE MANEJÓ *bien en este negocio.* ‖ **4.** *Amér.* Conducir, guiar un automóvil. ‖ **5.** prnl. Moverse con cierta soltura después de haber tenido algún impedimento.

manejo. m. Acción y efecto de manejar o manejarse. ‖ **2.** fig. Maquinación, intriga.

manera. f. Modo con que se ejecuta o acaece una cosa. ‖ **2.** Porte y modales de una persona. Ú. m. en pl. ‖ **sobre manera.** loc. adv. Muchísimo, en extremo.

manes. m. pl. *Mit.* Dioses infernales o almas de los difuntos, considerados benévolos.

manga. f. Parte del vestido en que se mete el brazo. ‖ **2.** Tubo largo, de cuero, caucho o lona, que se adapta principalmente a las bombas o bocas de riego, para aspirar o para dirigir el agua. ‖ **3.** Utensilio de tela, de forma cónica, provisto de un pico de metal u otro material duro, que se utiliza para añadir nata a algunos pasteles, decorar tartas, etc. ‖ **4.** En diversos deportes, cada una de las partes de un partido o encuentro. ‖ **5.** *Mar.* Anchura mayor de un buque. ‖ **ancha.** fig. Lenidad o excesiva indulgencia. Ú. m. en las frs. **ser de** o **tener manga ancha.** ‖ **raglán** o **ranglan.** La que empieza en el cuello y cubre el hombro. ‖ **andar manga por hombro.** fr. fig. y fam. Estar algo en gran abandono y desorden. ‖ **sacarse** algo **de la manga.** fr. fig. y fam. Decir o hacer algo sin tener fundamento para ello.

manganesa. f. **pirolusita.** ❑ No confundir con *manganeso.*

manganeso. m. Elemento químico de núm. atóm. 25. Metal muy abundante en la corteza terrestre; se encuentra en la pirolusita y asociado a los minerales de hierro, por lo que está presente en el agua y en los seres vivos. De color y brillo acerados, quebradizo, pesado y muy refractario. Se usa aleado con el hierro para la fabricación de acero. Símb. *Mn.* ❑ No confundir con *manganesa.*

mangante. adj. Que manga. ‖ **2.** com. vulg. Sinvergüenza, persona despreciable sin oficio ni beneficio.

mangar. tr. vulg. Hurtar, robar.

manglar. m. Terreno que en la zona tropical cubren de agua las grandes mareas, lleno de esteros que lo cortan formando muchas islas bajas, donde crecen los árboles que viven en el agua salada.

mangle. m. Arbusto de la familia de las rizoforáceas, de tres a cuatro metros de altura, cuyas ramas, largas y extendidas, dan unos vástagos que descienden hasta tocar el suelo y arraigar en él; hojas pecioladas, opuestas, enteras, elípticas, obtusas y gruesas; flores axilares de cuatro pétalos amarillentos; fruto seco de corteza coriácea, pequeño y casi redondo, y muchas raíces aéreas en parte.

mango¹. m. Parte alargada o estrecha con un extremo libre, por el cual se puede agarrar un instrumento o utensilio.

mango². m. Árbol de la familia de las anacardiáceas, originario de la India y muy propagado en América y en todos los países intertropicales, que crece hasta quince metros de altura, con tronco recto de corteza negra y rugosa, copa grande y espesa, hojas persistentes, duras y lanceoladas, flores pequeñas, amarillentas y en panoja, y fruto oval, arriñonado, amarillo, de corteza delgada y correosa, aromático y de sabor agradable. || **2.** Fruto de este árbol.

mangonear. intr. fam. Entremeterse o intervenir una persona en asuntos que le conciernen o no, imponiendo a los demás su carácter voluntarioso. || **2.** tr. fam. Dominar o manejar a alguien o algo.

mangosta. f. Mamífero vivérrido semejante a la gineta, con pelaje de color ceniciento oscuro. El cuerpo tiene unos cuatro decímetros de largo y otro tanto de cola. Habita en África y Asia, y se alimenta de serpientes, por lo que se domestica para cazarlas.

manguera. f. Manga de las bocas de riego.

manguito. m. Rollo o bolsa, con aberturas en ambos lados, comúnmente de piel fina y peluda, y relleno de algodón por dentro, que usaban las señoras para llevar abrigadas las manos. || **2.** Manga sobrepuesta para preservar la ropa. || **3.** *Mec.* Cilindro hueco que sirve para sostener o empalmar dos piezas cilíndricas iguales unidas al tope en una máquina.

maní. m. Cacahuete, planta. || **2.** Fruto de esta planta. ❑ pl. *manís.*

manía. f. Extravagancia, preocupación caprichosa por un tema o cosa determinada. || **2.** fam. Mala voluntad contra otro, ojeriza. || **persecutoria.** Preocupación maniática de ser objeto de la mala voluntad de una o varias personas.

maníaco, ca o **maniaco, ca.** adj. Enajenado, que padece manía. Ú. t. c. s.

maniatar. tr. Atar las manos.

maniático, ca. adj. Que tiene manías. Ú. t. c. s.

manicomio. m. Hospital para locos.

manicuro, ra. m. y f. Persona que tiene por oficio cuidar las manos y principalmente cortar y pulir las uñas. || **2.** f. Operación que consiste en el cuidado, pintura y embellecimiento de las uñas.

manido, da. adj. Dícese de asuntos o temas muy trillados.

manierismo. m. Estilo artístico difundido por Europa en el siglo XVI, caracterizado por la expresividad y la artificiosidad.

manifestación. f. Acción y efecto de manifestar o manifestarse. || **2.** Reunión pública, generalmente al aire libre, en la cual los asistentes a ella reclaman algo o expresan su protesta por alguna cosa.

manifestante. com. Persona que toma parte en una manifestación pública.

manifestar. tr. Declarar, dar a conocer. Ú. t. c. prnl. || **2.** Descubrir, poner a la vista. Ú. t. c. prnl. || **3.** prnl. Tomar parte en una manifestación pública. ❑ Irreg. Se conj. como *acertar.*

manifiesto, ta. adj. Descubierto, patente, claro. || **2.** m. Escrito en que se hace pública declaración de doctrinas o propósitos de interés general. || **poner de manifiesto** una cosa. fr. Manifestarla, exponerla al público.

manija. f. Mango, puño o manubrio de ciertos utensilios y herramientas. || **2.** Palanca pequeña para accionar el pestillo de puertas y ventanas, la cual sirve también de tirador.

manilla. f. Manija, palanca para accionar el pestillo de puertas y ventanas. || **2.** Manecilla de reloj.

manillar. m. Pieza de los vehículos de dos ruedas encorvada por sus extremos para formar un doble mango en el que se apoyan las manos, y sirve para dirigir la máquina.

maniobra. f. Cualquier operación material que se ejecuta con las manos. || **2.** fig. Artificio y manejo con que uno interviene en un negocio. Suele usarse en sentido peyorativo. || **3.** *Mar.* Arte que enseña a dar a las embarcaciones todos sus movimientos por medio del timón, de las velas o de cualquier otro agente. || **4.** pl. Evoluciones y simulacros en que se ejercita la tropa.

maniobrar. intr. Ejecutar maniobras.

manipular. tr. Operar con las manos o con cualquier instrumento. || **2.** fig. Intervenir con medios hábiles y, a veces, arteros, en la política, en el mercado, en la información, etc., con distorsión de la verdad o la justicia, y al servicio de intereses particulares.

maniqueísmo. m. Secta de los maniqueos. || **2.** Por ext., tendencia a interpretar la realidad sobre la base de una valoración extrema en la que todo es bueno o malo, sin categorías intermedias. Ú. peyorativamente.

maniqueo, a. adj. Aplícase al que sigue las doctrinas de Manes, que admitía dos principios creadores, uno para el bien y otro para el mal. Ú. t. c. s. || **2.** Perteneciente o relativo al maniqueísmo.

maniquí. m. Armazón en figura de cuerpo humano, que se usa para probar, arreglar o exhibir prendas de ropa. || **2.** com. Persona encargada de exhibir modelos de ropa. ❑ pl. *maniquíes* o *maniquís.*

manirroto, ta. adj. Demasiado liberal, pródigo. Ú. t. c. s.

manita. f. d. de **mano.** || **hacer manitas.** fr. fam. Cogerse y acariciarse las manos una pareja. || **ser un manitas.** fr. fam. Tener gran habilidad para una actividad o un oficio.

manivela. f. Manubrio, codo o pieza en forma de ángulo recto que, situado en el eje de ciertos instrumentos y máquinas, sirve para hacerlos girar manualmente.

manjar. m. Comida exquisita.

mano. f. Parte del cuerpo humano unida a la extremidad del antebrazo y que comprende desde la muñeca inclusive hasta la punta de los dedos. ‖ **2.** En algunos animales, extremidad cuyo dedo pulgar puede oponerse a los otros. ‖ **3.** Cada uno de los dos lados a que cae o en que sucede una cosa respecto de otra cuya derecha e izquierda están convenidas. *La catedral queda a* MANO *derecha del río.* ‖ **4.** Capa de yeso, cal, color, barniz, etc., que se da sobre pared, mueble, lienzo, etc. ‖ **5.** Conjunto de cinco cuadernillos de papel, o sea, vigésima parte de la resma. ‖ **6.** Lance entero de varios juegos. *Vamos a echar una* MANO *de dominó, de ajedrez.* ‖ **7.** En el juego, el primero en orden de los que juegan. *Yo soy* MANO. En esta acep. es de género común. ‖ **8.** fig. Tratándose de casamiento, la mujer pretendida por esposa. *Pedir la* MANO, *aspirar a la* MANO *de María.* ‖ **9.** fig. Habilidad, destreza. ‖ **de obra.** Conjunto de asalariados de un país, o de un sector concreto. ‖ **derecha.** La que corresponde al lado del cuerpo opuesto a aquel en que el hombre siente latir el corazón. ‖ **2.** fig. Persona muy útil a otra como auxiliar o colaborador. ‖ **de santo.** fig. y fam. Remedio que consigue del todo o prontamente su efecto. *La quina ha sido para mí* MANO DE SANTO. ‖ **diestra. mano derecha.** ‖ **dura.** fig. Severidad en el mando o en el trato personal. ‖ **izquierda.** La que corresponde al lado opuesto al de la derecha. ‖ **2.** fig. Habilidad o astucia para manejarse o resolver situaciones difíciles. ‖ **manos muertas.** *Der.* Poseedores de una finca, en quienes se perpetuaba el dominio por no poder enajenarla. De esta clase eran las comunidades y mayorazgos. ‖ **abrir la mano.** fig. Moderar el rigor. ‖ **a mano.** fig. Cerca, a muy poca distancia. ‖ **con las manos en la masa.** loc. adv. fig. y fam. En el momento de estar haciendo una cosa. ❑ Ú. m. con los verbos *coger* y *estar.* ‖ **de segunda mano.** loc. fig. Adquirido del segundo vendedor. ❑ Ú. m. con los verbos *comprar, tomar,* etc. ‖ **ensuciar,** o **ensuciarse,** uno **las manos.** fig. y fam. Dejarse sobornar. ‖ **lavarse** uno **las manos.** fr. fig. Desentenderse de un negocio en que hay inconvenientes, o manifestar la repugnancia con que se toma parte en él. ‖ **llegar a las manos.** fr. fig. Reñir, pelear. ‖ **meter mano a** alguien. fig. y fam. Tocar o manosear con intención erótica.

-mano, na. elem. compos. que significa «apasionado», «inclinado excesivamente»: *biblió*MANO, *grafó*MANO; o bien, «que tiene obsesión o hábito patológicos»: *cleptó*MANO, *toxicó*MANO.

manojo. m. Hacecillo de cosas que se puede coger con la mano.

manolo, la. m. y f. Mozo o moza del pueblo bajo de Madrid, que se distinguía por su traje y desenfado.

manómetro. m. *Fís.* Instrumento para medir la presión.

manopla. f. Guante sin separaciones para los dedos, o con una para el pulgar.

manosear. tr. Tentar o tocar repetidamente una cosa, a veces ajándola o desluciéndola.

manotazo. m. Golpe dado con la mano.

manotear. tr. Dar golpes con las manos.

mansalva (a). loc. adv. Sin ningún peligro; sobre seguro.

mansedumbre. f. Condición de manso.

mansión. f. Casa suntuosa. ‖ **hacer mansión.** fr. Detenerse en una parte.

manso, sa. adj. De condición benigna y suave. ‖ **2.** Aplícase a los animales que no son bravos. ‖ **3.** m. En el ganado lanar, cabrío o vacuno, carnero, macho o buey que sirve de guía a los demás.

manta¹. f. Prenda de lana o algodón, tupida y ordinariamente peluda, de forma rectangular, que sirve para abrigarse en la cama. ‖ **2.** fig. Tunda, paliza. ‖ **ser** uno **una manta** o **un manta.** fr. fig. y fam. Ser holgazán; no tener habilidad para alguna cosa. ‖ **tirar de la manta.** fr. fig. y fam. Descubrir lo que había interés en mantener secreto.

manta². Ú. en la fr. fig. y fam. **a manta,** o **a manta de Dios.** loc. adv. En abundancia. *Regar* A MANTA. *Ha llovido* A MANTA. *Tiene uvas* A MANTA DE DIOS.

mantear. tr. Lanzar al aire entre varias personas, con una manta cogida por las orillas, a otra, que al caer sobre la manta vuelve a ser lanzada repetidas veces hacia arriba.

manteca. f. Gordura de los animales, especialmente la del cerdo. ‖ **2.** Producto obtenido por el batido, amasado y posterior maduración de la crema extraída de la leche de vaca o de otros animales. Suele designarse con el nombre del animal que produce la leche. MANTECA *de vaca, de oveja.* ‖ **3.** Por ext., se denominan **mantecas** las grasas consistentes de algunos frutos, como la del cacao.

mantecado. m. Bollo amasado con manteca de cerdo.

mantecoso, sa. adj. Que tiene mucha manteca. ‖ **2.** Que se asemeja a la manteca en alguna de sus propiedades.

mantel. m. Cubierta de lino o algodón, y modernamente de otras materias, que se pone en la mesa para comer.

mantelería. f. Juego de mantel y servilletas.

mantelete. m. Vestidura con dos aberturas para sacar los brazos, que llevan los obispos y prelados encima del roquete, y llega un palmo más abajo de las rodillas.

mantener. tr. Proveer a uno del alimento necesario. Ú. t. c. prnl. ‖ **2.** Costear las necesidades económicas de alguien. ‖ **3.** Conservar una cosa en su ser; darle vigor y permanencia. ‖ **4.** Sostener una cosa para que no caiga o se tuerza. ‖ **5.** Proseguir en lo que se está ejecutando. MANTENER *la conversación, el juego.* ‖ **6.** Defender o sustentar una opinión o sistema. ❑ Irreg. Se conj. como *tener.*

mantenimiento. m. Efecto de mantener o mantenerse. ‖ **2.** Conjunto de operaciones y cuidados necesarios para que instalaciones, edificios, industrias, etc., puedan seguir funcionando adecuadamente. ‖ **3.** Sustento o alimento.

manteo[1]. m. Acción y efecto de mantear.

manteo[2]. m. Capa larga con cuello, que llevan los eclesiásticos sobre la sotana, y en otro tiempo usaron los estudiantes.

mantequería. f. Tienda donde se venden mantequilla, quesos, fiambres y otros artículos semejantes.

mantequilla. f. Producto alimenticio de consistencia untuosa obtenido a partir de la grasa de la leche.

mántica. f. Conjunto de prácticas mediante las cuales se trataba de adivinar el porvenir.

mantilla. f. Paño de seda, lana u otro tejido, con guarnición de tul o encaje, o sin ella, que usan las mujeres para cubrirse la cabeza. Hay **mantillas** enteramente de tul, blonda o encaje. ‖ **2.** Pieza de bayeta u otra tela para abrigar y envolver a los niños por encima de los pañales. Ú. m. en pl. ‖ **estar** una cosa **en mantillas.** fr. fig. y fam. Estar un negocio o trabajo muy a los principios o poco adelantado. ‖ **estar** uno **en mantillas.** fr. fig. y fam. Ignorar gran parte de lo concerniente a un asunto.

mantillo. m. Capa superior del suelo, formada en gran parte por la descomposición de materias orgánicas. ‖ **2.** Abono que resulta de la fermentación y putrefacción del estiércol o de la desintegración parcial de materias orgánicas que se mezclan a veces con la cal u otras sustancias.

mantis. f. **santateresa.** ‖ **religiosa. santateresa.**

mantisa. f. *Mat.* Fracción decimal que sigue a la característica en un logaritmo.

manto. m. Ropa suelta, a modo de capa, que llevaban las mujeres sobre el vestido, y con la cual se cubrían de pies a cabeza. Ú. aún en algunas provincias. ‖ **2.** Especie de mantilla grande sin guarnición, que usan las señoras. ‖ **3.** Rica vestidura de ceremonia, que se ata por encima de los hombros en forma de capa y cubre todo el cuerpo hasta arrastrar por tierra. Es insignia de príncipes soberanos y de caballeros de las órdenes militares. ‖ **4.** Capa de material que se extiende sobre una superficie. ‖ **5.** fig. Lo que encubre y oculta una cosa. ‖ **6.** *Geol.* Capa sólida intermedia entre la corteza terrestre y el núcleo central de la Tierra.

mantón. m. Pieza cuadrada o rectangular de abrigo, que se echa sobre los hombros. ‖ **2.** Pañuelo grande que se echa generalmente sobre los hombros. ‖ **de Manila.** El de seda y bordado, que procede, por lo común, de China.

mantudo, da. adj. Dícese del ave cuando tiene caídas las alas y está como arropada con ellas.

manual. adj. Que se ejecuta con las manos. ‖ **2.** Que exige más habilidad de manos que inteligencia. ‖ **3.** m. Libro en que se compendia lo más sustancial de una materia.

manualidad. f. Trabajo llevado a cabo con las manos. ‖ **2.** pl. Trabajos manuales propios de los escolares.

manubrio. m. Empuñadura o pieza, generalmente de hierro, compuesta de dos ramas en ángulo recto, que se emplea para dar vueltas a una rueda, al eje de una máquina, etc.

manuelino, na. adj. Dícese del estilo, y principalmente del arquitectónico, usado en Portugal durante el reinado de Manuel I (1469-1521).

manufactura. f. Obra hecha a mano o con auxilio de máquina. ‖ **2.** Lugar donde se fabrica.

manumiso, sa. p. p. irreg. de **manumitir.**

manumitir. tr. *Der.* Dar libertad al esclavo. ❑ doble p. p.: *manumitido* (reg.) y *manumiso* (irreg.).

manuscrito, ta. adj. Escrito a mano. ‖ **2.** m. Papel o libro escrito a mano. ‖ **3.** Particularmente, el que tiene algún valor o antigüedad, o es de mano de un escritor o personaje célebre.

manutención. f. Acción y efecto de mantener o mantenerse.

manzana. f. *Bot.* Fruto del manzano, de forma globosa algo hundida por los extremos del eje; de epicarpio delgado, liso y de color verde claro, amarillo pálido o encarnado; mesocarpio con sabor acídulo o ligeramente azucarado, y semillas pequeñas, de color de caoba, encerradas en un endocarpio coriáceo. ‖ **2.** Espacio urbano, edificado o destinado a la edificación, generalmente cuadrangular, delimitado por calles por todos sus lados. ‖ **de la discordia.** fig. Lo que es ocasión de discrepancia en los ánimos y opiniones. ‖ **reineta.** La gruesa, aromática, de color dorado y carne amarillenta.

manzanal. m. Terreno poblado de manzanos.

manzanar. m. Terreno plantado de manzanos.

manzanera. f. Manzano silvestre.

manzanilla. f. Hierba de la familia de las compuestas, con tallos débiles, comúnmente echados, ramosos, de dos a tres decímetros de longitud; hojas abundantes partidas en segmentos lineales, agrupados de tres en tres, y flores olorosas en cabezuelas solitarias con centro amarillo y circunferencia blanca. ‖ **2.** Flor de esta planta. ‖ **3.** Infusión de esta flor, que se usa mucho como estomacal, antiespasmódica y febrífuga. ‖ **4.** Vino blanco que se hace en Sanlúcar de Barrameda y en otros lugares de Andalucía.

manzano. m. Árbol de la familia de las rosáceas, de tronco generalmente tortuoso, ramas gruesas y copa ancha poco regular, hojas sencillas, ovaladas, puntiagudas, dentadas, blancas, verdes por el haz, grises y algo vellosas por el envés; flores en umbela, sonrosadas por fuera y olorosas, y cuyo fruto es la manzana.

maña. f. Destreza, habilidad. ‖ **2.** Artificio o astucia. Ú. m. en pl.

mañana. f. Tiempo que transcurre desde que amanece hasta mediodía. ‖ **2.** Espacio de tiempo desde la medianoche hasta el mediodía. *A las dos de la* MAÑANA. ‖ **3.** m. Tiempo futuro más o menos próximo a nosotros. ‖ **4.** adv. t. En el día que seguirá inmediatamente al de hoy. ‖ **5.** fig. En tiempo venidero.

mañanero, ra. adj. Perteneciente o relativo a la mañana.

mañanita. f. Prenda de vestir, de punto o tela, que cubre desde los hombros hasta la cintura y que las mujeres usan principalmente para estar sentadas en la cama.

maño, ña. m. y f. fig. y fam. **aragonés,** natural de Aragón. Ú. t. c. s. ‖ **2.** Perteneciente o relativo a esta región.

mañoso, sa. adj. Que tiene maña. ‖ **2.** Que se hace con maña.

maoísmo. m. Transformación del leninismo debida a Mao Tse-tung y aplicada a la revolución comunista china. ‖ **2.** Movimiento político inspirado en la doctrina de Mao.

maoísta. adj. Perteneciente o relativo al maoísmo. ‖ **2.** Partidario del maoísmo. Ú. t. c. s.

maorí. adj. Dícese de los habitantes de raza aborigen de Nueva Zelanda. Ú. m. c. s. m. y en pl. ‖ **2.** Perteneciente o relativo a este pueblo. ‖ **3.** m. Lengua hablada en ciertas zonas de Nueva Zelanda. ❑ pl. *maoríes* o *maorís.*

mapa. m. Representación geográfica de la Tierra o parte de ella en una superficie plana. ‖ **2.** Representación geográfica de una parte de la superficie terrestre, en la que se da información relativa a una ciencia determinada. MAPA *lingüístico, topográfico, demográfico,* etc. ‖ **borrar** a uno **del mapa.** Matarlo.

mapache. m. Mamífero carnicero de la América del Norte, del tamaño y aspecto del tejón, con piel de color gris oscuro muy estimada en el comercio, hocico blanco y cola muy poblada, con anillos blancos y oscuros alternados.

mapamundi. m. Mapa que representa la superficie de la Tierra dividida en dos hemisferios.

mapuche. adj. Dícese del indio perteneciente a alguna de las parcialidades araucanas que en la época de la conquista española habitaban en la región central de Chile. Por ext., se aplica a todos los araucanos. Ú. t. c. s. ‖ **2.** Perteneciente o relativo a estos indios o a su lengua. ‖ **3.** m. Lengua de los **mapuches.**

maque. m. Laca, barniz.

maqueta. f. Modelo plástico, en tamaño reducido, de un monumento, edificio, construcción, etc. ‖ **2.** Modelo hecho con el papel en blanco para apreciar de antemano el volumen, formato y encuadernación de un libro.

maquiavélico, ca. adj. Perteneciente o relativo al maquiavelismo. ‖ **2.** Que actúa con astucia y doblez.

maquiavelismo. m. Doctrina política de Maquiavelo, escritor italiano del siglo XVI, fundada en la preeminencia de la razón de Estado sobre cualquier otra de carácter moral. ‖ **2.** fig. Modo de proceder con astucia, doblez y perfidia.

maquila. f. Porción de grano, harina o aceite que corresponde al molinero por la molienda.

maquillaje. m. Acción y efecto de maquillar o maquillarse. ‖ **2.** Sustancia cosmética para maquillar.

maquillar. tr. Aplicar cosméticos al rostro. Ú. t. c. prnl. ‖ **2.** Pintar el rostro con preparados artificiales para obtener en teatro, cine o televisión determinados efectos. Ú. t. c. prnl. ‖ **3.** fig. Alterar algo para darle una apariencia mejor.

máquina. f. Artificio para aprovechar, dirigir o regular la acción de una fuerza. ‖ **2.** Conjunto de aparatos combinados para recibir cierta forma de energía y transformarla en otra más adecuada, o para producir un efecto determinado. ‖ **3.** fig. Agregado de diversas partes ordenadas entre sí y dirigidas a la formación de un todo. ‖ **4.** Por antonom., locomotora del tren. ‖ **5.** Tramoya del teatro.

maquinación. f. Proyecto o asechanza artificiosa y oculta, dirigida regularmente a mal fin.

maquinar. tr. Urdir, tramar algo oculta y artificiosamente.

maquinaria. f. Conjunto de máquinas para un fin determinado. ‖ **2.** Mecanismo que da movimiento a un artefacto.

maquinilla. f. Máquina de afeitar, aparato constituido por un mango, en uno de cuyos extremos hay un dispositivo donde se aloja una cuchilla, y que sirve para rasurar.

maquinista. com. Persona que inventa o fabrica máquinas. ‖ **2.** La que las dirige o gobierna, especialmente si estas son de vapor, gas o electricidad.

maquis. com. Persona que, huida a los montes, vive en rebeldía y oposición armada al sistema político establecido. ‖ **2.** La misma organización de esa oposición.

mar. amb. Masa de agua salada que cubre la mayor parte de la superficie de la Tierra. ‖ **2.** Cada una de las partes en que se considera dividida. MAR *Mediterráneo, Cantábrico,* etc. ‖ **3.** fig. Llámanse así algunos lagos, como el Caspio, el Muerto. ‖ **4.** fig. Abundancia extraordinaria de ciertas cosas. *Lloró un* MAR *de lágrimas.* ‖ **alta mar.** Parte del **mar** que está a bastante distancia de la costa. ‖ **la mar de.** loc. adv. **mucho.**

marabú. m. Ave zancuda, semejante a la cigüeña, de metro y medio de alto y tres metros y medio de envergadura; cabeza, cuello y buche desnudos; plumaje de color negro verdoso en el dorso, ceniciento en el vientre y blanco y muy fino debajo de las alas; pico amarillo, grande y grueso, y tarsos fuertes de color negruzco. Vive en África, donde es considerado como animal sagrado por los servicios que presta devorando multitud de insectos, reptiles y carroñas, y sus plumas blancas son muy apreciadas para adorno. ❑ pl. *marabúes* o *marabús.*

marabunta. f. Nombre indígena de las poblaciones masivas de ciertas hormigas migratorias, que devoran a su paso todo lo comestible que encuentran. ‖ **2.** fig. Conjunto de gente alborotada y tumultuosa.

maraca. f. Instrumento musical sudamericano, que consiste en una calabaza con granos de maíz o chinas en su interior, para acompañar el canto. Actualmente se hace también de metal o materiales plásticos. Ú. m. en pl.

maragato, ta. adj. Natural de la Maragatería. Ú. t. c. s. ‖ **2.** Perteneciente o relativo a esta comarca de León, al oeste y sur de Astorga.

maraña. f. Lugar riscoso o cubierto de maleza que lo hace impracticable. ‖ **2.** fig. Enredo de los hilos o del cabello. ‖ **3.** fig. Situación o asunto intrincado o de difícil salida.

marasmo. m. *Pat.* Extremado enflaquecimiento del cuerpo humano. ‖ **2.** fig. Suspensión, paralización, inmovilidad, en lo moral o en lo físico.

maratón. m. y a veces f. Carrera pedestre de resistencia practicada por deporte en una longitud que ha variado entre los cuarenta y los cuarenta y dos kilómetros setecientos cincuenta metros. Hoy está fijada en cuarenta y dos kilómetros ciento noventa y cinco metros. ‖ **2.** Por ext., designa algunas otras competiciones deportivas de resistencia.

maravedí. m. Moneda española, efectiva unas veces y otras imaginaria, que ha tenido diferentes valores y calificativos. ❑ Se han dado a este nombre hasta tres plurales diferentes: **maravedís, maravedises** y **maravedíes.** El tercero apenas tiene ya uso.

maravilla. f. Suceso o cosa extraordinarios que causan admiración. ‖ **2.** Acción y efecto de maravillar o maravillarse. ‖ **3.** Planta herbácea de la familia de las compuestas, de tres a cuatro decímetros de altura, con hojas abrazadoras y lanceoladas, flores terminales con pedúnculo hinchado, circulares y de color anaranjado. El cocimiento de las flores se ha usado en medicina como antiespasmódico. ‖ **a las maravillas,** o **a las mil maravillas.** loc. adv. fig. De modo exquisito y primoroso; muy bien, perfectamente.

maravillar. tr. Causar admiración. ‖ **2.** prnl. Ver con admiración.

marbellí. adj. Natural de Marbella. Ú. t. c. s. ‖ **2.** Perteneciente o relativo a esta ciudad. ❑ pl. *marbellíes* o *marbellís.*

marbete. m. Etiqueta que por lo común se adhiere a las piezas de tela, cajas, botellas, frascos u otros objetos, y en que se suele escribir a mano o imprimir la marca de fábrica, o expresar en un rótulo lo que dentro se contiene, y a veces sus cualidades, uso, precio, etc. ‖ **2.** Etiqueta que en los ferrocarriles se pega en los bultos de equipaje, fardos, etc., y en la cual van anotados el punto a que se envían y el número del registro. ‖ **3.** Orilla, perfil, filete.

marca. f. Provincia, distrito fronterizo. MARCA *de Ancona, de Brandemburgo.* ‖ **2.** Acción de marcar. ‖ **3.** Señal hecha en una persona, animal o cosa, para distinguirla de otra, o denotar calidad o pertenencia. ‖ **4.** *Dep.* El mejor resultado técnico homologado en el ejercicio de un deporte. Puede ser individual, regional, nacional, mundial, olímpica, etc. ‖ **de fábrica.** Distintivo o señal que el fabricante pone a los productos de su industria, y cuyo uso le pertenece exclusivamente. ‖ **registrada. marca** de fábrica o de comercio que, inscrita en el registro competente, goza de protección legal.

marcador, ra. adj. Que marca. Ú. t. c. s. ‖ **2.** m. Tablero colocado en un lugar visible de los recintos deportivos, en el cual se anotan los tantos, puntos o lugares que van obteniendo los equipos o participantes que compiten.

marcaje. m. Acción y efecto de marcar a un jugador del equipo contrario.

marcapaso o **marcapasos.** m. Aparato electrónico de pequeño tamaño que excita rítmicamente al corazón incapaz de contraerse por sí mismo con regularidad. ‖ **2.** *Fisiol.* Cualquier órgano o sistema de regulación fisiológica que inicia y mantiene el ritmo de ciertas funciones del organismo, como el latido cardíaco, las contracciones uterinas, etc.

marcar. tr. Señalar con signos distintivos. MARCAR *personas, animales, árboles, monedas, prendas, productos,* etc. ‖ **2.** Herir por corte o contusión con herida que deje señal. ‖ **3.** fig. En ciertos casos, prescribir, determinar, fijar. MARCAR *a uno el camino que debe seguir.* ‖ **4.** Indicar un aparato cantidades o magnitudes. *El termómetro* MARCA *veinte grados. El reloj* MARCABA *las seis.* ‖ **5.** Mostrar alguna cosa destacada o acentuadamente, hacerla resaltar. MARCAR *el vestido una parte del cuerpo;* MARCAR *una palabra o una sílaba.* ‖ **6.** Dar pauta o señalar un orden o algunos movimientos. MARCAR *el paso, el ritmo, el compás.* ‖ **7.** Señalar en el disco de un teléfono los números de otro para comunicar con él. ‖ **8.** En el fútbol y algunos otros deportes, conseguir tantos metiendo la pelota en la meta contraria. ‖ **9.** En el fútbol y algunos otros deportes, situarse un jugador cerca de un contrario para dificultar la actuación de este.

marcha. f. Acción de marchar o marcharse. ‖ **2.** Grado de celeridad en el andar de un buque, locomotora, etc. ‖ **3.** Actividad o funcionamiento de un mecanismo, órgano o entidad. ‖ **4.** *Mec.* En el cambio de velocidades, cualquiera de las posiciones motrices. ‖ **5.** *Mús.* Pieza de música, de ritmo muy determinado, destinada a indicar el paso reglamentario de la tropa, o de un numeroso cortejo en ciertas solemnidades. ‖ **sobre la marcha.** loc. adv. A medida que se va haciendo alguna cosa.

marchamo. m. Señal o marca que se pone en los fardos o bultos en las aduanas, en prueba de que están despachados o reconocidos.

marchante. com. Persona que comercia especialmente con cuadros u obras de arte.

marchar. intr. **caminar,** hacer viaje. Ú. t. c. prnl. ‖ **2.** Irse o partir de un lugar. Ú. t. c. prnl. ‖ **3.** **andar**[1], funcionar un artefacto. *El reloj* MARCHA. ‖ **4.** fig. Caminar, funcionar o desenvolverse una cosa. *La acción del drama* MARCHA *bien; la cosa* MARCHA; *esto no* MARCHA. ‖ **5.** *Mil.* Ir o caminar la tropa con cierto orden y compás.

marchitar. tr. Ajar, deslucir y quitar el jugo y frescura a las hierbas, flores y otras cosas, haciéndoles perder su vigor y lozanía. Ú. t. c. prnl. ‖ **2.** fig. Enflaquecer, debilitar, quitar el vigor, la robustez, la hermosura. Ú. t. c. prnl.

marchoso, sa. adj. Dícese del que se distingue por sus galanteos, juergas y lances de la vida airada. Ú. t. c. s.

marcial. adj. Perteneciente a la guerra, la milicia o los militares.

marciano, na. adj. Relativo al planeta Marte, o propio de él. ‖ **2.** m. y f. Supuesto habitante del planeta Marte.

marco. m. Unidad monetaria de Alemania. ‖ **2.** Cerco que rodea, ciñe o guarnece algunas cosas, y aquel en donde se encaja una puerta, ventana, pintura, etc. ‖ **3.** fig. Ambiente o paisaje que rodea algo. ‖ **4.** fig. Límites en que se encuadra un problema, cuestión, etapa histórica, etc. *En el* MARCO *de la Constitución. En el* MARCO *de una teoría.*

marea. f. Movimiento periódico y alternativo de ascenso y descenso de las aguas del mar, producido por la atracción del Sol y de la Luna. ‖ **negra.** Masa de petróleo vertida al mar, que puede causar graves daños, sobre todo al llegar a la costa.

marear. tr. fig. y fam. Enfadar, molestar. Ú. t. c. intr. ‖ **2.** prnl. Sentirse indispuesto uno, turbársele la cabeza y revolvérsele el estómago; lo cual suele suceder con el movimiento de embarcaciones u otros vehículos y también en el curso de algunas enfermedades.

marejada. f. Movimiento tumultuoso de grandes olas, aunque no haya borrasca.

mare mágnum. expr. lat. fig. y fam. Abundancia, grandeza o confusión. ‖ **2.** fig. y fam. Muchedumbre confusa de personas o cosas. ❑ pl. invar.

maremoto. m. Agitación violenta de las aguas del mar a consecuencia de una sacudida del fondo. A veces se propaga hasta las costas dando lugar a inundaciones.

mareo. m. Efecto de marearse. ‖ **2.** fig. y fam. Molestia, enfado, ajetreo.

marfil. m. Materia dura, compacta y blanca de que principalmente están formados los dientes de los vertebrados, que en la corona está cubierta por el esmalte y en la raíz por el cemento. En la industria se utiliza, para la fabricación de numerosos objetos, el de los colmillos de los elefantes. ‖ **2.** Color que va del blanco al amarillo.

marga. f. Roca más o menos dura, de color gris, compuesta principalmente de carbonato de cal y arcilla en proporciones casi iguales. Se emplea como abono de los terrenos en que escasea la cal o la arcilla.

margarina. f. Sustancia grasa, de consistencia

blanda, que se extrae de ciertas grasas animales y de aceites vegetales, y tiene los mismos usos que la mantequilla.

margarita. f. Planta herbácea de la familia de las compuestas, de cuatro a seis decímetros de altura, con hojas casi abrazadoras, oblongas, festoneadas, hendidas en la base, y flores terminales con un botón central amarillo y corola blanca. Es muy común en los sembrados. ‖ **2.** Flor de esta planta.

margen. amb. Extremidad y orilla de una cosa. MARGEN *del río, del campo.* ‖ **2.** Espacio que queda en blanco a cada uno de los cuatro lados de una página manuscrita, impresa, grabada, etc., y más particularmente el de la derecha o el de la izquierda. Ú. m. c. m. ‖ **3.** *Com.* Cuantía del beneficio que se puede obtener en un negocio teniendo en cuenta el precio de coste y el de venta. ‖ **al margen.** loc. adv. que se emplea para indicar que una persona o cosa no tiene intervención en el asunto de que se trata. ❑ Ú. con los verbos *estar, quedar* y otros de análogo significado.

marginal. adj. Perteneciente o relativo al margen. ‖ **2.** fig. Dícese del asunto, cuestión, aspecto, etc., de importancia secundaria o escasa. ‖ **3.** fig. Dícese de las personas o grupos que viven y actúan fuera de las normas sociales comúnmente admitidas.

marginar. tr. Poner acotaciones o apostillas al margen de un texto. ‖ **2.** Hacer o dejar márgenes en el papel u otra materia en que se escribe o imprime. ‖ **3.** fig. Poner o dejar a una persona o grupo en condiciones sociales de inferioridad.

margrave. m. Título de dignidad de algunos príncipes de Alemania.

María. n. p. f. Nombre de la Madre de Jesús.

mariachi. m. Música y baile populares mejicanos procedentes del Estado de Jalisco. ‖ **2.** Orquesta popular mejicana que interpreta esta música. ‖ **3.** Cada uno de los componentes de esta orquesta.

marianista. adj. Dícese del individuo perteneciente a la Compañía de María, dedicada preferentemente a la enseñanza y compuesta de sacerdotes y laicos. Ú. t. c. s. ‖ **2.** Perteneciente o relativo a dicha congregación.

mariano, na. adj. Perteneciente a la Virgen María, y señaladamente a su culto.

marica. f. fam. Hombre homosexual. ‖ **2.** Insulto empleado con o sin el significado de hombre afeminado u homosexual.

Maricastaña. n. p. Personaje proverbial, símbolo de antigüedad muy remota. Empléase generalmente en las frases: **los tiempos de Maricastaña; en tiempo,** o **en tiempos, de Maricastaña; ser del tiempo de Maricastaña.**

maricón. m. vulg. Hombre afeminado, marica. Ú. t. c. adj. ‖ **2.** Insulto grosero que se usa con o sin su significado preciso.

mariconera. f. Bolso de mano para hombres.

maricultura. f. Cultivo de las plantas y animales marinos, como alimento o para otros fines.

maridaje. m. Enlace, unión y conformidad de los casados. ‖ **2.** fig. Unión, analogía o conformidad con que unas cosas se enlazan o corresponden entre sí; como la unión de la vid y el olmo, la buena correspondencia de dos o más colores, etc.

marido. m. Hombre casado, con respecto a su mujer.

mariguana o **marihuana.** f. Nombre del cáñamo índico, cuyas hojas, fumadas como tabaco, producen trastornos físicos y mentales.

marimacho. m. fam. Mujer que en su corpulencia o acciones parece hombre.

marimandona. f. Mujer voluntariosa y autoritaria.

marimba. f. Especie de tambor que usan los negros de algunas partes de África. ‖ **2.** Instrumento musical en que se percuten listones de madera, como en el xilófono.

marimorena. f. fam. Riña, pendencia, camorra.

marina. f. Parte de tierra junto al mar. ‖ **2.** Cuadro o pintura que representa el mar. ‖ **3.** Arte o profesión que enseña a navegar o a gobernar las embarcaciones. ‖ **4.** Conjunto de los buques de una nación. ‖ **5.** Conjunto de las personas que sirven en la **marina** de guerra. ‖ **mercante.** Conjunto de los buques de una nación que se emplean en el comercio.

marinar. tr. Dar cierta sazón al pescado para conservarlo.

marinería. f. Conjunto de marineros. ‖ **2.** Nombre genérico de los individuos de la Armada que prestan servicios marineros con las mismas categorías que las clases de tropa.

marinero, ra. adj. Dícese de la embarcación cuyas características le permiten navegar con facilidad y seguridad en todas circunstancias. ‖ **2.** Dícese también de lo que pertenece a la marina o a los marineros, y de lo que se asemeja a cosa de marina o de **marinero.** ‖ **3.** m. Hombre de mar que presta servicio en una embarcación. ‖ **4.** *Mar.* Persona que sirve en la Armada en el último escalón de la marinería.

marinismo. m. Gusto poético conceptuoso, recargado de imágenes y figuras extravagantes, que se propagó por Europa al comenzar el siglo XVII y cuyo representante más conocido fue el poeta italiano Marino.

marino, na. adj. Perteneciente al mar. ‖ **2.** m.

El que se ejercita en la náutica. ‖ **3.** El que tiene un grado militar o profesional en la marina.

mariología. f. Tratado de lo referente a la Virgen María.

marioneta. f. **fantoche,** títere movido por medio de hilos. ‖ **2.** fig. Persona que se deja manejar dócilmente. ‖ **3.** pl. Teatro representado con **marionetas.**

mariposa. f. Insecto lepidóptero. ‖ **2.** Pequeña mecha afirmada en un disco flotante y que, encendida en su recipiente con aceite, se pone por devoción ante una imagen o se usa para tener luz de noche. ‖ **3.** Forma de natación en que los brazos ejecutan simultáneamente una especie de rotación hacia delante, mientras las piernas se mueven juntas arriba y abajo. ‖ **de seda.** Aquella cuya oruga produce la seda que se utiliza en la industria más comúnmente, y en general todas las que tienen orugas productoras de seda.

mariposear. intr. fig. Andar o vagar insistentemente alrededor de una persona, procurando el trato o la conversación con ella.

mariposón. m. fam. Hombre afeminado u homosexual.

mariquita. f. Insecto coleóptero del suborden de los trímeros, de cuerpo semiesférico, de unos siete milímetros de largo, con antenas engrosadas hacia la punta, cabeza pequeña, alas membranosas muy desarrolladas y patas muy cortas. Es negruzco por debajo y encarnado brillante por encima, con varios puntos negros en los élitros y en el dorso del metatórax. El insecto adulto y su larva se alimentan de pulgones, por lo cual son útiles al agricultor. ‖ **2.** m. fam. Hombre afeminado.

marisabidilla. f. fam. Mujer que presume de sabia.

mariscada. f. Comida constituida principalmente por marisco abundante y variado.

mariscal. m. En algunos países, grado máximo del ejército. ‖ **2.** El que antiguamente tenía el cargo de aposentar la caballería. Este oficio se redujo a la mera dignidad hereditaria, y después lo sustituyó en su ejercicio el **mariscal de logis.** ‖ **de campo.** Oficial general, llamado hoy general de división, inmediatamente inferior en el grado y en las funciones al teniente general. ‖ **de logis.** El que en los ejércitos tenía el cargo de alojar la tropa de caballería y arreglar su servicio.

mariscar. intr. Coger mariscos.

marisco. m. Cualquier animal marino invertebrado; se da este nombre especialmente a crustáceos y moluscos comestibles.

marisma. f. Terreno bajo y pantanoso que inundan las aguas del mar.

marista. adj. Dícese de los miembros de ciertas congregaciones religiosas fundadas bajo la advocación de la Virgen María. Ú. t. c. s. ‖ **2.** Perteneciente o relativo a dichas congregaciones.

marital. adj. Perteneciente al marido o a la vida conyugal.

marítimo, ma. adj. Perteneciente o relativo al mar.

maritornes. f. fig. y fam. Moza de servicio, ordinaria, fea y hombruna.

marjal. m. Terreno bajo y pantanoso.

marketing. m. **mercadotecnia.**

marmita. f. Olla de metal, con tapadera ajustada y una o dos asas.

mármol. m. Piedra caliza metamórfica, de textura compacta y cristalina, susceptible de buen pulimento y mezclada frecuentemente con sustancias que le dan colores diversos o figuran manchas o vetas. ‖ **2.** fig. Obra artística de **mármol.**

marmóreo, a. adj. De mármol. ‖ **2.** Semejante al mármol en alguna de sus cualidades.

marmota. f. Mamífero roedor, de unos cinco decímetros de longitud desde el hocico hasta la cola, y poco más de dos de altura; cabeza gruesa y aplastada por encima, orejas pequeñas, cuerpo recio, pelaje muy espeso, largo, de color pardo rojizo por el lomo y blanquecino por el vientre, y cola larga de unos dos decímetros de longitud, con pelo pardo abundante y terminada por un mechón negro. Vive en los montes más elevados de Europa, es herbívora, pasa el invierno dormida en su madriguera y se la domestica fácilmente. ‖ **2.** fig. Persona que duerme mucho.

maroma. f. Cuerda gruesa de esparto, cáñamo u otras fibras vegetales o sintéticas.

marqués. m. Título de honor o de dignidad, de categoría inferior al de duque y superior al de conde.

marquesado. m. Título o dignidad de marqués. ‖ **2.** Territorio o lugar sobre el que recaía este título o en que ejercía jurisdicción un marqués.

marquesina. f. Construcción protegida por los lados y cubierta, destinada, en las paradas de transportes públicos, a guardar del sol y la lluvia a los que esperan.

marquetería. f. Trabajo con maderas finas, ebanistería. ‖ **2.** Embutido en las tablas con pequeñas chapas de madera de varios colores.

marrajo. m. Tiburón que alcanza frecuentemente dos o tres metros de longitud, con el dorso y costados de color azul o gris de pizarra, la raíz de la cola estrecha y provista de una quilla longitudinal a cada lado, aleta caudal más o menos semilunar, dientes muy desarrollados y agudos. Es animal peligroso y muy abundante en las costas meridionales de España y en las de Marruecos.

marranada. f. Cosa sucia, chapucera, repugnante. ‖ **2.** fig. y fam. Suciedad moral, acción indecorosa o grosera.

marrano, na. m. y f. **cerdo,** animal. ‖ **2.** fig. y fam. Persona sucia y desaseada. Ú. t. c. adj. ‖ **3.** adj. fig. Aplicábase como despectivo al converso que judaizaba ocultamente. Ú. t. c. s.

marrar. intr. Faltar, errar. Ú. t. c. tr. ‖ **2.** fig. Desviarse de lo recto.

marras (de). loc. adj. que, complementando a un sustantivo, significa con humor o desprecio que lo significado por este es conocido sobradamente. *Ha contado mil veces la aventura* DE MARRAS. *Vino a verte el individuo* DE MARRAS.

marrasquino. m. Licor hecho con zumo de cierta variedad de cerezas amargas y gran cantidad de azúcar.

marrón. adj. Dícese del color castaño, o de matices parecidos. Ú. t. c. s. m.

marroquí. adj. Natural de Marruecos. Ú. t. c. s. ‖ **2.** Perteneciente o relativo a esta nación de África. ❑ pl. *marroquíes* o *marroquís*.

marroquinería. f. Manufactura de artículos de piel o tafilete, como carteras, petacas, maletas, etc. ‖ **2.** Este género de artículos. ‖ **3.** Taller donde se fabrican o tienda donde se venden.

marrubio. m. Planta herbácea de la familia de las labiadas, con tallos blanquecinos, vellosos, cuadrangulares, de cuatro a seis decímetros de altura; hojas ovaladas y velludas, con ondas en el margen; flores blancas en espiga, y fruto seco con semillas menudas. Es planta muy abundante en parajes secos y sus flores se usan en medicina.

marrullería. f. Astucia con que, halagando a uno, se pretende alucinarlo.

marsellés, sa. adj. Natural de Marsella. Ú. t. c. s. ‖ **2.** Perteneciente o relativo a esta ciudad de Francia. ‖ **3.** f. Himno nacional francés, denominado de esta forma porque se divulgó durante la Revolución, cantado por un batallón de **marselleses.**

marsopa. f. Cetáceo parecido al delfín. Tiene cerca de metro y medio de largo, cabeza redondeada con ojos pequeños y las narices en la parte más alta; boca grande de hocico obtuso y veinticuatro dientes en cada lado de las mandíbulas; cuerpo grueso, liso, de color negro azulado por encima y blanco por debajo; dos aletas pectorales, una sola dorsal, y cola grande, robusta y ahorquillada.

marsupial. adj. *Zool.* Dícese de mamíferos cuyas hembras dan a luz prematuramente e incuban a sus crías en la bolsa ventral en donde están las mamas; como el canguro de Australia y la zarigüeya de América. Excepcionalmente, en algunos géneros la bolsa es rudimentaria o falta del todo. Ú. t. c. s. ‖ **2.** m. pl. Taxón de estos animales, también llamados didelfos.

marta. f. Mamífero carnicero de unos veinticinco centímetros de altura y cincuenta desde la cabeza hasta el arranque de la cola, que tiene cerca de treinta; cabeza pequeña, hocico agudo, cuerpo delgado, patas cortas y pelaje espeso, suave, leonado, más oscuro por el lomo que por el vientre. Hállase en España, y es apreciada por su piel. ‖ **2.** Piel de este animal. ‖ **cebellina.** Especie de **marta** algo menor que la común, de color pardo negruzco por encima, con una mancha amarillenta en la garganta, cubierta de pelos hasta los extremos de los dedos. Críase en las regiones septentrionales del antiguo continente, y su piel es de las más estimadas por su finura. ‖ **2.** Piel de este animal.

Marte. n. p. m. Planeta cuya distancia al Sol es vez y media la de la Tierra, y su diámetro, la mitad del de esta; tiene brillo rojizo y dos satélites.

martes. m. Segundo día de la semana.

martillar. tr. Batir y dar golpes con el martillo. ‖ **2.** fig. Oprimir, atormentar. Ú. t. c. prnl.

martillo. m. Herramienta de percusión, compuesta de una cabeza, por lo común de hierro, y un mango. ‖ **2.** *Anat.* Uno de los tres huesecillos que hay en la parte media del oído de los mamíferos, situado entre el tímpano y el yunque. ‖ **3.** *Dep.* Bola metálica sujeta a un cable en cuyo extremo hay una empuñadura y que se lanza en una prueba atlética. ‖ **a macha martillo.** fig. Con firmeza.

martín. m. **martín pescador.** ‖ **pescador.** Pájaro, de unos quince centímetros desde la punta del pico hasta la extremidad de la cola y treinta de envergadura; cabeza gruesa, pico largo y recto; patas cortas, alas redondeadas y plumaje de color verde brillante en la cabeza, lados del cuello y cobijas de las alas; azul en el dorso, las penas y la cola; castaño en las mejillas, blanco en la garganta y rojo en el pecho y abdomen. Vive a orillas de los ríos y lagunas, se alimenta de pececillos, que coge con gran destreza, y de los países fríos emigra por San **Martín.**

martinete[1]. m. Ave zancuda, de unos seis decímetros desde la punta del pico a la extremidad de la cola y un metro de envergadura; cabeza pequeña, pico negruzco, largo, grueso y algo encorvado en la punta; alas obtusas, cola corta, piernas largas, tarsos amarillentos y desnudos, plumaje de color gris verdoso en la cabeza y cuerpo, blanco en el pecho y abdomen, ceniciento en las alas y cola, y blanco puro en el penacho que adorna su occipucio. Vive cerca de los ríos y lagos, se alimenta de peces y sabandijas, viene a España por la primavera y emigra por San Martín.

martinete². m. Mazo pequeño que hiere la cuerda del piano. ‖ **2.** Máquina que sirve para clavar estacas o pilotes, principalmente en el mar y en los ríos, por medio de un mazo que levantan en alto para dejarlo caer sobre la cabeza de la estaca. ‖ **3.** Cante de los gitanos andaluces que no necesita de acompañamiento de guitarra; proviene del cante de los forjadores, caldereros, etc., que se acompañaban con el martillo.

martingala. f. Artimaña, artificio para engañar.

mártir. com. Persona que padece muerte por amor de Jesucristo y en defensa de la religión cristiana. ‖ **2.** Por ext., persona que muere o padece mucho en defensa de otras creencias, convicciones o causas.

martirio. m. Muerte o tormentos padecidos por causa de la religión cristiana. ‖ **2.** Por ext., los sufridos por cualquier otra religión, ideales, etc. ‖ **3.** Cualquier dolor o sufrimiento, físico o moral, de gran intensidad.

martirizar. tr. Atormentar a uno o quitarle la vida por motivos religiosos. ‖ **2.** fig. Afligir, atormentar, maltratar. Ú. t. c. prnl.

martirologio. m. Libro o catálogo de los mártires.

marxismo. m. Doctrina derivada de las doctrinas de Karl Marx (1818-83) y Friedrich Engels (1820-95), consistente en la interpretación económica (materialismo histórico) de la dialéctica hegeliana, que sostiene la tesis de que la fuerza fundamental de la historia es la lucha de clases, que conducirá inevitablemente a la destrucción del capitalismo, a la dictadura del proletariado y, finalmente, al establecimiento del comunismo y a una sociedad sin clases. ‖ **2.** Designación de varios movimientos políticos fundados en una interpretación más o menos estricta de este sistema.

marxista. adj. Dícese del partidario de Karl Marx o que profesa su doctrina. Ú. t. c. s. ‖ **2.** Perteneciente o relativo al marxismo.

marzo. m. Tercer mes del año, según nuestro cómputo: tiene treinta y un días.

mas. conj. advers. Pero. ‖ **2.** Sino². ❑ No confundir con *más*.

más. adv. comp. que denota idea de exceso, aumento, ampliación o superioridad en comparación expresa o sobrentendida. *No te detengas* MÁS; *sé* MÁS *prudente; yo tengo* MÁS *paciencia que tú; Juan es* MÁS *entendido que su hermano; hacer es* MÁS *que decir;* MÁS *lejos;* MÁS *a propósito.* Como se ve por estos ejemplos, se une al nombre, al adjetivo, al verbo, a otros adverbios y a modos adverbiales, y cuando la comparación se expresa pide la conjunción *que.* También se construye con el artículo determinado en todos sus géneros y números, formando el superlativo relativo. *Antonio es el* MÁS *apreciable de mis amigos; Matilde es la* MÁS *hacendosa de mis hermanas; esto es lo* MÁS *cierto; estos árboles son los* MÁS *hermosos, y estas flores, las* MÁS *vistosas.* ‖ **2.** Denota a veces exceso indeterminado con relación a una cantidad expresa. *En esta batalla murieron* MÁS *de dos mil hombres; son* MÁS *de las diez.* ‖ **3.** Ú. como sustantivo. *El* MÁS *y el menos.* ‖ **4.** Equivale a *muy* o a *tan* en exclamaciones de ponderación. *¡Qué casa* MÁS *bonita tienes!* ‖ **5.** m. *Álg.* y *Arit.* Signo de la suma o adición, que se representa por una crucecita (+). ‖ **a más no poder.** loc. adv. Todo lo posible. ‖ **de más.** loc. adv. De sobra o en demasía. *Me han dado una peseta* DE MÁS. ‖ **más bien.** loc. adv. que en contraposición de dos términos acompaña al que se considera más adecuado, sin serlo por completo: *No estoy alegre, sino* MÁS BIEN *triste; una figura* MÁS BIEN *apolínea que hercúlea.* A veces indica la no total adecuación del término a que se antepone: *Estoy* MÁS BIEN *inquieto por la suerte del asunto.* ‖ **más o menos.** loc. adv. De manera aproximada. ‖ **más que.** loc. conjunt. **sino²,** denotando idea de excepción. *Nadie lo sabe* MÁS QUE *Anselmo.* ‖ **por más que.** loc. adv. que se usa para ponderar la imposibilidad de ejecutar o conseguir una cosa, aunque se hagan todas las diligencias para su logro. ❑ No confundir con *mas.*

masa. f. Mezcla que proviene de la incorporación de un líquido a una materia pulverizada, de la cual resulta un todo espeso, blando y consistente. ‖ **2.** La que resulta de la harina con agua y levadura, para hacer el pan. ‖ **3.** La que se hace de harina y manteca al horno, ordinariamente con un relleno; pastel. ‖ **4.** Volumen, conjunto, reunión. ‖ **5.** fig. Muchedumbre o conjunto numeroso de personas. Ú. m. en pl. *Las* MASAS *populares.* ‖ **6.** *Electr.* Armazón o soporte metálico de una máquina o aparato en el que están montados componentes eléctricos o electrónicos. ‖ **7.** *Fís.* Cantidad de materia que contiene un cuerpo. ‖ **molecular. peso molecular.**

masacrar. tr. Cometer una matanza humana o asesinato colectivos.

masacre. f. Matanza de personas, por lo general indefensas, producida por ataque armado o causa parecida.

masaje. m. Operación consistente en presionar, frotar o golpear rítmicamente y con intensidad adecuada determinadas regiones del cuerpo, principalmente las masas musculares, con fines terapéuticos, deportivos, estéticos, etc.

masajista. com. Profesional que aplica el masaje.

mascado, da. adj. fig. Dícese de conceptos, lecciones, etc., de muy fácil comprensión, o de acciones que pueden realizarse con gran facilidad. ❑ Ú. especialmente con los verbos *dar* y *estar*.

mascar. tr. Partir y triturar algo con la dentadura. ‖ **2.** prnl. fig. y fam. Considerarse como inminente un hecho importante. *Se* MASCABA *la tragedia, la revolución.*

máscara. f. Figura que representa un rostro humano, de animal o puramente imaginario, con la que una persona puede cubrirse la cara para no ser reconocida, tomar el aspecto de otra o practicar ciertas actividades escénicas o rituales. ‖ **2.** Traje singular o extravagante con que alguien se disfraza. ‖ **3.** Careta que se usa para impedir la entrada de gases nocivos en las vías respiratorias. ‖ **4.** fig. Pretexto, disfraz.

mascarada. f. Festín o sarao de personas enmascaradas. ‖ **2.** fig. **farsa,** enredo, trampa para engañar.

mascarilla. f. Máscara que solo cubre el rostro desde la frente hasta el labio superior. ‖ **2.** Máscara de distintas formas, que cubre la boca y la nariz para proteger al que respira, o a quien está en su proximidad, de posibles agentes patógenos o tóxicos. ‖ **3.** Vaciado que se saca sobre el rostro de una persona o escultura, y particularmente de un cadáver. ‖ **4.** Capa de diversos productos cosméticos con que se cubre la cara o el cuello durante cierto tiempo, generalmente breve, con fines estéticos.

mascarón. m. Cara disforme o fantástica que se usa como adorno en ciertas obras de arquitectura. ‖ **de proa.** Figura colocada como adorno en lo alto del tajamar de los barcos.

mascota. f. Persona, animal o cosa que sirve de talismán, que trae buena suerte.

masculino, na. adj. Dícese del ser que está dotado de órganos para fecundar. ‖ **2.** Perteneciente o relativo a este ser. ‖ **3.** fig. Varonil, enérgico. ‖ **4.** *Gram.* V. **género masculino.**

mascullar. tr. fam. Hablar entre dientes, o pronunciar tan mal las palabras, que con dificultad puedan entenderse.

masetero. adj. *Anat.* Dícese del músculo que sirve para elevar la mandíbula inferior de los vertebrados. Ú. t. c. s.

masía. f. Casa rural típica de Cataluña.

másico, ca. V. **número másico.**

masificar. tr. Hacer multitudinario algo que no lo era. Ú. t. c. prnl.

masilla. f. Pasta hecha de tiza y aceite de linaza, que usan los vidrieros para sujetar los cristales.

masivo, va. adj. Que tiene masa, y por tanto, peso. ‖ **2.** fig. Dícese de lo que se aplica en gran cantidad. ‖ **3.** Perteneciente o relativo a las masas humanas; hecho por ellas. *Emigración* MASIVA; *ataque* MASIVO; *manifestación* MASIVA.

maslo. m. Tronco de la cola de los cuadrúpedos.

masón, na. m. y f. Persona que pertenece a la masonería.

masonería. f. Asociación secreta, **francmasonería.**

masoquismo. m. Perversión sexual del que goza con verse humillado o maltratado por otra persona. ‖ **2.** Cualquier otra complacencia en sentirse maltratado o humillado.

masoterapia. f. Utilización del masaje con fines terapéuticos.

mastaba. f. Tumba egipcia en forma de pirámide truncada, de base rectangular, que comunica con un hipogeo funerario.

mastelero. m. *Mar.* Palo o mástil menor que se pone en los navíos y demás embarcaciones de vela cuadrilátera sobre cada uno de los mayores, asegurado en la cabeza de este.

máster. m. Título que otorgan, tras la licenciatura, algunos centros de enseñanza cuando se cumplen algunos requisitos. Las horas lectivas exigidas varían entre trescientas y setecientas. ❑ pl. invar.

masticar. tr. Triturar la comida con los dientes, mascar. ‖ **2.** fig. Rumiar o meditar.

masticatorio, ria. adj. Que sirve para ser masticado. Dícese especialmente de lo que se mastica con un fin medicinal. Ú. t. c. s. m. ‖ **2.** Que sirve para masticar.

mástil. m. Palo de una embarcación. ‖ **2.** Cualquiera de los palos derechos que sirven para sostener una cosa; como tienda de campaña, bandera, cama, coche, etc. ‖ **3.** Pieza estrecha y larga de los instrumentos de arco, púa y pulsación, sobre la cual se tienden y tensan las cuerdas.

mastitis. f. *Med.* Inflamación de la mama.

mastodonte. m. *Paleont.* Mamífero fósil, parecido al elefante, con dos dientes incisivos en cada mandíbula, que llegan a tener más de un metro de longitud, y molares en los que sobresalen puntas redondeadas a manera de mamas. Se encuentran sus restos en los terrenos terciarios. ‖ **2.** fig. Persona o cosa muy voluminosa.

mastoides. adj. *Zool.* De forma de mama. Dícese de la apófisis del hueso temporal de los mamíferos, situada detrás y debajo de la oreja. Ú. t. c. s. m.

mastuerzo. m. Planta herbácea anual, hortense, de la familia de las crucíferas, con tallos de unos cuatro decímetros, torcidos y divergentes; hojas glaucas, las inferiores recortadas, y lineales las superiores; flores en racimo, blancas y de pétalos iguales, y fruto seco, capsular, con dos semillas. Es de sabor picante y se come en ensalada. || **2.** fig. Hombre necio, torpe, majadero. Ú. t. c. adj.

masturbación. f. Estimulación de los órganos genitales o de zonas erógenas con la mano o por otro medio para proporcionar goce sexual.

masturbar. tr. Practicar la masturbación. Ú. m. c. prnl.

masurio. m. **tecnecio.**

mata. f. Planta que vive varios años y tiene tallo bajo, ramificado y leñoso. || **2.** Por ext., cualquier planta de poca alzada o tamaño. MATA *de tomate.* MATA *de claveles.* || **3.** Ramita o pie de una hierba; como de la hierbabuena o la albahaca. || **4.** Porción de terreno poblado de árboles de una misma especie. *Tiene una* MATA *de olivos excelente.*

matacaballo (a). loc. adv. **a mata caballo.**

matacán. m. Composición venenosa para matar perros, estricnina. || **2.** *Fort.* Obra voladiza en lo alto de un muro, de una torre o de una puerta fortificada, para observar y hostilizar al enemigo.

matadero. m. Sitio donde se mata y desuella el ganado destinado al abasto público.

matador, ra. adj. Que mata. Ú. t. c. s. || **2.** fig. y fam. Muy pesado, molesto o trabajoso. || **3.** m. El que mata en la fiesta de toros, el espada.

matamoscas. m. Instrumento para matar moscas, compuesto generalmente de un enrejado con mango.

matanza. f. Acción y efecto de matar. || **2.** Mortandad de personas ejecutada en una batalla, asalto, etc. || **3.** Faena de matar los cerdos, salar el tocino, aprovechar los lomos y los despojos, hacer las morcillas, chorizos, etc. || **4.** Época del año en que ordinariamente se matan los cerdos. *Vendrá Antón para la* MATANZA. || **5.** Conjunto de piezas que resultan de la **matanza** del cerdo y que se comen frescas, adobadas o en embutido.

matar. tr. Quitar la vida. Ú. t. c. prnl. || **2.** Extinguir o apagar, dicho del fuego o la luz. || **3.** Apagar el brillo de los metales. || **4.** fig. Acabar con uno. *Este trabajo me* MATA. *Lo están* MATANDO *a disgustos.* || **5.** fig. Desazonar o incomodar a uno con necedades y pesadeces. *Ese hombre me* MATA *con tantas preguntas.* || **6.** prnl. fig. Trabajar con afán y sin descanso, ya corporal, ya intelectualmente. || **matar el tiempo.** fr. Pasarlo.

matarife. m. El que mata y descuartiza las reses.

matarratas. m. **raticida.** || **2.** fig. y fam. Aguardiente de ínfima calidad y muy fuerte.

matasanos. m. fig. y fam. Curandero o mal médico.

matasellos. m. Estampilla con que se inutilizan en las oficinas de correos los sellos de las cartas.

matasuegras. m. Tubo enroscado de papel que tiene un extremo cerrado, y el otro terminado en una boquilla por la que se sopla para que se desenrosque bruscamente el tubo y asuste por broma.

mate¹. adj. Amortiguado, sin brillo. *Oro* MATE, *sonido* MATE.

mate². m. Lance que pone término al juego de ajedrez, al no poder el rey de uno de los jugadores salvarse de las piezas que lo amenazan.

mate³. m. *Amér. Merid.* Calabaza que, seca, vaciada y convenientemente abierta y cortada, sirve para muchísimos usos domésticos. || **2.** *R. de la Plata.* Calabaza, fruto de la calabacera, especialmente el que se usa para preparar y servir la infusión de yerba, que se sorbe de ella mediante una bombilla. || **3.** *Bol.* y *R. de la Plata.* Infusión de yerba **mate.**

matemática. f. Ciencia que trata de la cantidad. Ú. m. en pl.

matemático, ca. adj. Perteneciente o relativo a las matemáticas. *Regla* MATEMÁTICA; *instrumento* MATEMÁTICO. || **2.** fig. Exacto, preciso. || **3.** m. y f. Persona que profesa las matemáticas o tiene en ellas especiales conocimientos.

materia. f. Realidad primaria de la que están hechas las cosas. || **2.** Realidad espacial y perceptible por los sentidos, que, con la energía, constituye el mundo físico. || **3.** Lo opuesto al espíritu. || **4.** Asunto de que se compone una obra literaria, científica, etc. || **5.** Asignatura, disciplina científicas. || **prima. primera materia.** || **primera materia.** La que una industria o fabricación necesita para sus labores, aunque provenga, como sucede frecuentemente, de otras operaciones industriales.

material. adj. Perteneciente o relativo a la materia. || **2.** Opuesto a lo espiritual. || **3.** m. Cualquiera de las materias que se necesitan para una obra, o el conjunto de ellas. Ú. m. en pl. || **4.** Conjunto de máquinas, herramientas u objetos de cualquier clase, necesario para el desempeño de un servicio o el ejercicio de una profesión. MATERIAL *de guerra, de incendios, de oficina, de una fábrica.*

materialismo. m. Doctrina según la cual la única realidad verdadera es la materia. || **2.** Tendencia a dar importancia primordial a los intereses materiales. || **histórico** o **dialéctico.** Versión marxista de la dialéctica idealista hegeliana, interpretada como económica, y basada en la relación de producción y trabajo.

materialista. adj. Perteneciente o relativo al materialismo. || **2.** Dícese del partidario de esta tendencia filosófica. Ú. t. c. s. || **3.** Dícese de la persona excesivamente preocupada por los bienes materiales. Ú. t. c. s.

materializar. tr. Considerar como material una cosa que no lo es. ‖ **2.** fig. Dar naturaleza material y sensible a un proyecto, a una idea o a un sentimiento. Ú. t. c. prnl.

maternidad. f. Estado o cualidad de madre. ‖ **2.** Hospital donde se atiende a las parturientas.

maternizado, da. adj. Que ha sido dotado de las propiedades de la leche de mujer. *Leche* MATERNIZADA.

materno, na. adj. Perteneciente o relativo a la madre. *Amor* MATERNO; *línea* MATERNA.

matinal. adj. De la mañana o relativo a ella.

matiné. f. Fiesta, reunión, espectáculo, que tiene lugar en las primeras horas de la tarde.

matiz. m. Cada una de las gradaciones que puede recibir un color sin perder el nombre que lo distingue de los demás. ‖ **2.** fig. Rasgo y tono de especial colorido y expresión en las obras literarias; y en lo inmaterial, grado o variedad que no altera la sustancia o esencia de una cosa. ‖ **3.** fig. Rasgo poco perceptible que da a algo un carácter determinado.

matizar. tr. Dar a un color determinado matiz. ‖ **2.** fig. Graduar con delicadeza sonidos, o expresiones conceptuales.

matojo. m. despect. de **mata,** planta de tallo bajo, ramificado y leñoso.

matón. m. fig. y fam. Hombre jactancioso y pendenciero, que procura intimidar a los demás.

matorral. m. Campo sin cultivar, lleno de matas y malezas. ‖ **2.** Conjunto de matas intrincadas y espesas.

matraca. f. Rueda de tablas fijas en forma de aspa, entre las que cuelgan mazos que al girar ella producen ruido grande y desapacible. Se usa en algunos conventos para convocar a maitines, y en Semana Santa en lugar de campanas. ‖ **2.** Instrumento de madera compuesto de un tablero y una o más aldabas o mazos, que, al sacudirlo, produce ruido desapacible. ‖ **3.** fig. y fam. Insistencia molesta en un tema o pretensión.

matraz. m. Vaso de vidrio o de cristal, de figura esférica y terminado en un tubo angosto y recto; se emplea en los laboratorios químicos. Los hay de fondo plano.

matriarca. f. Mujer que ejerce el matriarcado.

matriarcado. m. Organización social, tradicionalmente atribuida a algunos pueblos primitivos, en que el mando residía en las mujeres. ‖ **2.** fig. Predominio o fuerte ascendiente femenino en una sociedad o grupo.

matriarcal. adj. Dícese de la autoridad de la matriarca y de sus manifestaciones.

matricidio. m. Acción de matar a la propia madre.

matrícula. f. Acción y efecto de matricular o matricularse. ‖ **2.** Inscripción oficial y placa que llevan los vehículos para indicar el número de matriculación. ‖ **de honor.** Mejora de la nota de sobresaliente, que se concede en los exámenes y da derecho a una **matrícula** gratuita en el curso siguiente.

matricular. tr. Inscribir o hacer inscribir el nombre de uno en la matrícula. ‖ **2.** Inscribir un vehículo en el registro oficial de un país o demarcación. ‖ **3.** prnl. Hacer uno que inscriban su nombre en la matrícula.

matrimonial. adj. Perteneciente o relativo al matrimonio. *Promesa* MATRIMONIAL.

matrimonialista. adj. Dícese del jurisconsulto que se dedica con preferencia a los problemas relacionados con el matrimonio. Ú. t. c. s.

matrimonio. m. Unión de hombre y mujer concertada mediante determinados ritos o formalidades legales. ‖ **2.** En el catolicismo, sacramento propio de legos, por el cual el hombre y la mujer se ligan perpetuamente con arreglo a las prescripciones de la Iglesia. ‖ **3.** fam. Marido y mujer. *En este cuarto vive un* MATRIMONIO. ‖ **de la mano izquierda.** El contraído entre un príncipe y una mujer de linaje inferior, o viceversa, en el cual cada cónyuge conservaba su condición anterior. Llámase así porque en la ceremonia nupcial el esposo daba a la esposa la mano izquierda. ‖ **in artículo mortis,** o **in extremis.** El que se efectúa cuando uno de los contrayentes está en peligro de muerte o próximo a ella. ‖ **morganático. matrimonio de la mano izquierda.** ‖ **contraer matrimonio.** fr. Celebrar el contrato matrimonial.

matritense. adj. Natural de Madrid. ‖ **2.** Perteneciente o relativo a esta ciudad.

matriz. f. Víscera hueca, de forma de redoma, situada en el interior de la pelvis de la mujer y de las hembras de los mamíferos; en ella se produce la hemorragia menstrual, y se desarrolla el feto hasta el momento del parto. ‖ **2.** Molde de cualquier clase con que se da forma a alguna cosa. ‖ **3.** Parte del libro talonario que queda encuadernada al cortar o separar los talones, cheques, títulos, etc., que lo forman. ‖ **4.** *Mat.* Conjunto de números o símbolos algebraicos colocados en líneas horizontales y verticales y dispuestos en forma de rectángulos. ‖ **5.** *Min.* Roca en cuyo interior se ha formado un mineral.

matrona. f. Madre de familia, noble y virtuosa. ‖ **2.** Mujer especialmente autorizada para asistir a las parturientas.

matusalén. m. Hombre de mucha edad.

matute. m. Introducción de géneros en una población sin pagar el impuesto de consumos. ‖ **2.** Género así introducido.

matutino, na. adj. Perteneciente o relativo a las horas de la mañana. || **2.** Que ocurre o se hace por la mañana.

maula. f. Cosa inútil y despreciable. || **2.** com. fig. y fam. Persona perezosa y mala cumplidora de sus obligaciones.

maullar. intr. Dar maullidos.

maullido. m. Voz del gato, parecida al sonido de miau.

mauritano, na. adj. Natural de Mauritania. || **2.** Perteneciente o relativo a este Estado de África. Ú. t. c. s. || **3.** Perteneciente o relativo a esta región de África antigua.

máuser. m. Especie de fusil de repetición, inventado por el armero alemán Guillermo Mauser.

mausoleo. m. Sepulcro magnífico y suntuoso.

maxilar. adj. Perteneciente o relativo a la quijada o mandíbula. *Arterias, venas* MAXILARES. || **2.** V. **hueso maxilar.** Ú. t. c. s.

máxima. f. Regla, principio o proposición generalmente admitida por los que profesan una facultad o ciencia. || **2.** Sentencia, apotegma o doctrina buena para dirigir las acciones morales.

máxime. adv. m. En primer lugar, principalmente, sobre todo.

máximo, ma. adj. sup. de **grande.** || **2.** Dícese de lo más grande en su especie. || **3.** m. Límite superior o extremo a que puede llegar una cosa.

máximum. m. Límite o extremo a que puede llegar una cosa, el máximo.

maya[1]. f. Canción que se entona en las fiestas de mayo.

maya[2]. adj. Dícese del individuo de cualquiera de las tribus indias que hoy habitan principalmente el Yucatán, Guatemala y otras regiones adyacentes. Ú. t. c. s. || **2.** Perteneciente o relativo a estas tribus. || **3.** m. Familia de lenguas habladas por los **mayas.**

mayestático, ca. adj. Propio o relativo a la majestad. || **2.** V. **plural mayestático.**

mayéutica. f. En sent. fig., úsase desde Sócrates para nombrar el arte con que el maestro, mediante su palabra, va alumbrando en el alma del discípulo nociones que este tenía en sí, sin él saberlo.

mayo. m. Quinto mes del año, según nuestro cómputo: tiene treinta y un días.

mayólica. f. Loza común con esmalte metálico, fabricada antiguamente por los árabes y españoles, que la introdujeron en Italia.

mayonesa. f. Salsa que se hace batiendo aceite crudo y yema de huevo.

mayor. adj. comp. de **grande.** Que excede a una cosa en cantidad o calidad. || **2.** Importante. *Esas son palabras* MAYORES. || **3.** Dícese de la persona que excede en edad a otra. *Hermano* MAYOR. *Pedro es* MAYOR *que Juan.* || **4.** Dícese de la persona entrada en años, de edad avanzada. *Hombre, señor* MAYOR. || **5.** m. Oficial primero de una secretaría u oficina, especialmente el de cada una de las secciones del Consejo de Estado, el de las Cortes, y el primer jefe permanente de cada ministerio. || **6.** pl. Abuelos y demás progenitores de una persona. || **7.** Antepasados, sean o no progenitores del que habla o de otra persona determinada. || **o igual que.** *Mat.* Signo matemático (≥) que, colocado entre dos cantidades, indica ser **mayor** la primera que la segunda, o ser ambas iguales. || **que.** *Mat.* Signo matemático (>) que, colocado entre dos cantidades, indica ser **mayor** la primera que la segunda. || **al por mayor.** loc. adv. En cantidad grande. *Vender* AL POR MAYOR.

mayoral. m. Pastor principal entre los que cuidan de los rebaños, especialmente de reses bravas. || **2.** En las labranzas y en las cabañas de mulas, cabeza o capataz que manda a los otros mozos.

mayorazgo. m. Institución del derecho civil, que por las leyes desvinculadoras del siglo XIX quedó circunscrita en España a títulos y derechos honoríficos, y que tiene por objeto perpetuar en la familia la propiedad de ciertos bienes con arreglo a las condiciones que se dicten al establecerla, o, a falta de ellas, a las prescritas por la ley. || **2.** Conjunto de estos bienes vinculados. || **3.** Hijo mayor de una persona que goza y posee **mayorazgo.**

mayordomo. m. Criado principal a cuyo cargo está el gobierno económico de una casa o hacienda.

mayoría. f. Cualidad de mayor. || **2.** Edad que la ley fija para tener uno pleno derecho de sí y de sus bienes, mayor edad. || **3.** Mayor número de votos conformes en una votación. *Manuel tuvo seis votos de* MAYORÍA. || **4.** Parte mayor de los individuos que componen una nación, ciudad o cuerpo. *Seguir la opinión de la* MAYORÍA. || **absoluta.** La que consta de más de la mitad de los votos. || **relativa.** La formada por el mayor número de votos, no con relación al total de estos, sino al número que obtiene cada una de las personas o cuestiones que se votan a la vez.

mayorista. com. Comerciante o empresa que vende, compra o contrata al por mayor. || **2.** adj. Aplícase al comercio en que se vende o compra al por mayor.

mayúsculo, la. adj. V. **letra mayúscula.** Ú. t. c. s. || **2.** fig. y fam. Grandísimo, enorme. *Fue un disparate* MAYÚSCULO.

maza. f. Arma antigua de palo guarnecido de hierro, o toda de hierro, con la cabeza gruesa. || **2.** Insignia que llevan los maceros delante de los reyes o gobernantes. También la usan las ciudades, universidades y otros cuerpos en actos públicos. || **3.** Instrumento de madera dura, parecido a la **maza** antigua de combate, que sirve para machacar el esparto y el lino, y para otros usos.

mazacote. m. Mezcla compuesta de piedras menudas, cemento y arena, hormigón. ‖ **2.** fig. y fam. Guisado u otra vianda o cosa de masa, seca, dura y pegajosa.

mazapán. m. Pasta hecha con almendras molidas y azúcar pulverizado. Se presenta en formas diversas, bien en barras, bien en figuras de mayor o menor tamaño.

mazdeísmo. m. Religión de los antiguos persas, que creían en la existencia de dos principios divinos: uno bueno, Ormuz, creador del mundo, y otro malo, Ahrimán, destructor.

mazmorra. f. Prisión subterránea.

mazo. m. Martillo grande de madera. ‖ **2.** Cierta porción de mercancías u otras cosas juntas, atadas o unidas formando grupo. MAZO *de cintas, de plumas.*

mazorca. f. Porción de lino o lana ya hilada y recogida del huso. ‖ **2.** Fruto en espiga densa, con granos muy juntos, de ciertas plantas gramíneas, como el maíz. ‖ **3.** Baya del cacao.

mazurca. f. Danza de origen polaco, de movimiento moderado y compás ternario. ‖ **2.** Música de esta danza.

me. Dativo o acusativo del pronombre personal de primera persona en género masculino o femenino y número singular. ❑ No admite preposición y se puede usar como enclítico. ME *oyó; óye*ME.

meada. f. Porción de orina que se expele de una vez. ‖ **2.** Sitio que moja o señal que hace una **meada.** *Aquí hay una* MEADA *de gato.*

meadero. m. Lugar destinado a orinar o usado para este fin.

meado. m. Porción de orina que se expele de una vez, meada. Ú. m. en pl.

meandro. m. Cada una de las curvas que describe el curso de un río. ‖ **2.** Por ext., la misma disposición de un camino. ‖ **3.** *Arq.* Adorno de líneas sinuosas y repetidas.

mear. intr. Expeler orina, orinar. Ú. t. c. tr. y c. prnl.

meato. m. *Anat.* Cada uno de ciertos orificios o conductos del cuerpo. MEATO *urinario, auditivo.*

meca. f. fig. Lugar que atrae por ser centro donde una actividad determinada tiene su mayor o mejor cultivo.

¡mecachis! interj. de extrañeza, o de enfado.

mecánica. f. Parte de la física que trata del equilibrio y del movimiento de los cuerpos sometidos a cualesquiera fuerzas.

mecanicismo. m. *Fil.* Doctrina según la cual toda realidad natural tiene una estructura semejante a una máquina y puede explicarse mecánicamente.

mecánico, ca. adj. Perteneciente a la mecánica. *Principios* MECÁNICOS. ‖ **2.** Ejecutado por un mecanismo o máquina. ‖ **3.** fig. Aplicado a un acto, automático, hecho sin reflexión. ‖ **4.** Decíase de los oficios u obras que exigen más habilidad manual que intelectual. ‖ **5.** m. y f. Persona que profesa la mecánica. ‖ **6.** Persona dedicada al manejo y arreglo de las máquinas.

mecanismo. m. Conjunto de las partes de una máquina en su disposición adecuada. ‖ **2.** Estructura de un cuerpo natural o artificial, y combinación de sus partes constitutivas.

mecanizar. tr. Implantar el uso de las máquinas en operaciones militares, industriales, etc. Ú. t. c. prnl. ‖ **2.** Someter a elaboración mecánica. ‖ **3.** fig. Dar la regularidad de una máquina a las acciones humanas. *Había* MECANIZADO *su vida.*

mecano. m. Juguete a base de piezas, generalmente metálicas y atornillables, con las que pueden componerse diversas construcciones.

mecanografía. f. Arte de escribir a máquina.

mecedora. f. Silla de brazos que por lo común tiene el respaldo y el asiento de rejilla o lona, cuyos pies descansan sobre dos arcos o terminan en forma circular, en la cual puede mecerse el que se sienta.

mecenas. m. fig. Persona que patrocina las letras o las artes.

mecer. tr. Menear y mover un líquido para que se mezcle o incorpore. ‖ **2.** Mover una cosa compasadamente de un lado a otro sin que mude de lugar, como la cuna de los niños. Ú. t. c. prnl.

mecha. f. Cuerda retorcida o cinta tejida hecha de filamentos combustibles, generalmente de algodón, que se pone en los mecheros de algunos aparatos del alumbrado y dentro de las velas y bujías. ‖ **2.** Tubo de algodón, trapo o papel, relleno de pólvora, para dar fuego a minas y barrenos. ‖ **3.** Lonjilla de tocino gordo para mechar aves, carne y otras cosas. ‖ **a toda mecha.** loc. adv. fig. y fam. Con gran rapidez.

mechar. tr. Introducir mechas de tocino gordo en la carne que se ha de asar o empanar.

mechera. f. Ladrona de tiendas.

mechero. m. Cañutillo en el candil o velón, donde se pone la mecha para alumbrar o para encender lumbre. ‖ **2.** Encendedor de bolsillo.

mechón. m. Porción de pelos, hebras o hilos, separada de un conjunto de la misma clase.

medalla. f. Pieza de metal batida o acuñada, comúnmente redonda, con alguna figura, inscripción, símbolo o emblema. ‖ **2.** Bajorrelieve redondo o elíptico. ‖ **3.** Distinción honorífica o premio que suele concederse en exposiciones o certámenes. ‖ **de bronce.** Distinción que se concede en algunas competiciones a quien consigue el tercer puesto de la clasificación. ‖ **de oro.** Distinción que se concede en algunas competiciones a quien consigue el primer puesto de la clasificación. ‖ **de plata.** Distinción que se concede en algunas competiciones a quien consigue el segundo puesto de la clasificación.

medallero. m. *Dep.* Relación de las medallas conseguidas por cada una de las naciones participantes en una competición internacional.

medallista. com. *Dep.* Participante que consigue una medalla en una competición.

medallón. m. Bajorrelieve de figura redonda o elíptica. ‖ **2.** Joya en forma de caja pequeña y chata, donde generalmente se colocan retratos, pinturas, rizos u otros objetos de recuerdo.

médano. m. **duna.** ‖ **2.** Montón de arena casi a flor de agua, en paraje en que el mar tiene poco fondo.

media[1]. f. Mitad de algunas cosas, especialmente de unidades de medida: MEDIA *de trigo.* ‖ **aritmética.** *Mat.* Cociente de dividir la suma de varias cantidades por el número de ellas. ‖ **geométrica.** *Mat.* Raíz enésima del producto de *n* números.

media[2]. f. Prenda de punto, seda, nailon, etc., que cubre el pie y la pierna hasta la rodilla o más arriba.

mediacaña. f. Moldura cóncava, cuyo perfil es, por lo regular, un semicírculo.

mediado, da. adj. Dícese de lo que solo contiene la mitad, poco más o menos, de su cabida. *La vasija está* MEDIADA; *el teatro está* MEDIADO. ‖ **a mediados** del mes, del año, etc. loc. adv. Hacia la mitad del tiempo que se indica.

mediador, ra. adj. Que media. Ú. t. c. s.

medial. adj. Dícese de la consonante que se halla en el interior de una palabra.

mediana. f. En una autovía o autopista, zona intermedia que impide el paso entre los carriles de dirección contraria. ‖ **2.** *Geom.* En un triángulo, la recta trazada desde un vértice al punto medio del lado opuesto. ‖ **3.** *Estad.* Elemento de una serie ordenada de valores crecientes, de forma que hay tantos de menor magnitud que la suya como de mayor.

medianería. f. Pared común a dos casas u otras construcciones contiguas.

medianía. f. Término medio entre dos extremos; como entre la opulencia y la pobreza, entre el rigor y la blandura. ‖ **2.** fig. Persona que carece de cualidades relevantes.

mediano, na. adj. De calidad intermedia. ‖ **2.** Moderado; ni muy grande ni muy pequeño.

medianoche. f. Hora en que el Sol está en el punto opuesto al de mediodía. ‖ **2.** fig. Bollo pequeño partido longitudinalmente en dos mitades, entre las que se coloca una loncha de jamón, carne, etc. ❑ pl. *mediasnoches.*

mediante. prep. Por medio de, con, con la ayuda de.

mediar. intr. Llegar a la mitad de una cosa. Ú. t. en sent. fig. ‖ **2.** Interceder o rogar por uno. ‖ **3.** Interponerse entre dos o más que riñen o contienden, procurando reconciliarlos y unirlos en amistad. ‖ **4.** Existir o estar una cosa en medio de otras. ‖ **5.** Dicho del tiempo, pasar, transcurrir.

mediastino. m. *Anat.* Espacio irregular comprendido entre una y otra pleura y que divide el pecho en dos partes laterales.

mediatizar. tr. Privar al gobierno de un Estado de la autoridad suprema, que pasa a otro Estado, pero conservando aquel la soberanía nominal. ‖ **2.** Intervenir dificultando o impidiendo la libertad de acción de una persona o institución en el ejercicio de sus actividades o funciones.

mediato, ta. adj. Dícese de lo que en tiempo, lugar o grado está próximo a una cosa, mediando otra entre las dos; como el nieto respecto del abuelo.

mediatriz. f. *Geom.* Recta perpendicular que corta a un segmento en su punto medio.

medicación. f. Administración metódica de uno o más medicamentos con un fin terapéutico determinado. ‖ **2.** *Med.* Conjunto de medicamentos y medios curativos que tienden a un mismo fin.

medicamento. m. Cualquier sustancia que, administrada interior o exteriormente a un organismo animal, sirve para prevenir, curar o aliviar la enfermedad y corregir o reparar las secuelas de esta.

medicamentoso, sa. adj. Que sirve de medicamento.

medicina. f. Ciencia y arte de precaver y curar las enfermedades del cuerpo humano. ‖ **2. medicamento.**

medicinal. adj. Perteneciente a la medicina. Dícese propiamente de aquellas cosas que tienen virtud saludable y contraria a un mal o achaque.

medición. f. Acción y efecto de medir.

médico, ca. adj. Perteneciente o relativo a la medicina. ‖ **2.** m. y f. Persona legalmente autorizada para profesar y ejercer la medicina. ‖ **de cabecera.** El que asiste especialmente y de continuo al enfermo. ‖ **forense.** El oficialmente adscrito a un juzgado de instrucción. ‖ **residente.** El que, para su especialización, y de acuerdo con ciertas reglamentaciones, presta sus servicios con exclusividad en un centro hospitalario.

medida. f. Acción y efecto de medir. ‖ **2.** Cualquiera de las unidades que se emplean para medir longitudes, áreas o volúmenes de líquidos o áridos. ‖ **3.** Número o clase de sílabas de un verso. ‖ **4.** Proporción o correspondencia de una cosa con otra. *Se paga el jornal a* MEDIDA *del trabajo.* ‖ **5.** Disposición, prevención. ❑ Ú. m. en pl. y con los verbos *tomar, adoptar,* etc. ‖ **6.** Grado, intensidad. *Ignoramos en qué* MEDIDA *puede favorecernos esto.* ‖ **a medida** o **a la medida.** loc. adj. que expresa que un objeto se hace con las **medidas** adecuadas a la persona o cosa a la que está destinado. *Traje* A MEDIDA, *muebles* A MEDIDA. ‖ **a medida del deseo.** loc. adv. con que se explica que a uno le salen las cosas según apetecía. ‖ **a medida que.** loc. conjunt. Al mismo tiempo que, al paso que.

medieval. adj. Perteneciente o relativo a la Edad Media de la historia.

medievalista. com. Persona versada en el conocimiento de lo medieval.

medievo. m. Edad Media.

medio, dia. adj. Igual a la mitad de una cosa. MEDIO *real;* MEDIA *naranja.* ‖ **2.** Dícese de lo que está entre dos extremos, en el centro de algo o entre dos cosas. ‖ **3.** Que corresponde a los caracteres o condiciones más generales de un grupo social, pueblo, época, etc. *El español* MEDIO; *el hombre* MEDIO *de nuestro tiempo; la cultura* MEDIA *de aquel siglo; la riqueza* MEDIA *de tal país.* ‖ **4.** m. y f. En el fútbol y otros deportes, cada uno de los jugadores de la línea **media.** ‖ **5.** m. Parte que en una cosa equidista de sus extremos. ‖ **6.** Lo que puede servir para determinado fin. MEDIOS *de transporte, de comunicación.* ‖ **7.** Diligencia o acción conveniente para conseguir una cosa. ‖ **8.** Sustancia fluida o sólida en que se desarrolla un fenómeno determinado. *La velocidad de la luz depende del índice de refracción del* MEDIO. ‖ **9.** Conjunto de circunstancias culturales, económicas y sociales en que vive una persona o un grupo humano. ‖ **10.** Sector, círculo o ambiente social. Ú. m. en pl. MEDIOS *aristocráticos,* MEDIOS *bien informados.* ‖ **11.** pl. Caudal, rentas o hacienda que uno posee o goza. ‖ **12.** adv. m. No del todo, no enteramente, no por completo. MEDIO *asado;* MEDIO *vestido.* ❑ Con verbos en infinitivo va precedido de la preposición *a.* A MEDIO *asar;* A MEDIO *vestir.* ‖ **ambiente.** Conjunto de circunstancias físicas que rodean a los seres vivos. ‖ **2.** Por ext., conjunto de circunstancias físicas, culturales, económicas, sociales, etc., que rodean a las personas. ‖ **de comunicación.** Órgano destinado a la información pública. ‖ **a medias.** loc. adv. Por mitad; la mitad cada uno. *Dueño* A MEDIAS. ‖ **en medio.** loc. adv. En lugar o tiempo igualmente distante de los extremos; entre dos o varias personas o cosas.

mediocre. adj. De calidad media. ‖ **2.** De poco mérito, tirando a malo.

mediodía. m. Momento en que está el Sol en el punto más alto de su elevación sobre el horizonte. ‖ **2.** Período de extensión imprecisa alrededor de las doce de la mañana. ‖ **3.** *Geogr.* **Sur,** punto opuesto al Norte.

mediopensionista. adj. Dícese de la persona que vive en alguna institución, sometida a régimen de media pensión. Ú. t. c. s.

medir. tr. Comparar una cantidad con su respectiva unidad, con el fin de averiguar cuántas veces la segunda está contenida en la primera. ‖ **2.** fig. Moderar las palabras o acciones. Ú. t. c. prnl. ‖ **3.** intr. Tener determinada dimensión, ser de determinada altura, longitud, superficie, volumen, etc. *Juan* MIDE *un metro setenta de altura. La finca* MIDE *cuatro mil metros cuadrados.* ❑ Irreg. Se conj. como *pedir.*

meditabundo, da. adj. Que medita, cavila, o reflexiona en silencio.

meditar. tr. Aplicar con profunda atención el pensamiento a la consideración de una cosa, o discurrir sobre los medios de conocerla o conseguirla. Ú. t. c. intr.

mediterráneo, a. adj. Perteneciente al mar **Mediterráneo,** o a los territorios que baña.

médium. com. Persona a la que se considera dotada de facultades paranormales que le permiten actuar de mediadora en la consecución de fenómenos parapsicológicos o de hipotéticas comunicaciones con los espíritus.

medra. f. Aumento, mejora, adelantamiento o progreso de una cosa.

medrar. intr. Crecer, tener aumento los animales y plantas. ‖ **2.** fig. Mejorar uno de fortuna aumentando sus bienes, reputación, etc.

medroso, sa. adj. Temeroso, pusilánime, que de cualquier cosa tiene miedo. Ú. t. c. s.

médula. f. **médula espinal.** ‖ **2.** Sustancia blanda que se halla dentro de los huesos de los animales y es responsable de la formación de células sanguíneas. ‖ **3.** *Bot.* Parte interior de las raíces y tallos de las plantas fanerógamas, constituida principalmente por parénquima y rodeada por haces de vasos. ‖ **4.** fig. Sustancia principal de una cosa no material. ‖ **espinal.** *Anat.* Prolongación del encéfalo, situada en el interior de la columna vertebral, desde el agujero occipital hasta la región lumbar.

medular. adj. Perteneciente o relativo a la médula.

medusa. f. Una de las dos formas de organización en la alternancia de generaciones de gran número de celentéreos cnidarios y que corresponde a la fase sexuada, que es libre y vive en el agua; su cuerpo recuerda por su aspecto acampanado a una sombrilla con tentáculos colgantes en sus bordes.

mefistofélico, ca. adj. Perteneciente o relativo a Mefistófeles. ‖ **2.** Digno o propio de él. ‖ **3.** Diabólico, perverso.

mefítico, ca. adj. Dícese de lo que, respirado,

puede causar daño, y especialmente cuando es fétido. *Aire, gas* MEFÍTICO; *emanación* MEFÍTICA.

mega-. elem. compos. que significa «grande»: MEGA*lito*, y, por ext., en algún caso, «amplificación»: MEGA*fonía.* ‖ **2.** Con el significado de «un millón» (10^6) se emplea para formar nombres de múltiplos de determinadas unidades: MEGA*ciclo.* Simb. *M.*

megafonía. f. Técnica que se ocupa de los aparatos e instalaciones precisos para aumentar el volumen del sonido. ‖ **2.** Conjunto de micrófonos, altavoces y otros aparatos que, debidamente coordinados, aumentan el volumen del sonido en un lugar de gran concurrencia.

megáfono. m. Artefacto usado para reforzar la voz cuando hay que hablar a gran distancia.

megalítico, ca. adj. Propio del megalito o perteneciente a él. ‖ **2.** Construido con grandes bloques de piedra sin labrar.

megalito. m. Monumento construido con grandes piedras sin labrar, muy común en la remotísima antigüedad.

megalomanía. f. Manía o delirio de grandezas.

megalópolis. f. Ciudad gigantesca.

megaterio. m. Mamífero del orden de los desdentados, fósil, de unos seis metros de longitud y dos de altura, con huesos más robustos que los del elefante; cabeza relativamente pequeña, sin dientes ni colmillos y con solo cuatro muelas en cada lado de las mandíbulas; cuerpo muy grueso, patas cortas, pies grandísimos, con dedos armados de uñas fuertes y corvas, y cola de medio metro de diámetro en su arranque. Vivía en América del Sur al comienzo del período cuaternario, y su régimen alimenticio era herbívoro, como demuestra su dentición. De las pampas argentinas proceden los principales esqueletos de este animal que se conservan en los museos.

megatón. m. Unidad para medir la potencia explosiva de los ingenios nucleares; equivale a la de un millón de toneladas de trilita.

meiosis. f. *Biol.* Sucesión de dos divisiones celulares durante la formación de los gametos, de la que resultan cuatro células que tienen un cromosoma de cada pareja de la célula original.

meitnerio. m. Elemento químico transuránico de núm. atóm. 109. Se obtiene artificialmente por bombardeo de bismuto con iones de hierro, y su vida media es tan corta que se mide en milisegundos. Símb. *Mt.*

mejicanismo. m. Vocablo, giro o modo de hablar propio de los mejicanos.

mejicano, na. adj. Natural de Méjico. Ú. t. c. s. ‖ **2.** Perteneciente o relativo a esta república de América. ‖ **3.** m. Idioma nahua o azteca.

mejilla. f. Cada una de las dos prominencias que hay en el rostro humano debajo de los ojos. ‖ **2.** Parte más carnosa de la cara, carrillo.

mejillón. m. Molusco lamelibranquio marino, con la concha formada por dos valvas simétricas, convexas, casi triangulares, de color negro azulado por fuera, nacaradas por dentro, y de unos cuatro centímetros de longitud; tiene dos músculos aductores para cerrar la concha, pero el anterior es rudimentario. Vive asido a las rocas por medio de los filamentos del biso. Es muy apreciado como comestible.

mejor. adj. comp. de **bueno.** Superior a otra cosa y que la excede en una cualidad natural o moral. ‖ **2.** Con el verbo *ser* en 3.ª pers. del sing., expreso o no, preferible o más conveniente. *Es* MEJOR *que evites las discusiones.* ‖ **3.** adv. m. comp. de **bien.** Más bien, de manera más conforme a lo bueno o lo conveniente. ‖ **a lo mejor.** loc. adv. fam. Quizá, tal vez.

mejora. f. Medra, adelantamiento y aumento de una cosa.

mejorana. f. Hierba vivaz de la familia de las labiadas, de tres a cuatro decímetros de altura, hojas aovadas, blanquecinas y velludas; flores en espiga, pequeñas y blancas, y fruto seco con semillas redondas, menudas y rojizas. Es originaria de Oriente, se cultiva en los jardines y suele usarse en medicina como antiespasmódica.

mejorar. tr. Adelantar, acrecentar una cosa, haciéndola pasar a un estado mejor. ‖ **2.** Poner mejor, hacer recobrar la salud perdida. ‖ **3.** intr. Ir recobrando la salud perdida; restablecerse. Ú. t. c. prnl. ‖ **4.** Ponerse el tiempo más favorable o benigno. Ú. t. c. prnl.

mejoría. f. Aumento o medro de una cosa. ‖ **2.** Alivio en una dolencia, padecimiento o enfermedad.

mejunje. m. Cosmético o medicamento formado por la mezcla de varios ingredientes.

melancolía. f. Tristeza vaga, profunda, sosegada y permanente, nacida de causas físicas o morales, que hace que no encuentre el que la padece gusto ni diversión en ninguna cosa.

melánico, ca. adj. *Zool.* Dícese de los animales que presentan coloración negra o parda oscura sin ser la habitual entre los miembros de su especie.

melanina. f. *Fisiol.* Pigmento de color negro o pardo negruzco que existe en forma de gránulos en el protoplasma de ciertas células de los vertebrados y al cual deben su coloración especial la piel, los pelos, la coroides, etc.

melanita. f. Variedad del granate, muy brillante, negra y opaca.

melanoma. m. *Med.* Tumor de las células pigmentarias que contienen melanina.

melanosis. f. *Fisiol.* Alteración de los tejidos orgánicos, caracterizada por el color oscuro que presentan.

melaza. f. Líquido más o menos viscoso, de color pardo oscuro y sabor muy dulce, que queda como residuo de la fabricación del azúcar de caña o remolacha.

melcocha. f. Miel que, estando muy concentrada y caliente, se echa en agua fría, y sobándola después, queda muy correosa.

melena. f. Cabello suelto. *Estar en* MELENA. ‖ **2.** Crin del león.

melenudo, da. adj. Que tiene abundante y largo el cabello. Ú. t. c. s.

meliáceo, a. adj. *Bot.* Aplícase a árboles y arbustos angiospermos dicotiledóneos, de climas cálidos, con hojas alternas, rara vez sencillas, flores en panojas, casi siempre axilares, y fruto capsular con semillas de albumen carnoso o sin él; como la caoba y el cinamomo. Ú. t. c. s. f. ‖ **2.** f. pl. *Bot.* Familia de estas plantas.

melifluo, flua. adj. fig. Dulce, suave, delicado y tierno en el trato o en la manera de hablar. Ú. m. en sent. peyorativo.

melillense. adj. Natural de Melilla. Ú. t. c. s. ‖ **2.** Perteneciente o relativo a esta ciudad de África.

melindre. m. Dulce de pasta de mazapán con baño espeso de azúcar blanco, generalmente en forma de rosquilla muy pequeña. ‖ **2.** fig. Delicadeza afectada y excesiva en palabras, acciones y ademanes. Ú. m. en pl.

melindroso, sa. adj. Que afecta melindres o demasiada delicadeza en acciones y palabras. Ú. t. c. s.

melión. m. Ave rapaz grande, leonada y de cola blanca; pigargo.

melisa. f. **toronjil,** planta.

mella. f. Rotura o hendidura en el filo de una arma o herramienta, o en el borde o en cualquier ángulo saliente de otro objeto, por un golpe o por otra causa. ‖ **2.** fig. Menoscabo, merma, aun en cosa no material. ‖ **hacer mella.** fr. fig. Causar efecto en uno la reprensión, el consejo o la súplica.

mellar. tr. Hacer mellas. MELLAR *la espada, el plato.* Ú. t. c. prnl. ‖ **2.** fig. Menoscabar, disminuir una cosa no material. MELLAR *la honra, el crédito.* Ú. t. c. prnl.

mellizo, za. adj. Nacido del mismo parto. Ú. t. c. s. ‖ **2.** Igual a otra cosa.

melocotón. m. Árbol que da **melocotones,** melocotonero. ‖ **2.** Fruto de este árbol. Es una drupa de olor agradable, esférica, de seis a ocho centímetros de diámetro, con un surco profundo que ocupa media circunferencia; epicarpio delgado, velloso, de color amarillo con manchas encarnadas; mesocarpio amarillento, de sabor agradable y adherido a un hueso pardo, duro y rugoso, que encierra una almendra muy amarga.

melocotonero. m. Árbol, variedad del pérsico, cuyo fruto es el melocotón.

melodía. f. Dulzura y suavidad de la voz o del sonido de un instrumento musical. ‖ **2.** *Mús.* Composición en que se desarrolla una idea musical, simple o compuesta, con independencia de su acompañamiento. Ú. en oposición a **armonía,** combinación de sonidos simultáneos diferentes, pero acordes.

melódico, ca. adj. Perteneciente o relativo a la melodía.

melodioso, sa. adj. Dotado de melodía, dulce y agradable al oído.

melodrama. m. Drama puesto en música; ópera. ‖ **2.** Obra teatral, cinematográfica o literaria en que se exageran toscamente los aspectos sentimentales y patéticos, y en la que se suele acentuar la división de los personajes en moralmente buenos y malvados, para satisfacer la sensiblería vulgar. ‖ **3.** Por ext., obra en que tales aspectos dominan sin que puedan considerarse peyorativos.

melodramático, ca. adj. Perteneciente o relativo al melodrama. ‖ **2.** Aplícase también a lo que en composiciones literarias de otro género, y aun en la vida real, participa de las malas cualidades del melodrama. *Héroe, personaje, efecto* MELODRAMÁTICO.

melomanía. f. Amor desordenado a la música.

melón. m. Planta herbácea anual, de la familia de las cucurbitáceas, con tallos tendidos de tres a cuatro metros de longitud; hojas partidas en cinco lóbulos, flores amarillas solitarias y fruto elipsoidal de dos a tres decímetros de largo, con cáscara blanca, amarilla, verde o manchada de estos colores; carne jugosa, dulce y blanda, que deja en el interior un hueco donde hay muchas pepitas. Es originaria de Oriente y muy estimada. ‖ **2.** Fruto de esta planta. ‖ **3.** Hombre torpe o necio.

meloncillo. m. Mamífero carnicero nocturno, del mismo género que la mangosta, de unos cuatro decímetros de longitud desde el hocico hasta el arranque de la cola, que es tan larga como el cuerpo; cabeza redonda y de hocico saliente, orejas pequeñas, cuerpo rechoncho, patas cortas, dedos bien separados y con uñas grandes; pelaje largo, fuerte y de color ceniciento oscuro, con anillos más claros en la cola, terminada en un mechón de pelos, de los que se hacen pinceles. Vive en España y se alimenta con preferencia de roedores pequeños.

melopea. f. vulg. Embriaguez, borrachera.

meloso, sa. adj. De calidad o naturaleza de miel. ‖ **2.** fig. Aplícase a personas, palabras, actitudes, etc., con sent. peyorativo.

melva. f. Pez muy parecido al bonito, del cual se distingue por tener las dos aletas dorsales muy separadas una de otra.

membrana. f. Piel delgada a modo de pergamino. ‖ **2.** *Biol.* Cualquier tejido o agregado de tejidos que en conjunto presenta forma de lámina y es de consistencia blanda. ‖ **3.** *Mec.* Placa o lámina de pequeño espesor, generalmente flexible. ‖ **celular.** *Biol.* Capa formada por lípidos y proteínas que limita el citoplasma celular y constituye una barrera semipermeable para la relación y el intercambio selectivo de sustancias entre la célula y su entorno. ‖ **mucosa.** *Anat.* La que tapiza cavidades del cuerpo de los animales que tienen comunicación con el exterior; está provista de numerosas glándulas unicelulares que segregan moco. Ú. t. c. s. ‖ **pituitaria.** *Anat.* Mucosa que reviste la cavidad de las fosas nasales y en la cual existen elementos nerviosos que en conjunto actúan como órgano del sentido del olfato.

membranoso, sa. adj. Compuesto de membranas. ‖ **2.** Semejante a la membrana.

membrete. m. Nombre o título de una persona, oficina o corporación, estampado en la parte superior del papel de escribir.

membrillo. m. Arbusto de la familia de las rosáceas, de tres a cuatro metros de altura, muy ramoso, con hojas pecioladas, casi redondas y velludas por el envés; flores rosadas, solitarias, y fruto en pomo, de 10 a 12 centímetros de diámetro, amarillo, muy aromático, de carne áspera y granujienta, que contiene varias pepitas mucilaginosas y se come asado o en conserva. Es originario de Asia Menor. ‖ **2.** Fruto de este arbusto.

membrudo, da. adj. Fornido y robusto de cuerpo y miembros.

memento. m. Cada una de las dos partes del canon de la misa, en que se hace conmemoración de los fieles vivos y de los difuntos.

memez. f. Cualidad de memo. ‖ **2.** Dicho o hecho propio del memo.

memo, ma. adj. Tonto, simple, mentecato. Ú. t. c. s.

memorable. adj. Digno de memoria.

memorándum. m. Librito o cuaderno en que se apuntan las cosas de que uno tiene que acordarse. ‖ **2.** Informe en que se expone algo que debe tenerse en cuenta para una acción o en determinado asunto. ❑ El pl. es **memorandos.**

memoria. f. Potencia del alma, por medio de la cual se retiene y recuerda el pasado. ‖ **2.** Recuerdo que se hace o aviso que se da de una cosa pasada. ‖ **3.** Estudio, o disertación escrita, sobre alguna materia. ‖ **4.** Libro o relación escrita en que el autor narra su propia vida o acontecimientos de ella. ‖ **hacer memoria.** fr. Recordar, acordarse.

memorial. m. Libro o cuaderno en que se apunta o anota una cosa para un fin.

memorión. m. Persona que tiene mucha memoria.

memorizar. tr. Fijar en la memoria alguna cosa.

mena. f. *Min.* Mineral metalífero, principalmente el de hierro, tal como se extrae de la mina y antes de limpiarlo.

ménade. f. Cada una de ciertas sacerdotisas de Baco que, en la celebración de los misterios, daban muestras de frenesí.

menaje. m. Muebles y accesorios de una casa.

menchevique. adj. Dícese del miembro de la facción minoritaria y menos radical del partido socialdemócrata ruso, a partir de 1903. Ú. t. c. s. ‖ **2.** Desde 1917, dícese del miembro de un sector de la oposición política soviética. Ú. t. c. s.

mencieño, ña. adj. Natural de Doña Mencía. Ú. t. c. s. ‖ **2.** Perteneciente o relativo a esta población de Córdoba.

mención. f. Recuerdo o memoria que se hace de una persona o cosa, nombrándola, contándola o refiriéndola. ‖ **hacer mención.** fr. Nombrar a una persona o cosa, hablando o escribiendo.

mencionar. tr. Hacer mención de una persona. ‖ **2.** Referir, recordar y contar una cosa para que se tenga noticia de ella.

menda. pron. pers. fam. *Germ.* Yo. ❑ Ú. con el verbo en 3.ª pers. Ú. t. precedido de *el, este, mi.* ‖ **2.** pron. indet. Uno, uno cualquiera.

mendacidad. f. Hábito o costumbre de mentir.

mendaz. adj. **mentiroso.**

mendelevio. m. Elemento químico de núm. atóm. 101. Metal del grupo de los actínidos, se obtiene artificialmente por bombardeo de einstenio con partículas alfa; su vida media es de 90 minutos, y todos sus isótopos son radiactivos. Símb. *Md.*

mendelismo. m. *Biol.* Teoría de la herencia de los caracteres de los seres orgánicos, derivada de los experimentos del fraile agustino Mendel.

mendicante. adj. Que mendiga o pide limosna de puerta en puerta. Ú. t. c. s. ‖ **2.** Dícese de las religiones que tienen por instituto pedir limosna, y de las que por privilegio gozan de ciertas inmunidades, así como de sus miembros.

mendicidad. f. Estado y situación de mendigo. ‖ **2.** Acción de mendigar.

mendigar. tr. Pedir limosna. ‖ **2.** fig. Solicitar la concesión de algo o el favor de uno con insistencia, y hasta con humillación.

mendigo, ga. m. y f. Persona que habitualmente pide limosna.

mendrugo. m. Pedazo de pan duro o desechado, y especialmente el sobrante que se suele dar a los mendigos. ‖ **2.** fig. y fam. Hombre rudo, tonto, zoquete.

menear. tr. Mover una cosa de una parte a otra. Ú. t. c. prnl.

meneo. m. Acción y efecto de menear o menearse. ‖ **2.** fig. y fam. Vapuleo, tunda.

menester. m. Falta o necesidad de una cosa. ‖ **2.** Oficio u ocupación habitual. Ú. m. en pl. ‖ **haber menester** una cosa. fr. Necesitarla. ‖ **ser menester.** fr. Ser precisa o necesaria una cosa.

menesteroso, sa. adj. Falto, necesitado, que carece de una cosa o de muchas. Ú. t. c. s.

menestra. f. Guisado compuesto con diferentes hortalizas y a menudo con trozos pequeños de carne o jamón.

menestral, la. m. y f. Persona que tiene un oficio mecánico.

mengano, na. m. y f. Voz que se usa en la misma acepción que *fulano* y *zutano,* pero siempre después del primero, y antes o después del segundo cuando se aplica a una tercera persona, ya sea existente, ya imaginaria.

mengua. f. Acción y efecto de menguar. ‖ **2.** Pobreza, necesidad y escasez de una cosa.

menguado, da. adj. Cobarde, pusilánime. Ú. t. c. s. ‖ **2.** Tonto, falto de juicio. Ú. t. c. s.

menguante. adj. Que mengua. ‖ **de la Luna.** Intervalo entre el plenilunio y el novilunio.

menguar. intr. Disminuir o irse consumiendo física o moralmente una cosa. ‖ **2.** Hablando de la Luna, disminuir la parte iluminada del astro visible desde la Tierra. ‖ **3.** En las labores de punto o ganchillo, ir reduciendo puntos, para que resulte disminuido su número a la vuelta siguiente. Ú. t. c. tr.

menhir. m. Monumento megalítico que consiste en una piedra larga hincada verticalmente en el suelo.

menina. f. Dama de familia noble que desde muy joven entraba a servir a la reina o a las infantas niñas.

meninge. f. *Anat.* Cada una de las membranas de naturaleza conjuntiva que envuelven el encéfalo y la medula espinal.

meningitis. f. *Pat.* Inflamación de las meninges.

menisco. m. *Anat.* Cartílago de la articulación de la rodilla, en forma de media luna y de espesor menguante de la periferia al centro; sirve para adaptar las superficies óseas de dicha articulación y para facilitar el juego de esta.

menopausia. f. Climaterio femenino. ‖ **2.** Época de la vida de la mujer en que experimenta el climaterio.

menor. adj. comp. de **pequeño.** Que es inferior a otra cosa en cantidad, intensidad o calidad. ‖ **2.** Menos importante con relación a algo del mismo género. *Las obras* MENORES *de Quevedo.* ‖ **3.** Dícese de la persona que tiene menos edad que otra. ‖ **o igual que.** *Mat.* Signo matemático (≤) que, colocado entre dos cantidades, indica ser **menor** la primera que la segunda, o ser ambas iguales. ‖ **que.** *Mat.* Signo matemático (<) que, colocado entre dos cantidades, indica ser **menor** la primera que la segunda. ‖ **al por menor.** loc. adj. y adv. que se usa cuando las cosas se venden menudamente y no en grueso. ‖ **por menor.** loc. adj. y adv. Menudamente, por partes, por extenso. *Referir* POR MENOR *las circunstancias de un suceso.*

menorquín, na. adj. Natural de Menorca. Ú. t. c. s. ‖ **2.** Perteneciente o relativo a esta isla.

menos. adv. comp. que denota la idea de carencia, disminución, restricción o inferioridad en comparación expresa o sobrentendida. *Gasta* MENOS; *sé* MENOS *altivo; yo tengo* MENOS *entendimiento que tú; Juan es* MENOS *prudente que su hermano; decir es* MENOS *que hacer;* MENOS *lejos;* MENOS *a propósito.* ❑ Se une al nombre, al adjetivo, al verbo, a otros adverbios y a modos adverbiales, y cuando la comparación es expresa, pide la conjunción *que.* También se construye con el artículo determinado en todos sus géneros y números, formando el superlativo relativo de inferioridad. *Ambrosio es el* MENOS *apreciable de mis amigos; Matilde es la* MENOS *estudiosa de mis hermanas; esto es lo* MENOS *cierto; estas peras son las* MENOS *sabrosas, y estos membrillos, los* MENOS *ásperos.* ‖ **2.** Denota a veces limitación indeterminada de cantidad expresa. *En esta importante batalla murieron* MENOS *de cien hombres; son* MENOS *de las diez.* ‖ **3.** Ú. como sustantivo. *El más y el* MENOS. ‖ **4.** m. *Álg.* y *Arit.* Signo de sustracción o resta, que se representa por una rayita horizontal (–). ‖ **5.** prep. **excepto,** a excepción de. *Todo* MENOS *eso.* ‖ **al, a lo,** o **por lo, menos.** loc. conjunt. con que se denota una excepción o salvedad. *Nadie ha venido,* AL, A LO, O POR LO, MENOS *que yo sepa.* ‖ **a menos que.** loc. conjunt. A no ser que. ‖ **por lo menos.** loc. conjunt. Como mínimo.

menoscabar. tr. Disminuir las cosas, quitándoles una parte; acortarlas, reducirlas. Ú. t. c. prnl. ‖ **2.** fig. Deteriorar y deslustrar una cosa, quitándole parte de la estimación o lucimiento que antes tenía. || **3.** fig. Causar mengua o descrédito en la honra o en la fama.

menoscabo. m. Efecto de menoscabar o menoscabarse.

menospreciar. tr. Tener a una persona o cosa en menos de lo que merece.

menosprecio. m. Poco aprecio, poca estimación. || **2.** Desprecio, desdén.

mensáfono. m. Aparato portátil que sirve para recibir mensajes a distancia.

mensaje. m. Recado que envía una persona a otra. || **2.** Aportación religiosa, moral, intelectual o estética de una persona, doctrina u obra; trasfondo o sentido profundo transmitido por una obra intelectual o artística. || **3.** *Biol.* Ordenación molecular que, en el interior de la célula, un sistema bioquímico induce sobre otro. || **4.** *Comunic.* Conjunto de señales, signos o símbolos que son objeto de una comunicación. || **5.** *Comunic.* Contenido de esta comunicación.

mensajero, ra. m. y f. Persona que lleva un mensaje, recado, despacho o noticia a otra. Ú. t. c. adj. || **2.** m. *Biol.* Uno de los tipos de ácido ribonucleico, que transporta la información genética desde el núcleo celular hasta los ribosomas donde se elabora la proteína específica codificada en él.

menstruación. f. Acción de menstruar. || **2.** Menstruo de las mujeres.

menstruar. intr. Evacuar el menstruo.

menstruo, trua. adj. Perteneciente o relativo al **menstruo** de las mujeres y hembras de ciertos animales. *Sangre* MENSTRUA. || **2.** m. Sangre procedente de la matriz que todos los meses evacuan naturalmente las mujeres y las hembras de ciertos animales.

mensual. adj. Que sucede o se repite cada mes. || **2.** Que dura un mes.

mensualidad. f. Sueldo o salario de un mes. || **2.** Cantidad que se paga mensualmente por una compra aplazada, un servicio recibido, una ayuda prometida u obligada, etc.

ménsula. f. *Arq.* Miembro de arquitectura perfilado con diversas molduras, que sobresale de un plano vertical y sirve para recibir o sostener alguna cosa.

menta. f. **hierbabuena.**

mentado, da. adj. Que tiene fama o nombre; célebre.

mental. adj. Perteneciente o relativo a la mente.

mentalidad. f. Capacidad, actividad mental. || **2.** Cultura y modo de pensar que caracteriza a una persona, a un pueblo, a una generación, etc.

mentar. tr. Nombrar o mencionar a una persona o cosa. ❑ Irreg. Se conj. como *acertar.*

mente. f. Potencia intelectual del alma. || **2.** Designio, pensamiento, propósito, voluntad.

mentecato, ta. adj. Tonto, fatuo, falto de juicio, privado de razón. Ú. t. c. s. || **2.** De escaso juicio o entendimiento. Ú. t. c. s.

mentidero. m. fam. Sitio o lugar donde para conversar se junta la gente ociosa.

mentir. intr. Decir o manifestar lo contrario de lo que se sabe, cree o piensa. || **2.** Inducir a error. MENTIR *a uno los indicios, las esperanzas.* ❑ Irreg. Se conj. como *sentir.*

mentira. f. Expresión o manifestación contraria a lo que se sabe, cree o piensa. || **2.** fig. y fam. Manchita blanca que suele aparecer en las uñas.

mentiroso, sa. adj. Que tiene costumbre de mentir. Ú. t. c. s.

mentís. m. Hecho o demostración que contradice o niega categóricamente un aserto. ❑ pl. invar.

mentol. m. Parte sólida de la esencia de menta que puede considerarse como un alcohol secundario.

mentón. m. Barbilla o prominencia de la mandíbula inferior.

mentor. m. fig. Consejero o guía de otro.

menú. m. Conjunto de platos que constituyen una comida. || **2.** Carta del día donde se relacionan las comidas, postres y bebidas. || **3.** Comida de precio fijo que ofrecen hoteles y restaurantes, con posibilidad limitada de elección. || **4.** *Inform.* Lista presentada en pantalla que sirve de guía para la selección de las operaciones que puede realizar una computadora y un determinado programa. ❑ pl. *menús.*

menudear. tr. Hacer y ejecutar una cosa muchas veces, repetidamente, con frecuencia. || **2.** intr. Caer o suceder una cosa con frecuencia. MENUDEAN *las gotas, los trabajos.*

menudencia. f. Cosa de poco aprecio y estimación.

menudillo. m. En los cuadrúpedos, articulación entre el metacarpo o el metatarso y las primeras falanges de los dedos. || **2.** pl. Vísceras de las aves, comúnmente higadillo, molleja, sangre, madrecilla y yemas.

menudo, da. adj. Pequeño, chico o delgado. || **2.** Aplicábase al dinero, y en especial a la plata, en monedas pequeñas; como pesetas u otras menores. || **3.** En frases exclamativas toma a veces un sentido ponderativo. ¡MENUDO *enredo!* || **4.** m. pl. Vientre, manos y sangre de las reses que se matan. || **5.** En las aves, pescuezo, alones, pies, intestinos, higadillo, molleja, madrecilla, etc. || **a menudo.** loc. adv. Muchas veces, frecuentemente y con continuación.

meñique. adj. Dícese del dedo más pequeño de la mano. Ú. t. c. s.

meollo. m. Masa nerviosa contenida en el cráneo, seso. || **2.** Sustancia interior de los huesos, medula. ‖ **3.** fig. Sustancia o lo más principal de una cosa; fondo de ella.

meón, na. adj. Que mea mucho o frecuentemente. Dícese especialmente de los niños que se orinan en sus ropas o fuera del lugar debido. Ú. t. c. s.

mequetrefe. m. fam. Hombre entremetido, bullicioso y de poco provecho.

merar. tr. Mezclar un licor con otro, o para aumentarle la virtud y calidad, o para templársela. Se usa particularmente hablando del agua que se mezcla con vino.

mercachifle. m. despect. Mercader de poca importancia.

mercader. m. El que trata o comercia con géneros vendibles. MERCADER *de libros, de hierro.*

mercadería. f. **mercancía.**

mercadillo. m. Mercado al aire libre que se instala en días determinados y en el que se venden diversos artículos, nuevos o usados, a precio menor que el de los establecimientos comerciales.

mercado. m. Contratación pública en lugar destinado al efecto y en días señalados. *Aquí hay* MERCADO *los martes.* ‖ **2.** Sitio público destinado permanentemente, o en días señalados, para vender, comprar o permutar bienes o servicios. ‖ **3.** Conjunto de operaciones comerciales que afectan a un determinado sector de bienes. ‖ **4.** Plaza o país de especial importancia o significación en un orden comercial cualquiera. ‖ **5.** Conjunto de consumidores capaces de comprar un producto o servicio. ‖ **negro.** Tráfico clandestino de divisas monetarias o mercancías no autorizadas o escasas en el **mercado,** a precios superiores a los legales.

mercadotecnia. f. Conjunto de principios y prácticas que buscan el aumento del comercio, especialmente de la demanda, y estudio de los procedimientos y recursos tendentes a este fin.

mercancía. f. Todo género vendible. ‖ **2.** Cualquier cosa mueble que se hace objeto de trato o venta.

mercante. adj. **mercantil.** ‖ **2.** V. **buque mercante.**

mercantil. adj. Perteneciente o relativo al mercader, a la mercancía o al comercio.

mercantilismo. m. Sistema económico que atiende en primer término al desarrollo del comercio, principalmente al de exportación, y considera la posesión de metales preciosos como signo característico de riqueza.

mercar. tr. Adquirir algo por dinero, comprar. Ú. t. c. prnl.

merced. f. Premio o galardón que se da por el trabajo. ‖ **2.** Voluntad o arbitrio de uno. *Está a* MERCED *de su amigo.* ‖ **3.** Tratamiento o título de cortesía que se usaba con aquellos que no tenían título o grado por donde se les debieran otros tratamientos superiores: *vuestra* o *su* MERCED.

mercedario, ria. adj. Dícese del religioso o religiosa de la real y militar orden de la Merced. Ú. t. c. s.

mercenario, ria. adj. Aplícase a la tropa que por estipendio sirve en la guerra a un poder extranjero.

mercería. f. Trato y comercio de cosas menudas y de poco valor o entidad; como alfileres, botones, cintas, etc. ‖ **2.** Conjunto de artículos de esta clase. ‖ **3.** Tienda en que se venden.

mercurial. adj. Perteneciente o relativo al dios mitológico o al planeta Mercurio. ‖ **2.** Perteneciente al mercurio.

mercurio. n. p. m. Planeta conocido de muy antiguo, el más próximo al Sol de los que hasta ahora se han observado, y que, como Venus, presenta fases y brilla algunas veces como lucero de la mañana y de la tarde. ‖ **2.** m. Elemento químico de núm. atóm. 80. Metal poco abundante en la corteza terrestre; se encuentra nativo o, combinado con el azufre, en el cinabrio. Líquido en condiciones normales, de color blanco y brillo plateado, es muy pesado, tóxico, mal conductor del calor y muy bueno de la electricidad. Se usa en la fabricación de plaguicidas, instrumentos, espejos y, aleado con el oro y la plata, en odontología; algunas de sus sales tienen aplicaciones médicas. También se conoce como azogue, hidrargiro e hidrargirio. Símb. *Hg,* de *hidrargirio.*

merecer. tr. Hacerse uno digno de premio o de castigo. ‖ **2.** Tener cierto grado o estimación una cosa, valer. *Eso no* MERECE *cien pesetas.* ❑ Irreg. Se conj. como *agradecer.*

merecido. m. Castigo de que se juzga digno a uno. *Llevó su* MERECIDO.

merendar. intr. Tomar la merienda. ‖ **2.** tr. Tomar en la merienda una u otra cosa. MERENDAR *fruta y almíbar.* ❑ Irreg. Se conj. como *acertar.*

merendero. m. Lugar o establecimiento adonde se acude a merendar o comer.

merendola. f. **merendona.**

merendona. f. fig. Merienda espléndida y abundante.

merengue. m. Dulce, por lo común de figura aovada, hecho con claras de huevo y azúcar y cocido al horno. ‖ **2.** *Sto. Dom.* Danza popular, conocida también en otros países del Caribe.

meretriz. f. Prostituta, ramera, mujer pública.

meridiano, na. adj. Perteneciente o relativo a la hora del mediodía. ‖ **2.** fig. Clarísimo, luminosísimo.

Luz MERIDIANA. ‖ **3.** m. *Astron.* Círculo máximo de la esfera celeste, que pasa por los polos del mundo y por el cenit y nadir del punto de la Tierra a que se refiere. ‖ **4.** *Geogr.* Cualquiera de los círculos máximos de la esfera terrestre que pasan por los dos polos.

meridional. adj. Perteneciente o relativo al Sur o Mediodía. Apl. a pers., ú. t. c. s.

merienda. f. Comida ligera que se hace por la tarde antes de la cena.

merindad. f. Distrito con una ciudad o villa importante que defendía y dirigía los intereses de los pueblos y caseríos sitos en su demarcación.

merino, na. adj. Dícese de los carneros y ovejas que tienen el hocico grueso y ancho, la nariz con arrugas y el cuerpo cubierto de lana muy fina, corta y rizada. Ú. t. c. s.

mérito. m. Acción que hace al hombre digno de premio o de castigo.

meritorio, ria. adj. Digno de premio o galardón. ‖ **2.** m. y f. Persona que trabaja sin sueldo y solo por hacer méritos para entrar en una plaza remunerada.

merluza. f. Pez teleósteo marino, anacanto, de cuerpo simétrico, con la primera aleta dorsal corta y la segunda larga, tanto como la anal. Alcanza hasta un metro de longitud y es muy apreciado por su carne. Abunda en las costas de España.

merluzo. m. fig. y fam. Hombre bobo, tonto.

merma. f. Acción y efecto de mermar.

mermar. intr. Bajar o disminuir una cosa o consumirse una parte de ella. Ú. t. c. prnl. ‖ **2.** tr. Hacer que algo disminuya o quitar a uno parte de cierta cantidad que le corresponde. MERMAR *la paga, la ración.*

mermelada. f. Conserva de membrillos o de otras frutas, con miel o azúcar.

mero[1]. m. Pez teleósteo marino, del suborden de los acantopterigios, que llega a tener un metro de largo; cuerpo casi oval, achatado, de color amarillento oscuro por el lomo y blanco por el vientre; cabeza grande, algo rojiza; boca armada de muchos dientes, agallas con puntas en el margen y guarnecidas de tres aguijones, once radios espinosos en la aleta dorsal, y cola robusta. Vive principalmente en el Mediterráneo, y su carne es considerada como una de las más delicadas.

mero[2], ra. adj. Puro, simple y que no tiene mezcla de otra cosa. Se usa hoy en sentido moral e intelectual.

merodear. intr. *Mil.* Apartarse algunos soldados del cuerpo en que marchan, a ver qué pueden coger o robar en los caseríos y en el campo. ‖ **2.** Por ext., vagar por el campo cualquier persona o cuadrilla, viviendo de lo que coge o roba. ‖ **3.** Por ext., vagar por las inmediaciones de algún lugar, en general con malos fines.

merovingio, gia. adj. Perteneciente a la familia o a la dinastía de los primeros reyes de Francia, el tercero de los cuales fue Meroveo. Aplicado a los reyes de esta dinastía, ú. t. c. s. *Los* MEROVINGIOS.

mes. m. Cada una de las doce partes en que se divide el año. ‖ **2.** Número de días consecutivos desde uno señalado hasta otro de igual fecha en el **mes** siguiente. *Se le han dado dos* MESES *de término, contados desde el 15 de mayo.* ‖ **3.** Menstruo de las mujeres.

mesa. f. Mueble, por lo común de madera, que se compone de una o de varias tablas lisas sostenidas por uno o varios pies, y que sirve para comer, escribir, jugar u otros usos. ‖ **2.** En las asambleas políticas, colegios electorales y otras corporaciones, conjunto de personas que las dirigen con diferentes cargos, como los de presidente, secretario, etc. ‖ **camilla.** La armada con bastidores y tarima para el brasero. ‖ **de noche.** Mueble pequeño, con cajones, que se coloca al lado de la cama, para los servicios necesarios. ‖ **redonda.** fig. Grupo de personas versadas en determinada materia que se reúnen para confrontar sus opiniones sin diferencia de jerarquía entre los participantes.

mesalina. f. fig. Mujer poderosa o aristócrata y de costumbres disolutas.

mesana. amb. *Mar.* El mástil que está más a popa en el buque de tres palos. ‖ **2.** f. *Mar.* Vela que va contra este mástil sujeta en un cangrejo.

mesar. tr. Arrancar los cabellos o barbas con las manos. Ú. m. c. prnl.

meseguero, ra. adj. Perteneciente o relativo a las mieses. ‖ **2.** m. El que guarda las mieses.

mesénquima. m. *Biol.* Tejido conjuntivo embrionario, del que derivan los distintos tipos de tejido conjuntivo del adulto y los vasos sanguíneos y linfáticos.

mesenquimal. adj. *Biol.* Perteneciente o relativo al mesénquima.

mesenterio. m. *Anat.* Repliegue del peritoneo, formado principalmente por tejido conjuntivo que contiene numerosos vasos sanguíneos y linfáticos y que une el estómago y el intestino con las paredes abdominales. En él se acumula a veces una enorme cantidad de células adiposas.

meseta. f. Porción de piso horizontal en que termina un tramo de escalera. ‖ **2.** Planicie extensa situada a considerable altura sobre el nivel del mar.

mesiánico, ca. adj. Perteneciente o relativo al Mesías o al mesianismo.

mesianismo. m. Doctrina relativa al Mesías. ‖ **2.** fig. Confianza inmotivada o desmedida en un agente bienhechor que se espera.

mesías. n. p. m. El Hijo de Dios, Salvador y Rey descendiente de David, prometido por los profetas al pueblo hebreo. ‖ **2.** m. fig. Sujeto real o imaginario en cuyo advenimiento hay puesta confianza inmotivada o desmedida.

mesilla. f. **mesa de noche.**

mesnada. f. Compañía de gente de armas que antiguamente servía bajo el mando del rey o de un ricohombre o caballero principal.

mesoamericano, na. adj. Perteneciente o relativo a Mesoamérica, región que los americanistas distinguen como de altas culturas, y cuyos límites se encuentran entre una línea que corre al norte de la capital de la República de Méjico, y otra que corta América Central por Honduras y Nicaragua.

mesocarpio. m. *Bot.* Capa media de las tres que forman el pericarpio de los frutos; como la parte carnosa del melocotón.

mesocéfalo. adj. Dícese de la persona cuyo cráneo tiene las proporciones intermedias entre el braquicéfalo y el dolicocéfalo.

mesocracia. f. Forma de gobierno en que la clase media tiene preponderancia. ‖ **2.** fig. Clase social acomodada, burguesía.

mesodermo. m. *Biol.* La capa u hoja media de las tres en que, en todos los animales, salvo esponjas y celentéreos, se disponen las células del blastodermo después de haberse efectuado la segmentación.

mesón[1]. m. Hospedaje público donde por dinero se da albergue a viajeros, caballerías y carruajes. ‖ **2.** Modernamente, establecimiento típico, donde se sirven comidas y bebidas.

mesón[2]. m. *Fís.* Cada una de las partículas efímeras producidas en ciertas reacciones nucleares, con masa intermedia entre el electrón y el nucleón.

mesonero, ra. adj. Perteneciente o relativo al mesón. ‖ **2.** m. y f. Persona que posee o tiene a su cargo un mesón.

mesotórax. m. *Anat.* Parte media del pecho. ‖ **2.** *Zool.* Segmento medio del tórax de los insectos.

mesozoico, ca. adj. *Geol.* Se aplica a los períodos geológicos triásico, jurásico y cretácico. Ú. t. c. s. ‖ **2. secundario,** período geológico.

Mesta. n. p. f. Agregado o reunión de los dueños de ganados mayores y menores, que cuidaban de su crianza y pasto, y vendían para el común abastecimiento.

mester. m. ant. Arte, oficio. ‖ **de clerecía.** Género de literatura cultivado por los clérigos o personas doctas de la Edad Media, por oposición al de juglaría. ‖ **de juglaría.** Poesía de los juglares o cantores populares en la Edad Media. ❑ Es siempre voz aguda, no llana.

mestizaje. m. Cruce de razas diferentes. ‖ **2.** Conjunto de individuos que resultan de este cruce. ‖ **3.** fig. Mezcla de culturas distintas, que da origen a una nueva.

mestizo, za. adj. Aplícase a la persona nacida de padre y madre de raza diferente, y con especialidad al hijo de hombre blanco e india, o de indio y mujer blanca. Ú. t. c. s. ‖ **2.** Aplícase al animal o vegetal que resulta de haberse cruzado dos razas distintas.

mesura. f. Moderación, comedimiento.

meta. f. Término señalado a una carrera. ‖ **2.** En fútbol y otros juegos, portería. ‖ **3.** fig. Fin a que se dirigen las acciones o deseos de una persona. ‖ **4.** m. *Dep.* Portero, jugador que defiende la **meta.**

meta-. elem. compos. que significa «junto a», «después de», «entre» o «con»: META*centro,* META*tórax.*

metabólico, ca. adj. *Biol.* Perteneciente o relativo al metabolismo.

metabolismo. m. *Fisiol.* Conjunto de reacciones químicas que efectúan constantemente las células de los seres vivos con el fin de sintetizar sustancias complejas a partir de otras más simples, o degradar aquellas para obtener estas.

metabolito. m. *Biol.* Sustancia de bajo peso molecular que interviene en el metabolismo.

metacarpo. m. *Anat.* Conjunto de varios huesos largos que forman parte del esqueleto de los miembros anteriores de los batracios, reptiles y mamíferos y están articulados con los del carpo por uno de sus extremos y con las falanges de los dedos de la mano por el otro. En el hombre constituye el esqueleto de la parte de la mano comprendida entre la muñeca y los dedos y está formado por cinco huesos.

metacrilato. m. Producto de polimerización del ácido acrílico o de sus derivados. Es un sólido transparente, rígido y resistente a los agentes atmosféricos, y uno de los materiales plásticos más utilizados.

metafísica. f. Parte de la filosofía que trata del ser en cuanto tal, y de sus propiedades, principios y causas primeras. ‖ **2.** fig. Modo de discurrir con demasiada sutileza en cualquier materia.

metafonía. f. *Fon.* Cambio de timbre que la vocal tónica sufre por influjo de la vocal final o de un sonido vecino.

metáfora. f. *Ret.* Tropo que consiste en trasladar el sentido recto de las voces a otro figurado, en virtud de una comparación tácita; v. gr.: *Las perlas del* *rocío; la primavera de la vida; refrenar las pasiones.* || **2.** Aplicación de una palabra o de una expresión a un objeto o a un concepto, al cual no denota literalmente, con el fin de sugerir una comparación (con otro objeto o concepto) y facilitar su comprensión. *El átomo es un sistema solar en miniatura.* || **continuada.** *Ret.* Alegoría en que unas palabras se toman en sentido recto y otras en sentido figurado.

metal. m. *Quím.* Cada uno de los elementos químicos buenos conductores del calor y de la electricidad, con un brillo característico, y sólidos a temperatura ordinaria, salvo el mercurio. En sus sales en disolución forman iones electropositivos (cationes). || **blanco.** Aleación de color, brillo y dureza semejantes a los de la plata, que ordinariamente se obtiene mezclando cobre, níquel y cinc. || **precioso.** El oro, la plata y el platino. || **noble.** *Quím.* El que no se oxida y permanece virtualmente inalterable; como el oro, el platino y el iridio.

metalenguaje. m. *Comunic.* Lenguaje o sistema simbólico que describe o analiza otro lenguaje o sistema simbólico. || **2.** *Inform.* Lenguaje utilizado para describir un sistema de lenguaje de programación.

metálico, ca. adj. De metal o perteneciente a él. || **2.** m. Dinero en general.

metalífero, ra. adj. Que contiene metal.

metalingüístico, ca. adj. Perteneciente o relativo al metalenguaje.

metalizar. tr. *Quím.* Hacer que un cuerpo adquiera propiedades metálicas. || **2.** prnl. Convertirse una cosa en metal, o impregnarse de él.

metaloide. m. *Quím.* **semimetal.**

metalurgia. f. Arte de beneficiar los minerales y de extraer los metales que contienen, para ponerlos en disposición de ser elaborados. || **2.** Ciencia y técnica que trata de los metales y de sus aleaciones. || **3.** Conjunto de industrias, en particular las pesadas, dedicadas a la elaboración de metales.

metamórfico, ca. adj. *Geol.* Dícese del mineral o de la roca en que ha habido metamorfismo.

metamorfismo. m. *Geol.* Transformación natural ocurrida en un mineral o en una roca después de su consolidación primitiva.

metamorfosis. f. Transformación de una cosa en otra. || **2.** fig. Mudanza que hace una persona o cosa de un estado a otro; como de la avaricia a la liberalidad, de la pobreza a la riqueza. || **3.** *Zool.* Cambio que experimentan muchos animales durante su desarrollo, y que se manifiesta no solo en la variación de forma, sino también en las funciones y en el género de vida.

metano. m. *Quím.* Hidrocarburo gaseoso e incoloro, producido por la descomposición de sustancias vegetales, y que se desprende del cieno de algunos pantanos, del fondo de las minas de carbón de piedra, etc. Mezclado con el aire, es inflamable.

metaplasmo. m. *Gram.* Nombre genérico de las figuras de dicción.

metástasis. f. *Med.* Propagación de un foco canceroso en un órgano distinto de aquel en que se inició. ❑ No confundir con *metátesis.*

metatarso. m. *Anat.* Conjunto de huesos largos que forman parte de las extremidades posteriores de los batracios, reptiles y mamíferos, y que por un lado están articulados con el tarso y por el otro con las falanges de los dedos del pie. En el hombre está formado por cinco huesos, y constituye el esqueleto de la planta del pie.

metátesis. f. *Gram.* Cambio de lugar de algún sonido en un vocablo, como en *perlado* por *prelado.* Era figura de dicción, según la preceptiva tradicional. ❑ No confundir con *metástasis.*

metatórax. m. *Zool.* Parte del tórax de los insectos situada entre el mesotórax y el abdomen. ❑ pl. invar.

metazoo. adj. *Zool.* Dícese de los animales cuyo cuerpo está constituido por muchísimas células diferenciadas y agrupadas en forma de tejidos, órganos y aparatos; como los vertebrados, los moluscos y los gusanos. Ú. t. c. s. m. || **2.** m. pl. *Zool.* Subreino de estos animales.

metempsicosis o **metempsícosis.** f. Doctrina religiosa y filosófica de varias escuelas orientales, y renovada por otras de Occidente, según la cual transmigran las almas después de la muerte a otros cuerpos más o menos perfectos, conforme a los merecimientos alcanzados en la existencia anterior.

meteorismo. m. *Pat.* Abultamiento del vientre por gases acumulados en el tubo digestivo.

meteorito. m. Fragmento de un bólido que cae sobre la Tierra, aerolito. ❑ No confundir con *meteoro.*

meteoro. m. Fenómeno atmosférico: aéreo, como los vientos; acuoso, como la lluvia o la nieve; luminoso, como el arco iris; o eléctrico, como el rayo y el fuego de Santelmo. ❑ No confundir con *meteorito.*

meteorología. f. Ciencia que trata de la atmósfera y de los meteoros. ❑ No utilizar **metereología.*

meteorológico, ca. adj. Perteneciente o relativo a la meteorología o a los meteoros.

metepatas. com. Persona que mete la pata; inoportuno, indiscreto.

meter. tr. Encerrar, introducir o incluir una cosa dentro de otra o en alguna parte. Ú. t. c. prnl. || **2.** Con voces como *miedo, ruido,* etc., **ocasionar.** || **3.**

Inducir o mover a uno a determinado fin. *Le* METIÓ *en este negocio, en el cuento.* ‖ **4.** prnl. Introducirse en una parte o en una dependencia sin ser llamado. ‖ **5.** Con la preposición *a* y algunos nombres que significan condición, estado o profesión, abrazarla, aparentarla o afectarla uno en su porte. METERSE A *labrador,* A *caballero.* ‖ **meterse** uno **con otro.** fr. Armarle camorra; darle motivo de inquietud o censurarlo en su conducta o en sus obras.

meticón, na. adj. fam. Dícese de la persona entrometida. Ú. t. c. s.

meticuloso, sa. adj. Excesivamente puntual; escrupuloso, concienzudo.

metido, da. adj. Abundante en ciertas cosas. METIDO *en harina, en carnes.* ‖ **2.** m. Tela sobrante que suele dejarse **metida** en las costuras de una prenda de ropa.

metijón, na. adj. fam. Dícese de la persona entrometida. Ú. t. c. s.

metílico, ca. adj. *Quím.* Dícese de los compuestos que contienen metilo.

metilo. m. *Quím.* Radical del alcohol metílico, constituido por un átomo de carbono y tres de hidrógeno.

metisaca. f. *Taurom.* Estocada imperfecta, en la cual el diestro clava el estoque en la res y lo saca rápidamente sin soltarlo, por considerar imperfecta la estocada.

metódico, ca. adj. Hecho con método. ‖ **2.** Que usa de método.

metodismo. m. Doctrina de una confesión protestante fundada en Oxford en 1729 por John y Charles Wesley.

metodista. adj. Que profesa el metodismo. Ú. t. c. s. ‖ **2.** Perteneciente o relativo a él.

metodizar. tr. Poner orden y método en una cosa.

método. m. Modo de decir o hacer con orden una cosa. ‖ **2.** Modo de obrar o proceder; hábito o costumbre que cada uno tiene y observa. ‖ **3.** *Fil.* Procedimiento que se sigue en las ciencias para hallar la verdad y enseñarla. Puede ser analítico o sintético.

metodología. f. Ciencia del método. ‖ **2.** Conjunto de métodos que se siguen en una investigación científica o en una exposición doctrinal.

metomentodo. com. fam. Persona que se mete en todo, entrometida.

metonimia. f. *Ret.* Tropo que consiste en designar una cosa con el nombre de otra tomando el efecto por la causa o viceversa, el autor por sus obras, el signo por la cosa significada, etc.; v. gr. *las canas* por *la vejez; leer a Virgilio,* por *leer las obras de Virgilio; el laurel* por *la gloria,* etc.

metopa o **métopa.** f. *Arq.* Espacio que media entre triglifo y triglifo en el friso dórico.

metoposcopia. f. Arte de adivinar el porvenir por las líneas del rostro.

metraje. m. Longitud de una película cinematográfica.

metralla. f. *Art.* Munición menuda con que se cargaban las piezas de artillería, proyectiles y bombas, y actualmente otros explosivos.

metralleta. f. Arma de fuego, portátil, de repetición.

-metría. elem. compos. que significa «medida» o «medición»: *econo*METRÍA, *crono*METRÍA.

métrica. f. Arte que trata de la medida o estructura de los versos, de sus clases y de las distintas combinaciones que con ellos pueden formarse.

métrico, ca. adj. Perteneciente o relativo al metro o medida. *Sistema* MÉTRICO. ‖ **2.** Perteneciente o relativo al metro o medida del verso. *Arte* MÉTRICA.

metro¹. m. Medida peculiar de cada clase de versos. *Mudar de* METRO; *comedia en variedad de* METROS. ‖ **2.** Unidad de longitud, base del sistema métrico decimal, la cual se determinó dividiendo en diez millones de partes iguales la longitud calculada para el cuadrante de meridiano que pasa por París. ‖ **3.** Instrumento que tiene marcada la longitud del **metro** y sus divisores, y que se emplea para medir. ‖ **4.** Cantidad de materia que tiene la longitud de un **metro:** *he comprado tres* METROS *de tela.* ‖ **cuadrado.** Cuadrado cuyo lado es un **metro.** ‖ **2.** Cantidad de una cosa cuya superficie mide un **metro** cuadrado. *Pagó el solar a tres mil pesetas por* METRO CUADRADO. ‖ **cúbico.** Cubo cuyo lado es un **metro.** ‖ **2.** Cantidad de alguna cosa cuyo volumen mide un **metro** cúbico. *Un* METRO CÚBICO *de agua.*

metro². m. abrev. de **metropolitano,** ferrocarril o tranvía subterráneo.

-metro. elem. compos. que significa medida, generalmente relacionada con el metro, unidad de longitud: *centí*METRO, *kiló*METRO, o bien, aparato para medir: *pluvió*METRO, *termó*METRO.

metrología. f. Ciencia que tiene por objeto el estudio de los sistemas de pesas y medidas.

metrónomo. m. Máquina a manera de reloj, para medir el tiempo e indicar el compás de las composiciones musicales.

metrópoli. f. Ciudad principal, cabeza de la provincia o Estado. ‖ **2.** La nación, u originariamente una ciudad, respecto de sus colonias.

metrópolis. f. ant. **metrópoli.**

metropolitano, na. adj. Perteneciente o relativo a la metrópoli. ‖ **2.** Perteneciente o relativo al conjunto urbano formado por una ciudad y sus suburbios. ‖ **3.** m. Tren subterráneo o al aire libre que circula por las grandes ciudades.

mexicano, na. adj. **mejicano.** ❑ La *x* se pronuncia como *j*.

mezcal. m. Variedad de pita[1]. ‖ **2.** Aguardiente que se obtiene por fermentación y destilación de las cabezas de esta planta.

mezcla. f. Acción y efecto de mezclar o mezclarse. ‖ **2.** Conjunto de varias sustancias o cuerpos que no tienen entre sí acción química.

mezclar. tr. Juntar, unir, incorporar una cosa con otra, confundiéndolas. Ú. t. c. prnl. ‖ **2.** Alterar el orden de las cosas, desordenarlas. ‖ **3.** fig. Meter a uno en algo que no le incumbe o no le interesa. *¡No me* MEZCLES *en tus asuntos!* Ú. t. c. prnl. SE MEZCLA *en todas las discusiones callejeras.* ‖ **4.** prnl. Introducirse o meterse uno entre otros.

mezcolanza. f. fam. Mezcla extraña y confusa, y algunas veces ridícula.

mezquino, na. adj. Que escatima excesivamente en el gasto. ‖ **2.** Falto de nobleza de espíritu.

mezquita. f. Edificio en que los musulmanes practican sus ceremonias religiosas.

mi[1]. m. *Mús.* Tercera nota de la escala música. ❑ pl. *mis.*

mi[2]. adj. poses. apóc. de **mío, a.** ❑ No se emplea sino antepuesto al nombre.

mí. Forma del pronombre personal de primera persona en género masculino o femenino y número singular, que se emplea para las funciones de complemento con preposición. ❑ Cuando la preposición es *con,* se dice **conmigo.**

miaja. f. **migaja,** parte pequeña del pan o de otra cosa.

mialgia. f. *Pat.* Dolor muscular, miodinia.

miasma. m. Efluvio maligno que, según se creía, desprendían cuerpos enfermos, materias corruptas o aguas estancadas. Ú. m. en pl.

miau. Onomat. del maullido del gato. ‖ **2.** m. Voz del gato, maullido.

mica. f. Mineral compuesto de hojuelas brillantes, elásticas, sumamente delgadas, que se rayan con la uña. Es un silicato múltiple con colores muy diversos y que forma parte integrante de varias rocas.

micacita. f. Roca compuesta de cuarzo granujiento y mica, de textura pizarrosa y colores verdosos. Se emplea en el firme de los caminos, y, dividida en placas delgadas, se usa, como las tejas, para cubrir los edificios.

micción. f. Acción de mear.

micelio. m. *Bot.* Talo de los hongos, formado comúnmente de filamentos muy ramificados y que constituye el aparato de nutrición de estas plantas.

michelín. m. fam. Pliegue de gordura que se forma en alguna parte del cuerpo.

michino, na. m. y f. fam. **gato, gata,** animal.

mico. m. Mono de cola larga. ‖ **2.** fig. y fam. Apelativo festivo y cariñoso aplicado a niños.

micología. f. Ciencia que trata de los hongos.

micosis. f. *Pat.* Infección producida por ciertos hongos en alguna parte del organismo.

micra. f. Medida de longitud: es la milésima parte del milímetro. Ú. especialmente en las observaciones microscópicas. Se abrevia con la letra griega µ. En el sistema internacional corresponde al micrómetro.

micro-. elem. compos. que significa «pequeño»: MICRO*electrónica,* MICRO*scopio,* y por ext., en algún caso, «amplificación»: MICRÓ*fono.* ‖ **2.** Otras veces indica la millonésima parte de una unidad (10^{-6}): MICRO*faradio.* Símb. *µ.*

microbiano, na. adj. Perteneciente o relativo a los microbios.

microbio. m. Nombre genérico que designa los seres organizados sólo visibles al microscopio, como bacterias, infusorios, levaduras, etc.

microbiología. f. Estudio de los microbios.

microbús. m. Autobús de menor tamaño que el usual.

microcéfalo, la. adj. Dícese del animal que tiene la cabeza de tamaño menor del normal en la especie a que pertenece; y en general, que tiene la cabeza desproporcionada, por lo pequeña, con relación al cuerpo. Ú. t. c. s.

microcirugía. f. Cirugía realizada con aparatos adecuados para manejar objetos microscópicos.

micrococo. m. *Bot.* Bacteria de forma esférica.

microcosmo. m. El hombre, concebido como resumen completo del universo o macrocosmo.

microcosmos. m. **microcosmo.**

microeconomía. f. Estudio de la economía en relación con acciones individuales, de un comprador, de un fabricante, de una empresa, etc. ❑ Ú. en contraposición a macroeconomía.

microelectrónica. f. Técnica de diseñar y producir circuitos electrónicos en miniatura, aplicando especialmente elementos semiconductores.

microficha. f. Ficha de película que contiene en tamaño muy reducido varias fotografías de páginas de un libro, documento, etc.

microfilme. m. Filme en que se reproducen, con una gran reducción de tamaño, documentos gráficos, permitiendo así su fácil almacenamiento y manipulación.

micrófito. m. *Bot.* Microbio de naturaleza vegetal.

micrófono. m. Aparato que transforma las ondas sonoras en corrientes eléctricas para su amplificación.

micrografía. f. Descripción de objetos vistos con el microscopio.

micrómetro. m. Instrumento, aparato o artificio óptico y mecánico destinado a medir cantidades lineales o angulares muy pequeñas. ‖ **2.** Medida de longitud; es la millonésima parte del metro.

microonda. f. *Electr.* Onda electromagnética cuya longitud está comprendida en el intervalo del milímetro al metro y cuya propagación puede realizarse por el interior de tubos metálicos.

microondas. m. **horno de microondas.**

microorganismo. m. **microbio.**

micrópilo o **micropilo.** m. *Bot.* Orificio que perfora la envoltura del óvulo de los vegetales, por el cual penetra el elemento masculino en la fecundación.

microprocesador. m. *Electrón.* Circuito constituido por millares de transistores integrados en un chip, que realiza alguna determinada función de los computadores electrónicos digitales.

microscópico, ca. adj. Perteneciente o relativo al microscopio. ‖ **2.** Tan pequeño, que no puede verse sino con el microscopio. ‖ **3.** Dícese, por ext., de lo que es muy pequeño.

microscopio. m. Instrumento óptico destinado a observar objetos extremadamente diminutos, haciendo perceptible lo que no lo es a simple vista. ‖ **electrónico. microscopio** que utiliza radiación electrónica en vez de luz, y con el que se consiguen aumentos muchas miles de veces superiores a los del **microscopio** ordinario.

microsurco. adj. Dícese del disco de gramófono cuyas estrías finísimas y muy próximas entre sí, permiten registrar gran cantidad de sonidos. Ú. t. c. s.

microtomo. m. Instrumento que sirve para cortar los objetos que se han de observar con el microscopio.

miedica. adj. despect. fam. Miedoso. Ú. t. c. s.

miedo. m. Perturbación angustiosa del ánimo por un riesgo o daño real o imaginario. ‖ **2.** Recelo o aprensión que uno tiene de que le suceda una cosa contraria a lo que desea. ‖ **cerval.** fig. El grande o excesivo. ‖ **de miedo.** expr. coloq. intensamente ponderativa, con valor adjetival: *Hace un frío* DE MIEDO («grandísimo»), *Fulanita está* DE MIEDO («enormemente atractiva»), o adverbial: *Fulano canta* DE MIEDO («estupendamente»), *presume* DE MIEDO («muchísimo»).

miedoso, sa. adj. fam. Que de cualquier cosa tiene miedo. Ú. t. c. s.

miel. f. Sustancia viscosa, amarillenta y muy dulce, que producen las abejas transformando en su estómago el néctar de las flores, y devolviéndolo por la boca para llenar con él los panales y que sirva de alimento a las crías. ‖ **miel sobre hojuelas.** expr. fig. y fam. que se usa para expresar que una cosa viene muy bien sobre otra, o le añade nuevo realce o atractivo.

mielga[1]. f. Planta herbácea anual, de la familia de las papilionáceas, de raíz larga y recia, vástagos de seis a ocho decímetros de altura, hojas compuestas de otras ovaladas y aserradas por su margen, flores azules en espiga, y por fruto una vaina en espiral con simientes amarillas en forma de riñón. Abunda en los sembrados.

mielga[2]. f. Pez selacio, especie de tiburón, cuya longitud no suele pasar de un metro y con dos aletas dorsales armadas de una púa muy dura y aguzada. Vive en casi todos los mares tropicales y templados y abunda en todo el litoral español. La carne es comestible, aunque dura y fibrosa, y la piel se emplea como la de la lija.

mielina. f. *Bioquím.* Lipoproteína que constituye la vaina de las fibras nerviosas.

mielitis. f. *Med.* Inflamación de la medula espinal.

miembro. m. Cualquiera de las extremidades del hombre o de los animales articuladas con el tronco. ‖ **2.** Órgano de la generación en el hombre y en algunos animales. ‖ **3.** Individuo que forma parte de un conjunto, comunidad o cuerpo moral. ‖ **4.** Parte de un todo unida con él. ‖ **5.** Parte o pedazo de una cosa separada de ella. ‖ **6.** *Arq.* Cada una de las partes principales de un orden arquitectónico o de un edificio. ‖ **7.** *Mat.* Cualquiera de las dos expresiones de una ecuación separadas por el signo de igualdad o de desigualdad. ‖ **viril.** En el hombre, órgano de la generación.

miente. f. ant. Facultad de pensar, pensamiento. Ú. en pl. en algunas frases.

mientras. adv. t. En tanto, entre tanto. *Juan estudia; tú,* MIENTRAS, *te diviertes.* ‖ **2.** conj. t. Durante el tiempo en que. MIENTRAS *tú te diviertes, Juan estudia.* ‖ **mientras que.** loc. conjunt. advers. En cambio. *Juan estudia,* MIENTRAS QUE *tú no haces nada de provecho.*

miércoles. m. Tercer día de la semana. ‖ **de ceniza.** Primer día de la cuaresma y cuadragésimo sexto anterior al domingo de Pascua de Resurrección. Se llama así porque en él se toma la ceniza, y cae entre el 4 de febrero y el 10 de marzo.

mierda. f. Excremento humano. ‖ **2.** Por ext., el de algunos animales. ‖ **3.** fig. y fam. Grasa, suciedad o porquería que se pega a la ropa o a otra cosa. ‖ **4.** fig. y fam. Cosa sin valor o mal hecha. ‖ **5.** com. fig. y fam. Persona sin cualidades ni méritos. ‖ **¡mierda!** exclam. vulg. de contrariedad o indignación.

mies. f. Cereal de cuya semilla se hace el pan. ‖ **2.** Tiempo de la siega y cosecha de granos. ‖ **3.** pl. Los sembrados.

miga. f. Porción pequeña de pan o de cualquier cosa. ‖ **2.** Parte interior y más blanda del pan, rodeada y cubierta por la corteza. ‖ **3.** fig. y fam. Entidad, gravedad y sustancia de una cosa moral. *Discurso de* MIGA; *hombre de* MIGA. ‖ **4.** pl. Pan picado, humedecido con agua y sal y rehogado en aceite muy frito, con algo de ajo y pimentón. ‖ **hacer buenas,** o **malas, migas** dos o más personas. fr. fig. y fam. Avenirse bien en su trato y amistad, o al contrario.

migaja. f. Parte más pequeña y menuda del pan, que suele saltar o desmenuzarse al partirlo. ‖ **2.** Porción pequeña y menuda de cualquier cosa. ‖ **3.** fig. Nada o casi nada. ‖ **4.** pl. fig. Desperdicios o sobras de uno, que aprovechan otros.

migar. tr. Desmenuzar o partir el pan en pedazos muy pequeños para hacer migas u otra cosa semejante.

migración. f. Acción y efecto de pasar de un país a otro para establecerse en él. Se usa hablando de las históricas que hicieron las razas o los pueblos enteros. ‖ **2.** Viaje periódico de las aves, peces u otros animales migratorios. ‖ **3.** Desplazamiento geográfico de individuos o grupos, generalmente por causas económicas o sociales.

migratorio, ria. adj. Que emigra.

migraña. f. **jaqueca.**

mihrab. m. Nicho u hornacina que en las mezquitas señala el sitio adonde han de mirar los que oran.

mijo. m. Planta de la familia de las gramíneas, originaria de la India, con tallos de unos seis decímetros de longitud, hojas planas, largas y puntiagudas, y flores en panojas terminales, encorvadas en el ápice. ‖ **2.** Semilla de esta planta. Es pequeña, redonda, brillante y de color blanco amarillento.

mikado. m. Título del emperador del Japón.

mil. adj. Diez veces ciento. ‖ **2. milésimo,** que sigue en orden al noningentésimo nonagésimo nono. *Número* MIL; *año* MIL. ‖ **3.** fig. Dícese del número o cantidad grande indefinidamente. ‖ **4.** m. Signo o conjunto de signos con que se representa el número **mil.** ‖ **5.** Conjunto de **mil** unidades, millar. Ú. m. en pl. *Ganó en el comercio muchos* MILES *de pesos.*

milagrería. f. Narración de hechos maravillosos que se quiere hacer aparecer como milagros. ‖ **2.** Propensión o tendencia a tomar como milagros hechos naturales o explicables naturalmente.

milagro. m. Hecho no explicable por las leyes naturales y que se atribuye a intervención sobrenatural de origen divino. ‖ **2.** Cualquier suceso o cosa rara, extraordinaria y maravillosa.

milagroso, sa. adj. Que excede a las fuerzas y facultades de la naturaleza. ‖ **2.** Maravilloso, asombroso, pasmoso.

milanesa. f. Filete de carne empanado.

milano. m. Ave diurna del orden de las rapaces, que tiene unos siete decímetros desde el pico hasta la extremidad de la cola y metro y medio de envergadura; plumaje del cuerpo rojizo, gris claro en la cabeza, leonado en la cola y casi negro en las penas de las alas; pico y tarsos cortos, y cola y alas muy largas, por lo cual tiene el vuelo facilísimo y sostenido. Es sedentaria en España y se alimenta con preferencia de roedores pequeños, insectos y carroñas.

milenario, ria. adj. Perteneciente al número mil o al millar. ‖ **2.** Dícese de lo que ha durado uno o varios milenios. ‖ **3.** m. Espacio de mil años. ‖ **4.** Milésimo aniversario de algún acontecimiento notable.

milenio. m. Período de mil años.

milenrama. f. Planta herbácea de la familia de las compuestas, con tallo de cuatro a seis decímetros de altura; hojas dos veces divididas en lacinias muy estrechas y algo vellosas; flores en corimbos apretados, blancas y a veces rojizas, y fruto seco con una semilla suelta. Es común en España, y el cocimiento de sus flores se ha usado como tónico y astringente.

milésima. f. Milésima parte de la unidad monetaria.

milésimo, ma. adj. Que sigue inmediatamente en orden al noningentésimo nonagésimo nono. ‖ **2.** Dícese de cada una de las mil partes iguales en que se divide un todo. Ú. t. c. s.

milhojas. m. Pastel en forma de prisma rectangular, que contiene merengue entre dos capas de hojaldre espolvoreado con azúcar.

mili. f. Servicio militar.

mili-. elem. compos. que significa la milésima parte de una unidad (10^{-3}): MILÍ*metro,* MILI*litro.* Símb. *m.*

miliárea. f. Medida de superficie equivalente a la milésima parte de una área, o sea, diez centímetros cuadrados.

milibaro. m. Unidad de medida de la presión atmosférica equivalente a una milésima de baro.

milicia. f. Arte de hacer la guerra y de disciplinar a los soldados para ella. ‖ **2.** Servicio o profesión militar. ‖ **3.** Tropa o gente de guerra.

miligramo. m. Milésima parte de un gramo.

mililitro. m. Milésima parte de un litro, o sea un centímetro cúbico.

milímetro. m. Milésima parte de un metro.

militancia. f. Condición de militante. ‖ **2.** Conjunto de militantes en una determinada organización.

militante. adj. Que milita. Ú. t. c. s.

militar[1]. adj. Perteneciente o relativo a la milicia o a la guerra, por contraposición a civil. ‖ **2.** m. El que profesa la milicia.

militar[2]. intr. Servir en la guerra o profesar la milicia. ‖ **2.** fig. Figurar en un partido o en una colectividad.

militarismo. m. Preponderancia de los militares, de la política militar o del espíritu militar en una nación. ‖ **2.** Modo de pensar de quien propugna dicha preponderancia.

militarizar. tr. Infundir la disciplina o el espíritu militar. ‖ **2.** Dar carácter u organización militar a una colectividad.

milla. f. Medida de longitud, usada principalmente en los países anglosajones, que equivale aproximadamente a 1.609 metros. ‖ **2.** Medida de longitud usada en náutica, equivalente a mil ochocientos cincuenta y dos metros. ‖ **3.** Medida de longitud propia de las antiguas vías romanas, equivalente a cerca de un cuarto de legua.

millar. m. Conjunto de mil unidades.

millardo. m. Mil millones.

millón. m. Mil millares. *Un* MILLÓN *de pesetas, de habitantes.* ‖ **2.** fig. Número muy grande indeterminado.

millonada. f. Cantidad como de un millón.

millonario, ria. adj. Que posee un millón, o más, de unidades monetarias. ‖ **2.** Muy rico, acaudalado. Ú. t. c. s. y en sent. fig.

millonésimo, ma. adj. Dícese de cada una del millón de partes iguales en que se divide un todo. Ú. t. c. s. ‖ **2.** Que ocupa en una serie el lugar al cual preceden 999.999 lugares.

miloca. f. Ave rapaz y nocturna, muy parecida al búho en forma y tamaño, de color leonado con manchas pardas alargadas por encima y finamente rayadas las del pecho y abdomen. Vive de ordinario en las peñas, y se alimenta de animales pequeños.

milonga. f. Tonada popular del Río de la Plata, que se canta al son de la guitarra, y danza que se ejecuta con este son.

milord. m. Españolización del tratamiento inglés *my lord,* «mi señor», que se da a los *lores,* o señores de la nobleza inglesa. ❑ En plural, **milores.**

milpiés. m. Cochinilla' de tierra o de humedad.

milrayas. m. Tejido con rayas muy finas y apretadas.

mimar. tr. Hacer caricias y halagos. ‖ **2.** Tratar con excesivo agasajo y condescendencia a uno, y en especial a los niños. ‖ **3.** Por ext., tratar algo con especial cariño y cuidado.

mimbre. amb. Cada una de las varitas correosas y flexibles que produce la mimbrera.

mimbrera. f. Arbusto de la familia de las salicáceas, cuyo tronco, de dos a tres metros de altura, se puebla desde el suelo de ramillas largas y delgadas, flexibles, y madera blanca. Es común en España a orillas de los ríos, y sus ramas o mimbres se emplean en obras de cestería. ‖ **2.** Nombre vulgar de varias especies de sauces.

mimeógrafo. m. Multicopista que reproduce textos o figuras grabados en una lámina de papel especial, a través de cuyas incisiones pasa tinta mediante la presión de un cilindro metálico.

mimesis o **mímesis.** f. *Ret.* Imitación que se hace de una persona, repitiendo lo que ha dicho, y remedándola en el modo de hablar y en gestos y ademanes, ordinariamente con el fin de ridiculizarla.

mimetismo. m. Propiedad que poseen algunos animales y plantas de asemejarse, principalmente en el color, a los seres u objetos inanimados entre los cuales viven. ‖ **2.** Disposición a adaptar las opiniones y actitudes propias a las de otros.

mímica. f. Modo de expresar pensamientos o sentimientos por medio de gestos o ademanes.

mímico, ca. adj. Perteneciente al mimo y a la representación de sus fábulas. ‖ **2.** Perteneciente a la mímica. *Lenguaje* MÍMICO; *signos* MÍMICOS.

mimo[1]. m. Cariño, halago o demostración de ternura. ‖ **2.** Cariño, agasajo o condescendencia excesivos con que se suele tratar especialmente a los niños.

mimo[2]. m. Entre griegos y romanos, farsa, representación teatral ligera, festiva y generalmente obscena. ‖ **2.** Actor, intérprete teatral que se vale exclusiva o preferentemente de gestos y de movimientos corporales para actuar ante el público. ‖ **3. pantomima.**

mimosa. f. Género de plantas exóticas, de la familia de las mimosáceas, que comprende muchas especies, algunas de ellas notables por los movimientos de contracción que experimentan sus hojas cuando se las toca o agita.

mimosáceo, a. adj. *Bot.* Dícese de matas, arbustos o árboles angiospermos dicotiledóneos, con fruto en legumbre, hojas compuestas y flores regulares con estambres libres y comúnmente ramificados; como la sensitiva y la acacia. Ú. t. c. s. f. ‖ **2.** f. pl. *Bot.* Familia de estas plantas.

mimoso, sa. adj. Melindroso, muy aficionado a caricias y mimos.

mina. f. Excavación que se hace para extraer un

mineral. ‖ **2.** Barrita de grafito que va en el interior del lápiz. ‖ **3.** fig. Oficio, empleo o negocio del que con poco trabajo se obtiene mucho interés y ganancia. ‖ **4.** fig. Aquello que abunda en cosas dignas de aprecio, o de que puede sacarse algún provecho o utilidad. *Este libro es una* MINA *de noticias curiosas.* Ú. t. hablando de una persona. *Este hombre es una* MINA. ‖ **5.** *Mil.* Artificio explosivo provisto de espoleta, que, enterrado, sumergido o camuflado, produce su explosión al ser rozado por una persona, vehículo, etc.

minar. tr. fig. Consumir, destruir poco a poco. ‖ **2.** *Mil.* Hacer minas cavando la tierra y poniendo artificios explosivos para derribar muros, edificios, etc. ‖ **3.** *Mil.* Enterrar artificios explosivos para contener el avance del enemigo.

minarete. m. **alminar.**

mindoniense. adj. Natural de Mondoñedo. Ú. t. c. s. ‖ **2.** Perteneciente o relativo a esta ciudad de la provincia de Lugo.

mineral. adj. Perteneciente al numeroso grupo de las sustancias inorgánicas o a alguna de sus partes. *Reino* MINERAL; *sustancias* MINERALES. ‖ **2.** m. Sustancia inorgánica que se halla en la superficie o en las diversas capas de la corteza del globo, y principalmente aquella cuya explotación ofrece interés. ‖ **3.** Parte útil de una explotación minera.

mineralizar. tr. *Min.* Comunicar a una sustancia las condiciones de mineral o mena. *En este filón el azufre* MINERALIZA *el hierro.* Ú. t. c. prnl. ‖ **2.** prnl. Cargarse las aguas de sustancias minerales.

mineralogía. f. Ciencia que estudia los minerales.

minería. f. Arte de trabajar las minas. ‖ **2.** Conjunto de los individuos que se dedican a este trabajo. ‖ **3.** Conjunto de las minas y explotaciones mineras de una nación o comarca.

minero, ra. adj. Perteneciente a la minería. ‖ **2.** m. El que trabaja en las minas.

minerva. f. *Impr.* Máquina de cortas dimensiones, movida por pedal o eléctricamente, y que sirve para imprimir prospectos, facturas, membretes y demás impresos pequeños.

mingitorio, ria. adj. Perteneciente o relativo a la micción.

mini-. elem. compos. que significa «pequeño», «breve» o «corto»: MINI*fundio*, MINI*falda*.

miniar. tr. *Pint.* Pintar de miniatura.

miniatura. f. Pintura primorosa o de tamaño pequeño, hecha al temple sobre vitela o marfil, o al óleo sobre chapas metálicas o cartulinas. ‖ **2.** Objeto artístico de pequeñas dimensiones. ‖ **3.** Pequeñez, tamaño pequeño o reducido. Ú. principalmente en la loc. adj. o adv. *en* MINIATURA.

minifalda. f. Falda corta que queda muy por encima de las rodillas.

minifundio. m. Finca rústica de reducida extensión. ‖ **2.** División de la propiedad rural en fincas demasiado pequeñas.

minimizar. tr. Reducir de volumen una cosa o quitarle importancia. ‖ **2.** *Mat.* Buscar el mínimo de una función.

mínimo, ma. adj. Dícese de lo que es tan pequeño en su especie, que no lo hay menor ni igual. ‖ **2.** m. Límite inferior, o extremo a que se puede reducir una cosa. ‖ **como mínimo.** expr. fam. Por lo menos.

mínimum. m. **mínimo,** límite o extremo.

minina. f. **gata,** animal.

minino. m. fam. **gato[1],** animal.

minio. m. Óxido de plomo en forma de polvo, de color rojo algo anaranjado, que se emplea modernamente como pintura antioxidante.

ministerio. m. Gobierno del Estado, considerado en el conjunto de los varios departamentos en que se divide. ‖ **2.** Empleo de ministro. ‖ **3.** Cuerpo de ministros del Estado. ‖ **4.** Cada uno de los departamentos en que se divide la gobernación del Estado. MINISTERIO *de Agricultura, de Comunicaciones, de Hacienda, de Industria, de Marina, de Obras Públicas, de Trabajo,* etc. ‖ **5.** Edificio en que se hallan las oficinas de cada departamento ministerial. ‖ **6.** Cargo, empleo, oficio u ocupación. ‖ **público.** Órgano del Estado que actúa como parte ante los tribunales en defensa de la legalidad, de los derechos de los ciudadanos y del interés público tutelado por la ley. En el orden penal, ejercita la acción pública de acusación de los presuntos delincuentes.

ministro. m. Jefe de cada uno de los departamentos ministeriales en que se divide la gobernación del Estado. ‖ **2.** Cualquier representante o agente diplomático. ‖ **3.** En algunas religiones, prelado ordinario de cada convento. ‖ **de Dios. sacerdote,** hombre consagrado a Dios. ‖ **sin cartera.** El que participa de la responsabilidad general política del Gobierno, pero no tiene a su cargo la dirección de ningún departamento. ‖ **primer ministro.** El jefe del Gobierno o presidente del consejo de **ministros.**

minoría. f. Parte menor de los individuos que componen una nación, ciudad o cuerpo. ‖ **2.** En materia internacional, parte de la población de un Estado que difiere de la mayoría de la misma población por la raza, la lengua o la religión. ‖ **3.** En las juntas, asambleas, etc., conjunto de votos contrarios a la opinión del mayor número de votantes. ‖ **4.** Fracción de un cuerpo deliberante menor que la parte mayoritaria. ‖ **5.** Menor edad legal de una persona.

minorista. com. Comerciante al por menor. ‖ **2.** adj. Aplícase al comercio al por menor.

minoritario, ria. adj. Perteneciente o relativo a la minoría. ‖ **2.** Que está en minoría numérica.

minucia. f. Menudencia, cortedad, cosa de poco valor y entidad.

minucioso, sa. adj. Que se detiene en las cosas más pequeñas.

minué. m. Baile francés para dos personas, que ejecutan diversas figuras y mudanzas; estuvo de moda en el siglo XVIII. ‖ **2.** Composición musical de compás ternario, que se canta y se toca para acompañar este baile.

minuendo. m. *Álg.* y *Arit.* Cantidad de la que ha de restarse otra.

minueto. m. Composición puramente instrumental, de movimiento moderado, que se intercala entre los tiempos de una sonata, cuarteto o sinfonía.

minúsculo, la. adj. De muy pequeñas dimensiones, o de muy poca entidad. ‖ **2.** V. **letra minúscula.** Ú. t. c. s.

minusvalía. f. Detrimento o disminución del valor de alguna cosa.

minusválido, da. adj. **discapacitado.**

minusvalorar. tr. Subestimar, valorar alguna cosa menos de lo debido.

minuta. f. Extracto o borrador que se hace de un contrato u otra cosa, anotando las cláusulas o partes esenciales, para copiarlo después y extenderlo con todas las formalidades necesarias para su perfección. ‖ **2.** Cuenta que de sus honorarios o derechos presenta un profesional.

minutar. tr. Efectuar el cómputo de los minutos y segundos que dura algo, v. gr. una exposición oral, una composición musical, etc.

minutero. m. Manecilla que señala los minutos en el reloj.

minutisa. f. Planta herbácea de la familia de las cariofiláceas, con tallos de cuatro a cinco decímetros de altura, derechos y nudosos; hojas sentadas, blandas, lanceoladas y puntiagudas; flores olorosas, terminales, de colores variados del blanco al rojo, rodeadas por celdillas que salen de las escamas del cáliz, y fruto capsular con semillas menudas.

minuto. m. Cada una de las sesenta partes iguales en que se divide una hora. ‖ **2.** *Geom.* Cada una de las sesenta partes iguales en que se divide el grado de circunferencia.

mío, a. adj. poses. de primera persona.

miocardio. m. *Anat.* Parte musculosa del corazón de los vertebrados, situada entre el pericardio y el endocardio.

mioceno, na. adj. *Geol.* Dícese del período que sigue al oligoceno y con el que comienza el terciario superior o neógeno. En sus estratos ya aparecen fósiles de animales y de vegetales iguales a los de hoy. Ú. t. c. s. ‖ **2.** *Geol.* Perteneciente o relativo a este período o época.

miodinia. f. *Pat.* Dolor de los músculos.

miología. f. Parte de la anatomía descriptiva que trata de los músculos.

mioma. m. *Pat.* Tumor formado por elementos musculares.

miope. adj. Dícese del ojo o del individuo afecto de miopía. Vulgarmente se llama **corto de vista.** Apl. a pers., ú. t. c. s.

miopía. f. *Med.* Defecto de la visión consistente en que los rayos luminosos procedentes de objetos situados a cierta distancia del ojo forman foco en un punto anterior a la retina. Vulgarmente se llama **vista corta.**

mira. f. Toda pieza que en ciertos instrumentos sirve para dirigir la vista o tirar visuales. ‖ **2.** En las armas de fuego, pieza que se coloca convenientemente para asegurar la puntería. ‖ **3.** fig. Intención, objeto o propósito, generalmente concreto. *Sin otra* MIRA *que amparar al desvalido.* Ú. t. en pl. *Amplitud de* MIRAS.

mirada. f. Acción y efecto de mirar. ‖ **2.** Vistazo, ojeada. ‖ **3.** Modo de mirar, expresión de los ojos.

mirado, da. adj. Dícese de la persona que obra con miramientos y de la que es cauta y reflexiva. Ú. con adverbios como *muy, tan, más, menos.* ‖ **2.** Precedido de adverbios como *bien, mal, mejor, peor,* merecedor de buen o mal concepto.

mirador. m. Balcón cerrado de cristales o persianas y cubierto con un tejadillo. ‖ **2.** Lugar bien situado para contemplar un paisaje o un acontecimiento.

miraguano. m. Palmera de poca altura, que crece en las regiones cálidas de América y Oceanía, y tiene hojas grandes en forma de abanico, flores axilares en racimo, y por fruto una baya seca llena de una materia semejante al algodón, pero más fina, que envuelve la semilla.

miramiento. m. Acción de mirar, atender o considerar una cosa. ‖ **2.** Respeto, atención y circunspección que se observan al ejecutar una acción o se guardan a una persona.

miranda. f. Paraje alto desde el cual se descubre gran extensión de terreno. ‖ **de miranda.** loc. adv. fam. Sin hacer nada el que debía trabajar.

mirar. tr. Aplicar la vista a un objeto. Ú. t. c. prnl. ‖ **2.** Tener un objetivo o un fin al ejecutar algo. *Solo* MIRA *a su provecho.* ‖ **3.** Observar las acciones de uno. ‖ **4.** fig. Pensar, juzgar. ‖ **5.** intr. Estar situado, puesto o colocado un edificio o cualquier cosa enfrente de otra. ‖ **6.** fig. Cuidar, atender, proteger, amparar o defender a una persona o cosa. ❑ Ú. con la prep. *por.*

miria-. elem. compos. que significa «diez mil», en el sistema métrico decimal: MIRIÁ*metro;* o bien, «innumerables» o «muy numerosos»: MIRIÁ*podo.*

miríada. f. Cantidad muy grande, pero indefinida.

miriámetro. m. Medida de longitud, equivalente a diez mil metros.

miriápodo. adj. *Zool.* **miriópodo.** Ú. t. c. s.

mirilla. f. Abertura practicada en una pared o una puerta para ver al otro lado, y especialmente la que en la puerta exterior de las casas, cubierta por una rejilla, cristal o lente, sirve para ver desde dentro a la persona que llama. ‖ **2.** Abertura pequeña, generalmente circular, que tienen algunos instrumentos de observación, y algunas armas, para dirigir visuales.

miriñaque. m. Refajo interior de tela rígida o muy almidonada y a veces con aros, que usaron las mujeres.

miriópodo. adj. *Zool.* Dícese de animales artrópodos terrestres, con respiración traqueal, dos antenas y cuerpo largo y dividido en numerosos anillos, cada uno de los cuales lleva uno o dos pares de patas; como el ciempiés. Ú. t. c. s. ‖ **2.** m. pl. *Zool.* Clase de estos animales.

mirlo. m. Pájaro de unos veinticinco centímetros de largo. El macho es enteramente negro, con el pico amarillo, y la hembra de color pardo oscuro, con la pechuga algo rojiza, manchada de negro, y el pico igualmente pardo oscuro. Se alimenta de frutos, semillas e insectos, se domestica con facilidad, y aprende a repetir sonidos y aun la voz humana.

mirón, na. adj. Que mira, y más particularmente, que mira demasiado o con curiosidad. Ú. m. c. s.

mirra. f. Gomorresina en forma de lágrimas, amarga, aromática, roja, semitransparente, frágil y brillante en su estructura. Proviene de un árbol de la familia de las burseráceas, que crece en Arabia y Abisinia.

mirsináceo, a. adj. *Bot.* Dícese de plantas angiospermas dicotiledóneas, comúnmente leñosas, a menudo dioicas, con hojas esparcidas, sin estípulas, y fruto en drupa o baya. Viven en los países intertropicales. Ú. t. c. s. f. ‖ **2.** f. pl. *Bot.* Familia de estas plantas.

mirtáceo, a. adj. *Bot.* Dícese de árboles y arbustos angiospermos dicotiledóneos, casi todos tropicales, de hojas generalmente opuestas, en las cuales, lo mismo que en la corteza de las ramas, suele haber glándulas pequeñas y transparentes llenas de aceite esencial; flores blancas o encarnadas, y cáliz persistente en el fruto, que es capsular y contiene diversas semillas sin albumen; como el arrayán, el clavero y el eucalipto. Ú. t. c. s. f. ‖ **2.** f. pl. *Bot.* Familia de estos árboles y arbustos.

mirto. m. **arrayán,** arbusto.

misa. f. Sacrificio incruento en que, bajo las especies de pan y vino, ofrece el sacerdote al Eterno Padre el cuerpo y sangre de Jesucristo. ‖ **de,** o **del, gallo.** La que se dice a medianoche o al comenzar la madrugada del día de Navidad. ‖ **decir misa.** fr. Celebrar el sacerdote este santo sacrificio. ‖ **ir a misa** una cosa. expr. fig. y fam. Ser indiscutiblemente verdadero lo que se dice. *Esto* VA A MISA. ‖ **no saber** uno **de la misa la media.** fr. fig. y fam. Ignorar una cosa o no poder dar razón de ella.

misal. adj. Aplícase al libro en que se contiene el orden y modo de celebrar la misa. Ú. m. c. s.

misántropo, pa. m. y f. Persona que, por su humor tétrico, manifiesta aversión al trato humano.

miscelánea. f. Mezcla, unión de unas cosas con otras. ‖ **2.** Obra o escrito en que se tratan muchas materias inconexas y mezcladas.

miserabilísimo, ma. adj. sup. de **miserable.**

miserable. adj. Desdichado, infeliz. ‖ **2. mezquino,** que escatima en el gasto. ‖ **3.** Perverso, abyecto, canalla. ❑ sup. irreg. *miserabilísimo.*

miserere. m. El salmo cincuenta, que empieza con esta palabra. ‖ **2.** Canto solemne que se hace del mismo en las tinieblas de la Semana Santa.

miseria. f. Desgracia, trabajo, infortunio. ‖ **2.** Estrechez, falta de lo necesario para el sustento o para otra cosa; pobreza extremada. ‖ **3.** fig. y fam. Cantidad insignificante. *Me envió una* MISERIA.

misericordia. f. Virtud que inclina el ánimo a compadecerse de los trabajos y miserias ajenos. ‖ **2.** *Teol.* Atributo de Dios, en cuya virtud perdona los pecados y miserias de sus criaturas.

mísero, ra. adj. Desdichado, infeliz. ‖ **2.** Avariento, tacaño. ❑ sup. irreg. *misérrimo.*

misérrimo, ma. adj. sup. de **mísero.**

misil o **mísil.** m. Proyectil autopropulsado, guiado electrónicamente.

misión. f. Poder, facultad que se da a una persona de ir a desempeñar algún cometido. ‖ **2.** Cometido. ‖ **3.** Salida o peregrinación que hacen los religiosos y varones apostólicos de pueblo en pueblo o de provincia en provincia, o a otras naciones, predicando el Evangelio. ‖ **4.** Casa o iglesia de los misioneros. ‖ **5.** Tierra, provincia o lugar en que predican los misioneros.

misionero, ra. adj. Perteneciente o relativo a

la misión que tiene por objeto predicar el Evangelio. ‖ **2.** m. y f. Persona que predica el Evangelio en las misiones.

misivo, va. adj. Aplícase al papel, billete o carta que se envía a uno. Ú. m. c. s. f.

mismo, ma. adj. Idéntico, no otro. *Este pobre es el* MISMO *a quien ayer socorrí; esa espada es la* MISMA *que sirvió a mi padre.* ‖ **2.** Exactamente igual. *De la* MISMA *forma; del* MISMO *color.* ‖ **3.** Por pleonasmo se añade a los pronombres personales y a algunos adverbios para dar más energía a lo que se dice. *Yo* MISMO *lo haré; ella* MISMA *se condena; hoy* MISMO *lo veré; aquí* MISMO *te espero.* ‖ **así mismo.** loc. adv. De este o del **mismo** modo. ‖ **2. también.** ‖ **dar,** o **ser, lo mismo** una cosa. fr. Ser indiferente.

misoginia. f. Aversión u odio a las mujeres.

misógino, na. adj. Que odia a las mujeres, manifiesta aversión hacia ellas o rehúye su trato. Ú. m. c. s. m.

mistela. f. Bebida que se hace con aguardiente, agua, azúcar y otros ingredientes, como canela, hierbas aromáticas, etc. ‖ **2.** Líquido resultante de la adición de alcohol al mosto de uva en cantidad suficiente para que no se produzca la fermentación, y sin adición de ninguna otra sustancia.

misterio. m. Arcano o cosa secreta en cualquier religión. ‖ **2.** En la religión cristiana, cosa inaccesible a la razón y que debe ser objeto de fe. ‖ **3.** Cualquier cosa arcana o muy recóndita, que no se puede comprender o explicar. ‖ **4.** Cada uno de los pasos de la vida, pasión y muerte de Jesucristo, cuando se consideran por separado. *Los* MISTERIOS *del Rosario.* ‖ **5.** Cualquier paso de estos o de la Sagrada Escritura, cuando se representan con imágenes.

misterioso, sa. adj. Que encierra o incluye en sí misterio. ‖ **2.** Aplícase al que hace misterios y da a entender cosas recónditas donde no las hay.

mística. f. Parte de la teología que trata de la vida espiritual y contemplativa y del conocimiento y dirección de los espíritus. ‖ **2.** Experiencia de lo divino. ‖ **3.** Expresión literaria de esta experiencia.

misticismo. m. Estado de la persona que se dedica mucho a Dios o a las cosas espirituales. ‖ **2.** Estado extraordinario de perfección religiosa, que consiste esencialmente en cierta unión inefable del alma con Dios por el amor, y va acompañado accidentalmente de éxtasis y revelaciones. ‖ **3.** Doctrina religiosa y filosófica que enseña la comunicación inmediata y directa entre el hombre y la divinidad, en la visión intuitiva o en el éxtasis.

místico, ca. adj. Perteneciente o relativo a la mística o al misticismo. ‖ **2.** Que se dedica a la vida espiritual. Ú. t. c. s. ‖ **3.** Que escribe mística. Ú. t. c. s.

mistificar. tr. Falsear, falsificar, deformar. ❑ No confundir con *mitificar.*

mistral. adj. Dícese del viento entre poniente y tramontana, maestral. Ú. t. c. s.

mitad. f. Cada una de las dos partes iguales en que se divide un todo. ‖ **2.** Parte que en una cosa equidista de sus extremos.

mítico, ca. adj. Perteneciente o relativo al mito.

mitificar. tr. Convertir en mito cualquier hecho natural. ‖ **2.** Rodear de extraordinaria estima determinadas teorías, personas, sucesos, etc. ❑ No confundir con *mistificar.*

mitigar. tr. Moderar, aplacar, disminuir o suavizar una cosa rigurosa o áspera. Ú. t. c. prnl.

mitin. m. Reunión donde se discuten públicamente asuntos políticos o sociales. ❑ pl. *mítines.*

mito. m. Narración maravillosa situada fuera del tiempo histórico y protagonizada por personajes de carácter divino o heroico; con frecuencia interpreta el origen del mundo o grandes acontecimientos de la humanidad. ‖ **2.** Historia ficticia o personaje literario o artístico que condensa alguna realidad humana de significación universal. ‖ **3.** Persona o cosa rodeada de extraordinaria estima. ‖ **4.** Algo o alguien a que se atribuye cualidades o excelencias que no tiene, o bien una realidad de la que carece.

mitografía. f. Ciencia que trata del origen y explicación de los mitos.

mitología. f. Conjunto de mitos de un pueblo o de una cultura, especialmente de la griega y romana. ‖ **2.** Narración o estudio de los mitos.

mitomanía. f. Tendencia morbosa a desfigurar, engrandeciéndola, la realidad de lo que se dice.

mitómano, na. adj. Dícese de la persona dada a la mitomanía. Ú. t. c. s.

mitón. m. Especie de guante de punto, que solo cubre desde la muñeca inclusive hasta la mitad del pulgar y el nacimiento de los demás dedos.

mitosis. f. *Biol.* División del núcleo celular, por la que cada una de las dos células resultantes tiene el mismo número de cromosomas que la original.

mitra. f. Toca o adorno de la cabeza entre los persas, de quienes lo tomaron otras naciones. ‖ **2.** Toca alta y apuntada con que en las grandes solemnidades se cubren la cabeza los arzobispos, obispos y algunas otras personas eclesiásticas que tienen este privilegio. ‖ **3.** fig. Dignidad de arzobispo u obispo.

mitral. adj. *Anat.* V. **válvula mitral.**

miura. m. Toro de la ganadería de Miura, famosa por la bravura atribuida a sus reses.

mixomatosis. f. *Veter.* Enfermedad infecciosa de los conejos, caracterizada por tumefacciones en la piel y membranas de estos animales.

mixomiceto. adj. *Bot.* Dícese de organismos microscópicos con aspecto de moho, nutrición heterótrofa y reproducción por esporas, que abundan en la hojarasca de bosque y otros sustratos orgánicos. ‖ **2.** m. pl. *Bot.* Grupo al que pertenecen estos organismos, como el fuligo de las tenerías.

mixtilíneo, a. adj. *Geom.* Dícese de toda figura cuyos lados son rectos unos y curvos otros.

mixto, ta. adj. Mezclado e incorporado con una cosa. ‖ **2.** Compuesto de varios simples. Ú. m. c. s. m. ‖ **3.** Dicho de animal o vegetal, mestizo. ‖ **4.** m. Cerilla, fósforo.

mixtura. f. Mezcla, juntura o incorporación de varias cosas. ‖ **2.** Pan de varias semillas.

mízcalo. m. Hongo comestible, muy jugoso, que suele hallarse en los pinares y es fácil de distinguir por el color verde oscuro que toma cuando se corta en pedazos.

mnemotecnia. f. Arte que procura aumentar la capacidad y alcance de la memoria. ‖ **2.** Método por medio del cual se forma una memoria artificial.

mnemotécnico, ca. adj. Que sirve para auxiliar a la memoria.

moaré. m. Tela fuerte que forma aguas, muaré.

mobiliario. m. Conjunto de muebles de una casa. ‖ **urbano.** Conjunto de instalaciones facilitadas por los ayuntamientos para el servicio del vecindario: bancos, papeleras, marquesinas, etc.

moca. m. Café de buena calidad que se trae de la ciudad de Arabia del mismo nombre.

mocárabe. m. *Arq.* y *Carp.* Labor formada por la combinación geométrica de prismas acoplados, cuyo extremo inferior se corta en forma de superficie cóncava. Se usa como adorno de bóvedas, cornisas, etc.

mocasín. m. Calzado que usan los indios, hecho de piel sin curtir. ‖ **2.** Calzado moderno a imitación del anterior.

mocedad. f. Época de la vida humana que comprende desde la pubertad hasta la edad adulta.

mocejón. m. Molusco lamelibranquio, cuya concha tiene las valvas casi negras y más largas que anchas. Vive adherido a las peñas de la costa.

mocerío. m. Agregado o conjunto de mozos o de mozas, gente joven, o de mozos y mozas solteros.

mocetón, na. m. y f. Persona joven, alta, corpulenta y membruda.

mocha. f. Reverencia que se hacía bajando la cabeza. ‖ **2.** fam. Cabeza humana.

mochales. adj. fam. Dícese de la persona chiflada o medio loca. ❑ Ú. m. con el verbo *estar.*

mochila. f. Morral de los cazadores, soldados y viandantes.

mocho, cha. adj. Dícese de todo aquello a lo que falta la punta o la debida terminación, como el animal cornudo que carece de astas, el árbol mondado de ramas y copa, la torre sin chapitel, etc.

mochuelo. m. Ave rapaz nocturna, de unos dos decímetros desde lo alto de la cabeza hasta la extremidad de la cola, y medio metro aproximadamente de envergadura, con plumaje muy suave, de color leonado, con pintas pardas en las partes superiores, y amarillento claro con manchas alargadas grises en el pecho y vientre; cuerpo erguido, cabeza redonda, pico corto y encorvado, ojos grandes de iris amarillo, cara circular, alas redondeadas, cola corta y tarsos y dedos cubiertos de plumas blanquecinas y sedosas. Es común en España y se alimenta ordinariamente de roedores y reptiles. ‖ **2.** fig. y fam. Asunto o trabajo difícil o enojoso, de que nadie quiere encargarse. Ú. m. en las frases **cargar con el mochuelo; caerle, echarle, sacudirle** o **tocarle,** a uno **el mochuelo.**

moción. f. Acción y efecto de mover, moverse o ser movido. ‖ **2.** Proposición que se hace o sugiere en una junta que delibera.

moco. m. Humor espeso y pegajoso que segregan las membranas mucosas, y especialmente el que fluye por las ventanas de la nariz. ‖ **no ser** una cosa **moco de pavo.** fr. fig. y fam. Tener importancia o valor.

mocoso, sa. adj. Que tiene las narices llenas de mocos. ‖ **2.** fig. Aplícase, en son de censura o desprecio, al niño atrevido o desobediente, y también al mozo poco experimentado o advertido. Ú. m. c. s.

moda. f. Uso, modo o costumbre que está en boga durante algún tiempo, o en determinado país, con especialidad en los trajes, telas y adornos. Entiéndese principalmente de los recién introducidos. ‖ **2.** *Estad.* Valor o término de máxima frecuencia en un muestreo.

modal. adj. Que comprende o incluye modo o determinación particular. ‖ **2.** Perteneciente o relativo al modo gramatical. ‖ **3.** m. pl. Acciones externas de cada persona, con que se hace notar y se singulariza entre las demás, dando a conocer su buena o mala educación. Usáb. c. amb.

modalidad. f. Modo de ser o de manifestarse una cosa.

modelar. tr. Formar de cera, barro u otra materia blanda una figura o adorno. ‖ **2.** fig. Configurar o conformar algo no material. ‖ **3.** *Pint.* Presentar con exactitud el relieve de las figuras. ‖ **4.** prnl. fig. Ajustarse a un modelo.

modélico, ca. adj. Que sirve o puede servir de modelo.

modelista. com. Operario especializado en hacer modelos o maquetas de diferentes industrias o artesanías.

modelo. m. Vestido con características únicas, creado por determinado modista, y, en general, cualquier prenda de vestir que esté de moda. ‖ **2.** Arquetipo o punto de referencia para imitarlo o reproducirlo. ‖ **3.** Representación en pequeño de alguna cosa. ‖ **4.** Objeto, aparato, construcción, etc., o conjunto de ellos realizados con arreglo a un mismo diseño. *Auto* MODELO *1976. Lavadora último* MODELO. ‖ **5.** com. Persona de buena figura que en las tiendas de modas se pone los vestidos, trajes y otras prendas para que las vean los clientes. ‖ **6.** *Esc.* y *Pint.* Persona u objeto que copia el artista.

módem. m. *Inform.* Aparato que convierte las señales digitales en analógicas para su transmisión, o a la inversa.

moderado, da. adj. Que tiene moderación. ‖ **2.** Aplicóse a un partido liberal de España que tenía por mira proceder con moderación en las reformas y principalmente mantener el orden público y el principio de autoridad. ‖ **3.** Perteneciente o relativo a este partido. *Senador, periódico* MODERADO. Apl. a pers., ú. t. c. s. *Un* MODERADO; *los* MODERADOS.

moderador, ra. adj. Que modera. Ú. t. c. s. ‖ **2.** m. y f. Persona que preside o dirige un debate, asamblea, mesa redonda, etc.

moderar. tr. Templar, ajustar, arreglar una cosa, evitando el exceso. MODERAR *las pasiones, el precio, el calor, la velocidad.* Ú. t. c. prnl.

moderato. adv. m. *Mús.* Con movimiento de velocidad intermedia entre la del andante y la del alegro. ‖ **2.** m. *Mús.* Composición, o parte de ella, que se ha de ejecutar con dicho movimiento.

modernismo. m. Afición a las cosas modernas con menosprecio de las antiguas, especialmente en arte y literatura. ‖ **2.** Movimiento literario que, en Hispanoamérica y en España, entre finales del siglo XIX y principios del XX, se caracterizó por su voluntad de independencia artística, la creación de un mundo ideal de refinamientos, innovaciones del lenguaje, especialmente rítmicas, y una sensibilidad abierta a diversas culturas, sobre todo a la francesa.

modernista. adj. Perteneciente o relativo al modernismo. Apl. a pers., ú. t. c. s.

modernizar. tr. Hacer que alguien o algo pase a ser moderno. Ú. t. c. prnl.

moderno, na. adj. Perteneciente al tiempo del que habla o a una época reciente. ‖ **2.** Dícese de lo que en cualquier tiempo se ha considerado contrapuesto a lo clásico.

modestia. f. Virtud que modera, templa y regla las acciones externas, conteniendo al hombre en los límites de su estado, según lo conveniente a él. ‖ **2.** Cualidad de humilde, falta de soberbia o de vanidad. ‖ **3.** Pobreza, escasez de medios, recursos, bienes, etc.

modesto, ta. adj. Que tiene modestia. Ú. t. c. s.

módico, ca. adj. Moderado, escaso, limitado.

modificación. f. Acción y efecto de modificar o modificarse. ‖ **2.** *Biol.* Cualquier cambio que por influencia del medio se produce en los caracteres anatómicos o fisiológicos de un ser vivo y que no se transmite por herencia a los descendientes.

modificar. tr. Transformar o cambiar una cosa mudando alguno de sus accidentes.

modillón. m. *Arq.* Miembro voladizo sobre el que se asienta una cornisa o alero, o los extremos de un dintel.

modismo. m. Expresión fija, privativa de una lengua, cuyo significado no se deduce de las palabras que la forman, v. gr., *a troche y moche.* ‖ **2. idiotismo,** expresión o sintagma privativo de una lengua, contrario a las reglas gramaticales, v. gr., *a ojos vistas.*

modista. com. Persona que tiene por oficio hacer trajes y otras prendas de vestir para señoras.

modisto. m. Hombre que hace vestidos de señora.

modo. m. Urbanidad, cortesanía o decencia en el porte o trato. Ú. m. en pl. ‖ **2.** Forma o manera particular de hacer una cosa. ‖ **3.** *Gram.* Cada una de las distintas maneras generales de manifestarse la significación del verbo, v. gr.: *indicativo, subjuntivo,* etc. ‖ **4.** *Mús.* Disposición o arreglo de los sonidos que forman una escala musical. ‖ **condicional. modo potencial.** ‖ **imperativo.** *Gram.* El que en el verbo español tiene un tiempo solamente, con el cual se manda, exhorta, ruega, anima o disuade. ‖ **indicativo.** *Gram.* El que enuncia la acción del verbo como real. ‖ **infinitivo.** *Gram.* En la gramática tradicional, el que en el verbo no expresa números ni personas ni tiempo determinado sin juntarse a otro verbo. Comprende las que hoy se denominan formas no personales del verbo: además del infinitivo, el gerundio y el participio. ‖ **potencial.** *Gram.* En la gramática tradicional, el que expresa la acción del verbo como posible. ‖ **subjuntivo.** *Gram.* El que expresa la acción del verbo con significación de duda, posibilidad o deseo, y se llama subjuntivo porque dicho **modo** se usa en oraciones subordinadas.

modorra. f. Somnolencia, sopor profundo. ‖ **2.** Sueño muy pesado y, a veces, patológico.

modoso, sa. adj. Que guarda modo y compostura en su conducta y ademanes.

modulación. f. Acción y efecto de modular.

modular[1]**.** tr. Variar el tono en el habla o en el

canto, dando con afinación, facilidad y suavidad el que corresponda. ‖ **2.** *Electrón.* Variar el valor de la amplitud, frecuencia o fase de una onda portadora en función de una señal electromagnética para su transmisión radiada.

modular[2]. adj. Perteneciente o relativo al módulo.

módulo. m. Dimensión que convencionalmente se toma como unidad de medida, y, más en general, todo lo que sirve de norma o regla. ‖ **2.** Pieza o conjunto unitario de piezas que se repiten en una construcción de cualquier tipo, para hacerla más fácil, regular y económica. ‖ **3.** *Geom.* Longitud del segmento que define un vector.

modus operandi. loc. lat. Manera especial de actuar o trabajar para alcanzar el fin propuesto.

modus vivendi. loc. lat. Modo de vivir, base o regla de conducta, arreglo, ajuste o transacción entre dos partes. Se usa especialmente refiriéndose a pactos internacionales, o acuerdos diplomáticos de carácter interino.

mofa. f. Burla y escarnio que se hace de una persona o cosa con palabras, acciones o señales exteriores. ❑ Ú. especialmente con el verbo *hacer* y con la prep. *de.*

mofar. intr. p. us. Hacer mofa. Ú. m. c. prnl. ❑ Como prnl., ú. con la prep. *de.*

mofeta. f. Mamífero carnicero de unos cinco decímetros de largo, comprendida la cola, que es de dos, y parecido exteriormente a la comadreja, de la cual se diferencia por su tamaño y el pelaje, pardo en el lomo y en el vientre, y blanco en los costados y la cola. Es propio de América, y lanza un líquido fétido que segregan dos glándulas situadas cerca del ano.

moflete. m. fam. Carrillo demasiado grueso y carnoso, que parece que está hinchado.

mogollón. m. Entremetimiento de uno donde no le llaman o no es convidado.

mogote. m. Cualquier elevación del terreno que recuerde la forma de un monte.

mohín. m. Mueca o gesto.

mohína. f. Enojo, disgusto, tristeza.

mohíno, na. adj. Triste, melancólico, disgustado.

moho. m. Nombre de varias especies de hongos de tamaño muy pequeño que forman una capa con aspecto de fieltro en lugares húmedos y templados. ‖ **2.** Capa que se forma en la superficie de un cuerpo metálico por su alteración química; como la herrumbre o el cardenillo.

moisés. m. Cestillo ligero de mimbre, lona u otra materia, con asas, que sirve de cuna portátil. ❑ pl. invar.

mojama. f. Cecina de atún.

mojar. tr. Humedecer una cosa con agua u otro líquido. Ú. t. c. prnl. ‖ **2.** fig. y fam. **orinar.** Ú. t. c. prnl. ‖ **3.** prnl. fig. y fam. Comprometerse con una opción clara en un asunto conflictivo.

mojarra. f. Pez teleósteo del suborden de los acantopterigios, de unos dos decímetros de largo, con el cuerpo ovalado, de color oscuro, con tres manchas negras, una junto a la cola y las otras dos en las agallas; cabeza ancha y ojos grandes. Se pesca en las costas de España y es de carne estimada.

moje. m. Salsa de cualquier guisado.

mojicón. m. Especie de bizcocho, hecho regularmente de mazapán y azúcar, cortado en trozos y bañado.

mojiganga. f. Fiesta pública que se hace con varios disfraces ridículos, enmascarados los hombres, especialmente en figuras de animales. ‖ **2.** Obrilla dramática muy breve, para hacer reír, en que se introducen figuras ridículas y extravagantes. ‖ **3.** fig. Cualquier cosa ridícula con que parece que uno se burla de otro.

mojigato, ta. adj. Disimulado, que afecta humildad o cobardía para lograr su intento en la ocasión. Ú. t. c. s. ‖ **2.** Que se escandaliza con facilidad, o que se muestra excesivamente escrupuloso o afectado, especialmente en cuestiones relativas a la moralidad. Ú. m. c. s.

mojón. m. Señal permanente que se pone para fijar los linderos de heredades, términos y fronteras. ‖ **2.** Por ext., señal que se coloca en despoblado para que sirva de guía. ‖ **3.** Porción compacta de excremento humano que se expele de una vez.

mol. m. **molécula gramo.**

molar. adj. Perteneciente o relativo a la muela. ‖ **2.** Apto para moler.

molde. m. Pieza o conjunto de piezas acopladas, en que se hace en hueco la figura que en sólido quiere darse a la materia fundida, fluida o blanda, que en él se vacía: por ejemplo, un metal, la cera, etc. ‖ **2.** Cualquier instrumento, aunque no sea hueco, que sirve para estampar o para dar forma o cuerpo a una cosa; en este sentido se llaman **moldes** las letras de imprenta, las agujas de hacer media, los palillos de hacer encajes, etc.

moldear. tr. Hacer molduras en una cosa. ‖ **2.** Sacar el molde de una figura. ‖ **3.** Dar forma a una materia echándola en un molde, vaciar.

moldura. f. Parte saliente de perfil uniforme, que sirve para adornar o reforzar obras de arquitectura, carpintería y otras artes.

mole. f. Cosa de gran bulto o corpulencia. ‖ **2.** Corpulencia o bulto grande.

molécula. f. Unidad mínima de una sustancia

que conserva sus propiedades químicas. Puede estar formada por átomos iguales o diferentes. ‖ **gramo.** Cantidad de una sustancia química cuyo peso es su peso molecular expresado en gramos.

molecular. adj. Perteneciente o relativo a las moléculas.

moler. tr. Quebrantar un cuerpo, reduciéndolo a menudísimas partes, o hasta hacerlo polvo. ‖ **2.** fig. Cansar o fatigar mucho. Ú. m. en p. p. con los verbos *estar, dejar, quedar. Estoy* MOLIDO *de tanto trabajar.* ‖ **3.** fig. Estropear, maltratar. *Este cepillo* MUELE *la ropa; te he de* MOLER *a palos.* ❑ Irreg. Se conj. como *mover.*

molestar. tr. Causar molestia. Ú. t. c. prnl.

molestia. f. Fatiga, perturbación, extorsión. ‖ **2.** Enfado, fastidio, desazón o inquietud del ánimo. ‖ **3.** Desazón originada de leve daño físico o falta de salud. ‖ **4.** Falta de comodidad o impedimento para los libres movimientos del cuerpo, originada de cosa que lo oprima o lastime en alguna parte.

molesto, ta. adj. Que causa molestia. ‖ **2.** Que la siente.

molibdeno. m. Elemento químico de núm. atóm. 42. Metal escaso en la corteza terrestre; se encuentra generalmente en forma de sulfuro. De color gris o negro y brillo plateado, pesado y con un elevado punto de fusión, es blando y dúctil en estado puro, pero quebradizo si presenta impurezas. Se usa en la fabricación de aceros y filamentos resistentes a altas temperaturas. Símb. *Mo.*

molicie. f. Gusto o afición excesiva por las comodidades y el ocio.

molienda. f. Acción de moler granos y algunas otras cosas. ‖ **2.** Porción o cantidad de caña de azúcar, trigo, aceituna, chocolate, etc., que se muele de una vez. ‖ **3.** Temporada que dura la operación de moler la aceituna o la caña de azúcar.

molinero, ra. adj. Perteneciente o relativo al molino o a la industria derivada de él. ‖ **2.** m. y f. Persona que tiene a su cargo un molino de harina.

molinete. m. Ruedecilla con aspas, generalmente de hojalata, que se pone en las vidrieras de una habitación para que, girando, renueve el aire de esta. ‖ **2.** Juguete de niños que consiste en una varilla en cuya punta hay una cruz o una estrella de papel que gira movida por el viento. ‖ **3.** *Taurom.* Suerte de la lidia en la que el matador gira airosamente en sentido contrario al de la embestida del toro, dándole salida.

molinillo. m. Instrumento pequeño para moler. ‖ **2.** Palillo cilíndrico con una rueda gruesa y dentada en su extremo inferior, que se hace girar a un lado y otro entre las manos extendidas, para batir el chocolate u otras cosas.

molino. m. Máquina para moler, compuesta de una muela, una solera y los mecanismos necesarios para transmitir y regularizar el movimiento producido por una fuerza motriz; como el agua, el viento, el vapor u otro agente mecánico. ‖ **2.** Artefacto con que, por un procedimiento determinado, se quebranta, machaca, lamina o estruja alguna cosa. MOLINO *del papel, de la moneda.* ‖ **3.** Casa o edificio en que hay un **molino.** ‖ **de viento.** El movido por el viento, cuyo impulso recibe en lonas tendidas sobre aspas grandes colocadas en la parte exterior del edificio.

molla. f. Parte magra de la carne.

mollar. adj. Blando y fácil de partir o quebrantar.

molledo. m. Parte carnosa y redonda de un miembro, especialmente la de los brazos, muslos y pantorrillas.

molleja. f. Apéndice carnoso, formado la mayoría de las veces por infarto de las glándulas. ‖ **2.** Estómago muscular que tienen las aves, muy robusto especialmente en las granívoras, y que les sirve para triturar y ablandar por medio de una presión mecánica los alimentos, que llegan a este órgano mezclados con los jugos digestivos.

mollera. f. Coronilla, parte más alta del casco de la cabeza. ‖ **2.** fig. Caletre, seso. ‖ **ser duro de mollera.** fr. fig. y fam. Ser rudo para aprender o entender algo.

molturar. tr. Moler granos o frutos.

molusco. adj. *Zool.* Dícese de metazoos con tegumentos blandos, de cuerpo no segmentado en los adultos, desnudo o revestido de una concha, y con simetría bilateral, no siempre perfecta; como la limaza, el caracol y la jibia. Ú. t. c. s. m. ‖ **2.** m. pl. *Zool.* Tipo de estos animales.

momentáneo, a. adj. Que se pasa enseguida; que solo dura un momento. ‖ **2.** Que se ejecuta prontamente y sin dilación.

momento. m. Porción de tiempo muy breve en relación con otra. *Lo vi un* MOMENTO *esta tarde.* ‖ **2.** Fracción de tiempo que en una serie de fracciones temporales sucesivas se singulariza por cualquier circunstancia. *Este fue el peor* MOMENTO *de su vida. Fue el* MOMENTO *decisivo del drama.* ‖ **3.** Oportunidad, ocasión propicia. *En su carrera no le ha llegado todavía su* MOMENTO. ‖ **4.** Situación en el tiempo actual o presente. *El* MOMENTO *internacional. Revista del* MOMENTO *social. Los poetas del* MOMENTO. ‖ **al momento.** loc. adv. Al instante, sin dilación, inmediatamente. ‖ **de momento,** o **por el momento.** loc. adv. Por ahora, en el tiempo actual. ‖ **de un momento a otro.** loc. adv. Pronto, sin tardanza. ❑ Ú. con verbos que denotan una acción futura.

momia. f. Cadáver que naturalmente o por preparación artificial se deseca con el transcurso del tiempo sin entrar en putrefacción.

momificar. tr. Convertir en momia un cadáver. Ú. m. c. prnl.

momio. m. fig. Cosa que se adquiere a poca costa, ganga.

momo. m. Gesto, figura o mofa, que se ejecuta regularmente para divertir en juegos, mojigangas y danzas.

mona[1]. f. Hembra del mono. ‖ **2.** fig. y fam. Embriaguez, borrachera.

mona[2]. f. Rosca con huevos, hornazo. ‖ **de Pascua.** La que es costumbre comer, en algunos pueblos, en la Pascua de Resurrección.

monacal. adj. Perteneciente o relativo a los monjes o a las monjas.

monacato. m. Estado o profesión de monje. ‖ **2.** Institución monástica.

monada. f. Acción propia de un mono. ‖ **2.** Cosa pequeña, delicada y primorosa. ‖ **3.** fig. Halago, zalamería. ‖ **4.** fig. Acción graciosa de los niños.

mónada. f. *Fil.* Cada una de las sustancias indivisibles, pero de naturaleza distinta, que componen el universo, según el sistema de Leibniz.

monaguillo. m. Niño que ayuda a misa y hace otros servicios en la iglesia.

monarca. m. Príncipe soberano de un Estado.

monarquía. f. Estado regido por un monarca. ‖ **2.** Forma de gobierno en que el poder supremo corresponde con carácter vitalicio a un príncipe, designado generalmente según orden hereditario y a veces por elección. ‖ **3.** fig. Tiempo durante el cual ha perdurado este régimen político en un país.

monárquico, ca. adj. Perteneciente o relativo al monarca o a la monarquía. ‖ **2.** Partidario de la monarquía. Ú. t. c. s.

monasterio. m. Casa o convento, ordinariamente fuera de poblado, donde viven en comunidad los monjes. ‖ **2.** Por ext., casa de religiosos o religiosas.

monástico, ca. adj. Perteneciente al estado de los monjes o al monasterio.

monda. f. Acción y efecto de mondar. ‖ **2.** Tiempo a propósito para la limpia de los árboles. ‖ **3.** Cáscara o mondadura de frutos y de otras cosas. ‖ **ser la monda.** Expresión ponderativa aplicada a una cosa que parece extraordinaria en buen o mal sentido.

mondadientes. m. Instrumento pequeño y rematado en punta, que sirve para mondar los dientes sacando lo que se mete entre ellos.

mondadura. f. Despojo, cáscara o desperdicio de las cosas que se mondan. Ú. m. en pl.

mondar. tr. Limpiar o purificar una cosa quitándole lo superfluo o extraño mezclado con ella. ‖ **2.** Podar, limpiar los árboles quitándoles las ramas inútiles y las hojas secas. ‖ **3.** Quitar la cáscara a las frutas, la corteza o piel a los tubérculos, o la vaina a las legumbres. ‖ **4.** prnl. fig. **mondarse de risa.** ‖ **mondarse de risa.** fr. fig. y fam. Desternillarse de risa.

mondo, da. adj. Limpio y libre de cosas superfluas, mezcladas, añadidas o adherentes. ‖ **mondo y lirondo.** loc. fig. y fam. Limpio, sin añadidura alguna.

mondongo. m. Intestinos y panza de las reses, y especialmente los del cerdo. ‖ **2.** fam. Los del hombre.

moneda. f. Pieza de oro, plata, cobre u otro metal, regularmente en figura de disco y acuñada con el busto del soberano o el sello del gobierno que tiene la prerrogativa de fabricarla, y que, bien por su valor efectivo, o bien por el que se le atribuye, sirve de medida común para el precio de las cosas. ‖ **2.** fig. y fam. Dinero, caudal. ‖ **3.** *Econ.* Conjunto de signos representativos del dinero circulante en cada país. ‖ **fraccionaria. moneda** de menor valor en relación con otras del mismo sistema. ‖ **pagar en la misma moneda.** fr. fig. Ejecutar una acción correspondiendo a otra, o por venganza.

monedero. m. Bolsa, saquillo u objeto pequeño de otra forma, en cuyo interior se lleva dinero en metálico.

monegasco, ca. adj. Natural del principado de Mónaco. Ú. t. c. s. ‖ **2.** Perteneciente o relativo a este principado.

monema. m. *Ling.* Cada uno de los términos que integran un sintagma. ‖ **2.** *Ling.* Mínima unidad significativa.

mónera. f. *Microbiol.* Nombre con que se designó un microorganismo que fue considerado, erróneamente, como carente de núcleo.

monería. f. Acción propia de un mono. ‖ **2.** fig. Gesto, ademán o acción graciosa de los niños. ‖ **3.** Gesto, ademán o acción remilgada.

monetario, ria. adj. Perteneciente o relativo a la moneda. *Sistema* MONETARIO. ‖ **2.** m. Colección ordenada de monedas y medallas.

monfortino, na. adj. Natural de Monforte, ciudad de la provincia de Lugo. Ú. t. c. s. ‖ **2.** Perteneciente o relativo a esta ciudad.

mongol, la. adj. Natural de Mongolia. Ú. t. c. s. ‖ **2.** Perteneciente o relativo a este país asiático. ‖ **3.** m. Lengua de los **mongoles.**

mongólico, ca. adj. Mongol, perteneciente a Mongolia, o en general a la raza amarilla. ‖ **2.** Que padece mongolismo. Ú. t. c. s.

mongolismo. m. Enfermedad que se caracteriza por la coexistencia de un retraso mental, que puede llegar a la idiocia, y un conjunto variable de anomalías somáticas, entre las que destaca el pliegue cutáneo entre la nariz y el párpado, que da a la cara un aspecto típico. Está producida por la triplicación total o parcial de cierto cromosoma.

mongoloide. adj. Dícese de las personas que recuerdan por alguno de sus rasgos físicos, y especialmente por la oblicuidad de los ojos, a los individuos de las razas mongólicas. Ú. t. c. s.

monicaco. m. despect. Hombre de poco valor.

monigote. m. fig. y fam. Persona sin carácter, que se deja manejar por otros. ‖ **2.** fig. y fam. Muñeco o figura ridícula hecha de trapo o cosa semejante. ‖ **3.** fig. y fam. Pintura o estatua mal hecha.

monimiáceo, a. adj. *Bot.* Dícese de plantas leñosas angiospermas dicotiledóneas, con hojas opuestas o verticiladas, rara vez esparcidas, flores comúnmente unisexuales, carpelos con un solo óvulo, y fruto indehiscente; como el boldo. Ú. t. c. s. f. ‖ **2.** f. pl. *Bot.* Familia de estas plantas.

monismo. m. Doctrina filosófica que trata de reducir los seres y fenómenos del Universo a una idea o sustancia única, de la cual derivan y con la cual se identifican. Llámase así por antonomasia el materialismo evolucionista de Haeckel.

monitor[1], ra. m. y f. Persona que guía el aprendizaje deportivo, cultural, etc.

monitor[2]. m. Cualquier aparato que revela la presencia de las radiaciones y da una idea más o menos precisa de su intensidad. Suelen ser detectores muy sensibles y de poca precisión. ‖ **2.** *TV.* Aparato receptor que toma las imágenes directamente de las instalaciones filmadoras y sirve para controlar la transmisión.

monitorizar. tr. Observar mediante aparatos especiales el curso de uno o varios parámetros fisiológicos o de otra naturaleza para detectar posibles anomalías.

monja. f. Religiosa de alguna de las órdenes aprobadas por la Iglesia, que se liga por votos solemnes, y generalmente está sujeta a clausura. ‖ **2.** Por ext., cualquier religiosa de una orden o congregación.

monje. m. Solitario o anacoreta. ‖ **2.** Individuo de una de las órdenes religiosas sujeto a una regla común, y que vive en un monasterio. ‖ **3.** Religioso de una de las órdenes monacales.

monjil. adj. Propio de las monjas o relativo a ellas.

mono, na. adj. fig. y fam. Bonito, lindo, atractivo. Dícese especialmente de los niños y de las cosas pequeñas y delicadas. ‖ **2.** m. Nombre genérico con que se designa a cualquiera de los animales del suborden de los simios. ‖ **3.** fig. Traje de faena, de tela fuerte y de color sufrido, que, para proteger el vestido corriente, usan los mecánicos, motoristas y muchos obreros, aviadores, etc., y también, para ciertos menesteres, las mujeres y los niños. Consta de cuerpo y pantalones en una pieza. ‖ **4.** En el lenguaje de la droga, síndrome de abstinencia. ‖ **ser** alguien **el último mono.** loc. fig. y fam. Ser una persona insignificante, no contar para nada.

mono-. elem. compos. que significa «único» o «uno solo»: MONO*manía.*

monoclamídeo, a. adj. *Bot.* Dícese de las plantas angiospermas dicotiledóneas cuyas flores tienen cáliz pero no corola; como las urticáceas. Ú. t. c. s. f.

monocolor. adj. De un solo color. ‖ **2.** Dícese de la colectividad formada por personas de una misma tendencia, especialmente política.

monocorde. adj. Dícese del instrumento musical que tiene una sola cuerda. ‖ **2.** Por ext., se dice del grito, canto u otra sucesión de sonidos que repiten una misma nota. ‖ **3.** Por ext., monótono, insistente sin variaciones.

monocordio. m. Instrumento antiguo de caja armónica, como la guitarra, y una sola cuerda tendida sobre varios puentecillos fijos o movibles que la dividen en porciones desiguales, correspondientes con las notas de la escala. Se tocaba con una púa de cañón de pluma y servía de diapasón.

monocotiledóneo, a. adj. *Bot.* Dícese del vegetal o planta cuyo embrión posee un solo cotiledón. Ú. t. c. s. f. ‖ **2.** f. pl. *Bot.* Grupo taxonómico constituido por las plantas angiospermas cuyo embrión tiene un solo cotiledón, como la palmera y el azafrán.

monocromo, ma. adj. De un solo color.

monóculo. m. Lente para un solo ojo.

monocultivo. m. Cultivo único o predominante de una especie vegetal en determinada región.

monodia. f. *Mús.* Canto a una sola voz.

monofásico, ca. adj. *Electr.* Se dice de la corriente eléctrica alterna, es decir, que cambia periódicamente de sentido, alcanzando valores iguales, y también de los aparatos que se alimentan con esta clase de corriente.

monofilo, la. adj. *Bot.* Dícese de los órganos de las plantas que constan de una sola hojuela o de varias soldadas entre sí.

monofisita. adj. Dícese de quien negaba que en Jesucristo hubiera dos naturalezas. Ú. m. c. s. y en pl. ‖ **2.** Perteneciente o relativo a estos herejes o a su doctrina.

monogamia. f. Cualidad de monógamo. ‖ **2.** Régimen familiar que veda la pluralidad de esposas.

monógamo, ma. adj. Casado con una sola mujer. ‖ **2.** *Zool.* Dícese de los animales que sólo se aparean con un individuo del otro sexo.

monogenismo. m. Doctrina antropológica, según la cual todas las razas humanas descienden de un tipo primitivo y único.

monografía. f. Descripción y tratado especial de determinada parte de una ciencia, o de algún asunto en particular.

monograma. m. **cifra** que como abreviatura se emplea en sellos, marcas, etc.

monoico, ca. adj. *Bot.* Aplícase a las plantas que tienen separadas las flores de cada sexo, pero en un mismo pie.

monolingüe. adj. Que solo habla una lengua. Ú. t. c. s. ‖ **2.** Que está escrito en un solo idioma.

monolítico, ca. adj. Perteneciente o relativo al monolito. ‖ **2.** De una pieza, sin fisuras. ‖ **3.** fig. Inconmovible, rígido, inflexible.

monolitismo. m. Rigidez de una estructura política o ideológica, manifiesta en sus fundamentos o en su actuación.

monolito. m. Monumento de piedra de una sola pieza.

monólogo. m. **soliloquio.** ‖ **2.** Especie de obra dramática en que habla un solo personaje.

monomanía. f. *Psiquiat.* Locura o delirio parcial sobre una sola idea o un solo orden de ideas.

monomiario. adj. *Zool.* Dícese de los moluscos lamelibranquios que tienen un solo músculo aductor para cerrar la concha; como las ostras.

monomio. m. *Álg.* Expresión algebraica que consta de un solo término.

monopatín. m. Juguete consistente en una tabla relativamente larga sobre ruedas, con la que se deslizan los niños tras impulsarse con un pie contra el suelo.

monopétalo, la. adj. *Bot.* De un solo pétalo. Dícese de las flores o de sus corolas.

monoplano. m. Aeroplano solo con un par de alas que forman un mismo plano.

monoplaza. adj. Dícese de los vehículos que tienen una sola plaza. Ú. t. c. s. m.

monopolio. m. Concesión otorgada por la autoridad competente a una empresa para que esta aproveche con carácter exclusivo alguna industria o comercio. ‖ **2.** Ejercicio exclusivo de una actividad, con el dominio o influencia consiguientes. MONOPOLIO *del poder político, de la enseñanza,* etc. ‖ **3.** Situación de mercado en que la oferta de un producto se reduce a un solo vendedor.

monopolizar. tr. Adquirir, usurpar o atribuirse uno el exclusivo aprovechamiento de una industria, facultad o negocio. ‖ **2.** Acaparar algo o a alguien de una manera exclusiva.

monoptongar. tr. Fundir en una sola vocal los elementos de un diptongo. Ú. t. c. intr. y prnl.

monorraíl. adj. Dícese del sistema de ferrocarril en que los vehículos circulan por un solo raíl. Ú. m. c. s. m. ‖ **2.** Dícese del tren que se desplaza mediante este sistema. Ú. t. c. s. m.

monorrimo, ma. adj. De una sola rima.

monosabio. m. Mozo que ayuda al picador en la plaza.

monosacárido. m. *Quím.* Hidrato de carbono de tres, cuatro, cinco, seis o siete átomos de carbono, con varios hidroxilos y un grupo aldehído o cetona. Existen **monosacáridos** libres, v. gr. la glucosa, o como unidades constituyentes de oligosacáridos y polisacáridos (celulosa, almidón, etc.).

monosépalo, la. adj. *Bot.* De un solo sépalo. Dícese de las flores o de sus cálices.

monosilábico, ca. adj. De una sola sílaba. ‖ **2.** Dícese del idioma cuyas palabras constan generalmente de una sola sílaba.

monosílabo, ba. adj. *Fon.* Aplícase a la palabra de una sola sílaba. Ú. t. c. s. m.

monospermo, ma. adj. *Bot.* Aplícase al fruto que solo contiene una semilla.

monoteísmo. m. Doctrina teológica de los que reconocen un solo Dios.

monoteísta. adj. Que profesa el monoteísmo. Ú. t. c. s. ‖ **2.** Perteneciente o relativo al monoteísmo.

monotipia. f. *Impr.* Máquina de componer que funde los caracteres uno a uno. ‖ **2.** Arte de componer con esta máquina.

monotonía. f. Uniformidad, igualdad de tono en el que habla, en la voz, en la música, etc. ‖ **2.** fig. Falta de variedad en cualquier cosa.

monótono, na. adj. Que adolece de monotonía. *Orador* MONÓTONO.

monotrema. adj. *Zool.* Dícese de los mamíferos que tienen cloaca como la de las aves, y, como ellas, pico y huesos coracoides; ponen huevos, y las crías que nacen de estos chupan la leche que se derrama de las mamas, que carecen de pezón; como el ornitorrinco. Ú. t. c. s. ‖ **2.** m. pl. *Zool.* Orden de estos animales.

monovalente. adj. *Quím.* Que funciona con una sola valencia.

monseñor. m. Título de honor que concede el Papa a determinados eclesiásticos.

monserga. f. fam. Lenguaje confuso y embrollado. ‖ **2.** Exposición o petición fastidiosa o pesada. Ú. m. en pl.

monstruo. m. Producción contra el orden regular de la naturaleza. ‖ **2.** Ser fantástico que causa espanto. ‖ **3.** Cosa excesivamente grande o extraordinaria en cualquier línea. ‖ **4.** Persona o cosa muy fea. ‖ **5.** Persona muy cruel y perversa. ‖ **6.** fig. y fam. Persona de extraordinarias cualidades para desempeñar una actividad determinada.

monstruosidad. f. Suma fealdad o desproporción en lo físico o en lo moral. ‖ **2.** Cosa monstruosa.

monstruoso, sa. adj. Contrario al orden de la naturaleza. ‖ **2.** Excesivamente grande o extraordinario en cualquier línea. ‖ **3.** Muy feo. ‖ **4.** Enormemente vituperable o execrable.

monta. f. Acción y efecto de montar. ‖ **2.** Suma de varias partidas. ‖ **3.** Valor, calidad y estimación intrínseca de una cosa. ‖ **de poca monta.** loc. De poca importancia.

montacargas. m. Ascensor destinado a elevar pesos.

montado, da. adj. Aplícase al que sirve en la guerra a caballo. Ú. t. c. s. ‖ **2.** Dícese del caballo dispuesto y con todos los arreos y aparejos para montarlo. ‖ **3.** m. Loncha de jamón, lomo, etc., sobre una rebanada de pan.

montador, ra. m. y f. Operario especializado en el montaje de máquinas y aparatos. ‖ **2.** Persona que lleva a cabo el montaje de las películas.

montaje. m. Acción y efecto de armar, o poner en su lugar, las piezas de un aparato o máquina. ‖ **2.** Combinación de las diversas partes de un todo. ‖ **3.** En el cine, ordenación del material ya filmado para constituir la versión definitiva de una película. ‖ **4.** fig. Lo que solo aparentemente corresponde a la verdad. ‖ **5.** *Acúst.* Grabación compuesta conseguida por la combinación de dos o más grabaciones. ‖ **fotográfico.** Fotografía conseguida con trozos de otras fotografías y diversos elementos con fines decorativos, publicitarios, informativos, etc.

montante. adj. Que importa, monta o tiene determinada cuantía. ‖ **2.** m. Importe, cuantía. ‖ **3.** *Arq.* Listón o columnita que divide el vano de una ventana. ‖ **4.** *Arq.* Ventana sobre la puerta de una habitación.

montaña. f. Gran elevación natural del terreno. ‖ **2.** Territorio cubierto y erizado de montes. ‖ **3.** fig. Cualquier gran acumulación de algo. ‖ **rusa.** Vía férrea estrecha y en declive, con altibajos y revueltas, para deslizarse por ella en carritos como diversión.

montañero, ra. adj. Perteneciente o relativo a la montaña. ‖ **2.** m. y f. Persona que practica el montañismo.

montañés, sa. adj. Natural de una montaña. Ú. t. c. s. ‖ **2.** Perteneciente o relativo a la montaña. ‖ **3.** Perteneciente o relativo a Cantabria.

montañismo. m. Deporte consistente en escalar montañas, alpinismo.

montañoso, sa. adj. Perteneciente o relativo a las montañas. ‖ **2.** Abundante en ellas. *Terreno* MONTAÑOSO.

montar. intr. Ponerse o subirse encima de una cosa. Ú. t. c. tr. y c. prnl. ‖ **2.** Subir en un caballo u otra cabalgadura. Ú. t. c. tr. y c. prnl. ‖ **3.** Ir a caballo, cabalgar. *Juan* MONTA *bien.* Ú. t. c. tr. *Pedro* MONTABA *un alazán.* ‖ **4.** En las cuentas, importar o subir una cantidad total las partidas diversas, unidas y juntas. ‖ **5.** Ponerse o estar parte de una cosa cubriendo parte de otra. ‖ **6.** tr. Cubrir el caballo o el burro a la yegua, acaballar. ‖ **7.** Armar, o poner en su lugar, las piezas de cualquier aparato o máquina. Ú. t. en sent. fig. ‖ **8.** Batir la clara de huevo, o la nata, hasta ponerla esponjosa y consistente. ‖ **9.** Poner en una casa todo lo necesario para habitarla, o en un negocio, para que empiece a funcionar. ‖ **10.** Tratándose de piedras preciosas, engastar. ‖ **11.** *Cinem.* Seleccionar y ajustar los diversos elementos de una filmación para obtener la copia definitiva de la película. ‖ **tanto monta.** expr. con que se significa que una cosa es equivalente a otra.

montaraz. adj. Que anda o está hecho a andar por los montes o se ha criado en ellos. ‖ **2.** fig. Aplícase al genio y propiedades agrestes, groseras y feroces. ‖ **3.** m. Guarda de montes o heredades.

monte. m. Gran elevación natural de terreno. ‖ **2.** Tierra inculta cubierta de árboles, arbustos o matas. ‖ **3.** fam. **monte de piedad.** ‖ **alto.** El poblado de árboles grandes. ‖ **2.** Estos mismos árboles. ‖ **bajo.** El poblado de arbustos, matas o hierbas. ‖ **2.** Estas matas o hierbas. ‖ **de piedad.** Establecimiento benéfico, combinado generalmente con una caja de ahorros, que dedica estos y su propio capital a préstamos, generalmente a cambio de algo empeñado o dejado en prenda, con interés módico. ‖ **de Venus.** Pubis de la mujer.

montepío. m. Depósito de dinero, formado ordinariamente de los descuentos hechos a los individuos de un cuerpo, o de otras contribuciones de los mismos, para socorrer a sus viudas y huérfanos. ‖ **2.** Establecimiento público o particular fundado con este objeto. ‖ **3.** Pensión que se recibe de un **montepío.**

montera. f. Prenda para abrigo de la cabeza, que generalmente se hace de paño; tiene varias hechuras, según el uso de cada provincia. ‖ **2.** Gorra que lleva el torero en armonía con el traje de luces.

montería. f. Caza de jabalíes, venados y otros animales de caza mayor. ‖ **2.** Arte de cazar, o conjunto de reglas y avisos que se dan para la caza.

montero, ra. m. y f. Persona que busca y persigue la caza en el monte, o la ojea hacia el sitio en que la esperan los cazadores.

montés. adj. Que anda, está o se cría en el monte.

montesco. m. Individuo de una familia de Verona, célebre en la tradición por su enconada rivalidad con la de los Capuletos. Ú. m. en pl. y t. en sent. fig. para designar bandas rivales.

montículo. m. Monte pequeño, por lo común aislado, y obra, o de la naturaleza o del hombre.

montilla. m. Vino fino que se cría y elabora en el término municipal de Montilla.

monto. m. Suma de varias partidas, monta.

montón. m. Conjunto de cosas puestas sin orden unas encima de otras. ‖ **2.** fig. y fam. Número considerable, en frases como la siguiente: *Tengo que decirte un* MONTÓN *de cosas.* ‖ **a montones.** loc. adv. fig. y fam. Abundantemente, sobrada y excesivamente. ‖ **ser** uno **del montón.** fr. fig. y fam. Ser adocenado y vulgar, en su persona o condición social.

montura. f. Bestia en que se puede cabalgar, cabalgadura. ‖ **2.** Conjunto de los arreos de una caballería de silla. ‖ **3.** Acción de montar las piezas de una máquina o aparato, montaje. ‖ **4.** Armadura en que se colocan los cristales de las gafas.

monumental. adj. Perteneciente o relativo a un monumento, obra pública u objeto de utilidad para la historia. ‖ **2.** fig. y fam. Muy excelente o señalado en su línea. ‖ **3.** fig. y fam. Muy grande.

monumento. m. Obra pública y patente, como estatua, inscripción o sepulcro, puesta en memoria de una acción heroica u otra cosa singular. ‖ **2.** Por ext., construcción que posee valor artístico, arqueológico, histórico, etc. ‖ **3.** Túmulo, altar o aparato que el Jueves Santo se forma en las iglesias, colocando en él, en una arquita a manera de sepulcro, la segunda hostia que se consagra en la misa de aquel día, para reservarla hasta los oficios del Viernes Santo, en que se consume. ‖ **4.** Obra científica, artística o literaria, que se hace memorable por su mérito excepcional. ‖ **5.** fig. y fam. Persona de gran belleza y bien proporcionada físicamente.

monzón. amb. Viento periódico que sopla en ciertos mares, particularmente en el océano Índico, unos meses en una dirección y otros en la opuesta.

moña[1]**.** f. Lazo con que suelen adornarse la cabeza las mujeres.

moña[2]**.** f. fig. y fam. Embriaguez, borrachera.

moño. m. **castaña** o rodete que se hace con el cabello para tenerlo recogido o por adorno. ‖ **2.** Lazo de cintas. ‖ **3.** Grupo de plumas que sobresale en la cabeza de algunas aves. ‖ **estar hasta el moño.** fr. fig. y fam. Estar harto, no aguantar más.

moquear. intr. Echar mocos.

moqueta. f. Tela fuerte de lana, cuya trama es de cáñamo, y de la cual se hacen alfombras y tapices.

moquete. m. Puñetazo dado en el rostro, especialmente en las narices.

moquillo. m. Enfermedad catarral de algunos animales, y especialmente de los perros y gatos jóvenes.

mora. f. Fruto del moral, de unos dos centímetros de largo, con figura ovalada, formado por la agregación de globulillos carnosos, blandos, agridulces y, una vez maduro, de color morado. ‖ **2.** Fruto de la morera, muy parecido al anterior, pero de la mitad de su tamaño y, ya maduro, de color blanco amarillento y enteramente dulce. ‖ **3.** Fruto de la zarzamora. ‖ **4.** En algunos puntos, fresa silvestre.

morabito. m. Musulmán que profesa cierto estado religioso parecido en su forma exterior al de los anacoretas o ermitaños cristianos.

moráceo, a. adj. *Bot.* Dícese de árboles y arbustos angiospermos dicotiledóneos, que tienen hojas alternas con estípulas, y flores unisexuales; los frutos son aquenios o pequeñas drupas; como el moral y la higuera. Ú. t. c. s. f. ‖ **2.** f. pl. *Bot.* Familia de estas plantas.

morada. f. Casa o habitación. ‖ **2.** Estancia de asiento o residencia algo continuada en un lugar.

morado, da. adj. De color entre carmín y azul. Ú. t. c. s. ‖ **2.** m. fam. **cardenal**[2]**.** ‖ **pasarlas moradas.** loc. fig. y fam. Encontrarse en una situación difícil, dolorosa o comprometida. ‖ **ponerse morado.** fr. fig. y fam. Hartarse de comida.

moral[1]**.** adj. Perteneciente o relativo a las acciones o caracteres de las personas, desde el punto de vista de la bondad o malicia. ‖ **2.** Que no pertenece al campo de los sentidos, por ser de la apreciación del entendimiento o de la conciencia. *Prueba, certidumbre* MORAL. ‖ **3.** Que no concierne al orden jurídico, sino al fuero interno o al respeto humano. *Aunque el pago no era exigible, tenía obligación* MORAL *de hacerlo.* ‖ **4.** f. Ciencia que trata del bien en general, y de las acciones humanas en orden a su bondad o malicia. ‖ **5.** Conjunto de facultades del espíritu, por contraposición a físico. ‖ **6.** Ánimos, arrestos. ‖ **7.** Estado de ánimo, individual o colectivo. En relación a tropas, o en el deporte, se refiere al espíritu, o a la confianza en la victoria.

moral[2]**.** m. Árbol de la familia de las moráceas, de cinco a seis metros de altura, con tronco grueso y copa amplia, hojas con pelusa, acorazonadas, dentadas o lobuladas por el margen, y flores unisexuales en amentos. Su fruto es la mora.

moraleja. f. Lección o enseñanza que se deduce de un cuento, fábula, ejemplo, anécdota, etc.

moralidad. f. Conformidad de una acción o doctrina con los preceptos de la sana moral. ‖ **2. moraleja.**

moralina. f. Moralidad inoportuna, superficial o falsa.

moralizar. tr. Reformar las malas costumbres enseñando las buenas. Ú. t. c. prnl. ‖ **2.** intr. Discurrir sobre un asunto con aplicación a la enseñanza de las buenas costumbres.

morapio. m. fam. Vino oscuro, tinto.

morar. intr. Habitar o residir habitualmente en un lugar.

moratoria. f. Plazo que se otorga para solventar una deuda vencida. Se dice especialmente de la disposición que difiere el pago de impuestos o contribuciones, y también, por ext., de las deudas civiles.

mórbido, da. adj. Que padece enfermedad o la ocasiona. ‖ **2.** Blando, delicado, suave.

morbo. m. Alteración de la salud del cuerpo humano, enfermedad. ‖ **2.** fig. Interés malsano por personas o cosas, o atracción hacia acontecimientos desagradables.

morboso, sa. adj. **enfermo.** ‖ **2.** Que causa enfermedad, o concierne a ella. ‖ **3.** Que provoca reacciones mentales moralmente insanas o que es resultado de ellas. *Una novela* MORBOSA. *Su obsesión por la muerte parece* MORBOSA. ‖ **4.** Que manifiesta inclinación al morbo. Ú. t. c. s.

morcilla. f. Trozo de tripa de cerdo, carnero o vaca, o materia análoga, rellena de sangre cocida, que se condimenta con especias y, frecuentemente, cebolla, y a la que suelen añadírsele otros ingredientes como arroz, piñones, miga de pan, etc. ‖ **2.** fig. y fam. Añadidura abusiva de palabras o cláusulas de su invención, que hacen los comediantes. ‖ **que te den,** o **que le den morcilla.** expr. fig. y fam. que indica desprecio, mala voluntad hacia alguien, desinterés, etc.

morcillo[1]. m. Parte carnosa del brazo, desde el hombro hasta cerca del codo. ‖ **2.** Parte alta, carnosa, de las patas de los bovinos.

morcillo[2], lla. adj. Aplícase al caballo o yegua de color negro con viso rojizo.

morcón. m. Tripa gruesa de algunos animales que se utiliza para hacer embutidos.

mordacidad. f. Cualidad de mordaz.

mordaz. adj. Que corroe o tiene actividad corrosiva. ‖ **2.** fig. Propenso a murmurar o criticar con acritud o mala intención normalmente ingeniosas.

mordaza. f. Instrumento que se pone en la boca para impedir el hablar. Ú. t. en sent. fig. ‖ **2.** *Art.* Aparato empleado en algunos montajes con objeto de disminuir el retroceso de las piezas de artillería.

mordedura. f. Acción de morder. ‖ **2.** Daño ocasionado por ella.

morder. tr. Clavar los dientes en una cosa. ‖ **2.** Gastar insensiblemente, o poco a poco, quitando partes muy pequeñas, como hace la lima. ‖ **3.** fig. y fam. Precedido de *estar que,* manifestar uno de algún modo su ira o enojo extremos. *Juan* ESTÁ QUE MUERDE. ❑ Irreg. Se conj. como *mover.*

mordida. f. Mordedura, mordisco. ‖ **2.** *Bol., Col., Méj., Nicar.* y *Pan.* Provecho o dinero obtenido de un particular por un funcionario o empleado, con abuso de las atribuciones de su cargo. ‖ **3.** *Bol., Col., Méj., Nicar.* y *Pan.* Fruto de cohechos o sobornos.

mordiente. m. Sustancia que en tintorería y otras artes sirve de intermedio eficaz para fijar los colores o los panes de oro.

mordisco. m. Mordedura que se hace en un cuerpo vivo sin causar lesión grave. ‖ **2.** Pedazo que se saca de una cosa mordiéndola. ‖ **3.** fig. Beneficio que se saca de alguna cosa.

mordisquear. tr. Picar como mordiendo.

morena. f. Pez teleósteo marino, del suborden de los fisóstomos, parecido a la anguila, de un metro aproximadamente de longitud, casi cilíndrico, sin aletas pectorales y con la dorsal y la anal unidas con la cola; cabeza de hocico prolongado, con dientes fuertes y puntiagudos, branquias reducidas a dos agujeros pequeños, y cuerpo viscoso y sin escamas, amarillento y con manchas de color castaño. Es comestible.

moreno, na. adj. Aplícase al color oscuro que tira a negro. ‖ **2.** En la raza blanca, dícese del color de la piel menos claro y del pelo negro o castaño. ‖ **3.** Aplícase al color de las cosas que tienen un tono más oscuro de lo normal.

morera. f. Árbol de la familia de las moráceas, con tronco recto no muy grueso, de cuatro a seis metros de altura, copa abierta, hojas ovales, obtusas, dentadas o lobuladas, y flores verdosas, separadas las masculinas de las femeninas. Su fruto es la mora. Su hoja sirve de alimento al gusano de seda.

morería. f. Barrio en que habitaban los moros en algunos pueblos. ‖ **2.** País o territorio propio de moros.

moretón. m. fam. **cardenal,** mancha amoratada.

morfema. m. *Ling.* Término empleado en lingüística moderna con varia significación según las escuelas. Unas lo aplican solamente a los elementos mínimos que en una lengua expresan relaciones o categorías gramaticales *(de, no, yo, le, el* libro, cant-*ar,* casa-*s,* cas-*ero),* otras lo extienden a los elementos mínimos de carácter léxico *(sol, pan, casa).* El **morfema** puede ser una palabra, prefijo, infijo, sufijo, desinencia, etc., como en los ejemplos citados; un fonema en oposición con otro (h*a*ce-h*i*ce; di*c*e; di*j*e); un rasgo de acentuación *(cante-canté),* etc.

Morfeo. n. p. m. Dios del sueño en la mitología griega y romana. || **estar en brazos de Morfeo.** fr. fig. y fam. Dormir.

morfina. f. Alcaloide sólido, muy amargo y venenoso, que cristaliza en prismas rectos e incoloros; se extrae del opio, y sus sales, en dosis pequeñas, se emplean en medicina como medicamento soporífero y anestésico.

morfinómano, na. adj. Que tiene el hábito de abusar de la morfina. Ú. t. c. s.

morfo- o **-morfo, fa.** elem. compos. que significa «forma»: MORFO*logía, iso*MORFO.

morfología. f. Parte de la biología que trata de la forma de los seres orgánicos y de las modificaciones o transformaciones que experimenta. || **2.** *Gram.* Tratado de las formas de las palabras.

morganático, ca. adj. V. **matrimonio morganático.**

morgue. f. Depósito de cadáveres.

moribundo, da. adj. Que está muriendo o muy cercano a morir. Apl. a pers., ú. t. c. s.

morigerar. tr. Templar o moderar los excesos de los afectos y acciones. Ú. t. c. prnl.

moriles. m. Vino fino que se cría y elabora en el término municipal de Moriles.

morillo. m. Caballete de hierro que se pone en el hogar para sustentar la leña. Se usan dos generalmente.

moringáceo, a. adj. *Bot.* Dícese de plantas leñosas angiospermas dicotiledóneas, pertenecientes al mismo orden que las crucíferas, que tienen hojas pinnadas y flores pentámeras y zigomorfas; como el ben. Ú. t. c. s. f. || **2.** f. pl. *Bot.* Familia de estas plantas.

morir. intr. Llegar al término de la vida. Ú. t. c. prnl. || **2.** fig. Llegar cualquier cosa a su término. Ú. t. c. prnl. || **3.** Sentir muy intensamente algún deseo, afecto, pasión, etc. Ú. m. c. prnl. MORIR *de frío, de hambre, de sed, de risa.* ❑ Irreg. Se conj. como *dormir;* p. p. irreg. *muerto.*

morisco, ca. adj. Dícese del moro bautizado que, terminada la reconquista, se quedó en España. Ú. t. c. s. || **2.** Perteneciente o relativo a ellos.

morlaco. m. Toro de lidia de gran tamaño.

mormón, na. m. y f. Persona que profesa el mormonismo. || **2.** adj. Perteneciente o relativo a esta doctrina.

mormonismo. m. Movimiento religioso fundado en Estados Unidos, basado en la Biblia y el Libro de Mormón, y que durante algunos decenios proclamó y practicó la poligamia.

moro, ra. adj. Natural del África Septentrional frontera a España. Ú. t. c. s. || **2.** Perteneciente o relativo a esta parte de África o a sus naturales. || **3.** Por ext., que profesa la religión islámica. Ú. t. c. s. || **4.** Dícese del musulmán que habitó en España desde el siglo VIII hasta el XV. Ú. t. c. s. || **5.** Perteneciente o relativo a la España musulmana de aquel tiempo. || **6.** Dícese del caballo o yegua de pelo negro con una estrella o mancha blanca en la frente y calzado de una o dos extremidades. || **moros y cristianos.** Fiesta pública que se ejecuta vistiéndose algunos con trajes de **moros** y fingiendo lid o batalla con los cristianos. || **haber moros en la costa.** fr. fig. y fam. con que se recomienda la precaución y cautela. ❑ No utilizar por *árabe.*

morosidad. f. Lentitud, dilación, demora. || **2.** Falta de actividad o puntualidad.

moroso, sa. adj. Que incurre en morosidad. *Deudor* MOROSO. || **2.** Que la denota o implica.

morral. m. Talego que contiene el pienso y se cuelga de la cabeza de las bestias, para que coman cuando no están en el pesebre. || **2.** Saco que usan los cazadores, soldados y viandantes, colgado por lo común a la espalda, para echar la caza, llevar provisiones o transportar alguna ropa.

morralla. f. fig. Pescado menudo. || **2.** fig. Multitud de gente de escaso valer. || **3.** Conjunto o mezcla de cosas inútiles y despreciables.

morrena. f. *Geol.* Montón de piedras y barro que se acumulan.

morrillo. m. Porción carnosa que tienen las reses en la parte superior y anterior del cuello.

morriña. f. fig. y fam. Tristeza o melancolía, especialmente la nostalgia de la tierra natal.

morrión. m. Armadura de la parte superior de la cabeza, hecha en forma de casco, y que en lo alto suele tener un plumaje o adorno.

morro. m. Parte de la cabeza de algunos animales en que están la nariz y la boca. || **2.** Labios de una persona, especialmente los abultados. || **3.** Extremo delantero y prolongado de ciertas cosas. *El* MORRO *de este coche es muy grande.* || **beber a morro.** fr. fam. Beber sin vaso, aplicando directamente la boca al chorro, a la corriente o a la botella. || **estar de morro,** o **de morros.** fr. fig. y fam. Mostrar enfado en la expresión del rostro.

morrocotudo, da. adj. fam. De mucha importancia o dificultad.

morrón. m. fam. Golpe, porrazo.

morsa. f. Mamífero carnicero muy parecido a la foca, que, como ella, vive por lo común en el mar, y de la cual se distingue principalmente por dos caninos que se prolongan fuera de la mandíbula superior más de medio metro.

morse. m. Sistema de telegrafía que utiliza un código consistente en la combinación de rayas y puntos. ‖ **2.** Alfabeto utilizado en dicho sistema.

mortadela. f. Embutido muy grueso que se hace con carne de cerdo y de vaca muy picada con tocino.

mortaja. f. Vestidura, sábana u otra cosa en que se envuelve el cadáver para el sepulcro. ‖ **2.** fig. *Amér.* Hoja de papel con que se lía el tabaco del cigarrillo.

mortal. adj. Que ha de morir o sujeto a la muerte. ‖ **2.** Por antonomasia, dícese del hombre. Ú. m. c. s. pl. ‖ **3.** Que ocasiona o puede ocasionar muerte espiritual o corporal. ‖ **4.** Aplícase también a aquellas pasiones que mueven a desear la muerte de otro. *Odio* MORTAL; *enemistad* MORTAL. ‖ **5.** fig. Fatigoso, abrumador. *De Madrid a Alcalá hay cuatro leguas* MORTALES.

mortalidad. f. Cualidad de mortal. ‖ **2.** Tasa de muertes producidas en una población durante un período de tiempo, en general o por una causa determinada. ❑ No confundir con *mortandad.*

mortandad. f. Multitud de muertes causadas por epidemia, cataclismo, peste o guerra. ❑ No confundir con *mortalidad.*

mortecino, na. adj. fig. Bajo, apagado y sin vigor.

mortero. m. Utensilio de madera, piedra o metal, a manera de vaso, que sirve para machacar en él especias, semillas, drogas, etc. ‖ **2.** Pieza de artillería destinada a lanzar bombas. Es de gran calibre y corta longitud. ‖ **3.** *Albañ.* Conglomerado o masa constituida por arena, conglomerante y agua; puede contener además algún aditivo.

morteruelo. m. Guisado que se hace de hígado de cerdo machacado y desleído con especias y pan rallado.

mortífero, ra. adj. Que ocasiona o puede ocasionar la muerte.

mortificación. f. Acción y efecto de mortificar o mortificarse.

mortificar. tr. *Med.* Dañar gravemente alguna parte del cuerpo. Ú. t. c. prnl. ‖ **2.** fig. Domar las pasiones castigando el cuerpo y refrenando la voluntad. Ú. t. c. prnl. ‖ **3.** fig. Afligir, desazonar o causar pesadumbre o molestia. Ú. t. c. prnl.

mortuorio, ria. adj. Perteneciente o relativo al muerto o a las honras fúnebres.

morueco. m. Carnero padre o que ha servido para la propagación.

mórula. f. *Biol.* Óvulo fecundado que, durante el período de segmentación, tiene el aspecto de una mora.

moruno, na. adj. **moro,** perteneciente a la antigua Mauritania o a sus naturales. *Alfanje* MORUNO.

mosaico[1]. m. Obra taraceada con teselas, piedras o vidrios, generalmente de varios colores, formando artísticamente dibujos o figuras.

mosaico[2], ca. adj. Perteneciente o relativo a Moisés.

mosca. f. Insecto díptero, muy común y molesto, de unos seis milímetros de largo, de cuerpo negro, cabeza elíptica, más ancha que larga, ojos salientes, alas transparentes cruzadas de nervios, patas largas con uñas y ventosas, y boca en forma de trompa, con la cual chupa las sustancias de que se alimenta. ‖ **2.** *Zool.* Cualquiera de los insectos dípteros del suborden de los braquíceros. ‖ **artificial.** Artilugio de diversas formas que se utiliza como cebo en la pesca con caña. ‖ **muerta.** fig. y fam. Persona, al parecer, de ánimo o genio apagado, pero que no pierde la ocasión de su provecho. ‖ **con la mosca en,** o **detrás de, la oreja.** fr. fig. y fam. que se aplica al que está receloso y prevenido para evitar alguna cosa. ‖ **estar mosca.** fr. fig. y fam. **tener la mosca en,** o **detrás de, la oreja.** ‖ **por si las moscas.** fr. fig. y fam. Por si acaso, por lo que pueda suceder. ‖ **tener la mosca en,** o **detrás de, la oreja.** fr. fig. Estar escamado, sobre aviso o receloso de algo.

moscardón. m. Díptero semejante a la mosca, de doce a trece milímetros de largo, de color azul o gris y muy velloso. ‖ **2.** Mosca que zumba. ‖ **3.** fig. y fam. Hombre impertinente que molesta con pesadez y picardía.

moscatel. adj. V. **uva moscatel.** Ú. t. c. s. m. ‖ **2.** Aplícase al viñedo que produce esta clase de uva. ‖ **3.** Dícese del vino que se elabora con ella, después de solearla durante varios días. Ú. t. c. s.

moscón. m. Especie de mosca, que se diferencia de la común en ser algo mayor que ella y tener las alas manchadas de rojo. ‖ **2.** fig. y fam. Hombre pesado y molesto, especialmente en sus pretensiones amorosas.

mosconear. tr. Importunar, molestar con impertinencia y pesadez.

moscovita. adj. Natural de Moscovia, antiguo principado que dio su nombre, en el inicio del régimen zarista, a toda Rusia. Ú. t. c. s. ‖ **2.** Perteneciente o relativo al antiguo principado de la ciudad de Moscú.

mosén. m. Título que se daba a los nobles de

segunda clase en el antiguo reino de Aragón. || **2.** Título que se da a los clérigos en el antiguo reino de Aragón.

mosquear. tr. Provocar alguien o algo la sospecha o suspicacia de otro. Ú. t. c. prnl. || **2.** Causar alguien o algo enfado o disgusto. Ú. t. c. prnl.

mosquete. m. Arma de fuego antigua, mucho más larga y de mayor calibre que el fusil, la cual se disparaba apoyándola sobre una horquilla.

mosquetero. m. Soldado armado de mosquete.

mosquetón. m. Carabina corta que usaron algunos cuerpos militares. || **2.** Arma de fuego más corta que el fusil y de cañón rayado. || **3.** Anilla que se abre y cierra mediante un muelle.

mosquitero. m. Pabellón o colgadura de cama hecho de gasa, para impedir que entren a molestar o picar los mosquitos.

mosquito. m. Insecto díptero, de tres a cuatro milímetros de largo, cuerpo cilíndrico de color pardusco, cabeza con dos antenas, dos palpos en forma de pluma y una trompa recta armada interiormente de un aguijón; pies largos y muy finos, y dos alas transparentes que con su rápido movimiento producen un zumbido agudo parecido al sonido de una trompetilla. El macho vive de los jugos de las flores, y la hembra chupa la sangre de las personas y de los animales de piel fina, produciendo con la picadura inflamación rápida acompañada de picor. Las larvas son acuáticas. || **2.** Cualquiera de los insectos dípteros del suborden de los nematóceros. || **3.** Larva de la langosta.

mostacho. m. Bigote espeso y bien poblado del hombre.

mostaza. f. Planta anual de la familia de las crucíferas, con tallo de un metro de altura aproximadamente; hojas alternas, con pelusa, divididas por el margen en varios segmentos dentellados; flores pequeñas y amarillas y fruto en silicuas con varias semillas de sabor picante. Abunda en los campos, y la harina de la semilla es, por sus propiedades estimulantes, de frecuente empleo en condimentos y medicina. || **2.** Semilla de esta planta. || **3.** Salsa que se hace de esta semilla.

mosto. m. Zumo exprimido de la uva, antes de fermentar y hacerse vino.

mostrador. m. Mesa o tablero que hay en las tiendas para presentar los géneros. || **2.** Especie de mesa, cerrada en su parte exterior, que en los bares, cafeterías y otros establecimientos análogos se utiliza para poner sobre ella lo que piden los clientes.

mostrar. tr. Manifestar o poner a la vista una cosa; enseñarla o señalarla para que se vea. || **2.** Explicar, dar a conocer una cosa o convencer de su certidumbre. || **3.** Dar a entender o conocer con las acciones una calidad del ánimo. MOSTRAR *valor, liberalidad.* || **4.** prnl. Portarse uno de cierta manera, o darse a conocer en algún sentido. MOSTRARSE *amigo, príncipe.* ❑ Irreg. Se conj. como *contar.*

mostrenco, ca. adj. fig. y fam. Ignorante o tardo en discurrir o aprender. Ú. t. c. s. || **2.** fig. y fam. Dícese del sujeto muy gordo y pesado. Ú. t. c. s.

mota. f. Partícula de hilo u otra cosa semejante que se pega a los vestidos o a otras partes. || **2.** Mancha, pinta o dibujo redondeado o muy pequeño. || **3.** fig. Defecto muy ligero o de poca entidad que se halla en las cosas inmateriales. || **4.** Elevación del terreno de poca altura, natural o artificial, aislada en un llano.

mote. m. Sobrenombre que se da a una persona por una cualidad o condición suya, apodo.

motear. tr. Salpicar de motas una tela, para darle variedad y hermosura.

motejar. tr. Notar, censurar las acciones de uno con motes o apodos. ❑ Ú. con la prep. *de.*

motel. m. Establecimiento público, situado generalmente fuera de los núcleos urbanos y en las proximidades de las carreteras, en el que se facilita alojamiento en departamentos con entradas independientes desde el exterior, y con garajes o cobertizos para automóviles, próximos o contiguos a aquellos.

motero, ra. adj. Apasionado de la moto. Ú. t. c. s.

motete. m. Breve composición musical para cantar en las iglesias, que regularmente se forma sobre algunas palabras de la Escritura.

motilidad. f. Facultad de moverse. || **2.** *Psicol.* Capacidad para realizar movimientos complejos y coordinados.

motín. m. Movimiento desordenado de una muchedumbre, por lo común contra la autoridad constituida.

motivación. f. **motivo,** causa de algo. || **2.** Ensayo mental preparatorio de una acción para animar o animarse a ejecutarla con interés y diligencia.

motivar. tr. Dar causa o motivo para una cosa. || **2.** Dar o explicar la razón o motivo que se ha tenido para hacer una cosa. || **3.** Mostrar el atractivo o el interés de algo para incitar a un tipo de conducta. Ú. t. c. prnl.

motivo, va. adj. Que mueve o tiene eficacia o virtud para mover. || **2.** m. Causa o razón que mueve para una cosa. || **3.** En las bellas artes, en decoración, filatelia, etc., tema o asunto de una composición.

moto. f. Forma abreviada de **motocicleta.**

moto-. elem. compos. que significa «movido por motor»: MOTO*cicleta,* MOTO*nave.*

motocarro. m. Vehículo de tres ruedas, con motor, para transportar cargas ligeras.

motocicleta. f. Vehículo automóvil de dos ruedas, con uno o dos sillines; a veces, con sidecar.

motociclismo. m. Deporte de los aficionados a correr en motocicleta.

motor, ra. adj. Que mueve. Ú. t. c. s. m. ‖ **2.** m. Máquina destinada a producir movimiento a expensas de otra fuente de energía. Según la clase de esta, el **motor** se llama eléctrico, térmico, hidráulico, etc. ‖ **de arranque.** *Mec.* **motor** eléctrico auxiliar que pone en marcha a otro, generalmente de combustión interna. ‖ **de explosión.** El que funciona por la energía producida por la combustión de una mezcla de aire y gasolina. ‖ **de reacción.** Ingenio cuyo movimiento se obtiene mediante expulsión de un chorro de gases producido por él mismo. ‖ **Diesel.** El de explosión en que el carburante se inflama por la compresión a que se somete el aire en la cámara de combustión, sin necesidad de bujías. Llámase así por el nombre de su inventor. ‖ **fuera borda, fuera bordo, fuera de borda** o **fuera de bordo.** Pequeño **motor,** generalmente de dos tiempos, provisto de una hélice, y que se coloca en la parte exterior de la popa de ciertas embarcaciones de recreo.

motora. f. Embarcación menor provista de motor.

motorismo. m. Deporte de los aficionados a correr en vehículo automóvil, especialmente en motocicleta.

motorista. com. Persona que conduce una motocicleta.

motorizar. tr. Dotar de medios mecánicos de tracción o transporte a un ejército, industria, etc. Ú. t. c. prnl.

motriz. adj. f. Que mueve. *Causa* MOTRIZ.

motu proprio. loc. adv. lat. Voluntariamente; de propia, libre y espontánea voluntad. ❑ No utilizar **de motu proprio* o **de motu propio.*

movedizo, za. adj. Fácil de moverse o ser movido. ‖ **2.** Inseguro, que no está firme. ‖ **3.** fig. Inconstante, fácil en mudar de dictamen o intento.

mover. tr. Hacer que un cuerpo deje el lugar o espacio que ocupa y pase a ocupar otro. Ú. t. c. prnl. ‖ **2.** Menear o agitar una cosa o parte de algún cuerpo. MOVER *la cabeza.* ‖ **3.** fig. Dar motivo para una cosa; persuadir, inducir o incitar a ella; por extensión, dícese de los afectos del ánimo que inclinan o persuaden a hacer una cosa. ‖ **4.** fig. Seguido de la preposición *a,* causar u ocasionar. MOVER A *risa,* A *piedad,* A *lágrimas.* ❑ Irreg. Ver conjugación modelo.

mover

INDICATIVO

Presente: muevo, mueves, mueve, movemos, movéis, mueven.
Pretérito imperfecto: movía, movías, movía, movíamos, movíais, movían.
Pretérito indefinido: moví, moviste, movió, movimos, movisteis, movieron.
Futuro imperfecto: moveré, moverás, moverá, moveremos, moveréis, moverán.
Condicional: movería, moverías, movería, moveríamos, moveríais, moverían.

SUBJUNTIVO

Presente: mueva, muevas, mueva, movamos, mováis, muevan.
Pretérito imperfecto: moviera o moviese, movieras o movieses, moviera o moviese, moviéramos o moviésemos, movierais o movieseis, movieran o moviesen.
Futuro imperfecto: moviere, movieres, moviere, moviéremos, moviereis, movieren.

IMPERATIVO

mueve (tú); moved (vosotros).

FORMAS NO PERSONALES

Infinitivo: mover.
Participio: movido.
Gerundio: moviendo.

movido, da. adj. Dícese del lapso de tiempo en que se ha tenido ajetreo o diversidad apresurada y anormal de quehaceres. *He tenido un día muy* MOVIDO. ‖ **2.** Dícese de lo que ha transcurrido o se ha desarrollado con agitación o con incidencias imprevistas. *El viaje fue muy* MOVIDO.

móvil. adj. Que puede moverse o se mueve por sí mismo. Ú. t. c. s. ‖ **2.** Que no tiene estabilidad o permanencia. ‖ **3.** m. Lo que mueve material o moralmente a una cosa. ‖ **4.** Escultura articulada cuyas partes pueden ser **móviles.** ‖ **5.** *Fís.* Cuerpo en movimiento.

movilizar. tr. Poner en actividad o movimiento tropas, etc. Ú. t. c. prnl. ‖ **2.** Convocar, incorporar a filas, poner en pie de guerra tropas u otros elementos militares. Ú. t. en sent. fig.

movimiento. m. Acción y efecto de mover o moverse. ‖ **2.** Estado de los cuerpos mientras cambian de lugar o de posición. ‖ **3.** En los cómputos mercantiles y en algunas estadísticas, alteración numérica en el estado o cuenta durante un tiempo determinado. ‖ **4.** fig. Alteración, inquietud o conmoción. ‖ **5.** Alzamiento, rebelión. ‖ **6.** fig. Primera manifestación de un afecto, pasión o sentimiento; como celos, risa, ira, etc. ‖ **7.** Desarrollo y propagación de una tendencia religiosa, política, social, estética, etc., de carácter innovador. *El* MOVIMIENTO *socialista; el* MOVIMIENTO *romántico.* ‖ **8.** fig. Variedad y animación en el estilo, o en la composición poética o literaria. ‖ **9.** *Mús.* Velocidad del compás. ‖ **10.** *Mús.* Nombre que se da a cada uno de los fragmentos de una sonata, sinfonía, etc., de acuerdo con el contraste de tiempo existente entre ellos. ‖ **acelerado.** *Mec.* Aquel en que la velocidad aumenta en cada instante de su duración. ‖ **compuesto.** *Mec.* El que resulta de la concurrencia de dos o más fuerzas en diverso sentido. ‖ **continuo.** El que se pretende hacer durar por tiempo indefinido sin gasto de fuerza motriz. ‖ **de rotación.** *Mec.* Aquel en que un cuerpo se mueve alrededor de un eje. ‖ **de traslación.** *Astron.* El de los astros a lo largo de sus órbitas. MOVIMIENTO *de traslación de la Tierra.* ‖ **2.** *Mec.* El de los cuerpos que siguen curvas de gran radio con relación a sus propias dimensiones. MOVIMIENTO *de traslación de un proyectil.* ‖ **ondulatorio.** El que efectúa la superficie del agua, o las partículas de un medio elástico, al paso de las ondas. Hay transporte de energía, pero no de materia. ‖ **retardado.** *Mec.* Aquel en que la velocidad va disminuyendo. ‖ **retrógrado.** *Astron.* El real o aparente de un astro en sentido contrario al directo. ‖ **simple.** *Mec.* El que resulta del impulso de una sola fuerza. ‖ **uniforme.** *Mec.* Aquel en que es igual y constante la velocidad.

moviola. f. Máquina empleada en los estudios cinematográficos y de televisión para proyectar filmes, regulándose el movimiento de la película de acuerdo con las necesidades del montador. Permite examinar adecuadamente el filme, cortar o intercalar escenas en él y sincronizar sus bandas sonoras.

mozalbete. m. Mozo de pocos años, mocito, mozuelo.

mozambiqueño, ña. adj. Natural de Mozambique. Ú. t. c. s. ‖ **2.** Perteneciente o relativo a Mozambique.

mozárabe. adj. Dícese del individuo de las minorías hispánicas que, consentidas por el derecho islámico como tributarias, vivieron en la España musulmana hasta fines del siglo XI conservando su religión cristiana e incluso su organización eclesiástica y judicial. Ú. m. c. s. ‖ **2.** Dícese de todo lo relativo o perteneciente a las comunidades antedichas. ‖ **3.** Aplícase con mayor o menor exactitud a la lengua romance, heredera del latín vulgar visigótico, que, contaminada de árabe, hablaban cristianos y musulmanes en la España islámica. Ú. t. c. s.

mozarabismo. m. Rasgo lingüístico peculiar de los mozárabes. ‖ **2.** Elemento artístico típico del arte mozárabe. ‖ **3.** Conjunto de caracteres socioculturales propios de los mozárabes.

mozo, za. adj. Joven. Ú. t. c. s. ‖ **2.** Célibe, soltero. Ú. t. c. s. ‖ **3.** m. Hombre que sirve en las casas o al público en oficios humildes. ❑ Denótase el lugar y el trabajo en que se ocupa por medio de un sustantivo regido de la preposición *de.* MOZO DE *café,* DE *cocina.* ‖ **4.** Individuo que ha sido llamado para hacer el servicio militar, y que se encuentra en el período comprendido desde que se le comunica oficialmente hasta que lo inicia.

mu. Onomatopeya con que se representa la voz del toro y de la vaca.

muaré. m. Tela fuerte que forma aguas; moaré, mué. ❑ pl. *muarés.*

muchachada. f. Acción propia de muchachos. ‖ **2.** Conjunto numeroso de muchachos.

muchacho, cha. m. y f. Niño o niña que no ha llegado a la adolescencia. ‖ **2.** Mozo o moza que sirve de criado.

muchedumbre. f. Abundancia y multitud de personas o cosas.

mucho, cha. adj. Abundante, numeroso, o que excede a lo ordinario, regular o preciso. ‖ **2.** adv. c. Con abundancia, en alto grado, en gran número o cantidad; más de lo regular, ordinario o preciso. ‖ **3.** Antepónese, con valor aumentativo, a otros adverbios. MUCHO *antes;* MUCHO *menos.* ‖ **4.** Con los tiempos del verbo *ser,* o en cláusulas interrogativas, admirativas o exclamativas, precedido de la partícula *que* y a veces seguido también de la misma, denota idea de dificultad o extrañeza. MUCHO *será que no llueva esta tarde.* ‖ **5.** Empleado con verbos expresivos de tiempo, denota larga duración. *Aún tardará* MUCHO *en llegar.* ‖ **ni con mucho.** loc. adv. que expresa la gran diferencia que hay de una cosa a otra. ‖ **ni mucho menos.** loc. adv. con que se niega una cosa o se encarece su inconveniencia.

mucilaginoso, sa. adj. Que contiene mucilago o tiene algunas de sus propiedades.

mucilago o **mucílago.** m. Sustancia viscosa, de mayor o menor transparencia, que se halla en ciertas partes de algunos vegetales, o se prepara disolviendo en agua materias gomosas.

mucosidad. f. Materia glutinosa de la misma naturaleza que el moco, y semejante a este.

mucoso, sa. adj. Semejante al moco. || **2.** Que tiene mucosidad o la produce.

muda. f. Acción de mudar una cosa. || **2.** Conjunto de ropa que se muda de una vez; se refiere normalmente a la ropa interior. || **3.** Tiempo de mudar las aves sus plumas. || **4.** Acto de mudar la pluma o la piel ciertos animales.

mudable. adj. Que cambia o se muda con gran facilidad.

mudanza. f. Acción y efecto de mudar o mudarse. || **2.** Traslación que se hace de una casa o de una habitación a otra. || **3.** Cierto número de movimientos que se hacen a compás en los bailes y danzas. || **4.** Inconstancia o variedad de los afectos o de los dictámenes.

mudar. tr. Dar o tomar otro ser o naturaleza, otro estado, figura, lugar, etc. Ú. t. c. intr. || **2.** Efectuar un ave la muda de la pluma. || **3.** Soltar periódicamente la epidermis y producir otra nueva, como lo hacen los gusanos de seda, las culebras y algunos otros animales. || **4.** intr. fig. Variar, cambiar. MUDAR *de dictamen, de parecer*. Usáb. t. c. tr. || **5.** prnl. Dejar el modo de vida o el afecto que antes se tenía, trocándolo por otro. || **6.** Ponerse otra ropa o vestido, dejando el que antes se llevaba puesto. || **7.** fam. Irse uno del lugar, sitio o concurrencia en que estaba.

mudéjar. adj. Dícese del musulmán a quien se permitía seguir viviendo entre los vencedores cristianos, sin mudar de religión, a cambio de un tributo. Ú. t. c. s. || **2.** Perteneciente o relativo a los **mudéjares.** || **3.** Dícese del estilo arquitectónico que floreció en España desde el siglo XIII hasta el XVI, caracterizado por la conservación de elementos del arte cristiano y el empleo de la ornamentación árabe.

mudez. f. Imposibilidad física de hablar. || **2.** fig. Silencio deliberado y persistente.

mudo, da. adj. Privado físicamente de la facultad de hablar. Ú. t. c. s. || **2.** Muy silencioso o callado.

mueble. m. Cada uno de los enseres movibles que sirven para los usos necesarios o para decorar casas, oficinas y todo género de locales.

mueca. f. Contorsión del rostro, generalmente burlesca.

muecín. m. Musulmán que convoca desde el alminar, almuédano, almuecín.

muela. f. Disco de piedra que se hace girar rápidamente alrededor de un eje y sobre la solera, para moler lo que entre ambas piedras se interpone. || **2.** Piedra arenisca en forma de disco, que, haciéndola girar, se usa para afilar herramientas. || **3.** Cada uno de los dientes posteriores a los caninos y que sirven para moler o triturar los alimentos. || **4.** Cerro escarpado en lo alto y con cima plana. || **5.** Almorta, guija, tito. || **cordal. muela del juicio.** || **del juicio.** Cada una de las que en la edad adulta nacen en las extremidades de las mandíbulas del hombre.

muelle[1]. adj. Delicado, suave, blando. || **2.** Inclinado a los placeres sensuales. || **3.** m. Pieza elástica, ordinariamente de metal, colocada de modo que pueda utilizarse la fuerza que hace para recobrar su posición natural cuando ha sido separada de ella.

muelle[2]. m. Obra de piedra, hierro o madera, construida en dirección conveniente en la orilla del mar o de un río navegable, y que sirve para facilitar el embarque y desembarque de cosas y personas e incluso, a veces, para abrigo de las embarcaciones. || **2.** Andén alto, cubierto o descubierto, que en las estaciones de ferrocarriles sirve para la carga y descarga de mercancías.

muérdago. m. Planta parásita, siempre verde, que vive sobre los troncos y ramas de los árboles. Sus tallos son ahorquillados, cilíndricos y divididos por nudos, armados de púas pequeñas. Las hojas son lanceoladas y carnosas; sus flores, dioicas y de color amarillo, y el fruto una baya pequeña, de color blanco rosado, que contiene una sustancia viscosa.

muermo. m. *Veter.* Enfermedad virulenta y contagiosa de las caballerías, caracterizada principalmente por ulceración y flujo de la mucosa nasal e infarto de los ganglios linfáticos próximos. Es transmisible al hombre.

muerte. f. Cesación o término de la vida. || **2.** Figura del esqueleto humano como símbolo de la **muerte.** Suele llevar una guadaña. || **3.** fig. desus. Afecto o pasión violenta que inmuta gravemente o parece que pone en peligro de morir, por no poderse tolerar. MUERTE *de risa.* || **4.** fig. Destrucción, aniquilamiento, ruina. *La* MUERTE *de un imperio.* || **natural.** La que viene por enfermedad y no por lesión traumática. || **violenta.** La consecutiva a un traumatismo fortuito o la que se ejecuta privando de la vida a uno intencionadamente, cualquiera que sea el medio que se emplee. || **a muerte.** loc. adj. o adv. Hasta conseguir la muerte o la destrucción de una de las partes. *Duelo* A MUERTE. || **2.** loc. adv. fig. Implacablemente, con ferocidad. ❑ Ú. con verbos como *odiar, aborrecer,* etc. || **de mala muerte.** loc. adj. fig. y fam. De poco valor o importancia; baladí, despreciable. *Un empleíllo* DE MALA MUERTE. || **de muerte.** loc. adj. fig. y fam. Aplicado a sustantivos como *susto, disgusto,* etc., muy grande.

muerto, ta. p. p. irreg. de **morir.** ‖ **2.** Ú. a veces con significación transitiva, como si procediese del verbo matar. *He* MUERTO *una liebre.* ‖ **3.** adj. Que está sin vida. Apl. a pers., ú. t. c. s. ‖ **4.** fig. Aplícase al yeso o a la cal apagados con agua. ‖ **5.** fig. Apagado, desvaído, poco activo o marchito. Dícese especialmente de los colores. ‖ **6.** fig. y fam. Muy fatigado. ‖ **echarle** a uno **el muerto.** fr. fig. Atribuirle la culpa de una cosa. ‖ **hacer el muerto.** fr. fig. Dejarse flotar tendido de espaldas sobre el agua.

muesca. f. Concavidad o hueco que hay o se hace en una cosa para encajar otra. ‖ **2.** Corte que en forma semicircular se hace al ganado vacuno en la oreja para que sirva de señal.

muestra. f. Trozo de tela, o porción de un producto o mercancía, que sirve para conocer la calidad del género. ‖ **2.** Ejemplar o modelo que se ha de copiar o imitar; como el de escritura que en las escuelas copian los niños. ‖ **3.** Parte o porción extraída de un conjunto por métodos que permiten considerarla como representativa del mismo. ‖ **4.** En algunos juegos de naipes, carta que se vuelve y enseña para indicar el palo del triunfo. ‖ **5.** fig. Señal, indicio, demostración o prueba de una cosa.

muestrario. m. Colección de muestras de mercaderías.

muestreo. m. Acción de escoger muestras representativas de la calidad o condiciones medias de un todo. ‖ **2.** Técnica empleada para esta selección. ‖ **3.** Selección de una pequeña parte estadísticamente determinada, utilizada para inferir el valor de una o varias características del conjunto.

muga. f. Desove de los peces.

mugido. m. Voz del toro y de la vaca.

mugir. intr. Dar mugidos la res vacuna. ‖ **2.** fig. Producir gran ruido el viento o el mar. ‖ **3.** fig. Manifestar uno su ira con gritos.

mugre. f. Suciedad grasienta.

muguete. m. Planta vivaz de la familia de las liliáceas, con solo dos hojas radicales, elípticas, de pecíolo largo, que abraza el escapo, el cual tiene dos decímetros de altura aproximadamente y sostiene un racimo terminal de seis a diez flores blancas, globosas, algo colgantes, de olor almizclado muy suave. Abunda en los montes más elevados de España, y por el cultivo pierde casi del todo el olor de las flores. La infusión de estas se usa en medicina contra las enfermedades cardiacas.

mujer. f. Persona del sexo femenino. ‖ **2.** La que ha llegado a la edad de la pubertad. ‖ **3.** La casada, con relación al marido. ‖ **mundana, perdida,** o **pública. ramera.** ‖ **ser mujer.** fr. Haber llegado una moza a estado de menstruar.

mujeriego, ga. adj. Perteneciente o relativo a la mujer. ‖ **2.** Dícese del hombre dado a mujeres. Ú. t. c. s.

mujerzuela. f. Mujer perdida, de mala vida.

mújol. m. Pez teleósteo, del suborden de los acantopterigios, de unos siete decímetros de largo, con cabeza aplastada por encima, hocico corto, dientes muy pequeños y ojos medio cubiertos por una membrana traslúcida; cuerpo casi cilíndrico, lomo pardusco, con dos aletas, la primera de solo cuatro espinas, costados grises, y a lo largo seis o siete listas más oscuras, y vientre plateado. Abunda principalmente en el Mediterráneo, y su carne y sus huevas son muy estimadas.

mula. f. Hija de asno y yegua o de caballo y burra; es casi siempre estéril.

muladar. m. Lugar o sitio donde se echa el estiércol o basura de las casas. ‖ **2.** fig. Lo que ensucia o inficiona material o moralmente.

muladí. adj. Dícese del cristiano español que, durante la dominación de los árabes en España, abrazaba el islamismo y vivía entre los musulmanes. Ú. t. c. s. ❑ pl. *muladíes* o *muladís.*

mular. adj. Perteneciente o relativo al mulo o la mula.

mulato, ta. adj. Aplícase a la persona que ha nacido de negra y blanco, o al contrario. Ú. t. c. s. ‖ **2.** Por ext., dícese de lo que es moreno en su línea. ‖ **3.** m. *Amér.* Mineral de plata de color oscuro o verde cobrizo.

muleta. f. Apoyo de madera, metal u otra materia, con su parte superior dispuesta para que estribe en ella la axila o el codo, y que en su parte media suele llevar un agarradero; sirve para cargar el cuerpo en él, evitando o aliviando el empleo de una o ambas piernas a quien tiene dificultad para caminar. ‖ **2.** Bastón o palo que lleva pendiente a lo largo un paño o capa, comúnmente encarnada, de que se sirve el torero para engañar al toro y hacerle bajar la cabeza cuando va a matarlo.

muletilla. f. **muleta** de los toreros. ‖ **2.** Especie de botón largo de pasamanería, para sujetar o ceñir la ropa. ‖ **3.** fig. Voz o frase que se repite mucho por hábito.

muletón. m. Tela gruesa, suave y afelpada, de algodón o lana.

mulillas. f. pl. Tiro de mulas que arrastra los toros y caballos muertos en las corridas.

mullido, da. p. p. de **mullir.** ‖ **2.** m. Cosa blanda que se puede mullir y sirve para rellenar colchones, asientos, aparejos, etc.

mullir
INDICATIVO Presente: mullo, mulles, mulle, mullimos, mullís, mullen. Pretérito imperfecto: mullía, mullías, mullía, mullíamos, mullíais, mullían. Pretérito indefinido: mullí, mulliste, mulló, mullimos, mullisteis, mulleron. Futuro imperfecto: mulliré, mullirás, mullirá, mulliremos, mulliréis, mullirán. Condicional: mulliría, mullirías, mulliría, mulliríamos, mulliríais, mullirían.
SUBJUNTIVO Presente: mulla, mullas, mulla, mullamos, mulláis, mullan. Pretérito imperfecto: mullera o mullese, mulleras o mulleses, mullera o mullese, mulléramos o mullésemos, mullerais o mulleseis, mulleran o mullesen. Futuro perfecto: mullere, mulleres, mullere, mulléremos, mullereis, mulleren.
IMPERATIVO mulle (tú); mullid (vosotros).
FORMAS NO PERSONALES Infinitivo: mullir. Participio: mullido. Gerundio: mullendo.

mullir. tr. Esponjar una cosa para que esté blanda y suave. ‖ **2.** *Agr.* Cavar alrededor de las cepas, de las patatas, etc., ahuecando la tierra. ❑ Irreg. Ver conjugación modelo.

mulo. m. Hijo de caballo y burra o de asno y yegua; casi siempre estéril. ‖ **2.** fig. y fam. Persona fuerte y vigorosa.

multa. f. Pena pecuniaria que se impone por una falta, exceso o delito, o por contravenir a lo que con esta condición se ha pactado.

multar. tr. Imponer a alguien una multa.

multi-. elem. compos. que significa «muchos»: MULTI*millonario*, MULTI*nacional*.

multicolor. adj. De muchos colores.

multicopista. adj. Dícese de la máquina o aparato que reproduce en numerosas copias sobre láminas de papel textos impresos, mecanografiados o manuscritos, dibujos, grabados, etc., sirviéndose de diversos procedimientos. Ú. m. c. s. f.

multilateral. adj. Perteneciente o relativo a varios lados, partes o aspectos.

multimillonario, ria. adj. Dícese de la persona que posee muchos millones de unidades monetarias.

multinacional. adj. Perteneciente o relativo a muchas naciones. ‖ **2.** f. Sociedad mercantil o industrial cuyos intereses y actividades se hallan establecidos en muchos países.

multípara. adj. Dícese de las hembras que tienen varios hijos de un solo parto. ‖ **2.** *Obst.* Dícese de la mujer que ha tenido más de un parto.

múltiple. adj. Vario, de muchas maneras; opuesto a simple.

multiplicación. f. Acción y efecto de multiplicar o multiplicarse. ‖ **2.** *Álg.* y *Arit.* Operación de multiplicar.

multiplicador, ra. adj. *Álg.* y *Arit.* Aplícase al factor que multiplica. Ú. m. c. s.

multiplicando. adj. *Álg.* y *Arit.* Aplícase al factor que ha de ser multiplicado. Ú. m. c. s.

multiplicar. tr. Aumentar el número o la cantidad de cosas de la misma especie. Ú. t. c. prnl. y a veces c. intr., especialmente hablando de lo que **se multiplica** por generación. Ú. t. en sent. fig. ‖ **2.** *Arit.* Hallar el producto de dos factores, tomando uno de ellos, que se llama multiplicando, tantas veces por sumando como unidades contiene el otro, llamado multiplicador. ‖ **3.** *Álg.* Por ext., realizar esta operación con expresiones algebraicas. ‖ **4.** prnl. Afanarse, desvelarse.

multiplicidad. f. Cualidad de múltiple. ‖ **2.** Multitud, abundancia excesiva de algunos hechos, especies o individuos.

múltiplo, pla. adj. *Mat.* Dícese del número o cantidad que contiene a otro u otra varias veces exactamente. Ú. t. c. s.

multitud. f. Número grande de personas o cosas.

multitudinario, ria. adj. Que forma multitud. ‖ **2.** Propio o característico de las multitudes.

multivisión. f. Sistema de proyección simultánea de diapositivas sobre varias pantallas.

mundanal. adj. Perteneciente o relativo al mundo humano.

mundano, na. adj. Perteneciente o relativo al mundo. ‖ **2.** Dícese de la persona que atiende demasiado a las cosas del mundo, a sus pompas y placeres. ‖ **3.** Perteneciente o relativo a la llamada buena sociedad.

mundial. adj. Perteneciente o relativo a todo el mundo. ‖ **2.** m. *Dep.* Campeonato en que pueden participar todas las naciones del mundo.

mundillo. m. fig. Conjunto limitado de personas que tienen una misma posición social, profesión o quehacer.

mundo. m. Conjunto de todas las cosas creadas. || **2.** La Tierra que habitamos. || **3.** La totalidad de los hombres; el género humano. || **4.** Sociedad humana. *El comercio del* MUNDO; *burlarse del* MUNDO. || **5.** Parte de la sociedad humana, caracterizada por alguna cualidad o circunstancia común a todos sus individuos. *El* MUNDO *cristiano, sabio.* || **6.** Vida secular, en contraposición a la monástica. *Dejar el* MUNDO. || **7.** Experiencia de la vida y del trato social. *Tener mucho* MUNDO. || **8.** Ambiente en el que vive o trabaja una persona. *El* MUNDO *de las finanzas.* || **antiguo.** Sociedad humana, durante el período histórico de la Edad Antigua. || **el Nuevo Mundo.** La parte del globo en que están las dos Américas. || **tercer mundo.** Conjunto de los países menos desarrollados económicamente. || **el otro mundo.** La otra vida, que se espera después de esta. || **medio mundo.** loc. fig. y fam. Mucha gente. *Había allí* MEDIO MUNDO. || **todo el mundo.** loc. fig. La generalidad de las personas. TODO EL MUNDO *lo sabe; a vista de* TODO EL MUNDO. || **un mundo.** fig. y fam. Muchedumbre, multitud. *Salió en su seguimiento* UN MUNDO *de muchachos.* || **otros mundos.** expr. Astros hipotéticamente habitados. *Habitantes de* OTROS MUNDOS. || **caérsele a** uno **el mundo encima.** fr. fig. y fam. Deprimirse. || **correr mundo.** fr. fig. Viajar por muchos países. || **echar al mundo.** fr. Parir, dar a luz. || **echarse al mundo.** fr. fig. Seguir las malas costumbres y los placeres. || **el,** o **este, mundo es un pañuelo.** fr. fig. y fam. que se dice cuando se produce un encuentro en un lugar extraño, o cuando se conoce una noticia en un sitio a donde no se sospechaba que pudiera llegar. || **hacer un mundo de** una cosa. fr. fig. y fam. Dar demasiada importancia a una dificultad o a un contratiempo. || **hundirse el mundo.** fr. fig. Ocurrir un cataclismo. *Lo haré, aunque* SE HUNDA EL MUNDO. || **hundírsele el mundo** a alguien. fr. fig. y fam. Sentirse desamparado ante un acontecimiento adverso. || **irse de este mundo.** fr. Morirse. || **no ser nada del otro mundo.** fr. fig. y fam. Ser de poco valor. || **ponerse** uno **el mundo por montera.** fr. fig. y fam. No tener en cuenta para nada la opinión de los hombres; no hacer caso del qué dirán. || **por nada del mundo.** loc. adv. fig. y fam. con que alguien expresa la decisión de no hacer algo. || **tener mundo,** o **mucho mundo.** fr. fam. Saber por experiencia lo bastante para no dejarse llevar de exterioridades ni de las primeras impresiones. || **valer un mundo.** fr. fig. y fam. Valer muchísimo. || **venir** uno **al mundo.** fr. Nacer uno.

mundología. f. Experiencia y habilidad para gobernarse en la vida.

munición. f. Pertrechos y bastimentos necesarios en un ejército o en una plaza de guerra. || **2.** Carga que se pone en las armas de fuego.

municipal. adj. Perteneciente o relativo al municipio. *Ley, cargo* MUNICIPAL. || **2.** m. Individuo de la guardia **municipal.**

municipalizar. tr. Convertir en municipal un servicio público que estaba a cargo de una empresa privada.

munícipe. com. Vecino de un municipio. || **2. concejal.** ❑ No utilizar por *alcalde.*

municipio. m. Conjunto de habitantes de un mismo término jurisdiccional, regido por un ayuntamiento. || **2.** El mismo ayuntamiento. || **3.** El término municipal.

munificencia. f. Generosidad espléndida.

muniqués, sa. adj. Natural de Múnich. Ú. t. c. s. || **2.** Perteneciente o relativo a esta ciudad de Alemania.

muñeca. f. Parte del cuerpo humano en donde se articula la mano con el antebrazo. || **2.** Figurilla de mujer, que sirve de juguete a las niñas. || **3.** Maniquí para trajes y vestidos de mujer. || **4.** Lío de trapo, de forma redondeada, que se embebe de un líquido para barnizar maderas y metales, para refrescar la boca de un enfermo o para cualquier otro uso.

muñeco. m. Figurilla de hombre hecha de pasta, madera, trapos u otra cosa. || **2.** fig. y fam. Hombre de poco carácter.

muñeira. f. Baile popular de Galicia. || **2.** Son con que se baila.

muñequera. f. Tira de cuero con que se rodea la muñeca para sujetarla cuando está relajada, o para protegerla cuando se ha de hacer un esfuerzo. || **2.** Pulsera de reloj.

muñequilla. Pieza de trapo para barnizar o estarcir.

muñir. tr. Llamar o convocar a las juntas o a otra cosa. || **2.** Concertar, disponer, manejar las voluntades de otros. ❑ Irreg. Se conj. como *mullir.*

muñón. m. Parte de un miembro cortado que permanece adherida al cuerpo.

mural. adj. Perteneciente o relativo al muro. || **2.** Aplícase a las cosas que, extendidas, ocupan una buena parte de pared o muro. *Mapa* MURAL. || **3.** m. Pintura o decoración **mural.**

muralla. f. Muro u obra defensiva que rodea una plaza fuerte o protege un territorio.

murciano, na. adj. Natural de Murcia. Ú. t. c. s. || **2.** Perteneciente o relativo a esta ciudad y al antiguo reino de este nombre.

murciélago. m. Quiróptero insectívoro que tiene fuertes caninos y los molares con puntas cónicas; tiene formado el dedo índice de las extremidades torácicas por solo una o a lo más dos falanges y sin uña. Es nocturno y pasa el día colgado cabeza abajo, por medio de las garras de las extremidades posteriores, en los desvanes o en otros lugares escondidos. Cuando la hembra que cría lleva colgado del pezón al hijuelo, se cuelga ella por medio del pulgar de las extremidades torácicas. Hay varias especies.

murga. f. fam. Compañía de músicos malos, que en pascuas, cumpleaños, etc., toca a las puertas de las casas acomodadas, con la esperanza de recibir algún obsequio. ‖ **dar la murga.** fr. fam. Molestar con palabras o acciones que causan hastío por prolijas o impertinentes.

muriático, ca. adj. *Quím.* Dícese de las combinaciones del cloro y del hidrógeno.

múrice. m. Molusco gasterópodo marino, con pie deprimido, que en la base de la abertura de la concha tiene una canal de longitud variable. Segrega, como la púrpura, un licor muy usado en tintorería por los antiguos. ‖ **2.** poét. Color de púrpura.

múrido. adj. *Zool.* Dícese de mamíferos del orden de los roedores, que tienen clavículas, los incisivos inferiores agudos y tres o cuatro molares tuberculosos y con raíces a cada lado de ambas mandíbulas, el hocico largo y puntiagudo, y la cola larga y escamosa. Ú. t. c. s. m. ‖ **2.** m. pl. *Zool.* Familia de estos roedores.

murmullo. m. Ruido que se hace hablando, especialmente cuando no se percibe lo que se dice. ‖ **2.** Ruido continuado y confuso de algunas cosas.

murmuración. f. Conversación en perjuicio de un ausente.

murmurar. intr. Hacer ruido blando y apacible la corriente de las aguas. ‖ **2.** Hacer ruido blando y apacible otras cosas; como el viento, las hojas de los árboles, etc. ‖ **3.** fig. Hablar entre dientes, manifestando queja o disgusto por alguna cosa. Ú. t. c. tr. *¿Qué está usted* MURMURANDO? ‖ **4.** fig. y fam. Conversar en perjuicio de un ausente, censurando sus acciones. Ú. t. c. tr.

muro. m. Pared o tapia. ‖ **2. muralla.**

murria. f. fam. Especie de tristeza y cargazón de cabeza que hace andar cabizbajo y melancólico al que la padece.

mus. m. Cierto juego de naipes y de envite.

musa. f. Cada una de las deidades que, según la fábula, habitaban, presididas por Apolo, en el Parnaso o en el Helicón y protegían las ciencias y las artes liberales, especialmente la poesía. Su número era vario en la mitología, pero más ordinariamente se creyó que eran nueve. ‖ **2.** fig. Ingenio poético propio y peculiar de cada poeta. *La* MUSA *de Virgilio, de fray Luis de León.* ‖ **3.** fig. **poesía.** *La* MUSA *latina, española.*

musáceo, a. adj. *Bot.* Dícese de hierbas angiospermas monocotiledóneas, perennes, algunas gigantescas, con tallo aparente formado por los pecíolos envainadores de las hojas caídas, y ya elevado a manera de tronco, ya corto o casi nulo; hojas alternas, simples y enteras con pecíolos envainadores y un fuerte nervio; flores irregulares con pedúnculos axilares o radicales, y por frutos bayas o drupas con semillas amiláceas o carnosas; como el banano. Ú. t. c. s. f. ‖ **2.** f. pl. *Bot.* Familia de estas plantas.

musaraña. f. **musgaño.** ‖ **2.** Por ext., cualquier sabandija, insecto o animal pequeño. ‖ **mirar a las musarañas.** fr. fig. y fam. Andar distraído.

muscular. adj. Perteneciente o relativo a los músculos.

musculatura. f. Conjunto y disposición de los músculos.

músculo. m. *Anat.* Cualquiera de los órganos compuestos principalmente de fibras contráctiles. ‖ **complexo.** *Anat.* Uno de los principales para el movimiento de la cabeza, compuesto de fibras y tendones entrelazados, que se extiende desde las apófisis transversas de las vértebras de la cerviz hasta el hueso occipital. ‖ **esternocleidomastoideo.** *Anat.* **músculo** del cuello, desde el esternón y la clavícula hasta la apófisis mastoides, que interviene en movimientos de flexión y giro de la cabeza. ‖ **gemelo.** *Anat.* Cada uno de los dos que concurren al movimiento de la pierna. Ú. m. en pl. ‖ **glúteo.** *Anat.* Cada uno de los tres que forman la nalga. ‖ **oblicuo.** *Anat.* **músculo** lateral del abdomen, desde las últimas costillas hasta la cadera, que interviene en la espiración, en la flexión y rotación del tronco y en la compresión de las vísceras. ‖ **orbicular.** *Anat.* **músculo** en forma de anillo, que rodea una cavidad o abertura, como la boca o la órbita del ojo. ‖ **recto.** *Anat.* **músculo** central del abdomen, desde los cartílagos costales hasta el pubis, que interviene en la espiración, en la flexión y rotación del tronco y en la compresión de las vísceras. ‖ **2.** *Anat.* **músculo** de la órbita del ojo, que interviene en los movimientos de este; hay cuatro: interno, externo, superior e inferior. ‖ **redondo.** *Anat.* **músculo** del hombro, desde el borde externo del omóplato hasta el húmero, que interviene en la flexión y rotación del brazo. ‖ **sartorio.** *Anat.* Uno de los del muslo, que se extiende oblicuamente a lo largo de sus caras anterior e interna. ‖ **vasto.** *Anat.* **músculo** del muslo, desde la articulación de la cadera hasta la rótula, que interviene en la extensión de la pierna.

musculoso, sa. adj. Aplícase a la parte del cuerpo que tiene músculos. ‖ **2.** Que tiene los músculos muy abultados y visibles.

muselina. f. Tela de algodón, seda, lana, etc., fina y poco tupida.

museo. m. Lugar en que se guardan colecciones de objetos artísticos, científicos o de otro tipo, y en general de valor cultural, convenientemente colocados para que sean examinados. || **2.** Por ext., lugar donde se exhiben objetos o curiosidades que pueden atraer el interés del público, con fines turísticos.

museología. f. Ciencia que trata de los museos, su historia, su influjo en la sociedad, las técnicas de conservación y catalogación.

musgaño. m. Pequeño mamífero insectívoro, semejante a un ratón, pero con el hocico largo y puntiagudo. Varias de sus especies son propias de Europa. En España se conoce el **musgaño** común, que habita en las huertas, y el enano, de unos siete centímetros, de los que corresponden cuatro al cuerpo y tres a la cola. El vulgo le atribuye falsamente propiedades venenosas.

musgo. m. Cada una de las plantas briofitas, con hojas bien desarrolladas y provistas de pelos absorbentes. Estas plantas crecen abundantemente en lugares sombríos sobre las piedras, cortezas de árboles, el suelo y aun dentro del agua corriente o estancada. || **2.** Conjunto de estas plantas que cubren una determinada superficie. *Roca cubierta de* MUSGO. || **3.** pl. *Bot.* Clase de estas plantas.

música. f. Melodía, ritmo y armonía, combinados. || **2.** Sucesión de sonidos modulados para recrear el oído. || **3.** Arte de combinar los sonidos de la voz humana o de los instrumentos, o de unos y otros a la vez, de suerte que produzcan deleite, conmoviendo la sensibilidad, ya sea alegre, ya tristemente. || **4.** Composición musical. *La* MÚSICA *de esta ópera es de tal autor.* || **5.** Por ext., cualquier sonido grato al oído. *La* MÚSICA *del viento entre las ramas.* || **ligera.** Dícese de la muy melodiosa y pegadiza, que se capta y recuerda más fácilmente que otras. || **con la música a otra parte.** expr. fig. y fam. con que se despide y reprende al que viene a incomodar o con impertinencias. ❑ Ú. con los verbos *ir, mandar, enviar,* etc.

musical. adj. Perteneciente o relativo a la música. || **2.** Dícese de aquello en que la música interviene como elemento esencial. || **3.** Dícese del género de películas equivalente a la opereta teatral. Ú. t. c. s. m.

músico, ca. adj. Perteneciente o relativo a la música. *Instrumento* MÚSICO; *composición* MÚSICA. || **2.** m. y f. Persona que ejerce, profesa o sabe el arte de la música.

musicología. f. Estudio científico de la teoría y de la historia de la música.

musitar. intr. Susurrar o hablar entre dientes. Ú. t. c. tr.

muslo. m. Parte de la pierna, desde la juntura de las caderas hasta la rodilla.

mustélido, da. adj. *Zool.* Dícese de mamíferos carnívoros de cuerpo alargado y patas cortas, con glándulas anales olorosas y piel apreciada en peletería; como el visón, el tejón y la nutria. Ú. t. c. s. || **2.** m. pl. *Zool.* Familia de estos animales.

mustio, tia. adj. Lánguido, marchito. Dícese especialmente de las plantas, flores y hojas. || **2.** Melancólico, triste.

musulmán, na. adj. Que profesa la religión de Mahoma. Ú. t. c. s. || **2.** Perteneciente o relativo a Mahoma o a su religión. ❑ No utilizar por *árabe.*

mutabilidad. f. Cualidad de mudable.

mutación. f. Acción y efecto de mudar o mudarse. || **2.** *Biol.* Cualquiera de las alteraciones producidas en la estructura o en el número de los genes o de los cromosomas de un organismo, transmisibles por herencia. || **3.** *Biol.* Fenotipo producido por aquellas alteraciones.

mutante. adj. Que muda. || **2.** m. Nuevo gen, cromosoma que ha surgido por mutación. || **3.** *Biol.* Organismo producido por mutación.

mutar. tr. **mudar,** transformar. Ú. t. c. prnl.

mutatis mutandis. loc. lat. Cambiando lo que se deba cambiar.

mutilación. f. Acción y efecto de mutilar o mutilarse.

mutilar. tr. Cortar o cercenar una parte del cuerpo, y más particularmente del cuerpo viviente. Ú. t. c. prnl. || **2.** Cortar o quitar una parte o porción de algo que de suyo debiera tenerlo.

mutis. m. Voz que emplea el apuntador en la representación teatral, o el autor en sus acotaciones, para indicar que un actor debe retirarse de la escena. || **2.** Acto de retirarse de la escena y, por ext., de otros lugares. || **3.** fam. Voz que se emplea para imponer silencio o para indicar que una persona queda callada. || **hacer mutis.** loc. Callar.

mutismo. m. Silencio voluntario o impuesto.

mutua. f. **mutualidad,** asociación.

mutualidad. f. Régimen de prestaciones mutuas, que sirve de base a determinadas asociaciones. || **2.** Denominación que suelen adoptar algunas de estas asociaciones. MUTUALIDAD *obrera.*

mutualismo. m. Régimen de prestaciones mutuas entre los miembros de una mutualidad.

mutuo, tua. adj. Aplícase a lo que recíprocamente se hace entre dos o más personas, animales o cosas. Ú. t. c. s.

muy. adv. que se antepone a nombres adjetivados, adjetivos, participios, adverbios y modos adverbiales, para denotar en ellos grado superlativo de significación. MUY *hombre;* MUY *docto;* MUY *desengañado;* MUY *tarde;* MUY *de prisa.*

my. f. Duodécima letra del alfabeto griego, que corresponde a la *eme* del nuestro.

n. f. Decimocuarta letra del abecedario español, y undécima de sus consonantes. Su nombre es **ene.** Representa un sonido de articulación nasal, oclusiva y sonora. Su punto de articulación es alveolar cuando va en principio de palabra o entre vocales *(nadie, cadena).* Cuando es final de sílaba seguida de consonante, toma por lo común el punto de articulación de la consonante siguiente: así se hace bilabial *(envío, enmascarar);* labiodental *(enfermo, infiel);* interdental *(once, encima);* dental *(antes, donde);* alveolar *(ennegrecer, enlosar);* palatal *(concha, conllevar),* o velar *(cinco, engaño).* ‖ **2.** Signo con que se suple en lo escrito el nombre propio de persona que no se sabe o no se quiere expresar. ‖ **3.** *Álg.* y *Arit.* Exponente de una potencia indeterminada.

nabab. m. Gobernador de una provincia en la India musulmana. ‖ **2.** fig. Hombre sumamente rico.

nabí. m. Entre los árabes, **profeta.** ❑ pl. *nabís.*

nabla. f. Instrumento musical muy antiguo, semejante a la lira, pero de marco rectangular y diez cuerdas de alambre, que se pulsaban con ambas manos.

nabo. m. Planta anual de la familia de las crucíferas, de cinco a seis decímetros de altura, con hojas rugosas, lampiñas, partidas las radicales y enteras las superiores; flores en espiga terminal, pequeñas y amarillas; fruto seco en vainillas cilíndricas con 15 ó 20 semillas, y raíz carnosa, comestible, con forma de huso, blanca o amarillenta. ‖ **2.** Raíz de esta planta.

nácar. m. Capa interna de las tres que forman la concha de los moluscos, dispuesta en láminas paralelas entre sí; cuando estas son lo bastante delgadas, producen reflejos irisados característicos. Es la materia de que están formadas las perlas y tiene uso en joyería.

nacarado, da. adj. Del color y brillo del nácar. ‖ **2.** Adornado con nácar.

nacer. intr. Salir el animal del vientre materno. ‖ **2.** Salir del huevo un animal ovíparo. ‖ **3.** Empezar a salir un vegetal de su semilla. ‖ **4.** Salir el vello, pelo o pluma en el cuerpo del animal, o aparecer las hojas, flores, frutos o brotes en la planta. ‖ **5.** fig. Empezar a dejarse ver un astro en el horizonte. ‖ **6.** fig. Tomar principio una cosa de otra; originarse en lo físico o en lo moral. ‖ **7.** fig. Prorrumpir o brotar. NACER *las fuentes, los ríos.* ‖ **8.** fig. Empezar una cosa desde otra, como saliendo de ella. ‖ **9.** fig. Junto con la preposición *para,* y a veces con *a,* tener una cosa o persona propensión natural o estar destinada para un fin. ❑ Irreg. Se conj. como *agradecer.*

nacido, da. adj. Dícese de cualquiera de los seres humanos que han pasado, o de los que al presente existen. Ú. m. c. s. y en pl. ‖ **2.** *Der.* Dícese del feto con figura humana desprendido del seno materno y que vive al menos veinticuatro horas. ‖ **bien nacido.** De noble linaje. ‖ **2.** Dícese del que obra con nobleza. ‖ **mal nacido.** Dícese del que en sus acciones o comportamiento manifiesta su condición innoble o aviesa.

naciente. adj. fig. Muy reciente; que comienza a ser o manifestarse. ‖ **2.** n. p. m. Oriente, Este, punto cardinal.

nacimiento. m. Acción y efecto de nacer. ‖ **2.** Lugar o sitio donde brota un manantial. ‖ **3.** Lugar o sitio donde tiene uno su origen o principio. ‖ **4.** Principio de una cosa o tiempo en que empieza. ‖ **5.** Representación del **nacimiento** de Jesucristo en el portal de Belén. ‖ **6.** Origen de una persona en orden a su calidad. ‖ **de nacimiento.** loc. adv. que explica que un defecto de sentido o de un miembro se padece porque se nació con él, y no por contingencia o enfermedad sobrevenida.

nación. f. Conjunto de los habitantes de un país regido por el mismo gobierno. ‖ **2.** Territorio de ese mismo país. ‖ **3.** Conjunto de personas de un mismo origen étnico y que generalmente hablan un mismo idioma y tienen una tradición común.

nacional. adj. Perteneciente o relativo a una nación. ‖ **2.** Natural de una nación, en contraposición a extranjero. Ú. t. c. s.

nacionalidad. f. Condición y carácter peculiar de los pueblos e individuos de una nación. ‖ **2.** Estado propio de la persona nacida o naturalizada en una nación. ‖ **3.** Denominación oficial de algunas comunidades autónomas españolas.

nacionalismo. m. Apego de los naturales de una nación a ella y a cuanto le pertenece. ‖ **2.** Doctrina que exalta en todos los órdenes la personalidad nacional completa, o lo que reputan como tal sus partidarios. ‖ **3.** Aspiración o tendencia de un pueblo o raza a constituirse en estado autónomo.

nacionalista. adj. Partidario del nacionalismo. Ú. t. c. s.

nacionalizar. tr. Naturalizar en un país personas o cosas de otro. Ú. t. c. prnl. ‖ **2.** Hacer que pasen a depender del gobierno de la nación propiedades industriales o servicios explotados por los particulares.

nacionalsocialismo. m. Movimiento político y social del tercer Reich alemán (1933-1945), de carácter pangermanista, fascista y antisemita.

nacionalsocialista. adj. Perteneciente o relativo al nacionalsocialismo. ‖ **2.** Partidario de esta doctrina. Ú. t. c. s.

nacrita. f. Variedad de talco, de brillo igual al del nácar y susceptible de cristalización.

nada. f. El no ser, o la carencia absoluta de todo ser. Se ha usado alguna vez c. m. ‖ **2.** Cosa mínima o de muy escasa entidad. ‖ **3.** pron. indef. Ninguna cosa, la negación absoluta de las cosas, a distinción de la de las personas. ‖ **4.** Poco o muy poco en cualquier línea. ‖ **5.** adv. neg. De ninguna manera, de ningún modo. ‖ **antes de nada.** loc. adv. Antes de cualquier cosa. ‖ **como si nada.** loc. adv. Sin dar la menor importancia. *Hablan de milenios* COMO SI NADA. ‖ **2.** Imperturbable, inconmovible. *Le amenazamos y él* COMO SI NADA. ‖ **de nada.** loc. adj. De escaso valor, sin importancia. *Un librito* DE NADA; *una cuestión* DE NADA; *cosa* DE NADA. ‖ **2.** Respuesta cortés cuando a uno le dan las gracias por algo. ‖ **nada menos.** loc. con que se pondera la autoridad, importancia o excelencia de una persona o cosa. NADA MENOS *que el Papa lo ha dicho en una encíclica.* ‖ **no ser nada.** fr. fig. con que se pretende quitar importancia a un disgusto o problema. ‖ **por nada.** loc. Por ninguna cosa, con negación absoluta. POR NADA *del mundo haría yo eso.* ‖ **2.** Por cualquier cosa, por mínima que sea. *Anda, que* POR NADA *lloras.*

nadador, ra. adj. Que nada. Ú. t. c. s. ‖ **2.** m. y f. Persona diestra en nadar o que practica el deporte de la natación.

nadar. intr. Trasladarse una persona o un animal en el agua, ayudándose de los movimientos necesarios, y sin tocar el suelo ni otro apoyo. ‖ **2.** Flotar en un líquido cualquiera. ‖ **3.** fig. Abundar en una cosa.

nadería. f. Cosa de poca entidad o importancia.

nadie. pron. indef. Ninguna persona. ‖ **2.** m. fig. Persona insignificante.

nadir. m. *Astron.* Punto de la esfera celeste diametralmente opuesto al cenit.

nado (a). loc. adv. Nadando.

nafta. f. Fracción ligera del petróleo natural, que se obtiene por destilación. Sus variedades se usan como materia prima en la industria del petróleo, y algunas, como disolventes. ‖ **2.** En algunos países de América, **gasolina.**

naftaleno. m. *Quím.* Hidrocarburo aromático que resulta de la condensación de dos anillos de benceno.

naftalina. f. Hidrocarburo sólido, procedente del alquitrán de la hulla, muy usado como desinfectante.

nahua. adj. Dícese del individuo de un antiguo pueblo indio que habitó la altiplanicie mejicana y la parte de América Central antes de la conquista de estos países por los españoles, y alcanzó alto grado de civilización. Ú. t. c. s. ‖ **2.** Perteneciente o relativo a este pueblo. ‖ **3.** Aplícase a la lengua principalmente hablada por los indios mejicanos. Ú. t. c. s. m.

náhuatl. m. Lengua hablada por los pueblos nahuas, impropiamente llamada también azteca o mejicana. Ú. t. c. adj.

naife. m. Cierto diamante de calidad superior.

nailon. m. Material sintético de índole nitrogenada, del que se hacen filamentos elásticos, muy resistentes. Se emplea en la fabricación de géneros de punto y tejidos diversos.

naipe. m. Cada una de las cartulinas rectangulares, de aproximadamente un decímetro de alto y seis a siete centímetros de ancho; están cubiertas de un dibujo uniforme por una cara y llevan pintados en la otra cierto número de objetos, de uno a nueve en la baraja española, y de uno a diez en la francesa, o una de las tres figuras correspondientes a cada uno de los cuatro palos de la baraja. ‖ **2.** pl. Conjunto de **naipes,** baraja.

naire. m. El que cuida los elefantes y los adiestra.

naja[1]**.** f. Género de ofidios venenosos, al que

pertenecen la cobra y el áspid de Cleopatra. Tienen los dientes con surco para la salida del veneno, la cabeza con placas y las primeras costillas dispuestas de modo que pueden dar al cuerpo, a continuación de la cabeza, la forma de disco.

naja². f. *Germ.* Ú. en la fr. fig. y fam. **salir de naja.** Marcharse precipitadamente.

nalga. f. Cada una de las dos porciones carnosas y redondeadas que constituyen el trasero. Ú. m. en pl.

nana. f. fam. **abuela.** || **2.** Canto con que se arrulla a los niños. || **3.** *Amér. Central, Méj.* y *Venez.* **niñera.**

nanay. Expresión familiar y humorística con que se niega rotundamente una cosa.

nanjea. f. Árbol de Filipinas, de la familia de las moráceas, que crece hasta cinco o seis metros de altura. Su fruto es de forma oval, de unos 40 centímetros de largo por 30 de grueso, y su madera, fina y de color amarillo, se usa para construir escritorios e instrumentos de música.

nano-. elem. compos. de nombres que significan la milmillonésima parte de las respectivas unidades (10^{-9}). Su símbolo es *n*.

nanómetro. m. Medida de longitud; es la milmillonésima parte del metro.

nansa. f. Nasa de pescar. || **2.** Estanque pequeño para tener peces.

nao. f. **nave.**

naonato, ta. adj. Dícese de la persona nacida en un barco durante la navegación. Ú. t. c. s.

napa. f. Piel de algunos animales, como el cordero o la cabra, en especial después de curtida y preparada para diversos usos. También, un producto que imita esta piel.

napea. f. *Mit.* Cualquiera de las ninfas que, según la mitología clásica, residían en los bosques.

napias. f. pl. fam. Narices, órgano de la cara humana, especialmente cuando es muy grande.

napoleón. m. Moneda francesa de plata, de 5 francos, que tuvo curso en España con el valor de 19 reales.

napoleónico, ca. adj. Perteneciente o relativo a Napoleón, o a su imperio, política, etc.

napolitano, na. adj. Natural de Nápoles. Ú. t. c. s. || **2.** Perteneciente o relativo a esta ciudad o al antiguo reino de este nombre.

naque. m. Compañía antigua de cómicos que constaba de solo dos hombres.

naranja. f. Fruto del naranjo, de forma globosa, de seis a ocho centímetros de diámetro; corteza rugosa, de color entre rojo y amarillo, como el de la pulpa, que está dividida en gajos, y es comestible, jugosa y de sabor agridulce. || **2.** m. Color anaranjado. || **clementina.** Variedad de **naranja mandarina,** de piel más roja, sin pepitas y muy dulce. || **mandarina,** o **tangerina.** Variedad que se distingue en ser pequeña, aplastada, de cáscara muy fácil de separar y pulpa muy dulce.

naranjada. f. Bebida hecha con zumo de naranja, agua y azúcar.

naranjal. m. Sitio plantado de naranjos.

naranjo. m. Árbol de la familia de las rutáceas, de cuatro a seis metros de altura, siempre verde, florido y con fruto, tronco liso y ramoso; copa abierta, hojas alternas, ovaladas, duras, lustrosas, pecioladas y de un hermoso color verde. Es originario de Asia y se cultiva mucho en España. Su flor es el azahar y su fruto la naranja. || **2.** Madera de este árbol.

narceína. f. Alcaloide que se obtiene del opio; es uno de los mejores hipnóticos.

narcisismo. m. Manía propia del **narciso².** || **2.** Por ext., excesiva complacencia en la consideración de las propias facultades u obras.

narcisista. com. **narciso².** Ú. t. c. adj. || **2.** adj. Perteneciente o relativo al narcisismo.

narciso¹. m. Planta herbácea, anual, exótica, de la familia de las amarilidáceas, con hojas radicales largas, estrechas y puntiagudas; flores agrupadas en el extremo de un bohordo grueso de dos a tres centímetros de alto, blancas o amarillas, olorosas, con perigonio partido en seis lóbulos iguales y corona central acampanada; fruto capsular y raíz bulbosa. Se cultiva en los jardines por la belleza de sus flores. || **2.** Flor de esta planta.

narciso². m. fig. El que cuida demasiado de su adorno y compostura, o se precia de galán y hermoso, como enamorado de sí mismo.

narcosis. f. Producción del narcotismo; modorra, embotamiento de la sensibilidad.

narcótico, ca. adj. *Farm.* Dícese de las sustancias que producen sopor, relajación muscular y embotamiento de la sensibilidad; como el cloroformo, el opio, la belladona, etc. Ú. t. c. s. m. || **2.** Perteneciente o relativo a la narcosis.

narcotismo. m. Estado más o menos profundo de adormecimiento que procede del uso de los narcóticos. || **2.** *Med.* Conjunto de efectos producidos por el narcótico.

narcotizar. tr. Producir narcotismo. Ú. t. c. prnl. y en sent. fig.

narcotraficante. adj. Que trafica con drogas tóxicas. Ú. t. c. s.

narcotráfico. m. Comercio de drogas tóxicas en grandes cantidades.

nardo. m. Planta de la familia de las liliáceas,

con tallo sencillo y derecho, hojas radicales, lineares y prolongadas las del tallo a modo de escamas, y flores blancas, muy olorosas, especialmente de noche, dispuestas en espigas con el perigonio en forma de embudo y dividido en seis lacinias. Es originaria de los países intertropicales, se cultiva en los jardines y se emplea en perfumería. ‖ **2.** Flor de esta planta.

narguile. m. Pipa para fumar muy usada por los orientales, compuesta de un largo tubo flexible, del recipiente en que se quema el tabaco y de un vaso lleno de agua perfumada, a través de la cual se aspira el humo.

narigudo, da. adj. Que tiene grandes las narices. Ú. t. c. s.

nariz. f. Facción saliente del rostro humano, entre la frente y la boca, con dos orificios que comunican con la membrana pituitaria y el sistema respiratorio. Ú. frecuentemente en pl. ‖ **2.** Parte de la cabeza de muchos animales vertebrados, poco o nada saliente por lo común, que tiene la misma situación y oficio que la **nariz** del hombre. ‖ **3.** fig. Sentido del olfato. ‖ **darle** a uno **en la nariz** una cosa. fr. fig. y fam. Sospechar, barruntar lo que otro intenta ejecutar. ‖ **darse de narices con** alguien. fr. fig. y fam. Encontrarse bruscamente con él. ‖ **estar hasta las narices de** algo o de alguien. fr. fig. y fam. Estar cansado o harto de la persona o cosa expresada. ‖ **hinchársele** a uno **las narices.** fr. fig. y fam. Enojarse o enfadarse en demasía. ‖ **meter las narices en** una cosa. fr. fig. y fam. Curiosear, entremeterse, sin ser llamado. ‖ **no ver** uno **más allá de sus narices.** fr. fig. y fam. Ser poco avisado, corto de alcances. ‖ **pasar,** o **restregar,** una cosa a alguien **por las narices.** fr. fig. y fam. Mostrársela o hacérsela saber con demasiada insistencia, con ánimo de molestarlo, mortificarlo o producirle envidia. ‖ **salirle** a alguien algo **de las narices.** fr. fig. y fam. **darle la gana.** ‖ **tocarse las narices.** fr. fig. y fam. Hacer el vago, holgazanear.

narrable. adj. Que puede ser narrado o contado.

narración. f. Novela, cuento. ‖ **2.** *Ret.* Una de las partes en que suele considerarse dividido el discurso retórico, en la que se refieren los hechos para esclarecimiento del asunto de que se trata y para facilitar el logro de los fines del orador.

narrador, ra. adj. Que narra. Ú. t. c. s.

narrar. tr. Contar, referir lo sucedido, o un hecho o una historia ficticios.

narrativa. f. Género literario constituido por la novela, la novela corta y el cuento.

narrativo, va. adj. Perteneciente o relativo a la narración. *Género, estilo* NARRATIVO.

narval. m. Cetáceo de unos seis metros de largo, con cabeza grande, hocico obtuso, boca pequeña, sin más dientes que dos incisivos superiores, uno corto y otro que se prolonga horizontalmente hasta cerca de tres metros; cuerpo robusto, liso, brillante, blanco y con vetas pardas por el lomo; dos aletas pectorales y cola grande y ahorquillada. Se utilizan su grasa y el marfil de su diente mayor.

nasa. f. Arte de pesca que consiste en un cilindro de juncos entretejidos, con una especie de embudo dirigido hacia adentro en una de sus bases y cerrado con una tapadera en la otra para poder vaciarlo. ‖ **2.** Cesta de boca estrecha que llevan los pescadores para echar la pesca.

nasal. adj. Perteneciente o relativo a la nariz. *Cavidad* NASAL, *fosas* NASALES. ‖ **2.** *Gram.* Dícese del sonido en cuya pronunciación la corriente espirada sale total o parcialmente por la nariz.

nasalizar. tr. *Fon.* Producir con articulación nasal sonidos del lenguaje que ordinariamente se pronuncian emitiendo solo por la boca el aire espirado.

nasofaríngeo, a. adj. *Anat.* Dícese de lo que está situado en la faringe por encima del velo del paladar y detrás de las fosas nasales.

nata. f. Capa de grasa, untuosa, blanca o un tanto amarillenta, que flota sobre la leche que se deja en reposo. ‖ **2.** Sustancia espesa de algunos licores, que flota en su superficie. ‖ **3.** fig. Lo principal y más estimado en cualquier línea.

natación. f. Práctica y deporte consistentes en nadar.

natal. adj. Perteneciente o relativo al nacimiento. ‖ **2.** Perteneciente o relativo al lugar donde uno ha nacido.

natalicio, cia. adj. Perteneciente o relativo al día del nacimiento. Aplícase con frecuencia a las fiestas y celebraciones que se hacen en él. Ú. t. c. s. m.

natalidad. f. Número proporcional de nacimientos en población y tiempo determinados.

natatorio, ria. adj. Perteneciente o relativo a la natación. ‖ **2.** Que sirve para nadar.

natillas. f. pl. Especie de crema dulce que se obtiene mezclando yemas de huevo, leche y azúcar, y cociendo este compuesto hasta que tome consistencia.

Natividad. n. p. f. Nacimiento, y especialmente el de Jesucristo, el de la Virgen María y el de San Juan Bautista, que son los tres que celebra la Iglesia.

nativo, va. adj. Que nace naturalmente. ‖ **2.** Perteneciente al país o lugar en que uno ha nacido. *Suelo* NATIVO; *aires* NATIVOS. ‖ **3.** Natural, nacido en el lugar de que se trata. Ú. t. c. s. ‖ **4.** Innato, propio y conforme a la naturaleza de cada cosa. ‖ **5.** Dícese de los metales y algunas otras sustancias minerales que se encuentran en sus menas libres de toda combinación.

nato, ta. Aplícase al título de honor o al cargo anejo a un empleo o a la calidad de un sujeto. ‖ **2.** Dícese de las aptitudes, cualidades y defectos connaturales. ‖ **3.** Con predisposición connatural para algo.

natrón. m. Mezcla de sales de sodio, de color blanco, traslúcida y cristalizable, que se halla en la naturaleza o se obtiene artificialmente, y se usa en las fábricas de jabón, para el vidriado de la cerámica, y tintes. ‖ **2.** Cenizas de la planta llamada barrilla.

natural. adj. Perteneciente a la naturaleza o conforme a la cualidad o propiedad de las cosas. ‖ **2.** Nativo de un pueblo o nación. Ú. t. c. s. ‖ **3.** Hecho con verdad, sin artificio, mezcla ni composición alguna. ‖ **4.** Espontáneo y sin doblez en su modo de proceder. ‖ **5.** Dícese también de las cosas que imitan a la naturaleza con propiedad. ‖ **6.** Regular y que comúnmente sucede, y por eso, fácilmente creíble. ‖ **7.** Que se produce por solas las fuerzas de la naturaleza, como contrapuesto a sobrenatural y milagroso. ‖ **8.** *Taurom.* Dícese del pase de muleta que se hace con la mano izquierda y sin el estoque. Ú. t. c. s. ‖ **9.** m. Genio, índole, temperamento, complexión o inclinación propia de cada uno. ‖ **10.** *Esc.* y *Pint.* Forma exterior de una cosa, de la que copia directamente el artista. *Copiar del* NATURAL *las ropas; pintar un país del* NATURAL. ‖ **al natural.** loc. adj. y adv. Sin artificio ni mezcla o elaboración.

naturaleza. f. Esencia y propiedad característica de cada ser. ‖ **2.** Conjunto, orden y disposición de todo lo que compone el universo. ‖ **3.** Virtud, calidad o propiedad de las cosas. ‖ **4.** Instinto, propensión o inclinación de las cosas, con que pretenden su conservación y aumento. ‖ **5.** Fuerza o actividad natural, contrapuesta a la sobrenatural y milagrosa. ‖ **6.** Origen que uno tiene según la ciudad o país en que ha nacido. ‖ **7.** Cualidad que da derecho a ser tenido por natural de un pueblo para ciertos efectos civiles. ‖ **8.** Privilegio que se concede a los extranjeros para gozar de los derechos propios de los naturales. ‖ **9.** Especie, género, clase. *No he visto árboles de tal* NATURALEZA. ‖ **10.** Complexión o temperamento de cada individuo. *Ser de* NATURALEZA *seca, fría.* ‖ **humana.** Conjunto de todos los hombres. ‖ **muerta.** *Pint.* Cuadro que representa animales muertos o cosas inanimadas.

naturalidad. f. Cualidad de natural. ‖ **2.** Espontaneidad y sencillez en el trato y modo de proceder.

naturalismo. m. Sistema filosófico que atribuye todas las cosas a la naturaleza como primer principio. ‖ **2.** Escuela literaria del siglo XIX, opuesta al romanticismo: es determinista en su carácter y experimental en el método.

naturalista. adj. Perteneciente o relativo al naturalismo. ‖ **2.** Que profesa este sistema filosófico, o que se integra en el naturalismo literario. Ú. t. c. s. ‖ **3.** com. Persona que profesa las ciencias naturales o tiene en ellas especiales conocimientos.

naturalizar. tr. Conceder oficialmente a un extranjero, en todo o en parte, los derechos y privilegios de los naturales del país en que obtiene esta gracia. ‖ **2.** Introducir y emplear en un país, como si fueran naturales o propias de él, cosas de otros países. NATURALIZAR *costumbres, vocablos.* Ú. t. c. prnl. ‖ **3.** Hacer que una especie animal o vegetal adquiera las condiciones necesarias para vivir y perpetuarse en país distinto de aquel de donde procede. Ú. t. c. prnl.

naturalmente. adv. m. Sin duda; consecuentemente. ‖ **2.** Con naturalidad. ‖ **3.** De conformidad con las leyes de la naturaleza.

naturismo. m. Doctrina que preconiza el empleo de los agentes naturales para la conservación de la salud y el tratamiento de las enfermedades.

naturista. adj. Dícese de la persona que profesa y practica el naturismo. Ú. t. c. s. ‖ **2.** Perteneciente o relativo al naturismo.

naufragar. intr. Irse a pique o perderse la embarcación. Se usa también hablando de las personas que van en ella. ‖ **2.** fig. Perderse o salir mal un intento o negocio.

naufragio. m. Pérdida o ruina de la embarcación en el mar o en río o lago navegables. ‖ **2.** *Mar.* Buque naufragado, cuya situación ofrece peligro para los navegantes.

náufrago, ga. adj. Que ha padecido naufragio. Apl. a pers., ú. t. c. s.

naumaquia. f. Combate naval que como espectáculo se daba entre los antiguos romanos en un estanque o lago. ‖ **2.** Lugar destinado a este espectáculo. *La* NAUMAQUIA *de Mérida.*

náusea. f. Gana de vomitar. Ú. m. en pl. ‖ **2.** fig. Repugnancia o aversión que causa una cosa. Ú. m. en pl.

nauseabundo, da. adj. Que causa o produce náuseas.

náutica. f. Ciencia o arte de navegar.

náutico, ca. adj. Perteneciente o relativo a la navegación.

nautilo. m. Molusco cefalópodo tetrabranquial, con numerosos tentáculos sin ventosas, provisto de una concha dividida interiormente en celdas, en la última de las cuales se aloja el cuerpo del animal. Es propio del océano Índico.

nava. f. Tierra sin árboles y llana, a veces pantanosa, situada generalmente entre montañas.

navaja. f. Cuchillo cuya hoja puede doblarse sobre el mango para que el filo quede guardado entre las dos cachas o en una hendedura a propósito. ‖ **2.** Molusco lamelibranquio marino, cuya concha se compone de dos valvas simétricas, lisas, de color verdoso con visos blancos y azulados, de diez a doce centímetros de longitud y dos de anchura, y unidas por uno de los lados mayores para formar a modo de las cachas de la **navaja.** La carne es comestible poco apreciado.

navajada. f. Golpe que se da con la navaja. ‖ **2.** Herida que resulta de este golpe.

navajazo. m. **navajada.**

navajero, ra. adj. Que usa la navaja habitualmente con propósitos delictivos. Ú. t. c. s.

naval. adj. Perteneciente o relativo a las naves y a la navegación.

navarro, rra. adj. Natural de Navarra. Ú. t. c. s. ‖ **2.** Perteneciente o relativo a esta región de España. ‖ **3.** Dícese de la variedad **navarra** del dialecto romance navarroaragonés. Ú. t. c. s. m.

navarroaragonés, sa. adj. Perteneciente o relativo a Navarra y Aragón. ‖ **2.** Dícese del dialecto romance nacido en Navarra y Aragón como resultado de la peculiar evolución experimentada allí por el latín. Tuvo uso cancilleresco y literario hasta el siglo XV. Hoy subsiste en el habla rústica del Alto Aragón. Ú. t. c. s. m.

nave. f. Embarcación en general, barco. ‖ **2.** Embarcación de cubierta y con velas, en lo cual se distinguía de las barcas; y de las galeras, en que no tenía remos. Las había de guerra y mercantes. ‖ **3.** Cada uno de los espacios que entre muros o filas de arcadas se extienden a lo largo de los templos u otros edificios importantes. ‖ **4.** Por ext., cuerpo, o crujía seguida de un edificio, como almacén, fábrica, etc. ‖ **espacial.** Máquina provista de medios de propulsión y dirección que le permiten navegar en el espacio exterior a la atmósfera terrestre con o sin tripulantes, y que se destina a misiones científicas o técnicas. ‖ **quemar las naves.** fr. fig. Tomar una determinación extrema. Dícese con alusión a las naves destruidas por Hernán Cortés al comenzar la conquista de Méjico.

navegable. adj. Dícese del río, lago, canal, etc., donde se puede navegar.

navegación. f. Viaje que se hace con la nave. ‖ **2.** Ciencia y arte de navegar, náutica. ‖ **aérea.** Acción de navegar por el aire en globo, avión u otro vehículo.

navegante. adj. Que navega. Ú. t. c. s.

navegar. intr. Viajar o ir por el agua en embarcación o nave. Ú. t. c. tr. ‖ **2.** Avanzar el buque o la embarcación. *El bergantín* NAVEGA *cinco millas por hora.* ‖ **3.** Por analogía, hacer viaje o ir por el aire en globo, avión u otro vehículo.

naveta. f. Recipiente pequeño que, generalmente en forma de navecilla, contiene el incienso que se utiliza en las ceremonias religiosas. ‖ **2.** Gaveta de escritorio. ‖ **3.** Monumento megalítico de Baleares, de la Edad del Bronce. Tiene forma de nave invertida.

navidad. n. p. f. Natividad de Nuestro Señor Jesucristo. ‖ **2.** Día en que se celebra. ‖ **3.** Tiempo inmediato a este día, hasta la festividad de Reyes. Ú. t. en pl. *Se harán los pagos por* NAVIDADES *y por San Juan.*

navideño, ña. adj. Perteneciente o relativo al tiempo de Navidad.

naviero, ra. adj. Perteneciente o relativo a naves o a navegación. ‖ **2.** m. Dueño de un navío u otra embarcación capaz de navegar en alta mar. ‖ **3.** El que avitualla un buque mercante.

navío. m. Bajel de guerra, de tres palos y velas cuadras, con dos o tres cubiertas o puentes y otras tantas baterías de cañones. ‖ **2.** Bajel grande, de cubierta, con velas y muy fortificado, que se usa para el comercio, correos, etc.

náyade. f. *Mit.* Cualquiera de las ninfas que, según la mitología clásica, residían en los ríos y en las fuentes.

nazareno, na. adj. Natural de Nazaret. Ú. t. c. s. ‖ **2.** Perteneciente o relativo a esta ciudad de Galilea. ‖ **3.** Dícese de la imagen de Jesucristo vestida con una túnica morada. Ú. t. c. s. ‖ **4.** m. Penitente que en las procesiones de Semana Santa va vestido con túnica, por lo común morada.

nazarí. adj. Dícese de los descendientes de Yúsuf ben Názar, fundador de la dinastía musulmana que reinó en Granada desde el siglo XIII al XV. Ú. t. c. s. m. y en pl. ‖ **2.** Perteneciente o relativo a esta dinastía. ❑ pl. *nazaríes* o *nazarís.*

nazarita. adj. **nazarí.** Ú. t. c. s.

nazi. adj. Perteneciente o relativo al nacionalsocialismo. ‖ **2.** Partidario del nacionalsocialismo. Ú. t. c. s.

nazismo. m. Nombre abreviado del nacionalsocialismo.

neblí. m. Ave de rapiña que mide veinticuatro centímetros desde el pico hasta la extremidad de la cola y sesenta de envergadura; de plumaje pardo azulado en el lomo, blanco con manchas grises en el vientre y pardo en la cola, que termina con una banda negra de borde blanco; pico azulado y pies amarillos. Por su valor y rápido vuelo era muy estimado para la caza de cetrería. ❑ pl. *neblíes* o *neblís.*

neblina. f. Niebla poco espesa y baja.

neblinoso, sa. adj. Se dice del día o de la atmósfera en que abunda y es baja la niebla.

nebular. adj. Perteneciente o relativo a las nebulosas.

nebulizador. m. Aparato para nebulizar.

nebulizar. tr. Transformar un líquido en partículas finísimas que forman una especie de nubecilla.

nebulosa. f. *Astron.* Materia cósmica celeste, luminosa, compuesta de polvo y gas, que ofrece diversas formas, en general de contorno impreciso.

nebuloso, sa. adj. Que abunda en nieblas, o cubierto de ellas. ‖ **2.** Oscurecido por las nubes. ‖ **3.** fig. Difícil de comprender.

necedad. f. Cualidad de necio. ‖ **2.** Dicho o hecho necio.

necesariamente. adv. m. Con o por necesidad.

necesario, ria. adj. Que forzosa o inevitablemente ha de ser o suceder. ‖ **2.** Dícese de lo que se hace y ejecuta obligado por otra cosa, como opuesto a voluntario y espontáneo, y también de las causas que obran sin libertad y por determinación de su naturaleza.

neceser. m. Caja o estuche con diversos objetos de tocador, costura, etc.

necesidad. f. Impulso irresistible que hace que las causas obren infaliblemente en cierto sentido. ‖ **2.** Todo aquello a lo cual es imposible sustraerse, faltar o resistir. ‖ **3.** Carencia de las cosas que son menester para la conservación de la vida. ‖ **4.** Especial riesgo o peligro que se padece, y en que se necesita pronto auxilio. ‖ **5.** Evacuación corporal de orina o excrementos. Ú. m. en pl. ‖ **de primera necesidad.** expr. que se aplica a las cosas de las que no se puede prescindir.

necesitado, da. adj. Pobre, que carece de lo necesario. Ú. t. c. s.

necesitar. intr. Haber menester o tener precisión o necesidad de una persona o cosa. Ú. t. c. tr.

necio, cia. adj. Ignorante y que no sabe lo que podía o debía saber. Ú. t. c. s. ‖ **2.** Imprudente o falto de razón; terco y porfiado en lo que hace o dice. Ú. t. c. s.

nécora. f. Decápodo braquiuro, cangrejo de mar, de cuerpo liso y elíptico.

necro-. elem. compos. que significa «muerto»: NECRO*fagia*, NECRO*filia*.

necrofagia. f. Acción de comer cadáveres o carroña.

necrófago, ga. adj. Que se alimenta de cadáveres.

necrofilia. f. Afición por la muerte o por alguno de sus aspectos. ‖ **2.** Perversión sexual de quien trata de obtener el placer erótico con cadáveres.

necrófilo, la. adj. Perteneciente o relativo a la necrofilia.

necróforo, ra. adj. *Zool.* Dícese de los insectos coleópteros que entierran los cadáveres de otros animales para depositar en ellos sus huevos. Ú. t. c.s.

necrolatría. f. Adoración tributada a los muertos.

necrología. f. Noticia o biografía de una persona notable muerta hace poco tiempo. ‖ **2.** Lista o noticia de muertos.

necrológico, ca. adj. Perteneciente o relativo a la necrología.

necromancia o **necromancía.** f. Adivinación por evocación de los muertos, nigromancia.

necrópolis. f. Cementerio de gran extensión, en que abundan los monumentos fúnebres.

necroscopia. f. Autopsia o examen de los cadáveres.

necrosis. f. *Biol.* Degeneración de un tejido por muerte de sus células.

néctar. m. *Mit.* Licor suavísimo que, según la mitología clásica, estaba destinado al uso y regalo de los dioses. ‖ **2.** fig. Cualquier licor deliciosamente suave y gustoso. ‖ **3.** *Bot.* Jugo azucarado, producido por los nectarios, que chupan las abejas y otros insectos.

nectarina. f. Fruta que resulta del injerto de ciruelo y melocotonero.

nectario. m. *Bot.* Glándula de las flores de ciertas plantas que segrega un jugo azucarado.

necton. m. *Biol.* Conjunto de los organismos acuáticos que, como los peces, son capaces de desplazarse activamente en su medio, a diferencia de los del plancton.

neerlandés, sa. adj. **holandés.** Apl. a pers., ú. t. c s. ‖ **2.** m. Lengua germánica hablada por los habitantes de los Países Bajos, de la cual son dialectos el flamenco y el holandés.

nefando, da. adj. Indigno, torpe, de que no se puede hablar sin repugnancia u horror.

nefas. V. **por fas o por nefas.**

nefasto, ta. adj. Aplicado a día o a cualquier otra división del tiempo, triste, funesto, ominoso. ‖ **2.** Por ext., se aplica con igual sentido a personas o cosas desgraciadas o detestables.

nefelómetro. m. Instrumento para medir la turbidez de un fluido o para determinar la concentración de las partículas en suspensión por medio de la luz que difunden en un tubo.

nefrítico, ca. adj. Renal, perteneciente o relativo a los riñones. ‖ **2.** Que padece nefritis. Ú. t. c. s.

nefritis. f. *Pat.* Inflamación de los riñones.

nefrología. f. Rama de la medicina que se ocupa del riñón y de sus enfermedades.

nefrosis. f. *Pat.* Enfermedad degenerativa del riñón.

negable. adj. Que se puede negar.

negación. f. Accion y efecto de negar. ‖ **2.** Carencia o falta total de una cosa. ‖ **3.** *Gram.* Partícula o voz que sirve para negar.

negado, da. adj. Incapaz o totalmente inepto para una cosa. Ú. t. c. s. ‖ **2.** Dícese de los primitivos cristianos que renegaban de la fe. Ú. t. c. s.

negar. tr. Decir que algo no existe, no es verdad, o no es como otro cree o afirma. ‖ **2.** Decir que no a lo que se pretende o se pide, o no concederlo. ‖ **3.** Prohibir o vedar, impedir o estorbar. ‖ **4.** Olvidarse o retirarse de lo que antes se estimaba y se frecuentaba. ‖ **5.** Desdeñar, esquivar una cosa o no reconocerla como propia. ‖ **6.** prnl. Excusarse de hacer una cosa, o repugnar el introducirse o mezclarse en ella. ❑ Irreg. Se conj. como *acertar.*

negativa. f. Repulsa o no concesión de lo que se pide.

negativo, va. adj. Que incluye o contiene negación o contradicción. ‖ **2.** Perteneciente a la negación. ‖ **3.** Dícese de las fotografías, radiografías, etc., cuyas imágenes ofrecen invertidos los claros y oscuros, o los colores complementarios, de aquello que reproducen. Ú. t. c. s. m. ‖ **4.** *Mat.* Dícese de lo que tiene valor menor que cero o está precedido por el signo (–). ‖ **5.** *Fís.* Opuesto a positivo, en una determinada convención. *Polo* NEGATIVO.

negligencia. f. Descuido, omisión. ‖ **2.** Falta de aplicación.

negligente. adj. Descuidado. Ú. t. c. s. ‖ **2.** Falto de aplicación. Ú. t. c. s.

negociable. adj. Que se puede negociar.

negociación. f. Acción y efecto de negociar.

negociado. m. Cada una de las dependencias donde, en una organización administrativa, se despachan determinadas clases de asuntos. ‖ **2. negocio.**

negociante. com. Persona que negocia géneros comerciales, comerciante.

negociar. intr. Tratar y comerciar, comprando y vendiendo o cambiando géneros, mercaderías o valores para aumentar el caudal. ‖ **2.** Tratar asuntos públicos o privados procurando su mejor logro. Ú. t. c. tr. ‖ **3.** Tratar por la vía diplomática, de potencia a potencia, un asunto, como un tratado de alianza, de comercio, etc. Ú. t. c. tr. ‖ **4.** tr. Ajustar el traspaso o cesión de un vale, efecto o letra.

negocio. m. Cualquier ocupación, quehacer, o trabajo. ‖ **2.** Todo lo que es objeto o materia de una ocupación lucrativa o de interés. ‖ **3.** Utilidad o interés que se logra en lo que se trata, comercia o pretende. ‖ **4.** Local en que se negocia o comercia. ‖ **redondo.** fig. y fam. El muy ventajoso y que sale a medida del deseo.

negrero, ra. adj. Dedicado a la trata de negros. Apl. a pers., ú. t. c. s. ‖ **2.** m. y f. fig. Persona que trata con crueldad a sus subordinados o los explota.

negrita. f. *Impr.* **letra negrilla** o **negrita.**

negritud. f. *Sociol.* Conjunto de características sociales y culturales atribuidas a la raza negra.

negro, gra. adj. De color totalmente oscuro, como el carbón, y en realidad falto de todo color. Ú. t. c. s. ‖ **2.** Dícese del individuo cuya piel es de color **negro.** Ú. t. c. s. ‖ **3.** Moreno, o que no tiene la blancura que le corresponde. *Este pan es* NEGRO. ‖ **4.** fig. y fam. Tostado o bronceado por el sol. ‖ **5.** Dícese de la novela o el cine de tema criminal y terrorífico, que se desarrolla en ambientes sórdidos y violentos. ‖ **6.** fig. Sumamente triste y melancólico. ‖ **7.** m. y f. *And.* y *Amér.* Voz de cariño usada entre casados, novios o personas que se quieren bien. ‖ **8.** m. El que trabaja anónimamente para lucimiento y provecho de otro, especialmente en trabajos literarios. ‖ **9.** f. *Mús.* Nota cuya duración es la mitad de una blanca. ‖ **estar** uno **negro.** fr. fig. y fam. Estar muy enfadado. ‖ **estar,** o **ponerse, negro** algo. fr. fig. y fam. Tener, o tomar mal cariz un asunto. ‖ **tener la negra.** fr. fig. y fam. Tener mala suerte. ‖ **verse** uno **negro para** hacer algo. fr. fig. y fam. Tener mucha dificultad para realizarlo. ❑ sup. irreg. *nigérrimo* y reg. *negrísimo.*

negroide. adj. Dícese de lo que presenta alguno de los caracteres de la raza negra o de su cultura. Apl. a pers., ú. t. c. s.

negrura. f. Cualidad de negro.

negruzco, ca. adj. De color moreno, algo negro.

neguilla. f. Planta herbácea anual, de la familia de las cariofiláceas, lanuginosa, fosforescente, con tallo ramoso de seis a ocho decímetros de altura; hojas lineales y agudas; flores rojizas terminales y solitarias, y fruto capsular con muchas semillas negras, menudas, esquinadas y ásperas. Es muy abundante en los sembrados. ‖ **2.** Semilla de esta planta.

negundo. m. Árbol de la familia de las aceráceas, próximo del arce, pero con las flores dioicas y sin pétalos; coloración verde, excepto la variedad abigarrada, que es verde clara y blanquecina. Se cultiva como adorno de los paseos y en jardines.

neis. m. Roca metamórfica rica en pizarra, gneis. ❑ pl. invar.

nematelminto. adj. *Zool.* Dícese de los gusanos de cuerpo fusiforme o cilíndrico y no segmentado, desprovistos de apéndices locomotores, que en su mayoría son parásitos de otros animales; como la filaria y los oxiuros. Ú. m. c. s. ‖ **2.** m. pl. *Zool.* En clasificaciones desusadas, clase de estos gusanos.

nematócero. adj. *Zool.* Dícese de los insectos dípteros de cuerpo esbelto, alas estrechas y largas, patas delgadas y antenas largas. Ú. t. c. s. ‖ **2.** m. pl. *Zool.* Suborden de estos animales, que se conocen con el nombre de mosquitos.

nematodo. adj. *Zool.* Dícese de los gusanos nematelmintos que tienen aparato digestivo, el cual consiste en un tubo recto que se extiende a lo largo del cuerpo, entre la boca y el ano. Ú. m. c. s. ‖ **2.** m. pl. *Zool.* Filo de estos gusanos.

nemoroso, sa. adj. poét. Perteneciente o relativo al bosque. ‖ **2.** poét. Cubierto de bosques.

nemotecnia. f. **mnemotecnia.**

nemotécnico, ca. adj. **mnemotécnico.**

nene, na. m. y f. fam. Niño de corta edad. ‖ **2.** Suele usarse como expresión de cariño para personas de más edad, sobre todo en la terminación femenina.

nenúfar. m. Planta acuática de la familia de las ninfeáceas, con rizoma largo, nudoso y feculento; hojas enteras, casi redondas, de pecíolo central y tan largo que, saliendo del rizoma, llega a la superficie del agua, donde flota la hoja; flores blancas, terminales y solitarias, y fruto globoso, capsular, con muchas semillas pequeñas, elipsoidales y negruzcas.

neo-. elem. compos. que significa «reciente, nuevo».

neocatolicismo. m. Doctrina político-religiosa que aspira a restablecer en todo su rigor las tradiciones católicas en la vida social y en el gobierno del Estado. Empléase principalmente este nombre para significar que tal doctrina es retrógrada.

neocelandés, sa. adj. **neozelandés.**

neoclasicismo. m. Corriente literaria y artística, dominante en Europa en la segunda mitad del siglo XVIII, la cual aspira a restaurar el gusto y normas del clasicismo.

neoclásico, ca. adj. Perteneciente o relativo al neoclasicismo. ‖ **2.** Partidario del neoclasicismo. Ú. t. c. s. ‖ **3.** Dícese del arte o estilo modernos que tratan de imitar los usados antiguamente en Grecia o en Roma.

neocolonialismo. m. Predominio e influencia económica, cultural, política, etc., sobre los países descolonizados o subdesarrollados en general por parte de antiguas potencias coloniales o de países poderosos.

neodarwinismo. m. *Biol.* Teoría que supone que en la evolución de las especies actúan los procesos de selección propugnados en el darwinismo, más los de mutación y otros factores genéticos concurrentes.

neodimio. m. Elemento químico de núm. atóm. 60. Metal de las tierras raras escaso en la corteza terrestre; se encuentra muy disperso y siempre asociado a otros lantánidos. De color blanco plateado, amarillea al contacto con el aire, y sus sales son de color rosa y fluorescentes. Se usa, puro o aleado, en metalurgia, y sus óxidos se emplean en la industria del vidrio. Símb. *Nd.*

neófito, ta. m. y f. Persona recién convertida a una religión. ‖ **2.** Por ext., persona adherida recientemente a una causa, o recientemente incorporada a una agrupación o colectividad.

neógeno, na. adj. *Geol.* Aplícase a la subdivisión del período terciario que comprende sus estratos más modernos, con las épocas miocena y pliocena, durante las cuales las faunas y floras, así como la distribución de tierras y mares, son ya casi las actuales.

neokantiano, na. adj. Perteneciente o relativo al neokantismo. ‖ **2.** Partidario de él. Ú. t. c. s.

neokantismo. m. Nombre de dos escuelas filosóficas que florecieron en Marburgo y Baden, en la segunda mitad del siglo XIX, para renovar el pensamiento de Kant con una orientación predominantemente gnoseológica.

neolatino, na. adj. Que procede o se deriva de los latinos o de la lengua latina. *Raza* NEOLATINA, *idioma* NEOLATINO.

neolítico, ca. adj. Perteneciente o relativo a la segunda edad de piedra, o sea la de la piedra pulimentada. Ú. t. c. s. m.

neologismo. m. Vocablo, acepción o giro nuevo en una lengua.

neomenia. f. Primer día de la Luna.

neón. m. Elemento químico de núm. atóm. 10. Gas noble escaso en la Tierra, pero muy abundante en el Universo; se encuentra en el aire atmosférico y, como todos los elementos de su grupo, es químicamente inactivo. Se usa como gas de llenado de tubos fluorescentes. Símb. *Ne.*

neonatal. adj. Perteneciente o relativo al neonato.

neonato, ta. m. y f. Recién nacido. Ú. t. c. adj.

neonatología. f. Rama de la pediatría que se ocupa de los recién nacidos.

neonatólogo, ga. m. y f. Pediatra especialista en neonatología.

neoplasia. f. *Med.* Multiplicación o crecimiento anormal de células en un tejido del organismo. ‖ **2.** *Med.* Tumor así formado.

neoplásico, ca. adj. *Med.* Perteneciente o relativo a la neoplasia.

neoplatonismo. m. Escuela filosófica que floció principalmente en Alejandría en los primeros siglos de la era cristiana, y cuyas doctrinas eran una renovación de la filosofía platónica bajo la influencia del pensamiento oriental.

neorama. m. Especie de panorama, en que el espectador, colocado en el centro, ve pintado y alumbrado en un cilindro hueco el interior de un templo o palacio, un paisaje, etc.

neotenia. f. *Biol.* Fenómeno por el cual en determinados seres vivos se conservan caracteres larvarios o juveniles después de haberse alcanzado el estado adulto.

neoyorquino, na. adj. Natural de Nueva York. Ú. t. c. s. ‖ **2.** Perteneciente o relativo a esta ciudad de Estados Unidos.

neozelandés, sa. adj. Natural de Nueva Zelanda, cuyos aborígenes tienen el nombre de maoríes. Ú. t. c. s. ‖ **2.** Perteneciente o relativo a este país de Oceanía.

nepalés, sa. adj. Natural de Nepal. Ú. t. c. s. ‖ **2.** Perteneciente o relativo a este Estado de Asia.

neperiano, na. adj. Perteneciente o relativo al matemático escocés Juan Néper. ‖ **2.** V. **tablillas neperianas.**

nepote. m. Pariente y privado del papa.

nepotismo. m. Desmedida preferencia que algunos dan a sus parientes para las concesiones o empleos públicos.

neptúnico, ca. adj. *Geol.* Dícese de los terrenos y de las rocas de formación sedimentaria.

neptunio. m. Elemento químico radiactivo de núm. atóm. 93. Metal del grupo de los actínidos, de color blanco plateado, se asemeja al uranio en sus propiedades químicas; se usa en la industria nuclear y se obtiene artificialmente por bombardeo del uranio con neutrones. Símb. *Np.*

neptunismo. m. *Geol.* Hipótesis que atribuye exclusivamente a la acción del agua la formación de la corteza terrestre.

neptuno. n. p. m. Planeta descubierto a mediados del siglo XIX, mucho mayor que la Tierra y distante del Sol 30 veces más que ella, no perceptible a simple vista. ‖ **2.** m. poét. El mar.

nereida. f. *Mit.* Cualquiera de las ninfas que, según la mitología clásica, residían en el mar, y eran jóvenes hermosas de medio cuerpo arriba, y peces en lo restante.

nerita. f. Molusco gasterópodo marino, de concha gruesa, redonda, con boca o abertura semicircular y espira casi plana. Hay diversas especies, todas comestibles.

nerítico, ca. adj. *Biol.* Dícese de los organismos animales y vegetales que viven en el mar o en los lagos, en zonas próximas al litoral, a diferencia de los pelágicos. ‖ **2.** *Oceanogr.* Dícese de la zona marítima correspondiente a la plataforma continental.

neroli nerolí. m. Producto que se obtiene destilando flores de distintos naranjos, en particular las del naranjo amargo. Se compone de un hidrocarburo y de un líquido oleoso, oxigenado, y se emplea en perfumería. Actualmente se denomina así también una sustancia química que tiene el mismo olor de la esencia natural. ❑ pl. de la 2.ª forma: *nerolíes* o *nerolís.*

nerón. m. fig. Hombre muy cruel.

nervadura. f. *Arq.* **nervio,** arco que sirve para formar la estructura de las bóvedas góticas. ‖ **2.** Conjunto de los nervios de las bóvedas góticas. ‖ **3.** *Bot.* Conjunto de los nervios de una hoja.

nervio. m. *Anat.* Conjunto de fibras nerviosas en forma de cordón blanquecino, que conducen impulsos entre el sistema nervioso central y otras partes del cuerpo. ‖ **2.** Aponeurosis, o cualquier tendón o tejido blanco, duro y resistente. ‖ **3.** Haz fibroso que, en forma de hilo o cordoncillo, corre a lo largo de las hojas de las plantas por su envés, comúnmente sobresaliendo de su superficie. ‖ **4.** Cada una de las cuerdas que se colocan al través en el lomo de un libro para encuadernarlo. ‖ **5.** fig. Fuerza y vigor. ‖ **6.** *Arq.* Arco que, cruzándose con otro u otros, sirve para formar la bóveda de crucería. Es elemento característico del estilo gótico. ‖ **auditivo.** *Anat.* El que desde el oído interno transmite al cerebro las impresiones sonoras. ‖ **ciático.** *Anat.* El más grueso del cuerpo, que desde el final de la médula espinal se distribuye en los músculos posteriores del muslo, en los de la pierna y en la piel de esta y del pie. ‖ **óptico.** *Anat.* El que desde el ojo transmite al cerebro las impresiones luminosas.

nerviosismo. m. Estado pasajero de excitación nerviosa.

nervioso, sa. adj. Que tiene nervios. ‖ **2.** Perteneciente o relativo a los nervios. ‖ **3.** Aplícase a la persona cuyos nervios se excitan fácilmente. ‖ **4.** Por ext., dícese de la persona inquieta e incapaz de permanecer en reposo.

nervudo, da. adj. Que tiene fuertes y robustos nervios. ‖ **2.** Que tiene muy desarrollados los tendones y músculos.

nervura. f. Conjunto de las partes salientes que en el lomo de un libro forman los nervios o cuerdas que sirven para encuadernar.

nesga. f. Tira o pieza de lienzo o paño, cortada en figura triangular, la cual se añade o entreteje a las ropas o vestidos para darles vuelo o el ancho que necesitan.

nestorianismo. m. Herejía del siglo V difundida por Nestorio, patriarca de Constantinopla, que profesaba la existencia de dos personas en Cristo, separando en Él la naturaleza divina de la humana.

neto, ta. adj. Limpio, puro, claro y bien definido. ‖ **2.** Que resulta líquido en cuenta, después de comparar el cargo con la data; o en el precio, después de deducir los gastos.

neuma. amb. *Ret.* Declaración de lo que se siente o quiere, por medio de movimiento o señas, como cuando se inclina la cabeza para conceder, o se mueve de uno a otro lado para negar, o bien por medio de una interjección o de voces de sentido imperfecto.

neumático, ca. adj. *Fís.* Aplícase a varios aparatos destinados a operar con el aire. *Tubo* NEUMÁTICO. ‖ **2.** m. Llanta de caucho que se aplica a las ruedas de los automóviles, bicicletas, etc. Consta generalmente de un anillo tubular de goma elástica llamada cámara, que se llena de aire a presión, y de una cubierta de caucho vulcanizado muy resistente.

neumococo. m. *Microbiol.* Microorganismo de forma lanceolada, que es el agente patógeno de ciertas pulmonías.

neumoconiosis. f. *Pat.* Género de enfermedades crónicas producidas por la infiltración en el aparato respiratorio del polvo de diversas sustancias minerales, como el carbón, sílice, hierro y calcio. La padecen principalmente mineros, canteros, picapedreros, etc.

neumogástrico. m. *Anat.* Nervio que forma el décimo par craneal, llamado también vago. Se extiende desde el bulbo a las cavidades del tórax y el abdomen.

neumología. f. *Med.* Estudio o tratado de las enfermedades de los pulmones o de las vías respiratorias en general.

neumonía. f. *Pat.* **pulmonía.**

neumotórax. m. *Med.* Enfermedad producida por la entrada del aire exterior o del aire pulmonar en la cavidad de la pleura. ❑ pl. invar.

neuralgia. f. *Pat.* Dolor continuo a lo largo de un nervio y de sus ramificaciones, por lo común sin fenómenos inflamatorios.

neurálgico, ca. adj. Perteneciente o relativo a la neuralgia. ‖ **2.** fig. Dícese del momento, situación, lugar, etc., que se considera decisivo en un asunto, problema, cuestión, etc.

neurastenia. f. *Psiquiat.* Conjunto de estados nerviosos, mal definidos, caracterizados por síntomas muy diversos, entre los que son constantes la tristeza, el cansancio, el temor y la emotividad.

neurita. f. *Biol.* **axón.**

neuritis. f. *Pat.* Inflamación de un nervio y de sus ramificaciones, generalmente acompañada de dolor, atrofia muscular y otros fenómenos patológicos.

neuro-. elem. compos. que significa «nervio» o «sistema nervioso»: NEURO*tomía,* NEURO*biología.*

neurobiología. f. Biología del sistema nervioso.

neurobiólogo, ga. m. y f. Persona especializada en neurobiología.

neurociencia. f. *Biol.* Cualquiera de las ciencias que se ocupan del sistema nervioso, como la neurología, la neurobiología, etc. Ú. m. en pl.

neurocirugía. f. Cirugía del sistema nervioso.

neurocirujano, na. m. y f. Persona especializada en neurocirugía.

neuroembriología. f. Embriología del sistema nervioso.

neuroembriólogo, ga. m. y f. Persona especializada en neuroembriología.

neuroendocrino, na. adj. Perteneciente o relativo a las influencias nerviosas y endocrinas, y en particular a la interacción entre los sistemas nervioso y endocrino.

neuroendocrinología. f. *Med.* Ciencia que estudia las relaciones en el sistema nervioso y las glándulas endocrinas.

neuroepidemiología. f. *Med.* Ciencia que estudia las epidemias de enfermedades del sistema nervioso.

neuroepitelio. m. *Anat.* Epitelio de un órgano nervioso, en especial de los órganos de los sentidos.

neuroesqueleto. m. *Anat.* Esqueleto óseo o cartilaginoso que protege el sistema nervioso central de los animales vertebrados.

neuroglia. f. *Anat.* Conjunto de células provistas de largas prolongaciones ramificadas, que están situadas entre las células y fibras nerviosas, tanto en la sustancia gris como en la blanca, y que, al parecer, desempeñan una función trófica.

neurología. f. Tratado del sistema nervioso, en su doble aspecto morfológico y fisiológico.

neurólogo, ga. m. y f. Persona especializada en neurología.

neuroma. m. *Pat.* Tumor más o menos voluminoso, circunscrito y acompañado de intenso dolor, que se forma en el espesor del tejido de los nervios.

neurona. f. *Anat.* Célula nerviosa, que generalmente consta de un cuerpo de forma variable y provisto de diversas prolongaciones, una de las cuales, de aspecto filiforme y más larga que las demás, es el axón o neurita.

neuronal. adj. Perteneciente o relativo a la neurona.

neuróptero. adj. *Zool.* Dícese de insectos con metamorfosis complicadas, que tienen boca dispuesta para masticar, cabeza redonda, cuerpo prolongado y no muy consistente, y cuatro alas membranosas y reticulares; como la hormiga león. Ú. t. c. s. || **2.** m. pl. *Zool.* Orden de estos insectos.

neurosis. f. *Pat.* Conjunto de enfermedades cuyos síntomas indican un trastorno del sistema nervioso, sin que el examen anatómico descubra lesiones en dicho sistema.

neurótico, ca. adj. Que padece neurosis. Ú. t. c. s. || **2.** Perteneciente o relativo a la neurosis.

neurotomía. f. *Cir.* Disección de un nervio.

neurótomo. m. *Cir.* Instrumento de dos cortes, largo y estrecho, que principalmente se usa para disecar los nervios.

neurotransmisor, ra. adj. *Bioquím.* Dícese de sustancias, productos o compuestos que transmiten los impulsos nerviosos en la sinapsis. Ú. t. c. s. m.

neuston. m. Conjunto de organismos de dimensiones reducidas que viven en contacto con la película superficial de las aguas.

neutonio. m. *Fís.* Unidad de fuerza en el sistema basado en el metro, el kilogramo, el segundo y el amperio. Equivale a cien mil dinas.

neutral. adj. Que no toma partido ante una opción. Apl. a pers., ú. t. c. s. || **2.** Hablando de una nación o un Estado, que no toma parte en la guerra movida por otros y se acoge al sistema de obligaciones y derechos inherentes a tal actitud. Ú. t. c. s.

neutralidad. f. Cualidad o actitud de neutral.

neutralismo. m. Tendencia a permanecer neutral, especialmente en los conflictos internacionales.

neutralizar. tr. Hacer neutral. Ú. t. c. prnl. || **2.** *Quím.* Hacer neutra una sustancia o una disolución de ella. || **3.** fig. Debilitar el efecto de una causa por la concurrencia de otra diferente u opuesta. Ú. t. c. prnl.

neutrino. m. *Fís.* Partícula eléctricamente neutra, cuya masa es inapreciable.

neutro, tra. adj *Gram.* V. **género neutro.** || **2.** Indiferente en política o que se abstiene de intervenir en ella. || **3.** *Fís.* Se dice del cuerpo que posee cantidades iguales de electricidad positiva y negativa. || **4.** *Quím.* Dícese del compuesto que no tiene carácter ácido ni básico, y, por ext., del líquido en que está disuelto. || **5.** *Zool.* Aplícase a ciertos animales asexuados en el estado adulto, como las abejas obreras.

neutrón. m. *Fís.* Partícula masiva sin carga eléctrica. **Neutrones** y protones forman los núcleos atómicos.

nevada. f. Acción y efecto de nevar. || **2.** Porción o cantidad de nieve que ha caído de una vez y sin interrupción.

nevado, da. adj. Cubierto de nieve. || **2.** fig. Blanco como la nieve. || **3.** m. *Amér.* Montaña cubierta de nieves perpetuas.

nevar. intr. impers. Caer nieve. ❑ En esta acepción solo se usan las 3.as pers. de sing. de todos los tiempos, y el infinitivo, gerundio y participio. || **2.** tr. fig. Poner blanca una cosa dándole este color o esparciendo en ella cosas blancas. ❑ Irreg. Se conj. como *acertar.*

nevera. f. Armario revestido con una materia aisladora y provisto de un depósito de hielo para el enfriamiento o conservación de alimentos y bebidas. También las hay en que el frío se produce por corriente eléctrica o por otros medios. || **2.** fig. Pieza o habitación demasiadamente fría.

nevero. m. Lugar de las montañas elevadas donde se conserva la nieve todo el año. || **2.** Esta misma nieve.

neviscar. intr. impers. Nevar ligeramente o en corta cantidad.

newton. m. *Fís.* **neutonio** en la nomenclatura internacional.

nexo. m. **nudo,** unión o vínculo de una cosa con otra.

ni. conj. copulat. que enlaza vocablos o frases que denotan negación, precedida o seguida de otra u otras igualmente negativas. *No como* NI *duermo; nada hizo* NI *dejó hacer a los demás; a nadie quiso recibir,* NI *a sus más íntimos amigos;* NI *lo sé* NI *quiero saberlo;* NI *Juan* NI *Pedro* NI *Felipe te darán la razón.* || **2.** En cláusula que empieza con verbo precedido del adverbio *no* y en que hay que negar dos o más términos, igualmente puede omitirse o expresarse delante del primero esta conjunción. *No descansa de día* NI *de noche; no descansa* NI *de día* NI *de noche.* ❑ Si se coloca el verbo al fin de cláusulas como esta, necesariamente ha de expresarse la conjunción **ni** precediendo así a la primera como a las demás negaciones. NI *de día* NI *de noche descansa.* || **3.** Cuando **ni** encabeza una oración sin relacionarla con otra, o cuando expresa una relación distinta de la copulativa negativa «y no», equivale a *ni siquiera* y forma frases que expresan el extremo a que puede llegarse en algo. NI *los más fuertes pudieron resistirlo.* || **4.** Tiene valor semejante en exclamaciones enérgicas como ¡NI *soñarlo!*, ¡NI *mucho menos!* || **5.** A veces no va precedida ni seguida de otra negación y equivale a *no. Perdió el caudal y la honra;* NI *podía esperarse otra cosa de su conducta.* || **ni que.** loc. fam., que seguida de un verbo en forma condicional, sirve para negar un supuesto y equivale a *como si.* Ú. m. en frs. excls. ¡NI QUE *fuera yo tonto!*

nicaragüense. adj. Natural de Nicaragua. Ú. t. c. s. ‖ **2.** Perteneciente o relativo a esta república de América.

nicho. m. Concavidad en el espesor de un muro, para colocar en ella una estatua, un jarrón u otra cosa. ‖ **2.** Por ext., cualquier concavidad formada para colocar una cosa; como las construcciones de los cementerios para colocar los cadáveres.

nicotina. f. *Quím.* Alcaloide principal del tabaco. Es un líquido oleaginoso, soluble, incoloro, que se oscurece en contacto con el aire, volátil y muy tóxico.

nicotismo. m. *Pat.* Conjunto de trastornos morbosos causados por el abuso del tabaco.

nictálope. adj. Dícese de la persona o del animal que ve mejor de noche que de día. Ú. t. c. s.

nidada. f. Conjunto de los huevos puestos en el nido. ‖ **2.** Conjunto de los polluelos de una misma puesta mientras están en el nido.

nidal. m. Lugar señalado donde la gallina u otra ave doméstica va a poner sus huevos.

nidificar. intr. Hacer nidos las aves.

nido. m. Especie de lecho que forman las aves con hierbecillas, pajas, plumas u otros materiales blandos, para poner sus huevos y criar los pollos. Unas utilizan con tal fin los agujeros de las peñas, ribazos, troncos o edificios; otras lo construyen de ramas, o de barro, o de sustancias gelatinosas, dándole forma cóncava, y lo suspenden de los árboles o lo asientan en ellos, en las rocas o en las paredes, y algunas prefieren el suelo sin otro abrigo que la hierba y la tierra. ‖ **2.** Por ext., cavidad, agujero o conjunto de celdillas donde procrean diversos animales. ‖ **3.** Lugar donde ponen las aves, nidal. ‖ **4.** fig. Sitio donde se acude con frecuencia. ‖ **5.** fig. Casa, patria o habitación de uno. ‖ **6.** fig. Lugar donde se juntan gentes de mala conducta. *Esa casa es un* NIDO *de bribones y de pícaros.* ‖ **7.** fig. Lugar originario de ciertas cosas inmateriales. NIDO *de discordias, de difamaciones,* etc.

niebla. f. Nube muy baja, que dificulta más o menos la visión según la concentración de las gotas que la forman. ‖ **2.** Nube o mancha en la córnea. ‖ **3.** fig. Confusión y oscuridad que no deja percibir y apreciar debidamente las cosas o negocios.

nielsbohrio. m. Elemento químico transuránico de núm. atóm. 107. Se obtiene artificialmente por bombardeo de bismuto con iones de cromo, y su vida media es tan corta que se mide en milisegundos. Símb. *Ns.*

nietastro, tra. m. y f. Respecto de una persona, hijo o hija de su hijastro o de su hijastra.

nieto, ta. m. y f. Respecto de una persona, hijo o hija de su hijo o de su hija. ‖ **2.** Por ext., descendiente de una línea en las terceras, cuartas y demás generaciones. ❑ Ú. t. con los adjetivos *segundo, tercero,* etc.

nieve. f. Agua helada que se desprende de las nubes en cristales sumamente pequeños, los cuales, agrupándose al caer, llegan al suelo en copos blancos. ‖ **2.** Tiempo en que nieva con frecuencia. Ú. comúnmente en pl. *En tiempo de* NIEVES. ‖ **3. nieve** caída. ‖ **carbónica.** Anhídrido carbónico sólido, de color blanco, que, cuando se sublima a la presión atmosférica, mantiene la temperatura de –78,5° C. Se denomina también hielo seco, y tiene múltiples aplicaciones como refrigerante. ‖ **nieves eternas.** Las que, en la alta montaña, subsisten de un invierno a otro. ‖ **perpetuas. nieves eternas.**

nigeriano, na. adj. Natural de Nigeria. Ú. t. c. s. ‖ **2.** Perteneciente o relativo a Nigeria.

nigerino, na. adj. Natural de la República de Níger. Ú. t. c. s. ‖ **2.** Perteneciente o relativo a este país.

nigérrimo, ma. adj. sup. de **negro.** Negrísimo, muy negro.

nigromancia o **nigromancía.** f. Práctica supersticiosa que pretende adivinar el futuro invocando a los muertos.

nigromante. com. Persona que ejerce la nigromancia.

nigua. f. Insecto díptero originario de América y muy extendido también en África, del suborden de los afanípteros, parecido a la pulga, pero mucho más pequeño y de trompa más larga. Las hembras fecundadas penetran bajo la piel de los animales y del hombre, principalmente en los pies, y allí depositan la cría, que ocasiona mucha picazón y úlceras graves.

nihilismo. m. *Fil.* Negación de toda creencia. ‖ **2.** Negación de todo principio religioso, político y social.

nihilista. adj. Que profesa el nihilismo. Ú. t. c. s. ‖ **2.** Perteneciente o relativo al nihilismo.

nilón. m. **nailon.**

nimbo. m. Disco luminoso de la cabeza de las imágenes, aureola. ‖ **2.** *Meteor.* Capa de nubes formada por cúmulos tan confundidos, que presenta un aspecto casi uniforme.

nimiedad. f. Prolijidad, minuciosidad. ‖ **2.** Pequeñez, insignificancia. Este valor es el que más se ha generalizado en el uso.

nimio, mia. adj. Insignificante, sin importancia; en general, dícese de cosas no materiales.

ninfa. f. *Mit.* Cualquiera de las fabulosas deidades de las aguas, bosques, selvas, etc., llamadas con varios nombres, como dríade, nereida, etc. ‖ **2.** fig. Joven hermosa. Ú. a veces en sent. peyorativo. ‖ **3.** *Zool.* En los insectos con metamorfosis sencilla, estado juvenil de menor tamaño que el adulto, con incompleto desarrollo de las alas. || **4.** pl. Labios pequeños de la vulva.

ninfeáceo, a. adj. *Bot.* Dícese de plantas angiospermas dicotiledóneas, acuáticas, de rizoma rastrero y carnoso; hojas flotantes, grandes y de pedúnculo largo; flores regulares, terminales, con muchos pétalos en series concéntricas, de colores brillantes y fruto globoso; como el nenúfar y el loto. Ú. t. c. s. || **2.** f. pl. *Bot.* Familia de estas plantas.

ninfómana. f. Mujer que padece ninfomanía.

ninfomanía. f. **furor uterino.**

ningún. adj. indef. Apóc. de **ninguno.** ❑ Solo se emplea antepuesto a nombres masculinos singulares. NINGÚN *hombre.*

ninguno, na. adj. indef. Ni una sola de las personas o cosas significadas por el sustantivo al que acompaña. ❑ El masculino sufre apócope antepuesto al sustantivo. *No he tenido* NINGÚN *problema; no he tenido problema* NINGUNO. Hoy no suele usarse en plural. || **2.** pron. indef. Ni una sola de las personas o cosas significadas por el sustantivo al que representa. *¿Ha venido algún alumno? No ha venido* NINGUNO.

niña. f. Pupila del ojo.

niñato, ta. adj. Dícese del joven sin experiencia. Ú. t. c. s. || **2.** Dícese del jovenzuelo petulante y presuntuoso. Suele emplearse con valor despectivo.

niñera. f. Criada destinada a cuidar niños.

niñería. f. Acción de niños o propia de ellos. Dícese regularmente de sus diversiones y juegos. || **2.** fig. Hecho o dicho de poca entidad o sustancia.

niñero, ra. adj. Que gusta de niños o de niñerías.

niñez. f. Período de la vida humana, que se extiende desde el nacimiento a la pubertad. || **2.** fig. Principio o primer tiempo de cualquier cosa.

niño, ña. adj. Que está en la niñez. Ú. t. c. s. || **2.** Por ext., que tiene pocos años. Ú. t. c. s. || **3.** fig. En sent. despect., que obra con poca reflexión y advertencia. Ú. t. c. s. || **4.** fig. En el trato afectivo, persona que ha pasado de la niñez. Ú. m. en vocativo. || **5.** m. y f. En diversos países de América, tratamiento que se da a personas de más consideración social. ❑ Ú. mucho ante propios. || **niño** o **niña bien.** Joven de familia acomodada un tanto vacuo y presuntuoso. || **de pecho,** o **de teta.** El que aún está en la lactancia. || **niño probeta.** Aquel que, por esterilidad de la madre u otras razones, ha sido concebido mediante una técnica de laboratorio que consiste en la implantación de un óvulo fecundado en el útero materno. || **zangolotino.** fam. Muchacho que quiere o a quien se quiere hacer pasar por **niño.**

niobio. m. Elemento químico de núm. atóm. 41. Metal escaso en la corteza terrestre; se encuentra en algunos minerales, siempre junto al tantalio. De color gris brillante, blando, dúctil, maleable y resistente a la corrosión. Se usa en la industria nuclear y, aleado con hierro, en metalurgia. También se conoció como columbio. Símb. *Nb.*

nipón, na. adj. Natural del Japón. Ú. t. c. s. || **2.** Perteneciente o relativo al Japón.

níquel. m. Elemento químico de núm. atóm. 28. Metal escaso en la corteza terrestre; constituye junto con el hierro el núcleo de la Tierra, y se encuentra nativo en meteoritos y, combinado con azufre y arsénico, en diversos minerales. De color y brillo de plata, duro, tenaz y resistente a la corrosión. Se usa en el recubrimiento de superficies o niquelado, en la fabricación de baterías, y aleado, para fabricar monedas y aceros inoxidables. Símb. *Ni.*

niquelado. m. Acción y efecto de niquelar.

niquelar. tr. Cubrir con un baño de níquel otro metal.

niquelina. f. Arseniato natural de níquel rojo.

nirvana. m. En el budismo, bienaventuranza obtenida por la absorción e incorporación del individuo en la esencia divina.

níscalo. m. **mízcalo.**

níspero. m. Árbol de la familia de las rosáceas, con tronco delgado y de ramas abiertas y algo espinosas; hojas grandes, elípticas, duras, con pelusa por el envés y flores blancas y axilares. Es espontáneo, pero también se cultiva. || **2.** Fruto de este árbol. Es aovado, amarillo anaranjado, de unos tres centímetros de diámetro, duro y acerbo cuando se desprende del árbol; blando, pulposo, dulce y comestible cuando está pasado.

níspola. f. **níspero,** fruto.

nitidez. f. Cualidad de nítido.

nítido, da. adj. Limpio, terso, claro, puro, resplandeciente. || **2.** Que se distingue bien, no confuso.

nitrar. tr. *Quím.* Introducir en un compuesto orgánico el grupo funcional positivo, formado por un átomo de nitrógeno y dos de oxígeno, por lo general empleando una mezcla de ácidos nítrico y sulfúrico concentrados, este último como deshidratante.

nitrato. m. *Quím.* Sal formada por la combinación del ácido nítrico con una base. || **de amonio.** *Quím.* Sólido incoloro que forma cristales delicuescentes, soluble en agua y en alcohol, que se descompone por el calor produciendo gas hilarante. Tiene uso como oxidante y para facilitar la fundición de metales, y se emplea para la producción de mezclas frigoríficas, fertilizantes y explosivos. || **de Chile.** *Quím.* Abono nitrogenado natural, que se encuentra en yacimientos situados en la zona desértica del norte de Chile. Consiste, principalmente, en **nitrato** sódico, **nitrato** potásico y pequeñas cantidades de sales de boro, yodo y otros elementos. ‖ **de potasio.** *Quím.* Polvo cristalino e incoloro, soluble en agua, alcohol y glicerina, de gran poder oxidante. Tiene uso en la fabricación del vidrio, mechas, pólvora y combustibles sólidos para cohetes balísticos, en la elaboración del tabaco, para adobar carnes y como fertilizante. ‖ **de sodio.** *Quím.* Sólido que cristaliza en romboedros semejantes a cubos, de color blanco, que constituye el principal componente aprovechable del **nitrato de Chile,** del que se extrae. En caliente, es un oxidante muy enérgico, y tiene uso en la industria del vidrio, en pirotecnia y como fertilizante.

nitrito. m. *Quím.* Sal formada por la combinación del ácido nitroso con una base.

nitro. m. Nitrato potásico, que se encuentra en forma de agujas o de polvillo blanquecino en la superficie de los terrenos húmedos y salados. Cristaliza en prismas casi transparentes; es de sabor fresco, un poco amargo, y, echado al fuego, deflagra con violencia.

nitro-. *Quím.* elem. compos. que denota la presencia, en un compuesto orgánico, del grupo funcional formado por un átomo de nitrógeno y dos de oxígeno, con una valencia positiva. Puede ir precedido de un prefijo multiplicador, que indica el número de esos grupos presentes, y así se dice: *di*NITRO-, *tri*NITRO-, etc.

nitrobenceno. m. *Quím.* Líquido oleoso, incoloro o amarillo claro, que se obtiene tratando benceno con una mezcla de ácidos nítrico y sulfúrico concentrados. Ligeramente soluble en agua, y muy soluble en alcohol y éter. Es tóxico.

nitrobencina. f. *Quím.* Cuerpo resultante de la combinación del ácido nítrico con la bencina.

nitrocelulosa. f. *Quím.* Cada una de las sustancias que se obtienen del mismo modo que el nitrato de celulosa, con el que pueden identificarse, y que difieren entre sí en el grado de nitración. Las más nitradas tienen aspecto fibroso, semejante al algodón, son insolubles en el alcohol y en el éter, solubles en acetona, y se utilizan como explosivos con el nombre de pólvora de algodón. Otras, menos nitradas, se disuelven en una mezcla de éter y alcohol, y en esta forma reciben el nombre de colodión. Por adición de ciertos compuestos, por ejemplo el alcanfor, se obtiene una masa plástica llamada celuloide.

nitrocompuesto. m. *Quím.* Compuesto orgánico en el que está presente el grupo funcional formado por un átomo de nitrógeno y dos de oxígeno, que resulta de eliminar el radical hidroxilo del ácido nítrico. Casi todos los compuestos de este tipo son estables y tienen color amarillento.

nitroformo. m. *Quím.* Derivado trinitrado del metano, que forma cristales incoloros; funde a quince grados centígrados, convirtiéndose en un líquido de aspecto oleoso, que detona si se calienta rápidamente.

nitrogelatina. f. Explosivo formado por una mezcla de nitroglicerina, nitrato de sodio y serrín. Pertenece al grupo de las dinamitas de base activa.

nitrogenado, da. adj. Que contiene nitrógeno.

nitrógeno. m. Elemento químico de núm. atóm. 7. Gas abundante en la corteza terrestre; constituye las cuatro quintas partes del aire atmosférico en su forma molecular N_2, y está presente en todos los seres vivos. Inerte, incoloro e inodoro, se licua a muy baja temperatura. Se usa como refrigerante, en la fabricación de amoníaco, ácido nítrico y sus derivados, explosivos y fertilizantes. Símb. *N.* ‖ **2.** Gas de este elemento en su forma molecular. Símb. N_2.

nitroglicerina. f. Derivado nitrado de la glicerina. Es un líquido aceitoso e inodoro, más pesado que el agua. De alta potencia explosiva, y muy sensible al choque, forma la dinamita mezclado con un material absorbente. Tiene uso en medicina como vasodilatador de acción inmediata y poco duradera.

nitroglicol. m. Líquido amarillento, volátil, insoluble en agua y soluble en alcohol. Es venenoso, y hace explosión por efecto del calor o del impacto, aunque no se utiliza como explosivo, por su inestabilidad. Su punto de fusión es muy bajo, por lo que se emplea para mezclarlo con la glicerina y evitar que esta se congele.

nitroso, sa. adj. Que tiene nitro o se le parece en alguna de sus propiedades. ‖ **2.** *Quím.* Dícese en general de los compuestos oxidados del nitrógeno en grado inferior al ácido nítrico.

nivel. m. Instrumento para averiguar la diferencia o la igualdad de altura entre dos puntos. ‖ **2.** Horizontalidad. ‖ **3.** Altura a que llega la superficie de un líquido. *El* NIVEL *de la riada.* ‖ **4.** fig. Altura que una cosa alcanza, o a que está colocada. ‖ **5.** fig. Grado o altura que alcanzan ciertos aspectos de la vida social. NIVEL *económico.* ‖ **6.** fig. Igualdad o equivalencia en cualquier línea o especie. ‖ **de vida.** Grado de bienestar, principalmente material, alcanzado por la generalidad de los habitantes de un país, los componentes de una clase social, los individuos que ejercen una misma profesión, etc.

nivelar. tr. Echar el nivel para reconocer si existe o falta la horizontalidad. ‖ **2.** Poner un plano en la posición horizontal justa. ‖ **3.** Por ext., poner a igual altura dos o más cosas materiales. ‖ **4.** En la construcción, igualar un terreno o superficie, allanarlo. ‖ **5.**

Igualar una cosa con otra material o inmaterial. Ú. t. c. prnl.

níveo, a. adj. poét. De nieve, o semejante a ella.

nizardo, da. adj. Natural de Niza. Ú. t. c. s. ‖ **2.** Perteneciente o relativo a esta ciudad de Francia.

no. adv. neg., que con este sentido se emplea principalmente respondiendo a una pregunta. ‖ **2.** En una frase, se aplica al verbo para indicar la falta de lo significado por él. ‖ **3.** Precediendo a nombres abstractos, indica la inexistencia de lo designado por esos nombres. ‖ **4.** En sent. interrog., suele emplearse como reclamando o pidiendo contestación afirmativa. ¿NO *me obedeces?;* también cuando se supone que la respuesta va a ser afirmativa. ¿NO *ibas a marcharte? Sí, pero cambié de opinión.* ‖ **5.** Antecede al verbo a que sigue el adverbio *nada* u otro vocablo que expresa negación. *Eso* NO *vale nada;* NO *ha venido nadie.* ‖ **6.** En frases en que va seguido de la preposición *sin,* forma con ella sentido afirmativo. *Sirvió,* NO *sin gloria, en la última guerra; esto es, sirvió con gloria.* ‖ **7.** Ú. repetido para dar más fuerza a la negación. NO, NO *lo haré;* NO *lo haré,* NO. ‖ **8.** En algunos casos toma carácter de sustantivo. *Nunca hubo entre nosotros un sí ni un* NO. ‖ **no bien.** loc. adv. Tan pronto como. NO BIEN *amanezca, saldremos de viaje.* ❑ pl. *noes.*

nobelio. m. Elemento químico radiactivo de núm. atóm. 102. Metal de la serie de los actínidos, se obtiene artificialmente por bombardeo de curio con núcleos de carbono, nitrógeno o boro. Símb. *No.*

nobiliario, ria. adj. Perteneciente o relativo a la nobleza.

nobilísimo, ma. adj. sup. de **noble.** Muy noble.

noble. adj. Principal en cualquier línea; excelente o aventajado en ella. ‖ **2.** Dícese de la persona que por su ilustre nacimiento o por concesión del soberano posee algún título del reino, y por ext., de sus parientes. Ú. t. c. s. ‖ **3.** Honroso, estimable, como contrapuesto a deshonrado y vil. ‖ **4.** *Quím.* Dícese de los cuerpos químicamente inactivos. Tales son los metales como el platino y el oro, o gases como el helio y el argón. ❑ sup. irreg. *nobilísimo.*

nobleza. f. Cualidad de noble. ‖ **2.** Conjunto o cuerpo de los nobles de un Estado o de una región.

nocedal. m. Sitio plantado de nogales.

noche. f. Tiempo en que falta la claridad del día. ‖ **2.** fig. Confusión, oscuridad o tristeza en cualquier línea. ‖ **cerrada.** Espacio de tiempo en que la oscuridad de la **noche** es total. ‖ **de perros.** fig. y fam. Aquella en que hace muy mal tiempo. ‖ **2.** fig. y fam. La que se ha pasado muy mal. ❑ Ú. especialmente con los verbos *pasar* y *tener.* ‖ **toledana.** fig. y fam. La que uno pasa sin dormir. ‖ **buena,** o **mala, noche.** Además del sentido recto, se llama así a la que se ha pasado con diversión, con quietud, descanso y sosiego; o al contrario, con desvelo, inquietud o desazón. ‖ **ayer noche.** loc. adv. **anoche.** ‖ **buenas noches.** expr. fam. que se emplea como salutación y como despedida durante la **noche** o al irse a acostar. ‖ **de la noche a la mañana.** loc. fig. Inopinadamente, de pronto, en muy breve espacio de tiempo. ‖ **hacer noche en** alguna parte. fr. Detenerse y parar en un lugar para pasar la **noche.** ‖ **noche y día.** expr. fig. Siempre, continuamente. ‖ **pasar de claro en claro,** o **en claro, la noche.** fr. fig. Pasarla sin dormir.

nochebuena. f. Noche de la vigilia de Navidad.

nochevieja. f. Última noche del año.

noción. f. Conocimiento o idea que se tiene de una cosa. ‖ **2.** Conocimiento elemental. Ú. m. en pl.

nocivo, va. adj. Dañino, pernicioso, perjudicial.

noctámbulo, la. adj. Que anda vagando durante la noche.

noctiluca. f. *Zool.* Protozoo flagelado, marino, de cuerpo voluminoso y esférico y con un solo flagelo, cuyo protoplasma contiene numerosas gotitas de grasa que al oxidarse producen fosforescencia. A la presencia de este flagelado se debe frecuentemente la luminosidad que se observa en las aguas del mar durante la noche.

nocturnidad. f. Cualidad o condición de nocturno. ‖ **2.** *Der.* Circunstancia agravante de responsabilidad, resultante de ejecutarse de noche ciertos delitos.

nocturno, na. adj. Perteneciente a la noche, o que se hace en ella. ‖ **2.** *Bot.* y *Zool.* Aplícase a los animales que de día están ocultos y buscan el alimento durante la noche, y a las plantas que solo de noche tienen abiertas sus flores. ‖ **3.** m. *Mús.* Pieza de música vocal o instrumental, de melodía dulce, propia para recordar los sentimientos apacibles de una noche tranquila.

nodación. f. *Pat.* Impedimento causado por un nodo en el juego de una articulación o en la movilidad de los tendones o de los ligamentos.

nodo. m. *Fís.* Cada uno de los puntos que permanecen fijos en un cuerpo vibrante. En una cuerda vibrante son siempre **nodos** los extremos, y puede haber varios **nodos** intermedios. ‖ **2.** *Pat.* Tumor producido por un depósito de ácido úrico en los huesos, tendones o ligamentos. Es característico de la gota.

nodriza. f. **ama de cría.** ‖ **2.** Aplícase, en aposición, al buque o avión que sirve para abastecer de combustible a otro u otros.

nódulo. m. Concreción de poco volumen.

noema. m. *Fil.* Pensamiento como contenido objetivo del pensar, a diferencia del acto intencional o noesis. Es término frecuente en la fenomenología.

noesis. f. *Fil.* Visión intelectual, pensamiento.

nogal. m. Árbol de hasta quince metros de altura, con tronco corto y robusto, ramas gruesas y copa grande y redondeada; hojas compuestas de hojuelas puntiagudas, dentadas y aromáticas; flores blanquecinas, y por fruto la nuez, una drupa ovoide, de tres o cuatro centímetros de diámetro, con el epicarpio liso, de color verde con pintas, el mesocarpio correoso y caedizo, y el endocarpio duro, pardusco, rugoso y dividido en dos mitades simétricas. La semilla, desprovista de albumen y con dos cotiledones gruesos, es comestible y muy oleaginosa. ‖ **2.** Madera de este árbol, de color pardo rojizo, dura, veteada y muy apreciada en ebanistería. ‖ **3.** adj. Del color de esta madera.

nogalina. f. Colorante obtenido de la cáscara de la nuez, usado para pintar imitando el color nogal.

nolición. f. *Fil.* Acto de no querer.

nómada. adj. Aplícase a la familia o pueblo que anda vagando sin domicilio fijo, y a la persona en quien concurren estas circunstancias. Ú. t. c. s.

nomadismo. m. *Etnol.* Estado social de las épocas primitivas o de los pueblos poco civilizados, consistente en cambiar de lugar con frecuencia.

nombradía. f. Fama, reputación.

nombrado, da. adj. Célebre, famoso.

nombramiento. m. Cédula o despacho en que se designa a uno para un cargo u oficio.

nombrar. tr. Decir el nombre de una persona o cosa. ‖ **2.** Hacer mención particular, generalmente honorífica, de una persona o cosa. ‖ **3.** Elegir o señalar a uno para un cargo, empleo u otra cosa.

nombre. m. Palabra con la que se designan los seres animados, las cosas o las ideas. ‖ **2.** Título de una cosa por el cual es conocida. ‖ **3.** Fama, opinión, reputación o crédito. ‖ **4.** Sobrenombre que se da a uno, apodo. ‖ **5.** *Gram.* **nombre sustantivo.** ‖ **6.** *Gram.* Categoría de palabras que comprende el **nombre** sustantivo y el adjetivo. ‖ **abstracto.** El sustantivo que no designa una cosa real, sino alguna cualidad de los seres. ‖ **adjetivo.** *Gram.* **adjetivo.** ‖ **ambiguo.** *Gram.* El **nombre** común de cosa que se emplea como masculino o como femenino; v. gr.: *El calor* y *la calor; el mar* y *la mar.* ‖ **apelativo.** *Gram.* **nombre común.** ‖ **colectivo.** *Gram.* El que en singular expresa número determinado de cosas de una misma especie, o muchedumbre o conjunto; v. gr.: *docena, enjambre.* ‖ **comercial.** Denominación distintiva de un establecimiento, registrada como propiedad industrial. ‖ **común.** *Gram.* El que se aplica a personas o cosas pertenecientes a conjuntos de seres a los que conviene igualmente por poseer todos las mismas propiedades. Así, *naranja* es un **nombre común,** que se aplica a todos los objetos que poseen las propiedades de forma, color, olor, sabor, etc., que distinguen a una naranja de cualquier otra fruta. ‖ **2.** *Gram.* El apelativo de persona que no posee género gramatical determinado y se construye con artículos, adjetivos y pronombres masculinos y femeninos para aludir a persona de sexo masculino o femenino respectivamente; v. gr.: *El mártir* y *la mártir; el artista* y *la artista.* ‖ **concreto.** *Gram.* El sustantivo que designa seres reales o que nos podemos representar como tales. ‖ **de pila.** El que se da a la criatura cuando se bautiza. ‖ **epiceno.** *Gram.* **nombre** común perteneciente a la clase de los animados que, con un solo género gramatical, masculino o femenino, puede designar al macho o a la hembra indistintamente o conjuntamente: *una hormiga, un milano.* ‖ **genérico.** *Gram.* **nombre común.** ‖ **numeral.** *Gram.* El que significa número; como *par, decena, millar.* ‖ **propio.** *Gram.* El que se aplica a seres animados o inanimados para designarlos y diferenciarlos de otros de su misma clase, y que, por no evocar necesariamente propiedades de dichos seres, puede imponerse a más de uno *(Antonio, Toledo),* incluso a seres de distinta clase *(Marte).* ‖ **sustantivo.** *Gram.* Clase de palabras caracterizadas en español por poseer género inherente, masculino o femenino, expresado normalmente en el caso de los animados por medios gramaticales o léxicos *(Antonio-Antonia; oso-osa; caballo-yegua);* presentan con frecuencia variación numérica *(oso-osos)* y, sobre todo, pueden desempeñar, entre otras, las funciones de sujeto oracional y de vocativo sin cambiar de categoría gramatical. Los **nombres** sustantivos pueden ser **comunes** y **propios.** ‖ **a nombre de** uno. loc. adv. Con destino a alguien cuyo **nombre** sigue a la prep. *de.* ‖ **en nombre de** uno. loc. adv. Actuando en representación suya. ‖ **no tener nombre** una cosa. fr. fam. Ser tan vituperable, que no se quiere o no se puede calificar.

nomenclátor. m. Catálogo de nombres, de pueblos, de sujetos, o de voces técnicas de una ciencia o arte.

nomenclatura. f. Conjunto sistematizado de las voces técnicas propias de una ciencia o arte. NOMENCLATURA *química.*

nomeolvides. f. Flor de la raspilla.

-nomía. elem. compos. que significa «conjunto de leyes o normas»: *geo*NOMÍA, *biblioteco*NOMÍA.

nómina. f. Lista o catálogo de nombres de personas o cosas. ‖ **2.** Relación nominal de los individuos que en una oficina pública o particular han de percibir haberes y justificar con su firma haberlos recibido. ‖ **3.** Estos haberes. *Cobrar la* NÓMINA.

nominación. f. Acción y efecto de nombrar.

nominal. adj. Perteneciente al nombre. ‖ **2.** Que tiene nombre de una cosa y le falta la realidad de ella en todo o en parte. *Sueldo, empleo, valor* NOMINAL.

nominalismo. m. *Fil.* Tendencia a negar la existencia objetiva de los universales, considerándolos como meras convenciones o nombres. Se opone a realismo y a idealismo.

nominalizar. tr. *Ling.* Convertir en nombre o en sintagma nominal una palabra o una porción de discurso cualquiera, mediante algún procedimiento morfológico o sintáctico: *goteo* (de *gotear*); *el qué dirán.* Ú. t. c. prnl.

nominar. tr. Dar nombre a una persona o cosa. ❑ No utilizar por *proponer* o *seleccionar.*

nominativo, va. adj. *Com.* Aplícase a los títulos e inscripciones, ya del Estado, ya de sociedades mercantiles, que precisamente han de extenderse a nombre o a favor de uno y han de seguir teniendo poseedor designado por el nombre, en oposición a los que son al portador. ‖ **2.** m. *Gram.* Caso de la declinación que designa el sujeto del verbo y no lleva preposición.

nomograma. Representación gráfica que permite realizar con rapidez cálculos numéricos aproximados.

non. adj. **impar.** Ú. t. c. s. ‖ **2.** m. pl. Negación repetida de una cosa, o el decir que no, e insistir con pertinacia en este dictamen. ❑ Ú. frecuentemente con el verbo *decir.*

nona. f. En el rezo del oficio divino, última de las horas menores, que se dice antes de vísperas.

nonada. f. Cosa de insignificante valor.

nonagenario, ria. adj. Que ha cumplido noventa años y no llega a cien. Ú. t. c. s.

nonagésimo, ma. adj. Que sigue inmediatamente en orden al o a lo octogésimo nono. ‖ **2.** Dícese de cada una de las noventa partes iguales en que se divide un todo. Ú. t. c. s.

nonágono, na. adj. *Geom.* Dícese del polígono de nueve ángulos y nueve lados. Ú. t. c. s. m.

nonato, ta. adj. No nacido naturalmente, sino sacado del claustro materno mediante la operación cesárea. ‖ **2.** fig. Dícese de la cosa aún no acaecida o que todavía no existe.

noningentésimo, ma. adj. Que sigue inmediatamente en orden al o a lo octingentésimo nonagésimo nono. ‖ **2.** Dícese de cada una de las novecientas partes iguales en que se divide un todo. Ú. t. c. s.

nonio. m. Pieza graduada de varios instrumentos de medida, como el calibre, que se aplica contra una escala para apreciar fracciones pequeñas de las divisiones menores.

nono, na. adj. Que sigue al octavo, noveno.

non plus ultra. expr. lat. que se usa en castellano como sustantivo masculino para ponderar las cosas, exagerándolas y levantándolas a lo más que pueden llegar.

noosfera. f. Conjunto de los seres inteligentes con el medio en que viven.

nopal. m. *Méj.* Planta de la familia de las cactáceas, de unos tres metros de altura, con tallos aplastados, carnosos, formados por una serie de paletas ovales de tres a cuatro decímetros de largo y dos de ancho, con las hojas transformadas en espinas; flores grandes, sentadas en el borde de los tallos, con muchos pétalos encarnados o amarillos, y por fruto el higo chumbo. Procedente de Méjico, se ha hecho casi espontáneo en el área mediterránea.

noray. m. *Mar.* Poste que se utiliza para afirmar las amarras de los barcos. ❑ pl. *norayes* o *noráis.*

norcoreano, na. adj. Natural de Corea del Norte. Ú. t. c. s. ‖ **2.** Perteneciente o relativo a este país de Asia.

nordeste. m. Punto del horizonte entre el Norte y el Este, a igual distancia de ambos. ‖ **2.** Viento que sopla de esta parte.

nórdico, ca. adj. Natural de los pueblos del norte de Europa. ‖ **2.** Perteneciente o relativo a estos pueblos. ‖ **3.** m. Grupo de las lenguas germánicas del Norte, como el noruego, el sueco, el danés y el islandés.

nordista. adj. Dícese del partidario de los estados del Norte en la guerra de secesión de los Estados Unidos de América. Ú. t. c. s.

noria. f. Máquina compuesta generalmente de dos grandes ruedas, una horizontal, y otra vertical que engrana en la primera y lleva acoplados unos arcaduces para sacar agua de un pozo.

norirlandés, sa. adj. Natural de Irlanda del Norte. Ú. t. c. s. ‖ **2.** Perteneciente o relativo a este territorio.

norma. f. Regla que se debe seguir o a que se deben ajustar las conductas, tareas, actividades, etc.

normal. adj. Dícese de lo que se halla en su natural estado. ‖ **2.** Que sirve de norma o regla. ‖ **3.** Dícese de lo que por su naturaleza, forma o magnitud se ajusta a ciertas normas fijadas de antemano. ‖ **4.** f. Línea recta perpendicular a otra línea, a un plano o a una superficie.

normalidad. f. Cualidad o condición de normal. *Volver a la* NORMALIDAD.

normalizar. tr. Regularizar o poner en orden lo que no lo estaba. ‖ **2. tipificar,** ajustar a un tipo, modelo o norma.

normando, da. adj. Dícese de los escandinavos que desde el siglo IX hicieron incursiones en varios países de Europa y se establecieron en ellos. Ú. t. c. s. ‖ **2.** Perteneciente o relativo a estos pueblos. ‖ **3.** Natural de Normandía. Ú. t. c. s. ‖ **4.** Perteneciente o relativo a esta antigua provincia de Francia.

normativa. f. Conjunto de normas aplicables a una determinada materia o actividad.

normativo, va. adj. Que sirve de norma.

noroeste. m. Punto del horizonte entre el Norte y el Oeste, a igual distancia de ambos. ‖ **2.** Viento que sopla de esta parte.

norte. m. Lugar de la Tierra o de la esfera celeste que cae del lado del polo ártico, respecto de otro con el cual se compara. ‖ **2.** Viento que sopla del **Norte.** ‖ **3.** fig. Dirección, guía, con alusión a la Estrella polar, que sirve de guía a los navegantes. ‖ **4.** n. p. m. Punto cardinal del horizonte, que cae frente a un observador a cuya derecha esté el Oriente. ‖ **magnético.** Dirección hacia la cual apunta la aguja de la brújula.

norteamericano, na. adj. Natural de un país de América del Norte. Ú. t. c. s. ‖ **2.** Perteneciente o relativo a América del Norte. ‖ **3.** Estadounidense, natural de los Estados Unidos de América, o ciudadano de este país. Ú. t. c. s. ‖ **4.** Perteneciente o relativo a esta nación.

norteño, ña. adj. Perteneciente o relativo al Norte. ‖ **2.** Que está situado en la parte norte de un país.

noruego, ga. adj. Natural de Noruega. Ú. t. c. s. ‖ **2.** Perteneciente o relativo a esta nación de Europa. ‖ **3.** m. Lengua de Noruega.

nos. Forma del dativo y acusativo plural del pronombre personal de primera persona en género masculino o femenino. ❑ No admite preposición y se puede usar como enclítica: NOS *miró; míra*NOS. En las primeras personas del verbo en plural a que se pospone como sufijo, pierden estas su *s* final; v. gr.: *sentémo*NOS. Empleado en vez de **nosotros,** puede estar en cualquier caso de la declinación, excepto en vocativo, y en los oblicuos pide preposición; v. gr.: *venga a* NOS *el tu reino.* Este modo de hablar es anticuado; pero a veces se usa aún **nos** cuando se aplican a sí mismas el número plural ciertas personas de muy alta categoría, como el rey, el papa, los obispos.

nosografía. f. *Med.* Parte de la nosología que trata de la clasificación y descripción de las enfermedades.

nosología. f. *Med.* Parte de la medicina que tiene por objeto describir, diferenciar y clasificar las enfermedades.

nosomántica. f. Modo de curar por encantamiento o ensalmo.

nosotros, tras. Nominativos masculino y femenino del pronombre personal de primera persona en número plural. ❑ Con preposición se emplea también en los casos oblicuos. Por ficción, que el uso autoriza, algunos escritores se aplican el número plural, diciendo **nosotros,** en vez de yo.

nostalgia. f. Pena de verse ausente de la patria o de los deudos o amigos. ‖ **2.** Tristeza melancólica originada por el recuerdo de una dicha perdida, añoranza.

nostálgico, ca. adj. Perteneciente o relativo a la nostalgia. ‖ **2.** Que padece nostalgia. Ú. t. c. s.

nota. f. Marca o señal que se pone en una cosa para reconocerla o para darla a conocer. ‖ **2.** Advertencia, explicación, comentario o noticia de cualquier clase que en impresos o manuscritos va fuera del texto. ‖ **3.** Apuntamiento de algunas cosas o materias para extenderlas después o acordarse de ellas. *Tomar* NOTA. ‖ **4.** Mensaje breve escrito que no tiene forma de carta. ‖ **5.** Noticia breve de un hecho que aparece en la prensa escrita. ‖ **6.** Cada una de las calificaciones que se conceden a un examen. ‖ **7.** Cuenta, factura. ‖ **8.** *Mús.* Cualquiera de los signos que usan los músicos para representar los sonidos. ‖ **9.** *Mús.* Cada uno de estos sonidos en cuanto está producido por una vibración de frecuencia constante. *El* LA. ‖ **oficiosa.** Noticia de los proyectos o acuerdos del gobierno u otras autoridades que se comunica a la prensa antes de su publicación oficial. ‖ **dar la nota.** fr. fig. y fam. Dar motivo de escándalo o murmuración.

nota bene. loc. lat. que se emplea en castellano con su propia significación de *nota, observa* o *repara bien,* especialmente en impresos o manuscritos, para llamar la atención hacia alguna particularidad.

notabilísimo, ma. adj. sup. de **notable.**

notable. adj. Digno de nota, atención o cuidado. ‖ **2.** Dícese de lo que es grande y sobresaliente, por lo cual se hace reparar en su línea. ‖ **3.** Calificación usada en los establecimientos de enseñanza, inferior al *sobresaliente* y superior al *aprobado.* Ú. m. c. s. ‖ **4.** m. pl. Personas principales en una localidad o en una colectividad. *Reunión de* NOTABLES. ❑ sup. irreg. *notabilísimo.*

notación. f. Acción y efecto de notar o señalar.

‖ **2.** Escritura musical. ‖ **3.** *Mat.* Sistema de signos convencionales que se adopta para expresar los conceptos matemáticos.

notar. tr. Señalar una cosa para que se conozca o se advierta. ‖ **2.** Reparar, observar o advertir. ‖ **3.** Apuntar brevemente una cosa para extenderla después o acordarse de ella. ‖ **4.** Poner notas, advertencias o reparos a los escritos o libros. ‖ **hacerse notar.** fr. fig. y fam. Hacer algo alguien para llamar la atención.

notaria. f. Mujer que ejerce el notariado.

notaría. f. Oficio de notario. ‖ **2.** Oficina del notario.

notariado. m. Carrera, profesión o ejercicio de notario. ‖ **2.** Colectividad de notarios.

notarial. adj. Perteneciente o relativo al notario. ‖ **2.** Hecho o autorizado por notario.

notario. m. Funcionario público autorizado para dar fe de los contratos, testamentos y otros actos extrajudiciales, conforme a las leyes.

noticia. f. Noción, conocimiento. ‖ **2.** Contenido de una comunicación antes desconocida. *Dar* NOTICIA *de un acuerdo.* ‖ **3.** El hecho divulgado. NOTICIA *triste.* ‖ **bomba.** fig. La que impresiona por ser imprevista y muy importante.

noticiar. tr. Dar noticia o hacer saber una cosa.

noticiario. m. Película cinematográfica en que se ilustran brevemente los sucesos de actualidad. ‖ **2.** Programa de radio o de televisión en que se transmiten noticias. ‖ **3.** Sección de un periódico en la que se dan noticias diversas, generalmente breves.

noticiero, ra. adj. Que da noticias. *Periódico* NOTICIERO.

notición. m. fam. Noticia extraordinaria, o la poco digna de crédito.

noticioso. m. *Amér.* Programa de radio o de televisión en que se transmiten noticias.

notificación. f. Documento en que se hace constar.

notificar. tr. Hacer saber una resolución de la autoridad con las formalidades establecidas para el caso. ‖ **2.** Por ext., dar extrajudicialmente, con propósito cierto, noticia de una cosa.

notocordio. m. *Anat.* Cordón celular macizo dispuesto a lo largo del cuerpo de los animales cordados, debajo de la medula espinal, a la que sirve de sostén; constituye el eje primordial del neuroesqueleto y a su alrededor se forma la columna vertebral en los vertebrados.

notoriedad. f. Cualidad de notorio. ‖ **2.** Nombradía, fama.

notorio, ria. adj. Público y sabido por todos. ‖ **2.** Claro, evidente.

nova. f. *Astron.* La estrella que adquiere temporalmente un brillo superior al normal suyo.

noval. adj. Aplícase a la tierra que se cultiva por primera vez, y también a las plantas y frutos que produce.

novatada. f. Vejamen que, en algunas colectividades, los antiguos hacen sufrir a los recién llegados.

novato, ta. adj. Nuevo o principiante en cualquier actividad o materia. Ú. t. c. s.

novecientos, tas. adj. Nueve veces ciento. ‖ **2. noningentésimo,** ordinal. *Número* NOVECIENTOS. ‖ **3.** m. Conjunto de signos con que se representa el número **novecientos.**

novedad. f. Cualidad de nuevo. ‖ **2.** Cosa nueva. ‖ **3.** Cambio producido en una cosa. ‖ **4.** Suceso reciente, noticia. ‖ **5.** pl. Géneros o mercancías adecuadas a la moda.

novedoso, sa. adj. Que implica novedad. Ú. m. en América.

novel. adj. Que comienza a practicar un arte o profesión, o tiene poca experiencia en ellos. Ú. t. c. s.

novela. f. Obra literaria en prosa en la que se narra una acción fingida en todo o en parte, y cuyo fin es causar placer estético a los lectores con la descripción o pintura de sucesos o lances interesantes, de caracteres, de pasiones y de costumbres. ‖ **2.** fig. Hechos interesantes de la vida real que parecen ficción. ‖ **bizantina.** Género novelesco, de carácter aventurero, que se desarrolló en España durante los siglos XVI y XVII, a imitación de novelistas griegos antiguos, en el que una pareja de enamorados pasa infortunios y peligros sin cuento por lugares diversos, hasta que logra reunirse felizmente. ‖ **de caballerías. libro de caballerías.** ‖ **de ciencia ficción.** Tipo de relato cultivado modernamente en que el autor, inspirándose en los progresos de la técnica, narra peripecias extraordinarias, a veces en el espacio extraterrestre o haciendo que los personajes vivan en tiempos futuros o pasados. ‖ **histórica.** La que se constituyó como género en el siglo XIX, desarrollando su acción en épocas pretéritas, con personajes reales o ficticios, y tratando de evocar los ambientes, costumbres e ideales de aquellas épocas. ‖ **morisca.** Relato cultivado en España especialmente en el siglo XVI, el cual describe peripecias entre moros y cristianos que rivalizan en valor, sentimientos y cortesía. ‖ **pastoril.** La que, durante los siglos XVI y XVII, narraba las aventuras y desventuras amorosas de pastores idealizados. ‖ **picaresca.** La que, normalmente en primera persona, relataba las peripecias poco honorables de un pícaro; se cultivó durante los si-

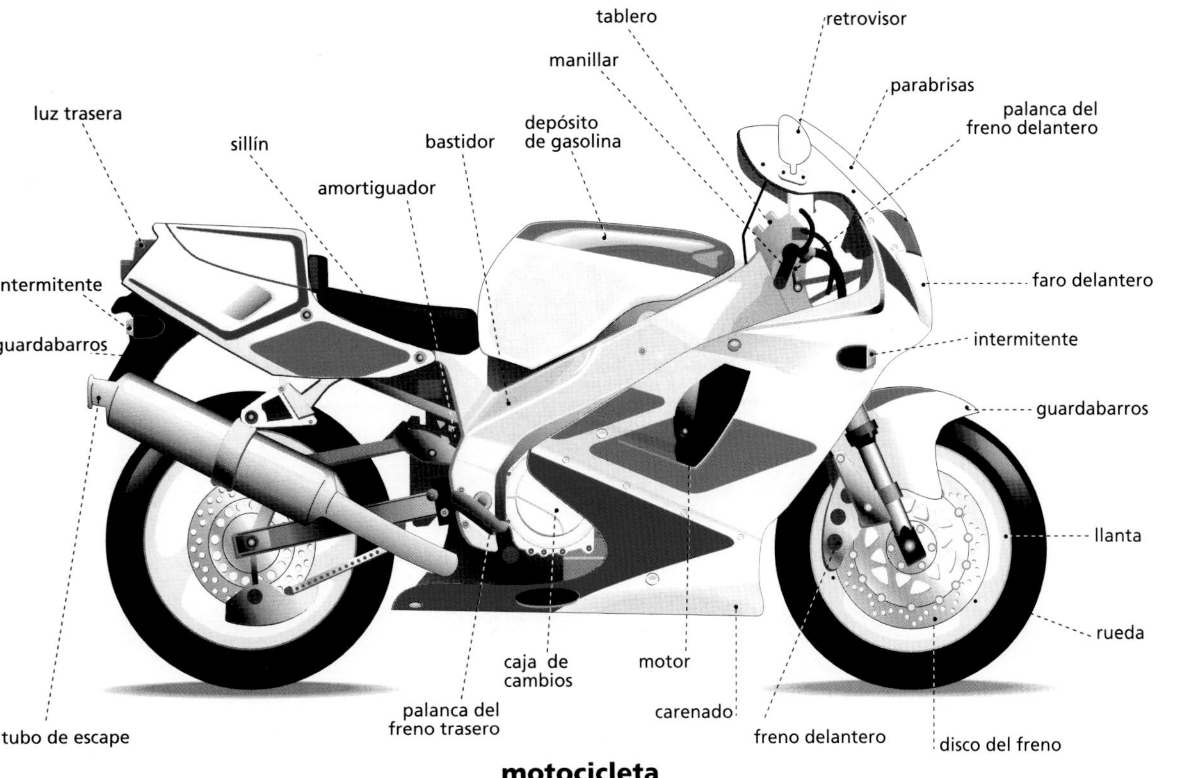

motocicleta

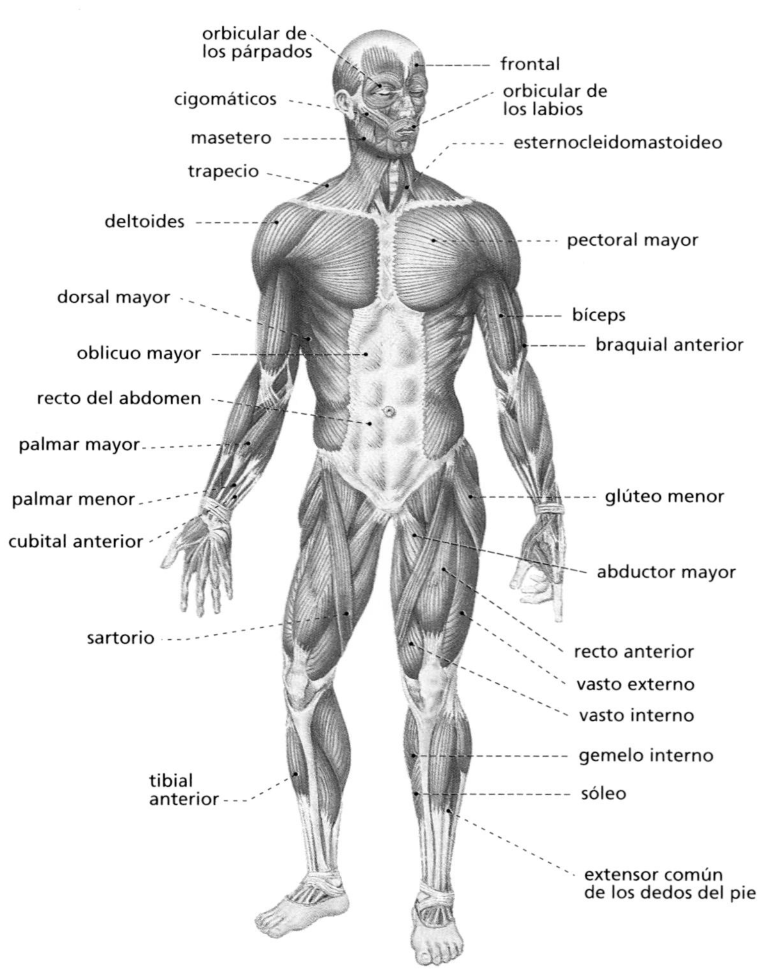

músculos (cara anterior)

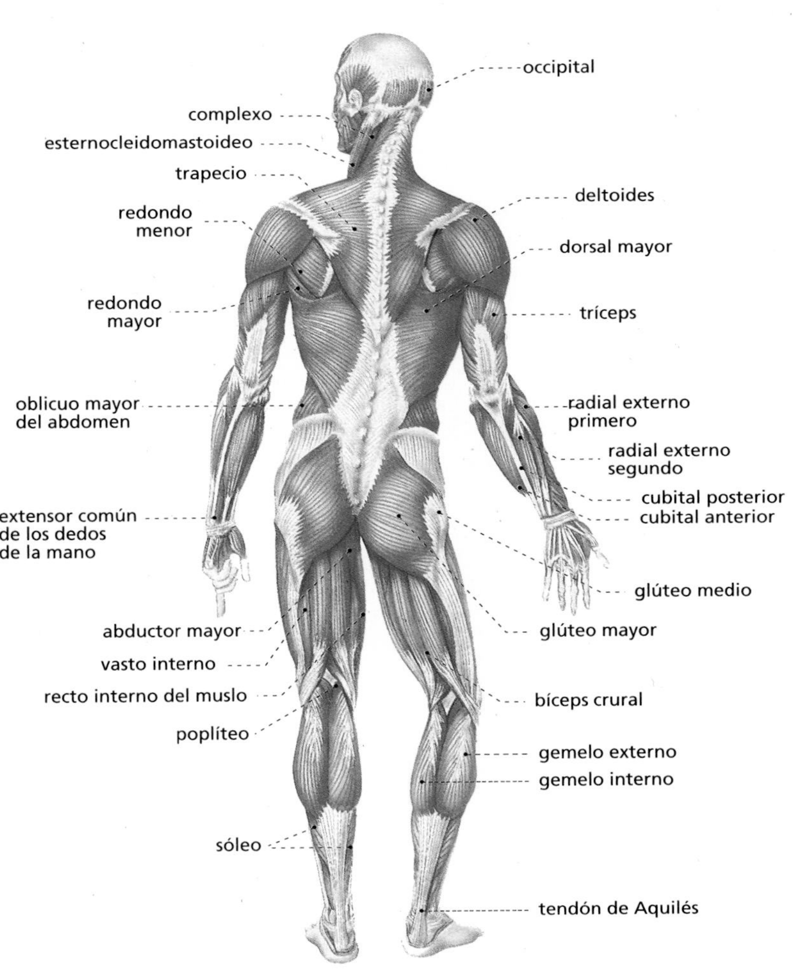

músculos (cara posterior)

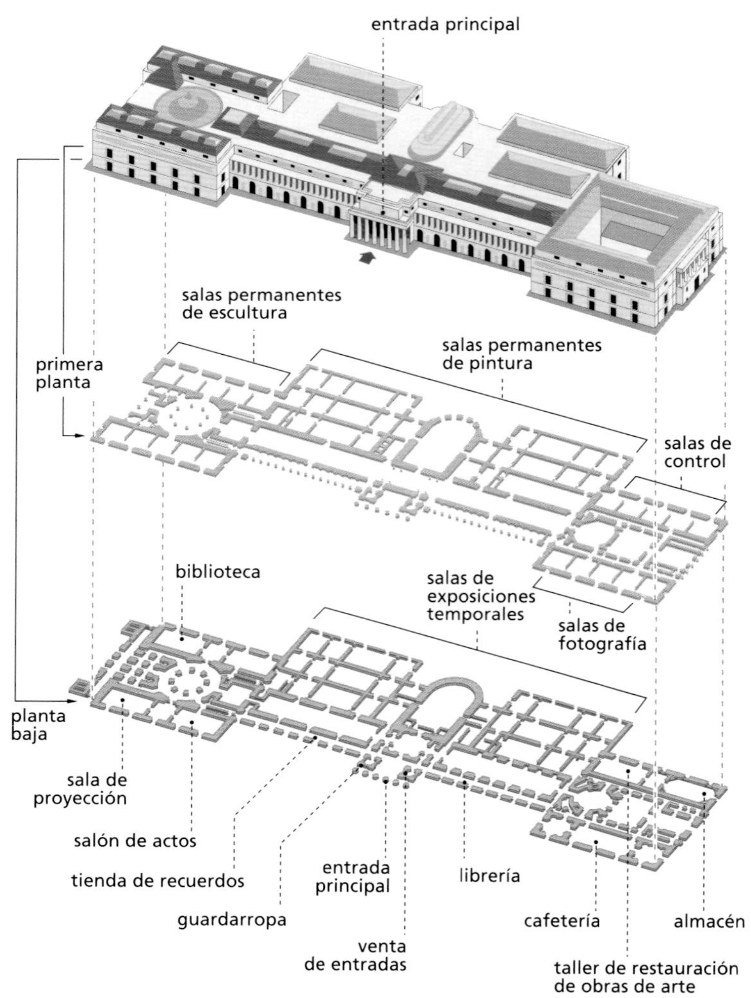
entrada principal
salas permanentes
de escultura
salas permanentes
de pintura
primera
planta
salas de
control
biblioteca
salas de
exposiciones
temporales
salas de
fotografía
planta
baja
sala de
proyección
salón de actos
tienda de recuerdos
guardarropa
entrada
principal
venta
de entradas
librería
cafetería
almacén
taller de restauración
de obras de arte

museo

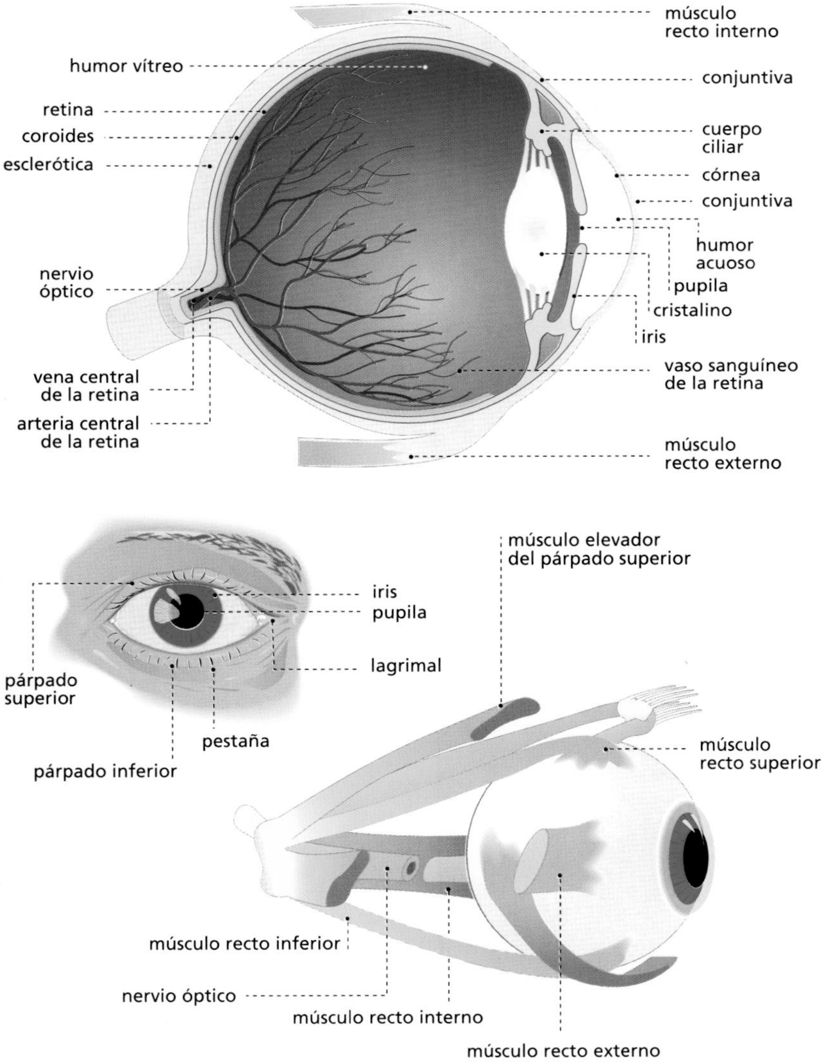

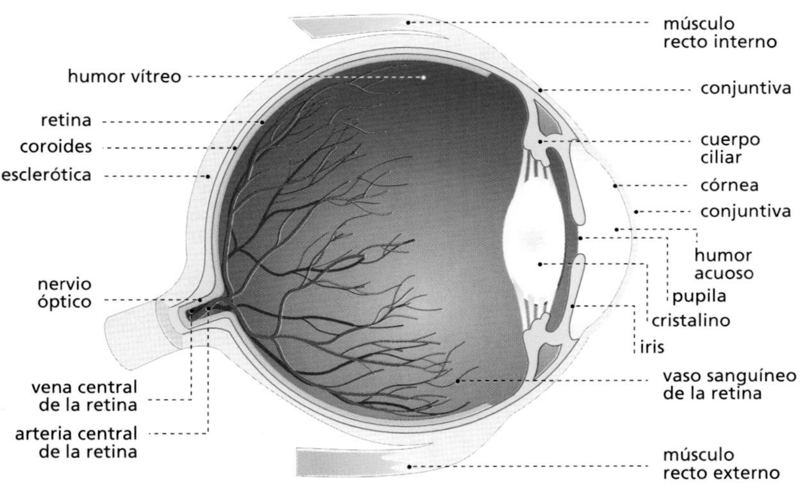

músculo recto interno
humor vítreo
conjuntiva
retina
coroides
esclerótica
cuerpo ciliar
córnea
conjuntiva
humor acuoso
nervio óptico
pupila
cristalino
iris
vena central de la retina
vaso sanguíneo de la retina
arteria central de la retina
músculo recto externo
músculo elevador del párpado superior
iris
pupila
lagrimal
párpado superior
pestaña
párpado inferior
músculo recto superior
músculo recto inferior
nervio óptico
músculo recto interno
músculo recto externo

ojo

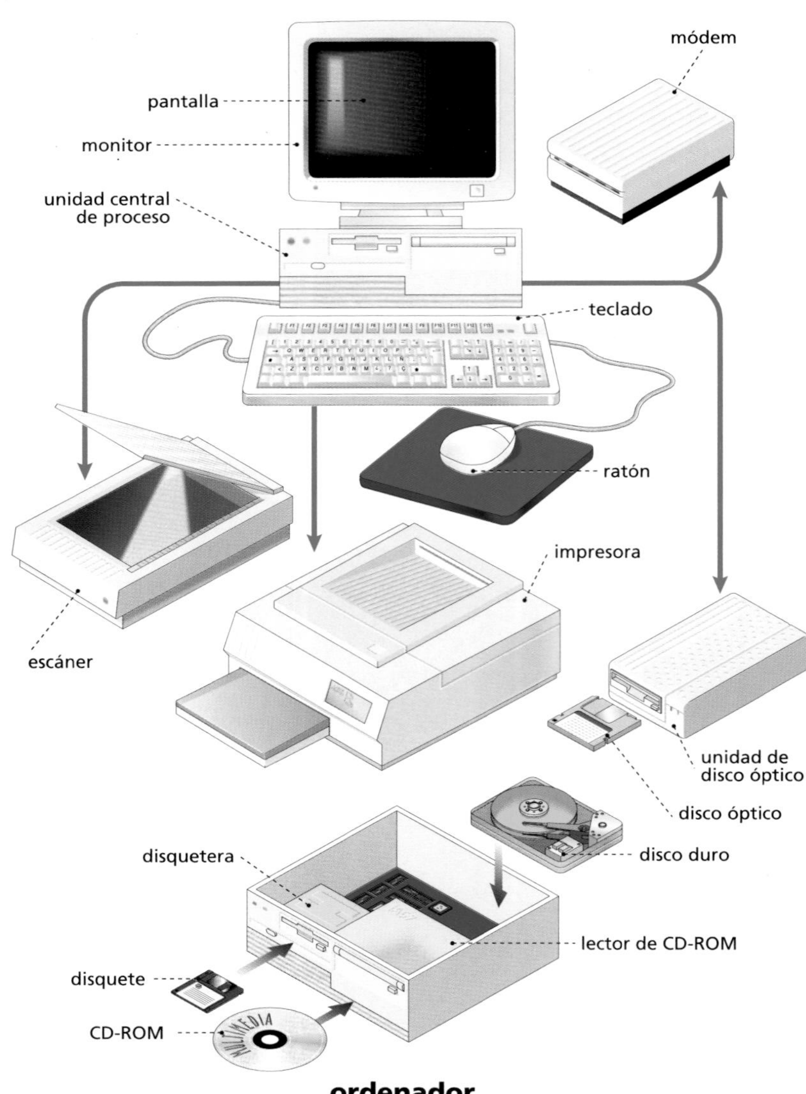
módem
pantalla
monitor
unidad central
de proceso
teclado
ratón
impresora
escáner
unidad de
disco óptico
disco óptico
disco duro
disquetera
lector de CD-ROM
disquete
CD-ROM
MULTIMEDIA

ordenador

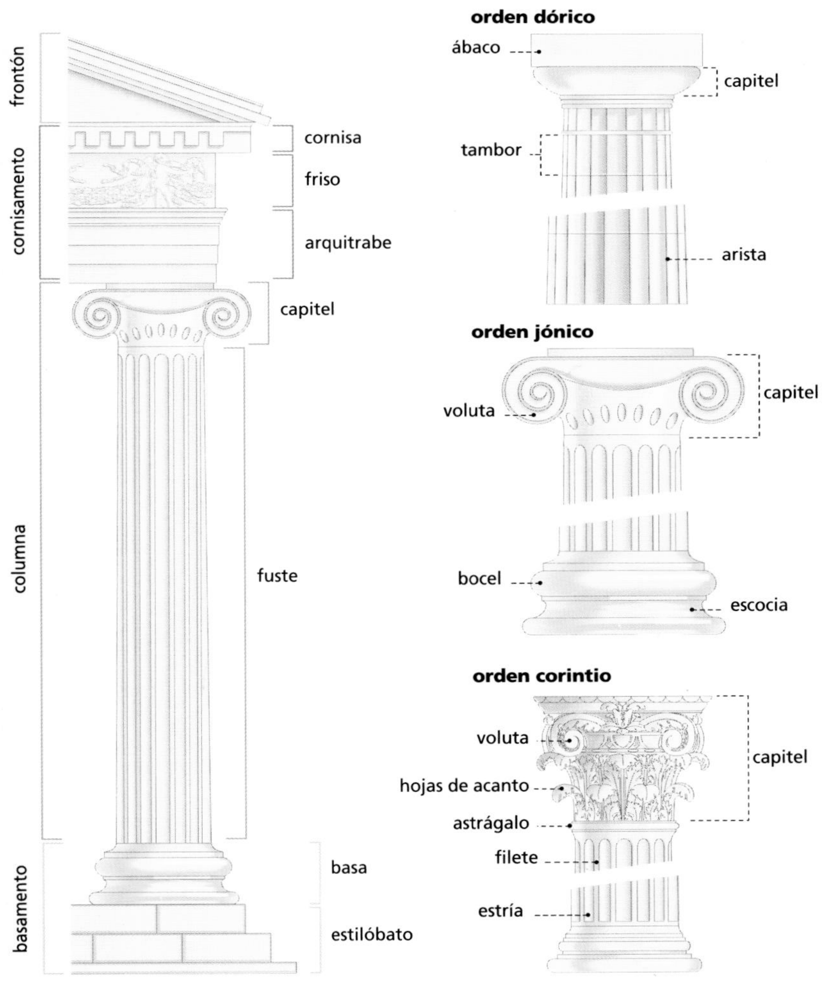

órdenes arquitectónicos

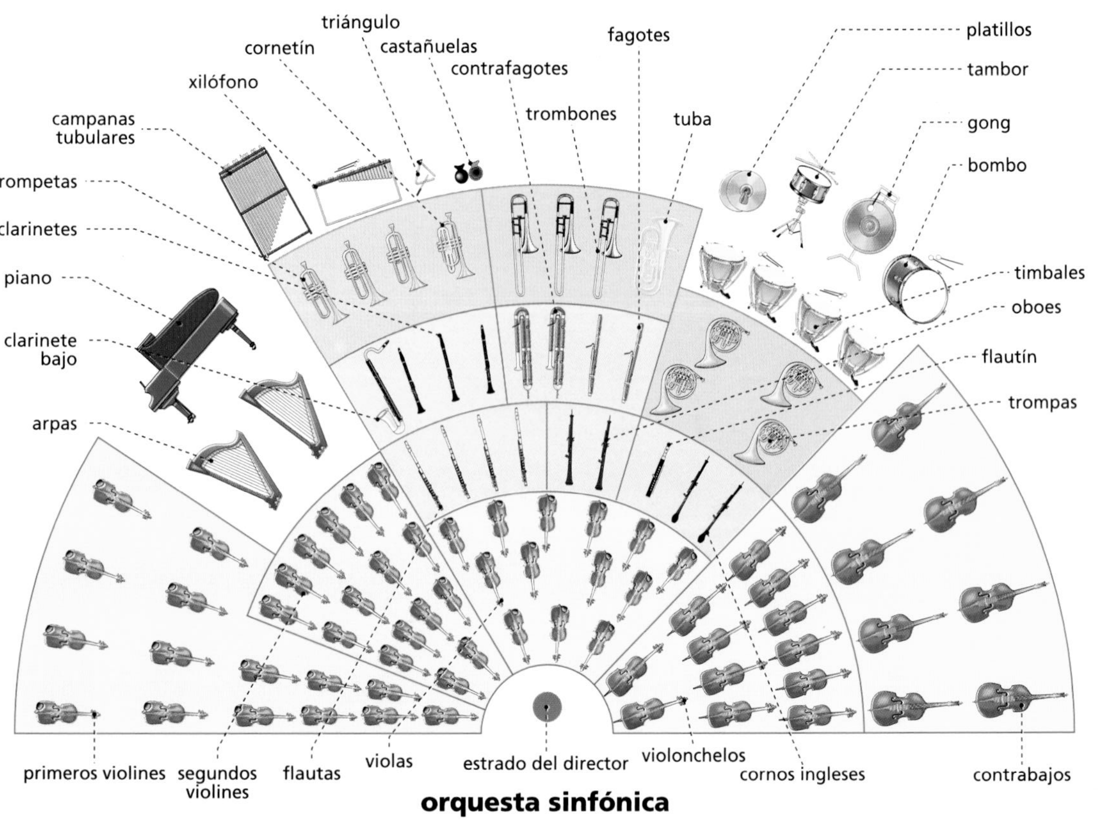

orquesta sinfónica

glos XVI y XVII. ‖ **por entregas. novela** de larga extensión que, en el siglo XIX y buena parte del XX, se distribuía en fascículos periódicos a los suscriptores; desarrollaba, en general, peripecias melodramáticas de personajes contemporáneos, y frecuentemente carecía de calidad literaria. ‖ **rosa.** Variedad de relato novelesco, cultivado en época moderna, con personajes y ambientes muy convencionales, en el cual se narran las vicisitudes de dos enamorados, cuyo amor triunfa frente a la adversidad. ‖ **sentimental.** Tipo de novela cultivado en España durante los siglos XV y XVI; narra una historia amorosa, a veces con personajes y lugares simbólicos, y ofrece un fino análisis de los sentimientos de los amantes, cuyo destino suele ser trágico.

novelar. tr. Referir un suceso con forma o apariencia de novela.

novelesco, ca. adj. Propio o característico de las novelas.

novelista. com. Persona que escribe novelas.

novelística. f. Tratado histórico o preceptivo de la novela. ‖ **2.** Literatura novelesca.

novelón. m. Novela extensa, y por lo común dramática y mal escrita.

novena. f. Ejercicio devoto que se practica durante nueve días, por lo común seguidos, con oraciones, lecturas, letanías y otros actos piadosos, dirigidos a Dios, a la Virgen o a los santos.

noveno, na. adj. Que sigue inmediatamente en orden al o a lo octavo. ‖ **2.** Dícese de cada una de las nueve partes iguales en que se divide un todo. Ú. t. c. s.

noventa. adj. Nueve veces diez. ‖ **2. nonagésimo,** ordinal. *Número* NOVENTA; *año* NOVENTA. ‖ **3.** m. Conjunto de signos con que se representa el número **noventa.**

noventavo, va. adj. *Arit.* **nonagésimo,** dicho de cada una de las noventa partes de un todo. Ú. t. c. s.

noviazgo. m. Condición o estado de novio o novia. ‖ **2.** Tiempo que dura.

noviciado. m. Tiempo destinado para la probación en las religiones, antes de profesar. ‖ **2.** Casa o cuarto en que habitan los novicios. ‖ **3.** Conjunto de novicios.

novicio, cia. m. y f. Persona que, en la religión donde tomó el hábito, no ha profesado todavía. ‖ **2.** fig. Principiante en cualquier arte o facultad. Ú. t. c. adj.

noviembre. m. Undécimo mes del año; tiene treinta días.

novillada. f. Conjunto de novillos. ‖ **2.** Lidia o corrida de novillos.

novillero, ra. m. y f. Persona que cuida de los novillos. ‖ **2.** Persona que lidia novillos. ‖ **3.** fam. Persona que hace novillos o deja de asistir a alguna parte.

novillo, lla. m. y f. Res vacuna de dos o tres años, en especial cuando no está domada. ‖ **2.** m. pl. Lidia de **novillos.** ‖ **hacer novillos.** fr. fam. Dejar uno de asistir a alguna parte contra lo debido o acostumbrado, especialmente los escolares.

novilunio. m. Conjunción de la Luna con el Sol.

novio, via. m. y f. Persona recién casada. ‖ **2.** La que está próxima a casarse. ‖ **3.** La que mantiene relaciones amorosas en expectativa de futuro matrimonio.

novísimo, ma. adj. sup. de **nuevo.** ‖ **2.** Último en el orden de las cosas. ‖ **3.** m. *Teol.* Cada una de las cuatro últimas situaciones del hombre, que son muerte, juicio, infierno y gloria. Ú. m. en pl.

nubarrón. m. Nube grande, oscura y densa, separada de las otras.

nube. f. Masa de vapor acuoso suspendida en la atmósfera y que por la acción de la luz parece de color ya blanco, ya oscuro, o de diverso matiz. ‖ **2.** Agrupación o cantidad muy grande de algo que va por el aire, como polvo, humo, pájaros o insectos. ‖ **3.** fig. Gran cantidad de personas o cosas juntas. ‖ **4.** fig. Cualquier cosa que oscurece o encubre otra, como lo hacen las **nubes** con el Sol. ‖ **5.** Pequeña mancha blanquecina que se forma en la capa exterior de la córnea. ‖ **estar** o **vivir en las nubes.** fr. fig. Ser despistado, soñador, no apercibirse de la realidad. ‖ **estar por las nubes.** fr. fig. Ser muy cara una cosa, tener un precio muy alto.

núbil. adj. Dícese de la persona que está en edad de contraer matrimonio, y más propiamente de la mujer.

nubio, a. adj. Perteneciente o relativo a Nubia. ‖ **2.** Natural de esta región de África. Ú. t. c. s. ‖ **3.** m. Lengua hablada por los **nubios.**

nublado. m. Nube que amenaza tormenta. ‖ **2.** fig. Suceso que produce riesgo inminente de adversidad o daño, o cosa que causa turbación en el ánimo.

nublar. tr. **anublar.** Ú. t. c. prnl.

nublo. m. Nube que amenaza tormenta. ‖ **2.** Honguillo o tizón de los cereales.

nubloso, sa. adj. Cubierto de nubes.

nubosidad. f. Estado o condición de nuboso.

nuboso, sa. adj. Cubierto de nubes. ‖ **2.** Desgraciado, amenazador.

nuca. f. Parte alta de la cerviz, correspondiente al lugar en que se une el espinazo con la cabeza.

nuclear. adj. Perteneciente al núcleo. ‖ **2.** *Fís.*

Perteneciente o relativo al núcleo de los átomos. ‖ **3.** Perteneciente o relativo a la energía producida por reacciones atómicas de fusión o fisión.

nucleido. m. *Fís.* Cuerpo simple cuyos átomos no solo tienen el mismo número de protones nucleares, sino también el mismo número de neutrones.

núcleo. m. fig. Elemento primordial al que se van agregando otros para formar un todo. ‖ **2.** fig. Parte o punto central de alguna cosa material o inmaterial. ‖ **3.** *Astron.* Parte más densa y luminosa de un astro. ‖ **4.** *Biol.* Corpúsculo contenido en el citoplasma de las células y constituido esencialmente por cromatina; actúa como órgano rector de las funciones de nutrición y de reproducción de la célula, por lo cual es indispensable para la vida de esta. ‖ **5.** *Fís.* Parte central del átomo, que contiene la mayor porción de su masa y posee una carga eléctrica positiva correspondiente al número atómico del respectivo cuerpo simple. ‖ **6.** *Ling.* Elemento fundamental de una unidad compuesta.

nucléolo. m. *Biol.* Orgánulo celular, único o múltiple, situado en el interior del núcleo y formado, a diferencia de la cromatina, por ácido ribonucleico y proteínas.

nucleón. m. *Fís.* Partícula masiva de los núcleos atómicos. Se presenta en dos estados distintos, protón y neutrón, y su número en el núcleo atómico de un elemento es el peso atómico de este.

nucleótido. m. Bioquím. Compuesto orgánico constituido por una base nitrogenada, un azúcar y ácido fosfórico. Según que el azúcar sea la ribosa o desoxirribosa, el **nucleótido** resultante se denomina ribonucleótido o desoxirribonucleótido.

nudillo. m. Parte exterior de cualquiera de las junturas de los dedos, donde se unen los huesos de que se componen.

nudismo. m. Actitud o práctica de quienes sostienen que la desnudez completa es conveniente para un perfecto equilibrio físico e incluso moral. ‖ **2.** Doctrina o teoría que lo propugna.

nudista. adj. Dícese de la persona que practica el nudismo. Ú. t. c. s.

nudo. m. Lazo que se estrecha y cierra de modo que con dificultad se pueda soltar por sí solo, y que cuanto más se tira de cualquiera de los dos cabos, más se aprieta. ‖ **2.** En los árboles y plantas, parte del tronco por la cual salen las ramas, y en estas, parte por donde arrojan los vástagos; tiene por lo regular figura redondeada. ‖ **3.** Bulto o tumor que suele producirse en los tendones por enfermedad o en los huesos por rotura, cuando estos vuelven a unirse. ‖ **4.** Lugar donde se cruzan varias vías de comunicación. ‖ **5.** Enlace o trabazón de los sucesos que preceden a la catástrofe o al desenlace, en los poemas épico y dramático y en la novela. ‖ **6.** fig. Unión, lazo, vínculo. ‖ **7.** *Mar.* Refiriéndose a la velocidad de una nave, equivale a milla por hora. ‖ **en la garganta.** Impedimento que se suele sentir en ella y estorba el tragar, hablar y algunas veces respirar. ‖ **2.** fig. Aflicción o congoja que impide explicarse o hablar. ‖ **gordiano.** fig. Cualquier **nudo** muy enredado o imposible de desatar. ‖ **2.** fig. Dificultad insoluble.

nudoso, sa. adj. Que tiene nudos.

nuera. f. Respecto de una persona, mujer de su hijo.

nuestro, tra. Pronombre posesivo de primera persona. Con la terminación del masculino singular y precedido de *lo,* se emplea también como neutro. **nuestro, nuestra** conciertan en género con la persona o cosa poseída, la cual ha de estar en singular, y se refieren a dos o más poseedores. **nuestros, nuestras** piden que sean dos o más los poseedores y también las personas o cosas poseídas. En sus cuatro formas suele referirse este pronombre a un solo poseedor cuando una persona de elevada jerarquía o un escritor se aplican a sí mismos, por ficción que el uso autoriza, el número plural, y dicen **nuestro, nuestra, nuestros, nuestras,** en vez de *mi* o *mis.* NUESTRO *Consejo,* hablando un monarca; NUESTRAS *opiniones,* hablando un escritor. ‖ **la nuestra.** loc. fam. con que se indica que ha llegado la ocasión favorable a la persona que habla. ❑ Ú. m. con el verbo *ser.* ‖ **los nuestros.** Los que son del mismo partido, profesión o naturaleza del que habla.

nueva. f. Noticia de una cosa que no se ha dicho o no se ha oído antes. ‖ **cogerle** a uno **de nuevas** alguna cosa. fr. fam. Saberla inopinadamente. ‖ **hacerse** uno **de nuevas.** fr. Dar a entender con afectación y disimulo que no ha llegado a su noticia aquello que le dice otro, siendo cierto que ya lo sabía.

nueve. adj. Ocho más uno. ‖ **2. noveno,** ordinal. *Número* NUEVE; *año* NUEVE. Apl. a los días del mes, ú. t. c. s. ‖ **3.** m. Signo o cifra con que se representa el número **nueve.** ‖ **4.** Carta o naipe que tiene **nueve** señales. *El* NUEVE *de copas.*

nuevo, va. adj. Recién hecho o fabricado. ‖ **2.** Que se ve o se oye por primera vez. ‖ **3.** Repetido o reiterado para renovarlo. ‖ **4.** Distinto o diferente de lo que antes había o se tenía aprendido. ‖ **5.** Recién incorporado a un lugar o a un grupo. *Es* NUEVO *en el colegio.* ‖ **6.** Principiante en una profesión o en alguna actividad. ‖ **7.** Dícese del producto agrícola de cosecha recentísima, para distinguirlo del almacenado de cosechas anteriores. *Patatas* NUEVAS. ‖ **8.** fig. En oposición a viejo, se dice de lo que está poco o nada deteriorado por el uso. ‖ **de nuevo.** loc. adv. Otra vez, una vez más. ❑ sup. irreg. *novísimo.*

nuez. f. Fruto del nogal, especialmente cuando está desprovisto de sus cubiertas externas. ‖ **2.** Fruto de otros árboles que tiene alguna semejanza con el del nogal por la naturaleza de su pericarpio. NUEZ *de coco, de areca.* ‖ **3.** Prominencia que forma el cartílago tiroides en la parte anterior del cuello del varón adulto. ‖ **moscada.** Fruto de cierto árbol de la India, de forma ovoide, con una almendra pardusca por fuera y blanquecina por dentro. Se emplea como condimento y para extraer el aceite que contiene. ‖ **póntica.** Avellana. ‖ **vómica.** Semilla de un árbol de Oceanía, aplastada, dura, como de dos centímetros de diámetro, de color gris y sabor acre. Es muy venenosa, pero en cortas dosis se emplea en medicina como emética y febrífuga.

nulidad. f. Cualidad de nulo. ‖ **2.** fam. Persona incapaz, inepta. *Rufino es una* NULIDAD.

nulo, la. adj. Falto de valor y fuerza para obligar o tener efecto, por ser contrario a las leyes, o por carecer de las solemnidades que se requieren en la sustancia o en el modo. ‖ **2.** Incapaz, física o moralmente, para una cosa. ‖ **3.** *Mat.* Dícese de lo que tiene valor igual a cero.

numantino, na. adj. Natural de Numancia. Ú. t. c. s. ‖ **2.** Perteneciente o relativo a esta antigua ciudad de la España Citerior.

numen. m. Cualquiera de los dioses de la mitología clásica. ‖ **2.** Inspiración del artista o escritor.

numeración. f. Acción y efecto de numerar. ‖ **2.** *Arit.* Sistema para expresar de palabra o por escrito todos los números con una cantidad limitada de vocablos y de caracteres o guarismos. ‖ **arábiga.** Sistema, hoy universal, que con el valor absoluto y la posición relativa de los diez signos introducidos por los árabes en Europa puede expresar cualquier cantidad. ‖ **decimal. numeración arábiga.** ‖ **binaria.** *Mat.* Sistema que utiliza como cifras exclusivamente el 0 y el 1. Es la base de los sistemas informáticos. ‖ **romana.** La que usaban los romanos, que expresa los números por medio de siete letras del alfabeto latino: I, V, X, L, C, D y M.

numerador. m. *Arit.* Guarismo que señala el número de partes iguales de la unidad contenidas en un quebrado. Se escribe encima del denominador, separado de este por una raya horizontal.

numeral. adj. Perteneciente o relativo al número. ‖ **2.** *Gram.* V. **adjetivo, nombre numeral.**

numerar. tr. Contar por el orden de los números. ‖ **2.** Expresar numéricamente la cantidad. ‖ **3.** Marcar con números. ❑ No confundir con *enumerar.*

numerario, ria. adj. Dícese de la persona incorporada con carácter fijo al conjunto de los que componen un cuerpo determinado. Ú. t. c. s. ‖ **2.** m. Moneda acuñada, o dinero efectivo.

numérico, ca. adj. Perteneciente o relativo a los números. ‖ **2.** Compuesto o ejecutado con ellos. *Cálculo* NUMÉRICO.

número. m. *Arit.* Expresión de una cantidad con relación a su unidad. ‖ **2.** Signo o conjunto de signos con que se representa el **número.** ‖ **3.** Cantidad de personas o cosas de determinada especie. ‖ **4.** Condición, categoría, situación o clase de personas o cosas. ‖ **5.** Tratándose de publicaciones periódicas, cada una de las hojas o cuadernos correspondientes a distinta fecha de edición, en la serie cronológica respectiva. ‖ **6.** Cada una de las partes, actos o ejercicios del programa de un espectáculo u otra función destinada al público. ‖ **7.** Billete de lotería o de una rifa. ‖ **8.** fam. Acción extravagante o inconveniente con que se llama mucho la atención. ❑ Ú. generalmente con los verbos *montar, hacer* y *dar.* ‖ **9.** *Gram.* Accidente gramatical que expresa, por medio de cierta diferencia en la terminación de las palabras, si estas se refieren a una sola persona o cosa o a más de una. ‖ **abstracto.** *Arit.* El que no se refiere a unidad de especie determinada. ‖ **arábigo.** Cifra o guarismo perteneciente a la numeración arábiga. ‖ **atómico.** *Fís.* y *Quím.* **número** de protones presentes en el núcleo de los átomos de un elemento, que determina la situación de este en el sistema periódico, y por tanto, sus propiedades químicas. ‖ **cardinal.** Cada uno de los **números** enteros en abstracto, como *cero, diez, mil.* ‖ **complejo.** *Arit.* El que se compone de la suma de un **número** real y otro imaginario, como *2 + 3i.* ‖ **compuesto.** *Arit.* El que se expresa con dos o más guarismos. ‖ **concreto.** *Arit.* El que expresa la cantidad de una especie determinada. ‖ **dígito.** *Arit.* El que puede expresarse con un solo guarismo; en la numeración decimal lo son los comprendidos desde el cero al nueve, ambos inclusive. ‖ **dual.** *Gram.* El que, además del singular y del plural, tienen algunas lenguas para significar el conjunto de dos. ‖ **entero.** *Arit.* El que consta exclusivamente de una o más unidades, a diferencia de los quebrados y de los mixtos. ‖ **fraccionario.** *Arit.* **número quebrado.** ‖ **imaginario.** El que se produce al extraer la raíz cuadrada de un **número** negativo. La unidad imaginaria se representa por el signo $i = \sqrt{-1}$. ‖ **impar.** *Arit.* El entero que no es exactamente divisible por dos. ‖ **irracional.** *Arit.* El que siendo real, no es racional. ‖ **másico.** *Fís.* y *Quím.* Suma de los **números** de protones y neutrones del núcleo de un átomo, la cual es diferente en los diversos isótopos de un mismo elemento. ‖ **natural.** *Arit.* Cada uno de los elementos de la sucesión 0, 1, 2, 3... ‖ **ordinal.** *Arit.*

El que expresa ideas de orden o sucesión; como *primero, segundo, tercero.* ‖ **par.** *Arit.* El entero que es exactamente divisible por dos. ‖ **pi.** *Mat.* Razón de la longitud de la circunferencia al diámetro. ‖ **plural.** *Gram.* El de la palabra que se refiere a dos o más personas o cosas. ‖ **primero,** o **primo.** *Arit.* El que solo es exactamente divisible por sí mismo y por la unidad; como *5, 7,* etc. ‖ **quebrado.** *Arit.* El que expresa una o varias partes alícuotas de la unidad. ‖ **racional.** *Arit.* El que se expresa como cociente de dos **números** enteros. ‖ **real.** *Arit.* El que se expresa por un **número** entero o decimal. ‖ **redondo.** El que con unidades completas de cierto orden expresa una cantidad con aproximación y no exactamente. ‖ **romano.** El que se representa con letras del alfabeto latino; a saber: I (uno), V (cinco), X (diez), L (cincuenta), C (ciento), D (quinientos) y M (mil). ‖ **singular.** *Gram.* El de la palabra que se refiere a una sola persona o cosa. ‖ **de número.** loc. adj. Dícese de cada uno de los individuos de una corporación compuesta de limitado **número** de personas. *Académico* DE NÚMERO. ‖ **en números rojos.** loc. Con saldo negativo en una cuenta bancaria. ‖ **número uno.** expr. fig. y fam. Persona o cosa que sobresale en algo, destacando sobre todas las demás. ‖ **sin número.** loc. adj. fig. En grandísima abundancia. □ Ú. pospuesta al nombre al que se refiere. *Había gente* SIN NÚMERO.

numeroso, sa. adj. Que incluye gran número o muchedumbre de personas o cosas. ‖ **2.** pl. Muchos.

numismática. f. Ciencia que trata del conocimiento de las monedas y medallas, principalmente de las antiguas.

numismático, ca. adj. Perteneciente o relativo a la numismática. ‖ **2.** m. El que profesa esta ciencia o tiene en ella especiales conocimientos.

nunca. adv. t. En ningún tiempo. ‖ **2.** Ninguna vez. ‖ **nunca jamás.** loc. adv. **nunca,** con sentido enfático.

nunciatura. f. Cargo o dignidad de nuncio. ‖ **2.** Casa en que vive el nuncio y está su tribunal.

nuncio. m. El que lleva aviso, noticia o encargo de un sujeto a otro, enviado a este para tal efecto. ‖ **2.** Representante diplomático del Papa, que ejerce además, como legado, ciertas facultades pontificias.

nupcial. adj. Perteneciente o relativo a las nupcias.

nupcias. f. pl. Casamiento, boda.

nutria. f. Mamífero carnicero, de tres a cuatro decímetros de altura y unos nueve desde el hocico hasta el arranque de la cola, que tiene cerca de seis; cabeza ancha y aplastada, orejas pequeñas y redondas, cuerpo delgado, patas cortas, con los dedos de los pies unidos por una membrana, y pelaje espeso, muy suave y de color pardo rojizo. Vive a orillas de los ríos y arroyos, se alimenta de peces, y se la busca por su piel, muy apreciada en peletería.

nutrición. f. Acción y efecto de nutrir o nutrirse.

nutrido, da. adj. fig. Lleno, abundante.

nutriente. adj. Que nutre. Ú. t. c. s.

nutrir. tr. Aumentar la sustancia del cuerpo animal o vegetal por medio del alimento, reparando las partes que se van perdiendo en virtud de las acciones catabólicas. ‖ **2.** fig. Aumentar o dar nuevas fuerzas en cualquier línea, especialmente en lo moral.

ny. f. Decimotercera letra del alfabeto griego, que corresponde a la que en el nuestro se llama *ene.*

ñ. f. Decimoquinta letra del abecedario español, y duodécima de sus consonantes. Su nombre es **eñe.** Representa un sonido de articulación nasal, palatal y sonora.

ñame. m. Planta herbácea muy común en los países intertropicales, con tallos volubles de hasta cuatro metros de largo, hojas grandes y acorazonadas, flores pequeñas y verdosas; tiene por raíz un tubérculo grande y oscuro, de carne parecida a la de la batata, que cocida o asada es comestible.

ñandú. m. Ave americana del orden de las reiformes, semejante al avestruz. Se diferencia de este por tener tres dedos en cada pie y ser más pequeño y de plumaje gris poco fino. ❑ pl. *ñandúes* o *ñandús.*

ñáñigo, ga. adj. Decíase del individuo afiliado a una sociedad secreta formada por negros en la isla de Cuba. Usáb. m. c. s.

ñaque. m. Conjunto o montón de cosas inútiles y ridículas.

ñoclo. m. Dulce hecho de masa de harina, azúcar, manteca de vaca, huevos, vino y anís, de que se forman unos panecitos del tamaño de nueces, los cuales se cuecen en el horno sobre papeles espolvoreados de harina.

ñoñería. f. Acción o dicho propio de persona ñoña.

ñoñez. f. Cualidad de ñoño. ‖ **2.** Acción o dicho propio de persona ñoña.

ñoño, ña. adj. fam. Dícese de la persona sumamente apocada y de corto ingenio. ‖ **2.** Dicho de las cosas, soso, de poca sustancia.

ñoqui. m. *Argent., Chile, Perú* y *Urug.* Masa hecha con patatas mezcladas con harina de trigo, mantequilla, leche, huevo y queso rallado, dividida en trocitos, que se cuecen en agua hirviente con sal.

ñora. f. *Murc.* Pimiento muy picante, guindilla.

ñu. m. Antílope propio del África del Sur, que parece un caballito con cabeza de toro. ❑ pl. *ñúes* o *ñus.*

o¹. f. Decimosexta letra del abecedario español, y cuarta de sus vocales. Pronúnciase emitiendo la voz con los labios un poco sacados hacia fuera en forma redondeada, y libre gran parte de la cavidad bucal por retraimiento de la lengua, cuyo dorso se eleva hacia el velo del paladar. ‖ **2.** *Dial.* Signo de la proposición particular negativa. ❑ pl. *oes.*

o². conj. disyunt. que denota diferencia, separación o alternativa entre dos o más personas, cosas o ideas. *Antonio* O *Francisco; blanco* O *negro; vencer* O *morir.* ‖ **2.** Suele preceder a cada uno de dos o más términos contrapuestos. *Lo harás* O *de grado* O *por fuerza.* ‖ **3.** Denota además idea de equivalencia, significando **o sea, o lo que es lo mismo.**

oasis. m. Sitio con vegetación y a veces con manantiales, que se encuentra aislado en los desiertos arenales de África y Asia.

obcecación. f. Ofuscación tenaz y persistente.

obcecar. tr. Cegar, deslumbrar u ofuscar. Ú. t. c. prnl.

obedecer. tr. Cumplir la voluntad de quien manda. ‖ **2.** fig. Ceder una cosa inanimada al esfuerzo que se hace para cambiar su forma o su estado. *El oro* OBEDECE *al martillo.* ‖ **3.** intr. fig. Tener origen una cosa, proceder, dimanar. *Tu cansancio* OBEDECE *a la falta de sueño.* ❑ Irreg. Se conj. como *agradecer.*

obediencia. f. Acción de obedecer. ‖ **2.** Precepto del superior, especialmente en las órdenes regulares.

obediente. adj. Que obedece. ‖ **2.** Propenso a obedecer.

obelisco. m. Pilar muy alto, de cuatro caras iguales un poco convergentes, y terminado por una punta piramidal muy achatada, que sirve de adorno en lugares públicos.

obenque. m. *Mar.* Cada uno de los cabos gruesos que sirven para fijar los palos y masteleros de una embarcación de vela.

obertura. f. Pieza de música instrumental con que se da principio a una ópera, oratorio u otra composición lírica. ❑ No confundir con *abertura* ni con *apertura.*

obesidad. f. Cualidad de obeso.

obeso, sa. adj. Dícese de la persona que tiene gordura en demasía.

óbice. m. Obstáculo, embarazo, estorbo, impedimento.

obispado. m. Dignidad de obispo. ‖ **2.** Territorio o distrito asignado a un obispo para ejercer sus funciones y jurisdicción. ‖ **3.** Local o edificio donde funciona la curia episcopal.

obispo. m. Prelado superior de una diócesis, a cuyo cargo está la cura espiritual y la dirección y el gobierno eclesiástico de los diocesanos.

óbito. m. Fallecimiento de una persona.

obituario. m. Libro parroquial en que anotan las partidas de defunción y de entierro. ‖ **2.** Registro de las fundaciones de aniversario de óbitos.

objeción. f. Razón que se propone o dificultad que se presenta en contrario de una opinión o designio, o para impugnar una proposición. ‖ **de conciencia.** Negativa a realizar actos o servicios invocando motivos éticos o religiosos, especialmente en el servicio militar.

objetar. tr. Oponer reparo a una opinión o designio; proponer una razón contraria a lo que se ha dicho o intentado. ‖ **2.** intr. Acogerse a la objeción de conciencia.

objetivar. tr. Dar carácter objetivo a una idea o sentimiento.

objetividad. f. Cualidad de objetivo.

objetivo, va. adj. Perteneciente o relativo al objeto en sí y no a nuestro modo de pensar o de sentir. ‖ **2.** Desinteresado, desapasionado. ‖ **3.** *Fil.* Dícese de lo que existe realmente, fuera del sujeto que lo conoce. ‖ **4.** m. **objeto,** fin o intento. ‖ **5.** *Mil.* Blanco para ejercitarse en el tiro y cualquier otro objeto sobre el que se dispara un arma de fuego. ‖ **6.** *Ópt.* Sistema de lentes de los instrumentos ópticos, colocado en la parte que se dirige hacia el objeto.

objeto. m. Todo lo que puede ser materia de conocimiento o sensibilidad de parte del sujeto, incluso este mismo. ‖ **2.** Lo que sirve de materia o asunto al ejercicio de las facultades mentales. ‖ **3.** Fin o intento a que se dirige o encamina una acción u operación. ‖ **4. cosa.** ‖ **al,** o **con objeto de.** loc. conjunt. final. Con la finalidad de; para. ❑ Únese con el infinitivo. *Vengo* CON OBJETO DE *quedarme.* ‖ **al,** o **con objeto de que.** loc. conjunt. final. Para que. ❑ Únese con el subjuntivo. *Te llamo* CON OBJETO DE QUE *vengas.*

objetor, ra. adj. Que objeta. ‖ **2.** m. **objetor de conciencia.** ‖ **de conciencia.** Persona que hace objeción de conciencia.

oblación. f. Ofrenda y sacrificio que se hace a Dios.

oblato, ta. adj. Dícese del niño ofrecido por sus padres a Dios y confiado a un monasterio para que se educase culta y piadosamente y, si se aficionase, entrase en religión. Ú. t. c. s. ‖ **2.** m. y f. Religioso de alguna de las diversas congregaciones que se dan a sí mismas el nombre de **oblatos** u **oblatas.**

oblea. f. Hoja muy delgada de masa de harina y agua, cocida en molde, y cuyos trozos, cuadrados o circulares, servían más generalmente para pegar sobres, cubiertas de oficios, cartas o para poner el sello en seco. ‖ **2.** Cada uno de estos trozos. ‖ **3.** Hoja delgada de pan ázimo de la que se sacan las hostias y las formas.

oblicuo, cua. adj. Sesgado, inclinado al través o desviado de la horizontal. ‖ **2.** *Geom.* Dícese del plano o línea que se encuentra con otro u otra, y hace con él o ella ángulo que no es recto.

obligación. f. Imposición o exigencia moral que debe regir la voluntad libre. ‖ **2.** Vínculo que sujeta a hacer o abstenerse de hacer una cosa, establecido por precepto de ley, por voluntario otorgamiento o por derivación recta de ciertos actos. ‖ **3.** Correspondencia que uno debe tener y manifestar al beneficio que ha recibido de otro. ‖ **4.** Documento notarial o privado en que se reconoce una deuda o se promete su pago u otra prestación o entrega. ‖ **5.** Título, comúnmente amortizable, al portador y con interés fijo, que representa una suma prestada o exigible por otro concepto a la persona o entidad que lo emitió.

obligado, da. adj. Dícese de lo que es forzoso realizar por imposición legal, moral, social, etc.

obligar. tr. Hacer cumplir una cosa con fuerza o por autoridad. ‖ **2.** Ganar la voluntad de uno con beneficio u obsequios. ‖ **3.** Hacer fuerza en una cosa para conseguir un efecto. *Esta mecha no entra en la muesca sino* OBLIGÁNDOLA. ‖ **4.** *Der.* Sujetar los bienes al pago de deudas o al cumplimiento de otras prestaciones exigibles. ‖ **5.** prnl. Comprometerse a cumplir una cosa.

obligatorio, ria. adj. Dícese de lo que obliga a su cumplimiento y ejecución.

obliterar. tr. Anular, tachar, borrar. ‖ **2.** *Med.* Obstruir o cerrar un conducto o cavidad. Ú. t. c. prnl.

oblito. m. *Cir.* Cuerpo extraño olvidado en el interior de un paciente durante una intervención quirúrgica.

oblongo, ga. adj. Más largo que ancho.

obnubilar. tr. Anublar, oscurecer, ofuscar. Ú. t. c. prnl.

oboe. m. Instrumento músico de viento, de cinco a seis decímetros de largo, con seis agujeros y número variable de llaves. ‖ **2.** Persona que ejerce o profesa el arte de tocar este instrumento. ❑ No utilizar **óboe.*

óbolo. m. fig. Cantidad exigua con que se contribuye para un fin determinado. ❑ No confundir con *óvolo.*

obra. f. Cosa hecha o producida por un agente. ‖ **2.** Cualquier producción del entendimiento en ciencias, letras o artes, y con particularidad la que es de alguna importancia. ‖ **3.** Edificio en construcción. *En este lugar hay muchas* OBRAS. ‖ **4.** Lugar donde se está construyendo algo, o arreglando el pavimento. ‖ **5.** Medio, virtud o poder. *Por* OBRA *del Espíritu Santo.* ‖ **6.** Acción moral, y principalmente la que se encamina al provecho del alma, o la que le hace daño. ‖ **pública.** La que es de interés general y se destina a uso público; como camino, puerto, faro, etc. ‖ **social.** Centro o institución con fines benéficos o culturales.

obrador. m. Taller artesanal, especialmente el de confitería y repostería.

obrar. tr. Hacer una cosa, trabajar en ella. ‖ **2.** Causar, producir o hacer efecto una cosa. ‖ **3.** intr. Evacuar el vientre, defecar. ‖ **4.** Existir una cosa en sitio determinado. *El expediente* OBRA *en poder del fiscal.*

obrerismo. m. Régimen económico fundado en el predominio del trabajo obrero como elemento de producción y creador de riqueza. ‖ **2.** Conjunto de actitudes y doctrinas sociales encaminadas a mejorar las condiciones de vida de los obreros.

obrero, ra. adj. Que trabaja. Ú. t. c. s. ‖ **2.** Perteneciente o relativo al trabajador. ‖ **3.** m. y f. Trabajador manual retribuido.

obscenidad. f. Calidad de obsceno. ‖ **2.** Cosa obscena.

obsceno, na. adj. Impúdico, torpe, ofensivo al pudor.

obscuro, ra. adj. **oscuro.**

obsequiar. tr. Agasajar a uno con atenciones, servicios o regalos.

obsequio. m. Acción de obsequiar. ‖ **2.** Regalo que se hace. ‖ **3.** Rendimiento, deferencia, afabilidad.

obsequioso, sa. adj. Rendido, cortesano y dispuesto a hacer la voluntad de otro.

observación. f. Acción y efecto de observar. ❑ No confundir con *observancia.*

observador, ra. adj. Que observa. Ú. t. c. s. ‖ **2.** m. y f. Persona que es admitida en congresos, reuniones científicas, literarias, etc., sin ser miembro de pleno derecho.

observancia. f. Cumplimiento exacto y puntual de lo que se manda ejecutar; como ley, religión, estatuto o regla. ‖ **2.** Reverencia, honor, acatamiento que hacemos a los mayores y a las personas superiores y constituidas en dignidad. ❑ No confundir con *observación.*

observar. tr. Examinar atentamente. OBSERVAR *los síntomas de una enfermedad;* OBSERVAR *la conducta de uno.* ‖ **2.** Guardar y cumplir exactamente lo que se manda y ordena. ‖ **3.** Advertir, reparar. ‖ **4.** *Meteor.* Estudiar los fenómenos meteorológicos con fines científicos o útiles para la vida.

observatorio. m. Lugar o posición que sirve para hacer observaciones. ‖ **2.** Edificio con inclusión del personal e instrumentos apropiados y dedicados a observaciones, por lo común astronómicas o meteorológicas.

obsesión. f. Idea que con tenaz persistencia asalta la mente.

obsesionar. tr. Causar obsesión. Ú. t. c. prnl.

obseso, sa. adj. Que padece obsesión. Ú. t. c. s.

obsidiana. f. Mineral volcánico vítreo, de color negro o verde muy oscuro. Es un feldespato fundido naturalmente, y los indios americanos hacían de él armas cortantes, flechas y espejos.

obsoleto, ta. adj. Poco usado. ‖ **2.** Anticuado, inadecuado a las circunstancias actuales.

obstaculizar. tr. Impedir o dificultar la consecución de un propósito.

obstáculo. m. Impedimento, dificultad, inconveniente. ‖ **2.** En algunos deportes, cada una de las dificultades que presenta una pista.

obstante. adj. Que obsta. ‖ **no obstante.** loc. conjunt. Sin embargo, sin que estorbe ni perjudique para una cosa.

obstar. intr. Impedir, estorbar, hacer contradicción y repugnancia. ‖ **2.** impers. Oponerse o ser contraria una cosa a otra. ❑ En esta acepción solo se usan las 3.as pers. de todos los tiempos. Ú. m. en contextos negativos.

obstetricia. f. *Med.* Parte de la medicina, que trata de la gestación, el parto y el puerperio.

obstinación. f. Pertinacia, porfía, terquedad.

obstinado, da. adj. Perseverante, tenaz.

obstinarse. prnl. Mantenerse uno en su resolución y tema; porfiar con necedad y pertinacia, sin dejarse vencer por los ruegos y amonestaciones razonables, ni por obstáculos o reveses.

obstrucción. f. Acción y efecto de obstruir u obstruirse. ‖ **2.** En asambleas, especialmente en las de carácter político, táctica encaminada a impedir o retardar los acuerdos. ‖ **3.** *Med.* Impedimento para el paso de las materias sólidas, líquidas o gaseosas en las vías del cuerpo.

obstruccionismo. m. Ejercicio de la obstrucción en asambleas.

obstruir. tr. Estorbar el paso, cerrar un conducto o camino. ‖ **2.** fig. Impedir la operación de un agente, sea en lo físico, sea en lo inmaterial. ‖ **3.** prnl. Cerrarse o taparse un agujero, grieta, conducto, etc. ❑ Irreg. Se conj. como *huir.*

obtención. f. Acción y efecto de obtener.

obtener. tr. Alcanzar, conseguir y lograr una cosa que se merece, solicita o pretende. ‖ **2.** Fabricar o extraer un material o un producto con ciertas cosas o de cierta manera. ❑ Irreg. Se conj. como *tener.* Ú. con la prep. *de.*

obturador, ra. adj. Dícese de lo que sirve para obturar. Ú. t. c. s. m. ‖ **2.** m. *Fotogr.* Dispositivo mecánico de la cámara fotográfica por el que se controla el tiempo de exposición de la película a la luz.

obturar. tr. Tapar o cerrar una abertura o conducto introduciendo o aplicando un cuerpo.

obtusángulo. adj. *Geom.* V. **triángulo obtusángulo.**

obtuso, sa. adj. Romo, sin punta. ‖ **2.** fig. Torpe, tardo de comprensión. ‖ **3.** *Geom.* V. **ángulo obtuso.**

obús. m. *Mil.* Pieza de artillería de menor longitud que el cañón en relación a su calibre. ‖ **2.** En uso no técnico, designa cualquier proyectil disparado por una pieza de artillería. ‖ **3.** *Automov.* Piececita que sirve de cierre a la válvula del neumático, y está formada principalmente de un obturador cónico y de un resorte.

obviar. tr. Evitar, rehuir, apartar y quitar de en medio obstáculos o inconvenientes.

obviedad. f. Cualidad de obvio. ‖ **2.** Manifestación o proposición obvia.

obvio, via. adj. Que se encuentra o pone delante de los ojos. ‖ **2.** fig. Muy claro o que no tiene dificultad.

oc. V. **lengua de oc.**

oca. f. Ganso, ave; ánsar. ‖ **2.** Juego que consiste en una serie de 63 casillas, ordenadas en espiral, pintadas sobre un cartón o tabla. Estas casillas representan objetos diversos: cada nueve, desde el uno, hay representado un ganso u **oca,** y en algunas de ellas ríos, pozos y otros puntos de azar: los dados deciden la suerte.

ocarina. f. Instrumento músico de forma ovoide más o menos alargada y de varios tamaños, con ocho agujeros que modifican el sonido según se tapan con los dedos. Es de timbre muy dulce.

ocasión. f. Oportunidad o comodidad de tiempo o lugar, que se ofrece para ejecutar o conseguir una cosa. ‖ **2.** Causa o motivo por que se hace o acaece una cosa.

ocasional. adj. Dícese de lo que ocasiona. ‖ **2.** Que sobreviene por una ocasión o accidentalmente.

ocasionar. tr. Ser causa o motivo para que suceda una cosa.

ocaso. m. Puesta del Sol, o de otro astro, al transponer el horizonte. ‖ **2.** Occidente, punto cardinal. ‖ **3.** fig. Decadencia o declive.

occidental. adj. Perteneciente o relativo al occidente. ‖ **2.** *Astron.* Dícese del planeta que se pone después de puesto el Sol. ‖ **3.** Natural de occidente. Ú. t. c. s.

occidente. n. p. m. Punto cardinal del horizonte por donde se pone el Sol en el equinoccio. ‖ **2.** fig. Conjunto de naciones de la parte occidental de Europa. ‖ **3.** m. Lugar de la esfera celeste o región de la Tierra que, respecto de otro con el cual se compara, cae hacia donde se pone el Sol. ‖ **4.** fig. Conjunto de países de varios continentes, cuyas lenguas y culturas tienen su origen principal en Europa.

occipital. adj. Perteneciente o relativo al occipucio.

occipucio. m. Parte de la cabeza por donde esta se une con las vértebras del cuello.

occiso, sa. adj. Muerto violentamente.

oceánico, ca. adj. Perteneciente o relativo al océano.

oceanicultura. f. Cultivo de las plantas y animales oceánicos, como alimento o para otros fines.

oceánidas. f. pl. Ninfas del mar, hijas del dios Océano.

océano. m. Grande y dilatado mar que cubre la mayor parte de la superficie terrestre. ‖ **2.** Cada una de las grandes subdivisiones de este mar. OCÉANO *Atlántico, Pacífico, Índico, Boreal, Austral.* ‖ **3.** fig. Inmensidad de algunas cosas.

oceanografía. f. Ciencia que estudia los mares y sus fenómenos, así como la fauna y la flora marinas.

ocelo. m. *Zool.* Cada ojo simple de los que forman un ojo compuesto de los artrópodos. ‖ **2.** Mancha redonda y bicolor en las alas de algunos insectos o en las plumas de ciertas aves.

ocelote. m. Mamífero carnívoro americano, de la familia de los félidos, de pequeño tamaño. Mide poco más de un metro del hocico a la cola y apenas 50 centímetros de alto; su cuerpo es proporcionado y esbelto, su pelo brillante, suave y con dibujos de varios matices. Vive en los bosques más espesos, caza de noche y se alimenta de aves y mamíferos pequeños, monos, ratas, etc. Puede domesticarse.

ochavo. m. Moneda de cobre con peso de un octavo de onza y valor de dos maravedís, mandada labrar por Felipe III y que, conservando el valor primitivo, pero disminuyendo en peso, se siguió acuñando hasta mediados del siglo XIX. ‖ **2.** fig. Cosa insignificante, de poco o ningún valor.

ochenta. adj. Ocho veces diez. ‖ **2. octogésimo,** ordinal. *Número* OCHENTA, *año* OCHENTA. ‖ **3.** m. Conjunto de signos con que se representa el número **ochenta.**

ocho. adj. Siete y uno. ‖ **2. octavo,** ordinal. *Número* OCHO, *año* OCHO. Apl. a los días del mes, ú. t. c. s. *El* OCHO *de octubre.* ‖ **3.** m. Signo o cifra con que se representa el número **ocho.** ‖ **4.** Carta o naipe que tiene **ocho** señales. *El* OCHO *de oros.*

ochocientos, tas. adj. Ocho veces ciento. ‖ **2. octingentésimo,** ordinal. *Número* OCHOCIENTOS. ‖ **3.** m. Conjunto de signos con que se representa el número **ochocientos.**

ocio. m. Cesación del trabajo, inacción o total omisión de la actividad. ‖ **2.** Tiempo libre de una persona. ‖ **3.** Diversión u ocupación reposada, especialmente en obras de ingenio, porque estas se toman regularmente por descanso de otras tareas.

ociosidad. f. Vicio de no trabajar, perder el tiempo o gastarlo inútilmente. ‖ **2.** Efecto del ocio, como juegos, diversiones, etc.

ocioso, sa. adj. Dícese de la persona que está sin trabajo o sin hacer alguna cosa. Ú. t. c. s. ‖ **2.** Inútil, sin fruto, provecho ni sustancia.

oclocracia. f. Gobierno de la muchedumbre o de la plebe.

ocluir. tr. *Med.* Cerrar un conducto, como un intestino, con algo que lo obstruya, o una abertura, como la de los párpados, de modo que no se pueda abrir naturalmente. Ú. t. c. prnl. ❑ Irreg. Se conj. como *huir.*

oclusión. f. Acción y efecto de ocluir u ocluirse. ‖ **2.** *Fon.* Cierre completo del canal vocal de una articulación.

oclusivo, va. adj. Perteneciente o relativo a la oclusión. ‖ **2.** Que la produce. ‖ **3.** *Fon.* Dícese del sonido en cuya articulación los órganos de la palabra forman en algún punto del canal vocal un contacto que interrumpe la salida del aire espirado.

ocre. m. Mineral terroso, deleznable, de color amarillo, que es un óxido de hierro hidratado, frecuentemente mezclado con arcilla. Sirve como mena de hierro y se emplea en pintura. ‖ **2.** Cualquier mineral terroso que tenga color amarillo. OCRE *de bismuto, de níquel.* ‖ **3.** Color de cualquiera de estos minerales.

octaedro. m. *Geom.* Poliedro de ocho caras o planos.

octagonal. adj. Perteneciente o relativo al octágono.

octágono, na. adj. *Geom.* Aplícase al polígono de ocho ángulos y ocho lados. Ú. t. c. s. m.

octanaje. f. Número de octanos de un carburante.

octano. m. *Quím.* Hidrocarburo alifático saturado de ocho átomos de carbono. ‖ **2.** Unidad en que se expresa el poder antidetonante de una gasolina o de otros carburantes en relación con cierta mezcla de hidrocarburos que se toma como base.

octava. f. Combinación métrica de ocho versos endecasílabos, en que los seis primeros riman alternamente y los dos últimos forman un pareado. ‖ **2.** Toda combinación de ocho versos, cualquiera que sea el número de sílabas de que estos se compongan y el modo de estar en ella ordenados los consonantes. ‖ **3.** *Mús.* Sonido que forma la consonancia más sencilla y perfecta con otro, y en la **octava** alta es producido por un número exactamente doble de vibraciones que este. ‖ **4.** *Mús.* Serie diatónica en que se incluyen los siete sonidos constitutivos de una escala y la repetición del primero de ellos. ‖ **real. octava** de versos endecasílabos. ‖ **rima. octava real.**

octavilla. f. Octava parte de un pliego de papel. ‖ **2.** Volante de propaganda política o social. ‖ **3.** Estrofa de ocho versos de arte menor.

octavo, va. adj. Que sigue inmediatamente en orden al o a lo séptimo. ‖ **2.** Dícese de cada una de las ocho partes iguales en que se divide un todo. Ú. t. c. s. ‖ **de final.** Cada una de las ocho competiciones cuyos ganadores pasan a los cuartos de final de un campeonato o concurso que se gana por eliminación del contrario y no por puntos. Ú. m. en pl.

octeto. m. *Mús.* Composición para ocho instrumentos u ocho voces. ‖ **2.** *Mús.* Conjunto de estos ocho instrumentos o voces.

octingentésimo, ma. adj. Que sigue inmediatamente en orden al o a lo septingentésimo nonagésimo nono. ‖ **2.** Dícese de cada una de las 800 partes iguales en que se divide un todo. Ú. t. c. s.

octogenario, ria. adj. Que ha cumplido la edad de ochenta años y no llega a la de noventa. Ú. t. c. s.

octogésimo, ma. adj. Que sigue inmediatamente en orden al o a lo septuagésimo nono. ‖ **2.** Dícese de cada una de las 80 partes iguales en que se divide un todo. Ú. t. c. s.

octógono, na. adj. *Geom.* Aplícase al polígono de ocho ángulos y ocho lados, octágono. Ú. t. c. s. m.

octópodo, da. adj. *Zool.* Dícese de los moluscos cefalópodos dibranquiales que, como el pulpo, tienen ocho tentáculos provistos de ventosas, todos aproximadamente iguales. Ú. t. c. s. ‖ **2.** m. pl. *Zool.* Orden de estos animales.

octosílabo, ba. adj. De ocho sílabas. ‖ **2.** m. Verso que tiene ocho sílabas.

octubre. m. Décimo mes del año. Tiene treinta y un días.

ocular. adj. Perteneciente o relativo a los ojos. ‖ **2.** Aplícase a lo que se hace por medio de ellos. ‖ **3.** m. *Ópt.* Sistema de lentes que a fin de ampliar la imagen real dada por el objetivo, se coloca en el extremo de un instrumento por el que mira el observador.

oculista. com. Especialista en las enfermedades de los ojos.

ocultación. f. Acción y efecto de ocultar u ocultarse.

ocultar. tr. Esconder, tapar, disfrazar, encubrir a la vista. Ú. t. c. prnl. y en sent. fig. ‖ **2.** Callar advertidamente lo que se pudiera o debiera decir, o disfrazar la verdad.

ocultismo. m. Conjunto de conocimientos y prácticas mágicas y misteriosas, con las que se pretende penetrar y dominar los secretos de la naturaleza. ‖ **2.** Dedicación a las ciencias ocultas. ❑ No confundir con *secretismo.*

oculto, ta. adj. Escondido, ignorado, que no se da a conocer ni se deja ver ni sentir.

ocupación. f. Trabajo o cuidado que impide emplear el tiempo en otra cosa. ‖ **2.** Empleo, oficio o dignidad. ‖ **militar.** Permanencia en un territorio de ejércitos de otro Estado que, sin anexionarse aquel, interviene en su vida pública y la dirige.

ocupacional. adj. Perteneciente o relativo a la ocupación laboral.

ocupar. tr. Hablando de territorios, lugares, edificios, locales, etc., y también de objetos menores, tomar posesión o apoderarse de ellos, invadirlos o instalarse en ellos. ‖ **2.** Obtener, gozar un empleo, dignidad, mayorazgo, etc. ‖ **3.** Llenar un espacio o lugar. ‖ **4.** Dar que hacer o en qué trabajar, especialmente en un oficio o arte. ‖ **5.** prnl. Asumir la responsabilidad de un asunto, encargarse de él.

ocurrencia. f. Encuentro, suceso casual, ocasión o coyuntura. ‖ **2.** Idea inesperada, pensamiento, dicho agudo u original que ocurre a la imaginación.

ocurrente. adj. Dícese del que tiene ocurrencias o dichos agudos.

ocurrir. intr. Acaecer, acontecer, suceder una cosa. ‖ **2.** prnl. Venirse a la mente una idea, de repente y sin esperarla. Usáb. c. intr.

oda. f. Composición poética del género lírico, que admite asuntos muy diversos y muy diferentes tonos y formas, y se divide frecuentemente en estrofas o partes iguales.

odalisca. f. Esclava dedicada al servicio del harén del sultán de Turquía. ‖ **2.** Concubina turca.

odeón. m. *Arqueol.* Teatro o lugar destinado en Grecia para los espectáculos musicales. Por analogía se llaman así algunos teatros modernos de canto.

odiar. tr. Tener odio.

odio. m. Antipatía y aversión hacia alguna cosa o persona cuyo mal se desea.

odioso, sa. adj. Digno de odio.

odisea. f. fig. Viaje largo y en el cual abundan las aventuras adversas y favorables al viajero. ‖ **2.** Por ext., sucesión de peripecias, por lo general desagradables, que le ocurren a una persona.

odonato. adj. *Zool.* Dícese de los insectos depredadores, con grandes ojos compuestos, abdomen largo y fino y dos pares de alas membranosas y transparentes; como las libélulas y los caballitos del diablo. Ú. t. c. s. ‖ **2.** m. pl. *Zool.* Orden de estos insectos.

odontología. f. Estudio de los dientes y del tratamiento de sus dolencias.

odontólogo, ga. m. y f. Especialista en odontología. ‖ **2. dentista.**

odorífero, ra. adj. Que huele bien, que tiene buen olor o fragancia.

odre. m. Recipiente de cuero, generalmente de cabra, que, cubierto en su cara interna por pez derretida u otra sustancia semejante, y cosido por todos sus bordes menos por los correspondientes al cuello del animal, sirve para contener líquidos, como vino o aceite.

oersted. m. *Fís.* **oerstedio** en la nomenclatura internacional.

oerstedio. m. *Fís.* Unidad de intensidad del campo magnético en el sistema cegesimal.

oeste. n. p. m. Occidente, punto cardinal. ‖ **2.** m. Viento que sopla de esta parte.

ofender. tr. Hacer daño a uno físicamente, hiriéndolo o maltratándolo. ‖ **2.** Decir o hacer algo que demuestre falta de respeto, consideración o acatamiento. ‖ **3.** prnl. Picarse o enfadarse por un dicho o hecho.

ofensa. f. Acción y efecto de ofender.

ofensiva. f. Situación o estado del que trata de ofender o atacar.

ofensivo, va. adj. Que ofende o puede ofender.

oferta. f. Promesa que se hace de dar, cumplir o ejecutar una cosa. ‖ **2.** Propuesta para contratar. ‖ **3.** *Econ.* Conjunto de bienes o mercancías que se presentan en el mercado con un precio dado y en un momento determinado. ‖ **4.** Puesta a la venta de un producto rebajado de precio. ‖ **5.** Este mismo producto.

ofertar. tr. En el comercio, ofrecer en venta un producto. ‖ **2.** *Amér.* **ofrecer,** prometer algo. ‖ **3.** *Amér.* **ofrecer,** dar voluntariamente una cosa. ‖ **4.** *Amér.* **ofrecer,** dedicar o consagrar algo a Dios o a los santos.

ofertorio. m. Parte de la misa, en la cual, antes de consagrar, ofrece a Dios el sacerdote la hostia y el vino del cáliz.

oficial. adj. Que es de oficio, o sea que tiene autenticidad y emana de la autoridad derivada del Estado, y no particular o privado. *Documento, noticia* OFICIAL. ‖ **2.** Dícese de instituciones, edificios, centros de enseñanza, etc., que se sufragan con fondos públicos y están bajo la dependencia del Estado o de las entidades territoriales. ‖ **3.** Dícese del alumno inscrito en un centro **oficial,** y que asiste a las clases. ‖ **4.** m. El que en un oficio manual ha terminado el aprendizaje y no es maestro todavía. ‖ **5.** *Mil.* Militar que posee un grado o empleo, desde alférez o segundo teniente, en adelante. Aplícase más especialmente hasta el empleo de capitán inclusive. ❑ No confundir con *oficioso.*

oficiala. f. La que se ocupa o trabaja en un oficio. ‖ **2.** La que en un oficio manual ha terminado el aprendizaje y no es maestra todavía.

oficialidad. f. Conjunto de oficiales del ejército o de parte de él. ‖ **2.** Goce del carácter o calidad de cosa oficial.

oficiante. m. El que oficia en las iglesias.

oficiar. tr. Ayudar a cantar las misas y demás

oficios divinos. ‖ **2.** Comunicar una cosa oficialmente y por escrito. ‖ **3.** intr. fig. y fam. Con la preposición *de,* obrar con el carácter que seguidamente se determina. OFICIAR DE *conciliador.*

oficina. f. Local donde se hace, se ordena o trabaja una cosa. ‖ **2.** Departamento donde trabajan los empleados públicos o particulares.

oficinista. com. Persona que está empleada en una oficina.

oficio. m. Ocupación habitual. ‖ **2.** Cargo, ministerio. ‖ **3.** Profesión de algún arte mecánica. ‖ **4.** Función propia de alguna cosa. ‖ **5.** Comunicación escrita, referente a los asuntos del servicio público en las dependencias del Estado, y por ext., la que media entre individuos de varias corporaciones particulares sobre asuntos concernientes a ellas. ‖ **6.** Rezo diario a que los eclesiásticos están obligados, compuesto de maitines, laudes, etc. ‖ **7.** pl. Funciones de iglesia, y más particularmente las de Semana Santa. ‖ **de difuntos.** El que tiene destinado la Iglesia para rogar por los muertos. ‖ **Santo Oficio. Inquisición,** tribunal. ‖ **de oficio.** *Der.* Dícese de las diligencias que se practican judicialmente sin instancia de parte, y de las costas que, según lo sentenciado, nadie debe pagar.

oficioso, sa. adj. Por contraposición a oficial, dícese de lo que hace o dice alguno sin formal ejercicio del cargo público que se tiene. ‖ **2.** Dícese de cualquier medio de difusión al que se atribuye cierta representación de órganos de gobierno, partidos políticos, sindicatos u otras entidades. ❑ No confundir con *oficial.*

ofidio. adj. *Zool.* Dícese de reptiles que carecen de extremidades, con boca dilatable y cuerpo largo y estrecho revestido de epidermis escamosa que mudan todos los años. Algunos tienen en su mandíbula superior, además de dientes ordinarios, uno o varios provistos de un canal que da paso a un líquido venenoso; como la víbora. Ú. t. c. s. ‖ **2.** m. pl. *Zool.* Orden de estos reptiles.

ofimática. f. Automatización, mediante sistemas electrónicos, de las comunicaciones y procesos administrativos en las oficinas.

ofrecer. tr. Prometer, obligarse uno a dar, hacer o decir algo. ‖ **2.** Presentar y dar voluntariamente una cosa. OFRECER *ayuda a los damnificados.* ‖ **3.** Presentar, manifestar, implicar. *El proyecto* OFRECE *algunas dificultades.* ‖ **4.** Dedicar o consagrar a Dios o a un santo la obra buena que se hace, un objeto piadoso o símbolo de gratitud, y también el daño que se recibe o padece, sufriendo resignadamente como en descuento de culpas cometidas y como testimonio de amor o respeto a la divinidad. ‖ **5.** Decir o exponer qué cantidad se está dispuesto o pagar por algo. ‖ **6.** prnl. Entregarse voluntariamente a otro para ejecutar alguna cosa. ‖ **7.** Desear, apetecer. *¿Qué se le* OFRECE? ❑ Irreg. Se conj. como *agradecer.*

ofrenda. f. Don que se dedica a Dios o a los santos, para implorar su auxilio o una cosa que se desea, y también para cumplir con un voto u obligación. ‖ **2.** Por ext., dádiva o servicio en muestra de gratitud o amor.

ofrendar. tr. Ofrecer dones y sacrificios a los seres sobrenaturales por un beneficio recibido o solicitado o en señal de rendimiento y adoración. ‖ **2.** Entregar algo en obsequio o beneficio de personas, acciones, ideas, etc., por un impulso de amor, acatamiento o solidaridad.

oftalmia u **oftalmía.** f. *Med.* Inflamación de los ojos.

oftálmico, ca. adj. *Med.* Perteneciente o relativo a los ojos. ‖ **2.** *Med.* Perteneciente o relativo a la oftalmia.

oftalmología. f. *Med.* Parte de la patología, que trata de las enfermedades de los ojos.

oftalmólogo, ga. m. y f. Especialista en oftalmología.

oftalmoscopio. m. *Med.* Instrumento para reconocer las partes interiores del ojo.

ofuscación. f. **ofuscamiento.**

ofuscamiento. m. Turbación que padece la vista por un reflejo intenso de luz, o por otras razones. ‖ **2.** fig. Oscuridad de la razón, que confunde las ideas.

ofuscar. tr. Deslumbrar, turbar la vista. Ú. t. c. prnl. ‖ **2.** fig. Trastornar, conturbar o confundir las ideas; alucinar. Ú. t. c. prnl.

ogro. m. Gigante que, según las mitologías y consejas de los pueblos del norte de Europa, se alimentaba de carne humana. ‖ **2.** fig. Persona insociable o de mal carácter.

¡oh! interj. que se usa para manifestar muchos y muy diversos movimientos del ánimo, y más ordinariamente asombro, pena o alegría.

ohmio. m. *Fís.* Unidad de resistencia eléctrica en el sistema basado en el metro, el kilogramo, el segundo y el amperio. Es la resistencia eléctrica que da paso a una corriente de un amperio cuando entre sus extremos existe una diferencia de potencial de un voltio.

oída. f. Acción y efecto de oír. ‖ **de,** o **por, oídas.** loc. adv. Por haberlo oído de otro u otros, sin poder atestiguarlo personalmente.

-oide. elem. compos. que significa «parecido a», «en forma de»: *metal*OIDE, *andr*OIDE; adopta también las formas **-oideo:** *lip*OIDEO, *hial*OIDEO, y **-oides:** *cub*OIDES, *delt*OIDES.

-oideo. V. **-oide.**

oídio. m. Hongo de pequeño tamaño que vive parásito sobre las hojas de la vid y produce en esta planta una grave enfermedad.

oído. m. Sentido que permite percibir los sonidos. ‖ **2.** *Anat.* Cada uno de los órganos que sirven para la audición. ‖ **3.** Aptitud para percibir y reproducir los temas y melodías musicales. *Fulano tiene buen* OÍDO. ‖ **al oído.** Con verbos como *decir, comunicar,* etc., en voz muy baja, cerca de la oreja para que nadie más lo oiga. ‖ **de oído.** loc. adv. que indica la manera de aprender alguna cosa, o a cantar o tocar un instrumento sin conocer las reglas del arte. ‖ **duro de oído.** loc. adj. Dícese del que es algo sordo. ‖ **entrar,** o **entrare,** a uno una cosa **por un oído, y salir,** o **salirle, por el otro.** fr. fig. No hacer caso ni aprecio de lo que le dicen; desantender y no estimar el aviso, noticia o consejo que le dan.

oíl. V. **lengua de oíl.**

oír. tr. Percibir con el oído los sonidos. ‖ **2.** Atender los ruegos, súplicas o avisos de uno. ‖ **3.** Hacerse uno cargo, o darse por enterado, de aquello de que le hablan. ‖ **como quien oye llover.** expr. fig. y fam. con que se denota el poco aprecio que se hace de lo que se escucha o sucede. ‖ **oír, ver y callar.** fr. con que se advierte o aconseja a uno que no se entremeta en lo que no le toca, ni hable cuando no le pidan consejo. ❑ Irreg. Ver conjugación modelo. No confundir con *escuchar.*

oír

INDICATIVO

Presente: oigo, oyes, oye, oímos, oís, oyen.
Pretérito imperfecto: oía, oías, oía, oíamos, oíais, oían.
Pretérito indefinido: oí, oíste, oyó, oímos, oísteis, oyeron.
Futuro imperfecto: oiré, oirás, oirá, oiremos, oiréis, oirán.
Condicional: oiría, oirías, oiría, oiríamos, oiríais, oirían.

SUBJUNTIVO

Presente: oiga, oigas, oiga, oigamos, oigáis, oigan.
Pretérito imperfecto: oyera u oyese, oyeras u oyeses, oyera u oyese, oyéramos u oyésemos, oyerais u oyeseis, oyeran u oyesen.
Futuro imperfecto: oyere, oyeres, oyere, oyéremos, oyereis, oyeren.

IMPERATIVO

oye (tú); oíd (vosotros).

FORMAS NO PERSONALES

Infinitivo: oír.
Participio: oído.
Gerundio: oyendo.

ojal. m. Hendedura ordinariamente reforzada en sus bordes y a propósito para abrochar un botón, una muletilla u otra cosa semejante.

¡ojalá! interj. con que se denota vivo deseo de que suceda una cosa.

ojeada. f. Mirada pronta y ligera que se da a algo o hacia alguien.

ojear[1]. tr. Dirigir los ojos y mirar con atención a determinada parte. ❑ No confundir con *hojear.*

ojear[2]. tr. Espantar la caza con voces, tiros, golpes o ruido, para que se levante, acosándola hasta que llega al sitio donde se le ha de tirar o coger con redes, lazos, etc. ❑ No confundir con *hojear.*

ojén. m. Aguardiente preparado con anís y azúcar hasta la saturación.

ojera. f. Mancha más o menos lívida, perenne o accidental, alrededor de la base del párpado inferior. Ú. m. en pl.

ojeriza. f. Enojo y mala voluntad contra uno.

ojete. m. Abertura pequeña y redonda, ordinariamente reforzada en su contorno con cordoncillo o con anillos de metal, para meter por ella un cordón o cualquier otra cosa que afiance. ‖ **2.** fam. **ano.**

ojiva. f. Figura formada por dos arcos de círculo iguales, que se cortan en uno de sus extremos y volviendo la concavidad el uno al otro. ‖ **2.** *Arq.* Arco que tiene esta figura.

ojival. adj. De figura de ojiva. ‖ **2.** *Arq.* Aplícase al estilo arquitectónico que dominó en Europa durante los tres últimos siglos de la Edad Media, y cuyo fundamento consistía en el empleo de la ojiva para toda clase de arcos.

ojo. m. Órgano de la vista en el hombre y en los animales. ‖ **2.** Parte visible de este órgano en la cara. ‖ **3.** Abertura o agujero que atraviesa de parte a parte alguna cosa. ‖ **4.** Anillo que tienen las herramientas para que entren por él los dedos, el astil o mango con que se manejan para trabajar. ‖ **5.** Agujero por donde se mete la llave en la cerradura. ‖ **6.** Espacio entre dos pilares de un puente. ‖ **7.** Atención, cuidado o advertencia que se pone en una cosa. ‖ **8.** Cada uno de los huecos o cavidades que tienen dentro de sí el pan, el queso y otras cosas esponjosas. ‖ **9.** Cada uno de los espacios de la red, malla. ‖ **10.** fig. Aptitud singular para apreciar rápidamente las circunstancias que concurren en algún caso. OJO *clínico, médico, marinero.* ‖ **11.** pl. Anillos de la tijera en los cuales entran los dedos. ‖ **a la funerala.** fig. y fam. El amoratado a consecuencia de un golpe. ‖ **compuesto.** *Zool.* El de muchos artrópodos, especialmente insectos y crustáceos, formado por multitud de **ojos** simples, unidos entre sí con la interposición de una membrana oscura. ‖ **de buey.** Ventana o claraboya circular. ‖ **de gallo.** Callo redondo y algo cóncavo hacia el centro, que suele formarse en los dedos de los pies. ‖ **del culo. ano.** ‖ **cuatro ojos.** fig. y fam. Persona que lleva anteojos. ‖ **a ojo.** loc. adv. Sin peso, sin medida, a bulto. ‖ **a ojo de buen cubero.** expr. fig. y fam. Sin medida, sin peso y a bulto. ‖ **a ojos vistas.** loc. adv. Visible, clara, patente, palpablemente. ‖ **costar** una cosa **los ojos,** o **un ojo, de la cara.** fr. fig. y fam. Ser excesivo su precio, o mucho el gasto que se ha tenido en ella. ‖ **dichosos los ojos,** o **dichosos los ojos que te, le, os,** etc., **ven.** expr. que se usa cuando se encuentra a una persona después de largo tiempo que no se la ve. ‖ **en un abrir,** o **en un abrir y cerrar,** o **en un volver, de ojos.** fr. fig. y fam. En un instante, con extraordinaria brevedad. ‖ **mirar con buenos,** o **malos, ojos** a una persona o cosa. fr. fig. Mirarla con afición o cariño, o al contrario. ‖ **no pegar ojo.** fr. fig. y fam. No poder dormir. ‖ **no quitar ojo.** fr. fig. y fam. Mirar a alguien o algo con gran atención e insistencia. ‖ **¡ojo!** interj. para llamar la atención sobre alguna cosa. ‖ **ojo avizor.** expr. Alerta, con cuidado. ‖ **ser** uno **el ojo derecho** de otro. fr. fig. y fam. Ser de su mayor confianza y cariño. ‖ **ser** uno **todo ojos.** fr. fig. y fam. que se usa para ponderar la extremada atención con que se mira algo.

okapi. m. Mamífero artiodáctilo rumiante, de la misma familia que la jirafa, aunque con el cuello y las patas más cortos. El pelaje es pardo rojizo; la cara, blanca, y las patas y cuartos traseros, listados como en las cebras. Es esquivo, de costumbres nocturnas y vive en bosques frondosos del África ecuatorial.

-ol[1]. Suf. que en química orgánica, forma nombres de compuestos que contienen hidroxilo, especialmente alcoholes y fenoles: *colester*OL, *benz*OL.

-ol[2]. *Quím.* Suf. de sustantivos que significa «aceite»: *icti*OL, *cumin*OL.

ola. f. Onda de gran amplitud que se forma en la superficie de las aguas. ‖ **2.** Fenómeno atmosférico que produce variación repentina en la temperatura de un lugar. OLA *de fuego,* OLA *de frío.* ‖ **3.** fig. Movimiento impetuoso de la gente apiñada, oleada. ❑ No confundir con *¡hola!*

olambrilla. f. Azulejo decorativo de unos siete centímetros de lado, que se combina con baldosas rectangulares, generalmente rojas, para formar pavimentos y revestir zócalos.

¡olé! interj. con que se anima y aplaude. Ú. t. c. s. y en pl.

oleáceo, a. adj. *Bot.* Dícese de árboles y arbustos angiospermos dicotiledóneos, que tienen hojas opuestas y alternas, flores hermafroditas, algunas veces unisexuales y casi siempre tetrámeras, fruto en drupa o en baya y semillas generalmente sin albumen; como el olivo, el fresno y el jazmín. Ú. t. c. s. f. ‖ **2.** f. pl. *Bot.* Familia de estas plantas.

oleada. f. Ola grande. ‖ **2.** Embate y golpe de la ola. ‖ **3.** fig. Movimiento impetuoso de mucha gente apiñada.

oleaginoso, sa. adj. Oleoso, aceitoso.

oleaje. m. Sucesión continuada de olas.

oledor, ra. adj. Que exhala olor o lo percibe. Ú. t. c. s.

oleicultura. f. Arte de cultivar el olivo y mejorar la producción del aceite.

oleífero, ra. adj. Se dice de la planta que contiene aceite.

oleína. f. *Quím.* Sustancia líquida, ligeramente amarillenta, que entra en la composición de las grasas y mantecas y más en la de los aceites.

óleo. m. Aceite de oliva. ‖ **2.** Por antonom., el que usa la Iglesia en los sacramentos y otras ceremonias. Ú. m. en pl. *Los santos* ÓLEOS. ‖ **3.** Pintura hecha al **óleo,** generalmente ejecutada sobre lienzo. ‖ **al óleo.** loc. adj. y adv. Dícese de la pintura realizada con colores desleídos en aceite secante, y de este modo de pintar.

oleoducto. m. Tubería provista de bombas y otros aparatos para conducir el petróleo a larga distancia.

oleoso, sa. adj. **aceitoso.**

oler. tr. Percibir los olores. ‖ **2.** fig. Conocer o adivinar una cosa que se juzgaba oculta, barruntarla. Ú. m. c. prnl. ‖ **3.** intr. Exhalar y echar de sí fragancia que deleita el sentido del olfato, o hedor que le molesta. ‖ **4.** fig. Parecerse o tener señas y visos de una cosa, que por lo regular es mala. ❑ Irreg. Ver conjugación modelo.

oler

INDICATIVO

Presente: huelo, hueles, huele, olemos, oléis, huelen.

Pretérito imperfecto: olía, olías, olía, olíamos, olíais, olían.

Pretérito indefinido: olí, oliste, olió, olimos, olisteis, olieron.

Futuro imperfecto: oleré, olerás, olerá, oleremos, oleréis, olerán.

→

oler (continuación)

Condicional: olería, olerías, olería, oleríamos, oleríais, olerían.

SUBJUNTIVO
Presente: huela, huelas, huela, olamos, oláis, huelan.
Pretérito imperfecto: oliera u oliese, olieras u olieses, oliera u oliese, oliéramos u oliésemos, olierais u olieseis, olieran u oliesen.
Futuro imperfecto: oliere, olieres, oliere, oliéremos, oliereis, olieren.

IMPERATIVO
huele (tú); oled (vosotros).

FORMAS NO PERSONALES
Infinitivo: oler.
Participio: olido.
Gerundio: oliendo.

olfacción. f. Acción de oler.

olfatear. tr. Oler con ahínco y persistentemente.

olfativo, va. adj. Perteneciente o relativo al sentido del olfato. *Nervio* OLFATIVO.

olfato. m. Sentido con que los animales perciben los olores. En los vertebrados el órgano olfativo reside en la membrana pituitaria, y en los invertebrados se encuentra en las antenas, palpos, etc. ‖ **2.** fig. Sagacidad para descubrir o entender lo que está disimulado o encubierto.

olifante. m. Cuerno de marfil que figura entre los arreos militares de los caballeros medievales y particularmente el cuerno de Roldán.

oligarquía. f. Forma de gobierno en la cual el poder supremo es ejercido por un reducido grupo de personas que pertenecen a una misma clase social. ‖ **2.** fig. Conjunto de algunos poderosos negociantes que se aúnan para que todos los negocios dependan de su arbitrio.

oligisto. m. Mineral opaco, de color gris negruzco o pardo rojizo, muy duro y pesado, de textura compacta, granujienta o terrosa. Es un óxido de hierro, y por su riqueza en este metal es muy apreciado en siderurgia.

oligo-. elem. compos. que significa «poco» o «insuficiente»: OLIGO*polio*, OLIGO*frenia*.

oligoceno, na. adj. *Geol.* Dícese de la época o período del terciario, que sigue al eoceno y con el que finaliza el terciario antiguo o paleógeno. Ú. t. c. s. ‖ **2.** *Geol.* Perteneciente o relativo a esta época o período.

oligoelemento. m. *Biol.* Todo elemento químico indispensable en pequeñísimas cantidades para el desarrollo de plantas y animales.

oligofrenia. f. *Med.* Deficiencia mental.

oligopolio. m. *Econ.* Aprovechamiento de alguna industria o comercio por reducido número de empresas.

olimpiada u **olimpíada.** f. Fiesta o juego que se hacía cada cuatro años en la antigua ciudad de Olimpia. ‖ **2.** Competición universal de deportes que se celebra modernamente cada cuatro años.

olímpico, ca. adj. Perteneciente o relativo al Olimpo. ‖ **2.** Perteneciente o relativo a Olimpia, ciudad de Grecia antigua. ‖ **3.** Perteneciente o relativo a los juegos de las olimpiadas. ‖ **4.** fig. Altanero, soberbio. OLÍMPICO *desdén.*

olimpo. n. p. m. Morada de los dioses del paganismo. ‖ **2.** m. Conjunto de los dioses mitológicos que residían en el monte **Olimpo.**

oliscar. tr. Oler algo uno o un animal con cuidado y persistencia. ‖ **2.** fig. Averiguar, inquirir, husmear, buscar, procurar saber algo.

olisquear. tr. Oler uno o un animal una cosa. ‖ **2.** Husmear uno, curiosear.

oliva. f. Olivo, árbol. ‖ **2.** Fruto del olivo, aceituna.

olivar. m. Sitio plantado de olivos.

olivo. m. Árbol de la familia de las oleáceas, con tronco corto, grueso y torcido; copa ancha y ramosa que se eleva hasta cuatro o cinco metros, hojas persistentes coriáceas, opuestas, elípticas, enteras, estrechas, puntiagudas, verdes y lustrosas por la haz y blanquecinas por el envés; flores blancas, pequeñas, en ramitos axilares, y por fruto la aceituna, que es drupa ovoide de dos a cuatro centímetros de eje mayor, según las castas, de sabor algo amargo, color verde amarillento, morado en algunas variedades, y con un hueso grande y muy duro que encierra la semilla. Originario de Oriente, es muy cultivado en España para extraer del fruto el aceite común. ‖ **2.** Madera de este árbol. ‖ **silvestre.** El menos ramoso que el cultivado y de hojas más pequeñas. Su fruto es la acebuchina.

olla. f. Vasija redonda de barro o metal, que comúnmente forma barriga, con cuello y boca anchos y con una o dos asas, la cual sirve para cocer alimentos, calentar agua, etc. ‖ **2.** Contenido o cabida de esta vasija. ‖ **3.** Comida preparada con carne, tocino, legumbres y hortalizas, principalmente garbanzos y patatas, a lo que se añade a veces algún embuchado y todo junto se cuece y sazona. Era en España el plato principal de la comida diaria. || **a presión.** Recipiente de metal, con cierre hermético para que el vapor producido en el interior, regulado por una válvula, cueza los alimentos con gran rapidez. ❑ No confundir con *hoya.*

olmeda. m. Sitio plantado de olmos.

olmo. m. Árbol de la familia de las ulmáceas, de hasta 20 metros de altura, con tronco robusto y derecho, y copa ancha y espesa; hojas elípticas o trasovadas, aserradas, y vellosas por el envés; flores precoces de color blanco rojizo, y frutos secos, con una semilla oval, aplastada, de ala membranosa en todo su contorno, verde al principio y amarillenta después, de rápido desarrollo. Abunda en España, es buen árbol de sombra y de excelente madera.

olor. m. Impresión que los efluvios de los cuerpos producen en el olfato. || **2.** Olfato, sentido corporal. || **3.** fig. Lo que causa o motiva una sospecha en cosa que está oculta o por suceder. || **4.** fig. Fama, opinión y reputación. OLOR *de santidad.*

oloroso, sa. adj. Que exhala de sí fragancia. || **2.** m. Vino de Jerez de color dorado oscuro y mucho aroma, de dieciocho o veinte grados y que, al envejecer, puede llegar a veinticuatro o veinticinco.

olvidadizo, za. adj. Que con facilidad se olvida de las cosas.

olvidar. tr. Dejar de tener en la memoria lo que se tenía o debía tener. Ú. t. c. prnl. || **2.** Dejar de tener en el afecto o afición a una persona o cosa. Ú. t. c. prnl. || **3.** No tener en cuenta alguna cosa. Ú. t. c. prnl.

olvido. m. Cesación de la memoria que se tenía. || **2.** Cesación del afecto que se tenía. || **3.** Descuido de una cosa que se debía tener presente.

omaso. m. Tercer estómago de los rumiantes.

ombligo. m. Cicatriz redonda y arrugada que se forma en medio del vientre, después de romperse y secarse el cordón umbilical. || **2.** Cordón umbilical. || **3.** fig. Medio o centro de cualquier cosa.

ombliguero. m. Venda que se pone a los niños recién nacidos para sujetar el pañito o cabezal que cubre el ombligo, hasta que este se seque.

ombú. m. Árbol originario de América Meridional, con la corteza gruesa y blanda, madera fofa, copa muy densa, hojas alternas, elípticas, apuntadas, con pecíolos largos y flores dioicas en racimos más largos que las hojas. ❑ pl. *ombúes* u *ombús.*

omega. f. O larga, letra última del alfabeto griego.

ómicron. f. O breve del alfabeto griego.

ominoso, sa. adj. Azaroso, de mal agüero. || **2.** Abominable, digno de reprobación.

omisión. f. Abstención de hacer o decir. || **2.** Falta por haber dejado de hacer algo necesario o conveniente en la ejecución de una cosa o por no haberla ejecutado.

omiso, sa. adj. Flojo y descuidado.

omitir. tr. Abstenerse de hacer una cosa. || **2.** Pasar en silencio una cosa. Ú. t. c. prnl.

ómnibus. m. Vehículo de gran capacidad, que sirve para transportar personas, generalmente dentro de las poblaciones, por precio módico. ❑ pl. invar.

omnímodo, da. adj. Que lo abraza y comprende todo.

omnipotencia. f. Poder omnímodo, atributo únicamente de Dios. || **2.** fig. Poder muy grande.

omnipotente. adj. Que todo lo puede. Es atributo solo de Dios. || **2.** fig. Que puede muchísimo.

omnipresencia. f. Presencia a la vez en todas partes, en realidad condición solo de Dios. || **2.** fig. Presencia intencional del que quisiera estar en varias partes y acude de prisa a ellas.

omnipresente. adj. Que está presente a la vez en todas partes, atributo solo de Dios.

omnisciencia. f. Conocimiento de todas las cosas reales y posibles, atributo exclusivo de Dios. || **2.** Conocimiento de muchas ciencias o materias.

omnisciente. adj. **omniscio.**

omniscio, cia. adj. Que tiene omnisciencia. || **2.** Dícese del que tiene sabiduría o conocimiento de muchas cosas.

omnívoro, ra. adj. *Zool.* Aplícase a los animales que se alimentan de toda clase de sustancias orgánicas. Ú. t. c. s.

omóplato u **omoplato.** m. *Anat.* Cada uno de los dos huesos anchos, casi planos, situados a uno y otro lado de la espalda, donde se articulan los húmeros y las clavículas.

onagro. m. Asno salvaje o silvestre.

onanismo. m. **masturbación.**

once. adj. Diez y uno. || **2. undécimo,** ordinal. *Número* ONCE, *año* ONCE. Apl. a los días del mes, ú. t. c. s. *El* ONCE *de octubre.* || **3.** m. Conjunto de signos con que se representa el número **once.** || **4.** Equipo de jugadores de fútbol, dicho así por constar de **once** individuos.

onceavo, va. adj. Undécimo, partitivo. Ú. t. c. s. ❑ No confundir con la acepción de número ordinal de *undécimo.*

onceno, na. adj. **undécimo.** Ú. t. c. s.

oncogén. m. *Gen.* Cada uno de los genes que, al activarse, pueden provocar la aparición de la enfermedad cancerosa.

oncología. f. Parte de la medicina que trata de los tumores.

oncólogo, ga. m. y f. Persona que profesa la oncología o tiene en ella especiales conocimientos.

onda. f. Cada una de las elevaciones que se forman al perturbar la superficie de un líquido. ‖ **2.** Movimiento que se propaga en un fluido. ‖ **3.** Cada una de las curvas, a manera de eses, que se forman natural o artificialmente en algunas cosas flexibles, como el pelo, las telas, etc. Ú. m. en pl. ‖ **electromagnética.** Forma de propagarse a través del espacio los campos eléctricos y magnéticos producidos por las cargas eléctricas en movimiento. Para las **ondas** comprendidas entre diferentes intervalos de frecuencia se emplean denominaciones especiales, como **ondas** radioeléctricas, microondas, **ondas** luminosas, rayos X, rayos gamma, etc. ‖ **herciana** o **hertziana. onda** descubierta por Hertz, que transporta energía electromagnética y que tiene la propiedad de propagarse en el vacío a la misma velocidad que la luz. ‖ **luminosa.** *Fís.* La que se origina de un cuerpo luminoso y transmite su luz. ‖ **radioeléctrica. onda** electromagnética empleada en la radiodifusión, televisión, etc. ‖ **sonora.** *Fís.* La que se origina en un cuerpo elástico y transmite el sonido. ‖ **captar la onda.** fr. fig. Entender una indirecta, insinuación, etc. ❑ No confundir con *honda.*

ondear. intr. Hacer ondas el agua impelida por el aire. ‖ **2.** Moverse otras cosas en el aire formando ondas. ONDEAR *la bandera.*

ondina. f. Ninfa, ser fantástico o espíritu elemental del agua, según algunas mitologías.

ondulación. f. *Fís.* Movimiento que se propaga en un fluido o en un medio elástico sin traslación permanente de sus moléculas. ‖ **2.** Formación en ondas de una cosa. *La* ONDULACIÓN *del terreno.*

ondulado, da. adj. Aplícase a los cuerpos cuya superficie o cuyo perímetro forma ondas pequeñas.

ondular. intr. Moverse una cosa formando giros en figura de eses como las banderas agitadas por el viento. ‖ **2.** tr. Hacer ondas en el pelo.

ondulatorio, ria. adj. Que se extiende en forma de ondulaciones.

oneroso, sa. adj. Pesado, molesto o gravoso.

ónice. f. Ágata listada de colores alternativamente claros y muy oscuros, que suele emplearse para hacer camafeos, ónique, ónix.

ónique. f. Ónice, ónix.

onírico, ca. adj. Perteneciente o relativo a los sueños.

oniromancia u **oniromancía.** f. Arte que por medio de los sueños pretende adivinar lo porvenir.

ónix. f. Ónice, ónique. ❑ pl. invar.

onomasiología. f. Rama de la semántica, que investiga los significantes que corresponden a un concepto dado.

onomástico, ca. adj. Perteneciente o relativo a los nombres y especialmente a los propios. Ú. t. c. s. ‖ **2.** f. Ciencia que trata de la catalogación y estudio de los nombres propios. ‖ **3.** Día en que una persona celebra su santo.

onomatopeya. f. Imitación del sonido de una cosa en el vocablo que se forma para significarla. *Muchas palabras han sido formadas por* ONOMATOPEYA. ‖ **2.** El mismo vocablo que imita el sonido de la cosa nombrada con él. ‖ **3.** *Ret.* Empleo de vocablos onomatopéyicos para imitar el sonido de las cosas con ellos significadas.

onomatopéyico, ca. adj. Perteneciente o relativo a la onomatopeya; formado por onomatopeya.

ontogenia. f. *Biol.* Desarrollo del individuo, referido en especial al período embrionario.

ontología. f. Parte de la metafísica, que trata del ser en general y de sus propiedades trascendentales.

onubense. adj. Natural de Huelva. Ú. t. c. s. ‖ **2.** Perteneciente o relativo a Huelva.

onza[1]. f. Peso que consta de 16 adarmes y equivale a 287 decigramos.

onza[2]. f. Mamífero carnicero, semejante a la pantera, de unos seis decímetros de altura y cerca de un metro de largo, sin contar la cola, que tiene otro tanto; con pelaje como el del leopardo y aspecto de perro. Vive en los desiertos de las regiones meridionales de Asia y en África, es domesticable, y en Persia se empleaba para la caza de gacelas.

onzavo, va. adj. **onceavo.**

oolito. m. *Geol.* Caliza compuesta de concreciones semejantes a las huevas de pescado.

oosfera. f. *Bot.* Óvulo de los vegetales.

opaco, ca. adj. Que impide el paso a la luz, a diferencia de diáfano. ‖ **2.** Oscuro, sombrío. ‖ **3.** fig. Triste y melancólico.

opalescente. adj. Que parece de ópalo o irisado como él.

opalino, na. adj. De color entre blanco y azulado con reflejos irisados. ‖ **2.** Dícese del vidrio opalescente. Ú. t. c. s. f.

ópalo. m. Mineral silíceo con algo de agua, lustre resinoso, translúcido u opaco, duro, por quebradizo y de colores diversos.

opción. f. Libertad o facultad de elegir. ‖ **2.** La elección misma.

open. m. *Dep.* Competición deportiva en que pueden participar todas las categorías. ❑ pl. invar.

ópera. f. Poema dramático puesto en música en el que a veces se intercala un trozo declamado. ‖ **2.** Poema dramático escrito para este fin; letra de la **ópera.** ‖ **3.** Género formado por esta clase de obras. ‖ **4.** Música de la **ópera.**

operación. f. Acción y efecto de operar. ‖ **2.** *Mat.* Conjunto de reglas que permiten, partiendo de una o varias cantidades o expresiones, llamadas datos, obtener otras cantidades o expresiones llamadas resultados. ‖ **cesárea.** *Cir.* La que se hace abriendo la matriz para extraer el feto.

operador, ra. m. y f. Persona que se ocupa de establecer las comunicaciones no automáticas de una central telefónica. ‖ **2.** *Cinem.* y *TV.* **cámara,** técnico. ‖ **3.** *Cinem.* Persona que maneja el proyector y el equipo sonoro en la proyección de películas. ‖ **4.** Persona o mecanismo que realiza determinadas acciones. ‖ **5.** m. *Mat.* Símbolo matemático que denota un conjunto de operaciones que han de realizarse.

operante. adj. Que opera. Ú. t. c. s.

operar. tr. Realizar, llevar a cabo algo. Ú. t. c. prnl. ‖ **2.** *Cir.* Ejecutar sobre el cuerpo animal vivo, con ayuda de instrumentos adecuados, diversos actos curativos, como extirpar, amputar, implantar, corregir, coser, etc., órganos, miembros o tejidos. ‖ **3.** intr. Producir las cosas el efecto para el cual se destinan. ‖ **4.** Negociar, especular, realizar acciones comerciales de compra, venta, etc. ‖ **5.** *Mat.* Realizar una operación matemática. ‖ **6.** prnl. Someterse a una intervención quirúrgica.

operario, ria. m. y f. **obrero,** trabajador manual.

operativo, va. adj. Dícese de lo que obra y hace su efecto.

operatorio, ria. adj. Que puede operar.

opérculo. m. Pieza generalmente redonda, que, a modo de tapadera, sirve para cerrar ciertas aberturas; como las de las agallas de la mayor parte de los peces, la concha de muchos moluscos gasterópodos o las cápsulas de varios frutos.

opereta. f. Espectáculo musical de origen francés, especie de ópera de asunto frívolo y carácter alegre, con alguna parte declamada.

opiáceo, a. adj. Perteneciente o relativo al opio. ‖ **2.** Dícese de los compuestos obtenidos a partir del opio. Ú. t. c. s. m.

opilación. f. Obstrucción en general.

opinar. intr. Formar o tener opinión. ‖ **2.** Expresarla de palabra o por escrito. Ú. t. c. tr.

opinión. f. Dictamen, juicio o parecer que se forma de una cosa cuestionable. ‖ **2.** Fama o concepto en que se tiene a una persona o cosa. ‖ **pública.** Sentir o estimación en que coincide la generalidad de las personas acerca de asuntos determinados.

opio. m. Sustancia estupefaciente que resulta de la desecación del jugo que se hace fluir por incisiones de las cabezas de adormideras verdes. Es opaco, moreno, amargo y de olor fuerte.

opíparo, ra. adj. Copioso y espléndido, tratándose de banquete, comida, etc.

oploteca. f. Galería o museo de armas antiguas, preciosas o raras.

oponente. adj. Que opone o se opone.

oponer. tr. Poner una cosa contra otra para estorbarle o impedirle su efecto. Ú. t. c. prnl. ‖ **2.** Proponer una razón o discurso contra lo que otro dice o siente. ‖ **3.** prnl. Ser una cosa contraria o repugnante a otra. ❑ Irreg. Se conj. como *poner;* p. p. irreg. *opuesto.* Como prnl., ú. con la prep. *a.*

oporto. m. Vino de color oscuro y sabor ligeramente dulce, fabricado principalmente en Oporto, ciudad de Portugal.

oportunidad. f. Sazón, coyuntura, conveniencia de tiempo y de lugar.

oportunismo. m. Actitud que consiste en aprovechar al máximo las circunstancias para obtener el mayor beneficio posible, sin tener en cuenta principios ni convicciones.

oportuno, na. adj. Que se hace o sucede en tiempo a propósito y cuando conviene.

oposición. f. Acción y efecto de oponer u oponerse. ‖ **2.** Disposición de algunas cosas, de modo que estén unas enfrente de otras. ‖ **3.** Contrariedad o repugnancia de una cosa con otra. ‖ **4.** Procedimiento selectivo consistente en una serie de ejercicios en que los aspirantes a un puesto de trabajo muestran su respectiva competencia, juzgada por un tribunal. Ú. m. en pl. ‖ **5.** Grupos o partidos que en un país se oponen a la política del Gobierno.

opositar. intr. Hacer oposiciones a un cargo o empleo. ❑ Ú. con la prep. *a.*

opositor, ra. m. y f. Persona que se opone a otra en cualquier materia. ‖ **2.** Aspirante a una cátedra, empleo, cargo o destino que se ha de proveer por oposición o concurso.

opresión. f. Acción y efecto de oprimir.

opresor, ra. adj. Que abusa de su poder o autoridad sobre alguien. Ú. t. c. s.

oprimir. tr. Ejercer presión sobre una cosa. ‖ **2.** fig. Someter a una persona, a un pueblo, a una nación, etc., vejándolo, afligiéndolo o tiranizándolo.

oprobio. m. Ignominia, afrenta, deshonra.

optar. tr. Escoger una cosa entre varias. Ú. t. c. intr.

óptica. f. Parte de la física, que estudia las leyes y los fenómenos de la luz. ‖ **2.** Establecimiento donde se comercia con instrumentos de **óptica.**

óptico, ca. adj. Perteneciente o relativo a la óptica. ‖ **2.** m. y f. Persona con titulación oficial para trabajar en materia de óptica.

optimar. tr. Buscar la mejor manera de realizar una actividad.

optimismo. m. Propensión a ver y juzgar las cosas en su aspecto más favorable.

óptimo, ma. adj. sup. de **bueno.** Sumamente bueno; que no puede ser mejor.

opuesto, ta. p. p. irreg. de **oponer.** ‖ **2.** adj. Enemigo o contrario. ‖ **3.** *Bot.* Dícese de las hojas, flores, ramas y otras partes de la planta, cuando están encontradas o las unas nacen enfrente de las otras. ‖ **4.** *Mat.* Dícese de las cantidades cuya suma es igual a cero.

opulencia. f. Abundancia, riqueza y sobra de bienes.

opúsculo. m. Obra científica o literaria de poca extensión.

oquedad. f. Espacio que en un cuerpo sólido queda vacío, natural o artificialmente.

oquedal. m. Monte solo de árboles, limpio de hierba y de matas.

ora. conj. distrib., aféresis de **ahora.** *Tomando* ORA *la espada,* ORA *la pluma.* ❑ No confundir con *hora.*

oración. f. Súplica, deprecación, ruego que se hace a Dios y a los santos. ‖ **2.** *Gram.* Palabra o conjunto de palabras con que se expresa un sentido gramatical completo. ‖ **activa.** *Gram.* Aquella en que el sujeto realiza la acción del verbo. ‖ **adjetiva.** *Gram.* La subordinada que funciona como complemento del sujeto o de otro complemento de la **oración** principal. ‖ **adverbial.** *Gram.* La subordinada que funciona como complemento circunstancial de la principal. ‖ **compuesta.** *Gram.* La que está formada por dos o más **oraciones** simples enlazadas gramaticalmente. ‖ **coordinada.** *Gram.* **oración** compuesta en que la unión de los componentes se realiza por coordinación. ‖ **de relativo.** *Gram.* **oración adjetiva.** ‖ **pasiva.** *Gram.* Aquella en que el sujeto gramatical no realiza la acción del verbo, sino que la recibe. ‖ **principal.** *Gram.* Aquella que en las **oraciones** compuestas expresa el juicio fundamental. ‖ **simple.** *Gram.* La que tiene un solo predicado. ‖ **subordinada.** *Gram.* La que en las **oraciones** compuestas adjetivas, adverbiales y sustantivas depende de la principal. ‖ **sustantiva.** *Gram.* La subordinada que hace el oficio de sujeto, complemento directo o indirecto.

oracional. adj. Concerniente a la oración gramatical.

oráculo. m. En la antigüedad, contestación que las pitonisas y sacerdotes pronunciaban como dada por los dioses a las consultas que a ellos se les hacían. ‖ **2.** fig. Persona a quien todos escuchan con respeto y veneración por su mucha sabiduría y doctrina.

orador, ra. m. y f. Persona que habla en público, pronuncia discursos o imparte conferencias.

oral. adj. Expresado con la boca o con la palabra, a diferencia de escrito. *Tradición* ORAL. ‖ **2.** Perteneciente o relativo a la boca.

orangután. m. Mono antropomorfo que llega a unos dos metros de altura, con cabeza gruesa, frente estrecha, nariz chata, hocico saliente, cuerpo robusto, piernas cortas, brazos y manos tan desarrollados, que aun estando erguido llegan hasta los tobillos, piel negra y pelaje espeso y rojizo. Vive en las selvas de Sumatra y Borneo.

orar. intr. Hacer oración a Dios, vocal o mentalmente.

orate. com. Persona que ha perdido el juicio.

oratoria. f. Arte de hablar con elocuencia.

oratorio[1]. m. Lugar destinado para retirarse a hacer oración a Dios. ‖ **2.** Sitio que hay en las casas particulares, donde por privilegio se celebra el santo sacrificio de la misa. ‖ **3.** Composición dramática y música sobre asunto sagrado, que solía cantarse en cuaresma.

oratorio[2], ria. adj. Perteneciente o relativo a la oratoria, a la elocuencia o al orador.

orbe. m. Esfera celeste o terrestre. ‖ **2.** Conjunto de todas las cosas creadas, mundo.

orbicular. adj. Redondo o circular.

órbita. f. *Astron.* Trayectoria que, en el espacio, recorre un cuerpo sometido a la acción gravitatoria ejercida por los astros. ‖ **2.** *Fís.* Trayectoria que recorren las partículas sometidas a campos electromagnéticos en los aceleradores de partículas. ‖ **3.** *Fís.* Trayectoria que recorre un electrón alrededor del núcleo del átomo. ‖ **4.** *Anat.* Cuenca del ojo.

orbital. adj. Perteneciente o relativo a la órbita. ‖ **2.** m. *Fís.* Distribución de la densidad de la carga de un electrón alrededor del núcleo de un átomo o de una molécula.

orca. f. Cetáceo que llega a unos diez metros de largo, con cabeza redondeada, cuerpo robusto, boca rasgada, con 20 ó 25 dientes rectos en cada mandíbula; aletas pectorales muy largas, alta, grande y triangular la dorsal; cola de más de un metro de anchura; color azul oscuro por el lomo y blanco por el vientre. Vive en los mares del Norte y persigue las focas y ballenas; a veces llega a las costas del Cantábrico y aun al Mediterráneo. ❑ No confundir con *horca.*

órdago. m. Envite del resto en el juego del mus. ‖ **de órdago.** loc. fam. Excelente, de superior calidad.

ordalía. f. Medio de averiguación o prueba, usado por algunos pueblos primitivos, en la Edad Media europea y aun posteriormente y también fundado en el sometimiento ritual a prácticas destinadas a establecer la certeza, principalmente con fines judiciales.

orden. amb. Colocación de las cosas en el lugar

que les corresponde. ‖ **2.** Concierto, buena disposición de las cosas entre sí. ‖ **3.** Regla o modo que se observa para hacer las cosas. ‖ **4.** m. Sexto de los siete sacramentos de la Iglesia, por el cual son instituidos los sacerdotes y los ministros del culto. ‖ **5.** *Arq.* Cierta disposición y proporción de los cuerpos principales que componen un edificio. ‖ **6.** *Bot.* y *Zool.* Cada uno de los grupos taxonómicos en que se dividen las clases y que se subdividen en familias. ORDEN *de los artiodáctilos.* ‖ **7.** *Mús.* Grupo unísono de cuerdas en ciertos instrumentos, como el laúd, la vihuela, la guitarra, etc. Ú. m. en pl. ‖ **8.** f. Instituto religioso aprobado por el Papa y cuyos individuos viven bajo las reglas establecidas por su fundador o por sus reformadores. ‖ **9.** Mandato que se debe obedecer, observar y ejecutar. ‖ **10.** Cada uno de los institutos civiles o militares creados para premiar por medio de condecoraciones a las personas beneméritas, ORDEN *de Carlos III, de Cristo,* etc. ‖ **abierto.** *Mil.* Formación en que la tropa se dispersa para ofrecer menor blanco vulnerable y cubrir mayor espacio de terreno. ‖ **cerrado.** *Mil.* Formación en que la tropa se agrupa para ocupar menor espacio. ‖ **compuesto.** *Arq.* El que en el capitel de sus columnas reúne las volutas del jónico con las dos filas de hojas de acanto del corintio, guarda las proporciones de este para lo demás y lleva en la cornisa dentículos y modillones sencillos. ‖ **corintio.** *Arq.* El que tiene la columna de unos diez módulos o diámetros de altura, el capitel adornado con hojas de acanto y caulículos, y la cornisa con modillones. ‖ **dórico.** *Arq.* El que tiene la columna de ocho módulos o diámetros a lo más de altura, el capitel sencillo y el friso adornado con metopas y triglifos. ‖ **jónico.** *Arq.* El que tiene la columna de unos nueve módulos o diámetros de altura, el capitel, adornado con grandes volutas, y dentículos en la cornisa. ‖ **sacerdotal. orden,** sacramento. ‖ **toscano.** *Arq.* El que se distingue por ser más sólido y sencillo que el dórico.

ordenación. f. Disposición, prevención. ‖ **2.** Acción y efecto de ordenar u ordenarse. *En la* ORDENACIÓN *de los presbíteros hay muchas ceremonias.*

ordenado, da. adj. Dícese de la persona que guarda orden y método en sus acciones.

ordenador. m. Máquina electrónica dotada de una memoria de gran capacidad y de métodos de tratamiento de la información, capaz de resolver problemas aritméticos y lógicos gracias a la utilización automática de programas registrados en ella.

ordenamiento. m. Acción y efecto de ordenar. ‖ **2.** Breve código de leyes promulgadas al mismo tiempo, o colección de disposiciones referentes a determinada materia.

ordenanza. f. Conjunto de preceptos referentes a una materia. Ú. m. en pl. ‖ **2.** *Mil.* Soldado que está a las órdenes de un oficial o de un jefe para los asuntos del servicio. Ú. m. c. s. m. ‖ **3.** m. Empleado subalterno que en ciertas oficinas tiene el especial encargo de llevar órdenes. ❑ No utilizar por *bedel, conserje* o *ujier.*

ordenar. tr. Poner en orden, concierto y buena disposición una cosa. ‖ **2.** Mandar y prevenir que se haga una cosa. ‖ **3.** Conferir las órdenes a uno. ‖ **4.** prnl. Recibir la tonsura, los grados o las órdenes sagradas.

ordeñador, ra. m. y f. Persona que trabaja en la recolección de aceitunas a mano. ‖ **2.** f. Máquina para efectuar el ordeño de las vacas mediante succión.

ordeñar. tr. Extraer la leche exprimiendo la ubre. ‖ **2.** fig. Coger la aceituna, llevando la mano rodeada al ramo para que este las vaya soltando.

ordinal. adj. Perteneciente al orden. ‖ **2.** *Arit.* V. **número ordinal.** Ú. t. c. s. ‖ **3.** *Gram.* V. **adjetivo ordinal.** Ú. t. c. s.

ordinariez. f. Acción o expresión grosera.

ordinario, ria. adj. Común, regular y que sucede habitualmente. ‖ **2.** Bajo, basto, vulgar y de poca estimación.

ordovícico, ca. adj. *Geol.* Dícese del segundo de los seis períodos geológicos en que se divide la era paleozoica. Ú. t. c. s.

orear. tr. Dar en una cosa el aire para que se seque o se le quite la humedad o el olor que ha contraído. Ú. m. c. prnl. *Los campos* SE HAN OREADO. ‖ **2.** prnl. Salir uno a tomar el aire.

orégano. m. Planta herbácea vivaz, de la familia de las labiadas, con tallos erguidos, vellosos, de cuatro a seis decímetros de altura; hojas pequeñas, ovaladas, y vellosas por el envés; flores purpúreas en espigas terminales, y fruto seco y globoso. Es aromático, abunda en los montes de España, y las hojas y flores se usan como tónicas y en condimentos.

oreja. f. Órgano externo de la audición. ‖ **2.** Ternilla que en el hombre y en muchos animales forma la parte externa del órgano del oído. ‖ **3.** Parte del zapato que, sobresaliendo a un lado y otro, sirve para ajustarlo al empeine del pie por medio de cintas, botones o hebillas. ‖ **4.** fig. Sentido de la audición.

orejera. f. Cada una de las dos piezas de la gorra o montera que cubren las orejas y se atan debajo de la barba.

orejón. m. Pedazo de melocotón o de otra fruta, secado al aire y al sol. Ú. m. en pl.

orensano, na. adj. Natural de Orense. Ú. t. c. s. ‖ **2.** Perteneciente o relativo a esta ciudad o a su provincia.

orfanato. m. Asilo de huérfanos. ❑ No utilizar **orfelinato*.

orfandad. f. Estado de huérfano. ‖ **2.** fig. Falta de ayuda, favor o valimiento en que una persona o cosa se encuentran.

orfebre. m. El que labra objetos artísticos de oro, plata y otros metales preciosos, o aleaciones de ellos.

orfebrería. f. Arte del orfebre.

orfeón. m. Sociedad de cantantes en coro, sin instrumentos que los acompañen.

orfismo. m. Religión de misterios de la antigua Grecia, cuya fundación se atribuía a Orfeo. Caracterizábanla principalmente la creencia en la vida de ultratumba y en la metempsícosis, así como el peculiar régimen de vida a que habían de someterse los que en ella se iniciaban.

organdí. m. Tela blanca de algodón muy fina y transparente. ❑ pl. *organdíes* u *organdís*.

orgánico, ca. adj. Aplícase al cuerpo que está con disposición o aptitud para vivir. ‖ **2.** fig. Dícese de lo que atañe a la constitución de corporaciones o entidades colectivas o a sus funciones o ejercicios. ‖ **3.** *Quím.* Dícese de la sustancia cuyo componente constante es el carbono, en combinación con el hidrógeno o con el nitrógeno, ya separados o juntos, y también con otros elementos.

organigrama. m. Sinopsis o esquema de la organización de una entidad, de una empresa o de una tarea.

organillo. m. Órgano pequeño o piano que se hace sonar por medio de un cilindro con púas movido por un manubrio, y encerrado en un cajón portátil.

organismo. m. Conjunto de órganos del cuerpo animal o vegetal y de las leyes por que se rige. ‖ **2.** Ser viviente. ‖ **3.** fig. Conjunto de oficinas, dependencias o empleos que forman un cuerpo o institución.

organista. com. Persona que ejerce o profesa el arte de tocar el órgano.

organización. f. Acción y efecto de organizar u organizarse. ‖ **2.** Conjunto de personas con los medios adecuados que funcionan para alcanzar fines determinados.

organizar. tr. Disponer y preparar un conjunto de personas, con los medios adecuados, para lograr un fin determinado. Ú. t. c. prnl. ‖ **2.** Poner algo en orden. ‖ **3.** Preparar alguna cosa disponiendo todo lo necesario.

órgano. m. Instrumento músico de viento, compuesto de muchos tubos donde se produce el sonido, unos fuelles que impulsan el aire y un teclado y varios registros ordenados para modificar el timbre de las voces. ‖ **2.** Cualquiera de las partes del cuerpo animal o vegetal que ejercen una función. ‖ **3.** fig. Persona o cosa que sirve para la ejecución de un acto o un designio. ‖ **4.** *Der.* Persona o conjunto de personas por las que actúa una organización o persona jurídica en un ámbito de competencia determinado.

organoléptico. adj. Se dice de las propiedades de los cuerpos que se pueden percibir por los sentidos.

orgánulo. m. *Biol.* Estructura o parte de una célula que en esta cumple la función de un órgano.

organza. f. Tejido ligero de seda o algodón, transparente y semirrígido, más fino que la muselina, empleado especialmente para la confección de ropa femenina.

orgasmo. m. Culminación del placer sexual.

orgía. f. Festín en que se come y bebe sin moderación y se cometen otros excesos. ‖ **2.** fig. Satisfacción viciosa de apetitos o pasiones desenfrenadas.

orgiástico, ca. adj. Perteneciente o relativo a la orgía.

orgullo. m. Arrogancia, vanidad, exceso de estimación propia, que a veces es disimulable por nacer de causas nobles y virtuosas.

orientación. f. Acción y efecto de orientar u orientarse. ‖ **2.** Posición o dirección de una cosa respecto a un punto cardinal.

oriental. adj. Perteneciente o relativo al Oriente. ‖ **2.** Natural de Oriente. Ú. t. c. s. ‖ **3.** Perteneciente o relativo a las regiones de Oriente.

orientalismo. m. Conocimiento de la civilización y costumbres de los pueblos orientales. ‖ **2.** Carácter oriental.

orientar. tr. Colocar una cosa en posición determinada respecto a los puntos cardinales. ‖ **2.** Determinar la posición o dirección de una cosa respecto a un punto cardinal. ‖ **3.** Informar a uno de lo que ignora y desea saber, del estado de un asunto o negocio, para que sepa mantenerse en él. Ú. t. c. prnl. ‖ **4.** fig. Dirigir o encaminar una cosa hacia un fin determinado. Ú. t. c. prnl.

oriente. n. p. m. Punto cardinal del horizonte, por donde nace o aparece el Sol en los equinoccios. ‖ **2.** m. Lugar de la Tierra o de la esfera celeste que, respecto de otro con el cual se compara, cae hacia donde sale el Sol. ‖ **3.** Asia y las regiones inmediatas a ella de Europa y África. ‖ **4.** Brillo especial de las perlas.

orífice. m. Artífice que trabaja en oro.

orificio. m. Boca o agujero.

origen. m. Principio, nacimiento, manantial, raíz y causa de una cosa. ‖ **2.** Patria, país donde uno ha nacido o tuvo principio la familia o de donde una cosa proviene. || **3.** Ascendencia o familia. || **de las coordenadas.** *Geom.* Punto de intersección de los ejes coordenados, a partir del cual se miden las posiciones.

original. adj. Perteneciente o relativo al origen. || **2.** Dícese de la obra científica, artística, literaria o de cualquier otro género producida directamente por su autor sin ser copia, imitación o traducción de otra. *Escritura, cuadro* ORIGINAL. Ú. t. c. s. *El* ORIGINAL *de una escritura, de una estatua.* || **3.** Se dice asimismo de la lengua en que se escribió una obra o se rodó una película, a diferencia del idioma o idiomas al que se han traducido o doblado. *Solo conociendo en la lengua* ORIGINAL *una obra, puede formarse de ella juicio cabal y exacto.* || **4.** Aplicado a personas o a cosas de la vida real, singular, extraño, contrario a lo acostumbrado, general o común. *Es un hombre muy* ORIGINAL; *tiene cosas* ORIGINALES. Apl. a pers., ú. t. c. s. *Es un* ORIGINAL. || **5.** m. Manuscrito o impreso que se da a la imprenta para que con arreglo a él se haga impresión o reimpresión de una obra. || **6.** Cualquier escrito que sirve de modelo para sacar de él una copia.

originalidad. f. Cualidad de original.

originar. tr. Ser instrumento, motivo, principio u origen de una cosa. || **2.** prnl. Traer una cosa su principio u origen de otra.

originario, ria. adj. Que da origen a una persona o cosa. || **2.** Que trae su origen de algún lugar, persona o cosa.

orilla. f. Término, límite o extremo de la extensión superficial de algunas cosas. || **2.** Límite de la tierra que la separa del mar, lago, río, etc.; faja de tierra que está más inmediata al agua.

orillar. intr. Llegarse o arrimarse a las orillas. Ú. t. c. prnl.

orín[1]. m. Óxido rojizo que se forma en la superficie del hierro por la acción del aire húmedo.

orín[2]. m. **orina.** Ú. m. en pl.

orina. f. Excreción líquida, por lo común de color ámbar, que producida en los riñones pasa a la vejiga, de donde es expelida fuera del cuerpo por la uretra.

orinal. m. Recipiente de vidrio, loza, barro u otros materiales, para recoger los excrementos humanos.

orinar. intr. Expeler naturalmente la orina. Ú. t. c. prnl. || **2.** tr. Expeler por la uretra algún otro líquido. ORINAR *sangre.*

oriolano, na. adj. Natural de Orihuela. Ú. t. c. s. || **2.** Perteneciente o relativo a esta ciudad.

oriundo, da. adj. Que trae su origen de algún lugar.

orla. f. Orilla de paños, telas, vestidos u otras cosas, con algún adorno que la distingue. || **2.** Adorno que se dibuja, pinta, graba o imprime en las orillas de una hoja de papel, vitela o pergamino, en torno de lo escrito o impreso, o rodeando un retrato, viñeta, cifra, etc. || **3.** Lámina de cartulina, papel, etc., en que se agrupan los retratos de los condiscípulos de una promoción escolar o profesional cuando terminan sus estudios u obtienen el título correspondiente.

orlar. tr. Adornar un vestido u otra cosa con guarniciones al canto.

ornamentación. f. Acción y efecto de ornamentar.

ornamental. adj. Perteneciente o relativo a la ornamentación o adorno.

ornamentar. tr. Engalanar con adornos, adornar.

ornamento. m. Adorno, compostura, atavío que hace vistosa una cosa. || **2.** pl. Vestiduras sagradas que usan los sacerdotes cuando celebran, y también los adornos del altar, que son de lino o seda.

ornar. tr. **adornar.** Ú. t. c. prnl.

ornato. m. Adorno, atavío, aparato.

ornitología. f. *Zool.* Parte de la zoología que trata de las aves.

ornitólogo, ga. m. y f. Persona que profesa la ornitología o tiene en ella especiales conocimientos.

ornitorrinco. m. Mamífero del orden de los monotremas, del tamaño próximamente de un conejo, de cabeza casi redonda y mandíbulas ensanchadas y cubiertas por una lámina córnea, por lo cual su boca se asemeja al pico de un pato; pies palmeados, sobre todo en las extremidades torácicas, y cuerpo y cola cubiertos de pelo gris muy fino. Vive en Australia y se alimenta de larvas, de insectos y de pececillos.

oro. m. Elemento químico de núm. atóm. 79. Metal escaso en la corteza terrestre; se encuentra nativo y muy disperso. De color amarillo brillante e inalterable por casi todos los reactivos químicos, es el más dúctil y maleable de los metales, muy buen conductor del calor y la electricidad y uno de los más pesados. Se usa como metal precioso en joyería y en la fabricación de monedas y, aleado con platino o paladio, en odontología. Símb. *Au.* || **2.** Color amarillo como el de este metal. Ú. t. c. adj. || **3.** Moneda o monedas de **oro.** *No tengo más que* ORO; *pagar en* ORO. || **4. medalla de oro.** || **5.** Cualquiera de los naipes del palo de **oros.** *Juegue usted un* ORO; *he robado tres* OROS. || **6.** pl. Uno de los cuatro palos de la baraja española, en cuyos naipes se representan una o varias monedas de **oro.** || **como oro en paño.** loc. adv. fig. que explica el aprecio que se hace de una cosa por el cuidado que se tiene con ella. || **de oro.** loc. adj. fig. Precioso, inmejorable, floreciente, feliz. ‖ **el oro y el moro.** loc. fig. y fam. con que se ponderan ciertas ofertas ilusorias, y que expresa también el exagerado aprecio de lo que se espera o posee. ‖ **valer** uno o una cosa **más oro que pesa, más que su peso en oro, tanto oro como pesa,** o **todo el oro del mundo.** fr. fig. y fam. Ser muy valioso o de gran excelencia.

orogénesis. f. *Geol.* Parte de la geología que trata de la formación de las montañas.

orografía. f. Conjunto de montes de una comarca, región, país, etc.

orondo, da. adj. fig. y fam. Grueso, gordo.

oronja. f. Seta de sombrerillo anaranjado, extendido y sin escamas, con las laminillas y el pie de color dorado. Es propia del sur de Europa y comestible excelente. *(Amanita caesarea.)* ‖ **verde.** Seta de sombrerillo oliváceo, con una gorguera blanca en el pie y un bulbo también blanco en la base. Es muy venenosa. *(Amanita phalloides.)* ‖ **pintada.** Seta de sombrerillo rojo o anaranjado, con escamas blancas; el pie y el bulbo de su base son también blancos. Es venenosa. *(Amanita muscaria.)* ‖ **falsa oronja. oronja pintada.**

orónimo. m. Nombre de cordillera, montaña, colina, etc.

oropel. m. fig. Cosa de poco valor y mucha apariencia.

oropéndola. f. Ave del orden de las paseriformes, de unos 25 centímetros desde la punta del pico hasta la extremidad de la cola y 43 de envergadura; plumaje amarillo, con las alas y la cola negras; así como el pico y las patas. Abunda en España durante el verano, se alimenta de insectos, gusanos y frutas y hace el nido colgándolo, con hebras de esparto o lana, en las ramas horizontales de los árboles, de modo que se mueva al impulso del viento.

oropimente. m. Mineral compuesto de arsénico y azufre, de color de limón, de textura laminar o fibrosa y brillo craso nacarado. Es venenoso y se emplea en pintura y tintorería.

orozuz. m. Planta herbácea vivaz de la familia de las papilionáceas, con tallos leñosos, de un metro aproximadamente de altura; hojas compuestas de hojuelas elípticas, puntiagudas, glaucas y algo viscosas por el envés; flores pequeñas, azuladas, en racimos axilares, flojos y pedunculados; fruto con pocas semillas, y rizomas largos, cilíndricos, pardos por fuera y amarillos por dentro. Es común en España a orillas de muchos ríos; el jugo de sus rizomas, dulce y mucilaginoso, se usa mucho en medicina como pectoral y emoliente.

orquesta. f. Conjunto de instrumentos, principalmente de cuerda y de viento, que tocan unidos en los teatros y otros lugares.

orquestar. tr. Instrumentar para orquesta.

orquestina. f. Orquesta de pocos y variados instrumentos dedicada por lo general a ejecutar música bailable.

orquidáceo, a. adj. *Bot.* Dícese de plantas herbáceas angiospermas monocotiledóneas, vivaces, de hojas radicales y envainadoras, con flores de forma y coloración muy variables, fruto en cápsula y semillas sin albumen, y raíz con dos tubérculos elipsoidales y simétricos; como la vainilla. Ú. t. c. s. f. ‖ **2.** f. pl. *Bot.* Familia de estas plantas.

orquídea. f. Flor de una planta orquidácea; las de diversas especies tropicales son muy apreciadas en floricultura.

orquitis. f. *Pat.* Inflamación del testículo.

ortega. f. Ave del orden de las columbiformes, muy parecida en aspecto, tamaño y demás características a la ganga[1]. Es común en España y corre más que vuela. *(Pterocles arenaria.)*

ortiga. f. Planta herbácea de la familia de las urticáceas, con tallos prismáticos de seis a ocho decímetros de altura; hojas opuestas, elípticas, agudas, aserradas por el margen y cubiertas de pelos que segregan un líquido urente; flores verdosas en racimos axilares y colgantes, las masculinas en distinto pie que las femeninas, y fruto seco y comprimido. Es muy común en España.

orto. m. Salida o aparición del Sol o de otro astro por el horizonte.

orto-. elem. compos. que significa «recto» o «correcto»: ORTO*doncia,* ORTO*fonía,* ORTÓ*ptero.*

ortodoncia. f. *Med.* Rama de la odontología, que estudia las malformaciones y defectos de la dentadura y su tratamiento. ‖ **2.** *Med.* Tratamiento para corregir defectos de la dentadura.

ortodoxia. f. Conformidad con el dogma de una religión. Entre católicos, conformidad con el dogma católico. ‖ **2.** Por ext., conformidad con doctrinas o prácticas generalmente admitidas. ‖ **3.** Designa también comúnmente el conjunto de las Iglesias cristianas orientales.

ortodoxo, xa. adj. Conforme con el dogma de una religión. Entre católicos, conforme con el dogma católico. *Escritor* ORTODOXO, *opinión* ORTODOXA. Ú. t. c. s. *Los* ORTODOXOS. ‖ **2.** Por ext., conforme con doctrinas o prácticas generalmente aceptadas. ‖ **3.** Calificativo con que se distinguen ciertas iglesias de la Europa oriental, como la griega, la rusa y la rumana.

ortofonía. f. Corrección de los defectos de la voz y de la pronunciación.

ortogonal. adj. Dícese de lo que está en ángulo recto.

ortografía. f. Parte de la gramática, que enseña a escribir correctamente por el acertado empleo de las letras y de los signos auxiliares de la escritura.

ortográfico, ca. adj. Perteneciente o relativo a la ortografía.

ortología. f. Arte de pronunciar correctamente y, en sentido más general, de hablar con propiedad.

ortopeda. com. Especialista en ortopedia.

ortopedia. f. Arte de corregir o de evitar las deformidades del cuerpo humano, por medio de ciertos aparatos o de ejercicios corporales.

ortopédico, ca. adj. Perteneciente o relativo a la ortopedia.

ortóptero. adj. *Zool.* Dícese de insectos masticadores, de metamorfosis sencillas, que tienen un par de élitros consistentes y otro de alas membranosas plegadas longitudinalmente; como los saltamontes y los grillos. Ú. t. c. s. ‖ **2.** m. pl. *Zool.* Orden de estos insectos.

ortosa. f. Feldespato de estructura laminar, de color blanco o gris amarillento, opaco, muy abundante en las rocas eruptivas, como el granito. Es un silicato de alúmina y potasa.

oruga. f. Larva de los insectos lepidópteros que es vermiforme, con doce anillos casi iguales y de colores muy variados, según las especies; su boca está provista de un aparato masticador con el que tritura los alimentos, que son principalmente hojas vegetales.

orujo. m. Hollejo de la uva, después de exprimida y sacada toda la sustancia. ‖ **2.** Residuo de la aceituna molida y prensada, del cual se saca aceite de calidad inferior. ‖ **3. aguardiente.**

orvallo. m. En algunas partes, **llovizna.**

orza[1]. f. Vasija vidriada de barro, alta y sin asas, que sirve por lo común para guardar conserva.

orza[2]. f. *Mar.* Pieza suplementaria que se asegura exteriormente a la quilla de los balandros de regata, a fin de aumentar su calado y procurar su mayor estabilidad y mejor gobierno.

orzuelo. m. Divieso pequeño que nace en el borde de uno de los párpados.

os. Dativo y acusativo del pronombre personal de segunda persona en género masculino o femenino y número plural. ❑ No admite preposición y puede usarse como sufijo. OS *amé; ama*OS. En el tratamiento de *vos* hace indistintamente oficio de singular o plural. *Yo* OS *perdono* (dirigiéndose a una sola persona, o a dos o más). Cuando se emplea como sufijo con las segundas personas de plural del imperativo de los verbos, pierden estas personas su *d* final. *Detene*OS. Exceptúase únicamente *id.*

osa. f. Hembra del oso.

osadía. f. Atrevimiento, audacia, resolución.

osamenta. f. Esqueleto del hombre y de los animales.

osar. intr. Atreverse, emprender alguna cosa con audacia. Ú. t. c. tr.

osario. m. Lugar destinado en las iglesias o en los cementerios para reunir los huesos que se sacan de las sepulturas a fin de volver a enterrar en ellas.

oscense. adj. Natural de Huesca. Ú. t. c. s. ‖ **2.** Perteneciente o relativo a esta ciudad o a su provincia.

oscilación. f. Acción y efecto de oscilar.

oscilador. m. *Fís.* Aparato destinado a producir oscilaciones eléctricas o mecánicas.

oscilar. intr. Efectuar movimientos de vaivén a la manera de un péndulo o de un cuerpo colgado de un resorte o movido por él. ‖ **2.** fig. Crecer y disminuir alternativamente, con más o menos regularidad, la intensidad de algunas manifestaciones o fenómenos. OSCILAR *el precio de las mercancías, la presión atmosférica,* etc.

oscilatorio, ria. adj. Aplícase al movimiento de los cuerpos que oscilan, y a su aptitud o disposición para oscilar.

ósculo. m. cult. Beso de respeto o afecto.

oscurantismo. m. Oposición sistemática a que se difunda la instrucción en las clases populares.

oscurantista. adj. Partidario del oscurantismo. Apl. a pers., ú. t. c. s.

oscurecer. tr. Privar de luz y claridad. ‖ **2.** fig. Dificultar la inteligencia del concepto, por los términos empleados para expresarlo. ‖ **3.** intr. impers. Ir anocheciendo, faltar la luz y claridad desde que el Sol empieza a ocultarse. ❑ En esta acepción solo se usan las 3.as pers. del sing. de todos los tiempos, y el infinitivo, gerundio y participio. Irreg. Se conj. como *agradecer.*

oscuridad. f. Falta de luz y claridad para percibir las cosas. ‖ **2.** fig. Falta de claridad en lo escrito o hablado.

oscuro, ra. adj. Que carece de luz o claridad. ‖ **2.** Dícese del color que se acerca al negro, y del que se contrapone a otro más claro de su misma clase. *Azul* OSCURO; *verde* OSCURO. Ú. t. c. s. ‖ **3.** fig. Confuso, falto de claridad, poco inteligible. Dícese del lenguaje y de las personas. ‖ **4.** fig. Incierto, peligroso, temeroso. *Porvenir* OSCURO.

óseo, a. adj. De hueso.

osera. f. Cueva donde se recoge el oso para abrigarse y para criar sus hijuelos.

osezno. m. Cachorro del oso.

osificación. f. Acción y efecto de osificarse.

osificarse. prnl. Volverse, convertirse en hueso o adquirir la consistencia de tal una materia orgánica.

osmio. m. Elemento químico de núm. atóm. 76. Metal escaso en la corteza terrestre; se encuentra nativo en minerales de cromo, hierro, cobre y níquel. De color blanco azulado, duro y poco dúctil, tiene un punto de fusión elevado y es el elemento más denso. Se usa en la fabricación de filamentos incandescentes y como catalizador, y uno de sus derivados se emplea como fijador en histología. Símb. *Os.*

ósmosis u **osmosis.** f. *Fís.* Paso recíproco de líquidos de distinta densidad a través de una membrana que los separa.

osmótico, ca. adj. Perteneciente o relativo a la ósmosis.

oso. m. Mamífero carnívoro plantígrado, que llega a tener un metro de altura en la cruz y metro y medio desde la punta del hocico hasta la cola; de pelaje pardo, cabeza grande, ojos pequeños, extremidades fuertes y gruesas, con garras, y cola muy corta. Vive en los montes boscosos y se alimenta con preferencia de vegetales. ǁ **blanco** o **polar.** Especie mayor que la común, con pelaje blanco, cabeza aplastada y hocico puntiagudo. Habita en los países marítimos más septentrionales, es buen nadador y, aventurándose sobre los témpanos de hielo, persigue y devora las focas, morsas y peces. ǁ **hormiguero.** Mamífero desdentado de América, que se alimenta de hormigas, recogiéndolas con su lengua larga, delgada y casi cilíndrica. Tiene más de un metro de largo desde el hocico hasta la base de la cola, y su pelo es áspero y tieso, de color agrisado y con listas negras de bordes blancos. ǁ **pardo. oso** común de Europa.

-oso. suf. adoptado por convenio en la nomenclatura química para designar compuestos en los que el elemento principal actúa con la valencia mínima: *ácido sulfur*OSO.

ososo, sa. adj. Perteneciente o relativo al hueso.

osteítis. f. *Pat.* Inflamación de los huesos.

ostensible. adj. Claro, manifiesto, patente.

ostensorio. m. Custodia que se emplea para la exposición de la hostia consagrada en el interior de las iglesias o para ser conducida a manos del sacerdote en las procesiones.

ostentación. f. Acción y efecto de ostentar.

ostentar. tr. Hacer gala de grandeza, lucimiento y boato. ❑ No utilizar por *detentar.*

ostentoso, sa. adj. Magnífico, suntuoso, aparatoso y digno de verse.

osteolito. m. *Paleont.* Hueso fósil.

osteología. f. Parte de la anatomía, que trata de los huesos.

osteoma. m. *Pat.* Tumor de naturaleza ósea o con elementos de tejido óseo.

osteopatía. f. *Med.* Término general para las enfermedades óseas.

ostra. f. Molusco acéfalo lamelibranquio marino, monomiario, con concha de valvas desiguales, ásperas, de color pardo verdoso por fuera, lisas, blanco y algo nacaradas por dentro, de las cuales la mayor es más convexa que la otra y está adherida a las rocas. Es comestible muy apreciado. ǁ **2.** Concha de la madreperla. ǁ **aburrirse como una ostra.** fr. fig. y fam. Aburrirse extraordinariamente.

ostracismo. m. Destierro político acostumbrado entre los atenienses.

ostricultura. f. Arte de criar ostras.

ostrogodo, da. adj. Dícese del individuo de aquella parte del pueblo godo que estuvo establecido al oriente del Dniéper, y fundó un reino en Italia. Ú. t. c. s. ǁ **2.** Perteneciente o relativo a los **ostrogodos.**

otalgia. f. *Pat.* Dolor de oídos.

otear. tr. Registrar desde lugar alto lo que está abajo.

otero. m. Cerro aislado que domina un llano.

otitis. f. *Pat.* Inflamación del oído.

oto. m. Especie de lechuza grande, autillo.

otología. f. *Med.* Parte de la patología, que estudia las enfermedades del oído.

otomán. m. Tela de tejido acordonado que se usa principalmente para vestidos de mujer.

otomana. f. Sofá otomano, o sea al estilo de los que usan los turcos o los árabes.

otomano, na. adj. Natural de Turquía. Ú. t. c. s. ǁ **2.** Perteneciente o relativo a Turquía.

otoñal. adj. Propio del otoño o perteneciente a él.

otoño. m. Estación del año que, astronómicamente, comienza en el equinoccio del mismo nombre y termina en el solsticio de invierno. ǁ **2.** Período de la vida humana en que esta declina de la plenitud hacia la vejez.

otorgamiento. m. Permiso, consentimiento, licencia, parecer favorable.

otorgar. tr. Consentir, condescender o conceder una cosa que se pide o se pregunta.

otorrinolaringología. f. Parte de la patología, que trata de las enfermedades del oído, nariz y laringe.

otosclerosis. f. Esclerosis de los tejidos del oído interno y medio, con formación de tejido esponjoso en la cápsula del laberinto, que conduce a la sordera.

otro, tra. adj. Aplícase a la persona o cosa distinta de aquella de que se habla. Ú. t. c. s. ǁ **2.** Con artículo y ante sustantivos como *día, tarde, noche,* los sitúa en un pasado cercano. *El* OTRO *día vi a tu primo.* ǁ **3.** Con *a* y artículo, ante sustantivos como *día,* semana, mes, año, equivale a siguiente. *A la* OTRA *semana nos pagarán.* ‖ **4.** Aplícase a cualquier persona distinta de la que habla o piensa.

otrosí. adv. c. Demás de esto, además. Ú. por lo común en lenguaje jurídico.

ova. f. Cualquiera de las algas verdes cuyo talo está dividido en filamentos, cintas o láminas, y que se crían en el mar o en los ríos y estanques, flotantes en el agua o fijas al fondo. Ú. m. en pl.

ovación. f. fig. Aplauso ruidoso que colectivamente se tributa a una persona o cosa.

ovacionar. tr. Aclamar, tributar un aplauso ruidoso.

oval. adj. De figura de óvalo.

ovalar. tr. Dar a una cosa figura de óvalo.

óvalo. m. Cualquier curva cerrada, con la convexidad vuelta siempre a la parte de afuera, de forma parecida a la de la elipse, y simétrica respecto de uno o de dos ejes.

ovar. intr. Poner huevos, aovar.

ovario. m. *Bot.* Parte inferior del pistilo, que contiene los óvulos. ‖ **2.** *Anat.* Gónada femenina.

ovariotomía. f. *Cir.* Operación que consiste en la extirpación de uno o de ambos ovarios.

oveja. f. Hembra del carnero. ‖ **negra.** fig. Persona que, en una familia o colectividad poco numerosa, difiere desfavorablemente de las demás.

ovejero, ra. adj. Que cuida de las ovejas. Ú. t. c. s.

overa. f. Ovario de las aves.

ovetense. adj. Natural de Oviedo. Ú. t. c. s. ‖ **2.** Perteneciente o relativo a esta ciudad.

óvido. adj. *Zool.* Dícese de mamíferos rumiantes de la familia de los bóvidos, muchos de ellos cubiertos de abundante lana, con cuernos de sección triangular y retorcidos en espiral o encorvados hacia atrás; como los carneros y cabras. Ú. t. c. s. m.

oviducto. m. *Anat.* Conducto por el que los óvulos de los animales salen del ovario para ser fecundados. En la especie humana se llama trompa de Falopio.

ovillo. m. Bola o lío que se forma devanando hilo de lino, algodón, seda, lana, etc. ‖ **2.** fig. Cosa enredada y de figura redonda. ‖ **3.** fig. Montón o multitud confusa de cosas, sin trabazón ni arte. ‖ **hacerse** uno **un ovillo.** fr. fig. y fam. Encogerse, contraerse, acurrucarse por miedo, dolor u otra causa natural.

ovino, na. adj. Se aplica al ganado lanar. ‖ **2.** m. Animal **ovino.**

ovíparo, ra. adj. *Zool.* Dícese de los animales que ponen huevos en los que la segmentación no ha comenzado o no está todavía muy adelantada; como las aves, moluscos, insectos, etc. Ú. t. c. s.

ovo. m. *Arq.* Ornamento en forma de huevo.

ovoide. adj. De figura de huevo. Ú. t. c. s.

ovoideo, a. adj. De figura de huevo.

óvolo. m. *Arq.* Adorno en figura de huevo, rodeado por un cascarón y con puntas de flecha intercaladas entre cada dos. ❑ No confundir con *óbolo* ni con *óvulo.*

ovovivíparo, ra. adj. *Zool.* Dícese del animal de generación ovípara cuyos huevos se detienen durante algún tiempo en las vías genitales, no saliendo del cuerpo materno hasta que está muy adelantado su desarrollo embrionario; como la víbora. Ú. t. c. s.

ovulación. f. *Fisiol.* Expulsión del ovario, espontánea o inducida, de uno o varios óvulos.

ovular. intr. Realizar la ovulación.

óvulo. m. *Biol.* Cada una de las células sexuales femeninas que se forman en el ovario de los animales y que casi siempre necesitan unirse a gametos masculinos para dar origen a nuevos individuos. ‖ **2.** *Bot.* Cada uno de los cuerpos esferoidales en el ovario de la flor, en que se produce la oosfera, rodeados por una doble membrana provista de un orificio o micrópilo.

oxalidáceo, a. adj. *Bot.* Dícese de plantas angiospermas dicotiledóneas, herbáceas, rara vez leñosas, que tienen hojas alternas, simples o compuestas, flores actinomorfas pentámeras, solitarias o en umbela, y fruto en cápsula con semillas de albumen carnoso; como la aleluya y el carambolo. Ú. t. c. s. f. ‖ **2.** f. pl. *Bot.* Familia de estas plantas.

oxidación. f. Acción y efecto de oxidar u oxidarse.

oxidante. adj. Que oxida o sirve para oxidar. Ú. t. c. s. m.

oxidar. tr. Producir el oxígeno o un agente oxidante una reacción en una sustancia. Ú. t. c. prnl. ‖ **2.** prnl. *Quím.* Perder electrones un átomo o ión.

óxido. m. *Quím.* Combinación de oxígeno con un metal, generalmente, y a veces con un metaloide, la cual se distingue de los ácidos por no ejercer acción sobre la tintura de tornasol, en unos casos, y en otros, por devolver el color azul a la que previamente fue enrojecida.

oxigenado, da. adj. Que contiene oxígeno.

oxigenar. tr. *Quím.* Combinar o tratar con oxígeno. Ú. t. c. prnl. ‖ **2.** prnl. fig. Airearse, respirar el aire libre.

oxígeno. m. Elemento químico de núm. atóm. 8. Muy abundante en la corteza terrestre; constituye casi una quinta parte del aire atmosférico en su forma molecular O_2; forma parte del agua, de los óxidos, de casi todos los ácidos y sustancias orgánicas, y está presente en todos los seres vivos. Gas más pesado que el aire, incoloro, inodoro, insípido y muy reactivo, es esencial para la respiración y activa los procesos de combustión. Símb. *O.* ‖ **2.** Gas de este elemento en su forma molecular. Símb. O_2.

oxítono, na. adj. *Gram.* **agudo,** que carga el acento en la última sílaba.

oxiuro. m. *Zool.* Nematodo parásito del hombre y en especial del niño. Las hembras miden hasta 10 mm de longitud y llegan para efectuar la puesta hasta el recto, en donde con sus mordeduras provocan un molestísimo prurito en los rebordes del ano.

oxoniense. adj. Natural o vecino de Oxford. Ú. t. c. s. ‖ **2.** Perteneciente o relativo a esta ciudad inglesa.

oyente. adj. Que oye. Ú. t. c. s. ‖ **2.** m. Asistente a un aula, no matriculado como alumno.

ozono. m. *Quím.* Estado alotrópico del oxígeno, producido por la electricidad, de cuya acción resulta un gas muy oxidante, de olor fuerte a marisco y de color azul cuando se liquida. Se encuentra en muy pequeñas proporciones en la atmósfera después de las tempestades.

p. f. Decimoséptima letra del abecedario español, y decimotercera de sus consonantes. Su nombre es **pe,** y representa un sonido de articulación bilabial, oclusiva y sorda.

pabellón. m. Tienda de campaña en forma de cono, sostenida interiormente por un palo grueso hincado en el suelo y sujeta al terreno alrededor de la base con cuerdas y estacas. ‖ **2.** Colgadura que cobija y adorna una cama, un trono, un altar, etc. ‖ **3.** Bandera nacional. ‖ **4.** Ensanche cónico con que termina la boca de algunos instrumentos de viento; como la corneta y el clarinete. ‖ **5.** Edificio que constituye una dependencia de otro mayor, inmediato o próximo a aquel. ‖ **6.** Cada una de las construcciones o edificios que forman parte de un conjunto, como los de una exposición, ciudad universitaria, hospital, cuartel, etc. ‖ **de la oreja. oreja,** parte externa del oído.

pabilo o **pábilo.** m. Mecha que está en el centro de la vela. ‖ **2.** Parte carbonizada de esta mecha.

pábulo. m. fig. Lo que sirve para mantener la existencia de algunas cosas o acciones.

paca[1]. f. Mamífero roedor, de unos cinco decímetros de largo, con pelaje espeso y lacio, pardo por el lomo y rojizo por el cuello, vientre y costados; cola y pies muy cortos, hocico agudo y orejas pequeñas y redondas. Es propio de América del Sur, en cuyos montes vive en madrigueras; se alimenta de vegetales, gruñe como el cerdo, se domestica con facilidad y su carne es muy estimada.

paca[2]. f. Fardo o lío, especialmente de lana o de algodón en rama, y también de paja, forraje, etc.

pacana. f. Árbol de la familia de las yuglandáceas, propio de América del Norte, de unos 30 metros de altura, con tronco grueso y copa magnífica; hojas compuestas de hojuelas ovales y dentadas; flores verdosas en amentos largos, y fruto seco del tamaño de una nuez, de cáscara lisa y forma de aceituna, con almendra comestible. La madera de este árbol, semejante al nogal, es muy apreciada. ‖ **2.** Fruto de este árbol.

pacato, ta. adj. De condición excesivamente pacífica, tranquila y moderada. Ú. t. c. s. ‖ **2.** De poco valor, insignificante. ‖ **3.** Mojigato, que tiene o manifiesta excesivos escrúpulos. Ú. t. c. s.

pacense. adj. Natural de Badajoz. Ú. t. c. s. ‖ **2.** Natural de Beja (Portugal). Ú. t. c. s. ‖ **3.** Perteneciente o relativo a cualquiera de estas dos ciudades.

pacer. intr. Comer el ganado la hierba en los campos, prados, montes y dehesas. Ú. t. c. tr. ❑ Irreg. Se conj. como *agradecer*.

pachá. m. **bajá.** ‖ **vivir como un pachá.** loc. Vivir con lujo y opulencia. ❑ pl. *pachás*.

pachanga. f. Danza originaria de Cuba.

pachanguero, ra. adj. Dícese de un espectáculo, una fiesta, y especialmente una música fácil y bulliciosa.

pacharán. m. Licor obtenido por maceración de endrinas en aguardiente anisado.

pachón, na. adj. V. **perro pachón.** Ú. t. c. s.

pachorra. f. fam. Flema, tardanza, indolencia.

pachucho, cha. adj. fig. y fam. Flojo, alicaído, desmadejado.

pachulí. m. Planta labiada, perenne, procedente del Asia y Oceanía tropicales; es muy olorosa, semejante al almizcle, y se usa en perfumería. ‖ **2.** Perfume de esta planta. ❑ pl. *pachulíes* o *pachulís*.

paciencia. f. Capacidad de padecer o soportar algo sin alterarse. ‖ **2.** Capacidad para hacer cosas pesadas o minuciosas. ‖ **3.** Facultad de saber esperar cuando algo se desea mucho.

paciente. adj. Que tiene paciencia. ‖ **2.** *Fil.* Dícese del sujeto que recibe o padece la acción del agente. Ú. t. c. s. m. ‖ **3.** com. Persona que padece física y corporalmente; el doliente, el enfermo; en propiedad, aquel que se halla bajo atención médica.

pacificar. tr. Establecer la paz donde había guerra o discordia. ‖ **2.** Reconciliar a los que están opuestos o discordes. Ú. t. c. prnl. ‖ **3.** prnl. fig. Sosegarse y aquietarse las cosas turbadas o alteradas. PACIFICARSE *los vientos.*

pacífico, ca. adj. Tranquilo, sosegado, que no provoca luchas o discordias. ‖ **2.** En paz, no alterado por guerras o disturbios. ‖ **3.** Que no tiene o no halla oposición, contradicción o alteración en su estado.

pacifismo. m. Conjunto de doctrinas encaminadas a mantener la paz entre las naciones.

pacifista. adj. Perteneciente o relativo al pacifismo. ‖ **2.** Dícese del partidario del pacifismo. Ú. t. c. s.

pacotilla. f. Porción de géneros que los marineros u oficiales de un barco pueden embarcar por su cuenta libres de flete. ‖ **ser de pacotilla** una cosa. fr. fig. Ser de inferior calidad; estar hecha sin esmero.

pactar. tr. Acordar algo entre dos o más personas o entidades, obligándose mutuamente a su observancia. ‖ **2.** Contemporizar una autoridad con los sometidos a ella.

pacto. m. Concierto o tratado entre dos o más partes que se comprometen a cumplir lo estipulado.

padecer. tr. Sentir física y corporalmente un daño, dolor, enfermedad, pena o castigo. Ú. t. c. intr. ‖ **2.** Sufrir algo nocivo o desventajoso. PADECER *engaño, error, equivocación.* ‖ **3. soportar,** tolerar, sufrir. ‖ **4.** fig. Recibir daños las cosas. ❑ Irreg. Se conj. como *agradecer.*

padecimiento. m. Acción de padecer o sufrir daño, injuria, enfermedad, etc.

padrastro. m. Marido de la madre, respecto de los hijos habidos antes por ella. ‖ **2.** fig. Mal padre. ‖ **3.** fig. Pedacito de pellejo que se levanta de la carne inmediata a las uñas de las manos, y causa dolor y estorbo.

padrazo. m. fam. Padre muy indulgente con sus hijos.

padre. m. Varón o macho, respecto de sus hijos. ‖ **2.** Macho en el ganado destinado a la procreación. ‖ **3.** Cabeza de una descendencia, familia o pueblo. ‖ **4.** Nombre que se da a ciertos religiosos y a los sacerdotes. ‖ **5.** *Teol.* Primera persona de la Santísima Trinidad. ‖ **6.** fig. Autor de una obra de ingenio, inventor de otra cosa cualquiera. ‖ **7.** pl. El **padre** y la madre. ‖ **8.** adj. fam. Muy grande. *Se armó un escándalo* PADRE. ‖ **de la patria.** Título de honor dado a alguien por los especiales servicios prestados al pueblo. ‖ **espiritual.** Confesor que cuida y dirige el espíritu y conciencia del penitente. ‖ **nuestro.** Oración dominical que empieza con estas palabras. ‖ **Santo.** Por antonom., el Papa. ‖ **nuestros primeros padres.** Adán y Eva, progenitores del linaje humano. ‖ **Santo Padre.** Cada uno de los primeros doctores de la Iglesia griega y latina, que escribieron sobre los misterios y sobre la doctrina de la religión. ‖ **2. Padre Santo,** el Papa. ‖ **de padre y muy señor mío.** fr. fam. con que se encarece la gran intensidad o magnitud de una cosa.

padrino. m. El que tiene, presenta o asiste a otra persona que recibe el sacramento del bautismo, de la confirmación, del matrimonio o del orden si es varón, o que profesa, si se trata de una religiosa. ‖ **2.** pl. El **padrino** y la madrina. ‖ **3.** fig. Influencias de que uno dispone por relaciones o amistades, para conseguir algo o desenvolverse en la vida.

padrón. m. Nómina de los vecinos o habitantes de un pueblo.

paella. f. Plato de arroz seco, con carne, pescado, mariscos, legumbres, etc., que se usa mucho en la región valenciana. ‖ **2.** Sartén en que se hace, paellera.

paellera. f. Recipiente de hierro a modo de sartén, de poco fondo y con dos asas, que sirve para hacer la paella.

¡paf! Voz onomatopéyica con que se expresa el ruido que hace una persona o cosa al caer o chocar contra algún objeto.

paga. f. Acción de pagar o satisfacer una cosa. ‖ **2.** Cantidad de dinero que se da en pago. ‖ **3.** Sueldo de un empleado.

pagado, da. adj. Ufano, satisfecho de alguna cosa.

paganismo. m. Religión de los gentiles o paganos. ‖ **2.** Conjunto de los gentiles.

pagano, na. adj. Aplícase a los idólatras y politeístas, especialmente a los antiguos griegos y romanos. Ú. t. c. s. ‖ **2.** Por ext., aplícase a todo infiel no bautizado. Ú. t. c. s.

pagar. tr. Dar uno a otro, o satisfacer, lo que le debe. ‖ **2.** fig. Satisfacer el delito, falta o yerro por medio de la pena correspondiente. ‖ **3.** fig. Corresponder al afecto, cariño u otro beneficio. ‖ **4.** prnl. Ufanarse de una cosa; hacer estimación de ella. ‖ **pagarla,** o **pagarlas.** loc. verbal fam. Sufrir el culpable su correspondiente castigo o la venganza de que se hizo más o menos merecedor. Muchas veces se usa en son de amenaza. *Me* LA PAGARÁS; *me* LAS HAS DE PAGAR.

pagaré. m. Papel de obligación por una cantidad que ha de pagarse a tiempo determinado.

pagel. m. Pez teleósteo, del suborden de los acantopterigios, común en los mares de España, de unos dos decímetros de largo, con cabeza y ojos grandes, rojizo por el lomo, plateado por el vientre y con aletas y cola encarnadas. Su carne es blanca, comestible y bastante estimada.

página. f. Cada una de las dos haces o planas de la hoja de un libro o cuaderno. ‖ **2.** Lo escrito o impreso en cada **página.** *No he podido leer más que dos* PÁGINAS *de este libro.* ‖ **3.** fig. Suceso, lance o episodio en el curso de una vida o de una empresa. PÁGINA *gloriosa; triste* PÁGINA. ❑ No confundir con *hoja.*

paginación. f. Acción y efecto de paginar. ‖ **2.** Serie de las páginas de un escrito o impreso.

paginar. tr. Numerar páginas o planas.

pago[1]. m. Entrega de un dinero o especie que se debe. ‖ **2.** Satisfacción, premio o recompensa.

pago[2]. m. Distrito determinado de tierras o heredades, especialmente de viñas u olivares. ‖ **2.** Pueblecito o aldea.

pagoda. f. Templo de las deidades en algunos pueblos de Oriente.

paidología. f. Ciencia que estudia todo lo relativo a la infancia y su buen desarrollo físico e intelectual.

paila. f. Vasija grande de metal, redonda y poco profunda. ‖ **2.** *Amér.* Sartén, vasija.

paipay. m. Abanico de palma en forma de pala y con mango, muy usado en Filipinas, y a su ejemplo en otras partes. ❑ Plural, **paipáis.**

pairo. m. *Mar.* Acción de dejar quieta la nave y con las velas tendidas. Ú. comúnmente en la loc. adv. **al pairo.** ‖ **estar, quedarse,** etc., **al pairo.** fr. fig. y fam. Estar a la expectativa, para actuar cuando sea necesario.

país. m. Nación, región, provincia, o territorio. ‖ **2.** Papel, piel o tela que cubre la parte superior del varillaje del abanico.

paisaje. m. Extensión de terreno que se ve desde un sitio. ‖ **2.** Extensión de terreno considerada en su aspecto artístico. ‖ **3.** Pintura o dibujo que representa cierta extensión de terreno.

paisajista. adj. Dícese del pintor de paisajes. Ú. t. c. s. ‖ **2.** Dícese del especialista en la creación de parques y jardines y en la planificación y conservación del entorno natural. Ú. t. c. s.

paisano, na. adj. Que es del mismo país, provincia o lugar que otro. Ú. t. c. s. ‖ **2.** m. y f. Campesino, que vive y trabaja en el campo. ‖ **de paisano.** loc. adv. Se dice de los militares o los eclesiásticos cuando no visten uniforme o hábito.

paja. f. Caña de trigo, cebada, centeno y otras gramíneas, después de seca y separada del grano. ‖ **2. pajilla,** para sorber líquidos, especialmente refrescos. ‖ **3.** Arista o parte pequeña y delgada de una hierba o cosa semejante. ‖ **4.** fig. Lo inútil y desechado en cualquier materia, a distinción de lo escogido de ella. ‖ **brava.** Hierba de la familia de las gramíneas, que crece hasta tres o cuatro decímetros de altura. Es propia de las tierras de gran altitud en América Meridional. Es apreciada como pasto, y como combustible en los hornos de minerales. ‖ **hacerse** uno **una paja.** fr. fig. y vulg. **masturbarse.**

pajar. m. Sitio donde se guarda la paja.

pájara. f. Mujer astuta, sagaz y cautelosa. Ú. t. c. adj. ‖ **2.** En ciclismo, bajón físico súbito que impide al corredor mantener el ritmo de la carrera.

pajarear. intr. Cazar pájaros. ‖ **2.** fig. Andar vagando, sin trabajar o sin ocuparse en cosa útil.

pajarería. f. Tienda donde se venden pájaros y otros animales domésticos; como gatos, perros, etc.

pajarita. f. Figura de papel que resulta de doblarlo varias veces hasta conseguir la forma deseada, generalmente de pájaro. ‖ **2.** Tipo de corbata que se anuda por delante en forma de lazo sin caídas.

pájaro. m. Ave, especialmente si es pequeña. ‖ **2.** fig. Hombre astuto y sagaz, que suele suscitar recelos. Ú. t. c. adj. ‖ **3.** *Zool.* Ave paseriforme. ‖ **4.** pl. *Zool.* En clasificaciones en desuso, orden de las aves paseriformes. ‖ **bobo.** Ave palmípeda, de unos cuatro decímetros de largo, con el lomo negro, y el pecho y vientre blancos, con distintas marcas según las especies. Anida en las costas de los países septentrionales, y está adaptada a la natación y el buceo para capturar los peces de que se alimenta. ‖ **carpintero.** Ave trepadora, de plumaje negro manchado de blanco en las alas y cuello; pico largo y delgado, pero muy fuerte, que utiliza para perforar la corteza de los árboles en busca de insectos. ‖ **mosca. colibrí.** ‖ **moscón.** Ave del orden de las paseriformes, de pico pequeño y plumaje ceniciento, rojizo y gris, que fabrica su nido en forma de bolsa y lo cuelga de una rama flexible, generalmente encima del agua. Se alimenta de insectos y semillas. ‖ **niño. pájaro bobo.** ‖ **matar dos pájaros de una pedrada,** o **de un tiro.** fr. fig. y fam. Hacer o lograr dos cosas de una sola vez.

paje. m. Criado cuyo ejercicio es acompañar a sus amos, asistir en las antesalas, servir a la mesa y otros ministerios decentes y domésticos.

pajilla. f. Caña delgada de avena, centeno u otras plantas gramíneas, o tubo artificial de forma semejante, que sirve para sorber líquidos, especialmente refrescos.

pajizo, za. adj. De color de paja.

pajolero, ra. adj. Se dice de toda cosa despreciable y molesta a la persona que habla. ‖ **2.** fam. Según el contexto y la situación, expresa el punto de vista más o menos hostil o afectivo del hablante ante el nombre al cual acompaña. *Toda tu* PAJOLERA *vida has hecho el zascandil; cautiva a todos con su gracia* PAJOLERA.

pala. f. Instrumento compuesto de una tabla de madera o una plancha de hierro, comúnmente de forma rectangular o redondeada, y un mango grueso, cilíndrico y más o menos largo, según los usos a que se destina. ‖ **2.** Parte ancha de diversos objetos, siempre que tenga alguna semejanza con las **palas** de madera o hierro usadas en la industria. ‖ **3.** *Dep.* Tabla de madera fuerte, con mango, que se usa para jugar a la pelota. ‖ **4.** *Dep.* Parte ancha del remo, con que se impulsa la embarcación haciendo fuerza en el agua. ‖ **5.** Diente incisivo superior.

palabra. f. Sonido o conjunto de sonidos articulados que expresan una idea. ‖ **2.** Representación gráfica de estos sonidos. ‖ **3.** Facultad de hablar. ‖ **4.** Aptitud oratoria. ‖ **5.** Empeño que hace uno de su fe y probidad en testimonio de la certeza de lo que refiere o asegura. ‖ **6.** Promesa u oferta. ‖ **7.** Derecho, turno para hablar en las asambleas políticas y otras corporaciones. *Pedir, retirar la* PALABRA. ‖ **8.** Junta esta voz con las partículas *no* o *ni* y un verbo, sirve para dar más fuerza a la negación de lo que el verbo significa. Con la partícula *no* se pospone al verbo, y con la partícula *ni* algunas veces se antepone. NO *entiendo* PALABRA; NI PALABRA *entiendo.* ‖ **de Dios.** El Evangelio, la Escritura, los sermones y doctrina de los predicadores evangélicos. ‖ **de honor. palabra,** empeño que hace uno de su fe. ‖ **de matrimonio.** La que se da recíprocamente de contraerlo y se acepta, por la cual quedan moralmente obligados a su cumplimiento los que la dan. ‖ **palabras mayores.** Las injuriosas y ofensivas. ‖ **coger la palabra.** fr. fig. Valerse de ella o reconvenir con ella, o hacer prenda de ella, para obligar al cumplimiento de la oferta o promesa. ‖ **cuatro palabras.** fr. Conversación corta. ‖ **dar la palabra.** fr. fig. Conceder el uso de ella en un debate. ‖ **dar** uno **palabra,** o su **palabra.** fr. Prometer hacer una cosa. ‖ **decir** uno **la última palabra** en un asunto. fr. Resolverlo o esclarecerlo de manera definitiva. ‖ **dejar** a uno **con la palabra en la boca.** fr. Volverle la espalda sin escuchar lo que va a decir. ‖ **de palabra.** loc. adv. Por medio de la expresión oral. ‖ **dirigir la palabra** a uno. fr. Hablar singular y determinadamente con él. ‖ **en dos,** o **en pocas, palabras. en una palabra.** exprs. figs. con que se significa la brevedad o concisión con que se expresa o se dice una cosa. ‖ **faltar** uno **a la,** o **a su, palabra.** fr. Dejar de hacer lo que ha prometido u ofrecido. ‖ **faltar palabras.** fr. fig. Resultar difícil expresar una cosa por causa de su bondad o maldad extrema. ‖ **mantener** uno su **palabra.** fr. fig. Perseverar en lo ofrecido. ‖ **no decir,** o **no hablar, palabra.** fr. Callar o guardar silencio, o no repugnar ni contradecir lo que se propone o pide. ‖ **no tener** uno **palabra.** fr. fig. Faltar fácilmente a lo que ofrece o contrata. ‖ **pedir la palabra.** fr. que se usa como fórmula para solicitar el que la dice, que se le permita hablar. ‖ **quitarle** a uno **la palabra,** o **las palabras, de la boca.** fr. fig. Decir uno lo mismo que estaba a punto de expresar su interlocutor. ‖ **2.** fr. fig. y fam. Tomar uno la **palabra,** interrumpiendo al que habla y no dejándole continuar. ‖ **sin decir,** o **hablar, palabra.** loc. adv. Callando o guardando silencio; sin negar ni contradecir lo que se propone o pide. ‖ **tener la palabra.** fr. Estar en el uso de ella, haberle llegado a uno su turno para hablar.

palabrería. f. Abundancia de palabras vanas y ociosas.

palabrota. f. despect. Dicho ofensivo, indecente o grosero.

palacete. m. Casa de recreo lujosa, similar a un palacio, pero más pequeña.

palaciego, ga. adj. Perteneciente o relativo a palacio.

palacio. m. Casa destinada para residencia de los reyes. ‖ **2.** Cualquier casa suntuosa, destinada a habitación de grandes personajes, o para las juntas de corporaciones elevadas.

paladar. m. Parte interior y superior de la boca del animal vertebrado. ‖ **2.** fig. Gusto y sabor que se percibe en los manjares. ‖ **3.** fig. Gusto, sensibilidad para discernir, aficionarse o repugnar alguna cosa en lo inmaterial o espiritual.

paladear. tr. Tomar poco a poco el gusto de una cosa. Ú. t. c. prnl. ‖ **2.** fig. Tomar gusto a una cosa por medio de algo que complazca y entretenga.

paladín. m. fig. Defensor denodado de alguna persona o cosa.

paladino. m. **paladín.**

paladio. m. Elemento químico de núm. atóm. 46. Metal escaso en la corteza terrestre; se encuentra nativo, acompañado del platino. De color blanco plateado, dúctil y maleable. Se usa como catalizador; aleado con plata se ha utilizado en la construcción de instrumentos astronómicos y quirúrgicos, y, en aleación con oro, como oro blanco, o con platino, se emplea en joyería, en odontología y en relojería. Símb. *Pd.*

palafito. m. Vivienda primitiva construida por lo común dentro de un lago, sobre estacas o pies derechos.

palafrenero. m. Criado que lleva del freno el caballo. ‖ **2.** Mozo de caballos.

palanca. f. Barra inflexible, recta, angular o curva, que se apoya y puede girar sobre un punto, y sirve para transmitir una fuerza. ‖ **2.** fig. Valimiento, intercesión poderosa o influencia que se emplea para lograr algún fin. ‖ **3.** *Dep.* Plataforma desde la que salta al agua el nadador.

palangana. f. Jofaina, palancana.

palanganero. m. Mueble de madera o hierro, por lo común de tres pies, donde se coloca la palangana para lavarse, y a veces un jarro con agua, el jabón y otras cosas para el aseo de la persona.

palangre. m. Cordel largo y grueso del cual penden a trechos unos ramales con anzuelos en sus extremos.

palanqueta. f. Barreta de hierro que sirve para forzar las puertas o las cerraduras.

palanquín. m. Especie de andas usadas en Oriente para llevar en ellas a las personas importantes.

palatabilidad. f. Cualidad de ser grato al paladar un alimento.

palatal. adj. Perteneciente o relativo al paladar. ‖ **2.** *Fon.* Dícese del sonido cuya articulación se forma en cualquier punto del paladar, y más propiamente de la vocal o consonante que se pronuncia aplicando o acercando el dorso de la lengua a la parte correspondiente al paladar duro, como la *i* y la *ñ*.

palatalizar. tr. *Fon.* Dar a un sonido articulación palatal. Ú. t. c. intr. y prnl.

palatino, na. adj. Perteneciente a palacio o propio de los palacios.

palco. m. Espacio con varios asientos y en forma de balcón que hay en los teatros y otros lugares de recreo.

palenque. m. Valla de madera o estacada que se hace para la defensa de un puesto, para cerrar el terreno en que se ha de hacer una fiesta pública, o para otros fines. ‖ **2.** Terreno cercado por una estacada para celebrar algún acto solemne.

palentino, na. adj. Natural de Palencia. Ú. t. c. s. ‖ **2.** Perteneciente o relativo a esta ciudad o a su provincia.

paleo-. elem. compos. que significa en general «antiguo» o «primitivo», referido frecuentemente a eras geológicas anteriores a la actual: PALEO*cristiano*, PALEO*lítico*.

paleoceno, na. adj. *Geol.* Dícese del período o época más antiguo de los que constituyen el terciario. Ú. t. c. s.

paleocristiano, na. adj. Dícese del arte cristiano primitivo hasta el siglo VI. Ú. t. c. s. m.

paleografía. f. Arte de leer la escritura y signos de los libros y documentos antiguos. ‖ **2.** Disciplina teórica de dicho arte.

paleógrafo, fa. m. y f. Persona que profesa la paleografía o tiene en ella especiales conocimientos.

paleolítico, ca. adj. *Geol.* Perteneciente o relativo al primer período de la edad de piedra, o sea, el de la piedra tallada. Ú. t. c. s. m.

paleontología. f. Ciencia que trata de los seres orgánicos cuyos restos o vestigios se encuentran fósiles.

paleontólogo, ga. m. y f. Persona versada en paleontología o tiene en ella especiales conocimientos.

paleozoico, ca. adj. *Geol.* Dícese del segundo de los períodos de la historia de la Tierra, o sea, el más antiguo de los sedimentarios. Ú. t. c. s. m.

palestra. f. Sitio o lugar donde antiguamente se lidiaba o luchaba. ‖ **2.** fig. poét. La misma lucha. ‖ **3.** fig. Sitio o paraje en que se celebran ejercicios literarios públicos o se discute o controvierte sobre cualquier asunto.

paleta. f. Tabla pequeña con un agujero en uno de sus extremos por donde el pintor mete el dedo pulgar y sobre la que tiene ordenados los colores. ‖ **2.** Instrumento de hierro o acero inoxidable compuesto por un platillo redondo con agujeros, y un astil largo, que se emplea en la cocina, principalmente para sacar los fritos de la sartén. ‖ **3.** Utensilio de hierro o acero laminado, de figura triangular y mango de madera, que usan los albañiles para manejar la mezcla o mortero. ‖ **4.** Omóplato, paletilla. ‖ **5.** **pala,** diente incisivo. ‖ **6.** Cada una de las tablas de madera o planchas metálicas, planas o curvas, que se fijan sobre una rueda o eje para que ellas mismas muevan algo o para ser movidas por el agua, el viento u otra fuerza.

paletada. f. Porción que la paleta o la pala puede coger de una vez.

paletilla. f. **omóplato.**

paleto, ta. adj. Dícese de la persona o cosa rústica y zafia. Ú. t. c. s.

paletó. m. Gabán de paño grueso, largo y entallado, pero sin faldas como el levitón. ‖ ❑ pl. *paletós.*

paliar. tr. fig. Mitigar, suavizar, atenuar una pena, disgusto, etc. ‖ **2.** fig. Disculpar, justificar una cosa.

paliativo, va. adj. Dícese de lo que mitiga, suaviza o atenúa. Dícese especialmente de los remedios que se aplican a las enfermedades incurables para mitigar su violencia y refrenar su rapidez. Ú. t. c. s. m.

palidecer. intr. Ponerse pálido. ‖ **2.** fig. Padecer una cosa disminución o atenuación de su importancia o esplendor. ❑ Irreg. Se conj. como *agradecer.*

palidez. f. Decoloración de la piel humana y, por ext., de otros objetos, cuando su color natural o más característico es o parece desvaído.

pálido, da. adj. Que presenta o manifiesta palidez. || **2.** fig. Desanimado, falto de expresión y colorido. Dícese especialmente hablando de obras literarias.

palier. m. *Mec.* En algunos vehículos automóviles, cada una de las dos mitades en que se divide el eje de las ruedas motrices.

palillero. m. Pieza de una u otra materia y de figura varia y caprichosa, con muchos agujeritos en que se colocan los palillos o mondadientes para ponerlos en la mesa. || **2.** Mango de la pluma de escribir.

palillo. m. Mondadientes de madera. || **2.** Bolillo para hacer encajes y pasamanería. || **3.** Cualquiera de las dos varitas redondas y de grueso proporcionado, que rematan en forma de perilla y sirven para tocar el tambor. || **4.** fig. y fam. Persona muy delgada. || **5.** pl. Par de palitos usados para tomar los alimentos en algunos países orientales.

palimpsesto. m. Manuscrito antiguo que conserva huellas de una escritura anterior borrada artificialmente. || **2.** Tablilla antigua en que se podía borrar lo escrito para volver a escribir.

palíndromo. m. Palabra o frase que se lee igual de izquierda a derecha, que de derecha a izquierda. *Anilina; dábale arroz a la zorra el abad.*

palinodia (cantar la). fr. Reconocer el yerro propio.

palio. m. Insignia pontifical que da el Papa a los arzobispos y a algunos obispos, la cual es como una faja blanca con cruces negras, que pende de los hombros sobre el pecho. || **2.** Especie de dosel colocado sobre cuatro o más varas largas, bajo el cual se lleva procesionalmente el Santísimo Sacramento, o una imagen. Lo usan también los jefes de Estado, el Papa y algunos prelados. || **3.** *Zool.* Manto de los moluscos, de los braquiópodos y de otros grupos de animales.

palique. m. fam. Conversación de poca importancia.

palisandro. m. Madera del guayacán, compacta y de hermoso color rojo oscuro, muy estimada para la construcción de muebles de lujo.

paliza. f. Zurra de golpes dados con palo. || **2.** fig. y fam. Disputa en que uno queda confundido o maltrecho. || **3.** fig. Cualquier esfuerzo que produce agotamiento. || **dar la paliza.** fr. fig. y fam. Soltar un rollo o discurso pesado.

pallaza. f. Construcción en piedra, de planta redonda o elíptica con cubierta de paja, destinada en parte a vivienda y en parte al ganado.

palloza. f. **pallaza.**

palma. f. **palmera,** árbol. || **2.** Hoja de la palmera, principalmente si, por haber estado atada con otras en el árbol, se ha conseguido que las lacinias queden juntas y que por falta de luz no llega a adquirir el color verde. || **3. datilera.** || **4. palmito[1],** planta. || **5.** Parte inferior y algo cóncava de la mano, desde la muñeca hasta los dedos. || **6.** *Bot.* Cualquiera de las plantas angiospermas monocotiledóneas, siempre verdes, de tallo leñoso, sin ramas, recto y coronado por un penacho de grandes hojas que se parten en lacinias y se renuevan anualmente, dejando sobre el tronco la base del pecíolo; flores axilares en espiga, generalmente dioicas y muy numerosas, y fruto en drupa o baya con una semilla; como la palmera, el cocotero y el palmito. || **7.** pl. Palmadas de aplausos. || **8.** *Bot.* Familia de las plantas de este nombre. || **real.** Árbol de la familia de las **palmas,** muy abundante en la isla de Cuba, de unos 15 metros de altura, con tronco limpio y liso, de cerca de medio metro de diámetro, duro en la parte exterior, filamentoso y blando en lo interior; hojas pecioladas, de cuatro a cinco metros de longitud, con lacinias de un metro; flores blancas y menudas en grandes racimos, y fruto redondo, del tamaño de la avellana, colorado, con hueso que envuelve una almendra muy apetecida por los cerdos. || **llevarse** uno **la palma.** fr. fig. Sobresalir o exceder en competencia de otros, mereciendo el aplauso general.

palmada. f. Golpe dado con la palma de la mano. || **2.** Ruido que se hace golpeando una con otra las palmas de las manos. Ú. m. en pl.

palmar[1]. adj. Perteneciente a la palma de la mano y a la palma del casco de los animales. || **2.** m. Sitio o lugar donde se crían palmas.

palmar[2]. intr. fam. Morir una persona.

palmarés. m. Lista de vencedores en una competición. || **2.** Historial, relación de méritos, especialmente de deportistas.

palmario, ria. adj. Claro, patente, manifiesto.

palmatoria. f. Especie de candelero bajo, con mango y pie, generalmente de forma de platillo.

palmeado, da. adj. De figura de palma. || **2.** *Bot.* Aplícase a las hojas, raíces, etc., que semejan una mano abierta. || **3.** *Zool.* Dícese de los dedos de aquellos animales que los tienen ligados entre sí por una membrana.

palmear. intr. Dar golpes con las palmas de las manos una con otra y más especialmente cuando se dan en señal de regocijo o aplauso.

palmera. f. Árbol de la familia de las palmas, que crece hasta 20 metros de altura, con tronco áspero, cilíndrico y de unos tres decímetros de diámetro; copa sin ramas y formada por las hojas, que son pecioladas, de tres a cuatro metros de largo, con el nervio central recio, leñoso, de sección triangular y partidas en muchas lacinias, duras, correosas, puntiagudas, de unos 30 centímetros de largo y dos de ancho; flores amarillentas, dioicas, y por fruto los dátiles, en grandes racimos que penden a los lados del tronco, debajo de las hojas.

palmeral. m. Bosque de palmeras.

palmeta. f. Instrumento que se usaba en las escuelas para golpear en la mano, como castigo, a los niños. ‖ **2.** Golpe dado con la **palmeta.**

palmípedo, da. adj. Dícese de las aves que tienen los dedos palmeados, a propósito para la natación; como el ganso, el pelícano, la gaviota y el pájaro bobo. Ú. t. c. s.

palmito[1]. m. Planta de la familia de las palmas, con tronco subterráneo o apenas saliente, que sin embargo se alza a dos y tres metros de altura en los individuos cultivados, hojas en figura de abanico, formadas por 15 ó 20 lacinias estrechas, fuertes, correosas y de unos tres decímetros; flores amarillas en panoja, y fruto rojizo, elipsoidal, de dos centímetros de largo, comestible y con hueso muy duro. Es común en los terrenos incultos de Andalucía y de las provincias de Levante, donde se aprovechan las hojas para hacer escobas, esteras y labores de cestería. ‖ **2.** Cogollo de la planta anterior, blanco, casi cilíndrico, de tres a cuatro centímetros de largo y uno de grueso. Es comestible.

palmito[2]. m. fig. y fam. Cara de mujer. *Buen* PALMITO. ‖ **2.** fig. y fam. Talle esbelto de la mujer.

palmo. m. Distancia que va desde el extremo del pulgar hasta el del meñique, estando la mano extendida y abierta. Se usa como medida de longitud. ‖ **dejar** a uno **con un palmo de narices.** fr. fig. y fam. Chasquearlo, privándolo de lo que esperaba conseguir. ‖ **palmo a palmo.** loc. adv. fig. con que se expresa la dificultad o lentitud para conseguir una cosa. ‖ **2.** fig. De modo completo y minucioso.

palmotear. intr. Golpear una con otra las palmas de las manos.

palo. m. Trozo de madera, más largo que grueso, generalmente cilíndrico y fácil de manejar. ‖ **2.** Madera. *Cuchara de* PALO. ‖ **3.** Diversos tipos de madera, por lo general de América del Sur. PALO *de rosa.* PALO *de Campeche.* ‖ **4.** Diversos árboles o arbustos, generalmente de América del Sur. PALO *brasil.* ‖ **5.** Golpe que se da con un **palo.** ‖ **6.** Cada una de las cuatro series en que se divide la baraja de naipes, y que en la española se denominan, respectivamente, oros, copas, espadas y bastos. ‖ **7.** Trazo de algunas letras que sobresale de las demás por arriba o por abajo, como el de la *d* y la *p.* ‖ **8.** fig. y fam. Daño o perjuicio. ❑ Ú. m. con los verbos *dar, llevar* o *recibir.* ‖ **9.** *Dep.* En algunos deportes, como béisbol, golf, polo, etc., instrumento con que se golpea la pelota. ‖ **10.** *Mar.* Cada uno de los maderos que se colocan perpendicularmente a la quilla de una embarcación, destinados a sostener las velas. ‖ **blanco.** Nombre común a varios árboles de Canarias y América, con corteza elástica y amarga, de hojas oblongas, redondeadas en el ápice y flores en panículas con pétalos amarillos. Se cría en los montes y es medicinal. ‖ **brasil.** Madera dura, compacta, de color encendido como brasas, capaz de hermoso pulimento, que sirve principalmente para teñir de encarnado, y procede del árbol del mismo nombre. ‖ **de Campeche.** Madera dura, negruzca, de olor agradable, que sirve principalmente para teñir de encarnado, y que procede de un árbol americano de la familia de las papilionáceas. ‖ **de ciego.** fig. Golpe que se da desatentadamente y sin duelo, como lo daría quien no viese. ‖ **de jabón.** Líber de un árbol de la familia de las rosáceas, que se cría en América tropical. Es de color blanquecino fibroso, de superficies lisas, de seis a ocho milímetros de grueso, y macerado en agua da un líquido espumoso que puede reemplazar al jabón para quitar manchas en las telas. ‖ **de rosa.** Madera de un árbol americano de la familia de las borragináceas, que es muy compacta, olorosa, roja con vetas negras, y muy estimada en ebanistería, sobre todo para muebles pequeños. ‖ **dulce.** Raíz del orozuz. ‖ **duz. orozuz.** ‖ **mayor.** *Mar.* El más alto del buque y que sostiene la vela principal. ‖ **santo. guayacán.**

paloduz. m. **orozuz.**

paloma. f. Ave domesticada descendiente de la **paloma** silvestre. Hay muchas variedades o castas, que se diferencian principalmente por el tamaño o el color. ‖ **2.** *Zool.* Cualquiera de las aves que tienen la mandíbula superior abovedada en la punta y los dedos libres; como la **paloma** propiamente dicha y la tórtola. ‖ **3.** f. pl. *Zool.* En clasificaciones desusadas, orden de las **palomas.** ‖ **mensajera.** Variedad que se distingue por su instinto de volver al palomar desde largas distancias, y se utiliza para enviar de una parte a otra escritos de corta extensión. ‖ **real.** La mayor de todas las variedades de la **paloma** doméstica, de las cuales se diferencia en tener el arranque del pico de un hermoso color de azufre. ‖ **silvestre.** Especie de **paloma** que mide unos 36 centímetros desde la punta del pico hasta el extremo de la cola, y 70 de envergadura, con plumaje negro azulado, de reflejos verdosos en el cuello y morados en el pecho, y las alas cruzadas por dos fajas negras. Es muy común en España, anida tanto en los montes como en las torres de las poblaciones, y se considera como el origen de las castas domésticas. ‖ **torcaz.** Especie de **paloma** que mide desde el pico hasta el extremo de la cola unos 40 centímetros y 75 de envergadura; tiene la cabeza, el dorso y la cola de color gris azulado, el cuello verdoso y cortado por un collar incompleto muy blanco; alas oscuras con una banda blanca, pecho rojo cobrizo, vientre blanquecino, pico castaño y patas moradas. Habita en el campo y anida en los árboles más elevados. ‖ **zorita, zura, zurana,** o **zurita.** Especie de **paloma** que mide 34 centímetros desde la punta del pico hasta el extremo de la cola, y 68 de envergadura, con plumaje general ceniciento azulado, más oscuro en las partes superiores que en las inferiores, de reflejos metálicos verdes en el cuello y morados en el pecho, alas con una mancha y el borde exterior negros, pico amarillo y patas de color negro rojizo. Es común en España y vive en los bosques.

palomar. m. Lugar donde se crían palomas.

palometa. f. Pez comestible, parecido al jurel, aunque algo mayor que este. ‖ **2. japuta,** pez.

palomilla. f. Mariposa nocturna, cenicienta, de alas horizontales y estrechas y antenas verticales. Habita en los graneros y causa en ellos grandes daños. ‖ **2.** Cualquier mariposa muy pequeña. ‖ **3.** Caballo de color muy blanco y semejante al de la paloma. ‖ **4.** Armazón de tres piezas en forma de triángulo rectángulo, que sirve para sostener tablas, estantes u otras cosas. ‖ **5. chumacera,** pieza con una muesca en que descansa y gira cualquier eje de maquinaria.

palomino. m. Pollo de la paloma silvestre. ‖ **2.** fam. Mancha de excremento en la ropa interior.

palomita. f. Roseta de maíz tostado o reventado. ‖ **2.** Refresco de agua con algo de anís.

palomo. m. Macho de la paloma. ‖ **2. paloma torcaz.**

palote. m. Palo mediano, como las baquetas con que se tocan los tambores. ‖ **2.** Cada uno de los trazos que suelen hacer los niños en el papel pautado, como ejercicio caligráfico para aprender a escribir.

palpable. adj. Que puede tocarse con las manos. ‖ **2.** fig. Patente, evidente.

palpar. tr. Tocar con las manos una cosa para percibirla o reconocerla por el sentido del tacto. ‖ **2.** Emplear el sentido del tacto para orientarse en la oscuridad. ‖ **3.** fig. Conocer una cosa tan claramente como si se tocara.

palpitación. f. Acción y efecto de palpitar. ‖ **2.** *Fisiol.* Movimiento interior, involuntario y trémulo de algunas partes del cuerpo. ‖ **3.** *Pat.* Latido del corazón, sensible e incómodo para el enfermo, y más frecuente que el normal.

palpitar. intr. Contraerse y dilatarse alternativamente el corazón. ‖ **2.** Aumentar la palpitación natural del corazón a causa de una emoción. ‖ **3.** Moverse o agitarse una parte del cuerpo interiormente con movimiento trémulo e involuntario. ‖ **4.** fig. Manifestarse vehementemente algún afecto o pasión. Se usa también refiriéndose a los mismos afectos. *En sus gestos y palabras* PALPITA *el rencor.*

pálpito. m. Presentimiento, corazonada.

palpo. m. *Zool.* Cada uno de los apéndices táctiles y movibles que en forma y número diferentes tienen muchos animales invertebrados en la cabeza, y especialmente alrededor de la boca.

paludismo. m. *Pat.* Enfermedad febril producida por un protozoo, y transmitida al hombre por la picadura de mosquitos anofeles.

palurdo, da. adj. Tosco, grosero. Dícese por lo común de la gente del campo y de las aldeas. Ú. t. c. s.

pamela. f. Sombrero de paja, bajo de copa y ancho de alas, que usan las mujeres, especialmente en el verano.

pamema. f. fam. Hecho o dicho fútil y de poca entidad, a que se ha querido dar importancia.

pampa. f. Cualquiera de las llanuras extensas de América Meridional que no tienen vegetación arbórea.

pámpano. m. Sarmiento verde, tierno y delgado, o pimpollo de la vid.

pampero, ra. adj. Natural de las pampas. ‖ **2.** Perteneciente o relativo a esta región argentina.

pamplina. f. Planta herbácea anual, de la familia de las papaveráceas, con tallos de dos a tres decímetros; hojas partidas en lacinias muy estrechas y agudas; flores de cuatro pétalos amarillos, en panojas pequeñas, y fruto seco en vainillas con muchas simientes. Infesta los sembrados de suelo arenisco, que en la primavera parecen teñidos de amarillo por la abundancia de flores. ‖ **2.** fig. y fam. Dicho o cosa de poca entidad, fundamento o utilidad. Ú. m. en pl. *¡Con buena* PAMPLINA *te vienes!*

pamplonés, sa. adj. Natural de Pamplona. Ú. t. c. s. ‖ **2.** Perteneciente o relativo a esta ciudad.

pamplonica. adj. fam. **pamplonés,** natural de Pamplona. Ú. t. c. s.

pan. m. Porción de masa de harina y agua que se cuece en un horno y sirve de alimento, entendiéndose que es de trigo cuando no se expresa otro grano. Puede tener varias formas que toman nombres especiales, pero se llama **pan** a la pieza grande, redonda y achatada. ‖ **2.** Masa muy sobada y delicada, dispuesta con manteca o aceite, que usan en las pastelerías y cocinas para pasteles y empanadas. ‖

3. fig. Masa de otras cosas, en figura de **pan.** PAN *de higos, de jabón, de sal.* ‖ **4.** fig. Todo lo que en general sirve para el sustento diario. ‖ **5.** fig. Hoja muy delicada de oro, plata u otros metales, hecha a fuerza de martillo, y cortada después, que sirve para dorar o platear. ‖ **ázimo.** El que se ha hecho sin poner levadura en la masa. ‖ **candeal.** El que se hace con harina de trigo candeal. ‖ **de flor.** El que se hace con la flor de la harina de trigo. ‖ **de molde.** El que tiene forma rectangular en su totalidad, carece de corteza dura y está partido en rebanadas cuadradas. Se usa principalmente para hacer emparedados y sándwiches. ‖ **de pistola. pan** largo y duro que se usa especialmente en la sopa. ‖ **fermentado. pan** de harina y agua con fermento, cocido en horno. ‖ **francés.** Cierta clase de **pan** muy esponjoso, hecho con harina de trigo. ‖ **integral.** El que se elabora con harina integral. ‖ **y quesillo.** Planta herbácea de la familia de las crucíferas, con tallo de tres a cuatro decímetros de altura; hojas estrechas, recortadas o enteras, pecioladas las radicales y abrazadoras las superiores; flores blancas, pequeñas, en panojas, y fruto seco en vainilla triangular, con muchas semillas menudas, redondas, aplastadas y de color amarillento. Es abundantísima en terrenos sin cultivar. ‖ **hacer un pan como unas hostias.** fr. fig. y fam. Haber hecho algo con gran desacierto o mal resultado. ‖ **ser** algo **pan comido.** fr. fig. y fam. Ser muy fácil de conseguir. ‖ **ser** una cosa **el pan nuestro de cada día.** fr. fig. y fam. Ocurrir cada día o frecuentemente.

pan-. elem. compos. que significa «totalidad». PAN*teísmo.*

pana. f. Tela gruesa semejante al terciopelo, que puede ser lisa o con hendiduras generalmente verticales.

panacea. f. Medicamento a que se atribuye eficacia para curar diversas enfermedades. ‖ **2.** fig. Remedio o solución general para cualquier mal.

panadería. f. Sitio, casa o lugar donde se hace o vende el pan.

panadero, ra. m. y f. Persona que tiene por oficio hacer o vender pan.

panadizo. m. Inflamación aguda del tejido celular de los dedos, principalmente de su tercera falange.

panal. m. Conjunto de celdillas prismáticas hexagonales de cera, colocadas en series paralelas, que las abejas forman dentro de la colmena para depositar la miel. ‖ **2.** Cuerpo de estructura semejante, que fabrican las avispas.

panamá. m. Sombrero de pita, con el ala recogida o encorvada, pero que suele bajarse sobre los ojos. ‖ **2.** Tela de algodón de hilos gruesos, muy apta para el bordado.

panameño, ña. adj. Natural de Panamá. Ú. t. c. s. ‖ **2.** Perteneciente o relativo a esta república de América.

panamericanismo. m. Tendencia a fomentar las relaciones de todo orden entre los países del Hemisferio Occidental, principalmente entre los Estados Unidos de Norteamérica y los países hispanoamericanos.

pancarta. f. Cartelón de tela, cartón, etc., que, sostenido adecuadamente en una o varias pértigas, se exhibe en reuniones públicas, y contiene letreros de grandes caracteres, con lemas, expresiones de deseos colectivos, peticiones, etcétera.

panceta. f. Hoja de tocino entreverada con magro.

pancho, cha. adj. Tranquilo, inalterado. ‖ **2.** Satisfecho con algo. *Tan* PANCHO.

páncreas. m. *Anat.* Glándula propia de los animales vertebrados, que en la mayoría de ellos es compacta o lobulada, está situada junto al intestino delgado y tiene uno o varios conductos excretores que desembocan en el duodeno. Consta de una parte exocrina, la cual elabora un jugo que vierte en el intestino y contribuye a la digestión porque contiene varias enzimas, y otra endocrina, que produce una hormona, la insulina, cuya función consiste en impedir que pase de un cierto límite la cantidad de glucosa existente en la sangre.

panda. f. Reunión de gente para divertirse.

pandemia. f. *Pat.* Enfermedad epidémica que se extiende a muchos países o que ataca a casi todos los individuos de una localidad o región.

pandemónium. m. fig. y fam. Lugar en que hay mucho ruido y confusión.

pandereta. f. Pandero con sonajas o cascabeles.

pandero. m. Instrumento rústico formado por uno o dos aros superpuestos, de un centímetro o menos de ancho, provistos de sonajas o cascabeles y cuyo vano está cubierto por uno de sus cantos o por los dos con piel muy lisa y estirada. Tócase haciendo resbalar uno o más dedos por ella o golpeándola con ellos o con toda la mano. ‖ **2.** fig. y fam. **culo.**

pandilla. f. Liga o unión. ‖ **2.** La que forman algunos para engañar a otros o hacerles daño. ‖ **3.** Grupo de amigos que suelen reunirse para conversar o solazarse, o con fines menos lícitos.

pandillaje. m. Influjo de personas reunidas en pandilla para fines poco lícitos.

panegírico, ca. adj. Perteneciente o relativo

a la oración o discurso en alabanza de una persona; encomiástico. *Discurso* PANEGÍRICO, *oración* PANEGÍRICA. ‖ **2.** m. Discurso o sermón en alabanza de alguien. ‖ **3.** Elogio de alguna persona, hecho por escrito.

panel. m. Cada uno de los compartimientos, limitados comúnmente por fajas o molduras, en que para su ornamentación se dividen las paredes, las hojas de puertas, etc. ‖ **2.** Elemento prefabricado que se utiliza para construir divisiones verticales en el interior o exterior de las viviendas y otros edificios. ‖ **3.** Especie de cartelera de diversas materias y grandes dimensiones que, montada sobre una estructura metálica en paredes de edificios, carreteras u otros lugares, sirve como propaganda de productos, establecimientos, itinerarios públicos, etc.

panera. f. Cesta grande sin asa, generalmente de esparto, que sirve para transportar pan. ‖ **2.** Recipiente hecho de diversas materias, que se utiliza para colocar el pan en la mesa.

paneslavismo. m. Tendencia política que aspira a la confederación de todos los pueblos de origen eslavo.

paneuropeísmo. m. Tendencia o doctrina que aspira a la aproximación política, económica y cultural de los países de Europa.

pánfilo, la. adj. Muy pausado, lento en entender o en reaccionar. Ú. t. c. s.

panfleto. m. Libelo difamatorio.

pangermanismo. m. Doctrina que proclama y procura la unión y predominio de todos los pueblos de origen germánico.

pangermanista. adj. Perteneciente o relativo al pangermanismo. ‖ **2.** Partidario de esta doctrina. Ú. t. c. s.

pangolín. m. Mamífero del orden de los desdentados, cubierto todo, desde la cabeza hasta los pies y la cola, de escamas duras y puntiagudas, que el animal puede erizar, sobre todo al arrollarse en bola, como lo hace para defenderse. Hay varias especies propias del centro de África y del sur de Asia, y varían en tamaño, desde seis a ocho decímetros de largo hasta el arranque de la cola, que es casi tan larga como el cuerpo.

panhispánico, ca. adj. Perteneciente o relativo a los pueblos que hablan la lengua española.

paniaguado. m. fig. El allegado a una persona y favorecido por ella.

pánico, ca. adj. Aplícase al miedo grande o temor muy intenso. Ú. t. c. s. m.

panículo. m. *Anat.* Capa de tejido adiposo situada debajo de la piel de los vertebrados. ‖ **adiposo.** *Anat.* **panículo.**

panificadora. f. **tahona,** fábrica de pan.

panislamismo. m. Moderna tendencia de los pueblos musulmanes a lograr, mediante la unión de todos ellos, su independencia política, religiosa y cultural respecto de las demás naciones.

panislamista. com. Partidario del panislamismo. Ú. t. c. adj.

panizo. m. Planta anua de la familia de las gramíneas, originaria de Oriente, de cuya raíz salen varios tallos redondos como de un metro de altura, con hojas planas, largas, estrechas y ásperas, y flores en panojas grandes, terminales y apretadas. ‖ **2.** Grano de esta planta. Es redondo, de tres milímetros de diámetro, reluciente y de color entre amarillo y rojo. Empléase en varias partes para alimento del hombre y de los animales, especialmente de las aves. ‖ **de Daimiel.** Planta de la familia de las gramíneas, que tiene las hojas planas con nervios gruesos y flores en panoja rematada por dos espiguillas.

panocha. f. **panoja.**

panocho, cha. adj. *Murc.* Perteneciente o relativo a la huerta de Murcia. ‖ **2.** m. y f. Habitante de la huerta. ‖ **3.** m. Habla o lenguaje huertano.

panoja. f. Mazorca del maíz, del panizo o del mijo. ‖ **2.** Racimo de uvas o de otra fruta. ‖ **3.** *Bot.* Conjunto de espigas, simples o compuestas, que nacen de un eje o pedúnculo común; como en la grama y en la avena.

panoli. adj. vulg. Dícese de la persona simple y sin voluntad. Ú. t. c. s.

panoplia. f. Armadura completa con todas las piezas. ‖ **2.** Colección de armas ordenadamente colocadas. ‖ **3.** Tabla, generalmente en forma de escudo, donde se colocan floretes, sables y otras armas de esgrima.

panorama. m. Paisaje muy dilatado que se contempla desde un punto de observación. ‖ **2.** fig. Aspecto de conjunto de una cuestión.

panorámico, ca. adj. Perteneciente o relativo al panorama. ‖ **2.** Se dice de lo hecho o lo visto a una distancia que permite contemplar el conjunto de lo que se quiere abarcar. ‖ **3.** f. *Cinem.* y *Fotogr.* Fotografía o sucesión de fotografías que muestran un amplio sector del campo visible desde un punto. ‖ **4.** *Cinem.* y *TV.* Amplio movimiento giratorio de la cámara, sin desplazamiento.

pantagruélico, ca. adj. Dícese, hablando de comidas, de las de cantidades excesivas. *Festín* PANTAGRUÉLICO.

pantalla. f. Lámina de una u otra forma y materia, que se sujeta delante o alrededor de la luz artificial, para que no moleste a los ojos o para dirigirla hacia donde se quiera. ‖ **2.** Especie de mampara que se pone delante de las chimeneas para resguardarse del resplandor de la llama o del exceso del calor. || **3.** Telón sobre el que se proyectan las imágenes del cinematógrafo u otro aparato de proyecciones. || **4.** fig. Persona que, a sabiendas o sin conocerlo, llama hacia sí la atención en tanto que otra hace o logra secretamente una cosa. Ú. m. en la fr. **servir de pantalla.** || **electrónica.** Superficie en la que aparecen imágenes en los aparatos electrónicos. || **pequeña pantalla.** fam. **televisión,** medio de comunicación. || **2.** Aparato de televisión.

pantalón. m. Prenda de vestir, antes propia del hombre y ahora también usada por las mujeres, que se ciñe al cuerpo en la cintura y baja cubriendo cada pierna hasta los tobillos. Ú. m. en pl. || **bombacho. pantalón** ancho, ceñido a los tobillos. || **tejano.** El de tela recia, ceñido y en general, azulado, usado originariamente por los vaqueros de Tejas. || **vaquero. pantalón tejano.** || **bajarse los pantalones.** fr. fig. y vulg. Ceder en condiciones deshonrosas.

pantano. m. Hondonada donde se recogen y naturalmente se detienen las aguas, con fondo más o menos cenagoso. || **2.** Gran depósito artificial de agua.

pantanoso, sa. adj. Dícese del terreno donde hay pantanos. || **2.** Dícese del terreno donde abundan charcos y cenagales. || **3.** fig. Lleno de inconvenientes, dificultades u obstáculos.

panteísmo. m. Sistema de los que creen que la totalidad del universo es el único Dios.

panteón. m. Monumento funerario destinado a enterramiento de varias personas.

pantera. f. **leopardo.** || **negra.** Variedad de leopardo de pelaje negro.

pantocrátor. m. En el arte bizantino y románico, representación del Salvador sentado, bendiciendo, y encuadrado en una curva cerrada en forma de almendra.

pantomima. f. Representación por figura y gestos sin que intervengan palabras. || **2.** fig. Comedia, farsa, acción de fingir algo que no se siente.

pantorrilla. f. Parte carnosa y abultada de la pierna, por debajo de la corva.

pantufla. f. **pantuflo.**

pantuflo. m. Calzado, especie de chinela o zapato sin orejas ni talón, que para mayor comodidad se usa en casa.

panza. f. Barriga o vientre. Aplícase comúnmente al muy abultado. || **2.** Parte convexa y más saliente de ciertas vasijas o de otras cosas. || **3.** *Zool.* Primera de las cuatro cavidades en que se divide el estómago de los rumiantes.

panzada. f. fam. Hartazgo o atracón.

pañal. m. Tira de tela o celulosa absorbente que se pone a los niños pequeños o a las personas que sufren incontinencia de orina. || **2.** pl. fig. Primeros principios de la crianza y nacimiento, especialmente en orden a la calidad.

paño. m. Tela de lana muy tupida y con pelo tanto más corto cuanto más fino es el tejido. || **2.** Tela de diversas clases de hilos. || **3.** Trozo de tela cuadrado o rectangular que se emplea en la cocina para secar la vajilla o para cualquier otro uso. || **4.** Cualquier pedazo de lienzo u otra tela. || **5.** Mancha oscura que varía el color natural del cuerpo, especialmente del rostro. || **6.** Trozo continuo de pared o de muro. || **de lágrimas.** fig. Persona en quien se encuentra frecuentemente atención, consuelo o ayuda. || **paños calientes.** fig. y fam. Diligencias y buenos oficios que se aplican para templar el rigor o aspereza con que se ha de proceder en una materia. || **2.** fig. y fam. Remedios paliativos e ineficaces. || **menores.** Vestidos que se ponen debajo de los que de ordinario se traen exteriormente. || **conocer** uno **el paño.** fr. fig. y fam. Estar bien enterado del asunto de que se trata. || **ser** una cosa **del mismo paño que** otra. fr. fig. y fam. Ser de la misma materia, origen o calidad.

pañoleta. f. Prenda triangular, a modo de medio pañuelo, que se pone al cuello como adorno o abrigo.

pañuelo. m. Pedazo de tela pequeño, generalmente cuadrado, que sirve para limpiarse la nariz o el sudor y para otras cosas. || **2.** Trozo de tela, por lo general cuadrado y mayor que el de bolsillo, usado para abrigarse o como accesorio en la indumentaria femenina y masculina.

papá. m. fam. Padre. || **2.** pl. El padre y la madre.

papa[1]. m. Sumo Pontífice romano, vicario de Cristo, sucesor de San Pedro en el gobierno universal de la iglesia católica, de la cual es cabeza visible, y padre espiritual de todos los fieles. || **2.** Voz infantil para llamar al padre.

papa[2]. f. **patata,** planta. || **2. patata,** tubérculo.

papa[3]. f. fam. Tontería, vaciedad, paparrucha. || **2.** pl. Sopas blandas que se dan a los niños. || **3.** Por ext., cualesquiera sopas muy blandas. || **ni papa.** loc. adv. Con los verbos *saber, entender,* y semejantes, en frases negativas, nada.

papada. f. Abultamiento carnoso que se forma debajo de la barba, o entre ella y el cuello. || **2.** Pliegue cutáneo que sobresale en el borde inferior del cuello de ciertos animales, y se extiende hasta el pecho.

papado. m. Dignidad de papa[1]. || **2.** Tiempo que dura.

papagayo. m. Ave del orden de las psitaciformes de unos 35 centímetros desde lo alto de la cabeza hasta la extremidad de la cola, y seis decímetros de envergadura; plumaje amarillento en la cabeza, verde en el cuerpo, encarnado en la base de las alas y en el extremo de las dos remeras principales. Es propio de los países tropicales, y hay diversas especies, de plumaje variable. ‖ **2.** Pez marino del orden de los acantopterigios, que llega a tener cuatro decímetros de largo; cabeza de hocico saliente, con dobles labios carnosos; cuerpo de colores rojo, verde, azul y amarillo, y vientre plateado; una sola aleta dorsal, de color verde azulado, con el borde negro, y cola rojiza. Vive entre las rocas de las costas y su carne es comestible. ‖ **3.** Planta herbácea anual, de la familia de las amarantáceas, con tallo derecho, lampiño y ramoso; hojas entre lanceoladas y aovadas, manchadas de encarnado en su base, de amarillo en el medio y de verde en su extremidad; flores chicas y poco vistosas, y semilla menuda y negra. Originaria de China, sirve de adorno en nuestros jardines, donde crece hasta la altura de un metro aproximadamente. ‖ **4.** Planta vivaz de la familia de las aráceas, con hojas radicales, grandes, de pecíolos largos y empinados, forma de escudo y colores muy vivos, róseos en el centro y verdes en el margen; flores sobre un escapo delgado; de espata blanca y espiga amarillenta, y fruto en baya rojiza, con pocas semillas. Procede del Brasil, y en Europa se cultiva en invernaderos.

papamoscas. m. Pájaro de unos 15 centímetros de largo, desde el pico hasta la extremidad de la cola, de color gris por encima, blanquecino por debajo con algunas manchas pardas en el pecho, y cerdas negras y largas en la comisura del pico. Se domestica con facilidad y sirve para limpiar de moscas las habitaciones. ‖ **2.** fig. y fam. **papanatas.**

papanatas. com. fig. y fam. Persona simple y crédula o demasiado cándida y fácil de engañar.

paparrucha. f. fam. Tontería, estupidez, cosa insustancial y desatinada.

papaveráceo, a. adj. *Bot.* Dícese de plantas angiospermas dicotiledóneas, con jugo acre y olor fétido; hojas alternas, más o menos divididas y sin estípulas; flores regulares nunca azules, y fruto capsular con muchas semillas menudas, oleaginosas y de albumen carnoso; como la adormidera y la amapola. Ú. t. c. s. ‖ **2.** f. pl. *Bot.* Familia de estas plantas.

papaya. f. Fruto del papayo, generalmente de forma oblonga, hueco y que encierra las semillas en su concavidad; la parte mollar, semejante a la del melón, es amarilla y dulce, y de él se hace, cuando verde, una confitura muy estimada.

papayo. m. Árbol de la familia de las caricáceas, propio de los países cálidos, con tronco fibroso y de poca consistencia, coronado por grandes hojas palmeadas. Tiene un látex abundante y corrosivo, que mezclado con agua sirve para ablandar las carnes.

papear. intr. Balbucir, tartamudear, hablar sin sentido.

papel. m. Hoja delgada hecha con pasta de fibras vegetales obtenidas de trapos, madera, paja, etc., molidas, blanqueadas y desleídas en agua, que se hace secar y endurecer por procedimientos especiales. ‖ **2.** Pliego, hoja o pedazo de **papel** en blanco, manuscrito o impreso. ‖ **3.** Parte de la obra dramática que ha de representar cada actor, y la cual se le da para que la estudie. ‖ **4.** Personaje de la obra dramática representado por el actor. *Representar o hacer primeros o segundos* PAPELES; PAPELES *de galán, de gracioso; el* PAPEL *de Segismundo, de doña Irene.* ‖ **5.** fig. Cargo o función que uno desempeña en alguna situación o en la vida. *Representar un gran* PAPEL *o un* PAPEL *desairado; hacer mal, o bien, su* PAPEL. ‖ **6.** *Com.* Documento que contiene la obligación del pago de una cantidad; como libranza, billete de banco, pagaré, etc. *Mil duros en metálico y ciento en* PAPEL. ‖ **7.** pl. Documentos con que se acredita el estado civil o la calidad de una persona. ‖ **biblia.** El que es muy delgado pero resistente y de buena calidad, propio para imprimir obras muy extensas. ‖ **carbón.** El fino y entintado por una de sus caras que sirve para la obtención de copias a mano o a máquina. ‖ **cebolla.** El de escribir, muy delgado, que suele emplearse para copias. ‖ **celo. celo².** ‖ **continuo.** El que se hace a máquina en piezas de mucha longitud. ‖ **cuché.** El muy satinado y barnizado que se emplea principalmente en revistas y obras que llevan grabados o fotograbados. ‖ **de aluminio.** Lámina muy fina de aluminio o estaño aleado, utilizada para envolver alimentos y en la fabricación de condensadores eléctricos. ‖ **de calcar** o **de calco. papel carbón.** ‖ **de estaño. papel de aluminio.** ‖ **de estraza. papel** muy basto, áspero, sin cola y sin blanquear. ‖ **de fumar.** El que se usa para liar cigarrillos. ‖ **del Estado.** Diferentes documentos que emite el Estado reconociendo créditos, sean o no reembolsados o amortizables, a favor de sus tenedores. ‖ **de lija.** Hoja de **papel** fuerte, con vidrio molido, arena cuarzosa o polvos de esmeril, encolados en una de sus caras, que se emplea en lugar de la piel de lija. ‖ **de plata. papel de aluminio.** ‖ **de seda.** El muy fino, transparente y flexible que se asemeja en algo a la tela de seda. ‖ **de tina.** El de hilo que se hace en molde pliego a pliego. ‖ **estucado.** El opaco y muy liso propio para la impresión de fotograbados de trama fina. ‖ **higiénico.** El que arrollado en tira continua o cortado en rectángulos, sirve para la higiene personal tras una evacuación. ‖ **moneda.** El que por autoridad pública substituye al dinero en metálico y tiene curso como tal. ‖ **pautado.** El que tiene pauta para aprender a escribir o pentagrama para la música. ‖ **pintado.** El de varios colores y dibujos que se emplea en adornar con él las paredes de las habitaciones y en otros usos. ‖ **secante.** El esponjoso y sin cola, que se emplea para enjugar lo escrito a fin de que no se emborrone. ‖ **vegetal.** El satinado y transparente que usan los dibujantes, arquitectos, etc. ‖ **vitela.** El liso y sin grano, de gran calidad, cuya superficie permite la reproducción detallada de los dibujos más finos.

papeleo. m. Exceso de trámites en la resolución de un asunto.

papelera. f. Recipiente para echar los papeles inútiles y otros desperdicios. ‖ **2.** Fábrica de papel.

papelería. f. Tienda donde se vende papel y otros objetos de escritorio.

papelero, ra. m. y f. Persona que fabrica o vende papel. Ú. t. c. adj. *Asociación* PAPELERA.

papeleta. f. **cédula,** pedazo de papel escrito o para escribir. ‖ **2.** Papel que el alumno entrega al profesor el día del examen para que anote en él la calificación obtenida. ‖ **3.** Papel en el que figura cierta candidatura o dictamen, y con el que se emite el voto en unas elecciones. ‖ **4.** fig. y fam. Asunto difícil de resolver.

papelina[1]**.** f. Tela muy delgada, de urdimbre de seda fina con trama de seda basta.

papelina[2]**.** f. Paquetito de papel que contiene droga para su venta al por menor.

papera. f. Inflamación de las glándulas parótidas. Ú. m. en pl. ‖ **2.** pl. *Pat.* Escrófulas en el cuello.

papila. f. *Anat.* Cada una de las pequeñas prominencias cónicas, generalmente sensoriales, formadas en la piel y en las membranas mucosas, especialmente de la lengua, por las ramificaciones de los nervios y de los vasos. ‖ **2.** *Anat.* Prominencia que forma el nervio óptico en el fondo del ojo y desde donde se extiende la retina. ‖ **3.** *Bot.* Cada una de las prominencias cónicas que tienen ciertos órganos de algunos vegetales. ‖ **caliciforme.** *Anat.* Órgano del sentido del gusto, situado en la lengua y con forma de copa. ‖ **filiforme.** *Anat.* Órgano del sentido del gusto, situado en la lengua y con forma alargada. ‖ **fungiforme.** *Anat.* Órgano del sentido del gusto, situado en la lengua y con forma de seta.

papilionáceo, a. adj. *Bot.* Dícese de plantas angiospermas dicotiledóneas, hierbas, matas, arbustos o árboles, con fruto casi siempre en legumbre; flores con corola amariposada en inflorescencias de tipo de racimo o espiga y con diez estambres, todos libres o todos unidos por sus filamentos, o bien uno libre y nueve unidos por sus filamentos; como el guisante, la retama y el algarrobo. Ú. t. c. s. f. ‖ **2.** f. pl. *Bot.* Familia de estas plantas.

papilla. f. Comida hecha a base de féculas, harinas, etc., hervidas en agua o leche, que presenta la consistencia de una pasta fina y espesa. La toman generalmente niños y enfermos. ‖ **2.** Sustancia opaca a los rayos X, utilizada en el estudio radiológico del aparato digestivo.

papiloma. m. *Pat.* Variedad de epitelioma caracterizada por el aumento de volumen en las papilas de la piel o de las mucosas, con induración de la dermis.

papión. m. **zambo,** mono americano.

papiro. m. Planta vivaz, indígena de Oriente, de la familia de las ciperáceas, con hojas radicales, largas, muy estrechas y enteras; cañas de dos a tres metros de altura y un decímetro de grueso, cilíndricas, lisas, completamente desnudas y terminadas por un penacho de espigas con muchas flores pequeñas y verdosas, y toda ella rodeada de brácteas lineales que se encorvan hacia abajo, como el varillaje de un paraguas. ‖ **2.** Lámina sacada del tallo de esta planta y que empleaban los antiguos para escribir en ella.

papiroflexia. f. Arte y habilidad de dar a un trozo de papel, doblándolo convenientemente, la figura de determinados seres u objetos.

papismo. m. Nombre que los protestantes y cismáticos dan a la iglesia católica, a sus organismos y doctrinas.

papo. m. Parte abultada del animal entre la barba y el cuello. ‖ **2.** Buche de las aves. ‖ **3.** Nombre vulgar del bocio en las regiones donde es endémico.

páprika. f. Pimentón.

papú o **papúa.** adj. Natural de la Papuasia. Ú. t. c. s. ‖ **2.** Perteneciente o relativo a esta región de la Nueva Guinea. ❏ pl. de la 1.ª forma: *papúes.*

paquebote. m. Embarcación que lleva la correspondencia pública, y generalmente pasajeros también, de un puerto a otro.

paquete. m. Lío o envoltorio bien dispuesto y no muy abultado de cosas de una misma o distinta clase. ‖ **2.** fig. En las motocicletas, persona que va detrás o al lado del conductor. ‖ **3.** *Inform.* Conjunto de programas o de datos. ‖ **de acciones.** Conjunto grande de acciones de una compañía, pertenecientes a un solo titular. ‖ **de medidas.** fig. Conjunto de disposiciones tomadas para poner en práctica alguna decisión. *El Gobierno presentó un* PAQUETE DE MEDIDAS *económicas.* ‖ **postal.** El que se ajusta a determinados requisitos y se envía por correo.

paquidermo. adj. *Zool.* Dícese del mamífero artiodáctilo, omnívoro o herbívoro, de piel muy gruesa y dura; como el jabalí y el hipopótamo. Ú. t. c. s. m. ‖ **2.** m. pl. *Zool.* Suborden de estos animales.

paquistaní. adj. Perteneciente o relativo al Paquistán. ‖ **2.** Natural del Paquistán. ❑ pl. *paquistaníes* o *paquistanís.*

par. adj. Igual o semejante totalmente. ‖ **2.** *Arit.* V. **número par.** ‖ **3.** m. Conjunto de dos personas o dos cosas de una misma especie. ‖ **4.** *Zool.* Dícese del órgano que corresponde simétricamente a otro igual. ‖ **de fuerzas.** *Mec.* Sistema de dos fuerzas iguales paralelas, de sentidos contrarios y aplicadas en dos puntos distintos, que crean un movimiento de rotación. ‖ **a pares.** loc. adv. **de dos en dos.** ‖ **de par en par.** loc. adv. con que se significa estar abiertas enteramente las puertas o ventanas. ‖ **sin par.** loc. adj. fig. Singular, que no tiene igual o semejante. Ú. para ponderar la excelencia de alguna persona o cosa.

para. prep. con que se denota el fin o término a que se encamina una acción. ‖ **2.** Hacia, denotando el lugar que es el término de un viaje o movimiento o la situación de aquel. ‖ **3.** Se usa indicando el lugar o tiempo a que se difiere o determina el ejecutar una cosa o finalizarla. *Pagará* PARA *San Juan.* ‖ **4.** Se usa como partícula adversativa, significando el estado en que se halla actualmente una cosa, contraponiéndolo a lo que se quiere aplicar o se dice de ella. *Con buena calma te vienes* PARA *la prisa que yo tengo.* ‖ **5.** Denota la relación de una cosa con otra, o lo que es propio o le toca respecto de sí misma. *Poco le alaban* PARA *lo que merece.* ‖ **6.** Significando el motivo o causa de una cosa, por que, o por lo que. ¿PARA *qué madrugas tanto?* ‖ **para eso.** loc. que se usa despreciando una cosa, o por fácil o por inútil. PARA ESO *no me hubiera molestado en venir.* ‖ **para que.** loc. conjunt. final que se usa en el sentido interrogativo y afirmativo, y vale respectivamente: **para** cuál fin u objeto, y **para** el fin u objeto de que. En sentido interrogativo lleva acento la partícula *que.* ¿PARA QUÉ *sirve ese instrumento?; le riño* PARA QUE *se enmiende.*

para-. pref. que puede significar «junto a», «al margen de», «contra»: PARA*cronismo,* PARÁ*frasis,* PARA*doja.*

parabién. m. **felicitación.**

parábola. f. Narración de un suceso fingido, de que se deduce, por comparación o semejanza, una verdad importante o una enseñanza moral. ‖ **2.** *Geom.* Lugar geométrico de los puntos del plano equidistantes de una recta y de un punto fijos. Resulta de cortar un cono circular recto por un plano paralelo a una generatriz.

parabólico, ca. adj. Dícese de la antena de televisión que permite captar emisoras situadas a gran distancia. Ú. t. c. s. f. ‖ **2.** *Geom.* Perteneciente a la parábola. ‖ **3.** *Geom.* De figura de parábola o parecido a ella.

parabrisas. m. Bastidor con cristal que lleva el automóvil en su parte anterior para resguardar a los viajeros del aire cuando aquel se pone en movimiento.

paracaídas. m. Artefacto hecho de tela u otra materia análoga, resistente, que, al extenderse en el aire, toma la forma de una sombrilla grande. Se usa para moderar la velocidad de caída de los cuerpos que se arrojan desde las aeronaves.

paracaidismo. m. Práctica del lanzamiento en paracaídas.

paracaidista. com. Persona diestra en el manejo del paracaídas.

parachoques. m. Pieza o aparato que llevan exteriormente los automóviles y otros carruajes, en la parte delantera y trasera, para amortiguar los efectos de un choque.

parada. f. Acción de parar o detenerse. ‖ **2.** Lugar o sitio donde se para. ‖ **3.** Suspensión o pausa, especialmente en la música. ‖ **4.** Sitio o lugar donde se recogen o juntan las reses. ‖ **5.** Lugar en que se detienen los vehículos destinados a transportes públicos y donde esperan los pasajeros. ‖ **6.** Lugar asignado en las ciudades para que estacionen en él los vehículos de alquiler o taxis. ‖ **7.** *Mil.* Formación de tropas para pasarles revista o hacer alarde de ellas en una solemnidad.

paradero. m. Lugar o sitio donde se para o se va a parar.

paradigma. m. Ejemplo o ejemplar. ‖ **2.** *Ling.* Cada uno de los esquemas formales a que se ajustan las palabras nominales y verbales para sus respectivas flexiones. ‖ **3.** *Ling.* Conjunto virtual de elementos de una misma clase gramatical, que pueden aparecer en un mismo contexto. Así, los sustantivos *caballo, rocín, corcel, jamelgo,* etc., que pueden figurar en el contexto: *El - relincha,* constituyen un **paradigma.**

paradisíaco, ca o **paradisiaco, ca.** adj. Perteneciente o relativo al paraíso.

parado, da. adj. Remiso, tímido o flojo en palabras, acciones o movimientos. ‖ **2.** Desocupado, o sin ejercicio o empleo. Ú. t. c. m. pl. ‖ **3.** *Amér.* Derecho o en pie.

paradoja. f. Idea extraña u opuesta a la común opinión y al sentir de los hombres. ‖ **2.** *Ret.* Figura de pensamiento que consiste en emplear expresiones o frases que envuelven contradicción. *Mira al avaro, en sus* RIQUEZAS, POBRE.

parador. m. **parador nacional de turismo.** ‖ **nacional de turismo.** En España, cierto tipo de establecimiento hotelero dependiente de organismos oficiales.

paraestatal. adj. Dícese de las instituciones, organismos y centros que, por delegación del Estado, cooperan a los fines de este sin formar parte de la administración pública.

parafernalia. f. Conjunto de usos habituales en determinados actos o ceremonias, y de objetos que en ellos se emplean.

parafina. f. *Quím.* Nombre común a varias sustancias sólidas, opalinas, inodoras, menos densas que el agua y fácilmente fusibles, compuestas por una mezcla de hidrocarburos, que se obtiene normalmente como subproducto de la fabricación de aceites lubrificantes derivados del petróleo. Tiene múltiples aplicaciones industriales y farmacéuticas.

parafrasear. tr. Hacer la paráfrasis de un texto o escrito.

paráfrasis. f. Explicación de un texto, o interpretación que se le añade para ilustrarlo o hacerlo más claro o inteligible. ‖ **2.** Frase que imitando en su estructura otra conocida, se formula con palabras diferentes.

paragoge. f. *Gram.* Adición de algún sonido al fin de un vocablo, como en *fraque* por *frac.* Era figura de dicción según la preceptiva tradicional.

paraguas. m. Utensilio portátil para resguardarse de la lluvia, compuesto de un bastón y un varillaje cubierto de tela que puede extenderse o plegarse.

paraguayo, ya. adj. Natural del Paraguay. Ú. t. c. s. ‖ **2.** Perteneciente o relativo al Paraguay. ‖ **3.** f. Fruta de hueso semejante al pérsico y de sabor también parecido, de forma aplastada y de mucho consumo en Europa.

paragüero, ra. m. y f. Persona que hace o vende paraguas. ‖ **2.** m. Mueble dispuesto para colocar los paraguas y bastones.

paraíso. m. En el Antiguo Testamento, jardín de delicias donde Dios colocó a Adán y Eva. ‖ **2.** Cielo, lugar en que los bienaventurados gozan de la presencia de Dios. ‖ **3.** Conjunto de asientos del piso más alto de algunos teatros. ‖ **4.** fig. Cualquier sitio o lugar muy ameno.

paraje. m. Lugar, sitio.

paralaje. f. *Astron.* Diferencia entre las posiciones aparentes que en la bóveda celeste tiene un astro, según el punto desde donde se supone observado.

paralelas. f. pl. Barras paralelas en que se hacen ejercicios gimnásticos. ‖ **asimétricas.** *Dep.* Aparato gimnástico compuesto de dos barras colocadas a diferente altura.

paralelepípedo. m. *Geom.* Sólido compuesto por seis paralelogramos, cuyas caras opuestas son iguales y paralelas.

paralelismo. m. Calidad de paralelo o continuada igualdad de distancia entre líneas o planos.

paralelo, la. adj. *Geom.* Aplícase a las líneas o planos equidistantes entre sí y que por más que se prolonguen no pueden encontrarse. ‖ **2.** fig. Correspondiente o semejante. ‖ **3.** m. Cotejo o comparación de una cosa con otra. ‖ **4.** *Geogr.* Cada uno de los círculos menores **paralelos** al Ecuador, que se suponen descritos en el globo terráqueo y que sirven para determinar la latitud de cualquiera de sus puntos o lugares.

paralelogramo. m. *Geom.* Cuadrilátero cuyos lados opuestos son paralelos entre sí.

parálisis. f. *Pat.* Privación o disminución del movimiento de una o varias partes del cuerpo.

paralítico, ca. adj. Enfermo de parálisis. Ú. t. c. s.

paralizar. tr. Causar parálisis. Ú. t. c. prnl. ‖ **2.** fig. Detener, entorpecer, impedir la acción y movimiento de una cosa. Ú. t. c. prnl.

paramecio. m. Género de protozoos ciliados, con forma de suela de zapato, muy común en las aguas dulces de charcas y estanques; algunas de sus especies alcanzan varios milímetros de longitud y se cultivan con fines experimentales.

paramento. m. Adorno o atavío con que se cubre una cosa. ‖ **2.** *Arq.* Cualquiera de las dos caras de una pared.

parámetro. m. *Mat.* Variable que, en una familia de elementos, sirve para identificar cada uno de ellos mediante su valor numérico.

paramilitar. adj. Dícese de ciertas organizaciones civiles con estructura o disciplina de tipo militar.

páramo. m. Terreno yermo, raso y desabrigado. ‖ **2.** fig. Cualquier lugar sumamente frío y desamparado.

parangón. m. Comparación o semejanza.

parangonar. tr. Hacer comparación de una cosa con otra. ❑ Ú. con la prep. *con.*

paraninfo. m. Salón de actos en algunas universidades.

paranoia. f. Perturbación mental fijada en una idea o en un orden de ideas.

paranoico, ca. adj. Perteneciente o relativo a la paranoia. ‖ **2.** Que la padece. Ú. t. c. s.

paranomasia. f. **paronomasia.**

paranormal. adj. Dícese de los fenómenos y problemas que estudia la parapsicología.

parapetarse. prnl. *Fort.* Resguardarse con parapetos u otra cosa que supla la falta de estos. Ú. t. c. tr. ‖ **2.** fig. Precaverse de un riesgo por algún medio de defensa.

parapeto. m. *Arq.* Pared o baranda que se pone para evitar caídas, en los puentes, escaleras, etc. ‖ **2.** *Fort.* Terraplén corto, formado sobre el principal, hacia la parte de la campaña, el cual defiende de los golpes enemigos el pecho de los soldados.

paraplejía o **paraplejia.** f. *Pat.* Parálisis de la mitad inferior del cuerpo.

parapsicología. f. Estudio de los fenómenos y comportamientos psicológicos, de cuya naturaleza y efectos no ha dado hasta ahora cuenta la psicología científica. Entre ellos están la telepatía, las premoniciones, la levitación, etc.

parar. intr. Cesar en el movimiento o en la acción; no pasar adelante en ella. Ú. t. c. prnl. ‖ **2.** Ir a dar a un término o llegar al fin. ‖ **3.** Habitar, hospedarse. *No sabemos dónde* PARA *Ramón;* PARAR *en casa de mi tío.* ‖ **4.** tr. Detener e impedir el movimiento o acción de uno. ‖ **5.** *Esgr.* Quitar con la espada el golpe del contrario. Por ext., se dice en otros juegos y deportes. ‖ **6.** *Murc.* y *Amér.* Estar o poner de pie. Ú. t. c. prnl. ‖ **7.** prnl. Construido con la preposición *a* y el infinitivo de algunos verbos que significan acción del entendimiento, ejecutar dicha acción con atención y sosiego. ‖ **¡dónde va a parar!** fr. con la que se ponderan las excelencias de una cosa en comparación con otra. ‖ **dónde vamos, iremos,** etc., **a parar.** fr. fam. con la que se expresa asombro o consternación ante nuevas cosas o situaciones. ‖ **no parar.** fr. fig. Ejecutar o solicitar una cosa con eficacia, viveza o instancia. ‖ **quedar** o **salir bien** o **mal parado.** loc. Tener buena o mala fortuna en un asunto. ‖ **y pare usted de contar.** loc. con que se pone fin a una cuenta, narración o enumeración.

pararrayos. m. Artificio compuesto de una o más varillas de hierro terminadas en punta y unidas entre sí y con la tierra húmeda, o con el agua, por medio de conductores metálicos, el cual se coloca sobre los edificios o los buques para preservarlos de los efectos de la electricidad de las nubes.

parasíntesis. f. *Gram.* Formación de vocablos en que intervienen la composición y la derivación; como *encañonar.*

parásito, ta o **parasito, ta.** adj. *Biol.* Dícese del organismo animal o vegetal que vive a costa de otro de distinta especie, alimentándose de sus sustancias y depauperándolo sin llegar a matarlo. Ú. t. c. s. ‖ **2.** m. fig. Persona que vive a costa ajena.

parasol. m. **quitasol.**

parataxis. f. *Gram.* Coordinación.

parca. f. *Mit.* Cada una de las tres deidades hermanas, Cloto, Láquesis y Átropos, con figura de viejas, de las cuales la primera hilaba, la segunda devanaba y la tercera cortaba el hilo de la vida del hombre. ‖ **2.** fig. poét. La muerte.

parcela. f. Porción pequeña de terreno, de ordinario sobrante de otra mayor que se ha comprado, expropiado o adjudicado. ‖ **2.** En el catastro, cada una de las tierras de distinto dueño que constituyen un pago o término.

parcelar. tr. Dividir una finca grande para venderla o arrendarla en porciones más pequeñas.

parche. m. Pedazo de tela, papel, piel, etc., que por medio de un aglutinante se pega sobre una cosa, generalmente para tapar un agujero. ‖ **2.** Trozo de lienzo u otra cosa que contiene un ungüento, bálsamo, etc., y se pone sobre una herida o parte enferma del cuerpo. ‖ **3.** Cada una de las dos pieles del tambor. ‖ **4.** fig. Cualquier cosa sobrepuesta a otra y como pegada, que desdice de la principal. ‖ **5.** fig. Pegote o retoque mal hecho, especialmente en la pintura.

parchís. m. Juego que se practica en un tablero con cuatro salidas en el que cada jugador, provisto de cuatro fichas del mismo color, trata de hacerlas llegar a la casilla central. El número de casillas que se ha de recorrer en cada jugada se determina tirando un dado.

parcial. adj. Relativo a una parte del todo. ‖ **2.** Que juzga o procede con parcialidad, o que la incluye o denota. *Escritor* PARCIAL, *juicio* PARCIAL. ‖ **3.** m. Examen que el alumno hace de una parte de la asignatura.

parcialidad. f. Unión de algunos que se confederan para un fin, separándose del común y formando cuerpo aparte. ‖ **2.** Cada una de las agrupaciones en que se dividían o dividen los pueblos primitivos. ‖ **3.** Designio anticipado o prevención en favor o en contra de personas o cosas, que da como resultado la falta de neutralidad o insegura rectitud en el modo de juzgar o de proceder.

parco, ca. adj. Corto, escaso o moderado en el uso o concesión de las cosas. ‖ **2.** Sobrio, templado y moderado en la comida o bebida.

pardillo, lla. adj. Aldeano, palurdo. Ú. t. c. s. ‖ **2.** Dícese de la persona incauta que se deja estafar fácilmente. Ú. t. c. s. ‖ **3.** m. Ave del orden de las paseriformes, de unos 14 centímetros desde la punta del pico hasta el extremo de la cola, y dos decímetros y medio de envergadura; plumaje de color pardo rojizo en general, negruzco en las alas y la cola, manchado de blanco en el arranque de esta y en las remeras extremas, carmesí en la cabeza y en el pecho, y blanco en el abdomen. La hembra tiene colores menos vivos. Es uno de los pájaros más lindos de España, se alimenta de semillas, principalmente de linaza y cañamones, canta bien y se domestica con facilidad.

pardo, da. adj. Del color de la tierra, o de la piel del oso común, intermedio entre blanco y negro, con tinte rojo amarillento, y más oscuro que el gris. ‖ **2. oscuro,** especialmente hablando de las nubes o del día nublado.

pardusco, ca. adj. De color que tira a pardo.

pareado. m. Estrofa que forman dos versos pareados.

parear. tr. Juntar, igualar dos cosas comparándolas entre sí. ‖ **2.** Formar pares de las cosas, poniéndolas de dos en dos.

parecer[1]**.** m. Opinión, juicio o dictamen. ‖ **2.** Orden de las facciones del rostro y disposición del cuerpo.

parecer[2]**.** intr. Aparecer o dejarse ver alguna cosa. ‖ **2.** Opinar, creer. Ú. m. c. impers. ‖ **3.** Tener determinada apariencia o aspecto. ‖ **4.** prnl. Tener semejanza, asemejarse. ‖ **a lo que parece, al parecer.** locs. conjunts. con que se explica el juicio o dictamen que se forma en una materia, según lo que ella propia muestra o la idea que suscita. ‖ **parecer bien,** o **mal.** fr. Ser o no ser acertada o plausible una cosa. ‖ **parecerle** a uno una cosa. fr. Con un matiz de duda o indeterminación, opinar, creer. ❑ Irreg. Se conj. como *agradecer.*

parecido, da. adj. Dícese del que se parece a otro. ‖ **2.** Con los adverbios *bien* o *mal,* que tiene buena o mala disposición de facciones o aire de cuerpo. ‖ **3.** m. **semejanza.**

pared. f. Obra de albañilería vertical, que cierra o limita un espacio. ‖ **2.** *Dep.* En alpinismo, corte vertical o muy derecho en la cara de una montaña. ‖ **3.** *Fís.* Cara o superficie lateral de un cuerpo. ‖ **maestra.** *Arq.* Cualquiera de las principales y más gruesas que mantienen y sostienen el edificio. ‖ **medianera.** La común a dos casas. ‖ **de pared.** loc. adj. Dícese de los objetos destinados a estar adosados a una **pared** o que penden de ella. *Reloj* DE PARED, *almanaque* DE PARED. ‖ **entre cuatro paredes.** loc. adv. fig. con que se explica que uno está retirado del trato de las gentes, o encerrado en su casa o cuarto. ‖ **hablar las paredes.** fr. fig. con que se denota la posibilidad de que se descubran cosas que se dicen o hacen con mucho secreto. ‖ **las paredes oyen.** expr. fig. que aconseja tener muy en cuenta dónde y a quién se dice una cosa que importa que esté secreta, por el riesgo que puede haber de que se publique o sepa. ‖ **subirse por las paredes.** fr. fig. Mostrarse extraordinariamente irritado.

paredón. m. Sitio, generalmente delante de un muro, donde se da muerte por fusilamiento.

pareja. f. Conjunto de dos personas, animales o cosas que tienen entre sí alguna correlación o semejanza, y especialmente la formada por hombre y mujer. ‖ **2.** Cada una de estas personas, animales o cosas considerada en relación con la otra. ‖ **3.** Compañero o compañera en los bailes. *En el baile de ayer fue mi* PAREJA *la duquesa.* ‖ **4.** pl. En el juego de dados, los dos números o puntos iguales que salen de una tirada; como seises, cincos, etc. ‖ **5.** En los naipes, dos cartas iguales en número o semejantes en figura; como dos reyes, dos seises.

parejo, ja. adj. Igual o semejante. ‖ **2.** Liso, llano.

paremiología. f. Tratado de refranes.

parénquima. m. *Bot.* Cualquiera de los tejidos vegetales constituidos por células de forma aproximadamente esférica o cúbica y con espacios de separación. ‖ **2.** *Zool.* Tejido de los órganos glandulares. ‖ **3.** *Zool.* Tejido de tipo conjuntivo que recuerda al **parénquima** vegetal.

parental. adj. Perteneciente a los padres o parientes. ‖ **2.** *Biol.* Lo que se refiere a uno o a ambos progenitores. Ú. t. c. s.

parentela. f. Conjunto de los parientes de alguien.

parentesco. m. Vínculo por consanguinidad o afinidad. ‖ **2.** fig. Unión, vínculo o liga que tienen las cosas. ‖ **lingüístico.** Relación de afinidad entre dos o más lenguas en virtud de su origen común.

paréntesis. m. Oración o frase incidental, sin enlace necesario con los demás miembros del período, cuyo sentido interrumpe y no altera. ‖ **2.** Signo ortográfico ( ) en que suele encerrarse esta oración o frase. ‖ **3.** fig. Suspensión o interrupción. ‖ **4.** *Mat.* Signo igual al ortográfico que, aislando una expresión algebraica, indica que una operación se efectúa sobre toda la expresión. ❑ pl. invar.

pareo. m. Pañuelo grande que, anudado a la cintura o bajo los brazos, usan las mujeres, generalmente sobre el bañador, para cubrir su cuerpo.

paria. com. Persona de la casta ínfima de los indios que siguen la ley de Brahma. Esta casta está privada de todos los derechos religiosos y sociales. ‖ **2.** fig. Persona excluida de las ventajas de que gozan las demás, e incluso de su trato, por ser considerada inferior.

paridad. f. Igualdad de las cosas entre sí. ‖ **2.** *Econ.* Relación de una moneda con el patrón monetario internacional vigente.

parienta. f. fam. Mujer respecto del marido.

pariente. adj. Respecto de una persona, dícese de cada uno de los ascendientes, descendientes y colaterales de su misma familia, ya sea por consanguinidad o afinidad. Ú. m. c. s. ‖ **2.** fig. y fam. Allegado, semejante o parecido. ‖ **3.** m. fam. El marido respecto de la mujer.

parietal. adj. *Anat.* V. **hueso parietal.** Ú. m. c. s.

parihuela. f. Artefacto compuesto de dos varas gruesas con unas tablas atravesadas en medio donde se coloca la carga para llevarla entre dos. ‖ **2. camilla,** cama portátil. Ú. t. en pl.

paripé. m. fam. Fingimiento, simulación o acto hipócrita. ‖ **hacer el paripé.** fr. fam. Presumir, darse tono. ☐ pl. *paripés.*

parir. intr. Expeler en tiempo oportuno, la hembra de cualquier especie vivípara, el feto que tenía concebido. Ú. t. c. tr. ‖ **2.** tr. fig. Producir una cosa otra. ‖ **3.** fig. Hacer salir a luz o al público lo que estaba oculto o ignorado.

parisiense. adj. Natural de París. Ú. t. c. s. ‖ **2.** Perteneciente o relativo a esta ciudad, capital de Francia.

parisino, na. adj. **parisiense.**

paritario, ria. adj. Dícese principalmente de los organismos de carácter social constituidos por representantes de patronos y obreros en número igual y con los mismos derechos. ‖ **2.** Que las diversas partes que la forman tienen igualdad en el número y derechos de sus miembros, hablando de cualquier comisión o asamblea.

paritorio. m. Sala de una maternidad donde tiene lugar el parto.

parlamentar. intr. Entablar conversaciones con la parte contraria para intentar ajustar la paz, una rendición, un contrato o para zanjar cualquier diferencia.

parlamentario, ria. adj. Perteneciente o relativo al parlamento judicial o político. ‖ **2.** m. y f. Persona que va a parlamentar.

parlamento. m. Cámara o asamblea legislativa, nacional o provincial. ‖ **2.** Entre actores, fragmento largo, en verso o prosa, que recita un personaje. ‖ **3.** Acción de parlamentar.

parlanchín, na. adj. fam. Que habla mucho y sin oportunidad, o que dice lo que debía callar. Ú. t. c. s.

parlante. adj. Que parla.

parlar. intr. Hablar mucho y sin sustancia.

parlotear. intr. fam. Hablar mucho y sin sustancia unos con otros, por diversión o pasatiempo.

parmesano, na. adj. Natural de Parma. Ú. t. c. s. ‖ **2.** Perteneciente o relativo a esta ciudad y antiguo ducado de Italia. ‖ **3.** m. Queso de pasta dura, fabricado con leche de vaca y originario de la llanura de Lombardía en Italia.

parnasiano, na. adj. Perteneciente o relativo a la escuela poética llamada del Parnaso, que floreció en Francia en el último tercio del siglo XIX. Apl. a pers., ú. t. c. s.

parnaso. m. fig. Conjunto de todos los poetas, o de los de un pueblo o tiempo determinado. ‖ **2.** Colección de poesías de varios autores.

parné. m. pop. **dinero,** moneda.

¹paro. m. Acción y efecto de parar, cesar un movimiento o una acción. ‖ **2. huelga,** cesación voluntaria en el trabajo por común acuerdo de obreros o empleados. ‖ **3.** Situación del que se encuentra privado de trabajo.

²-paro, ra. elem. compos. que significa «que pare», «que se reproduce»: *multí*PARA.

parodia. f. Imitación burlesca, escrita las más de las veces en verso, de una obra seria de literatura. La **parodia** puede también serlo del estilo de un escritor o de todo un género de poemas literarios. ‖ **2.** Cualquier imitación burlesca de una cosa seria.

parónimo, ma. adj. Aplícase a cada uno de dos o más vocablos que tienen entre sí relación o semejanza, o por su etimología o solamente por su forma o sonido.

paronomasia. f. Semejanza entre dos o más vocablos que no se diferencian sino por la vocal acentuada en cada uno de ellos; v. gr.: *azar* y *azor; lago, lego* y *Lugo; jácara* y *jícara.* ‖ **2.** Semejanza de distinta clase que entre sí tienen otros vocablos; como *adaptar* y *adoptar; acera* y *acero; Marte* y *mártir.* ‖ **3.** Conjunto de dos o más vocablos que forman **paronomasia.** ‖ **4.** *Ret.* Figura consistente en colocar próximos en la frase dos vocablos semejantes en el sonido pero diferentes en el significado, como *puerta-puerto; secreto de dos, secreto de Dios.*

parótida. f. *Anat.* Cada una de las dos glándulas situadas debajo del oído y detrás de la mandíbula inferior, en el hombre y los animales mamíferos, con un conducto excretorio que vierte en la boca la saliva que segrega.

paroxismo. m. *Pat.* Punto culminante de una enfermedad. ‖ **2.** fig. Exaltación extrema de los afectos y pasiones.

paroxítono, na. adj. *Pros.* **grave,** que lleva su acento tónico en la penúltima sílaba. Ú. t. c. s. ‖ **2.** *Gram.* V. **verso paroxítono.**

parpadear. intr. Abrir y cerrar repetidamente los párpados. ‖ **2.** fig. Vacilar u oscilar la luminosidad de un cuerpo o de una imagen.

párpado. m. Cada una de las membranas movibles, cubiertas de piel y con armazón cartilaginosa, que sirven para resguardar el ojo en el hombre, los mamíferos, las aves y muchos reptiles.

parque. m. Terreno destinado en el interior de una población a prados, jardines y arbolado para recreo y ornato. ‖ **2.** Conjunto de instrumentos, aparatos o materiales destinados a un servicio público. PARQUE *de incendios, de aviación, sanitario.* ‖ **3.** Pequeño recinto protegido, de diversas formas, donde se deja a los niños que aún no andan, para que jueguen. ‖ **de atracciones.** Lugar estable en que se reúnen instalaciones recreativas, como los carruseles, casetas de tiro al blanco y otros entretenimientos. ‖ **móvil.** Conjunto de material rodante, propiedad del Estado o de algún ministerio u organismo análogo. ‖ **nacional.** Paraje extenso y agreste que el Estado acota para que en él se conserve la fauna y la flora y para evitar que las bellezas naturales se desfiguren con aprovechamientos utilitarios. ‖ **zoológico.** Lugar en que se conservan, cuidan y a veces se crían fieras y otros animales no comunes, para el conocimiento de la zoología.

parqué. m. Entarimado hecho con maderas finas de varios tonos, que, convenientemente ensambladas, forman dibujos geométricos. ❑ pl. *parqués.*

parquear. tr. *Amér.* **aparcar.**

parquedad. f. Moderación, sobriedad.

parquímetro. m. Máquina destinada a regular mediante pago el tiempo de estacionamiento de los vehículos.

parra. f. Vid, y en especial la que está levantada artificialmente y extiende mucho sus vástagos. ‖ **de Corinto.** Variedad de vid originaria de Corinto, cuya uva no tiene granillos y hecha pasa es muy apreciada en el comercio.

párrafo. m. Cada una de las divisiones de un escrito señaladas por letra mayúscula al principio del renglón y punto y aparte al final del trozo de escritura. ‖ **2.** *Gram.* Signo ortográfico (§) con que, a veces, se denota cada una de estas divisiones.

parranda. f. fam. Juerga bulliciosa, especialmente la que se hace yendo de un sitio a otro.

parricida. com. Persona que comete parricidio. Ú. t. c. adj.

parricidio. m. Delito cometido por el que mata a su ascendiente o descendiente, directos o colaterales, o a su cónyuge.

parrilla. f. Utensilio de hierro en figura de rejilla, con mango y pies, y a propósito para poner a la lumbre lo que se ha de asar o tostar. Ú. m. en pl. ‖ **de salida.** Espacio señalado al principio de un circuito de carrera, en que se sitúan los vehículos para comenzar la competición.

parrillada. f. Plato compuesto de diversos pescados o mariscos, asados a la parrilla. ‖ **2.** Plato compuesto de carne de vaca, chorizo, morcilla, etc., asados a la parrilla.

párroco. m. Cura que tiene una feligresía. Ú. t. c. adj.

parroquia. f. Iglesia en que se administran los sacramentos y se atiende espiritualmente a los fieles de una feligresía. ‖ **2.** Conjunto de feligreses. ‖ **3.** Territorio que está bajo la jurisdicción espiritual del cura de almas.

parroquiano, na. adj. Perteneciente a determinada parroquia. Ú. t. c. s.

parsi. m. Pueblo procedente de la antigua Persia, que habita actualmente en la India y seguidor de la religión de Zoroastro. ‖ **2.** Idioma hablado por los parsis.

parsimonia. f. Frugalidad y moderación en los gastos. ‖ **2. cachaza,** lentitud.

parte. f. Porción indeterminada de un todo. ‖ **2.** Porción que le corresponde a uno en cualquier reparto o distribución. ‖ **3.** Sitio o lugar. ‖ **4.** Cada una de las divisiones principales, comprensivas de otras menores, que suele haber en una obra científica o literaria. ‖ **5.** Cada una de las personas que contratan entre sí o que tienen participación o interés en un mismo negocio. ‖ **6.** Cada una de las personas o de los grupos de ellas que contienden, discuten o dialogan. ‖ **7.** Precedido de la preposición *a* y el pronombre *esta,* significa el tiempo presente o la época de que se trata, con relación al tiempo pasado. *De poco tiempo a esta* PARTE, *muchos se quejan de los nervios.* ‖ **8.** Cada uno de los aspectos en que se puede considerar una persona o cosa: *Por una* PARTE *es un sitio ameno, pero por otra está muy distante de la ciudad.* ‖ **9.** m. Comunicación de cualquier clase transmitida por telégrafo, teléfono, radiotelevisión, etc. PARTE *de guerra.* PARTE *meteorológico.* ‖ **10.** f. pl. Órganos de la generación. ‖ **alicuanta.** La **parte** que no mide exactamente a su todo: *3 es* PARTE ALICUANTA *de 11.* ‖ **alícuota.** La que mide exactamente a su todo; como 2 respecto de 4. ‖ **de la oración.** *Gram.* Cada una de las distintas clases de palabras que tienen en la oración diferente oficio. En español suelen contarse nueve: a saber: artículo, nombre, adjetivo, pronombre, verbo, adverbio, preposición, conjunción e interjección. ‖ **entera.** *Arit.* En la representación decimal de un número, la situada antes de la coma y que corresponde a un número entero. ‖ **facultativo. parte médico.** ‖ **fraccionaria.** *Arit.* En la representación decimal de un número, la situada después de la coma y que corresponde a un número fraccionario con valor absoluto menor que la unidad. ‖ **imaginaria.** *Arit.* En un número complejo, número imaginario que lo compone. ‖ **médico.** Comunicado oficial sobre el estado de salud de alguien. ‖ **real.** *Arit.* En un número complejo, número real que lo compone. ‖ **partes naturales, pudendas** o **vergonzosas.** Las de la generación. ‖ **tomar parte en** una cosa. fr. Interesarse activamente en ella.

parteluz. m. *Arq.* Mainel o columna delgada que divide en dos un hueco de ventana.

partenogénesis. f. *Biol.* Modo de reproducción de algunos animales y plantas, que consiste en la formación de un nuevo ser por división reiterada de células sexuales femeninas que no se han unido previamente con gametos masculinos.

partero, ra. m. y f. Persona con títulos legales que asiste a la parturienta. ‖ **2.** f. Mujer que, sin tener estudios o titulación, ayuda o asiste a la parturienta.

parterre. m. Jardín o parte de él con césped, flores y anchos paseos.

partición. f. División o repartimiento que se hace entre algunas personas, de hacienda, herencia o cosa semejante.

participación. f. Acción y efecto de participar. ‖ **2.** Parte que se juega en un décimo de lotería, y billete en que consta.

participar. intr. Tomar uno parte en una cosa. ‖ **2.** Recibir una parte de algo. ‖ **3.** Compartir, tener las mismas opiniones, ideas, etc., que otra persona. ❑ Ú. m. con la prep. *de.* ‖ **4.** Tener parte en una sociedad o negocio o ser socio de ellos. ‖ **5.** tr. Dar parte, noticiar, comunicar.

partícipe. adj. Que tiene parte en una cosa, o entra con otras a la parte en la distribución de ella. Ú. t. c. s.

participio. m. *Gram.* Forma del verbo, usada generalmente como adjetivo. ‖ **activo.** El que denota acción. ‖ **de presente. activo.** ‖ **de pretérito. pasivo.** ‖ **pasivo.** El que denota pasión.

partícula. f. Parte pequeña de materia. ‖ **2.** *Gram.* Término de diversa amplitud con que suelen designarse las partes invariables de la oración, que sirven para expresar las relaciones que se establecen entre las distintas frases y especialmente al elemento que entra en la formación de ciertos vocablos; v. gr.: *ab* (AB*jurar), abs* (ABS*traer*), *di* (DI*sentir),* etc. ‖ **adversativa.** *Gram.* La que expresa contraposición entre lo que significa rectamente y el sentido en que se emplea. ‖ **alfa.** *Fís.* Núcleo de helio procedente de alguna desintegración o reacción nuclear. ‖ **compositiva.** *Gram.* En el uso de algunos autores, **prefijo.** ‖ **elemental.** *Fís.* Ente físico más simple que el núcleo atómico y que se considera como el componente último constituyente de la materia. ‖ **prepositiva.** *Gram.* **partícula compositiva,** prefijo.

particular. adj. Propio y privativo de una cosa, o que le pertenece con singularidad. ‖ **2.** Especial, extraordinario, o pocas veces visto en su línea. ‖ **3.** Singular o individual, como contrapuesto a universal o general. ‖ **4.** Dícese, en las comunidades y repúblicas, del que no tiene título o empleo que lo distinga de los demás. Ú. t. c. s. ‖ **5.** Dícese de lo privado, de lo que no es de propiedad o uso públicos. ‖ **6.** m. Punto o materia de que se trata. *Hablemos de este* PARTICULAR.

particularidad. f. Singularidad, especialidad, individualidad.

particularizar. tr. Expresar una cosa con todas sus circunstancias y particularidades. ‖ **2.** prnl. Distinguirse, singularizarse en una cosa.

partida. f. Acción de partir o salir de un punto. ‖ **2.** Registro o asiento de bautismo, confirmación, matrimonio o entierro, que se escribe en los libros de las parroquias o del registro civil. ‖ **3.** Cada uno de los artículos y cantidades parciales que contiene una cuenta. ‖ **4.** Cantidad o porción de un género de comercio; como trigo, aceite, madera, lencería. ‖ **5.** Conjunto poco numeroso de gente armada, con organización militar u otra semejante. ‖ **6.** Conjunto de personas de ciertos trabajos y oficios. ‖ **7.** Cada una de las manos de un juego, o conjunto de ellas previamente convenido.

partidario, ria. adj. Que sigue un partido o bando, o entra en él. Ú. t. c. s. ‖ **2.** Adicto a una persona o idea. Ú. t. c. s.

partidismo. m. Adhesión o sometimiento a las opiniones de un partido con preferencia a los intereses generales. ‖ **2.** Por ext., inclinación hacia algo o alguien en un asunto en el que se debería ser imparcial.

partidista. adj. Perteneciente o relativo al partidismo. Apl. a pers., ú. t. c. s.

partido. m. Unión entre personas que comparten opiniones o intereses. ‖ **2.** Provecho, ventaja o conveniencia. *Sacar* PARTIDO. ‖ **3.** Distrito o territorio de una jurisdicción o administración que tiene por cabeza un pueblo principal. ‖ **4.** En ciertos juegos, competencia concertada entre los jugadores. PARTIDO *de pelota.* ‖ **judicial.** Distrito o territorio que comprende varios pueblos de una provincia, en que, para la administración de justicia, ejerce jurisdicción un juez de primera instancia. ‖ **tomar partido.** fr. Determinarse o resolverse el que estaba suspenso o dudoso en decidirse.

partir. tr. Dividir una cosa en dos o más partes. ‖ **2.** Hender, rajar. PARTIR *la cabeza.* ‖ **3.** Repartir o distribuir una cosa entre varios. ‖ **4.** intr. Tomar un hecho, una fecha o cualquier otro antecedente como base para un razonamiento o cómputo. PARTIR *de un supuesto falso; a* PARTIR *de ese día.* ‖ **5.** Empezar a caminar, ponerse en camino. Ú. t. c. prnl. ‖ **6.** prnl. fam. **desternillarse de risa.**

partisano, na. m. y f. Guerrillero, miembro de un grupo armado de gente civil.

partitivo, va. adj. Que puede partirse o dividirse. ‖ **2.** *Gram.* Dícese del nombre y del adjetivo numeral que expresan división de un todo en partes; como *mitad, medio, tercia, cuarta.*

partitura. f. Texto completo de una obra musical para varias voces o instrumentos.

parto. m. Acción de parir.

parturienta. adj. Aplícase a la mujer que está de parto o recién parida. U. t. c. s.

parva. f. Mies tendida en la era para trillarla, o después de trillada, antes de separar el grano. ‖ **2.** fig. Montón o cantidad grande de una cosa.

parvedad. f. Pequeñez, poquedad, cortedad.

parvo, va. adj. **pequeño.**

parvulario. m. Lugar donde se cuida y educa a párvulos.

párvulo, la. adj. De muy corta edad. ‖ **2.** fig. Inocente, que sabe poco o es fácil de engañar.

pasa. f. Uva seca enjugada naturalmente en la vid, o artificialmente al sol, o cociéndola en lejía. ‖ **de Corinto.** La que procede de uvas propias de esta región griega y se distingue por su pequeño tamaño y que carece de pepita. ‖ **estar** uno **hecho una pasa,** o **quedarse como una pasa.** fr. fig. y fam. Estar o volverse una persona muy seca de cuerpo y arrugada de rostro.

pasable. adj. Que se puede pasar.

pasacalle. m. *Mús.* Marcha popular de compás muy vivo.

pasada. f. Acción de pasar de una parte a otra. ‖ **2.** Acción y efecto de dar un último repaso o retoque a un trabajo cualquiera. ‖ **3.** fig. y fam. Mal comportamiento de una persona con otra. ❑ Ú. generalmente acompañada del adjetivo *mala.* ‖ **4.** Puntada larga que se da en la ropa al bordarla o zurcirla.

pasadizo. m. Paso estrecho que en las casas o calles sirve para ir de una parte a otra atajando camino.

pasado. m. Tiempo que pasó. ‖ **2.** Cosas que sucedieron en él.

pasador. m. Barra pequeña de hierro sujeta con grapas a una hoja de puerta o ventana, o a una tapa, y que sirve para cerrar corriéndola hasta hacerla entrar en una hembrilla fija en el marco. ‖ **2.** Varilla de metal que en las bisagras, charnelas y piezas semejantes une las palas pasando por los anillos y sirve de eje para el movimiento de estas piezas. ‖ **3.** Aguja grande de metal, concha u otra materia, que usan las mujeres para sujetar el pelo recogido o algún adorno de la cabeza. ‖ **4.** Imperdible que se clava en el pecho de los uniformes, y al cual se sujetan medallas. ‖ **5.** Prendedor con el que se sujeta la corbata a la camisa.

pasaje. m. Precio que se paga en los viajes marítimos y aéreos por el transporte de una o más personas. ‖ **2.** Boleto o billete para un viaje. ‖ **3.** Totalidad de los viajeros. ‖ **4.** Trozo o lugar de un libro o escrito, oración o discurso; texto de un autor. ‖ **5.** Paso público entre dos calles, algunas veces cubierto.

pasajero, ra. adj. Que pasa presto o dura poco. ‖ **2.** Dícese de la persona que viaja en un vehículo, especialmente en avión, barco, tren, etc., sin pertenecer a la tripulación. Ú. t. c. s.

pasamanería. f. Obra o fábrica de pasamanos.

pasamano. m. Listón que se coloca sobre las barandillas de las escaleras. ‖ **2.** Género de cosas como cordones, borlas, flecos y demás adornos de oro, plata, seda, algodón o lana, que se hacen y sirven para guarnecer y adornar los vestidos y otros objetos.

pasamontañas. m. Montera que puede cubrir toda la cabeza hasta el cuello, salvo el rostro o por lo menos los ojos y la nariz, y que se usa para defenderse del frío.

pasante. m. El que asiste y acompaña al experto en una materia para aumentar sus conocimientos y adquirir práctica. PASANTE *de abogado, de médico.*

pasaporte. m. Licencia o despacho por escrito que se da para poder pasar libre y seguramente de un pueblo o país a otro.

pasapurés. m. Utensilio de cocina para colar y homogeneizar, mediante presión, patatas, verduras, lentejas, etc., después de cocidas.

pasar. tr. Mudar, trasladar a uno de un lugar o de una clase a otros. Ú. t. c. intr. y c. prnl. ‖ **2.** Cruzar de una parte a otra. PASAR *la sierra, un río.* ❑ Seguido de la prep. *por,* ú. t. c. intr. ‖ **3.** Enviar, transmitir. PASAR *un recado.* ‖ **4.** Junto con ciertos nombres que indican un punto limitado o determinado, ir más allá de él. PASAR *la raya;* PASAR *el término.* ‖ **5.** Penetrar o traspasar. ‖ **6.** Exceder, aventajar, superar. Ú. t. c. prnl. ‖ **7.** Transferir o trasladar una cosa de un sujeto a otro. Ú. t. c. intr. ‖ **8.** Sufrir, tolerar. ‖ **9.** Llevar una cosa por encima de otra, de modo que la vaya tocando. PASAR *la mano, el peine.* ‖ **10.** Hablando de comida o bebida, deglutir, tragar. ‖ **11.** No poner reparo, censura o tacha en una cosa. ‖ **12.** Callar u omitir algo de lo que se debía decir o tratar. ‖ **13.** Disimular o no darse por enterado de una cosa. *Ya te* HE PASADO *muchas.* ‖ **14.** Proyectar una película cinematográfica. ‖ **15.** intr. Mudarse, trocarse o convertirse una cosa en otra, mejorándose o empeorándose. ‖ **16.** En algunos juegos de naipes, no entrar, y en el dominó, dejar de poner ficha por no tener ninguna adecuada. ‖ **17.** Hablando de cosas inmateriales, tener movimiento o correr de una parte a otra. *La noticia* PASÓ *de uno a otro pueblo.* ‖ **18.** Con referencia al tiempo, ocuparlo bien o mal. PASAR *la tarde en los toros; la noche en un grito, el verano en Vizcaya.* ‖ **19.** Durar o mantenerse aquellas cosas que se podrían gastar. *Este vestido puede* PASAR *este verano.* ‖ **20.** Cesar, acabarse una cosa. PASAR *la cólera, el enojo.* Ú. t. c. prnl. ‖ **21.** Seguido de la preposición *por* más adjetivo, ser tenido en concepto o en opinión de. PASAR POR *discreto,* POR *tonto.* ‖ **22.** Con la preposición *sin* y algunos nombres, no necesitar la cosa significada por ellos. *Bien podemos* PASAR SIN *coche.* Ú. t. c. prnl. ‖ **23.** impers. Ocurrir, acontecer, suceder. ‖ **24.** prnl. Acabarse o dejar de ser. ‖ **25.** Olvidarse o borrarse de la memoria una cosa. ‖ **26.** Perder la sazón o empezarse a pudrir las frutas, carnes o cosas semejantes. ‖ **27.** Exceder en una calidad o propiedad, o usar de ella con demasía. PASARSE *de bueno;* PASARSE *de cortés.* ‖ **28.** En ciertos juegos, hacer más puntos de los que se han fijado para ganar, y en consecuencia perder la partida. ‖ **pasar** uno **por** una casa, oficina, etc. fr. Ir al punto que se designa, para cumplir un encargo o enterarse de un asunto. ‖ **pasar** uno **por** alguna cosa. fr. fig. Sufrirla, tolerarla. ‖ **pasarse de listo.** fr. fig. Errar, equivocarse por exceso de malicia.

pasarela. f. Puente pequeño o provisional. ‖ **2.** Puentecillo para peatones, destinado a salvar carreteras, ferrocarriles, etc. ‖ **3.** Pasillo estrecho y algo elevado, destinado al desfile de artistas, modelos de ropa, etc., para que puedan ser contemplados por el público.

pasatiempo. m. Diversión y entretenimiento en que se pasa el rato.

pascal. m. *Fís.* Unidad de presión equivalente a la que ejerce uniformemente la fuerza de un newton sobre la superficie plana de un metro cuadrado. Símb. *Pa.*

Pascua. n. p. f. Fiesta la más solemne de los hebreos, que celebraban a la mitad de la luna de marzo, en memoria de la libertad del cautiverio de Egipto. ‖ **2.** En la iglesia católica, fiesta solemne de la Resurrección del Señor, que se celebra el domingo siguiente al plenilunio posterior al 20 de marzo. Oscila entre el 22 de marzo y el 25 de abril. ‖ **3.** Cualquiera de las solemnidades del nacimiento de Cristo, del reconocimiento y adoración de los Reyes Magos y de la venida del Espíritu Santo sobre el Colegio apostólico. ‖ **4.** pl. Tiempo desde la Natividad de Nuestro Señor Jesucristo hasta el día de Reyes inclusive. ‖ **Pascua de flores,** o **florida.** La de Resurrección. ‖ **de Pascuas a Ramos.** loc. adv. fig. y fam. **de tarde en tarde.** ‖ **estar** uno **como una pascua,** o **como unas pascuas.** fr. fig. y fam. Estar alegre y regocijado. ‖ **hacer la pascua** a uno. fr. fig. y fam. Fastidiarlo, molestarlo, perjudicarlo.

pascual. adj. Perteneciente o relativo a la Pascua.

pase¹. m. Acción y efecto de pasar. ‖ **2.** *Taurom.* Cada una de las veces que el torero, después de haber llamado o citado al toro con la muleta, lo deja pasar, sin intentar clavarle la espada. ‖ **de muleta.** *Taurom.* Cada una de las veces que el matador deja pasar al toro para preparación o adorno.

pase². m. Permiso que da un tribunal o superior para que use de un privilegio, licencia o gracia. ‖ **2.** Licencia por escrito, para pasar algunos géneros de un lugar a otro; para transitar por algún sitio, para penetrar en un local; para viajar gratuitamente, etc. ‖ **de pernocta.** El que se da a los soldados para que puedan ir a dormir a sus casas.

pasear. intr. Ir andando por distracción o por ejercicio. Ú. t. c. tr. y c. prnl. ‖ **2.** Ir con iguales fines, ya a caballo, en carruaje, etc., ya por agua en una embarcación. Ú. t. c. prnl. ‖ **3.** tr. Hacer pasear. PASEAR *a un niño.*

paseíllo. m. Desfile de las cuadrillas por el ruedo antes de comenzar la corrida. Ú. m. en la expr. **hacer el paseíllo.**

paseo. m. Acción de pasear o pasearse. ‖ **2.** Lugar o sitio público para pasearse. ‖ **3.** Distancia corta, que puede recorrerse paseando. ‖ **a paseo.** loc. fig. y fam. con que se manifiesta el desagrado o desaprobación de lo que alguien propone, dice o hace. ❑ Ú. frecuentemente con los verbos *echar, enviar* o *mandar.*

paseriforme. adj. *Zool.* Dícese de aves que se caracterizan por tener tres dedos dirigidos hacia delante y uno hacia atrás, para poder asirse con facilidad a las ramas, aunque hay especies terrícolas. ‖ **2.** f. pl. *Zool.* Orden de estas aves.

pasiego, ga. adj. Natural de Pas. Ú. t. c. s. ‖ **2.** Perteneciente o relativo a este valle de Cantabria.

pasiflora. f. **pasionaria,** planta.

pasillo. m. Pieza de paso, larga y angosta, de cualquier edificio. ‖ **2.** Camino aéreo que se asigna a los aviones en sus trayectorias regulares.

pasión. f. Acción de padecer. ‖ **2.** Por antonom., la de Jesucristo. ‖ **3.** Lo contrario a la acción. ‖ **4.** Estado pasivo en el sujeto. ‖ **5.** Cualquier perturbación o afecto desordenado del ánimo. ‖ **6.** Inclinación o preferencia muy vivas de una persona a otra. ‖ **7.** Apetito o afición vehemente a una cosa. ‖ **8.** Sermón sobre los tormentos y muerte de Jesucristo, que se predica el Jueves y Viernes Santo. ‖ **9.** Parte de cada uno de los cuatro Evangelios, que describe la **Pasión** de Cristo.

pasionaria. f. Planta originaria del Brasil, con tallos ramosos, trepadores y de 15 a 20 metros de largo; hojas partidas en tres, cinco o siete lóbulos enteros y con dos largas estípulas; flores olorosas, pedunculadas, axilares, de seis a siete centímetros de diámetro, con las lacinias del cáliz verdes por fuera, azuladas por dentro, y figura de hierro de lanza; corola de filamentos de color púrpura y blanco, formando círculo como una corona de espinas, cinco estambres, tres estigmas en forma de clavo, y fruto amarillo del tamaño y figura de un huevo de paloma, y con muchas semillas. Se cultiva en jardines. ‖ **2.** Flor de esta planta.

pasividad. f. Calidad de pasivo.

pasivo, va. adj. Aplícase al sujeto que recibe la acción del agente, sin cooperar con ella. ‖ **2.** Aplícase al que deja obrar a los otros, sin hacer por sí cosa alguna. ‖ **3.** Aplícase al haber o pensión que disfrutan algunas personas en virtud de servicios que prestaron o del derecho ganado con ellos y que les fue transmitido. ‖ **4.** *Gram.* Que implica o denota pasión, en sentido gramatical. *Participio, verbo* PASIVO. ‖ **5.** *Gram.* V. **voz pasiva.** Ú. t. c. s. f. ‖ **6.** m. *Com.* Importe total de los débitos y gravámenes que tiene contra sí una persona o entidad, y también el coste o riesgo que contrapesa los provechos de un negocio; todo lo cual se considera como disminución de su activo. ‖ **refleja.** *Gram.* Construcción oracional de significado **pasivo,** cuyo verbo, en tercera persona, aparece en forma activa precedido de *se* y sin complemento agente. *Esos museos* SE INAUGURARON *hace cincuenta años.*

pasmado, da. adj. Dícese de la persona alelada, absorta o distraída.

pasmar. tr. Enfriar mucho o bruscamente. Ú. t. c. prnl. ‖ **2.** fig. Asombrar con extremo. Ú. t. c. intr. y c. prnl. ‖ **3.** prnl. Contraer la enfermedad llamada pasmo.

pasmarote. m. fam. Persona embobada o pasmada por pequeña cosa.

pasmo. m. Efecto de un enfriamiento que se manifiesta por romadizo, dolor de huesos y otras molestias. ‖ **2.** Rigidez y tensión convulsiva de los músculos. ‖ **3.** Enfermedad del sistema nervioso con contracciones de los músculos producida por un bacilo que entra por las heridas, tétanos. ‖ **4.** fig. Admiración y asombro extremados, que dejan como en suspenso la razón y el discurso.

paso. m. Movimiento de cada uno de los pies para ir de una parte a otra. ‖ **2.** Espacio que comprende la longitud de un pie y la distancia entre este y el talón del que se ha movido hacia adelante. ‖ **3.** Acción de pasar. ‖ **4.** Lugar o sitio por donde se pasa de una parte a otra. ‖ **5.** Estampa o huella que queda impresa al andar. ‖ **6.** Modo o manera de andar. ‖ **7.** Efigie o grupo que representa un suceso de la Pasión de Cristo, y se saca en procesión por la Semana Santa. ‖ **8.** Cada una de las mudanzas que se hacen en los bailes. ‖ **9.** Acción o acto de la vida o conducta del hombre. ‖ **10.** Pieza dramática muy breve; como, por ejemplo, el de *Las aceitunas,* de Lope de Rueda. ‖ **11.** Cada uno de los avances que realiza un aparato contador. ‖ **12.** *Geogr.* Estrecho de mar. PASO *de Calais.* ‖ **13.** pl. *Dep.* En baloncesto, falta en que incurre el jugador que da más de tres **pasos** llevando la pelota en la mano. ‖ **a nivel.** Sitio en que un ferrocarril se cruza con otro camino del mismo nivel. ‖ **de cebra.** Lugar por el que se puede cruzar una calle y en el que el viandante tiene preferencia. Está señalizado mediante unas franjas blancas, paralelas, que recuerdan la piel de las cebras. ‖ **del Ecuador.** Fiesta que suele celebrarse en los barcos al pasar el Ecuador. ‖ **2.** Fiesta, y a veces viaje, que celebran los estudiantes cuando están a mitad de carrera. ‖ **de la hélice.** Distancia entre dos puntos de esta curva, correspondientes a la misma generatriz, o sea entre las dos extremidades de una espira. ‖ **largo.** *Mil.* El de la marcha con velocidad de 120 por minuto y longitud de 75 centímetros. ‖ **lento.** *Mil.* El de la marcha a razón de 76 por minuto y longitud de 55 centímetros. ‖ **libre.** El que está desembarazado de obstáculos, peligros o enemigos. *Le dejaron el* PASO LIBRE *para seguir su viaje.* ‖ **ligero.** *Mil.* El de la marcha con velocidad de 180 por minuto y longitud de 83 centímetros. ‖ **ordinario.** *Mil.* El de la marcha a razón de 120 por minuto y longitud de 65 centímetros. ‖ **a cada paso.** loc. adv. fig. Repetida, continuada, frecuentemente, a menudo. ‖ **a dos pasos.** loc. adv. fig. A corta distancia. *Fuencarral está* A DOS PASOS *de Madrid.* ‖ **ceder el paso.** fr. Dejar una persona, por cortesía, que otra pase antes que ella. ‖ **cerrar el paso.** fr. Obstaculizarlo o cortarlo. ‖ **dar paso.** fr. Permitir el **paso** o el acceso. *Aquella puerta* DA PASO *al salón.* ‖ **2.** fig. Favorecer uno la aparición de una situación nueva. *La inhibición del gobernador* DIO PASO *a graves desórdenes.* ‖ **de paso.** loc. adv. Sin permanencia fija, provisionalmente. ‖ **2.** fig. Aprovechando la ocasión. ‖ **3.** Ligeramente, sin detención. ‖ **llevar el paso.** fr. Seguirlo en una forma regular, acomodándolo a compás y medida, o bien al de la persona con quien se va. ‖ **paso a paso.** loc. adv. Poco a poco, despacio o por grados. ‖ **salir al paso de** una cosa. fr. fig. Darse por enterado de ella e impugnar su veracidad o su fundamento. ‖ **salir** uno **del paso.** fr. fig. y fam. Desembarazarse de cualquier manera de un asunto, compromiso, dificultad, apuro o trabajo. ‖ **salirle** a uno **al paso.** fr. Encontrarlo de improviso o deliberadamente, deteniéndolo en su marcha. ‖ **seguir los pasos** a uno. fr. fig. Observar su conducta para averiguar si es fundada una sospecha que se tiene de él. ‖ **seguir los pasos de** uno. fr. fig. Imitarle en sus acciones. ‖ **volver** uno **sobre sus pasos.** fr. fig. Desdecirse, rectificar su dictamen o su conducta.

pasodoble. m. *Mús.* Marcha a cuyo compás puede llevar la tropa el paso ordinario. ‖ **2.** Baile que se ejecuta al compás de esta música.

pasquín. m. Escrito anónimo que se fija en sitio público, con expresiones satíricas contra el Gobierno o contra una persona particular o corporación determinada.

pasta. f. Masa hecha de una o diversas cosas machacadas. ‖ **2.** Masa trabajada con manteca o aceite y otras cosas, que sirve para hacer pasteles, hojaldres, empanadas, etc. ‖ **3.** Pieza pequeña hecha con masa de harina y otros ingredientes, cocida al horno, que se recubre a veces con chocolate, mermelada, etc. ‖ **4.** Masa hecha con harina de la parte exterior del grano de trigo, porque contiene la mayor cantidad de gluten, de que se hacen los fideos, tallarines, macarrones, ravioles, canelones, etc. ‖ **5.** Designación genérica de estas variedades. ‖ **6.** pop. Dinero, caudal. ‖ **7.** Encuadernación de los libros que se hace de cartones cubiertos con pieles bruñidas y por lo común jaspeadas. ‖ **buena pasta.** fig. Índole apacible; genio blando o pacífico.

pastar. tr. Llevar o conducir el ganado al pasto. ‖ **2.** Comer el ganado yerba u otros vegetales cortándolos con los dientes en el lugar en que se crían. Ú. t. c. intr.

pastel. m. Masa de harina y manteca, cocida al horno, en que ordinariamente se envuelve crema o dulce, y a veces carne, fruta o pescado. ‖ **2.** Pastelillo de dulce. ‖ **3.** Lápiz compuesto de una materia colorante y agua de goma. ‖ **4. pintura al pastel.** ‖ **5.** fig. y fam. Convenio secreto entre algunos con malos fines, o con excesiva transigencia. ‖ **6.** *Impr.* Defecto que sale por haber dado demasiada tinta o estar esta muy espesa. ‖ **descubrirse el pastel.** fr. fig. y fam. Hacerse pública y manifiesta una cosa que se procuraba ocultar o disimular.

pastelería. f. Local donde se hacen pasteles, pastas u otros dulces. ‖ **2.** Tienda donde se venden.

pastelillo. m. Pastel pequeño de carne o pescado. ‖ **2.** Pastel pequeño de dulce.

pasterizar. tr. **pasteurizar.**

pasteurizar. tr. Elevar la temperatura de un alimento líquido a un nivel inferior al de su punto de ebullición durante un corto tiempo, enfriándolo después rápidamente, con el fin de destruir los microorganismos sin alterar la composición y cualidades del líquido.

pastiche. m. Imitación o plagio que consiste en tomar determinados elementos característicos de la obra de un artista y combinarlos, de forma que den la impresión de ser una creación independiente.

pastilla. f. Porción de pasta de uno u otro tamaño y figura, y ordinariamente pequeña y cuadrangular o redonda. PASTILLA *de olor, de jabón.* ‖ **2.** En sentido estricto, porción muy pequeña de pasta compuesta de azúcar y alguna sustancia agradable al gusto. PASTILLA *de menta, de café con leche, de goma.* ‖ **3.** *Electrón.* Artefacto de pequeño tamaño que, en forma de **pastilla** generalmente cuadrangular y de poca altura, se emplea en la electrónica y otros usos. ‖ **4.** *Farm.* Pequeña porción de pasta medicinal.

pastillero, ra. m. y f. Persona que vende pastillas. ‖ **2.** m. Estuche pequeño destinado a guardar pastillas.

pasto. m. Acción de pastar. ‖ **2.** Hierba que el ganado pace en el mismo terreno donde se cría. ‖ **3.** Cualquier cosa que sirve para el sustento del animal. ‖ **4.** Sitio en que pasta el ganado. Ú. m. en pl. *Galicia tiene buenos* PASTOS. ‖ **5.** fig. Hecho, noticia u ocasión que sirve para fomentar alguna cosa. *Dar* PASTO *a la murmuración.* ‖ **a todo pasto.** loc. adv. con que se da a entender que el uso de una cosa se puede hacer o se hace copiosamente y sin restricciones.

pastor, ra. m. y f. Persona que guarda, guía y apacienta el ganado. Por lo común se entiende el de ovejas. ‖ **2.** m. Prelado o cualquier otro eclesiástico que tiene fieles a él encomendados y obligación de cuidar de ellos. ‖ **protestante.** Sacerdote de esta iglesia. ‖ **el Buen Pastor.** Atributo que se da a Cristo, porque se dio a sí mismo ese dictado. *Ego sum pástor bonus.*

pastoral. adj. Perteneciente al pastor de ganado. *Literatura, música* PASTORAL. ‖ **2.** Perteneciente o relativo al pastor, prelado. ‖ **3.** Perteneciente o relativo a la poesía en que se pinta la vida de los pastores. ‖ **4.** f. Especie de drama bucólico, cuyos interlocutores son pastores y pastoras. ‖ **5.** amb. **carta pastoral.** ‖ **6.** Composición pastoril, literaria o musical.

pastorear. tr. Llevar los ganados al campo y cuidar de ellos mientras pacen.

pastoril. adj. Propio o característico de los pastores.

pastoso, sa. adj. Aplícase a las cosas que al tacto son suaves y blandas a semejanza de la masa. ‖ **2.** Dícese de la voz que sin resonancias metálicas es agradable al oído. ‖ **3.** *Pint.* Pintado con buena masa y pasta de color.

pata. f. Pie y pierna de los animales. ‖ **2.** Pie de un mueble. ‖ **3.** Hembra del pato. ‖ **4.** fam. Pierna de una persona. ‖ **de banco.** fig. y fam. Absurdo, despropósito. ‖ **de gallo.** Planta anual de la familia de las gramíneas, con las cañas dobladas por la parte inferior, de unos seis decímetros de altura, hojas largas y flores en espigas que forman panoja, con aristas muy cortas. ‖ **2.** fig. Arruga con tres surcos divergentes, como los dedos de la **pata** de gallo, que con los años se forma en el ángulo externo de cada ojo. ‖ **estirar la pata.** fr. fig. y fam. Morir. ‖ **mala pata.** expr. fam. Mala suerte. ‖ **meter** uno **la pata.** fr. fig. y fam. Intervenir en alguna cosa con dichos o hechos inoportunos. ‖ **patas arriba.** loc. adv. fig. y fam. Al revés, o vuelto lo de abajo hacia arriba.

patada. f. Golpe dado con el pie o con lo llano de la pata del animal. ‖ **2.** fam. Paso, visita o gestión para un fin. *Me ha costado esto muchas* PATADAS. ‖ **a patadas.** loc. adv. fig. y fam. Con excesiva abundancia y por todas partes.

patalear. intr. Mover las piernas o patas violentamente y con ligereza, o para herir con ellas, o en fuerza de un accidente o dolor. ‖ **2.** Dar patadas en el suelo violentamente y con prisa por enfado o pesar.

pataleo. m. Acción de patalear.

pataleta. f. fam. Convulsión, especialmente cuando se cree que es fingida. ‖ **2.** fig. y fam. Disgusto, enfado.

patán. m. fig. y fam. Hombre zafio y tosco. Ú. t. c. adj.

patata. f. Planta herbácea anual, de la familia de las solanáceas, originaria de América y cultivada hoy en casi todo el mundo, con tallos ramosos de cuatro a seis decímetros de altura, hojas desigual y profundamente partidas, flores blancas o moradas en corimbos terminales, fruto en baya carnosa, amarillenta, con muchas semillas blanquecinas, y raíces fibrosas que en sus extremos llevan gruesos tubérculos redondeados, carnosos, muy feculentos, pardos por fuera, amarillentos o rojizos por dentro y que son uno de los alimentos más útiles para el hombre. ‖ **2.** Cada uno de los tubérculos de esta planta.

patatín que si patatán (que si), o **que patatín que patatán.** loc. que expresa la acción de hablar ininterrumpidamente de cosas vanas u ociosas.

patatús. m. fam. Desmayo, lipotimia.

paté. m. Pasta comestible hecha de carne o hígado picado, generalmente de cerdo o aves.

patear. tr. fam. Dar golpes con los pies. ‖ **2.** intr. fam. Dar patadas en señal de enojo, dolor o desagrado. ‖ **3.** fig. y fam. Andar mucho, haciendo diligencias para conseguir una cosa.

patena. f. Platillo de oro o plata o de otro metal, dorado, en el cual se pone la hostia en la misa, desde acabado el paternóster hasta el momento de consumir. ‖ **limpio como una patena,** o **más limpio que una patena.** locs. figs. Muy limpio.

patentar. tr. Conceder y expedir patentes. ‖ **2.** Obtenerlas, tratándose de las de propiedad industrial.

patente. adj. Manifiesto, visible. ‖ **2.** f. Título o despacho real para el goce de un empleo o privilegio. ‖ **3.** Documento expedido por la hacienda pública, que acredita haber satisfecho determinada persona la cantidad que la ley exige para el ejercicio de algunas profesiones o industrias. ‖ **4. patente de invención.** ‖ **de corso.** fig. Autorización que se tiene o se supone para realizar actos prohibidos a los demás. ‖ **de invención.** Documento en que oficialmente se otorga un privilegio de invención y propiedad industrial de lo que el documento acredita.

patentizar. tr. Hacer patente o manifiesta una cosa.

páter. m. Sacerdote.

paternal. adj. Propio del afecto, cariño o solicitud de padre.

paternalismo. m. Tendencia a aplicar las formas de autoridad y protección propias del padre en la familia tradicional a relaciones sociales de otro tipo; políticas, laborales, etc. Ú. frecuentemente con carácter peyorativo.

paternalista. adj. Dícese de quien adopta el paternalismo como forma de conducta. Ú. t. c. s. ‖ **2.** Dícese de todo cuanto responde o puede responder a esa actitud.

paternidad. f. Calidad de padre.

paterno, na. adj. Perteneciente al padre, o propio suyo, o derivado de él.

paternóster. m. Oración del padrenuestro. ‖ **2.** Padrenuestro que se dice en la misa, y es una de las partes de ella.

patético, ca. adj. Dícese de lo que es capaz de mover y agitar el ánimo infundiéndole afectos vehementes, y con particularidad dolor, tristeza o melancolía.

patetismo. m. Cualidad de patético.

-patía. elem. compos. que significa «sentimiento, afección o dolencia»: *homeo*PATÍA, *tele*PATÍA.

patíbulo. m. Tablado o lugar en que se ejecuta la pena de muerte.

patidifuso, sa. adj. fig. y fam. Que se queda parado de asombro.

patilla. f. Parte que se añade a una cosa, con el fin de que esta pueda sujetarse a otra y, así cumplir mejor su cometido. *Hace cuatro días que no me puedo poner las gafas, porque se me rompió una* PATILLA. ‖ **2.** Porción de barba que se deja crecer en cada uno de los carrillos. ‖ **3.** *Mar.* Aguja de marear, brújula.

patín. m. Aparato de patinar que consiste en una plancha que se adapta a la suela del calzado y lleva una especie de cuchilla o dos pares de ruedas, según sirva para ir sobre el hielo o sobre un pavimento duro, liso y muy llano. En el segundo caso se llama **patín de ruedas.** ‖ **2. patinete.**

pátina. f. Especie de barniz duro, de color aceitunado y reluciente, que por la acción de la humedad se forma en los objetos antiguos de bronce. ‖ **2.** Tono sentado y suave que da el tiempo a las pinturas al óleo. Se aplica también a otros objetos antiguos. ‖ **3.** Este mismo tono obtenido artificialmente.

patinaje. m. Acción de patinar[1]. ‖ **2.** Práctica de este ejercicio como deporte.

patinar[1]. intr. Deslizarse o ir resbalando con patines sobre el hielo o sobre un pavimento duro, llano y muy liso. ‖ **2.** Deslizarse o resbalar las ruedas de un carruaje de cualquier especie, sin rodar, o dar vueltas y sin avanzar, por falta de adherencia con el suelo o por defecto en el libre movimiento de las ruedas sobre los ejes. ‖ **3.** Escurrirse o deslizarse en el suelo o en una superficie muy lisa y resbaladiza. ‖ **4.** fig. y fam. Perder la buena dirección o la eficacia en lo que se está haciendo o diciendo, errar, equivocarse.

patinar[2]. tr. Dar pátina a un objeto.

patinazo. m. Acción y efecto de patinar bruscamente una o más ruedas de un coche. ‖ **2.** fig. y fam. Desliz notable en que incurre una persona.

patinete. m. Juguete que consiste en una plancha sobre ruedas y provista de un manillar para conducirlo, sobre el que se deslizan los niños poniendo un pie sobre él e impulsándose con el otro contra el suelo.

patio. m. Espacio cerrado con paredes o galerías, que en las casas y otros edificios se suele dejar al descubierto. ‖ **2. patio de butacas.** ‖ **de butacas.** En los teatros, planta baja que ocupan las butacas.

patita. f. d. de **pata.** ‖ **poner** a uno **de patitas en la calle.** fr. fig. y fam. Despedirle, echarle fuera de un lugar.

patitieso, sa. adj. fig. y fam. Que se queda sorprendido por la novedad o extrañeza que le causa una cosa.

patizambo, ba. adj. Que tiene las piernas torcidas hacia afuera y junta mucho las rodillas. Ú. t. c.s.

pato[1]. m. Ave palmípeda, con el pico más ancho en la punta que en la base y en esta más ancho que alto; su cuello es corto, y también los tarsos, por lo que anda con dificultad. Tiene una mancha de color verde metálico en cada ala; la cabeza del macho es también verde, y el resto del plumaje blanco y ceniciento; la hembra es de color rojizo. Se encuentra en abundancia en estado salvaje y se domestica con facilidad; su carne es menos estimada que la de la gallina. ‖ **2.** fig. y fam. Persona sosa, sin gracia, patosa. Ú. t. c. adj.

pato[2] (pagar uno **el).** fr. fig. y fam. Padecer o llevar pena o castigo no merecido, o que ha merecido otro.

pato-. elem. compos. que significa «dolencia o afección»: PATÓ*geno*, PATO*grafía.*

patochada. f. Disparate, despropósito, dicho necio o grosero.

patógeno, na. adj. Dícese de los elementos y medios que originan y desarrollan las enfermedades. *Gérmenes* PATÓGENOS.

patología. f. Parte de la medicina que estudia las enfermedades. ❑ No utilizar por *enfermedad.*

patológico, ca. adj. Perteneciente o relativo a la patología. ‖ **2.** Que se convierte en enfermedad.

patoso, sa. adj. Se dice de la persona que, sin serlo, presume de chistosa y aguda. ‖ **2.** Dícese de la persona inhábil o desmañada.

patraña. f. Mentira o noticia fabulosa, de pura invención.

patria. f. Tierra natal o adoptiva ordenada como nación, a la que se siente ligado el ser humano por vínculos jurídicos, históricos y afectivos. ‖ **2.** Lugar, ciudad o país en que se ha nacido. ‖ **chica.** Lugar, pueblo, ciudad o región en que se ha nacido.

patriarca. m. Nombre que se da a algunos personajes del Antiguo Testamento, por haber sido cabezas de dilatadas y numerosas familias. ‖ **2.** Título de dignidad concedido a los obispos de algunas iglesias principales, como las de Alejandría, Jerusalén y Constantinopla. ‖ **3.** fig. Persona que por su edad y sabiduría ejerce autoridad en una familia o en una colectividad.

patriarcado. m. Dignidad de patriarca. ‖ **2.** Territorio de la jurisdicción de un patriarca. ‖ **3.** Tiempo que dura la dignidad de un patriarca. ‖ **4.** *Sociol.* Organización social primitiva en que la autoridad es ejercida por un varón jefe de cada familia, extendiéndose este poder a los parientes aun lejanos de un mismo linaje.

patricio, cia. adj. Descendiente de los primeros senadores romanos establecidos por Rómulo. Todos ellos formaban la clase social privilegiada, que se oponía a los plebeyos. Ú. t. c. s. ‖ **2.** Perteneciente o relativo a los **patricios.**

patrimonial. adj. Perteneciente o relativo al patrimonio. ‖ **2.** Perteneciente a uno por razón de su patria, padre o antepasados. ‖ **3.** *Ling.* Dícese de las palabras de un idioma que, en su evolución, han seguido las leyes fonéticas correspondientes a esa lengua.

patrimonio. m. Hacienda que una persona ha heredado de sus ascendientes. ‖ **2.** fig. Bienes propios adquiridos por cualquier título. ‖ **3.** *Der.* Conjunto de bienes pertenecientes a una persona natural o jurídica, o afectos a un fin, susceptibles de estimación económica. ‖ **nacional.** *Econ.* Suma de los valores asignados, para un momento de tiempo, a los recursos disponibles de un país, que se utilizan para la vida económica. ‖ **real.** Bienes pertenecientes a la corona o dignidad real.

patriota. com. Persona que tiene amor a su patria y procura todo su bien.

patriotero, ra. adj. fam. Que alardea excesiva e inoportunamente de patriotismo. Ú. t. c. s.

patriotismo. m. Amor a la patria. ‖ **2.** Sentimiento y conducta propios del patriota.

patrocinador, ra. adj. Que patrocina. Ú. t. c. s.

patrocinar. tr. Defender, proteger, amparar, favorecer. ‖ **2.** Sufragar una empresa, con fines publicitarios, los gastos de un programa de radio o televisión, de una competición deportiva o de un concurso.

patrón, na. m. y f. Defensor, protector. ‖ **2.** Santo titular de una iglesia. ‖ **3.** Protector escogido por un pueblo o congregación, ya sea un santo, ya la Virgen o Jesucristo en alguna de sus advocaciones. ‖ **4.** Dueño de la casa donde uno se aloja u hospeda. ‖ **5.** Amo, señor. ‖ **6. patrono,** persona que emplea obreros en trabajos y oficios. ‖ **7.** m. El que manda y dirige un pequeño buque mercante. ‖ **8.** Modelo que sirve de muestra para sacar otra cosa igual. ‖ **9.** Metal que se toma como tipo para la evaluación de la moneda en un sistema monetario. ‖ **oro.** Sistema monetario basado en la equivalencia establecida por ley, a tipo fijo, entre una moneda y una cantidad de oro de determinada calidad.

patronato. m. Derecho, poder o facultad que tienen el patrono o patronos. ‖ **2.** Corporación que forman los patronos. ‖ **3.** Fundación de una obra pía. ‖ **4.** Consejo formado por varias personas, que ejercen funciones rectoras, asesoras o de vigilancia en una fundación, en un instituto benéfico o docente, etc., para que cumpla debidamente sus fines.

patronímico, ca. adj. Entre los griegos y romanos, decíase del nombre que, derivado del perteneciente al padre u otro antecesor, y aplicado al hijo u otro descendiente, denotaba en estos la calidad de tales. ‖ **2.** Aplícase al apellido que antiguamente se daba en España a hijos, formado del nombre de sus padres; v. gr.: *Fernández,* de *Fernando; Martínez,* de *Martín.* Ú. t. c. s.

patrono, na. m. y f. Defensor, protector. ‖ **2.** Santo titular de una iglesia. ‖ **3.** Santo elegido como protector de un pueblo o congregación religiosa o laica. ‖ **4.** Amo, señor. ‖ **5.** Dueño de la casa donde uno se hospeda. ‖ **6.** Persona que emplea obreros en trabajo u obra de manos.

patrulla. f. Partida de soldados u otra gente armada, en corto número, que ronda para mantener el orden y seguridad en las plazas y campamentos. ‖ **2.** Grupo de buques o aviones que prestan servicio en una costa, paraje de mar, o campo minado, para la defensa contra ataques submarinos o aéreos, o para observaciones meteorológicas. ‖ **3.** Servicio que realiza una **patrulla.**

patuco. m. Calzado de punto, generalmente en forma de bota, que se pone a los bebés a modo de zapato o que usan las personas mayores para abrigarse los pies en la cama.

paulatino, na. adj. Que procede u obra despacio o lentamente.

paupérrimo, ma. adj. sup. Muy pobre.

pausa. f. Breve interrupción del movimiento, acción o ejercicio. ‖ **2.** Tardanza, lentitud. *Hablar con* PAUSA. ‖ **3.** *Ling.* Silencio de duración variable que delimita un grupo fónico o una oración, y signo ortográfico que lo representa. ‖ **4.** *Mús.* Breve intervalo en que se deja de cantar o tocar.

pauta. f. Instrumento o aparato para rayar el papel blanco, a fin de que al escribir no se tuerzan los renglones. ‖ **2.** Raya o conjunto de rayas hechas con este instrumento. ‖ **3.** fig. Cualquier instrumento o norma que sirve para gobernarse en la ejecución de una cosa. ‖ **4.** fig. Dechado o modelo. *La vida de los santos es nuestra* PAUTA.

pava. f. Hembra del pavo. ‖ **2.** fig. y fam. Mujer sosa y desgarbada. Ú. t. c. adj. ‖ **pelar la pava.** fr. fig. y fam. Conversar los enamorados; el hombre desde la calle, y la mujer, asomada a una reja o balcón.

pavana. f. Danza española, grave y seria y de movimientos pausados. ‖ **2.** Tañido de esta danza.

pavés. m. Escudo oblongo y de suficiente tamaño para cubrir casi todo el cuerpo del combatiente.

pavesa. f. Partecilla ligera que salta de una materia inflamada y acaba por convertirse en ceniza.

pavimentar. tr. **solar**[3].

pavimento. m. **suelo,** piso artificial.

pavipollo. m. Pollo del pavo.

pavisoso, sa. adj. Bobo, sin gracia ni arte.

pavo. m. Ave del orden de las galliformes, oriunda de América del Norte, donde en estado salvaje llega a tener un metro de alto, trece decímetros desde la punta del pico hasta el extremo de la cola, dos metros de envergadura y 20 kilogramos de peso;

plumaje de color pardo verdoso con reflejos cobrizos y manchas blanquecinas en los extremos de las alas y de la cola; cabeza y cuello cubiertos de carúnculas rojas, así como la membrana eréctil que lleva encima del pico; tarsos negruzcos muy fuertes, dedos largos, y en el pecho un mechón de cerdas de tres a cuatro centímetros de longitud. La hembra es algo menor, pero semejante al macho en todo lo demás. En domesticidad, el ave ha disminuido de tamaño y ha cambiado el color del plumaje; hay variedades negras, rubias y blancas. ‖ **2.** fig. y fam. Hombre soso o incauto. Ú. t. c. adj. ‖ **real.** Ave del orden de las galliformes, oriunda de Asia, de unos 70 centímetros de largo sin contar la cola, que alcanza el metro y medio en el macho. Este tiene el plumaje azul y verde con irisaciones doradas, y un penacho sobre la cabeza; en época de celo despliega en abanico su larga cola, de vistoso diseño, para atraer a las hembras, que son más pequeñas, de color ceniciento, y cola reducida. Existen variedades albinas. ‖ **subírsele** a uno **el pavo.** fr. fig. y fam. **ruborizarse.**

pavonear. intr. Mostrar mediante actitudes o comportamientos que se está orgulloso de algo. Ú. m. c. prnl.

pavor. m. Temor, con espanto o sobresalto.

payasada. f. Acción o dicho propio de payaso. ‖ **2.** fig. Acción ridícula o falta de oportunidad.

payaso, sa. m. y f. Artista de circo que hace de gracioso, con traje, ademanes, dichos y gestos apropiados. ‖ **2.** adj. Aplícase a la persona de poca seriedad, propensa a hacer reír con sus dichos o hechos. Ú. menos en la forma femenina.

payés, sa. m. y f. Campesino o campesina de Cataluña o de las islas Baleares.

payo, ya. adj. **aldeano.** Ú. t. c. s. m. ‖ **2.** m. Campesino ignorante y rudo. ‖ **3.** Para el gitano, el que no pertenece a su raza.

paz. f. Situación y relación mutua de quienes no están en guerra. ‖ **2.** Tratado o convenio que se concuerda entre los gobernantes para poner fin a una guerra. Ú. t. c. pl. ‖ **3.** Reconciliación, vuelta a la amistad o a la concordia. Ú. m. en pl. ‖ **4.** Virtud que pone en el ánimo tranquilidad y sosiego, opuestos a la turbación y las pasiones. ‖ **dar la paz** a uno. fr. Darle un abrazo, o darle a besar una imagen, en señal de **paz** y fraternidad, como se hace en las misas solemnes. ‖ **dejar en paz** a uno. fr. No inquietarle ni molestarle. ‖ **descansar en paz.** fr. Morir y salvarse; conseguir la bienaventuranza. Piadosamente se dice de todos los que mueren en la religión católica. ‖ **estar en paz.** fr. En el juego, se toma por la igualdad de caudal o del dinero que se ha expuesto, de modo que no hay pérdida ni ganancia, o por la igualdad del número de tantos de una parte u otra. ‖ **2.** Dícese por la igualdad en las cuentas cuando se paga enteramente el alcance o deuda. ‖ **hacer las paces.** fr. **reconciliarse,** rehacer amistades, o terminar una lucha. ‖ **quedar en paz.** fr. **estar en paz.** ‖ **y en paz.** loc. adv. que se usa para indicar que se da por terminado un asunto.

pazguato, ta. adj. Simple, que se pasma y admira de lo que ve u oye. Ú. t. c. s.

pazo. m. En Galicia, casa solariega, y especialmente la edificada en el campo.

¡pche! ¡pchs! interjs. que denotan indiferencia, displicencia o reserva.

pe. f. Nombre de la letra *p.* ‖ **de pe a pa.** loc. adv. fig. y fam. Enteramente, desde el principio al fin. ❑ pl. *pes.*

peaje. m. Derecho de tránsito.

peana. f. Basa, apoyo o pie para colocar encima una figura u otra cosa.

peatón, na. m. y f. Persona que va a pie por una vía pública.

peatonal. adj. Perteneciente o relativo al peatón. *Calle* PEATONAL.

pebetero. m. Vaso para quemar perfumes y especialmente el que tiene cubierta agujereada.

pebre. amb. Salsa en que entran pimienta, ajo, perejil y vinagre, y con la cual se sazonan diversos alimentos.

peca. f. Cualquiera de las manchas amarillo-rojizas, que suelen salir en el cutis y aumentan generalmente por efecto del sol y del aire.

pecado. m. Transgresión voluntaria de leyes y preceptos religiosos. ‖ **2.** Cualquier cosa que se aparta de lo recto y justo, o que falta a lo que es debido. ‖ **3.** Exceso o defecto en cualquier línea. ‖ **4.** fig. y fam. El diablo. *Eres el* PECADO. ‖ **capital. pecado mortal.** ‖ **mortal.** Culpa que priva al hombre de la vida espiritual de la gracia, y le hace enemigo de Dios y digno de la pena eterna. ‖ **original.** Aquel en que es concebido el hombre por descender de Adán. ‖ **venial.** El que levemente se opone a la ley de Dios, o por la parvedad de la materia, o por falta de plena advertencia.

pecador, ra. adj. Que peca. Ú. t. c. s. ‖ **2.** Sujeto al pecado o que puede cometerlo. Ú. t. c. s.

pecaminoso, sa. adj. Perteneciente o relativo al pecado o al pecador. ‖ **2.** fig. Se aplica a las cosas que están o parecen contaminadas de pecado.

pecar. intr. Cometer un pecado. ‖ **2.** Faltar absolutamente a cualquier obligación y a lo que es debido y justo, o a las reglas del arte o política. ‖ **3.** Faltar a las reglas en cualquier línea. ‖ **4.** Dejarse llevar de la afición a una cosa. *El joven* PECA *de confiado.*

pecblenda. f. *Min.* Mineral de uranio, de composición muy compleja, en la que entran ordinariamente varios metales raros y entre ellos el radio.

peccata minuta. expr. fam. Error, falta o vicio leve.

pecera. f. Vasija o globo de cristal, que se llena de agua y sirve para tener a la vista uno o varios peces.

pechera. f. Parte de la camisa y otras prendas de vestir, que cubre el pecho. ‖ **2.** fam. Parte exterior del pecho, especialmente en las mujeres.

pechina. f. Concha de los peregrinos, venera.

pecho. m. Parte del cuerpo humano, que se extiende desde el cuello hasta el vientre, y en cuya cavidad se contienen el corazón y los pulmones. ‖ **2.** Lo exterior de esta misma parte. ‖ **3.** Parte anterior del tronco de los cuadrúpedos entre el cuello y las patas anteriores. ‖ **4.** Aparato respiratorio. ‖ **5.** Cada una de las mamas de la mujer. ‖ **6.** fig. Valor, esfuerzo, fortaleza y constancia. ‖ **a pecho descubierto.** fig. Con sinceridad y nobleza. ‖ **dar el pecho.** fr. Dar de mamar. ‖ **entre pecho y espalda.** loc. fig. y fam. En el estómago. Ú. m. con los verbos *echarse* o *meterse,* con referencia a comida o bebida copiosa. *¡Lo que aquel hombre* SE ECHÓ ENTRE PECHO Y ESPALDA!

pechuga. f. Pecho de ave, que está como dividido en dos partes. Ú. frecuentemente en plural. ‖ **2.** Cada una de estas dos partes del pecho del ave.

peciolado, da. adj. *Bot.* Dícese de las hojas que tienen pecíolo.

pecíolo o **peciolo.** m. *Bot.* Pezón o tallito de la hoja.

pécora. f. Res o cabeza de ganado lanar. ‖ **2. mala pécora.** ‖ **mala pécora.** fig. y fam. Persona astuta, taimada y viciosa, y más comúnmente siendo mujer.

pecoso, sa. adj. Que tiene pecas.

pectina. f. *Quím.* Producto ternario, semejante a los hidratos de carbono, que está disuelto en el jugo de muchos frutos maduros.

pectoral. adj. Perteneciente o relativo al pecho. *Cavidad* PECTORAL. ‖ **2.** Útil o provechoso para el pecho. Ú. t. c. s. m. ‖ **3.** m. Cruz que por insignia pontifical llevan sobre el pecho los obispos y otros prelados.

pecuario, ria. adj. Perteneciente al ganado.

peculiar. adj. Propio o privativo de cada persona o cosa.

peculiaridad. f. Calidad de peculiar. ‖ **2.** Detalle, signo peculiar.

peculio. m. Hacienda o caudal que el padre o señor permitía al hijo o siervo para su uso y comercio. ‖ **2.** fig. Dinero que particularmente tiene cada uno, sea o no hijo de familia.

pecunia. f. fam. Moneda o dinero.

pecuniario, ria. adj. Perteneciente al dinero efectivo.

pedagogía. f. Ciencia que se ocupa de la educación y la enseñanza.

pedagogo, ga. m. y f. Persona que tiene como profesión educar a los niños. ‖ **2.** Persona versada en pedagogía o de grandes cualidades como maestro.

pedal. m. Palanca que pone en movimiento un mecanismo oprimiéndola con el pie. ‖ **2.** *Mús.* Cada uno de los dispositivos o grandes teclas que se gobiernan con los pies; en el piano sirven para modificar el sonido, y en el órgano son pieza de un teclado para producir sonidos graves.

pedalear. intr. Poner en movimiento un pedal. Se usa especialmente con referencia al de los velocípedos y bicicletas.

pedaliáceo, a. adj. *Bot.* Dícese de hierbas angiospermas dicotiledóneas, bastante difundidas en África, Asia suboccidental y Australia, con raíz blanca y fusiforme, hojas opuestas o alternas, casi siempre sencillas, flores axilares, solitarias, de cáliz persistente y corola tubular, y frutos capsulares con semillas sin albumen; como la alegría. Ú. t. c. s. f. ‖ **2.** f. pl. *Bot.* Familia de estas plantas.

pedante. adj. Dícese de la persona engreída que hace inoportuno y vano alarde de erudición, téngala o no en realidad. Ú. t. c. s.

pedantería. f. Vicio de pedante. ‖ **2.** Dicho o hecho pedante.

pedazo. m. Parte o porción de una cosa separada del todo. ‖ **ser** uno **un pedazo de pan.** fr. fig. y fam. Ser de condición afable y bondadosa.

pederasta. m. El que comete pederastia.

pederastia. f. Abuso deshonesto cometido contra los niños.

pedernal. m. Variedad de cuarzo, que se compone de sílice con muy pequeñas cantidades de agua y alúmina. Es compacto, de fractura concoidea, translúcido en los bordes, lustroso como la cera y por lo general de color gris amarillento más o menos oscuro. Da chispas golpeado por el eslabón. ‖ **2.** fig. Suma dureza en cualquier cosa.

pedestal. m. Cuerpo sólido, generalmente de figura de paralelepípedo rectangular, con basa y cornisa, que sostiene una columna, estatua, etc. ‖ **2.** Pie o peana, especialmente la de cruces y cosas semejantes. ‖ **3.** fig. Fundamento en que se asegura o afirma una cosa, o la que sirve de medio para alcanzarla.

pedestre. adj. Que anda a pie. ‖ **2.** Dícese del deporte que consiste particularmente en andar y correr. ‖ **3.** fig. Llano, vulgar, inculto, bajo.

pediatra. com. Especialista en pediatría.

pediatría. f. Rama de la medicina que se ocupa de la salud y enfermedades de los niños. ❑ No confundir con *puericultura.*

pedicelo. m. *Bot.* Columna carnosa que sostiene el sombrerillo de las setas.

pedículo. m. *Bot.* Pedúnculo de la hoja, flor o fruto.

pedicuro, ra. m. y f. Persona que tiene por oficio cuidar de los pies, extirpando o curando callos, uñeros, etc.

pedido, da. p. p. de **pedir.** ‖ **2.** m. Acción y efecto de pedir. ‖ **3.** Encargo hecho a un fabricante o vendedor, de géneros de su tráfico. ‖ **4.** f. Petición de mano. *La* PEDIDA *será el 16 de mayo.*

pedigrí. m. Genealogía de un animal. ‖ **2.** Documento en que consta. ❑ pl. *pedigríes* o *pedigrís.*

pedigüeño, ña. adj. Que pide con frecuencia e importunidad. Ú. t. c. s.

pedir. tr. Rogar o demandar a uno que dé o haga una cosa, de gracia o de justicia. ‖ **2.** Por antonom., **pedir** limosna. ‖ **3.** Poner precio a la mercancía el que vende. ‖ **4.** Requerir una cosa, exigirla como necesaria o conveniente. ‖ **5.** Querer, desear o apetecer. ❑ Irreg. Ver conjugación modelo.

pedir

INDICATIVO

Presente: pido, pides, pide, pedimos, pedís, piden.

Pretérito imperfecto: pedía, pedías, pedía, pedíamos, pedíais, pedían.

Pretérito indefinido: pedí, pediste, pidió, pedimos, pedisteis, pidieron.

Futuro imperfecto: pediré, pedirás, pedirá, pediremos, pediréis, pedirán.

Condicional: pediría, pedirías, pediría, pediríamos, pediríais, pedirían.

SUBJUNTIVO

Presente: pida, pidas, pida, pidamos, pidáis, pidan.

Pretérito imperfecto: pidiera o pidiese, pidieras o pidieses, pidiera o pidiese, pidiéramos o pidiésemos, pidierais o pidieseis, pidieran o pidiesen.

Futuro imperfecto: pidiere, pidieres, pidiere, pidiéremos, pidiereis, pidieren.

IMPERATIVO

pide (tú); pedid (vosotros).

FORMAS NO PERSONALES

Infinitivo: pedir.
Participio: pedido.
Gerundio: pidiendo.

pedo. m. Ventosidad que se expele del vientre por el ano.

pedorreta. f. Sonido que se hace con la boca, imitando el pedo.

pedorro, rra. adj. Que echa pedos repetidos. Ú. t. c. s.

pedrada. f. Acción de despedir o arrojar con impulso una piedra. ‖ **2.** Golpe que se da con la piedra tirada. ‖ **3.** Señal que deja.

pedrea. f. fam. Conjunto de los premios menores de la lotería nacional.

pedregal. m. Sitio o terreno cubierto casi todo él de piedras sueltas.

pedregoso, sa. adj. Aplícase al terreno naturalmente cubierto de piedras.

pedrería. f. Conjunto de piedras preciosas; como diamantes, esmeraldas, rubíes, etc.

pedrisco. m. Piedra o granizo grueso que cae de las nubes en abundancia y con gran violencia. ‖ **2.** Conjunto o abundancia de piedras.

pedrusco. m. fam. Pedazo de piedra sin labrar.

pedúnculo. m. *Bot.* Pezón de la hoja, flor o fruto. ‖ **2.** *Zool.* Prolongación del cuerpo, mediante la cual están fijos al suelo algunos animales de vida sedentaria, como los percebes.

peer. intr. Arrojar o expeler la ventosidad del vientre por el ano. Ú. t. c. prnl.

pega. f. Obstáculo, contratiempo, dificultad, reparo, que se presenta por lo común de modo imprevisto. ‖ **de pega.** loc. adj. De mentira, falso, fingido: *Erudito* DE PEGA, *diplomático* DE PEGA.

pegadizo, za. adj. **pegajoso,** que se pega con facilidad. ‖ **2.** Que se graba en la memoria con facilidad. ‖ **3.** Fácilmente contagioso.

pegajoso, sa. adj. Que se pega con facilidad. ‖ **2.** fig. y fam. **empalagoso,** que causa fastidio por sus excesivas zalamerías.

pegamento. m. Sustancia propia para pegar o conglutinar.

pegamoide. m. Celulosa disuelta con que se impregna una tela o papel y se obtiene una especie de hule resistente.

pegar. tr. Adherir, conglutinar una cosa con otra. ‖ **2.** Unir o juntar una cosa con otra, atándola, cosiéndola o encadenándola con ella. PEGAR *un botón.* ‖ **3.** Arrimar o aplicar una cosa a otra, de modo que entre las dos no quede espacio alguno. ‖ **4.** Comunicar uno a otro una cosa por el contacto, trato, etc. Se usa comúnmente hablando de enfermedades contagiosas, vicios, costumbres u opiniones. Ú. t. c. prnl. ‖ **5.** fig. Castigar o maltratar a alguien con golpes. ‖ **6.** Dar determinados golpes. PEGAR *un bofetón, un puntapié, una paliza, un sablazo, un tiro.* ‖ **7.** fig. Junto con algunos nombres, expresa la acción que estos significan. PEGAR *voces;* PEGAR *saltos.* ‖ **8.** intr. Tener efecto una cosa o hacer impresión en el ánimo. ‖ **9.** Armonizar una cosa con otra. ‖ **10.** Estar una cosa próxima o contigua a otra. ‖ **11.** Dar o tropezar en una cosa con fuerte impulso. ‖ **12.** Realizar una acción con decisión y esfuerzo. ‖ **13.** Asirse o unirse por su naturaleza una cosa a otra, de modo que sea dificultoso separarla. ‖ **14.** Incidir intensamente la luz o el sol en una superficie. ‖ **15.** prnl. Reñir, enredarse a golpes o en pelea dos o más personas. ‖ **16.** Hablando de guisos, quemarse por haberse adherido a la olla, cazuela, etc., alguna parte sólida de lo que cuece. ‖ **17.** fig. Introducirse o agregarse uno a donde no es llamado o no tiene motivo para ello. ‖ **18.** fig. Insinuarse una cosa en el ánimo, de modo que produzca en él complacencia o afición. ‖ **pegársela** a uno. fr. fam. Chasquearle, burlar su buena fe, confianza o fidelidad.

pegatina. f. Adhesivo pequeño que lleva impresa propaganda política, comercial, etc.

pegollo. m. *Ast.* Cada uno de los pilares de piedra o madera sobre los cuales descansan los hórreos.

pegote. m. fig. Adición o intercalación inútil o innecesaria hecha en alguna obra literaria o artística. ‖ **2.** fig. y fam. Cualquier sustancia espesa que se pega. ‖ **3.** fig. y fam. Persona impertinente que no se aparta de otra, particularmente en las horas y ocasiones en que se suele comer. ‖ **4.** fig. y fam. **parche,** cualquier cosa sobrepuesta.

peinado. m. Cada una de las diversas formas de arreglarse el cabello.

peinar. tr. Desenredar, componer el cabello. Ú. t. c. prnl. ‖ **2.** fig. Desenredar o limpiar el pelo o lana de algunos animales. ‖ **3.** fig. Rastrear minuciosamente un territorio diversas personas en busca de alguien o de algo.

peinazo. m. *Carp.* Listón o madero que atraviesa entre los largueros de puertas y ventanas para formar los cuarterones.

peine. m. Utensilio de madera, marfil, concha u otra materia, provisto de dientes muy juntos, con el cual se desenreda y compone el pelo. ‖ **2.** Barra que, como los **peines,** tiene una serie de púas, entre las cuales pasan en el telar los hilos de la urdimbre.

peineta. f. Peine convexo que usan las mujeres por adorno o para asegurar el peinado.

pejesapo. m. Pez teleósteo marino del suborden de los acantopterigios, que llega a un metro de longitud, con cabeza enorme, redonda, aplastada y con tres apéndices superiores largos y movibles; boca grandísima, colocada, así como los ojos, en la parte superior de la cabeza; cuerpo pequeño y fusiforme, aletas pectorales muy grandes, y pequeñas las del dorso y cola. Carece de escamas; es de color oscuro por el lomo y blanco por el vientre, y tiene por todo el borde del cuerpo como unas barbillas carnosas.

pejiguera. f. fam. Cualquier cosa que sin traernos gran provecho nos pone en problemas y dificultades.

peladilla. f. Almendra confitada con un baño de azúcar.

peladillo. m. Variedad del pérsico, cuyo fruto tiene la piel lustrosa y la carne dura y pegada al hueso.

pelado, da. adj. fig. Que aparece desprovisto de lo que por naturaleza suele adornarlo, cubrirlo o rodearlo. *Un monte* PELADO; *un hueso* PELADO. ‖ **2.** Dícese del número que consta de decenas, centenas o millares justos. *El veinte* PELADO. ‖ **3.** Dícese de la persona pobre o sin dinero. Ú. t. c. s. ‖ **4.** m. Acción y efecto de pelar o cortar el cabello.

peladura. f. Acción y efecto de pelar o descortezar una cosa. ‖ **2.** Monda, hollejo, cáscara.

pelagatos. m. fig. y fam. Hombre insignificante o mediocre, sin posición social o económica.

pelágico, ca. adj. Perteneciente al piélago. ‖ **2.** *Biol.* Dícese de los animales y vegetales marinos, que viven en zonas alejadas de la costa, a diferencia de los neríticos. ‖ **3.** *Biol.* Por ext., se aplica también a organismos que viven en las aguas de los lagos grandes.

pelagra. f. *Pat.* Enfermedad con manifestaciones cutáneas, digestivas y nerviosas, producida por falta de vitamina B_1 en la alimentación.

pelaje. m. Naturaleza y calidad del pelo o de la lana que tiene un animal. ‖ **2.** fig. y fam. Disposición y calidad de una persona o cosa, especialmente del vestido. Ú. por lo común con calificación despectiva.

pelambre. amb. Conjunto de pelo abundante en todo el cuerpo.

pelambrera. f. Porción de pelo o de vello espeso y crecido. ‖ **2.** Pelo o vello abundante y revuelto.

pelanas. m. fam. Persona inútil y despreciable.

pelandusca. f. fam. Prostituta, ramera.

pelar. tr. Cortar, arrancar, quitar o raer el pelo. Ú. t. c. prnl. ‖ **2.** Quitar las plumas al ave. ‖ **3.** fig. Despellejar, quitar la piel a un animal. ‖ **4.** fig. Mondar o quitar la piel, la película o la corteza a una cosa. ‖ **5.** fig. Quitar con engaño, arte o violencia los bienes a otro. ‖ **6.** fig. y fam. Dejar a uno sin dinero. ‖ **7.** fig. Criticar, murmurar, despellejar. ‖ **8.** prnl. Perder el pelo por enfermedad u otro accidente. ‖ **9.** Sufrir desprendimiento de piel por tomar con exceso el sol, por rozadura, etc. ‖ **duro de pelar.** loc. fig. y fam. Difícil de conseguir o ejecutar. ‖ **2.** Dícese de la persona difícil de convencer. ‖ **pelárselas.** loc. verbal fig. y fam. Ejecutar alguna cosa con vehemencia, actividad o rapidez. *Corre que* SE LAS PELA. *Escribe que* SE LAS PELA. *Grita que* SE LAS PELA. ‖ **que pela.** loc. fig. y fam. Dicho de cosas calientes o frías, que producen una sensación extremada. *Esta sopa está* QUE PELA.

pelargonio. m. Planta de la familia de las geraniáceas, de flores cigomorfas con diez estambres, algunos sin anteras, que vive en África y en los países asiáticos y europeos de la zona mediterránea y comprende muchas especies cultivadas en los jardines como ornamentales, que suelen ser designadas impropiamente con el nombre de geranios.

peldaño. m. Cada una de las partes de un tramo de escalera, que sirven para apoyar el pie al subir o bajar por ella.

pelea. f. Acción y efecto de pelear o pelearse.

pelear. intr. Batallar, combatir o contender con armas. ‖ **2.** Contender o reñir, aunque sea sin armas o solo de palabra. Ú. t. c. prnl. ‖ **3.** fig. Luchar los animales entre sí. ‖ **4.** fig. Combatir entre sí u oponerse las cosas unas a otras. Se usa frecuentemente hablando de los elementos. ‖ **5.** fig. Resistir y trabajar por vencer las pasiones y apetitos, o combatir estos entre sí. ‖ **6.** fig. Afanarse, resistir o trabajar continuadamente por conseguir una cosa, o para vencerla o sujetarla. ‖ **7.** prnl. fig. Desavenirse, enemistarse, separarse en discordia.

pelecaniforme. adj. *Zool.* Dícese de aves predominantemente marinas, cuyas patas presentan los cuatro dedos dirigidos hacia delante y unidos entre sí por una membrana; el pico es largo, a menudo provisto de una bolsa dilatable. Ú. t. c. s. ‖ **2.** f. pl. *Zool.* Orden de estas aves.

pelele. m. Traje de punto de una pieza que se pone a los niños para dormir. ‖ **2.** fig. y fam. Persona simple o inútil.

peletería. f. Oficio de adobar y componer las pieles finas o de hacer con ellas prendas de abrigo, y también de emplearlas como forros y adornos en ciertos trajes. ‖ **2.** Comercio de pieles finas. ‖ **3.** Conjunto o surtido de ellas. ‖ **4.** Tienda donde se venden.

peletero, ra. m. y f. Persona que tiene por oficio trabajar en pieles finas o venderlas. ‖ **2.** adj. Perteneciente o relativo a la peletería.

peliagudo, da. adj. fig. y fam. Dícese del negocio o cosa difícil de resolver o entender.

pelicano, na. adj. Que tiene el pelo cano.

pelícano o **pelicano.** m. Ave acuática del orden de las pelecaniformes, que llega a tener 13 decímetros desde la punta del pico hasta la extremidad de la cola, y dos metros de envergadura, con plumaje blanco, algo bermejo en el lomo y buche, negro en las remeras y amarillento en el penacho que cubre la cabeza; pico muy largo y ancho, que en la mandíbula inferior lleva una membrana grande y rojiza, la cual forma una especie de bolsa donde deposita los alimentos; alas agudas, cola pequeña y redonda, tarsos cortos y fuertes, y pies palmeados. El modo como abre la bolsa para dar alimento a sus polluelos ha ocasionado la fábula de que se abría el pecho con el pico para alimentarlos con su sangre.

película. f. Piel delgada y delicada. ‖ **2.** Capa delgada que se forma sobre algunas cosas o las recubre. ‖ **3.** Cinta de celuloide dispuesta para ser impresionada fotográficamente. ‖ **4.** Cinta de celuloide que contiene una serie continua de imágenes fotográficas para reproducirlas proyectándolas en la pantalla del cinematógrafo o en otra superficie adecuada. ‖ **5.** Obra cinematográfica. ‖ **de dibujos animados. dibujos animados.** ‖ **en color.** La que se impresiona con los colores naturales. ‖ **en blanco y negro.** Se dice de la que no está impresionada en color.

peliculero, ra. adj. Perteneciente o relativo a una película de cine, o propio de ella. ‖ **2.** fig. y fam. Fantasioso, que se deja llevar de la imaginación.

peliculón. m. fam. Película cinematográfica muy buena. ‖ **2.** fam. Película larga y aburrida.

peligrar. intr. Estar en peligro.

peligro. m. Riesgo o contingencia inminente de que suceda algún mal. ‖ **2.** Lugar, paso, obstáculo o situación en que aumenta la inminencia del daño. ‖ **correr peligro.** fr. Estar expuesto a él.

peligroso, sa. adj. Que tiene riesgo o puede ocasionar daño. ‖ **2.** fig. Aplícase a la persona que puede causar daño o cometer actos delictivos.

pelillo. m. fig. y fam. Causa o motivo muy leve de desazón, y que se debe despreciar. Ú. m. en pl.‖ **pelillos a la mar.** Olvido de agravios y restablecimiento del trato amistoso.

pella. f. Masa que se une y aprieta, regularmente en forma redonda. ‖ **2.** Conjunto de los tallitos de la coliflor y otras plantas semejantes, antes de florecer, que son la parte más delicada y que más se aprecia. ‖ **3.** fig. y fam. Cantidad o suma de dinero, y más comúnmente la que se debe o defrauda. ‖ **hacer pellas.** fr. fig. y fam. **hacer novillos.**

pellejo. m. Piel del animal, especialmente cuando está separada del cuerpo. ‖ **2.** Piel del hombre. ‖ **3.** Piel de algunas frutas y hortalizas. ‖ **4.** Cuero cosido para contener líquidos, odre. ‖ **5.** fig. y fam. Persona ebria.

pelliza. f. Prenda de abrigo hecha o forrada de pieles finas. ‖ **2.** Chaqueta de abrigo con el cuello y las bocamangas reforzadas de otra tela.

pellizcar. tr. Asir con el dedo pulgar y cualquiera de los otros una pequeña porción de piel y carne, apretándola de suerte que cause dolor. Ú. t. c. prnl. ‖ **2.** Asir y golpear leve o sutilmente una cosa. ‖ **3.** Tomar o quitar pequeña cantidad de una cosa.

pellizco. m. Acción y efecto de pellizcar. ‖ **2.** Señal que deja en la carne un pellizco. ‖ **3.** Porción pequeña de una cosa, que se toma o se quita.

pelma. com. fig. y fam. Persona tarda en sus acciones. ‖ **2.** fig. y fam. Persona molesta e importuna.

pelmazo, za. m. y f. fig. y fam. Persona tarda en sus acciones. Ú. t. c. adj. ‖ **2.** fig. y fam. Persona molesta, fastidiosa e inoportuna.

pelo. m. Filamento cilíndrico, sutil, de naturaleza córnea, que nace y crece entre los poros de la piel de casi todos los mamíferos y de algunos otros animales de distinta clase. ‖ **2.** Conjunto de estos filamentos. ‖ **3.** Cabello de la cabeza humana. ‖ **4.** Vello que tienen algunas frutas como los melocotones, en la cáscara o pellejo, y algunas plantas en hojas y tallos. ‖ **5.** Cualquier hebra delgada de lana, seda u otra cosa semejante. ‖ **6.** Capa o color de los caballos y otros animales. ‖ **7.** Raya opaca en las piedras preciosas, que les quita valor. ‖ **8.** Raya o grieta por donde con facilidad saltan las piedras, el vidrio y los metales. ‖ **9.** Enfermedad que padecen las mujeres en los pechos, cuando están criando, por obstrucción de los conductos de la leche. ‖ **10.** fig. Cualquier cosa mínima o de poca importancia o entidad. ‖ **pelos y señales.** fig. y fam. Pormenores y circunstancias de una cosa. *Contar un suceso con todos sus* PELOS Y SEÑALES. ‖ **al pelo.** fig. y fam. A punto, con toda exactitud, a medida del deseo. ‖ **así me, te, nos,** etc., **luce el pelo.** fr. irón. fig. y fam. que significa que la persona está perdiendo el tiempo sin hacer nada, o que no saca provecho de lo que hace. ‖ **caérsele** a uno **el pelo.** fr. fig. y fam. Recibir una reprimenda, castigo o sanción una persona si se descubre que ha hecho una cosa mal. ‖ **dar** a uno **para el pelo.** fr. fig. y fam. Darle una tunda o azotaina. Ú. generalmente en son de amenaza. ‖ **de pelo en pecho.** loc. adj. fig. y fam. Dícese de la persona vigorosa, robusta y denodada. ‖ **no tener** uno **pelo de tonto.** fr. fig. y fam. Ser listo y avisado. ‖ **no tener** uno **pelos en la lengua.** fr. fig. y fam. Decir sin reparo ni empacho lo que se piensa o siente, o hablar con demasiada libertad y desembarazo. ‖ **no ver,** o **no vérsele el pelo** a uno. fr. fig. y fam. Notar la ausencia de una persona en los lugares a donde solía acudir. ‖ **por los pelos.** loc. En el último instante. *Cogió el tren* POR LOS PELOS. ‖ **soltarse** uno **el pelo.** fr. fig. y fam. Decidirse a hablar u obrar sin miramiento. ‖ **tirarse** uno **de los pelos.** fr. fig. y fam. Arrepentirse de algo. ‖ **2.** fig. y fam. Estar muy furioso. ‖ **tomar el pelo** a uno. fr. fig. y fam. Burlarse de él con elogios, promesas o halagos fingidos.

pelón, na. adj. Que no tiene pelo o tiene muy poco. Ú. t. c. s. ‖ **2.** Que lleva cortado el pelo al rape. Ú. t. c. s.

pelota[1]. f. Bola pequeña de materia elástica que le permite botar, y que se usa en diversos juegos y deportes. ‖ **2. balón.** ‖ **3.** Juego que se hace con ella. ‖ **4.** Bola de materia blanda, como nieve, barro, etc., que se amasa fácilmente. ‖ **5.** com. fig. y fam. Adulador, persona que halaga para obtener un beneficio. ‖ **vasca.** *Dep.* Conjunto de especialidades deportivas de **pelota,** que se practica en un frontón. ‖ **hacer la pelota** a alguien. fr. fig. y fam. Adularlo para conseguir algo.

pelota[2] (en). loc. adv. Desnudo, en cueros. Ú. t. en pl. ‖ **dejar** a uno **en pelota.** fr. fig. y fam. Quitarle o robarle todo lo que tiene. ‖ **2.** Desnudarle de la ropa exterior o de toda ella. Ú. t. en pl.

pelotari. com. Persona que tiene por oficio jugar a la pelota en un frontón.

pelotazo. m. Golpe dado con la pelota de jugar. ‖ **2.** vulg. **lingotazo.**

pelotera. f. fam. Riña, contienda o revuelta.

pelotillero, ra. adj. fig. Que adula. Ú. t. c. s.

pelotón. m. *Mil.* Pequeña unidad de infantería que forma parte normalmente de una sección. Suele estar a las órdenes de un sargento o de un cabo.

peluca. f. Cabellera postiza.

peluche. m. **felpa,** tejido con pelo largo por la haz, hecho de diversas fibras. ‖ **2.** Juguete hecho de este tejido.

peludo, da. adj. Que tiene mucho pelo.

peluquería. f. Establecimiento donde trabaja el peluquero. ‖ **2.** Oficio de peluquero.

peluquero, ra. m. y f. Persona que tiene por oficio peinar, cortar el pelo o hacer y vender pelucas, rizos, etc. ‖ **2.** Dueño de una peluquería.

peluquín. m. Peluca pequeña o que solo cubre parte de la cabeza. ‖ **2.** Peluca con bucles y coleta que se usó a fines del siglo XVIII y a principios del XIX.

pelusa. f. Pelo muy tenue de algunas frutas. ‖ **2.** Pelo menudo que con el uso se desprende de las telas. ‖ **3.** Vello tenue que aparece en la cara de las personas y en el cuerpo de los polluelos de algunas aves. ‖ **4.** Aglomeración de polvo y suciedad que se forma generalmente debajo de los muebles. ‖ **5.** fig. y fam. Envidia propia de los niños.

pelviano, na. adj. *Anat.* Perteneciente o relativo a la pelvis. *Cavidad* PELVIANA.

pelvis. f. *Anat.* Región del cuerpo de los mamíferos formada por los huesos sacro, cóccix e innominado, situada en la parte posterior del tronco e inferior en la especie humana. Contiene la porción final del tubo digestivo, la vejiga urinaria y algunos órganos, correspondientes al aparato genital, principalmente en las hembras. ‖ **2.** *Anat.* Cavidad en forma de embudo, que está situada en cada uno de los riñones de los mamíferos y se continúa con el uréter.

pena[1]. f. Castigo impuesto por autoridad legítima al que ha cometido un delito o falta. ‖ **2.** Cuidado, aflicción o sentimiento interior grande. ‖ **3.** Dificultad, trabajo. *Con mucha* PENA *he terminado este negocio.* ‖ **capital.** La de muerte. ‖ **a duras, graves,** o **malas, penas.** loc. adv. Con gran dificultad o trabajo. ‖ **ni pena ni gloria.** expr. fig. que manifiesta la insensibilidad con que uno ve u oye las cosas. ‖ **valer la pena** una cosa. fr. Ser importante o estar bien empleado el trabajo que cuesta. ❑ Ú. t. con neg.

pena[2]. f. Cada una de las plumas mayores del ave, que situadas en las extremidades de las alas o en el arranque de la cola, sirven principalmente para dirigir el vuelo.

penacho. m. Grupo de plumas que tienen algunas aves en la parte superior de la cabeza. ‖ **2.** Adorno de plumas que sobresale en los cascos o morriones, en el tocado de las mujeres, en la cabeza de las caballerías engalanadas para fiestas reales u otras solemnidades, etc. ‖ **3.** fig. Lo que tiene forma o figura de tal.

penal. adj. Perteneciente o relativo a la pena, o que la incluye. ‖ **2.** *Der.* Perteneciente o relativo al crimen. ‖ **3.** Perteneciente o relativo a las leyes, instituciones o acciones destinadas a perseguir crímenes o delitos. ‖ **4.** m. Lugar en que los penados cumplen condenas superiores a las del arresto. *El* PENAL *de Ocaña* o *de Cartagena.*

penalidad. f. Trabajo aflictivo, molestia, incomodidad. ‖ **2.** *Der.* Calidad de penable. ‖ **3.** *Der.* Sanción impuesta por la ley penal, las ordenanzas, etc.

penalista. adj. Dícese del jurisconsulto que se dedica con preferencia al estudio de la ciencia o derecho penal. Ú. t. c. s.

penalizar. tr. Imponer una sanción o castigo.

penalti. m. En el fútbol y otros deportes, máxima sanción que se aplica a ciertas faltas del juego cometidas por un equipo dentro de su área. ‖ **casarse de penalti.** fr. fam. Casarse por haber quedado embarazada la mujer.

penar. tr. Imponer pena. ‖ **2.** *Der.* Señalar la ley el castigo para un acto u omisión. ‖ **3.** intr. Padecer, sufrir, tolerar un dolor o pena. ‖ **4.** Padecer las penas de la otra vida en el purgatorio. ‖ **5.** Agonizar mucho tiempo. ‖ **6.** prnl. Afligirse, acongojarse, padecer una pena o sentimiento.

penates. m. pl. *Mit.* En la antigua Roma, dioses domésticos.

penca. f. Hoja, o tallo en forma de hoja, craso o carnoso, de algunas plantas, como el nopal y la pita. ‖ **2.** Nervio principal y pecíolo de las hojas de ciertas plantas, como la acelga, el cardo, la lechuga, etc. ‖ **3.** Troncho o tallo de ciertas hortalizas. ‖ **4.** Maslo, tronco de la cola de algunos cuadrúpedos.

penco. m. Persona rústica o tosca. ‖ **2.** Persona inútil.

pendejo. m. fig. y fam. Hombre tonto, estúpido. ‖ **2.** fig. y fam. **pendón,** persona de vida licenciosa.

pendencia. f. Contienda, riña de palabras o de obras. ‖ **2.** *Der.* Estado de un juicio que está pendiente de resolución.

pendenciero, ra. adj. Propenso a riñas o pendencias.

pender. intr. Estar colgada, suspendida o inclinada alguna cosa. ‖ **2.** Estar subordinado a una persona o a una cosa, depender. ‖ **3.** fig. Estar por resolverse o terminarse un pleito o negocio.

pendiente. adj. Inclinado, en declive. *Terreno* PENDIENTE. ‖ **2.** fig. Que está por resolverse o terminarse. ‖ **3.** Sumamente atento, preocupado por algo que se espera o sucede. ❑ Se usa sobre todo con el verbo *estar. Todos estaban* PENDIENTES *de las palabras del orador.* ‖ **4.** m. Arete con adorno colgante o sin él. ‖ **5.** f. Cuesta o declive de un terreno. ‖ **6.** *Geom.* Medida de la inclinación de una recta o de un plano.

pendolista. com. Persona que escribe con muy buena letra.

pendón[1]. m. Insignia militar que consistía en una bandera más larga que ancha y que se usaba para distinguir los regimientos, batallones, etc. ‖ **2.** Insignia militar, que era una bandera o estandarte pequeño, y se usaba en la milicia para distinguir los regimientos, batallones y demás cuerpos del ejército que iban a la guerra. Hoy usan banderas o estandartes, según sus institutos. ‖ **3.** Divisa o insignia usada por las iglesias y cofradías para guiar las procesiones. ‖ **4.** fig. y fam. Persona de vida irregular y desordenada.

pendón[2], na. adj. fig. y fam. Dícese de la persona de vida licenciosa. Ú. m. c. s.

péndulo. m. *Mec.* Cuerpo grave que puede oscilar suspendido de un punto por un hilo o varilla.

pene. m. **miembro viril.**

penetración. f. Acción y efecto de penetrar. ‖ **2.** Inteligencia cabal de una cosa difícil. ‖ **3.** Perspicacia de ingenio, agudeza.

penetrante. adj. Que entra mucho en alguna cosa, profundo. ‖ **2.** fig. Agudo, alto, subido o elevado, hablando de la voz, del grito, etc. ‖ **3.** fig. Dícese del humor, la intención, la ironía, etc., mordaz o incisiva.

penetrar. tr. Introducir un cuerpo en otro por sus poros. ‖ **2.** Introducirse en lo interior de un espacio, aunque haya dificultad o estorbo. ‖ **3.** Hacerse sentir con violencia e intensidad una cosa; como el frío, los gritos, etc. ‖ **4.** fig. Llegar lo agudo del dolor, sentimiento u otro afecto a lo interior del alma. ‖ **5.** fig. Comprender el interior de uno, o una cosa dificultosa. Ú. t. c. intr. y c. prnl.

penicilina. f. *Farm.* Sustancia antibiótica extraída de los cultivos del moho *Penicillium notatum,* que se emplea para combatir las enfermedades causadas por ciertos microorganismos.

península. f. Tierra cercada por el agua, y que solo por una parte relativamente estrecha está unida y tiene comunicación con otra tierra de extensión mayor.

penique. m. Moneda inglesa de cobre, que valía la duodécima parte del chelín, y hoy la centésima de la libra esterlina.

penitencia. f. Sacramento en el cual, por la absolución del sacerdote, se perdonan los pecados cometidos después del bautismo al que los confiesa con el dolor, propósito de la enmienda y demás circunstancias debidas. ‖ **2.** Serie de ejercicios penosos con que uno procura la mortificación de sus pasiones y sentidos. ‖ **3.** Cualquier acto de mortificación interior o exterior. ‖ **4.** Pena que impone el confesor al penitente por el pecado cometido o como prevención de otros posibles pecados. ‖ **5.** Dolor y arrepentimiento que se tiene de una mala acción, o sentimiento de haber ejecutado una cosa que no se quisiera haber hecho. ‖ **6.** Castigo público que imponía el tribunal de la Inquisición a algunos reos.

penitenciaría. f. Establecimiento penitenciario en que sufren condenas los penados, sujetos a un régimen que, haciéndoles expiar sus delitos, va enderezado a su enmienda y mejora. ‖ **2.** Dignidad, oficio o cargo de penitenciario.

penitenciario, ria. adj. Relativo a la penitenciaría o penal. ‖ **2.** Aplícase al presbítero secular o regular que tiene la obligación de confesar a los penitentes en una iglesia determinada. Ú. t. c. s. ‖ **3.** Aplícase a cualquiera de los sistemas modernamente adoptados para castigo y corrección de los penados, y al régimen o al servicio de los establecimientos destinados a este objeto.

penitente. adj. Perteneciente a la penitencia. ‖ **2.** com. Persona que hace penitencia. ‖ **3.** Persona que se confiesa sacramentalmente con un sacerdote. ‖ **4.** Persona que en las procesiones o rogativas públicas va vestida de túnica en señal de penitencia.

penoso, sa. adj. Trabajoso, que causa pena o tiene gran dificultad. ‖ **2.** Que padece una aflicción o pena.

pensado, da. adj. Con el adverbio *mal,* propenso a desestimar o interpretar desfavorablemente las acciones, intenciones o palabras ajenas. Ú. también con el adverbio *peor.*

pensador, ra. adj. Que piensa. ‖ **2.** m. y f. Persona que se dedica a estudios muy elevados y profundiza mucho en ellos.

pensamiento. m. Potencia o facultad de pensar. ‖ **2.** Acción y efecto de pensar. ‖ **3.** Cada una de las ideas o sentencias notables de un escrito. ‖ **4.** Conjunto de ideas propias de una persona o colectividad. ‖ **5.** fig. Sospecha, malicia, recelo. ‖ **6.** Planta herbácea anual, de la familia de las violáceas, con muchos ramos delgados; hojas sentadas, oblongas, festoneadas y con estípulas grandes; flores en largos pedúnculos y con cinco pétalos redondeados, de tres colores, que varían del blanco al rojo negruzco, pero generalmente amarillos con una mancha central purpúrea los dos superiores, pajizos los de en medio y morado oscuro aterciopelado el inferior, y fruto seco capsular con muchas semillas. Es planta de jardín, común en España.

pensar. tr. Imaginar, considerar o discurrir. ‖ **2.** Reflexionar, examinar con cuidado una cosa para formar dictamen. ‖ **3.** Intentar o formar ánimo de hacer una cosa. ‖ **ni pensarlo.** expr. fig. con que se niega el permiso para hacer algo. ‖ **pensar mal.** fr. Ser mal pensado. ‖ **sin pensar.** loc. adv. De improviso o inesperadamente. ❑ Irreg. Se conj. como *acertar.*

pensil o **pénsil.** adj. Pendiente o colgado en el aire. ‖ **2.** m. fig. Jardín delicioso. ❑ No confundir con *prensil.*

pensión. f. Cantidad periódica, temporal o vitalicia que se asigna a alguien desde las instituciones de la seguridad social. ‖ **2.** Pupilaje, casa donde se reciben huéspedes mediante precio convenido. ‖ **3.** Precio del pupilaje. ‖ **4.** Auxilio pecuniario que bajo ciertas condiciones se concede para estimular o ampliar estudios o conocimientos científicos, artísticos o literarios. ‖ **5.** *Amér.* Pena, pesar. ‖ **completa.** Régimen de hospedaje que incluye habitación y todas las comidas del día. ‖ **media pensión.** Régimen de hospedaje en que los huéspedes tienen derecho a habitación y una comida diaria.

pensionado, da. adj. Que tiene o cobra una pensión. Ú. t. c. s. ‖ **2.** m. **internado,** establecimiento donde se vive en régimen de pensión.

pensionista. com. Persona que tiene derecho a percibir y cobrar una pensión. ‖ **2.** Persona que está en un colegio o casa particular y paga cierta pensión por sus alimentos y enseñanza.

penta-. elem. compos. que significa «cinco»: PENTÁ*gono*, PENTA*grama.*

pentadáctilo, la. adj. *Zool.* Que tiene cinco dedos. Ú. t. c. s.

pentadecágono. adj. *Geom.* Dícese del polígono de quince ángulos y quince lados.

pentágono, na. adj. *Geom.* Aplícase al polígono de cinco ángulos y cinco lados. Ú. m. c. s. m.

pentagrama o **pentágrama.** m. *Mús.* Conjunto de cinco rectas paralelas y equidistantes, sobre el cual se escribe la música.

pentámero, ra. adj. *Bot.* Dícese del verticilo que consta de cinco piezas y de la flor que tiene corola y cáliz con este carácter. ‖ **2.** *Zool.* Se dice de los insectos coleópteros que tienen cinco artejos en cada tarso; como el cárabo[1]. Ú. t. c. s. m. ‖ **3.** m. pl. *Zool.* Suborden de estos animales.

pentasílabo, ba. adj. Que consta de cinco sílabas. *Verso* PENTASÍLABO.

pentatlón. m. Conjunto de cinco pruebas atléticas que actualmente consiste en 200 y 1.500 metros lisos, salto de longitud y lanzamiento de disco y jabalina.

Pentecostés. n. p. m. Fiesta de los judíos instituida en memoria de la ley que Dios les dio en el monte Sinaí, que se celebraba cincuenta días después de la Pascua del Cordero. ‖ **2.** Festividad de la Venida del Espíritu Santo que celebra la Iglesia el domingo, quincuagésimo día que sigue al de Pascua de Resurrección, contando ambos, y fluctúa entre el 10 de mayo y el 13 de junio.

penúltimo, ma. adj. Inmediatamente anterior a lo último o postrero. Ú. t. c. s.

penumbra. f. Sombra débil entre la luz y la oscuridad, que no deja percibir dónde empieza la una o acaba la otra.

penuria. f. Escasez, falta de las cosas más precisas o de alguna de ellas.

peña. f. Piedra grande sin labrar, según la produce la naturaleza. ‖ **2.** Monte o cerro peñascoso. ‖ **3.** Corro o grupo de amigos o camaradas. ‖ **4.** Nombre que toman algunos círculos de recreo. ‖ **5.** Grupo de personas que participan conjuntamente en fiestas populares o en actividades diversas, como apostar, jugar a la lotería, cultivar una afición, fomentar la admiración a un personaje o equipo deportivo, etc.

peñascal. m. Sitio cubierto de peñascos.

peñasco. m. Peña grande y elevada.

peñascoso, sa. adj. Aplícase al sitio, lugar o montaña donde hay muchos peñascos.

peñón. m. Monte peñascoso.

peón. m. Jornalero que trabaja en cosas materiales que no requieren arte ni habilidad. ‖ **2.** Infante o soldado de a pie. ‖ **3.** Juguete de madera, de figura cónica y terminado en una púa de hierro, al cual se arrolla una cuerda para lanzarlo y hacerle bailar. ‖ **4.** Cualquiera de las piezas del juego de damas; de las ocho negras y ocho blancas, respectivamente iguales, del ajedrez, y de algunas de otros juegos también de tablero. ‖ **caminero.** Obrero destinado a la conservación y reparación de los caminos públicos.

peonada. f. Obra que un peón o jornalero hace en un día. ‖ **2.** Conjunto de peones que trabajan en una obra.

peonía. f. Planta de la familia de las ranunculáceas, de grandes flores rojas o rosáceas, propia de lugares húmedos y laderas montañosas; con frecuencia se llama a esta flor rosa de peonía. Se cultiva como ornamental.

peonza. f. Peón, trompo.

peor. adj. comp. de **malo.** De mala condición o de inferior calidad respecto de otra cosa con que se compara. ‖ **2.** adv. m. comp. de **mal.** Más mal, de manera más contraria a lo bueno o lo conveniente. ‖ **ponerse** alguien **en lo peor.** fr. fig. Suponer que sucederá algo desfavorable, muy temido o perjudicial. ‖ **tanto peor.** expr. **peor** todavía.

Pepa. f. Se usa en la exclam. irónica **¡viva la Pepa!,** alusiva a la Constitución de 1812, promulgada el día de San José. Se aplica a toda situación de desbarajuste, despreocupación o excesiva licencia.

pepe. m. Melón malo como pepino.

pepinillo. m. Variedad de pepino de pequeño tamaño, en adobo.

pepino. m. Planta herbácea anual, de la familia de las cucurbitáceas, con tallos blandos, rastreros, vellosos y de dos a tres metros de longitud; hojas pecioladas, pelosas, partidas en lóbulos agudos; flores amarillas, separadas las masculinas de las femeninas, y fruto pulposo, cilíndrico, de seis a doce centímetros de largo y dos a cinco de grueso, amarillo cuando está maduro, y antes verde más o menos claro por la parte exterior, interiormente blanco y con multitud de semillas ovaladas y puntiagudas por uno de sus extremos, chatas y pequeñas. Es comestible. ‖ **2.** Fruto de esta planta. ‖ **3.** fig. Cosa insignificante, de poco o ningún valor. Ú. en frases como *No dársele a uno un* PEPINO *de,* o *por* una cosa. ‖ **4.** adj. fam. Dícese del melón poco maduro.

pepita. f. Simiente de algunas frutas; como el melón, la pera, la manzana, etc. ‖ **2.** Trozo rodado de oro u otros metales nativos, que suelen hallarse en los terrenos de aluvión.

pepitoria. f. Guisado que se hace con todas las partes comestibles del ave, o solo con los despojos, y cuya salsa tiene yema de huevo.

peplo. m. Especie de vestidura exterior, amplia

y suelta, sin mangas, que bajaba de los hombros a la cintura formando caídas en punta por delante. La usaron las mujeres en la Grecia antigua.

pepona. f. Muñeca grande de cartón, que servía de juguete a las niñas.

pepsina. f. *Fisiol.* Enzima del jugo gástrico, que hidroliza proteínas. Extraída del estómago de algunos animales, se utiliza en el tratamiento de digestiones deficientes.

pequeñez. f. Calidad de pequeño. ‖ **2.** Infancia, corta edad. ‖ **3.** Cosa de poca importancia. ‖ **4.** Mezquindad, ruindad, bajeza de ánimo.

pequeño, ña. adj. Corto, que no tiene la extensión que le corresponde. ‖ **2.** Dícese de personas o cosas que tienen poco o menor tamaño que otras de su misma especie. ‖ **3.** De muy corta edad. Ú. t. c. s. ‖ **4.** fig. Bajo, abatido y humilde, como contrapuesto a poderoso y soberbio. ‖ **5.** fig. Corto, breve o de poca importancia, aunque no sea corpóreo.

pequinés, sa. adj. Natural de Pequín. Ú. t. c. s. ‖ **2.** Perteneciente o relativo a esta ciudad de China. ‖ **3.** V. **perro pequinés.** Ú. t. c. s.

pera. f. Fruto del peral, carnoso, y de tamaño, piel y forma según las variedades. Contiene unas semillas ovaladas, chatas y negras. Es comestible y hay multitud de clases más o menos dulces, jugosas, ásperas. ‖ **2.** Recipiente de goma en forma de **pera,** que se usa para impulsar líquidos, aire, etc. ‖ **3.** Llamador de timbre o interruptor de luz de forma parecida a una **pera.** ‖ **4.** fig. Porción de pelo que se deja crecer en la punta de la barba, perilla. ‖ **5.** adj. fig. y fam. Dícese de la persona muy elegante y refinada, que raya en lo cursi. ‖ **de agua.** Variedad muy estimada, de carne suave y caracterizada por la abundancia de su jugo. ‖ **en dulce.** fig. Persona o animal de excelentes cualidades. ‖ **pedir peras al olmo.** fr. fig. y fam. Esperar en vano de uno lo que naturalmente no puede provenir de su educación, de su carácter o de su conducta.

peral. m. Árbol de la familia de las rosáceas cuya altura varía entre tres y catorce metros según las distintas variedades; con tronco recto, liso y copa bien poblada; hojas pecioladas, lampiñas, aovadas y puntiagudas; flores blancas en corimbos terminales, y por fruto la pera. ‖ **2.** Madera de este árbol, de color blanco rojizo y de fibra fina y homogénea.

peraltar. tr. *Arq.* Levantar la curva de un arco, bóveda o armadura más de lo que corresponde al semicírculo. ‖ **2.** *Tecnol.* En las carreteras, vías férreas, etc., levantar la parte exterior de una curva.

peralte. m. *Arq.* Lo que en la altura de un arco, bóveda o armadura excede al semicírculo. ‖ **2.** *Tecnol.* En las carreteras, vías férreas, etc., mayor elevación de la parte exterior de una curva en relación con la interior.

perborato. m. *Quím.* Sal producida por la oxidación del borato.

perca. f. Pez teleósteo fluvial, del suborden de los acantopterigios, que llega a tener seis decímetros de largo, de cuerpo oblongo, cubierto de escamas duras y ásperas, verdoso en el lomo, plateado en el vientre y dorado, con seis o siete fajas negruzcas en los costados. Es de carne comestible y delicada.

percal. m. Tela de algodón blanca o pintada más o menos fina, y de escaso precio.

percance. m. Contratiempo, daño, perjuicio imprevistos.

per cápita. fr. adv. lat. Por cabeza, individualmente.

percatarse. prnl. Darse cuenta clara de algo, tomar conciencia de ello. ❑ Ú. m. con la prep. *de.*

percebe. m. Crustáceo cirrópodo, que tiene un caparazón compuesto de cinco piezas y un pedúnculo carnoso con el cual se adhiere a los peñascos de las costas. Se cría formando grupos y es comestible. Ú. m. en pl. ‖ **2.** fig. y fam. Persona torpe o ignorante.

percepción. f. Acción y efecto de percibir. ‖ **2.** Sensación interior que resulta de una impresión material hecha en nuestros sentidos. ‖ **3.** Conocimiento, idea. ‖ **extrasensoria** o **extrasensorial. percepción** de fenómenos sin mediación normal de los sentidos, comprobada al parecer estadísticamente.

perceptible. adj. Que se puede comprender o percibir. ‖ **2.** Que se puede recibir o cobrar.

perceptivo, va. adj. Que tiene virtud de percibir.

perceptor, ra. adj. Que percibe. Ú. t. c. s.

percha. f. Pieza o mueble de madera o metal con colgaderos en que se pone ropa, sombreros u otros objetos. Puede estar sujeto a la pared o constar de un palo largo y de un pie para que estribe en el suelo. ‖ **2.** Utensilio ligero que consta de un soporte donde se cuelga un traje u otra prenda parecida y que tiene en su parte superior un gancho para suspenderlo de una **percha** o barra. ‖ **3.** *Mar.* Tronco enterizo del árbol, descortezado o no, que por su especial tamaño sirve para la construcción de piezas de arboladura, vergas, botalones, palancas, etc.

perchero. m. **percha,** pieza o mueble para colgar ropa o sombreros.

percherón, na. adj. Dícese del caballo o yegua perteneciente a una raza francesa que por su fuerza y corpulencia es muy a propósito para arrastrar grandes pesos. Ú. t. c. s.

percibir. tr. Recibir una cosa y encargarse de

ella. PERCIBIR *el dinero, la renta.* ‖ **2.** Recibir por uno de los sentidos las imágenes, impresiones o sensaciones externas. ‖ **3.** Comprender o conocer una cosa.

percusión. f. Acción y efecto de percutir. ‖ **2.** V. **instrumento de percusión.**

percutir. tr. Dar repetidos golpes, golpear.

percutor. m. Pieza que golpea en cualquier máquina, y especialmente el martillo o la aguja con que se hace detonar el cebo del cartucho en las armas de fuego.

perder. tr. Dejar de tener, o no hallar, uno la cosa que poseía, sea por culpa o descuido del poseedor, sea por contingencia o desgracia. ‖ **2.** Desperdiciar, disipar o malgastar una cosa. ‖ **3.** No conseguir lo que se espera, desea o ama. ‖ **4.** Ocasionar un daño a las cosas, desmejorándolas o desluciéndolas. ‖ **5.** Dicho de juegos, batallas, oposiciones, pleitos, etc., no obtener lo que en ellos se disputa. Ú. t. c. intr. ‖ **6.** Salirse poco a poco el contenido de un recipiente. *Esta rueda* PIERDE *aire.* ‖ **7.** Padecer un daño, ruina o disminución en lo material, inmaterial o espiritual. PERDER *una batalla.* ‖ **8.** Decaer del concepto, crédito o estimación en que se estaba. Ú. t. c. intr. ‖ **9.** Junto con algunos nombres, faltar a la obligación de lo que significan o hacer una cosa en contrario. PERDER *el respeto.* ‖ **10.** intr. Empeorar de aspecto o de salud. ‖ **11.** prnl. Errar uno el camino o rumbo que llevaba. Ú. t. en sent. fig. ‖ **12.** No hallar camino ni salida. PERDERSE *en un bosque, en un laberinto.* ‖ **13.** fig. Entregarse ciegamente a los vicios. ‖ **14.** Hablando de las aguas corrientes, ocultarse o filtrarse debajo de tierra o entre peñas o hierbas. ‖ **tener** uno **buen** o **mal perder.** fr. Mostrarse ecuánime o molesto el que ha tenido alguna pérdida en el juego, en trances aleatorios, etc. ❑ Irreg. Se conj. como *entender.*

perdición. f. Acción de perder o perderse. ‖ **2.** fig. Ruina o daño grave en lo temporal o espiritual. ‖ **3.** fig. Pasión desenfrenada de amor. ‖ **4.** fig. Causa o sujeto que ocasiona un grave daño.

pérdida. f. Carencia, privación de lo que se poseía. ‖ **2.** Daño o menoscabo que se recibe en una cosa. ‖ **3.** Cantidad o cosa perdida. ‖ **no tener pérdida** una cosa. fr. fig. y fam. Ser fácil de hallar.

perdido, da. adj. Unido a ciertos adjetivos, aumenta y refuerza el sentido de estos. *Histérica* PERDIDA, *enamorado* PERDIDO, *tonto* PERDIDO. ‖ **2.** m. El hombre sin provecho y sin moral. ‖ **3.** f. **mujer perdida,** prostituta. ‖ **perdido por** una persona. fig. Ciegamente enamorado de ella. ‖ **perdido por** una cosa. fig. Muy aficionado a ella. ‖ **ponerse perdido.** fr. fig. y fam. Ensuciarse mucho, ponerse muy sucio.

perdigón. m. Pollo de la perdiz. ‖ **2.** Cada uno de los granos de plomo que forman la munición de caza.

perdiguero, ra. adj. Dícese del animal que caza perdices.

perdiz. f. Ave gallinácea, que llega a 38 centímetros de longitud, desde la punta del pico hasta la extremidad de la cola, y 52 de envergadura, con cuerpo grueso, cuello corto, cabeza pequeña, pico y pies encarnados, y plumaje de color ceniciento rojizo en las partes superiores, más vivo en la cabeza y cuello, blanco con un collar negro, azulado con manchas negras en el pecho y rojo amarillento en el abdomen. Es abundante en España. Anda más que vuela, se mantiene de semillas silvestres, y su carne es muy estimada.

perdón. m. Acción de perdonar. ‖ **2.** Remisión de la pena merecida, de la ofensa recibida o de alguna deuda u obligación pendiente. ‖ **3. indulgencia,** remisión de los pecados. ‖ **con perdón.** loc. adv. que se usa para referirse a algo que por decencia se cree que no puede mentarse sin licencia o venia de los oyentes.

perdonar. tr. Remitir la deuda, ofensa, falta, delito u otra cosa el perjudicado por ello. ‖ **2.** Exceptuar a uno de lo que comúnmente se hace con todos, o eximirle de la obligación que tiene. ‖ **3.** Precedido del adverbio *no,* da a entender que la acción del verbo que seguidamente se expresa o se supone, se realiza en todas las ocasiones posibles. NO PERDONAR *un baile* (asistir a todos). ‖ **4.** fig. Renunciar a un derecho, goce, o disfrute.

perdonavidas. com. fig. y fam. Baladrón, persona que presume de lo que no es y se jacta de valiente.

perdulario, ria. adj. Que pierde las cosas frecuentemente. Ú. t. c. s. ‖ **2.** Sumamente descuidado en sus intereses o en su persona. Ú. t. c. s. ‖ **3.** Vicioso incorregible. Ú. t. c. s.

perdurable. adj. Perpetuo o que dura siempre. ‖ **2.** Que dura mucho tiempo.

perdurar. intr. Durar mucho, subsistir, mantenerse en un mismo estado.

perecedero, ra. adj. Poco durable; que ha de perecer o acabarse.

perecer. intr. Acabar, fenecer o dejar de ser. ❑ Irreg. Se conj. como *agradecer.*

peregrinación. f. Acción y efecto de peregrinar.

peregrinar. intr. Andar uno por tierras extrañas. ‖ **2.** Ir en romería a un santuario por devoción o por voto. ‖ **3.** fig. y fam. Andar de un lugar a otro buscando o resolviendo algo.

peregrino, na. adj. Aplícase al que anda por tierras extrañas. ‖ **2.** Dícese de la persona que por devoción o por voto va a visitar un santuario; y más propiamente si lleva el bordón y la esclavina. Ú. m. c. s. ‖ **3.** Hablando de aves, que pasan de un lugar a otro. ‖ **4.** fig. Extraño, especial, raro o pocas veces visto.

perejil. m. Planta herbácea vivaz, de la familia de las umbelíferas, que crece hasta siete decímetros de altura, con tallos angulosos y ramificados, hojas pecioladas, lustrosas, de color verde oscuro, partidas en tres gajos dentados; flores blancas o verdosas y semillas menudas, parduscas, aovadas y con venas muy finas. Espontánea en algunas partes, se cultiva mucho en las huertas, por ser un condimento muy usado.

perejila. f. Juego de naipes que consiste en hacer 31 tantos, con otras varias suertes, y en el cual el siete de oros es comodín. ‖ **2.** Siete de oros en este juego.

perengano, na. m. y f. Voz usada para aludir a una persona cuyo nombre se ignora o no se quiere expresar después de haber aludido a otra u otras con palabras de igual indeterminación, como *fulano, mengano, zutano*.

perenne. adj. Continuo, incesante, que no tiene interrupción. ‖ **2.** *Bot.* Que vive más de dos años.

perennifolio, lia. adj. *Bot.* Dícese de los árboles y plantas que conservan su follaje todo el año.

perentorio, ria. adj. Dícese del último plazo que se concede, o de la final resolución que se toma en cualquier asunto. ‖ **2.** Concluyente, decisivo, determinante. ‖ **3.** Urgente, apremiante. ❑ No utilizar por *breve, efímero, momentáneo, pasajero...*

pereza. f. Negligencia, tedio o descuido en las cosas a que estamos obligados. ‖ **2.** Flojedad, descuido o tardanza en las acciones o movimientos.

perezoso, sa. adj. Negligente, descuidado o flojo en hacer lo que debe o necesita ejecutar. Ú. t. c. s. ‖ **2.** Tardo, lento o pesado en el movimiento o en la acción. ‖ **3.** Que por demasiada afición a dormir se levanta de la cama tarde o con repugnancia. Ú. t. c. s. ‖ **4.** m. Mamífero desdentado, propio de la América tropical, que tiene unos 60 centímetros de largo y 25 de altura, cabeza pequeña, ojos obscuros, pelaje pardo, áspero y largo, piernas cortas, pies sin dedos aparentes, armados de tres uñas muy largas y fuertes, y cola rudimentaria. Es de andar muy lento, trepa con dificultad a los árboles, de cuyas hojas se alimenta, y para bajar se deja caer hecho una bola.

perfección. f. Acción de perfeccionar o perfeccionarse. ‖ **2.** Calidad de perfecto. ‖ **3.** Cosa perfecta.

perfeccionar. tr. Acabar enteramente una obra, dándole el mayor grado posible de bondad o excelencia. Ú. t. c. prnl. ‖ **2.** fig. Mejorar una cosa o hacerla más perfecta.

perfeccionismo. m. Tendencia a mejorar indefinidamente un trabajo sin decidirse a considerarlo acabado.

perfeccionista. adj. Dícese de la persona que tiende al perfeccionismo. Ú. t. c. s. Ú. con frecuencia en sent. irón.

perfecto, ta. adj. Que tiene el mayor grado posible de bondad o excelencia en su línea. ‖ **2.** Antepuesto a un sustantivo al que califica, significa que posee el grado máximo de una determinada cualidad o defecto. *Jesús es un* PERFECTO *caballero.* ‖ **3.** *Gram.* V. **futuro, pretérito perfecto.**

perfidia. f. Deslealtad, traición o quebrantamiento de la fe debida.

pérfido, da. adj. Desleal, infiel, traidor, que falta a la fe que debe. Ú. t. c. s.

perfil. m. Postura en que no se deja ver sino una sola de las dos mitades laterales del cuerpo. ‖ **2.** Conjunto de rasgos peculiares que caracterizan a una persona o cosa. ‖ **3.** Adorno sutil y delicado, especialmente el que se pone al canto o extremo de una cosa. ‖ **4.** *Geom.* Figura que representa un cuerpo cortado real o imaginariamente por un plano vertical. ‖ **5.** *Pint.* Contorno aparente de la figura, representado por líneas que determinan la forma de aquella. ‖ **6.** pl. Complementos y retoques con que se remata una obra o una cosa. ‖ **medio perfil.** *Pint.* Postura o figura del cuerpo que no está enteramente ladeado.

perfilar. tr. Dar, presentar el perfil o sacar los perfiles a una cosa. ‖ **2.** fig. Afinar, hacer con primor, rematar esmeradamente una cosa. ‖ **3.** prnl. fig. y fam. Aderezarse, componerse.

perforación. f. Acción y efecto de perforar.

perforar. tr. Agujerear una cosa atravesándola. ‖ **2.** Agujerear una cosa atravesando alguna capa.

perfumar. tr. Sahumar, aromatizar una cosa, quemando materias olorosas. Ú. t. c. prnl. ‖ **2.** fig. Dar buen olor a algo o a alguien mediante perfume. Ú. t. c. prnl. ‖ **3.** intr. Exhalar perfume, fragancia, olor agradable.

perfume. m. Cualquier sustancia que se utiliza para dar buen olor a personas o cosas. ‖ **2.** fig. Olor bueno o muy agradable.

perfumería. f. Tienda donde se venden perfumes. ‖ **2.** Arte de fabricar perfumes. ‖ **3.** Conjunto de productos y materias de esta industria.

pergamino. m. Piel de la res, limpia de la lana o del pelo, raída, adobada y estirada, que sirve para escribir en ella, forrar libros y otros usos. ‖ **2.** Título o documento escrito en **pergamino.**

pergeñar. tr. fam. Disponer o ejecutar una cosa con más o menos habilidad.

pérgola. f. Armazón para sostener una planta. ‖ **2.** Jardín que tienen algunas casas sobre la techumbre.

peri-. pref. que significa «alrededor de»: PERIS*copio,* PERI*stilo,* PERI*cráneo.*

periantio. m. *Bot.* **perianto.**

perianto. m. *Bot.* Envoltura típica de la flor de las plantas fanerógamas, formada por dos verticilos de hojas florales, el cáliz y la corola.

pericardio. m. *Anat.* Envoltura del corazón, que está formada por dos membranas: una externa y fibrosa, y otra interna y serosa.

pericarpio. m. *Bot.* Parte exterior del fruto de las plantas, que cubre las semillas.

pericia. f. Sabiduría, práctica, experiencia y habilidad en una ciencia o arte.

periclitar. intr. Peligrar, estar en peligro; decaer, declinar.

perico. m. Ave trepadora, especie de papagayo, de unos 25 centímetros de altura, con pico róseo, ojos encarnados de contorno blanco, manchas rojizas, diseminadas en el cuello, lomo verdinegro y vientre verde pálido, plumas remeras de color verde azulado en el lado externo y amarillo en el interno, y mástil negro; plumas timoneras verdosas y su mástil negro por encima y amarillento por debajo, y pies de color gris. Es indígena de Cuba y de América Meridional, vive en los bosques durante el celo y la cría, y pasa el resto del año en las tierras cultivadas, donde destruye la flor y el fruto del naranjo, las siembras del maíz y la pulpa del café. Da gritos agudos y desagradables y se domestica fácilmente. ‖ **2.** fig. Abanico grande. ‖ **3.** fig. Espárrago de gran tamaño. ‖ **4.** fig. Vaso para excrementos. ‖ **Perico de,** o **el de, los palotes.** Personaje proverbial. Persona indeterminada, un sujeto cualquiera. ‖ **ligero. perezoso,** mamífero.

periferia. f. Contorno de un círculo, circunferencia. ‖ **2.** Término o contorno de una figura curvilínea. ‖ **3.** fig. Espacio que rodea un núcleo cualquiera.

periférico, ca. adj. Perteneciente o relativo a la periferia.

perifollo. m. Planta herbácea anual, de la familia de las umbelíferas, con tallos de tres a cuatro decímetros de altura, huecos y estriados; hojas muy recortadas en lóbulos lanceolados; flores blancas en umbelas pequeñas, y semilla menuda y negra. Se cultiva en las huertas por usarse como condimento las hojas. ‖ **2.** pl. fig. y fam. Adornos de mujer en el traje y peinado, y especialmente de los que son excesivos o de mal gusto. ‖ **oloroso.** Planta herbácea vivaz, de la familia de las umbelíferas, con tallos ramosos, velludos, huecos, y de seis a ocho decímetros de altura; hojas grandes, pelosas, algunas veces manchadas de blanco, partidas en lóbulos recortados, ovales, puntiagudos y dentados; flores blancas en parasoles ralos, y semilla comprimida de un centímetro de largo, con surcos y con pico algo corvo. Es espontáneo en el norte de España, tiene olor de anís y se ha cultivado para condimento.

perífrasis. f. *Ret.* **circunlocución.** ❑ No confundir con *paráfrasis.*

perigonio. m. *Bot.* Envoltura externa de las flores incompletas, formada generalmente por un verticilo simple de hojas florales coloreadas o tépalos, v. gr. en los lirios.

perihelio. m. *Astron.* Punto en que un planeta se halla más cerca del Sol.

perilla. f. Porción de pelo que se deja crecer en la punta de la barba. ‖ **de perilla,** o **de perillas.** loc. adv. fig. y fam. A propósito o a tiempo.

perillán, na. m. y f. fam. Persona pícara, astuta. ❑ El femenino es poco usado. Ú. t. c. adj.

perímetro. m. Contorno de una superficie. ‖ **2.** *Geom.* Contorno de una figura. ‖ **3.** *Geom.* Medida de este contorno.

periné. m. *Anat.* Espacio que media entre el ano y las partes sexuales.

perinola. f. Peonza pequeña que baila cuando se hace girar rápidamente con dos dedos un manguillo que tiene en la parte superior. El cuerpo de este juguete es a veces un prisma de cuatro caras marcadas con letras y sirve para jugar a interés.

periódico, ca. adj. Que se repite con frecuencia a intervalos determinados. ‖ **2.** Dícese del impreso que se publica con determinados intervalos de tiempo. Ú. m. c. s. m. ‖ **3.** *Arit.* Dícese de la fracción decimal que tiene un período. ‖ **4.** *Fís.* Dícese de los fenómenos cuyas fases todas se repiten permanentemente y con regularidad. ‖ **5.** m. Diario, publicación que sale diariamente.

periodismo. m. Captación y tratamiento, escrito, oral, visual o gráfico, de la información en cualquiera de sus formas y variedades.

periodista. com. Persona legalmente autorizada para ejercer el periodismo. ‖ **2.** Persona profesionalmente dedicada en un periódico o en un medio audiovisual a tareas literarias o gráficas de información o de creación de opinión.

período o **periodo.** m. Tiempo que una cosa tarda en volver al estado o posición que tenía al principio. ‖ **2.** Espacio de tiempo que incluye toda la duración de una cosa. ‖ **3.** Menstruo de las mujeres y de las hembras de ciertos animales. ‖ **4.** *Arit.* Cifra o grupo de cifras que se repiten indefinidamente, después del cociente entero, en las divisiones inexactas. ‖ **5.** *Cronol.* Ciclo de tiempo. PERÍODO *juliano, de Metón.* ‖ **6.** *Fís.* Tiempo que tarda un fenómeno periódico en recorrer todas sus fases, como el que emplea un péndulo en su movimiento de vaivén, la Tierra en su movimiento alrededor del Sol, etc. ‖ **7.** *Gram.* Conjunto de oraciones que, enlazadas unas con otras gramaticalmente, forman sentido cabal. ‖ **8.** *Med.* Tiempo que duran ciertos fenómenos que se observan en el curso de las enfermedades.

peripatético, ca. adj. Que sigue la filosofía o doctrina de Aristóteles. Ú. t. c. s. ‖ **2.** Perteneciente a este sistema o secta. ‖ **3.** fig. y fam. Ridículo o extravagante en sus dictámenes o máximas.

peripecia. f. En el drama o cualquier otra composición análoga, mudanza repentina de situación debida a un accidente imprevisto que cambia el estado de las cosas. ‖ **2.** fig. Accidente de esta misma clase en la vida real.

periplo. m. **circunnavegación.** Empléase como término de geografía antigua. ‖ **2.** Obra antigua en que se cuenta o refiere un viaje de circunnavegación. *El* PERIPLO *de Hannón.* ‖ **3.** Por ext., cualquier viaje o recorrido, por lo común con regreso al punto de partida.

peripuesto, ta. adj. fam. Que se adereza y viste con demasiado esmero y afectación.

periquete. m. fam. Brevísimo espacio de tiempo. Ú. m. en la loc. adv. **en un periquete.**

periquito. m. **perico,** ave.

periscopio. m. Instrumento óptico que permite, por medio de espejos o prismas instalados en un tubo vertical, la observación de una zona inaccesible a la visión directa. Uno de los más conocidos es el de los buques submarinos.

perisodáctilo. adj. *Zool.* Dícese de los mamíferos, en general corpulentos, que tienen los dedos en número impar, y las extremidades terminadas en pezuñas, con el dedo central más desarrollado que los demás; como el tapir, el rinoceronte y el caballo. Ú. t. c. s. m. ‖ **2.** m. pl. *Zool.* Orden de estos animales.

perista. com. *Germ.* Persona que comercia con objetos robados a sabiendas de que lo son.

peristáltico, ca. adj. *Fisiol.* Que tiene peristalsis. Dícese principalmente del movimiento de contracción a lo largo de los intestinos para impulsar los materiales de la digestión.

peristalsis. f. *Fisiol.* Contracción progresiva, de un extremo a otro, de ciertos órganos tubulares para hacer avanzar su contenido.

peristilo. m. Entre los antiguos, lugar o sitio rodeado de columnas por la parte interior, como los atrios. ‖ **2.** Galería de columnas que rodea un edificio o parte de él.

perito, ta. adj. Sabio, experimentado, hábil, práctico en una ciencia o arte. Ú. t. c. s. ‖ **2.** m. y f. Persona que en alguna materia tiene título de tal, conferido por el Estado.

peritoneo. m. *Anat.* Membrana serosa, propia de los vertebrados y de otros animales, que reviste la cavidad abdominal y forma pliegues que envuelven las vísceras situadas en esta cavidad.

peritonitis. f. *Pat.* Inflamación del peritoneo.

perjudicar. tr. Ocasionar daño o menoscabo material o moral. Ú. t. c. prnl.

perjudicial. adj. Que perjudica o puede perjudicar.

perjuicio. m. Efecto de perjudicar o perjudicarse. ‖ **2.** *Der.* Ganancia lícita que deja de obtenerse, o deméritos o gastos que se ocasionan por acto u omisión de otro, y que este debe indemnizar, a más del daño o detrimento material causado por modo directo. ❑ No confundir con *prejuicio.*

perjurio. m. Juramento en falso. ‖ **2.** Quebrantamiento de la fe jurada.

perjuro, ra. adj. Que jura en falso. Ú. t. c. s. ‖ **2.** Que quebranta maliciosamente el juramento que ha hecho.

perla. f. Concreción nacarada, generalmente de color blanco agrisado, reflejos brillantes y figura más o menos esferoidal, que suele formarse en lo interior de las conchas de diversos moluscos, sobre todo en las madreperlas. Se estima mucho en joyería cuando tiene buen oriente y es de figura regular. ‖ **2.** Concreción análoga de color y brillo como el de las **perlas,** conseguida artificialmente por diversos procedimientos. ‖ **3.** fig. Persona de excelentes prendas, o cosa preciosa o exquisita en su clase.

perlé. m. Fibra de algodón más o menos gruesa, brillante, que se utiliza para bordar, hacer ganchillo, etc.

permanecer. intr. Mantenerse sin mutación en un mismo lugar, estado o calidad. ‖ **2.** Estar en algún sitio durante cierto tiempo. ❑ Irreg. Se conj. como *agradecer.*

permanencia. f. Duración firme, constancia, perseverancia, estabilidad, inmutabilidad. ‖ **2.** Estancia en un lugar o sitio.

permanente. adj. Que permanece. ‖ **2.** fam. Dícese de la ondulación artificial del cabello que se mantiene durante largo tiempo. Ú. t. c. f.

permanganato. m. *Quím.* Sal formada por la combinación del ácido derivado del manganeso con una base.

permeable. adj. Que puede ser penetrado por el agua u otro fluido.

pérmico, ca. adj. *Geol.* Se dice de la capa o terreno superior y más moderno que el carbonífero. ‖ **2.** m. Periodo o tiempo de formación de dicho terreno. Es el más moderno de la edad primaria.

permiso. m. Licencia o consentimiento para hacer o decir una cosa.

permitir. tr. Dar su consentimiento, el que tenga autoridad competente, para que otros hagan o dejen de hacer una cosa. Ú. t. c. prnl. ‖ **2.** No impedir lo que se pudiera y debiera evitar. ‖ **3.** Hacer posible alguna cosa. *El buen tiempo* PERMITIÓ *que se celebrase la cena en el jardín.* ‖ **4.** *Teol.* No impedir Dios una cosa mala; aunque sin voluntad directa de ella. *Dios* PERMITE *los pecados.* ‖ **5.** prnl. Tener los medios o tomarse una persona la libertad de hacer o decir algo.

permuta. f. Acción y efecto de permutar una cosa por otra. ‖ **2.** Cambio, entre dos beneficiados u oficiales públicos, de los empleos que respectivamente tienen. ‖ **3.** *Der.* Contrato por el que se entrega una cosa a cambio de recibir otra.

permutar. tr. Cambiar una cosa por otra, sin que en el cambio entre dinero a no ser el necesario para igualar el valor de las cosas cambiadas y transfiriéndose los contratantes recíprocamente el dominio de ellas.

pernera. f. Parte del calzón o pantalón que cubre cada pierna.

pernicioso, sa. adj. Perjudicial, que causa daño grave.

pernil. m. Anca y muslo del animal. ‖ **2.** Parte de calzón o pantalón, que cubre cada pierna.

pernio. m. Gozne que se pone en las puertas y ventanas para que giren las hojas.

perno. m. Pieza de hierro u otro metal, larga, cilíndrica, con cabeza redonda por un extremo y asegurada con una chaveta, una tuerca o un remate por el otro, que se usa para afirmar piezas de gran volumen. ‖ **2.** Pieza del pernio o gozne, en que está la espiga.

pernoctar. intr. Pasar la noche en determinado lugar, especialmente fuera del propio domicilio.

pero. conj. advers. con que a un concepto se contrapone otro diverso del anterior. *El dinero hace ricos a los hombres,* PERO *no dichosos; le injurié, en efecto,* PERO *él primero me había injuriado a mí.* ‖ **2.** Empléase a principio de cláusula sin referirse a otra anterior, solo para dar énfasis o fuerza de expresión a lo que se dice. PERO *¿dónde vas a meter tantos libros?* PERO *¡qué hermosa noche!* ‖ **3.** m. fam. Defecto u objeción. *Este cuadro no tiene* PERO; *es tan poco amigo de hacer favores, que nunca deja de poner algún* PERO *a todo lo que se le pide.* ‖ **pero que muy.** expr. que se antepone a adjetivos y adverbios para darles mayor relieve. *Toca el clarinete* PERO QUE MUY *bien.*

perogrullada. f. fam. Verdad o certeza que, por notoriamente sabida, es necedad o simpleza el decirla.

perol. m. Vasija de metal, de forma semejante a media esfera, que sirve para cocer diferentes cosas.

perola. f. Especie de perol, más pequeño que el ordinario.

peroné. m. *Anat.* Hueso largo y delgado de la pierna, detrás de la tibia, con la cual se articula.

perorata. f. Oración o razonamiento molesto o inoportuno.

peróxido. m. *Quím.* En la serie de los óxidos, el que tiene la mayor cantidad posible de oxígeno. ‖ **de hidrógeno.** Líquido incoloro e inestable, soluble en el agua y en el alcohol, de múltiples aplicaciones, y cuya fórmula es H_2O_2. Se conoce comúnmente con el nombre de agua oxigenada.

perpendicular. adj. *Geom.* Aplícase a la línea o al plano que forma ángulo recto con otra línea o con otro plano. Apl. a línea, ú. t. c. s. f.

perpetrar. tr. Cometer, consumar un delito o culpa grave.

perpetuar. tr. Hacer perpetua o perdurable una cosa. Ú. t. c. prnl. ‖ **2.** Dar a las cosas una larga duración. Ú. t. c. prnl.

perpetuidad. f. Duración sin fin. ‖ **2.** fig. Duración muy larga o incesante.

perpetuo, tua. adj. Que dura y permanece para siempre. ‖ **2.** Aplícase a ciertos cargos vitalicios, ya se obtengan por herencia, ya por elección.

perplejidad. f. Irresolución, confusión, duda de lo que se debe hacer en una cosa.

perplejo, ja. adj. Dudoso, incierto, irresoluto, confuso.

perra. f. Hembra del perro. ‖ **2.** fig. y fam. Rabieta de niño. ‖ **3.** fig. y fam. Dinero, riqueza. Ú. m. en pl. *Tener* PERRAS. ‖ **chica.** fig. y fam. Moneda de cobre o aluminio que valía cinco céntimos de peseta. ‖ **gorda,** o **grande.** fig. y fam. Moneda de cobre o de aluminio que valía diez céntimos de peseta.

perrera. f. Lugar o sitio donde se guardan o encierran los perros.

perrería. f. Muchedumbre de perros. ‖ **2.** fig. Acción mala o inesperada contra uno, jugarreta.

perrito caliente. m. fig. Panecillo caliente, generalmente untado de tomate frito y mostaza, en el que se introduce una salchicha cocida.

perro. m. Mamífero doméstico de la familia de

los cánidos, de tamaño, forma y pelaje muy diversos, según las razas. Tiene olfato muy fino y es inteligente y muy leal al hombre. ‖ **2.** fig. Persona despreciable. ‖ **alano.** El de raza cruzada, que se considera producida por la unión del dogo y el lebrel. Es corpulento y fuerte; tiene grande la cabeza, las orejas caídas, el hocico romo y arremangado, la cola larga y el pelo corto y suave. ‖ **chihuahua.** El de tamaño pequeño y sin pelo. ‖ **chino.** Casta o variedad de **perro** que carece completamente de pelo y tiene las orejas pequeñas y rectas, el hocico pequeño y puntiagudo y el cuerpo gordo y de color obscuro. ‖ **danés.** El que participa de los caracteres de lebrel y mastín. ‖ **de aguas.** El de una raza que se cree originaria de España, con cuerpo grueso, cuello corto, cabeza redonda, hocico agudo, orejas caídas, y pelo largo, abundante, rizado y generalmente blanco. Es muy inteligente y se distingue por su aptitud para nadar. ‖ **de lanas. perro de aguas.** ‖ **2. perro faldero.** ‖ **de Terranova.** Especie de **perro** de aguas, de gran tamaño, pelo largo, sedoso y ondulado, de color blanco con grandes manchas negras, y cola algo encorvada hacia arriba. Tiene los pies palmeados a propósito para nadar, y es muy inteligente. ‖ **dogo.** El de cuerpo y cuello gruesos y cortos, pecho ancho, cabeza redonda, frente cóncava, hocico obtuso, labios gordos, cortos en el centro y colgantes por ambos lados, orejas pequeñas con la punta doblada, patas muy robustas, y pelaje generalmente leonado, corto y recio. Es animal pesado, de fuerza y valor extraordinarios, y se utiliza para la defensa de las propiedades, para las cazas peligrosas y para luchar contra las fieras. Hay variedades de diferentes tamaños. ‖ **faldero.** El que por ser pequeño puede estar en las faldas de las mujeres. ‖ **foxterrier.** El de tamaño mediano, veloz y resistente, apto para la caza de animales que habitan en cuevas. ‖ **galgo.** Casta de **perro** muy ligero, con la cabeza pequeña, los ojos grandes, el hocico puntiagudo, las orejas delgadas y colgantes, el cuerpo delgado y el cuello, la cola y las patas largas. ‖ **lebrel.** Variedad de **perro** que se distingue en tener el labio superior y las orejas caídas, el hocico recio, el lomo recto, el cuerpo largo y las piernas retiradas atrás. Se le dio este nombre por ser muy apto para la caza de las liebres. ‖ **mastín.** El grande, fornido, de cabeza redonda, orejas pequeñas y caídas, ojos encendidos, boca rasgada, dientes fuertes, cuello corto y grueso, pecho ancho y robusto, manos y pies recios y nervudos, y pelo largo, algo lanoso. Es muy valiente y leal, y el mejor para la guarda de los ganados. ‖ **pachón.** El de raza muy parecida a la del perdiguero, pero con las piernas más cortas y torcidas, la cabeza redonda y la boca muy grande. ‖ **pequinés.** El de raza chinotibetana, de 4 a 8 kg de peso, colores diversos, patas cortas y nariz aplastada. ‖ **perdiguero.** El de talla mediana, con cuerpo recio, cuello ancho y fuerte, cabeza fina, hocico saliente, labios colgantes, orejas muy grandes y caídas, patas altas y nervudas, cola larga y pelaje corto y fino. Es muy apreciado para la caza por lo bien que olfatea y sigue las pistas. ‖ **podenco.** El de cuerpo algo menor, pero más robusto que el del lebrel, con la cabeza redonda, las orejas tiesas, el lomo recto, el pelo medianamente largo, la cola enroscada y las manos y pies pequeños, pero muy fuertes. Es poco ladrador y sumamente sagaz y ágil para la caza, por su gran vista, olfato y resistencia. ‖ **policía.** El adiestrado para descubrir y perseguir aquello que se desea capturar. ‖ **raposero. perro** de unos dos pies de altura, de pelo corto y de orejas grandes, caídas y muy dobladas. Se emplea en la caza de montería y especialmente en la de zorras. ‖ **rastrero.** El de caza, que la busca por el rastro. ‖ **sabueso.** Variedad de podenco, algo mayor que el común y de olfato muy fino. ‖ **viejo.** fig. y fam. Hombre sumamente cauto, advertido y prevenido por la experiencia. ‖ **como el perro y el gato.** loc. adv. fig. y fam. con que se explica el aborrecimiento mutuo que se tienen algunos. ‖ **de perro,** o **perros.** loc. fam. Dícese de lo que es sumamente molesto y desagradable. ‖ **echar,** o **soltar los perros** a alguien. fr. fig. y fam. Vituperarle, echarle una bronca. ‖ **muerto el perro, se acabó la rabia.** fr. proverb. con que se da a entender que cesando una causa cesan con ella sus efectos. ‖ **tratar** a uno **como a un perro.** fr. fig. y fam. Maltratarle, despreciarle.

persa. adj. Natural de Persia. Ú. t. c. s. ‖ **2.** Perteneciente o relativo a esta nación de Asia. ‖ **3.** m. Idioma que se habla en dicha nación.

persecución. f. Acción y efecto de perseguir. ‖ **2.** fig. Instancia enfadosa y continua con que se acosa a uno a fin de que condescienda a lo que de él se solicita.

perseguir. tr. Seguir al que va huyendo, con ánimo de alcanzarle. ‖ **2.** fig. Molestar, conseguir que alguien sufra o padezca procurando hacerle el mayor daño posible. ‖ **3.** Tratar de conseguir o de alcanzar algo. ‖ **4.** fig. Suceder repetidas veces una misma cosa o situación en la vida de una persona. *Me* PERSIGUE *la mala suerte.* ‖ **5.** fig. Solicitar o pretender con frecuencia, instancia o molestia. ‖ **6.** *Der.* Proceder judicialmente contra uno. Por ext., se aplica a las faltas y delitos. PERSEGUIR *las infracciones.* ❑ Irreg. Se conj. como *pedir.*

perseidas. f. pl. *Astron.* Estrellas fugaces cuyo

punto radiante está en la constelación de Perseo. Suelen observarse hacia el 10 de agosto.

perseverancia. f. Acción y efecto de perseverar.

perseverar. intr. Mantenerse constante en una actitud, en una opinión o en una acción ya comenzada. ‖ **2.** Durar permanentemente o por largo tiempo.

persiana. f. Especie de celosía, formada de tablillas fijas o movibles, que sirve principalmente para graduar la entrada de luz en las habitaciones.

pérsico, ca. adj. **persa,** perteneciente a Persia. ‖ **2.** m. Árbol frutal de la familia de las rosáceas, originario de Persia y cultivado en varias provincias de España. Tiene las hojas aovadas y aserradas, las flores de color rosa claro y el fruto es una drupa con el hueso lleno de arrugas. ‖ **3.** Fruto de este árbol.

persignar. tr. **signar,** hacer la señal de la cruz. Ú. t. c. prnl.

persistir. intr. Mantenerse firme o constante en una cosa. ‖ **2.** Durar por largo tiempo.

persona. f. Individuo de la especie humana. ‖ **2.** *Der.* Sujeto de derecho. ‖ **3.** *Gram.* Accidente gramatical propio del verbo y de algunos pronombres que indica si el sujeto de la oración es el que habla, o aquel a quien se habla, o aquel o aquello de que se habla. Las **personas** se denominan, respectivamente, primera, segunda y tercera, y las tres constan de singular y plural. ‖ **física.** *Der.* Cualquier individuo de la especie humana. ‖ **jurídica.** Ser o entidad capaz de derechos y obligaciones aunque no tiene existencia individual física; como las corporaciones, asociaciones, sociedades y fundaciones. ‖ **paciente.** *Gram.* La que recibe la acción del verbo. ‖ **primera persona.** *Gram.* La que habla de sí misma en el discurso. ‖ **segunda persona.** *Gram.* Aquella a quien se dirige el discurso. ‖ **tercera persona.** *Gram.* La **persona** o cosa de que se habla. ‖ **en persona.** loc. adv. Por uno mismo o estando presente.

personaje. m. Sujeto de distinción, calidad o representación en la vida pública. ‖ **2.** Cada uno de los seres humanos, sobrenaturales o simbólicos, ideados por el escritor, que toman parte en la acción de una obra literaria. ‖ **3.** Criatura de ficción que interviene en una obra literaria, teatral o cinematográfica. A veces pueden ser animales, especialmente en los dibujos animados.

personal. adj. Perteneciente a la persona o propio o particular de ella. ‖ **2.** m. Conjunto de las personas que trabajan en un mismo organismo, dependencia, fábrica, taller, etc. ‖ **3.** Capítulo de las cuentas de ciertas oficinas, en que se consigna el gasto del **personal** de ellas. ‖ **4.** f. *Dep.* En baloncesto, falta que comete un jugador al tocar o empujar a otro del equipo contrario para impedir una jugada.

personalidad. f. Diferencia individual que constituye a cada persona y la distingue de otra. ‖ **2.** Conjunto de características o cualidades originales que destacan en algunas personas. *Andrés es un escritor con* PERSONALIDAD. ‖ **3.** Persona de relieve, que destaca en una actividad o en un ambiente social. *Al acto asistieron el gobernador y otras* PERSONALIDADES. ‖ **4.** *Der.* Aptitud legal para intervenir en un negocio o para comparecer en juicio.

personalismo. m. Adhesión a una persona o a las tendencias que ella representa, especialmente en política. ‖ **2.** Tendencia a subordinar el interés común a miras personales.

personalizar. tr. Dar carácter personal a algo. ‖ **2.** *Gram.* Usar como personales algunos verbos que generalmente son impersonales; v. gr.: *Hasta que Dios* AMANEZCA; ANOCHECIMOS *en Alcalá.*

personarse. prnl. Presentarse personalmente en una parte. ‖ **2.** *Der.* Comparecer como parte interesada en un juicio o pleito.

personificar. tr. Atribuir vida o acciones o cualidades propias del ser racional al irracional, o a las cosas inanimadas, incorpóreas o abstractas. ‖ **2.** Atribuir a una persona determinada un suceso, sistema, opinión, etc. *Lutero* PERSONIFICA *la Reforma.* ‖ **3.** Representar en una persona una opinión, sistema, etc.

perspectiva. f. Arte que enseña el modo de representar en una superficie los objetos, en la forma y disposición con que aparecen a la vista. ‖ **2.** Obra o representación ejecutada con este arte. ‖ **3.** fig. Conjunto de objetos que desde un punto determinado se presentan a la vista del espectador, especialmente cuando están lejanos. ‖ **4.** fig. Contingencia que puede preverse en el curso de algún negocio. Ú. m. en pl. ‖ **aérea.** Aquella que por la disminución de tamaños y la graduación de tonos representa el alejamiento de las figuras y objetos, conservando estos su aspecto de corporeidad en su ambiente. ‖ **caballera.** Modo convencional de representar los objetos en un plano y como si se vieran desde lo alto, conservando en la proporción debida sus formas y las distancias que los separan. ‖ **lineal.** Aquella en que solo se representan los objetos por las líneas de sus contornos.

perspicacia. f. Agudeza y penetración de la vista. ‖ **2.** fig. Penetración de ingenio o entendimiento.

perspicaz. adj. Dícese de la vista, la mirada, etc., muy aguda y que alcanza mucho. ‖ **2.** fig. Aplícase al ingenio agudo y con gran capacidad para percibir las cosas, y al que lo tiene.

persuadir. tr. Inducir, mover, obligar a uno con razones a creer o hacer una cosa. Ú. t. c. prnl.

persuasión. f. Acción y efecto de persuadir o persuadirse.

persuasivo, va. adj. Que tiene fuerza y eficacia para persuadir.

pertenecer. intr. Tocar a uno o ser propia de él una cosa, o serle debida. ‖ **2.** Ser una cosa del cargo, ministerio u obligación de uno. ‖ **3.** Referirse o hacer relación una cosa a otra, o ser parte integrante de ella. ❑ Irreg. Se conj. como *agradecer.* Ú. con la prep. *a.*

pertenencia. f. Relación de una cosa con quien tiene derecho a ella. ‖ **2.** Espacio o término que toca a uno por jurisdicción o propiedad. ‖ **3.** Cosa accesoria o dependiente de la principal, y que entra con ella en la propiedad. *Francisco compró la hacienda con todas sus* PERTENENCIAS.

pértiga. f. Vara larga. ‖ **2.** Vara larga para practicar el deporte del salto de altura.

pertinacia. f. Obstinación, terquedad o tenacidad en mantener una opinión, una doctrina o la resolución que se ha tomado. ‖ **2.** fig. Gran duración o persistencia.

pertinaz. adj. Obstinado, terco o muy tenaz en su dictamen o resolución. ‖ **2.** fig. Muy duradero o persistente. *Enfermedad* PERTINAZ.

pertinente. adj. Perteneciente a una cosa. ‖ **2.** Dícese de lo que viene a propósito. *En la lógica hay términos* PERTINENTES *e impertinentes.* ‖ **3.** *Ling.* Dícese de cada uno de los rasgos fonológicos que distinguen un fonema de otro en una lengua determinada.

pertrechar. tr. Abastecer de pertrechos. ‖ **2.** fig. Disponer o preparar lo necesario para la ejecución de una cosa. Ú. t. c. prnl.

pertrechos. m. pl. Municiones, armas y demás instrumentos, máquinas, etc., necesarios para el uso de los soldados y defensa de las fortificaciones o de los buques de guerra. Ú. t. en sing. ‖ **2.** Por ext., instrumentos necesarios para cualquier operación.

perturbación. f. Acción y efecto de perturbar o perturbarse.

perturbado, da. adj. Dícese de la persona que tiene alteradas sus facultades mentales. Ú. t. c. s.

perturbar. tr. Inmutar, trastornar el orden y concierto, o la quietud y el sosiego de algo o de alguien. Ú. t. c. prnl. ‖ **2.** prnl. Perder el juicio una persona.

peruano, na. adj. Natural del Perú. Ú. t. c. s. ‖ **2.** Perteneciente o relativo a este país de América.

perversión. f. Acción y efecto de pervertir o pervertirse.

perverso, sa. adj. Sumamente malo, que causa daño intencionadamente. Ú. t. c. s. ‖ **2.** Que corrompe las costumbres o el orden y estado habitual de las cosas. Ú. t. c. s.

pervertir. tr. Viciar con malas doctrinas o ejemplos las costumbres, la fe, el gusto, etc. Ú. t. c. prnl. ‖ **2.** Perturbar el orden o estado de las cosas. ❑ Irreg. Se conj. como *sentir.*

pervivir. intr. Seguir viviendo a pesar del tiempo o de las dificultades.

pesa. f. Pieza metálica que se utiliza como término de comparación para determinar el peso de un cuerpo. ‖ **2.** Pieza de peso suficiente que, colgada de una cuerda, se emplea para dar movimiento a ciertos relojes o de contrapeso para subir y bajar lámparas, etc. ‖ **3.** *Dep.* Pieza muy pesada que se emplea en halterofilia o para hacer gimnasia. Ú. m. en pl.

pesadez. f. Calidad de pesado. ‖ **2.** fig. Terquedad o impertinencia propia del que es molesto y enfadoso. ‖ **3.** fig. Cargazón, exceso, duración desmedida. PESADEZ *del tiempo, de cabeza.* ‖ **4.** fig. Molestia, trabajo, fatiga.

pesadilla. f. Ensueño angustioso y tenaz. ‖ **2.** fig. Preocupación grave y continua que siente una persona a causa de alguna adversidad. ‖ **3.** fig. Persona o cosa enojosa o molesta.

pesado, da. adj. Que pesa mucho. ‖ **2.** fig. Intenso, profundo, hablando del sueño. ‖ **3.** fig. Cargado de humores, vapores o cosa semejante. *Tiempo* PESADO, *cabeza* PESADA. ‖ **4.** fig. Tardo o muy lento. ‖ **5.** fig. Molesto, enfadoso, impertinente. ‖ **6.** fig. Aburrido, que no tiene interés. ‖ **7.** fig. Ofensivo, sensible. ‖ **8.** fig. Duro, violento, insufrible, que es difícil de soportar.

pesadumbre. f. fig. Molestia, desazón, padecimiento físico o moral.

pésame. m. Expresión con que se hace saber a alguien el sentimiento que se tiene de su pena o aflicción.

pesar[1]. m. Sentimiento o dolor interior que molesta y fatiga el ánimo. ‖ **2.** Arrepentimiento o dolor de los pecados o de otra cosa mal hecha. ‖ **a pesar** o **a pesar de.** loc. conjunt. conc. Contra la voluntad o gusto de las personas y, por ext., contra la fuerza o resistencia de las cosas; no obstante. Pide la preposición *de* cuando la voz que inmediatamente le sigue no es un pronombre posesivo. *Lo haré* A PESAR *tuyo;* DE *cuantos quieran impedirlo;* DEL *cariño que te profeso;* DE *ser ya muy anciano.* ‖ **a pesar de los pesares.** loc. adv. A **pesar** de todas las cosas, a **pesar** de todos los obstáculos.

pesar[2]. intr. Tener gravedad o peso. ‖ **2.** Tener determinado peso. *La máquina* PESA *ochenta kilos.* ‖ **3.** Tener mucho peso. ‖ **4.** fig. Tener una persona o cosa estimación o valor; ser digna de mucho aprecio.

‖ **5.** fig. Causar un hecho o dicho arrepentimiento o dolor. ❑ Ú. solo en las terceras personas con los pronombres *me, te, se, le,* etc. ‖ **6.** tr. Determinar el peso, o más propiamente, la masa de una cosa por medio de la balanza o de otro instrumento equivalente. ‖ **7.** fig. Examinar con atención o considerar con prudencia las razones de una cosa para hacer juicio de ella.

pesaroso, sa. adj. Sentido o arrepentido de lo que se ha dicho o hecho. ‖ **2.** Que por causa ajena tiene pesadumbre o sentimiento.

pesca. f. Acción y efecto de pescar. ‖ **2.** Oficio y arte de pescar. ‖ **3.** Lo que se pesca o se ha pescado. *Sitio abundante en* PESCA. ‖ **costera.** La que se efectúa por embarcaciones de tamaño medio a una distancia máxima de sesenta millas del litoral. ‖ **de altura.** La que se efectúa en aguas relativamente cerca del litoral. En el caso de España, entre los paralelos 0° y 60° y los meridianos 15° E. y 20° O. ‖ **de arrastre.** La que se hace arrastrando redes. ‖ **de bajura.** La que se efectúa por pequeñas embarcaciones en las proximidades de la costa. ‖ **de gran altura.** La que se efectúa en aguas muy retiradas en cualquier lugar del océano. ‖ **litoral. pesca costera.**

pescadería. f. Sitio, puesto o tienda donde se vende pescado.

pescadero, ra. m. y f. Persona que vende pescado, especialmente al por menor.

pescadilla. f. Cría de la merluza que ha pasado su primera fase de crecimiento y no ha adquirido aún su desarrollo normal.

pescado. m. Pez comestible sacado del agua por cualquiera de los procedimientos de pesca. ‖ **2.** En algunas partes, pez[1], **pescado** de río. ‖ **3.** Abadejo salado. ‖ **azul.** El abundante en grasa, como la sardina. ‖ **blanco.** El poco graso, como la merluza y el lenguado que, por esta razón, suele recomendarse para ciertos regímenes alimenticios.

pescador, ra. adj. Que pesca. Ú. m. c. s. ‖ **2.** m. y f. Persona que pesca por oficio o por afición.

pescante. m. Pieza saliente de madera o hierro sujeta a una pared, a un poste o al costado de un buque, etc., y que sirve para sostener o colgar de ella alguna cosa. ‖ **2.** Brazo de una grúa. ‖ **3.** En los carruajes, asiento exterior desde donde el cochero gobierna las mulas o caballos. ‖ **4.** En los teatros, tramoya que sirve para hacer bajar o subir en el escenario personas o figuras.

pescar. tr. Sacar o tratar de sacar del agua peces y otros animales útiles al hombre. ‖ **2.** fig. y fam. Contraer una dolencia o enfermedad. ‖ **3.** fig. y fam. Coger, agarrar o tomar cualquier cosa. ‖ **4.** fig. y fam. Coger a uno en las palabras o en los hechos, cuando no lo esperaba, o sin prevención. ‖ **5.** fig. y fam. Entender, captar con rapidez el significado de algo. ‖ **6.** *Mar.* Sacar alguna cosa del fondo del mar o de un río. PESCAR *un ancla.*

pescozón. m. Golpe que se da con la mano en el pescuezo o en la cabeza.

pescuezo. m. Parte del cuerpo animal o humano desde la nuca hasta el tronco.

pese a. loc. adv. **a pesar** o **a pesar de.**

pesebre. m. Especie de cajón donde comen las bestias. ‖ **2.** Sitio destinado para este fin. ‖ **3. belén,** nacimiento.

peseta. f. Moneda cuyo peso y ley han variado según los tiempos. Es la unidad monetaria en España. ‖ **2.** pl. fam. Dinero, riqueza. *Tener* PESETAS. *Cuestión de* PESETAS. ‖ **mirar la peseta.** fr. Considerar con cuidado la opción más conveniente, antes de hacer un gasto.

pesetero, ra. adj. Aplícase a la persona aficionada al dinero; ruin, tacaño, avaricioso.

pesimismo. m. Sistema filosófico que consiste en atribuir al universo la mayor imperfección posible. ‖ **2.** Propensión a ver y juzgar las cosas en su aspecto más desfavorable.

pesimista. adj. Que profesa el pesimismo. ‖ **2.** Que propende a ver y juzgar las cosas por el lado más desfavorable. Ú. t. c. s.

pésimo, ma. adj. sup. de **malo.** Sumamente malo, que no puede ser peor.

peso. m. Fuerza de gravitación universal ejercida sobre la materia. ‖ **2.** Magnitud de dicha fuerza. ‖ **3.** El que por ley o convenio debe tener una cosa. *Pan falto de* PESO; *dar buen* PESO. ‖ **4.** El de la pesa o conjunto de pesas que se necesitan para equilibrar en la balanza un cuerpo determinado. ‖ **5.** Cosa pesada. ‖ **6.** El que arroja en la báscula cada boxeador antes de una competición deportiva y con arreglo al cual se le clasifica en la categoría que le corresponde. ‖ **7.** Balanza u otro utensilio para pesar. ‖ **8.** Antigua moneda de plata española, que tuvo diversos valores, y de donde procede el actual **peso,** unidad monetaria. ‖ **9.** Unidad monetaria de diversos países americanos. ‖ **10.** fig. Entidad, sustancia e importancia de una cosa. ‖ **11.** fig. Fuerza y eficacia de las cosas no materiales. ‖ **12.** fig. Pesadumbre, dolor, disgusto, preocupación. ‖ **13.** *Dep.* Bola de hierro de un **peso** establecido que se lanza en determinados ejercicios atléticos. ‖ **atómico.** *Quím.* Relación entre la masa media por átomo de la composición nuclear natural de un elemento y 1/12 de la masa de un átomo del nucleido ^{12}C. ‖ **bruto.** El total, inclusa la tara. ‖ **específico.** *Fís.* El de un cuerpo en comparación con el de otro de igual volumen tomado como unidad. ‖ **gallo.** En categoría inferior a la de **peso** pluma, el boxeador profesional que pesa menos de 53 kilos 524 gramos, y el no profesional que no pasa de los 54 kilos. ‖ **ligero.** En categoría superior a la de **peso** pluma, el boxeador profesional que pesa menos de 61 kilos 235 gramos, y el no profesional que no pasa de los 62 kilos. ‖ **molecular.** *Quím.* Suma de los **pesos** atómicos que entran en la fórmula molecular de un compuesto. ‖ **mosca.** El boxeador profesional que pesa menos de 50 kilos 802 gramos, y el no profesional que no pasa de los 51 kilos. ‖ **neto.** El que resta del **peso** bruto, deducida la tara. ‖ **pesado.** El boxeador profesional que pesa más de 79 kilos 378 gramos, y el no profesional que rebasa los 80 kilos. ‖ **pluma.** En categoría superior a la de **peso** gallo, el boxeador profesional que pesa menos de 57 kilos 152 gramos, y el no profesional que no pasa de los 58 kilos.

pespunte. m. Labor de costura, con puntadas unidas, que se hacen volviendo la aguja hacia atrás después de cada punto, para meter la hebra en el mismo sitio por donde pasó antes.

pesquero, ra. adj. Que pesca. Aplícase a las embarcaciones y a las industrias relacionadas con la pesca. ‖ **2.** m. Barco **pesquero.**

pesquisa. f. Información o indagación que se hace de una cosa para averiguar la realidad de ella o sus circunstancias.

pestaña. f. Cada uno de los pelos que hay en los bordes de los párpados, para defensa de los ojos. ‖ **2.** Parte saliente y angosta en el borde de alguna cosa; como en la llanta de una rueda de locomotora, en la orilla de un papel o una plancha de metal, etc. ‖ **3.** pl. *Bot.* Pelos rígidos que están colocados en el borde de dos superficies opuestas, sin hacer parte ni de una ni de otra. ‖ **vibrátil.** *Biol.* Filamento del cuerpo de células y protozoos, cilio. ‖ **quemarse las pestañas.** loc. fig. y fam. Estudiar con ahínco.

pestañear. intr. Mover los párpados. ‖ **no pestañear. sin pestañear.** frs. figs. que denotan la suma atención con que se está mirando una cosa, o la serenidad con que se arrostra un peligro inesperado.

pestañeo. m. Movimiento rápido y repetido de los párpados.

peste. f. Enfermedad contagiosa y grave que causa gran mortandad en los hombres o en los animales. ‖ **2.** Mal olor. ‖ **3.** fig. Cualquier cosa mala o de mala calidad en su línea, o que puede ocasionar daño grave. ‖ **4.** fig. Corrupción de las costumbres y desórdenes de los vicios, por la ruina escandalosa que ocasionan. ‖ **5.** fig. y fam. Excesiva abundancia de cosas en cualquier línea. ‖ **6.** pl. Palabras de enojo o amenaza y execración. *Echar* PESTES. ‖ **peste bubónica,** o **levantina.** *Pat.* Enfermedad infecciosa epidémica y febril, caracterizada por bubones en diferentes partes del cuerpo y que produce con frecuencia la muerte. Se llama levantina por haber provenido las más de las veces de los países orientales. ‖ **decir,** o **hablar, pestes** de una persona. fr. fig. y fam. Hablar mal de ella.

pesticida. adj. Que se destina a combatir plagas. Ú. t. c. s.

pestífero, ra. adj. Que puede ocasionar peste o daño grave, o que es muy malo en su línea. ‖ **2.** Que tiene muy mal olor.

pestilencia. f. Mal olor.

pestillo. m. Pasador con que se asegura una puerta, corriéndolo a modo de cerrojo. ‖ **2.** Pieza prismática, que forma parte del mecanismo de una cerradura, y que movida por la acción de la llave, se encaja en un agujero o hueco.

pestiño. m. Fruta de sartén, hecha con porciones pequeñas de masa de harina y huevos batidos, que después de fritas en aceite se bañan con miel.

petaca. f. Estuche de cuero, metal u otra materia adecuada, que sirve para llevar cigarros o tabaco picado.

pétalo. m. *Bot.* Hoja transformada, por lo común de bellos colores, que forma parte de la corola de la flor.

petanca. f. Especie de juego de bochas.

petardo. m. Tubo de cualquier materia no muy resistente que se rellena de pólvora u otro explosivo y se liga y ataca convenientemente para que, al darle fuego, se produzca una detonación considerable.

petate. m. Estera de palma, que se usa en los países cálidos para dormir sobre ella. ‖ **2.** Lío de ropa, especialmente el que se hace con la de cama, o con la de uso personal de marineros, soldados y presos.

petenera. f. Aire popular parecido a la malagueña, con que se cantan coplas de cuatro versos octosílabos. ‖ **salir por peteneras.** fr. fig. y fam. Hacer o decir alguna cosa fuera de propósito.

petición. f. Acción de pedir. ‖ **2.** Cláusula u oración con que se pide. *Las* PETICIONES *del padrenuestro.* ‖ **3.** Escrito en que se hace una **petición.** ‖ **de mano.** fr. fig. Ceremonia para solicitar en matrimonio a una mujer.

petimetre, tra. m. y f. Lechuguino, persona que se preocupa mucho de su compostura y de seguir las modas.

petirrojo. m. Pájaro del tamaño del pardillo, con las partes superiores aceitunadas, cuello, frente, garganta y pecho de color rojo vivo uniforme, y el resto de las partes inferiores blanco brillante.

peto. m. Armadura del pecho. ‖ **2.** Adorno o vestidura que se pone en el pecho. ‖ **3.** Parte opuesta a la pala y en el otro lado del ojo, afilada o sin afilar, que tienen algunas herramientas; como el hacha, la podadera y el azadón. ‖ **4.** *Zool.* Parte inferior de la coraza de los quelonios.

petrel. m. Ave palmípeda, muy voladora, del tamaño de una alondra, común en todos los mares, donde se la ve a enormes distancias de la tierra, nadando en las crestas de las olas, para coger los huevos de peces, moluscos y crustáceos, con que se alimenta. Es de plumaje pardo negruzco, con el arranque de la cola blanco, y vive en bandadas, que anidan entre las rocas de las costas desiertas.

pétreo, a. adj. De piedra, roca o peñasco. ‖ **2.** Pedregoso, cubierto de muchas piedras.

petrificar. tr. Transformar o convertir en piedra, o endurecer una cosa de modo que lo parezca. Ú. t. c. prnl. ‖ **2.** fig. Dejar a uno inmóvil de asombro o de terror.

petrodólar. m. Unidad monetaria empleada para cuantificar las reservas de divisas acumuladas por países productores de petróleo, y especialmente las depositadas en bancos europeos.

petroglifo. m. Grabado sobre roca obtenido por descascaramiento o percusión, propio de pueblos prehistóricos.

petrografía. f. Descripción de las rocas.

petróleo. m. Líquido natural oleaginoso e inflamable, constituido por una mezcla de hidrocarburos, que se extrae de lechos geológicos continentales o marítimos. Mediante diversas operaciones de destilación y refino se obtienen de él distintos productos utilizables con fines energéticos o industriales (gasolina, nafta, queroseno, gasóleo, etc.)

petrolero, ra. adj. Perteneciente o relativo al petróleo. ‖ **2.** m. Buque aljibe destinado al transporte de petróleo. ❑ No confundir con *petrolífero.*

petrolífero, ra. adj. Que contiene petróleo. ❑ No confundir con *petrolero.*

petulancia. f. Insolencia, atrevimiento o descaro. ‖ **2.** Vana y ridícula presunción.

petunia. f. Planta de la familia de las solanáceas, muy ramosa, con las hojas aovadas y enteras, y las flores en forma de embudo, grandes, olorosas y de diversos colores.

peúco. m. Calcetín o botita de lana para los niños de corta edad.

peyorativo, va. adj. Dícese de aquellas palabras o modos de expresión que indican una idea desfavorable.

pez[1]. m. Vertebrado acuático, de respiración branquial, generalmente con extremidades en forma de aleta, aptas para la locomoción y sustentación en el agua. La piel, salvo raras excepciones, está protegida por escamas. La forma de reproducción es ovípara en la mayoría de estos animales. ‖ **2.** Pescado de río. ‖ **3.** pl. *Zool.* Taxón al que pertenecen los **peces.** ‖ **4.** n. p. *Astron.* Duodécimo signo del Zodiaco. ‖ **de colores.** El de forma y tamaño semejantes a los de la carpa, pero de colores vivos: rojo y dorado. Procede de Asia. ‖ **del diablo.** Es una especie de gobio. ‖ **emperador. pez espada.** ‖ **espada. pez** teleósteo marino del suborden de los acantopterigios, que llega a tener cuatro metros de longitud; de piel áspera, sin escamas, negruzca por el lomo y blanca por el vientre; cuerpo rollizo, cabeza apuntada, con la mandíbula superior en forma de espada de dos cortes y como de un metro de largo. Se alimenta de plantas marinas y su carne es muy estimada. ‖ **gordo.** fig. Persona de mucha importancia o muy acaudalada. ‖ **martillo. pez** selacio del suborden de los escuálidos, cuya longitud suele ser de dos a tres metros, pero puede llegar a cinco y medio; su cabeza tiene dos grandes prolongaciones laterales, que dan al animal el aspecto de un martillo. Vive en los mares tropicales y en los templados, siendo frecuente en las costas meridionales de España y en las del norte de África. ‖ **estar** uno **como el pez en el agua.** fr. fig. y fam. Disfrutar comodidades y conveniencias. ‖ **estar** uno **pez** en alguna materia. fr. fig. y fam. Ignorarla por completo.

pez[2]. f. Sustancia resinosa, sólida, lustrosa, quebradiza y de color pardo amarillento, que se obtiene echando en agua fría el residuo que deja la trementina al acabar de sacarle el aguarrás.

pezón. m. *Bot.* Ramita que sostiene la hoja, la inflorescencia o el fruto en las plantas. ‖ **2.** Parte central, eréctil y más prominente de los pechos o tetas, por donde los hijos chupan la leche. ‖ **3.** fig. Punta o cabo de tierra o de cosa semejante. ‖ **4.** fig. Parte saliente de ciertas frutas, como el limón, así llamada porque semeja el **pezón** de las hembras.

pezuña. f. En los animales de pata hendida, conjunto de los dedos de una misma pata, que se caracterizan por estar totalmente recubiertos de uñas.

phi. f. Vigésima primera letra del alfabeto griego, que se pronuncia *fi.* En el latín represéntase con *ph,* y en los idiomas neolatinos con estas mismas letras, o solo con *f,* como acontece en el nuestro, según su ortografía moderna; v. gr.: *falange, filosofía.*

pi. f. Decimosexta letra del alfabeto griego, que corresponde a la que en el nuestro se llama *pe.* ‖ **2.** *Mat.* Símbolo de la razón de las longitudes de la circunferencia y la del diámetro. Símb.: π.

piadoso, sa. adj. Benigno, blando, misericordioso, que se inclina a la piedad y conmiseración. || **2.** Aplícase a las cosas que mueven a compasión o se originan de ella. || **3.** Religioso, devoto.

piafar. intr. Alzar el caballo, ya una mano, ya otra, dejándolas caer con fuerza y rapidez casi en el mismo sitio de donde las levantó.

piamadre. f. *Anat.* Meninge interna de las tres que tienen los batracios, reptiles, aves y mamíferos. Es tenue, muy rica en vasos y está en contacto con el tejido nervioso del encéfalo y de la médula espinal.

piamáter. f. *Anat.* **piamadre.** ❑ pl. invar.

pianista. com. Fabricante de pianos. || **2.** Persona que los vende. || **3.** Persona que profesa o ejercita el arte de tocar este instrumento.

piano. adv. m. *Mús.* Con sonido suave y poco intenso. *Tocar* PIANO. || **2.** m. Instrumento músico de teclado y percusión. Se compone principalmente de cuerdas metálicas, de diferentes longitud y diámetro, que, ordenadas de mayor a menor en una caja sonora, y golpeadas por macillos, producen sonidos claros y vibrantes, tanto más o menos intensos cuanto es más o menos fuerte la pulsación de las teclas. Según su forma y dimensión, los hay de mesa, de cola y media cola, verticales, diagonales, etc.

pianola. f. Piano que puede tocarse mecánicamente por pedales o por medio de corriente eléctrica. || **2.** Aparato que se une al piano y sirve para ejecutar mecánicamente las piezas preparadas al objeto.

piar. intr. Emitir algunas aves, y especialmente el pollo, cierto género de sonido o voz. || **2.** fig. y fam. Llamar, clamar con anhelo, deseo e insistencia por una cosa.

piara. f. Manada de cerdos, y por ext., la de yeguas, mulas, etc.

piastra. f. Moneda de plata, de valor variable según los países que la usan.

pica. f. Especie de lanza larga, compuesta de un asta con hierro pequeño y agudo en el extremo superior. La usaron los soldados de infantería. || **2.** Garrocha del picador de toros. || **3.** Soldado armado de **pica.** || **4.** Uno de los palos de la baraja francesa. Ú. m. en pl. || **poner una pica en Flandes.** fr. fig. y fam. Ser mucha la dificultad para conseguir una cosa.

picacho. m. Punta aguda, a modo de pico, que tienen algunos montes y riscos.

picadero. m. Lugar o sitio donde los picadores adiestran y trabajan los caballos, y las personas aprenden a montar.

picadillo. m. Cierto género de guisado que se hace picando carne cruda con tocino, verduras y ajos, y cociéndolo y sazonándolo todo con especias y huevos batidos. || **2.** Lomo de cerdo, picado, que se adoba para hacer chorizos.

picador. m. El que tiene el oficio de domar y adiestrar caballos. || **2.** Torero de a caballo que pica con garrocha a los toros. || **3.** Tajo de cocina. || **4.** *Min.* El que tiene por oficio arrancar el mineral por medio del pico u otro instrumento semejante.

picadura. f. Acción y efecto de picar una cosa. || **2.** Pinchazo que se hace con un instrumento agudo. || **3.** Mordedura o punzada de un ave o un insecto o de ciertos reptiles. || **4.** Señal que deja esa **picadura.** || **5.** Tabaco picado para fumar, que, según lo esté en filamentos o en partículas informes, se llama en hebra o al cuadrado. || **6.** Principio de caries en la dentadura. || **7.** Agujero, grietas, etc., producidos por la herrumbre en una superficie metálica.

picajoso, sa. adj. Que fácilmente se pica o da por ofendido. Ú. t. c. s.

picante. adj. Que pica. || **2.** fig. Aplícase a lo dicho con cierta acrimonia o mordacidad, que, por tener en el modo alguna gracia, se suele escuchar con gusto, o a lo que expresa ideas o conceptos un tanto libres.

picapedrero. m. El que pica piedras, cantero.

picapica. f. Polvos, hojas o pelusilla vegetales que, aplicados sobre la piel de las personas, causan una gran comezón. Proceden de varias clases de árboles americanos.

picapleitos. m. fam. Abogado sin pleitos, que anda buscándolos. || **2.** fam. Abogado enredador y rutinario.

picaporte. m. Instrumento para cerrar de golpe las puertas y ventanas. || **2.** Llave con que se abre el **picaporte.** || **3.** Llamador, aldaba.

picar. tr. Pinchar una superficie con instrumento punzante. Ú. t. c. prnl. || **2.** Herir el picador al toro en el morrillo con la garrocha, procurando detenerlo cuando acomete al caballo. || **3.** Morder o herir con el pico o la boca ciertos animales. || **4.** Cortar o dividir en trozos muy menudos. || **5.** Tomar las aves la comida con el pico. || **6.** Morder el pez el cebo puesto en el anzuelo para pescarlo; y por ext., acudir a un engaño o caer en él. || **7.** Enardecer el paladar ciertas cosas excitantes; como la pimienta, la guindilla, etc. Ú. t. c. intr. || **8.** Avivar con la espuela a la cabalgadura, espolear. || **9.** En los medios de transporte públicos, taladrar el revisor los billetes de los viajeros. || **10.** Corroer, horadar un metal por efecto de la oxidación. Ú. m. c. prnl. || **11.** Golpear con pico, piqueta u otro instrumento adecuado, la superficie de las piedras para labrarlas, o la de las paredes para revocarlas. || **12.** fig. Mover, excitar o estimular. Ú. t. c. intr. || **13.** fig. Enojar y provocar a otro con palabras o acciones. || **14.** fig. Desazonar, inquietar, estimular. Se usa regularmente hablando de los juegos. || **15.**

Mús. Hacer sonar una nota de manera muy clara, dejando un cortísimo silencio que la desligue de la siguiente. ‖ **16.** intr. Experimentar cierto ardor, escozor o desazón alguna parte del cuerpo. *Me* PICA *la garganta.* Ú. t. c. impers. *¿Dónde te* PICA? *Me* PICA *en todo el cuerpo.* ‖ **17.** Calentar mucho el sol. ‖ **18.** Tomar una ligera porción de un manjar o cosa comestible. ‖ **19.** fig. Tener ligeras o superficiales noticias de las facultades, ciencias, etc. ‖ **20.** prnl. Agujerearse la ropa por la acción de la polilla. ‖ **21.** Cariarse un diente, una muela, etc. ‖ **22.** Dañarse o empezar a pudrirse una cosa, y también avinagrarse el vino o carcomerse las semillas. ‖ **23.** Agitarse la superficie del mar formando olas pequeñas a impulso del viento. ‖ **24.** fig. Ofenderse, enfadarse o enojarse, a causa de alguna palabra o acción ofensiva o indecorosa. ‖ **picar** uno **más alto,** o **muy alto.** fr. fig. Jactarse alguien con demasía de las calidades o partes que tiene, o pretender y solicitar una cosa muy exquisita y elevada, desigual a sus méritos y calidad.

picardía. f. Travesura de muchachos, chasco, burla inocente. ‖ **2.** Intención o acción deshonesta o impúdica. ‖ **3.** m. pl. Camisón corto, con tirantes, hecho generalmente de tela transparente.

picaresco, ca. adj. Perteneciente o relativo a los pícaros. ‖ **2.** Aplícase a las producciones literarias en que se pinta la vida de los pícaros, y a este género de literatura. ‖ **3.** V. **novela picaresca.**

pícaro, ra. adj. Astuto, taimado. Ú. t. c. s. ‖ **2.** m. y f. Tipo de persona descarada, traviesa, bufona y de mal vivir, no exenta de cierta simpatía, protagonista de obras magistrales de la literatura picaresca española.

picatoste. m. Rebanadilla de pan tostada con manteca o frita.

picazón. f. Desazón y molestia que causa una cosa que pica en alguna parte del cuerpo. ‖ **2.** fig. Enojo, desabrimiento o disgusto.

picha. f. **pene,** miembro viril.

pichi. m. Prenda de vestir femenina, semejante a un vestido sin mangas y escotado, que se pone encima de una blusa, jersey, etc.

pichón. m. Pollo de la paloma casera.

Picio. n. p. **más feo que Picio.** expr. fig. y fam. Dícese de la persona excesivamente fea.

pico. m. Parte saliente de la cabeza de las aves, compuesta de dos piezas córneas, una superior y otra inferior, que terminan generalmente en punta y les sirven para tomar el alimento. ‖ **2.** Parte puntiaguda que sobresale en la superficie o en el borde o límite de alguna cosa. ‖ **3.** Herramienta de cantero, con dos puntas opuestas aguzadas y encajada en un mango largo de madera, que sirve principalmente para desbastar la piedra. ‖ **4.** Instrumento formado por una barra de hierro o acero, de unos 60 centímetros de largo y cinco de grueso, algo encorvada, aguda por un extremo y con un ojo en el otro para encajarla en un mango de madera. Es muy usado para cavar en tierras duras, remover piedras, etc. ‖ **5.** Punta acanalada que tienen en el borde algunas vasijas, para que se vierta con facilidad el líquido que contengan. ‖ **6.** Cúspide aguda de una montaña. ‖ **7.** Montaña de cumbre puntiaguda. ‖ **8.** Pañal triangular de los niños, generalmente de tejido afelpado. ‖ **9.** Parte pequeña en que una cantidad excede a un número redondo. *Mil pesetas y tres de* PICO. ‖ **10.** Esta misma parte cuando se ignora cuál sea o no se quiere expresar. *Cien pesetas y* PICO. ‖ **11.** Cantidad indeterminada de dinero. Se usa generalmente en sent. ponderativo. ‖ **12.** fig. y fam. Desparpajo, facilidad de palabra. ‖ **13.** *Zool.* Órgano chupador de los hemípteros, el cual consiste en un tubo que contiene cuatro cerdas largas y punzantes con las que el animal perfora los tejidos vegetales o animales, haciendo salir de ellos los líquidos de que se alimenta. ‖ **de oro.** fig. Persona que habla bien. ‖ **abrir el pico.** fr. fig. y fam. Intentar hablar o replicar. Ú. m. en formas negativas. ‖ **callar** o **cerrar** uno **el,** o **su, pico.** fr. fig. y fam. **callar.** ‖ **de picos pardos.** loc. adv. De juerga o diversión.

picor. m. Desazón que causa una cosa que pica, picazón. ‖ **2.** Escozor que resulta en el paladar por haber comido alguna cosa picante.

picota. f. Rollo o columna de piedra o de fábrica, que había a la entrada de algunos lugares, donde se exponían públicamente las cabezas de los ajusticiados, o los reos. ‖ **2.** Juego de muchachos, en que cada jugador tira un palo puntiagudo para clavarlo en el suelo y derribar el del contrario. ‖ **3.** Variedad de cereza, que se caracteriza por su forma algo apuntada, consistencia carnosa y muy escasa adherencia al pedúnculo. ‖ **4.** fig. Parte superior, en punta, de una torre o montaña muy alta.

picotazo. m. Acción y efecto de picar un ave, un reptil o un insecto.

picotear. tr. Golpear o herir las aves con el pico. ‖ **2.** intr. fig. y fam. Hablar mucho de cosas inútiles e insustanciales. ‖ **3. picar,** comer de diversas cosas y en ligeras porciones. Ú. t. c. tr.

pictografía. f. Sistema de escritura que consiste en dibujar esquemáticamente los objetos a que se refieren las palabras.

pictórico, ca. adj. Perteneciente o relativo a la pintura. ‖ **2.** Adecuado para ser representado en pintura.

picudo, da. adj. Que tiene pico. ‖ **2.** Que tiene forma de pico.

pie. m. Extremidad de cualquiera de los dos miembros inferiores del hombre, que sirve para sostener el cuerpo y andar. ‖ **2.** Parte análoga en muchos animales. ‖ **3.** Base o parte en que se apoya alguna cosa. ‖ **4.** Tallo de las plantas y tronco del árbol. ‖ **5.** En las medias, calcetas o botas, parte que cubre el **pie.** ‖ **6.** Cada una de las partes, de dos, tres o más sílabas, de que se compone y con que se mide un verso en aquellas poesías que, como la griega, la latina y las orientales, atienden a la cantidad. ‖ **7.** Medida de longitud usada en muchos países, aunque con varia dimensión. ‖ **8.** Parte final de un escrito, y espacio en blanco que queda en la parte inferior del papel, después de terminado. *Al* PIE *de la carta. Cabeza y* PIE *del testamento.* ‖ **9.** Explicación o comentario breve que se pone debajo de un grabado, fotografía o chiste gráfico de prensa. ‖ **10.** Parte opuesta en algunas cosas a la que es principal en ellas, que llaman cabecera. Ú. m. en pl. *A los* PIES *de la cama.* ‖ **11.** Fundamento, principio o base para alguna cosa. ‖ **12.** Ocasión o motivo de hacerse o decirse una cosa. *Dar* PIE. ‖ **cuadrado.** Medida de superficie de un cuadrado cuyo lado es un **pie** y equivale a 776 centímetros cuadrados. En la medición de solares es frecuente usar el **pie cuadrado.** ‖ **cúbico.** Volumen de un cubo de un **pie** de lado, equivalente a 21 decímetros cúbicos y 63 centésimas de decímetro cúbico. ‖ **de imprenta.** Expresión de la oficina, lugar y año de la impresión, que suele ponerse al principio o al fin de los libros y otras publicaciones. ‖ **de león.** Planta herbácea anual, de la familia de las rosáceas, con tallos erguidos, ramosos, de cuatro a cinco decímetros; hojas algo abrazadoras, plegadas y hendidas en cinco lóbulos dentados, algo parecidos al **pie** del león, y flores pequeñas y verdosas, en corimbos terminales. Es común en España y se ha empleado en cocimientos como tónica y astringente. ‖ **de liebre.** Especie de trébol muy común en terrenos arenosos de España. Tiene el tallo derecho, de dos decímetros y medio de alto, delgado, muy ramoso y lleno de vello blanco, así como las hojas, que son pequeñas y puntiagudas. Las flores son encarnadas, pequeñas, muy vellosas y suaves, y nacen formando una espiga blancuzca de figura oval. ‖ **derecho.** *Arq.* Madero que en los edificios se pone verticalmente para que cargue sobre él una cosa. ‖ **forzado.** Verso o cada uno de los consonantes o asonantes fijados de antemano para una composición que haya de acabar necesariamente en dicho verso, o que necesariamente haya de tener la rima prefijada. ‖ **quebrado.** Verso corto, de cinco sílabas a lo más, y de cuatro generalmente, que alterna con otros más largos en ciertas combinaciones métricas llamadas coplas de **pie** quebrado. ‖ **al pie.** loc. adv. Cercano, próximo, inmediato a una cosa. AL PIE *del árbol.* ‖ **a pie.** loc. adv. con que se explica el modo de caminar uno sin caballería ni en carruaje. ‖ **a pie juntillas,** o **juntillo,** o **a pies juntillas.** loc. adv. fig. Firmemente, con gran porfía y terquedad. *Creer* A PIE JUNTILLAS. ‖ **besar los pies** a uno. fr. fig. que de palabra o por escrito se usa hablando, con personas reales, por respeto y sumisión, y con damas, por cortesanía y rendimiento. ‖ **buscarle tres,** o **cinco, pies al gato.** fr. fig. y fam. Empeñarse temerariamente en cosas que pueden acarrearle daño. ‖ **2.** Buscar soluciones o razones faltas de fundamento o que no tienen sentido. ‖ **cojear** uno **del mismo pie que** otro. fr. fig. y fam. Adolecer del mismo vicio o defecto que él. ‖ **con buen pie.** loc. adv. fig. Con felicidad, con dicha. ‖ **con los pies.** loc. adv. Mal, desacertadamente. *Hacer* CON LOS PIES alguna cosa. ‖ **con mal pie.** loc. adv. fig. Con infelicidad o desdicha. ‖ **con pie,** o **pies, de plomo.** loc. adv. fig. y fam. Despacio, con cautela y prudencia. ❑ Ú. comúnmente con el verbo *ir.* ‖ **con un pie en el hoyo, el sepulcro,** o **la sepultura.** loc. adv. fig. y fam. Cercano a la muerte, por vejez o por enfermedad. ‖ **dar** a uno **el pie y tomarse** este **la mano.** fr. fig. y fam. Ofrecer ayuda a uno, y propasarse este, tomándose otras libertades con ocasión de la que se le permite. ‖ **dar pie.** fr. fig. Ofrecer ocasión o motivo para una cosa. ‖ **de pie. de pies.** locs. advs. **en pie.** ‖ **en pie.** loc. adv. con que se denota que uno se ha levantado ya de la cama restablecido de una enfermedad, o que no hace cama por ella. ❑ Ú. con los verbos *andar; estar,* etc. ‖ **2.** Empléase también para explicar la forma de estar o ponerse uno derecho, erguido o afirmado sobre los **pies.** ‖ **en pie de guerra.** loc. adv. Dícese del ejército que en tiempo de paz se halla apercibido y preparado como si fuese a entrar en campaña. ❑ Ú. con los verbos *estar, poner* y algún otro, y suele aplicarse también a la plaza, comarca o nación que se arma y pertrecha de todo lo necesario para combatir. ‖ **entrar con buen pie,** o **con el pie derecho,** o **con pie derecho.** frs. figs. Empezar a dar acertadamente los primeros pasos en un negocio. ‖ **estar** uno **al pie del cañón.** loc. fam. No desatender ni por un momento un deber, ocupación, etc. ‖ **estar en pie** una cosa. fr. fig. Permanecer, durar, existir. ‖ **hacer pie.** fr. fig. Hallar fondo en que sentar los **pies,** sin necesidad de nadar, el que entra en un río, lago, etc. ‖ **irse** uno **por pies,** o **por sus pies.** fr. Huir, escapar, por la ventaja que hace en la carrera al que le sigue. ‖ **no dar** uno **pie con bola.** loc. fig. No acertar. ‖ **no tener** una cosa **pies ni cabeza.** fr. fig. y fam. No tener orden ni concierto. ‖ **perder**

pie. fr. fig. No encontrar el fondo en el agua el que entra en un río, lago, etc. ‖ **pies, ¿para qué os quiero?** expr. que denota la resolución de huir de un peligro. ‖ **poner pies en polvorosa.** fr. fig. y fam. Huir, escapar. ‖ **por pies.** loc. adv. Corriendo, alejándose rápidamente de un lugar. ❑ Ú. con los verbos *salir, escapar, irse, salvarse,* etc. ‖ **saber de qué pie cojea** uno. fr. fig. y fam. Conocer a fondo el vicio o defecto moral de que adolece.

piedad. f. Virtud que inspira, por el amor a Dios, tierna devoción a las cosas santas; y por el amor al prójimo, actos de amor y compasión. ‖ **2.** Lástima, misericordia, conmiseración. ‖ **3.** Representación en pintura o escultura del dolor de la Virgen María al sostener el cadáver de Jesucristo descendido de la cruz.

piedra. f. Sustancia mineral, más o menos dura y compacta, que no es terrosa ni de aspecto metálico. ‖ **2.** Trozo de roca tallado para la construcción. ‖ **3. piedra** labrada con alguna inscripción o figura. *Hállanse escrituras,* PIEDRAS *y otros vestigios que aseguran esta verdad.* ‖ **4. cálculo,** concreción anormal. ‖ **5.** Granizo grueso. ‖ **6.** Aleación de hierro y cerio que, moldeada en trozos pequeños, se emplea en los encendedores de bolsillo para producir la chispa. ‖ **7.** Muela de molino. ‖ **angular.** La que en los edificios hace esquina, juntando y sosteniendo dos paredes. ‖ **2.** fig. Base o fundamento principal de una cosa. ‖ **ciega.** La preciosa que no tiene transparencia. ‖ **dura.** Toda **piedra** de naturaleza del pedernal, como la calcedonia, el ópalo y otras. ‖ **falsa.** La natural o artificial que imita las preciosas. ‖ **filosofal.** La materia con que los alquimistas pretendían hacer oro artificialmente. ‖ **imán. imán**[1], mineral. ‖ **molar.** Arenisca de cemento silíceo, muy tenaz y resistente, de la cual se fabrican las muelas de molino. ‖ **ollar.** Variedad de serpentina compuesta principalmente de talco y clorita, de la cual se tallan vasijas en algunos países. ‖ **pómez. piedra** volcánica, esponjosa, frágil, de color agrisado y textura fibrosa, que raya el vidrio y el acero y es muy usada para desgastar y pulir. ‖ **preciosa.** La que es fina, dura, rara y por lo común transparente, o al menos translúcida, y que tallada se emplea en adornos de lujo. ‖ **de piedra.** loc. adj. fig. y fam. Atónito, paralizado por la sorpresa. ❑ Ú. m. con los verbos *dejar* y *quedar. Se quedó* DE PIEDRA *al conocer la fecha de la boda.* ‖ **hasta las piedras.** expr. fig. Todos sin excepción. ‖ **menos da una piedra.** fr. fig. y fam. con que se aconseja a uno que se conforme con lo que pueda obtener, aunque sea muy poco. ‖ **no dejar piedra sobre piedra.** fr. fig. Quedar en completa destrucción y ruina un edificio, ciudad o fortaleza. ‖ **poner la primera piedra.** fr. Ejecutar la ceremonia de asentar la **piedra** fundamental en un edificio notable que se quiere construir. ‖ **tirar** uno **la piedra y esconder la mano.** fr. fig. Hacer daño a otro, ocultando que se lo hace. ‖ **tirar** uno **piedras a su tejado.** fr. fig. y fam. Conducirse de manera perjudicial a sus intereses.

piel. f. *Anat.* Tegumento extendido sobre todo el cuerpo del animal, que en los vertebrados está formado por una capa externa o epidermis y otra interna o dermis. ‖ **2.** Cuero curtido. ‖ **3.** Cuero curtido de modo que se conserve por fuera su pelo natural. Sirve para forros y adornos y para prendas de abrigo. ‖ **4.** *Bot.* Epicarpio de ciertos frutos; como ciruelas, peras, etc. ‖ **de ángel.** Tela de seda parecida al raso, pero menos rígida y con menos brillo que este. ‖ **roja.** Indio indígena de la América del Norte.

piélago. m. Parte del mar, que dista mucho de la tierra. ‖ **2. mar.** ‖ **3.** fig. Lo que por su abundancia y copia es dificultoso de enumerar y contar.

pienso. m. Porción de alimento seco que se da al ganado. ‖ **2.** En general, alimento para el ganado.

pierna. f. Extremidad inferior de las personas. ‖ **2.** Parte de esa extremidad comprendida entre la rodilla y el pie. ‖ **3.** Muslo de los cuadrúpedos y aves. ‖ **dormir a pierna suelta,** o **tendida.** fr. fig. y fam. Dormir profundamente. ‖ **estirar,** o **extender,** uno **las piernas.** fr. fig. y fam. Ir a pie, pasear.

pieza. f. Pedazo o parte de una cosa. ‖ **2.** Trozo de tela con que se remienda una prenda de vestir u otro tejido. ‖ **3.** Moneda de metal. ‖ **4.** Cada una de las partes que suelen componer un artefacto. ‖ **5.** Porción de tejido que se fabrica de una vez. ‖ **6.** Cualquier sala o aposento de una casa. ‖ **7.** *Cineg.* Animal cazado o pescado. ‖ **8.** Cada uno de los objetos que componen un conjunto; o cada unidad de ciertas cosas o productos que pertenecen a una misma especie. *Esta vajilla tiene cincuenta* PIEZAS. ‖ **9.** Disco pequeño o figura de madera, marfil u otra materia, que sirve para jugar a las damas, al ajedrez y a otros juegos. ‖ **10.** Obra dramática y con particularidad la que no tiene más que un acto. ‖ **11.** Composición suelta de música vocal o instrumental. ‖ **de una pieza.** loc. fig. y fam. Sorprendido, suspenso o admirado por haber visto u oído alguna cosa extraordinaria o inesperada. ❑ Ú. m. con los verbos *dejar* y *quedar* o *quedarse.* ‖ **pieza por pieza.** loc. adv. fig. Parte por parte, con gran cuidado y exactitud, sin reservar circunstancia.

pífano. m. Flautín de tono muy agudo, usado en las bandas militares. ‖ **2.** Persona que toca este instrumento.

pifia. f. fig. y fam. Error, descuido, paso o dicho desacertado.

pigargo. m. Ave rapaz, que llega a tener aproximadamente un metro desde la punta del pico hasta la extremidad de la cola, y dos metros y medio de envergadura; cuerpo grueso, pico fuerte y corvo, plumaje leonado, cola blanca, y pies, ojos y pico amarillos. Vive de ordinario en las costas y se alimenta de peces y aves acuáticas. ‖ **2.** Ave rapaz, de unos 60 centímetros de longitud, desde lo alto de la cabeza hasta la extremidad de la cola, y 13 decímetros de envergadura, con plumaje de color ceniciento oscuro en las partes superiores, blanco con manchas parduscas en las inferiores, y cola blanca con tres bandas grises muy desvanecidas. No es rara en España y se alimenta ordinariamente de reptiles, pero en ocasiones ataca a las aves de corral.

pigmentación. f. Acción y efecto de pigmentar o pigmentarse.

pigmentar. tr. **colorar,** dar color a algo. ‖ **2.** Producir coloración anormal y prolongada en la piel y otros tejidos, por diversas causas. Ú. t. c. prnl.

pigmentario, ria. adj. Perteneciente o relativo al pigmento.

pigmento. m. *Biol.* Materia colorante que, disuelta o en forma de gránulos, se encuentra en el protoplasma de muchas células vegetales y animales. ‖ **2.** Cualquiera de las materias colorantes que se usan en la pintura.

pigmeo, a. adj. fig. Muy pequeño. Apl. a pers., ú. t. c. s., y a veces a animales. *Gallina* PIGMEA. En ocasiones, ú. con valor despect. ‖ **2.** m. y f. Individuo perteneciente a los pueblos enanos que viven en las selvas de la región ecuatorial de África y en grupos aislados en las Filipinas, Borneo y Nueva Guinea.

pignorar. tr. Dar o dejar en prenda, empeñar.

pijada. f. vulg. Cosa insignificante. ‖ **2.** Dicho o hecho inoportuno, impertinente o molesto.

pijama. m. Traje ligero y de tela lavable, compuesto de chaqueta o blusa y pantalón, que se usa sobre todo para dormir. Ú. t. c. f. en algunos países de América.

pijo, ja. m. y f. **pene,** miembro viril.

pijota. f. Cría de la merluza, pescadilla.

pila[1]. f. Montón, rimero o cúmulo que se hace poniendo una sobre otra las piezas o porciones de que consta una cosa. PILA *de lana, de tocino.*

pila[2]. f. Pieza grande de piedra o de otra materia, cóncava y profunda, donde cae o se echa el agua para varios usos. ‖ **2.** Pieza de piedra, cóncava, con su pedestal de lo mismo, y tapa de madera, que hay en las iglesias parroquiales para administrar el sacramento del bautismo. ‖ **3.** *Fís.* Generador de corriente eléctrica que utiliza la energía liberada en una reacción química. ‖ **bautismal. pila[2]** para administrar el sacramento del bautismo. ‖ **reversible.** *Fís.* La que puede recuperar su estado primitivo mediante una corriente, llamada de carga, que tiene sentido opuesto a la suministrada por la **pila.**

pilar. m. Especie de pilastra, sin proporción fija entre su grueso y altura, que se pone aislada en los edificios, o sirve para sostener otra fábrica o armazón cualquiera. ‖ **2.** fig. Persona que sirve de amparo. ‖ **3.** fig. Cosa que sostiene o en que se apoya algo.

pilastra. f. Columna de sección cuadrangular.

píldora. f. Bolita que se hace mezclando un medicamento con un excipiente adecuado para ser administrado por vía oral. ‖ **2.** Por antonom., **píldora** anticonceptiva. ‖ **dorar la píldora.** fr. fig. y fam. Suavizar con artificio y blandura la mala noticia que se da a uno o la contrariedad que se le causa.

pileta. f. Pila pequeña que solía haber en las casas para tomar agua bendita. ‖ **2.** *Min.* Sitio en que se recogen las aguas dentro de las minas.

pillaje. m. Hurto, latrocinio, rapiña. ‖ **2.** *Mil.* Robo, despojo, saqueo hecho por los soldados en país enemigo.

pillar. tr. Hurtar o robar. ‖ **2.** Coger, agarrar o aprehender a una persona o cosa. ‖ **3.** Alcanzar o atropellar embistiendo. *A Pedro lo* PILLÓ *un automóvil; ¡que te* PILLA *el toro!* ‖ **4.** fam. Sorprender a uno en flagrante delito o engaño. ‖ **5.** fig. y fam. Sobrevenir a uno alguna cosa, cogerlo desprevenido, sorprenderlo. *La enfermedad me* PILLÓ *sin dinero; la noche nos* PILLÓ *en el monte.* ‖ **6.** fig. y fam. Coger, hallar o encontrar a uno en determinada situación, temple, etc. *Me* PILLAS *de buen humor.* ‖ **7.** Hallarse o encontrarse en determinada situación local respecto de la persona que es complemento indirecto. *El Ministerio me* PILLA *muy lejos; tu casa nos* PILLA *de camino.* Ú. t. c. intr. *Ese barrio* PILLA *muy a trasmano.* ‖ **8.** Aprisionar con daño a algo o alguien. Ú. t. c. prnl. ME PILLÉ *un dedo con la puerta.*

pillastre. m. fam. **pillo.**

pillo, lla. adj. fam. Dícese del pícaro que no tiene crianza ni buenos modales. Ú. m. c. s. m. ‖ **2.** fam. Sagaz, astuto. Ú. m. c. s. m.

pilón. m. Receptáculo de piedra, que se construye en las fuentes para que, cayendo el agua en él, sirva de abrevadero, de lavadero o para otros usos.

píloro. m. *Anat.* Abertura posterior, inferior en el hombre, de los batracios, reptiles, aves y mamíferos, por la cual pasan los alimentos al intestino.

piloso, sa. adj. De mucho pelo. ‖ **2.** Perteneciente o relativo al pelo.

pilotar. tr. Dirigir un automóvil, globo, aeroplano, etcétera.

pilote. m. Madero rollizo armado frecuentemente de una punta de hierro, que se hinca en tierra para consolidar los cimientos.

piloto. m. El que gobierna y dirige un buque en la navegación. ‖ **2.** El segundo de un buque mercante. ‖ **3.** El que dirige un automóvil, un globo, un avión, etc. ‖ **4.** fig. Construido en aposición indica que la cosa designada por el nombre que le precede funciona como modelo o con carácter experimental. *Piso* PILOTO. *Instituto* PILOTO.

piltra. f. *Germ.* Cama de las personas.

piltrafa. f. Parte de carne flaca, que casi no tiene más que el pellejo. ‖ **2.** pl. Por ext., restos de comida o desechos de otras cosas. ‖ **3.** fig. Persona de ínfima consistencia física o moral.

pimentero. m. Arbusto trepador, de la familia de las piperáceas, con tallos ramosos que llegan a 10 metros de longitud, leñosos en las partes viejas, herbáceos en las recientes, y con nudos gruesos de trecho en trecho, de donde nacen raíces adventicias; hojas alternas, pecioladas, gruesas, enteras, nerviosas, aovadas y de color verde oscuro; flores en espigas, pequeñas y verdosas, y cuyo fruto es la pimienta. Es planta tropical y hay varias especies. ‖ **2.** Vasija en que se pone la pimienta molida, para servirse de ella en la mesa.

pimentón. m. Polvo que se obtiene moliendo pimientos encarnados secos.

pimienta. f. Fruto del pimentero. Es una baya redonda, carnosa, rojiza, de unos cuatro milímetros de diámetro, que toma, cuando seca, color pardo o negruzco; se arruga algo y contiene una semilla esférica, córnea y blanca. Es aromática, ardiente, de gusto picante, y muy usada para condimento. ‖ **blanca.** Aquella que, privada de la corteza, queda de color casi blanco. ‖ **de Chiapa,** o **de Tabasco. malagueta.** ‖ **falsa.** Fruto del turbinto. Es una baya redonda, de seis a ocho milímetros de diámetro, negra y de un olor y gusto parecidos al de la **pimienta** común. ‖ **inglesa.** Malagueta seca y molida, después de haberle quitado la corteza y semillas. ‖ **larga.** Fruto de un pimentero asiático, de hojas largas, estrechas, poco simétricas, y flores amarillentas. Es de forma elipsoidal, algo mayor y de color más claro que la común. Se ha usado en medicina. ‖ **negra.** Aquella que conserva la película o corteza.

pimiento. m. Planta herbácea anual, de la familia de las solanáceas, con tallos ramosos de cuatro a seis decímetros de altura; hojas lanceoladas, enteras y lampiñas; flores blancas, pequeñas, axilares, y fruto en baya hueca, muy variable en forma y tamaño, según las variedades, pero generalmente cónico, de punta obtusa, terso en la superficie, primeramente verde, después rojo o amarillo, y con multitud de semillas planas, circulares, amarillentas, sujetas en una expansión interior del pedúnculo. Es planta americana muy cultivada en España. ‖ **2.** Fruto de esta planta, muy usado como alimento por su sabor, picante en algunas variedades. ‖ **3.** Arbusto de la pimienta, pimentero. ‖ **de cornetilla.** Variedad del **pimiento,** que tiene la forma de un cucurucho con la punta encorvada. Es de gusto picante. ‖ **de hocico de buey.** Variedad del **pimiento,** que se diferencia en ser más grueso y dulce que el de otras clases. ‖ **de las Indias. guindilla.** ‖ **morrón. pimiento de hocico de buey.** ‖ **importar,** o **no importar,** algo **un pimiento.** fr. fig. y fam. Importar poco o nada. ‖ **no valer un pimiento.** fr. fig. y fam. No valer nada.

pimplar. tr. fam. Beber vino u otra bebida alcohólica, especialmente si es con exceso. Ú. t. c. prnl.

pimpollo. m. Árbol nuevo. ‖ **2.** Vástago o tallo nuevo de las plantas. ‖ **3.** Rosa por abrir. ‖ **4.** fig. y fam. Niño o niña, y también el joven o la joven, que se distingue por su belleza, gallardía y donosura.

pimpón. m. Juego semejante al tenis, que se practica sobre una mesa de medidas reglamentarias, con pelota ligera y con palas pequeñas de madera a modo de raquetas.

pinacoteca. f. Galería o museo de pinturas.

pináculo. m. Parte superior y más alta de un edificio o templo. ‖ **2.** Remate en la arquitectura gótica y, por ext., en otros estilos, el adorno terminal, piramidal o cónico.

pinar. m. Sitio o lugar poblado de pinos.

pincel. m. Instrumento compuesto por un mango largo y delgado de madera o metal que en uno de los extremos tiene sujeto un manojo de pelos o cerdas. Se usa principalmente para pintar. ‖ **2.** fig. Mano o sujeto que pinta. ‖ **3.** fig. Obra pintada. ‖ **4.** fig. Modo de pintar.

pincelada. f. Trazo o golpe que el pintor da con el pincel. ‖ **2.** fig. Expresión abreviada de una idea o de un rasgo muy característico.

pinchadiscos. com. Persona encargada del equipo de sonido de una discoteca y de la selección de las piezas.

pinchar. tr. Picar, punzar o herir con algo agudo o punzante, como una espina, un alfiler, etc. Ú. t. c. prnl. ‖ **2.** Poner inyecciones. Ú. t. c. prnl. ‖ **3.** fig. Picar, estimular. ‖ **4.** fig. Enojar, zaherir. ‖ **5.** fig. Intervenir un teléfono. ‖ **6.** intr. Referido al conductor u ocupantes de un vehículo, sufrir un pinchazo una rueda. PINCHAMOS *en el kilómetro treinta. Fulano* PINCHÓ *al salir de la curva.* ‖ **ni pincha ni corta.** fr. fig. y fam. que se aplica a lo que tiene poco valimiento o influjo en un asunto. Ú. t. referido a personas.

pinchazo. m. Acción y efecto de pinchar o pincharse.

pinche. com. Persona que presta servicios auxiliares en la cocina.

pincho. m. Aguijón o punta aguda de hierro u otra materia. ‖ **2.** Porción de comida que se toma como aperitivo que a veces se atraviesa con un palillo. ‖ **moruno.** Comida constituida por varios trozos de carne que se presentan ensartados en una varilla metálica o de madera y que se sirve asado.

pinciano, na. adj. Natural de Valladolid. Ú. t. c. s. ‖ **2.** Perteneciente o relativo a Valladolid.

pingajo. m. fam. Harapo o jirón que cuelga de alguna parte.

pingo. m. fam. Harapo o jirón que cuelga.

ping-pong. m. **pimpón.**

pingüe. adj. fig. Abundante, copioso, fértil.

pingüino. m. Nombre común de varias aves caradriformes del hemisferio norte, como el alca y sus afines. ‖ **2. pájaro bobo.**

pinito. m. Cada uno de los primeros pasos que da el niño o el convaleciente. ❑ Ú. m. en pl. y con el verbo *hacer.* ‖ **2.** pl. fig. Primeros pasos que se dan en algún arte o ciencia.

pinnado, da. adj. *Bot.* Dícese de la hoja compuesta de hojuelas insertas a uno y otro lado del pecíolo, como las barbas de una pluma.

pinnípedo. adj. *Zool.* Dícese de mamíferos marinos que se alimentan exclusivamente de peces, con cuerpo algo pisciforme, las patas anteriores provistas de membranas interdigitales, y las posteriores ensanchadas en forma de aletas, a propósito para la natación, pero con uñas; la piel está revestida de un pelaje espeso y el tejido adiposo subcutáneo es muy abundante; como la foca. Ú. t. c. s. m. ‖ **2.** m. pl. *Zool.* Orden de estos animales.

pino. m. Árbol perennifolio de la familia de las abietáceas, con las flores masculinas y femeninas separadas en distintas ramas; por fruto la piña, y por semilla el piñón; su tronco, elevado y recto, rezuma más o menos cantidad de resina; las hojas, reunidas por la base en hacecillos, son aciculares. De las muchas especies que se conocen, solo seis hay silvestres en España, todas con las hojas reunidas de dos en dos. ‖ **2.** Madera de este árbol. *Muebles de* PINO. ‖ **3.** Ejercicio gimnástico que consiste en poner el cuerpo verticalmente con los pies hacia arriba, apoyando las manos en el suelo. ‖ **albar.** Especie de **pino** que crece hasta la altura de 20 a 30 metros, con la corteza rojiza en lo alto del tronco y ramas gruesas, piñas pequeñas y hojas cortas. Su madera es muy estimada en construcción. ‖ **negral.** Especie de **pino** que llega a más de 40 metros de altura, con la corteza de un blanco ceniciento, hojas largas y fuertes y piñas pequeñas. Su madera es muy elástica y bastante rica en resina. ‖ **negro.** Especie de **pino** de 10 a 20 metros de altura, corteza bastante lisa, de color pardo oscuro, hojas cortas y piñas pequeñas. ‖ **piñonero.** Especie de **pino** que llega a 30 metros de altura, de tronco muy derecho y copa ancha, casi con forma de parasol, hojas largas y piñas aovadas, con piñones comestibles. ‖ **rodeno.** Especie de **pino** de mediana altura, corteza áspera, pardusca y a trechos rojiza; hojas muy largas, gruesas y rígidas, y piñas grandes, puntiagudas y un poco encorvadas. Su madera es la más abundante en resina. ‖ **tea.** Especie de **pino** cuya madera es muy resinosa, de color rojizo, compacta y dura. Se usa para suelos, puertas, balcones y obras semejantes.

pinrel. m. *Germ.* El pie de las personas. Ú. m. en pl.

pinsapo. m. Árbol del género del abeto, de 20 a 25 metros de altura, corteza blanquecina, flores monoicas, hojas cortas, esparcidas y casi punzantes, que persisten durante muchos años, y piñas derechas, más gruesas que las del abeto. Aunque extendido como árbol de adorno por toda Europa, solo es espontáneo en una parte de la serranía de Ronda.

pinta[1]. f. Mancha o señal pequeña en el plumaje, pelo o piel de los animales y en la masa de los minerales. ‖ **2.** Adorno en forma de lunar o mota, con que se matiza alguna cosa. ‖ **3.** Carta que al comienzo de un juego de naipes, se descubre y que designa el palo de triunfos. ‖ **4.** fig. Aspecto o facha por donde se conoce la calidad buena o mala de personas o cosas. También se aplica a la muestra de ciertas cosechas. ‖ **5.** m. Sinvergüenza, desaprensivo. *Fulano es un* PINTA.

pinta[2]. f. Medida cuya capacidad varía según los países y a veces, dentro de un país, según sea para líquidos o para áridos.

pintada. f. Acción de pintar en las paredes letreros preferentemente de contenido político o social. ‖ **2.** Letrero o conjunto de letreros de dicho carácter que se han pintado en un determinado lugar.

pintado, da. adj. Naturalmente matizado de diversos colores. ‖ **el más pintado.** loc. fig. y fam. El más hábil, prudente o experimentado. ‖ **2.** fig. El de más valer. ‖ **pintado,** o **como pintado.** fig. Con los verbos *estar, venir* y otros, ajustado y medido; muy a propósito. ‖ **que ni pintado.** loc. fig. y fam. **pintado,** o **como pintado.**

pintalabios. m. Cosmético usado para colorear los labios que se presenta, generalmente, en forma de barra guardada en un estuche.

pintamonas. com. fig. y fam. Pintor de corta habilidad.

pintar. tr. Representar o figurar un objeto en una superficie, con las líneas y los colores convenientes. ‖ **2.** Cubrir con un color la superficie de las cosas; como persianas, puertas, etc. ‖ **3.** Dibujar o dejar una marca un lápiz o cosa semejante. Ú. t. c. intr. *Este bolígrafo ya no* PINTA. ‖ **4.** fig. Describir o representar viva y animadamente personas o cosas por medio de la palabra. ‖ **5.** intr. Con sujeto que sea un palo de la baraja, señalar que este es el triunfo en el juego. ‖ **6.** fig. y fam. Empezar a mostrarse la cantidad o la calidad buena o mala de una cosa. ‖ **7.** fig. En frases negativas o interrogativas que envuelven negación, importar, significar, valer. *¿Qué* PINTAS *tú aquí? Yo aquí no* PINTO *nada, y por tanto, me voy.* ‖ **8.** prnl. Darse colores en el rostro, maquillarse.

pintarrajar. tr. fam. Manchar de varios colores y sin arte una cosa.

pintarrajear. tr. fam. **pintarrajar.** Ú. t. c. prnl. ‖ **2.** prnl. Pintarse o maquillarse mucho y mal.

pintaúñas. m. Cosmético de laca, de secado rápido, usado para colorear las uñas y darles brillo.

pintiparado, da. adj. Dícese de lo que viene adecuado a otra cosa, o es a propósito para el fin propuesto. ‖ **2.** Parecido, semejante a otro; que en nada difiere de él.

Pinto. n. p. **estar** uno **entre Pinto y Valdemoro.** fr. fig. y fam. Estar indeciso, vacilante.

pintón, na. adj. Dícese de las uvas y otros frutos cuando van tomando color al madurar.

pintor, ra. m. y f. Persona que profesa o ejercita el arte de la pintura. ‖ **2.** Persona que tiene por oficio pintar puertas, ventanas, paredes, etc.

pintoresco, ca. adj. Se aplica a paisajes, escenas, tipos, figuras y a cuanto puede presentar una imagen grata, peculiar y con cualidades pictóricas. ‖ **2.** fig. Dícese del lenguaje, estilo, etc., con que se pintan viva y animadamente las cosas. ‖ **3.** fig. Estrafalario, chocante.

pintura. f. Arte de pintar. ‖ **2.** Tabla, lámina o lienzo en que está pintada una cosa. ‖ **3.** La misma obra pintada. ‖ **4.** Color preparado para pintar. ‖ **5.** fig. Descripción o representación viva y animada de personas o cosas por medio de la palabra. ‖ **a la aguada. aguada,** dibujo o pintura hecha con colores disueltos en agua. ‖ **al fresco.** La que se hace en paredes y techos con colores disueltos en agua de cal y extendidos sobre una capa de estuco fresco. ‖ **al óleo.** La hecha con colores desleídos en aceite secante. ‖ **al pastel.** La que se hace sobre papel con lápices blandos, pastosos y de colores variados. ‖ **al temple.** La hecha con colores preparados con líquidos glutinosos y calientes; como agua de cola, etc. ‖ **bordada.** La que se hace con sedas de varios colores, mediante la aguja, sobre piel o tejido. ‖ **de porcelana.** La hecha de esmalte, usando colores minerales y uniéndolos y endureciéndolos con el fuego. ‖ **embutida.** La que imita objetos de la naturaleza, embutiendo fragmentos de varias materias, como metal, piedra, madera o plástico, con la debida unión, según conviene a lo que se intenta representar. ‖ **rupestre.** La prehistórica, que se encuentra sobre rocas y en cavernas. ‖ **vítrea.** La hecha con colores preparados, usando pincel y endureciéndolos al fuego. ‖ **no poder ver** a uno **ni en pintura.** fr. fam. Tenerle gran aversión.

pinturero, ra. adj. fam. Dícese de la persona que alardea ridícula o afectadamente de bien parecida, fina o elegante. Ú. t. c. s. ‖ **2.** fam. Que presume de airoso, gentil, apuesto. Ú. t. c. s.

pínula. f. Tablilla metálica que en los instrumentos topográficos y astronómicos sirve para dirigir visuales por una abertura circular o longitudinal que la misma tiene.

pinza. f. Instrumento formado de dos pequeños brazos, con cuyos extremos se toma o se sujeta algo. Ú. en pl. con el mismo valor del sing. ‖ **2.** Último artejo de algunas patas de ciertos artrópodos, como el cangrejo, el alacrán, etc., articulados de forma que pueden aproximarse entre sí y sirven para asir o agarrar. ‖ **3.** Pliegue que se hace en una tela, cosido para darle una forma determinada.

pinzón. m. Ave paseriforme, del tamaño de un gorrión, con plumaje de color rojo oscuro en la cara, pecho y abdomen, ceniciento en lo alto de la cabeza y del cuello, pardo rojizo en el lomo, verde amarillento en la rabadilla, negro en la frente, pardo con dos franjas transversales, una blanca y otra amarilla, en las alas, y negro con manchas blancas en la cola. Abunda en España, se alimenta principalmente de insectos, canta bien y la hembra es de color pardo.

piña. f. Fruto del pino y otros árboles. Es de figura aovada, más o menos aguda, de tamaño que varía, según las especies, desde dos hasta 20 centímetros de largo y aproximadamente la mitad de grueso, y se compone de varias piezas leñosas, triangulares, delgadas en la parte inferior, por donde están asidas, y recias por la superior, colocadas en forma de escama a lo largo de un eje común, y cada una con dos piñones y rara vez uno. ‖ **2.** Ananás, planta y fruto. ‖ **3.** fig. Conjunto de personas o cosas unidas o agregadas estrechamente.

piñata. f. Vasija de barro, llena de dulces, que en el baile de máscaras del primer domingo de cuaresma suele colgarse del techo para que algunos de los concurrentes, con los ojos vendados, procuren romperla de un palo o bastonazo. Por ext., la que se pone en una fiesta familiar, de cumpleaños o infantil.

piño. m. **diente.** Ú. m. en pl.

piñón[1]. m. Simiente del pino. Es de tamaños diferentes, según las especies, desde dos a 20 milímetros de largo y uno a cinco de grueso, elipsoidal, con tres aristas obtusas, cubierta leñosa muy dura y almendra blanca, dulce y comestible en el pino piñonero. ‖ **2.** Almendra comestible de la semilla del pino piñonero. ‖ **estar** uno **a partir un piñón con** otro. fr. fig. y fam. Haber unidad de miras y estrecha unión entre ambos.

piñón[2]. m. Rueda pequeña y dentada que engrana con otra mayor en una máquina.

piñonate. m. Cierto género de pasta que se compone de piñones y azúcar.

pío[1]. m. Voz que forma el pollo de cualquier ave. Ú. también de esta voz para llamarlos a comer. ‖ **no decir pío,** o **ni pío.** fr. fig. No chistar, no despegar los labios.

pío[2], a. adj. Devoto, inclinado a la piedad, dado al culto de la religión y a las cosas pertenecientes al servicio de Dios y de los santos.

piojillo. m. Insecto anopluro, que vive parásito sobre las aves y se alimenta de materias córneas de la piel y plumas de estos animales.

piojo. m. Insecto hemíptero, anopluro, de dos a tres milímetros de largo, con piel flexible, resistente y de color pardo amarillento; cuerpo ovalado y chato, sin alas, con las patas terminadas en uñas y antenas muy cortas, filiformes y con cinco articulaciones, y boca con tubo a manera de trompa que le sirve para chupar. Vive parásito sobre los mamíferos, de cuya sangre se alimenta; su fecundidad es extraordinaria, y hay diversas especies.

piojoso, sa. adj. Que tiene muchos piojos. Ú. t. c. s. ‖ **2.** fig. Miserable, mezquino. Ú. t. c. s. ‖ **3.** fig. Sucio, harapiento.

piolet. m. Bastón de alpinista, con contera puntiaguda de hierro en un extremo y una especie de pala de boca cortante en el otro.

pionero, ra. m. y f. Persona que inicia la exploración de nuevas tierras. ‖ **2.** Persona que da los primeros pasos en alguna actividad humana. Ú. t. c. adj.

piorrea. f. *Pat.* Flujo de pus y especialmente en las encías.

pipa[1]. f. Utensilio para fumar consistente en un tubo terminado en un recipiente, en que se coloca y enciende el tabaco picado u otra sustancia, cuyo humo se aspira por el extremo de la boquilla del tubo.

pipa[2]. f. Pepita de frutas.

piperáceo, a. adj. *Bot.* Dícese de plantas angiospermas dicotiledóneas, herbáceas o leñosas, de hojas gruesas, enteras o aserradas, flores hermafroditas en espigas o en racimos y fruto en baya, cápsula o drupa con semillas de albumen córneo o carnoso; como el pimentero. Ú. t. c. s. f. ‖ **2.** f. pl. *Bot.* Familia de estas plantas.

pipermín. m. Licor de menta que se obtiene mezclando alcohol, menta y agua azucarada.

pipero, ra. m. y f. Persona que vende pipas, caramelos, y otras golosinas, en la calle.

pipeta. f. Tubo de cristal ensanchado en su parte media, que sirve para trasladar pequeñas porciones de líquido de un vaso a otro.

pipi. m. fam. Piojo, insecto hemíptero parásito de los mamíferos.

pipí. m. En lenguaje infantil, orina.

pipiolo, la. m. y f. fam. Principiante, novato o inexperto.

pipirrana. f. *And.* Ensaladilla hecha con pepino y tomate principalmente, y preparada de una manera especial.

pique. m. Resentimiento, desazón o disgusto ocasionado de una disputa u otra cosa semejante. ‖ **2.** Empeño en hacer una cosa por amor propio o por rivalidad. ‖ **irse a pique.** fr. *Mar.* Hundirse en el agua una embarcación u otro objeto flotante. ‖ **2.** fig. y fam. Malograrse una cosa o un intento.

piqué. m. Tela de algodón con diversos tipos de labor, que se emplea en prendas de vestir y otras cosas.

piqueta. f. Herramienta de albañilería, con mango de madera y dos bocas opuestas, una plana como de martillo, y otra aguzada como de pico.

piquete. m. Grupo poco numeroso de soldados que se emplea en diferentes servicios extraordinarios. ‖ **2.** Grupo de personas que pacífica o violentamente, intenta imponer o mantener una consigna de huelga.

pira. f. Hoguera en que antiguamente se quemaban los cuerpos de los difuntos y las víctimas de los sacrificios. ‖ **2.** fig. **hoguera.**

pirado, da. adj. fam. Dícese de la persona alocada. Ú. t. c. s.

piragua. f. Embarcación larga y estrecha, mayor que la canoa, hecha generalmente de una pieza o con bordas de tabla o cañas. Navega a remo y vela, y la usan los indios de América y Oceanía. ‖ **2.** Embarcación pequeña, estrecha y muy liviana que se usa en los ríos y en algunas playas.

piragüismo. m. Deporte consistente en la competición de dos o más piraguas, movidas a remo por sendos piragüistas, que pueden ir sentados o de rodillas.

piragüista. com. Deportista que tripula o forma parte de la tripulación de una piragua.

piramidal. adj. De figura de pirámide. ‖ **2.** *Anat.* Dícese de cada uno de dos músculos pares, situados el uno en la parte anterior e inferior del vientre, y el otro en la posterior de la pelvis y superior del muslo.

pirámide. f. *Geom.* Sólido que tiene por base un polígono cualquiera; sus caras (tantas en número como los lados de aquel) son triángulos que se juntan en un solo punto, llamado vértice. Si la base es un cuadrilátero, la **pirámide** se llama cuadrangular; si un pentágono, pentagonal, etc.; y si es un polígono regular, y sus caras son iguales, la **pirámide** se llama regular. ‖ **2.** *Arq.* Monumento, por lo común de piedra o ladrillo, con forma de **pirámide.** *Las* PIRÁMIDES *egipcias, las* PIRÁMIDES *aztecas.*

piraña. f. Pez teleósteo de los ríos de América del Sur, de pequeño tamaño y boca armada de numerosos y afilados dientes. Vive en grupos y es temido por su voracidad, que le lleva a atacar al ganado que cruza los ríos. Existen varias especies del mismo género.

pirar. intr. vulg. Hacer novillos, faltar a clase. ‖ **2.** prnl. Fugarse, irse. ‖ **pirárselas.** loc. verbal. **pirarse.**

pirata. adj. Clandestino. *Edición* PIRATA. ‖ **2.** m. Ladrón que roba en el mar. ‖ **aéreo.** Persona que, bajo amenazas, obliga a la tripulación de un avión a modificar su rumbo. ❑ No utilizar por *bucanero.*

piratear. intr. Ejercer la piratería. ‖ **2.** fig. Cometer acciones delictivas o contra la propiedad, como hacer ediciones sin permiso del autor o propietario, contrabando, etc.

piratería. f. Ejercicio de pirata. ‖ **2.** Robo o presa que hace el pirata.

pirenaico, ca. adj. Perteneciente o relativo a los montes Pirineos.

piripi. adj. fam. Borracho. Ú. m. en la fr. **estar piripi.**

pirita. f. Mineral brillante, de color amarillo de oro. Es un sulfuro de hierro.

piro. m. fam. Acción y efecto de pirarse. Ú. en la fr. **darse el piro.**

piro-. elem. compos. que significa «fuego»: PIRÓ*foro,* PIRO*tecnia.*

pirograbado. m. Procedimiento para grabar o tallar superficialmente en madera por medio de una punta de platino incandescente. ‖ **2.** Talla o grabado así obtenida.

pirología. f. Ciencia dedicada al estudio del fuego y de sus aplicaciones.

pirolusita. f. *Geol.* Mineral de color negro, pardo o gris azulado y textura terrosa, concrecionada o fibrosa; poco más duro que el yeso, tiene gran uso industrial para la obtención del oxígeno, preparación del cloro, fabricación del acero y del vidrio, etc. Es el peróxido de manganeso y la mena más abundante de este metal.

piromancia o **piromancía.** f. Adivinación supersticiosa por el color, chasquido y disposición de la llama.

piromanía. f. Tendencia patológica a la provocación de incendios.

pirómano, na. adj. Dícese de la persona que padece piromanía. Ú. t. c. s.

piropear. tr. fam. Decir piropos.

piropo. m. fam. Lisonja, requiebro.

pirotecnia. f. Arte que trata de todo género de invenciones de fuego, en máquinas militares y en otros artificios para diversión y festejo.

piroxena. f. Mineral de color blanco, verde o negruzco, brillo vítreo y fractura concoidea, que forma parte integrante de diversas rocas y es un silicato de hierro, cal y magnesia, con dureza comparable a la del acero.

pirrarse. prnl. fam. Desear con vehemencia una cosa. ❑ Solo se usa con la preposición *por.*

pírrico, ca. adj. Dícese del triunfo o victoria obtenidos con más daño del vencedor que del vencido.

pirueta. f. **cabriola,** brinco que dan los que danzan. ‖ **2.** Voltereta.

pirulí. m. Caramelo, generalmente de forma cónica, con un palito que sirve de mango. ❑ pl. *pirulís.*

pis. m. **pipí.**

pisada. f. Acción y efecto de pisar. ‖ **2.** Huella o señal que deja estampada el pie en la tierra.

pisapapeles. m. Utensilio que se pone sobre los papeles para que no se muevan.

pisar. tr. Poner el pie sobre alguna cosa. ‖ **2.** Apretar o estrujar una cosa con los pies o a golpe de maza. PISAR *la tierra, los paños, las uvas.* ‖ **3.** fig. Entrar en un lugar, estar en él. *Hace un año que no* PISO *un hospital.* ‖ **4.** fig. y fam. Anticiparse a otro con habilidad o audacia, en el logro o disfrute de un objetivo determinado. ‖ **5.** Pisotear moralmente a uno, tratar mal, humillar.

pisaverde. m. fig. y fam. Hombre presumido y afeminado, que no conoce más ocupación que la de acicalarse, perfumarse y andar vagando todo el día en busca de galanteos.

piscicultura. f. Arte de repoblar de peces los ríos y los estanques; de dirigir y fomentar la reproducción de los peces y mariscos.

piscifactoría. f. Establecimiento donde se practica la piscicultura.

pisciforme. adj. De forma de pez.

piscina. f. Estanque que se suele hacer en los jardines para tener peces. ‖ **2.** Estanque destinado al baño, a la natación o a otros ejercicios y deportes acuáticos.

piscis. n. p. m. *Astron.* Duodécimo y último signo o parte del Zodiaco, de 30 grados de amplitud, que el Sol recorre aparentemente al terminar el invierno. ‖ **2.** *Astron.* Constelación zodiacal que en otro tiempo debió de coincidir con el signo de este nombre, pero que actualmente, por resultado del movimiento retrógrado de los puntos equinocciales, se halla delante del mismo signo y un poco hacia Oriente. ‖ **3.** adj. Referido a personas, los nacidos bajo este signo del zodiaco. Ú. t. c. s.

piscívoro, ra. adj. *Zool.* Que se alimenta de peces, ictiófago. Ú. t. c. s.

pisco. m. Aguardiente fabricado originalmente en Pisco, lugar peruano.

piscolabis. m. fam. Comida ligera que se toma ocasionalmente o entre las comidas principales.

piso. m. Pavimento natural o artificial de las habitaciones, calles, caminos, etc. ‖ **2.** Cada una de las diferentes plantas que superpuestas forman la altura de un edificio. *Los quirófanos están en el segundo* PISO. ‖ **3.** Conjunto de habitaciones que constituyen vivienda independiente en una casa de varias plantas.

pisotear. tr. Pisar repetidamente, maltratando o ajando una cosa. ‖ **2.** fig. Humillar, maltratar de palabra a una o más personas.

pisotón. m. Pisada fuerte sobre el pie de otro o sobre otra cosa.

pista. f. Huella o rastro que dejan los animales o personas en la tierra por donde han pasado. ‖ **2.** Espacio acotado para ciertos tipos de carreras, juegos o competiciones, en hipódromos, velódromos, estadios, campos de tenis, etc. ‖ **3.** Espacio destinado al baile en salones de recreo, discotecas, etc. ‖ **4.** Espacio en que actúan los artistas de un circo o de una sala de fiestas. ‖ **5.** Camino acondicionado para el paso de vehículos. ‖ **6.** Terreno especialmente acondicionado para el despegue y aterrizaje de aviones. ‖ **7.** Cada uno de los espacios paralelos de una cinta magnética en que se registran grabaciones independientes, que se pueden oír luego por separado o simultáneamente. ‖ **8.** fig. Conjunto de indicios o señales que pueden conducir a la averiguación de algo.

pistacho. m. Fruto del alfóncigo.

pistilo. m. *Bot.* Órgano femenino vegetal, que ordinariamente ocupa el centro de la flor y consta de uno o más carpelos; en su base se encuentra el ovario y en su ápice el estigma, frecuentemente sostenido por un estilo. Su conjunto constituye el gineceo.

pisto. m. Fritada de pimientos, tomates, huevo, cebolla o de otros alimentos, picados y revueltos. ‖ **2.** fig. Mezcla confusa de diversas cosas en un discurso o en un escrito. ‖ **darse pisto.** fr. fig. y fam. Darse importancia.

pistola. f. Arma de fuego, de corto alcance, provista de un cargador en la culata, y que se puede usar con una sola mano. ‖ **2.** Utensilio que proyecta pintura pulverizada. ‖ **3.** fig. Barra pequeña de pan.

pistolera. f. Estuche o funda donde se guarda la pistola.

pistolero. m. El que utiliza de ordinario la pistola para atracar, asaltar, o, mercenariamente, realizar atentados personales.

pistón. m. **émbolo.** ‖ **2.** Llave en forma de émbolo que tienen diversos instrumentos músicos de viento.

pistonudo, da. adj. vulg. Muy bueno, superior, estupendo.

pita[1]. f. Planta vivaz, oriunda de Méjico, de la familia de las amarilidáceas, con hojas o pencas radicales, carnosas, en pirámide triangular, con espinas en el margen y en la punta, color verde claro, de 15 a 20 centímetros de anchura en la base y de hasta tres metros de largo; flores amarillentas, en ramilletes, sobre un bohordo central que no se desarrolla hasta pasados varios años, pero entonces se eleva en pocos días a la altura de seis o siete metros. Se ha naturalizado en las costas del Mediterráneo; de las hojas se saca buena hilaza, y una variedad de esta planta produce, por incisiones en su tronco, un líquido azucarado, de que se hace una bebida alcohólica, blanca y espesa, del altiplano de Méjico.

pita[2]. Voz que se usa repetida para llamar a las gallinas. Ú. m. en pl.

pitanza. f. Ración de comida que se distribuye a los que viven en comunidad o a los pobres. ‖ **2.** fam. Alimento cotidiano.

pitar. intr. Tocar o sonar el pito. ‖ **2.** Zumbar, hacer una cosa ruido o sonido continuado. *A Jesús le* PITAN *los oídos.* ‖ **3.** fig. y fam. Hablando de personas o cosas, dar el rendimiento que se esperaba de ellas. ‖ **irse, marcharse, salir,** etc., **pitando.** fr. fig. y fam. Salir apresuradamente, con prisa.

pitarroso, sa. adj. **legañoso.**

pitecántropo. m. *Paleont.* **antropopiteco.**

pitido. m. Silbido del pito. ‖ **2.** Zumbido, ruido continuado.

pitillera. f. Petaca para guardar pitillos.

pitillo. m. **cigarrillo.**

pitiminí. m. V. **rosal de pitiminí.** ‖ **de pitiminí.** loc. fig. De poca importancia.

pito. m. Instrumento pequeño que produce un

sonido agudo cuando se sopla en él, silbato. ‖ **2. castañeta,** sonido que resulta de juntar el dedo medio con el pulgar y separarlos con fuerza golpeando la base lateral exterior del pulgar con el medio. ‖ **3.** Claxon, bocina. ‖ **4.** Cigarrillo de papel. ‖ **no dársele,** o **no importarle,** a uno **un pito de** una cosa. fr. fig. y fam. Hacer desprecio de ella. ‖ **por pitos o por flautas.** fr. fig. y fam. Por un motivo o por otro. ‖ **tomar** a alguien **por el pito del sereno.** fr. fig. y fam. Darle poca o ninguna importancia.

pitón[1]. m. Cuerno que empieza a salir a los animales; como el cordero, cabrito, etc., y también la punta del cuerno del toro. ‖ **2.** Tubo recto o curvo, pero siempre cónico, que arranca de la parte inferior del cuello en los botijos y porrones, y sirve para moderar la salida del líquido que en ellos se contiene.

pitón[2]. m. **serpiente pitón.**

pitonisa. f. Adivinadora.

pitorrearse. prnl. Guasearse o burlarse de alguien.

pitorreo. m. Acción y efecto de pitorrearse.

pitorro. m. Pitón[1] de los botijos.

pitote. m. Alboroto, barullo.

pituita. f. *Fisiol.* Secreción de las mucosas y especialmente de la nariz, moco.

pituitario, ria. adj. Que contiene pituita. ‖ **2.** Que segrega pituita o moco. ‖ **3.** V. **glándula, pituitaria.**

pituso, sa. adj. Pequeño, gracioso, lindo, refiriéndose a niños. Ú. t. c. s.

pívot. com. *Dep.* Jugador de baloncesto cuya misión básica consiste en situarse en las cercanías del tablero para recoger rebotes o anotar puntos.

pivote. m. Extremo cilíndrico o puntiagudo de una pieza, donde se apoya o inserta otra, bien con carácter fijo o bien de manera que una de ellas pueda girar u oscilar con facilidad respecto de la otra.

pizarra. f. Roca homogénea, de grano muy fino, comúnmente de color negro azulado, opaca, tenaz, y que se divide con facilidad en hojas planas y delgadas. Procede de una arcilla metamórfica. ‖ **2.** Trozo de **pizarra** pulimentado, de forma rectangular, usado para escribir o dibujar en él con pizarrín, yeso o lápiz blanco. ‖ **3. encerado** para escribir en él con tiza o clarión. ‖ **4.** Por ext., placa de plástico blanco usada para escribir o dibujar en ella con un tipo especial de rotuladores cuya tinta se borra con facilidad.

pizarrín. m. Barrita de lápiz o de pizarra no muy dura, generalmente cilíndrica, que se usa para escribir o dibujar en las pizarras de piedra.

pizca. f. fam. Porción mínima o muy pequeña de una cosa. ‖ **ni pizca.** loc. adv. fam. Nada.

pizpireta. adj. fam. Aplícase a la mujer viva, pronta y aguda.

pizza. f. Especie de torta chata, hecha con harina de trigo amasada, encima de la cual se pone queso, tomate frito y otros ingredientes, como anchoas, aceitunas, etc. Se cuece en el horno.

pizzería. f. Establecimiento comercial en que se elaboran y se venden pizzas. ‖ **2.** Restaurante especializado en la preparación de pizzas y otras comidas italianas.

pizzicato. adj. *Mús.* Dícese del sonido que se obtiene en los instrumentos de arco pellizcando las cuerdas con los dedos.

placa. f. Plancha de metal u otra materia, en general rígida y poco gruesa. ‖ **2.** La que, colocada en algún lugar público, sirve de guía, orientación, anuncio, prohibición, o como recuerdo de una efeméride. ‖ **3.** Insignia o distintivo que llevan los agentes de policía para acreditar que lo son. ‖ **4.** Parte superior de las cocinas eléctricas, por donde se despide el calor. ‖ **5.** Lámina, plancha o película que se forma o está superpuesta en un objeto. ‖ **6.** *Automov.* **matrícula** de los vehículos. ‖ **7.** *Geol.* Cualquiera de las grandes partes semirrígidas de la litosfera que flotan sobre el manto y cuyas zonas de choque forman los cinturones de actividad volcánica, sísmica o tectónica.

placebo. m. *Med.* Sustancia que, careciendo por sí misma de acción terapéutica, produce algún efecto curativo en el enfermo, si este la recibe convencido de que esa sustancia posee realmente tal acción.

placenta. f. Órgano intermediario durante la gestación entre la madre y el feto, que se adhiere a la superficie interior del útero y del que nace el cordón umbilical. ‖ **2.** *Bot.* Parte vascular del fruto a la que están unidos los huevecillos o semillas. ‖ **3.** *Bot.* Borde del carpelo, generalmente engrosado, en el que se insertan los óvulos.

placentario, ria. adj. Perteneciente o relativo a la placenta. ‖ **2.** m. pl. *Zool.* Grupo de mamíferos que se desarrollan en el útero de la madre, con formación de una placenta.

placentero, ra. adj. Agradable, apacible, alegre.

placentino, na. adj. Natural de Plasencia. Ú. t. c. s.

placer[1]. m. Goce, disfrute espiritual. ‖ **2.** Satisfacción, sensación agradable producida al realizar o recibir algo que gusta o complace. ‖ **3.** Diversión, entretenimiento.

placer[2]. intr. Agradar o dar gusto. ❑ Irreg. Se conj. como *agradecer*.

plácet. m. Aprobación, opinión favorable.

plácido, da. adj. Quieto, sosegado y sin perturbación. || **2.** Grato, apacible.

plafón. m. *Arq.* Plano inferior del saliente de una cornisa. || **2.** Adorno en la parte central del techo de una habitación, en el cual está el soporte para suspender la lámpara. || **3.** Lámpara plana traslúcida, que se coloca pegada al techo para disimular las bombillas.

plaga. f. Calamidad grande que aflige a un pueblo. || **2.** fig. Copia o abundancia de una cosa nociva. Suele aplicarse también a la que no lo es. *Este año ha habido* PLAGA *de albaricoques;* PLAGA *de erratas.*

plagar. tr. Llenar o cubrir a alguna persona o cosa de algo generalmente nocivo o no conveniente. Ú. t. c. prnl.

plagiar. tr. fig. Copiar en lo sustancial obras ajenas, dándolas como propias.

plagio. m. Acción y efecto de plagiar.

plaguicida. adj. Dícese del agente que combate las plagas del campo. Ú. t. c. s.

plan. m. Intento, proyecto, estructura. || **2.** Dieta, régimen alimenticio. *El* PLAN *que siguió fue muy severo, porque necesitaba perder 30 kilos.* || **3.** Ligue, persona con quien se mantiene una relación amorosa frívola y trivial. *No cuentes conmigo, porque me ha salido un* PLAN *para esta noche.* || **de estudios.** Conjunto de enseñanzas y prácticas que, con determinada disposición, han de cursarse para cumplir un ciclo de estudios u obtener un título.

plana. f. Cada una de las dos caras o haces de una hoja de papel. || **2.** Escrito que hacen los niños en una cara del papel en que aprenden a escribir. || **3.** *Impr.* Conjunto de líneas ya ajustadas, de que se compone cada página. || **mayor.** *Mil.* Conjunto y agregado de los jefes y otros individuos de un batallón o regimiento, que no pertenecen a ninguna compañía; como coronel, teniente coronel, tambor mayor o cabo de tambores, etc. || **corregir,** o **enmendar, la plana** a uno. fig. Exceder una persona a otra, haciendo una cosa mejor que ella.

plancha. f. Lámina o pedazo de metal plano y delgado respecto de su tamaño. || **2.** Utensilio de hierro, ordinariamente triangular y muy liso y acerado por su cara inferior, y que en la superior tiene un asa por donde se coge para planchar. En la actualidad, el calor de la **plancha** procede generalmente de la energía eléctrica. || **3.** Acción y efecto de planchar la ropa. *Mañana es día de* PLANCHA. || **4.** Placa de hierro, cobre, etc., que se usa para asar o tostar alimentos. || **5.** Postura horizontal del cuerpo en el aire, sin más apoyo que el de las manos asidas a un barrote; o bien la misma posición del cuerpo flotando de espaldas. || **6.** fig. y fam. Desacierto o error por el cual la persona que lo comete queda en situación desairada o ridícula. Ú. m. en la frase **hacer,** o **tirarse, una plancha.** || **7.** *Impr.* Reproducción realizada por estereotipia o galvanoplastia y preparada para la impresión. || **a la plancha.** loc. adj. y adv. Dícese de la manera de preparar ciertos alimentos, asándolos o tostándolos sobre una placa caliente. *Carne a la* PLANCHA.

planchado. m. Acción y efecto de planchar. *Mañana es día de* PLANCHADO. || **dejar planchado** a uno. fr. fig. y fam. Dejarlo sin poder reaccionar por alguna palabra o hecho inesperado.

planchar. tr. Pasar la plancha caliente sobre la ropa, para estirarla, asentarla o darle brillo. || **2.** Por ext., alisar o estirar otro tipo de cosas. *Le* PLANCHARON *el pelo el día de su primera comunión.*

plancton. m. *Biol.* Conjunto de organismos animales y vegetales, generalmente diminutos, que flotan y son desplazados pasivamente en aguas saladas o dulces.

planeador. m. Aeronave sin motor, más pesada que el aire y con estructura de avión, que se sustenta y avanza aprovechando solamente las corrientes atmosféricas.

planear. tr. Hacer planes o proyectos. || **2.** intr. Volar las aves con las alas extendidas e inmóviles. || **3.** *Aviac.* Descender un avión en planeo.

planeo. m. Acción de volar las aves sin mover las alas. || **2.** *Aviac.* Descenso de un avión sin la acción del motor y en condiciones normales.

planeta. m. *Astron.* Cuerpo sólido celeste que gira alrededor de una estrella y que se hace visible por la luz que refleja. En particular los que giran alrededor del Sol.

planetario, ria. adj. Perteneciente o relativo a los planetas. || **2.** m. Aparato que representa los planetas del sistema solar y reproduce los movimientos respectivos. || **3.** Edificio en que está instalado.

planicie. f. Terreno llano de alguna extensión.

planificación. f. Acción y efecto de planificar. || **2.** Plan general, científicamente organizado y frecuentemente de gran amplitud, para obtener un objetivo determinado, tal como el desarrollo económico, la investigación científica, el funcionamiento de una industria, etc.

planificar. tr. Trazar los planos para la ejecución de una obra. || **2.** Hacer plan o proyecto de una acción.

planisferio. m. Carta en que la esfera celeste o la terrestre está representada en un plano.

plano, na. adj. Llano, liso, sin estorbos ni tropiezos. || **2.** m. *Geom.* Superficie **plana.** || **3.** *Topogr.* Representación gráfica en una superficie y mediante procedimientos técnicos, de un terreno o de la planta de un campamento, plaza, fortaleza o cualquier otra cosa semejante. ‖ **4.** Posición, punto de vista desde el cual se puede considerar algo. ‖ **coordenado.** *Geom.* Cada uno de los tres **planos** que se cortan en un punto y sirven para determinar la posición de los demás puntos del espacio por medio de las líneas coordenadas paralelas a sus intersecciones mutuas. ‖ **de simetría.** *Geom.* **plano** que divide una figura o un cuerpo en dos partes, de tal modo que cada una de ellas es la imagen especular de la otra. ‖ **geométrico.** *Persp.* Superficie **plana** paralela al horizonte, colocada en la parte inferior del cuadro, donde se proyectan los objetos, para construir después, según ciertas reglas, su perspectiva. ‖ **horizontal.** El definido por la superficie de un líquido en reposo. ‖ **inclinado.** *Mec.* Superficie **plana,** resistente, que forma ángulo agudo con el horizonte, y por medio de la cual se facilita la elevación o el descenso de pesos y otras cosas. ‖ **de plano.** loc. adv. fig. Enteramente, clara y manifiestamente.

planta. f. Parte inferior del pie. ‖ **2. vegetal,** ser orgánico que crece y vive sin mudar de lugar por impulso voluntario. ‖ **3.** Diseño en que se da idea para la fábrica o formación de una cosa. PLANTA *de un edificio.* ‖ **4.** Cada uno de los pisos o altos de un edificio. ‖ **5.** Fábrica central de energía; instalación industrial; en algunos países hispanoamericanos, especialmente central eléctrica. ‖ **6.** *Persp.* Pie de la perpendicular bajada desde un punto al plano horizontal. ‖ **buena planta.** fam. Buena presencia.

plantación. f. Acción y efecto de plantar. ‖ **2.** Terreno en el que se cultivan plantas de una misma clase.

plantagináceo, a. adj. *Bot.* Dícese de plantas angiospermas dicotiledóneas, herbáceas, con hojas sencillas, enteras o dentadas, rara vez con lacinias, y sin estípulas; flores hermafroditas o monoicas, actinomorfas, tetrámeras y dispuestas en espigas; fruto en caja; como el llantén y la zaragatona. Ú. t. c. s. f. ‖ **2.** f. pl. *Bot.* Familia de estas plantas.

plantar. tr. Meter en tierra una planta o un vástago, esqueje, etc., para que arraigue. También se usa hablando de tubérculos y bulbos. ‖ **2.** Poblar de plantas un terreno. ‖ **3.** fig. Fijar verticalmente una cosa. PLANTAR *una cruz.* ‖ **4.** fig. y fam. Tratándose de golpes, darlos. ‖ **5.** fig. y fam. Poner o introducir a uno en una parte contra su voluntad. PLANTAR *en la calle, en la cárcel.* ‖ **6.** fig. y fam. Dejar a uno burlado o abandonarle. ‖ **7.** prnl. fig. y fam. Ponerse de pie firme ocupando un lugar o sitio. ‖ **8.** fig. y fam. Llegar con brevedad a un lugar, o en menos tiempo del que regularmente se gasta. *En dos horas* SE PLANTÓ *en Alcalá.* ‖ **9.** fig. y fam. En algunos juegos de cartas, no querer más de las que se tienen. Ú. t. c. intr. ‖ **10.** fig. Resolverse a no hacer o a resistir alguna cosa.

plante. m. Protesta colectiva con abandono de su cometido habitual, de personas que viven agrupadas bajo una misma autoridad o trabajan en común, para exigir o rechazar enérgicamente alguna cosa. PLANTE *en una cárcel, en una fábrica.*

planteamiento. m. Acción y efecto de plantear.

plantear. tr. fig. Tratándose de problemas matemáticos, temas, dificultades o dudas, proponerlos, suscitarlos o exponerlos. ‖ **2.** fig. Enfocar la solución de un problema, lléguese o no a obtenerla. Ú. t. c. prnl.

plantel. m. Criadero de plantas. ‖ **2.** fig. Establecimiento, lugar o reunión de gente, en que se forman personas hábiles o capaces en algún ramo del saber, profesión, ejercicio, etc.

plantificar. tr. fig. y fam. Tratándose de golpes, darlos. ‖ **2.** fig. y fam. Poner a uno en alguna parte contra su voluntad. ‖ **3.** prnl. fig. y fam. Plantarse, llegar pronto a un lugar.

plantígrado, da. adj. *Zool.* Dícese de los cuadrúpedos que al andar apoyan en el suelo toda la planta de los pies y las manos; como el oso, el tejón, etc. Ú. t. c. s.

plantilla. f. Suela sobre la cual los zapateros arman el calzado. ‖ **2.** Pieza de badana, tela, corcho o palma con que interiormente se cubre la planta del calzado. ‖ **3.** Tabla o plancha cortada con los mismos ángulos, figuras y tamaños que ha de tener la superficie de una pieza, y puesta sobre ella, sirve en varios oficios de regla para cortarla y labrarla. ‖ **4.** Relación ordenada por categorías de las dependencias y empleados de una oficina, servicios públicos o privados, etc., cuya dotación está prevista en los presupuestos económicos.

plantillazo. m. En el juego del fútbol, acción punible de quien adelanta la suela de la bota, generalmente en alto, con riesgo de lesionar a un contrario.

planto. m. ant. Llanto con gemidos y sollozos. ‖ **2.** *Lit.* Composición elegíaca.

plantón. m. Pimpollo o arbolito nuevo que ha de ser trasplantado. ‖ **dar un plantón.** fr. Retrasarse uno mucho en acudir a donde otro le espera, o no ir.

plañidera. f. Mujer llamada y pagada que iba a llorar en los entierros.

plañir. intr. Gemir y llorar, sollozando o clamando. Ú. t. c. prnl. ❑ Irreg. Se conjuga como *mullir.*

plaqueta. f. *Biol.* Célula oval de la sangre de los vertebrados, desprovista de núcleo, que interviene en el proceso de la coagulación.

plasma. m. *Biol.* Parte líquida de la sangre o de la linfa, que contiene en suspensión sus células componentes. ‖ **2.** *Fís.* Materia gaseosa fuertemente ionizada, con igual número de cargas libres positivas y negativas. Se denomina también cuarto estado de la materia, y tiene gran importancia en estudios como la astrofísica.

plasmar. tr. Moldear una materia para darle una forma determinada. Ú. t. en sent. fig.

plasta. f. Cualquiera cosa que está blanda; como la masa, el barro, etc. ‖ **2.** adj. fig. y fam. Dícese de la persona excesivamente pesada. Ú. t. c. s. com.

plaste. m. Masa hecha de yeso mate y agua de cola, para llenar los agujeros y hendeduras de una cosa que se ha de pintar.

plastecer. tr. Llenar, cerrar, tapar con plaste. ❑ Irreg. Se conj. como *agradecer.*

-plastia. elem. compos. que significa «reconstrucción»: *rino*PLASTIA, *auto*PLASTIA.

plástica. f. Arte de plasmar, o formar cosas de barro, yeso, etc.

plástico, ca. adj. Perteneciente a la plástica. ‖ **2.** Dícese del material que, mediante una compresión más o menos prolongada, puede cambiar de forma y conservar esta de modo permanente, a diferencia de los cuerpos elásticos. ‖ **3.** Dícese de ciertos materiales sintéticos que pueden moldearse fácilmente y en cuya composición entran principalmente derivados de la celulosa, proteínas y resinas. Ú. t. c. m. *Una caja de* PLÁSTICO. ‖ **4.** fig. Aplícase al estilo o a la frase que por su concisión, exactitud y fuerza expresiva da mucho realce a las ideas o imágenes mentales.

plastificar. tr. Recubrir con una lámina de material plástico, papeles, documentos, telas, gráficos, etc.

plata. f. Elemento químico de núm. atóm. 47. Metal escaso en la corteza terrestre; se encuentra nativo, en granos o vetas, y en algunos minerales. De color blanco, brillante, con sonoridad peculiar, muy dúctil y maleable y muy buen conductor del calor y la electricidad. Se usa como catalizador, en la fabricación de utensilios y monedas, en joyería y en odontología, y muchas de sus sales tienen empleo en fotografía por ser sensibles a la luz. Símb. *Ag*, del lat. *argentum.* ‖ **2.** fig. Moneda o monedas de **plata.** *No tengo* PLATA; *pagar en* PLATA. ‖ **3.** Dinero en general; riqueza. ‖ **4. medalla de plata.** ‖ **5.** adj. Plateado, de color semejante al de la **plata.** ‖ **en plata.** loc. adv. fig. y fam. Brevemente, sin rodeos ni circunloquios.

plataforma. f. Tablero horizontal, descubierto y elevado sobre el suelo, donde se colocan personas o cosas. ‖ **2.** Suelo superior, a modo de azotea, de las torres, reductos y otras obras. ‖ **3.** fig. Programa o conjunto de reivindicaciones o exigencias que presenta un grupo político, sindical, profesional, etc. ‖ **4.** fig. Conjunto de personas, normalmente representativas, que dirigen un movimiento reivindicativo. ‖ **continental.** Superficie de un fondo submarino cercano a la costa, comprendido entre el litoral y las profundidades no mayores de 200 m. En su límite hay una acentuación brusca de la pendiente, que es el talud oceánico o continental.

platanero, ra. adj. Perteneciente o relativo al plátano. ‖ **2.** m. y f. Plátano, banano.

plátano. m. Árbol angiospermo dicotiledóneo, con una altura de quince a veinte o más metros y amplia copa; tronco de corteza lisa de tono claro, verde grisáceo, que se renueva anualmente, desprendiéndose en placas irregulares; hojas caedizas y alternas, de limbo amplio, palmeado-lobuladas. Es árbol de sombra, muy apreciado para plantaciones en calles y paseos. Su madera blanca rosada, de dureza media, ofrece un bello jaspeado y se presta para trabajos de ebanistería. ‖ **2.** Planta herbácea de grandes dimensiones, que en algunos países llaman banano; pertenece a la familia de las musáceas; alcanza una altura de dos a tres metros y un fuste de unos veinte centímetros de diámetro, formado por las vainas de las hojas, enrolladas apretadamente unas sobre otras y terminadas en un amplio limbo, de unos dos metros de longitud y unos treinta centímetros de anchura, redondeadas en su ápice; el conjunto de estas hojas forma el penacho o copa de la planta. ‖ **3.** Fruto de esta planta; es una baya alargada, de diez a quince centímetros de longitud, algo encorvada y de corteza lisa y amarilla. En América se conoce con el nombre de banana.

platea. f. Patio o parte baja de los teatros.

plateado, da. adj. Bañado en plata. ‖ **2.** De color semejante al de la plata.

platear. tr. Dar o cubrir de plata una cosa.

platelminto. adj. *Zool.* Dícese de gusanos, parásitos en su mayoría y casi todos hermafroditas, de cuerpo comúnmente aplanado, sin aparato circulatorio ni respiratorio; el aparato digestivo, que falta en muchas especies parásitas, v. gr. la tenia, carece de ano. Ú. t. c. s. ‖ **2.** m. pl. *Zool.* Filo de estos animales.

plateresco, ca. adj. Aplícase al estilo español de ornamentación empleado por los plateros del siglo XVI, aprovechando elementos de las arquitecturas clásica y ojival. Ú. t. c. s. m. ‖ **2.** *Arq.* Dícese del estilo arquitectónico en que se emplean estos adornos. Ú. t. c. s. m.

platería. f. Arte y oficio de platero. ‖ **2.** Tienda

en que se venden obras de plata u oro. ‖ **3.** Calle o barrio donde trabajaban y tenían sus tiendas los plateros.

platero. m. Artífice que labra la plata. ‖ **2.** El que vende objetos labrados de plata u oro, o joyas con pedrería.

plática. f. Conversación; acto de hablar una o varias personas con otra u otras. ‖ **2.** Discurso en que se enseña la doctrina cristiana, se elogian los actos de virtud o se reprenden los vicios o faltas de los fieles.

platicar. tr. Conversar, hablar unos con otros. Ú. m. c. intr.

platija. f. Pez teleósteo marino, anacanto; semejante al lenguado, pero de escamas más fuertes y unidas, y color pardo con manchas amarillas en la cara superior. Vive en el fondo de las desembocaduras de los ríos al norte de España y su carne es poco apreciada.

platillo. m. Cada una de las dos piezas, por lo común en forma de plato o de disco, que tiene la balanza. ‖ **2.** *Mús.* Cada una de las dos chapas metálicas en forma de plato que componen el instrumento de percusión llamado **platillos** y que tienen en el centro una correa doblada por la cual se pasan las manos para sujetar dichas chapas y hacerlas chocar una con otra. ‖ **volador** o **volante.** Supuesto objeto volante, cuyo origen y naturaleza se desconocen, pero al que se atribuye con frecuencia procedencia extraterrestre.

platina. f. Parte del microscopio, en que se coloca el objeto que se quiere observar.

platino. m. Elemento químico de núm. atóm. 78. Metal escaso en la corteza terrestre; se encuentra siempre nativo, sea en granos, incluido en ciertos minerales o aleado con otros metales. De color plateado, más pesado que el oro, dúctil y maleable, no puede ser atacado por casi ninguna otra sustancia y funde a temperatura muy elevada. Se usa para fabricar termómetros especiales, crisoles y prótesis, y sus aleaciones tienen empleo en joyería, en electrónica y en la fabricación de instrumentos científicos. Símb. *Pt.* ‖ **2.** *Mec.* Cada una de las piezas que establecen contacto en el ruptor del sistema de encendido de un motor de explosión. Ú. m. en pl.

platirrino. adj. *Zool.* Dícese de simios indígenas de América, cuyas fosas nasales están separadas por un tabique cartilaginoso, tan ancho que las ventanas de la nariz miran a los lados. Ú. t. c. s. ‖ **2.** m. pl. *Zool.* Grupo de estos animales.

plato. m. Vasija baja y redonda, con una concavidad en medio y borde comúnmente plano alrededor. Se emplea en las mesas para servir los alimentos y comer en él y para otros usos. ‖ **2.** Platillo de la balanza. ‖ **3.** Alimento que se sirve en los **platos.** ‖ **4.** *Dep.* Disco de arcilla que sirve de blanco en las pruebas de tiro al **plato.** ‖ **combinado.** El que tiene diversos alimentos y se sirve en cafeterías o locales análogos a modo de comida entera. ‖ **del día.** En algunos restaurantes y cafeterías, comida completa, diferente todos los días de la semana, que se ofrece a los clientes por un precio más económico que el de la carta. ‖ **fuerte.** fig. El asunto o intervención más importante en una serie de ellos. ‖ **hondo.** Aquel cuya concavidad tiene mucha hondura. ‖ **llano.** Aquel cuya concavidad tiene poca hondura. ‖ **sopero. plato hondo.** ‖ **no haber quebrado,** o **roto,** uno **un plato.** fr. fig. y fam. Tener el aspecto o la impresión de no haber cometido ninguna falta. ‖ **pagar** uno **los platos rotos.** fr. fig. y fam. Ser castigado injustamente por un hecho que no ha cometido o del que no es el único culpable. ‖ **ser,** o **no ser, plato del gusto** de uno. fr. fig. y fam. Serle o no grata una persona o cosa. ‖ **ser** uno **plato de segunda mesa.** fr. fig. y fam. Ser o sentirse uno postergado o desconsiderado.

plató. m. *Cinem.* y *TV.* Cada uno de los recintos cubiertos de un estudio, acondicionados para que sirvan de escenario en el rodaje de las películas y en la grabación de los programas de televisión.

platónico, ca. adj. Que sigue la escuela y filosofía de Platón. Ú. t. c. s. ‖ **2.** Desinteresado, honesto.

platonismo. m. Escuela y doctrina filosófica de Platón.

plausible. adj. Digno o merecedor de aplauso. ‖ **2.** Atendible, admisible, recomendable. *Hubo para ello motivos* PLAUSIBLES.

playa. f. Ribera del mar o de un río grande, formada de arenales en superficie casi plana. ‖ **2.** Porción de mar contigua a esta ribera.

playero, ra. adj. Perteneciente a la playa. *Vestido* PLAYERO. Ú. t. c. s. ‖ **2.** f. Zapatilla de lona con suela de goma que se usa en verano.

plaza. f. Lugar ancho y espacioso dentro de un poblado al que suelen afluir varias calles. ‖ **2.** Aquel donde se venden los mantenimientos y se tiene el trato común de los vecinos, y donde se celebran las ferias, los mercados y fiestas públicas. ‖ **3.** Cualquier lugar fortificado con muros, baluartes, etc., para defenderse del enemigo. ‖ **4.** Sitio determinado para una persona o cosa, en el que cabe, con otras de su especie. PLAZA *de colegial; garaje de siete* PLAZAS. ‖ **5.** Espacio, sitio o lugar. ‖ **6.** Oficio, ministerio, puesto o empleo. ‖ **de toros.** Circo donde lidian toros. ‖

mayor. La que constituye o constituyó el núcleo principal de la vida urbana en numerosos pueblos y ciudades.

plazo. m. Término o tiempo señalado para una cosa. ‖ **2.** Vencimiento del término. ‖ **3.** Cada parte de una cantidad pagadera en dos o más veces. ‖ **a plazo fijo.** loc. adv. Sin poder retirar un depósito bancario hasta que se haya cumplido el **plazo** estipulado.

plazoleta. f. Espacio, a manera de plazuela, que suele haber en jardines y alamedas.

pleamar. f. *Mar.* Fin o término de la creciente del mar.

plebe. f. En el pasado, clase social común, fuera de los nobles, eclesiásticos y militares. ‖ **2.** La clase social más baja.

plebeyo, ya. adj. Propio de la plebe o perteneciente a ella. ‖ **2.** Dícese de la persona que no es noble ni hidalga. Ú. t. c. s.

plebiscito. m. Consulta que los poderes públicos someten al voto popular directo para que apruebe o rechace una determinada propuesta sobre soberanía, ciudadanía, poderes excepcionales, etc.

plectro. m. Palillo o púa que usaban los antiguos para tocar instrumentos de cuerda.

plegadera. f. Instrumento de madera, hueso, marfil, etc., a manera de cuchillo, a propósito para plegar o cortar el papel.

plegamiento. m. *Geol.* Efecto producido en la corteza terrestre por el movimiento conjunto de rocas sometidas a una presión lateral.

plegar. tr. Hacer pliegues en una cosa. Ú. t. c. prnl. ‖ **2.** Doblar e igualar con la debida proporción los pliegos de que se compone un libro que se ha de encuadernar. ‖ **3.** prnl. fig. Doblarse, ceder, someterse. ❑ Irreg. Se conj. como *acertar.*

plegaria. f. Deprecación o súplica humilde y ferviente para pedir una cosa.

pleistoceno, na. adj. *Geol.* Se aplica a la época del cuaternario inferior, o más antiguo, que comprende un período preglaciar, cuatro glaciaciones y tres períodos interglaciares. Aparecen ya los restos fósiles humanos y restos de culturas prehistóricas. Ú. t. c. s. m. ‖ **2.** *Geol.* Perteneciente o relativo a esta época del cuaternario inferior.

pleitear. tr. Litigar o contender judicialmente sobre una cosa.

pleitesía. f. Rendimiento, muestra reverente de cortesía.

pleito. m. Contienda, diferencia, disputa, litigio judicial entre partes. ‖ **2.** Disputa, riña o pendencia doméstica o privada. ‖ **3.** Proceso o cuerpo de autos sobre cualquier causa.

plenario, ria. adj. Lleno, entero, cumplido, que no le falta nada. ‖ **2.** m. **pleno,** reunión o junta general de una corporación.

plenilunio. m. **luna llena.**

plenipotenciario, ria. adj. Dícese de la persona que envían los reyes y las repúblicas a los congresos o a otros Estados, con el pleno poder y facultad de tratar, concluir y ajustar las paces u otros intereses. Ú. t. c. s.

plenitud. f. Totalidad, integridad o calidad de pleno. ‖ **2.** fig. Apogeo, momento álgido o culminante de algo. *Estás en la* PLENITUD *de la vida.*

pleno, na. adj. Completo, lleno. ‖ **2.** Dícese del momento culmen o central de algo. *Juan está en* PLENOS *exámenes. Era* PLENO *verano.* ‖ **3.** m. Reunión o junta general de una corporación. ‖ **en pleno.** loc. adj. Entero, con todos los miembros de la colectividad que se expresa. *El ayuntamiento* EN PLENO.

pleon. m. *Zool.* Abdomen de los crustáceos, formado por varios segmentos; cada uno de estos lleva un par de apéndices pequeños y relacionados con la función reproductora.

pleonasmo. m. *Gram.* Figura de construcción, que consiste en emplear en la oración uno o más vocablos innecesarios para el recto y cabal sentido de ella, pero con los cuales se da gracia o vigor a la expresión; v. gr.: *Yo lo vi con mis ojos.*

pleonástico, ca. adj. Perteneciente al pleonasmo; que lo encierra o incluye.

plesiosauro. m. *Paleont.* Reptil gigantesco perteneciente al período geológico secundario y del que hoy se hallan solamente restos en estado fósil. Se supone que tenía la figura de un enorme lagarto.

pletina. f. Pieza metálica de forma rectangular y de espesor reducido.

plétora. f. *Fisiol.* Exceso de sangre o de otros humores en el cuerpo o en una parte de él. ‖ **2.** fig. Abundancia excesiva de alguna cosa.

pletórico, ca. adj. Que tiene plétora de sangre o de otros humores. ‖ **2.** fig. Que tiene plétora o abundancia de algunas otras cosas.

pleura. f. *Anat.* Cada una de las membranas serosas que en ambos lados del pecho de los mamíferos cubren las paredes de la cavidad torácica y la superficie de los pulmones. Llámase **pulmonar** la parte que está adherida a cada pulmón, y **costal** la que cubre las paredes.

pleuresía. f. *Pat.* Enfermedad que consiste en la inflamación de la pleura.

pleuronectiforme. adj. *Zool.* Dícese de los peces de cuerpo plano, con los dos ojos en el mismo costado, que viven en el fondo del mar tendidos sobre uno de sus flancos, al acecho de sus presas, como el lenguado y el rodaballo. || **2.** m. pl. *Zool.* Taxón de estos peces.

plexiglás. m. Resina sintética que tiene el aspecto del vidrio. || **2.** Material transparente y flexible de que se hacen telas, tapices, etc.

plexo. m. *Anat.* Red formada por varios filamentos nerviosos y vasculares entrelazados. *El* PLEXO *hepático.*

pléyade. f. fig. Grupo de personas famosas, especialmente en las letras, que viven en la misma época.

plica. f. Sobre cerrado y sellado en que se reserva algún documento o noticia que no debe publicarse hasta fecha u ocasión determinada.

pliego. m. Porción o pieza de papel de forma cuadrangular, doblada por el medio. En el papel impreso los dobleces son dos o más. || **2.** Por ext., la hoja de papel que no se expende ni se usa doblada. || **3.** Conjunto de páginas de un libro o folleto cuando, en el tamaño de fábrica, no forman más que un **pliego.** || **4.** Papel o memorial comprensivo de las condiciones o cláusulas que se proponen o se aceptan en un contrato, una concesión gubernativa, una subasta, etc. || **de cargos.** Resumen de las faltas que aparecen en un expediente contra el funcionario a quien se le comunica para que pueda contestar defendiéndose. || **de condiciones.** Documento en que constan las cláusulas de un contrato o subasta. || **pliegos de cordel.** Obras populares, como romances, novelas cortas, comedias, vidas de santos, etc., que se imprimían en **pliegos** sueltos y para venderlos se solían colgar de unos bramantes puestos horizontalmente en los portales y tiendas.

pliegue. m. Doblez, especie de surco o desigualdad que resulta en cualquiera de aquellas partes en que una tela o cosa flexible deja de estar lisa o extendida. || **2.** *Geol.* **plegamiento.**

plinto. m. *Arq.* Parte cuadrada inferior de la basa. || **2.** Base cuadrada de poca altura. || **3.** *Dep.* Aparato gimnástico de madera con la superficie almohadillada utilizado para realizar pruebas de salto.

plioceno, na. adj. *Geol.* Dícese del período o época que sigue al mioceno y con el cual finaliza el terciario. Durante él ya casi alcanzan su configuración actual los continentes, océanos y mares. Ú. t. c. s.

plisar. tr. Hacer que una tela o cosa flexible quede formando pliegues.

plomada. f. Pesa de plomo o de otro metal, cilíndrica o cónica, colgada de una cuerda, que sirve para señalar la línea vertical. || **2.** Sonda para medir la profundidad de las aguas. || **3.** Conjunto de plomos que se ponen en la red para pescar.

plomazo. m. fig. y fam. Persona o cosa pesada y molesta.

plomizo, za. adj. Que tiene plomo. || **2.** De color de plomo. || **3.** Parecido al plomo en alguna de sus cualidades.

plomo. m. Elemento químico de núm. atóm. 82. Metal escaso en la corteza terrestre; se encuentra en la galena y en la anglesita. De color gris azulado, dúctil, pesado, maleable, resistente a la corrosión y muy blando; funde a bajas temperaturas y da lugar a intoxicaciones peculiares. Se usa en la fabricación de canalizaciones, como antidetonante en las gasolinas, en la industria química y de armamento y como blindaje contra radiaciones. Símb. *Pb.* || **2.** fig. Cualquier pieza o pedazo de **plomo** que se pone en las redes y en otras cosas para darles peso. || **3.** fig. Bala de las armas de fuego. || **4.** fig. y fam. Persona o cosa pesada y molesta. || **5.** pl. Cortacircuitos, fusible.

pluma. f. Cada una de las piezas de que está cubierto el cuerpo de las aves. Consta de un tubo o cañón inserto en la piel y de un astil guarnecido de barbillas. || **2.** Conjunto de **plumas.** *Un colchón de* PLUMA. || **3. pluma** de ave que, cortada convenientemente en la extremidad del cañón, servía para escribir. || **4.** Instrumento de metal, semejante al pico de la **pluma** de ave cortada para escribir, que sirve para el mismo efecto colocado en un mango de madera, hueso u otra materia. || **5.** fig. Mástil de una grúa. || **6.** fig. Escritor, autor de libros u otros escritos. *Miguel es la mejor* PLUMA *de su tiempo.* || **7.** fig. Estilo o manera de escribir. *Tal obra se escribió con* PLUMA *elocuente, hábil, torpe, benévola, mordaz,* etc. || **estilográfica.** La que en su mango contiene un depósito lleno de tinta que fluye hasta su punta.

plumaje. m. Conjunto de plumas que adornan y visten al ave. || **2.** Penacho de plumas que se pone por adorno en los sombreros, morriones y cascos.

plumazo. m. Trazo fuerte de pluma y especialmente el que se hace para tachar lo escrito. || **de un plumazo.** loc. adv. fig. y fam. con que se denota el modo expeditivo de abolir o suprimir una cosa.

plúmbeo, a. adj. De plomo. || **2.** fig. Que pesa como el plomo.

plúmbico, ca. adj. *Quím.* Perteneciente o relativo al plomo.

plumero. m. Instrumento que sirve para quitar el polvo, consistente en un conjunto de plumas sujeto a un mango. || **2.** Penacho de plumas. || **vérsele a uno el plumero.** fr. fig. y fam. Descubrirse sus intenciones o pensamientos.

plumier. m. Caja o estuche que sirve para guardar plumas, lápices, etc.

plumífero, ra. adj. poét. Que tiene o lleva plumas. ‖ **2.** m. fam. Prenda de abrigo, de tejido impermeable doble relleno de plumas de ave o de otro material aislante.

plumilla. f. Pluma, instrumento de metal que colocado en el palillero y mojado en tinta sirve para escribir o dibujar.

plumón. m. Pluma muy delgada, semejante a la seda, que tienen las aves debajo del plumaje exterior. ‖ **2.** Colchón lleno de esta pluma.

plural. adj. Múltiple, que se presenta en más de un aspecto. *Alardeaba de su* PLURAL *conocimiento en el campo de las ciencias.* ‖ **2.** *Gram.* V. **número plural.** Ú. t. c. s. ‖ **de modestia.** *Gram.* **plural** del pronombre personal de primera persona, empleado en vez del singular cuando alguien quiere quitarse importancia. ‖ **mayestático. plural** del pronombre personal de primera persona empleado en vez del singular para expresar la autoridad y dignidad de reyes, papas, etc.

pluralidad. f. Multitud, copia y número grande de algunas cosas, o el mayor número de ellas. ‖ **2.** Calidad de ser más de uno.

pluralismo. m. Sistema por el cual se acepta o reconoce la pluralidad de doctrinas o métodos en materia política, económica, etc.

pluralizar. tr. *Gram.* Dar número plural a palabras que ordinariamente no lo tienen; v. gr.: *Los* CIROS; *los* HÉCTORES. ‖ **2.** Referir o atribuir una cosa que es peculiar de uno a dos o más sujetos, pero sin generalizar.

pluri-. elem. compos. que significa «pluralidad»: PLURI*empleo*, PLURI*lingüe*.

pluricelular. adj. *Biol.* Dícese de la planta o del animal cuyo cuerpo está formado por muchas células.

pluriempleo. m. Situación social caracterizada por el desempeño de varios cargos, empleos, oficios, etc., por la misma persona.

plurivalente. adj. **polivalente,** que tiene varios valores.

plus. m. Cantidad de dinero u otro beneficio que se recibe o da con carácter suplementario u ocasional. ❑ pl. *pluses.*

pluscuamperfecto. adj. *Gram.* V. **pretérito pluscuamperfecto.** Ú. t. c. s.

plusmarquista. com. Persona que ostenta la mejor marca en una especialidad atlética.

plus ultra. loc. lat. Más allá.

plusvalía. f. Aumento del valor de una cosa por causas extrínsecas a ella.

plutocracia. f. Preponderancia de los ricos en el gobierno del Estado. ‖ **2.** Predominio de la clase más rica de un país.

plutócrata. com. Individuo de la plutocracia.

Plutón. n. p. m. *Astron.* Planeta descubierto en 1930, menor que la Tierra y distante del Sol cuarenta y nueve veces más que ella. Es invisible a simple vista.

plutónico, ca. adj. *Geol.* Perteneciente o relativo al plutonismo.

plutonio. m. Elemento químico radiactivo obtenido artificialmente, de núm. atóm. 94. Metal del grupo de los actínidos, es muy reactivo, de radiotoxicidad elevada y propiedades semejantes a las del uranio. Todos sus isótopos son radiactivos y se emplean como explosivos y combustibles en la industria nuclear. Símb. *Pu.*

plutonismo. m. *Geol.* Sistema que atribuye la formación del globo a la acción del fuego interior, del cual son efecto los volcanes.

pluviómetro. m. Aparato que sirve para medir la lluvia que cae en lugar y tiempo dados.

pluviosidad. f. Cantidad de lluvia que recibe un sitio en un período determinado de tiempo.

poblacho. m. despect. Pueblo ruin, y destartalado.

población. f. Acción y efecto de poblar. ‖ **2.** Conjunto de personas que habitan la Tierra o cualquier división geográfica de ella. ‖ **3.** Conjunto de edificios y espacios de una ciudad. ‖ **4.** *Estad.* Conjunto de los individuos o cosas sometido a una evaluación estadística mediante muestreo. ‖ **activa.** Parte de la **población** de un país ocupada en el proceso productivo y por cuyo trabajo recibe retribución.

poblado. m. Población, ciudad, villa o lugar.

poblador, ra. adj. Habitante. Ú. t. c. s. ‖ **2.** Fundador de una colonia. Ú. t. c. s.

poblamiento. m. *Geogr.* Proceso de asentamiento de un grupo humano en las diversas regiones de la Tierra.

poblar. tr. Fundar uno o más pueblos. Ú. t. c. intr. ‖ **2.** Ocupar con gente un sitio para que habite o trabaje en él. ‖ **3.** Por ext., se dice de animales y cosas. POBLAR *una colmena, un monte.* ‖ **4.** prnl. Hablando de los árboles y otras cosas capaces de aumento, recibirlo en gran cantidad. ❑ Irreg. Se conj. como *contar.*

pobre. adj. Necesitado, que no tiene lo necesario para vivir. Ú. t. c. s. ‖ **2.** Escaso, insuficiente. *Esta lengua es* POBRE *de voces.* ‖ **3.** fig. Humilde, de poco valor o entidad. ‖ **4.** fig. Infeliz, desdichado y triste. ‖ **5.** com. **mendigo, ga.** ‖ **de solemnidad.** El que lo es de notoriedad. ‖ **pobre de ti, de él,** etc. Exclamación de amenaza. ❑ sup. irreg. *paupérrimo* y reg. *pobrísimo.*

pobreza. f. Calidad de pobre. ‖ **2.** Falta, escasez. ‖ **3.** Dejación voluntaria de todo lo que se posee, y de todo lo que el amor propio puede juzgar necesario, de la cual hacen voto solemne los religiosos el día de su profesión.

pocha. f. *Ál., Ar., Nav.* y *Rioja.* Judía blanca temprana.

pocho, cha. adj. Dícese de lo que está podrido o empieza a pudrirse, especialmente de la fruta. ‖ **2.** Dícese de la persona floja de carnes o que no disfruta de buena salud.

pocilga. f. Establo para ganado de cerda. ‖ **2.** fig. y fam. Cualquier lugar hediondo y asqueroso.

pócima. f. Cocimiento medicinal de materias vegetales. ‖ **2.** fig. Cualquier bebida medicinal. ‖ **3.** fig. y fam. Por ext., cualquier líquido desagradable de beber.

poción. f. Líquido compuesto que se bebe, especialmente el medicinal.

poco, ca. adj. Escaso, limitado y corto en cantidad o calidad. ‖ **2.** m. Cantidad corta o escasa. *Un* POCO *de agua.* ‖ **3.** adv. c. Con escasez, en corto grado, en reducido número o cantidad, menos de lo regular, ordinario o preciso. ‖ **4.** Empleado con verbos expresivos de tiempo, denota corta duración. *Tardó* POCO *en llegar.* ‖ **poco a poco.** loc. adv. Despacio, con lentitud. ‖ **poco más o menos.** loc. adv. Con corta diferencia. *Habrá en el castillo seiscientos hombres,* POCO MÁS O MENOS. ‖ **por poco.** loc. adv. con que se da a entender que apenas faltó nada para que sucediese una cosa. *Tropezó y* POR POCO *se cae.* ‖ **tener** uno **en poco** a una persona o cosa. fr. Desestimarla, no hacer bastante aprecio de ella. ‖ **un poco.** loc. adv. con que se aporta un valor afirmativo respecto de un adjetivo dado. *Está* UN POCO *sucio.*

poda. f. Acción y efecto de podar. ‖ **2.** Tiempo en que se ejecuta.

podadera. f. Herramienta acerada, con corte curvo y mango de madera o hierro, que se usa para podar.

podar. tr. Cortar o quitar las ramas superfluas de los árboles, vides y otras plantas para que fructifiquen con más vigor.

podenco, ca. adj. V. **perro podenco.** Ú. t. c. s.

poder[1]**.** m. Dominio, imperio, facultad y jurisdicción que uno tiene para mandar o ejecutar una cosa. ‖ **2.** Gobierno de un país. ‖ **3.** Acto o instrumento en que consta la facultad que uno da a otro para que en lugar suyo y representándole pueda ejecutar una cosa. Ú. frecuentemente en pl. ‖ **4.** Posesión actual o tenencia de una cosa. *Los autos están en* PODER *del relator.* ‖ **5.** Fuerza, vigor, capacidad, posibilidad, poderío. ‖ **absoluto,** o **arbitrario. despotismo.** ‖ **ejecutivo.** En los gobiernos representativos, el que tiene a su cargo gobernar el Estado y hacer observar las leyes. ‖ **judicial.** El que ejerce la administración de justicia. ‖ **legislativo.** Aquel en que reside la potestad de hacer y reformar las leyes. ‖ **real.** Autoridad real. ‖ **temporal.** Gobierno civil de un Estado. ‖ **poderes públicos.** Conjunto de las autoridades que gobiernan un Estado. ‖ **por poder.** loc. adv. Con intervención de un apoderado. *Casarse* POR PODER.

poder[2]**.** tr. Tener expeditas la facultad o potencia de hacer una cosa. ‖ **2.** Tener facilidad, tiempo o lugar de hacer una cosa. ❑ Ú. m. con negación. ‖ **3.** intr. Ser más fuerte que otro, ser capaz de vencerle. *En la discusión* ME PUEDE. Ú. t. en sent. fig. ME PUEDEN *sus impertinencias.* ‖ **4.** impers. Ser contingente o posible que suceda una cosa. PUEDE *que llueva mañana.* ‖ **a más no poder.** loc. adv. **hasta más no poder.** ‖ **hasta más no poder.** fr. Todo lo posible. *Alabar una cosa* HASTA MÁS NO PODER. ‖ **no poder con** uno. fam. Sentir repugnancia hacia una persona o cosa. NO PUEDO CON *la sidra.* ‖ **no poder más.** fr. Tener precisión de ejecutar una cosa. ‖ **2.** Estar sumamente fatigado o rendido de hacer una cosa, o no

poder

INDICATIVO

Presente: puedo, puedes, puede, podemos, podéis, pueden.
Pretérito imperfecto: podía, podías, podía, podíamos, podíais, podían.
Pretérito indefinido: pude, pudiste, pudo, pudimos, pudisteis, pudieron.
Futuro imperfecto: podré, podrás, podrá, podremos, podréis, podrán.
Condicional: podría, podrías, podría, podríamos, podríais, podrían.

SUBJUNTIVO

Presente: pueda, puedas, pueda, podamos, podáis, puedan.
Pretérito imperfecto: pudiera o pudiese, pudieras o pudieses, pudiera o pudiese, pudiéramos o pudiésemos, pudierais o pudieseis, pudieran o pudiesen.
Futuro imperfecto: pudiere, pudieres, pudiere, pudiéremos, pudiereis, pudieren.

IMPERATIVO

puede (tú); poded (vosotros).

FORMAS NO PERSONALES

Infinitivo: poder.
Participio: podido.
Gerundio: pudiendo.

poder continuar su ejecución. ‖ **no poder menos.** fr. Ser necesario o preciso. ‖ **no poder parar.** fr. Tener gran desasosiego o inquietud por causa de un dolor o molestia. ‖ **no poderse tener.** fr. Tener gran debilidad o flaqueza una persona o cosa. ‖ **no poder ver** a uno **pintado,** o **ni pintado.** fr. Aborrecerle con tanto extremo, que ofende el verle u oírle. ‖ **poder** a uno. fr. fam. Tener más fuerza que él; vencerle luchando cuerpo a cuerpo. ‖ **puede que.** loc. que se antepone a verbos en modo subjuntivo con el significado de «acaso», «quizá». ❑ Irreg. Ver conjugación modelo.

poderío. m. Hacienda, bienes y riquezas. ‖ **2.** Poder, dominio, señorío, imperio. ‖ **3.** Vigor, facultad o fuerza grande.

poderoso, sa. adj. Que tiene poder. Ú. t. c. s. ‖ **2.** Muy rico; colmado de bienes de fortuna. Ú. t. c. s. ‖ **3.** Grande, excelente, o magnífico en su línea. ‖ **4.** Activo, eficaz, que tiene virtud para una cosa. *Remedio* PODEROSO.

podio. m. *Arq.* Pedestal largo en que estriban varias columnas. ‖ **2.** Plataforma o tarima sobre la que se coloca a una persona para ponerla en lugar preeminente por alguna razón (triunfos deportivos, presidir actos oficiales, dirigir una orquesta, etc.).

podium. m. **podio,** plataforma.

podo-´-podo. elem. compos. que significa «pie»: PODÓ*logo, mirió*PODO.

podología. f. *Med.* Rama de la actividad médica, que tiene por objeto el tratamiento de las afecciones y deformidades de los pies, cuando dicho tratamiento no rebasa los límites de la cirugía menor.

podólogo, ga. m. y f. *Med.* Especialista en podología.

podredumbre. f. Putrefacción o corrupción material de las cosas. ‖ **2.** Corrupción moral.

podrido, da. adj. fig. Se dice de la persona o institución que está corrompida o dominada por la inmoralidad.

poema. m. Obra en verso, o perteneciente por su género, aunque esté escrita en prosa, a la esfera de la poesía. Tradicionalmente se daba este nombre a las de alguna extensión. POEMA *épico, dramático.* ‖ **en prosa.** Subgénero literario al que pertenecen obras en prosa, normalmente cortas, que expresan un contenido análogo al de un poema lírico, aunque con posibilidades de tensión continua menor que en este, sin que ello se sienta, en principio, como una merma de su calidad. ‖ **sinfónico.** Composición para orquesta, de forma libre y desarrollo sugerido por una idea poética u obra literaria, expresa en el título y a veces también explicada en un breve programa o argumento.

poemario. m. Conjunto o colección de poemas.

poesía. f. Manifestación de la belleza o del sentimiento estético por medio de la palabra, en verso o en prosa. ‖ **2.** Cada uno de los géneros en que se dividen las obras literarias. POESÍA *épica, lírica, dramática.* ‖ **3.** Por antonom., **poesía** lírica. ‖ **4.** Poema, composición en verso. ‖ **5.** Idealidad, lirismo, cualidad que suscita un sentimiento hondo de belleza, manifiesta o no por medio del lenguaje.

poeta. m. El que compone obras poéticas y está dotado de las facultades necesarias para componerlas.

poetastro. m. Mal poeta.

poética. f. Ciencia que se ocupa de los procedimientos artísticos de la poesía, con especial atención al lenguaje literario. ‖ **2.** Conjunto de principios o de reglas, explícitos o no, que observan un género literario, una escuela o un autor.

poético, ca. adj. Perteneciente o relativo a la poesía. ‖ **2.** Que participa de las cualidades propias de la poesía.

poetisa. f. Mujer que compone obras poéticas y está dotada de las facultades necesarias para componerlas.

polaco, ca. adj. Natural de Polonia. Ú. t. c. s. ‖ **2.** m. Lengua de los **polacos,** una de las eslavas.

polaina. f. Especie de media calza, hecha regularmente de paño o cuero, que cubre la pierna hasta la rodilla y a veces se abotona o abrocha por la parte de afuera.

polar. adj. Perteneciente o relativo a los polos.

polaridad. f. *Fís.* Propiedad que tienen los agentes físicos de acumularse en los polos de un cuerpo y de polarizarse. ‖ **2.** fig. Condición de lo que tiene propiedades o potencias opuestas, en partes o direcciones contrarias, como los polos.

polarizar. tr. *Fís.* Modificar los rayos luminosos por medio de refracción o reflexión, de tal manera que queden incapaces de refractarse o reflejarse de nuevo en ciertas direcciones. Ú. t. c. prnl. ‖ **2.** prnl. *Fís.* Hablando de una pila eléctrica, disminuir la corriente que produce, por aumentar la resistencia del circuito a consecuencia del depósito de hidrógeno sobre uno de los electrodos. ‖ **3.** Concentrar la atención o el ánimo en una cosa.

polca. f. Danza de origen polaco de movimiento rápido y en compás de dos por cuatro. ‖ **2.** Música de esta danza.

pólder. m. Terreno pantanoso ganado al mar y que una vez desecado se dedica al cultivo.

polea. f. Rueda acanalada en su circunferencia y móvil alrededor de un eje. Por la canal o garganta pasa una cuerda o cadena en cuyos dos extremos actúan, respectivamente, la potencia y la resistencia. ‖ **combinada.** La que forma parte de un sistema de **poleas.** ‖ **fija.** La que no muda de sitio, y en este caso la resistencia se halla en un extremo de la cuerda. ‖ **movible.** La que cambia de sitio bajando y subiendo, y entonces un extremo de la cuerda está asegurado a un punto fijo, y la resistencia se sujeta a la armadura de la misma **polea.** ‖ **simple.** La que funciona sola e independiente.

polémica. f. Controversia por escrito sobre materias teológicas, políticas, literarias o cualesquiera otras.

polémico, ca. adj. Perteneciente o relativo a la polémica. ‖ **2.** Dícese de la persona que levanta polémicas.

polemizar. intr. Sostener o entablar una polémica.

polen. m. *Bot.* Conjunto de granos diminutos contenidos en las anteras de las flores, cada uno de los cuales está constituido por dos células rodeadas en común por dos membranas resistentes.

poleo. m. Planta herbácea anual, de la familia de las labiadas, con tallos tendidos, ramosos, velludos y algo esquinados; hojas descoloridas, pequeñas, pecioladas, casi redondas y dentadas, y flores azuladas o moradas en verticilos bien separados. Toda la planta tiene olor agradable, se usa en infusión como estomacal y abunda en España a orillas de los arroyos.

poli-[1]. elem. compos. que significa «pluralidad o abundancia»: POLI*fásico*, POLI*morfo*, POLI*uria*.

poli-[2]. Elemento compositivo que significa «ciudad».

poliandria. f. Estado de la mujer casada simultáneamente con dos o más hombres. ‖ **2.** *Bot.* Condición de la flor que tiene muchos estambres.

poliarquía. f. Gobierno de muchos.

polichinela. m. Personaje burlesco de las farsas, pulchinela.

policía. f. Cuerpo encargado de velar por el mantenimiento del orden público y la seguridad de los ciudadanos, a las órdenes de las autoridades políticas. ‖ **2.** V. **perro policía.** ‖ **3.** com. **agente,** empleado encargado de velar por la seguridad pública. ‖ **judicial.** La que tiene por objeto la averiguación de los delitos públicos y la persecución de los delincuentes, encomendada a los juzgados y tribunales. ‖ **secreta.** Aquella cuyos individuos no llevan uniforme a fin de pasar inadvertidos. ‖ **urbana.** La que se refiere al cuidado de la vía pública en general: limpieza, higiene, salubridad y ornato de los pueblos. Está hoy encomendada a los ayuntamientos y a los alcaldes.

policíaco, ca o **policiaco, ca.** adj. Relativo o perteneciente a la policía. Ú. a veces en sent. despect. ‖ **2.** Dícese de las obras literarias o cinematográficas cuyo tema es la búsqueda del culpable de un delito.

policlínica. f. Establecimiento privado con distintas especialidades médicas y quirúrgicas.

policromado, da. adj. Dícese de lo que está pintado de varios colores, especialmente las esculturas.

policromo, ma o **polícromo, ma.** adj. De varios colores.

polideportivo, va. adj. Aplícase al lugar, instalaciones, etc., destinados al ejercicio de varios deportes. Ú. t. c. s.

poliedro. m. *Geom.* Sólido limitado por superficies planas.

poliéster. m. *Quím.* Resina obtenida por polimerización del estireno, y de otros productos químicos. Se endurece a la temperatura ordinaria y es muy resistente a la humedad, a los productos químicos y a las fuerzas mecánicas. Se usa en la fabricación de fibras, recubrimientos de láminas, etc.

polietileno. m. Polímero preparado a partir de etileno. Se emplea en la fabricación de envases, tuberías, recubrimientos de cables, objetos moldeados, etc.

polifacético, ca. adj. Que ofrece varias facetas o aspectos. ‖ **2.** Por ext., se aplica a las personas de variada condición o de múltiples aptitudes.

polifásico, ca. adj. De varias fases. ‖ **2.** *Electr.* Se dice de la corriente eléctrica alterna, constituida por la combinación de varias corrientes monofásicas del mismo período, pero cuyas fases no concuerdan.

polifonía. f. *Mús.* Conjunto de sonidos simultáneos en que cada uno expresa su idea musical, pero formando con los demás un todo armónico.

poligamia. f. Estado o calidad de polígamo. ‖ **2.** Régimen familiar en que se permite al varón tener pluralidad de esposas.

polígamo, ma. adj. Dícese de la persona unida conyugalmente con varias otras del sexo opuesto. Ú. t. c. s. ‖ **2.** *Bot.* Aplícase a las plantas que tienen en un mismo pie flores masculinas, femeninas y hermafroditas.

políglota. com. Persona versada en varias lenguas. ‖ **2.** f. La Sagrada Biblia impresa en varios idiomas. *La* POLÍGLOTA *de Arias Montano.*

polígloto, ta o **poligloto, ta.** adj. Escrito en varias lenguas. ‖ **2.** Aplícase también a la persona versada en varias lenguas. Ú. m. c. s.

poligonáceo, a. adj. *Bot.* Dícese de plantas angiospermas dicotiledóneas, arbustos o hierbas, de tallos y ramos nudosos, hojas sencillas y alternas; flores hermafroditas, o unisexuales por aborto, cuyos frutos son cariópsides o aquenios con una sola semilla de albumen amiláceo; como el alforfón, el ruibarbo y la acedera. Ú. t. c. s. f. || **2.** f. pl. *Bot.* Familia de estas plantas.

polígono. m. *Geom.* Porción de plano limitado por líneas rectas. || **2.** *Urb.* Unidad urbanística constituida por una superficie de terreno, delimitada para fines de valoración catastral, ordenación urbana, planificación industrial, comercial, residencial, etc.

polilla. f. Mariposa nocturna de un centímetro de largo, cenicienta, con una mancha negra en las alas, que son horizontales y estrechas, cabeza amarillenta y antenas casi verticales. Su larva, de unos dos milímetros de longitud, se alimenta de borra y hace una especie de capullo, destruyendo para ello la materia en donde anida, que suele ser de lana, tejidos, pieles, papel, etc.

polimerización. f. Reacción química en la que dos o más moléculas se combinan para formar otra en la que se repiten unidades estructurales de las primitivas y su misma composición porcentual cuando estas son iguales.

polímero. m. Compuesto químico, natural o sintético, formado por polimerización y que consiste esencialmente en unidades estructurales repetidas.

polimorfismo. m. *Quím.* Propiedad de los cuerpos que pueden cambiar de forma sin variar su naturaleza.

polinización. f. *Bot.* Paso o tránsito del polen desde el estambre en que se ha producido hasta el pistilo en que ha de germinar.

polinomio. m. *Álg.* Expresión compuesta de dos o más términos algebraicos unidos por los signos más o menos. Los de uno, dos o tres términos reciben los nombres especiales de monomio, binomio y trinomio, respectivamente.

polio. f. fam. **poliomielitis.**

poliomielitis. f. *Pat.* Grupo de enfermedades, agudas o crónicas, producidas por la lesión de las astas anteriores o motoras de la médula. Sus síntomas principales son la atrofia y parálisis de los músculos correspondientes a las lesiones medulares.

polipero. m. *Zool.* Masa de naturaleza calcárea, generalmente ramificada, producida por los pólipos de una misma colonia de antozoos y en la cual están implantados aquellos. La acumulación de **poliperos** calcáreos, en cantidades enormes, llega a formar en los mares tropicales escollos, arrecifes y aun islas de considerable extensión.

pólipo. m. *Zool.* Una de las dos formas de organización que se presenta en los celentéreos cnidiarios, bien como tipo único, v. gr. en las actinias y restantes antozoos, bien en alternancia con una forma medusa, como ocurre en el ciclo reproductor alternante de muchos cnidiarios. El **pólipo** vive fijo en el fondo de las aguas por uno de sus extremos, y lleva en el otro la boca, rodeada de tentáculos. || **2.** *Pat.* Tumor de estructura diversa, pero de forma pediculada, que se forma y crece en las membranas mucosas de diferentes cavidades y principalmente de la nariz y de la vagina y la matriz en la mujer.

polisacárido. m. *Biol.* Hidrato de carbono formado por una larga cadena de monosacáridos; como el almidón, la celulosa y el glucógeno.

polisemia. f. *Gram.* Pluralidad de significados de una palabra.

polisílabo, ba. adj. Aplícase a la palabra que consta de varias sílabas. Ú. t. c. s. m.

polisíndeton. m. *Ret.* Figura que consiste en emplear repetidamente las conjunciones para dar fuerza o energía a la expresión de los conceptos. ❑ pl. *polisíndetos.*

polisón. m. Armazón que, atada a la cintura, se ponían las mujeres para que abultasen los vestidos por detrás.

politécnico, ca. adj. Que abraza muchas ciencias o artes.

politeísmo. m. Doctrina de los que creen en la existencia de muchos dioses.

política. f. Arte, doctrina u opinión referente al gobierno de los Estados. || **2.** Actividad de los que rigen o aspiran a regir los asuntos públicos. || **3.** Orientaciones o directrices que rigen la actuación de una persona o entidad en un asunto o campo determinado.

politicastro. m. despect. Político inhábil, rastrero, mal intencionado, que actúa con fines y medios turbios.

político, ca. adj. Perteneciente o relativo a la doctrina política. || **2.** Perteneciente o relativo a la actividad política. || **3.** Dícese de quien interviene en las cosas del gobierno y negocios del Estado. Ú. t. c. s. || **4.** Aplicado a un nombre significativo de parentesco por consanguinidad, denota el correspondiente parentesco por afinidad. *Padre* POLÍTICO (suegro); *hermano* POLÍTICO (cuñado); *hijo* POLÍTICO (yerno); *hija* POLÍTICA (nuera).

politizar. tr. Dar orientación o contenido político a acciones, pensamientos, etc., que, corrientemente, no lo tienen. Ú. t. c. prnl.

poliuria. f. *Pat.* Secreción y excreción de gran cantidad de orina.

polivalente. adj. **plurivalente,** que posee varios valores. || **2.** *Med.* Dotado de varias valencias o eficacias. Se aplica principalmente a los sueros y vacunas curativos cuando poseen acción contra varios microbios.

póliza. f. Documento justificativo del contrato de seguros, operaciones de bolsa y otras negociaciones comerciales. ‖ **2.** Sello suelto con que se satisface el impuesto del timbre en determinados documentos.

polizón. m. El que se embarca clandestinamente.

polla. f. Gallina nueva, medianamente crecida, que no pone huevos o que hace poco tiempo que ha empezado a ponerlos. ‖ **2.** vulg. y coloq. **pene.** ‖ **de agua.** Ave zancuda, de unos 25 centímetros de longitud, desde la punta del pico hasta la extremidad de la cola, y 50 de envergadura, con plumaje rojizo, verdoso en las partes superiores y ceniciento azulado en las inferiores. Vive en parajes pantanosos y se alimenta de animalillos acuáticos.

pollería. f. Sitio, casa o calle donde se venden gallinas, pollos o pollas y otras aves comestibles.

pollino, na. m. y f. Asno joven y cerril. ‖ **2.** fig. Persona simple, ignorante o ruda. Ú. t. c. adj.

pollo. m. Cría que sacan de cada huevo las aves y particularmente las gallinas. ‖ **2.** fig. y fam. Joven. ‖ **tomatero.** El de gallina, cuando sale de la segunda muda o cambio de pluma.

polo[1]**.** m. Cualquiera de los dos extremos del eje de rotación de una esfera o cuerpo redondeado. ‖ **2.** Región contigua a un **polo** terrestre. ‖ **3.** fig. Marca registrada de un tipo de helado que se come cogiéndolo de un palillo hincado en su base. ‖ **4.** *Electr.* Cada una de las extremidades del circuito de una pila o de ciertas máquinas eléctricas. ‖ **5.** *Fís.* Cualquiera de los dos puntos opuestos de un cuerpo, en los cuales se acumula en mayor cantidad la energía de un agente físico; como el magnetismo en los extremos de un imán. ‖ **antártico.** *Astron.* y *Geogr.* El opuesto al ártico. ‖ **ártico.** *Astron.* y *Geogr.* El de la esfera celeste inmediato a la Osa Menor, y el correspondiente del globo terráqueo. ‖ **austral.** *Astron.* y *Geogr.* **polo antártico.** ‖ **boreal.** *Astron.* y *Geogr.* **polo ártico.** ‖ **magnético.** Cada uno de los puntos del globo terrestre situados en las regiones polares, adonde se dirige naturalmente la aguja imantada. ‖ **negativo.** *Electr.* Extremidad de menor potencial del circuito de una pila o de ciertas máquinas eléctricas, por la que sale la corriente. ‖ **norte.** *Astron.* y *Geogr.* El boreal o ártico. ‖ **positivo.** *Electr.* Extremidad de mayor potencial del circuito de una pila o de ciertas máquinas eléctricas por la que entra la corriente. ‖ **sur.** *Astron.* y *Geogr.* El austral o antártico. ‖ **terrestre.** Cada uno de los dos puntos de intersección del eje de rotación de la Tierra con la superficie de esta.

polo[2]**.** m. Juego practicado entre grupos de jinetes que, con mazas de astiles largos, impulsan una bola de madera hacia una meta. ‖ **2.** Prenda de punto que llega hasta la cintura, con cuello, y abotonada por delante desde arriba hasta la altura del pecho.

pololo. m. Pantalón corto, generalmente bombacho, que usan los niños pequeños. Ú. m. en pl. ‖ **2.** pl. Pantalones bombachos cortos que se ponen debajo de la falda y la enagua, y forman parte de algunos trajes regionales femeninos.

polonio. m. Elemento químico radiactivo de núm. atóm. 84. Metal raro en la corteza terrestre, se encuentra en minerales de uranio. De gran radiotoxicidad, se usa como fuente de radiaciones y en instrumentos de calibración. Símb. *Po.*

poltronería. f. Pereza, haraganería, flojedad o aversión al trabajo.

polución. f. Efusión del semen. ‖ **2.** Contaminación intensa y dañina del agua o del aire, producida por los residuos de procesos industriales o biológicos.

polvareda. f. Cantidad de polvo que se levanta de la tierra, agitada por el viento o por otra causa cualquiera. ‖ **2.** fig. Efecto causado entre las gentes por dichos o hechos que las alteran o apasionan.

polvera. f. Recipiente que sirve para contener los polvos y la borla con que suelen aplicarse.

polvo. m. Parte más menuda y deshecha de la tierra muy seca, que con cualquier movimiento se levanta en el aire. ‖ **2.** Lo que queda de otras cosas sólidas, moliéndolas hasta reducirlas a partes muy menudas. ‖ **3.** En el lenguaje de la droga, heroína. ‖ **4.** Partículas de sólidos que flotan en el aire y se posan sobre los objetos. ‖ **5.** vulg. y coloq. **coito.** Ú. m. en la expresión **echar un polvo.** ‖ **6.** pl. Producto cosmético de diferentes colores que se utiliza para el maquillaje. ‖ **estar** uno **hecho polvo.** fr. fig. y fam. Hallarse sumamente abatido por las adversidades, las preocupaciones o la falta de salud. ‖ **hacerle** a uno **polvo.** fig. y fam. Dejarle muy cansado o abatido. ‖ **2.** fig. y fam. Causarle un gran contratiempo o trastorno. ‖ **hacer morder el polvo** a uno. fr. fig. Rendirle, vencerle en la pelea, matándole o derribándole. ‖ **hacer polvo** una cosa. fr. fig. y fam. Deshacerla o destruirla por completo. ‖ **sacudir el polvo** a uno. fr. fig. y fam. Pegarle.

pólvora. f. Mezcla, por lo común de salitre, azufre y carbón, que a cierto grado de calor se inflama, desprendiendo bruscamente gran cantidad de gases. Empléase casi siempre en granos, y es el principal agente de la pirotecnia. Hoy varía mucho la composición de este explosivo. ‖ **2.** Conjunto de fuegos artificiales que se disparan en una celebración. *Hubo* PÓLVORA *en aquella festividad.* ‖ **no haber inventado uno la pólvora.** fr. fig. y fam. Ser muy corto de alcances.

polvoriento, ta. adj. Que tiene mucho polvo.

polvorín. m. Lugar o edificio convenientemente dispuesto para guardar la pólvora y otros explosivos.

polvorón. m. Torta, comúnmente pequeña, de harina, manteca y azúcar, cocida en horno fuerte y que se deshace en polvo al comerla.

pomada. f. Mixtura de una sustancia grasa y otros ingredientes, que se emplea como cosmético o medicamento.

pomar. m. Sitio, lugar o huerta donde hay árboles frutales, especialmente manzanos.

pomelo. m. En algunas partes, toronja.

pomo. m. Agarrador o tirador de una puerta, cajón, etc., de forma más o menos esférica. ‖ **2.** Frasco o vaso pequeño de vidrio, cristal, porcelana o metal, que sirve para contener y conservar los licores y confecciones olorosas. ‖ **3.** Extremo de la guarnición de la espada, que está encima del puño y sirve para tenerla unida y firme con la hoja. ‖ **4.** *Bot.* Fruto con mesocarpio carnoso y endocarpio coriáceo que contiene varias semillas o pepitas; como la manzana y la pera.

pompa. f. Acompañamiento suntuoso, numeroso y de gran aparato, que se hace en una función, ya sea de regocijo o fúnebre. ‖ **2.** Fausto, vanidad y grandeza. ‖ **3.** Ampolla que forma el agua por el aire que se le introduce. ‖ **de jabón.** Vesícula que por juego forman los muchachos insuflando aire en agua saturada de jabón.

pompis. m. Eufemismo por **culo,** nalgas.

pompón. m. Bola de lana, o de otro género, que se usa como adorno.

pomposo, sa. adj. Ostentoso, magnífico, grave y autorizado. ‖ **2.** fig. Dícese del lenguaje, estilo, etc., ostentosamente adornado.

pómulo. m. Hueso y prominencia de cada una de las mejillas. ‖ **2.** Parte del rostro correspondiente a este hueso.

ponche. m. Bebida que se hace mezclando ron u otro licor espiritoso con agua, limón y azúcar. A veces se le añade té.

poncho. m. Prenda de abrigo, que consiste en una manta, cuadrada o rectangular, de lana de oveja, alpaca, vicuña, o de otro tejido, que tiene en el centro una abertura para pasar la cabeza, y cuelga de los hombros generalmente hasta más abajo de la cintura. ‖ **2.** Especie de capote de monte.

ponderación. f. Atención, consideración, peso y cuidado con que se dice o hace una cosa. ‖ **2.** Exageración de una cosa.

ponderar. tr. fig. Examinar con cuidado algún asunto. ‖ **2.** Exagerar, encarecer.

ponderativo, va. adj. Que pondera o encarece una cosa.

ponedero, ra. adj. Dícese de las aves que ya ponen huevos. ‖ **2.** m. **nidal,** lugar destinado para que pongan huevos las gallinas y otras aves.

ponencia. f. Comunicación o propuesta sobre un tema concreto que se somete al examen y resolución de una asamblea. ‖ **2.** Persona o comisión designada para actuar como ponente.

ponente. adj. Autor de una ponencia.

poner. tr. Colocar en un sitio o lugar una persona o cosa, o disponerla en el lugar o grado que debe tener. Ú. t. c. prnl. ‖ **2.** Disponer una cosa con lo que ha menester para algún fin. PONER *la olla, la mesa.* ‖ **3.** Admitir un supuesto o hipótesis. PONGA-

poner

INDICATIVO

Presente: pongo, pones, pone, ponemos, ponéis, ponen.

Pretérito imperfecto: ponía, ponías, ponía, poníamos, poníais, ponían.

Pretérito indefinido: puse, pusiste, puso, pusimos, pusisteis, pusieron.

Futuro imperfecto: pondré, pondrás, pondrá, pondremos, pondréis, pondrán.

Condicional: pondría, pondrías, pondría, pondríamos, pondríais, pondrían.

SUBJUNTIVO

Presente: ponga, pongas, ponga, pongamos, pongáis, pongan.

Pretérito imperfecto: pusiera o pusiese, pusieras o pusieses, pusiera o pusiese, pusiéramos o pusiésemos, pusierais o pusieseis, pusieran o pusiesen.

Futuro imperfecto: pusiere, pusieres, pusiere, pusiéremos, pusiereis, pusieren.

IMPERATIVO

pon (tú); poned (vosotros).

FORMAS NO PERSONALES

Infinitivo: poner.

Participio: puesto.

Gerundio: poniendo.

MOS *que esto sucedió así.* || **4.** Dejar una cosa a la resolución, arbitrio o disposición de otro. *Yo lo* PONGO *en ti.* || **5.** Escribir una cosa en el papel. || **6.** Soltar o deponer el huevo las aves. Ú. t. c. intr. || **7.** Establecer, instalar. PUSO *un negocio.* || **8.** Representar una obra de teatro o proyectar una película en el cine o en la televisión. || **9.** Hacer la operación necesaria para que algo funcione. PONER *la radio.* || **10.** Tratándose de nombres, motes, etc., aplicarlos a personas o cosas. || **11.** Trabajar para un fin determinado. PONER *de su parte.* || **12.** Exponer una cosa a un agente determinado. *Lo* PUSO *al sol.* || **13.** Exponer a uno a una cosa desagradable o mala. *Le* PUSE *a un peligro, a un desaire.* Ú. t. c. prnl. || **14.** Decir. *¿Qué* PONE *este papel?* Ú. t. c. impers. *¿Qué* PONE *aquí?* || **15.** Con la preposición *a* y el infinitivo de otro verbo, empezar a ejecutar la acción de lo que el verbo significa. PONER A *asar;* PONERSE A *escribir.* || **16.** prnl. Vestirse o ataviarse. PONTE *bien, que es día de fiesta.* || **17.** Mancharse o llenarse. PONERSE *de lodo, de tinta.* || **18.** Hablando de los astros, ocultarse debajo del horizonte. || **19.** Llegar a un lugar determinado. SE PUSO *en Toledo en seis horas de viaje.* || **poner** a uno **a parir.** Tratar mal de palabra a una persona o censurarla agriamente en su ausencia. || **poner colorado** a uno. fr. fig. y fam. Avergonzarle. Ú. t. c. prnl. || **poner en claro.** fr. Averiguar o explicar con claridad alguna cosa intrincada o confusa. || **ponerse al corriente.** fr. Enterarse, adquirir el conocimiento necesario. || **ponerse** uno **bien.** Recuperar la salud, reponerse de una enfermedad. || **ponerse de largo.** fr. Vestir una jovencita las galas de mujer y presentarse así ataviada en sociedad. || **ponerse rojo.** fr. fig. Ruborizarse, sentir vergüenza. || **poner tibio** a uno. loc. fig. y fam. Hablar mal de él o reprenderle ásperamente. ❑ Irreg. Ver conjugación modelo; p. p. irreg. *puesto.*

póney. m. **poni.**

poni. m. Nombre que se da a determinados caballos de raza de poca alzada.

poniente. n. p. m. Occidente, punto cardinal. || **2.** m. Viento que sopla de la parte occidental.

pontevedrés, sa. adj. Natural de Pontevedra. Ú. t. c. s. || **2.** Perteneciente o relativo a esta ciudad o a su provincia.

pontificado. m. Dignidad de pontífice. || **2.** Tiempo en que cada uno de los sumos pontífices ostenta esta dignidad.

pontifical. adj. Perteneciente o relativo al sumo pontífice. || **2.** Perteneciente o relativo a un obispo o arzobispo.

pontificar. intr. Celebrar funciones litúrgicas con rito pontifical. || **2.** fig. Presentar como innegables dogmas o principios sujetos a examen. || **3.** fig. Exponer opiniones con tono dogmático y suficiente.

pontífice. m. Magistrado sacerdotal que presidía los ritos y ceremonias religiosas en la antigua Roma. || **2.** Obispo o arzobispo de una diócesis. || **3.** Por antonom., prelado supremo de la Iglesia católica romana. ❑ Ú. comúnmente con los calificativos *sumo* o *romano.*

pontificio, cia. adj. Perteneciente o relativo al pontífice.

ponto. m. poét. **mar,** masa de agua salada en el planeta terrestre.

pontón. m. Barco chato, para pasar los ríos o construir puentes, y en los puertos para limpiar su fondo con el auxilio de algunas máquinas. || **2.** Puente formado de maderos o de una sola tabla.

ponzoña. f. Sustancia que tiene en sí cualidades nocivas a la salud, o destructivas de la vida.

pop. adj. invar. Dícese de un cierto tipo de música ligera y popular derivado de estilos musicales negros y de la música folclórica británica. Ú. t. c. s. m.

popa. f. Parte posterior de una embarcación.

pope. m. Sacerdote de la Iglesia ortodoxa griega.

popelín. m. **popelina.**

popelina. f. Cierta tela delgada, distinta de la papelina[1].

poplíteo, a. adj. *Anat.* Perteneciente a la corva. *Músculo* POPLÍTEO; *arteria* POPLÍTEA.

populachero, ra. adj. Perteneciente o relativo al populacho. *Costumbres, demostraciones* POPULACHERAS.

populacho. m. Lo ínfimo de la plebe.

popular. adj. Perteneciente o relativo al pueblo. || **2.** Propio de las clases sociales menos favorecidas. || **3.** Que está al alcance de los menos dotados económica o culturalmente. || **4.** Que es estimado o, al menos, conocido por el público en general. || **5.** Dicho de una forma de cultura, que el pueblo considera propia y constitutiva de su tradición.

popularidad. f. Aceptación y aplauso que uno tiene en el pueblo.

popularismo. m. Tendencia o afición a lo popular en formas de vida, arte, literatura, etc.

popularizar. tr. Acreditar a una persona o cosa, extender su estimación en el concepto público. Ú. t. c. prnl. || **2.** Dar carácter popular a una cosa. Ú. t. c. prnl.

populoso, sa. adj. Aplícase a la provincia, ciudad, villa o lugar que está muy poblado.

popurrí. m. Mezcolanza de cosas diversas, cajón de sastre. || **2.** *Mús.* Composición musical formada de fragmentos o temas de obras diversas. ❑ pl. *popurrís.*

poquedad. f. Escasez, miseria, corta cantidad de una cosa. ‖ **2.** Timidez, pusilanimidad y falta de espíritu. ‖ **3.** Cosa de ningún valor o de poca entidad.

póquer. m. Juego de naipes en que cada jugador recibe cinco; es juego de envite, y gana el que reúne la combinación superior de las varias establecidas.

por. prep. con que se indica la persona agente en las oraciones en pasiva. ‖ **2.** Se junta con los nombres de lugar para determinar tránsito por ellos. *Ir a Toledo* POR *Illescas.* ‖ **3.** Se junta con nombres de lugar para indicar localización aproximada. *Ese pueblo está* POR *Toledo.* ‖ **4.** Indica parte o lugar concreto. *Agarré a Juan* POR *el brazo.* ‖ **5.** Se junta con los nombres de tiempo, determinándolo. POR *San Juan;* POR *agosto.* ‖ **6.** En clase o calidad de. *Recibir* POR *esposa.* ‖ **7.** Ú. para denotar la causa. POR *una delación la detuvieron; cerrado* POR *vacaciones.* ‖ **8.** Ú. para denotar el medio de ejecutar una cosa. POR *señas;* POR *teléfono.* ‖ **9.** Denota el modo de ejecutar una cosa. POR *fuerza;* POR *todo lo alto;* POR *las buenas.* ‖ **10.** Ú. para denotar el precio o cuantía. POR *cien duros lo compré;* POR *la casa me ofrece la huerta.* ‖ **11.** A favor o en defensa de alguno. POR *él daré la vida.* ‖ **12. en lugar de.** *Tiene sus maestros* POR *padres.* ‖ **13.** En juicio u opinión de. *Tener* POR *santo; dar* POR *buen soldado.* ‖ **14.** Denota multiplicación de números. *Tres* POR *cuatro, doce.* ‖ **15.** También denota proporción. *A tanto* POR *ciento.* ‖ **16.** Denota idea de compensación o equivalencia. *Lo uno* POR *lo otro; comido* POR *servido.* ‖ **17.** En orden a, o acerca de. *Se alegaron varias razones* POR *una y otra sentencia.* ‖ **18. a través.** POR *el ojo de una aguja;* POR *un colador.* ‖ **19. sin,** cuando equivale a carencia o falta. *Esto está* POR *pulir. Quedan plazas* POR *cubrir.* ‖ **20.** Se pone muchas veces en lugar de la preposición *a* y el verbo *traer* u otro, supliendo su significación. *Ir* POR *leña,* POR *vino,* POR *pan.* ‖ **21.** Con el infinitivo de algunos verbos, **para.** POR *no incurrir en la censura.* ‖ **22.** Con el infinitivo de otros verbos, denota la acción futura de estos mismos verbos. *Está* POR *venir,* POR *llegar; la sala está* POR *barrer.* ‖ **23.** Detrás de un verbo, y delante del infinitivo de ese mismo verbo, significa falta de utilidad. *Comer* POR *comer; barrió* POR *barrer; lo está planchando* POR *planchar.* ‖ **24.** Precedida de *no,* o seguida de un adjetivo o un adverbio y de *que,* tiene sentido concesivo NO POR *mucho pintarte estarás más guapa;* POR *atrevido* QUE *sea no lo hará.* ‖ **por que.** loc. conjunt. final. **porque, para que.** *Hice cuanto pude* POR QUE *no llegara este caso.* ‖ **por qué.** loc. adv. interrog. Por cuál razón, causa o motivo. ❑ Ú. con interrogación y sin ella. ¿POR QUÉ *te agrada la compañía de un hombre como ese? No acierto a explicarme* POR QUÉ *le tengo tanto cariño.* ‖ También se emplea la forma **por** con este sentido de **¿por qué?** en el lenguaje familiar. ‖ **por si. por si acaso.**

porcelana. f. Especie de loza fina, transparente, clara y lustrosa, inventada en la China e imitada en Europa. ‖ **2.** Vasija o figura de **porcelana.**

porcelanita. f. Roca compacta, frágil, brillante y listada de diversos colores, que procede de arcillas o pizarras tostadas por el calor de las minas de carbón incendiadas y por la influencia de las rocas volcánicas.

porcentaje. m. **tanto por ciento.**

porcentual. adj. Dícese de la composición, distribución, etc., calculadas o expresadas en tantos por ciento.

porche. m. Soportal, cobertizo. ‖ **2.** Espacio alto y por lo común enlosado que hay delante de algunos templos y palacios.

porcicultura. f. Arte de criar cerdos.

porcino, na. adj. Perteneciente al puerco. ‖ **2.** m. Puerco pequeño.

porción. f. Cantidad segregada de otra mayor. ‖ **2.** fig. Cantidad que corresponde a cada partícipe en un reparto o distribución.

pordiosero, ra. adj. Dícese del mendigo que pide limosna. Ú. t. c. s.

porfía. f. Acción de porfiar.

porfiar. intr. Disputar y altercar obstinadamente y con tenacidad. ‖ **2.** Continuar insistentemente una acción para el logro de un intento en que se halla resistencia. PORFIAR *en abrir la puerta.*

pórfido. m. Roca compacta y dura, formada por una sustancia amorfa, ordinariamente de color oscuro y con cristales de feldespato y cuarzo.

porfina. f. *Quím.* Núcleo tetrapirrólico cíclico que origina las porfirinas por sustitución en los átomos de carbono de los pirroles.

porfirina. f. *Biol.* y *Quím.* Anillo de porfina sustituido. Se encuentra unido a elementos metálicos como hierro o magnesio en sustancias de gran interés biológico, v. gr., hemoglobinas, clorofilas, etc.

pormenor. m. Conjunto de circunstancias menudas y particulares de una cosa. Ú. m. en pl. *No entro en los* PORMENORES *de esta acción.* ‖ **2.** Cosa o circunstancia secundaria en un asunto.

pormenorizar. tr. Describir o enumerar minuciosamente.

porno. adj. fam. **pornográfico.** *Una película* PORNO.

pornografía. f. Carácter obsceno de obras literarias o artísticas. ‖ **2.** Obra literaria o artística de este carácter.

pornográfico, ca. adj. Dícese del autor de obras obscenas. ‖ **2.** Perteneciente o relativo a la pornografía.

poro. m. Espacio que hay entre las moléculas de los cuerpos. ‖ **2.** Intersticio que hay entre las partículas de los sólidos de estructura discontinua. ‖ **3.** Orificio, por su pequeñez invisible a simple vista, que hay en la superficie de los animales y de los vegetales.

poroso, sa. adj. Que tiene poros.

porque. conj. causal. Por causa o razón de que. *No pudo asistir* PORQUE *estaba ausente;* PORQUE *es rico no quiere estudiar.* ❑ No confundir con *porqué* ni con *por que.*

porqué. m. fam. Causa, razón o motivo. ❑ No confundir con *porque* ni con *por qué.*

porquería. f. fam. Suciedad, inmundicia o basura. ‖ **2.** fig. y fam. Cosa vieja, rota o que no desempeña su función como debiera. ‖ **3.** fig. y fam. Acción sucia o indecente. ‖ **4.** fig. y fam. Cualquier cortedad o cosa de poco valor. ‖ **5.** fig. y fam. Comida de poco valor nutritivo o indigesta.

porqueriza. f. Sitio o pocilga donde se crían y recogen los puercos.

porra. f. **cachiporra.** ‖ **2.** Por ext., instrumento de forma análoga, de diversas materias, usado por algunos cuerpos encargados de vigilancia, tráfico, etc. ‖ **3.** Fruta de sartén semejante al churro, pero más gruesa. ‖ **a la porra.** fig. y fam. **a paseo.** ‖ **¡porra!** o **¡porras!** interj. fam. de disgusto o enfado.

porrazo. m. Golpe que se da con la porra. ‖ **2.** El que se recibe por una caída, o por topar con un cuerpo duro.

porreta (en) o **porretas (en).** loc. adv. fam. **en cueros.**

porrillo (a). loc. adv. fam. En abundancia, copiosamente.

porro. m. Cigarrillo de hachís o marihuana mezclado con tabaco.

porrón. m. Redoma de vidrio muy usada en algunas provincias para beber vino a chorro por el largo pitón que tiene en la panza.

porta-. elem. compos. que significa persona, artefacto, utensilio, etc., que sirve para sostener o llevar una cosa: PORTA*estandarte,* PORTA*caja.*

portaaviones. m. Buque de guerra dotado de las instalaciones necesarias para el transporte, despegue y aterrizaje de aparatos de aviación.

portada. f. Ornato de arquitectura que se hace en las fachadas principales de los edificios suntuosos. ‖ **2.** Primera plana de los libros impresos, en que se pone el título del libro, el nombre del autor y el lugar y año de la impresión. ‖ **3.** fig. Frontispicio o cara principal de cualquier cosa.

portadilla. f. *Impr.* En el interior de una obra dividida en varias partes, hoja en que solo se pone el título de la parte inmediata siguiente.

portador, ra. adj. Que lleva o trae una cosa de una parte a otra. Ú. t. c. s. ‖ **2.** m. y f. Persona sana, enferma o convaleciente, que lleva en su cuerpo el germen de una enfermedad y la propaga. ‖ **3.** m. *Com.* Tenedor de efectos públicos o valores comerciales que no son nominativos, sino que están emitidos a favor de quienquiera que sea poseedor de ellos. Ú. m. en la expr. *al portador.*

portaequipaje o **portaequipajes.** m. Espacio que, cubierto por una tapa, suelen tener los automóviles de turismo para guardar la rueda de repuesto, las herramientas, el equipaje, etc. ‖ **2.** Artefacto en forma de parrilla, que se coloca sobre el techo del automóvil para llevar maletas y otros bultos.

portafolio o **portafolios.** m. Cartera de mano, para llevar libros, papeles, etc.

portal. m. Zaguán o primera pieza de la casa, por donde se entra a las demás, y en la cual está la puerta principal. ‖ **2.** Pieza inmediata a la puerta de entrada en una casa de vecinos que sirve de paso para acceder a las distintas viviendas. ‖ **3. soportal,** atrio cubierto. ‖ **4.** Pórtico de un templo o de un edificio suntuoso. ‖ **5.** Nacimiento, belén.

portalámpara o **portalámparas.** m. Parte metálica destinada a recibir el casquillo y asegurar la conexión de la lámpara con el circuito eléctrico.

portalón. m. Puerta grande que hay en los palacios antiguos y cierra no la casa, sino un patio descubierto.

portaminas. m. Instrumento de metal, madera o plástico, que contiene minas de recambio y se utiliza como lápiz.

portamonedas. m. Bolsita o cartera comúnmente con cierre, para llevar dinero a mano.

portante. m. Andares y piernas del hombre. ‖ **coger el portante.** fr. fig. y fam. **tomar el portante.** ‖ **tomar el portante.** fr. fig. y fam. Irse, marcharse.

portaobjeto o **portaobjetos.** m. Pieza del microscopio, o lámina adicional en que se coloca el objeto para observarlo.

portar. tr. ant. Llevar o traer. ‖ **2.** prnl. Actuar o proceder de la manera que el adverbio o la expresión adverbial indique. PORTARSE *mal;* SE PORTÓ *como un hombre;* ME PORTÉ *con frialdad.*

portarretrato. m. Marco de metal, madera, cuero u otro material que se usa para colocar retratos en él.

portátil. adj. Movible y fácil de transportar.

portavoz. m. fig. El que por tener autoridad en una escuela, secta u otra colectividad suele representarla o llevar su voz. ‖ **2.** fig. Funcionario autorizado para divulgar de manera oficiosa, lo que piensa un gobierno acerca de un asunto determinado.

portazo. m. Golpe recio que se da con la puerta, o el que esta da movida por el viento.

porte. m. Acción de portear. ‖ **2.** Cantidad que se da o paga por llevar o transportar una cosa de un lugar a otro. ‖ **3.** Con referencia a edificios y vehículos, tamaño, capacidad. ‖ **4.** Modo de gobernarse y portarse en conducta y acciones. ‖ **5.** Grandeza, cabida o capacidad de una cosa.

portear. tr. Conducir o llevar de una parte a otra una cosa por el porte o precio convenido o señalado.

portento. m. Cualquier cosa, acción o suceso singular que por su extrañeza o novedad causa admiración o terror. ‖ **2.** Persona admirable por alguna condición.

portentoso, sa. adj. Singular, extraño y que por su novedad causa admiración, terror o pasmo.

porteño, ña. adj. Aplícase a naturales de diversas ciudades de España y América en las que hay puerto. Ú. t. c. s. ‖ **2.** Perteneciente o relativo a estas ciudades. ‖ **3.** Perteneciente a la ciudad argentina de Buenos Aires. ‖ **4.** Natural de esta ciudad. Ú. t. c. s.

portería. f. Pabellón, garita o pieza del zaguán de los edificios o establecimientos públicos o particulares, desde donde el portero vigila la entrada y salida de las personas, vehículos, etc. ‖ **2.** Empleo u oficio de portero. ‖ **3.** Su habitación. ‖ **4.** En el juego del fútbol y otros semejantes, marco rectangular formado por dos postes y un larguero, por el cual ha de entrar el balón o la pelota para marcar tantos.

portero, ra. m. y f. Persona que en las casas de vecinos, tiene a su cargo el guardar, cerrar y abrir el portal y vigilar la entrada y salida de personas, limpiar la entrada, escalera, etc. ‖ **2.** Funcionario subalterno encargado de la vigilancia, limpieza, servicios auxiliares, etc., en oficinas públicas. ‖ **3.** Jugador que en algunos deportes defiende la portería de su bando. ‖ **automático** o **eléctrico.** Mecanismo eléctrico para abrir los portales en las casas de vecinos desde el interior de las viviendas. Va auxiliado por un sistema telefónico que permite saber quién llama.

porticado, da. adj. Dícese de la construcción que tiene soportales.

pórtico. m. Sitio cubierto y con columnas que se construye delante de los templos u otros edificios suntuosos. ‖ **2.** Galería con arcadas o columnas a lo largo de un muro de fachada o de patio.

portilla. f. *Mar.* Cada una de las aberturas pequeñas y de forma varia que se hacen en los costados de los buques, las cuales, cerradas con un cristal grueso, sirven para dar claridad y ventilación a los diversos compartimientos.

portillo. m. Abertura que hay en las murallas, paredes o tapias. ‖ **2.** Postigo o puerta chica en otra mayor. ‖ **3.** fig. Mella o hueco que queda en una cosa.

portor. m. En el mundo del circo, acróbata que sostiene o recibe a sus compañeros, ya sea en los equilibrios de tierra, ya en los ejercicios aéreos.

portorriqueño, ña. adj. **puertorriqueño.** Apl. a pers., ú. t. c. s.

portuario, ria. adj. Perteneciente o relativo al puerto de mar o a las obras del mismo.

portuense. adj. Natural de cualquier población denominada Puerto. Ú. t. c. s.

portugalujo, ja. adj. Natural de Portugalete, villa de Vizcaya. Ú. t. c. s.

portugués, sa. adj. Natural de Portugal. Ú. t. c. s. ‖ **2.** Perteneciente o relativo a esta nación europea. ‖ **3.** m. Lengua **portuguesa.**

portuguesismo. m. Voz o giro propio de la lengua portuguesa.

portulano. m. Colección de planos de varios puertos, encuadernada en forma de atlas.

porvenir. m. Suceso o tiempo futuro.

pos. adv. **detrás.** ❑ Ú. solo en la loc. adv. **en pos.**

pos-. pref. que significa «detrás de» o «después de»: POS*bélico*, POS*poner*, POS*tónico*; a veces conserva la forma latina **post-:** POST*dorsal*, POST*fijo*.

posada. f. Lugar donde por precio se hospedan o albergan personas, en especial arrieros, viajantes, campesinos, etc.

posaderas. f. pl. Nalgas.

posar[1]**.** intr. Hablando de las aves u otros animales que vuelan, o de aviones o aparatos astronáuticos, asentarse en un sitio o lugar o sobre una cosa después de haber volado. Ú. t. c. prnl. ‖ **2.** tr. Poner suavemente. ‖ **3.** prnl. Depositarse en el fondo las partículas sólidas que están en suspensión en un líquido, o caer el polvo sobre las cosas o en el suelo.

posar[2]**.** intr. Permanecer en determinada postura para retratarse o para servir de modelo a un pintor o escultor.

posavasos. m. Soporte de cualquier material, utilizado para que los vasos de bebida no dejen huella en la mesa.

posdata. f. Lo que se añade a una carta ya concluida y firmada. Díjose así porque la fecha o data se ponía al fin de la carta.

pose. f. Postura poco natural, y por ext., afectación en la manera de hablar y comportarse.

poseedor, ra. adj. Que posee. Ú. t. c. s.

poseer. tr. Tener uno en su poder una cosa. ‖ **2.** Tener un hombre relación carnal con una mujer. ‖ **estar poseído** uno. fr. Estar penetrado de una idea o pasión. ❑ Irreg. Se conj. como *leer;* doble p. p.: *poseído* (reg.) y *poseso* (irreg.). *Poseso,* ú. como participio con complementos agentes.

poseído, da. adj. **poseso.** Ú. t. c. s.

posesión. f. Acto de poseer o tener una cosa corporal con ánimo de conservarla para sí o para otro; y por ext., se dice también de las cosas incorpóreas, las cuales en rigor no se poseen. ‖ **2.** Apoderamiento del espíritu de una persona por otro espíritu. ‖ **3.** Cosa poseída. Dícese principalmente de las fincas rústicas. *Antonio tiene muchas* POSESIONES. ‖ **4.** Territorio situado fuera de las fronteras de una nación, pero que le pertenece por convenio, ocupación o conquista. Ú. m. en pl. *Las* POSESIONES *de ultramar.*

posesionar. tr. Poner en posesión de una cosa. Ú. m. c. prnl.

posesivo, va. adj. Perteneciente o relativo a la posesión. ‖ **2.** *Gram.* V. **adjetivo, pronombre posesivo.** Ú. t. c. s.

poseso, sa. p. p. irreg. de **poseer.** Ú. como participio con complementos agentes. ‖ **2.** adj. Dícese de la persona que padece posesión o apoderamiento de algún espíritu. Ú. t. c. s.

posguerra. f. Tiempo inmediato a la terminación de una guerra y durante el cual subsisten las perturbaciones ocasionadas por la misma.

posibilidad. f. Aptitud, potencia u ocasión para ser o existir las cosas. ‖ **2.** Aptitud o facultad para hacer o no hacer una cosa. ‖ **3.** Medios disponibles, hacienda propia. Ú. m. en pl.

posibilitar. tr. Facilitar y hacer posible una cosa dificultosa y ardua.

posible. adj. Que puede ser o suceder. ‖ **2.** Que se puede ejecutar. ‖ **3.** m. pl. Bienes, rentas o medios que uno posee o goza. *Mis* POSIBLES *no alcanzan a eso.* Ú. t. en sing. ‖ **hacer** uno **lo posible,** o **todo lo posible.** fr. No omitir circunstancia ni diligencia alguna para el logro de lo que intenta o le ha sido encargado.

posición. f. Postura, actitud o modo en que alguno o algo está puesto. ‖ **2.** Categoría o condición social de cada persona respecto de las demás. ‖ **3.** Situación o disposición. *Las* POSICIONES *de la esfera.* ‖ **4.** fig. Actitud o manera de pensar, obrar o conducirse respecto de cierta cosa. ‖ **5.** *Mil.* Punto fortificado o naturalmente ventajoso para los lances de la guerra.

positivismo. m. Actitud práctica. ‖ **2.** Sistema filosófico que admite únicamente el método experimental y rechaza toda noción a priori y todo concepto universal y absoluto.

positivo, va. adj. Cierto, efectivo, verdadero y que no ofrece duda. ‖ **2.** Aplícase a lo que es útil o práctico. ‖ **3.** Aplícase al derecho o ley divina o humana promulgados, en contraposición principalmente del natural. ‖ **4.** *Fotogr.* Se aplica a las copias fotográficas en que los claros y oscuros no aparecen invertidos, sino como se ven en la realidad. Ú. t. c. s. ‖ **5.** *Lóg.* Afirmativo, en contraposición de negativo. ‖ **6.** *Mat.* Dícese de lo que tiene valor mayor que cero o está precedido por el signo (+). ‖ **7.** *Fís.* Dícese de una de dos características opuestas, elegida por convención. *Polo* POSITIVO.

positrón. m. *Fís.* Partícula elemental con carga eléctrica igual a la del electrón, pero positiva. Es la antipartícula del electrón.

poso. m. Sedimento del líquido contenido en una vasija.

posología. f. *Med.* Parte de la terapéutica, que trata de las dosis en que deben administrarse los medicamentos.

posponer. tr. Poner o colocar a una persona o cosa después de otra. ‖ **2.** fig. Apreciar a una persona o cosa menos que a otra; darle inferior lugar en el juicio y la estimación. ❑ Irreg. Se conj. como *poner;* p. p. irreg. *pospuesto.*

pospuesto, ta. p. p. irreg. de **posponer.**

post-. V. **pos-.**

posta. f. Conjunto de caballerías que se apostaban en los caminos a distancia de dos o tres leguas, para que los tiros, los correos, etc., pudiesen ser renovados. ‖ **2.** Casa o lugar donde están las **postas.** ‖ **3.** Bala pequeña de plomo, mayor que los perdigones, que sirve de munición para cargar las armas de fuego. ‖ **a posta.** loc. adv. fam. **aposta.**

postal. adj. Concerniente al ramo de correos. *Servicio* POSTAL. ‖ **2.** V. **tarjeta postal.** Ú. t. c. s. f.

postdata. f. **posdata.**

poste. m. Madero, piedra o columna colocada verticalmente para servir de apoyo o de señal. ‖ **2.** Cada uno de los dos palos verticales de la portería del fútbol y de otros deportes.

postema. f. *Pat.* Absceso supurado.

póster. m. Cartel que se cuelga en la pared como elemento decorativo.

postergar. tr. Hacer sufrir atraso, dejar atrasada una cosa, ya sea respecto del lugar que debe ocupar, ya del tiempo en que había de tener su efecto. ‖ **2.** Tener en menos o apreciar a una persona o cosa menos que a otra.

posteridad. f. Fama póstuma. ‖ **2.** El tiempo futuro.

posterior. adj. Que fue o viene después. ‖ **2.** Que está o queda detrás.

postigo. m. Puerta chica abierta en otra mayor.

‖ **2.** Cada una de las puertecillas que hay en las ventanas o puertaventanas. ‖ **3.** Tablero sujeto con bisagras o goznes en el marco de una puerta o ventana para cubrir cuando conviene la parte encristalada.

postilla. f. **costra.**

postín. m. Presunción afectada o sin fundamento. ‖ **de postín.** Lujoso, distinguido.

postizo, za. adj. Que no es natural ni propio, sino agregado, imitado, fingido o sobrepuesto. ‖ **2.** m. Entre peluqueros, añadido o tejido de pelo que sirve para suplir la falta o escasez de este.

postmeridiano, na. adj. Perteneciente o relativo a la tarde, o que es después de mediodía.

postónico, ca. adj. *Pros.* Dícese de los elementos de la palabra que están después de la sílaba tónica. *Vocal, sílaba* POSTÓNICA.

postoperatorio, ria. adj. Dícese de lo que se produce o aplica después de una operación quirúrgica. Ú. t. c. s. m.

postor. m. El que ofrece precio en una subasta o almoneda.

postración. f. Abatimiento por enfermedad o aflicción.

postrar. tr. Enflaquecer, debilitar, quitar el vigor y fuerzas a uno. Ú. t. c. prnl. ‖ **2.** prnl. Arrodillarse o ponerse a los pies de alguien, humillándose o en señal de respeto, veneración o ruego.

postre. m. Fruta, dulce u otras cosas que se sirven al fin de las comidas o banquetes. ‖ **a la postre,** o **al postre.** loc. adv. A lo último, al fin.

postrero, ra. adj. Último en una lista o serie. ❑ Ante nombre masculino se emplea *postrer.*

postrimería. f. Período último de la duración de una cosa. Ú. m. en pl. *En las* POSTRIMERÍAS *del siglo pasado.*

post scríptum. loc. lat. que se usa como sustantivo masculino, equivalente a **postdata.**

postulado. m. Proposición cuya verdad se admite sin pruebas y que es necesaria para servir de base en ulteriores razonamientos. ‖ **2.** *Geom.* Supuesto que se establece para fundar una demostración.

postulante. adj. Que postula. Ú. t. c. s. ‖ **2.** com. *Amér.* Candidato, aspirante a un cargo.

postular. tr. Pedir, pretender. ‖ **2.** Pedir por la calle en una colecta.

póstumo, ma. adj. Que sale a la luz después de la muerte del padre o autor. *Hijo* PÓSTUMO; *obra* PÓSTUMA. ‖ **2.** Dícese de los elogios, honores, etc., que se tributan a un difunto.

postura. f. Planta, acción, figura, situación o modo en que está puesta una persona, animal o cosa. ‖ **2.** Precio que el comprador ofrece por una cosa que se vende o arrienda, particularmente en almoneda o por justicia. ‖ **3.** En los juegos de azar, cantidad que arriesga un jugador en cada suerte. ‖ **4.** fig. Posición o actitud que alguien adopta respecto de algún asunto.

postverbal. adj. *Gram.* Dícese de la palabra que se deriva de una forma verbal; así, *llamada* de *llamar.* Ú. t. c. s.

potabilizar. tr. Hacer potable.

potable. adj. Que se puede beber. ‖ **2.** fig. y fam. Pasable, aceptable.

potaje. m. Caldo de olla u otro guisado. ‖ **2.** Por antonom., guiso hecho con legumbres, verduras y otros ingredientes que se come especialmente los días de abstinencia.

potasa. f. *Quím.* Óxido de potasio, base salificable, delicuescente.

potásico, ca. adj. *Quím.* Perteneciente o relativo al potasio.

potasio. m. Elemento químico de núm. atóm. 19. Metal muy abundante en la corteza terrestre; se encuentra en forma de sales, generalmente silicatos, en muchos minerales y en el agua del mar. De color blanco argénteo, blando y con punto de fusión muy bajo; su hidróxido, la potasa, era conocido de antiguo como el álcali vegetal. Es un oligoelemento fundamental en el metabolismo celular, y algunos de sus derivados se usan como fertilizantes. Símb. *K,* del lat. *kalium.*

pote. m. Vasija redonda, generalmente de hierro, panza abultada y boca ancha y con tres pies, que suele tener dos asas pequeñas, una a cada lado, y otra grande en forma de semicírculo. Sirve para guisar. ‖ **2.** Comida equivalente en Galicia y Asturias a la olla de Castilla.

potencia. f. Capacidad para ejecutar una cosa o producir un efecto. POTENCIA *auditiva, visiva.* ‖ **2.** Capacidad generativa. ‖ **3.** Poder y fuerza, especialmente de un Estado. ‖ **4.** Nación o Estado soberano. ‖ **5.** *Fil.* Por antonom., cualquiera de las tres facultades del alma: entendimiento, voluntad y memoria. ‖ **6.** *Fil.* Capacidad pasiva para recibir el acto; capacidad de llegar a ser. ‖ **7.** *Fís.* Energía que suministra un generador en cada unidad de tiempo. ‖ **8.** *Mat.* Producto que resulta de multiplicar una cantidad o expresión por sí misma una o más veces.

potencial. adj. Que tiene o encierra en sí potencia, o perteneciente a ella. ‖ **2.** Que puede suceder o existir, en contraposición de lo que existe. ‖ **3.** m. Fuerza o poder disponibles de determinado orden. POTENCIAL *militar, económico, industrial,* etc. ‖ **4.** *Electr.* Energía eléctrica acumulada en un cuerpo conductor y que se mide en unidades de trabajo. ‖ **5.** *Gram.* **modo potencial.**

potenciar. tr. Comunicar potencia a una cosa o incrementar la que ya tiene.

potentado. m. Cualquier monarca, príncipe o persona poderosa y opulenta.

potente. adj. Que tiene poder, eficacia o virtud para una cosa. ‖ **2.** Dícese del que tiene grandes riquezas. ‖ **3.** Dícese del hombre capaz de engendrar.

potestad. f. Dominio, poder, jurisdicción o facultad que se tiene sobre una cosa. ‖ **patria potestad.** Autoridad que los padres tienen, con arreglo a las leyes, sobre sus hijos no emancipados.

potestativo, va. adj. Que está en la facultad o potestad de uno.

potingue. m. fam. y fest. Cualquier bebida de botica o de aspecto y sabor desagradable. ‖ **2.** fam. fest. Cualquier producto cosmético, especialmente las cremas. Ú. m. en pl. *Usa muchos* POTINGUES *para que no le salgan arrugas.*

potito. m. Alimento envasado y preparado a modo de puré, para niños de corta edad.

potosí. m. fig. Riqueza extraordinaria. ❑ pl. *potosíes* o *potosís.*

potra[1]. f. Yegua desde que nace hasta que muda los dientes de leche, que, generalmente, es a los cuatro años y medio de edad.

potra[2]. f. fig. y fam. Buena suerte.

potranco. m. Caballo que no tiene más de tres años.

potro. m. Caballo desde que nace hasta que muda los dientes de leche, que, generalmente, es a los cuatro años y medio de edad. ‖ **2.** Aparato gimnástico formado por cuatro patas y un paralelepípedo forrado de cuero u otro material, sostenido por ellas. ‖ **3.** Aparato de madera en el cual sentaban a los procesados, para obligarles a declarar por medio del tormento.

poyo. m. Banco de piedra, yeso u otra materia, que ordinariamente se fabrica arrimado a las paredes, junto a las puertas de las casas de campo, en los zaguanes y otras partes.

poza. f. Charca o concavidad en que hay agua detenida. ‖ **2.** Sitio o lugar donde el río es más profundo.

pozo. m. Hoyo que se excava en la tierra hasta encontrar agua. ‖ **2.** Hoyo profundo, aunque esté seco. ‖ **3.** Sitio o lugar en donde los ríos tienen mayor profundidad. En algunas partes los hacen artificiales, para pescar salmones. ‖ **artesiano. pozo** de gran profundidad, para que el agua contenida entre dos capas subterráneas impermeables encuentre salida y suba naturalmente a mayor o menor altura del suelo. ‖ **de petróleo.** Perforación profunda hecha para localizar o extraer petróleo. ‖ **negro.** El que para depósito de aguas inmundas se hace junto a las casas, cuando no hay alcantarillas.

práctica. f. Ejercicio de cualquier arte o facultad, conforme a sus reglas. ‖ **2.** Destreza adquirida con este ejercicio. ‖ **3.** Uso continuado, costumbre o estilo de una cosa. ‖ **4.** Modo o método que particularmente observa uno en sus operaciones. ‖ **5.** Ejercicio que bajo la dirección de un maestro y por cierto tiempo tienen que hacer algunos para habilitarse y poder ejercer públicamente su profesión. Ú. m. en pl. ‖ **en la práctica.** loc. adv. Casi en realidad.

prácticamente. adv. m. Experimentadamente, con uso y ejercicio de algo. *A cocinar se aprende* PRÁCTICAMENTE. ‖ **2. en la práctica,** casi en la realidad. Ú. con frecuencia opuesto a teóricamente. *La cueva que descubrieron es* PRÁCTICAMENTE *inaccesible.* ‖ **3.** adv. c. Casi, por poco. *Ya tengo la casa* PRÁCTICAMENTE *arreglada.*

practicante. adj. Que practica. ‖ **2.** Aplícase a la persona que practica y profesa su religión. Ú. t. c. s. ‖ **3.** com. Persona que posee título para el ejercicio de la cirugía menor.

practicar. tr. Ejercitar, poner en práctica una cosa que se ha aprendido y especulado. ‖ **2.** Ejecutar, hacer, llevar a cabo. PRACTICAR *diligencias,* PRACTICAR *una operación quirúrgica,* PRACTICAR *un orificio.* ‖ **3.** Profesar, llevar a la práctica las normas y preceptos de una determinada religión. ‖ **4.** Ensayar, entrenar, repetir algo varias veces para perfeccionarlo. Ú. t. c. intr. *Tendrás que* PRACTICAR *más si quieres la medalla de oro.*

práctico, ca. adj. Perteneciente a la práctica. ‖ **2.** Dícese de lo que comporta utilidad o produce provecho material inmediato. ‖ **3.** m. *Mar.* El que por el conocimiento del lugar en que navega dirige el rumbo de las embarcaciones, llamándose **de costa** o **de puerto,** respectivamente, según sea en una o en otro donde ejerce su profesión.

pradera. f. Conjunto de prados. ‖ **2.** Prado grande. ‖ **3.** Lugar del campo llano y con hierba.

prado. m. Tierra muy húmeda o de regadío, en la cual se deja crecer o se siembra la hierba para pasto de los ganados.

pragmática. f. Disciplina que estudia el lenguaje en su relación con los usuarios y las circunstancias de la comunicación.

pragmático, ca. adj. Perteneciente o relativo al pragmatismo. ‖ **2.** Perteneciente o relativo a la disciplina denominada pragmática.

pragmatismo. m. Actitud predominantemente pragmática. ‖ **2.** *Fil.* Movimiento filosófico iniciado en los Estados Unidos por C. S. Peirce y W. James a fines del siglo XIX, que busca las consecuencias prácticas del pensamiento y pone el criterio de verdad en su eficacia y valor para la vida.

praliné. m. Crema de chocolate y almendra o avellana.

praseodimio. m. Elemento químico de núm. atóm. 59. Metal de las tierras raras escaso en la corteza terrestre; se encuentra disperso y acompañado de otros lantánidos en minerales como la cerita. De color verde, al igual que sus sales, tiene propiedades magnéticas. Sus óxidos se usan en metalurgia, como catalizadores, y en las industrias cerámicas y del vidrio. Símb. *Pr.*

praxis. f. Práctica, en oposición a teoría o teórica.

pre-. pref. que significa anterioridad local o temporal, prioridad o encarecimiento: PRE*fijar,* PRE*historia,* PRE*claro.*

preámbulo. m. Aquello que se dice, precediéndolo, acerca de un texto oral o escrito. ‖ **2.** Rodeo o digresión antes de entrar en materia o de empezar a decir claramente una cosa.

prebenda. f. Renta aneja a ciertos oficios eclesiásticos. ‖ **2.** fig. y fam. Oficio, empleo o ministerio lucrativo y poco trabajoso.

prebiótico, ca. adj. *Biol.* Aplícase a la época geológica anterior a la existencia de la vida en la Tierra.

preboste. m. Sujeto que es cabeza de una comunidad, y la preside o gobierna.

precalentamiento. m. Ejercicio que efectúa el deportista como preparación para el esfuerzo que posteriormente ha de realizar. ‖ **2.** Calentamiento de un motor, aparato, etc., antes de someterlo a la función que debe desempeñar.

precámbrico, ca. adj. *Geol.* Relativo a la era geológica que abarca desde la formación de la corteza terrestre hasta hace aproximadamente 600 millones de años. Se caracteriza por intensa actividad volcánica y clima variado. En ella aparecen las primeras formas de vida.

precariedad. f. Calidad de precario.

precario, ria. adj. De poca estabilidad o duración. ‖ **2.** Que no posee los medios o recursos suficientes.

precaución. f. Reserva, cautela para evitar o prevenir los inconvenientes, dificultades o daños que pueden temerse.

precaver. tr. Prevenir un riesgo, daño o peligro, para guardarse de él y evitarlo. Ú. t. c. prnl.

precavido, da. adj. Sagaz, cauto, que sabe precaver los riesgos.

precedente. adj. Que precede o es anterior y primero en el orden de la colocación o de los tiempos. ‖ **2.** m. **antecedente,** acción o circunstancia anterior que sirve para juzgar hechos posteriores.

preceder. tr. Ir delante en tiempo, orden o lugar. Ú. t. c. intr. ‖ **2.** fig. Tener una persona o cosa preferencia, primacía o superioridad sobre otra.

preceptista. adj. Dícese de la persona que da o enseña preceptos y reglas. Ú. t. c. s.

preceptiva. f. Conjunto de preceptos aplicables a determinada materia. ‖ **literaria.** Tratado normativo de retórica y poética.

preceptivo, va. adj. Que incluye o encierra en sí preceptos. ‖ **2.** Ordenado por un precepto.

precepto. m. Mandato u orden que el superior hace observar y guardar al inferior o súbdito. ‖ **2.** Cada una de las instrucciones o reglas que se dan o establecen para el conocimiento o manejo de un arte o facultad.

preceptor, ra. m. y f. Persona que enseña.

preces. f. pl. Ruegos, súplicas. ‖ **2.** Oraciones dirigidas a Dios, a la Virgen o a los santos.

preciado, da. adj. Precioso, excelente y de mucha estimación. ‖ **2.** Jactancioso, vano.

preciarse. prnl. Vanagloriarse, jactarse de algo.

precintar. tr. Poner precinto.

precinto. m. Acción y efecto de precintar. ‖ **2.** Ligadura o señal sellada con que se cierran cajones, baúles, fardos, paquetes, legajos, puertas, cajas fuertes, etc., con el fin de que no se abran sino cuando y por quien corresponda legalmente.

precio. m. Valor pecuniario en que se estima una cosa. ‖ **2.** fig. Esfuerzo, pérdida o sufrimiento que sirve de medio para conseguir una cosa, o que se presta y padece con ocasión de ella. *Al* PRECIO *de su salud va fulano saliendo de apuros.* ‖ **no tener precio** una persona o cosa. fr. fig. Valer mucho. Ú. muchas veces irónicamente.

preciosidad. f. Calidad de precioso. ‖ **2.** Cosa preciosa.

preciosismo. m. Extremado cuidado del estilo. Generalmente se usa en sentido peyorativo. ‖ **2.** Tendencia al refinamiento y frivolidad excesivos del lenguaje y comportamiento, característicos de la sociedad francesa a mediados del siglo XVII.

precioso, sa. adj. Excelente, exquisito, primoroso y digno de estimación y aprecio. ‖ **2.** De mucho valor o de elevado coste. *Metales* PRECIOSOS. ‖ **3.** fig. y fam. **hermoso.** *Esta mujer es* PRECIOSA; *aquel niño es* PRECIOSO.

precipicio. m. Despeñadero o derrumbadero por cuya proximidad no se puede andar sin riesgo de caer.

precipitación. f. Acción y efecto de precipitar

o precipitarse. ‖ **2.** *Meteor.* Agua procedente de la atmósfera, y que en forma sólida o líquida se deposita sobre la superficie de la tierra.

precipitado, da. adj. Dícese de la persona que actúa con precipitación y de forma atropellada. ‖ **2.** Se dice de las cosas realizadas con mucha prisa. ‖ **3.** m. *Quím.* Materia que por resultado de reacciones químicas se separa del líquido en que estaba disuelta y se posa más o menos rápidamente.

precipitar. tr. Despeñar, arrojar o derribar de un lugar alto. Ú. t. c. prnl. ‖ **2.** Provocar la aceleración de unos hechos. Ú. t. c. prnl. ‖ **3.** *Quím.* Producir en una disolución una materia sólida que cae al fondo de la vasija. ‖ **4.** prnl. fig. Arrojarse inconsideradamente y sin prudencia a ejecutar o decir una cosa.

precisar. tr. Fijar o determinar de modo preciso. ‖ **2.** Obligar, forzar determinadamente y sin excusa a ejecutar una cosa. ‖ **3.** intr. Ser necesario o imprescindible. Ú. t. c. tr.

precisión. f. Obligación o necesidad indispensable que fuerza y precisa a ejecutar una cosa. ‖ **2.** Determinación, exactitud, puntualidad, concisión. ‖ **de precisión.** loc. adj. Dícese de los aparatos, máquinas, instrumentos, etc., construidos con singular esmero para obtener resultados exactos.

preciso, sa. adj. Necesario, indispensable, que es menester para un fin. ‖ **2.** Puntual, fijo, exacto, cierto, determinado. *Llegar al tiempo* PRECISO. ‖ **3.** Distinto, claro y formal.

preclaro, ra. adj. Esclarecido, ilustre, famoso y digno de admiración y respeto.

precocidad. f. Calidad de precoz.

precolombino, na. adj. Anterior a los viajes y descubrimientos de Cristóbal Colón.

preconcebir. tr. Establecer previamente y con sus pormenores algún pensamiento o proyecto que ha de ejecutarse. *Lo hizo con arreglo al plan* PRECONCEBIDO. ❑ Irreg. Se conj. como *pedir.*

preconizar. tr. Encomiar, tributar elogios públicamente a una persona o cosa. ‖ **2.** Designar el Papa un nuevo obispo.

precontrato. m. *Der.* Contrato preliminar en virtud del cual dos o más personas se comprometen a firmar, en un plazo cierto, un contrato que por el momento no quieren o no pueden estipular.

precordial. adj. Se dice de la región o parte del pecho que corresponde al corazón.

precoz. adj. Dícese de lo que aparece antes de lo habitual. ‖ **2.** fig. Aplícase a la persona que en corta edad muestra cualidades morales o físicas que de ordinario son más tardías, y por antonom., a la que despunta en talento, agudeza, valor de ánimo u otra prenda estimable. También se dice de estas mismas cualidades. ‖ **3.** *Med.* Relativo a las etapas tempranas de una enfermedad o proceso orgánico. *Diagnóstico* PRECOZ.

precursor, ra. adj. Que precede o va delante. Ú. t. c. s. ‖ **2.** fig. Que profesa o enseña doctrinas o acomete empresas que no tendrán razón ni hallarán acogida sino en tiempo venidero.

predador, ra. adj. Dícese del animal que mata a otros de distinta especie para comérselos.

predecesor, ra. m. y f. Persona que precedió a otra en una dignidad, empleo o encargo. ‖ **2. antecesor,** ascendiente de una persona.

predecir. tr. Anunciar por revelación, ciencia o conjetura, algo que ha de suceder. ❑ Irreg. Se conj. como *decir.*

predestinado, da. adj. Que fatalmente tiene que acabar de una manera determinada. ‖ **2.** Elegido por Dios desde la eternidad para lograr la gloria. U. t. c. s.

predestinar. tr. Destinar anticipadamente una cosa para un fin.

predeterminar. tr. Determinar o resolver con anticipación una cosa.

prédica. f. Sermón o plática. ‖ **2.** Por ext., perorata, discurso vehemente.

predicado. m. *Lóg.* Lo que se afirma del sujeto en una proposición. ‖ **2.** *Ling.* Segmento del discurso que, junto con el sujeto, constituye una oración gramatical. ‖ **nominal.** *Ling.* El constituido por un nombre, un adjetivo o un sintagma o proposición en función nominal, y por un verbo como *ser* o *estar,* el cual sirve de nexo con el sujeto, de tal modo que se establece concordancia entre estos tres componentes de la oración. ‖ **verbal.** *Ling.* El formado por un verbo que, por sí solo o acompañado de complementos, constituye el predicado de una oración gramatical.

predicador, ra. adj. Que predica. Ú. t. c. s.

predicamento. m. Dignidad, opinión, lugar o grado de estimación en que se halla uno y que ha merecido por sus obras.

predicar. tr. Publicar, hacer patente y clara una cosa. ‖ **2.** Pronunciar un sermón. ‖ **3.** fig. y fam. Amonestar o hacer observaciones a uno para persuadirle de una cosa. ‖ **4.** *Gram.* y *Lóg.* Decir algo de un sujeto.

predicativo, va. adj. *Gram.* Perteneciente al predicado o que tiene carácter de tal.

predicción. f. Acción y efecto de predecir. ‖ **2.** Palabras que manifiestan aquello que se predice.

predicho, cha. p. p. irreg. de **predecir.**

predilección. f. Cariño especial con que se distingue a una persona o cosa entre otras.

predilecto, ta. adj. Preferido por amor o afecto especial.

predio. m. Heredad, hacienda, tierra o posesión inmueble.

predisponer. tr. Preparar, disponer anticipadamente algunas cosas o el ánimo de las personas para un fin determinado. Ú. t. c. prnl. ❑ Irreg. Se conj. como *poner;* p. p. irreg. *predispuesto.* Ú. con las preps. *a, contra* y *para.*

predisposición. f. Acción y efecto de predisponer o predisponerse.

predispuesto, ta. p. p. irreg. de **predisponer.**

predominar. tr. Prevalecer, preponderar. Ú. m. c. intr.

predominio. m. Imperio, poder, superioridad, influjo o fuerza dominante que se tiene sobre una persona o cosa.

predorsal. adj. *Anat.* Situado en la parte anterior de la espina dorsal. ‖ **2.** *Fon.* Dícese del sonido en cuya articulación interviene principalmente la parte anterior del dorso de la lengua.

predorso. m. *Fon.* Parte anterior del dorso de la lengua.

preeminencia. f. Privilegio, exención, ventaja o preferencia que goza uno respecto de otro por razón o mérito especial.

preeminente. adj. Sublime, superior, honorífico y que está más elevado.

preescolar. adj. Perteneciente o relativo al período educacional anterior al de la enseñanza primaria.

prefabricado, da. adj. Dícese de las casas u otras construcciones cuyas partes esenciales se envían ya fabricadas al lugar de su emplazamiento; donde solo hay que acoplarlas y fijarlas.

prefacio. m. Prólogo o introducción de un libro. ‖ **2.** Parte de la misa, que precede inmediatamente al canon.

prefecto. m. Entre los romanos, título de varios jefes militares o civiles. ‖ **2.** Ministro que preside y manda en un tribunal, junta o comunidad eclesiástica. ‖ **3.** En Francia, gobernador de un departamento, a semejanza del que en España lo es de una provincia.

prefectura. f. Dignidad, empleo o cargo de prefecto. ‖ **2.** Territorio gobernado por un prefecto. ‖ **3.** Oficina o despacho del prefecto.

preferencia. f. Primacía, ventaja o mayoría que una persona o cosa tiene sobre otra, ya en el valor, ya en el merecimiento. ‖ **2.** Elección de una cosa o persona, entre varias; inclinación favorable o predilección hacia ella.

preferible. adj. Digno de preferirse.

preferir. tr. Dar la preferencia. Ú. t. c. prnl. ❑ Irreg. Se conj. como *sentir.*

prefijo, ja. adj. *Gram.* Dícese del afijo que va antepuesto; como en DES*confiar,* RE*poner.* Ú. t. c. s. m. ‖ **2.** m. Cifras o letras que indican zona, ciudad o país, y que para establecer comunicación telefónica automática, se marcan antes del número del abonado a quien se llama.

pregón. m. Publicación que en voz alta se hace en los sitios públicos de una cosa que conviene que todos sepan. ‖ **2.** Discurso elogioso en que se anuncia al público la celebración de una festividad y se le incita a participar en ella.

pregonar. tr. Publicar, hacer notoria en voz alta una cosa para que llegue a conocimiento de todos. ‖ **2.** fig. Publicar lo que estaba oculto o lo que debía callarse.

pregonero, ra. adj. Que publica o divulga una cosa que es ignorada. Ú. t. c. s. ‖ **2.** m. Oficial público que en alta voz da los pregones, publica y hace notorio lo que se quiere hacer saber a todos.

pregunta. f. Demanda o interrogación que se hace para que uno responda lo que sabe de un negocio u otra cosa. ‖ **andar, estar,** o **quedar,** uno **a la cuarta pregunta.** fr. fig. y fam. Estar escaso de dinero o no tener ninguno.

preguntar. tr. Demandar e interrogar o hacer preguntas a uno para que diga y responda lo que sabe sobre un asunto. Ú. t. c. prnl.

prehispánico, ca. adj. Dícese de la América anterior a la conquista y colonización españolas, y de sus pueblos, lenguas y civilizaciones.

prehistoria. f. Período de la vida de la humanidad anterior a todo documento escrito y que solo se conoce por determinados vestigios: construcciones, instrumentos, huesos humanos o de animales, etc. ‖ **2.** Período en que se incuba un movimiento cultural, religioso, político, etc. *La* PREHISTORIA *del Romanticismo está en el siglo XVIII.*

prehistórico, ca. adj. Perteneciente o relativo al período estudiado por la prehistoria. ‖ **2.** fig. Anticuado, viejo.

prehomínido. adj. *Zool.* Primate fósil próximo a la línea evolutiva de la especie humana. Ú. t. c. s.

prejuicio. m. Acción y efecto de prejuzgar. ‖ **2.** Opinión previa y tenaz, por lo general desfavorable, acerca de algo que se conoce mal. ❑ No confundir con *perjuicio.*

prejuzgar. tr. Juzgar de las cosas antes del tiempo oportuno, o sin tener de ellas cabal conocimiento.

prelado. m. Superior eclesiástico constituido en

una de las dignidades de la Iglesia, como abad, obispo, arzobispo, etc.

preliminar. adj. Que sirve de preámbulo o proemio para tratar sólidamente una materia. ‖ **2.** fig. Que antecede o se antepone a una acción, a una empresa, a un litigio o a un escrito o a otra cosa. Ú. t. c. s.

preludiar. tr. fig. Preparar o iniciar una cosa, darle entrada.

preludio. m. Lo que precede y sirve de entrada, preparación o principio a una cosa. ‖ **2.** *Mús.* Composición musical de corto desarrollo y libertad de forma, generalmente destinada a preceder la ejecución de otras obras. ‖ **3.** *Mús.* Obertura o sinfonía, pieza que antecede a una obra musical.

premamá. adj. Aplícase a la ropa o accesorios destinados a las mujeres embarazadas.

prematrimonial. adj. Dícese de lo que se realiza inmediatamente antes del matrimonio o como preparación a él. *Relaciones* PREMATRIMONIALES; *cursillos* PREMATRIMONIALES.

prematuro, ra. adj. Que no está en sazón. ‖ **2.** Que ocurre antes de tiempo. ‖ **3.** Dícese del niño que nace antes del término de la gestación. Ú. t. c. s.

premeditación. f. Acción de premeditar. ‖ **2.** *Der.* Una de las circunstancias que agravan la responsabilidad criminal de los delincuentes.

premeditar. tr. Pensar reflexivamente una cosa antes de ejecutarla. ‖ **2.** *Der.* Proponerse de caso pensado perpetrar un delito, tomando al efecto previas disposiciones.

premiar. tr. Remunerar, galardonar con mercedes, privilegios, empleos o rentas los méritos y servicios de uno.

premio. m. Recompensa, galardón o remuneración que se da por algún mérito o servicio. ‖ **2.** Cada uno de los lotes sorteados en la lotería nacional. ‖ **3.** Recompensa que se otorga en rifas, sorteos o concursos. ‖ **extraordinario.** Máxima calificación que puede otorgarse en una graduación académica. ‖ **gordo.** fig. y fam. El lote o **premio** mayor de la lotería pública, y especialmente el correspondiente a la de Navidad.

premioso, sa. adj. Gravoso, molesto.

premisa. f. *Lóg.* Cada una de las dos primeras proposiciones del silogismo, de donde se infiere y saca la conclusión. ‖ **2.** fig. Señal o indicio por donde se infiere una cosa o se viene en conocimiento de ella.

premolar. adj. Dícese de los molares que en la dentición del mamífero adulto han reemplazado a los de la primera dentición; están situados al lado de los caninos y su raíz es más sencilla que la de las otras muelas. Ú. m. c. s.

premonición. m. Presentimiento, presagio.

premonitorio, ria. adj. Que tiene carácter de premonición o advertencia moral.

premura. f. Aprieto, apuro, prisa, urgencia, instancia.

prenda. f. Objeto que se da o se compromete como garantía del cumplimiento de una obligación. ‖ **2.** Cualquiera de las partes que componen el vestido y calzado del hombre o de la mujer. ‖ **3.** Lo que se da o hace en señal, prueba o demostración de una cosa. ‖ **4.** fig. Persona a la que se ama intensamente. ‖ **en prenda,** o **en prendas.** loc. adv. En empeño o fianza. ‖ **no dolerle** a alguien **prendas.** fr. fig. Ser fiel cumplidor de sus obligaciones. ‖ **no dolerle** a alguien **prendas.** fig. No escatimar garantías, concesiones, gastos o recursos para lograr un acuerdo u otro propósito cualquiera. ‖ **soltar prenda** alguien. fr. fig. y fam. Decir algo que le deje comprometido a una cosa. ❑ Ú. m. con negación.

prendarse. prnl. Aficionarse, enamorarse de una persona o cosa. ❑ Ú. con la prep. *de.*

prendedor. m. Broche que las mujeres usan como adorno o para sujetar alguna prenda.

prender. tr. Asir, agarrar, sujetar una cosa. ‖ **2.** Asegurar a una persona privándola de la libertad, y principalmente, ponerla en la cárcel por delito cometido u otra causa. ‖ **3.** Hablando del fuego, de la luz o de cosas combustibles, encender o incendiar. ‖ **4.** intr. Arraigar la planta en la tierra.

prendido. m. Adorno, especialmente el que las mujeres se ponen en el pelo.

prensa. f. Máquina que sirve para comprimir, y cuya forma varía según los usos a que se aplica. ‖ **2.** fig. Taller donde se imprime, imprenta. ‖ **3.** fig. Conjunto o generalidad de las publicaciones periódicas y especialmente las diarias. ‖ **4.** fig. Conjunto de personas dedicadas al periodismo. *Han permitido que la* PRENSA *entre en el juicio.* ‖ **amarilla.** La caracterizada por su entrega al sensacionalismo. ‖ **tener** uno **buena,** o **mala, prensa.** fig. Gozar de buena o mala fama.

prensar. tr. Apretar en la prensa una cosa.

prensil. adj. Que sirve para asir o coger. *Cola, trompa* PRENSIL. ❑ No confundir con *pensil* o *pénsil.*

prensión. f. Acción y efecto de prender una cosa.

prensor, ra. adj. Dícese de las aves de mandíbulas robustas, la superior encorvada desde la base, y las patas con dos dedos dirigidos hacia atrás; como el guacamayo y el loro. Ú. t. c. s. ‖ **2.** f. pl. *Zool.* En clasificaciones zoológicas en desuso, las especies representantes de algunos órdenes de aves, en especial del de las psitaciformes.

preñado, da. adj. Dícese de la mujer, o de la hembra de cualquier especie, que ha concebido y tiene el feto o la criatura en el vientre. ‖ **2.** fig. Lleno o cargado. *Nube* PREÑADA.

preñar. tr. Empreñar, fecundar o hacer concebir a la hembra. ‖ **2.** fig. Llenar, henchir.

preñez. f. Embarazo de la mujer o de la hembra de cualquier especie. ‖ **2.** Tiempo que dura el embarazo.

preocupación. f. Acción y efecto de preocupar o preocuparse.

preocupar. tr. Producir intranquilidad, temor, angustia o inquietud algo que ha ocurrido o va a ocurrir. Ú. t. c. prnl. ‖ **2.** prnl. Estar interesado o encaprichado en favor o en contra de una persona, opinión u otra cosa.

preparación. f. Acción y efecto de preparar o prepararse. ‖ **2.** Conocimientos que alguien tiene de cierta materia. ‖ **3.** *Farm.* Preparado farmacológico.

preparador, ra. m. y f. Entrenador o responsable del rendimiento de un deportista o de un equipo.

preparar. tr. Prevenir, disponer o hacer una cosa con alguna finalidad. ‖ **2.** Prevenir o disponer a una persona para una acción futura. ‖ **3.** Estudiar. Ú. t. c. prnl. ‖ **4.** prnl. Disponerse, prevenirse y aparejarse para ejecutar una cosa o con algún otro fin determinado.

preparativo, va. m. Lo que se hace para preparar algo. Ú. m. en pl. *Los* PREPARATIVOS *de la boda me ocupan todo el día.*

preparatorio, ria. adj. Dícese de lo que se prepara y dispone.

preponderancia. f. fig. Superioridad de crédito, consideración, autoridad, fuerza, etc.

preponderar. intr. fig. Prevalecer o hacer más fuerza una opinión u otra cosa que aquella con la cual se compara.

preposición. f. *Gram.* Parte invariable de la oración, cuyo oficio es denotar el régimen o relación que entre sí tienen dos palabras o términos. También se usa como prefijo. ❑ No confundir con *proposición.*

preposicional. adj. *Gram.* Dícese del sintagma que se introduce en una oración por medio de una preposición.

prepotencia. f. Cualidad de prepotente.

prepotente. adj. Más poderoso que otros, o muy poderoso. Ú. t. c. s. com. ‖ **2.** Que abusa de su poder o hace alarde de él. Ú. t. c. s. com.

prepucial. adj. Perteneciente o relativo al prepucio.

prepucio. m. *Anat.* Piel móvil que cubre el glande del pene. ‖ **del clítoris.** Pliegue mucoso formado por los labios menores que cubren el clítoris.

prerrafaelismo. m. Movimiento estético inglés de la segunda mitad del s. XIX, que propugnaba la imitación del arte inmediatamente anterior a Rafael de Urbino.

prerrogativa. f. Privilegio, gracia o exención que se concede a uno para que goce de ella, aneja regularmente a una dignidad, empleo o cargo. ‖ **2.** Facultad importante de alguno de los poderes supremos del Estado, en orden a su ejercicio o a las relaciones con los demás poderes de clase semejante.

prerrománico, ca. adj. Dícese del arte medieval de la Europa Occidental anterior al románico. Ú. t. c. s. m.

prerromano, na. adj. Anterior al dominio o civilización de los antiguos romanos.

prerromanticismo. m. Caracteres y condiciones de algunos escritores y sus obras, semejantes a los de la escuela romántica, pero antes de su establecimiento y predominio.

presa. f. Acción de prender o tomar una cosa. ‖ **2.** Cosa apresada o robada. ‖ **3.** Animal que es o puede ser cazado o pescado. ‖ **4.** Acequia o zanja de regar. ‖ **5.** Muro grueso de piedra u otros materiales que se construye a través de un río, arroyo o canal, para almacenar el agua a fin de derivarla o regular su curso fuera del cauce. ‖ **6. represa,** lugar donde las aguas están detenidas o almacenadas. ‖ **7.** fig. Persona, animal o cosa que sufre o padece aquello que se expresa. *Fue* PRESA *del terror al ver arder su vivienda.*

presagiar. tr. Anunciar o prever una cosa, induciéndola de presagios o conjeturándola.

presagio. m. Señal que indica, previene y anuncia un suceso.

presbicia. f. *Med.* Defecto o imperfección del présbita.

présbita o **présbite.** adj. *Med.* Dícese de quien padece un defecto de la vista consistente en que por debilidad de la acomodación del ojo, se proyecta la imagen detrás de la retina y, en consecuencia, percibe confusos los objetos próximos y con mayor facilidad los lejanos. Ú. t. c. s.

presbiteriano, na. adj. Dícese del protestante ortodoxo en Inglaterra, Escocia y América que no reconoce la autoridad episcopal sobre los presbíteros. Ú. t. c. s.

presbiterio. m. Área del altar mayor hasta el pie de las gradas por donde se sube a él, que regularmente suele estar cercada con una reja o barandilla.

presbítero. m. Clérigo ordenado de misa, o sacerdote.

prescindir. intr. Hacer abstracción de una persona o cosa; pasarla en silencio, omitirla. ‖ **2.** Abstenerse, privarse de ella, evitarla. ❑ Ú. con la prep. *de.*

prescribir. tr. Ordenar, disponer, determinar una cosa. ‖ **2.** Recetar, ordenar remedios. ‖ **3.** intr. Extinguirse un derecho, una acción o una responsabilidad. ‖ **4.** Concluir o extinguirse una carga, obligación o deuda por el transcurso de cierto tiempo. ❑ p. p. irreg. *prescrito.* No confundir con *proscribir.*

prescripción. f. Acción y efecto de prescribir.

prescrito, ta. p. p. irreg. de **prescribir.**

preseleccionado, da. adj. Dícese de la persona que ha sido seleccionada previamente para intervenir en algo, especialmente en alguna competición deportiva. Ú. t. c. s.

presencia. f. Asistencia personal, o estado de la persona que se halla delante de otra u otras o en el mismo sitio que ellas. ‖ **2.** Por ext., asistencia o estado de una cosa que se halla delante de otra u otras o en el mismo sitio que ellas. ‖ **3.** Talle, figura y disposición del cuerpo. ‖ **de ánimo.** Serenidad o tranquilidad que conserva el ánimo, así en los sucesos adversos como en los prósperos.

presenciar. tr. Hallarse presente o asistir a un hecho, acontecimiento, etc.

presentación. f. Acción y efecto de presentar o presentarse. ‖ **2.** Aspecto exterior de algo. *La* PRESENTACIÓN *de la moda está espléndida.*

presentador, ra. m. y f. Persona que, profesional u ocasionalmente, presenta y comenta un espectáculo, o un programa televisivo o radiofónico.

presentar. tr. Hacer manifestación de una cosa, ponerla en la presencia de alguien. Ú. t. c. prnl. ‖ **2.** En frases construidas con voces como excusas, respetos, etc., ofrecer, dar. ‖ **3.** Tener ciertas características o apariencias. *La operación* PRESENTÓ *serias dificultades. Desde ayer el enfermo* PRESENTA *una notable mejoría.* ‖ **4.** En un acto público, dar a conocer a un orador o hacer su elogio. ‖ **5.** Mostrar en un acto público las características y cualidades de un nuevo producto. ‖ **6.** Introducir ante el público a quienes intervienen en un programa o espectáculo, dialogando a veces con ellos o tomando parte activa en él. ‖ **7.** Dar el nombre de una persona a otra en presencia de ambas para que se conozcan. ‖ **8.** prnl. Comparecer en algún lugar o acto. ‖ **9.** Aparecer en cierto lugar de forma inesperada o a una hora intempestiva o no acordada.

presente. adj. Que está delante o en presencia de uno, o concurre con él en el mismo sitio. Ú. t. c. s. ‖ **2.** Dícese del tiempo en que actualmente está uno cuando refiere una cosa. Ú. t. c. s. m. ‖ **3.** *Gram.* V. **tiempo presente.** Ú. t. c. s. ‖ **4.** m. Obsequio, regalo que una persona da a otra en señal de reconocimiento o de afecto. ‖ **mejorando lo presente.** expr. que se emplea por cortesía cuando se alaba a una persona delante de otra. ‖ **tener presente** a alguien o algo. fr. fig. Recordarlo, retenerlo en la memoria.

presentimiento. m. Acción y efecto de presentir.

presentir. tr. Intuir, tener la sensación de que algo va a suceder. ‖ **2.** Adivinar una cosa antes que suceda, por algunos indicios o señales que la preceden. ❑ Irreg. Se conj. como *sentir.*

preservar. tr. Proteger, resguardar anticipadamente a una persona, animal o cosa, de algún daño o peligro. Ú. t. c. prnl.

preservativo. m. Funda fina y elástica para cubrir el pene durante el coito, a fin de evitar la fecundación o el posible contagio de enfermedades.

presidencia. f. Dignidad, empleo o cargo de presidente. ‖ **2.** Acción de presidir. ‖ **3.** Persona o conjunto de personas que presiden algo.

presidencialismo. m. Sistema de organización política en que el presidente de la República es también jefe del gobierno, sin depender de la confianza de las Cámaras.

presidenta. f. La que preside. ‖ **2. presidente,** cabeza de un gobierno, consejo, tribunal, junta, sociedad, etc. ‖ **3. presidente,** jefa del Estado.

presidente. com. Persona que preside. ‖ **2.** Cabeza o superior de un gobierno, consejo, tribunal, junta, sociedad, etc. ‖ **3.** En los regímenes republicanos, el jefe del Estado normalmente elegido por un plazo fijo.

presidiario, ria. m. y f. Persona que cumple en presidio su condena.

presidio. m. Establecimiento penitenciario en que, privados de libertad, cumplen sus condenas los penados por graves delitos.

presidir. tr. Tener el primer puesto o lugar más importante o de más autoridad en una asamblea, corporación, junta, tribunal, acto, empresa, etc. ‖ **2.** Predominar, tener una cosa principal influjo. *Es un instituto en que la caridad lo* PRESIDE *todo.*

presilla. f. Cordón pequeño con forma de anilla que se cose al borde de una prenda para pasar por él un botón, corchete, broche, etc.

presión. f. Acción y efecto de apretar o comprimir. ‖ **2.** Fuerza que ejerce un cuerpo sobre cada unidad de superficie. ‖ **3.** fig. Fuerza o coacción que se hace sobre una persona o colectividad. ‖ **arterial. tensión arterial.** ‖ **atmosférica.** La que ejerce la atmósfera sobre todos los objetos inmersos en ella. ‖ **crítica. presión** característica de cada líquido, por encima de la cual es imposible que hierva por mucho que se caliente. || **fiscal.** Relación existente entre los ingresos de la hacienda pública de un país y el valor del producto nacional neto. || **sanguínea.** La **presión** ejercida por la sangre circulante sobre las paredes de los vasos.

presionar. tr. Ejercer presión sobre alguna persona o cosa.

preso, sa. adj. Dícese de la persona que sufre prisión. Ú. t. c. s. || **2.** fig. Dominado por un sentimiento, estado de ánimo, etc. *Fue* PRESO *de la ira ante tal calumnia.*

presocrático, ca. adj. Dícese de los filósofos griegos anteriores a Sócrates y de su filosofía. Ú. t. c. s. m.

prestación. f. Acción y efecto de prestar. || **2.** Cosa o servicio exigido por una autoridad o convenido en un pacto. || **3.** Cosa o servicio que un contratante da o promete al otro. || **4.** pl. Servicios, comodidades que ofrece un cosa. *Los automóviles actuales ofrecen buenas* PRESTACIONES. || **social.** Cada uno de los servicios que el Estado, instituciones públicas o empresas privadas deben dar a sus empleados.

prestamista. com. Persona que da dinero a préstamo.

préstamo. m. El dinero que el Estado o una corporación toma de los particulares con una garantía. || **2.** El dinero o valor que toma un particular para devolverlo. || **3.** *Ling.* Elemento, generalmente léxico, que una lengua toma de otra, y que no pertenecía al conjunto patrimonial.

prestancia. f. Excelencia o calidad superior entre los de su clase. || **2.** Aspecto de distinción.

prestar. tr. Entregar algo a alguien para que lo utilice durante algún tiempo y después lo restituya o devuelva. || **2.** Dar o comunicar. || **3.** Con el complemento *servicio*, proporcionarlo. || **4.** Con el complemento *juramento*, otorgarlo, hacerlo explícito. || **5.** prnl. Ofrecerse, avenirse, acceder a una cosa. || **6.** Dar motivo u ocasión para algo. *Su actitud* SE PRESTA *a malos entendidos.*

prestatario, ria. adj. Que toma dinero a préstamo. Ú. t. c. s.

presteza. f. Prontitud, diligencia y brevedad en hacer o decir una cosa.

prestidigitador, ra. m. y f. Persona que hace juegos de manos y otros trucos.

prestigiar. tr. Dar prestigio, autoridad o importancia.

prestigio. m. Realce, estimación, renombre, buen crédito.

prestigioso, sa. adj. Que causa prestigio. || **2.** Que tiene prestigio.

presto[1], ta. adj. Pronto, diligente, ligero en la ejecución de una cosa. || **2.** Aparejado, pronto, preparado o dispuesto para ejecutar una cosa o para un fin. || **3.** adv. t. Luego, al instante, con gran prontitud y brevedad.

presto[2]. adv. m. *Mús.* Con movimiento muy rápido.

presumido, da. adj. Vano, jactancioso, orgulloso, que tiene alto concepto de sí mismo. Ú. t. c. s. || **2.** Dícese de la persona que se compone o arregla mucho.

presumir. tr. Sospechar, juzgar o conjeturar una cosa por tener indicios o señales para ello. || **2.** intr. Vanagloriarse, tener alto concepto de sí mismo. || **3.** Cuidar mucho su arreglo una persona para parecer atractiva. ❑ Ú. con la prep. *de.*

presunción. f. Acción y efecto de presumir. || **2.** *Der.* Cosa que por ministerio de la ley se tiene como verdad.

presunto, ta. adj. Supuesto, que se presume.

presuntuoso, sa. adj. Lleno de presunción y orgullo. Ú. t. c. s. || **2.** Que pretende pasar por muy elegante o lujoso. Ú. t. c. s.

presuponer. tr. Dar antecedentemente por sentada, cierta, notoria y constante una cosa para pasar a tratar de otra relacionada con la primera. ❑ Irreg. Se conj. como *poner;* p. p. irreg. *presupuesto.*

presupuestar. tr. Formar el cómputo de los gastos o ingresos, o de ambas cosas que resultan de un negocio público o privado.

presupuesto, ta. p. p. irreg. de **presuponer.** || **2.** m. Supuesto o suposición. || **3.** Cómputo anticipado del coste de una obra o de los gastos y rentas de una corporación. || **4.** Cantidad de dinero calculado para hacer frente a los gastos generales de la vida cotidiana, de un viaje, etc.

presura. f. Prisa, prontitud y ligereza.

presurizar. tr. Mantener la presión atmosférica normal en un recinto, independientemente de la presión exterior; por ejemplo, en la cabina de pasajeros de un avión.

presuroso, sa. adj. Rápido, ligero, veloz.

pretencioso, sa. adj. Presuntuoso, que pretende ser más de lo que es.

pretender. tr. Querer conseguir algo. || **2.** Cortejar un hombre a una mujer para hacerse novios o para casarse con ella.

pretendiente. adj. Que pretende o solicita una cosa. || **2.** Aspirante a desempeñar un cargo público. Ú. m. c. s. || **3.** Que aspira al noviazgo o al matrimonio con una mujer. Ú. m. c. s.

pretensión. f. Derecho bien o mal fundado que uno juzga tener sobre una cosa. || **2.** Aspiración ambiciosa o desmedida. Ú. m. en pl.

pretérito, ta. adj. Dícese de lo que ya ha pasado o sucedió. ‖ **2.** *Gram.* V. **tiempo pretérito.** Ú. t. c. s. ‖ **anterior.** *Gram.* Tiempo que indica una acción acabada antes de otra también pasada. ‖ **imperfecto.** *Gram.* Tiempo que indica haber sido presente la acción del verbo, coincidiendo con otra acción ya pasada. ‖ **indefinido.** *Gram.* **pretérito perfecto simple.** ‖ **perfecto.** *Gram.* Tiempo que denota ser ya pasada la significación del verbo, y se divide en **simple** y **compuesto.** ‖ **pluscuamperfecto.** *Gram.* Tiempo que enuncia que una cosa estaba ya hecha, o podía estarlo, cuando otra se hizo.

pretexto. m. Motivo o causa simulada o aparente que se alega para hacer una cosa o para excusarse de no haberla ejecutado.

pretil. m. Murete o vallado de piedra u otra materia, que se pone en los puentes y en otros lugares para preservar de caídas.

pretor. m. Magistrado romano que ejercía jurisdicción en Roma o en las provincias.

pretoriano, na. adj. Perteneciente o relativo al pretor. ‖ **2.** Aplícase a los soldados de la guardia de los emperadores romanos. Ú. t. c. s.

prevalecer. intr. Sobresalir una persona o cosa; tener alguna superioridad o ventaja entre otras. ❑ Irreg. Se conj. como *agradecer.*

prevaricación. f. Acción y efecto de prevaricar.

prevaricar. intr. Delinquir los empleados públicos dictando o proponiendo a sabiendas o por ignorancia inexcusable, resolución de manifiesta injusticia.

prevención. f. Acción y efecto de prevenir. ‖ **2.** Preparación y disposición que se hace anticipadamente para evitar un riesgo o ejecutar una cosa. ‖ **3.** Concepto, por lo común desfavorable, que se tiene de una persona o cosa.

prevenido, da. adj. Apercibido, dispuesto, aparejado para una cosa. ‖ **2.** Provisto, abundante, lleno. *Frasco bien* PREVENIDO.

prevenir. tr. Preparar, aparejar y disponer con anticipación las cosas necesarias para un fin. ‖ **2.** Prever, ver, conocer de antemano o con anticipación un daño o perjuicio. ‖ **3.** Advertir, informar o avisar a uno de una cosa. ‖ **4.** prnl. Disponer con anticipación; prepararse de antemano para una cosa. ❑ Irreg. Se conj. como *venir.*

preventivo, va. adj. Dícese de lo que previene.

prever. tr. Conocer, conjeturar por algunas señales o indicios lo que ha de suceder. ‖ **2.** Disponer o preparar medios contra futuras contingencias. ❑ Irreg. Se conj. como *ver;* p. p. irreg. *previsto.*

previo, via. adj. Anticipado, que va delante o que sucede primero.

previsible. adj. Que puede ser previsto o entra dentro de las previsiones normales.

previsión. f. Acción y efecto de prever.

previsor, ra. adj. Que prevé. Ú. t. c. s.

previsto, ta. p. p. irreg. de **prever.**

prez. amb. Honor, estima o consideración que se adquiere o gana con una acción gloriosa.

prieto, ta. adj. Ajustado, ceñido, estrecho, duro, denso.

prima. f. Una de las siete horas canónicas, que se canta a primera hora de la mañana, después de laudes. ‖ **2.** En algunos instrumentos de cuerda, la primera y la más delgada de todas, que produce un sonido muy agudo. ‖ **3.** Cantidad extra de dinero que se da a alguien a modo de recompensa, estímulo, agradecimiento, etc. ‖ **4.** *Com.* Precio que el asegurado paga al asegurador, de cuantía unas veces fija y otras proporcional.

primacía. f. Superioridad, ventaja o excelencia que una cosa tiene con respecto a otra de su especie.

primado. m. Primero y más preeminente de todos los arzobispos y obispos de un reino o región, ya ejerza sobre ellos algunos derechos de jurisdicción o potestad, ya solo goce de ciertas prerrogativas honoríficas.

primar. intr. Prevalecer, predominar, sobresalir. ❑ No confundir con *privar.*

primario, ria. adj. Principal o primero en orden o grado. ‖ **2.** Primitivo, poco civilizado. ‖ **3.** *Geol.* Perteneciente a uno o varios de los terrenos sedimentarios más antiguos.

primate. adj. *Zool.* Aplícase a los mamíferos de superior organización, plantígrados, con extremidades terminadas en cinco dedos provistos de uñas, de los cuales el pulgar es oponible a los demás, por lo menos en los miembros torácicos. Ú. m. c. s. m. ‖ **2.** m. pl. *Zool.* Orden de estos animales.

primavera. f. Estación del año, que astronómicamente comienza en el equinoccio del mismo nombre y termina en el solsticio de verano. ‖ **2.** Época templada del año, que en el hemisferio boreal corresponde a los meses de marzo, abril y mayo, y en el austral a los de septiembre, octubre y noviembre. ‖ **3.** Planta herbácea perenne, de la familia de las primuláceas, con hojas anchas, largas, arrugadas, ásperas al tacto y tendidas sobre la tierra. De entre ellas se elevan varios tallitos desnudos que llevan flores amarillas en figura de quitasol. ‖ **4.** fig. Hablando de la edad de las personas jóvenes, **año,** período de doce meses. Ú. en pl.

primaveral. adj. Perteneciente o relativo a la primavera.

primer. adj. Apócope de **primero.** ❑ Ú. siempre antepuesto al sustantivo.

primeramente. adv. t. y ord. Previamente, anticipadamente, antes de todo.

primerizo, za. adj. Que hace por vez primera una cosa, o es novicio o principiante en un arte, profesión o ejercicio. Ú. t. c. s. ‖ **2.** Aplícase especialmente a la hembra que pare por primera vez. Ú. t. c. s. f.

primero, ra. adj. Dícese de la persona o cosa que precede a las demás de su especie en orden, tiempo, lugar, situación, clase o jerarquía. Ú. t. c. s. ‖ **2.** Excelente, grande y que sobresale y excede a otros. ‖ **3.** Antiguo, y que antes se ha poseído y logrado. *Se restituyó al estado* PRIMERO *en que se hallaba.* ‖ **4.** f. Marcha o velocidad más corta del motor de un vehículo. *Si quieres ir por ese camino tendrás que poner la* PRIMERA. ‖ **5.** adv. t. **primeramente.** ‖ **a primeros.** loc. adv. En los primeros días del año, mes, etc. que se expresa o se sobrentiende. ‖ **de primera.** loc. fig. y fam. Sobrentendiéndose clase, calidad, etc., sobresaliente en su línea.

primicia. f. Fruto primero de cualquier cosa. ‖ **2.** Noticia, hecho que se da a conocer por primera vez.

primigenio, nia. adj. Primitivo, originario.

primípara. f. Hembra que pare por primera vez.

primitivismo. m. Condición, mentalidad, tendencia o actitud propia de los pueblos primitivos. ‖ **2.** Tosquedad, rudeza, elementalidad.

primitivo, va. adj. Perteneciente o relativo a los orígenes o primeros tiempos de alguna cosa. ‖ **2.** Dícese de los pueblos aborígenes o de civilización poco desarrollada, así como de los individuos que los componen, de su misma civilización o de las manifestaciones de ella. Ú. t. c. s. ‖ **3.** Rudimentario, elemental, tosco. ‖ **4.** V. **lotería primitiva.** Ú. t. c. s. ‖ **5.** *Gram.* Aplícase a la palabra que no se deriva de otra de la misma lengua.

primo, ma. adj. **primero.** ‖ **2.** *Arit.* V. **número primo.** ‖ **3.** m. y f. Respecto de una persona, hijo o hija de su tío o tía. ‖ **4.** fam. Persona incauta que se deja engañar o explotar fácilmente. ‖ **carnal. primo hermano.** ‖ **hermano.** Respecto de una persona, hijo o hija de tíos carnales. ‖ **ser** una cosa **prima hermana** de otra. fr. fig. y fam. Ser semejante o muy parecida a ella.

primogénito, ta. adj. Aplícase al hijo que nace primero. Ú. t. c. s.

primogenitura. f. Dignidad, prerrogativa o derecho del primogénito.

primor. m. Destreza, habilidad, esmero o excelencia en hacer o decir una cosa. ‖ **2.** Arte, belleza y hermosura de la obra ejecutada con él.

primordial. adj. Primitivo, primero. Aplícase al principio fundamental de cualquier cosa.

primordio. m. Lo originario o primero.

primoroso, sa. adj. Excelente, delicado y perfecto.

prímula. f. **primavera,** planta.

primuláceo, a. adj. *Bot.* Dícese de plantas herbáceas angiospermas dicotiledóneas, con hojas radicales o sobre el tallo; flores hermafroditas, regulares, de cáliz persistente y corola de cuatro a cinco pétalos, y fruto capsular, con muchas semillas de albumen carnoso; como la primavera. Ú. t. c. s. ‖ **2.** f. pl. *Bot.* Familia de estas plantas.

princeps. adj. Dícese de la primera edición de una obra. Ú. t. c. s. ❑ pl. invar.

princesa. f. Mujer del príncipe. ‖ **2.** La que por sí goza o posee un estado que tiene el título de principado.

principado. m. Título o dignidad de príncipe. ‖ **2.** Territorio o lugar sujeto a la potestad de un príncipe.

principal. adj. Dícese de la persona o cosa que tiene el primer lugar en estimación o importancia y se antepone y prefiere a otras. ‖ **2.** Esencial o fundamental, por oposición a accesorio.

príncipe. adj. V. **edición príncipe.** Ú. t. c. s. ‖ **2.** m. En España, título que se da al hijo del rey, inmediato sucesor en el trono. ‖ **3.** Individuo de familia real o imperial. ‖ **4.** Soberano de un Estado. ‖ **5.** Cualquiera de los grandes de un reino o monarquía. ‖ **azul.** fig. Hombre ideal soñado o esperado por una mujer. ‖ **de Asturias.** Título que se da al hijo del rey, inmediato sucesor de la corona de España. ‖ **de las tinieblas.** Satanás. ‖ **heredero.** El que está destinado a suceder al rey.

principesco, ca. adj. Dícese de lo que es o parece propio de un príncipe o princesa.

principiante. adj. Que empieza a estudiar, aprender o ejercer un oficio, arte, facultad o profesión. Ú. m. c. s.

principio. m. Primer instante del ser de una cosa. ‖ **2.** Punto que se considera como primero en una extensión o cosa. ‖ **3.** Base, origen, razón fundamental sobre la cual se procede discurriendo en cualquier materia. ‖ **4.** Causa, origen de algo. ‖ **5.** Cualquier cosa que entra con otra en la composición de un cuerpo. ‖ **6.** Norma o idea fundamental que rige el pensamiento o la conducta. Ú. m. en pl. ‖ **activo.** *Med.* Sustancia contenida, en un fármaco o preparado, por obra de la cual esta adquiere su peculiar propiedad medicinal. ‖ **de contradicción.** *Fil.* Enunciado lógico y metafísico que consiste en decir: Es imposible que una cosa sea y no sea al mismo tiempo. ‖ **en principio.** loc. adv. Dícese de lo que se acepta o acoge en esencia, sin que haya entera conformidad en la forma o los detalles.

pringado, da. m. y f. fig. y fam. Persona que se deja engañar fácilmente.

pringar. tr. Empapar con pringue el pan u otro alimento. ‖ **2.** Manchar con pringue o con cualquier otra sustancia grasienta o pegajosa. Ú. t. c. prnl. ‖ **3.** fig. y fam. Denigrar, infamar, poner mala nota en la fama de alguno. ‖ **4.** prnl. fig. y fam. Interesarse uno indebidamente en el caudal, hacienda o negocio que maneja.

pringoso, sa. adj. Que tiene pringue o está grasiento o pegajoso.

pringue. amb. Grasa que suelta el tocino u otra cosa semejante sometida a la acción del fuego. ‖ **2.** fig. Suciedad, grasa o porquería que se pega a la ropa o a otra cosa.

prior. m. En algunas religiones, superior o prelado ordinario del convento.

priora. f. Superiora de algunos conventos de religiosas.

priorato. m. Vino tinto muy renombrado en gran parte de España.

prioridad. f. Anterioridad de una cosa respecto de otra, o en tiempo o en orden.

prioritario, ria. adj. Dícese de lo que tiene prioridad respecto de algo.

prisa. f. Prontitud y rapidez con que sucede o se ejecuta una cosa. ‖ **2.** Necesidad o deseo de ejecutar algo con urgencia. ‖ **a prisa.** loc. adv. **aprisa.** ‖ **correr prisa** una cosa. fr. Ser urgente. ‖ **darse** uno **prisa.** fr. fam. Acelerarse, apresurarse en la ejecución de una cosa. ‖ **de prisa.** loc. adv. **deprisa.** ‖ **de prisa y corriendo.** loc. adv. Con la mayor celeridad, atropelladamente, sin detención o pausa alguna. ‖ **meter** uno **prisa.** fr. Apresurar las cosas.

prisco. m. Albérchigo, árbol. ‖ **2.** Fruto de este árbol.

prisión. f. Cárcel o sitio donde se encierra y asegura a los presos. ‖ **2.** fig. Cualquier cosa que ata o detiene físicamente. ‖ **3.** *Der.* Pena de privación de libertad, inferior a la reclusión y superior a la de arresto. ‖ **mayor.** La que dura desde seis años y un día hasta doce años. ‖ **menor.** La de seis meses y un día a seis años. ‖ **preventiva.** *Der.* La que sufre el procesado antes de que se promulgue la sentencia del juicio.

prisionero, ra. m. y f. Militar u otra persona que en campaña cae en poder del enemigo. ‖ **2.** Persona que está presa, generalmente por causas que no son delito. ‖ **3.** fig. Persona que está dominada por un afecto o pasión. ‖ **de guerra.** El que se entrega al vencedor precediendo capitulación.

prisma. m. *Geom.* Cuerpo limitado por dos polígonos planos, paralelos e iguales que se llaman bases, y por tantos paralelogramos cuantos lados tenga cada base. Si estas son triángulos, el **prisma** se llama triangular; si pentágonos, pentagonal, etc. ‖ **2.** fig. Punto de vista, perspectiva. ‖ **3.** *Ópt.* El triangular de cristal, que se usa para producir la reflexión, la refracción y la descomposición de la luz.

prismático, ca. adj. De figura de prisma. ‖ **2.** m. pl. *Ópt.* **anteojos.**

prístino, na. adj. Antiguo, primero, primitivo, original.

privación. f. Acción de despojar, impedir o privar. ‖ **2.** Carencia o falta de una cosa en sujeto capaz de tenerla. ‖ **3.** Pena con que se desposee a uno del empleo, derecho o dignidad que tenía, por un delito que ha cometido. ‖ **4.** Renuncia voluntaria a algo.

privado, da. adj. Que se ejecuta a vista de pocos, familiar y domésticamente, sin formalidad ni ceremonia alguna. ‖ **2.** Particular y personal de cada uno. ‖ **3.** m. El que tiene privanza.

privanza. f. Primer lugar en la gracia y confianza de un príncipe o alto personaje, y por ext., de cualquier otra persona.

privar. tr. Despojar a uno de una cosa que poseía. ‖ **2.** Prohibir o vedar. ‖ **3.** Quitar o perder el sentido, como sucede con un golpe violento u olor sumamente vivo. Ú. m. c. prnl. ‖ **4.** Complacer o gustar extraordinariamente. *A Fulano le* PRIVA *este género de pasteles.* ‖ **5.** prnl. Dejar voluntariamente una cosa de gusto, interés o conveniencia. PRIVARSE *del paseo.* ❑ No confundir con *primar.*

privativo, va. adj. Que causa privación o la significa. ‖ **2.** Propio y peculiar singularmente de una cosa o persona, y no de otras.

privatizar. tr. Transferir una empresa o actividad pública al sector privado.

privilegiado, da. adj. Que goza de un privilegio. Ú. t. c. s.

privilegiar. tr. Conceder privilegio.

privilegio. m. Exención de una obligación o ventaja exclusiva o especial que goza alguien por concesión de un superior o por determinada circunstancia propia. ‖ **2.** Documento en que consta la concesión de un **privilegio.**

pro. amb. Provecho, ventaja. ‖ **2.** prep. En favor de. *Fundación* PRO *Real Academia Española.* ‖ **el pro y el contra.** fr. con que se denota la confrontación de lo favorable y lo adverso de una cosa. ‖ **en pro de.** loc. prepos. En favor de.

proa. f. Parte delantera de la nave, con la cual corta las aguas, y por ext., parte delantera de otros vehículos.

probabilidad. f. Calidad de probable, que puede suceder.

probable. adj. Verosímil, o que se funda en razón prudente. ‖ **2.** Que se puede probar. ‖ **3.** Dícese de aquello que hay buenas razones para creer que se verificará o sucederá.

probado, da. adj. Acreditado por la experiencia. *Es remedio* PROBADO.

probador. m. En los talleres de costura, almacenes, tiendas de ropa, etc., habitación en que los clientes se prueban las prendas de vestir.

probar. tr. Hacer examen y experimento de las cualidades de personas o cosas. ‖ **2.** Examinar si una cosa está arreglada a la medida, muestra o proporción de otra a que se debe ajustar. Ú. t. c. prnl. ‖ **3.** Justificar, manifestar y hacer patente la certeza de un hecho o la verdad de una cosa con razones, instrumentos o testigos. ‖ **4.** Gustar una pequeña porción de una comida o bebida. PROBÉ *la sopa para asegurarme de que tenía sal.* ‖ **5.** intr. Con la preposición *a* y el infinitivo de otros verbos, hacer prueba, experimentar o intentar una cosa. PROBÓ A *levantarse* y *no pudo.* ❑ Irreg. Se conj. como *contar.*

probeta. f. Tubo de cristal, con pie o sin él, cerrado por un extremo y destinado a contener líquidos o gases. ‖ **2.** V. **niño probeta.**

probidad. f. **honradez.**

problema. m. Cuestión que se trata de aclarar. ‖ **2.** Conjunto de hechos o circunstancias que dificultan la consecución de algún fin. ‖ **3.** Disgusto, preocupación. Ú. m. en pl. *Mi hijo sólo da* PROBLEMAS. ‖ **4.** *Mat.* Proposición dirigida a averiguar el modo de obtener un resultado cuando ciertos datos son conocidos.

problemático, ca. adj. Dudoso, incierto, o que se puede defender por una y otra parte. ‖ **2.** f. Conjunto de problemas pertenecientes a una ciencia o actividad determinadas. ❑ No utilizar *problemática* por *problema.*

probo, ba. adj. Que tiene probidad.

probóscide. f. *Zool.* Aparato bucal en forma de trompa o pico, dispuesto para la succión, que es propio de los insectos dípteros.

proboscidio. adj. *Zool.* Dícese de los mamíferos que tienen trompa prensil formada por la soldadura de la nariz con el labio superior, y cinco dedos en las extremidades, terminado cada uno de ellos en una pequeña pezuña y englobados en una masa carnosa; como el elefante. Ú. t. c. s. ‖ **2.** m. pl. *Zool.* Orden de estos animales.

procacidad. f. Desvergüenza, insolencia, atrevimiento. ‖ **2.** Dicho o hecho desvergonzado, insolente.

procarionte. adj. *Biol.* Dícese de organismos cuyo ácido desoxirribonucleico no está confinado en el interior de un núcleo sino extendido en el citoplasma. Ú. t. c. s.

procariota. m. **procarionte.**

procaz. adj. Desvergonzado, atrevido.

procedencia. f. Origen, principio de donde nace o se deriva una cosa. ‖ **2.** Punto de partida de un barco, un tren, un avión, una persona, etc., cuando llega al término de su viaje. ‖ **3.** Conformidad con la moral, la razón o el derecho.

procedente. adj. Que procede, dimana o trae su origen de una persona o cosa. ‖ **2.** Arreglado a la prudencia, a la razón o al fin que se persigue.

proceder[1]. m. Modo, forma y orden de portarse y gobernar uno sus acciones bien o mal.

proceder[2]. intr. Obtenerse, nacer u originarse una cosa de otra, física o moralmente. ‖ **2.** Tener su origen alguien o algo en un determinado lugar, o descender de cierta persona, familia o cosa que se expresa. ‖ **3.** Venir, haber salido de cierto lugar. *El vuelo* PROCEDE *de La Habana.* ‖ **4.** Portarse y gobernar uno sus acciones bien o mal. ‖ **5.** Pasar a poner en ejecución una cosa a la cual precedieron algunas diligencias. PROCEDER *a la elección de papa.* ‖ **6.** Hacer una cosa conforme a razón, derecho, mandato, práctica o conveniencia. *Ya ha empezado la función y* PROCEDE *guardar silencio.* ‖ **proceder contra** uno. fr. *Der.* Iniciar o seguir procedimiento criminal contra él.

procedimiento. m. Acción de proceder. ‖ **2.** Método de ejecutar algunas cosas. ‖ **3.** *Der.* Actuación por trámites judiciales o administrativos.

proceloso, sa. adj. Borrascoso, tormentoso, tempestuoso.

prócer. m. Persona de la primera distinción o constituida en alta dignidad.

procesador. m. *Inform.* Unidad central de proceso, formada por uno o dos chips.

procesamiento. m. Acto de procesar.

procesar. tr. *Der.* Declarar y tratar a una persona como presunto reo de delito. ‖ **2.** *Tecnol.* Someter a un proceso de transformación física, química o biológica. ‖ **3.** *Tecnol.* Someter datos o materiales a una serie de operaciones programadas.

procesión. f. Acto de ir ordenadamente de un lugar a otro muchas personas con algún fin público y solemne, por lo común religioso. ‖ **2.** fig. y fam. Una o más hileras de personas o animales que van de un lugar a otro. ‖ **andar,** o **ir, por dentro la procesión.** fr. fig. y fam. Sentir pena, cólera, inquietud, dolor, etc., aparentando serenidad o sin darlo a conocer.

procesionaria. f. Nombre común a las orugas de varias especies de lepidópteros que causan grandes estragos en los pinos, encinas y otros árboles.

proceso. m. Transcurso del tiempo. ‖ **2.** Conjunto de las fases sucesivas de un fenómeno natural o de una operación artificial. ‖ **3.** *Der.* Causa criminal.

proclama. f. Notificación pública. Ú. regularmente hablando de las amonestaciones para los que quieren casarse u ordenarse. ‖ **2.** Alocución política o militar, de viva voz o por escrito.

proclamación. f. Publicación de un decreto, bando o ley, que se hace solemnemente para que llegue a noticia de todos. ‖ **2.** Actos públicos y ceremonias con que se declara e inaugura un nuevo reinado, principado, etc.

proclamar. tr. Publicar en alta voz una cosa para que se haga notoria a todos. ‖ **2.** Declarar solemnemente el principio o inauguración de un reinado, etc. ‖ **3.** Dar voces la multitud en honor de una persona. ‖ **4.** Conferir, por unanimidad, algún cargo. ‖ **5.** prnl. Declararse uno investido de un cargo, autoridad o mérito.

proclisis. f. *Gram.* Unión de una palabra proclítica a la que la sigue.

proclítico, ca. adj. *Gram.* Dícese de la voz que, sin acentuación prosódica, se liga en la cláusula con el vocablo subsiguiente. Tales son los artículos, los pronombres posesivos *mi, tu, su,* las preposiciones de una sílaba y otras varias partículas.

proclive. adj. Inclinado o propenso a una cosa, frecuentemente a lo malo.

procordado. adj. *Zool.* Dícese de animales cordados que no tienen encéfalo, estando reducido su sistema nervioso central a un cordón que equivale a la médula espinal de los vertebrados; carecen de toda clase de esqueleto y respiran por branquias situadas en la pared de la faringe. Viven en el mar. Ú. t. c. s. m. ‖ **2.** m. pl. *Zool.* Subtipo de estos animales.

procrear. tr. Engendrar, multiplicar una especie.

proctología. f. *Med.* Conjunto de conocimientos y prácticas relativos al recto y a sus enfermedades.

procurador, ra. m. y f. Persona que, con la necesaria habilitación legal, ejerce ante los tribunales la representación de cada interesado en un juicio.

procurar. tr. Hacer diligencias o esfuerzos para que suceda lo que se expresa. ‖ **2.** Conseguir o adquirir algo. Ú. m. c. prnl. SE PROCURÓ *un buen empleo.*

prodigalidad. f. Profusión, desperdicio, consumo de la propia hacienda, gastando excesivamente.

prodigar. tr. Disipar, gastar pródigamente o con exceso y desperdicio una cosa. ‖ **2.** Dar con profusión y abundancia. ‖ **3.** prnl. Excederse indiscretamente en la exhibición personal.

prodigio. m. Suceso extraño que excede los límites regulares de la naturaleza. ‖ **2.** Cosa especial, rara o primorosa en su línea. ‖ **3. milagro,** hecho de origen divino. ‖ **4.** Persona que posee una cualidad en grado extraordinario.

prodigioso, sa. adj. Maravilloso, extraordinario, que encierra en sí prodigio. ‖ **2.** Excelente, primoroso, exquisito.

pródigo, ga. adj. Dícese de la persona que desperdicia y consume su hacienda en gastos inútiles, sin medida ni razón. Ú. t. c. s. ‖ **2.** Muy dadivoso. ‖ **3.** Que tiene o produce gran cantidad de algo. *La naturaleza es más* PRÓDIGA *y fecunda que la imaginación humana.*

producción. f. Acción de producir. ‖ **2.** Cosa producida. ‖ **3.** Suma de los productos del suelo o de la industria.

producir. tr. Engendrar, procrear, criar. Se usa hablando más propiamente de las obras de la naturaleza, y por ext., de las del entendimiento. ‖ **2.** Dar, llevar, rendir fruto los terrenos, árboles, etc. ‖ **3.** Rentar, redituar interés, utilidad o beneficio anual una cosa. ‖ **4.** fig. Procurar, originar, ocasionar. ‖ **5.** fig. Fabricar, elaborar cosas útiles. ‖ **6.** prnl. Explicarse, darse a entender por medio de la palabra. ❑ Irreg. Se conj. como *conducir.*

productividad. f. Calidad de productivo. ‖ **2.** Capacidad o grado de producción por unidad de trabajo, superficie de tierra cultivada, equipo industrial, etc.

productivo, va. adj. Que tiene virtud de producir. ‖ **2.** Que es útil o provechoso. ‖ **3.** *Econ.* Que arroja un resultado favorable entre precios y costes.

producto. m. Cosa producida. ‖ **2.** Caudal que se obtiene de una cosa que se vende, o el que ella reditúa. ‖ **3.** *Álg.* y *Arit.* Cantidad que resulta de la multiplicación. ‖ **escalar.** *Álg.* Operación que se define entre vectores y asocia a cada dos de ellos un número real. ‖ **nacional bruto.** *Econ.* Valor de todos los bienes y servicios producidos en la economía de un país en un período de tiempo dado. ‖ **vectorial.** *Álg.* Operación que se define entre vectores y asocia a cada dos de ellos un vector ortogonal a ambos.

productor, ra. adj. Que produce. Ú. t. c. s. ‖ **2.** m. y f. Persona que con responsabilidad financiera y comercial organiza la realización de una obra cinematográfica, discográfica, televisiva, etc., y aporta el capital necesario. ‖ **3.** f. Empresa o asociación de personas que se dedican a la producción cinematográfica o discográfica.

proel. m. *Mar.* Marinero que en un bote, lancha, falúa, etc., maneja el remo de proa, maneja el bichero para atracar o desatracar, y hace las veces de patrón a falta de este.

proemio. m. Prólogo, discurso antepuesto al cuerpo de un libro.

proeza. f. Hazaña, valentía o acción valerosa.

profanación. f. Acción y efecto de profanar.

profanar. tr. Tratar una cosa sagrada sin el debido respeto, o aplicarla a usos profanos. ‖ **2.** fig. Deshonrar, hacer uso indigno de cosas respetables.

profano, na. adj. Que no es sagrado ni sirve a usos sagrados, sino puramente secular. ‖ **2.** Que no demuestra el respeto debido a las cosas sagradas. ‖ **3.** Que carece de conocimientos y autoridad en una materia. Ú. t. c. s.

profecía. f. Predicción hecha en virtud de don sobrenatural.

proferir. tr. Pronunciar, decir, articular palabras o sonidos. ❑ Irreg. Se conj. como *sentir.*

profesar. tr. Ejercer una ciencia, arte, oficio, etc. ‖ **2.** Creer, confesar. PROFESAR *un principio, una doctrina, una religión.* ‖ **3.** fig. Sentir algún afecto, inclinación o interés y perseverar voluntariamente en ellos. PROFESAR *cariño, odio,* etc. ‖ **4.** intr. Obligarse en una orden religiosa a cumplir los votos propios de su instituto.

profesión. f. Acción y efecto de profesar. ‖ **2.** Empleo, facultad u oficio que una persona tiene y ejerce con derecho a retribución.

profesional. adj. Perteneciente a la profesión. ‖ **2.** Dícese de la persona que ejerce una profesión. Ú. t. c. s. ‖ **3.** com. Persona que ejerce su profesión con relevante capacidad y aplicación.

profesionalidad. f. Calidad de profesional.

profesionalizar. tr. Dar carácter de profesión a una actividad. ‖ **2.** Convertir a un aficionado en **profesional,** persona que ejerce una actividad como profesión.

profeso, sa. adj. Dícese del religioso que ha profesado. Ú. t. c. s.

profesor, ra. m. y f. Persona que ejerce o enseña una ciencia o arte. ‖ **adjunto. profesor** o **profesora** normalmente adscritos a una determinada cátedra o departamento. ‖ **asociado.** Persona que trabaja fuera de la universidad y es contratada temporalmente por ella. ‖ **numerario.** El que pertenece a una plantilla de funcionarios.

profesorado. m. Cargo de profesor. ‖ **2.** Cuerpo de profesores.

profeta. m. El que posee el don de profecía. ‖ **2.** fig. El que por señales o cálculos hechos previamente, conjetura y predice acontecimientos futuros.

profetizar. tr. Anunciar o predecir las cosas distantes o futuras, en virtud del don de profecía.

profiláctico, ca. adj. *Med.* Dícese del que y de lo que puede preservar de la enfermedad. ‖ **2.** m. **preservativo.**

profilaxis. f. *Med.* Conjunto de medidas tomadas para evitar la enfermedad.

prófugo, ga. adj. Dícese de la persona que anda huyendo, principalmente de la justicia o de otra autoridad legítima. U. t. c. s. ‖ **2.** m. Mozo que se ausenta o se oculta para eludir el servicio militar.

profundidad. f. Calidad de profundo. ‖ **2.** Dimensión de los cuerpos perpendicular a una superficie dada. ‖ **3.** fig. Hondura o penetración y viveza del pensamiento y de las ideas.

profundizar. tr. Cavar en una zanja, hoyo, cauce, etc., para hacerlo más hondo. ‖ **2.** fig. Discurrir con la mayor atención y examinar o penetrar una cosa para llegar a su perfecto conocimiento. Ú. t. c. intr.

profundo, da. adj. Que tiene el fondo muy distante de la boca o borde de la cavidad. ‖ **2.** Extendido a lo largo, o que tiene gran fondo. *Selva* PROFUNDA; *esta casa tiene poca fachada, pero es* PROFUNDA. ‖ **3.** Dícese de lo que penetra mucho o va hasta muy adentro. *Raíces* PROFUNDAS; *herida* PROFUNDA. ‖ **4.** fig. Intenso, o muy vivo y eficaz. *Sueño* PROFUNDO; *oscuridad* PROFUNDA; *pena* PROFUNDA. ‖ **5.** fig. Difícil de penetrar o comprender. *Concepto* PROFUNDO. ‖ **6.** fig. Tratándose del entendimiento, de las cosas a él concernientes o de sus producciones, extenso, vasto, que penetra o ahonda mucho. *Talento, sabor, pensamiento* PROFUNDO. ‖ **7.** fig. Dícese de la persona cuyo entendimiento ahonda o penetra mucho. *Filósofo, matemático, sabio* PROFUNDO. ‖ **8.** m. Lo más íntimo de uno.

profusión. f. Abundancia, copia en lo que se da, difunde o derrama.

profuso, sa. adj. Abundante, copioso.

progenie. f. Casta, generación o familia de la cual se origina o desciende una persona. ‖ **2.** Descendencia o conjunto de hijos de alguien.

progenitor, ra. m. y f. Pariente en línea recta ascendente de una persona. ‖ **2.** m. pl. El padre y la madre.

prognato, ta. adj. Dícese de la persona que tiene salientes las mandíbulas. Ú. t. c. s.

programa. m. Previa declaración de lo que se piensa hacer en alguna materia u ocasión. ‖ **2.** Tema que se da para un discurso, diseño, cuadro, etc. ‖ **3.** Sistema y distribución de las materias de un curso o asignatura, que forman y publican los profesores encargados de explicarlas. ‖ **4.** Anuncio o exposición de las partes de que se han de componer ciertos actos o espectáculos o de las condiciones a que han de sujetarse, reparto, etc. ‖ **5.** Serie ordenada de operaciones necesarias para llevar a cabo un proyecto. ‖ **6.** Serie de las distintas unidades temáticas que constituyen una emisión de radio o de televisión. ‖ **7.** Cada una de las operaciones que, en un orden determinado, ejecutan ciertas máquinas. ‖ **8.** *Inform.* Conjunto de instrucciones que permite a una computadora realizar determinadas operaciones.

programación. f. Acción y efecto de programar. ‖ **2.** Conjunto de los programas de radio o televisión.

programador, ra. adj. Que programa. Ú. t. c. s. ‖ **2.** m. Aparato que ejecuta un programa automáticamente. ‖ **3.** m. y f. Persona que elabora programas de ordenador.

programar. tr. Formar programas, previa declaración de lo que se piensa hacer y anuncio de las partes de que se ha de componer un acto o espectáculo o una serie de ellos. ‖ **2.** Preparar ciertas máquinas por anticipado para que empiecen a funcionar en el momento previsto. ‖ **3.** *Inform.* Elaborar programas para los ordenadores.

progresar. intr. Avanzar, mejorar, hacer adelantos alguien o algo en determinada materia.

progresión. f. Acción de avanzar o de proseguir una cosa. ‖ **2.** *Mat.* Sucesión de números o términos algebraicos entre los cuales hay una ley de formación constante, bien porque mantienen su diferencia, en lo que consiste la **progresión aritmética,** bien porque mantienen su razón o cociente, que es la **progresión geométrica.**

progresista. adj. Dícese de la persona, colectividad, etc., con ideas avanzadas, y de la actitud que esto entraña. Apl. a pers., ú. t. c. s.

progresivo, va. adj. Que avanza, favorece el avance o lo procura. ‖ **2.** Que progresa o aumenta en cantidad o perfección.

progreso. m. Acción de ir hacia adelante. ‖ **2.** Avance, adelanto, perfeccionamiento.

prohibición. f. Acción y efecto de prohibir.

prohibir. tr. Vedar o impedir el uso o ejecución de una cosa.

prohibitivo, va. adj. fig. Dícese de las cosas cuyos precios son muy altos. *Los pisos son cada vez más* PROHIBITIVOS.

prohijar. tr. Adoptar por hijo. ‖ **2.** fig. Acoger como propias las opiniones o doctrinas ajenas.

prohombre. m. El que goza de especial consideración entre los de su clase.

prójimo. m. Cualquier hombre respecto de otro, considerados bajo el concepto de la solidaridad humana.

prole. f. Linaje, hijos o descendencia de alguien.

prolegómeno. m. Tratado que se pone al principio de una obra o escrito, para establecer los fundamentos generales de la materia que se ha de tratar después. Ú. m. en pl. ‖ **2.** fig. Preparación, introducción excesiva o innecesaria de algo. Ú. m. en pl. *Déjate de* PROLEGÓMENOS *y ve al grano.*

proletariado. m. Clase social constituida por los proletarios.

proletario, ria. adj. Perteneciente o relativo a la clase obrera. ‖ **2.** m. y f. Persona de la clase obrera.

proliferación. f. Acción y efecto de proliferar.

proliferar. intr. Reproducirse en formas similares. ‖ **2.** fig. Multiplicarse abundantemente.

prolífico, ca. adj. Que tiene virtud de engendrar. ‖ **2.** Dícese del escritor, artista, etc., autor de muchas obras. ❑ No confundir con *prolijo.*

prolijo, ja. adj. Largo, dilatado con exceso. ‖ **2.** Cuidadoso o esmerado. ❑ No confundir con *prolífico.*

prologar. tr. Escribir el prólogo de una obra.

prólogo. m. Escrito antepuesto al cuerpo de la obra en un libro de cualquier clase. ‖ **2.** Primera parte de algunas obras dramáticas y novelas, desligada en cierto modo de las posteriores, y en la cual se representa una acción de que es consecuencia la principal, que se desarrolla después. ‖ **3.** fig. Lo que sirve como de exordio o principio para ejecutar una cosa.

prologuista. com. Persona que escribe el prólogo de un libro.

prolongación. f. Acción y efecto de prolongar o prolongarse. ‖ **2.** Parte prolongada de una cosa.

prolongar. tr. Alargar, dilatar o extender una cosa a lo largo. Ú. t. c. prnl. ‖ **2.** Hacer que dure una cosa más tiempo de lo regular. Ú. t. c. prnl.

promediar. tr. Repartir una cosa en dos partes iguales o casi iguales. ‖ **2.** Determinar el promedio.

promedio. m. Punto en que una cosa se divide por mitad o casi por la mitad. ‖ **2. término medio.**

promesa. f. Expresión de la voluntad de dar a uno o hacer por él una cosa. ‖ **2.** Ofrecimiento hecho a Dios o a sus santos de ejecutar una obra piadosa. ‖ **3.** Persona o cosa que promete por sus especiales cualidades. ‖ **4.** fig. Augurio, indicio o señal que hace esperar algún bien.

prometedor, ra. adj. Que promete. Ú. t. c. s.

prometer. tr. Obligarse a hacer, decir o dar alguna cosa. ‖ **2.** Asegurar la certeza de lo que se dice. ‖ **3.** Dar muestras una persona o cosa de que será verdad lo que se expresa. *La película* PROMETE *ser aburrida.* ‖ **4.** intr. Mostrar una persona o cosa especiales cualidades, que pueden llegar a hacerla triunfar. *El nuevo refresco de menta* PROMETE. ‖ **5.** prnl. Esperar una cosa o mostrar gran confianza de lograrla. ‖ **6.** Darse mutuamente palabra de casamiento, por sí o por tercera persona. ‖ **prometérselas** uno **felices.**

fr. fam. Tener, con poco fundamento, halagüeña esperanza de conseguir una cosa.

prometido, da. m. y f. Persona que ha contraído esponsales legales o que tiene una mutua promesa de casarse.

prometio. m. Elemento químico radiactivo de núm. atóm. 61. Metal de las tierras raras muy escaso en la corteza terrestre. La radiación de alguno de sus isótopos se utiliza en la fabricación de pinturas luminiscentes, generadores de potencia para usos espaciales y fuentes de rayos X. Símb. *Pm.*

prominencia. f. Elevación de una cosa sobre lo que está alrededor o cerca de ella.

prominente. adj. Que se levanta o sobresale sobre lo que está a su inmediación o alrededores.

promiscuidad. f. Mezcla, confusión. ‖ **2.** Convivencia con personas de distinto sexo.

promiscuo, cua. adj. Mezclado confusa o indiferentemente. ‖ **2.** Se dice de la persona que mantiene relaciones sexuales con otras varias, así como de su comportamiento, modo de vida, etc.

promoción. f. Acción y efecto de promover. ‖ **2.** Conjunto de los individuos que al mismo tiempo han obtenido un grado o empleo, principalmente en los cuerpos de escala cerrada. ‖ **3.** Elevación o mejora de las condiciones de vida, de productividad, intelectuales, etc.

promocionar. tr. Elevar o hacer valer artículos comerciales, cualidades, personas, etcétera. Ú. m. en el lenguaje sociológico o comercial. Ú. t. c. prnl.

promontorio. m. Altura muy considerable de tierra. ‖ **2.** Altura considerable de tierra que avanza dentro del mar.

promotor, ra. adj. Que promueve una cosa, haciendo las diligencias conducentes para su logro. Ú. t. c. s. ‖ **de la fe.** Individuo de la Sagrada Congregación de Ritos, de la clase de consultores natos, que en las causas de beatificación y en las de canonización tiene el deber de suscitar dudas y poner objeciones, sin perjuicio de votar después en pro con arreglo a su conciencia.

promover. tr. Iniciar o adelantar una cosa, procurando su logro. ‖ **2.** Levantar o elevar a una persona a una dignidad o empleo superior al que tenía. ‖ **3.** Tomar la iniciativa para la realización o el logro de algo. ❑ Irreg. Se conj. como *mover.*

promulgar. tr. Publicar una cosa solemnemente. ‖ **2.** fig. *Der.* Publicar formalmente una ley u otra disposición de la autoridad, a fin de que sea cumplida y hecha cumplir como obligatoria.

pronación. f. Movimiento del antebrazo que hace girar la mano de fuera a dentro presentando el dorso de ella.

pronaos. m. *Arq.* En los templos antiguos, pórtico que había delante del santuario o cela.

pronombre. m. *Gram.* Parte de la oración, que suple al nombre o lo determina. ‖ **demostrativo.** *Gram.* Aquel con que material o intelectualmente se demuestran o señalan personas, animales o cosas. Son esencialmente tres: *este, ese* y *aquel.* ‖ **indefinido.** *Gram.* **pronombre indeterminado.** ‖ **indeterminado.** *Gram.* El que vagamente alude a personas o cosas; como *alguien, nadie, uno,* etc. ‖ **personal.** *Gram.* El que directamente representa personas, animales o cosas. Consta de las tres personas gramaticales, en cada una de las cuales son respectivamente nominativos *yo, tú, él,* y además tiene las formas esencialmente reflexivas *se, sí,* propias de la tercera persona. Es la única parte de la oración que en la lengua española cambia de estructura al declinarse. ‖ **posesivo.** *Gram.* El que denota posesión o pertenencia. Son los siguientes: *mío, mía* y *nuestro, nuestra,* de primera persona; *tuyo, tuya* y *vuestro, vuestra,* de segunda persona, y *suyo, suya,* de tercera; y respectivamente denotan lo que pertenece a cada una de estas tres personas o es propio de ellas. ‖ **relativo.** *Gram.* El que se refiere a persona, animal o cosa de que anteriormente se ha hecho mención; como *quien, cuyo, cual, que.*

pronominal. adj. *Gram.* Perteneciente al pronombre o que participa de su índole o naturaleza. ‖ **2.** *Gram.* V. **verbo pronominal.**

pronosticar. tr. Conocer por algunos indicios lo futuro.

pronóstico. m. Acción y efecto de pronosticar. ‖ **2.** Señal por donde se conjetura o adivina una cosa futura. ‖ **3.** Calendario en que se incluye el anuncio de los fenómenos astronómicos y meteorológicos. ‖ **4.** *Med.* Juicio que forma el médico respecto a los cambios que pueden sobrevenir durante el curso de una enfermedad, y sobre su duración y terminación por los síntomas que la han precedido o la acompañan. ‖ **reservado.** *Med.* El que se reserva el médico, a causa de las contingencias que prevé en los efectos de una lesión.

prontitud. f. Celeridad, presteza o velocidad en ejecutar una cosa. ‖ **2.** Viveza de ingenio o de imaginación.

pronto, ta. adj. Veloz, acelerado, ligero. ‖ **2.** Dispuesto, aparejado para la ejecución de una cosa. ‖ **3.** m. fam. Decisión repentina motivada por una pasión u ocurrencia inesperada. *Le dio un* PRONTO, *y tomó la capa para salirse de casa.* ‖ **4.** adv. t. Presto, prontamente. ‖ **5.** Con anticipación al momento oportuno, con tiempo de sobra. ‖ **de pronto.** loc. adv.

Apresuradamente, sin reflexión. ‖ **2. de repente.** ‖ **por de,** o **el,** o **lo, pronto.** loc. adv. De primera intención, interinamente, en el entretanto, provisionalmente.

prontuario. m. Compendio de las reglas de una ciencia o arte.

pronunciación. f. Acción y efecto de pronunciar.

pronunciado, da. adj. Muy marcado o acentuado. *Tiene los rasgos muy* PRONUNCIADOS.

pronunciamiento. m. Alzamiento militar contra el gobierno, promovido por un jefe del ejército u otro caudillo.

pronunciar. tr. Emitir y articular sonidos para hablar. ‖ **2.** Resaltar, acentuar, destacar. Ú. t. c. prnl. *Esa falda blanca* PRONUNCIA *tus caderas.* ‖ **3.** fig. Sublevar, levantar, rebelar. Ú. m. c. prnl. ‖ **4.** prnl. Declararse o mostrarse a favor o en contra de alguien o de algo.

propagación. f. Acción y efecto de propagar o propagarse.

propaganda. f. Congregación de cardenales nominada *De propaganda fide,* para difundir la religión católica. ‖ **2.** Por ext., asociación cuyo fin es propagar doctrinas, opiniones, etc. ‖ **3.** Acción o efecto de dar a conocer una cosa con el fin de atraer adeptos o compradores. ‖ **4.** Textos, trabajos y medios empleados para este fin.

propagandista. adj. Dícese de la persona que hace propaganda, especialmente en materia política. Ú. t. c. s.

propagar. tr. Multiplicar por generación u otra vía de reproducción. Ú. t. c. prnl. ‖ **2.** fig. Extender, dilatar o aumentar una cosa. Ú. t. c. prnl.

propalar. tr. Divulgar una cosa oculta.

propano. m. *Quím.* Hidrocarburo gaseoso derivado del petróleo, que tiene los mismos usos que el butano.

proparoxítono, na. adj. *Gram.* Que se acentúa en la antepenúltima sílaba, esdrújulo.

propasar. tr. Pasar más adelante de lo debido. Ú. m. c. prnl. ‖ **2.** prnl. Excederse de lo razonable en lo que se hace o se dice.

propender. intr. Inclinarse alguien, por naturaleza, por afición o por otro motivo, hacia una determinada cosa. ❑ Ú. con la prep *a.*

propensión. f. Acción y efecto de propender.

propenso, sa. adj. Con tendencia o inclinación a lo que se expresa.

propiciar. tr. Atraer o ganar el favor o benevolencia de alguno. ‖ **2.** Ablandar, aplacar la ira de uno, haciéndole favorable, benigno y propicio. ‖ **3.** Favorecer la ejecución de algo.

propiciatorio, ria. adj. Que tiene virtud de hacer propicio. ❑ No confundir con *propicio.*

propicio, cia. adj. Favorable, inclinado a hacer un bien. *Muéstrate* PROPICIO *a nosotros. Hombre* PROPICIO *al perdón.* ‖ **2.** Favorable para que algo se logre. *Ocasión* PROPICIA, *momento* PROPICIO. ❑ No confundir con *propiciatorio.*

propiedad. f. Derecho o facultad de poseer alguien una cosa y poder disponer de ella dentro de los límites legales. ‖ **2.** Cosa que pertenece a alguien. ‖ **3.** Atributo o cualidad esencial de una persona o cosa. ‖ **4.** fig. Semejanza o imitación perfecta. ‖ **5.** *Gram.* Significado o sentido peculiar y exacto de las voces o frases.

propietario, ria. adj. Que tiene derecho de propiedad sobre una cosa, y especialmente sobre bienes inmuebles. Ú. m. c. s. ‖ **2.** Que tiene cargo u oficio que le pertenece, a diferencia del que solo transitoriamente desempeña las funciones inherentes a él.

propileo. m. Vestíbulo de un templo, peristilo.

propina. f. Agasajo que sobre el precio convenido y como muestra de satisfacción se da por algún servicio. ‖ **2.** Gratificación pequeña con que se recompensa un servicio eventual.

propinar. tr. fig. Dar la clase de golpe expresada por el complemento explícito: *bofetada, paliza, patada.*

propincuo, cua. adj. Allegado, cercano, próximo.

propio, pia. adj. Perteneciente a uno que tiene la facultad exclusiva de disponer de ello. ‖ **2.** Característico, peculiar de cada persona o cosa. *Esas preguntas son* PROPIAS *de un niño.* ‖ **3.** Conveniente, adecuado. *Dar el pésame es lo* PROPIO *en estas ocasiones.* ‖ **4.** Natural, no postizo ni artificial. *Pelo* PROPIO. ‖ **5.** Dícese, por oposición a *figurado,* del significado o uso original de las palabras.

proponer. tr. Manifestar con razones una cosa para conocimiento de uno, o para inducirle a adoptarla. ‖ **2.** Determinar o hacer propósito de ejecutar o no una cosa. Ú. m. c. prnl. ‖ **3.** Recomendar o presentar a alguien para desempeñar un empleo, cargo, etc. ‖ **4.** Hacer una propuesta. ‖ **5.** *Mat.* Hacer una proposición. PROPONER *un problema.* ❑ Irreg. se conj. como *poner;* p. p. irreg. *propuesto.* Ú. con la prep. *para.*

proporción. f. Disposición, conformidad o correspondencia debida de las partes de una cosa con el todo o entre cosas relacionadas entre sí. ‖ **2.** La mayor o menor dimensión de una cosa. ‖ **3.** *Mat.* Igualdad de dos razones. Llámase **aritmética** o **geométrica,** según sean las razones de una u otra especie.

proporcional. adj. Perteneciente a la proporción o que la incluye en sí.

proporcionalidad. f. Conformidad o proporción de unas partes con el todo o de cosas relacionadas entre sí.

proporcionar. tr. Disponer y ordenar una cosa con la debida correspondencia en sus partes. ‖ **2.** Poner a disposición de uno lo que necesita o le conviene. Ú. t. c. prnl.

proposición. f. Acción y efecto de proponer. ‖ **2.** *Lóg.* Expresión de un juicio entre dos términos, sujeto y predicado, que afirma o niega este de aquel, o incluye o excluye el primero respecto del segundo. ‖ **3.** *Mat.* Enunciación de una verdad demostrada o que se trata de demostrar. ‖ **4.** *Gram.* Unidad lingüística de estructura oracional, esto es, constituida por sujeto y predicado, que se une mediante coordinación o subordinación a otra u otras **proposiciones** para formar una oración compuesta. ❑ No confundir con *preposición*.

propósito. m. Ánimo o intención de hacer o de no hacer una cosa. ‖ **2.** Objeto, mira, cosa que se pretende conseguir. ‖ **a propósito.** loc. adv. con que se expresa que una cosa es adecuada u oportuna para lo que se desea o para el fin a que se destina. ‖ **2.** loc. adv. con que se expresa que una cosa al ser mencionada, ha sugerido o recordado la idea de hablar de otra. ❑ Ú. a veces añadiendo al final la preposición *de.* ‖ **de propósito.** loc. adv. Con intención determinada; voluntaria y deliberadamente.

propuesta. f. Proposición o idea que se manifiesta y ofrece a uno para un fin. ‖ **2.** Consulta de un asunto o negocio a la persona, junta o cuerpo que lo ha de resolver.

propuesto, ta. p. p. irreg. de **proponer.**

propugnar. tr. Defender, amparar.

propulsar. tr. Impeler hacia adelante.

propulsión. f. Acción y efecto de propulsar. ‖ **a chorro.** Procedimiento empleado para que un avión, proyectil, cohete, etc., avance en el espacio, por efecto de la reacción producida por la descarga de un fluido que es expulsado a gran velocidad por la parte posterior.

propulsor, ra. adj. Que propulsa. Ú. t. c. s.

prorrata. f. Cuota o porción que toca a uno de lo que se reparte entre varios, hecha la cuenta proporcionada a lo más o menos que cada uno debe pagar o percibir.

prorratear. tr. Repartir una cantidad entre varios, según la parte que proporcionalmente toca a cada uno.

prórroga. f. Plazo por el cual se continúa o prorroga una cosa. ‖ **2.** *Dep.* Período suplementario de juego, de diferente duración según los deportes, que se añade al tiempo establecido cuando existe un empate. ‖ **4.** *Mil.* Aplazamiento del servicio militar que se concede, de acuerdo a la legislación vigente, a los llamados a este servicio.

prorrogar. tr. Continuar, dilatar, extender una cosa por un tiempo determinado. ‖ **2.** Suspender, aplazar.

prorrumpir. intr. Salir algo con ímpetu. ‖ **2.** fig. Proferir repentinamente y con fuerza o violencia una voz, suspiro u otra demostración de dolor o pasión vehemente. ❑ Ú. con la prep. *en.* PRORRUMPIÓ EN *sollozos.*

prosa. f. Estructura o forma que toma naturalmente el lenguaje para expresar los conceptos, y no está sujeta, como el verso, a medida y cadencia determinadas. ‖ **2.** fig. Aspecto o parte de las cosas que se opone al ideal y a la perfección de ellas.

prosaico, ca. adj. Perteneciente o relativo a la prosa, o escrito en prosa. ‖ **2.** Dícese de la obra poética, o de cualquiera de sus partes, que adolece de prosaísmo. ‖ **3.** fig. Dicho de personas y de ciertas cosas, falto de idealidad o elevación. *Hombre, pensamiento, gusto* PROSAICO. ‖ **4.** fig. Insulso, vulgar. *Vida* PROSAICA.

prosaísmo. m. Defecto de la obra en verso, o de cualquiera de sus partes, que consiste en la falta de armonía o entonación poéticas, o en la demasiada llaneza de la expresión, o en la insulsez y trivialidad del concepto. ‖ **2.** fig. Calidad de prosaico, vulgar, trivial.

prosapia. f. Ascendencia, linaje o generación de una persona. ❑ No utilizar por *locuacidad* o *sapiencia.*

proscenio. m. En el antiguo teatro griego y latino, lugar entre la escena y la orquesta, más bajo que la primera y más alto que la segunda, y en el cual estaba el tablado en que representaban los actores. ‖ **2.** Parte del escenario más inmediata al público, que viene a ser la que media entre el borde del mismo escenario y el primer orden de bastidores.

proscribir. tr. Echar a uno del territorio de su patria, comúnmente por causas políticas. ‖ **2.** fig. Excluir o prohibir una costumbre o el uso de algo. ❑ Doble p. p. irreg.: *proscrito* y *proscripto.* No confundir con *prescribir.*

proscrito, ta. p. p. irreg. de **proscribir.**

proseguir. tr. Seguir, continuar, llevar adelante lo que se tenía empezado. ‖ **2.** intr. Seguir alguien o algo en una misma actitud, estado, etc. *La huelga de trenes* PROSEGUIRÁ *toda la semana.* ❑ Irreg. Se conj. como *pedir.*

proselitismo. m. Celo de ganar prosélitos.

proselitista. adj. Celoso de ganar prosélitos. Ú. t. c. s.

prosélito. m. Persona convertida a la religión católica, y en general a cualquier religión. ‖ **2.** fig. Partidario que se gana para una facción, parcialidad o doctrina.

prosificar. tr. Poner en prosa una composición poética.

prosista. com. Escritor o escritora de obras en prosa.

prosodia. f. *Gram.* Parte de la gramática, que enseña la recta pronunciación y acentuación. ‖ **2.** Estudio de los rasgos fónicos que afectan a la métrica, especialmente de los acentos y de la cantidad. ‖ **3. métrica.**

prosódico, ca. adj. *Gram.* Perteneciente o relativo a la prosodia.

prosopopeya. f. *Ret.* Figura que consiste en atribuir a las cosas inanimadas o abstractas, acciones y cualidades propias de seres animados, o a los seres irracionales las del hombre. ‖ **2.** fam. Afectación de gravedad y pompa. *Gasta mucha* PROSOPOPEYA.

prospección. f. Exploración del subsuelo basada en el examen de los caracteres del terreno y encaminada a descubrir yacimientos minerales, petrolíferos, aguas subterráneas, etc. ‖ **2.** Exploración de posibilidades futuras basada en indicios presentes. PROSPECCIÓN *de mercados, de tendencias de opinión,* etc.

prospectiva. f. Conjunto de análisis y estudios realizados con el fin de explorar o predecir el futuro, en una determinada materia.

prospecto. m. Papel o folleto que acompaña a ciertos productos, especialmente los farmacéuticos, en el que se explica su composición, utilidad, modo de empleo, etc.

prosperar. intr. Tener o gozar prosperidad. *El comercio* PROSPERA.

prosperidad. f. Curso favorable de las cosas. ‖ **2.** Buena suerte o éxito en lo que se emprende, sucede u ocurre.

próspero, ra. adj. Favorable, propicio, venturoso.

próstata. f. *Anat.* Glándula pequeña irregular, de color rojizo, que tienen los machos de los mamíferos unida al cuello de la vejiga de la orina y a la uretra, y que segrega un líquido blanquecino y viscoso.

prostíbulo. m. Local donde se ejerce la prostitución.

prostitución. f. Acción y efecto de prostituir o prostituirse.

prostituir. tr. Hacer que alguien se dedique a mantener relaciones sexuales con otras personas, a cambio de dinero. Ú. t. c. prnl. ‖ **2.** fig. Hacer uso ruin y despreciable de algo que se posee, degradándolo por su interés o beneficio. Ú. t. c. prnl. ❑ Irreg. Se conj. como *huir.*

prostituta. f. Mujer que mantiene relaciones sexuales con hombres, a cambio de dinero.

protactinio. m. Elemento químico radiactivo de núm. atóm. 91. Metal raro en la corteza terrestre, se encuentra en minerales de uranio, y su vida media es de unos 30 mil años. Símb. *Pa.*

protagonismo. m. Condición de protagonista. ‖ **2.** Afán de mostrarse como la persona más calificada y necesaria en determinada actividad, independientemente de que se posean o no méritos que lo justifiquen.

protagonista. com. Personaje principal de la acción en una obra literaria o cinematográfica. ‖ **2.** Por ext., persona o cosa que en un suceso cualquiera desempeña la parte principal.

protagonizar. tr. Representar un papel en calidad de protagonista. ‖ **2.** Por ext., desempeñar alguien o algo el papel más importante en cualquier hecho o acción.

prótasis. f. *Ret.* Primera parte del período en que queda pendiente el sentido, que se completa o cierra en la segunda, llamada apódosis. ❑ No confundir con *prótesis.*

protección. f. Acción y efecto de proteger.

proteccionismo. m. *Econ.* Política económica que grava la entrada en un país de productos extranjeros en competencia con los nacionales.

proteccionista. adj. Partidario del proteccionismo. Ú. t. c. s. ‖ **2.** Perteneciente o relativo al proteccionismo.

protector, ra. adj. Que protege. Ú. t. c. s. ‖ **2.** m. En algunos deportes, pieza u objeto que cubre y protege las partes del cuerpo más expuestas a los golpes.

protectorado. m. Parte de soberanía que un Estado ejerce, señaladamente sobre las relaciones exteriores, en territorio que no ha sido incorporado plenamente al de su nación y en el cual existen autoridades propias de los pueblos autóctonos. ‖ **2.** Territorio en que se ejerce esta soberanía compartida.

proteger. tr. Amparar, favorecer, defender.

protegido, da. m. y f. Favorito, persona que recibe la protección de otra.

proteico, ca. adj. Que cambia de formas o de ideas. ‖ **2.** *Quím.* **proteínico.**

proteína. f. *Biol.* y *Quím.* Cualquiera de las numerosas sustancias que forman parte de la materia fundamental de las células y de las sustancias vegetales y animales. Son moléculas formadas por una gran cantidad de aminoácidos. Generalmente se disuelven en agua o en soluciones acuosas de sales minerales diluidas. Entre ellas figuran las enzimas, ciertas hormonas y la albúmina o clara de huevo.

proteínico, ca. adj. Referente o relativo a las proteínas, y también en general a los prótidos.

protésico, ca. m. y f. Ayudante de odontólogo encargado de preparar y ajustar las piezas y aparatos para la prótesis dental.

prótesis. f. *Cir.* Procedimiento mediante el cual se repara artificialmente la falta de un órgano o parte de él; como la de un diente, un ojo, etc. ‖ **2.** Aparato o dispositivo destinado a esta reparación. ❑ No confundir con *prótasis.*

protesta. f. Acción y efecto de protestar.

protestante. adj. Que sigue el luteranismo o cualquiera de sus ramas. Ú. t. c. s. ‖ **2.** Perteneciente a alguna de las iglesias cristianas formadas como consecuencia de la Reforma.

protestantismo. m. Creencia religiosa de los protestantes. ‖ **2.** Conjunto de ellos.

protestar. intr. Expresar alguien impetuosamente su queja o disconformidad. ‖ **2.** tr. *Com.* Practicar una diligencia como consecuencia del impago o devolución de una letra de cambio.

prótido. m. *Biol.* y *Quím.* Cualquiera de los tipos de sustancias componentes de los seres vivos, que forman la parte fundamental de las células, de los órganos y de los líquidos orgánicos, como la sangre, la leche o los jugos vegetales. Sus moléculas se componen únicamente de proteínas, o bien de proteína y otro componente que les confiere carácter químico y biológico peculiar, como la hemoglobina.

protio. m. *Quím.* Isótopo natural del hidrógeno, de número másico 1.

proto-. elem. compos. que significa «prioridad, preeminencia o superioridad»: PROTO*mártir,* PROTO*médico,* PROTO*tipo.*

protocolo. m. Ordenada serie de escrituras matrices y otros documentos que un notario o escribano autoriza y custodia con ciertas formalidades. ‖ **2.** Acta o cuaderno de actas relativas a un acuerdo, conferencia o congreso diplomático. ‖ **3.** Por ext., regla ceremonial diplomática o palatina establecida por decreto o por costumbre.

protohistoria. f. Período de la vida de la humanidad subsiguiente a la prehistoria del que se poseen tradiciones originariamente orales. ‖ **2.** Estudio de ese período.

protón. m. *Fís.* Partícula con una carga eléctrica positiva. **Protones** y neutrones forman los núcleos atómicos. El número de **protones** en un núcleo se denomina número atómico, y de él dependen las propiedades químicas del átomo.

protoplasma. m. *Biol.* Sustancia constitutiva de las células, de consistencia más o menos líquida, estructura coloidal y composición química muy compleja; contiene una gran cantidad de agua en la que están disueltos o en suspensión numerosos cuerpos orgánicos y algunas sales inorgánicas.

protórax. m. *Zool.* El primero de los tres segmentos en que se divide el tórax de los insectos. ❑ pl. invar.

prototipo. m. Ejemplar original o primer molde en que se fabrica una figura u otra cosa. ‖ **2.** El más perfecto ejemplar y modelo de una virtud, vicio o cualidad.

protozoo. m. *Zool.* Dícese de los organismos, casi siempre microscópicos, cuyo cuerpo está formado por una sola célula o por una colonia de células iguales entre sí. Ú. m. c. s. ‖ **2.** m. pl. *Zool.* Taxón de estos organismos.

protruir. intr. Desplazarse hacia delante, sobresalir de sus límites normales una parte o un órgano, de forma natural o patológica.

protrusión. f. Acción y efecto de protruir.

protuberancia. f. Prominencia más o menos redonda.

provecho. m. Beneficio o utilidad que se consigue o se origina de una cosa o por algún medio. ‖ **buen provecho.** expr. fam. con que se explica el deseo de que una cosa sea útil o conveniente a la salud o bienestar de uno. Dícese frecuentemente a los que están comiendo o bebiendo.

provechoso, sa. adj. Que causa provecho o es de provecho o utilidad.

provecto, ta. adj. Caduco, viejo.

proveedor, ra. m. y f. Persona o empresa que provee o abastece de todo lo necesario para un fin a grandes grupos, asociaciones, comunidades, etc.

proveer. tr. Preparar, reunir las cosas necesarias para un fin. Ú. t. c. prnl. ‖ **2.** Suministrar o facilitar lo necesario o conveniente para un fin. PROVEER *de víveres una plaza;* PROVEER *a una persona de ropa, de libros.* Ú. t. c. prnl. ‖ **3.** Dar o conferir una dignidad, empleo, cargo, etc. ‖ **4.** *Der.* Dictar un juez o tribunal una resolución que a veces es sentencia definitiva. ❑ Irreg. Se conj. como *leer;* p. p. irreg. *provisto.* Ú. con la prep. *de.*

provenir. intr. Nacer, originarse, proceder alguien o algo del lugar, persona, cosa, etc., que se expresa. ❑ Irreg. Se conj. como *venir.*

provenzal. adj. Natural de la Provenza. Ú. t. c. s. ‖ **2.** Perteneciente o relativo a esta antigua provincia de Francia. ‖ **3.** m. **lengua de oc.**

proverbial. adj. Perteneciente o relativo al proverbio o que lo incluye. ‖ **2.** Muy notorio, conocido de siempre, consabido de todos.

proverbio. m. Sentencia, adagio o refrán.

providencia. f. Disposición anticipada o prevención que mira o conduce al logro de un fin. ‖ **2.** Disposición que se toma en un lance sucedido, para componerlo o remediar el daño que pueda resultar. ‖ **3.** Por antonom., la de Dios. ‖ **4.** *Der.* Resolución judicial a la que no se exigen por la ley fundamentos y que decide cuestiones de trámite o peticiones accidentales y sencillas no sometidas a tramitación de mayor solemnidad.

providencial. adj. Perteneciente o relativo a la providencia. ‖ **2.** fig. Aplícase al hecho o suceso casual que libra de un daño o perjuicio inminente.

providencialismo. m. Doctrina según la cual todo sucede por disposición de la Divina Providencia.

próvido, da. adj. Propicio, benévolo.

provincia. f. Cada una de las grandes divisiones de un territorio o Estado, sujeta por lo común a una autoridad administrativa. ‖ **2.** Cada uno de los distritos en que dividen un territorio las órdenes religiosas y que contiene determinado número de casas o conventos. ‖ **3.** En la antigua Roma, territorio conquistado fuera de Italia, sujeto a las leyes romanas y administrado por un gobernador.

provincial. adj. Perteneciente o relativo a una provincia.

provincianismo. m. Condición de provinciano. ‖ **2.** Estrechez de espíritu y apego excesivo a la mentalidad o costumbres particulares de una provincia o sociedad cualquiera, con exclusión de las demás.

provinciano, na. adj. Dícese del habitante de una provincia, en contraposición al de la capital. Ú. t. c. s. ‖ **2.** fig. y fam. Poco elegante o refinado.

provisión. f. Acción y efecto de proveer. ‖ **2.** Prevención de mantenimientos, caudales u otras cosas que se ponen en alguna parte para cuando hagan falta. ‖ **3.** Conjunto de cosas, especialmente alimentos, que se guardan o reservan para un fin. Ú. m. en pl. ‖ **de fondos.** *Com.* Existencia en poder del pagador del valor de una letra, cheque, etc.

provisional. adj. Dícese de lo que se hace, se halla o se tiene temporalmente. ‖ **2.** V. **libertad provisional.**

provisor. m. **proveedor.** ‖ **2.** Juez diocesano nombrado por el obispo, con quien constituye un mismo tribunal, y que tiene potestad ordinaria para ocuparse de causas eclesiásticas.

provisto, ta. p. p. irreg. de **proveer.**

provocación. f. Acción y efecto de provocar.

provocador, ra. adj. Que provoca, incita, estimula o excita.

provocar. tr. Incitar, inducir a uno a que ejecute una cosa. ‖ **2.** Irritar o estimular a uno con palabras u obras para que se enoje. ‖ **3.** Mover o incitar. PROVOCAR *a risa, a lástima.* ‖ **4.** Hacer que una cosa produzca otra como reacción o respuesta a ella. *La caída de la bolsa* PROVOCÓ *cierto nerviosismo.*

provocativo, va. adj. Que provoca, excita o estimula.

proxeneta. com. Persona que, con móviles de lucro, interviene para favorecer relaciones sexuales ilícitas.

proximidad. f. Calidad de próximo. ‖ **2.** Lugar próximo. Ú. m. en pl.

próximo, ma. adj. Cercano, que dista poco en el espacio o en el tiempo. ‖ **2.** Siguiente, inmediatamente posterior. Ú. t. c. s.

proyección. f. Acción y efecto de proyectar. ‖ **2.** Imagen que por medio de un foco luminoso se fija temporalmente sobre una superficie plana. ‖ **3.** fig. Resonancia o alcance de un hecho o de las cualidades de una persona. *Un acontecimiento de* PROYECCIÓN *internacional.* ‖ **4.** *Geom.* Figura que resulta en una superficie, de proyectar en ella todos los puntos de un sólido u otra figura.

proyectar. tr. Lanzar, dirigir hacia adelante o a distancia. ‖ **2.** Idear, trazar o proponer el plan y los medios para la ejecución de una cosa. ‖ **3.** Hacer un proyecto de arquitectura o ingeniería. ‖ **4.** Hacer visible sobre un cuerpo o una superficie la figura o la sombra de otro. Ú. t. c. prnl. ‖ **5.** Reflejar sobre una pantalla la imagen óptica amplificada de diapositivas, películas u objetos opacos. ‖ **6.** *Geom.* Trazar líneas rectas desde todos los puntos de un sólido u otra figura, según determinadas reglas, hasta que encuentren una superficie por lo común plana.

proyectil. m. Cualquier cuerpo arrojadizo, especialmente los lanzados con armas de fuego como bala, bomba, etcétera.

proyectista. com. Persona que se dedica a hacer proyectos y a facilitarlos.

proyecto. m. Planta y disposición que se forma para la realización de un tratado, o para la ejecución de una cosa de importancia. ‖ **2.** Designio o pensamiento de ejecutar algo. ‖ **3.** Conjunto de escritos, cálculos y dibujos que se hacen para dar idea de cómo ha de ser y lo que ha de costar una obra de arquitectura o de ingeniería. ‖ **4.** Primer esquema o plan de cualquier trabajo que se hace a veces como prueba antes de darle la forma definitiva. ‖ **de ley.** Ley elaborada por el gobierno y sometida al parlamento para su aprobación.

proyector. m. Aparato que sirve para proyectar imágenes ópticas. ‖ **2.** Aparato óptico con el que se obtiene un haz luminoso de gran intensidad.

prudencia. f. *Rel.* Una de las cuatro virtudes cardinales, que consiste en discernir y distinguir lo que es bueno o malo, para seguirlo o huir de ello. ‖ **2.** Templanza, cautela, moderación. ‖ **3.** Sensatez, buen juicio.

prudencial. adj. Perteneciente o relativo a la prudencia. ‖ **2.** Que no es exagerado ni excesivo.

prudente. adj. Que tiene prudencia y actúa con moderación y cautela.

prueba. f. Acción y efecto de probar. ‖ **2.** Razón, argumento, instrumento u otro medio con que se pretende mostrar y hacer patente la verdad o falsedad de algo. ‖ **3.** Indicio, señal o muestra que se da de una cosa. ‖ **4.** Ensayo o experimento que se hace de algo, para saber cómo resultará en su forma definitiva. ‖ **5.** Análisis médico. ‖ **6.** Cantidad pequeña de un alimento destinada a examinar su calidad. ‖ **7.** Examen que se hace para demostrar o comprobar los conocimientos o aptitudes de alguien. ‖ **8.** En algunos deportes, **competición.** ‖ **9.** *Mat.* Operación que se ejecuta para averiguar la exactitud de otra ya hecha. ‖ **10.** *Der.* Justificación de la verdad de los hechos controvertidos en un juicio, hecha por los medios que autoriza y reconoce por eficaces la ley. ‖ **11.** *Impr.* Muestra de la composición tipográfica, que se saca en papel ordinario para corregir y apuntar en ella las erratas que tiene, antes de la impresión definitiva. Ú. m. en pl. ‖ **a prueba.** loc. adj. Entre empleados, significa que durante un tiempo tienen que demostrar su valía para poder confirmar su puesto de trabajo mediante un contrato. ‖ **a prueba de agua, de bomba,** etc. locs. advs. Aplícanse a lo que por su perfecta construcción, firmeza y solidez es capaz de resistir al agua, a las bombas, etc.

pruno. m. En algunas partes, **ciruelo,** árbol.

prurito. m. *Pat.* Comezón, picazón. ‖ **2.** fig. Deseo persistente y excesivo de hacer una cosa de la mejor manera posible.

pseudo-. elem. compos. **seudo-.**

psi. f. Vigésima tercera letra del alfabeto griego, que equivale a *ps.*

psico-. elem. compos. que significa «alma» o «actividad mental»: PSICO*análisis,* PSICO*tecnia.*

psicoanálisis. amb. *Psiquiat.* Método creado por Freud para investigar y curar las enfermedades mentales mediante el análisis de los conflictos sexuales inconscientes originados en la niñez. Ú. m. c. m.

psicodélico, ca. adj. Perteneciente o relativo a la manifestación de elementos psíquicos que en condiciones normales están ocultos, o a la estimulación intensa de potencias psíquicas. *Estado* PSICODÉLICO. ‖ **2.** Causante de esta manifestación o estimulación. Dícese principalmente de drogas como la marihuana y otros alucinógenos. ‖ **3.** fig. y fam. Raro, extravagante, fuera de lo normal.

psicodrama. m. Técnica psicoanalítica empleada en la psicoterapia de grupo que se efectúa mediante la representación por los pacientes de situaciones dramáticas relacionadas con sus conflictos patológicos.

psicohistoria. f. Aplicación de la psicología y predominantemente del psicoanálisis a la explicación o interpretación de la historia.

psicología. f. Parte de la filosofía, que trata del alma, sus facultades y operaciones. ‖ **2.** *Psicol.* Ciencia de la vida mental. ‖ **3.** Manera de sentir de una persona o de un pueblo.

psicológico, ca. adj. Perteneciente o relativo a la psique. ‖ **2.** Perteneciente o relativo a la psicología.

psicólogo, ga. m. y f. Especialista en psicología. ‖ **2.** Por ext., persona dotada de especial penetración para el conocimiento del carácter y la intimidad de las personas.

psicópata. com. *Psiquiat.* Persona que padece psicopatía, especialmente anomalía psíquica.

psicopatía. f. *Psiquiat.* Anomalía psíquica por obra de la cual, a pesar de la integridad de las funciones perceptivas y mentales, se halla patológicamente alterada la conducta social del individuo que la padece.

psicopatología. f. *Med.* Estudio de las causas y naturaleza de las enfermedades mentales.

psicosis. f. *Psiquiat.* Nombre general que se aplica a todas las enfermedades mentales.

psicosomático, ca. adj. *Psicol.* Dícese de lo que afecta a la psique así como de lo que implica o da lugar a una acción de la psique sobre el cuerpo o al contrario.

psicotecnia. f. *Med.* Rama de la psicología, que con fines de orientación y selección tiene por objeto explorar y clasificar las aptitudes de los individuos mediante pruebas adecuadas.

psicoterapeuta. com. *Med.* Especialista en psicoterapia.

psicoterapia. f. *Psicol.* Tratamiento de las enfermedades, especialmente de las nerviosas, por medio de la sugestión o persuasión o por otros procedimientos psíquicos.

psique. f. Alma humana.

psiquiatra. com. *Med.* Especialista en psiquiatría, alienista.

psiquiatría. f. Ciencia que trata de las enfermedades mentales.

psiquiátrico, ca. adj. Perteneciente o relativo a la psiquiatría. ‖ **2.** m. Hospital o clínica donde se trata a los enfermos mentales.

psíquico, ca. adj. Perteneciente o relativo al alma.

psiquismo. m. Conjunto de los caracteres y funciones de orden psíquico.

psitaciforme. adj. *Zool.* Dícese de aves prensoras, de pico ganchudo, vuelo rápido y colores vistosos, algunas de las cuales son capaces de imitar la voz humana; como el loro, el periquito y la cacatúa. Pueden alcanzar edades avanzadas. Ú. t. c. s. ‖ **2.** f. pl. *Zool.* Orden de estas aves.

psoriasis. f. *Pat.* Dermatosis generalmente crónica.

pteridofito, ta. adj. *Bot.* Dícese de plantas criptógamas de generación alternante bien manifiesta, como los helechos. ‖ **2.** f. pl. *Bot.* Taxón de estas plantas.

ptero- o **-ptero, ra.** elem. compos. que significa «ala»: PTERO*dáctilo, hemí*PTERO.

pterodáctilo. m. Reptil fósil, probablemente volador gracias a unas membranas semejantes a las del murciélago, y del cual se han hallado restos petrificados principalmente en el terreno jurásico.

púa. f. Cuerpo delgado y rígido que acaba en punta aguda. ‖ **2.** Vástago de un árbol, que se introduce en otro para injertarlo. ‖ **3.** Diente de un peine. ‖ **4.** Chapa triangular u ovalada de carey, marfil o materiales plásticos, que se emplea para tocar ciertos instrumentos músicos de cuerda, como la guitarra, el laúd, etc. ‖ **5.** Cada uno de los pinchos o espinas del erizo, puerco espín, etc.

púber. adj. Que ha llegado a la pubertad. Ú. t. c. s.

pubertad. f. Primera fase de la adolescencia en la cual se producen las modificaciones propias del paso de la infancia a la edad adulta.

pubis. m. Parte inferior del vientre, que en la especie humana se cubre de vello a la pubertad. ‖ **2.** *Anat.* Hueso que en los mamíferos adultos se une al ilion y al isquion para formar el innominado.

publicación. f. Acción y efecto de publicar. ‖ **2.** Escrito impreso, como libros, revistas, periódicos, etc., que ha sido publicado.

publicar. tr. Hacer patente y manifiesta al público una cosa. PUBLICAR *la sentencia.* ‖ **2.** Revelar o decir lo que estaba secreto u oculto y se debía callar. ‖ **3.** Difundir por medio de la imprenta o de otro procedimiento cualquiera un escrito, estampa, etc.

publicidad. f. Calidad o estado de público. *La* PUBLICIDAD *de este caso avergonzó a su autor.* ‖ **2.** Conjunto de medios que se emplean para divulgar o extender la noticia de las cosas o de los hechos. ‖ **3.** Divulgación de noticias o anuncios de carácter comercial para atraer a posibles compradores, espectadores, usuarios, etc.

publicista. com. Persona que escribe para el público, generalmente de varias materias. ‖ **2.** Persona que ejerce la publicidad, publicitario.

publicitario, ria. adj. Perteneciente o relativo a la publicidad utilizada con fines comerciales. ‖ **2.** m. y f. Persona que ejerce la publicidad, publicista.

público, ca. adj. Notorio, patente, manifiesto, visto o sabido por todos. ‖ **2.** Perteneciente a todo el pueblo. *Vía* PÚBLICA. ‖ **3.** m. Conjunto de las personas que participan de unas mismas aficiones o con preferencia concurren a determinado lugar. *Cada escritor, cada teatro tiene su* PÚBLICO. ‖ **4.** Conjunto de las personas reunidas en determinado lugar para asistir a un espectáculo o con otro fin semejante. ‖ **en público.** loc. adv. Públicamente, a la vista de todos.

publirreportaje. m. Reportaje publicitario, generalmente de larga duración.

pucha. interj. de sorpresa, disgusto, etc.

pucherazo. m. Fraude electoral que consiste en alterar el resultado del escrutinio de votos.

puchero. m. Vasija de barro y de otros materiales, con asiento pequeño, panza abultada, cuello ancho, una sola asa junto a la boca. Por ext., se llaman así otras vasijas. ‖ **2.** Especie de cocido, como el cocido español. ‖ **3.** fig. y fam. Alimento diario y regular. *Véngase usted a comer el* PUCHERO *conmigo.* ‖ **4.** fig. y fam. Gesto o movimiento que precede al llanto verdadero o fingido. ❑ Ú. m. en pl. y con el verbo *hacer.*

pudendo, da. adj. Torpe, feo, que debe causar vergüenza. ‖ **2.** V. **partes pudendas.**

pudibundo, da. adj. De mucho pudor.

púdico, ca. adj. Honesto, casto, pudoroso.

pudiente. adj. Poderoso, rico, hacendado. Ú. t. c. s.

pudín. m. Dulce que se prepara con bizcocho o pan deshecho en leche y con azúcar y frutas secas. ‖ **2.** Por ext., plato semejante, no dulce.

pudor. m. Honestidad, modestia, recato.

pudoroso, sa. adj. Lleno de pudor.

pudrir. tr. Hacer que una materia orgánica se altere y descomponga. Ú. t. c. prnl. ‖ **2.** intr. Haber muerto, estar sepultado. ❑ Irreg. Ver conjugación modelo.

pudrir

INDICATIVO
Presente: pudro, pudres, pudre, pudrimos, pudrís, pudren.
Pretérito imperfecto: pudría, pudrías, pudría, pudríamos, pudríais, pudrían.
Pretérito indefinido: pudrí, pudriste, pudrió, pudrimos, pudristeis, pudrieron.
Futuro imperfecto: pudriré, pudrirás, pudrirá, pudriremos, pudriréis, pudrirán.
Condicional: pudriría, pudrirías, pudriría, pudriríamos, pudriríais, pudrirían.

SUBJUNTIVO
Presente: pudra, pudras, pudra, pudramos, pudráis, pudran.
Pretérito imperfecto: pudriera o pudriese, pudrieras o pudrieses, pudriera o pudriese, pudriéramos o pudriésemos, pudrierais o pudrieseis, pudrieran o pudriesen.
Futuro imperfecto: pudriere, pudrieres, pudriere, pudriéremos, pudriereis, pudrieren.

IMPERATIVO
pudre (tú); pudrid (vosotros).

FORMAS NO PERSONALES
Infinitivo: pudrir.
Participio: podrido.
Gerundio: pudriendo.

pueblerino, na. adj. Perteneciente o relativo a un pueblo pequeño o aldea. Ú. t. c. s. ‖ **2.** Dícese de la persona de poca cultura o de modales poco refinados. Ú. t. c. s.

pueblo. m. Ciudad o villa. ‖ **2.** Población de menor categoría. ‖ **3.** Conjunto de personas de un lugar, región o país. ‖ **4.** Gente común y humilde de una población. ‖ **5.** País con gobierno independiente.

puente. amb., pero el f. es ant. o regional. Construcción de piedra, ladrillo, madera, hierro, hormigón, etc., que se construye y forma sobre los ríos, fosos y otros sitios, para poder pasarlos. ‖ **2.** m. Tablilla colocada perpendicularmente en la tapa de los instrumentos de arco, para mantener levantadas las cuerdas. ‖ **3.** Pieza metálica, generalmente de oro, que usan los dentistas para sujetar en los dientes naturales los artificiales. ‖ **4.** Día o días que entre dos festivos o sumándose a uno festivo se aprovechan para vacación. ‖ **5.** Conexión con la que se establece la continuidad de un circuito eléctrico interrumpido. ‖ **6.** Ejercicio gimnástico consistente en arquear el cuerpo hacia atrás de modo que descanse sobre manos y pies. ‖ **7.** Pieza central de la montura de las gafas que une los dos cristales. ‖ **8.** Curva o arco de la parte interior de la planta del pie. ‖ **9.** *Mar.* Plataforma estrecha y con baranda que, colocada a cierta altura sobre la cubierta, va de banda a banda, y desde la cual puede el oficial de guardia comunicar sus órdenes a los diferentes puntos del buque. ‖ **aéreo.** Comunicación frecuente y continua que, por medio de aviones, se establece entre dos lugares para facilitar el desplazamiento de personas y mercancías del uno al otro. ‖ **colgante.** El sostenido por cables o por cadenas de hierro. ‖ **levadizo.** El que en los antiguos castillos se ponía sobre el foso y podía levantarse por medio de poleas y cuerdas o cadenas para impedir la entrada a la fortaleza.

puerca. f. Hembra del puerco. ‖ **2.** fig. y fam. Mujer desaliñada, sucia, que no tiene limpieza. Ú. t. c. adj. ‖ **3.** fig. y fam. Mujer grosera, sin cortesía ni crianza. Ú. t. c. adj. ‖ **4.** fig. y fam. Mujer ruin, interesada, venal. Ú. t. c. adj.

puerco. m. Cerdo, animal. ‖ **2.** fig. y fam. Hombre desaliñado, sucio, que no tiene limpieza. Ú. t. c. adj. ‖ **3.** fig. y fam. Hombre grosero, sin cortesía ni crianza. Ú. t. c. adj. ‖ **4.** fig. y fam. Hombre ruin, interesado, venal. Ú. t. c. adj. ‖ **espín,** o **espino.** Mamífero roedor que habita en el norte de África, de unos 25 centímetros de alto y 60 de largo, cuerpo rechoncho, cabeza pequeña y hocico agudo, cuello cubierto de crines fuertes, blancas o grises, y lomo y costados con púas córneas de unos 20 centímetros de longitud y medio de grueso, blancas y negras en zonas alternas. Es animal nocturno, tímido y desconfiado, vive de raíces y frutos, y cuando le persiguen, gruñe como el cerdo.

puericultor, ra. m. y f. Especialista en puericultura.

puericultura. f. Ciencia que se ocupa del sano desarrollo del niño. ❑ No utilizar por *pediatría.*

pueril. adj. Propio de un niño o que parece de un niño. ‖ **2.** fig. Fútil, trivial, infundado.

puerilidad. f. Calidad de pueril. ‖ **2.** Hecho o dicho propio de niño, o que parece de niño. ‖ **3.** fig. Cosa de poca entidad o despreciable.

puerperio. m. Tiempo que inmediatamente sigue al parto.

puerro. m. Planta herbácea anual, de la familia de las liliáceas, con cebolla alargada y sencilla, tallo de seis a ocho decímetros, hojas planas, largas, estrechas y enteras, y flores en umbela, con pétalos de color blanco rojizo. El bulbo de su raíz es comestible.

puerta. f. Vano de forma regular abierto en

pared, cerca, verja, etc., desde el suelo hasta una altura conveniente, para poder entrar y salir por él. ‖ **2.** Armazón de madera, hierro u otra materia, que, fijada con goznes o puesta en el quicio y asegurada por el otro lado con llave, cerrojo u otro instrumento, sirve para impedir la entrada y salida, para cerrar o abrir un armario o un mueble. ‖ **3.** Cualquier agujero o abertura que sirve para entrar y salir por él, como en las cuevas, vehículos, etc. ‖ **4.** En el fútbol y otros deportes, **portería.** ‖ **blindada.** La reforzada por diversos sistemas de seguridad que se coloca en la entrada de las casas. ‖ **de servicio.** En una casa o edificio de viviendas, la destinada al tránsito de los sirvientes o proveedores. ‖ **franca.** Entrada o salida libre que se concede a todos. ‖ **giratoria.** La compuesta de dos o cuatro hojas montadas sobre un eje común que giran entre dos costados cilíndricos. ‖ **secreta.** La muy oculta o construida de tal modo, que solo la pueden ver y usar los que sepan dónde está y cómo se abre y se cierra. ‖ **a puerta cerrada.** *Der.* Dícese de los juicios y vistas en que por motivos de honestidad, orden público y otros análogos solo se permite la presencia de las partes, sus representantes y defensas. ‖ **cerrársele** a uno **todas las puertas.** fr. fig. Faltarle todo recurso. ‖ **coger** uno **la puerta.** fr. **tomar la puerta.** ‖ **dar** a uno **con la puerta en la cara, en las narices, en los hocicos,** o **en los ojos.** fr. fig. y fam. Desairarle, negarle bruscamente lo que pide o desea. ‖ **de puerta a puerta.** loc. adv. Aplícase al transporte de objetos y mercancías que se recogen en el domicilio del remitente para entregarlos directamente en el del destinatario. ‖ **de puerta en puerta.** loc. adv. fig. Mendigando. ‖ **de puertas adentro.** loc. adv. En la intimidad, en privado. ‖ **en puertas.** loc. adv. A punto de ocurrir. ‖ **por la puerta grande.** loc. adv. fig. Triunfalmente. ‖ **tomar** uno **la puerta.** fr. Irse de una casa o de otro lugar.

puerto. m. Lugar natural o construido en la costa o en las orillas de un río, defendido de los vientos y dispuesto para detenerse las embarcaciones y para realizar las operaciones de carga y descarga de mercancías, embarque y desembarco de pasajeros, etc. ‖ **2.** Localidad en la que existe dicho lugar. ‖ **3.** Depresión, garganta o boquete que da paso entre montañas. ‖ **4.** fig. Asilo, amparo o refugio. ‖ **franco.** Zona portuaria habilitada para recibir depósitos francos.

puertorriqueño, ña. adj. Natural de Puerto Rico. Ú. t. c. s. ‖ **2.** Perteneciente o relativo a la isla de este nombre.

pues. conj. causal que denota causa, motivo o razón. *Sufre la pena,* PUES *cometiste la culpa.* ‖ **2.** Toma carácter de condicional en giros como este: PUES *el mal es ya irremediable, llévalo con paciencia.* ‖ **3.** Es también continuativa. *Repito,* PUES, *que hace lo que debe.* ‖ **4.** Empléase igualmente como ilativa. *¿No quieres oír mis consejos?,* PUES *tú lo llorarás algún día.* ‖ **5.** Con interrogación se emplea también sola para preguntar lo que se duda, equivaliendo a **¿cómo?** o **¿por qué?** *Esta noche iré a la tertulia.* —¿PUES? ‖ **6.** Empléase a principio de cláusula, ya solamente para apoyarla, ya para encarecer o esforzar lo que en ella se dice. PUES *como iba diciendo;* ¡PUES *no faltaba más!*

puesta. f. Acción y efecto de poner o ponerse. ‖ **2.** Acción de ponerse un astro. ‖ **3.** Acción de poner huevos. ‖ **a punto.** Operación consistente en regular un mecanismo, dispositivo, etc., a fin de que funcione correctamente. ‖ **de largo.** Fiesta en que una jovencita viste las galas de mujer y se presenta en sociedad. ‖ **en escena.** Montaje y realización escénica de un texto teatral o de un guión cinematográfico. ‖ **en marcha.** Mecanismo del automóvil que se utiliza para su arranque.

puesto, ta. p. p. irreg. de **poner.** ‖ **2.** adj. Bien vestido, ataviado o arreglado. ‖ **3.** m. Sitio o espacio que ocupa una persona o cosa. ‖ **4.** Tenderete generalmente desmontable, que se pone en la calle para vender cosas. ‖ **5.** Tienda de un mercado. ‖ **6.** Empleo, dignidad, oficio o ministerio. ‖ **de control.** Lugar donde una o varias personas, en misión de vigilancia, inspeccionan las gentes y vehículos que pasan. ‖ **puesto que.** loc. conjunt. causal. **pues.** *Hágaseme la cura,* PUESTO QUE *no hay otro remedio.*

¡puf! interj. con que se denota molestia o repugnancia causada por malos olores o cosas nauseabundas.

pufo. m. fam. Estafa, engaño. ‖ **2.** Deuda cuyo pago se elude de forma fraudulenta.

púgil. m. Luchador que por oficio contiende a puñetazos.

pugilístico, ca. adj. Perteneciente o relativo al boxeo.

pugna. f. Batalla, pelea. ‖ **2.** Oposición, rivalidad entre personas, naciones, bandos o parcialidades.

pugnar. intr. Batallar, contender o pelear. ‖ **2.** fig. Porfiar con tesón, instar por el logro de una cosa.

puja[1]. f. Acción de pujar[1].

puja[2]. f. Acción y efecto de pujar[2]. ‖ **2.** Cantidad que un licitador ofrece.

pujante. adj. Que tiene pujanza.

pujanza. f. Fuerza grande o robustez para impulsar o ejecutar una acción.

pujar[1]. tr. Hacer fuerza para pasar adelante o

proseguir una acción, procurando vencer el obstáculo que se encuentra.

pujar[2]**.** tr. Aumentar los licitadores el precio puesto a una cosa que se subasta.

pulchinela. m. Personaje burlesco de las farsas y pantomimas italianas.

pulcritud. f. Cualidad de pulcro.

pulcro, cra. adj. Aseado, esmerado, bello, bien parecido. ‖ **2.** Delicado, esmerado en la conducta y el habla. ❑ sup. irreg. *pulquérrimo.*

pulga. f. Insecto del orden de los dípteros, sin alas, como de dos milímetros de longitud, color negro rojizo, cabeza pequeña, antenas cortas y patas fuertes, largas y a propósito para dar grandes saltos. Hay muchas especies. ‖ **acuática,** o **de agua.** Pequeño crustáceo del orden de los cladóceros, de un milímetro de largo o poco más, que pulula en las aguas estancadas y nada como a saltos. ‖ **de mar.** Pequeño crustáceo del orden de los anfípodos, que en la bajamar queda en las playas debajo de las algas y huye a grandes saltos cuando se acerca alguien. ‖ **tener** uno **malas pulgas.** fr. fig. y fam. Tener poca paciencia o mal humor, u ofenderse con facilidad.

pulgada. f. Medida que es la duodécima parte del pie y equivale a algo más de 23 milímetros. ‖ **2.** Medida inglesa equivalente a 25,4 milímetros.

pulgar. m. Dedo primero y más grueso de los de la mano. Ú. t. c. adj. *Dedo* PULGAR.

pulgón. m. Insecto hemíptero, de uno a dos milímetros de largo, color negro, bronceado o verdoso, sin alas las hembras y con cuatro los machos; cuerpo ovoide y con dos tubillos en la extremidad del abdomen, por donde segrega un líquido azucarado. Las hembras y sus larvas viven parásitas, apiñadas en gran número sobre las hojas y las partes tiernas de ciertas plantas, a las cuales causan grave daño. Hay muchas especies.

pulido, da. adj. Agraciado y de buen parecer. ‖ **2.** m. Acción y efecto de pulir.

pulidor, ra. adj. Que pule, compone y adorna una cosa. Ú. t. c. s. ‖ **2.** m. Instrumento con que se pule una cosa.

pulimentar. tr. Alisar, dar tersura y lustre a una cosa.

pulimento. m. Acción y efecto de pulir.

pulir. tr. Alisar o dar tersura y lustre a una cosa. ‖ **2.** Adornar, aderezar, componer. Ú. m. c. prnl. ‖ **3.** Revisar, corregir algo perfeccionándolo. ‖ **4.** fig. Derrochar, dilapidar. ‖ **5.** fig. Educar a alguien para que sea más refinado y elegante. Ú. t. c. prnl.

pulla. f. Dicho con que indirectamente se humilla a una persona. ❑ No confundir con *puya.*

pulmón. m. Órgano de la respiración del hombre y de los vertebrados que viven o pueden vivir fuera del agua: es de estructura esponjosa, blando, flexible, que se comprime y se dilata, y ocupa una parte de la cavidad torácica. Generalmente son dos; algunos reptiles tienen uno solo. ‖ **2.** *Zool.* Órgano respiratorio de los moluscos terrestres, que consiste en una cavidad cuyas paredes están provistas de numerosos vasos sanguíneos y que comunica con el exterior mediante un orificio por el cual penetra el aire atmosférico.

pulmonado. adj. *Zool.* Dícese de los moluscos gasterópodos que respiran por medio de un pulmón; como la babosa. Ú. t. c. s. m. ‖ **2.** m. pl. *Zool.* Orden de estos animales.

pulmonar. adj. Perteneciente a los pulmones.

pulmonía. f. *Pat.* Inflamación del pulmón o de una parte de él producida generalmente por el neumococo.

pulpa. f. Parte mollar de la carne que no tiene huesos ni ternilla. ‖ **2.** Parte mollar de la fruta. ‖ **3.** Médula o tuétano de las plantas leñosas. ‖ **4.** En la industria conservera, la fruta fresca, una vez deshuesada y triturada.

pulpejo. m. Parte carnosa y mollar de un miembro pequeño del cuerpo humano, y más comúnmente, parte de la palma de la mano, de que sale el dedo pulgar.

púlpito. m. Plataforma pequeña y elevada, cubierta con una especie de techo, que hay en algunas iglesias, desde donde se solía predicar, cantar la epístola y el evangelio y hacer otros ejercicios religiosos.

pulpo. m. Molusco cefalópodo dibranquial, octópodo, que vive de ordinario en el fondo del mar, y a veces nada a flor de agua; es muy voraz, se alimenta de moluscos y crustáceos y su carne es comestible. Los individuos de la especie común en los mares de España, apenas tienen un metro de extremo a extremo de los tentáculos; pero los hay de otras especies que alcanzan hasta 10 y 12.

pulposo, sa. adj. Que tiene pulpa.

pulquérrimo, ma. adj. sup. de **pulcro.** Muy pulcro.

pulsación. f. Acción de pulsar. ‖ **2.** Cada uno de los golpes o toques que se dan en el teclado de una máquina de escribir. ‖ **3.** Cada uno de los latidos que produce la sangre en las arterias. ‖ **4.** fig. Movimiento periódico de un fluido.

pulsador. m. Llamador o botón de un timbre eléctrico.

pulsar[1]**.** tr. Presionar un pulsador. ‖ **2.** Dar un toque o golpe a teclas o cuerdas de instrumentos, mandos de alguna máquina, etc. ‖ **3.** Reconocer el estado del pulso o latido de las arterias. ‖ **4.** fig. Tantear un asunto para descubrir el medio de tratarlo.

pulsar[2]**.** m. *Astron.* Estrella de neutrones, caracterizada por la emisión, a intervalos regulares y cortos, de radiación electromagnética muy intensa.

pulsátil. adj. Dícese de lo que pulsa o golpea.

pulsear. intr. Probar dos personas, asida mutuamente la mano derecha y puestos los codos en lugar firme, quién de ellas tiene más fuerza en el pulso y logra abatir el brazo del contrario.

pulsera. f. Cerco de metal o de otra materia que se lleva en la muñeca para adorno o para otros fines. ‖ **2.** Joya de metal fino, con piedras o sin ellas, sarta de perlas, corales, etc., que se pone en la muñeca. ‖ **3.** V. **reloj de pulsera.**

pulso. m. Latido intermitente de las arterias, que se percibe en varias partes del cuerpo y especialmente en la muñeca. ‖ **2.** Seguridad o firmeza en la mano para ejecutar una acción que requiere precisión. ‖ **3.** fig. Tiento o cuidado en un negocio. ‖ **a pulso.** loc. adv. Haciendo fuerza con la muñeca y la mano y sin apoyar el brazo en parte alguna, para levantar o sostener una cosa. ‖ **echar un pulso.** fr. **pulsear.**

pulular. intr. Abundar, multiplicarse rápidamente en un lugar los insectos y sabandijas. ‖ **2.** fig. Abundar y bullir en un lugar personas, animales o cosas.

pulverizador. m. Aparato para pulverizar un líquido.

pulverizar. tr. Reducir a polvo una cosa. Ú. t. c. prnl. ‖ **2.** Esparcir un líquido en partículas muy tenues, a manera de polvo. Ú. t. c. prnl. ‖ **3.** fig. Deshacer por completo una cosa incorpórea. PULVERIZAR *una argumentación.*

pum. Voz que se usa para expresar ruido, explosión o golpe. ‖ **ni pum.** loc. Nada, en absoluto.

puma. m. Mamífero carnicero de América, parecido al tigre, pero de pelo suave y leonado.

¡pumba! Voz que remeda la caída ruidosa.

puna. f. Tierra alta, próxima a la cordillera de los Andes.

punción. f. *Cir.* Operación que consiste en abrir los tejidos con instrumento punzante y cortante a la vez.

pundonor. m. Estado en que la gente cree que consiste la honra, el honor o el crédito de alguien.

punible. adj. Que merece castigo.

púnico, ca. adj. Perteneciente o relativo a Cartago.

punitivo, va. adj. Perteneciente o relativo al castigo. *Justicia* PUNITIVA.

punta. f. Extremo agudo de una arma u otro instrumento con que se puede herir. ‖ **2.** Extremo de una cosa. *La* PUNTA *del pie; la* PUNTA *del banco.* ‖ **3.** Clavo pequeño. ‖ **4.** Lengua de tierra, generalmente baja y de poca extensión, que penetra en el mar. ‖ **5.** V. **hora punta.** ‖ **6.** fig. Tratándose de cualidades morales o intelectuales, algo, un poco. ❑ Ú. m. en pl. y con el verbo *tener* y un pronombre posesivo. TENER *una* PUNTA *de loco;* TENER SU PUNTA *de rufianes;* TENER SUS PUNTAS *de poeta.* ‖ **de diamante.** Diamante pequeño que, engastado en una pieza de acero, sirve para cortar el vidrio y labrar en cosas muy duras. ‖ **2.** Pirámide de poca altura que como adorno se suele labrar en piedras u otras materias. ‖ **de punta en blanco.** fig. y fam. Vestido de uniforme, de etiqueta o con el mayor esmero. ❑ Ú. por lo común con los verbos *estar, ir, ponerse,* etc. ‖ **por la otra punta.** fr. fig. y fam. con que se niega rotundamente algún aserto. ‖ **sacar punta a** una cosa. fr. fam. Atribuirle malicia o significado que no tiene. ‖ **tener** uno una cosa **en la punta de la lengua.** fr. fig. Estar a punto de decirla. ‖ **2.** fig. Estar a punto de acordarse de una cosa y no dar en ella.

puntada. f. Cada uno de los agujeros hechos con aguja, lezna u otro instrumento semejante, en la tela, cuero u otra materia que se va cosiendo. ‖ **2.** Acción y efecto de pasar la aguja o instrumento análogo a través de un tejido, cuero, etc., por cada uno de estos agujeros. ‖ **3.** fig. Dolor penetrante, punzada. ‖ **tirar una puntada** a alguien. fr. fig. y fam. Tirar un **puntazo,** indirecta con que se zahiere a una persona.

puntal. m. Madero hincado en firme, para sostener la pared que está desplomada o el edificio o parte de él que amenaza ruina. ‖ **2.** Prominencia de un terreno, que forma como punta. ‖ **3.** fig. Apoyo, fundamento.

puntapié. m. Golpe que se da con la punta del pie. ‖ **a puntapiés.** loc. adv. fig. Desconsideradamente, muy mal o con violencia.

puntazo. m. Herida hecha con la punta de un arma o de otro instrumento punzante. ‖ **2.** Herida penetrante menor que una cornada, causada por una res vacuna al cornear. ‖ **3.** fig. Pulla, indirecta con que se zahiere a una persona.

puntear. tr. Marcar, señalar puntos en una superficie. ‖ **2.** Dibujar, pintar o grabar con puntos. ‖ **3.** Hacer sonar la guitarra u otro instrumento de cuerda, tocando las cuerdas por separado.

puntera. f. Parte del calcetín, de la media, del zapato, etc., que cubre la punta del pie.

puntería. f. Acción de apuntar un arma arrojadiza o de fuego. *Hacer la* PUNTERÍA. ‖ **2.** Dirección del arma apuntada. *Rectificar la* PUNTERÍA. ‖ **3.** Destreza del tirador para dar en el blanco. *Tener* PUNTERÍA; *tener buena* o *mala* PUNTERÍA.

puntero, ra. adj. Dícese de lo más avanzado o destacado dentro de su mismo género o especie. ‖ **2.** m. Vara o palo largo y fino con que se señala una cosa para llamar la atención sobre ella. ‖ **3.** En algunos deportes, la persona o el equipo que aventaja a los otros.

puntiagudo, da. adj. Que tiene aguda la punta.

puntilla. f. Encaje generalmente estrecho que forma ondas o picos en una de sus orillas y que se pone como adorno en el borde de pañuelos, toallas, vestidos, etc. ‖ **2.** Especie de puñal corto, y especialmente el que sirve para rematar las reses. ‖ **dar la puntilla.** fr. Rematar las reses con la **puntilla** o cachetero. ‖ **2.** fig. y fam. Rematar, causar finalmente la ruina de una persona o cosa. ‖ **de puntillas.** loc. adv. con que se explica el modo de andar, pisando con las puntas de los pies y levantando los talones.

puntillismo. m. Escuela pictórica del siglo XIX, derivada del impresionismo y que se caracteriza por los toques de color cortos y desunidos.

puntillo. m. Amor propio o pundonor muy exagerado y basado en cosas sin importancia. ‖ **2.** *Mús.* Signo que consiste en un punto que se pone a la derecha de una nota y aumenta en la mitad su duración y valor.

puntilloso, sa. adj. Dícese de la persona que tiene mucho puntillo.

punto. m. Señal de dimensiones pequeñas, ordinariamente circular, que, por contraste de color o de relieve, es perceptible en una superficie. ‖ **2.** Cada una de las puntadas que en las obras de costura se van dando para hacer una labor sobre la tela. PUNTO *de cadeneta,* PUNTO *de cruz.* ‖ **3.** Tejido de **punto.** ‖ **4.** Cada una de las diversas maneras de trabar y enlazar entre sí los hilos que forman ciertos tejidos. PUNTO *de aguja,* PUNTO *de malla,* PUNTO *de encaje,* PUNTO *de tafetán.* ‖ **5.** Medida tipográfica, duodécima parte del cícero y equivalente a unos 37 cienmilímetros. ‖ **6.** Sitio, lugar. ‖ **7.** Valor que según el número que le corresponde, tiene cada una de las cartas de la baraja o de las caras del dado. ‖ **8.** Unidad de tanteo, en algunos juegos y en otros ejercicios; como exámenes, oposiciones, etc. ‖ **9.** Cosa muy corta, parte mínima de una cosa. ‖ **10.** Instante, momento, porción pequeñísima de tiempo. ‖ **11.** Ocasión oportuna, momento favorable. *Llegó a* PUNTO *de lograr lo que deseaba.* ‖ **12.** Cada uno de los asuntos o materias diferentes de que se trata en un sermón, discurso, conferencia, etc. ‖ **13.** Estado perfecto que llega a tomar un alimento al cocinarlo, condimentarlo o prepararlo. ‖ **14.** *Cir.* Puntada que da el cirujano pasando la aguja por los labios de la herida para que se unan y pueda curarse. ‖ **15.** *Fís.* Grado de temperatura necesario para que se produzcan determinados fenómenos físicos. PUNTO *de congelación,* PUNTO *de fusión,* etc. ‖ **16.** *Geom.* Límite mínimo de la extensión, que se considera sin longitud, anchura ni profundidad. ‖ **17.** *Ortogr.* Nota ortográfica que se pone sobre la *i* y la *j.* ‖ **18.** *Ortogr.* Signo ortográfico (.) con que se indica el fin del sentido gramatical y lógico de un período o de una sola oración. Se pone también después de toda abreviatura; v. gr.: *Excmo. Sr.* ‖ **cardinal.** Cada uno de los cuatro que dividen el horizonte en otras tantas partes iguales, y están determinados, respectivamente, por la posición del polo septentrional (Norte), por la del Sol a la hora de mediodía (Sur), y por la salida y puesta de este astro en los equinoccios (Este y Oeste). ‖ **de apoyo.** *Mec.* Lugar fijo sobre el cual estriba una palanca u otra máquina, para que la potencia pueda vencer la resistencia. ‖ **2.** fig. Aquello sobre lo que se basa o sustenta algo. ‖ **débil.** fig. Aspecto o parte más vulnerable de alguien o de algo. ‖ **de caramelo.** Grado de concentración que se da al almíbar por medio de la cocción y en virtud del cual, al enfriarse, se endurece, convirtiéndose en caramelo. Ú. t. en sent. fig. ‖ **de nieve.** Aquel en el cual la clara de huevo batida adquiere espesor y consistencia. ‖ **de partida.** fig. Lo que se toma como antecedente y fundamento para tratar o deducir una cosa. ‖ **de referencia.** Dato, informe, documento, etc., para iniciar o completar el conocimiento exacto de algo. ‖ **de vista.** fig. Cada uno de los modos de considerar un asunto u otra cosa. ‖ **equinoccial.** *Astron.* y *Geogr.* Cada uno de los dos, el de primavera y el de otoño, en que la Eclíptica corta el Ecuador. ‖ **final.** *Ortogr.* El que acaba un escrito o una división importante del texto. ‖ **2.** fig. Hecho o palabras con que se da por terminado un asunto, discusión, etc. ‖ **muerto.** *Mec.* Posición de los engranajes de la caja de cambio en que el movimiento del árbol del motor no se transmite al mecanismo que actúa sobre las ruedas. ‖ **2.** fig. Estado de un asunto o negociación que por cualquier motivo no puede de momento llevarse adelante. ‖ **redondo.** loc. fam. para poner fin a discusiones, conversaciones, etc. ‖ **seguido.** *Ortogr.* **punto y seguido.** ‖ **y aparte.** *Ortogr.* El que se pone cuando termina párrafo y el texto continúa en otro renglón más entrado o más saliente que los demás de la plana. ‖ **y coma.** *Ortogr.* Signo ortográfico (;) con que se indica pausa mayor que en la coma, y menor que con los dos **puntos.** Empléase generalmente antes de cláusula de sentido adversativo. ‖ **y seguido.** *Ortogr.* El que se pone cuando termina un período y el texto continúa inmediatamente después del **punto** en el mismo renglón. ‖ **medio punto.** *Arq.* Arco o bóveda cuya curva está formada por un semicírculo exacto, esto es, por un arco de 180 grados. ‖ **puntos suspensivos.** *Ortogr.* Signo ortográfico (...) con que se denota quedar incompleto el sentido de una oración o cláusula de sentido cabal, para indicar temor o duda, o lo inesperado y extraño de lo que ha de expresarse después. Se usa, por último, cuando se copia algún texto o autoridad que no hace al caso insertar íntegros, indicando así la omisión. ‖ **dos puntos.** *Ortogr.* Signo ortográfico (:) con que se indica haber terminado completamente el sentido gramatical, pero no el sentido lógico. Se pone también antes de toda cita de palabras ajenas intercaladas en el texto. ‖ **al punto.** loc. adv. En seguida, sin la menor dilación. ‖ **a punto.** loc. adv. Con la prevención y disposición necesarias para que una cosa pueda servir al fin a que se destina. ‖ **2.** A tiempo, oportunamente. ‖ **a punto de.** loc. que, seguida de un infinitivo, expresa la proximidad de la acción indicada por este. ‖ **a** o **hasta tal punto que.** loc. consec. que señala los resultados que se derivan de una acción o situación. ‖ **con puntos y comas.** loc. fig. Con mucha minuciosidad, sin olvidar detalle alguno. ‖ **de punto.** loc. adj. Dícese de telas o prendas tejidas. *Géneros* DE PUNTO. ‖ **de todo punto.** loc. adv. Enteramente, sin que falte cosa alguna. ‖ **en punto.** loc. adv. Sin sobra ni falta. *Son las seis* EN PUNTO. ‖ **estar a,** o **en, punto.** fr. Estar próxima a suceder una cosa. ESTAR A PUNTO *de perder la vida;* ESTUVO EN PUNTO *de ser rico.* ‖ **estar** una cosa **en su punto.** fr. fig. **poner en su punto** una cosa, grado de perfección. ‖ **hacer punto.** Tejer a mano labores de **punto.** ‖ **hacer punto de** una cosa. fr. Tomarla por caso de honra, y no desistir de ella hasta conseguirla. ‖ **hasta cierto punto.** loc. adv. En alguna manera, no del todo. ‖ **perder puntos,** o **perder muchos puntos.** loc. Desmerecer, disminuir en prestigio o estimación. ‖ **poner en su punto** una cosa. fr. fig. y fam. Ponerla en aquel grado de perfección que le corresponde. ‖ **poner los puntos sobre las íes.** Determinar y precisar algunos extremos que no estaban suficientemente especificados. ‖ **punto en boca.** expr. fig. Ú. para prevenir a uno que calle, o encargarle que guarde secreto. ‖ **punto por punto.** loc. adv. fig. con que se expresa el modo de referir una cosa muy por menor y sin omitir circunstancia. ‖ **subir de punto** una cosa. fr. Crecer o aumentarse.

puntuable. adj. Que es o puede ser calificado con puntos o unidades de tanteo en juegos, deportes, exámenes, etc.

puntuación. f. Acción y efecto de puntuar. ‖ **2.** Conjunto de los signos que sirven para puntuar.

puntual. adj. Pronto, diligente, exacto en hacer las cosas a su tiempo y sin dilatarlas. ‖ **2.** adv. A tiempo, a la hora prevista. *Tú siempre llegas* PUNTUAL, *y yo tarde.* ❑ No utilizar por *concreto.*

puntualidad. f. Cuidado y diligencia en hacer las cosas a su debido tiempo.

puntualizar. tr. Referir un suceso o describir una cosa con todas sus circunstancias.

puntuar. tr. Poner en la escritura los signos ortográficos necesarios para distinguir el valor prosódico de las palabras y el sentido de las oraciones y de cada uno de sus miembros. ‖ **2.** Ganar u obtener **puntos,** unidad de tanteo en algunos juegos. Ú. t. c. intr. ‖ **3.** Calificar con puntos un ejercicio o prueba.

punzada. f. Herida ocasionada por la punta de un objeto. ‖ **2.** fig. Dolor agudo, repentino y pasajero, pero que suele repetirse de tiempo en tiempo.

punzante. adj. Que punza.

punzar. tr. Herir con un objeto puntiagudo. ‖ **2.** fig. Pinchar, zaherir. ‖ **3.** intr. fig. Avivarse un dolor de cuando en cuando.

punzón. m. Instrumento de hierro o de otro material que remata en punta. Sirve para abrir ojetes y para otros usos. ‖ **2. buril.**

puñado. m. Porción de cualquier cosa que se puede contener en el puño. ‖ **2.** fig. Poca cantidad de una cosa de la que debe o suele haber bastante. *Un* PUÑADO *de gente.*

puñal. m. Arma de acero, de dos a tres decímetros de largo, que solo hiere con la punta.

puñalada. f. Golpe que se da clavando el puñal u otra arma semejante. ‖ **2.** Herida que resulta de este golpe. ‖ **3.** fig. Pesadumbre grande dada de repente. ‖ **trapera.** Herida, lesión o desgarrón grande, hechos con puñal, cuchillo, o algo semejante. ‖ **2.** fig. Traición, jugarreta, mala pasada. ‖ **coser a puñaladas** a uno. fr. fig. y fam. Darle muchas **puñaladas.**

puñeta. f. Encaje o vuelillo de algunos puños. ‖ **2.** fig. Pejiguera, dificultad, molestia. ‖ **¡puñeta!** o **¡puñetas!** interj. que expresa asombro o enfado. ‖ **hacer,** o **hacerse, la puñeta.** fr. fig. y fam. **hacer la pascua.** ‖ **a hacer puñetas.** loc. fig. y fam. con que se desecha algo, o que se despide a alguien, despectivamente o sin miramientos. ❑ Ú. m. con el verbo *mandar* o con los imperativos de *ir* o *andar.* ‖ **irse** algo **a hacer puñetas.** fr. fig. y fam. Estropearse, malograrse.

puñetazo. m. Golpe que se da con el puño de la mano.

puñetero, ra. adj. Molesto, fastidioso, cargante.

puño. m. Mano cerrada. ‖ **2.** Parte de la manga de la camisa y de otras prendas de vestir, que rodea la muñeca. ‖ **3.** Mango de algunas armas blancas. ‖ **4.** Parte por donde ordinariamente se coge el bastón, el paraguas o la sombrilla, y que suele estar guarnecida de una pieza de materia diferente. ‖ **4.** *Mar.* Cualquiera de los vértices de los ángulos de las velas. ‖ **de propio puño.** loc. adv. De mano propia. ‖ **de puño y letra,** o **de su puño y letra.** loc. **de propio puño,** autógrafo. ‖ **en un puño.** loc. fig. Con los verbos *meter, poner, tener* y otros, confundir, intimidar u oprimir a alguien.

pupa. f. Erupción en los labios. ‖ **2.** Postilla que queda cuando se seca un grano. ‖ **3.** En el lenguaje infantil, cualquier daño o dolor corporal. ‖ **4.** *Zool.* **crisálida.**

pupila. f. *Anat.* Abertura circular o en forma de rendija de color negro, que el iris del ojo tiene en su parte media y que da paso a la luz.

pupilaje. m. Estado o condición del pupilo o de la pupila. ‖ **2.** Casa donde se reciben huéspedes mediante precio convenido. ‖ **3.** Este precio.

pupilo, la. m. y f. Huérfano o huérfana menor de edad, respecto de su tutor.

pupitre. m. Mueble de madera, con tapa en forma de plano inclinado, para escribir sobre él.

purasangre. m. Caballo de una raza que es producto del cruce de la árabe con las del Norte de Europa. Ú. t. c. adj.

puré. m. Pasta que se hace de legumbres u otras cosas comestibles, cocidas y trituradas.

pureza. f. Calidad de puro.

purga. f. Medicina que se toma para defecar. ‖ **2.** fig. Expulsión o eliminación de funcionarios, empleados, miembros de una organización, etc., que se decreta por motivos políticos, y que puede ir seguida de sanciones más graves.

purgante. adj. Que purga. ‖ **2.** Dícese comúnmente de la medicina que se aplica o sirve para este efecto. Ú. t. c. s. m.

purgar. tr. Limpiar, purificar una cosa, quitándole todo aquello que no le conviene. ‖ **2.** Sufrir con una pena o castigo lo que uno merece por su culpa o delito. ‖ **3.** Padecer el alma las penas del purgatorio. ‖ **4.** Dar al enfermo la medicina conveniente para exonerar el vientre. Ú. t. c. prnl.

purgatorio. m. En la doctrina católica, estado de quienes, habiendo muerto en gracia de Dios, necesitan aún purificarse para alcanzar la gloria. ‖ **2.** fig. Cualquier lugar donde se pasa la vida con trabajo y penalidad.

puridad. f. Calidad de puro. ‖ **en puridad.** loc. adv. Franca y claramente, sin rodeos.

purificación. f. Acción y efecto de purificar o purificarse.

purificar. tr. Quitar de una cosa lo que le es extraño, dejándola en el ser y perfección que debe tener según su calidad. Ú. t. c. prnl. ‖ **2.** Limpiar de toda imperfección una cosa no material. Ú. t. c. prnl.

Purísima. n. p. f. Nombre, relacionado con el dogma de la inmaculada Concepción, que se da por antonomasia a la Virgen María.

purista. adj. Que escribe o habla con pureza. Ú. t. c. s. ‖ **2.** Dícese de quien al hablar o escribir, evita consciente y afectadamente los extranjerismos y neologismos que juzga innecesarios, o defiende esta actitud.

puritanismo. m. Doctrina de los puritanos. ‖ **2.** Por ext., nombre que se da a la exagerada escrupulosidad en el proceder.

puritano, na. adj. Dícese del individuo de un grupo reformista, inicialmente religioso, formado en Inglaterra en el siglo XVI, que propugnaba purificar la iglesia anglicana oficial de las influencias recibidas del catolicismo. Ú. t. c. s. ‖ **2.** fig. Dícese de la persona que real o afectadamente profesa con rigor las virtudes públicas o privadas y hace alarde de ello; rígido, austero. Ú. t. c. s.

puro, ra. adj. Libre y exento de toda mezcla de otra cosa. ‖ **2.** Casto, ajeno a la sensualidad. ‖ **3.** V. **cigarro puro.** Ú. m. c. s. ‖ **4.** fig. Libre y exento de imperfecciones morales. *Este libro contiene una moral* PURA. ‖ **5.** fig. Mero, solo, no acompañado de otra cosa. ‖ **6.** fig. Tratándose del lenguaje o del estilo, correcto, exacto, ajustado a las leyes gramaticales y al mejor uso, exento de voces y construcciones extrañas o viciosas. Dícese también de las personas. *Escritor* PURO.

púrpura. f. Molusco gasterópodo marino, cuya concha, que es retorcida y áspera, tiene la boca o abertura ancha o con un entrante en la base. Segrega en cortísima cantidad una tinta amarillenta, la cual al contacto del aire toma color verde, que luego se cambia en rojo más o menos oscuro, en rojo violáceo o en violado. ‖ **2.** Tinte muy costoso que los antiguos preparaban con la tinta de varias especies de este molusco o de otros parecidos. ‖ **3.** fig. Prenda de vestir, de este color o roja, que forma parte del traje característico de emperadores, reyes, cardenales, etc. ‖ **4.** fig. Color rojo subido que tira a violado. ‖ **5.** fig. Dignidad imperial, real, consular, cardenalicia, etc.

purpurado. m. Cardenal de la Iglesia Romana.

purpúreo, a. adj. De color de púrpura. ‖ **2.** Perteneciente o relativo a la púrpura.

purpurina. f. Polvo finísimo de bronce o de

metal blanco, que se aplica a las pinturas antes de que se sequen, para darles aspecto dorado o plateado.

purriela. f. fam. Cualquier cosa despreciable, de mala calidad, de poco valor.

purulento, ta. adj. *Med.* Que tiene pus.

pus. m. *Med.* Humor que secretan accidentalmente los tejidos inflamados y cuya índole y consistencia varían según la naturaleza de estos tejidos y de las lesiones que los afectan. Su color ordinario es amarillento o verdoso.

pusilánime. adj. Falto de ánimo y valor para tolerar las desgracias o para intentar cosas grandes. Ú. t. c. s.

pústula. f. *Med.* Vejiguilla inflamatoria de la piel, que está llena de pus. PÚSTULA *variolosa.*

puta. f. Prostituta.

putada. f. vulg. **cabronada,** acción malintencionada que perjudica a alguien.

putativo, va. adj. Reputado o tenido por padre, hermano, etc., no siéndolo.

putear. tr. vulg. Fastidiar, perjudicar a alguien.

puto, ta. adj. Dícese como calificación denigratoria *(Me quedé en la* PUTA *calle),* aunque por antífrasis puede resultar encarecedor *(Ha vuelto a ganar. ¡Qué* PUTA *suerte tiene!).*

putrefacción. f. Acción y efecto de pudrir o pudrirse.

putrefacto, ta. adj. Podrido, corrompido.

pútrido, da. adj. Podrido, corrompido.

puya. f. Punta acerada que en una extremidad tienen las varas o garrochas de los picadores y vaqueros, con la cual estimulan o castigan a las reses. ‖ **2.** Garrocha o vara con **puya.** ❑ No confundir con *pulla.*

puyazo. m. Herida que se hace con puya. Ú. t. en sent. fig.

puzzle. m. **rompecabezas,** juego.

q. f. Decimoctava letra del abecedario español, y decimocuarta de sus consonantes. Su nombre es **cu,** y representa el mismo sonido oclusivo, velar, sordo de la *c* ante *a, o, u,* o de la *k* ante cualquier vocal.

quark. m. *Fís.* Tipo de partículas elementales, componentes de otras partículas subatómicas, como el protón y el neutrón, y que no existen de manera aislada. ❑ pl. *quarks.*

quásar. m. *Astron.* Cuerpo celeste de apariencia estelar en las fotografías y de color azulado, cuyo espectro se caracteriza por líneas de emisión anchas y muy desplazadas hacia el rojo, lo que indica que se aleja a velocidad muy considerable.

que. pron. relat. que con esta sola forma corresponde a los géneros masculino, femenino y neutro y a los números singular y plural. Con el artículo forma el relativo compuesto: *el* QUE, *la* QUE, *los* QUE, *las* QUE, *lo* QUE, que a diferencia de la sola forma QUE, posee variación de género y número y puede construirse en concordancia con el antecedente. ‖ **2.** pron. interrog. Agrupado o no con un nombre sustantivo, inquiere o pondera la naturaleza, cantidad, intensidad, etc., de algo. ❑ Se emplea con acento prosódico y ortográfico. ¿QUÉ *castillos son aquellos?;* ¿QUÉ *buscan?; no sé* QUÉ *decir.* ‖ **3.** pron. excl. Agrupado con un nombre sustantivo o seguido de la preposición *de* y un nombre sustantivo, encarece la naturaleza, cantidad, calidad, intensidad, etc., de algo. ❑ Ú. con acento prosódico y ortográfico. ¡QUÉ *tiempo de placeres y de burlas!;* ¡QUÉ *de pobres hay en este lugar!* ‖ **4.** adv. prnl. excl. Agrupado con adjetivos, adverbios y locuciones adverbiales, encarece la calidad o intensidad y equivale a *cuán.* ❑ Lleva acento prosódico y ortográfico. ¡QUÉ *glorioso que está el heno!;* ¡QUÉ *mal lo hiciste!* ‖ **5.** conj. completiva cuyo oficio es introducir una oración subordinada sustantiva con función de sujeto o complemento directo. *Quiero* QUE *estudies. Recuerda* QUE *eres mortal. Dijo* QUE *lo haría.* ‖ **6.** Forma parte de varias locuciones conjuntivas o adverbiales. *A menos* QUE; *con tal* QUE. ‖ **7.** Empléase como conjunción comparativa. *Más quiero perder la vida* QUE *perder la honra.* En frases de esta naturaleza omítese con frecuencia el verbo correspondiente al segundo miembro de la comparación. *Más quiero perder la vida* QUE *la honra. Pedro es mejor* QUE *tú.* ‖ **8.** Se usa igualmente como conjunción causal y equivale a **porque** o **pues.** *Con la hacienda perdió la honra,* QUE *a tal desgracia le arrastraron sus vicios; lo hará, sin duda,* QUE *ha prometido hacerlo.* ‖ **9.** Toma asimismo carácter de conjunción ilativa, enunciando la consecuencia de lo que anteriormente se ha dicho. *Tal estaba,* QUE *no le conocí; vamos tan despacio,* QUE *no llegaremos a tiempo; tanto rogó,* QUE *al fin tuve que perdonarle; hablaba de modo* QUE *nadie le entendía.* ‖ **10.** Suele usarse también como conjunción final con el significado de **para que.** ‖ **11.** Viene a significar **de manera que,** en giros como estos: *Corre* QUE *vuela. Está* QUE *trina. Hablan* QUE *da gusto.* ‖ **¿qué tal?** loc. adv. interrog. **cómo.** ¿QUÉ TAL *lo has hecho?* ¿QUÉ TAL*resultó el estreno?* ‖ **2.** Fórmula de saludo, abreviación de ¿QUÉ TAL *estás?* o ¿QUÉ TAL *está usted?*, etc., con que el hablante expresa su interés por la salud, estado de ánimo, etc., del interlocutor.

quebrada. f. Paso estrecho entre montañas. ‖ **2.** Hendidura de una montaña.

quebradero. m. desus. **quebrador,** que quiebra una cosa. ‖ **de cabeza.** fig. y fam. Lo que perturba e inquieta el ánimo.

quebradizo, za. adj. Fácil de quebrarse. ‖ **2.** fig. Delicado en la salud y disposición corporal. ‖ **3.** fig. Dícese de la persona frágil, de poca entereza moral.

quebrado, da. adj. Que ha hecho bancarrota o quiebra. Ú. t. c. s. ‖ **2.** Quebrantado, debilitado.

QUEBRADO *de color.* || **3.** Dícese del terreno, camino, etc., desigual, tortuoso, con altos y bajos. || **4.** *Arit.* V. **número quebrado.** Ú. t. c. s.

quebrador, da. adj. Que quiebra una cosa. Ú. t. c. s.

quebrantahuesos. m. Buitre. Es la mayor especie europea.

quebrantamiento. m. Acción y efecto de quebrantar o quebrantarse.

quebrantar. tr. Romper, separar con violencia. || **2.** fig. Traspasar, violar una ley, palabra u obligación. || **3.** prnl. Experimentar las personas algún malestar a causa de golpe, caída, trabajo continuo o ejercicio violento, o por efecto de la edad, enfermedades o disgustos.

quebranto. m. Acción y efecto de quebrantar o quebrantarse. || **2.** fig. Flaqueza o decaimiento, falta de fuerza o vitalidad. || **3.** fig. Gran pérdida o daño. || **4.** fig. Aflicción, dolor o pena grande.

quebrar. tr. Romper, separar con violencia. || **2.** Doblar o torcer. QUEBRAR *el cuerpo.* Ú. t. c. prnl. || **3.** fig. Interrumpir o estorbar la continuación de una cosa no material. || **4.** intr. *Com.* Arruinarse una empresa o negocio. || **5.** prnl. Hablando de cordilleras, cuestas o cosas semejantes, interrumpirse su continuidad. ❑ Irreg. Se conj. como *acertar.*

quechua. adj. Dícese del indígena que al tiempo de la colonización del Perú habitaba la región del Cuzco; por ext., dícese de otros indígenas pertenecientes al imperio incaico. Ú. t. c. s. || **2.** Dícese de los actuales descendientes de estos. Ú. t. c. s. || **3.** Perteneciente o relativo a estos indios y a su lengua. || **4.** m. Lengua hablada por los primitivos **quechuas,** extendida por los incas a todo el territorio de su imperio, y por los misioneros católicos a otras regiones.

quedar. intr. Estar, detenerse forzosa o voluntariamente en un lugar, con propósito de permanecer en él o de pasar a otro. QUEDÓ *en el teatro.* Ú. t. c. prnl. SE QUEDARÁ *en Toledo.* || **2.** Subsistir, permanecer o restar parte de una cosa. *Me* QUEDAN *tres pesetas; quitando seis de diez,* QUEDAN *cuatro; de los manuscritos solo* QUEDAN *cenizas.* || **3.** Permanecer, subsistir una persona o cosa en su estado, o pasar a otro más o menos estable. *La carta* QUEDÓ *sin contestar;* QUEDÓ *herido.* ❑ En esta acepción suele usarse a veces seguido de la preposición *por.* QUEDÓ POR *contestar.* || **4.** Cesar, terminar, acabar. QUEDÓ *aquí la conversación;* QUEDAMOS *conformes.* || **5.** Ponerse de acuerdo, convenir en algo. ❑ Ú. seguido de la prep. *en.* QUEDAMOS EN *comprar la finca.* || **6.** Concertar una cita. QUEDAMOS *a las diez.* || **7.** Estar situado. *Ese pueblo* QUEDA *lejos de aquí.* || **8.** prnl. Junto con la preposición *con,* retener en su poder una cosa, sea propia o ajena o adquirirla. *Yo me* QUEDARÉ CON *los libros.* || **9.** En los juegos infantiles, tocarle a uno el papel menos agradable. || **¿en qué quedamos?** expr. fam. con que se invita a poner término a una indecisión o aclarar una incongruencia. || **quedarse con** uno. fr. fig. y fam. Engañarle o abusar diestramente de su credulidad. || **quedarse** uno **corto.** expr. No llegar en sus hechos o dichos hasta donde se proponía. || **quedarse** uno **frío** o **helado.** fr. fig. Sorprenderse de ver u oír cosa que no esperaba. || **quedarse** uno **in albis.** fr. fig. y fam. **quedarse** en blanco. || **quedarse** uno **tan ancho** o **tan fresco.** fr. fig. y fam. Mostrarse despreocupado y tranquilo después de haber dicho o hecho alguna cosa inconveniente o que puede tener consecuencias desagradables. || **quedarse** uno **tieso.** fr. fig. Sentir mucho frío.

quedo, da. adj. **quieto.** || **2.** adv. m. Con voz baja o que apenas se oye.

quehacer. m. Ocupación, negocio, tarea que ha de hacerse. Ú. m. en pl.

queimada. f. Bebida caliente, originaria de Galicia, que se prepara quemando aguardiente de orujo con limón y azúcar.

queja. f. Expresión de dolor, pena o sentimiento. || **2.** Resentimiento, desazón. || **3.** Acción de quejarse. || **4.** *Der.* Acusación ante juez o tribunal competente, ejecutando en forma solemne y como parte en el proceso la acción penal contra los responsables de un delito.

quejar. tr. **aquejar.** || **2.** prnl. Expresar con la voz el dolor o pena que se siente. || **3.** Manifestar disconformidad con algo o alguien.

quejica. adj. fam. **quejicoso,** que se queja con frecuencia o exageradamente.

quejicoso, sa. adj. Que se queja demasiado, y la mayoría de las veces sin causa.

quejido. m. Voz lastimosa, motivada por un dolor o pena que aflige y atormenta.

quejigo. m. Árbol de la familia de las fagáceas, de unos 20 metros de altura, con tronco grueso y copa recogida, hojas grandes, duras, algo coriáceas, dentadas, lampiñas y verdes por la haz, garzas y algo vellosas por el envés; flores muy pequeñas, y por fruto bellotas parecidas a las del roble.

quejigueta. f. Arbusto de la familia de las fagáceas, de poca altura, con hojas duras, casi persistentes, oblongas, dentadas en su tercio superior, algo velludas por el envés, y flores femeninas sobre pedúnculos cortos. Se cría en España.

quejoso, sa. adj. Dícese del que tiene queja de otro. Ú. t. c. s.

quejumbroso, sa. adj. Que se queja con poco motivo o por hábito. || **2.** Dícese de la voz, tono, palabras, etc., empleadas para quejarse.

quelonio. adj. *Zool.* Dícese de los reptiles que tienen cuatro extremidades cortas, mandíbulas córneas, sin dientes, y el cuerpo protegido por un caparazón duro que cubre la espalda y el pecho. Ú. t. c. s. ‖ **2.** m. pl. *Zool.* Orden de estos reptiles.

quema. f. Acción y efecto de quemar o quemarse. ‖ **2.** Incendio, fuego, combustión. ‖ **huir de la quema** uno. fr. fig. Apartarse, alejarse de un peligro.

quemadero, ra. adj. Que ha de ser quemado. ‖ **2.** m. Lugar destinado a la quema de animales muertos, basuras, desechos, etc.

quemado. m. Rodal de monte consumido del todo o en parte por el fuego. ‖ **2.** fam. Cosa quemada o que se quema. *Huele a* QUEMADO.

quemador. m. Aparato destinado a facilitar la combustión del carbón o de los carburantes líquidos o gaseosos en el hogar de las calderas o de otras instalaciones térmicas.

quemadura. f. Señal, llaga, ampolla o impresión que hace el fuego o una cosa muy caliente o cáustica aplicada a otra.

quemar. tr. Abrasar o consumir con fuego. ‖ **2.** Calentar mucho. ‖ **3.** Destruir por la acción de una corriente eléctrica o de una tensión de calor excesivo. ‖ **4.** Secar una planta el excesivo calor o frío. ‖ **5.** Causar una sensación de ardor algo caliente, picante o urticante. ‖ **6.** Hacer señal, llaga o ampolla una cosa cáustica o muy caliente. ‖ **7.** Hablando de los vinos, destilarlos en alambiques. ‖ **8.** fig. y fam. Impacientar o desazonar a uno. Ú. t. c. prnl. ‖ **9.** intr. Estar demasiado caliente una cosa. ‖ **10.** prnl. Padecer o sentir mucho calor. ‖ **11.** fig. Padecer la fuerza de una pasión o afecto. ‖ **12.** fig. y fam. Estar muy cerca de acertar o de hallar una cosa. ❑ No se usa, por lo común, sino en las segundas y terceras personas del presente de indicativo.

quemarropa (a). loc. adv. Tratándose de un disparo de arma de fuego, desde muy cerca.

quemazón. f. Acción y efecto de quemar o quemarse. ‖ **2.** Calor excesivo. ‖ **3.** fig. y fam. Desazón moral por un deseo no logrado.

quenopodiáceo, a. adj. *Bot.* Dícese de plantas angiospermas dicotiledóneas, herbáceas, rara vez leñosas, de hojas esparcidas, flores pentámeras con los estambres opuestos a los sépalos y periantio casi siempre incoloro, y fruto en aquenio; como la espinaca, la remolacha y la barrilla. Ú. t. c. s. f. ‖ **2.** f. pl. *Bot.* Familia de estas plantas.

queratina. f. *Bioquím.* y *Zool.* Proteína rica en azufre, que constituye la parte fundamental de las capas más externas de la epidermis de los vertebrados y de sus derivados, como plumas, pelos, cuernos, uñas, pezuñas, etc., a la que deben su resistencia y su dureza.

queratitis. f. *Pat.* Inflamación de la córnea.

querella. f. Discordia, pendencia. ‖ **2.** *Der.* Acusación ante juez o tribunal competente, con que se ejecutan en forma solemne y como parte en el proceso la acción penal contra los responsables de un delito.

querellado, da. m. y f. *Der.* Persona contra la cual se dirige una querella.

querellarse. prnl. *Der.* Presentar querella contra uno. Usáb. t. c. intr.

querencia. f. Acción de amar o querer bien. ‖ **2.** Inclinación o tendencia del hombre y de ciertos animales a volver al sitio en que se han criado o tienen costumbre de acudir. ‖ **3.** Tendencia natural o de un ser animado hacia alguna cosa.

querer[1]. m. Cariño, amor.

querer[2]. tr. Desear o apetecer. ‖ **2.** Amar, tener cariño, voluntad o inclinación a una persona o cosa. ‖

querer

INDICATIVO

Presente: quiero, quieres, quiere, queremos, queréis, quieren.

Pretérito imperfecto: quería, querías, quería, queríamos, queríais, querían.

Pretérito indefinido: quise, quisiste, quiso, quisimos, quisisteis, quisieron.

Futuro imperfecto: querré, querrás, querrá, querremos, querréis, querrán.

Condicional: querría, querrías, querría, querríamos, querríais, querrían.

SUBJUNTIVO

Presente: quiera, quieras, quiera, queramos, queráis, quieran.

Pretérito imperfecto: quisiera o quisiese, quisieras o quisieses, quisiera o quisiese, quisiéramos o quisiésemos, quisierais o quisieseis, quisieran o quisiesen.

Futuro imperfecto: quisiere, quisieres, quisiere, quisiéremos, quisiereis, quisieren.

IMPERATIVO

quiere (tú); quered (vosotros).

FORMAS NO PERSONALES

Infinitivo: querer.

Participio: querido.

Gerundio: queriendo.

3. Tener voluntad o determinación de ejecutar una cosa. ‖ **4.** Pretender, intentar o procurar. ‖ **5.** Conformarse o avenirse uno al intento o deseo de otro. ‖ **6.** En el juego, aceptar el envite. ‖ **7.** impers. Estar próxima a ser o verificarse una cosa. QUIERE *llover.* ‖ **como quiera que.** loc. conjunt. De cualquier modo, o de este o el otro modo, que. *Ignoro si tuvo o no motivo para irritarse; pero* COMO QUIERA QUE *sea, lo hecho no merece disculpa.* ‖ **querer decir.** fr. Significar, indicar, dar a entender una cosa. *Eso* QUIERE DECIR *que ya no somos amigos; el concepto es oscuro, pero comprendo lo que* QUIERE DECIR. ‖ **sin querer.** loc. adv. Sin intención ni premeditación, inadvertidamente. ❑ Irreg. Ver conjugación modelo.

querido, da. m. y f. Hombre, respecto de la mujer, o mujer, respecto del hombre, con quien tiene relaciones amorosas ilícitas.

quermes. m. Insecto hemíptero parecido a la cochinilla, que vive en la coscoja y cuya hembra forma las agallitas que dan el color de grana.

quermés. f. **kermés.**

querosén. m. *Amér.* **queroseno.**

queroseno. m. Una de las fracciones del petróleo natural, obtenida por destilación, que se destina al alumbrado y se usa como combustible en los aviones de reacción.

querubín. m. fig. **serafín,** persona de singular belleza.

quesada. f. **quesadilla.**

quesadilla. f. Cierto género de pastel, compuesto de queso y masa.

quesera. f. Vasija de barro, que se destina para guardar y conservar los quesos. ‖ **2.** Plato con cubierta, ordinariamente de cristal, en que se sirve el queso a la mesa.

quesería. m. Lugar donde se fabrican quesos. ‖ **2.** Tienda en que se vende queso.

quesero, ra. adj. Perteneciente o relativo al queso. ‖ **2.** Dícese de la persona a la que le gusta mucho el queso. Ú. t. c. s. ‖ **3.** m. El que hace o vende queso.

quesito. m. Cada una de las partes o unidades envueltas y empaquetadas, en que aparece dividido un queso cremoso.

queso. m. Producto obtenido por maduración de la cuajada de la leche con características propias para cada uno de los tipos según su origen o método de fabricación. ‖ **de bola.** El de tipo holandés, que tiene forma esférica y corteza roja. ‖ **en porciones. quesito.** ‖ **dársela** a uno **con queso.** fr. fig. y fam. Engañarle, burlarse de él.

quetzal. m. Ave trepadora, propia de la América tropical, de unos 25 centímetros desde lo alto de la cabeza hasta la rabadilla, 54 de envergadura y 60 en las cobijas de la cola; plumaje suave, de color verde tornasolado y muy brillante en las partes superiores del cuerpo y rojo en el pecho y abdomen; cabeza gruesa, con un moño sedoso y verde, mucho más desarrollado en el macho que en la hembra, y pies y pico amarillentos.

quevedesco, ca. adj. Propio o característico de Quevedo. ‖ **2.** Que tiene semejanza o relación con las obras de este escritor.

quevedos. m. pl. Lentes de forma circular con armadura a propósito para que se sujete en la nariz.

quia. Voz fam. con que se denota incredulidad o negación.

quiasmo. m. *Ret.* Figura de dicción que consiste en presentar en órdenes inversos los miembros de dos secuencias, por ejemplo: *Cuando quiero llorar no lloro, y a veces lloro sin querer.*

quicio. m. Parte de las puerta o ventanas donde se sitúa el eje que permite el movimiento de giro mediante goznes y bisagras. ‖ **fuera de quicio.** loc. adv. fig. Fuera del orden o estado regular. ‖ **sacar de quicio** una cosa. fr. fig. Violentarla o sacarla de su natural curso o estado. ‖ **sacar de quicio** a uno. fr. fig. Exasperarle, hacerle perder el tino.

quid. m. Esencia, punto más importante o porqué de una cosa. ❑ Ú. precedido del artículo *el.*

quiebra. f. Rotura o abertura de una cosa por alguna parte. ‖ **2.** Hendedura o abertura de la tierra en los montes, o la que causa el exceso de lluvias en los valles. ‖ **3.** Pérdida o menoscabo de una cosa. ‖ **4.** *Com.* Acción y efecto de quebrar un comerciante.

quiebro. m. Ademán que se hace con el cuerpo, como doblándolo por la cintura. ‖ **2.** fig. y fam. Gorgorito hecho con la voz. ‖ **3.** *Mús.* Nota o grupo de notas de adorno que acompañan a una principal. ‖ **4.** *Taurom.* Lance o suerte con que el torero hurta el cuerpo, con rápido movimiento de la cintura, al embestirle el toro.

quien. pron. relat. que no varía de género, pero sí de número. Equivale al pronombre **que,** o a **el que, la que,** etc., y a veces a **el cual** y sus variantes. Se refiere a personas y cosas, pero más generalmente a las primeras. *Mi padre, a* QUIEN *respeto; el buen gobierno, por* QUIEN *florecen los Estados.* En singular puede referirse a un antecedente en plural. *Las personas de* QUIEN *he recibido favores.* ❑ No puede construirse con el artículo. ‖ **2.** pron. relat. con antecedente implícito. Equivale a «la persona que», «aquel que». QUIEN *mal anda mal acaba.* Cuando depende de un verbo con negación equivale a «nadie que». *No hay* QUIEN *pueda con él.* En los dos casos se usa más el singular. ‖ **3.** pron. interrog. y excl. **quién, quié-**

nes, con acento prosódico y ortográfico. ¿QUIÉN *mató al comendador?; dime con* QUIÉN *andas y te diré* QUIÉN *eres;* ¡QUIÉN *supiera escribir!* ‖ **no ser** uno **quien.** loc. No tener capacidad o habilidad para hacer una cosa.

quienquiera. pron. indet. Persona indeterminada, alguno, sea el que fuere. ❑ Ú. precediendo a *que* en construcciones con subjuntivo y no se puede construir con el nombre; pl. *quienesquiera.*

quiescente. adj. Que está quieto pudiendo tener movimiento propio.

quietismo. m. Inacción, quietud, inercia. ‖ **2.** *Teol.* Doctrina de algunos místicos que hacen consistir la suma perfección del alma humana en la entrega de la voluntad a Dios, en la contemplación pasiva y en la indiferencia de cuanto pueda sucederle en tal estado.

quieto, ta. adj. Que no tiene o no hace movimiento. ‖ **2.** fig. Pacífico, sosegado, sin turbación o alteración.

quietud. f. Carencia de movimientos. ‖ **2.** fig. Sosiego, reposo, descanso.

quif. m. **hachís,** un estupefaciente o narcótico.

quijada. f. Cada una de las dos mandíbulas de los vertebrados que tienen dientes.

quijote. m. Hombre que antepone sus ideales a su conveniencia y obra desinteresada y comprometidamente en defensa de causas que considera justas, sin conseguirlo. ‖ **2.** Hombre alto, flaco y grave, cuyo aspecto y carácter hacen recordar al héroe cervantino.

quijotismo. m. Exageración en los sentimientos caballerosos.

quilate. m. Unidad de peso para las perlas y piedras preciosas, que equivale a un ciento cuarentavo de onza, o sea 205 miligramos. ‖ **2.** Cada una de las veinticuatroavas partes en peso de oro puro que contiene cualquier aleación de este metal, y que a su vez se divide en cuatro granos. ‖ **3.** fig. Grado de perfección en cualquier cosa no material. Ú. comúnmente en pl.

quilla. f. Pieza de madera o hierro, que va de popa a proa por la parte inferior del barco y en que se asienta toda su armazón. ‖ **2.** *Zool.* Parte saliente y afilada del esternón de las aves, más desarrollada en las de vuelo vigoroso y sostenido. ‖ **3.** *Zool.* Cada una de las partes salientes y afiladas que tiene la cola de algunos peces, como el marrajo.

quilo. m. *Fisiol.* Líquido de aspecto lechoso formado por linfa y grasa emulsionada, que se absorbe del intestino y pasa al torrente sanguíneo durante la digestión.

quimera. f. Monstruo imaginario que, según la fábula, vomitaba llamas y tenía cabeza de león, vientre de cabra y cola de dragón. ‖ **2.** fig. Lo que se propone a la imaginación como posible o verdadero, no siéndolo.

quimérico, ca. adj. Fabuloso, fingido o imaginado sin fundamento.

química. f. Estudio de la estructura, propiedades y transformaciones de la materia a partir de su composición atómica. ‖ **inorgánica.** La de los cuerpos simples y de los compuestos que no contienen carbono en sus moléculas. ‖ **orgánica.** La de los compuestos que contienen carbono en sus moléculas.

químico, ca. adj. Perteneciente a la química. ‖ **2.** m. y f. Persona que profesa la química o tiene en ella especiales conocimientos.

quimioterapia. f. Método curativo o profiláctico de las enfermedades, en especial del cáncer y de las infecciosas, por medio de productos químicos.

quimo. m. *Fisiol.* Pasta homogénea y agria, de composición variable, producida por la digestión de los alimentos en el estómago.

quimono. m. Túnica japonesa o hecha a su semejanza, que usan las mujeres, y que se caracteriza por sus mangas anchas y largas. Es abierta por delante y se cruza ciñéndose a la cintura mediante un cinturón.

quina. f. Corteza del quino, de aspecto variable según la especie de árbol de que procede, muy usada en medicina por sus propiedades febrífugas. ‖ **2.** Líquido confeccionado con la corteza de dicho árbol y otras sustancias, que se toma como medicina, tónico o mera bebida de aperitivo.

quincalla. f. Conjunto de objetos de metal, generalmente de escaso valor; como tijeras, dedales, imitaciones de joyas, etc.

quince. adj. Diez y cinco. ‖ **2.** Decimoquinto, ordinal. *Número* QUINCE; *año* QUINCE. Apl. a los días del mes, ú. t. c. s. *El* QUINCE *de enero.* ‖ **3.** m. Conjunto de signos o cifras con que se representa el número **quince.**

quinceañero, ra. adj. Que tiene quince años o alrededor de esa edad. Ú. t. c. s.

quinceavo, va. adj. *Arit.* Dícese de cada una de las quince partes iguales en que se divide un todo. Ú. t. c. s.

quincena. f. Espacio de quince días. ‖ **2.** Paga que se recibe cada quince días.

quincenal. adj. Que sucede o se repite cada quincena. ‖ **2.** Que dura una quincena.

quincuagenario, ria. adj. Que consta de cincuenta unidades. ‖ **2.** Que tiene cincuenta años cumplidos. Ú. t. c. s.

quincuagésimo, ma. adj. Que sigue inmediatamente en orden al o a lo cuadragésimo nono. ‖ **2.** Dícese de cada una de las cincuenta partes iguales en que se divide un todo. Ú. t. c. s.

quinesiología. f. Conjunto de los procedimientos terapéuticos encaminados a restablecer la normalidad de los movimientos del cuerpo humano, y conocimiento científico de aquellos.

quinesioterapia o **quinesiterapia.** f. *Med.* Método terapéutico por medio de movimientos activos o pasivos de todo el cuerpo o de alguna de sus partes.

quingentésimo, ma. adj. Que sigue inmediatamente en orden al o a lo cuadringentésimo nonagésimo nono. ‖ **2.** Dícese de cada una de las 500 partes iguales en que se divide un todo. Ú. t. c. s.

quiniela. f. Apuesta mutua en la que los apostantes pronostican los resultados de los partidos de fútbol, carreras de caballos y otras competiciones. ‖ **2.** Boleto en que se escribe la apuesta.

quinientos, tas. adj. Cinco veces ciento. ‖ **2.** Que sigue al cuadringentésimo nonagésimo nono. *Número* QUINIENTOS; *año* QUINIENTOS. ‖ **3.** m. Signo o conjunto de signos o cifras con que se representa el número **quinientos.**

quinina. f. Alcaloide de la quina, principio activo de este medicamento febrífugo. Es sustancia blanca, amorfa, sin olor, muy amarga y poco soluble, que se emplea en forma de sales.

quino. m. Árbol americano del que hay varias especies, pertenecientes a la familia de las rubiáceas, con hojas opuestas, ovales, más o menos grandes y apuntadas, enteras, lisas en la haz y algo vellosas en el envés, y fruto seco, capsular, con muchas semillas elipsoidales. Su corteza es la quina.

quinqué. m. Lámpara de mesa alimentada con petróleo y provista de un tubo de cristal que resguarda la llama.

quinquenal. adj. Que sucede o se repite cada quinquenio. ‖ **2.** Que dura un quinquenio.

quinquenio. m. Tiempo de cinco años. ‖ **2.** Incremento económico de un sueldo o salario al cumplirse cinco años de antigüedad en un puesto de trabajo.

quinqui. com. Persona que pertenece a cierto grupo social marginado de la sociedad por su forma de vida.

quinta. f. Casa de recreo en el campo, cuyos colonos solían pagar por renta la quinta parte de los frutos. ‖ **2.** Reemplazo anual para el servicio militar. ‖ **3.** Por ext., conjunto de personas que nacieron en el mismo año. ‖ **4.** Marcha o velocidad de mayor recorrido en el motor de algunos vehículos.

quintacolumnista. com. Persona afiliada a la quinta columna de un país.

quintada. f. Broma, generalmente vejatoria, que dan en los cuarteles los soldados veteranos a los de nuevo reemplazo.

quintaesencia. f. **quinta esencia,** lo más puro, más fino y acendrado de alguna cosa. ‖ **2.** Última esencia o extracto de alguna cosa.

quintal. m. Peso de cien libras equivalente en Castilla a 46 kilogramos aproximadamente.

quintar. tr. Sacar por suerte uno de cada cinco. ‖ **2.** Sortear el destino de los mozos que han de hacer el servicio militar.

quinteto. m. Conjunto de cinco personas, animales o cosas. ‖ **2.** *Métr.* Combinación de cinco versos de arte mayor aconsonantados y ordenados como los de la quintilla. ‖ **3.** *Mús.* Composición a cinco voces o instrumentos. ‖ **4.** *Mús.* Conjunto de estas voces o instrumentos, o de los cantantes o instrumentistas.

quintilla. f. *Métr.* Combinación de cinco versos octosílabos, con dos diferentes consonancias, y ordenados generalmente de modo que no vayan juntos los tres a que corresponde una de ellas, ni los dos últimos sean pareados.

quintillizo, za. adj. Dícese de cada uno de los hijos nacidos de un parto quíntuple.

Quintín (San). n. p. **armarse,** o **haber, la de San Quintín.** fr. fig. Haber riña o pelea entre dos o más personas.

quinto, ta. adj. Que sigue inmediatamente en orden al o a lo cuarto. ‖ **2.** Dícese de cada una de las cinco partes iguales en que se divide un todo. Ú. t. c. s. ‖ **3.** m. Mozo desde que sortea hasta que se incorpora al servicio militar.

quíntuple. adj. **quíntuplo.**

quintuplicar. tr. Hacer cinco veces mayor una cantidad. Ú. t. c. prnl.

quíntuplo, pla. adj. Que contiene un número cinco veces exactamente. Ú. t. c. s. m.

quiosco. m. Templete o pabellón de estilo oriental y generalmente abierto por todos lados, que se construye en azoteas, jardines, etc., para descansar, tomar el fresco, recrear la vista y otros usos. ‖ **2.** Construcción pequeña que se instala en la calle o lugares públicos para vender en ella periódicos, flores, etc.

quiquiriquí. m. Voz imitativa del canto del gallo. ❑ pl. *quiquiriquíes* o *quiquiriquís.*

quiro-. elem. compos. que significa «mano»: QUIRO*mancia,* QUIRÓ*ptero;* ante vocal, toma la forma **quir-:** QUIR*agra,* QUIR*úrgico.*

quirófano. m. *Cir.* Local convenientemente

acondicionado para hacer operaciones quirúrgicas de manera que puedan presenciarse al través de una separación de cristal. Por ext., se da hoy este nombre a cualquier sala donde se efectúan estas operaciones.

quiromancia o **quiromancía.** f. Supuesta adivinación de lo concerniente a una persona por las rayas de sus manos.

quiróptero. adj. *Zool.* Dícese de mamíferos, crepusculares o nocturnos, casi todos insectívoros, que vuelan con alas formadas por una extensa y delgada membrana o repliegue cutáneo, que, partiendo de los lados del cuerpo, se extiende sobre cuatro de los dedos de las extremidades anteriores, que son larguísimos, y llega a englobar los miembros posteriores y la cola, cuando esta existe; como el murciélago. Ú. t. c. s. ‖ **2.** m. pl. *Zool.* Orden de estos animales.

quirúrgico, ca. adj. Perteneciente o relativo a la cirugía.

quisicosa. f. fam. Enigma u objeto de pregunta muy dudosa y difícil de averiguar.

quisque. V. **cada quisque.**

quisqui. V. **quisque.**

quisquilla. f. Camarón, crustáceo.

quisquilloso, sa. adj. Fácil de agraviarse u ofenderse con pequeña causa o pretexto. Ú. t. c. s.

quiste. m. *Pat.* Vejiga membranosa que se desarrolla anormalmente en diferentes regiones del cuerpo y que contiene líquido o materias alteradas. ‖ **2.** *Biol.* Envoltura resistente e impermeable que rodea a un animal o vegetal de pequeño tamaño, a veces microscópico, manteniéndolo completamente aislado del medio. ‖ **3.** *Biol.* Cuerpo formado por una membrana resistente e impermeable y el pequeño animal o vegetal encerrado en ella.

quitaesmalte. m. Sustancia líquida, compuesta de acetona, usada para quitar el esmalte de las uñas.

quitamanchas. m. Producto natural o preparado que sirve para quitar manchas.

quitamiedos. m. Listón o cuerda que, a modo de pasamanos, se coloca en lugares elevados donde hay peligro de caer y que especialmente sirve para evitar el vértigo.

quitanieves. f. Máquina para limpiar de nieve los caminos.

quitapenas. m. fam. Licor.

quitar. tr. Tomar una cosa separándola y apartándola de otras, o del lugar o sitio en que estaba. ‖ **2.** Tomar o coger algo ajeno, hurtar. ‖ **3.** Impedir o estorbar. *Ella me* QUITÓ *el ir a paseo.* ‖ **4.** Suprimir un empleo u oficio. ‖ **5.** Obstar, impedir. *No* QUITA *lo cortés a lo valiente.* ‖ **6.** Despojar o privar de una cosa. QUITAR *la vida.* ‖ **7.** prnl. Dejar una cosa o apartarse totalmente de ella. ‖ **8.** Irse, separarse de un lugar. ‖ **de quita y pon.** loc. que se aplica a ciertas piezas o partes de un objeto que están dispuestas para poderlas **quitar** y poner. ‖ **quita y pon.** loc. fam. Juego de dos cosas destinadas al mismo uso, generalmente prendas de vestir, cuando no se dispone de más repuesto.

quitasol. m. Especie de paraguas o sombrilla usado para resguardarse del sol.

quite. m. *Esgr.* Movimiento defensivo con que se detiene o evita el ofensivo. ‖ **2.** *Taurom.* Suerte que ejecuta un torero, generalmente con el capote, para librar a otro del peligro en que se halla por la acometida del toro. ‖ **estar al quite,** o **a los quites.** fr. Estar preparado para acudir en defensa de alguno.

quiteño, ña. adj. Natural de Quito. Ú. t. c. s. ‖ **2.** Perteneciente o relativo a esta ciudad de la república del Ecuador.

quitina. f. *Bioquím.* Hidrato de carbono nitrogenado, de color blanco, insoluble en el agua y en los líquidos orgánicos. Se encuentra en el dermatoesqueleto de los artrópodos, al cual da su dureza especial, en el tegumento de los nematodos y en las membranas celulares de muchos hongos y bacterias.

quitón. m. *Zool.* Molusco del grupo de los anfineuros, con concha de ocho piezas alineadas e imbricadas de delante atrás, por lo que estos animales pueden arrollarse en bola.

quivi. m. Arbusto trepador originario de China, de hojas alternas y redondeadas y flores blancas o amarillas, con cinco pétalos. El fruto, de piel ligeramente vellosa y pulpa de color verde, es comestible, y muy apreciado. ‖ **2.** Fruto de esta planta.

quizá. adv. de duda con que se denota la posibilidad de que ocurra o sea cierto lo que se expresa. QUIZÁ *llueva mañana;* QUIZÁ *sea verdad lo que dice;* QUIZÁ *trataron de engañarme.*

quizás. adv. de duda. **quizá.**

quórum. m. Número de individuos necesario para que un cuerpo deliberante tome ciertos acuerdos. ‖ **2.** Proporción de votos favorables para que haya acuerdo. ❑ pl. invar. Ú. m. con *haber.* No utilizar por *acuerdo* o *consenso.*

r. f. Decimonona letra del abecedario español, y decimoquinta de sus consonantes. Su nombre generalmente es **erre;** pero se llama **ere** cuando se quiere hacer notar que representa un sonido simple. Representa dos sonidos con valor fonológico diferencial, uno simple, de una sola vibración apicoalveolar sonora, y otro múltiple, o con dos o más vibraciones; como *caro* y *carro* respectivamente. Para representar el simple empléase una sola *r;* como en *cara, piedra, amor*. El múltiple se representa también con *r* sencilla a principio de vocablo y siempre que va después de *b* con que no forme sílaba, o de *l, n* o *s,* v. gr.: *rama, subrepticio, malrotar, enredo, israelita;* y se representa con *r* duplicada en cualquier otro caso, v. gr.: *parroquia, tierra.* La **erre** transcrita con dos *rr* es doble por su figura, pero representa un fonema único, y como la *ll,* debe estar indivisa en la escritura.

rabadilla. f. Punta o extremidad del espinazo, formada por la última pieza del hueso sacro y por todas las del cóccix. ‖ **2.** En las aves, extremidad movible en donde están las plumas de la cola.

rabanero, ra. adj. fig. y fam. Dícese de los ademanes y modo de hablar ordinarios o desvergonzados.

rábano. m. Planta herbácea anual, de la familia de las crucíferas, con tallo ramoso y velludo de seis a ocho decímetros de altura; hojas ásperas, grandes, partidas en lóbulos dentados las radicales y casi enteras las superiores; flores blancas, amarillas o purpurinas, en racimos terminales; fruto seco en vainilla estriada, con muchas semillas menudas, y raíz carnosa, casi redonda, o fusiforme, blanca, roja, amarillenta o negra, según las variedades, de sabor picante, y que suele comerse como entremés. Es planta originaria de la China y muy cultivada en las huertas. ‖ **2.** Raíz de esta planta. ‖ **importar** o **no importar** algo **un rábano.** fr. fig. y fam. Importar poco o nada. ‖ **tomar** uno **el rábano por las hojas.** fr. fig. y fam. Equivocarse de medio a medio en la interpretación o ejecución de alguna cosa.

rabel. m. Instrumento musical pastoril, pequeño, de hechura como la del laúd y compuesto de tres cuerdas, que se tocan con un arco y tienen sonido muy agudo.

rabí. m. Título con que los judíos honran a los sabios de su ley, el cual confieren con varias ceremonias. ‖ **2. rabino.**

rabia. f. *Pat.* Enfermedad que se produce en algunos animales y se transmite por mordedura a otros o al hombre, al inocularse el virus por la saliva o baba del animal rabioso. Se llama también hidrofobia, por el horror al agua y a los objetos brillantes, que constituye uno de los síntomas más característicos de la enfermedad. ‖ **2.** fig. Ira, enojo, enfado grande.

rabiar. intr. Padecer o tener el mal de rabia. ‖ **2.** fig. Construido con la preposición *por,* desear una cosa con vehemencia. ‖ **3.** fig. Impacientarse o enojarse con muestras de cólera y enfado. ‖ **4.** fig. Exceder en mucho a lo usual y ordinario. *Pica que* RABIA; RABIABA *de tonto.*

rábida. f. Fortaleza militar y religiosa musulmana edificada en la frontera con los reinos cristianos.

rabieta. f. fig. y fam. Impaciencia, enfado o enojo grande, especialmente cuando se toma por leve motivo y dura poco.

rabihorcado. m. Ave palmípeda, propia de los países tropicales, de tres metros de envergadura y uno aproximadamente de largo; cola ahorquillada, plumaje negro, algo pardo en la cabeza y cuello y blanquecino en el pecho; pico largo, fuerte y encorvado por la punta; buche grande y saliente, cuerpo pequeño, tarsos cortos y vestidos de plumas, y dedos gruesos, con uñas fuertes y encorvadas. Anida en las costas y se alimenta de peces, que coge volando a flor de agua.

rabilargo, ga. adj. Aplícase al animal que tiene largo el rabo. ‖ **2.** m. Pájaro de unos cuatro decímetros de largo y cinco de envergadura, con plumaje negro brillante en la cabeza, azul claro en las alas y la cola, y leonado en el resto del cuerpo. Abunda en los encinares de España, y sus costumbres son muy parecidas a las de la urraca.

rabillo. m. Pezón o pedúnculo que sostiene la hoja o el fruto. ‖ **2.** Prolongación de una cosa en forma de rabo.

rabino. m. Maestro hebreo que interpreta la Sagrada Escritura.

rabión. m. Corriente del río en los lugares donde por la estrechez o inclinación del cauce se hace muy violenta e impetuosa.

rabioso, sa. adj. Que padece rabia. Ú. t. c. s. ‖ **2.** fig. Colérico, enojado, airado. ‖ **3.** fig. Vehemente, excesivo, violento.

rábita. f. **rábida.**

rabiza. f. Punta de la caña de pescar, en la que se pone el sedal.

rabo. m. Cola[1], extremidad de la columna vertebral de algunos animales, especialmente la de los cuadrúpedos. RABO *de zorra.* ‖ **2.** Rabillo, pezón o pedúnculo de hojas y frutos. ‖ **3.** fig. y fam. Cualquier cosa que cuelga a semejanza de la cola de un animal. ‖ **4.** vulg. Miembro viril.

rabón, na. adj. Dícese del animal que tiene el rabo más corto que lo ordinario en su especie, o que no lo tiene.

racanear. intr. fam. Actuar como un rácano, tacaño.

rácano, na. adj. fam. Tacaño, avaro. Ú. t. c. s. ‖ **2.** fam. Poco trabajador, vago. Ú. t. c. s.

racha. f. *Mar.* Ráfaga de aire. ‖ **2.** Período breve de fortuna o desgracia en cualquier actividad.

racheado, da. adj. Dícese del viento que sopla a rachas.

racial. adj. Perteneciente o relativo a la raza.

racimo. m. Porción de uvas situadas sobre un tallo común, que pende del sarmiento. ‖ **2.** fig. Conjunto de cosas menudas dispuestas con alguna semejanza de **racimo.** ‖ **3.** *Bot.* Conjunto de flores o frutos sostenidos por un eje común, y con peciolos casi iguales, más largos que las mismas flores; como en la vid.

raciocinar. intr. Usar la razón para conocer y juzgar.

raciocinio. m. Facultad de raciocinar. ‖ **2.** Acción y efecto de raciocinar. ‖ **3.** Argumento o discurso.

ración. f. Parte o porción que se da para alimento en cada comida, así a personas como a animales. ‖ **2.** Porción de un determinado alimento que se sirve en bares, tabernas, restaurantes, etc.

racional. adj. Perteneciente o relativo a la razón. ‖ **2.** Conforme a ella. ‖ **3.** Dotado de razón. Ú. t. c. s. ‖ **4.** *Mat.* Aplícase a las expresiones algebraicas que no contienen cantidades irracionales. ‖ **5.** *Mat.* V. **número racional**.

racionalismo. m. Doctrina filosófica cuya base es la omnipotencia e independencia de la razón humana. ‖ **2.** Sistema filosófico, que funda sobre la sola razón las creencias religiosas.

racionalista. adj. Que profesa la doctrina del racionalismo. Ú. t. c. s.

racionalizar. tr. Reducir a normas o conceptos racionales. ‖ **2.** Organizar la producción o el trabajo de manera que aumente los rendimientos o reduzca los costos con el mínimo esfuerzo.

racionamiento. m. Acción y efecto de racionar o racionarse.

racionar. tr. Someter algo en caso de escasez a una distribución ordenada.

racionero. m. El que distribuye las raciones en una comunidad.

racismo. m. Exaltación de las peculiaridades raciales de un grupo étnico, especialmente cuando se opone a otro u otros, y que conlleva actitudes de intolerancia o rechazo. ‖ **2.** Doctrina antropológica o política basada en este sentimiento.

racista. adj. Perteneciente o relativo al racismo. ‖ **2.** com. Partidario del racismo.

racor. m. Pieza metálica con dos roscas internas en sentido inverso, que sirve para unir tubos y otros perfiles cilíndricos. ‖ **2.** Por ext., pieza de otra materia que se enchufa sin rosca para unir dos tubos.

rad. m. Unidad de dosis absorbida de radiación ionizante. Equivale a la energía de cien ergios por gramo de materia irradiada.

rada. f. Bahía, ensenada, donde las naves pueden estar ancladas al abrigo de algunos vientos.

radar. m. *Electr.* Sistema que permite descubrir la presencia y posición de un cuerpo que no se ve, mediante la emisión de ondas eléctricas que, al reflejarse en dicho objeto, vuelven al punto de observación. ‖ **2.** *Electr.* Aparato para aplicar este sistema.

radi-. V. **radio-.**

radiación. f. *Fís.* Acción y efecto de irradiar. ‖ **2.** Energía ondulatoria o partículas materiales que se propagan a través del espacio.

radiactividad. f. *Fís.* Calidad de radiactivo. Se mide por el número de desintegraciones que se producen cada segundo. Su unidad es el curio, que equivale a treinta y siete mil millones de desintegraciones por segundo. ❑ No utilizar *radioactividad.*

radiactivo, va. adj. *Fís.* Dícese del cuerpo cuyos átomos se desintegran espontáneamente. ‖ **2.** Perteneciente o relativo a la radiactividad. ❑ No utilizar *radioactivo.*

radiado, da. adj. Dícese de las cosas dispuestas de manera análoga a los radios de una circunferencia. ‖ **2.** *Bot.* Dícese de lo que tiene sus diversas partes situadas alrededor de un punto o de un eje; como la panoja de la avena. ‖ **3.** *Bot.* Dícese, en las plantas compuestas, de la cabezuela formada por flores de corola tubular en el centro y por flores cuya corola se prolonga en forma de lengüeta en la circunferencia, como en la margarita. ‖ **4.** *Zool.* Dícese del animal invertebrado cuyas partes están dispuestas, a manera de radios, alrededor de un punto o de un eje central; como las estrellas de mar, las medusas, los pólipos, etc. Ú. t. c. s.

radiador. m. Aparato metálico con gran desarrollo superficial, por cuyo interior circula un fluido caliente que transmite calor al medio circundante. ‖ **2.** Serie de tubos por los cuales circula el agua destinada a refrigerar los cilindros de algunos motores de explosión.

radial¹. adj. *Geom.* y *Zool.* Perteneciente o relativo al radio¹.

radial². adj. *Amér.* Perteneciente o relativo a la radio.

radián. m. *Geom.* Unidad de ángulo plano, que equivale al ángulo correspondiente a un arco de circunferencia de longitud igual a la del radio.

radiante. adj. Brillante, resplandeciente. ‖ **2.** fig. Que siente y manifiesta gozo o alegría grandes.

radiar. tr. *Radio.* Difundir por medio de las ondas electromagnéticas sonidos e imágenes. ‖ **2.** *Fís.* Producir la radiación de ondas (sonoras, electromagnéticas, etc.) o de partículas. ‖ **3.** *Med.* Tratar una enfermedad con radiaciones.

radicación. f. Acción y efecto de radicar o radicarse.

radical. adj. Perteneciente o relativo a la raíz. ‖ **2.** Fundamental, de raíz. ‖ **3.** Partidario de reformas extremas, especialmente en sentido democrático. Ú. t. c. s. ‖ **4.** Extremoso, tajante, intransigente. ‖ **5.** *Bot.* Dícese de cualquier parte de una planta que nace inmediatamente de la raíz. *Hoja, tallo* RADICAL. ‖ **6.** *Mat.* Aplícase al signo (√) con que se indica la operación de extraer raíces. Ú. t. c. s. m. ‖ **7.** m. *Gram.* Conjunto de fonemas que comparten vocablos de una misma familia; así, *ama-*, en *amado, amable, amante,* etc. ‖ **8.** *Quím.* Agrupamiento de átomos que interviene como una unidad en un compuesto químico y pasa inalterado de unas combinaciones a otras.

radicalismo. m. Conjunto de ideas y doctrinas de los que, en ciertos momentos de la vida social, pretenden reformar total o parcialmente el orden político, científico, moral y aun religioso. ‖ **2.** Por ext., el modo extremado de tratar los asuntos.

radicalizar. tr. Hacer que alguien adopte una actitud radical. Ú. t. c. prnl. ‖ **2.** Hacer más radical una postura o tesis.

radicando. m. *Mat.* Número del que se extrae una raíz.

radicar. intr. Echar raíces, arraigar. Ú. t. c. prnl. ‖ **2.** Estar o encontrarse ciertas cosas en determinado lugar. *La dehesa* RADICA *en términos de Cáceres; la escritura* RADICA *en la notaría de Sánchez.* ‖ **3.** fig. **consistir,** estar fundada una cosa en otra. *El problema* RADICA *en su falta de generosidad.*

radicícola. adj. *Bot.* y *Zool.* Dícese del animal o el vegetal que vive parásito sobre las raíces de una planta.

radícula. f. *Bot.* **rejo,** parte del embrión destinada a ser la raíz de la planta.

radicular. adj. *Anat.* Perteneciente o relativo a las raíces.

radiestesia. f. Sensibilidad especial para captar ciertas radiaciones, utilizada por los zahoríes para descubrir manantiales subterráneos, venas metalíferas, etc.

radiestesista. com. Persona que practica la radiestesia.

radio¹. m. *Geom.* Segmento de recta que une el centro del círculo con la circunferencia. ‖ **2.** Rayo de la rueda. ‖ **3.** *Anat.* Hueso contiguo al cúbito, y un poco más corto y más bajo que este, con el cual forma el antebrazo. ‖ **4.** *Zool.* Cada una de las piezas a modo de varillas más o menos duras que sostienen la parte membranosa de las aletas de los peces. ‖ **de acción.** Máximo alcance o eficacia de un agente o instrumento.

radio². m. Elemento químico radiactivo de núm. atóm. 88. Metal raro en la corteza terrestre; se encuentra acompañando a los minerales de uranio, elemento del que procede por desintegración. De color blanco brillante y radiotoxicidad muy elevada; su descubrimiento significó el origen de la física nuclear y sus aplicaciones. Se usa en la industria nuclear y en la fabricación de pinturas fosforescentes. Símb. *Ra.*

radio³. f. apóc. de **radiodifusión.** ‖ **2.** m. apóc. de **radiotelegrama.** ‖ **3.** apóc. de **radiotelegrafista.** ‖ **4.** amb. fam. apóc. de **radiorreceptor.**

radio-. elem. compos. que significa «radiación»

o «radiactividad»: RADIO*terapia.* Ante vocal toma la forma **radi-:** RADI*activo;* si esta vocal es i, la forma **rad-:** RAD*isótopo.*

radioaficionado, da. m. y f. Persona autorizada para emitir y recibir mensajes radiados privados, usando bandas de frecuencia jurídicamente establecidas.

radioastronomía. f. Parte de la astronomía que estudia la radiación emitida por los cuerpos celestes en el dominio de las radiofrecuencias.

radiocasete. m. Aparato electrónico que consta de una radio y un casete.

radiocomunicación. f. Telecomunicación realizada por medio de las ondas radioeléctricas.

radiodifundir. tr. Radiar noticias, discursos, música, etc.

radiodifusión. f. Emisión radiotelefónica destinada al público. || **2.** Conjunto de los procedimientos o instalaciones destinados a esta emisión.

radioelectricidad. f. Producción, propagación y recepción de las ondas hertzianas.

radioeléctrico, ca. adj. Perteneciente o relativo a la radioelectricidad.

radioescucha. com. Persona que oye las emisiones radiotelefónicas y radiotelegráficas.

radiofaro. m. Aparato productor de ondas electromagnéticas que sirve para orientar a los aviones mediante la emisión de determinadas señales.

radiofonía. f. **radiotelefonía.**

radiofónico, ca. adj. Perteneciente o relativo a la radiofonía. || **2.** Que se difunde por radiofonía.

radiofrecuencia. f. Cualquiera de las frecuencias de las ondas electromagnéticas empleadas en la radiocomunicación.

radiografía. f. Procedimiento para hacer fotografías por medio de los rayos X. || **2.** Fotografía obtenida por este procedimiento.

radiografiar. tr. Hacer fotografías por medio de los rayos X.

radiogramola. f. Mueble cerrado en forma de armario, que contiene un aparato receptor de radio y un gramófono eléctrico sin bocina exterior que les sirve de caja acústica.

radiolario. adj. *Zool.* Dícese de protozoos marinos de la clase de los rizópodos, con una membrana que divide el protoplasma en dos zonas concéntricas, de las que la exterior emite seudópodos finos, largos y unidos entre sí que forman redes. Pueden vivir aislados, pero a veces están reunidos en colonias, y en su mayoría tienen un esqueleto formado por finísimas agujas o varillas silíceas, sueltas o articuladas entre sí. U. t. c. s. m. || **2.** m. pl. *Zool.* Orden de estos animales.

radiología. f. Parte de la medicina que estudia las radiaciones, especialmente los rayos X, en sus aplicaciones al diagnóstico y tratamiento de enfermedades.

radiólogo, ga. m. y f. Persona que profesa la radiología; especialista en radiología.

radionovela. f. p. us. *Argent.* **serial,** obra que se difunde por radiofonía en emisiones sucesivas.

radiorreceptor. m. Aparato empleado en radiotelegrafía y radiotelefonía para recoger y transformar en señales o sonidos las ondas emitidas por el radiotransmisor.

radioscopia. f. Examen del interior del cuerpo humano y, en general, de los cuerpos opacos por medio de la imagen que proyectan en una pantalla al ser atravesados por los rayos X.

radiosonda. f. *Meteorol.* Aparato eléctrico, transportado por un globo y conectado a una pequeña emisora, que retransmite a la superficie terrestre los valores de temperatura, presión y humedad.

radiotecnia. f. Técnica relativa a la telecomunicación por radio así como a la construcción, manejo y reparación de aparatos emisores o receptores.

radiotelefonía. f. Sistema de comunicación telefónica por medio de ondas hertzianas.

radiotelefónico, ca. adj. Perteneciente o relativo a la radiotelefonía.

radiotelefonista. com. Persona que trabaja en el servicio de instalaciones de radiotelefonía.

radioteléfono. m. Teléfono sin hilos, en el que la comunicación se establece por ondas electromagnéticas.

radiotelegrafía. f. Sistema de comunicación telegráfica por medio de ondas hertzianas.

radiotelegráfico, ca. adj. Perteneciente o relativo a la radiotelegrafía.

radiotelegrafiar. tr. Transmitir por medio de la telegrafía.

radiotelegrafista. com. Persona que se encarga de la instalación, conservación y servicio de aparatos de radiocomunicación.

radiotelegrama. m. Telegrama cuyo origen o destino es una estación móvil, transmitido, en todo o parte de su recorrido, por las vías de radiocomunicación.

radiotelescopio. m. Instrumento que sirve para detectar las señales emitidas por los objetos celestes en el dominio de las radiofrecuencias.

radioterapeuta. com. *Med.* Persona especializada en radioterapia.

radioterapia. f. *Med.* Tratamiento de las enfermedades, y especialmente del cáncer, mediante radiaciones.

radiotransmisor. m. Aparato empleado en radiotelegrafía y radiotelefonía para producir y enviar las ondas portadoras de señales o de sonidos.

radioyente. com. Persona que oye lo que se transmite por la radiotelefonía.

radisótopo. m. *Fís.* Nucleido que, por ser inestable, emite radiaciones.

radón. m. Elemento químico radiactivo de núm. atóm. 86. Gas noble presente en el aire en pequeñísima cantidad; incoloro, muy pesado y radiotóxico. Se usa en radioterapia, y como indicio de la existencia de uranio y de la inminencia de actividades sísmicas. Símb. *Rn.*

raedera. f. Instrumento para raer. ‖ **2.** Tabla semicircular, de 10 a 12 centímetros de diámetro, con que el peón de albañil rae el yeso amasado que se pega en los lados del cuezo. ‖ **3.** Azada pequeña, de pala semicircular, muy usada en las minas para recoger el mineral y los escombros, llenar espuertas, etc.

raer. tr. Raspar una superficie quitando pelos, sustancias adheridas, pintura, etc., con instrumento áspero o cortante. ‖ **2.** Igualar con el rasero las medidas de áridos. ❑ Irreg. Se conj. como *caer,* excepto en la 1.ª pers. del pres. de indicat., que es *raigo* o *rayo,* y en el presente de subjuntivo, cuyas formas son: *raiga* o *raya, raigas* o *rayas,* etc.

ráfaga. f. Golpe de viento fuerte, repentino y de corta duración. ‖ **2.** Golpe de luz vivo o instantáneo. ‖ **3.** *Mil.* Conjunto de proyectiles que en sucesión rapidísima lanza un arma automática, cambiando convenientemente la puntería para cubrir por completo el blanco del tiro. RÁFAGA *de ametralladora.*

rafia. f. Género de palmeras de África y América que dan una fibra muy resistente y flexible. ‖ **2.** Esta fibra.

raglán. m. Especie de gabán de hombre, que se usaba a mediados del siglo XIX. Era holgado y tenía una esclavina corta. ‖ **2.** V. **manga raglán.**

ragú. m. Guiso de carne con patatas y verduras.

raicilla. f. *Bot.* Cada una de las ramificaciones del cuerpo principal de la raíz de una planta. ‖ **2.** *Bot.* Órgano del embrión de la planta, del que se forma la raíz.

raído, da. adj. Se dice del vestido o de cualquier tela muy gastados por el uso, aunque no rotos.

raigambre. f. Conjunto de raíces de los vegetales, unidas y trabadas entre sí. ‖ **2.** fig. Conjunto de antecedentes, intereses, hábitos o afectos que hacen firme y estable una cosa o que ligan a alguien a un sitio.

raigón. m. Raíz de las muelas y los dientes.

raíl o **rail.** m. Carril de las vías férreas.

raíz. f. *Bot.* Órgano de las plantas que crece en dirección inversa a la del tallo, carece de hojas, e introducido en tierra o en otros cuerpos, absorbe de estos o de aquella las materias necesarias para el crecimiento y desarrollo del vegetal y le sirve de sostén. ‖ **2.** fig. Parte de cualquier cosa, de la cual, quedando oculta, procede lo que está manifiesto. ‖ **3.** Causa u origen de algo. ‖ **4.** *Álg.* y *Arit.* Cantidad que se ha de multiplicar por sí misma una o más veces para obtener un número determinado. ‖ **5.** *Álg.* Cada uno de los valores que puede tener la incógnita de una ecuación. ‖ **6.** *Gram.* Radical mínimo e irreductible que comparten las palabras de una misma familia; así *am-,* en *amado, amable, amigo, amor,* etc. ‖ **cuadrada.** *Álg.* y *Arit.* Cantidad que se ha de multiplicar por sí misma una vez para obtener un número determinado. ‖ **cúbica.** *Álg.* y *Arit.* Cantidad que se ha de multiplicar por sí misma dos veces para obtener un número determinado. ‖ **a raíz de.** loc. adv. fig. A causa de. ‖ **de raíz.** loc. adv. fig. Enteramente, o desde el principio hasta el fin de una cosa. ‖ **echar raíces.** fr. fig. Fijarse, establecerse en un lugar.

raja. f. Hendedura, abertura o quiebra de una cosa. ‖ **2.** Pedazo que se corta a lo largo o a lo ancho de un fruto o de algunos otros comestibles; como melón, sandía, queso, etc.

rajá. m. Soberano índico.

rajar[1]**.** tr. Dividir en rajas. ‖ **2.** Hender, partir, abrir. Ú. t. c. prnl. ‖ **3.** prnl. fig. y fam. Volverse atrás, acobardarse o desistir de algo a última hora.

rajar[2]**.** intr. fig. y fam. Hablar mucho.

rajatabla (a). loc. adv. fig. y fam. **a raja tabla,** cueste lo que cueste, a todo trance, sin contemplaciones.

rajuela. f. Piedra delgada y sin labrar que se emplea en obras de poca importancia y esmero.

ralea. f. Especie, género, calidad. ‖ **2.** despect. Aplicado a personas, raza, casta o linaje.

ralentí. m. Número de revoluciones por minuto a que debe funcionar un motor de explosión cuando no está acelerado. Ú. m. en la loc. **al ralentí.**

ralentizar. tr. **lentificar.**

rallador. m. Utensilio de cocina, compuesto principalmente de una chapa de metal, curva y llena de agujerillos de borde saliente, que sirve para desmenuzar el pan, el queso, etc., restregándolos con él.

ralladura. f. Surco que resulta de la acción de rallar, y, por ext., cualquier surco menudo. ‖ **2.** Lo que queda rallado.

rallar. tr. Desmenuzar una cosa restregándola con el rallador. ❑ No confundir con *rayar.*

rally. m. Competición deportiva de resistencia, de automóviles o motocicletas, celebrada fuera de pista y generalmente por etapas.

ralo, la. adj. Dícese de las cosas cuyos componentes, partes o elementos están separados más de lo regular en su clase.

rama[1]**.** f. Cada una de las partes que nacen del

tronco o tallo principal de la planta y en las cuales brotan por lo común las hojas, las flores y los frutos. ‖ **2.** fig. Serie de personas que traen su origen en el mismo tronco. ‖ **3.** fig. Parte secundaria de una cosa, que nace o se deriva de otra cosa principal. ‖ **4.** fig. **ramo,** cada una de las partes en que se considera dividida una ciencia, arte, industria, etc. ‖ **andarse,** o **irse,** uno **por las ramas.** fr. fig. y fam. Detenerse en lo menos sustancial de un asunto, dejando lo más importante.

rama² (en). loc. adv. con que se designa el estado de ciertas materias antes de recibir su última aplicación o manufactura.

ramadán. m. Noveno mes del año lunar de los mahometanos, quienes durante sus treinta días observan riguroso ayuno.

ramaje. m. Conjunto de ramas o ramos.

ramal. m. Cada uno de los cabos de que se componen las cuerdas, sogas y trenzas. ‖ **2.** Ronzal asido al cabezón de una bestia. ‖ **3.** Parte que arranca de la línea principal de un camino, acequia, mina, cordillera, etc.

ramalazo. m. fig. Dolor que aguda y repentinamente acomete a lo largo de una parte del cuerpo. ‖ **tener ramalazo.** fr. fig. y fam. Ser afeminado.

rambla. f. Lecho natural de las aguas pluviales cuando caen copiosamente. ‖ **2.** En Barcelona y otras ciudades, calle ancha y con árboles, generalmente con andén central.

rameado, da. adj. Dícese del dibujo o pintura que representa ramos, especialmente en tejidos, papeles, etc.

ramera. f. Mujer que por oficio tiene relación carnal con hombres.

ramificación. f. Acción y efecto de ramificarse. ‖ **2.** fig. Conjunto de consecuencias necesarias de algún hecho o acontecimiento. ‖ **3.** *Anat.* División y extensión de las venas, arterias, nervios, que, como ramas, nacen de un mismo principio o tronco.

ramificarse. prnl. Dividirse en ramas una cosa. ‖ **2.** fig. Propagarse, extenderse las consecuencias de un hecho o suceso.

ramillete. m. Ramo pequeño de flores o hierbas olorosas formado artificialmente.

ramito. m. *Bot.* Cada una de las subdivisiones de los ramos de una planta.

ramnáceo, a. adj. *Bot.* Dícese de árboles y arbustos dicotiledóneos, a veces espinosos, de hojas sencillas, alternas u opuestas, con estípulas caducas o aguijones persistentes; flores pequeñas, solitarias o en racimo y fruto de drupa; como el cambrón y el azufaifo. Ú. t. c. s. f. ‖ **2.** f. pl. *Bot.* Familia de estas plantas.

ramo. m. Rama cortada del árbol. ‖ **2.** Conjunto o manojo de flores, ramas o hierbas o de unas y otras cosas, ya sea natural, ya artificial. ‖ **3.** Ristra de ajos o cebollas. ‖ **4.** fig. Cada una de las partes en que se considera dividida una ciencia, arte, industria, etc. RAMO *del saber, de la administración pública, de mercería.*

ramonear. intr. Cortar las puntas de las ramas de los árboles. ‖ **2.** Pacer los animales las hojas y las puntas de los ramos de los árboles, ya sean cortadas antes o en pies tiernos de poca altura.

ramoso, sa. adj. Que tiene muchos ramos o ramas.

rampa. f. Plano inclinado dispuesto para subir y bajar por él. ‖ **2.** Por ext., terreno en pendiente.

rampante. adj. Aplícase al león u otro animal que está en el campo del escudo de armas con la mano abierta y las garras tendidas en ademán de agarrar o asir.

ramplón, na. adj. fig. Vulgar, chabacano.

ramplonería. f. Cualidad de ramplón, tosco o chabacano.

ramujo. m. Ramas que se cortan del olivo.

rana. f. Batracio del orden de los anuros, de unos 8 a 15 centímetros de largo, con el dorso de color verdoso manchado de oscuro, verde, pardo, etc., y el abdomen blanco, boca con dientes y pupila redonda o en forma de rendija vertical. Conócense diversas especies, algunas muy comunes en España, y todas ellas, que son muy ágiles y buenas nadadoras, viven cuando adultas en las inmediaciones de aguas corrientes o estancadas y se alimentan de animalillos acuáticos o terrestres. ‖ **2.** Juego que consiste en introducir desde cierta distancia una chapa o moneda por la boca abierta de una **rana** de metal colocada sobre una mesilla, o por otras ranuras convenientemente dispuestas. ‖ **salir rana** una persona o cosa. fr. fig. y fam. Defraudar; frustrarse la confianza que se había depositado en esa persona o cosa.

ranchera. f. Canción y danza populares de diversos países de Hispanoamérica.

ranchero, ra. m. y f. Persona que gobierna un rancho. ‖ **2.** adj. Perteneciente o relativo al rancho.

rancho. m. Comida que se hace para muchos en común, y que generalmente se reduce a un solo guisado; como la que se da a los soldados y a los presos. ‖ **2.** *Amér.* Granja donde se crían caballos y otros cuadrúpedos.

ranciar. tr. Poner rancio. Ú. m. c. prnl.

rancio, cia. adj. Dícese del vino y los comestibles grasientos que con el tiempo adquieren sabor y olor más fuertes, mejorándose o echándose a perder.

‖ **2.** fig. Dícese de las cosas antiguas y de las personas apegadas a ellas. RANCIA *estirpe; filósofo* RANCIO. ‖ **3.** m. Cualidad de **rancio.**

randa. f. Guarnición de encaje con que se adornan los vestidos, la ropa blanca y otras cosas. ‖ **2.** Encaje de bolillos.

ranglán o **ranglan.** m. **raglán,** gabán que se usaba a mediados del siglo XIX.

rango. m. Clase o categoría de una persona con respecto a su situación profesional o social.

ránula. f. *Pat.* Tumor blando, lleno de un líquido glutinoso, que suele formarse debajo de la lengua.

ranunculáceo, a. adj. *Bot.* Dícese de plantas angiospermas dicotiledóneas, arbustos o hierbas, con hojas simples, sin estípulas y de pecíolos abrazadores; flores de colores brillantes, solitarias o agrupadas en racimo o en panoja, y fruto seco y a veces carnoso, con semillas de albumen córneo; como el acónito y la peonía. Ú. t. c. s. f. ‖ **2.** f. pl. *Bot.* Familia de estas plantas.

ranúnculo. m. Planta herbácea anual, de la familia de las ranunculáceas, con tallo hueco, ramoso, de dos a seis decímetros de altura; hojas partidas en tres lóbulos, muy hendidos en las inferiores, y enteros, casi lineales, en las superiores; flores amarillas y fruto seco. Es común en los terrenos húmedos de España y tiene jugo acre muy venenoso. Hay diversas especies.

ranura. f. Canal estrecha y larga que se abre en un madero, piedra u otro material, para hacer un ensamble, guiar una pieza movible, etc. ‖ **2.** Hendedura pequeña abierta en un cuerpo sólido.

raño. m. Pez marino teleósteo del suborden de los acantopterigios, de unos tres decímetros de largo, de color amarillo en la cabeza y el lomo, y rojo amarillento en el vientre; aletas en general amarillas, y encarnadas las que están junto a las agallas. El opérculo de estas es de borde menudamente aserrado y remata en la parte superior con dos fuertes aguijones. ‖ **2.** Garfio de hierro con mango largo de madera, que sirve para arrancar de las peñas las ostras, lapas, etc.

rapa. f. Flor del olivo.

rapacería. f. Condición del que es dado al robo o al hurto.

rapacidad. f. Condición del que es dado al robo o al hurto.

rapapolvo. m. fam. Reprensión áspera.

rapar. tr. Rasurar o afeitar las barbas. Ú. t. c. prnl. ‖ **2.** Cortar el pelo al rape.

rapaz. adj. V. **ave rapaz.** Ú. t. c. s. ‖ **2** f. pl. *Zool.* Nombre que se aplica a las aves de presa, generalmente de los órdenes falconiformes y estrigiformes. ‖ **3.** m. Muchacho de corta edad. ‖ **diurna. falconiforme.** ‖ **nocturna. estrigiforme.**

rapaza. f. Muchacha de corta edad.

rapé. adj. V. **tabaco rapé.** Ú. t. c. s.

rape[1]**.** m. fam. Rasura o corte de la barba hecho de prisa y sin cuidado. ❑ Ú. m. en la fr.: *Dar un* RAPE. ‖ **al rape.** loc. adv. Hablando del pelo, cortado a raíz.

rape[2]**.** m. **pejesapo.**

rapidez. f. Velocidad impetuosa o movimiento acelerado. ‖ **2.** Cualidad de rápido.

rápido, da. adj. Que se mueve, se hace o sucede a gran velocidad, muy deprisa. ‖ **2.** Que se hace a la ligera, sin profundizar. *Eché un vistazo* RÁPIDO *a la novela.*

rapiña. f. Robo, expoliación o saqueo que se ejecuta arrebatando con violencia.

rápita. f. En Marruecos, convento o ermita, rábida.

rapónchigo. m. Planta perenne de la familia de las campanuláceas, con tallos estriados de cuatro a seis decímetros de altura; hojas radicales oblongas, y lineales las del tallo; flores azules en panojas terminales, de corola en forma de campana, hendida en cinco puntas por el borde; fruto capsular y raíz blanca, fusiforme, carnosa y comestible. Es común en los terrenos montañosos.

raposa. f. **zorra,** animal.

raposear. intr. Emplear ardides o trampas.

raposería. f. Astucia de zorro y mañas suyas. ‖ **2.** Ardides y mañas semejantes del hombre.

raposo. m. **zorro,** animal.

rapsoda. m. El que en la Grecia antigua iba de pueblo en pueblo cantando trozos de los poemas homéricos u otras poesías. ‖ **2.** Por ext., poeta.

rapsodia. f. Trozo de un poema, y especialmente de alguno de los de Homero. ‖ **2.** Pieza musical formada con fragmentos de otras obras o con trozos de aires populares.

raptado, da. adj. Dícese de la persona retenida en contra de su voluntad, por lo general, con el fin de obtener un rescate.

raptar. tr. Secuestrar, retener a una persona en contra de su voluntad, por lo general, con el fin de conseguir un rescate.

rapto. m. Impulso, acción de arrebatar. ‖ **2.** Por ext., secuestro de personas, con el fin de conseguir un rescate.

raptor, ra. m. y f. Persona que secuestra a otra, por lo general, con el fin de obtener un rescate.

raque. m. Acto de recoger los objetos perdidos en las costas por algún naufragio o echazón. *Andar, ir al* RAQUE.

raqueta. f. Bastidor de madera de figuras diversas, con mango, que sujeta una red o pergamino, o ambas cosas, y que se emplea como pala en el juego del volante, de la pelota y otros semejantes, como el tenis. ‖ **2.** Juego de pelota en que se emplea la pala. ‖ **3.** Objeto similar a una **raqueta,** que se pone en los pies para andar por la nieve.

raquetista. com. Pelotari que juega con raqueta.

raquialgia. f. *Pat.* Dolor a lo largo del raquis.

raquianestesia. f. *Med.* Anestesia producida por la inyección de un anestésico en el conducto raquídeo.

raquídeo, a. adj. Perteneciente al raquis.

raquis. m. *Bot.* y *Zool.* Raspa o eje de una espiga o pluma. ‖ **2.** *Anat.* Columna vertebral.

raquítico, ca. adj. fig. Aplicado a personas, muy delgado y débil. *Ha adelgazado tanto que está* RAQUÍTICO. ‖ **2.** fig. Aplicado a cosas, muy pequeño o escaso. *Nos pusieron unas raciones* RAQUÍTICAS.

raquitismo. m. *Pat.* Enfermedad por lo común infantil, debida al defecto de vitamina D en la alimentación; consiste en trastornos del metabolismo del calcio, que se manifiestan por encorvadura de los huesos y debilidad general.

rarefacción. f. *Fís.* Acción y efecto de enrarecer o enrarecerse un gas.

rareza. f. Cualidad de raro. ‖ **2.** Cosa rara. ‖ **3.** Acción característica de la persona rara o extravagante.

rarificar. tr. Hacer menos denso un cuerpo gaseoso, enrarecer. Ú. t. c. prnl.

raro, ra. adj. Que se comporta de un modo inhabitual. ‖ **2.** Extraordinario, poco común o frecuente. ‖ **3.** Escaso en su clase o especie. ‖ **4.** Que tiene poca densidad y consistencia. Dícese principalmente de los gases enrarecidos.

ras. m. Igualdad en la superficie o la altura de las cosas. ‖ **a ras.** loc. adv. Casi tocando, casi al nivel de una cosa.

rasante. adj. Que rasa. ‖ **2.** f. Línea de una calle o camino considerada en su inclinación o paralelismo respecto del plano horizontal.

rasar. tr. Igualar con el rasero las medidas de trigo, cebada y otras cosas. ‖ **2.** Pasar rozando ligeramente un cuerpo con otro. *La bala* RASÓ *la pared.*

rasca. f. fam. Frío intenso. ❑ Ú. con el verbo *hacer. Menuda* RASCA *hace esta mañana.*

rascacielos. m. Edificio de gran altura y muchos pisos.

rascador. m. Cualquiera de los varios instrumentos que sirven para rascar, así la superficie de un metal, como la piel, etc. ‖ **2.** Instrumento de hierro que se usa para desgranar el maíz y otros frutos análogos.

rascar. tr. Refregar o frotar fuertemente la piel con una cosa aguda o áspera, y por lo regular con las uñas. Ú. t. c. prnl. ‖ **2.** Producir sonido estridente al tocar con el arco un instrumento de cuerda.

rascatripas. com. Persona que con poca habilidad toca el violín u otro instrumento de arco.

rasera. f. **rasero.** ‖ **2.** Paleta de metal, por lo común con varios agujeros, que se emplea en la cocina para volver los fritos y para otros fines.

rasero. m. Palo cilíndrico que sirve para rasar las medidas de los áridos; a veces tiene forma de rasqueta. ‖ **por el mismo,** o **por un, rasero.** loc. adv. fig. Con rigurosa igualdad, sin la menor diferencia. ❑ Ú. comúnmente con los verbos *medir* y *llevar.*

rasgar. tr. Romper o hacer pedazos, a viva fuerza y sin el auxilio de ningún instrumento, cosas de poca consistencia; como tejidos, pieles, papel, etc. Ú. t. c. prnl.

rasgo. m. Línea o trazo, especialmente los de adorno, que se hacen al escribir las letras. ‖ **2.** fig. Acción noble y digna de alabanza. RASGO *heroico, de humildad.* ‖ **3.** Facción del rostro. Ú. m. en pl. ‖ **4.** Peculiaridad, propiedad o nota distintiva. ‖ **a grandes rasgos.** loc. adv. De un modo general, sin entrar en pormenores.

rasgón. m. Rotura de un vestido o tela.

rasgueado. m. Acción y efecto de rasguear.

rasguear. tr. Tocar la guitarra u otro instrumento rozando varias cuerdas a la vez con las puntas de los dedos.

rasguño. m. Pequeña herida o corte hecho con las uñas o con roce violento.

rasilla. f. Tela de lana delgada y ligera. ‖ **2.** Ladrillo hueco y más delgado que el corriente.

raso, sa. adj. Plano, liso, libre de estorbos. Ú. t. c. s. ‖ **2.** Dícese del que no tiene un título u otro adherente que le distinga. *Soldado* RASO. ‖ **3.** Dícese también de la atmósfera cuando está libre y desembarazada de nubes y nieblas. ‖ **4.** Que pasa o se mueve a poca altura del suelo. ‖ **5.** m. Tela de seda lustrosa, de más cuerpo que el tafetán y menos que el terciopelo. ‖ **al raso.** loc. adv. **a la intemperie,** sin albergue ni resguardo.

raspa. f. Filamento del cascabillo del grano del trigo y de otras gramíneas. ‖ **2.** En los pescados, cualquier espina, especialmente la columna vertebral.

raspado. m. Acción y efecto de raspar. ‖ **2.** *Cir.* **legrado.**

raspador. m. Instrumento que sirve para raspar, y más especialmente el que se compone de un mango y una cuchillita en figura de hierro de lanza, y se emplea para raspar lo escrito.

raspar. tr. Raer ligeramente una cosa quitándole alguna parte superficial. ‖ **2.** Producir, por lo general, un tejido áspero, una sensación desagradable en la piel. *Estas camisas* RASPAN.

raspilla. f. Planta herbácea de la familia de las borragináceas, con tallos casi tendidos, angulares, con espinitas vueltas hacia abajo, hojas ásperas, estrechas por la base y aovadas por la parte opuesta, y flores azules, llamadas nomeolvides.

raspón. m. **rasponazo.**

rasponazo. m. Lesión o erosión superficial causada por un roce violento.

rasposo, sa. adj. Que tiene abundantes raspas. ‖ **2.** fig. Áspero al tacto o al paladar.

rasqueta. f. Planchuela de hierro, de cantos afilados y con mango de madera, que se usa para raer y limpiar los palos, cubiertas y costados de las embarcaciones.

rastra. f. **rastro** de recoger hierba, paja, broza, etc. ‖ **2. grada²,** para allanar la tierra después de arada.

rastreador, ra. adj. Que rastrea. Ú. t. c. s.

rastrear. tr. Seguir el rastro o buscar alguna cosa por él. ‖ **2.** fig. Inquirir, indagar, averiguar una cosa, discurriendo por conjeturas o señales. ‖ **3.** intr. Hacer alguna labor con el rastro.

rastreo. m. Acción y efecto de rastrear.

rastrero, ra. adj. Que va arrastrando. ‖ **2.** fig. Bajo, vil y despreciable. ‖ **3.** *Bot.* Dícese del tallo de una planta que, tendido por el suelo, echa raicillas de trecho en trecho.

rastrillar. tr. Recoger con el rastro la parva en las eras o la hierba segada en los prados. ‖ **2.** Pasar la rastra por los sembrados.

rastrillo. m. Tabla con muchos dientes de alambre grueso, a manera de carta, sobre los que se pasa el lino o cáñamo para apartar la estopa y separar bien las fibras. ‖ **2. rastro** para recoger hierba.

rastro. m. Instrumento compuesto de un mango largo y delgado cruzado en uno de sus extremos por un travesaño armado de púas a manera de dientes, y que sirve para recoger hierba, paja, broza, etc. ‖ **2.** Vestigio, señal o indicio de un acontecimiento. ‖ **3.** Señal, huella que queda de una cosa. ‖ **4.** En Madrid, mercado callejero donde suelen venderse todo tipo de objetos viejos o nuevos.

rastrojera. f. Conjunto de tierras que han quedado de rastrojo.

rastrojo. m. Residuo de las cañas de la mies, que queda en la tierra después de segar. ‖ **2.** El campo después de segada la mies y antes de recibir nueva labor.

rasurar. tr. **afeitar,** raer el pelo del cuerpo, especialmente el de la cara.

rata¹. f. Mamífero roedor, de hasta cuatro decímetros desde el hocico a la extremidad de la cola; con cabeza pequeña, hocico puntiagudo, orejas tiesas, cuerpo grueso, patas cortas, cola delgada y pelaje gris oscuro. Es animal muy fecundo, destructor y voraz; se ceba con preferencia en las sustancias duras, y vive por lo común en los edificios y embarcaciones. ‖ **2.** com. fam. Persona tacaña. ‖ **almizclada. rata** acuática grande, de cola larga, patas traseras anchas, con cinco dedos y las delanteras con cuatro, provistos de uñas fuertes y gruesas. En la región anal lleva un par de glándulas oleosas, que segregan un líquido claro, de fuerte olor a almizcle. Su piel tiene valor en peletería. ‖ **de agua.** Roedor del tamaño de la **rata** común, y como esta, con tres molares a cada lado de las mandíbulas, pero de cola corta y de costumbres acuáticas.

rata². f. Parte proporcional. ‖ **2.** *Fís.* Variación por unidad de tiempo.

rataplán. m. Voz onomatopéyica con que se imita el sonido del tambor.

ratear¹. tr. Distribuir, repartir proporcionadamente.

ratear². tr. Hurtar con destreza y sutileza cosas pequeñas. ‖ **2.** intr. Andar arrastrando con el cuerpo pegado a la tierra.

ratería. f. Hurto de cosas de poco valor. ‖ **2.** Acción de hurtarlas con maña y cautela.

ratero, ra. adj. Dícese del ladrón que hurta con maña y cautela cosas de poco valor. Ú. m. c. s.

raticida. m. Sustancia que se emplea para exterminar ratas y ratones.

ratificación. f. Acción y efecto de ratificar o ratificarse.

ratificar. tr. Aprobar o confirmar actos, palabras o escritos dándolos por valederos y ciertos. Ú. t. c. prnl.

rato. m. Espacio de tiempo, especialmente cuando es corto. *Estuve esperando un* RATO. *Voy a descansar un* RATO. *Un* RATO *de conversación. El* RATO *del estudio.* ‖ **2.** Anteponiéndole los adjetivos *buen* o *mal,* gusto o disgusto pasajeros. *Me has dado un mal* RATO. ‖ **para rato.** loc. adv. Por mucho tiempo, generalmente hablando de lo venidero, y a veces de aquello cuya realización no parece probable. *Si esperas que el asunto se resuelva, tienes* PARA RATO. *Eso va* PARA RATO. ‖ **pasar el rato.** fr. fam. Ocupar un espacio de tiempo generalmente con algún entretenimiento. ‖ **un rato** o **un rato largo.** locs. advs. pops. Mucho o muy. *Sabe* UN RATO O UN RATO LARGO *de Geografía. Eso es* UN RATO *difícil.*

ratón. m. Mamífero roedor, de unos dos decímetros de largo desde el hocico hasta la extremidad de la cola, que tiene la mitad; de pelaje generalmente gris; muy fecundo y ágil y que vive en las casas, donde causa daño por lo que come, roe y destruye. Hay especies que habitan en el campo. ‖ **2.** *Inform.* Pequeño dispositivo, conectado a un ordenador, que se utiliza para mover el cursor en la pantalla. ‖ **almizclero.** Especie de **ratón** pequeño, arborícola, nocturno, que se alimenta sobre todo de avellanas. Pasa el invierno aletargado y huele ligeramente a almizcle. Vive en Europa, pero no en la península Ibérica. Se denomina también muscardino. ‖ **de biblioteca.** fig. Erudito que con asiduidad escudriña muchos libros. Tómase por lo común en sentido peyorativo.

ratona. f. Hembra del ratón.

ratonera. f. Trampa en que se cogen o cazan los ratones. ‖ **2.** Madriguera de ratones. ‖ **3.** Trampa o engaño urdidos con el fin de coger a alguien.

ratonero, ra. adj. Perteneciente o relativo a los ratones.

raudal. m. Caudal de agua que corre violentamente. ‖ **2.** fig. Abundancia de cosas que rápidamente y como de golpe concurren o se derraman. ‖ **a raudales.** loc. adv. Abundantemente.

raudo, da. adj. Rápido, violento, precipitado.

ravioles o **raviolis.** m. pl. Pasta alimenticia, más delgada que la que se emplea para los macarrones. Se corta en trozos de forma rectangular (de aproximadamente cuatro centímetros por dos) que se doblan sobre sí mismos para rellenarlos de picadillo de carne o verdura, y se sirven, generalmente, después de hervidos, rebozados en salsas, mantequilla, etc.

raya[1]. f. Línea o señal larga y estrecha que por combinación de un color con otro, por pliegue o por hendedura poco profunda, se hace o forma natural o artificialmente en un cuerpo cualquiera. ‖ **2.** Señal que resulta en la cabeza de dividir los cabellos con el peine, echando una parte de ellos hacia un lado y otra hacia el lado opuesto. ‖ **3.** Pliegue vertical que se marca al planchar los pantalones y otras prendas de vestir. ‖ **4.** En el lenguaje de la droga, dosis de cocaína. ‖ **tres en raya.** Juego que se practica con unas piedrecillas o tantos colocados en un cuadro, dividido en otros cuatro, con las líneas tiradas de un lado a otro por el centro, y añadidas las diagonales de un ángulo a otro. El fin del juego consiste en colocar en cualquiera de las líneas los tres tantos propios, y el arte del juego, en impedir que esto se logre, interpolando los tantos contrarios. ❑ No confundir con *ralla,* 3.ª pers. sing. del pres. de indicat. del verbo *rallar.*

raya[2]. f. Pez selacio del suborden de los ráyidos, muy abundante en los mares españoles, cuyo cuerpo tiene la forma de un disco romboidal y puede alcanzar un metro de longitud; aletas dorsales pequeñas y situadas en la cola, que es larga y delgada y tiene una fila longitudinal de espinas; aleta caudal rudimentaria. ‖ **2.** *Zool.* Cualquiera de los selacios pertenecientes al suborden de los ráyidos. ❑ No confundir con *ralla,* 3.ª pers. sing. del pres. de indicat. del verbo *rallar.*

rayano, na. adj. Que confina o linda con una cosa. ‖ **2.** Que está en la raya que divide dos territorios.

rayar. tr. Hacer o tirar rayas. ‖ **2.** Tachar lo manuscrito o impreso, con una o varias rayas. ‖ **3.** Estropear o deteriorar una superficie lisa o pulida con rayas o incisiones. ‖ **rayar en.** Asemejarse una cosa a otra, acercarse a igualarla. RAYAR EN *lo ridículo.* ❑ No confundir con *rallar.*

ráyido. adj. *Zool.* Dícese de peces selacios que tienen el cuerpo deprimido, de forma discoidal o romboidal, con las aberturas branquiales en la cara inferior del cuerpo y con la cola larga y delgada; como la raya y el torpedo. Ú. t. c. s. ‖ **2.** m. pl. *Zool.* Suborden de estos animales.

rayo. m. Línea de luz que procede de un cuerpo luminoso, y especialmente las que vienen del Sol. ‖ **2.** Chispa eléctrica de gran intensidad producida por descarga entre dos nubes o entre una nube y la tierra. ‖ **láser. láser,** haz de luz. ‖ **verde.** Destello vivo e instantáneo que a veces se observa al trasponer el Sol el horizonte del mar. ‖ **rayos gamma,** o **rayos** γ. Ondas electromagnéticas extraordinariamente penetrantes, producidas en las transiciones nucleares o en la aniquilación de partículas. ‖ **rayos X.** Ondas electromagnéticas extraordinariamente penetrantes que atraviesan ciertos cuerpos, producidas por la emisión de los electrones internos del átomo; originan impresiones fotográficas y se utilizan en medicina como medio de investigación y de tratamiento. ‖ **oler** o **saber a rayos** una cosa. fr. Oler o saber mal. ❑ No confundir con *rallo,* 1.ª pers. sing. del pres. de indicat. del verbo *rallar.*

rayón. m. Filamento textil obtenido artificialmente y cuyas propiedades son parecidas a las de la seda. ‖ **2.** Tela fabricada con este filamento.

rayuela. f. Juego en el que, tirando monedas o tejos a una raya hecha en el suelo y a cierta distancia, gana el que la toca o más se acerca a ella. ‖ **2.** Juego de muchachos que consiste en sacar de varias divisiones trazadas en el suelo un tejo al que se da con un pie, llevando el otro en el aire y cuidando de no pisar las rayas y de que el tejo no se detenga en ellas.

raza. f. Casta o calidad del origen o linaje. ‖ **2.** *Biol.* Cada uno de los grupos en que se subdividen algunas especies botánicas y zoológicas y cuyos caracteres diferenciales se perpetúan por herencia. ‖ **razas humanas.** Grupos de seres humanos que por el color de su piel y otros caracteres se distinguen en **raza** blanca, amarilla, cobriza y negra. ❑ No utilizar por *etnia.*

razia. f. Incursión, correría, en un país enemigo y sin más objeto que el botín. ‖ **2.** Batida, redada.

razón. f. Facultad de discurrir. ‖ **2.** Acto de discurrir el entendimiento. ‖ **3.** Argumento o demostración que se aduce en apoyo de alguna cosa. ‖ **4.** Motivo o causa. ‖ **5.** *Mat.* Cociente de dos números o, en general, de dos cantidades comparables entre sí. ‖ **6.** *Mat.* En una progresión geométrica, cociente de dividir cada término por el que le precede. ‖ **social.** *Com.* Nombre y firma de una compañía mercantil. ‖ **atender,** o **no atender uno a razones.** fr. Tomar o no en consideración los argumentos que se presentan. ‖ **dar la razón** a uno. fr. Concederle lo que dice; confesarle que obra racionalmente. ‖ **entrar** uno **en razón.** fr. Darse cuenta de lo que es razonable.

razonable. adj. Arreglado, justo, conforme a razón. ‖ **2.** fig. Mediano, regular, bastante en calidad o en cantidad.

razonado, da. adj. Fundado en razones, documentos o pruebas. *Análisis* RAZONADO; *cuenta* RAZONADA.

razonamiento. m. Acción y efecto de razonar. ‖ **2.** Serie de conceptos encaminados a demostrar una cosa o a persuadir o mover a oyentes o lectores.

razonar. intr. Discurrir, ordenando ideas en la mente para llegar a una conclusión. *Antes de decidirte,* RAZONA *un poco.* ‖ **2.** Hablar dando razones para probar una cosa. *No* RAZONÓ *nada de lo expuesto.*

re. m. *Mús.* Segunda nota de la escala música. ❑ pl. *res.*

re-. pref. que significa repetición: RE*construir;* movimiento hacia atrás: RE*fluir;* intensificación: RE*cargar;* oposición o resistencia: RE*chazar,* RE*pugnar;* negación o inversión del significado simple: RE*probar.* Con adjetivos o adverbios, puede reforzarse el valor de intensificación añadiendo a **re-** las sílabas **-te** o **-quete:** RETE*bueno,* REQUETE*bién.*

reabrir. tr. Volver a abrir lo que estaba cerrado. Ú. t. c. prnl. *Se* REABRIÓ *su herida.* ❑ p. p. irreg. *reabierto.*

reabsorber. tr. Volver a absorber.

reabsorción. f. Acción y efecto de reabsorber.

reacción. f. Acción que resiste o se opone a otra acción, obrando en sentido contrario a ella. ‖ **2.** Forma en que alguien o algo se comporta ante un determinado estímulo. *Mi* REACCIÓN *a su respuesta no se hizo esperar.* ‖ **3.** Tendencia tradicionalista en lo político opuesta a las innovaciones. Se usa también hablando del conjunto de sus valedores y partidarios. ‖ **4.** *Mec.* Fuerza que un cuerpo sujeto a la acción de otro ejerce sobre él en dirección opuesta. ‖ **5.** *Quím.* Transformación de especies químicas que da origen a otras nuevas. ‖ **en cadena.** *Fís.* y *Quím.* La que da origen a productos que por sí mismos ocasionan una **reacción** igual a la primera y así sucesivamente. ‖ **neutra.** *Quím.* Carácter de saturación que se revela por no alterar el color del papel de tornasol.

reaccionar. intr. Actuar un ser por reacción de la actuación de otro, o por efecto de un estímulo. *Un estímulo hace* REACCIONAR *a los seres. Los seres* REACCIONAN *favorablemente* o *en contra de un estímulo.* ‖ **2.** Empezar a recobrar uno la actividad fisiológica que parecía perdida. *El herido no* REACCIONABA. *Algunos indicios denotaban que* REACCIONABA. ‖ **3.** Oponerse a algo que se cree inadmisible. *El mundo* REACCIONARÁ *ante tal injusticia o error. La opinión* REACCIONÓ *contra tal abuso.* ‖ **4.** *Quím.* Actuar una sustancia en combinación con otra produciendo otra nueva. *Por la acción de una sustancia* REACCIONAN *otras.*

reaccionario, ria. adj. Opuesto a las innovaciones.

reacio, cia. adj. Contrario a algo, o que muestra resistencia a hacer algo. *Juan es* REACIO *a las fiestas.*

reactante. adj. Dícese de cada una de las sustancias que participan en una reacción química produciendo otra u otras diferentes de las primitivas. Ú. t. c. s.

reactivar. tr. Volver a activar.

reactivo, va. adj. Dícese de lo que produce reacción. Ú. m. c. s. m.

reactor. m. *Fís.* Instalación destinada a la producción y regulación de escisiones nucleares mediante los neutrones liberados en las mismas. ‖ **2.** Motor de reacción. ‖ **3.** Avión que usa motor de reacción. ‖ **nuclear.** Instalación en la que puede iniciarse, mantenerse y controlarse una reacción nuclear de fisión o de fusión en cadena.

readmitir. tr. Volver a admitir.

reafirmar. tr. Afirmar de nuevo. Ú. t. c. prnl.

reagrupar. tr. Agrupar de nuevo o de modo diferente lo que ya estuvo agrupado.

reajustar. tr. Volver a ajustar, ajustar de nuevo. ‖ **2.** Hablando de precios, salarios, impuestos, puestos de trabajo, cargos de responsabilidad, etc., aumentarlos, disminuirlos o cambiarlos por motivos coyunturales, económicos o políticos.

reajuste. m. Acción y efecto de reajustar.

real[1]. adj. Que tiene existencia verdadera y efectiva. ‖ **2.** *Mat.* V. **número real.**

real[2]. adj. Perteneciente o relativo al rey o a la realeza. ‖ **2.** m. Moneda de plata, del valor de treinta y cuatro maravedís, equivalente a veinticinco céntimos de peseta.

real[3]**.** m. Campamento de un ejército, y especialmente el lugar donde está la tienda del rey o general. Ú. t. en pl. y en sent. fig. ‖ **2.** Campo donde se celebra una feria.

realce. m. Adorno o labor que sobresale en la superficie de una cosa. ‖ **2.** fig. Lustre, estimación, grandeza sobresaliente.

realeza. f. Dignidad o soberanía real. ‖ **2.** Conjunto de familias reales.

realidad. f. Existencia real y efectiva de una cosa. ‖ **2.** Verdad, lo que ocurre verdaderamente. ‖ **3.** Lo que es efectivo o tiene valor práctico, en contraposición con lo fantástico e ilusorio. ‖ **virtual.** *Inform.* Representación de escenas o imágenes de objetos producida por un sistema informático, que da la sensación de su existencia real. ‖ **en realidad.** loc. adv. Efectivamente, sin duda alguna.

realimentación. f. *Electr.* Retorno de la parte de la salida de un circuito o sistema a su propia entrada.

realismo[1]**.** m. Forma de presentar las cosas tal como son, sin suavizarlas ni exagerarlas. ‖ **2.** *Fil.* Tendencia a afirmar la existencia objetiva de los universales. En este sentido equivale a idealismo y se opone a nominalismo. Estas denominaciones, de gran uso en la Edad Media, se han renovado en el pensamiento contemporáneo. ‖ **3.** Sistema estético que asigna como fin a las obras artísticas o literarias la imitación fiel de la naturaleza. ‖ **mágico.** Movimiento literario hispanoamericano surgido a mediados del siglo XX, caracterizado por la introducción de elementos fantásticos inmersos en una narrativa realista.

realismo[2]**.** m. Doctrina u opinión favorable a la monarquía. En España se dijo con aplicación a la pura o absoluta.

realista[1]**.** adj. Partidario del realismo[1]. Ú. t. c. s. ‖ **2.** Perteneciente al realismo o a los **realistas.** *Sistema, escuela* REALISTA. ‖ **3.** Que actúa con sentido práctico o trata de ajustarse a la realidad.

realista[2]**.** adj. Partidario del realismo[2]. Ú. t. c. s. ‖ **2.** Perteneciente al realismo o a los **realistas.** *Partido, ejército* REALISTA.

realizable. adj. Que se puede realizar.

realización. f. Acción y efecto de realizar o realizarse.

realizador, ra. m. y f. Persona que realiza o lleva a ejecución una obra. ‖ **2.** En el cine y la televisión, el autor de una película o un programa, o sea, el director de su ejecución.

realizar. tr. Efectuar, llevar a cabo algo o ejecutar una acción. Ú. t. c. prnl. ‖ **2.** Dirigir la ejecución de una película o de un programa televisivo. ‖ **3.** prnl. Sentirse satisfecho por haber logrado cumplir aquello a lo que se aspiraba.

realquilado, da. adj. Dícese de la persona que vive en régimen de alquiler en un lugar alquilado por otra persona. Ú. t. c. s.

realquilar. tr. Alquilar un piso, local o habitación el arrendatario de ellos a otra persona. ‖ **2.** Alquilar un piso o un local a una persona que no es el dueño, sino que es, a su vez, arrendatario.

realzar. tr. Levantar o elevar una cosa más de lo que estaba. Ú. t. c. prnl. ‖ **2.** fig. Ilustrar o engrandecer. Ú. t. c. prnl.

reanimación. f. Acción y efecto de reanimar. ‖ **2.** *Terap.* Conjunto de medidas terapéuticas que se aplican para recuperar o mantener las constantes vitales del organismo.

reanimar. tr. Confortar, dar vigor, restablecer las fuerzas. Ú. t. c. prnl. ‖ **2.** Hacer que recobre el conocimiento alguien que lo ha perdido. Ú. t. c. prnl.

reanudar. tr. fig. Renovar o continuar el trato, estudio, trabajo, conferencia, etc. Ú. t. c. prnl.

reaparecer. intr. Volver a aparecer o a mostrarse. ❑ Irreg. Se conj. como *agradecer.*

reaparición. f. Acción y efecto de reaparecer.

rearmar. tr. Equipar nuevamente con armamento militar o reforzar el que ya existía. Ú. t. c. prnl.

rearme. m. Acción y efecto de rearmar o rearmarse.

reaseguro. m. Contrato por el cual un asegurador toma a su cargo, en totalidad o parcialmente, un riesgo ya cubierto por otro asegurador, sin alterar lo convenido entre este y el asegurado.

reasumir. tr. Asumir de nuevo lo que antes se había tenido, ejercido o adoptado, especialmente con referencia a cargos, funciones o responsabilidades.

reata. f. Cuerda o correa que ata y une dos o más caballerías para que vayan en hilera una detrás de otra. ‖ **2.** Hilera de caballerías que van atadas.

reavivar. tr. Volver a avivar, o avivar intensamente. Ú. t. c. prnl.

rebaba. f. Porción de materia sobrante que sobresale irregularmente en los bordes o en la superficie de un objeto cualquiera.

rebaja. f. Acción y efecto de rebajar. ‖ **2.** Disminución, reducción o descuento. Ú. especialmente hablando de precios. ‖ **3.** pl. Venta de existencias a precios más bajos, durante un tiempo determinado. ‖ **4.** Período de tiempo en que tiene lugar esta venta.

rebajador, ra. adj. *Fotogr.* Aplícase al baño de sustancias químicas que se usa para disminuir la intensidad de las imágenes muy oscuras. Ú. t. c. s.

rebajar. tr. Hacer más bajo el nivel o superficie

horizontal de un terreno u otro objeto. || **2.** Disminuir el precio de una cosa. || **3.** fig. Humillar, abatir. Ú. t. c. prnl.

rebaje. m. Parte del canto de un madero u otra cosa, donde se ha disminuido el espesor.

rebalsa. f. Porción de agua, que, detenida en su curso, forma balsa.

rebalsar. tr. Detener y recoger el agua u otro líquido, de suerte que haga balsa. Ú. m. c. intr. y c. prnl.

rebanada. f. Porción delgada, ancha y larga que se saca de una cosa, y especialmente del pan, cortando de un extremo al otro.

rebanar. tr. Hacer rebanadas una cosa o de alguna cosa. || **2.** Cortar o dividir una cosa de una parte a otra.

rebañar. tr. Recoger de un plato o vasija, para comerlos, los residuos de alguna cosa hasta apurarla.

rebaño. m. Hato grande de ganado, especialmente del lanar. || **2.** fig. Congregación de los fieles respecto de sus pastores espirituales.

rebasar. tr. Pasar o exceder de cierto límite. || **2.** En una marcha, progresión, etc., dejar atrás, adelantar. ❑ No confundir con *rebosar*.

rebatible. adj. Que se puede rebatir o refutar.

rebatir. tr. Refutar, impugnar con argumentos o razones lo que otros dicen.

rebato (tocar a). fr. Tocar las campanas, o emplear otro medio sonoro, para avisar a los vecinos de un pueblo de la inminencia de un peligro. || **2.** fig. Alertar a una colectividad sobre la presencia de un peligro. ❑ No confundir esta fr. con *arrebato*.

rebeca. f. Chaquetilla femenina de punto, sin cuello, abrochada por delante, y cuyo primer botón está, por lo general, a la altura de la garganta.

rebeco. m. **gamuza,** animal.

rebelarse. prnl. Sublevarse, levantarse, faltando a la obediencia debida. Ú. t. c. tr. || **2.** fig. Oponer resistencia. ❑ Ú. con las preps. *ante* y *contra.* No confundir con *revelarse*.

rebelde. adj. Que se rebela o subleva, faltando a la obediencia debida. Ú. t. c. s. || **2.** Que opone resistencia.

rebeldía. f. Calidad de rebelde. || **2.** Acción propia del rebelde.

rebelión. f. Acción y efecto de rebelarse. Usáb. t. c. m.

rebelón, na. adj. Aplícase al caballo o yegua que rehúsa volver a uno o a ambos lados, sacudiendo la cabeza y huyendo así del tiento de la rienda.

rebenque. m. Látigo de cuero o cáñamo embreado, con el cual se castigaba a los galeotes.

reblandecer. tr. Ablandar una cosa o ponerla tierna. Ú. t. c. prnl. ❑ Irreg. Se conj. como *agradecer*.

reblandecimiento. m. Acción y efecto de reblandecer o reblandecerse.

rebobinar. tr. En un circuito eléctrico, sustituir el hilo de una bobina por otro. || **2.** Hacer que un hilo o cinta se desenrolle de un carrete para enrollarse en otro.

rebobinado. m. Acción y efecto de rebobinar.

rebollo. m. Árbol de la familia de las fagáceas, de unos 25 metros de altura, con tronco grueso, copa ancha, corteza cenicienta, hojas caedizas, algo rígidas, oblongas o trasovadas, sinuosas, verdes y lampiñas en la haz, pálidas en el envés y con pelos en los nervios; flores en amento, y bellotas solitarias y sentadas, o dos o tres sobre un pedúnculo corto. Vive en España.

reborde. m. Faja estrecha y saliente a lo largo del borde de alguna cosa.

rebosar. intr. Derramarse un líquido por encima de los bordes de un recipiente en que no cabe. Se usa también refiriéndose al mismo recipiente donde no cabe todo el líquido. Ú. t. c. prnl. || **2.** fig. Estar invadido por un sentimiento o estado de ánimo, de tal intensidad que se manifiesta palpablemente. Ú. t. c. tr. ❑ No confundir con *rebasar*.

rebotado, da. adj. Dícese del que llega a alguna actividad o profesión después de haber fracasado en otras. Ú. t. c. s.

rebotar. intr. Botar repetidamente un cuerpo elástico, ya sobre el terreno, ya chocando con otros cuerpos. || **2.** Retroceder o cambiar de dirección un cuerpo en movimiento por haber chocado con un obstáculo. || **3.** tr. fam. Conturbar, poner fuera de sí a una persona, diciéndole injurias, dándole malas nuevas o causándole cualquier susto. Ú. m. c. prnl.

rebote. m. Acción y efecto de rebotar un cuerpo elástico. || **2.** Cada uno de los botes que después del primero da el cuerpo que rebota. || **de rebote.** loc. adv. fig. De rechazo, de resultas.

rebotica. f. Pieza que está detrás de la principal de la botica, y le sirve de desahogo.

rebozar. tr. Bañar un alimento en huevo batido, harina, miel, etc. || **2.** Manchar o cubrir a algo o alguien de cualquier sustancia.

rebozo. m. Modo de llevar la capa o manto cuando con él se cubre casi todo el rostro.

rebrotar. intr. Volver a brotar las plantas.

rebrote. m. Nuevo brote.

rebufo. m. Expansión del aire alrededor de la boca del arma de fuego al salir el tiro.

rebujado, da. adj. Enmarañado, enredado; en desorden.

rebujar. tr. Envolver o cubrir algunas cosas.

rebujo. m. Envoltorio que con desaliño y sin orden se hace de papel, trapos u otras cosas.

rebullir. intr. Empezar a moverse lo que estaba quieto. Ú. t. c. prnl. ❑ Irreg. Se conj. como *mullir*.

rebusca. f. Acción y efecto de rebuscar. ‖ **2.** Fruto que queda en los campos después de alzada la cosecha, y particularmente el de las viñas.

rebuscado, da. adj. Dícese del lenguaje o de la expresión que muestra rebuscamiento.

rebuscamiento. m. Acción y efecto de rebuscar. ‖ **2.** Hablando del lenguaje y estilo, falta de naturalidad que degenera en afectación o amaneramiento. También se aplica a las maneras y porte de las personas.

rebuscar. tr. Escudriñar o buscar con cuidado. ‖ **2.** Recoger el fruto que queda en los campos después de alzadas las cosechas, particularmente el de las viñas.

rebuznar. intr. Dar rebuznos.

rebuzno. m. Voz del asno.

recabar. tr. Alcanzar, conseguir con instancias o súplicas lo que se desea. ‖ **2.** Pedir, reclamar algo alegando o suponiendo un derecho.

recadero, ra. m. y f. Persona que tiene por oficio llevar recados de un punto a otro.

recado. m. Mensaje o respuesta que de palabra se da o se envía a otro. ‖ **2.** Encargo, encomienda. *Tengo que hacer varios* RECADOS *antes de las cinco.* ‖ **3.** Provisión que para el surtido de las casas se lleva diariamente del mercado o de las tiendas.

recaer. intr. Volver a caer. ‖ **2.** Caer nuevamente enfermo de la misma dolencia el que estaba convaleciendo o había recobrado ya la salud. ‖ **3.** Venir a caer o parar en uno o sobre uno beneficios o gravámenes. RECAYÓ *en él el mayorazgo;* RECAYÓ *sobre él la responsabilidad.* ❑ Irreg. Se conj. como *caer.*

recalar. tr. Penetrar poco a poco un líquido por los poros de un cuerpo seco, dejándolo húmedo o mojado. Ú. t. c. prnl. ‖ **2.** intr. fig. Aparecer por algún sitio una persona. ‖ **3.** *Mar.* Llegar el buque, después de una navegación, a la vista de un punto de la costa, como fin de viaje o para, después de reconocido, continuar su navegación.

recalcar. tr. fig. Tratándose de palabras, decirlas con lentitud y exagerada fuerza de expresión para que no pueda quedar duda alguna acerca de lo que con ellas quiere darse a entender, o para atraer la atención hacia ellas.

recalcitrante. adj. Terco, reacio, reincidente, obstinado, aferrado a una opinión o conducta.

recalentamiento. m. Acción y efecto de recalentar o recalentarse.

recalentar. tr. Volver a calentar. ‖ **2.** Calentar demasiado. ‖ **3.** prnl. Tomar una cosa más calor del que conviene para su uso. ❑ Irreg. Se conj. como *acertar*.

recamar. tr. Bordar una cosa de realce.

recámara. f. Cuarto después de la cámara, o habitación principal, destinado para guardar los vestidos o alhajas. ‖ **2.** En las armas de fuego, lugar del ánima del cañón al extremo opuesto a la boca, en el cual se coloca el cartucho.

recambiar. tr. Hacer segundo cambio o trueque. ‖ **2.** Sustituir una pieza por otra de su misma clase.

recambio. m. Pieza destinada a sustituir en caso necesario a otra igual de una máquina, aparato o instrumento.

recapacitar. tr. Reflexionar cuidadosa y detenidamente sobre algo, en especial sobre los propios actos. Ú. m. c. intr.

recapitular. tr. Recordar sumaria y ordenadamente lo que por escrito o de palabra se ha manifestado con extensión.

recargar. tr. Volver a cargar. ‖ **2.** Aumentar la carga o el trabajo. ‖ **3.** fig. Agravar una cuota de impuesto u otra prestación que se adeuda. ‖ **4.** fig. Adornar con exceso a una persona o cosa.

recargo. m. Nueva carga o aumento de carga. ‖ **2.** Cantidad o tanto por ciento que se recarga, por lo general a causa del retraso en un pago.

recatado, da. adj. Circunspecto, cauto.

recatar. tr. Encubrir u ocultar lo que no se quiere que se vea o se sepa. Ú. t. c. prnl. ‖ **2.** prnl. Mostrar recelo en tomar una resolución.

recato. m. Cautela, reserva. ‖ **2.** Honestidad, modestia.

recauchutado. m. Acción y efecto de recauchutar.

recauchutar. tr. Volver a cubrir de caucho una llanta o cubierta desgastada.

recaudación. f. Acción de recaudar. ‖ **2.** Cantidad recaudada.

recaudador, ra. m. y f. Encargado de la cobranza de caudales, y especialmente de los públicos.

recaudar. tr. Cobrar o percibir caudales o efectos.

recaudo. m. Acción de recaudar. ‖ **a buen recaudo,** o **a recaudo.** loc. adv. Bien custodiado, con seguridad. ❑ Ú. m. con los verbos *estar, poner,* etcétera.

recelar. tr. Temer, desconfiar y sospechar. Ú. t. c. prnl.

recelo. m. Acción y efecto de recelar.

receloso, sa. adj. Que tiene recelo.

recensión. f. Noticia o reseña de una obra literaria o científica.

recensor, ra. m. y f. Persona que hace una recensión.

recental. adj. V. **cordero recental.** Ú. t. c. s. ‖ **2.** V. **ternero recental.** Ú. t. c. s.

recentísimo, ma. adj. sup. de **reciente.**

recepción. f. Acción y efecto de recibir. ‖ **2.** Ceremonia o fiesta que se celebra para recibir a un personaje importante. ‖ **3.** En hoteles, congresos, etc., dependencia u oficina donde se inscriben los nuevos huéspedes, los congresistas que llegan, etc. ‖ **4.** *Telec.* Conversión de señales eléctricas o electromagnéticas en sonidos o imágenes.

recepcionista. com. Persona encargada de atender al público en una oficina de recepción.

receptáculo. m. Cavidad en que se contiene o puede contenerse cualquier sustancia. ‖ **2.** *Bot.* Extremo ensanchado o engrosado del pedúnculo, casi siempre carnoso, donde se asientan los verticilos de la flor o las flores de una inflorescencia.

receptividad. f. Capacidad de recibir.

receptivo, va. adj. Que recibe o es capaz de recibir.

receptor, ra. adj. Que recepta o recibe. Ú. t. c. s. ‖ **2.** Dícese del aparato que sirve para recibir las señales eléctricas, telegráficas o telefónicas. Ú. m. c. s. ‖ **3.** m. Aparato utilizado en la recepción de señales eléctricas o electromagnéticas, como en la radiodifusión o la televisión.

recesión. f. Acción y efecto de retirarse o retroceder. ‖ **2.** *Econ.* Depresión de las actividades industriales y comerciales, generalmente pasajera, que tiene sus síntomas en el descenso de la producción, del trabajo, los salarios, los beneficios, etc.

recesivo, va. adj. *Biol.* Dícese de los caracteres hereditarios que no se manifiestan en el fenotipo del individuo que los posee, pero que pueden aparecer en la descendencia de este. ‖ **2.** *Econ.* Que tiende a la recesión o la provoca.

receso. m. Separación, apartamiento, desvío. ‖ **2.** *Amér.* Vacación, suspensión temporal de actividades en los cuerpos colegiados, asambleas, etc. ‖ **3.** *Amér.* Tiempo que dura esta suspensión de actividades.

receta. f. Prescripción facultativa. ‖ **2.** Nota escrita de esta prescripción. ‖ **3.** fig. Nota que comprende aquello de que debe componerse una cosa, y el modo de hacerla. RECETA *de cocina.* ‖ **4.** fig. Procedimiento adecuado para hacer o conseguir algo. *Nadie tiene la* RECETA *para ser feliz.*

recetar. tr. Prescribir un medicamento, con expresión de sus dosis, preparación y uso.

recetario. m. Conjunto de recetas, notas en las que se indica el modo de hacer una cosa. ‖ **2.** Libro de las medicinas usuales y de su composición.

rechazar. tr. Resistir un cuerpo a otro, forzándole a retroceder en su curso o movimiento. ‖ **2.** fig. Contradecir lo que otro expresa o no admitir lo que propone u ofrece. ‖ **3.** fig. Denegar algo que se pide.

rechazo. m. Acción y efecto de rechazar. ‖ **2.** *Biol.* Fenómeno inmunológico por el que un organismo puede reconocer como extraño a un órgano o tejido procedente de otro individuo, aunque sea de la misma especie.

rechifla. f. Acción de rechiflar.

rechiflar. tr. Silbar con insistencia. ‖ **2.** prnl. Burlarse con extremo; mofarse de uno, o ridiculizarlo.

rechinar. intr. Hacer o causar una cosa un sonido, comúnmente desapacible, por rozar con otra. Ú. m. en la fr. RECHINAR *los dientes.*

rechistar. intr. **chistar.**

rechoncho, cha. adj. fam. Se dice de la persona o animal gruesos y de poca altura.

rechupete (de). loc. fam. Muy exquisito y agradable.

recial. m. Corriente recia, fuerte e impetuosa de los ríos.

reciario. m. Gladiador cuya arma principal era una red que lanzaba sobre su adversario a fin de envolverle e impedirle el uso de los miembros y los medios de defensa.

recibí. m. Fórmula que, situada delante de la firma en ciertos documentos, expresa que se ha recibido lo que en ellos se indica. ❑ pl. *recibís.*

recibidor, ra. adj. Que recibe. Ú. t. c. s. ‖ **2.** m. En algunas partes, antesala.

recibimiento. m. **recepción,** acción y efecto de recibir. ‖ **2.** Acogida buena o mala que se hace al que viene de fuera. ‖ **3.** Pieza que da entrada a cada uno de los cuartos habitados por una familia.

recibir. tr. Tomar uno lo que le dan o le envían. ‖ **2.** Admitir, aceptar, aprobar una cosa. *Fue mal* RECIBIDA *esta opinión.* ‖ **3.** Admitir visitas una persona, ya en día previamente determinado, ya en cualquier otro cuando lo estima conveniente. ‖ **4.** Salir a encontrarse con uno para agasajarle cuando viene de fuera.

recibo. m. Acción y efecto de recibir. ‖ **2.** Escrito o resguardo firmado en que se declara haber recibido dinero u otra cosa.

reciclamiento. m. Acción y efecto de reciclar.

reciclar. tr. *Tecnol.* Someter repetidamente una materia a un mismo ciclo, para ampliar o incrementar los efectos de este. ‖ **2.** Hacer que un alumno pase de un ciclo de estudios a otro para el cual parece más apto. ‖ **3.** Dar formación complementaria a profesionales o técnicos para que amplíen y pongan al día sus conocimientos.

recidiva. f. *Pat.* Reaparición de una enfermedad algún tiempo después de padecida.

reciedumbre. f. Fuerza, fortaleza o vigor.

recién. adv. t. **recientemente.** ❑ Ú. siempre antepuesto a los participios pasivos. En América se usa también antepuesto al verbo en forma conjugada. RECIÉN *lo vi entrar en el cine.*

reciente. adj. Nuevo, fresco o acabado de hacer. ‖ **2.** Que ha sucedido hace poco. ❑ sup. irreg. *recentísimo* y reg. *recientísimo.*

recientemente. adv. t. Poco tiempo antes.

recinto. m. Espacio comprendido dentro de ciertos límites.

recio, cia. adj. Fuerte, robusto, vigoroso. *Era un hombre* RECIO *en extremo.* ‖ **2.** Duro, difícil de soportar.

recipiente. m. Utensilio hecho de diversas materias, destinado a guardar o conservar algo.

reciprocidad. f. Correspondencia mutua de una persona o cosa con otra.

recíproco, ca. adj. Igual en la correspondencia de uno a otro.

recitado. m. *Mús.* Composición musical que se usa en las poesías narrativas y en los diálogos, y es un medio entre la declamación y el canto.

recital. m. *Mús.* Concierto compuesto de varias obras ejecutadas por un solo artista o grupo musical. ‖ **2.** Por ext., lectura, generalmente recitada, de composiciones o fragmentos de la obra de un poeta.

recitar. tr. Referir, contar o decir en voz alta un discurso u oración. ‖ **2.** Decir o pronunciar de memoria y en voz alta versos, discursos, etc.

reclamación. f. Acción y efecto de reclamar. ‖ **2.** Oposición o contradicción que se hace a una cosa como injusta, o mostrando no consentir en ella.

reclamar. intr. Clamar contra una cosa; oponerse a ella de palabra o por escrito. RECLAMAR *contra un fallo, contra un acuerdo.* ‖ **2.** tr. Pedir o exigir con derecho o con instancia una cosa. RECLAMAR *el precio de un trabajo;* RECLAMAR *atención.*

reclamo. m. Ave amaestrada que se lleva a la caza para que con su canto atraiga otras de su especie. ‖ **2.** Instrumento para llamar a las aves en la caza imitando su voz. ‖ **3.** fig. Cualquier cosa que atrae o incita.

reclinar. tr. Inclinar una cosa apoyándola en otra, especialmente el cuerpo o parte de él. Ú. t. c. prnl.

reclinatorio. m. Cualquier cosa acomodada y dispuesta para reclinarse. ‖ **2.** Mueble acomodado para arrodillarse y orar.

recluir. tr. Encerrar o poner en reclusión. Ú. t. c. prnl. ❑ Irreg. Se conj. como *huir.*

reclusión. f. Encierro o prisión voluntaria o forzada. ‖ **2.** Sitio en que uno está recluido.

recluso, sa. adj. Dícese de la persona encarcelada. Ú. m. c. s.

recluta. m. El que libre y voluntariamente se alista como soldado. ‖ **2.** Por ext., mozo alistado por sorteo para el servicio militar.

reclutador. m. El que recluta o alista reclutas.

reclutamiento. m. Acción y efecto de reclutar. ‖ **2.** Conjunto de los reclutas de un año.

reclutar. tr. Alistar reclutas. ‖ **2.** Por ext., reunir gente para un propósito determinado.

recobrar. tr. Volver a tomar o adquirir lo que antes se tenía o poseía. RECOBRAR *las alhajas, la salud, el honor.* ‖ **2.** prnl. Volver en sí de la enajenación del ánimo o de los sentidos, o de un accidente o enfermedad.

recocer. tr. Volver a cocer. ‖ **2.** Cocer mucho una cosa. Ú. t. c. prnl. ❑ Irreg. Se conj. como *mover.*

recochineo. m. fam. Burla o ironía molestas que acompañan a algo que se hace o dice.

recodo. m. Ángulo o revuelta que forman las calles, caminos, ríos y otras cosas, torciendo notablemente la dirección que traían.

recogedor. m. Instrumento de labranza, que consiste en una tabla inclinada, la cual, arrastrada por una caballería, sirve para recoger la parva de la era. ‖ **2. cogedor,** utensilio para recoger a mano las basuras.

recogepelotas. com. Persona encargada de recoger en los campos de tenis las pelotas que, en algunas jugadas, quedan caídas en la pista durante un partido.

recoger. tr. Coger algo que se ha caído. ‖ **2.** Juntar o congregar personas o cosas separadas o dispersas. ‖ **3.** Hacer la recolección de los frutos; coger la cosecha. ‖ **4.** Disponer con buen orden y aseo los objetos de una casa, una habitación, una oficina, etc. ‖ **5.** Reunir ordenadamente libros, papeles, naipes, herramientas, etc., cuando han dejado de usarse. ‖ **6.** Ir a buscar a una persona o cosa donde se sabe que se encuentran para llevarlas consigo. ‖ **7.** prnl. Retirarse a algún sitio, apartándose del trato con la gente. ‖ **8.** Remangarse las prendas que cuelgan cerca del suelo para que no se manchen o para facilitar los movimientos. ‖ **9.** Ceñirse o peinarse la cabellera de modo que se reduzca su longitud o su volumen.

recogida. f. Acción y efecto de recoger o juntar personas o cosas dispersas. ‖ **2.** Acción de ser retirada por el servicio de correos la correspondencia depositada en los buzones.

recogido, da. adj. Que tiene recogimiento y vive retirado del trato y comunicación de las gentes. || **2.** Aplícase a edificios o habitaciones que, aunque reducidos, resultan agradables por la ordenada disposición de las cosas que contienen. *Es una sala muy* RECOGIDA.

recogimiento. m. Acción y efecto de recoger o recogerse.

recolección. f. Acción y efecto de recolectar. || **2.** Cosecha de los frutos.

recolectar. tr. Juntar personas o cosas dispersas. || **2.** Recoger la cosecha.

recoleto, ta. adj. Dícese del lugar solitario o poco transitado.

recomendable. adj. Digno de recomendación, aprecio o estimación.

recomendación. f. Acción y efecto de recomendar o recomendarse.

recomendado, da. m. y f. Persona en cuyo favor se ha hecho una recomendación.

recomendar. tr. Encargar, pedir o dar orden a uno para que tome a su cuidado una persona o negocio. || **2.** Aconsejar a alguien cierta cosa para bien suyo. || **3.** Hacer recomendable a uno. Ú. t. c. prnl. ❑ Irreg. Se conj. como *acertar.*

recompensa. f. Acción y efecto de recompensar. || **2.** Lo que sirve para recompensar.

recompensar. tr. Compensar el daño hecho. || **2.** Retribuir o remunerar un servicio. || **3.** Premiar un beneficio, favor, virtud o mérito.

recomponer. tr. **reparar,** componer de nuevo. ❑ Irreg. Se conj. como *poner;* p. p. irreg. *recompuesto.*

recompuesto, ta. p. p. irreg. de **recomponer.**

reconcentrar. tr. Disminuir el volumen que ocupa una cosa, haciéndola más densa.

reconciliación. f. Acción y efecto de reconciliar o reconciliarse.

reconciliar. tr. Volver a las amistades, o atraer y acordar los ánimos desunidos. Ú. t. c. prnl.

reconcomerse. prnl. Impacientarse por la picazón o molestia análoga. || **2.** Impacientarse por una molestia moral.

recóndito, ta. adj. Muy escondido, reservado y oculto.

reconducir. tr. Volver a llevar a una situación normal cualquier cuestión, objeto o proceso. ❑ Irreg. Se conj. como *conducir.*

reconfortante. adj. Que reconforta. Ú. t. c. s. m.

reconfortar. tr. Confortar de nuevo o con energía y eficacia.

reconocer. tr. Examinar con cuidado a una persona o cosa para enterarse de su identidad, naturaleza y circunstancias. || **2.** En las relaciones internacionales, aceptar un nuevo estado de cosas. || **3.** Admitir y manifestar una persona que es cierto lo que otro dice o que está de acuerdo con ello. || **4.** Distinguir de las demás personas a una, por sus rasgos propios (voz, fisonomía, movimientos, etc.). || **5.** Construido con la preposición *por,* conceder a uno, con la conveniente solemnidad, la cualidad y relación de parentesco que tiene con el que ejecuta este reconocimiento, y los derechos que son consiguientes. RECONOCER POR *hijo,* POR *hermano.* || **6.** prnl. Tenerse uno a sí mismo por lo que es en realidad, hablando de mérito, talento, fuerzas, recursos, etc. ❑ Irreg. Se conj. como *agradecer.*

reconocido, da. adj. Dícese del que reconoce el favor o beneficio que otro le ha hecho.

reconocimiento. m. Acción y efecto de reconocer o reconocerse.

reconquista. f. Acción y efecto de reconquistar. || **2.** Por antonom., la recuperación del territorio español invadido por los musulmanes y cuya culminación fue la toma de Granada en 1492. En esta acepción, suele escribirse con mayúscula.

reconquistar. tr. Volver a conquistar una plaza, provincia o reino. || **2.** fig. Recuperar la opinión, el afecto, la hacienda, etc.

reconsiderar. tr. Volver a considerar.

reconstituir. tr. Volver a constituir, rehacer. Ú. t. c. prnl. || **2.** *Med.* Dar o devolver a la sangre y al organismo sus condiciones normales. Ú. t. c. prnl. ❑ Irreg. Se conj. como *huir.*

reconstituyente. adj. Que reconstituye. || **2.** *Farm.* Dícese especialmente del remedio que tiene virtud de reconstituir. Ú. t. c. s. m.

reconstrucción. f. Acción y efecto de reconstruir.

reconstruir. tr. Volver a construir. || **2.** fig. Unir, allegar, evocar recuerdos o ideas para completar el conocimiento de un hecho o el concepto de una cosa. ❑ Irreg. Se conj. como *huir.*

recontar. tr. Contar o volver a contar el número de cosas. || **2.** Dar a conocer o referir un hecho. ❑ Irreg. Se conj. como *contar.*

reconvención. f. Cargo o argumento con que se reconviene.

reconvenir. tr. Censurar, reprender a alguien por lo que ha hecho o dicho. ❑ Irreg. Se conj. como *venir.*

reconversión. f. Acción y efecto de volver a convertir o transformar. || **2.** Proceso técnico de modernización de industrias. Ú. t. en sent. fig.

reconvertir. tr. Hacer que vuelva a su situación anterior lo que ha sufrido un cambio. ‖ **2.** Proceder a la reconversión industrial. ❑ Irreg. Se conj. como *sentir.* Ú. con la prep. *en.*

recopilación. f. Compendio, resumen o reducción breve de una obra o un discurso. ‖ **2.** Colección de escritos diversos. RECOPILACIÓN *de las leyes.*

recopilar. tr. Juntar en compendio, recoger o unir diversas cosas. Se usa especialmente hablando de escritos literarios.

récord. m. **marca,** el mejor resultado en competiciones deportivas. ‖ **2.** Por ext., resultado máximo o mínimo en otras actividades. Constrúyese frecuentemente en aposición. *Tiempo* RÉCORD.

recordar. tr. Traer a la memoria una cosa. Ú. t. c. intr. ‖ **2.** Excitar y mover a uno a que tenga presente una cosa de que se hizo cargo o que tomó a su cuidado. Ú. t. c. intr. y c. prnl. ‖ **3.** Semejar una cosa a otra. ❑ Irreg. Se conj. como *contar.*

recordatorio, ria. adj. Dícese de lo que sirve para recordar. ‖ **2.** m. Tarjeta o impreso breve en que con fines religiosos se recuerda la fecha de la primera comunión, votos, fallecimiento, etc., de una persona.

recorrer. tr. Con nombre que exprese espacio o lugar, atravesarlo en toda su extensión o longitud. *El viajero* HA RECORRIDO *toda España.* ‖ **2.** Efectuar un trayecto. *El tren* HA RECORRIDO *doce kilómetros.* ‖ **3.** Registrar, mirar con cuidado, andando de una parte a otra, para averiguar lo que se desea saber o hallar.

recorrido. m. Acción y efecto de recorrer. ‖ **2.** Espacio que ha recorrido, recorre o ha de recorrer una persona o cosa. ‖ **3.** Ruta, itinerario prefijado.

recortable. m. Hoja u hojas de papel o cartulina con figuras, que se recortan para entretenimiento, juego o enseñanza, y que a veces sirven para reproducir un modelo.

recortado, da. adj. Dícese de aquello cuyo borde presenta muchos entrantes y salientes. ‖ **2.** m. Figura recortada de papel.

recortar. tr. Cortar o cercenar lo que sobra de una cosa. ‖ **2.** Cortar con arte el papel u otra cosa en varias figuras. ‖ **3.** fig. Disminuir o hacer más pequeña una cosa material o inmaterial.

recorte. m. Acción y efecto de recortar. ‖ **2.** pl. Porciones excedentes que por medio de un instrumento cortante se separan de cualquier materia que se trabaja hasta reducirla a la forma que conviene.

recostar. tr. Reclinar la parte superior del cuerpo el que está de pie o sentado. Ú. t. c. prnl. ‖ **2.** Inclinar una cosa sobre otra. Ú. t. c. prnl. ❑ Irreg. Se conj. como *contar.*

recoveco. m. Vuelta y revuelta de un callejón, pasillo, arroyo, etc. ‖ **2.** Sitio escondido, rincón.

recrear. tr. Crear o producir de nuevo alguna cosa. ‖ **2.** Divertir, alegrar o deleitar. Ú. t. c. prnl.

recreativo, va. adj. Que recrea o es capaz de causar recreo.

recreo. m. Acción de recrearse o divertirse. ‖ **2.** En los colegios, suspensión de la clase para descansar o jugar. ‖ **3.** Sitio o lugar apto o dispuesto para diversión.

recriar. tr. Fomentar, a fuerza de pasto y pienso, el desarrollo de potros u otros animales criados en región distinta.

recriminación. f. Acción y efecto de recriminar o recriminarse.

recriminar. tr. Responder a cargos o acusaciones con otros u otras. ‖ **2.** Reprender, censurar a una persona su comportamiento, echarle en cara su conducta.

recrudecer. intr. Tomar nuevo incremento un mal físico o moral, o un afecto o cosa perjudicial o desagradable, después de haber empezado a remitir o ceder. Ú. t. c. prnl. ❑ Se conj. como *agradecer.*

recrudecimiento. m. Acción y efecto de recrudecer o recrudecerse.

rectal. adj. Perteneciente o relativo al intestino recto.

rectangular. adj. Que tiene forma de rectángulo. ‖ **2.** *Geom.* Perteneciente o relativo al ángulo recto. *Coordenadas* RECTANGULARES; *tetraedro* RECTANGULAR. ‖ **3.** *Geom.* Perteneciente o relativo al rectángulo. *Cara* RECTANGULAR *de un poliedro; pirámide* RECTANGULAR.

rectángulo, la. adj. *Geom.* Que tiene ángulos rectos. Aplícase principalmente al triángulo y al paralelepípedo. ‖ **2.** m. *Geom.* Paralelogramo que tiene los cuatro ángulos rectos y los lados contiguos desiguales.

rectificación. f. Acción y efecto de rectificar.

rectificador, ra. adj. Que rectifica. ‖ **2.** m. *Electr.* Aparato que transforma una corriente alterna en corriente continua.

rectificar. tr. Contradecir a otro en lo que ha dicho, por considerarlo erróneo. ‖ **2.** Modificar la propia opinión que se ha expuesto antes. ‖ **3.** Corregir las imperfecciones, errores o defectos de una cosa ya hecha.

rectilíneo, a. adj. *Geom.* Que se compone de líneas rectas. ‖ **2.** fig. Se aplica al carácter de algunas personas exageradamente rectas.

rectitud. f. Calidad de recto, que no tiene curvas ni ángulos. ‖ **2.** fig. Calidad de recto o justo.

recto, ta. adj. Que no se inclina a un lado ni a otro, ni hace curvas o ángulos. ‖ **2.** Aplicado al movimiento y a cosas que se mueven, que va sin desviarse al punto donde se dirige. ‖ **3.** fig. Justo, severo y firme en sus resoluciones. ‖ **4.** fig. Dícese del sentido primitivo o literal de las palabras, a diferencia del traslaticio o figurado. ‖ **5.** *Zool.* Dícese de la última porción del intestino, que termina en el ano. En los mamíferos forma parte del intestino grueso y está situada a continuación del colon. Ú. t. c. s. m. ‖ **6.** m. *Geom.* **ángulo recto.** ‖ **7.** f. *Geom.* **línea recta.**

rector, ra. adj. Que rige o gobierna. Ú. t. c. s. ‖ **2.** m. y f. Persona a cuyo cargo está el gobierno y mando de una comunidad, hospital o colegio. ‖ **3.** Persona que rige una universidad o centro de estudios superiores. ‖ **4.** m. Párroco o cura propio.

rectorado. m. Oficio, cargo y oficina del rector. ‖ **2.** Tiempo que se ejerce.

rectoral. adj. Perteneciente o relativo al rector. *Sala* RECTORAL.

rectoría. f. Empleo, oficio o jurisdicción del rector. ‖ **2.** Oficina del rector. ‖ **3.** Casa donde vive el rector o párroco.

rectoscopia. f. *Med.* Examen óptico del intestino recto por vía anal.

rectoscopio. m. *Med.* Instrumento para practicar la rectoscopia.

recua. f. Conjunto de animales de carga, que sirve como medio de transporte de mercancías. ‖ **2.** fig. y fam. Multitud de cosas que van o siguen unas detrás de otras.

recuadrar. tr. *Pint.* Cuadrar o cuadricular.

recuadro. m. Compartimiento o división en forma de cuadro o cuadrilongo, en un muro u otra superficie. ‖ **2.** En los periódicos, espacio encerrado por líneas para hacer resaltar una noticia.

recubrimiento. m. Acción y efecto de recubrir.

recubrir. tr. Volver a cubrir. ‖ **2.** Reparar los tejados. ❑ p. p. irreg. *recubierto.* Ú. con las preps. *con* y *de.*

recuelo. m. Café cocido por segunda vez.

recuento. m. Acción y efecto de volver a contar una cosa. ‖ **2.** Comprobación del número de personas, cosas, etc., que forman un conjunto.

recuerdo. m. Memoria que se hace o aviso que se da de una cosa pasada o de que ya se habló. ‖ **2.** fig. Cosa que se regala en testimonio de buen afecto. ‖ **3.** pl. Saludo afectuoso a un ausente por escrito o por medio de otra persona, memorias.

recular. intr. Cejar o retroceder. ‖ **2.** fig. y fam. Ceder uno de su dictamen u opinión.

recuperable. adj. Que puede o debe recuperarse.

recuperación. f. Acción y efecto de recuperar o recuperarse. ‖ **2.** Examen que se realiza para aprobar la materia no aprobada en otro precedente.

recuperar. tr. Volver a tomar o adquirir lo que antes se tenía. ‖ **2.** Trabajar un determinado tiempo para compensar lo que no se había hecho por algún motivo. ‖ **3.** Aprobar una materia o parte de ella después de no haberla aprobado en una convocatoria anterior. ‖ **4.** prnl. Volver en sí. ‖ **5.** Volver alguien o algo a un estado de normalidad después de haber pasado por una situación difícil.

recurrencia. f. *Mat.* Propiedad de aquellas secuencias en las que cualquier término se puede calcular conociendo los precedentes.

recurrente. adj. Que recurre. ‖ **2.** Dícese de lo que vuelve a ocurrir o a aparecer, especialmente después de un intervalo.

recurrible. adj. *Der.* Dícese del acto de la administración contra el cual cabe entablar recurso.

recurrir. intr. Acogerse en caso de necesidad al favor de uno, o emplear medios no comunes para el logro de un objeto. ‖ **2.** *Der.* Entablar recurso contra una resolución. ‖ **3.** *Med.* Reaparecer los síntomas de una enfermedad.

recurso. m. Acción y efecto de recurrir. ‖ **2.** Medio de cualquier clase que, en caso de necesidad, sirve para conseguir lo que se pretende. ‖ **3.** *Der.* Acción que concede la ley al interesado en un juicio o en otro procedimiento para reclamar contra las resoluciones, ora ante la autoridad que las dictó, ora ante alguna otra. ‖ **4.** pl. Bienes, medios de subsistencia. ‖ **5.** Conjunto de elementos disponibles para resolver una necesidad o llevar a cabo una empresa. RECURSOS *naturales, hidráulicos, forestales, económicos, humanos,* etc. ‖ **contencioso administrativo.** *Der.* El que se interpone contra las resoluciones de la administración activa que reúnen determinadas condiciones establecidas en las leyes. ‖ **de casación.** *Der.* El que se interpone ante el Tribunal Supremo contra fallos definitivos o laudos, en los cuales se suponen infringidas leyes o doctrina legal, o quebrantada alguna garantía esencial del procedimiento. ‖ **de nulidad.** *Der.* El que con carácter extraordinario se interponía contra sentencias de los tribunales superiores ante el Supremo de Justicia con objeto de obtener aquella declaración.

recusar. tr. No querer admitir o aceptar una cosa. ‖ **2.** *Der.* Poner tacha legítima al juez, al oficial, al perito que con carácter público interviene en un procedimiento o juicio, para que no actúe en él.

red. f. Aparejo hecho con hilos, cuerdas o alambres trabados en forma de mallas, y convenientemente dispuesto para pescar, cazar, cercar, sujetar, etc. ‖ **2.** fig. Ardid o engaño de que uno se vale para atraer a otro. ‖ **3.** fig. Conjunto de calles afluentes a un mismo punto. ‖ **4.** fig. Conjunto sistemático de caños o de hilos conductores o de vías de comunicación o de agencias y servicios para determinado fin. RED *del abastecimiento de aguas;* RED *telegráfica* o *telefónica;* RED *ferroviaria* o *de carreteras;* RED *de cabotaje.* ‖ **5.** fig. **cadena,** conjunto de establecimientos, instalaciones, o construcciones distribuidos por varios lugares y pertenecientes a una sola empresa o sometidos a una sola dirección. ‖ **6.** fig. Conjunto de personas relacionadas para un fin común, por lo general de carácter secreto, ilegal o delictivo. RED *de contrabandistas;* RED *de espionaje.*

redacción. f. Acción y efecto de redactar. ‖ **2.** Conjunto de redactores de una publicación periódica. ‖ **3.** Escrito redactado como ejercicio, especialmente en una escuela.

redactar. tr. Poner por escrito cosas sucedidas, acordadas o pensadas con anterioridad.

redactor, ra. adj. Que redacta. Ú. t. c. s. ‖ **2.** Que forma parte de una redacción u oficina donde se redacta. Ú. t. c. s.

redada. f. Acción de echar la red para pescar. ‖ **2.** fig. Operación policial consistente en apresar de una vez a un conjunto de personas. *La policía hizo una* REDADA *para limpiar el barrio de maleantes.*

redaño. m. *Anat.* **mesenterio.** ‖ **2.** pl. fig. Fuerzas, bríos, valor.

redaya. f. Red para pescar en los ríos.

redecilla. f. Prenda de malla, en figura de bolsa, y con cordones o cintas, usada por hombres y mujeres para recoger el pelo o adornar la cabeza. ‖ **2.** *Zool.* Segunda de las cuatro cavidades en que se divide el estómago de los rumiantes.

redecir. tr. Repetir porfiadamente uno o más vocablos. ❑ Irreg. Se conj. como *decir,* salvo la 2.ª pers. sing. del imperativo: *redice.*

rededor. m. Contorno, zona o territorio que rodea un lugar o una población. ‖ **al,** o **en, rededor.** loc. adv. **alrededor.**

redención. f. Acción y efecto de redimir o redimirse. ‖ **2.** Por antonom., la que Jesucristo hizo del género humano por medio de su pasión y muerte.

redentor, ra. adj. Que redime. Ú. t. c. s. ‖ **2.** m. Por antonom., **Jesucristo.**

redicho, cha. adj. fam. Aplícase a la persona que habla pronunciando las palabras con una perfección afectada.

redil. m. Aprisco cercado con un vallado de estacas y redes, o de trozos de barrera armados con listones.

redimir. tr. Rescatar o sacar de esclavitud al cautivo mediante precio. Ú. t. c. prnl. ‖ **2.** Librar de una obligación, o extinguirla. Ú. t. c. prnl.

redistribución. f. Acción y efecto de redistribuir.

redistribuir. tr. Distribuir algo de nuevo. ‖ **2.** Distribuir algo de forma diferente a como estaba. ❑ Irreg. Se conj. como *huir.* Ú. con las preps. *con* y *de.*

rédito. m. Renta, utilidad o beneficio renovable que rinde un capital.

redituar. tr. Rendir, producir utilidad, periódica o renovadamente.

redivivo, va. adj. Aparecido, resucitado.

redoblante. m. Tambor de caja prolongada, usado en las orquestas y bandas militares. ‖ **2.** Músico que toca este instrumento.

redoblar. tr. Aumentar una cosa otro tanto o el doble de lo que antes era. Ú. t. c. prnl. ‖ **2.** intr. Tocar redobles en el tambor.

redoble. m. Acción y efecto de redoblar. ‖ **2.** Toque vivo y sostenido que se produce golpeando rápidamente el tambor con los palillos.

redoma. f. Vasija de vidrio ancha en su fondo que va estrechándose hacia la boca.

redomado, da. adj. Muy cauteloso y astuto. ‖ **2.** Que tiene en alto grado la cualidad negativa que se le atribuye. *Pillo* REDOMADO, *embustero* REDOMADO.

redonda. f. Espacio grande que comprende varios lugares, zonas o pueblos; comarca. *Es el labrador más rico de la* REDONDA. ‖ **2.** *Mús.* Nota cuya duración llena un compasillo. ‖ **a la redonda.** En torno, alrededor.

redondeado, da. adj. De forma que tira a redondo.

redondear. tr. Poner redonda una cosa. Ú. t. c. prnl. ‖ **2.** fig. Terminar o completar algo de modo satisfactorio. *Si todo sale bien, esta tarde* REDONDEAREMOS *el negocio.* ‖ **3.** Hablando de cantidades, prescindir de pequeñas diferencias en más o en menos, para tener en cuenta solamente unidades de orden superior.

redondel. m. fam. Circunferencia y superficie contenida dentro de ella. ‖ **2.** Terreno circular destinado a la lidia de toros y limitado por la valla o barrera.

redondilla. f. Combinación métrica de cuatro octosílabos en que conciertan los versos primero y cuarto, tercero y segundo.

redondo, da. adj. De figura circular o semejante a ella. ‖ **2.** De figura esférica o semejante a ella. ‖ **3.** fig. Perfecto, completo, bien logrado. ‖ **4.** m. Pieza de carne de res, que se corta de forma casi cilíndrica, de la parte inmediata a la contratapa.

redrojo. m. Cada uno de los racimos pequeños

que van dejando atrás los vendimiadores. ‖ **2.** Fruto o flor tardía, o que echan por segunda vez las plantas y que por ser fuera de tiempo no suele llegar a sazón.

reducción. f. Acción y efecto de reducir o reducirse.

reducido, da. adj. Estrecho, pequeño, limitado.

reducir. tr. Disminuir o aminorar, estrechar o ceñir. ‖ **2.** Hacer que un cuerpo pase del estado sólido al líquido o al de vapor, o al contrario. ‖ **3.** Comprender, incluir o arreglar bajo cierto número o cantidad. Ú. t. c. prnl. ‖ **4.** Sujetar a la obediencia a los que se habían separado de ella. ‖ **5.** *Mat.* Expresar el valor de una cantidad en unidades de especie distinta de la dada. REDUCIR *pesetas a reales, litros a hectolitros, quebrados a un común denominador.* ‖ **6.** *Mat.* Simplificar una expresión. ‖ **7.** prnl. *Quím.* Ganar electrones un átomo o ión. ❑ Irreg. Se conj. como *conducir.*

reductible. adj. Que se puede reducir.

reducto. m. *Fort.* Obra de campaña, cerrada, que ordinariamente consta de parapeto y una o más banquetas.

reductor, ra. adj. *Quím.* Que reduce o sirve para reducir. Ú. t. c. s.

redundancia. f. Sobra o demasiada abundancia de cualquier cosa o en cualquier línea. ‖ **2.** Repetición o uso excesivo de una palabra o concepto.

redundar. intr. Resultar, ceder o venir a parar una cosa en beneficio o daño de alguno.

reduplicación. f. Acción y efecto de reduplicar. ‖ **2.** *Ret.* Figura que consiste en repetir consecutivamente un mismo vocablo en una cláusula o miembro del período.

reduplicar. tr. Aumentar una cosa al doble de lo que antes era. ‖ **2.** Repetir, volver a hacer una cosa.

reedición. f. Acción y efecto de reeditar. ‖ **2.** Nueva edición de un libro o publicación.

reedificar. tr. Volver a edificar o construir de nuevo lo arruinado o lo que se derriba con tal intento.

reeditar. tr. Volver a editar.

reeducación. f. Acción de reeducar.

reeducar. tr. *Med.* Volver a enseñar, mediante movimientos y maniobras regulados, el uso o función dañados de los miembros u otros órganos.

reelección. f. Acción y efecto de reelegir.

reelecto, ta. p. p. irreg. de **reelegir.** Ú. como participio con complementos agentes.

reelegir. tr. Volver a elegir. ❑ Irreg. Se conj. como *pedir;* doble p. p.: *reelegido* (reg.) y *reelecto* (irreg.). *Reelecto* ú. como participio con complementos agentes.

reembarcar. tr. Volver a embarcar. Ú. t. c. prnl.

reembolsar. tr. Volver una cantidad a poder del que la había desembolsado. Ú. t. c. prnl.

reembolso. m. Acción y efecto de reembolsar o reembolsarse. ‖ **2.** Cantidad que en nombre del remitente reclaman del consignatario la administración de Correos, las compañías de ferrocarriles o agencias de transportes, a cambio de la remesa que le entregan.

reemplazable. adj. Que puede ser reemplazado.

reemplazar. tr. Sustituir una cosa por otra, poner en lugar de una cosa otra que haga sus veces. ‖ **2.** Suceder a uno en el empleo, cargo o comisión que tenía o hacer accidentalmente sus veces.

reemplazo. m. Acción y efecto de reemplazar. ‖ **2.** Renovación parcial del contingente del ejército activo en los plazos establecidos por la ley.

reencarnación. f. Acción y efecto de reencarnar o reencarnarse.

reencarnar. intr. Volver a encarnar. Ú. t. c. prnl.

reencontrar. tr. Volver a encontrar. Ú. t. c. prnl. ‖ **2.** prnl. fig. Recobrar una persona cualidades, facultades, hábitos, etc., que había perdido.

reencuentro. m. Acción y efecto de reencontrar o reencontrarse.

reenganchar. tr. *Mil.* Volver a enganchar o atraer a uno a que siente plaza de soldado ofreciéndole dinero. Ú. t. c. prnl. y en sent. fig.

reenganche. m. *Mil.* Acción y efecto de reenganchar o reengancharse. Ú. t. en sent. fig.

reescribir. tr. Volver a escribir lo ya escrito introduciendo cambios. ‖ **2.** Volver a escribir sobre algo dándole una nueva interpretación. ❑ p. p. irreg. *reescrito.*

reestrenar. tr. Volver a estrenar; se usa esencialmente hablando de películas u obras teatrales, cuando vuelven a proyectarse o representarse pasado algún tiempo de su estreno.

reestreno. m. Acción y efecto de reestrenar.

reestructuración. f. Acción y efecto de reestructurar.

reestructurar. tr. Modificar la estructura de una obra, disposición, empresa, proyecto, organización, etc.

reexpedir. tr. Expedir alguna cosa que se ha recibido. ❑ Irreg. Se conj. como *pedir.*

reexportar. tr. *Com.* Exportar lo que se había importado.

refajo. m. Falda corta y con mucho vuelo, por lo general de bayeta o paño, usada por las mujeres de los pueblos encima de las enaguas. En las ciudades era falda interior que usaba la mujer para abrigo.

refectorio. m. Habitación destinada en las

comunidades y en algunos colegios para juntarse a comer.

referencia. f. Narración o relación de una cosa. || **2.** Relación, dependencia o semejanza de una cosa respecto de otra. || **3.** Indicación en un escrito del lugar del mismo o de otro al que se remite al lector. || **4.** Informe que acerca de la probidad, solvencia u otras cualidades de tercero da una persona a otra. Se usa comúnmente en el ejercicio comercial. Ú. m. en pl.

referendo. m. **referéndum.**

referéndum. m. Procedimiento jurídico por el que se someten al voto popular leyes o actos administrativos cuya ratificación por el pueblo se propone. ❑ Su pl. es **referendos.**

referente. adj. Que refiere o que expresa relación a otra cosa. || **2.** m. *Ling.* Aquello a lo que se refiere el signo.

referir. tr. Dar a conocer, de palabra o por escrito, un hecho verdadero o ficticio. || **2.** Dirigir, encaminar u ordenar una cosa a cierto y determinado fin u objeto. Ú. t. c. prnl. || **3.** prnl. **aludir.** ❑ Irreg. Se conj. como *sentir.* Como prnl., ú. con la prep. *a.*

refilón (de). loc. adv. Oblicuamente, de soslayo, al sesgo. || **2.** fig. De paso, de pasada.

refinación. f. Acción y efecto de refinar.

refinado, da. adj. fig. Sobresaliente, primoroso en una condición buena. || **2.** fig. Extremado en la maldad. || **3.** m. Acción y efecto de refinar.

refinamiento. m. Esmero, cuidado. || **2.** Dureza o crueldad refinada.

refinar. tr. Hacer más fina o más pura una cosa, separando las heces y materias heterogéneas o groseras. || **2.** fig. Perfeccionar una cosa adecuándola a un fin determinado. || **3.** prnl. Hacerse más fino en el hablar, comportamiento social y gustos.

refinería. f. Fábrica o instalación industrial donde se refina un producto.

refitolero, ra. adj. Que tiene cuidado del refectorio. Ú. t. c. s. || **2.** fig. y fam. Entremetido. Ú. t. c. s.

reflectar. intr. *Fís.* Reflejar, oponiendo una superficie lisa, la luz, el calor, el sonido o algún cuerpo elástico.

reflector, ra. adj. Dícese del cuerpo que refleja. Ú. t. c. s. || **2.** m. Aparato que lanza la luz de un foco en determinada dirección. || **3.** *Ópt.* Aparato de superficie bruñida para reflejar los rayos luminosos.

reflejar. intr. *Fís.* Hacer retroceder o cambiar de dirección la luz, el calor, el sonido o algún cuerpo elástico, oponiéndoles una superficie lisa. Ú. t. c. prnl. || **2.** tr. Formarse en una superficie lisa y brillante, como el agua, un espejo, etc., la imagen de algo. Ú. t. c. prnl. *El espejo* REFLEJA *la habitación; el pueblo se* REFLEJA *en el río.* || **3.** fig. Dejarse ver una cosa en otra. Ú. t. c. prnl. *La literatura española* REFLEJA *el espíritu cristiano. Se* REFLEJA *el alma en el semblante.* || **4.** Manifestar o hacer patente una cosa.

reflejo, ja. adj. Que ha sido reflejado. || **2.** *Fisiol.* Dícese del movimiento, secreción, sentimiento, etc., que se produce involuntariamente como respuesta a un estímulo. || **3.** m. Luz reflejada. || **4.** Aquello que reproduce, muestra o pone de manifiesto otra cosa. *Las palabras son el* REFLEJO *de su pensamiento.* || **5.** pl. fig. Capacidad que tiene alguien para reaccionar rápida y eficazmente ante algo.

reflexión. f. *Fís.* Acción y efecto de reflejar o reflejarse. || **2.** fig. Acción y efecto de reflexionar.

reflexionar. intr. Considerar nueva o detenidamente una cosa. Ú. t. c. tr.

reflexivo, va. adj. Que refleja o reflecta. || **2.** Acostumbrado a hablar y a obrar con reflexión. || **3.** *Gram.* V. **verbo reflexivo.** Ú. t. c. s.

reflotar. tr. Volver a poner a flote la nave sumergida o encallada.

refluir. intr. Volver hacia atrás o hacer retroceso un líquido. ❑ Irreg. Se conj. como *huir.*

reflujo. m. Movimiento de descenso de la marea.

refocilar. tr. Recrear, alegrar. Se usa propiamente hablando de las cosas que calientan y dan vigor. Ú. t. c. prnl.

reforestación. f. Acción y efecto de reforestar.

reforestar. tr. Repoblar un terreno con plantas forestales.

reforma. f. Acción y efecto de reformar o reformarse. || **2.** Movimiento religioso que, iniciado en el siglo XVI, motivó la formación de las iglesias protestantes. ❑ En esta acepción, suele escribirse con mayúscula.

reformar. tr. Modificar algo, por lo general, con la intención de mejorarlo. || **2.** Enmendar, corregir la conducta de una persona, haciendo que abandone comportamientos o hábitos que se consideran censurables. Ú. t. c. prnl.

reformatorio, ria. adj. Que reforma o arregla. || **2.** m. Establecimiento en donde, por medios educativos severos, se trata de corregir la conducta delictiva de los menores que ingresan allí.

reformismo. m. Cada una de las tendencias o doctrinas que procuran el cambio y las mejoras graduables de una situación política, social, religiosa, etc.

reformista. adj. Partidario de reformas o artífice de ellas. Ú. t. c. s.

reforzado, da. adj. Que tiene refuerzo. Aplícase especialmente a piezas de artillería y maquinaria.

reforzador, ra. adj. Que refuerza.

reforzamiento. m. **refuerzo,** acción de reforzar.

reforzar. tr. Engrosar o añadir nuevas fuerzas o fomento a una cosa. ‖ **2.** Fortalecer o reparar lo que padece ruina o detrimento. ❑ Irreg. Se conj. como *contar.*

refracción. f. *Dióptr.* Acción y efecto de refractar o refractarse.

refractar. tr. *Dióptr.* Hacer que cambie de dirección el rayo de luz que pasa oblicuamente de un medio a otro de diferente densidad. Ú. t. c. prnl.

refractario, ria. adj. Opuesto, rebelde a aceptar una idea, opinión o costumbre. ‖ **2.** *Fís.* y *Quím.* Dícese del material que resiste la acción del fuego sin cambiar de estado ni descomponerse.

refractómetro. m. *Fís.* Aparato empleado para determinar el índice de refracción.

refractor. m. *Astron.* **anteojo,** instrumento óptico tubular de dos lentes.

refrán. m. Dicho agudo y sentencioso de uso común.

refranero. m. Colección de refranes.

refregar. tr. Frotar una cosa con otra. Ú. t. c. prnl. ‖ **2.** fig. y fam. Dar en cara a uno con una cosa que le ofende, insistiendo en ella. ❑ Irreg. Se conj. como *acertar.*

refreír. tr. Volver a freír. ‖ **2.** Freír mucho o muy bien una cosa. ❑ p. p. irreg. *refrito* y reg. *refreído.*

refrenar. tr. fig. Contener o reprimir la fuerza o la violencia de algo. Ú. t. c. prnl.

refrendar. tr. Autorizar un despacho u otro documento por medio de la firma de persona hábil para ello. ‖ **2.** Corroborar una cosa afirmándola.

refrendo. m. Acción y efecto de refrendar. ‖ **2.** Testimonio que acredita haber sido refrendada una cosa.

refrescar. tr. Atemperar, moderar o disminuir el calor de una cosa. Ú. t. c. prnl. ‖ **2.** fig. Renovar un sentimiento, dolor o costumbre antiguos. ‖ **3.** intr. Templarse o moderarse el calor del aire. ❑ Ú. con nombre que signifique tiempo. HA REFRESCADO *la tarde.*

refresco. m. Bebida fría o del tiempo. ‖ **2.** Agasajo de bebidas, dulces, etc., que se da en las visitas u otras concurrencias.

refriega. f. Batalla de poca importancia o riña violenta.

refrigeración. f. Acción y efecto de refrigerar o refrigerarse.

refrigerador, ra. adj. Dícese de los aparatos e instalaciones para refrigerar. Ú. t. c. s. ‖ **2.** m. y f. Nevera, electrodoméstico con refrigeración eléctrica o química para guardar alimentos.

refrigerante. adj. Que refrigera. Ú. t. c. s.

refrigerar. tr. Hacer más fría una habitación u otra cosa. ‖ **2.** Enfriar en cámaras especiales, hasta una temperatura próxima a cero grados, alimentos, productos, etc., para su conservación.

refrigerio. m. fig. Corto alimento que se toma para reparar las fuerzas.

refringir. tr. *Dióptr.* **refractar.** Ú. t. c. prnl.

refrito, ta. p. p. irreg. de **refreír.** ‖ **2.** m. Aceite frito con ajo, cebolla, pimentón y otros ingredientes que se añaden en caliente a algunos guisos. ‖ **3.** fig. Cosa rehecha o recompuesta. Se usa comúnmente hablando de la refundición de una obra dramática o de otro escrito.

refuerzo. m. Acción y efecto de reforzar. ‖ **2.** Mayor grueso que, en totalidad o en cierta parte, se da a una cosa para hacerla más resistente, como a los cañones de las armas de fuego, cilindros de máquinas, etc. ‖ **3.** Reparo que se pone para fortalecer y afirmar una cosa que puede flaquear o amenazar ruina. ‖ **4.** Socorro o ayuda que se presta en ocasión o necesidad.

refugiado, da. m. y f. Persona que a consecuencia de guerras, revoluciones o persecuciones políticas, se ve obligada a buscar refugio fuera de su país.

refugiar. tr. Acoger o amparar a uno, sirviéndole de resguardo y asilo. Ú. m. c. prnl.

refugio. m. Asilo, acogida o amparo. ‖ **2.** Lugar adecuado para refugiarse. ‖ **atómico.** Espacio habitable, protegido contra los efectos inmediatos de las explosiones nucleares, y contra los efectos posteriores de la radiación producida.

refulgente. adj. Que emite resplandor.

refulgir. intr. Resplandecer, emitir fulgor.

refundición. f. Acción y efecto de refundir o refundirse.

refundir. tr. Volver a fundir o liquidar los metales. ‖ **2.** fig. Comprender o incluir. Ú. t. c. prnl. ‖ **3.** fig. Dar nueva forma y disposición a una obra de ingenio, como comedia, discurso, etc., con el fin de mejorarla o modernizarla.

refunfuñar. intr. Emitir voces confusas o palabras mal articuladas o entre dientes, en señal de enojo o desagrado.

refutable. adj. Que puede refutarse o es fácil de refutar.

refutación. f. Acción y efecto de refutar. ‖ **2.** Argumento o prueba cuyo objeto es destruir las razones del contrario.

refutar. tr. Contradecir, rebatir, impugnar con argumentos o razones lo que otros dicen.

regadera. f. Recipiente portátil a propósito para

regar, compuesto por un depósito del que sale un tubo terminado en una boca con orificios por donde se esparce el agua. ‖ **estar** uno **como una regadera.** fr. fig. y fam. Estar algo loco, ser de carácter extravagante.

regadío, a. adj. Aplícase al terreno que se puede regar. Ú. t. c. s. m. ‖ **2.** m. Terreno dedicado a cultivos que se fertilizan con riego.

regalado, da. adj. Placentero, deleitoso. ‖ **2.** Extremadamente barato.

regalar. tr. Dar a uno, sin recibir nada a cambio, una cosa en muestra de afecto o consideración o por otro motivo. ‖ **2.** Recrear o deleitar. Ú. t. c. prnl.

regalía. f. Preeminencia, prerrogativa o excepción particular y privativa que en virtud de suprema potestad ejerce un soberano en su reino o Estado; como el batir moneda, etc. ‖ **2.** Privilegio que la Santa Sede concede a los reyes o soberanos en algún punto relativo a la disciplina de la Iglesia. Ú. m. en pl. *Las* REGALÍAS *de la corona.* ‖ **3.** fig. Privilegio o excepción privativa o particular que uno tiene en cualquier línea.

regalismo. m. Escuela o sistema de los regalistas.

regalista. adj. Dícese del defensor de las regalías de la corona en las relaciones del Estado con la Iglesia. Apl. a pers., ú. t. c. s.

regaliz. m. Orozuz, planta. ‖ **2.** Rizomas de esta planta. ‖ **3.** Pasta hecha con el jugo del rizoma de esta planta, que se toma como golosina en pastillas o barritas.

regalo. m. Dádiva que se hace voluntariamente o por costumbre. ‖ **2.** Gusto o complacencia que se recibe.

regañadientes (a). loc. adv. Con disgusto o repugnancia de hacer una cosa.

regañar. intr. fam. Contender o disputar altercando de palabra o de obra, reñir con otro. ‖ **2.** tr. fam. Reprender, reconvenir.

regañina. f. Reprimenda, regaño, rapapolvo.

regar. tr. Esparcir agua sobre una superficie; como la de la tierra, para beneficiarla, o la de una calle, sala, etc., para limpiarla o refrescarla. ‖ **2.** Atravesar un río o canal, una comarca o territorio. ☐ Irreg. Se conj. como *acertar.*

regata. f. *Mar.* Competición deportiva en la que un grupo de embarcaciones de la misma clase, a vela, motor o remo, deben recorrer un itinerario preestablecido en el menor tiempo posible.

regate. m. Movimiento pronto y rápido que se hace hurtando el cuerpo a una parte u otra. ‖ **2.** En el fútbol y otros deportes, finta que hace el jugador para no dejarse arrebatar el balón. ‖ **3.** fig. y fam. Escape o evasión hábilmente buscados en una dificultad.

regatear. tr. Debatir el comprador y el vendedor el precio de una cosa puesta en venta. ‖ **2.** fig. y fam. Escamotear o rehusar la ejecución de una cosa. *No* HE REGATEADO *esfuerzos para acabar el trabajo a tiempo.* ‖ **3.** intr. Hacer regates.

regateo. m. Discusión del comprador y del vendedor sobre el precio de una cosa. ‖ **2.** fig. Reparos o excusas que se ponen para la ejecución de una cosa.

regato. m. Remanso poco profundo. ‖ **2. acequia,** cauce para regar.

regazo. m. Seno o cavidad que hacen las ropas desde la cintura hasta la rodilla. ‖ **2.** Parte del cuerpo donde se forma ese seno. ‖ **3.** fig. Cosa que recibe en sí a otra, dándole amparo, gozo o consuelo.

regencia. f. Acción de regir o gobernar. ‖ **2.** Cargo de regente. ‖ **3.** Gobierno de un Estado durante la menor edad, ausencia o incapacidad de su legítimo príncipe. ‖ **4.** Tiempo que dura tal gobierno. ‖ **5.** Nombre que se da a ciertos Estados musulmanes que fueron vasallos de Turquía. REGENCIA *de Túnez, de Trípoli.*

regeneración. f. Acción y efecto de regenerar o regenerarse.

regeneracionismo. m. Movimiento ideológico que tuvo lugar en España a fines del siglo XIX, motivado principalmente por la decadencia de la patria y por la pérdida de las colonias en 1898. Defendía la urgente renovación de la vida política española para solucionar los problemas del país.

regenerar. tr. Dar nuevo ser a una cosa que degeneró, restablecerla o mejorarla. Ú. t. c. prnl. ‖ **2.** Hacer que una persona abandone una conducta o unos hábitos reprobables para llevar una vida moral y físicamente ordenada. Ú. t. c. prnl.

regenta. f. Mujer del regente.

regentar. tr. Desempeñar temporalmente ciertos cargos o empleos. ‖ **2.** Ejercer un empleo o cargo de honor.

regente. adj. Que rige o gobierna. ‖ **2.** com. Persona que gobierna un Estado en la menor edad de un príncipe o por otro motivo.

regicida. adj. Dícese de la persona que mata a un rey o reina o del que atenta contra la vida del soberano, aunque no consume el hecho. Ú. t. c. s.

regicidio. m. Muerte violenta dada al monarca o a su consorte, o al príncipe heredero o al regente.

regidor, ra. adj. Que rige o gobierna. ‖ **2.** m. y f. Concejal que no ejerce ningún otro cargo municipal. ‖ **3.** Persona que en el teatro cuida del orden y realización de los movimientos y efectos escénicos dispuestos por la dirección, mediante indicaciones a los actores, tramoyistas, encargados de la iluminación y del sonido, y servidores de escena en general.

regidoría o **regiduría.** f. Oficio de regidor.

régimen. m. Conjunto de normas que gobiernan o rigen una cosa o una actividad. ‖ **2.** Sistema político por el que se rige una nación. ‖ **3.** Conjunto de normas referentes al tipo, cantidad, etc., de los alimentos, que debe observar una persona, generalmente por motivos de salud. ‖ **4.** *Gram.* Dependencia que entre sí tienen las palabras en la oración. Determínase por el oficio de unos vocablos respecto de otros, estén relacionados o no por medio de las preposiciones; v. gr.: *respeto a mis padres; amo la virtud; saldré a pasear; quiero comer.* ‖ **5.** *Gram.* Preposición que pide cada verbo, o caso que pide cada preposición; por ejemplo: el **régimen** del verbo *aspirar* es la preposición *a*, y el de esta preposición, el caso de dativo, el de acusativo o el de ablativo. ❑ pl. *regímenes.*

regimiento. m. fam. Multitud, conjunto numeroso de personas. ‖ **2.** *Mil.* Unidad homogénea de cualquier arma o cuerpo militar. Se compone de varios grupos o batallones, y su jefe es normalmente un coronel.

regio, gia. adj. **real**[2]**,** perteneciente o relativo al rey o a la realeza. ‖ **2.** fig. Suntuoso, grande, magnífico.

región. f. Porción de territorio determinada por caracteres étnicos o circunstancias especiales de clima, producción, topografía, administración, gobierno, etc. ‖ **2.** Cada una de las grandes divisiones territoriales de una nación, definida por características geográficas e histórico-sociales, y que puede dividirse a su vez en provincias, departamentos, etc. ‖ **3.** *Zool.* Cada una de las partes en que se considera dividido al exterior el cuerpo de los animales, con el fin de determinar el sitio, extensión y relaciones de los diferentes órganos. REGIÓN *frontal, mamaria, epigástrica.*

regional. adj. Perteneciente o relativo a una región.

regionalismo. m. Tendencia o doctrina política según las cuales en el gobierno de un Estado debe atenderse especialmente al modo de ser y a las aspiraciones de cada región. ‖ **2.** Amor o apego a determinada región de un Estado y a las cosas pertenecientes a ella. ‖ **3.** Vocablo o giro privativo de una región determinada.

regionalista. adj. Partidario del regionalismo. Ú. t. c. s. ‖ **2.** Perteneciente al regionalismo o a los **regionalistas.**

regir. tr. Dirigir, gobernar o mandar. ‖ **2.** *Gram.* Tener una palabra bajo su dependencia otra palabra de la oración. ‖ **3.** *Gram.* Pedir una palabra tal o cual preposición, caso de la declinación o modo verbal. ‖ **4.** intr. Estar vigente. ‖ **5.** Funcionar bien un artefacto u organismo; se usa especialmente hablando de las facultades mentales. ❑ Irreg. Se conj. como *pedir.*

registrador, ra. adj. Que registra. ‖ **2.** m. y f. Persona que tiene a su cargo algún registro público. Se usa más comúnmente hablando del de la propiedad.

registrar. tr. Examinar algo o a alguien, minuciosamente, para encontrar algo que puede estar oculto. ‖ **2.** Inscribir en una oficina determinados documentos públicos, instancias, etc. ‖ **3.** Contabilizar, enumerar los casos reiterados de alguna cosa o suceso. REGISTRARON *cuidadosamente todas sus entradas y salidas.* ‖ **4. grabar** la imagen o sonido. ‖ **5.** Marcar un aparato automáticamente ciertos datos propios de su función, como cantidades o magnitudes. *El termómetro* REGISTRÓ *una mínima de dos grados.* ‖ **6.** prnl. Presentarse en algún lugar, oficina, etc., matricularse.

registro. m. Acción y efecto de registrar. ‖ **2.** Lugar y oficina en donde se registra. ‖ **3.** Libro, a manera de índice, donde se apuntan noticias o datos. ‖ **4.** Cada una de las tres grandes partes en que puede dividirse la escala musical. *La escala musical consta de tres* REGISTROS: *grave, medio y agudo.* ‖ **5.** En el clave, piano, etc., mecanismo que sirve para reforzar o apagar los sonidos. ‖ **6.** *Ling.* Modo de expresarse que se adopta en función de las circunstancias. ‖ **civil. registro** en que se hacen constar por autoridades competentes los nacimientos, matrimonios, defunciones y demás hechos relativos al estado civil de las personas. ‖ **de la propiedad. registro** en que se inscriben por el registrador todos los bienes raíces de un partido judicial, con expresión de sus dueños, y se hacen constar los cambios y limitaciones de derecho que experimentan dichos bienes. ‖ **de la propiedad intelectual.** El que tiene por objeto inscribir y amparar los derechos de autores, traductores o editores de obras científicas, literarias o artísticas.

regla. f. Instrumento de madera, metal u otra materia rígida, por lo común de poco grueso y de figura rectangular, que sirve principalmente para trazar líneas rectas, o para medir la distancia entre dos puntos. ‖ **2.** Aquello que ha de cumplirse por estar así convenido por una colectividad. ‖ **3.** Conjunto de preceptos fundamentales que debe observar una orden religiosa. ‖ **4.** Estatuto, constitución o modo de ejecutar una cosa. ‖ **5.** Orden y concierto invariable que guardan las cosas naturales. ‖ **6.** Menstruación de la mujer. ‖ **7.** *Mat.* Método de hacer una operación. ‖ **en regla.** loc. adv. fig. **como es debido.**

reglaje. m. *Mec.* Reajuste que se hace de las piezas de un mecanismo para mantenerlo en perfecto funcionamiento.

reglamentación. f. Acción y efecto de reglamentar. ‖ **2.** Conjunto de reglas.

reglamentar. tr. Sujetar a reglamento un instituto o una materia determinada.

reglamentario, ria. adj. Perteneciente o relativo al reglamento o preceptuado y exigido por alguna disposición obligatoria.

reglamento. m. Colección ordenada de reglas o preceptos, que por autoridad competente se da para la ejecución de una ley o para el régimen de una corporación, una dependencia o un servicio.

reglar. tr. Tirar o hacer líneas o rayas derechas, valiéndose de una regla o por cualquier otro medio. ‖ **2.** Sujetar a reglas una cosa.

regleta. f. Soporte aislante sobre el cual se disponen uno o más componentes de un circuito eléctrico.

reglón. m. Regla grande que usan los albañiles y soladores para dejar planos los suelos y las paredes.

regocijar. tr. Alegrar, festejar, causar gusto o placer. U. t. c. prnl.

regocijo. m. Alegría expansiva, júbilo.

regodearse. prnl. fam. Deleitarse o complacerse en lo que gusta o se goza, deteniéndose en ello. ‖ **2.** fam. Complacerse maliciosamente con un percance, apuro, etc., que le ocurre a otro.

regodeo. m. Acción y efecto de regodearse.

regoldar. intr. Eructar los gases del estómago. ❑ Irreg. Se conj. como *contar.*

regordete, ta. adj. fam. Dícese de la persona o de la parte de su cuerpo, pequeña y gruesa.

regresar. intr. Volver al lugar de donde se partió. Ú. en América c. prnl.

regresión. f. Retroceso o acción de volver hacia atrás.

regresivo, va. adj. Dícese de lo que hace volver hacia atrás. *Movimiento, impulso* REGRESIVO; *marcha* REGRESIVA.

regreso. m. Acción de regresar.

regüeldo. m. Acción y efecto de regoldar.

reguera. f. Canal que se hace en la tierra a fin de conducir el agua para el riego.

reguero. m. Corriente, a modo de chorro o de arroyo pequeño, que se hace de una cosa líquida. ‖ **2.** Línea o señal continuada que queda de una cosa que se va vertiendo.

regulación. f. Acción y efecto de regular.

regulador, ra. adj. Que regula. ‖ **2.** m. Mecanismo que sirve para ordenar o normalizar el movimiento o los efectos de una máquina o de alguno de los órganos o piezas de ella.

regular¹. adj. Ajustado y conforme a regla. ‖ **2.** Uniforme, sin cambios grandes o bruscos. ‖ **3.** De tamaño o condición media o inferior a ella. ‖ **4.** Aplícase a las personas que viven bajo una regla o instituto religioso, y a lo que pertenece a su estado. Ú. t. c. s. ‖ **5.** *Geom.* Dícese del polígono cuyos lados y ángulos son iguales entre sí, y del poliedro cuyas caras y ángulos son también iguales. ‖ **6.** *Gram.* Aplícase a la palabra derivada, o formada de otro vocablo, según la regla de formación seguida generalmente por las de su clase. *Participio* REGULAR. ‖ **7.** adv. m. Medianamente, no demasiado bien. *En las pruebas me fue* REGULAR.

regular². tr. Ajustar, reglar o poner en orden una cosa. REGULAR *el tráfico.* ‖ **2.** Ajustar el funcionamiento de un sistema a determinados fines. ‖ **3.** Determinar las reglas o normas a que debe ajustarse una persona o cosa.

regularidad. f. Calidad de regular¹.

regularización. f. Acción y efecto de regularizar.

regularizar. tr. **regular²,** ajustar o poner en orden una cosa. Ú. t. c. prnl.

regurgitar. intr. *Fisiol.* Expeler por la boca, sin esfuerzo o sacudida de vómito, sustancias sólidas o líquidas contenidas en el esófago o en el estómago.

regusto. m. Gusto o sabor que queda de la comida o bebida. ‖ **2.** Sensación o evocación imprecisas, placenteras o dolorosas, que despiertan la vivencia de cosas pretéritas.

rehabilitación. f. Acción y efecto de rehabilitar o rehabilitarse. ‖ **2.** *Terap.* Conjunto de métodos que tiene por finalidad la readquisición de una actividad o función perdida o disminuida por traumatismo o enfermedad.

rehabilitar. tr. Habilitar de nuevo o restituir una persona o cosa a su antiguo estado. Ú. t. c. prnl.

rehacer. tr. Volver a hacer lo que se había deshecho, o hecho mal. ‖ **2.** Reponer, reparar, restablecer lo disminuido o deteriorado. Ú. t. c. prnl. ❑ Irreg. Se conj. como *hacer;* p. p. irreg. *rehecho.*

rehala. f. Rebaño de ganado lanar formado por el de diversos dueños y conducido por un solo mayoral. ‖ **2.** Jauría o agrupación de perros de caza mayor. Su número oscila entre catorce y veinticuatro.

rehecho, cha. p. p. irreg. de **rehacer.**

rehén. m. Persona retenida por alguien como garantía para obligar a un tercero a cumplir determinadas condiciones. Ú. m. en pl.

rehilamiento. m. *Fon.* Vibración que se produce en el punto de articulación de algunas consonantes y que suma su sonoridad a la originada por la vibración de las cuerdas vocales. Hay **rehilamiento,** p. ej., en la pronunciación castellana de *s* y *z* en *mismo, esbelto, juzgar, Luzbel,* o en la rioplatense de *ayer, mayo.*

rehilandera. f. **molinete,** juguete que consta de una vara en cuya punta hay una estrella de papel que gira con el viento.

rehilar. tr. Hilar demasiado o torcer mucho lo que se hila. ‖ **2.** intr. Moverse una persona o cosa como temblando. ‖ **3.** *Fon.* Pronunciar con rehilamiento ciertas consonantes sonoras. Ú. t. c. tr.

rehilete. m. Flechilla con púa en un extremo y papel o plumas en el otro, que se lanza por diversión para clavarla en un blanco. ‖ **2.** Banderilla de toros.

rehogar. tr. Sofreír un alimento a fuego lento y sin agua, para que lo penetren la manteca o aceite y otras cosas con que se condimenta.

rehuir. tr. Retirar, apartar una cosa como con temor, sospecha o recelo de un riesgo. Ú. t. c. intr. y c. prnl. ‖ **2.** Evitar el trato o la compañía de alguien. ❑ Irreg. Se conj. como *huir.*

rehusar. tr. Excusar, no querer o no aceptar una cosa.

reiforme. adj. *Zool.* Dícese de aves americanas de gran tamaño semejantes al avestruz, como el ñandú. ‖ **2.** f. pl. *Zool.* Orden de estas aves.

reimplantación. f. Acción y efecto de reimplantar. ‖ **2.** *Cir.* Intervención que tiene por objeto volver a colocar un órgano que había sido seccionado, en su lugar correspondiente.

reimplantar. tr. Volver a implantar.

reimportar. tr. Importar en un país lo que se había exportado de él.

reimpresión. f. Acción y efecto de reimprimir. ‖ **2.** Conjunto de ejemplares reimpresos de una vez.

reimpreso, sa. p. p. irreg. de **reimprimir.**

reimprimir. tr. Volver a imprimir, o repetir la impresión de una obra o escrito. ❑ Doble p. p.: *reimprimido* (reg.) y *reimpreso* (irreg.).

reina. f. Esposa del rey. ‖ **2.** La que ejerce la potestad real por derecho propio. ‖ **3.** Pieza del juego de ajedrez, la más importante después del rey. Puede caminar como cualquiera de las demás piezas, exceptuado el caballo. ‖ **4. abeja reina.**

reinado. m. Espacio de tiempo en que gobierna un rey o reina. ‖ **2.** Por ext., aquel en que predomina o está en auge alguna cosa.

reinar. intr. Regir un rey o príncipe un Estado. ‖ **2.** Dominar o tener predominio una persona o cosa sobre otra. ‖ **3.** fig. Prevalecer o persistir continuándose o extendiéndose una cosa. REINAR *una costumbre, una enfermedad, un viento.*

reincidencia. f. Reiteración de una misma culpa o defecto.

reincidir. intr. Volver a caer o incurrir en un error, falta o delito.

reincorporación. f. Acción y efecto de reincorporar o reincorporarse.

reincorporar. tr. Volver a incorporar, agregar o unir a un cuerpo político o moral lo que se había separado de él. Ú. t. c. prnl. ‖ **2.** Volver a incorporar a una persona a un servicio o empleo. Ú. t. c. prnl.

reineta. f. **manzana reineta.**

reingresar. intr. Volver a ingresar. Ú. t. c. tr.

reingreso. m. Acción y efecto de reingresar.

reino. m. Territorio o Estado con sus habitantes sujetos a un rey. ‖ **2.** Cualquiera de las provincias de un Estado que antiguamente tuvieron su rey propio y privativo. REINO *de Aragón, de Sevilla.* ‖ **3.** fig. **campo,** ámbito real o imaginario propio de una actividad. ‖ **4.** *Hist. Nat.* Cada una de las grandes subdivisiones en que se consideran distribuidos los seres naturales por razón de sus caracteres comunes. REINO *animal,* REINO *mineral,* REINO *vegetal.*

reinserción. f. Acción y efecto de reinsertar o reinsertarse.

reinsertar. tr. Volver a integrar en la sociedad a una persona que estaba condenada penalmente o marginada. Ú. t. c. prnl.

reintegrar. tr. Restituir o satisfacer íntegramente una cosa. ‖ **2.** Reconstituir la mermada integridad de una cosa. ‖ **3.** prnl. Volver a ejercer una actividad, incorporarse de nuevo a una colectividad o situación social o económica. REINTEGRARSE *a sus funciones,* REINTEGRARSE *al partido,* REINTEGRARSE *a la civilización.*

reintegro. m. Acción y efecto de reintegrar. ‖ **2.** Pago de un dinero o especie que se debe. ‖ **3.** En la lotería, premio igual a la cantidad jugada.

reinversión. f. *Econ.* Empleo de los beneficios de una actividad productiva en el aumento del capital de la misma.

reír. intr. Manifestar regocijo mediante determinados movimientos del rostro, acompañados frecuentemente por sacudidas del cuerpo y emisión de peculiares sonidos inarticulados. Ú. t. c. prnl. ‖ **2.** fig. Hacer burla o zumba. Ú. t. c. tr. y c. prnl. ❑ Irreg. Ver conjugación modelo.

reír

INDICATIVO

Presente: río, ríes, ríe, reímos, reís, ríen.

Pretérito imperfecto: reía, reías, reía, reíamos, reíais, reían.

Pretérito indefinido: reí, reíste, rió, reímos, reísteis, rieron.

→

reír (continuación)

Futuro imperfecto: reiré, reirás, reirá, reiremos, reiréis, reirán.
Condicional: reiría, reirías, reiría, reiríamos, reiríais, reirían.

SUBJUNTIVO
Presente: ría, rías, ría, riamos, riáis, rían.
Pretérito imperfecto: riera o riese, rieras o rieses, riera o riese, riéramos o riésemos, rierais o rieseis, rieran o riesen.
Futuro imperfecto: riere, rieres, riere, riéremos, riereis, rieren.

IMPERATIVO
ríe (tú); reíd (vosotros).

FORMAS NO PERSONALES
Infinitivo: reír.
Participio: reído.
Gerundio: riendo.

reiteración. f. Acción y efecto de reiterar o reiterarse.

reiterado, da. adj. Dícese de lo que se hace o sucede repetidamente.

reiterar. tr. Volver a decir o hacer una cosa. Ú. t. c. prnl.

reiterativo, va. adj. Que tiene la propiedad de reiterarse.

reivindicación. f. Acción y efecto de reivindicar.

reivindicar. tr. *Der.* Reclamar o recuperar uno lo que por razón de dominio, cuasi dominio u otro motivo le pertenece. ‖ **2.** Reclamar algo como propio. ‖ **3.** Reclamar para sí la autoría de una acción.

reja[1]. f. Instrumento de hierro, que es parte del arado y sirve para romper y revolver la tierra.

reja[2]. f. Conjunto de barrotes metálicos o de madera, de varias formas y figuras, y convenientemente enlazados, que se ponen en las ventanas y otras aberturas de los muros para seguridad o adorno. También se usan en el interior de los templos y otras construcciones para formar el recinto aislado del resto del edificio.

rejalgar. m. Mineral de color rojo, lustre resinoso y fractura concoidea, que se raya con la uña, y es una combinación muy venenosa de arsénico y azufre.

rejilla. f. Celosía fija o movible, red de alambre, tela metálica, lámina o tabla calada, etc., que suele ponerse por recato o para seguridad en las ventanillas de los confesonarios, en el ventanillo de la puerta exterior de las casas y en otras aberturas semejantes. ‖ **2.** Tejido claro hecho con tiritas de los tallos duros flexibles, elásticos y resistentes de ciertas plantas; como el bejuco, etc. Sirve para respaldos y asientos de sillas y para algunos otros usos.

rejo. m. Punta o aguijón de hierro, y por ext., punta o aguijón de otra especie; como el de la abeja. ‖ **2.** En el embrión de la planta, órgano de que se forma la raíz.

rejón. m. Barra de hierro cortante que remata en punta. ‖ **2.** *Taurom.* Asta de madera, de metro y medio de largo aproximadamente, con una cuchilla de acero en la punta, y que sirve para rejonear.

rejoncillo. m. Rejón para los toros.

rejoneador, ra. m. y f. Persona que rejonea.

rejonear. tr. En el toreo de a caballo, herir con el rejón al toro, quebrándolo en él por la muesca que tiene cerca de la punta.

rejoneo. m. Acción de rejonear.

rejuvenecer. tr. Remozar, dar a uno fortaleza y vigor, como se suele tener en la juventud. Ú. t. c. intr. y c. prnl. ‖ **2.** fig. Renovar, dar modernidad o actualidad a lo desusado, olvidado o postergado. ❑ Irreg. Se conj. como *agradecer.*

relación. f. Referencia que se hace de un hecho. ‖ **2.** Conexión, correspondencia de una cosa con otra. ‖ **3.** Conexión, correspondencia, trato, comunicación de una persona con otra. Ú. m. en pl. RELACIONES *de parentesco, de amistad, amorosas, comerciales.* ‖ **4.** Lista de nombres o elementos de cualquier clase. ‖ **5.** pl. Las amorosas con propósito matrimonial. ‖ **relaciones públicas.** Actividad profesional cuyo fin es, mediante gestiones personales o con el empleo de las técnicas de difusión y comunicación, informar sobre personas, empresas, instituciones, etc., tratando de prestigiarlas y de captar voluntades a su favor.

relacionar. tr. Hacer relación de un hecho. ‖ **2.** Poner en relación personas o cosas. Ú. t. c. prnl.

relajación. f. Acción y efecto de relajar o relajarse. ‖ **2.** Inmoralidad en las costumbres.

relajado, da. adj. *Fon.* Aplícase a los sonidos que se realizan en determinadas posiciones con una tensión muscular mucho menor de lo que es habitual.

relajamiento. m. Acción y efecto de relajar o relajarse.

relajante. adj. Que relaja. ‖ **2.** *Med.* Dícese especialmente del medicamento que tiene la virtud de relajar. Ú. t. c. s. m.

relajar. tr. Aflojar, ablandar o disminuir la tensión de algo. Ú. t. c. prnl. ‖ **2.** fig. Esparcir o distraer el ánimo con algún descanso. ‖ **3.** fig. Hacer menos severa o rigurosa la observancia de las leyes, reglas, estatutos, etc. Ú. t. c. prnl. ‖ **4.** prnl. Conseguir un estado de reposo físico y moral, dejando los músculos en completo abandono y la mente libre de toda preocupación.

relajo. m. Desorden, falta de seriedad, barullo. ‖ **2.** Holganza, laxitud en el cumplimiento de las normas. ‖ **3.** Degradación de las costumbres.

relamer. tr. Volver a lamer. ‖ **2.** prnl. fig. Encontrar mucho gusto o satisfacción en algo.

relamido, da. adj. Afectado, demasiado pulcro.

relámpago. m. Resplandor vivísimo e instantáneo producido en las nubes por una descarga eléctrica. ‖ **2.** fig. Cualquier fuego o resplandor repentino. ‖ **3.** Ú. en aposición para denotar la rapidez, carácter repentino o brevedad de alguna cosa. *Guerra* RELÁMPAGO, *ministerio* RELÁMPAGO, *cierre* RELÁMPAGO.

relampaguear. intr. impers. Haber relámpagos. ‖ **2.** intr. fig. Arrojar luz o brillar mucho momentáneamente. Se usa frecuentemente hablando de los ojos muy vivos o iracundos.

relatar. tr. Referir o dar a conocer un hecho. ‖ **2.** Hacer relación de un proceso o pleito.

relatividad. f. Calidad de relativo. ‖ **2.** *Fís.* Teoría que se propone averiguar cómo se transforman las leyes físicas cuando se cambia de sistema de referencia. La formulada por Einstein con el nombre de **relatividad** especial, se basa en los dos postulados siguientes: 1) La luz se propaga con independencia del movimiento del cuerpo que la emite. 2) No hay ni puede haber fenómeno que permita averiguar si un cuerpo está en reposo o se mueve con movimiento rectilíneo y uniforme. Einstein generalizó su teoría con el propósito de enunciar las leyes físicas de modo que fuesen válidas cualquiera que sea el sistema de referencia que se adopte.

relativismo. m. *Fil.* Doctrina según la cual el conocimiento humano solo tiene por objeto relaciones, sin llegar nunca al de lo absoluto.

relativista. adj. Perteneciente o relativo a la relatividad o al relativismo. ‖ **2.** Seguidor o partidario de estas doctrinas. Ú. t. c. s.

relativizar. tr. Introducir en la consideración de un asunto aspectos que atenúan su importancia.

relativo, va. adj. Que hace relación a una persona o cosa. ‖ **2.** Que no es absoluto. ‖ **3.** No mucho, en poca cantidad o intensidad. *Daba a aquel asunto una* RELATIVA *importancia.* ‖ **4.** *Gram.* V. **pronombre relativo.** Ú. t. c. s.

relato. m. Conocimiento que se da, generalmente detallado, de un hecho. ‖ **2.** Narración, cuento.

relax. m. Relajamiento físico o psíquico producido por ejercicios adecuados o por comodidad, bienestar o cualquier otra causa. ❑ pl. invar.

relé. m. *Electr.* Aparato destinado a producir en un circuito una modificación dada, cuando se cumplen determinadas condiciones en el mismo circuito o en otro distinto.

releer. tr. Leer de nuevo o volver a leer una cosa. ❑ Irreg. Se conj. como *leer.*

relegar. tr. Desterrar de un lugar. ‖ **2.** fig. Apartar, posponer. RELEGAR *al olvido una cosa.*

relente. m. Humedad que en noches serenas se nota en la atmósfera.

relevancia. f. Calidad o condición de relevante, importancia, significación.

relevante. adj. Sobresaliente, excelente. ‖ **2.** Importante, significativo.

relevar. tr. Exonerar de un peso o gravamen, y también de un empleo o cargo. Ú. t. c. prnl. ‖ **2.** *Mil.* Mudar una centinela o cuerpo de tropa que da una guardia o guarnece un puesto. ‖ **3.** Por ext., reemplazar, sustituir a una persona con otra en cualquier empleo o comisión.

relevista. adj. *Dep.* Dícese del deportista que participa en pruebas de relevos. Ú. t. c. s.

relevo. m. Acción y efecto de reemplazar a una persona con otra en cualquier empleo, cargo, actividad, etc. ‖ **2.** *Dep.* Acción de reemplazar un corredor a otro de su mismo equipo en el momento de recibir de él el testigo. ‖ **3.** pl. *Dep.* **carrera de relevos.**

relicario. m. Lugar donde están guardadas las reliquias. ‖ **2.** Caja o estuche comúnmente precioso para custodiar reliquias.

relieve. m. Labor o figura que resalta sobre el plano. ‖ **2.** Conjunto de formas complejas que accidentan la superficie del globo terráqueo. Ú. t. c. pl. ‖ **3.** fig. Importancia o renombre de una persona o cosa. ‖ **bajo relieve.** *Esc.* Aquel en que las figuras resaltan poco del plano. ‖ **poner de relieve** una cosa. fr. fig. Subrayarla, destacarla.

religión. f. Conjunto de creencias o dogmas acerca de la divinidad, de sentimientos de veneración y temor hacia ella, de normas morales para la conducta individual y social y de prácticas rituales, principalmente la oración y el sacrificio para darle culto. ‖ **2.** Profesión y observancia de la doctrina religiosa. ‖ **católica.** La revelada por Jesucristo y conservada por la Iglesia Romana. ‖ **natural.** La descubierta por la sola razón y que funda las relaciones del hombre con la divinidad en la misma naturaleza de las cosas.

religiosidad. f. Práctica y esmero en cumplir las obligaciones religiosas. ‖ **2.** Puntualidad, exactitud en hacer, observar o cumplir una cosa.

religioso, sa. adj. Perteneciente o relativo a la religión o a los que la profesan. ‖ **2.** Que tiene religión, y particularmente que la profesa con celo. ‖ **3.** Que ha profesado en una orden **religiosa** regular. Ú. t. c. s. ‖ **4.** Fiel y exacto en el cumplimiento del deber.

relinchar. intr. Emitir con fuerza su voz el caballo.

relincho. m. Voz del caballo.

relinga. f. Cada una de las cuerdas o sogas en que van colocados los plomos y corchos con que se calan y sostienen las redes en el agua. ‖ **2.** *Mar.* Cabo con que se refuerzan las orillas de las velas.

reliquia. f. Parte del cuerpo de un santo, o lo que por haberle tocado es digno de veneración. ‖ **2.** fig. Persona muy vieja o cosa antigua. *Ese coche es una* RELIQUIA. ‖ **3.** fig. Objeto o prenda con valor sentimental, generalmente por haber pertenecido a una persona querida.

rellano. m. Porción horizontal en que termina cada tramo de escalera. ‖ **2.** Llano que interrumpe la pendiente de un terreno.

rellenar. tr. Volver a llenar una cosa. Ú. t. c. prnl. ‖ **2.** Llenar enteramente. Ú. t. c. prnl. ‖ **3.** Llenar de carne picada u otros ingredientes un ave u otro alimento. ‖ **4.** Introducir rellenos. ‖ **5.** Cubrir con los datos necesarios espacios en blanco en formularios, documentos, etc.

relleno, na. adj. Muy lleno. ‖ **2.** m. Cualquier material con que se llena algo. ‖ **3.** Picadillo sazonado de carne, hierbas u otros ingredientes, con que se llenan tripas, aves, hortalizas, etc. ‖ **4.** Acción y efecto de rellenar o rellenarse. ‖ **5.** fig. Parte superflua que alarga una oración o un escrito.

reloj. m. Máquina dotada de movimiento uniforme, que sirve para medir el tiempo o dividir el día en horas, minutos y segundos. Un peso o un muelle produce, por lo común, el movimiento, que se regula con un péndulo o un volante, y se transmite a las manecillas por medio de varias ruedas dentadas. Según sus dimensiones, colocación o uso, así el **reloj** se denomina de torre, de pared, de sobremesa, de bolsillo, de muñeca, etc. ‖ **de agua.** Artificio para medir el tiempo por medio del agua que va cayendo de un vaso a otro. ‖ **de arena.** Artificio que se compone de dos ampolletas unidas por el cuello, y sirve para medir el tiempo por medio de la arena que va cayendo de una a otra. ‖ **de cuco.** El que tiene un cuclillo mecánico que sale por una abertura y da las horas con su canto. ‖ **de pulsera.** El que se lleva en la muñeca formando parte de una pulsera. ‖ **de sol.** Artificio ideado para señalar las diversas horas del día por medio de la sombra que un instrumento indicador de las horas arroja sobre una superficie. ‖ **contra reloj.** loc. Modalidad de carrera ciclista en que los corredores toman la salida de uno en uno, con un intervalo de tiempo determinado que ha de ser igual para todos. ‖ **2.** Hacer una cosa o resolver un asunto en un plazo de tiempo perentorio o demasiado corto. ❑ pl. *relojes.*

relojería. f. Arte de hacer relojes. ‖ **2.** Taller donde se hacen o componen relojes. ‖ **3.** Tienda donde se venden.

relojero, ra. m. y f. Persona que hace, compone o vende relojes.

relucir. intr. Despedir o reflejar luz una cosa. ‖ **2.** Lucir mucho o resplandecer una cosa. ‖ **sacar,** o **salir, a relucir.** fr. fig. y fam. Mentar o alegar inesperadamente algún hecho o razón. ❑ Irreg. Se conj. como *lucir.*

reluctancia. f. *Electr.* Resistencia que ofrece un circuito al flujo magnético. ‖ **2. renuencia.**

reluctante. adj. Reacio, opuesto.

relumbrar. intr. Dar una cosa viva luz o alumbrar con exceso.

remachado, da. adj. Sujeto con roblones **remachados.** ‖ **2.** m. Acción y efecto de remachar.

remachar. tr. Machacar la punta o la cabeza del clavo ya clavado, para mayor firmeza. ‖ **2.** Sujetar con remaches.

remache. m. Acción y efecto de remachar. ‖ **2. roblón,** clavo cuya punta, después de pasado, se remacha formando otra cabeza.

remanente. m. Lo que queda de una cosa.

remangado, da. adj. Levantado o vuelto hacia arriba.

remangar. tr. Levantar, recoger hacia arriba las mangas o la ropa. Ú. t. c. prnl.

remanguillé (a la). loc. adv. fam. En completo desorden, patas arriba.

remansarse. prnl. Detenerse o suspenderse el curso o la corriente de un líquido.

remanso. m. Detención o suspensión de la corriente del agua u otro líquido. ‖ **2.** Lugar en que esta corriente se detiene.

remar. intr. Trabajar con el remo para impulsar una embarcación en el agua.

rematado, da. adj. Dícese de la persona que se halla en tan mal estado, que es imposible, o punto menos, su remedio. *Loco* REMATADO.

rematar. tr. Dar fin o remate a una cosa. ‖ **2.** Poner fin a la vida de la persona o del animal que está en trance de muerte. ‖ **3.** Entre sastres y costureras, afianzar la última puntada, dando otra sobre ella para asegurarla, o haciendo un nudo especial a la hebra. ‖ **4.** En el fútbol y otros deportes, dar término a una serie de jugadas lanzando el balón hacia la meta contraria.

remate. m. Fin o cabo, extremidad o conclusión de una cosa. ‖ **2.** Acción de rematar. ‖ **3.** Lo que en las fábricas de arquitectura se sobrepone para coronarlas o adornar su parte superior. ‖ **4.** En el fútbol y otros deportes, acción y efecto de rematar. ‖ **de remate.** loc. adv. Absolutamente, sin remedio.

rembolsar. tr. **reembolsar.**

rembolso. m. **reembolso.**

remedar. tr. Imitar o contrahacer una cosa; hacerla semejante a otra. ‖ **2.** Seguir uno las mismas huellas y ejemplos de otro, o llevar el mismo método, orden o disciplina que él.

remediable. adj. Que se puede remediar.

remediar. tr. Poner remedio al daño. Ú. t. c. prnl. ‖ **2.** Socorrer una necesidad o urgencia. Ú. t. c. prnl. ‖ **3.** Evitar que suceda algo de que pueda derivarse algún daño o molestia. *No haberlo podido* REMEDIAR.

remedio. m. Medio que se toma para reparar un daño o inconveniente. ‖ **2.** Recurso, auxilio o refugio. ‖ **3.** Lo que sirve para producir un cambio favorable en las enfermedades.

remedo. m. Imitación de una cosa, especialmente cuando no es perfecta la semejanza.

remembranza. f. Recuerdo, memoria de una cosa pasada.

rememorar. tr. Recordar, traer a la memoria.

remendar. tr. Reforzar con remiendo lo que está viejo o roto, especialmente la ropa. ❑ Irreg. Se conj. como *acertar.*

remendón, na. adj. Que tiene por oficio remendar. Dícese especialmente de los sastres y zapateros de viejo. Ú. t. c. s.

remense. adj. Natural de Reims. Ú. t. c. s. ‖ **2.** Perteneciente a esta ciudad de Francia.

remera. adj. *Zool.* Dícese de cada una de las plumas grandes con que terminan las alas de las aves. Ú. t. c. s.

remero, ra. m. y f. Persona que rema o que trabaja al remo.

remesa. f. Remisión que se hace de una cosa de una parte a otra. ‖ **2.** La cosa enviada en cada vez.

remeter. tr. Volver a meter. ‖ **2.** Empujar algo, especialmente los bordes de una cosa, para meterlo en un lugar. *Hay que* REMETER *las sábanas.*

remiendo. m. Pedazo de paño u otra tela, que se cose a lo que está viejo o roto. ‖ **2.** fig. y fam. Arreglo o reparación, generalmente provisional, que se hace en caso de urgencia.

remilgado, da. adj. Afectadamente escrupuloso o delicado en exceso.

remilgo. m. Escrúpulo o delicadeza exagerada o afectada, mostrada con gestos expresivos. Ú. m. en pl.

rémington. m. Fusil que se carga por la recámara.

reminiscencia. f. Acción de representarse u ofrecerse a la memoria el recuerdo de una cosa que pasó. ‖ **2.** En literatura y música, lo que es idéntico o muy semejante a lo compuesto anteriormente por otro autor.

remirado, da. adj. Dícese del que reflexiona escrupulosamente sobre sus acciones.

remirar. tr. Volver a mirar o reconocer con reflexión y cuidado lo que ya se había visto.

remisible. adj. Que se puede remitir o perdonar.

remisión. f. Acción y efecto de remitir o remitirse. ‖ **2.** Indicación, en un escrito, del lugar del mismo o de otro escrito a que se remite al lector.

remiso, sa. adj. Flojo, dejado o detenido en la resolución o determinación de una cosa.

remite. m. Nota que se pone en los sobres, paquetes, etc., enviados por correo, en la que constan el nombre y dirección de la persona que los envía.

remitente. adj. Que remite. Ú. t. c. s. ‖ **2.** com. Persona cuyo nombre consta en el remite de un sobre o paquete.

remitido. m. Artículo o noticia cuya publicación interesa a un particular y que a petición de este se inserta en un periódico mediante pago. Suele llevar al final una R.

remitir. tr. Enviar una cosa a determinada persona de otro lugar. ‖ **2.** Perdonar, alzar la pena, eximir o liberar de una obligación. ‖ **3.** Ceder o perder una cosa parte de su intensidad. Ú. t. c. intr. y c. prnl. ‖ **4.** Dejar al juicio o dictamen de otro la resolución de una cosa. Ú. m. c. prnl.

remo. m. Instrumento de madera, en forma de pala larga y estrecha, que sirve para mover las embarcaciones haciendo fuerza en el agua. ‖ **2.** Deporte que consiste en recorrer una determinada distancia sobre el agua en una embarcación impulsada por medio de **remos.** ‖ **meter el remo.** fr. fig. y fam. **meter la pata.**

remojar. tr. Empapar en agua o poner en remojo una cosa. Ú. t. c. prnl. ‖ **2.** fig. Convidar a beber a los amigos para celebrar el estreno de un traje, un objeto comprado o algún suceso feliz para el que convida.

remojo. m. Acción de remojar o empapar en agua una cosa. ‖ **2.** Operación de mantener en agua, durante un cierto espacio de tiempo, algunos alimentos como legumbres, antes de consumirlos o cocinarlos.

remolacha. f. Planta herbácea anual, de la familia de las quenopodiáceas, con tallo derecho, grueso, ramoso, de uno a dos metros de altura; hojas grandes, enteras, ovales, con nervio central rojizo; flores pequeñas y verdosas en espiga terminal; fruto seco con una semilla lenticular, y raíz grande, carnosa, fusiforme, generalmente encarnada, que es comestible y de la cual se extrae azúcar. ‖ **2.** Esta raíz.

remolcador, ra. adj. Que sirve para remolcar. Apl. a embarcaciones, ú. t. c. s. m.

remolcar. tr. *Mar.* Llevar una embarcación u otra cosa sobre el agua, tirando de ella por medio de un cabo o cuerda. ‖ **2.** Por semejanza, llevar por tierra un vehículo a otro.

remolinar. intr. Hacer o formar remolinos una cosa. Ú. t. c. prnl. ‖ **2.** prnl. Juntarse en grupos desordenadamente muchas personas. Ú. t. c. intr.

remolino. m. Movimiento giratorio y rápido del aire, el agua, el polvo, el humo, etc. ‖ **2.** Retorcimiento del pelo en redondo, que se forma en una parte del cuerpo del hombre o del animal. ‖ **3.** fig. Amontonamiento de gente, o confusión de unos con otros, por efecto de un desorden.

remolón, na. adj. Que intenta evitar el trabajo o la realización de alguna otra cosa. Ú. t. c. s.

remolonear. intr. Rehusar moverse, detenerse en hacer o admitir una cosa, por flojedad y pereza. Ú. t. c. prnl.

remolque. m. Acción y efecto de remolcar. ‖ **2.** Cabo o cuerda que se da a una embarcación para remolcarla. ‖ **3.** Cosa que se lleva remolcada por mar o por tierra. ‖ **a remolque.** loc. adv. Remolcado. ‖ **2.** fig. Aplícase a la acción poco espontánea, y más bien ejecutada por excitación o impulso de otra persona.

remontar. tr. Subir una pendiente, sobrepasarla. ‖ **2.** Navegar aguas arriba en una corriente. ‖ **3.** fig. Superar algún obstáculo o dificultad. ‖ **4.** prnl. Subir o volar muy alto las aves. ‖ **5.** fig. Retroceder hasta una época pasada. *Este historiador* SE HA REMONTADO *hasta la época prehistórica.* ‖ **6.** fig. Pertenecer a una época muy lejana. *Esta iglesia* SE REMONTA *al siglo XII.*

remonte. m. Acción y efecto de remontar o remontarse. ‖ **2.** *Dep.* Variedad del juego de pelota en que se usa la cesta de **remonte.** ‖ **3.** *Dep.* Aparato utilizado para remontar una pista de esquí, como el telesilla.

remontista. com. Pelotari que juega de remonte.

rémora. f. Pez teleósteo marino, del suborden de los acantopterigios, de unos cuarenta centímetros de largo y de siete a nueve en su mayor diámetro; fusiforme, de color ceniciento, con una aleta dorsal y otra ventral que nacen en la mitad del cuerpo y se prolongan hasta la cola, y encima de la cabeza un disco oval, formado por una serie de láminas cartilaginosas movibles, con el cual hace el vacío para adherirse fuertemente a los objetos flotantes. Los antiguos le atribuían la propiedad de detener las naves. ‖ **2.** fig. Cualquier cosa que detiene, embarga o suspende.

remorder. tr. Exponer por segunda vez a la acción del ácido partes determinadas de la lámina que se graba al agua fuerte. ‖ **2.** fig. Inquietar, alterar o desasosegar interiormente una cosa, especialmente los escrúpulos por un comportamiento que se considera malo o perjudicial para otro. ❑ Irreg. Se conj. como *mover.*

remordimiento. m. Inquietud, pesar interno que queda después de ejecutada una mala acción.

remotamente. adv. l. y t. En un tiempo o lugar remotos. ‖ **2.** fig. De una manera imprecisa o confusa. *Me acuerdo* REMOTAMENTE. ‖ **ni remotamente.** loc. adv. Sin verosimilitud ni probabilidad de que exista o sea cierta una cosa; sin proximidad ni proporción cercana de que se verifique.

remoto, ta. adj. Distante o apartado. ‖ **2.** fig. Que no es verosímil, o está muy distante de suceder. *Peligro* REMOTO.

remover. tr. Mover una cosa, agitándola o dándole vueltas, generalmente para que sus distintos elementos se mezclen. ‖ **2.** fig. Investigar un asunto para sacar a la luz cosas que estaban ocultas. ❑ Irreg. Se conj. como *mover.*

remozar. tr. Dar o comunicar un aspecto más lozano, nuevo o moderno a alguien o algo. Ú. m. c. prnl.

remplazar. tr. **reemplazar.**

remplazo. m. **reemplazo.**

remuneración. f. Acción y efecto de remunerar. ‖ **2. retribución.**

remunerar. tr. Recompensar, premiar, galardonar. ‖ **2. retribuir,** pagar un servicio.

renacentista. adj. Relativo o perteneciente al Renacimiento. ‖ **2.** Se dice del que cultiva los estudios o arte propios del Renacimiento. Ú. t. c. s.

renacer. intr. Volver a nacer. Ú. t. en sent. fig. ❑ Irreg. Se conj. como *agradecer.*

renacimiento. m. Acción de renacer. ‖ **2.** Época que comienza a mediados del siglo XV, en que se despertó en Occidente vivo entusiasmo por el estudio de la antigüedad clásica griega y latina.

renacuajo. m. Larva de la rana, que se diferencia del animal adulto principalmente por tener cola, carecer de patas y respirar por branquias. ‖ **2.** fig. Calificativo cariñoso con que se suele motejar a los niños pequeños y traviesos.

renal. adj. Perteneciente o relativo a los riñones.

renano, na. adj. Dícese de los territorios situados en las orillas del Rin, río de la Europa Central. ‖ **2.** Perteneciente o relativo a estos territorios.

rencilla. f. Cuestión o riña que da lugar a un estado de hostilidad entre dos o más personas. Ú. m. en pl.

renco, ca. adj. **rengo,** cojo. Ú. t. c. s.

rencor. m. Resentimiento arraigado y tenaz.

rencoroso, sa. adj. Que tiene o guarda rencor. Ú. t. c. s.

rendibú. m. Acatamiento, agasajo, que se hace a una persona, por lo general con la intención de adularla.

rendición. f. Acción y efecto de rendir o rendirse.

rendido, da. adj. Sumiso, obsequioso, galante.

rendija. f. Hendedura, raja o abertura larga y estrecha que se produce en cualquier cuerpo sólido, como pared, tabla, etc., y lo atraviesa de parte a parte.

rendimiento. m. Sumisión, subordinación, humildad. ‖ **2.** Producto o utilidad que rinde o da una persona o cosa. ‖ **3.** Proporción entre el producto o el resultado obtenido y los medios utilizados.

rendir. tr. Vencer, sujetar, obligar a las tropas, plazas o embarcaciones enemigas, etc., a que se entreguen. ‖ **2.** Sujetar, someter una cosa al dominio de uno. Ú. t. c. prnl. ‖ **3.** Dar fruto o utilidad una persona o cosa. ‖ **4.** Cansar, fatigar, vencer. Ú. t. c. prnl. SE RINDIÓ *de tanto trabajar.* ‖ **5.** Junto con algunos nombres, toma la significación del que se le añade. RENDIR *gracias,* agradecer; RENDIR *obsequios,* obsequiar. ‖ **6.** Dar, entregar. RINDIÓ *el alma a Dios.* ‖ **7.** prnl. fig. Tener que admitir alguna cosa. SE RINDIÓ *ante tantas evidencias.* ❑ Irreg. Se conj. como *pedir.*

renegado, da. adj. Que ha abandonado voluntariamente su religión o sus creencias.

renegar. tr. Negar con instancia una cosa. ‖ **2.** Detestar, abominar. ‖ **3.** intr. fig. y fam. **refunfuñar.** ❑ Irreg. Se conj. como *acertar.*

renegrido, da. adj. Dícese del color oscuro, especialmente de la piel. ‖ **2.** Ennegrecido por el humo o por la suciedad.

renglón. m. Serie de palabras o caracteres escritos o impresos en línea recta. ‖ **2.** Cada una de las líneas horizontales que tienen algunos papeles y que sirven para escribir sin torcerse. ‖ **3.** pl. fig. y fam. Cualquier escrito o impreso. *Bien sé que no merecen ningún aplauso estos* RENGLONES. ‖ **a renglón seguido.** fr. fig. y fam. A continuación, inmediatamente.

rengo, ga. adj. Cojo por lesión de las caderas. Ú. t. c. s.

renio. m. Elemento químico de núm. atóm. 75. Metal raro en la corteza terrestre; se encuentra asociado a los minerales de molibdeno y platino. Tiene las mismas propiedades que este último, y sus derivados son parecidos a los del manganeso. Se usa en la construcción de dispositivos para medir temperaturas, para fabricar contactos eléctricos, y como catalizador. Símb. *Re.*

reno. m. Especie de ciervo de los países septentrionales, con astas muy ramificadas lo mismo el macho que la hembra, y pelaje espeso, rojo pardusco en verano y rubio blanquecino en invierno. Se domestica con facilidad, sirve como animal de tiro para los trineos, y se aprovechan su carne, su piel y sus huesos.

renombrado, da. adj. Célebre, famoso.

renombre. m. Fama y celebridad.

renovable. adj. Que puede renovarse.

renovación. f. Acción y efecto de renovar o renovarse.

renovador, ra. adj. Que renueva. Ú. t. c. s.

renovar. tr. Hacer como de nuevo una cosa, o volverla a su primer estado. Ú. t. c. prnl. ‖ **2.** Sustituir una cosa vieja, o que ya ha servido, por otra nueva de la misma clase. RENOVAR *la cera, la plata.* ‖ **3.** Dar nueva energía a algo, transformarlo. *Este autor* RENOVÓ *el teatro de la época.* ❑ Irreg. Se conj. como *contar.*

renquear. intr. Andar como renco, meneándose a un lado y a otro. ‖ **2.** Tener dificultad en alguna empresa, negocio, quehacer, etc.

renta. f. Utilidad o beneficio que rinde anualmente una cosa, o lo que de ella se cobra. ‖ **2.** Lo que paga en dinero o en frutos un arrendatario. ‖ **3.** Ingreso, caudal, cualquier aumento de la riqueza de un sujeto. ‖ **nacional.** Conjunto de los ingresos derivados de la participación en el proceso productivo durante un año, y referido a una entidad nacional. ‖ **per cápita. renta** nacional dividida por el número de habitantes de un país.

rentabilidad. f. Calidad de rentable. ‖ **2.** Capacidad de rentar.

rentable. adj. Que produce renta suficiente o remuneradora.

rentar. tr. Producir o rendir beneficio o utilidad anualmente una cosa. Ú. t. c. intr.

rentero, ra. adj. Que paga algún tributo.

rentista. com. Persona que percibe renta procedente de una propiedad de cualquier tipo. ‖ **2.** Persona que principalmente vive de sus rentas.

rentoy. m. fig. y fam. Jactancia o desplante y también pulla o indirecta. ❑ Ú. m. con los verbos *tirar* y *echar.*

renuencia. f. Repugnancia que se muestra a hacer una cosa.

renuente. adj. Indócil, remiso.

renuevo. m. Vástago que echan el árbol o la planta después de podados o cortados.

renuncia. f. Acción de renunciar. ‖ **2.** Instrumento o documento que contiene la **renuncia.** ‖ **3.** Dimisión o entrega voluntaria de una cosa que se posee, o del derecho a ella.

renunciar. tr. Hacer entrega voluntaria, dimisión o apartamiento de una cosa que se tiene, o del derecho y acción que se puede tener. ‖ **2.** No querer admitir o aceptar una cosa. ‖ **3.** Despreciar o abandonar.

renunciatario, ria. m. y f. Aquel a cuyo favor se ha hecho una renuncia.

renuncio. m. Falta que se comete renunciando en algunos juegos de naipes. ‖ **2.** fig. y fam. Mentira o contradicción en que se coge a uno.

renvalso. m. *Carp.* Rebajo que se hace en el canto de las hojas de puertas y ventanas para que encajen en el marco unas con otras.

reñidero. m. Sitio destinado a la riña de algunos animales, y principalmente a la de los gallos.

reñido, da. adj. Que está enemistado con otro o se niega a mantener trato con él. ‖ **2.** En oposiciones, elecciones, concursos, etc., aquellos en que existe mucha rivalidad entre los oponentes.

reñir. intr. Contender o disputar altercando de obra o de palabra. ‖ **2.** Desavenirse, enemistarse. ‖ **3.** tr. Reprender o corregir a uno con algún rigor o amenaza. ❑ Irreg. Se conj. como *ceñir*.

reo¹. m. Trucha marina. Es especie muy parecida, pero distinta a la trucha común o de río.

reo². com. Persona que por haber cometido una culpa merece castigo.

reo³, a. adj. Acusado, culpado.

reóforo. m. *Fís.* Cada uno de los dos conductores que establecen la comunicación entre un aparato eléctrico y un origen de electricidad.

reojo (mirar de). fr. Mirar disimuladamente dirigiendo la vista por encima del hombro, o hacia un lado y sin volver la cabeza. ‖ **2.** fig. Mirar con prevención hostil o enfado.

reómetro. m. *Fís.* Instrumento que sirve para medir las corrientes eléctricas.

reorganizar. tr. Volver a organizar una cosa. Ú. t. c. prnl. ‖ **2.** Organizar una cosa de manera distinta y de forma que resulte más eficaz.

reóstato. m. *Fís.* Instrumento que sirve para hacer variar la resistencia en un circuito eléctrico. También puede servir para medir la resistencia eléctrica de los conductores.

repajolero, ra. adj. fam. **pajolero.**

repanchigarse. prnl. **repantigarse.**

repanocha (ser la). fr. fig. y fam. Ser algo o alguien extraordinario por bueno, malo, absurdo o fuera de lo normal.

repantigarse. prnl. Arrellanarse en el asiento, y extenderse para mayor comodidad.

reparación. f. Acción y efecto de reparar cosas materiales mal hechas o estropeadas. ‖ **2.** Desagravio, satisfacción completa de una ofensa, daño o injuria.

reparador, ra. adj. Que repara o mejora una cosa. Ú. t. c. s. ‖ **2.** Que restablece las fuerzas y da aliento o vigor.

reparar. tr. Arreglar una cosa que está rota o estropeada. ‖ **2.** Enmendar, corregir o remediar. ‖ **3.** Remediar o precaver un daño o perjuicio. ‖ **4.** intr. Mirar con cuidado; notar, advertir una cosa.

reparo. m. Advertencia, nota, observación sobre una cosa, especialmente para señalar en ella una falta o defecto. ‖ **2.** Duda, dificultad o inconveniente.

repartidor, ra. adj. Que reparte o distribuye. Ú. t. c. s. ‖ **2.** m. En un sistema de riegos, sitio en que se reparten las aguas.

repartimiento. m. Acción y efecto de repartir. ‖ **2.** Documento o registro en que consta lo que a cada uno se ha repartido. ‖ **3.** Sistema seguido en la repoblación, después de su reconquista cristiana en la Edad Media, en Andalucía y en Aragón, Mallorca y Levante. Consistía en una distribución de casas y heredades de las poblaciones reconquistadas entre los que habían tomado parte en su conquista.

repartir. tr. Distribuir una cosa dividiéndola en partes. ‖ **2.** Distribuir por lugares distintos o entre personas diferentes. Ú. t. c. prnl. ‖ **3.** Extender o distribuir uniformemente una materia sobre una superficie. ‖ **4.** Adjudicar los papeles de una obra dramática a los actores que han de representarla.

reparto. m. Acción y efecto de repartir. ‖ **2.** Relación de los personajes de una obra dramática, cinematográfica o televisiva, y de los actores que los encarnan.

repasar. tr. Volver a mirar, examinar o registrar una cosa. ‖ **2.** Volver a explicar la lección. ‖ **3.** Recorrer lo que se ha estudiado o recapacitar las ideas que se tienen en la memoria.

repaso. m. Acción y efecto de repasar. ‖ **2.** fam. **regañina.** ‖ **dar un repaso** a alguien. fr. fig. y fam. Demostrarle gran superioridad en conocimientos, habilidad, etc.

repatear. tr. fam. Fastidiar, desagradar mucho una cosa. Ú. t. c. intr.

repatriación. f. Acción y efecto de repatriar o repatriarse.

repatriar. tr. Devolver algo o a alguien a su patria. Ú. t. c. intr. y m. c. prnl.

repecho. m. Cuesta bastante pendiente y no larga.

repeinado, da. adj. fig. Dícese de la persona aliñada con afectación y exceso, especialmente en lo que toca a su rostro y cabeza.

repeinar. tr. Volver a peinar o peinar por segunda vez. ‖ **2.** Peinar muy cuidadosamente.

repelencia. f. Acción y efecto de repeler. ‖ **2.** Condición de repelente.

repelente. adj. Que arroja, lanza o echa de sí algo con impulso o violencia. ‖ **2.** fig. Repulsivo, repugnante. ‖ **3.** fig. y fam. Impertinente, redicho, sabelotodo.

repeler. tr. Arrojar, lanzar o echar de sí una cosa con impulso o violencia. ‖ **2.** Rechazar, contradecir una idea, proposición o aserto. ‖ **3.** Causar repugnancia o aversión. *Hay cosas que* REPELEN. Ú. t. c. prnl. ‖ **4.** Rechazar, no admitir una cosa a otra en su masa o composición. *Esta tela* REPELE *el agua.*

repelón. m. Tirón que se da del pelo. ‖ **2.** En las medias, hebra que, saliendo, encoge los puntos que están inmediatos.

repelús. m. Temor indefinido o repugnancia que inspira algo.

repeluzno. m. Escalofrío leve y pasajero. ‖ **2.** **repelús.**

repensar. tr. **reflexionar.** ❑ Irreg. Se conj. como *acertar.*

repente. m. Impulso brusco e inesperado que mueve a hacer o decir cosas del mismo tipo. *Le dio un* REPENTE *y se marchó.* ‖ **de repente.** loc. adv. Prontamente, sin preparación, sin discurrir o pensar.

repentino, na. adj. Que sucede rápidamente o de forma imprevista.

repentizar. tr. Ejecutar a la primera lectura un instrumentista o un cantante piezas de música. Ú. t. c. intr. ‖ **2.** Hacer sin preparación un discurso, una poesía. Ú. t. c. intr.

repercusión. f. Acción y efecto de repercutir. ‖ **2.** Circunstancia de tener mucha resonancia una cosa.

repercutir. intr. Producir eco el sonido. ‖ **2.** fig. Trascender, causar efecto una cosa en otra ulterior.

repertorio. m. Libro abreviado, índice o registro en que sucintamente se hace mención de cosas notables y otras informaciones, remitiéndose a lo que se expresa más latamente en otros escritos. ‖ **2.** Conjunto de obras dramáticas o musicales ya ejecutadas por cada actor, orquesta o cantante principal, o con que un empresario cuenta para hacer que se ejecuten en su teatro. ‖ **3.** Colección o recopilación de obras o de noticias de una misma clase.

repesar. tr. Volver a pesar una cosa, por lo común para asegurarse de la exactitud del primer peso.

repesca. f. Acción y efecto de repescar.

repescar. tr. fig. Admitir nuevamente al que ha sido eliminado en un examen, en una competición, etc.

repetición. f. Acción y efecto de repetir o repetirse. ‖ **2.** *Ret.* Figura que consiste en repetir a propósito palabras o conceptos. ‖ **de repetición.** loc. adj. Dícese del aparato o mecanismo que, una vez puesto en marcha, repite su acción automáticamente.

repetidor, ra. adj. Que repite. ‖ **2.** Dícese especialmente del alumno que repite un curso o una asignatura. Ú. m. c. s. ‖ **3.** m. Aparato electrónico que recibe una señal electromagnética y la vuelve a transmitir amplificada. Se emplea en comunicaciones, televisión, etc.

repetir. tr. Volver a hacer lo que se había hecho, o decir lo que se había dicho. ‖ **2.** En una comida, volver a servirse de un mismo guiso. Ú. t. c. intr. ‖ **3.** intr. Hablando de comidas o bebidas, venir a la boca el sabor de lo que se ha comido o bebido. ‖ **3.** prnl. Volver a suceder una cosa regularmente. *Los atascos* SE REPITEN *en esa zona todos los días.* ❑ Irreg. Se conj. como *pedir.*

repicar. tr. Tañer o sonar repetidamente y con cierto compás las campanas en señal de fiesta o regocijo. Se usa además hablando de otros instrumentos. Ú. t. c. intr.

repintar. tr. *Pint.* Pintar sobre lo ya pintado para restaurar cuadros que están maltratados, o para perfeccionar más las pinturas ya concluidas. ‖ **2.** prnl. **pintarrajearse,** pintarse o maquillarse mucho o muy mal.

repipi. adj. Afectado y pedante, dicho especialmente del niño. Ú. t. c. s.

repique. m. Acción y efecto de repicar o repicarse.

repiquetear. tr. Repicar con mucha viveza las campanas u otro instrumento sonoro. Ú. t. c. intr. ‖ **2.** Hacer ruido golpeando repetidamente sobre algo.

repiqueteo. m. Acción y efecto de repiquetear o repiquetearse.

repisa. f. Miembro arquitectónico, a modo de ménsula, que sirve para sostener un objeto de utilidad o adorno, o de piso a un balcón. ‖ **2.** Estante, placa de madera, cristal u otro material, de cualquier forma, colocada horizontalmenté contra la pared para servir de soporte a cualquier cosa.

replantar. tr. Volver a plantar en el suelo o sitio que ha estado plantado. ‖ **2.** Trasplantar un vegetal desde el sitio en que está a otro.

replantear. tr. Trazar en el terreno o sobre el plano de cimientos la planta de una obra ya estudiada y proyectada. ‖ **2.** Volver a plantear un problema o asunto.

replegar. tr. Plegar o doblar muchas veces. ‖ **2.** prnl. *Mil.* Retirarse en buen orden las tropas avanzadas. Ú. t. c. tr. ❑ Irreg. Se conj. como *acertar*.

repleto, ta. adj. Muy lleno, o tan lleno que ya no puede contener nada más.

réplica. f. Acción de replicar. ‖ **2.** Expresión, argumento o discurso con que se replica. ‖ **3.** Copia de una obra artística que reproduce con igualdad la original.

replicar. intr. Instar o argüir contra la respuesta o argumento. ‖ **2.** Responder oponiéndose a lo que se dice o manda. Ú. t. c. tr.

repliegue. m. Pliegue doble o irregular. ‖ **2.** *Mil.* Acción y efecto de replegarse las tropas.

repoblación. f. Acción y efecto de repoblar o repoblarse. ‖ **2.** Conjunto de árboles o especies vegetales en terrenos repoblados.

repoblar. tr. Volver a poblar. Ú. t. c. prnl. ‖ **2.** Poblar los lugares de los que se ha expulsado a los pobladores anteriores, o que han sido abandonados. ‖ **3.** Volver a plantar árboles y otras especies vegetales en un lugar. ❑ Irreg. Se conj. como *contar*.

repollo. m. Especie de col que tiene hojas firmes, comprimidas y abrazadas tan estrechamente, que forman entre todas, antes de echar el tallo, a manera de una cabeza. ‖ **2.** Grumo o cabeza más o menos redonda que forman algunas plantas, como la lombarda y cierta especie de lechugas, apiñándose o apretándose sus hojas unas sobre otras.

reponer. tr. Volver a poner, constituir, colocar a una persona o cosa en el empleo, lugar o estado que antes tenía. ‖ **2.** Reemplazar lo que falta o lo que se había sacado de alguna parte. ‖ **3.** Responder, replicar. ❑ Ú. solo en pret. indef. y en pret. imperfecto de subjuntivo. ‖ **4.** Volver a poner en escena una obra dramática, cinematográfica o musical ya estrenada en una temporada anterior. ‖ **5.** prnl. Recobrar la salud o la hacienda. ❑ Irreg. Se conj. como *poner*.

reportaje. m. Trabajo periodístico, cinematográfico, etc., de carácter informativo, referente a un personaje, suceso o cualquier otro tema. ‖ **gráfico.** Conjunto de fotografías sobre un suceso que aparece en un periódico o revista.

reportar. tr. Refrenar, reprimir o moderar una pasión de ánimo o al que la tiene. Ú. t. c. prnl. ‖ **2.** Retribuir, proporcionar, recompensar. ‖ **3.** *Amér.* Transmitir, comunicar, dar noticia.

reportero, ra. adj. Dícese del periodista que se dedica a los reportajes o noticias. Ú. t. c. s. ❑ No utilizar **repórter*.

reposado, da. adj. Sosegado, quieto, tranquilo.

reposapiés. m. **escabel.** ‖ **2.** Especie de estribo situado a ambos lados de las motocicletas para apoyar los pies.

reposar. intr. Descansar, suspender una persona una actividad o un trabajo para calmar la fatiga. Ú. c. tr. en la fr. **reposar la comida.** ‖ **2.** Descansar, durmiendo un breve sueño. Ú. t. c. prnl. ‖ **3.** Permanecer en quietud y paz y sin alteración una persona o cosa. Ú. t. c. prnl. ‖ **4.** Estar enterrado, yacer. Ú. t. c. prnl.

reposición. f. Acción y efecto de reponer o reponerse.

reposo. m. Acción y efecto de reposar o reposarse. ‖ **2.** *Fís.* Inmovilidad de un cuerpo respecto de un sistema de referencia.

repostar. tr. Reponer provisiones, pertrechos, combustibles, etc. Ú. t. c. prnl. *El acorazado fondeó para* REPOSTARSE.

repostería. f. Arte y oficio del repostero. ‖ **2.** Productos de este arte. ‖ **3.** Establecimiento donde se hacen y venden dulces, pastas, fiambres, embutidos y algunas bebidas.

repostero, ra. m. y f. Persona que tiene por oficio hacer pastas, dulces y algunas bebidas.

reprender. tr. Corregir, amonestar a uno vituperando o desaprobando lo que ha dicho o hecho.

reprensible. adj. Digno de reprensión.

reprensión. f. Acción de reprender. ‖ **2.** Expresión o razonamiento con que se reprende.

represa. f. Obra generalmente de cemento armado, para contener o regular el curso de las aguas. ‖ **2.** Lugar donde las aguas están detenidas o almacenadas, natural o artificialmente.

represalia. f. Derecho que se arrogan los enemigos para causarse recíprocamente igual o mayor daño que el que han recibido. Ú. m. en pl. ‖ **2.** Medida o trato de rigor que, sin llegar a ruptura violenta de relaciones, adopta un Estado contra otro para responder a los actos o determinaciones adversos de este. Ú. m. en pl.

represar. tr. Detener o estancar el agua corriente. Ú. t. c. prnl. ‖ **2.** Recobrar de los enemigos la embarcación que habían apresado. ‖ **3.** fig. Detener, contener, reprimir. Ú. t. c. prnl.

representable. adj. Que se puede representar o hacer visible.

representación. f. Acción y efecto de representar o representarse. ‖ **2.** Nombre antiguo de la obra dramática. ‖ **3.** Figura, imagen o idea que sustituye a la realidad. ‖ **4.** Conjunto de personas que representan a una entidad, colectividad o corporación.

representante. adj. Que representa. ‖ **2.** com. Persona que promueve y concierta la venta de los productos de una casa comercial, debidamente autorizada por esta. ‖ **3.** Persona que gestiona los contratos y asuntos profesionales a actores, artistas de todas clases, compañías teatrales, etc.

representar. tr. Hacer presente una cosa con palabras o figuras que la imaginación retiene. Ú. t. c. prnl. ‖ **2.** Recitar o ejecutar en público una obra dramática. ‖ **3.** Sustituir a uno o hacer sus veces, desempeñar su función o la de una entidad, empresa, etc. ‖ **4.** Ser imagen o símbolo de una cosa, o imitarla perfectamente. ‖ **5.** Importar mucho o poco una persona o cosa. *La amistad* REPRESENTA *mucho para mí.*

representativo, va. adj. Que sirve para representar otra cosa. ‖ **2. característico,** que tiene condición ejemplar o de modelo.

represión. f. Acción y efecto de represar o represarse. ‖ **2.** Acto, o conjunto de actos, ordinariamente desde el poder, para contener, detener o castigar con violencia actuaciones políticas o sociales.

represivo, va. adj. Que reprime.

represor, ra. adj. Que reprime. Ú. t. c. s.

reprimenda. f. Reprensión vehemente y prolija.

reprimir. tr. Contener, refrenar, templar o moderar. Ú. t. c. prnl. ‖ **2.** Contener, detener o castigar, por lo general desde el poder y con el uso de la violencia, actuaciones políticas o sociales.

reprobable. adj. Digno de reprobación o que puede reprobarse.

reprobación. f. Acción y efecto de reprobar.

reprobar. tr. No aprobar, dar por malo. ❑ Irreg. Se conj. como *contar.*

reprobatorio, ria. adj. Dícese de lo que reprueba o sirve para reprobar.

réprobo, ba. adj. Condenado a las penas eternas. Ú. t. c. s. ‖ **2.** Dícese de la persona condenada por su heterodoxia religiosa.

reprocesado. m. *Quím.* Tratamiento químico a que se somete el combustible nuclear, después de ser utilizado en los reactores, mediante el cual se recuperan uranio y plutonio para utilizarlos nuevamente.

reprochable. adj. Que puede reprocharse o es digno de reproche.

reprochar. tr. Reconvenir, echar en cara. Ú. t. c. prnl.

reproche. m. Acción de reprochar. ‖ **2.** Expresión con que se reprocha.

reproducción. f. Acción y efecto de reproducir o reproducirse. ‖ **2.** Cosa que reproduce o copia un original. ‖ **3.** Copia de un texto, una obra u objeto de arte conseguida por medios mecánicos.

reproducir. tr. Volver a producir o producir de nuevo. Ú. t. c. prnl. ‖ **2.** Sacar copia, en uno o en muchos ejemplares, de una obra de arte, objeto arqueológico, texto, etc. ‖ **3.** prnl. Engendrar y producir los seres vivos otros seres de sus mismos caracteres biológicos. ❑ Irreg. Se conj. como *conducir.*

reproductor, ra. adj. Que reproduce. Ú. t. c. s. ‖ **2.** m. y f. Animal destinado a mejorar su raza.

reprografía. f. Reproducción de los documentos por diversos medios: fotografía, microfilme, etc.

reptar. intr. Andar arrastrándose como algunos reptiles.

reptil o **réptil.** adj. *Zool.* Dícese de los animales vertebrados, ovíparos u ovovivíparos, de temperatura variable y respiración pulmonar que, por carecer de pies o por tenerlos muy cortos, caminan rozando la tierra con el vientre; como la culebra, el lagarto y el galápago. Ú. t. c. s. ‖ **2.** m. pl. *Zool.* Clase de estos animales.

república. f. Organización del Estado cuya máxima autoridad es elegida por los ciudadanos o por el Parlamento para un período determinado. Por ext., se aplica este nombre a algunos regímenes no monárquicos. ‖ **2.** Estado que posee este tipo de organización. ‖ **3.** Conjunto de ciudadanos de una sociedad. ‖ **de las letras,** o **literaria.** Conjunto de los hombres sabios y eruditos.

republicanismo. m. Condición de republicano. ‖ **2.** Sistema político que proclama la forma republicana para el gobierno de un Estado.

republicano, na. adj. Perteneciente o relativo a la república, forma de gobierno. ‖ **2.** Partidario de este género de gobierno. Ú. t. c. s.

repudiable. adj. Dícese de lo que puede ser repudiado. Ú. t. c. s.

repudiar. tr. Rechazar algo, no aceptarlo. REPUDIAR *la ley,* REPUDIAR *la paz,* REPUDIAR *un consejo.* ‖ **2.** Rechazar a la mujer propia.

repudio. m. Acción y efecto de repudiar. ‖ **2.** Renuncia. REPUDIO *del mundo,* REPUDIO *de los hábitos.*

repudrir. tr. Pudrir mucho. Ú. t. c. prnl. ‖ **2.** prnl. fig. y fam. Consumirse mucho interiormente, de callar o disimular un sentimiento o pesar. Ú. t. c. tr.

repuesto, ta. p. p. irreg. de **reponer.** ‖ **2.** m. Provisión de comestibles u otras cosas para cuando sean necesarias. ‖ **3. recambio,** pieza o parte de un mecanismo que se tiene dispuesta para sustituir a otra.

repugnancia. f. Oposición o contradicción entre dos cosas. || **2. asco,** alteración del estómago que incita al vómito. || **3.** Aversión que se siente o resistencia que se opone a consentir o hacer una cosa.

repugnante. adj. Que causa repugnancia o aversión.

repugnar. intr. Causar aversión o asco. *La mentira me* REPUGNA. *Ese olor me* REPUGNA.

repujado. m. Acción y efecto de repujar. || **2.** Obra repujada.

repujar. tr. Labrar a martillo chapas metálicas, de modo que en una de sus caras resulten figuras de relieve, o hacerlas resaltar en cuero u otra materia adecuada.

repulido, da. adj. Acicalado, peripuesto.

repulir. tr. Volver a pulir una cosa. || **2.** Acicalar, componer con demasiada afectación. Ú. t. c. prnl.

repulsa. f. Condena enérgica de algo.

repulsión. f. Acción y efecto de repeler. || **2.** Repugnancia, aversión.

repulsivo, va. adj. Que causa repulsión.

reputación. f. Opinión que las gentes tienen de una persona. || **2.** Opinión que las gentes tienen de uno como sobresaliente en una ciencia, arte o profesión.

reputado, da. adj. Reconocido públicamente como experto en una profesión.

reputar. tr. Juzgar o hacer concepto del estado o calidad de una persona o cosa. Ú. t. c. prnl.

requebrar. tr. fig. Adular, lisonjear. ❑ Irreg. Se conj. como *acertar.*

requemado, da. adj. Que tiene color oscuro, tirando a negro, por haber estado al fuego o a la intemperie.

requemar. tr. Volver a quemar. Ú. t. c. prnl. || **2.** Tostar con exceso. Ú. t. c. prnl. || **3.** Causar la ingestión de algo picor o ardor en la boca o en la garganta. || **4.** prnl. fig. Dolerse interiormente y sin darlo a conocer.

requerimiento. m. Acción y efecto de requerir. || **2.** *Der.* Acto judicial por el que se intima que se haga o se deje de ejecutar una cosa. ❑ No confundir con *requisito.*

requerir. tr. Intimar, avisar o hacer saber una cosa con autoridad pública. || **2.** Necesitar. || **3.** Solicitar, pretender, explicar uno su deseo o pasión amorosa. ❑ Irreg. Se conj. como *sentir.*

requesón. m. Masa blanca y blanda que se hace cuajando la leche en moldes de mimbres por entre los cuales se escurre el suero. || **2.** Cuajada que se obtiene de los residuos de la leche después de hecho el queso.

requeté. m. Cuerpo de voluntarios que, distribuidos en tercios, lucharon en las guerras civiles españolas en defensa de la tradición religiosa y monárquica. || **2.** Individuo afiliado a este cuerpo, aun en tiempo de paz.

requetebién. adv. m. fam. Muy bien.

requiebro. m. Dicho o expresión con que se requiebra.

réquiem. m. Composición musical que se canta con el texto litúrgico de la misa de difuntos, o parte de él. ❑ pl. invar.

requiéscat in pace. expr. lat. que literalmente dice «descanse en paz», y se aplica en la liturgia como despedida a los difuntos, en las inscripciones tumularias, esquelas mortuorias, etc.

requisa. f. Revista o inspección de las personas o de las dependencias de un establecimiento. || **2.** *Der.* Expropiación por la autoridad competente de ciertos bienes de propiedad particular, aptos para las necesidades de interés público.

requisar. tr. Hacer recuento y embargo de caballos, vehículos, alimentos y otras cosas para el servicio militar. || **2.** *Der.* Expropiar la autoridad competente ciertos bienes como tierras, alimentos, etc., considerados aptos para las necesidades de interés público.

requisito. m. Circunstancia o condición necesaria para una cosa. ❑ No confundir con *requerimiento.*

requisitorio, ria. adj. *Der.* Aplícase al despacho en que un juez requiere a otro para que ejecute un mandamiento. Ú. m. c. s. f. y a veces c. m.

res. f. Cualquier animal cuadrúpedo de ciertas especies domésticas, como del ganado vacuno, lanar, etc., o de los salvajes, como venados, jabalíes, etc.

resabiado, da. adj. Que tiene un vicio o mala costumbre difícil de quitar. Aplícase especialmente a los caballos y a las reses de lidia. || **2.** Dícese de la persona que, por su experiencia vital, ha perdido su ingenuidad volviéndose agresiva o desconfiada.

resabiar. tr. Hacer tomar un vicio o mala costumbre. Ú. t. c. prnl.

resabio. m. Sabor desagradable que deja una cosa. || **2.** Vicio o mala costumbre que se toma o adquiere.

resaca. f. Movimiento en retroceso de las olas después que han llegado a la orilla. || **2.** Malestar que padece al despertar quien ha bebido en exceso.

resalado, da. adj. fig. y fam. Que tiene mucha sal, gracia y donaire.

resaltar. intr. Sobresalir en parte un cuerpo de otro en los edificios u otras cosas. || **2.** fig. Distinguirse, sobresalir o destacarse mucho una cosa de otra.

resalte. m. Parte que sobresale.

resanar. tr. Reparar los desperfectos que en su superficie presenta una pared, un mueble, etc. || **2.** Eliminar la parte dañada de una tabla, una fruta, etc.

resarcir. tr. Indemnizar, reparar, compensar un daño, perjuicio o agravio. Ú. t. c. prnl.

resbaladizo, za. adj. Dícese de lo que se resbala o escurre fácilmente. || **2.** fig. Dícese de lo que expone a incurrir en algún desliz.

resbalar. intr. Escurrirse, deslizarse. Ú. t. c. prnl. || **2.** fig. Incurrir en un desliz. Ú. t. c. prnl. || **resbalarle** a uno algo. fr. verbal. Dejar indiferente, no afectar lo que se oye o lo que sucede.

resbalón. m. Acción y efecto de resbalar o resbalarse. || **2.** En las cerraduras, tipo de pestillo que se encaja por la presión de un resorte.

rescatado. m. Juego que recibe diversos nombres, y en el que participan dos bandos de chicos elegidos por dos capitanes. Los de un bando tratan de atrapar a los del contrario. Los atrapados pueden ser **rescatados** por los de su propio bando.

rescatar. tr. Recobrar por precio o por fuerza lo que el enemigo ha cogido, y por ext., cualquier cosa que pasó a ajena mano. || **2.** fig. Liberar del peligro, daño, trabajo, molestia, opresión, etc. Ú. t. c. prnl. || **3.** fig. Recuperar para su uso algún objeto que se tenía olvidado, estropeado o perdido.

rescate. m. Acción y efecto de rescatar. || **2.** Dinero con que se rescata, o que se pide para ello. || **3. rescatado,** juego.

rescindir. tr. Dejar sin efecto un contrato, obligación, etc.

rescisión. f. Acción y efecto de rescindir.

rescisorio, ria. adj. Dícese de lo que rescinde, sirve para rescindir o dimana de la rescisión.

rescoldo. m. Brasa menuda resguardada por la ceniza.

resecar[1]**.** tr. *Cir.* Efectuar la resección de un órgano.

resecar[2]**.** tr. Secar mucho. Ú. t. c. prnl.

resección. f. *Cir.* Extirpación total o parcial de un órgano.

reseco, ca. adj. Demasiado seco. || **2.** Flaco, enjuto, de pocas carnes.

reseda. f. Planta herbácea anual, de la familia de las resedáceas, con tallos ramosos de uno a dos decímetros de altura, hojas alternas, enteras o partidas en tres gajos, y flores amarillentas. Es originaria de Egipto, y por su olor agradable se cultiva en los jardines. || **2.** Flor de esta planta.

resedáceo, a. adj. *Bot.* Dícese de plantas dicotiledóneas herbáceas, angiospermas, de hojas alternas, enteras o más o menos hendidas, con estípulas glandulosas, flores en espigas, fruto capsular y semillas sin albumen; como la reseda y la gualda. Ú. t. c. s. || **2.** f. pl. *Bot.* Familia de estas plantas.

resembrar. tr. Volver a sembrar un terreno o parte de él por haberse malogrado la primera siembra.

resentido, da. adj. Dícese de la persona que muestra o tiene algún resentimiento. Ú. t. c. s. || **2.** Por ext., que se siente maltratado por la sociedad o por la vida en general. Ú. t. c. s.

resentimiento. m. Acción y efecto de resentirse.

resentirse. prnl. Empezar a flaquear o perder fuerza. || **2.** fig. Tener sentimiento, pesar o enojo por una cosa. || **3.** Sentir dolor o molestia en alguna parte del cuerpo, a causa de alguna enfermedad o dolencia pasada. ❑ Irreg. Se conj. como *sentir.* Ú. con la prep. *de.*

reseña. f. Nota que se toma de los rasgos distintivos de una persona, animal o cosa para su identificación. || **2.** Noticia y examen de una obra literaria o científica.

reseñar. tr. Hacer una reseña.

resero, ra. m. y f. Persona que cuida de las reses. || **2.** Persona que las compra para expenderlas.

reserva. f. Guarda o custodia que se hace de una cosa, o prevención de ella para que sirva a su tiempo. || **2.** Discreción, circunspección, comedimiento. || **3.** Parte del ejército o armada de una nación, que terminó su servicio activo, pero que puede ser movilizada. || **4.** Vino o licor que posee una crianza mínima de tres años en envase de roble o en botella. || **5.** f. pl. **recursos,** elementos disponibles para resolver una necesidad o llevar a cabo una empresa.

reservado, da. adj. Cauteloso, reacio en manifestar su interior. || **2.** m. Zona o parte de un establecimiento público, edificio, medio de transporte, o de un parque o jardín, que se destina a ciertas personas o a un uso determinado.

reservar. tr. Guardar algo para lo futuro. || **2.** Destinar un lugar o una cosa, de un modo exclusivo, para uso o persona determinados. || **3.** Encubrir, ocultar, callar una cosa. || **4.** prnl. Conservarse o irse deteniendo para mejor ocasión.

reservista. adj. Dícese del militar perteneciente a la reserva, o que no está en servicio activo. Ú. t. c. s.

reservorio. m. *Bot.* y *Zool.* Depósito de sustancias nutritivas o de desecho destinadas a ser utilizadas o eliminadas por la célula o el organismo.

resfriado. m. Destemple general del cuerpo,

ocasionado por interrumpirse la transpiración. ‖ **2.** Enfriamiento, catarro.

resfriar. intr. Empezar a hacer frío. ‖ **2.** prnl. Contraer resfriado.

resguardar. tr. Defender o proteger. ‖ **2.** prnl. Protegerse, precaverse o prevenirse contra un daño. ❑ Como prnl., ú. con la prep. *de.*

resguardo. m. Guardia, seguridad que se pone en una cosa. ‖ **2.** Documento que acredita haberse realizado determinada gestión, pago o entrega.

residencia. f. Acción y efecto de residir. ‖ **2.** Lugar en que se reside. ‖ **3.** Casa o edificio en que se vive, en especial el lujoso. ‖ **4.** Casa donde, sujetándose a determinada reglamentación, residen y conviven personas afines por la ocupación, el sexo, el estado, la edad, etc. RESIDENCIA *de estudiantes, de viudas, de ancianos.*

residencial. adj. Dícese de la parte de una ciudad destinada principalmente a viviendas, donde por lo general residen las clases más acomodadas, a diferencia de los barrios populares, industriales y comerciales, etc.

residente. adj. Que reside. ‖ **2.** Dícese de ciertos funcionarios o empleados que viven en el lugar donde tienen el cargo o empleo. *Médico* RESIDENTE. Ú. t. c. s.

residir. intr. Estar establecido en un lugar. ‖ **2.** fig. Estar o radicar en un punto o en una cosa el quid de aquello de que se trata.

residual. adj. Perteneciente o relativo al residuo.

residuo. m. Parte o porción que queda de un todo. ‖ **2.** Lo que resulta de la descomposición o destrucción de una cosa. ‖ **3.** Material que queda como inservible después de haber realizado un trabajo u operación. Ú. m. en pl. ‖ **4.** *Álg.* y *Arit.* Resultado de la operación de restar.

resiembra. f. Acción y efecto de resembrar.

resignación. f. Conformidad, tolerancia y paciencia en las adversidades.

resignarse. prnl. Conformarse con las adversidades.

resina. f. Sustancia sólida o de consistencia pastosa, insoluble en el agua, soluble en el alcohol y en los aceites esenciales, y capaz de arder en contacto con el aire. Obtiénese naturalmente como producto que fluye de varias plantas.

resinar. tr. Sacar resina a ciertos árboles haciendo incisiones en el tronco.

resinero, ra. adj. Perteneciente o relativo a la resina. *Industria* RESINERA. ‖ **2.** m. El que tiene por oficio resinar.

resinoso, sa. adj. Que tiene mucha resina. ‖ **2.** Que participa de alguna de las cualidades de la resina. *Gusto, olor* RESINOSO.

resistencia. f. Acción y efecto de resistir o resistirse. ‖ **2.** Capacidad para resistir. ‖ **3.** Conjunto de las personas que, normalmente en la clandestinidad, se oponen con violencia a los invasores de un territorio o a una dictadura. ‖ **4.** *Mec.* Causa que se opone a la acción de una fuerza. ‖ **5.** *Electr.* Magnitud que mide la dificultad del paso de una corriente eléctrica por un conductor. Su unidad en el Sistema Internacional es el ohmio. ‖ **6.** *Electr.* Elemento que se intercala en un circuito para dificultar el paso de la corriente o para hacer que esta se transforme en luz o calor.

resistible. adj. Que puede ser resistido.

resistidero. m. Tiempo después del mediodía en que aprieta más el calor.

resistir. intr. Oponerse un cuerpo o una fuerza a la acción o violencia de otra. Ú. t. c. tr. y c. prnl. ‖ **2.** Pervivir una persona o animal o durar una cosa. *Este coche todavía* RESISTE. ‖ **3.** tr. Tolerar, aguantar o sufrir. ‖ **4.** prnl. Oponerse con fuerza alguien a lo que se expresa. SE RESISTIÓ *a ser detenido.*

resma. f. Conjunto de veinte manos de papel.

resmilla. f. Paquete de veinte cuadernillos de papel de cartas.

resol. m. Reverberación del sol.

resollar. intr. Respirar fuertemente y con algún ruido. ❑ Irreg. Se conj. como *contar.*

resoluble. adj. Que se puede resolver.

resolución. f. Acción y efecto de resolver o resolverse. ‖ **2.** Actividad, prontitud, viveza. ‖ **3.** Decreto, providencia, auto o fallo de autoridad gubernativa o judicial.

resolutivo, va. adj. Aplícase al orden o método en que se procede analíticamente o por resolución.

resoluto, ta. adj. Dícese del que obra con decisión y firmeza.

resolutorio, ria. adj. Que tiene, motiva o denota resolución.

resolver. tr. Tomar determinación fija y decisiva. ‖ **2.** Desatar una dificultad o dar solución a una duda. ‖ **3.** Hallar la solución de un problema. ‖ **4.** *Fís. y Med.* Hacer que se disipe, desvanezca, exhale o evapore una cosa; dividir, atenuar. Ú. t. c. prnl. ‖ **5.** prnl. Decidirse a decir o hacer una cosa. ❑ Irreg. Se conj. como *mover;* p. p. irreg.: *resuelto.*

resonador, ra. adj. Que resuena. ‖ **2.** m. *Fís.* Cuerpo sonoro dispuesto para entrar en vibración cuando recibe ondas acústicas de determinada frecuencia y amplitud. Se usa principalmente para aislar los sonidos secundarios que acompañan al fundamental.

resonancia. f. Prolongación del sonido, que se va disminuyendo por grados. ‖ **2.** Sonido producido por repercusión de otro. ‖ **3.** fig. Gran divulgación o propagación que adquieren un hecho o las cualidades de una persona en alas de la fama.

resonante. adj. Que resuena. ‖ **2.** Que ha alcanzado mucha resonancia.

resonar. intr. Hacer sonido por repercusión. Ú. en poesía c. tr. ‖ **2.** Sonar mucho. Ú. en poesía c. tr. ❑ Irreg. Se conj. como *contar.*

resoplar. intr. Dar resoplidos.

resoplido. m. Resuello fuerte.

resorte. m. **muelle,** pieza, generalmente de metal, que puede recobrar su posición si se la separa de ella. ‖ **2.** fig. Medio material o inmaterial de que uno se vale para lograr un fin.

respaldar. tr. fig. Proteger, apoyar, garantizar. ‖ **2.** prnl. Inclinarse de espaldas o arrimarse al respaldo de la silla o banco.

respaldo. m. Parte de un asiento en que descansa la espalda. ‖ **2.** fig. Apoyo, protección, garantía. *Vive desahogadamente gracias al* RESPALDO *de su familia.*

respectar. tr. Tocar, pertenecer, atañer. ‖ **por lo que respecta a.** loc. prepos. En lo que toca o atañe a.

respectivo, va. adj. Dicho de los miembros de una serie, que tienen correspondencia, por unidades o grupos, con los miembros de otra serie. *Cada profesor estaba en su aula* RESPECTIVA. *Los alumnos iban acompañados de sus* RESPECTIVOS *profesores.*

respecto. m. Razón, relación o proporción de una cosa a otra. ‖ **al respecto.** loc. adv. En relación con aquello de que se trata.

respetable[1]. adj. Digno de respeto. ‖ **2.** Ú. a veces con carácter ponderativo. *Hallarse a* RESPETABLE *distancia.*

respetable[2] (el). m. Modo de designar al público del teatro u otros espectáculos, por lo general con cierto matiz familiar o humorístico.

respetar. tr. Tener respeto, veneración, acatamiento. ‖ **2.** Tener miramiento, consideración.

respeto. m. Miramiento, consideración, deferencia. ‖ **2.** fig. **miedo,** recelo, aprensión ante algo o alguien. ‖ **3.** pl. Manifestaciones de acatamiento que se hacen por cortesía.

respetuoso, sa. adj. Que observa veneración, cortesía y respeto.

réspice. m. fam. Respuesta seca y desabrida.

respingar. intr. Sacudirse la bestia y gruñir porque la lastima o molesta una cosa o le hace cosquillas. ‖ **2.** fig. y fam. Resistir, repugnar, hacer gruñendo lo que se manda.

respingo. m. Sacudida violenta del cuerpo, causada por un sobresalto, sorpresa, etc.

respiración. f. Acción y efecto de respirar. ‖ **2.** Aire que se respira. ‖ **3.** Entrada y salida libre del aire en un aposento u otro lugar cerrado. ‖ **artificial.** Conjunto de maniobras que se practican en el cuerpo de una persona exánime por algún accidente, para restablecer la **respiración.**

respiradero. m. Abertura por donde entra y sale el aire. ‖ **2.** Abertura de las cañerías para dar salida al aire.

respirador, ra. adj. Que respira. ‖ **2.** *Zool.* Aplícase a los músculos que sirven para la respiración.

respirar. intr. Absorber el aire los seres vivos, por pulmones, branquias, tráquea, etc., tomando parte de las sustancias que lo componen, y expelerlo modificado. Ú. t. c. tr. ‖ **2.** fig. Tener salida o comunicación con el aire externo o libre un fluido que está encerrado. ‖ **3.** fig. Descansar, aliviarse del trabajo, salir de la opresión o del calor excesivo, o de un agobio, dificultad, etc. ‖ **4.** fig. Tener de manera ostensible la persona de quien se habla, la cualidad o el estado de ánimo a que se alude. RESPIRAR *simpatía, temor, bondad, satisfacción,* etc. Por ext., se aplica a las cosas. *La noche* RESPIRA *amor.*

respiratorio, ria. adj. Que sirve para la respiración o la facilita. *Órgano, aparato* RESPIRATORIO.

respiro. m. fig. Rato de descanso en el trabajo, para volver a él con nuevo aliento. ‖ **2.** fig. Alivio, descanso en medio de una fatiga, pena o dolor.

resplandecer. intr. Despedir rayos de luz una cosa. ‖ **2.** fig. Sobresalir, aventajarse a otra cosa. ❑ Irreg. Se conj. como *agradecer.*

resplandor. m. Luz muy clara que arroja o despide el Sol u otro cuerpo luminoso. ‖ **2.** fig. Brillo de algunas cosas.

responder. tr. Contestar, satisfacer a lo que se pregunta o propone. ‖ **2.** Contestar uno al que le llama o al que toca a la puerta. ‖ **3.** Contestar al billete o carta que se ha recibido. ‖ **4.** Replicar a los requerimientos o afirmaciones de otro. ❑ En esta acepción existe una forma originaria del pretérito perfecto simple, *repuso,* que alterna con la regular, *respondió. No podré ir a esa fiesta,* REPUSO (O RESPONDIÓ) *la invitada.* ‖ **5.** intr. fig. Dicho de las cosas inanimadas, surtir el efecto que se desea o pretende. ‖ **6.** Corresponder con una acción a la realizada por otro. *A la intimación que les hicimos,* RESPONDIERON *a tiros.* ‖ **7.** Asegurar una cosa haciéndose responsable de ella. RESPONDO *del buen comportamiento de mi recomendada.*

respondón, na. adj. fam. Que tiene el vicio de replicar irrespetuosamente. Ú. t. c. s.

responsabilidad. f. Calidad de responsable. ‖ **2.** Deuda, obligación de reparar y satisfacer, por sí o por otro, a consecuencia de delito, de una culpa o de otra causa legal. ‖ **3.** Cargo u obligación moral que resulta para uno del posible yerro en cosa o asunto determinado.

responsabilizar. tr. Hacer a una persona responsable de alguna cosa, atribuirle responsabilidad en ella. ‖ **2.** prnl. Asumir la responsabilidad de alguna cosa.

responsable. adj. Obligado a responder de alguna cosa o por alguna persona. ‖ **2.** Dícese de la persona que pone cuidado y atención en lo que hace o decide. ‖ **3.** Culpable de una cosa.

responso. m. Responsorio que, separado del rezo, se dice por los difuntos.

responsorio. m. Ciertas oraciones que se dicen después de maitines.

respuesta. f. Satisfacción a una pregunta, duda o dificultad. ‖ **2.** Contestación a una carta o billete. ‖ **3.** Efecto que se pretende conseguir con una acción. *A pesar de la propaganda, no hubo una* RESPUESTA *positiva de los lectores.*

resquebrajadura. f. Hendedura, grieta.

resquebrajar. tr. Hender ligera y a veces superficialmente algunos cuerpos duros, en especial la madera, la loza, el yeso, etc. Ú. m. c. prnl.

resquebrar. tr. Empezar a quebrarse, henderse o saltarse una cosa. Ú. t. c. prnl. ❑ Irreg. Se conj. como *acertar.* No confundir con *requebrar.*

resquemor. m. Sentimiento causado en el ánimo por algo penoso.

resquicio. m. Abertura que hay entre el quicio y la puerta. ‖ **2.** Por ext., cualquier otra hendedura pequeña.

resta. f. *Álg.* y *Arit.* Operación de restar, una de las cuatro reglas fundamentales de la aritmética y del álgebra. ‖ **2.** *Álg.* y *Arit.* Residuo, resultado de la operación de restar.

restablecer. tr. Volver a establecer una cosa o ponerla en el estado que antes tenía. ‖ **2.** prnl. Recuperarse de una dolencia, enfermedad u otro daño. ❑ Irreg. Se conj. como *agradecer.*

restablecimiento. m. Acción y efecto de restablecer o restablecerse.

restallar. intr. Crujir, hacer fuerte ruido.

restante. adj. Que resta. ‖ **2.** m. **resta,** residuo, resultado de la operación de restar.

restañar. tr. Estancar, parar o detener el curso de un líquido o humor. Se usa especialmente hablando del derrame de la sangre. Ú. t. c. intr. y c. prnl.

restar. tr. Disminuir, rebajar, cercenar. *Su mal comportamiento le* HA RESTADO *mucha autoridad.* ‖ **2.** *Álg.* y *Arit.* Hallar la diferencia entre dos cantidades. ‖ **3.** En el juego de pelota, devolver el saque de los contrarios o del contrario. ❑ No confundir con *quedar.*

restauración. f. Acción y efecto de restaurar. ‖ **2.** Restablecimiento en un país del régimen político que existía y que había sido sustituido por otro. ‖ **3.** Reposición en el trono de un rey destronado o del representante de una dinastía derrocada. ‖ **4.** Período histórico que comienza con esta reposición.

restaurador, ra. adj. Que restaura. Ú. t. c. s. ‖ **2.** m. y f. Persona que tiene por oficio restaurar pinturas, estatuas, porcelanas y otros objetos artísticos o valiosos.

restaurante. m. Establecimiento público donde se sirven comidas y bebidas, mediante precio, para ser consumidas en el mismo local.

restaurar. tr. Recuperar o recobrar. ‖ **2.** Reparar, renovar o volver a poner una cosa en aquel estado o estimación que antes tenía. ‖ **3.** Reparar una pintura, escultura, edificio, etc., del deterioro que ha sufrido.

restitución. f. Acción y efecto de restituir.

restituible. adj. Que se puede restituir.

restituir. tr. Volver una cosa a quien la tenía antes. ‖ **2.** Restablecer o poner una cosa en el estado que antes tenía. ❑ Irreg. Se conj. como *huir.*

resto. m. Parte que queda de un todo. ‖ **2.** Cantidad que en los juegos de envite se considera para jugar y envidar. ‖ **3.** Jugador que devuelve la pelota al saque. ‖ **4.** Acción de restar, en el juego de la pelota. ‖ **5.** *Álg.* y *Arit.* Resultado de la operación de restar. ‖ **6.** pl. Residuos, sobras de comida. ‖ **de la división.** *Mat.* Diferencia entre el dividendo y el producto del divisor por el cociente. ‖ **restos mortales.** El cuerpo humano después de muerto, o parte de él. ‖ **echar,** o **envidar, el resto.** fig. y fam. Hacer todo el esfuerzo posible.

restorán. m. **restaurante.**

restregar. tr. Estregar o frotar mucho y con ahínco una cosa con otra. ❑ Irreg. Se conj. como *acertar.*

restregón. m. Acción de restregar. ‖ **2.** Señal que queda de restregar.

restricción. f. Acción y efecto de restringir, limitar o reducir.

restrictivo, va. adj. Dícese de lo que restringe, limita o acorta.

restringir. tr. Ceñir, circunscribir, reducir a menores límites.

resucitar. tr. Volver la vida a un muerto. ‖ **2.** fig. y fam. Restablecer, renovar, dar nuevo ser a una cosa. ‖ **3.** intr. Volver uno a la vida.

resuello. m. Aliento o respiración, especialmente la violenta.

resuelto, ta. p. p. irreg. de **resolver.** ‖ **2.** adj. Demasiado determinado, audaz, arrojado y libre.

resulta. f. Efecto, consecuencia. ‖ **2.** Vacante que queda de un empleo, por ascenso, traslado o jubilación del que lo tenía.

resultado. m. Efecto y consecuencia de un hecho, operación o deliberación.

resultante. adj. Que resulta.

resultar. intr. Nacer, originarse o venir una cosa de otra. ‖ **2.** Aparecer, manifestarse o comprobarse una cosa. *Su figura, aunque desgarbada,* RESULTA *noble. La casa* RESULTA *pequeña.* ‖ **3.** Llegar a ser. ‖ **4.** Tener buen o mal resultado. *Los esfuerzos* RESULTARON *vanos.*

resultón, na. adj. fam. Que gusta por su aspecto agradable.

resumen. m. Acción y efecto de resumir o resumirse. ‖ **2.** Exposición resumida en un asunto o materia.

resumir. tr. Reducir a términos breves y precisos, o considerar tan solo y repetir abreviadamente, lo esencial de un asunto o materia. Ú. t. c. prnl. ‖ **2.** prnl. Convertirse, comprenderse, resolverse una cosa en otra.

resurgimiento. m. Acción y efecto de resurgir.

resurgir. intr. Surgir de nuevo, volver a aparecer. ‖ **2.** Volver a la vida.

resurrección. f. Acción de resucitar. ‖ **2.** n. p. f. Por excelencia, la de Jesucristo.

retablo. m. Conjunto o colección de figuras pintadas o de talla, que representan en serie una historia o suceso. ‖ **2.** Obra de arquitectura, hecha de piedra, madera u otra materia, que compone la decoración de un altar.

retaco, ca. adj. Dícese de la persona de baja estatura y, en general, rechoncha. Ú. m. c. s. ‖ **2.** m. Escopeta corta muy reforzada en la recámara.

retaguardia. f. Hablando de una fuerza desplegada o en columna, la porción o cada una de las porciones más alejadas del enemigo o, simplemente, la que se mantiene o avanza en último lugar. ‖ **2.** En tiempo de guerra, la zona no ocupada por los ejércitos.

retahíla. f. Serie de muchas cosas que están, suceden o se mencionan por su orden.

retal. m. Pedazo sobrante de una tela, piel, chapa metálica, etc.

retama. f. Mata de la familia de las papilionáceas, de dos a cuatro metros de altura, con muchas ramas delgadas, largas, flexibles, de color verde ceniciento y algo angulosas; hojas muy escasas, pequeñas, lanceoladas; flores amarillas en racimos laterales y fruto de vaina globosa con una sola semilla negruzca. Es común en España y apreciada para combustible de los hornos de pan.

retamal. m. Sitio poblado de retamas.

retamar. m. Sitio poblado de retamas.

retar. tr. Desafiar a duelo o pelea, o a competir en cualquier terreno.

retardar. tr. Diferir, detener, entorpecer, dilatar. Ú. t. c. prnl.

retazo. m. Retal o pedazo de una tela. ‖ **2.** Por ext., pedazo de cualquier cosa.

retemblar. intr. Temblar con movimiento repetido. ❑ Irreg. Se conj. como *acertar.*

retén. m. Repuesto o prevención que se tiene de una cosa. ‖ **2.** *Mil.* Tropa que en más o menos número se pone sobre las armas, cuando las circunstancias lo requieren, para reforzar, especialmente de noche, uno o más puestos militares.

retención. f. Acción y efecto de retener. ‖ **2.** Parte o totalidad retenida de un sueldo, salario u otro haber. ‖ **3.** Detención o marcha muy lenta de los vehículos provocada por su aglomeración o por obstáculos que impiden o dificultan su circulación normal.

retener. tr. Impedir que algo salga, se mueva, se elimine o desaparezca; conservar, guardar en sí. ‖ **2.** Conservar en la memoria una cosa. ‖ **3.** Interrumpir o dificultar el curso normal de algo. ‖ **4.** Suspender en todo o en parte el pago del sueldo, salario u otro haber que uno ha devengado, hasta que satisfaga lo que debe, por disposición judicial, gubernativa o administrativa. ‖ **5.** Descontar de un pago o de un cobro una cantidad como impuesto fiscal. ‖ **6.** Imponer prisión preventiva, arrestar. ❑ Irreg. Se conj. como *tener.*

retentar. tr. Volver a amenazar la enfermedad, dolor o accidente que se padeció ya, o resentirse de él. ❑ Irreg. Se conj. como *acertar.*

retentiva. f. Memoria, facultad de acordarse.

reticencia. f. Reserva, desconfianza. ‖ **2.** *Ret.* Figura que consiste en dejar incompleta una frase o insinuar algo, dando, sin embargo, a entender el sentido de lo que no se dice, y a veces más de lo que se calla.

reticente. adj. Reservado, desconfiado.

retícula. f. Conjunto de hilos o líneas que se ponen en un instrumento óptico para precisar la visual.

reticular. adj. De figura de redecilla o red. *Aparejo, membrana* RETICULAR.

retículo. m. Tejido en forma de red. Se toma generalmente por la estructura filamentosa de las plantas. ‖ **2.** Conjunto de dos o más hilos o líneas cruzadas que se ponen en el foco de ciertos instrumentos ópticos y sirve para precisar la visual o efectuar medidas muy delicadas. ‖ **3.** *Zool.* Segunda de las cuatro cavidades del estómago de los rumiantes.

retina. f. *Anat.* Membrana interior del ojo, constituida por varias capas de células, que recibe imágenes y las envía al cerebro a través del nervio óptico.

retintín. m. Sonido que deja en los oídos la campana u otro cuerpo sonoro. ‖ **2.** fig. y fam. Tonillo y modo de hablar, por lo común para zaherir a uno.

retirada. f. Acción y efecto de retirarse. ‖ **2. retreta,** toque militar. ‖ **3.** *Mil.* Acción de retroceder en orden, apartándose del enemigo.

retirado, da. adj. Distante, apartado de un lugar. ‖ **2.** Dícese del militar que deja oficialmente el servicio, conservando algunos derechos. Ú. t. c. s. ‖ **3.** Por ext., dícese también de funcionarios, obreros, etc., que alcanzan la situación de retiro.

retirar[1]. tr. Apartar o separar una persona o cosa de otra o de un sitio. Ú. t. c. prnl. ‖ **2.** fig. Desdecirse, declarar alguien que no mantiene lo dicho. RETIRO *mis palabras.* ‖ **3.** fig. Negar, dejar de dar alguna cosa. *Le* RETIRÓ *el saludo.* ‖ **4.** prnl. Irse a dormir. ‖ **5.** Irse a casa. ‖ **6.** Abandonar un trabajo, una competición, una empresa.

retirar[2]. tr. *Impr.* Estampar por el revés el pliego que ya lo está por la cara.

retiro. m. Acción y efecto de retirarse. ‖ **2.** Lugar apartado y distante de la concurrencia y bullicio de la gente. ‖ **3.** Ejercicio piadoso que consiste en practicar ciertas devociones retirándose por uno o más días, en todo o en parte, de las ocupaciones ordinarias. ‖ **4.** Situación del militar, funcionario, obrero, etc., retirado. ‖ **5.** Sueldo, haber o pensión que perciben los retirados.

reto. m. Acción de amenazar. ‖ **2.** Provocación o citación al duelo o desafío. ‖ **3.** Objetivo o empeño difícil de llevar a cabo, y que constituye por ello un estímulo y un desafío para quien lo afronta.

retocar. tr. Volver a tocar. ‖ **2.** Tocar repetidamente. ‖ **3.** fig. Recorrer y dar la última mano a cualquier cosa.

retomar. tr. Volver a tomar, reanudar algo que se había interrumpido.

retoñar. intr. Volver a echar vástagos la planta. ‖ **2.** fig. Reproducirse, volver de nuevo lo que había dejado de ser o estaba amortiguado.

retoño. m. Vástago o tallo que echa de nuevo la planta. ‖ **2.** fig. y fam. Hablando de personas, hijo, y especialmente el de corta edad.

retoque. m. Nueva mano que se da a cualquier obra para quitar sus faltas o componer ligeros desperfectos. Se usa principalmente hablando de las pinturas.

retorcer. tr. Torcer mucho una cosa, dándole vueltas alrededor. Ú. t. c. prnl. ‖ **2.** fig. Interpretar siniestramente una cosa, dándole un sentido diferente del que tiene. ‖ **3.** prnl. Hacer movimientos, contorsiones, etc., por un dolor muy agudo, risa violenta, etc. ❑ Irreg. Se conj. como *mover;* doble p. p.: *retorcido* (reg.) y *retuerto* (irreg.).

retorcido, da. adj. fam. Dícese de la persona que trata de ocultar, generalmente con malos propósitos, el fin al que se dirigen sus acciones. ‖ **2.** Dícese del lenguaje o modo de hablar confuso o de difícil comprensión.

retorcimiento. m. Acción y efecto de retorcer o retorcerse.

retórica. f. Arte de bien decir, de embellecer la expresión de los conceptos, de dar al lenguaje escrito o hablado eficacia bastante para deleitar, persuadir o conmover.

retórico, ca. adj. Perteneciente a la retórica.

retornar. tr. Devolver, restituir. ‖ **2.** intr. Volver al lugar o a la situación en que se estuvo. Ú. t. c. prnl.

retornelo. m. *Mús.* Repetición de la primera parte del aria, que también se usa en algunos villancicos y otras canciones.

retorno. m. Acción y efecto de retornar.

retorta. f. Vasija con cuello largo encorvado, a propósito para diversas operaciones químicas.

retortero. m. Vuelta alrededor. Ú. por lo común en la loc. adv. *al* RETORTERO. ‖ **andar al retortero.** fr. fam. Andar sin sosiego de acá para allá. ‖ **traer** a uno **al retortero.** fig. y fam. No dejarle parar, dándole continuas y perentorias ocupaciones.

retortijón. m. Dolor breve y agudo que se siente en el vientre.

retozar. intr. Saltar, brincar o corretear alegremente. ‖ **2.** Practicar juegos amorosos.

retozo. m. Acción y efecto de retozar.

retozón, na. adj. Inclinado a retozar o que retoza con frecuencia.

retracción. f. Acción y efecto de retraer.

retractar. tr. Revocar expresamente lo que se ha dicho; desdecirse de ello. Ú. t. c. prnl.

retráctil. adj. *Zool.* Dícese de las partes del cuerpo animal que pueden retraerse, quedando ocultas; como las uñas de los félidos.

retracto. m. *Der.* Derecho que compete a ciertas personas para quedarse, por el tanto de su precio, con la cosa vendida a otro.

retraer. tr. Apartar o disuadir de un intento. Ú. t. c. prnl. ‖ **2.** prnl. Retirarse, retroceder. ❑ Irreg. Se conj. como *traer.*

retraído, da. adj. Que gusta de la soledad. ‖ **2.** fig. Poco comunicativo, corto, tímido.

retraimiento. m. Acción y efecto de retraerse. ‖ **2.** Cortedad, condición personal de reserva y de poca comunicación.

retranquear. tr. *Arq.* Remeter el muro de fachada en la planta o plantas superiores de un edificio.

retransmisión. f. Acción y efecto de retransmitir.

retransmitir. tr. Volver a transmitir. ‖ **2.** Transmitir desde una emisora de radiodifusión lo que se ha transmitido a ella desde otro lugar. ❑ No confundir con *transmitir.*

retrasado, da. adj. Dícese de la persona, planta o animal que no ha llegado al desarrollo normal de su edad. ‖ **2.** Dícese del que no tiene el desarrollo mental corriente. Ú. t. c. s.

retrasar. tr. Atrasar, diferir o suspender la ejecución de una cosa. RETRASAR *la paga, el viaje.* Ú. t. c. prnl. ‖ **2.** Dar marcha atrás al reloj. ‖ **3.** intr. Ir atrás o a menos en alguna cosa. RETRASAR *en la hacienda, en los estudios.* ‖ **4.** prnl. Llegar tarde a alguna parte.

retraso. m. Acción y efecto de retrasar o retrasarse.

retratar. tr. Copiar, dibujar o fotografiar la figura de alguna persona o cosa. ‖ **2.** Hacer la descripción de la figura o del carácter de una persona. Ú. t. c. prnl.

retratista. com. Persona que hace retratos.

retrato. m. Pintura o efigie que representa alguna persona o cosa. ‖ **2.** Descripción de la figura o carácter, o sea, de las cualidades físicas y morales de una persona. ‖ **3.** fig. Lo que se asemeja mucho a una persona o cosa.

retreparse. prnl. Echar hacia atrás la parte superior del cuerpo. ‖ **2.** Recostarse en la silla de tal modo que esta se incline también hacia atrás.

retreta. f. Toque militar que se usa para marchar en retirada, y para avisar a la tropa que se recoja por la noche en el cuartel.

retrete. m. Aposento dotado de las instalaciones necesarias para orinar y evacuar el vientre. ‖ **2.** Estas instalaciones.

retribución. f. Recompensa o pago de una cosa.

retribuir. tr. Recompensar o pagar un servicio, favor, etc. ❑ Irreg. Se conj. como *huir.*

retributivo, va. adj. Dícese de lo que tiene virtud o facultad de retribuir.

retro-. elem. compos. que significa «hacia atrás»: RETRO*activo,* RETRO*traer.*

retroacción. f. Acción hacia atrás.

retroactivo, va. adj. Que obra o tiene fuerza sobre lo pasado.

retroceder. intr. Volver hacia atrás.

retroceso. m. Acción y efecto de retroceder.

retrógrado, da. adj. fig. despect. Partidario de instituciones políticas o sociales propias de tiempos pasados. Ú. t. c. s.

retropropulsión. f. Sistema de propulsión de un móvil en que la fuerza que causa el movimiento se produce por reacción a la expulsión hacia atrás de un chorro, generalmente de gas, lanzado por el propio móvil.

retropulsión. f. *Pat.* Variedad de metástasis que consiste en la desaparición de un exantema, inflamación o tumor agudo, que se reproduce en un órgano distante.

retrospección. f. Mirada o examen retrospectivo.

retrospectivo, va. adj. Que se refiere a tiempo pasado.

retrotraer. tr. Retroceder a un tiempo pasado para tomarlo como referencia o punto de partida de un relato. RETROTRAJO *su relato a los primeros años de su estancia allí.* Ú. t. c. prnl. SE RETROTRAJO *a los tiempos de su infancia.* ❑ Irreg. Se conj. como *traer.*

retrovisor. m. Pequeño espejo colocado en la parte anterior de los vehículos automóviles, de manera que el conductor pueda ver lo que viene o está detrás de él.

retrucar. intr. En los juegos de billar, volver la bola impelida de la banda, y golpear a la otra que le causó el movimiento.

retruécano. m. Inversión de los términos de una proposición o cláusula en otra subsiguiente para que el sentido de esta última forme contraste o antítesis con el de la anterior. ‖ **2.** *Ret.* Figura que consiste en aquella inversión de términos.

retumbar. intr. Resonar mucho o hacer gran ruido o estruendo una cosa.

reuma o **reúma.** amb. *Pat.* **reumatismo.** Ú. m. c. m.

reumático, ca. adj. *Med.* Que padece reuma. Ú. t. c. s. ‖ **2.** *Med.* Perteneciente a este mal.

reumatismo. m. *Med.* Enfermedad que se manifiesta generalmente por inflamación de las articulaciones de las extremidades.

reunión. f. Acción y efecto de reunir o reunirse. ‖ **2.** Conjunto de personas reunidas.

reunir. tr. Juntar, congregar, amontonar. Ú. t. c. prnl. ‖ **2.** Juntar determinadas cosas para coleccionarlas o con algún otro fin.

reválida. f. Examen que se hacía al acabar ciertos estudios, como el bachillerato.

revalidar. tr. Ratificar, confirmar o dar nuevo valor y firmeza a una cosa.

revalorización. f. Acción y efecto de revalorizar.

revalorizar. tr. Devolver a una cosa el valor o estimación que había perdido. ‖ **2.** Aumentar el valor de una cosa. Ú. t. c. prnl.

revaluar. tr. Volver a evaluar. ‖ **2.** Elevar el valor de una moneda o de otra cosa; se opone a devaluar.

revancha. f. Desquite.

revanchismo. m. Actitud de quien mantiene un espíritu de revancha o venganza.

revanchista. adj. Perteneciente o relativo al revanchismo. ‖ **2.** com. Partidario del revanchismo.

revelación. f. Acción y efecto de revelar. ‖ **2.** Manifestación de una verdad secreta u oculta. ‖ **3.** Por antonom., la manifestación divina.

revelado. m. Conjunto de operaciones necesarias para revelar una imagen fotográfica.

revelador, ra. adj. Que revela. Ú. t. c. s. ‖ **2.** m. Líquido que contiene en disolución una o varias sustancias reductoras, el cual aísla finísimas partículas de plata negra en los puntos de la placa o película fotográfica impresionados por la luz.

revelar. tr. Descubrir o manifestar lo ignorado o secreto. Ú. t. c. prnl. ‖ **2.** Proporcionar indicios o certidumbre de algo. ‖ **3.** *Fotogr.* Hacer visible la imagen impresa en la placa o película fotográfica. ❑ No confundir con *rebelarse.*

revender. tr. Volver a vender lo que se ha comprado con ese intento o al poco tiempo de haberlo comprado.

revenido. m. Operación que consiste en recocer el acero a temperatura inferior a la del temple para mejorar este.

revenimiento. m. Acción y efecto de revenir o revenirse.

revenirse. prnl. Hablando de conservas y licores, acedarse o avinagrarse. ‖ **2.** Ponerse una masa, pasta o fritura, blanda y correosa con la humedad o el calor. REVENIRSE *el pan.* ❑ Irreg. y defect. Se conj. como *venir,* y solo se usan las 3.ªs pers. de todos los tiempos y el infinitivo, el gerundio y el participio.

reventa. f. Acción y efecto de revender.

reventador. m. Persona que asiste a espectáculos o reuniones públicas de diversa naturaleza, dispuesta premeditadamente, por diferentes motivos, a mostrar de modo ruidoso su desagrado o a provocar el fracaso de dichas reuniones.

reventar. intr. Abrirse una cosa por no poder soportar la presión interior. Ú. t. c. prnl. ‖ **2.** fig. y fam. Sentir y manifestar un afecto del ánimo, especialmente de ira. *Estoy que* REVIENTO. ‖ **3.** fam. Morir violentamente. ‖ **4.** tr. Deshacer o desbaratar una cosa aplastándola con violencia. ‖ **5.** fig. y fam. Molestar, cansar, enfadar. ‖ **6.** fig. y fam. Hacer fracasar un espectáculo o reunión pública mostrando alguien su desagrado ruidosamente. ❑ Irreg. Se conj. como *acertar.*

reventón. adj. Aplícase a ciertas cosas que revientan o parece que van a reventar. *Clavel* REVENTÓN. ‖ **2.** Acción y efecto de reventar o reventarse.

reverberación. f. Acción y efecto de reverberar.

reverberar. intr. Reflejarse la luz en una superficie bruñida, o el sonido en una superficie que no lo absorba.

reverbero. m. Acción y efecto de reverberar. ‖ **2.** Cuerpo de superficie bruñida en que la luz reverbera.

reverdecer. intr. Cobrar nuevo verdor los campos. Ú. t. c. tr. ‖ **2.** fig. Renovarse o tomar nuevo vigor. Ú. t. c. tr. ❑ Irreg. Se conj. como *agradecer.*

reverencia. f. Respeto o veneración que tiene una persona a otra. ‖ **2.** Inclinación del cuerpo en señal de respeto o veneración.

reverencial. adj. Que incluye reverencia o respeto.

reverenciar. tr. Respetar o venerar.

reverendo, da. adj. Digno de reverencia. ‖ **2.** Aplicábase antiguamente como tratamiento a las personas de dignidad, así seculares como eclesiásticas, pero hoy solo se aplica a las dignidades eclesiásticas y a los prelados y graduados de las religiones. Ú. t. c. s.

reverente. adj. Que muestra reverencia o respeto.

reversible. adj. Que puede volver a un estado o condición anterior. ‖ **2.** Dícese de la prenda de vestir que puede usarse por el derecho o por el revés según convenga.

reverso. m. Parte opuesta al frente de una cosa, revés. ‖ **2.** En las monedas y medallas, haz opuesta al anverso.

reverter. intr. Rebosar o salir una cosa de sus términos o límites. ❑ Irreg. Se conj. como *entender.* No confundir con *revertir.*

revertir. intr. Volver una cosa al estado o condición que tuvo antes. ‖ **2.** Venir a parar una cosa en otra. ❑ Irreg. Se conj. como *sentir.* No confundir con *reverter.*

revés. m. Espalda o parte opuesta de una cosa. ‖ **2.** Golpe que se da a otro con la mano vuelta. ‖ **3.** *Dep.* En tenis y otros juegos similares, golpe dado a la pelota, cuando esta viene por el lado contrario a la mano que empuña la raqueta. ‖ **4.** fig. Infortunio, desgracia o contratiempo. ‖ **al revés.** loc. adv. Al contrario, o invertido el orden regular.

revesado, da. adj. Difícil, intrincado, oscuro o que con dificultad se puede entender.

revestimiento. m. Acción y efecto de revestir. ‖ **2.** Capa o cubierta con que se resguarda o adorna una superficie.

revestir. tr. Vestir una ropa sobre otra. Se usa regularmente hablando del sacerdote cuando sale a decir misa, por ponerse sobre el vestido los ornamentos. Ú. m. c. prnl. ‖ **2.** Cubrir con un revestimiento. ‖ **3.** Disfrazar la realidad de una cosa añadiéndole adornos. ‖ **4.** fig. Presentar una cosa determinado aspecto, cualidad o carácter. REVESTIR *importancia, gravedad.* ❑ Irreg. Se conj. como *pedir.*

revisar. tr. Ver con atención y cuidado. ‖ **2.** Someter una cosa a nuevo examen para corregirla, enmendarla o repararla.

revisión. f. Acción de revisar.

revisionismo. m. Tendencia a someter a revisión metódica, doctrinas, interpretaciones o prácticas establecidas con la pretensión de actualizarlas.

revisionista. adj. Perteneciente o relativo al revisionismo. Ú. t. c. s. ‖ **2.** Dícese del partidario o seguidor de esta tendencia. Ú. t. c. s.

revisor, ra. adj. Que revisa o examina con cuidado una cosa. ‖ **2.** m. En los ferrocarriles y otros medios de transporte, agente encargado de revisar y marcar los billetes de los viajeros.

revista. f. Inspección que un jefe hace de las personas o cosas sometidas a su autoridad o a su cuidado. ‖ **2.** Formación de las tropas para que un general o jefe las inspeccione y conozca el estado de su instrucción, etc. ‖ **3.** Publicación periódica por cuadernos, con escritos sobre varias materias, o sobre una sola especialmente. ‖ **4.** Espectáculo teatral de carácter frívolo, en el que alternan números dialogados y musicales. A veces se denomina **revista** musical. ‖ **del corazón.** Publicación periódica ilustrada, de contenido ligero y relativo a acontecimientos de la vida de personas populares y famosas. ‖ **pasar revista.** fr. Ejercer un jefe las funciones de inspección que le corresponden sobre las personas o cosas sujetas a su autoridad o a su cuidado. ‖ **2.** Examinar con cuidado una serie de cosas.

revistera. f. Mueble en donde se colocan las revistas.

revistero. m. **revistera.**

revitalizar. tr. Dar más fuerza y vitalidad a una cosa.

revivificar. tr. Vivificar, reavivar.

revivir. intr. Volver a la vida, resucitar. ‖ **2.** fig. Renovarse o reproducirse una cosa. REVIVIÓ *la discordia.* ‖ **3.** fr. fig. Evocar, recordar. REVIVIÓ *los días de su infancia.*

reviviscencia. f. Acción y efecto de revivir.

revocable. adj. Que se puede o se debe revocar.

revocación. f. Acción y efecto de revocar.

revocador, ra. adj. Que revoca.

revocar. tr. Dejar sin efecto una concesión, un mandato o una resolución. ‖ **2.** Enlucir o pintar de nuevo por la parte que está al exterior las paredes de un edificio; por ext., enlucir cualquier paramento.

revoco. m. Revoque de las fachadas y paredes de las casas.

revolcar. tr. Derribar a uno y maltratarlo. ‖ **2.** prnl. Echarse sobre una cosa, restregándose y refregándose en ella. ❑ Irreg. Se conj. como *contar.*

revolcón. m. fam. Acción y efecto de revolcar, dar vueltas a uno.

revolotear. intr. Volar dando vueltas o haciendo giros. ‖ **2.** Venir una cosa por el aire dando vueltas.

revoloteo. m. Acción y efecto de revolotear.

revoltijo. m. Conjunto o compuesto de muchas cosas, sin orden ni método.

revoltillo. m. **revoltijo.**

revoltoso, sa. adj. Sedicioso, alborotador, rebelde. Ú. t. c. s. ‖ **2.** Travieso, enredador.

revolución. f. Cambio violento en las instituciones políticas, económicas o sociales de una nación. ‖ **2.** Por ext., inquietud, alboroto, sedición. ‖ **3.** fig. Cambio rápido y profundo en cualquier cosa. ‖ **4.** *Astron.* Movimiento de un astro en todo el curso de su órbita. ‖ **5.** *Mec.* Giro o vuelta que da una pieza sobre su eje.

revolucionar. tr. Provocar un estado de revolución. ‖ **2.** *Mec.* Imprimir más o menos revoluciones en un tiempo determinado a un cuerpo que gira o al mecanismo que produce el movimiento.

revolucionario, ria. adj. Perteneciente o relativo a la revolución. ‖ **2.** Partidario de la revolución. Ú. m. c. s. ‖ **3.** Alborotador, turbulento. Ú. t. c. s.

revolver. tr. Menear una cosa de un lado a otro; moverla alrededor o de arriba abajo. ‖ **2.** Mirar o registrar moviendo y separando algunas cosas que estaban ordenadas. ‖ **3.** Inquietar, enredar; mover sediciones, causar disturbios. ‖ **4.** prnl. Hacer mudanza el tiempo, ponerse borrascoso. ‖ **5.** Enfrentarse a alguien o algo. SE REVOLVIÓ *contra mí.* ❑ Irreg. Se conj. como *mover;* p. p. irreg. *revuelto.*

revólver. m. Arma de fuego, de corto alcance, que se puede usar con una sola mano, y provista de un tambor en el que se colocan las balas.

revoque. m. Acción y efecto de revocar las casas y paredes. ‖ **2.** Capa o mezcla de cal y arena u otro material análogo con que se revoca.

revuelo. m. fig. Turbación y movimiento confuso de algunas cosas, o agitación entre personas.

revuelta. f. Alboroto, alteración, sedición. ‖ **2.** Punto en que una cosa empieza a torcer su dirección o a tomar otra.

revuelto, ta. p. p. irreg. de **revolver.** ‖ **2.** adj. Dicho de un líquido, turbio por haberse levantado el sedimento del fondo. ‖ **3.** Dicho del estómago, alterado. ‖ **4.** m. Plato consistente en una mezcla de huevos y algún otro ingrediente, que se cuaja sin darle forma alguna. REVUELTO *de espárragos;* REVUELTO *de gambas.*

revulsión. f. *Med.* Medio curativo de algunas enfermedades internas, que consiste en producir congestiones o inflamaciones en la superficie de la piel o las mucosas, mediante diversos agentes físicos, químicos y aun orgánicos.

revulsivo, va. adj. *Farm.* Dícese del medicamento o agente que produce la revulsión. Ú. t. c. s. m. ‖ **2.** *Farm.* Dícese de los vomitivos y purgantes. Ú. t. c. s. m.

rey. m. Monarca o príncipe soberano de un reino. ‖ **2.** Pieza principal del juego de ajedrez, la cual camina en todas direcciones, pero solo de un escaque a otro contiguo, excepto en el enroque. ‖ **3.** Carta duodécima de cada palo de la baraja, que tiene pintada la figura de un **rey.** ‖ **de armas.** Caballero que en las cortes de la Edad Media tenía el cargo de transmitir mensajes de importancia, ordenar las grandes ceremonias y llevar los registros de la nobleza de la nación. ‖ **Reyes Magos.** Los que, según los Evangelios, guiados por una estrella, fueron desde Oriente a adorar al Niño Jesús.

reyerta. f. Contienda, altercación o cuestión.

reyezuelo. m. Pájaro común en Europa, de nueve a diez centímetros de longitud, con las alas cortas y redondeadas y plumaje vistoso por la variedad de sus colores.

rezagarse. prnl. Quedarse atrás.

rezar. tr. Dirigir oral o mentalmente súplicas o alabanzas a Dios, a la Virgen o a los Santos. ‖ **2.** Recitar la misa, una oración, etc., en contraposición a cantarla.

rezo. m. Acción de rezar. ‖ **2.** Cosa que se reza. ‖ **3.** Oficio eclesiástico que se reza diariamente.

rezongar. intr. Gruñir, refunfuñar a lo que se manda, ejecutándolo de mala gana.

rezongón, na. adj. fam. Que rezonga con frecuencia. Ú. t. c. s.

rezumar. tr. Dicho de un cuerpo, dejar pasar a través de sus poros o intersticios gotitas de algún líquido. *La pared* REZUMA *humedad.* Ú. t. c. prnl. *El cántaro* SE REZUMA. ‖ **2.** intr. Dicho de un líquido, salir al exterior en gotas a través de los poros o intersticios de un cuerpo. *El sudor le* REZUMABA *por la frente.* Ú. t. c. prnl. *El agua* SE REZUMA *por la cañería.* ‖ **3.** prnl. fig. y fam. Traslucirse y susurrarse una cosa.

rho. f. Decimoséptima letra del alfabeto griego, que corresponde a la que en el nuestro se llama *erre.*

ría. f. Extensión de mar que penetra en la parte litoral que corresponde a la desembocadura de un río, por efecto del hundimiento de dicha zona. ‖ **2.** Ensenada amplia en la que vierten al mar aguas profundas.

riachuelo. m. Río pequeño y de poco caudal.

riada. f. Avenida, inundación, crecida.

ribazo. m. Porción de tierra con elevación y declive.

ribeiro. m. Vino que se cosecha en la comarca gallega del Ribeiro.

ribera. f. Margen y orilla del mar o río. ‖ **2.** Por ext., tierra cercana a los ríos, aunque no esté a su margen. ❑ No confundir con *rivera.*

ribereño, ña. adj. Perteneciente a la ribera o propio de ella. ‖ **2.** Dícese del dueño o morador de un predio contiguo al río. Ú. t. c. s.

ribete. m. Cinta o cosa análoga con que se guarnece y refuerza la orilla del vestido, calzado, etc. ‖ **2.** pl. fig. Asomo, indicio. *Tiene sus* RIBETES *de poeta.*

ribetear. tr. Echar ribetes.

ribonucleico. adj. *Bioquím.* V. **ácido ribonucleico.**

ribosa. f. *Quím.* Aldopentosa presente en algunos tipos de ácidos nucleicos; por ello reciben la denominación de ribonucleicos.

ribosoma. m. *Biol.* Orgánulo celular en el que tiene lugar la síntesis de proteínas a partir de la información codificada en los ácidos nucleicos.

ribosómico, ca. adj. *Biol.* Perteneciente o relativo a los ribosomas.

ricacho, cha. m. y f. fam. Persona acaudalada, aunque de humilde condición o vulgar en su trato y porte.

ricachón, na. m. y f. despect. de **rico,** o ricacho.

ricino. m. Planta originaria de África, de la familia de las euforbiáceas, arborescente en los climas cálidos y anual en los templados, con tallo ramoso de color verde rojizo, hojas muy grandes, pecioladas, partidas en lóbulos lanceolados y aserrados por el margen; flores monoicas en racimos axilares o terminales, y fruto capsular, esférico, espinoso, con tres divisiones y otras tantas semillas, de las cuales se extrae un aceite purgante.

rico, ca. adj. Adinerado, hacendado o acaudalado. Ú. t. c. s. ‖ **2.** Abundante, opulento y pingüe. ‖

3. Gustoso, sabroso, agradable. ‖ **4.** Aplícase a las personas como expresión de cariño.

ricohombre. m. El que antiguamente pertenecía a la primera nobleza de España. ❑ pl. *ricoshombres.*

rictus. m. *Pat.* Contracción de los labios que deja al descubierto los dientes y da a la boca el aspecto de la risa. ‖ **2.** fig. Aspecto fijo o transitorio del rostro al que se atribuye la manifestación de un determinado estado de ánimo.

ricura. f. fam. Calidad de rico al paladar. ‖ **2.** Calidad de rico, excelente, bueno.

ridiculez. f. Dicho o hecho extravagante e irregular. ‖ **2.** Cosa pequeña o de poco aprecio.

ridiculizar. tr. Burlarse de una persona o cosa por las extravagancias o defectos que tiene o se le atribuyen.

ridículo, la. adj. Que por su rareza o extravagancia mueve o puede mover a risa. ‖ **2.** Escaso, corto, de poca estimación. ‖ **3.** m. Situación **ridícula** en que cae una persona.

riego. m. Acción y efecto de regar. ‖ **2.** Agua disponible para regar. ‖ **sanguíneo.** Cantidad de sangre que nutre los órganos o la superficie del cuerpo.

riel. m. Barra pequeña de metal en bruto. ‖ **2.** Carril de una vía férrea.

rielar. intr. poét. Brillar con luz trémula.

rienda. f. Cada una de las dos correas, cintas o cuerdas que, unidas por uno de sus extremos a las camas del freno, lleva asidas por el otro el que gobierna la caballería. Ú. m. en pl. ‖ **2.** fig. Sujeción, moderación en acciones o palabras. ‖ **3.** pl. fig. Gobierno, dirección de una cosa. *Apoderarse de las* RIENDAS *del Estado.* ‖ **aflojar las riendas.** fr. fig. Aliviar, disminuir el trabajo, cuidado y fatiga en la ejecución de una cosa, o ceder en la vigilancia y cuidado de lo que está a cargo de uno. ‖ **dar rienda suelta.** fr. fig. Dar libre curso.

riesgo. m. Contingencia o proximidad de un daño. ‖ **2.** Cada una de las contingencias que pueden ser objeto de un contrato de seguro.

rifa. f. Juego que consiste en sortear una cosa entre varias personas.

rifar. tr. Efectuar el juego de la rifa.

rifirrafe. m. fam. Contienda o bulla ligera y sin trascendencia.

rifle. m. Fusil rayado de procedencia norteamericana.

rigidez. f. Calidad de rígido.

rígido, da. adj. Que no se puede doblar o torcer. ‖ **2.** fig. Riguroso, severo.

rigodón. m. Cierta especie de contradanza.

rigor. m. Excesiva y escrupulosa severidad. ‖ **2.** Aspereza, dureza o acrimonia en el genio o en el trato. ‖ **3.** Intensidad, vehemencia. *El* RIGOR *del verano.* ‖ **4.** Propiedad y precisión. ‖ **mortis.** expr. lat. que se aplica al estado de rigidez e inflexibilidad que adquiere un cadáver pocas horas después de la muerte. ‖ **en rigor.** loc. adv. En realidad, estrictamente. ‖ **ser de rigor** una cosa. fr. Ser indispensable por requerirlo así la costumbre, la moda o la etiqueta.

rigorismo. m. Exceso de severidad, principalmente en materias morales o disciplinarias.

rigorista. adj. Extremadamente severo, sobre todo en materias morales o disciplinarias. Ú. t. c. s.

riguroso, sa. adj. Muy severo, cruel. ‖ **2.** Estrecho, austero, rígido. ‖ **3.** fig. Exacto, preciso, minucioso.

rija[1]**.** f. *Pat.* Fístula que se hace debajo del lagrimal, por la cual fluye pus, moco o lágrimas.

rija[2]**.** f. Pendencia, inquietud, alboroto.

rijoso, sa. adj. Inquieto y alborotado a vista de la hembra. *Caballo* RIJOSO.

rilar. intr. Temblar, tiritar. ‖ **2.** prnl. Temblar, vibrar.

rima. f. Consonancia o consonante. ‖ **2.** Asonancia o asonante. ‖ **3.** Composición en verso, del género lírico. Por lo común no se usa más que en plural; v. gr.: RIMAS *de Garcilaso, de Lope, de Góngora.* ‖ **imperfecta,** o **media rima. rima,** asonancia o asonante. ‖ **perfecta. rima.**

rimar. intr. Ser una palabra asonante, o más especialmente, consonante de otra. ‖ **2.** tr. Hacer el poeta una palabra asonante o consonante de otra.

rimbombancia. f. Calidad de rimbombante.

rimbombante. adj. fig. Ostentoso, llamativo.

rimbombar. intr. Retumbar, resonar, sonar mucho o hacer eco.

rímel. m. Cosmético para ennegrecer y endurecer las pestañas.

rimero. m. Montón de cosas puestas unas sobre otras.

rincón. m. Ángulo entrante que se forma en el encuentro de dos paredes o de dos superficies. ‖ **2.** Escondrijo o lugar retirado. ‖ **3.** Espacio pequeño. *Cada aldeano posee un* RINCÓN *de tierra.*

rinconada. f. Ángulo entrante que se forma en la unión de dos casas, calles o caminos, o entre dos montes.

rinconera. f. Mesita, armario o estante pequeños, comúnmente de figura triangular, que se colocan en un rincón o ángulo de una sala o habitación.

ringlera. f. Fila o línea de cosas puestas en orden unas tras otras.

ringlero. m. Cada una de las líneas del papel pautado en que aprenden a escribir los niños.

ringorrango. m. fig. y fam. Cualquier adorno superfluo y extravagante. Ú. m. en pl.

rinitis. f. *Pat.* Inflamación de la mucosa de las fosas nasales.

rino-. elem. compos. que significa «nariz»: RINO*logía,* RINO*scopia.*

rinoceronte. m. Mamífero del orden de los perisodáctilos, propio de la zona tórrida de Asia y África, que llega a tener tres metros de largo y uno y medio de altura hasta la cruz, con cuerpo muy grueso, patas cortas y terminadas en pies anchos y provistos de tres pesuños; la cabeza estrecha, el hocico puntiagudo, con el labio superior movedizo, capaz de alargarse, y uno o dos cuernos cortos y encorvados en la línea media de la nariz; la piel negruzca, recia, dura y sin flexibilidad sino en los dobleces; las orejas puntiagudas, rectas y cubiertas de pelo, y la cola corta y terminada en una borla de cerdas tiesas y muy duras. Se alimenta de vegetales, prefiere los lugares cenagosos y es fiero cuando le irritan.

rinofaringe. f. Porción de la faringe contigua a las fosas nasales.

rinología. f. Tratado de la nariz y de sus funciones y enfermedades.

rinólogo, ga. m. y f. Especialista en rinología.

rinoplastia. f. *Cir.* Operación quirúrgica para restaurar la nariz.

rinoscopia. f. *Med.* Exploración de las cavidades nasales.

riña. f. Pelea o disputa.

riñón. m. *Anat.* Cada una de las glándulas secretorias de la orina, que generalmente existen en número de dos. En los mamíferos son voluminosas, de color rojo oscuro y están situadas a uno y otro lado de la columna vertebral, al nivel de las vértebras lumbares. ‖ **2.** pl. Parte del cuerpo que corresponde a la pelvis. *Recibió un golpe en los* RIÑONES.

riñonada. f. Tejido adiposo que envuelve los riñones. ‖ **2.** Lugar del cuerpo en que están los riñones. ‖ **3.** Guisado de riñones.

riñonera. f. Cartera que lleva un cinturón para que se pueda sujetar sobre los riñones.

río. m. Corriente de agua continua y más o menos caudalosa que va a desembocar en otra, en un lago o en el mar. ‖ **2.** fig. Gran abundancia de una cosa líquida, y por ext., de cualquier otra. *Gastar un* RÍO *de oro.* ‖ **3.** fig. Afluencia de personas. ‖ **de perdidos al río.** fr. fig. y fam. usada para expresar que una vez empezada una acción hay que aceptar todas las consecuencias y procurar llevarla a término.

rioja. m. Vino de fina calidad, que se cría y elabora en la comarca española de este nombre.

riojano, na. adj. Natural de La Rioja. Ú. t. c. s. ‖ **2.** Perteneciente o relativo a esta región. ‖ **3.** Perteneciente o relativo a la provincia argentina o a la ciudad de La Rioja. ‖ **4.** Natural de esta provincia o de su capital. Ú. t. c. s.

rioplatense. adj. Natural del Río de la Plata. Ú. t. c. s. ‖ **2.** Perteneciente o relativo a los países de la cuenca del Río de la Plata.

ripio. m. Residuo que queda de una cosa. ‖ **2.** Palabra o frase inútil o superflua que se emplea viciosamente con el solo objeto de completar el verso, o de darle la consonancia o asonancia requerida.

riqueza. f. Abundancia de bienes y cosas preciosas. ‖ **2.** Abundancia relativa de cualquier cosa. RIQUEZA *alcohólica, de minerales, de vocabulario,* etc.

risa. f. Movimiento de la boca y otras partes del rostro, que demuestra alegría. ‖ **2.** Voz o sonido que acompaña a la **risa.** ‖ **3.** Lo que mueve a reír. ‖ **sardesca, sardonia,** o **sardónica.** fig. **risa** afectada y que no nace de alegría interior. ‖ **descalzarse, descoyuntarse, despedazarse, desperezarse,** o **desternillarse, de risa** uno. fr. fig. y fam. Reír con vehemencia y con movimientos descompasados.‖ **troncharse de risa** uno. fr. fig. y fam. Reírse violentamente, a carcajadas, etc.

risco. m. Peñasco alto y escarpado, difícil y peligroso para andar por él.

risible. adj. Que causa risa o es digno de ella.

risión. f. fam. Burla o irrisión que se hace a uno. ‖ **2.** Persona o cosa objetos de esta burla.

risotada. f. Carcajada, risa estrepitosa y descompuesta.

ristra. f. Trenza hecha de los tallos de ajos o cebollas. ‖ **2.** fig. y fam. Conjunto de ciertas cosas colocadas unas tras otras.

ristre. m. Hierro situado en la parte derecha del peto de las armaduras antiguas, donde encajaba el cabo de la manija de la lanza para afianzarlo.

risueño, ña. adj. Que muestra risa en el semblante. ‖ **2.** Que con facilidad se ríe. ‖ **3.** fig. Próspero, favorable.

rítmico, ca. adj. Perteneciente al ritmo o al metro.

ritmo. m. Grata y armoniosa combinación y sucesión de voces y cláusulas y de pausas y cortes en el lenguaje poético y prosaico. ‖ **2.** Metro o verso. *Mudar de* RITMO. ‖ **3.** fig. Orden acompasado en la sucesión o acaecimiento de las cosas. ‖ **4.** *Mús.* Proporción guardada entre el tiempo de un movimiento y el de otro diferente.

rito. m. Costumbre o ceremonia. ‖ **2.** Conjunto de reglas establecidas para el culto y ceremonias religiosas.

ritornelo. m. *Mús.* Trozo musical antes o después de un trozo cantado. ‖ **2.** Repetición, estribillo.

ritual. adj. Perteneciente o relativo al rito. ‖ **2.** m. Conjunto de ritos de una religión o de una iglesia.

ritualismo. m. fig. En los actos jurídicos, y en general en los oficiales, exagerado predominio de las formalidades y trámites reglamentarios.

ritualista. com. Partidario del ritualismo.

rival. adj. Dícese de quien compite con otro, pugnando por obtener una misma cosa o por superarle. Ú. m. c. s.

rivalidad. f. Calidad de rival. ‖ **2.** Enemistad producida por emulación o competencia muy vivas.

rivalizar. intr. **competir.**

rivera. f. Arroyo, pequeño caudal de agua continua que corre por la tierra. ‖ **2.** Cauce por donde corre. ❑ No confundir con *ribera.*

rizador, ra. adj. Que riza. Ú. t. c. s. ‖ **2.** m. Tenacillas para rizar el pelo.

riza. f. Destrozo o estrago que se hace en una cosa.

rizar. tr. Formar en el pelo artificialmente anillos o sortijas, bucles, tirabuzones, etc. ‖ **2.** Hacer en las telas, papel o cosa semejante dobleces menudos que forman diversas figuras. ‖ **3.** prnl. Ensortijarse el pelo naturalmente.

rizo. m. Mechón de pelo que artificial o naturalmente tiene forma de sortija, bucle o tirabuzón. ‖ **rizar el rizo.** fig. Complicar algo más de lo necesario.

rizo-. elem. compos. que significa «raíz»: RIZÓ*fago,* RIZÓ*podo.*

rizófago, ga. adj. *Zool.* Dícese de los animales que se alimentan de raíces. Ú. t. c. s.

rizófito, ta o **rizofito, ta.** adj. *Bot.* Dícese del vegetal provisto de raíces. Ú. t. c. s. ‖ **2.** f. pl. *Bot.* Orden de estas plantas.

rizoforáceo, a. adj. *Bot.* Dícese de árboles o arbustos angiospermos dicotiledóneos que viven en las costas de las regiones intertropicales, con muchas raíces, en parte visibles, hojas sencillas, opuestas y con estípulas; flores actinomorfas, hermafroditas o unisexuales, de cáliz persistente, y fruto indehiscente con una sola semilla sin albumen; como el mangle. Ú. t. c. s. f. ‖ **2.** f. pl. *Bot.* Familia de estas plantas.

rizoide. adj. *Bot.* Dícese de los pelos o filamentos que hacen las veces de raíces en ciertas plantas que, como los musgos, carecen de estos órganos, absorbiendo del suelo el agua con las sales minerales que lleva en disolución. Ú. t. c. s.

rizoma. m. *Bot.* Tallo horizontal y subterráneo; como el del lirio común.

rizópodo. adj. *Zool.* Dícese del protozoo cuyo cuerpo es capaz de emitir seudópodos que le sirven para moverse y para apoderarse de las partículas orgánicas de que se alimenta. Ú. m. c. s. ‖ **2.** m. pl. *Zool.* Clase de estos animales.

ro. Voz que se usa repetida para arrullar a los niños.

roanés, sa. adj. Natural de Ruán. Ú. t. c. s. ‖ **2.** Perteneciente o relativo a esta ciudad de Francia.

roano, na. adj. Aplícase al caballo o yegua cuyo pelo está mezclado de blanco, gris y bayo.

róbalo o **robalo.** m. Pez teleósteo marino, del suborden de los acantopterigios, de siete a ocho decímetros de largo, cuerpo oblongo, cabeza apuntada, boca grande, dientes pequeños y agudos, dorso azul negruzco, vientre blanco, dos aletas en el lomo y cola recta. Vive en los mares de España y su carne es muy apreciada.

robar. tr. Quitar o tomar para sí con violencia o con fuerza lo ajeno. ‖ **2.** Tomar para sí lo ajeno, o hurtar de cualquier modo que sea. ‖ **3.** Tomar del monte naipes en ciertos juegos de cartas, y fichas en el del dominó. ‖ **4.** fig. Atraer con eficacia y como violentamente el afecto o ánimo. ROBAR *el corazón, el alma.*

robín. m. Orín o herrumbre de los metales.

robinsón. m. fig. Hombre que en la soledad y sin ayuda ajena llega a bastarse a sí mismo.

robinsoniano, na. adj. Perteneciente o relativo al héroe novelesco Robinsón Crusoe, o propio de él. ‖ **2.** Perteneciente o relativo a un robinsón, o propio de él.

roble. m. Árbol de la familia de las fagáceas, que tiene por lo común de 15 a 20 metros de altura y llega a veces hasta 40, con tronco grueso y grandes ramas tortuosas; hojas caducas, casi sentadas, trasovadas, lampiñas y de margen lobulado; flores de color verde amarillento en amentos axilares, y por fruto bellotas pedunculadas, amargas. Su madera es dura, compacta, de color pardo amarillento y muy apreciada para construcciones. Se cría en España. ‖ **2.** Madera de este árbol. ‖ **3.** fig. Persona o cosa fuerte, recia y de gran resistencia.

robleda. f. Sitio poblado de robles.

robledal. m. Robledo de gran extensión.

robledo. m. Sitio poblado de robles.

roblón. m. Clavo o clavija de hierro o de otro metal dulce, con cabeza en un extremo, y que después de pasada por los taladros de las piezas que ha de asegurar, se remacha hasta formar otra cabeza en el extremo opuesto.

roblonar. tr. Sujetar con roblones remachados.

robo. m. Acción y efecto de robar. ‖ **2.** Cosa robada.

robot. m. Ingenio electrónico que puede ejecutar automáticamente operaciones o movimientos muy varios y que suele emplearse para sustituir al hombre en labores reiterativas, de naturaleza peligrosa, etc. || **2.** Autómata.

robótica. f. Técnica que aplica la informática al diseño y empleo de aparatos que, en sustitución de personas, realizan operaciones o trabajos, por lo general en instalaciones industriales.

robustecer. tr. Dar robustez. Ú. t. c. prnl. ❑ Irreg. Se conj. como *agradecer.*

robustez. f. Calidad de robusto.

robusto, ta. adj. Fuerte, vigoroso, firme. || **2.** Que tiene fuertes miembros y firme salud.

roca. f. Piedra, o vena de ella, muy dura y sólida. || **2.** Peñasco que se levanta en la tierra o en el mar. || **3.** *Geol.* Sustancia mineral que por su extensión forma parte importante de la masa terrestre.

rocalla. f. Conjunto de piedrecillas desprendidas de las rocas por la acción del tiempo o del agua, o que han saltado al labrar las piedras. || **2.** Decoración asimétrica inspirada en el arte chino, que imita contornos de piedras y de conchas. Caracteriza una modalidad del estilo dominante en el reinado de Luis XV en la arquitectura, la cerámica y el mobiliario.

rocambola. f. Planta de la familia de las liliáceas, que se cultiva en las huertas y se usa para condimento en sustitución del ajo.

rocambolesco, ca. adj. Dícese de la serie de hechos o circunstancias extraordinarios, exagerados o inverosímiles.

roce. m. Acción y efecto de rozar o rozarse. || **2.** fig. Trato o comunicación frecuente con algunas personas.

rociada. f. Acción y efecto de rociar. || **2.** fig. Conjunto de cosas que se esparcen al arrojarlas. *Una* ROCIADA *de perdigones.*

rociar. intr. impers. Caer sobre la tierra el rocío o la lluvia menuda. || **2.** tr. Esparcir en menudas gotas el agua u otro líquido. || **3.** fig. Arrojar algunas cosas de modo que caigan diseminadas.

rociero, ra. m. y f. Persona que acude a la romería de la Virgen del Rocío, en Huelva.

rocín. m. Caballo de mala traza, basto y de poca alzada. || **2.** Caballo de trabajo, a distinción del de regalo. *Un* ROCÍN *de campo.*

rocinante. m. fig. Rocín flaco y enclenque.

rocío. m. Vapor que con la frialdad de la noche se condensa en la atmósfera en muy menudas gotas, las cuales aparecen luego sobre la superficie de la tierra o sobre las plantas. || **2.** Las mismas gotas perceptibles a la vista.

roción. m. Salpicadura abundante y violenta de agua del mar, producida por el choque de las olas contra un obstáculo cualquiera. || **2.** fig. Filípica, reprimenda.

rococó. adj. Dícese del estilo barroco que predominó en Francia en tiempo de Luis XV. Ú. t. c. s.

rocoso, sa. adj. Dícese del lugar lleno de rocas.

roda. f. *Mar.* Pieza gruesa y curva, de madera o hierro, que forma la proa de la nave.

rodaballo. m. Pez teleósteo, anacanto, de unos ocho decímetros de largo, con cuerpo aplanado, asimétrico, blanquecino y liso por debajo, pardo azulado y con escamas tuberculosas muy duras por encima, cabeza pequeña, los ojos en el lado izquierdo, aleta dorsal tan larga como todo el cuerpo, y cola casi redonda. Es el más ancho de los peces planos y llega a alcanzar un metro de anchura.

rodado, da. adj. Dícese del tránsito de vehículos de rueda, y del transporte o transbordo que se realizan valiéndose de ellos. || **2.** *Min.* Dícese de los pedazos de mineral desprendidos de la veta y esparcidos naturalmente por el suelo. Ú. t. c. s.

rodaja. f. Pieza circular y plana, de madera, metal u otra materia. || **2.** Tajada circular o rueda de algunos alimentos. RODAJA *de patata.*

rodaje. m. Conjunto de ruedas. *El* RODAJE *de un reloj.* || **2.** Acción de impresionar una película cinematográfica. || **3.** Situación en que se halla un automóvil mientras no ha rodado un mínimo inicial de revoluciones.

rodal. m. Lugar, sitio o espacio pequeño que por alguna circunstancia particular se distingue de lo que le rodea.

rodamiento. m. *Mec.* Cojinete formado por dos cilindros concéntricos, entre los que se intercala una corona de bolas o rodillos que pueden girar libremente.

rodapié. m. Paramento de madera, tela u otra materia con que se cubren alrededor los pies de las camas, mesas y otros muebles. || **2. friso,** zócalo de una pared.

rodar. intr. Dar vueltas un cuerpo alrededor de su eje, ya sea sin mudar de lugar, como la piedra de un molino, ya mudando, como la bola que corre por el suelo. || **2.** Moverse una cosa por medio de ruedas. RODAR *un coche.* || **3.** Caer dando vueltas o caer resbalando por una pendiente. || **4.** fig. Ir de un lado para otro sin fijarse o establecerse en sitio determinado. || **5.** tr. Hacer que un automóvil marche sin rebasar las velocidades prescritas por el constructor para el rodaje. || **6.** Filmar o impresionar una película cinematográfica. ❑ Irreg. Se conj. como *contar.*

rodear. intr. Andar alrededor. || **2.** Ir por camino más largo que el ordinario o regular. || **3.** fig. Usar circunloquios o rodeos en lo que se dice. ‖ **4.** tr. Poner una o varias cosas alrededor de otra. Ú. t. c. prnl. ‖ **5.** Cercar una cosa cogiéndola en medio.

rodela. f. Escudo redondo y delgado que, embrazado en el brazo izquierdo, cubría el pecho al que se servía de él peleando con espada.

rodeno, na. adj. Que tira a rojo. Dícese de tierras, rocas, etc.

rodeo. m. Acción de rodear. ‖ **2.** Camino más largo o desvío del camino derecho. ‖ **3.** Sitio donde se reúne el ganado mayor, bien para sestear o para pasar la noche, o bien para contar las reses o para venderlas. ‖ **4.** En algunos países de América, deporte que consiste en montar a pelo potros salvajes o reses vacunas bravas y hacer otros ejercicios como arrojar el lazo, etc. ‖ **5.** fig. Manera indirecta o medio no habitual empleado para hacer alguna cosa, a fin de eludir las dificultades que presenta.

rodera. f. Impresión o marca que dejan las ruedas de un vehículo a su paso por el suelo.

rodericense. adj. Natural de Ciudad Rodrigo. Ú. t. c. s. ‖ **2.** Perteneciente o relativo a esta ciudad, de la provincia de Salamanca.

rodete. m. Rosca que con las trenzas del pelo se hacen las mujeres para tenerlo recogido y para adorno de la cabeza. ‖ **2.** Rosca de lienzo, paño u otra materia que se pone en la cabeza para cargar y llevar sobre ella un peso.

rodezno. m. Rueda hidráulica con paletas curvas y eje vertical. ‖ **2.** Rueda dentada que engrana con la que está unida a la muela de la tahona.

rodilla. f. Conjunto de partes blandas y duras que forman la unión del muslo con la pierna, y, particularmente, región prominente de dicho conjunto. ‖ **2.** En los cuadrúpedos, unión del antebrazo con la caña. ‖ **de rodillas.** loc. adv. Con las **rodillas** dobladas y apoyadas en el suelo, y el cuerpo descansando sobre ellas, generalmente en señal de respeto o veneración, o por castigo o penitencia. ❑ Ú. m. con los verbos *estar, hincar* y *poner.* ‖ **2.** fig. En tono suplicante y con ahínco.

rodillera. f. Cualquier cosa que se pone para comodidad, defensa o adorno de la rodilla. ‖ **2.** Pieza o remiendo que se echa a los pantalones, calzones, calzoncillos u otra ropa, en la parte que sirve para cubrir la rodilla.

rodillo. m. Cilindro muy pesado de piedra o de hierro, que se hace rodar para allanar y apretar la tierra o para consolidar el firme de las carreteras. ‖ **2.** Cilindro que se emplea para dar tinta en las imprentas, litografías, etc. ‖ **3.** Pieza de metal, cilíndrica y giratoria, que forma parte de diversos mecanismos. ‖ **4.** Cilindro de madera para estirar la masa.

rodio[1]. m. Elemento químico de núm. atóm. 45. Metal escaso en la corteza terrestre; se encuentra nativo y a veces asociado al oro y al platino. De color plateado, dúctil, maleable y muy pesado, tiene un elevado punto de fusión. Se usa como catalizador y para fabricar espejos especiales, y aleado con platino, se emplea en joyería y para la construcción de diversos instrumentos y aparatos. Símb. *Rh,* del gr. cient. *Rhodium.*

rodio[2], dia. adj. Natural de Rodas. Ú. t. c. s. ‖ **2.** Perteneciente o relativo a esta isla del Archipiélago.

rododendro. m. Arbolillo de la familia de las ericáceas, de dos a cinco metros de altura, con hojas persistentes, coriáceas, oblongas, agudas, verdes y lustrosas por el haz y pálidas por el envés; flores en corimbo, con cáliz corto y corola grande, acampanada, de cinco lóbulos desiguales, sonrosada o purpúrea, y fruto capsular. Es propio de las regiones montañosas del hemisferio boreal y sus muchas variedades se cultivan como plantas de adorno.

rodrigar. tr. Poner rodrigones a las plantas.

rodrigón. m. **tutor,** vara, palo o caña, que se clava al pie de una planta y sirve para sostener, sujetos con ligaduras, sus tallos y ramas.

roedor, ra. adj. Que roe. ‖ **2.** *Zool.* Dícese de mamíferos generalmente pequeños, con los dedos terminados por uñas, y dos incisivos en cada mandíbula, largos, fuertes y encorvados hacia fuera, cuyo crecimiento es continuo y sirven para roer; como la ardilla, el ratón y el castor. Ú. t. c. s. ‖ **3.** m. pl. *Zool.* Orden de estos mamíferos.

roentgen. m. **roentgenio** en la nomenclatura internacional.

roentgenio. m. *Fís.* y *Med.* Unidad electrostática cegesimal de poder ionizante con relación al aire. Se emplea en las aplicaciones terapéuticas de los rayos X.

roer. tr. Cortar, descantillar menuda y superficialmente con los dientes parte de una cosa dura. ‖ **2.** Quitar poco a poco con los dientes a un hueso la carne que se le quedó pegada. ‖ **3.** fig. Gastar o quitar superficialmente, poco a poco y por partes menudas. ‖ **4.** fig. Molestar, afligir o atormentar interiormente y con frecuencia. ❑ Irreg. Ver conjugación modelo.

roer
INDICATIVO Presente: roo (roigo o royo), roes, roe, roemos, roéis, roen. →

roer (continuación)

Pretérito imperfecto: roía, roías, roía, roíamos, roíais, roían.
Pretérito indefinido: roí, roíste, royó, roímos, roísteis, royeron.
Futuro imperfecto: roeré, roerás, roerá, roeremos, roeréis, roerán.
Condicional: roería, roerías, roería, roeríamos, roeríais, roerían.

SUBJUNTIVO
Presente: roa (roiga o roya), roas (roigas o royas), roa (roiga o roya), roamos (roigamos o royamos), roáis (roigáis o royáis), roan (roigan o royan).
Pretérito imperfecto: royera o royese, royeras o royeses, royera o royese, royéramos o royésemos, royerais o royeseis, royeran o royesen.
Futuro imperfecto: royere, royeres, royere, royéremos, royereis, royeren.

IMPERATIVO
roe (tú); roed (vosotros).

FORMAS NO PERSONALES
Infinitivo: roer.
Participio: roído.
Gerundio: royendo

rogar. tr. Pedir por gracia una cosa. ‖ **2.** Instar con súplicas. ❑ Irreg. Se conj. como *contar*.

rogativa. f. Oración pública hecha a Dios para conseguir el remedio de una grave necesidad. Ú. m. en pl.

rojez. f. Calidad de rojo. ‖ **2.** Mancha roja en la piel.

rojizo, za. adj. Que tira a rojo.

rojo, ja. adj. Encarnado muy vivo. Ú. t. c. s. Es el primer color del espectro solar. ‖ **2.** Dícese del pelo de un rubio muy vivo, casi colorado. ‖ **3.** En política, radical, revolucionario. Ú. m. c. s. ‖ **al rojo.** fig. Muy exaltadas las pasiones. ‖ **al rojo vivo.** loc. fig. **al rojo,** muy exaltadas las pasiones.

rol. m. Lista o nómina. ❑ No utilizar por *papel* o *función*.

rolar. intr. *Mar.* Dar vueltas en círculo. ‖ **2.** *Mar.* Ir variando de dirección el viento.

roldana. f. Rodaja por donde corre la cuerda en un motón o garrucha.

rollizo, za. adj. Redondo en figura de rollo. ‖ **2.** Robusto y grueso. Dícese de personas y animales.

rollo. m. Cilindro de madera, piedra, metal u otra materia dura, que sirve para labrar en ciertos oficios, como el de pastelero, el de chocolatero, etc. También se llama así el cono truncado que sirve para fines análogos. ‖ **2.** Porción de tejido, papel, etc., que se tiene enrollada en forma cilíndrica. ROLLO *de estera, de tabaco.* ‖ **3.** Película fotográfica enrollada en forma cilíndrica. ‖ **4.** Canto rodado de figura casi cilíndrica. ‖ **5.** fig. Discurso, exposición o lectura larga y fastidiosa.

romadizo. m. Catarro de la membrana pituitaria.

romaico, ca. adj. Aplícase a la lengua griega moderna. Ú. t. c. s. m.

romana. f. Instrumento que sirve para pesar, compuesto de una palanca de brazos muy desiguales, con el fiel sobre el punto de apoyo. El cuerpo que se ha de pesar se coloca en el extremo del brazo menor, y se equilibra con una pesa que se hace correr sobre el brazo mayor, donde se halla trazada la escala de los pesos.

romance. adj. Aplícase a cada una de las lenguas modernas derivadas del latín, como el español, el italiano, el francés, etc. Ú. t. c. s. m. ‖ **2.** m. Combinación métrica de origen español que consiste en repetir al fin de todos los versos pares una misma asonancia y en no dar a los impares rima de ninguna especie. ‖ **3.** Composición poética escrita en **romance.** ‖ **4.** Relación amorosa pasajera.

romancero, ra. m. y f. Persona que canta romances. ‖ **2.** m. Colección de romances.

romancista. adj. Dícese de la persona que escribía en lengua romance, por contraposición a la que escribía en latín. Ú. m. c. s. ‖ **2.** com. Autor o autora de romances.

románico, ca. adj. *Arq.* Aplícase al estilo arquitectónico que dominó en Europa durante los siglos XI, XII y parte del XIII, caracterizado por el empleo de arcos de medio punto, bóvedas en cañón, columnas exentas y a veces resaltadas en los machones, y molduras robustas. Ú. t. c. s. m. ‖ **2.** *Filol.* Dícese de las lenguas derivadas del latín. ‖ **3.** Perteneciente o relativo a estas lenguas.

romanista. adj. Dícese del que profesa el derecho romano o tiene en él especiales conocimientos. Ú. m. c. s. ‖ **2.** Dícese de la persona versada en las lenguas romances y en sus correspondientes literaturas. Ú. t. c. s.

romanizar. tr. Difundir la civilización, leyes y costumbres romanas, o la lengua latina. ‖ **2.** intr. Adoptar la civilización romana o la lengua latina. Ú. t. c. prnl.

romano, na. adj. Natural de Roma. Ú. t. c. s. ‖ **2.** Perteneciente o relativo a esta ciudad de Italia o a cada uno de los Estados antiguos y modernos de que ha sido metrópoli. ‖ **3.** Natural o habitante de cualquiera de los países de que se componía el antiguo imperio **romano,** a distinción de los bárbaros que los invadieron. Ú. t. c. s. ‖ **4.** Aplícase a la religión católica y a lo perteneciente a ella. ‖ **5.** Aplícase también a la lengua latina. Ú. t. c. s. m.

romanticismo. m. Escuela literaria de la primera mitad del siglo XIX, extremadamente individualista y que prescindía de las reglas o preceptos tenidos por clásicos. ‖ **2.** Época de la cultura occidental en que prevaleció tal escuela literaria. ‖ **3.** Calidad de romántico, sentimental.

romántico, ca. adj. Perteneciente al romanticismo o que participa de sus peculiaridades en cualquiera de sus manifestaciones culturales o sociales. Ú. t. c. s. ‖ **2.** Dícese del escritor que da a sus obras el carácter del romanticismo. Ú. t. c. s. ‖ **3.** Sentimental, generoso y soñador.

romanza. f. Aria generalmente de carácter sencillo y tierno. ‖ **2.** Composición musical del mismo carácter y meramente instrumental.

romaza. f. Hierba perenne con tallo nudoso, rojizo, de seis a ocho decímetros de altura; hojas alternas, envainadoras, oblongas, más agudas las superiores que las inferiores, y de nervios encarnados; flores sin pedúnculo, en verticilos apretados; fruto seco con una sola semilla dura y triangular, y raíz gruesa, de corteza parda e interior amarillento con vetas sanguíneas. Es común en España, las hojas se comen en potaje, y el cocimiento de la raíz se ha usado como tónico y laxante.

rómbico, ca. adj. Que tiene forma de rombo. ‖ **2.** Dícese del sistema cristalográfico según el cual cristalizan el topacio, el aragonito y otros minerales.

rombo. m. *Geom.* Paralelogramo que tiene los lados iguales y dos de sus ángulos mayores que los otros dos.

romboedro. m. *Geom.* Prisma oblicuo de bases y caras rómbicas.

romboidal. adj. *Geom.* De figura de romboide.

romboide. m. *Geom.* Paralelogramo cuyos lados contiguos son desiguales y dos de sus ángulos mayores que los otros dos.

romboideo. adj. **romboidal.**

romeral. m. Terreno poblado de romeros[1].

romería. f. Viaje o peregrinación, especialmente la que se hace por devoción a un santuario. ‖ **2.** Fiesta popular que con meriendas, bailes, etc., se celebra en el campo inmediato a alguna ermita o santuario el día de la festividad religiosa del lugar. ‖ **3.** fig. Gran número de gentes que afluye a un sitio.

romero[1]. m. Arbusto de la familia de las labiadas, con tallos ramosos de un metro aproximadamente de altura; hojas opuestas, lineales, gruesas, coriáceas, sentadas, enteras, lampiñas, lustrosas, verdes por el haz y blanquecinas por el envés, de olor muy aromático y sabor acre; flores en racimos axilares de color azulado, y fruto seco con cuatro semillas menudas. Es común en España y se utiliza en medicina y perfumería.

romero[2], ra. adj. Aplícase al peregrino que va en romería con bordón y esclavina. Ú. m. c. s.

romo, ma. adj. Obtuso y sin punta. ‖ **2.** De nariz pequeña y poco puntiaguda.

rompecabezas. m. Arma ofensiva compuesta de dos bolas de hierro o plomo sujetas a los extremos de un mango corto y flexible. ‖ **2.** fig. y fam. Problema o acertijo de difícil solución. ‖ **3.** Juego que consiste en componer determinada figura combinando cierto número de pedacitos de madera o cartón, en cada uno de los cuales hay una parte de la figura.

rompehielos. m. Buque de formas, resistencia y potencia adecuadas para abrir camino en los mares helados.

rompeolas. m. Dique avanzado en el mar, para procurar abrigo a un puerto o rada.

romper. tr. Separar con más o menos violencia las partes de un todo, deshaciendo su unión. Ú. t. c. prnl. ‖ **2.** Quebrar o hacer pedazos una cosa. Ú. t. c. prnl. ‖ **3.** Gastar, destrozar. Ú. t. c. prnl. ‖ **4.** Desbaratar o deshacer un cuerpo de gente armada. ‖ **5.** Arar por primera vez la tierra, roturar. ‖ **6.** fig. Dividir o separar por breve tiempo la unión o continuidad de un cuerpo fluido, al atravesarlo. ROMPER *el aire, las aguas.* ‖ **7.** fig. Interrumpir la continuidad de algo no material. ROMPER *la monotonía, las negociaciones, el noviazgo,* etc. ‖ **8.** fig. Quebrantar la observancia de la ley, precepto, contrato u otra obligación. ‖ **9.** intr. Deshacerse en espuma las olas. ‖ **10.** fig. Tener principio, empezar, comenzar. ROMPER *el día;* ROMPER *a hablar;* ROMPER *la marcha.* ‖ **11.** fig. Prorrumpir o brotar. ‖ **de rompe y rasga.** loc. adj. fig. y fam. De ánimo resuelto y gran desenfado. ❑ p. p. irreg. *roto.*

rompible. adj. Que se puede romper.

rompiente. m. Bajo, escollo o costa donde, cortado el curso de la corriente de un río o el de las olas, rompe y se levanta el agua.

rompimiento. m. Acción y efecto de romper o romperse. ‖ **2.** Espacio abierto de un cuerpo sólido, o quiebra que se reconoce en él. ‖ **3.** *Pint.* Porción del fondo de un cuadro, donde se pinta una abertura que deja ver un objeto lejano; como paisaje, gloria, etc.

ron. m. Licor alcohólico de olor y sabor fuertes, que se saca por destilación de una mezcla fermentada de melazas y zumo de caña de azúcar, al que se da color rojizo con caramelo.

ronca. f. Grito que da el gamo cuando está en celo, llamando a la hembra. ‖ **2.** Brama, tiempo en que está en celo el gamo.

roncador, ra. adj. Que ronca. Ú. t. c. s. || **2.** m. Pez teleósteo marino, del suborden de los acantopterigios, de cuatro a cinco decímetros de largo, el cuerpo comprimido, el color negruzco, con veinte o más líneas amarillas, que corren desde las agallas hasta la cola; ambas mandíbulas armadas de dientes agudos; una sola aleta sobre el lomo y aserrada la de la cola. Cuando se le saca del agua produce un sonido ronco especial.

roncar. intr. Hacer ruido al respirar cuando se duerme. || **2.** Llamar el gamo a la hembra, cuando está en celo, dando el grito que le es natural. || **3.** fig. Hacer un ruido sordo o bronco ciertas cosas; como el mar, el viento, etc.

roncha[1]. f. Bultillo que se eleva en figura de haba en el cuerpo del animal. || **2. cardenal[2].**

roncha[2]. f. Tajada delgada de cualquier cosa, cortada en redondo.

ronchar. tr. Hacer ruido uno al comer un alimento quebradizo. || **2.** intr. Crujir un alimento cuando se masca, por estar falto de sazón. RONCHAR *las patatas por estar mal cocidas.*

ronchón. m. Bultillo que se forma en el cuerpo del animal.

ronco, ca. adj. Que tiene o padece ronquera. || **2.** Aplícase también a la voz o sonido áspero.

roncón. m. Tubo de la gaita gallega unido al cuero y que, al mismo tiempo que suena la flauta, forma el bajo del instrumento.

ronda. f. Grupo de personas que andan rondando. || **2.** Reunión nocturna de mozos para tocar y cantar por las calles. || **3.** Cada uno de los paseos o calles cuyo conjunto circunda una ciudad o la parte antigua de ella. || **4.** En varios juegos de naipes, vuelta o suerte de todos los jugadores. || **5.** fam. Distribución de copas de vino o de cigarros a personas reunidas en corro. || **6.** *Dep.* Vuelta, carrera ciclista en etapas. || **7.** *Mil.* Patrulla destinada a rondar las calles o a recorrer los puestos exteriores de una plaza.

rondalla. f. Conjunto musical de instrumentos de cuerda.

rondar. intr. Andar de noche visitando una población para impedir los desórdenes. Ú. t. c. tr. || **2.** Pasear los mozos las calles donde viven las mozas a quienes galantean. Ú. t. c. tr. || **3.** *Mil.* Visitar los diferentes puestos de una plaza fuerte o campamento para cerciorarse de que el servicio se desempeña en ellos con la debida puntualidad. || **4.** tr. fig. Dar vueltas alrededor de una cosa. *La mariposa* RONDA *la luz.*

rondel. m. Composición poética corta en que se repite al final el primer verso o las primeras palabras.

rondeña. f. Música o tono especial y característico de Ronda, algo parecido al del fandango, con que se cantan coplas de cuatro versos octosílabos.

rondeño, ña. adj. Natural de Ronda. Ú. t. c. s. || **2.** Perteneciente o relativo a esta ciudad, de la provincia de Málaga.

rondó. m. *Mús.* Composición musical cuyo tema se repite o insinúa varias veces. ❏ pl. *rondós.*

rondón (de). loc. adv. Intrépidamente y sin reparo. || **entrar de rondón** uno. fr. fig. y fam. Entrar de repente y con familiaridad, sin llamar a la puerta, dar aviso, tener licencia ni esperar a ser llamado.

ronquear. intr. Estar ronco.

ronquera. f. Afección de la laringe, que cambia el timbre de la voz haciéndolo áspero y poco sonoro.

ronquido. m. Ruido o sonido que se hace roncando.

ronronear. intr. Producir el gato una especie de ronquido, en demostración de contento.

ronroneo. m. Acción y efecto de ronronear.

ronzal. m. Cuerda que se ata al pescuezo o a la cabeza de las caballerías para sujetarlas o para conducirlas caminando.

ronzar. tr. Comer una cosa quebradiza partiéndola ruidosamente con los dientes.

roña. f. Sarna del ganado lanar. || **2.** Porquería y suciedad pegada fuertemente. || **3.** Orín de los metales. || **4.** Corteza del pino. || **5.** fig. y fam. Mezquindad, roñería. || **6.** com. fig. y fam. Persona roñosa, tacaña.

roñería. f. fam. Miseria, mezquindad, tacañería.

roñica. com. fam. Persona roñosa.

roñoso, sa. adj. Que tiene o padece roña. || **2.** Oxidado o cubierto de orín. || **3.** fig. y fam. Miserable, mezquino, tacaño.

ropa. f. Todo género de tela que, con variedad de cortes y hechuras, sirve para el uso o adorno de las personas o las cosas. || **2.** Cualquier prenda de tela que sirve para vestir. || **blanca.** Conjunto de prendas de tela de hilo, algodón u otras materias, sin teñir, que se emplean en el uso doméstico y también las que usan las personas debajo del vestido exterior. || **interior.** La de uso personal que no es visible exteriormente. || **a quema ropa.** loc. adv. Tratándose del disparo de un arma de fuego, desde muy cerca. || **2.** fig. De improviso, inopinadamente, sin preparación ni rodeos. || **haber ropa tendida.** fr. fig. y fam. Estar presentes algunas personas ante las cuales no conviene hablar sin discreción. || **nadar y guardar la ropa.** fr. fig. y fam. Proceder con cautela al acometer una empresa, para obtener el mayor provecho con el menor riesgo.

ropaje. m. Vestido u ornato exterior del cuerpo.

‖ **2.** Vestidura larga, vistosa y de autoridad. ‖ **3.** Conjunto de ropas. ‖ **4.** fig. Forma, modo de expresión, lenguaje.

ropavejero, ra. m. y f. Persona que vende, con tienda o sin ella, ropas y vestidos viejos, y baratijas usadas.

ropería. f. Tienda donde se vende ropa hecha. ‖ **2.** Habitación donde se guarda y dispone la ropa de los individuos de una colectividad.

ropero, ra. m. y f. Persona que vende ropa hecha. ‖ **2.** m. Armario o cuarto donde se guarda ropa.

roque[1]. m. Torre del ajedrez.

roque[2]. adj. fam. **dormido.** ❑ Ú. más con los verbos *estar* y *quedarse*.

roquedal. m. Lugar abundante en rocas.

roquete. m. Especie de sobrepelliz cerrada y con mangas.

rorcual. m. Especie de ballena con aleta dorsal, común en los mares de España. Alcanza una longitud hasta de 24 metros; tiene la piel de la garganta y del pecho surcada a lo largo formando pliegues.

rorro. m. fam. Niño pequeñito.

ros. m. Gorro militar más alto por delante que por detrás.

rosa. f. Flor del rosal, notable por su belleza, la suavidad de su fragancia y su color, generalmente encarnado poco subido. Con el cultivo se consigue aumentar el número de sus pétalos y dar variedad a sus colores; suele llevar el mismo calificativo de la planta que la produce. ‖ **2.** Mancha redonda, encarnada o de color de **rosa,** que suele salir en el cuerpo. ‖ **3.** Cualquier cosa fabricada o formada con alguna semejanza a esta figura. ‖ **4.** *Arq.* Rosetón de los techos. ‖ **5.** adj. Dícese de lo que es de color encarnado poco subido, como el de la **rosa** ordinaria. ‖ **6.** m. Color **rosa.** ‖ **albardera. saltaojos.** ‖ **del azafrán.** Flor del azafrán. ‖ **de los vientos.** Círculo que tiene marcados alrededor los 32 rumbos en que se divide la vuelta del horizonte. ‖ **náutica. rosa de los vientos.**

rosáceo, a. adj. De color parecido al de la rosa. ‖ **2.** *Bot.* Dícese de plantas angiospermas dicotiledóneas, hierbas, arbustos o árboles, lisos o espinosos, que se distinguen por sus hojas alternas, a menudo compuestas de un número impar de folíolos y con estípulas; flores hermafroditas con cáliz de cinco sépalos y corola regular, solitarias o en corimbo; fruto en drupa, en pomo, en aquenio, en folículo y aun en caja, con semillas casi siempre desprovistas de albumen; como el rosal, la fresa, el almendro y el peral. Ú. t. c. s. f. ‖ **3.** f. pl. *Bot.* Familia de estas plantas.

rosado, da. adj. Aplícase al color de la rosa. ‖ **2.** Compuesto con rosas. *Aceite* ROSADO. ‖ **3.** V. **vino rosado.** Ú. t. c. s.

rosal. m. Arbusto tipo de la familia de las rosáceas, con tallos ramosos, generalmente llenos de aguijones; hojas alternas, ásperas, pecioladas, con estípulas, compuestas de un número impar de hojuelas elípticas, casi sentadas y aserradas por el margen; flores terminales, solitarias o en panoja, con cáliz aovado o redondo, corola de cinco pétalos redondos o acorazonados, y cóncavos, y muchos estambres y pistilos; por fruto una baya carnosa que el cáliz corona y con muchas semillas menudas, elipsoidales y vellosas. Se llama así principalmente el cultivado, con rosas de muchos pétalos, denominándose de ordinario el natural **rosal** silvestre. ‖ **de pitiminí.** El de tallos trepadores, que echa muchas rosas muy pequeñas.

rosaleda. f. Sitio en que hay muchos rosales.

rosario. m. Rezo de la Iglesia, en que se conmemoran los quince misterios principales de la vida de Jesucristo y de la Virgen, recitando después de cada uno un padrenuestro, diez avemarías y un gloriapatri. ‖ **2.** Sarta de cuentas, separadas de diez en diez por otras de distinto tamaño, anudada por sus dos extremos a una cruz, precedida por lo común de tres cuentas pequeñas. Suele adornarse con medallas u otros objetos de devoción y sirve para hacer ordenadamente el rezo del mismo nombre o una de sus partes. ‖ **3.** fig. Serie. ROSARIO *de desdichas.* ‖ **acabar como el rosario de la aurora.** fr. fig. y fam. Desbandarse descompuesta y tumultuariamente los individuos de una reunión, por falta de acuerdo.

rosbif. m. Carne de vaca soasada.

rosca. f. Máquina que se compone de tornillo y tuerca. ‖ **2.** Cualquier cosa redonda y rolliza que, cerrándose, forma un círculo u óvalo, dejando en medio un espacio vacío. ‖ **3.** Pan o bollo de esta forma. ‖ **4.** Cada una de las vueltas de una espiral, o el conjunto de ellas. ‖ **de Arquímedes.** Aparato para elevar agua, que consiste en un tubo arrollado en hélice alrededor de un cilindro giratorio sobre su eje, oblicuo al horizonte, y cuya base se sumerge en el depósito. ‖ **pasarse de rosca.** fr. No agarrar en la tuerca el tornillo por haberse desgastado la **rosca** de este. ‖ **2.** fig. Excederse uno en lo que dice, hace o pretende; ir más allá de lo debido.

roscar. tr. Labrar las espiras de un tornillo.

rosco. m. Roscón o rosca de pan o de bollo.

roscón. m. Bollo en forma de rosca grande. ‖ **de Reyes.** Bollo en forma de rosca que se come en el día de Reyes.

rosellonés, sa. adj. Natural del Rosellón. Ú. t.

c. s. ‖ **2.** Perteneciente o relativo a esta comarca de Francia.

róseo, a. adj. De color de rosa.

roséola. f. *Med.* Erupción cutánea, caracterizada por la aparición de pequeñas manchas rosáceas.

roseta. f. Mancha rosada en las mejillas. ‖ **2.** Pieza agujereada de la regadera por donde vierte el agua en pequeños chorros. ‖ **3.** Arete o zarcillo adornado con una piedra preciosa a la que rodean otras pequeñas. ‖ **4.** pl. Granos de maíz que al tostarse se abren en forma de flor.

rosetón. m. *Arq.* Ventana circular calada, con adornos. ‖ **2.** *Arq.* Adorno circular que se coloca en los techos.

rosicler. m. Color rosado, claro y suave de la aurora.

rositas. f. pl. Rosetas de maíz. ‖ **de rositas.** loc. adv. fam. De balde, sin esfuerzo alguno.

rosquilla. f. Especie de masa dulce y delicada, formada en figura de rosca pequeña. ‖ **lista.** La de masa dulce, bañada en azúcar. ‖ **tonta.** Variedad de **rosquilla** con poca azúcar y que tiene anís.

rostir. tr. Asar o tostar.

rostral. adj. Que remata en punta a modo de pico o de espolón.

rostro. m. Pico del ave. ‖ **2.** Cara de las personas. ‖ **3.** *Mar.* Espolón de la nave. ‖ **dar en rostro** a uno **con** una cosa. fr. fig. Echarle en cara los beneficios que ha recibido o las faltas que ha cometido.

rotación. f. Acción y efecto de rodar. ‖ **2.** *Mec.* V. **movimiento de rotación.** ‖ **de cultivos.** Variedad de siembras alternativas o simultáneas, para evitar que el terreno se agote en la exclusiva alimentación de una sola especie vegetal.

rotacismo. m. *Fon.* Conversión de *s* en *r* en posición intervocálica.

rotar. intr. **rodar,** dar vueltas un cuerpo alrededor de su eje. ‖ **2.** Seguir un turno en cargos, comisiones, etc.

rotativo, va. adj. Dícese de la máquina de imprimir que con movimiento seguido y a gran velocidad imprime los ejemplares de un periódico. ‖ **2.** **rotatorio,** que tiene movimiento giratorio sobre su eje. ‖ **3.** f. La máquina de imprimir. ‖ **4.** m. Por ext., periódico impreso en estas máquinas.

rotatorio, ria. adj. Que rota.

roto, ta. p. p. irreg. de **romper.** ‖ **2.** adj. Andrajoso y que lleva **rotos** los vestidos. Ú. t. c. s. ‖ **3.** m. Desgarrón en la ropa, en cualquier tejido, etc. ‖ **ser peor lo roto que lo descosido.** fr. fig. y fam. Ser, entre dos daños, el uno mayor que el otro.

rotonda. f. Templo, edificio o sala de planta circular. ‖ **2.** Plaza circular.

rotor. m. *Fís.* Parte giratoria de una máquina electromagnética o de una turbina.

rótula. f. *Anat.* Hueso en la parte anterior de la articulación de la tibia con el fémur.

rotulador, ra. f. Máquina para rotular. ‖ **2.** m. Instrumento semejante a un bolígrafo o a una estilográfica, que escribe o dibuja con un trazo generalmente más grueso que el habitual, mediante una escobilla o pincel de fieltro.

rotular. tr. Poner un rótulo a alguna cosa o en alguna parte.

rotulista. com. Persona que tiene por oficio trazar rótulos.

rótulo. m. Título de un escrito o de una parte suya. ‖ **2.** Letrero o inscripción con que se indica o da a conocer el contenido, objeto o destino de una cosa, o la dirección a que se envía. ‖ **3.** Cartel que se fija en los cantones y otras partes públicas para dar noticia o aviso de una cosa.

rotundidad. f. Calidad de rotundo.

rotundo, da. adj. fig. Aplicado al lenguaje, lleno y sonoro. ‖ **2.** fig. Completo, preciso y terminante. *Negativa* ROTUNDA.

rotura. f. Acción y efecto de romper o romperse. ‖ **2.** Raja o quiebra de un cuerpo sólido.

roturar. tr. Arar o labrar por primera vez las tierras eriales o los montes cuyas plantas y árboles han sido arrancados.

roya. f. Hongo de tamaño muy pequeño, del cual se conocen muchas especies, que vive parásito sobre diversos vegetales, ocasionando en ellos peligrosas enfermedades; sus esporas son de color variado en las diferentes especies y forman en conjunto manchas amarillas, negras, etc., en las hojas de las plantas atacadas por el parásito. ‖ **2.** Enfermedad de algunos árboles en los que el centro del tronco se convierte en un polvo rojo negruzco.

roza. f. Surco o canal abierto en una pared para empotrar tuberías, cables, etc. ‖ **2.** Tierra rozada y limpia de las matas que naturalmente cría, para sembrar en ella.

rozadura. f. Acción y efecto de frotar una cosa con otra. ‖ **2.** *Cir.* Herida superficial de la piel, en que hay desprendimiento de la epidermis y de alguna porción de la dermis.

rozagante. adj. Aplícase a la vestidura vistosa y muy larga. ‖ **2.** fig. Vistoso, ufano.

rozamiento. m. fig. Disensión o disgusto leve entre dos o más personas o entidades. ‖ **2.** *Mec.* Resistencia que se opone al movimiento relativo de dos cuerpos.

rozar. tr. Limpiar las tierras de las matas y hierbas inútiles antes de labrarlas, bien para que retoñen las plantas o bien para otros fines. ‖ **2.** Raer o quitar una parte de la superficie de una cosa; como de las paredes, del suelo, de la piel, etc. ‖ **3.** *Albañ.* Abrir algún hueco o canal en un paramento. ‖ **4.** intr. Pasar una cosa tocando y oprimiendo ligeramente la superficie de otra o acercándose mucho a ella. Ú. t. c. tr. ‖ **5.** prnl. fig. Tratarse o tener entre sí dos o más personas familiaridad y confianza. ‖ **6.** fig. Tener una cosa semejanza o conexión con otra.

-rragia. elem. compos. que significa «flujo», «derramamiento»: *verbo*RRAGIA, *bleno*RRAGIA.

-rrea. elem. compos. que significa «flujo», «acción de manar»: *verbo*RREA, *sebo*RREA.

rúa. f. Calle de un pueblo.

ruano, na. adj. Dícese del caballo de pelo mezclado de blanco y bayo.

rubefacción. f. *Med.* Rubicundez producida en la piel por la acción de un medicamento o por alteraciones de la circulación de la sangre, debidas a inflamación u otras enfermedades.

rúbeo, a. adj. Que tira a rojo.

rubéola. f. *Pat.* Enfermedad infecciosa, contagiosa y epidémica caracterizada por una erupción semejante a la del sarampión y por infartos ganglionares.

rubí. m. Mineral cristalizado, más duro que el acero, de color rojo y brillo intenso. Es una de las piedras preciosas de más estima; está compuesto de alúmina y magnesia, y es de color más o menos subido, por los óxidos metálicos que contiene. ❑ pl. *rubíes* o *rubís.*

rubia[1]. f. Planta vivaz, de la familia de las rubiáceas, con tallo cuadrado, voluble, espinoso y de uno a dos metros de longitud; hojas lanceoladas, con espinas en el margen, en verticilos cuádruplos o séxtuplos; flores pequeñas, amarillentas, en racimos axilares o terminales; fruto carnoso, de color negro, con dos semillas, y raíces delgadas, largas y rojizas. Es originaria de Oriente y se cultiva en Europa por la utilidad de la raíz, que después de seca y pulverizada sirve para preparar una sustancia colorante roja muy usada en tintorería.

rubia[2]. f. Pececillo teleósteo de agua dulce, del suborden de los fisóstomos, que apenas llega a la longitud de siete centímetros; de cuerpo alargado, tenue, casi cilíndrico, cubierto de menudas escamas, manchado de pardo y rojo, y con una pinta negra en el arranque de la cola. Es común en los ríos y arroyos de España.

rubiáceo, a. adj. *Bot.* Dícese de plantas angiospermas dicotiledóneas, árboles, arbustos y hierbas, que tienen hojas simples y enterísimas, opuestas o verticiladas y con estípulas; flor con el cáliz adherente al ovario, y por fruto una baya, caja o drupa con semillas de albumen córneo o carnoso; como la rubia[1], el quino y el café. Ú. t. c. s. f. ‖ **2.** f. pl. *Bot.* Familia de estas plantas.

rubial. adj. Que tira al color rubio. Dícese de tierras y plantas. ‖ **2.** pl. usado c. sing. fam. Dícese de la persona rubia y, por lo común, joven. Ú. m. c. s.

rubicundez. f. *Med.* Color rojo o sanguíneo que se presenta como fenómeno morboso en la piel y en las membranas mucosas.

rubicundo, da. adj. Rubio que tira a rojo. ‖ **2.** Aplícase a la persona de buen color y que parece gozar de completa salud.

rubidio. m. Elemento químico de núm. atóm. 37. Metal raro en la corteza terrestre; se encuentra en algunas aguas minerales, en ciertas plantas y en minerales de potasio. De color blanco de plata, blando y pesado, es muy reactivo y se oxida rápidamente. Se usa en la fabricación de células fotoeléctricas. Símb. *Rb.*

rubio, bia. adj. De color parecido al del oro. Dícese especialmente del cabello de este color y de la persona que lo tiene. Apl. a pers., ú. t. c. s. ‖ **platino.** Color del cabello **rubio** muy claro.

rublo. m. Moneda de plata que es en Rusia la unidad monetaria.

rubor. m. Color encarnado o rojo muy encendido. ‖ **2.** Color que la vergüenza saca al rostro, y que pone encendido. ‖ **3.** fig. Empacho y vergüenza.

ruborizado, da. adj. Rojo de vergüenza, que siente rubor.

ruborizar. tr. Causar rubor o vergüenza. ‖ **2.** prnl. Teñirse de rubor una persona. ‖ **3.** fig. Sentir vergüenza.

rúbrica. f. Rasgo o conjunto de rasgos de figura determinada, que como parte de la firma pone cada cual después de su nombre o título. A veces pónese la **rúbrica** sola; esto es, sin que vaya precedida del nombre o título de la persona que rubrica. ‖ **2.** Epígrafe o rótulo; se dijo porque en los libros antiguos solía escribirse con tinta roja.

rubricar. tr. Poner uno su rúbrica, vaya o no precedida del nombre de la persona que la hace. ‖ **2.** fig. Suscribir o dar testimonio de una cosa.

rucio, cia. adj. De color pardo claro, blanquecino o canoso. Aplícase a las bestias. Ú. t. c. s.

ruda. f. Planta perenne, de la familia de las rutáceas, con tallos erguidos y ramosos de seis a ocho decímetros, hojas alternas, gruesas, compuestas de hojuelas partidas en lóbulos oblongos y de color garzo; flores pequeñas, de cuatro pétalos, amarillas, en corimbos terminales, y fruto capsular con muchas semillas negras, menudas y en forma de riñón. Es de olor fuerte y desagradable y se usa en medicina.

rudeza. f. Calidad de rudo.

rudimentario, ria. adj. Perteneciente o relativo al rudimento o a los rudimentos.

rudimento. m. Embrión o estado primordial, todavía sin forma definitiva, de un ser orgánico. ‖ **2.** Parte de un ser orgánico imperfectamente desarrollada. ‖ **3.** pl. Primeros estudios de cualquier ciencia o profesión.

rudo, da. adj. Tosco, sin pulimento, naturalmente basto. ‖ **2.** Que no se ajusta a las reglas del arte. ‖ **3.** Dícese del que tiene gran dificultad para percibir o aprender lo que estudia. ‖ **4.** Descortés, áspero, grosero. ‖ **5.** Riguroso, violento, impetuoso.

rueca. f. Instrumento que sirve para hilar. ‖ **2.** fig. Vuelta o torcimiento de una cosa.

rueda. f. Máquina elemental, en forma circular y de poco grueso respecto a su radio, que puede girar sobre un eje. ‖ **2.** Círculo o corro formado de algunas personas o cosas. ‖ **3.** Tajada circular de ciertas frutas, carnes o pescados. ‖ **4.** Turno, vez, orden sucesivo. ‖ **de la fortuna.** fig. Inconstancia y poca estabilidad de las cosas humanas en lo próspero y en lo adverso. ‖ **dentada. rueda** provista de dientes en su periferia con el fin de que engrane con otra. ‖ **de prensa.** Reunión de periodistas en torno a una figura pública para escuchar sus declaraciones y dirigirle preguntas. ‖ **de presos.** La que se hace con muchos presos poniendo entre ellos a aquel a quien se imputa un delito, para que la parte o algún testigo lo reconozca. ‖ **chupar rueda.** expr. fig. y fam. En ciclismo, colocarse un corredor inmediatamente detrás de otro para utilizarlo como pantalla frente a la resistencia del aire. ‖ **2.** Por analogía, copiar, aprovecharse del trabajo de otro.

ruedo. m. Parte puesta o colocada alrededor de una cosa. ‖ **2.** Círculo o circunferencia de una cosa. ‖ **3.** Redondel de la plaza de toros.

ruego. m. Súplica, petición hecha a uno con el fin de alcanzar lo que se le pide.

rufián. m. El que hace el infame tráfico de mujeres públicas. ‖ **2.** fig. Hombre sin honor, perverso, despreciable.

rufo, fa. adj. Rubio, rojo o bermejo. ‖ **2.** Que tiene el pelo ensortijado.

rugido. m. Voz del león. ‖ **2.** fig. Grito o dicho del hombre colérico y furioso. ‖ **3.** fig. Ruido fuerte y estruendoso. ‖ **4.** fig. Ruido que hacen las tripas.

rugir. intr. Bramar el león. ‖ **2.** fig. Bramar una persona enojada. ‖ **3.** Crujir o rechinar, y hacer ruido fuerte.

rugosidad. f. Calidad de rugoso. ‖ **2. arruga.**

rugoso, sa. adj. Que tiene arrugas, arrugado.

ruibarbo. m. Planta herbácea, vivaz, de la familia de las poligonáceas, con hojas radicales, grandes, pecioladas, de borde dentado y sinuoso, ásperas por encima, nervudas y vellosas por debajo; flores amarillas o verdes, pequeñas, en espigas, sobre un escapo fistuloso y esquinado; de uno a dos metros de altura; fruto seco, de una sola semilla triangular, y rizoma pardo por fuera, rojizo con puntos blancos en lo interior, compacto y de sabor amargo. Vive en Asia Central y la raíz se usa mucho en medicina como purgante. ‖ **2.** Raíz de esta planta.

ruido. m. Sonido inarticulado y confuso más o menos fuerte. ‖ **2.** fig. Litigio, pendencia, pleito, alboroto o discordia. ‖ **hacer,** o **meter, ruido** una persona o cosa. fr. fig. Causar admiración, novedad o extrañeza. ‖ **ser más el ruido que las nueces.** fr. fig. y fam. Tener poca sustancia o ser insignificante una cosa que aparece como grande o de cuidado.

ruidoso, sa. adj. Que causa mucho ruido. ‖ **2.** fig. Aplícase a la acción o lance notable y de que se habla mucho.

ruin. adj. Vil, bajo y despreciable. ‖ **2.** Mezquino y avariento.

ruina. f. Acción de caer o destruirse una cosa. ‖ **2.** fig. Pérdida grande de los bienes de fortuna. ‖ **3.** fig. Destrozo, perdición, decadencia y menoscabo de una persona, familia, comunidad o Estado. ‖ **4.** fig. Causa de esta caída, decadencia o perdición, así en lo físico como en lo moral. ‖ **5.** pl. Restos de uno o más edificios arruinados.

ruindad. f. Calidad de ruin. ‖ **2.** Acción ruin.

ruinoso, sa. adj. Que se empieza a arruinar o amenaza ruina. ‖ **2.** Que arruina y destruye.

ruiseñor. m. Ave canora del orden de las paseriformes, común en España, de unos 16 centímetros de largo, desde lo alto de la cabeza hasta la extremidad de la cola, y unos 28 de envergadura, con plumaje de color pardo rojizo, más oscuro en el lomo y la cabeza que en la cola y el pecho, y gris claro en el vientre; pico fino, pardusco, y tarsos delgados y largos. Se alimenta de insectos y habita en las arboledas y lugares frescos y sombríos.

rular. intr. **rodar.** Ú. t. c. tr.

ruleta. f. Juego de azar para el que se usa una rueda horizontal giratoria, dividida en 36 casillas radiales, numeradas y pintadas alternativamente de negro y rojo, y colocada en el centro de una mesa en cuyo tablero están pintados los mismos 36 números negros y rojos de la rueda. Haciendo girar esta y lanzando en sentido inverso una bolita, al cesar el movimiento gana el número de la casilla donde ha quedado la bola, y por consiguiente los que en la mesa han apostado al mismo. Se juega también a pares o nones, al color negro o rojo, etc.

rulo. m. Rodillo para allanar el suelo. ‖ **2.** Rizo

del cabello. ‖ **3.** Pequeño cilindro hueco y perforado al que se arrolla el cabello para rizarlo.

rumano, na. adj. Natural de Rumania. Ú. t. c. s. ‖ **2.** Perteneciente o relativo a esta nación de Europa. ‖ **3.** m. Lengua **rumana.**

rumba. f. *Cuba.* Cierto baile popular y la música que lo acompaña.

rumbo¹. m. Dirección considerada o trazada en el plano del horizonte, y principalmente cualquiera de las comprendidas en la rosa náutica. ‖ **2.** Camino y senda que uno se propone seguir en lo que intenta o procura.

rumbo². m. fig. y fam. Pompa, ostentación y aparato costoso. ‖ **2.** fig. y fam. Garbo, desinterés, desprendimiento.

rumboso, sa. adj. fam. Pomposo y magnífico. ‖ **2.** fam. Desprendido, dadivoso.

rumiante. adj. *Zool.* Dícese de mamíferos ungulados artiodáctilos que rumian; se alimentan de vegetales, carecen de dientes incisivos en la mandíbula superior, y tienen el estómago dividido en tres o cuatro cavidades. Ú. t. c. s. ‖ **2.** m. pl. *Zool.* Suborden de estos animales, que comprende los camellos, toros, ciervos, carneros, cabras, etc.

rumiar. tr. Masticar por segunda vez, volviéndolo a la boca, el alimento que ya estuvo en el depósito que a este efecto tienen algunos animales. ‖ **2.** fig. y fam. Considerar despacio y pensar con reflexión y madurez una cosa.

rumor. m. Voz que corre entre el público. ‖ **2.** Ruido confuso de voces. ‖ **3.** Ruido vago, sordo y continuado.

rumorearse. prnl. Difundirse vagamente entre las gentes, dicho de noticias. Ú. t. c. tr. ❑ Impers. Solo se usa la 3.ª pers. del sing. de todos los tiempos y el infinitivo, el gerundio y el participio.

runa. f. Algunos de los caracteres que empleaban en la escritura los germanos nórdicos.

rúnico, ca. adj. Perteneciente o relativo a las runas, o escrito en ellas. *Caracteres* RÚNICOS; *poesía* RÚNICA.

runrún. m. Zumbido, ruido o sonido continuado y molesto. ‖ **2.** Ruido confuso de voces. ‖ **3.** fam. Voz que corre entre el público.

runrunear. intr. **susurrar.** Ú. m. c. prnl. ‖ **2.** Hacer correr un runrún o murmullo.

runruneo. m. **runrún,** ruido confuso e insistente de algo.

rupestre. adj. Dícese de algunas cosas pertenecientes o relativas a las rocas. Aplícase especialmente a las pinturas y dibujos prehistóricos existentes en algunas rocas y cavernas.

rupia. f. Moneda de plata usada en la India y en el Pakistán.

rupícola. adj. Que se cría en las rocas.

ruptor. m. Dispositivo electromagnético o mecánico que cierra y abre sucesivamente un circuito eléctrico. ‖ **2.** Dispositivo que, al funcionar, produce la chispa en la bujía de un motor de explosión.

ruptura. f. fig. Acción y efecto de romper o romperse. ‖ **2.** Rompimiento de relaciones entre las personas.

rural. adj. Perteneciente o relativo al campo y a las labores de él. ‖ **2.** fig. Inculto, tosco, apegado a cosas lugareñas.

ruralismo. m. Calidad de rural.

rusiente. adj. Que se pone rojo o candente con el fuego.

ruso, sa. adj. Natural de Rusia. Ú. t. c. s. ‖ **2.** Perteneciente o relativo a esta nación de Europa. ‖ **3.** V. **filete ruso.** ‖ **4.** V. **ensaladilla, montaña rusa.** ‖ **5.** m. Lengua **rusa.** ‖ **6.** Gabán de paño grueso.

rusticano, na. adj. Dícese de las plantas no cultivadas.

rusticidad. f. Calidad de rústico.

rústico, ca. adj. Perteneciente o relativo al campo. ‖ **2.** fig. Tosco, grosero. ‖ **3.** m. Hombre del campo. ‖ **a la,** o **en, rústica.** loc. adv. Tratándose de encuadernaciones de libros, a la ligera y con cubierta de papel.

ruta. f. Rumbo o derrota de un viaje. ‖ **2.** Itinerario para él. ‖ **3. carretera.**

rutáceo, a. adj. *Bot.* Dícese de plantas angiospermas dicotiledóneas, hierbas por lo común perennes, o arbustos y árboles, a veces siempre verdes, con hojas alternas u opuestas, simples o compuestas, flores pentámeras o tetrámeras y fruto dehiscente con semillas menudas y provistas de albumen, o en hesperidio; como la ruda y el naranjo. ‖ **2.** f. pl. *Bot.* Familia de estas plantas.

rutenio. m. Elemento químico de núm. atóm. 44. Metal raro en la corteza terrestre; se encuentra en los minerales de platino. De color grisáceo, duro y quebradizo. Se usa como catalizador, y como endurecedor en joyería y odontología. Símb. *Ru.*

rutherfordio. m. Elemento químico transuránico de núm. atóm. 104. Obtenido artificialmente, es el primer elemento posterior al grupo de los actínidos. Símb. *Rt.*

rutilar. intr. poét. Brillar como el oro, o resplandecer y despedir rayos de luz.

rutilo. m. *Mineral.* Óxido de titanio.

rutina. f. Costumbre inveterada, hábito adquirido de hacer las cosas por mera práctica y sin razonarlas.

rutinario, ria. adj. Que se hace o practica por rutina. ‖ **2.** Dícese del que obra por mera rutina.

s. f. Vigésima letra del abecedario español, y decimosexta de sus consonantes. Su nombre es **ese.** Representa un sonido fricativo sordo, que entre muchas variedades de pronunciación tiene dos principales: la primera es apicoalveolar, y domina en la mayor parte de España; la segunda es predorsal con salida del aire por los dientes, y es la más usual en las regiones meridionales de España y en Hispanoamérica.

sabadellense. adj. Natural de Sabadell, ciudad de Cataluña. Ú. t. c. s.

sábado. m. Sexto día de la semana.

sábalo. m. Pez teleósteo marino de la misma familia que la sardina, de hasta siete decímetros de largo, con el cuerpo en forma de lanzadera y algo comprimido; de color verde azulado y flancos plateados, tiene una gran mancha negra en la espalda, y las aletas, pequeñas. Habita en el océano Atlántico y remonta los ríos en primavera para desovar.

sábana. f. Cada una de las dos piezas de lienzo, algodón, u otro tejido, de tamaño suficiente para cubrir la cama y colocar el cuerpo entre ambas. ‖ **2.** Manto que usaban los hebreos y otros pueblos de Oriente. ‖ **pegársele a** uno **las sábanas.** fr. fig. y fam. Levantarse uno más tarde de lo que debe o acostumbra.

sabana. f. Llanura, en especial si es muy dilatada, sin vegetación arbórea.

sabandija. f. Cualquier reptil pequeño o insecto, especialmente de los perjudiciales y molestos; como la salamanquesa, el escarabajo, etc. ‖ **2.** fig. Persona despreciable.

sabañón. m. Rubicundez, hinchazón o ulceración de la piel, principalmente de las manos, de los pies y de las orejas, con ardor y picazón, causada por frío excesivo.

sabático, ca. adj. Perteneciente o relativo al sábado. *Descanso* SABÁTICO. ‖ **2.** Dícese del año de licencia con sueldo que algunas universidades conceden a su personal docente y administrativo, por lo general cada siete años.

sabelotodo. com. fam. Que presume de sabio sin serlo.

saber[1]. m. **sabiduría,** conocimiento profundo de alguna materia, ciencia, etc. ‖ **2.** Ciencia o facultad.

saber[2]. tr. Conocer una cosa, o tener noticia de ella. ‖ **2.** Ser docto en alguna cosa. Ú. t. c. prnl. ‖ **3.** Tener habilidad para una cosa, o estar instruido y diestro en un arte o facultad. ‖ **4.** intr. Estar informado de la existencia, paradero o estado de una persona o cosa. Ú. m. en frs. negativas. *Hace un mes que no* SÉ *de mi hermano.* ‖ **5.** Ser muy sagaz y advertido. SABE *más que Merlín, más que la zorra.* ‖ **6.** Tener sabor una cosa. ❑ Ú. con la prep. *a.* ‖ **no sé cuántos.** fr. que además de su sentido recto se usa en vez de fulano para calificar persona indeterminada. *El actor* NO SÉ CUÁNTOS *llegó entonces.* ‖ **no sé qué.** expr. Algo que no se acierta a explicar. ❑ Ú. m. con el artículo *un* o el adjetivo *cierto.* ‖ **sabérselas todas.** fr. fam. Tener gran habilidad alguien para desenvolverse con éxito en las más diversas circunstancias. ❑ Irreg. Ver conjugación modelo.

saber

INDICATIVO

Presente: sé, sabes, sabe, sabemos, sabéis, saben.

Pretérito imperfecto: sabía, sabías, sabía, sabíamos, sabíais, sabían.

Pretérito indefinido: supe, supiste, supo, supimos, supisteis, supieron.

→

saber (continuación)
Futuro imperfecto: sabré, sabrás, sabrá, sabremos, sabréis, sabrán. Condicional o potencial: sabría, sabrías, sabría, sabríamos, sabríais, sabrían. SUBJUNTIVO Presente: sepa, sepas, sepa, sepamos, sepáis, sepan. Pretérito imperfecto: supiera o supiese, supieras o supieses, supiera o supiese, supiéramos o supiésemos, supierais o supieseis, supieran o supiesen. Futuro imperfecto: supiere, supieres, supiere, supiéremos, supiereis, supieren. IMPERATIVO sabe (tú); sabed (vosotros). FORMAS NO PERSONALES Infinitivo: saber. Participio: sabido. Gerundio: sabiendo.

sabidillo, lla. adj. despect. Que presume de entendido y docto sin serlo o sin venir a cuento. Ú. t. c. s.

sabido, da. adj. Que sabe o entiende mucho. Ú. t. en sent. irónico. ‖ **2.** Dícese de lo que es habitual o de siempre.

sabiduría. f. Conocimiento profundo en ciencias, letras o artes. ‖ **2.** Noticia, conocimiento.

sabiendas (a). loc. adv. De un modo cierto, a ciencia segura. ‖ **2.** Con conocimiento y deliberación.

sabihondo, da. adj. **sabiondo.** Ú. t. c. s.

sabina. f. Arbusto o árbol de poca altura, de la familia de las cupresáceas, siempre verde, con tronco grueso, corteza de color pardo rojizo, ramas extendidas, hojas casi cilíndricas, opuestas, escamosas y unidas entre sí de cuatro en cuatro; fruto redondo, pequeño, negro azulado, y madera encarnada y olorosa.

sabino, na. adj. Dícese del individuo de cierto pueblo de la Italia antigua que habitaba entre el Tíber y los Apeninos. Ú. t. c. s. ‖ **2.** Perteneciente o relativo a este pueblo.

sabio, bia. adj. Dícese de la persona que posee la sabiduría. Ú. t. c. s. ‖ **2.** Aplícase a las cosas que instruyen o que contienen sabiduría. ‖ **3.** De buen juicio, cuerdo. ‖ **4.** Aplícase a los animales que tienen muchas habilidades. ❑ No confundir la forma femenina *sabia* con *savia.*

sabiondo, da. adj. fam. Que presume de sabio sin serlo. Ú. t. c. s.

sablazo. m. fig. y fam. Acto de sacar dinero a uno pidiéndoselo, por lo general, con habilidad o insistencia y sin intención de devolverlo.

sable. m. Arma blanca semejante a la espada, pero algo corva y por lo común de un solo corte. ‖ **2.** fig. y fam. Habilidad para sacar dinero a otro o vivir a su costa.

sablear. intr. fig. y fam. Sacar dinero a alguien dándole sablazos, esto es, con petición hábil o insistente y sin intención de devolverlo. Ú. t. c. tr.

saboneta. f. Reloj de bolsillo, cuya esfera, cubierta con una tapa de oro, plata u otro metal, se descubre apretando un muelle.

sabor. m. Sensación que ciertos cuerpos producen en el órgano del gusto. ‖ **2.** fig. Impresión que una cosa produce en el ánimo. ‖ **3.** fig. Propiedad que tienen algunas cosas de parecerse a otras con que se las compara. *Un poema de* SABOR *clásico.*

saborear. tr. Percibir detenidamente y con deleite el sabor de lo que se come o se bebe. Ú. t. c. prnl. ‖ **2.** fig. Apreciar detenidamente y con deleite una cosa grata. Ú. t. c. prnl.

sabotaje. m. Daño o deterioro que en las instalaciones, productos, etc., se hace como procedimiento de lucha contra los patronos, contra el Estado o contra las fuerzas de ocupación en conflictos sociales o políticos. ‖ **2.** fig. Oposición u obstrucción disimulada contra proyectos, órdenes, decisiones, ideas, etc.

sabotear. tr. Realizar actos de sabotaje.

sabroso, sa. adj. Sazonado y grato al sentido del gusto. ‖ **2.** fam. Ligeramente salado.

sabueso, sa. adj. V. **perro sabueso.** Ú. t. c. s. ‖ **2.** m. fig. Persona que tiene gran habilidad para indagar y descubrir algo.

saca. f. Costal muy grande de tela fuerte, más largo que ancho.

sacabocados. m. Instrumento de hierro, calzado de acero, con boca hueca y cortes afilados, que sirve para taladrar. Los hay en forma de punzón, de tenaza, etc.

sacacorchos. m. Instrumento consistente en una espiral metálica con un mango o una palanca que sirve para quitar los tapones de corcho a los frascos y botellas.

sacacuartos. m. fam. **sacadineros.**

sacadineros. m. fam. Espectáculo, objeto, etc., de poco o de ningún valor, pero de buena vista y apariencia, que atrae a la gente. ‖ **2.** com. fam. Persona que tiene arte para sacar dinero a otra con cualquier engañifa.

sacaleches. m. Aparato que sirve para extraer la leche del pecho de una mujer.

sacamuelas. com. Persona que tenía por oficio sacar muelas. ‖ **2.** fig. Persona que habla mucho e insustancialmente. ‖ **3.** Vendedor ambulante que, a fuerza de palabrería, intenta convencer a las gentes para que compren mercancías de poco valor.

sacapuntas. m. Instrumento para afilar los lápices.

sacar. tr. Poner una cosa fuera del lugar donde estaba encerrada o contenida. ‖ **2.** Quitar, apartar a una persona o cosa del sitio o condición en que se halla. SACAR *al niño de la escuela;* SACAR *de un apuro.* ‖ **3.** Conocer, descubrir, hallar por señales e indicios. SACAR *por el rastro.* ‖ **4.** Extraer de una cosa alguno de los principios o partes que la componen o constituyen. SACAR *aceite de almendras.* ‖ **5.** Conseguir, lograr, obtener una cosa. ‖ **6.** Con palabras como *entradas, billetes,* etc., comprarlos. ‖ **7.** Aventajar una persona, animal o cosa a otro u otra en lo que se expresa. ‖ **8.** Alargar, adelantar una cosa. *Antonio* SACA *el pecho cuando anda.* ‖ **9.** Hablando de prendas de vestir, cambiarles las costuras para ensancharlas o alargarlas. ‖ **10.** Producir, criar, inventar, imitar una cosa. SACAR *una máquina, una moda, una copia, un bordado.* ‖ **11.** Con la preposición *de* y los pronombres personales, hacer perder el conocimiento y el juicio. *Esa pasión te* SACA DE *ti.* ‖ **12.** Con la misma preposición y un sustantivo o adjetivo, librar a uno de lo que estos significan. SACAR DE *cuidados,* DE *pobre.* ‖ **13.** Hablando de la pelota o del balón, dar a estos el impulso inicial, sea al comienzo del partido o en los lances en que así lo exigen las reglas del juego. ‖ **14.** Tratándose de apodos, motes, faltas, etc., aplicarlos, atribuirlos.

sacárido. m. *Bioquím.* **hidrato de carbono.**

sacarimetría. f. Procedimiento para determinar la proporción de azúcar contenido en un líquido.

sacarina. f. Sustancia blanca que se comercializa en forma de pequeños comprimidos y que puede endulzar tanto como 234 veces su peso de azúcar. Se obtiene por transformación de ciertos productos extraídos de la brea mineral.

sacarino, na. adj. Que tiene azúcar.

sacarosa. f. *Quím.* **azúcar.**

sacerdocio. m. Ejercicio y ministerio propio del sacerdote.

sacerdote. com. Persona dedicada y consagrada a hacer, celebrar y ofrecer sacrificios. ‖ **2.** m. En la Iglesia católica, hombre consagrado a Dios, ungido y ordenado para celebrar y ofrecer el sacrificio de la misa.

sacerdotisa. f. Mujer que ejerce el sacerdocio.

saciar. tr. Hartar y satisfacer de bebida o de comida. Ú. t. c. prnl. ‖ **2.** fig. Hartar y satisfacer en las cosas del ánimo. Ú. t. c. prnl.

saciedad. f. Hartura producida por satisfacer con exceso el deseo de una cosa. ‖ **hasta la saciedad.** fr. fig. Hasta no poder más, plenamente.

saco. m. Receptáculo de tela, cuero, papel, etc., por lo común de forma rectangular o cilíndrica, abierto por uno de los lados. ‖ **2.** Lo contenido en él. ‖ **3.** Acción de entrar a **saco,** saqueo. ‖ **4.** *Can.* y *Amér.* Chaqueta, americana. ‖ **5.** *Biol.* Órgano o parte del cuerpo, en forma de bolsa o receptáculo, que funciona como reservorio, v. gr.: SACO *lagrimal,* SACO *amniótico,* SACO *vasculoso.* ‖ **entrar,** o **meter, a saco.** fr. **saquear.** ‖ **no echar en saco roto** una cosa. fr. fig. y fam. No olvidarla, tenerla en cuenta para sacar de ella algún provecho en ocasión oportuna.

sacralizar. tr. Atribuir carácter sagrado a lo que no lo tenía.

sacramentar. tr. Convertir el pan en el cuerpo de Jesucristo, en el sacramento de la Eucaristía. Ú. t. c. prnl. ‖ **2.** Administrar a un enfermo el viático y la extremaunción, y a veces también el sacramento de la penitencia.

sacramento. m. Signo sensible de un efecto interior y espiritual que Dios obra en nuestras almas. Son siete. ‖ **últimos sacramentos.** Los de la penitencia, eucaristía y extremaunción que se administran a un enfermo en peligro de muerte.

sacratísimo, ma. adj. sup. de **sagrado.**

sacrificar. tr. Hacer sacrificios, ofrecer o dar una cosa en reconocimiento de la divinidad. ‖ **2.** Matar, degollar las reses para el consumo. ‖ **3.** fig. Poner a una persona o cosa en algún riesgo o trabajo, abandonarla a muerte, destrucción o daño, en provecho de un fin o interés que se estima de mayor importancia. ‖ **4.** Renunciar a una cosa para conseguir otra. ‖ **5.** prnl. Dedicarse, ofrecerse particularmente a Dios. ‖ **6.** fig. Sujetarse con resignación a una cosa violenta o repugnante.

sacrificio. m. Ofrenda a una deidad en señal de homenaje o expiación. ‖ **2.** Acto del sacerdote al ofrecer en la misa el cuerpo de Cristo bajo las formas de pan y de vino. ‖ **3.** fig. Peligro o trabajo graves a que se somete una persona. ‖ **4.** fig. Acto de abnegación inspirado por la vehemencia del amor.

sacrilegio. m. Lesión o profanación de cosa, persona o lugar sagrados.

sacrílego, ga. adj. Que comete o contiene sacrilegio. Apl. a pers., ú. t. c. s.

sacristán. m. El que en las iglesias tiene a su cargo ayudar al sacerdote en el servicio del altar y cuidar de los ornamentos y de la limpieza y aseo de la iglesia y sacristía.

sacristía. f. Lugar, en las iglesias, donde se revisten los sacerdotes y están guardados los ornamentos y otras cosas pertenecientes al culto.

sacro, cra. adj. **sagrado.** || **2.** *Anat.* Referente a la región en que está situado el hueso **sacro,** desde el lomo hasta el cóccix.

sacrosanto, ta. adj. Que reúne las cualidades de sagrado y santo.

sacudida. f. Acción y efecto de sacudir o sacudirse.

sacudir. tr. Mover violentamente una cosa a una y otra parte. Ú. t. c. prnl. || **2.** Golpear una cosa o agitarla en el aire con violencia para quitarle el polvo, enjugarla, etc. || **3.** Golpear, dar golpes. SACUDIR *a uno.* Ú. t. c. prnl. || **4.** prnl. Apartar de sí con aspereza a una persona, o rechazar una acción, proposición o dicho, con viveza o desapego.

sádico, ca. adj. Perteneciente o relativo al sadismo. Apl. a pers., ú. t. c. s.

sadismo. m. Perversión sexual del que provoca su propia excitación cometiendo actos de crueldad en otra persona. || **2.** fig. Crueldad refinada, con placer de quien la ejecuta.

sadomasoquismo. m. Tendencia sexual de quien goza causando y recibiendo humillación y dolor.

sadomasoquista. adj. Perteneciente o relativo al sadomasoquismo. || **2.** com. Persona que practica actos de sadomasoquismo.

saduceo, a. adj. Dícese del individuo de cierta secta de judíos que negaba la inmortalidad del alma y la resurrección del cuerpo. Ú. t. c. s. || **2.** Perteneciente o relativo a estos sectarios.

saeta. f. Arma arrojadiza que se dispara con un arco y que consiste en un asta delgada y ligera, como de seis decímetros de largo, con punta afilada de hierro u otra materia en uno de sus extremos, y, a veces, en el opuesto algunas plumas cortas. || **2.** Manecilla del reloj. || **3.** Brújula, flechilla que se vuelve hacia el polo magnético. || **4.** Copla breve y sentenciosa que para excitar a la devoción o la penitencia se canta en las iglesias o en las calles durante ciertas solemnidades religiosas.

saetera. f. Aspillera para disparar saetas. Ú. t. en sent. fig. || **2.** fig. Ventanilla estrecha de las que se suelen abrir en las escaleras y otras partes.

safari. m. Excursión de caza mayor, que se realiza en algunas regiones de África. || **2.** Por ext., se aplica a excursiones similares efectuadas en otros territorios.

saga. f. Cada una de las leyendas poéticas contenidas en su mayor parte en las dos colecciones de primitivas tradiciones heroicas y mitológicas de la antigua Escandinavia. || **2.** Relato novelesco que abarca las vicisitudes de dos o más generaciones de una familia. ❑ No utilizar por *familia* o *linaje*.

sagacidad. f. Calidad de sagaz.

sagaz. adj. Avisado, astuto y prudente, que prevé y previene las cosas.

sagita. f. *Geom.* Porción de recta comprendida entre el punto medio de un arco de círculo y el de su cuerda.

sagital. adj. De figura de saeta.

sagitario. n. p. m. *Astron.* Noveno signo o parte del Zodiaco, de 30 grados de amplitud, que el Sol recorre aparentemente en el último tercio del otoño. || **2.** *Astron.* Constelación zodiacal que en otro tiempo debió de coincidir con el signo de este nombre, pero que actualmente, por resultado del movimiento retrógrado de los puntos equinocciales, se halla delante del mismo signo y un poco hacia el Oriente. || **3.** adj. Referido a personas, las nacidas bajo este signo del Zodiaco. Ú. t. c. s.

sagrado, da. adj. Que según rito está dedicado a Dios y al culto divino. || **2.** Perteneciente o relativo a la divinidad o a su culto. || **3.** fig. Que por su destino o uso es digno de veneración y respeto. ❑ sup. irreg. *sacratísimo.*

sagrario. m. Parte interior del templo, en que se reservan o guardan las cosas sagradas, como las reliquias. || **2.** Lugar donde se guarda y deposita a Cristo sacramentado.

saguntino, na. adj. Natural de Sagunto. Ú. t. c. s. || **2.** Perteneciente o relativo a esta ciudad.

sah. m. Rey de Persia o del Irán.

saharaui. adj. Perteneciente o relativo al desierto del Sahara. || **2.** Relativo al antiguo territorio español del Sahara. || **3.** com. **sahariano.**

sahariana. f. Especie de chaqueta propia de climas cálidos, cerrada por delante, hecha de tejido delgado y color claro. Tiene los bolsillos de parche y suele ajustarse con un cinturón.

sahariano, na. adj. Perteneciente o relativo al desierto del Sahara. || **2.** Natural de este territorio. Ú. t. c. s.

sahumar. tr. Dar humo aromático a una cosa a fin de purificarla o para que huela bien. Ú. t. c. prnl.

sahumerio. m. Humo que produce una materia aromática que se echa en el fuego para sahumar. || **2.** Esta misma materia.

sainete. m. Pieza dramática jocosa en un acto, de carácter popular, que se representaba como intermedio de una función o al final. || **2.** Obra teatral frecuentemente cómica, aunque puede tener carácter serio, de ambiente y personajes populares, en uno o más actos, que se representa como función independiente.

sajar. tr. *Cir.* Cortar en la carne.

sajón, na. adj. Dícese del individuo de un pueblo de raza germánica que habitaba antiguamente en la desembocadura del Elba y parte del cual se estableció en Inglaterra en el siglo V. Ú. t. c. s. ‖ **2.** Perteneciente o relativo a este pueblo. ‖ **3.** Natural de Sajonia. Ú. t. c. s. ‖ **4.** Perteneciente o relativo a este Estado alemán.

sake. m. Nombre japonés de una bebida alcohólica obtenida por fermentación del arroz.

sal. f. Sustancia ordinariamente blanca, cristalina, de sabor propio bien señalado, muy soluble en agua, crepitante en el fuego y que se emplea para sazonar los alimentos y conservar las carnes muertas. Es el cloruro sódico; abunda en las aguas del mar y se halla también en masas sólidas en el seno de la tierra, o disuelta en lagunas y manantiales. ‖ **2.** fig. Agudeza, donaire, chiste en el habla. ‖ **3.** Garbo, gracia, gentileza en los ademanes. ‖ **4.** *Quím.* Cuerpo resultante de la substitución de los átomos de hidrógeno de un ácido por radicales básicos. ‖ **5.** pl. Sustancia salina que generalmente contiene amoniaco y que se da a respirar a alguien que se ha desmayado para reanimarle. ‖ **6.** Sustancia perfumada que se disuelve en el agua para el baño. ‖ **común. sal** usada en la cocina. ‖ **gema.** La común que se halla en las minas o procede de ellas. ‖ **marina.** La común que se obtiene de las aguas del mar.

sala. f. Pieza principal de la casa, donde se reciben las visitas. ‖ **2.** Pieza donde se constituye un tribunal de justicia para celebrar audiencia y despachar los asuntos a él sometidos. ‖ **3.** Conjunto de magistrados o jueces que, dentro del tribunal colegiado de que forman parte, tiene atribuida jurisdicción privativa sobre determinadas materias. ‖ **de fiestas.** Local recreativo donde se sirven bebidas, dotado de una pista de baile y en el que, normalmente, se exhibe un espectáculo frívolo.

salacot. m. Sombrero usado en Filipinas y otros países cálidos, en forma de medio elipsoide o de casquete esférico, a veces ceñido a la cabeza con un aro distante de los bordes para dejar circular el aire, y hecho de un tejido de tiras de caña, o de otras materias.

saladero. m. Casa o lugar destinado para salar carnes o pescados.

salado, da. adj. Aplícase a los alimentos que tienen más sal de la necesaria. ‖ **2.** fig. Gracioso, agudo o chistoso.

salamandra. f. Anfibio urodelo de unos 20 centímetros de largo, la mitad aproximadamente para la cola, y piel lisa, de color negro, con manchas amarillas. ‖ **2.** Especie de calorífero de combustión lenta.

salamanquesa. f. Saurio de la familia de los gecónidos, de unos ocho centímetros de largo, con cuerpo ceniciento. Vive en las grietas de los edificios y debajo de las piedras, se alimenta de insectos y se la tiene equivocadamente por venenosa.

salami. m. Embutido hecho con carne vacuna y carne y grasa de cerdo, picadas y mezcladas en determinadas proporciones, que, curado y prensado dentro de una tripa o de un tubo de material sintético, se come crudo.

salar. tr. Echar en sal, curar con sal carnes, pescados y otras sustancias para su conservación. ‖ **2.** Sazonar con sal, echar la sal conveniente a un alimento.

salario. m. Paga o remuneración regular. ‖ **2.** En especial, cantidad de dinero con que se retribuye a los trabajadores por cuenta ajena. ‖ **mínimo.** Retribución mínima, generalmente estipulada por la ley, que debe pagarse a todo trabajador.

salaz. adj. Muy inclinado a la lujuria.

salazón. f. Acción y efecto de salar carnes o pescados. ‖ **2.** Acopio de carnes o pescados salados. ‖ **3.** Industria y tráfico que se hace con estas conservas.

salchicha. f. Embutido, en tripa delgada, de carne de cerdo magra y gorda, bien picada, que se sazona con sal, pimienta y otras especias.

salchichón. m. Embutido de jamón, tocino y pimienta en grano, prensado y curado, el cual se come en crudo.

salcochar. tr. Cocer carnes, pescados, legumbres u otros alimentos, sólo con agua y sal.

saldar. tr. Liquidar enteramente una cuenta satisfaciendo el alcance o recibiendo el sobrante que resulta de ella. ‖ **2.** Vender a bajo precio una mercancía para despacharla pronto. ‖ **3.** fig. Acabar, terminar, liquidar un asunto, cuestión, deuda, etc.

saldo. m. Cantidad que de una cuenta resulta a favor o en contra de alguien. ‖ **2.** Resto de mercancías que el fabricante o el comerciante venden a bajo precio para despacharlas pronto.

saledizo, za. adj. Saliente, que sobresale. ‖ **2.** m. *Arq.* Parte que sobresale de la pared maestra.

salero. m. Recipiente en que se sirve la sal en la mesa. ‖ **2.** fig. y fam. Gracia, donaire. *Tener mucho* SALERO.

saleroso, sa. adj. fig. y fam. Que tiene salero o gracia. Ú. t. c. s.

salesa. adj. Dícese de la religiosa que pertenece a la orden de la Visitación de Nuestra Señora, fundada en el siglo XVII, en Francia, por San Francisco de Sales y Santa Juana Francisca Fremiot de Chantal. Ú. t. c. s.

salesiano, na. adj. Dícese del religioso que pertenece a la Sociedad de San Francisco de Sales, congregación fundada por San Juan Bosco. Ú. t. c. s. ‖ **2.** Perteneciente o relativo a dicha congregación.

salicáceo, a. adj. *Bot.* Dícese de árboles y arbustos angiospermos dicotiledóneos que tienen hojas sencillas, alternas y con estípulas, flores dioicas en espigas, con periantio nulo o muy reducido, y fruto en cápsula con muchas semillas sin albumen; como el sauce, el álamo y el chopo. Ú. t. c. s. f. ‖ **2.** f. pl. *Bot.* Familia de estas plantas.

sálico, ca. adj. V. **ley sálica.**

salida. f. Acción y efecto de salir o salirse. ‖ **2.** Parte por donde se sale fuera de un sitio o lugar. ‖ **3.** Acto de comenzar una carrera o competición de velocidad. ‖ **4.** Lugar donde los participantes se sitúan para comenzar una competición de velocidad. ‖ **5.** fig. Escapatoria, pretexto, recurso. ‖ **6.** fig. y fam. Dicho agudo, ocurrencia. ❑ Ú. m. con el verbo *tener* y un calificativo. *Tener buenas* SALIDAS. ‖ **7.** pl. Posibilidades favorables de futuro que, en el terreno laboral o profesional, ofrecen algunos estudios. ‖ **de tono.** fig. y fam. Dicho destemplado o inconveniente.

salido, da. adj. Aplícase a lo que sobresale en un cuerpo más de lo regular. ‖ **2.** Dícese de las hembras de algunos animales cuando están en celo. ‖ **3.** fig. y vulg. Por ext., dícese a veces de los animales machos y de las personas cuando experimentan con urgencia el apetito sexual.

saliente. adj. Que sale. ‖ **2.** m. Parte que sobresale en una cosa.

salificable. adj. *Quím.* Dícese de cualquier cuerpo capaz de combinarse con un ácido o una base para formar una sal.

salina. f. Mina de sal. ‖ **2.** Establecimiento donde se beneficia la sal de las aguas del mar o de ciertos manantiales, cuando se ha evaporado el agua.

salinidad. f. Calidad de salino. ‖ **2.** En oceanografía, cantidad proporcional de sales que contiene el agua del mar.

salino, na. adj. Que naturalmente contiene sal. ‖ **2.** Que participa de los caracteres de la sal. ‖ **3.** Manchado de pintas blancas; aplícase a la res vacuna.

salir. intr. Pasar de dentro a fuera. Ú. t. c. prnl. ‖ **2.** Partir de un lugar a otro. ‖ **3.** Desembarazarse o librarse de algún lugar estrecho, peligroso o molesto. ‖ **4.** Libertarse, desembarazarse de algo que ocupa o molesta. SALIÓ *de la duda;* SALIR *de apuros.* ‖ **5.** Aparecer, manifestarse, descubrirse. *Va a* SALIR *el Sol. El gobernador* SALIÓ *en televisión. La revista* SALE *los jueves.* ‖ **6.** Nacer, brotar. *Empieza a* SALIR *el trigo.* ‖ **7.** Tratándose de manchas, quitarse, borrarse, desaparecer. ‖ **8.** Sobresalir, estar una cosa más alta o más afuera que otra. ‖ **9.** Descubrir alguien su índole, idoneidad o aprovechamiento. SALIÓ *muy travieso, buen matemático.* ‖ **10.** Ser alguien en ciertos juegos, el primero que juega. ‖ **11.** Decir o hacer una cosa inesperada o intempestiva. *¿Ahora* SALE *usted con eso?* ‖ **12.** Ocurrir, sobrevenir u ofrecerse de nuevo una cosa. SALIR *un empleo.* ‖ **13.** Valer, costar una cosa que se compra. SALE *a veinte pesetas el metro de paño.* ‖ **14.** Tratándose de cuentas, resultar, de la oportuna operación aritmética, que están bien hechas o ajustadas. ‖ **15.** Con la preposición *a,* corresponder a cada uno en pago o ganancia una cantidad. ‖ **16.** Con la misma preposición, trasladarse dentro del lugar donde se está al sitio adecuado para realizar una actividad. SALIR A *bailar,* A *pronunciar un discurso.* ‖ **17.** Con la preposición *con* y algunos nombres verbales, mostrar o iniciar inesperadamente lo que los nombres significan. SALIR CON *la pretensión, la demanda, la amenaza.* Ú. t. c. prnl. ‖ **18.** Frecuentar, por motivos amorosos o amistosos, el trato de otra persona, fuera de sus domicilios. ‖ **19.** Con la preposición *de* y algunos nombres, como *juicio, sentido, tino*

salir

INDICATIVO
Presente: salgo, sales, sale, salimos, salís, salen.
Pretérito imperfecto: salía, salías, salía, salíamos, salíais, salían.
Pretérito indefinido: salí, saliste, salió, salimos, salisteis, salieron.
Futuro imperfecto: saldré, saldrás, saldrá, saldremos, saldréis, saldrán.
Condicional: saldría, saldrías, saldría, saldríamos, saldríais, saldrían.

SUBJUNTIVO
Presente: salga, salgas, salga, salgamos, salgáis, salgan.
Pretérito imperfecto: saliera o saliese, salieras o salieses, saliera o saliese, saliéramos o saliésemos, salierais o salieseis, salieran o saliesen.
Futuro imperfecto: saliere, salieres, saliere, saliéremos, saliereis, salieren.

IMPERATIVO
sal (tú); salid (vosotros).

FORMAS NO PERSONALES
Infinitivo: salir.
Participio: salido.
Gerundio: saliendo.

y otros semejantes, perder el uso de lo que los nombres significan. ❑ También se usa con el adverbio *fuera* antes de la preposición *de.* SALIÓ FUERA DE *tino.* ‖ **20.** Venir a ser, quedar. SALIR *vencedor.* ‖ **21.** Parecerse, asemejarse. Se emplea más comúnmente hablando de los hijos respecto de sus padres, de los discípulos respecto de sus maestros. *Este niño* HA SALIDO *a su padre.* ‖ **22.** Apartarse, separarse de una cosa o faltar a ella en lo regular o debido. SALIÓ *de la regla.* Ú. t. c. prnl. ‖ **23.** Ser elegido o sacado por suerte o votación. *En la lotería* SALIERON *tales números; Antón* HA SALIDO *alcalde.* ‖ **24.** Ir a parar, tener salida a punto determinado. *Esta calle* SALE *a la plaza.* ‖ **25.** prnl. Derramarse por una rendija o rotura el contenido de una vasija o receptáculo. ‖ **26.** Rebosar un líquido al hervir. SE HA SALIDO *la leche.* ‖ **27.** En algunos juegos, hacer los tantos o las jugadas necesarios para ganar. ‖ **salirse con la suya.** fr. fig. Hacer su voluntad contra el parecer de otros. ❑ Irreg. Ver conjugación modelo.

salitre. m. Cualquier sustancia salina, especialmente la que aflora en tierras y paredes.

saliva. f. Líquido de reacción alcalina, algo viscoso, segregado por glándulas cuyos conductos excretores se abren en la cavidad bucal de muchos animales, y que sirve para reblandecer los alimentos, facilitar su deglución e iniciar la digestión de algunos.

salival. adj. Perteneciente o relativo a la saliva. ❑ No confundir con *salivar.*

salivar. intr. Producir saliva. ❑ No confundir con *salival.*

salivazo. m. Porción de saliva que se escupe de una vez.

salmantino, na. adj. Natural de Salamanca. Ú. t. c. s. ‖ **2.** Perteneciente o relativo a esta ciudad o a su provincia.

salmo. m. Composición o cántico que contiene alabanzas a Dios. ‖ **2.** pl. Por antonom., los de David.

salmodia. f. Canto usado en la Iglesia para los salmos. ‖ **2.** fig. y fam. Canto monótono, sin gracia ni expresión.

salmón. m. Pez teleósteo de hasta metro y medio de longitud, de cuerpo rollizo, cabeza apuntada y una aleta adiposa dorsal junto a la cola. El adulto tiene azulado el lomo y plateado el vientre, con reflejos irisados en los costados. Los machos presentan, además, manchas rojas o anaranjadas. Su carne es rojiza y sabrosa; vive en el mar y emigra a los ríos para la freza. Existen varias especies, una de las cuales es propia del Atlántico, y las restantes del Pacífico. ‖ **2.** Color rojizo como el de la carne de este pez. Ú. t. c. adj.

salmonete. m. Pez teleósteo marino, acantopterigio, de unos 25 centímetros de largo, color rojo en el lomo y blanco sonrosado en el vientre; cabeza grande, con un par de barbillas en la mandíbula inferior; cuerpo oblongo, algo comprimido lateralmente, y cola muy ahorquillada. Es comestible apreciado y abunda en el Mediterráneo.

salmónido. adj. *Zool.* Dícese de los peces teleósteos fisóstomos, que tienen el cuerpo cubierto de escamas muy adherentes, excepto en la cabeza, y una aleta adiposa entre la dorsal y la caudal; hay especies dulciacuícolas y marinas, que efectúan importantes migraciones en época de freza; como el salmón y la trucha. Ú. t. c. s. m. ‖ **2.** m. pl. *Zool.* Familia de estos animales.

salmorejo. m. Salsa compuesta de agua, vinagre, aceite, sal y pimienta.

salmuera. f. Agua cargada de sal. ‖ **2.** Agua que sueltan las cosas saladas.

salobre. adj. Que tiene sabor de alguna sal. ❑ No confundir con *salubre.*

salobridad. f. Cualidad de salobre. ❑ No confundir con *salubridad.*

saloma. f. Son cadencioso con que acompañan los marineros y otros operarios su faena, para hacer simultáneo el esfuerzo de todos.

salomónico, ca. adj. Perteneciente o relativo a Salomón. ‖ **2.** *Arq.* V. **columna salomónica.**

salón. m. Aposento de grandes dimensiones para visitas y fiestas en las casas. ‖ **2.** Mobiliario de este aposento. ‖ **3.** Pieza de grandes dimensiones donde celebra sus juntas una corporación. SALÓN *de actos,* SALÓN *de sesiones.* ‖ **4.** Instalación donde se exponen con fines comerciales los productos de una determinada industria, como automóviles o embarcaciones. ‖ **de belleza.** Establecimiento donde se presta a los clientes servicios diversos de peluquería, depilación, manicura, cosmética, etc.

salpicadero. m. En los vehículos automóviles, tablero situado delante del asiento del conductor, y en el que se hallan algunos mandos y aparatos indicadores.

salpicadura. f. Acción y efecto de salpicar.

salpicar. tr. Saltar un líquido esparcido en gotas menudas por choque o movimiento brusco. Ú. t. c. intr. ‖ **2.** Mojar o manchar con un líquido que **salpica.** Ú. t. c. prnl. ‖ **3.** fig. Esparcir varias cosas, como rociando con ellas una superficie u otra cosa. SALPICAR *de chistes la conversación; un valle* SALPICADO *de caseríos.*

salpicón. m. Fiambre de trozos de pescado o marisco condimentados con cebolla, sal y otros ingredientes.

salpimentar. tr. Adobar una cosa con sal y

pimienta, para que se conserve y tenga mejor sabor. ‖ **2.** fig. Amenizar, sazonar, hacer sabrosa una cosa con palabras o hechos. ❑ Irreg. Se conj. como *acertar*.

salsa. f. Composición o mezcla de varias sustancias comestibles desleídas, que se hace para aderezar o condimentar la comida. ‖ **bearnesa.** La que se hace al baño María, mezclando mantequilla, huevos, vino blanco, perejil, etc., y que se utiliza para acompañar carnes y pescados. ‖ **mahonesa,** o **mayonesa. mayonesa.** ‖ **rosa.** La que se hace con mayonesa y tomate frito. ‖ **tártara.** La que se hace con yemas de huevo, aceite, vinagre o limón y diversos condimentos. ‖ **verde.** La hecha a base de perejil, usada especialmente para acompañar pescados.

salsera. f. Vasija en que se sirve salsa.

saltador. adj. Que salta. ‖ **2.** m. Cuerda para saltar, especialmente para jugar a la comba.

saltamontes. m. Insecto ortóptero de cabeza gruesa, antenas finas, alas membranosas, patas anteriores cortas, y muy robustas y largas las posteriores, con las cuales da grandes saltos. Conócense numerosas especies, todas herbívoras y muchas de ellas comunes en España.

saltaojos. m. **peonía,** planta de la familia de las ranunculáceas.

saltar. intr. Levantarse del suelo con impulso y ligereza, ya para dejarse caer en el mismo sitio, ya para pasar a otro. ‖ **2.** Arrojarse desde una altura para caer de pie. ‖ **3.** Moverse una cosa de una parte a otra, levantándose con violencia; como la pelota del suelo, la chispa de la lumbre, etc. ‖ **4.** Salir un líquido hacia arriba con ímpetu, como el agua en el surtidor. ‖ **5.** Romperse o quebrantarse violentamente una cosa por excesiva tirantez, por la influencia atmosférica o por otras causas. ‖ **6.** fig. Irrumpir inesperadamente en la conversación. ‖ **7.** fig. Picarse o resentirse, dándolo a entender exteriormente. ‖ **8.** Ascender a un puesto más alto que el inmediatamente superior sin haber ocupado este. ‖ **9.** *Dep.* Salir los jugadores de fútbol o de otros deportes al terreno de juego. ‖ **10.** tr. Salvar de un salto un espacio o distancia. SALTAR *una zanja.* ‖ **11.** Pasar de una cosa a otra, dejándose las que debían suceder por orden o por opción. Se usa en lo físico y en lo moral. ‖ **12.** fig. Omitir voluntariamente o por inadvertencia parte de un escrito, leyéndolo o copiándolo. Ú. t. c. prnl. ME HE SALTADO *un renglón, un párrafo, una página.* ‖ **13.** prnl. Infringir una ley, un precepto, etc.

saltarín, na. adj. Que danza o baila. Ú. t. c. s. ‖ **2.** fig. Dícese del mozo inquieto y de poco juicio. Ú. t. c. s.

saltear. tr. Salir a los caminos y robar a los pasajeros. ‖ **2.** Acometer. ‖ **3.** Hacer una cosa discontinuamente sin seguir el orden natural, o saltando y dejando sin hacer parte de ella. ‖ **4.** Sofreír un manjar a fuego vivo en manteca o aceite hirviendo.

salterio. m. Libro de coro que contiene solo los salmos. ‖ **2.** Parte del breviario que contiene las horas canónicas de toda la semana, menos las lecciones y oraciones. ‖ **3.** Instrumento músico que consiste en una caja prismática de madera, más estrecha por la parte superior, donde está abierta, y sobre la cual se extienden muchas hileras de cuerdas metálicas que se tocan con un macillo, con un plectro, con uñas de marfil o con las de las manos.

salto. m. Acción y efecto de saltar. ‖ **2.** Despeñadero muy profundo. ‖ **3.** Caída de un caudal importante de agua, especialmente en una instalación industrial. ‖ **4.** Espacio comprendido entre el punto de donde se salta y aquel a que se llega. ‖ **con pértiga.** *Dep.* Prueba que consiste en saltar determinada altura con ayuda de una pértiga. ‖ **de agua.** Caída del agua de un río, arroyo o canal donde hay un desnivel repentino. También se comprenden en esta denominación el conjunto de construcciones y artefactos destinados a aprovechar el **salto.** ‖ **de altura.** *Dep.* Prueba que consiste en saltar por encima de un listón colocado a una altura determinada. ‖ **de cama.** Bata de mujer que se pone al levantarse de la cama. ‖ **de longitud.** *Dep.* Prueba que consiste en saltar la mayor distancia posible a partir de un punto marcado. ‖ **de mata.** fig. Huida o escape por temor del castigo. ‖ **mortal.** fig. **salto** que dan los volatineros lanzándose de cabeza y tomando vuelta en el aire para caer de pie. ‖ **triple salto.** *Dep.* **salto** de longitud en el cual el atleta apoya los pies alternativamente dos veces antes de caer con los dos pies juntos.

saltón, na. adj. Dícese de algunas cosas, como los ojos, los dientes, etc., que sobresalen más de lo regular, y parece que se salen de su sitio.

salubérrimo, ma. adj. sup. de **salubre.**

salubre. adj. Bueno para la salud, saludable. ❑ sup. irreg. *salubérrimo.* No confundir con *salobre.*

salubridad. f. Cualidad de salubre. ❑ No confundir con *salobridad.*

salud. f. Estado en que el ser orgánico ejerce normalmente todas sus funciones. ‖ **2.** Condiciones físicas en que se encuentra un organismo en un momento determinado. ‖ **curarse** uno **en salud.** fr. fig. Precaverse de un daño ante la más leve amenaza.

saludable. adj. Que sirve para conservar o restablecer la salud corporal. ‖ **2.** De buena salud, de aspecto sano. ‖ **3.** fig. Provechoso para un fin, particularmente para el bien del alma.

saludar. tr. Dirigir a otro, al encontrarlo o despedirse de él, palabras corteses, interesándose por su salud o deseándosela, diciendo *adiós, hola,* etc. ‖ **2.** Mostrar a otro benevolencia o respeto mediante señales formularias.

saludo. m. Palabra, gesto o fórmula para saludar.

salutación. f. Acción y efecto de saludar. ‖ **2.** Parte del sermón en la cual se saluda a la Virgen.

salva. f. Saludo, bienvenida. ‖ **2.** Serie de cañonazos consecutivos y sin bala disparados en señal de honores o saludos. ‖ **de aplausos.** Aplausos nutridos en que prorrumpe una concurrencia.

salvación. f. Consecución de la gloria y bienaventuranza eternas.

salvado. m. Cáscara del grano de los cereales desmenuzada por la molienda.

salvador, ra. adj. Que salva. Ú. t. c. s. ‖ **2.** m. Por antonom., **Jesucristo,** a quien también se nombra **Salvador del mundo,** por haber redimido al hombre del pecado y de la muerte eterna.

salvadoreño, ña. adj. Natural de El Salvador. Ú. t. c. s. ‖ **2.** Perteneciente a esta nación de la América Central.

salvaguarda. f. **salvaguardia.**

salvaguardar. tr. Defender, amparar, proteger.

salvaguardia. m. Guarda que se pone para la custodia de una cosa, como para los propios de las ciudades, villas, lugares y dehesas comunes y particulares, y para los equipajes en los ejércitos, etc. ‖ **2.** f. Papel o señal que se da a uno para que no sea castigado o detenido en lo que va a ejecutar.

salvajada. f. Dicho o hecho propio de un salvaje.

salvaje. adj. Aplícase a las plantas silvestres y sin cultivo. ‖ **2.** Dícese del animal que no es doméstico. ‖ **3.** Dícese de los pueblos que no se han incorporado al desarrollo general de la civilización y mantienen formas primitivas de vida. ‖ **4.** fig. Sumamente necio, terco, zafio o rudo. Ú. t. c. s.

salvajismo. m. Modo de ser o de obrar propio de los salvajes. ‖ **2.** Cualidad de salvaje.

salvamanteles. m. Pieza de cristal, loza, madera, etc., que se pone en la mesa debajo de las fuentes, botellas, vasos, etc., para proteger el mantel.

salvamento. m. Acción y efecto de salvar o salvarse. ‖ **2.** Lugar en que alguien se asegura de un peligro.

salvar. tr. Librar de un riesgo o peligro; poner en seguro. Ú. t. c. prnl. ‖ **2.** Evitar un inconveniente, impedimento, dificultad o riesgo. ‖ **3.** Vencer un obstáculo. SALVAR *de un salto un foso;* SALVAR *los montes.* ‖ **4.** Recorrer la distancia que media entre dos lugares. ‖ **5.** prnl. Alcanzar la gloria eterna, ir al cielo.

salvavidas. m. Flotador de forma anular que permite sostenerse en la superficie del agua.

salve. interj. poét. que se emplea para saludar. ‖ **2.** f. Una de las oraciones con que se saluda y ruega a la Virgen Santa María.

salvedad. f. Razonamiento o advertencia que se emplea como excusa, descargo, limitación o cortapisa de lo que se va a decir o hacer.

salvia. f. Mata labiada, de la que hay varias especies. Alcanza hasta seis u ocho decímetros de alto; tiene hojas estrechas de borde ondulado, cuyo cocimiento se usa como sudorífico y astringente; flores azuladas en espiga, y fruto seco. Es común en los terrenos áridos de España.

salvo[1], va. adj. Ileso, librado de un peligro. ‖ **a salvo.** loc. adv. Sin detrimento o menoscabo, fuera de peligro.

salvo[2]. prep. Fuera de, con excepción de, excepto.

salvoconducto. m. Documento expedido por una autoridad para que el que lo lleva pueda transitar sin riesgo por donde aquella es reconocida.

sámago. m. Albura o parte más blanda de las maderas, que no es conveniente para la construcción.

sámara. f. *Bot.* Fruto seco, indehiscente, con pocas semillas y pericarpio extendido a manera de ala; como el del olmo y el fresno.

samario. m. Elemento químico de núm. atóm. 62. Metal de las tierras raras escaso en la corteza terrestre; se encuentra en ciertos minerales junto con otros elementos de su grupo. De color gris, duro y quebradizo. Se emplea en la industria electrónica, del vidrio, y de la cerámica. Símb. *Sm.*

samaritano, na. adj. Natural de Samaria. Ú. t. c. s. ‖ **2.** Perteneciente o relativo a esta ciudad del Asia antigua.

samba. f. Danza popular brasileña, de influencia africana, cantada, de compás binario. ‖ **2.** Música con que se acompaña esta danza.

sambenito. m. Capotillo o escapulario que se ponía a los penitentes de la Inquisición. ‖ **2.** fig. Descrédito que queda de una acción.

samovar. m. Recipiente de origen ruso, provisto de un tubo interior donde se ponen carbones. Se usa para calentar el agua del té.

samuray. m. En el antiguo sistema feudal japonés, individuo perteneciente a una clase inferior de la nobleza, constituida por los militares que estaban al servicio de los señores feudales. ❑ Plural, *samuráis.*

san. adj. Apóc. de **santo.** ❑ Ú. solamente antes de los nombres propios de santos, salvo los de Tomás, o Tomé, Toribio y Domingo. El plural solo tiene uso en las expresiones familiares. *¡Por vida de* SANES! y *¡Voto a* SANES!

sanar. tr. Restituir a uno la salud que había perdido. ‖ **2.** intr. Recobrar el enfermo la salud.

sanatorio. m. Establecimiento convenientemente dispuesto para la estancia de enfermos que necesitan someterse a tratamientos médicos, quirúrgicos o climatológicos.

sanción. f. Acto solemne por el que el jefe del Estado confirma una ley o estatuto. ‖ **2.** Pena que la ley establece para el que la infringe. ‖ **3.** Autorización o aprobación que se da a cualquier acto, uso o costumbre.

sancionar. tr. Dar fuerza de ley a una disposición. ‖ **2.** Autorizar o aprobar cualquier acto, uso o costumbre. ‖ **3.** Aplicar una sanción o castigo.

sanctasanctórum. m. Parte interior y más sagrada del tabernáculo erigido en el desierto, y del templo de Jerusalén. ‖ **2.** fig. Lo que para una persona es de singularísimo aprecio. ‖ **3.** fig. Lo muy reservado y misterioso. ❑ pl. invar.

sandalia. f. Calzado compuesto de una suela que se asegura con correas o cintas. ‖ **2.** Por ext., zapato ligero y muy abierto, usado en tiempo de calor.

sándalo. m. Planta herbácea, olorosa, vivaz, de la familia de las labiadas, con tallo ramoso de cuatro a seis decímetros de altura; hojas pecioladas, elípticas, y lampiñas, con dentecillos en el borde, y flores rosáceas. Es originaria de Persia y se cultiva en los jardines. ‖ **2.** Árbol de la familia de las santaláceas, muy semejante en su aspecto al nogal, con hojas elípticas, opuestas, enteras, gruesas, lisas y muy verdes; flores pequeñas en ramos axilares, fruto parecido a la cereza, y madera amarillenta de excelente olor. Vive en las costas de la India y de varias islas de Oceanía. ‖ **3.** Leño oloroso de este árbol.

sandez. f. Despropósito, simpleza, necedad.

sandía. f. Planta herbácea anual, de la familia de las cucurbitáceas, con tallo velloso, flexible, rastrero, de tres a cuatro metros de largo, hojas partidas en segmentos redondeados y de color verde oscuro; flores amarillas, fruto casi esférico, tan grande, que a veces pesa 20 kilogramos, de corteza verde uniforme o jaspeada y pulpa encarnada, granujienta, muy jugosa y dulce, entre la que se encuentran muchas pepitas negras y aplastadas. Es planta muy cultivada en España. ‖ **2.** Fruto de esta planta. ❑ No confundir con *sandia,* forma femenina de *sandio.*

sandio, dia. adj. Necio o simple. Ú. t. c. s. ❑ No confundir la forma femenina con *sandía.*

sandunga. f. fam. Gracia, donaire, salero.

sándwich. m. Emparedado hecho con dos rebanadas de pan de molde entre las que se coloca jamón, queso, embutido, vegetales u otros alimentos. ❑ pl. *sándwiches.*

saneado, da. adj. Aplícase a los bienes, la renta o el haber que están libres de cargas o descuentos.

saneamiento. m. Conjunto de técnicas, servicios, dispositivos y piezas destinados a favorecer las condiciones higiénicas en un edificio, comunidad, etc.

sanear. tr. Reparar o remediar una cosa. ‖ **2.** Dar condiciones de salubridad a un terreno, edificio, etc., o preservarlo de la humedad y vías de agua. ‖ **3.** Liberar de dificultades económicas una empresa.

sanedrín. m. Consejo supremo de los judíos, en el que se trataban y decidían los asuntos de estado y de religión. ‖ **2.** Sitio donde se reunía este Consejo. ‖ **3.** fig. Junta o reunión para tratar de algo que se quiere dejar oculto.

sangacho. m. Parte más oscura de la carne del atún, que forma una franja en el cuerpo del animal.

sangrar. tr. Abrir o punzar una vena y dejar salir determinada cantidad de sangre. ‖ **2.** fig. Dar salida a un líquido en todo o en parte, abriendo conducto por donde corra. ‖ **3.** *Impr.* Empezar un renglón más adentro que los otros de la plana, como se hace con el primero de cada párrafo. ‖ **4.** intr. Arrojar sangre.

sangre. f. Líquido, generalmente de color rojo, que circula por las arterias y venas del cuerpo de los animales; se compone de una parte líquida o plasma y de células en suspensión: hematíes, leucocitos y plaquetas. Su función es distribuir oxígeno, nutrientes y otras sustancias a las células del organismo, y recoger de estas los productos de desecho. ‖ **2.** fig. Linaje o parentesco. ‖ **azul.** fig. **sangre** o linaje noble. ‖ **de horchata.** fig. y fam. Dícese del calmoso que no se altera por nada. ‖ **fría.** fig. Serenidad, tranquilidad del ánimo, que no se conmueve o afecta fácilmente. ‖ **de sangre caliente.** loc. adj. Dícese de los animales cuya temperatura no depende de la del ambiente y es, por lo general, superior a la de este. ‖ **de sangre fría.** loc. adj. Dícese de los animales cuya temperatura es la del ambiente.

sangría. f. Acción y efecto de sangrar. ‖ **2.** fig. Corte o brecha somera que se hace en un árbol para que fluya la resina. ‖ **3.** fig. Extracción o hurto de una cosa, que se hace por pequeñas partes, especialmente en el caudal. ‖ **4.** fig. Bebida refrescante que se compone de agua y vino con azúcar y limón u otros aditamentos. ‖ **5.** *Impr.* Acción y efecto de sangrar, empezar un renglón más adentro que los otros.

sangriento, ta. adj. Que echa sangre. ‖ **2.**

Teñido en sangre o mezclado con sangre. || **3.** Que se goza en derramar sangre. *El* SANGRIENTO *Nerón; león* SANGRIENTO.

sanguijuela. f. Anélido acuático de hasta 12 centímetros de largo y uno de grueso, cuerpo anillado y una ventosa en cada extremo, con la boca en el centro de la anterior. Vive en las aguas dulces y se alimenta de la sangre que chupa a los animales a que se agarra. Hay varias especies, alguna de las cuales se ha utilizado en medicina para sangrar a los enfermos. || **2.** fig. y fam. Persona que va poco a poco sacando a uno el dinero, alhajas y otras cosas.

sanguina. f. Lápiz rojo oscuro fabricado con hematites en forma de barritas. || **2.** Dibujo hecho con este lápiz.

sanguinario, ria. adj. Feroz, vengativo, iracundo, que se goza en derramar sangre.

sanguíneo, a. adj. Que contiene sangre o abunda en ella. || **2.** Dícese de la complexión en que predomina este humor. || **3.** Perteneciente a la sangre.

sanguinolento, ta. adj. Que echa sangre. || **2.** Mezclado con sangre.

sanidad. f. Cualidad de sano. || **2.** Cualidad de saludable. || **3.** Conjunto de servicios gubernativos ordenados para preservar la salud del común de los habitantes de la nación, de una provincia o de un municipio.

sanies. f. *Med.* Líquido seroso sin pus de ciertas úlceras malignas.

sanitario, ria. adj. Perteneciente o relativo a la sanidad. *Medidas* SANITARIAS. || **2.** Perteneciente o relativo a las instalaciones higiénicas de una casa, edificio, etc. || **3.** m. y f. Individuo del cuerpo de Sanidad Militar. || **4.** Persona que trabaja en la Sanidad civil. || **5.** m. Aparato o pila de higiene instalado en un cuarto de baño, como la bañera, el lavabo, etc. Ú. t. c. adj. *Aparatos* SANITARIOS.

sanluqueño, ña. adj. Natural de Sanlúcar. Ú. t. c. s. || **2.** Perteneciente o relativo a alguna de las poblaciones de este nombre.

sano, na. adj. Que goza de perfecta salud. Ú. t. c. s. || **2.** Que es bueno para la salud. *Alimentación* SANA; *aire* SANO. || **3.** fig. Sin daño o corrupción, tratándose de vegetales o de cosas pertenecientes a ellos. *Árbol, melocotón* SANO. || **4.** fig. Libre de error o vicio, recto, saludable moral o psicológicamente. *Crítica* SANA. || **5.** fig. Sincero, de buena intención. || **6.** fig. y fam. Entero, no roto ni estropeado. *No queda un plato* SANO. || **cortar por lo sano.** fr. fig. y fam. Emplear el procedimiento más expeditivo sin consideración alguna, para remediar males o conflictos, o zanjar inconvenientes o dificultades.

sánscrito, ta. adj. Aplícase a la antigua lengua de los brahmanes (que sigue siendo la sagrada del Indostán) y a lo referente a ella. *Lengua* SÁNSCRITA. Ú. t. c. s. m.

sanseacabó. expr. fam. con que se da por terminado un asunto.

sansón. m. fig. Hombre muy forzudo.

santabárbara. f. *Mar.* Lugar destinado en las embarcaciones para almacenar las municiones. || **2.** *Mar.* Cámara por donde se comunica o baja a este lugar.

santacruceño, ña. adj. Natural de Santa Cruz de Tenerife. Ú. t. c. s. || **2.** Perteneciente o relativo a esta ciudad de Canarias.

santaláceo, a. adj. *Bot.* Dícese de plantas angiospermas dicotiledóneas, árboles, matas o hierbas, que tienen hojas verdes, gruesas, sin estípulas, y por lo común alternas; flores pequeñas, sin pétalos y con el cáliz colorido, y fruto drupáceo con una semilla de albumen carnoso; como el sándalo de la India. Ú. t. c. s. f. || **2.** f. pl. *Bot.* Familia de estas plantas.

santanderino, na. adj. Natural de Santander, ciudad de España. Ú. t. c. s. || **2.** Perteneciente o relativo a esta ciudad o a la provincia de Santander, hoy llamada esta última Cantabria.

santateresa. f. Insecto de tamaño mediano, de tórax largo y antenas delgadas; sus patas anteriores, que mantiene recogidas ante la cabeza en actitud orante, están provistas de fuertes espinas para sujetar las presas de que se alimenta. Es voraz, y común en España.

santero, ra. adj. Dícese del que tributa a las imágenes un culto supersticioso. || **2.** m. y f. Persona que cuida de un santuario. || **3.** Persona que pide limosna, llevando de casa en casa la imagen de un santo. || **4.** Persona que pinta, esculpe o vende santos.

santiagués, sa. adj. Natural de Santiago de Compostela. Ú. t. c. s. || **2.** Perteneciente o relativo a esta ciudad de Galicia.

santiamén (en un). loc. adv. fig. y fam. En un instante.

santidad. f. Calidad de santo. || **2.** Tratamiento honorífico que se da al Papa.

santificar. tr. Dedicar a Dios una cosa. || **2.** Hacer venerable una cosa por la presencia o contacto de lo que es santo. || **3.** Reconocer al que es santo, honrándolo y sirviéndolo como a tal.

santiguar. tr. Hacer la señal de la cruz desde la frente al pecho y desde el hombro izquierdo al derecho, invocando a la Santísima Trinidad. Ú. m. c. prnl. || **2.** prnl. fig. y fam. **hacerse cruces,** admirándose o extrañándose de algo.

santísimo, ma. adj. Aplícase al Papa como tratamiento honorífico. ‖ **el Santísimo.** Cristo en la Eucaristía.

santo, ta. adj. Perfecto y libre de toda culpa. Con toda propiedad solo se dice de Dios, que lo es esencialmente; por gracia, privilegio y participación se dice de los ángeles y de los hombres. ‖ **2.** Dícese de la persona a quien la Iglesia declara tal, y manda que se le dé culto universalmente. Ú. t. c. s. ‖ **3.** Aplícase a la persona de especial virtud y ejemplo. Ú. t. c. s. ‖ **4.** Dícese de lo que está especialmente dedicado o consagrado a Dios. ‖ **5.** Con ciertos nombres encarece el significado de estos: *hizo su* SANTA *voluntad, esperó todo el* SANTO *día.* Ú. t. en superlativo: *la* SANTÍSIMA *voluntad.* ‖ **6.** m. Imagen de un **santo.** ‖ **7.** fam. Viñeta, grabado, estampa, dibujo que ilustran una publicación. *Vamos a mirar si este libro tiene* SANTOS. ‖ **8.** Respecto de una persona, festividad del **santo** cuyo nombre lleva. ‖ **a santo de qué.** loc. adv. Con qué motivo, a fin de qué, con qué pretexto. ‖ **írsele** a uno **el santo al cielo.** fr. fig. y fam. Olvidársele lo que iba a decir o lo que tenía que hacer. ‖ **no ser** una persona **santo de la devoción de** otra. fr. fig. y fam. Desagradarle, no inspirarle confianza, no tenerla por buena.

santón. m. El que profesa vida austera y penitente fuera de la religión cristiana. ‖ **2.** fig. y fam. Hombre hipócrita o que aparenta santidad. ‖ **3.** fig. y fam. Persona, entrada en años por lo común, muy autorizada o muy influyente en una colectividad determinada.

santoral. m. Libro que contiene vidas o hechos de santos. ‖ **2.** Lista de los santos cuya festividad se conmemora en cada uno de los días del año.

santuario. m. Templo en que se venera la imagen o reliquia de un santo de especial devoción. ‖ **2.** Parte anterior del tabernáculo, separada por un velo del sanctasanctórum.

santurrón, na. adj. Exagerado en los actos de devoción. Ú. t. c. s. ‖ **2.** Gazmoño, hipócrita que aparenta ser devoto.

saña. f. Furor, enojo ciego. ‖ **2.** Intención rencorosa y cruel.

sañudo, da. adj. Propenso a la saña, o que tiene saña.

sapiencia. f. **sabiduría.** ‖ **2.** n. p. Libro de la Sabiduría, que escribió Salomón.

sapo. m. Anfibio anuro de cuerpo rechoncho y robusto, ojos saltones, extremidades cortas y piel arrugada; existen varias especies.

saponificar. tr. *Quím.* Hidrolizar un éster, fundamentalmente para fabricar jabones.

sapotáceo, a. adj. *Bot.* Dícese de arbustos y árboles angiospermos dicotiledóneos, con hojas alternas, enteras y coriáceas, flores axilares, solitarias y más frecuentemente en umbela, y por frutos drupas o bayas casi siempre indehiscentes con semillas de albumen carnoso u oleoso o sin albumen; como el zapote. Ú. t. c. s. f. ‖ **2.** f. pl. *Bot.* Familia de estas plantas.

saprofito, ta. adj. *Biol.* Dícese de las plantas y los microorganismos que viven a expensas de materias orgánicas muertas o en descomposición.

saque. m. Acción de sacar. ‖ **2.** El que se realiza para iniciar o reanudar el juego de pelota y otros deportes. ‖ **de esquina.** En el fútbol, el que se hace desde una esquina del campo por un jugador del bando atacante por haber salido el balón del campo de juego cruzando una de las líneas de meta, tras haber sido tocado en último lugar por un jugador del bando defensor. ‖ **tener buen saque.** fr. fig. y fam. Comer o beber mucho de cada vez.

saquear. tr. Apoderarse violentamente los soldados de lo que hallan en un lugar. ‖ **2.** Entrar en una plaza o lugar robando cuanto se halla.

saqueo. m. Acción y efecto de saquear.

sarampión. m. *Pat.* Enfermedad febril, contagiosa y muchas veces epidémica, que se manifiesta por multitud de manchas pequeñas y rojas, semejantes a picaduras de pulga, y que va precedida y acompañada de lagrimeo, estornudo, tos y otros síntomas catarrales.

sarao. m. Reunión nocturna de personas de distinción para divertirse con baile o música.

sarasa. m. fam. Hombre afeminado, marica.

sarcasmo. m. Burla sangrienta, ironía mordaz y cruel con que se ofende o maltrata a personas o cosas.

sarcástico, ca. adj. Que denota o implica sarcasmo o es concerniente a él.

sarcófago. m. Sepulcro, obra de piedra en que se da sepultura a un cadáver.

sarcoma. m. *Pat.* Tumor maligno derivado de estructuras mesenquimales.

sardana. f. Danza en corro, tradicional de Cataluña. ‖ **2.** Música de esta danza.

sardesco, ca. adj. fig. *Pat.* V. **risa sardesca.**

sardina. f. Pez teleósteo marino fisóstomo, de 12 a 15 centímetros de largo, parecido al arenque, pero de carne más delicada, cabeza relativamente menor, la aleta dorsal muy delantera y el cuerpo más fusiforme y de color negro azulado por encima, dorado en la cabeza y plateado en los costados y vientre.

sardo, da. adj. Natural de Cerdeña. Ú. t. c. s. ‖ **2.** Perteneciente o relativo a esta isla de Italia. ‖ **3.**

m. Lengua hablada en la isla de Cerdeña, y que pertenece al grupo de las neolatinas.

sardonia. adj. fig. *Pat.* V. **risa sardonia.**

sardónico, ca. adj. fig. *Pat.* V. **risa sardónica.**

sarga[1]. f. Tela cuyo tejido forma unas líneas diagonales.

sarga[2]. f. Arbusto de la familia de las salicáceas, de tres a cinco metros de altura, con tronco delgado, ramas con aspecto de mimbre, hojas lanceoladas, de margen aserrada, flores verdosas en amentos cilíndricos, y fruto capsular ovoide. Es común en España a orillas de los ríos.

sargazo. m. Alga marina, en la que el talo está diferenciado en una parte que tiene aspecto de raíz y otra que se asemeja a un tallo; de esta última arrancan órganos laminares, parecidos por su forma y disposición a hojas de plantas fanerógamas, con un nervio central saliente y vesículas axilares, llenas de aire a modo de flotadores que sirven para sostener la planta dentro o en la superficie del agua.

sargento. m. Individuo de la clase de tropa, que tiene empleo superior al de cabo, y, que bajo la inmediata dependencia de los oficiales, cuida del orden, administración y disciplina de una compañía o parte de ella.

sarmentoso, sa. adj. Que tiene semejanza con los sarmientos.

sarmiento. m. Vástago de la vid, largo, delgado, flexible y nudoso, de donde brotan las hojas, las tijeretas y los racimos.

sarna. f. Afección cutánea contagiosa provocada por un ácaro o arador, que excava túneles bajo la piel, produciendo enrojecimiento, tumefacción y un intenso prurito.

sarpullido. m. Erupción leve y pasajera en el cutis, formada por muchos granitos o ronchas.

sarraceno, na. adj. Que profesa la religión de Mahoma, mahometano. U. t. c. s.

sarracina. f. Pelea entre muchos, especialmente cuando es confusa o tumultuaria. ‖ **2.** Por ext., riña o pendencia en que hay heridos o muertes.

sarro. m. Sedimento que se adhiere al fondo y paredes de una vasija donde hay un líquido que precipita parte de las sustancias que lleva en suspensión o disueltas. ‖ **2.** Sustancia amarillenta, más o menos oscura y de naturaleza calcárea, que se adhiere al esmalte de los dientes.

sarta. f. Serie de cosas metidas por orden en un hilo, cuerda, etc. ‖ **2.** fig. Serie de sucesos o cosas no materiales, iguales o análogas. SARTA *de desdichas, de disparates.*

sartén. f. Recipiente de cocina, generalmente de metal, de forma circular, poco hondo y con mango largo, que sirve para guisar. En muchos lugares de América y España es m. ‖ **2.** Lo que se fríe de una vez en la **sartén.** ‖ **tener** uno **la sartén por el mango.** fr. fig. y fam. Ser dueño de la situación, poder decidir o mandar.

sartenada. f. Lo que de una vez se fríe en la sartén, o lo que cabe en ella.

sasánida. adj. Dícese de una dinastía que estuvo al frente de los destinos de Persia durante los últimos siglos anteriores al islam (226-641). Ú. t. c. s.

sastre. m. El que tiene por oficio cortar y coser vestidos, principalmente de hombre. ❑ No utilizar por *modista.*

sastrería. f. Tienda y taller de sastre.

Satán. n. p. m. El demonio, Satanás.

Satanás. n. p. m. El demonio, el diablo.

satánico, ca. adj. Perteneciente a Satanás; propio y característico de él. ‖ **2.** fig. Extremadamente perverso. Dícese especialmente de ciertos defectos o cualidades. *Orgullo* SATÁNICO; *ira, soberbia* SATÁNICA.

satanismo. m. fig. Perversidad, maldad satánica.

satélite. m. *Astron.* Cuerpo celeste opaco que solo brilla por la luz refleja del Sol y gira alrededor de un planeta primario. ‖ **2.** fig. Persona o cosa que depende de otra y experimenta todas sus vicisitudes, o la sigue y acompaña de continuo como dependiente de ella. ‖ **3.** Ú. en aposición para designar despectivamente a un estado dominado política y económicamente por otro estado vecino más poderoso. ‖ **4.** Ú. en aposición para designar a una población situada fuera del recinto de una ciudad importante, pero vinculada a esta de algún modo. ‖ **artificial.** Vehículo tripulado o no, que se coloca en órbita alrededor de la Tierra o de otro astro, y que lleva aparatos apropiados para recoger información y retransmitirla.

satén. m. Tejido parecido al raso.

satinar. tr. Dar al papel o a la tela tersura y lustre por medio de la presión.

sátira. f. Composición poética u otro escrito cuyo objeto es censurar acremente o poner en ridículo a personas o cosas. ‖ **2.** Discurso o dicho agudo, picante y mordaz, dirigido a este mismo fin.

satírico, ca. adj. Perteneciente a la sátira.

satirizar. intr. Escribir sátiras. ‖ **2.** tr. Zaherir y motejar.

sátiro. m. En la mitología grecorromana, divinidad campestre y lasciva, con figura de hombre barbado, patas y orejas cabrunas y cola de caballo o de chivo. ‖ **2.** fig. Hombre lascivo.

satisfacción. f. Acción y efecto de satisfacer o satisfacerse. ‖ **2.** Razón, acción o modo con que se sosiega y responde enteramente a una queja, sentimiento o razón contraria. ‖ **3.** Cumplimiento del deseo o del gusto.

satisfacer. tr. Pagar enteramente lo que se debe. ‖ **2.** Hacer una obra que merezca el perdón de la pena debida. ‖ **3.** Saciar un apetito, pasión, etc. ‖ **4.** Dar solución a una duda o a una dificultad. ‖ **5.** Cumplir, llenar ciertos requisitos o exigencias. ‖ **6.** Deshacer un agravio u ofensa. ❑ Irreg. Se conj. como *hacer;* p. p. irreg. *satisfecho.*

satisfactorio, ria. adj. Que puede satisfacer o pagar una cosa debida. ‖ **2.** Que puede satisfacer una duda o una queja, o deshacer un agravio. ‖ **3.** Grato, próspero.

satisfecho, cha. p. p. irreg. de **satisfacer.** ‖ **2.** adj. Complacido, contento.

sátrapa. m. fig. y fam. Hombre ladino, que sabe gobernarse con astucia e inteligencia, o que gobierna despóticamente. Ú. t. c. adj.

saturado, da. adj. *Quím.* Dícese de los compuestos químicos orgánicos cuyos enlaces covalentes, por lo general entre átomos de carbono, son de tipo sencillo.

saturar. tr. Hartar y satisfacer de comida o de bebida, saciar. ‖ **2.** Llenar algo completamente, colmar. Ú. t. c. prnl. y en sent. fig. ‖ **3.** *Quím.* Combinar dos o más cuerpos en las proporciones atómicas máximas en que pueden unirse. ‖ **4.** *Fís.* y *Quím.* Añadir una sustancia a un disolvente hasta su máxima concentración posible.

saturnismo. m. Enfermedad crónica producida por la intoxicación ocasionada por las sales de plomo.

saturno. n. p. m. *Astron.* Planeta poco menor que Júpiter, con resplandor intenso y amarillento, distante del Sol nueve veces más que la Tierra, acompañado de diez satélites y rodeado por un anillo de varias zonas.

sauce. m. Árbol de la familia de las salicáceas, que crece hasta 20 metros de altura, con tronco grueso, derecho, de muchas ramas y ramillas colgantes; hojas estrechas, lanceoladas, de margen poco aserrado, verdes por la haz y blancas por el envés; flores sin cáliz ni corola, en amentos verdosos, y fruto capsular. Es común en las orillas de los ríos. ‖ **de Babilonia,** o **llorón.** Árbol de la familia de las salicáceas, de seis a siete metros de altura, con tronco grueso, copa amplia, ramas y ramillas muy largas, flexibles y colgantes, y hojas lampiñas, muy estrechas y lanceoladas. Es originario del Asia Menor y se cultiva en Europa como planta de adorno.

saúco. m. Arbusto o arbolillo de la familia de las caprifoliáceas, con tronco de dos a cinco metros de altura, lleno de ramas, de corteza parda y rugosa y médula blanca abundante; hojas compuestas de cinco a siete hojuelas ovales, de punta aguda, aserradas por el margen, de color verde oscuro, de olor desagradable y sabor acre; flores blancas y fruto en bayas negruzcas. Es común en España, y el cocimiento de las flores se usaba en medicina.

saudade. f. Soledad, nostalgia, añoranza.

sauna. f. Baño de calor, a muy alta temperatura, que produce una rápida y abundante sudoración, y que se toma con fines higiénicos y terapéuticos. ‖ **2.** Local en que se pueden tomar esos baños.

saurio. adj. *Zool.* Dícese de los reptiles que generalmente tienen cuatro extremidades cortas, mandíbulas con dientes, y cuerpo largo con cola también larga y piel escamosa o cubierta de tubérculos; como el lagarto. Ú. t. c. s. ‖ **2.** m. pl. *Zool.* Orden de estos reptiles.

savia. f. *Bot.* Líquido que circula por los vasos de las plantas pteridofitas y fanerógamas y del cual toman las células las sustancias que necesitan para su nutrición. ‖ **2.** fig. Energía, elemento vivificador. ❑ No confundir con *sabia.*

saxifragáceo, a. adj. *Bot.* Dícese de hierbas, arbustos o árboles angiospermos dicotiledóneos, a veces con tallos fistulosos, de hojas alternas u opuestas, enteras o lobuladas, generalmente sin estípulas; flores hermafroditas, de cinco a diez pétalos, o tetrámeras, casi siempre regulares, dispuestas en racimos, panojas o cimas; fruto capsular o en baya; como el grosellero y la hortensia. Ú. t. c. s. f. ‖ **2.** f. pl. *Bot.* Familia de estas plantas.

saxo. m. **saxofón.** ‖ **2. saxofonista.**

saxofón. m. **saxófono.**

saxofonista. com. Músico que toca el saxofón.

saxófono. m. Instrumento músico de viento, de metal, con boquilla de madera y con caña: tiene varias llaves; es de invención moderna, y muy usado, principalmente en las bandas militares y orquestas de yaz.

saya. f. **falda,** prenda femenina. ‖ **2.** Vestidura talar antigua, especie de túnica, que usaban los hombres.

sayal. m. Tela muy basta labrada de lana burda.

sayo. m. Prenda de vestir holgada y sin botones que cubría el cuerpo hasta la rodilla. ‖ **2.** fam. Cualquier vestido.

sayón. m. En la Edad Media, ministro de justicia, que tenía por principal oficio hacer las citaciones y ejecutar los embargos. ‖ **2.** Verdugo que ejecutaba las penas a que eran condenados los reos. ‖ **3.** Cofrade que va en las procesiones de Semana Santa vestido con una túnica larga.

sazón. f. Punto o madurez de las cosas, o estado de perfección en su línea. ‖ **2.** Ocasión, tiempo oportuno o coyuntura. ‖ **3.** Gusto y sabor que se percibe en los alimentos. ‖ **a la sazón.** loc. adv. En aquel tiempo u ocasión.

sazonar. tr. Dar sazón a la comida. ‖ **2.** Poner las cosas en la sazón, punto y madurez que deben tener. Ú. t. c. prnl.

-scopia. elem. compos. que significa «examen, vista, exploración»: *rino*SCOPIA, *radio*SCOPIA.

-scopio. elem. compos. que significa «instrumento para ver o examinar»: *tele*SCOPIO, *oftalmo*SCOPIO.

se[1]. Forma reflexiva del pronombre personal de tercera persona. ❑ Ú. en dativo y acusativo en ambos géneros y números y no admite preposición. Puede usarse proclítico o enclítico: SE *cae; cáe*SE. Sirve además para formar oraciones impersonales y de pasiva.

se[2]. Dativo masculino o femenino de singular o plural del pronombre personal de tercera persona en combinación con el acusativo *lo, la,* etc.: *Dió*SE*lo,* SE *las dio.*

sebáceo, a. adj. Que participa de la naturaleza del sebo o se parece a él.

sebo. m. Grasa sólida y dura que se saca de los animales herbívoros, y que, derretida, sirve para hacer velas, jabones y para otros usos. ‖ **2.** Cualquier género de gordura.

seborrea. f. Aumento patológico de la secreción de las glándulas sebáceas de la piel.

secadero. m. Lugar dispuesto para secar natural o artificialmente ciertos frutos u otros productos.

secado. m. Acción y efecto de secar o secarse.

secador, ra. m. y f. Nombre de diversos aparatos y máquinas destinados a secar las manos, el cabello, la ropa, etc.

secamanos. m. Aparato eléctrico que sirve para secar las manos por medio de un chorro de aire caliente.

secano. m. Tierra de labor que no tiene riego, y solo se beneficia del agua de lluvia.

secante[1]. adj. Que seca. Ú. t. c. s. ‖ **2. papel secante.** Ú. m. c. s.

secante[2]. adj. *Geom.* Aplícase a las líneas o superficies que cortan a otras líneas o superficies. Ú. t. c. s. f. ‖ **de un ángulo.** *Trig.* La del arco que sirve de medida al ángulo. ‖ **de un arco.** *Trig.* Cantidad inversa del coseno.

secar. tr. Extraer la humedad, o hacer que se exhale de un cuerpo mojado, mediante el aire o el calor que se le aplica. ‖ **2.** Quitar alguien con un trapo, toalla, etc., el líquido o las gotas que hay en una superficie. Ú. t. c. prnl. ‖ **3.** Gastar o ir consumiendo el humor o jugo en los cuerpos. Ú. t. c. prnl. ‖ **4.** prnl. Quedarse sin agua un río, una fuente, etc. ‖ **5.** Perder una planta su verdor, vigor o lozanía.

sección. f. Separación que se hace en un cuerpo sólido con instrumento o cosa cortante. ‖ **2.** Cada una de las partes en que se divide o considera dividido un todo continuo o un conjunto de cosas. ‖ **3.** Dibujo del perfil o figura que resultaría si se cortara un terreno, edificio, máquina, etc., por un plano, comúnmente vertical, con objeto de dar a conocer su estructura o su disposición interior. ‖ **4.** *Geom.* Figura que resulta de la intersección de una superficie o un sólido con otra superficie.

seccionar. tr. Dividir en secciones, fraccionar.

secesión. f. Acto de separarse de una nación parte de su pueblo y territorio.

seco, ca. adj. Que carece de jugo o humedad. ‖ **2.** Falto de agua. Dícese de los manantiales, arroyos, ríos, lagos, etc. ‖ **3.** Aplícase a los guisos en que se prolonga la cocción hasta que quedan sin caldo. *Arroz* SECO. ‖ **4.** Falto de verdor, vigor o lozanía. Dícese particularmente de las plantas. ‖ **5.** Aplícase a las frutas, especialmente a las de cáscara dura, como avellanas, nueces, etc., y también a aquellas a las cuales se quita la humedad excesiva para que se conserven; como higos, pasas, etc. ‖ **6.** Flaco o de muy pocas carnes. ‖ **7.** fig. Áspero, poco cariñoso, desabrido en el modo o trato. ‖ **8.** fig. Aplícase a ciertas bebidas alcohólicas preparadas para que tengan un sabor poco dulce. ‖ **9.** fig. Tratándose de ciertos sonidos, ronco, áspero. *Tos, voz* SECA. ‖ **10.** fig. Dícese del golpe fuerte, rápido y que no resuena. ‖ **a secas.** loc. adv. Solamente, sin otra cosa alguna. ‖ **dejar** a uno, o **quedar** uno, **seco.** fr. fig. y fam. Dejarle, o quedar, muerto en el acto. ‖ **en seco.** V. **limpieza en seco.** ‖ **2.** fig. De repente. *Paró* EN SECO.

secreción. f. Apartamiento, separación. ‖ **2.** Acción y efecto de secretar.

secretar. tr. *Fisiol.* Salir de las glándulas materias elaboradas por ellas y que el organismo utiliza en el ejercicio de alguna función.

secretaría. f. Destino o cargo de secretario. ‖ **2.** Oficina donde trabaja. ‖ **3.** Sección de un organismo, institución, empresa, etc., ocupada de las tareas administrativas. ‖ **4.** *Amér.* Ministerio.

secretariado. m. Carrera o profesión de secretario o secretaria. ‖ **2.** Cuerpo o conjunto de secretarios.

secretario, ria. m. Sujeto encargado de escribir la correspondencia, extender las actas, dar fe de los acuerdos y custodiar los documentos de una oficina, asamblea o corporación. ‖ **2.** Máximo dirigente de algunas instituciones y partidos políticos. ‖ **3.** *Amér.* Ministro.

secretear. intr. fam. Hablar en secreto una persona con otra.

secreter. m. Mueble con tablero para escribir y con cajones para guardar papeles.

secretismo. m. Modo de actuar en secreto con respecto a asuntos que debieran manifestarse. ❑ No confundir con *ocultismo.*

secreto[1]. m. Lo que cuidadosamente se tiene reservado y oculto. ‖ **2.** Reserva, sigilo. ‖ **3. misterio,** cosa que no se puede comprender. ‖ **de Estado.** El que no puede revelar un funcionario público sin incurrir en delito. ‖ **profesional.** Deber que tienen los miembros de ciertas profesiones, como médicos, abogados, notarios, etc., de no descubrir a tercero los hechos que han conocido en el ejercicio de su profesión.

secreto[2], ta. adj. Oculto, ignorado, escondido y separado de la vista o del conocimiento de los demás.

secretor, ra. adj. *Fisiol.* **secretorio.**

secretorio, ria. adj. Que secreta. Aplícase a los órganos del cuerpo que tienen la facultad de secretar.

secta. f. Conjunto de seguidores de una parcialidad religiosa o ideológica. ‖ **2.** Doctrina religiosa o ideológica que se diferencia e independiza de otra.

sectario, ria. adj. Que profesa y sigue una secta. Ú. t. c. s. ‖ **2.** Secuaz, fanático e intransigente, de un partido o de una idea.

sector. m. *Geom.* Porción de círculo comprendida entre un arco y los dos radios que pasan por sus extremidades. ‖ **2.** fig. Parte de una clase o de una colectividad que presenta caracteres peculiares. *Los obreros del* SECTOR *metalúrgico.*

secuaz. adj. Que sigue el partido, doctrina u opinión de otro. Tómase con frecuencia en sentido peyorativo. Ú. t. c. s.

secuela. f. Consecuencia o resulta de una cosa.

secuencia. f. Continuidad, sucesión ordenada. ‖ **2.** Serie o sucesión de cosas que guardan entre sí cierta relación. ‖ **3.** En cinematografía, sucesión no interrumpida de planos o escenas que en una película se refieren a una misma parte o aspecto del argumento. ‖ **4.** *Mat.* Conjunto de cantidades u operaciones ordenadas de tal modo que cada una está determinada por las anteriores.

secuestrar. tr. Retener indebidamente a una persona para exigir dinero por su rescate, o para otros fines. ‖ **2.** Tomar por las armas el mando de un vehículo (avión, barco, etc.) reteniendo a la tripulación y pasaje, a fin de exigir como rescate una suma de dinero o la concesión de ciertas reivindicaciones.

secuestro. m. Acción y efecto de secuestrar.

secular. adj. **seglar.** ‖ **2.** Que sucede o se repite cada siglo. ‖ **3.** Que dura un siglo, o desde hace siglos.

secularizar. tr. Hacer secular lo que era eclesiástico. Ú. t. c. prnl. ‖ **2.** Autorizar a un religioso o a una religiosa para que pueda vivir fuera de clausura.

secundar. tr. Apoyar, cooperar con alguien ayudándole en la realización de sus propósitos.

secundario, ria. adj. Segundo en orden y no principal, accesorio. ‖ **2.** Aplícase a la segunda enseñanza. ‖ **3.** *Geol.* Dícese de los terrenos triásico, jurásico y cretáceo. Ú. t. c. s. ‖ **4.** *Geol.* Perteneciente a ellos. ‖ **5.** *Geol.* **mesozoico.**

secuoya. f. Género de árboles pertenecientes a las coníferas de la familia de las taxodiáceas, con dos especies de América del Norte, bastante difundidas en Europa; ambas son célebres por sus grandes dimensiones, que pueden superar los 60 m de altura, y majestuoso porte: una de ellas, con hojas parecidas a las del tejo, es muy abundante en las montañas de la costa occidental de los Estados Unidos, donde la llaman *árbol mamut.*

sed. f. Gana y necesidad de beber. ‖ **2.** Necesidad de agua o de humedad que tienen ciertas cosas. ‖ **3.** fig. Apetito o deseo ardiente de una cosa.

seda. f. *Zool.* Líquido viscoso segregado por ciertas glándulas de algunos artrópodos, como las orugas y las arañas, que sale del cuerpo por orificios muy pequeños y se solidifica en contacto con el aire formando hilos finísimos y flexibles. ‖ **2.** Hilo formado con varias de estas hebras producidas por el gusano de la **seda** y a propósito para coser o tejer diferentes telas, todas finas, suaves y lustrosas. ‖ **3.** Cualquier obra o tela hecha de **seda.** ‖ **como una seda.** fig. y fam. Dícese de la persona dócil y de suave condición.

sedal. m. Trozo corto de hilo fino y muy resistente que se ata por un extremo al anzuelo y por el otro a la cuerda que pende de la caña de pescar.

sedante. adj. Que seda. Ú. t. c. s. ‖ **2.** Dícese del fármaco que disminuye la excitación nerviosa o produce sueño. Ú. t. c. s. m.

sedar. tr. Apaciguar, sosegar, calmar.

sede. f. Asiento o trono de un prelado que ejerce jurisdicción. ‖ **2.** Capital de una diócesis. ‖ **3.** Territorio de la jurisdicción de un prelado. ‖ **4.** Jurisdicción y potestad del Sumo Pontífice, vicario de Cristo. ‖ **5.** Lugar donde tiene su domicilio una entidad económica, literaria, deportiva, etc. ‖ **Santa Sede.** Jurisdicción y potestad del Papa.

sedentario, ria. adj. Aplícase al oficio o vida de poca agitación o movimiento. ‖ **2.** Dícese del pueblo o tribu que se dedica a la agricultura, asentado en algún lugar, por oposición al nómada.

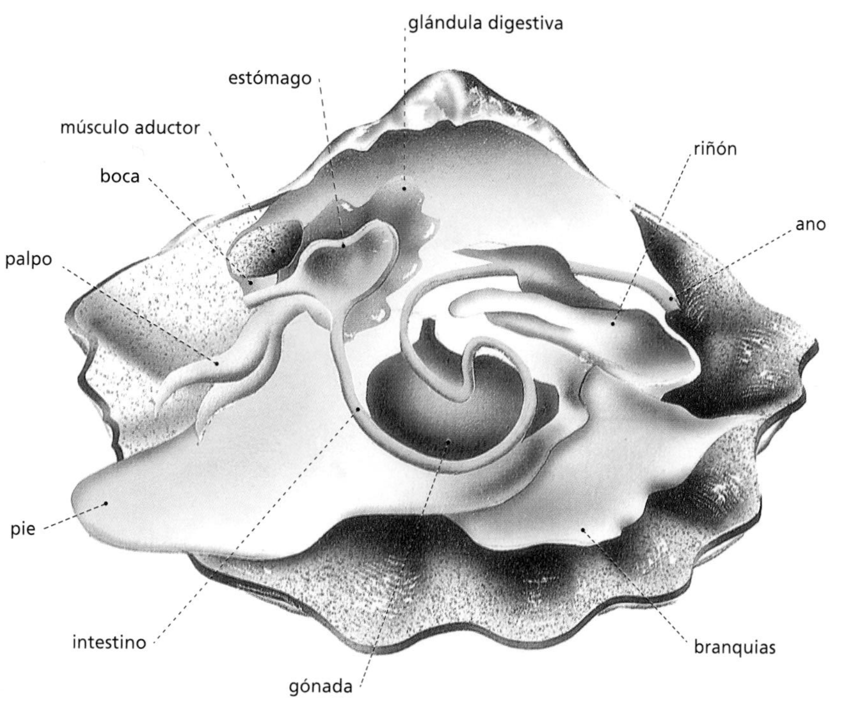
glándula digestiva
estómago
músculo aductor
riñón
boca
ano
palpo
pie
intestino
branquias
gónada

ostra

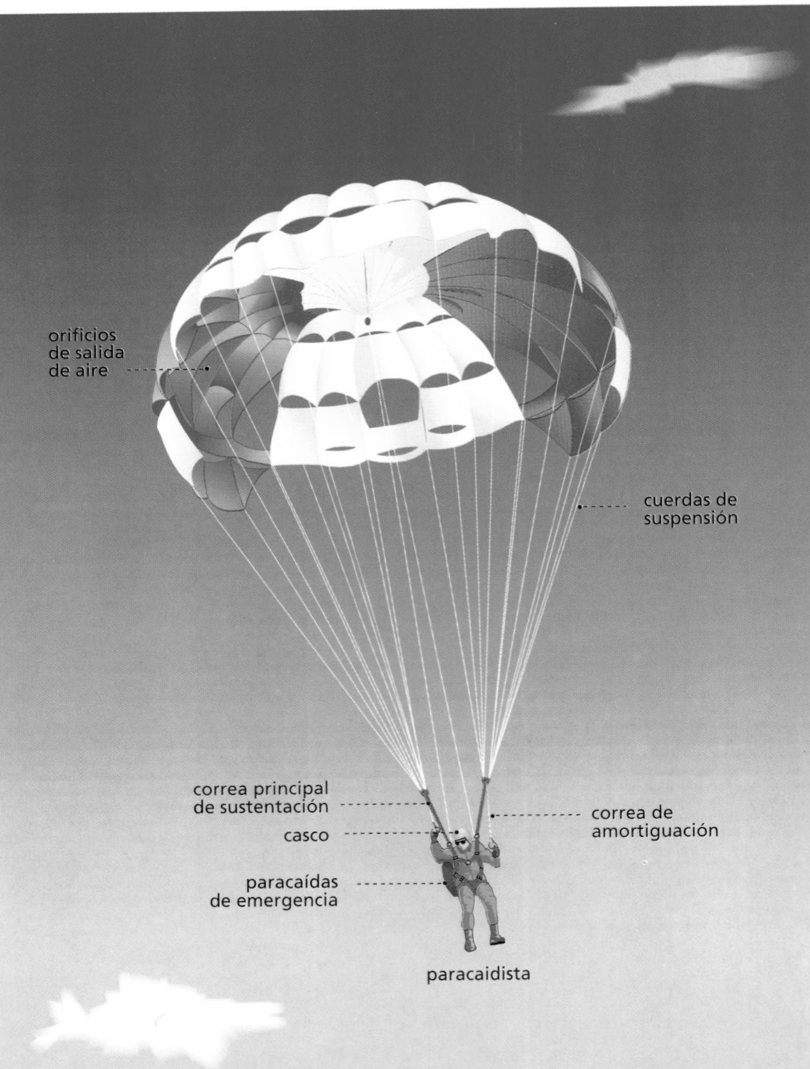
orificios
de salida
de aire
cuerdas de
suspensión
correa principal
de sustentación
correa de
amortiguación
casco
paracaídas
de emergencia
paracaidista

paracaídas

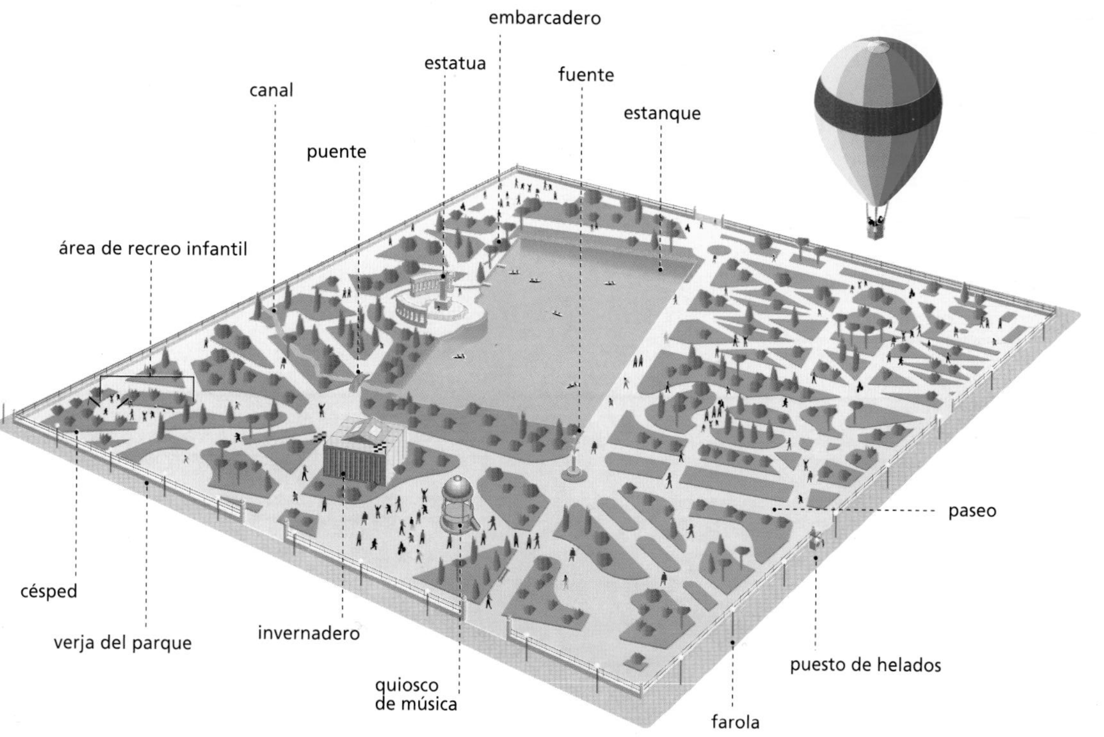
embarcadero
estatua
fuente
canal
estanque
puente
área de recreo infantil
paseo
césped
verja del parque
invernadero
puesto de helados
quiosco
de música
farola

parque

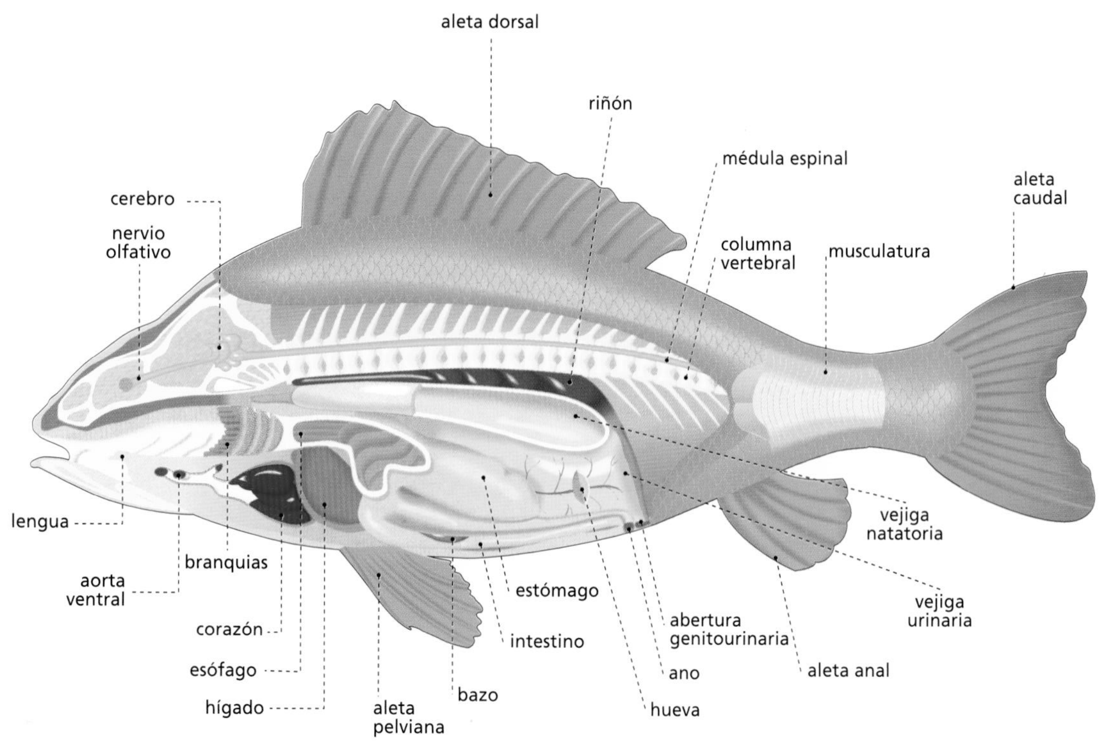
aleta dorsal
riñón
médula espinal
aleta caudal
cerebro
nervio olfativo
columna vertebral
musculatura
lengua
vejiga natatoria
branquias
aorta ventral
estómago
vejiga urinaria
corazón
intestino
abertura genitourinaria
esófago
ano
aleta anal
hígado
aleta pelviana
bazo
hueva

pez

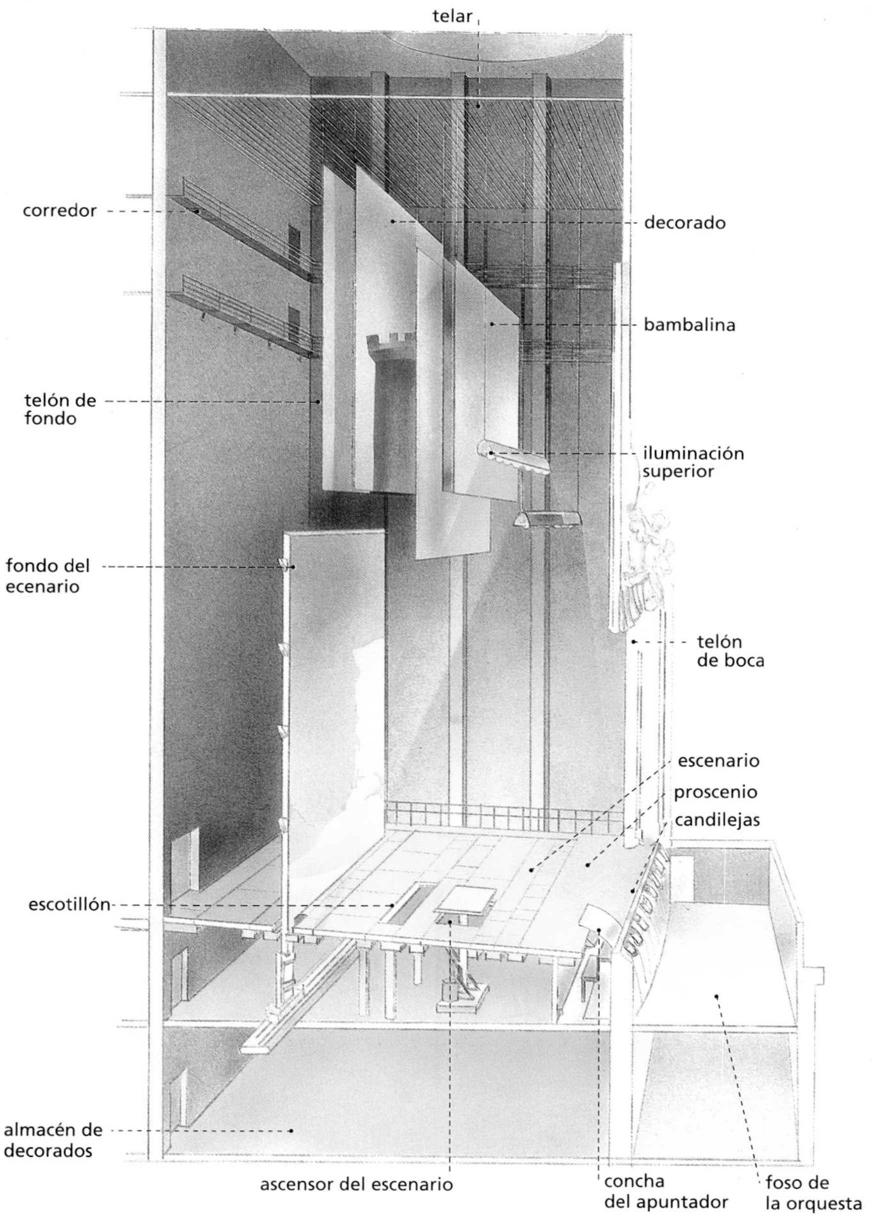

teatro (escenario)

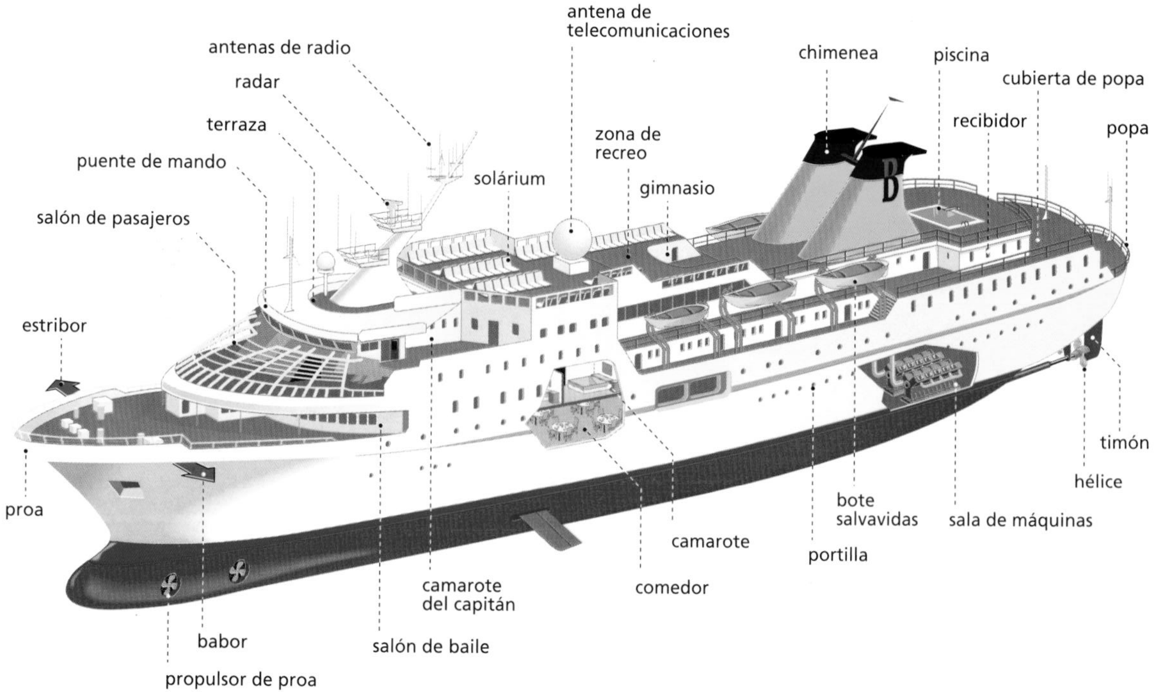

antenas de radio
radar
terraza
puente de mando
salón de pasajeros
estribor
proa
antena de telecomunicaciones
solárium
zona de recreo
gimnasio
chimenea
piscina
cubierta de popa
recibidor
popa
timón
hélice
bote salvavidas
sala de máquinas
camarote
portilla
comedor
camarote del capitán
salón de baile
babor
propulsor de proa

transatlántico

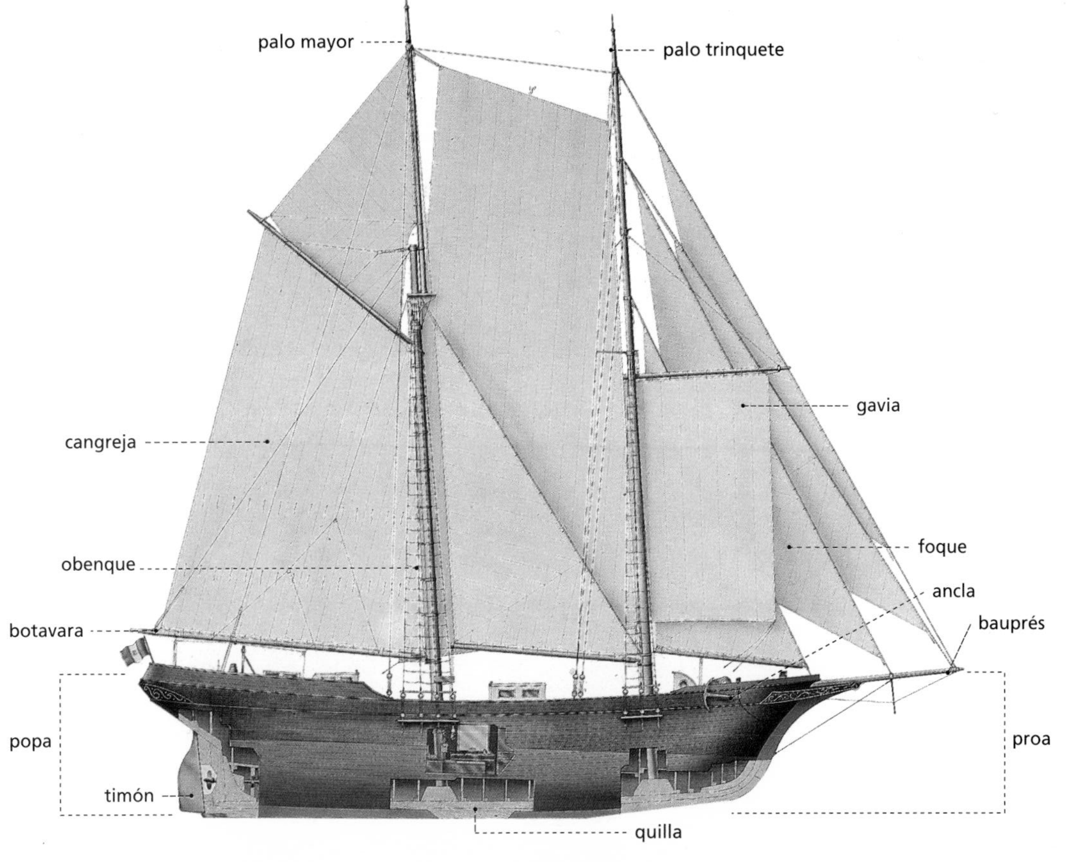
palo mayor
palo trinquete
gavia
cangreja
foque
obenque
ancla
botavara
bauprés
popa
proa
timón
quilla

velero

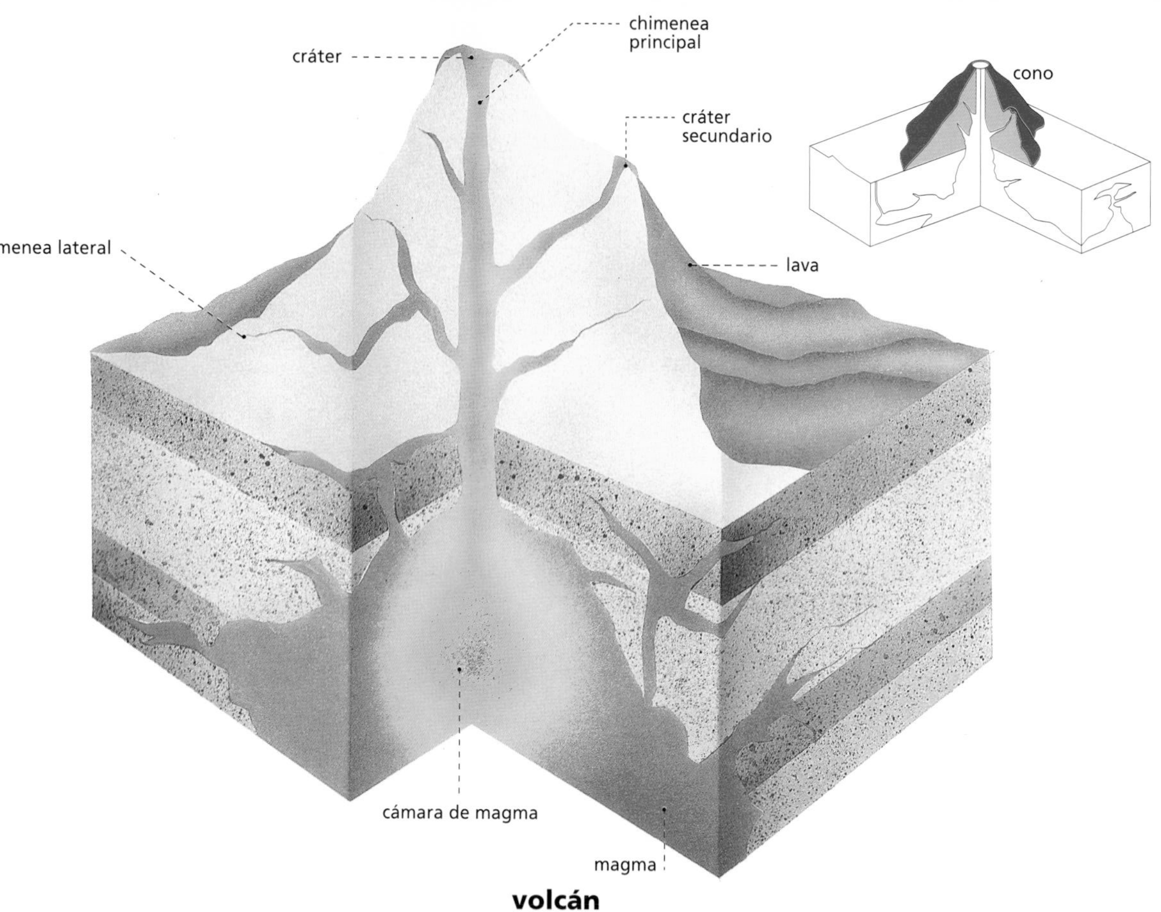
chimenea
principal
cráter
cono
cráter
secundario
chimenea lateral
lava
cámara de magma
magma

volcán

sedente. adj. Que está sentado.

sedería. f. Mercadería de seda. ‖ **2.** Conjunto de ellas. ‖ **3.** Su tráfico. ‖ **4.** Tienda donde se venden géneros de seda.

sedición. f. Alzamiento colectivo y violento contra la autoridad, el orden público o la disciplina militar sin llegar a la gravedad de la rebelión.

sedicioso, sa. adj. Dícese de la persona que promueve una sedición o toma parte en ella. Ú. t. c. s. ‖ **2.** Dícese de los actos o palabras de esta persona.

sediento, ta. adj. Que tiene sed. Apl. a pers., ú. t. c. s. ‖ **2.** fig. Que con ansia desea una cosa.

sedimentar. tr. Depositar sedimento un líquido. Ú. t. c. prnl. ‖ **2.** prnl. Formar sedimento las materias suspendidas en un líquido.

sedimentario, ria. adj. Perteneciente o relativo al sedimento. ‖ **2.** *Geol.* Dícese de los terrenos, estratos y minerales formados por sedimentación en épocas geológicas anteriores.

sedimento. m. Materia que, habiendo estado suspensa en un líquido, se posa en el fondo por su mayor gravedad.

sedoso, sa. adj. Parecido a la seda o suave como ella.

seducción. f. Acción y efecto de seducir.

seducir. tr. Engañar con arte y maña; persuadir suavemente al mal. ‖ **2.** Embargar o cautivar el ánimo. ❑ Irreg. Se conj. como *conducir.*

seductor, ra. adj. Que seduce. Ú. t. c. s.

sefardí. adj. Dícese del judío oriundo de España, o del que, sin proceder de España, acepta las prácticas especiales religiosas que en el rezo mantienen los judíos españoles. Ú. t. c. s. ‖ **2.** Perteneciente o relativo a ellos. ‖ **3.** m. Dialecto judeo-español. ❑ pl. *sefardíes* o *sefardís.*

sefardita. adj. **sefardí.** Ú. t. c. s.

segador. m. El que siega. ‖ **2.** Arácnido pequeño, de patas muy largas, sin separación aparente entre tórax y abdomen. Es muy común en las casas de campo.

segadora. adj. Dícese de la máquina que sirve para segar. Ú. t. c. s.

segar. tr. Cortar mieses o hierba con la hoz, la guadaña o cualquier máquina a propósito. ‖ **2.** Cortar de cualquier manera, y especialmente lo que sobresale o está más alto. SEGAR *la cabeza, el cuello.* ‖ **3.** fig. Cortar, interrumpir algo de forma violenta y brusca. ❑ Irreg. Se conj. como *acertar.*

seglar. adj. Que no tiene órdenes clericales. Ú. t. c. s.

segmentación. *Biol.* División reiterada de la célula huevo de animales y plantas, en virtud de la cual se constituye un cuerpo pluricelular, que es la primera fase del embrión.

segmentar. tr. Cortar o partir en segmentos.

segmento. m. Porción o parte cortada o separada de una cosa, de un elemento geométrico o de un todo. ‖ **2.** *Geom.* Parte de una recta comprendida entre dos puntos.

segoviano, na. adj. Natural de Segovia. Ú. t. c. s. ‖ **2.** Perteneciente o relativo a esta ciudad o a su provincia.

segregación. f. Acción y efecto de segregar.

segregacionismo. m. Doctrina del segregacionista y su práctica.

segregacionista. adj. Perteneciente o relativo a la segregación racial. ‖ **2.** com. Partidario de esta segregación.

segregar. tr. Separar o apartar una cosa de otra u otras. ‖ **2.** Secretar, excretar, expeler.

seguida. f. Acción y efecto de seguir. ‖ **en seguida.** loc. adv. Inmediatamente después en el tiempo o en el espacio.

seguidilla. f. Composición métrica que puede constar de cuatro o de siete versos, de los cuales son, en ambos casos, heptasílabos y libres el primero y el tercero, y de cinco sílabas y asonantes los otros dos. Cuando consta de siete, el quinto y el séptimo tienen esta misma medida y forman también asonancia entre sí, y el sexto es, como el primero y el tercero, heptasílabo y libre. ‖ **2.** pl. Canción popular española. ‖ **3.** Baile correspondiente a esta canción.

seguimiento. m. Acción y efecto de seguir.

seguir. tr. Ir después o detrás de uno. Ú. t. c. intr. ‖ **2.** Dirigir la vista hacia un objeto que se mueve y mantener la visión de él. ‖ **3.** Proseguir o continuar en lo empezado. ‖ **4.** Ir en compañía de uno. *Vine con él y le* SEGUÍ *siempre.* ‖ **5.** Observar atentamente el curso de un negocio o los movimientos de una persona o cosa. ‖ **6.** Conformarse, convenir, ser del dictamen o parcialidad de una persona. ‖ **7.** Imitar o hacer una cosa por el ejemplo que otro ha dado de ella. ‖ **8.** Dirigir una cosa por camino o método adecuado, sin apartarse del intento. ‖ **9.** prnl. Inferirse o ser consecuencia una cosa de otra. ❑ Irreg. Se conj. como *pedir.*

según. prep. Conforme o con arreglo a. SEGÚN *la ley;* SEGÚN *arte;* SEGÚN *eso.* ‖ **2.** Toma carácter de adverbio, denotando relaciones de conformidad, correspondencia o modo, y equivaliendo más comúnmente a: con arreglo o en conformidad a lo que, o a como: SEGÚN *se encuentre mañana el enfermo.* Con proporción o correspondencia a: *se te pagará* SEGÚN *lo que trabajes.* De la misma suerte o manera que: *todo queda* SEGÚN *estaba.* Por el modo en que. ‖ **3.**

Precediendo inmediatamente a nombres o pronombres personales, significa con arreglo o conformemente a lo que opinan o dicen las personas de que se trate. SEGÚN *él;* SEGÚN *San Pablo.* ‖ **4.** Hállase construido con la conjunción *que.* SEGÚN QUE *lo prueba la experiencia.* ‖ **5.** Con carácter adverbial y en frases elípticas indica eventualidad o contingencia. *Iré o me quedaré,* SEGÚN. ‖ **según y como.** loc. conjunt. De igual suerte o manera que. *Todo te lo devuelvo* SEGÚN Y COMO *lo recibí.*

segundero. m. Manecilla que señala los segundos en el reloj.

segundo, da. adj. Que sigue inmediatamente en orden al o a lo primero. ‖ **2.** m. Persona que en una institución sigue en jerarquía al jefe o principal. ‖ **3.** Ayudante. ‖ **4.** Cada una de las sesenta partes en que se divide el minuto de tiempo. ‖ **5.** *Geom.* Cada una de las sesenta partes en que se divide el minuto de circunferencia.

segundón. m. Hijo segundo de la casa. ‖ **2.** Por ext., cualquier hijo no primogénito. ‖ **3.** fig. y fam. Hombre que ocupa un puesto o cargo inferior al más importante o de mayor categoría.

seguntino, na. adj. Natural de Sigüenza. Ú. t. c. s. ‖ **2.** Perteneciente a esta ciudad de la provincia de Guadalajara.

segur. f. Hacha grande para cortar. ‖ **2. hoz**[1] para cortar.

seguridad. f. Cualidad de seguro. ‖ **de seguridad.** loc. adj. que se aplica a un ramo de la administración pública cuyo fin es el de velar por la **seguridad** de los ciudadanos. *Dirección general, agente* DE SEGURIDAD. ‖ **2.** Se aplica también a ciertos mecanismos que aseguran algún buen funcionamiento, precaviendo que este falle, se frustre o se violente.

seguro, ra. adj. Libre y exento de todo peligro, daño o riesgo. ‖ **2.** Cierto, indudable. ‖ **3.** Firme, constante y que no está en peligro de faltar o caerse. ‖ **4.** m. Lugar o sitio libre de todo peligro. ‖ **5.** Contrato por el cual una persona, natural o jurídica, se obliga a resarcir pérdidas o daños que ocurran en las cosas que corren un riesgo en mar o tierra. ‖ **6.** Cualquier mecanismo que impide el funcionamiento indeseado de un aparato, utensilio o máquina, o que aumenta la firmeza de un cierre. ‖ **de vida. seguro sobre la vida.** ‖ **sobre la vida.** Contrato por el cual el asegurador se obliga, mediante una cuota estipulada, a entregar al contratante o al beneficiario un capital o renta al verificarse el acontecimiento previsto o durante el término señalado. ‖ **a buen seguro, al seguro,** o **de seguro.** locs. advs. Ciertamente, en verdad. ‖ **sobre seguro.** loc. adv. Sin aventurarse a ningún riesgo.

seis. adj. Cinco y uno. ‖ **2.** Sexto, ordinal. *Número* SEIS; *año* SEIS. Apl. a los días del mes, ú. t. c. s. *El* SEIS *de abril.* ‖ **3.** m. Signo o conjunto de signos con que se representa el número **seis.** ‖ **4.** Naipe que tiene **seis** señales. *El* SEIS *de espadas.*

seisavo, va. adj. Cada una de las seis partes en que se divide un todo. Ú. t. c. s. m.

seiscientos, tas. adj. Seis veces ciento. ‖ **2.** Sexcentésimo, ordinal. *Número* SEISCIENTOS; *año* SEISCIENTOS. ‖ **3.** m. Conjunto de signos con que se representa el número **seiscientos.**

seise. m. Cada uno de los niños de coro, seis por lo común, que, vestidos lujosamente con traje antiguo de seda azul y blanca, bailan y cantan tocando las castañuelas en la catedral de Sevilla, y en algunas otras, en determinadas festividades del año.

seísmo. m. Terremoto, sismo.

selacio, cia. adj. *Zool.* Dícese de peces marinos cartilagíneos que tienen cuerpo fusiforme o deprimido, cola heterocerca, piel muy áspera, boca casi semicircular con numerosos dientes triangulares y de bordes cortantes o aserrados y mandíbula inferior móvil y varias hendiduras branquiales; como la tintorera y la raya. Ú. t. c. s. ‖ **2.** m. pl. *Zool.* Orden de estos peces.

selección. f. Acción y efecto de elegir a una o varias personas o cosas entre otras, separándolas de ellas y prefiriéndolas. ‖ **2.** Elección de los animales destinados a la reproducción, para conseguir mejoras en la raza. ‖ **3.** *Dep.* Equipo que se forma con atletas o jugadores de distintos clubes para disputar un encuentro o participar en una competición, principalmente de carácter internacional. ‖ **natural.** Sistema establecido por el naturalista inglés Darwin, que pretende explicar por la acción continuada del tiempo y del medio, la desaparición más o menos completa de determinadas especies animales o vegetales, y su sustitución por otras de condiciones superiores.

seleccionador, ra. adj. Que selecciona. ‖ **2.** m. y f. Persona que se encarga de elegir los jugadores o atletas que han de intervenir en un partido o en una competición.

seleccionar. tr. Elegir, escoger por medio de una selección.

selectividad. f. Función de seleccionar o elegir. ‖ **2.** Conjunto de pruebas que se hacen en España para poder acceder a la Universidad.

selectivo, va. adj. Que implica selección.

selecto, ta. adj. Que es o se reputa como mejor entre las cosas de su especie.

selector, ra. adj. Que selecciona o escoge. ‖ **2.** m. Dispositivo que en ciertos aparatos o máquinas sirve para elegir la función deseada.

selénico, ca. adj. Perteneciente o relativo a la Luna.

selenio. m. Elemento químico de núm. atóm. 34. Escaso en la corteza terrestre; se encuentra nativo junto al azufre, y en forma de sal, en la pirita y otros minerales. Presenta varias formas alotrópicas de color rojo y una de color gris. Por sus propiedades semiconductoras tiene gran aplicación en la fabricación de equipos electrónicos, y se usa para dar color rojo en la industria del vidrio, de los esmaltes, y de la cerámica. Símb. *Se.*

selenita. com. Supuesto habitante de la Luna. ǁ **2.** f. Yeso cristalizado en láminas brillantes, espejuelo.

sellar. tr. Imprimir el sello. ǁ **2.** fig. Estampar, imprimir o dejar señalada una cosa en otra o comunicarle determinado carácter. ǁ **3.** fig. Cerrar, tapar, cubrir.

sello. m. Utensilio que sirve para estampar las armas, divisas o cifras en él grabadas, y se emplea para autorizar documentos, cerrar pliegos y otros usos análogos. ǁ **2.** Lo que queda estampado, impreso y señalado con el mismo **sello.** ǁ **3.** Disco de metal o de cera que, estampado con un **sello,** se unía, pendiente de hilos, cintas o correas, a ciertos documentos de importancia. ǁ **4.** Trozo pequeño de papel, con timbre oficial de figuras o signos grabados, que se pega a ciertos documentos para darles valor y eficacia. ǁ **5.** Timbre oficial que se utiliza en el franqueo de cartas, paquetes postales, etc. ǁ **6.** Anillo ancho que en su parte superior lleva grabadas las iniciales de una persona, el escudo de su apellido, etc. ǁ **7.** fig. Carácter peculiar o especial de una persona o cosa, que la hace diferente de las demás.

Seltz. n. p. V. **agua de Seltz.**

selva. f. Terreno extenso, inculto y muy poblado de árboles. ǁ **2.** fig. Abundancia desordenada de alguna cosa; confusión, cuestión intrincada.

semáforo. m. Aparato eléctrico de señales luminosas para regular la circulación. ǁ **2.** Designa también otros sistemas de señales ópticas. SEMÁFORO *de banderas.*

semana. f. Período de siete días consecutivos que empieza el lunes y acaba el domingo. ǁ **2.** Período de siete días consecutivos contados entre uno cualquiera de ellos y el siguiente del mismo nombre. ǁ **grande, mayor,** o **santa.** La última de la cuaresma, desde el Domingo de Ramos hasta el de Resurrección. ǁ **entre semana.** loc. adv. En cualquier día de ella, menos el primero y el último.

semanal. adj. Que sucede o se repite cada semana. ǁ **2.** Que dura una semana o a ella corresponde.

semanario. m. Periódico que se publica semanalmente. ǁ **2.** Conjunto o juego de siete cosas iguales o que entre sí guardan relación.

semantema. m. *Ling.* En algunas escuelas lingüísticas, unidad léxica provista de significación.

semántica. f. Estudio del significado de los signos lingüísticos y de sus combinaciones, desde un punto de vista sincrónico o diacrónico.

semántico, ca. adj. Referente a la significación de las palabras.

semasiología. f. **semántica,** estudio del significado. ǁ **2.** Estudio semántico que parte del signo y de sus relaciones, para llegar a la determinación del concepto.

semblante. m. Cara o rostro humano. ǁ **2.** fig. Apariencia, representación, aspecto de las cosas.

semblanza. f. Bosquejo biográfico.

sembrado. m. Tierra sembrada, hayan o no germinado y crecido las semillas.

sembrar. tr. Arrojar y esparcir las semillas en la tierra preparada para este fin. ǁ **2.** fig. Desparramar, esparcir. SEMBRAR *dinero.* ǁ **3.** fig. Dar motivo, causa o principio a una cosa. ǁ **4.** fig. Hacer algunas cosas de que se ha de seguir fruto. ǁ **5.** *Microbiol.* Poner microorganismos en un medio de cultivo adecuado para su multiplicación. ❑ Se conj. como *acertar.*

semejante. adj. Que semeja o se parece a una persona o cosa. Ú. t. c. s. ǁ **2.** Úsase con sentido de comparación o ponderación. *No es lícito valerse de* SEMEJANTES *medios.* ǁ **3.** Empleado con carácter de demostrativo, equivale a **tal.** *No he visto a* SEMEJANTE *hombre.* ǁ **4.** m. Cualquier persona respecto a otra, prójimo.

semejanza. f. Cualidad de semejante. ǁ **2.** Símil retórico.

semejar. intr. Parecerse una persona o cosa a otra. Ú. t. c. prnl.

semema. m. *Ling.* En algunas escuelas lingüísticas, significado que corresponde a cada morfema en una lengua determinada.

semen. m. Conjunto de espermatozoides y sustancias fluidas que se producen en el aparato genital masculino de los animales y de la especie humana. ǁ **2.** *Bot.* Semilla de los vegetales.

semental. adj. Perteneciente o relativo a la siembra o sementera. ǁ **2.** Aplícase al animal macho que se destina a la reproducción. Ú. t. c. s.

sementera. f. Acción y efecto de sembrar. ǁ **2.** Tierra sembrada. ǁ **3.** Cosa sembrada. ǁ **4.** Tiempo a propósito para sembrar.

semestral. adj. Que sucede o se repite cada semestre. ǁ **2.** Que dura un semestre o a él corresponde.

semestre. m. Espacio de seis meses.

semi-. elem. compos. que significa «medio»: SEMI*hombre*, SEMI*difunto*.

semicilindro. m. *Geom.* Cada una de las dos mitades del cilindro separadas por un plano que pasa por el eje.

semicircular. adj. De figura de semicírculo o semejante a ella.

semicírculo. m. *Geom.* Cada una de las dos mitades del círculo separadas por un diámetro.

semicircunferencia. f. *Geom.* Cada una de las dos mitades de la circunferencia.

semiconductor, ra. adj. *Electr.* Dícese de las sustancias aislantes como el germanio y el silicio, que se transforman en conductores por la adición de determinadas impurezas. Tienen papel fundamental en la fabricación de los transistores y sus derivados. Ú. t. c. s.

semiconserva. f. En la industria conservera, alimentos de origen vegetal o animal envasados en recipientes cerrados, sin previa esterilización, que se conservan por tiempo limitado, merced a la adición de sal común, vinagre, aceite, almíbar, así como por el ahumado, la deshidratación, etc.

semiconsonante. adj. *Gram.* Aplícase en general a las vocales *i, u,* en principio de diptongo o triptongo, como en *piedra, hielo, huerto, apreciáis,* y más propiamente cuando en dicha posición se pronuncian con sonido de duración momentánea, improlongable, abertura articulatoria creciente y timbre más próximo a consonante que a vocal. Ú. t. c. s. f.

semicorchea. f. *Mús.* Nota musical cuyo valor es la mitad de una corchea.

semidiós. m. Héroe o varón esclarecido por sus hazañas, a quien los gentiles colocaban entre sus deidades.

semidiosa. f. Heroína que los gentiles hacían descender de alguno de sus dioses.

semidormido, da. adj. Medio dormido o casi dormido.

semiesfera. f. **hemisferio.**

semifinal. f. Cada una de las dos penúltimas competiciones del campeonato o concurso, que se gana por eliminación del contrario y no por puntos. Ú. m. en pl.

semifinalista. adj. Que contiende en la semifinal de una competición o concurso. Ú. t. c. s.

semifusa. f. *Mús.* Nota musical cuyo valor es la mitad de una fusa.

semilla. f. Llámanse así comúnmente los granos que en diversas formas producen las plantas y que al caer o ser sembrados producen nuevas plantas de la misma especie. ‖ **2.** Por ext., se aplica este nombre a los fragmentos de vegetal provistos de yemas, como tubérculos, bulbos, etc. ‖ **3.** fig. Cosa que es causa u origen de que proceden otras. ‖ **4.** pl. Granos que se siembran, exceptuados el trigo y la cebada.

semillero. m. Sitio donde se siembran y crían los vegetales que después han de trasplantarse. ‖ **2.** Sitio donde se guardan y conservan para estudio colecciones de diversas semillas.

semimetal. m. *Quím.* Cada uno de los elementos químicos cuyas propiedades son intermedias entre las de los elementos metálicos y las de los no metálicos.

seminal. adj. Perteneciente o relativo al semen de los animales masculinos. ‖ **2.** Perteneciente o relativo a la semilla.

seminario. m. Semillero de vegetales. ‖ **2.** Clase en que se reúne el profesor con los discípulos para realizar trabajos de investigación. ‖ **3.** Organismo docente en que, mediante el trabajo en común de maestros y discípulos, se adiestran estos en la investigación o en la práctica de alguna disciplina. ‖ **conciliar.** Casa destinada para la educación de los jóvenes que se dedican al estado eclesiástico.

seminarista. m. Alumno de un seminario conciliar.

semiología. f. Estudio de los signos en la vida social.

semiótica. f. Parte de la medicina, que trata de los signos de las enfermedades desde el punto de vista del diagnóstico y del pronóstico. ‖ **2. semiología,** estudio de los signos en la vida social. ‖ **3.** Teoría general de los signos.

semipermeable. adj. Parcialmente permeable. ‖ **2.** *Fís.* y *Quím.* Dícese de la superficie de separación entre dos fases líquidas o gaseosas que deja pasar a su través las moléculas de algunos de los componentes de estas fases, pero no de los otros.

semiplano. m. *Geom.* Cada una de las dos porciones de plano limitadas por una cualquiera de sus rectas.

semiprecioso, sa. adj. Dícese de los minerales o piedras utilizados en joyería pero que no alcanzan el valor de las verdaderas gemas.

semirrecta. f. *Geom.* Cada una de las dos porciones en que queda dividida una recta por cualquiera de sus puntos.

semisótano. m. Conjunto de locales situados en parte bajo el nivel de la calle.

semita. adj. Según la tradición bíblica, descendiente de Sem; dícese de los árabes, hebreos y otros pueblos. Ú. m. c. s. ‖ **2.** Perteneciente o relativo a estos pueblos.

semítico, ca. adj. Perteneciente o relativo a los semitas.

semitismo. m. Conjunto de las doctrinas morales, instituciones y costumbres de los pueblos semitas. ‖ **2.** Giro o modo de hablar propio de las lenguas semíticas.

semitono. m. *Mús.* Cada una de las dos partes desiguales en que se divide el intervalo de un tono.

semivocal. adj. *Fon.* Aplícase a la vocal *i* o *u* al final de un diptongo: *aire, aceite, causa, feudo.* Ú. t. c. s. f. ‖ **2.** *Fon.* Dícese de la consonante que puede pronunciarse sin que se perciba directamente el sonido de una vocal; como la *f.* Ú. t. c. s. f.

sémola. f. Porción seleccionada de cereal, triturada y reducida a granos muy menudos, que se usa para sopa.

sempiterno, na. adj. Que durará siempre; dícese de lo que, habiendo tenido principio, no tendrá fin.

sen. m. Arbusto oriental, de la familia de las papilionáceas, parecido a la casia, y cuyas hojas se usan en infusión como purgantes.

senado. m. Asamblea de patricios que formaba el Consejo supremo de la antigua Roma. Aplicóse también por analogía a ciertas asambleas políticas de otros Estados. ‖ **2.** Cuerpo legislativo formado por personas elegidas o designadas en virtud de su cualificación, cargo, título, etc. ‖ **3.** Edificio o lugar donde los senadores celebran sus sesiones.

senador, ra. m. y f. Persona que es miembro del senado.

senatorial. adj. Perteneciente o relativo al senado o al senador.

sencillez. f. Cualidad de sencillo.

sencillo, lla. adj. Que no tiene artificio ni composición. ‖ **2.** Que carece de ostentación y adornos. ‖ **3.** Que no ofrece dificultad. ‖ **4.** Hablando de personas, natural, espontáneo, que obra con llaneza. ‖ **5.** m. Disco de corta duración con una o dos grabaciones en cada cara. Ú. t. c. adj. ‖ **6.** *Amér.* Calderilla, dinero suelto.

senda. f. Camino más estrecho que la vereda, abierto principalmente por el tránsito de peatones y del ganado menor. ‖ **2.** fig. Procedimiento o medio para hacer o lograr algo.

sendero. m. **senda,** camino o vereda.

sendos, das. adj. pl. Uno o una para cada cual de dos o más personas o cosas. ❑ No utilizar por *ambos, dos* o *varios.*

senectud. f. Edad senil, período de la vida que comúnmente empieza a los sesenta años.

senegalés. adj. Natural del Senegal. Ú. t. c. s. ‖ **2.** Perteneciente o relativo a este Estado africano.

senequismo. m. Norma de vida ajustada a los dictados de la moral y la filosofía de Séneca.

senil. adj. Perteneciente o relativo a la persona de avanzada edad en la que se advierte su decadencia física.

senilidad. f. Degeneración progresiva de las facultades físicas y psíquicas debida a una alteración de los tejidos.

seno. m. Concavidad o hueco. ‖ **2.** Pecho, mama de la mujer. ‖ **3.** Espacio o hueco que queda entre el vestido y el pecho. *Sacó del* SENO *una bolsa.* ‖ **4.** Matriz de la mujer y de las hembras de los mamíferos. ‖ **5.** fig. **regazo,** lo que recibe en sí a algo o a alguien, dándole amparo, protección, consuelo, etc. ‖ **6.** fig. Parte interna de alguna cosa. *El* SENO *de una sociedad.* ‖ **de un ángulo.** *Trig.* El del arco que sirve de medida al ángulo. ‖ **de un arco de circunferencia.** *Trig.* Cociente entre la ordenada del extremo final del arco y el radio de la circunferencia, tomando el origen de coordenadas en el centro de la circunferencia y el extremo inicial del arco sobre la parte positiva del eje de abscisas.

sensación. f. Impresión que las cosas producen en el alma por medio de los sentidos. ‖ **2.** Emoción producida en el ánimo por un suceso o noticia de importancia.

sensacional. adj. Aplícase a personas, cosas, sucesos, etc., que llaman poderosamente la atención.

sensacionalismo. m. Tendencia a producir sensación, emoción o impresión, con noticias, sucesos, etc.

sensacionalista. adj. Perteneciente o relativo al sensacionalismo. Ú. t. c. s.

sensatez. f. Cualidad de sensato.

sensato, ta. adj. Prudente, cuerdo, de buen juicio.

sensibilidad. f. Facultad de sentir, propia de los seres animados. ‖ **2.** Propensión natural del hombre a dejarse llevar de los afectos de compasión, humanidad y ternura. ‖ **3.** Calidad de las cosas sensibles. ‖ **4.** Grado o medida de la eficacia de ciertos aparatos científicos, ópticos, etc. ‖ **5.** Capacidad de respuesta a muy pequeñas excitaciones, estímulos o causas.

sensibilizar. tr. Hacer sensible; representar de forma sensible. ‖ **2.** Dotar de sensibilidad o despertar sentimientos morales, estéticos, etc. ‖ **3.** Hacer sensibles a la acción de la luz ciertas materias usadas en fotografía.

sensible. adj. Que siente, física y moralmente. ‖ **2.** Perceptible, manifiesto, patente al entendimiento. ‖ **3.** Dícese de la persona que se deja llevar fácilmente del sentimiento. ‖ **4.** Dícese de las cosas que ceden fácilmente a la acción de ciertos agentes naturales. *Placa* SENSIBLE.

sensiblería. f. Sentimentalismo exagerado, trivial o fingido.

sensitiva. f. Planta de la familia de las mimosáceas, con tallo de seis a siete decímetros de altura y lleno de aguijones en forma de gancho; hojas pecioladas, compuestas de hojuelas lineales y agudas; flores pequeñas de color rojo oscuro, y fruto en vainillas con varias simientes. Es originaria de la América Central y presenta el fenómeno de que si se la toca o sacude, los folíolos se aproximan unos a otros, el pecíolo principal se dobla y queda la hoja pendiente cual si estuviera marchita, hasta que después de algún tiempo vuelve todo al estado normal.

sensitivo, va. adj. Perteneciente o relativo a las sensaciones producidas en los sentidos y especialmente en la piel. *Tacto, dolor* SENSITIVO. ‖ **2.** Capaz de sensibilidad. ‖ **3.** Que tiene la virtud de excitar la sensibilidad.

sensor. m. Cualquier dispositivo que detecta una determinada acción externa, temperatura, presión, etc., y la transmite adecuadamente.

sensorial. adj. Perteneciente o relativo a la sensibilidad, facultad de sentir. *Órganos* SENSORIALES.

sensual. adj. Perteneciente a las sensaciones de los sentidos. ‖ **2.** Aplícase a los gustos y deleites de los sentidos, a las cosas que los incitan o satisfacen y a las personas aficionadas a ellos. ‖ **3.** Perteneciente o relativo al deseo sexual.

sensualidad. f. Cualidad de sensual. ‖ **2.** Propensión excesiva a los placeres de los sentidos.

sensualismo. m. Propensión excesiva a los placeres de los sentidos. ‖ **2.** *Fil.* Doctrina que pone exclusivamente en los sentidos el origen de las ideas.

sentada. f. Acción de permanecer sentado en el suelo un grupo de personas por un largo período de tiempo, con objeto de manifestar una protesta o apoyar una petición. ‖ **de una sentada.** loc. adv. De una vez, sin levantarse.

sentado, da. adj. Juicioso, sesudo, quieto. ‖ **2.** *Biol.* **sésil.**

sentar. tr. Poner o colocar a alguien en una silla, banco, etc., de manera que quede apoyado y descansando sobre las nalgas. Ú. t. c. prnl.‖ **2. apoyar,** hacer que una cosa descanse sobre otra. ‖ **3.** fig. Dar por supuesta o por cierta alguna cosa. ‖ **4.** intr. fig. y fam. Tratándose de la comida o la bebida, ser bien recibidas o digeridas por el estómago. ❑ Ú. t. con negación y con los adverbios *bien* y *mal.* ‖ **5.** fig. y fam. Tratándose de cosas o acciones capaces de influir en la salud del cuerpo, hacer provecho. ❑ Ú. t. con negación y comúnmente con los adverbios *bien* y *mal: Le* HA SENTADO MAL *el paseo.* ‖ **6.** fig. Cuadrar, convenir una cosa a otra o a una persona, parecer bien con ella. ❑ Ú. generalmente con los adverbios *bien* y *mal. Esta levita no* SIENTA; *el hablar modesto le* SIENTA BIEN. ‖ **7.** prnl. fig. y fam. Agradar a uno una cosa. Ú. t. con negación y comúnmente con los adverbios *bien* y *mal.* ❑ Irreg. Se conj. como *acertar.*

sentencia. f. Dicho grave y sucinto que encierra doctrina o moralidad. ‖ **2.** Declaración del juicio y resolución del juez. ‖ **3.** *Ling.* Oración gramatical.

sentenciar. tr. Dar o pronunciar sentencia. ‖ **2.** Condenar por sentencia en materia penal. ‖ **3.** fig. Expresar el parecer, juicio o dictamen que decide a favor de una de las partes contendientes lo que se disputa o controvierte. ‖ **4.** fig. y fam. Destinar o aplicar una cosa para un fin.

sentencioso, sa. adj. Aplícase al dicho, oración o escrito que encierra moralidad o doctrina expresada con gravedad o agudeza. ‖ **2.** Dícese del tono de la persona que habla con cierta afectada gravedad, como si cuanto dice fuera una sentencia.

sentido, da. adj. Que incluye o explica un sentimiento. ‖ **2.** Dícese de la persona que se resiente u ofende con facilidad. ‖ **3.** m. Cada una de las aptitudes que tiene el alma, de percibir, por medio de determinados órganos corporales, las impresiones de los objetos externos. ‖ **4.** Entendimiento o razón, en cuanto discierne las cosas. ‖ **5.** Razón de ser, finalidad. *Su conducta carecía de* SENTIDO. ‖ **6.** Significado, o cada una de las distintas acepciones de las palabras. *Este vocablo tiene varios* SENTIDOS. ‖ **7.** Cada una de las varias interpretaciones que puede admitir un escrito, cláusula o proposición. *La Sagrada Escritura tiene varios* SENTIDOS. ‖ **8.** *Geom.* Modo de apreciar una dirección desde un determinado punto a otro, por oposición a la misma dirección apreciada desde este segundo punto al primero. ‖ **común.** Facultad, que la generalidad de las personas tiene, de juzgar razonablemente de las cosas. ‖ **perder** uno **el sentido.** fr. Privarse, desmayarse.

sentimental. adj. Que expresa o excita sentimientos tiernos. ‖ **2.** Propenso a ellos. ‖ **3.** Que afecta sensibilidad de un modo ridículo o exagerado. Ú. t. c. s.

sentimiento. m. Impresión y movimiento que causan en el alma las cosas espirituales. ‖ **2.** Estado del ánimo afligido por un suceso triste o doloroso.

sentina. f. *Mar.* Cavidad inferior de la nave, que está sobre la quilla y en la que se reúnen las aguas que, de diferentes procedencias, se filtran por los costados y cubierta del buque, de donde son expulsadas después por las bombas. ‖ **2.** fig. Lugar lleno de inmundicias y mal olor. ‖ **3.** fig. Lugar donde abundan o de donde se propagan los vicios.

sentir[1]**.** m. Sentimiento del ánimo. ‖ **2.** Parecer o juicio de alguien, opinión, dictamen.

sentir[2]**.** tr. Experimentar sensaciones producidas por causas externas o internas. ‖ **2.** Oír o percibir con el sentido del oído. SIENTO *pasos.* ‖ **3.** Experimentar una impresión, placer o dolor corporal. SENTIR *fresco, sed.* ‖ **4.** Experimentar una impresión, placer o dolor espiritual. SENTIR *alegría, miedo.* ‖ **5.** Lamentar, tener por dolorosa y mala una cosa. SENTIR *la muerte de un amigo.* ‖ **6.** Juzgar, opinar, formar parecer o dictamen. ‖ **7.** prnl. Seguido de algunos adjetivos, hallarse o estar como este expresa. SENTIRSE *enfermo.* ‖ **8.** Seguido de ciertos adjetivos, considerarse, reconocerse. SENTIRSE *muy obligado.* ❑ Ú. m. precedida de los verbos *dar* y *tener*. Irreg. Ver conjugación modelo.

sentir

INDICATIVO

Presente: siento, sientes, siente, sentimos, sentís, sienten.

Pretérito imperfecto: sentía, sentías, sentía, sentíamos, sentíais, sentían.

Pretérito indefinido: sentí, sentiste, sintió, sentimos, sentisteis, sintieron.

Futuro imperfecto: sentiré, sentirás, sentirá, sentiremos, sentiréis, sentirán.

Condicional: sentiría, sentirías, sentiría, sentiríamos, sentiríais, sentirían.

SUBJUNTIVO

Presente: sienta, sientas, sienta, sintamos, sintáis, sientan.

Pretérito imperfecto: sintiera o sintiese, sintieras o sintieses, sintiera o sintiese, sintiéramos o sintiésemos, sintierais o sintieseis, sintieran o sintiesen.

Futuro imperfecto: sintiere, sintieres, sintiere, sintiéremos, sintiereis, sintieren.

IMPERATIVO

siente (tú); sentid (vosotros).

FORMAS NO PERSONALES

Infinitivo: sentir.

Participio: sentido.

Gerundio: sintiendo.

seña. f. Nota o indicio para dar a entender una cosa o venir en conocimiento de ella. ‖ **2.** Lo que de común acuerdo está determinado entre dos o más personas para entenderse. ‖ **3.** Signo o medio que se emplea para luego acordarse de algo. ‖ **4.** pl. Indicación del lugar y el domicilio de una persona. ‖ **señas personales.** Rasgos característicos de una persona que permitan distinguirla de las demás.

señal. f. Marca o nota que se pone o hay en las cosas para darlas a conocer y distinguirlas de otras. ‖ **2.** Signo o medio que se emplea para luego acordarse de algo. ‖ **3.** Distintivo, marca. Se usa en sentido peyorativo o favorable. ‖ **4.** Vestigio o impresión que queda de una cosa, por donde se viene en conocimiento de ella. ‖ **5.** Cicatriz que queda en el cuerpo por resultas de una herida u otro daño. ‖ **6.** Imagen o representación de una cosa. ‖ **7.** Cantidad o parte de precio que se adelanta en algunos contratos, y autoriza, salvo pacto en contrario, para rescindirlos, perdiendo la **señal** el que la dio, o devolviéndola duplicada quien la había recibido. ‖ **8.** Aviso que se comunica o se da, de cualquier modo que sea, para concurrir a un lugar determinado o para ejecutar otra cosa. ‖ **9.** Sonido característico que da el teléfono al descolgarlo. ‖ **analógica.** *Fís.* La formada por una cantidad de una magnitud cuyo valor numérico no se utiliza, aunque se conozca. ‖ **de la cruz.** Cruz formada con dos dedos de la mano o con el movimiento de esta, representando aquella en que murió nuestro Redentor.

señalado, da. adj. Insigne, famoso.

señalamiento. m. Acción de señalar o determinar lugar, hora, etc., para un fin.

señalar. tr. Poner o estampar señal en una cosa para darla a conocer o distinguirla de otra, o para acordarse después de algo. ‖ **2.** Llamar la atención hacia una persona o cosa, designándola con la mano o de otro modo. ‖ **3.** Nombrar o determinar persona, día, hora, lugar o cosa para algún fin. ‖ **4.** Hacer una herida o señal en el cuerpo, particularmente en el rostro, que le cause imperfección o defecto. ‖ **5.** prnl. Distinguirse o singularizarse, especialmente en materias de reputación, crédito y honra. ❑ No confundir con *señalizar.*

señalización. f. Acción y efecto de señalizar.

señalizar. tr. Colocar en las carreteras y otras vías de comunicación, las señales que indican bifurcaciones, cruces, pasos a nivel y otras para que sirvan de guía a los usuarios. ❑ No confundir con *señalar.*

señera. f. ant. Insignia, estandarte.

señero, ra. adj. Solo, solitario, separado de toda compañía. ‖ **2.** Único, sin par.

señor, ra. adj. Dueño de una cosa; que tiene dominio y propiedad en ella. Ú. m. c. s. ‖ **2.** fam. Noble, decoroso y propio de **señor,** especialmente hablando de modales, trajes y colores. ‖ **3.** m. Por antonom., **Dios.** || **4.** Poseedor de estados y lugares con dominio y jurisdicción, o con solo prestaciones territoriales. || **5.** Varón respetable que ya no es joven. || **6.** Título nobiliario. || **7.** Tratamiento que se da a una persona real para dirigirse a ella de palabra o por escrito. || **8.** Amo con respecto a los criados. || **9.** Término de cortesía que se aplica a cualquier hombre, aunque sea de igual o inferior condición. || **10.** Título que se antepone al apellido de un varón: SEÑOR *González;* o al cargo que desempeña: SEÑORES *diputados;* en España y otros países de lengua española, se antepone al *don* que precede al nombre, SEÑOR *don Pedro,* SEÑOR *don Pedro González;* en gran parte de América, al nombre seguido de apellido, SEÑOR *Pedro González;* y en uso popular, al nombre solo, SEÑOR *Pedro.*

señora. f. La que por sí posee un señorío. || **2.** Ama, con respecto a los criados. || **3.** Término de cortesía que se aplica a una mujer, aunque sea de igual o inferior condición, y especialmente a la casada o viuda. || **4.** Mujer respetable, principalmente casada o viuda, que ya no es joven. || **5.** Título que se antepone al apellido de una mujer casada o viuda: SEÑORA *Pérez,* SEÑORA *Pérez de López;* o al cargo que una mujer desempeña: SEÑORA *presidenta;* en España y otros países de lengua española, a *doña* seguido del nombre: SEÑORA *doña Luisa,* SEÑORA *doña Luisa Pérez;* en gran parte de América, al nombre seguido de apellido: SEÑORA *Luisa Pérez;* y en uso popular, al nombre solo: SEÑORA *Luisa.* || **6.** Mujer o esposa. || **nuestra Señora.** La Virgen María.

señorear. tr. Dominar o mandar en una cosa como dueño de ella. || **2.** fig. Estar una cosa en situación superior o en mayor altura del lugar que ocupa otra, como dominándola. || **3.** prnl. Adoptar gravedad y mesura en el porte, vestido o trato.

señoría. f. Tratamiento que se da a las personas a quienes compete por su dignidad. || **2.** Persona a quien se da este tratamiento.

señorial. adj. Perteneciente o relativo al señorío. || **2.** Majestuoso, noble.

señorío. m. Dominio o mando sobre una cosa. || **2.** Territorio perteneciente al señor. || **3.** Dignidad de señor. || **4.** fig. Gravedad y mesura en el porte o en las acciones.

señorita. f. Hija de un señor o de una persona distinguida. || **2.** Término de cortesía que se aplica a la mujer soltera. || **3.** Tratamiento de cortesía que se da a maestras de escuela, profesoras, o también a otras muchas mujeres que desempeñan algún servicio, como secretarias, empleadas de la administración o del comercio, etc.

señorito. m. Hijo de un señor o de una persona distinguida. || **2.** fam. Joven acomodado y ocioso.

señorón, na. adj. Muy señor o muy señora, por serlo en realidad, por conducirse como tal, o finalmente, por afectar señorío y grandeza. Ú. t. c. s.

señuelo. m. Figura de ave en que se ponen algunos trozos de carne para atraer al halcón. || **2.** Por ext., cualquier cosa que sirve para atraer otras aves. || **3.** fig. Cualquier cosa que sirve para atraer, persuadir o inducir, con alguna falacia.

seo. f. *Ar.* **iglesia catedral.**

sépalo. m. *Bot.* Hoja transformada, generalmente recia y de color verdoso, que forma parte del cáliz o verticilo externo de las flores.

separación. f. Acción y efecto de separar o separarse. || **2.** *Der.* Interrupción de la vida conyugal por conformidad de las partes o fallo judicial, sin quedarse extinguido el vínculo matrimonial.

separar. tr. Establecer distancia, o aumentarla, entre algo o alguien y una persona, animal, lugar o cosa que se toman como punto de referencia. Ú. t. c. prnl. || **2.** Formar grupos homogéneos de cosas que estaban mezcladas con otras. || **3.** prnl. Tomar caminos distintos, personas, animales o vehículos que iban juntos o por el mismo camino. || **4.** Interrumpir los cónyuges la vida en común, por fallo judicial o por decisión coincidente, sin que se extinga el vínculo matrimonial.

separata. f. Impresión por separado de un artículo o capítulo publicado en una revista o libro.

separatismo. m. Doctrina política que propugna la separación de algún territorio para alcanzar su independencia o anexionarse a otro país. || **2.** Partido separatista.

separatista. adj. Partidario o defensor del separatismo. Apl. a pers., ú. t. c. s. || **2.** Perteneciente o relativo al separatismo.

sepelio. m. Acción de inhumar la Iglesia a los fieles.

sepia. f. **jibia,** molusco. || **2.** Materia colorante que se saca de la jibia y se emplea en pintura.

septenario, ria. adj. Aplícase, en general, a todo lo que consta de siete elementos. || **2.** m. Tiempo de siete días.

septenio. m. Tiempo de siete años.

septeno, na. adj. Séptimo en orden. || **2.** Dícese de cada una de las siete partes de un todo.

septentrión. n. p. m. **Norte,** punto cardinal del horizonte. || **2.** m. **polo ártico.** || **3. norte,** lugar de la Tierra del lado del polo ártico. || **4.** Viento del norte.

septentrional. adj. Perteneciente o relativo al Septentrión. || **2.** Que cae al Norte.

septeto. m. *Mús.* Composición para siete instrumentos o siete voces. || **2.** *Mús.* Conjunto de estos siete instrumentos o voces.

septicemia. f. *Med.* Afección generalizada producida por la presencia en la sangre de microorganismos patógenos o de sus toxinas.

septicémico, ca. adj. Perteneciente o relativo a la septicemia.

séptico, ca. adj. *Med.* Que produce putrefacción o es causado por ella. ‖ **2.** *Med.* Que contiene gérmenes patógenos.

septiembre. m. Noveno mes del año: tiene treinta días.

séptimo, ma. adj. Que sigue inmediatamente en orden al o a lo sexto. ‖ **2.** Dícese de cada una de las siete partes iguales en que se divide un todo. Ú. t. c. s.

septingentésimo, ma. adj. Que sigue inmediatamente en orden al o a lo sexcentésimo nonagésimo nono. ‖ **2.** Dícese de cada una de las 700 partes iguales en que se divide un todo. Ú. t. c. s.

septuagenario, ria. adj. Que ha cumplido la edad de setenta años y no llega a ochenta. Ú. t. c. s.

septuagésimo, ma. adj. Que sigue inmediatamente en orden al o a lo sexagésimo nono. ‖ **2.** Dícese de cada una de las 70 partes iguales en que se divide un todo. Ú. t. c. s.

septuplicar. tr. Hacer séptupla una cosa; multiplicar por siete una cantidad. Ú. t. c. prnl.

séptuplo, pla. adj. Aplícase a la cantidad que incluye en sí siete veces a otra. Ú. t. c. s. m.

sepulcro. m. Obra por lo común de piedra, que se construye levantada del suelo, para dar en ella sepultura al cadáver de una o más personas. ‖ **2.** Urna o andas cerradas, con una imagen de Jesucristo difunto. ‖ **Santo Sepulcro.** Aquel en que estuvo sepultado Jesucristo.

sepultar. tr. Poner en la sepultura a un difunto; enterrar su cuerpo. ‖ **2.** fig. Sumir, esconder, ocultar alguna cosa como enterrándola. Ú. t. c. prnl.

sepultura. f. Acción y efecto de sepultar. ‖ **2.** Hoyo que se hace en tierra para enterrar un cadáver. ‖ **3.** Lugar en que está enterrado un cadáver. ‖ **dar sepultura.** fr. Enterrar un cadáver.

sepulturero. m. El que tiene por oficio abrir las sepulturas y sepultar a los muertos.

sequedad. f. Cualidad de seco.

sequía. f. Tiempo seco de larga duración.

séquito. m. Grupo de gente que acompaña y sigue a un personaje notorio o principal por razón de la autoridad de este.

ser[1]. m. Esencia o naturaleza. ‖ **2.** Cualquier cosa creada, especialmente las dotadas de vida. SERES *orgánicos;* SERES *vivos.* ‖ **3.** El **ser** humano. ❑ Se emplea frecuentemente acompañado de adjetivos calificativos como en: *es un* SER *admirable;* SERES *desgraciados,* etc. ‖ **Ser supremo.** Dios.

ser

INDICATIVO
Presente: soy, eres, es, somos, sois, son.
Pretérito imperfecto: era, eras, era, éramos, erais, eran.
Pretérito indefinido: fui, fuiste, fue, fuimos, fuisteis, fueron.
Futuro imperfecto: seré, serás, será, seremos, seréis, serán.
Condicional: sería, serías, sería, seríamos, seríais, serían.

SUBJUNTIVO
Presente: sea, seas, sea, seamos, seáis, sean.
Pretérito imperfecto: fuera o fuese, fueras o fueses, fuera o fuese, fuéramos o fuésemos, fuerais o fueseis, fueran o fuesen.
Futuro imperfecto: fuere, fueres, fuere, fuéremos, fuereis, fueren.

IMPERATIVO
sé (tú); sed (vosotros).

FORMAS NO PERSONALES
Infinitivo: ser.
Participio: sido.
Gerundio: siendo.

ser[2]. Verbo sustantivo que afirma del sujeto lo que significa el atributo. ‖ **2.** Verbo auxiliar que sirve para la conjugación de todos los verbos en la voz pasiva. ‖ **3.** intr. Haber o existir. ‖ **4.** Se utiliza para indicar tiempo. SON *las tres.* ‖ **5.** Con la prep. *para,* ser capaz o servir. ‖ **6.** Suceder, acontecer, tener lugar. *¿Dónde* FUE *la boda? El partido* FUE *a las seis.* ‖ **7.** Valer, costar. *¿A cómo* ES *la merluza?* ‖ **8.** Con la prep. *de,* indica relación de posesión. *Este jardín* ES *del rey.* ‖ **9.** Corresponder, tocar. *Este proceder no* ES *de hombre de bien.* ‖ **10.** Formar parte de una corporación o comunidad. ES *del Consejo;* ES *de la Academia.* ‖ **11.** Tener principio, origen o naturaleza, hablando de los lugares o países. *Antonio* ES *de Madrid.* ‖ **12.** Junto con sustantivos, adjetivos o participios, tener los empleos, cargos, profesiones, propiedades, condiciones, etc., que aquellas palabras significan. ❑ Irreg. Ver conjugación modelo.

sera. f. Espuerta grande, regularmente sin asas.

serafín. m. *Teol.* Cada uno de los espíritus bienaventurados que forman el primer coro. ‖ **2.** fig. Persona de singular hermosura.

serbal. m. Árbol de la familia de las rosáceas, de seis a ocho metros de altura, con tronco recto y liso, ramas gruesas y copa abierta; hojas compuestas de hojuelas elípticas, dentadas y lampiñas; flores blancas, pequeñas, en corimbos auxiliares, y cuyo fruto es la serba. Es común en los montes de España.

serbio, bia. adj. Natural u oriundo de Serbia. Ú. t. c. s. ‖ **2.** Perteneciente o relativo a esta región balcánica. ‖ **3.** m. Idioma **serbio.**

serbocroata. adj. Perteneciente a Serbia y Croacia, común a serbios y croatas. ‖ **2.** m. Lengua eslava meridional que se habla en Serbia, Croacia, Bosnia, Herzegovina y Montenegro.

serena. f. Composición poética o musical de los trovadores, que solía cantarse de noche. ‖ **2.** fam. Humedad de la atmósfera en la noche.

serenar. tr. Aclarar, sosegar, tranquilizar una cosa; como el tiempo, el mar. Ú. t. c. intr. y c. prnl. ‖ **2.** fig. Apaciguar o sosegar disturbios o tumultos.

serenata. f. Música en la calle o al aire libre y durante la noche, para festejar a una persona. ‖ **2.** Composición poética o musical destinada a este objeto.

serenidad. f. Cualidad de sereno². ‖ **2.** Título de honor de algunos príncipes.

sereno¹. m. Humedad de que durante la noche está impregnada la atmósfera. ‖ **2.** Cada uno de los dependientes encargados de rondar de noche por las calles para velar por la seguridad del vecindario, de la propiedad, etc. ‖ **al sereno.** loc. adv. A la intemperie de la noche.

sereno², na. adj. Claro, despejado de nubes o nieblas. ‖ **2.** fig. Apacible, sosegado, sin turbación física o moral.

serial. m. Obra radiofónica o televisiva que se difunde en emisiones sucesivas.

seriar. tr. Poner en serie, formar series.

sericicultor, ra. m. y f. Persona que se dedica a la sericicultura.

sericicultura. f. Industria que tiene por objeto la producción de la seda.

sérico, ca. adj. De seda.

serie. f. Conjunto de cosas relacionadas entre sí y que se suceden unas a otras. ‖ **2. serial,** obra. ‖ **3.** En filatelia, conjunto de sellos u otros valores postales que forman parte de una misma emisión. ‖ **4.** En la lotería, cada una de las emisiones de los números correspondientes a un mismo sorteo. ‖ **5.** *Mat.* Expresión de la suma de los infinitos términos de una sucesión. ‖ **en serie.** loc. que se aplica a la fabricación de muchos objetos iguales entre sí, según un mismo patrón, y no con la individualidad que requiere el hacerlos uno a uno. ‖ **fuera de serie.** fig. Dícese de lo que se considera sobresaliente en su línea. Ú. t. c. s.

seriedad. f. Cualidad de serio.

serigrafía. f. Procedimiento de estampación mediante estarcido a través de una pantalla de tejido, en un principio seda, por la que un rodillo hace pasar la tinta o pintura. Se imprime sobre cualquier material: papel, tela, metal, cerámica, etc.

serio, ria. adj. Grave, prudente y moderado en las acciones y en el modo de proceder. Aplícase también a las acciones. ‖ **2.** Severo en el semblante, en el modo de mirar o hablar. ‖ **3.** Real, verdadero y sincero, sin engaño o burla, doblez o disimulo. ‖ **4.** Grave, importante, de consideración. *Negocio* SERIO; *enfermedad* SERIA. ‖ **5.** Contrapuesto a jocoso o bufo. *Ópera* SERIA. ‖ **en serio.** loc. adv. Sin engaño, sin burla.

sermón. m. Discurso cristiano u oración evangélica que predica el sacerdote ante los fieles para la enseñanza de la buena doctrina. ‖ **2.** fig. Amonestación o reprensión insistente y larga.

sermonear. intr. Predicar, echar sermones. ‖ **2.** tr. Amonestar o reprender.

serología. f. Tratado de los sueros.

serón. m. Especie de sera más larga que ancha, que sirve regularmente para carga de una caballería.

serosidad. f. Líquido que ciertas membranas del organismo segregan en estado normal, y cuya acumulación patológica constituye las hidropesías. ‖ **2.** Líquido que se acumula en las ampollas formadas por lesiones en la epidermis.

seroso, sa. adj. Perteneciente o relativo al suero o a la serosidad, o semejante a estos líquidos. ‖ **2.** Que produce serosidad.

seroterapia. f. Tratamiento de las enfermedades por los sueros medicinales.

serpentear. intr. Andar, moverse o extenderse, dando vueltas y giros como la serpiente.

serpentín. m. Tubo largo en línea espiral o quebrada que sirve para facilitar el enfriamiento de la destilación en los alambiques u otros aparatos.

serpentina. f. Piedra de color verdoso, con manchas o venas más o menos oscuras, casi tan dura como el mármol, tenaz, que admite hermoso pulimento y tiene mucha aplicación en las artes decorativas. Es un silicato de magnesia teñido por óxidos de hierro. ‖ **2.** Tira de papel arrollada que en días de carnaval u otras fiestas y diversiones se arrojan unas personas a otras, teniéndola sujeta por un extremo.

serpiente. f. **culebra,** reptil de gran tamaño. ‖ **de anteojos.** Reptil venenoso del orden de los ofidios, de más de un metro de longitud, cabeza que se endereza verticalmente, y sobre el disco que pueden formar las costillas detrás de la cabeza aparece un dibujo en forma de anteojos. ‖ **de cascabel. crótalo,** reptil. ‖ **pitón.** Género de culebras, las de mayor tamaño conocidas, propias de Asia y de África. Tienen la cabeza cubierta, en gran parte, de escamas pequeñas, y dobles fajas transversas debajo de la cola.

serrallo. m. Harén.

serranía. f. Espacio de terreno cruzado por montañas y sierras.

serranilla. f. Composición lírica de asunto rústico, y las más de las veces amatorio, escrita por lo general en metros cortos.

serrano, na. adj. Que habita en una sierra, o nacido en ella. Ú. t. c. s. ‖ **2.** Perteneciente a las sierras o serranías, o a sus moradores.

serrar. tr. Cortar o dividir con la sierra. ❑ Irreg. Se conj. como *acertar.*

serrería. f. Taller mecánico para serrar madera.

serrín. m. Conjunto de partículas que se desprenden de la madera cuando se sierra.

serrucho. m. Sierra de hoja ancha y regularmente con solo una manija.

serventesio. m. Género de composición de la poética provenzal, de asunto generalmente moral o político y a veces de tendencia satírica. ‖ **2.** Cuarteto en que riman el primer verso con el tercero y el segundo con el cuarto.

servicial. adj. Que sirve con cuidado, diligencia y obsequio. ‖ **2.** Pronto a complacer y servir a otros.

servicio. m. Acción y efecto de servir. ‖ **2.** Estado de criado o sirviente. ‖ **3. servicio doméstico.** ‖ **4.** Mérito que se hace sirviendo al Estado o a otra entidad o persona. ‖ **5.** Obsequio que se hace en beneficio del igual o amigo. ‖ **6.** Utilidad o provecho que resulta a uno de lo que otro ejecuta en atención suya. ‖ **7.** Conjunto de vajilla y otras cosas, para servir la comida, el café, el té, etc. ‖ **8.** Organización y personal destinados a cuidar intereses o satisfacer necesidades del público o de alguna entidad oficial o privada. SERVICIO *de correos, de incendios, de reparaciones.* ‖ **9.** Función o prestación desempeñadas por estas organizaciones y su personal. ‖ **10. retrete,** escusado. Ú. t. en pl. ‖ **11.** *Dep.* **saque,** acción de sacar. ‖ **12.** *Econ.* Prestación humana que satisface alguna necesidad del hombre que no consiste en la producción de bienes materiales. ‖ **activo.** El que corresponde a un empleo y se está prestando de hecho, actual y positivamente. ‖ **de inteligencia.** Organización secreta en un Estado para dirigir y organizar el espionaje. ‖ **discrecional.** El que una empresa, autorizada para prestar un determinado servicio público, realiza en función de sus propios intereses y de los de los usuarios. ‖ **doméstico.** Sirviente o sirvientes de una casa y prestación que realizan. ‖ **militar.** El que se presta siendo soldado. ‖ **secreto.** Cuerpo de agentes que, a las órdenes de un gobierno y procurando pasar inadvertidos, se dedican a recoger datos e informes reservados, tanto en el propio país como en el extranjero. ‖ **de servicio.** loc. adv. que con los verbos *entrar, estar, tocar, salir* y otros semejantes, se refiere al desempeño activo de un cargo o función durante un turno de trabajo.

servidor, ra. m. y f. Persona que sirve como criado. ‖ **2.** Persona adscrita al manejo de un arma, de una maquinaria o de otro artefacto. ‖ **3.** Fórmula de cortesía que suele usarse como despedida en las cartas. *Su atento, su seguro* SERVIDOR.

servidumbre. f. Estado o condición de siervo. ‖ **2.** Conjunto de criados que sirven a un tiempo o en una casa. ‖ **3.** Sujeción grave u obligación inexcusable de hacer una cosa.

servil. adj. Perteneciente o relativo a los siervos y criados. ‖ **2.** Bajo, humilde y de poca estimación. Dícese también de las cosas del ánimo. ‖ **3.** Rastrero, que obra con servilismo.

servilismo. m. Ciega y baja adhesión a la autoridad de uno.

servilleta. f. Pieza de tela o papel que usa cada comensal para limpiarse los labios y las manos.

servilletero. m. Aro en que se pone arrollada la servilleta. ‖ **2.** Utensilio para poner las servilletas de papel.

servir. intr. Estar al servicio de otro. Ú. t. c. tr. ‖ **2.** Estar empleado en la ejecución de una cosa por mandato de otro, aun cuando lo que ejecute sea pena o castigo. ‖ **3.** Estar sujeto a otro por cualquier motivo, aunque sea voluntariamente, haciendo lo que él quiere o dispone. ‖ **4.** Ser un instrumento, máquina o cosa semejante, a propósito para determinado fin. ‖ **5.** Ejercer un empleo o cargo propio o en lugar de otro. Ú. t. c. tr. ‖ **6.** Aprovechar, valer, ser de utilidad. ‖ **7.** Sacar o restar la pelota de modo que se pueda jugar fácilmente. ‖ **8.** Asistir a la mesa trayendo o repartiendo los alimentos o las bebidas. ‖ **9.** tr. Obsequiar a uno o hacer una cosa en su favor, beneficio o utilidad. ‖ **10.** Hacer plato o llenar el vaso o la copa al que va a comer o beber. Ú. t. c. prnl. ‖ **11.** prnl. Querer o tener a bien hacer alguna cosa. ‖ **12.** Valerse de una cosa para el uso propio de ella. ❑ Ú. con la prep. *de.* ❑ Irreg. Se conj. como *pedir.*

servo-. *Mec.* elem. compos. que significa «mecanismo o sistema auxiliar»: SERVO*freno.*

servofreno. m. *Mec.* Freno cuya acción es amplificada por un dispositivo eléctrico o mecánico.

sésamo. m. Ajonjolí, alegría, planta pedaliácea. ‖ **2.** Pasta de nueces, almendras o piñones con ajonjolí.

sesear. intr. Pronunciar la *z,* o la *c* ante *e, i,* como *s,* ya sea con articulación predorsoalveolar o predorsodental, como en Andalucía, Canarias y América, ya con articulación apicoalveolar, como en la dicción popular de Cataluña y Valencia.

sesenta. adj. Seis veces diez. ‖ **2.** Sexagésimo, ordinal. *Número* SESENTA; *año* SESENTA. ‖ **3.** m. Conjunto de signos con que se representa el número **sesenta.**

sesentavo, va. adj. Dícese de cada una de las 60 partes iguales en que se divide un todo. Ú. t. c. s.

sesentón, na. adj. fam. Que ha cumplido la edad de sesenta años y no llega a la de setenta. Ú. t. c. s.

seseo. m. Acción y efecto de sesear.

sesgado, da. adj. Quieto, pacífico, sosegado. ‖ **2.** Oblicuo. ‖ **3.** Desviado, tendencioso.

sesgar. tr. Cortar o partir en sesgo. ‖ **2.** Torcer a un lado o atravesar una cosa hacia un lado.

sesgo, ga. adj. Torcido, cortado o situado oblicuamente. ‖ **2.** fig. Grave, serio o torcido en el semblante. ‖ **3.** m. Oblicuidad o torcimiento de una cosa hacia un lado, o en el corte, o en la situación, o en el movimiento. ‖ **4.** fig. Corte o medio término que se toma en los negocios dudosos. ‖ **5.** Por ext., curso o rumbo que toma un negocio. ‖ **al sesgo.** loc. adv. Oblicuamente o al través.

sésil. adj. *Biol.* Aplícase a los órganos u organismos que carecen de pedúnculo.

sesión. f. Cada una de las juntas de un concilio, congreso u otra corporación. ‖ **2.** Cada una de las funciones de teatro o cinematógrafo que se celebran a distintas horas, en un mismo día. ‖ **3.** fig. Conferencia o consulta entre varios para determinar una cosa.

seso. m. Masa de tejido nervioso contenida en la cavidad del cráneo. Ú. m. en pl. ‖ **2.** fig. Prudencia, madurez. ‖ **devanarse** uno **los sesos.** fr. fig. Fatigarse meditando mucho en una cosa.

sestear. intr. Pasar la siesta durmiendo o descansando. ‖ **2.** Recogerse el ganado durante el día en un lugar sombrío para descansar y librarse de los rigores del sol.

sestercio. m. Moneda de plata de los romanos, que valía dos ases y medio.

sesudo, da. adj. Que tiene seso, prudencia.

set. m. En el tenis y en el balonvolea, parte o manga de un partido, con tanteo independiente. ❑ pl. *sets.*

seta. f. Cualquier especie de hongo de forma de sombrilla sostenida por un pedicelo. Las hay comestibles y venenosas.

setecientos, tas. adj. Siete veces ciento. ‖ **2.** Septingentésimo, ordinal. *Número* SETECIENTOS. ‖ **3.** m. Conjunto de signos con que se representa el número **setecientos.**

setenta. adj. Siete veces diez. ‖ **2.** Septuagésimo, ordinal. *Número* SETENTA; *año* SETENTA. ‖ **3.** m. Conjunto de signos con que se representa el número **setenta.**

setentavo, va. adj. Dícese de cada una de las setenta partes en que se divide un todo. Ú. t. c. s. m.

setentón, na. adj. fam. Que ha cumplido la edad de setenta y no llega a la de ochenta.

setiembre. m. **septiembre.**

seto. m. Cercado hecho de palos o varas entretejidas.

seudo-. elem. compos. que significa «falso»: SEUDÓ*podo,* SEUDO*profeta.*

seudónimo, ma. adj. Dícese del autor que oculta con un nombre falso el suyo verdadero. ‖ **2.** Aplícase también a la obra de este autor. ‖ **3.** m. Nombre empleado por un autor en vez del suyo verdadero.

seudópodo. m. *Biol.* Cualquiera de las prolongaciones transitorias del citoplasma que son emitidas por ciertas células libres, como los leucocitos, y muchos seres unicelulares, como las amebas, y sirven para la ejecución de movimientos y para la prensión de partículas orgánicas, bacterias, etc.

severidad. f. Cualidad de severo.

severo, ra. adj. Riguroso, áspero, duro en el trato o castigo. ‖ **2.** Exacto y rígido en la observancia de una ley, precepto o regla. ‖ **3.** Grave, serio, mesurado.

sevillanas. f. pl. Aire musical propio de Sevilla y su comarca, bailable y con el cual se cantan seguidillas. ‖ **2.** Danza que se baila con esta música.

sevillano, na. adj. Natural de Sevilla. Ú. t. c. s. ‖ **2.** Perteneciente o relativo a esta ciudad o a su provincia.

sexagenario, ria. adj. Que ha cumplido la edad de sesenta años y no llega a setenta. Aunque pase de los setenta se usa también a los efectos legales de excepción, excusa o beneficio. Ú. t. c. s.

sexagesimal. adj. Aplícase al sistema de contar o de subdividir de 60 en 60.

sexagésimo, ma. adj. Que sigue inmediatamente en orden al o a lo quincuagésimo nono. ‖ **2.** Dícese de cada una de las 60 partes iguales en que se divide un todo. Ú. t. c. s.

sexcentésimo, ma. adj. Que sigue inmediatamente en orden al o a lo quingentésimo nonagésimo nono. ‖ **2.** Dícese de cada una de las 600 partes en que se divide un todo. Ú. t. c. s.

sexenio. m. Tiempo de seis años.

sexismo. m. Discriminación de personas de un sexo por considerarlo inferior al otro.

sexista. adj. Perteneciente o relativo al sexismo. ‖ **2.** Dícese de la persona partidaria del sexismo. Ú. t. c. s.

sexo. m. *Biol.* Condición orgánica que distingue al macho de la hembra en los seres humanos, en los animales y en las plantas. ‖ **2.** Conjunto de seres pertenecientes a un mismo **sexo.** SEXO *masculino, femenino.* ‖ **3.** Órganos sexuales. ‖ **débil.** Las mujeres. ‖ **feo, o fuerte.** Los hombres.

sexología. f. Estudio del sexo y de las cuestiones con él relacionadas.

sexólogo, ga. m. y f. Especialista en sexología.

sexta. f. En el rezo eclesiástico, una de las horas menores, que se dice después de la tercia.

sexteto. m. *Métr.* Composición poética de seis versos de arte mayor. ‖ **2.** *Mús.* Composición para seis instrumentos o seis voces. ‖ **3.** *Mús.* Conjunto de estos seis instrumentos o voces.

sextilla. f. Combinación métrica de seis versos de arte menor aconsonantados alternadamente o de otra manera.

sexto, ta. adj. Que sigue inmediatamente en orden al o a lo quinto. ‖ **2.** Dícese de cada una de las seis partes iguales en que se divide un todo. Ú. t. c. s.

sextuplicar. tr. Hacer séxtupla una cosa; multiplicar por seis una cantidad. Ú. t. c. prnl.

séxtuplo, pla. adj. Que incluye en sí seis veces una cantidad. Ú. t. c. s.

sexuado, da. adj. *Biol.* Dícese de la planta o del animal que tiene órganos sexuales bien desarrollados y aptos para funcionar.

sexual. adj. Perteneciente o relativo al sexo.

sexualidad. f. Conjunto de condiciones anatómicas y fisiológicas que caracterizan a cada sexo.

sí¹. Forma reflexiva del pronombre personal de tercera persona. ❑ Se emplea en los casos oblicuos de la declinación en ambos géneros y números, y lleva constantemente preposición. Cuando esta es *con,* se dice **consigo.**

sí². adv. afirm. que se emplea más comúnmente respondiendo a preguntas. ‖ **2.** Ú. para denotar especial aseveración en lo que se dice o se cree, o para ponderar una idea. *Esto* SÍ *que es portarse; aquel* SÍ *que es buen letrado.* ‖ **3.** Ú. como sustantivo por consentimiento o permiso. *Ya tengo el* SÍ *de mi padre.* ❑ pl. *síes.* ‖ **porque sí.** loc. fam. Sin causa justificada, por simple voluntad o capricho.

si¹. conj. con que se denota condición o suposición en virtud de la cual un concepto depende de otro u otros. SI *llegas el lunes, llegarás a tiempo; estudia,* SI *quieres ser docto.* ‖ **2.** A veces denota aseveración terminante. SI *ayer lo aseguraste aquí mismo una y otra vez delante de todos nosotros, ¿cómo lo niegas hoy?* ‖ **3.** Introduce oraciones interrogativas indirectas, a veces con matiz de duda. *Ignoro* SI *es soltero o casado; hay que ver* SI *hacemos algo en su favor; pregúntale* SI *querría entrar en una casa de comercio.* ‖ **4.** En ciertas expresiones indica ponderación o encarecimiento. *Es atrevido,* SI *los hay; tú sabes* SI *le quiero.* ‖ **5.** A principio de frase tiene a veces por objeto dar énfasis o energía a las expresiones de duda o aseveración. *¿*SI *será verdad lo del testamento?; ¡*SI *dije que esto no podía parar en bien!* ‖ **6.** Introduce oraciones desiderativas. *¡*SI *Dios quisiera tocarle en el corazón!* ‖ **7.** Toma carácter de conjunción distributiva, cuando se emplea repetida para contraponer, con elipsis de verbo o no, una cláusula a otra. SI *hay ley,* SI *razón,* SI *justicia en el mundo, no sucederá lo que temes; iré,* SI *por la mañana o por la tarde, no puedo asegurarlo; malo,* SI *uno habla,* SI *no habla, peor.* ‖ **8.** Precedida del adverbio *como* o de la conjunción *que,* se emplea en conceptos comparativos. *Andaba Rocinante* COMO SI *fuera asno de gitano con azogue en los oídos; se quedó más contento* QUE SI *le hubieran dado un millón.* ‖ **9.** Empléase también como conjunción adversativa, equivaliendo a **aunque.** SI *me mataran no lo haría; no, no lo haré* SI *me matan.* ‖ **10.** Forma a veces con el adverbio de negación *no* expresiones elípticas que equivalen a: de otra suerte o en caso diverso. *Pórtate como hombre de bien;* SI NO, *deja de frecuentar mi casa.* ❑ No confundir esta construcción con *sino,* s. m. y conj. adversat.

si². m. *Mús.* Séptima voz de la escala música. ❑ pl. *sis.*

siamés, sa. adj. Natural u oriundo de Siam, antiguo nombre de Tailandia. Ú. t. c. s. ‖ **2.** Perteneciente o relativo a esta nación de Asia. ‖ **3.** Aplícase a cada uno de los hermanos gemelos que nacen unidos por alguna parte de sus cuerpos. Ú. m. c. s. y en pl. ‖ **4.** m. Idioma **siamés.**

sibarita. adj. fig. Dícese de la persona que se trata con mucho regalo y refinamiento. Ú. t. c. s.

sibila. f. Mujer sabia a quien los antiguos atribuyeron espíritu profético.

sibilante. adj. *Fon.* Dícese del sonido que se pronuncia como una especie de silbido.

sibilino, na. adj. Perteneciente o relativo a la sibila. ‖ **2.** fig. Misterioso, oscuro con apariencia de importante.

sic. adv. lat. que se usa en impresos y manuscritos españoles, por lo general entre paréntesis, para dar a entender que una palabra o frase empleada en ellos, y que pudiera parecer inexacta, es textual.

sicario. m. Asesino asalariado.

siciliano, na. adj. Natural de Sicilia. Ú. t. c. s. ‖ **2.** Perteneciente o relativo a esta isla de Italia. ‖ **3.** m. Dialecto italiano hablado en Sicilia.

sicomoro o **sicómoro.** m. Planta de la familia de las moráceas, que es una higuera propia de Egipto, con hojas algo parecidas a las del moral, fruto pequeño, de color blanco amarillento, y madera incorruptible, que usaban los antiguos egipcios para las cajas donde encerraban las momias.

sida. m. *Med.* Enfermedad viral consistente en la ausencia de respuesta inmunitaria.

sidecar. m. Asiento adicional, apoyado en una rueda, que se adosa al costado de una motocicleta.

sideral. adj. Perteneciente o relativo a las estrellas o a los astros.

siderurgia. f. Arte de extraer hierro y de trabajarlo.

sidra. f. Bebida alcohólica, de color ambarino, que se obtiene por la fermentación del zumo de las manzanas exprimidas.

siega. f. Acción y efecto de segar. ‖ **2.** Tiempo en que se siega. ‖ **3.** Mieses segadas.

siembra. f. Acción y efecto de sembrar. ‖ **2.** Tiempo en que se siembra. ‖ **3.** Tierra sembrada.

siemensio. m. *Fís.* Unidad de conductancia en el sistema basado en el metro, el kilogramo, el segundo y el amperio.

siempre. adv. t. En todo o en cualquier tiempo. ‖ **2.** En todo caso o cuando menos. *Quizá no logre mi objeto, pero* SIEMPRE *me quedará la satisfacción de haber hecho lo que debía;* SIEMPRE *tendrá cinco mil duros de renta.* ‖ **siempre que.** loc. conjunt. condic. **con tal que.** *Mañana comeré en tu casa,* SIEMPRE QUE *tú comas hoy en la mía.* ‖ **siempre y cuando que.** loc. conjunt. condic. **con tal que.**

sien. f. Cada una de las dos partes laterales de la cabeza comprendidas entre la frente, la oreja y la mejilla.

siena. m. Color castaño más o menos oscuro. Ú. t. c. adj.

sierpe. f. Culebra de gran tamaño. ‖ **2.** fig. Persona muy fea o muy feroz o que está muy colérica. ‖ **3.** fig. Cualquier cosa que se mueve con rodeos a manera de **sierpe.**

sierra. f. Herramienta que consiste en una hoja de acero con dientes agudos en el borde, sujeta a un mango, un bastidor u otra armazón adecuada, y que sirve para cortar madera u otros cuerpos duros. ‖ **2.** Lugar donde se sierra. ‖ **3.** Cordillera de poca extensión. ‖ **4.** Cordillera de montes o peñascos cortados.

siervo, va. m. y f. Esclavo de un señor. ‖ **2.** Nombre que una persona se da a sí misma respecto de otra para mostrarle obsequio y rendimiento. ‖ **de la gleba.** *Der.* Esclavo afecto a una heredad y que no se desligaba de ella al cambiar de dueño.

siesta. f. Tiempo después del mediodía, en que aprieta más el calor. ‖ **2.** Sueño que se toma después de comer. ‖ **dormir,** o **echar,** uno **la siesta.** fr. Echarse a dormir después de comer.

siete. adj. Seis y uno. ‖ **2.** Séptimo, ordinal. *Número* SIETE; *año* SIETE. Apl. a los días del mes, ú. t. c. s. *El* SIETE *de julio.* ‖ **3.** m. Signo o conjunto de signos con que se representa el número **siete.** ‖ **4.** Naipe que tiene **siete** señales. *El* SIETE *de copas.* ‖ **5.** fam. Rasgón en forma de ángulo que se hace en los trajes o en los lienzos. ‖ **y media.** Juego de naipes en que cada carta tiene el valor que representan sus puntos, excepto las figuras, que valen media. Se da una carta a cada jugador, el cual puede pedir otras. Gana el que primero hace **siete** puntos y medio o el que más se acerque por bajo de este número.

sietemesino, na. adj. Aplícase a la criatura que nace a los siete meses de engendrada. Ú. t. c. s.

sífilis. f. *Pat.* Enfermedad infecciosa de transmisión sexual, causada por *treponema pallidum.*

sifilítico, ca. adj. Perteneciente o relativo a la sífilis. ‖ **2.** Que la padece. Ú. t. c. s.

sifón. m. Tubo encorvado que sirve para sacar líquidos del vaso que los contiene, haciéndolos pasar por un punto superior a su nivel. ‖ **2.** Botella, generalmente de cristal, cerrada herméticamente con una tapa por la que pasa un **sifón,** cuyo tubo tiene una llave para abrir o cerrar el paso del agua cargada de ácido carbónico que aquella contiene. ‖ **3.** Agua carbónica contenida en esta botella. ‖ **4.** Tubo doblemente acodado en que el agua detenida dentro de él impide la salida de los gases de las cañerías al exterior. ‖ **5.** *Zool.* Cada uno de los dos largos tubos que tienen ciertos moluscos lamelibranquios, especialmente los que viven medio enterrados en la arena o en el fango, y que pueden estar libres o soldados a la manera de los cañones de una escopeta; el agua entra en la cavidad branquial del animal por uno de estos tubos y sale por el otro.

sigilo. m. Secreto que se guarda de una cosa o noticia. ‖ **2.** fig. Silencio cauteloso.

sigla. f. Letra inicial que se emplea como abreviatura de una palabra. *S. D. M.* son las **siglas** de *Su Divina Majestad.* ‖ **2.** Rótulo o denominación que se forma con varias **siglas.** *INRI.* ‖ **3.** Cualquier signo que sirve para ahorrar letras o espacio en la escritura. ❑ Distíngase de *abreviatura* y de *acrónimo.*

siglario. m. Catálogo ordenado de siglas con indicación de lo que abreviadamente representan.

siglo. m. Espacio de cien años. ‖ **2.** Seguido de la preposición *de* y un nombre de persona o cosa, tiempo en que floreció una persona o en que existió, sucedió o se inventó o descubrió una cosa muy notable. *El* SIGLO DE *Augusto; el* SIGLO DEL *vapor.* ‖ **3.** Mucho o muy largo tiempo, indeterminadamente. *Hace un* SIGLO *que no te veo.* ‖ **4.** Comercio y trato de los hombres en cuanto toca y mira a la vida civil y política, en oposición a la vida religiosa. *Ricardo deja el* SIGLO.

sigma. f. Decimoctava letra del alfabeto griego, que corresponde a la que en el nuestro se llama *ese.*

signar. tr. Hacer, poner o imprimir el signo. ‖ **2.** Poner uno su firma. ‖ **3.** Hacer la señal de la cruz sobre una persona o cosa. Ú. t. c. prnl.

signatario, ria. adj. Dícese del que firma. Ú. t. c. s.

signatura. f. Marca o nota puesta en las cosas para distinguirlas de otras. ‖ **2.** Especialmente la señal de números y letras que se pone a un libro o a un documento para indicar su colocación dentro de una biblioteca o un archivo. ❑ No confundir con *asignatura.*

significación. f. Sentido de una palabra o frase. ‖ **2.** Objeto que se significa. ‖ **3.** Importancia en cualquier orden.

significado, da. adj. Conocido, importante, reputado. ‖ **2.** m. Significación o sentido de las palabras y frases. ‖ **3.** *Ling.* Concepto que, como tal, o asociado con determinadas connotaciones, se une al significante para constituir un signo lingüístico. En aquella asociación, pueden dominar los factores emotivos, hasta hacerse casi exclusivos como en el caso de la interjección. ‖ **4.** *Ling.* Complejo significativo que se asocia con las diversas combinaciones de significantes lingüísticos.

significante. m. *Ling.* Fonema o secuencia de fonemas o letras que, asociados con un significado, constituyen un signo lingüístico.

significar. tr. Ser una cosa, por naturaleza, imitación o convenio, representación, indicio o signo de otra cosa distinta. ‖ **2.** Ser una palabra o frase expresión o signo de una idea o de un pensamiento, o de una cosa material. ‖ **3.** Hacer saber, declarar o manifestar una cosa. ‖ **4.** intr. Representar, valer, tener importancia. ‖ **5.** prnl. Hacerse notar o distinguirse por alguna cualidad o circunstancia.

significativo, va. adj. Que da a entender o conocer con propiedad una cosa. ‖ **2.** Que tiene importancia por representar o significar algún valor.

signo. m. Objeto, fenómeno o acción material que, natural o convencionalmente, representa o sustituye a otro objeto, fenómeno o acción. ‖ **2.** Indicio, señal de algo. *Su rubor me pareció* SIGNO *de su culpa.* ‖ **3.** Cualquiera de los caracteres que se emplean en la escritura y en la imprenta. ‖ **4.** *Astron.* Cada una de las doce partes iguales en que se considera dividido el Zodiaco. ‖ **5.** *Mat.* Señal o figura que se usa en los cálculos para indicar la naturaleza de las cantidades y las operaciones que se han de ejecutar con ellas. ‖ **6.** *Mús.* Cualquiera de los caracteres con que se escribe la música. ‖ **lingüístico.** Unidad mínima de la oración, constituida por un significante y un significado. ‖ **negativo.** *Mat.* **menos, signo** de la resta. ‖ **positivo.** *Mat.* **más, signo** de la suma.

siguiente. adj. Ulterior, posterior.

sílaba. f. Sonido o sonidos articulados que constituyen un solo núcleo fónico entre dos depresiones sucesivas de la emisión de voz. ‖ **aguda.** *Pros.* La acentuada o en que carga la pronunciación. ‖ **breve.** *Pros.* La de menor duración en las lenguas que como el latín y el griego se sirven regularmente de dos medidas de cantidad silábica. ‖ **larga.** *Pros.* La de mayor duración en las lenguas que como el latín y el griego se sirven regularmente de dos medidas de cantidad silábica. ‖ **libre.** La que termina en vocal, como las de *paso.* ‖ **postónica.** *Pros.* La átona que en el vocablo viene detrás de la tónica. ‖ **protónica.** *Pros.* La átona que en el vocablo precede a la tónica. ‖ **tónica.** *Pros.* La que tiene el acento prosódico. ‖ **trabada.** La que termina en consonante, como las de *pastor.*

silabear. intr. Ir pronunciando separadamente cada sílaba. Ú. t. c. tr.

silbante. adj. Dícese del sonido que se pronuncia con una especie de silbido.

silbar. intr. Dar o producir silbos o silbidos. Ú. t. c. tr. ‖ **2.** fig. Manifestar desagrado y desaprobación el público, con silbidos u otras demostraciones ruidosas. Ú. t. c. tr. SILBAR *a un actor, a un orador, una comedia, un discurso.*

silbato. m. Instrumento pequeño y hueco que se hace de diferentes modos y de diversas materias, y que soplando en él con fuerza suena como el silbo.

silbido. m. Acción y efecto de silbar.

silbo. m. Sonido agudo que hace el aire. ‖ **2.** Sonido agudo que resulta de hacer pasar con fuerza el aire por la boca con los labios fruncidos o con los dedos colocados en ella convenientemente. ‖ **3.** Sonido de igual clase que se hace soplando con fuerza en un cuerpo hueco, como silbato, llave, etc.

silenciador. m. Dispositivo que se acopla al tubo de salida de gases en algunos motores de explosión, o al cañón de algunas armas de fuego, para amortiguar el ruido.

silenciar. tr. Callar, omitir, pasar en silencio. ‖ **2.** Hacer callar, reducir al silencio.

silencio. m. Abstención de hablar. ‖ **2.** fig. Falta de ruido. *El* SILENCIO *de la noche.* ‖ **3.** *Mús.* Pausa musical.

silencioso, sa. adj. Dícese del que calla o tiene hábito de callar. ‖ **2.** Aplícase al lugar o tiempo en que hay o se guarda silencio. ‖ **3.** Que no hace ruido.

silepsis. f. *Gram.* Figura de construcción que consiste en quebrantar las leyes de la concordancia en el género o el número de las palabras. *Vuestra Beatitud* (femenino) *es justo* (masculino); *la mayor parte* (singular) *murieron* (plural). ‖ **2.** *Ret.* Tropo que consiste en usar a la vez una misma palabra en sentido recto y figurado; v. gr.: *Poner a uno más* SUAVE *que un guante.*

sílex. m. Variedad de cuarzo, pedernal. ❑ pl. invar.

sílfide. f. Ninfa, ser fantástico o espíritu elemental del aire. ‖ **2.** Mujer esbelta y hermosa.

silicato. m. *Quím.* Sal compuesta de ácido silícico y una base.

sílice. f. *Quím.* Combinación del silicio con el oxígeno. Si es anhidra, forma el cuarzo, y si es hidratada, el ópalo.

silíceo, a. adj. De sílice o semejante a ella.

silicio. m. Elemento químico de núm. atóm. 14. Extraordinariamente abundante en la corteza terrestre, de la que constituye más de la cuarta parte, se encuentra principalmente en forma de sílice, como en el cuarzo y sus variedades, y de silicatos, como en la mica, el feldespato y la arcilla. Posee un elevado punto de fusión, y por sus propiedades semiconductoras, tiene gran aplicación en la industria electrónica y como detector de radiaciones. Sus derivados presentan gran variedad de usos, desde las industrias del vidrio a las de los polímeros artificiales, como las siliconas. Símb. *Si.*

silicona. f. *Quím.* Polímero de gran inercia química, formado por silicio y oxígeno, con variadas aplicaciones.

silicosis. f. *Pat.* Enfermedad crónica del aparato respiratorio, frecuente entre los mineros, canteros, etc., producida por el polvo de sílice.

silla. f. Asiento con respaldo, por lo general con cuatro patas, y en que solo cabe una persona. ‖ **2.** Aparejo para montar a caballo, formado por una armazón de madera, cubierta generalmente de cuero y rellena de crin o pelo de cabra. ‖ **3. sede,** asiento o trono de un prelado con jurisdicción. ‖ **de la reina.** Asiento que forman dos personas con las manos, asiendo cada uno su propia muñeca y la del otro. ‖ **de ruedas.** La que, con ruedas laterales grandes permite que se desplace una persona impedida. ‖ **eléctrica. silla** dispuesta para electrocutar a los reos de muerte. ‖ **turca.** *Anat.* Concavidad en forma de **silla** que ofrece el hueso esfenoides, en la que se aloja la hipófisis.

sillar. m. Cada una de las piedras labradas, por lo común en figura de paralelepípedo rectángulo, que forman parte de una construcción de sillería.

sillería[1]. f. Conjunto de sillas iguales o de sillas, sillones y canapés de una misma clase, con que se amuebla una habitación. ‖ **2.** Conjunto de asientos unidos unos a otros; como los del coro de las iglesias, los de las salas capitulares, etc. ‖ **3.** Taller donde se fabrican sillas. ‖ **4.** Tienda donde se venden.

sillería[2]. f. Fábrica hecha de sillares asentados unos sobre otros y en hileras. ‖ **2.** Conjunto de estos sillares.

sillín. m. Asiento que tiene la bicicleta y otros vehículos análogos para montar en ellos.

sillón. m. Silla de brazos, mayor y más cómoda que la ordinaria.

silo. m. Lugar subterráneo y seco en donde se guarda el trigo u otros granos, semillas o forrajes. Modernamente se construyen depósitos semejantes sobre el terreno. ‖ **2.** fig. Cualquier lugar subterráneo, profundo y oscuro.

silogismo. m. *Lóg.* Argumento que consta de tres proposiciones, la última de las cuales se deduce necesariamente de las otras dos.

silogístico, ca. adj. *Lóg.* Perteneciente al silogismo.

silueta. f. Dibujo sacado siguiendo los contornos de la sombra de un objeto. ‖ **2.** Forma que presenta a la vista la masa de un objeto más oscuro que el fondo sobre el cual se proyecta. ‖ **3. perfil,** contorno de una figura.

silúrico, ca. adj. *Geol.* Dícese de cierto terreno sedimentario, que se considera como uno de los más antiguos. Ú. t. c. s. ‖ **2.** *Geol.* Perteneciente a este terreno.

silva. f. Colección de varias materias o temas, escritos sin método ni orden. ‖ **2.** Combinación métrica, no dividida en estrofas, en la que alternan sin orden fijo versos heptasílabos y endecasílabos. ‖ **3.** Composición poética escrita en **silva.**

silvestre. adj. Criado naturalmente y sin cultivo en selvas o campos. ‖ **2.** Inculto, agreste y rústico.

silvicultura. f. Cultivo de los bosques o montes. ‖ **2.** Ciencia que trata de este cultivo.

sima. f. Cavidad grande y muy profunda en la tierra. ❑ No confundir con *cima.*

simbionte. adj. *Biol.* Dícese de los individuos asociados en simbiosis. Ú. t. c. s. m.

simbiosis. f. *Biol.* Asociación de individuos animales o vegetales de diferentes especies, en la que ambos simbiontes sacan provecho de la vida en común.

simbólico, ca. adj. Perteneciente o relativo al símbolo o expresado por medio de él.

simbolismo. m. Sistema de símbolos con que se representan creencias, conceptos o sucesos. ‖ **2.** Escuela poética, y, en general, artística, aparecida en Francia a fines del siglo XIX, que elude nombrar directamente los objetos y prefiere sugerirlos o evocarlos.

simbolista. com. Persona que gusta de usar símbolos. ‖ **2.** Poeta y, por ext., artista afiliado al simbolismo, escuela poética del siglo XIX.

simbolizar. tr. Servir una cosa como símbolo de otra, representarla y explicarla por alguna relación o semejanza que entre ellas hay.

símbolo. m. Representación sensorialmente perceptible de una realidad, en virtud de rasgos que se asocian con esta por una convención socialmente aceptada. ‖ **2.** Figura retórica o forma artística, especialmente frecuentes a partir de la Escuela Simbolista, a fines del siglo XIX, y más usadas aún en las escuelas poéticas o artísticas posteriores (sobre todo en el Superrealismo), y que consiste en utilizar la asociación o asociaciones subliminales de las palabras o signos para producir emociones conscientes. ‖ **3.** *Mat.* Letra o signo que puede representar una cantidad o una operación. ‖ **4.** *Quím.* Letra o letras convenidas con que se designa un elemento químico.

simetría. f. Proporción adecuada de las partes de un todo entre sí y con el todo mismo. ‖ **2.** Regularidad en la disposición de las partes o puntos de un cuerpo o figura, de modo que posea un centro, un eje o un plano de **simetría.**

simiente. f. **semilla.** ‖ **2. semen.**

símil. m. Comparación, semejanza entre dos cosas. ‖ **2.** *Ret.* Figura que consiste en comparar expresamente una cosa con otra, para dar idea viva y eficaz de una de ellas.

similar. adj. Que tiene semejanza o analogía con una cosa. ❑ Ú. con la prep. *a.*

similicadencia. f. *Ret.* Figura que consiste en emplear al fin de dos o más cláusulas, o miembros del período, nombres en el mismo caso de la declinación, verbos en igual modo o tiempo y persona, o palabras de sonido semejante.

similitud. f. Semejanza, parecido.

simio. m. **mono,** animal cuadrumano. ‖ **2.** pl. *Zool.* Suborden de estos animales.

simpatía. f. Inclinación afectiva entre personas, generalmente espontánea y mutua. ‖ **2.** Por ext., análoga inclinación hacia animales o cosas, y la que se supone en algunos animales. ‖ **3.** Modo de ser y carácter de una persona que la hacen atractiva o agradable a las demás.

simpático, ca. adj. Que inspira simpatía. ‖ **gran simpático.** *Anat.* Conjunto de nervios que rigen el funcionamiento visceral y que forman con el nervio neumogástrico o vago el sistema nervioso de la vida vegetativa o independiente de la voluntad.

simpatizante. adj. Que simpatiza. Ú. t. c. s.

simpatizar. intr. Sentir simpatía.

simpétalo, la. adj. *Bot.* Dícese de la flor cuya corola está formada por pétalos soldados en un tubo único, como la de la petunia y otras muchas.

simple. adj. Sin composición. ‖ **2.** Hablando de las cosas que pueden ser dobles o estar duplicadas, aplícase a las sencillas. SIMPLE *muralla.* ‖ **3.** Sencillo, sin complicaciones ni dificultades. ‖ **4.** Dícese del traslado o copia de una escritura, que se saca sin firmar ni autorizar. ‖ **5.** fig. Mentecato, abobado. Ú. t. c. s. ‖ **6.** *Gram.* Aplícase a la palabra que no se compone de otras de la lengua a que ella pertenece. ❑ doble sup.: *simplicísimo* (irreg.) y *simplísimo* (reg.).

simpleza. f. Bobería, necedad. ❑ No confundir con *simplicidad.*

simplicidad. f. Sencillez, candor. ‖ **2.** Cualidad de ser simple, sin composición. ❑ No confundir con *simpleza.*

simplicísimo, ma. adj. sup. de **simple.**

simplificar. tr. Hacer más sencilla, más fácil o menos complicada una cosa.

simplista. adj. Que simplifica o tiende a simplificar. Apl. a pers., ú. t. c. s.

simplón, na. adj. Sencillo, ingenuo. Ú. t. c. s.

simposio. m. Conferencia o reunión en que se examina y discute determinado tema.

simulacro. m. Ficción, imitación, falsificación. SIMULACRO *de reconciliación.* ‖ **2.** *Mil.* Acción de guerra fingida.

simular. tr. Representar una cosa, fingiendo o imitando lo que no es.

simultanear. tr. Realizar en el mismo espacio de tiempo dos operaciones o propósitos.

simultáneo, a. adj. Dícese de lo que se hace u ocurre al mismo tiempo que otra cosa.

simún. m. Viento abrasador que suele soplar en los desiertos de África y de Arabia.

sin. prep. separat. y negat. que denota carencia o falta de alguna cosa. ‖ **2.** Fuera de o además de. *Llevó tanto en dinero,* SIN *las alhajas.* ‖ **3.** Cuando se junta con el infinitivo del verbo, vale lo mismo que **no** con su participio o gerundio. *Me fui* SIN *comer;* esto es, *no habiendo comido.*

sin-. pref. que significa «unión»: SIN*cronía,* SIN*estesia.*

sinagoga. f. Congregación o junta religiosa de los judíos. ‖ **2.** Casa en que se juntan los judíos a orar y a oír la doctrina de Moisés.

sinalefa. f. *Fon.* y *Métr.* Trabazón o enlace de sílabas por el cual se forma una sola de la última de un vocablo y de la primera del siguiente, cuando aquel acaba en vocal y este empieza con vocal, precedida o no de *h* muda. A veces la **sinalefa** enlaza sílabas de tres palabras. *PartiÓ A Europa.*

sinapsis. f. Zona de contacto entre dos células nerviosas, o entre una neurona y una célula muscular, para la transmisión del impulso nervioso.

sinarquía. f. Gobierno constituido por varios príncipes, cada uno de los cuales administra una parte del Estado. ‖ **2.** Por ext., influencia, generalmente decisiva, de un grupo de empresas comerciales o de personas poderosas en los asuntos políticos y económicos de un país.

sincerarse. prnl. Explicar o contar una persona algo con sinceridad.

sinceridad. f. Veracidad, modo de expresarse libre de fingimiento.

sincero, ra. adj. Que actúa con sinceridad.

sinclinal. adj. *Geol.* Dícese del plegamiento de las capas del terreno en forma de V. Ú. m. c. s. m.

síncopa. f. *Gram.* Figura de dicción que consiste en la supresión de uno o más sonidos dentro de un vocablo, como en *navidad* por *natividad.*

sincopado, da. adj. *Mús.* Dícese de la nota que se halla entre dos o más notas de menos valor, pero que juntas valen tanto como ella. Toda sucesión de notas **sincopadas** toma un movimiento contrario al orden natural; es decir, que va a contratiempo. ‖ **2.** Dícese del ritmo o canto que tiene notas **sincopadas.**

sincopar. tr. *Gram.* y *Mús.* Hacer síncopa. ‖ **2.** fig. Abreviar, acortar.

síncope. m. *Gram.* **síncopa.** ‖ **2.** *Pat.* Pérdida repentina del conocimiento y de la sensibilidad, debida a la suspensión súbita y momentánea de la acción del corazón.

sincretismo. m. Sistema filosófico que trata de conciliar doctrinas diferentes. ‖ **2.** *Ling.* Concentración de dos o más funciones gramaticales en una sola forma.

sincronía. f. Sincronismo, coincidencia de hechos o fenómenos en el tiempo. ‖ **2.** *Ling.* Método de análisis lingüístico que considera la lengua en su aspecto estático, en un momento dado de su existencia histórica.

sincrónico, ca. adj. *Fís.* Dícese del proceso o del efecto que se desarrolla en perfecta correspondencia temporal con otro proceso u otra causa. ‖ **2.** *Ling.* Dícese de las leyes y relaciones internas propias de una lengua o dialecto en un momento o período dados; asimismo se dice del estudio de la estructura o funcionamiento de una lengua o dialecto sin atender a su evolución.

sincronismo. m. Correspondencia en el tiempo entre las diferentes partes de los procesos.

sincronizar. tr. Hacer que coincidan en el tiempo dos o más movimientos o fenómenos.

sindáctilo. adj. *Zool.* Dícese de los pájaros que tienen el dedo externo unido al medio hasta la penúltima falange y el pico largo y ligero; como el abejaruco. Ú. t. c. s. ‖ **2.** m. pl. *Zool.* Suborden de estos animales.

sindéresis. f. Discreción, capacidad natural para juzgar rectamente.

sindical. adj. Perteneciente o relativo al síndico. ‖ **2.** Perteneciente o relativo al sindicato.

sindicalismo. m. Sistema de organización obrera por medio del sindicato.

sindicalista. adj. Perteneciente o relativo al sindicalismo. ‖ **2.** com. Partidario del sindicalismo.

sindicar. tr. Ligar varias personas de una misma profesión, o de intereses comunes, para formar un sindicato. ‖ **2.** prnl. Entrar a formar parte de un sindicato.

sindicato. m. Asociación formada para la defensa de intereses económicos o políticos comunes a todos los asociados. Se emplea especialmente hablando de las asociaciones obreras organizadas bajo estrecha obediencia y compromisos rigurosos.

síndico. m. Sujeto que en un concurso de acreedores o en una quiebra es el encargado de liquidar el activo y el pasivo del deudor. ‖ **2.** Persona elegida por una comunidad o corporación para cuidar de sus intereses.

síndrome. m. Conjunto de síntomas característicos de una enfermedad. ‖ **2.** Por ext., conjunto de fenómenos que caracterizan una situación determinada. ‖ **de abstinencia.** Conjunto de alteraciones que se presentan en un sujeto habitualmente adicto a las drogas, cuando deja bruscamente de tomarlas. ‖ **de inmunodeficiencia adquirida. sida.**

sinécdoque. f. *Ret.* Tropo que consiste en extender, restringir o alterar de algún modo la significación de las palabras, para designar un todo con el nombre de una de sus partes, o viceversa; un género con el de una especie, o al contrario; una cosa con el de la materia de que está formada, etc.

sinecura. f. Empleo o cargo retribuido que ocasiona poco o ningún trabajo.

sine die. expr. lat. que significa sin plazo fijo, sin fecha. Se utiliza generalmente con referencia a un aplazamiento.

sinéresis. f. *Gram.* Reducción a una sola sílaba, en una misma palabra, de vocales que normalmente se pronuncian en sílabas distintas, como *aho-ra* por *a-ho-ra.* La **sinéresis** en el verso es considerada como licencia poética por la preceptiva tradicional.

sinergia. f. Acción de dos o más causas cuyo efecto es superior a la suma de los efectos individuales.

sinestesia. f. *Fisiol.* Sensación secundaria o asociada que se produce en una parte del cuerpo a consecuencia de un estímulo aplicado en otra parte del mismo. ‖ **2.** *Ret.* Tropo que consiste en unir dos imágenes o sensaciones procedentes de diferentes dominios sensoriales. *Soledad sonora; verde chillón.*

sinfín. m. Infinidad, sinnúmero.

sinfonía. f. Conjunto de voces, de instrumentos, o de ambas cosas, que suenan acordes a la vez. ‖ **2.** Composición instrumental para orquesta. ‖ **3.** fig. Colorido acorde, armonía de los colores.

sinfónico, ca. adj. Perteneciente o relativo a la sinfonía.

singladura. f. *Mar.* Distancia recorrida por una nave en veinticuatro horas, que ordinariamente empiezan a contarse desde las doce del día. ‖ **2.** fig. Rumbo, dirección.

singular. adj. Solo, sin otro de su especie. ‖ **2.** fig. Extraordinario, raro o excelente. ‖ **3.** *Gram.* V. **número singular.** Ú. t. c. s.

singularidad. f. Particularidad, distinción o separación de lo común.

singularizar. tr. Distinguir o particularizar una cosa entre otras. ‖ **2.** *Gram.* Dar número singular a palabras que ordinariamente no lo tienen.

sinhueso. f. fam. Lengua, en cuanto es órgano de la palabra.

siniestrado, da. adj. Dícese de la persona o cosa que ha padecido un **siniestro,** avería grave. Apl. a pers., ú. t. c. s.

siniestralidad. f. Frecuencia o índice de siniestros.

siniestro, tra. adj. Aplícase a la parte o sitio que está a la mano izquierda. ‖ **2.** fig. Avieso y malintencionado. ‖ **3.** fig. Infeliz, funesto o aciago. ‖ **4.** m. Avería grave, destrucción fortuita o pérdida importante que sufren las personas o la propiedad, especialmente por muerte, incendio, naufragio, choque o suceso análogo. Corrientemente se da este nombre a los daños de cualquier importancia que pueden ser indemnizados por una compañía aseguradora.

sinnúmero. m. Número incalculable de personas o cosas.

sino[1]**.** m. Hado. ❑ No confundir con *si no,* conj. más adv. de negación.

sino[2]**.** conj. advers. con que se contrapone a un concepto negativo otro afirmativo. *No lo hizo Juan,* SINO *Pedro.* ❑ En esta acepción suele juntarse con modos adverbiales de sentido adversativo, como *al contrario, antes bien,* etc. *No quiero que venga,* SINO, AL CONTRARIO O ANTES BIEN, *que no vuelva por aquí.* ‖ **2.** Denota a veces idea de excepción. *Nadie lo sabe* SINO *Antonio.* ‖ **3.** Con la negación que le preceda, suele equivaler a **solamente** o **tan sólo.** NO *te pido* SINO *que me oigas con paciencia.* ‖ **4.** Precedido del modo adverbial *no sólo,* denota adición de otro u otros miembros a la cláusula. NO SÓLO *por entendido,* SINO *por afable, modesto y virtuoso, merece ser muy estimado.* ❑ En casos como este, suele acompañarse del adverbio *también.* NO SÓLO *por entendido,* SINO TAMBIÉN *por afable,* etc. ❑ No confundir con *si no,* conj. más adv. de negación.

sinodal. adj. Perteneciente al sínodo. Aplícase regularmente a las decisiones de los sínodos, y entonces se usa como sustantivo femenino por elipsis de *constitución.*

sínodo. m. Concilio de los obispos. ‖ **2.** Junta de eclesiásticos que nombra un obispo con diócesis para examinar a aquellos que van a recibir alguna de las órdenes sagradas y a los confesores. ‖ **3.** Junta de ministros protestantes encargados de decidir sobre asuntos eclesiásticos. ‖ **4.** *Astron.* Conjunción de dos planetas en el mismo grado de la Eclíptica o en el mismo círculo de posición.

sinología. f. Estudio de la lengua, la literatura y las instituciones de China.

sinonimia. f. Circunstancia de ser sinónimos dos o más vocablos. ‖ **2.** *Ret.* Figura que consiste en usar intencionadamente voces sinónimas o de significación semejante, para amplificar o reforzar la expresión de un concepto.

sinónimo, ma. adj. Dícese de los vocablos y expresiones que tienen una misma o muy parecida significación. U. t. c. s. m.

sinopsis. f. Disposición gráfica que muestra o representa cosas relacionadas entre sí, facilitando su visión conjunta; esquema. ‖ **2.** Sumario o resumen.

sinovia. f. *Anat.* Humor viscoso que lubrica las articulaciones de los huesos.

sinovial. adj. *Anat.* Dícese de las glándulas que secretan la sinovia y de lo concerniente a ella.

sinrazón. f. Acción hecha contra justicia y fuera de lo razonable o debido.

sinsabor. m. fig. Pesar, desazón moral, pesadumbre.

sinsépalo, la. adj. *Bot.* Dícese de la flor cuyo cáliz está formado por sépalos soldados entre sí, como ocurre, por ejemplo, en la flor del tomate.

sintáctico, ca. adj. *Gram.* Perteneciente o relativo a la sintaxis.

sintagma. m. *Ling.* Grupo de elementos lingüísticos que, en una oración, funciona como una unidad. En la oración *El viento derribó un árbol,* se distinguen los **sintagmas** *el viento, derrib-ó, un árbol* y *derribó un árbol.* Para algunos lingüistas, la oración misma es un **sintagma.** Este se denomina **nominal, adjetival** o **verbal,** cuando su núcleo respectivo es un nombre, un adjetivo o un verbo; y **preposicional,** cuando es un **sintagma** nominal inserto en la oración mediante una preposición: *Clávalo en la pared.*

sintaxis. f. *Gram.* Parte de la gramática, que enseña a coordinar y unir las palabras para formar las oraciones y expresar conceptos. ‖ **2.** *Inform.* Conjunto de reglas necesarias para construir expresiones o sentencias correctas para la operación de un computador.

síntesis. f. Composición de un todo por la reunión de sus partes. ‖ **2.** Suma y compendio de una materia o cosa. ‖ **3.** *Quím.* Proceso químico que permite obtener sustancias, que por lo general se dan también en la naturaleza, partiendo de sus componentes.

sintético, ca. adj. Perteneciente o relativo a la síntesis. ‖ **2.** Que procede componiendo, o que pasa de las partes al todo. ‖ **3.** Dícese de productos obtenidos por procedimientos industriales, generalmente una síntesis química, que reproducen la composición y propiedades de algunos cuerpos naturales.

sintetizador, ra. adj. Que sintetiza. ‖ **2.** m. Instrumento musical electrónico capaz de producir sonidos de cualquier frecuencia e intensidad y combinarlos con armónicos, proporcionando así sonidos de cualquier instrumento conocido, o efectos sonoros que no corresponden a ningún instrumento convencional.

sintetizar. tr. Hacer síntesis.

sintoísmo. m. Religión primitiva y popular de los japoneses.

síntoma. m. *Med.* Fenómeno revelador de una enfermedad. ‖ **2.** fig. Señal, indicio de una cosa que está sucediendo o va a suceder.

sintonía. f. Señal sonora, consistente muchas veces en una melodía, con la que se marca el comienzo de un programa de radio o televisión, y sirve para identificarlo entre los demás.

sintonizador. m. *Electr.* Sistema que permite aumentar o disminuir la longitud de onda propia del aparato receptor, adaptándolo a la longitud de las ondas que se trata de recibir.

sintonizar. tr. Ajustar la frecuencia de resonancia de un circuito a una frecuencia determinada; por ejemplo, al seleccionar una emisora en un receptor de radio. ‖ **2.** intr. fig. Coincidir en pensamiento o en sentimientos dos o más personas.

sinuoso, sa. adj. Que tiene senos, ondulaciones o recodos.

sinusitis. f. *Pat.* Inflamación de las cavidades óseas del cráneo conectadas con las fosas nasales.

sinvergonzonería. f. Desfachatez, falta de vergüenza.

sinvergüenza. adj. Pícaro, bribón. Ú. t. c. s.

sionismo. m. Aspiración de los judíos a recobrar Palestina como patria. ‖ **2.** Movimiento internacional de los judíos para lograr esta aspiración.

sionista. adj. Perteneciente o relativo al sionismo. ‖ **2.** Partidario del sionismo. Ú. t. c. s.

siquiera. adv. c. y m. que más ordinariamente y en cierto modo equivale a **por lo menos** en conceptos afirmativos, y a **tan solo** en conceptos negativos, y con el cual se expresa o denota en uno y otro caso idea de limitación o restricción. *Déme usted media paga* SIQUIERA.

sirena. f. Cualquiera de las ninfas marinas con busto de mujer y cuerpo de ave, que extraviaban a los navegantes atrayéndolos con la dulzura de su canto. Algunos artistas la representan impropiamente con torso de mujer y parte inferior de pez. ‖ **2.** Pito que se oye a mucha distancia y que se emplea en los buques, automóviles, fábricas, etc., para avisar.

sirenio. adj. *Zool.* Dícese de mamíferos marinos que tienen el cuerpo en forma de pez y terminado en una aleta caudal horizontal, con extremidades torácicas en forma de aletas y sin extremidades abdominales, las aberturas nasales en el extremo del hocico y mamas pectorales; como el manatí. Ú. t. c. s. m. ‖ **2.** m. pl. *Zool.* Orden de estos animales.

sirga. f. *Mar.* Maroma que sirve para tirar las redes, para llevar las embarcaciones desde tierra, principalmente en la navegación fluvial, y para otros usos.

siringe. f. *Zool.* Aparato de fonación que tienen las aves en el lugar en que la tráquea se bifurca para formar los bronquios; está muy desarrollada en las aves cantoras.

sirio, ria. adj. Natural de Siria. Ú. t. c. s. ‖ **2.** Perteneciente o relativo a esta región.

sirle. m. Excremento del ganado lanar y cabrío.

siroco. m. Viento sudeste.

sirvienta. f. Mujer dedicada al servicio doméstico.

sirviente. m. Servidor o criado de otro.

sisa. f. Parte que se defrauda o se hurta, especialmente en la compra diaria de comestibles y otras cosas. ‖ **2.** Corte curvo hecho en el cuerpo de una prenda de vestir que corresponde a la parte de la axila.

sisal. m. Fibra flexible y resistente obtenida de la pita y otras especies afines, del sureste de Méjico y partes de América Central.

sisar. tr. Cometer el hurto llamado sisa. ‖ **2.** Hacer sisas en las prendas de vestir.

sisear. intr. Emitir repetidamente el sonido inarticulado de *s* y *ch,* por lo común para manifestar desaprobación o desagrado. Ú. t. c. tr. SISEAR *una escena, a un orador.*

sísmico, ca. adj. Perteneciente o relativo al terremoto.

sismo. m. Terremoto o sacudida de la tierra producida por causas internas, seísmo.

sismógrafo. m. Instrumento que registra durante un seísmo la dirección y amplitud de las oscilaciones y sacudidas de la tierra.

sismología. f. Parte de la geología, que trata de los terremotos.

sismómetro. m. Instrumento que mide durante un terremoto la fuerza de sus oscilaciones y sacudidas.

sisón. m. Ave zancuda, de unos 45 centímetros de largo, cabeza pequeña, pico y patas amarillos, plumaje leonado con rayas negras en la espalda y cabeza, y blanco en el vientre y en los bordes de las alas y la cola. Es común en España, se alimenta de insectos, tiene el vuelo tardo, anda con mucha ligereza y su carne es comestible.

sistema. m. Conjunto de reglas o principios sobre una materia racionalmente enlazados entre sí. ‖ **2.** Conjunto de cosas que ordenadamente relacionadas entre sí contribuyen a determinado objeto. ‖ **3.** *Biol.* Conjunto de órganos que intervienen en alguna de las principales funciones vegetativas. SISTEMA *nervioso.* ‖ **4.** *Ling.* La lengua en su totalidad, así como cada uno de sus sectores (fonológico, gramatical y léxico) considerados como conjuntos organizados y relacionados entre sí. ‖ **5.** *Mat.* Conjunto de varias ecuaciones o condiciones que tienen que cumplirse simultáneamente. ‖ **cegesimal.** El que tiene por unidades fundamentales el centímetro, el gramo y el segundo. ‖ **cristalográfico.** *Fís.* y *Mineral.* Grupo de formas cristalinas, que queda definido por sus ejes cristalográficos y elementos de simetría que presentan. ‖ **de numeración.** El que permite representar y denominar cualquier número con un conjunto limitado de signos y nombres. ‖ **métrico decimal.** El de pesas y medidas que tiene por base el metro y en el cual las unidades de una misma naturaleza son 10, 100, 1.000, 10.000 veces mayores o menores que la unidad principal de cada clase. Dícese comúnmente **sistema métrico.** ‖ **nervioso.** *Anat.* Conjunto de órganos, de los que unos reciben excitaciones del exterior, otros las transforman en impulsos nerviosos, y otros conducen estos a los lugares del cuerpo en que han de ejercer su acción. ‖ **operativo.** *Inform.* Programa o conjunto de programas que efectúan la gestión de los procesos básicos de un **sistema** informático, y permite la normal ejecución del resto de las operaciones. ‖ **periódico.** *Fís.* y *Quím.* Ordenación de los elementos químicos según su número atómico, de la que resultan agrupados los que poseen propiedades químicas análogas. ‖ **planetario.** Conjunto del Sol y sus planetas, satélites y cometas. ‖ **solar. sistema planetario.** ‖ **por sistema.** loc. adv. Procurando obstinadamente hacer siempre cierta cosa, o hacerla de cierta manera sin razón o justificación.

sistemático, ca. adj. Que sigue o se ajusta a un sistema. ‖ **2.** Dícese de la persona que procede por principios, y con reiteración en sus hábitos.

sistematizar. tr. Organizar según un sistema.

sístole. f. *Fisiol.* Movimiento de contracción del corazón y de las arterias para empujar la sangre que contienen.

sitial. m. Asiento de ceremonia, especialmente el que usan en actos solemnes ciertas personas constituidas en dignidad.

sitiar. tr. Cercar una plaza o fortaleza para combatirla y apoderarse de ella.

sitio[1]. m. Espacio que es ocupado o puede serlo por algo. ‖ **2.** Lugar o terreno determinado que es a propósito para alguna cosa. ‖ **dejar a** uno **en el sitio.** fr. fig. Dejarle muerto en el acto. ‖ **poner** a alguien **en su sitio.** fr. fig. y fam. Hacerle ver cuál es su posición, importancia, etc., para que no se permita ciertas libertades.

sitio[2]. m. Acción y efecto de sitiar.

sito, ta. adj. Situado o fundado.

situación. f. Disposición de una cosa respecto del lugar que ocupa. ‖ **2.** Estado o constitución de las cosas y personas.

situar. tr. Poner a una persona o cosa en determinado sitio o situación. Ú. t. c. prnl. ‖ **2.** prnl. Lograr una posición social, económica o política privilegiada.

so[1]. Partícula que potencia las cualidades del adjetivo o del nombre a que antecede.

so[2]. prep. Bajo, debajo de. Hoy tiene uso con los sustantivos *capa, color, pena,* etc., SO *capa de;* SO *color de;* SO *pena de.*

so[3]. Voz que se emplea para hacer que se paren o detengan las caballerías.

soasar. tr. Medio asar o asar ligeramente.

sobaco. m. Concavidad que forma el arranque del brazo con el cuerpo.

sobado, da. adj. Aplícase al bollo o torta a cuya masa se ha agregado aceite o manteca. Ú. t. c. s. ‖ **2.** fig. Manido, muy usado. ‖ **3.** m. Acción y efecto de sobar.

sobaquera. f. Abertura que se deja en algunos vestidos, en la unión de la manga y cuerpo a la parte del sobaco. ‖ **2.** Pieza con que se refuerza el vestido, interior o exteriormente, por la parte que corresponde al sobaco.

sobar. tr. Manejar y oprimir una cosa repetidamente a fin de que se ablande o suavice. ‖ **2.** fig. Castigar, dando algunos golpes. ‖ **3.** fig. Manosear a una persona.

sobejano, na. adj. ant. Sobrado, excesivo, extremado.

soberanía. f. Autoridad suprema del poder público. ‖ **2.** Alteza o excelencia no superada en cualquier orden inmaterial. ‖ **nacional.** La que reside en el pueblo y se ejerce por medio de sus órganos constitucionales representativos.

soberano, na. adj. Que ejerce o posee la autoridad suprema e independiente. Apl. a pers., ú. t. c. s. ‖ **2.** Elevado, excelente y no superado.

soberbia. f. Sentimiento de superioridad sobre los demás, que conlleva una actitud de arrogancia y menosprecio. ‖ **2.** Exceso en la magnificencia, suntuosidad o pompa, especialmente hablando de los edificios.

soberbio, bia. adj. Que tiene soberbia o se deja llevar de ella. ‖ **2.** fig. Grandioso, magnífico.

sobón, na. adj. fam. Muy aficionado a sobar o palpar.

sobornar. tr. Corromper a alguien con dádivas para conseguir de él una cosa.

soborno. m. Acción y efecto de sobornar. ‖ **2.** Dádiva con que se soborna.

sobra. f. Demasía y exceso en cualquier cosa sobre su justo ser, peso o valor. ‖ **2.** pl. Lo que queda de la comida al levantar la mesa. ‖ **3.** Desperdicios o desechos. ‖ **de sobra.** loc. adv. Abundantemente, con exceso o con más de lo necesario.

sobrado, da. adj. Atrevido, audaz y licencioso. ‖ **2.** Rico y abundante de bienes. ‖ **3.** m. **desván.**

sobrante. adj. Que sobra. ‖ **2.** Excesivo, demasiado, sobrado.

sobrar. intr. Haber más de lo que se necesita. ‖ **2. estar de más.** Ú. frecuentemente hablando de los sujetos que se introducen donde no los llaman o no tienen qué hacer. ‖ **3.** Quedar, restar.

sobrasada. f. Embuchado grueso de carne de cerdo muy picada y sazonada con sal y pimiento molido, que se hace especialmente en Mallorca.

sobre[1]. prep. Encima de. ‖ **2. acerca de.** ‖ **3.** Además de. ‖ **4.** Ú. para indicar aproximación en una cantidad o un número. *Vendré* SOBRE *las once.* ‖ **5.** Con dominio y superioridad. ‖ **6.** Úsase precediendo al nombre de la finca sujeta a una carga o gravamen. *Un censo* SOBRE *tal casa.* ‖ **7.** Después de. SOBRE *comida,* SOBRE *siesta,* SOBRE *tarde.* ‖ **8.** Precedida y seguida de un mismo sustantivo, denota idea de reiteración o acumulación. *Crueldades* SOBRE *crueldades; robos* SOBRE *robos.*

sobre[2]. m. Cubierta, por lo común de papel, en que se incluye la carta, comunicación, tarjeta, etc., que ha de enviarse de una parte a otra.

sobreagudo, da. adj. *Mús.* Dícese de los sonidos más agudos del sistema musical, y en particular de los de un instrumento. Ú. t. c. s.

sobrealimentar. tr. Dar a un individuo más alimento del que ordinariamente necesita para su manutención. Ú. t. c. prnl.

sobrecarga. f. Exceso de carga. ‖ **2.** fig. Molestia, pena o pasión del ánimo.

sobrecargo. m. El que en los buques mercantes lleva a su cuidado y bajo su responsabilidad el cargamento. ‖ **2.** Tripulante de avión que tiene a su cargo supervisar diversas funciones auxiliares.

sobrecejo. m. Señal de enfado arrugando la frente, ceño.

sobrecoger. tr. Coger de repente y desprevenido. ‖ **2.** prnl. Sorprenderse, intimidarse.

sobrecubierta. f. Segunda cubierta que se pone a una cosa para resguardarla mejor.

sobredosis. f. Dosis excesiva de un medicamento o droga.

sobreentender. tr. **sobrentender.** ❑ Irreg. Se conj. como *entender.*

sobreentendido, da. adj. **sobrentendido.**

sobreesdrújulo, la. adj. **sobresdrújulo.** Ú. t. c. s.

sobreexcitación. f. Acción y efecto de sobreexcitar o sobreexcitarse.

sobreexcitar. tr. Aumentar o exagerar las propiedades vitales de todo el organismo o de una de sus partes. Ú. t. c. prnl.

sobrehilar. tr. Dar puntadas sobre el borde de una tela cortada, para que no se deshilache.

sobrehumano, na. adj. Que excede a lo humano.

sobreimprimir. tr. *Impr.* Imprimir algo sobre un texto o sobre una imagen gráfica. ❑ doble p. p.: *sobreimprimido* (reg.) y *sobreimpreso* (irreg.).

sobrellevar. tr. fig. Ayudar a sufrir los trabajos o molestias de la vida. ‖ **2.** fig. Resignarse a ellos el mismo paciente.

sobremanera. adv. m. En extremo, muchísimo, sobre manera.

sobremesa. f. El tiempo que se está a la mesa después de haber comido.

sobrenatural. adj. Que excede los términos de la naturaleza.

sobrenombre. m. Nombre calificativo con que se distingue especialmente a una persona.

sobrentender. tr. Entender una cosa que no está expresa, pero que no puede menos de suponerse según lo que antecede o la materia que se trata. Ú. t. c. prnl. ❑ Irreg. Se conj. como *entender.*

sobrentendido, da. adj. Que se sobreentiende.

sobrepasar. tr. Rebasar un límite, exceder de él. ǁ **2.** Superar, aventajar.

sobrepelliz. f. Vestidura blanca de lienzo fino, con mangas perdidas o muy anchas, que llevan sobre la sotana los eclesiásticos, y aun los legos que sirven en las funciones de iglesia, y que llega desde el hombro hasta la cintura poco más o menos.

sobreponer. tr. Añadir una cosa o ponerla encima de otra. ǁ **2.** prnl. fig. Dominar los impulsos del ánimo, hacerse superior a las adversidades o a los obstáculos que ofrece un negocio. ❑ Irreg. Se conj. como *poner;* como prnl., ú. con la prep. *a;* p. p. irreg. *sobrepuesto.*

sobreprecio. m. Recargo en el precio ordinario.

sobrepuesto, ta. p. p. irreg. de **sobreponer.**

sobrero, ra. adj. Aplícase al toro que se tiene de más por si se inutiliza alguno de los destinados a una corrida. Ú. t. c. s.

sobresaliente. adj. Que sobresale. Ú. t. c. s. ǁ **2.** m. En los exámenes, calificación máxima, superior a la de notable.

sobresalir. intr. Exceder una persona o cosa a otras en figura, tamaño, etc. ǁ **2.** Aventajarse unos a otros; distinguirse entre ellos. ❑ Irreg. se conj. como *salir.*

sobresaltar. tr. Saltar, venir y acometer de repente. ǁ **2.** Asustar, acongojar, alterar a uno repentinamente. Ú. t. c. prnl.

sobresalto. m. Sensación que proviene de un acontecimiento repentino e imprevisto. ǁ **2.** Temor o susto repentino.

sobresdrújulo, la. adj. *Gram.* Dícese de las voces que por efecto de la composición o por llevar dos o más enclíticas, tienen dos acentos, de los cuales el primero y principal va siempre en sílaba anterior a la antepenúltima; v. gr.: *devuélvemelo.* Ú. t. c. s.

sobreseer. intr. Desistir de la pretensión o empeño que se tenía. ǁ **2.** *Der.* Cesar en una instrucción sumarial; y por ext., dejar sin curso ulterior un procedimiento. Ú. t. c. tr. ❑ Irreg. Se conj. como *leer.*

sobrestimar. tr. Estimar una cosa por encima de su valor.

sobresueldo. m. Retribución o cantidad que se añade al sueldo fijo como pago de diversos servicios.

sobretodo. m. Prenda de vestir ancha, larga, y con mangas, que se lleva sobre el traje ordinario. Es, en general, más ligera que el gabán.

sobrevalorar. tr. Otorgar a personas o cosas mayor valor del que realmente tienen.

sobrevenir. intr. Acaecer o suceder una cosa además o después de otra. ǁ **2.** Venir de improviso. ǁ **3.** Venir a la sazón, al tiempo de, etc. ❑ Irreg. Se conj. como *venir.*

sobreviviente. adj. Que sobrevive. Ú. t. c. s.

sobrevivir. intr. Vivir uno después de la muerte de otro o después de un determinado suceso.

sobrevolar. tr. Volar sobre un lugar, ciudad, territorio, etc. ❑ Irreg. Se conj. como *contar.*

sobriedad. f. Cualidad de sobrio.

sobrino, na. m. y f. Respecto de una persona, hijo o hija de su hermano o hermana, o de su primo o prima. Los primeros se llaman **carnales,** y los otros, **segundos, terceros,** etc., según el grado de parentesco del primo o de la prima.

sobrio, bria. adj. Templado, moderado. ǁ **2.** Que carece de adornos superfluos. ǁ **3.** Dícese del que no está borracho.

socaire. m. *Mar.* Abrigo o defensa que ofrece una cosa en su lado opuesto a aquel de donde sopla el viento.

socarrar. tr. Quemar o tostar ligera y superficialmente una cosa. Ú. t c. prnl.

socarrón, na. adj. El que obra con socarronería. Ú. t. c. s.

socarronería. f. Astucia o disimulo acompañados de burla encubierta.

socavar. tr. Excavar por debajo alguna cosa, dejándola en falso.

socavón. m. Cueva que se excava en la ladera de un cerro o monte y a veces se prolonga formando galería subterránea. ǁ **2.** Hundimiento del suelo por haberse producido una oquedad subterránea.

sochantre. m. Director del coro en los oficios divinos.

sociable. adj. Naturalmente inclinado al trato y relación con las personas o que gusta de ello.

social. adj. Perteneciente o relativo a la sociedad o a las contiendas entre unas y otras clases. ǁ **2.** Perteneciente o relativo a una compañía o sociedad, o a los socios o compañeros, aliados o confederados.

socialdemocracia. f. Disidencia del marxismo, consistente sobre todo en rechazar la orientación revolucionaria de la lucha de clases, y en propugnar una vía democrática hacia el socialismo. ‖ **2.** Sistemas derivados del socialismo que, al renunciar a la propiedad pública de los medios de producción, aunque no a su regulación y control, tienden a confundirse con el estado de bienestar capitalista.

socialdemócrata. adj. Perteneciente o relativo a la socialdemocracia. ‖ **2.** Partidario de la socialdemocracia. Ú. t. c. s.

socialismo. m. Sistema de organización social en el que la propiedad, producción y distribución de los bienes se someten a un control colectivo, con propiedad pública de los grandes medios productivos y de los canales de distribución, como ocurre en el modelo marxista. ‖ **2.** Por ext., el que propugnan otros sistemas igualmente orientados pero menos estrictos, incluso dotados de organización democrática y combinados con el de mercado en proporciones varias. ‖ **3. socialdemocracia.**

socialista. adj. Que profesa la doctrina del socialismo. Ú. t. c. s. ‖ **2.** Perteneciente o relativo al socialismo.

socializar. tr. Transferir al Estado, u otro órgano colectivo, las propiedades, industrias, etc., particulares. ‖ **2.** Promover las condiciones sociales que, independientemente de las relaciones con el Estado, favorezcan en los seres humanos el desarrollo integral de su persona.

sociedad. f. Reunión mayor o menor de personas, familias, pueblos o naciones. ‖ **2.** Agrupación natural o pactada de personas, que constituyen unidad distinta de cada uno de sus individuos, con el fin de cumplir, mediante la mutua cooperación, todos o alguno de los fines de la vida. Se aplica también a los animales. *Las abejas viven en* SOCIEDAD. ‖ **3.** *Com.* La de comerciantes, hombres de negocios o accionistas de alguna compañía. ‖ **comanditaria,** o **en comandita.** *Com.* Aquella en que hay dos clases de socios: unos con derechos y obligaciones como en la **sociedad** colectiva, y otros, llamados comanditarios, que tienen limitados a cierta cuantía su interés y su responsabilidad en los negocios comunes. ‖ **conyugal.** La constituida por el marido y la mujer durante el matrimonio, por ministerio de la ley, salvo pacto en contrario. ‖ **cooperativa.** La que se constituye entre productores, vendedores o consumidores, para la utilidad común de los socios. ‖ **de consumo.** Forma de **sociedad** en la que se estimula la adquisición y consumo desmedidos de bienes, cuando no existe todavía la necesidad de sustituir otros en uso. ‖ **de responsabilidad limitada.** La formada por reducido número de socios con derechos en proporción a las aportaciones de capital y en que solo se responde de las deudas por la cuantía del capital social. ‖ **buena sociedad.** Conjunto de personas generalmente adineradas que se distinguen por preocupaciones, costumbres y comportamientos que se juzgan elegantes y refinados. ‖ **presentar en sociedad.** Celebrar una fiesta, normalmente un baile, para incorporar simbólicamente a reuniones de la buena **sociedad** a una muchacha o grupo de muchachas que antes no participaban en ellas a causa de su poca edad. Ú. t. c. prnl.

socio, cia. m. y f. Persona asociada con otra u otras para algún fin. ‖ **2.** Individuo de una sociedad, o agrupación de individuos.

socio-. elem. compos. que significa «social» o «sociedad»: SOCIO*cultural,* SOCIO*lingüística.*

sociobiología. f. Estudio interdisciplinar de las bases biológicas del comportamiento social de los animales, incluido el del hombre.

sociocultural. adj. Perteneciente o relativo al estado cultural de una sociedad o grupo social.

sociología. f. Estudio de la estructura, desarrollo y condiciones de existencia de las sociedades humanas.

socorrer. tr. Ayudar, favorecer en un peligro o necesidad.

socorrido, da. adj. Aplícase a aquello en que se halla con facilidad lo que es menester. *La plaza de Madrid es muy* SOCORRIDA. ‖ **2.** Dícese de los recursos que fácilmente y con frecuencia sirven para resolver una dificultad.

socorrismo. m. Organización y adiestramiento para prestar socorro en caso de accidente.

socorro. m. Acción y efecto de socorrer. ‖ **2.** Dinero, alimento u otra cosa con que se socorre.

socrático, ca. adj. Que sigue la doctrina de Sócrates. Ú. t. c. s. ‖ **2.** Perteneciente o relativo a ella.

soda. f. Bebida de agua gaseosa que contiene ácido carbónico.

sodio. m. Elemento químico de núm. atóm. 11. Metal muy abundante en la corteza terrestre, principalmente en forma de sales, como el cloruro sódico o sal común. De color blanco brillante, blando como la cera, muy ligero y con un punto de fusión muy bajo; es un elemento fundamental en el metabolismo celular, se usa en la fabricación de células fotoeléctricas, y aleado con plomo, como antidetonante de las gasolinas. Símb. *Na,* del lat. *natrium.*

sodomía. f. Coito anal.

sodomita. adj. Que comete sodomía. Ú. t. c. s.

soez. adj. Bajo, grosero, indigno, vil.

sofá. m. Asiento cómodo para dos o más personas, que tiene respaldo y brazos. ‖ **cama. sofá** que se puede convertir en cama. ❑ pl. *sofás.*

sofisma. m. Razón o argumento aparente con que se quiere defender o persuadir lo que es falso.

sofista. adj. Que se vale de sofismas. Ú. t. c. s. ‖ **2.** m. En la Grecia antigua, se llamaba así a todo el que se dedicaba a la filosofía. Desde los tiempos de Sócrates el vocablo tuvo significación despectiva.

sofisticado, da. adj. Falto de naturalidad, afectadamente refinado. ‖ **2.** fig. Elegante, refinado. ‖ **3.** fig. Complicado. Dícese de aparatos, técnicas o mecanismos.

sofisticar. tr. Adulterar, falsear una cosa.

soflama. f. Bochorno o ardor que suele subir al rostro por accidente, o por enojo, vergüenza, etc. ‖ **2.** fig. despect. Discurso, alocución, perorata.

sofocar. tr. Ahogar, impedir la respiración. ‖ **2.** Apagar, oprimir, dominar, extinguir. ‖ **3.** fig. Avergonzar, abochornar, poner colorado a uno con insultos o de otra manera. Ú. t. c. prnl.

sofoco. m. Efecto de sofocar o sofocarse. ‖ **2.** Sensación de calor que suelen sufrir las mujeres en la época de la menopausia. ‖ **3.** fig. Grave disgusto que se da o se recibe.

sofocón. m. fam. Desazón, disgusto que sofoca o aturde.

sofoquina. f. fam. Sofoco, por lo común intenso.

sofreír. tr. Freír un poco o ligeramente una cosa. ❑ Irreg. Se conj. como *reír;* p. p. irreg. *sofrito* y reg. *sofreído.*

sofrito, ta. p. p. irreg. de **sofreír.** ‖ **2.** m. Condimento que se añade a un guiso, compuesto por diversos ingredientes fritos en aceite, especialmente cebolla o ajo, entre otros.

soga. f. Cuerda gruesa de esparto.

sogún. m. Título o nombre de los personajes que gobernaban el Japón, en representación del Emperador.

soja. f. Planta leguminosa procedente de Asia. ‖ **2.** Fruto de esta planta, comestible y muy nutritivo.

sojuzgar. tr. Sujetar, dominar, mandar con violencia.

sol[1]. n. p. m. Estrella luminosa, centro de nuestro sistema planetario. ❑ En esta acepción se escribe con mayúscula y lleva antepuesto generalmente el artículo *el. El solsticio es la época en que* EL SOL *se halla en uno de los trópicos.* ‖ **2.** m. fig. Luz, calor o influjo de este astro. *Sentarse al* SOL; *tomar el* SOL; *entrar el* SOL *en una habitación; sufrir* SOLES *y nieves.* ‖ **3.** Antigua unidad monetaria del Perú; actualmente se usa el **nuevo sol.** ‖ **arrimarse al sol que más calienta.** fr. fig. Servir y adular al más poderoso. ‖ **de sol a sol.** loc. adv. Desde que nace el **Sol** hasta que se pone. ‖ **no dejar a sol ni a sombra** a uno. fr. fig. y fam. Perseguirlo con importunidad a todas horas y en todo sitio. ‖ **ser un sol.** loc. fig. y fam. con que se ponderan afectuosamente las cualidades de una persona y, a veces, de un animal o cosa. ‖ **tomar el sol.** fr. Ponerse en parte adecuada para gozar de él.

sol[2]. m. *Mús.* Quinta voz de la escala musical. ❑ pl. invar.

solado. m. Acción de solar. ‖ **2.** Revestimiento de un piso con ladrillo, losas u otro material análogo.

solador. m. El que tiene por oficio solar pisos.

solamente. adv. m. De un solo modo, en una sola cosa, o sin otra cosa.

solana. f. Sitio o lugar donde el sol da de lleno.

solanáceo, a. adj. *Bot.* Aplícase a hierbas, matas y arbustos angiospermos dicotiledóneos que tienen hojas simples y alternas, flores de corola acampanada, y baya o caja con muchas semillas provistas de albumen carnoso; como la hierba mora, la tomatera, la patata, la berenjena, el pimiento y el tabaco. Ú. t. c. s. f. ‖ **2.** f. pl. *Bot.* Familia de estas plantas.

solanera. f. Efecto que produce en una persona el tomar mucho sol. ‖ **2.** Lugar expuesto sin resguardo a los rayos solares cuando son más molestos y peligrosos. ‖ **3.** Exceso de sol en un sitio.

solano. m. Viento que sopla de donde nace el Sol.

solapa. f. Parte del vestido, correspondiente al pecho, y que suele ir doblada hacia fuera sobre la misma prenda de vestir. ‖ **2.** Prolongación lateral de la cubierta o camisa de un libro, que se dobla hacia adentro y en la que se imprimen algunas advertencias o anuncios. ‖ **3.** fig. Ficción o colorido que se usa para disimular una cosa.

solapado, da. adj. fig. Dícese de la persona que por costumbre oculta maliciosa y cautelosamente sus pensamientos.

solapar. tr. Poner solapas a los vestidos. ‖ **2.** **traslapar,** cubrir del todo o en parte una cosa a otra. ‖ **3.** fig. Ocultar maliciosa y cautelosamente la verdad o la intención.

solar[1]. m. Casa, descendencia, linaje noble. *Su padre venía del* SOLAR *de Vegas.* ‖ **2.** Porción de terreno donde se ha edificado o que se destina a edificar en él. ‖ **3.** Suelo de la era[2].

solar[2]. adj. Perteneciente al Sol. *Rayos* SOLARES.

solar[3]. tr. Revestir el suelo con ladrillos, losas u otro material. ❑ Irreg. Se conj. como *contar.*

solariego, ga. adj. Perteneciente al solar de antigüedad y nobleza. Ú. t. c. s. ‖ **2.** Antiguo y noble.

solárium. m. En piscinas, gimnasios, balnearios, etc., terraza o lugar reservado para tomar el sol. ❑ pl. invar.

solaz. m. Consuelo, placer, esparcimiento, alivio de los trabajos. ‖ **a solaz.** loc. adv. Con gusto y placer.

solazar. tr. Dar solaz. Ú. m. c. prnl.

soldadesca. f. Conjunto de soldados. ‖ **2.** Tropa indisciplinada.

soldadesco, ca. adj. Perteneciente a los soldados.

soldado. m. El que sirve en la milicia. ‖ **2.** Militar sin graduación.

soldador. m. El que tiene por oficio soldar. ‖ **2.** Instrumento con que se suelda.

soldadura. f. Acción y efecto de soldar. ‖ **2.** Material que sirve y está preparado para soldar.

soldar. tr. Pegar y unir sólidamente dos cosas, o dos partes de una misma cosa, de ordinario con alguna sustancia igual o semejante a ellas. Ú. t. c. prnl. ❑ Irreg. Se conj. como *contar.*

solear. tr. Tener expuesta al sol una cosa por algún tiempo. Ú. t. c. prnl.

solecismo. m. Falta de sintaxis; error cometido contra la exactitud o pureza de un idioma.

soledad. f. Carencia voluntaria o involuntaria de compañía. ‖ **2.** Lugar desierto, o tierra no habitada. ‖ **3.** Pesar y melancolía que se sienten por la ausencia, muerte o pérdida de alguna persona o cosa.

solemne. adj. Celebrado o hecho públicamente con pompa o ceremonias extraordinarias. *Exequias, procesión, junta, audiencia* SOLEMNE. ‖ **2.** Formal, grave, firme, válido, acompañado de circunstancias importantes o de todos los requisitos necesarios. *Compromiso, promesa, juramento, voto* SOLEMNE. ‖ **3.** Encarece en sentido peyorativo la significación de algunos nombres. SOLEMNE *disparate.*

solemnidad. f. Cualidad de solemne. ‖ **2.** Acto o ceremonia solemne. ‖ **3.** Festividad eclesiástica.

solemnizar. tr. Festejar o celebrar de manera solemne un suceso. ‖ **2.** Engrandecer, aplaudir, autorizar o encarecer una cosa.

solenoide. m. *Fís.* Bobina arrollada de manera que la corriente eléctrica produzca un campo magnético uniforme.

sóleo. m. *Anat.* Músculo de la pantorrilla unido a los gemelos por su parte inferior para formar el tendón de Aquiles.

soler. intr. defect. Con referencia a seres vivos, tener costumbre. ‖ **2.** Con referencia a hechos o cosas, ser frecuente. ❑ Ú. m. en infinitivo, en presente y en imperfecto.

solera. f. Madero asentado de plano sobre fábrica para que en él descansen o se ensamblen otros horizontales, inclinados o verticales. ‖ **2.** Muela del molino que está fija debajo de la otra que gira. ‖ **3.** Madre o heces del vino. ‖ **4.** fig. Carácter tradicional de las cosas, usos, costumbres, etc.

solfa. f. Arte que enseña a leer y entonar las diversas voces de la música. ‖ **2.** Conjunto o sistema de signos con que se escribe la música. ‖ **3.** fig. y fam. Zurra de golpes. ‖ **poner** una cosa **en solfa.** fig. y fam. Presentarla bajo un aspecto ridículo.

solfatara. f. Abertura, en los terrenos volcánicos, por donde salen, a diversos intervalos, vapores sulfurosos.

solfear. tr. Cantar marcando el compás y pronunciando los nombres de las notas.

solfeo. m. Acción y efecto de solfear.

solicitar. tr. Pretender, pedir o buscar una cosa con diligencia y cuidado. ‖ **2.** Requerir y procurar con instancia tener amores con una persona. ‖ **3.** Pedir una cosa de manera respetuosa, o rellenando una solicitud o instancia.

solícito, ta. adj. Diligente, cuidadoso.

solicitud. f. Diligencia o instancia cuidadosa. ‖ **2.** Memorial en que se solicita algo.

solidaridad. f. Adhesión circunstancial a la causa o a la empresa de otros.

solidario, ria. adj. Adherido o asociado a la causa, empresa u opinión de otro.

solidarizar. tr. Hacer a una persona o cosa solidaria con otra. Ú. t. c. prnl.

solideo. m. Casquete de tela, que usan ciertas dignidades eclesiásticas para cubrirse la coronilla.

solidez. f. Cualidad de sólido.

solidificar. tr. Hacer sólido un fluido. Ú. t. c. prnl.

sólido, da. adj. Firme, macizo, denso y fuerte. ‖ **2.** Aplícase al cuerpo cuyas moléculas tienen entre sí mayor cohesión que las de los líquidos. Ú. t. c. s. m. ‖ **3.** fig. Asentado, establecido con razones fundamentales y verdaderas. ‖ **4.** m. *Geom.* **cuerpo,** objeto de tres dimensiones.

soliloquio. m. Reflexión en voz alta y a solas. ‖ **2.** Lo que habla de este modo un personaje de obra dramática o de otra semejante.

solio. m. Trono, silla real con dosel.

solípedo. adj. *Zool.* Dícese del cuadrúpedo provisto de un solo dedo, cuya uña, engrosada, constituye una funda protectora muy fuerte denominada casco, como el caballo, el asno o la cebra. Ú. t. c. s.

solista. com. *Mús.* Persona que ejecuta un solo de una pieza vocal o instrumental.

solitaria. f. **tenia,** gusano intestinal.

solitario, ria. adj. Desamparado, desierto. ‖ **2.** Solo, sin compañía. ‖ **3.** Retirado, que ama la soledad o vive en ella. Ú. t. c. s. ‖ **4.** m. Diamante grueso que se engasta solo en una joya. || **5.** Juego que ejecuta una sola persona, especialmente de naipes.

soliviantar. tr. Mover el ánimo de una persona para inducirla a adoptar alguna actitud rebelde u hostil. Ú. t. c. prnl. || **2.** fig. Inquietar o alterar a alguien.

sollozar. intr. Producir por un movimiento convulsivo varias inspiraciones bruscas, entrecortadas, seguidas de una espiración: es fenómeno nervioso que suele acompañar al llanto.

sollozo. m. Acción y efecto de sollozar.

solo, la. adj. Único en su especie. || **2.** Que está sin otra cosa o que se mira separado de ella. || **3.** Dicho de personas, sin compañía. || **4.** Que no tiene quien le ampare, socorra o consuele en sus necesidades o aflicciones. || **5.** m. *Mús.* Composición o parte de ella que canta o toca una persona **sola.** || **a solas.** loc. adv. Sin ayuda ni compañía de otro.

sólo o **solo.** adv. m. Únicamente, solamente.

solomillo. m. En los animales de matadero, capa muscular que se extiende por entre las costillas y el lomo.

solsticio. m. *Astron.* Época en que el Sol se halla en uno de los dos trópicos, lo cual sucede del 21 al 22 de junio para el de Cáncer, y del 21 al 22 de diciembre para el de Capricornio.

soltar. tr. Desatar o desceñir. || **2.** Dejar ir o dar libertad al que estaba detenido o preso. Ú. t. c. prnl. || **3.** Desasir lo que estaba sujeto. SOLTAR *la espada, la cuerda.* Ú. t. c. prnl. SOLTARSE *los puntos de una media.* || **4.** Dar salida a lo que estaba detenido o confinado. Ú. t. c. prnl. SOLTAR *el agua;* SOLTARSE *la sangre.* || **5.** Con relación al vientre, hacerle evacuar con frecuencia. Ú. t. c. prnl. || **6.** Romper en una señal de afecto interior; como risa, llanto, etc. || **7.** fam. Decir con violencia o franqueza algo que se sentía contenido o que debía callarse. SOLTAR *un juramento.* || **8.** prnl. fig. Adquirir agilidad o desenvoltura en la ejecución o negociación de las cosas. || **9.** fig. Abandonar el encogimiento y la modestia, dándose a la desenvoltura. || **10.** fig. Empezar a hacer algunas cosas; como hablar, andar, escribir, etc. ❑ Irreg. Se conj. como *contar.*

soltero, ra. adj. Que no está casado. Ú. t. c. s.

solterón, na. adj. Dícese de la persona entrada en años que no se ha casado. Ú. t. c. s.

soltura. f. Agilidad, prontitud, expedición, gracia y facilidad en lo material o en lo inmaterial.

soluble. adj. Que se puede disolver o desleír. || **2.** fig. Que se puede resolver. *Problema* SOLUBLE.

solución. f. Acción y efecto de disolver. || **2.** Acción y efecto de resolver una duda o dificultad. || **3.** Satisfacción que se da a una duda, o razón con que se disuelve o desata la dificultad de un argumento. || **4.** *Mat.* Cada una de las cantidades que satisfacen las condiciones de un problema o de una ecuación. || **de continuidad.** Interrupción o falta de continuidad.

solucionar. tr. Resolver un asunto, hallar solución o término a un negocio.

solvencia. f. Carencia de deudas. || **2.** Capacidad de satisfacerlas. || **3.** Cualidad de solvente.

solventar. tr. Arreglar cuentas, pagando la deuda a que se refieren. || **2.** Dar solución a un asunto difícil.

solvente. adj. Que merece crédito. || **2.** Capaz de cumplir obligación, cargo, etc., y más en especial, capaz de cumplirlos cuidadosa y celosamente.

somalí. adj. Natural de Somalia. Ú. t. c. s. || **2.** Perteneciente o relativo a este país africano. || **3.** m. Lengua **somalí.**

somanta. f. fam. Tunda, zurra.

somatén. m. Cuerpo de gente armada, que no pertenece al ejército, que se reúne a toque de campana para perseguir a los criminales o defenderse del enemigo. Es instituto propio de Cataluña.

somático, ca. adj. *Fisiol.* Aplícase al síntoma cuya naturaleza es eminentemente corpórea o material, para diferenciarlo del síntoma psíquico.

sombra. f. Oscuridad, falta de luz, más o menos completa. Ú. m. en pl. *Las* SOMBRAS *de la noche.* || **2.** Imagen oscura que sobre una superficie cualquiera proyecta un cuerpo opaco, interceptando los rayos directos de la luz. *La* SOMBRA *de un árbol, de un edificio, de una persona.* || **3.** Lugar, zona o región a la que, por una u otra causa, no llegan las imágenes, sonidos o señales transmitidos por un aparato o estación emisora. || **4.** Suerte, fortuna. || **5.** fig. y fam. Persona que sigue a otra por todas partes. || **6.** *Pint.* Color oscuro, contrapuesto al claro, con que los pintores y dibujantes representan la falta de luz, dando entonación a sus obras y bulto aparente a los objetos. || **de ojos.** Producto cosmético de diversos colores que se aplica sobre los párpados. || **sombras chinescas.** Espectáculo que consiste en unas figurillas que se mueven detrás de una cortina de papel o lienzo blanco iluminadas por la parte opuesta a los espectadores. || **a la sombra.** fr. fig. y fam. En la cárcel. ❑ Ú. especialmente con los verbos *poner* y *estar.* || **hacer sombra.** fig. Impedir uno a otro prosperar, sobresalir o lucir, por tener más mérito, más habilidad o más fervor que él. || **tener** uno **mala sombra.** fr. fig. Ejercer mala influencia sobre los que le rodean.

sombrajo. m. Protección o resguardo hecho de ramas, mimbres, esteras, etc., para hacer sombra.

sombrear. tr. Dar o producir sombra. || **2.** *Pint.* Poner sombra en una pintura o dibujo.

sombrerera. f. Caja para guardar el sombrero.

sombrerería. f. Oficio de hacer sombreros. ‖ **2.** Fábrica donde se hacen. ‖ **3.** Tienda donde se venden.

sombrerero. m. El que hace sombreros y el que los vende.

sombrerillo. m. *Bot.* Parte abombada de las setas, a modo de sombrilla sostenida por el pedicelo; en su cara inferior hay numerosas láminas que, partiendo de la periferia, se reúnen en el centro, y en las cuales se forman las esporas.

sombrero. m. Prenda de vestir, que sirve para cubrir la cabeza, y consta de copa y ala. ‖ **2.** Techo que cubre el púlpito, para recoger la voz del predicador y evitar resonancias. ‖ **3.** *Bot.* Sombrerillo de los hongos. ‖ **chambergo.** El de copa más o menos acampanada y de ala ancha levantada por un lado y sujeta con presilla, el cual solía adornarse con plumas y con una cinta que, rodeando la base de la copa, caía por detrás. ‖ **cordobés.** El de fieltro, de ala ancha y plana, con copa baja cilíndrica. ‖ **de copa,** o **de copa alta.** El de ala estrecha y copa alta, casi cilíndrica y plana por encima, generalmente forrado de felpa de seda negra. ‖ **de jipijapa.** El de ala ancha tejido con paja muy fina, que se fabrica en Jipijapa y en otras varias poblaciones ecuatorianas. ‖ **de tres picos.** El que teniendo levantada y abarquillada el ala por terceras partes, forma en su base un triángulo con tres picos a modo de los que sirven de mecheros en las candilejas. ‖ **hongo.** El de copa baja, rígida y forma semiesférica. ‖ **tricornio. sombrero de tres picos.** ‖ **quitarse** uno **el sombrero.** loc. con que se expresa la admiración por algo o alguien.

sombrilla. f. **quitasol.**

sombrío, a. adj. Dícese del lugar de poca luz en que frecuentemente hay sombra. ‖ **2.** fig. Tétrico, melancólico.

somero, ra. adj. Casi encima o muy inmediato a la superficie. ‖ **2.** fig. Ligero, superficial, hecho con poca meditación y profundidad.

someter. tr. Sujetar, humillar a una persona, tropa o facción. Ú. t. c. prnl. ‖ **2.** Conquistar, subyugar, pacificar un pueblo, provincia, etc. Ú. t. c. prnl. ‖ **3.** Proponer a la consideración de uno razones, reflexiones u otras ideas. ‖ **4.** Hacer que una persona o cosa reciba o soporte cierta acción. Ú. t. c. prnl.

sometimiento. m. Acción y efecto de someter o someterse.

somier. m. Soporte de tela metálica, láminas de madera, etc., sobre el que se coloca el colchón.

somnífero, ra. adj. Que da o causa sueño. Dícese especialmente de medicamentos. Ú. t. c. s.m.

somnolencia. f. Pesadez y torpeza de los sentidos motivadas por el sueño. ‖ **2.** Gana de dormir.

somnoliento, ta. adj. Que tiene o produce sueño.

somontano, na. adj. Dícese del terreno o región situados al pie de una montaña. Ú. t. c. s.

somonte. m. Terreno situado en la falda de una montaña.

somorgujo. m. Ave palmípeda, con pico recto y agudo, alas cortas, patas vestidas, plumas del lomo, cabeza y cuello negras, pecho y abdomen blancos, costados castaños, y un pincel de plumas detrás de cada ojo. Vuela poco y puede mantener por mucho tiempo sumergida la cabeza bajo el agua.

somormujo. m. **somorgujo.**

son. m. Sonido que afecta agradablemente al oído, con especialidad el que se hace con arte. ‖ **2.** fig. Estilo, modo o manera. *Por este* SON.

sonado, da. adj. Divulgado con mucho ruido y admiración. ‖ **2.** Dícese del boxeador que ha perdido facultades mentales como consecuencia de los golpes recibidos en los combates. ‖ **3.** fam. Por ext., **chiflado.**

sonaja. f. Par o pares de chapas de metal que, atravesadas por un alambre, se colocan en algunos juguetes e instrumentos rústicos para hacerlas sonar agitándolas. ‖ **2.** pl. Instrumento rústico que consiste en un aro de madera delgada con varias **sonajas** colocadas en otras tantas aberturas.

sonajero. m. Juguete con sonajas o cascabeles, que sirve para entretener a los bebés.

sonámbulo, la. adj. Dícese de la persona que mientras está dormida tiene cierta aptitud para ejecutar algunas funciones correspondientes a la vida de relación exterior, como las de levantarse, andar y hablar. Ú. t. c. s.

sonar[1]. intr. Hacer o causar ruido una cosa. ‖ **2.** Tener una letra valor fónico. ‖ **3.** Mencionarse, citarse. *Su nombre no* SUENA *en aquella escritura.* ‖ **4.** Tener una cosa visos o apariencias de algo. *La proposición* SONABA *a interés y la aceptaron.* ‖ **5.** fam. Ofrecerse vagamente al recuerdo alguna cosa como ya oída anteriormente. *No me* SUENA *ese apellido.* ‖ **6.** tr. Tocar o tañer una cosa para que **suene** con arte y armonía. ‖ **7.** Limpiar de mocos las narices, haciéndolos salir con una espiración violenta. Ú. m. c. prnl. ‖ **sonar bien,** o **mal,** una expresión. fr. fig. Producir buena, o mala, impresión en el ánimo de quien la oye. ❑ Irreg. Se conj. como *contar.*

sonar[2]. m. Aparato que sirve para detectar la presencia y situación de los submarinos, minas y otros objetos sumergidos, mediante vibraciones inaudibles de alta frecuencia que son reflejadas por los mencionados objetos.

sonata. f. *Mús.* Composición de música instrumental de trozos de vario carácter y movimiento.

sonda. f. Acción y efecto de sondar. ‖ **2.** Cuerda con un peso de plomo, que sirve para medir la profundidad de las aguas y explorar el fondo. ‖ **3.** Barrena que sirve para abrir en los terrenos taladros de gran profundidad. ‖ **4.** *Cir.* **tienta,** instrumento para explorar cavidades.

sondar. tr. Echar el escandallo al agua para averiguar la profundidad y la calidad del fondo. ‖ **2.** Averiguar la naturaleza del subsuelo con una sonda. ‖ **3.** fig. Inquirir y rastrear con cautela y disimulo la intención, habilidad o discreción de uno, o las circunstancias y estado de una cosa. ‖ **4.** *Cir.* Introducir en el cuerpo por algunos conductos, naturales o accidentales, instrumentos de formas especiales y de diversas materias, para combatir estrecheces, destruir obstáculos que se oponen al libre ejercicio de la función de un órgano, o para conducir al interior sustancias líquidas o gaseosas, y otras veces para extraerlas.

sondear. tr. **sondar.** ‖ **2.** fig. Hacer las primeras averiguaciones sobre alguien o algo.

sondeo. m. Acción y efecto de sondear. ‖ **2.** Investigación de la opinión de una colectividad acerca de un asunto mediante encuestas realizadas en pequeñas muestras, que se juzgan representativas del conjunto a que pertenecen. ‖ **3.** Resultado de dicha investigación.

soneto. m. Composición poética que consta de catorce versos endecasílabos distribuidos en dos cuartetos y dos tercetos. En cada uno de los cuartetos riman, por regla general, el primer verso con el cuarto y el segundo con el tercero, y en ambos deben ser unas mismas las consonancias. En los tercetos pueden ir estas ordenadas de distintas maneras.

sonido. m. Sensación producida en el oído por vibraciones transmitidas por el aire u otro medio. ‖ **2.** Valor y pronunciación de las letras. ‖ **3.** *Fís.* Vibración mecánica transmitida por un medio elástico.

sonoridad. f. Cualidad de sonoro. ‖ **2.** *Fís.* Cualidad de la sensación auditiva que permite apreciar la mayor o menor intensidad de los sonidos.

sonorizar. tr. Incorporar sonidos, ruidos, etc., a la banda de imágenes previamente dispuesta. ‖ **2.** Ambientar una escena, un programa, etc., mediante los sonidos adecuados. ‖ **3.** *Fon.* Convertir una consonante sorda en sonora. Ú. t. c. intr. y prnl.

sonoro, ra. adj. Que suena o puede sonar. ‖ **2.** Que suena bien, o que suena mucho y agradablemente. *Voz, palabra* SONORA; *instrumento, verso* SONORO. ‖ **3.** Que despide bien, o hace que se oiga bien, el sonido. *Bóveda* SONORA; *teatro* SONORO. ‖ **4.** *Fon.* Dícese del sonido que se articula con vibración de las cuerdas vocales.

sonreír. intr. Reírse un poco o levemente, y sin ruido. Ú. t. c. prnl. ‖ **2.** fig. Mostrarse favorable o halagüeño para uno algún asunto, suceso, esperanza, etc. ❑ Irreg. Se conj. como *reír.*

sonrisa. f. Acción y efecto de sonreír o sonreírse.

sonrojar. tr. Hacer salir los colores al rostro diciendo o haciendo algo que cause empacho o vergüenza. Ú. t. c. prnl.

sonrojo. m. Acción y efecto de sonrojar o sonrojarse.

sonrosar. tr. Dar, poner o causar color como de rosa. Ú. t. c. prnl.

sonsacar. tr. fig. Procurar con maña que uno diga o descubra lo que sabe y reserva.

sonsonete. m. Sonido que resulta de los golpes pequeños y repetidos que se dan en una parte, imitando un son de música. ‖ **2.** fig. Ruido generalmente poco intenso, pero continuado, y por lo común desapacible. ‖ **3.** fig. Tonillo o modo especial en la risa o palabras, que denota desprecio o ironía.

soñador, ra. adj. Que sueña mucho. ‖ **2.** fig. Que discurre fantásticamente sin tener en cuenta la realidad.

soñar. tr. Representarse en la fantasía imágenes o sucesos mientras se duerme. Ú. t. c. intr. ‖ **2.** fig. Discurrir fantásticamente y dar por cierto y seguro lo que no lo es. Ú. t. c. intr. ‖ **3.** intr. fig. Anhelar persistentemente una cosa. SOÑAR *con grandezas.* ❑ Irreg. Se conj. como *contar.*

soñolencia. f. **somnolencia.**

soñoliento, ta. adj. Acometido por el sueño o muy inclinado a él.

sopa. f. Plato compuesto de rebanadas de pan, fécula, arroz, fideos u otras pastas, y el caldo de la olla u otro análogo en que se han cocido. ‖ **2.** Pasta, fécula o verduras que se mezclan con el caldo en el plato de este mismo nombre. ‖ **3.** pl. Rebanadas de pan que se cortan para echarlas en el caldo. ‖ **boba.** fig. Vida holgazana y a expensas de otro. *Comer la* SOPA BOBA; *andar a la* SOPA BOBA. ‖ **juliana.** La que se hace cociendo en caldo verduras, como berza, apio, puerros, nabos, zanahorias, etc., cortadas en tiritas y conservadas secas. ‖ **dar sopas con honda** a alguien o algo. fr. fig. y fam. Mostrar una superioridad abrumadora una persona o cosa sobre otra. ‖ **hasta en la sopa.** expr. fig. y fam. En todas partes. ‖ **hecho una sopa.** loc. adj. fig. y fam. Muy mojado.

sopapo. m. Golpe que se da con la mano en la cara.

sopera. f. Vasija honda en que se sirve la sopa en la mesa.

sopero, ra. adj. Dícese de la cuchara que se usa para comer la sopa. ‖ **2.** Dícese de la persona aficionada a la sopa.

sopesar. tr. Levantar una cosa como para tantear el peso que tiene o para reconocerlo. ‖ **2.** fig. Examinar con atención el pro y el contra de un asunto.

sopetón (de). loc. adv. De pronto, de improviso.

soplamocos. m. fig. y fam. Golpe que se da a alguien en la cara, especialmente en las narices.

soplar. intr. Despedir aire con violencia por la boca, alargando los labios un poco abiertos por su parte media. Ú. t. c. tr. ‖ **2.** Hacer que los fuelles u otros artificios adecuados arrojen el aire que han recibido. ‖ **3.** Correr el viento, haciéndose sentir. ‖ **4.** tr. Hurtar o quitar una cosa a escondidas. ‖ **5.** fig. En el juego de damas y otros, quitar al contrario la pieza con que debió comer y no comió. ‖ **6.** fig. Sugerir a uno una cosa que debe decir y no acierta o ignora. ‖ **7.** fig. Acusar o delatar. ‖ **8.** prnl. fig. y fam. Beber o comer mucho.

soplete. m. Instrumento constituido principalmente por un tubo de varias formas y dimensiones, destinado a recibir por uno de sus extremos la corriente gaseosa que al salir por el otro se aplica a una llama para dirigirla sobre objetos que se han de fundir o examinar a muy elevada temperatura.

soplido. m. Acción y efecto de soplar.

soplillo. m. Instrumento, comúnmente de esparto, de forma redonda, con mango o sin él, que se usa para avivar el fuego.

soplo. m. Acción y efecto de soplar. ‖ **2.** fig. Instante o brevísimo tiempo. ‖ **3.** fig. y fam. Aviso que se da en secreto y con cautela. ‖ **4.** fig. y fam. Denuncia de una falta de otro, delación. ‖ **5.** *Med.* Sonido peculiar que se aprecia al auscultar distintos órganos, y especialmente el cardíaco de naturaleza patológica.

soplón, na. adj. fam. Dícese de la persona que acusa en secreto y cautelosamente. Ú. t. c. s.

soponcio. m. fam. Desmayo, congoja.

sopor. m. *Med.* Modorra morbosa persistente. ‖ **2.** fig. Adormecimiento, somnolencia.

soporífero, ra. adj. Que mueve o inclina al sueño; propio para causarlo. Ú. t. c. s.

soportal. m. Espacio cubierto que en algunas casas precede a la entrada principal. ‖ **2.** Pórtico, a manera de claustro, que tienen algunos edificios o manzanas de casas en sus fachadas y delante de las puertas y tiendas que hay en ellas. Ú. m. en pl.

soportar. tr. Sostener o llevar sobre sí una carga o peso. ‖ **2.** fig. Sufrir, tolerar.

soporte. m. Apoyo o sostén. ‖ **2.** *Quím.* Sustancia inerte que, en un proceso o preparado sirve para fijar alguno de sus productos o reactivos.

soprano. m. *Mús.* La voz más aguda de las voces humanas, tiple. ‖ **2.** com. Persona que tiene voz de **soprano.**

sor. f. **hermana.** Ú. por lo común precediendo al nombre de las religiosas. SOR *María;* SOR *Juana.*

sorber. tr. Beber aspirando. ‖ **2.** Atraer hacia dentro la mucosidad nasal. ‖ **3.** fig. Absorber, tragar. *El mar* SORBE *las naves.* ‖ **4.** fig. Apoderarse el ánimo con avidez de algún deseo.

sorbete. m. Refresco de zumo de frutas con azúcar, o de agua, leche o yemas de huevo azucaradas y aromatizadas con esencias u otras sustancias agradables, al que se da cierto grado de congelación pastosa.

sorbo. m. Acción y efecto de sorber un líquido. ‖ **2.** Porción que se sorbe de una vez. ‖ **3.** fig. Cantidad pequeña de una bebida.

sordera. f. Privación o disminución de la facultad de oír.

sórdido, da. adj. Que tiene manchas o suciedad. ‖ **2.** fig. Impuro, indecente o escandaloso. ‖ **3.** fig. Mezquino, avariento. ‖ **4.** *Cir.* Dícese de la úlcera que produce supuración.

sordina. f. Pieza pequeña que se ajusta por la parte superior del puente a los instrumentos de arco y cuerda para disminuir la intensidad y variar el timbre del sonido. ‖ **2.** Pieza que para el mismo fin se pone en otros instrumentos.

sordo, da. adj. Que no oye, o no oye bien. Ú. t. c. s. ‖ **2.** Callado, silencioso y sin ruido. ‖ **3.** Que suena poco o sin timbre claro. *Ruido* SORDO; *campana* SORDA. ‖ **4.** fig. Insensible a las súplicas o al dolor ajeno, o indócil a las persuasiones, consejos o avisos. ‖ **5.** *Fon.* Dícese del sonido que se articula sin vibración de las cuerdas vocales.

sordomudo, da. adj. Privado por sordera nativa de la facultad de hablar. Ú. t. c. s.

sorgo. m. Planta anual, originaria de la India, de la familia de las gramíneas, con cañas de dos a tres metros de altura, llenas de un tejido blanco y algo dulce y vellosas en los nudos; hojas lampiñas, ásperas en los bordes; flores en panoja floja, grande y derecha, o espesa, arracimada y colgante, y granos mayores que los cañamones, algo rojizos, blanquecinos o amarillos. Sirven estos para hacer pan y de alimento a las aves, y toda la planta de pasto a las vacas y otros animales. ‖ **2.** Semilla de esta planta.

soriano, na. adj. Natural de Soria. Ú. t. c. s. ‖ **2.** Perteneciente o relativo a esta ciudad y a la provincia de este nombre.

sorna. f. Ironía, o tono burlón con que se dice algo.

soro. m. *Bot.* Conjunto de esporangios que se presentan formando unas manchitas en el reverso de las hojas de los helechos.

sorprendente. adj. Que sorprende o admira.

sorprender. tr. Coger desprevenido. ‖ **2.** Conmover, suspender o maravillar con algo imprevisto, raro o incomprensible. Ú. t. c. prnl. ‖ **3.** Descubrir lo que otro ocultaba o disimulaba.

sorpresa. f. Acción y efecto de sorprender o sorprenderse. ‖ **2.** Cosa que da motivo para que alguien se sorprenda. *En el armario había una* SORPRESA.

sortear. tr. Someter a personas o cosas al resultado de los medios fortuitos o casuales que se emplean para fiar a la suerte una resolución. ‖ **2.** fig. Evitar con maña o eludir un compromiso, conflicto, riesgo o dificultad.

sortija. f. Anillo, especialmente el que se lleva por adorno en los dedos de la mano. ‖ **2.** Rizo del cabello, en figura de anillo, ya sea natural, ya artificial.

sortilegio. m. Adivinación que se hace por suertes supersticiosas.

sosa. f. *Quím.* Hidróxido sódico. Sustancia muy cáustica.

sosaina. com. fam. Persona sosa. Ú. t. c. adj.

sosegar. tr. Aplacar, pacificar, aquietar. Ú. t. c. prnl. ‖ **2.** intr. Descansar, reposar, aquietarse o cesar la turbación o el movimiento. Ú. t c. prnl. ❑ Irreg. Se conj. como *acertar*.

sosería. f. Insulsez, falta de gracia y de viveza. ‖ **2.** Dicho o hecho insulso y sin gracia.

sosia. m. Persona que tiene parecido con otra hasta el punto de poder ser confundida con ella.

sosiego. m. Quietud, tranquilidad, serenidad.

soslayar. tr. Poner una cosa ladeada, de través u oblicua para pasar una estrechura. ‖ **2.** Pasar por alto o de largo, dejando de lado alguna dificultad.

soso, sa. adj. Que no tiene sal, o tiene poca. ‖ **2.** fig. Dícese de la persona, acción o palabra que carece de gracia y viveza. Ú. t. c. s.

sospechar. tr. Aprehender o imaginar una cosa por conjeturas fundadas en apariencias o visos de verdad. ‖ **2.** intr. Desconfiar, dudar, recelar de una persona. Usóse t. c. tr.

sospechoso, sa. adj. Que da fundamento o motivo para sospechar o hacer mal juicio de las acciones, conducta, rasgos, caracteres, etc. ‖ **2.** m. Individuo cuya conducta o antecedentes inspiran sospecha o desconfianza.

sostén. m. Acción de sostener. ‖ **2.** Persona o cosa que sostiene. ‖ **3.** fig. Apoyo moral, protección. ‖ **4.** Prenda de vestir interior que usan las mujeres para ceñir el pecho.

sostener. tr. Sustentar, mantener firme una cosa. Ú. t. c. prnl. ‖ **2.** Sustentar o defender una proposición. ‖ **3.** fig. Prestar apoyo, dar aliento o auxilio. ‖ **4.** Dar a uno lo necesario para su manutención. ‖ **5.** Mantener, proseguir. SOSTENER *conversaciones.* ‖ **6.** prnl. Mantenerse un cuerpo en un medio o en un lugar, sin caer o haciéndolo muy lentamente. ❑ Irreg. Se conj. como *tener*.

sostenible. adj. Dícese de un proceso que puede mantenerse por sí mismo; por ejemplo, un desarrollo económico sin ayuda exterior ni merma de los recursos existentes.

sostenido, da. adj. *Mús.* Dícese de la nota cuya entonación excede en un semitono a la que corresponde a su sonido natural. *Do* SOSTENIDO. ‖ **2.** m. *Mús.* Signo que representa la alteración del sonido natural de la nota o notas a que se refiere.

sota. f. Carta décima de cada palo de la baraja española, que tiene estampada la figura de un paje o infante.

sotabanco. m. Piso habitable colocado por encima de la cornisa general de la casa. ‖ **2.** *Arq.* Hilada que se coloca encima de la cornisa para levantar los arranques de un arco o bóveda y dejar visible toda la vuelta del intradós.

sotabarba. f. Barba que se deja crecer por debajo de la barbilla. Es usada especialmente por los marineros.

sotana. f. Vestidura talar, abrochada a veces de arriba abajo, que usan los eclesiásticos y los legos que sirven en las funciones de iglesia. Usáronla también los estudiantes de las universidades.

sótano. m. Pieza subterránea, a veces abovedada, entre los cimientos de un edificio.

sotavento. m. *Mar.* Costado de la nave opuesto al barlovento. ‖ **2.** *Mar.* Parte que cae hacia aquel lado.

soteriología. f. Doctrina referente a la salvación en el sentido de la religión cristiana.

soterrar. tr. Enterrar, poner una cosa debajo de tierra. ‖ **2.** fig. Esconder o guardar una cosa de modo que no aparezca. ❑ Irreg. Se conj. como *acertar*.

soto. m. Sitio que en las riberas o vegas está poblado de árboles y arbustos. ‖ **2.** Sitio poblado de malezas, matas y árboles.

sotobosque. m. Vegetación formada por matas y arbustos que crece bajo los árboles de un bosque.

soviet. m. Órgano de gobierno local que ejerce la dictadura comunista en Rusia. ‖ **2.** Agrupación de obreros y soldados durante la revolución rusa.

soviético, ca. adj. Perteneciente o relativo al soviet. ‖ **2.** Perteneciente o relativo a la Unión de Repúblicas Socialistas Soviéticas.

-stático, ca. elem. compos. que significa «relacionado con el equilibrio» de lo significado por el primer elemento: *electro*STÁTICO, *hidro*STÁTICO, o bien, «que detiene»; *hemo*STÁTICO, *bacterio*STÁTICO.

statu quo. loc. lat. que se usa como sustantivo masculino, especialmente en la diplomacia, para designar el estado de cosas en un determinado momento.

su, sus. Forma del pronombre posesivo de tercera persona en género masculino y femenino y en ambos números singular y plural que se utiliza antepuesto al nombre.

suasorio, ria. adj. Perteneciente a la persuasión, o propio para persuadir.

suave. adj. Liso y blando al tacto, en contraposición a tosco y áspero. ‖ **2.** Blando, dulce, grato a los sentidos. ‖ **3.** fig. Tranquilo, quieto, manso. ‖ **4.** fig. Lento, moderado.

suavidad. f. Cualidad de suave.

suavizante. adj. Que suaviza. Ú. t. c. s. m., especialmente en cosmética y productos de limpieza.

suavizar. tr. Hacer suave. Ú. t. c. prnl.

sub-. pref. que puede aparecer en las formas: **so-, son-, sos-, su-** o **sus-.** Su significado propio es «bajo» o «debajo de»: SUB*suelo,* SO*barba.* En acepciones traslaticias puede indicar inferioridad, acción secundaria, atenuación o disminución: SUB*delegado,* SUB*arrendar,* SO*asar,* SON*reír.*

subalterno, na. adj. Inferior, o que está debajo de una persona o cosa. ‖ **2.** m. y f. Empleado de categoría inferior. ‖ **3.** m. Torero que forma parte de la cuadrilla de un matador.

subarrendar. tr. Dar o tomar en arriendo una cosa, no del dueño de ella ni de su administrador, sino de otro arrendatario de la misma. ❑ Irreg. Se conj. como *acertar.*

subasta. f. Venta pública de bienes o alhajas que se hace al mejor postor, y regularmente por mandato y con intervención de un juez u otra autoridad. ‖ **2.** Adjudicación que en la misma forma se hace de una contrata, generalmente de servicio público; como la ejecución de una obra, el suministro de provisiones, etc.

subastar. tr. Vender efectos o contratar servicios, arriendos, etc., en pública subasta.

subatómico, ca. adj. *Fís.* y *Quím.* Dícese del nivel estructural inferior al del átomo, como el de protones, neutrones y partículas elementales.

subcelular. adj. *Biol.* Que posee una estructura más elemental que la de la célula.

subclase. f. *Bot.* y *Zool.* Cada uno de los grupos taxonómicos en que se dividen las clases de plantas y animales.

subconsciencia. f. Estado inferior de la conciencia psicológica en el que, por la poca intensidad o duración de las percepciones, no se da cuenta de estas el sujeto.

subconsciente. adj. Que se refiere a la subconsciencia, o que no llega a ser consciente. Ú. t. c. s. m.

subcutáneo, a. adj. *Zool.* Que está inmediatamente debajo de la piel.

subdelegado, da. adj. Dícese de la persona que sirve inmediatamente a las órdenes del delegado o le sustituye en sus funciones. Ú. m. c. s.

subdesarrollado, da. adj. Que sufre subdesarrollo.

subdesarrollo. m. Atraso, situación de un país o región que no alcanza determinados niveles económicos, sociales, culturales, etc.

subdirector, ra. m. y f. Persona que sirve inmediatamente a las órdenes del director o le sustituye en sus funciones.

súbdito, ta. adj. Sujeto a la autoridad de un superior con obligación de obedecerle. Ú. t. c. s. ‖ **2.** m. y f. Natural o ciudadano de un país en cuanto sujeto a las autoridades políticas de este.

subdividir. tr. Dividir una parte señalada por una división anterior. Ú. t. c. prnl.

suberoso, sa. adj. Parecido al corcho.

subespecie. f. Cada uno de los grupos en que se subdivide una especie.

subestimar. tr. Estimar a alguna persona o cosa por debajo de su valor.

subgénero. m. Cada uno de los grupos particulares en que se divide un género.

subida. f. Acción y efecto de subir o subirse. ‖ **2.** Sitio o lugar en declive, que va subiendo. ‖ **3.** Lugar por donde se sube.

subido, da. adj. Dícese del color o del olor que impresiona fuertemente la vista o el olfato. ‖ **2.** Muy elevado, que excede al término ordinario. *Precio* SUBIDO.

subíndice. m. *Mat.* Letra o número que se añade a un símbolo para distinguirlo de otros semejantes. Se coloca a la derecha de aquel y algo más bajo.

subir. intr. Pasar de un sitio o lugar a otro superior o más alto. Ú. t. c. prnl. ‖ **2.** Entrar en un vehículo. Ú. t. c. prnl. ‖ **3.** Crecer en altura ciertas cosas. HA SUBIDO *el río.* ‖ **4.** fig. Ascender en dignidad o empleo, o crecer en caudal o hacienda. ‖ **5.** fig. Aumentar en cantidad o intensidad el grado o el efecto de algo. ‖ **6.** *Mús.* Elevar la voz o el sonido de un instrumento desde un tono grave a otro más agudo. Ú. t. c. tr. ‖ **7.** tr. Recorrer yendo hacia arriba, remontar. SUBIR *la escalera, una cuesta,* etc. ‖ **8.** Trasladar a una persona o cosa a lugar más alto que el que ocupaba. SUBIR *a un niño en brazos.* Ú. t. c. prnl. ‖ **9.** Hacer más alta una cosa o irla aumentando hacia arriba. SUBIR *una torre, una pared.* ‖ **10.** Enderezar o poner derecha una cosa que estaba inclinada hacia abajo. SUBE *esa cabeza, esos brazos.* ‖ **11.** fig. Dar a las cosas más precio o mayor estimación de la que tenían. *El cosechero* HA SUBIDO *el vino.* Ú. t. c. intr. *El pan* HA SUBIDO.

súbito, ta. adj. Improvisto, repentino. ‖ **de súbito.** loc. adv. De repente, súbitamente.

subjetividad. f. Cualidad de subjetivo.

subjetivo, va. adj. Perteneciente o relativo al sujeto, considerado en oposición al mundo externo. ‖ **2.** Relativo a nuestro modo de pensar o de sentir, y no al objeto en sí mismo.

sub júdice. *Der.* loc. lat. con que se denota que una cuestión está pendiente de una resolución. ❑ En esta palabra la *j* latina debe pronunciarse como *i* latina o *ye.*

subjuntivo, va. adj. *Gram.* V. **modo subjuntivo.** Ú. t. c. s.

sublevar. tr. Alzar en sedición o motín. SUBLEVAR *a los soldados, al pueblo.* Ú. t. c. prnl. ‖ **2.** fig. Excitar indignación, promover sentimiento de protesta.

sublimar. tr. Engrandecer, exaltar, ensalzar o poner en altura. ‖ **2.** *Fís.* Pasar directamente del estado sólido al de vapor. Ú. t. c. prnl.

sublime. adj. Excelso, eminente, de elevación extraordinaria. Se emplea más en sentido figurado aplicado a cosas morales o intelectuales, y dícese especialmente de las concepciones mentales y de las producciones literarias y artísticas o de lo que en ellas tiene por caracteres distintivos grandeza y sencillez admirables. Aplícase también a las personas.

subliminal. adj. Dícese de la idea, emoción o sensación que, por demasiado débiles, o por otras causas, no llegan a ser percibidas por la conciencia.

sublingual. adj. *Anat.* Perteneciente a la región inferior de la lengua.

submarinismo. m. Conjunto de las actividades que se realizan bajo la superficie del mar, con fines científicos, deportivos, militares, etc.

submarinista. adj. Que practica el submarinismo. Ú. t.c. s.

submarino, na. adj. Que está o se efectúa bajo la superficie del mar. ‖ **2.** Perteneciente o relativo a lo que está o se efectúa debajo de la superficie del mar. *Topografía* SUBMARINA. ‖ **3.** m. **buque submarino.**

submúltiplo, pla. adj. *Mat.* Aplícase al número o cantidad que otro u otra contiene exactamente dos o más veces. Ú. t. c. s.

subnormal. adj. Inferior a lo normal. ‖ **2.** Dícese de la persona afecta de una deficiencia mental de carácter patológico. Ú. t. c. s.

suboficial. m. Categoría militar comprendida entre las de oficial y sargento, creada para atender al servicio administrativo de cada compañía o unidad equivalente, y asumir, de ordinario, el mando militar de una sección.

suborden. m. *Bot.* y *Zool.* Cada uno de los grupos taxonómicos en que se dividen los órdenes de plantas y animales.

subordinación. f. Sujeción a la orden, mando o dominio de uno. ‖ **2.** *Gram.* Relación de dependencia entre dos elementos de categoría gramatical diferente, como el sustantivo y el adjetivo, la preposición y su régimen, etc. ‖ **3.** *Gram.* Relación entre dos oraciones, una de las cuales es dependiente de la otra.

subordinado, da. adj. Dícese de la persona sujeta a otra o dependiente de ella. Ú. m. c. s. ‖ **2.** *Gram.* Se dice de todo elemento gramatical regido o gobernado por otro, como el adjetivo por el sustantivo, el nombre por la preposición, etc. Ú. t. c. s. ‖ **3.** *Gram.* Dícese de la oración que depende de otra. Ú. t. c. s.

subordinante. adj. Que subordina.

subordinar. tr. Sujetar personas o cosas a la dependencia de otras. Ú. t. c. prnl. ‖ **2.** Clasificar algunas cosas como inferiores en orden respecto de otras. ‖ **3.** *Gram.* Regir un elemento gramatical a otro de categoría diferente, como la preposición al nombre, el sustantivo al adjetivo, etc. Ú. t. c. prnl. ‖ **4.** prnl. *Gram.* Estar una oración en dependencia de otra. Ú. t. c. tr.

subproducto. m. En cualquier operación, el producto que en ella se obtiene además del principal. Suele ser de menor valor que este.

subrayar. tr. Señalar por debajo con una raya alguna letra, palabra o frase escrita, para llamar la atención sobre ella o con cualquier otro fin. ‖ **2.** fig. **recalcar,** pronunciar con énfasis y fuerza las palabras.

subrepticio, cia. adj. Que se pretende u obtiene ocultamente. ‖ **2.** Que se hace o toma ocultamente y a escondidas.

subrogar. tr. *Der.* Sustituir o poner una persona o cosa en lugar de otra. Ú. t. c. prnl.

subsanar. tr. Disculpar o excusar un desacierto o delito. ‖ **2.** Reparar o remediar un defecto, o resarcir un daño.

subsecretario, ria. m. y f. Persona que hace

las veces del secretario. ‖ **2.** m. Secretario general de un ministro o de una antigua secretaría del Despacho.

subseguir. intr. Seguir una cosa inmediatamente a otra. ❑ Irreg. Se conj. como *pedir.*

subsidiar. tr. Conceder subsidio a alguna persona o entidad.

subsidiario, ria. adj. Que se da o se manda en socorro o subsidio de uno. ‖ **2.** *Der.* Aplícase a la acción o responsabilidad que suple o robustece a otra principal.

subsidio. m. Socorro, ayuda o auxilio extraordinario de carácter económico.

subsiguiente. adj. Que sigue inmediatamente a aquello que se expresa o sobrentiende.

subsistencia. f. Permanencia, estabilidad y conservación de las cosas. ‖ **2.** Conjunto de medios necesarios para el sustento de la vida humana. Ú. m. en pl.

subsistir. intr. Permanecer, durar una cosa o conservarse. ‖ **2.** Mantener la vida, seguir viviendo.

substancia. f. **sustancia.**

substantivo, va. adj. **sustantivo.** Ú. t. c. s.

subsuelo. m. Terreno que está debajo de la capa labrantía o laborable o en general debajo de una capa de tierra.

subsumir. tr. Incluir algo como componente en una síntesis o clasificación más abarcadora. ‖ **2.** Considerar algo como parte de un conjunto más amplio o como caso particular sometido a un principio o norma general.

subteniente. m. **segundo teniente.**

subterfugio. m. Efugio, escapatoria, excusa artificiosa.

subterráneo, a. adj. Que está debajo de tierra. ‖ **2.** m. Cualquier lugar o espacio que está debajo de tierra.

subtipo. m. *Bot.* y *Zool.* Cada uno de los grupos taxonómicos en que se dividen los tipos de plantas y de animales.

subtítulo. m. Título secundario que se pone a veces después del título principal. ‖ **2.** Letrero que, al proyectarse un filme, aparece en la parte inferior de la imagen, normalmente con la versión del texto hablado de la película.

suburbano, na. adj. Aplícase al edificio, terreno o campo próximo a la ciudad. Ú. t. c. s. ‖ **2.** Perteneciente o relativo a un suburbio.

suburbio. m. Barrio o arrabal cerca de la ciudad o dentro de su jurisdicción.

subvención. f. Acción y efecto de subvenir. ‖ **2.** Cantidad con que se subviene.

subvenir. intr. Venir en auxilio de alguno o acudir a las necesidades de alguna cosa. ❑ Irreg. Se conj. como *venir.*

subversión. f. Acción y efecto de subvertir o subvertirse.

subversivo, va. adj. Capaz de subvertir, o que tiende a ello. Aplícase especialmente a lo que tiende a subvertir el orden público.

subvertir. tr. Trastornar, revolver, destruir. Ú. más en sent. moral. ❑ Irreg. Se conj. como *sentir.*

subyacer. intr. fig. Estar algo oculto tras otra cosa. *Lo que* SUBYACE *tras su comportamiento es un gran miedo a lo desconocido.* ❑ Irreg. Se conj. como *yacer.*

subyugar. tr. Avasallar, sojuzgar, dominar poderosa o violentamente. Ú. t. c. prnl.

succión. f. Acción de chupar.

succionar. tr. Chupar, extraer algún jugo o cosa análoga con los labios. ‖ **2.** Absorber.

sucedáneo, a. adj. Dícese de la sustancia que, por tener propiedades parecidas a las de otra, puede reemplazarla. Ú. m. c. s. m.

suceder. intr. Entrar una persona o cosa en lugar de otra o seguirse a ella. ‖ **2.** Entrar como heredero o legatario en la posesión de los bienes de un difunto. ‖ **3.** Descender, proceder, provenir. ‖ **4.** impers. Efectuarse un hecho, acontecer, ocurrir. ❑ En esta acepción solo se usan las 3.as pers. de todos los tiempos y el infinitivo, el gerundio y el participio.

sucesión. f. Acción y efecto de suceder. ‖ **2.** Relación o serie ordenada de personas, cosas, sucesos, etc. ‖ **3.** Descendencia o procedencia de un progenitor. ‖ **4.** Conjunto de bienes, derechos y obligaciones transmisibles a un heredero o legatario. ‖ **5.** *Mat.* Conjunto numerado de términos, que cumplen una ley determinada.

sucesivo, va. adj. Dícese de lo que sucede o se sigue a otra cosa. ‖ **en lo sucesivo.** loc. adv. En el tiempo que ha de seguir al momento en que se está.

suceso. m. Cosa que sucede, especialmente cuando es de alguna importancia. ‖ **2.** Hecho delictivo o accidente desgraciado.

sucesor, ra. adj. Que sucede a uno o sobreviene en su lugar, como continuador de él. Ú. t. c. s.

sucesorio, ria. adj. Perteneciente o relativo a la sucesión.

suciedad. f. Cualidad de sucio. ‖ **2.** Inmundicia, porquería. ‖ **3.** fig. Dicho o hecho sucio.

sucinto, ta. adj. Breve, resumido.

sucio, cia. adj. Que tiene manchas o impurezas. ‖ **2.** Que se ensucia fácilmente. ‖ **3.** Que produce suciedad. *Ese perro es muy* SUCIO. ‖ **4.** fig. Deshonesto u obsceno en acciones o palabras. ‖ **5.** fig. Dícese del color confuso y turbio. ‖ **6.** adv. m. fig. Hablando de algunos juegos, sin la debida observancia de sus reglas y leyes propias.

sucre. m. Unidad monetaria de Ecuador.

súcubo. adj. Dícese del espíritu, diablo o demonio que, bajo la apariencia de mujer, mantiene relaciones sexuales con un varón, según la superstición vulgar.

suculento, ta. adj. Jugoso, sustancioso, muy nutritivo.

sucumbir. intr. Ceder, rendirse, someterse. ‖ **2.** Morir, perecer. ‖ **3.** *Der.* Perder el pleito.

sucursal. adj. Dícese del establecimiento que, situado en distinto lugar que la central de la cual depende, desempeña las mismas funciones que esta. Ú. t. c. s. f.

sudafricano, na. adj. Natural del África del Sur. Ú. t. c. s. ‖ **2.** Perteneciente o relativo a esta parte de África. ‖ **3.** Natural de la República de Sudáfrica. Ú. t. c. s. ‖ **4.** Perteneciente o relativo a esta república.

sudamericano, na. adj. **suramericano.**

sudanés, sa. adj. Natural del Sudán. Ú. t. c. s. ‖ **2.** Perteneciente o relativo a esta región de África.

sudar. intr. Exhalar el sudor. Ú. t. c. tr. ‖ **2.** fig. Destilar los árboles, plantas y frutos algunas gotas de su jugo. SUDAR *las castañas, o el café, después de tostados.* Ú. t. c. tr. ‖ **3.** fig. Destilar agua a través de sus poros algunas cosas impregnadas de humedad. SUDA *la pared, un botijo.* ‖ **4.** fig. y fam. Trabajar con fatiga o desvelo, física o moralmente. ‖ **5.** tr. Empapar en sudor.

sudario. m. Lienzo que se pone sobre el rostro de los difuntos o en que se envuelve el cadáver.

sudeste. m. Punto del horizonte entre el Sur y el Este, a igual distancia de ambos. ‖ **2.** Viento que sopla de esta parte.

sudista. adj. Dícese del partidario de los Estados del Sur en la guerra de secesión de los Estados Unidos de América. Ú. t. c. s.

sudoeste. m. Punto del horizonte entre el Sur y el Oeste, a igual distancia de ambos. ‖ **2.** Viento que sopla de esta parte.

sudor. m. Líquido claro y transparente que segregan las glándulas sudoríparas de la piel de los mamíferos y cuya composición química es parecida a la de la orina. ‖ **2.** fig. Jugo que sudan las plantas. ‖ **3.** fig. Gotas que salen y se destilan de las peñas u otras cosas que contienen humedad. ‖ **4.** fig. Trabajo y fatiga.

sudorífico, ca. adj. Aplícase al medicamento que hace sudar. Ú. t. c. s. m.

sudorípara. adj. *Fisiol.* Dícese de la glándula que segrega el sudor.

sudoroso, sa. adj. Que está sudando mucho. ‖ **2.** Muy propenso a sudar.

sueco[1], ca. adj. Natural u oriundo de Suecia. Ú. t. c. s. ‖ **2.** Perteneciente o relativo a esta nación de Europa. ‖ **3.** m. Idioma **sueco,** uno de los dialectos del nórdico.

sueco[2], ca. m. y f. **hacerse** uno **el sueco.** fr. fig. y fam. Desentenderse de una cosa; fingir que no se entiende.

suegra. f. Madre del marido respecto de la mujer, o de la mujer respecto del marido.

suegro. m. Padre del marido respecto de la mujer; o de la mujer respecto del marido. ‖ **2.** pl. El **suegro** y la suegra.

suela. f. Parte del calzado que toca al suelo, hecha regularmente de cuero fuerte y adobado. ‖ **2.** Cuero vacuno curtido. ‖ **3.** Pedazo de cuero que se pega a la punta del taco con que se juega al billar. ‖ **media suela.** Pieza de cuero con que se remienda el calzado y que cubre la **suela** desde la punta hasta la parte estrecha que precede al tacón.

sueldo. m. Remuneración regular asignada por el desempeño de un cargo o servicio profesional. ‖ **a sueldo.** loc. adv. Mediante retribución fija.

suelo. m. Superficie de la tierra. ‖ **2.** Terreno en que viven o pueden vivir las plantas. ‖ **3.** fig. Superficie inferior de algunas cosas; como la del pan, de las vasijas, etc. ‖ **4.** Sitio o solar de un edificio. ‖ **5.** Superficie artificial que se hace para que el piso esté sólido y llano. ‖ **6.** Piso de un cuarto o vivienda. ‖ **7.** Superficie terrestre de una nación o división de ella, territorio.

suelto, ta. adj. Ligero, veloz. ‖ **2.** Poco compacto, disgregado. ‖ **3.** Expedito, ágil o hábil en la ejecución de una cosa. ‖ **4.** Libre, atrevido y poco sujeto. ‖ **5.** Aplícase al que padece diarrea. ‖ **6.** Tratándose del lenguaje, estilo, etc., fácil, corriente. ‖ **7.** Separado y que no hace juego ni forma con otras cosas la unión debida. *Muebles* SUELTOS; *especies* SUELTAS. ‖ **8.** Aplícase al conjunto de monedas fraccionarias, y a cada pieza de esta clase. *Dinero* SUELTO. Ú. t. c. s. m. *No tengo* SUELTO. ‖ **9.** Dícese de lo que queda holgado, ancho. *Vestido* SUELTO. ‖ **10.** Que no está envasado o empaquetado. ‖ **11.** m. Cualquiera de los escritos insertos en un periódico que no tienen la extensión ni la importancia de los artículos ni son meras gacetillas.

sueño. m. Acto de dormir. ‖ **2.** Acto de representarse en la fantasía de uno, mientras duerme, sucesos o imágenes. ‖ **3.** Estos mismos sucesos o imágenes que se representan. ‖ **4.** Gana de dormir. *Tengo* SUEÑO; *me estoy cayendo de* SUEÑO. ‖ **5.** fig. Cosa que carece de realidad o fundamento; en especial proyecto, deseo, esperanza, sin probabilidad de realizarse.

suero. m. Parte de la sangre o de la linfa, que permanece líquida después de haberse producido el coágulo de estos humores, cuando han salido del organismo. ‖ **de la leche.** Parte líquida que se separa al coagularse la leche. ‖ **medicinal.** Disolución en agua de sales, u otras sustancias que se inyectan con fin curativo. ‖ **2. sueros** de animales preparados convenientemente para inmunizar contra ciertas enfermedades, o el que procede de una persona curada de una enfermedad infecciosa, que se inyecta a otra para inmunizarla o curarla de la misma enfermedad.

sueroterapia. f. Tratamiento de las enfermedades por los sueros medicinales.

suerte. f. Encadenamiento de los sucesos, considerado como fortuito o casual. *Así lo ha querido la* SUERTE. ‖ **2.** Circunstancia de ser, por mera casualidad, favorable o adverso a personas o cosas lo que ocurre o sucede. *Juan tiene mala* SUERTE. ‖ **3. suerte** favorable. *Dios te dé* SUERTE; *Juan es hombre de* SUERTE. ‖ **4.** Casualidad a que se fía la resolución de una cosa. *Elegir caudillo por* SUERTE; *decídalo la* SUERTE. ‖ **5.** Aquello que ocurre o puede ocurrir para bien o para mal de personas o cosas. *Ignoro cuál será mi* SUERTE; *fiar a hombres incapaces la* SUERTE *del Estado.* ‖ **6.** Género o especie de una cosa. *Feria de toda* SUERTE *de ganados.* ‖ **7.** Manera o modo de hacer una cosa. ‖ **8.** Cada uno de los lances de la lidia taurina. ‖ **de suerte que.** loc. conjunt. que indica consecuencia y resultado. ‖ **echar suertes,** o **a suerte.** fr. Valerse de medios fortuitos o casuales para resolver o decidir una cosa.

suéter. m. **jersey.** Ú. m. en América. ❑ pl. *suéteres.*

suevo, va. adj. Aplícase al individuo perteneciente a una liga de varias tribus germánicas que en el siglo III se hallaba establecida entre el Rin, el Danubio y el Elba, y en el siglo V invadió las Galias y parte de España. Ú. m. c. s. y en pl. ‖ **2.** Perteneciente o relativo a los **suevos.**

sufí. adj. Sectario o partidario del sufismo. Ú. t. c. s. ❑ pl. *sufíes* o *sufís.*

suficiencia. f. Capacidad, aptitud. ‖ **2.** fig. despect. Presunción, arrogancia, pedantería.

suficiente. adj. Bastante para lo que se necesita. ‖ **2.** Apto o idóneo. ‖ **3.** fig. Pedante, engreído que habla con afectación.

sufijo, ja. adj. *Gram.* Aplícase al afijo que va pospuesto. Dícese particularmente de los pronombres que se juntan al verbo y forman con él una sola palabra; v. gr.: *morir*SE; *dí*MELO. Ú. m. c. s. m.

sufismo. m. Doctrina mística que profesan ciertos mahometanos, principalmente en Persia.

sufragar. tr. Ayudar o favorecer. ‖ **2.** Costear, satisfacer. ‖ **3.** intr. *Amér.* Votar a un candidato o una propuesta, dictamen, etc.

sufragio. m. Ayuda, favor o socorro. ‖ **2.** Sistema electoral para la provisión de cargos. ‖ **3.** Voto de quien tiene capacidad de elegir. ‖ **restringido.** Aquel en que se reserva el derecho de voto para los ciudadanos que reúnen ciertas condiciones. ‖ **universal.** Aquel en que tienen derecho a participar todos los ciudadanos, salvo determinadas excepciones.

sufragista. adj. Dícese de la persona que, en Inglaterra a principios de siglo, se manifestaba a favor de la concesión del sufragio femenino.

sufrido, da. adj. Que sufre con resignación. ‖ **2.** Aplícase al color que disimula lo sucio.

sufrimiento. m. Padecimiento, dolor, pena.

sufrir. tr. Sentir físicamente un daño, dolor, enfermedad o castigo. ‖ **2.** Sentir un daño moral. ‖ **3.** Recibir con resignación un daño moral o físico. Ú. t. c. prnl. ‖ **4.** Aguantar, tolerar, soportar.

sugerencia. f. Insinuación, inspiración, idea que se sugiere.

sugerir. tr. Hacer entrar en el ánimo de alguno una idea, insinuándosela, inspirándosela o haciéndole caer en ella. SUGERIR *una buena idea;* SUGERIR *un mal pensamiento.* ❑ Irreg. Se conj. como *sentir.*

sugestión. f. Acción de sugerir. ‖ **2.** Idea o imagen sugerida. Se usa generalmente en sentido peyorativo. *Las* SUGESTIONES *del demonio.* ‖ **3.** Acción y efecto de sugestionar.

sugestionar. tr. Dominar la voluntad de una persona, llevándola a obrar en determinado sentido. ‖ **2.** Fascinar a alguien, provocar su admiración o entusiasmo. ‖ **3.** prnl. Experimentar sugestión.

sugestivo, va. adj. Que sugiere. ‖ **2.** fig. Que suscita emoción o resulta atrayente.

suicida. com. Persona que se suicida. Ú. t. c. adj. ‖ **2.** fig. Dícese del acto o la conducta que daña o destruye al propio agente.

suicidarse. prnl. Quitarse voluntariamente la vida.

suicidio. m. Acción y efecto de suicidarse. ‖ **2.** fig. Acción o conducta que perjudica o puede perjudicar a la persona que lo realiza.

suido. adj. *Zool.* Dícese de mamíferos artiodáctilos, paquidermos, con jeta bien desarrollada y caninos largos y fuertes, que sobresalen de la boca; como el jabalí. Ú. t. c. s. m. ‖ **2.** m. pl. *Zool.* Familia de estos animales.

sui géneris. expr. lat. que significa *de su género* o *especie,* y que se usa en español para denotar que la cosa a que se aplica es de un género o especie muy singular y excepcional.

suizo, za. adj. Natural de Suiza. Ú. t. c. s. ‖ **2.** Perteneciente o relativo a esta nación de Europa. ‖ **3.** m. Bollo especial de harina, huevo y azúcar.

sujeción. f. Acción de sujetar o sujetarse. ‖ **2.** Unión con que una cosa está sujeta de modo que no puede separarse, dividirse o inclinarse. ❑ No utilizar **sujección.*

sujetador. m. Sostén, prenda interior femenina. ‖ **2.** Pieza del biquini que sujeta el pecho.

sujetar. tr. Someter al dominio, señorío o disposición de alguno. Ú. t. c. prnl. ‖ **2.** Afirmar o contener una cosa con la fuerza. ‖ **3.** Poner en alguna cosa un objeto para que no se caiga, mueva, desordene, etc. SUJETAR *la ropa con pinzas.*

sujeto, ta. adj. Expuesto o propenso a una cosa. ‖ **2.** m. Asunto o materia sobre que se habla o escribe. ‖ **3.** Persona innominada. Ú. frecuentemente esta voz cuando no se quiere declarar la persona de quien se habla, o cuando se ignora su nombre. ‖ **4.** *Gram.* Función oracional desempeñada por un sustantivo, un pronombre o un sintagma nominal en concordancia obligada de persona y de número con el verbo. Pueden desempeñarla también cualquier sintagma o proposición sustantivados, con concordancia verbal obligada de número en tercera persona. ‖ **5.** *Gram.* Elemento o conjunto de elementos lingüísticos que, en una oración desempeñan la función de **sujeto.** ‖ **6.** *Lóg.* Ser del cual se predica o anuncia alguna cosa. ‖ **agente.** *Gram.* **sujeto** de un verbo en voz activa. ‖ **paciente.** *Gram.* **sujeto** de un verbo en voz pasiva.

sulfamida. f. Cualquiera de las sustancias químicas derivadas de la sulfonamida, que, por inhibir la actividad vital de las bacterias, son empleadas en el tratamiento de diversas enfermedades infecciosas.

sulfatar. tr. Impregnar o bañar con un sulfato alguna cosa. Ú. t. c. prnl.

sulfato. m. *Quím.* Cuerpo resultante de la combinación del ácido sulfúrico con un radical mineral u orgánico.

sulfonamida. f. Sustancia química en cuya composición entran el azufre, el oxígeno y el nitrógeno, que forman el núcleo de la molécula de las sulfamidas. Ú. también somo sinónimo de sulfamida.

sulfurar. tr. Combinar un cuerpo con el azufre. ‖ **2.** fig. Irritar, encolerizar. Ú. m. c. prnl.

sulfúreo, a. adj. Perteneciente o relativo al azufre. ‖ **2.** Que tiene azufre.

sulfúrico, ca. adj. **sulfúreo.** ‖ **2.** *Quím.* V. **ácido sulfúrico.**

sulfuro. m. *Quím.* Cuerpo que resulta de la combinación del azufre con un metal o alguno de ciertos metaloides.

sulfuroso, sa. adj. **sulfúreo.** ‖ **2.** *Quím.* Que participa de las propiedades del azufre.

sultán. m. Emperador de los turcos. ‖ **2.** Príncipe o gobernador mahometano.

sultanato. m. Dignidad de sultán. ‖ **2.** Tiempo que dura el gobierno de un sultán.

suma. f. Agregado de muchas cosas, y más comúnmente de dinero. ‖ **2.** Acción y efecto de sumar. ‖ **3.** Lo más sustancial e importante de una cosa. ‖ **4.** *Álg.* y *Arit.* La resultante de añadir a una cantidad otra u otras homogéneas. ‖ **5.** *Álg.* y *Arit.* Operación de sumar.

sumando. m. *Álg.* y *Arit.* Cada una de las cantidades que componen una suma.

sumar. tr. Recopilar, compendiar, abreviar una materia que estaba extensa y difusa. ‖ **2.** *Álg.* y *Arit.* Reunir en una sola varias cantidades homogéneas. ‖ **3.** prnl. fig. Agregarse uno a un grupo o adherirse a una doctrina u opinión.

sumarial. adj. *Der.* Perteneciente o relativo al sumario.

sumario, ria. adj. Reducido a compendio; breve, sucinto. *Discurso* SUMARIO. ‖ **2.** m. Resumen, compendio o suma. ‖ **3.** *Der.* Conjunto de actuaciones encaminadas al esclarecimiento de las circunstancias que permitan determinar la inocencia o culpabilidad del acusado en el acto del juicio.

sumarísimo, ma. adj. *Der.* Dícese de cierta clase de juicios a los que la ley señala una tramitación brevísima por la gravedad o evidencia de los hechos.

sumatorio. m. *Mat.* Representación de una suma con múltiples o infinitos términos, mediante la letra sigma mayúscula y un término general.

sumergible. adj. Que se puede sumergir. ‖ **2.** m. Nave **sumergible.**

sumergir. tr. Meter una cosa debajo del agua o de otro líquido. Ú. t. c. prnl. ‖ **2.** fig. Abismar, hundir. Ú. t. c. prnl.

sumerio, ria. adj. Natural de Sumeria. Ú. t. c. s. ‖ **2.** m. Lengua **sumeria.**

sumidero. m. Conducto o canal por donde se sumen las aguas.

sumiller. m. En los grandes hoteles, restaurantes, etc., persona encargada del servicio de licores.

suministrar. tr. Proveer a uno de algo que necesita.

suministro. m. Acción y efecto de suministrar. ‖ **2.** Provisión de víveres o utensilios para las tropas, penados, presos, etc. Ú. m. en pl. ‖ **3.** Cosas o efectos suministrados.

sumir. tr. Hundir o meter debajo de la tierra o del agua. Ú. t. c. prnl. ‖ **2.** fig. **sumergir,** hundir, hacer caer a alguien en cierto estado. Ú. t. c. prnl. ❑ Ú. con la prep. *en.*

sumisión. f. Sometimiento de unas personas a otras. ‖ **2.** Sometimiento del juicio de uno al de otro. ‖ **3.** Acatamiento, subordinación manifiesta con palabras o acciones.

sumiso, sa. adj. Obediente, subordinado. ‖ **2.** Rendido, subyugado.

súmmum. m. El colmo, lo sumo.

sumo, ma. adj. Supremo, altísimo o que no tiene superior. ‖ **2.** fig. Muy grande, enorme. SUMA *necedad.* ‖ **a lo sumo.** loc. adv. Como máximo, al mayor grado, número, cantidad, etc., a que puede llegar una persona o cosa.

suntuario, ria. adj. Relativo o perteneciente al lujo.

suntuoso, sa. adj. Magnífico, grande y costoso.

supeditar. tr. fig. Dominar, sojuzgar, avasallar. ‖ **2.** Condicionar una cosa al cumplimiento de otra.

super-. elem. compos. cuyo significado propio es «encima de»: SUPER*estructura*; puede significar también «preeminencia»: SUPER*intendente,* SUPER*hombre,* SUPER*dotado;* «grado sumo»: SUPER*fino,* SUPER*elegante;* «exceso»: SUPER*producción.*

superar. tr. Ser superior a otra persona. ‖ **2.** Vencer obstáculos o dificultades. ‖ **3.** prnl. Hacer alguien alguna cosa mejor que en otras ocasiones.

superávit. m. En el comercio, exceso del haber o caudal sobre el debe u obligaciones de la caja; y en la administración pública, exceso de los ingresos sobre los gastos. ❑ No varía en el plural. ‖ **2.** Por ext., abundancia o exceso de algo que se considera necesario.

superchería. f. Engaño, dolo, fraude.

superconductor, ra. adj. *Electr.* Dícese de los materiales metálicos que a muy bajas temperaturas pierden su resistencia eléctrica, transformándose en conductores eléctricos perfectos. Ú. t. c. s. m.

superdotado, da. adj. Aplícase a la persona que posee cualidades que exceden de lo normal. Especialmente se usa refiriéndose a las condiciones intelectuales.

superestrato. m. *Ling.* Lengua que se extiende por el territorio de otra lengua, y cuyos hablantes la abandonan para adoptar esta última, legando, sin embargo, algunos rasgos a la lengua adoptada. ‖ **2.** Acción por la cual una lengua que se ha difundido por el territorio de otra, comunica a esta algunos de sus rasgos, si bien desaparece, al adoptar sus hablantes la lengua que se habla en aquel territorio.

superestructura. f. Parte de una construcción que está por encima del nivel del suelo.

superficial. adj. Perteneciente o relativo a la superficie. ‖ **2.** Que está o se queda en ella. ‖ **3.** fig. Aparente, sin solidez ni sustancia. ‖ **4.** fig. Frívolo, sin fundamento.

superficie. f. Límite o término de un cuerpo, que lo separa y distingue de lo que no es él. ‖ **2.** Extensión de tierra. ‖ **3.** Aspecto externo de una cosa. ‖ **4.** *Geom.* Extensión en que solo se consideran dos dimensiones, que son longitud y anchura. ‖ **plana.** *Geom.* La generada por una recta al girar en torno a una perpendicular.

superfluo, flua. adj. No necesario, que está de más.

superhombre. m. Tipo de hombre muy superior a los demás.

superíndice. m. *Mat.* Letra o número que se añade a un símbolo para distinguirlo de otros semejantes. Se coloca generalmente a la derecha de aquel y algo más alto.

superintendente. com. Persona a cuyo cargo está la dirección y cuidado de una cosa, con superioridad a las demás que sirven en ella.

superior[1]. adj. Dícese de lo que está más alto y en lugar preeminente respecto de otra cosa. ‖ **2.** Dícese del que tiene otros a su cargo. Ú. t. c. s. m. ‖ **3.** fig. Dícese de lo más excelente y digno, respecto de otras cosas de menos aprecio y bondad. ‖ **4.** *Biol.* Dícese de los seres vivos de organización más compleja y que se suponen más evolucionados que otros, como los mamíferos. ‖ **5.** *Geogr.* Aplícase a algunos lugares o países que están en la parte alta de la cuenca de los ríos, a diferencia de los que están situados en la parte baja de la misma. *Alemania* SUPERIOR.

superior[2], ra. m. y f. Persona que manda, gobierna o dirige una congregación o comunidad, principalmente religiosa.

superioridad. f. Preeminencia, excelencia o ventaja en una persona o cosa respecto de otra.

superlativo, va. adj. Muy grande y excelente en su línea. ‖ **2.** *Gram.* V. **adjetivo superlativo absoluto, adjetivo superlativo relativo.** ‖ **3.** *Gram.* V. **adverbio superlativo.**

supermercado. m. Establecimiento comercial de venta al por menor en el que se expenden todo género de artículos alimenticios, bebidas, productos de limpieza, etc., y en el que el cliente se sirve a sí mismo y paga a la salida.

supernumerario, ria. adj. Que excede o está fuera del número señalado o establecido. ‖ **2.** Dícese de los militares, funcionarios, etc., en situación análoga a la de excedencia. ‖ **3.** m. y f. Empleado que trabaja en una oficina pública sin figurar en la plantilla.

superponer. tr. Añadir una cosa o ponerla encima de otra, sobreponer. ❑ Irreg. Se conj. como *poner.*

superproducción. f. Obra cinematográfica o teatral que se presenta como excepcional y de gran costo. ‖ **2.** *Econ.* Proceso económico en el que se obtienen cantidades superiores a las necesarias, de un determinado producto.

superrealismo. m. Movimiento literario y artístico, cuyo primer manifiesto fue realizado por André Breton en 1924, que intenta sobrepasar lo real impulsando con automatismo psíquico lo imaginario y lo irracional.

superrealista. adj. Relativo al superrealismo. ‖ **2.** com. Persona que es partidaria de este movimiento o que lo practica.

supersónico, ca. adj. *Fís.* Dícese de la velocidad superior a la del sonido, y de lo que se mueve de este modo. *Avión* SUPERSÓNICO. ‖ **2.** m. Avión que se mueve a velocidad **supersónica.**

superstición. f. Creencia extraña a la fe religiosa y contraria a la razón.

supersticioso, sa. adj. Perteneciente o relativo a la superstición. ‖ **2.** Dícese de la persona que cree en ella. Ú. t. c. s.

supervalorar. tr. **sobrevalorar.**

supervisar. tr. Ejercer la inspección superior en trabajos realizados por otros.

supervivencia. f. Acción y efecto de sobrevivir.

superviviente. adj. Que sobrevive.

superyó. m. *Psicol.* En la doctrina psicoanalítica freudiana, parte más o menos inconsciente del yo, formado por lo que este último considera su ideal. Recibe también, en consecuencia, el nombre de «ideal del yo».

supino, na. adj. Que está tendido sobre el dorso. ‖ **2.** Aplicado a ciertas cualidades negativas, muy grande, enorme. *Ignorancia* SUPINA. ‖ **3.** m. En algunas lenguas indoeuropeas, una de las formas nominales del verbo.

suplantador, ra. adj. Que suplanta. Ú. t. c. s.

suplantar. tr. Ocupar con malas artes el lugar de otro, defraudándole el derecho, empleo o favor que disfrutaba.

suplementario, ria. adj. Que sirve para suplir una cosa o completarla.

suplemento. m. Cosa o accidente que se añade a otra cosa para hacerla íntegra o perfecta. ‖ **2.** Hoja o cuaderno que publica un periódico o revista y cuyo texto es independiente del número ordinario. ‖ **3.** *Geom.* Ángulo que falta a otro para componer dos rectos.

suplencia. f. Acción y efecto de suplir una persona a otra. ‖ **2.** También el tiempo que dura esta acción.

supletorio, ria. adj. **suplementario,** que sirve para completar algo que falta. Ú. t. c. s. m. ‖ **2.** Dícese del aparato telefónico conectado a uno principal. Ú. t. c. s.

súplica. f. Acción y efecto de suplicar. ‖ **2.** Memorial o escrito en que se suplica. ‖ **3.** *Der.* Cláusula final de un escrito dirigido a la autoridad administrativa o judicial en solicitud de una resolución.

suplicar. tr. Rogar, pedir con humildad y sumisión una cosa. ‖ **2.** *Der.* Recurrir contra el auto o sentencia de vista del tribunal superior ante el mismo.

suplicatorio, ria. adj. Que contiene súplica. ‖ **2.** m. *Der.* Oficio que pasa un tribunal o juez a otro superior, suplicatoria.

suplicio. m. Lesión corporal, o muerte, infligida como castigo. ‖ **2.** fig. Grave tormento o dolor físico o moral.

suplir. tr. Cumplir o integrar lo que falta en una cosa, o remediar la carencia de ella. ‖ **2.** Ponerse en lugar de uno para hacer sus veces. ‖ **3.** Reemplazar, sustituir una cosa por otra. ‖ **4.** Disimular uno un defecto de otro. ‖ **5.** *Gram.* Dar por supuesto y explícito lo que solo se contiene implícitamente en la oración o frase.

suponer. tr. Dar por sentada y existente una cosa. ‖ **2.** Fingir, dar existencia ideal a lo que realmente no la tiene. ‖ **3.** Traer consigo, importar. *La nueva adquisición que ha hecho* SUPONE *desmedidos gastos de conservación.* ‖ **4.** Conjeturar, calcular algo a través de los indicios que se poseen. ‖ **5.** intr. Tener representación o autoridad en una república o comunidad. ❑ Irreg. Se conj. como *poner;* p. p. irreg. *supuesto.*

suposición. f. Acción y efecto de suponer. ‖ **2.** Lo que se supone o da por sentado.

supositorio. m. *Farm.* Preparación farmacéutica en pasta, de forma cónica u ovoide, que se introduce en el recto, en la vagina o en la uretra y que, al fundirse con el calor del cuerpo, deja en libertad los medicamentos cuyo efecto se busca.

supra. Elemento compositivo que significa «arriba», o «encima de algo».

suprarrenal. adj. *Anat.* Situado encima de los riñones.

supremacía. f. Grado supremo en cualquier línea. ‖ **2.** Preeminencia, superioridad jerárquica.

supremo, ma. adj. Sumo, altísimo. ‖ **2.** Que no tiene superior en su línea.

supresión. f. Acción y efecto de suprimir.

suprimir. tr. Hacer cesar, hacer desaparecer. SUPRIMIR *un empleo, un impuesto, una pensión.* ‖ **2.** Omitir, dejar de decir o de copiar una parte de algo que se relata o se escribe. SUPRIMIR *pormenores en la narración de un suceso.*

supuesto, ta. p. p. irreg. de **suponer.** ‖ **2.** m. Objeto y materia que no se expresa en la proposición; pero es aquello de que depende, o en que consiste o se funda, la verdad de ella. ‖ **3.** Suposición, hipótesis.

supuración. f. Acción y efecto de supurar.

supurar. intr. Formar o echar pus.

sur. n. p. m. Punto cardinal del horizonte, diametralmente opuesto al Norte y que cae enfrente del observador a cuya derecha está el Occidente. ‖ **2.** m. Lugar de la Tierra o de la esfera celeste que cae del lado del polo antártico, respecto del otro con el cual se compara. ‖ **3.** Viento que sopla de la parte austral del horizonte.

sura. m. Cualquiera de las lecciones o capítulos en que se divide el Alcorán.

suramericano, na. adj. Natural de Suramérica o América del Sur. Ú. t. c. s. ‖ **2.** Perteneciente o relativo a esta parte de América.

surcar. tr. Hacer surcos en la tierra al ararla. ‖ **2.** Hacer en alguna cosa rayas parecidas a los surcos que se hacen en la tierra. ‖ **3.** fig. Ir o caminar por un fluido rompiéndolo o cortándolo. SURCA *la nave el mar, y el ave, el viento.*

surco. m. Hendedura que se hace en la tierra con el arado. ‖ **2.** Señal o hendedura prolongada que deja una cosa que pasa sobre otra. ‖ **3.** Arruga en el rostro o en otra parte del cuerpo.

surcoreano, na. adj. Natural de Corea del Sur. Ú. t. c. s. ‖ **2.** Perteneciente o relativo a este país de Asia.

sureño, ña. adj. Perteneciente o relativo al sur. ‖ **2.** Que está situado en la parte sur de un país.

sureste. m. **sudeste.**

surgir. intr. fig. Alzarse, manifestarse, brotar, aparecer. ❑ Ú. con la prep. *de*. No confundir con *surtir*.

suroeste. m. **sudoeste.**

surrealismo. m. **superrealismo.**

surrealista. adj. **superrealista.**

sursuncorda. m. fig. y fam. Supuesto personaje anónimo de mucha importancia. *No lo haré aunque lo mande el* SURSUNCORDA.

surtido, da. adj. Aplícase al artículo de comercio que se ofrece como mezcla de diversas clases. *Galletas* SURTIDAS. Ú. t. c. s. *Un* SURTIDO *de horquillas.* ‖ **2.** m. Acción y efecto de surtir o surtirse.

surtidor, ra. adj. Que surte o provee. Ú. t. c. s. ‖ **2.** m. Chorro de agua que brota o sale, especialmente hacia arriba. ‖ **3.** Bomba que extrae de un depósito subterráneo de gasolina, la necesaria para repostar a los vehículos automóviles.

surtir. tr. Proveer a uno de alguna cosa. Ú. t. c. prnl. ‖ **2.** intr. Brotar, saltar, o simplemente salir el agua, y más en particular hacia arriba. ❑ No confundir con *surgir*.

susceptible. adj. Capaz de recibir modificación o impresión. ‖ **2.** Quisquilloso, picajoso.

suscitar. tr. Levantar, promover.

suscribir. tr. Firmar al pie o al final de un escrito. ‖ **2.** fig. Convenir con el dictamen de uno, acceder a él. ‖ **3.** prnl. Abonarse para recibir alguna publicación periódica o algunos libros que se hayan de publicar en serie o por fascículos. Ú. t. c. tr. ❑ p. p. irreg. *suscrito*.

suscripción. f. Acción y efecto de suscribir o suscribirse.

suscrito, ta. p. p. irreg. de **suscribir.**

susodicho, cha. adj. Dicho arriba, mencionado con anterioridad. Ú. t. c. s.

suspender. tr. Levantar, colgar o detener una cosa en alto o en el aire. ‖ **2.** Detener o diferir por algún tiempo una acción u obra. Ú. t. c. prnl. ‖ **3.** fig. Causar admiración, embelesar. ‖ **4.** fig. Privar temporalmente a uno del sueldo o empleo que tiene. ‖ **5.** fig. Negar la aprobación a un examinando hasta nuevo examen.

suspense. m. En el cine y otros espectáculos, situación emocional, generalmente angustiosa, producida por una escena dramática de desenlace diferido o indeciso.

suspensión. f. Acción y efecto de suspender o suspenderse. ‖ **2.** En los automóviles y vagones del ferrocarril, conjunto de las piezas y mecanismos destinados a hacer elástico el apoyo de la carrocería sobre los ejes de las ruedas. ‖ **3. suspense.** ‖ **4.** *Quím.* **suspensión coloidal.** ‖ **coloidal.** *Quím.* Compuesto que resulta de disolver cualquier coloide en un fluido. ‖ **en suspensión.** loc. adj. o adv. que indica el estado de partículas o cuerpos que se mantienen durante tiempo más o menos largo en el seno de un fluido.

suspensivo, va. adj. Que tiene virtud o fuerza de suspender. ‖ **2.** *Ortogr.* V. **puntos suspensivos.**

suspenso, sa. adj. Admirado, perplejo. ‖ **2.** m. Nota de haber sido suspendido en un examen. ‖ **3.** *Amér.* Por influencia del ing. *suspense*, expectación impaciente o ansiosa por el desarrollo de una acción o suceso; úsase especialmente con referencia a películas cinematográficas, obras teatrales o relatos. ‖ **en suspenso.** loc. adv. Diferida la resolución o su cumplimiento.

suspicacia. f. Cualidad de suspicaz.

suspicaz. adj. Propenso a concebir sospechas o a tener desconfianza.

suspirar. intr. Dar suspiros.

suspiro. m. Aspiración fuerte y prolongada seguida de una espiración, acompañada a veces de un gemido y que suele denotar pena, ansia o deseo. ‖ **2.** fig. y fam. Espacio de tiempo brevísimo.

sustancia. f. Jugo que se extrae de ciertas materias alimenticias, o caldo que con ellas se hace. ‖ **2.** Ser, esencia, naturaleza de las cosas. ‖ **3.** fig. Aquello que en cualquier cosa constituye lo más importante o esencial. ‖ **4.** Elementos nutritivos de los alimentos. ‖ **5.** fig. y fam. Juicio, madurez. *Hombre sin* SUSTANCIA. ‖ **blanca.** *Anat.* La formada principalmente por la reunión de fibras nerviosas, que constituye la parte periférica de la médula espinal y la central del encéfalo. ‖ **gris.** *Anat.* La formada principalmente por la reunión de cuerpos de células nerviosas, que constituye la porción central de la médula espinal y la superficial del encéfalo.

sustancial. adj. Perteneciente o relativo a la sustancia. ‖ **2.** Dícese de lo esencial y más importante de una cosa.

sustanciar. tr. Compendiar, extractar. ‖ **2.** *Der.* Conducir un asunto o juicio por la vía procesal adecuada hasta ponerlo en estado de sentencia.

sustancioso, sa. adj. Que tiene valor o estimación. ‖ **2.** Que tiene virtud nutritiva.

sustantivar. tr. *Gram.* Dar valor y significación de nombre sustantivo a otra parte de la oración y aun a locuciones enteras.

sustantivo, va. adj. Que tiene existencia real, independiente, individual. ‖ **2.** Importante, fundamental, esencial. ‖ **3.** *Gram.* V. **nombre sustantivo.** Ú. t. c. s.

sustentación. f. Acción y efecto de sustentar. ‖ **2. sustentáculo.**

sustentáculo. m. Apoyo o sostén de una cosa.

sustentar. tr. Proveer a uno del alimento necesario. Ú. t. c. prnl. ‖ **2.** Conservar una cosa en su ser o estado. ‖ **3.** Sostener una cosa para que no se caiga o se tuerza. Ú. t. c. prnl. ‖ **4.** Defender o sostener determinada opinión.

sustento. m. Mantenimiento, alimento. ‖ **2.** Sostén o apoyo.

sustituir. tr. Poner a una persona o cosa en lugar de otra. ❑ Irreg. Se conj. como *huir.*

sustituto, ta. m. y f. Persona que hace las veces de otra. Ú. t. c. adj.

susto. m. Impresión repentina causada en el ánimo por sorpresa, miedo, espanto o pavor. ‖ **2.** fig. Preocupación vehemente por alguna adversidad o daño que se teme.

sustraendo. m. *Álg.* y *Arit.* Cantidad que ha de restarse de otra.

sustraer. tr. Apartar, separar, extraer. ‖ **2.** Hurtar, robar fraudulentamente. ‖ **3.** *Álg.* y *Arit.* Restar, hallar la diferencia entre dos cantidades. ‖ **4.** prnl. Separarse de lo que es de obligación, de lo que se tenía proyectado o de alguna otra cosa. ❑ Irreg. Se conj. como *traer.*

sustrato. m. *Biol.* Lugar que sirve de asiento a una planta o animal fijo. ‖ **2.** *Geol.* Terreno situado debajo del que se considera. *El* SUSTRATO *de un manto.* ‖ **3.** *Ling.* Lengua que, hablada en un territorio sobre el cual se ha implantado otra lengua, se ha extinguido, pero ha legado algunos rasgos a esta última.

susurrar. intr. Hablar quedo, produciendo un murmullo o ruido sordo. Ú. t. c. tr. ‖ **2.** fig. Producir un ruido suave y remiso el aire, el arroyo, etc. Ú. t. c. tr.

susurro. m. Ruido suave y remiso que resulta de hablar quedo.

sutil. adj. Delgado, delicado, tenue. ‖ **2.** fig. Agudo, perspicaz, ingenioso. ❑ Siempre tiene acentuación aguda, no llana.

sutileza. f. Cualidad de sutil. ‖ **2.** fig. Dicho o concepto excesivamente agudo y falto de verdad, profundidad o exactitud.

sutura. f. *Bot.* Cordoncillo que forma la juntura de las ventallas de un fruto. ‖ **2.** *Cir.* Costura con que se reúnen los bordes de una herida. ‖ **3.** *Zool.* Línea sinuosa, a modo de sierra, que forma la unión de ciertos huesos del cráneo.

suturar. tr. Coser una herida.

suyo, ya. Pronombre posesivo de tercera persona en género masculino y femenino y ambos números singular y plural. Ú. t. c. s. ‖ **la suya.** Intención o voluntad determinada del sujeto de quien se habla. *Salirse con* LA SUYA; *llevar* LA SUYA *adelante.* ‖ **2.** loc. fam. con que se indica que ha llegado la ocasión favorable a la persona de que se trata. ❑ Ú. m. con el verbo *ser. Ahora* ES, O SERÁ LA SUYA. ‖ **los suyos.** Personas propias y unidas a otra por parentesco, amistad, servidumbre, etc. ‖ **de las suyas.** loc. Modos de expresarse u obrar que responden al carácter de una persona. ❑ Se usa con frecuencia en sentido peyorativo. *Hacer* DE LAS SUYAS. ‖ **de suyo.** loc. adv. Naturalmente, propiamente o sin sugestión ni ayuda ajena. ‖ **lo suyo.** loc. fam. con que se pondera la dificultad, mérito o importancia de algo. ❑ Ú. m. con el verbo *tener. Traducir a Horacio* TIENE LO SUYO.

t. f. Vigésima primera letra del abecedario español, y decimoséptima de sus consonantes. Su nombre es **te,** y representa un sonido de articulación dental, oclusiva y sorda.

taba. f. Astrágalo, hueso del pie. ‖ **2.** Juego en que se tira al aire una **taba** de carnero, u otro objeto similar, y se gana o se pierde según la posición en que caiga aquella.

tabacal. m. Sitio sembrado de tabaco.

tabacalero, ra. adj. Perteneciente o relativo al cultivo, fabricación o venta del tabaco. ‖ **2.** Dícese de la persona que cultiva el tabaco. Ú. t. c. s.

tabaco. m. Planta de la familia de las solanáceas, originaria de América, de raíz fibrosa, tallo de cinco a doce decímetros de altura, velloso y con médula blanca; hojas alternas, grandes, lanceoladas y glutinosas; flores en racimo, con el cáliz tubular y la corola de color rojo purpúreo o amarillo pálido, y fruto en cápsula cónica con muchas semillas menudas. Toda la planta tiene olor fuerte y es narcótica. ‖ **2.** Hoja de esta planta, curada y preparada para sus diversos usos. ‖ **3.** Enfermedad de algunos árboles, que consiste en descomponerse la parte interior del tronco, convirtiéndose en un polvo de color rojo pardusco o negro. ‖ **4.** Color marrón semejante al de las hojas de **tabaco.** ‖ **negro.** El que, aderezado con miel, se elabora en forma de mecha retorcida y flexible para picarlo y fumarlo en papel o pipa. ‖ **rapé.** El de polvo, más grueso y más oscuro que el ordinario y elaborado con hoja cortada algún tiempo después de madurar. ‖ **rubio.** El que resulta de la mezcla de las variedades de color amarillo y cobrizo de Virginia y Oriente.

tabalear. tr. Menear o mecer una cosa a una parte y otra. Ú. t. c. prnl. ‖ **2.** intr. **tamborilear,** dar golpes ligeros.

tabanco. m. Puesto, tienda o cajón que se pone en las calles o en los mercados para la venta de comestibles.

tábano. m. Insecto díptero, del suborden de los braquíceros, de dos a tres centímetros de longitud y de color pardo, que molesta con sus picaduras principalmente a las caballerías. ‖ **2.** fig. y fam. Persona molesta o pesada.

tabanque. m. Rueda de madera que mueven con el pie los alfareros, para hacer girar el torno.

tabaquera. f. Recipiente para llevar o guardar el tabaco.

tabaquero, ra. adj. Perteneciente o relativo al tabaco. ‖ **2.** m. y f. Obrero que tuerce el tabaco. ‖ **3.** Persona que lo vende o comercia con él.

tabaquismo. m. Intoxicación crónica producida por el abuso del tabaco.

tabardo. m. Prenda de abrigo ancha y larga, de paño tosco, con las mangas anchas y abiertas, que se usa en el campo. ‖ **2.** Especie de gabán sin mangas, de paño o de piel. ‖ **3.** Chaquetón militar, que formaba parte del uniforme de invierno del soldado.

tabarra. f. Molestia causada por algo pesado e insistente. Ú. especialmente en la fr. *dar la* TABARRA.

tabasco. m. Ají de fruto rojo, pequeño y muy picante. ‖ **2.** Salsa roja muy picante que sirve de condimento.

taberna. f. Establecimiento público, de carácter popular, donde se sirven y expenden bebidas y, a veces, se sirven comidas.

tabernáculo. m. Lugar donde los hebreos tenían colocada el arca del Testamento. ‖ **2.** Sagrario donde se guarda el Santísimo Sacramento. ‖ **3.** Tienda en que habitaban los antiguos hebreos.

tabernario, ria. adj. Propio de la taberna o de las personas que la frecuentan. ‖ **2.** fig. Bajo, grosero, vil.

tabernero, ra. m. y f. Persona que tiene una taberna.

tabicar. tr. Cerrar con tabique una cosa; como puerta, ventana, etc. ‖ **2.** fig. Cerrar u obstruir lo que debería estar abierto o tener curso. Ú. t. c. prnl. TABICARSE *las narices.*

tabique. m. Pared delgada que sirve para separar las piezas de la casa. ‖ **2.** Por ext., división plana y delgada que separa dos huecos. *El* TABIQUE *de las fosas nasales.*

tabla. f. Pieza de madera plana, de poco grueso y cuyas dos caras son paralelas entre sí. ‖ **2.** Pieza plana y de poco espesor de alguna otra materia rígida. ‖ **3.** Cara más ancha de un madero. ‖ **4.** Doble pliegue ancho y plano que se hace por adorno en una tela y que deja en el exterior un trozo liso entre doblez y doblez. ‖ **5.** Este trozo liso. ‖ **6.** desus. **mesa,** mueble. ‖ **7.** Tablilla en que se comunica algo. ‖ **8.** Índice de materias en los libros. ‖ **9.** Lista o catálogo de cosas puestas por orden sucesivo o relacionadas entre sí. ‖ **10.** Cuadro o catálogo de números de especie determinada, dispuestos en forma adecuada para facilitar los cálculos. TABLA *de multiplicar, de logaritmos, astronómica.* ‖ **11.** Faja de tierra, y especialmente la labrantía comprendida entre dos filas de árboles. ‖ **12.** Pedazo cuadrilongo de tierra dispuesto para plantar legumbres, vides o árboles. ‖ **13.** Mostrador de la carnicería. ‖ **14.** Superficie ovalada y con un hueco central, provista de una tapa. Se coloca sobre la taza del retrete para sentarse sobre ella. ‖ **15.** *Pint.* Pintura hecha en **tabla.** ‖ **16.** pl. Estado, en el juego de damas o en el de ajedrez, en el cual ninguno de los jugadores puede ganar la partida. ‖ **17.** fig. Por ext., empate entre competidores. *Hacer* TABLAS *un asunto; quedar* TABLAS. ‖ **18.** fig. El escenario del teatro. ‖ **19.** fig. Soltura en cualquier actuación ante el público. ‖ **20.** *Taurom.* Barrera o valla que circunda el ruedo. ‖ **21.** *Taurom.* Tercio del ruedo inmediato a la barrera. ‖ **de lavar.** La de madera que en una de sus caras lleva talladas unas ranuras y sirve para restregar sobre ella la ropa al enjabonarla. ‖ **de salvación.** fig. Por comparación con la del náufrago, último recurso para salir de un apuro. ‖ **periódica.** *Fís.* y *Quím.* **sistema periódico.** ‖ **rasa.** fig. Entendimiento sin cultivo ni estudios. ‖ **tablas de la ley.** Piedras en que se escribió el Decálogo que, según la Biblia, dio Dios a Moisés en el Sinaí. ‖ **reales.** Juego antiguo parecido al de las damas, donde se combina la habilidad con el azar, ya que son los dados los que deciden el movimiento de las piezas. ‖ **a raja tabla,** o **a rajatabla.** loc. adv. fig. y fam. Cueste lo que cueste, a toda costa, a todo trance, sin remisión. ‖ **hacer tabla rasa** de algo. fr. Prescindir o desentenderse de ello, por lo común arbitrariamente.

tablado. m. Suelo plano formado de tablas unidas o juntas por el canto. ‖ **2.** Suelo de tablas formado en alto sobre una armazón. ‖ **3.** Pavimento del escenario de un teatro. ‖ **4. patíbulo.**

tablao. m. Tablado, escenario dedicado al cante y baile flamencos. ‖ **2.** Local dedicado a espectáculos de baile y cante flamencos.

tablazón. f. Agregado de tablas. ‖ **2.** *Mar.* Conjunto o compuesto de tablas con que se hacen las cubiertas de las embarcaciones y se cubre su costado y demás obras que llevan forro.

tableado. m. Conjunto de tablas que se hacen en una tela.

tablear. tr. Dividir un madero en tablas. ‖ **2.** Dividir en tablas el terreno de una huerta o de un jardín. ‖ **3.** Hacer tablas en la tela.

tablero. m. Tabla o conjunto de tablas unidas por el canto, con una superficie plana y alisada, y barrotes atravesados por la cara opuesta o en los bordes, para evitar que se combe. ‖ **2.** Tabla de una materia rígida. ‖ **3.** Superficie horizontal de la mesa. ‖ **4. tabla** dibujada y coloreada a propósito para jugar al ajedrez y a otros varios juegos. ‖ **5. encerado** de las escuelas. ‖ **6.** Plancha preparada para fijar y exponer en ella al público cualquier cosa como anuncios, llaves, etc. ‖ **7.** Superficie en que se agrupan los indicadores o controles de un sistema.

tableta. f. Pastilla de chocolate plana y rectangular. ‖ **2. pastilla** medicinal de forma variable.

tabletear. intr. Hacer chocar tabletas o tablas para producir ruido. ‖ **2.** Sonar algún ruido a manera de tableteo; como los truenos.

tableteo. m. Acción y efecto de tabletear.

tablilla. f. Hoja en que se registran los datos e instrucciones de cada jornada de trabajo en determinadas profesiones. ‖ **2.** Pequeña placa barnizada o encerada en que antiguamente se escribía con un punzón. ‖ **3.** Tabla pequeña en la cual se expone al público una lista de personas, un edicto o un anuncio de otra clase. ‖ **4.** Cada uno de los trozos de baranda de la mesa de trucos o de billar comprendidos entre dos troneras. ‖ **tablillas neperianas.** Tablas de logaritmos, inventadas por Juan Néper.

tablón. m. Tabla gruesa. ‖ **de anuncios.** Tabla o tablero en que se fijan avisos, noticias, etc.

tabú. m. Prohibición de comer o tocar algún objeto, impuesta a sus adeptos por algunas religiones de la Polinesia. ‖ **2.** Por ext., la condición de las personas, instituciones y cosas a las que no es lícito censurar o mencionar. ❑ pl. *tabúes* o *tabús.*

tabulador, ra. adj. Que tabula. ‖ **2.** m. Mecanismo de la máquina de escribir que permite hacer cuadros y listas con facilidad conservando los espacios pertinentes. ‖ **3.** f. *Inform.* Máquina automática capaz de leer una serie de tarjetas perforadas, contarlas, realizar, si es preciso, una serie de operaciones elementales, e imprimir directamente lecturas y resultados.

tabular. tr. Expresar valores, magnitudes u otros datos, por medio de tablas. ‖ **2.** Accionar el tabulador de una máquina de escribir.

taburete. m. Asiento sin brazos ni respaldo, para una persona. ‖ **2.** Silla con el respaldo muy estrecho, guarnecida de vaqueta, terciopelo, etc.

tac. m. Ruido que producen ciertos movimientos acompasados, como el latido del corazón, etc. Ú. m. repetido.

taca. f. Alacena pequeña. ‖ **2.** Armario pequeño.

tacada. f. Golpe dado con la boca o la maza del taco a la bola de billar o de trucos. ‖ **2.** Serie de carambolas hecha sin perder golpe.

tacana. f. Mineral comúnmente negruzco, abundante en plata.

tacañear. intr. Obrar con tacañería.

tacañería. f. Calidad de tacaño. ‖ **2.** Acción propia del tacaño.

tacaño, ña. adj. Miserable, ruin, mezquino. Ú. t. c. s.

tacatá. m. Andador con asiento y ruedecillas en las patas, para que los niños aprendan a andar sin caerse. ❑ pl. *tacatás.*

tacataca. m. **tacatá,** andador.

tacazo. m. Golpe dado con el taco.

tacha. f. Falta, nota o defecto que se halla en una cosa y la hace imperfecta. ‖ **2.** Especie de clavo pequeño, mayor que la tachuela común. ‖ **3.** *Der.* Motivo legal para desestimar en un pleito la declaración de un testigo.

tachable. adj. Que merece tacha. ‖ **2.** Que puede ser tachado o borrado.

tachadura. f. Acción de tachar lo escrito. ‖ **2.** **tachón**[1]**,** para borrar lo escrito.

tachar. tr. Borrar lo escrito haciendo unos trazos encima. ‖ **2.** Atribuir a algo o a alguien cierta falta. *Lo* TACHAN *de reaccionario;* TACHAN *sus vicios.*

tachón[1]**.** m. Señal, generalmente compuesta por rayas, que se hace sobre lo escrito para borrarlo.

tachón[2]**.** m. Tachuela grande, de cabeza dorada o plateada, con que suelen adornarse cofres, sillerías y otros objetos.

tachonar. tr. Adornar una cosa claveteándola con tachones.

tachuela. f. Clavo corto y de cabeza grande.

tácito, ta. adj. Callado, silencioso. ‖ **2.** Que no se entiende, percibe, oye o dice formalmente, sino que se supone e infiere.

taciturno, na. adj. Callado, silencioso, que le molesta hablar. ‖ **2.** fig. Triste, melancólico o apesadumbrado.

taco. m. Pedazo de madera, metal u otra materia, corto y grueso, que se encaja en algún hueco. ‖ **2.** Cualquier pedazo de madera corto y grueso. ‖ **3.** Vara de madera dura, pulimentada, como de metro y medio de largo, más gruesa por un extremo que por el otro y con la cual se impelen las bolas del billar y de los trucos. ‖ **4.** Conjunto de las hojas de papel superpuestas que forman el calendario de pared. ‖ **5.** Cualquier otro conjunto de hojas de papel sujetas en un solo bloque. ‖ **6.** fig. y fam. Cada uno de los pedazos de queso, jamón, etc., de cierto grosor que se cortan como aperitivo o merienda. ‖ **7.** fig. y fam. Trozo de madera o de plástico, de forma más o menos alargada, que se empotra en la pared para introducir en él clavos o tornillos con el fin de sostener alguna cosa. ‖ **8.** fig. y fam. Cada una de las piezas cónicas o puntiagudas que tienen en la suela algunos zapatos deportivos para dar firmeza al paso. ‖ **9.** fig. y fam. Embrollo, lío. ‖ **10.** fig. y fam. Voto, juramento, palabrota; se emplea más principalmente tras los verbos *echar* y *soltar.* ‖ **11.** pl. fam. Años de edad. *Tiene veinte* TACOS.

tacómetro. m. Aparato que mide el número de revoluciones de un eje.

tacón. m. Pieza semicircular, más o menos alta, que va exteriormente unida a la suela del zapato o bota, en aquella parte que corresponde al calcañar.

taconear. intr. Pisar con fuerza o brío, produciendo ruido. ‖ **2.** Golpear a la caballería con los tacones. ‖ **3.** En ciertos bailes, mover rítmicamente los pies haciendo ruido con los tacones en el suelo. Ú. t. c. tr.

taconeo. m. Acción y efecto de taconear.

tactación. f. *Med.* **tacto**.

táctica. f. Método o sistema para ejecutar o conseguir algo. ‖ **2.** *Mil.* Conjunto de reglas a que se ajustan en su ejecución las operaciones militares.

táctico, ca. adj. Perteneciente o relativo a la táctica. ‖ **2.** Experto en táctica. Ú. t. c. s.

táctil. adj. Referente al tacto. ‖ **2.** Que posee cualidades perceptibles por el tacto, o que sugieren tal percepción.

tacto. m. Uno de los sentidos, mediante el cual aprecian los animales las sensaciones de contacto, de presión y de calor y frío. Los órganos de este sentido están situados en la piel, y a veces se hallan localizados en apéndices especiales, como tentáculos, palpos, etc. ‖ **2.** Manera de impresionar un objeto el sentido táctil. ‖ **3.** *Med.* Exploración, con las yemas de los dedos, de una superficie orgánica o de una cavidad accesible. ‖ **4.** fig. Prudencia para proceder en un asunto delicado.

tafetán. m. Tela delgada de seda, muy tupida.

tafilete. m. Cuero bruñido y lustroso, mucho más delgado que el cordobán.

tagalo, la. adj. Dícese del individuo de una raza indígena de Filipinas, de origen malayo, que habita en el centro de la isla de Luzón y en algunas otras islas inmediatas. Ú. t. c. s. ‖ **2.** Perteneciente o relativo a los **tagalos.** ‖ **3.** m. Lengua que hablan los **tagalos.**

tahalí. m. Tira de cuero, ante, lienzo u otra materia, que cruza desde el hombro derecho por el lado izquierdo hasta la cintura, donde se juntan los dos cabos y se pone la espada. ‖ **2.** Caja de cuero pequeña en que los soldados solían llevar reliquias y oraciones. ❑ pl. *tahalíes* o *tahalís.*

tahitiano, na. adj. Perteneciente o relativo a Tahití.

tahona. f. Molino de harina cuya rueda se mueve con caballería. ‖ **2. panadería,** casa.

tahúr. adj. **jugador,** aficionado al juego o hábil en él. Ú. m. c. s. ‖ **2.** m. Jugador fullero.

taifa. f. Cada uno de los reinos en que se dividió la España árabe al disolverse el califato cordobés. *Reyes de* TAIFA.

taiga. f. *Geogr.* Selva propia del norte de Rusia y Siberia, de subsuelo helado y formada en su mayor parte de coníferas. Está limitada al sur por la estepa y al norte por la tundra.

tailandés, sa. adj. Natural de Tailandia. Ú. t. c. s. ‖ **2.** Perteneciente o relativo a este Estado de Asia.

taimado, da. adj. Bellaco, astuto, disimulado y pronto en advertirlo todo. Ú. t. c. s.

taíno, na. adj. Dícese de los pueblos indígenas pertenecientes al gran grupo lingüístico arahuaco, que estaban establecidos en La Española y también en Cuba y Puerto Rico cuando se produjo el descubrimiento de América. Ú. t. c. s. ‖ **2.** Perteneciente o relativo a los **taínos.** ‖ **3.** m. Lengua de estos indígenas.

tajada. f. Porción cortada de una cosa, especialmente de carne cocinada. ‖ **2.** fam. Embriaguez, borrachera. ‖ **sacar** uno **tajada.** fr. fig. y fam. Conseguir con maña alguna ventaja, y en especial parte de lo que se distribuye entre varios.

tajadera. f. Cuchilla, a modo de media luna, con que se taja una cosa; como el queso, el turrón, etc. ‖ **2. cortafrío.**

tajado, da. adj. Dícese de la costa, roca o peña cortada verticalmente y que forma como una pared.

tajamar. m. *Mar.* Tablón recortado en forma curva y ensamblado en la parte exterior de la roda, que sirve para hender el agua cuando el buque marcha. ‖ **2.** *Arq.* Construcción que se adiciona a los pilares de los puentes, aguas arriba y aguas abajo, en figura curva o angular, de manera que pueda cortar el agua de la corriente y repartirla con igualdad por ambos lados de aquellas.

tajante. adj. fig. Concluyente, terminante, contundente.

tajar. tr. Dividir una cosa en dos o más partes con instrumento cortante.

tajaraste. m. Baile popular canario.

tajo. m. Corte hecho con instrumento adecuado. ‖ **2.** Sitio hasta donde llega en su faena la cuadrilla de operarios que trabaja avanzando sobre el terreno; como la de segadores, mineros, etc. ‖ **3. tarea,** trabajo que debe hacerse en tiempo limitado. ‖ **4.** coloq. Lugar en el que se trabaja. *Me voy al* TAJO. ‖ **5.** Escarpa alta y cortada casi verticalmente. ‖ **6.** Filo o corte. ‖ **7.** Pedazo de madera grueso, por lo regular afirmado sobre tres pies, el cual sirve para partir y picar la carne sobre él. ‖ **8.** Trozo de madera grueso y pesado sobre el cual se cortaba la cabeza a los condenados.

tajuelo. m. Banquillo rústico de madera.

tal. adj. Aplícase a las cosas indefinidamente, para determinar en ellas lo que por su correlativo se denota. *Su fin será* TAL *cual ha sido su principio.* ‖ **2.** Igual, semejante, o de la misma forma o figura. TAL *cosa jamás se ha visto.* ‖ **3.** Tanto o tan grande. Ú. para exagerar y engrandecer la bondad y perfección de una cosa, o al contrario. TAL *falta no la puede cometer un varón* TAL. ‖ **4.** Ú. t. para determinar y contraer lo que no está especificado o distinguido, y suele repetirse para dar más viveza a la expresión. *Haced* TALES *y* TALES *cosas, y acertaréis.* ‖ **5.** Ú. a veces como pronombre demostrativo. TAL *origen tuvo su ruina* (este que se acaba de explicar); *no conozco a* TAL *hombre* (a ese de que antes se ha hablado); *no haré yo* TAL (eso o cosa **tal**). Empleado como neutro, equivale más determinadamente a **cosa** o **cosa tal,** y toma con mayor distinción carácter de sustantivo en frases como esta: *Para destruir un pueblo, no hay* TAL *como dividirlo y corromperlo.* Puede construirse con el artículo determinado masculino o femenino. *El* TAL, o *la* TAL, *se acercó a mí* (este hombre, o esta mujer de que se ha hecho mención); *el* TAL *drama; la* TAL *comedia* (ese, o esa, de que se trata). ‖ **6.** También se emplea como pronombre indeterminado. TAL (alguno) *habrá que lo sienta así y no lo diga,* o TALES *habrá que lo sientan así.* ‖ **7.** Aplicado a un nombre propio, da a entender que aquel sujeto es poco conocido del que habla o de los que escuchan. *Estaba allí un* TAL *Cárdenas.* || **8.** adv. m. Así, de esta manera, de suerte. TAL *estaba él con la lectura de estos libros;* TAL *me habló, que no supe qué responderle.* || **9.** Empléase en sentido comparativo, correspondiéndose con *cual, como* o *así como,* y en este caso equivale a **de igual modo** o **asimismo.** *Cual, como* o *así como el Sol da luz a la Tierra,* TAL *la verdad ilumina el entendimiento.* || **con tal de** (seguido de infinitivo), **con tal de que** o **con tal que** (seguido de oración con verbo en forma personal). loc. conjunt. condic. En el caso de o de que, con la precisa condición de o de que. *Haré cuanto pueda,* CON TAL DE *no molestarte. Procuraré complacerte,* CON TAL QUE *no me pidas cosas imposibles.* || **tal para cual.** expr. fam. con que se denota igualdad o semejanza moral entre dos personas. Se usa generalmente en sentido peyorativo. || **y tal.** expr. que añade un término poco preciso, pero semejante a lo ya dicho. *Vendían frutas, verduras* Y TAL.

tala. f. Acción y efecto de talar².

talabarte. m. Correa o cinturón, ordinariamente de cuero, que lleva pendientes los tiros de que cuelga la espada o el sable.

talabartero, ra. m. y f. Guarnicionero que hace talabartes y otros correajes.

talabricense. adj. Natural de Talavera de la Reina. Ú. t. c. s. || **2.** Perteneciente a esta ciudad, de la provincia de Toledo.

taladrador, ra. adj. Que taladra. Ú. t. c. s. || **2.** f. Máquina provista de barrena o taladro para perforar.

taladrar. tr. Horadar una cosa con taladro u otro instrumento semejante. || **2.** fig. Herir los oídos fuerte y desagradablemente algún sonido agudo.

taladro. m. Instrumento agudo o cortante con que se agujerea la madera u otra cosa.

tálamo. m. Cama de los desposados y lecho conyugal. || **2.** *Bot.* Extremo ensanchado del pedúnculo donde se asientan las flores. || **óptico.** *Anat.* Conjunto de núcleos voluminosos, de tejido nervioso, situados a ambos lados de la línea media, en los hemisferios cerebrales, por encima del hipotálamo; se enlazan con casi todas las regiones del encéfalo e intervienen en la regulación de la sensibilidad y de la actividad de los sentidos.

talanquera. f. Valla, pared o cualquier lugar que sirven de defensa o reparo.

talante. m. Modo o manera de ejecutar una cosa. || **2.** Semblante o disposición personal, o estado o calidad de las cosas.

talar¹. adj. Dícese del traje o vestidura que llega hasta los talones.

talar². tr. Cortar por el pie masas de árboles.

talasocracia. f. Dominio sobre los mares y sistema político cuya potencia reside en este.

talasoterapia. f. *Med.* Uso terapéutico de los baños o del aire de mar.

talaverano, na. adj. Natural de Talavera. Ú. t. c. s. || **2.** Perteneciente a cualquiera de las poblaciones de este nombre.

talayote. m. Monumento megalítico de las Baleares, semejante a una torre de poca altura.

talco. m. Mineral muy difícil de fundir, de textura laminar, muy suave al tacto, lustroso, tan blando que se raya con la uña, y de color generalmente verdoso. Es un silicato de magnesia. Se usaba en láminas, sustituyendo al vidrio en ventanillas, faroles, etc., y en forma de polvo, se utiliza para la higiene y en la industria cosmética.

taled. m. Pieza de lana con que se cubren la cabeza y el cuello los judíos en sus ceremonias religiosas.

talega. f. Saco o bolsa ancha y corta, de lienzo basto u otra tela, que sirve para llevar o guardar las cosas. || **2.** Lo que cabe en ella. || **3.** fam. Caudal monetario, dinero. Ú. m. en pl.

talego. m. Saco largo y estrecho, de lienzo basto o de lona, que sirve para guardar o llevar una cosa. || **2.** vulg. **cárcel.** || **3.** vulg. Billete de mil pesetas.

taleguilla. f. Calzón que forma parte del traje usado en la lidia por los toreros.

talento. m. Moneda imaginaria de los griegos y de los romanos. || **2.** fig. Inteligencia, capacidad intelectual. || **3.** fig. Aptitud, capacidad para el desempeño o ejercicio de una ocupación.

talentoso, sa. adj. Que tiene talento, ingenio, capacidad y entendimiento.

talgo. m. Tipo de tren articulado de muy poco peso, fabricado en diversos modelos.

talio. m. Elemento químico de núm. atóm. 81. Metal escaso en la corteza terrestre; sus sales se encuentran junto con minerales potásicos. De color blanco azulado, ligero y muy tóxico. Se usa como catalizador, y en la fabricación de vidrios protectores, insecticidas y raticidas. Símb. *Tl.*

talión. m. Pena que consiste en hacer sufrir al delincuente un daño igual al que causó.

talismán. m. Objeto al cual se atribuyen virtudes portentosas.

talla. f. Obra de escultura, especialmente en madera. || **2.** Estatura o altura de las personas. || **3.** Medida convencional usada en la fabricación y venta de prendas de vestir. || **4.** fig. Altura moral o intelectual. || **dar** uno **la talla.** fr. fig. Ser apto para algo.

tallado. m. Acción y efecto de tallar, hacer

obras de talla. || **2.** Acción y efecto de tallar, labrar piedras preciosas.

tallador, ra. m. y f. Persona que talla.

tallar. tr. Dar forma o trabajar un material. || **2.** Elaborar muy cuidadosamente una obra, material o no. || **3.** Medir la estatura de una persona.

tallarín. m. Pasta alimenticia hecha con harina de trigo amasada, que tiene forma de tiras muy estrechas. Ú. m. en pl.

talle. m. Disposición o proporción del cuerpo humano. || **2.** Cintura del cuerpo humano. || **3.** Parte del vestido que corresponde a la cintura.

taller. m. Lugar en que se trabaja una obra de manos. || **2.** *B. Art.* Conjunto de colaboradores de un maestro.

tallista. com. Persona que hace tallados artísticos.

tallo. m. Órgano de las plantas que se prolonga en sentido contrario al de la raíz y sirve de sostén a las hojas, flores y frutos. || **2.** Renuevo de las plantas. || **3.** Germen que ha brotado de una semilla, bulbo o tubérculo.

talludo, da. adj. fig. Dícese de una persona cuando va pasando de la juventud.

talmúdico, ca. adj. Perteneciente al Talmud, libro que contiene la tradición, doctrinas, ceremonias y preceptos de la religión judía.

talmudista. m. El que profesa la doctrina del Talmud, sigue sus dogmas o se ocupa en entenderlos o explicarlos.

talo. m. *Bot.* Cuerpo de las talofitas, equivalente al conjunto de raíz, tallo y hojas de otras plantas.

talofita. adj. *Bot.* Dícese de la planta cuyo cuerpo vegetativo es el talo, que puede estar constituido por una sola célula o por un conjunto de células dispuestas en forma de filamento, de lámina, etc. Ú. t. c. s. f. || **2.** f. pl. *Bot.* Tipo de estas plantas, que comprende las algas y los hongos.

talón[1]. m. Parte posterior del pie humano. || **2.** Parte del calzado, que cubre el calcañar. *El* TALÓN *del zapato.* || **3.** Libranza, documento o resguardo que se expide separándolo de la matriz de un libro. || **de Aquiles.** fig. Punto vulnerable o débil de algo o de alguien.

talón[2]. m. Patrón monetario.

talonario. m. Bloque de libranzas, recibos, cédulas, billetes u otros documentos de los cuales, cuando se cortan, queda una parte encuadernada para comprobar.

talquita. f. Roca metamórfica compuesta principalmente de talco.

talud. m. Inclinación del paramento de un muro o de un terreno. || **continental.** *Geomorf.* Vertiente rápida submarina que desciende desde el borde de la plataforma continental hasta profundidades de 2.000 metros o más.

tamal. m. *Amér.* Especie de empanada de masa de harina de maíz, envuelta en hojas de plátano o de la mazorca del maíz, y cocida al vapor o en el horno. Las hay de diversas clases, según el manjar que se pone en su interior y los ingredientes que se le agregan.

tamaño, ña. adj. comp. Tan grande o tan pequeño. || **2.** adj. sup. Muy grande o muy pequeño. || **3.** m. Mayor o menor volumen de dimensión de una cosa.

tamaricáceo, a. adj. *Bot.* Dícese de los árboles o arbustos angiospermos dicotiledóneos, abundantes en los países mediterráneos y en Asia Central, con hojas aciculares o escamosas, flores en racimo o en espiga, tetrámeras o pentámeras; fruto en cápsula, con semillas que llevan pelos como órganos de diseminación; como el taray. Ú. t. c. s. f. || **2.** f. pl. *Bot.* Familia de estas plantas.

tamarindo. m. Árbol de la familia de las papilionáceas, con tronco grueso, elevado y de corteza parda, copa extensa, hojas compuestas de hojuelas elípticas, gruesas y pecioladas; flores amarillentas en espiga, y fruto en vainillas pulposas de una sola semilla. Originario de Asia, se cultiva en los países cálidos, por su fruto de sabor agradable, que se usa en medicina como laxante. || **2.** Fruto de este árbol.

tamariz. m. **taray.**

tambalear. intr. Menearse una cosa a uno y otro lado, como que se va a caer por falta de fuerza o de equilibrio. Ú. m. c. prnl.

también. adv. m. Se usa para afirmar la igualdad, semejanza, conformidad o relación de una cosa con otra ya nombrada.

tambor. m. Instrumento musical de percusión, de madera o metal, de forma cilíndrica, hueco, cubierto por sus dos bases con piel estirada, y el cual se toca con dos palillos. || **2.** El que toca el **tambor.** || **3.** Nombre de distintos objetos que por su forma y proporciones recuerdan un **tambor.** || **4.** fam. Recipiente de forma generalmente cilíndrica, que se emplea como envase de diversos productos. || **5.** Tamiz por donde pasan el azúcar los reposteros. || **6.** Aro de madera sobre el cual se tiende una tela para bordarla. || **7.** Cilindro giratorio donde se alojan las balas de un revólver. || **8.** En las oficinas, cilindro hueco utilizado para repartir la tinta en ciertos tipos de copiadoras automáticas. || **9.** *Anat.* Tímpano del oído. || **10.** *Arq.* Muro cilíndrico que sirve de base a una cúpula. || **11.** *Arq.* Cuerpo central del capitel y más abultado, o de mayor diámetro, que el fuste de la columna. ‖ **12.** *Arq.* Cada una de las piezas del fuste de una columna cuando no es monolítica. ‖ **13.** *Mec.* Disco de acero acoplado a la cara interior de las ruedas, provisto de un reborde sobre el que actúan las zapatas del freno.

tamboril. m. Tambor pequeño que, colgado del brazo, se toca con un solo palillo o baqueta, y, acompañado generalmente por el pito, se usa en algunas danzas populares.

tamborilear. intr. Tocar el tamboril. ‖ **2.** Hacer son con los dedos imitando el ruido del tambor.

tamborileo. m. Acción y efecto de tamborilear.

tamborilero, ra. m. y f. Persona que tiene por oficio tocar el tamboril o el tambor.

tamil. adj. Dícese del individuo de uno de los pueblos no arios de la rama dravídica, que habita en el sudeste de la India y parte de Ceilán, hoy llamado Sri Lanka. Ú. t. c. s. ‖ **2.** Perteneciente o relativo a este pueblo.

tamiz. m. Cedazo muy tupido.

tamizar. tr. Pasar una cosa por tamiz.

tampoco. adv. neg. con que se niega una cosa después de haberse negado otra.

tampón. m. Almohadilla empapada en tinta que se emplea para entintar sellos, estampillas, etc. ‖ **2.** Rollo de celulosa que se introduce en la vagina de la mujer para que absorba el flujo menstrual.

tamujo. m. Mata de la familia de las euforbiáceas, de 12 a 13 decímetros de altura, con ramas largas, espinosas, puntiagudas y muy abundantes; hojas en hacecillos, lampiñas y aovadas; flores verdosas, y fruto capsular, globoso, de color pardo rojizo cuando maduro. Es común en las márgenes de los arroyos y en los sitios sombríos, y con las ramas se hacen escobas.

tan[1]. m. Sonido o eco que resulta del tambor u otro instrumento semejante, tocado a golpes. Ú. m. repetido.

tan[2]. adv. c. Modifica, encareciéndola en proporción relativa, la significación del adjetivo, el adverbio y el participio. ‖ **2.** Correspondiéndose con *como* o *cuan* en comparación expresa, denota idea de equivalencia o igualdad. TAN *duro* COMO *el hierro; el castigo fue* TAN *grande* COMO *grande fue la culpa.* ‖ **3.** En las consecutivas es correlativo de *que.*

tanagra. f. Estatuilla de barro cocido como las halladas en la ciudad griega de Tanagra.

tanatofobia. f. Miedo obsesivo a la muerte.

tanatología. f. Estudio de los efectos que produce la muerte en los cuerpos.

tanatorio. m. Edificio en que son depositados los cadáveres durante las horas que preceden a su inhumación o cremación.

tanda. f. Cada uno de los grupos de personas o de bestias que turnan en algún trabajo. ‖ **2.** Partida de juego, especialmente de billar. ‖ **3.** Número indeterminado de ciertas cosas de un mismo género. TANDA *de azotes.* ‖ **4.** *Amér.* Sección de una representación teatral.

tándem. m. Bicicleta para dos personas, que se sientan una tras otra, provista de pedales para ambos. ‖ **2.** fig. Unión de dos personas que tienen una actividad común, o que colaboran en algo. ‖ **3.** fig. Conjunto de dos elementos que se complementan.

tanga. m. Prenda de baño que, por delante, cubre solo la zona genital y por detrás consiste en una cinta estrecha.

tángana. f. Alboroto, escándalo. ‖ **2.** En el fútbol, follón, jaleo, pelea. ‖ **3.** Engaño, fraude.

tangar. tr. fam. Engañar, estafar.

tangencia. f. Calidad de tangente.

tangencial. adj. Perteneciente o relativo a la tangente, recta que toca en un punto a una línea o superficie curvas. ‖ **2.** fig. Dícese de una idea, cuestión, problema, etc., que solo parcial y no significativamente se refiere a una cosa.

tangente. adj. Que toca. ‖ **2.** *Geom.* Aplícase a las líneas y superficies que se tocan o tienen puntos comunes sin cortarse. ‖ **3.** f. *Geom.* Recta que toca a una curva o a una superficie. ‖ **de un ángulo.** *Trig.* La del arco que le sirve de medida. ‖ **de un arco de circunferencia.** *Trig.* Cociente entre el seno y el coseno.

tangerino, na. adj. Natural de Tánger. Ú. t. c. s. ‖ **2.** Perteneciente a esta ciudad de África.

tangible. adj. Que se puede tocar. ‖ **2.** fig. Que se puede percibir de manera precisa. *Resultados* TANGIBLES.

tango. m. Baile argentino, difundido internacionalmente, de pareja enlazada, forma musical binaria y ritmo lento y marcado. ‖ **2.** Música de este baile y letra con que se canta.

tanguillo. m. Cierto tipo de cante y baile flamenco propio de la provincia de Cádiz.

tanino. m. *Quím.* Sustancia astringente contenida en la nuez de agallas, en las cortezas de la encina, olmo, sauce y otros árboles, y en la raspa y hollejo de la uva y otros frutos. Puro y seco, es inalterable al aire; se disuelve en el agua y sirve para curtir las pieles y para otros usos.

tanka. f. *Lit.* Poema japonés corto, compuesto de cinco versos; pentasílabos primero y tercero, y heptasílabos los restantes.

tanque. m. Automóvil de guerra blindado y articulado, que, moviéndose sobre una llanta flexible o cadena sin fin, puede andar por terrenos escabrosos. ‖ **2.** Recipiente de gran tamaño, normalmente cerrado, destinado a contener líquidos o gases. ‖ **3.** Estanque, depósito de agua.

tanqueta. f. Vehículo semejante al tanque, pero dotado de mayor velocidad y mejor movilidad.

tantalio. m. Elemento químico de núm. atóm. 73. Metal escaso en la corteza terrestre; sus sales aparecen en ciertos minerales, siempre acompañando al niobio. De color gris, pesado, duro, dúctil, y muy resistente a la corrosión. Se usa para fabricar material quirúrgico y dental, así como prótesis e injertos, y como catalizador y en la industria electrónica. Símb. *Ta.*

tántalo. m. Ave zancuda de plumaje blanco con las remeras negras, la cabeza y el cuello desnudos, pico encorvado; habita en el trópico americano, de donde emigra a las zonas templadas.

tantán. m. Tambor africano de gran tamaño, que se toca con las manos.

tanteador. m. *Dep.* **marcador,** tablero.

tantear. tr. Medir o parangonar una cosa con otra para ver si viene bien o ajustada. ‖ **2.** Señalar o apuntar los tantos en el juego para saber quién gana. Ú. t. c. intr. ‖ **3.** fig. Intentar averiguar con cuidado las cualidades o intenciones de una persona o el interés de una cosa o acción. ‖ **4.** Calcular aproximadamente o al tanteo. ‖ **5.** *Der.* Dar por una cosa el mismo precio en que ha sido rematada en favor de otro, por la preferencia que concede el derecho en algunos casos, como en el de condominio.

tanteo. m. Acción y efecto de tantear o tantearse. ‖ **2.** *Dep.* Número de tantos que obtienen dos equipos o dos jugadores que compiten en una prueba.

tanto, ta. adj. Aplícase a la cantidad, número o porción de una cosa indeterminada o indefinida. Ú. como correlativo de **cuanto** y **que.** ‖ **2.** Tan grande o muy grande. ‖ **3.** Ú. como pronombre demostrativo, y en este caso equivale a **eso,** pero incluyendo idea de calificación o ponderación. *No lo decía yo por* TANTO; *a* TANTO *arrastra la codicia.* ‖ **4.** m. Cantidad cierta o número determinado de una cosa. ‖ **5.** Unidad de cuenta en muchos juegos. ‖ **6.** pl. Número que se ignora o no se quiere expresar, ya se emplee solo, ya para denotar lo que una cantidad excede a número redondo expreso. *A* TANTOS *de julio; mil y* TANTOS. ‖ **7.** adv. m. De tal modo o en tal grado. ‖ **8.** adv. c. Hasta tal punto; tal cantidad. *No debes trabajar* TANTO; *no creía que costase* TANTO *un libro tan pequeño.* ‖ **9.** Empleado con verbos expresivos de tiempo, denota larga duración relativa. *En ir allá no puede tardarse* TANTO. ‖ **10.** En sentido comparativo se corresponde con **cuanto** o **como,** y denota idea de equivalencia o igualdad. TANTO *vales* CUANTO *tienes;* TANTO *sabes tú* COMO *yo.* ‖ **a tanto alzado.** loc adv. Con un precio fijado de antemano y según un cálculo aproximado. ‖ **al tanto de** una cosa. fr. Al corriente, enterado de ella. Ú. con los verbos *estar, poner, quedar,* etc. ‖ **en tanto,** o **entre tanto.** locs. advs. Mientras, ínterin o durante algún tiempo intermedio. ‖ **las tantas.** expr. fam. con que se designa indeterminadamente cualquier hora muy avanzada del día o de la noche. ‖ **por lo tanto.** loc. adv. y conjunt. Por consiguiente, por lo que antes se ha dicho, por el motivo o las razones de que acaba de hablarse. ‖ **por tanto.** loc. adv. y conjunt. Por lo que, en atención a lo cual. ‖ **tanto por ciento.** Cantidad de rendimiento útil que dan cien unidades de alguna cosa en su estado normal.

tañedor, ra. m. y f. Persona que tañe un instrumento musical.

tañer. tr. Tocar un instrumento musical de percusión o de cuerda, y, en especial, las campanas. ❑ Irreg. Ver conjugación modelo.

tañer

INDICATIVO

Presente: taño, tañes, tañe, tañimos, tañís, tañen.
Pretérito imperfecto: tañía, tañías, tañía, tañíamos, tañíais, tañían.
Pretérito indefinido: tañí, tañiste, tañó, tañimos, tañisteis, tañeron.
Futuro imperfecto: tañiré, tañirás, tañirá, tañiremos, tañiréis, tañirán.
Condicional: tañería, tañerías, tañería, tañeríamos, tañeríais, tañerían.

SUBJUNTIVO

Presente: taña, tañas, taña, tañamos, tañáis, tañan.
Pretérito imperfecto: tañera o tañese, tañeras o tañeses, tañera o tañese, tañéramos o tañésemos, tañerais o tañeseis, tañeran o tañesen.
Futuro imperfecto: tañere, tañeres, tañere, tañéremos, tañereis, tañeren.

IMPERATIVO

tañe (tú); tañed (vosotros).

FORMAS NO PERSONALES

Infinitivo: tañer.
Participio: tañido.
Gerundio: tañendo.

tañido. m. Acción y efecto de tañer.

taoísmo. m. Doctrina teológica de la antigua religión de los chinos.

taoísta. adj. Perteneciente o relativo al taoísmo. ‖ **2.** com. Persona que profesa el taoísmo.

tapa. f. Pieza que cierra por la parte superior las cajas, cofres, vasos o cosas semejantes, comúnmente unida a ellas con goznes, cintas, clavos u otro medio adecuado. ‖ **2.** Cada una de las diversas capas de suela de que se compone el tacón de una bota o zapato. ‖ **3.** Cada una de las dos cubiertas de un libro encuadernado. ‖ **4.** En la ternera del matadero, carne que corresponde al medio de la pierna trasera. ‖ **5.** Vuelta que cubre el cuello de una a otra solapa en las chaquetas, abrigos, etc. ‖ **6.** Pequeña porción de algunos alimentos que se sirve como acompañamiento de una bebida en bares, tabernas, etc. ‖ **tapa de los sesos.** fig. y fam. Parte superior del casco de la cabeza, que los cubre y encierra.

tapacubos. m. Tapa metálica que se adapta exteriormente al cubo de la rueda de algunos vehículos de motor.

tapadera. f. Pieza que se ajusta a la boca de alguna cavidad para cubrirla, como en los pucheros, tinajas, pozos, etc. ‖ **2.** fig. Persona o cosa que sirve para encubrir o disimular algo.

tapajuntas. m. *Carp.* Listón moldeado que se pone para tapar la unión o juntura del cerco de una puerta o ventana con la pared. Se pone también guarneciendo los vivos o ángulos de una pared para que el yeso no se desconche.

tapar. tr. Cubrir o cerrar lo que está descubierto o abierto. ‖ **2.** Cubrir con algo una abertura, una hendidura o una herida. ‖ **3.** Cubrir con algo, de modo que impida ver o ser visto. Ú. t. c. prnl. y en sent. fig. ‖ **4.** Cubrir con algo para proteger de los golpes, del polvo, del frío, de la luz, etc. Ú. t. c. prnl.

taparrabos. m. Pedazo de tela u otra cosa sucinta con que se cubren las partes pudendas.

tapete. m. Cubierta de hule, paño u otro tejido, que para ornato o resguardo se suele poner en las mesas y otros muebles.

tapia. f. Cada uno de los trozos de pared que de una sola vez se hacen con tierra amasada y apisonada en una horma. ‖ **2.** Pared formada de **tapias.** ‖ **3.** Muro de cerca. ‖ **más sordo que una tapia.** fr. fig. y fam. Muy sordo.

tapiar. tr. Rodear con tapias. ‖ **2.** fig. Cerrar un hueco haciendo en él un muro o tabique. TAPIAR *la puerta, la ventana.*

tapicería. f. Juego de tapices. ‖ **2.** Arte de tapicero. ‖ **3.** Obra de tapicero. ‖ **4.** Tienda de tapicero. ‖ **5.** Tela para cortinajes y forros de muebles y, en general, todos los tejidos que se usan en decoración.

tapicero, ra. m. y f. Persona que teje tapices o los adereza y compone. ‖ **2.** Persona que tiene por oficio poner alfombras, tapices o cortinajes, guarnecer almohadones, sofás, etc.

tapioca. f. Fécula blanca y granulada que se extrae de la raíz de la mandioca, y se usa para sopa. ‖ **2.** Esta misma sopa.

tapir. m. Mamífero de Asia y América del Sur, del orden de los perisodáctilos, del tamaño de un jabalí, con cuatro dedos en las patas anteriores y tres en las posteriores, la nariz prolongada en forma de pequeña trompa. Su carne es comestible.

tapiz. m. Paño grande, tejido con lana o seda, y algunas veces con oro y plata, en que se copian cuadros y sirve de paramento.

tapizado. m. Acción y efecto de tapizar. ‖ **2.** Material empleado para tapizar.

tapizar. tr. Cubrir con tapices. ‖ **2.** Forrar con telas las paredes, sillas, sillones, etc. ‖ **3.** fig. Cubrir o revestir una superficie con alguna cosa como cubriéndola con un tapiz. Ú. t. c. prnl.

tapón. m. Pieza con que se tapan las vasijas, introduciéndola en el orificio por donde sale el líquido. ‖ **2.** Acumulación de cerumen en el oído, que puede dificultar la audición y producir otros trastornos. ‖ **3.** Cualquier persona o cosa que produce obstrucción del paso. ‖ **4.** Embotellamiento de vehículos. ‖ **5.** *Dep.* En baloncesto, acción que impide un enceste del equipo contrario.

taponamiento. m. *Cir.* Acción y efecto de taponar.

taponar. tr. Cerrar con tapón un orificio cualquiera. ‖ **2.** Obstruir o atascar un conducto o paso. Ú. en sent. fig.

taponazo. m. Golpe dado con el tapón de una botella de cerveza o de otro licor espumoso, al destaparla. ‖ **2.** Estruendo que este acto produce.

tapujo. m. fig. y fam. Reserva o disimulo con que se disfraza u oscurece la verdad.

tapuya. adj. Dícese del individuo de unas tribus indígenas americanas que en la época del descubrimiento ocupaban casi todo el Brasil. Ú. t. c. s. ‖ **2.** Perteneciente a estas tribus.

taquera. f. Estante donde se colocan los tacos de billar.

taquicardia. f. *Fisiol.* Frecuencia excesiva del ritmo de las contracciones cardiacas.

taquigrafía. f. Arte de escribir tan deprisa como se habla, por medio de ciertos signos y abreviaturas.

taquigrafiar. tr. Escribir por medio de la taquigrafía.

taquígrafo, fa. m. y f. Persona que sabe o profesa la taquigrafía. ‖ **2.** m. Aparato registrador de velocidad.

taquilla. f. Casillero para los billetes de teatro, ferrocarril, etc. ‖ **2.** Por ext., despacho de billetes. ‖ **3.** Armario individual para guardar la ropa y otros efectos personales, en los cuarteles, gimnasios, piscinas, etc. ‖ **4.** Recaudación obtenida en cada función de un espectáculo.

taquillaje. m. Conjunto de entradas o billetes que se venden en una taquilla. ‖ **2.** Recaudación obtenida con dicha venta.

taquillero, ra. adj. Dícese de la persona que actúa en espectáculos, o del espectáculo mismo, que suele proporcionar buenas recaudaciones a la empresa. ‖ **2.** m. y f. Persona encargada de un despacho de billetes o taquilla.

taquillón. m. Mueble de madera y de escasa capacidad que suele colocarse en el recibidor, normalmente con uso decorativo.

taquimecanografía. f. Arte del taquimecanógrafo.

taquimecanógrafo, fa. m. y f. Persona versada en taquigrafía y mecanografía.

taquimetría. f. Parte de la topografía, que enseña a levantar planos con rapidez por medio del taquímetro.

taquímetro. m. Aparato que indica la velocidad, generalmente en revoluciones por minuto, de la máquina en que va instalado.

tara. f. Parte del peso total de una mercancía que corresponde al embalaje o al envoltorio. ‖ **2.** Peso de un vehículo dedicado al transporte de mercancías cuando está vacío. ‖ **3.** Defecto físico o psíquico, por lo común importante y de carácter hereditario.

tarabilla. f. Zoquetillo de madera que sirve para cerrar puertas y ventanas. ‖ **2.** fig. y fam. Persona que habla mucho, deprisa y sin orden ni concierto. ‖ **3.** fig. y fam. Tropel de palabras dichas de este modo.

taracea. f. Embutido hecho con pedazos menudos de chapa de madera en sus colores naturales, o de madera teñida, concha, nácar y otras materias.

taracear. tr. Adornar con taracea.

tarado, da. adj. Que padece tara física o psíquica.

tarambana. com. fam. Persona alocada, de poco juicio. Ú. t. c. adj.

tarantela. f. Baile napolitano de movimiento muy vivo. ‖ **2.** Aire musical con que se ejecuta este baile.

tarántula. f. Araña muy común en el mediodía de Europa, principalmente en los alrededores de Tarento, en Italia, y cuyo cuerpo, de unos tres centímetros de largo, es negro por encima, rojizo por debajo, velloso en el tórax, casi redondo en el abdomen, y con patas fuertes. Vive entre las piedras o en agujeros profundos que hace en el suelo; es venenosa, pero su picadura, a la cual se atribuían en otro tiempo raros efectos nerviosos, solo produce una inflamación.

tarar. tr. Señalar la tara, peso.

tararear. tr. Cantar entre dientes y sin articular palabras.

tararí. m. Toque de trompeta. ‖ **2.** interj. fam. Expresión burlona o con que se quiere mostrar la total disconformidad con algo que ha propuesto otro.

tarasca. f. Figura de sierpe monstruosa, con una boca muy grande, que en algunas partes se saca durante la procesión del Corpus.

tarascada. f. Golpe, mordedura o herida.

taray. m. Arbusto de la familia de las tamaricáceas, que crece hasta tres metros de altura, con ramas largas y delgadas, de corteza rojiza, hojas glaucas, menudas, elípticas y con punta aguda; flores pequeñas, globosas, en espigas laterales, con cáliz encarnado y pétalos blancos; fruto seco, capsular, y semillas negras. Es común en las orillas de los ríos. ‖ **2.** Fruto de este arbusto. ❑ pl. *taráis*.

tarazón. m. Trozo que se parte o corta de una cosa, y comúnmente, de carne o pescado.

tardanza. f. Acción y efecto de tardar.

tardar. intr. Emplear tiempo en hacer una cosa. ‖ **2.** Emplear demasiado tiempo en hacer una cosa. Ú. t. c. prnl.

tarde. f. Tiempo que hay desde mediodía hasta anochecer. ‖ **2.** Últimas horas del día. ‖ **3.** adv. t. A hora avanzada del día o de la noche. *Levantarse* TARDE; *cenar* TARDE. ‖ **4.** Fuera de tiempo, después de haber pasado el oportuno, conveniente o acostumbrado para algún fin, o en tiempo futuro relativamente lejano.

tardear. intr. Detenerse más de la cuenta en hacer algo por mera complacencia, entretenimiento o recreo del espíritu.

tardío, a. adj. Que tarda en venir a sazón y madurez algún tiempo más del regular. Dícese comúnmente de las frutas y frutos. ‖ **2.** Que sucede, en una vida o una época, después del tiempo en que se necesitaba o esperaba.

tardo, da. adj. Lento, perezoso en obrar. ‖ **2.** Torpe, no expedito en la comprensión o explicación.

tardón, na. adj. fam. Que suele retrasarse o hace las cosas con mucha flema. Ú. t. c. s.

tarea. f. Cualquier obra o trabajo. ‖ **2.** Trabajo que debe hacerse en tiempo limitado.

tarifa. f. Tabla de precios, derechos o impuestos. ‖ **2.** Precio unitario fijado por las autoridades para los servicios públicos realizados a su cargo.

tarifar. tr. Señalar o aplicar una tarifa. ‖ **2.** intr. fam. Reñir con uno, enemistarse.

tarifeño, ña. adj. Natural de Tarifa. Ú. t. c. s. ‖ **2.** Perteneciente a esta ciudad, de la provincia de Cádiz.

tarima. f. Zona del pavimento o entablado, superior en altura al resto. ‖ **2.** Suelo similar al parqué, pero de placas mayores y más gruesas.

tarja. f. Escudo grande que cubría todo el cuerpo, y más especialmente la pieza de la armadura que se aplicaba sobre el hombro izquierdo como defensa de la lanza contraria.

tarjeta. f. Pedazo pequeño de cartulina que lleva algo impreso o escrito. ‖ **2.** *Dep.* Pedazo de plástico que utiliza el árbitro de los partidos de fútbol y otros deportes, como señal de amonestación. ‖ **de identidad.** La que sirve para acreditar la personalidad del titular y va provista de su retrato y firma. ‖ **de visita.** La que lleva el nombre, título o cargo de una o más personas. ‖ **postal.** La que se emplea como carta, con ilustración por un lado y espacio para texto, dirección y sello por el otro.

tarjetero. m. Cartera, recipiente o mueble donde se guardan o exponen tarjetas de visita, fotografías, correspondencia, etc.

tarot. m. Baraja formada por setenta y ocho naipes que llevan estampadas diversas figuras, y que se utiliza en cartomancia.

tarra. com. vulg. Persona vieja.

tarraconense. adj. Natural de Tarragona. Ú. t. c. s. ‖ **2.** Perteneciente a esta ciudad.

tarraja. f. Orificio circular de la caja armónica de la guitarra.

tarrasense. adj. Natural de Tarrasa. Ú. t. c. s. ‖ **2.** Perteneciente a esta ciudad de Cataluña.

tarrina. f. Envase pequeño para algunos alimentos que deben conservarse en frío.

tarro. m. Recipiente de vidrio o porcelana, generalmente cilíndrico y más alto que ancho. ‖ **2.** fig. y fam. **cabeza** humana.

tarso. m. *Anat.* Conjunto de huesos cortos que, en número variable, forman parte del esqueleto de las extremidades posteriores de los batracios, reptiles y mamíferos, situado entre los huesos de la pierna y el metatarso. En el hombre constituye la parte posterior del pie y está formado por siete huesos estrechamente unidos, uno de los cuales se articula con la tibia y el peroné. ‖ **2.** *Zool.* La parte más delgada de las patas de las aves, que une los dedos con la tibia y ordinariamente no tiene plumas. ‖ **3.** *Zool.* La más externa de las cinco piezas de las patas de los insectos, que está articulada con la tibia.

tarta. f. Pastel grande, de forma generalmente redonda, relleno de frutas, crema, etc.; también se hace de bizcocho, pasta de almendra y otras clases de masa homogénea.

tartaja. adj. fam. **tartamudo.** Ú. t. c. s.

tartajear. intr. **tartamudear.**

tartaleta. f. Pastelillo de hojaldre en forma de cazoleta, que se rellena de diversos ingredientes después de haber sido cocido al horno.

tartamudear. intr. Hablar o leer con pronunciación entrecortada y repitiendo las sílabas.

tartamudeo. m. Acción y efecto de tartamudear.

tartamudez. f. Calidad de tartamudo.

tartamudo, da. adj. Que tartamudea. Ú. t. c. s.

tartán[1]. m. Tela de lana con cuadros o listas cruzadas de diferentes colores.

tartán[2]. m. Material formado por una mezcla de goma y asfalto, muy resistente y deslizante, que se emplea como superficie de pistas de atletismo.

tartana. f. Carruaje de dos ruedas, con cubierta abovedada y asientos laterales. ‖ **2.** Cosa vieja e inútil. Ú. especialmente tratándose de automóviles.

tártaro[1]. m. poét. El infierno.

tártaro[2], ra. adj. Natural de Tartaria. Ú. t. c. s. ‖ **2.** Perteneciente a esta región de Asia. ‖ **3.** m. Lengua hablada en esta región.

tartera. f. Recipiente cerrado herméticamente, que sirve para llevar los guisos fuera de casa o conservarlos en el frigorífico.

tartesio, sia. adj. Dícese de un pueblo hispánico prerromano que habitaba la Tartéside, región situada en el occidente de la actual Andalucía y que tuvo por capital a Tartesos. Los romanos la llamaron después Turdetania. ‖ **2.** Dícese de los individuos que componían este pueblo. Ú. t. c. s.

tartufo. m. Hombre hipócrita y falso.

taruga. f. Mamífero rumiante americano parecido al ciervo, de pelaje rojo oscuro y orejas blandas y caídas, que vive salvaje en los Andes sin formar manadas.

tarugo. m. Trozo de madera o pan, generalmente grueso y corto, zoquete. ‖ **2.** fig. y fam. Persona de rudo entendimiento, zoquete.

tarumba (volverle a uno**).** fr. fam. Atolondrarlo, confundirlo. ❑ Ú. t. el verbo como prnl. VOLVERSE *uno* TARUMBA.

tas. m. Yunque pequeño y cuadrado que, encajado por medio de una espiga en el banco, usan los plateros, hojalateros y plomeros.

tasa. f. Acción y efecto de tasar. ‖ **2.** Tributo que se exige con motivo del uso ocasional de ciertos servicios generales. ‖ **3.** Relación entre dos magnitudes. TASA *de inflación, de desempleo, de natalidad.*

tasación. f. Acción y efecto de tasar o graduar.

tasador, ra. adj. Que tasa. Ú. t. c. s. ‖ **2.** m. Persona habilitada para tasar o graduar el precio de un bien.

tasajo. m. Pedazo de carne seco y salado o acecinado para que se conserve. ‖ **2.** Por ext., tajada de cualquier carne, pescado e incluso fruta.

tasar. tr. Fijar oficialmente el precio máximo o mínimo para una mercancía. ‖ **2.** Graduar el precio o valor de una cosa o un trabajo. ‖ **3.** fig. Restringir el uso de una cosa por prudencia o tacañería. TASAR *la comida al enfermo.*

tasca. f. **taberna.**

tasio, sia. adj. Natural de Taso. Ú. t. c. s. ‖ **2.** Perteneciente a esta isla del mar Egeo.

tasquear. intr. Frecuentar tascas o tabernas.

tasquil. m. Fragmento que salta de la piedra al labrarla.

tata. f. fam. Niñera y, por ext., muchacha de servicio.

tatami. m. Tapiz acolchado sobre el que se ejecutan algunos deportes como yudo y kárate.

tatarabuelo, la. m. y f. Tercer abuelo.

tataranieto, ta. m. y f. Tercer nieto, el cual tiene el cuarto grado de consanguinidad en la línea recta descendente.

tatarear. tr. **tararear.**

tato. m. fam. Voz de cariño con que se designa a un hermano pequeño, o al niño en general.

tatuaje. m. Acción y efecto de tatuar o tatuarse.

tatuar. tr. Grabar dibujos en la piel humana, introduciendo materias colorantes bajo la epidermis, por las punzadas o picaduras previamente dispuestas. Ú. t. c. prnl.

tau. f. Decimonona letra del alfabeto griego, que corresponde a la que en el nuestro se llama *te.*

taula. f. Monumento megalítico abundante en Mallorca, constituido por una piedra hincada verticalmente en el suelo, que soporta otra plana horizontal, con la que forma como una T.

taumaturgia. f. Facultad de realizar prodigios.

taumaturgo, ga. m. y f. **mago,** persona que hace milagros y cosas maravillosas.

taurino, na. adj. Perteneciente o relativo al toro, o a las corridas de toros.

tauro. n. p. m. *Astron.* Segundo signo o parte del Zodiaco, de 30 grados de amplitud, que el Sol recorre aparentemente al mediar la primavera. ‖ **2.** *Astron.* Constelación zodiacal que en otro tiempo debió de coincidir con el signo de este nombre; pero que actualmente, por resultado del movimiento retrógrado de los puntos equinocciales, se halla delante del mismo signo o un poco hacia el Oriente. ‖ **3.** adj. Referido a personas, las nacidas bajo este signo del Zodiaco. Ú. t. c. s.

tauromaquia. f. Arte de lidiar toros.

tautología. f. *Ret.* Repetición de un mismo pensamiento expresado de distintas maneras. Suele tomarse en mal sentido por repetición inútil y viciosa.

taxáceo, a. adj. *Bot.* Dícese de la planta arbórea gimnosperma, conífera, con hojas aciculares, aplastadas y persistentes, flores dioicas y desnudas, semillas rodeadas por arilos generalmente carnosos y coloreados; como el tejo². Ú. t. c. s. ‖ **2.** f. pl. *Bot.* Familia de estas plantas.

taxativo, va. adj. *Der.* Que limita, circunscribe y reduce un caso a determinadas circunstancias. ‖ **2.** Que no admite discusión.

taxi. m. Automóvil de alquiler con conductor, provisto de taxímetro.

taxidermia. f. Arte de disecar los animales para conservarlos con apariencia de vivos.

taxidermista. com. Persona que se dedica a practicar la taxidermia.

taxímetro. m. Aparato de que van provistos algunos coches de alquiler, el cual marca automáticamente la distancia recorrida y la cantidad devengada.

taxista. com. Persona que conduce un taxi.

taxodiáceo, a. adj. *Bot.* Dícese de árboles gimnospermos de la clase de las coníferas, de hojas esparcidas, con las piñas lignificadas. ‖ **2.** f. pl. *Bot.* Familia de estas plantas.

taxón. m. *Biol.* Cada una de las subdivisiones de la clasificación biológica, desde la especie, que se toma como unidad, hasta el filo o tipo de organización.

taxonomía. f. Ciencia que trata de los principios, métodos y fines de la clasificación. Se aplica en particular, dentro de la biología, para la ordenación jerarquizada y sistemática, con sus nombres, de los grupos de animales y de vegetales.

taxonómico, ca. adj. Perteneciente o relativo a la taxonomía.

taxonomista. com. **taxónomo.**

taxónomo, ma. m. y f. Persona especialmente versada en el conocimiento de la taxonomía y en sus usos y procedimientos.

taza. f. Vasija pequeña, por lo común de loza o de metal y con asa, que se usa generalmente para tomar líquidos. ‖ **2.** Lo que cabe en ella. *Una* TAZA *de caldo.* ‖ **3.** Receptáculo del retrete.

tazón. m. Recipiente comúnmente mayor que una taza, de contorno aproximadamente semiesférico, a veces con un pie diferenciado y generalmente sin asa.

te[1]. f. Nombre de la letra *t*. ❑ pl. *tes*.

te[2]. Dativo o acusativo del pronombre personal de segunda persona en género masculino o femenino y número singular. ❑ No admite preposición y cuando se pospone al verbo es enclítico. TE *persiguen; persíguen*TE.

té. m. Arbusto del Extremo Oriente, de la familia de las teáceas, que crece hasta cuatro metros de altura, con las hojas perennes, alternas, elípticas, puntiagudas, dentadas y coriáceas, de seis a ocho centímetros de largo y tres de ancho; flores blancas, axilares y con pedúnculo, y fruto capsular, globoso, con tres semillas negruzcas. ‖ **2.** Hoja de este arbusto, seca, arrollada y tostada ligeramente. ‖ **3.** Infusión de las hojas de este arbusto, que se usa mucho como bebida estimulante y estomacal.

tea. f. Astilla o raja de madera muy impregnada en resina, y que, encendida, alumbra como un hacha.

teáceo, a. adj. *Bot.* Dícese de árboles y arbustos angiospermos dicotiledóneos, siempre verdes, con hojas enteras, esparcidas y sin estípulas; flores axilares, hermafroditas o unisexuales, y fruto capsular o indehiscente, rara vez en baya, con semillas sin albumen; como la camelia y el té. Ú. t. c. s. f. ‖ **2.** f. pl. *Bot.* Familia de estas plantas.

teatral. adj. Perteneciente o relativo al teatro. ‖ **2.** fig. Efectista, exagerado y deseoso de llamar la atención. *Aparato, actitud, tono* TEATRAL.

teatralidad. f. Calidad de teatral.

teatralizar. tr. Dar forma teatral o representable a un tema o asunto.

teatrero, ra. adj. fam. Muy aficionado al teatro. Ú. t. c. s. ‖ **2. teatral,** deseoso de llamar la atención. Ú. t. c. s.

teatro. m. Edificio o sitio destinado a la representación de obras dramáticas o a otros espectáculos públicos propios de la escena. ‖ **2.** Escenario o escena. ‖ **3.** Conjunto de todas las producciones dramáticas de un pueblo, de una época o de un autor. *El* TEATRO *griego; el* TEATRO *del siglo* XVII; *el* TEATRO *de Calderón.* ‖ **4.** Arte de componer obras dramáticas, o de representarlas. *Este escritor y ese actor conocen mucho* TEATRO. ‖ **5.** Literatura dramática.

tebano, na. adj. Natural de Tebas. Ú. t. c. s. ‖ **2.** Perteneciente a esta ciudad de la Grecia antigua.

tebeo. m. Revista infantil de historietas cuyo asunto se desarrolla en series de dibujos.

-teca. elem. compos. que significa «lugar en que se guarda algo»: *disco*TECA, *filmo*TECA.

teca[1]. f. Árbol de la familia de las verbenáceas, que se cría en las Indias Orientales, corpulento, de hojas opuestas, grandes, casi redondas, y ásperas por encima; flores blanquecinas en panojas, y drupas globosas que contienen una nuez durísima con cuatro semillas. Su madera es dura, elástica e incorruptible, y se emplea preferentemente para ciertas construcciones navales y en carpintería de exteriores.

teca[2]. f. *Bot.* Célula en cuyo interior se forman las esporas de algunos hongos.

techado. m. **techo,** de un edificio.

techar. tr. Cubrir un edificio formando el techo.

techo. m. Parte superior de un edificio, que lo cubre y cierra, o de cualquiera de las estancias que lo componen. ‖ **2.** Cara inferior del mismo, superficie que cierra en lo alto una habitación o espacio cubierto. ‖ **3.** fig. Altura o límite máximo a que puede llegar y del que no puede pasar un asunto, negociación, evolución, etc.

techumbre. f. Techo de un edificio.

tecla. f. Cada una de las piezas que, por la presión de los dedos, hacen sonar ciertos instrumentos musicales. ‖ **2.** Pieza que se pulsa para poner en acción un mecanismo. ‖ **dar** uno **en la tecla.** fr. fig. y fam. Acertar en el modo de ejecutar una cosa. ‖ **tocar** uno **muchas teclas.** fr. fig. y fam. Recurrir a los medios o personas necesarios para solucionar un asunto difícil.

teclado. m. Conjunto de teclas del piano y otros instrumentos musicales. ‖ **2.** Por ext., el de diversos aparatos o máquinas, que se manejan mediante botones de mando o teclas.

teclear. intr. Mover las teclas.

tecnecio. m. Elemento químico radiactivo de núm. atóm. 43. Metal del grupo del manganeso, se encontró en los residuos industriales de la fisión nuclear; uno de sus isótopos se usa para el diagnóstico de tumores. También se conoció como masurio. Símb. *Tc*.

-tecnia. elem. compos. que significa «técnica»: *mnemo*TECNIA, *piro*TECNIA.

técnica. f. Conjunto de procedimientos y recursos de que se sirve una ciencia o un arte.

tecnicismo. m. Conjunto de voces técnicas empleadas en el lenguaje de un arte, ciencia, oficio, etcétera.

técnico, ca. adj. Perteneciente o relativo a las aplicaciones de las ciencias y las artes. ‖ **2.** Aplícase en particular a las palabras o expresiones empleadas exclusivamente, y con sentido distinto del vulgar, en el lenguaje propio de un arte, ciencia, oficio, etc. ‖ **3.** m. y f. Persona que posee los conocimientos especiales de una ciencia o arte.

tecnicolor. m. Nombre comercial de un procedimiento que permite reproducir en la pantalla cinematográfica los colores de los objetos.

tecnificar. tr. Introducir procedimientos técnicos modernos en las ramas de producción que no los empleaban.

tecnocracia. f. *Polit.* Ejercicio del poder por los tecnócratas.

tecnócrata. com. Técnico o persona especializada en alguna materia de economía, administración, etc., que ejerce su cargo público con tendencia a hallar soluciones eficaces por encima de otras consideraciones ideológicas o políticas.

tecnografía. f. Descripción de las artes industriales y de sus procedimientos.

tecnología. f. Conjunto de los conocimientos propios de un oficio mecánico o arte industrial. ‖ **2.** Conjunto de los instrumentos y procedimientos industriales de un determinado sector o producto.

tecnológico, ca. adj. Perteneciente o relativo a la tecnología.

tectónico, ca. adj. *Geol.* Perteneciente o relativo a la estructura de la corteza terrestre. ‖ **2.** f. Parte de la geología, que trata de dicha estructura.

tedéum. m. Cántico que usa la Iglesia para dar gracias a Dios por algún beneficio. ❑ pl. invar.

tedio. m. Fuerte rechazo o desagrado que se siente por algo. ‖ **2.** Aburrimiento extremo o estado de ánimo del que soporta algo o a alguien que no le interesa.

tedioso, sa. adj. Que produce tedio.

teflón. m. Material aislante muy resistente al calor y a la corrosión, usado para articulaciones y revestimientos y especialmente conocido por su aplicación en la fabricación de ollas y sartenes.

tegumento. m. *Zool.* Órgano que sirve de protección externa al cuerpo del hombre y de los animales, con varias capas y anejos como glándulas, escamas, pelo y plumas. ‖ **2.** *Bot.* Tejido que cubre algunas partes de las plantas, especialmente los óvulos y las semillas.

teína. f. *Quím.* Principio activo del té, análogo a la cafeína contenida en el café.

teísmo. m. Creencia en un Dios personal, creador y protector del mundo.

teísta. adj. Que profesa el teísmo. Apl. a pers., ú. t. c. s.

teja. f. Pieza de barro cocido hecha en forma acanalada, para cubrir por fuera los techos y recibir y dejar escurrir el agua lluvia. Hoy se hace también de forma plana. ‖ **a toca teja.** loc. adv. fam. En dinero contante, sin dilación en la paga, con dinero en mano.

tejadillo. m. *Albañ.* Tejado de una sola vertiente adosado a un edificio.

tejado. m. Parte superior del edificio, cubierta comúnmente por tejas.

tejano, na. adj. Perteneciente o relativo al Estado de Tejas, en los Estados Unidos de América. ‖ **2.** Natural de ese Estado. Ú. t. c. s. ‖ **3.** m. pl. **pantalón tejano.**

tejar¹. m. Sitio donde se fabrican tejas, ladrillos y adobes.

tejar². tr. Cubrir de tejas las casas y demás edificios o fábricas.

tejedor, ra. adj. Que teje. ‖ **2.** m. y f. Persona que tiene por oficio tejer. ‖ **3.** f. Máquina de hacer punto.

tejeduría. f. Arte de tejer. ‖ **2.** Taller o lugar en que están los telares y trabajan los tejedores.

tejemaneje. m. fam. Enredos poco claros para conseguir algo.

tejer. tr. Formar en el telar la tela con la trama y la urdimbre. ‖ **2. hacer punto,** a mano o con máquina tejedora. ‖ **3.** Formar ciertos animales articulados sus telas y capullos superponiendo unos hilos a otros.

tejido. m. Textura de una tela. *El color de esta tela es bueno, pero el* TEJIDO *es flojo.* ‖ **2.** Cualquier material hecho tejiendo. ‖ **3.** *Bot.* y *Zool.* Cada uno de los diversos agregados de células de la misma naturaleza, diferenciadas de un modo determinado, ordenadas regularmente y que desempeñan en conjunto una determinada función. ‖ **conjuntivo.** *Anat.* El formado por células de diversos aspectos, generalmente aisladas, y por materia homogénea, recorrida por numerosas fibras, especialmente de colágeno.

tejo¹. m. Pedazo pequeño de teja o cosa semejante que se utiliza en diversos juegos. ‖ **2.** Cualquier juego en que se emplea el **tejo¹**. ‖ **3. tirar los tejos.** fr. fig. y fam. Insinuarle a una persona el interés que se tiene puesto en ella, o manifestarle indirectamente lo que de ella se espera.

tejo². m. Árbol de la familia de las taxáceas, siempre verde, con tronco grueso y poco elevado, ramas casi horizontales y copa ancha, hojas lineales, planas, aguzadas, de color verde oscuro; flores poco visibles, y cuyo fruto consiste en una semilla elipsoidal, envuelta en un arilo de color escarlata.

tejón. m. Mamífero carnicero, de unos ocho decímetros de largo desde la punta del hocico hasta el nacimiento de la cola, que mide dos; con piel dura y pelo largo, espeso y de tres colores: blanco, negro y pajizo tostado. Habita en madrigueras profundas y se alimenta de animales pequeños y de frutos. Es común en España.

tejonera. f. Madriguera donde se crían los tejones.

tejuelo. m. Cuadrito de piel o de papel que se pega al lomo de un libro para poner el rótulo. ‖ **2.** Por ext., el rótulo mismo.

tela[1]. f. Obra hecha de muchos hilos, que, entrecruzados alternativa y regularmente en toda su longitud, forman como una hoja o lámina. Se usa especialmente hablando de la obra tejida en el telar. ‖ **2.** Tejido que forman la araña común y otros animales de su clase. ‖ **3.** fig. y fam. Dinero, caudal. ‖ **4.** *Pint.* **lienzo,** pintura.

tela[2] de juicio (en). loc. adv. En duda acerca de la certeza o el éxito de una cosa. Ú. principalmente con los verbos *estar, poner* y *quedar.*

telamón. m. *Arq.* Estatua humana que sostiene sobre su cabeza o sus hombros los arquitrabes, atlante.

telar. m. Máquina para tejer. ‖ **2.** Parte superior del escenario, de donde bajan o a donde suben los telones, bambalinas y otros elementos móviles del decorado.

telaraña. f. Tela que forma la araña segregando un hilo muy tenue.

tele. f. fam. **televisión.**

tele-. elem. compos. que significa «a distancia»: TELÉ*fono,* TELE*visión.*

telecabina. f. Teleférico de cable único para la tracción y la suspensión, dotado de cabina.

telecomunicación. f. Sistema de comunicación telegráfica, telefónica o radiotelegráfica y demás análogos.

telediario. m. Información de los acontecimientos más sobresalientes del día, transmitida por televisión.

teledirigido, da. adj. Dícese del aparato o vehículo guiado o conducido por medio de un mando a distancia.

telefax. m. **fax.** ☐ pl. *telefaxes.*

teleférico. m. Sistema de transporte en que los vehículos van suspendidos de un cable de tracción. Se emplea principalmente para salvar grandes diferencias de altitud.

telefilme. m. **filme** de televisión.

telefonazo. m. Llamada telefónica.

telefonear. intr. Llamar a alguien por teléfono.

telefonía. f. Servicio público de comunicaciones telefónicas. ‖ **móvil.** *Telec.* Sistema telefónico en el que la conexión entre el aparato portátil, emisor y receptor, y la central se realiza mediante ondas radioeléctricas.

telefonillo. m. Dispositivo para comunicación oral dentro de un edificio.

telefonista. com. Persona que se ocupa en el servicio de los aparatos telefónicos.

teléfono. m. Conjunto de aparatos e hilos conductores con los cuales se transmite a distancia la palabra y toda clase de sonidos por la acción de la electricidad. ‖ **2.** Cualquiera de los aparatos para hablar según ese sistema. ‖ **3.** Número que se asigna a cada uno de esos aparatos. ‖ **móvil.** *Telec.* Aparato portátil, emisor y receptor, perteneciente a un sistema de telefonía móvil.

telefonómetro. m. Contador que controla las llamadas telefónicas y su duración.

telefotografía. f. Fotografía transmitida a distancia mediante sistemas electromagnéticos.

telegrafía. f. Servicio público de comunicaciones telegráficas.

telegrafiar. tr. Comunicar por telégrafo. Ú. t. c. prnl.

telegráfico, ca. adj. Perteneciente o relativo al telégrafo o a la telegrafía. ‖ **2.** fig. Dícese del estilo sumamente conciso.

telegrafista. com. Persona que se ocupa en la instalación o el servicio de los aparatos telegráficos.

telégrafo. m. Conjunto de aparatos que sirven para transmitir despachos con rapidez y a distancia.

telegrama. m. Despacho telegráfico. ‖ **2.** Papel normalizado en que se recibe escrito el mensaje telegráfico.

teleindicador. m. Instrumento utilizado para indicar a distancia cantidades eléctricas tales como potencias, tensiones, intensidades.

telekinesia. f. **telequinesia.**

telele. m. fam. Patatús, soponcio.

telemetría. f. Sistema de medida de magnitudes físicas que permite transmitir esta a un observador lejano.

telémetro. m. *Fotogr.* y *Topogr.* Sistema óptico que permite apreciar desde el punto de mira la distancia a que se halla un objeto lejano.

telenovela. f. Novela filmada y grabada para ser retransmitida por capítulos a través de la televisión.

teleobjetivo. m. Objetivo fotográfico de mucha distancia focal, que permite fotografiar objetos muy lejanos.

teleología. f. *Fil.* Doctrina de las causas finales.

teleósteo. adj. *Zool.* Dícese del pez que tiene el esqueleto completamente osificado. Ú. t. c. s. ‖ **2.** m. pl. *Zool.* Orden de estos animales, que comprende la mayoría de los peces vivientes, tanto marinos como de agua dulce. En este grupo están incluidos los antiguos órdenes de los acantopterigios y malacopterigios.

telepatía. f. Coincidencia de pensamientos o sensaciones entre personas generalmente distantes entre sí, sin el concurso de los sentidos, y que induce a pensar en la existencia de una comunicación de índole desconocida. ‖ **2.** Transmisión de contenidos psíquicos entre personas, sin intervención de agentes físicos conocidos.

telequinesia. f. En parapsicología, desplazamiento de objetos sin causa física observable, por lo general en presencia de un médium.

telerruta. f. Servicio oficial que informa a los usuarios del estado de las carreteras.

telescópico, ca. adj. Relativo o perteneciente al telescopio. ‖ **2.** Dícese de ciertos instrumentos construidos de forma semejante a la del telescopio de mano, es decir, formados por piezas longitudinalmente sucesivas que pueden recogerse encajando cada una en la anterior, con lo cual se reduce su largura para facilitar su transporte. ‖ **3.** Por ext., dícese de órganos o de otros objetos que presentan una estructura semejante.

telescopio. m. *Ópt.* Instrumento que permite ver agrandada una imagen de un objeto lejano. El objetivo puede ser o un sistema de refracción, en cuyo caso el **telescopio** recibe el nombre de anteojo, o un espejo cóncavo. ‖ **de mano. telescopio** portátil, cuyas piezas se encajan unas en otras con el fin de facilitar su transporte.

telesilla. m. Asiento suspendido de un cable de tracción, para el transporte de personas a la cumbre de una montaña o a un lugar elevado.

telespectador, ra. m. y f. Persona que ve la televisión.

telesquí. m. Aparato que permite a los esquiadores subir hasta las pistas sobre sus esquís mediante un sistema de arrastre. ❑ pl. *telesquís* o *telesquíes.*

teleteatro. m. Teatro que se transmite por televisión.

teletexto. m. Sistema de transmisión de textos escritos mediante ondas hertzianas o por cable telefónico.

teletipo. amb. Aparato telegráfico que permite transmitir directamente un texto, por medio de un teclado mecanográfico, así como su inscripción en la estación receptora en letras de imprenta. ‖ **2.** m. Mensaje transmitido por este sistema telegráfico.

televidente. com. **telespectador.**

televisar. tr. Transmitir imágenes por televisión.

televisión. f. Transmisión de la imagen a distancia, valiéndose de las ondas hertzianas. ‖ **2. televisor.** ‖ **3.** Empresa dedicada a transmitir por medio de **televisión.**

televisivo, va. adj. Perteneciente o relativo a la televisión. ‖ **2.** Que tiene buenas condiciones para ser televisado.

televisor. m. Aparato receptor de televisión.

télex. m. Sistema telegráfico internacional por el que se comunican sus usuarios, que cuentan con un transmisor semejante a una máquina de escribir, y un receptor que imprime el mensaje recibido. ‖ **2.** Mensaje transmitido por este sistema. ❑ pl. invar.

telilla. f. Tela o nata que crían algunos líquidos.

telina. f. Molusco lamelibranquio marino, abundante en las costas españolas, del tamaño de una almeja y con concha de colores brillantes.

telón. m. Lienzo grande que se pone en el escenario de un teatro de modo que pueda bajarse y subirse. ‖ **de acero.** fig. Frontera política e ideológica que separaba los países del bloque soviético de los occidentales. ‖ **de boca.** El que cierra la embocadura del escenario, y está echado antes de que empiece la función teatral y durante los entreactos o intermedios. ‖ **metálico.** El que, hecho de metal, se destina en los teatros a aislar el escenario de la sala para evitar o limitar los siniestros. ‖ **bajar el telón.** fr. fig. Interrumpir o dejar de desarrollar alguna actividad.

telonero, ra. adj. Dícese del artista que, en un espectáculo musical o de variedades, actúa, como menos importante, antes de la atracción principal. Ú. t. c. s.

telson. m. *Zool.* Último segmento del cuerpo de los crustáceos, que suele ser laminar y está situado a continuación del pleon.

telúrico, ca. adj. Perteneciente o relativo a la Tierra como planeta. ‖ **2.** Perteneciente o relativo al telurismo.

telurio. m. Elemento químico de núm. atóm. 52. Escaso en la corteza terrestre; se encuentra nativo o formando sales. De color grisáceo o pardo, sus propiedades son similares a las del azufre. Se usa como aditivo en metalurgia, y como colorante en las industrias cerámicas y del vidrio. Símb. *Te.*

telurismo. m. Influencia del suelo de una comarca sobre sus habitantes.

tema. m. Proposición o texto que se toma por asunto o materia de un discurso. ‖ **2.** *Gram.* Cualquiera de las formas que, en ciertas lenguas, presenta un radical para recibir los morfemas de flexión. Así *cab-*, *cup-* y *quep-* son los **temas** correspondientes al verbo *caber.* ‖ **3.** *Mús.* Pequeño trozo de una composición, con arreglo al cual se desarrolla el resto de ella. ‖ **4.** f. Actitud arbitraria y no razonada en que alguien se obstina contra algo o alguien. ‖ **5.** Idea fija que suelen tener los dementes.

temario. m. Conjunto de temas que se proponen para su estudio a una conferencia, congreso, etc.

temática. f. Conjunto de los temas parciales contenidos en un asunto general.

temático, ca. adj. *Gram.* Dícese de cualquier elemento que, para la flexión, modifica la raíz de un vocablo.

temblar. intr. Agitarse con sacudidas rápidas y frecuentes. ‖ **2.** fig. Tener mucho miedo, o recelar con demasiado temor de una persona o cosa. Ú. a veces como tr. *Lo* TEMBLÓ *el universo entero.* ❑ Irreg. Se conj. como *acertar.*

tembleque. m. fam. Temblor del cuerpo.

temblequear. intr. fam. Temblar con frecuencia o continuación.

temblón, na. adj. fam. Que tiembla mucho.

temblor. m. Acción y efecto de temblar. ‖ **de tierra. terremoto.**

tembloroso, sa. adj. Que tiembla.

temer. tr. Tener a una persona o cosa por objeto de temor. ‖ **2.** Recelar un daño, en virtud de fundamento antecedente. TEMO *que vendrán mayores males.* ‖ **3.** Sospechar, creer. TEMO *que sea más antiguo de lo que parece.* Ú. t. c. prnl. ‖ **4.** Sentir temor. TEMO *por mis hijos.*

temerario, ria. adj. Excesivamente imprudente arrostrando peligros. ‖ **2.** Que se dice, hace o piensa sin fundamento, razón o motivo. *Juicio* TEMERARIO.

temeridad. f. Calidad de temerario. ‖ **2.** Acción temeraria. ‖ **3.** Juicio temerario.

temeroso, sa. adj. Que recela un daño.

temible. adj. Digno o capaz de ser temido.

temor. m. Sentimiento que hace apartarse de las cosas que se consideran nocivas o peligrosas. ‖ **2.** Presunción o sospecha. ‖ **3.** Recelo de un daño futuro.

tempanador. m. Instrumento que sirve para abrir las colmenas, quitando de ellas los témpanos o tapas; es de hierro, de tres o cuatro decímetros de largo, con una boca de escoplo roma en un extremo, y en el otro una especie de uña.

témpano. m. Pedazo de cualquier cosa dura, extendida o plana; como un pedazo de hielo o de tierra unida. ‖ **2.** Corcho redondo que sirve de tapa y cierre a una colmena.

témpera. f. **pintura al temple.**

temperado, da. adj. *Mús.* Se aplica a la escala musical ajustada a los doce sonidos.

temperamento. m. Carácter, manera de ser o de reaccionar de las personas. ‖ **2.** Manera de ser de las personas tenaces e impulsivas en sus reacciones.

temperar. tr. **atemperar.** Ú. t. c. prnl.

temperatura. f. Grado o nivel térmico de los cuerpos o del ambiente. ‖ **2.** vulg. Estado de calor del cuerpo humano o de los animales. ‖ **ambiente.** La de la atmósfera que rodea a un cuerpo; normalmente esta expresión se refiere a la **temperatura** ordinaria. ‖ **crítica.** La **temperatura** máxima en que pueden coexistir las fases líquida y gaseosa de un fluido. ‖ **tener temperatura.** fr. Tener fiebre.

temperie. f. Estado de la atmósfera, según los diversos grados de calor o frío, sequedad o humedad.

tempero. m. Sazón y buena disposición en que se halla la tierra para las sementeras y labores.

tempestad. f. Perturbación atmosférica que se manifiesta por variaciones de la presión ambiente y por fuertes vientos, acompañados a menudo de truenos, lluvia, nieve, etc. ‖ **2.** Perturbación de las aguas del mar, causada por el ímpetu y violencia de los vientos.

tempestuoso, sa. adj. Que causa o constituye una tempestad.

templado, da. adj. Moderado, contenido y parco en la comida o bebida o en algún otro apetito o pasión. ‖ **2.** Que no está frío ni caliente, sino en un término medio.

templanza. f. *Rel.* Una de las cuatro virtudes cardinales, que consiste en moderar los apetitos y el uso excesivo de los sentidos, sujetándolos a la razón.

templar. tr. Moderar, entibiar o suavizar la fuerza de una cosa. Ú. t. en sent. fig. tratándose del genio o enojo de una persona. ‖ **2.** Quitar el frío de una cosa, calentarla ligeramente; se usa especialmente hablando de los líquidos. ‖ **3.** *Mús.* Disponer un instrumento de manera que pueda producir con exactitud los sonidos que le son propios.

templario. m. Individuo de una orden de caballería que tuvo principio por los años de 1118 y cuyo instituto era asegurar los caminos a los que iban a visitar los Santos Lugares de Jerusalén.

temple[1]. m. fig. Acción y efecto de templar el metal, el cristal u otras materias. ‖ **2.** Disposición apacible o alterada del cuerpo o del humor de una persona. ‖ **3.** fig. Fortaleza enérgica y valentía serena para afrontar las dificultades y los riesgos. ‖ **4.** *Mús.* Acción y efecto de templar instrumentos. ‖ **5.** *Pint.* Procedimiento pictórico en que los colores se diluyen en líquidos glutinosos o calientes.

Temple[2]. n. p. m. Religión u orden de los templarios; hoy se llaman así algunas iglesias que fueron suyas.

templete. m. Pabellón o quiosco, cubierto por una cúpula sostenida por columnas.

templista. com. *Pint.* Persona que pinta al temple.

templo. m. Edificio o lugar destinado pública y exclusivamente a un culto.

tempo. m. Ritmo, compás. Ú. especialmente en música y poesía.

témpora. f. Tiempo de ayuno en el comienzo de cada una de las cuatro estaciones del año. Ú. m. en pl.

temporada. f. Espacio de varios días, meses o años que se consideran aparte formando un conjunto. TEMPORADA *de verano, de nieves; la mejor* TEMPORADA de mi vida. ‖ **2.** Tiempo durante el cual se realiza habitualmente alguna cosa. TEMPORADA *del balneario, de ferias.*

temporal[1]. adj. Perteneciente al tiempo. ‖ **2.** Que dura por algún tiempo. ‖ **3.** m. **tempestad,** perturbación atmosférica. ‖ **4. tempestad,** perturbación de las aguas del mar. ‖ **5.** Tiempo de lluvia persistente.

temporal[2]. adj. *Anat.* Perteneciente o relativo a las sienes. *Músculos* TEMPORALES.‖ **2.** *Anat.* V. **hueso temporal.** Ú. t. c. s.

temporalidad. f. Calidad de temporal', perteneciente al tiempo, o relativo a lo secular y profano.

temporero, ra. adj. Dícese de la persona que ejerce un trabajo temporalmente. Ú. t. c. s.

temporizador. m. Sistema de control de tiempo que se utiliza para abrir o cerrar un circuito en uno o más momentos determinados, y que conectado a un dispositivo lo pone en acción; v. gr. para disparar una cámara fotográfica o activar una carga explosiva.

tempranear. intr. Madrugar. Ú. m. en América.

tempranero, ra. adj. **temprano,** anticipado.

temprano, na. adj. Adelantado, anticipado o que es antes del tiempo regular u ordinario. ‖ **2.** *Biol.* Que está en una fase inicial de su desarrollo. ‖ **3.** adv. t. En las primeras horas del día o de la noche y, por ext., al principio de un período determinado de tiempo. *Levantarse* TEMPRANO.

ten con ten. expr. fam. usada c. s. m. que expresa el tacto o la moderación en la manera de tratar a alguien o de llevar algún asunto. *Miguel gasta cierto* TEN CON TEN *en sus cosas.*

tenacidad. f. Calidad de tenaz.

tenacillas. f. pl. Tenaza pequeña de muelle, que sirve para coger terrones de azúcar, dulces y otras cosas. ‖ **2.** Instrumento, a manera de tenaza pequeña, que sirve para rizar el pelo.

tenáculo. m. *Cir.* Instrumento en forma de aguja, encorvado por uno de sus extremos, y fijo o articulado por el otro a un mango. Se emplea para coger y sostener las arterias que deben ligarse.

tenaz. adj. Que opone mucha resistencia a romperse o deformarse. ‖ **2.** fig. Firme, porfiado y pertinaz en un propósito.

tenaza. f. Instrumento de metal, compuesto de dos brazos trabados por un clavillo o eje que permite abrirlos y volverlos a cerrar; se usa para sujetar fuertemente una cosa, o arrancarla o cortarla. Ú. m. en pl. ‖ **2.** *Zool.* Pinza de las patas de algunos artrópodos.

tenca. f. Pez teleósteo de agua dulce, fisóstomo, de unos tres decímetros de largo; cuerpo fusiforme, verdoso por encima y blanquecino por debajo; cabeza pequeña, barbillas cortas, aletas débiles y cola poco ahorquillada. Prefiere las aguas estancadas, y su carne es blanca y sabrosa, pero está llena de espinas y suele tener sabor de cieno.

tendedero. m. Sitio o lugar donde se tiende una cosa. ‖ **2.** Dispositivo de alambres, cuerdas, etc., donde se tiende la ropa.

tendedor. m. **tendedero.**

tendencia. f. Propensión o inclinación en los hombres y en las cosas hacia determinados fines. ‖ **2.** Idea religiosa, económica, política, artística, etc., que se orienta en determinada dirección.

tendencioso, sa. adj. Que presenta o manifiesta una cosa parcialmente, obedeciendo a ciertas tendencias, ideas, etc.

tendente. adj. Que tiende a algún fin.

tender. tr. Desdoblar, extender o desplegar lo que está cogido, doblado, arrugado o amontonado. ‖ **2.** Extender al aire, al sol o al fuego la ropa mojada, para que se seque. ‖ **3.** Tener alguien o algo una cualidad o característica no bien definida, pero sí aproximada a otra de la misma naturaleza. ‖ **4.** *Mat.* Aproximarse progresivamente una variable o función a un valor determinado, sin llegar nunca a alcanzarlo. ‖ **5.** prnl. Echarse, tumbarse a lo largo. ‖ **6.** Encamarse las mieses y otras plantas. ‖ **7.** Extenderse en la carrera el caballo, aproximando el vientre al suelo. ❑ Irreg. Se conj. como *entender.*

tenderete. m. Puesto de venta al por menor, instalado al aire libre.

tendero, ra. m. y f. Dueño o dependiente de una tienda, especialmente de comestibles.

tendido, da. adj. Aplícase al galope del caballo cuando este se tiende, o a la carrera violenta del hombre o de cualquier animal. ‖ **2.** m. Conjunto de cables, etc., que constituyen una conducción eléctrica. ‖ **3.** Gradería descubierta y próxima a la barrera en las plazas de toros.

tendinoso, sa. adj. *Anat.* Que tiene tendones o se compone de ellos. ‖ **2.** *Anat.* Perteneciente o relativo a los tendones.

tendón. m. *Anat.* Cualquiera de los órganos formados por tejido fibroso, en los que las fibras están dispuestas en haces paralelos entre sí. Son de color blanco y brillante, muy resistentes a la tracción y tienen la forma de cordones, a veces cilíndricos y con más frecuencia aplastados, que por lo común unen los músculos a los huesos. ‖ **de Aquiles.** *Anat.* El grueso y fuerte, que en la parte posterior e inferior de la pierna une el talón con la pantorrilla. ‖ **2.** fig. **talón de Aquiles.**

tenebrismo. m. Tendencia pictórica que opone con fuerte contraste, luz y sombra, haciendo que las partes iluminadas destaquen violentamente sobre las que no lo están.

tenebrista. adj. Perteneciente o relativo al tenebrismo. ‖ **2.** Dícese del pintor que practica el tenebrismo. Ú. t. c. s.

tenebrosidad. f. Calidad de tenebroso.

tenebroso, sa. adj. Oscuro, cubierto de tinieblas.

tenedor, ra. m. y f. Persona que tiene o posee un algo, especialmente la que posee legítimamente alguna letra de cambio u otro valor endosable. ‖ **2.** m. Instrumento de mesa en forma de horca, con dos o más púas y que sirve para comer alimentos sólidos. ‖ **de libros.** Persona encargada de llevar los libros de contabilidad.

teneduría. f. Cargo y oficina del tenedor de libros. ‖ **de libros.** Arte de llevar los libros de contabilidad.

tenencia. f. Ocupación y posesión actual y corporal de una cosa. ‖ **2.** Cargo u oficio de teniente. ‖ **3.** Oficina en que lo ejerce.

tener. tr. Asir o mantener asida una cosa. ‖ **2.** Poseer y disfrutar. ‖ **3.** Mantener, sostener. Ú. t. c. prnl. ‖ **4.** Contener o comprender en sí. ‖ **5.** Poseer, dominar o sujetar. ‖ **6.** Estar en precisión de hacer una cosa u ocuparse en ella. TENER *consejo;* TENER *junta.* ‖ **7.** Juzgar, reputar, considerar. ❑ Suélese juntar con la preposición *por* seguida de adjetivo o sustantivo que contenga calificación. TENER *a uno* POR *rico.* Ú. t. c. prnl. TENERSE POR *sabio.* ❑ Asimismo se usa con la preposición *a* seguida de sustantivo. TENER A *gala,* A *honra,* una cosa. ‖ **8.** Construido con la preposición *en* y los adjetivos *poco, mucho* y otros semejantes, estimar, apreciar. Ú. t. c. prnl. ‖ **9.** Construido con algunos nombres de tiempo, emplear, pasar algún espacio de él en un lugar o sitio, o de cierta manera. TENER *un día aburrido.* ‖ **10.** Construido con algunos nombres, hacer o padecer lo que el nombre significa. TENER *cuidado, vergüenza, miedo, hambre, calor, nervios,* etc. ‖ **11.** Con los nombres que significan tiempo, expresa la duración o edad de las cosas o personas de que se habla. TENER *años;* TENER *días.* ‖ **12.** Con participio conjugado, **haber.** ‖ **13.** Construido con la conjunción *que* y el infinitivo de otro verbo, denota la necesidad, precisión o determinación de hacer lo que el verbo significa. TENDRÉ QUE *salir.* ❑ Ú. t. con la prep. *de* en la primera persona del presente de indicativo. ‖ **no tenerlas** uno **todas consigo.** fr. fig. y fam. Sentir recelo o temor. ‖ **no tener** una persona o cosa **por donde cogerla.** fr. fig. y fam. Ser de mala calidad. ‖ **tener** uno **presente.** fr. Conservar en la memoria y tomar en consideración alguna cosa para usarla cuando convenga, o a algún sujeto para atenderle en ocasión oportuna. ❑ Irreg. Ver conjugación modelo.

tener

INDICATIVO

Presente: tengo, tienes, tiene, tenemos, tenéis, tienen.
Pretérito imperfecto: tenía, tenías, tenía, teníamos, teníais, tenían.
Pretérito indefinido: tuve, tuviste, tuvo, tuvimos, tuvisteis, tuvieron.
Futuro imperfecto: tendré, tendrás, tendrá, tendremos, tendréis, tendrán.
Condicional: tendría, tendrías, tendría, tendríamos, tendríais, tendrían.

SUBJUNTIVO

Presente: tenga, tengas, tenga, tengamos, tengáis, tengan.
Pretérito imperfecto: tuviera o tuviese, tuvieras o tuvieses, tuviera o tuviese, tuviéramos o tuviésemos, tuvierais o tuvieseis, tuvieran o tuviesen.
Futuro imperfecto: tuviere, tuvieres, tuviere, tuviéremos, tuviereis, tuvieren.

IMPERATIVO

ten (tú); tened (vosotros).

FORMAS NO PERSONALES

Infinitivo: tener.
Participio: tenido.
Gerundio: teniendo.

tenia. f. Gusano platelminto del orden de los cestodos, de forma de cinta y de color blanco. Consta de innumerables anillos, cuya anchura aumenta gradualmente, y puede alcanzar varios metros de longitud. En el estado adulto vive parásito en el intestino de otro animal, al cual se fija mediante ventosas o ganchos que tiene en su parte anterior. La larva o cisticerco se enquista por lo común en los músculos del cerdo o de la vaca, de donde pasa al hombre u otro mamífero cuando ingiere la carne cruda de aquellos animales.

tenienta. f. Mujer con grado de teniente.

teniente. m. El que ejerce el cargo o ministerio de otro, y es sustituto suyo. TENIENTE *de alcalde.* ‖ **2.** com. *Mil.* Oficial cuyo empleo es el inmediatamente inferior al de capitán. Ejerce normalmente el mando de sección. ‖ **coronel.** *Mil.* Jefe cuyo empleo es el inmediatamente inferior al de coronel. ‖ **de navío.** En la Marina de guerra, empleo equivalente a capitán del Ejército. ‖ **general.** *Mil.* Oficial general de categoría superior a la del general de división e inferior a la de capitán general. ‖ **primer teniente.** *Mil.* Anterior denominación del actual empleo de **teniente.** ‖ **segundo teniente.** *Mil.* Anterior denominación del actual empleo de alférez.

tenífugo, ga. adj. *Farm.* Dícese del medicamento eficaz para la expulsión de la tenia. Ú. t. c. s.m.

tenis. m. Juego que consiste en lanzar con raqueta una pelota de una a otra parte del campo, separadas por una red. Suele haber uno o dos jugadores en cada bando. ‖ **de mesa. pimpón.** ❑ pl. invar.

tenista. com. Persona que juega al tenis.

tenor[1] de (a, o **al).** loc. adv. Al mismo tiempo que.

tenor[2]. m. *Mús.* Voz media entre la de contralto y la de barítono. ‖ **2.** *Mús.* Persona que tiene esta voz.

tenora. f. Instrumento de viento, de lengüeta doble como el oboe, de mayor tamaño que este y con la campana o pabellón de metal. Forma parte de los instrumentos que componen la típica cobla de sardanas.

tenorino. m. *Mús.* Tenor ligero, que canta con voz de falsete.

tenorio. m. Hombre mujeriego, galanteador, frívolo e inconstante.

tensar. tr. Poner tensa alguna cosa.

tensión. f. Estado de un cuerpo, estirado por la acción de fuerzas que lo atraen. ‖ **2.** Fuerza que impide separarse unas de otras a las partes de un mismo cuerpo cuando se halla en dicho estado. ‖ **3.** Intensidad de la fuerza con que los gases tienden a dilatarse. ‖ **4.** Voltaje con que se realiza una transmisión de energía eléctrica. Se distingue entre **alta** y **baja tensión** según sea por encima o por debajo de los mil voltios. ‖ **5. tensión vascular:** v. gr. TENSIÓN *arterial*, TENSIÓN *venosa*. ‖ **6.** Estado anímico de excitación, impaciencia, esfuerzo o exaltación producido por determinadas circunstancias o actividades. ‖ **arterial.** Presión que ejerce la sangre sobre la pared de las arterias. Depende del volumen de la masa sanguínea, de la intensidad de la contracción cardíaca y de la resistencia que a la circulación oponen los vasos periféricos. ‖ **vascular.** La de la pared de los vasos sanguíneos, que resulta de la presión de la sangre circulante y del tono muscular y elástico de las paredes del vaso. ‖ **venosa.** Presión que ejerce la sangre sobre la pared de las venas.

tenso, sa. adj. Dícese del cuerpo estirado por la acción de fuerzas que lo atraen. ‖ **2.** fig. En estado de tensión moral o espiritual.

tensón. f. Composición poética de los provenzales, que consiste en una controversia entre dos o más poetas sobre un tema determinado, por lo común de amores.

tensor, ra. adj. Que tensa, origina tensión o está dispuesto para producirla. Ú. t. c. s.

tentación. f. Instigación o estímulo que induce o persuade a algo.

tentáculo. m. *Zool.* Cualquiera de los apéndices móviles y blandos que tienen muchos animales invertebrados y que pueden desempeñar diversas funciones, actuando principalmente como órganos táctiles o de prensión.

tentadero. m. *Taurom.* Corral o sitio cerrado en que se hace la tienta.

tentador, ra. adj. Que tienta. Ú. t. c. s.

tentar. tr. Ejercitar el sentido del tacto, palpando o tocando una cosa materialmente. Ú. t. c. prnl. ‖ **2.** Instigar, inducir o estimular. ‖ **3.** Probar a uno; hacer examen de su constancia o fortaleza. ‖ **4.** *Taurom.* Practicar la tienta. ❑ Irreg. Se conj. como *acertar.*

tentativa. f. Acción con que se intenta, experimenta, prueba o tantea una cosa.

tentempié. m. fam. **refrigerio,** piscolabis. ‖ **2. tentetieso,** muñeco. ❑ pl. *tentempiés.*

tentetieso. m. Muñeco de materia ligera, o hueco, que lleva un contrapeso en la base, y que, movido en cualquier dirección, vuelve siempre a quedar derecho.

tenue. adj. Delicado, delgado y débil.

tenuirrostro. adj. *Zool.* Dícese del pájaro que tiene el pico alargado, tenue, generalmente recto y a veces arqueado. ‖ **2.** m. pl. *Zool.* En clasificaciones desusadas, suborden de estos animales, como la abubilla y los pájaros moscas.

teñido. m. Acción y efecto de teñir o teñirse.

teñir. tr. Dar cierto color a una cosa, encima del que tenía. Ú. t. c. prnl. ❑ Irreg. Se conj. como *ceñir.*

teobromina. f. *Quím.* Principio activo del cacao.

teocracia. f. Gobierno ejercido directamente por Dios, como el de los hebreos antes que tuviesen reyes. ‖ **2.** Sociedad en que la autoridad política, considerada emanada de Dios, se ejerce por sus ministros.

teocrático, ca. adj. Perteneciente o relativo a la teocracia.

teodicea. f. Teología fundada en principios de la razón.

teodolito. m. *Geod.* Instrumento de precisión que se compone de un círculo horizontal y un semicírculo vertical, ambos graduados y provistos de anteojos, para medir ángulos en sus planos respectivos.

teogonía. f. Generación de los dioses del paganismo.

teologal. adj. Perteneciente o relativo a la teología.

teología. f. Ciencia que trata de Dios y de sus atributos y perfecciones.

teológico, ca. adj. Perteneciente o relativo a la teología.

teologizar. intr. Discurrir sobre principios o razones teológicas.

teólogo, ga. m. y f. Persona que profesa la teología o tiene en esta ciencia especiales conocimientos.

teomanía. f. Manía que consiste en creerse Dios el que la padece.

teorema. m. Proposición demostrable lógicamente partiendo de axiomas o de otros **teoremas** ya demostrados, mediante reglas de inferencia aceptadas.

teorético, ca. adj. *Fil.* Dícese de lo que se dirige al conocimiento, no a la acción ni a la práctica. ‖ **2.** f. Estudio del conocimiento.

teoría. f. Conocimiento especulativo considerado con independencia de toda aplicación. ‖ **2.** Hipótesis cuyas consecuencias se aplican a toda una ciencia o a parte muy importante de la misma.

teórico, ca. adj. Perteneciente a la teoría. ‖ **2.** Se aplica a la persona que cultiva la parte **teórica** de una ciencia o un arte. Ú. t. c. s.

teorizar. tr. Tratar un asunto solo en teoría. Ú. m. c. intr.

teosofía. f. Doctrina de varias sectas que presumen estar iluminadas por la divinidad e íntimamente unidas con ella.

teósofo, fa. m. y f. Persona que profesa la teosofía.

tépalo. m. *Bot.* Cada una de las piezas que componen los perigonios sencillos.

tepe. m. Pedazo de tierra cubierto de césped y muy trabado con las raíces de esta hierba, que, cortada generalmente en forma prismática, sirve para hacer paredes y malecones.

tequila. m. Bebida mejicana semejante a la ginebra que se destila de una especie de maguey.

terapeuta. com. Persona que profesa la terapéutica.

terapéutica. f. Parte de la medicina, que enseña los preceptos y remedios para el tratamiento de las enfermedades. ‖ **ocupacional.** Tratamiento empleado en diversas enfermedades somáticas y psíquicas, que tiene como finalidad readaptar al paciente haciéndole realizar las acciones y movimientos de la vida diaria.

terapéutico, ca. adj. Perteneciente o relativo a la terapéutica.

terapia. f. *Med.* **terapéutica,** tratamiento.

teratología. f. Estudio de las anomalías y monstruosidades del organismo animal o vegetal.

teratológico, ca. adj. Perteneciente o relativo a la teratología.

teratoma. m. *Pat.* Tumor de origen embrionario.

terbio. m. Elemento químico de núm. atóm. 65. Metal de las tierras raras muy escaso en la corteza terrestre; se encuentra en ciertos minerales de Suecia unido al itrio y al erbio. De brillo metálico y muy reactivo, forma sales incoloras, y se usa en la producción de rayos láser. Símb. *Tb.*

tercer. adj. apóc. de **tercero.** ❑ Ú. siempre antepuesto al sustantivo.

tercera. f. Mujer que media en los amores ilícitos, alcahueta. ‖ **2.** Marcha del motor de un vehículo que tiene mayor velocidad y menor potencia que la primera y segunda, y mayor potencia y menor velocidad que la cuarta. ‖ **3.** *Mús.* Consonancia o intervalo de dos tonos o de un tono y un semitono.

tercerilla. f. *Métr.* Composición métrica de tres versos de arte menor, dos de los cuales riman o hacen consonancia.

tercermundismo. m. Condición de tercermundista.

tercermundista. adj. Perteneciente o relativo al tercer mundo.

tercero, ra. adj. Que sigue inmediatamente en orden al o a lo segundo. Ú. t. c. s. ‖ **2.** Que media entre dos o más personas. Ú. m. c. s. ‖ **3.** Dícese de cada una de las tres partes iguales en que se divide un todo. ‖ **4. alcahuete,** hombre que media en los amores ilícitos. ‖ **en discordia.** El que media para zanjar una desavenencia.

tercerola. f. Arma de fuego usada por la caballería, que es un tercio más corta que la carabina. ‖ **2.** Flauta más pequeña que la ordinaria y mayor que el flautín.

terceto. m. Combinación métrica de tres versos de arte mayor que, a veces, constituye estrofa autónoma dentro del poema. ‖ **2. tercerilla,** composición. ‖ **3.** *Mús.* Composición para tres voces o instrumentos. ‖ **4.** *Mús.* Conjunto de estas tres voces o instrumentos. ‖ **tercetos encadenados.** Serie de **tercetos** que constituyen un poema, cuyo primer endecasílabo rima con el tercero, mientras el segundo rimará con el primero y el tercero del **terceto** siguiente, y así sucesivamente. Normalmente, la composición acaba con un serventesio, resultante de añadir un verso que rima con el penúltimo del **terceto** final.

tercia. f. **tercio,** cada una de las tres partes iguales en que se divide un todo. ‖ **2.** Segunda de las cuatro partes iguales en que dividían los romanos el día artificial. ‖ **3.** Una de las horas canónicas del oficio divino, la inmediata después de prima.

terciana. f. *Med.* Calentura intermitente que repite cada tercer día. Ú. m. en pl.

terciar. tr. Poner una cosa atravesada diagonalmente o al sesgo, o ladearla. TERCIAR *la banda, la capa.* ‖ **2.** Dividir una cosa en tres partes. ‖ **3.** prnl. Presentarse casualmente algo o la oportunidad de hacer algo. Ú. en infinitivo y en las terceras personas de singular y plural. *Si* SE TERCIA, *le hablaré de nuestro asunto.* ‖ **4.** intr. Interponerse y mediar para componer algún ajuste, disputa o discordia. ‖ **5.** Intervenir, tomar parte igual en la acción de otros, especialmente en una conversación.

terciario, ria. adj. Tercero en orden o grado. ‖ **2.** *Arq.* Dícese de cierta especie de arco de piedra que se hace en las bóvedas formadas con cruceros. ‖ **3.** *Geol.* Aplícase a las épocas más antiguas de la era cenozoica. Ú. t. c. s. ‖ **4.** *Geol.* Perteneciente o relativo a los terrenos de este período, donde se produce la formación de importantes montañas, como los Alpes o los Andes, acompañado de un clima progresivamente más frío hasta culminar en las glaciaciones cuaternarias.

tercio. m. Cada una de las tres partes iguales en que se divide un todo. ‖ **2.** *Mil.* Regimiento de infantería española de los siglos XVI y XVII. ‖ **3.** *Mil.* Denominación que alguna vez se da a cuerpos o batallones de infantería en la milicia moderna. ‖ **4.** *Mil.* Cada una de las divisiones del instituto de la Guardia civil. ‖ **5.** *Taurom.* Cada una de las tres partes en que se considera dividida la lidia de toros. TERCIO *de varas, de banderillas, de muerte.*

terciopelado, da. adj. **aterciopelado.**

terciopelo. m. Tela de seda velluda y tupida, formada por dos urdimbres y una trama, o la de aspecto muy semejante.

terco, ca. adj. Pertinaz, obstinado e irreducible.

terebinto. m. Arbolillo de la familia de las anacardiáceas, de tres a seis metros de altura, con tronco ramoso y lampiño; hojas alternas, compuestas de hojuelas ovales, enteras y lustrosas; flores en racimos laterales y por frutos drupas pequeñas, primero rojas y después casi negras. Es común en España; su madera, dura y compacta, exuda por la corteza gotitas de trementina blanca muy olorosa, y suele criar agallas de tres a cuatro centímetros de largo.

teresiano, na. adj. Perteneciente o relativo a Santa Teresa de Jesús. ‖ **2.** Afiliado a la devoción de esta santa.

tergal. m. Tejido de fibra sintética muy resistente.

tergiversar. tr. Dar una interpretación forzada o errónea a palabras o acontecimientos.

teridofito, ta. adj. *Bot.* **pteridofito.**

termal. adj. Perteneciente o relativo a las termas.

termas. f. pl. Baños de aguas medicinales calientes. ‖ **2.** Baños públicos de los antiguos romanos.

termes. m. Insecto del orden de los isópteros, que por su vida social, se ha llamado también hormiga blanca. Roen madera, de la que se alimentan, por lo que pueden ser peligrosos para ciertas construcciones. ❑ pl. invar.

termia. f. *Fís.* Unidad técnica de calor equivalente a un millón de calorías. Se indica con la abreviatura *th.*

-termia. elem. compos. que significa «calor, temperatura»: *dis*TERMIA, *hipo*TERMIA.

térmico, ca. adj. Perteneciente o relativo al calor o la temperatura.

terminación. f. Acción y efecto de terminar o terminarse. ‖ **2.** Parte final de una obra o cosa. ‖ **3.** *Gram.* Letra o letras que se subsiguen al radical de los vocablos, especialmente la desinencia.

terminal. adj. Final, que pone término a una cosa. ‖ **2.** Referido a enfermos o pacientes, en situación grave e irreversible y cuya muerte se prevé muy próxima. ‖ **3.** *Bot.* Dícese de lo que está en el extremo de cualquier parte de la planta. *Hojuela* TERMINAL; *flores* TERMINALES. ‖ **4.** m. *Electr.* Extremo de un conductor preparado para facilitar su conexión con un aparato. ‖ **5.** *Inform.* Máquina con teclado y pantalla mediante la cual se proporcionan datos a una computadora o se obtiene información de ella. Ú. t. c. f. ‖ **6.** f. Cada uno de los extremos de una línea de transporte público.

terminante. adj. Categórico, concluyente, que hace imposible cualquier insistencia o discusión sobre la cosa de que se trata. *Las prevenciones de esta ley son* TERMINANTES.

terminar. tr. Poner término a una cosa, acabarla. ‖ **2.** **acabar,** rematar con esmero. ‖ **3.** intr. **cesar,** acabarse alguna cosa. Ú. t. c. prnl. ‖ **4.** prnl. Ordenarse, dirigirse una cosa a otra como a su fin y objeto.

término. m. Último punto hasta donde llega o se extiende una cosa. ‖ **2.** fig. Límite o extremo de una cosa inmaterial. ‖ **3. mojón,** señal permanente que fija los linderos de campos y heredades. ‖ **4.** Línea divisoria de los Estados, provincias, distritos, etc. ‖ **5. término municipal.** ‖ **6.** Tiempo determinado. ‖ **7.** Objeto, fin. ‖ **8. palabra,** sonido o conjunto de sonidos articulados que expresan una idea. ‖ **9.** Estado o situación en que se halla una persona o cosa. ‖ **10.** Forma o modo de portarse o hablar. Ú. m. en pl. ‖ **11.** *Gram.* Palabra o conjunto de palabras que siguen a una preposición en una relación establecida por esta; por ej., busto *de mármol.* ‖ **12.** *Lóg.* Cada una de las palabras que sustancialmente integran una proposición o un silogismo. Los **términos** de una proposición son dos: sujeto y predicado; los de un silogismo son tres: mayor, menor y medio. ‖ **13.** *Mat.* El numerador o el denominador de un quebrado. ‖ **14.** *Mat.* En una expresión analítica, cada una de las partes ligadas entre sí por el signo de sumar o de restar. ‖ **15.** En una enumeración con los adjetivos *primer, segundo* y *último,* lugar que se atribuye a lo que se expresa. ‖ **16.** pl. Condiciones con que se plantea un asunto o cuestión, o que se establecen en un contrato. ‖ **medio.** Aquel arbitrio proporcionado que se toma o sigue para salir de alguna duda, o para componer una discordia. ‖ **municipal.** Porción de territorio sometido a la autoridad de un ayuntamiento. ‖ **negativo.** *Álg.* El que lleva el signo menos (–). ‖ **positivo.** *Álg.* El que lleva el signo más (+), ya explícito, ya implícito, cuando es el primero de un polinomio.

terminología. f. Conjunto de términos o vocablos propios de determinada profesión, ciencia o materia.

termita. f. **termes.**

termitero, ra. m. y f. Nido de termes, que estos animales construyen en una viga o bien, como ocurre en la mayoría de las especies tropicales, en el suelo. Alcanzan a veces gran altura.

termo. m. Vasija de dobles paredes, entre las que se ha hecho el vacío, y provista de cierre hermético. Sirve para que las sustancias introducidas en la vasija conserven su temperatura sin que influya en esta la del ambiente.

termo-. elem. compos. que significa «calor»: TERMO*dinámica,* o bien, «temperatura»: TERMÓ*metro.*

-termo, ma. elem. compos. que significa «caliente»: *hema*TERMO, o bien, «con temperatura»: *iso*TERMO.

termodinámica. f. Parte de la física, en que se estudian las relaciones entre el calor y las restantes formas de energía.

termodinámico, ca. adj. *Fís.* Perteneciente o relativo a la termodinámica.

termoelectricidad. f. Energía eléctrica producida por el calor. ‖ **2.** Parte de la física, que estudia esta energía.

termoestable. adj. Que no se altera fácilmente por la acción del calor.

termolábil. adj. Que se altera fácilmente por la acción del calor.

termología. f. Parte de la física, que trata de los fenómenos en que interviene el calor o la temperatura.

termometría. f. Parte de la termología que trata de la medición de la temperatura.

termómetro. m. *Fís.* Instrumento que sirve para medir la temperatura. El más usual se compone de un tubo capilar cerrado, de vidrio, ensanchado en la parte inferior, a modo de pequeño depósito, que contiene un líquido, por lo común azogue o alcohol teñido, el cual, dilatándose o contrayéndose por el aumento o disminución de temperatura, señala en una escala los grados de temperatura. ‖ **clínico.** El de máxima y de precisión, que se usa para tomar la temperatura a los enfermos y cuya escala está dividida en décimas de grado.

termonuclear. adj. Dícese de cualquier proceso de fusión de núcleos atómicos ligeros a muy altas temperaturas (millones de grados centígrados), con liberación de energía.

termosifón. m. Aparato anejo a una cocina y que sirve para calentar agua y distribuirla por medio de tuberías a los lavabos, baños y pilas de una casa. ‖ **2.** Aparato de calefacción por medio de agua caliente que va entubada a diversos locales de un edificio o elementos de una maquinaria.

termostato o **termóstato.** m. Aparato que se conecta con una fuente de calor y que, mediante un artificio automático, impide que la temperatura suba o baje del grado conveniente.

terna. f. Conjunto de tres personas propuestas para que se designe de entre ellas la que haya de desempeñar un cargo o empleo. ‖ **2.** fig. **trío,** grupo de personas.

ternario, ria. adj. Compuesto de tres elementos, unidades o guarismos.

ternera. f. Cría hembra de la vaca. ‖ **2.** Carne de **ternera** o de ternero.

ternero. m. Cría macho de la vaca. ‖ **recental.** El de leche o que no ha pastado todavía.

terneza. f. Calidad de tierno. ‖ **2.** Dicho lisonjero, requiebro. Ú. m. en pl.

ternilla. f. **cartílago.**

terno. m. Conjunto de tres cosas de una misma especie.

ternura. f. Calidad de tierno.

terpeno. m. Nombre común a ciertos hidrocarburos que se encuentra en los aceites volátiles obtenidos de las plantas, principalmente de las coníferas y de los frutos cítricos.

terpina. f. *Quím.* Hidrato de trementina.

terpinol. m. Sustancia que resulta de la acción de un ácido sobre la terpina.

terquedad. f. Calidad de terco.

terracota. f. Arcilla modelada y endurecida al horno.

terrado. m. **terraza,** sitio abierto de una casa.

terramicina. f. *Med.* Antibiótico producido por la bacteria *Streptomyces rimosus.*

terraplén. m. Macizo de tierra con que se rellena un hueco, o que se levanta para hacer una defensa, un camino u otra obra semejante. ‖ **2.** Por ext., cualquier desnivel con una cierta pendiente.

terráqueo, a. adj. Compuesto de tierra y agua. Aplícase únicamente al globo o esfera terrestre.

terrario. m. Instalación adecuada para mantener vivos y en las mejores condiciones a ciertos animales, como reptiles, anfibios, etc.

terrateniente. com. Persona que posee tierras, especialmente la que es dueña de grandes extensiones agrícolas.

terraza. f. Sitio abierto de una casa desde el cual se puede explayar la vista. ‖ **2.** Terreno situado delante de un café, bar, restaurante, etc., acotado para que los clientes puedan sentarse al aire libre. ‖ **3.** Cubierta plana y practicable de un edificio, provista de barandas o muros. ‖ **4.** Cada uno de los espacios de terreno llano, dispuestos en forma de escalones en la ladera de una montaña.

terrazo. m. Pavimento formado por chinas o trozos de mármol aglomerados con cemento y cuya superficie se pulimenta.

terremoto. m. Convulsión o sacudida del terreno, ocasionada por fuerzas que actúan en lo interior de la Tierra.

terrenal. adj. Perteneciente a la tierra, en contraposición de lo que pertenece al cielo.

terreno, na. adj. **terrenal.** ‖ **2.** m. Sitio o espacio de tierra. ‖ **3.** fig. Campo o esfera de acción en que con mayor eficacia pueden mostrarse la índole o las cualidades de personas o cosas. ‖ **4.** *Dep.* Espacio generalmente acotado y debidamente acondicionado para la práctica de ciertos deportes. ‖ **5.** *Geol.* Conjunto de sustancias minerales que tienen origen común, o cuya formación corresponde a una misma época. ‖ **terreno abondado.** fig. Cosa, circunstancia, etc., en que se dan condiciones óptimas para que se produzca algo determinado. ‖ **ganar** uno **terreno.** fr. fig. Adelantar en una cosa. ‖ **perder** uno **terreno.** fr. fig. Atrasar en un negocio. ‖ **preparar el terreno** a alguien. fr. fig. y fam. Conseguirle un ambiente favorable. ‖ **saber** uno **el terreno que pisa.** fr. fig. Conocer bien el asunto que se trae entre manos o las personas con quienes se trata.‖ **sobre el terreno.** fr. fig. Precisamente en el sitio donde se desenvuelve o ha de resolverse la cosa que se trata. ‖ **2.** Improvisando, sin preparación.

térreo, a. adj. De tierra. ‖ **2.** Parecido a ella.

terrero, ra. adj. **terreno,** perteneciente o relativo a la tierra. ‖ **2.** Aplícase al vuelo casi a ras de suelo de ciertas aves.

terrestre. adj. Perteneciente o relativo a la Tierra. ‖ **2. terrenal.** ‖ **3.** Perteneciente o relativo a la tierra en contraposición del cielo y del mar.

terribilísimo, ma. adj. sup. de **terrible.**

terrible. adj. Que causa terror. ‖ **2.** Difícil de tolerar. ❑ sup. irreg.: *terribilísimo.*

terrícola. com. Habitante de la Tierra. ‖ **2.** adj. **terrestre.**

terrina. f. Vasija pequeña, de barro cocido o de otros materiales, con forma de cono invertido, destinada a conservar o expender algunos alimentos.

territorial. adj. Perteneciente al territorio.

territorialidad. f. Consideración especial en que se toman las cosas en cuanto están dentro del territorio de un Estado. ‖ **2.** Ficción jurídica por la cual los buques y los domicilios de los agentes diplomáticos se consideran, dondequiera que estén, como si formasen parte del territorio de su propia nación.

territorialismo. m. *Zool.* Fenómeno por el cual ciertas especies dividen su hábitat en territorios.

territorio. m. Porción de la superficie terrestre perteneciente a una nación, región, provincia, etc. ‖ **2.** Circuito o término que comprende una jurisdicción, un cometido oficial u otra función análoga. ‖ **3.** Terreno o lugar concreto, v. gr. una cueva, un árbol, un hormiguero, donde vive un determinado animal, o un grupo de animales relacionados por vínculos de familia, y que es defendido frente a la invasión de otros congéneres.

terrizo, za. adj. **terroso,** de tierra.

terrón. m. Masa pequeña y suelta de tierra compacta. ‖ **2.** Masa pequeña y suelta de otras sustancias. TERRÓN *de azúcar, de sal.*

terror. m. Miedo muy intenso.

terrorífico, ca. adj. Que infunde terror.

terrorismo. m. Dominación por el terror. ‖ **2.** Sucesión de actos de violencia ejecutados para infundir terror.

terrorista. com. Persona partidaria del terrorismo. ‖ **2.** adj. Que practica actos de terrorismo. Ú. t. c. s. ‖ **3.** Perteneciente o relativo al terrorismo.

terroso, sa. adj. Que participa de la naturaleza y propiedades de la tierra. ‖ **2.** Que tiene mezcla de tierra.

terruño. m. Comarca o tierra, especialmente el país natal.

tersar. tr. Poner tersa una cosa.

terso, sa. adj. Limpio, claro, bruñido y resplandeciente. ‖ **2.** Liso, sin arrugas.

tersura. f. Calidad de terso.

tertulia. f. Reunión de personas que se juntan habitualmente para conversar o recrearse.

tertuliano, na. adj. **contertulio.** Ú. t. c. s.

tesalio, lia. adj. Natural de Tesalia. Ú. t. c. s. ‖ **2.** Perteneciente a Tesalia.

tesar. tr. *Mar.* **tensar.**

tesela. f. Cada una de las piezas con que se forma un mosaico.

tesina. f. Trabajo escrito, exigido para ciertos grados en general inferiores al de doctor.

tesis. f. Conclusión, proposición que se mantiene con razonamientos. ‖ **2.** Opinión de alguien sobre algo. ‖ **3.** Disertación escrita que presenta a la universidad el aspirante al título de doctor en una facultad. ❑ pl. invar.

tesitura. f. *Mús.* Altura propia de cada voz o de cada instrumento. ‖ **2.** fig. Actitud o disposición del ánimo.

tesla. m. *Fís.* Unidad de inducción magnética en el sistema basado en el metro, el kilogramo, el segundo y el amperio.

teso, sa. adj. **tieso.** ‖ **2.** m. Colina baja que tiene alguna extensión llana en la cima.

tesón. m. Decisión y perseverancia que se ponen en la ejecución de algo.

tesorería. f. Cargo u oficio de tesorero. ‖ **2.** Oficina o despacho del tesorero. ‖ **3.** Parte del activo de un comerciante disponible en metálico o fácilmente realizable.

tesorero, ra. m. y f. Persona encargada de custodiar y distribuir los caudales de una dependencia pública o particular.

tesoro. m. Cantidad de dinero, valores u objetos preciosos, reunida y guardada. ‖ **2.** Erario de la nación. ‖ **3.** fig. Persona o cosa, o conjunto o suma de cosas, de mucho precio o muy dignas de estimación. *Tal persona o tal libro es un* TESORO.

test. m. Examen, prueba. ‖ **2.** *Psicol.* Prueba psicológica para estudiar alguna función. ❑ pl. invar.

testa. f. Cabeza del hombre y de los animales. ‖ **2.** Frente, cara o parte anterior de algunas cosas materiales.

testáceo, a. adj. Dícese de los animales que tienen concha. Ú. t. c. s. m.

testado, da. adj. Dícese de la persona que ha muerto habiendo hecho testamento, y de la sucesión por este regida.

testador, ra. m. y f. Persona que hace testamento.

testaferro. m. El que presta su nombre en un contrato, pretensión o negocio que en realidad es de otra persona.

testamento. m. Declaración que de su última voluntad hace una persona, disponiendo de bienes y de asuntos que le atañen para después de su muerte. ‖ **2.** Documento donde consta en forma legal la voluntad del testador. ‖ **Antiguo Testamento.** Libro que contiene los escritos de Moisés y todos los demás canónicos anteriores a la venida de Jesucristo. ‖ **Nuevo Testamento.** Libro que contiene los Evangelios y demás obras canónicas posteriores al nacimiento de Jesús.

testar. intr. Hacer testamento.

testarada. f. Golpe dado con la testa.

testarazo. m. **testarada,** golpe dado con la testa. ‖ **2.** Por ext., golpe, porrazo, encuentro violento.

testarudez. f. Calidad de testarudo. ‖ **2.** Acción propia del testarudo.

testarudo, da. adj. Terco, que mantiene firmemente una idea o una actitud a pesar de tener razones en contra. Ú. t. c. s.

testera. f. Frente o principal fachada de una cosa. ‖ **2.** Adorno para la frente de las caballerías.

testículo. m. *Anat.* Cada una de las dos gónadas masculinas, generadoras de la secreción interna específica del sexo y de los espermatozoos.

testificación. f. Acción y efecto de testificar.

testificar. tr. Afirmar o probar de oficio una cosa, con referencia a testigos o documentos auténticos. ‖ **2.** Deponer como testigo en algún acto judicial. ‖ **3.** fig. Declarar, explicar y denotar con seguridad y verdad una cosa, en lo físico y en lo moral.

testigo. com. Persona que da testimonio de una cosa, o lo atestigua. ‖ **2.** Persona que presencia o adquiere directo y verdadero conocimiento de una cosa. ‖ **3.** m. Cualquier cosa, aunque sea inanimada, por la cual se arguye o infiere la verdad de un hecho. ‖ **4.** En los tramos de una vía de comunicación en los que circunstancialmente solo se permite circular en una dirección, bastón u otro objeto que transporta el conductor del último de los vehículos que marchan en un sentido, para que su entrega al primero de los que aguardan para hacerlo en sentido contrario, señale el comienzo de este movimiento. ‖ **5.** *Dep.* En las carreras de relevos, objeto que en el lugar marcado intercambian los corredores de un mismo equipo, para dar fe de que la sustitución ha sido correctamente ejecutada. || **de cargo.** El que depone en contra del procesado. || **de descargo.** El que depone en favor del procesado. || **de vista.** El que se halló presente al caso sobre que atestigua o depone. || **ocular. testigo de vista.**

testimonial. adj. Que sirve para dar testimonio. || **2.** f. pl. Documento que asegura y da fe de lo contenido en él.

testimoniar. tr. Atestiguar, o servir de testigo para alguna cosa.

testimonio. m. Declaración de un testigo. || **2.** Instrumento autorizado por escribano o notario, en que se da fe de un hecho, se traslada total o parcialmente un documento o se le resume por vía de relación. || **3.** Prueba, justificación y comprobación de la certeza o verdad de una cosa.

testuz. amb. En algunos animales, parte superior de la cara, frente. || **2.** En otros animales, lugar correspondiente a la unión del espinazo con la cabeza, nuca.

teta. f. Cada uno de los órganos glandulosos y salientes que los mamíferos tienen en número par y sirven en las hembras para la secreción de la leche. || **2.** Leche que segregan estos órganos. || **de teta.** loc. adj. Dícese del niño o de la cría de un animal que está en el período de la lactancia.

tetania. f. *Pat.* Enfermedad producida por insuficiencia de la secreción de ciertas glándulas endocrinas situadas en torno del tiroides, y caracterizada por contracciones dolorosas de los músculos y por diversos trastornos del metabolismo, principalmente la disminución del calcio en la sangre. || **2.** *Med.* Espasmo intermitente de un músculo.

tetánico, ca. adj. Perteneciente o relativo al tétanos o a la tetania.

tétano. m. *Pat.* **tétanos.**

tétanos. m. *Pat.* Enfermedad muy grave producida por un bacilo que penetra generalmente por las heridas y ataca el sistema nervioso. Sus síntomas principales son la contracción dolorosa y permanente de los músculos, y la fiebre.

tetera. f. Vasija con tapadera y pico para hacer y servir el té.

tetilla. f. Cada una de las tetas de los machos en los mamíferos, menos desarrolladas que las de las hembras. || **2.** Especie de pezón de goma que se pone al biberón para que el niño haga la succión.

tetina. f. **tetilla,** especie de pezón que se pone en los biberones.

tetón. m. Pedazo seco de la rama podada que queda unido al tronco.

tetra-. elem. compos. que significa «cuatro»: TETRA*sílabo*, TETRÁ*podo*.

tetrabranquial. adj. *Zool.* Dícese del cefalópodo cuyo aparato respiratorio está formado por cuatro branquias. || **2.** m. pl. *Zool.* Grupo taxonómico constituido por los cefalópodos que tienen cuatro branquias; como el nautilo.

tetraedro. m. *Geom.* Sólido limitado por cuatro planos o caras. || **regular.** *Geom.* Aquel cuyas caras son triángulos equiláteros.

tetragonal. adj. Perteneciente o relativo al tetrágono. || **2.** Que tiene forma de tetrágono, cuadrangular.

tetrágono. adj. *Geom.* Aplícase al polígono de cuatro ángulos y cuatro lados. Ú. t. c. s.

tetralogía. f. Conjunto de cuatro obras literarias o líricas que tienen entre sí enlace histórico o unidad de pensamiento.

tetrámero, ra. adj. *Bot.* Dícese del verticilo que consta de cuatro piezas y de la flor que tiene corola y cáliz con este carácter. || **2.** *Zool.* Dícese de los insectos coleópteros que tienen cuatro artejos en cada tarso; como el gorgojo. Ú. t. c. s. m. || **3.** m. pl. *Zool.* Suborden de estos insectos.

tetrápodo, da. adj. *Zool.* Dícese de los animales vertebrados que poseen dos pares de extremidades pentadáctilas. Ú. t. c. s. m. || **2.** m. pl. *Zool.* Grupos de estos animales, que comprende los anfibios, los reptiles, las aves y los mamíferos.

tetrarca. m. Señor de la cuarta parte de un reino o provincia. || **2.** Gobernador de una provincia o territorio.

tetrarquía. f. Dignidad de tetrarca. || **2.** Territorio de su jurisdicción. || **3.** Tiempo de su gobierno.

tetrasílabo, ba. adj. De cuatro sílabas.

tetrástico, ca. adj. Dícese de la cuarteta o combinación métrica de cuatro versos.

tetrástrofo, fa. adj. Dícese de la composición que consta de cuatro estrofas. Por confusión se dice también de la estrofa tetrástica.

tetravalente. adj. *Quím.* Que funciona con cuatro valencias.

tétrico, ca. adj. Triste, demasiadamente serio, grave y melancólico.

tetuaní. adj. Natural de Tetuán. Ú. t. c. s. || **2.** Perteneciente a esta ciudad de África. ❑ pl. *tetuaníes* o *tetuanís*.

teutón, na. adj. Dícese del individuo de un pueblo de raza germánica que habitó antiguamente cerca de la desembocadura del Elba, en el territorio del moderno Holstein. Ú. m. c. s. y en pl. || **2.** fam. **alemán.**

teutónico, ca. adj. Perteneciente o relativo a los teutones. || **2.** m. Lengua de los teutones.

tex. m. En la industria textil, unidad que sirve para numerar directamente la masa de un hilo o mecha, y que corresponde a la masa de un kilómetro de la misma materia cuando pese un gramo. Ú. t. en pl. sin variación de forma.

textil. adj. Dícese de la materia capaz de reducirse a hilos y ser tejida. Ú. t. c. s. ‖ **2.** Perteneciente o relativo a los tejidos.

texto. m. Conjunto de palabras que componen un documento escrito. ‖ **2.** Pasaje citado de una obra literaria. ‖ **3.** Todo lo que se dice en el cuerpo de la obra manuscrita o impresa, a diferencia de lo que en ella va por separado; como portadas, notas, índices, etc. ‖ **4.** Enunciado o conjunto de enunciados orales o escritos que el lingüista somete a estudio. ‖ **Sagrado texto.** La Biblia.

textual. adj. Conforme con el texto o propio de él. ‖ **2.** fig. Exacto, preciso.

textura. f. Disposición y orden de los hilos en una tela. ‖ **2.** *Biol.* Disposición que tienen entre sí las partículas de un cuerpo.

tez. f. **superficie.** Se usa más especialmente hablando de la del rostro humano.

theta. f. Octava letra del alfabeto griego, que, en latín y otras lenguas, se representa con *th,* y en la nuestra modernamente se representa con *t,* v. gr.: *tálamo, teatro, Atenas.*

ti. Forma del pronombre personal de segunda persona de singular, común a los casos genitivo, dativo, acusativo y ablativo. ❑ Se construye siempre con preposición, y cuando esta es *con,* se dice **contigo.**

tía. f. Respecto de una persona, hermana o prima de su padre o madre. La primera se llama carnal, y la otra, segunda, tercera, etc., según los grados que dista. ‖ **2.** Apelativo con que se designa a la mujer de quien se pondera algo bueno o malo. *¡Qué* TÍA *más lista!* ‖ **abuela.** Respecto de una persona, hermana de uno de sus abuelos. ‖ **no hay tu tía.** expr. fig. y fam. con que se da a entender a uno que no debe tener esperanza de conseguir lo que desea o de evitar lo que teme.

tialina. f. *Fisiol.* Enzima presente en la saliva que hidroliza el almidón de los alimentos.

tialismo. m. Secreción permanente y excesiva de saliva.

tiara. f. Tocado alto, usado por el Papa, con tres coronas, y que remata en una cruz sobre un globo.

tibetano, na. adj. Natural del Tíbet. Ú. t. c. s. ‖ **2.** Perteneciente o relativo a esta región de Asia. ‖ **3.** m. Lengua de los **tibetanos.**

tibia. f. *Anat.* Hueso principal y anterior de la pierna, que se articula con el fémur, el peroné y el astrágalo. ‖ **2.** *Zool.* Una de las piezas, alargada en forma de varilla, de las patas de los insectos, que por uno de sus extremos se articula con el fémur y por el otro con el tarso.

tibial. adj. *Anat.* Perteneciente o relativo a la tibia.

tibieza. f. Calidad de tibio.

tibio, bia. adj. Templado, entre caliente y frío. ‖ **2.** fig. Indiferente, poco afectuoso. ‖ **ponerse** uno **tibio.** fr. fig. y fam. Darse un hartazgo. ‖ **2.** Mancharse, ensuciarse mucho. ‖ **poner tibio** a alguien. fr. fig. **poner verde** a una persona.

tibor. m. Vaso grande de barro, de China o del Japón, por lo regular en forma de tinaja, aunque los hay de varias hechuras, y decorado exteriormente.

tiburón. m. Pez selacio marino, del suborden de los escualidos, de cuerpo fusiforme y hendiduras branquiales laterales. La boca está situada en la parte inferior de la cabeza, arqueada en forma de media luna y provista de varias filas de dientes cortantes. Su tamaño varía entre 5 y 9 metros y se caracteriza por su voracidad. ‖ **2.** fig. Persona que influye solapadamente en la gestión política, beneficiándose de ella.

tic. m. Movimiento convulsivo, que se repite con frecuencia, producido por la contracción involuntaria de uno o varios músculos.

-tico. V. **-ico.**

tictac. m. Ruido acompasado que produce la maquinaria de un reloj. ❑ pl. *tictacs.*

tiempo. m. Duración de las cosas sujetas a mudanza. ‖ **2.** Parte de esta duración. ‖ **3.** Época durante la cual vive alguna persona o sucede alguna cosa. *En* TIEMPO *de Trajano; en* TIEMPO *del descubrimiento de América.* ‖ **4.** Estación del año. ‖ **5.** Edad. ‖ **6.** Edad de las cosas desde que empezaron a existir. ‖ **7.** Oportunidad, ocasión o coyuntura de hacer algo. *A su* TIEMPO; *ahora no es* TIEMPO. ‖ **8.** Cada uno de los actos sucesivos en que se divide la ejecución de una cosa; como ciertos ejercicios militares, las composiciones musicales, etc. ‖ **9.** Estado atmosférico. *Hace buen* TIEMPO. ‖ **10.** *Gram.* Cada una de las varias divisiones de la conjugación correspondientes a la época relativa en que se ejecuta o sucede la acción del verbo. ‖ **11.** *Mec.* Fase de un motor. ‖ **12.** *Mús.* Cada una de las partes de igual duración en que se divide el compás. ‖ **compuesto.** *Gram.* El que se forma con el participio pasivo y un verbo auxiliar. ‖ **futuro.** *Gram.* El que sirve para denotar la acción que no ha sucedido todavía. *Daré, habré dado, diere, haber de dar.* ‖ **muerto.** En algunos deportes, suspensión temporal del juego solicitada por un entrenador cuando su equipo está en posesión del balón, o el juego se halla detenido por cualquier causa. ‖ **presente.** *Gram.* El que sirve para denotar la acción actual. *Doy, demos, da, dar.* ‖ **pretérito.** *Gram.* El que sirve para denotar la acción que ya ha sucedido.

Daba, diste, he dado, había dado, habría dado, daría, haber dado. ‖ **simple.** *Gram.* **tiempo** del verbo que se conjuga sin auxilio de otro verbo. *Doy, daba, dio, daré, daría, dar.* ‖ **al mismo tiempo.** loc. adv. Simultáneamente. ‖ **a tiempo.** loc. adv. En el momento oportuno, cuando todavía no es tarde. ‖ **dar tiempo.** fr. No apremiar a uno, o no apresurar una cosa. ‖ **2.** Disponer de **tiempo** suficiente. *Lo haré si me* DA TIEMPO. ‖ **dar tiempo al tiempo.** fr. fam. Esperar la oportunidad o coyuntura para una cosa. ‖ **del tiempo.** loc. adj. Hablando de una bebida, no enfriada. ‖ **en tiempos.** loc. adv. En época pasada. ‖ **faltar tiempo** a uno **para** alguna cosa. fr. fig. Hacerla inmediatamente, sin pérdida de **tiempo.** *Le* FALTÓ TIEMPO PARA *contarme la noticia.* ‖ **ganar tiempo.** fr. fig. y fam. Darse prisa, no perder momento. ‖ **2.** fig. y fam. Hacer de modo que el **tiempo** que transcurra aproveche al intento de acelerar o retardar algún suceso o la ejecución de una cosa. ‖ **hacer tiempo** uno. fr. fig. Entretenerse esperando que llegue el momento oportuno para algo. ‖ **matar** uno **el tiempo.** fr. fig. Ocuparse en algo, para que el **tiempo** se le haga más corto. ‖ **pasar** uno **el tiempo.** fr. Estar ocioso o entretenido en cosas fútiles o de mera distracción. ‖ **perder** uno **el tiempo,** o **tiempo.** fr. No aprovecharse de él, o dejar de ejecutar en él lo que podía o debía. ‖ **tomarse tiempo** uno. fr. Dejar para más adelante lo que ha de hacer, a fin de asegurar el acierto.

tienda. f. Armazón de palos hincados en tierra y cubierta con telas o pieles sujetas con cuerdas, que usan ciertos pueblos como vivienda, o los soldados en la guerra como alojamiento. ‖ **2. tienda de campaña.** ‖ **3.** Casa, puesto o lugar donde se venden al público artículos de comercio al por menor. ‖ **de campaña. tienda** de lona o tela impermeabilizada, que usan los excursionistas para albergarse en el campo.

tienta. f. Prueba que se hace con la garrocha para apreciar la bravura de los becerros. ‖ **2.** *Cir.* Instrumento más o menos largo, delgado y liso, metálico o de goma elástica, rígido o flexible, destinado para explorar cavidades y conductos naturales, o la profundidad y dirección de las heridas. ‖ **a tientas.** loc. adv. Valiéndose del tacto para reconocer las cosas en la oscuridad, o por falta de vista. ‖ **2.** fig. Con incertidumbre, dudosamente, sin tino. ❑ Ú. m. con el verbo *andar.*

tiento. m. Ejercicio del sentido del tacto. ‖ **2.** Palo que usan los ciegos para que les sirva como de guía. ‖ **3. pulso,** seguridad y firmeza de la mano para ejecutar alguna acción. ‖ **4.** fig. **tacto,** habilidad para hablar u obrar en un asunto o para tratar con alguien. ‖ **5.** fig. y fam. Golpe dado a uno. *Le dieron dos* TIENTOS. ‖ **6.** *Zool.* Tentáculo de algunos animales que actúa como órgano táctil o de prensión.

tierno, na. adj. Dícese de lo que se deforma fácilmente por la presión y es fácil de romper o partir. ‖ **2.** fig. Reciente, de poco tiempo. ‖ **3.** fig. Dícese de la edad de la niñez, para explicar su delicadeza y docilidad. ‖ **4.** fig. Afectuoso, cariñoso y amable. ❑ sup. irreg. *ternísimo* y reg. *tiernísimo.*

tierra. n. p. f. Planeta que habitamos. ❑ En esta acepción lleva antepuesto generalmente el artículo *la. La órbita de* LA TIERRA *está situada entre la de Venus y la de Marte.* ‖ **2.** f. Parte superficial de este mismo globo no ocupada por el mar. ‖ **3.** Materia inorgánica desmenuzable de que principalmente se compone el suelo natural. ‖ **4.** Suelo o piso. *Cayó a* TIERRA. ‖ **5.** Terreno dedicado a cultivo o propio para ello. ‖ **6.** País, región. ‖ **7.** *Electr.* Masa conductora de la **Tierra,** o todo conductor unido a ella por una impedancia despreciable. ‖ **de Promisión.** La que Dios prometió al pueblo de Israel. ‖ **firme.** Terreno sólido y capaz, por su consistencia y dureza, de admitir sobre sí un edificio. ‖ **prometida. Tierra de Promisión.** ‖ **rara. lantánido,** cualquiera de los óxidos de ciertos metales que ocupan lugares contiguos en la escala de números atómicos desde el cerio hasta el lutecio, y de los cuales solo se encuentran en la Naturaleza cantidades exiguas. ‖ **Santa.** Lugares de Palestina donde nació, vivió y murió Jesucristo. ‖ **tierras raras. lantánido.** ‖ **de la tierra.** loc. adj. Dícese de los frutos que produce el país o la comarca. *Guisantes* DE LA TIERRA. ‖ **echar por tierra** una cosa. fr. fig. Destruirla, arruinarla. ‖ **echar tierra** a una cosa. fr. fig. Ocultarla, hacer que se olvide y que no se hable más de ella. ‖ **tierra adentro.** loc. adv. con que se determina todo lugar que en los continentes y en las islas se aleja o está distante de las costas o riberas.

tieso, sa. adj. Duro, firme, rígido, y que con dificultad se dobla o rompe. ‖ **2.** Tenso, tirante. ‖ **3.** fig. Afectadamente grave, estirado y circunspecto. ‖ **4.** fig. Terco, inflexible y tenaz en el propio dictamen. ‖ **5.** adv. m. Recia o fuertemente. *Pisar* TIESO; *dar* TIESO.

tiesta. f. Canto de las tablas que sirven de fondos o tapas en los toneles.

tiesto. m. **maceta,** vaso de barro que sirve para criar plantas.

tiesura. f. Dureza o rigidez de alguna cosa.

tifáceo, a. adj. *Bot.* Dícese de plantas angiospermas monocotiledóneas, acuáticas, perennes, de tallos cilíndricos, hojas alternas, largas y delgadas, reunidas en la base de cada tallo, flores en espiga, y por frutos drupas con semillas de albumen carnoso;

como la espadaña. Ú. t. c. s. ‖ **2.** f. pl. *Bot.* Familia de estas plantas.

tifoideo, a. adj. *Pat.* Perteneciente o relativo al tifus, y a la fiebre **tifoidea**.

tifón. m. Huracán en el mar de la China.

tifus. m. *Pat.* Género de enfermedades infecciosas y epidémicas, graves, con alta fiebre, delirio o postración, aparición de costras negras en la boca y a veces presencia de manchas punteadas en la piel. ❑ pl. invar.

tigra. f. Tigre hembra. ‖ **2.** *Amér.* Jaguar hembra.

tigre. m. Mamífero felino muy feroz y de gran tamaño, de pelaje blanco en el vientre, amarillento y con listas negras en el lomo y la cola, donde las tiene en forma de anillos. Habita principalmente en la India. Se ha usado t. c. s. f. ‖ **2.** *Amér.* **jaguar.**

tigresa. f. **tigra,** tigre hembra.

tijera. f. Instrumento compuesto de dos hojas de acero, a manera de cuchillas de un solo filo, y por lo común con un ojo para meter los dedos al remate de cada mango, las cuales pueden girar alrededor de un eje que las traba, para cortar, al cerrarlas, lo que se pone entre ellas. Ú. m. en pl. ‖ **2.** Aspa que sirve para apoyar un madero que se ha de aserrar o labrar.

tijereta. f. Cada uno de los zarcillos que por pares nacen a trechos en los sarmientos de las vides.

tijeretazo. m. Corte hecho de un golpe con las tijeras.

tila. f. **tilo.** ‖ **2.** Flor del tilo. ‖ **3.** Bebida antiespasmódica que se hace con flores de tilo en infusión de agua caliente.

tílburi. m. Carruaje de dos ruedas grandes, ligero y sin cubierta, a propósito para dos personas y tirado por una sola caballería.

tildar. tr. Poner tilde a las letras que lo necesitan. ‖ **2.** fig. Atribuir a alguien un defecto o una cualidad negativa. ❑ En esta acepción, ú. con la prep. *de,* que sirve para señalar el defecto o la falta a que se refiere.

tilde. amb. Ú. m. c. f. Virgulilla o rasgo que se pone sobre algunas abreviaturas, el que lleva la *ñ,* y cualquier otro signo que sirva para distinguir una letra de otra o denotar su acentuación. ‖ **2.** *Ling.* En lexicografía, virgulilla, guión o rasgo que se coloca dentro del artículo para sustituir a la voz que figura en el lema.

tiliáceo, a. adj. *Bot.* Dícese de plantas angiospermas dicotiledóneas, árboles, arbustos o hierbas con hojas alternas, sencillas y de nervios muy señalados, estípulas dentadas, flores axilares de jugo mucilaginoso, y fruto capsular con muchas semillas de albumen carnoso; como el tilo. Ú. t. c. s. f. ‖ **2.** f. pl. *Bot.* Familia de estas plantas.

tilín. m. Sonido de la campanilla. ‖ **hacer tilín.** fr. fig. y fam. Caer en gracia, lograr aprobación, inspirar afecto.

tilo. m. Árbol de la familia de las tiliáceas, que llega a 20 metros de altura, con tronco recto y grueso, de corteza lisa algo cenicienta, ramas fuertes, copa amplia, madera blanca y blanda; hojas acorazonadas, puntiagudas y serradas por los bordes, flores de cinco pétalos, blanquecinas, olorosas y medicinales, y fruto redondo y velloso, del tamaño de un guisante. Es árbol de mucho adorno en los paseos, y su madera, de gran uso en escultura y carpintería.

timador, ra. m. y f. Persona que tima.

timar. tr. Quitar o hurtar con engaño. ‖ **2.** Engañar a otro con promesas o esperanzas. ‖ **3.** prnl. fam. Entenderse con la mirada, hacerse guiños los enamorados.

timba. f. fam. Partida de juego de azar. ‖ **2.** Casa de juego, garito.

timbal. m. Especie de tambor de un solo parche, con caja metálica en forma de media esfera. Generalmente se tocan dos a la vez, templados en tono diferente. ‖ **2. tambor,** atabal.

timbalero, ra. m. y f. Persona que toca los timbales.

timbrado, da. adj. Dícese de la voz que tiene un timbre agradable. Ú. m. con el adv. *bien.*

timbrar. tr. Estampar un timbre, sello o membrete.

timbre. m. Sello, y especialmente el que se estampa en seco. ‖ **2.** Sello que en el papel donde se extienden algunos documentos públicos estampa el Estado, indicando la cantidad que debe pagarse al fisco en concepto de derechos. ‖ **3.** Aparato de llamada o de aviso, compuesto de una campana y un macito que la hiere, movido por un resorte, la electricidad u otro agente. ‖ **4.** Modo propio y característico de sonar un instrumento músico o la voz de una persona. ‖ **5.** fig. Acción gloriosa o cualidad personal que ensalza y ennoblece. ‖ **6.** Renta del Tesoro constituida por el importe de los sellos, papel sellado y otras imposiciones, algunas cobradas en metálico, que gravan la emisión, uso o circulación de documentos.

timidez. f. Calidad de tímido.

tímido, da. adj. Temeroso, medroso, encogido y corto de ánimo.

timo[1]. m. fam. Acción y efecto de timar. ‖ **dar un timo** a uno. fr. fam. Timarle.

timo[2]. m. *Anat.* Glándula endocrina de los vertebrados, que participa en la función inmunitaria a través de los linfocitos T.

timocracia. f. Gobierno en que ejercen el poder los ciudadanos que tienen cierta renta.

timón. m. Palo largo y derecho del arado y al que se fija el tiro. ‖ **2.** Vara de madera que se une a la parte delantera de un carruaje, y que sirve para dirigirlo. ‖ **3.** Varilla del cohete, que le sirve de contrapeso y le da dirección. ‖ **4.** fig. Dirección o gobierno de un negocio. ‖ **5.** *Mar.* Pieza de madera o de hierro, a modo de gran tablón, que, articulada verticalmente sobre goznes en el codaste de la nave, sirve para gobernarla. Por ext., se da igual nombre a las piezas similares de submarinos, aeroplanos, etc.

timonear. intr. Gobernar el timón.

timonel. m. El que gobierna el timón de la nave.

timonera. adj. Dícese de las plumas grandes que tienen las aves en la cola, y que en el vuelo les sirven para dar dirección al cuerpo. Ú. t. c. s. f.

timorato, ta. adj. Tímido, indeciso, encogido. ‖ **2.** fig. Dícese de la persona que se escandaliza con exageración de cosas que no le parecen conformes a la moral convencional.

timpanitis. f. *Fisiol.* Hinchazón de alguna cavidad del cuerpo y en especial del vientre, que por acumulación de gases en el intestino o en el peritoneo, se pone tenso como la piel de un tambor. ❑ pl. invar.

tímpano. m. Membrana extendida y tensa como la de un tambor, que limita exteriormente el oído medio de los vertebrados y que en los mamíferos y aves establece la separación entre esta parte del oído y el conducto auditivo externo. ‖ **2.** *Arq.* Espacio triangular que queda entre las dos cornisas inclinadas de un frontón y la horizontal de su base.

tina. f. Tinaja, vasija grande de barro. ‖ **2.** Vasija de madera, de forma de media cuba. ‖ **3.** Pila que sirve para bañarse todo o parte del cuerpo.

tinada. f. Montón o hacina de leña. ‖ **2.** Cobertizo para tener recogidos los ganados, y particularmente el destinado a los bueyes.

tinaja. f. Vasija grande de barro cocido, y a veces vidriado, mucho más ancha por el medio que por el fondo y por la boca, y que encajada en un pie o aro, o empotrada en el suelo, sirve ordinariamente para guardar agua, aceite u otros líquidos. ‖ **2.** Cantidad de líquido que cabe en una **tinaja.** *Esta viña producirá diez* TINAJAS *de vino.*

tinajero, ra. m. y f. Persona que hace o vende tinajas. ‖ **2.** m. Sitio o lugar donde se ponen o empotran las tinajas.

tinerfeño, ña. adj. Natural de Tenerife. Ú. t. c. s. ‖ **2.** Perteneciente a esta isla, una de las Canarias.

tinge. m. Búho mayor y más fuerte que el común.

tingitano, na. adj. Natural de Tánger. Ú. t. c. s. ‖ **2.** Perteneciente a esta ciudad.

tinglado. m. Tablado armado a la ligera. ‖ **2.** fig. Artificio, enredo, maquinación.

tiniebla. f. Falta de luz. Ú. m. en pl. ‖ **2.** pl. Maitines de los tres últimos días de la Semana Santa.

tino. m. Hábito o facilidad de acertar a tientas con las cosas que se buscan. ‖ **2.** Acierto y destreza para dar en el blanco u objeto a que se tira. ‖ **3.** fig. Juicio y cordura.

tinta. f. Líquido coloreado que se emplea para escribir o dibujar, mediante un instrumento apropiado. ‖ **2.** Secreción líquida de los cefalópodos para enturbiar el agua como defensa. ‖ **china.** La negra intensa y resistente al agua, que se usa para dibujar. ‖ **medias tintas.** fig. y fam. Hechos, dichos o juicios vagos y nada resueltos, que revelan precaución o recelo. ‖ **sudar tinta.** fr. fig. y fam. Realizar un trabajo con mucho esfuerzo.

tintar. tr. Dar a una cosa color distinto del que tenía, teñir.

tinte. m. Acción y efecto de teñir. ‖ **2.** Color con que se tiñe. ‖ **3.** Casa, tienda o lugar donde se limpian o tiñen telas, ropas y otras cosas.

tintero. m. Recipiente en que se pone la tinta de escribir.

tintín. m. Sonido de la esquila, campanilla o timbre, y el que hacen, al recibir un ligero choque, las copas u otras cosas parecidas.

tintinar. intr. Producir el sonido especial del tintín.

tintineante. adj. Que tintinea.

tintinear. intr. **tintinar.**

tinto, ta. adj. Que está teñido. ‖ **2.** m. **vino tinto.** ‖ **3.** Infusión de café. Ú. en Colombia.

tintóreo, a. adj. Referente o relativo a los tintes o sustancias colorantes. ‖ **2.** *Bot.* Se aplica en especial a las plantas de donde se extraen los colorantes.

tintorera. f. La que tiene por oficio teñir o dar tintes. ‖ **2.** Tiburón muy semejante al cazón, frecuente en las costas del sur de España y en las de Marruecos, que alcanza de tres a cuatro metros de longitud y que tiene dientes triangulares y cortantes, de los cuales los de la mandíbula superior son más anchos y su punta está dirigida hacia atrás. Su dorso y costados son de color azulado o gris pizarra.

tintorería. f. Establecimiento donde se tiñe o limpia la ropa.

tintorero. m. El que tiene por oficio teñir o dar tintes.

tintorro. m. fam. Vino tinto, por lo general de mala calidad.

tintura. f. Acción y efecto de teñir. ‖ **2.** Sustancia con que se tiñe. ‖ **3.** fig. Noción superficial y leve de una facultad o ciencia. ‖ **4.** *Farm.* Solución de cualquier sustancia medicinal simple o compuesta, en un líquido que disuelve de ella ciertos principios. TINTURA *acuosa, alcohólica, etérea.*

tiña. f. *Pat.* Cualquiera de las enfermedades producidas por diversos parásitos en la piel del cráneo, y de las cuales unas consisten en costras y ulceraciones, y otras ocasionan solo la caída del cabello.

tiñoso, sa. adj. Que padece tiña. Ú. t. c. s.

tío. m. Respecto de una persona, hermano o primo de su padre o madre. El primero se llama carnal, y el otro, segundo, tercero, etc., según los grados que dista. ‖ **2.** fam. Persona de quien se pondera algo bueno o malo. *Aquel* TÍO *ganó una millonada. Juan es un* TÍO *saltando. ¡Qué* TÍO! ‖ **abuelo.** Respecto de una persona, hermano de uno de sus abuelos.

tiorba. f. Instrumento músico semejante al laúd, pero algo mayor, con dos mangos y con ocho cuerdas más para los bajos.

tiovivo. m. Recreo de feria que consiste en varios asientos colocados en un círculo giratorio.

tipejo. m. despect. **tipo,** persona ridícula y despreciable.

tipicidad. f. Calidad de típico.

típico, ca. adj. Característico o representativo de un tipo. ‖ **2.** Peculiar de un grupo, país, región, época, etc.

tipificación. f. Acción y efecto de tipificar.

tipificar. tr. Ajustar varias cosas semejantes a un tipo o norma común. ‖ **2.** Representar una persona o cosa el tipo de la especie o clase a que pertenece.

tipismo. m. Calidad o condición de típico. ‖ **2.** Conjunto de caracteres o rasgos típicos.

tiple. m. La más aguda de las voces humanas, propia especialmente de mujeres y niños. ‖ **2.** Guitarrita de voces muy agudas.

tipo. m. Modelo, ejemplar. ‖ **2.** Símbolo representativo de cosa figurada. ‖ **3.** Ejemplo característico de una especie, género, etc. ‖ **4.** Pieza de metal de la imprenta y de la máquina de escribir en que está de realce una letra u otro signo. ‖ **5.** Cada una de las clases de esta letra. ‖ **6.** Figura o talle de una persona. *Fulano tiene buen* TIPO. ‖ **7.** Clase, índole, naturaleza de las cosas. ‖ **8.** Individuo, hombre, frecuentemente con matiz despectivo. ‖ **9.** *Bot.* y *Zool.* Cada uno de los grandes grupos taxonómicos en que se dividen los reinos animal y vegetal, y que, a su vez, se subdividen en clases.

tipografía. f. **imprenta,** arte de imprimir.

tipográfico, ca. adj. Perteneciente o relativo a la tipografía.

tipógrafo. m. Operario que sabe o profesa la tipografía.

tipología. f. *Etnogr.* Ciencia que estudia los distintos tipos raciales en que se divide la especie humana.

tipómetro. m. *Impr.* Instrumento que sirve para medir los puntos tipográficos.

típula. f. Insecto díptero semejante al mosquito, pero algo mayor; no pica al hombre ni a los animales, se alimenta del jugo de las flores y su larva ataca las raíces de muchas plantas de huerta y de jardín.

tique. m. Vale, bono, cédula, recibo.

tiquis miquis. expr. fam. **tiquismiquis.**

tiquismiquis. m. pl. Escrúpulos o reparos vanos o de poquísima importancia. ‖ **2.** com. Por ext., persona que hace o dice **tiquismiquis.**

tira. f. Pedazo largo y angosto de tela, papel, cuero u otra cosa delgada. ‖ **2.** vulg. Con el artículo *la,* gran cantidad de una cosa. *Vino* LA TIRA *de gente.*

tirabuzón. m. fig. Rizo de cabello, largo y pendiente en espiral.

tirachinas. m. Tirador de horquilla con gomas para tirar con pedrezuelas; tiragomas.

tirada. f. Acción de tirar. ‖ **2.** Distancia que hay de un lugar a otro, o de un tiempo a otro. ‖ **3.** Serie de cosas que se dicen o escriben de un tirón. TIRADA *de versos.* ‖ **4.** *Impr.* Acción y efecto de imprimir. ‖ **5.** *Impr.* Número de ejemplares de que consta una edición.

tirado, da. adj. Dícese de las cosas que se dan muy baratas o de aquellas que abundan mucho y se encuentran fácilmente.

tirador, ra. m. y f. Persona que tira. ‖ **2.** m. Instrumento con que se estira. ‖ **3.** Asidero del cual se tira para abrir o cerrar una puerta, un cajón, una gaveta, etc. ‖ **4.** Cordón, cinta, cadenilla o alambre del que se tira para hacer sonar la campanilla o el timbre. ‖ **5.** Pluma metálica que sirve de tiralíneas. ‖ **6.** Horquilla con mango, a los extremos de la cual se sujetan dos gomas unidas por una badana, en la que se colocan piedrecillas o perdigones para dispararlos.

tiragomas. m. Horquilla con gomas para tirar pedrezuelas; tirador, tirachinas.

tiralíneas. m. Instrumento de metal, a modo de pinzas, cuya separación se gradúa con un tornillo, y sirve para trazar líneas de tinta más o menos gruesas, según dicha separación.

tiranía. f. Gobierno ejercido por un tirano. ‖ **2.** fig. Abuso o imposición en grado extraordinario de cualquier poder, fuerza o superioridad.

tiranicida. com. Persona que da muerte a un tirano. Ú. t. c. adj.

tiranicidio. m. Muerte dada a un tirano.

tiránico, ca. adj. Perteneciente o relativo a la tiranía. ‖ **2.** Que ejerce tiranía.

tiranizar. tr. Gobernar un tirano algún Estado. ‖ **2.** fig. Dominar tiránicamente.

tirano, na. adj. Aplícase a quien obtiene contra derecho el gobierno de un Estado, y principalmente al que lo rige sin justicia y a medida de su voluntad. Ú. t. c. s. ‖ **2.** fig. Dícese del que abusa de su poder, superioridad o fuerza en cualquier concepto o materia, y también simplemente del que impone ese poder y superioridad en grado extraordinario. Ú. t. c. s.

tirante. adj. **tenso.** ‖ **2.** fig. Dícese de las relaciones de amistad próximas a romperse o de las situaciones violentas y embarazosas. ‖ **3.** m. Cada una de las dos cintas o tiras de piel o tela, comúnmente con elásticos, que sostienen de los hombros el pantalón u otras prendas de vestir. Ú. m. en pl.

tirantez. f. Calidad de tirante.

tirar. tr. Arrojar, lanzar en dirección determinada. *Juan* TIRABA *piedras a Diego.* ‖ **2.** Derribar a una persona; echar abajo, demoler y trastornar, poner lo de arriba, abajo. TIRAR *una casa, un árbol.* ‖ **3.** Desechar algo, deshacerse de ello. *Esta camisa está para* TIRARLA. ‖ **4.** Disparar la carga de un arma de fuego, o un artificio de pólvora. TIRAR *un cañonazo, un cohete.* Ú. t. c. intr. TIRAR *al blanco, a un venado.* ‖ **5.** Tratándose de líneas o rayas, trazarlas. ‖ **6.** En juegos en los que se maneja un instrumento como pelota, dado, etc., hacer uso de él un jugador para realizar la jugada. Ú. t. c. intr. ‖ **7.** fig. Malgastar el caudal o malvender la hacienda. HA TIRADO *su patrimonio.* ‖ **8.** *Fotogr.* Disparar una cámara fotográfica para que la película quede impresionada. ‖ **9.** *Impr.* **imprimir.** TIRAR *un pliego, un grabado.* ‖ **10.** intr. Atraer por virtud natural. *El imán* TIRA *del hierro.* ‖ **11.** Hacer fuerza para traer hacia sí o para llevar tras sí. Se usa hablando de personas, caballerías, tractores, etc. ‖ **12.** Apretar, ser demasiado estrecho o corto. TIRAR *la manga de la chaqueta.* ‖ **13.** fig. Atraer una persona o cosa la voluntad y el afecto de otra persona. *A Juan le* TIRA *la milicia.* ‖ **14.** fig. Torcer, dirigirse a uno u otro lado. *En llegando allí,* TIRE *usted a la derecha.* ‖ **15.** fig. Durar o mantenerse trabajosamente una persona o cosa. *El enfermo va* TIRANDO; *la capa* TIRARÁ *este invierno.* ‖ **16.** fig. Tender, propender, inclinarse. ‖ **17.** fig. Imitar, asemejarse o parecerse una cosa a otra. Se usa especialmente hablando de los colores. ‖ **18.** prnl. Abalanzarse, precipitarse a decir o ejecutar alguna cosa. ‖ **19.** Echarse, tenderse en el suelo o encima de algo. TIRARSE *al suelo, en la cama.*

tirio, ria. adj. Natural de Tiro. Ú. t. c. s. ‖ **2.** Perteneciente a esta ciudad de Fenicia.

tiritar. intr. Temblar o estremecerse de frío o por causa de fiebre, de miedo, etc.

tiritera. f. Temblor producido por el frío del ambiente o al iniciarse la fiebre.

tiritona. f. fam. Temblor al iniciarse la fiebre.

tiro. m. Acción y efecto de tirar. ‖ **2.** Señal o impresión que hace lo que se tira. ‖ **3.** Disparo de un arma de fuego. ‖ **4.** Estampido que este produce. ‖ **5.** Lugar donde se tira al blanco. TIRO *de pistola.* ‖ **6.** Conjunto de caballerías que tiran de un carruaje. ‖ **7.** Corriente de aire que produce el fuego de un hogar, y que una vez calentada arrastra al exterior los gases y humos de la combustión. También, por ext., significa la corriente de aire producida en una casa entre sus puertas y ventanas. ‖ **8.** Holgura entre las perneras del calzón o pantalón. ‖ **9.** fig. Seguido de la preposición *de* y el nombre del arma disparada, o del objeto arrojado; se usa como medida de distancia. *A un* TIRO DE *bala; dista un* TIRO DE *piedra.* ‖ **10.** *Dep.* Conjunto de especialidades deportivas, incluidas en el programa de las olimpiadas, que consiste en acertar o derribar una serie de blancos fijos o móviles por medio de armas de fuego, arcos, flechas, etc. ‖ **de gracia.** El que se da a quien ha sido fusilado, para asegurar su muerte. ‖ **a tiro.** loc. adv. Al alcance de un arma arrojadiza o de fuego. ‖ **2.** fig. Dícese de lo que se halla al alcance de los deseos o intentos de uno. ‖ **ni a tiros.** loc. adv. fig. y fam. Ni aun con la mayor violencia, de ningún modo, en absoluto. ‖ **salir el tiro por la culata.** fr. fig. y fam. Dar una cosa resultado contrario del que se pretendía o deseaba.

tiroideo, a. adj. Anat. Relativo o perteneciente al tiroides.

tiroides. adj. *Anat.* Dícese de una glándula endocrina de los animales vertebrados, situada por debajo y a los lados de la tráquea y de la parte posterior de la laringe; en el hombre está delante y a los lados de la tráquea y de la parte inferior de la laringe. Ú. m. c. s. ❑ pl. invar.

tirolés, sa. adj. Natural del Tirol. Ú. t. c. s. ‖ **2.** Perteneciente o relativo a esta comarca de los Alpes o a la región austriaca de ese nombre.

tirón. m. Acción y efecto de tirar con violencia, de golpe. ‖ **2.** Acción y efecto de estirar o aumentar de tamaño en poco tiempo. ‖ **3.** Robo consistente en apoderarse el ladrón de un bolso, u otro objeto, tirando violentamente de él y dándose a la fuga. ‖ **de un tirón.** loc. adv. De una vez, de un golpe.

tirotear. tr. Disparar repetidamente armas de fuego portátiles contra personas o cosas. Ú. t. c. prnl.

tiroteo. m. Acción y efecto de tirotear o tirotearse.

tirreno, na. adj. Aplícase al mar comprendido entre Italia, Sicilia, Córcega y Cerdeña. ‖ **2. etrusco.** Apl. a pers., ú. t. c. s.

tirria. f. fam. Manía, odio u ojeriza hacia algo o alguien.

tirulato, ta. adj. fam. **turulato.**

tisana. f. Bebida medicinal que resulta del cocimiento ligero de una o varias hierbas y otros ingredientes en agua.

tisanuro. adj. *Zool.* Dícese de insectos de pequeño tamaño, cuerpo brillante, ápteros y sin metamorfosis, con antenas largas, órganos bucales rudimentarios y abdomen terminado en tres filamentos largos y delgados. Ú. t. c. s. ‖ **2.** m. pl. *Zool.* Orden de estos animales.

tísico, ca. adj. Que padece de tisis. Ú. t. c. s. ‖ **2.** Perteneciente a la tisis.

tisis. f. *Pat.* Tuberculosis pulmonar. ❑ pl. invar.

tisú. m. Tela de seda entretejida con hilos de oro o plata que pasan desde la haz al envés. ❑ pl. *tisús* o *tisúes.*

tisular. adj. *Biol.* Perteneciente o relativo a los tejidos de los organismos.

tisuria. f. *Fisiol.* Debilidad causada por la excesiva secreción de orina.

titán. n. p. m. *Mit.* Gigante que, según la mitología griega, quiso asaltar el cielo. ‖ **2.** m. fig. Persona de excepcional fuerza, que descuella en algún aspecto.

titánico, ca. adj. Perteneciente o relativo a los titanes. ‖ **2.** fig. Desmesurado, excesivo, como de titanes. *Orgullo* TITÁNICO; empresa TITÁNICA; *fuerzas* TITÁNICAS.

titanio. m. Elemento químico de núm. atóm. 22. Metal abundante en la corteza terrestre; se encuentra en el rutilo en forma de óxido, en la escoria de ciertos minerales de hierro y en cenizas de animales y plantas. De color gris oscuro, de gran dureza, resistente a la corrosión y de propiedades físicas parecidas a las del acero. Se usa en la fabricación de equipos para la industria química, y aleado con el hierro y con otros metales se emplea en la industria aeronáutica y aeroespacial; algunos de sus compuestos son muy opacos, y por su blanco intenso, se utilizan en la fabricación de pinturas. Símb. *Ti.*

titear. intr. Cantar la perdiz llamando a los pollos.

titeo. m. Acción de titear la perdiz.

títere. m. Figurilla de pasta u otra materia, vestida y adornada, que se mueve con alguna cuerda o introduciendo una mano en su interior. ‖ **2.** pl. fam. Diversión pública de volatines, sombras chinescas u otras cosas de igual clase.

tití. m. Mamífero cuadrumano, tipo de la familia de los hapálidos, de 15 a 30 centímetros de largo, de color ceniciento, cara blanca y pelada, con una mancha negruzca sobre la nariz y la boca, y mechones blancos alrededor de las orejas, rayas oscuras transversales en el lomo y de forma de anillos en la cola. Habita en América Meridional, es tímido y fácil de domesticar, y se alimenta de pajarillos y de insectos. ❑ pl. *titís.*

titilar. intr. Agitarse con ligero temblor alguna parte del organismo animal. ‖ **2.** Centellear con ligero temblor un cuerpo luminoso.

titiritaina. f. fam. Ruido confuso de flautas u otros instrumentos.

titiritar. intr. Temblar de frío o de miedo.

titiritero, ra. m. y f. Persona que maneja los títeres. ‖ **2.** **volatinero.**

tito[1]. m. Almorta, muela, guija.

tito[2], ta. m. d. fam. de **tío,** hermano o hermana del padre o madre de una persona. Ú. m. en Andalucía.

titubear. intr. Oscilar, perdiendo la estabilidad y firmeza. ‖ **2.** Tropezar o vacilar en la elección o pronunciación de las palabras.

titubeo. m. Acción y efecto de titubear.

titulación. f. En general, acción y efecto de titular[2]. TITULACIÓN *de los capítulos de un libro.* ‖ **2.** Conjunto de títulos de propiedad que afectan a una finca. ‖ **3.** Obtención de un título académico.

titulado, da. m. y f. Persona que posee un título académico.

titular[1]. adj. Que tiene algún título, por el cual se denomina. ‖ **2.** Dícese del que ejerce cargo, oficio o profesión con cometido especial y propio. *Juez, médico, profesor universitario* TITULAR. Ú. t. c. s. ‖ **3.** Cada uno de los títulos de una revista, libro, periódico, etc., compuesto en tipos de mayor tamaño. Ú. m. en pl.

titular[2]. tr. Poner título, nombre o inscripción a una cosa. ‖ **2.** intr. Obtener una persona título nobiliario. ‖ **3.** prnl. Obtener una persona un título académico.

titularidad. f. Acción y efecto de titularse.

titulillo. m. *Impr.* Renglón que se pone en la parte superior de la página impresa, para indicar la materia de que se trata.

título. m. Palabra o frase con que se da a conocer el nombre o asunto de una obra o de cada una de las partes o divisiones de un escrito. ‖ **2.** Renombre o distintivo con que se conoce a una persona por sus cualidades o sus acciones. ‖ **3.** Causa, razón, motivo o pretexto. ‖ **4.** Documento jurídico en el que se otorga un derecho o se establece una obligación. ‖ **5.** Testimonio o instrumento dado para ejercer un empleo, dignidad o profesión. ‖ **6.** Dignidad nobiliaria, como la de conde, marqués o duque. ‖ **7.** Persona condecorada con esta dignidad nobiliaria. ‖ **8.**

Cada una de las partes principales en que suelen dividirse las leyes, reglamentos, etc., o subdividirse los libros de que constan. ‖ **9.** Documento financiero que representa deuda pública o valor comercial. ‖ **títulos de crédito.** *Cinem.* Relación de los distintos profesionales que intervienen en una película: director, actores, técnicos, etc., y que se incluye al principio o al final de la cinta. ‖ **a título de.** loc. adv. Con pretexto, motivo o causa de.

tiza. f. Arcilla terrosa blanca que se usa para escribir en los encerados y, pulverizada, para limpiar metales. ‖ **2.** Compuesto de yeso y greda que se usa en el juego de billar para frotar la suela de los tacos a fin de que no resbalen al dar en las bolas.

tiznajo. m. fam. Mancha de tizne o de otra cosa semejante.

tiznar. tr. Manchar con tizne, hollín u otra materia semejante. Ú. t. c. prnl. ‖ **2.** fig. Deslustrar, oscurecer o manchar la fama u opinión.

tizne. amb. Ú. m. c. m. Humo que se pega a las sartenes, peroles y otras vasijas que han estado a la lumbre. ‖ **2.** m. Tizón o palo a medio quemar.

tizón. m. Palo a medio quemar. ‖ **2.** *Arq.* Parte de un sillar o ladrillo, que entra en la fábrica. ‖ **3.** Hongo de pequeño tamaño que vive parásito en el trigo y otros cereales, cuyo micelio invade preferentemente los ovarios de estas plantas y forma esporangios en los que se producen millones de esporas de color negruzco.

tizona. f. fig. Espada, arma.

toalla. f. Pieza de felpa, algodón u otros materiales, por lo general rectangular, para secarse el cuerpo. ‖ **tirar** o **arrojar la toalla.** fr. *Dep.* En boxeo, lanzarla a la vista del árbitro el cuidador que advierte la inferioridad física de su púgil y da por terminada la pelea. ‖ **2.** fig. y fam. Por ext., darse por vencido, desistir de un empeño.

toallero. m. Mueble o útil para colgar toallas.

toar. tr. *Mar.* Llevar a remolque una nave.

toba. f. Piedra caliza, muy porosa y ligera, formada por la cal que llevan en disolución las aguas de ciertos manantiales y que van depositándola en el suelo o sobre las plantas u otras cosas que hallan a su paso. ‖ **2.** fig. Capa o corteza que por distintas causas se cría en algunas cosas.

tobar. m. Cantera de toba.

tobera. f. Abertura tubular, primitivamente de forma cónica, por donde se introduce el aire en un horno o una forja, fragua o crisol; también tienen **tobera** ciertos motores marinos, de aviación, etc.

tobillera. f. Venda generalmente elástica con la que se sujeta el tobillo.

tobillo. m. Protuberancia de cada uno de los dos huesos de la pierna llamados tibia y peroné que sobresale en la parte superior del pie.

tobogán. m. Especie de trineo bajo formado por una armadura de acero montada sobre dos patines largos y cubierta por una tabla o plancha acolchada. ‖ **2.** Construcción en forma de rampa por la que las personas, sentadas o tendidas, se dejan resbalar por diversión.

toca. f. Prenda de tela con que se cubría la cabeza. ‖ **2.** Prenda de lienzo que, ceñida al rostro, usan las monjas para cubrir la cabeza, y la llevaban antes las viudas y algunas veces las mujeres casadas.

tocadiscos. m. Aparato que sirve para reproducir el sonido grabado de un disco. ❑ pl. invar.

tocado[1]. m. Prenda con que se cubre la cabeza. ‖ **2.** Peinado y adorno de la cabeza, en las mujeres.

tocado[2], da. adj. fig. Medio loco, algo perturbado. ‖ **2.** fig. Dícese de la fruta que ha empezado a dañarse.

tocador. m. Mueble, por lo común en forma de mesa, con espejo y otros utensilios, para el peinado y aseo de una persona. ‖ **2.** Aposento destinado a este fin.

tocamiento. m. Acción y efecto de tocar.

tocar. tr. Ejercitar el sentido del tacto. ‖ **2.** Llegar a una cosa con la mano, sin asirla. ‖ **3.** Hacer sonar según arte cualquier instrumento. ‖ **4.** Interpretar una pieza musical. ‖ **5.** Avisar haciendo seña o llamada, con campana u otro instrumento. TOCAR *a muerto;* TOCAR *llamada.* ‖ **6.** Tropezar ligeramente una cosa con otra. ‖ **7.** Alterar el estado o condición de una cosa. Ú. m. con negación. *Esta poesía está bien,* NO *hay que* TOCARLA. ‖ **8.** fig. Tratar o hablar leve o superficialmente de una materia sin hacer asunto principal de ella. ‖ **9.** fig. Haber llegado el momento oportuno de ejecutar algo. TOCAN *a pagar.* ‖ **10.** intr. Ser de la obligación o cargo de uno. ‖ **11.** Importar, ser de interés, conveniencia o provecho. ‖ **12.** Caber o pertenecer parte o porción de una cosa que se reparte entre varios, o les es común. ‖ **13.** Caer en suerte una cosa. ‖ **14.** Estar una cosa cerca de otra de modo que no quede entre ellas distancia alguna.

tocarse. prnl. Cubrirse la cabeza con gorra, sombrero, mantilla, pañuelo, etc.

tocata. f. Pieza de música, destinada por lo común a instrumentos de teclado.

tocateja (a). loc. adv. **a toca teja.**

tocayo, ya. m. y f. Respecto de una persona, otra que tiene su mismo nombre.

tocho, cha. adj. Tosco, inculto, tonto, necio. ‖ **2.** m. Lingote de hierro.

tocino. m. Panículo adiposo, muy desarrollado,

de ciertos mamíferos, especialmente del cerdo. ‖ **del cielo.** Dulce compuesto de yema de huevo y almíbar cocidos juntos hasta que están bien cuajados. ‖ **entreverado.** El que tiene algunas hebras de magro.

tocología. f. Parte de la medicina que trata de la gestación, del parto y del puerperio, obstetricia.

tocólogo, ga. m. y f. *Med.* Especialista en tocología.

tocón. m. Parte del tronco de un árbol que queda unida a la raíz cuando lo cortan por el pie.

todavía. adv. t. Hasta un momento determinado desde tiempo anterior. *Está durmiendo* TODAVÍA. ‖ **2.** adv. m. Con todo eso, no obstante, sin embargo. *Es muy ingrato, pero* TODAVÍA *quiero yo hacerle bien.* ‖ **3.** Tiene sentido concesivo corrigiendo una frase anterior. *¿Para qué ahorras?* TODAVÍA *si tuvieras hijos estaría justificado.* ‖ **4.** Denota encarecimiento o ponderación en frases como la siguiente: *Juan es* TODAVÍA *más aplicado que su hermano.*

todo, da. adj. Dícese de lo que se toma o se comprende enteramente en la entidad o en el número. ‖ **2.** Ú. t. para ponderar el exceso de alguna calidad o circunstancia. *Hombre pobre* TODO *es trazas; este pez* TODO *es espinas.* ‖ **3.** Seguido de un sustantivo en singular y sin artículo, toma y da a este sustantivo valor de plural. TODO *fiel cristiano,* equivalente a TODOS *los fieles cristianos;* TODO *delito,* equivalente a TODOS *los delitos.* ‖ **4.** En plural equivale a veces a **cada.** *Tiene mil pesetas* TODOS *los meses;* es decir, *cada mes.* ‖ **5.** m. Cosa íntegra. ‖ **6.** adv. m. Enteramente. ‖ **ante todo.** loc. adv. Primera o principalmente. ‖ **a todo.** loc. adv. Cuanto puede ser en su línea; con el máximo esfuerzo o rendimiento. A TODO *correr;* A TODA *máquina,* A TODO *color,* A TODO *riesgo.* ‖ **sobre todo.** loc. adv. Con especialidad, mayormente, principalmente. ‖ **y todo.** loc. adv. Hasta, también, aun, indicando gran encarecimiento. *Volcó el carro con mulas* Y TODO.

todopoderoso, sa. adj. Que todo lo puede. ‖ **2.** n. p. m. Por antonom., **Dios.**

toga. f. Prenda principal exterior del traje nacional romano, que se ponía sobre la túnica. ‖ **2.** Traje principal exterior y de ceremonia, que usan los magistrados, letrados, catedráticos, etc., encima del ordinario.

togado, da. adj. Que viste toga. Dícese comúnmente de los magistrados superiores, y en la jurisdicción militar, de los jueces letrados. Ú. t. c. s.

toisón. m. Orden de caballería instituida por Felipe el Bueno, duque de Borgoña, de la que era jefe el rey de España. ‖ **2.** Insignia de esta orden. ‖ **de oro. toisón.**

tojo. m. Planta perenne de la familia de las papilionáceas, variedad de aulaga, que crece hasta dos metros de altura, con muchas ramillas enmarañadas, hojas reducidas a puntas espinosas, flores amarillas, y por fruto vainillas aplastadas con cuatro o seis semillas.

tolano. m. Cada uno de los pelillos del cogote.

toldilla. f. *Mar.* Cubierta parcial que tienen algunos buques a la altura de la borda, desde el palo mesana hasta la popa.

toldo. m. Pabellón o cubierta de tela que se tiende para hacer sombra.

toledano, na. adj. Natural de Toledo. Ú. t. c. s. ‖ **2.** Perteneciente o relativo a esta ciudad o a su provincia.

tolemaico, ca. adj. Perteneciente a Tolomeo o a su sistema astronómico.

tolerable. adj. Que se puede tolerar.

tolerancia. f. Acción y efecto de tolerar. ‖ **2.** Respeto o consideración hacia las opiniones o prácticas de los demás, aunque sean diferentes a las nuestras.

tolerante. adj. Que tolera, o propenso a la tolerancia.

tolerar. tr. Sufrir, llevar con paciencia. ‖ **2.** Permitir algo que no se tiene por lícito, sin aprobarlo expresamente. ‖ **3.** Resistir, soportar, especialmente alimentos, medicinas, etc.

tolmo. m. Peñasco elevado, que tiene semejanza con un gran hito o mojón.

tolosano, na. adj. Natural de Tolosa. Ú. t. c. s. ‖ **2.** Perteneciente a cualquiera de las poblaciones de este nombre.

tolteca. adj. Dícese del individuo de unas tribus que dominaron en Méjico antiguamente. Ú. t. c. s. ‖ **2.** Perteneciente a estas tribus. ‖ **3.** m. Idioma de las mismas.

tolueno. m. *Quím.* Hidrocarburo líquido, análogo al benceno, empleado como solvente en la preparación de colorantes y medicamentos, y, principalmente, en la fabricación de trinitrotolueno.

tolva. f. Caja en forma de tronco de pirámide o de cono invertido y abierta por abajo, dentro de la cual se echan granos u otros cuerpos para que caigan poco a poco entre las piezas del mecanismo destinado a triturarlos, molerlos, limpiarlos, clasificarlos o para facilitar su descarga.

toma[1]. f. Acción de tomar o recibir una cosa. ‖ **2.** Conquista, asalto u ocupación por armas de una plaza o ciudad. ‖ **3.** Porción de alguna cosa, que se coge o recibe de una vez. *Una* TOMA *de quina.* ‖ **4.** Cada una de las veces que se administra un medicamento por vía oral. *La segunda* TOMA *será a las ocho.* ‖ **5.** Lugar por donde se deriva una corriente de fluido o electricidad. ‖ **6.** *Cinem.* Acción y efecto de fotografiar o filmar. ‖ **de tierra.** *Electr.* Conductor o dispositivo de una parte de la instalación o aparato eléctrico a tierra, como medida de seguridad.

toma[2]. m. Forma sustantivada de imperativo de **tomar.** Se usa en el refrán *más vale un* TOMA *que dos te daré,* con el valor de más vale aceptar lo que se ofrece que aguardar lo prometido.

tomado, da. adj. Dícese de la voz baja, sin sonoridad, por padecer afección de la garganta.

tomadura. f. **toma**[1], acción y efecto de tomar. ‖ **de pelo.** fig. y fam. Burla, chunga.

tomar. tr. Coger o asir con la mano una cosa. ‖ **2.** Coger, aunque no sea con la mano. TOMAR *agua de la fuente.* ‖ **3.** Recibir o aceptar de cualquier modo que sea. ‖ **4.** Recibir una cosa y hacerse cargo de ella. ‖ **5.** Ocupar una fortaleza o ciudad, o apoderarse de ella. ‖ **6.** Comer o beber. TOMAR *un desayuno, el chocolate.* Ú. t. c. prnl. ‖ **7.** Servirse de un medio de transporte. ‖ **8.** Adoptar, emplear, poner por obra. TOMAR *precauciones.* ‖ **9.** Contraer, adquirir. TOMAR *un vicio.* ‖ **10.** Contratar o ajustar a una o varias personas para que presten un servicio. TOMAR *un criado.* ‖ **11.** Entender, juzgar e interpretar una cosa en determinado sentido. TOMAR *a broma una cosa;* TOMAR *en serio a alguien o alguna cosa.* ‖ **12.** Seguido de la preposición *por,* suele indicar juicio equivocado. TOMAR *a alguien* POR *ladrón;* TOMAR *una cosa* POR *otra.* ‖ **13.** Fotografiar, filmar. ‖ **14.** Cubrir el macho a la hembra. ‖ **15.** Construido con ciertos nombres verbales, significa lo mismo que los verbos de donde tales nombres se derivan. TOMAR *resolución,* resolver. ‖ **16.** Recibir o adquirir lo que significan ciertos nombres que se le juntan. TOMAR *fuerza, aliento.* ‖ **17.** Construido con un nombre de instrumento, ponerse a ejecutar la acción o la labor para la cual sirve el instrumento. TOMAR *la pluma,* ponerse a escribir. ‖ **18.** Empezar a seguir una dirección, entrar en una calle, camino o tramo, encaminarse por ellos. TOMAR *la derecha,* TOMAR *la carretera de Madrid,* TOMAR *una curva.* Ú. t. c. intr. *Al llegar a la esquina,* TOMÓ *por la derecha.* ‖ **tomarla con** uno. fr. Contradecirle y culparle en cuanto dice o hace.

tomatal. m. Plantación de tomateras.

tomate. m. Fruto de la tomatera, que es una baya casi roja, de superficie lisa y brillante, en cuya pulpa hay numerosas semillas, algo aplastadas y amarillas. ‖ **2.** Planta que da este fruto, tomatera. ‖ **3.** fam. Roto o agujero hecho en una prenda de punto, como medias, calcetines, guantes, etc. ‖ **ponerse como un tomate.** fr. fig. y fam. Sonrojarse, azorarse.

tomatera. f. Planta herbácea anual originaria de América, de la familia de las solanáceas, con tallos de uno a dos metros de largo, vellosos, huecos, endebles y ramosos; hojas algo vellosas recortadas en segmentos desiguales dentados por los bordes, y flores amarillas en racimos sencillos. Se cultiva mucho en las huertas por su fruto, que es el tomate.

tomavistas. m. Pequeña cámara cinematográfica de uso no profesional.

tómbola. f. Rifa pública de objetos diversos, cuyo producto se destina generalmente a fines benéficos.

tomento. m. *Bot.* Capa de pelos que cubre la superficie de los órganos de algunas plantas.

-tomía. elem. compos. que significa «corte, incisión»: *Laringo*TOMÍA, *fito*TOMÍA.

tomillo. m. Planta perenne de la familia de las labiadas, muy olorosa, con tallos leñosos, derechos, blanquecinos, ramosos, de dos a tres decímetros de altura; hojas pequeñas, lanceoladas, con los bordes revueltos y algo pecioladas, y flores blancas o róseas en cabezuelas laxas axilares. Es muy común en España, y el cocimiento de sus flores suele usarse como tónico y estomacal.

tomismo. m. Sistema escolástico contenido en las obras de Santo Tomás de Aquino y de sus discípulos, que parte de una interpretación del pensamiento de Aristóteles desde una perspectiva cristiana.

tomista. adj. Que sigue la doctrina de Santo Tomás de Aquino. Ú. t. c. s.

tomo. m. Cada una de las partes con paginación propia y encuadernadas por lo común separadamente, en que suelen dividirse para su más fácil manejo las obras impresas o manuscritas de cierta extensión.

-tomo, ma. elem. compos. que significa «que corta»: *micro*TOMO, *neuró*TOMO, o «que se corta o divide»: *á*TOMO.

tomografía. f. Técnica de registro gráfico de imágenes corporales, correspondiente a un plano predeterminado. De acuerdo con los mecanismos utilizados y los procedimientos técnicos seguidos, existen **tomografías** de rayos X, axial computadorizada, de ultrasonido, de emisión de positrones y de resonancia magnética. ‖ **magnética.** *Fís.* Absorción de energía por los átomos de una sustancia cuando son sometidos a campos magnéticos de frecuencias específicas.

ton. m. apóc. de **tono,** que solo tiene uso en la frase familiar **sin ton ni son,** o **sin ton y sin son,** que significa: sin motivo, ocasión, o causa, o fuera de orden y medida. También suele decirse alguna vez: **¿a qué ton o a qué son viene eso?**

tonada. f. Composición métrica para cantarse. ‖ **2.** Música de esta canción.

tonadilla. f. Tonada alegre y ligera. ‖ **2.** Canción o pieza corta y ligera, que se canta en algunos teatros.

tonadillero, ra. m. y f. Persona que compone tonadillas. ‖ **2.** Persona que las canta.

tonal. adj. *Mús.* Perteneciente o relativo al tono o a la tonalidad.

tonalidad. f. *Ling.* **entonación.** ‖ **2.** *Mús.* Sistema musical definido por el orden de los intervalos dentro de la escala de los sonidos. ‖ **3.** *Pint.* Sistema de colores y tonos.

tonante. adj. Que truena. Ú. como epíteto del dios Júpiter.

tonar. intr. poét. Tronar o arrojar rayos.

tonel. m. Cuba grande.

tonelada. f. Unidad de peso o de capacidad que se usa para calcular el desplazamiento de los buques. ‖ **métrica de peso.** Peso de 1.000 kilogramos.

tonelaje. m. Cabida de una embarcación, arqueo. ‖ **2.** Número de toneladas que mide un conjunto de buques mercantes.

tonelería. f. Arte u oficio del tonelero. ‖ **2.** Taller del tonelero. ‖ **3.** Conjunto o provisión de toneles.

tonelero, ra. adj. Perteneciente o relativo al tonel. *Industria* TONELERA. ‖ **2.** m. y f. Persona que hace toneles.

tongo. m. Trampa realizada en competiciones deportivas, en que uno de los contendientes se deja ganar por razones ajenas al juego.

tónico, ca. adj. Que entona, o vigoriza. Ú. t. c. s. m. ‖ **2.** *Farm.* Reconstituyente. ‖ **3.** *Mús.* Aplícase a la nota primera de una escala musical. Ú. m. c. s. f. ‖ **4.** *Pros.* Aplícase a la vocal o sílaba que recibe el impulso del acento prosódico, y que con más propiedad se llama vocal o sílaba acentuada. ‖ **5.** m. En cosmética, loción ligeramente astringente para limpiar y refrescar el cutis, o para vigorizar el cabello. ‖ **6.** f. **agua tónica.**

tonificar. tr. **entonar,** dar vigor o tensión al organismo.

tonillo. m. Tono monótono y desagradable con que algunos hablan, oran o leen. ‖ **2.** Acento particular de la palabra o de la frase propio de una región o de un lugar, dejo.

tono. m. Cualidad de los sonidos, dependiente de su frecuencia, que permite ordenarlos de graves a agudos. ‖ **2.** Inflexión de la voz y modo particular de decir una cosa, según la intención o el estado de ánimo del que habla. ‖ **3.** Carácter o modo particular de la expresión y del estilo de una obra literaria según el asunto que trata o el estado de ánimo que pretende reflejar. ‖ **4.** Energía, vigor, fuerza. ‖ **5.** *Mús.* Cada una de las escalas que para las composiciones músicas se forman, partiendo de una nota fundamental, que le da nombre. ‖ **6.** *Mús.* Intervalo o distancia que media entre una nota y su inmediata, excepto del *mi* al *fa* y del *si* al *do.* ‖ **7.** *Pint.* Grado de color y de claroscuro en cada parte o pormenor de una pintura, en relación con la armonía de su conjunto. ‖ **bajar** uno **el tono.** fr. fig. Contenerse después de haber hablado con arrogancia. ‖ **darse tono** uno. fr. fam. Darse importancia. ‖ **de buen,** o **mal, tono.** loc. adj. Propio de gente distinguida o elegante, o al contrario. ‖ **estar,** o **poner, a tono.** fr. fig. Acomodar, adecuar una cosa a otra. Se usa también hablando de personas.

tonsura. f. Acción y efecto de tonsurar. ‖ **2.** Acción y efecto de conferir el grado preparatorio del estado clerical, con diferentes formas de corte de pelo. ‖ **3.** El grado mismo. ‖ **prima tonsura. tonsura,** grado preparatorio para recibir órdenes sacerdotales.

tonsurado. m. El que ha recibido el grado de prima tonsura. ‖ **2. sacerdote.**

tonsurar. tr. Dar a uno el grado de prima tonsura.

tontada. f. Tontería, simpleza.

tontaina. com. fam. Persona tonta. Ú. t. c. adj.

tontarrón, na. adj. aum. de **tonto.** Ú. t. c. s.

tontear. intr. Hacer o decir tonterías. ‖ **2.** fig. y fam. Coquetear, flirtear.

tontería. f. Calidad de tonto. ‖ **2.** Dicho o hecho tonto.

tontillo. m. Faldellín con aros de ballena o de otra materia que usaron las mujeres para ahuecar las faldas.

tonto, ta. adj. Mentecato, falto o escaso de entendimiento o razón. Ú. t. c. s. ‖ **2.** Dícese del hecho o dicho propio de un **tonto.** ‖ **3.** m. El que en ciertas representaciones hace el papel de **tonto.** *El* TONTO *del circo.* ‖ **hacerse** uno **el tonto.** fr. fam. Aparentar que no advierte las cosas de que no le conviene darse por enterado.

tontorrón, na. adj. **tontarrón.**

tontuna. f. Dicho o hecho tonto.

topacio. m. Piedra fina, amarilla, muy dura, compuesta generalmente de sílice, alúmina y flúor.

topar. tr. Chocar una cosa con otra. ‖ **2.** Hallar casualmente. Ú. t. c. intr. y c. prnl.

tope[1]**.** m. Parte por donde una cosa puede topar con otra. ‖ **2.** Pieza que en algunas armas e instrumentos sirve para impedir que con su acción o con su movimiento se pase de un punto determinado. ‖ **3.** Tropiezo, estorbo, impedimento.

tope². m. *Mar.* Extremo superior de cualquier palo de arboladura. ‖ **al tope,** o **a tope.** loc. adv. con que se denota la unión, juntura o incorporación de las cosas por sus extremidades, sin ponerse una sobre otra. ‖ **estar hasta los topes.** fr. fig. y fam. Tener una persona o cosa hartura o exceso de algo.

topera. f. Madriguera del topo.

topetar. tr. Dar con la cabeza en alguna cosa con golpe e impulso, especialmente los animales cornudos. Ú. t. c. intr. ‖ **2. topar,** chocar una cosa con otra.

topetazo. m. Golpe que dan con la cabeza los animales cornudos. ‖ **2.** Encuentro o golpe de una cosa con otra.

tópico, ca. adj. Perteneciente a determinado lugar. ‖ **2.** Perteneciente o relativo a la expresión trivial o muy empleada. ‖ **3.** m. *Farm.* Medicamento externo. ‖ **4.** *Ret.* Expresión vulgar o trivial.

topo. m. Mamífero insectívoro del tamaño del ratón, de cuerpo rechoncho, cola corta y pelaje negruzco suave y tupido; hocico afilado, ojos pequeños y casi ocultos por el pelo; brazos recios, manos anchas, cortas y robustas, cinco dedos armados de fuertes uñas que le sirven para socavar y apartar la tierra al abrir las galerías subterráneas donde vive. Se alimenta de gusanos y larvas de insectos. ‖ **2.** fig. Persona que, infiltrada en una organización, actúa al servicio de otros.

topografía. f. Arte de describir y delinear detalladamente la superficie de un terreno. ‖ **2.** Conjunto de particularidades que presenta un terreno en su configuración superficial.

topógrafo, fa. m. y f. Persona que profesa el arte de la topografía o en ella tiene especiales conocimientos.

topología. f. Rama de las matemáticas que trata especialmente de la continuidad y de otros conceptos más generales originados de ella. Así estudia las propiedades de las figuras con independencia de su tamaño o forma (las diferentes formas de una figura dibujada en una superficie elástica estirada o comprimida son equivalentes en **topología**).

toponimia. f. Estudio del origen y significación de los nombres propios de lugar.

toponímico, ca. adj. Perteneciente o relativo a la toponimia o a los nombres de lugar en general.

topónimo. m. Nombre propio de lugar.

toque. m. Acción de tocar una cosa, tentándola, palpándola, o llegando inmediatamente a ella. ‖ **2.** Tañido de las campanas o de ciertos instrumentos, con que se anuncia alguna cosa. TOQUE *de ánimas;* TOQUE *de diana.* ‖ **3.** fig. Tocamiento, llamamiento, indicación, advertencia que se hace a uno. Ú. más comúnmente **toque de atención.** ‖ **4.** *Pint.* Pincelada ligera. Ú. t. en sent. fig. *Un* TOQUE *de erudición. Un* TOQUE *de distinción.* ‖ **de queda.** Medida gubernativa que, en circunstancias excepcionales, prohíbe el tránsito o permanencia en las calles de una ciudad durante determinadas horas, generalmente nocturnas.

toquetear. tr. Tocar reiteradamente y sin tino ni orden.

toquilla. f. Pañuelo de punto generalmente de lana, que usan para abrigo las mujeres y los niños.

tora. f. Libro de la ley de los judíos.

torácico, ca. adj. *Anat.* Perteneciente o relativo al tórax.

torada. f. Manada de toros.

tórax. m. *Anat.* Pecho del hombre y de los animales. ‖ **2.** *Anat.* Cavidad del pecho. ‖ **3.** *Zool.* Región media de las tres en que está dividido el cuerpo de los insectos, arácnidos y crustáceos. ❑ pl. invar.

torbellino. m. Remolino de viento. ‖ **2.** fig. Abundancia de cosas que ocurren a un mismo tiempo. ‖ **3.** fig. y fam. Persona demasiado viva e inquieta y que hace o dice las cosas atropellada y desordenadamente.

torca. f. Depresión circular en un terreno y con bordes escarpados.

torcal. m. Terreno donde hay torcas.

torcaz. adj. V. **paloma torcaz.**

torcecuello. m. Ave trepadora, de unos 16 centímetros de largo, de color pardo jaspeado de negro y rojo en el lomo, alas y cola, amarillento en el cuello y pecho, y blanquecino con rayas negras en el vientre. Si teme algún peligro, eriza las plumas de la cabeza, tuerce el cuello hacia atrás y lo extiende después rápidamente. Es ave de paso en España y suele anidar en los huecos de los árboles. Se alimenta de insectos, principalmente de hormigas.

torcedura. f. Acción y efecto de torcer o torcerse. ‖ **2.** *Med.* Distensión de las partes blandas que rodean las articulaciones de los huesos.

torcer. tr. Dar vueltas a una cosa sobre sí misma, de modo que tome forma helicoidal. Ú. t. c. prnl. ‖ **2.** Encorvar o doblar una cosa. Ú. t. c. prnl. ‖ **3.** Dicho del gesto, el semblante, o familiarmente del morro, el hocico, etc., dar al rostro expresión de desagrado, enojo u hostilidad. ‖ **4.** Mover bruscamente un miembro u otra cosa fuera de su posición natural. TORCER *un brazo.* Ú. t. c. prnl. ‖ **5.** Desviar una persona o cosa la dirección que llevaba, para tomar otra. *El escritor* TUERCE *el curso de su razonamiento.* Ú. t. c. prnl. *El coche* SE TORCIÓ *hacia la cuneta.* Ú. t. c. intr. *El camino* TUERCE *a mano derecha.* ‖ **6.** prnl. Dificultarse y frustrarse un negocio. ❑ Irreg. Se conj. como *mover.*

torcida. f. Mecha de algodón o trapo torcido, que se pone en los velones, candiles, velas, etc.

torcido, da. adj. Que no es recto; que hace curvas o está oblicuo o inclinado. ‖ **2.** fig. Dícese de la persona que no obra con rectitud, y de su conducta.

torcimiento. m. Acción y efecto de torcer.

tórculo. m. Prensa, y en especial la que se usa para estampar grabados en cobre, acero, etc.

torda. f. Hembra del tordo.

tordo, da. adj. Dícese del caballo o yegua, o del mulo o mula, que tiene el pelo mezclado de negro y blanco, como el plumaje del tordo. Ú. t. c. s. ‖ **2.** m. Pájaro de unos 24 centímetros de largo, cuerpo grueso, pico delgado y negro, lomo gris aceitunado, vientre blanco amarillento con manchas pardas redondas o triangulares y las cobijas de color amarillo rojizo. Es común en España y se alimenta de insectos y de frutos, principalmente de aceitunas.

torear. intr. Lidiar los toros en la plaza. Ú. t. c. tr. ‖ **2.** tr. fig. Entretener las esperanzas de uno engañándole. ‖ **3.** fig. Hacer burla de alguien. ‖ **4.** fig. Conducir hábilmente un asunto que se presenta difícil o embarazoso.

toreo. m. Acción de torear. ‖ **2.** Arte de torear, lidiar los toros.

torero, ra. adj. fam. Perteneciente o relativo al toreo. *Aire* TORERO; *sangre* TORERA. ‖ **2.** m. y f. Persona que acostumbra torear en las plazas. ‖ **3.** f. Chaquetilla ceñida al cuerpo, por lo general sin abotonar y que no pasa de la cintura. ‖ **saltarse** algo **a la torera.** fr. fig. y fam. Omitir audazmente y sin escrúpulos el cumplimiento de una obligación o compromiso.

toresano, na. adj. Natural de Toro. Ú. t. c. s. ‖ **2.** Perteneciente a esta ciudad de la provincia de Zamora.

toril. m. Sitio donde se tienen encerrados los toros que han de lidiarse.

torio. m. Elemento químico radiactivo de núm. atóm. 90. Metal del grupo de los actínidos escaso en la corteza terrestre; se encuentra en minerales de las tierras raras. De color plomizo, dúctil y maleable, arde muy fácilmente en el aire. Se usa en la industria nuclear y, aleado, para proporcionar dureza a ciertos metales. Símb. *Th,* del lat. cient. *thorium.*

tormenta. f. Tempestad de la atmósfera. ‖ **2.** Tempestad del mar. ‖ **3.** fig. Manifestación violenta de un estado de ánimo excitado.

tormento. m. Acción y efecto de atormentar o atormentarse. ‖ **2.** Angustia o dolor físico. ‖ **3.** Dolor corporal que se causaba al reo para obligarle a confesar o declarar. ‖ **4.** fig. Persona o cosa que causa dolor físico o moral. *Su hijo es un* TORMENTO; *los zapatos de tacón son un* TORMENTO.

tormentoso, sa. adj. Que ocasiona tormenta. ‖ **2.** Dícese del tiempo en que hay o amenaza tormenta.

tormo. m. Peñasco, tolmo.

torna. f. Acción de tornar, devolver o regresar. ‖ **volver las tornas.** fr. fig. Corresponder una persona al proceder de otra. ‖ **2.** Cambiar en sentido opuesto la marcha de un asunto. Ú. m. c. prnl.

tornaboda. f. Día después de la boda. ‖ **2.** Celebridad de este día.

tornadizo, za. adj. Que cambia o varía fácilmente. Dícese en especial del que abandona su creencia, partido u opinión. *Cristianos* TORNADIZOS. Ú. t. c. s.

tornado. m. Viento impetuoso giratorio, huracán.

tornar. tr. Cambiar la naturaleza o el estado de una persona o cosa. Ú. t. c. prnl. ‖ **2.** intr. Regresar al lugar de donde se partió.

tornasol. m. **girasol,** planta. ‖ **2.** Cambiante, reflejo o viso que hace la luz en algunas telas o en otras cosas muy tersas. ‖ **3.** *Quím.* Materia colorante azul violácea de origen vegetal que sirve de reactivo para reconocer los ácidos, pues la tornan roja.

tornasolado, da. adj. Que tiene o hace visos y tornasoles.

tornasolar. tr. Hacer o causar tornasoles. Ú. t. c. prnl.

tornear. tr. Labrar y pulir un objeto en el torno.

torneo. m. Combate a caballo que se celebraba entre dos bandos opuestos. ‖ **2.** *Dep.* Serie de encuentros deportivos o de juegos en los que compiten entre sí varias personas o equipos que se eliminan unos a otros progresivamente.

tornero, ra. m. y f. Persona que tiene por oficio hacer obras en el torno. ‖ **2.** Persona que hace tornos. ‖ **3.** f. Monja destinada para servir en el torno.

tornillo. m. Pieza cilíndrica o cónica, por lo general metálica, con resalte en hélice y cabeza apropiada para roscarlo de acuerdo con sus distintos usos. ‖ **2.** Instrumento con que se mantienen sujetas las piezas que se están trabajando, por medio de dos topes, uno fijo y otro móvil. ‖ **de banco.** Utensilio usado en carpintería, cerrajería, etc., que se compone de una parte fijada en el banco y otra que se mueve mediante un **tornillo** y entre las que sujeta, apretándola, la pieza a trabajar. ‖ **apretarle** a uno **los tornillos.** fr. fig. y fam. Apremiarle, obligarle a obrar en determinado sentido. ‖ **faltarle** a uno **un tornillo,** o **tener flojos los tornillos.** fr. fig. y fam. Tener poca sensatez.

torniquete. m. Especie de torno en forma de cruz de brazos iguales, que gira horizontalmente sobre un eje y se coloca en las entradas por donde han de pasar una a una las personas. || **2.** Instrumento quirúrgico para evitar o contener la hemorragia en operaciones y heridas de las extremidades.

torno. m. Máquina simple que consiste en un cilindro dispuesto para girar alrededor de su eje por la acción de algún dispositivo, y que ordinariamente actúa sobre la resistencia por medio de una cuerda que se va arrollando al cilindro. || **2.** Armazón giratoria compuesta de varios tableros verticales que concurren en un eje, y de un suelo y un techo circulares, la cual se ajusta al hueco de una pared y sirve para pasar objetos de una parte a otra, sin que se vean las personas que los dan o reciben. Tiene uso en los conventos de monjas, en las casas de expósitos y en los comedores. || **3.** Máquina en que, mecánica o manualmente, se hace que alguna cosa dé vueltas sobre sí misma; como las que sirven para hilar, torcer seda, devanar, hacer obras de alfarería, etc. || **en torno a.** loc. prepos. **alrededor de.**

toro[1]. m. Bóvido, salvaje o doméstico, macho adulto del ganado vacuno o bovino, que presenta cabeza gruesa y provista de dos cuernos, piel dura, pelo corto y cola larga. || **2.** fig. Hombre muy robusto y fuerte. || **3.** m. pl. Fiesta o corrida de **toros.** || **coger al toro por las astas** o **por los curnos.** fr. fig. Enfrentarse resueltamente con una dificultad.

toro[2]. m. *Arq.* **bocel,** moldura de sección semicircular.

toronja. f. Cidra de forma globosa como la naranja.

toronjil. m. Planta herbácea anual, de la familia de las labiadas, con muchos tallos rectos de cuatro a seis decímetros de altura; hojas ovales, arrugadas, dentadas y olorosas; flores blancas en verticilos axilares, y fruto seco, capsular, con cuatro semillas menudas. Es común en España, y sus hojas y flores se usan en medicina como remedio tónico y antiespasmódico.

toronjo. m. Variedad de cidro que produce las toronjas.

torpe. adj. Que se mueve con dificultad. || **2.** Desmañado, falto de habilidad y destreza. || **3.** Rudo, tardo en comprender.

torpedear. tr. Batir con torpedos. || **2.** fig. Hacer fracasar un asunto o proyecto.

torpedero, ra. adj. Dícese del barco de guerra destinado a disparar torpedos. *Lancha* TORPEDERA. Ú. m. c. s. m.

torpedo. m. Selacio de cuerpo deprimido y discoidal, de hasta cuatro decímetros, de color blanquecino en el lado ventral y más oscuro en el dorso, en donde lleva, debajo de la piel, un par de órganos musculosos, que producen corrientes eléctricas bastante intensas. La cola es más carnosa y menos larga que en la raya; a los lados del cuerpo lleva dos pares de aletas. Es vivíparo; la especie más conocida lleva manchas redondas y negras en el dorso. || **2.** Máquina de guerra provista de una carga explosiva que tiene por objeto echar a pique al buque que choca con ella o se coloca dentro de su radio de acción.

torpeza. f. Calidad de torpe. || **2.** Acción o dicho torpe.

torrar. tr. **tostar,** exponer algo al fuego hasta que tome color dorado.

torre. f. Edificio fuerte, más alto que ancho, y que sirve para defenderse de los enemigos desde él, o para defender una ciudad o plaza. || **2.** Edificio más alto que ancho que en las iglesias sirve para colocar las campanas, y en las casas para esparcimiento de la vista y para adorno. || **3.** Cualquier otro edificio de mucha más altura que superficie. || **4.** Pieza grande del juego de ajedrez, en figura de **torre,** que camina en línea recta en todas direcciones, hacia adelante, hacia atrás, a derecha o a izquierda, sin más limitación que la de no saltar por encima de otra pieza, excepto en el enroque. || **5.** En los buques de guerra, reducto acorazado que se alza sobre la cubierta y que alberga piezas de artillería. || **de control.** Construcción existente en los aeropuertos, con altura suficiente para dominar las pistas y el área de estacionamiento de los aviones, en la que se encuentran todos los servicios de radionavegación y telecomunicaciones para regular el tránsito de aviones que entran y salen.

torrefacto, ta. adj. Tostado al fuego. || **2.** Hablando del café, que está tostado con algo de azúcar.

torrejón. m. Torre pequeña o mal formada.

torrencial. adj. Parecido al torrente.

torrente. m. Corriente o avenida impetuosa de aguas que sobreviene en tiempos de muchas lluvias o de rápidos deshielos. || **2.** fig. Abundancia o muchedumbre de personas que afluyen a un lugar o coinciden en una misma apreciación, o de cosas que concurren a un mismo tiempo.

torrentera. f. Cauce de un torrente.

torreón. m. Torre grande, para defensa de una plaza o castillo.

torrero, ra. m. y f. Persona que cuida de una atalaya o un faro.

torreta. f. En los buques de guerra y en los tanques, torre acorazada.

torrezno. m. Pedazo de tocino frito o para freír.

tórrido, da. adj. Muy ardiente o quemado.

torrija. f. Rebanada de pan empapada en vino o leche y rebozada con huevo, frita y endulzada.

torrontero. m. Montón de tierra que dejan las avenidas impetuosas de las aguas.

torsión. f. Acción y efecto de torcer o torcerse una cosa en forma helicoidal.

torso. m. Tronco del cuerpo humano. ‖ **2.** Estatua falta de cabeza, brazos y piernas.

torta. f. Masa de harina, con otros ingredientes, de figura redonda, que se cuece a fuego lento. ‖ **2.** fig. y fam. **palmada,** golpe dado con la palma de la mano. *Dar* TORTAS; *hacer* TORTAS. ‖ **3.** fig. y fam. Bofetada en la cara. ‖ **4.** fig. y fam. Golpe, caída, accidente.

tortazo. m. fig. y fam. Bofetada en la cara.

torteruelo. m. Planta de la familia de las papilionáceas, del mismo género que la alfalfa.

torticero, ra. adj. p. us. Injusto, o que no se arregla a las leyes o a la razón.

tortícolis. m. *Med.* Espasmo doloroso, de origen inflamatorio, de los músculos del cuello, que obliga a tener este torcido con la cabeza inmóvil. Ú. t. c. f. ❑ pl. invar.

tortilla. f. Fritada de huevo batido, en figura redonda o alargada, en la cual se incluye a veces algún otro ingrediente.

tortita. f. d. de **torta.**

tórtola. f. Ave del orden de las palomas, de unos tres decímetros de longitud desde el pico hasta la terminación de la cola; plumaje ceniciento azulado en la cabeza, pardo rojizo en el lomo, con tintes de vino en la garganta, pecho y vientre, y rayas blancas y negras en el cuello; pico negruzco y pies rojizos. Es común en España, donde se presenta por la primavera, y pasa a África en otoño.

tórtolo. m. Macho de la tórtola. ‖ **2.** pl. Pareja de enamorados.

tortosino, na. adj. Natural de Tortosa. Ú. t. c. s. ‖ **2.** Perteneciente a esta ciudad.

tortuga. f. Reptil marino del orden de los quelonios, que llega a tener hasta dos metros y medio de largo y uno de ancho, con las extremidades torácicas más desarrolladas que las abdominales, unas y otras en forma de paletas, que no pueden ocultarse, y coraza, cuyas láminas, más fuertes en el espaldar que en el peto, tienen manchas verdosas y rojizas. Se alimenta de vegetales marinos, y su carne, huevos y tendones son comestibles. ‖ **2.** Reptil terrestre del orden de los quelonios, de dos a tres decímetros de largo, con los dedos reunidos en forma de muñón, espaldar muy convexo, y láminas granujientas en el centro y manchadas de negro y amarillo en los bordes. Vive en Italia, Grecia y las islas Baleares, se alimenta de hierbas, insectos y caracoles, y su carne es sabrosa y delicada.

tortuoso, sa. adj. Que tiene vueltas y rodeos. ‖ **2.** fig. Solapado, cauteloso.

tortura. f. Grave dolor físico o psicológico infligido a una persona, con métodos y utensilios diversos, con el fin de obtener de ella una confesión, o como medio de castigo. ‖ **2.** fig. Dolor o aflicción grandes, o cosa que lo produce.

torturador, ra. adj. Que tortura.

torturar. tr. Dar tortura, atormentar. Ú. t. c. prnl.

torunda. f. Pelota de algodón envuelta en gasa y por lo común esterilizada, con diversos usos en curas y operaciones quirúrgicas.

torva. f. Remolino de lluvia o nieve.

torvisco. m. Mata como de un metro de altura, ramosa, con hojas persistentes, largas, delgadas, lampiñas y correosas; flores blanquecinas en racimillos terminales, y por fruto una baya redonda, verdosa primero y después roja.

torvo, va. adj. Fiero, espantoso, airado y terrible a la vista. Dícese especialmente de la mirada.

torzal. m. Cordoncillo delgado de seda, hecho de varias hebras torcidas, que se emplea para coser y bordar.

tos. f. Movimiento convulsivo y sonoro del aparato respiratorio del hombre y de algunos animales. ‖ **ferina.** *Pat.* Enfermedad infecciosa, caracterizada por un estado catarral del sistema bronquial, con accesos de **tos** convulsiva muy intensos.

toscano, na. adj. Natural de Toscana. Ú. t. c. s. ‖ **2.** Perteneciente a este país de Italia.

tosco, ca. adj. Grosero, basto, sin pulimento ni labor. ‖ **2.** fig. Inculto, sin doctrina ni enseñanza. Ú. t. c. s.

toser. intr. Hacer fuerza y violencia con la respiración, para arrancar del pecho lo que le fatiga y molesta; tener y padecer la tos.

tosiguera. f. Tos pertinaz.

tosquedad. f. Calidad de tosco.

tostada. f. Rebanada de pan que, después de tostada, se unta por lo común con manteca, miel u otra cosa.

tostadero. m. Lugar o instalación en que se tuesta algo. ‖ **2.** fig. Lugar donde hace excesivo calor. *Este cuarto es un* TOSTADERO.

tostado, da. adj. Dícese del color subido y oscuro.

tostador, ra. adj. Que tuesta. Ú. t. c. s. ‖ **2.** m. Instrumento o vasija para tostar alguna cosa.

tostadura. f. Acción y efecto de tostar.

tostar. tr. Poner una cosa a la lumbre, para que

lentamente se le introduzca el calor y se vaya desecando, sin quemarse, hasta que tome color. Ú. t. c. prnl. ‖ **2.** fig. Curtir, atezar el sol o el viento la piel del cuerpo. Ú. t. c. prnl. ❑ Irreg. Se conj. como *contar.*

tostón. m. Tabarra, lata.

total. adj. General, universal y que lo comprende todo en su especie. ‖ **2.** m. *Álg.* y *Arit.* Suma, cantidad equivalente a dos o más homogéneas. ‖ **3.** adv. m. En suma, en resumen, en conclusión. TOTAL, *que lo más prudente será quedarse en casa.*

totalidad. f. Calidad de total. ‖ **2.** Todo, cosa íntegra. ‖ **3.** Conjunto de todas las cosas o personas que forman una clase o especie. *La* TOTALIDAD *de los vecinos.*

totalitario, ria. adj. Dícese de lo que incluye la totalidad de las partes o atributos de una cosa, sin merma ninguna. ‖ **2.** Perteneciente o relativo al totalitarismo.

totalitarismo. m. Régimen político que ejerce fuerte intervención en todos los órdenes de la vida nacional, concentrando la totalidad de los poderes estatales en manos de un grupo o partido que no permite la actuación de otros partidos.

totalitarista. adj. Partidario del totalitarismo. Ú. t. c. s.

totalizar. tr. Determinar el total de diversas cantidades.

tótem. m. Objeto de la naturaleza, generalmente un animal, que en la mitología de algunas sociedades se toma como emblema protector de la tribu o del individuo, y a veces como ascendiente o progenitor.

totémico, ca. adj. Perteneciente o relativo al tótem.

totemismo. m. Sistema de creencias y organización de tribu basado en el tótem.

tótum revolútum. m. Conjunto de muchas cosas sin orden, revoltijo. ❑ pl. invar.

toxicidad. f. Grado de efectividad de una sustancia tóxica.

tóxico, ca. adj. *Med.* Perteneciente o relativo a un veneno o a una toxina. Ú. t. c. s. m.

toxicogénesis. f. *Biol.* Proceso en virtud del cual algunas bacterias y otros organismos patógenos producen toxinas en el medio en que viven.

toxicología. f. Estudio de las sustancias tóxicas y sus efectos.

toxicólogo, ga. m. y f. Especialista en toxicología.

toxicomanía. f. Hábito patológico de intoxicarse con sustancias que procuran sensaciones agradables o que suprimen el dolor.

toxicómano, na. adj. Dícese del que padece toxicomanía. Ú. t. c. s.

toxina. f. *Biol.* Veneno producido por organismos vivos.

tozudez. f. Calidad de tozudo.

tozudo, da. adj. Obstinado, testarudo.

tozuelo. m. Cerviz gruesa, carnosa y crasa de un animal.

traba. f. Instrumento con que se junta, une y sujeta una cosa con otra. ‖ **2.** fig. Cualquier cosa que impide o estorba la fácil ejecución de otra.

trabado, da. adj. Aplícase al caballo o yegua que tiene blancas las dos manos, por ser allí donde se le ponen trabas. ‖ **2.** fig. Robusto, nervudo.

trabajado, da. adj. Elaborado con minuciosidad y gran cuidado.

trabajador, ra. adj. Que trabaja. ‖ **2.** Muy aplicado al trabajo. ‖ **3.** m. y f. Jornalero, obrero.

trabajar. intr. Ocuparse en cualquier ejercicio, obra o ministerio. ‖ **2.** Solicitar, procurar e intentar alguna cosa con eficacia, actividad y cuidado. ‖ **3.** Aplicarse uno con desvelo y cuidado a la ejecución de alguna cosa. ‖ **4.** fig. Sufrir una cosa, o parte de ella, la acción de los esfuerzos a que se halla sometida. ‖ **5.** tr. Formar, disponer o ejecutar una cosa, arreglándose a método y orden. ‖ **6.** prnl. Ocuparse con empeño en alguna cosa; esforzarse por conseguirla.

trabajo. m. Acción y efecto de trabajar. ‖ **2.** Ocupación retribuida. ‖ **3. obra,** cosa producida por un agente. ‖ **4. obra,** cosa producida por el entendimiento. ‖ **5.** Esfuerzo humano aplicado a la producción de riqueza. Se usa en contraposición de *capital.* ‖ **6.** fig. Dificultad, impedimento o perjuicio. ‖ **7.** fig. Penalidad, molestia, tormento o suceso infeliz. ‖ **8.** *Mec.* Producto de la fuerza por el camino que recorre su punto de aplicación y por el coseno del ángulo que forma la una con el otro. ‖ **trabajos forzados,** o **forzosos.** Aquellos en que se ocupa por obligación el presidiario como parte de la pena de su delito.

trabajoso, sa. adj. Que da, cuesta o causa mucho trabajo.

trabalenguas. m. Palabra o locución difícil de pronunciar, en especial cuando sirve de juego para hacer a alguien equivocarse.

trabar. tr. Juntar o unir una cosa con otra, para mayor fuerza o resistencia. ‖ **2.** Prender, agarrar o asir. Ú. t. c. intr. ‖ **3.** fig. Impedir o dificultar el desarrollo de algo o que una persona se desenvuelva normalmente. ‖ **4.** prnl. *Amér.* Entorpecérsele a uno la lengua al hablar, tartamudear.

trabazón. f. Juntura o enlace de dos o más cosas que se unen entre sí. ‖ **2.** fig. Conexión de una cosa con otra o dependencia que entre sí tienen.

trabilla. f. Tira de tela o de cuero que pasa por debajo del pie para sujetar los bordes inferiores del pantalón, del botín, de la polaina o de la calceta. ‖ **2.** Tirita de tela que sujeta el cinturón del pantalón o de la falda.

trabucar. tr. Trastornar, descomponer el buen orden o colocación que tiene alguna cosa, volviendo lo de arriba abajo o lo de un lado a otro. Ú. t. c. prnl. ‖ **2.** fig. Pronunciar o escribir equivocadamente unas palabras, sílabas o letras por otras. Ú. t. c. prnl.

trabucazo. m. Disparo del trabuco. ‖ **2.** Herida y daño producidos por el disparo del trabuco.

trabuco. m. Máquina de guerra que se usaba antes de la invención de la pólvora, para batir las murallas, torres, etc., disparando contra ellas piedras muy gruesas, catapulta. ‖ **2.** Arma de fuego más corta y de mayor calibre que la escopeta ordinaria.

trabuquete. m. Catapulta pequeña. ‖ **2.** Traíña pequeña.

traca. f. Artificio de pólvora que se hace con una serie de petardos colocados a lo largo de una cuerda y que estallan sucesivamente.

tracción. f. Acción y efecto de tirar de alguna cosa para moverla o arrastrarla. ‖ **2.** Especialmente, acción y efecto de arrastrar carruajes sobre la vía. TRACCIÓN *animal, de vapor, eléctrica.*

tracería. f. Decoración arquitectónica formada por combinaciones de figuras geométricas.

tracio, cia. adj. Natural de Tracia. Ú. t. c. s. ‖ **2.** Perteneciente a esta región de Europa antigua.

tracoma. m. *Pat.* Conjuntivitis granulosa y contagiosa, que llega a causar la ceguera.

tracto. m. Formación anatómica que media entre dos lugares del organismo, y realiza una función de conducción: TRACTO *alimentario* o *digestivo,* TRACTO *linfático,* etc.

tractor. m. Vehículo automotor cuyas ruedas o cadenas se adhieren fuertemente al terreno, y se emplea para arrastrar arados, remolques, etc., o para tirar de ellos.

tradición. f. Transmisión de noticias, composiciones literarias, doctrinas, ritos, costumbres, etc., hecha de generación en generación. ‖ **2.** Noticia de un hecho antiguo transmitida de este modo.

tradicional. adj. Perteneciente o relativo a la tradición, o que se transmite por medio de ella.

tradicionalismo. m. Doctrina filosófica que pone el origen de las ideas en la revelación y sucesivamente en la enseñanza que el hombre recibe de la sociedad. ‖ **2.** Sistema político que consiste en mantener o restablecer las instituciones antiguas en el régimen de la nación y en la organización social.

tradicionalista. adj. Que profesa la doctrina o es partidario del tradicionalismo. Ú. t. c. s. ‖ **2.** Perteneciente a esta doctrina o sistema.

traducción. f. Acción y efecto de traducir. ‖ **2.** Obra del traductor. ‖ **3.** Interpretación que se da a un texto. ‖ **directa.** La que se hace de un idioma extranjero al idioma del traductor. ‖ **inversa.** La que se hace del idioma del traductor a un idioma extranjero. ‖ **libre.** La que siguiendo el sentidio del texto, se aparta del original en la elección de la expresión. ‖ **simultánea.** La que se hace oralmente al mismo tiempo que se está pronunciando un discurso, conferencia, etcétera.

traducible. adj. Que se puede traducir.

traducir. tr. Expresar en una lengua lo que está escrito o se ha expresado antes en otra. ‖ **2.** Convertir, mudar, trocar. ‖ **3.** fig. Explicar, interpretar. ❑ Irreg. Se conj. como *conducir.* Ú. con las preps. *a* y *de.*

traductor, ra. adj. Que traduce una obra o escrito. Ú. t. c. s.

traer. tr. Conducir o trasladar una cosa al lugar en donde se habla o de que se habla. TRAER *una carta, una noticia.* ‖ **2.** Atraer o tirar hacia sí. ‖ **3.** Causar, ocasionar, acarrear. *La ociosidad* TRAE *estos vicios.* ‖ **4.** Llevar, tener puesta una cosa. TRAÍA *un vestido muy rico.* ❑ Irreg. Ver conjugación modelo.

traer

INDICATIVO

Presente: traigo, traes, trae, traemos, traéis, traen.

Pretérito imperfecto: traía, traías, traía, traíamos, traíais, traían.

Pretérito indefinido: traje, trajiste, trajo, trajimos, trajisteis, trajeron.

Futuro imperfecto: traeré, traerás, traerá, traeremos, traeréis, traerán.

Condicional: traería, traerías, traería, traeríamos, traeríais, traerían.

SUBJUNTIVO

Presente: traiga, traigas, traiga, traigamos, traigáis, traigan.

Pretérito imperfecto: trajera o trajese, trajeras o trajeses, trajera o trajese, trajéramos o trajésemos, trajerais o trajeseis, trajeran o trajesen.

Futuro imperfecto: trajere, trajeres, trajere, trajéremos, trajereis, trajeren.

IMPERATIVO

trae (tú); traed (vosotros).

FORMAS NO PERSONALES

Infinitivo: traer.

Participio: traído.

Gerundio: trayendo.

tráfago. m. Conjunto de negocios, ocupaciones o faenas que ocasionan mucha fatiga o molestia.

traficante. adj. Que trafica o comercia. Ú. t. c. s.

traficar. intr. Comerciar, negociar con el dinero y las mercancías. ‖ **2.** Hacer negocios no lícitos.

tráfico. m. Acción de traficar. ‖ **2.** Circulación de vehículos por calles, caminos, etc. ‖ **3.** Por ext., movimiento o tránsito de personas, mercancías, etc., por cualquier otro medio de transporte.

tragacanto. m. Arbusto de la familia de las papilionáceas, de unos dos metros de altura, con ramas abundantes, hojas compuestas de hojuelas elípticas, flores blancas en espigas axilares y fruto en vainillas. Crece en Persia y Asia Menor, y de su tronco y ramas fluye naturalmente una goma blanquecina muy usada en farmacia y en la industria. ‖ **2.** Esta misma goma.

tragacete. m. Arma antigua arrojadiza a manera de dardo o de flecha.

tragaderas. f. pl. fig. y fam. Poco escrúpulo, facilidad para admitir o tolerar cosas inconvenientes, sobre todo en materia de moralidad.

tragadero. m. Boca o agujero que traga o sorbe una cosa; como agua, etc.

tragaldabas. com. fam. Persona muy tragona.

tragaluz. m. Ventana abierta en un techo o en la parte superior de una pared.

tragaperras. amb. Aparato que funciona automáticamente, mediante la introducción de una moneda, y que da premios en dinero como en los juegos de azar, etc. Ú. t. c. adj. *Máquina* TRAGAPERRAS.

tragar. tr. Hacer que una cosa pase de la boca al aparato digestivo. ‖ **2.** fig. Comer vorazmente. ‖ **3.** fig. Dar fácilmente crédito a las cosas, aunque sean inverosímiles. Ú. t. c. prnl. ‖ **4.** fig. Soportar o tolerar algo repulsivo o vejatorio. Ú. t. c. prnl.

tragedia. f. Obra dramática cuya acción presenta conflictos que mueven a compasión y espanto, con el fin de purificar estas pasiones en el espectador y llevarle a considerar el enigma del destino humano, y en la cual la pugna entre la libertad y la necesidad termina generalmente en un desenlace funesto. ‖ **2.** Subgénero dramático al cual pertenecen las obras cuyos protagonistas acometen inflexiblemente determinadas empresas, o se dejan llevar de pasiones que desembocan en un final funesto. ‖ **3.** Obra de cualquier género literario o artístico en la que predominan rasgos propios de la **tragedia.** ‖ **4.** Género trágico. ‖ **5.** fig. Suceso de la vida real capaz de suscitar emociones trágicas.

trágico, ca. adj. Perteneciente o relativo a la tragedia. ‖ **2.** Dícese del autor de tragedias. Ú. t. c. s. ‖ **3.** Aplícase al actor que representa papeles **trágicos.** ‖ **4.** fig. Infausto, hondamente conmovedor.

tragicomedia. f. Obra dramática con rasgos de comedia y de tragedia. ‖ **2.** Designación que a *La Celestina* dio su autor, Fernando de Rojas, en el siglo XV, la cual fundó un subgénero de obras enteramente dialogadas, aunque irrepresentables por su extensión, en las que intervienen personajes nobles y plebeyos, se mezclan pasiones elevadas y viles, y alternan el estilo más refinado con el puramente coloquial.

tragicómico, ca. adj. Perteneciente o relativo a la tragicomedia. ‖ **2.** Que participa de las cualidades de lo trágico y de lo cómico.

trago. m. Porción de agua u otro líquido, que se bebe o se puede beber de una vez. ‖ **2.** fig. y fam. Adversidad, infortunio, contratiempo que con dificultad y sentimiento se sufre.

tragón, na. adj. fam. Que traga, o come mucho. Ú. t. c. s.

traición. f. Delito que se comete quebrantando la fidelidad o lealtad que se debe guardar o tener. ‖ **2.** *Der.* Delito cometido por civil o militar que atenta contra la seguridad de la patria. ‖ **alta traición.** La cometida contra la soberanía o contra el honor, la seguridad y la independencia del Estado.

traicionar. tr. Hacer traición a una persona o cosa.

traicionero, ra. adj. **traidor.** Ú. t. c. s.

traído, da. adj. Usado, gastado, que se va haciendo viejo. Dícese principalmente de la ropa.

traidor, ra. adj. Que comete traición. Ú. t. c. s.

tráiler. m. Remolque de un camión. ‖ **2.** Avance de una película.

traílla. f. Cuerda o correa con que se lleva al perro atado a las cacerías, para soltarlo a su tiempo.

traína. f. Denominación de varias redes de fondo, especialmente la de pescar sardina.

trainera. adj. Dícese de la barca que pesca con traína. A veces es usada en competiciones deportivas. Ú. t. c. s. f.

traíña. f. Red extensa que se cala rodeando un banco de sardinas para llevarlas así a la costa.

trajano, na. adj. Perteneciente o relativo al emperador Trajano. *Colonia, columna, vía* TRAJANA.

traje. m. Vestido peculiar de una clase de personas o de los naturales de un país. ‖ **2.** Vestido completo de una persona.

trajear. tr. Proveer de traje a una persona. Ú. t. c. prnl.

trajín. m. Acción de trajinar.

trajinar. intr. Andar y tornar de un sitio a otro con cualquier diligencia u ocupación.

tralla. f. Trencilla de cordel o de seda que se pone al extremo del látigo para que restalle. ‖ **2.** Látigo provisto de este cordel.

trallazo. m. Golpe dado con la tralla.

trama. f. Conjunto de hilos que, cruzados y enlazados con los de la urdimbre, forman una tela. ‖ **2.** Disposición interna, contextura, ligazón entre las partes de un asunto u otra cosa, y en especial el enredo de una obra dramática o novelesca.

tramar. tr. Atravesar los hilos de la trama por entre los de la urdimbre, para tejer alguna tela. ‖ **2.** fig. Disponer o preparar con astucia o dolo un enredo, engaño o traición.

tramitación. f. Acción y efecto de tramitar.

tramitar. tr. Hacer pasar un negocio por los trámites debidos.

trámite. m. Cada uno de los estados y diligencias que hay que recorrer en un negocio hasta su conclusión.

tramo. m. Parte de una escalera, comprendida entre dos mesetas o descansillos. ‖ **2.** Cada uno de los trechos o partes en que está dividido un andamio, esclusa, canal, camino, etc.

tramontana. f. Norte o septentrión. ‖ **2.** Viento que sopla de esta parte.

tramontano, na. adj. Dícese de lo que, respecto de alguna parte, está del otro lado de los montes.

tramontar. intr. Pasar del otro lado de los montes, respecto del país o territorio de que se habla.

tramoya. f. Máquina para figurar en el teatro transformaciones o casos prodigiosos. ‖ **2.** Conjunto de estas máquinas.

tramoyista. m. Inventor, constructor o director de tramoyas de teatro. ‖ **2.** Operario que las coloca o las hace funcionar.

trampa. f. Artificio para cazar, compuesto ordinariamente de una excavación y una tabla que la cubre y puede hundirse al ponerse encima el animal. ‖ **2.** Dispositivo que sirve para retener una sustancia separándola de otras. ‖ **3.** Engaño o procedimiento solapado con el que se trata de contravenir o eludir una ley, convenio o regla, con miras al propio provecho. ‖ **4.** fig. Ardid para burlar o perjudicar a alguno. ‖ **5.** fig. Deuda cuyo pago se demora.

trampantojo. m. fam. Trampa o ilusión con que se engaña a uno haciéndole ver lo que no es.

trampear. intr. fam. Discurrir medios lícitos para hacer más llevadera la penuria o alguna adversidad.

trampero. m. El que pone trampas para cazar.

trampilla. f. Ventanilla hecha en el suelo de una habitación para comunicar con la que está debajo. ‖ **2.** En general, portezuela que se levanta sobre goznes colocados en su parte superior.

trampolín. m. Plano inclinado y elástico que presta impulso al gimnasta para dar grandes saltos. ‖ **2.** *Dep.* Tabla elástica colocada sobre una plataforma y desde la que se lanza al agua el nadador.

tramposo, sa. adj. Que hace trampas en el juego. Ú. t. c. s.

tranca. f. Palo grueso que se pone para mayor seguridad, a manera de puntal o atravesado detrás de una puerta o ventana cerrada.

trancar. tr. Cerrar una puerta con una tranca o un cerrojo.

trancazo. m. fig. y fam. **gripe.**

trance. m. Momento crítico y decisivo por el que pasa una persona. ‖ **2.** Estado en que un médium manifiesta fenómenos paranormales.

tranco. m. Paso largo o salto que se da abriendo mucho las piernas.

tranquilidad. f. Calidad de tranquilo.

tranquilizante. adj. Dícese de los fármacos de efecto tranquilizador o sedante. Ú. t. c. s. m.

tranquilizar. tr. Poner tranquila, sosegar a una persona o cosa. Ú. t. c. prnl.

tranquillo. m. fig. Hábito especial que se logra a fuerza de repetición y con el que se consigue realizar más fácilmente un trabajo. *Encontrar, coger el* TRANQUILLO.

tranquilo, la. adj. Quieto, sosegado, pacífico. ‖ **2.** Dícese de la persona que se toma las cosas con tiempo, sin nerviosismos ni agobios, y que no se preocupa por quedar bien o mal ante la opinión de los demás.

trans-. pref. que significa «al otro lado» «a través de»: TRANS*alpino,* TRANS*pirenaico.* Puede alternar con la forma **tras-:** TRANS*lúcido* o TRAS*lúcido,* TRANS*cendental* o TRAS*cendental;* o adoptar exclusivamente esta forma: TRAS*ladar,* TRAS*paso.*

transacción. f. Acción y efecto de transigir. ‖ **2.** Por ext., trato, convenio, negocio.

transalpino, na. adj. Dícese de las regiones que desde Italia aparecen situadas al otro lado de los Alpes.

transandino, na. adj. Dícese de las regiones situadas al otro lado de la cordillera de los Andes. ‖ **2.** Dícese del tráfico y de los medios de locomoción que atraviesan los Andes.

transatlántico, ca. adj. Dícese de las regiones situadas al otro lado del Atlántico. ‖ **2.** m. Buque de grandes dimensiones destinado a hacer la travesía del Atlántico, o de otro gran mar.

transbordador, ra. adj. Que transborda. ‖ **2.** m. Embarcación que circula entre dos puntos, marchando alternativamente en ambos sentidos, y sirve para transportar viajeros y vehículos.

transbordar. tr. Trasladar efectos o personas de una embarcación a otra. Ú. t. c. prnl.

transbordo. m. Acción y efecto de transbordar o transbordarse.

transcendencia. f. **trascendencia.**

transcendental. adj. **trascendental.**

transcender. intr. **trascender.** ❑ Irreg. Se conj. como *entender*.

transcontinental. adj. Que atraviesa un continente.

transcribir. tr. **copiar,** escribir en una parte lo escrito en otra. ‖ **2. transliterar,** escribir con un sistema de caracteres lo que está escrito con otro. ❑ Doble p. p. irreg.: *transcrito* y *transcripto*.

transcripción. f. Acción y efecto de transcribir.

transcripto, ta. p. p. irreg. de **transcribir.**

transcrito, ta. p. p. irreg. de **transcribir.**

transculturación. f. Recepción por un pueblo o grupo social de formas de cultura procedentes de otro, que sustituyen de un modo más o menos completo a las propias.

transcurrir. intr. Pasar, correr. Se usa generalmente hablando del tiempo.

transcurso. m. Paso o carrera del tiempo.

transducción. f. *Pat.* Transformación de una vivencia psíquica en otra psicosomática.

transductor. m. Cualquier dispositivo que transforma el efecto de una causa física, como presión, temperatura, dilatación, humedad, etc., en otro tipo de señal, normalmente eléctrica.

transeúnte. adj. Que transita o pasa por un lugar. Ú. t. c. s.

transexual. adj. Dícese de la persona que mediante tratamiento hormonal e intervención quirúrgica adquiere los caracteres sexuales del sexo opuesto. Ú. t. c. s.

transexualidad. f. Cualidad o condición de transexual.

transexualismo. m. **transexualidad.**

transferencia. f. Acción y efecto de transferir. ‖ **2.** Particularmente, operación por la que se transfiere una cantidad de una cuenta bancaria a otra.

transferente. adj. *Biol.* Dícese del ácido ribonucleico que transfiere aminoácidos y posibilita la incorporación específica de ellos en la estructura de las proteínas.

transferible. adj. Que puede ser transferido o traspasado a otro.

transferir. tr. Pasar o llevar una cosa desde un lugar a otro. ‖ **2.** Remitir fondos bancarios de una cuenta a otra. ❑ Irreg. Se conj. como *sentir*.

transfiguración. f. Acción y efecto de transfigurar o transfigurarse.

transfigurar. tr. Hacer cambiar de figura o aspecto a una persona o cosa. Ú. t. c. prnl.

transformable. adj. Que puede transformarse.

transformación. f. Acción y efecto de transformar o transformarse. ‖ **2.** *Ling.* Operación que establece formalmente una relación sintáctica relevante entre dos frases de una lengua.

transformador, ra. adj. Que transforma. Ú. t. c. s. ‖ **2.** m. Aparato eléctrico para convertir la corriente alterna de alta tensión y débil intensidad en otra de baja tensión y gran intensidad, o viceversa.

transformar. tr. Hacer cambiar de forma a una persona o cosa. Ú. t. c. prnl. ‖ **2.** Transmutar una cosa en otra. Ú. t. c. prnl.

transformismo. m. *Biol.* Doctrina según la cual los caracteres típicos de las especies animales y vegetales no son por naturaleza fijos e inmutables, sino que pueden variar por la acción de diversos factores intrínsecos y extrínsecos. ‖ **2.** Arte del transformista, actor o payaso.

transformista. adj. Perteneciente o relativo al transformismo. ‖ **2.** com. Actor o payaso que hace mutaciones rapidísimas en sus trajes y en los tipos que representa.

tránsfuga. com. Persona que huye de una parte a otra. ‖ **2.** fig. Persona que pasa de un partido a otro.

transfundir. tr. Echar un líquido poco a poco de un recipiente a otro. ‖ **2.** fig. Comunicar una cosa entre diversos sujetos sucesivamente. Ú. t. c. prnl.

transfusión. f. Acción y efecto de transfundir o transfundirse. ‖ **de sangre.** *Cir.* Operación por medio de la cual se hace pasar directa o indirectamente la sangre o plasma sanguíneo de las arterias o venas de un individuo a las arterias o venas de otro, indicada especialmente para reemplazar la sangre perdida por hemorragia.

transgredir. tr. defect. Quebrantar, violar un precepto, ley o estatuto. ❑ Solo se usan las formas en que la desinencia empieza por la vocal *-i*.

transgresión. f. Acción y efecto de transgredir.

transgresor, ra. adj. Que comete transgresión. Ú. t. c. s.

transiberiano, na. adj. Dícese del tráfico y de los medios de locomoción que atraviesan Siberia.

transición. f. Acción y efecto de pasar de un modo de ser o estar a otro distinto.

transido, da. adj. fig. Fatigado, acongojado o consumido de alguna penalidad, angustia o necesidad. TRANSIDO *de hambre, de dolor.*

transigencia. f. Lo que se hace o consiente transigiendo.

transigir. intr. Consentir en parte con lo que no se cree justo, razonable o verdadero, a fin de acabar con una diferencia. Ú. a veces c. tr.

transilvano, na. adj. Natural de Transilvania. Ú. t. c. s. ‖ **2.** Perteneciente a esta región de Europa.

transistor. m. Artificio electrónico que sirve para rectificar y amplificar los impulsos eléctricos. Consiste en un semiconductor provisto de tres o más electrodos. Sustituye ventajosamente a las lámparas o tubos electrónicos por no requerir corriente de caldeo, por su tamaño pequeñísimo, por su robustez y por operar con voltajes pequeños y poder admitir corrientes relativamente intensas. ‖ **2.** Por ext., radiorreceptor provisto de **transistores.**

transitable. adj. Dícese del sitio o lugar por donde se puede transitar.

transitar. intr. Ir o pasar de un punto a otro por vías o parajes públicos. ❑ Ú. con la prep. *por.*

transitivo, va. adj. *Gram.* V. **verbo transitivo.**

tránsito. m. Acción de transitar. ‖ **2.** Actividad de personas y vehículos que pasan por una calle, carretera, etc. ‖ **3.** Muerte de las personas santas y justas, o que han dejado buena opinión con su virtuosa vida, y muy especialmente se usa hablando de la muerte de la Virgen María.

transitoriedad. f. Calidad de transitorio.

transitorio, ria. adj. Pasajero, temporal. ‖ **2.** Caduco, perecedero, fugaz.

transliteración. f. Acción y efecto de transliterar.

transliterar. tr. Representar los signos de un sistema de escritura, mediante los signos de otro.

translúcido, da. adj. Dícese del cuerpo que deja pasar la luz, pero que no deja ver nítidamente los objetos.

transmediterráneo, a. adj. Dícese del comercio y de los medios de locomoción que atraviesan el Mediterráneo.

transmigrar. intr. Pasar una alma de un cuerpo a otro, según opinan los que creen en la metempsicosis.

transmisible. adj. Que se puede transmitir.

transmisión. f. Acción y efecto de transmitir.

transmisor, ra. adj. Que transmite o puede transmitir. Ú. t. c. s. ‖ **2.** m. Aparato telefónico por el cual las vibraciones sonoras se transmiten al hilo conductor, haciendo ondular las corrientes eléctricas. ‖ **3.** Aparato telegráfico o telefónico que sirve para producir las corrientes, o las ondas hertzianas, que han de actuar en el receptor.

transmitir. tr. Trasladar, transferir. ‖ **2.** Difundir una emisora de radio y televisión, noticias, programas de música, espectáculos, etc. Ú. t. c. intr. ‖ **3.** Hacer llegar a alguien mensajes o noticias. ‖ **4.** Comunicar a otras personas enfermedades o estados de ánimo. ‖ **5.** Conducir o ser el medio a través del cual se pasan las vibraciones o radiaciones. ‖ **6.** Comunicar el movimiento de una pieza a otra en una máquina. Ú. t. c. prnl. ❑ No confundir con *retransmitir.*

transmontano, na. adj. Que está o viene del otro lado de los montes.

transmutar. tr. Mudar o convertir una cosa en otra. Ú. t. c. prnl.

transoceánico, ca. adj. Que está situado al otro lado de un océano. ‖ **2.** Que atraviesa un océano.

transparencia. f. Calidad de transparente. ‖ **2. diapositiva.**

transparentar. tr. Permitir un cuerpo que se vea o perciba alguna cosa a su través. ‖ **2.** intr. Ser transparente un cuerpo. Ú. t. c. prnl. ‖ **3.** prnl. fig. Dejarse descubrir o adivinar en lo patente o declarado otra cosa que no se manifiesta o declara. TRANSPARENTARSE *un propósito, el temor, la alegría.* Ú. t. c. tr.

transparente. adj. Dícese del cuerpo a través del cual pueden verse los objetos distintamente. ‖ **2.** Dícese del cuerpo que deja pasar la luz, pero que no deja ver distintamente los objetos, translúcido. ‖ **3.** fig. Que se deja adivinar o vislumbrar sin declararse o manifestarse.

transpiración. f. Acción y efecto de transpirar o transpirarse.

transpirar. intr. Exudar el cuerpo a través del tegumento. Ú. t. c. prnl. ‖ **2.** fig. **sudar,** destilar una cosa agua a través de sus poros.

transpirenaico, ca. adj. Dícese de las regiones situadas al otro lado de los Pirineos. ‖ **2.** Dícese del comercio y de los medios de locomoción que atraviesan los Pirineos.

transponer. tr. Poner a una persona o cosa más allá, en lugar diferente del que ocupaba. Ú. t. c. prnl. ‖ **2.** prnl. Ocultarse de nuestro horizonte el Sol u otro astro. ‖ **3.** Quedarse uno algo dormido. ❑ Irreg. Se conj. como *poner.*

transportador, ra. adj. Que transporta. Ú. t. c. s. ‖ **2.** m. Círculo graduado, que sirve para medir o trazar los ángulos de un dibujo geométrico.

transportar. tr. Llevar cosas o personas de un lugar a otro. ‖ **2.** prnl. fig. Enajenarse de la razón o del sentido, por pasión, éxtasis o accidente.

transporte. m. Acción y efecto de transportar.

transportista. m. El que tiene por oficio hacer transportes.

transposición. f. Acción y efecto de transponer o transponerse. ‖ **2.** *Ret.* Figura que consiste en alterar el orden normal de las voces en la oración.

transubstanciación. f. Conversión de las sustancias del pan y del vino en el cuerpo y sangre de Jesucristo.

transubstanciar. tr. Convertir totalmente una sustancia en otra. Ú. t. c. prnl. Se usa especialmente hablando del cuerpo y sangre de Cristo en la Eucaristía.

transuránico. adj. *Quím.* Dícese de cualquiera de los elementos o cuerpos simples, que ocupan en el sistema periódico un lugar superior al 92, que es el correspondiente al uranio. Todos ellos son inestables y han sido obtenidos artificialmente, con posterioridad a la escisión del núcleo del uranio.

transvasar. tr. Pasar un líquido de un recipiente a otro.

transvase. m. Acción y efecto de transvasar.

transversal. adj. Que se halla o se extiende atravesado de un lado a otro. ‖ **2.** Que se cruza en dirección perpendicular con la cosa de que se trata.

transverso, sa. adj. Colocado o dirigido al través.

tranvía. m. Vehículo que circula sobre raíles en el interior de una ciudad o sus cercanías y que se usa principalmente para transportar viajeros.

trapacear. intr. Emplear trapazas u otros engaños.

trapacería. f. **trapaza.**

trápala. f. Ruido, movimiento y confusión de gente.

trapalear. intr. Meter ruido con los pies andando de un lado para otro.

trapaza. f. Fraude, engaño.

trapecio. m. Palo horizontal suspendido de dos cuerdas por sus extremos y que sirve para ejercicios gimnásticos. ‖ **2.** *Geom.* Cuadrilátero irregular que tiene paralelos solamente dos de sus lados. ‖ **3.** *Anat.* Cada uno de los dos músculos, propios de los animales vertebrados, que en los mamíferos están situados en la parte dorsal del cuello y anterior de la espalda y se extienden desde el occipucio hasta los respectivos omóplatos y las vértebras dorsales.

trapecista. com. Artista de circo que trabaja en los trapecios.

trapense. adj. Dícese del monje de la Trapa, instituto religioso perteneciente a la orden del Císter, reformado en el siglo XVII por el abate Rancé. Ú. t. c. s.

trapería. f. Sitio donde se venden trapos y otros objetos usados.

trapero, ra. m. y f. Persona que tiene por oficio recoger trapos de desecho para traficar con ellos.

trapezoidal. adj. *Geom.* De figura de trapezoide.

trapezoide. m. *Geom.* Cuadrilátero irregular que no tiene ningún lado paralelo a otro.

trapiche. m. Molino para extraer el jugo de algunos frutos de la tierra, como aceituna o caña de azúcar.

trapichear. intr. fam. Ingeniarse, buscar trazas, no siempre lícitas, para el logro de algún objeto. ‖ **2.** Comerciar al por menor.

trapicheo. m. fam. Acción y ejercicio de trapichear.

trapichero, ra. m. y f. Persona que trabaja en los trapiches.

trapisonda. f. fam. Bulla o riña con voces o acciones. *Brava* TRAPISONDA *ha habido.* ‖ **2.** fam. Embrollo, enredo.

trapisondista. com. Persona que arma trapisondas o anda en ellas.

trapo. m. Pedazo de tela desechado por viejo, por roto o por inútil. ‖ **2.** Vela de una embarcación. ‖ **3.** pl. fam. Prendas de vestir, especialmente de la mujer. *Todo su caudal lo gasta en* TRAPOS. ‖ **poner** a uno **como un trapo.** fr. fig. y fam. Reprenderle agriamente; decirle palabras ofensivas o enojosas. ‖ **sacar los trapos sucios** o **todos los trapos, a la colada,** o **a relucir,** o **al sol.** fr. fig. y fam. Echar a uno en rostro sus faltas y hacerlas públicas, en especial cuando se riñe con él acaloradamente.

traque. m. Estallido que da el cohete. ‖ **2.** Guía de pólvora fina que une las diferentes partes de un fuego artificial para que se enciendan prontamente. ‖ **3.** fig. y fam. Ventosidad con ruido.

tráquea. f. *Anat.* Parte de las vías respiratorias que va desde la laringe a los bronquios. ‖ **2.** *Bot.* Vaso conductor de la savia, cuya pared está reforzada por un filamento resistente y dispuesto en espiral. ‖ **3.** *Zool.* Cada uno de los conductos aéreos ramificados, cuyo conjunto forma el aparato respiratorio de los insectos y otros animales articulados.

traqueal. adj. Perteneciente o relativo a la tráquea. ‖ **2.** *Zool.* Dícese del animal que respira por medio de tráqueas. *Artrópodo* TRAQUEAL.

traqueotomía. f. *Cir.* Abertura que se hace artificialmente en la tráquea para impedir en ciertos casos que se ahogue el enfermo.

traquetear. intr. Hacer ruido, estruendo o estrépito. ‖ **2.** tr. Mover o agitar una cosa de una parte a otra. Se usa especialmente hablando de los líquidos. ‖ **3.** fig. y fam. Frecuentar, manejar mucho una cosa.

traqueteo. m. Ruido continuo del disparo de los cohetes, en los fuegos artificiales. ‖ **2.** Movimiento de una persona o cosa que se golpea al transportarla de un punto a otro.

traquita. f. Roca volcánica compuesta de feldespato vítreo y cristales de anfíbol o mica, muy ligera, dura y porosa, y estimadísima como piedra de construcción.

tras. prep. Después de, a continuación de, aplicado al espacio o al tiempo. TRAS *este tiempo vendrá otro mejor*. Tiene uso como prefijo en voces compuestas; v. gr.: TRAS*tienda*, TRAS*coro*. ‖ **2.** fig. En busca o seguimiento de. *Se fue deslumbrado* TRAS *los honores*. ‖ **3.** Detrás de, en situación posterior. TRAS *una puerta*.

tras-. V. **trans-.**

trasalpino, na. adj. **transalpino.**

trasandino, na. adj. **transandino.**

trasatlántico, ca. adj. **transatlántico.** Ú. t. c. s.

trascendencia. f. Penetración, perspicacia. ‖ **2.** Resultado, consecuencia de índole grave o muy importante.

trascendental. adj. Que se comunica o extiende a otras cosas. ‖ **2.** fig. Que es de mucha importancia o gravedad, por sus probables consecuencias. ‖ **3.** *Fil.* Dícese de lo que traspasa los límites de la ciencia experimental.

trascender. intr. Empezar a ser conocido o sabido algo que estaba oculto. ‖ **2.** Extender o comunicarse los efectos de unas cosas a otras, produciendo consecuencias. ‖ **3.** Exhalar olor tan vivo y subido, que penetra y se extiende a gran distancia. ❑ Irreg. Se conj. como *entender*. Ú. con la prep. *a.*

trascurrir. intr. **transcurrir.**

trascurso. m. **transcurso.**

trasdós. m. *Arq.* Superficie exterior convexa de un arco o bóveda, contrapuesta al intradós. ‖ **2.** *Arq.* Pilastra que está inmediatamente detrás de una columna.

trasegar. tr. Trastornar, revolver. ‖ **2.** Mudar las cosas de un lugar a otro, y en especial un líquido de una vasija a otra. ‖ **3.** fig. Beber en gran cantidad vino y licores. ❑ Irreg. Se conj. como *acertar*.

trasera. f. Parte de atrás o posterior de un coche, una casa, una puerta, etc.

trasero, ra. adj. Que está, se queda o viene detrás. ‖ **2.** m. **culo,** asentaderas.

trasfondo. m. Lo que está o parece estar más allá del fondo visible de una cosa o detrás de la apariencia o intención de una acción humana.

trasgo. m. **duende,** espíritu enredador. ‖ **2.** fig. Niño vivo y enredador.

trashumancia. f. Acción y efecto de trashumar.

trashumar. intr. Pasar el ganado con sus conductores desde las dehesas de invierno a las de verano, y viceversa.

trasiego. m. Acción y efecto de trasegar.

traslación. f. Acción y efecto de trasladar de lugar a una persona o cosa. ‖ **2.** Traducción a una lengua distinta. ‖ **3.** *Gram.* Figura de construcción, que consiste en usar un tiempo del verbo fuera de su natural significación; como *amara,* por *había amado; mañana es,* por *mañana será, domingo.* ‖ **4.** *Astron.* y *Mec.* V. **movimiento de traslación.**

trasladar. tr. Llevar o cambiar a una persona o cosa de un lugar a otro. Ú. t. c. prnl. ‖ **2.** Hacer pasar a una persona de un puesto o cargo a otro de la misma categoría. ‖ **3.** Hacer que una junta, una función, etc., se verifique o celebre en día o tiempo diferente de aquel en que debía verificarse. ‖ **4.** Pasar algo o traducirlo de una lengua a otra.

traslado. m. Acción y efecto de trasladar, hacer pasar a una persona de un puesto o cargo a otro.

traslapar. tr. Cubrir total o parcialmente una cosa a otra.

traslaticio, cia. adj. Aplícase al sentido en que se usa un vocablo para que signifique o denote cosa distinta de la que con él se expresa cuando se emplea en su acepción primitiva o más propia y corriente.

traslativo, va. adj. Que trasfiere. *Título* TRASLATIVO *de dominio.*

traslúcido, da. adj. **translúcido.**

traslucirse. prnl. Ser traslúcido un cuerpo. ‖ **2.** fig. Conjeturarse o inferirse una cosa, en virtud de algún antecedente o indicio. Ú. t. c. tr. ❑ Irreg. Se conj. como *lucir.*

trasluz (al). loc. adv. Puesto el objeto entre la luz y el ojo, para que se trasluzca.

trasmallo. m. Arte de pesca formado por tres redes, más tupida la central que las exteriores superpuestas.

trasmano. com. Segundo en orden en ciertos juegos. ‖ **a trasmano.** loc. adv. Fuera del alcance o del manejo habitual y cómodo de la mano. *No lo pude coger cuando se caía porque me cogía* A TRASMANO.

trasmocho, cha. adj. Dícese del árbol descabezado o cortado a cierta altura de su tronco para que produzca brotes. Ú. t. c. s. m. ‖ **2.** Dícese del monte cuyos árboles han sido descabezados.

trasnochado, da. adj. Aplícase a lo que, por haber pasado una noche por ello, se altera o echa a perder. ‖ **2.** fig. Falto de novedad y de oportunidad.

trasnochador, ra. adj. Que trasnocha. Ú. t. c. s.

trasnochar. intr. Pasar uno la noche, o gran parte de ella, velando o sin dormir.

traspapelarse. prnl. Confundirse, desaparecer un papel entre otros; faltar del lugar o colocación que tenía. Ú. t. c. tr. ‖ **2.** Por ext., perderse o figurar en sitio equivocado cualquier otra cosa. Ú. t. c. tr.

traspasar. tr. Pasar o llevar una cosa de un sitio a otro. ‖ **2.** Pasar adelante, hacia otra parte o a otro lado. ‖ **3.** Pasar a la otra parte o a la otra cara. TRASPASAR *el arroyo.* TRASPASAR *la pared.* ‖ **4.** Pasar, atravesar de parte a parte con algún arma o instrumento. Ú. t. c. prnl. ‖ **5.** Ceder a favor de otro el derecho o dominio de una cosa. ‖ **6.** Transgredir o quebrantar un precepto. ‖ **7.** fig. Hacerse sentir un dolor físico o moral con extraordinaria violencia.

traspaso. m. Traslado de una cosa de un lugar a otro. ‖ **2.** Paso adelante hacia otra parte u otro lado. ‖ **3.** Paso de una parte a otra de una cosa. ‖ **4.** Cesión a favor de otro del dominio de una cosa. ‖ **5.** Transgresión o quebrantamiento de un precepto. ‖ **6.** Conjunto de géneros traspasados. ‖ **7.** Precio de la cesión de estos géneros o del local donde se ejerce un comercio o industria.

traspié. m. Resbalón o tropezón. ‖ **dar** uno **traspiés.** fr. fig. y fam. Cometer errores o faltas. ❑ pl. *traspiés.* No utilizar **traspiés* como singular.

trasplantador, ra. adj. Que trasplanta. Ú. t. c. s. ‖ **2.** m. Instrumento que se emplea para trasplantar. ‖ **3.** f. Máquina para trasplantar.

trasplantar. tr. Trasladar plantas del sitio en que están arraigadas y plantarlas en otro. ‖ **2.** fig. Insertar en un cuerpo humano o de animal un órgano sano o parte de él, procedentes de un individuo de la misma o distinta especie, para sustituir a un órgano enfermo o parte de él. ‖ **3.** fig. Introducir en un país o lugar ideas, costumbres, instituciones, técnicas, tipos de creación artística o literaria, etc., procedentes de otro. Ú. t. c. prnl.

trasplante. m. Acción y efecto de trasplantar o trasplantarse.

trasponer. tr. **transponer.** Ú. t. c. intr. y c. prnl. ❑ Irreg. Se conj. como *poner.*

traspontín. m. Traspuntín de los coches.

traspunte. com. Apuntador que avisa a cada actor cuando ha de salir a escena.

traspuntín. m. Asiento suplementario y plegadizo que hay en algunos coches.

trasquiladura. f. Acción y efecto de trasquilar o trasquilarse.

trasquilar. tr. Cortar el pelo a trechos, sin orden ni arte. Ú. t. c. prnl. ‖ **2.** Cortar el pelo o la lana a algunos animales.

trasquilón. m. fam. **trasquiladura.** ‖ **a trasquilones.** loc. adv. con que se significa el modo de cortar el pelo con desorden, feamente y sin arte. ‖ **2.** fig. y fam. Sin orden ni método, o sin proporción.

trastabillar. intr. Dar traspiés o tropezones. ‖ **2.** Tambalear, vacilar, titubear. ‖ **3.** Tartalear, tartamudear, trabarse la lengua.

trastada. f. fam. Travesura. ‖ **2.** Jugada, acción mala o inesperada contra alguien.

trastazo. m. fam. Golpe, porrazo.

traste. m. Cada uno de los resaltos de metal o hueso que se colocan a trechos en el mástil de la guitarra u otros instrumentos semejantes, para que oprimiendo entre ellos las cuerdas con los dedos, quede a estas la longitud libre correspondiente a los diversos sonidos. ‖ **dar** uno **al traste con** una cosa. fr. Destruirla, echarla a perder, malbaratarla.

trastear[1]. tr. Poner o echar los trastes a la guitarra u otro instrumento semejante.

trastear[2]. intr. Revolver, menear o mudar trastos de una parte a otra. ‖ **2.** fig. Discurrir con viveza y travesura sobre algún asunto. ‖ **3.** tr. fig. y fam. Manejar con habilidad a una persona o un negocio.

trasteo. m. Acción de trastear[2] a una persona o un negocio.

trastero, ra. adj. Dícese de la pieza o desván destinado para guardar o poner los trastos que no son del uso diario. Ú. t. c. s.

trastienda. f. Aposento, cuarto o pieza que está detrás de la tienda.

trasto. m. Mueble inútil arrinconado. ‖ **2.** fig. y fam. Persona inútil o informal. ‖ **3.** pl. Utensilios o herramientas de algún arte o ejercicio. *Los* TRASTOS *de pescar.* ‖ **tirarse los trastos a la cabeza.** fr. fig. y fam. Altercar violentamente dos o más personas.

trastocar. tr. p. us. Trastornar, revolver. ‖ **2.** prnl. p. us. Trastornarse, perturbarse la razón. ❑ No confundir con *trastrocar.*

trastornar. tr. Invertir el orden regular de una cosa. ‖ **2.** fig. Inquietar. ‖ **3.** fig. Perturbar el sentido, la conciencia o la conducta de uno, acercándolos a la anormalidad. *La droga lo* TRASTORNÓ. Ú. t. c. prnl. *Se* TRASTORNÓ *tanto que parecía loco.* Ú. t. en sent. fig.

trastorno. m. Acción y efecto de trastornar o trastornarse. ‖ **2.** Alteración leve de la salud.

trastrocar. tr. Mudar el ser o estado de una cosa, dándole otro diferente del que tenía. Ú. t. c. prnl. ❑ Irreg. Se conj. como *contar.* ❑ No confundir con *trastocar.*

trastrueque. m. Acción y efecto de trastrocar.

trasunto. m. Copia escrita de un original. ‖ **2.** Imitación exacta, imagen o representación de algo.

trasvasar. tr. **transvasar.**

trasvase. m. **transvase.**

trata. f. Tráfico que consiste en vender seres humanos como esclavos. ‖ **de blancas.** Tráfico de mujeres, que consiste en atraerlas a los centros de prostitución para especular con ellas.

tratable. adj. Que se puede o deja tratar fácilmente.

tratadista. com. Autor que escribe tratados sobre una materia determinada.

tratado. m. Ajuste o conclusión de un negocio o materia, después de haberse conferido y hablado sobre ella. ‖ **2.** Escrito o discurso de una materia determinada.

tratamiento. m. **trato,** acción y efecto de tratar o tratarse. ‖ **2.** Título de cortesía que se da o con que se habla a una persona; como *merced, señoría, excelencia,* etc. ‖ **3.** Conjunto de medios que se emplean para curar o aliviar una enfermedad. ‖ **4.** Modo de trabajar ciertas materias para su transformación.

tratante. m. El que se dedica a comprar géneros para revenderlos.

tratar. tr. Manejar, gestionar o disponer algún negocio. ‖ **2.** Comunicar, relacionarse con un individuo. Con la preposición *con,* ú. t. c. intr. y c. prnl. ‖ **3.** Proceder bien, o mal, con una persona, de obra o de palabra. ‖ **4.** Cuidar bien, o mal, a uno, especialmente en orden a la comida, vestido, etc. Ú. t. c. prnl. ‖ **5.** Conferir, discurrir o disputar de palabra o por escrito sobre un asunto. Ú. t. c. intr. con las preposiciones *de* o *sobre* o con la locución adverbial *acerca de.* ‖ **6.** Con la preposición *de* y un título de cortesía, dar este título a una persona. *Le* TRATÓ DE *señoría.* ‖ **7.** *Quím.* Con las preposiciones *con* o *por,* someter una sustancia a la acción de otra. ‖ **8.** intr. Con la preposición *de,* procurar el logro de algún fin. *Yo* TRATO DE *vivir bien.*

trato. m. Acción y efecto de tratar o tratarse. ‖ **2. tratado,** ajuste o convenio, especialmente el hecho entre distintos estados o gobiernos. ‖ **carnal.** Relación sexual. ‖ **hecho.** Fórmula fam. con que se da por definitivo un convenio o acuerdo.

trauma. m. *Cir.* **traumatismo.** ‖ **psíquico.** Choque o sentimiento emocional que deja una impresión duradera en la subconsciencia.

traumático, ca. adj. *Cir.* Perteneciente o relativo al traumatismo.

traumatismo. m. *Cir.* Lesión de los órganos o los tejidos por acciones mecánicas externas.

traumatizar. tr. Causar trauma. Ú. t. c. prnl.

traumatología. f. Parte de la medicina referente a los traumatismos y sus efectos.

traumatólogo, ga. m. y f. *Med.* Especialista en traumatología.

travelín. m. *Cinem.* Desplazamiento de la cámara montada sobre ruedas para acercarla al objeto, alejarla de él o seguirlo en sus movimientos. ‖ **2.** *Cinem.* Plataforma móvil sobre la cual va montada dicha cámara.

través. m. Inclinación o torcimiento de una cosa hacia algún lado. ‖ **2.** fig. Desgracia, suceso infausto. ‖ **a través de.** loc. adv. que denota que algo pasa de un lado a otro. A TRAVÉS DE *la celosía;* A TRAVÉS DE *una gasa.* ‖ **de través.** loc. adv. En dirección transversal.

travesaño. m. Pieza de madera o hierro que atraviesa de una parte a otra.

travesero, ra. adj. Dícese de lo que se pone de través.

travesía. f. Camino transversal entre otros dos. ‖ **2.** Callejuela que atraviesa entre calles principales. ‖ **3.** Parte de una carretera comprendida dentro del casco de una población. ‖ **4.** Viaje por mar o por aire.

travestido, da. adj. Disfrazado o encubierto con un traje que hace que se desconozca al sujeto que lo usa.

travestir. tr. Vestir a una persona con la ropa del sexo contrario. Ú. m. c. prnl. ❑ Irreg. Se conj. como *pedir.*

travesura. f. Acción maligna e ingeniosa y de poca importancia, especialmente hecha por niños.

traviesa. f. Cada uno de los maderos que se atraviesan en una vía férrea para asentar sobre ellos los rieles. ‖ **2.** *Arq.* Cualquiera de las piezas de hierro, madera u otro material resistente que, formando un triángulo, sirven para apoyar sobre él la cubierta de un tejado.

travieso, sa. adj. fig. Inquieto y revoltoso.

trayecto. m. Espacio que se recorre o puede recorrerse de un punto a otro. ‖ **2.** Acción de recorrerlo.

trayectoria. f. Línea descrita en el espacio por un punto que se mueve, y más comúnmente, curva que sigue el proyectil lanzado por un arma de fuego. ‖ **2.** *Geom.* y *Mec.* Curva descrita en el plano o en el espacio por un punto móvil de acuerdo con una ley determinada.

traza. f. Diseño que se hace para la fabricación de un edificio u otra obra. ‖ **2.** fig. Modo, apariencia o figura de una persona o cosa. Ú. m. en pl. ‖ **3.** Huella, vestigio.

trazado. m. Acción y efecto de trazar. ‖ **2.** Traza o diseño para hacer un edificio u otra obra. ‖ **3.** Recorrido o dirección de un camino, canal, etc., sobre el terreno.

trazar. tr. Hacer trazos. ‖ **2.** Delinear o diseñar la traza que se ha de seguir en un edificio u otra obra.

trazo. m. Delineación con que se forma el diseño o planta de cualquier cosa. ‖ **2.** Línea, raya. ‖ **3.** Cada una de las partes en que se considera dividida la letra de mano, según el modo de formarla.

trébedes. f. pl. Aro o triángulo de hierro con tres pies, que sirve para poner al fuego sartenes, peroles, etc.

trébol. m. Planta herbácea anual, de la familia de las papilionáceas, de unos dos decímetros de altura, con tallos vellosos, que arraigan de trecho en trecho; hojas casi redondas, pecioladas de tres en tres; flores blancas o moradas en cabezuelas apretadas, y fruto en vainillas con semillas menudas. Es espontánea en España y se cultiva como planta forrajera muy estimada. ‖ **2.** Uno de los palos de la baraja francesa. Ú. m. en pl.

trece. adj. Diez y tres. TRECE *libros.* ‖ **2. decimotercio.** *León* TRECE; *número* TRECE; *año* TRECE. Apl. a los días del mes, ú. t. c. s. *El* TRECE *de noviembre.* ‖ **3.** m. Conjunto de signos con que se representa el número **trece.** ‖ **estarse, mantenerse,** o **seguir,** uno **en** sus **trece.** fr. fig. Persistir con pertinacia en una cosa que ha aprendido o empezado a ejecutar.

treceavo, va. adj. Dícese de cada una de las trece partes iguales en que se divide un todo. Ú. t. c. s. m. ❑ No confundir con la acepción de número ordinal de *decimotercero.*

trecho. m. Espacio, distancia de lugar o tiempo. ‖ **a trechos.** Con interrupciones de lugar o tiempo.

trefilar. tr. Reducir un metal a alambre o hilo pasándolo por una hilera.

tregua. f. Cese temporal de hostilidades por acuerdo de los contendientes. ‖ **2.** fig. Interrupción, descanso.

treinta. adj. Tres veces diez. ‖ **2.** Trigésimo, ordinal. *Número* TREINTA; *año* TREINTA. Apl. a los días del mes, ú. t. c. s. *El* TREINTA *de enero.* ‖ **3.** m. Conjunto de signos con que se representa el número **treinta.**

treintavo, va. adj. Cada una de las treinta partes iguales en que se divide un todo.

treintena. f. Conjunto de treinta unidades.

trematodo. adj. *Zool.* Dícese de invertebrados platelmintos parásitos que tienen el cuerpo no segmentado, tubo digestivo ramificado y sin ano, dos o más ventosas y a veces también ganchos que les sirven para fijarse al cuerpo de su huésped; como la duela. Ú. t. c. s. ‖ **2.** m. pl. *Zool.* Taxón de estos animales.

tremebundo, da. adj. Espantable, horrendo, que hace temblar.

tremedal. m. Terreno pantanoso, abundante en turba, cubierto de césped, y que por su escasa consistencia retiembla cuando se anda sobre él.

tremendismo. m. Corriente estética desarrollada en España durante el siglo XX entre escritores y artistas plásticos, que en sus obras exageran la expresión de los aspectos más crudos de la vida real.

tremendista. adj. Dícese del que practica el tremendismo. ‖ **2.** Dícese de la obra en que se manifiesta la estética **tremendista.** ‖ **3.** Dícese del aficionado a contar noticias extremas y alarmantes. Ú. t. c. s.

tremendo, da. adj. Terrible, digno de ser temido. ‖ **2.** fig. y fam. Muy grande y excesivo en su línea.

trementina. f. Jugo casi líquido, pegajoso, odorífero y de sabor picante, que fluye de los pinos, abetos, alerces y terebintos. Se emplea principalmente como disolvente en la industria de pinturas y barnices.

tremó. m. Adorno a manera de marco, que se pone a los espejos que están fijos en la pared. ❑ pl. *tremós.*

tremolar. tr. Enarbolar los pendones, banderas o estandartes, batiéndolos o moviéndolos en el aire. Por ext., se usa hablando de otras cosas, y en sent. fig., de cosas inmateriales de que se hace ostentación. Ú. t. c. intr.

tremolina. f. Movimiento ruidoso del aire. ‖ **2.** fig. y fam. Bulla, confusión de voces y personas que gritan y enredan, o riñen.

trémolo. m. *Mús.* Sucesión rápida de muchas notas iguales, de la misma duración.

trémulo, la. adj. Que tiembla. ‖ **2.** Aplícase a cosas que tienen un movimiento o agitación semejante al temblor; como la luz de una vela, etc.

tren. m. Medio de transporte que circula sobre raíles, compuesto por una serie de vagones y una locomotora que los arrastra. ‖ **2.** Conjunto de instrumentos, máquinas y útiles que se emplean para realizar una misma operación o servicio. TREN *de dragado, de artillería, de laminar,* etc. ‖ **3.** Ostentación, pompa o lujo con que se vive. Ú. m. en la expr. **tren de vida.** ‖ **correo.** El que normalmente lleva la correspondencia pública. ‖ **de aterrizaje.** *Aer.* Conjunto de estructuras apoyadas en la armazón del fuselaje o de las alas del avión, que tiene por objeto facilitar el aterrizaje y despegue. ‖ **de cercanías.** El que une una ciudad populosa con localidades vecinas. ‖ **expreso.** El de viajeros que se detiene solamente en las estaciones principales del trayecto, y circula a gran velocidad. ‖ **rápido.** El que lleva mayor velocidad que el expreso. ‖ **a todo tren.** loc. adv. Sin reparar en gastos, con fausto y opulencia. ‖ **2.** Con la máxima velocidad. ‖ **estar como un tren.** fr. fig. y fam. con que se califica a una persona muy atractiva. ‖ **para parar un tren.** loc. adv. fig. y fam. Ser muy fuerte o abundante una cosa.

trena. f. fam. Cárcel de presos.

trenca. f. Abrigo corto, con capucha y con piezas alargadas a modo de botones, que se abrocha pasando cada una de ellas por sus respectivas presillas.

trencilla. f. Galoncillo trenzado de seda, algodón o lana, que sirve para adornos de pasamanería, bordados y otras muchas cosas.

treno. m. Canto fúnebre o lamentación por alguna calamidad o desgracia. ‖ **2.** Por antonom., cada una de las lamentaciones del profeta Jeremías.

trenza. f. Conjunto de tres o más ramales que se entretejen, cruzándolos alternativamente. ‖ **2.** Peinado que se hace entretejiendo el cabello largo.

trenzado. m. **trenza.**

trenzar. tr. Hacer trenzas.

trepa. f. Acción y efecto de trepar. ‖ **2.** com. fam. y vulg. **arribista.**

trepador, ra. adj. Que trepa. ‖ **2.** *Bot.* Dícese de las plantas que trepan o suben agarrándose a los árboles u otros objetos. ‖ **3.** Aplícase a las aves que tienen el dedo externo unido al de en medio, o versátil, o dirigido hacia atrás para trepar con facilidad; como el cuclillo y el pájaro carpintero. Ú. t. c. s. ‖ **4.** f. pl. *Zool.* En clasificaciones en desuso, orden de las aves **trepadoras.**

trepanación. f. Acción y efecto de trepanar.

trepanar. tr. *Cir.* Horadar el cráneo u otro hueso con fin curativo o diagnóstico.

trépano. m. *Cir.* Instrumento que se usa para trepanar.

trepar. intr. Subir a un lugar alto o poco accesible valiéndose y ayudándose de los pies y las manos. Ú. t. c. tr. ‖ **2.** Crecer y subir las plantas agarrándose a los árboles u otros objetos, comúnmente por medio de zarcillos, raicillas u otros órganos. ‖ **3.** fig. y fam. Elevarse en la escala social ambiciosamente y sin escrúpulos.

treparriscos. m. Ave trepadora de unos 15 centímetros de longitud desde la punta del pico hasta la extremidad de la cola y aproximadamente el doble de envergadura; cabeza pequeña, pico fino, largo y arqueado por la punta; plumaje ceniciento, algo azulado en el lomo, negro en la cara y garganta, encarnado en los bordes de las alas y con manchas blancas en las cuatro remeras principales. Se alimenta de insectos y arañas, que caza trepando por las rocas, y suele hallarse en las sierras más altas de España.

trepidante. adj. Que trepida.

trepidar. intr. Temblar fuertemente. ‖ **2.** *Amér.* Vacilar, dudar.

treponema. m. *Microbiol.* Género de bacterias del grupo de las espiroquetas, casi siempre parásitas y a veces patógenas para el hombre, como el **treponema** pálido, agente productor de la sífilis.

tres. adj. Dos y uno. ‖ **2.** Tercero, que sigue en orden al o a lo segundo. *Número* TRES; *año* TRES. Apl. a los días del mes, ú. t. c. s. *El* TRES *de julio.* ‖ **3.** m. Signo o conjunto de signos con que se representa el número **tres.** ‖ **4.** Carta o naipe que tiene **tres** señales. *El* TRES *de oros; la baraja tiene cuatro* TRESES. ‖ **ni a la de tres.** expr. fig. y fam. De ningún modo.

trescientos, tas. adj. Tres veces ciento. ‖ **2.** **tricentésimo.** *Número* TRESCIENTOS. ‖ **3.** m. Conjunto de signos con que se representa el número **trescientos.**

tresillo. m. Juego de naipes que se juega entre tres personas, cada una de las cuales recibe nueve cartas, y gana en cada lance la que hace mayor número de bazas. ‖ **2.** Conjunto de un sofá y dos butacas que hacen juego. ‖ **3.** *Mús.* Conjunto de tres notas iguales que se deben cantar o tocar en el tiempo correspondiente a dos de ellas.

treta. f. Artificio sutil e ingenioso para conseguir algún intento.

tretero, ra. adj. desus. Astuto, taimado.

tri-. elem. compos. que significa tres: TRI*sílabo,* TRI*motor.*

tríada. f. Conjunto de tres seres o cosas estrecha o especialmente vinculados entre sí.

trial. m. *Dep.* Prueba motociclista de habilidad realizada sobre terrenos accidentados, montañosos y con obstáculos preparados para dificultar más el recorrido.

triangulación. f. *Arq.* y *Geod.* Operación de triangular.

triangular[1]**.** adj. De figura de triángulo o semejante a él.

triangular[2]**.** tr. *Arq.* Disponer las piezas de una armazón, de modo que formen triángulo. ‖ **2.** *Geod.* Ligar por medio de triángulos ciertos puntos determinados de una comarca para levantar el plano de la misma.

triángulo. m. *Geom.* Polígono de tres lados y tres ángulos. ‖ **2.** *Mús.* Instrumento que consiste en una varilla metálica doblada en forma triangular y suspendida de un cordón, la cual se hace sonar golpeándola con otra varilla también de metal. ‖ **acutángulo.** *Geom.* El que tiene los tres ángulos agudos. ‖ **amoroso.** Relación amorosa de marido, mujer y el amante de uno de ellos. ‖ **escaleno.** *Geom.* El que tiene los tres lados desiguales. ‖ **isósceles.** *Geom.* El que tiene iguales solamente dos lados. ‖ **obtusángulo.** *Geom.* El que tiene obtuso uno de sus ángulos. ‖ **rectángulo.** *Geom.* El que tiene recto uno de sus ángulos.

triásico, ca. adj. *Geol.* Dícese del terreno sedimentario más antiguo de los secundarios, que debe su nombre a que en Alemania, donde primeramente fue estudiado, se compone de tres órdenes de rocas, areniscas rojas, calizas y margas abigarradas, en que abundan los criaderos de sal gema. Ú. t. c. s. ‖ **2.** *Geol.* Perteneciente a este terreno.

tribal. adj. **tribual.**

tribu. f. Conjunto de familias nómadas, por lo común del mismo origen, que obedecen a un jefe.

tribual. adj. Perteneciente o relativo a la tribu.

tribulación. f. Congoja, pena, tormento o aflicción moral.

tríbulo. m. Nombre genérico de varias plantas espinosas.

tribuna. f. Especie de púlpito desde el cual se lee o perora en las asambleas públicas o privadas; y por ext., cualquier otro lugar desde el cual se dirige el orador a su auditorio. ‖ **2.** Localidad preferente en un campo de deporte. ‖ **3.** Plataforma elevada para presenciar un espectáculo público, como desfile, procesión, etc.

tribunal. m. Lugar destinado a los jueces para administrar justicia y dictar sentencias. ‖ **2.** Conjunto de jueces ante el cual se efectúan exámenes, oposiciones y otros certámenes o actos análogos. ‖ **3.** pl. Por antonom., los de justicia. ‖ **de Cuentas.** Oficina central de contabilidad que tiene a su cargo examinar y censurar las cuentas de todas las dependencias del Estado. ‖ **supremo.** *Der.* El más alto de la justicia ordinaria.

tribuno. m. Cada uno de los magistrados que elegía el pueblo romano reunido en tribus, y tenían facultad de poner el veto a las resoluciones del Senado y de proponer plebiscitos.

tributación. f. Acción de tributar. ‖ **2.** Lo que se tributa.

tributar. tr. Entregar el vasallo al señor en reconocimiento del señorío, o el súbdito al Estado para las cargas y atenciones públicas, cierta cantidad en dinero o en especie.

tributario, ria. adj. Perteneciente o relativo al tributo. ‖ **2.** Que paga tributo o está obligado a pagarlo. Ú. t. c. s. ‖ **3.** fig. Dícese del curso de agua con relación al río o mar adonde va a parar.

tributo. m. Lo que se tributa. ‖ **2.** Carga u obligación de tributar.

tricenal. adj. Que dura treinta años.

tricentenario. m. Tiempo de trescientos años. ‖ **2.** Fecha en que se cumplen trescientos años del nacimiento o muerte de alguna persona ilustre o de algún suceso famoso.

tricentésimo, ma. adj. Que sigue inmediatamente en orden al o a lo ducentésimo nonagésimo nono. ‖ **2.** Dícese de cada una de las trescientas partes iguales en que se divide un todo. Ú. t. c. s.

tríceps. adj. *Anat.* Dícese del músculo que tiene tres porciones o cabezas. Ú. t. c. s. ‖ **braquial.** *Anat.* El que al contraerse extiende el antebrazo. ‖ **femoral.** *Anat.* El unido al fémur y la tibia y que al contraerse extiende con fuerza la pierna. ☐ pl. invar.

triciclo. m. Juguete infantil de tres ruedas, que se mueve mediante la acción de pedales.

triclínico, ca. adj. Dícese del sistema cristalográfico de ejes distintos que se cortan en ángulos diferentes. La turquesa cristaliza según este sistema.

triclinio. m. Cada uno de los lechos, capaces por lo común para tres personas, en que los antiguos griegos y romanos se reclinaban para comer. ‖ **2.** Comedor de los antiguos griegos y romanos.

tricloruro. m. *Quím.* Cloruro que contiene tres átomos de cloro por uno de otro elemento.

tricolor. adj. De tres colores.

tricornio. adj. V. **sombrero tricornio.** Ú. t. c. s.

tricotar. intr. Tejer, hacer punto a mano o con máquina tejedora. Ú. t. c. tr.

tricotomía. f. *Bot.* División de un tallo o una rama en otros tres. ‖ **2.** *Lóg.* Método de clasificación en que las divisiones y subdivisiones tienen tres partes.

tricotosa. f. Máquina para hacer tejido de punto.

tricromía. f. *Impr.* Estampación hecha mediante la combinación de tres tintas de diferente color.

tricúspide. adj. *Anat.* V. **válvula tricúspide.** Ú. t. c. s. f.

tridente. m. Cetro en forma de arpón, que tienen en la mano las figuras de Neptuno.

tridentino, na. adj. Natural de Trento. Ú. t. c. s. ‖ **2.** Perteneciente a esta ciudad del Tirol. ‖ **3.** Perteneciente al concilio ecuménico que en esta ciudad se reunió a partir del año 1545.

tridimensional. adj. De tres dimensiones.

triduo. m. Ejercicios devotos que se practican durante tres días.

trienal. adj. Que sucede o se repite cada trienio. ‖ **2.** Que dura un trienio.

trienio. m. Tiempo o espacio de tres años. ‖ **2.** Incremento económico de un sueldo o salario correspondiente a cada tres años de servicio activo.

triente. m. Moneda de oro acuñada por los visigodos en España.

triestino, na. adj. Natural de Trieste. Ú. t. c. s. ‖ **2.** Perteneciente a esta ciudad del Adriático.

trifásico, ca. adj. *Fís.* Se dice de un sistema de tres corrientes eléctricas alternas iguales, procedentes del mismo generador, y desplazadas en el tiempo, cada una respecto de las otras dos, en un tercio de período.

trifoliado, da. adj. *Bot.* Que tiene hojas compuestas de tres folíolos.

triforio. m. *Arq.* Galería que rodea el interior de una iglesia sobre los arcos de las naves y que suele tener ventanas de tres huecos.

trifulca. f. fig. y fam. Desorden y camorra entre varias personas.

trifurcarse. prnl. Dividirse una cosa en tres ramales, brazos, o puntas. TRIFURCARSE *la rama de un árbol.*

trigal. m. Campo sembrado de trigo.

trigésimo, ma. adj. Que sigue inmediatamente en orden al o a lo vigésimo nono. ‖ **2.** Dícese de cada una de las treinta partes iguales en que se divide un todo. Ú. t. c. s.

triglifo o **tríglifo.** m. *Arq.* Adorno del friso dórico que tiene forma de rectángulo saliente y está surcado por tres canales.

trigo. m. Género de plantas de la familia de las gramíneas, con espigas terminales compuestas de cuatro o más carreras de granos, de los cuales, triturados, se saca la harina con que se hace el pan. Hay muchas especies, y en ellas innumerables variedades. ‖ **2.** Grano de esta planta. ‖ **aristado.** El que tiene aristas, en contraposición del mocho. ‖ **candeal.** Especie de **trigo** aristado, con la espiga cuadrada, recta, con espiguillas cortas y los granos ovales, obtusos y opacos; da harina y pan blancos, y este esponjoso, y por tanto se tiene por el de superior calidad, aunque haya otros **trigos** tanto o más nutritivos. También se llaman así otras variedades cuando rinden mucha harina y blanca, que se emplea en hacer pan de primera calidad. ‖ **mocho.** El que no tiene aristas.

trígono. m. *Geom.* **triángulo,** polígono.

trigonometría. f. Estudio de los triángulos y de sus funciones, obtenidas mediante operaciones algebraicas.

trigonométrico, ca. adj. Perteneciente o relativo a la trigonometría. *Cálculo* TRIGONOMÉTRICO.

trigueño, ña. adj. De color del trigo; entre moreno y rubio.

triguera. f. Planta perenne de la familia de las gramíneas, muy parecida al alpiste, pero de menor tamaño, que crece en sembrados húmedos y da buen forraje.

triguero, ra. adj. Perteneciente o relativo al trigo. ‖ **2.** Que se cría o anda entre el trigo. *Espárrago, pájaro* TRIGUERO.

trilátero, ra. adj. De tres lados.

trilingüe. adj. Que habla tres lenguas. ‖ **2.** Escrito en tres lenguas.

trilita. f. *Quím.* **trinitrotolueno.**

trilito. m. Dolmen compuesto de tres grandes piedras, dos de las cuales, clavadas verticalmente en el suelo, sostienen la tercera en posición horizontal.

trilla[1]**.** f. **trillo,** instrumento para trillar.

trilla[2]**.** f. Acción y efecto de trillar. ‖ **2.** Tiempo en que se trilla.

trillado, da. adj. fig. Común y sabido.

trillador, ra. adj. Que trilla. Ú. t. c. s. ‖ **2.** f. Máquina para trillar.

trillar. tr. Quebrantar la mies tendida en la era, y separar el grano de la paja. ‖ **2.** fig. y fam. Frecuentar y seguir una cosa continuamente o de ordinario.

trillizo, za. adj. Nacido de un parto triple. Ú. t. c. s.

trillo. m. Instrumento para trillar, que comúnmente consiste en un tablón con pedazos de pedernal o cuchillas de acero encajadas en una de sus caras.

trillón. m. *Arit.* Un millón de billones, que se expresa por la unidad seguida de dieciocho ceros.

trilobites. m. Artrópodo marino fósil del paleozoico. Su cuerpo, algo deprimido y de contorno oval, está dividido en tres regiones y a lo largo recorrido por dos surcos que le dan aspecto de trilobulado. Abunda en España en las pizarras silúricas.

trilobulado, da. adj. Que tiene tres lóbulos.

trilogía. f. Conjunto de tres obras literarias de un autor que constituyen una unidad.

trimembre. adj. De tres miembros o partes.

trímero, ra. adj. *Zool.* Hablando de los insectos coleópteros, que tienen en cada tarso tres artejos bien desarrollados y uno rudimentario, como la mariquita. Ú. t. c. s. m. ‖ **2.** m. pl. *Zool.* Suborden de estos animales.

trimestral. adj. Que sucede o se repite cada tres meses. ‖ **2.** Que dura tres meses.

trimestre. m. Espacio de tres meses.

trimotor. m. Avión provisto de tres motores.

trimurti. f. Especie de trinidad en la religión de Brahma.

trinar. intr. **gorjear,** hacer quiebros con la voz en la garganta los pájaros o el hombre. ‖ **2.** fig. y fam. **rabiar,** impacientarse o enojarse. Ú. especialmente en la fr. **estar** alguien **que trina.**

trinca. f. Conjunto de tres cosas de una misma clase.

trincar[1]**.** tr. Atar fuertemente. ‖ **2.** Sujetar a uno con los brazos o las manos como amarrándole. ‖ **3.** Apoderarse de alguien o de algo con dificultad. ‖ **4.** **robar,** tomar para sí lo ajeno.

trincar[2]**.** tr. fam. Tomar bebidas alcohólicas.

trincha. f. Ajustador colocado por detrás en el

lugar de la cintura, en los chalecos, pantalones u otras prendas, para ceñirlos por medio de hebillas o botones.

trinchante. m. Instrumento para trinchar.

trinchar. tr. Partir en trozos la comida para servirla.

trinchera. f. Zanja defensiva que permite disparar a cubierto del enemigo. ‖ **2.** Gabardina de aspecto militar.

trinchero. m. Mueble de comedor, que sirve principalmente para trinchar sobre él los alimentos.

trinchete. m. **chaira,** cuchilla de zapatero.

trineo. m. Vehículo provisto de cuchillas o de esquíes en lugar de ruedas para deslizarse sobre el hielo y la nieve.

trinidad. n. p. f. *Teol.* Distinción de tres personas divinas en una sola y única esencia, misterio inefable de la religión católica. ‖ **2.** f. Orden religiosa aprobada y confirmada por Inocencio III el año de 1198, para la redención de cautivos.

trinitaria. f. **pensamiento,** planta. ‖ **2.** Flor de esta planta.

trinitario, ria. adj. Dícese del religioso o religiosa de la orden de la Trinidad. Ú. t. c. s. ‖ **2.** Natural de Trinidad. Ú. t. c. s. ‖ **3.** Perteneciente a esta villa de la provincia de Santa Clara en la isla de Cuba.

trinitrotolueno. m. *Quím.* Derivado nitrado del tolueno en forma de sólido cristalino. Es un explosivo muy potente, conocido por sus siglas TNT.

trino[1]**, na.** adj. Que consta de tres elementos o unidades, ternario.

trino[2]**.** m. **gorjeo** de los pájaros. ‖ **2.** *Mús.* Sucesión rápida y alternada de dos notas de igual duración, entre las cuales media la distancia de un tono o de un semitono.

trinomio. m. *Álg.* Expresión compuesta de tres términos algebraicos unidos por los signos más o menos.

trinquete. m. *Mar.* Verga mayor que se cruza sobre el palo de proa. ‖ **2.** *Mar.* Palo de proa, en las embarcaciones que tienen más de uno.

trío. m. *Mús.* Composición para tres voces o instrumentos. ‖ **2.** Conjunto de tres voces o instrumentos. ‖ **3.** Conjunto de tres personas o cosas.

triodo. m. *Electrón.* Válvula que emite electrones por la acción del calor, compuesta de tres electrodos. ‖ **2.** *Electrón.* Transistor de tres terminales.

trióxido. m. *Quím.* Cuerpo resultante de la combinación de un radical con tres átomos de oxígeno.

tripa. f. **intestino,** conducto membranoso. ‖ **2.** **vientre,** región exterior del cuerpo correspondiente al abdomen, especialmente si es abultado. ‖ **3.** fig. Relleno del cigarro puro. ‖ **4.** pl. Vísceras. ‖ **5.** fig. Lo interior de ciertas cosas. *Al acerico se le salen las* TRIPAS. ‖ **hacer** uno **de tripas corazón.** fr. fig. y fam. Esforzarse para disimular el miedo, dominarse, sobreponerse en las adversidades.

tripanosoma. m. Género de flagelados parásitos, con una membrana ondulante que engloba al flagelo adosado al borde del cuerpo. Provocan enfermedades infecciosas, en general graves, como la enfermedad del sueño, transmitidas casi siempre por artrópodos.

tripanosomiasis. f. *Med.* Enfermedad producida por tripanosomas.

tripartito, ta. adj. Dividido en tres partes, órdenes o clases, o formado por ellas.

tripe. m. Tejido de lana o esparto parecido al terciopelo, que se usa principalmente en la confección de alfombras.

triple. adj. Dícese del número que contiene a otro tres veces exactamente. Ú. t. c. s. m.

triplicar. tr. Multiplicar por tres. Ú. t. c. prnl.

trípode. m. Armazón de tres pies, para sostener instrumentos geodésicos, fotográficos, etc.

trípoli. m. *Geol.* Roca silícea fácilmente reducible a polvo, que se empleaba para pulimentar vidrio, metales y piedras duras, y que se mezcla con la nitroglicerina para fabricar la dinamita.

tríptico. m. Pintura, grabado o relieve distribuido en tres hojas, unidas de modo que puedan doblarse las de los lados sobre la del centro.

triptongo. m. *Gram.* Conjunto de tres vocales que forman una sola sílaba.

tripulación. f. Personas que van en una embarcación o en un aparato de locomoción aérea, dedicadas a su maniobra y servicio.

tripulante. com. Miembro de una tripulación.

tripular. tr. Conducir o prestar servicio en un barco o vehículo aéreo.

triquina. f. Nematodo de uno a tres milímetros de largo, cuya larva se enquista, en forma de espiral, en los músculos de algunos mamíferos, como el cerdo, cuya carne infestada, si es ingerida por el hombre (en crudo o poco cocida), puede provocar en él la triquinosis.

triquinosis. f. *Pat.* Enfermedad parasitaria, a veces mortal, provocada por la invasión de las larvas de triquina que penetran en las fibras musculares y producen dolores agudos.

triquiñuela. f. fam. Medio con el que, mediante habilidad, astucia o engaño, se consigue o se hace algo.

triquitraque. m. Ruido como de golpes repetidos y desordenados.

trirreme. m. Embarcación de tres órdenes de remos, que usaron los antiguos.

tris. m. fig. y fam. Porción muy pequeña de tiempo o de lugar, causa u ocasión levísima; poca cosa, casi nada. *No faltó un* TRIS; *al menor* TRIS.

trisagio. m. Himno en honor de la Santísima Trinidad, en el cual se repite tres veces la palabra *santo.*

trisar. intr. Cantar o chirriar la golondrina y otros pájaros.

trisca. f. Ruido que se hace con los pies en una cosa que se quebranta. ‖ **2.** Por ext., otra cualquier bulla, algazara o estruendo.

triscar. intr. Hacer ruido con los pies o dando patadas. ‖ **2.** fig. Retozar, andar de un lado a otro por juego o entretenimiento.

trisílabo, ba. adj. *Gram.* De tres sílabas. Ú. t. c. s. m.

trismo. m. *Med.* Contracción tetánica de los músculos maseteros, que produce la imposibilidad de abrir la boca.

trispasto. m. Aparejo compuesto de tres poleas.

triste. adj. Afligido, apesadumbrado. *Juan está, vino, se fue* TRISTE. ‖ **2.** De carácter o genio melancólico. *Antonia es mujer muy* TRISTE. ‖ **3.** Que denota pesadumbre o melancolía. *Cara* TRISTE. ‖ **4.** Que las ocasiona. *Noticia* TRISTE. ‖ **5.** Funesto, deplorable. *Todos habíamos pronosticado su* TRISTE *fin.*

tristeza. f. Calidad de triste.

tristón, na. adj. Un poco triste.

tritio. m. *Quím.* Isótopo artificial del hidrógeno, de número másico 3.

tritón. m. *Mit.* Cada una de ciertas deidades marinas a que se atribuía figura de hombre desde la cabeza hasta la cintura, y de pez el resto. ‖ **2.** Batracio urodelo de unos 12 centímetros de longitud, de los cuales algo menos de la mitad corresponde a la cola, que es comprimida como la de la anguila y con una especie de cresta, que se prolonga en los machos por encima del lomo; tiene la piel granujienta, de color pardo con manchas negruzcas en el dorso y rojizas en el vientre. Hay varias especies.

trítono. m. *Mús.* Intervalo compuesto de tres tonos consecutivos, dos mayores y uno menor.

trituración. f. Acción y efecto de triturar.

triturador, ra. adj. Que tritura. Ú. t. c. s. ‖ **2.** f. Máquina que sirve para triturar.

triturar. tr. Moler, desmenuzar una materia sólida, sin reducirla enteramente a polvo. ‖ **2.** fig. Moler, maltratar, molestar gravemente.

triunfador, ra. adj. Que triunfa. Ú. t. c. s.

triunfal. adj. Perteneciente al triunfo.

triunfalismo. m. Actitud real o supuesta, de seguridad en sí mismo y superioridad, respecto a los demás, fundada en la propia valía.

triunfalista. adj. Perteneciente o relativo al triunfalismo. ‖ **2.** Que practica el triunfalismo. Ú. t. c. s.

triunfante. adj. Que triunfa o sale victorioso. ‖ **2.** Que incluye triunfo.

triunfar. intr. Quedar victorioso. ‖ **2.** fig. Tener éxito.

triunfo. m. Victoria, acción y efecto de triunfar. ‖ **2.** En ciertos juegos de naipes, carta del palo de más valor. ‖ **3.** Lo que sirve de trofeo que acredita el **triunfo.** ‖ **4.** En la antigua Roma, entrada solemne en la ciudad de un general vencedor con su ejército. ‖ **5.** Obra de arte que representa un triunfo romano y, en general, la que exalta la victoria de un personaje histórico, bíblico o mitológico, o, alegóricamente, de una virtud cristiana. TRIUNFO *de Maximiliano, de Galatea, de la Fe. Los* TRIUNFOS *de San Rafael en Córdoba.*

triunvirato. m. Magistratura de la Roma antigua, en que intervenían tres personas.

triunviro. m. Cada uno de los tres magistrados romanos que en ciertas ocasiones gobernaron la república.

trivalente. adj. *Quím.* Que funciona con tres valencias.

trivial. adj. fig. Que no sobresale de lo ordinario y común; que carece de toda importancia y novedad. *Expresión, concepto, poesía* TRIVIAL.

trivialidad. f. Calidad de **trivial,** común. ‖ **2.** Cosa que carece de importancia.

trivializar. tr. Quitar importancia, o no dársela, a una cosa o un asunto.

trivio. m. En lo antiguo, conjunto de las tres artes liberales relativas a la elocuencia: la gramática, la retórica y la dialéctica.

triza. f. Pedazo pequeño o partícula dividida de un cuerpo. ‖ **hacer trizas.** fr. Destruir completamente, hacer menudos pedazos una cosa. Ú. t. el verbo c. prnl. ‖ **2.** fig. Herir o lastimar gravemente a una persona o a un animal.

trocaico, ca. adj. Perteneciente o relativo al troqueo.

trocánter. m. *Anat.* Prominencia que algunos huesos largos tienen en su extremidad. Se usa más especialmente hablando de la protuberancia de la parte superior del fémur. ‖ **2.** *Zool.* La segunda de las cinco piezas de que constan las patas de los insectos, que está articulada con la cadera y el fémur.

trocar. tr. **cambiar,** permutar una cosa por otra. ‖ **2.** prnl. Mudarse, cambiarse, enteramente una cosa. TROCARSE *la suerte, el color.* ❑ Irreg. Se conj. como *contar.* Ú. con la prep. *en.*

trocear. tr. Dividir en trozos.

troceo. m. *Mar.* Cabo grueso, forrado por lo

común de cuero, que sirve para sujetar a sus respectivos palos las vergas mayores.

trocha. f. Vereda o camino angosto y excusado, o que sirve de atajo para ir a una parte. ‖ **2.** Camino abierto en la maleza.

trochemoche (a), o **a troche y moche.** loc. adv. fam. Disparatada e inconsideradamente.

trocla. f. **polea.**

tróclea. f. *Anat.* Articulación en forma de polea, que permite que un hueso adyacente pueda girar en el mismo plano.

trofeo. m. Monumento, insignia o señal de una victoria. ‖ **2.** fig. Victoria o triunfo conseguido.

-trofia. elem. compos. que significa «alimentación»: *dis*TROFIA, *hiper*TROFIA.

trófico, ca. adj. *Fisiol.* Perteneciente o relativo a la nutrición.

-trofo, fa. elem. compos. que significa «que alimenta»: *autó*TROFO, *heteró*TROFO.

trofología. f. Tratado o ciencia de la nutrición.

troglodita. adj. Que habita en cavernas. Ú. t. c. s. ‖ **2.** fig. Dícese del hombre bárbaro y cruel. Ú. t. c. s.

troj. f. Espacio limitado por tabiques, para guardar frutos y especialmente cereales. ❑ pl. *trojes.*

trol. m. Según la mitología escandinava, monstruo maligno que habita en bosques o grutas. ❑ pl. *trols.*

trola. f. fam. Engaño, falsedad, mentira.

trole. m. Pértiga de hierro que sirve para transmitir a los vehículos de tracción eléctrica la corriente del cable conductor, tomándola por medio de una polea o un arco que lleva en su extremidad.

trolebús. m. Ómnibus de tracción eléctrica, sin carriles, que toma la corriente de un cable aéreo por medio de un trole doble.

trolero, ra. adj. fam. Mentiroso, embustero. Ú. t. c. s.

tromba. f. fig. **tromba de agua.** ‖ **tromba de agua.** fig. Chubasco intenso, repentino y muy violento.

trombo. m. *Pat.* Coágulo de sangre en el interior de un vaso sanguíneo.

trombocito. m. *Fisiol.* Plaqueta de la sangre.

tromboflebitis. f. *Pat.* Inflamación de las venas con formación de trombos.

trombón. m. Instrumento músico de metal, especie de trompeta grande, y cuyos sonidos responden, según su clase, a las voces de tenor, contralto o bajo respectivamente. ‖ **2.** Músico que toca uno de estos instrumentos.

trombosis. f. *Pat.* Formación de un trombo en el interior de un vaso sanguíneo.

trompa. f. Instrumento músico de viento, que consiste en un tubo de latón enroscado circularmente y que va ensanchándose desde la boquilla al pabellón, donde se introduce más o menos la mano derecha para producir la diversidad de sonidos. También hay **trompas** en que la diversidad de sonidos se obtiene por medio de pistones. ‖ **2.** Prolongación muscular, hueca y elástica de la nariz de algunos animales, capaz de absorber fluidos. ‖ **3.** Aparato chupador, dilatable y contráctil que tienen algunos órdenes de insectos. ‖ **4.** fig. y fam. Embriaguez, borrachera. ‖ **5.** *Zool.* Prolongación, generalmente retráctil, del extremo anterior del cuerpo de muchos gusanos. ‖ **6.** m. El que toca la **trompa** en las orquestas o en las músicas militares. ‖ **de Eustaquio.** *Anat.* Conducto, propio de muchos vertebrados, que pone en comunicación el oído medio con la faringe; en el hombre tiene unos cuarenta o cincuenta milímetros de longitud. ‖ **de Falopio.** *Anat.* Oviducto de los mamíferos.

trompazo. m. Golpe dado con la trompa. ‖ **2.** fig. Cualquier golpe recio.

trompeta. f. Instrumento músico de viento, que consiste en un tubo largo de metal que va ensanchándose desde la boquilla al pabellón y produce diversidad de sonidos según la fuerza con que la boca impele el aire. ‖ **2.** m. El que toca la **trompeta.**

trompetero, ra. m. y f. Persona que hace trompetas. ‖ **2.** m. Pez teleósteo, acantopterigio, con dos aletas dorsales y el primer radio de la anterior grueso y fuerte. Su nombre procede de que tiene el hocico largo en forma de tubo.

trompetilla. f. Instrumento en forma de trompeta, que servía para que los sordos percibieran los sonidos, aplicándoselo al oído. ‖ **de trompetilla.** loc. adj. Dícese de ciertos mosquitos que al volar producen un zumbido.

trompetista. com. Músico que toca la trompeta.

trompicar. tr. Hacer a uno tropezar violenta y repetidamente. ‖ **2.** intr. Dar pasos tambaleantes, tumbos o vaivenes.

trompicón. m. Cada tropezón o paso tambaleante de una persona. ‖ **a trompicones.** loc. adv. A tropezones, a empujones, a golpes. ‖ **2.** Con discontinuidad, con dificultades.

trompo. m. Trompa, peón o peonza.

tronada. f. Tempestad de truenos.

tronador, ra. adj. Que truena.

tronar. intr. impers. Haber o sonar truenos. ❑ Irreg. Se conj. como *contar.* Solo se usan las 3.as pers. del sing. de todos los tiempos y el infinitivo, el gerundio y el participio.

tronchante. adj. fam. Gracioso, que produce risa.

tronchar. tr. Partir o romper sin herramienta un vegetal por su tronco, tallo o ramas principales. *El viento* TRONCHÓ *el árbol.* Ú. t. c. prnl. ‖ **2.** fig. Partir o romper con violencia cualquier cosa de figura parecida a la de un tronco o tallo. TRONCHAR *un palo, un bastón, una barra.* Ú. m. c. prnl. ‖ **3.** prnl. **troncharse de risa.**

troncho. m. Tallo de las hortalizas.

tronco. m. Cuerpo truncado. TRONCO *de pirámide;* TRONCO *de columna.* ‖ **2.** Tallo fuerte y macizo de los árboles y arbustos. ‖ **3.** Cuerpo humano o de cualquier animal, prescindiendo de la cabeza y las extremidades.

tronera. f. Abertura en el costado de un buque, en el parapeto de una muralla o en el muro de una fortificación. ‖ **2.** Ventana pequeña y angosta por donde entra escasamente la luz. ‖ **3.** Cada uno de los agujeros o aberturas que hay en las mesas de trucos y de billar, para que por ellos entren las bolas.

tronío. m. fam. Ostentación y rumbo.

trono. m. Asiento con gradas y dosel, que usan los monarcas y otras personas de alta dignidad, especialmente en los actos de ceremonia. ‖ **2.** fig. Dignidad de rey o soberano.

tronzar. tr. Dividir o hacer trozos.

tropa. f. Turba, muchedumbre de gentes reunidas con fin determinado. ‖ **2.** pl. *Mil.* Conjunto de cuerpos que componen un ejército, división, guarnición, etc.

tropel. m. Muchedumbre que se mueve en desorden ruidoso.

tropelía. f. Atropello o acto violento cometido, generalmente, por quien abusa de su poder.

tropeoláceo, a. adj. *Bot.* Dícese de plantas angiospermas dicotiledóneas, herbáceas, rastreras o trepadoras, con hojas opuestas, enteras o lobuladas; flores zigomorfas, con ocho estambres y una larga prolongación tubulosa en el cáliz; fruto carnoso o seco, con semillas sin albumen, y raíz tuberculosa, como la capuchina. Ú. t. c. s. f. ‖ **2.** f. pl. *Bot.* Familia de estas plantas.

tropezar. intr. Dar una persona con los pies en un obstáculo al ir andando, con lo que se puede caer. ‖ **2.** Detenerse o ser impedida una cosa por encontrar un estorbo que le impide avanzar o colocarse en algún sitio. ‖ **3.** fig. Cometer alguna culpa o estar a punto de cometerla. ‖ **4.** fig. Reñir con uno u oponerse a su dictamen. ‖ **5.** fig. y fam. Hallar casualmente una persona a otra. Ú. t. c. prnl. ❑ Irreg. Se conj. como *acertar.*

tropezón. m. Acción y efecto de tropezar. ‖ **2.** fig. y fam. Pedazo pequeño de jamón u otro alimento que se mezcla con las sopas o las legumbres. Ú. m. en pl.

tropical. adj. Perteneciente o relativo a los trópicos.

trópico. m. *Geogr.* Cada uno de los dos círculos menores que se consideran en el globo terrestre en correspondencia con los dos de la esfera celeste.

tropiezo. m. Aquello en que se tropieza. ‖ **2.** Lo que sirve de estorbo o impedimento. ‖ **3.** fig. Dificultad, contratiempo o impedimento en un trabajo, negocio o pretensión.

tropismo. m. *Biol.* Movimiento de orientación de un organismo sésil como respuesta a un estímulo.

tropo. m. *Ret.* Empleo de las palabras en sentido distinto del que propiamente les corresponde, pero que tiene con este alguna conexión, correspondencia o semejanza. El **tropo** comprende la sinécdoque, la metonimia y la metáfora en todas sus variedades.

tropología. f. Lenguaje figurado, sentido alegórico.

tropopausa. f. *Meteor.* Zona de discontinuidad entre la troposfera y la estratosfera, cuya altitud varía aproximadamente con la latitud y las estaciones del año entre 18 kms en el Ecuador y 6 kms en los polos. Su estructura no es regular sino que presenta escalones de discontinuidad.

troposfera. f. *Meteor.* Zona inferior de la atmósfera, hasta la altura de 12 kilómetros, donde se desarrollan los meteoros aéreos, acuosos y algunos eléctricos.

troquel. m. Molde empleado para acuñar monedas, medallas, etc. ‖ **2.** Instrumento o máquina con bordes cortantes para recortar con precisión planchas, cartones, cueros, etc.

troquelado. m. Acción y efecto de troquelar.

troquelar. tr. Recortar con troquel piezas de cuero, cartones, etc.

troqueo. m. Pie de la poesía griega y latina, compuesto de dos sílabas, la primera larga y la otra breve.

trotacalles. com. fam. Persona muy callejera.

trotaconventos. f. fam. Alcahueta, tercera, celestina.

trotamundos. com. Persona aficionada a viajar y recorrer países.

trotar. intr. Ir el caballo al trote. ‖ **2.** Cabalgar una persona en caballo que va al trote.

trote. m. Modo de caminar acelerado, natural a todas las caballerías, que consiste en avanzar saltando, con apoyo alterno en cada bípedo diagonal, es decir, en cada conjunto de mano y pie contrapuestos. ‖ **a trote** o **al trote.** loc. adv. fig. Aceleradamente, sin asiento ni sosiego. ‖ **para todo trote.** loc. fig. y fam. Para uso diario y continuo. Dícese principalmente de la ropa de vestir.

trotón, na. adj. Aplícase a la caballería cuyo paso ordinario es el trote.

trotskismo. m. *Polít.* Teoría y práctica de León Trotski, que preconiza la revolución permanente internacional, contra el criterio de Stalin y sus seguidores, que consiste en consolidar el comunismo en un solo país.

trotskista. adj. Perteneciente o relativo al trotskismo. ‖ **2.** Partidario del trotskismo. Ú. t. c. s.

trova. f. **verso,** conjunto de palabras sujetas a medida y cadencia. ‖ **2.** Composición métrica escrita generalmente para canto. ‖ **3.** Canción amorosa compuesta o cantada por los trovadores.

trovador, ra. adj. Que trova. Ú. t. c. s. ‖ **2.** m. Poeta provenzal de la Edad Media, que escribía y trovaba en lengua de oc.

trovadoresco, ca. adj. Perteneciente o relativo a los trovadores.

trovar. tr. Imitar una composición métrica, aplicándola a otro asunto. ‖ **2.** intr. Hacer versos.

trovero. m. y f. Persona que improvisa o canta trovos.

trovo. m. Composición métrica popular, generalmente de asunto amoroso.

troyano, na. adj. Natural de Troya. Ú. t. c. s. ‖ **2.** Perteneciente a esta ciudad de Asia antigua.

troza. f. Tronco aserrado por los extremos para sacar tablas.

trozar. tr. Romper, hacer pedazos.

trozo. m. Parte de una cosa que se considera por separado del resto. *Este* TROZO *del parque es el más frondoso.*

trucaje. m. Acción y efecto de trucar.

trucar. tr. Disponer o preparar algo con ardides o trampas que produzcan el efecto deseado.

trucha. f. Pez teleósteo de agua dulce, de la familia de los salmónidos, que mide hasta ocho decímetros de longitud, con cuerpo de color pardo y lleno de pintas rojizas o negras, según los casos; cabeza pequeña, cola con un pequeño entrante y carne blanca o encarnada. Abunda en España y su carne es sabrosa y delicada.

truchero, ra. adj. Dícese de los ríos u otras corrientes de agua en que abundan las truchas. ‖ **2.** m. y f. Persona que pesca truchas, o las vende.

truco. m. Cada una de las mañas o habilidades que se adquieren en el ejercicio de un arte, oficio o profesión. ‖ **2.** Ardid o trampa que se utiliza para el logro de un fin. ‖ **3.** Suerte del juego de billar llamado de los **trucos,** que consiste en echar con la bola propia la del contrario por alguna de las troneras o por encima de la barandilla. En el primer caso se llama **truco** bajo, y en el segundo, alto. ‖ **4.** Ardid o artificio para producir determinados efectos en el ilusionismo, en la fotografía, en la cinematografía, etc. ‖ **5.** pl. Juego de destreza y habilidad, que se ejecuta en una mesa dispuesta a este fin con tablillas, troneras, barras y bolillo. De ordinario juegan dos personas, cada una con su taco de madera y bola de marfil de proporcionado tamaño.

truculencia. f. Calidad de truculento.

truculento, ta. adj. Que sobrecoge o asusta por su morbosidad, exagerada crueldad o dramatismo.

trueno. m. Estruendo, asociado al rayo, producido en las nubes por una descarga eléctrica.

trueque. m. Acción y efecto de trocar o trocarse. ‖ **2.** Intercambio directo de bienes y servicios, sin mediar la intervención de dinero.

trufa. f. Variedad muy aromática de cierto hongo carnoso, de figura redondeada, que se cría bajo tierra. ‖ **2.** Pasta hecha con chocolate sin refinar y mantequilla. ‖ **3.** Dulce de pasta de **trufa** rebozada en cacao en polvo o en varillas de chocolate.

trufar. tr. Aderezar o rellenar con trufas o criadillas de tierra las aves u otras comidas.

truhán, na. adj. Dícese de la persona sin vergüenza, que vive de engaños y estafas. Ú. t. c. s.

truhanería. f. Acción truhanesca. ‖ **2.** Conjunto de truhanes.

truhanesco, ca. adj. Propio de truhán.

trujal. m. Prensa donde se estrujan las uvas o se exprime la aceituna. ‖ **2.** Molino de aceite.

trullo. m. Lagar con depósito inferior donde cae directamente el mosto cuando se pisa la uva.

truncar. tr. Cortar una parte a alguna cosa. ‖ **2.** fig. Interrumpir una acción u obra, dejándola incompleta.

tú. Nominativo y vocativo del pronombre personal de segunda persona en género masculino o femenino y número singular. ‖ **tratar de tú** a uno. fr. Tutearle. Ú. t. c. prnl.

tu, tus. prons. poses. Apócopes de **tuyo, tuya, tuyos, tuyas.** ❑ No se emplean sino antepuestos al nombre.

tuba. f. Especie de bugle, cuya tesitura corresponde a la del contrabajo.

tuberculina. f. Preparación hecha con gérmenes tuberculosos, y utilizada en el tratamiento y en el diagnóstico de las enfermedades tuberculosas.

tubérculo. m. *Bot.* Parte de un tallo subterráneo o de una raíz, que engruesa considerablemente; en sus células se acumula una gran cantidad de sustancias de reserva, como en la patata y el boniato. ‖

2. *Pat.* Producto morboso, de color ordinariamente blanco amarillento, redondeado, duro al principio en la época de evolución llamada de crudeza, y que adquiere en la de reblandecimiento el aspecto y la consistencia del pus. ǁ **3.** *Zool.* Protuberancia que presenta el dermatoesqueleto o la superficie de varios animales.

tuberculosis. f. *Pat.* Enfermedad del hombre y de muchas especies animales producida por el bacilo de Koch. Adopta formas muy diferentes según el órgano atacado, la intensidad de la afección, etc. Su lesión habitual es un pequeño nódulo, de estructura especial, llamado tubérculo.

tuberculoso, sa. adj. Que tiene tubérculos. Ú. t. c. s. ǁ **2.** Que padece tuberculosis. Ú. t. c. s.

tubería. f. Conducto formado de tubos por donde se lleva el agua, los gases combustibles, etc.

tuberosidad. f. Hinchazón, tubérculo.

tuberoso, sa. adj. Que tiene tuberosidades.

tubo. m. Pieza hueca, de forma por lo común cilíndrica y generalmente abierta por ambos extremos, que se hace de distintas materias y se destina a varios usos. ǁ **2.** Recipiente metálico de forma cilíndrica destinado a contener sustancias blandas, como pinturas, pomadas, etc. Suele ser de paredes flexibles, cerrado por un extremo y abierto por el otro con tapón de rosca. ǁ **de ensayo.** El de cristal, cerrado por uno de sus extremos, usado para los análisis químicos. ǁ **fluorescente. tubo** de iluminación en el que un gas, a baja presión, se torna incandescente por la acción de una corriente eléctrica. ǁ **lanzatorpedos.** *Mar.* El instalado en las proximidades de la línea de flotación para disparar por él los torpedos.

tubular. adj. Perteneciente al tubo; que tiene su figura o está formado de tubos.

tucán. m. Ave americana trepadora, de unos tres decímetros de largo, sin contar el pico, que es arqueado, muy grueso y casi tan largo como el cuerpo; con cabeza pequeña, alas cortas, cola larga, y plumaje negro en general y de colores vivos, comúnmente anaranjado y escarlata en el cuello y el pecho. Se domestica fácilmente.

tudelano, na. adj. Natural de Tudela. Ú. t. c. s. ǁ **2.** Perteneciente a cualquiera de las poblaciones de este nombre.

tudense. adj. Natural de Túy. Ú. t. c. s. ǁ **2.** Perteneciente a esta ciudad.

tudesco, ca. adj. Natural de cierto país de Alemania en la Sajonia inferior. Ú. t. c. s. ǁ **2.** Por ext., **alemán.** Apl. a pers., ú. t. c. s.

tuerca. f. Pieza con un hueco labrado en hélice hecho para que en él ajuste exactamente el tornillo correspondiente.

tuerto, ta. adj. Falto de la vista en un ojo. Ú. t. c. s.

tueste. m. **tostadura.**

tuétano. m. **médula,** sustancia blanca contenida dentro de los huesos. ǁ **hasta los tuétanos.** loc. adv. fig. y fam. Hasta lo más íntimo o profundo de la parte física o moral del hombre. *Enamorado* HASTA LOS TUÉTANOS.

tufarada. f. Olor vivo o fuerte y desagradable que se percibe de pronto.

tufo[1]. m. Emanación gaseosa que se desprende de las fermentaciones y de las combustiones imperfectas. ǁ **2.** fam. **hedor.**

tufo[2]. m. Cada una de las dos porciones de pelo, por lo común peinado o rizado, que caen por delante de las orejas.

tugurio. m. fig. Habitación, vivienda o establecimiento pequeño y mezquino.

tul. m. Tejido delgado y transparente de seda, algodón o hilo, que forma malla, generalmente en octágonos.

tulio. m. Elemento químico de núm. atóm. 69. Metal de las tierras raras muy escaso en la corteza terrestre; se encuentra en ciertos minerales de Suecia. De brillo metálico, denso y fácilmente inflamable, sus sales tienen color verde grisáceo. Se usa en la industria nuclear y como fuente de rayos X. Símb. *Tm,* del lat. cient. *thulium.*

tulipa. f. Pantalla de vidrio a modo de fanal, con forma algo parecida a la de un tulipán.

tulipán. m. Planta herbácea de la familia de las liliáceas, vivaz, con raíz bulbosa y tallo liso de cuatro a seis decímetros de altura; hojas grandes, radicales, enteras y lanceoladas; flor única en lo alto del escapo, grande, globosa, de seis pétalos de hermosos colores e inodora, y fruto capsular con muchas semillas. ǁ **2.** Flor de esta planta.

tullido, da. adj. Que ha perdido el movimiento del cuerpo o de alguno de sus miembros. Ú. t. c. s.

tullir. tr. Hacer que alguien pierda el movimiento de su cuerpo o de alguno de sus miembros. Ú. t. c. prnl. ❑ Irreg. Se conj. como *mullir.*

tumba. f. Obra levantada de piedra en que está sepultado un cadáver. ǁ **ser** alguien **una tumba.** fr. fig. y fam. Guardar celosamente un secreto.

tumbar. tr. Hacer caer o derribar a una persona o cosa. ǁ **2.** fig. y fam. Turbar o quitar a uno el sentido una cosa fuerte, como el vino o un olor. ǁ **3.** prnl. fam. Echarse, especialmente a dormir.

tumbo[1]. m. Vaivén violento. ǁ **2.** Caída violenta, vuelco o voltereta. ǁ **dar tumbos.** fr. fig. y fam. Tener dificultades y tropiezos.

tumbo[2]. m. Libro grande de pergamino, donde

las iglesias, monasterios, concejos y comunidades tenían copiados a la letra los privilegios y demás escrituras de sus pertenencias.

tumbona. f. Silla con respaldo reclinable, usada para tumbarse o recostarse.

tumefacción. f. *Med.* **hinchazón** de una parte del cuerpo.

tumefacto, ta. adj. Túmido, hinchado.

túmido, da. adj. fig. Ampuloso, hinchado, afectado.

tumor. m. *Pat.* Masa de células transformadas, con crecimiento y multiplicación anormales. ‖ **2.** p. us. Tumefacción o hinchazón de carácter patológico. ‖ **benigno.** El formado por células muy semejantes a las normales, que permanece en su localización primaria y no produce metástasis. ‖ **maligno.** El de carácter grave, invasivo, que produce, o puede producir metástasis.

tumoración. f. *Med.* Tumefacción, bulto. ‖ **2. tumor.**

tumoral. adj. *Med.* Perteneciente o relativo a los tumores.

tumoroso, sa. adj. Que tiene varios tumores.

tumulario, ria. adj. Perteneciente o relativo al túmulo. *Inscripción* TUMULARIA.

túmulo. m. Sepulcro levantado de la tierra.

tumulto. m. Motín, confusión, alboroto producido por una multitud. ‖ **2.** Confusión agitada o desorden ruidoso.

tumultuoso, sa. adj. Que causa o levanta tumultos.

tuna. f. Grupo de estudiantes que forman un conjunto musical.

tunanta. adj. fam. Pícara, bribona, taimada. Ú. t. c. s.

tunante. adj. Pícaro, bribón, taimado. Ú. t. c. s.

tunda. f. fam. Acción y efecto de tundir[2] a uno a golpes.

tundidor, ra. m. y f. Persona que tunde los paños. ‖ **2.** adj. Dícese de la máquina que sirve para tundir[1] los paños. Ú. t. c. s.

tundir[1]. tr. Cortar o igualar con tijera el pelo de los paños.

tundir[2]. tr. fig. y fam. Castigar con golpes, palos o azotes.

tundra. f. Terreno abierto y llano, de clima subglacial y subsuelo helado, falto de vegetación arbórea; suelo cubierto de musgos y líquenes, y pantanoso en muchos sitios. Se extiende por Siberia y Alaska.

tunecino, na. adj. Natural de Túnez. Ú. t. c. s.

túnel. m. Paso subterráneo abierto artificialmente para establecer una comunicación a través de un monte, por debajo de un río u otro obstáculo.

tungro, gra. adj. Dícese del individuo de un pueblo de la antigua Germania, que vino a establecerse entre el Rin y el Escalda poco antes de la era cristiana. Ú. t. c. s.

tungsteno. m. *Quím.* **wolframio.**

túnica. f. Vestidura sin mangas, que usaban los antiguos y les servía como de camisa. ‖ **2.** Vestidura exterior amplia y larga. ‖ **3.** Telilla o película que en algunas frutas o bulbos está pegada a la cáscara y cubre más inmediatamente la carne. ‖ **4.** *Anat.* Membrana sutil que cubre algunas partes del cuerpo. *Las* TÚNICAS *de los ojos, de las venas.*

tunicado, da. adj. *Bot.* y *Zool.* Envuelto por una túnica. ‖ **2.** *Zool.* Dícese de animales procordados con cuerpo blando, de aspecto gelatinoso y rodeado de una membrana o túnica constituida principalmente por una sustancia del tipo de la celulosa. Sus larvas presentan los caracteres distintivos de los cordados. Ú. t. c. s. m. ‖ **3.** m. pl. *Zool.* Clase de estos animales.

tuno, na. adj. Pícaro, tunante. Ú. t. c. s. ‖ **2.** m. Componente de una tuna, o grupo musical de estudiantes.

tuntún (al, o **al buen).** loc. adv. fam. Sin cálculo ni reflexión o sin conocimiento del asunto.

tupé. m. **copete,** cabello que cae sobre la frente.

tupí. adj. Dícese de los indios que, formando una nación numerosa, dominaban en la costa del Brasil al llegar allí los portugueses. Ú. m. c. s. y en pl. ❑ Su pl. es **tupís.** ‖ **2.** m. Lengua de estos indios, que pertenece a la gran familia guaraní, llamada también **tupí** guaraní.

tupido, da. adj. **espeso,** que tiene sus elementos muy juntos o apretados.

tupir. tr. Apretar mucho una cosa cerrando sus poros o intersticios. Ú. t. c. prnl.

tur. m. Excursión, gira o viaje por distracción.

turba[1]. f. Combustible fósil formado de residuos vegetales acumulados en sitios pantanosos, de color pardo oscuro, aspecto terroso y poco peso, y que al arder produce humo denso. ‖ **2.** Estiércol mezclado con carbón mineral que se emplea como combustible en los hornos de ladrillos.

turba[2]. f. Muchedumbre de gente confusa y desordenada.

turbación. f. Acción y efecto de turbar o turbarse. ‖ **2.** Confusión, desorden, desconcierto.

turbador, ra. adj. Que causa turbación. Ú. t. c.s.

turbal. m. **turbera.**

turbamulta. f. fam. Multitud confusa y desordenada.

turbante. m. Tocado propio de las naciones orientales, que consiste en una faja larga de tela rodeada a la cabeza.

turbar. tr. Alterar o interrumpir el estado o curso natural de una cosa. Ú. t. c. prnl. ‖ **2.** fig. Sorprender o aturdir a uno, de modo que no acierte a hablar o a proseguir lo que estaba haciendo. Ú. t. c. prnl. ‖ **3.** fig. Interrumpir, violenta o molestamente, la quietud. TURBAR *el sosiego, el silencio.* Ú. t. c. prnl.

turbera. f. Sitio donde yace la turba¹.

turbidez. f. Calidad de turbio.

turbina. f. Máquina destinada a transformar en movimiento giratorio de una rueda de paletas la presión de un fluido. TURBINA *de vapor.*

turbinto. m. Árbol de América Meridional, de la familia de las anacardiáceas, con tronco recto, corteza resquebrajada y ramas colgantes; hojas compuestas de hojuelas lanceoladas siempre verdes; flores pequeñas, blanquecinas, en panojas axilares, y fruto en bayas redondas de corteza rojiza y olor de pimienta. Da buena trementina y con sus bayas se hace en América una bebida muy grata.

turbio, bia. adj. Mezclado o alterado por una cosa que oscurece o quita la claridad natural o transparencia. ‖ **2.** fig. Revuelto, dudoso, azaroso. Aplícase a tiempos y circunstancias. ‖ **3.** fig. Confuso, poco claro. Aplícase a la visión o al lenguaje, locución, etc. ‖ **4.** fig. Deshonesto o de licitud dudosa.

turbión. m. Aguacero con viento fuerte, que viene repentinamente y dura poco. ‖ **2.** fig. Multitud de cosas que vienen juntas y violentamente y ofenden y lastiman.

turbo-. elem. compos. que, en nombres de máquinas, indica que el motor es una turbina: TURBO*compresor*, TURBO*hélice.*

turboalternador. m. Conjunto de un alternador eléctrico y de la turbina que lo mueve.

turbocompresor. m. Máquina que comprime un gas por la acción de una turbina.

turbogenerador. m. Generador eléctrico movido por una turbina de gas, de vapor o hidráulica.

turbohélice. m. Motor de aviación en que una turbina mueve la hélice.

turbopropulsor. m. **turbohélice.**

turborreactor. m. *Aviac.* Motor de reacción del que es parte funcional una turbina de gas.

turbulencia. f. Calidad de turbio o de turbulento. ‖ **2.** fig. Confusión, alboroto o perturbación. ‖ **3.** *Fís.* Extensión en la cual un fluido tiene un movimiento turbulento.

turbulento, ta. adj. Turbio y agitado, especialmente hablando de líquidos. ‖ **2.** fig. Agitado y desordenado, hablando de acciones y situaciones. ‖ **3.** fig. Dícese de la persona agitadora, que promueve disturbios, discusiones, etc. Ú. t. c. s.

turca. f. fam. Borrachera, embriaguez.

turco, ca. adj. Aplícase al individuo de un pueblo que, procedente del Turquestán, se estableció en Asia Menor y en la parte oriental de Europa, a las que dio nombre. Ú. t. c. s. ‖ **2.** Natural de Turquía. Ú. t. c. s. ‖ **3.** m. Lengua **turca.**

turcomano, na. adj. Aplícase al individuo de cierta rama de la raza turca, muy numerosa en Persia y otras regiones de Asia. Ú. t. c. s.

turdetano, na. adj. Dícese de un pueblo hispánico prerromano, considerado heredero de los tartesios y que habitaba la mayor parte de la actual Andalucía.

túrdiga. f. Tira de pellejo.

túrdulo, la. adj. Gentilicio que significa a veces lo mismo que **turdetano,** pero que por lo general se refiere más precisamente a los pobladores antiguos de Andalucía central: zonas llanas de las provincias de Córdoba y Jaén, e interior de las de Cádiz, Málaga y Granada. También hubo **túrdulos** en otras regiones de la Península (Sierra Morena, costa de Portugal). Ú. t. c. s.

turgencia. f. Cualidad de turgente.

turgente. adj. Abultado, elevado.

túrgido, da. adj. poét. **turgente,** abultado.

turíbulo. m. **incensario.**

turión. m. *Bot.* Yema que nace de un tallo subterráneo; como en los espárragos.

turismo. m. Afición a viajar por placer. ‖ **2.** Organización de los medios conducentes a facilitar estos viajes. ‖ **3. automóvil de turismo.**

turista. com. Persona que recorre un país por distracción y recreo.

turístico, ca. adj. Perteneciente o relativo al turismo.

turma. f. **testículo.**

turmalina. f. Mineral formado por un silicato de alúmina con ácido bórico, magnesia, cal, óxido de hierro y otras sustancias, que se encuentra en los granitos. Sus variedades verdes y encarnadas suelen emplearse como piedras finas.

turmódigo, ga. adj. Dícese de un pueblo de la Hispania antigua que habitaba en la actual región de Burgos.

turnar. intr. Alternar con una o más personas en el repartimiento de una cosa o en el servicio de algún cargo, guardando orden sucesivo entre todas. Ú. t. c. prnl.

turno. m. Orden según el cual se suceden varias personas en el desempeño de cualquier actividad o función. ‖ **2. vez,** tiempo u ocasión de hacer una cosa por orden. ‖ **3.** Cada una de las intervenciones que, en pro o en contra de una propuesta, permiten los reglamentos de las Cámaras legislativas o corporaciones. ‖ **de turno.** loc. adj. Dícese de la persona o cosa a la que corresponde actuar en cierto momento, según la alternativa previamente acordada. *Médico* DE TURNO.

turolense. adj. Natural de Teruel. Ú. t. c. s.

turón. m. Mamífero carnívoro de la familia de los mustélidos, semejante al armiño, de unos 35 centímetros de largo sin contar la cola; con pelaje blanco alrededor de la boca y orejas, negro en las patas y cola y pardo oscuro en el resto del cuerpo. Despide olor fétido y habita en los bosques, donde se alimenta de roedores, anfibios y aves.

turonense. adj. Natural de Tours. Ú. t. c. s. ‖ **2.** Perteneciente a esta ciudad de Francia.

turpial. m. Nombre común de varias especies de pájaros americanos de plumaje negro con vistosas zonas de amarillo, naranja o rojo. Se agrupan en grandes bandos y su canto es variado y melodioso.

turquesa. f. Mineral amorfo, formado por un fosfato de alúmina con algo de cobre y hierro, de color azul verdoso, y casi tan duro como el vidrio, que se halla en granos menudos en distintos puntos de Asia, principalmente en Persia, y se emplea en joyería. ‖ **2.** adj. De color azul verdoso, como la **turquesa**. Ú. t. c. s.

turrar. tr. Tostar o asar en las brasas.

turrón. m. Dulce, por lo general, en forma de tableta, hecho de almendras, piñones, avellanas o nueces, tostado todo y mezclado con miel y azúcar.

turulato, ta. adj. fam. Alelado, estupefacto.

turullo. m. Cuerno que usan los pastores para llamar y reunir el ganado.

tusígeno, na. adj. *Pat.* Que produce tos.

tuso. m. fam. Voz para llamar o espantar a los perros.

tusón[1]. m. Vellón de la oveja o del carnero.

tusón[2], na. m. y f. Potro o potranca que no ha llegado a dos años.

tute. m. Juego de naipes en que gana quien reúne los cuatro reyes o los cuatro caballos. ‖ **2.** Reunión en este juego, de los cuatro reyes o los cuatro caballos. ‖ **3.** fig. Esfuerzo excesivo que se obliga a hacer a personas o animales en un trabajo o ejercicio. Ú. especialmente en la fr. **dar un tute.** Ú. m. c. prnl. ‖ **4.** fig. Acometida que se da a una cosa en su uso, consumo o ejecución, reduciéndola o acabándola. Ú. especialmente en la frase **dar un tute.**

tutear. tr. Hablar a uno empleando el pronombre de segunda persona. Con su uso se borran todos los tratamientos de cortesía y de respeto. Ú. t. c. prnl.

tutela. f. Autoridad que, en defecto de la paterna o materna, se confiere para cuidar de la persona y los bienes de aquel que por menoría de edad, o por otra causa, no tiene completa capacidad civil. ‖ **2.** Cargo de tutor. ‖ **3.** fig. Dirección, amparo o defensa de una persona respecto de otra.

tutelar[1]. tr. Ejercer la tutela.

tutelar[2]. adj. Que guía, ampara o defiende. Ú. t. c. s.

tuteo. m. Acción y efecto de tutear.

tutiplén (a). loc. adv. fam. En abundancia, a porrillo.

tutor, ra. m. y f. Persona que ejerce la tutela. ‖ **2.** Persona encargada de orientar a los alumnos de un curso o asignatura. ‖ **3.** Profesor privado que se encargaba de la educación general de los hijos de una familia. ‖ **4.** fig. Defensor, protector o director en cualquier línea. ‖ **5.** m. **rodrigón,** caña o estaca que se clava junto a un arbusto para mantenerlo derecho en su crecimiento.

tutoría. f. Cargo de tutor.

tutú. m. Faldellín usado por las bailarinas de danza clásica. ❑ pl. *tutús.*

tuya. f. Árbol americano de la familia de las cupresáceas, con hojas siempre verdes y de forma de escamas; madera muy resistente y fruto en piñas pequeñas y lisas.

tuyo, ya. pron. poses. de segunda persona en género masculino y femenino y ambos números singular y plural. Con la terminación del masculino, en singular, ú. t. c. neutro. ‖ **la tuya.** loc. fam. con que se indica que ha llegado la ocasión favorable a la persona de que se trata. ❑ Ú. m. con el verbo *ser. Ahora* ES, O SERÁ LA TUYA.

u[1]**.** f. Vigésima segunda letra del abecedario español, última de sus vocales y que representa una de las dos de sonido más cerrado. Pronúnciase emitiendo la voz con los labios algo más alargados y fruncidos que para pronunciar la *o* y con la lengua más retraída y más elevada en su dorso hacia el velo del paladar. Es letra muda en las sílabas *que, qui,* v. gr.: *queja, quicio;* y también, por regla general, en las sílabas *gue, gui,* v. gr.: *guerra, guión.* Cuando en una de estas dos últimas tiene sonido, debe llevar diéresis, como en *vergüenza, argüir.* ❑ pl. *úes.*

u[2]**.** conj. disyunt. que para evitar el hiato se emplea en vez de *o* ante palabras que empiezan por esta última letra o por *ho;* v. gr.: *diez* U *once; belga* U *holandés.*

ubérrimo, ma. adj. sup. Muy abundante y fértil.

ubetense. adj. Natural de Úbeda. Ú. t. c. s. ‖ **2.** Perteneciente a esta unidad de la provincia de Jaén.

ubicar. intr. Estar en determinado espacio o lugar. Ú. m. c. prnl. ‖ **2.** tr. *Amér.* Situar o instalar en determinado espacio o lugar.

ubicuo, cua. adj. Que está presente a un mismo tiempo en todas partes. Dícese principalmente de Dios. ‖ **2.** fig. Aplícase a la persona que todo lo quiere presenciar y vive en continuo movimiento.

ubre. f. Cada una de las tetas de la hembra, en los mamíferos.

uci. f. **unidad de cuidados intensivos.**

ucraniano, na. adj. Natural de Ucrania. Ú. t. c. s. ‖ **2.** Perteneciente o relativo a este país situado al norte del Mar Negro. ‖ **3.** m. Lengua de los **ucranianos,** perteneciente al grupo oriental de las lenguas eslavas.

¡uf! interj. con que se denota cansancio, fastidio, sofoco o repugnancia.

ufanarse. prnl. Jactarse, vanagloriarse.

ufano, na. adj. Arrogante, presuntuoso, engreído. ‖ **2.** fig. Satisfecho, alegre, contento.

ufología. f. Estudio de los supuestos objetos volantes no identificados, cuyas siglas inglesas son *ufo.*

ufólogo, ga. m. y f. Persona versada en ufología.

ugrofinés. adj. Dícese de un grupo de lenguas uralaltaicas, que comprende principalmente el húngaro, el finlandés y el estonio.

ujier. m. Portero de estrados de un palacio o tribunal. ‖ **2.** Empleado subalterno que en algunos tribunales y cuerpos del Estado tiene a su cargo la práctica de ciertas diligencias en la tramitación de los asuntos, y algunas veces cuida del orden y mantenimiento de los estrados. ❑ No confundir con *bedel, conserje* u *ordenanza.*

ulano. m. En los ejércitos austriaco, alemán y ruso, soldado de caballería armado de lanza.

úlcera. f. Lesión de la piel o de las mucosas, con escasa tendencia a cicatrizar. ÚLCERA *de estómago.* ‖ **2.** Daño en la parte leñosa de las plantas, que se manifiesta por exudación de savia corrompida.

ulceración. f. Acción y efecto de ulcerar o ulcerarse.

ulcerar. tr. Causar úlcera. Ú. t. c. prnl.

ulmáceo, a. adj. *Bot.* Dícese de árboles o arbustos angiospermos dicotiledóneos, con ramas alternas, hojas aserradas, flores hermafroditas o unisexuales, solitarias o en cimas, y fruto seco con una sola semilla, aplastada y sin albumen, o drupas carnosas con una semilla; como el olmo y el almez. Ú. t. c. s. f. ‖ **2.** f. pl. *Bot.* Familia de estas plantas.

ulterior. adj. Que está de la parte de allá de un sitio o territorio. ‖ **2.** Que se dice, sucede o se ejecuta después de otra cosa. *Se han tomado providencias* ULTERIORES.

ultimar. tr. Dar fin a alguna cosa, acabarla, concluirla.

ultimátum. m. En el lenguaje diplomático, resolución terminante y definitiva, comunicada por escrito. ‖ **2.** fam. Resolución definitiva. ❑ pl. invar.

último, ma. adj. Aplícase a lo que en su línea no tiene otra cosa después de sí. ‖ **2.** Dícese de lo más remoto, retirado o escondido. *Se fue a la* ÚLTIMA *pieza de la casa.* ‖ **3.** Dícese de lo extremado en su línea. *La* ÚLTIMA *miseria; esto es lo* ÚLTIMO *que me quedaba por ver.* ‖ **a la última.** loc. adv. fam. A la **última** moda. ‖ **a últimos.** loc. En los **últimos** días del mes, año, etc., que se expresa o se sobrentiende. ‖ **estar** uno **a lo último, a los últimos, en las últimas,** o **en los últimos.** fr. fam. Estar para morir. ‖ **2.** fig. y fam. Estar muy apurado de una cosa, especialmente de dinero. ‖ **por último.** loc. adv. Después o detrás de todo, finalmente.

ultra. adv. Además de. ‖ **2.** En composición con algunas voces, más allá de, al otro lado de. ULTRA*mar.* ULTRA*puertos.* ‖ **3.** Antepuesta como partícula inseparable a algunos adjetivos, expresa idea de exceso. ULTRA*famoso,* ULTRA*ideal.* ‖ **4.** Aplíc. a los grupos políticos, o a las ideologías, o a las personas de extrema derecha. Ú. t. c. s. ‖ **5.** adj. Dícese de las ideologías que extreman y radicalizan sus opiniones.

ultracorrección. f. Deformación de una palabra por equivocado prurito de corrección, según el modelo de otras: p. ej., *inflacción* por *inflación,* por influjo de *transacción, lección,* etc.

ultraísmo. m. Movimiento poético promulgado en 1918 y que durante algunos años agrupó a los poetas españoles e hispanoamericanos que, manteniendo cada uno sus particulares ideales estéticos, coincidían en sentir la urgencia de una renovación radical del espíritu y la técnica.

ultraísta. adj. Perteneciente o relativo al ultraísmo. ‖ **2.** Dícese del poeta adepto al ultraísmo. Ú. t. c. s.

ultrajar. tr. Injuriar gravemente a alguien mediante palabras o acciones. ‖ **2.** Despreciar o humillar a una persona.

ultraje. m. Acción y efecto de ultrajar.

ultraligero, ra. adj. Sumamente ligero. ‖ **2.** *Aer.* Dícese de un avión deportivo de poco peso y escaso consumo. Ú. t. c. s. m.

ultramar. m. País o sitio que está de la otra parte del mar, considerado desde el punto en que se habla.

ultramarino, na. adj. Que está o se considera del otro lado o a la otra parte del mar. ‖ **2.** Aplícase a los géneros o comestibles traídos de la otra parte del mar, y más particularmente de América y Asia, y en general a los comestibles que se pueden conservar sin que se alteren fácilmente. Ú. m. c. s. m. y en pl. *Lonja, tienda de* ULTRAMARINOS. ‖ **3.** pl. Aplícase a las tiendas de comestibles.

ultramontano, na. adj. Que está más allá o de la otra parte de los montes.

ultranza (a). loc. adv. A todo trance, resueltamente.

ultrarrojo. adj. *Fís.* Que en el espectro luminoso está después del color rojo.

ultrasonido. m. Sonido cuya frecuencia de vibraciones es superior al límite perceptible por el oído humano. Tiene muchas aplicaciones industriales y se emplea en medicina.

ultratumba. f. Ámbito más allá de la muerte. Ú. m. en la loc. **de ultratumba.**

ultravioleta. adj. *Fís.* Perteneciente o relativo a la parte invisible del espectro luminoso, que se extiende a continuación del color violado y cuya existencia se revela principalmente por acciones químicas.

ulular. intr. Dar gritos o alaridos. ‖ **2.** fig. Producir sonido el viento.

umbela. f. *Bot.* Grupo de flores o frutos que nacen en un mismo punto del tallo y se elevan a igual o casi igual altura.

umbelífero, ra. adj. *Bot.* Dícese de plantas angiospermas dicotiledóneas, que tienen hojas por lo común alternas, más o menos divididas y con peciolos envainadores; flores en umbela, blancas o amarillas, y fruto compuesto de dos aquenios, en cada uno de los cuales hay una sola semilla; como el apio, el perejil, el hinojo, el comino y la zanahoria. Ú. t. c. s. f. ‖ **2.** f. pl. *Bot.* Familia de estas plantas.

umbilical. adj. *Anat.* Perteneciente o relativo al ombligo. *Vasos* UMBILICALES.

umbral. m. Parte inferior o escalón, por lo común de piedra y contrapuesto al dintel, en la puerta o entrada de una casa. ‖ **2.** fig. Paso primero y principal o entrada de cualquier cosa. ‖ **3.** *Arq.* Madero que se atraviesa en lo alto de un vano, para sostener el muro que hay encima. ‖ **4.** *Psicol.* Valor a partir del cual empiezan a ser perceptibles los efectos de un agente físico. UMBRAL *luminoso, sonoro,* etc. ❑ No utilizar por *dintel.*

umbrío, a. adj. Dícese del lugar donde da poco el sol.

un, una. Artículo indeterminado en género masculino y femenino y número singular. Puede usarse con énfasis para indicar que la persona o cosa a que se antepone se considera en todas sus cualidades más características. ¡UN *Avellaneda competir con* UN *Cervantes!* ‖ **2.** adj. **uno.**

unánime. adj. Dícese del conjunto de las personas que convienen en un mismo parecer, dictamen, voluntad o sentimiento. ‖ **2.** Aplícase a este parecer, dictamen, voluntad o sentimiento.

unanimidad. f. Cualidad de unánime. ‖ **por unanimidad.** loc. adv. Sin discrepancia, unánimemente.

unción. f. Acción de ungir o untar. ‖ **2.** Devoción, recogimiento y perfección con que el ánimo se entrega a la exposición de una idea, a la realización de una obra, etc.

uncir. tr. Atar o sujetar al yugo bueyes, mulas u otras bestias.

undécimo, ma. adj. Que sigue inmediatamente en orden al o a lo décimo. ‖ **2.** Dícese de cada una de las once partes iguales en que se divide un todo. Ú. t. c. s. ❑ No utilizar **decimoprimero.*

undoso, sa. adj. Que se mueve haciendo ondas.

ungir. tr. Signar con óleo sagrado a una persona, para denotar el carácter de su dignidad, o para la recepción de un sacramento.

ungüento. m. Sustancia, generalmente con propiedades terapéuticas o cosméticas, que sirve para untar la piel del cuerpo.

unguiculado, da. adj. *Zool.* Que tiene los dedos terminados por uñas. Ú. t. c. s.

unguis. m. *Anat.* Hueso muy pequeño y delgado de la parte anterior e interna de cada una de las órbitas, el cual contribuye a formar los conductos lagrimal y nasal. ❑ pl. invar.

ungulado, da. adj. *Zool.* Dícese del mamífero que tiene casco o pezuña. Ú. t. c. s. ‖ **2.** m. pl. *Zool.* Grupo de estos animales, que comprende los perisodáctilos y los artiodáctilos.

ungular. adj. Que pertenece o se refiere a la uña.

únicamente. adv. m. Sola o precisamente.

unicameral. adj. Dícese del poder legislativo formado por una sola cámara de representantes.

unicelular. adj. Que consta de una sola célula.

unicidad. f. Cualidad de único.

único, ca. adj. Solo y sin otro de su especie. ‖ **2.** fig. **singular,** extraordinario, excelente.

unicornio. m. Animal fabuloso que fingieron los antiguos poetas, de figura de caballo y con un cuerno recto en mitad de la frente.

unidad. f. Propiedad de todo ser, en virtud de la cual no puede dividirse sin que su esencia se destruya o altere. ‖ **2.** Singularidad en número o calidad. ‖ **3.** Unión o conformidad. ‖ **4.** Cualidad de la obra literaria o artística en que solo hay un asunto o pensamiento principal, generador y lazo de unión de todo lo que en ella ocurre, se dice o representa. ‖ **5.** *Mat.* Cantidad que se toma por medida o término de comparación de las demás de su especie. ‖ **6.** *Mil.* Fracción, constitutiva o independiente, de una fuerza militar. ‖ **de cuidados intensivos.** Sección hospitalaria donde se concentran aparatos y personal especializado para la vigilancia y el tratamiento de enfermos muy graves, que requieren atención inmediata y mantenida. Se la menciona a menudo por su acrónimo UCI. ‖ **de vigilancia intensiva. unidad de cuidados intensivos.** Se la menciona con frecuencia por su acrónimo UVI. ‖ **monetaria.** Moneda real o imaginaria que sirve legalmente de patrón en cada país y de la cual se derivan las demás.

unifamiliar. adj. Que corresponde a una sola familia.

unificar. tr. Hacer de muchas cosas una o un todo, uniéndolas, mezclándolas o reduciéndolas a una misma especie. Ú. t. c. prnl.

uniformar. tr. Hacer uniformes dos o más cosas. Ú. t. c. prnl. ‖ **2.** Dar traje igual a los individuos de un cuerpo o comunidad.

uniforme. adj. Dícese de dos o más cosas que tienen la misma forma. ‖ **2.** Igual, conforme, semejante. ‖ **3.** m. Traje peculiar y distintivo que por establecimiento o concesión usan los militares y otros empleados o los individuos que pertenecen a un mismo cuerpo o colegio.

unigénito, ta. adj. Aplícase al hijo único. ‖ **2.** m. Por antonom., el Verbo eterno, Hijo de Dios, que es **unigénito** del Padre.

unilateral. adj. Se dice de lo que se refiere o se circunscribe solamente a una parte o a un aspecto de alguna cosa. ‖ **2.** *Bot.* Que está colocado solamente a un lado. *Panojas* UNILATERALES.

unión. f. Acción y efecto de unir o unirse. ‖ **2.** Correspondencia y conformidad de una cosa con otra, en el sitio o composición. ‖ **3.** Conformidad y concordia de los ánimos, voluntades o dictámenes. ‖ **4.** Acción y efecto de unirse en matrimonio, casamiento. ‖ **5.** Alianza, confederación, compañía. ‖ **6.** *Mat.* Conjunto que contiene todos los elementos de dos conjuntos dados.

unionismo. m. Doctrina que favorece y defiende la unión de partidos o naciones.

unionista. adj. Dícese de la persona, partido o doctrina, que mantiene cualquier ideal de unión. U. t. c. s.

unipersonal. adj. Que consta de una sola persona. ‖ **2.** Que corresponde o pertenece a una sola persona.

unir. tr. Juntar dos o más cosas entre sí, haciendo de ellas un todo. ‖ **2.** Mezclar o trabar algunas cosas entre sí, incorporándolas. ‖ **3.** fig. Concordar o conformar las voluntades, ánimos o pareceres. ‖ **4.** prnl. Confederarse o convenirse varios para el logro de algún intento, ayudándose mutuamente.

unisexual. adj. *Biol.* Dícese del individuo vegetal o animal que tiene un solo sexo.

unísono, na. adj. Dícese de lo que tiene el mismo tono o sonido que otra cosa. ‖ **2.** m. *Mús.* Trozo de música en que las varias voces o instrumentos suenan en idénticos tonos. ‖ **al unísono.** loc. adv. fig. Sin discrepancia, con unanimidad.

unitario, ria. adj. Perteneciente o relativo a la unidad. ‖ **2.** Que propende a la unidad o desea conservarla.

universal. adj. Perteneciente o relativo al universo. ‖ **2.** Que comprende o es común a todos en su especie, sin excepción de ninguno. ‖ **3.** Que pertenece o se extiende a todo el mundo, a todos los países, a todos los tiempos. ‖ **4.** m. pl. *Lóg.* **ideas universales.**

universalidad. f. Cualidad de universal.

universalizar. tr. Hacer universal una cosa, generalizarla mucho.

universidad. f. Institución de enseñanza superior que comprende diversas facultades, y que confiere los grados académicos correspondientes. Según las épocas y países puede comprender colegios, institutos, departamentos, centros de investigación, escuelas profesionales, etc. ‖ **2.** Edificio o conjunto de edificios destinado a las cátedras y oficinas de una **universidad.**

universitario, ria. adj. Perteneciente o relativo a la universidad, institución de enseñanza superior. ‖ **2.** Perteneciente o relativo a la universidad, edificio o conjunto de edificios. ‖ **3.** m. y f. Profesor, graduado o estudiante de universidad.

universo, sa. adj. **universal.** ‖ **2.** m. Conjunto de las cosas creadas, mundo. ‖ **3.** Conjunto de individuos o elementos cualesquiera en los cuales se consideran una o más características que se someten a estudio estadístico.

unívoco, ca. adj. Dícese de lo que tiene igual naturaleza o valor que otra cosa. Ú. t. c. s. ‖ **2.** *Lóg.* Dícese del término que se predica de varios individuos con la misma significación. *Animal es término* UNÍVOCO *que conviene a todos los vivientes dotados de sensibilidad.* Ú. t. c. s. ‖ **3.** *Mat.* V. **correspondencia unívoca.**

uno, na. adj. Que no está dividido en sí mismo. ‖ **2.** Dícese de la persona o cosa identificada o unida, física o moralmente, con otra. ‖ **3.** Idéntico, lo mismo. *Esa razón y la que yo digo es* UNA. ‖ **4. único,** solo, sin otro de su especie. ‖ **5.** Con sentido distributivo se usa contrapuesto a *otro. El* UNO *leía, el* OTRO *estudiaba.* ‖ **6.** pl. Algunos, **unos** indeterminados. UNOS *años después.* ‖ **7.** Antepuesto a un número cardinal, poco más o menos. *Eso valdrá* UNAS *cien pesetas; dista de la ciudad* UNOS *tres kilómetros.* ‖ **8.** Pronombre indeterminado que, en singular, significa **una** y en plural dos o más personas cuyo nombre se ignora o no quiere decirse. UNO *lo dijo;* UNOS *lo contaron anoche.* Ú. también en número singular y aplicado a la persona que habla o a una indeterminada. *Cuando* UNO *confiesa y llora su culpa, merece compasión; no siempre está* UNO *de humor para hacer tal cosa. Le fastidian a* UNO. UNO *no sabe qué hacer.* ‖ **9.** m. Unidad, cantidad que se toma como término de comparación. ‖ **10.** Signo o guarismo con que se expresa la unidad sola. ‖ **a una.** loc. adv. A un tiempo, unidamente o juntamente. ‖ **una de dos.** loc. que se emplea para contraponer en disyuntiva dos cosas o ideas. UNA DE DOS: *o te enmiendas, o rompemos las amistades.*

untar. tr. Aplicar y extender superficialmente aceite u otra materia grasa sobre una cosa. ‖ **2.** fig. y fam. Corromper o sobornar a uno con dones o dinero. ‖ **3.** prnl. Mancharse casualmente con una materia untuosa o sucia.

unto. m. Materia grasa a propósito para untar. ‖ **2.** Crasitud o gordura interior del cuerpo del animal.

untuoso, sa. adj. Que tiene una consistencia grasa y pegajosa.

uña. f. Parte del cuerpo animal, dura, de naturaleza córnea, que nace y crece en las extremidades de los dedos. ‖ **2.** Casco o pezuña de los animales que no tienen dedos separados. ‖ **3.** Punta corva en que remata la cola del alacrán, y con la cual pica. ‖ **4.** Espina corva de algunas plantas. ‖ **de uñas.** loc. adv. fig. y fam. En actitud hostil o agresiva. ❏ Ú. con los verbos *estar* y *ponerse.* ‖ **ser uña y carne** dos o más personas. fr. fig. y fam. Haber estrecha amistad entre ellas.

uñero. m. Inflamación en la raíz de la uña. ‖ **2.** Herida que produce la uña cuando, al crecer viciosamente, se introduce en la carne.

upa. Voz para esforzar a levantar algún peso o a levantarse. Dícese especialmente a los niños. ‖ **a upa.** loc. adv. En brazos. Es voz infantil.

upar. tr. Levantar, aupar.

uralaltaico, ca. adj. Perteneciente o relativo a los Urales o al Altai. ‖ **2.** Dícese de una gran familia de lenguas aglutinantes, cuyos principales grupos son el mogol, el turco y el ugrofinés, y de los pueblos que hablan estas lenguas.

uralita. f. Material de construcción hecho a base de cemento y de fibras, generalmente de asbesto, usado sobre todo en cubiertas y tejados.

uranio. m. Elemento químico radiactivo de núm. atóm. 92. Metal abundante en la corteza terrestre; se encuentra principalmente en la pecblenda. De color blanco argénteo, muy pesado, dúctil y maleable, es fácilmente inflamable, muy tóxico y capaz de sufrir fisión. Se usa como combustible nuclear, y sus sales se emplean en fotografía y en la industria del vidrio; uno de sus isótopos se utilizó en la fabricación de la primera bomba atómica. Símb. *U.*

Urano. n. p. m. Planeta mucho mayor que la Tierra, distante del Sol diecinueve veces más que ella y acompañado de cuatro satélites. No es perceptible a simple vista y fue descubierto en el siglo XVIII.

urbanidad. f. Cortesanía, comedimiento, atención y buen modo.

urbanismo. m. Conjunto de conocimientos relativos a la creación, desarrollo, reforma y progreso de las poblaciones según conviene a las necesidades de la vida humana.

urbanización. f. Acción y efecto de urbanizar. ‖ **2.** Núcleo residencial urbanizado.

urbanizar. tr. Hacer urbano y sociable a uno. Ú. t.c. prnl. ‖ **2.** Convertir en poblado una porción de terreno o prepararlo para ello, abriendo calles y dotándolas de luz, pavimento y demás servicios municipales.

urbano, na. adj. Perteneciente o relativo a la ciudad. ‖ **2.** fig. Cortés, atento y de buen modo.

urbe. f. Ciudad, especialmente la muy populosa.

urbi et orbi. expr. lat. fig. A los cuatro vientos, a todas partes. ❑ No utilizar **urbi et orbe.*

urdimbre. f. Estambre después de urdido. ‖ **2.** Conjunto de hilos que se colocan en el telar paralelamente unos a otros para formar una tela. ‖ **3.** fig. Acción de urdir o maquinar alguna cosa.

urdir. tr. Preparar los hilos en una especie de devanadera para pasarlos al telar. ‖ **2.** fig. Maquinar y disponer cautelosamente una cosa contra alguno, o para la consecución de algún designio.

urea. f. *Quím.* Producto nitrogenado de excreción, que constituye la mayor parte de la materia orgánica contenida en la orina de los vertebrados terrestres. Es la diamida del ácido carbónico, muy soluble en el agua, cristalizable, inodora e incolora.

uremia. f. *Pat.* Conjunto de síntomas cerebrales, respiratorios, circulatorios, digestivos, etc., producidos por la acumulación en la sangre y en los tejidos de venenos derivados del metabolismo orgánico eliminados por el riñón cuando el estado es normal.

urente. adj. Que escuece, ardiente, abrasador.

uréter. m. *Anat.* Cada uno de los conductos por donde desciende la orina a la vejiga desde los riñones.

uretra. f. *Anat.* Conducto por donde en el género humano y en otros animales es emitida la orina desde la vejiga al exterior.

urgencia. f. Cualidad de urgente. ‖ **2.** Necesidad o falta apremiante de lo que es menester para algún negocio. ‖ **3.** pl. Sección de los hospitales en que se atiende a los enfermos y heridos graves que necesitan cuidados médicos inmediatos. ❑ No utilizar por *emergencia.*

urgente. adj. Que urge.

urgir. intr. Instar o precisar una cosa a su pronta ejecución o remedio. ‖ **2.** Obligar actualmente la ley o el precepto.

úrico, ca. adj. Perteneciente o relativo al ácido **úrico.**

urinario, ria. adj. Perteneciente o relativo a la orina. ‖ **2.** m. Lugar destinado para orinar y en especial el dispuesto para el público en calles, teatros, etc.

urna. f. Caja de metal, piedra u otra materia, que entre los antiguos servía para varios usos, como guardar dinero, los restos o las cenizas de los cadáveres humanos, etc. ‖ **2.** Arquita de hechura varia, que sirve para depositar las cédulas, números o papeletas en los sorteos y en las votaciones secretas. ‖ **3.** Caja de cristales planos a propósito para tener dentro visibles y resguardados del polvo efigies u otros objetos preciosos.

uro. m. Bóvido salvaje muy parecido al toro, pero de mayor tamaño; fue abundantísimo en la Europa central en la época diluvial y se extinguió la especie en 1627.

-uro. suf. adoptado por convenio en la nomenclatura química para designar las sales de los hidrácidos: *clor*URO, *sulf*URO.

urodelo. adj. *Zool.* Dícese de anfibios que durante toda su vida conservan una larga cola que utilizan para nadar y tienen cuatro extremidades, aunque a veces faltan las dos posteriores; en algunos persisten las branquias en el estado adulto; como la salamandra. Ú. t. c. s. ‖ **2.** m. pl. *Zool.* Orden de estos animales.

urogallo. m. Ave gallinácea, de unos 8 decímetros de largo y 15 de envergadura, con plumaje pardo negruzco veteado de gris, patas y pico negros, tarsos emplumados y cola redonda. Vive en los bosques, y en la época del celo da gritos roncos.

urología. f. Parte de la medicina referente al aparato urinario.

urólogo, ga. m. y f. *Med.* Especialista en urología.

urraca. f. Pájaro que tiene cerca de medio metro de largo y unos seis decímetros de envergadura, con pico y pies negruzcos, y plumaje blanco en el vientre y arranque de las alas, y negro con reflejos metálicos en el resto del cuerpo. Abunda en España, se domestica con facilidad, es vocinglera, remeda palabras y trozos cortos de música, y suele llevarse al nido objetos pequeños, sobre todo si son brillantes.

ursulina. adj. Dícese de la religiosa que pertenece a la Congregación agustiniana fundada por Santa Ángela de Brescia, en el siglo XVI, para educación de niñas y cuidado de enfermos. Ú. t. c. s.

urticáceo, a. adj. *Bot.* Aplícase a plantas angiospermas dicotiledóneas, arbustos o hierbas, de hojas sencillas, opuestas o alternas, con estípulas y casi siempre provistas de pelos que segregan un jugo urente; flores pequeñas en espigas, panojas o cabezuelas; fruto desnudo o incluso en el perigonio y semilla de albumen carnoso; como la ortiga. Ú. t.c. s. f. ‖ **2.** f. pl. *Bot.* Familia de estas plantas.

urticante. adj. Que produce comezón semejante a las picaduras de ortiga.

urticaria. f. *Pat.* Enfermedad eruptiva de la piel, cuyo síntoma más notable es una comezón parecida a la que producen las picaduras de la ortiga.

uruguayo, ya. adj. Natural del Uruguay. Ú. t. c. s. ‖ **2.** Perteneciente o relativo a esta nación de América del Sur.

usado, da. adj. Gastado y deslucido por el uso. ‖ **2.** Habituado, ejercitado, práctico en alguna cosa.

usanza. f. Uso que está en boga, moda.

usar. tr. Hacer servir una cosa para algo. Ú. t. c. intr. ‖ **2.** Disfrutar uno alguna cosa. ‖ **3.** Ejecutar o practicar alguna cosa habitualmente o por costumbre. ‖ **4.** Llevar una prenda de vestir, un adorno personal o tener por costumbre ponerse algo. ‖ **5.** prnl. Estar de moda.

useñoría. com. desus. Metapl. de **vueseñoría,** vuestra señoría.

usía. com. Síncopa de **usiría,** vuestra señoría.

usiría. com. ant. Metapl. de **useñoría,** vuestra señoría.

uso. m. Acción y efecto de usar. ‖ **2.** Ejercicio o práctica general de una cosa. ‖ **3. moda, uso** que está en boga. ‖ **4.** Modo determinado de obrar que tiene una persona o una cosa. ‖ **de razón.** Posesión del natural discernimiento, que se adquiere pasada la primera niñez. ‖ **al uso.** loc. adv. Conforme o según él.

usted. Pronombre de segunda persona, usado en vez de *tú* como tratamiento de cortesía, respeto o distanciamiento.

usual. adj. Que común o frecuentemente se usa o se practica.

usuario, ria. adj. Que usa ordinariamente una cosa. Ú. t. c. s. ‖ **2.** *Der.* Aplícase al que tiene derecho de usar de la cosa ajena con cierta limitación. Ú. m. c. s.

usucapión. f. *Der.* Adquisición de un derecho mediante su ejercicio en las condiciones y durante el tiempo previsto por la ley.

usufructo. m. Derecho a disfrutar bienes ajenos con la obligación de conservarlos, salvo que la ley autorice otra cosa. ‖ **2.** Utilidades, frutos o provechos que se sacan de cualquier cosa.

usufructuario, ria. adj. Dícese de la persona que posee y disfruta una cosa. Ú. t. c. s.

usura. f. Interés excesivo en un préstamo. ‖ **2.** fig. Ganancia, fruto, utilidad o aumento que se saca de una cosa, especialmente cuando es excesivo.

usurero, ra. m. y f. Persona que presta con usura o interés excesivo. ‖ **2.** Por ext., se dice de la persona que en otros contratos o granjerías obtiene lucro desmedido.

usurpación. f. Acción y efecto de usurpar. ‖ **2.** Cosa usurpada; especialmente el terreno usurpado.

usurpar. tr. Apoderarse de una propiedad o de un derecho que legítimamente pertenece a otro, por lo general con violencia. ‖ **2.** Arrogarse la dignidad, empleo u oficio de otro, y usarlos como si fueran propios.

utensilio. m. Lo que sirve para el uso manual y frecuente. UTENSILIO *de cocina, de la mesa.* Ú. m. en pl. ‖ **2.** Herramienta o instrumento de un oficio o arte. Ú. m. en pl.

uterino, na. adj. Perteneciente o relativo al útero.

útero. m. Matriz de la mujer y de los animales hembras.

útil[1]. adj. Que trae o produce provecho, comodidad, fruto o interés. ‖ **2.** Que puede servir y aprovechar en alguna línea. ‖ **3.** *Der.* Aplícase al tiempo o días hábiles de un término señalado por la ley o la costumbre, no contándose aquellos en que no se puede actuar. Fuera del lenguaje jurídico se extiende a otras materias y asuntos.

útil[2]. m. Utensilio o herramienta. Ú. m. en pl.

utilería. f. Conjunto de útiles o instrumentos que se usan en un oficio o arte. ‖ **2.** Conjunto de objetos y enseres que se emplean en un escenario teatral o cinematográfico.

utilidad. f. Cualidad de útil[1]. ‖ **2.** Provecho, conveniencia, interés o fruto que se saca de una cosa.

utilitario, ria. adj. Que solo propende a conseguir lo útil[1]; que antepone a todo la utilidad.

utilitarismo. m. Doctrina filosófica moderna que considera la utilidad como principio de la moral.

utilizar. tr. Aprovecharse de una cosa. Ú. t. c. prnl.

utillaje. m. Conjunto de útiles necesarios para una industria.

utopía o **utopia.** f. Plan, proyecto, doctrina o sistema optimista que aparece como irrealizable en el momento de su formulación.

utópico, ca. adj. Perteneciente o relativo a la utopía. Ú. t. c. s.

utrero, ra. m. y f. Novillo o novilla desde los dos años hasta cumplir los tres.

ut supra. loc. adv. lat. Se emplea en ciertos documentos para referirse a una fecha, cláusula o frase escrita más arriba, y evitar su repetición.

uva. f. Fruto de la vid, que es una baya o grano más o menos redondo y jugoso, el cual nace apiñado con otros, adheridos todos a un vástago común por un pezón, y formando racimos. ‖ **albilla.** Variedad de **uva,** de hollejo tierno y delgado y muy gustosa. ‖ **moscatel.** Variedad de **uva,** blanca o morada, de grano redondo y muy liso y gusto muy dulce.

uve. f. Nombre de la letra *v.* ❑ pl. *uves.*

uvi. f. **unidad de vigilancia intensiva.**

úvula. f. *Anat.* Ganglio situado en la parte media del velo del paladar, colgante y de forma cónica y textura blanda.

uxoricidio. m. Muerte causada a la mujer por su marido.

v. f. Vigésima tercera letra del abecedario español, y decimoctava de sus consonantes. Su nombre es **ve** o **uve.** Actualmente representa el mismo sonido que la *b* en todos los países de la lengua española. Su articulación, por lo tanto, es bilabial y sonora, oclusiva en posición inicial absoluta o después de nasal *(venid, envío)* y fricativa en los demás casos *(ave, arveja).* ‖ **2.** Letra que tiene el valor de cinco en la numeración romana. ‖ **doble. w.**

vaca. f. Hembra del toro. ‖ **2.** Carne de **vaca** o de buey, que se emplea como alimento. ‖ **3.** Cuero de la **vaca** después de curtido. ‖ **marina. manatí,** mamífero sirenio. ❑ No confundir con *baca.*

vacación. f. Descanso temporal de una actividad habitual, principalmente del trabajo remunerado o de los estudios. Ú. m. en pl.

vacante. adj. Aplícase al cargo, empleo o dignidad que está sin proveer. Ú. t. c. s. f. ❑ No confundir con *bacante.*

vacar. intr. Cesar uno por algún tiempo en sus habituales negocios, estudios o trabajo. ‖ **2.** Quedar un empleo, cargo o dignidad sin persona que lo desempeñe o posea.

vacceo, a. adj. Dícese de un pueblo hispánico prerromano que habitaba un territorio extendido a ambos lados del Duero por los actuales términos de Medina del Campo, Valladolid, Palencia, Sahagún, Villalpando y Toro. ‖ **2.** Dícese de los individuos que formaban este pueblo. Ú. t. c. s. ‖ **3.** Perteneciente o relativo a los **vacceos.**

vaccinieo, a. adj. *Bot.* Dícese de matas o arbustillos pertenecientes a la familia de las ericáceas, con hojas simples, casi sentadas y perennes, flores solitarias o en racimo, y fruto en bayas jugosas con semillas de albumen carnoso; como el arándano. Ú. t. c. s. f.

vaciado. m. Acción de vaciar en un molde un objeto de metal, yeso, etc.

vaciar. tr. Dejar vacía alguna cosa. VACIAR *una botella;* VACIAR *el bolsillo.* Ú. t. c. prnl. ‖ **2.** Sacar, verter o arrojar el contenido de una vasija u otra cosa. VACIAR *agua en la calle.* Ú. t. c. prnl. ‖ **3.** Formar un objeto echando en un molde hueco metal derretido u otra materia blanda. ‖ **4.** Sacar filo muy agudo en la piedra a los instrumentos cortantes delicados. ‖ **5.** intr. Hablando de los ríos o corrientes, desaguar.

vaciedad. f. fig. Necedad, sandez, simpleza.

vacilación. f. Acción y efecto de vacilar. ‖ **2.** fig. Perplejidad, irresolución.

vacilar. intr. Moverse indeterminadamente una cosa. ‖ **2.** Estar poco firme una cosa en su estado, o tener riesgo de caer o arruinarse. ‖ **3.** fig. Titubear, estar una persona indecisa. ❑ No confundir con *bacilar.*

vacío, a. adj. Falto de contenido físico o psíquico. ‖ **2.** fig. **vano,** presuntuoso y falto de madurez. ‖ **3.** m. Concavidad o hueco de algunas cosas. ‖ **4.** Abismo, precipicio. ‖ **5.** fig. Falta, carencia o ausencia de alguna cosa o persona que se echa de menos. ‖ **6.** *Fís.* Espacio que no contiene aire ni otra materia perceptible por medios físicos ni químicos. ‖ **de vacío.** loc. adv. Sin haber conseguido uno lo que pretendía; ú. con los verbos *volver, irse,* y sus análogos. ‖ **hacer el vacío** a uno. fr. fig. Negarle o dificultarle el trato con los demás, aislarle. ❑ No confundir la forma femenina con *bacía.*

vacuidad. f. Calidad de vacuo.

vacuna. f. Cualquier virus o principio orgánico que convenientemente preparado se inocula a persona o animal para preservarlos de una enfermedad determinada.

vacunar. tr. Inocular a una persona o animal un virus o principio orgánico convenientemente preparado, para preservarlos de una enfermedad determinada. Ú. t. c. prnl. y en sent. fig.

vacuno, na. adj. Perteneciente al ganado bovino.

vacunoterapia. f. Tratamiento o profilaxis de las enfermedades infecciosas por medio de las vacunas.

vacuo, cua. adj. Vacío, falto de contenido.

vadear. tr. Pasar un río u otra corriente de agua profunda por el vado o por cualquier otro sitio donde se pueda hacer pie. ‖ **2.** prnl. Manejarse, portarse, conducirse.

vademécum. m. Libro de poco volumen y de fácil manejo para consulta inmediata de nociones o informaciones fundamentales. ❑ pl. invar.

vade retro. expr. lat. que se emplea para rechazar a una persona o cosa.

vado. m. Lugar de un río con fondo firme, llano y poco profundo, por donde se puede pasar andando, cabalgando o en algún vehículo. ‖ **2.** Modificación de las aceras y bordillos de las vías públicas para facilitar el acceso de los vehículos a los locales y viviendas.

vagabundear. intr. Andar vagabundo.

vagabundo, da. adj. Que anda errante de una parte a otra. ‖ **2.** Holgazán u ocioso que anda de un lugar a otro, sin tener oficio ni domicilio determinado. Ú. t. c. s.

vagancia. f. Pereza y falta de ganas de hacer algo.

vagar. intr. Andar por varias partes sin determinación a sitio o lugar, o sin especial detención en ninguno.

vagido. m. Gemido o llanto del recién nacido.

vagina. f. *Anat.* Conducto membranoso y fibroso que en las hembras de los mamíferos se extiende desde la vulva hasta la matriz.

vaginitis. f. *Pat.* Inflamación de la vagina.

vago[1], ga. adj. Holgazán, perezoso, poco trabajador. Ú. t. c. s.

vago[2], ga. adj. Impreciso, indeterminado.

vagón. m. Carruaje de viajeros o de mercancías y equipajes, en los ferrocarriles.

vagoneta. f. Vagón pequeño y descubierto, para transporte.

vaguada. f. Línea que marca la parte más honda de un valle, y es el camino por donde van las aguas de las corrientes naturales.

vaguear. intr. **holgazanear,** estar, por pereza, sin trabajar.

vaguedad. f. Expresión o frase vaga.

vaharada. f. Acción y efecto de arrojar o echar el vaho, aliento o respiración. ‖ **2.** Golpe de vaho, olor, calor, etc.

vahído. m. Desvanecimiento, turbación breve del sentido por alguna indisposición.

vaho. m. Vapor que despiden los cuerpos en determinadas condiciones. ‖ **2.** pl. Método curativo que consiste en respirar **vahos** con alguna sustancia balsámica.

vaída. adj. *Arq.* **baída.**

vaina. f. Funda ajustada para armas blancas o instrumentos cortantes o punzantes. ‖ **2.** Cáscara tierna y larga en que están encerradas las semillas de algunas plantas. ‖ **3.** *Bot.* Ensanchamiento del peciolo o de la hoja que envuelve el tallo.

vainica. f. Bordado que se hace especialmente en el borde de los dobladillos, sacando algunas hebras del tejido.

vainilla. f. Planta americana, de la familia de las orquidáceas, con tallos muy largos, verdes, sarmentosos y trepadores; hojas enteras, ovales u oblongas; flores grandes, verdosas, y fruto capsular en forma de judía, de unos 20 centímetros de largo por uno de ancho, que contiene muchas simientes menudas. ‖ **2.** Fruto de esta planta, muy oloroso, que se emplea para aromatizar los licores, el chocolate, etc.

vaivén. m. Movimiento alternativo de un cuerpo que después de recorrer una línea vuelve a describirla, caminando en sentido contrario. ‖ **2.** fig. Variedad inestable o inconstancia de las cosas en su duración o logro.

vaivoda. m. Título que se daba a los soberanos de Moldavia, Valaquia y Transilvania.

vajilla. f. Conjunto de platos, fuentes, vasos, tazas, etc., que se destinan al servicio de la mesa.

valaco, ca. adj. Natural de Valaquia. Ú. t. c. adj. ‖ **2.** Perteneciente o relativo a este antiguo principado del reino de Rumania. ‖ **3.** m. Lengua **valaca.**

valdepeñas. m. Vino tinto procedente de Valdepeñas, villa de la provincia de Ciudad Real.

vale[1]. Voz latina usada alguna vez en español para despedirse en estilo cortesano y familiar.

vale[2]. m. Papel o seguro que se hace a favor de uno, obligándose a pagarle una cantidad de dinero. ‖ **2.** Bono o tarjeta que sirve para adquirir comestibles u otros artículos. ‖ **3.** Nota o apuntación firmada y a veces sellada, que se da al que ha de entregar una cosa, para que después acredite la entrega y cobre el importe. ‖ **4.** Entrada gratuita para un espectáculo público.

valedor, ra. m. y f. Persona que vale o ampara a otra.

valencia. f. *Biol.* Poder de un anticuerpo para combinarse con uno o más antígenos. ‖ **2.** *Quím.* Número de enlaces con que puede combinarse un átomo o radical. Al hidrógeno se le atribuyó la unidad.

valencianismo. m. Vocablo o giro propio del habla valenciana.

valenciano, na. adj. Natural de Valencia. Ú. t. c. s. ‖ **2.** Perteneciente a esta ciudad o a este antiguo reino. ‖ **3.** m. Variedad del catalán, que se usa en gran parte del antiguo reino de Valencia y se siente allí comúnmente como lengua propia.

-valente. *Quím.* elem. compos. que, pospuesto a otro de valor numeral señala la valencia de un elemento o radical. *Mono, bi, tri*VALENTE, etc.

valentía. f. Esfuerzo, aliento, vigor. ‖ **2.** Hecho o hazaña heroica ejecutada con valor.

valentino, na. adj. Perteneciente a Valencia. *Concilio* VALENTINO.

valentísimo, ma. adj. sup. de **valiente.**

valentón, na. adj. Arrogante o que se jacta de guapo o valiente. Ú. t. c. s.

valer¹. tr. Producir, dar ganancias o interés. Ú. t. en sent. fig. *La tardanza me* VALIÓ *un gran disgusto.* ‖ **2.** Tener las cosas un precio determinado para la compra o la venta. ‖ **3.** Equivaler una cosa a otra en número, significación o aprecio. *Una nota blanca* VALE *dos negras.* Ú. t. c. intr. ‖ **4.** Ser de naturaleza, o tener alguna calidad, que merezca aprecio y estimación. ‖ **5.** Tener vigencia una cosa. *Este pasaporte no* VALE; *está caducado.* ‖ **6.** Ser útil una cosa para realizar cierta función. *Esta caja* VALE *para guardar muchas cosas.* ‖ **7.** Tener la fuerza o valor que se requiere para la subsistencia o firmeza de algún efecto. *Este sorteo que vamos a hacer no* VALE; *es como ensayo.* ‖ **8**. Amparar, proteger, patrocinar. ‖ **9.** prnl. Usar una cosa con tiempo y ocasión, o servirse últimamente de ella. Ú. con la prep. *de.* ‖ **vale.** Voz que expresa asentimiento o conformidad. ❑ Irreg. Ver conjugación modelo.

valer

INDICATIVO

Presente: valgo, vales, vale, valemos, valéis, valen.
Pretérito imperfecto: valía, valías, valía, valíamos, valíais, valían.
Pretérito indefinido: valí, valiste, valió, valimos, valisteis, valieron.
Futuro imperfecto: valdré, valdrás, valdrá, valdremos, valdréis, valdrán.
Condicional: valdría, valdrías, valdría, valdríamos, valdríais, valdrían.

SUBJUNTIVO

Presente: valga, valgas, valga, valgamos, valgáis, valgan.
Pretérito imperfecto: valiera o valiese, valieras o valieses, valiera o valiese, valiéramos o valiésemos, valierais o valieseis, valieran o valiesen.
Futuro imperfecto: valiere, valieres, valiere, valiéremos, valiereis, valieren.

IMPERATIVO

vale (tú); valed (vosotros).

FORMAS NO PERSONALES

Infinitivo: valer.
Participio: valido.
Gerundio: valiendo.

valer². m. Valor, valía.

valeriana. f. Planta herbácea, vivaz, de la familia de las valerianáceas, con tallo recto, erguido, hueco, algo velloso y como de un metro de altura; hojas partidas en hojuelas puntiagudas y dentadas; flores en corimbos terminales, blancas o rojizas; fruto seco con tres divisiones y una sola semilla, y rizoma fragante, con muchas raicillas en círculos nudosos, que se usa en medicina como antiespasmódico.

valerianáceo, a. adj. *Bot.* Dícese de plantas angiospermas dicotiledóneas, herbáceas, anuales o vivaces, con hojas opuestas y sin estípulas; flores en corimbos, de corola tubular o gibosa, cáliz persistente, y fruto membranoso o coriáceo, indehiscente, con una sola semilla sin albumen; como la valeriana. Ú. t. c. s. ‖ **2.** f. pl. *Bot.* Familia de estas plantas.

valeriánico. adj. *Quím.* Aplícase a un ácido que se halla en la raíz de la valeriana y es líquido, incoloro, oleaginoso, de sabor acre y picante, poco soluble en el agua y mucho en el alcohol y en el éter. Se emplea en farmacia.

valeroso, sa. adj. Que tiene valentía.

valetudinario, ria. adj. Enfermizo, delicado, de salud quebrada. Alude al que sufre los achaques de la edad. Ú. t. c. s.

valía. f. Valor, aprecio de una cosa o calidad de una persona que vale.

validar. tr. Dar fuerza o firmeza a una cosa; hacerla válida.

validez. f. Calidad de válido.

válido, da. adj. Firme, subsistente y que vale o debe valer legalmente.

valido. m. El que tenía el primer lugar en la gracia de un príncipe o alto personaje. ❑ No confundir con *balido.*

valiente. adj. Esforzado, animoso y de valor. Ú. t. c. s. ‖ **2.** Grande y excesivo. Ú. m. en sent. irón. y antepuesto. ¡VALIENTE *amigo tienes!* ❑ sup. irreg. *valentísimo.*

valija. f. Saco de cuero, cerrado con llave, donde llevan la correspondencia los correos. ‖ **diplomática.** Cartera cerrada y precintada que contiene la correspondencia oficial entre un Gobierno y sus agentes diplomáticos en el extranjero.

valimiento. m. Acción de valer una cosa o de valerse de ella. ‖ **2.** Privanza o aceptación particular que una persona tiene con otra, especialmente si es príncipe o superior. ‖ **3.** Amparo, favor, protección o defensa.

valioso, sa. adj. Que vale mucho o tiene mucha estimación o poder.

valkiria. f. **valquiria.**

valla. f. Línea o término formado de estacas hincadas en el suelo o de tablas unidas, para cerrar algún sitio o señalarlo. ‖ **2.** Cartelera situada en calles, carreteras, etc., con fines publicitarios. ‖ **3.** *Dep.* Obstáculo en forma de **valla** que debe ser saltado por los participantes en ciertas competiciones hípicas o atléticas. ❑ No confundir con *baya* ni con *vaya.*

valladar. m. **vallado.** ‖ **2.** fig. Obstáculo de cualquier clase para impedir que sea invadida o allanada una cosa.

vallado. m. Cerco que se levanta y se forma de tierra apisonada, o de bardas, estacas, etc., para defensa de un sitio e impedir la entrada en él.

vallar. tr. Cercar o cerrar un sitio con vallado.

valle. m. Llanura de tierra entre montes o alturas. ‖ **2.** Cuenca de un río. ‖ **de lágrimas.** fig. Este mundo, aludiendo a las penalidades que se pasan en él.

vallisoletano, na. adj. Natural de Valladolid. Ú. t. c. s. ‖ **2.** Perteneciente o relativo a esta ciudad o a su provincia.

valón, na. adj. Natural del territorio belga que ocupa aproximadamente la parte meridional. Ú. t. c. s. ‖ **2.** Perteneciente a él. ‖ **3.** m. Idioma hablado por los **valones,** que es un dialecto del antiguo francés.

valor. m. Grado de utilidad o aptitud de las cosas, para satisfacer las necesidades o proporcionar bienestar o deleite. ‖ **2.** Cualidad de las cosas, en virtud de la cual se da por poseerlas cierta suma de dinero o equivalente. ‖ **3.** Alcance de la significación o importancia de una cosa, acción, palabra o frase. ‖ **4.** Cualidad del ánimo, que mueve a acometer resueltamente grandes empresas y a arrostrar los peligros. ‖ **5.** Ú. también en sentido peyorativo, denotando osadía, y hasta desvergüenza. *¿Cómo tienes* VALOR *para eso?; tuvo* VALOR *de negarlo.* ‖ **6.** Equivalencia de una cosa a otra, especialmente hablando de las monedas. ‖ **7.** *Mat.* Número o cantidad que se atribuye a una variable. ‖ **8.** *Mús.* Duración del sonido que corresponde a cada nota, según la figura con que esta se representa. ‖ **9.** pl. Títulos representativos de participación en haberes de sociedades, de cantidades prestadas, de mercaderías, de fondos pecuniarios o de servicios que son materias de operaciones mercantiles. *Los* VALORES *están en alza, en baja, en calma.* ‖ **absoluto.** *Mat.* **valor** de un número sin tener en cuenta su signo.

valoración. f. Acción y efecto de valorar.

valorar. tr. Señalar precio de una cosa. ‖ **2.** Reconocer, estimar o apreciar el valor o mérito de una persona o cosa. ‖ **3. valorizar,** aumentar el valor de una cosa. ❑ No utilizar por *analizar* o *evaluar.*

valorizar. tr. **valorar,** reconocer, estimar el valor o mérito de algo o alguien. ‖ **2.** Aumentar el valor de una cosa.

valquiria. f. Cada una de ciertas divinidades de la mitología escandinava que en los combates designaban los héroes que habían de morir, y en el más allá les servían hidromiel.

vals. m. Baile, de origen alemán, que ejecutan las parejas con movimiento giratorio y de traslación; se acompaña con una música de ritmo temario, cuyas frases constan generalmente de 16 compases, en aire vivo. ‖ **2.** Música de este baile. ❑ pl. *valses.*

valuar. tr. **valorar,** señalar precio a una cosa.

valva. f. *Zool.* Cada una de las piezas duras y movibles que constituyen la concha de los moluscos lamelibranquios y de otros invertebrados.

válvula. f. Pieza de una u otra forma que, colocada en una abertura de máquinas o instrumentos, sirve para interrumpir alternativa o permanentemente la comunicación entre dos de sus órganos, o entre estos y el medio exterior, moviéndose a impulso de fuerzas contrarias. ‖ **2.** *Electr.* Lámpara de radio. ‖ **3.** *Anat.* Pliegue membranoso que impide el retroceso de lo que circula por los vasos o conductos del cuerpo de los animales. ‖ **de escape.** fig. Ocasión, motivo o cosa a la que se recurre para desahogarse de una tensión, de un trabajo excesivo o agotador o para salir de la monotonía de la vida diaria. ‖ **de seguridad.** La que se coloca en las calderas de las máquinas de vapor para que este se escape automáticamente cuando su presión sea excesiva. ‖ **mitral.** *Anat.* La que existe entre la aurícula y el ventrículo izquierdos del corazón de los mamíferos, llamada así porque su forma se asemeja a la de una mitra. ‖ **tricúspide.** *Anat.* La que se halla entre la aurícula derecha del corazón de los mamíferos y el ventrículo correspondiente, llamada así por terminar en tres puntas.

vamos. Forma exhortativa de primera persona de plural: VAMOS, *tenemos que darnos prisa;* VAMOS, *di lo que sepas;* VAMOS, *decid lo que sepáis,* usada a veces como interjección de diversos matices.

vampiresa. f. Mujer que aprovecha su capacidad de seducción amorosa para lucrarse a costa de aquellos a quienes seduce.

vampirismo. m. Conducta de la persona que actúa como un vampiro.

vampiro. m. Espectro o cadáver que, según cree el vulgo de ciertos países, va por las noches a chupar poco a poco la sangre de los vivos hasta matarlos. ‖ **2.** Murciélago que es del tamaño de un ratón y tiene encima de la cabeza un apéndice membranoso en forma de lanza. Anda con facilidad, se alimenta de insectos y chupa la sangre de las personas y animales dormidos. ‖ **3.** fig. Persona codiciosa que se enriquece por malos medios, y como chupando la sangre del pueblo.

vanadio. m. Elemento químico de núm. atóm. 23. Metal escaso en la corteza terrestre; se encuentra disperso en minerales de hierro, titanio y fósforo, y en forma de óxido, asociado al plomo. De color gris claro, dúctil y resistente a la corrosión. Se usa como catalizador, y, aleado con aluminio o con hierro, mejora las propiedades mecánicas del hierro, el acero y el titanio. Símb. *V.*

vanagloria. f. Jactancia del propio valer u obrar.

vanagloriarse. prnl. Jactarse de su propio valer u obrar.

vandálico, ca. adj. Perteneciente o relativo a los vándalos o al vandalismo.

vandalismo. m. Devastación propia de los antiguos vándalos. ‖ **2.** fig. Espíritu de destrucción que no respeta cosa alguna, sagrada ni profana.

vándalo, la. adj. Dícese del individuo perteneciente a un pueblo bárbaro de origen germánico oriental procedente de Escandinavia. Ú. t. c. s. ‖ **2.** Perteneciente o relativo a los **vándalos.** ‖ **3.** m. fig. El que comete acciones propias de gente salvaje y desalmada.

vanguardia. f. Parte de una fuerza armada, que va delante del cuerpo principal. ‖ **2.** Movimiento ideológico, literario, artístico, etc., que se adelanta a otros de su época o es más avanzado que ellos.

vanguardismo. m. Nombre genérico con que se designan ciertas escuelas o tendencias artísticas, nacidas en el siglo XX, tales como el cubismo, el ultraísmo, etc., con intención renovadora, de avance y exploración.

vanguardista. adj. Perteneciente o relativo al vanguardismo. Ú. t. c. s. ‖ **2.** Partidario de esta tendencia. Ú. t. c. s.

vanidad. f. Calidad de vano. ‖ **2.** Arrogancia, presunción, envanecimiento. ‖ **3.** Caducidad de las cosas de este mundo.

vanidoso, sa. adj. Que tiene vanidad y la muestra.

vano, na. adj. Falto de realidad, sustancia o entidad. ‖ **2.** Hueco, vacío y falto de solidez. ‖ **3.** Dícese de algunos frutos de cáscara cuando su semilla o sustancia interior está seca o podrida. ‖ **4.** Inútil, infructuoso o sin efecto. ‖ **5.** Arrogante, presuntuoso, envanecido. ‖ **6.** m. *Arq.* Parte del muro o fábrica en que no hay sustentáculo o apoyo para el techo o bóveda; como son los huecos de ventanas o puertas y los intercolumnios. ‖ **en vano.** loc. adv. Inútilmente, sin logro ni efecto.

vapor. m. Fluido gaseoso cuya temperatura es inferior a su temperatura crítica; su presión no aumenta al ser comprimido, sino que se transforma parcialmente en líquido. Por ejemplo, el producido por la ebullición del agua. ‖ **2. buque de vapor.** *Se espera la llegada del* VAPOR.

vaporización. f. Acción y efecto de vaporizar o vaporizarse. ‖ **2.** Uso medicinal de vapores, especialmente de aguas termales.

vaporizador. m. Aparato que sirve para vaporizar. ‖ **2. pulverizador.**

vaporizar. tr. Convertir un líquido en vapor, por la acción del calor. Ú. t. c. prnl. ‖ **2.** Dispersar un líquido en pequeñas gotas.

vaporoso, sa. adj. Que arroja de sí vapores o los ocasiona. ‖ **2.** fig. Tenue, ligero, parecido en alguna manera al vapor. ‖ **3.** fig. Aplicado a las telas, muy fino o transparente, como la gasa o el organdí.

vapulear. tr. Zarandear de un lado a otro a una persona o cosa. ‖ **2.** fig. Golpear o dar repetidamente contra una persona o cosa. Ú. t. c. prnl. ‖ **3.** fig. Reprender, criticar o hacer reproches duramente a una persona.

vaquería. f. Lugar donde hay vacas o se vende su leche.

vaqueriza. f. Cobertizo, corral o estancia donde se recoge el ganado vacuno en invierno.

vaquerizo, za. m. y f. **vaquero.**

vaquero, ra. adj. Propio de los pastores de ganado bovino. ‖ **2.** m. y f. Pastor o pastora de reses vacunas. ‖ **3.** m. **pantalón vaquero.** Ú. m. en pl.

vaqueta. f. Cuero de ternera, curtido y adobado.

vara. f. Rama delgada. ‖ **2.** Palo largo y delgado. ‖ **3.** Bastón de mando que, como insignia de autoridad, usaban antiguamente los oficiales de justicia y, hoy en día, los alcaldes. ‖ **4.** Medida de longitud equivalente a 835 milímetros y 9 décimas. ‖ **5.** Cada una de las dos piezas largas de madera que se afirman en la parte delantera del carro y entre las cuales se engancha la caballería. ‖ **6.** Bohordo con flores de algunas plantas. VARA *de nardo, de azucena.*

varada. f. Conjunto de jornaleros que en Andalucía van a las casas de campo, bajo la dirección de un capataz, para la cava, la bina u otras faenas agrícolas. ‖ **2.** Tiempo que duran estas faenas.

varadero. m. Lugar donde varan las embarcaciones para resguardarlas o para limpiar sus fondos o componerlas.

varal. m. Vara muy larga y gruesa.

varapalo. m. Palo largo a modo de vara. ‖ **2.** Golpe dado con palo o vara. ‖ **3.** fig. y fam. Daño o quebranto que uno recibe en sus intereses materiales o morales.

varar. tr. *Mar.* Sacar a la playa y poner en seco una embarcación, para resguardarla de la resaca o de los golpes de mar, o también para carenarla. ‖ **2.** intr. Encallar la embarcación en la costa o en las peñas, o en un banco de arena. ‖ **3.** fig. Quedar parado o detenido un negocio.

varear. tr. Derribar con los golpes y movimientos de la vara los frutos de algunos árboles. ‖ **2.** Dar golpes con vara o palo. ‖ **3.** Herir a los toros o fieras con varas o cosa semejante.

variable. adj. Que varía o puede variar. ‖ **2.** Inestable, inconstante y mudable. ‖ **3.** *Mat.* Magnitud que puede tener un valor cualquiera de los comprendidos en un conjunto.

variación. f. Acción y efecto de variar. ‖ **2.** *Mús.* Cada una de las imitaciones melódicas de un mismo tema.

variado, da. adj. Que tiene variedad.

variante. f. *Ling.* Cada una de las diversas formas con que se presenta una voz, un fonema, una melodía, etc. ‖ **2.** Variedad o diferencia entre diversas clases o formas de una misma cosa. ‖ **3.** Desviación provisional o definitiva de un trecho de una carretera o camino. ‖ **4.** Cada uno de los resultados con que en las quinielas de fútbol se refleja que el equipo propietario del campo empata o pierde con el visitante. ‖ **5.** m. Fruto o verdura que se encurte en vinagre. Ú. m. en pl.

varianza. f. *Estad.* Media de las desviaciones cuadráticas de una variable aleatoria, referidas al valor medio de esta.

variar. tr. Hacer que una cosa sea diferente en algo de lo que antes era. ‖ **2.** Dar variedad. ‖ **3.** intr. Cambiar una cosa de forma, propiedad o estado. ‖ **4.** Ser una cosa diferente de otra.

varicela. f. *Pat.* Enfermedad contagiosa, aguda y febril, caracterizada por una erupción parecida a la de la viruela benigna, pero cuyas vesículas supuran moderadamente.

varicoso, sa. adj. Perteneciente o relativo a las varices.

variedad. f. Diferencia dentro de la unidad; conjunto de cosas diversas. ‖ **2.** Inconstancia, inestabilidad o mutabilidad de las cosas. ‖ **3.** *Bot.* y *Zool.* Cada uno de los grupos en que se dividen algunas especies de plantas y animales y que se distinguen entre sí por ciertos caracteres que se perpetúan por la herencia. ‖ **4.** pl. Espectáculo ligero en que se alternan números de diverso carácter: musicales, circenses, coreográficos, etc.

varilla. f. Cada una de las piezas largas y delgadas que forman el armazón de los abanicos, paraguas, quitasoles, etc.

varillaje. m. Conjunto de varillas de un utensilio. Ú., por lo común, hablando de abanicos, paraguas y quitasoles.

vario, ria. adj. Diverso o diferente. ‖ **2.** Que tiene variedad o está compuesto de diversos adornos o colores. ‖ **3.** pl. Algunos, unos cuantos. ‖ **4.** m. Conjunto de libros, folletos, hojas sueltas o documentos, de diferentes autores, materias o tamaños, reunidos en tomos, legajos o cajas. ❑ No confundir con *bario.*

variopinto, ta. adj. Que ofrece diversidad de colores, aspectos o formas. ‖ **2.** Que está formado por elementos mezclados de distinta naturaleza.

varita. f. d. de **vara.** ‖ **mágica.** La que usan los titiriteros y prestidigitadores atribuyéndole las operaciones con que sorprenden y entretienen a los espectadores.

variz. f. *Pat.* Dilatación permanente de una vena, causada por la acumulación de sangre en su cavidad.

varón. m. Ser humano de sexo masculino. ❑ No confundir con *barón.*

varonil. adj. Perteneciente o relativo al varón. ‖ **2.** Esforzado, valeroso y firme.

varraco. m. Puerco, cerdo, verraco.

varsoviano, na. adj. Natural de Varsovia. Ú.t. c. s. ‖ **2.** Perteneciente a esta ciuad de Polonia.

vasallaje. m. Vínculo de dependencia y fidelidad que una persona tenía respecto de otra, contraído mediante ceremonias especiales, como besar la mano el vasallo al que iba a ser su señor. ‖ **2.** Subordinación de algo o alguien a otra persona o cosa. ‖ **3.** Tributo pagado por el vasallo a su señor.

vasallo, lla. adj. Sujeto a algún señor con vínculo de vasallaje. *Pueblos* VASALLOS; *gente* VASALLA. ‖ **2.** m. y f. Súbdito de un soberano o de cualquier otro Gobierno supremo e independiente.

vasar. m. Poyo o conjunto de anaqueles que, sobresaliendo en la pared, especialmente en las cocinas, despensas y otros lugares semejantes, sirve para poner vasos, platos, etc. ❑ No confundir con *basar.*

vasco, ca. adj. **vascongado.** Apl. a pers., ú. t. c. s. ‖ **2.** Natural de una parte del territorio francés comprendido en el departamento de los Bajos Pirineos. Ú. t. c. s. ‖ **3.** Perteneciente o relativo a esta parte. ‖ **4.** m. **vascuence,** lengua **vasca.**

vascofrancés, sa. adj. Natural del País Vasco francés. ‖ **2.** Perteneciente o relativo a esta región del sur de Francia.

vascón, na. adj. Natural de la Vasconia, región de la España tarraconense. Ú. t. c. s. ‖ **2.** Perteneciente o relativo a esta región.

vascongado, da. adj. Natural de alguna de las provincias de Álava, Guipúzcoa y Vizcaya. Ú. t. c. s. ‖ **2.** Perteneciente o relativo a ellas.

vascuence. adj. Dícese de la lengua hablada por parte de los naturales de las provincias vascongadas, de Navarra y del territorio vasco francés. Ú. m. c. s.

vascular. adj. *Bot.* y *Zool.* Perteneciente o relativo a los vasos de las plantas o de los animales.

vasculoso, sa. adj. *Bot.* y *Zool.* Dícese de los cuerpos, partes o tejidos que tienen vasos por los que circula la sangre o la savia.

vasectomía. f. *Med.* Sección quirúrgica de un vaso o conducto, especialmente de los deferentes en el aparato genital masculino.

vaselina. f. Sustancia crasa, con aspecto de cera, que se saca de la parafina y aceites densos del petróleo y que por no enranciarse se prefiere en farmacia y perfumería a los aceites y mantecas.

vasera. f. Poyo o anaquel para poner vasos.

vasija. f. Toda pieza cóncava y pequeña, de barro u otra materia y de forma común u ordinaria, que sirve para contener especialmente líquidos o cosas destinadas a la alimentación. ‖ **2.** Por ext., a veces, la de medianas o grandes dimensiones.

vaso. m. Pieza cóncava de mayor o menor tamaño, capaz de contener alguna cosa. ‖ **2.** Recipiente de metal, vidrio u otra materia, por lo común de forma cilíndrica, que sirve para beber. ‖ **3.** Cantidad de líquido que cabe en él. VASO *de agua, de vino.* ‖ **4.** *Bot.* Conducto por el que circula en el vegetal la savia o el látex. ‖ **5.** *Zool.* Conducto por el que circula en el cuerpo del animal la sangre o la linfa. ‖ **vasos comunicantes.** Recipientes unidos por conductos que permiten el paso de un líquido de unos a otros. ‖ **ahogarse** uno **en un vaso de agua.** fr. fig. y fam. Apurarse y afligirse por liviana causa.

vástago. m. Renuevo o ramo tierno que brota del árbol o planta. ‖ **2.** Conjunto del tallo y las hojas. ‖ **3.** fig. Persona descendiente de otra. ‖ **4.** Pieza en forma de varilla que sirve para articular o sostener otras piezas. ‖ **5.** Barra que, sujeta al centro de una de las dos caras del émbolo, sirve para darle movimiento o transmitir el suyo a algún mecanismo.

vastedad. f. Dilatación, anchura o grandeza de una cosa.

vasto, ta. adj. Dilatado, muy extendido o muy grande.

vate. m. **adivino.** ‖ **2. poeta.** ❑ No confundir con *bate.*

váter. m. Inodoro. ‖ **2. cuarto de baño,** habitación. ❑ pl. *váteres.*

vaticano, na. adj. Perteneciente o relativo al **Vaticano,** palacio en que ordinariamente habita el Papa. ‖ **2.** Perteneciente o relativo al Papa o a su corte.

vaticinar. tr. Pronosticar, adivinar, profetizar.

vaticinio. m. Predicción, adivinación, pronóstico.

vatímetro. m. Aparato para medir los vatios de una corriente eléctrica.

vatio. m. Unidad de potencia eléctrica en el sistema basado en el metro, el kilogramo, el segundo y el amperio. Equivale a un julio por segundo.

vaya. Partícula que, antepuesta a un sustantivo, en construcciones exclamativas, confiere sentido superlativo a las cualidades buenas o malas, según sean la entonación y contexto, que se reconocen en la persona o cosa designadas por dicho sustantivo. ¡VAYA *mujer!* ¡VAYA *reloj que te has comprado!* ‖ **2.** interj. con la cual se comenta algo que satisface o que, por el contrario, decepciona o disgusta. *—Pablo ha aprobado todas las asignaturas.* —¡VAYA!; *—No podemos ir al teatro: se ha suspendido la sesión.* —¡VAYA! ‖ **3.** Seguida de la preposición *con* y de un sintagma nominal (¡VAYA CON *el niño!;* ¡VAYA CON *la musiquita!),* marca la actitud, favorable o desfavorable del hablante, matizada muchas veces de ironía, ante la persona o cosa designada por dicho sintagma. ❑ No confundir con *baya* ni con *valla.*

vecinal. adj. Perteneciente o relativo al vecindario o a los vecinos de un pueblo.

vecindad. f. Calidad de vecino. ‖ **2.** Conjunto de las personas que viven en las distintas viviendas de una misma casa, o en varias inmediatas las unas de las otras. ‖ **3.** Contorno o cercanías de un lugar.

vecindario. m. Conjunto de los vecinos de un municipio, o solo de una población o de parte de ella.

vecino, na. adj. Que habita con otros en un mismo pueblo, barrio o casa, en habitación independiente. Ú. t. c. s. ‖ **2.** fig. Cercano, próximo o inmediato en cualquier línea. ‖ **3.** fig. Semejante, parecido o coincidente.

vector. m. *Tecnol.* Agente que transporta algo de un lugar a otro. Ú. t. c. adj. ‖ **2.** *Fís.* Toda magnitud en la que, además de la cuantía, hay que considerar el punto de aplicación, la dirección y el sentido. Las fuerzas son **vectores.** ‖ **3.** *Geom.* Segmento que une dos puntos del espacio, orientado según la dirección que va del primero al segundo.

veda¹. f. Acción y efecto de vedar. ‖ **2.** Espacio de tiempo en que está vedado cazar o pescar.

Veda². n. p. m. Cada uno de los libros sagrados que constituyen el fundamento de la tradición religiosa de la India. Ú. m. en pl.

vedado. m. Campo o sitio acotado o cerrado por ley u ordenanza.

vedar. tr. Prohibir por ley, estatuto o mandato.

vedismo. m. Religión más antigua de los indios, contenida en los libros llamados Vedas.

vega. f. Parte de tierra baja, llana y fértil.

vegetación. f. Conjunto de los vegetales propios de un lugar o región, o existentes en un terreno determinado. ‖ **2. vegetación adenoidea.** Ú. m. en pl. ‖ **adenoidea.** *Med.* Hipertrofia de las amígdalas faríngea y nasal y, sobre todo, de los folículos linfáticos de la parte posterior de las fosas nasales. Ú. m. en pl.

vegetal. adj. Que vegeta. ‖ **2.** Perteneciente o relativo a las plantas. ‖ **3.** m. Ser orgánico que crece y vive, pero no muda de lugar por impulso voluntario.

vegetar. intr. Germinar, nutrirse, crecer y aumentarse las plantas. Ú. t. c. prnl. ‖ **2.** fig. Vivir maquinalmente una persona con vida meramente orgánica, comparable a la de las plantas. ‖ **3.** fig. Disfrutar voluntariamente vida tranquila, exenta de trabajo y cuidados.

vegetarianismo. m. Régimen alimenticio basado principalmente en el consumo de productos vegetales, pero que admite el uso de productos del animal vivo, como los huevos, la leche, etc.

vegetariano, na. adj. Perteneciente o relativo al vegetarianismo. ‖ **2.** Dícese del partidario del vegetarianismo. Ú. t. c. s.

vegetativo, va. adj. Que vegeta o tiene vigor para vegetar. ‖ **2.** *Biol.* Perteneciente o relativo a las funciones de nutrición o reproducción. *Órganos, aparatos* VEGETATIVOS.

vehemencia. f. Cualidad de vehemente.

vehemente. adj. Que tiene una fuerza impetuosa. *Un discurso* VEHEMENTE. ‖ **2.** Ardiente y lleno de pasión. ‖ **3.** Dícese de la persona que obra de forma irreflexiva, dejándose llevar por los impulsos.

vehículo. m. Medio de transporte de personas o cosas. ‖ **2.** fig. Lo que sirve para conducir o transmitir fácilmente una cosa, como el sonido, la electricidad, las enfermedades contagiosas, etc.

veinte. adj. Dos veces diez. ‖ **2. vigésimo,** ordinal. *Número* VEINTE; *año* VEINTE. Apl. a los días del mes, ú. t. c. s. *El* VEINTE *de julio.* ‖ **3.** m. Conjunto de signos o cifras con que se representa el número **veinte.** ‖ **veinte** o **las veinte.** Número de puntos que gana en el tute el que reúne el rey y el caballo de un palo que no sea triunfo, y lo declara o canta al ganar una baza. VEINTE *en oros. Juan cantó* LAS VEINTE *en espadas.*

veinteavo, va. adj. Cada una de las veinte partes iguales en que se divide un todo. Ú. t. c. s. m.

veintena. f. Conjunto de veinte unidades.

veinticinco. adj. Veinte y cinco. ‖ **2.** Vigésimo quinto. *Número* VEINTICINCO; *año* VEINTICINCO. Apl. a los días del mes, ú. t. c. s. *El* VEINTICINCO *de agosto.* ‖ **3.** m. Conjunto de signos o cifras con que se representa el número **veinticinco.**

veinticuatro. adj. Veinte y cuatro. ‖ **2.** Vigésimo cuarto. *Número* VEINTICUATRO; *año* VEINTICUATRO. Apl. a los días del mes, ú. t. c. s. *El* VEINTICUATRO *de diciembre.* ‖ **3.** m. Conjunto de signos o cifras con que se representa el número **veinticuatro.**

veintidós. adj. Veinte y dos. ‖ **2.** Vigésimo segundo. *Número* VEINTIDÓS; *año* VEINTIDÓS. Apl. a los días del mes, ú. t. c. s. *El* VEINTIDÓS *de mayo.* ‖ **3.** m. Conjunto de signos o cifras con que se representa el número **veintidós.**

veintinueve. adj. Veinte y nueve. ‖ **2.** Vigésimo nono. *Número* VEINTINUEVE; *año* VEINTINUEVE. Apl. a los días del mes, ú. t. c. s. *El* VEINTINUEVE *de febrero.* ‖ **3.** m. Conjunto de signos o cifras con que se representa el número **veintinueve.**

veintiocho. adj. Veinte y ocho. ‖ **2.** Vigésimo octavo. *Número* VEINTIOCHO; *año* VEINTIOCHO. Apl. a los días del mes, ú. t. c. s. *El* VEINTIOCHO *de agosto.* ‖ **3.** m. Conjunto de signos o cifras con que se representa el número **veintiocho.**

veintiséis. adj. Veinte y seis. ‖ **2.** Vigésimo sexto. *Número* VEINTISÉIS; *año* VEINTISÉIS. Apl. a los días del mes, ú. t. c. s. *El* VEINTISÉIS *de septiembre.* ‖ **3.** m. Conjunto de signos o cifras con que se representa el número **veintiséis.**

veintisiete. adj. Veinte y siete. ‖ **2.** Vigésimo séptimo. *Número* VEINTISIETE; *año* VEINTISIETE. Apl. a los días del mes, ú. t. c. s. *El* VEINTISIETE *de noviembre.* ‖ **3.** m. Conjunto de signos o cifras con que se representa el número **veintisiete.**

veintitrés. adj. Veinte y tres. ‖ **2.** Vigésimo tercio. *Número* VEINTITRÉS; *año* VEINTITRÉS. Apl. a los días del mes, ú. t. c. s. *El* VEINTITRÉS *de octubre.* ‖ **3.** m. Conjunto de signos o cifras con que se representa el número **veintitrés.**

veintiún. adj. apóc. de **veintiuno.** ❑ Se antepone siempre al sustantivo. VEINTIÚN *libros.*

veintiuna. f. Juego de naipes, o de dados, en que gana el que hace 21 puntos o se acerca más a ellos sin pasar.

veintiuno, na. adj. Veinte y uno. ‖ **2.** Vigésimo primero. *Número* VEINTIUNO; *año* VEINTIUNO. Apl. a los días del mes, ú. t. c. s. *El* VEINTIUNO *de marzo.* ‖ **3.** m. Conjunto de signos o cifras con que se representa el número **veintiuno.**

vejación. f. Acción y efecto de vejar.

vejamen. m. Acción y efecto de vejar. ‖ **2.** Reprensión satírica y festiva. ‖ **3.** Discurso o composición poética de índole burlesca.

vejar. tr. Maltratar, molestar, perseguir a uno, perjudicarle o hacerle padecer.

vejatorio, ria. adj. Dícese de lo que veja o puede vejar. *Condiciones* VEJATORIAS.

vejestorio. m. despect. Persona muy vieja.

vejez. f. Cualidad de viejo. ‖ **2.** Edad senil, senectud. ‖ **a la vejez, viruelas.** expr. con que se hace ver a los viejos que hacen cosas que no corresponden a su edad.

vejiga. f. *Anat.* Órgano muscular y membranoso, a manera de bolsa, que tienen muchos vertebrados y en el cual va depositándose la orina producida en los riñones. ‖ **2. ampolla** formada por la elevación de la epidermis. ‖ **de la orina.** *Anat.* **vejiga** del hombre y de algunos animales en que se acumula la orina. ‖ **natatoria.** *Zool.* Saco membranoso lleno de aire, que tienen muchos peces sobre el tubo digestivo, y que permite al animal mantenerse entre dos aguas sin esfuerzo alguno.

vela[1]. f. Acción y efecto de velar[1]. ‖ **2.** Tiempo que se vela. ‖ **3.** Cilindro o prisma de cera, sebo, estearina, esperma de ballena u otra materia crasa, con pabilo en el eje para que pueda encenderse y dar luz. ‖ **4.** pl. fig. y fam. Mocos que cuelgan de la nariz, especialmente tratándose de los niños. ‖ **en vela.** loc. adv. Sin dormir, o con falta de sueño. ‖ **estar a dos velas.** fr. fig. y fam. Sufrir carencia o escasez de dinero. ‖ **no darle** a uno **vela en,** o **para,** un **entierro.** fr. fig. y fam. No darle autoridad, motivo o pretexto para que intervenga en aquello de que se esté tratando. Ú. t. sin neg. en sent. interrog. *¿Quién le* HA DADO *a usted* VELA EN *este* ENTIERRO? ‖ **quedarse a dos velas.** fr. fig. y fam. Quedarse sin comprender nada.

vela[2]. f. Conjunto o unión de paños o piezas de lona o lienzo fuerte, que, cortados de diversos modos y cosidos, se amarran a las vergas para recibir el viento que impele la nave. ‖ **2.** fig. Barco de **vela.** ‖ **cangreja.** *Mar.* **vela** de cuchillo, de forma trapezoidal, que va amarrada por dos relingas en el pico y palo correspondientes. ‖ **de cuchillo.** *Mar.* Cualquiera de las que están amarradas en cabos fijos o perchas colocados en el plano longitudinal del buque. ‖ **latina.** *Mar.* La triangular, amarrada a la antena, que suelen usar las embarcaciones de poco porte. ‖ **mayor.** *Mar.* **vela** principal que va en el palo mayor.

velada. f. Reunión nocturna de varias personas para solazarse de algún modo. ‖ **2.** Fiesta musical, literaria o deportiva que se hace por la noche.

velador. m. Mesita de un solo pie, redonda por lo común.

veladura. f. *Pint.* Tinta transparente que se da para suavizar el tono de lo pintado.

velaje. m. Conjunto de velas[2] de una embarcación.

velamen. m. Conjunto de velas[2] de una embarcación.

velar[1]. intr. Estar sin dormir el tiempo destinado de ordinario para el sueño. ‖ **2.** Asistir por horas o turnos delante del Santísimo Sacramento cuando está manifiesto o en el monumento. Ú. t. c. tr. ‖ **3.** fig. Cuidar solícitamente de una cosa. ‖ **4.** tr. Asistir de noche a un enfermo o pasarla al cuidado de un difunto.

velar[2]. tr. Cubrir con velo. Ú. t. c. prnl. ‖ **2.** fig. Cubrir, ocultar a medias una cosa, atenuarla, disimularla. ‖ **3.** En fotografía, borrarse total o parcialmente la imagen en la placa o en el papel por la acción indebida de la luz. Ú. m. c. prnl.

velar[3]. adj. Perteneciente o relativo al velo del paladar. ‖ **2.** *Fon.* Dícese del sonido cuya articulación se caracteriza por la aproximación o contacto del dorso de la lengua y el velo del paladar.

velarización. f. *Ling.* Desplazamiento del punto de articulación hacia la zona del velo del paladar.

velarizar. tr. *Fon.* Dar articulación o resonancia velar[3] a vocales o consonantes no velares. Ú. t. c. prnl.

velatorio. m. Acto de velar[1] a un difunto. ‖ **2.** En hospitales, sanatorios, clínicas, tanatorios, etc., lugar donde se vela un difunto.

veleidad. f. Voluntad antojadiza o deseo vano. ‖ **2.** Inconstancia, ligereza.

veleidoso, sa. adj. Inconstante, mudable.

velero, ra. adj. Aplícase a la embarcación muy ligera o que navega mucho. ‖ **2.** m. **buque de vela.**

veleta. f. Pieza de metal, ordinariamente en forma de saeta, que se coloca en lo alto de un edificio, de modo que pueda girar alrededor de un eje vertical impulsada por el viento, y que sirve para señalar la dirección del mismo. ‖ **2.** com. fig. Persona inconstante y mudable.

vellido, da. adj. **velloso,** que tiene vello.

vello. m. Pelo que sale más corto y suave que el de la cabeza y de la barba, en algunas partes del cuerpo humano. ‖ **2.** Pelusilla de que están cubiertas algunas frutas o plantas. ❑ No confundir con *bello.*

vellocino. m. **vellón[1],** toda la lana junta de un carnero u oveja.

vellón[1]. m. Toda la lana junta de un carnero u oveja que se esquila.

vellón[2]. m. Liga de plata y cobre con que se labró moneda antiguamente.

vellosidad. f. Abundancia de vello.

velloso, sa. adj. Que tiene vello.

velludo, da. adj. Que tiene mucho vello.

velo. m. Cortina o tela que cubre una cosa. ‖ **2.** Prenda del traje femenino de calle, hecha de tul, gasa u otra tela delgada de seda o algodón, y con la cual solían cubrirse las mujeres la cabeza, cuello y a veces el rostro. ‖ **3.** Manto bendito con que cubren la cabeza y la parte superior del cuerpo las religiosas. ‖ **4.** fig. Cualquier cosa delgada, ligera o flotante, que encubre más o menos la vista de otra. ‖ **5.** fig. Pretexto, disimulación o excusa con que se intenta ocultar, atenuar u oscurecer la verdad. ‖ **6.** fig. Cualquier cosa que encubre o disimula el conocimiento expreso de otra. ‖ **del paladar.** *Anat.* Especie de cortina muscular y membranosa que separa la cavidad de la boca de la de las fauces. ‖ **correr,** o **echar, un velo** o **un tupido velo sobre** una cosa. fr. fig. Callarla, omitirla, darla al olvido, porque no se deba o no convenga hacer mención de ella o recordarla.

velocidad. f. Ligereza o prontitud en el movimiento. ‖ **2.** Espacio recorrido en la unidad de tiempo. ‖ **3.** *Mec.* En un dispositivo de cambio de **velocidades,** cualquiera de las posiciones motrices.

velocímetro. m. Aparato que en un vehículo indica la velocidad de traslación de este.

velocípedo. m. Vehículo de hierro, formado por una especie de caballete, con dos o con tres ruedas, y que movía por medio de pedales el que iba montado en él. ‖ **2.** Por ext., **bicicleta.**

velocista. com. *Dep.* Deportista que participa en carreras de corto recorrido.

velódromo. m. Lugar destinado para carreras en bicicleta.

velomotor. m. Bicicleta provista de un motorcito propulsor.

velón. m. Lámpara de metal, para aceite común, compuesta de un vaso con uno o varios picos o mecheros, y de un eje en que puede girar, subir y bajar, terminado por arriba en una asa y por abajo en un pie, por lo general de forma de platillo.

velorio. m. Reunión con bailes, cantos y cuentos que durante la noche se celebra en las casas de los pueblos, por lo común con ocasión de alguna faena doméstica, como hilar, matar el puerco, etc. ‖ **2.** Velatorio, especialmente para velar a un niño difunto.

veloz. adj. Acelerado, ligero y pronto en el movimiento. ‖ **2.** Ágil y pronto en lo que ejecuta o discurre.

vena. f. Cualquiera de los vasos o conductos por donde vuelve al corazón la sangre que ha corrido por las arterias. ‖ **2.** Filón metálico. ‖ **3.** Cada uno de los hacecillos de fibras que sobresalen en el envés de las hojas de las plantas. ‖ **4.** Fibra de la vaina de ciertas legumbres. ‖ **5.** Faja de tierra o piedra, que por su calidad o color se distingue de la masa en que se halla interpuesta. ‖ **6.** Cada una de las listas onduladas o ramificadas y de diversos colores que tienen ciertas piedras y maderas. ‖ **7.** fig. Humor, disposición variable del ánimo. ‖ **cardíaca.** *Anat.* Cada una de las que coronan la aurícula derecha del corazón, donde penetran juntas por un mismo orificio. ‖ **coronaria.** *Anat.* **vena cardíaca.** ‖ **yugular.** *Anat.* Cada una de las dos que hay a uno y otro lado del cuello, distinguidas con los nombres de interna o cefálica y externa o subcutánea. ‖ **darle** a uno **la vena.** fr. fig. y fam. Excitársele alguna idea que le inquieta o que le mueve a ejecutar una resolución impensada o poco cuerda. ‖ **estar** uno **en vena.** fr. fig. y fam. Ocurrírsele con afluencia y fecundidad las ideas.

venablo. m. Dardo o lanza corta y arrojadiza.

venada. f. Ataque de locura.

venado. m. **ciervo.**

venal[1]. adj. Perteneciente o relativo a las venas.

venal[2]. adj. Vendible o expuesto a la venta. ‖ **2.** fig. Que se deja sobornar con dádivas.

vencedor, ra. adj. Que vence. Ú. t. c. s.

vencejo. m. Pájaro como de dos decímetros de longitud desde la punta del pico hasta la extremidad de la cola, que es muy larga y ahorquillada; con alas también largas y puntiagudas; plumaje blanco en la garganta y negro en el resto del cuerpo; pies cortos, con cuatro dedos dirigidos todos adelante, y pico pequeño algo encorvado en la punta. Es ave de temporada en España, se alimenta de insectos, anida en los aleros de los tejados.

vencer. tr. Sujetar, derrotar o rendir al enemigo. ‖ **2.** Rendir a uno aquellas cosas físicas o morales a cuya fuerza resiste difícilmente la naturaleza. VENCER *a uno el sueño;* VENCERLE *el dolor, la pasión.* Ú. t. c. prnl. ‖ **3.** Aventajarse o salir preferido, o exceder en algún concepto, en competencia o comparación con otros. ‖ **4.** Superar las dificultades o estorbos, obrando contra ellos. ‖ **5.** Prevalecer una cosa sobre otra, aun las inmateriales. ‖ **6.** Ladear, torcer o inclinar una cosa. Ú. m. c. prnl. ‖ **7.** intr. Cumplirse un término o plazo. ‖ **8.** Hacerse exigible una deuda u otra obligación por haberse cumplido la condición o el plazo necesarios para ello.

vencetósigo. m. Planta perenne de la familia de las asclepiadáceas, de tres a cuatro decímetros de altura, con hojas aovadas llenas de pelusa en su base, flores pequeñas y blancas y raíz medicinal, de olor parecido al del alcanfor.

vencible. adj. Que puede vencerse.

vencida. f. **vencimiento,** acto de vencer o de ser vencido. ‖ **a las tres, a la de tres, a la tercera,** o **a tres, va la vencida.** fr. con que se da a entender que si se repiten los intentos, a la tercera se suele conseguir el fin deseado.

vencimiento. m. Acto de vencer o de ser vencido. Ú. m. en este sentido. ‖ **2.** fig. Cumplimiento del plazo de una deuda, obligación, etc.

venda. f. Tira, por lo común de lienzo, gasa, etc., que sirve para ligar un miembro o para sujetar los apósitos aplicados sobre una llaga, contusión, tumor, etc.

vendaje. m. Ligadura que se hace con vendas o con otras piezas de lienzo dispuestas de modo que se acomoden a la forma de la región del cuerpo donde se aplican, y sujetan el apósito.

vendar. tr. Atar, ligar o cubrir con la venda.

vendaval. m. Viento fuerte que sopla del Sur, con tendencia al Oeste. ‖ **2.** Por ext., cualquier viento fuerte que no llega a ser temporal declarado.

vendedor, ra. adj. Que vende. Ú. t. c. s.

vender. tr. Traspasar a otro por el precio convenido la propiedad de lo que uno posee. ‖ **2.** Exponer u ofrecer al público los géneros o mercancías para el que las quisiere comprar. ‖ **3.** fig. Faltar uno a la fe, confianza o amistad que debe a otro. ‖ **4.** prnl. Dejarse sobornar. ‖ **5.** fig. Decir o hacer uno inadvertidamente algo que descubre lo que quiere tener oculto. ‖ **estar vendido** uno. fr. fig. Estar en conocido peligro entre algunos que son capaces de ocasionarlo, o más sagaces en la materia de que se trata. ‖ **venderse** uno **caro.** fr. fig. Prestarse con gran dificultad al trato, comunicación o vista del que lo apetece o busca.

vendible. adj. Que se puede vender o está de manifiesto para venderse.

vendimia. f. Recolección y cosecha de la uva. ‖ **2.** Tiempo en que se hace.

vendimiar. tr. Recoger el fruto de las viñas.

veneciano, na. adj. Natural de Venecia. Ú. t. c. s. ‖ **2.** Perteneciente o relativo a esta ciudad de Italia.

venencia. f. Utensilio compuesto de un recipiente cilíndrico de plata, hojalata u otra materia, de reducida capacidad, y de una varilla, ordinariamente de ballena, de unos 80 centímetros de longitud, terminada en gancho. Úsanlo en Jerez de la Frontera para sacar pequeñas cantidades del vino o mosto que contiene una bota.

veneno. m. Sustancia que, incorporada a un ser vivo, aun en pequeñas cantidades, es capaz de producir graves alteraciones funcionales, e incluso la muerte. ‖ **2.** fig. Cualquier cosa nociva a la salud. ‖ **3.** fig. Cualquier cosa que puede causar un daño moral. ‖ **4.** fig. Afecto de ira, rencor u otro mal sentimiento. ‖ **5.** *Tecnol.* Sustancia que frena un proceso físico o químico.

venenoso, sa. adj. Que incluye veneno.

venera. f. Concha semicircular de dos valvas, una plana y otra muy convexa, de 10 a 12 centímetros de diámetro, rojizas por fuera y blancas por dentro, con dos orejuelas laterales y 14 estrías radiales que forman a modo de costillas gruesas. ‖ **2.** Insignia distintiva que traen pendiente al pecho los caballeros de cada una de las órdenes.

venerabilísimo, ma. adj. sup. de **venerable.**

venerable. adj. Digno de veneración, de respeto. ‖ **2.** Aplícase como tratamiento de dignidad a ciertos eclesiásticos. ‖ **3.** Primer título que concede la iglesia católica a los que mueren con fama de santidad, y al cual sigue comúnmente el de beato, y por último el de santo. Ú. t. c. s. ❑ sup. irreg. *venerabilísimo.*

veneración. f. Acción y efecto de venerar.

venerar. tr. Respetar en sumo grado a una persona por su santidad, dignidad o grandes virtudes, o a una cosa por lo que representa o recuerda. ‖ **2.** Dar culto a Dios, a los santos o a las cosas sagradas.

venéreo, a. adj. *Pat.* Dícese de la enfermedad contagiosa que ordinariamente se contrae por el trato sexual. Ú. t. c. s. m.

venereología. f. Parte de la medicina referente a las enfermedades venéreas.

venero. m. Manantial de agua. ‖ **2.** Raya o línea horaria en los relojes de sol. ‖ **3.** fig. Origen y principio de donde procede una cosa.

véneto, ta. adj. Natural de Venecia. Ú. t. c. s. ‖ **2.** Perteneciente o relativo a esta ciudad.

venezolano, na. adj. Natural de Venezuela. Ú. t. c. s. ‖ **2.** Perteneciente o relativo a esta nación de América.

vengador, ra. adj. Que venga o se venga. Ú. t. c. s.

venganza. f. Satisfacción que se toma del agravio o daño recibidos.

vengar. tr. Tomar satisfacción de un agravio o daño. Ú. t. c. prnl.

vengativo, va. adj. Inclinado o determinado a tomar venganza de cualquier agravio.

venia. f. Licencia o permiso pedido para ejecutar una cosa. ‖ **2.** Inclinación que se hace con la cabeza, saludando cortésmente a uno.

venial. adj. Dícese de lo que se opone levemente a la ley o precepto, y por eso es de fácil remisión.

venida. f. Acción de venir. ‖ **2. regreso.**

venidero, ra. adj. Que está por venir o suceder.

venir. intr. Caminar una persona o moverse una cosa de allá hacia acá. ‖ **2.** Llegar una persona o cosa a donde está el que habla. ‖ **3.** Ajustarse, acomodarse o conformarse una cosa a otra o con otra. *A Juan le* VIENE *bien ese vestido,* o *no le* VIENE; *tal cosa* VINO *de perillas.* ‖ **4.** Inferirse, deducirse o ser una cosa consecuencia de otra. ‖ **5.** Acercarse o llegar el tiempo en que una cosa ha de acaecer. *El mes que* VIENE; VINO *la noche; tras el verano* VIENE *el otoño.* ‖ **6.**Traer origen, proceder o tener dependencia una cosa de otra en lo físico o en lo moral. *Persona que* VIENE *de linaje de traidores.* ‖ **7.** Figurar o aparecer en un libro, periódico, etc.; estar incluido o mencionado en él. *Esa noticia* VIENE *de la última página. Tal párrafo no* VIENE *en la edición que he consultado.* ‖ **8.** Ofrecerse u ocurrir una cosa a la imaginación o a la memoria. ‖ **venir a menos.** fr. Deteriorarse, empeorarse o caer del estado que se gozaba. ‖ **venir rodada** una cosa. fr. fig. Suceder casualmente en favor de lo que se intentaba o deseaba. ❑ Irreg. Ver conjugación modelo.

venir

INDICATIVO

Presente: vengo, vienes, viene, venimos, venís, vienen.

Pretérito imperfecto: venía, venías, venía, veníamos, veníais, venían.

Pretérito indefinido: vine, viniste, vino, vinimos, vinisteis, vinieron.

Futuro imperfecto: vendré, vendrás, vendrá, vendremos, vendréis, vendrán.

Condicional: vendría, vendrías, vendría, vendríamos, vendríais, vendrían.

SUBJUNTIVO

Presente: venga, vengas, venga, vengamos, vengáis, vengan.

Pretérito imperfecto: viniera o viniese, vinieras o vinieses, viniera o viniese, viniéramos o viniésemos, vinierais o vinieseis, vinieran o viniesen.

Futuro imperfecto: viniere, vinieres, viniere, viniéremos, viniereis, vinieren.

IMPERATIVO

ven (tú); venid (vosotros).

FORMAS NO PERSONALES

Infinitivo: venir.

Participio: venido.

Gerundio: viniendo.

venoso, sa. adj. Que tiene venas. ‖ **2.** Perteneciente o relativo a la vena.

venta. f. Acción y efecto de vender. ‖ **2.** Cantidad de cosas que se venden. ‖ **3.** Contrato en virtud del cual se transfiere a dominio ajeno una cosa propia por el precio pactado. ‖ **4.** Casa establecida en los caminos o despoblados para hospedaje de los pasajeros. ‖ **en venta.** loc. adj. y adv. que se aplica a aquello que un propietario quiere vender.

ventaja. f. Superioridad o mejoría de una persona o cosa respecto de otra. ‖ **2.** Excelencia o condición favorable que una persona o cosa tiene. ‖ **3.** Ganancia anticipada que un jugador concede a otro para compensar la superioridad que el primero tiene o se atribuye en habilidad o destreza. ‖ **4.** *Dep.* En algunos juegos de equipo, beneficio que se obtiene de una falta cometida por el contrario.

ventajista. adj. Dícese de la persona que sin miramientos procura obtener ventaja en los tratos, en el juego, etc. Ú. t. c. s.

ventajoso, sa. adj. Dícese de lo que tiene ventaja o la reporta.

ventalla. f. *Bot.* Cada una de las dos o más partes de la cáscara de un fruto, que, juntas por una o más suturas, encierran las semillas, como en el haba y el estramonio.

ventalle. m. **abanico,** instrumento para dar a uno o para darse uno aire.

ventana. f. Abertura más o menos elevada sobre el suelo, que se deja en una pared para dar luz y ventilación. ‖ **2.** Hoja u hojas de madera y de cristales con que se cierra esa abertura. ‖ **3.** Cada uno de los orificios de la nariz.

ventanal. m. Ventana grande, como las de las catedrales.

ventanilla. f. Abertura pequeña que hay en la pared o tabique de los despachos de billetes, bancos y otras oficinas para que los empleados de estas comuniquen desde dentro con el público que está en la parte de fuera. ‖ **2.** Abertura provista de cristal que tienen en sus costados los coches, vagones del tren y otros vehículos. ‖ **3.** Abertura rectangular cubierta con un material transparente, que llevan algunos sobres, para ver la dirección del destinatario escrita en la misma carta.

ventanillo. m. Postigo pequeño de puerta o ventana. ‖ **2.** Ventana pequeña o abertura redonda o de otra forma, hecha en la puerta exterior de las casas y resguardada por lo común con rejilla, para ver a la persona que llama, o hablar con ella sin franquearle la entrada.

ventarrón. m. Viento que sopla con mucha fuerza.

ventear. intr. impers. Soplar el viento o hacer aire fuerte. ❑ En esta acepción solo se usa la 3.ª pers. sing. de todos los tiempos y el infinitivo, el gerundio y el participio. ‖ **2.** tr. Tomar algunos animales el viento con el olfato. ‖ **3.** Poner, sacar o arrojar una cosa al viento para enjugarla o limpiarla.

ventero, ra. m. y f. Persona que tiene a su cuidado y cargo una venta para hospedaje de los pasajeros.

ventilación. f. Acción y efecto de ventilar o ventilarse. ‖ **2.** Abertura que sirve para ventilar un aposento. ‖ **3.** Corriente de aire que se establece al ventilarlo.

ventilador. m. Instrumento o aparato que impulsa o remueve el aire en una habitación. ‖ **2.** Abertura que se deja hacia el exterior en una habitación, para que se renueve el aire de esta sin necesidad de abrir las puertas o ventanas.

ventilar. tr. Hacer correr o penetrar el aire en algún sitio. Ú. m. c. prnl. ‖ **2.** Renovar el aire de un aposento o pieza cerrada. ‖ **3.** fig. Dirimir o resolver una cuestión o duda.

ventisca. f. Borrasca de viento, o de viento y nieve, que suele ser más frecuente en los puertos y gargantas de los montes. ‖ **2.** Viento fuerte, ventarrón.

ventiscar. intr. impers. Nevar con viento fuerte. ‖ **2.** Levantarse la nieve por la violencia del viento. ❑ Solo se usa la 3.ª pers. sing. de todos los tiempos y el infinitivo, el gerundio y el participio.

ventisquero. m. **ventisca.** ‖ **2.** Altura de los montes más expuesta a las ventiscas. ‖ **3.** Sitio, en las alturas de los montes, donde se conserva la nieve y el hielo.

ventolera. f. Golpe de viento recio y poco durable. ‖ **2.** fig. y fam. Pensamiento o determinación inesperada y extravagante. *Le dio la* VENTOLERA *de sentar plaza.*

ventorrillo. m. Bodegón o casa de comidas en las afueras de una población.

ventosa. f. Órgano que tienen ciertos animales en los pies, la boca u otras partes del cuerpo, para adherirse o agarrarse, mediante el vacío, al andar o hacer presa. ‖ **2.** Pieza cóncava de material elástico en la cual, al ser oprimida contra una superficie lisa, se produce el vacío, con lo cual queda adherida a dicha superficie.

ventosear. intr. Expeler del cuerpo los gases intestinales. Ú. t. c. prnl.

ventosidad. f. Gases intestinales encerrados o comprimidos en el cuerpo, especialmente cuando se expelen.

ventoso, sa. adj. Aplícase al día o tiempo en que hace aire fuerte, y al sitio combatido por los vientos.

ventral. adj. Perteneciente o relativo al vientre.

ventrecha. f. **ventresca.**

ventresca. f. Vientre de los pescados.

ventricular. adj. *Anat.* Perteneciente o relativo al ventrículo.

ventrículo. m. *Anat.* Cavidad del corazón que recibe sangre de una aurícula y la impulsa por el sistema arterial; su número varía en los distintos grupos animales. ‖ **2.** *Anat.* Cada una de las cuatro cavidades del encéfalo de los vertebrados, llamada **ventrículo medio, ventrículos laterales y cuarto ventrículo.**

ventrílocuo, cua. adj. Dícese de la persona que tiene el arte de modificar su voz de manera que parezca venir de lejos, y que imita las de otras personas o diversos sonidos. Ú. t. c. s.

ventriloquia. f. Arte del ventrílocuo.

ventrisca. f. **ventresca.**

ventrón. m. Túnica muscular que cubre el estómago de algunos rumiantes y de la cual se hace el guiso de callos.

ventura. f. **felicidad.** ‖ **2.** Suerte. ‖ **3.** Contingencia o casualidad. ‖ **por ventura.** loc. adv. **quizá.**

venturanza. f. Buena ventura, felicidad.

venturero, ra. adj. Aplícase al sujeto que anda vagando, ocioso y sin ocupación u oficio, pero dispuesto a trabajar en lo que le saliere.

venturina. f. Cuarzo pardo amarillento con laminitas de mica dorada en su masa.

venturoso, sa. adj. Que tiene buena suerte. ‖ **2.** Que implica o trae felicidad.

venus. n. p. m. Segundo planeta del sistema solar que presenta un resplandor intenso y tiene fases similares a las de la Luna. ‖ **2.** f. Representación artística de la diosa **Venus.** ‖ **3.** Por ext., nombre que se da a ciertas estatuillas prehistóricas femeninas elaboradas en piedra, marfil o hueso. ‖ **4.** fig. Mujer muy hermosa.

venusiano, na. adj. Perteneciente o relativo al planeta Venus.

venusino[1], na. adj. Natural de Venusia. Ú. t. c. s. ‖ **2.** Perteneciente o relativo a esta ciudad de Italia. ‖ **3.** m. Por antonom., el poeta Horacio.

venusino[2], na. adj. poét. Perteneciente o relativo a la diosa Venus.

ver[1]. m. Sentido de la vista. ‖ **2.** Parecer o apariencia de las cosas materiales o inmateriales. *Tener buen* VER; *tener otro* VER.

ver[2]. tr. Percibir por los ojos los objetos mediante la acción de la luz. ‖ **2.** Por ext., percibir algo con cualquier sentido o con la inteligencia. ‖ **3.** Observar, considerar alguna cosa. || **4.** Reconocer con cuidado y atención una cosa, leyéndola o examinándola. || **5.** Visitar a una persona o estar con ella para tratar de algún asunto. || **6.** Considerar, advertir o reflexionar. || **7.** Prevenir las cosas del futuro; anteverlas o inferirlas de lo que sucede en el presente. Ú. mucho con el verbo *estar*. ESTOY VIENDO *que mi hermano llega mañana sin avisar.* || **8.** fig. Ser un lugar escenario de un acontecimiento. *Este teatro* HA VISTO *muchos éxitos y fracasos.* || **9.** prnl. Estar en sitio o postura a propósito para ser **visto.** || **10.** Hallarse constituido en algún estado o situación. VERSE *pobre, abatido, agasajado.* || **a ver.** expr. que se usa para pedir una cosa que se quiere reconocer o **ver.** || **2.** Ú. c. interjección para significar extrañeza. || **a ver si.** expr. que seguida de un verbo, denota curiosidad, expectación o interés. || **2.** También expresa mandato. A VER SI *te estás quieto.* || **hay** o **había que ver.** locs. impers. con que se pondera algo notable. ¡HAY QUE VER *cómo han crecido estos niños!* HABÍA QUE VER *lo elegantes que estaban.* Sin compl. **¡hay que ver!** se usa también como exclamación ponderativa. || **si te he visto,** o **si te vi, no me acuerdo,** o **ya no me acuerdo.** fr. que manifiesta el despego con que los ingratos suelen pagar los favores que recibieron. ❑ Irreg. Ver conjugación modelo; p. p. irreg. *visto*.

ver

INDICATIVO
Presente: veo, ves, ve, vemos, veis, ven.
Pretérito imperfecto: veía, veías, veía, veíamos, veíais, veían.
Pretérito indefinido: vi, viste, vio, vimos, visteis, vieron.
Futuro imperfecto: veré, verás, verá, veremos, veréis, verán.
Condicional: vería, verías, vería, veríamos, veríais, verían.

SUBJUNTIVO
Presente: vea, veas, vea, veamos, veáis, vean.
Pretérito imperfecto: viera o viese, vieras o vieses, viera o viese, viéramos o viésemos, vierais o vieseis, vieran o viesen.
Futuro imperfecto: viere, vieres, viere, viéremos, viereis, vieren.

IMPERATIVO
ve (tú); ved (vosotros).

FORMAS NO PERSONALES
Infinitivo: ver.
Participio: visto.
Gerundio: viendo.

vera. f. **orilla.** || **a la vera.** loc. adv. Al lado próximo.

veracidad. f. Cualidad de veraz.

vera efigies. expr. lat. Imagen verdadera de una persona o cosa.

veraneante. adj. Que veranea. Ú. m. c. s.

veranear. intr. Pasar las vacaciones de verano en lugar distinto de aquel en que habitualmente se reside.

veraneo. m. Acción y efecto de veranear.

veraniego, ga. adj. Perteneciente o relativo al verano.

veranillo. m. Tiempo breve en que, en España, suele hacer calor durante el otoño. *El* VERANILLO *de San Miguel, el de San Martín.*

verano. m. **estío.** || **2.** Época la más calurosa del año, que en el hemisferio septentrional comprende los meses de junio, julio y agosto. En el hemisferio austral corresponde a los meses de diciembre, enero y febrero.

veras. f. pl. Realidad, verdad en las cosas que se dicen o hacen. || **2.** Eficacia, fervor y actividad con que se ejecutan o desean las cosas. || **de veras.** loc. adv. Con verdad. || **2.** Con formalidad, eficacia o empeño.

veratrina. f. *Quím.* Alcaloide contenido en la cebadilla; forma un polvo blanco, cristalino, de sabor acre y cáustico.

veraz. adj. Que dice, usa o profesa siempre la verdad.

verbal. adj. Dícese de lo que se refiere a la palabra, o se sirve de ella. *Memoria* VERBAL; *expresión* VERBAL. || **2.** Que se hace o estipula solo de palabra, y no por escrito. *Injuria, contrato* VERBAL. || **3.** *Gram.* Perteneciente o relativo al verbo. || **4.** *Gram.* Aplícase a las palabras que nacen o se derivan de un verbo; como de *andar, andador* y *andadura.* Ú. t. c. s. m.

verbalismo. m. Propensión a fundar el razonamiento más en las palabras que en los conceptos.

verbasco. m. **gordolobo,** planta.

verbena. f. Planta herbácea anual, de la familia de las verbenáceas, con tallo de seis a ocho decímetros de altura, erguido y ramoso por arriba; hojas ásperas y hendidas; flores de varios colores, terminales y en espigas largas y delgadas, y fruto seco con dos o cuatro divisiones y otras tantas semillas. Es común en España. || **2.** Velada y feria que en Madrid y otras poblaciones se celebra en las noches de la víspera de San Antonio, San Juan, San Pedro y otras festividades, para regocijo popular.

verbenáceo, a. adj. *Bot.* Dícese de plantas angiospermas dicotiledóneas, hierbas, arbustos y árboles, de tallos y ramas casi siempre cuadrangulares, hojas opuestas y verticiladas y sin estípulas, flores en racimo, espiga, cabezuela o cima, y fruto capsular o drupáceo con semillas sin albumen; como la verbena y la hierba luisa. Ú. t. c. s. f. ‖ **2.** f. pl. *Bot.* Familia de estas plantas.

verbenero, ra. adj. Perteneciente o relativo a las verbenas populares. ‖ **2.** fig. Dícese de la persona bulliciosa, de ánimo festivo. Ú. t. c. s.

verbigracia. Voz con que suele representarse en español la expresión elíptica latina **verbi gratia.**

verbi gratia. expr. elípt. lat. **por ejemplo.**

verbo. m. Sonido o sonidos que expresan una idea. ‖ **2.** *Gram.* Clase de palabras que tienen variación de número, persona, tiempo y modo. ‖ **auxiliar.** *Gram.* El que se emplea en la formación de la voz pasiva y de los tiempos compuestos de la activa; como *haber* y *ser.* ‖ **copulativo.** *Gram.* Aquel que, junto con el atributo, forma el predicado nominal de una oración. ‖ **defectivo.** *Gram.* Aquel que no se usa en todos los modos, tiempos o personas de que consta esta parte de la oración; como *abolir, soler.* ‖ **determinado.** *Gram.* El que es regido por otro, formando oración con él. ‖ **impersonal.** *Gram.* El que sólo se emplea en la tercera persona, generalmente de singular, de todos los tiempos y modos, simples y compuestos, y en las formas simples y compuestas de infinitivo y gerundio, sin referencia ninguna a sujeto elíptico o expreso. ‖ **incoativo.** *Gram.* El que indica el comienzo de una acción; como *florecer.* ‖ **intransitivo.** *Gram.* El que se construye sin complemento directo, como *nacer, morir, correr.* ‖ **irregular.** *Gram.* El que se conjuga alterando la raíz, el tema o las desinencias de la conjugación regular, ya unas ya otras; como *acertar, caber, ir.* ‖ **iterativo.** *Gram.* El que expresa una acción que se compone de momentos repetidos, como *golpear, pisotear,* etc. ‖ **pronominal.** *Gram.* El que se construye en todas sus formas con pronombres reflexivos. Hay **verbos** exclusivamente pronominales, como *arrepentirse.* Otros adoptan determinados matices significativos o expresivos en las formas reflexivas: *caerse, morirse,* frente a las no reflexivas: *caer, morir.* ‖ **reflexivo.** *Gram.* **verbo pronominal** en que el pronombre realiza la función de complemento directo o indirecto y corresponde a la misma persona que el sujeto. *Tú* TE PEINAS. ‖ **regular.** *Gram.* El que se conjuga sin alterar la raíz, el tema o las desinencias de la conjugación a que pertenece; como *amar, temer, partir.* ‖ **sustantivo.** *Gram.* **verbo** *ser,* único que expresa la idea de esencia o sustancia sin denotar, como los demás **verbos,** otros atributos o modos de ser. ‖ **transitivo.** *Gram.* El que se construye con complemento directo, como: *amar a Dios, decir verdad.* ‖ **unipersonal.** *Gram.* **verbo impersonal.**

verborrea. f. fam. Verbosidad excesiva.

verbosidad. f. Abundancia o copia de palabras en la elocución.

verdad. f. Conformidad de las cosas con el concepto que de ellas forma la mente. ‖ **2.** Conformidad de lo que se dice con lo que se siente o se piensa. ‖ **3.** Juicio o proposición que no se puede negar racionalmente. ‖ **4.** Cualidad de veraz. *Hombre de* VERDAD. ‖ **5.** Cosa que se dice de forma franca y directa, con que se pretende corregir o reprender a alguien. Ú. principalmente en pl. *Cayetano le dijo dos* VERDADES. ‖ **6. realidad,** existencia real de una cosa. ‖ **de Perogrullo.** fam. **perogrullada.** ‖ **de verdad.** loc. adv. **de veras.** ‖ **¿verdad?** expr. que busca el asentimiento del interlocutor.

verdadero, ra. adj. Que contiene verdad. ‖ **2.** Real y efectivo. ‖ **3.** Ingenuo, sincero.

verdal. adj. Dícese de ciertas frutas que tienen color verde aun después de maduras. *Ciruela* VERDAL.

verde. adj. De color semejante al del césped o la esmeralda. Ú. t. c. s. Es el cuarto color del espectro solar. ‖ **2.** En contraposición de seco, dícese de los árboles y las plantas que aún conservan alguna savia. ‖ **3.** Tratándose de legumbres, las que se consumen frescas, para diferenciarlas de las que se guisan secas. *Judías, habas* VERDES. ‖ **4.** Dícese de lo que aún no está maduro. ‖ **5.** fig. Dícese de las cosas que están en los principios y a las cuales falta mucho para perfeccionarse. ‖ **6.** fig. Libre, indecente, obsceno. Aplícase a cuentos, comedias, poesías, etc. ‖ **7.** fig. Dícese del que conserva inclinaciones galantes impropias de su edad o de su estado. *Viejo* VERDE. ‖ **8.** Junto con palabras como *zona, espacio,* etc., lugar destinado a parque o jardín y en el que no se puede edificar. ‖ **9.** Se aplica a ciertos partidos ecologistas y a sus miembros. ‖ **10.** m. **follaje,** conjunto de hojas de los árboles y de las plantas. ‖ **poner verde** a una persona. fr. fig. y fam. Colmarla de improperios o censurarla acremente.

verdea. f. Vino de color verdoso.

verdear. intr. Mostrar una cosa el color verde que en sí tiene. ‖ **2.** Ir tomando una cosa color verde. ‖ **4.** Empezar a brotar plantas en los campos, o cubrirse los árboles de hojas y tallos.

verdecer. intr. Reverdecer, cubrirse de verde la tierra o los árboles. ❑ Irreg. Se conj. como *agradecer.*

verdegal. m. Sitio donde verdea el campo.

verdel. m. Caballa, pez de manchas verdosas.

verdemar. m. Color semejante al verdoso que suele tomar el mar. Ú. t. c. adj.

verdeo. m. Recolección de las aceitunas antes de que maduren para consumirlas después de aderezadas o encurtidas.

verderón. m. Ave canora del orden de las paseriformes, del tamaño y forma del gorrión, con plumaje verde y manchas amarillentas en las remeras principales y en la base de la cola.

verdín. m. Primer color verde que tienen las hierbas o plantas que no han llegado a su sazón. ‖ **2.** Capa verde de plantas criptógamas, que se cría en las aguas dulces, principalmente en las estancadas, en las paredes y lugares húmedos y en la corteza de algunos frutos, como el limón y la naranja, cuando se pudren. ‖ **3. cardenillo** del cobre.

verdinegro, gra. adj. De color verde oscuro.

verdor. m. Color verde vivo de las plantas. ‖ **2.** fig. Vigor, lozanía, fortaleza.

verdoso, sa. adj. Que tira a verde.

verdusco, ca. adj. Que tira a verde oscuro.

verdugal. m. Monte bajo que, después de quemado o cortado, se cubre de verdugos o renuevos.

verdugo. m. Renuevo o vástago del árbol. ‖ **2.** Ministro de justicia que ejecuta las penas de muerte y en lo antiguo ejecutaba otras corporales; como la de azotes, tormento, etc. ‖ **3.** Gorro de lana que ciñe cabeza y cuello, dejando descubiertos los ojos, la nariz y la boca. ‖ **4.** Moldura convexa de perfil semicircular. ‖ **5.** fig. Persona muy cruel o que castiga demasiado y sin piedad.

verduguillo. m. Especie de roncha que suele levantarse en las hojas de algunas plantas.

verdulería. f. Tienda o puesto de verduras.

verdulero, ra. m. y f. Persona que vende verduras. ‖ **2.** f. fig. y fam. Mujer descarada y ordinaria.

verdura. f. Color verde, verdor. ‖ **2.** Hortalizas en general y especialmente las de hojas verdes.

verecundia. f. **vergüenza.**

vereda. f. Camino angosto, formado comúnmente por el tránsito de peatones y ganados. ‖ **2.** *Amér. Merid.* Acera de una calle o plaza. ‖ **hacer** a uno **entrar por** o **en vereda.** fr. fig. y fam. Obligarle al cumplimiento de sus deberes.

veredicto. m. Fallo pronunciado por un jurado. ‖ **2.** Por ext., parecer, dictamen o juicio emitido reflexiva y autorizadamente.

verga. f. Miembro genital de los mamíferos. ‖ **2. vara,** palo delgado. ‖ **3.** *Mar.* Percha labrada convenientemente, a la cual se asegura la vela.

vergajo. m. Verga del toro, que después de cortada, seca y retorcida, se usa como látigo.

vergel. m. Huerto con variedad de flores y árboles frutales.

vergonzante. adj. Que tiene vergüenza. Aplícase regularmente al que pide limosna con cierto disimulo o encubriéndose. ❑ No confundir con *vergonzoso.*

vergonzoso, sa. adj. Que causa vergüenza. ‖ **2.** Que se avergüenza con facilidad. Ú. t. c. s. ❑ No confundir con *vergonzante.*

vergüenza. f. Turbación del ánimo, que suele encender el color del rostro, ocasionada por alguna falta cometida, o por alguna acción deshonrosa y humillante, propia o ajena. ‖ **2.** Pundonor, estimación de la propia honra. *Hombre de* VERGÜENZA. ‖ **3.** Encogimiento o cortedad para ejecutar una cosa. ‖ **4.** Acción que, por indecorosa, cuesta repugnancia ejecutar, o deja en mala opinión al que la ejecuta. ‖ **5.** pl. Partes externas de los órganos humanos de la generación.

vericueto. m. Lugar o sitio áspero, alto y quebrado, por donde no se puede andar sino con dificultad.

verídico, ca. adj. Que dice verdad. ‖ **2.** Aplícase también a lo que la incluye.

verificación. f. Acción de verificar, probar si una cosa es verdadera. ‖ **2.** Acción de verificar, examinar la verdad de una cosa. ‖ **3.** Acción de verificar, salir cierto o verdadero lo que se dijo o pronosticó.

verificar. tr. Probar que una cosa que se dudaba es verdadera. ‖ **2.** Comprobar o examinar la verdad de una cosa. ‖ **3.** Realizar, efectuar. Ú. t. c. prnl. ‖ **4.** prnl. Salir cierto y verdadero lo que se dijo o pronosticó.

verija. f. Región de las partes pudendas.

verismo. m. Realismo llevado al extremo en las obras de arte.

verja. f. Enrejado que sirve de puerta, ventana o cerca. Hoy se aplica más al que sirve como cerca.

verme. m. *Zool.* **gusano,** y en especial lombriz intestinal.

vermicida. adj. *Farm.* **vermífugo.** Ú. t. c. s.m.

vermicular. adj. Que tiene gusanos o vermes, o los cría. ‖ **2.** Que se parece a los gusanos o participa de sus cualidades.

vermiforme. adj. De figura de gusano.

vermífugo, ga. adj. *Farm.* Que tiene virtud para matar las lombrices intestinales. Ú. t. c. s. m.

vermú o **vermut.** m. Licor aperitivo compuesto de vino blanco o tinto, ajenjo y otras sustancias amargas y tónicas. ❑ pl. *vermús.*

vernáculo, la. adj. Doméstico, nativo, de nuestra casa o país. Dícese especialmente del idioma o lengua.

veronal. m. Derivado del ácido barbitúrico, usado como somnífero y tranquilizante.

veronés, sa. adj. Natural de Verona. Ú. t. c. s. ‖ **2.** Perteneciente a esta ciudad de Italia.

verónica. f. Planta herbácea, vivaz, de la familia de las escrofulariáceas, con tallos delgados y rastreros de dos a tres decímetros de longitud; hojas opuestas, vellosas, elípticas y pecioladas; flores azules en espigas axilares, y fruto seco, capsular, con semillas menudas. ‖ **2.** *Taurom.* Lance que consiste en esperar el lidiador la acometida del toro teniendo la capa extendida o abierta con ambas manos enfrente de la res.

verosímil. adj. Que tiene apariencia de verdadero.

verosimilitud. f. Cualidad de verosímil.

verraco. m. Cerdo padre.

verruga. f. Excrecencia cutánea por lo general redonda.

versado, da. adj. Ejercitado, práctico, instruido. VERSADO *en las lenguas sabias; en las matemáticas.*

versal. adj. *Impr.* V. **letra versal.** Ú. t. c. s.

versallesco, ca. adj. Perteneciente o relativo a Versalles, palacio y sitio real cercano a París. Dícese especialmente de las costumbres de la corte francesa establecida en dicho lugar y que tuvo su apogeo en el siglo XVIII. ‖ **2.** fam. Dícese del lenguaje y de los modales afectadamente corteses.

versar. intr. Con la preposición *sobre* y algunas otras, o la locución adverbial *acerca de,* tratar de tal o cual materia un libro, discurso o conversación.

versátil. adj. Que se vuelve o se puede volver fácilmente. ‖ **2.** fig. De genio o carácter voluble e inconstante. ‖ **3.** Capaz de adaptarse con facilidad y rapidez a diversas funciones.

versatilidad. f. Cualidad de versátil.

versícula. f. Lugar donde se ponen los libros de coro.

versiculario. m. El que canta los versículos. ‖ **2.** El que cuida de los libros de coro.

versículo. m. Cada una de las breves divisiones de los capítulos de ciertos libros, y singularmente de las Sagradas Escrituras. ‖ **2.** Cada uno de los versos de un poema escrito sin rima ni metro fijo y determinado, en especial cuando el verso constituye unidad de sentido.

versificación. f. Acción y efecto de versificar.

versificar. intr. Hacer o componer versos. ‖ **2.** tr. Poner en verso.

versión. f. **traducción,** acción y efecto de traducir de una lengua a otra. ‖ **2.** Modo que tiene cada uno de referir un mismo suceso. ‖ **3.** Cada una de las formas que adopta la relación de un suceso, el texto de una obra o la interpretación de un tema.

verso. m. Palabra o conjunto de palabras sujetas a medida y cadencia, o solo a cadencia. ‖ **2.** Empléase también en sentido colectivo, por contraposición a prosa. *Comedia en* VERSO. ‖ **3.** fam. Composición en **verso.** Ú. m. en pl. ‖ **agudo.** El que termina en palabra aguda. ‖ **alejandrino.** El de catorce sílabas, dividido en dos hemistiquios. ‖ **de arte mayor.** Cualquiera de los que tienen más de ocho sílabas. ‖ **de arte menor.** Cualquiera de los que no pasan de ocho sílabas. ‖ **esdrújulo.** El que finaliza en voz esdrújula. ‖ **hexámetro. verso** de la poesía griega y latina, que consta de seis pies; cada uno de los primeros cuatro espondeo, o dáctilo, dáctilo el quinto, y el sexto espondeo. ‖ **libre.** El que no está sujeto a rima ni a metro fijo y determinado. ‖ **llano.** El que termina en palabra llana o grave. ‖ **oxítono. verso agudo.** ‖ **paroxítono. verso llano.** ‖ **pentámetro. verso** de la poesía griega y latina, que se compone de un dáctilo o un espondeo, de otro dáctilo u otro espondeo, de una cesura, de dos dáctilos y de otra cesura. Mídesele también contando después de los dos primeros pies un espondeo y dos anapestos. ‖ **proparoxítono. verso esdrújulo.** ‖ **quebrado.** El de cuatro sílabas cuando alterna con otros más largos. ‖ **suelto.** El que no forma con otro rima perfecta ni imperfecta. ‖ **versos pareados.** Los dos versos que van unidos y aconsonantados, como los dos últimos de la octava.

vértebra. f. *Anat.* Cada uno de los huesos cortos, articulados entre sí, que forman el espinazo de los animales vertebrados.

vertebrado. adj. *Zool.* Que tiene vértebras. ‖ **2.** *Zool.* Dícese de los animales cordados que tienen esqueleto con columna vertebral y cráneo, y sistema nervioso central constituido por medula espinal y encéfalo. Ú. t. c. s. m. ‖ **3.** m. pl. *Zool.* Subtipo de estos animales.

vertebral. adj. Perteneciente a las vértebras.

vertebrar. tr. fig. Dar consistencia y estructura internas, dar organización y cohesión.

vertedera. f. Pieza del arado que sirve para voltear y extender la tierra levantada por la reja.

vertedero. m. Lugar donde se vierten basuras o escombros.

vertedor, ra. adj. Que vierte. Ú. t. c. s. ‖ **2.** m. Canal o conducto que en los puentes y otras fábricas sirve para dar salida al agua y a las inmundicias.

verter. tr. Derramar o vaciar líquidos, y también cosas menudas; como sal, harina, etc. Ú. t. c. prnl. ‖ **2.** Inclinar una vasija o volverla boca abajo para vaciar su contenido. Ú. t. c. prnl. ‖ **3. traducir** de una lengua a otra. ‖ **4.** fig. Tratándose de máximas, conceptos, etc., decirlos con determinado objeto, y por lo común con fin siniestro. ‖ **5.** intr. Desembocar una corriente de agua en otra. ❑ Irreg. Se conj. como *entender.*

vertical. adj. Que tiene la dirección de una plomada. Ú. t. c. s. f. ‖ **2.** *Geom.* Dícese de la recta o plano perpendicular a una recta o plano horizontales. ‖ **3.** En figuras, dibujos, escritos, impresos, etc., dícese de la línea, disposición o dirección que va de la cabeza al pie. Ú. t. c. s. f.

verticalidad. f. Cualidad de vertical.

vértice. m. *Geom.* Punto en que concurren los dos lados de un ángulo plano. ‖ **2.** *Geom.* Punto donde concurren tres o más planos. ‖ **3.** *Geom.* **cúspide** de la pirámide o del cono. ❑ No confundir con *vórtice.*

verticilo. m. *Bot.* Conjunto de tres o más ramos, hojas, flores, pétalos u otros órganos, que están en un mismo plano alrededor de un tallo.

vertidos. m. pl. Materiales de desecho que las instalaciones industriales o energéticas arrojan a vertederos o al agua.

vertiente. amb. Declive o sitio por donde corre o puede correr el agua.

vertiginoso, sa. adj. Perteneciente o relativo al vértigo. ‖ **2.** Que causa vértigo.

vértigo. m. *Pat.* Trastorno del sentido del equilibrio caracterizado por una sensación de movimiento rotatorio del cuerpo o de los objetos que lo rodean. ‖ **2.** fig. Apresuramiento anormal de la actividad de una persona o colectividad.

vesania. f. Demencia, locura, furia.

vesánico, ca. adj. Perteneciente o relativo a la vesania.

vesical. adj. *Zool.* Perteneciente o relativo a la vejiga.

vesícula. f. Vejiga pequeña, llena generalmente de un líquido. En especial, la **vesícula** biliar. ‖ **biliar.** *Anat.* Órgano en forma de bolsa donde se recoge y almacena la bilis producida por el hígado.

vesicular. adj. De forma de vesícula.

vesperal. m. Libro de canto llano, que contiene el de vísperas.

vespertino, na. adj. Perteneciente o relativo a la tarde. ‖ **2.** *Astron.* Dícese de los astros que transponen el horizonte después del ocaso del Sol.

vestal. adj. Perteneciente o relativo a la diosa Vesta. ‖ **2.** Dícese de las doncellas romanas consagradas a la diosa Vesta. Ú. m. c. s.

vestíbulo. m. Atrio o portal que está a la entrada de un edificio. ‖ **2.** En los grandes hoteles, sala de amplias dimensiones próxima a la entrada del edificio. ‖ **3. recibimiento,** pieza que da entrada a los diferentes aposentos de una vivienda. ‖ **4.** *Anat.* Una de las cavidades comprendidas en el laberinto del oído de los vertebrados.

vestido. m. Prenda o conjunto de prendas exteriores con que se cubre el cuerpo. ‖ **2.** Traje enterizo de la mujer.

vestidura. f. **vestido,** prenda que cubre el cuerpo. ‖ **2.** Vestido que, sobrepuesto al ordinario, usan los sacerdotes para el culto divino. Ú. m. en pl. ‖ **rasgarse** uno **las vestiduras.** fr. fig. **escandalizarse,** mostrar indignación.

vestigio. m. **huella,** señal que queda en la tierra del pie del hombre o animal que pasa. ‖ **2.** Señal que queda de un edificio u otra fábrica antigua. ‖ **3.** fig. Indicio por donde se infiere la verdad de una cosa o se sigue la averiguación de ella.

vestiglo. m. Monstruo fantástico horrible.

vestimenta. f. **vestido.**

vestir. tr. Cubrir o adornar el cuerpo con el vestido. Ú. t. c. prnl. ‖ **2.** Guarnecer o cubrir una cosa con otra para defensa o adorno. ‖ **3.** fig. Hacer los vestidos para otro. *Tal sastre me* VISTE. ‖ **4.** intr. Con los adverbios *bien* o *mal,* **vestirse** o ir **vestido** con perfección o gusto o sin él. *Luis* VISTE *bien.* ‖ **5.** Dicho de cosas, ser elegantes, estar de moda, o ser a propósito para el lucimiento y la elegancia del vestido. *El color negro* VISTE *mucho.* ‖ **6.** Llevar un traje de color, forma o distintivo especial. VESTIR *de blanco, de etiqueta, de uniforme, de paisano, de máscara, de corto.* ‖ **7.** prnl. fig. Sobreponerse una cosa a otra, encubriéndola. *El cielo* SE VISTIÓ *de nubes.* ❑ Irreg. Se conj. como *pedir.*

vestuario. m. **vestido,** conjunto de las piezas que sirven para vestir. ‖ **2.** Conjunto de trajes necesarios para una representación escénica. ‖ **3.** En los campos de deportes, piscinas, etc., local destinado a cambiarse de ropa.

veta. f. **vena,** faja o lista de una materia que por su calidad, color, etc., se distingue de la masa en que se halla interpuesta. VETA *de tocino magro, de tierra caliza.* ‖ **2.** Filón metálico. ‖ **3. vena,** lista de ciertas piedras y maderas.

vetar. tr. Poner el veto a una proposición, acuerdo o medida.

veteado, da. adj. Que tiene vetas.

vetear. tr. Señalar o pintar vetas, imitando las de la madera, el mármol, etc.

veteranía. f. Cualidad de veterano.

veterano, na. adj. Aplícase a los militares que han prestado servicio mucho tiempo. Ú. t. c. s. ‖ **2.** fig. Antiguo y experimentado en cualquier profesión o ejercicio.

veterinaria. f. Ciencia y arte de precaver y curar las enfermedades de los animales.

veterinario, ria. adj. Perteneciente o relativo a la veterinaria. ‖ **2.** m. y f. Persona que se halla legalmente autorizada para profesar y ejercer la veterinaria.

veto. m. Derecho que tiene una persona o corporación para vedar o impedir una cosa. Ú. principalmente para significar el atribuido según las constituciones al jefe del Estado o a la segunda Cámara, respecto de las leyes votadas por la elección popular. ‖ **2.** Por ext., acción y efecto de vedar.

vetón, na. adj. Dícese de un pueblo prerromano de la antigua Lusitania que habitaba parte de las actuales provincias de Zamora, Salamanca, Ávila, Cáceres, Toledo y Badajoz. ‖ **2.** Dícese también de los individuos que formaban este pueblo. Ú. t. c. s. ‖ **3.** Perteneciente o relativo a los **vetones.**

vetustez. f. Cualidad de vetusto.

vetusto, ta. adj. Extremadamente viejo, anticuado.

vexilología. f. Disciplina que estudia las banderas, pendones y estandartes.

vez. f. Tiempo u ocasión determinada en que se ejecuta una acción, aunque no incluya orden sucesivo. VEZ *hubo que no comió en un día.* ‖ **2.** Tiempo u ocasión de hacer una cosa por turno u orden. *Le llegó la* VEZ *de entrar.* ‖ **3.** Cada realización de un suceso o de una acción en momento y circunstancias distintos. *La primera* VEZ *que vi el mar.* ‖ **4.** Lugar que a uno le corresponde cuando varias personas han de actuar por turno. *¿Quién da la* VEZ? ‖ **5.** pl. Ministerio, autoridad o jurisdicción que una persona ejerce supliendo a otra o representándola. ❑ Ú. m. con el verbo *hacer.* HACER *uno las* VECES *de otro;* HACER *uno con otro* VECES *de padre.* ‖ **a la vez.** loc. adv. A un tiempo, simultáneamente. ‖ **cada vez que.** loc. **siempre que.** ‖ **de una vez.** loc. adv. Con una sola acción; con una palabra o de un golpe. ‖ **2.** Definitivamente. ‖ **en vez de.** loc. adv. En sustitución de una persona o cosa. ‖ **2.** Al contrario, lejos de. ‖ **tal vez.** loc. adv. **quizá.**

veza. f. **arveja,** algarroba.

vía. f. **camino** por donde se transita. ‖ **2.** Raíl de ferrocarril. ‖ **3.** Calzada construida para la circulación rodada. ‖ **4.** Cualquiera de los conductos por donde pasan en el cuerpo del animal los humores, el aire, los alimentos y los residuos de la digestión. ‖ **5.** Entre los ascéticos, modo y orden de vida espiritual encaminada a la perfección de la virtud. ‖ **6.** En complementos circunstanciales sin artículo ni preposición, hace las veces de esta y equivale a «por, pasando por». *He venido* VÍA *París. La fotografía se ha recibido* VÍA *satélite.* ‖ **7.** fig. Arbitrio o conducto para hacer o conseguir una cosa. ‖ **8.** *Der.* Ordenamiento judicial. VÍA *ejecutiva, sumarísima.* ‖ **de agua.** *Mar.* **agua,** rotura por donde entra agua en una embarcación. ‖ **férrea. ferrocarril.** ‖ **Vía Láctea.** *Astron.* Ancha zona o faja de luz blanca y difusa que atraviesa oblicuamente casi toda la esfera celeste, y que mirada con el telescopio se ve compuesta de multitud de estrellas. ‖ **vía muerta.** En los ferrocarriles, la que no tiene salida, y sirve para apartar de la circulación vagones y máquinas. ‖ **oral. por vía oral.** ‖ **pública.** Calle, plaza, camino u otro sitio por donde transita o circula el público. ‖ **cuaderna vía.** Estrofa usada principalmente en los siglos XIII y XIV que se compone de cuatro versos alejandrinos monorrimos. ‖ **en vías de.** loc. adv. En curso, en trámite o en camino de. ❑ Ú. con el verbo *estar.* ‖ **por vía oral.** loc. adv. *Med.* Por la boca.

viabilidad. f. Cualidad de viable.

viable. adj. fig. Dícese del asunto que, por sus circunstancias, tiene probabilidades de poderse llevar a cabo.

vía crucis. Expresión latina con que se denomina el camino señalado con diversas estaciones de cruces o altares, y que se recorre rezando en cada una de ellas, en memoria de los pasos que dio Jesucristo caminando al Calvario. Ú. c. s. m. ‖ **2.** m. fig. Trabajo, aflicción continuada que sufre una persona.

viaducto. m. Obra a manera de puente, para el paso de un camino sobre una hondonada.

viajante. com. Dependiente comercial que hace viajes para negociar ventas o compras.

viajar. intr. Trasladarse de un lugar a otro, generalmente distante, por cualquier medio de locomoción.

viaje[1]**.** m. Acción y efecto de viajar. ‖ **2.** Jornada que se hace de una parte a otra por aire, mar o tierra. ‖ **3.** Carga o peso que se lleva de un lugar a otro de una vez.

viaje[2]**.** m. fam. Acometida inesperada, y por lo común a traición, con arma blanca y corta. ❑ Ú. m. con el verbo *tirar.* ‖ **2.** *Taurom.* Acometida rápida del toro levantando la cabeza.

viajero, ra. adj. Que viaja.

vial. adj. Perteneciente o relativo a la vía.

vianda. f. Sustento y comida de los racionales.

viandante. com. Persona que viaja a pie. ‖ **2.** **peatón,** que va a pie.

viario, ria. adj. Relativo a los caminos y carreteras. *Red* VIARIA.

viático. m. Sacramento de la Eucaristía, que se administra a los enfermos que están en peligro de muerte.

víbora. f. Culebra venenosa de unos 50 centímetros de largo y menos de 3 de grueso; ovovivípara, con la cabeza cubierta en gran parte de escamas pequeñas semejantes a las del resto del cuerpo; con dos dientes huecos en la mandíbula superior, por donde se vierte, cuando muerde, el veneno. Generalmente están adornadas de una faja parda ondulada a lo largo del cuerpo. Es común en los países montuosos de Europa y en el norte de África. ‖ **2.** fig. Persona con malas intenciones.

vibración. f. Acción y efecto de vibrar. ‖ **2.** Cada movimiento vibratorio, o doble oscilación de las moléculas o del cuerpo vibrante.

vibrador, ra. adj. Que vibra. ‖ **2.** m. Aparato que transmite las vibraciones eléctricas.

vibrante. adj. Que vibra. ‖ **2.** *Fon.* Dícese del sonido o letra cuya pronunciación se caracteriza por un rápido contacto oclusivo, simple o múltiple, entre los órganos de la articulación. La *r* de *hora* es **vibrante** simple y la de *honra* **vibrante** múltiple. Ú. t. c. s. f.

vibrar. tr. Dar un movimiento trémulo a la espada, o a otra cosa larga, delgada y elástica. ‖ **2.** Por ext., tener un sonido trémulo la voz y otras cosas no materiales. ‖ **3.** intr. *Mec.* Experimentar un cuerpo elástico cambios alternativos de forma, de tal modo que sus puntos oscilen sincrónicamente en torno a sus posiciones de equilibrio, sin que el campo cambie de lugar. Los cuerpos sonoros son cuerpos vibrantes. ‖ **4.** fig. Conmoverse por algo.

vibratorio, ria. adj. Que vibra o es capaz de vibrar.

vibrión. m. *Biol.* Cualquiera de las bacterias de forma encorvada; como la productora del cólera.

vibrisa. f. *Biol.* Receptor del sentido del tacto, en forma de filamento o cerda. Puede ser un pelo, como en los bigotes del gato; una pluma especial, como en el pico del chotacabras; una cerda quitinosa, como en la boca de los insectos dípteros; o un filamento vegetal, como en muchas plantas carnívoras. Ú. m. en pl.

vicaria. f. Segunda superiora en algunos conventos de monjas.

vicaría. f. Oficio o dignidad de vicario. ‖ **2.** Oficina o tribunal en que despacha el vicario. ‖ **3.** Territorio de la jurisdicción del vicario. ‖ **pasar por la vicaría.** Tramitar el expediente eclesiástico de matrimonio; por ext., familiarmente, casarse.

vicarial. adj. Perteneciente o relativo al vicario.

vicariante. adj. *Biol.* Dícese de cada una de las especies vegetales o animales, que cumplen un determinado papel biológico en sendas áreas geográficas distantes, y son tan parecidas que solo difieren en detalles mínimos, por lo que suelen distinguirse únicamente por su localización. Ú. t. c. s. y m. en pl. ‖ **2.** *Biol.* Por ext., se llaman también así los pares de caracteres genéticos, mutuamente excluyentes, que sirven para diferenciar razas. Ú. t. c. s. y m. en pl.

vicario, ria. adj. Que tiene las veces, poder y facultades de otro o le sustituye. Ú. t. c. s. ‖ **2.** m. Juez eclesiástico nombrado y elegido por los prelados para que ejerza sobre sus súbditos la jurisdicción ordinaria.

vice-. elem. compos. que significa «en vez de» o «que hace las veces de»: VICE*rrector*, VICE*presidente*. A veces toma las formas **vi-** o **viz-:** VI*rrey*, VIZ*conde*.

vicealmiranta. f. Segunda galera de una escuadra, o sea la que montaba el segundo jefe.

vicealmirante. m. Oficial general de la armada, inmediatamente inferior al almirante, equivalente a general de división en el ejército.

vicecanciller. m. Sujeto que hace el oficio de canciller, a falta de este, en orden al sello de los despachos.

vicecónsul. m. Funcionario de la carrera consular, de categoría inmediatamente inferior al cónsul.

vicediós. m. Denominación encomiástica que se aplicó principalmente al Papa.

vicenal. adj. Que sucede o se repite cada veinte años. ‖ **2.** Que dura veinte años.

vicense. adj. Natural de Vich. Ú. t. c. s. ‖ **2.** Perteneciente o relativo a esta ciudad.

Vicente. n. p. **¿dónde va Vicente? donde va la gente,** o **al ruido de la gente.** fr. fam. que se emplea para tachar a alguno de falta de iniciativa o de personalidad, y que se limita a seguir el dictamen o la conducta de la mayoría.

vicepresidencia. f. Cargo de vicepresidente o vicepresidenta.

vicepresidente, ta. m. y f. Persona que hace o está facultada para hacer las veces del presidente o de la presidenta.

vicerrector, ra. m. y f. Persona que hace o está facultada para hacer las veces del rector o de la rectora.

vicesecretario, ria. m. y f. Persona que hace o está facultada para hacer las veces del secretario o de la secretaria.

vicetiple. f. fam. En las zarzuelas, operetas y revistas, cada una de las cantantes que intervienen en los números de conjunto.

viceversa. adv. m. Al contrario, por lo contrario; cambiadas dos cosas recíprocamente.

viciar. tr. Dañar o corromper física o moralmente. Ú. t. c. prnl. ‖ **2.** Falsear o adulterar los géneros, no suministrarlos conforme a su debida ley, o mezclarlos con otros de inferior calidad. ‖ **3.** Anular o quitar el valor o validación de un acto. *El dolo con que se* *otorgó* VICIA *este contrato.* ‖ **4.** prnl. **enviciarse,** aficionarse a algo con exceso.

vicio. m. Hábito de obrar mal. ‖ **2.** Defecto o exceso que como propiedad o costumbre tienen algunas personas, o que es común a una colectividad. ‖ **3.** Gusto especial o demasiado apetito de una cosa, que incita a usarla frecuentemente y con exceso. ‖ **4.** Deformación, alabe que presenta una superficie apartándose de la forma que debe tener. ‖ **5.** Lozanía y frondosidad excesivas, perjudiciales para el rendimiento de la planta. *Los sembrados llevan mucho* VICIO. ‖ **de vicio.** loc. adv. Sin necesidad, motivo o causa, o como por costumbre.

vicioso, sa. adj. Que tiene, padece o causa vicio, error o defecto. ‖ **2.** Entregado a los vicios. Ú. t. c. s. ‖ **3.** Abundante, provisto, deleitoso.

vicisitud. f. Inconstancia o alternativa de sucesos prósperos y adversos.

víctima. f. Persona o animal sacrificado o destinado al sacrificio. ‖ **2.** fig. Persona que se expone u ofrece a un grave riesgo en obsequio de otra. ‖ **3.** fig. Persona que padece daño por culpa ajena o por causa fortuita. ❑ No utilizar por *muerto, fallecido...*

victimismo. m. Actitud consistente en considerarse víctima o hacerse pasar por tal.

victoria[1]. f. Superioridad o ventaja que se consigue del contrario, en disputa o lid. ‖ **2.** fig. Vencimiento o sujeción que se consigue de los vicios o pasiones. ‖ **cantar** uno **victoria.** fr. fig. Alegrarse o jactarse de un triunfo.

victoria[2]. f. Coche de caballos de dos asientos, abierto y con capota.

victoriano, na. adj. Relativo a la reina Victoria de Inglaterra o a su época.

victorioso, sa. adj. Que ha conseguido una victoria en cualquier línea. Ú. t. c. s.

vicuña. f. Mamífero rumiante que viene a tener el tamaño del macho cabrío, al cual se asemeja en la configuración general, pero con cuello más largo y erguido, cabeza más redonda y sin cuernos, orejas puntiagudas y derechas y piernas muy largas. Cubre su cuerpo un pelo largo y finísimo de color amarillento rojizo, capaz de admitir todo género de tintes. Vive salvaje en manadas en los Andes del Perú y de Bolivia, y se caza para aprovechar su vellón, que es muy apreciado. ‖ **2.** Lana de este animal. ‖ **3.** Tejido que se hace de esta lana.

vid. f. Planta vivaz y trepadora de la familia de las vitáceas, con tronco retorcido, vástagos muy largos, flexibles y nudosos; hojas alternas, pecioladas, grandes y partidas en cinco lóbulos puntiagudos; flores verdosas en racimos, y cuyo fruto es la uva. Originaria de Asia, se cultiva en todas las regiones templadas.

vida. f. Estado de actividad de los seres orgánicos. ‖ **2.** Espacio de tiempo que transcurre desde el nacimiento de un animal o un vegetal hasta su muerte. ‖ **3.** Duración de las cosas. ‖ **4.** Modo de vivir en lo tocante a la fortuna o desgracia de una persona, o a las comodidades o incomodidades con que vive. ‖ **5.** Modo de vivir en orden a la profesión, empleo, oficio u ocupación. ‖ **6.** Persona o ser humano. ‖ **7.** Especialmente con los adjetivos *mala, airada,* prostitución, dicha de las mujeres. *Echarse a la* VIDA; *ser de la* VIDA. ‖ **8.** fig. Cualquier cosa que origina suma complacencia. ‖ **9.** fig. Expresión, viveza. Se usa especialmente hablando de los ojos. ‖ **10.** fig. Animación, vitalidad de una cosa o de una persona. *Esta ciudad tiene poca* VIDA *nocturna. Es un cuadro con mucha* VIDA. ‖ **airada. vida** licenciosa, disoluta. ‖ **media.** Tiempo que tarda en reducirse a la mitad la cantidad de una sustancia, propia o extraña, en un organismo o sistema. ‖ **2.** *Fís.* Tiempo que tarda en reducirse a la mitad el número de átomos de un nucleido radiactivo. ‖ **y milagros.** fam. Modo de vivir, mañas y travesuras de uno, y en general sus hechos. ‖ **la otra vida,** o **la vida futura.** Existencia del alma después de la muerte. ‖ **a vida o muerte.** loc. adv. con que se denota el peligro de muerte que existe por la aplicación de un medicamento o por una intervención quirúrgica. ‖ **buscar,** o **buscarse,** uno **la vida.** fr. Emplear los medios conducentes para adquirir el mantenimiento y lo demás necesario. ‖ **de mi vida.** expr. que se pospone al nombre de una persona y que denota afecto, impaciencia o enfado. ‖ **de por vida.** loc. adv. Perpetuamente, por todo el tiempo que uno vive. ‖ **de toda la vida.** expr. fig. y fam. Desde hace mucho tiempo. ‖ **en la vida,** o **en mi, tu, su vida.** loc. adv. Nunca o en ningún tiempo. Ú. t. para explicar la incapacidad o suma dificultad de conseguir una cosa. ‖ **en vida.** loc. adv. Durante ella, en contraposición de lo que se ejecuta al tiempo de la muerte o después. ‖ **ganar,** o **ganarse,** uno **la vida.** fr. Trabajar o buscar medios de mantenerse. ‖ **pasar** uno **a mejor vida.** fr. Morir en gracia de Dios. ‖ **2.** Por ext., **morir.**

vide. Voz verbal latina que se emplea en impresos y manuscritos españoles precediendo a la indicación del lugar o página que ha de ver el lector para encontrar alguna cosa.

vidente. adj. Que ve. ‖ **2.** m. **profeta.** ❑ No confundir con *bidente.*

video-. elem. compos. que forma palabras referentes a la televisión. VIDEO*cinta,* VIDEO*frecuencia.*

vídeo. m. Aparato que registra y reproduce electrónicamente imágenes y sonidos.

videocinta. f. Cinta magnética en que se registran imágenes y sonidos. Sus sistemas captor y reproductor son los mismos que se emplean en la televisión.

videodisco. m. Disco en el que se registran imágenes y sonidos, que, mediante un rayo láser, pueden ser reproducidos en un televisor.

videofrecuencia. f. Cualquiera de las frecuencias de onda empleadas en la transmisión de imágenes.

vidorra. f. fam. Vida regalada.

vidriado. m. Barro o loza con barniz vítreo. ‖ **2.** Este barniz.

vidriar. tr. Dar a las piezas de barro o loza un barniz que fundido al horno toma la transparencia y lustre del vidrio. ‖ **2.** prnl. Ponerse vidriosa alguna cosa.

vidriera. f. Bastidor con vidrios con que se cierran puertas y ventanas. ‖ **de colores.** La formada por vidrios con dibujos coloreados y que cubre los ventanales de iglesias, palacios y casas.

vidriería. f. Taller donde se labra y corta el vidrio. ‖ **2.** Tienda donde se venden vidrios.

vidriero, ra. m. y f. Persona que trabaja en vidrio o que lo vende. ‖ **2.** Persona que coloca vidrios en puertas, ventanas, etc.

vidrio. m. Sustancia dura, frágil, transparente por lo común, de brillo especial, que está formada por la combinación de la sílice con potasa o sosa y pequeñas cantidades de otras bases, y se fabrica generalmente en hornos y crisoles. ‖ **2.** Placa de este material que se pone en ventanas, puertas, etc., para cerrar sus huecos dejando pasar la luz al mismo tiempo. ‖ **3.** Cualquier pieza o vaso de **vidrio.**

vidrioso, sa. adj. Que fácilmente se quiebra o salta, como el vidrio. ‖ **2.** fig. Dícese de las materias que deben tratarse o manejarse con gran cuidado y tiento. ‖ **3.** fig. Dícese de los ojos que están cubiertos por una capa líquida y no miran a un lugar determinado, como los de los muertos.

vieira. f. Molusco comestible, muy común en los mares de Galicia, cuya concha es la venera, insignia de los peregrinos de Santiago.

viejales. com. fest. **viejo,** persona de edad.

viejo, ja. adj. Dícese de la persona de edad. Comúnmente puede entenderse que es **vieja** la que cumplió setenta años. Ú. t. c. s. ‖ **2.** Dícese, por ext., de los animales en igual caso, especialmente de los que son del servicio y uso domésticos. ‖ **3.** Antiguo o del tiempo pasado. ‖ **4.** Que no es reciente ni nuevo. *Ser* VIEJO *en un país.* ‖ **5.** Deslucido, estropeado por el uso. ‖ **de viejo.** loc. adj. Dícese de las tiendas donde se venden artículos de segunda mano, de estos artículos y de los artesanos que efectúan reparaciones de ropa, zapatos, etc. *Librería* DE VIEJO.

vienés, sa. adj. Natural de Viena de Austria. Ú. t. c. s. ‖ **2.** Perteneciente o relativo a esta ciudad.

viento. m. Corriente de aire producida en la atmósfera por causas naturales. ‖ **2.** Aire atmosférico. ‖ **3.** fig. Cualquier cosa que mueve o agita el ánimo con violencia o variedad. ‖ **4.** fig. Cuerda larga o alambre que se ata a una cosa para mantenerla derecha en alto o moverla con seguridad hacia un lado. ‖ **en popa.** *Mar.* El que sopla hacia el mismo punto a que se dirige el buque. ‖ **vientos alisios. vientos** fijos que soplan de la zona tórrida, con inclinación al nordeste o al sudeste, según el hemisferio en que reinan. ‖ **a los cuatro vientos.** loc. adv. En todas direcciones, por todas partes. ‖ **beber** uno **los vientos por** alguien. fr. fig. y fam. Estar muy enamorado de una persona. ‖ **como el viento.** loc. adv. Rápida, velozmente. ‖ **con viento fresco.** loc. Con los verbos *irse, marcharse, despedir,* etc., indica con mal modo, con enfado o desprecio. ‖ **contra viento y marea.** loc. adv. fig. Arrostrando inconvenientes, dificultades u oposición de otro. ‖ **viento en popa.** loc. adv. fig. Con buena suerte, dicha o prosperidad. *Ir, caminar* VIENTO EN POPA.

vientre. m. *Anat.* Cavidad del cuerpo de los animales vertebrados, en la que se contienen los órganos principales del aparato digestivo y del genitourinario. ‖ **2.** Conjunto de las vísceras contenidas en esta cavidad, especialmente después de extraídas. ‖ **3.** Región exterior del cuerpo, correspondiente al abdomen, que es anterior en el hombre e inferior en los demás vertebrados. ‖ **4.** fig. Cavidad grande e interior de una cosa. ‖ **bajo vientre. hipogastrio.** ‖ **evacuar,** o **exonerar,** o **mover,** uno **el vientre,** o **hacer de,** o **del, vientre.** fr. Descargarlo del excremento.

viernes. m. Quinto día de la semana.

vierteaguas. m. Resguardo hecho de piedra, azulejos, cinc, madera, etc., que formando una superficie inclinada convenientemente para escurrir las aguas llovedizas, se pone cubriendo los alféizares, los salientes de los paramentos, la parte baja de las puertas exteriores, etc.

vietnamita. adj. Natural del Vietnam. Ú. t. c. s. ‖ **2.** Perteneciente o relativo a este Estado de Asia.

viga. f. Madero largo y grueso que sirve, por lo regular, para formar los techos en los edificios y sostener y asegurar las fábricas. ‖ **2.** Hierro de doble T destinado en la construcción moderna a los mismos usos que la **viga** de madera. ‖ **maestra.** *Arq.* La que, tendida sobre pilares o columnas, sirve para sostener las cabezas de otros maderos también horizontales, así como para sustentar cuerpos superiores del edificio.

vigencia. f. Cualidad de vigente.

vigente. adj. Aplícase a las leyes, ordenanzas, estilos y costumbres que están en vigor y observancia.

vigésimo, ma. adj. Que sigue inmediatamente en orden al o a lo decimonono. ‖ **2.** Dícese de cada una de las veinte partes iguales en que se divide un todo. Ú. t. c. s.

vigía. f. **atalaya,** torre en alto para registrar el horizonte y dar aviso de lo que se descubre. ‖ **2.** Persona destinada a vigilar desde un lugar elevado el mar o el campo. Ú. m. c. s. m.

vigilancia. f. Cuidado y atención exacta en las cosas que están a cargo de cada uno. ‖ **2.** Servicio ordenado y dispuesto para vigilar.

vigilante. adj. Que vigila. ‖ **2.** m. Persona encargada de velar por algo.

vigilar. intr. Velar sobre una persona o cosa, o atender exacta y cuidadosamente a ella. Ú. t. c. tr.

vigilia. f. Acción de estar despierto o en vela. ‖ **2.** Víspera de una festividad de la Iglesia. ‖ **3.** Falta de sueño o dificultad de dormirse, ocasionada por una enfermedad o un cuidado. ‖ **4.** Comida con abstinencia de carne.

vigitano, na. adj. Natural de Vich. Ú. t. c. s. ‖ **2.** Perteneciente o relativo a esta ciudad.

vigor. m. Fuerza o actividad notable de las cosas animadas o inanimadas. ‖ **2.** Viveza o eficacia de las acciones en la ejecución de las cosas. ‖ **3.** Fuerza de obligar en las leyes u ordenanzas, o duración de las costumbres o estilos.

vigorizar. tr. Dar vigor. Ú. t. c. prnl. ‖ **2.** fig. Animar, esforzar. Ú. t. c. prnl.

vigoroso, sa. adj. Que tiene vigor.

viguería. f. Conjunto de vigas de una fábrica o edificio.

vigués, sa. adj. Natural de Vigo. Ú. t. c. s. ‖ **2.** Perteneciente o relativo a esta ciudad.

vigueta. f. Barra de hierro laminado, destinada a la edificación.

vihuela. f. Instrumento músico de cuerda, de diversos tamaños y figuras, pulsado con arco o con plectro.

vihuelista. com. Persona que ejerce o profesa el arte de tocar la vihuela.

vikingo, ga. adj. Dícese de los navegantes escandinavos que entre los siglos VIII y XI realizaron incursiones por las islas del Atlántico y por casi toda Europa occidental. Ú. m. c. s. ‖ **2.** Perteneciente o relativo a este pueblo.

vil. adj. Bajo o despreciable. ‖ **2.** Indigno, torpe, infame. ‖ **3.** Aplícase a la persona que falta o corresponde mal a la confianza que en ella se pone. Ú. t. c. s.

vilano. m. Apéndice de pelos o filamentos que corona el fruto de muchas plantas compuestas y le sirve para ser transportado por el aire.

vileza. f. Cualidad de vil. ‖ **2.** Acción o expresión indigna, torpe o infame.

vilipendiar. tr. Despreciar alguna cosa o tratar a uno con vilipendio.

vilipendio. m. Desprecio, falta de estima, denigración de una persona o cosa.

vilipendioso, sa. adj. Que causa vilipendio o lo implica.

villa. f. Casa de recreo situada aisladamente en el campo. ‖ **2.** Población que tiene algunos privilegios con que se distingue de las aldeas y lugares.

Villadiego. n. p. **coger,** o **tomar, las de Villadiego.** fr. fig. Ausentarse impensadamente, de ordinario por huir de un riesgo o compromiso.

villancico. m. Cancioncilla popular breve que frecuentemente servía de estribillo. ‖ **2.** Cierto género de composición poética con estribillo. ‖ **3.** Canción popular, principalmente de asunto religioso, que se canta en Navidad y otras festividades.

villanía. f. Bajeza de nacimiento, condición o estado. ‖ **2.** fig. Acción ruin. ‖ **3.** fig. Expresión indecorosa.

villano, na. adj. Vecino o habitador del estado llano en una villa o aldea, a distinción de noble o hidalgo. Ú. t. c. s. ‖ **2.** fig. Ruin, indigno o indecoroso. ‖ **3.** m. Tañido y baile españoles, comunes en los siglos XVI y XVII. Se llamaron así porque tendían a imitar los cantares y bailes rústicos.

villorrio. m. despect. Población pequeña y poco urbanizada.

vilo (en). loc. adv. Suspendido; sin el fundamento o apoyo necesario; sin estabilidad. ‖ **2.** fig. Con indecisión, inquietud y zozobra.

vinagre. m. Líquido agrio y astringente, producido por la fermentación ácida del vino, y compuesto principalmente de ácido acético y agua. ‖ **2.** fig. y fam. Persona de genio áspero y desapacible.

vinagrera. f. Vasija destinada a contener vinagre para el uso diario. ‖ **2.** pl. **angarillas,** pieza de madera, metal o cristal con dos o más ampolletas o frascos para solo aceite y vinagre, o para estos y otros condimentos, la cual se emplea en el servicio de la mesa de comer. ❑ No confundir con *vinajera.*

vinagreta. f. Salsa compuesta de aceite, cebolla y vinagre, que se consume fría con los pescados y con la carne.

vinajera. f. Cada uno de los dos jarrillos con que se sirven en la misa el vino y el agua. ‖ **2.** pl. Conjunto de ambos jarrillos y de la bandeja donde se colocan. ❑ No confundir con *vinagrera.*

vinatero, ra. adj. Perteneciente al vino. *Industria* VINATERA. ‖ **2.** m. El que trafica con el vino o lo conduce de una parte a otra para su venta.

vinaza. f. Especie de vino que se saca a lo último, de los posos y las heces.

vinazo. m. Vino muy fuerte y espeso.

vinculación. f. Acción y efecto de vincular o vincularse.

vincular. tr. fig. Atar o fundar una cosa en otra. *Andrés* VINCULA *sus esperanzas en el favor del ministro.* ‖ **2.** fig. Perpetuar o continuar una cosa o el ejercicio de ella. Ú. m. c. prnl. ‖ **3.** fig. Someter la suerte o el comportamiento de alguien o de algo a los de otra persona o cosa. ‖ **4.** fig. Sujetar a una obligación.

vínculo. m. Unión o atadura de una persona o cosa con otra. Ú. m. en sent. fig. ‖ **2.** *Der.* Sujeción de los bienes, con prohibición de enajenarlos, a que sucedan en ellos los parientes por el orden que señala el fundador, o al sustento de institutos benéficos u obras pías. Se usa también hablando del conjunto de bienes adscritos a una vinculación.

vindicar. tr. **vengar.** Ú. t. c. prnl. ‖ **2.** Defender, especialmente por escrito, al que se halla injuriado, calumniado o injustamente notado. Ú. t. c. prnl. ‖ **3.** *Der.* Recuperar uno lo que le pertenece, reivindicar.

vindicativo, va. adj. Inclinado a tomar venganza, vengativo. ‖ **2.** Aplícase al escrito o discurso en que se defiende la fama y opinión de uno, injuriado, calumniado o injustamente notado.

vinícola. adj. Relativo a la fabricación del vino.

vinicultor, ra. m. y f. Persona que se dedica a la vinicultura.

vinicultura. f. Elaboración de vinos.

vinificación. f. Fermentación del mosto de la uva, o transformación del zumo de esta en vino.

vino. m. Licor alcohólico que se hace del zumo de las uvas exprimido, y cocido naturalmente por la fermentación. ‖ **2.** Por ext., zumo de otras plantas o frutos que se cuece y fermenta al modo del de las uvas. ‖ **blanco.** El de color dorado, más o menos intenso, por oposición al tinto. ‖ **clarete.** Especie de **vino** tinto, algo claro. ‖ **de agujas. vino** raspante o picante. ‖ **de garrote.** El que se saca a fuerza de viga, torno o prensa. ‖ **de mesa. vino de pasto.** ‖ **de pasto.** El más común y ligero, que se bebe durante la comida, a diferencia del de postre. ‖ **de postre. vino generoso.** ‖ **dulce.** El que tiene este sabor porque se lo da la uva o porque está aderezado con arrope. ‖ **generoso.** El más fuerte y añejo que el **vino** común. ‖ **peleón.** fam. El muy ordinario. ‖ **rosado.** El que tiene este color. ‖ **seco.** El que no tiene sabor dulce. ‖ **tinto.** El de color muy oscuro.

vinote. m. Líquido que queda en la caldera del alambique después de destilado el vino y hecho el aguardiente.

viña. f. Terreno plantado de muchas vides.

viñador. m. El que cultiva las viñas. ‖ **2.** Guarda de una viña.

viñedo. m. Terreno plantado de vides.

viñeta. f. Dibujo o estampita que se pone para adorno en el principio o el fin de los libros y capítulos, y algunas veces en los contornos de las páginas. ‖ **2.** Cada uno de los recuadros de una serie en la que con dibujos y texto se compone una historieta. ‖ **3.** Dibujo o escena impresa en un libro, periódico, etc., que suele tener carácter humorístico. A veces va acompañado de un texto o comentario.

viola. f. Instrumento de la misma figura que el violín, aunque algo mayor y de cuerdas más fuertes, que entre los de su clase equivale al contralto. ‖ **2.** com. Persona que ejerce o profesa el arte de tocar este instrumento.

violáceo, a. adj. **violado.** Ú. t. c. s. ‖ **2.** *Bot.* Dícese de plantas angiospermas dicotiledóneas, hierbas, matas o arbustos, de hojas comúnmente alternas, simples, festoneadas y con estípulas; flores de cinco pétalos, axilares y con pedúnculos simples o ramosos, y fruto capsular con tres divisiones y muchas semillas de albumen carnoso; como la violeta y la trinitaria. Ú. t. c. s. f. ‖ **3.** f. pl. *Bot.* Familia de estas plantas.

violación. f. Acción y efecto de violar.

violado, da. adj. De color de violeta, morado claro. Ú. t. c. s. Es el séptimo color del espectro solar.

violador, ra. adj. Que viola. Ú. t. c. s.

violar. tr. Infringir o quebrantar una ley, tratado, precepto, promesa, etc. ‖ **2.** Tener acceso carnal con una persona en contra de su voluntad o cuando se halla privada de sentido o discernimiento. ‖ **3.** Profanar un lugar sagrado, ejecutando en él ciertos actos determinados por el derecho canónico. ‖ **4.** fig. Ajar o deslucir una cosa.

violencia. f. Cualidad de violento. ‖ **2.** Acción y efecto de violentar o violentarse. ‖ **3.** fig. Acción violenta o contra el natural modo de proceder.

violentar. tr. Aplicar medios violentos a cosas o personas para vencer su resistencia. ‖ **2.** fig. Dar interpretación o sentido violento a lo dicho o escrito. ‖ **3.** fig. Poner a alguien en una situación violenta o hacer que se moleste o enoje. Ú. t. c. prnl.

violento, ta. adj. Que está fuera de su natural estado, situación o modo. ‖ **2.** Que obra con ímpetu y fuerza. ‖ **3.** Que se hace bruscamente, con ímpetu e intensidad extraordinarias. ‖ **4.** fig. Aplícase al genio arrebatado e impetuoso y que se deja llevar fácilmente de la ira. ‖ **5.** fig. Dícese de la situación embarazosa en que se halla una persona.

violero. m. ant. El que toca la viola o vihuela. ‖ **2.** Constructor de instrumentos de cuerda.

violeta. f. Planta herbácea, vivaz, de la familia de las violáceas, con tallos rastreros que arraigan fácilmente; hojas radicales con pecíolo muy largo, ásperas, acorazonadas y de borde festoneado; flores casi siempre de color morado claro y a veces blancas, aisladas, de cabillo largo y fino y de suavísimo olor, y fruto capsular con muchas semillas blancas y menudas. Es común en los montes de España, se cultiva en los jardines, y la infusión de la flor se usa en medicina como pectoral y sudorífico. ‖ **2.** Flor de esta planta. ‖ **3.** m. Color morado claro, parecido al de la **violeta.** Ú. t. c. adj.

violetera. f. Mujer que vende en lugares públicos ramitos de violetas.

violín. m. Instrumento músico de cuerda, el más pequeño y de sonido más agudo, que se tañe con un arco. ‖ **2.** com. Persona que toca el **violín.**

violinista. com. Persona que ejerce o profesa el arte de tocar el violín.

violón. m. **contrabajo,** instrumento de cuerda. ‖ **2.** com. Persona que lo toca.

violoncelista. com. El que toca el violoncelo.

violoncelo. m. **violonchelo.**

violonchelista. com. Persona que ejerce o profesa el arte de tocar el violonchelo.

violonchelo. m. Instrumento músico de cuerda y arco, más pequeño que el violón y de la misma forma. Equivale al barítono entre los de su clase, y se afina a la octava grave de la viola.

viperino, na. adj. Perteneciente o relativo a la víbora. ‖ **2.** fig. Malintencionado, que busca hacer daño.

viracocha. m. Nombre que los súbditos de los incas dieron a los conquistadores españoles.

virago. f. Mujer varonil.

viraje. m. Acción y efecto de virar, cambiar de dirección en la marcha de un vehículo. ‖ **2.** fig. Cambio de orientación en las ideas, intereses, conducta, actitudes, etc.

viral. adj. Perteneciente o relativo a los virus.

virar. tr. En fotografía, sustituir la sal de plata del papel impresionado por otra sal más estable o que produzca un color determinado. ‖ **2.** intr. Mudar de dirección en la marcha de un automóvil u otro vehículo semejante.

virgen. com. Persona que no ha tenido relaciones sexuales. Ú. t. c. adj. ‖ **2.** adj. Dícese de la tierra que no ha sido arada o cultivada. ‖ **3.** Aplícase a aquellas cosas que están en su primera entereza y no han servido aún para aquello a que se destinan. ‖ **4.** Dícese de lo que no ha tenido artificio en su formación. ‖ **5.** f. Por antonom., María Santísima, Madre de Dios, **virgen** antes del parto, en el parto y después del parto. ‖ **6.** Imagen de María Santísima. ‖ **viva la Virgen.** loc. adj. fam. que se aplica a persona informal, que no se preocupa por nada. Ú. t. c. s. m.

virgiliano, na. adj. Propio y característico del poeta Virgilio, o que tiene semejanza con cualquiera de las dotes o calidades por que se distinguen sus producciones.

virginal. adj. Perteneciente o relativo a la virgen. ‖ **2.** fig. Puro, incólume, inmaculado.

virginidad. f. Estado de virgen.

virgo. adj. **virgen.** Ú. t. c. s. f. ‖ **2.** Referido a personas, las nacidas bajo este signo del Zodiaco. Ú. t. c. s. ‖ **3.** m. **himen.** ‖ **4.** n. p. f. *Astron.* Sexto signo o parte del Zodiaco, de 30 grados de amplitud, que el Sol recorre aparentemente en el último tercio del verano. ‖ **5.** *Astron.* Constelación zodiacal que en otro tiempo debió de coincidir con el signo de este nombre; pero que actualmente, por resultado del movimiento retrógrado de los puntos equinocciales, se halla delante del mismo signo y un poco hacia el Oriente.

virguería. f. Adorno, refinamiento añadido a alguna cosa o trabajo.

vírgula. f. Rayita o línea muy delgada.

virgulilla. f. Cualquier signo ortográfico de figura de coma, rasguillo o trazo; como el apóstrofo, la cedilla, la tilde de la *ñ*, etc.

vírico, ca. adj. **viral.**

viril[1]. m. Caja de cristal con cerquillo de oro o dorado, que encierra la hostia consagrada y se coloca en la custodia para la exposición del Santísimo, o que guarda reliquias y se coloca en un relicario.

viril[2]. adj. Perteneciente o relativo al varón, varonil.

virilidad. f. Cualidad de viril.

virilismo. m. Desarrollo de caracteres sexuales masculinos en la mujer.

virilizarse. prnl. Adquirir una mujer caracteres sexuales exteriores propios del varón, como el pelo de la cara.

virola. f. Abrazadera de metal que se pone por remate o por adorno en algunos instrumentos, como navajas, espadas, etc.

virología. f. Parte de la microbiología, que tiene por objeto el estudio de los virus.

virosis. f. Nombre genérico de las enfermedades cuyo origen se atribuye a virus patógenos.

virote. m. fig. y fam. Mozo soltero, ocioso, paseante y preciado de guapo.

virreina. f. La que gobierna como virrey.

virreinato. m. Dignidad o cargo de virrey. ‖ **2.** Tiempo que dura el empleo o cargo de virrey. ‖ **3.** Distrito gobernado por un virrey.

virrey. m. Título con que se designó a quien se encargaba de representar, en uno de los territorios de la corona, la persona del rey ejerciendo plenamente las prerrogativas regias.

virtual. adj. Que tiene virtud para producir un efecto, aunque no lo produce en el momento presente. Ú. frecuentemente en oposición a efectivo o real. ‖ **2.** Implícito, tácito. ‖ **3.** *Fís.* Que tiene existencia aparente y no real.

virtud. f. Actividad o fuerza de las cosas para producir o causar sus efectos. ‖ **2.** Integridad de ánimo y bondad de vida. ‖ **cardinal.** *Rel.* Cada una de las cuatro (prudencia, justicia, fortaleza y templanza) que son principio de otras en ellas contenidas. ‖ **teologal.** *Rel.* Cada una de las tres (fe, esperanza y caridad) cuyo objeto directo es Dios. ‖ **en virtud.** loc. adv. En fuerza, a consecuencia o por resultado de.

virtuosismo. m. Dominio de la técnica de un arte propio del virtuoso, artista que domina un instrumento.

virtuoso, sa. adj. Que se ejercita en la virtud u obra según ella. Ú. t. c. s. ‖ **2.** Dícese del artista que domina de modo extraordinario la técnica de su instrumento. Ú. t. c. s.

viruela. f. *Pat.* Enfermedad aguda, febril, esporádica o epidémica, contagiosa, caracterizada por la erupción de gran número de pústulas. Ú. m. en pl. ‖ **2.** *Pat.* Cada una de las pústulas producidas por esta enfermedad.

virulé (a la). loc. adv. Desordenado, de mala traza. ‖ **2.** Estropeado, torcido o en mal estado. *Le pusieron un ojo* A LA VIRULÉ. *Lleva la corbata* A LA VIRULÉ.

virulencia. f. Cualidad de virulento.

virulento, ta. adj. Ocasionado por un virus, o que participa de la naturaleza de este. ‖ **2.** Dícese de la enfermedad que se manifiesta de un modo violento. ‖ **3.** fig. Dícese del estilo o discurso sañudo o mordaz en sumo grado.

virus. m. *Microbiol.* Organismo de estructura muy sencilla, compuesto de proteínas y ácidos nucleicos, capaz de reproducirse solo en el seno de células vivas específicas, utilizando su metabolismo. ‖ **2.** *Inform.* Programa que, introducido en un computador, se reproduce por sí mismo repetidamente, inutilizando la información acumulada en su memoria.

viruta. f. Hoja delgada que se saca con el cepillo u otras herramientas al labrar la madera o los metales, y que sale, por lo común, arrollada en espiral.

vis. f. Fuerza, vigor. Ú. solo en la loc. *vis cómica.*

visa. amb. *Amér.* Visado.

visado. m. Acción y efecto de visar la autoridad un documento.

visaje. m. **gesto,** expresión del rostro.

visar. tr. Reconocer o examinar un instrumento, certificación, etc., poniéndole el visto bueno. ‖ **2.** Dar validez, la autoridad competente, a un pasaporte u otro documento para determinado uso.

víscera. f. Cada uno de los órganos contenidos en las principales cavidades del cuerpo humano y de los animales, entraña.

visceral. adj. Perteneciente o relativo a las vísceras.

viscosa. f. Producto que se obtiene mediante el tratamiento de la celulosa como una solución de álcali cáustico y bisulfuro de carbono. Se usa principalmente para la fabricación de fibras textiles.

viscosidad. f. Cualidad de viscoso. ‖ **2.** *Fís.* Propiedad de los fluidos de oponer mayor o menor resistencia a fluir.

viscoso, sa. adj. Pegajoso, glutinoso.

visera. f. Parte del yelmo, movible, por lo común, sobre dos botones laterales para alzarla y bajarla, y con agujeros o hendeduras para ver, que cubría y defendía el rostro. ‖ **2.** Parte de ala que tienen por delante las gorras y otras prendas semejantes, para resguardar la vista. Modernamente se llama también así a una pieza independiente que se sujeta a la cabeza por medio de una cinta.

visibilidad. f. Cualidad de visible. ‖ **2.** Mayor o menor distancia a que, según las condiciones atmosféricas, pueden reconocerse o verse los objetos.

visible. adj. Que se puede ver. ‖ **2.** Tan cierto y evidente, que no admite duda.

visigodo, da. adj. Dícese del individuo de una parte del pueblo godo, que, establecida durante algún tiempo al oeste del Dniéper, fundó después un reino en España. Ú. t. c. s. ‖ **2.** Perteneciente o relativo a los **visigodos.**

visigótico, ca. adj. Perteneciente o relativo a los visigodos.

visillo. m. Cortina pequeña que se coloca en la parte interior de los cristales para resguardarse del sol o impedir la vista desde fuera.

visión. f. Acción y efecto de ver. ‖ **2.** Punto de vista particular sobre un tema, asunto, etc. ‖ **3.** Objeto de la vista, especialmente cuando es ridículo o espantoso. ‖ **4.** Creación de la fantasía o imaginación, que no tiene realidad y se toma como verdadera. ‖ **ver** uno **visiones.** fr. fig. y fam. Dejarse llevar mucho de su imaginación, creyendo lo que no hay.

visionar. tr. Ver imágenes cinematográficas o televisivas, especialmente desde un punto de vista técnico o crítico. ❑ No utilizar por *ver.*

visionario, ria. adj. Dícese del que, por su fantasía exaltada, se figura y cree con facilidad cosas quiméricas. Ú. t. c. s.

visir. m. Ministro de un soberano musulmán. ‖ **gran visir.** Primer ministro del sultán de Turquía.

visita. f. Acción de visitar. ‖ **2.** Persona que visita. ‖ **de médico.** fig. y fam. La de corta duración.

visitador, ra. adj. Que visita frecuentemente. Ú. t. c. s. ‖ **2.** m. y f. Juez, ministro o empleado que tiene a su cargo hacer visitas o reconocimientos.

visitante. adj. Que visita. Ú. t. c. s.

visitar. tr. Ir a ver a uno en su casa por cortesía, atención, amistad o cualquier otro motivo. ‖ **2.** Ir el médico a casa del enfermo para asistirle. ‖ **3.** Acudir con frecuencia a un lugar con objeto determinado. ‖ **4.** Ir a algún país, población, etc., para conocerlos. *En sus vacaciones* VISITÓ *París.*

vislumbrar. tr. Ver un objeto tenue o confusamente por la distancia o falta de luz. ‖ **2.** fig. Conocer imperfectamente o conjeturar por leves indicios una cosa inmaterial.

vislumbre. f. Reflejo de la luz, o tenue resplandor, por la distancia de ella. ‖ **2.** fig. Conjetura, sospecha o indicio. Ú. m. en pl.

viso. m. Onda de resplandor que hacen algunas cosas heridas por la luz. ‖ **2.** Forro de color o prenda de vestido que se coloca debajo de una tela clara para que por ella se transparente. ‖ **3.** fig. Apariencia de las cosas. ❑ No confundir con *biso.*

visón. m. Mamífero carnicero semejante a la nutria, con los dedos reunidos hasta más de la mitad por una membrana; se alimenta de toda clase de animales pequeños. Habita en el norte de América y es apreciado por su piel. ‖ **2.** Piel de este animal. ‖ **3.** Prenda hecha de pieles de este animal.

visor. m. Prisma o sistema óptico que llevan ciertos aparatos fotográficos de mano y sirve para enfocarlos rápidamente. ‖ **2.** En algunas armas de fuego, dispositivo óptico que ayuda a establecer la puntería o a corregirla.

víspera. f. Día que antecede inmediatamente a otro determinado especialmente si es fiesta. ‖ **2.** fig. Cualquier cosa que antecede a otra, y en cierto modo la ocasiona. ‖ **3.** pl. Una de las horas del oficio divino que se dice después de nona, y que antiguamente solía cantarse hacia el anochecer. ‖ **en vísperas.** loc. adv. fig. En tiempo inmediatamente anterior.

vista. f. Sentido corporal con que se perciben los objetos mediante la acción de la luz. ‖ **2. visión,** acción y efecto de ver. ‖ **3.** Apariencia o disposición de las cosas en orden al sentido del ver. Ú. m. con los adjetivos *buena* o *mala.* ‖ **4.** Campo de considerable extensión que se descubre desde un punto, y en especial cuando presenta variedad y agrado. Ú. t. en pl. ‖ **5.** Ojo humano y de los animales. ‖ **6.** Conjunto de ambos ojos. ‖ **7.** Cuadro, estampa que representa un lugar o monumento, etc., tomado del natural. *Una* VISTA *de Venecia.* ‖ **8.** fig. Sagacidad para descubrir algo que los demás no ven. ‖ **9.** *Der.* Actuación en que se relaciona ante el tribunal, con citación de las partes, un juicio o incidente, para dictar el fallo, oyendo a los defensores o interesados que a ella concurran. ‖ **10.** pl. Ventana, puerta u otra abertura en los edificios, por donde entra la luz para ver. ‖ **11.** m. Empleado de aduanas a cuyo cargo está el registro de los géneros. ‖ **cansada.** La del présbita. ‖ **corta.** La del miope. ‖ **de águila.** fig. La que alcanza y abarca mucho. ‖ **de lince.** fig. La muy aguda y penetrante. ‖ **a la vista.** loc. adv. fig. En perspectiva. *Tengo un negocio* A LA VISTA. ‖ **a primera vista,** o **a simple vista.** loc. adv. Ligeramente y de paso en el reconocimiento de una cosa. ‖ **2.** Ú. t. para significar la facilidad de aprender o de reconocer las cosas. ‖ **con vistas a.** loc. prepos. Con la finalidad de, con el propósito de. ‖ **corto de vista. miope.** Ú. t. c. s. ‖ **2.** fig. Poco perspicaz. ‖ **en vista de.** loc. adv. En consideración o atención de alguna cosa. ‖ **hacer** uno **la vista gorda.** fr. fam. Fingir con disimulo que no ha visto una cosa. ‖ **perder** uno **de vista** a una persona o cosa. fr. Dejar de verla por haberse alejado o no alcanzar a distinguirla. ‖ **tener vista** una cosa. fr. Tener buena apariencia. ‖ **volver** uno **la vista atrás.** fr. fig. Recordar sucesos pasados, meditar sobre ellos.

vistazo. m. Mirada superficial o ligera.

vistillas. f. pl. Lugar alto desde el cual se ve y descubre mucho terreno.

visto, ta. p. p. irreg. de **ver.** ‖ **2.** adj. *Der.* Fórmula con que se da por terminada la vista pública de un negocio, o se anuncia el pronunciamiento del fallo. ‖ **bien,** o **mal, visto.** loc. que con los verbos *estar* o *ser* significa que se juzga bien, o mal, de una persona o cosa; que merece, o no, la aprobación de las gentes. ‖ **es,** o **está, visto.** expr. con que se da una cosa por cierta y segura. ‖ **estar muy visto.** fr. fam. Ser algo o alguien excesivamente conocido. ‖ **2.** Pasado de moda. ‖ **no visto,** o **nunca visto.** loc. Raro o extraordinario en su línea. ‖ **por lo visto.** loc. Al parecer, según se infiere de determinados indicios. ‖ **visto y no visto.** fr. fig. y fam. que se aplica a algo que se hace o sucede con gran rapidez.

visto bueno. m. Fórmula que se pone al pie de algunas certificaciones y otros documentos y con que el que firma debajo da a entender hallarse ajustados a los preceptos legales y estar expedidos por persona autorizada al efecto.

vistoso, sa. adj. Que atrae mucho la atención por su brillantez, viveza de colores o apariencia ostentosa.

visual. adj. Perteneciente a la vista como instrumento o medio para ver. ‖ **2.** f. Línea recta que se considera tirada desde el ojo del espectador hasta el objeto.

visualizar. tr. Representar mediante imágenes ópticas fenómenos de otro carácter, p. ej., el curso de la fiebre o los cambios de condiciones meteorológicas mediante gráficas, los cambios de corriente eléctrica o las oscilaciones sonoras con el oscilógrafo, etc. ‖ **2.** Formar en la mente una imagen visual de un concepto abstracto.

vitáceo, a. adj. *Bot.* Dícese de plantas angiospermas dicotiledóneas, por lo común trepadoras, con tallos nudosos, hojas alternas, pecioladas y sencillas, flores regulares, casi siempre pentámeras, dispuestas en racimos, y fruto en baya; como la vid. Ú. t. c. s. f. ‖ **2.** f. pl. *Bot.* Familia de estas plantas.

vital. adj. Perteneciente o relativo a la vida. ‖ **2.** fig. De suma importancia o trascendencia. *Cuestión* VITAL. ‖ **3.** Que está dotado de gran energía o impulso para actuar o vivir.

vitalicio, cia. adj. Que dura desde que se obtiene hasta el fin de la vida. Dícese de cargos, mercedes, rentas, etc. *Senador* VITALICIO. ‖ **2.** m. Póliza de seguro sobre la vida. ‖ **3.** Pensión duradera hasta el fin de la vida del perceptor.

vitalidad. f. Cualidad de tener vida. ‖ **2.** Actividad o eficacia de las facultades vitales.

vitalismo. m. *Fisiol.* Doctrina que explica los fenómenos que se verifican en el organismo, así en el estado de salud como en el de enfermedad, por la acción de las fuerzas vitales, propias de los seres vivos, y no exclusivamente por la acción de las fuerzas generales de la materia.

vitalista. adj. Que sigue la doctrina del vitalismo. Apl. a pers., ú. t. c. s. ‖ **2.** Perteneciente o relativo al vitalismo o a los **vitalistas.**

vitamina. f. Cada una de ciertas sustancias orgánicas que existen en los alimentos y que, en cantidades pequeñísimas, son necesarias para el perfecto equilibrio de las diferentes funciones vitales.

vitaminado, da. adj. Dícese del alimento o preparado farmacéutico al que se le han añadido ciertas vitaminas.

vitamínico, ca. adj. Perteneciente o relativo a las vitaminas.

vitela. f. Piel de vaca o ternera, adobada y muy pulida, en particular la que sirve para pintar o escribir en ella.

vitelo. m. *Embriol.* Conjunto de sustancias almacenadas dentro de un huevo para la nutrición del embrión.

vitícola. adj. Perteneciente o relativo a la viticultura.

viticultor, ra. m. y f. Persona que se dedica a la viticultura.

viticultura. f. Cultivo de la vid. ‖ **2.** Arte de cultivar las vides.

vitivinicultor, ra. m. y f. Persona que se dedica a la vitivinicultura.

vitivinicultura. f. Arte de cultivar las vides y elaborar el vino.

vito. m. Baile andaluz muy animado y vivo.

vitola. f. Anilla de los cigarros puros. ‖ **2.** fig. Traza o facha de una persona y, a veces, aspecto de una cosa.

¡vítor! interj. de alegría con que se aplaude a una persona o una acción.

vitorear. tr. Aplaudir o aclamar con vítores a una persona o acción.

vitoriano, na. adj. Natural de Vitoria. Ú. t. c. s. ‖ **2.** Perteneciente o relativo a esta ciudad.

vitral. m. Vidriera de colores.

vítreo, a. adj. Hecho de vidrio o que tiene sus propiedades. ‖ **2.** Parecido al vidrio.

vitrificar. tr. Convertir en vidrio una sustancia. Ú. t. c. prnl. ‖ **2.** Hacer que una cosa adquiera las apariencias del vidrio. Ú. t. c. prnl.

vitrina. f. Escaparate, armario o caja con puertas o tapas de cristales, para tener expuestos a la vista, con seguridad y sin deterioro, objetos de arte, productos naturales o artículos de comercio.

vitriolo. m. *Quím.* **sulfato.**

vitualla. f. Conjunto de cosas necesarias para la comida, especialmente en los ejércitos. Ú. m. en pl.

vituperable. adj. Que merece vituperio.

vituperación. f. Acción y efecto de vituperar.

vituperar. tr. Criticar a una persona con dureza; reprenderla o censurarla.

vituperio. m. Baldón u oprobio que se dice a uno. ‖ **2.** Acción o circunstancia que causa afrenta o deshonra.

viudedad. f. Pensión o retribución que recibe el cónyuge superviviente de un trabajador y que le dura el tiempo que permanece en tal estado. ‖ **2. viudez.**

viudez. f. Estado de viudo o viuda.

viudo, da. adj. Dícese de la persona a quien se le ha muerto su cónyuge y no ha vuelto a casarse. Ú. t. c. s.

vivac. m. **vivaque.** ❑ pl. *vivaques.*

vivacidad. f. Cualidad de vivaz.

vivales. com. vulg. Persona vividora y desaprensiva.

vivaque. m. *Mil.* Paraje donde las tropas vivaquean.

vivaquear. intr. *Mil.* Pasar las tropas la noche al raso.

vivar. m. Nido o madriguera donde crían diversos animales, especialmente los conejos. ‖ **2.** Vivero de peces.

vivaracho, cha. adj. fam. Muy vivo de genio; travieso y alegre.

vivaz. adj. Eficaz, vigoroso. ‖ **2.** Agudo, de pronta comprensión e ingenio. ‖ **3.** Que tiene viveza. ‖ **4.** *Bot.* Dícese de la planta que vive más de dos años.

vivencia. f. *Psicol.* El hecho de vivir o experimentar algo, y su contenido.

víveres. m. pl. Comestibles necesarios para el alimento de las personas.

vivero. m. Terreno en el que se siembran o crían árboles y plantas, con el fin de ser trasplantados a su lugar definitivo. ‖ **2.** Lugar donde se mantienen o se crían dentro del agua peces, moluscos u otros animales.

vivérrido, da. adj. *Zool.* Dícese de mamíferos carnívoros de cuerpo largo y patas cortas, cola relativamente larga y pelaje listado, con los caninos y muelas carniceras poco desarrollados; como la gineta, la mangosta y el meloncillo. Ú. t. c. s. ‖ **2.** m. pl. *Zool.* Taxón de estos animales, afines a los félidos, aunque menos especializados. Habitan las regiones tropicales del Viejo Mundo y algunas especies llegan al sur de Europa.

viveza. f. Prontitud o celeridad en las acciones, o agilidad en la ejecución. ‖ **2.** Decisión o energía en las palabras. ‖ **3.** Agudeza o perspicacia de ingenio. ‖ **4.** Esplendor y lustre de algunas cosas, especialmente de los colores. ‖ **5.** Gracia particular y actividad especial que suelen tener los ojos en el modo de mirar o de moverse.

vívido, da. adj. poét. **vivaz,** eficaz, vigoroso.

vividor, ra. adj. Que vive. Ú. t. c. s. ‖ **2.** m. El que vive a expensas de los demás, buscando por malos medios lo que necesita o le conviene.

vivienda. f. Morada, habitación.

viviente. adj. Que vive. Ú. t. c. s.

vivificar. tr. Dar vida. ‖ **2.** Confortar o refrigerar.

vivíparo, ra. adj. *Anat.* Dícese de los animales cuyas hembras paren hijos en la fase de fetos bien desarrollados; como los mamíferos. Ú. t. c. s.

vivir[1]. m. Conjunto de los recursos o medios de vida y sustancia. *Tengo un modesto* VIVIR.

vivir[2]. intr. Tener vida. ‖ **2.** Durar con vida. ‖ **3.** Durar las cosas. ‖ **4.** Pasar y mantener la vida. *Francisco tiene con qué* VIVIR; VIVO *de mi trabajo.* ‖ **5.** Habitar o morar en un lugar o país. Ú. t. c. tr. ‖ **6.** Mantenerse o durar en la fama o en la memoria después de muerto. ‖ **7. estar,** existir uno con cierta permanencia en un lugar o en un estado o condición. VIVIR *descuidado;* VIVIR *ignorante de algo.* ‖ **8.** tr. Sentir o experimentar la impresión producida por algún hecho o acaecimiento. *Hemos* VIVIDO *momentos de inquietud; todas sus alegrías y sus penas fueron* VIVIDAS *por nosotros.* ‖ **¡viva!** interj. de alegría y aplauso. Ú. t. c. s. m.

vivisección. f. Disección de los animales vivos, con el fin de hacer estudios fisiológicos o investigaciones patológicas.

vivismo. m. Sistema filosófico del español Luis Vives, caracterizado por su tendencia a armonizar los dogmas cristianos con las doctrinas aristotélicas y platónicas, pero independientemente del escolasticismo.

vivista. adj. Perteneciente o relativo a Luis Vives. ‖ **2.** Partidario del sistema filosófico del mismo.

vivo, va. adj. Que tiene vida. Apl. a pers., ú. t. c. s. *Los* VIVOS *y los muertos.* ‖ **2.** Intenso, fuerte. ‖ **3.** Sutil, ingenioso. ‖ **4.** Listo, que aprovecha las circunstancias y sabe actuar en beneficio propio. ‖ **5.** fig. Que dura y subsiste en toda su fuerza y vigor. *La escritura, la ley está* VIVA. ‖ **6.** fig. Perseverante, durable en la memoria. ‖ **7.** fig. Diligente, pronto y ágil. ‖ **8.** fig. Muy expresivo o persuasivo. ‖ **9.** m. Borde, canto u orilla de alguna cosa. ‖ **10.** Tira de tela, trencilla u otro adorno similar que se pone en los bordes o en las costuras de las prendas de vestir.

vizcacha. f. Roedor parecido a la liebre, de su tamaño y pelaje y con cola tan larga como la del gato, que vive en el Perú, Bolivia, Chile y Argentina.

vizcaíno, na. adj. Natural de Vizcaya. Ú. t. c. s. ‖ **2.** Perteneciente o relativo a esta provincia. ‖ **3.** m. Uno de los ocho principales dialectos del vascuence, hablado en gran parte de Vizcaya. ❑ No utilizar **vizcaino.*

vizcondado. m. Título o dignidad de vizconde. ‖ **2.** Territorio o lugar sobre el que radicaba este título.

vizconde. m. Sujeto que el conde dejaba o ponía antiguamente por teniente o sustituto con sus veces y autoridad, como vicario suyo, especialmente el que era gobernador de una provincia. ‖ **2.** Título de honor y de dignidad con que los príncipes soberanos distinguen a una persona.

vizcondesa. f. Mujer del vizconde. ‖ **2.** La que por sí goza este título.

vocablo. m. **palabra,** sonido o sonidos articulados que expresan una idea. ‖ **2.** Representación gráfica de estos sonidos.

vocabulario. m. Conjunto de palabras de un idioma. ‖ **2.** Conjunto de palabras de un idioma pertenecientes al uso de una región, a una actividad determinada, a un campo semántico dado, etc. VOCABULARIO *andaluz, jurídico, técnico, de la caza, de la afectividad.* ‖ **3.** Libro en que se contienen. ‖ **4.** Conjunto de palabras que usa o conoce una persona.

vocación. f. Inspiración con que Dios llama a algún estado, especialmente al de religión. ‖ **2.** fam. Inclinación a cualquier estado, profesión o carrera.

vocacional. adj. Perteneciente o relativo a la vocación.

vocal. adj. Perteneciente a la voz. ‖ **2.** Dícese de lo que se expresa materialmente con la voz, a distinción de lo mental o que se piensa sin expresarlo. ‖ **3.** V. **letra vocal.** Ú. t. c. s. f. ‖ **4.** com. Persona que tiene voz en un consejo, una congregación o junta, llamada por derecho, por elección o por nombramiento. ‖ **5.** f. *Fon.* Sonido del lenguaje humano producido por la espiración del aire, generalmente con vibración de la laringe, y modificado en su timbre, sin oclusión ni estrechez, por la distinta posición que adoptan los órganos de la boca. ‖ **abierta.** *Fon.* Aquella en cuya pronunciación queda la lengua a mayor distancia del paladar que en otras **vocales** o en otras variantes de la misma **vocal.** ‖ **breve.** *Fon.* La que tiene menor duración en las lenguas que se sirven de dos medidas de cantidad vocálica. ‖ **cerrada.** *Fon.* Aquella en cuya pronunciación queda la lengua a menor distancia del paladar que en otras **vocales** o en otras variantes de la misma **vocal.** ‖ **larga.** *Fon.* La que tiene mayor duración en las lenguas que se sirven de dos medidas de cantidad vocálica.

vocalismo. m. Sistema vocálico, conjunto de vocales.

vocalista. com. Artista que canta con acompañamiento de orquestina. ‖ **2.** Cantante de un grupo musical.

vocalización. f. Acción y efecto de vocalizar. ‖ **2.** *Fon.* Transformación de una consonante en vocal, como la *c* del lat. *affectare* en la *i* de *afeitar,* o como la *b* de *cabdal* en la *u* de *caudal.*

vocalizar. intr. Articular con la debida distinción las vocales, consonantes y sílabas de las palabras para hacer plenamente inteligible lo que se habla o se canta. ‖ **2.** *Fon.* Transformarse en vocal una consonante. Ú. t. c. prnl. ‖ **3.** *Mús.* Solfear sin nombrar las notas, empleando solamente una de las vocales, que es casi siempre la *a.*

vocativo. m. *Gram.* Caso de la declinación, que sirve únicamente para invocar, llamar o nombrar, con más o menos énfasis, a una persona o cosa personificada, y a veces va precedido de las interjecciones *¡ah!* u *¡oh!*

vocear. intr. Dar voces o gritos. ‖ **2.** tr. Publicar o manifestar con voces una cosa. ‖ **3.** Llamar a uno en voz alta o dándole voces. ‖ **4.** Aplaudir o aclamar con voces.

voceras. m. **boceras.**

vociferar. intr. Vocear o dar grandes voces.

vocinglero, ra. adj. Que da muchas voces o habla muy recio. Ú. t. c. s. ‖ **2.** Que habla mucho y vanamente. Ú. t. c. s.

vodca. amb. **vodka.**

vodevil. m. Comedia frívola, ligera y picante, de argumento basado en la intriga y el equívoco, que puede incluir números musicales y de variedades.

vodka. amb. Especie de aguardiente que se consume mucho en Rusia.

voladizo, za. adj. Que vuela o sale de lo macizo en las paredes o edificios. Ú. t. c. s. m.

volado, da. adj. *Impr.* Dícese del tipo de menor tamaño que se coloca en la parte superior del renglón. Se usa generalmente en las abreviaturas.

volador, ra. adj. Que vuela. ‖ **2.** m. **cohete** que se lanza al aire. ‖ **3.** Pez teleósteo marino del suborden de los acantopterigios, común en los mares de Europa, de unos tres decímetros de largo, cabeza gruesa con hocico saliente, cuerpo en forma de cuña, vistosamente manchado de rojo, blanco y pardo; aletas negruzcas con lunares azules, y tan largas las pectorales, que plegadas llegan a la cola, y extendidas sirven al animal para elevarse sobre el agua y volar a alguna distancia. ‖ **4.** Molusco cefalópodo decápodo, comestible, parecido al calamar, pero de tamaño mayor.

voladura. f. Acción y efecto de hacer saltar con violencia alguna cosa.

volandas (en). loc. adv. Por el aire o levantado del suelo y como que va volando. ‖ **2.** fig. y fam. Rápidamente, en un instante.

volante. adj. Que vuela. ‖ **2.** *Mar.* Referido a ciertos elementos de un barco, suelto, que no está fijo. ‖ **3.** m. Guarnición rizada, plegada o fruncida con que se adornan prendas de vestir o de tapicería. ‖ **4.** Rueda grande y pesada de una máquina motora, que sirve para regularizar su movimiento y, por lo común, para transmitirlo al resto del mecanismo. ‖ **5.** Anillo provisto de dos topes que, movido por la espiral, detiene y deja libres alternativamente los dientes de la rueda de escape de un reloj para regularizar su movimiento. ‖ **6.** Hoja de papel (ordinariamente la mitad de una cuartilla cortada a lo largo) en la que se manda, recomienda, pide, pregunta o hace constar alguna cosa en términos precisos. ‖ **7.** Pequeña semiesfera de material muy liviano bordeada de plumas o tiritas de escaso peso que orientan su vuelo cuando es impulsada en juegos con raqueta. ‖ **8.** Juego semejante al tenis en el que se utilizan raquetas ligeras. ‖ **9.** *Mec.* Pieza en figura de aro con varios radios, que forma parte de la dirección en los vehículos automóviles. Queda a la altura del pecho del conductor y suele llevar en su centro mandos para los faros y la bocina.

volapié. m. *Taurom.* Suerte de matar, cuando el toro está parado.

volar. intr. Ir o moverse por el aire, sosteniéndose con las alas. Es propio de las aves y de muchos insectos. ‖ **2.** fig. Elevarse en el aire y moverse de un punto a otro en un aparato de aviación. ‖ **3.** fig. Elevarse una cosa en el aire y moverse algún tiempo por él. Ú. t. c. prnl. ‖ **4.** fig. Caminar o ir con gran prisa y aceleración. ‖ **5.** fig. Desaparecer rápida e inesperadamente una persona o cosa. ‖ **6.** fig. Hacer las cosas con gran prontitud y ligereza. ‖ **7.** fig. Extenderse o propagarse con celeridad una especie entre muchos. ‖ **8.** fig. Pasar muy de prisa el tiempo. ‖ **9.** tr. fig. Hacer saltar con violencia o elevar en el aire alguna cosa, especialmente por medio de una sustancia explosiva. ❑ Irreg. Se conj. como *contar.* Ú. con la prep. *en.*

volátil. adj. Que vuela o puede volar. Ú. t. c. s. ‖ **2.** fig. Mudable, inconstante. ‖ **3.** *Fís.* Aplícase a los líquidos que se volatilizan rápidamente al estar en vasijas destapadas.

volatilizar. tr. Transformar un cuerpo sólido o líquido en vapor o gas. ‖ **2.** prnl. Exhalarse o disiparse una sustancia o cuerpo.

volatinero, ra. m. y f. Persona que con habilidad y arte anda y voltea por el aire sobre una cuerda o alambre, y hace otros ejercicios semejantes.

volavérunt. Voz latina que se usa festivamente para significar que una cosa faltó del todo, se perdió o desapareció.

volcán. m. Abertura en la tierra, y más comúnmente en una montaña, por donde salen de tiempo en tiempo humo, llamas y materias encendidas o derretidas. ‖ **2.** fig. El mucho fuego, o la violencia del ardor. ‖ **3.** fig. Cualquier pasión ardiente; como el amor o la ira. ‖ **apagado,** o **extinto.** El que, aun cuando tenga su cráter abierto, no tiene ya erupciones.

volcánico, ca. adj. Perteneciente o relativo al volcán. ‖ **2.** fig. Muy ardiente o fogoso.

volcar. tr. Torcer o trastornar una cosa hacia un lado o totalmente, de modo que caiga o se vierta lo contenido en ella. Ú. t. c. intr., tratándose de vehículos y sus ocupantes. *A la bajada del puerto* VOLCÓ *la diligencia.* ‖ **2.** prnl. fig. Poner uno en favor de una persona o propósito, todo cuanto puede, hasta excederse. ❑ Irreg. Se conj. como *contar.*

volea. f. **voleo,** golpe dado en el aire a una cosa.

volear. tr. Golpear una cosa en el aire para impulsarla. ‖ **2.** Sembrar a voleo.

voleibol. m. Juego entre dos equipos, cuyos jugadores, separados por una red de un metro de ancho, colocada en alto en la mitad del terreno, tratan de echar con la mano un balón por encima de dicha red en el campo enemigo.

voleo. m. Golpe dado en el aire a una cosa antes de que caiga al suelo. En especial, golpe que se da a la pelota antes que haga bote. ‖ **a,** o **al, voleo.** loc. adv. que se dice de la siembra, cuando se arroja la semilla a puñados esparciéndola al aire. ‖ **2.** fig. y fam. Aplícase a lo que se hace de una manera arbitraria o sin criterio.

volframio. m. *Quím.* **wolframio.**

volición. f. *Fil.* Acto de la voluntad.

volitivo, va. adj. *Fil.* Aplícase a los actos y fenómenos de la voluntad.

volquete. m. Vehículo automóvil con dispositivo mecánico para volcar la carga transportada.

volt. m. *Fís.* **voltio** en la nomenclatura internacional.

voltaje. m. Cantidad de voltios que actúan en un aparato o sistema eléctrico.

voltámetro. m. *Fís.* Aparato destinado a demostrar la descomposición del agua por la corriente eléctrica.

voltear. tr. Dar vueltas a una persona o cosa. ‖ **2.** Volver una cosa de una parte a otra hasta ponerla al revés de como estaba colocada. ‖ **3.** Trastrocar o mudar una cosa a otro estado o sitio. ‖ **4.** intr. Dar vueltas una persona o cosa, o cayendo y rodando por ajeno impulso, o voluntariamente y con arte, como lo hacen los volteadores.

volteo. m. Acción y efecto de voltear.

voltereta. f. Vuelta ligera dada en el aire.

volterianismo. m. Espíritu de incredulidad o impiedad, manifestado con burla o cinismo.

volteriano, na. adj. Dícese del que, a la manera de Voltaire, afecta o manifiesta incredulidad o impiedad cínica y burlona. Ú. t. c. s. ‖ **2.** Que denota o implica este género de incredulidad o impiedad.

voltímetro. m. *Fís.* Aparato que se emplea para medir potenciales eléctricos.

voltio. m. *Fís.* Unidad de potencial eléctrico y de fuerza electromotriz en el sistema basado en el metro, el kilogramo, el segundo y el amperio. Es la diferencia de potencial que hay entre dos conductores cuando al transportar entre ellos un culombio se realiza un trabajo equivalente a un julio.

volubilidad. f. Cualidad de voluble.

voluble. adj. Que fácilmente se puede disponer alrededor de algo. ‖ **2.** fig. De carácter inconstante, versátil. ‖ **3.** *Bot.* Dícese del tallo que crece formando espiras alrededor de los objetos.

volumen. m. Corpulencia o bulto de una cosa. ‖ **2.** Cuerpo material de un libro encuadernado, ya contenga la obra completa, o uno o más tomos de ella, o ya lo constituyan dos o más escritos diferentes. ‖ **3.** *Acúst.* Intensidad de la voz o de otros sonidos. ‖ **4.** *Geom.* Espacio ocupado por un cuerpo.

volumetría. f. *Fís.* y *Mat.* Determinación y medida de los volúmenes. ‖ **2.** *Quím.* Método analítico que se basa en la medida de los volúmenes de los reactivos utilizados.

voluminoso, sa. adj. Que tiene mucho volumen o bulto.

voluntad. f. Potencia del alma, que mueve a hacer o no hacer una cosa. ‖ **2.** Libre albedrío o libre determinación. ‖ **3.** Intención, ánimo o resolución de hacer una cosa. ‖ **4.** Amor, cariño, afición, benevolencia o afecto. ‖ **5.** Gana o deseo de hacer una cosa. ‖ **6.** Disposición, precepto o mandato de una persona. ‖ **7.** Consentimiento, asentimiento, aquiescencia. ‖ **de hierro.** fig. La muy enérgica e inflexible. ‖ **última voluntad.** La expresada en el testamento. ‖ **2. testamento.** ‖ **a voluntad.** loc. adv. Según el libre albedrío de una persona.

voluntariado. m. Alistamiento voluntario para el servicio militar. ‖ **2.** Conjunto de los soldados voluntarios. ‖ **3.** Por ext., conjunto de las personas que se ofrecen voluntarias para realizar algo.

voluntariedad. f. Cualidad de voluntario. ‖ **2.** Determinación de la propia voluntad por mero antojo y sin otra razón para lo que se resuelve.

voluntario, ria. adj. Que se hace por espontánea voluntad y no por obligación o deber. ‖ **2.** m. y f. Persona que, entre varias obligadas por turno o designación a ejecutar algún trabajo o servicio, se presta a hacerlo por propia voluntad, sin esperar a que le toque su vez.

voluntarioso, sa. adj. Deseoso, que hace con voluntad y gusto una cosa.

voluptuosidad. f. Complacencia en los deleites sensuales.

voluptuoso, sa. adj. Que inclina a la voluptuosidad, la inspira o la hace sentir. ‖ **2.** Dado a los placeres o deleites sensuales. Ú. t. c. s.

voluta. f. *Arq.* Adorno en figura de espiral o caracol, que se coloca en los capiteles de los órdenes jónico y compuesto.

volver. tr. Dar vuelta o vueltas a una cosa. ‖ **2.** Hacer que se mude o trueque una cosa o persona de un estado o aspecto en otro. Ú. m. c. prnl. VOLVERSE *blanco, tonto.* ‖ **3.** intr. **regresar** al punto de partida. Ú. t. c. prnl. ‖ **4.** Torcer o dejar el camino o línea recta. *Este camino* VUELVE *hacia la izquierda.* ‖ **5.** Repetir o reiterar lo que antes se ha hecho, y se usa siempre determinando otro verbo con la preposición *a.* ‖ **6.** prnl. Girar la cabeza, el torso, o todo el cuerpo, para mirar lo que estaba a la espalda. ‖ **volverse** uno **atrás.** fr. No cumplir la promesa o la palabra; desdecirse. ‖ **volver en sí.** fr. Recobrar el sentido el que lo había perdido, por un accidente o letargo. ‖ **volverse** uno **loco.** fr. fig. y fam. Manifestar excesiva alegría, o estar dominado por un afecto vehemente. ❑ Irreg. Se conj. como *mover;* p. p. irreg. *vuelto.*

vólvulo. m. *Pat.* Retorcimiento anormal de las asas intestinales.

vómer. m. *Anat.* Huesecillo impar que forma la parte posterior de la pared o tabique de las fosas nasales.

vomitar. tr. Arrojar violentamente por la boca lo contenido en el estómago. ‖ **2.** fig. Arrojar de sí violentamente una cosa algo que tiene dentro. ‖ **3.** fig. Tratándose de injurias, dicterios, maldiciones, etc., proferirlos.

vomitera. f. Vómito grande.

vomitivo, va. adj. *Med.* Que se aplica para provocar el vómito. Ú. t. c. s. m. ‖ **2.** fig. Repugnante, nauseabundo.

vómito. m. Acción de vomitar. ‖ **2.** Lo que se vomita.

vomitona. f. fam. Vómito grande.

vomitorio, ria. adj. **vomitivo.** Ú. t. c. s. ‖ **2.** m. Puerta o abertura de los circos o teatros antiguos, o en locales análogos modernos, para entrar y salir de las gradas.

voracidad. f. Cualidad de voraz.

vorágine. f. Remolino impetuoso que hacen en algunos parajes las aguas del mar, de los ríos o de los lagos. ‖ **2.** fig. Pasión desenfrenada o mezcla de sentimientos muy intensos. ‖ **3.** fig. Aglomeración confusa de sucesos, de gentes o de cosas en movimiento.

voraz. adj. Aplícase al animal muy comedor y al hombre que come desmesuradamente y con mucha ansia. ‖ **2.** fig. Que destruye o consume rápidamente. *El* VORAZ *incendio; la* VORAZ *incontinencia.*

vormela. f. Mamífero carnicero parecido al hurón, que vive en el norte de Europa y tiene el vientre oscuro, el lomo con pintas de diversos colores y la cola cenicienta con la punta negra.

-voro, ra. elem. compos. que significa «devorador», «que come»: *insectí*VORO, *fumí*VORO.

vórtice. m. Torbellino, remolino. ‖ **2.** Centro de un ciclón. ❑ No confundir con *vértice*.

vos. Forma del pronombre personal de segunda persona, cuando se emplea como tratamiento, y en la actualidad solo en tono elevado: VOS, *don Pedro, sois docto;* VOS, *Juana, sois caritativa.* ‖ **2.** En Argentina y otras naciones de América, forma del pronombre personal de segunda persona singular que cumple la función de sujeto, vocativo y término de complemento. Su paradigma verbal difiere según las distintas áreas de empleo.

vosear. tr. Dar a uno el tratamiento de vos.

voseo. m. Acción y efecto de vosear.

vosotros, tras. Pronombre personal de segunda persona plural. Se usa como sujeto, y con preposición.

votación. f. Acción y efecto de votar. ‖ **2.** Conjunto de votos emitidos.

votante. adj. Que vota o emite su voto. Ú. t. c. s.

votar. intr. Dar uno su voto o decir su dictamen en una reunión o cuerpo deliberante, o en una elección de personas. Ú. t. c. tr. ‖ **2.** tr. Aprobar por votación. ❑ No confundir con *botar*.

votivo, va. adj. Ofrecido por voto o relativo a él.

voto. m. Expresión pública o secreta de una preferencia ante una opción. ‖ **2.** Gesto, papeleta u otro objeto con que se expresa tal preferencia. ‖ **3.** Promesa de una cosa, que envuelve un sacrificio hecho a Dios, a la Virgen, a una deidad o persona venerada por su santidad, ya sea por devoción o para obtener determinada gracia. ‖ **4.** Cualquiera de las promesas que constituyen el estado religioso y tiene admitidas la Iglesia, como son: pobreza, castidad y obediencia. ‖ **5.** Parecer o dictamen explicado en una congregación o junta en orden a la decisión de un punto o elección de un sujeto; y el que se da sin fundarlo, diciendo simplemente *sí* o *no*, o por medio de bolas, etc. ‖ **6.** Ruego o deprecación con que se pide a Dios una gracia. ‖ **7.** Juramento o execración en demostración de ira. ‖ **8. deseo.** ‖ **de confianza.** Aprobación que las cámaras dan a la actuación de un gobierno en determinado asunto, o autorización para que actúe libremente en tal caso. ‖ **2.** Aprobación y autorización que se da a alguno para que efectúe libremente una gestión. ‖ **secreto.** El que se emite por papeletas dobladas, por bolas blancas y negras, o de otro modo en que no aparezca el nombre del votante. ‖ **solemne.** El que se hace públicamente con las formalidades de derecho, como sucede en la profesión religiosa. ‖ **útil.** El que en una elección alguien emite a favor de una opción que, aun no siendo su preferida, tiene mayores posibilidades de derrotar a otra cuyo triunfo no desea.

voz. f. Sonido que el aire expelido de los pulmones produce al salir de la laringe, haciendo que vibren las cuerdas vocales. ‖ **2.** Calidad, timbre o intensidad de este sonido. ‖ **3.** Sonido que forman algunas cosas inanimadas, heridas del viento o hiriendo en él. ‖ **4.** Grito, **voz** esforzada y levantada. Ú. m. en pl. ‖ **5.** Palabra o vocablo. ‖ **6.** fig. Músico que canta. ‖ **7.** fig. Facultad de hablar, aunque no de votar, en una asamblea. ‖ **8.** *Gram.* Accidente gramatical que expresa si el sujeto del verbo es agente o paciente. ‖ **9.** *Mús.* Cada una de las líneas melódicas que forman una composición musical. *Fuga a cuatro* VOCES. ‖ **activa.** *Gram.* Forma de conjugación que sirve para significar que el sujeto del verbo es agente; v. gr.: *Juan escribe.* ‖ **aguda.** *Mús.* Contralto y tiple. ‖ **cantante.** *Mús.* Parte principal de una composición que, por lo común, contiene y expresa la melodía. ‖ **común.** Opinión o rumor general. ‖ **pasiva.** *Gram.* Forma de conjugación que sirve para significar que el sujeto del verbo es paciente; v. gr.: *Antonio es amado.* ‖ **viva voz.** Expresión oral, por contraposición a la escrita. ‖ **a media voz.** loc. adv. Con **voz** baja, o más baja que el tono regular. ‖ **a una voz.** loc. adv. fig. De común consentimiento o por unánime parecer. ‖ **a voces.** loc. adv. A gritos o en **voz** alta. ‖ **a voz en cuello,** o **en grito.** loc. adv. En muy alta **voz** o gritando. ‖ **correr la voz.** fr. Divulgar o difundir alguna noticia. ‖ **dar** uno **voces al viento,** o **en desierto.** fr. fig. Cansarse en balde, trabajar inútilmente. ‖ **en voz alta.** loc. adv. fig. Públicamente o sin reservas. ‖ **en voz baja.** loc. adv. fig. En secreto. ‖ **estar pidiendo a voces** algo. fr. Necesitar algo con urgencia. *Este sembrado* ESTÁ PIDIENDO A VOCES *que lo escarden.* ‖ **levantar** uno **la voz** a otro. fr. fam. Hablarle descompuestamente o contestarle sin el respeto que merece. ‖ **llevar la voz cantante.** fr. fig. Ser la persona que se impone a los demás en una reunión, o el que dirige un negocio.

vozarrón. m. Voz muy fuerte y gruesa.

vudú. m. Cuerpo de creencias y prácticas religiosas, que incluyen fetichismo, culto a las serpientes, sacrificios rituales y empleo del trance como medio de comunicación con sus deidades, procedente de África y corriente entre los negros de las Indias occidentales y sur de los Estados Unidos. Ú. t. c. adj. ❑ pl. *vudúes* o *vudús*.

vuecelencia. com. Metapl. de **vuestra excelencia.**

vuecencia. com. Síncopa de vuecelencia.

vuelco. m. Acción y efecto de volcar o volcarse. ‖ **2.** Movimiento con que una cosa se vuelve o trastorna enteramente. ‖ **darle** a uno **un vuelco el corazón.** fr. Sentir de pronto sobresalto, alegría u otro movimiento del ánimo.

vuelillo. m. Adorno de encaje u otro tejido ligero, que se pone en la bocamanga de algunos trajes, y forma parte del de los magistrados, catedráticos y ciertos eclesiásticos.

vuelo. m. Acción de volar. ‖ **2.** Trayecto que recorre un avión, haciendo o no escalas, entre el punto de origen y el de destino. ‖ **3.** Amplitud o extensión de una vestidura en la parte que no se ajusta al cuerpo. ‖ **4.** Por ext., se usa también hablando de otros tejidos como cortinas, ropajes, etc. ‖ **5.** *Arq.* Parte de una fábrica, que sale fuera del paramento de la pared que la sostiene. ‖ **rasante.** Aquel cuya trayectoria se mantiene muy próxima a tierra, aparentemente a ras de ella. ‖ **al vuelo,** o **a vuelo.** loc. adv. Pronta y ligeramente. ‖ **cogerlas** uno **al vuelo.** fr. fig. y fam. Entender o notar con prontitud las cosas que no se dicen claramente o que se hacen a hurtadillas. ‖ **de un vuelo, de vuelo,** o **en un vuelo.** loc. adv. fig. Pronta y ligeramente, sin detención. ‖ **levantar el vuelo.** fr. fig. y fam. Marcharse de repente.

vuelta. f. Movimiento de una cosa alrededor de un punto, o girando sobre sí misma, hasta invertir su posición primera, o hasta recobrarla de nuevo. ‖ **2.** Curvatura en una línea, o desviación del camino recto. ‖ **3.** Cada una de las circunvoluciones de una cosa alrededor de otra a la cual se aplica; como las de la faja a la cintura. ‖ **4.** Regreso al punto de partida. ‖ **5.** En ciclismo y otros deportes, carrera en etapas en torno a un país, región, comarca, etc. ‖ **6.** Devolución de una cosa a quien la tenía o poseía. ‖ **7.** Retorno o recompensa. ‖ **8. vez,** alternación de una cosa por turno. ‖ **9.** Parte de una cosa, opuesta a la que se tiene a la vista. ‖ **10.** Tela sobrepuesta en la extremidad de las mangas u otras partes de ciertas prendas de vestir. ‖ **11.** Dinero que, al cobrar, y para ajustar una cuenta, se reintegra a quien hace un pago con moneda, billete de banco o efecto bancario cuyo valor excede del importe debido. ‖ **12.** *Dep.* En una competición deportiva en que los equipos han de jugar dos veces con todos los demás, cada una de las dos series de partidos que la constituyen, denominadas *primera* y *segunda* **vuelta.** ‖ **de campana.** fig. **salto mortal.** ‖ **2. vuelta** semejante que da un automóvil volviendo a quedar sobre sus ruedas. ‖ **media vuelta.** Acción de volverse de modo que el cuerpo quede de frente hacia la parte que estaba antes a la espalda. ‖ **a la vuelta.** loc. adv. Al volver. ‖ **a la vuelta de.** loc. Dentro o al cabo de. A LA VUELTA DE *pocos años.* ‖ **a la vuelta de la esquina.** fr. fig. que se emplea para indicar que un lugar está muy próximo, o que una cosa se encuentra muy a mano. ‖ **andar** uno **a vueltas con, para,** o **sobre,** una cosa. fr. fig. Estar dudoso, perplejo o poniendo todos los medios para saberla o ejecutarla. ‖ **a vueltas con** una cosa. loc. adv. Usarla con insistencia. *Siempre* A VUELTAS CON *el abogado y el procurador.* ‖ **dar cien vueltas** a uno. fr. fig. y fam. Aventajarle mucho en algún conocimiento o habilidad. ‖ **darle vueltas la cabeza** a uno. fr. fig. y fam. Sentir la sensación de mareo. ‖ **dar** uno **una vuelta.** fr. Pasear un rato. ‖ **dar vueltas.** fr. fig. Discurrir repetidamente sobre algo. ‖ **estar de vuelta.** fr. fig. y fam. Estar de antemano enterado de algo de que se le cree o puede creer ignorante. ‖ **no hay que darle vueltas.** expr. fig. y fam. que se emplea para afirmar que, por más que se examine o considere una cosa en diversos conceptos, siempre resultará ser la misma, o no tener sino un remedio o solución. ‖ **no tener vuelta de hoja** una cosa. fr. fig. y fam. Ser incontestable. ‖ **poner** a uno **de vuelta y media.** fr. fig. y fam. Tratarle mal de palabra; llenarle de improperios.

vuelto, ta. p. p. irreg. de **volver.** ‖ **2.** m. *Amér.* Vuelta del dinero entregado de sobra al hacer un pago.

vuestro, tra, tros, tras. Pronombre posesivo de segunda persona, cuya índole gramatical es idéntica a la del de primera persona *nuestro.* También suele referirse en sus cuatro formas a un solo poseedor cuando, por ficción que el uso autoriza, se da número plural a una sola persona; v. gr.: VUESTRO *consejo,* hablando a un monarca. Aplícase también a un solo individuo en ciertos tratamientos; como VUESTRA *Beatitud;* VUESTRA *Majestad.* En el tratamiento de *vos,* refiérese indistintamente a uno solo o a dos o más poseedores; v. gr.: VUESTRA *casa,* dirigiéndose a una persona sola o a dos o más.

vulcanismo. m. *Geol.* Sistema que atribuye la formación del globo a la acción del fuego interior.

vulcanizar. tr. Combinar azufre con la goma elástica para que esta conserve su elasticidad en frío y en caliente.

vulcanología. f. Parte de la geología que estudia los fenómenos volcánicos.

vulcanólogo, ga. m. y f. Persona que se dedica al estudio de la vulcanología.

vulgar. adj. Perteneciente al vulgo. Apl. a pers., se ha usado alguna vez c. s. ‖ **2.** Común o general, por contraposición a especial o técnico. ‖ **3.** Que es impropio de personas cultas o educadas. ‖ **4.** Aplícase a las lenguas que se hablan actualmente, en contraposición de las lenguas sabias. ‖ **5.** Que no tiene especialidad particular en su línea.

vulgaridad. f. Cualidad de vulgar, perteneciente al vulgo. ‖ **2.** Especie, dicho o hecho vulgar que carece de novedad e importancia, o de verdad y fundamento.

vulgarismo. m. Dicho o frase especialmente usada por el vulgo.

vulgarizar. tr. Hacer vulgar o común una cosa. Ú. t. c. prnl. ‖ **2.** Exponer una ciencia, o una materia técnica cualquiera, en forma fácilmente asequible al vulgo.

vulgata. n. p. f. Versión latina de la Sagrada Escritura, declarada auténtica por la Iglesia.

vulgo. m. El común de la gente popular.

vulnerabilidad. f. Cualidad de vulnerable.

vulnerable. adj. Que puede ser herido o recibir lesión, física o moralmente.

vulneración. f. Acción y efecto de vulnerar.

vulnerar. tr. Transgredir, quebrantar, violar una ley o precepto. ‖ **2.** fig. Dañar, perjudicar. *Con sus reticencias* VULNERÓ *la honra de aquella dama.*

vulpeja. f. **zorra,** animal.

vulpino, na. adj. Perteneciente o relativo a la zorra.

vulva. f. Partes que rodean y constituyen la abertura externa de la vagina.

w. f. Vigésima cuarta letra del abecedario español y decimonona de sus consonantes. Su nombre es **uve doble.** No se emplea sino en voces de procedencia extranjera. En las lenguas en las que existe como fonema, su articulación es ora de *u* semiconsonante, como en inglés, ora fricativa labiodental sonora, como en alemán. En español se pronuncia como *b* en nombres propios de personajes godos *(Walia, Witerico, Wamba)*, en nombres propios o derivados procedentes del alemán *(Wagner, Westfalia, wagneriano)* y en algunos casos más. En palabras totalmente incorporadas al idioma es frecuente que la grafía *w* haya sido reemplazada por *v* simple: *vagón, vals, vatio.* En vocablos de procedencia inglesa conserva a veces la pronunciación de *u* semiconsonante *(Washington, washingtoniano).*

wagneriano, na. adj. Perteneciente o relativo al músico alemán Ricardo Wagner (1813-1883) y a sus obras.

watt. m. **vatio** en la nomenclatura internacional.

wéber. m. *Fís.* **weberio** en la nomenclatura internacional.

weberio. m. Unidad de flujo de inducción magnética en el sistema basado en el metro, el kilogramo, el segundo y el amperio.

whisky. m. **güisqui.**

wolframio. m. Elemento químico de núm. atóm. 74. Metal escaso en la corteza terrestre; se encuentra en forma de óxido y de sales en ciertos minerales. De color gris acerado, muy duro y denso, tiene el punto de fusión más elevado de todos los elementos. Se usa en los filamentos de las lámparas incandescentes, en resistencias eléctricas y, aleado con el acero, en la fabricación de herramientas. También se conoce como volframio y tungsteno. Símb. *W.*

x. f. Vigésima quinta letra del abecedario español, y vigésima de sus consonantes. Llámase **equis.** Representa un sonido doble, compuesto de *k,* o de *g* sonora, y de *s,* como en *axioma, exento,* que ante consonante suele reducirse a *s (extremo, exposición).* Antiguamente representó también un sonido simple, palatal, fricativo y sordo, semejante al de la *sh* inglesa o al de la *ch* francesa, el cual hoy conserva en algunos dialectos, como el bable. Este sonido simple se transformó después en velar fricativo sordo, como el de la *j* actual, con la cual se transcribe hoy, salvo excepciones, como en el uso mejicano de *México, Oaxaca.* ‖ **2.** *Álg.* y *Arit.* Signo con que puede representarse en los cálculos la incógnita, o la primera de las incógnitas, si son dos o más. ‖ **3.** V. **rayos X.** ‖ **4.** Letra que tiene el valor de diez en la numeración romana.

xenofobia. f. Odio, repugnancia u hostilidad hacia los extranjeros.

xenófobo, ba. adj. Que siente xenofobia.

xenón. m. Elemento químico de núm. atóm. 54. Gas noble presente en el aire en pequeñísima cantidad; denso, incoloro y no del todo inerte. Se emplea como gas de llenado de lámparas y tubos electrónicos. Símb. *Xe.*

xero-. elem. compos. que significa «seco, árido»: XERÓ*filo.*

xerocopia. f. Copia fotográfica obtenida por medio de la xerografía.

xerocopiar. tr. Reproducir en copia xerográfica.

xerófilo, la. adj. *Bot.* De manera general se aplica a todas las plantas y comunidades vegetales adaptadas a la vida en un medio seco.

xerofítico, ca. adj. **xerófilo,** pero con mayor precisión, aplícase a los vegetales adaptados por su estructura a los medios secos, por su temperatura u otras causas.

xeroftalmia o **xeroftalmía.** f. *Pat.* Enfermedad de los ojos caracterizada por la sequedad de la conjuntiva y la falta de transparencia de la córnea. Se produce por la falta de determinadas vitaminas en la alimentación.

xerografía. f. Procedimiento electrostático de reproducción de imágenes. ‖ **2.** Fotocopia obtenida por este procedimiento.

xi. f. Decimocuarta letra del alfabeto griego, que corresponde a la que en el nuestro se llama *equis.*

xifoideo, a. adj. Perteneciente o relativo al apéndice xifoides.

xifoides. adj. *Anat.* Dícese del apéndice cartilaginoso puntiagudo con que termina el esternón del hombre. Ú. t. c. s. m.

xilo-. elem. compos. que significa «madera»: XILÓ*fago.*

xilófago, ga. adj. *Zool.* Dícese de los insectos que roen la madera. Ú. t. c. s.

xilófono. m. Instrumento de percusión formado por una serie de listones de madera de dimensiones debidamente graduadas, para que den sonidos correspondientes a las diversas notas de la escala.

xilografía. f. Arte de grabar en madera. ‖ **2.** Impresión tipográfica hecha con planchas de madera grabadas.

xilógrafo, fa. m. y f. Persona que graba en madera.

xiloprotector, ra. adj. Dícese del producto, sustancia, etc., que sirve o se emplea para proteger la madera. Ú. t. c. s.

xilórgano. m. Instrumento músico antiguo, compuesto de unos cilindros o varillas de madera compacta y sonora.

xilotila. f. Silicato hidratado de magnesio y hierro, que, con su estructura fibrosa y su color pardo, imita la madera fósil.

x f. Vigésima quinta letra del abecedario español, y vigésima de sus consonantes. Llámase **equis**. Representa un sonido doble, compuesto de *k*, o de *g* sonora, y de *s*; como en *axioma*, *exento*, que ante consonante suele reducirse a *s* (*extremo*, *exposición*). Antiguamente representó también un sonido simple, palatal, fricativo y sordo, semejante al de la *sh* inglesa o al de la *ch* francesa, el cual hoy conserva en algunos dialectos, como el bable. Este sonido simple se transformó después en velar fricativo sordo, como el de la *j* actual, con la cual se transcribe hoy, salvo excepciones, como en el uso mejicano de *México*, *Oaxaca*. ‖ **2.** Álg. y Arit. Signo con que puede representarse en los cálculos la incógnita, o la primera de las incógnitas, si son dos o más. ‖ **3.** V. **rayos X.** ‖ **4.** Letra que tiene el valor de **diez** en la numeración romana.

xenofobia. f. Odio, repugnancia u hostilidad hacia los extranjeros.

xenófobo, ba. adj. Que siente xenofobia.

xenón. m. Elemento químico de núm. atóm. 54. Gas noble presente en el aire en pequeñísima cantidad, denso, incoloro y no del todo inerte. Se emplea como gas de llenado de lámparas y tubos electrónicos. Símb. *Xe*.

xero-. elem. compos. que significa «seco, árido»: *xerófilo*.

xerocopia. f. Copia fotográfica obtenida por medio de la xerografía.

xerocopiar. tr. Reproducir en copia xerográfica.

xerófilo, la. adj. Bot. De manera general se aplica a todas las plantas y comunidades vegetales adaptadas a la vida en un medio seco.

xerofítico, ca. adj. **xerófilo,** pero con mayor precisión, aplícase a los vegetales adaptados por su estructura a los medios secos, por su temperatura u otras causas.

xeroftalmia o **xeroftalmía.** f. Pat. Enfermedad de los ojos caracterizada por la sequedad de la conjuntiva y la falta de transparencia de la córnea. Se produce por la falta de determinadas vitaminas en la alimentación.

xerografía. f. Procedimiento electrostático de reproducción de imágenes. ‖ **2.** Fotocopia obtenida por este procedimiento.

xi. f. Decimocuarta letra del alfabeto griego, que corresponde a la que en el nuestro se llama *equis*.

xifoideo, a. adj. Perteneciente o relativo al apéndice xifoides.

xifoides. adj. Anat. Dícese del apéndice cartilaginoso y puntiagudo con que termina el esternón del hombre. U. t. c. s. m.

xilo-. elem. compos. que significa «madera»: *xilófago*.

xilófago, ga. adj. Zool. Dícese de los insectos que roen la madera. U. t. c. s.

xilófono. m. Instrumento de percusión formado por una serie de listones de madera de dimensiones debidamente graduadas, para que den sonidos correspondientes a las diversas notas de la escala.

xilografía. f. Arte de grabar en madera. ‖ **2.** Impresión tipográfica hecha con planchas de madera grabadas.

xilógrafo, fa. m. y f. Persona que graba en madera.

xiloprotector, ra. adj. Dícese del producto, sustancia, etc., que sirve o se emplea para proteger la madera. U. t. c. s.

xilórgano. m. Instrumento músico antiguo, compuesto de unos cilindros o varillas de madera compacta y sonora.

xilotila. f. Silicato hidratado de magnesio y hierro, que, por su estructura fibrosa y su color pardo, imita la madera fósil.

y [1]**.** f. Vigésima sexta letra del abecedario español, y vigésima primera de sus consonantes. Se llama **i griega,** y también se le da el nombre de **ye.** Representa un sonido palatal sonoro y generalmente fricativo, de articulación más o menos abierta o cerrada, según los casos. En algunas áreas importantes como el Río de la Plata se articula generalmente con rehilamiento. Precedida de nasal se hace africada, como en *cónyuge.* Cuando es final de palabra se pronuncia como semivocal, como en *soy, buey.* La conjunción *y* se pronuncia como consonante cuando la palabra anterior termina en vocal y la siguiente empieza también en vocal *(este* y *aquel);* representa a la vocal *i* si está entre consonantes *(hombres* y *mujeres);* y adquiere valor de semivocal o semiconsonante cuando forma diptongo con la última vocal de la palabra anterior *(yo* y *tú)* o con la primera vocal de la palabra siguiente *(parientes* y *amigos);* estas variantes fonéticas no modifican la grafía de la conjunción *y.*

y [2]**.** conj. copulat. cuyo oficio es unir palabras o cláusulas en concepto afirmativo. Cuando son varios los vocablos o miembros del período que han de ir enlazados, sólo se expresa, por regla general, antes del último. *Ciudades, villas, lugares* Y *aldeas; el mucho dormir quita el vigor al cuerpo, embota los sentidos* Y *debilita las facultades intelectuales.*

ya. adv. t. con que se denota el tiempo pasado. YA *hemos hablado de esto más de una vez.* ‖ **2.** En el tiempo presente, haciendo relación al pasado. *Era muy rico, pero* YA *es pobre.* ‖ **3.** En tiempo u ocasión futura. YA *nos veremos;* YA *se hará eso.* ‖ **4.** Finalmente o últimamente. YA *es preciso tomar una resolución.* ‖ **5.** Luego, inmediatamente, y así, cuando se responde a quien llama, se dice: YA *voy;* YA *van.* ‖ **6.** Ú. como conjunción distributiva. YA *en la milicia,* YA *en las letras;* YA *con gozo,* YA *con dolor.* ‖ **7.** Sirve para conceder o apoyar lo que nos dicen, y suele usarse con las frases **ya entiendo, ya se ve,** que equivalen a es claro o es así. ‖ **¡ya!** interj. fam. con que denotamos recordar algo o caer en ello, o no hacer caso de lo que se nos dice. Ú. repetida, y de esta manera expresa también idea de encarecimiento en bien o en mal.

yac. m. Bóvido que habita en las altas montañas del Tíbet, notable por las largas lanas que le cubren las patas y la parte inferior del cuerpo. En estado salvaje es de color oscuro; pero entre los domésticos abundan los blancos.

yacaré. m. *Amér. del Sur.* **caimán,** reptil.

yacer. intr. Estar echada o tendida una persona. ‖ **2.** Estar un cadáver en la fosa o en el sepulcro. ‖ **3.** Tener trato carnal con una persona. ❏ Irreg. Ver conjugación modelo.

yacer

INDICATIVO

Presente: yazco (yazgo o yago), yaces, yace, yacemos, yacéis, yacen.

Pretérito imperfecto: yacía, yacías, yacía, yacíamos, yacíais, yacían.

Pretérito indefinido: yací, yaciste, yació, yacimos, yacisteis, yacieron.

Futuro imperfecto: yaceré, yacerás, yacerá, yaceremos, yaceréis, yacerán.

Condicional: yacería, yacerías, yacería, yaceríamos, yaceríais, yacerían.

SUBJUNTIVO

Presente: yazca, yazcas, yazca, yazcamos, yazcáis, yazcan, o yazga, yazgas, yazga, yazgamos, yazgáis, yazgan.

→

yacer (continuación)

Pretérito imperfecto: yaciera o yaciese, yacieras o yacieses, yaciera o yaciese, yaciéramos o yaciésemos, yacierais o yacieseis, yacieran o yaciesen.
Futuro imperfecto: yaciere, yacieres, yaciere, yaciéremos, yaciereis, yacieren.

IMPERATIVO
yace o yaz (tú); yaced (vosotros).

FORMAS NO PERSONALES
Infinitivo: yacer.
Participio: yacido.
Gerundio: yaciendo.

yacija. f. Lecho o cama pobre, o cosa en que se está acostado. ‖ **2. sepultura,** lugar en que está enterrado un cadáver.

yacimiento. m. *Geol.* Sitio donde se halla naturalmente una roca, un mineral o un fósil. ‖ **2.** Lugar donde se hallan restos arqueológicos.

yaguar. m. **jaguar.**

yak. m. **yac.**

yambo. m. *Métr.* Pie de la poesía griega y latina, compuesto de dos sílabas: la primera, breve, y la otra, larga.

yanacona. adj. Dícese del indio que estaba al servicio personal de los españoles en algunos países de la América Meridional. Ú. t. c. s.

yang. m. En la filosofía china, fuerza activa o masculina que en síntesis con el yin, pasiva o femenina, constituye el Gran Principio del orden universal llamado Tao. ❑ pl. invar.

yanqui. adj. Natural de Nueva Inglaterra, en los Estados Unidos de América del Norte, y por ext., natural de esa nación. Apl. a pers., ú. t. c. s.

yantar. tr. ant. **comer,** tomar alimento. Ú. en la lengua literaria, y en Ecuador.

yarda. f. Medida inglesa de longitud, equivalente a 0,9143992... metros. La americana equivale a 0,9144018... metros.

yate. m. Embarcación de gala o de recreo.

yaya. f. **abuela.**

yayo. m. **abuelo.** ‖ **2.** pl. El **yayo** y la yaya.

yaz. m. Cierto género de música derivado de ritmos y melodías de los negros norteamericanos. ‖ **2.** Orquesta especializada en la ejecución de este género de música.

ye. f. Nombre de la letra *y.* ❑ pl. *yes.*

yedra. f. **hiedra.**

yegua. f. Hembra del caballo.

yeguada. f. Conjunto de ganado caballar.

yeísmo. m. Pronunciación de *la elle* como *ye,* diciendo, por ejemplo, *gayina,* por *gallina; poyo,* por *pollo.*

yelmo. m. Parte de la armadura antigua, que resguardaba la cabeza y el rostro, y se componía de morrión, visera y babera.

yema. f. Brote embrionario de los vegetales constituido por hojas o por rudimentos foliares a modo de botón escamoso del que se desarrollarán ramas, hojas y flores. ‖ **2.** Porción central del huevo en los vertebrados ovíparos. En las aves es de color amarillo, en ella se halla el embrión, y está rodeada de la clara y la cáscara. ‖ **3.** Dulce seco compuesto de azúcar y **yema** de huevo. ‖ **del dedo.** Parte de su punta opuesta a la uña.

yemení. adj. Natural del Yemen. Ú. t. c. s. ‖ **2.** Perteneciente o relativo a este país de Arabia. ❑ pl. *yemeníes* o *yemenís.*

yen. m. Unidad monetaria del Japón. ❑ pl. *yenes.*

yerba. f. **hierba.**

yermo, ma. adj. Deshabitado. ‖ **2. incultivado.** Ú. t. c. s.

yerno. m. Respecto de una persona, marido de su hija.

yero. m. **arveja,** planta de la algarroba. Ú. m. en pl. ‖ **2.** Semilla de esta planta. Ú. m. en pl.

yerro. m. Falta o delito cometido, por ignorancia o malicia, contra los preceptos y reglas de un arte, y absolutamente, contra las leyes divinas y humanas. ‖ **2.** Equivocación por descuido o inadvertencia, aunque sea sin dolo.

yerto, ta. adj. Tieso, rígido o áspero. ‖ **2.** Aplícase al viviente que se ha quedado rígido por el frío; y también al cadáver u otra cosa en que se produce el mismo efecto.

yesar. m. Terreno abundante en mineral de yeso que se puede beneficiar.

yesca. f. Materia muy seca y preparada de suerte que cualquier chispa prenda en ella. Comúnmente se hace de trapo quemado, cardo u hongos secos. ‖ **2.** fig. Lo que está sumamente seco, y por consiguiente dispuesto a encenderse o abrasarse. ‖ **3.** fig. Incentivo de cualquier pasión o afecto.

yesería. f. Fábrica de yeso. ‖ **2.** Tienda o sitio en que se vende yeso. ‖ **3.** Obra hecha de yeso.

yeso. m. Sulfato de calcio hidratado, compacto o terroso, blanco por lo común, tenaz y tan blando que se raya con la uña. Deshidratado por la acción del fuego y molido, tiene la propiedad de endurecerse rápidamente cuando se amasa con agua, y se emplea en la construcción y en la escultura. ‖ **2.** Obra de escultura vaciada en **yeso.**

yeyuno. m. *Anat.* Segunda porción del intestino delgado de los mamíferos, situada entre el duodeno y el íleon.

yin. m. En la filosofía china, fuerza pasiva o femenina que, en síntesis con el yang, constituye el Gran Principio del orden universal llamado Tao. ❑ pl. invar.

yo. Nominativo del pronombre personal de primera persona en género masculino o femenino y número singular. ‖ **2.** *Fil.* Pronombre que designa la realidad personal del que habla o escribe. ‖ **3.** m. *Fil.* Con el artículo *el,* o el posesivo, el sujeto humano en cuanto persona. ‖ **4.** *Psicol.* Parte consciente del individuo, mediante la cual cada persona se hace cargo de su propia identidad y de sus relaciones con el medio. ❑ En las dos últimas acepciones, su pl. es *yoes* o *yos.*

yodación. f. *Quím.* Acción y efecto de yodar.

yodar. tr. *Quím.* Introducir átomos de yodo en la molécula de un compuesto químico.

yodo. m. Elemento químico de núm. atóm. 53. Relativamente escaso en la corteza terrestre; se encuentra principalmente en el nitrato de Chile, en el agua del mar, concentrado en ciertas algas marinas y forma parte de la estructura de las hormonas del tiroides. De color azul violeta y muy reactivo, se sublima fácilmente, desprendiendo vapores azules y olor penetrante; se usa como colorante, como reactivo en química y fotografía, y en medicina como desinfectante. Símb. *I.*

yoduro. m. *Quím.* Cuerpo resultante de la combinación del yodo con un radical simple o compuesto.

yoga. m. Conjunto de disciplinas físico-mentales de la India, destinadas a conseguir la perfección espiritual y la unión con lo absoluto. ‖ **2.** Se designan también con esta palabra las prácticas modernas derivadas del **yoga** hindú y dirigidas a obtener mayor eficacia en el dominio del cuerpo y la concentración anímica.

yogui. com. Asceta hindú adepto al sistema filosófico del yoga. ‖ **2.** Persona que practica los ejercicios físicos y mentales del yoga.

yogur. m. Variedad de leche fermentada, que se prepara reduciéndola por evaporación a la mitad de su volumen y sometiéndola después a la acción de un fermento denominado *maya.*

yola. f. Embarcación muy ligera movida a remo y con vela.

yonqui. com. En la jerga de la droga, adicto a la heroína.

yóquey o **yoqui.** m. Jinete profesional de carreras de caballos. ❑ pl. de la 1.ª forma, *yoqueis.*

yoyó. m. Juguete de origen chino que consiste en dos discos de madera, metal o plástico, unidos por un eje; se le hace subir y bajar a lo largo de una cuerda atada a ese mismo eje.

yuca. f. Planta de América tropical, de la familia de las liliáceas, con tallo arborescente, cilíndrico, lleno de cicatrices, de 15 a 20 centímetros de altura, coronado por un penacho de hojas largas, gruesas, rígidas y ensiformes; flores blancas, casi globosas, colgantes de un escapo largo y central, y raíz gruesa, de la que se saca harina alimenticia. Cultívase en Europa como planta de adorno. ‖ **2.** Nombre vulgar de algunas especies de mandioca.

yudo. m. Sistema japonés de lucha, que hoy se practica también como deporte, y que tiene por objeto principal defenderse sin armas mediante llaves y movimientos aplicados con destreza.

yudoca. com. Persona que practica el yudo.

yugada. f. Espacio de tierra de labor que puede arar una yunta en un día.

yuglandáceo, a. adj. *Bot.* Dícese de árboles angiospermos dicotiledóneos, con hojas compuestas y ricas en sustancias aromáticas; flores monoicas y fruto en drupa con semillas sin albumen; como el nogal y la pacana. Ú. t. c. s. f. ‖ **2.** f. pl. *Bot.* Familia de estas plantas.

yugo. m. Pieza de madera a la que se uncen por el cuello o la cabeza los animales que tiran de un carro o de un arado. ‖ **2.** Especie de horca, por debajo de la cual, en tiempos de la antigua Roma, hacían pasar sin armas a los enemigos vencidos. ‖ **3.** fig. Cualquier carga pesada, prisión o atadura. ‖ **sacudir** uno **el yugo.** fr. fig. Librarse de opresión o dominio molesto o humillante.

yugoeslavo, va. adj. **yugoslavo.**

yugoslavo, va. adj. Natural de Yugoslavia. Ú. t. c. s. ‖ **2.** Perteneciente o relativo a esta nación europea.

yugular[1]. adj. *Anat.* V. **vena yugular.** Ú. t. c.s.

yugular[2]. tr. Degollar, cortar el cuello. ‖ **2.** fig. Hablando de determinadas actividades o procesos, acabar bruscamente con ellos. YUGULAR *una enfermedad.*

yunque. m. Usáb. c. f. Prisma de hierro acerado, de sección cuadrada, a veces con punta en uno de los lados, encajado en un tajo de madera fuerte, y a propósito para trabajar los metales a golpe de martillo. ‖ **2.** *Anat.* Uno de los tres huesecillos que hay en la parte media del oído de los mamíferos, situado entre el martillo y el estribo.

yunta. f. Par de bueyes, mulas u otros animales que sirven en la labor del campo o en los acarreos.

yuntero. m. El que labra la tierra con una pareja de animales o yunta.

yusivo, va. adj. *Gram.* Dícese del término que se emplea para designar el modo subjuntivo, cuando expresa un mandato o una orden. *Que salga.*

yute. m. Materia textil que se saca de la corteza interior de una planta de la familia de las tiliáceas. De la India viene en rama a Europa, donde se hila y teje. ‖ **2.** Tejido o hilado de esta materia.

yuxtalineal. adj. Dícese de la traducción que acompaña a su original, o del cotejo de textos cuando se disponen a dos columnas de modo que se correspondan línea por línea para su comparación más cómoda.

yuxtaponer. tr. Poner una cosa junto a otra o inmediata a ella. Ú. t. c. prnl. ☐ Irreg. Se conj. como *poner.*

yuxtaposición. f. Acción y efecto de yuxtaponer o yuxtaponerse.

z. f. Vigésima séptima letra del abecedario español, y vigésima segunda de sus consonantes. Llámase **zeda** o **zeta.** En la mayor parte de España se pronuncia ante cualquier vocal, un sonido de articulación interdental, fricativa y sorda, distinta de la que se da a la *s;* en una porción de Andalucía, así como en Canarias e Hispanoamérica, se articula como una *s* en que la lengua adopta posición convexa, generalmente predorsal, con salida dental o dentoalveolar del aire, y con seseo o falta de distinción fonológica respecto de la *s.* La Academia considera correctas tanto la pronunciación interdental distinguidora como la predorsal seseante.

zabordar. intr. *Mar.* Varar o encallar el barco en tierra.

zacatín. m. En algunos pueblos, plaza o calle donde se venden ropas.

zafar. tr. *Mar.* Desembarazar, libertar, quitar los estorbos de una cosa. Ú. t. c. prnl. ‖ **2.** prnl. Escaparse o esconderse para evitar un encuentro o riesgo. ‖ **3.** fig. Excusarse de hacer una cosa. ‖ **4.** fig. Librarse de una molestia.

zafarrancho. m. *Mar.* Acción y efecto de desembarazar una parte de la embarcación, para dejarla dispuesta a determinada faena. ZAFARRANCHO *de combate, de limpieza.* ‖ **2.** fig. y fam. Limpieza general. ‖ **3.** fig. y fam. Riza, destrozo. ‖ **4.** fig. y fam. riña, chamusquina.

zafiedad. f. Calidad de zafio.

zafio, fia. adj. Grosero o tosco en sus modales o falto de tacto en su comportamiento.

zafirina. f. Calcedonia azul.

zafiro. m. Corindón cristalizado de color azul.

zafra¹. f. Vasija de metal ancha y poco profunda, con agujeritos en el fondo, en que los vendedores de aceite colocan las medidas para que escurran. ‖ **2.** Vasija grande de metal en que se guarda aceite.

zafra². f. Cosecha de la caña dulce. ‖ **2.** Fabricación del azúcar de caña, y por ext., del de remolacha.

zafra³. f. *Min.* Escombro de una mina o cantera.

zafre. m. Óxido de cobalto mezclado con cuarzo y hecho polvo, que se emplea principalmente para dar color azul a la loza y al vidrio.

zaga. f. Parte trasera de una cosa. ‖ **2.** m. El que juega en último lugar. ‖ **no ir,** o **no irle,** uno **en zaga** a otro, o **no quedarse en zaga.** fr. fig. y fam. No ser inferior a otro en aquello de que se trata.

zagal. m. Muchacho que ha llegado a la adolescencia. ‖ **2.** Pastor joven.

zagala. f. Muchacha soltera. ‖ **2.** Pastora joven.

zagua. f. Arbusto de la familia de las quenopodiáceas, de unos dos metros de alto, hojas opuestas siempre verdes y flores axilares de dos en dos. Se cría en el mediodía de Europa y el norte de África.

zaguán. m. Espacio cubierto situado dentro de una casa, que sirve de entrada a ella y está inmediato a la puerta de la calle.

zaguero, ra. adj. Que va, se queda o está atrás. ‖ **2.** m. En los partidos de pelota por parejas, el que ocupa la zaga de la cancha y lleva el peso del partido. ‖ **3. defensa,** jugador de un equipo de fútbol.

zaherir. tr. Decir o hacer algo a alguien con lo que se sienta humillado o mortificado. ❑ Irreg. Se conj. como *sentir.*

zahón. m. Especie de calzón de cuero o paño, con perniles abiertos que llegan a media pierna y se atan a los muslos, el cual llevan los cazadores y gente del campo para resguardar el traje. Ú. m. en pl.

zahonado, da. adj. Aplícase a los pies y manos que en algunas reses tienen distinto color por delante, como si llevaran zahones.

zahorí. m. Persona a quien se atribuye la facultad de descubrir lo que está oculto, especialmente manantiales subterráneos. ‖ **2.** fig. Persona perspicaz y escudriñadora, que descubre o adivina fácilmente lo que otras personas piensan o sienten. ❑ pl. *zahoríes* o *zahorís.*

zahúrda. f. **pocilga,** vivienda del cerdo.

zaino[1], na. adj. Traidor, falso, poco seguro en el trato.

zaino[2], na. adj. Aplícase al caballo o yegua castaño oscuro que no tiene otro color. ‖ **2.** En el ganado vacuno, el de color negro que no tiene ningún pelo blanco.

zalagarda. f. Emboscada. ‖ **2.** fig. Lazo que se arma para que caigan en él los animales. ‖ **3.** fig. y fam. Alegría bulliciosa.

zalamería. f. Demostración de cariño afectada y empalagosa.

zalamero, ra. adj. Que hace zalamerías. Ú. t. c. s.

zalea. f. Cuero de oveja o carnero, curtido de modo que conserve la lana; sirve para preservar de la humedad y del frío.

zalear. tr. Espantar y hacer huir a los perros y otros animales.

zalema. f. fam. Reverencia o cortesía humilde en muestra de sumisión. ‖ **2. zalamería.**

zamacuco, ca. m. y f. fam. Persona tonta, torpe y poco inteligente. ‖ **2.** Persona que, callándose o simulando torpeza, hace su voluntad o lo que le conviene. ‖ **3.** m. fig. y fam. Embriaguez o borrachera.

zamarra. f. Prenda de vestir, rústica, hecha de piel con su lana o pelo. ‖ **2. pelliza,** chaqueta de abrigo. ‖ **3.** Piel de carnero. ❑ No confundir con *chamarra.*

zamarrear. tr. Sacudir a un lado y a otro la res o presa que el perro, o bien el lobo u otra fiera semejante, tiene asida con los dientes, para destrozarla o acabarla de matar. ‖ **2.** fig. y fam. Tratar mal a uno trayéndolo con violencia o golpes de una parte a otra.

zamarro. m. **zamarra,** prenda de vestir. ‖ **2.** Piel de cordero.

zambo, ba. adj. Dícese de la persona que por mala configuración tiene juntas las rodillas y separadas las piernas hacia afuera. Ú. t. c. s. ‖ **2.** Dícese, en América, del hijo de negro e india, o al contrario. Ú. t. c. s. ‖ **3.** m. Mono americano que tiene unos seis decímetros de longitud, la cola prensil y casi tan larga como el cuerpo; pelaje de color pardo amarillento, como el cabello de los mestizos **zambos;** hocico negro y una mancha blanca en la frente; rudimentarios los pulgares de las manos; muy aplastadas y abiertas las narices, y fuertes y acanaladas las uñas.

zambomba. f. Instrumento rústico musical, de barro cocido o de madera, hueco, abierto por un extremo y cerrado por el otro con una piel muy tirante, que tiene en el centro, bien sujeto, un carrizo a manera de mástil, el cual, frotado de arriba abajo y de abajo arriba con la mano humedecida, produce un sonido fuerte, ronco y monótono. ‖ **¡zambomba!** interj. fam. con que se manifiesta sorpresa.

zambombazo. m. Porrazo, golpazo. ‖ **2.** Estampido o explosión con mucho ruido y fuerza.

zambra. f. Fiesta que usaban los moriscos, con bulla, regocijo y baile. ‖ **2.** Fiesta semejante de los gitanos del Sacromonte. ‖ **3.** fig. y fam. Algazara, bulla y ruido de muchos.

zambucar. tr. fam. Meter de pronto una cosa entre otras para que no sea vista o reconocida.

zambullida. f. Acción y efecto de zambullir o zambullirse.

zambullir. tr. Meter debajo del agua con ímpetu o de golpe. Ú. t. c. prnl. ‖ **2.** prnl. fig. Esconderse o meterse en alguna parte, o cubrirse con algo. ❑ Irreg. Se conj. como *mullir.*

zamorano, na. adj. Natural de Zamora. Ú. t. c. s. ‖ **2.** Perteneciente o relativo a esta ciudad o a su provincia.

zampa. f. Cada una de las estacas que se clavan en un terreno para hacer el firme sobre el cual se va a edificar.

zampabollos. com. fam. **zampatortas,** comilón, tragón.

zampar. tr. Meter algo en un sitio deprisa y para que no se vea. ‖ **2.** Comer o beber apresurada o excesivamente. ‖ **3.** Asestar, propinar. ‖ **4.** prnl. Meterse de golpe en una parte. ‖ **5.** Presentarse en un sitio.

zampatortas. com. fam. Persona que come con exceso y brutalidad. ‖ **2.** fig. y fam. Persona que en su fisonomía, traza, palabras y acciones da muestra de incapacidad, torpeza y mala educación.

zampeado. m. *Arq.* Obra que se hace de cadenas de madera y macizos de mampostería, para fabricar sobre terrenos falsos o invadidos por el agua.

zampear. tr. *Arq.* Afirmar el terreno con zampeados.

zampón, na. adj. fam. Comilón, tragón. Ú. t. c. s.

zampoña. f. Instrumento rústico, a modo de flauta, o compuesto de muchas flautas.

zanahoria. f. Planta herbácea umbelífera con flores blancas, y purpúrea la central de la umbela; fruto seco y comprimido y raíz fusiforme, de unos dos decímetros de largo, amarilla o rojiza, jugosa y comestible. ‖ **2.** Raíz de esta planta.

zanca. f. Parte más larga de las patas de las

aves, desde los dedos hasta la primera articulación por encima de ellos. ‖ **2.** fig. y fam. Pierna del hombre o de cualquier animal, sobre todo cuando es larga y delgada. ‖ **3.** *Arq.* Madero inclinado que sirve de apoyo a los peldaños de una escalera.

zancada. f. Paso largo que se da con movimiento acelerado o por tener las piernas largas. ‖ **en dos, tres,** etc., **zancadas.** loc. adv. fig. y fam. con que se explica y pondera la brevedad en llegar a un sitio.

zancadilla. f. Acción de cruzar uno su pierna por entre las de otro para hacerle perder el equilibrio y caer. ‖ **2.** fig. y fam. Estratagema con que se derriba o pretende derribar a alguien de un puesto o cargo.

zancadillear. tr. Poner la zancadilla a alguien.

zancajo. m. Hueso del pie que forma el talón. ‖ **2.** Parte trasera del pie, donde empieza la prominencia del talón. ‖ **3.** fig. y fam. Hueso grande de la pierna, zancarrón. ‖ **4.** fig. Parte del zapato o media que cubre el talón, especialmente si está rota.

zancajoso, sa. adj. Que tiene los pies torcidos y vueltos hacia afuera. ‖ **2.** Que tiene grandes zancajos o descubre rotos y sucios los de sus medias.

zancarrón. m. fam. Cualquiera de los huesos de la pierna, despojado de carne.

zanco. m. Cada uno de dos palos altos y dispuestos con sendas horquillas, en que se afirman y atan los pies. Sirven para andar sin mojarse por donde hay agua, y también para juegos de agilidad y equilibrio.

zancudo, da. adj. Que tiene las zancas largas. ‖ **2.** Dícese de las aves que tienen los tarsos muy largos y desprovistos de plumas; como la cigüeña y la grulla. Ú. t. c. s. ‖ **3.** f. pl. *Zool.* En clasificaciones hoy en desuso, orden de estas aves. ‖ **4.** m. *Amér.* **mosquito.**

zanfonía. f. Instrumento musical de cuerda, que se toca haciendo dar vueltas con un manubrio a un cilindro armado de púas.

zanfoña. f. **zanfonía.**

zángana. f. Mujer floja, desmañada y torpe.

zanganear. intr. fam. Andar vagando de una parte a otra sin trabajar.

zángano. m. Macho de la abeja maestra o reina. De las tres clases de individuos que forman la colmena, es la mayor y más recia, tiene las antenas más largas, los ojos unidos en lo alto de la cabeza, carece de aguijón y no labra miel. ‖ **2.** fig. y fam. Hombre holgazán que se sustenta de lo ajeno. ‖ **3.** Hombre flojo, desmañado y torpe.

zangolotear. tr. fam. Mover continua y violentamente una cosa. Ú. t. c. prnl. ‖ **2.** intr. fig. y fam. Moverse una persona de una parte a otra sin concierto ni propósito. ‖ **3.** prnl. fam. Moverse ciertas cosas por estar flojas o mal encajadas; como una ventana, una herradura, etc.

zangolotino, na. adj. fam. V. **niño zangolotino.** Ú. t. c. s.

zanja. f. Excavación larga y estrecha que se hace en la tierra para echar los cimientos, conducir las aguas, defender los sembrados, o cosas semejantes.

zanjar. tr. Echar zanjas o abrirlas para fabricar un edificio o para otro fin. ‖ **2.** fig. Remover todas las dificultades e inconvenientes que puedan impedir el arreglo y terminación de un asunto o negocio.

zanquear. intr. Torcer las piernas al andar. ‖ **2.** Andar mucho a pie y con prisa de una parte a otra.

zapa. f. Especie de pala herrada de la mitad abajo, con un corte acerado, que usan los zapadores o gastadores. ‖ **2.** *Fort.* Excavación de galería subterránea o de zanja al descubierto.

zapador. m. Militar perteneciente o encuadrado en unidades básicas del arma de ingenieros.

zapapico. m. **pico,** herramienta, instrumento.

zapata. f. Pedazo de cuero o suela que a veces se pone debajo del quicio de la puerta para que no rechine y se gaste menos la madera. ‖ **2.** Pieza del freno que actúa por fricción sobre el eje o contra las ruedas para moderar o impedir su movimiento. ‖ **3.** *Mar.* Tablón que se clava en la cara inferior de la quilla para proteger la nave al varar.

zapateado. m. Baile español que se ejecuta zapateando rítmica y rápidamente. ‖ **2.** Música de este baile.

zapatear. tr. Golpear con el zapato. ‖ **2.** Dar golpes en el suelo con los pies calzados. ‖ **3.** Acompañar al tañido dando palmadas y alternativamente con las manos en los pies, siguiendo el mismo compás. Úsanse más frecuentemente estas acciones en el baile del villano.

zapatería. f. Lugar donde se hacen o venden zapatos. ‖ **2.** Oficio de hacer zapatos.

zapatero, ra. adj. Perteneciente o relativo al zapato. ‖ **2.** Aplícase a los alimentos que se ponen correosos por estar guisados con demasiada anticipación. *Patatas* ZAPATERAS. ‖ **3.** m. y f. Persona que por oficio hace zapatos, los arregla o los vende. ‖ **4.** m. Pez teleósteo, del suborden de los acantopterigios, de unos 25 centímetros de largo, plateado, con cabeza puntiaguda, cola con forma de horquilla y muy abierta, y ojos pequeños, negros y con cerco dorado. Vive en los mares de la América tropical. ‖ **5.** f. Mueble a propósito para guardar zapatos. Ú. t. c. m.

zapateta. f. Golpe o palmada que se da con el pie o zapato, brincando al mismo tiempo en señal de regocijo. ‖ **2. cabriola,** brinco sacudiendo los pies. ‖ **3.** pl. Golpes que se dan con el zapato en el suelo en ciertos bailes.

zapatilla. f. Zapato ligero y de suela muy delgada. ‖ **2.** Zapato de comodidad o abrigo para estar en casa.

zapato. m. Calzado que no pasa del tobillo, con la parte inferior de suela y lo demás de piel, fieltro, paño u otro tejido, más o menos escotado por el empeine.

zape. Voz fam. que se emplea para ahuyentar a los gatos, o para manifestar extrañeza o miedo al enterarse de un daño ocurrido, o para denotar el propósito de no exponerse a un riesgo que amenace.

zapear. intr. Practicar el zapeo.

zapeo. m. Cambio, normalmente reiterado, de canal de televisión, con el mando a distancia, en busca de un programa más atractivo.

zapote. m. Árbol americano de la familia de las sapotáceas, de unos 10 metros de altura, con tronco liso de corteza oscura y madera blanca poco resistente; copa redonda y espesa; hojas alternas, rojizas en racimos axilares, y fruto comestible, de forma de manzana, con carne amarillenta oscura, dulce y muy jugosa, y una semilla gruesa, negra y lustrosa. Está aclimatado en las provincias meridionales de España. ‖ **2.** Fruto de este árbol.

zar. m. Título que se daba al emperador de Rusia y al soberano de Bulgaria.

zarabanda. f. Danza popular española de los siglos XVI y XVII, que fue frecuentemente censurada por los moralistas. ‖ **2.** Copla que se cantaba con esta danza. ‖ **3.** fig. Cualquier cosa que causa ruido estrepitoso, bulla o molestia repetida.

zaragata. f. fam. Gresca, alboroto, tumulto.

zaragatero, ra. adj. fam. Bullicioso, aficionado a zaragatas. Ú. t. c. s. ‖ **2. zalamero.**

zaragatona. f. Planta herbácea anual, de la familia de las plantagináceas, con tallo velludo, ramoso, de dos a tres decímetros de altura; hojas opuestas, lanceoladas y estrechas; flores pequeñas, verdosas, en espigas ovales, y fruto capsular con muchas semillas menudas y brillantes que, cocidas, dan una sustancia mucilaginosa, empleada para medicina y para aprestar telas. ‖ **2.** Semilla de esta planta.

zaragozano, na. adj. Natural de Zaragoza. Ú. t. c. s. ‖ **2.** Perteneciente o relativo a esta ciudad o a su provincia.

zaragüelles. m. pl. Especie de calzones anchos y con pliegues, que se usaban antiguamente, y ahora llevan las gentes del campo en Valencia y Murcia. ‖ **2.** fig. y fam. Calzones muy anchos, largos y mal hechos.

zarajo. m. Trenzado de tripas de cordero, típico de Cuenca, asado al horno y que se conserva colgado al humo como los chorizos.

zaranda. f. Cribo, criba.

zarandaja. f. fam. Cosa menuda, sin valor, o de importancia muy secundaria. Ú. m. en pl.

zarandear. tr. Agarrar a alguien por los hombros o los brazos moviéndolo con violencia.

zarandeo. m. Acción y efecto de zarandear o zarandearse.

zarandillo. m. fig. y fam. El que con viveza y soltura anda de una parte a otra. Aplícase comúnmente a los muchachos traviesos y a los que ostentan eficacia y energía en la ejecución de las cosas.

zarapito. m. Ave zancuda ribereña, del tamaño de un gallo, cuello largo y pico delgado y encorvado por la punta; plumaje pardo por el dorso y blanco en la rabadilla y el vientre. Anida entre juncos y se alimenta de insectos, moluscos y gusanos.

zaraza. f. Tela de algodón estampada. Ú. m. en América.

zarcillo. m. Pendiente, arete. ‖ **2.** *Bot.* Cada uno de los órganos largos, delgados y volubles que tienen ciertas plantas y que sirven a estas para asirse a tallos u otros objetos próximos. Pueden ser de naturaleza caulinar, como en la vid, o foliácea, como en la calabacera y en el guisante.

zarco, ca. adj. De color azul claro. Ú. hablando de las aguas y, con más frecuencia, de los ojos.

zarevich. m. Hijo del zar. ‖ **2.** En particular, príncipe primogénito del zar reinante.

zarigüeya. f. Mamífero marsupial de tamaño mediano o pequeño y aspecto que recuerda a la rata; las extremidades tienen cinco dedos y las de atrás el pulgar oponible; la cola es prensil, lisa y desnuda. Es mamífero nocturno y omnívoro, que hace nido en los árboles y su preñez dura trece días.

zarina. f. Esposa del zar. ‖ **2.** Emperatriz de Rusia.

zarismo. m. Forma de gobierno absoluto, propio de los zares.

zarista. com. Persona partidaria del zarismo.

zarpa. f. Mano de ciertos animales cuyos dedos no se mueven con independencia unos de otros, como en el león y el tigre.

zarpar. intr. Salir un barco o un conjunto de ellos del lugar en que estaban fondeados o atracados.

zarpazo. m. Golpe dado con la zarpa. ‖ **2.** Golpazo, batacazo.

zarrapastroso, sa. adj. fam. Desaseado, andrajoso, desaliñado y roto. Ú. t. c. s.

zarza. f. Arbusto de la familia de las rosáceas, con tallos sarmentosos, arqueados en las puntas, prismáticos, de cuatro a cinco metros de largo, con aguijones fuertes y con forma de gancho; hojas divididas en cinco hojuelas elípticas, aserradas, lampiñas por el haz y velludas por el envés; flores blancas o róseas en racimos terminales, y cuyo fruto es la zarzamora. Es muy común en los campos, y el fruto es comestible. ‖ **2.** Por ext., cualquier arbusto espinoso.

zarzagán. m. Cierzo muy frío, aunque no muy fuerte.

zarzal. m. Sitio poblado de zarzas.

zarzamora. f. Fruto de la zarza, que, maduro, es una baya compuesta de granillos negros y lustrosos, semejante a la mora, pero más pequeña y redonda. ‖ **2. zarza,** arbusto de las rosáceas.

zarzaparrilla. f. Arbusto de la familia de las liliáceas, con tallos delgados, volubles, de uno a dos metros de largo y espinosos; hojas pecioladas, alternas, ásperas, con muchos nervios, acorazonadas y persistentes; flores verdosas en racimos axilares; fruto en bayas globosas como el guisante y raíces fibrosas y casi cilíndricas. Es común en España. ‖ **2.** Bebida refrescante preparada con esta planta.

zarzaperruna. f. Rosal silvestre, escaramujo.

zarzarrosa. f. Flor del escaramujo, muy parecida en la figura a la rosa castellana.

zarzo. m. Tejido de varas, cañas, mimbres o juncos, que forma una superficie plana.

zarzuela. f. Obra dramática y musical en que alternativamente se declama y se canta. ‖ **2.** Letra de la obra de esta clase. ‖ **3.** Música de la misma obra. ‖ **4.** Plato consistente en varias clases de pescados y marisco condimentado con una salsa.

zarzuelista. com. Poeta que escribe zarzuelas. ‖ **2.** Maestro que compone música de zarzuela.

zas. Voz expresiva del sonido que hace un golpe, o del golpe mismo.

zascandil. m. fam. Hombre despreciable, inquieto y enredador.

zascandilear. intr. Andar como un zascandil.

zatara. f. Armazón de madera, a modo de balsa, para transportes fluviales.

zeda. f. **zeta,** letra española. ❑ pl. *zedas.*

zedilla. f. **cedilla.**

zeína. f. *Quím.* Proteína del maíz.

zéjel. m. Composición poética de la métrica española, de origen árabe. Se compone de una estrofilla inicial temática, o estribillo, y de un número variable de estrofas compuestas de tres versos monorrimos seguidos de otro verso de rima constante igual a la del estribillo.

zen. m. Escuela budista que tiende a alcanzar la iluminación espiritual mediante técnicas que evitan los esquemas conceptuales: *el pensamiento* ZEN.

zepelín. m. **globo dirigible.**

zeta. f. Nombre de la letra *z.* ‖ **2.** Sexta letra del alfabeto griego. ❑ pl. *zetas.*

zeugma. m. *Ret.* Figura de construcción, que consiste en que cuando una palabra que tiene conexión con dos o más miembros del período, está expresa en uno de ellos, ha de sobrentenderse en los demás; v. gr.: *Era de complexión recia, seco de carnes, enjuto de rostro, gran madrugador y amigo de la caza.*

zigofiláceo, a. adj. *Bot.* Dícese de plantas leñosas, rara vez herbáceas, angiospermas dicotiledóneas, que tienen hojas compuestas, opuestas por lo común; flores actinomorfas, con cáliz y corola tetrámeros o pentámeros, el primero sin glándulas; fruto en cápsula, en drupa o en baya, y semillas con albumen córneo o sin albumen; como el abrojo y el guayacán. Ú. t. c. s. f. ‖ **2.** f. pl. *Bot.* Familia de estas plantas.

zigomorfo, fa. adj. *Bot.* Dícese del tipo de verticilo de las flores cuyas partes, singularmente sépalos, pétalos o tépalos, se disponen simétricamente a un lado y a otro de un plano que divide la flor en dos mitades, como ocurre v. gr. en la del guisante.

zigoto. m. *Biol.* **célula huevo** que resulta de la fusión de un gameto masculino o espermatozoide con otro femenino u óvulo.

zigurat. m. *Arq.* Torre escalonada y piramidal, característica de la arquitectura religiosa asiria y caldea.

zigzag. m. Línea que en su desarrollo forma ángulos alternativos, entrantes y salientes. ❑ pl. invar.

zigzaguear. intr. Serpentear, andar en zigzag.

zimógeno, na. adj. Dícese de las células que producen enzimas. ‖ **2.** m. Proteína precursora de ciertas enzimas.

zinc. m. Elemento químico de núm. atóm. 30. Metal abundante en la corteza terrestre; se encuentra en forma de sulfuro, carbonato o silicato. De color blanco, brillante y blando, se usa desde antiguo en la fabricación de pilas eléctricas, para formar aleaciones como el latón, y para galvanizar el hierro y el acero. Símb. *Zn.*

zinnia. f. Planta ornamental de la familia de las compuestas, de tallos ramosos, hojas opuestas y flores grandes y dobles de diverso color o de colores mezclados según las variedades.

zipizape. m. fam. Riña ruidosa o con golpes.

zirconio. m. Elemento químico de núm. atóm. 40. Metal no muy abundante en la corteza terrestre; se encuentra casi siempre en forma de silicato, en el zircón. De color negro o gris acerado, es refractario, mal conductor de la electricidad y de gran resistencia mecánica y a la corrosión. Se usa en lámparas de incandescencia, tubos de vacío y en las industrias cerámica, química, aeronáutica y nuclear.

zócalo. m. *Arq.* Cuerpo inferior de un edificio u obra, que sirve para elevar los basamentos a un mismo nivel. ‖ **2.** *Arq.* **friso** o franja que se pinta o coloca en la parte inferior de una pared. ‖ **3.** *Arq.* Especie de pedestal.

zocato, ta. adj. fam. **zurdo.** Ú. t. c. s. ‖ **2.** Aplícase al fruto que se pone amarillo y acorchado sin madurar.

zoco. m. En Marruecos, mercado, lugar en que se celebra.

zodiacal. adj. Perteneciente o relativo al Zodiaco. *Estrellas* ZODIACALES.

Zodiaco o **Zodíaco.** n. p. m. *Astron.* Zona o faja celeste por el centro de la cual pasa la Eclíptica: tiene de 16 a 18 grados de ancho total; indica el espacio en que se contienen los planetas que solo se apartan de la Eclíptica unos ocho grados y comprende los 12 signos, casas o constelaciones que recorre el Sol en su curso anual aparente, a saber: Aries, Tauro, Géminis, Cáncer, Leo, Virgo, Libra, Escorpión, Sagitario, Capricornio, Acuario y Piscis.

zofra. f. Especie de tapete o alfombra morisca.

zoilo. m. fig. Crítico presumido, y maligno censurador o murmurador de las obras ajenas.

zombi. m. Persona que se supone muerta y que ha sido reanimada por arte de brujería, con el fin de dominar su voluntad. ‖ **2.** adj. fig. Atontado, que se comporta como un autómata.

zona. f. Extensión considerable de terreno que tiene forma de banda o franja. ‖ **2.** Por ext., cualquier parte de terreno o de superficie encuadrada entre ciertos límites. ‖ **3.** Extensión considerable de terreno cuyos límites están determinados por razones administrativas, políticas, etc. ZONA *fiscal; de influencia.* ‖ **4.** *Geogr.* Cada una de las cinco partes en que se considera dividida la superficie de la Tierra por los trópicos y los círculos polares. ‖ **5.** *Geom.* Parte de la superficie de una esfera comprendida entre dos planos paralelos. ‖ **6.** m. *Pat.* **herpes zóster.** ‖ **glacial.** *Geogr.* Cada uno de los dos casquetes esféricos formados en la superficie de la Tierra por los círculos polares. ‖ **templada.** *Geogr.* Cada una de las dos comprendidas entre los trópicos y los círculos polares inmediatos. ‖ **tórrida.** *Geogr.* La comprendida entre ambos trópicos y dividida por el Ecuador en dos partes iguales. ‖ **urbana. casco de población.** ‖ **verde.** Dícese del terreno que, en el casco de una ciudad o de sus inmediaciones, se destina total o parcialmente a arbolado o parques.

zonación. f. En biogeografía, distribución de animales y vegetales en zonas o fajas según factores climáticos.

zonal. adj. Perteneciente o relativo a la zona.

zonzo, za. adj. Soso, insulso, insípido. Apl. a pers., ú. t. c. s. ‖ **2.** Tonto, simple, mentecato.

zoo. m. Expresión abreviada, con el significado de parque o jardín zoológico.

zoo- o **-zoo.** elem. compos. que significa «animal»: ZOO*grafía, proto*ZOO.

zoófago, ga. adj. *Zool.* Que se alimenta de materias animales. *Insecto* ZOÓFAGO. Ú. t. c. s.

zoofilia. f. Amor a los animales. ‖ **2. bestialismo.**

zoófito. adj. *Zool.* Llamábase así a ciertos animales en los que se creía reconocer algunos caracteres propios de seres vegetales. Usáb. t. c. s. ‖ **2.** m. pl. *Zool.* Grupo de la antigua clasificación zoológica, que comprendía los animales que tienen aspecto de plantas.

zoogeografía. f. Ciencia que estudia la distribución de las especies animales en la Tierra.

zoografía. f. Parte de la zoología que tiene por objeto la descripción de los animales.

zoolatría. f. Adoración, culto a los animales.

zoología. f. Ciencia que trata de los animales.

zoológico, ca. adj. Perteneciente o relativo a la zoología. ‖ **2.** V. **parque zoológico.**

zoólogo, ga. m. y. f. Persona que profesa la zoología o tiene en ella especiales conocimientos.

zoomorfo, fa. adj. Que tiene forma o apariencia de animal.

zoonosis. f. *Pat.* Enfermedad o infección que se da en los animales y que es transmisible al hombre en condiciones naturales.

zooplancton. m. *Biol.* Plancton marino o de aguas dulces, caracterizado por el predominio de organismos animales, v. gr. copépodos.

zoospermo. m. **espermatozoide.**

zoospora. f. *Bot.* Espora provista de cilios o flagelos motores.

zootecnia. f. Arte de la cría, multiplicación y mejora de los animales domésticos.

zootomía. f. Parte de la zoología que estudia la anatomía de los animales.

zopas. com. fam. Persona que cecea mucho.

zopenco, ca. adj. fam. Tonto y abrutado. Ú. t. c. s.

zopo, pa. adj. Dícese del pie o mano torcidos o contrahechos. ‖ **2.** Dícese de la persona que tiene torcidos o contrahechos los pies o las manos.

zoquete. m. Pedazo de madera corto y grueso, que queda sobrante al labrar o utilizar un madero. ‖ **2.** fig. Pedazo de pan grueso e irregular. ‖ **3.** fig. y fam. Persona tarda en comprender. Ú. t. c. adj.

zorcico. m. Composición musical en compás de cinco por ocho, popular en las provincias vascongadas. || **2.** Letra de esta composición musical. || **3.** Baile que se ejecuta con esta música.

zorito, ta. adj. Dícese de las palomas silvestres, zurito.

zoroastrismo. m. Religión de origen persa elaborada por Zoroastro a partir del mazdeísmo.

zorongo. m. Pañuelo doblado en forma de venda, que los aragoneses y algunos navarros del pueblo llevan alrededor de la cabeza. || **2.** Moño ancho y aplastado que usan algunas mujeres del pueblo. || **3.** Baile popular andaluz.

zorra. f. Mamífero cánido de menos de un metro de longitud incluida la cola, hocico alargado y orejas empinadas; el pelaje es de color pardo rojizo y muy espeso, especialmente en la cola, de punta blanca. Es de costumbres crepusculares y nocturnas; abunda en España y caza con gran astucia toda clase de animales, incluso de corral. || **2.** Hembra de esta especie. || **3.** fig. y fam. Persona astuta y solapada. || **4.** Prostituta, mujer pública.

zorrear[1]. intr. Hacerse el zorro, obrar con la cautela o la astucia propias del zorro.

zorrear[2]. intr. Dedicarse una mujer a la prostitución. || **2.** Frecuentar un hombre el trato carnal con rameras.

zorrera. f. Cueva de zorros. || **2.** fig. Habitación en que hay mucho humo, producido dentro de ella.

zorrería. f. Astucia y cautela de la zorra para buscar su alimento y esquivar cualquier peligro. || **2.** fig. y fam. Astucia o ardid del que busca su utilidad en lo que hace y va a lograr mañosamente su intento.

zorro. m. Macho de la zorra. || **2. zorra,** mamífero. || **3.** Piel de la zorra, curtida de modo que conserve el pelo. || **4.** fig. y fam. Hombre muy taimado y astuto. || **5.** pl. Utensilio para limpiar el polvo que consiste en unas tiras de tela gruesa o piel unidas a un mango. || **estar hecho unos zorros.** fr. fig. y fam. Estar maltrecho, cansado.

zorrón. m. aum. de **zorra,** ramera. || **2.** aum. de **zorro,** persona muy astuta.

zorruno, na. adj. Perteneciente o relativo a la zorra, animal.

zorzal. m. Nombre vulgar de varias aves paseriformes del mismo género que el mirlo. El común tiene el dorso de color pardo y el pecho claro con pequeñas motas. Vive en España durante el invierno.

zóster. m. *Pat.* **herpes zóster.**

zotal. m. Desinfectante o insecticida que se usa generalmente en establos o para el ganado.

zote. adj. Ignorante, torpe y muy tardo en aprender. Ú. t. c. s.

zozobra. f. Acción y efecto de zozobrar. || **2.** *Mar.* Estado del mar o del viento que constituye una amenaza para la navegación. || **3.** fig. Inquietud, aflicción y congoja del ánimo, que no deja sosegar, o por el riesgo que amenaza, o por el mal que ya se padece.

zozobrar. intr. Peligrar la embarcación por la fuerza y contraste de los vientos. || **2.** Perderse o irse a pique. Ú. t. c. prnl. || **3.** fig. Estar inquieto o desazonado por la inseguridad respecto de cierta cosa o la incertidumbre sobre lo que conviene hacer.

zuavo. m. Soldado argelino de infantería, al servicio de Francia. || **2.** Soldado francés que lleva el mismo uniforme que el **zuavo** argelino.

zueco. m. Zapato de madera de una pieza, que usan en varios países los campesinos y gente pobre. || **2.** Zapato de cuero con suela de corcho o de madera.

zulú. adj. Dícese del individuo de cierto pueblo de raza negra que habita en África austral. Ú. t. c. s. || **2.** Perteneciente o relativo a este pueblo. ❑ pl. *zulúes* o *zulús.*

zum. m. *Cinem., Fotogr.* y *TV.* Teleobjetivo especial a través del cual el tomavistas fijo puede conseguir un avance o retroceso rápido en la imagen. || **2.** Efecto de acercamiento o alejamiento de la imagen obtenido con este dispositivo.

zumaque. m. Arbusto de la familia de las anacardiáceas, de unos tres metros de altura, con tallos leñosos, hojas compuestas de hojuelas ovales, dentadas y vellosas; flores en panoja, primero blanquecinas y después encarnadas, y fruto drupáceo, redondo y rojizo. Tiene mucho tanino y se emplea como curtiente.

zumaya. f. **autillo,** ave. || **2. chotacabras.**

zumba. f. Cencerro grande que lleva comúnmente la caballería delantera de una recua, o el buey que hace de cabestro. || **2.** fig. Broma o burla ligera, que se dice a alguien.

zumbado, da. adj. fig. y fam. **loco,** de poco juicio. Ú. t. c. s.

zumbar. intr. Producir una cosa ruido o sonido continuado y bronco, como el que se produce a veces dentro de los mismos oídos. || **2.** tr. fam. Tratándose de golpes, dar, atizar. *Le* ZUMBÓ *una bofetada.*

zumbel. m. Cuerda que se arrolla al peón o trompo para hacerle bailar.

zumbido. m. Acción y efecto de zumbar.

zumbón, na. adj. fig. y fam. Dícese del que frecuentemente anda burlándose, o tiene el genio festivo y poco serio. Ú. t. c. s.

zumo. m. Líquido de las hierbas, flores, frutas u otras cosas semejantes, que se saca exprimiéndolas o majándolas.

zuna. f. Ley tradicional de los mahometanos, sacada de los dichos y sentencias de Mahoma.

zunchar. tr. Colocar zunchos para reforzar alguna cosa.

zuncho. m. Abrazadera de hierro, o de cualquier otra materia resistente, que sirve, bien para fortalecer las cosas que requieren gran resistencia, como ciertos cañones, bien para el paso y sostenimiento de algún palo, mastelero, botalón, etc. ‖ **2.** Refuerzo metálico, generalmente de acero, para juntar y atar elementos constructivos de un edificio en ruinas.

zupia. f. Poso del vino. ‖ **2.** Vino turbio por estar revuelto con el poso. ‖ **3.** Líquido de mal aspecto y sabor. ‖ **4.** fig. Lo más inútil y despreciable de cualquier cosa.

zurcido. m. Unión o costura de las cosas **zurcidas.**

zurcir. tr. Coser la rotura de una tela, juntando los pedazos con puntadas o pasos ordenados, de modo que la unión resulte disimulada. ‖ **2.** Suplir con puntadas muy juntas y entrecruzadas los hilos que faltan en el agujero de un tejido. ‖ **que te, le,** etc., **zurzan.** fr. fig. y fam. **que te, le,** etc., **den morcilla.**

zurdear. intr. *Amér.* Hacer con la mano izquierda lo que generalmente se hace con la derecha.

zurdera. f. Calidad de zurdo.

zurdo, da. adj. Que usa la mano izquierda del modo y para lo que las demás personas usan de la derecha. Ú. t. c. s. ‖ **2.** V. **mano zurda.** ‖ **3.** Perteneciente o relativo a esta.

zurear. intr. Hacer arrullos la paloma.

zurito, ta. adj. **zuro,** dícese de la paloma silvestre.

zuro[1]. m. Corazón o raspa de la mazorca del maíz después de desgranada.

zuro[2], ra. adj. Dícese de las palomas y palomos silvestres.

zurra. f. Acción de zurrar las pieles. ‖ **2.** fig. y fam. Castigo que se da a uno, especialmente de azotes o golpes.

zurrapa. f. Brizna, pelillo o sedimento que se halla en los líquidos que poco a poco se va sentando. Ú. m. en pl. ‖ **2.** fig. y fam. **palomino,** mancha.

zurrar. tr. Curtir y adobar las pieles quitándoles el pelo. ‖ **2.** fig. y fam. Castigar a uno, especialmente con azotes o golpes.

zurriagazo. m. Golpe dado con el zurriago. ‖ **2.** fig. Golpe dado con una cosa flexible como el zurriago.

zurriago. m. Látigo con que se castiga o zurra, el cual por lo común suele ser de cuero, cordel o cosa semejante.

zurribanda. f. fam. Zurra o castigo repetido o con muchos golpes.

zurriburri. m. fam. Barullo, confusión.

zurrir. intr. Sonar áspera, desapacible y confusamente alguna cosa.

zurrón. m. Bolsa grande de pellejo, que regularmente usan los pastores para guardar y llevar su comida u otras cosas. ‖ **2.** Cualquier bolsa de cuero. ‖ **3.** Cáscara primera y más tierna en que están encerrados y como defendidos y guardados algunos frutos, para que lleguen a su perfecta sazón.

zurullo. m. fam. Pedazo rollizo de materia blanda. ‖ **2.** fam. **mojón,** excremento sólido.

zurupeto. m. fam. Corredor de bolsa no matriculado. ‖ **2.** Intruso en la profesión notarial.

zutano, na. m. y f. fam. Vocablos usados como complemento, y a veces en contraposición, de *fulano* y *mengano,* y con la misma significación cuando se alude a tercera persona. A veces se altera el orden de estos nombres indeterminados, diciendo *fulano,* **zutano** y *mengano,* aunque precediendo siempre el primero cuando se juntan los tres. Ni *mengano* ni **zutano** se suelen usar solos.

Apéndice gramatical

En la preparación de estos Apéndices han colaborado los Académicos don Emilio Lorenzo, don Valentín García Yebra, don Gregorio Salvador y don Víctor García de la Concha.

La redacción del Compendio Gramatical es obra de don Emilio Alarcos.

1. La Gramática estudia cómo son las palabras de la lengua y cómo se combinan al hablar (o al escribir). La Morfología estudia el primer aspecto, la Sintaxis el segundo.

2. Cuando hablamos, proferimos un *enunciado* que comunica lo que pensamos, sentimos, deseamos, etc., y que está formado por una palabra aislada o por varias combinadas entre dos silencios: *¡Suerte!, Tenéis mala suerte, ¿Cuánto tiempo hace que vivís aquí?*

Hay un tipo de enunciado, la *oración,* que se caracteriza por una palabra central llamada *verbo.* Este, por sí solo, puede aparecer como oración: *Llegaron cansados de tanto correr* es una oración; su palabra central también lo es: *Llegaron.* Las palabras que acompañan al verbo en la oración mantienen con él diversas relaciones: las *funciones.* Las palabras pueden clasificarse por sus funciones y por su constitución interna.

3. Existen familias de palabras según su constitución; *sal, salar, salazón, salero, salobre, desalar* incluyen un elemento de significado común que se representa por un conjunto común de sonidos [sal]. De esta *raíz* simple se obtienen *palabras derivadas* agregando sufijos (como en *salazón* o *salobre)* o prefijos (como *desalar).* También existen *palabras compuestas* por dos raíces: *lavavajillas, verdinegro.* A veces se reúnen los dos procedimientos, como en *salmorejo,* donde al compuesto *salmuera* se añade el sufijo *-ejo.* Con frecuencia la raíz pura no constituye palabra si no lleva adherido algún sufijo: de la raíz [tard] obtenemos *tarde, tardar, tardío, tardo, tardanza, retardar.* El estudio de derivados y compuestos compete a la *formación de palabras,* y más a la lexicografía que a la gramática.

4. Algunas palabras tienen forma invariable, como *ayer, cuando, pero, por;* otras varían al adherir a su raíz ciertas terminaciones o *desinencias* que designan nociones gramaticales de género *(negr-o / negr-a),* número *(oro / oro-s),* persona *(tard-o / tard-as / tard-a),* tiempo *(tard-áis / tard-abais),* modo *(tard-amos / tard-emos),* aspecto *(tard-aban / tard-aron).* Esas desinencias señalan además las relaciones que la palabra contrae con las restantes del mismo enunciado, es decir,

su función, y permiten determinar a qué clase pertenecen. Por otra parte, las palabras, tanto las variables como las invariables, pueden tener acento o ser átonas. En el último caso carecen de la posibilidad de aparecer aisladas como enunciados: *ella, qué, hoy* pueden aparecer aislados; *la, le, que, sin, ni* requieren ir acompañados de una o más palabras tónicas.

5. El núcleo o palabra central de la oración es el verbo. Las otras palabras variables que pueden acompañarlo desempeñan funciones de sujeto, complemento directo, complemento oblicuo o preposicional, complemento indirecto, complemento circunstancial, atributo. A veces dos o más palabras forman un grupo unitario que desempeña en la oración la misma función que una palabra sola: en *¿Has aprendido la lección?* podemos sustituir *la lección* por el grupo unitario *la lección de filosofía.* En estos grupos también las palabras cumplen funciones distintas, la de núcleo y la de complemento o adyacente.

6. El SUSTANTIVO es palabra que designa seres tanto reales como imaginarios *(abuelo, maestra, gato, golondrina, olivo, encina, ameba, estafilococo; centauro, ninfa, ángel, demonio)*, objetos *(montaña, lago, silla, soneto, esmeralda, tricornio, chocolate, sinfonía)* y nociones *(dolor, gozo, fealdad, hermosura, vértigo, quietud, arrebato, santidad, equilibrio)*.

7. Cada sustantivo incluye un *género: masculino* o *femenino.* Muchos masculinos acaban en *-o* y muchos femeninos en *-a (hijo, perro, cesto, cerro, puerto; hija, perra, cesta, colina, puerta)*, pero *mano, dinamo, foto,* son femeninos; *día, mapa, programa,* masculinos. En tales casos, y cuando el sustantivo no termina en esas dos vocales, es el artículo quien los distingue: son masculinos *el día, el mapa, el fuerte, el espíritu, el césped, el oasis, el corcel;* son femeninos *la mano, la foto, la suerte, la tribu, la sed, la crisis, la cárcel.* En los sustantivos que designan seres animados coinciden género y sexo. Además de las distinciones *hijo/hija, perro/perra, león/leona,* algunos sustantivos adoptan para el femenino otras formas: *rey/reina, príncipe/princesa, abad/abadesa, poeta/poetisa, jabalí/jabalina, actor/actriz,* e incluso raíces distintas: *padre/madre, yerno/nuera, caballo/yegua, toro/vaca.* Sin embargo, algunos son *comunes* por su género y lo distinguen con el artículo: *el artista/la artista, el mártir/la mártir, el testigo/la testigo, el flautista/la flautista.* En cambio, no distinguen el sexo los sustantivos *epicenos,* que tienen un solo género: *el ruiseñor, el vencejo, el gorila; la calandria, la golondrina, la hormiga.* Algunos sustantivos, llamados *ambiguos,* admiten ambos géneros: *el mar/la mar, azúcar moreno/azúcar blanquilla.* Finalmente, ciertos sustantivos al cambiar de género mudan su significado: *el corte/la corte, el frente/la frente, el editorial/la editorial, el orden/la orden.*

8. El sustantivo varía en *número:* si designa un ejemplar de los objetos, seres o nociones sugeridos (o su conjunto unificado) se emplea el *singular,* y si designa varios ejemplares se usa el *plural.* Este se manifiesta agregando la desinencia *-s* si el singular termina en vocal átona: *cara/caras, llave/llaves, mapamundi/mapamundis, codo/codos, tribu/tribus.* Si el singular termina en consonante se añade *-es: ciudad/ciudades, raíz/raíces, sol/soles, pan/panes, calor/calores, anís/anises, boj/bojes.* Cuando el singular en *-s* (o *-x*) no es palabra aguda, el plural no varía y

se distingue solo por el artículo: *la crisis/las crisis, el atlas/los atlas, la prótesis/las prótesis, el bíceps/los bíceps, el tórax/los tórax*. Los acabados en vocal tónica fluctúan en la formación del plural: *sofá/sofás, café/cafés, pirulí/pirulís, dominó/dominós, menú/menús*, pero *alhelí/alhelís~alhelíes, jabalí/jabalís~jabalíes;* las vocales *a/aes, i/íes, o/oes, u/úes*, pero *e/es*, y, en fin, *no/noes* y *sí/síes*. Los sustantivos acabados en diptongo hacen el plural con *-es: rey/reyes, buey/bueyes, ley/leyes, ay/ayes;* pero hay *-s* en otros casos: *jersey/jerséis, paipay/paipáis*. A veces hay cambio acentual en el plural: *régimen~regímenes, carácter~caracteres*. Hay sustantivos solo usados en singular *(tez, caos, oeste, cenit);* otros solo se emplean en plural *(víveres, afueras, nupcias, honorarios)* y a veces designan objetos que constan de dos partes *(gafas, alicates, tijeras, pantalones)*.

9. El sustantivo funciona como núcleo en grupos unitarios más o menos complejos con adjetivos, demostrativos, posesivos, etc., o complementos varios *(pan blanco, ese pan, su pan, un pan, mucho pan, ningún pan, cuánto pan, pan de molde, pan con aceite, pan que cruje, pan de ayer, el pan nuestro de cada día)*. Aislado puede cumplir en la oración funciones de sujeto, complemento directo o atributo; en las demás funciones requiere una preposición, y en todas a menudo el artículo: *Sale agua, Echo agua, Todo es agua, Entiende de agua, Huye del agua, Cayó al agua, Se lava con agua.*

10. Un grupo especial de sustantivos son los *nombres propios*. Son etiquetas que designan objetos o seres concretos en la realidad, que quedan identificados para los interlocutores. Funcionan igual que los otros sustantivos, llamados comunes o apelativos, pero carecen de la doble posibilidad de estos, que pueden ir o no precedidos por el artículo: los propios llevan unos artículo y otros no, pero no cambia su referencia *(Vamos a La Mancha, Vamos a Madrid, Vamos a Coruña~a La Coruña)*.

11. PRONOMBRES PERSONALES son palabras con función análoga al sustantivo y que se refieren a cada una de las tres personas gramaticales, es decir, a los participantes en el acto de habla: el hablante (1.ª persona), el oyente (2.ª persona) y todo lo demás (3.ª persona). Unas formas son tónicas, otras átonas (y por ello solo aparecen en unión de otra palabra tónica, el verbo). Distinguen (aunque no todos) los números y los géneros, incluso el llamado neutro. He aquí las formas:

		Tónicos		Átonos
Singular	Primera persona	Yo	Mí (Conmigo)	Me
	Segunda persona	Tú	Ti (Contigo)	Te
	Tercera persona.......	Él Ella Ello		Lo La Le
Plural	Primera persona	Nosotros Nosotras		Nos
	Segunda persona.....	Vosotros Vosotras		Os
	Tercera persona.......	Ellos Ellas		Los Las Les
Reflexivo	(singular y plural)		Sí (Consigo)	Se

Las formas *yo* y *tú* funcionan como sujeto o atributo y valen para los dos géneros (*yo soy yo, el tonto eres tú, la tonta eres tú*). Se utilizan *mí* y *ti* en las demás funciones, que llevan preposición, y si esta es *con*, adopta forma especial (*a mí, para ti, conmigo*). Igual comportamiento tiene el reflexivo tónico *sí* (*Lleva el dinero consigo, Ya no da más de sí*). Los demás tónicos aparecen en cualquier función (*Así pensamos nosotros, ¿Sois vosotras?, Por nosotras que no quede, Llegó con vosotros, Él es así, Lo trajo para ella, Están con ellos*). Las distinciones de género se dan en los plurales de primera y segunda persona y en todos los de tercera. Hay que añadir el uso conservado en América del antiguo *vos* como personal tónico de segunda singular, y el empleo de *usted*, forma de respeto para la segunda persona (aunque gramaticalmente de tercera), cuyo plural *ustedes* ha desplazado en América a *vosotros*.

12. En cuanto a las formas átonas, se escriben separadas precediendo al verbo, y unidas a él siguiéndolo (en el caso del imperativo y el infinitivo); los de primera y segunda persona gramatical hacen referencia a los tónicos correspondientes, y los de la tercera también a sustantivos elididos que cumplen en la oración las funciones de complemento directo e indirecto o de atributo invariable: *me mira, me da la mano, nos llamó, os escribe; lo veo (vedlo), la vendes (véndela), lo entiende (entenderlo), le dio una bofetada; los compra, las arregla, les conviene; son tontos y lo parecen, se cree lista pero no lo es*. Históricamente, las formas *le* y *les* solo representan al complemento indirecto, y *lo, los, la, las* el complemento directo. Pero existen confusiones llamadas *leísmo* y *laísmo* con varia difusión (*le veo, les compro; la escribe, las enseñó la casa*). Solo se acepta el uso de *le* por *lo* cuando alude a persona masculina (*A Juan le vimos ayer*, por *lo vimos*). Cuando se eliden los sustantivos correspondientes a las dos funciones, uno de los personales átonos (*le, les*) adopta la forma *se* (*se lo entregó; escríbesela*).

13. Esta forma *se* no debe confundirse con el *se* de los usos reflexivos (comunes con *me, te, nos, os* de primera y segunda persona). Se emplea cuando lo designado por el complemento directo o indirecto coincide con lo aludido por el sujeto (c. directo: *se limpia, se limpian*, igual que *me limpio, te limpias, nos limpiamos, os limpiáis*; c. indirecto: *se limpia los zapatos, se limpian los zapatos, me limpio los zapatos*, etc.). Se deriva del reflexivo, con otros valores, el uso que aparece en las llamadas construcciones de *pasiva refleja*, donde el sustantivo que designa el objeto afectado en la realidad aparece como sujeto de la oración (*se esperan noticias, se vende piso*), y de las *impersonales*, en las que no hay sujeto (*se espera a los jugadores*).

14. El ADJETIVO se refiere a las cualidades o relaciones de los seres, objetos o nociones designados por los sustantivos. Por ello califica o determina al sustantivo y constituye con él un grupo unitario, que funciona en la oración como el sustantivo: *Atraviesa el callejón oscuro, Atraviesa el callejón.* El adjetivo puede también cumplir aisladamente la función de atributo: *El callejón es oscuro.*

15. El adjetivo varía según el *género* y el *número* y concuerda con los que presente el sustantivo a que se refiera: *día claro, noches claras*. Cuando el adjetivo se adscribe a dos o más sustantivos en el grupo, adopta el plural y, si los sustan-

tivos son de distinto género, predomina el masculino (*chaqueta y pantalón oscuros*). La variación de género se manifiesta en muchos adjetivos por las terminaciones *-o* para masculino y *-a* para femenino: *claro/clara, rojo/roja, heroico/heroica.* Cuando el masculino acaba en consonante, el femenino agrega también *-a: español/española, registrador/registradora, alemán/alemana, andaluz/andaluza, escocés/escocesa.* Algunos adjetivos coloquiales terminados en *-e* hacen el femenino también en *-a: grandote/grandota.* Otros muchos adjetivos carecen de variación genérica y se combinan tanto con masculino como con femenino: *cielo azul, agua azul; saludo cortés, respuesta cortés; ademán hipócrita, actitud hipócrita; marroquí, hindú, árabe, latente, firme, triste, veraz, feliz, sutil, joven, celular, gris.*

16. En cuanto al número, el adjetivo coincide con el sustantivo en marcar el plural añadiendo *-s* o *-es* al singular en las mismas circunstancias: *claro/claros, roja/rojas, firme/firmes, homicida/homicidas, cursi/cursis; israelí/israelíes, sagaz/sagaces, infiel/infieles, interior/interiores, ruin/ruines, gris/grises.* Son raros los adjetivos indiferentes al número: *isósceles*, y los familiares y expresivos *viejales, mochales, rubiales.*

17. La cualidad designada por el adjetivo calificativo puede cuantificarse agregándole un adverbio: *manzanas caras~muy caras~bastante caras~poco caras.* Cuando la cualidad se compara con otra, tenemos el *grado comparativo* del adjetivo, que puede ser de superioridad (*manzanas más caras que las peras*), de inferioridad (*manzanas menos caras que las peras*) y de igualdad (*manzanas tan caras como las peras*). El grado *superlativo absoluto* antepone el cuantificador *muy* (que puede sustituirse por otros) o añade a la raíz el sufijo *-ísimo* (*bellísimo, preciosísima*) y en cultismos *-érrimo* (*celebérrimo* de *célebre, misérrimo* de *mísero*). Unos cuantos adjetivos tienen forma especial para el comparativo de superioridad: *mejor* ('más bueno'), *peor* ('más malo'), *mayor* ('más grande') y *menor* ('más pequeño'), y para el superlativo: *óptimo, pésimo, máximo, mínimo.*

18. El adjetivo puede preceder o seguir al sustantivo en el grupo funcional unitario, pero los determinativos tienen ciertas limitaciones. El sentido es diferente cuando se dice *el verde césped* por *el césped verde.* Caben varios adjetivos junto al sustantivo y su ordenación es variable: *las lejanas montañas nevadas~las nevadas montañas lejanas.* En algún caso, el significado del adjetivo varía cuando va antepuesto al sustantivo: *unos pobres hombres* y *unos hombres pobres.* Ciertos adjetivos adoptan una forma abreviada cuando van antepuestos al sustantivo: *buen hombre~hombre bueno; mal momento~momento malo; el primer día~el día primero; santo* resulta *san* delante solo de nombres propios: *San Pedro* (salvo *Santo Domingo, Santo Tomás, Santo Toribio*); *grande* se apocopa en *gran: gran espectáculo, gran mujer* (pero *espectáculo grande, mujer grande, un grande e ilustre escritor*).

19. El ARTÍCULO, por ser átono, no puede aparecer como enunciado independiente ni cumple por sí solo una de las funciones de la oración. Se antepone al sustantivo para identificar la referencia que este hace en concreto. Cuando en un grupo unitario el sustantivo se elimina por sobrentenderse, el adjetivo precedido del artículo queda sustantivado en su función: <u>*Los últimos*</u> <u>*serán*</u> <u>*los primeros,*</u>

De esos coches me gusta el rojo. El artículo convierte en sustantivo ocasional a cualquier palabra o combinación unitaria de ellas: *el ayer, el debe, el yo, la blanca, la nada, el de todos los días, la que vino, el vaivén, el qué dirán.* El artículo manifiesta los mismos géneros y números del sustantivo: *el* (masculino, singular), *la* (femenino, singular), *los* (masculino, plural), *las* (femenino, plural). La forma *el* precedida por las preposiciones *a* y *de* se funde con ellas: *al, del.* Delante de sustantivos que comienzan por *a-* o *ha-* tónicas, el artículo femenino *la* adopta la forma *el*, como *el arma, el águila, el hacha, el habla* (aunque si precede adjetivo al sustantivo reaparece *la*, y en plural siempre es *las: la nueva hacha, las armas, las águilas, las hachas, las hablas),* salvo *la a, la hache* y los sustantivos con dos géneros (como *el árabe* y *la árabe).* Además, el artículo tiene una forma especial *lo*, llamada *neutro*, que se utiliza para sustantivar adjetivos y algunos grupos diversos: *lo clásico, lo extraordinario, lo interesante, lo de tu hermano, lo que he descubierto.* El artículo *lo* es compatible con cualquiera de los números y de los otros géneros: *lo importante es tu éxito~son tus éxitos~es tu victoria~son tus victorias; lo bueno que eres, lo buena que eres, lo buenos que sois, lo buenas que sois.*

20. El DEMOSTRATIVO es uno de los adjetivos determinativos. Sirve para mostrar la situación de los objetos designados por los sustantivos respecto de las personas gramaticales, se combina con los mismos géneros y números del adjetivo y concierta con el sustantivo del grupo funcional unitario. Tiene estas formas:

Singular		**Plural**		
Masculino	**Femenino**	**Masculino**	**Femenino**	
este	esta	estos	estas	[1.ª persona]
ese	esa	esos	esas	[2.ª persona]
aquel	aquella	aquellos	aquellas	[3.ª persona]

Así, en estos ejemplos: *este concierto, esa flor, aquellos días.* El demostrativo precede al sustantivo (y a cualquier otro adjetivo que esté incluido en el grupo: *este hermoso cuadro).* Como identifica al objeto que designa el sustantivo, no necesita la presencia del artículo; solo aparece el artículo si el demostrativo se pospone al sustantivo: *las tardes aquellas* (por *aquellas tardes), el pelmazo ese (ese pelmazo).* Igual que los adjetivos calificativos también puede funcionar como sustantivo en la oración, pero no requiere para ello el artículo: *este me ha gustado mucho, a esa no la aguanto, aquellos me tienen sin cuidado.* En este uso sustantivo, los demostrativos pueden escribirse con tilde: *éste, ésa, aquéllos.* Existen otras tres formas del demostrativo solo utilizables en función sustantiva; son los llamados neutros: *esto, eso, aquello: esto marcha, no me digas eso, se acordaba de aquello.*

21. Los POSESIVOS señalan que el objeto designado por el sustantivo con el que concuerdan está en relación de pertenencia o posesión con una de las tres personas gramaticales (o, si se quiere, con los correspondientes pronombres personales). Los posesivos de primera y segunda persona distinguen si se trata de un «poseedor» singular o de varios *(mío=de mí, nuestro=de nosotros)*. La distinción es indiferente con la tercera persona *(suyo=de él, de ella, de ellos, de ellas, de usted, de ustedes)*. Aunque llevan género y número, no todos los posesivos se comportan igual. La serie 1. de posesivos solo aparece ante un sustantivo y con este concuerda solo en número: *mi padre, mi madre, mis hijos, mis hijas; tu corazón, tu cara, tus ojos, tus manos; su encargo, su herencia, sus cuadros, sus preocupaciones.* Otra serie 2. distingue también los géneros: *nuestro libro, nuestros viajes, vuestra novela, vuestras historias.* Además, comparte con la serie 3. la posibilidad de posposición al sustantivo, ocasión en que aparece si es necesario el artículo; y ambas series pueden funcionar como sustantivo si este se elude: *el libro mío, la novela tuya, las historias suyas, el mío, el tuyo, el suyo, las mías, los tuyos, el nuestro, las vuestras, las suyas.* También quedan sustantivados con el artículo *lo* neutro: *Esto es lo mío, Exige lo tuyo, A cada uno lo suyo, Todos con lo suyo, Separamos lo nuestro de lo vuestro.*

		[Un poseedor]		[Varios poseedores]		[Un pos. o varios]
		1.ª pers.	**2.ª pers.**	**1.ª pers.**	**2.ª pers.**	**3.ª pers.**
1. Antepuestos solo		mi, mis	tu, tus			su, sus
2. Ante- y pospuestos	Masc. Fem.			nuestro,-s nuestra,-s	vuestro,-s vuestra,-s	
3. Pospuestos solo	Masc. Fem.	mío,-s mía,-s	tuyo,-s tuya,-s			suyo,-s suya,-s

Si en el grupo funcional unitario acompaña un calificativo al sustantivo, el posesivo de las series 1. y 2. precede al conjunto *(sus veloces caballos, sus caballos veloces, vuestras perdidas ilusiones)*; el posesivo pospuesto ha de ser de las series 2. y 3. y aparece el artículo *(los veloces caballos suyos, los caballos veloces suyos, las perdidas ilusiones vuestras, las ilusiones perdidas vuestras)*. También precede a otros determinativos, salvo los demostrativos *(mis dos casas, tus otros amigos, nuestras muchas esperanzas, esos sus deseos)*, a no ser con las series 2. y 3. *(las dos casas mías, los otros amigos tuyos, las muchas esperanzas nuestras, esos deseos suyos)*.

22. Los NUMERALES propiamente determinativos son los *cardinales*, que cuantifican con precisión la noción sugerida por el sustantivo. Preceden a este, aunque admiten otros determinativos delante, incluso calificativos en ciertos grupos complejos *(dos libros~los dos libros, tus tres libros, estos seis cuadernos, las*

tranquilas dos horas de siesta). Cuando el sustantivo del grupo se elide, el numeral se sustantiva con artículo o sin él: *Han llegado cuatro* [invitados], *Han llegado los cuatro; Están cinco* [personas], *Están las cinco.* Los llamados *ordinales* (y los demás derivados numerales) funcionan como los adjetivos calificativos: *la inolvidable impresión primera~la primera impresión inolvidable~la inolvidable primera impresión; triple apuesta afortunada~afortunada apuesta triple~triple afortunada apuesta~afortunada triple apuesta.* El cardinal pospuesto se utiliza a veces como ordinal: *la serie seis* (por *sexta), Juan XXIII (veintitrés* por *vigesimotercero).* Los cardinales son sustantivos cuando designan los guarismos y los números positivos; llevan género masculino y admiten todos plural: *el dos, otro dos, un diez, el tres voladito, dos ochos y tres nueves.*

23. Hay cardinales simples: *uno, dos, tres, cuatro, cinco, seis, siete, ocho, nueve, diez, once, doce, trece, catorce, quince;* las decenas *veinte, treinta* hasta *noventa, ciento (cien), quinientos, mil.* Los cardinales *millar, millón, millardo, billón, trillón* son sustantivos y se construyen con complementos como los colectivos: *un millar de pesetas, dos millones de habitantes, tres billones de liras* (igual que *una docena de botones, dos centenares de páginas).* Los demás cardinales se forman por copulación o yuxtaposición de los simples. Cuando hay copulación, el resultado se obtiene de sumar sus componentes: *dieciséis* (10+6), *veintidós* (20+2), *treinta y uno* (30+1), etc. Indican también adición los yuxtapuestos cuyo primer componente es mayor que el segundo: *ciento seis* (100+6), *mil novecientos treinta* (1.000+900+30); si el cardinal pospuesto es mayor que el primero el resultado es el producto de su multiplicación: *cuatrocientos* (4x100), *seis mil* (6x1.000).

24. Los cardinales *uno* (y sus compuestos: *veintiuno,* etc.) y *ciento* se apocopan: *un día, veintiún años, sesenta y un francos, cien páginas* (y también *cien mil, cien millones).* Tienen forma femenina solo *uno* y sus compuestos *(una, veintiuna)* y las centenas de *doscientos* a *novecientos (doscientas, trescientas,* etc.). El género de estos cardinales concuerda con el del sustantivo con que formen grupo: *un gramo, una micra, veintiún capítulos, veintiuna páginas; quinientos años, quinientas pesetas.* Cuando los cardinales que contienen *uno* se anteponen a otro numeral, desaparece la concordancia: *veintiún mil dólares, veintiún mil millas, ciento un mil pesetas.* En los demás casos, hay concordancia: *doscientos mil kilómetros, trescientas mil toneladas, quinientos doce mil envíos, seiscientas cuatro mil botellas.*

LISTA DE LOS ORDINALES

1.°: primer, primero, -a	30.°: trigésimo, -a
2.°: segundo, -a	40.°: cuadragésimo, -a
3.°: tercer, tercero, -a	50.°: quincuagésimo, -a
4.°: cuarto, -a	60.°: sexagésimo, -a
5.°: quinto, -a	70.°: septuagésimo, -a
6.°: sexto, -a	80.°: octogésimo, -a
7.°: séptimo, -a	90.°: nonagésimo, -a
8.°: octavo, -a	100.°: centésimo, -a
9.°: noveno, -a (y nono, -a)	200.°: ducentésimo, -a
10.°: décimo, -a	300.°: tricentésimo, -a
11.°: undécimo, -a	400.°: cuadringentésimo, -a
12.°: duodécimo, -a	500.°: quingentésimo, -a
13.°: decimotercero, -a (decimotercio, -a)	600.°: sexcentésimo, -a
14.°: decimocuarto, -a	700.°: septingentésimo, -a
15.°: decimoquinto, -a	800.°: octingentésimo, -a
16.°: decimosexto, -a	900.°: noningentésimo, -a
17.°: decimoséptimo, -a	1.000.°: milésimo, -a
18.°: decimoctavo, -a	2.000.°: dosmilésimo, -a
19.°: decimonoveno, -a (decimonono, -a)	3.000.°: tresmilésimo, -a, etc.
20.°: vigésimo, -a.	4.000.°: cuatromilésimo, -a, etc.
	1.000.000.°: millonésimo, -a.

25. Los INDEFINIDOS son determinativos que designan nociones como la cantidad, el grado, la intensidad, el número, el modo, etc., que el hablante asigna a los entes aludidos: *algunas veces, bastante dolor, cualquier persona, tantos visitantes.* Ciertos indefinidos solo aparecen como sustantivos: *alguien, algo, nadie, nada,* que son invariables, y el menos usado *quienquiera* con su plural *quienesquiera.* No admiten artículo, salvo en usos figurados con otro sentido (*los algos, la nada).* A veces se combinan en grupo con adjetivos que concuerdan en masculino y singular: *Busca a alguien decidido, No vio a nadie conocido, Contó algo divertido, No descubrieron nada nuevo.* Pero *algo* y *nada* pueden funcionar como adverbios: *Eso me interesa algo, Nada me importas tú.* Compárense las dos funciones en *Bebería algo caliente/El café está algo caliente, No hay nada curioso/No es nada curioso.*

26. La mayoría funcionan como adjetivos que en los grupos unitarios no admiten ante sí otro adjetivo: *algún discreto rumor (algún rumor discreto), muchas limpias conductas (muchas conductas limpias).* Cuatro indefinidos, *uno, alguno, ninguno* (que varían en género y número y se apocopan en singular masculino: *un plátano, alguna pera, ningunas palabras)* y *cualquiera* (solo variable en número y con la misma apócope: *cualquier día, cualesquiera ocasiones)* no aceptan combinarse con artículo, ni demostrativo ni posesivo (según hacen otros: *el mucho temor, esta poca confianza, aquellas otras razones, mi mucha esperanza, sus pocos esfuerzos).* Pueden posponerse al sustantivo *alguno, ninguno (sin presión alguna, con temor ninguno)* y *cualquiera* (que antepone *un* u otro cuantificador: *un día cual-*

quiera, dos tardes cualesquiera). Son invariables los indefinidos *más* y *menos: más aire, menos altura, más naranjas, menos coches;* pueden modificar como adverbios a los calificativos: *más alto, menos sucias;* cuando coinciden con demostrativo en un grupo unitario, se posponen al sustantivo: *estos libros más, esas horas menos;* con posesivo, se pospone este: *más libros suyos, menos ideas vuestras.* Algunos cuantificadores, en su forma masculina singular, funcionan como adverbios: *vivió mucho, vienes poco por casa, se cansaba bastante, tardaron demasiado* (y los invariables *más, menos: hablaré más de la cuestión, piensa menos en ti).* Ocurren a veces dos indefinidos en el mismo grupo: *algún otro amigo, cualquier otra semana, otros muchos problemas (muchos otros problemas),* etc. Para cumplir las funciones de sustantivo, ciertos indefinidos no requieren artículo (bien por el sentido general, bien por el contexto): *Uno procura vivir, Algunas se marcharon, No atendieron a ninguno, Eso lo hace cualquiera, Muchos se opusieron, Varios se han negado, Otros protestaron.* A veces pueden distinguirse las sustantivaciones con o sin artículo: *Muchos que firmaron no aceptan/Los muchos que firmaron no aceptan.*

27. Los indefinidos *sendos* (femenino *sendas)* y *cada* (invariable) son distributivos: *los cofrades portaban sendos ciriales* (cada cofrade uno); *cada* aparece delante de numerales (hoy se elide *uno): cada semana, cada cuatro días, cada mil metros, cada séptimo año,* y ante algún cuantificador: *cada pocas horas.* Formando grupo con *uno* y *cual* funciona como sustantivo: *A cada uno lo suyo, Cada cual hace lo que prefiere.*

28. Es peculiar el indefinido *todo* (variable en género y número, *todo, todos, toda, todas),* que precede al sustantivo provisto de artículo: *todo el año, toda la mañana, todos los días, todas las tardes, todos los demás libros;* también precede a los nombres propios, a los demostrativos, a los posesivos y a los personales tónicos: *todo Madrid, toda España, todo abril, todo este bosque, todas esas, todo aquello, todos mis parientes, todas vuestras mañas, toda ella, todos nosotros.* Directamente con el sustantivo solo se combina *todo* en singular (y es uso más escrito que oral): *Lee todo libro* (=cualquier libro, todos los libros) frente a *Lee todo el libro* (=el libro entero).

29. El indefinido *mismo* (con sus variaciones de género y número: *misma, mismos, mismas)* exige el artículo (o ciertos determinativos), y va antepuesto o pospuesto al sustantivo, señalando identidad o insistencia: *es el mismo asunto/el asunto mismo, esa misma canción/esa canción misma, sus mismos padres/sus padres mismos.* Con los personales tónicos se pospone: *yo mismo, tú misma, nosotros mismos, a ti misma, consigo mismo.* Se sustantiva con todas las formas del artículo: *No soy el mismo ni la ciudad la misma, Siempre hablan los mismos de lo mismo.* No deben confundirse los grupos unitarios *él mismo* y *el mismo: viene él mismo* (=él y no otro)/*viene el mismo* (=la misma persona de otras veces).

30. Los RELATIVOS son palabras que solo aparecen introduciendo una oración, con la cual forman un grupo unitario, complemento de otra palabra que se llama «antecedente»: <u>*El libro que buscas*</u> *está en préstamo,* donde *que buscas* especifica al antecedente *el libro.* Si este no existe, el grupo (a veces con artículo) queda sustantivado: <u>*Quien no llora*</u> *no mama,* <u>*El que buscas*</u> *está en préstamo.* El relati-

vo cumple (representando a su antecedente) una función respecto del verbo incluido en el grupo (*quien* sujeto de *no llora*, *el que* complemento directo de *buscas*) con independencia de la función que el grupo entero desempeñe en la oración (*quien no llora* sujeto de *no mama*, *el que buscas* sujeto de *está*).

31. Los relativos que funcionan como sustantivos son: *que* (invariable, si bien con artículo distingue los géneros, los números y el neutro: *el que, la que, los que, las que, lo que*); *quien* (que varía solo en número: plural *quienes*); *el cual* (*la cual, los cuales, las cuales, lo cual*); hacen referencia al mismo objeto aludido por el antecedente (cuando lo hay). El relativo *cuyo* (*cuya, cuyos, cuyas*) es adjetivo concordado en un grupo con el sustantivo, e indica que el poseedor de lo designado por este es la persona o cosa a que se refiere el antecedente: *Era un hombre cuyos ojos brillaban como cuchillos.* También varía en género y número el cuantificador *cuanto* (*cuanta, cuantos, cuantas*) y concuerda con el sustantivo del grupo. Suele carecer de antecedentes (salvo *tanto, todo* y sus variantes): *Merecía cuanto mal le viniera encima, Tantas eran las cuartillas rotas cuantas las escritas.*

32. Se consideran relativos los adverbios átonos *donde, cuando, como.* Son también átonos y deben acompañar a alguna palabra tónica. Sus antecedentes exigen poseer significación de lugar, tiempo y modo: *Esta es la casa donde naciste.* A menudo se utilizan sin antecedentes: *Se queda donde le conviene, Acude cuando te llamen, Lo educa como quiere.*

33. Los INTERROGATIVOS y EXCLAMATIVOS son palabras análogas en parte a los relativos, pero siempre son tónicos y pueden funcionar sin necesidad de apoyarse en otra: *¿qué quieres?, ¿quién llama?, ¿cuál dices?, ¿cuántas piden?, ¿dónde está?, ¿cuándo ha venido?, ¿cómo se encuentra?* Se utilizan como adjetivo junto a un sustantivo *cuál* (siempre sin artículo), *qué* y *cuánto* (con sus variaciones de género y número): *¿cuáles pasteles prefieres?* o *¿qué pasteles prefieres?, ¿cuántas pesetas necesitas?* Hoy no se emplea el interrogativo *cúyo* (*¿Cúya es la voz?*). Como exclamativos se usan los mismos: *¡Qué tristeza!, ¡quién lo diría!...* Las formas *cuál* y *cuán* (apócope de *cuánto*) son raras y sustituidas por *cómo* y *qué.*

34. El VERBO, que es el núcleo de la oración, consta de una raíz con su significado léxico y una terminación variable en que se juntan las referencias a varias nociones gramaticales: persona y número (comunes a sustantivos y adjetivos) y modo, tiempo y aspecto. Frente a estas formas simples (*canto, cantaremos*), existen las compuestas constituidas por las formas del llamado auxiliar *haber* seguido del participio invariable del verbo en cuestión (*he cantado, habremos cantado*), y que en general designan anterioridad de la simple correspondiente. El conjunto de las formas simples y compuestas constituye la conjugación del verbo.

35. La *persona* (primera o hablante, segunda u oyente, y tercera o todo lo demás, junto con su número singular o plural) designa el ser u objeto a quien se atribuye la noción sugerida por la raíz: *canto, cantamos* (1.ª persona), *cantas, cantáis* (2.ª), *canta, cantan* (3.ª). Descubrir cuál es la designación real en el caso de 1.ª y 2.ª no es problema, porque solo hay una posible en cada comunicación. Sin

embargo, este sujeto incluido en el verbo se amplía a veces explícitamente con *Yo* y *Tú (Nosotros, Vosotros)*. Las designaciones concretas de la 3.ª, en cambio, pueden ser muchas y por ello el sujeto se especifica concordando también con la persona verbal: *canta la soprano, canta el jilguero, canta el coro, cantan los niños.*

36. El *modo* señala la actitud con que el hablante enfoca la noción del verbo. Emplea *indicativo* cuando lo designado se considera real (o factible, si se incluye el *condicional* o *potencial* en el mismo modo): *hacía frío, hace frío, hará frío, haría frío*. Emplea el *subjuntivo* cuando se refiere a hechos ficticios (imaginarios, deseados, temidos, etc.) y nunca aparece como forma independiente en enunciados interrogativos: *quizá venga, ojalá viniera*. El *imperativo* se utiliza exclusivamente para apelar al interlocutor (rogando, exigiendo, ordenando); por ello nunca puede depender de otro verbo (el imperativo *Vete*, se convertiría en subjuntivo: *Dijo que te vayas)*.

37. El *tiempo* indica la situación cronológica de la noción verbal, vista desde el momento presente del hablante. Con el *pretérito* o *pasado* se designan los recuerdos *(llegaron ayer; nació en el siglo XIII)*; el *presente* se refiere a lo simultáneo con la comunicación *(estoy aburrido)*; el *futuro* alude a lo que se conjetura para el porvenir *(mañana lloverá)*. A la vez se tiene en cuenta la anterioridad o la posterioridad de las nociones designadas respecto de otras: *devolvió el libro que le habían prestado, no comprendo lo que has hecho, creyó que vendría.*

38. El *aspecto* distingue dos formas del pretérito de indicativo según se considere la noción verbal en su transcurso o terminada. Si decimos *Juan dormía muy bien*, no atendemos a su posible despertar, pero en *Juan durmió muy bien* aludimos al cese de la actividad designada.

39. La raíz verbal puede combinarse con ciertas terminaciones que dan lugar a las formas llamadas *infinitivo (cant-ar, com-er, viv-ir)*, *gerundio (cant-ando, com-iendo, viv-iendo)* y *participio (cant-ado, com-ido, viv-ido)*. Carecen de referencias a persona, número, modo y tiempo, y por tanto no forman oración independiente. Existen formas compuestas de las dos primeras *(haber cantado, habiendo cantado)*. El infinitivo cumple las funciones de un sustantivo *(quiero trabajo → quiero trabajar)*; el gerundio, las del adverbio *(contestó con lágrimas → contestó llorando)*; el participio, las del adjetivo con sus mismas variaciones *(está dolido, está dolida, están dolidos)*.

40. La raíz verbal designa nociones vagas que requieren especificación. Se consigue agregando complementos varios. Desde este punto de vista, los verbos pueden ser: a) *copulativos*, cuando reciben un término llamado atributo (adjetivo o sustantivo concordado cuando es posible con el sujeto): *ser, estar, parecer (Juan es inquieto, pero hoy está tranquilo y parece contento)*. b) *transitivos*, cuando llevan un complemento directo *(compraron claveles, oye a los niños)*, e *intransitivos* cuando no lo exigen *(vivían en el campo, duerme profundamente)*. c) *oblicuos* o *de régimen prepositivo*, cuando requieren complemento provisto de determinada preposición *(habla de las últimas noticias, aspiraba al premio)*. d) *pronominales*, cuando aparecen forzosamente acompañados con un personal átono de la misma per-

sona designada por el sujeto: *arrepentirse, jactarse, quejarse (se arrepintió, te jactas, me quejaré, nos arrepentimos, os jactáis, se quejarán)*. Claro es que muchos verbos se usan también como pronominales y diversifican la noción que designan *(ocupó la casa y se ocupó de ella, ¿os acordáis de si hemos acordado la fecha?)*.

41. Ciertos verbos solo se usan en determinadas formas. Son *defectivos*. Cuando la noción verbal solo es atribuible a un sujeto referido a cosas, no se usan las primeras y segundas personas: *atañer, concernir, acontecer*. Tampoco es normal el uso de verbos que designan fenómenos naturales fuera de la tercera persona: *llueve, nevaba, anochecía* (pero no se excluyen otras personas en usos figurados: *amanecimos mojados)*. Otros se emplean solo cuando presentan ciertas particularidades fonéticas: *abolir* solo acepta formas cuya terminación comience por *i: abolí, abolió, abolía...* En el caso de *soler* (solo usado en combinación con infinitivos) son normales *suelo, suela, solía, solí, he solido* (y sus variaciones de persona y número). Hoy se están regularizando *agredir* y *transgredir*, pues con frecuencia se escribe *transgrede, agreden*, etc.

42. PARADIGMAS DE LA CONJUGACIÓN.

PRIMERA CONJUGACIÓN: **AMAR**

FORMAS PERSONALES

INDICATIVO

Presente	*Pretérito imperfecto*	*Pretérito perfecto simple*	*Futuro*	*Condicional*
amo amas ama amamos amáis aman	amaba amabas amaba amábamos amabais amaban	amé amaste amó amamos amasteis amaron	amaré amarás amará amaremos amaréis amarán	amaría amarías amaría amaríamos amaríais amarían
Pretérito perfecto compuesto	*Pretérito pluscuamperfecto*	*Pretérito anterior*	*Futuro perfecto*	*Condicional perfecto*
he amado has amado ha amado hemos amado habéis amado han amado	había amado habías amado había amado habíamos amado habíais amado habían amado	hube amado hubiste amado hubo amado hubimos amado hubisteis amado hubieron amado	habré amado habrás amado habrá amado habremos amado habréis amado habrán amado	habría amado habrías amado habría amado habríamos amado habríais amado habrían amado

SUBJUNTIVO

Presente	*Pretérito imperfecto*	*Futuro*
ame ames ame amemos améis amen	amara o amase amaras o amases amara o amase amáramos o amásemos amarais o amaseis amaran o amasen	amare amares amare amáremos amareis amaren
Pretérito perfecto	*Pretérito pluscuamperfecto*	*Futuro perfecto*
haya amado hayas amado haya amado hayamos amado hayáis amado hayan amado	hubiera o hubiese amado hubieras o hubieses amado hubiera o hubiese amado hubiéramos o hubiésemos amado hubierais o hubieseis amado hubieran o hubiesen amado	hubiere amado hubieres amado hubiere amado hubiéremos amado hubiereis amado hubieren amado

IMPERATIVO

Presente	
ama tú	amad vosotros

FORMAS NO PERSONALES

INFINITIVO	GERUNDIO	PARTICIPIO
Simple amar	**Simple** amando	amado
Compuesto haber amado	**Compuesto** habiendo amado	

SEGUNDA CONJUGACIÓN: **TEMER**

FORMAS PERSONALES

INDICATIVO

Presente	*Pretérito imperfecto*	*Pretérito perfecto simple*	*Futuro*	*Condicional*
temo temes teme tememos teméis temen	temía temías temía temíamos temíais temían	temí temiste temió temimos temisteis temieron	temeré temerás temerá temeremos temeréis temerán	temería temerías temería temeríamos temeríais temerían
Pretérito perfecto compuesto	*Pretérito pluscuamperfecto*	*Pretérito anterior*	*Futuro perfecto*	*Condicional perfecto*
he temido has temido ha temido hemos temido habéis temido han temido	había temido habías temido había temido habíamos temido habíais temido habían temido	hube temido hubiste temido hubo temido hubimos temido hubisteis temido hubieron temido	habré temido habrás temido habrá temido habremos temido habréis temido habrán temido	habría temido habrías temido habría temido habríamos temido habríais temido habrían temido

SUBJUNTIVO

Presente	*Pretérito imperfecto*	*Futuro*
tema temas tema temamos temáis teman	temiera o temiese temieras o temieses temiera o temiese temiéramos o temiésemos temierais o temieseis temieran o temiesen	temiere temieres temiere temiéremos temiereis temieren
Pretérito perfecto	*Pretérito pluscuamperfecto*	*Futuro perfecto*
haya temido hayas temido haya temido hayamos temido hayáis temido hayan temido	hubiera o hubiese temido hubieras o hubieses temido hubiera o hubiese temido hubiéramos o hubiésemos temido hubierais o hubieseis temido hubieran o hubiesen temido	hubiere temido hubieres temido hubiere temido hubiéremos temido hubiereis temido hubieren temido

IMPERATIVO

Presente	
teme tú	temed vosotros

FORMAS NO PERSONALES

INFINITIVO	GERUNDIO	PARTICIPIO
Simple temer	**Simple** temiendo	temido
Compuesto haber temido	**Compuesto** habiendo temido	

TERCERA CONJUGACIÓN: **PARTIR**

FORMAS PERSONALES

INDICATIVO

Presente	*Pretérito imperfecto*	*Pretérito perfecto simple*	*Futuro*	*Condicional*
parto partes parte partimos partís parten	partía partías partía partíamos partíais partían	partí partiste partió partimos partisteis partieron	partiré partirás partirá partiremos partiréis partirán	partiría partirías partiría partiríamos partiríais partirían
Pretérito perfecto compuesto	*Pretérito pluscuamperfecto*	*Pretérito anterior*	*Futuro perfecto*	*Condicional perfecto*
he partido has partido ha partido hemos partido habéis partido han partido	había partido habías partido había partido habíamos partido habíais partido habían partido	hube partido hubiste partido hubo partido hubimos partido hubisteis partido hubieron partido	habré partido habrás partido habrá partido habremos partido habréis partido habrán partido	habría partido habrías partido habría partido habríamos partido habríais partido habrían partido

SUBJUNTIVO

Presente	*Pretérito imperfecto*	*Futuro*
parta partas parta partamos partáis partan	partiera o partiese partieras o partieses partiera o partiese partiéramos o partiésemos partierais o partieseis partieran o partiesen	partiere partieres partiere partiéremos partiereis partieren
Pretérito perfecto	*Pretérito pluscuamperfecto*	*Futuro perfecto*
haya partido hayas partido haya partido hayamos partido hayáis partido hayan partido	hubiera o hubiese partido hubieras o hubieses partido hubiera o hubiese partido hubiéramos o hubiésemos partido hubierais o hubieseis partido hubieran o hubiesen partido	hubiere partido hubieres partido hubiere partido hubiéremos partido hubiereis partido hubieren partido

IMPERATIVO

Presente	
parte tú	partid vosotros

FORMAS NO PERSONALES

INFINITIVO	GERUNDIO	PARTICIPIO
Simple partir	**Simple** partiendo	partido
Compuesto haber partido	**Compuesto** habiendo partido	

43. VERBOS IRREGULARES. Las normas ortográficas exigen cambios de letras en algunos verbos, sin modificación fonética. Las verdaderas irregularidades consisten en cambios del puesto del acento, de la vocal de la raíz; en adiciones, pérdidas o sustituciones de la consonante, etc. A continuación se expone el listado de verbos irregulares cuyos modelos de conjugación aparecen recogidos a lo largo del diccionario: *abolir, acertar, adquirir, agradecer, andar, asir, caber, caer, ceñir, conducir, contar, dar, decir, discernir, dormir, entender, erguir, errar, estar, haber, hacer, huir, ir, jugar, leer, lucir, mover, mullir, oír, oler, pedir, poder, poner, pudrir, querer, reír, roer, saber, salir, sentir, ser, tañer, tener, traer, valer, venir, ver, yacer.*

44. PERÍFRASIS VERBALES. Son núcleos de oración complejos, cuyo primer componente es un verbo (llamado auxiliar) provisto de persona, número, tiempo, etc., unido directamente, o con *que* o una preposición, a un infinitivo, un gerundio o un participio. La significación de la raíz auxiliar puede modificarse y en todo caso matiza diversamente la significación habitual de la raíz del otro término. La yuxtaposición de ambos términos, sin embargo, no siempre constituye perífrasis: *queremos ganar* no es perífrasis, porque el infinitivo se puede cambiar por un sustantivo (*queremos el triunfo*) sin que se modifique el sentido de *queremos;* mientras, sí lo es *debemos ganar*, porque su sentido (obligatoriedad) cambia si sustituimos *ganar* por un sustantivo: *debemos mil pesetas* (somos deudores).

45. A) <u>perífrasis con infinitivo:</u> I. <u>inmediato:</u> *debo esperar, pueden venir, solía llamar, sabe cantar.* II. <u>mediato:</u> a) con *que: hay que pensar en ello, había que alistarse; tienes que ser cauto, tendrá que escribir.* b) con preposición: *va a llegar el tren, se echa enseguida a llorar, se puso a hablar, vino a decir que todo es un desastre, ha de venir sin falta, debió de llegar tarde, ha dejado de escribir.* B) <u>perífrasis de gerundio:</u> *anda diciendo tonterías, iba acabando el libro, viene quejándose de reuma, seguían esperando en vano.* C) <u>perífrasis con participio:</u> salvo en las formas compuestas del verbo (donde es invariable: *he cantado, había comido, habrán vivido*), el participio mantiene sus variaciones y no modifica el sentido del verbo personal, ni siquiera en la llamada voz pasiva (*es elogiado, serás traicionado; estás aburrida; anda desquiciado*).

46. Los ADVERBIOS son palabras invariables destinadas en principio a funcionar como complemento circunstancial del verbo: <u>*entonces*</u> *encontraron al niño* <u>*allí.*</u> Además, en el grupo unitario funcional, el adverbio puede afectar al sentido de un adjetivo u otro adverbio: *muy alto, muy cerca, poco abundante.* Los adverbios simples son pocos. Cumplen su misma función algunos adjetivos que dejan de ser variables en género y número o que agregan a su forma femenina el sufijo *-mente: pronto vendrá ella, no hables bajo, lo sabe mejor, nevó demasiado, lo negaron claramente, probablemente ganará.* También equivalen a los adverbios los sustantivos provistos de preposición (e incluso algunos sin ella): <u>*aquel día*</u> *lo encontraron* <u>*en casa,*</u> *lo negaron* <u>*con claridad,*</u> <u>*los lunes*</u> *descansa.* Por último, existen locuciones adverbiales con la misma función, constituidas por combinaciones invariables de ciertas palabras: *de hoz y de coz, a duras penas, a veces, a oscuras.* Los adverbios (o sus equivalentes) pueden aparecer también como modificador de la oración íntegra: <u>*seguro*</u> *llueve esta tarde;* <u>*sinceramente,*</u> *no creo que lo diga.* El puesto del adverbio en la oración es variable.

47. Según sus significados y sus designaciones a la realidad, se clasifican los adverbios en grupos varios: de tiempo (*ahora, antes, tarde, ayer*), de lugar (*aquí, allí, cerca, lejos, fuera, dentro*), de modo (*así, bien, mal, deprisa, fácilmente*), de cantidad (*tanto, mucho, casi, absolutamente*), de afirmación (*sí, también, asimismo, ciertamente*), de negación (*no, nunca, tampoco*), de duda (*acaso, quizás, igual*), de exclusión o inclusión (*además, menos, exclusivamente*), de identidad (*propiamente, mismamente*). Por otra parte, también se señalan adverbios demostrativos (*aquí, entonces, así, tal, tanto*), relativos (*donde, cuando, como*) e interrogativos (*¿dónde?, ¿cuándo?, ¿cómo?*).

48. Las PREPOSICIONES son palabras que solo aparecen ante sustantivos, adjetivos o adverbios, con los que forman una unidad dependiente del verbo o de un núcleo nominal: *entiende de negocios* (*de negocios*, complemento del verbo); *hombres de negocios* (*de negocios*, complemento del sustantivo *hombres*). Se usan también ante segmentos más amplios que se han sustantivado (*se ha acordado de que venís*, como *se ha acordado de vuestra venida*). Las preposiciones son: *a, ante, bajo, con, contra, de, desde, en, entre, hacia, hasta, para, por, sin, sobre, tras*. Todas son átonas. Se citan otras: *según* (que es tónica y se usa como conjunción: *según dicen*), *pro* (cultismo para ciertas fórmulas: *cupón pro ciegos, pro amnistía*), *cabe* (anticuada: *cabe la fuente*=junto a la fuente), *so* (solo vivo en fórmulas: *so pena, so capa, so color*). Hay tendencia a sustituir ciertas preposiciones por locuciones de adverbio más preposición (*encima de*=sobre, *delante de*=ante, *detrás de*=tras, *después de*=tras); otras locuciones constan de preposición más sustantivo y exigen otra preposición ante el término (*a causa de, en virtud de*=por, *a fin de*=para). Se han convertido en preposiciones los antiguos participios de presente *durante* y *mediante*. Es dudoso que sean preposiciones ciertos adjetivos inmovilizados en masculino singular, como *excepto, salvo, incluso* y los cuantificadores invariables *más* y *menos*. Algunas preposiciones son obligatorias en ciertas funciones. El complemento directo adopta *a* para evitar su confusión con el sujeto (*venció a la prudencia la ambición*). El complemento indirecto requiere siempre la preposición *a*. El complemento oblicuo o de régimen lleva la preposición que exige el verbo y no otra (*habla del partido, confía en ti, huele a detergente*). Solo en el complemento circunstancial pueden aparecer con sus propios sentidos todas las preposiciones: *al muro, ante el muro, bajo el muro, con el muro, contra el muro, del muro, desde el muro, en el muro, entre el muro y la cuneta, hacia el muro, hasta el muro, para el muro, por el muro, sin el muro, tras el muro.* A veces se combinan dos preposiciones: *por entre las matas, fuerzas de a pie, de por sí, para con todos, tras de nosotros, vete a por el periódico* (evitada en la lengua culta).

49. Las CONJUNCIONES son palabras invariables que permiten incluir dentro de un enunciado varias oraciones. Se distinguen las de *coordinación* y las de *subordinación*. Su cometido es diferente. A) Las de *coordinación* enlazan dos (o más) unidades de la lengua homogéneas: palabras en un solo grupo funcional (sustantivos: *compra pan y vino;* adjetivos: *es rico pero malvado;* adverbios: *se aclarará antes o después*), grupos funcionales (*no encuentra ni las llaves del coche ni las gafas de sol*) y oraciones (*se apearon y descansaron*). Propiamente coordinantes solo hay tres tipos de conjunciones: *a)* las *copulativas* indican simplemente adi-

ción: *y* (*e* ante palabra que empiece con *i*), *ni* (que une términos negativos), como en *se despertó temprano y se marchó enseguida; ni callo ni otorgo. b)* las *disyuntivas* indican alternancia entre los términos coordinados, o bien equivalencia designativa: *o* (*u* ante palabra que empiece por *o*), como en *¿subes o bajas? c)* las *adversativas* señalan contraste entre los términos unidos o restricción del primero por el segundo: *pero* (y su equivalente *mas*), *sino*, como en *ha ganado el premio pero lo lamenta; no lo ha ganado, sino que se lo han dado.* Otras palabras que se enumeran con estas conjunciones son propiamente adverbios (*además, bien, ya, ora*).

50. B) Las conjunciones de *subordinación* cumplen su cometido solo sobre oraciones, y unidas a ellas les confieren la posibilidad de funcionar globalmente como si fuesen sustantivos (*es prudente que se calle; aseguró que lo compraría; me he olvidado de que hoy es fiesta*), o adverbios dentro de otra oración (*insiste hasta que te respondan; escribe sin que lo perturbe el ruido; mientras desayuna, lee el periódico*), y también dentro de un grupo funcional (*llegó al lugar donde lo habían citado*). Son muy pocas las simples: *que, si, pues;* pero hay otras creadas con un adverbio o una preposición antepuestos a *que: porque, para que, hasta que, siempre que, aunque, ya que,* etc.; además, ciertos adverbios incurren en la función conjuntiva: *como, luego, donde, cuando, mientras,* etc. Añádanse locuciones conjuntivas como *puesto que, dado que, a fin de que, en cuanto, a no ser que, a pesar de que,* etc.

51. Las INTERJECCIONES son palabras que por sí solas, o en combinación fija, forman enunciado, en general de modalidad exclamativa. Hay interjecciones que son simples onomatopeyas (*zas, paf, tras, plas*) que subrayan expresivamente lo que se dice. Otras sirven para apelar al interlocutor (*eh, ea, chito*). Las más abundantes manifiestan estados de ánimo o reacciones del hablante que pueden tener valor distinto según la situación: *ah, ay, bah, huy, oh, ps, uf,* etc. Muchas palabras de otro tipo pueden utilizarse como interjecciones: *hombre, mi madre, bueno, anda, venga, hala, vaya.* Algunas admiten como complemento un sustantivo o grupo unitario precedido de preposición: *ay de mí, caramba con el niño.* A veces *vaya* equivale al exclamativo *qué: vaya manos que tienes.*

52. La ORACIÓN (§ 2 y 5) reúne y relaciona varias palabras en torno a un verbo, cuya raíz designa una noción atribuida a la persona de la desinencia: *Verdaderamente, no da nadie nada a nadie sin interés; Por desgracia, no confía nadie en nadie; Tales actitudes son, sin duda, vituperables.* Nótense ahí las diversas funciones: sujeto (*nadie; tales actitudes*), complemento directo (*nada*), complemento oblicuo o prepositivo (*en nadie*), complemento indirecto (*a nadie*), atributo (*vituperables*), complemento circunstancial (*sin interés*), modificador oracional (*verdaderamente, por desgracia, sin duda*).

53. SUJETO. Especifica el ser u objeto a que se refiere la persona del verbo, con la cual y con su número concuerda (salvo excepciones). Desempeñan esta función los sustantivos (con o sin artículo), los personales tónicos y cualquier otra palabra o grupo sustantivados (incluidas las oraciones). En el primer ejemplo, *nadie,*

podría sustituirse por *el banquero, él, ese, tu amigo, el tuyo, el amigo del dinero, quien ama el dinero, el avaro, el vecino de arriba, el de arriba*... Puede ir antepuesto o pospuesto al verbo, y si no es necesario para la comunicación, se suprime (sobre todo con la 1.ª y la 2.ª persona) sin dejar más representante que la desinencia verbal (se le llama sujeto elíptico).

54. Los COMPLEMENTOS especifican la noción a que se refiere la raíz verbal. El directo se enlaza sin más con el verbo *(no da nadie nada)* y suele ir pospuesto; para evitar confusión con el sujeto, adopta a veces la preposición *a* (en lugar de *oye el tenor la soprano*, se dice *oye el tenor a la soprano, oye al tenor la soprano);* si se elide por ser conocida su referencia, queda representado junto al verbo por un pronombre átono de la persona correspondiente *(no lo da nadie; la oye el tenor, lo oye la soprano).* Cumplen esta función sustantivos y demás palabras y grupos sustantivados: *no da dinero; ~ninguna limosna; ~lo necesario; ~lo que hace falta.*

55. El *complemento oblicuo o de régimen* especifica la noción designada por la raíz de los verbos que exigen preposición *(no confía en nadie).* Lo desempeñan también sustantivos y elementos sustantivados: *no confía en el médico, ~en lo que dice, ~en los consejos de su amigo, ~en la promesa que le hicieron, ~en más promesas.* Cuando la palabra o el grupo son conocidos y se eliden, quedan representados forzosamente junto al verbo por la oportuna preposición y un pronombre tónico *(no confía en él, ~en ella, ~en eso).* No debe confundirse con el complemento circunstancial, que elidido no deja representante: *me alegro de verdad* (=me alegro) / *me alegro de su triunfo* (=me alegro de ello).

56. El *complemento indirecto* suele designar al destinatario de la noción de la raíz verbal. Va precedido siempre por la preposición *a.* También es desempeñado por sustantivos o sus sustitutos sustantivados: *no da nada a nadie; pidió silencio a la asamblea; contesta a los que te preguntan; devolvían la documentación a las solicitantes no admitidas.* Cuando la palabra o el grupo que desempeña esta función se elide por estar sobreentendido, o cuando se antepone al verbo, se añade un pronombre átono concordante solo en número: *a nadie le da nada; a la asamblea le pidió silencio; contéstales; se la devolvían.* Es cada vez más frecuente el uso de estos átonos aunque el complemento indirecto vaya tras el verbo: *le pidió silencio a la asamblea, no les gustó nada la fiesta a tus amigos.*

57. *Complementos circunstanciales* son palabras o grupos que funcionan como hacen los adverbios, indicando una de las varias circunstancias en que ocurre o se desarrolla la noción a que se refiere la raíz verbal. Es bastante libre su puesto en la oración y cuando se eliden no exigen dejar en esta ningún representante obligatorio. Se refieren a distintas nociones (tiempo, lugar, modo, fin, compañía, instrumento, cantidad, etc.): *marchó ayer; regresa el jueves, ~en coche, ~a las tres, ~de madrugada, ~despacio; trabajan duro, ~antes, ~a oscuras, ~en serio, ~rápidamente; la primera vez se cansó, ~el año pasado, ~a las primeras de cambio; estaba dolorido de tanto trabajar, ~al despertar; sucedió dos siglos antes; se perdió mar adentro; siempre acude cuando estorba; solo aparecéis donde hay*

fiesta; etc. Pueden concurrir en la misma oración varios circunstanciales: *por algo ayer en la tertulia, ella habló mucho con usted.* El *modificador oracional* coincide con el complemento circunstancial en ser desempeñado por adverbios y demás unidades complejas equivalentes, pero su significación afecta a toda la oración y está separado de ella por pausas: en *Así, procura no hablar* (donde *así* afecta a la oración íntegra) frente a *Procura no hablar así* (donde *así* modifica solo a *hablar*).

58. El *atributo* es función propia de los verbos copulativos *ser, estar* y *parecer,* desempeñada por los adjetivos, pero también por sustantivos, adverbios y unidades adjetivadas varias. Cuando la palabra o el grupo que funciona como atributo presenta moción de número, este concuerda con el de la persona verbal y del sujeto; si también varía en género, este debe adaptarse al que ostente el sujeto: *el río es claro, el agua es clara; está turbio, están turbios;* pero *el césped está verde, la planta está verde; esta figura es de barro y esas parecen de plástico.* La concordancia de género con sujetos como *Yo* y *Tú,* que son indiferentes, se establece según la realidad designada: *yo soy discreto pero tú eres tonta* (o al contrario: *yo soy discreta pero tú eres tonto).* Cuando la designación del atributo es conocida por los interlocutores, se elimina y deja un representante invariable, el personal neutro átono *lo,* como en *él es tranquilo pero no lo está, aunque lo parezca; estará fría el agua, pero no lo parece.*

59. Con otros verbos puede aparecer también un atributo, bien concertando con el sujeto *(el corredor llegó cansado, los vecinos vivían tranquilos, la nieve cae lenta),* bien con el complemento directo *(compró barato el cuadro, dejó abierta la puerta, no sirvas el vino frío).* También concierta con el sujeto en el caso de verbos reflexivos *(el niño se puso furioso, tú te has vuelto perezosa, vosotras os casasteis jovencitas).* A diferencia de los atributos propios, todos estos, si se eliden, no se representan con el pronominal átono *lo,* sino por el adverbio *así* u otra expresión de tipo adverbial o pronominal *(el corredor llegó así, la nieve cae así, así dejó la puerta, no sirvas así el vino, se puso así, así os casasteis).* Si el atributo del complemento es también sustantivo, al elidir este, se adopta un demostrativo neutro *eso (nombraron director a su sobrino → lo nombraron eso).* Los atributos pueden llevar, en especial los participios, complementos varios con sentido diverso: de causa *(alabado por sus virtudes),* agente en la voz pasiva *(alabado por todos),* de fin *(destinado al comercio),* de instrumento *(cosido con aguja),* etc.

60. Se distinguen *oraciones simples* y *oraciones compuestas.* Las *oraciones compuestas por coordinación,* o *grupos oracionales,* son enunciados con dos o más oraciones *(llovía y tronaba).* Cada una de ellas podría ser también enunciado completo. Se enlazan con conjunciones (§ 49) y se dividen en *copulativas, disyuntivas* y *adversativas.* Las *yuxtapuestas* no son sino oraciones contiguas en un solo enunciado sin conjunciones *(Acude, corre, vuela).* Entre las yuxtapuestas deben contarse las *distributivas,* puesto que no hay en ellas conjunción alguna, sino palabras correlativas diversas: *unos lo temían, otros lo odiaban, todos huían de él.* También hay grupos oracionales *consecutivos:* dos oraciones yuxtapuestas se relacionan mediante un adverbio que sugiere el sentido de consecuencia: *no*

había nadie, luego se habían ido a la fiesta; hacía frío, me puse, pues, el abrigo; se acabó la subvención, conque administra bien.

61. En las *copulativas* solo se emplea, en general, la conjunción delante de la última oración *(Gervasio bebió, cantó y bailó).* Cuando son negativas, la conjunción *ni* es necesaria ante cada una de las oraciones, a no ser que la primera lleve adverbio negativo *(no aceptó la propuesta ni quiso saber más; ni ganan ni pierden).* Con las *disyuntivas,* la conjunción *o* también puede preceder a cada oración o solo a la última: *por la mañana tocaba el piano, leía o escribía; o te callas o te vas.* Las *adversativas* son grupos de solo dos oraciones que quedan en contraste; se unen con *pero* (o *mas)* si la segunda restringe la referencia de la primera: *avanzó muy confiado, pero se cayó;* cuando la primera es negativa, se unen con *sino (que)* y sus sentidos se excluyen entre sí: *esto no es un programa de gobierno, sino que se cumplirá.*

62. Las llamadas *oraciones compuestas por subordinación* no son más que un desarrollo interno de la simple. Cuando en lugar de la palabra adecuada a alguna de sus funciones aparece una oración, esta deja de ser independiente y funciona como si fuera sustantivo, adjetivo o adverbio.

63. *Oraciones sustantivadas.* 1. Sin más que suprimir la entonación oportuna (y los signos de puntuación) quedan funcionando como sustantivos las *oraciones interrogativas* y *exclamativas: Le preguntaron qué deseaba; ya sé quién es el culpable; miraba cómo se extinguía la hoguera.* 2. La mayoría se introducen con la conjunción *que* (provista de la preposición exigida en algunas funciones): *le extrañó que no hubiera llegado el doctor* (sujeto), *permití que mi pluma volara* (c. directo), *no presta atención a que lo elogien* (c. indirecto), *me convenció de que convenía la propuesta* (c. oblicuo). Si la oración que se subordina es una interrogativa general, la conjunción es *si: preguntó si llevaría encima todo el dinero.* 3. Funcionan como subordinadas sustantivas las oraciones de relativo sin antecedente: *somos varios los que así pensamos* (sujeto), *tranquilizó con una sonrisa a quienes se compadecieron* (c. directo), *uno no dispone siempre de quien quiere* (c. oblicuo), *yo soy el que me hallé presente* (atributo). 4. Las subordinadas sustantivas, dentro de un grupo, pueden depender, mediante preposición, de un sustantivo *(me asaltó la idea de que no volvería a verla),* de un adjetivo *(se marchó persuadido de que había perdido el tiempo)* o de un adverbio *(encima de que no vienes protestas).*

64. *Oraciones adjetivas.* El adjetivo dependiente en un grupo funcional puede ser sustituido por una oración de relativo: *en el silencio que queda entre dos repiques, se oyen murmurios lejanos (=intermedio).* El relativo *que,* además de referirse al antecedente *(silencio),* cumple una función respecto del verbo (aquí es sujeto de *queda).* La subordinada adjetiva puede ser *especificativa* si (como la citada) restringe lo designado por el antecedente, o bien *explicativa,* cuando, separada por pausas, no modifica la referencia del antecedente y solo añade alguna particularidad suya: *llegamos al arroyo, que la lluvia había dilatado* (donde el relativo *que* referido a *arroyo* es c. directo de *había dilatado).* Ejemplos con otros relativos: *las palabras del maestro, a quien no conocía, despertaron su interés; termina una*

edad de oro, en la cual creía solo a medias; había alguna cornucopia, cuyo espejo apenas reflejaba; ahí está el parque donde jugabais.

65. Las *subordinadas comparativas* son también oraciones que no dependen del núcleo oracional, ni desempeñan una de las funciones de la oración. Precedidas de *que* o *como*, determinan al cuantificador o al adjetivo o sustantivo cuantificados con los que forman grupo funcional. Su conjunto desempeña la función pertinente respecto al verbo nuclear. El verbo de la subordinada se elide cuando coincide con aquel: *miente más que habla* (c. circunstancial); *ella vale menos que su marido (vale); ese no discurre tanto como él se cree; compra más cuadros que tú (compras)* (c. directo); *él vino menos dispuesto que su amigo (vino dispuesto); es tan lista como la hermana (lo es)* (atributo). En lugar de este tipo de subordinadas, los cuantificadores *más* y *menos* pueden llevar un complemento con *de* más una oración relativa sustantivada por el artículo: *vale menos de lo que vale su marido; más cuadros de los que tú compras.*

66. Aparte de los grupos oracionales consecutivos (§ 60), aparecen oraciones *subordinadas consecutivas* (introducidas por *que*). Dependen de un cuantificador *tanto (tanta, tantos, tantas, tan)* o *tal (tales)* con el que forman un grupo de función variable que designa el encarecimiento de lo expresado: *el río creció tanto que inundó la avenida* (adverbio); *se le vinieron tantas lágrimas que no pudo hablar* (sujeto); *compró un sillón tan alto que no rozaba el suelo* (c. directo); *mostró tales deseos de fumar que le regaló un paquete de puros* (c. directo). Como encarecedores aparecen también otros determinativos: *hay cada cosecha que tiembla el misterio; miraba con unos ojos que se me partía el corazón.*

67. *Subordinadas adverbiales* son las oraciones que sustituyen al adverbio, al sustantivo o al grupo unitario en la función de complemento circunstancial del verbo o de modificador de la oración. Muchas son oraciones sustantivadas con *que* precedido de una preposición o de un adverbio *(todo vale mucho hasta que toca venderlo; sus reacciones son violentas, aunque parezca pacífico).* Otras proceden de las relativas adverbiales sin antecedente *(hazlo como prefieras, terminó la obra cuando pudo)* o se introducen con otras conjunciones o adverbios originarios *(si me preguntan, no diré nada; mientras subía la escalera, jadeaba).*

68. Por el sentido que evocan, las adverbiales se clasifican en varios tipos. Las *locativas, temporales* y *modales* suelen ser complementos circunstanciales del verbo y pueden sustituirse por adverbios *(donde fueres, haz lo que vieres* [allí]; *agarraos adonde bien podáis; cuando os hiervan los sesos, avisad* [entonces]; *mientras no se probó la fruta, todo iba bien; le trataba como se trataría a un idiota* [así]; *híceme el sordo, según aconseja la regla).*

69. Las subordinadas *causales* y *finales* desempeñan el papel de complemento circunstancial. Las primeras se introducen sobre todo con *porque* y designan la causa de lo expresado por el núcleo *(se mudó de casa, porque no le gustaba el barrio),* o bien el motivo por el cual este se manifiesta *(no debe de tener éxito, porque está de mal humor).* Otros introductores de subordinadas compatibles con el sentido causal son *pues, ya que, puesto que, como,* etc. Las finales van precedi-

das comúnmente de *para que* y aluden al propósito de la noción designada por el núcleo oracional: *mata ese animal para que no siga sufriendo;* a veces perdura el uso final de *porque: sus padres se sacrificaron porque él prosperase.*

70. Las *subordinadas concesivas* señalan una objeción a lo dicho en la otra oración. Generalmente se introducen por *aunque* y su función es la de modificador oracional: *el mercado del espíritu no está muy vivo, aunque se agite; el retroceso suele ser, aunque parezca extraño, más violento; aunque la lluvia arreciaba, la gente permanecía quieta.* Hay otras fórmulas para introducir concesivas *(aun cuando parecía sereno, estaba preocupado; si bien era leal con los amigos, muchos le molestaban; ya que no sabía escribir novelas, su vida era novelesca; el arqueólogo, siquiera fuese por bien del arte, mentía no poco).*

71. Las *subordinadas condicionales* también funcionan como modificador de la otra oración. Predomina el sentido condicional, aunque a menudo solo se entiende un contraste entre las dos oraciones *(si ayer llovió, hoy hace sol).* La conjunción introductoria más frecuente es *si* (otras fórmulas: *con tal que, en caso de que...*). Se distinguen varios esquemas condicionales según las formas del verbo de la subordinada y del núcleo oracional: a) [Subordinada en indicativo] *si no duermo, vale más que encienda la luz; si aquellos polvos trajeron estos lodos, no se puede condenar el presente y absolver el pasado; si tenemos tiempo, iremos al concierto.* b) [Subordinada en subjuntivo simple] *si tuviera dinero, gastaría un lujo asiático; si te mirase así, sería tu muerte.* c) [Subordinada en subjuntivo compuesto] *si se hubiesen quedado, se habrían sorprendido.*

Apéndice ortográfico

Ortografía es el conjunto de normas que regulan el uso correcto de los signos gráficos. Pueden estos dividirse en dos grandes grupos: las **grafías** o **letras,** que son representaciones de los distintos fonemas, es decir, de los sonidos que se utilizan en la lengua hablada, y los **signos ortográficos auxiliares** (el acento, la diéresis y los signos de puntuación), que representan elementos fónicos como la intensidad o la entonación.

El conjunto de las letras constituye el abecedario. Por su forma, pueden dividirse en **mayúsculas** *(A, B, C, D, E...)* y **minúsculas** *(a, b, c, d, e...)*. En español existen además tres **dígrafos,** es decir, compuestos de dos letras *(CH, LL* y *RR)*, que se corresponden con un único fonema y se pronuncian por tanto juntas.

Lo ideal sería que cada una de las letras representase un solo fonema, pero es frecuente que un mismo fonema o sonido tenga varias representaciones gráficas. En español, aunque las grafías que se utilizan en la escritura reproducen con bastante fidelidad la lengua hablada, existen algunas diferencias entre una y otra. Se deben a su continua evolución a lo largo de los siglos, a las variantes que se producen en las distintas zonas geográficas, y a la tradición ortográfica, que mantiene, por ejemplo, una grafía (la *h)* la cual en la mayoría de los casos no tiene sonido alguno.

Son esos desajustes entre la lengua hablada y la lengua escrita los que provocan los principales problemas ortográficos. Por ello, la Ortografía se encarga de enseñar la escritura correcta, fijando una serie de normas, y de recomendar determinados usos. Algunas de las normas dejan constancia de las diferencias existentes entre los sonidos y su representación gráfica, y otras son creadas por convención para fijar el lenguaje. Normas y recomendaciones han sido determinadas mediante la aplicación de tres criterios: la pronunciación de las voces, la etimología —es decir, el origen de las palabras— y el uso literario de los grandes escritores, considerado representativo del estado de una lengua y a la vez ejemplo de su buen uso.

NORMAS ORTOGRÁFICAS

USO DE LAS MAYÚSCULAS

Son las mayúsculas letras de mayor tamaño, cuya función es destacar en el lenguaje escrito ciertos aspectos del mensaje. Su empleo está regulado por una serie de normas y recomendaciones fijadas por convención.

En los textos manuscritos no suelen escribirse con mayúsculas palabras o frases enteras, salvo que se pretenda hacerlas destacar sobre el resto del texto.

Se escriben con letra inicial mayúscula:

1. La primera palabra de un escrito o la que va detrás de un punto.
2. La palabra que va detrás de los dos puntos que siguen al encabezamiento de una carta *(Querido amigo: Hace tiempo que no tengo noticias tuyas)*, o la que inicia una cita *(Respondió: «Es menos grave de lo que parecía»)*.
3. Los nombres propios: *Pedro, Álvarez, Europa*. Cuando el nombre propio comienza por artículo, este se escribe también con mayúscula: *La Zarzuela, El Cairo. Se apellida La Fuente.*
4. Los atributos divinos *(Redentor)*; los títulos, cargos, tratamientos o nombres de dignidad, cuando designan a una persona determinada *(el Marqués de Villena, el Rey, el Sumo Pontífice, el Papa)*. Sin embargo, se escriben con minúscula cuando se utilizan en sentido genérico: *El rey es el jefe de la nación.*
5. Los apodos y sobrenombres que equivalen a un nombre propio de persona: *el Gran Capitán, Alfonso X el Sabio.*
6. Las abreviaturas de las fórmulas de tratamiento: *Sr. D. (Señor Don); U., Ud.* o *V. (usted)*. Cuando *usted* no se abrevia, se escribe con minúscula.
7. Las abreviaturas de los puntos cardinales *N (norte), S (sur), E (este)* y *O (oeste)*, y todas sus combinaciones *(NO, SE,* etc.).
8. Ciertos nombres colectivos, como *Estado, Reino* o *Iglesia*, cuando se utilizan en sentido institucional.
9. Los sustantivos y adjetivos que compongan el nombre propio de una institución o corporación *(el Tribunal Supremo, el Museo de Bellas Artes)*, o de ciertos acontecimientos históricos *(la Revolución Francesa)*.
10. Los títulos de obras literarias, teatrales, cinematográficas, artísticas *(Historia de los Vándalos, El Misántropo, El Piano, La Primavera)* y los nombres de periódicos, revistas, etc. *(El País, Ínsula)*. Sin embargo, cuando estos títulos tienen cierta extensión, no suele aplicarse esta regla: *Del rey abajo, ninguno.*
11. La numeración romana: *Pío V; siglo XX.*
    → Cuando no empiezan párrafo o escrito, se prefiere escribir con minúscula inicial los nombres de los días de la semana, de los meses, de las estaciones del año y de las notas musicales: *El sábado 21 de marzo comienza la primavera; sinfonía en re mayor.*

→ En las palabras que comienzan por **ch** o **ll,** solo se escribe con mayúscula la primera letra de cada uno de estos dígrafos: *Chinchilla, Llorente.*

→ Deben acentuarse las vocales mayúsculas cuando les corresponda según las normas de acentuación: *Ángel, Ínsula, Órbigo.*

USO DE ALGUNAS GRAFÍAS CONSONÁNTICAS Y VOCÁLICAS

En español, las letras que forman el abecedario reproducen con bastante fidelidad los fonemas o sonidos de la lengua hablada. Existe, no obstante, un ligero desajuste entre nuestro sistema fonético, constituido por 24 fonemas, y el alfabeto, formado por 27 letras (29 cuando se incluían la *ch* y la *ll*). El desajuste es fruto de la propia evolución del idioma, que ha alterado la pronunciación conservando la grafía.

No hay, por tanto, una correspondencia perfecta entre fonemas y letras: ciertas letras se utilizan para representar más de un fonema y, viceversa, ciertos fonemas son representados por más de una letra, como se puede ver en el cuadro siguiente:

Fonema	Letra	Fonema	Letra	Fonema	Letra
/a/	**a**	/x/	**j:** *dejar*	/p/	**p**
/b/	**b:** *botar*		**g:** *coger*	/r/	**r**
	v: *votar*	/k/	**c:** *casa*	/r̄/	**r:** *rostro*
/ĉ/	**ch**		**qu:** *queso*		**rr:** *arrimar*
/d/	**d**		**k:** *kilo*	/s/	**s**
/e/	**e**	/l/	**l**	/t/	**t**
/f/	**f**	/l̬/	**ll**	/u/	**u**
/g/	**g:** *gamo*	/m/	**m**	/ks/	**x**
	gu: *guiso*	/n/	**n**	/y/	**y**
/i/	**i:** *oí*	/n̬/	**ñ**	/θ/	**c:** *cisne*
	y: *hoy*	/o/	**o**		**z:** *zapato*

A continuación veremos las normas para la escritura de ciertas grafías que presentan dificultades:

b* / *v

Se escriben con **b:**

1. Los infinitivos de los verbos que terminan en **-bir** *(escribir)*, y todas las formas de estos verbos: *escribo, escribiré, escribiéramos*, etc.
   → Se exceptúan: *hervir, servir, vivir*, y sus compuestos.
2. Los infinitivos y todas las formas de los verbos **deber** y **beber:** *debía, deberé; bebieran, bebamos*. Lo mismo ocurre con los verbos **saber, caber** y **haber** *(sabía, sabré, cabríamos, cabían, habría, hubiera)*, salvo en aquellas formas en las que no existe el sonido *b: supiese, cupe, hay.*
3. Los infinitivos y todos los tiempos de los verbos que terminan en **-buir:** *contribuir, contribuye, contribuí.*
4. Las terminaciones del pretérito imperfecto de indicativo de los verbos de la primera conjugación *(amaba, cantabas, desempeñábamos, felicitábais, esperaban)*, y también las del verbo **ir** *(iba, ibas, iba*, etc.).
5. Las palabras que comienzan por el grupo **bibl-** *(biblioteca)*, o por las sílabas **bu-** *(bula)*, **bur-** *(burla)* y **bus-** *(buscar)*.
6. Las palabras terminadas en **-bilidad** *(posibilidad)*, **-bundo** *(tremebundo)*, **-bunda** *(abunda)*, **-ílabo** *(polisílabo)*, **-ílaba** *(monosílaba)*.
   → Se exceptúan: *movilidad, civilidad.*
7. Las palabras que terminan en el fonema /b/: *Jacob, Job.*
8. Las palabras que comienzan por los prefijos **ab-** *(abdicación)*, **ob-** *(obtener)* y **sub-** *(suburbio)*.
9. Las sílabas en las que el fonema /b/ precede a las consonantes **l** o **r:** *flexible, brazo.*
10. Los compuestos y derivados de las voces que llevan esta letra: *contrabando*, de *bando; abanderado*, de *bandera.*

Se escriben con **v:**

1. Las palabras que empiezan por los prefijos **ad-, ob-** y **sub-,** seguidos del fonema /b/: *advertencia, obvio, subvención.*
2. Los adjetivos terminados en **-ava** *(onceava)*, **-ave** *(grave)*, **-avo** *(esclavo)*, **-eva** *(nueva)*, **-eve** *(breve)*, **-evo** *(longevo)*, **-iva** *(decisiva)* e **-ivo** *(activo)*.
   → Se exceptúan: el gentilicio *árabe* y sus compuestos, y los adjetivos compuestos de *sílaba: bisílabo*, etc.
3. Todas las formas verbales del pretérito perfecto simple y las del pretérito imperfecto y el futuro de subjuntivo de los verbos **andar, estar** y **tener,** y de sus compuestos: *anduve, desanduvo, anduviera, estuvo, estuviéramos, estuviere, tuviste, retuvo, sostuviera, contuviese, mantuviere.*
4. Todas las formas de los presentes de indicativo, subjuntivo e imperativo del verbo **ir:** *voy, ve, vaya, vayamos.*
5. Las voces compuestas que comienzan por **vice-** *(vicealmirante)*, y los topónimos que empiezan por **Villa-** *(Villalobos)* y **Villar-** *(Villarcayo)*.
6. Después de las sílabas **cla-** *(clavel)*, **con-** *(convidar)*, **di-** *(diverger)*, **in-** *(invernar)*, **jo-** *(jovialidad)*, **pri-** *(privado)*.

→ Se exceptúan: *dibujo* y sus derivados, y *dibranquial.*

7. Las palabras terminadas en **-viro** *(triunviro)*, **-vira** *(Elvira)*, **-ívoro** *(herbívoro)*, **-ívora** *(carnívora)*.
   → Se exceptúa: *víbora.*
8. Los compuestos y derivados de las voces que llevan esta letra: *prevenir*, de *venir; virtuoso*, de *virtud.*

w

Solo se emplea la **w** en voces de procedencia extranjera. Se pronuncia como *v* en nombres de origen germánico: *Wagner, Westfalia, Wamba.* En palabras de uso común en español, es frecuente que la grafía **w** haya sido reemplazada por **v:** *vagón, vals, vatio.* En voces de origen inglés se pronuncia con frecuencia como una *u: Washington.*

c / z

El fonema /θ/ puede representarse gráficamente con la letra **c,** o con la letra **z.**

Se escribe **c:**

1. En las sílabas en que el fonema /θ/ precede a las vocales **-e-** *(celeste, acetre)* o **-i-** *(cine, vecino).*
   → Se exceptúan algunas palabras que proceden de otras lenguas, como *zéjel, zepelín, elzeviriano, enzima*, etc., y voces onomatopéyicas: *zigzag, zigzaguear, zipizape*, etc.
   → Algunas palabras se escriben indistintamente con **c** o **z:** *ácimo* o *ázimo, ceugma* o *zeugma, cinc* o *zinc, eccema* o *eczema.*
2. En el plural de voces que en singular acaban en **z:** *paces*, de *paz; jueces*, de *juez; felices*, de *feliz.*
   → Las palabras que en singular acaban en **d** conservan esta consonante en su plural: *abades*, de *abad; ciudades*, de *ciudad; sociedades*, de *sociedad.*
3. Cuando el fonema /θ/ sigue a otra **-c-** que tiene sonido *k: acción, acceso.*

Se escribe **z:**

1. En las sílabas en que el fonema /θ/ precede a las vocales **-a-** *(caza)*, **-o-** *(rezo)* y **-u-** *(zumo)*, o cuando termina sílaba *(hallazgo, padezco, feliz, conozco, luz).*
2. En algunos casos, como se ha dicho al hablar de la **c**, también se escribe **z** ante las vocales **e, i.**
   → La letra **ç,** llamada *cedilla*, que se utilizaba antiguamente en algunas palabras del castellano con un sonido parecido al de la **z,** se sigue utilizando hoy en voces procedentes del catalán, como *Barça.*

c /qu /k / ch

El fonema /k/ puede representarse gráficamente de varias maneras:

Se escribe **c:**

1. En las sílabas en que el fonema /k/ precede a las vocales **-a-** *(cabeza)*, **-o-** *(tabaco)* y **-u-** *(acudir)*; ante cualquier consonante *(clamor, crimen, acceso, acto, afecto)*, o cuando termina palabra *(coñac, frac)*.

Se escribe **qu:**

1. En las sílabas en que el fonema /k/ precede a las vocales **-e-, -i-:** *queso, quiso*. En estos casos la letra **q** siempre va seguida de una **u,** que no se pronuncia.
2. En algunas palabras científicas o de origen latino, también se escribe **qu** delante de las vocales **-a-** y **-o-:** *quark, quásar, quáter, quórum;* pero entonces se pronuncia la **u.**

Se escribe **k:**

1. En algunas voces procedentes de otras lenguas, en las que se ha respetado la grafía original: *káiser, kantiano, krausista, kermes, kif, kilogramo, kiosco, kiwi* (ave), *kurdo*, etc. Algunas de ellas, en las que la **k** va seguida de las vocales **-e-** o **-i-,** pueden escribirse también con **qu:** *quermes, quilogramo, quiosco, quivi* (fruta).

Se escribe **ch:**

1. Al final de algunas voces patronímicas o topónimos de origen catalán: *Llorach, Llach, Vich*. En estos casos la **ch** se corresponde con el fonema /k/, por lo que generalmente pueden escribirse también con **c:** *Vic, Monjuic*.
2. En el resto de las palabras que se escriben con **ch,** en posición inicial o intervocálica, estas dos letras se corresponden con un solo sonido y representan gráficamente el fonema /ĉ/: *hacha, coche, chico, chocolate, churro.*

g / j

La letra **g** puede representar dos fonemas distintos: /g/ *(gato, guiso)* y /x/ *(coge)*.

Se escriben con **g:**

1. Las palabras en que el fonema /g/ precede a las vocales **-a-** *(gana)*, **-o-** *(halago)* y **-u-** *(gusto)*, o aquellas en que a este fonema le sigue cualquier consonante *(glacial, grito, impregnar,* etc.).
2. Cuando el fonema /g/ precede a las vocales **-e-, -i-,** la **g** siempre va seguida de una **u,** que no se pronuncia: *guerra, guía.*
3. Las palabras que empiezan por el elemento compositivo **geo-,** que significa 'tierra, suelo': *geógrafo, geometría, geodesia.*
4. Las palabras que acaban en **-gélico** *(angélico)*, **-gen** *(origen)*, **-genario** *(sexagenario)*, **-géneo** *(homogéneo)*, **-génico** *(fotogénico)*, **-genio** *(ingenio)*, **-génito** *(primogénito)*, **-gesimal** *(cuadragesimal)*, **-gésimo** *(vigésimo)*, **-gético** *(apologético)*, **-giénico** *(higiénico)*, **-ginal** *(original)*, **-gíneo** *(cartilagíneo)*, **-ginoso** *(ferruginoso)*, **-gismo** *(neologismo)*, **-gia** *(magia)*, **-gio** *(litigio)*, **-gión** *(religión)*, **-gional** *(regional)*, **-gionario** *(legionario)*, **-gioso** *(prodigioso)*, **-gírico** *(panegírico)*, **-ígena** *(indígena)*, **-ígeno** *(oxígeno)*, **-ígero** *(flamígero)*, **-ogía** *(teología)*, **-ógica** *(lógica)*, **-ógico** *(patológico)*, y sus correspondientes variaciones de género y número.
   → Se exceptúan: *ojén, espejismo* y *salvajismo.*
5. Los infinitivos de los verbos terminados en **-igerar** *(aligerar)*, **-ger** *(proteger)*, **-gir** *(fingir)*, así como las correspondientes formas de la conjugación de estos verbos, excepto en el caso de los sonidos *ja* y *jo* que nunca pueden ser representados con la **g:** *protege, fingía,* pero *proteja, finjo.*
   → Se exceptúan: *tejer* y *crujir.*
6. Algunas voces presentan el grupo **gn** en posición inicial: *gnomo, gnóstico, gnosticismo,* etc. En estos casos puede simplificarse el grupo, escribiendo solo **n:** *nomo, nóstico, nosticismo.*

La letra **j** solo representa gráficamente un fonema: /x/.

Se escriben con **j:**

1. Las palabras en las que el fonema /x/ precede a las vocales **-a-** *(jarro)*, **-o-** *(joya)* y **-u-** *(júbilo)*, o está en posición final de palabra: *boj, carcaj, reloj.*
2. Las voces derivadas de las anteriores, aunque en ellas el fonema /x/ preceda a las vocales **-e-** o **-i-:** *cajita,* de *caja; cojear,* de *cojo.*
3. Las palabras terminadas en las sílabas **-je** *(viaje)*, **-jero** *(pasajero)*, **-jería** *(mensajería)* y **-jín** *(cojín)*.
   → Se exceptúan: *ambage, auge, cónyuge, enálage, esfinge, falange, faringe, isagoge, laringe, paragoge, tinge; ligero, flamígero; magín.*
4. Las personas de los verbos cuyos infinitivos llevan **j:** *cruje,* de *crujir; trabaje,* de *trabajar.*
5. Las personas de los verbos irregulares en las que entran los sonidos *je, ji,* sin que en sus infinitivos haya **g** ni **j:** *aduje, adujimos,* de *aducir; dije, dijimos,* de *decir; atraje,* de *atraer; condujeron,* de *conducir.*

h

Esta letra puede ir seguida de cualquier vocal. En la mayoría de los casos no tiene sonido alguno en nuestra lengua. Sin embargo, en algunas zonas de España, por ejemplo en Andalucía, la **h** se aspira, pronunciándose de manera parecida a la **j.** En estas zonas, la **j** ha llegado a sustituir a la **h** en la escritura de palabras como *jipío, jondo,* etc. También se pronuncia aspirada la **h** en voces de origen extranjero como *hegeliano, hegelianismo,* etc.

Se escriben con **h:**

1. Las palabras que en su origen comenzaban con **f:** *hacer, harina, hermoso, hierro, hoja, humo,* etc.
2. Las palabras formadas con los elementos compositivos de origen griego **helio-,** que significa 'sol' *(heliotropo);* **hema-, hemato-** o **hemo-,** que significan 'sangre' *(hematites, hematoma, hemoglobina);* **hemi-,** que significa 'medio, mitad' *(hemiciclo);* **hetero-,** que significa 'otro, desigual, diferente' *(heterosexual);* **homeo-,** que significa 'semejante, parecido' *(homeopatía, homeotermia);* **homo-,** que significa 'igual' *(homogéneo, homólogo);* **hidr-,** que significa 'agua' *(hidráulico);* **higr-,** que significa 'humedad' *(higrómetro);* **hiper-,** que significa 'superioridad, exceso' *(hipérbole),* e **hipo-,** que significa 'inferioridad, subordinación' *(hipoclorhidria, hipogastrio).*
3. Todas las formas de los verbos **haber, hablar, habitar, hacer** y **hallar.**
4. Las palabras que empiezan por **hia-** *(hiato),* **hie-** *(hierático),* **hue-** *(hueso),* **hui-** *(huida),* **hog-** *(hogaza),* **holg-** *(holgazanear)* y **hosp-** *(hospedaje).*
   → Se exceptúa: *ogro.*
5. Los compuestos y derivados de las palabras que se escriben con **h:** *habladuría,* de *hablador; deshonra,* de *honra,* etc.
   → Se exceptúan: *oquedad* (de *hueco); orfandad* y *orfanato* (de *huérfano); osario, osamenta* y *óseo* (de *hueso); oval, ovalado, óvalo, ovario, óvulo, ovíparo, ovo* y *ovoide* (de *huevo); oscense* (de *Huesca).*
   → *Acción* e *ilación* se escriben sin **h** porque no provienen de *hacer,* ni de *hilo* o *hilar,* respectivamente.

i / y

La **y,** aparte de su valor consonántico, representa en ocasiones el fonema vocálico /i/.

Se escribe **y** con valor vocálico:

1. Cuando se trata de la conjunción copulativa: *cielo y tierra.*
2. Cuando va precedida de una vocal que no es **-i-** al final de palabra: *¡ay!, ley, estoy, muy.*
   → Se exceptúan: *benjuí, Jaragüí,* y la primera persona del singular del pretéri-

to perfecto simple de los verbos de la 2.ª y 3.ª conjugaciones, como *fui, caí, leí, roí, argüí, huí.*

→ Algunas palabras que comienzan por **hia-, hie-,** como *hiedra* y *hierba,* pueden escribirse también con **y:** *yerba, yedra;* porque **hi-** representa entonces una semiconsonante /j/ y se realiza con /ŷ/, es decir, con un sonido palatal sonoro.

Se escribe **i:**

1. En todos los demás casos en los que aparece el fonema vocálico /i/: *aire, peine, viaje, tierra.*

ll / y

Se escriben con **ll:**

1. Todas las palabras terminadas en **-illa** *(pastilla, orilla)* e **-illo** *(pasillo, tomillo).*
2. Los infinitivos de los verbos terminados en los sonidos **-illar** *(trillar),* **-ullir** *(mullir),* y la mayoría de los que acaban en **-ullar** *(aullar).*

Se escriben con **y:**

1. Las formas plurales de los sustantivos terminados por el fonema /i/: *reyes,* de *rey; convoyes,* de *convoy,* etc.
2. Las formas de los verbos en que aparecen las sílabas *ya, ye* o *yo,* y cuyo infinitivo no tiene **ll** ni **y:** *huye,* de *huir; oyó,* de *oír; cayeron,* de *caer.*

m / n

Se escribe **m,** en lugar de **n:**

1. Delante de **-b-** *(ambiguo)* y de **-p-** *(imperio).*
2. Delante de **-n-:** *indemne, himno, alumno,* etc.
   → Se exceptúan todos los compuestos formados por **con-** *(connatural),* **en-** *(ennoblecer)* y **sin-** *(sinnúmero).*
   → En algunas voces el grupo **mn** aparece al principio de palabra *(mnemotecnia,* etc.). En estos casos puede simplificarse la grafía y escribir solo **n** *(nemotecnia).*

p

1. En las palabras que llevan el grupo **ps-** en posición inicial, como *psiquiatra,* se puede suprimir la **p** y escribir *siquiatra.*

r / rr

Se escribe **r** en lugar de **rr** para representar el fonema /r̄/:

1. Al principio de palabra: *razón, regla, risco, rosa, rumor.*
2. Detrás de **l** *(alrededor)*, **n** *(honra)* y **s** *(israelita)*.

En los demás casos dicho fonema se representa con **rr** *(parra, cerro, barril, arrullo)*, incluso cuando se trata de voces compuestas en las que el segundo elemento comienza por **r** *(contrarréplica, prorrata)*.

Se escriben con **r** todas las palabras que llevan el fonema /r/ al comienzo o al fin de sílaba interior *(cara, pereza, árbol, barba)*, y en posición final *(amar, coger, ir, olor, azur)*.

x / s

Aunque estas dos letras representan fonemas distintos, a veces en la lengua hablada se pronuncian igual (como *s*). Debe, pues, cuidarse la pronunciación para evitar la confusión entre las dos grafías.

Se escribe **x** en lugar de **s:**

1. En los compuestos que comienzan por **ex-** o **extra-** con el significado de 'fuera de': *extender, extraer, extravertido, extraordinario.*

Por otra parte, suele escribirse **x** en lugar de **j** en ciertas palabras de origen mexicano *(México, Texas)* o español *(Xavier)* que han conservado la grafía antigua. La **x** en estas voces se pronuncia como si fuera una **j.**

NORMAS DE ACENTUACIÓN. EL ACENTO ORTOGRÁFICO

El acento ortográfico o tilde es una rayita oblicua (´) que, siguiendo ciertas reglas, se pone sobre una vocal para indicar que la sílaba de la que forma parte es **tónica,** es decir, que en ella recae la fuerza o intensidad de la pronunciación de la palabra. Las otras sílabas de esa misma palabra se denominan **átonas.** La tilde viene a ser, por tanto, la representación gráfica del acento tónico o fonético, que en español puede recaer sobre la última sílaba en las palabras **agudas** *(cantó, soñar);* sobre la penúltima, en las palabras **llanas** o **graves** *(árbol, mano);* sobre la antepenúltima, en las palabras **esdrújulas** *(arándano)*, o sobre la sílaba anterior a la antepenúltima, en las **sobreesdrújulas** *(invéntatelo)*.

Todas las palabras que llevan acento tónico, aunque no reciban tilde, se denominan por ello **tónicas.** Pero también existen palabras **átonas,** la mayoría de ellas monosilábicas, como son: los artículos determinados *(el, la, lo, los, las)*, los adjetivos posesivos antepuestos *(mi, tu, su,* etc.), los pronombres personales que realizan la función de complemento sin preposición *(me, te, se,* etc.), todas las preposiciones excepto *según*, las conjunciones, los adverbios relativos y los pronombres y adjetivos relativos.

Las normas de acentuación del español son las siguientes:

NORMAS GENERALES

Se acentúan las siguientes palabras:

1. Las **agudas** de más de una sílaba terminadas en vocal, en **-n** o en **-s:** *café, partirán, revés.*
2. Las **llanas** o **graves** de más de una sílaba que no terminen en vocal, en **-n** o en **-s:** *cárcel, carácter, alférez.*
3. Todas las **esdrújulas** y las **sobreesdrújulas:** *máquina, apéndice, contéstaselo.*

NORMAS ESPECIALES

1. No se acentúan las **palabras agudas** terminadas en **-n** o en **-s,** cuando dichas consonantes van precedidas de otra consonante: *Isern, Canals.* Por el contrario, las **palabras llanas** o **graves** que acaban en consonante seguida de **s** van acentuadas: *bíceps, fórceps.*
2. No se acentúan las **palabras monosílabas:** *vas, soy, ley, dio, pie, vio,* etc.
3. Algunos monosílabos se escriben con tilde para diferenciarlos de otros de la misma grafía que poseen distinta categoría gramatical y se consideran átonos. Esa tilde con función diferenciadora se llama **tilde diacrítica.** Es obligatoria en los siguientes casos:

Categoría gramatical	Forma	Forma	Categoría gramatical
pronombre personal: *Déjamelo a mí.*	mí	mi	adjetivo posesivo: *mi libro*
Hazlo tú.	tú	tu	*tu ropa*
No hables con él.	él	el	artículo: *el parque*
pronombre reflexivo: *Lo quiere para sí.* adverbio de afirmación: *Contestó que sí.*	sí	si	conjunción condicional: *Vendrá si puede.*

Categoría gramatical	Forma	Forma	Categoría gramatical
pronombres interrogativos o exclamativos: *¿Qué quieres?*	qué	que	pronombres relativos: *Compra el libro que quieras.*
¿Quién llama?	quién	quien	*El estudiante de quien te hablé.*
¿Cuál es tu hermano?	cuál	cual	*La calle por la cual preguntas es esta.*
¡Cuánto te he esperado!	cuánto	cuanto	*Toma cuanto quieras.*
¿Cúyo es este libro?	cúyo	cuyo	*Los boletos cuya última cifra sea un 0, están premiados.*
¿Dónde estabas?	dónde	donde	*La casa donde vive.*
¿Cuándo vendrás?	cuándo	cuando	*Ven cuando quieras.*
¡Cómo me alegro!	cómo	como	*Hazlo como ayer.*
verbo *saber* o verbo *ser:* *No sé nada de ella; sé tú mismo.*	sé	se	pronombre reflexivo; impersonal: *Se peina sola.* *Se habla inglés.*
sustantivo: *El té de las cinco.*	té	te	pronombre personal: *Te dije que vinieras.*
sustantivo: *Quiero saber el porqué de su actitud.*	porqué	porque	conjunción causal: *Canta porque le gusta.*
verbo *dar*: *Dile que me lo dé.*	dé	de	preposición: *abrigo de lana*
adverbio de cantidad: *Come más.*	más	mas	conjunción adversativa: *Fui, mas no te encontré en casa.*
'*todavía*': *¿Aún no has terminado?*	aún	aun	'*incluso*': *Lleva abrigo aun en verano.*

Se suele utilizar también la tilde diacrítica siempre que exista riesgo de anfibología (confusión o doble interpretación) en estos casos:

Categoría gramatical	Forma	Forma	Categoría gramatical
pronombres demostrativos	éste	este	adjetivos demostrativos
	ése	ese	
	aquél	aquel	
adverbio (=*solamente*)	sólo	solo	adjetivo (=*sin compañía*)

Por ejemplo, en la frase *Los niños eligieron a su gusto; éstos, pasteles; aquéllos, bombones,* los pronombres **éstos** y **aquéllos** se refieren a los niños. Pero si decimos *Los niños eligieron a su gusto estos pasteles y aquellos bombones,* los adjetivos **estos** y **aquellos** se refieren a los pasteles y a los bombones respectivamente.

En la frase *Estaré sólo hasta las cinco,* **sólo** es adverbio y equivale a *solamente;* en *Estaré solo hasta las cinco,* **solo** es adjetivo, equivalente a *sin compañía.*

4. Se acentúa la conjunción disyuntiva **o** cuando va entre cifras, para evitar confundirla con el cero *(0): había 4 ó 5 personas.*
   → Las conjunciones *e, u,* así como la preposición *a,* no llevan nunca tilde.
5. Cuando la sílaba tónica forma un **diptongo,** la tilde se escribe sobre la vocal abierta *(a, e, o): cantáis, temiéramos, volvió, averiguáis.*
   → Los infinitivos y los participios de los verbos terminados en **-uir** *(destruir, destruido; huir, huido; construir, construido,* etc.) se escriben sin tilde.
   → Cuando entre dos vocales hay una *h* muda, esta no impide que exista diptongo, por lo que se acentúa la segunda vocal para indicar que no forma diptongo: *prohíben, ahúman.*
6. Cuando alguna de las dos vocales cerradas *(i, u),* va seguida de un diptongo y de la consonante **s** en posición final, como ocurre en algunas formas verbales, el acento ortográfico recae sobre dicha vocal cerrada: *comprendíais, decíais.*
7. Cuando la sílaba tónica forma un **triptongo,** la tilde se escribe sobre la vocal abierta *(a, e, o): despreciáis, averigüéis.*
8. En las palabras que contienen **hiato** (vocales contiguas que se pronuncian en sílabas separadas), si una vocal es abierta y otra cerrada, se acentúa la vocal cerrada: *baúl, país, poesía, acentúo.*
   → Cuando el hiato se produce entre dos vocales abiertas *(a, e, o),* se sigue la regla general de acentuación: *cread, leal, gaélico, poético.*
9. Las **formas verbales** que llevan tilde la conservan cuando a ellas se une un enclítico (pronombre pospuesto al verbo, que forma con él una única palabra): *pidióme, convenciólos.* También conservan la tilde cuando la palabra que resulta de esta unión es esdrújula o sobresdrújula: *búscalo, mírala.*

→ Cuando dicho compuesto se utiliza como sustantivo, solo se acentúa si es esdrújulo: *acabose*, pero *pésame*.

10. En las **palabras compuestas** se siguen los siguientes criterios de acentuación:
   a) cuando los elementos que las forman se escriben **sin guión,** solo se acentúa el último componente cuando así lo requiera según las normas generales de acentuación: *decimoséptimo, asimismo.*
   → Se exceptúan los adverbios terminados en **-mente,** que solo se acentúan si el adjetivo original llevaba tilde: *ágilmente, cortésmente, francamente.*
   b) cuando los elementos que las forman se escriben **con guión,** cada componente lleva la tilde que le correspondería como palabra simple: *histórico-artístico, anglo-soviético.*
11. Para algunas palabras existe una doble acentuación posible: *afrodisíaco* o *afrodisiaco, alveolo* o *alvéolo, beréber* o *bereber, cardíaco* o *cardiaco, ibero* o *íbero, médula* o *medula, olimpiada* u *olimpíada, período* o *periodo,* etc. La Academia, en estos y en otros casos, muestra su preferencia por la forma que aparece en primer lugar.

NORMAS DE PUNTUACIÓN. LOS SIGNOS

Constituyen los signos de puntuación una representación gráfica de ciertos elementos prosódicos del lenguaje, como las pausas o la entonación, y en este sentido precisan la actitud del hablante. Por otra parte, su función en la lengua escrita consiste en delimitar y matizar la estructura de las distintas partes del discurso, cuyo significado, sin ellos, podría resultar dudoso u oscuro.

Al tratarse también de signos fijados por convención, su uso está regulado por estas normas:

Coma (,)

Indica una pausa breve y de entonación variable, que el hablante realiza dentro del discurso. Sirve también para dividir la oración en miembros más cortos, y puede tener una función coordinante o subordinante. Cumple diversas funciones:

1. Aísla y destaca dentro de la frase un nombre en vocativo: *Repito, Julián, que oigas lo que te digo.* Si el vocativo va al final de la oración, aparecerá precedido de coma: *Repito que oigas lo que te digo, Julián.* Si está situado al principio, la llevará después: *Julián, óyeme.*
2. Separa los distintos elementos de una enumeración, tanto palabras como proposiciones, salvo aquellos que van unidos por alguna de las conjuciones *y, e, o, u, ni: Juan, Pedro y Antonio; vine, vi y vencí.*
3. Separa los distintos miembros de una oración cuando son independientes entre sí. Se utiliza la coma aunque vayan unidos mediante alguna conjunción: *En primavera, los días empiezan a ser más largos, y la naturaleza despierta, y los pájaros vuelven a cantar.*
4. Separa incisos explicativos dentro de la oración: *Sus dos hijas pequeñas, Ana y Beatriz, son mellizas.*

5. Se separan del resto de la oración mediante comas los siguientes adverbios y locuciones adverbiales: *pues, por tanto, por consiguiente, así pues, pues bien, ahora bien, antes bien, sin embargo, no obstante, con todo, es decir, en fin, por último, por el contrario.*
6. Cuando en una oración compuesta la proposición subordinada va delante de la principal, se separa de esta por medio de una coma: *Cuando quise darme cuenta, había desaparecido sin dejar ni rastro.* Cuando esta oración subordinada es corta, no es preciso separarla con coma.

Punto y coma (;)

En la lengua hablada se corresponde con una entonación descendente y marca una pausa de mayor duración que la de la coma y menor que la del punto. Se utiliza:

1. Dentro de un período que ya lleva comas, para separar dos o más de sus miembros: *Su cuerpo es delgado, ágil, de rápidos y certeros movimientos; su mente, lúcida, brillante; su voz, profunda.*
2. Para separar proposiciones coordinadas adversativas: *Sintió que él podía resolver todos los problemas; sin embargo, antes de dos días se había dado cuenta de sus limitaciones.* Cuando la oración es corta, suele separarse mediante una coma.
3. Para separar una proposición de otra que la sigue y que no tiene perfecto enlace con la anterior: *Estaba harto de los problemas en su trabajo desde que hace dos años entró el nuevo jefe; decidió pedir el traslado a otra oficina.*

Dos puntos (:)

Señalan una pausa, algo mayor que la del punto y coma, seguida de entonación descendente. Se usan:

1. Después de una proposición general, seguida por otra que le sirve de comprobación o explicación: *Se sentía extremadamente feliz: había conseguido lo que quería.* Tal explicación puede ser una enumeración: *Desde el principio las cosas no salieron bien: amaneció lloviendo, el coche no funcionaba, llegó tarde al trabajo...*
2. Después de una o varias proposiciones, antes de otra que les sirve de consecuencia: *La decoración era maravillosa, los asistentes vestían con elegancia, la orquesta interpretó las canciones con maestría, había gran cantidad de comida y bebida: fue una fiesta inolvidable.*
3. Delante de una cita textual: *Como suele decir mi padre: «No creas todo lo que oyes».* La primera palabra de la cita suele escribirse con mayúscula inicial.
4. Detrás de la fórmula de encabezamiento de una carta: *Querido amigo: ...*

Punto (.)

El punto señala una pausa completa y entonación descendente. Desde el punto de vista del contenido, indica que la parte del discurso que le precede posee sentido completo.

En la escritura, se denomina *punto y seguido* cuando el texto continúa inmediatamente después del punto, o en el renglón siguiente si el punto se sitúa al final de una línea. Sirve para separar oraciones en las que se trata del mismo tema.

El llamado *punto y aparte* indica una pausa más larga, que marca el fin de la exposición de una idea o de un aspecto de la misma y el inicio de otra. Cada uno de los bloques de texto separados por un punto y aparte se denomina *párrafo*.

Se llama *punto final* —no *punto y final* como muchos dicen ahora— al que acaba un escrito o una parte importante de él (apartado, capítulo, etc.).

Después de un punto se escribe siempre mayúscula.

Cuando el punto coincide en la misma frase con otros signos de puntuación, como el paréntesis o las comillas, el punto se escribe detrás de los paréntesis o comillas si estos se abrieron una vez iniciada la oración: *Dice el refrán que «más vale prevenir que curar»*.

El punto se utiliza también para indicar el fin de una abreviatura: *Sr. D.* = *Señor Don*.

Puntos suspensivos (...)

Indican una pausa o interrupción, o bien la conclusión imperfecta de una frase, y se corresponden a una entonación sostenida. Se utilizan:

1. Cuando se quiere dejar el sentido de una oración en suspenso, o bien cuando se da por consabido: *Recuerda que quien a buen árbol se arrima...*
2. Cuando se quiere hacer una interrupción del discurso para expresar duda o temor: *Iré a comer mañana, o... no sé, tal vez el viernes*.
3. Cuando se transcribe un texto literalmente, sirven para indicar la supresión de parte de la cita. En este caso se escriben entre corchetes [...].

Interrogación (¿?)

Los signos de interrogación indican que la oración contenida entre ellos es la formulación de una pregunta, y corresponden en la lengua hablada a una entonación de carácter ascendente.

En español es un signo doble, que se pone en el inicio (**¿**) y el final (**?**) de la oración que deba llevarlos.

Deben utilizarse siguiendo estas normas:

1. La frase interrogativa se escribe con mayúscula inicial si se trata de una oración completa: *¿Dónde has estado? Te he buscado toda la tarde*.
2. Cuando hay varias frases interrogativas breves seguidas, solo se escribe con mayúscula inicial la primera: *¿Dónde has estado?, ¿no has leído mi mensaje?*
   → Si la interrogación no es una oración completa, se escribe con minúscula cuando va en segundo lugar: *Pero, ¿dónde has estado?, ¿no has leído mi mensaje?* Si va en primer lugar, se escribe con mayúscula, mientras que el complemento de la frase, que va después, comienza por minúscula: *¿Dónde has estado?, porque te he estado buscando toda la tarde*.

3. Inmediatamente después de cerrar el signo de interrogación nunca se escribe punto.
4. No debe omitirse, por influencia de algunas lenguas extranjeras, el signo de principio de interrogación.
   → A veces se utiliza sólo el signo interrogativo de cierre, aislado entre paréntesis, para indicar duda: *Dijo que no sabía nada de este asunto (?), y todos sabíamos que había estado presente.*

Exclamación o admiración (¡!)

Los signos de exclamación o admiración indican que la frase que encierran expresa una emoción del hablante, que puede ser de temor, ira, dolor, alegría, etc. Pueden representar los diversos grados de la entonación exclamativa en la lengua hablada, de acuerdo con el significado de la frase.

Como la interrogación, la exclamación se representa por un signo doble, que se sitúa al principio (**¡**) y al final (**!**) de la frase que debe llevarlos.

Las reglas que rigen su uso son las mismas que para la interrogación:

1. Cuando la exclamación es una oración completa, se escribe con mayúscula inicial: *¡Vaya sorpresa que me has dado!*
2. Cuando hay varias frases breves exclamativas seguidas, solo se escribe con mayúscula inicial la primera: *¡Socorro!, ¡auxilio!, ¡estoy aquí!*
   → Cuando la frase exclamativa no forma una oración completa, se escribe con mayúscula si aparece en la primera parte de la oración, mientras que su complemento se inicia con minúscula: *¡Qué suerte tienes!, porque ese trabajo que has conseguido es muy interesante.* Sin embargo, se escribe con minúscula cuando aparece en segundo lugar: *El trabajo que has conseguido es muy interesante, así que ¡qué suerte tienes!*
3. Inmediatamente después de exclamación nunca se escribe punto.
4. No debe omitirse el signo de inicio de la exclamación por influencia de otras lenguas.
   → Cuando el signo de cierre se utiliza solo y aislado entre paréntesis, expresa asombro: *Parece que todo ha salido bien (!), a pesar de todo.*

Paréntesis ( )

El paréntesis es un signo doble que sirve para separar algún tipo de observación (aclaraciones, incisos, etc.) del resto del discurso. Se suele utilizar:

1. Para indicar los apartes de los personajes en los textos teatrales:

DON JUAN:	*¿Por dónde tengo de entrar?*
TISBEA:	*Ven y te diré por dónde.*
DON JUAN:	*Gloria al alma, mi bien, dais.*
TISBEA:	*Esa voluntad te obligue,* *y si no, Dios te castigue.*
DON JUAN:	*(¡Qué largo me lo fiáis!)*

Tirso de Molina, *El burlador de Sevilla.*

2. Para intercalar datos o ciertas precisiones necesarias: *Nació hace veinte años en Guadalajara (México).*
3. Para enmarcar oraciones aclaratorias o que sirven de inciso al margen del discurso: *La economía de la región se basa en la agricultura (cereales, hortalizas y vid) y el comercio.*
4. Cuando el paréntesis acaba la oración, el punto se escribe fuera de él.

Corchetes [ ]

Su función es parecida a la de los paréntesis, es decir, separar algún inciso que se hace al margen del discurso, pero solo se utilizan:

1. Cuando se transcribe un texto (copia, citas, etc.), bien para introducir alguna observación personal del transcriptor, o bien para introducir algo no transcrito:

   ¿Que todos los poetas
   están en el [in]fierno?

   Lope de Vega.

2. Para introducir una aclaración dentro de un texto que ya va entre paréntesis: *El* Quijote *(novela de Miguel de Cervantes [1605-1615]) es a la vez una crítica y un homenaje a los libros de caballerías.*

Diéresis (¨)

1. La diéresis es un signo ortográfico que, situado sobre la *u* de las combinaciones *gue, gui*, sirve para indicar que dicha vocal debe pronunciarse: *pingüino, vergüenza.*
2. En poesía se utiliza, situada sobre la primera vocal de un diptongo, para deshacerlo y dar así a la palabra una sílaba más:

   Con un manso rüido
   de agua corriente y clara.

   Garcilaso de la Vega.

Comillas «», ''

Es un signo ortográfico doble que tiene varias funciones:

1. Delimitar una cita textual: *Sacó la pistola y dijo nervioso: «Arriba las manos».*
   → Cuando dentro de un texto ya entrecomillado se desea introducir otra frase textual, o destacar una palabra, se suelen utilizar las comillas simples (''): *Llegó como una furia diciendo: «Ya sabía yo que otra vez me tocaría escuchar el inevitable 'vuelva usted mañana'».*

2. Para indicar que una palabra, expresión o frase tiene un segundo sentido, generalmente irónico (*Irte sin despedirte de mí ha sido un «bonito» detalle*), o para destacar por cualquier motivo una palabra determinada en una frase.
3. Para destacar un nombre propio o un sobrenombre: *Salía ya la aurora, «la de los rosados dedos»; todavía se desconoce quién fue «Jack el Destripador»*.

Guión (-)

Se utiliza:

1. Para separar una palabra que no cabe entera en el renglón: *cantan-te*. (Ver el apartado siguiente de este apéndice, NORMAS DE PARTICIÓN DE PALABRAS.)
2. Para unir los elementos de algunas palabras compuestas: *teórico-práctico*.
3. Para separar las cifras que indican un período de tiempo comprendido entre dos años: *Lope de Vega (1562-1635) es el autor de* Fuenteovejuna.

Raya (—)

Este signo se utiliza:

1. Como sustituto del paréntesis: *La luna —apenas una curva línea de luz en la negrura— contribuía a hacer más honda la oscuridad.*
2. Para indicar las intervenciones de los distintos personajes que participan en un diálogo, o las aclaraciones del narrador: *—¡Ya está bien! —dijo furioso—. ¡No quiero oír una queja más!*

Apóstrofo (')

Este signo solía emplearse antiguamente para indicar la omisión de alguna vocal: *d'aquel*, por *de aquel*.

Actualmente, el apóstrofo se utiliza con frecuencia para reducir las fechas cuando estas se refieren a determinados acontecimientos: *DRAE '92; Generación del '27; Expo '92; Atlanta '96;* en lugar de *DRAE 1992; Generación de 1927; Expo 1992* y *Atlanta 1996.*

Asterisco (*)

Este signo puede utilizarse en un texto como llamada a una nota aclaratoria o complementaria que se sitúa en el margen o a pie de página. En este caso el asterisco se escribe inmediatamente detrás de la palabra o palabras sobre las que se amplía la información.

Es más frecuente, sin embargo, encontrarlo en obras de lingüística o en diccionarios para indicar que la existencia de una voz no está documentada o bien es incorrecta. En estos casos, el asterisco se sitúa delante de la palabra: **andó* = forma incorrecta por *anduvo*. Si decimos que *bonanza* proviene del latín **bonacia*, se supone que esta palabra existió, aunque no hay textos donde aparezca y, por tanto, es una forma hipotética.

Llave ({)

Se utiliza este signo para abrazar distintos conceptos que en un esquema o un cuadro sinóptico deben ir agrupados:

		Paleolítico
Edad de piedra	{	*Mesolítico*
		Neolítico

NORMAS DE PARTICIÓN DE PALABRAS

Cuando una palabra no cabe entera al final de una línea, puede dividirse en dos partes mediante un guión (-), pero manteniendo unidas las letras que forman sílaba *(ca-mi-no; sa-lu-do; con-ver-tir)* y siguiendo estas pautas:

1. Los grupos consonánticos **pr, pl, br, bl, fr, fl, tr, dr, cr, cl, gr** y **gl** nunca deben dividirse: *ca-pri-cho, so-plar, so-bri-no, sa-ble, su-frir, re-flo-tar, de-trás, pie-dra, in-cli-nar, de-gra-dar, de-glu-ción.* En los demás casos en que aparezcan dos consonantes seguidas entre dos vocales, la primera consonante se agrupa con la vocal primera y la segunda consonante con la última vocal: *ac-tuar, con-no-tar.*
2. Dos o más vocales seguidas nunca deben dividirse, tanto si van en diptongo o triptongo, formando una sola sílaba *(gra-cio-so, tiem-po, san-ti-güeis)*, como si constituyen un hiato *(baúl, poé-ti-co).*
3. Cuando una voz esté compuesta o derivada de dos palabras que por sí solas tienen uso en la lengua, o formada por una palabra y un prefijo, puede dividirse dicho compuesto separando sus componentes, o bien siguiendo la regla general de división de sílabas: *des-am-paro* o *de-sam-pa-ro, nos-otros* o *no-so-tros, fran-co-es-pa-ñol* o *fran-coes-pa-ñol, pro-an-da-lu-cis-ta* o *proan-da-lu-cis-ta.* Pero es preferible separarlas respetando sus componentes: *nos-otros.*
4. Nunca debe partirse una palabra de modo que quede una vocal aislada a final o a principio de renglón.
5. Las palabras que contengan una **h** precedida de otra consonante se dividen considerando la **h** como principio de sílaba: *des-hi-dra-tar, in-hu-ma-ción.*
6. En las voces compuestas por una preposición española o latina, como **con-, in-, ob-, per-,** seguida de una *s* y de otra consonante, deben dividirse las sílabas uniendo la *s* a la preposición: *cons-tan-te, ins-pi-rar, obs-tar, pers-pi-ca-cia.*
7. En español no se admite la partición de los dígrafos **ch, ll** y **rr** *(co-che, ca-lle, ca-rre-ta)* puesto que, aunque se trata de dos letras, se corresponden con un único sonido.
8. Para la partición de palabras extranjeras y de siglas o acrónimos, ver los apartados correspondientes.

ORTOGRAFÍA DE LAS PALABRAS EXTRANJERAS

En español se utilizan frecuentemente palabras procedentes de otras lenguas. Algunas de ellas son nombres propios; otras, son nombres comunes cuyo uso se ha ido extendiendo hasta adoptar, en algunos casos, una grafía adaptada a la pronunciación española, como *fútbol, interviú, jersey,* etc.

En la escritura de la mayoría de los nombres propios extranjeros no se aplican las reglas ortográficas vistas para las palabras españolas, sino que se escriben como en la lengua originaria: *Hartzenbusch, Abbeville, Havre.*

No obstante, existen algunos nombres propios que desde antiguo se españolizaron y se adaptaron a la pronunciación española: *Londres,* no *London; Bolonia,* no *Bologna,* etc.

En cuanto a la acentuación, se aplican las siguientes normas:

a) Cuando son de **origen latino,** se siguen las reglas de acentuación española: *accésit, ítem.*

b) En los **nombres propios** solo se pondrá acento cuando lo tengan en su lengua original: *Valéry, Washington* (y no *Washingtón).* Sin embargo, los que están adaptados a la pronunciación española deben seguir las reglas generales de acentuación: *París, Támesis, Córcega, Moscú, Canadá,* etc.

Los extranjerismos se separarán conforme a su lengua de origen: *Mül-ler, Mus-set, Ar-thur, smok-ing, Liv-ing-stone.*

ORTOGRAFÍA DE LOS NUMERALES

En un texto todos los números pueden escribirse con la cifra que les corresponde *(5, 20),* o bien con el nombre con el que se los conoce *(cinco, veinte).* Sin embargo, al elegir una u otra forma, suelen seguirse estos criterios:

Números romanos:

Se utilizan los números romanos para designar un siglo *(siglo XV),* para determinar el orden de papas, emperadores y reyes *(Alfonso X),* o para indicar los tomos, partes o capítulos de una obra *(capítulo IV).*

Los números romanos se escriben siempre con mayúsculas, de acuerdo con estas normas:

1. Cuando una cifra va seguida de otra igual o menor, se suma el valor de ambas: *II* (2), *CI* (101).
2. Cuando una cifra va precedida por otra menor, se resta el valor de esta al de la siguiente: *IV* (4), *XIX* (19).
3. Nunca se utiliza la misma letra más de tres veces seguidas: *III* (3), *IV* (4), *XXX* (30), *XL* (40).
4. La *V* (5), la *L* (50) y la *D* (500), nunca se utilizan dos veces seguidas, porque existen otras letras que representan el doble de su valor: *X* (10), *C* (100), *M* (1000).

5. Un número romano puede multiplicarse por mil colocando una raya horizontal sobre el mismo: CXXIV (110.014).

Números cardinales:

1. Los números del cero al nueve suelen escribirse con letra *(dos, siete);* para los números del diez al veinte se utiliza indistintamente la cifra o el nombre escrito con letra *(once, 11; diecinueve, 19);* a partir del veinte, es más frecuente escribirlos con cifra *(77, 198,* etc.); los millones, billones, etc. suelen escribirse con letra, o bien con cifra y letra: *un millón, 350 millones.*
2. Cuando los números cardinales se escriben con letra, del cero al treinta se escriben en una sola palabra: *dieciséis, veintiocho;* a partir del treinta se escriben en tres o más: *treinta y cuatro, ciento cuarenta y un mil.*
3. Se escribe punto para separar las unidades de mil y las unidades de millón en las cantidades escritas en cifras: *3.957.371.* No suele escribirse punto para separar cifras en los años *(1927),* ni en los números de páginas *(pág. 1332).* Se separan con espacios los números de teléfono *(432 54 71).*
4. Las fechas suelen escribirse con cifras, salvo el mes, que se escribe frecuentemente con letra: *18 de marzo de 1996,* pero también *18-4-1996.* Los números decimales, las temperaturas, las horas, etc. suelen escribirse con cifras: *12,56; 37º C; 6,15 horas.*

Números ordinales:

1. Hasta el vigésimo, se escriben indistintamente con letra *(decimoséptima, quinto)* o con cifra seguida de punto y una letra voladita *(17.ª, 5.º).*

ORTOGRAFÍA DE ABREVIATURAS, SIGLAS Y ACRÓNIMOS

Abreviaturas

Una abreviatura es la representación de una palabra en la escritura mediante una o varias de sus letras, colocadas en el mismo orden que en la palabra de la que proceden: *Sr. = señor.* Debe tenerse en cuenta:

1. Al final de la abreviatura se escribe siempre punto, salvo en las que llevan una letra voladita, que se escribirá después del punto: *D. = Don, n.º = número.*
2. Cuando una palabra se abrevia en una sílaba que comienza con más de una consonante, se conservan en la abreviación todas las consonantes que inician dicha sílaba: *tr. = transitivo.*
3. La tilde se conserva cuando se abrevia una palabra: *pág. = página.*
4. El plural de las abreviaturas constituidas por una sola letra se forma duplicando dicha letra: *s. = siguiente, ss. = siguientes;* y el de las abreviaturas formadas

por más de una letra, añadiendo una *-s* al final de la abreviatura: *vol. = volumen, vols. = volúmenes.*

→ Por acuerdo de la Unión Postal Universal, el valor de los sellos de correos se expresa en abreviatura invariable: *20 pta.*

5. Las abreviaturas nunca admiten partición al final de renglón.

Siglas y acrónimos

Una **sigla** es una palabra formada por las iniciales de otras palabras: *UE = Unión Europea.*

Cuando la sigla está formada por las iniciales y alguna otra letra de las palabras que le sirven de base, se denomina **acrónimo.** La escritura de las siglas y los acrónimos está sujeta a las siguientes normas:

1. Las siglas se escriben siempre con mayúsculas, mientras que los acrónimos se escriben con inicial mayúscula y el resto de la palabra en minúscula, si son nombres propios *(Renfe, Paquistán)*; o toda la palabra con minúsculas si son nombres comunes: *sida.*
2. Las siglas pueden escribirse con un punto detrás de cada una de las iniciales *(D. N. I.)*, pero es más frecuente escribirlas sin ellos *(DNI)*.
3. Cuando las siglas designan entidades, instituciones o países cuyo nombre es plural, se duplica cada una de las iniciales: *EE UU = Estados Unidos.*
4. Tanto las siglas como los acrónimos se utilizan con frecuencia precedidos de artículo: *la UNESCO, un radar.*
5. Siglas y acrónimos pueden dar lugar a palabras derivadas que se utilizan como sustantivos o adjetivos: *aprista* (de *APRA, Alianza Popular Revolucionaria Americana).*
6. Las siglas nunca admiten partición al final de renglón.

LIMPIA FIJA Y DA ESPLENDOR

ESPASA